中国林业产业与林产品年鉴
YEARBOOK OF CHINA FOREST INDUSTRY

2015

国家林业局　编
STATE FORESTRY ADMINISTRATION

中国林业出版社
CHINESE FORESTRY PUBLISHING HOUSE

图书在版编目(CIP)数据

中国林业产业与林产品年鉴.2015卷/国家林业局编.—北京：中国林业出版社，2016.6
ISBN 978-7-5038-8548-8

Ⅰ.①中… Ⅱ.①国… Ⅲ.①林业经济-中国-2015-年鉴 ②林产品-中国-2015-年鉴
Ⅳ.①F326.2-54②F426.88-54

中国版本图书馆CIP数据核字(2016)第113927号

出版 中国林业出版社(100009 北京西城区德内大街刘海胡同7号)
电话 (010)83143666
网址 http://lycb.forestry.gov.cn **E-mail**：cfybook@163.com
发行 中国林业出版社
印刷 北京中科印刷有限公司
版次 2016年7月第1版
印次 2016年7月第1次
开本 889mm×1194mm 1/16
印张 52.75
字数 1525千字
定价 399.00元

ISBN 978-7-5038-8548-8

《中国林业产业与林产品年鉴》
编　委　会

《中国林业产业与林产品年鉴》(2015)

特约编委

《中国林业产业与林产品年鉴》(2015)
编 辑 部

《中国林业产业与林产品年鉴》(2015)

分 支 主 编

《中国林业产业与林产品年鉴》(2015)
特 约 编 辑

张林生　北京市园林绿化局
宗晶莹　天津市林业局
赵　越　天津市林业局
李　莉　河北省林业厅
刘　辉　河北省林业厅
李　捷　山西省林业厅
张　劭　山西省林业厅
韩　英　内蒙古自治区林业厅
何东阳　辽宁省林业厅
刘铁柱　延边朝鲜族自治州林管局
孙　锴　延边朝鲜族自治州林管局
王思丹　延边朝鲜族自治州林管局
窦　爽　黑龙江省林业厅
刘亚文　上海市林业局
汤　涌　江苏省林业局
陈　湘　浙江省林业厅
程　滢　浙江省林业厅
白卫萍　安徽省林业厅
伍清亮　福建省林业厅
陈春花　福建省林业厅
严　珲　江西省林业厅
万发令　江西省林业厅
陈　卉　江西省林业厅
杨　涛　山东省林业厅
宋　云　山东省林业厅
肖建成　河南省林业厅
周晶晶　河南省林业厅
袁凤玉　河南省林业厅
何　宏　湖南省林业厅
甄国懿　湖南省林业厅
吴灿军　广东省林业厅
周献逸　广西壮族自治区林业厅
张　丽　广西壮族自治区林业厅
陈　康　海南省林业厅
梁　辉　重庆市林业局
李　艳　四川省林业厅
沈永生　贵州省林业厅
张俊波　云南省林业厅
李石雄　云南省林业厅
杨红朝　云南省林业厅
张万茹　西藏自治区林业厅
庞　燕　陕西省林业厅
魏　瑞　甘肃省林业厅
程立欣　甘肃省林业厅
孙鸿儒　青海省林业厅
吕学民　宁夏回族自治区林业厅
朱　建　新疆维吾尔自治区林业厅
和梅君　新疆维吾尔自治区林业厅
张国钢　中国内蒙古森工集团有限责任公司
杨秋月　中国吉林森林工业(集团)总公司
杨　革　中国龙江森林工业(集团)总公司
周德滨　中国龙江森林工业(集团)总公司
王春华　中国龙江森林工业(集团)总公司
臧敬艳　中国龙江森林工业(集团)总公司
蒋赛俊　新疆生产建设兵团林业局

编 辑 说 明

一、《中国林业产业与林产品年鉴》是一部全面、系统、准确反映我国林业产业体系建设成就、机制、经验及其发展动态的大型资料性工具书。每年一卷，限收录上一年度信息与资料。

二、《中国林业产业与林产品年鉴》的基本任务是，为我国林业现代化，面向市场、面向生产基层，给林业行业广大生产经营单位、企业、各级行政职能机关，广大国内外投资者、经济科学研究工作者，提供全国林业产业各支柱产业发展成就与水平；主要县（旗、市、区）林产品产销信息；国家有关政策法规；各省（区、市）与国有森工企业林业产业发展动态及其先进地县（市、局）经验与重点企业经营状况；林产品国际进出口贸易等资料。

三、第七卷（2015）根据国家林业局林策发〔2007〕117号通知要求，以2014年资料为主，全卷200多万字。

四、该卷（2015）编纂内容分六大部分：（一）特辑部分，收录国家领导人有关讲话，国家林业局主要文件等；（二）全国林业产业发展概述；（三）行业篇，包括木材、木材加工、果品、花卉、林下产品以及林产化工，森林旅游等林业产业支柱产业；（四）各省（区、市）林业产业，龙头企业及其品牌产品；（五）林产品主产县（旗、市、区、局）；（六）林产品进出口贸易资料。

五、该卷林业产业与林产品资料来源。《中国林业统计年鉴》、《中国农业统计资料》、国家统计等。各县级资料，各省组织下属各县（旗、市、区、局）林业部门根据相关统计调查资料收集整理，并经省、地、县三级审核，通过中国林业产业与林产品信息网络平台填写上报。

六、该卷所录资料，均不含台湾省及香港、澳门特别行政区。

七、年鉴文字部分，实行条目编辑。条头设【 】。条目标题力求简明、规范。长条设黑体和楷体两级层次标题。全卷编排按内容分类。

八、年鉴编撰及资料收集，分别由各省（区、市）林业厅（局）、四大国有林区森工（林业）集团、兵团林业局和国家林业局有关司（局）及有关协会承担。

九、年鉴计量单位、文字撰稿、资料选用均执行国家在行立法规定。

十、条目、文章，一律署名，文责自负。

《中国林业产业与林产品年鉴》编辑部

《中国林业产业与林产品年鉴》编纂流程简图

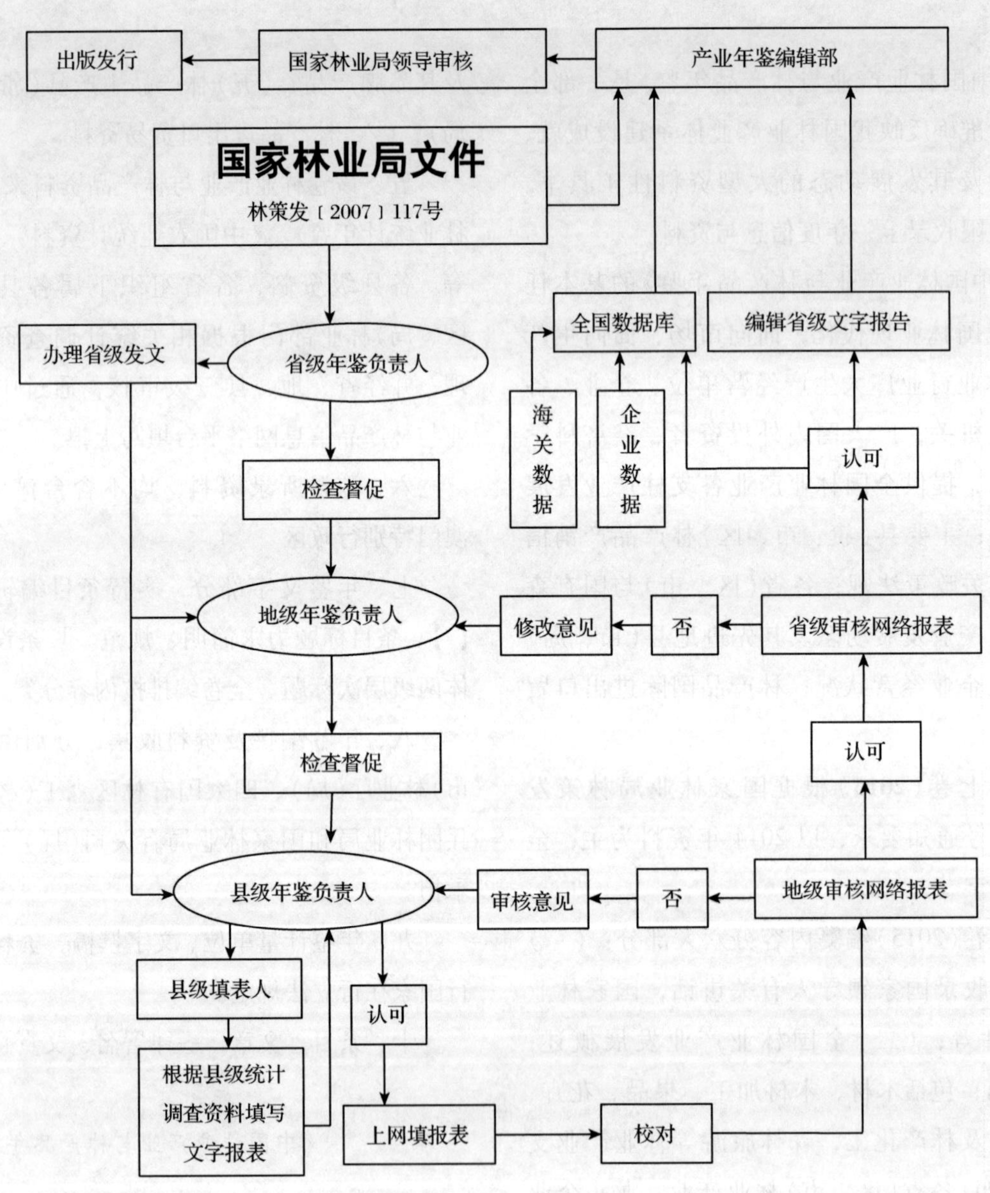

目　　录

特　辑

中国林业产业综述与行业篇

各省(区、市)林业产业

林产品主产县(旗、市、区、局、场)

林产品进出口贸易资料

特　辑

SPECIAL

在国家木材储备战略联盟成立大会暨首届理事会上的讲话

张建龙

(2014 年 7 月 11 日)

各位理事、同志们:

经国家林业局批准，国家木材储备战略联盟今天召开了成立大会。会上，通报了联盟组织机构和组成人员，通过了联盟章程和运行机制，会员单位作了交流发言。在此，我向会议的成功召开，向第一届理事会全体成员表示热烈的祝贺!向长期关心全国木材战略储备生产基地建设，支持参与联盟工作的各个单位、各界人士表示衷心的感谢!

党的十八大以来，国家林业局党组贯彻落实中央决策部署和习近平总书记重要批示指示精神，全面深化改革，完善治理体系，提升治理能力，把木材战略储备基地建设作为生态林业民生林业重要载体抓实抓好。经过半年多的筹备，局速丰办联合北京林业大学，以及南方 15 个省(区、市)林业厅项目办，共同发起组建联盟，各方积极参与，发展势头良好。我和大家一样，对联盟的发展前景充满信心。

进入新的历史时期，我国森林资源面积蓄积持续快速增长，进入历史上发展最快的时期，人工林保存面积居世界第一位，取得了举世瞩目的成就。但是，随着林业经营主体多元化、林业产业全球化深入发展，我国木材供需矛盾日益突出，木材安全形势十分严峻。原木锯材进口量超过全球贸易量的三分之一以上，木材对外依存度已接近 50%。随着国际原木交易限制增多，原木进口难度越来越大，部分品种面临断供风险。中国人碗里装中国粮，用 18 亿亩耕地基本解决了 13 亿人的吃饭问题，我国 45.6 亿亩*林地却没有完全解决 13 亿人的用材需求。而且进口依存度会持续上升，木材结构性短缺的局面短期内难以改观。这就迫切要求我们必须立足当前，着眼长远，扎实推进木材战略储备基地建设。两年多来，经过坚持不懈的探索实践，依靠各方面大力支持和共同努力，木材战略储备基地建设取得了实实在在的成果，可以说是开局良好，进展顺利。

一是形成了共识。木材安全供给是靠自己解决还是依靠进口? 这个问题在不同层面形成了共识，那就是木材要搞储备，中国木材必须“以我为主，自己解决”。近年来，党中央国务院对木材战略储备基地建设高度重视。全国人大、全国政协、国务院参事室、两院院士多次开展专题调研，在重要场合提出了关于木材战略储备基地建设的报告、提案和建议。前不久，唐守正等 8 位院士上书国务院，建议加强木材战略储备基地建设，建立国家储备林制度。李克强总理、汪洋副总理作出了重要批示。有关省区党委政府对木材战略储备基地建设高度认同，结合区域发展战略，积极与国家林业局协调沟通，千方百计地推进这项工作。如广西将木材战略储备的理念上升为自治区党代会的意志，作出了打造全国木材战略核心储备基地的决策部署。福建省委省政府把木材战略储备基地建设列为重要工程，主要领导亲自研究谋划。江西省委省政府把木材战略储备基地建设纳入《国务院关于支持赣南等原中央苏区振兴发展的若干意见》，成为林业发展的新亮点。从中央决策层到地方党委政府，已经形成了推进木材战略储备基地建设的共识。

二是明确了任务。国家林业局把木材战略储备基地建设作为《推进生态文明建设规划纲要》的

* 1 亩≈0.067 公顷。

重大行动之一，编制印发了《全国木材战略储备生产基地建设规划》。明确经过8年的努力，到2020年要在立地条件好、培育潜力大、目的树种丰富的800毫米等雨线以南地区，建设木材战略储备基地2.1亿亩。基地建成后，每年可新增木材9500万立方米以上，使我国木材自给率提高到60%左右。在基地建设的基础上，进一步制定《国家储备林建设试点方案》，探索建立契约管理、代储代管、动用轮换、动态监测的国家储备林制度。第一期选择划定符合条件的中近熟林资源1500万亩，经过10~20年的改造培育，实现年动用1000万立方米大径级木材的储备能力，木材储备率达到10%~15%，具备可查可调可控的大径级立木资源调剂能力。有了这些规划和方案，木材战略储备基地和国家储备林建设明确了任务、目标，确立了基本遵循。

三是积累了经验。木材战略储备基地除培育中短周期工业用材外，重点培育珍稀大径级材。基地建设既不同于以往的林业生态工程，也不同于传统的速生丰产林工程。各地把基地建设作为乡土珍稀种质资源保存的载体，借鉴国际项目先进经验的试验田，对解决我国森林质量不高，林分低龄化、树种单一化，保护生物多样性，具有十分重要的意义。当前，随着天然林保护工程的深入推进，国有林区持续减产和停止商品性采伐，我国木材生产重心向南方转移，南方15个省区商品材产量占全国总量的84%。加强木材战略储备基地建设，必须充分发挥南方省区水光热条件好的优势。两年多来，广西、福建、湖南等省区，借鉴世行等国际贷款项目经验，示范推广了多种类型的改培技术模式，中国林科院热林中心探索出南方珍稀用材林经营技术体系。国家林业局速丰办推广世行项目经验，总结出木材储备基地建设43种模式和57个典型案例，编制发布了《全国木材战略储备生产基地建设模式及典型案例》《推广世行项目经验，保障国家木材安全》《全国木材战略储备生产基地相关问题解读》《全国木材战略储备生产基地建设新闻报道汇编》等，成为推进基地建设的重要技术参考和经验借鉴。

四是取得了成效。截至目前，南方15个省(区)已建成和划定木材储备基地1830万亩，其中国家储备林划定1050万亩，福建、山东、安徽、四川4省已完成计划任务的90%。国家林业局速丰办开展了国家储备林运行管理等多项课题研究，发布了《国家储备林树种目录》《国家储备林划定办法(试行)》，正研究制定《国家储备林管理办法》，并建立了国家储备林划定管理信息系统，国家储备林的相关制度标准日趋完善。中央有关部门大力支持木材战略储备基地建设。目前，除国家发改委新增专项投资用于国家储备林改造培育(投资标准500元/亩)，财政部结合中央财政林业补贴资金重点安排中幼林抚育和基地造林，中国农业发展银行积极支持开展贷款扶持试点外，还争取到欧洲投资银行4亿欧元贷款，重点支持木材战略储备基地建设，争取到全球环境基金800万美元赠款，用于信息系统建设和软课题研究。广西、福建、云南、湖南等省，积极筹措省级配套资金，并安排专项经费用于国家储备林划定工作。初步估算，2014年木材战略储备基地建设各项资金将超过20亿元。

木材战略储备基地建设是一项开创性、长期性的工作，不可能一蹴而就。在建设过程中，部分基层单位反映存在配套政策不完善、储备信息不畅通、专业人才缺乏、科技手段滞后等问题，需要通过搭建良好的平台，加以研究并逐步完善，进一步激发调动社会各方面的积极性，形成协同推进基地建设的格局，这正是成立国家木材储备战略联盟的初衷。

国家木材储备战略联盟坚持“储材于林、藏富于民、科技支撑、协作共赢”的发展理念，致力于推动建设开放有序的高效人工林培育市场体系，提高长效稳定的大径级用材国家储备能力，促进生态林业民生林业、国家生态安全和木材安全战略目标的实现。联盟91家会员单位，涵盖了森林培育、加工利用和科研教学等产业链关联单位，完全有条件有能力发挥更大作用。

党的十八大和十八届三中全会提出建设现代社会组织体制，要求“创新社会治理体制，激发社会组织活力”“加快政府职能转移”“建立政府向社会组织购买公共服务制度”，这些都给联盟发展提出了新思路、新方向，开辟了广阔空间。本届联盟理事会要开好头、起好步，积极谋划，科学定位，精心组织，扎实推进这项富有开创性的工作。

第一，充分发挥服务功能。能不能联系实际搞好服务，是联盟有没有生命力的关键。要服务政府，针对行业热点、难点、苗头性和趋势性问题提出对策建议，主动承接好信息发布、技术推广、学术交流等方面的转移职能。要服务行业，分析提出国内木材供给总体情况，依据国内木材供给来源和结构，提出木材储备的数量、结构和布局，供国家有关部门决策参考。要服务主体，为会员单位提供木材进出口数量、品种和价格变化情况，发布国家储备林资源监测动态信息，建议国家有关部门在专项资金、采伐限额审批等方面优先安排。

第二，积极推进协同创新。要积极发挥北京林业大学、中国林科院、南京林业大学等科研单位协同创新和科技引领作用，对南方地区主要树种培育技术开展课题研究，组装配套一批成熟适用技术。要大力推进科研院所和基层单位的互联互通，及时掌握会员单位生产经营需求，进行联合攻关，促进科研与基地建设的紧密结合。

第三，深入开展交流合作。要加强国际交流，吸收其他国家立木储备的有益经验和做法，为联盟成员提供借鉴。要把我国人工林培育和管理的经验，特别是会员单位的成功模式，通过世行等国际组织平台，向发展中国家推广。要落实好“培训年”工作安排，围绕绩效评价、资金管理、储备林划定、信息系统和建设模式等，大力开展专题培训，不断提升会员单位的能力建设水平。

第四，及时反映会员诉求。要依靠联盟理事会、专家咨询委员会和专业顾问委员会，定期议事决策，听取联盟会员、咨询委员和顾问的意见，畅通建言献策的渠道。通过联盟通讯、信息网络、专业论坛等平台载体，分析掌握联盟会员在森林资源培育、木材加工和科研推广等方面的多种需求，重视日常协调沟通，不断增强工作的针对性和有效性，维护会员单位的正当权益和合理诉求。

第五，认真履行责任义务。国家林业局与各省要签订《国家储备林责任书》，各省与承储主体要签订《国家储备林合同》。各承储主体法人作为第一责任人，要对建设任务、建设质量、运行管理、资金安全和储备安全负总责。承储单位要如实准确上报储备信息，省级项目办要及时督促、汇总和审核上报数据，国家林业局要准确掌握划定进度，进行检查核实，及时发布信息。

第六，全面加强自身建设。要建立健全议事制度，充分发挥理事会、常务理事会的领导作用，不断提高运行管理能力。各位理事、特别是常务理事，要认真履职尽责，积极为联盟发展出谋划策，不断增强联盟在承接政府转移职能、完善储备政策、健全制度建设等方面的担当意识和服务能力。要加强社会宣传，重视品牌建设，不断提高联盟的知名度和影响力。

各位理事，同志们，联盟顺利完成各项目标任务，需要大家的共同努力。联盟理事会要认真学习贯彻习近平总书记关于林业改革发展的一系列重要指示精神，紧紧围绕局党组中心工作，全面深化改革，提高治理能力，努力把联盟办成一流的社团组织，为维护国家生态安全和木材安全、建设生态文明和美丽中国作出积极贡献。

谢谢大家！

弘扬竹文化 发展竹产业

——在第八届中国竹文化节开幕式上的讲话

张永利

（2014年11月18日）

尊敬的国际竹藤组织江泽慧联合主席、费翰思总干事，尊敬的王鹤龄副主席，各位来宾、女士们、先生们：

在全党全国深入学习贯彻党的十八届四中全会精神之际，第八届中国竹文化节隆重开幕了，这是展示我国竹产业和竹文化发展成就、扩大国内外合作交流的又一次盛会。在此，我代表国家林业局，对本次节会的举办表示热烈祝贺！对各位来宾和国内外朋友的到来表示热烈欢迎！

中国是世界上竹类资源最为丰富、竹子栽培历史最为悠久的国家之一，英国著名学者李约瑟在《中国科学技术史》中指出，东亚文明过去被称作“竹子文明”，中国被称为“竹子文明的国度”。近年来，在党中央、国务院的正确领导下，我国大力开展生态文明建设，稳步推进各项林业改革，加快林业治理体系和治理能力现代化，在坚持实施以生态建设为主的林业发展战略的同时，积极发展林业产业和生态文化，坚持把扩大竹产业，作为建设现代林业、促进绿色增长的重要任务，取得了显著成就，竹林资源持续增长、竹产业规模不断壮大、竹文化事业日益繁荣。目前，中国的竹种质资源、竹林面积、竹材蓄积、竹制品产量和出口量均居世界第一，竹加工技术和竹产品创新能力处于世界先进水平。据第八次全国森林资源清查结果显示，全国竹林面积601万公顷，比第七次清查增长11.69%。2013年，全国竹材产量18.77亿根，比2012年增产14.17%；竹业总产值1670.75亿元，比2012年增长36.5%。竹产业已普遍成为产区各地调整经济结构、转变发展方式、增加农民收入、促进林业“双增”的重要抓手和朝阳产业。

竹子不仅具有重要的生态价值和经济价值，也具有重要的历史文化价值。自古以来，历代文人墨客赏竹咏竹，许多脍炙人口的名篇佳作流传世间，激发高尚情操，弘扬民族气节，成为传播中华民族优秀文化的良好载体。竹子与人们的生产生活息息相关，并伴随时代足迹不断拓展应用空间，正由传统的竹建筑、竹工具、竹园林、竹乐器加快向现代竹建材、竹家具、竹纤维、竹工艺等领域发展。竹子，增添了中华民族文化的厚重感，成为展示我国生态文明建设成就的重要窗口，为世人所瞩目。

安徽省委、省政府历来高度重视林业发展，明确要求把加快造林绿化、提高森林覆盖率作为生态强省建设的首要任务，先后实施了“五年消灭荒山、八年绿化安徽”的“五八”造林绿化规划以及林业二次创业、万里绿色长廊建设、千万亩森林增长等林业重大工程，成绩显著。全省现有森林面积5706.3万亩、森林蓄积量1.81亿立方米、森林覆盖率27.53%，分别比2009年增长5.65%、31.4%和1.47个百分点。安徽省竹林资源十分丰富，现有竹林面积505.8万亩，占全省森林面积的8.86%。2013年全省竹业总产值143.65亿元，居全国第六位。

黄山是“中国竹子之乡”，具有发展竹产业的资源基础和政策环境。多年来，黄山市委、市政府十分重视林业发展，着力培育竹资源，打造特色竹产业，加快美丽城乡建设，竹林面积不断增加，目前竹业产值已突破10亿元。黄山市到处是一派修竹苍翠、绿山富民的欣欣向荣景象，竹产业在农民增收、生态增量、旅游增长、文化增色等方面发挥着越来越重要的作用。黄山市在大力弘扬竹文化，传承徽派竹刻艺术，促进竹文化与生态旅游融合式发展等方面作了许多有益探索，为安徽省乃至全国竹产业发展积累了许多宝贵经验，取得了可喜成绩。

当前，我国正处在全面建成小康社会和大力推进生态文明建设的重要时期，建设天蓝、地绿、水清的美好家园，推行绿色、低碳、环保的生活方式，已经成为增进民生福祉的重要内容。竹产业是生态富民产业、绿色循环产业，发展潜力巨大，市场前景广阔。国家林业局把发展竹产业作为进一步落实党中央、国务院支农惠农政策、解决“三农”问题的有力抓手，作为促进农村经营性资产保值增值、农民增收致富的重要途径，作为培植农村新的经济增长点、推进经济社会全面发展的重大举措，列入林业“十二五”重点发展的十大主导产业，颁布了《竹产业发展十年规划》，提出了发展目标，加强了政策扶持。到2020年，将形成竹产区农民从事竹业的收入占到纯收入的20%以上，竹产业结构更趋合理，竹文化更加繁荣的发展格局。

兴竹富民，生动演绎了生态林业民生林业建设，诠释了生态文明和美丽中国的深刻内涵，前景无限光明。我们要把竹产业建设成为促进就业增收和带动区域经济发展的重要产业，积极深化林业改革，实施竹产业创新发展战略，加快竹子资源培育，提高竹产品科技含量，加强产业发展国际合作，加速产销链延伸，推进产业转型升级，促进我国由竹子资源大国向竹产业强国迈进。我们希望，通过这次节会的举办，能够进一步凝聚共识，增进交流，扩大合作，以党的十八大、十八届三中、四中全会精神和习近平总书记系列重要讲话精神为指引，锐意进取，攻坚克难，弘扬竹文化，发展竹产业，为促进中国乃至世界的绿色增长和可持续发展做出新的更大的贡献！

预祝第八届中国竹文化节圆满成功！

谢谢大家！

国家林业局 海关总署 令

第34号

《野生动植物进出口证书管理办法》已经2013年9月13日国家林业局局务会议审议通过，并经海关总署同意，现予公布，自2014年5月1日起施行。

国家林业局局长 赵树丛
海关总署署长 于广洲
2014年2月9日

附件：野生动植物进出口证书管理办法

第一章 总 则

第一条 为了规范野生动植物进出口证书管理，根据《中华人民共和国濒危野生动植物进出口管理条例》《国务院对确需保留的行政审批项目设定行政许可的决定》及《濒危野生动植物种国际贸易公约》(以下简称公约)等规定，制定本办法。

第二条 通过货运、邮递、快件和旅客携带等方式进出口野生动植物及其产品的，适用本办法的规定。

第三条 依法进出口野生动植物及其产品的，实行野生动植物进出口证书管理。

野生动植物进出口证书包括允许进出口证明书和物种证明。

进出口列入《进出口野生动植物种商品目录》(以下简称商品目录)中公约限制进出口的濒危野生动植物及其产品、出口列入商品目录中国家重点保护的野生动植物及其产品的，实行允许进出口证明书管理。

进出口列入前款商品目录中的其他野生动植物及其产品的，实行物种证明管理。

商品目录由中华人民共和国濒危物种进出口管理办公室(以下简称国家濒管办)和海关总署共同制定、调整并公布。

第四条 允许进出口证明书和物种证明由国家濒管办核发；国家濒管办办事处代表国家濒管办核发允许进出口证明书和物种证明。

国家濒管办办事处核发允许进出口证明书和物种证明的管辖区域由国家濒管办确定并予以公布。

允许进出口证明书和物种证明由国家濒管办组织统一印制。

第五条 国家濒管办及其办事处依法对被许可人使用允许进出口证明书和物种证明进出口野生动植物及其产品的情况进行监督检查。

第六条 禁止进出口列入国家《禁止进出口货物目录》的野生动植物及其产品。

第二章 允许进出口证明书核发

第一节 申 请

第七条 申请核发允许进出口证明书的，申请人应当根据申请的内容和国家濒管办公布的管辖区域向国家濒管办或者其办事处提出申请。

第八条 申请核发允许进出口证明书的，申请人应当提交下列材料：

(一)允许进出口证明书申请表。申请人为单位的，应当加盖本单位印章；申请人为个人的，应当有本人签字或者印章。

(二)国务院野生动植物主管部门的进出口批准文件。

(三)进出口合同。但是以非商业贸易为目的个人所有的野生动植物及其产品进出口的除外。

(四)身份证明材料。申请人为单位的，应当提交营业执照复印件或者其他身份证明；申请人为个人的，应当提交身份证件复印件。

(五)进出口含野生动植物成分的药品、食品等产品的，应当提交物种成分含量表和产品说明书。

(六)出口野生动植物及其产品的，应当提交证明野外或者人工繁育等来源类型的材料。

(七)国家濒管办公示的其他应当提交的材料。

第九条 申请进出口公约附录所列的野生动植物及其产品的，申请人还应当提交下列材料：

(一)进口公约附录所列野生动植物及其产品的，应当提交境外公约管理机构核发的允许出口证明材料。公约规定由进口国先出具允许进口证明材料的除外。

(二)进出口活体野生动物的，应当提交证明符合公约规定的装运条件的材料。其中，进口公约附录I所列活体野生动物的，还应当提交接受者在笼舍安置、照管等方面的文字和图片材料。

(三)出口公约附录I所列野生动植物及其产品，或者进口后再出口公约附录I所列活体野生动植物的，应当提交境外公约管理机构核发的允许进口证明材料。公约规定由出口国先出具允许出口证明材料的除外。

与非公约缔约国之间进行野生动植物及其产品进出口的，申请人提交的证明材料应当是在公约秘书处注册的机构核发的允许进出口证明材料。

第十条 进口后再出口野生动植物及其产品的，应当提交经海关签注的允许进出口证明书复印件和海关进口货物报关单复印件。进口野生动植物原料加工后再出口的，还应当提交相关生产加工的转换计划及说明；以加工贸易方式进口后再出口野生动植物及其产品的，提交海关核发的加工贸易手册复印件或者电子化手册、电子账册相关内容(表头及相关表体部分)打印件。

以加工贸易方式进口野生动植物及其产品的，应当提交海关核发的加工贸易手册复印件或者电子化手册、电子账册相关内容(表头及相关表体部分)打印件。

第十一条 申请人委托代理人代为申请的，应当提交代理人身份证明和委托代理合同；申请商业性进出口的，还应当提交申请人或者代理人允许从事对外贸易经营活动的资质证明。

第二节 审查与决定

第十二条 国家濒管办及其办事处在收到核发允许进出口证明书的申请后，对申请材料齐全、符合法定形式的，应当出具受理通知书；对申请材料不齐或者不符合法定形式的，应当出具补正材料通知书，并一次性告知申请人需要补正的全部内容。对依法应当不予受理的，应当告知申请人并说明理由，出具不予受理通知书。

第十三条 国家濒管办及其办事处核发允许进出口证明书，需要咨询国家濒危物种进出口科学机构意见的、需要向境外相关机构核实允许进出口证明材料的，或者需要对出口的野生动植物及其产品进行实地核查的，应当在出具受理通知书时，告知申请人。

咨询意见、核实允许进出口证明材料和实地核查所需时间不计入核发允许进出口证明书工作日之内。

第十四条 有下列情形之一的，国家濒管办及其办事处不予核发允许进出口证明书：

(一)申请内容不符合《中华人民共和国濒危野生动植物进出口管理条例》或者公约规定的。

(二)申请内容与国务院野生动植物主管部门的进出口批准文件不符的。

(三)经国家濒危物种进出口科学机构认定可能对本物种或者其他相关物种野外种群的生存造成危害的。

(四)因申请人的原因，致使核发机关无法进行实地核查的。

(五)提供虚假申请材料的。

第十五条 国家濒管办及其办事处自收到申请之日起二十个工作日内，对准予行政许可的，应当核发允许进出口证明书；对不予行政许可的，应当作出不予行政许可的书面决定，并说明理由，同时告知申请人享有的权利。

国家濒管办及其办事处作出的不予行政许可的书面决定应当抄送国务院野生动植物主管部门。

在法定期限内不能作出决定的，经国家濒管办负责人批准，可以延长十个工作日，并将延长期限的理由告知申请人。

第十六条 对准予核发允许进出口证明书的，申请人在领取允许进出口证明书时，应当按照国家规定缴纳野生动植物进出口管理费。

第十七条 允许进出口证明书的有效期不得超过180天。

第十八条 被许可人需要对允许进出口证明书上记载的进出口口岸、境外收发货人进行变更的，应当在允许进出口证明书有效期届满前向原发证机关提出书面变更申请。

被许可人需要延续允许进出口证明书有效期的，应当在允许进出口证明书有效期届满十五日前向原发证机关提出书面延期申请。

原发证机关应当根据申请，在允许进出口证明书有效期届满前作出是否准予变更或者延期的决定。

第十九条 允许进出口证明书损坏的，被许可人可以在允许进出口证明书有效期届满前向原发证机关提出补发的书面申请并说明理由，同时将已损坏的允许进出口证明书交回原发证机关。

原发证机关应当根据申请，在允许进出口证明书有效期届满前作出是否准予补发的决定。

第二十条 进出口野生动植物及其产品的，被许可人应当在自海关放行之日起三十日内，将海关验讫的允许进出口证明书副本和海关进出口货物报关单复印件交回原发证机关。进口野生动植物及其产品的，还应当同时交回境外公约管理机构核发的允许出口证明材料正本。

未实施进出口野生动植物及其产品活动的，被许可人应当在允许进出口证明书有效期届满后三十日内将允许进出口证明书退回原发证机关。

第二十一条 有下列情形之一的，国家濒管办及其办事处应当注销允许进出口证明书：

（一）允许进出口证明书依法被撤回、撤销的。

（二）允许进出口证明书有效期届满未延续的。

（三）被许可人死亡或者依法终止的。

（四）因公约或者法律法规调整致使允许进出口证明书许可事项不能实施的。

（五）因不可抗力致使允许进出口证明书许可事项无法实施的。

第二十二条 允许进出口证明书被注销的，申请人不得继续使用该允许进出口证明书从事进出口活动，并应当及时将允许进出口证明书交回原发证机关。

第三章 物种证明核发

第一节 申请

第二十三条 申请核发物种证明的，申请人应当根据申请的内容和国家濒管办公布的管辖区域向国家濒管办或者其办事处提出申请。

第二十四条 申请核发物种证明的，申请人应当提交下列材料：

（一）物种证明申请表。申请人为单位的，应当加盖本单位印章；申请人为个人的，应当有本人签字或者加盖印章。

（二）进出口合同。但是以非商业贸易为目的个人所有的野生动植物及其产品进出口的除外。

（三）身份证明材料。申请人为单位的，应当提交营业执照复印件或者其他身份证明；申请人为个人的，应当提交身份证件复印件。

（四）进出口含野生动植物成分的药品、食品等产品的，应当提交物种成分含量表和产品说明书。

（五）出口野生动植物及其产品的，应当提交合法来源证明材料。

（六）进口野生动植物及其产品的，应当提交境外相关机构核发的原产地证明、植物检疫证明或者提货单等能够证明进口野生动植物及其产品真实性的材料。

（七）进口的活体野生动物属于外来陆生野生动物的，应当提交国务院陆生野生动物主管部门同意引进的批准文件。

（八）进口后再出口野生动植物及其产品的，应当提交加盖申请人印章并经海关签注的物种证明复印件或者海关进口货物报关单复印件。

（九）国家濒管办公示的其他应当提交的材料。

第二十五条 申请人委托代理人代为申请的，应当提交代理人身份证明和委托代理合同；申请商业性进出口的，还应当提交申请人或者代理人允许从事对外贸易经营活动的资质证明。

第二节 审查与决定

第二十六条 国家濒管办及其办事处在收到核发物种证明的申请后，对申请材料齐全、符合法定形式的，应当出具受理通知书；对申请材料不齐或者不符合法定形式的，应当出具补正材料通知书，并一次性告知申请人需要补正的全部内容。对依法应当不予受理的，应当告知申请人并说明理由，出具不予受理通知书。

第二十七条 有下列情形之一的，国家濒管办及其办事处不予核发物种证明：

(一)不能证明其来源合法的。

(二)提供虚假申请材料的。

第二十八条 国家濒管办及其办事处自收到申请之日起二十个工作日内，对准予行政许可的，应当核发物种证明；对不予行政许可的，应当作出不予行政许可的书面决定，并说明理由，同时告知申请人享有的权利。

在法定期限内不能作出决定的，经国家濒管办负责人批准，可以延长十个工作日，并将延长期限的理由告知申请人。

第二十九条 物种证明分为一次使用和多次使用两种。

第三十条 对于同一物种、同一货物类型并在同一报关口岸多次进出口野生动植物及其产品的，申请人可以向国家濒管办指定的办事处申请核发多次使用物种证明；但属于下列情形的，不得申请核发多次使用物种证明：

(一)出口国家保护的有益的或者有重要经济、科学研究价值的陆生野生动物及其产品的。

(二)进口或者进口后再出口与国家保护的有益的或者有重要经济、科学研究价值的陆生野生动物同名的陆生野生动物及其产品的。

(三)出口与国家重点保护野生植物同名的人工培植来源的野生植物及其产品的。

(四)进口或者进口后再出口与国家重点保护野生动植物同名的野生动植物及其产品的。

(五)进口或者进口后再出口非原产我国的活体陆生野生动物的。

(六)国家濒管办公示的其他情形。

第三十一条 一次使用的物种证明有效期不得超过180天。多次使用的物种证明有效期不得超过360天。

第三十二条 被许可人需要对物种证明上记载的进出口口岸、境外收发货人进行变更的，应当在物种证明有效期届满前向原发证机关提出书面变更申请。

被许可人需要延续物种证明有效期的，应当在物种证明有效期届满十五日前向原发证机关提出书面延期申请。

原发证机关应当根据申请，在物种证明有效期届满前作出是否准予变更或者延期的决定。

第三十三条 物种证明损坏的，被许可人可以在物种证明有效期届满前向原发证机构提出补发的书面申请并说明理由，同时将已损坏的物种证明交回原发证机关。

原发证机关应当根据申请，在物种证明有效期届满前作出是否准予补发的决定。

第四章 进出境监管

第三十四条 进出口商品目录中的野生动植物及其产品的，应当向海关主动申报并同时提交允许进出口证明书或者物种证明，并按照允许进出口证明书或者物种证明规定的种类、数量、口岸、期限完成进出口活动。

第三十五条 进出口商品目录中的野生动植物及其产品的，其申报内容与允许进出口证明书或者物种证明中记载的事项不符的，由海关依法予以处理。但申报进出口的数量未超过允许进出口证明书或者物种证明规定，且其他申报事项一致的除外。

第三十六条 公约附录所列野生动植物及其产品需要过境、转运、通运的，不需申请核发野生动植物进出口证书。

第三十七条 对下列事项有疑义的，货物进、出境所在地直属海关可以征求国家濒管办或者其办事处的意见：

(一)允许进出口证明书或者物种证明的真实性、有效性。

(二)境外公约管理机构核发的允许进出口证明材料的真实性、有效性。

(三)野生动植物物种的种类、数量。

(四)进出境货物或者物品是否为濒危野生动植物及其产品或者是否含有濒危野生动植物种成分。

(五)海关质疑的其他情况。

国家濒管办或者其办事处应当及时回复意见。

第三十八条 海关在允许进出口证明书和物

种证明中记载进出口野生动植物及其产品的数量，并在办结海关手续后，将允许进出口证明书副本返还持证者。

第三十九条 在境外与保税区、出口加工区等海关特殊监管区域、保税监管场所之间进出野生动植物及其产品的，申请人应当向海关交验允许进出口证明书或者物种证明。

在境内与保税区、出口加工区等海关特殊监管区域、保税监管场所之间进出野生动植物及其产品的，或者在上述海关特殊监管区域、保税监管场所之间进出野生动植物及其产品的，无须办理允许进出口证明书或者物种证明。

第五章 附 则

第四十条 本办法所称允许进出口证明书包括濒危野生动植物种国际贸易公约允许进出口证明书和中华人民共和国野生动植物允许进出口证明书。

本办法所称物种证明是指非进出口野生动植物种商品目录物种证明。

第四十一条 从不属于任何国家管辖的海域获得的野生动植物及其产品，进入中国领域的，参照本办法对进口野生动植物及其产品的有关规定管理。

第四十二条 本办法关于期限没有特别规定的，适用行政许可法有关期限的规定。

第四十三条 本办法由国家林业局、海关总署共同解释。

第四十四条 本办法自 2014 年 5 月 1 日起实施。

国家林业局关于公布首批国家林业重点龙头企业名单的通知

林规发〔2014〕67 号

各省、自治区、直辖市林业厅(局)，内蒙古、吉林、龙江、大兴安岭森工(林业)集团公司，新疆生产建设兵团林业局，有关中央企业：

按照中央关于“有关部门要在全国选择一批有基础、有优势、有特色、有前景的龙头企业作为国家支持的重点”的要求，以及《国家林业重点龙头企业推选和管理工作实施方案(试行)》的规定，在各省(区、市)林业主管部门和有关中央企业推荐的基础上，经专家评审和社会公示，认定河北蓝鸟家具股份有限公司等 128 家企业为首批国家林业重点龙头企业(名单见附件)。

国家林业重点龙头企业是现代林业发展的引领者，是林业产业转型升级的示范者，是在市场起资源配置决定性作用条件下发挥林业生态效益、社会效益和经济效益的重要微观经济主体，对于促进生态林业和民生林业发展，驱动林业产业转型升级、区域经济发展和农民增收具有重要作用。这次被认定为国家林业重点龙头企业的企业既要有荣誉意识更要有责任意识，要在已有发展的基础上，不断树立现代企业理念，加强企业治理，强化科技创新和品牌建设，为社会提供更丰富更优质的林产品；要强化节约资源措施，高效利用、循环利用森林资源，促进绿色发展；要逐步延长产业链，提高精深加工水平和附加值，加快产业聚集，促进林业产业转型升级；要增强社会责任意识，守法经营，诚信经营，在自身发展的同时，与林农建立利益联动机制，切实提高林农收入。

各级林业主管部门要加强国家林业重点龙头企业的指导，在规划、技术、信息等方面提供服务，在基地建设、林地利用、林业财政金融保险等方面予以政策扶持。要主动协调相关部门，落实中央关于支持龙头企业发展的一系列扶持政策，共同推动国家林业重点龙头企业实行动态评价管理，建立和完善淘汰机制，做到有进有出，不断提高龙头企业素质，增加辐射能力和带动能力。

国家林业局
2014 年 5 月 14 日

附件：首批国家林业重点龙头企业名单

河北

河北蓝鸟家具股份有限公司
廊坊三利木业有限公司
平山县葫芦峪农业科技开发有限公司
河北绿岭果业有限公司

山西

山西骏达木业有限公司

内蒙古

内蒙古宇航人高技术产业有限责任公司
内蒙古金地生物质有限公司
内蒙古美林实业集团有限公司

辽宁

华丰家具集团有限公司
辽宁赛斯木业有限公司
辽宁东宁药业有限公司
大连华夏家具有限公司
大连盛友门业有限公司

吉林

吉林兄弟木业集团有限公司
抚松金隆木业集团有限公司
吉林中信美来木业集团有限责任公司
吉林新元木业有限公司

黑龙江

哈尔滨森鹰窗业股份有限公司
华鹤集团金鹤门业发展有限公司
黑龙江三和木业(集团)有限公司

江苏

无锡市博大竹木业有限公司
徐州中原木业有限公司
徐州福华木业股份有限公司
江苏富祥木业股份有限公司
江苏贝尔装饰材料有限公司
大亚科技股份有限公司

浙江

德华兔宝宝装饰新材股份有限公司
浙江世友木业有限公司
浙江大庄实业集团有限公司
浙江康大实业有限公司
久盛地板有限公司
浙江常发粮油食品有限公司
浙江新云木业集团有限公司

安徽

安徽龙华竹业有限公司
安徽博亚竹木制品有限公司
安徽森泰集团
安徽华安达集团工艺品有限公司
安徽大别山科技开发有限公司
安徽绿健生物科技有限公司
黄山市徽山食用油有限公司

福建

福建元力活性炭股份有限公司
福建杜氏木业有限公司
新洲(武平)林化有限公司
福建省漳平木村林产有限公司
福建三本农业高科技有限公司
福建省尤溪县沈郎食用油有限公司
老知青集团有限公司
莆田标准木业有限公司
厦门金牌厨柜股份有限公司

江西

江西康替龙竹业有限公司
全南厚朴生态林业有限公司
新余市天欣源工贸有限公司
江西飞尚林产有限公司
江西仙客来生物新科技有限公司
江西春源绿色食品有限公司
青龙高科技股份有限公司
江西山村油脂食品有限公司
江西绿海油脂有限公司

山东

菏泽尧舜牡丹生物科技有限公司
山东霞光实业有限公司
山东贺友集团有限公司
山东新港企业集团有限公司
东营正和木业有限公司
鲁丽集团有限公司
诸城市松源木业有限责任公司

河南

好想你枣业股份有限公司

夏邑县金展木业有限责任公司
兰考三环华兰实业集团
河南阿凡达精工家具有限公司
固始县华丰工艺品有限责任公司

湖北

康欣新材料科技股份有限公司
湖北拍马林浆纸集团
湖北燕加隆九方圆板材有限责任公司
巨宁森工股份有限公司
湖北正全农业科技开发有限公司
广信绿色食品开发京山有限公司
湖北黄袍山绿色产品有限公司
湖北汇澄茶油股份有限公司
湖北四季春茶油有限公司

湖南

益阳森华林业发展有限公司
株洲松本林化有限公司
湖南瑞柏茶油有限公司
湖南福湘木业有限责任公司
伟特家居股份有限公司
湖南林之神生物科技有限公司
湖南山润油茶科技发展有限公司

广东

广东省宜华木业股份有限公司
鸿伟木业(仁化)有限公司
广东五联木业集团有限公司
廉江一品木业有限公司
广东新大地生物科技股份有限公司
广东鸿利丰生物科技有限公司

广西

广西壮族自治区国有高峰林场
广西三威林产工业有限公司
广西金桂浆纸业有限公司
广西梧州日成林产化工股份有限公司
广西天利恒种业有限公司
广西桂林思源生态农业科技开发有限责任公司

海南

海南金海浆纸业有限公司

重庆

重庆星星套装门(集团)有限责任公司
重庆理文造纸有限公司

四川

全友家私有限公司
四川升达林业产业股份有限公司
成都建丰林业股份有限公司
四川永丰纸业股份有限公司
四川国栋建设股份有限公司

贵州

兴义市鲁屯油脂加工厂
贵州森泰实业有限公司

云南

云南省临沧市泛华林业投资发展有限公司
腾冲县古林木业有限责任公司
南华松香厂
云南摩尔农庄生物科技开发有限公司
云南盛禾生态农业科技发展有限公司

陕西

陕西中兴林产科技股份有限公司

甘肃

陇南市祥宇油橄榄开发有限责任公司
甘肃绿源农林科技有限公司

青海

青海忠华核桃有限公司

宁夏

银川泰丰生物科技有限公司

新疆

新疆天海绿洲农业科技股份有限公司
哈密长河集团长青农牧有限公司
温宿县木本粮油林场

中国吉林森林工业集团有限责任公司

吉林森林工业股份有限公司
吉林森工金桥地板集团有限公司

中国龙江森林工业(集团)总公司

黑龙江省绥棱林业局
黑龙江省柴河林业局

大兴安岭林业集团公司

大兴安岭神州北极木业有限公司

中国林业集团公司

福人集团有限责任公司
中国林产工业公司

国家林业局关于公布国家珍贵树种培育示范县、市名单的通知

林造发〔2014〕78号

各省、自治区、直辖市林业厅(局),内蒙古、吉林、龙江、大兴安岭森工(林业)集团公司,新疆生产建设兵团林业局:

为示范带动全国珍贵树种培育工作,提升森林质量,增加珍贵树种资源储备,促进生态文明和美丽中国建设,根据《国家珍贵树种培育示范县管理办法(试行)》(林造发〔2013〕27号,以下简称《管理办法》)有关规定,我局确定广西壮族自治区崇左市为国家珍贵树种培育示范市(地级),山西省乡宁县等65个县(市、区、旗、场、局)为国家珍贵树种培育示范县。

各地要充分认识国家珍贵树种培育示范县、市建设的重要意义,严格依据《管理办法》和《国家珍贵树种培育示范建设成效考核评价办法(试行)》,加强领导,强化管理,精心谋划,突出重点,分类指导,统筹推进各项示范建设工作,确保示范建设成效。

附件:国家珍贵树种培育示范县、市名单

国家林业局

2014年5月29日

附件:国家珍贵树种培育示范县、市名单

省(自治区)、森工(林业)集团	数量	县(市、区、旗、场、局)	地级市
合计		65	1
河北	1	塞罕坝机械林场	
山西	1	乡宁县	
内蒙古	1	伊金霍洛旗	
辽宁	3	桓仁县、清原县、本溪县	
吉林	2	通化县、临江市	
浙江	3	长兴县、嵊州市、龙泉市	
安徽	2	泾县、南谯区	
福建	3	华安县、永安市、政和县	
江西	3	德兴市、崇义县、广丰县	
山东	4	郯城县、泗水县、邹城市、垦利县	
河南	4	栾川县、卢氏县、济源县、修武县	
湖北	4	十里牌林场、咸安区、竹溪县、红安县	
湖南	4	新宁县、安化县、金洞管理区、鼎城区	
广东	3	天井山林场、肇庆国有林业总场、梅江区	
广西	5	大新县、龙州县、天等县、凭祥市	崇左市
四川	4	巴州区、营山县、开江县、洪雅县	
贵州	4	习水县、罗甸县、黎平县、兴义市	
云南	3	罗平县、腾冲县、勐海县	
陕西	4	旬阳县、镇安县、扶风县、黄龙山林业局	
甘肃	1	徽县	
内蒙古森工	1	阿里河林业局	
龙江森工	4	东方红林业局、新青林业局、苇河林业局、大海林林业局	
大兴安岭	2	西林吉林业局、十八站林业局	

国家林业局关于加强林木种苗质量管理的意见

林场发〔2014〕81 号

各省、自治区、直辖市林业厅(局)，内蒙古、吉林、龙江、大兴安岭森工(林业)集团公司，新疆生产建设兵团林业局：

为深入贯彻落实《中华人民共和国种子法》《国务院办公厅关于加强林木种苗工作的意见》《国务院办公厅关于深化种业体制改革提高创新能力的意见》精神，加强林木种苗生产、流通和使用环节的质量监督管理，提高林木种苗质量水平，保障生态文明建设和林业发展用种安全，现就加强林木种苗质量管理提出如下意见。

一、充分认识加强林木种苗质量管理的必要性

1. 林木种苗质量的地位和作用。林木种苗是生态建设和林业发展的重要基础，其质量的好坏直接影响造林成效和森林质量。提高林木种苗质量，不但能提高单位面积林地的生产力，还能保证造林质量，有效增进森林健康，增强林木抵抗自然灾害的能力。各级林业主管部门要树立“林以种为本、种以质为先”的质量管理理念，充分认识林木种苗质量在造林绿化中的重要地位和作用，加强林木种苗质量监管，大力推广优良苗木造林，进一步提高造林质量和成效。

2. 林木种苗质量管理面临的形势。加快生态文明建设，推进绿色发展，建设美丽中国，离不开林木种苗的快速发展。随着我国造林绿化进程的推进，造林已进入攻坚克难阶段，迫切需要结构合理、品种多样、抗逆性强的良种壮苗，城乡绿化、经济林发展、工业原料林建设迫切需要经济价值高、生态效益好、适应性强的林木种苗，林木种苗生产供应由数量保障型向质量效益型转变已成为必然，加强林木种苗质量管理已成为建设生态林业、民生林业的必然要求。

3. 林木种苗质量管理亟待解决的问题。随着林木种苗市场化程度进一步提高，林木种苗质量管理难度进一步加大，林木种苗法律、法规、标准尚需完善，林木种苗生产经营许可、档案、质量检验、标签等制度没有完全落实到位。林木种苗市场以假充真、以次充好、未审先推等现象时有发生。基层林木种苗质量管理机构不健全，缺乏必要的设施设备，种苗管理和检验人员培训力度不够等，这些问题严重制约了林木种苗质量管理工作，直接影响到林业的持续健康发展，迫切需要加以解决。

二、进一步落实林木种苗质量管理制度

4. 进一步落实林木种苗生产经营许可制度。定期对从事林木种苗生产经营活动的单位和个人进行清查，依法取缔无证生产经营。鼓励育苗户组成合作社联合体申办许可证。严格林木种苗生产经营许可证发放程序，对申办要求、办理程序和办理结果进行公示。加强许可事后监管，引导企业合法经营，建立生产经营者诚信档案，逐步形成诚信规范的林木种苗市场。

5. 进一步落实林木种苗标签制度。销售的林木种苗要附有标签。严格执行林木种苗标签管理有关规定和标准，统一林木种苗标签颜色、规格、式样、材质。指导林木种苗生产经营者正确填写和使用标签，标签标注的内容要与实际相符，每个独立包装挂附一个标签，不能包装的苗木每个销售单元附有一个标签。

6. 进一步落实林木种苗生产经营档案制度。督促林木种苗生产经营者建立生产经营档案，配备必要的管理设备，实行专人负责，集中统一管理。档案内容要连续、完整、真实，如实记载种子来源、生产经营过程、检验结果、包装、运输、销售去向等。籽粒、果实等有性繁殖材料的档案要长期保存，苗木档案至少保存 5 年。

7. 进一步规范林木种苗广告管理。加强与工商行政管理部门协调配合，严格执行林木种苗广告管理的有关规定，引导广告经营者、发布者依法发布林木种苗广告，对各类新闻媒体发布的林木种苗广告进行跟踪检查。省级林业行政主管部门或其所属的林木种苗管理机构在出具林木种苗广告专业技术证明时，要认真审核广告中的专业技术内容，必要时进行现场核验。

三、切实加强林木种苗质量监督管理工作

8. 加强林木种苗生产过程质量管理。严格执行林木种苗生产技术标准，加强林木种苗生产各环节技术指导。强化林木种子源头管理，确定并向社会公告采种林，公布采种期，禁止抢采掠青，禁止在种子生产基地内，从事有害生物接种实验。督促林木种苗生产经营者对所生产经营的林木种苗实行自检或者委托检验，出具林木种苗质量检验证书，并对林木种苗质量负责。

9. 加强林木种苗质量监督抽查工作。每年要组织国家级和省级林木种苗质量监督抽查工作，抽查项目要从单纯的质量指标检测向兼顾遗传品质检测延伸，抽查结果判定要从单纯的定量指标评定向定量指标和定性指标综合判定延伸，抽查环节要从苗圃地向造林地延伸。通报抽查结果，对在林木种苗质量管理中措施得力、质量优良的单位予以表扬；对质量不合格的单位要通报批评，责令整改，并跟踪检查。对整改不到位单位所在县，省级林业主管部门要对其进行项目投资调控。

10. 加强林木种苗使用环节管理。国家投资或者国家投资为主的造林项目和国有林业单位造林，要根据林业主管部门制定的造林计划使用林木良种。造林规划、作业设计要明确树种(品种)、质量要求，要使用有生产经营许可证、标签、质量检验证书、植物检疫证书的林木种苗。造林验收要将林木种苗质量和林木良种使用情况作为重要内容，使用质量不合格种苗或未按要求使用林木良种的，不予验收。造林单位要建立造林使用林木种苗档案，实行林木种苗质量可追溯制度。

11. 加大对各类林木种苗质量案件的查处力度。创新工作机制，加强与工商、公安等部门联合执法，形成执法合力。严厉打击生产经营假劣林木种苗、未审先推、抢采掠青、无证无签、伪造证书、虚假广告等违法行为。建立林木种苗质量社会监督机制，公布监督举报电话，及时对举报的林木种苗案件进行查处。建立林木种苗质量案件上报跟踪制度，每月逐级向国家林业局报告案件查处情况，及时、准确公开行政处罚案件信息，对不如实报告或查处不力的给予通报批评。

四、强化林木种苗质量管理能力建设

12. 加强林木种苗质量管理机构建设。要建立国家、省、地(市)、县四级林木种苗质量监督管理体系，加强人员配置，加大投入，改善基础设施和设备条件，建立和完善各项质量监督管理制度。定期开展林木种苗质量管理人员培训考核，普及林木种苗法律、法规、技术标准及各相关专业知识，提高林木种苗质量管理能力。

13. 加强林木种苗标准体系建设。各级林业主管部门要制定和完善品种选育、种苗生产、检验检疫、评价等林木种苗技术标准，鼓励企业制定其内部质量管理制度和技术标准，不断完善林木种苗标准化体系建设，为林木种苗质量管理工作提供技术支持。

国家林业局

2014年6月4日

国家林业局关于加强当前林木种子苗木免税进口管理工作的通知

林场发〔2014〕127号

各省、自治区、直辖市林业厅(局)：

为了贯彻执行种子(苗)、种畜(禽)和鱼种(苗)免征进口环节增值税政策，进一步做好当前林木种子苗木免税进口管理工作，现就有关事宜通知如下：

一、林木种子苗木免税进口计划的申报

(一)申报时间。每年11月30日前，申请办理林木种子苗木免税进口的单位要向所在地省级林业行政主管部门报送本年度免税进口执行情况和下一年度进口计划。省级林业行政主管部门对本省(区、市)本年度林木种子苗木免税进口执行情况进行总结，并根据本省(区、市)林业发展规划及实际需要，提出下一年度免税进口林木种子苗木计划，连同各申请单位所报的进口计划和免税进口执行情况一起，于每年12月10日前报国家林业局国有林场和林木种苗工作总站(以下简称场圃总站)。

(二)申报内容。年度进口计划包括进口种类、申请单位、计划进口数量、进口用途等内容，对其中计划免税进口数量超过上一年度进口数量的品种要说明原因。

二、免税进口林木种子苗木的条件

(一)免税进口的林木种子苗木要符合《财政部国家税务总局关于“十二五”期间进口种子(苗)种畜(禽)鱼种(苗)和种用野生动植物种源税收问题的通知》(财关税〔2011〕9号)和《财政部海关总署国家税务总局关于印发〈“十二五”期间进口种子种源免税政策管理办法〉的通知》(财关税〔2011〕76号)规定的免税条件。

(二)进口林木种子苗木具有下列情形之一的，不予免税：

1. 进口不是用于种植、培育、研究、试验等直接用于或服务于林业生产的林木种子(苗、球)；

2. 用于高尔夫球场、足球场、度假村或俱乐部等场所建设的种子(苗、球)；

3. 进口带花(含带花苞)的花卉；进口高度在2米以上或胸径在5厘米以上的苗木；

4. 进口直接转让或销售给与种植、培育、研究等无关的企业(或个人)的种子(苗、球)。

三、免税进口林木种子苗木的管理与监督

(一)审批管理。国家林业局根据进口单位申请情况，审核、确认申请单位的资质、种子用途以及申请免税数量合理性等事项。在财政部、海关总署、国家税务总局核定的免税计划内，结合进口单位上年免税额度、年初申报计划情况及申报时间的先后进行审批。

免税进口的林木种子苗木，未经合理种植、培育，不得擅自转让和销售。但种子苗木进口单位在向国家林业局申请免税进口额度时，已经国家林业局核准可以转让和销售的，可以转让、销售。申请办理免税进口林木种子(苗)的单位在提交“林木种子苗木(种用)进口申请表”时，必须如实填写进口用途和栽培地点。进口用途包括自用、代理、转让或销售等，如是转让、销售的，要注明转让或销售去向，并附相关协议；栽培地点要具体。

(二)免税计划管理。在财政部、海关总署和国家税务总局下达本年度种子(苗)免税进口计划前，对于上一年度免税进口计划中已列名的种子(苗)，场圃总站可以在上一年度确定的免税进口额度的30%以内，提前核发许可表。对于未申报本年度林木种子苗木免税进口计划的单位，不予办理免税审批。

进口单位在种子苗木入境后，应当立即将报关单和海关出具的征免税证明复印件送所在地林木种苗管理机构备案。因计划变动等原因已获得审批但实际未进口的要将许可表退还场圃总站，并说明原因；未按规定备案或退许可表的，在补报相关材料之前暂停其免税进口审批。对于本年度林木种子苗木进口完成量与申报量出入较大的，国家林业局会同有关部门将在下一年度核减其免税额度。

(三)监督。各级林业主管部门要加强林木种子苗木进口后用途及流向监管，采取书面检查和实地监督检查相结合的办法，进行不定期抽查。对违反免税规定的种子苗木免税进口单位，按照有关规定予以处罚。

本通知自2014年9月1日起施行，有效期到2015年12月31日。

国家林业局

2014年8月31日

国务院办公厅关于加快木本油料产业发展的意见

国办发〔2014〕68号

各省、自治区、直辖市人民政府，国务院各部委、各直属机构：

木本油料产业是我国的传统产业，也是提供健康优质食用植物油的重要来源。近年来，我国食用植物油消费量持续增长，需求缺口不断扩大，对外依存度明显上升，食用植物油安全问题日益突出。为进一步加快木本油料产业发展，大力增加健康优质食用植物油供给，切实维护国家粮油安全，经国务院同意，现提出以下意见：

一、总体要求

(一)指导思想。以邓小平理论、“三个代表”重要思想、科学发展观为指导，深入贯彻党的十八大和十八届三中、四中全会精神，认真落实党中央、国务院决策部署，充分发挥市场在资源配置中的决定性作用和更好发挥政府作用，以提高供给能力为目标，以完善政策措施为基础，以提高科技水平为支撑，建立健全木本油料种植、加工、流通、消费产业体系，努力提高木本食用油的消费比重，推动木本油料产业持续健康发展。

(二)基本原则。坚持统筹规划，科学布局，突出区域特色；坚持市场导向，政府扶持，促进适度规模发展，提高集约经营水平；坚持依靠科技，积极推广优良品种和新技术，努力实现高产、优质、高效；坚持适地适树，稳步推进，充分利用宜林地、盐碱地、沙荒地，不占耕地尤其是基本农田；坚持创新机制，发挥龙头企业带动作用，将企业和农民利益联结在一起，实现风险共担、利益共享；坚持多元发展，加强市场监管，维护经营秩序，确保产品安全。

(三)总体目标。力争到2020年，建成800个油茶、核桃、油用牡丹等木本油料重点县，建立一批标准化、集约化、规模化、产业化示范基地，木本油料种植面积从现有的1.2亿亩发展到2亿亩，年产木本食用油150万吨左右。

二、主要任务

(四)优化木本油料产业发展布局。各有关地区和部门要继续组织实施好《全国油茶产业发展规划(2009~2020年)》。各级林业部门要组织开展核桃、油用牡丹、长柄扁桃、油橄榄、光皮梾木、元宝枫、翅果油树、杜仲、盐肤木、文冠果等木本油料树种资源普查工作，查清树种分布情况和适生区域，分树种制定产业发展规划。要把发展木本油料产业与新一轮退耕还林还草、三北防护林建设、京津风沙源治理等国家重大生态修复工程以及地方林业重点工程紧密结合，因地制宜扩大木本油料种植面积。

(五)加强木本油料生产基地建设。抓好木本油料树种良种选育及品种审(认)定，建立健全种质资源收集保存和良种生产供应体系，积极推进良种基地、定点苗木生产基地建设。通过典型示范，全面推行优良品种，积极推广先进适用造林技术，努力提高单产水平，新建一批高产、稳产木本油料生产基地，对现有低产林进行抚育、更新和改造。

(六)推进木本油料产业化经营。积极培育跨地区经营、产供销一体化的木本食用油龙头企业，鼓励企业通过联合、兼并和重组等方式做大做强。支持企业在主产区建立原料林基地和建设仓储物流设施，发展“企业+专业合作组织+基地+农户”等产业化经营模式，建立长期稳定的购销合作关系，引导农民开展标准化和专业化种植。鼓励木本油料林立体种植和综合开发，提高林地利用率和木本油料综合生产能力。支持专业合作组织和农户加强木本油料烘干、仓储等初加工设施设备建设。鼓励企业利用新技术、新工艺，开展精深加工和副产品开发，实现循环发展和综合利用。

(七)健全木本油料市场体系。积极培育统一开放、竞争有序的木本油料产品专业市场。加快建设市场需求信息公共服务平台，健全流通网络，引导产销衔接，降低流通成本，帮助农民规避市场风险。制定木本油料种植、仓储、加工、销售等生产标准，完善油脂产品和相关副产品质量标准及其检测方法。规范木本食用油包装标识管理，保障消费者的知情权和选择权。建立木本食用油质量认证体系，加大生态原产地产品保护认定工作力度，着力培育名牌产品。推动企业提高质量安全管控水平，确保产品绿色、健康、安全、环保。

（八）加强市场监管和消费引导。加强对木本食用油原料生产、加工、储存、流通、销售等环节的监管，严格执行国家标准，强化市场准入管理和质量监督检查，严厉打击制假、售假等违法违规行为，严禁不合格产品进入市场，建立健全产品质量送检、抽检、公示和责任追溯制度。加强木本食用油营养健康知识的宣传教育和普及，通过公益广告、科普读物等形式，倡导消费者合理用油和科学用油，促进形成科学健康的饮食习惯。

三、保障措施

（九）完善多元投入机制。逐步建立以政府投入为引导，以企业和专业合作组织、农民投入为主体的多元化投入机制。国家统筹各类造林投资，加大对木本油料基地建设和良种繁育的扶持力度，带动地方投资和各类社会投资积极参与。中央财政继续整合资金支持木本油料产业发展，支持主产区新建蓄水池、塘坝等水利设施，改善基础设施和生产条件。完善落实产油大县奖补政策。对具备条件的农村贫困地区，可统筹安排财政专项扶贫资金，支持建档立卡贫困村、贫困户发展木本油料产业。

（十）加大金融扶持力度。支持农业发展银行等政策性金融机构加大对木本油料产业扶持力度。鼓励商业性金融机构在风险可控的前提下，针对木本油料产业周期长、投入大等特点，合理确定贷款期限和利率，加大信贷投入。推动金融产品和服务模式创新，大力发展林权抵押贷款、农户小额信用贷款和农户联保贷款，探索开展农村土地承包经营权抵押贷款业务试点。中央财政对符合条件的木本油料产业贷款项目，实行据实贴息。森林保险要逐步覆盖木本油料产业发展，建立生产灾害风险防范机制。各地要积极支持保险机构开展木本油料保险业务，鼓励和引导农民投保。

（十一）支持科技研发和推广。强化科技攻关，进一步扶持木本油料良种选育、丰产栽培技术研究，支持引进优良种质资源，在木本油料产业集中的区域建立国家级试点示范基地，通过推广优良高产新品种和配套技术示范，促进规模化、良种化种植。将木本油料采集、烘干、加工及综合利用列入国家科技创新开发项目，并给予重点扶持。积极研发适宜木本油料种植、收获和加工的机械设备，提高生产加工机械化水平。鼓励企业发挥科技创新主体作用，支持企业与科研机构合作，形成科技创新、技术服务、产业开发有机联系的产学研紧密合作体系。建立分级技术培训制度，支持专业合作组织开展木本油料科技推广，提高农民经营管理水平。

（十二）加强组织领导。各地区、各有关部门要高度重视木本油料产业发展，进一步健全组织领导体系。地方人民政府要根据当地实际，把木本油料产业发展列入重要议事日程，出台有针对性的配套措施。国家林业局要会同有关部门，加强木本油料产业发展系统性研究，及时解决产业发展中的矛盾和问题，加强督促检查，确保各项政策措施落实到位。

国务院办公厅
2014 年 12 月 26 日

国家林业局关于加快特色经济林产业发展的意见

林造发〔2014〕160号

各省、自治区、直辖市林业厅(局),内蒙古、龙江、大兴安岭森工(林业)集团公司,新疆生产建设兵团林业局,国家林业局各司局、各直属单位:

为深入贯彻落实党的十八大和十八届三中全会精神,加快农村小康社会建设步伐,促进生态林业与民生林业协调发展,推动实现2020年农民收入倍增和林业"双增"目标,现就加快新时期特色经济林产业发展,提出以下意见。

一、新时期发展特色经济林产业的重要意义

经济林是以生产果品、食用油料、饮料、调料、工业原料和药材等为主要目的的林木,是森林资源的重要组成部分。经济林产业,是集生态、经济、社会效益于一身,融一、二、三产业为一体的生态富民产业,是生态林业与民生林业的最佳结合。我国经济林树种资源丰富、产品种类多、产业链条长、应用范围广,发展经济林产业有利于有效利用国土资源,促进林业"双增"目标早日实现。经济林在集体林中占有较大比重,发展特色经济林的重点在集体林。通过在集体林中大力发展以木本粮油、干鲜果品、木本药材和香辛料为主的特色经济林,有利于挖掘林地资源潜力,为城乡居民提供更为丰富的木本粮油和特色食品;有利于调整农村产业结构,促进农民就业增收和地方经济社会全面发展。同时,对改善人居环境,推动绿色增长,维护国家生态和粮油安全,都具有十分重要的意义。

党中央、国务院对经济林培育与产业发展高度重视,《中共中央国务院关于加快林业发展的决定》以及中央林业工作会议都明确提出要突出发展名特优新经济林,特别要着力发展板栗、核桃、油茶等木本粮油,加快林业改革发展步伐。国家林业局相继出台一系列扶持政策,将木本粮油等特色经济林纳入"十二五"时期林业发展十大主导产业。各地把发展经济林作为活跃农村经济的特色产业、调整种植业结构的主导产业、推进山区农民脱贫致富的支柱产业来抓,经济林产业发展步伐不断加快。截至2013年年底,全国经济林种植面积3781万公顷,总产量1.48亿吨,经济林种植与采集业年产值达到9240.37亿元,占到林业第一产业产值的一半以上;全国近千个特色经济林重点县,经济林收入占到当地农民人均纯收入20%以上,成为农村特别是山区农民收入的重要来源。

当前,林业进入生态林业与民生林业协同发展的崭新阶段。党的十八大将生态文明建设纳入"五位一体"的总体战略布局,提出到2020年全面建成小康社会,实现人均收入翻一番的奋斗目标,对经济林建设提出更高要求。因此,适应新形势需要,加快改革创新步伐,加大政策扶持力度,着力解决经济林发展基础薄弱、产业化程度不高、宏观规划指导不力、政策资金投入不足等问题,加快推动经济林产业持续健康发展,为建设生态文明和美丽中国、全面建成小康社会作出新的更大贡献,成为当前乃至今后一段时期经济林建设与发展的紧要任务。

二、把握总体要求

(一)指导思想。以党的十八大和十八届三中全会精神为指导,以推动经济绿色增长和提高农民收入为根本目标,以转变发展方式为主线,坚持生态林业与民生林业协调发展,改善生态与产业富民协同推进,按照"生态建设产业化,产业发展生态化"的总体思路,大力推进布局区域化、种植良种化、生产标准化、经营产业化、服务社会化,做大做强特色经济林产业,为维护国家生态和粮油安全,促进农村全面建成小康社会作出积极贡献。

(二)基本原则。生态优先,统筹发展。妥善处理重大生态修复工程与发展特色经济林产业的

关系，坚持以实现生态修复目标为主，协同推进生态建设与绿色富民。组织实施重大生态修复工程，各工程市、县要把改善生态放在首位，但又要兼顾经济效益，充分尊重农民意愿，引导群众科学选择搭配林种、树种。

市场导向，政府扶持。发挥市场对资源配置的决定性作用，充分考虑比较效益，尊重市场规律和群众意愿。发挥政府政策保障和服务职能，建立稳定的政策扶持和资金投入长效机制。

因地制宜，特色发展。按照“生态保护、适地适树、突出特色、规模发展”的基本要求，发挥资源禀赋优势，科学发展适宜树种，优化区域布局，壮大各具特色的经济林产业。

立体发展，提质增效。兼顾生态与民生，围绕充分发挥森林的生态效益和提高林地产出，发挥基层和农民群众首创精神，在发展经济林的同时，选择适生灌木和草本植物，乔灌草科学配置，形成立体性、复合性的种植模式，提高林地利用率、林木培育质量和生态经济效益。

创新机制，社会参与。实施扶优扶强发展战略，大力扶植龙头企业，积极培育种植大户、家庭林场、专业合作社等新型经营主体，推行适度规模经营，探索建立新型经营体系，提升社会化服务水平，营造良好发展环境，广泛调动社会力量参与经济林建设。

（三）主要目标。到2020年，初步形成布局合理、特色鲜明、功能齐全、效益良好的特色经济林产业发展格局，实现我国特色经济林资源总量稳步增长，产品供给持续增加，质量水平大幅提高，木本粮油产业发展取得突破，经济林产业综合实力明显提升，富民增收效果显著增强的发展目标。

重点发展具有广阔市场前景、对农民增收带动作用明显的特色经济林，形成一批特色突出、竞争力强、国内知名的主产区，培育一批以特色经济林为当地林业支柱产业，产业集中度较高的重点县；建设一批优质、高产、高效、生态、安全的特色经济林示范基地。力争到2020年，特色经济林新增种植面积810万公顷，经济林总面积比2010年增加24%，达到4100万公顷；新增产量5000万吨，其中，木本粮食新增1350万吨，木本油料新增1100万吨，总产量比2010年增长40%，达到1.76亿吨，木本油料占国内油料产量比重提高到10%；实现总产值在2010年基础上翻一番，达到1.6万亿元以上；良种使用率达到90%以上，优质产品率达到80%以上；重点县农民来自经济林收入大幅增加，累计提供就业机会40亿个工日。

三、提升生产能力

（一）落实规划建设任务。按照做大做强木本粮油等战略优势产业，巩固优化干鲜果品等传统大宗产品，积极发展区域特色经济林的总体要求，在加快发展以油茶、核桃、红枣、板栗、油橄榄等木本粮油的同时，统筹推进其他特色经济林产业建设，优化主产区、产业带和基地建设布局。认真组织实施《全国优势特色经济林发展布局规划（2013~2020年）》（以下简称《规划》），将建设任务体现在工程与项目中，分解到年度，落实到确定的每个优势特色经济林重点基地县。推广优质丰产栽培技术，实现面积和产量翻番，扩大木本粮油在全国粮油总产中的比重，增强粮油安全保障能力；立足提质增效，加快品种改良和树种、品种结构调整，改进生产方式和栽培模式，推广绿色、有机栽培管理技术，稳定干鲜果品等传统大宗产品的种植面积和生产规模；深入挖掘各地珍稀林木资源，加大种苗繁育和栽培力度，发展区域特色经济林，不断发展壮大特色经济林产业。

（二）提升基地建设水平。按照适地适树、良种栽培、规模种植、科学管理的要求，采取新建与改造相结合，高标准打造一批特色经济林示范基地，带动全国特色经济林建设。加强基地集水节水技术应用和配套基础设施建设，减少水土流失。在山区适度开展整梯田、修道路、建塘坝、栽植防护林等建设，推广集雨窖、小管出流等节水灌溉技术；平原和沙区积极采取微灌、滴灌等节水措施。积极推广应用土壤耕作、有害生物防治、动力修剪等机械，提高机械化程度，降低生产成本。

（三）实施标准化生产。加快制定特色经济林国家、行业和地方技术标准，完善经济林建设标准体系，加大标准化生产技术实施和推广力度。改进传统种植模式，大力推进矮化密植、网架棚架式等现代种植模式；改变传统耕作方式，推广有利于原生植被保护和水土保持的整地措施，全面推行增施有机肥、测土平衡施肥等方法；强化病虫无公害防控，推行生物、物理防治措施，推广安全间隔期用药技术；落实绿色、有机栽培管理措施。

（四）拓宽产业发展领域。充分发挥经济林培育森林、保护生态、营造景观、传承文化等多种功能和独特优势，创新推广以经济林栽培为主的多元发展模式。大力发展与经济林紧密结合的观光采摘、农事体验、休闲游憩等，进一步拓宽经济林产业发展领域，不断提高发展经济林的综合效益。

四、推进产业化经营

（一）培育壮大龙头企业。按照扶优、扶强要求，以提高精深加工、采后分级和冷链贮运能力为重点，进一步完善政策，优化环境，改善服务，活化机制，建设一批类型多样、资源节约、产销一体、效益良好的龙头企业。鼓励各类工商资本、民间资本和其他社会资本投资兴办经济林企业。引导企业完善法人治理结构，建立现代企业制度。积极引导龙头企业向优势产区集中，创建经济林产业化示范基地，培育壮大区域优势主导产业。

（二）积极创建知名品牌。引导各地及龙头企业、专业合作经济组织树立品牌意识，加强质量管理，增加科技投入，积极争创知名品牌，提高竞争实力。支持龙头企业申报驰名商标、名牌产品。鼓励主产区申报名特优经济林地理标志，提高社会知名度。整合同一区域、同类产品的不同品牌，集中打造优势品牌，增强品牌效力。

（三）发展多种流通业态。加大市场基础设施投入，规划建设一批全国性、区域性的产地、集散地特色经济林产品批发市场，推进现有市场的升级改造，提升专业批发市场服务功能。大力发展冷链贮运、连锁经营、产销对接、电子商务等现代物流业和新型营销方式，构建辐射国内外市场的特色经济林产品营销网络。培养经纪人，扩大营销专业队伍。支持举办特色经济林产品展销活动，搭建产业合作、招商引资、经贸洽谈平台，促进产销对接，推动产业发展。

（四）创新生产经营体制。深化集体林权改革，完善配套措施，规范林地流转，促进经济林规模化、专业化、标准化经营。鼓励单户向联户承包、股份合作方向发展，大力发展林农专业合作社、家庭合作林场、股份制林场等林业合作组织。积极推广“公司＋基地＋农户”“公司＋合作经济组织＋农户”等发展模式，提高生产组织化程度。支持组建经济林行业协会、企业联合会和专业协会，充分发挥协会在行业自律、维护权益、信息咨询、技术服务等方面的积极作用。

（五）发展完善订单林业。龙头企业要在平等互利的基础上，与林农、专业合作社签订购销合同，形成稳定的购销关系。加强对订单生产的监管与服务，增强企业与农户的诚信意识，切实履行合同约定。鼓励龙头企业采取承贷承还、信贷担保等方式，缓解生产基地农户资金困难。鼓励龙头企业资助订单农户参加农业保险。引导龙头企业创办或领办各类林业专业合作组织，支持专业合作社和农户入股企业或单独兴办企业。鼓励龙头企业和专业合作社采取股份分红、利润返还等形式，将加工、销售环节的部分收益让利给农户，共享产业化发展成果。

五、构建支撑体系

（一）良种繁育体系。在充分发挥现有良种繁育基地生产能力的基础上，新建和改扩建一批以油茶、核桃、枣、板栗、仁用杏（山杏）、油橄榄等为主的特色经济林木良种壮苗生产基地，保障特色经济林建设的优质种苗供应，全面提升特色经济林良种化水平。坚持科学引种，加大乡土优良品种选育力度，做到引种栽培和选育推广乡土优良树种相结合，在乡土经济林木资源相对集中的区域，建立种质基因库和收集圃。

（二）科技支撑体系。整合科技资源，组建专家技术服务团队，建设产业技术联盟，形成产学研用紧密结合的发展机制。强化科技创新，着力突破良种培育、优质丰产栽培、循环利用、现代信息、林机装备、贮藏加工、安全检测等方面的关键技术，加大无公害、绿色和有机产品的开发和推广力度。积极构建各级林业科技推广机构、合作组织、龙头企业和社会力量广泛参与的新型林业科技推广体系。创新培训模式，加强林业科技队伍建设和实用人才培养。

（三）有害生物防控体系。开展病虫害统防统治、联防联治，强化综合防治。支持高等院校、科研院所进行经济林主要病虫害防控技术研究，提升重大病虫害防治技术研发能力。加强基层林业技术推广和主产区病虫害防治组织建设，提高预测预报的准确性、时效性。引导和鼓励农民林业专业合作社、专业技术协会、农村科技带头人等组建病虫害防治专业队伍，为林农提供低成本、便利化的病虫害防治服务，全面提高基层防控能力。加强无公害防治，降低农药污染和残留，提升有害生物防治效果。严格检疫监管，严防危险性病虫害传入和蔓延。

（四）质量安全监管体系。科学布局建设国家、省（区、市）、主产区经济林产品质量检测中心（站），尽快构建以经济林主产区为基础，上下协调联动、各级相互补充的质量安全检验检测体系。完善质量安全标准，建立健全相关生产技术规范。强化源头治理，规范加工企业生产投入品使用，确保实现安全、清洁生产。建立协调联动机制，加强与有关部门沟通协调，开展联合执法检查，提高监管能力。落实有奖举报制度，形成全社会参与的质量安全运行机制。

（五）新型社会化服务体系。完善服务体系建设，提高产业服务保障功能，加快构建公益性和经营性服务相结合、专业服务和综合服务相补充的新型林业社会化服务体系。完善信息服务平台建设，基层林业机构要及时准确地向林农提供市场动态、新品种、新技术、病虫害预测预报、气象预报、灾害预警及生产资料供求等信息。鼓励科技人员深入生产一线，推广专家热线、科技特派员等科技推广服务模式，开展多种形式的科技下乡活动。充分发挥龙头企业在构建新型农业社会化服务体系中的重要作用，支持龙头企业围绕产前、产中、产后各环节，为农户积极提供农资供应、农机作业、技术指导、疫病防治、市场信息、产品营销等服务。

六、强化保障措施

（一）加强组织领导。各级林业主管部门要深刻认识新形势下发展经济林产业的重要意义，切实加强领导，将发展经济林产业列入本地生态林业民生林业建设发展重要议程，列入年度重点工作内容。各地要结合实际，抓紧贯彻落实《规划》和本意见，制定切实可行的实施方案，分解落实建设任务和政策措施。加强工作指导，协调服务，督促检查，务实推进工作，及时解决经济林产业发展中的困难和问题。强化各级林业主管部门发展经济林的工作职能，明确专门负责的工作机构，保障工作经费，加强与承担履职任务相适应的队伍建设。

（二）健全工作机制。要坚持从实际出发，因地制宜，突出重点，分类指导，切实推动特色经济林产业发展。各级林业主管部门要根据职责分工，完善内部机构之间的联动与合作机制，强化协作配合，形成工作合力，确保各项措施落到实处，共同推动特色经济林产业发展。

（三）完善政策措施。积极争取对从事木本粮油生产的农民享受粮食直补、良种补贴、测土配方施肥、农资综合补贴等国家补贴政策。加大各级财政造林补贴、抚育补贴、种苗补贴，以及林业有害生物防治、科研开发和技术推广等专项资金发展经济林的支持力度。将发展经济林统筹纳入退耕还林、防沙治沙、三北防护林等生态工程建设规划和年度计划，安排资金，落实任务。扩大林权抵押贷款规模，创新金融产品和服务，优先满足农户信贷需求。加大对龙头企业，以及家庭林场、林农专业合作组织的信贷扶持。鼓励融资性担保机构积极为发展经济林提供担保服务。积极协调落实农户贷款税收优惠、小额担保贷款贴息等政策。完善森林保险保费补贴政策，提高发展经济林的保费补贴比例。各地要加大政策扶持力度，完善激励机制，对作出突出贡献的企业、合作社和种植大户予以奖补。

（四）积极宣传引导。大力宣传发展经济林对强林富民、保民生、保稳定、维护生态和粮油安全方面的重大作用，广泛宣传国家扶持特色经济林产业发展的政策措施和有关要求，深入宣传经济林产业发展的先进理念、科学方法，以及各地各部门的好经验好做法，树立经济林产业发展的先进典型，营造全社会关心支持经济林产业发展的良好氛围。宣传特色经济林产品在改善膳食、促进健康方面的突出作用，积极倡导绿色消费理念。加大法制宣传力度，营造公平有序的生产经营环境，维护林农、企业和专业合作组织的合法权益，促进经济林产业又好又快发展。

国家林业局

2014年11月13日

中国林业产业综述与行业篇

OVERVIEW OF CHINA'S FOREST INDUSTRY

2014年全国林业统计年报分析报告

【生态建设与保护】 2014年生态建设与保护工作得到进一步加强，造林规模保持较高水平，森林经营力度进一步加大，生态防护功能显著增强。

营造林总体状况 2014年，全国共完成造林面积554.96万公顷，其中人工造林405.29万公顷，飞播造林10.81万公顷，无林地和疏林地新封山育林138.86万公顷。西部12个省区(含新疆兵团)共完成造林面积271.21万公顷，占全部造林面积的48.87%。

2014年全国造林面积比2013年减少9.02%，减少面积最大的省(区、市)有内蒙古、云南、福建、重庆等，面积减少的主要原因是通过近年大规模的生态建设，造林难度越来越大，造林投入不足等。造林方式上看，造林面积减少幅度最大的是封山育林，比2013年减少34.73万公顷。人工造林占全部造林面积的73.03%，所占比重比2013年提高4个百分点，人工造林所占比重逐年提高。

2014年，森林经营力度进一步加大。全国共完成中幼龄林抚育面积901.96万公顷，比2013年增长14.94%；完成低产低效林改造面积68.74万公顷，比2013年减少9.36%；完成有林地造林面积60.26万公顷；更新造林29.25万公顷；四旁(零星)植树20.57亿株。全年林木种子采收量、苗木产量和育苗面积分别为3.14万吨、677.71亿株和141.23万公顷，种子和苗木抽查合格率分别为88.4%、95.2%。

2014年，造林方式进一步优化，更加注重生态防护功能，防护林和乡土树种都保持较高比重。

①防护林造林保持较高比例。从林种用途看，在全部造林面积中，用材林109.23万公顷、经济林113.92万公顷、防护林323.87万公顷、薪炭林3.69万公顷、特种用途林4.25万公顷，占全部造林面积的比重分别为19.68%、20.53%、58.36%、0.66%和0.77%。生态公益林(防护林和特种用途林)占全部造林面积的比重为59.13%。

②更加注重乡土树种造林。从树种类型看，乡土树种更加具有适种性。2014年，乡土树种的造林面积为349.05万公顷，占全部造林面积的比重为62.90%。

③混交林造林比重有待进一步提高。从结构类型看，混交林面积为223.22万公顷，占全部造林面积的比重为40.22%，混交林造林比重有待进一步提高。

国家林业重点生态工程 2014年国家林业重点生态工程深入实施，共完成造林面积192.79万公顷，占全部造林面积的34.74%。其中天保工程、退耕还林工程(不含京津工程退耕)、京津风沙源治理工程和三北及长江流域等重点防护林体系工程分别为41.05万公顷、37.96万公顷、23.91万公顷和89.87万公顷，占全部造林面积的比重分别为7.40%、6.84%、4.31%和16.19%。

各级地方政府造林、企业造林、大户造林等其他造林面积362.17万公顷，占全部造林面积的比重达到65.26%。生态建设已由中央主导向各级地方政府和全社会广泛参与转变。

①天然林资源保护工程。2014年，启动了全面停止天然林商业性采伐试点，加强了扩大天然林资源保护工程范围政策研究和协调。2014年工程区木材产量进一步调减，为680.56万立方米，比2013年减少26.35%，仅占全国木材总产量的8.27%，所占比重进一步降低。

2014年天保工程完成造林面积41.05万公顷，其中人工造林11.49万公顷，飞播造林6.40万公顷，无林地和疏林地新封山育林23.16万公顷。中、幼龄林抚育面积169.51万公顷。森林管护面积为11458万公顷，其中国有林管护面积7072万公顷，集体和个人所有的国家级公益林面积2059万公顷，集体和个人所有的地方公益林面积2327万公顷。自1998年工程实施以来，17年间工程已累计完成人工造林333.67万公顷、飞播造林354.40万公顷、新封山育林858.76万公顷。

天保工程区项目实施单位年末人数为82.24万人，其中在岗职工55.66万人，离开本单位保留劳动关系人员26.18万人，其他从业人员0.40万人。在岗职工年平均工资为30012元，比2013年增长12.6%。在岗职工参加基本养老保险人数为47.32万人，在岗职工参加基本医疗保险人数为50.15万人。

②退耕还林工程。2014年启动了新一轮退耕还林还草工程，下达退耕还林还草任务500万亩。全年共完成造林面积37.96万公顷，其中退耕地造林403公顷，荒山荒地造林31.27万公顷，无林地和疏林地新封山育林6.65万公顷。西部12个省区（含新疆兵团）共完成21.67万公顷的退耕工程任务，占退耕工程总造林面积的57.09%。

自1999年工程试点以来已累计完成退耕地造林906.34万公顷，荒山荒地造林1656.76万公顷，新封山育林294.73万公顷。

③京津风沙源治理工程。2014年京津风沙源治理工程共完成造林23.91万公顷，其中人工造林13.12万公顷，飞播造林2.07万公顷，无林地和疏林地新封山育林8.72万公顷。草地治理面积2.05万公顷，小流域治理面积2.78万公顷，治理总面积达到28.74万公顷。另外，建设暖棚52.07万平方米；购置各类饲料机械8723台；完成水利配套设施2643处；易地搬迁6915人，涉及1398户。

京津风沙源治理工程实施14年来累计完成治理总面积达到1123.23万公顷，其中林业工程771.97万公顷，草地治理241.82万公顷，小流域治理109.44万公顷。在林业工程中，累计完成人工造林374.67万公顷、飞播造林103.86万公顷、新封山育林293.44万公顷。

④三北及长江流域等防护林体系建设工程。2014年，三北等防护林体系建设工程稳步推进，出台了退化防护林改造指导意见，启动了张家口坝上地区退化防护林更新改造试点。

三北工程全年共完成造林59.63万公顷，其中人工造林35.51万公顷，飞播造林0.87万公顷，无林地和疏林地新封山育林23.25万公顷。长江流域防护林工程完成造林面积10.74万公顷，沿海防护林工程完成造林面积9.69万公顷，珠江流域防护林工程完成造林面积2.69万公顷，太行山绿化工程完成造林面积4.92万公顷，平原绿化工程完成造林面积2.19万公顷。

在三北及长江流域等防护林体系建设工程全部造林面积中，防护林面积所占比重为90.94%，其中防风固沙林和水土保持林所占比重最高，分别达到了27.51%和24.18%。另外，完成低产低效防护林改造面积1.18万公顷。

自2001年以来，三北及长江流域等防护林体系建设工程累计完成人工造林935.93万公顷、飞播造林30.98万公顷、新封山育林554.71万公顷。其中，三北工程累计完成人工造林576.63万公顷、飞播造林11.98万公顷、新封山育林304.21万公顷。

⑤野生动植物保护及自然保护区建设工程。2014年，林业系统自然保护区达到2174处，总面积1.24亿公顷，占全国国土面积的12.98%。19个林业自然保护区晋升国家级，国家级林业自然保护区总数达344个，面积达到7873.65万公顷，国家级自然保护区面积占林业系统自然保护区总面积的63%。

年末实有自然保护小区4.84万个，总面积1058万公顷。野生植物就地保护点901个，总面积355万公顷。野生动物种源繁育基地5892个，其中商业性野生动物驯养繁殖单位5728个。野生植物种源培育基地1070个，野生动物观赏展演单位393个，植物园（树木园）180个。野生动植物保护管理站4544个，野生动植物科研及监测机构633个，鸟类环志中心（站）116个。全国从事野生动植物及自然保护区建设的人员达5.27万人，其中各类专业技术人员1.68万人。

⑥湿地保护与恢复。2014年，国际重要湿地为46处，面积达到400.22万公顷。20处国家湿地公园试点通过验收，新批140多处国家湿地公园，国家湿地公园总数达570多处。

【林业产业发展】 2014年，我国林业产业持续发展，产业规模继续扩大，产业结构进一步优化，以林业旅游与休闲为主的林业服务业快速发展，各类经济林产品和木竹加工产品产量稳定增长。

林业产业总产值 2014年林业产业总产值达到5.40万亿元（按现价计算），比2013年增长

14.20%，自2001年以来，林业产业总产值的平均增速达到21.96%。

分产业看，第一产业产值18559.46亿元，占全部林业产业总产值的34.35%，同比增长14.75%；第二产业产值28088.04亿元，占全部林业产业总产值的51.98%，同比增长12.46%；第三产业产值7385.44亿元，占全部林业产业总产值的13.67%，同比增长19.80%。林业三次产业的产值结构已由“十一五”末期的39∶52∶9，调整为目前的34∶52∶14，以林业旅游与休闲为主的林业服务业所占比重逐年增大，产业结构逐步优化。

2014年，出现两个超万亿元的林业支柱产业，分别是经济林产品种植与采集业和木材加工及木竹制品制造业。包括干鲜果品、茶、中药材以及森林食品等在内的经济林产品种植与采集业产值为10728.04亿元，占第一产业比重为57.80%；包括锯材、人造板、地板等在内的木材加工及木竹制品制造业产值为11028.95亿元，占第二产业比重为39.27%；第三产业中，林业旅游与休闲服务业产值为5321.24亿元，占第三产业比重最大，为72.05%，全年涉林旅游和休闲的人数达到19.83亿人次。

分地区看，东部地区林业产业总产值为26456.97亿元；中部地区林业产业总产值为11593.94亿元；西部地区林业产业总产值为11211.39亿元；东北地区林业产业总产值为4770.65亿元。中、西部地区林业产业增长速度最快，增速都超过20%。东部地区林业产业总产值所占比重最大，占全部林业产业总产值的48.96%。林业产业总产值超过3000亿元的省份共有6个，分别是广东、山东、福建、江苏、广西和浙江。

木材安全保障 2014年，全国木材储备生产基地建设继续推进，国家木材储备战略联盟成立，并划定首批国家储备林100万公顷，改造培育40万公顷。全国木材储备生产基地建设共完成造林经营面积11.14万公顷。速生丰产用材林基地建设共完成各地类造林36.33万公顷。

木材生产及林产工业 ①木材产量。2014年，全国商品材总产量略有减少，为8233.30万立方米。在全部木材产量中，原木产量7553.46万立方米，薪材产量679.84万立方米。东北、内蒙古国有林区木材产量比2013年减少82.21万立方米，商品材产量持续调减。此外，全国农民自用材采伐量773.11万立方米，农民烧材采伐量2127.40万立方米。

②锯材与木片、木粒加工产品产量。2014年，锯材产量为6836.98万立方米，比2013年增长8.56%。木片、木粒加工产品4314.09万实积立方米，比2013年增长9.62%。

③人造板产量。2014年，全国人造板总产量为27371.79万立方米，比2013年增长7.09%。

在全部人造板产量中，胶合板14970.03万立方米，比2013年增长9.07%，占全部人造板产量的54.69%；纤维板6462.63万立方米，与2013年基本持平，占全部人造板产量的23.61%，其中中密度纤维板产量为5682.57万立方米；刨花板产量2087.53万立方米，比2013年增长10.75%，占全部人造板产量的7.63%；其他人造板3851.60万立方米(细木工板占62%)，比2013年增长8.57%，占全部人造板产量的14.07%。

从各省情况看，山东、江苏、广西、安徽、河南、河北、广东7省(区)产量均超过1000万立方米，7省(区)人造板产量共计21073.54万立方米，占全国人造板总产量的76.99%。

④木竹地板产量。2014年木竹地板产量为7.60亿平方米，比2013年增长10.30%。在木竹地板产量中，实木地板1.50亿平方米，占全部木竹地板产量的19.68%；实木复合地板2.43亿平方米，占全部木竹地板产量的31.95%；强化木地板(浸渍纸层压木质地板)2.47亿平方米，占全部木竹地板产量的32.51%；竹地板1.02亿平方米，占全部木竹地板产量的13.49%；包括软木地板、集成材地板等其他木地板0.18亿平方米。江苏和浙江两省是木竹地板产量最大的省份，产量分别达到1.69和1.20亿平方米，江苏省主要以强化木地板为主，而浙江省主要以实木及实木复合地板为主。

⑤林产化工产品产量。2014年，全国松香类产品产量170.07万吨，比2013年增长3.56%。松节油类产品产量23.08万吨，比2013年减少13.41%。樟脑产量1.32万吨，冰片产量2610吨，栲胶类产品产量5013吨，紫胶类产品产量4645

吨。包括木炭、竹炭、活性炭等各类木竹热解产品产量134.08万吨。

经济林、竹、油茶、花卉产业 2014年，国务院办公厅出台《关于加快木本油料产业发展的意见》，国家林业局印发了优势特色经济林发展布局、森林等自然资源旅游、林下经济等专项规划，制定了扶持特色经济林产业发展指导意见。全国各类经济林产品产量稳定增长，达到1.58亿吨，比2013年增长6.81%。从产品类别看，水果产量为1.35亿吨，比2013年增长6.72%；干果产量为1148万吨，比2013年增长5.39%；毛茶等林产饮料产品的产量为210万吨；花椒、八角等林产调料产品的产量为65万吨；竹笋干、食用菌等森林食品产量为340万吨；杜仲、枸杞等木本药材的产量为171万吨；油茶等木本油料产量为212万吨；松脂、油桐等林产工业原料产量187万吨。

2014年大径竹产量为22.24亿根，比2013年增长18.52%，其中毛竹13.08亿根，其他直径在5厘米以上的大径竹9.16亿根。竹产业产值达1845亿元。

2014年，油茶种植面积达到365万公顷，当年新造油茶林15.75万公顷，低产林改造13.75万公顷。繁殖圃471个，苗木产量8.66亿株，油茶籽产量为202万吨，比2013年增长13.90%。从事油茶良种苗木培育、种植、茶油以及其他副产品生产加工的企业发展到1844家，油茶产业产值达553亿元。

2014年，花卉种植面积102.21万公顷，花卉种植业产值达到1855亿元。切花切叶176亿支；盆栽植物45亿盆；观赏苗木111亿株；草坪3.79亿平方米。具有一定规模的花卉市场4400多个，花卉企业4.92万家，其中大中型花卉企业9000多家；花卉从业人员493万人，花农136万户；控温温室面积和日光温室面积分别为6585万平方米和16813万平方米。

林业主要产品销售价格 2014年全国主要林业产品综合平均价格涨跌互现，其中木材、竹材价格有所提高，木竹加工产品价格普遍提高，林化产品价格有所下降。木材综合平均价格为每立方米822元，比2013年提高10.78%，竹材综合平均价格为每根10元，比2013年略有增长；锯材综合平均价格为每立方米1359元，木片综合平均价格为每实积立方米847元，木地板综合平均价格为每平方米191元，胶合板综合平均价格为每立方米1679元，硬质纤维板综合平均价格为每立方米1913元，中密度纤维板综合平均价格为每立方米1607元，刨花板综合平均价格为每立方米1304元；受国际价格影响，松香和紫胶综合平均价格分别比2013年下降29.09%和28.54%，为每吨8931元和34569元。栲胶综合平均价格为每吨11311元，比2013年提高18.17%。

【林业投资】 2014年，中央实施了一系列支持林业发展的政策措施，林业投资规模再创新高。落实停止天然林商业性采伐试点、新一轮退耕还林工程、国有林场改革中央财政补助资金73.1亿元，安排退耕还湿、湿地生态效益补偿、湿地保护奖励试点资金10.9亿元。森林保险范围扩大到27个省份，林权抵押贷款加快发展。落实林业棚户区(危旧房)改造任务8.53万户，累计安排改造任务158.9万户，惠及林区职工群众500多万人。

林业建设资金到位情况 2014年，实际到位各类林业建设资金4265.47亿元，比2013年增长12.25%。按来源分，国家预算资金1727.95亿元，占资金总量的40.51%，国内贷款(主要为林业贴息贷款)、利用外资、自筹资金和其他资金为401.70亿元、63.69亿元、1676.51亿元和395.62亿元，分别占资金总量的9.42%、1.49%、39.30%和9.28%。国家预算资金中，中央资金为858.82亿元，地方资金为869.12亿元，地方财政资金首次超过中央财政资金。

林业投资完成情况 2014年，全部林业投资完成额达到4325.51亿元，比2013年增长14.36%，其中国家投资完成1631.49亿元，占全部林业投资完成额的37.72%。全部林业投资完成额中，按照项目管理的且计划总投资在500万元以上的林业固定资产建设项目完成投资1415.40亿元，占全部林业投资完成额的32.72%。

按建设内容分，用于生态建设与保护方面的投资为1947.97亿元，占全部林业投资完成额的45.03%，比2013年增长4.14%；用于林木种苗、森林防火、有害生物防治等林业支撑与保障方面的投资为232.74亿元；用于林业产业发展方面的资金为1620.02亿元，这部分资金主要依靠社会和民间资本注入；用于林业棚户区改造和其他林业社会性基础设施建设资金153.24亿元；其他资金371.54亿元。

分地区看，东部地区林业投资完成额1273.60亿元，占全部林业投资完成额的29.44%；中部地区林业投资完成额736.31亿元，占全部林业投资完成额的17.02%；西部地区林业投资完成额增速最快，比2013年增长20.11%，达到1984.19亿元，占全部林业投资完成额的45.87%；东北地区林业投资完成额316.07亿元，占全部林业投资完成额的7.31%。

截至2014年年底，已累计安排林业棚户区危旧房改造任务158.9万户、中央投资245.6亿元，已竣工140万户，惠及林区职工群众500多万人。全年房屋施工面积达到647.28万平方米，竣工面积440.70万平方米。其中，住宅施工面积为443.00万平方米，竣工面积为320.26万平方米。此外，国有林场(区)外联道路和安全饮水也已纳入相关行业规划并落实部分投资计划。

林业利用外资情况 2014年，我国林业利用外资项目个数为219个，实际利用外资规模10.39亿美元，比2013年增长29.11%，其中国外借款0.94亿美元，外商直接投资9.04亿美元，无偿援助0.41亿美元，分别占林业实际利用外资总规模的9.06%、87.05%和3.89%。林业实际利用外资金额占全国外商直接投资(1197亿美元)的0.87%。

【林业系统从业人员和劳动工资】 截至2014年年底，全国林业系统各种经济类型单位共计43320个，其中企业2270个，事业单位36244个，机关4806个。

2014年林业系统年末人数共计154.96万人，比2013年减少0.87%。其中在岗职工118.04万人，离开本单位仍保留劳动关系人员32.18万人，其他从业人员4.74万人。在岗职工中专业技术人员31.56万人，仅占全部在岗职工的26.74%；在岗职工中中专及中专以下学历人员67.69万人，占全部在岗职工的57.35%；在岗职工中40岁以上人员72.27万人，占全部在岗职工的61.23%，林业系统在岗职工无论是技术水平、学历水平和年龄结构都有待优化。

林业系统在岗职工年平均工资达到34530元，比2013年增长11.60%。

分地区看，东部地区林业系统在岗职工年平均工资最高，达到47490元；中部地区林业系统在岗职工年平均工资32779元，连续多年增速最快，达到19.93%；西部地区林业系统在岗职工年平均工资为38765元；东北地区林业系统在岗职工年平均工资最低，仅为26735元。分行业看，林业工程技术与规划管理业年平均工资一直保持最高，为61190元，木竹浆造纸业年平均工资最低，为20695元。

【林业灾害发生和安全生产情况】 2014年，森林火灾等灾害防控水平不断提高。完成了林火信息系统更新和林火监测系统、应急卫星升级改造，森林防火天地图系统投入使用，提升了林火卫星监测和应急处置能力。国务院办公厅印发了《关于进一步加强林业有害生物防治工作的意见》，完成了省级人民政府重大林业有害生物防治目标责任检查考核，启动了全国林业有害生物普查。

林业灾害发生情况 全年共发生森林火灾3673起，受害森林面积28.2万亩，人员伤亡112人，森林火灾次数有所下降。林业有害生物发生面积1.79亿亩。加强了沙尘暴预警监测，全国共发生沙尘天气7次。

安全生产情况 2014年，林业生产事故有所减少，其中轻伤、重伤和死亡分别为597人次、41人次和44人，死亡人数比2013年大幅减少。

【主要林产品进出口贸易】 2014年，受美国经济稳健复苏，同东盟、欧盟以及南非、墨西哥、印度等新兴国家市场林产品贸易良好发展的影响，全年林产品进出口贸易额再创历史新高。根据海关统计数据汇总分析，全国林产品进出口贸易额为1399.5亿美元，比2013年增长8.4%。其中，出口额722.0亿美元，比2013年增长11.3%；进口额677.5亿美元，比2013年增长5.5%。带动全年出口增长的是家具、纸及纸制品、胶合板、木制品等我国传统优势产品，进口额增长主要是由原木、锯材、纸浆大幅增长所带动。

主要林产品进口情况 2014 年原木进口量 5119.4 万立方米，金额 117.8 亿美元，分别比 2013 年增长 13.4% 和 26.4%；锯材进口量 2574.6 万立方米，金额 80.8 亿美元，分别比 2013 年增长 7.1% 和 18.4%；纸、纸板及纸制品进口量 294.6 万吨，金额 43.1 亿美元，分别比 2013 年减少 0.9% 和 1.4%；纸浆进口量 1796.4 万吨，金额 120.7 亿美元，分别比 2013 年增长 6.6% 和 6.1%；木家具进口量 982.7 万件，金额 8.9 亿美元，分别比 2013 年增长 33.1% 和 25.5%；木片进口量 885.7 万吨，金额 15.4 亿美元，分别比 2013 年减少 3.4% 和 1.2%。

主要林产品出口情况 2014 年木家具出口量 3.2 亿件，金额 220.9 亿美元，分别比 2013 年增长 10.1% 和 13.7%；纸、纸板及纸制品出口量 766.0 万吨，金额 142.6 亿美元，分别比 2013 年增长 10.5% 和 11.5%；木制品出口额 55.0 亿美元，比 2013 年增长 14.7%；胶合板出口量 1321.6 万立方米，金额 58.1 亿美元，分别比 2013 年增长 28.8% 和 15.5%；纤维板出口量 255.7 万吨，金额 16.3 亿美元，分别比 2013 年增长 4.2% 和 7.1%；锯材出口量 40.9 万立方米，金额 3.0 亿美元，分别比 2013 年减少 10.8% 和 8.5%。

（国家林业局发展规划与资金管理司）

【2014年全国林业产业统计表】

表1　2014年各地区林业

(按现行

地区	总计	第一	涉林					
		合计	合计	其中：湿地产业	林木育种和育苗			造林和更新
					小计	林木育种	林木育苗	
全国合计	**540329423**	**185594583**	**176391639**	**1369545**	**15649304**	**1357555**	**14291749**	**10571166**
北京	1923574	1563568	1561126	—	51660	558	51102	808074
天津	232787	214945	214945	—	5559	—	5559	27986
河北	14127093	6771065	6729265	120352	394648	18418	376230	329602
山西	4015973	3162746	3157282	325	692915	22536	670379	717687
内蒙古	3836321	1941184	1729334	3137	300696	10699	289997	479315
内蒙古集团	915431	337605	299104	—	4579	37	4542	10450
辽宁	18339207	9738810	9575425	101897	768730	161871	606859	431435
吉林	14509985	3911733	3596006	1017	267904	29378	238526	90804
吉林集团	1699086	439042	422641	—	8062	1965	6097	4373
长白山集团	686681	281666	266253	—	13792	440	13352	4874
黑龙江	13811164	5355473	3695020	861	212829	15670	197159	93754
龙江集团	4781827	1884022	812170	—	7689	1066	6623	15521
上海	3680579	340787	340787	—	21748	17108	4640	11791
江苏	38976633	9997763	9695442	76052	1300086	168530	1131556	952030
浙江	35555849	8294887	8274903	3760	1802743	840	1801903	237536
安徽	25108181	7524719	7350277	146478	761977	63702	698275	735634
福建	39713055	7015681	6994538	160779	68360	3582	64778	123505
江西	26545883	8601849	8095431	19703	658612	34819	623793	469416
山东	60936364	22726221	21994066	28175	4161977	14061	4147916	666139
河南	14908414	7075960	6762906	100828	400287	59074	341213	422315
湖北	17369879	7022564	6719958	13307	377639	71672	305967	356071
湖南	27991084	9537431	8848568	376058	817684	258107	559577	826423
广东	65003382	7917011	7805337	1760	92522	8195	84327	253127
广西	38499681	12826502	10406232	387	424972	222847	202125	351245
海南	4420345	2834411	2834290	500	12910	1636	11274	35333
重庆	5219083	2760548	2647932	1320	232000	57945	174055	276093
四川	23357763	8819397	8274276	165	305154	37594	267560	314437
贵州	6100373	2431293	2384928	5287	187155	22787	164368	283259
云南	13296395	8601534	8349967	146097	185464	12337	173127	351800
西藏	239533	217053	217053	—	23032	1304	21728	62995
陕西	8401647	6662610	6622616	59655	508315	22364	485951	407130
甘肃	3393187	2963084	2899592	500	151508	10467	141041	119870
青海	429465	422989	422989	459	120453	453	120000	48985
宁夏	1359144	873320	873320	444	133660	1830	131830	74761
新疆	7981300	7009651	6997038	242	201209	7171	194038	212614
新疆兵团	2321487	2309340	2309340	77	70998	30	70968	36921
大兴安岭	1046100	457794	320790	—	4896	—	4896	—

产业总产值(一)
价格计算)

单位:万元

产　业										
产　业										
森林经营和管护	木材和竹材的采运			经济林产品的种植与采集						
	小计	木材采运	竹材采运	小计	水果种植	坚果、含油果和香料作物种植	茶及其他饮料作物的种植	中药材种植	森林食品种植	林产品采集
8135038	**10857399**	**8196841**	**2660558**	**107280379**	**54929097**	**17415409**	**9961757**	**6845605**	**9732759**	**8395752**
124655	10326	10326	—	444366	375573	68493	—	—	300	—
26351	13393	13393	—	106814	103304	3510	—	—	—	—
114094	66022	66022	—	5227129	3856156	1127026	923	97380	73858	71786
76262	6459	6459	—	1609649	1131564	424030	3072	45174	5221	588
350372	132034	132034	—	399865	185755	46072	131	68837	31804	67266
157421	89797	89797	—	31880	741	—	—	225	5285	25629
230275	183290	183290	—	5972102	2543130	1181125	78450	699438	1092075	377884
205554	417432	417432	—	1998825	256335	123340	4180	1082196	435792	96982
120185	96769	96769	—	151906	1830	43309	—	68745	33219	4803
20794	117853	117853	—	79766	248	6120	—	2495	59001	11902
170480	192058	192058	—	2644582	169916	42508	2760	200899	1981563	246936
108150	77924	77924	—	593592	3388	3601	—	70197	371357	145049
36468	144	—	144	224139	222109	—	—	—	2030	—
1188983	338802	330972	7830	3832973	2234430	82822	580044	95479	289453	550745
153168	466896	144701	322195	4882118	1967194	254085	1133193	238894	1187275	101477
564269	762126	510442	251684	3694811	1115791	424893	1107029	360541	394478	292079
144703	1427651	824232	603419	4095080	1624058	195261	1189128	158979	366296	561358
491601	784584	432492	352092	4181206	1893036	448856	457636	216707	378453	786518
228370	425206	425206	—	12827701	10748017	1452003	427542	8361	132238	59540
285244	288646	284955	3691	3895485	1883190	682142	502950	354580	282604	190019
288612	228834	188059	40775	4724722	1721895	378473	1052194	385682	927986	258492
968410	737839	610713	127126	4221926	1756311	733896	642621	412733	364643	311722
137429	797021	576016	221005	4466800	3107391	186992	211421	109920	192997	658079
572217	2038904	1737060	301844	5565738	3480624	521727	353100	218343	302205	689739
140543	94565	87055	7510	2192130	1153622	465016	4305	17649	7809	543729
118620	77414	49496	27918	1550540	1056002	141753	131539	74765	81742	64739
468893	566951	280806	286145	5322160	2200582	1163468	739186	244099	601132	373693
156743	169272	161822	7450	1398874	513725	172717	313480	200173	55126	143653
134065	508900	412035	96865	6648469	1452365	1856459	687217	609982	258795	1783651
40702	30926	30916	10	59398	28532	23682	108	—	6512	564
104422	33885	31160	2725	5419912	3374104	1325124	327943	150017	160991	81733
131652	5491	5361	130	2456469	1705504	533679	10745	184850	12182	9509
24591	1190	1190	—	227685	2121	3787	—	220239	—	1538
38327	179	179	—	602630	262170	18894	810	287458	—	33298
322126	29607	29607	—	6218311	2804591	3329544	50	84121	—	5
73958	10836	10836	—	2115824	1403178	704639	50	7955	—	2
96837	21352	21352	—	167770	—	4032	—	18109	107199	38430

表1　2014 年各地区林业

（按现行

地区	第一产业						
	涉林产业						
	花卉及其他观赏植物种植	陆生野生动物繁育与利用	林业系统非林产业	合计	合计	其中：湿地产业	小 计
全国合计	**18546312**	**5352041**	**9202944**	**280880407**	**274179882**	**1344275**	**110289483**
北　京	113088	8957	2442	44295	41841	—	41841
天　津	34632	210	—	5200	5200	—	—
河　北	378037	219733	41800	6623268	6601417	6300	3394873
山　西	48248	6062	5464	627943	627943	—	75110
内蒙古	15469	51583	211850	1155493	1024904	—	897150
内蒙古集团	—	4977	38501	136849	31004	—	3812
辽　宁	992688	996905	163385	5976825	5868401	61100	3089483
吉　林	135771	479716	315727	8911723	8279321	53693	2946198
吉林集团	1429	39917	16401	672091	431280	—	341067
长白山集团	80	29094	15413	194069	108037	—	91138
黑龙江	45456	335861	1660453	6227921	4900738	1590	2874846
龙江集团	50	9244	1071852	1514217	537169	—	363210
上　海	46261	236	—	3184154	3184154	—	745193
江　苏	2029358	53210	302321	24669327	23877211	65555	15357063
浙　江	438403	294039	19984	23360731	23353337	230405	7150366
安　徽	664760	166700	174442	13361841	12961344	268487	8922915
福　建	1078660	56579	21143	31206682	31100279	—	9212676
江　西	1422364	87648	506418	12926907	12405715	5180	3881064
山　东	2508319	1176354	732155	34226652	33348339	153150	19166613
河　南	1262102	208827	313054	6242435	6222538	64016	3341544
湖　北	633209	110871	302606	7083710	6982788	7030	2195874
湖　南	1086567	189719	688863	10467388	9897999	194926	3712482
广　东	2031653	26785	111674	44689654	44675116	96205	6278643
广　西	1078273	374883	2420270	22244945	21588313	52106	11321320
海　南	316758	42051	121	1369245	1366059	—	150848
重　庆	372015	21250	112616	1395210	1339820	—	465629
四　川	1009820	286861	545121	7915254	7762124	32650	2870605
贵　州	169694	19931	46365	913525	896669	4578	436927
云　南	456865	64404	251567	3671457	3608396	30533	1253227
西　藏	—	—	—	1200	1200	—	1200
陕　西	127962	20990	39994	991431	962886	16661	342782
甘　肃	16596	18006	63492	150060	134627	110	6992
青　海	85	—	—	526	526	—	526
宁　夏	21200	2563	—	307556	307556	—	1712
新　疆	11851	1320	12613	639242	635205	—	26546
新疆兵团	525	278	—	342	342	—	122
大兴安岭	148	29787	137004	288607	217916	—	127235

产业总产值(二)
价格计算)

单位:万元

第二产业									
涉林产业									
木材加工和木、竹、藤、棕、苇制品制造				木、竹、藤家具制造	木、竹、苇浆造纸和纸制品				林产化学产品制造
木材加工	人造板制造	木制品制造	竹、藤、棕、苇制品制造		小计	木、竹、苇浆制造	造纸	纸制品制造	
21110964	**58836073**	**22584210**	**7758236**	**44805706**	**53468826**	**8621221**	**26509613**	**18337992**	**6125129**
—	32241	9600	—	—	—	—	—	—	—
—	—	—	—	5200	—	—	—	—	—
402595	2747032	242225	3021	534552	165684	591	150700	14393	38911
29461	36991	8658	—	10541	3054	—	2400	654	120
786017	84688	26181	264	3963	24058	—	—	24058	—
3812	—	—	—	—	24058	—	—	24058	—
628415	1154617	1219356	87095	1056032	34888	32988	1900	—	3088
766227	1028324	1151271	376	352245	415184	96128	180501	138555	12091
7894	205850	127323	—	5404	1494	—	—	1494	6718
11735	45948	33455	—	3690	—	—	—	—	1949
1138329	731148	974199	31170	509745	472932	31435	168382	273115	7606
110135	61184	184711	7180	66758	477	297	60	120	5600
45903	134338	560511	4441	1367785	618067	—	441557	176510	55414
2656717	10518373	1892436	289537	908416	4207749	234112	2526542	1447095	736153
631327	1699691	3632679	1186669	3422653	8535447	2563645	2883334	3088468	178786
1245986	4914346	1415772	1346811	1011103	438712	183992	201488	53232	127136
1126856	3202350	2907291	1976179	3869336	6821797	1412560	2775391	2633846	800468
547003	1131317	1897441	305303	6328816	276437	9688	240309	26440	609502
3853117	13299230	1718334	295932	2996660	4850408	1285347	3274805	290256	95165
609188	2361027	290249	81080	718419	764438	214395	508454	41589	13203
201901	1162159	619721	212093	1110825	1464733	342055	1015798	106880	68658
965663	1207878	868021	670920	1134647	1942551	185880	1694996	61675	246586
914634	3856616	1183015	324378	14261058	17467906	1243687	7352005	8872214	811668
3227271	6822874	1051540	219635	1968858	2962605	111059	1974481	877065	1737436
109902	32257	7559	1130	41722	749679	500	749179	—	862
123777	140872	112917	88063	289746	130600	80639	45563	4398	12335
425355	1553133	331958	560159	2481083	937810	490933	276485	170392	40584
193720	120293	99198	23716	91588	66957	33528	25151	8278	35131
350658	597919	261452	43198	264817	90886	68059	20192	2635	443909
1200	—	—	—	—	—	—	—	—	—
67562	222157	46787	6276	54041	24496	—	—	24496	30
3273	1760	1169	790	8375	—	—	—	—	4410
526	—	—	—	—	—	—	—	—	—
1712	—	—	—	—	—	—	—	—	—
9121	17425	—	—	100	1748	—	—	1748	—
122	—	—	—	100	—	—	—	—	—
47548	25017	54670	—	3380	—	—	—	—	45877

表1 2014年各地区林业

(按现行

地区	第二产业							
	涉林产业							
		非木质林产品加工制造业						
	木质工艺品和木质文教体育用品制造	小计	木本油料、果蔬、茶饮料等加工制造	野生动物食品与毛皮革等加工制造	中药材加工制造	其他	林业系统非林产业	总计
全国合计	**5587681**	**40340167**	**30364008**	**1826414**	**8149745**	**13562890**	**6700525**	**73854433**
北　京	—	—	—	—	—	—	2454	315711
天　津	—	—	—	—	—	—	—	12642
河　北	3571	2315107	1604274	32593	678240	148719	21851	732760
山　西	15	520518	513224	1030	6264	18585	—	225284
内蒙古	76	13459	13459	—	—	86198	130589	739644
内蒙古集团	—	—	—	—	—	3134	105845	440977
辽　宁	42520	1339483	546503	489415	303565	302907	108424	2623572
吉　林	70554	4267404	1012997	88490	3165917	215645	632402	1686529
吉林集团	—	44852	32177	1514	11161	31745	240811	587953
长白山集团	—	508	508	—	—	10752	86032	210946
黑龙江	57741	589106	423267	63884	101955	388762	1327183	2227770
龙江集团	17911	26094	6462	500	19132	57119	977048	1383588
上　海	12879	298169	159783	45370	93016	86647	—	155638
江　苏	218672	1579214	1056360	98638	424216	869944	792116	4309543
浙　江	1893333	2172202	1790715	161625	219862	550	7394	3900231
安　徽	461791	1766196	1511158	41449	213589	233491	400497	4221621
福　建	1231420	6012434	5387618	210010	414806	3152148	106403	1490692
江　西	143020	1050453	1027604	2572	20277	116423	521192	5017127
山　东	391687	5216132	5055147	7500	153485	631674	878313	3983491
河　南	91097	1153291	746667	12064	394560	140546	19897	1590019
湖　北	111753	1675922	1432052	14565	229305	355023	100922	3263605
湖　南	171703	2002999	1727110	72891	202998	687031	569389	7986265
广　东	399130	2702346	1807055	298065	597226	2754365	14538	12396717
广　西	73409	1546113	933999	157812	454302	1978572	656632	3428234
海　南	86723	335509	335509	—	—	716	3186	216689
重　庆	66584	193659	134789	2400	56470	181267	55390	1063325
四　川	22197	826119	702886	14609	108624	583726	153130	6623112
贵　州	10240	210061	186928	955	22178	45765	16856	2755555
云　南	26320	1282008	1207268	100	74640	247229	63061	1023404
西　藏	—	—	—	—	—	—	—	21280
陕　西	1145	413188	344304	10227	58657	127204	28545	747606
甘　肃	101	89577	82417	—	7160	25172	15433	280043
青　海	—	—	—	—	—	—	—	5950
宁　夏		304193	160008	150	144035	1651	—	178268
新　疆	—	430042	427303	—	2739	176769	4037	332407
新疆兵团	—	120	—	—	120	—	—	11805
大兴安岭	—	35263	33604	—	1659	6161	70691	299699

产业总产值(三)
价格计算)

单位:万元

第三产业								补充资料		
涉林产业										
合计	其中:湿地产业	林业生产服务	林业旅游与休闲服务	林业生态服务	林业专业技术服务	林业公共管理及其他组织服务	林业系统非林产业	竹产业产值	油茶产业产值	林下经济产值
67296717	**2035385**	**2490581**	**53212379**	**5095105**	**1715545**	**4783107**	**6557716**	**18451012**	**5525332**	**42233727**
299541	—	5144	264328	11288	10614	8167	16170	—	—	22336
12642	—	—	12642	—	—	—	—	—	—	4212
675955	6000	58480	485004	47705	30946	53820	56805	—	—	357986
209597	325	15400	69523	49875	2768	72031	15687	—	—	6886
349597	4308	25865	218187	10774	15138	79633	390047	—	—	408021
72898	—	—	64723	—	5731	2444	368079	—	—	74307
2447479	125074	23790	1922567	235477	169912	95733	176093	—	—	1079200
927951	105101	50885	746320	27729	27049	75968	758578	—	—	1148779
42164	—	11090	17791	—	2220	11063	545789	—	—	89586
47465	—	11865	15801	1427	852	17520	163481	—	—	115054
1133037	41287	45148	815167	101514	17445	153763	1094733	—	—	1826591
439938	—	3744	416518	—	4070	15606	943650	—	—	869829
116529	—	—	8932	43817	18044	45736	39109	—	—	452
4168624	548688	307066	2436675	635224	287203	502456	140919	7887	179	410934
3896771	31785	56945	3508889	201546	24276	105115	3460	4518370	203530	8737591
3961389	262927	173964	2792920	594563	89378	310564	260232	1652770	281694	1808359
1489186	3300	44023	1161553	83905	15142	184563	1506	4093003	264600	3601939
4785686	7331	123818	3781564	505487	64547	310270	231441	2925382	1644331	1651928
3688170	335675	217456	2451427	580483	259421	179383	295321	—	—	2816635
1581101	26234	45476	1091364	282655	41161	120445	8918	5325	18324	1576021
2985566	122128	378533	1994451	135152	125881	351549	278039	208839	285642	571137
7203337	191949	387548	5294404	899256	255855	366274	782928	2047637	2072842	1621420
11991881	2965	48952	11122178	80680	4638	735433	404836	108262	228003	376408
2518647	5080	243464	2003383	88217	31373	152210	909587	384071	410246	5768347
215960	966	1235	193463	473	2328	18461	729	1869	401	232975
1002125	14712	11643	865012	46987	22700	55783	61200	200337	16893	504984
6489305	100012	63123	5907100	99627	71234	348221	133807	2043375	20861	5253800
2729983	68450	16058	2547201	97989	13903	54832	25572	181104	46493	241120
810015	14531	60350	502550	42978	50986	153151	213389	71073	20630	1366419
21280	—	—	21280	—	—	—	—	—	—	—
661195	8842	22920	423904	146059	13357	54955	86411	1665	10663	280725
233653	1406	38121	63191	15867	18918	97556	46390	43	—	210024
5950	—	282	3923	1615	130	—	—	—	—	938
173468	—	833	162297	10128	200	10	4800	—	—	5380
322520	4347	12326	206499	15369	22741	65585	9887	—	—	57800
9260	3000	43	9117	—	100	—	2545	—	—	8022
188577	1962	11733	134481	2666	8257	31440	111122	—	—	284380

表2 各地区主要木材、

地区	木材及竹材									
	商品材									
						按用途分				
	总计	其中：热带木材	其中：针叶木材	原木	薪材	直接用原木	加工用材	造纸用材	其他	系统内国有企业单位生产的木材
全国合计	**8233.30**	**1104.77**	**1259.44**	**7553.46**	**679.84**	**2899.56**	**3659.22**	**663.04**	**1011.49**	**615.67**
北京	13.03	—	—	12.86	0.17	12.08	—	—	0.95	0.10
天津	14.71	—	—	14.71	—	—	—	—	14.71	—
河北	90.18	—	9.05	77.00	13.18	40.84	29.33	0.15	19.87	—
山西	15.64	—	0.64	9.03	6.62	7.86	1.06	—	6.71	0.01
内蒙古	178.75	—	62.91	170.05	8.69	76.26	36.86	4.70	60.92	109.80
内蒙古集团	108.30	—	53.09	104.34	3.95	19.00	28.92	4.70	55.67	108.30
辽宁	199.96	—	21.57	174.88	25.07	90.30	97.50	0.90	11.25	8.21
吉林	345.18	—	48.82	336.62	8.56	140.84	184.08	3.37	16.89	152.55
吉林集团	56.39	—	6.30	56.06	0.33	4.22	47.30	—	4.87	50.17
长白山集团	73.92	—	7.71	73.68	0.24	12.25	55.53	0.12	6.02	73.92
黑龙江	212.79	—	24.31	204.44	8.35	125.99	63.58	0.73	22.49	65.89
龙江集团	54.36	—	10.90	53.69	0.67	13.53	29.70	0.33	10.81	54.23
上海	—	—	—	—	—	—	—	—	—	—
江苏	141.33	—	0.62	130.96	10.37	58.07	65.46	4.94	12.87	1.14
浙江	136.77	—	105.67	135.29	1.47	55.46	69.89	0.15	11.27	0.22
安徽	465.52	—	122.74	403.11	62.41	181.87	238.00	9.64	36.02	0.43
福建	575.05	—	81.61	523.60	51.45	252.13	126.62	12.81	183.49	59.08
江西	259.61	—	138.71	240.24	19.37	105.93	129.72	4.63	19.32	30.46
山东	429.55	—	0.50	368.17	61.38	95.63	287.19	12.13	34.60	4.94
河南	256.28	—	—	232.56	23.72	1.75	215.42	5.55	33.56	—
湖北	227.47	—	15.19	179.87	47.60	74.41	119.28	3.71	30.07	2.50
湖南	478.21	—	96.53	461.29	16.92	141.92	180.16	133.83	22.31	14.96
广东	841.47	221.62	65.27	748.93	92.54	280.33	384.79	114.21	62.14	1.21
广西	2302.76	708.22	285.78	2174.74	128.02	746.58	1023.38	247.29	285.50	40.73
海南	134.86	134.86	11.61	122.79	12.07	76.38	12.80	28.88	16.81	41.92
重庆	35.09	—	8.82	29.93	5.16	11.67	14.34	5.68	3.41	0.04
四川	207.66	—	23.40	187.29	20.37	92.43	92.60	5.47	17.16	4.63
贵州	191.36	—	16.29	184.00	7.35	50.15	110.36	21.00	9.83	5.34
云南	393.57	40.07	100.64	347.42	46.15	136.90	143.23	42.27	71.17	29.53
西藏	5.76	—	—	5.76	—	—	5.76	—	—	—
陕西	6.74	—	0.32	5.50	1.24	3.47	1.83	0.10	1.34	0.20
甘肃	4.04	—	0.08	3.81	0.24	0.06	0.10	—	3.88	—
青海	1.01	—	—	1.00	0.01	0.45	0.55	—	0.01	—
宁夏	—	—	—	—	—	—	—	—	—	—
新疆	43.94	—	0.57	42.59	1.34	30.61	11.81	—	1.51	16.77
新疆兵团	16.77	—	—	16.77	—	11.80	4.96	—	0.01	16.77
大兴安岭	25.01	—	17.80	25.01	—	9.17	13.49	0.92	1.43	25.01

竹材产品产量

单位：万立方米

采伐产品											
按生产单位分				非商品材			竹材				
							大径竹（万根）				
系统内国有林场、事业单位生产的木材	系统外企、事业单位采伐自营林地的木材	乡（镇）集体企业及单位生产的木材	村及村以下各级组织和农民个人生产的木材	合计	农民自用材采伐量	农民烧材采伐量	合计	其中：村及村以下各级组织和农民个人生产的大径材	毛竹	其他	小杂竹（万吨）
1341.64	**458.31**	**630.50**	**5187.18**	**2900.51**	**773.11**	**2127.40**	**222439.93**	**128503.78**	**130843.42**	**91596.51**	**925.98**
0.20	0.05	0.19	12.50	10.06	10.00	0.06	—	—	—	—	—
—	—	—	14.71	—	—	—	—	—	—	—	—
27.14	0.11	2.48	60.44	17.99	3.48	14.51	—	—	—	—	—
9.03	0.16	0.15	6.29	1.13	0.94	0.19	—	—	—	—	—
21.60	3.95	0.97	42.42	8.54	8.54	—	—	—	—	—	—
—	—	—	—	—	—	—	—	—	—	—	—
53.64	0.04	43.17	94.90	27.76	14.80	12.96	—	—	—	—	—
88.71	12.63	26.17	65.13	—	—	—	—	—	—	—	—
6.22	—	—	—	—	—	—	—	—	—	—	—
—	—	—	—	—	—	—	—	—	—	—	—
84.62	6.56	5.49	50.23	5.71	5.66	0.05	—	—	—	—	—
—	0.13	—	—	—	—	—	—	—	—	—	—
—	—	—	—	—	—	—	—	—	—	—	0.10
12.62	14.91	19.22	93.45	17.79	13.05	4.74	399.03	0.80	261.19	137.84	5.40
13.67	0.42	9.21	113.25	26.59	6.44	20.15	20512.31	11786.59	19428.14	1084.17	48.64
31.45	3.63	19.96	410.05	114.24	50.49	63.75	14887.10	5563.55	11867.14	3019.96	56.51
86.82	11.62	92.12	325.42	1287.71	287.16	1000.55	67387.00	56510.00	43923.00	23464.00	75.67
61.62	14.47	17.46	135.60	73.40	13.23	60.17	19683.94	4206.18	18201.00	1482.94	43.68
3.94	0.37	10.81	409.50	23.47	15.71	7.76	—	—	—	—	—
9.27	2.61	15.60	228.81	80.82	39.21	41.61	171.44	151.44	171.44	—	5.10
14.16	14.07	21.92	174.83	105.68	47.09	58.59	3414.41	1276.76	2436.16	978.25	17.74
52.97	129.72	66.73	213.83	100.05	26.92	73.14	5942.83	4131.30	5422.43	520.40	8.14
115.23	58.28	76.31	590.44	22.01	4.03	17.98	14474.66	6795.13	6657.05	7817.61	194.97
552.92	125.08	115.73	1468.31	246.65	54.81	191.84	44992.00	27578.69	11288.94	33703.06	49.91
12.43	24.62	5.22	50.67	3.17	0.50	2.68	1155.63	63.32	21.97	1133.66	0.05
5.47	0.85	2.12	26.60	24.64	7.63	17.01	3215.97	158.38	264.37	2951.60	53.69
19.17	5.93	17.44	160.49	82.83	20.55	62.28	9692.74	5405.75	3374.19	6318.55	306.39
16.85	0.20	28.37	140.59	12.36	2.13	10.23	740.17	8.40	673.37	66.80	4.19
39.22	27.65	31.08	266.09	501.87	86.45	415.42	14960.30	4721.30	6331.98	8628.32	53.87
5.76	—	—	—	51.89	24.46	27.43	—	—	—	—	0.01
0.66	0.07	0.85	4.96	43.14	20.92	22.22	810.41	146.21	521.06	289.34	1.81
1.65	0.21	0.14	2.04	0.75	0.67	0.08	—	—	—	—	0.13
—	—	—	1.01	1.48	1.48	—	—	—	—	—	—
—	—	—	—	1.53	1.53	—	—	—	—	—	—
0.80	0.11	1.64	24.62	7.23	5.24	1.99	—	—	—	—	—
—	—	—	—	—	—	—	—	—	—	—	—
—	—	—	—	—	—	—	—	—	—	—	—

表3　各地区主要经济林

地　区	各类经济林产品总量	水果产量									
		合　计	其　中								
			苹果	柑橘	梨	葡萄	桃	杏	荔枝	龙眼	猕猴桃
全国合计	**158435260**	**135113544**	**35294977**	**28723704**	**17466385**	**12547424**	**12951342**	**2678186**	**2180354**	**1671709**	**1037652**
北　京	789335	720640	84791	—	147948	36356	375267	24552	—	—	19
天　津	256842	254378	48710	—	39906	74552	57494	3150	—	—	—
河　北	13609942	12320037	3457299	—	4735278	1549564	1818496	273196	—	—	1636
山　西	4719843	4175558	2730416	—	678326	188253	424421	97587	—	—	30
内蒙古	486701	422921	90151	—	36594	71414	4206	28046	—	—	—
内蒙古集团	10897	3117	—	—	—	—	—	—	—	—	—
辽　宁	7100220	5952353	2469856	—	1395382	930155	562206	197918	—	—	68
吉　林	1099433	820846	267769	—	133664	314791	1268	6894	—	—	—
吉林集团	20494	280	—	—	—	—	—	—	—	—	—
长白山集团	16574	212	—	—	192	20	—	—	—	—	—
黑龙江	706097	229289	106138	—	33326	39536	120	374	—	—	—
龙江集团	158339	2398	225	—	500	1253	—	—	—	—	—
上　海	458709	458501	7	234238	37137	97313	82696	—	—	—	1996
江　苏	3390716	3150322	612887	36863	814221	623940	881860	10946	—	—	5786
浙　江	5224974	4611288	—	2139141	503663	714790	420306	—	—	—	35469
安　徽	3462452	2853523	396250	40365	1125160	384525	615111	8997	—	—	17930
福　建	7214049	5639992	15905	2107787	230738	149001	240357	1561	166486	255607	17225
江　西	5078648	4301949	5122	3723513	248484	73483	79235	180	—	—	17835
山　东	19141314	17923317	9463300	—	1579159	1321670	3464184	320788	—	—	4144
河　南	6449655	5456104	2408906	114077	1091750	457248	817238	156410	—	—	65109
湖　北	6673959	5400355	15698	3453048	504209	303643	1005182	11249	—	—	20563
湖　南	6496532	4958987	—	3993721	205100	308679	128927	1902	—	—	50581
广　东	8359290	7754440	261	2991414	86686	3917	41546	—	1175959	737354	3870
广　西	11210795	9587583	—	4139577	295803	400920	240350	—	629079	566786	4939
海　南	3183145	2981480	—	59685	—	—	1845	—	181925	48090	—
重　庆	3188261	2966368	6915	2016870	386382	161999	107093	14251	333	9966	24793
四　川	6600203	5685146	593000	2544719	731747	351688	492511	8903	14011	43219	136729
贵　州	1907397	1344969	40867	334340	388259	211951	191269	3449	886	510	29407
云　南	6685811	4769269	258275	583610	450979	707472	202466	6672	11675	10177	2746
西　藏	35178	30110	14722	240	12228	1700	426	—	—	—	—
陕　西	9970465	8689765	6780325	207216	148454	292118	336677	78493	—	—	596643
甘　肃	5479997	5034935	3912735	3280	373682	349644	187520	115475	—	—	134
青　海	55444	2731	921	—	1216	23	25	434	—	—	—
宁　夏	850475	704582	467409	—	15581	179424	9129	26539	—	—	—
新　疆	8527608	5911806	1046342	—	1035323	2247655	161911	1280220	—	—	—
新疆兵团	2097827	1356554	369937	—	331749	553036	52842	42219	—	—	—
大兴安岭	21770	—	—	—	—	—	—	—	—	—	—

产品生产情况(一)

单位:吨

	干果产量										
	合 计	其 中									
其他水果		核桃	板栗	枣（干重）	柿子（干重）	仁用杏	山杏仁	银杏（白果）	榛子	松子	其他干果
20561811	**11481017**	**2713741**	**2278175**	**4175519**	**1073287**	**80726**	**219996**	**125776**	**137144**	**130512**	**546141**
51707	68049	8835	20294	4543	29255	3184	144	—	—	—	1794
30566	2459	1271	1188	—	—	—	—	—	—	—	—
484568	1190345	160632	275201	525095	174411	19948	23852	—	6936	3	4267
56525	508444	120259	2598	269568	48072	7871	4721	—	—	293	55062
192510	31441	—	—	60	—	2121	12100	—	12828	3548	784
3117	3721	—	—	—	—	—	—	—	173	3548	—
396768	706484	32612	126191	226233	—	33320	142171	10	104985	40957	5
96460	86310	45145	1215	—	—	44	—	—	3265	35430	1211
280	14249	5217	—	—	—	—	—	—	35	8997	—
—	4238	176	—	—	—	—	—	—	—	4062	—
49795	28169	3648	—	—	—	—	315	—	3164	20773	269
420	16407	3146	—	—	—	—	—	—	1362	11894	5
5114	—	—	—	—	—	—	—	—	—	—	—
163819	162130	912	28585	5591	63866	—	—	61921	—	—	1255
797919	129559	18602	91219	1165	8994	—	—	1946	—	—	7633
265185	273613	19201	197803	11791	39797	—	—	1968	—	—	3053
2455325	161420	544	108191	110	45665	—	—	11	5398	—	1501
154097	54700	602	38234	814	3412	—	—	387	—	—	11251
1770072	987116	114819	305841	282903	134510	139	65	10078	25	—	138736
345366	520860	115567	126754	125513	142747	2456	3350	2770	—	—	1703
86763	588214	94241	414049	31675	22415	6	5	19888	—	—	5935
270077	148893	14305	102466	18788	10119	—	2	1551	—	—	1662
2713433	58812	—	14439	10377	26722	—	—	728	—	—	6546
3310129	180410	19449	73655	7091	69825	—	—	9177	—	—	1213
2689935	171317	—	—	—	—	—	—	—	—	—	171317
237766	36090	12237	11120	4331	6251	—	—	982	—	958	211
768619	367407	293750	40222	7662	6228	—	—	7616	—	7795	4134
144031	124818	57383	53233	1184	4812	1	22	5772	—	534	1877
2535197	1037828	786580	161090	9318	27693	—	—	157	—	13999	38991
794	4893	4887	—	—	—	—	6	—	—	—	—
249839	927426	185087	80924	421297	194100	10208	30248	653	—	3369	1540
92465	278014	102911	3663	151699	14393	1019	1470	161	—	1330	1368
112	605	605	—	—	—	—	—	—	—	—	—
6500	70451	755	—	65382	—	9	1525	—	—	—	2780
140355	2572677	498902	—	1993329	—	400	—	—	3	—	80043
6771	740885	13138	—	727509	—	—	—	—	—	—	238
—	2063	—	—	—	—	—	—	—	540	1523	—

表3　各地区主要经济林

地　区	林产饮料产品(干重)				林产调料产品(干重)				
	合　计	其中			合　计	其中			
		毛茶	咖啡	其他林产饮料产品		花椒	八角	桂皮	其他林产调料产品
全国合计	**2100878**	**1800604**	**104425**	**195849**	**646296**	**350938**	**150302**	**113651**	**31405**
北　京	—	—	—	—	46	46	—	—	—
天　津	—	—	—	—	5	5	—	—	—
河　北	48000	—	—	48000	10944	10944	—	—	—
山　西	—	—	—	—	11645	11645	—	—	—
内蒙古	200	—	—	200	—	—	—	—	—
内蒙古集团	—	—	—	—	—	—	—	—	—
辽　宁	—	—	—	—	—	—	—	—	—
吉　林	—	—	—	—	—	—	—	—	—
吉林集团	—	—	—	—	—	—	—	—	—
长白山集团	—	—	—	—	—	—	—	—	—
黑龙江	2500	—	—	2500	—	—	—	—	—
龙江集团	—	—	—	—	—	—	—	—	—
上　海	—	—	—	—	—	—	—	—	—
江　苏	13948	13948	—	—	150	150	—	—	—
浙　江	174818	172755	—	2063	—	—	—	—	—
安　徽	107479	104451	—	3028	476	236	—	—	240
福　建	474962	452440	—	22522	—	—	—	—	—
江　西	44633	44385	—	248	127	18	33	32	44
山　东	96897	22076	—	74821	42453	38833	—	—	3620
河　南	20456	19754	—	702	26032	25997	—	—	35
湖　北	160556	157737	—	2819	4882	3475	23	221	1163
湖　南	109508	93588	—	15920	1162	978	50	105	29
广　东	64155	49777	—	14378	79719		3955	75700	64
广　西	58162	56133	—	2029	166341	1	131988	34341	11
海　南	897	622	218	57	15044	—	—	—	15044
重　庆	17814	17381	—	433	55147	54559	153	87	348
四　川	129774	129061	—	713	47191	47079	92	12	8
贵　州	90724	89860	—	864	6882	5449	287	600	546
云　南	433211	328470	104207	534	63821	37351	13701	2516	10253
西　藏	—	—	—	—	112	112	—	—	—
陕　西	47050	46970	—	80	64302	64245	20	37	—
甘　肃	1196	1196	—	—	49664	49664	—	—	—
青　海	—	—	—	—	76	76	—	—	—
宁　夏	3680	—	—	3680	75	75	—	—	—
新　疆	258	—	—	258	—	—	—	—	—
新疆兵团	258	—	—	258	—	—	—	—	—
大兴安岭	—	—	—	—	—	—	—	—	—

产品生产情况(二)

单位:吨

森林食品(干重)					木本药材				
合 计	其中				合 计	其中			
	其他森林食品	竹笋干	食用菌	山野菜		杜仲	黄柏	厚朴	枸杞
3396609	**653240**	**2101739**	**373541**	**268089**	**1709340**	**182984**	**48386**	**183094**	**229590**
600	—	600	—	—	—	—	—	—	—
—	—	—	—	—	—	—	—	—	—
7687	—	4797	2268	622	31827	—	1	—	12235
2427	—	2196	45	186	21681	80	—	—	210
17865	—	6472	6126	5267	14254	—	—	—	12977
3546	—	1061	2485	—	513	—	—	—	—
399989	—	321655	75591	2743	38794	—	—	—	356
167552	—	86732	67966	12854	24725	—	—	—	—
5233	—	3761	1402	70	732	—	—	—	—
11690	—	10368	1312	10	434	—	—	—	—
422364	—	346256	45322	30786	23775	—	—	—	117
127203	—	81088	37706	8409	12331	—	—	—	—
208	208	—	—	—	—	—	—	—	—
34990	7178	27647	165	—	28874	214	—	—	2
236216	159644	74869	1693	10	13228	554	—	1710	—
107576	28291	57852	8727	12706	22423	1603	190	87	93
604441	113472	438936	43691	8342	77492	—	—	3156	—
77179	33601	33390	9562	626	43646	3280	88	3392	2
87853	—	51249	2612	33992	648	110	—	—	10
137894	1047	103102	25223	8522	165808	14908	805	370	3052
181282	12299	136853	18774	13356	107839	17924	5139	16730	383
148916	51771	24183	8213	64749	222230	81928	4072	107986	3
63218	41602	21001	261	354	24657	65	60	2852	50
182498	31855	146968	2630	1045	159339	4414	40	5582	—
2984	524	—	—	2460	4546	—	—	—	—
49780	30994	6652	6391	5743	37338	5387	10606	6265	145
244285	109554	72634	10167	51930	84087	19351	16415	26283	92
73883	17741	45702	6980	3460	85096	20518	10670	3712	164
70525	9554	41977	15255	3739	77876	1566	176	20	—
63	—	55	—	8	—	—	—	—	—
51977	3895	35953	10069	2060	137701	10877	59	4842	203
4665	10	2131	2429	95	93037	205	65	107	42692
—	—	—	—	—	52032	—	—	—	52032
—	—	—	—	—	71687	—	—	—	71687
—	—	—	—	—	42685	—	—	—	33085
—	—	—	—	—	120	—	—	—	120
17692	—	11877	3381	2434	2015	—	—	—	—

表3 各地区主要经济林

地区	木本药材			木本油料					
	其中			合计	其中				
	山茱萸	五味子	其他木本药材		油茶籽	油橄榄	文冠果	油用牡丹籽	其他木本油料
全国合计	**46394**	**63817**	**955075**	**2116891**	**2023445**	**20820**	**4289**	**12300**	**56037**
北京	—	—	—	—	—	—	—	—	—
天津	—	—	—	—	—	—	—	—	—
河北	—	—	19591	1102	—	—	2	—	1100
山西	1424	—	19967	88	—	—	18	—	70
内蒙古	—	—	1277	20	—	—	20	—	—
内蒙古集团	—	—	513	—	—	—	—	—	—
辽宁	—	1683	36755	2600	—	—	2600	—	—
吉林	—	18455	6270	—	—	—	—	—	—
吉林集团	—	64	668	—	—	—	—	—	—
长白山集团	—	415	19	—	—	—	—	—	—
黑龙江	50	9558	14050	—	—	—	—	—	—
龙江集团	—	7109	5222	—	—	—	—	—	—
上海	—	—	—	—	—	—	—	—	—
江苏	1	1	28656	299	299	—	—	—	—
浙江	5399	—	5565	58444	58444	—	—	—	—
安徽	866	16	19568	76963	71425	—	—	5361	177
福建	—	601	73735	122472	112637	—	—	—	9835
江西	80	7652	29152	437211	434640	—	—	—	2571
山东	—	—	528	3030	—	—	30	3000	—
河南	29600	307	116766	19359	18438	—	—	921	—
湖北	1478	6701	59484	129186	127419	—	—	1377	390
湖南	87	1118	27036	824249	823517	—	—	40	692
广东	—	—	21630	89925	85341	—	—	—	4584
广西	—	8812	140491	180891	177915	—	—	—	2976
海南	—	—	4546	124	124	—	—	—	—
重庆	199	3685	11051	8462	4842	205	—	15	3400
四川	204	7	21735	21244	13718	6226	—	—	1300
贵州	306	1426	48300	69929	69438	—	—	—	491
云南	—	50	76064	42338	16764	67	—	—	25507
西藏	—	—	—	—	—	—	—	—	—
陕西	6651	1693	113376	10575	8484	—	15	1562	514
甘肃	49	37	49882	18198	—	14322	1422	24	2430
青海	—	—	—	—	—	—	—	—	—
宁夏	—	—	—	—	—	—	—	—	—
新疆	—	—	9600	182	—	—	182	—	—
新疆兵团	—	—	—	10	—	—	10	—	—
大兴安岭	—	2015	—	—	—	—	—	—	—

产品生产情况(三)

单位:吨

林产工业原料							
合 计	其中						
	生漆	油桐籽	乌桕籽	五倍子	棕片	松脂	紫胶(原胶)
1870685	**22290**	**416065**	**35921**	**23746**	**58482**	**1309520**	**4661**
—	—	—	—	—	—	—	—
—	—	—	—	—	—	—	—
—	—	—	—	—	—	—	—
—	—	—	—	—	—	—	—
—	—	—	—	—	—	—	—
—	—	—	—	—	—	—	—
—	—	—	—	—	—	—	—
—	—	—	—	—	—	—	—
—	—	—	—	—	—	—	—
—	—	—	—	—	—	—	—
—	—	—	—	—	—	—	—
—	—	—	—	—	—	—	—
—	—	—	—	—	—	—	—
3	—	—	3	—	—	—	—
1421	10	107	—	—	409	895	—
20399	453	2653	118	88	3982	13105	—
133270	662	20756	187	248	14973	96444	—
119203	8	8640	220	13	1931	108391	—
—	—	—	—	—	—	—	—
103142	2103	84397	9765	4163	—	2714	—
101645	6298	24895	18503	3241	3714	44994	—
82587	1030	32871	1206	1345	6770	39365	—
224364	—	7720	697	—	2579	210552	2816
695571	35	82517	86	117	4045	608771	—
6753	—	—	—	—	—	6753	—
17262	1126	12878	586	2000	527	145	—
21069	477	16363	1210	449	1523	997	50
111096	6955	73095	2666	7207	5166	15992	15
190943	235	20008	32	96	9376	159476	1720
—	—	—	—	—	—	—	—
41669	2864	29114	642	4590	3473	926	60
288	34	51	—	189	14	—	—
—	—	—	—	—	—	—	—
—	—	—	—	—	—	—	—
—	—	—	—	—	—	—	—
—	—	—	—	—	—	—	—
—	—	—	—	—	—	—	—

表 4　各地区油茶与

地　区	油茶产业发展情况										年末实有花卉种植面积(公顷)
	年末实有油茶林面积(公顷)			繁殖圃		苗木产量(万株)			油茶籽产量(万吨)	油茶企业(个)	
	合计	当年新造面积	当年低改面积	个数(个)	面积(公顷)	合计	其中：一年生苗木产量	其中：二年留床苗木产量			
全国合计	**3648008**	**157549**	**137478**	**471**	**6288**	**86622**	**42848**	**33920**	**202**	**1844**	**1022066**
北　京	—	—	—	—	—	—	—	—	—	—	4698
天　津	—	—	—	—	—	—	—	—	—	—	408
河　北	—	—	—	—	—	—	—	—	—	—	44582
山　西	—	—	—	—	—	—	—	—	—	—	1164
内蒙古	—	—	—	—	—	—	—	—	—	—	347
内蒙古集团	—	—	—	—	—	—	—	—	—	—	—
辽　宁	—	—	—	—	—	—	—	—	—	—	30358
吉　林	—	—	—	—	—	—	—	—	—	—	3253
吉林集团	—	—	—	—	—	—	—	—	—	—	—
长白山集团	—	—	—	—	—	—	—	—	—	—	—
黑龙江	—	—	—	—	—	—	—	—	—	—	1786
龙江集团	—	—	—	—	—	—	—	—	—	—	—
上　海	—	—	—	—	—	—	—	—	—	—	1705
江　苏	200	—	—	—	300	1856	100	80	0	—	111404
浙　江	152439	7244	7486	20	139	3525	2012	1513	6	209	69081
安　徽	115229	10576	3369	25	243	5743	2680	3016	7	189	34557
福　建	137534	4837	9173	28	165	3775	2469	1106	11	113	61838
江　西	853544	25516	27653	107	764	12823	5544	5836	43	252	58134
山　东	—	—	—	—	—	—	—	—	—	—	159718
河　南	40175	3727	333	13	53	1097	1023	67	2	16	109760
湖　北	200178	16927	4303	56	1921	7805	4673	3121	13	198	48253
湖　南	1238103	37270	67155	70	588	18140	8192	8918	82	477	47729
广　东	154010	9880	7664	23	161	6034	2165	1128	9	98	73547
广　西	329991	15805	4257	26	295	5539	3650	1422	18	161	27042
海　南	710	206	—	10	17	765	529	216	0	4	8110
重　庆	32347	3033	733	3	117	3875	1740	1945	0	18	24390
四　川	20999	1181	770	14	569	2756	1149	516	1	3	53884
贵　州	129305	1400	—	22	53	2984	1123	1860	7	38	22133
云　南	220312	17601	4115	14	723	9185	5228	3025	2	62	13485
西　藏	—	—	—	—	—	—	—	—	—	—	—
陕　西	22932	2346	467	40	180	722	571	151	1	6	6949
甘　肃	—	—	—	—	—	—	—	—	—	—	1947
青　海	—	—	—	—	—	—	—	—	—	—	3
宁　夏	—	—	—	—	—	—	—	—	—	—	777
新　疆	—	—	—	—	—	—	—	—	—	—	1021
新疆兵团	—	—	—	—	—	—	—	—	—	—	13
大兴安岭	—	—	—	—	—	—	—	—	—	—	3

花卉产业发展情况

花卉产业发展情况

切花切叶产量（万支）	盆栽植物产量（万盆）	观赏苗木产量（万株）	草坪产量（万平方米）	花卉市场（个）	花卉企业（个）		花农（万户）	花卉从业人员（万人）		控温温室面积（万平方米）	日光温室面积（万平方米）
					合计	其中：大中型企业		合计	其中：专业技术人员		
1759315	**451673**	**1112064**	**37942**	**4472**	**49207**	**9076**	**136.29**	**492.69**	**27.42**	**6585**	**16813**
4012	19010	1158	818	40	191	97	0.11	1.01	0.10	118	376
230	2139	310	457	14	69	4	0.15	0.43	0.04	72	72
17035	9554	130593	565	273	1003	63	3.80	12.01	1.05	74	595
344	1027	1163	56	150	282	21	0.11	0.71	0.17	15	1519
1670	1244	655	9	78	44	—	0.10	0.61	0.06	26	62
—	—	—	—	—	—	—	—	—	—	—	—
202851	29637	14192	2926	74	432	151	4.10	9.05	0.42	245	3514
4326	1125	823	145	55	84	7	0.28	0.99	0.11	8	49
—	—	15	—	—	—	—	—	0.00	0.00	—	—
—	30	—	2	—	—	—	—	0.00	0.00	0	—
208	608	2844	57	20	97	4	0.23	1.13	0.18	9	19
—	—	—	—	—	—	—	—	—	—	—	—
31728	5140	81	1241	16	173	39	0.16	0.50	0.08	102	59
137417	24675	276136	7281	324	5350	1296	20.10	77.90	1.47	761	969
129858	25821	186979	2760	116	9605	2442	15.56	59.44	3.99	427	1258
5995	5702	22425	2467	380	2017	242	5.32	16.06	1.46	56	173
141420	91766	28200	1684	107	2913	821	6.83	24.47	1.36	940	1462
19476	10289	18800	692	497	1262	73	2.13	9.57	1.08	23	29
152263	115099	188259	756	430	3571	654	12.57	48.22	2.90	2792	1165
72744	9781	63126	271	187	2390	620	11.94	54.15	1.90	185	393
9386	12441	29669	769	265	1302	161	4.02	11.73	1.38	41	111
3337	10040	25594	2392	396	1837	264	7.76	39.78	1.47	59	92
193960	26211	26838	3118	99	9154	1117	6.14	15.56	1.08	156	1025
20653	6176	18984	5977	56	1136	164	10.08	45.34	1.17	56	71
79027	4645	1326	239	35	640	143	0.95	4.65	0.08	39	92
18790	5054	8740	1659	130	2315	167	4.68	14.46	0.65	18	45
31510	22438	14935	1416	394	1953	290	13.23	29.50	3.44	29	784
28131	1549	4937	33	62	253	32	0.23	0.93	0.07	18	12
430833	3837	19534	22	80	460	119	3.39	9.13	1.00	28	2526
—	—	—	—	2	—	—	0.00	0.04	0.01	—	1
840	1238	10936	50	73	397	19	0.83	2.97	0.51	42	56
12556	2505	2863	18	81	223	46	1.33	1.75	0.15	131	131
—	—	91	—	3	1	—	0.01	0.01	0.01	1	8
8551	1961	10890	52	9	28	12	0.13	0.43	0.01	103	131
143	960	933	12	26	25	8	0.04	0.15	0.03	11	15
1	62	38	12	2	1	—	—	0.03	0.00	0	2
25	—	47	—	—	—	—	0.00	0.01	0.00	1	1

表5　各地区主要林产

地区	锯材				木片、木粒加工产品（万实积立方米）	木竹			
						总计	胶合板		
	合计	普通锯材	特种锯材	枕木及其他锯材			合计	木胶合板	竹胶合板
全国合计	**6836.98**	**6590.61**	**70.19**	**176.17**	**4314.09**	**27371.79**	**14970.03**	**13610.10**	**464.02**
北京	—	—	—	—	—	20.39	—	—	—
天津	—	—	—	—	—	—	—	—	—
河北	171.00	170.56	0.37	0.07	23.56	1660.95	570.40	569.53	—
山西	3.42	3.42	—	—	7.58	39.65	0.44	0.44	—
内蒙古	710.98	710.98	—	—	8.94	73.11	32.11	32.11	—
内蒙古集团	—	—	—	—	—	—	—	—	—
辽宁	382.08	374.30	3.92	3.86	118.89	790.53	361.14	344.53	—
吉林	149.44	140.32	8.58	0.54	42.81	423.99	149.02	77.57	—
吉林集团	1.44	1.44	—	—	—	141.15	0.44	0.44	—
长白山集团	2.38	2.38	—	—	0.01	11.90	1.05	0.99	—
黑龙江	716.93	713.19	2.33	1.41	106.53	419.64	280.18	272.22	—
龙江集团	44.23	42.71	0.11	1.41	2.00	27.33	4.03	2.17	—
上海	—	—	—	—	—	8.33	7.18	7.18	—
江苏	185.45	185.20	0.13	0.13	289.90	4715.64	3182.84	3150.95	2.88
浙江	319.51	314.81	2.27	2.44	57.59	684.32	275.07	167.39	105.78
安徽	405.66	396.61	0.55	8.51	149.88	2019.26	1275.58	1188.79	54.12
福建	192.13	192.13	—	—	69.09	791.18	355.70	256.82	94.60
江西	197.61	188.77	5.63	3.22	116.15	511.43	207.72	106.40	89.51
山东	1443.11	1334.04	33.04	76.03	2074.98	6659.08	4624.99	4408.69	—
河南	207.41	206.04	—	1.38	246.61	1792.71	907.82	606.92	—
湖北	115.69	115.59	—	0.10	71.69	591.53	149.19	128.06	2.94
湖南	287.49	279.82	5.29	2.38	46.62	408.50	167.79	101.71	39.30
广东	168.35	166.76	0.28	1.32	135.47	1136.81	332.71	298.77	0.61
广西	625.70	551.20	4.32	70.18	569.55	3089.08	1642.64	1542.90	4.46
海南	44.34	44.02	0.03	0.30	58.87	36.35	17.85	16.70	—
重庆	29.06	25.52	—	3.54	8.89	145.57	62.36	56.21	5.46
四川	165.66	161.76	3.39	0.51	43.61	835.19	205.74	130.69	59.98
贵州	83.24	83.05	0.08	0.11	10.68	81.09	54.44	42.80	4.04
云南	199.23	199.23	—	—	29.82	292.56	86.16	82.15	0.34
西藏	1.00	1.00	—	—	—	—	—	—	—
陕西	13.78	13.61	—	0.17	4.26	114.85	12.70	12.32	—
甘肃	1.36	1.36	—	—	—	0.81	0.81	0.81	—
青海	0.09	0.09	—	—	2.00	—	—	—	—
宁夏	—	—	—	—	—	—	—	—	—
新疆	8.00	8.00	—	—	2.07	15.25	7.25	7.25	—
新疆兵团	0.04	0.04	—	—	—	—	—	—	—
大兴安岭	9.26	9.26	—	—	18.05	13.97	0.19	0.19	—

工业产品产量(一)

单位:万立方米

加工制品										
人造板										
	纤维板						刨花板			
其他胶合板	合计	木质纤维板				非木质纤维板	合计	木质刨花板		非木质刨花板
		小计	硬质纤维板	中密度纤维板	软质纤维板			小计	其中:定向刨花板(OSB)	
895.91	**6462.63**	**6339.90**	**611.26**	**5682.57**	**46.06**	**122.74**	**2087.53**	**2052.60**	**86.47**	**34.93**
—	20.39	20.39	—	20.39	—	—	—	—	—	—
—	—	—	—	—	—	—	—	—	—	—
0.87	479.78	479.78	10.32	469.46	—	—	291.28	283.98	—	7.30
—	13.35	13.35	—	13.35	—	—	7.33	7.33	—	—
—	6.39	6.39	0.03	6.36	—	—	26.49	26.39	—	0.10
—	—	—	—	—	—	—	—	—	—	—
16.61	176.61	176.61	46.33	130.28	—	—	126.95	126.95	—	—
71.45	126.01	126.01	—	126.01	—	—	76.81	76.55	—	0.26
—	80.18	80.18	—	80.18	—	—	60.00	59.74	—	0.26
0.06	10.53	10.53	—	10.53	—	—	—	—	—	—
7.96	59.07	59.07	13.86	45.21	—	—	55.08	55.08	—	—
1.86	5.81	5.81	0.58	5.23	—	—	8.44	8.44	—	—
—	—	—	—	—	—	—	—	—	—	—
29.02	709.90	709.90	49.76	658.59	1.55	—	279.73	278.69	0.08	1.04
1.90	107.28	107.19	0.38	106.61	0.20	0.09	12.69	12.34	—	0.35
32.67	398.27	398.27	56.96	341.31	—	—	132.66	130.65	—	2.02
4.28	125.82	125.82	—	125.82	—	—	150.03	150.03	—	—
11.81	145.72	145.22	7.27	132.89	5.07	0.50	33.56	31.56	—	2.00
216.30	1101.07	991.96	291.08	687.98	12.90	109.12	367.50	367.50	14.40	—
300.90	349.29	349.29	21.60	325.24	2.45	—	130.95	130.95	16.68	—
18.18	298.71	297.31	7.80	289.52	—	1.40	78.79	77.18	54.50	1.61
26.78	45.90	45.90	—	45.90	—	—	20.31	20.31	—	—
33.33	570.06	570.06	64.43	505.62	—	—	159.16	139.34	—	19.82
95.28	830.71	830.71	19.27	788.14	23.30	—	110.81	110.38	—	0.44
1.15	11.00	11.00	8.00	3.00	—	—	7.50	7.50	—	—
0.70	80.99	75.09	0.58	74.51	—	5.90	0.87	0.87	0.82	—
15.07	507.44	503.73	13.10	490.63	—	3.71	10.11	10.11	—	—
7.59	8.47	8.47	—	8.47	—	—	0.11	0.11	—	—
3.68	170.56	168.53	0.50	167.43	0.60	2.02	8.42	8.42	—	—
—	—	—	—	—	—	—	—	—	—	—
0.38	101.36	101.36	—	101.36	—	—	0.30	0.30	—	—
—	—	—	—	—	—	—	—	—	—	—
—	—	—	—	—	—	—	—	—	—	—
—	—	—	—	—	—	—	—	—	—	—
—	8.00	8.00	—	8.00	—	—	—	—	—	—
—	—	—	—	—	—	—	—	—	—	—
—	10.48	10.48	—	10.48	—	—	0.08	0.08	—	—

表5 各地区主要林产

地区	人造板		其他加工材			木竹		
	其他人造板					木竹地板		
	合计	其中:细木工板	合计	改性木材	指接材	合计	实木地板	实木复合木地板
全国合计	**3851.59**	**2386.29**	**692.53**	**145.94**	**377.36**	**76022.40**	**14961.00**	**24291.68**
北京	—	—	—	—	—	60.00	—	60.00
天津	—	—	—	—	—	—	—	—
河北	319.49	250.48	19.10	10.84	1.80	99.00	59.00	40.00
山西	18.54	0.12	0.25	0.25	—	—	—	—
内蒙古	8.12	7.16	—	—	—	12.08	12.08	—
内蒙古集团	—	—	—	—	—	—	—	—
辽宁	125.83	49.59	14.89	—	14.89	2476.83	1124.10	1148.54
吉林	72.15	42.43	6.09	2.20	3.79	4327.41	520.93	3693.79
吉林集团	0.54	0.54	0.08	—	0.08	423.87	—	423.87
长白山集团	0.32	0.12	0.10	—	—	254.80	6.25	148.55
黑龙江	25.30	23.27	6.26	1.05	5.21	878.10	611.26	190.25
龙江集团	9.04	7.58	2.71	1.05	1.66	140.78	64.53	2.00
上海	1.16	—	—	—	—	3208.30	749.34	2458.96
江苏	543.17	374.47	2.00	2.00	—	16939.14	167.97	542.92
浙江	289.27	285.31	115.79	14.77	101.02	12010.30	5295.60	5591.53
安徽	212.75	169.94	10.44	0.93	8.91	8484.73	561.71	1413.51
福建	159.63	136.60	99.40	0.91	98.49	2500.74	354.15	2.89
江西	124.42	100.76	53.69	2.97	50.73	5957.44	445.17	537.03
山东	565.51	261.01	120.30	39.29	18.06	7390.69	805.30	5243.81
河南	404.65	122.81	0.83	—	0.65	1102.57	1032.67	43.50
湖北	64.84	64.04	7.67	5.27	2.41	3180.79	65.24	613.19
湖南	174.51	134.28	20.75	0.84	19.90	1327.54	491.70	69.30
广东	74.88	37.31	0.60	—	0.30	3633.17	1734.33	1628.34
广西	504.91	272.38	167.04	46.89	21.49	644.83	73.96	545.87
海南	—	—	16.10	14.90	1.20	16.50	3.00	10.00
重庆	1.35	1.28	9.35	1.82	7.54	5.80	3.50	1.30
四川	111.91	28.80	16.24	—	16.24	1198.73	485.22	308.23
贵州	18.08	8.23	3.67	0.65	3.03	59.32	7.65	0.24
云南	27.43	12.47	1.88	0.17	1.71	497.32	356.92	140.40
西藏	—	—	—	—	—	—	—	—
陕西	0.49	0.32	0.20	0.20	—	3.00	0.21	—
甘肃	—	—	—	—	—	—	—	—
青海	—	—	—	—	—	—	—	—
宁夏	—	—	—	—	—	—	—	—
新疆	—	—	—	—	—	—	—	—
新疆兵团	—	—	—	—	—	—	—	—
大兴安岭	3.22	3.22	—	—	—	8.07	—	8.07

工业产品产量(二)

单位:万立方米

加工制品（万平方米）			林产化学产品(吨)					
			松香类产品			松节油类产品		
浸渍纸层压木质地板（强化木地板）	竹地板（含竹木复合地板）	其他木地板（含软木地板、集成材地板等）	合计	松香	松香深加工产品	合计	松节油	松节油深加工产品
24715. 37	**10255. 14**	**1799. 22**	**1700727**	**1497738**	**202989**	**230764**	**174758**	**56006**
—	—	—	—	—	—	—	—	—
—	—	—	—	—	—	—	—	—
—	—	—	—	—	—	—	—	—
—	—	—	—	—	—	—	—	—
—	—	—	—	—	—	—	—	—
—	—	—	—	—	—	—	—	—
200. 00	—	4. 20	—	—	—	—	—	—
108. 67	—	4. 02	—	—	—	—	—	—
—	—	—	—	—	—	—	—	—
100. 00	—	—	—	—	—	—	—	—
50. 82	—	25. 77	—	—	—	—	—	—
50. 82	—	23. 43	—	—	—	—	—	—
—	—	—	—	—	—	—	—	—
15062. 32	862. 61	303. 32	—	—	—	—	—	—
13. 80	1050. 72	58. 65	20500	2500	18000	8500	—	8500
5251. 82	1102. 00	155. 70	7328	6928	400	1879	1879	—
—	2009. 30	134. 39	132007	112590	19417	20998	9627	11371
136. 63	4804. 23	34. 38	140367	107038	33329	58562	27814	30748
777. 20	6. 74	557. 64	—	—	—	—	—	—
26. 40	—	—	2635	2635	—	—	—	—
2344. 05	11. 15	147. 15	20235	19974	261	3412	2977	435
440. 88	305. 39	20. 27	40303	13452	26851	4098	2087	2011
—	4. 20	266. 30	119769	89372	30397	3898	3298	600
—	25. 00	—	1008388	963021	45367	93960	92400	1560
—	3. 50	—	1132	1132	—	244	244	—
—	1. 00	—	1115	1065	50	—	—	—
300. 18	19. 40	85. 70	1153	1153	—	110	110	—
—	49. 90	1. 53	16158	13693	2465	1019	932	87
—	—	—	189637	163185	26452	34084	33390	694
—	—	—	—	—	—	—	—	—
2. 59	—	0. 20	—	—	—	—	—	—
—	—	—	—	—	—	—	—	—
—	—	—	—	—	—	—	—	—
—	—	—	—	—	—	—	—	—
—	—	—	—	—	—	—	—	—
—	—	—	—	—	—	—	—	—
—	—	—	—	—	—	—	—	—

表5 各地区主要林产工业产品产量(三)

单位:吨

地区	林产化学产品											
	樟脑		冰片		栲胶类产品			紫胶类产品			木材热解产品	
	合计	其中:合成樟脑	合计	其中:合成冰片	合计	栲胶	栲胶深加工产品	合计	紫胶	紫胶深加工产品	合计	其中:木炭
全国合计	**13171**	**12291**	**2610**	**2608**	**5013**	**5013**	—	**4645**	**4575**	**70**	**1340780**	**370374**
北京	—	—	—	—	—	—	—	—	—	—	—	—
天津	—	—	—	—	—	—	—	—	—	—	—	—
河北	—	—	—	—	1320	1320	—	—	—	—	47060	12500
山西	—	—	—	—	—	—	—	—	—	—	400	—
内蒙古	—	—	—	—	—	—	—	—	—	—	—	50000
内蒙古集团	—	—	—	—	—	—	—	—	—	—	—	—
辽宁	—	—	—	—	—	—	—	—	—	—	13910	—
吉林	—	—	—	—	—	—	—	—	—	—	13077	6244
吉林集团	—	—	—	—	—	—	—	—	—	—	—	—
长白山集团	—	—	—	—	—	—	—	—	—	—	—	6244
黑龙江	—	—	—	—	—	—	—	—	—	—	1754	—
龙江集团	—	—	—	—	—	—	—	—	—	—	—	—
上海	—	—	—	—	—	—	—	—	—	—	—	—
江苏	—	—	—	—	—	—	—	—	—	—	8000	—
浙江	—	—	—	—	—	—	—	—	—	—	172951	2500
安徽	—	—	—	—	—	—	—	—	—	—	96571	6020
福建	11170	11170	—	—	—	—	—	300	300	—	247416	—
江西	1459	601	10	8	—	—	—	—	—	—	172327	1320
山东	—	—	—	—	—	—	—	—	—	—	70166	21550
河南	—	—	—	—	—	—	—	—	—	—	18510	—
湖北	—	—	—	—	—	—	—	—	—	—	350	33715
湖南	15	—	1950	1950	—	—	—	25	25	—	96958	121265
广东	—	—	—	—	—	—	—	2800	2800	—	10747	101
广西	7	—	—	—	3693	3693	—	—	—	—	158318	108460
海南	—	—	—	—	—	—	—	—	—	—	190	—
重庆	—	—	—	—	—	—	—	—	—	—	4773	—
四川	520	520	—	—	—	—	—	—	—	—	19220	—
贵州	—	—	—	—	—	—	—	3	3	—	56928	103
云南	—	—	650	650	—	—	—	1517	1447	70	31196	—
西藏	—	—	—	—	—	—	—	—	—	—	—	—
陕西	—	—	—	—	—	—	—	—	—	—	150	—
甘肃	—	—	—	—	—	—	—	—	—	—	—	—
青海	—	—	—	—	—	—	—	—	—	—	—	—
宁夏	—	—	—	—	—	—	—	—	—	—	—	—
新疆	—	—	—	—	—	—	—	—	—	—	—	—
新疆兵团	—	—	—	—	—	—	—	—	—	—	—	—
大兴安岭	—	—	—	—	—	—	—	—	—	—	99808	6596

表 6　各地区林业旅游与休闲产业发展情况

地　区	旅游人次（人次）	旅游收入（万元）	人均花费（元）	直接带动的其他产业产值（万元）
全国合计	**1982734663**	**53212379**	**268**	**74602219**
北　京	228000876	264328	12	140501
天　津	2395003	12642	53	7261
河　北	26809019	485004	181	248801
山　西	10722783	69523	65	129122
内蒙古	8876025	218187	246	76355
内蒙古集团	1066700	64723	607	25820
辽　宁	76079634	1922567	253	1629614
吉　林	14414444	746320	518	321107
吉林集团	394598	17791	451	20071
长白山集团	263993	15801	599	51790
黑龙江	16723770	815167	487	246071
龙江集团	8148320	416518	511	169979
上　海	4177592	8932	21	359
江　苏	117817681	2436675	207	6195944
浙　江	177054680	3508889	198	3302123
安　徽	78378181	2792920	356	2885587
福　建	34442071	1161553	337	1197363
江　西	62870907	3781564	601	2299235
山　东	113562737	2451427	216	3995827
河　南	86833924	1091364	126	764499
湖　北	53138586	1994451	375	5308121
湖　南	96501639	5294404	549	15707033
广　东	208384894	11122178	534	11097565
广　西	60569911	2003383	331	7104407
海　南	10775728	193463	180	756235
重　庆	80442243	865012	108	383731
四　川	248514974	5907100	238	6823888
贵　州	77467659	2547201	329	2360694
云　南	33146048	502550	152	381187
西　藏	285000	21280	747	9800
陕　西	28853319	423904	147	377879
甘　肃	8234457	63191	77	207816
青　海	344806	3923	114	4362
宁　夏	7853527	162297	207	269671
新　疆	7929439	206499	260	283260
新疆兵团	311300	9117	293	30620
大兴安岭	1133106	134481	1187	86801

表7　各地区森林公园建设

地区	森林公园总数（处）	森林公园总面积（公顷）	国家森林公园数量（处）	国家森林公园面积（公顷）	省级森林公园数量（处）	省级森林公园面积（公顷）	县级森林公园数量（处）	县级森林公园面积（公顷）
全国合计	**3101**	**17787706**	**792**	**12261245**	**1428**	**4303309**	**881**	**1223152**
北　京	31	96263	15	68441	16	27822	—	—
天　津	1	2126	1	2126	—	—	—	—
河　北	101	517565	27	298852	74	218713	—	—
山　西	127	563115	19	389133	51	128909	57	45073
内蒙古	54	1152762	30	913583	23	233809	1	5370
内蒙古集团	8	400927	8	400927	—	—	—	—
辽　宁	70	229434	29	140099	41	89335	—	—
吉　林	56	2490393	34	2033970	22	456424	—	—
吉林集团	8	89773	8	89773	—	—	—	—
黑龙江	103	1917433	56	1698898	47	218535	—	—
龙江集团	41	1376817	24	1260146	17	116672	—	—
上　海	2	129972	2	129972	—	—	—	—
江　苏	5	2252	4	1952	1	300	—	—
浙　江	65	86315	17	41793	48	44522	—	—
安　徽	199	419568	39	222201	80	131531	80	65837
福　建	73	157872	31	108248	42	49624	—	—
江　西	178	238715	30	127527	127	87932	21	23256
山　东	175	514856	46	377497	116	109556	13	27803
河　南	251	418361	43	192038	76	108142	132	118181
湖　北	170	381062	28	118872	84	165379	58	96810
湖　南	93	421110	34	296884	59	124226	—	—
广　东	123	478464	51	267057	60	187746	12	23662
广　西	532	1092351	25	206837	74	113424	433	772089
海　南	56	260289	20	212647	30	46472	6	1171
重　庆	27	167121	9	119102	16	46326	2	1693
四　川	87	187600	25	133937	61	52828	1	835
贵　州	123	766705	33	642145	57	105288	33	19272
云　南	78	264955	22	151909	34	93801	22	19245
西　藏	41	147651	27	112612	14	35039	—	—
陕　西	9	1329608	9	1329608	—	—	—	—
甘　肃	87	351642	35	185392	50	165252	2	999
青　海	94	967977	21	434401	73	533575	—	—
宁　夏	18	475078	7	293297	11	181782	—	—
新　疆	11	37629	4	28587	7	9042	—	—
大兴安岭	61	1521460	19	981629	34	537975	8	1856

注:森林公园总数和国家森林公园中含白山市国家森林旅游区1处。

与经营情况主要指标(一)

森林公园收入情况						旅游接待人数	
收入合计（万元）	其中旅游收入					旅游总人数（万人次）	海外旅游者（万人次）
	合计（万元）	门票收入（万元）	食宿收入（万元）	娱乐收入（万元）	其他收入（万元）		
7097662	**5721343**	**1075557**	**2608515**	**508355**	**1528916**	**70987**	**1371**
30477	30477	5629	20371	2332	2145	816	5
1920	1920	1300	—	—	620	33	2
84755	82594	34663	27174	8220	12538	1361	18
90354	90354	21832	36849	2090	29583	2115	14
66730	66730	10200	27731	9968	18831	432	2
57846	57846	5586	25673	8676	17911	96	—
104573	104573	23282	55146	11994	14151	2087	46
867897	219897	12741	133740	36081	37334	1126	23
3671	3671	46	3128	157	340	29	1
171592	171592	20576	75347	25394	50275	1150	19
116833	116833	14767	45183	21634	35249	492	5
1728	1728	30	1288	195	216	12	—
13919	8669	6113	660	1460	436	592	2
301745	185606	42242	30636	13146	99581	4883	100
1569661	1444565	134418	906236	75113	328798	4933	57
78931	72470	22422	37537	3335	9177	1755	17
129301	88124	14495	35492	11859	26278	2241	211
595382	505355	83183	304065	27220	90887	5383	49
208296	198468	102384	47746	10250	38088	3930	130
97502	97502	49799	26263	12567	8872	2542	39
199241	140235	15587	65676	35624	23349	2079	20
511232	282315	141768	70400	14412	55735	3678	155
271916	266540	44150	137710	23642	61037	13268	281
242307	204391	30415	60124	7047	106805	816	21
40509	40509	19527	12699	55	8229	241	5
467466	467466	37476	246166	57884	125940	5272	68
415823	415737	62808	169454	88254	95221	2882	20
391624	391624	68216	46016	23533	253858	3066	26
24405	23700	14462	1135	50	8053	1038	9
8969	8969	4503	3950	501	15	73	2
60614	60614	35140	13125	3030	9319	1175	21
10666	10646	3840	4685	942	1178	696	5
11286	11286	2222	1771	1082	6211	352	0
3841	3686	2049	691	517	429	185	0
23001	23001	8084	8633	555	5729	775	4

表7　各地区森林公园建设

地区	本年度投入资金				其中环境建设投入（万元）	本年度环境建设情况	
	合计（万元）	国家投资（万元）	自筹资金（万元）	招商引资（万元）		植树造林（公顷）	改造林相（公顷）
全国合计	**4576988**	**1054302**	**1217466**	**2305220**	**545414**	**116604**	**171704**
北　京	19060	11804	6106	1150	5380	531	2117
天　津	8200	—	8200	—	3000	13	107
河　北	193830	54402	32522	106906	16662	10840	3948
山　西	29902	13656	9296	6950	4990	1355	3085
内蒙古	44417	10813	20270	13334	11405	4203	7731
内蒙古集团	12341	3260	9081	—	415	1293	3149
辽　宁	76701	12360	45361	18980	21023	1581	1418
吉　林	532041	3402	22139	506500	2916	25438	900
吉林集团	1719	530	1189	—	215	116	311
黑龙江	173993	77750	72831	23413	25662	2580	36593
龙江集团	118186	46736	53277	18174	20757	1049	35410
上　海	7598	160	7438	—	165	—	223
江　苏	16237	10848	5389	—	7510	7	329
浙　江	274665	65686	147455	61524	69796	5463	3460
安　徽	156300	69864	44185	42250	37706	1176	4868
福　建	80388	26545	36553	17290	3523	972	1553
江　西	76382	44042	18772	13568	12744	3294	3208
山　东	123013	18108	59145	45761	31229	4066	12370
河　南	315194	20600	158416	136178	61146	10060	22639
湖　北	131929	7593	79370	44966	17203	3421	16707
湖　南	151394	46773	20120	84501	17914	3054	5588
广　东	580809	229101	55119	296589	36387	7032	12011
广　西	299772	90693	77713	131367	52849	8076	13342
海　南	48325	7431	31134	9760	6040	500	422
重　庆	6674	2053	4620	—	6166	1695	343
四　川	319153	93909	54998	170246	12787	6461	6004
贵　州	164260	40693	103296	20271	21300	1419	2707
云　南	441461	19185	14661	407614	7886	3241	1890
西　藏	27350	7098	13631	6621	1836	368	1961
陕　西	1779	1534	245	—	273	81	109
甘　肃	148417	38669	46921	62827	32130	3716	1810
青　海	35895	11886	9892	14117	3484	3098	2168
宁　夏	40573	1582	305	38686	2907	2118	993
新　疆	8991	2671	1685	4635	1853	467	293
大兴安岭	42287	13391	9678	19218	9543	280	806

与经营情况主要指标(二)

从业人员情况		基础设施现状				社会旅游从业人员（人）
职工总数（人）	导游人数（人）	车船总数（台/艘）	游步道总数（千米）	床位总数（张）	餐位总数（个）	
169714	**17832**	**34740**	**78129**	**852869**	**1537288**	**792637**
1102	160	265	895	3210	16790	12220
135	16	43	20	340	680	3000
5899	649	880	2615	86397	100375	59488
3363	609	792	1603	57472	67045	18744
3060	240	753	2773	21103	47863	23251
1322	51	321	756	14364	33293	17672
3076	561	3491	2022	30312	51552	13399
8014	680	3031	3508	33082	43052	25388
554	31	695	480	2320	7850	562
7148	1080	3563	4704	64605	112039	21689
4793	663	2425	2622	46083	79322	17478
198	8	10	440	469	1000	321
469	56	496	117	60	1410	934
10114	622	1165	2177	15802	33751	17588
17697	1811	4229	3184	86953	150720	72432
4834	270	347	1584	8237	23830	23690
7066	668	816	3659	7446	26258	18158
7120	776	1784	8915	40917	83585	36349
15014	1840	2307	6948	52299	127345	162283
7543	1250	1678	2455	45814	93766	36493
9579	983	1897	3379	49664	61282	31328
14000	929	976	4300	39452	90535	41326
13495	790	1644	5079	34250	101401	41547
2130	226	364	919	5358	12700	4170
2110	157	165	367	2306	6965	823
4424	1033	998	3203	46684	94443	21098
4977	595	484	2306	55696	62200	21934
5010	409	910	2371	12538	35851	23177
1868	164	323	1003	2918	5232	6234
141	168	50	142	972	518	404
3817	593	452	1957	17559	33175	39369
3761	210	229	2079	9479	20391	5954
527	66	167	586	7378	11665	3301
736	38	76	401	582	1260	584
1287	175	355	2421	13515	18609	5961

人造板产业

【概　述】　我国是缺林少材的国家，木材供应缺口高达50%，主要依赖进口解决，木材加工业是仅次于石油和钢铁的第三用汇行业。近年来，随着建筑装饰和家具业的快速发展，国内木材需求量急剧增长，木材供需矛盾日益突出。

发展人造板工业是节约木材资源的重要途径，不仅有利于缓解我国木材供需矛盾，更重要的是可在满足人类生活对木制品需求的同时，以刺激人工工业用材林的快速发展而减少人们对天然林采伐的依赖，从而达到保护森林、改善生态环境的效果。我国人造板工业起步虽晚，但发展很快。改革开放使我国人造板工业得到了前所未有的发展机会，使之从容地从计划经济走向市场经济，实现了从无到有不断壮大，企业规模不断扩大，产品种类不断增加，技术装备水平和产品质量不断提高，由传统加工业向现代工业的转变。目前，我国主要人造板产品有胶合板、纤维板、刨花板及其延伸产品和深加工产品，细分品种已达百余种。

进入21世纪，我国人造板工业高速发展，现有人造板企业万余家，从业人员300多万人，人造板年产量超过2.5亿立方米、产值近万亿元，已成为世界人造板生产、消费和进出口贸易第一大国。

2014年，全国人造板总产量为27371.79万立方米，比2013年增长7.09%。消费量达2.49亿立方米，产值达52566亿元，比2013年增长11.1%，占世界人造板材总产量的60%，生产量、消费量、出口量、出口额均居世界首位。在全部人造板产量中，胶合板14970.03万立方米，比2013年增长9.07%，占全部人造板产量的54.69%；纤维板6462.63万立方米，与2013年基本持平，占全部人造板产量的23.61%，其中中密度纤维板产量为5682.57万立方米；刨花板产量2087.53万立方米，比2013年增长10.75%，占全部人造板产量的7.63%；其他人造板3851.60万立方米(细木工板占62%)，比2013年增长8.57%，占全部人造板产量的14.07%。行业整体结构调整和转型升级阶段，生产规模增速减缓。

从分省情况看，山东、江苏、广西、安徽、河南、河北、广东7省(区、市)产量均超过1000万立方米，7省(区、市)人造板产量共计21073.54万立方米，占全国人造板总产量的76.99%。2014年人造板产量前10位省(区、市)产量占全国人造板总产量的85.82%；胶合板产量前10位省(区、市)产量占全国胶合板总产量的90.41%；纤维板产量前10位省(区、市)产量占全国纤维板总产量的83.90%；刨花板产量前10位省(区、市)产量占全国刨花板总产量的87.56%，详见表1。从2013年与2014年省(区、市)分布来看，人造板产区比较集中。

表1　2014年人造板产量前10位省(区、市)　　单位：万立方米

2014年人造板			2014年胶合板			2014年纤维板			2014年刨花板		
全国合计	27371.79	占全国总量百分比(%)	全国合计	14970.03	占全国总量百分比(%)	全国合计	6462.63	占全国总量百分比(%)	全国合计	2087.53	占全国总量百分比(%)
山东	6659.08	24.33	山东	4624.99	30.90	山东	1101.07	17.04	山东	367.50	17.60
江苏	4715.64	17.23	江苏	3182.84	21.26	广西	830.71	12.85	河北	291.28	13.95
广西	3089.08	11.29	广西	1642.64	10.97	江苏	709.90	10.98	江苏	279.73	13.40
安徽	2019.26	7.38	安徽	1275.58	8.52	广东	570.06	8.82	广东	159.16	7.62
河南	1792.71	6.55	河南	907.82	6.06	四川	507.44	7.85	福建	150.03	7.19
河北	1660.95	6.07	河北	570.40	3.81	河北	479.78	7.42	安徽	132.66	6.36

（续）

2014 年人造板			2014 年胶合板			2014 年纤维板			2014 年刨花板		
全国合计	27371.79	占全国总量百分比(%)	全国合计	14970.03	占全国总量百分比(%)	全国合计	6462.63	占全国总量百分比(%)	全国合计	2087.53	占全国总量百分比(%)
广东	1136.81	4.15	辽宁	361.14	2.41	安徽	398.27	6.16	河南	130.95	6.27
四川	835.19	3.05	福建	355.70	2.38	河南	349.29	5.40	辽宁	126.95	6.08
福建	791.18	2.89	广东	332.71	2.22	湖北	298.71	4.62	广西	110.81	5.31
辽宁	790.53	2.89	黑龙江	280.18	1.87	辽宁	176.61	2.73	湖北	78.79	3.77

【进出口贸易】 随着我国人造板产品质量的不断提高，近年来我国人造板进出口贸易稳步增长，人造板进口量和进口额占全球总进口的4%~5%，出口量占全球出口总量的18%左右，出口额占总额的20%左右。

2013 年全国进口胶合板 15.47 万立方米，同比下降 13.44%；出口 1026.14 万立方米，同比增长 2.30%，出口金额 50.34 亿美元，同比增长 5.00%。进口纤维板 6.92 万立方米，同比下降 19.20%，平均进口单价 703 美元/立方米，同比上涨了 8.00%；出口 232.87 万立方米，同比下降 6.36%，但出口价格稳中有升，平均单价 506 美元/立方米。刨花板进口 58.68 万立方米，增长 8.58%，出口 26.12 万立方米，增长 25.53%。

2014 年，我国进口胶合板 17.8 万立方米，同比增长 15.06%，平均进口单价 741.33 美元/立方米，进口额大幅增长了 27.98%；出口胶合板 1321.56 万立方米，同比增长 28.79%，出口均价 439.91 美元/立方米，出口额同比增长 15.51%，见表 2。进口纤维板 22.36 万立方米(按密度 750 千克/吨换算)，翻倍增长了 223.74%，进口额高达 1.1 亿美元，同比增长 132.06%，主要是木制品出口目的国提高了产品质量和认证要求，我国产品一时无法满足其要求，只得依靠进口解决；纤维板出口 340.93 万立方米，增幅为 46.41%，出口额同比增长了 38.42%，平均出口单价 478.5 美元/立方米。进口刨花板 58.38 万立方米(按密度 60 千克/吨换算)，下降了 1.50%，由于进口单价涨到 242.66 美元/立方米，进口额增长了 10.88%；刨花板出口了 37.95 万立方米，出口额超过 1.39 亿美元，分别大幅增长 45.37% 和 57.38%，平均单价高达 366.44 美元/立方米，均创历史最高纪录，主要原因为 2014 年年初多条进口连续压机生产线相继投产，刨花板产品质量大幅提高，不仅夺回了进口板挤占的国内市场，还大量出口高档产品。

表 2 2014 年我国人造板进出口贸易情况

板种	进口				出口			
	数量(万吨)	同比(%)	金额(万美元)	同比(%)	数量(万吨)	同比(%)	金额(万美元)	同比(%)
刨花板	37.57	-1.5	14166.65	10.88	24.67	45.37	13906.30	57.38
纤维板	16.77	223.74	11008.09	132.06	255.71	46.41	163133.02	38.42
胶合板	17.80	15.06	13195.76	27.98	1321.56	28.79	581370.52	15.51

胶合板是我国人造板的主要出口产品，出口量和出口额都接近出口人造板的 80%，2014 年，胶合板出口额占我国木质林产品出口总额的 11% 左右。55% 的胶合板出口市场在亚洲，出口量排名前 7 位的国家合计超过出口总量的 50%(见表 3)。山东、江苏两省的胶合板出口量占全国出口总量的 76%，出口金额占全国 63%，出口单价 413 美元/立方米；辽宁、吉林、浙江 3 个省的出口均价超过 1000 美元/立方米，广西出口单价最低，每立方米只有 346 美元；虽然辽宁出口数量仅为广西的 27%，但出口金额却是广西的 1.3 倍，出口单价高达 4.7 倍(见表 4)。

人造板外贸市场出现萎缩趋势 次贷危机引发的全球金融危机重挫发达经济体，受全球复杂政治经济形势影响，贸易保护主义抬头，人造板及其下游产品国际贸易摩擦频发，技术性贸易壁垒和绿色贸易壁垒泛滥。近年来，我国人造板产品及其下游产品出口遭遇了不同程度的打压，人民币汇率升值进一步增加了产品出口的难度，其国际市场竞争力有所下降。当然，我国人造板出口商品的品牌信誉度不高、产品的质量不够稳定以及中小型外贸企业多且无序低价竞争也是影响人造板外贸市场的重要因素。

表3　2013年、2014年1~9月胶合板出口量前7位目的国

国别	2014年1~9月出口量（万立方米）	2013年1~9月出口量（万立方米）	增减(%)
美国	122.0	100.7	21.2
日本	63.1	60.9	3.6
韩国	56.6	64.7	-12.5
菲律宾	53.9	28.7	87.8
阿联酋	52.5	39.3	33.6
英国	50.6	51.7	-2.1
沙特	46.0	35.3	30.3
合计	444.7	381.3	16.6

表4　2013年、2014年1~9月胶合板出口量前7位省(区、市)

省(区)	2014年1~9月			2013年1~9月	
	数量(万立方米)	单价(美元/万立方米)	金额(亿美元)	数量(万立方米)	同比(%)
山东	415.6	401	16.66	360.2	15.4
江苏	244	433	10.56	214.5	13.8
广西	46.5	346	1.61	45.6	2.0
广东	41.3	279	2.39	41.2	0.2
浙江	29.7	1059	3.26	33.2	-10.5
吉林	21.4	1424	3.05		
辽宁	12.7	1626	2.06		
其他	60.8	600	3.65		
总计	872	494	43.24	775	12.5

在美国反倾销案占全球案例比重下降的形势下，其对华案件比例却不断上升。自从2008年5月美国《雷斯法案修正案》植物条款生效以来，美国《2008消费品安全加强法》(CPSIA)、《复合木制品甲醛标准法案》、北美市场的产品安全认证(UL认证)等贸易壁垒越来越多，近期美国环保局宣布，所有在美国销售或生产(含进口)的硬木胶合板、刨花板、中密度纤维板及其制品，都必须符合如下排放标准。

硬木胶合板：甲醛排放限量为0.05毫克/千克；

中密度纤维板：甲醛排放限量为0.11毫克/千克；

薄型中密度纤维板：甲醛排放限量为0.13毫克/千克；

刨花板：甲醛排放限量为0.09毫克/千克。

美国环保局规定只有符合新法规标准的复合木制品才允许进口、销售、供应，为获得产品合格证书，木材生产商应根据有毒物质控制法案(TSCA)标题VI申请获第三方认可证书。此规定一出，我国产品一时无法满足需求，我国木制品出口商不得不采购国外人造板作为生产原材料，使得2014年我国胶合板和纤维板进口量大幅增长，特别是纤维板进口量增长幅度高达223.74%(见表2)。

2013年3月3日生效的欧盟《原产国标签法》要求，出口到欧盟市场的木制品必须获得FSC身份证，证明生产企业采购的木材产自合法开发的森林。虽然对我国运营规范、产品顺利通过FSC认证的大型企业影响不大，但对多数中小人造板出口企业冲击明显。其他贸易壁垒还有欧盟森林执法进程行动计划(FLEGT)、欧盟市场的强制性产品认证(CE)、欧盟《关于化学品注册、评估、许可和限制法案(REACH)》、日本的产品质量认证(JAS)等。

我国胶合板产业是劳动密集型产业，近万家胶合板企业以民营为主，大多数企业生产规模不到1万立方米/年，从业人员超过300万，平均劳动生产率不到10万元/(人·年)。中国制造业人均工资4美元/小时，虽然与发达国家相比优势较强，但却是东南亚发展中国家的2~3倍，尤其是中国制造业人均产值2.2万美元，与泰国人均产值基本相同，可是泰国劳动力成本只有中国的52%，与其他发展中国家相比，中国劳动力已无竞争优势。中国制造业平均1美元工资创造产值2.86倍，发达国家3.18倍，发展中国家高达5.81倍。从某个侧面看，中国已面临"中等收入陷阱"。

人造板生产是充分市场竞争产业，由于受原辅材料及能源价格上涨、物流成本增高、劳动力成本快速上升等多种因素综合影响，人造板生产经营成本普遍上升，效益下滑，招工、融资难度增加，企业面临生产经营困难。劳动密集型产业及下游产业的比较优势逐渐下降，制造业外移趋势增加。

林业对外投资贸易新特点 一是全球林产品贸易格局正在深度调整。欧美发达国家利用其森林资源、市场、资本、管理和科技等方面的竞争优势，在高端产品领域继续占据着制高点，在全球林产品贸易中处于主体地位：越南、柬埔寨、缅甸、印度尼西亚等发展中国家主要利用劳动力价格优势，正在成为我国的主要竞争对手；俄罗斯、南美、非洲和太平洋岛国等利用其森林资源优势，禁止原木出口，加快产业结构调整，林产品生产贸易水平不断提升。

二是打击木材非法采伐与相关贸易已成为国际社会普遍关注的热点问题。林业涉及生态安全、气候变化、能源供应等诸多国际重要议题，森林问题及林产品国际贸易已成为国际热点问题，并直接关系国家的权益和未来发展空间，牵涉的贸易摩擦不断增强。当前，各国相继出台了一些打击非法采伐和相关贸易法案和政策措施，发达国家出台相关法律、法规，严格禁止非法采伐的木材及其制品贸易；木材生产国完善森林资源管理政策和限制原木出口；木材加工国制定严格的产销链监管制度；这些都对我国的林产品贸易产生很大影响。

三是国际林产品贸易更加注重环境保护、可持续发展，保护成本不断增加。随着人们环保意识的不断提高，可持续发展的思想已经渗入到贸易发展战略中，社会对生态环境保护的要求日益增强木材采伐和林产品生产贸易需要付出的环境保护成本也随之不断提高。

四是对外投资企业主体结构更加多元化。除传统森工企业外，民营企业、国有企业、国有加民营的经济联合体等不同类型企业纷纷加入境外林业投资合作的领域。

五是境外林业投资合作的方式发生重大转变。境外林业投资合作由过去单一的采伐及粗加工，向采伐、加工、贸易一体化转变。以建立境外林业产业集群为切入点，推动林业投资合作从"碎片化合作"向"集群式合作"转型，建设境外木材加工贸易园区成为新亮点。

发展趋势 随着宏观经济减速，人造板行业发展步伐放缓，产品结构调整、生产装备升级、风投资本介入、企业并购重组，全行业整体进入结构调整、转型升级的多元化发展阶段。产业资本的介入将企业资源重新优化配置，洗牌重组刷新了人造板行业龙头企业的排序，平均企业经济规模增长接近10%，提高了行业规模集中度。在民营企业仍为人造板行业主力军的同时，中林集团、中粮集团、中航集团、中国诚通集团等大型中央企业也纷纷加盟，新的龙头企业正在崛起，为加快行业内结构调整创造了条件。 （钱小瑜）

附表1 全国人造板标准情况(截至2014年8月)

序号	类别	级别	标准名称	标准编号	标准类别
1	纤维板类	国标	难燃中密度纤维板	GB/T18958-2013	产品标准
2			中密度纤维板	GB/T11718-2009	产品标准
3			湿法硬质纤维板第1部分：定义和分类	GB/T12626.1-2009	产品标准
4			湿法硬质纤维板第2部分：对所有板型的共同要求	GB/T12626.2-2009	产品标准
5			湿法硬质纤维板第3部分：试件取样及测量	GB/T12626.3-2009	产品标准
6		行标	浮雕纤维板	LY/T1204-2013	产品标准
7			地板基材用纤维板	LY/T1611-2011	产品标准
8			轻质纤维板	LY/T1718-2007	产品标准
9	刨花板类	国标	刨花板(含修改单-2009)	GB/T4897.1-2003	产品标准
10				GB/T4897.2-2003	产品标准

(续)

序号	类别	级别	标准名称	标准编号	标准类别
11				GB/T4897.3－2003	产品标准
12				GB/T4897.4－2003	产品标准
13				GB/T4897.5－2003	产品标准
14		国际		GB/T4897.6－2003	产品标准
15				GB/T4897.7－2003	产品标准
16			模压刨花制品第1部分：室内用	GB/T15105.1－2006	产品标准
17	刨花板类		水泥刨花板	GB/T24312－2009	产品标准
18			涂装水泥刨花板	GB/T28996－2012	产品标准
19			船用贴面刨花板	LY/T1057.1－1991	产品标准
20				LY/T1057.2－1991	产品标准
21				LY/T1057.3－1991	产品标准
22		行标	挤压法空心刨花板	LY/T1856－2009	产品标准
23			石膏刨花板	LY/T1598－2011	产品标准
24			定向刨花板	LY/T1580－2010	产品标准
25			难燃胶合板	GB18101－2013	产品标准
26				GB/T9846.1－2004	产品标准
27				GB/T9846.2－2004	产品标准
28				GB/T9846.3－2004	产品标准
29			胶合板	GB/T9846.4－2004	产品标准
30				GB/T9846.5－2004	产品标准
31				GB/T9846.6－2004	产品标准
32		国标		GB/T9846.7－2004	产品标准
33				GB/T9846.8－2004	产品标准
34			集装箱底板用胶合板	GB/T19536－2004	产品标准
35			细木工板(含修改单－2009)	GB/T5849－2006	产品标准
36			成型胶合板	GB/T22350－2008	产品标准
37			木结构覆板用胶合板	GB/T22349－2008	产品标准
38	胶合板类		混凝土模板用胶合板	GB/T17656－2008	产品标准
39			组合式包装箱用胶合板	GB/T24311－2009	产品标准
40			茶叶包装箱用胶合板	LY/T1170－2013	产品标准
41			铁路客车用胶合板	LY/T1364－2006	产品标准
42			单板用湿粘性胶纸带	LY/T1171－2006	产品标准
43		行标	实木复合地板用胶合板	LY/T1738－2008	产品标准
44			非甲醛类热塑性树脂胶合板	LY/T1860－2009	产品标准
45			木质板材用热熔胶线	LY/T1977－2011	产品标准
46			航空用桦木胶合板	LY/T1417－2011	产品标准
47			旋切单板	LY/T1599－2011	产品标准
48			乒乓球拍用胶合板	LY/T1115－2012	产品标准
49			防虫胶合板	LY/T2062－2012	产品标准

（续）

序号	类别	级别	标准名称	标准编号	标准类别
50	木质层积材/集成材类	国标	单板层积材	GB/T20241－2006	产品标准
51			指接材　非结构用	GB/T21140－2007	产品标准
52			结构用集成材	GB/T26899－2011	产品标准
53			重组装饰材	GB/T28998－2012	产品标准
54		行标	木质层积塑料	LY/T1401－2013	产品标准
55			纺织用木质层压板	LY/T1416－2013	产品标准
56			集成材　非结构用	LY/T1787－2008	产品标准
57			电工层压木板	LY/T1278－2011	产品标准
58			轻型木结构—结构用指接规格材	LY/T2228－2013	产品标准
59	人造板饰面材料及饰面人造板类	国标	热固性树脂浸渍纸高压装饰层积板(HPL)	GB/T7911－2013	产品标准
60			浸渍胶膜纸饰面人造板(含修改单－2009)	GB/T15102－2006	产品标准
61			装饰单板贴面人造板	GB/T15104－2006	产品标准
62			刨切单板	GB/T13010－2006	产品标准
63			竹单板饰面人造板	GB/T21129－2007	产品标准
64			浸渍胶膜纸饰面秸秆板(转生物质标委会)	GB/T23472－2009	产品标准
65			人造板饰面专用纸	GB/T28995－2012	产品标准
66			重组装饰单板	GB/T28999－2012	产品标准
67		行标	不饱和聚酯树脂装饰人造板	LY/T1070－2013	产品标准
68			饰面用浸渍胶膜纸	LY/T1143－2006	产品标准
69			直接印刷人造板	LY/T1658－2006	产品标准
70			聚氯乙烯薄膜饰面人造板	LY/T1279－2008	产品标准
71			软木饰面板	LY/T1857－2009	产品标准
72			铜箔、铝箔饰面人造板	LY/T1983－2011	产品标准
73	木质(基)复合材类	国标	结构用竹木复合板	GB/T21128－2007	产品标准
74		行标	挤压木塑复合板材	LY/T1613－2004	产品标准
75	木材工业用胶粘剂类	国标	木材胶粘剂及其树脂检验方法	GB/T14074－2006	方法标准
76			木材工业胶粘剂用脲醛、酚醛、三聚氰胺甲醛树脂	GB/T14732－2006	产品标准
77		行标	水基聚合物—异氰酸酯木材胶粘剂	LY/T1601－2011	产品标准
78			脲醛预缩液	LY/T1180－2006	产品标准
79			木工用氯丁橡胶胶粘剂	LY/T1206－2008	产品标准
80			木器用不饱和聚酯漆	LY/T1740－2008	产品标准
81			木材工业胶粘剂术语	LY/T1280－2008	基础标准
82	木质(基)地板及其他制品类	国标	实木复合地板	GB/T18103－2013	产品标准
83			木质地板铺装、验收和使用规范	GB/T20238－2006	方法标准
84			体育馆用木质地板	GB/T20239－2006	产品标准
85			浸渍纸层压木质地板(含修改单－2009)	GB/T18102－2007	产品标准
86			木塑地板	GB/T24508－2009	产品标准
87			阻燃木质复合地板	GB/T24509－2009	产品标准
88			室内木质地板安装配套材料	GB/T24599－2009	产品标准
89			浸渍纸层压板饰面多层实木复合地板	GB/T24507－2009	产品标准

(续)

序号	类别	级别	标准名称	标准编号	标准类别
90	木质(基)地板及其他制品类	国标	浸渍纸层压秸秆复合地板(转生物质标委会)	GB/T23471-2009	产品标准
91			舞台用木质地板	GB/T28997-2012	产品标准
92			木质楼梯安装、验收和使用规范	GB/T30356-2013	产品标准
93			木质楼梯	GB/T28994-2012	产品标准
94		行标	软木类地板	LY/T1657-2006	产品标准
95			饰面木质墙板	LY/T1697-2007	产品标准
96			地采暖用木质地板	LY/T1700-2007	产品标准
97			装饰单板层压木质地板	LY/T1739-2008	产品标准
98			户外用木地板	LY/T1861-2009	产品标准
99			仿古木质地板	LY/T1859-2009	产品标准
100			涂饰浸渍纸层压木质地板	LY/T1858-2009	产品标准
101			木制百叶窗帘和百叶窗用叶片	LY/T1855-2009	产品标准
102			室内高湿场所用木质地板	LY/T1854-2009	产品标准
103			室内木质门	LY/T1923-2010	产品标准
104			抗菌木(竹)质地板抗菌性能检验方法与抗菌效果	LY/T1926-2010	方法标准
105			木质踢脚线	LY/T1987-2011	产品标准
106			实木集成地板	LY/T1614-2011	产品标准
107			重组木地板	LY/T1984-2011	产品标准
108			直接印刷木地板	LY/T1986-2011	产品标准
109			楼梯用木质踏板	LY/T1976-2011	产品标准
110			抗静电木质活动地板	LY/T1330-2011	产品标准
111			室外用模压刨花制品	LY/T2060-2012	产品标准
112			木质模压工业托盘	LY/T2061-2012	产品标准
113			木质相框	LY/T2229-2013	产品标准
114	基础通用与综合类	国标	人造板及饰面人造板理化性能试验方法	GB/T17657-2013	方法标准
115			室内装饰装修材料人造板及其制品中甲醛释放限量	GB18580-2001	基础标准
116			人造板及其制品中挥发性有机化合物释放量的试验方法—小型释放舱法	GB/T29899-2013	方法标准
117			人造板工业清洁生产技术要求	GB/T29903-2013	基础标准
118			人造板工业清洁生产评价指标体系	GB/T29904-2013	基础标准
119			人造板及其表面装饰术语	GB/T18259-2009	基础标准
120			人造板及其制品中甲醛释放量测定—气体分析法	GB/T23825-2009	方法标准
121			人造板的尺寸测定	GB/T19367-2009	方法标准
122			木质平托盘用人造板	GB/T23898-2009	产品标准
123			单板干燥节能技术规范	GB/T29000-2012	基础标准
124		行标	甲醛释放量检测用1立方米气候箱	LY/T1612-2004	产品标准
125			人造板工业生产性粉尘控制技术规程	LY/T1659-2006	基础标准
126			人造板抽样检验指导通则	LY/T1717-2007	方法标准
127			木材工业气力运输与除尘系统节能技术规范	LY/T1862-2009	基础标准
128			集成材理化性能试验方法	LY/T1927-2010	方法标准

（续）

序号	类别	级别	标准名称	标准编号	标准类别
129	基础通用与综合类	行标	人造板及其制品甲醛释放量检测用大气候室	LY/T1982－2011	产品标准
130			甲醛释放量抽吸法测定	LY/T1978－2011	方法标准
131			刨花板生产节材和减排技术规范	LY/T1979－2011	基础标准
132			挥发性有机化合物及甲醛释放量检测箱	LY/T1980－2011	产品标准
133			甲醛释放量气体分析法检测箱	LY/T1981－2011	产品标准
134			防腐木材和人造板中五氟苯酚含量的测定方法	LY/T1985－2011	方法标准
135			人造板防霉性能评价	LY/T230－2013	基础标准

附表2　在研人造板标准制修订计划项目

序号	类别	标准名称	计划编号	阶段	标准类别
1	纤维板类	硬质纤维板第4部分(修订)	20112211－T－432	报批阶段	产品标准
2		硬质纤维板第5部分(修订)	20112212－T－432	报批阶段	产品标准
3		硬质纤维板第6部分(修订)	20112213－T－432	报批阶段	产品标准
4		硬质纤维板第7部分(修订)	20112214－T－432	报批阶段	产品标准
5		硬质纤维板第8部分(修订)	20112215－T－432	报批阶段	产品标准
6		硬质纤维板第9部分(修订)	20112216－T－432	报批阶段	产品标准
7		高密度纤维板	20100543－T－432	报批阶段	产品标准
8		木质门用纤维板	2012－LY－060	报批阶段	产品标准
9		轻质纤维板	2014－LY－065	起草阶段	产品标准
10	刨花板类	刨花板(修订)	20090411－T－432	报批阶段	产品标准
11		纤维刨花板	2012－LY－055	征求意见阶段	产品标准
12	胶合板类	集装箱底板用胶合板(修订)	20101557－T－432	报批阶段	产品标准
13		普通胶合板(修订)	20101558－T－432	报批阶段	产品标准
			20101559－T－432		
			20101560－T－432		
			20101561－T－432		
			20112209－T－432		
14		细木工板(修订)	20121517－T－432	起草阶段	产品标准
15		单板用湿粘性胶纸带(修订)	2013－LY－048	起草阶段	产品标准
16		成型的胶合板(修订)	20131298－T－432	起草阶段	产品标准
17		浸渍胶膜纸饰面胶合板	20131299－T－432	起草阶段	产品标准
18	木质层积材/集成材类	结构用集成材生产技术规程	20111719－T－432	起草阶段	基础标准
19		顺向单板条层积材	2014－LY－067	起草阶段	产品标准
20		非结构用集成材	2013－LY－046	起草阶段	产品标准
21	人造板饰面材料及饰面人造板类	预油漆装饰板	2012－LY－054	报批阶段	产品标准
22		浸渍胶膜纸饰面人造板(修订)	20112210－T－432	征求意见阶段	产品标准
23		直接印刷人造板(修订)	2013－LY－049	起草阶段	产品标准
24		油漆饰面人造板	20131307－T－432	起草阶段	产品标准
25		装饰微薄木	2014－LY－069	起草阶段	产品标准

(续)

序号	类别	标准名称	计划编号	阶段	标准类别
26	木材工业用胶粘剂类	木材工业胶粘剂用脲醛、酚醛、三聚氰胺甲醛树脂(修订)	20131300-T-432	起草阶段	产品标准
27	木质(基)地板及其他制品类	体育馆用木质地板(修订)	20101562-T-432	报批阶段	产品标准
28		聚氯乙烯片材饰面复合地板	2014-LY-060	起草阶段	产品标准
29		木质门安装与验收规范	2011-LY-062	报批阶段	产品标准
30		木夹板门	2014-LY-061	起草阶段	产品标准
31		软木类地板(修订)	2013-LY-047	起草阶段	产品标准
32		以定向刨花板为基材的装饰单板饰面地板	2013-LY-050	起草阶段	产品标准
33	基础通用与综合类	室内装饰装修材料—人造板及其制品中甲醛释放限量(修订)	20071668-Q-432	报批阶段	基础标准
34		废旧木质材料术语	20083174-T-432	报批阶段	基础标准
35		废旧人造板回收利用规范	20083175-T-432	报批阶段	基础标准
36		室内装饰装修材料人造板及其制品中挥发性有机化合物释放限量	2009-LY-055	报批阶段	基础标准
37		人造板吸音性能测定	2012-LY-57	审查阶段	基础标准
38		人造板及其制品中苯酚释放量测定—小型气候箱法	20111720-T-432	报批阶段	方法标准
39		人造板工业清洁生产审核指南	2012-LY-56	起草阶段	基础标准
40		人造板包装通用技术要求	2013-LY-051	起草阶段	基础标准
41		以人造板为基材固定式衣柜技术规范	2013-LY-052	起草阶段	基础标准
42		人造板剖面密度测定方法	2013-LY-053	起草阶段	方法标准
43		绿色人造板通用技术要求	2013-LY-062	起草阶段	基础标准
44		不饱和聚酯树脂装饰人造板游离苯乙烯含量测定	20131297-T-432	起草阶段	基础标准
45		木材胶粘剂及其树脂检验方法(修订)	20131301-T-432	起草阶段	基础标准
46		木门门扇内部结构特征 X 射线检测方法	20131302-T-432	起草阶段	基础标准
47		木质地板表层中铅、镉、铬、汞重金属元素含量测定	20131303-T-432	起草阶段	基础标准
48		人造板甲醛释放量测定—大气候箱法	20131304-T-432	起草阶段	基础标准
49		人造板甲醛吸附材料吸附能力的测试方法	20131305-T-432	起草阶段	基础标准
50		人造板用甲醛清除剂清除能力的测试方法	20131306-T-432	起草阶段	基础标准
51		木门表面漆膜有害物质检测方法	2014-LY-080	起草阶段	基础标准

中国造纸工业

【纸及纸板生产和消费情况】 纸及纸板生产量和消费量　据中国造纸协会调查资料，2014 年全国纸及纸板生产企业约 3000 家，全国纸及纸板生产量 10470 万吨，较 2013 年增长 3.56%。消费量 10071 万吨，较 2013 年增长 2.95%，人均年消费量为 74 千克(13.68 亿人)。2005～2014 年，纸及纸板生产量年均增长 7.20%，消费量年均增长 6.06%(表 1)。

纸及纸板主要产品生产和消费情况　①新闻纸。2014 年新闻纸生产量 325 万吨，较 2013 年增长 -9.72%；消费量 321 万吨，较 2013 年增长 -11.33%。2005～2014 年生产量年均增长率 0.21%，消费量年均增长率 -0.34%。

②未涂布印刷书写纸。2014 年未涂布印刷书写纸生产量 1715 万吨，较 2013 年增长 -0.29%；消费量 1629 万吨，较 2013 年增长 0.12%。2005～2014 年生产量年均增长率 5.38%，消费量年均增长率 4.68%。

③涂布印刷纸。2014 年涂布印刷纸生产量 775 万吨，较 2013 年增长 0.65%；消费量 625 万吨，较 2013 年增长 0.32%。2005～2014 年生产量年均增长率 8.73%，消费量年均增长率 6.35%。

其中，铜版纸。2014 年铜版纸生产量 685 万吨，与 2013 年持平；消费量 587 万吨，较 2013 年增长 1.73%。2005～2014 年生产量年均增长率 9.61%，消费量年均增长率 8.19%。

④生活用纸。2014 年生活用纸生产量 830 万吨，较 2013 年增长 4.40%；消费量 759 万吨，较 2013 年增长 3.41%。2005～2014 年生产量年均增长率 7.42%，消费量年均增长率 7.08%。

⑤包装用纸。2014 年包装用纸生产 650 万吨，较 2013 年增长 2.36%；消费量 665 万吨，较 2013 年增长 2.31%。2005～2014 年生产量年均增长率 2.73%，消费量年均增长率 2.86%。

表 1　2014 年纸及纸板生产和消费情况　　单位：万吨

品种	生产量			消费量		
	2013 年	2014 年	同比(%)	2013 年	2014 年	同比(%)
总量	10110	10470	3.56	9782	10071	2.95
1. 新闻纸	360	325	-9.72	362	321	-11.33
2. 未涂布印刷书写纸	1720	1715	-0.29	1627	1629	0.12
3. 涂布印刷纸	770	775	0.65	623	625	0.32
其中：铜版纸	685	685	0.00	577	587	1.73
4. 生活用纸	795	830	4.40	734	759	3.41
5. 包装用纸	635	650	2.36	650	665	2.31
6. 白纸板	1360	1395	2.57	1310	1301	-0.69
其中：涂布白纸板	1310	1345	2.67	1259	1251	-0.64
7. 箱纸板	2040	2180	6.86	2106	2240	6.36
8. 瓦楞原纸	2015	2155	6.95	2013	2152	6.91
9. 特种纸及纸板	230	250	8.70	188	205	9.04
10. 其他纸及纸板	185	195	5.41	169	174	2.96

⑥白纸板。2014 年白纸板生产量 1395 万吨，较 2013 年增长 2.57%；消费量 1301 万吨，较 2013 年增长 -0.69%。2005～2014 年生产量年均增长率 6.52%，消费量年均增长率 4.67%。

其中，涂布白纸板。2014 年涂布白纸板生产量 1345 万吨，较 2013 年增长 2.67%；消费量 1251 万吨，较 2013 年增长 -0.64%。2005～2014 年生产量年均增长率 6.63%，消费量年均增长率 4.71%。

⑦箱纸板。2014 年箱纸板生产量 2180 万吨，较 2013 年增长 6.86%；消费量 2240 万吨，较 2013 年增长 6.36%。2005～2014 年生产量年均增长率 9.29%，消费量年均增长率 8.05%。

⑧瓦楞原纸。2014 年瓦楞原纸生产量 2155 万吨，较 2013 年增长 6.95%；消费量 2152 万吨，较 2013 年增长 6.91%。2005～2014 年生产量年均增长率 9.53%，消费量年均增长率 8.47%。

⑨特种纸及纸板。2014 年特种纸及纸板生产量 250 万吨，较 2013 年增长 8.70%；消费量 205 万吨，较 2013 年增长 9.04%。2005～2014 年生产量年均增长率 12.02%，消费量年均增长率 6.74%。

【纸及纸板生产企业经济指标完成情况】 据国家统计局统计，2014 年 1～12 月规模以上造纸生产企业 2962 家；主营业务收入 7879 亿元，同比增长 5.22%；工业增加值增速 3.70%；产成品存货 320 亿元，同比增长 7.18%；利税总额 594 亿元，同比增长 -4.94%，其中利润总额 362 亿元，同比增长 -4.68%；资产总计 9432 亿元，同比增长 3.07%；资产负债率 58.55%，较 2013 年增加 0.35 个百分点；负债总额 5522 亿元，同比增长 3.20%；在统计的 2962 家造纸生产企业中，亏损企业有 376 家，占 12.69%。

【纸及纸板生产企业经济类型与规模结构】 根据国家统计局提供的 2014 年 1～12 月规模以上造纸生产企业的相关数据分析，在统计的 2962 家规模以上造纸生产企业中，国有及国有控股企业有 67 家，占 2.26%；“三资”企业有 332 家，占 11.21%；集体及其他企业有 2563 家占 86.53%。在造纸企业主营业务收入总额中，国有及国有控股企业占 8.19%；“三资”企业占 26.84%；集体及其他企业占 64.97%。在利税总额中，国有及国有控股企业占 4.35%；“三资”企业占 23.61%；集体及其他企业占 72.04%。在利润总额中，国有及国有控股企业占 1.82%；“三资”企业占 23.25%；集体及其他企业占 74.92%。

按照我国大、中、小型企业划分标准，2014 年在 2962 家规模以上造纸生产企业中，大中型造纸企业 533 家占 17.99%，小型企业 2429 家占 82.01%；在纸及纸板产品主营业务收入中，大中型企业占 64.74%，小型企业占 35.26%；在利税总额中，大中型企业占 60.94%，小型企业占 39.06%；在利润总额中，大中型企业占 62.05%，小型企业占 37.95%。

2014 年纸及纸板产量超过 100 万吨的生产企业有：玖龙纸业(控股)有限公司 1226 万吨；理文造纸有限公司 500 万吨；山东晨鸣纸业集团股份有限公司 426 万吨；华泰集团有限公司 316 万吨；山东太阳控股集团有限公司 315 万吨；安徽山鹰纸业股份有限公司 242 万吨；福建联盛纸业 200 万吨；金东纸业(江苏)股份有限公司 195 万吨；宁波中华纸业有限公司(含宁波亚洲浆纸业有限公司)183 万吨；中国纸业投资有限公司 178 万吨；荣成纸业(中国)控股有限公司 161 万吨；山东世纪阳光纸业集团有限公司 109 万吨；海南金海浆纸业有限公司 107 万吨；金红叶纸业集团有限公司 107 万吨；浙江景兴纸业股份有限公司 106 万吨；山东博汇纸业股份有限公司 106 万吨；东莞建晖纸业有限公司 104 万吨。

2014 年木浆产量超过 100 万吨的生产企业有：山东晨鸣纸业集团股份有限公司 178 万吨；山东亚太森博浆纸有限公司 170 万吨；海南金海浆纸业有限公司 143 万吨。

【纸浆生产和消耗情况】 2014 年纸浆生产情况 据中国造纸协会调查资料，2014 年全国纸浆生产总量 7906 万吨，较 2013 年增长 3.33%。其中，木浆 962 万吨，较 2013 年增长 9.07%；废纸浆 6189 万吨，较 2013 年增长 4.19%；非木浆 755 万吨，较 2013 年增长 -8.93%(见表 2)。

表2　2005～2014年纸浆生产情况　　单位：万吨

	2005	2006	2007	2008	2009	2010	2011	2012	2013	2014
纸浆合计	4441	5196	5924	6415	6733	7318	7723	7867	7651	7906
其中：1. 木浆	371	526	605	679	560	716	823	810	882	962
2. 废纸浆	2810	3380	4017	4439	4997	5305	5660	5983	5940	6189
3. 非木浆	1260	1290	1302	1297	1176	1297	1240	1074	829	755
苇浆	138	144	144	150	144	156	158	143	126	113
蔗渣浆	63	74	90	97	98	117	121	90	97	111
竹浆	86	95	120	146	161	194	192	175	137	154
稻麦草浆	929	908	849	808	676	719	660	592	401	336
其他浆	44	69	99	97	97	111	109	74	68	41

2014年纸浆消耗情况　2014年全国纸浆消耗总量9484万吨，较2013年增长3.68%。木浆2540万吨，占纸浆消耗总量27%，其中进口木浆占17%、国产木浆占10%；废纸浆6189万吨，占纸浆消耗总量65%，其中进口废纸浆占24%、国产废纸浆占41%；非木浆755万吨，占纸浆消耗总量8%，其中稻麦草浆占3.5%、竹浆占1.6%、苇(荻)浆占1.2%、蔗渣浆占1.2%、其他非木浆占0.4%(见表3)。

表3　2014年纸浆消耗情况　　单位：万吨

品种	2013年	占比例(%)	2014年	占比例(%)	同比(%)
总量	9147	100	9484	100	3.68
木浆	2378	26	2540	27	6.81
其中：进口木浆	1505 *1	16	1588 *2	17	5.51
废纸浆	5940	65	6189	65	4.19
其中：进口废纸浆	2379	26	2243	24	-5.72
非木浆	829	9	755	8	-8.93

*1　2013年进口木浆1685万吨，扣除溶解浆180万吨，实际消耗量1505万吨。

*2　2014年进口木浆1797万吨，扣除溶解浆209万吨，实际消耗量1588万吨。

【纸制品生产和消费情况】

纸制品生产量和消费量　根据国家统计局数据，2014年全国规模以上纸制品生产企业3829家，生产量6635万吨，较2013年增长24.62%；消费量6372万吨，较2013年增长25.38%；进口量13万吨，出口量276万吨。2005～2014年，纸制品生产量年均增长15.10%，消费量年均增长15.34%。

纸制品生产企业经济类型与规模结构　2014年全国规模以上纸制品生产企业3829家，国有及国有控股企业38家，占0.99%；“三资”企业651家，占17.00%；集体及其他企业有3140家，占82.01%。在纸制品生产企业主营业务收入总额中，国有及国有控股企业占0.77%；“三资”企业占25.22%；集体及其他企业占74.01%。在利税总额中，国有及国有控股企业占0.80%；“三资”企业占29.24%；集体及其他企业占69.96%。在利润总额中，国有及国有控股企业占0.72%；“三资”企业占30.40%；集体及其他企业占68.88%。

按照我国大、中、小型企业划分标准，2014年在3829家规模以上纸制品生产企业中，大中型纸制品生产企业452家占11.80%，小型企业3377家占88.20%；在纸制品生产企业主营业务收入中，大中型企业占35.71%，小型企业占64.29%；在利税总额中，大中型企业占41.42%，小型企业占58.58%；在利润总额中，大中型企业占43.06%，小型企业占56.94%。

【纸及纸板、纸浆、废纸及纸制品进出口情况】

纸及纸板、纸浆、废纸及纸制品进口情况 2014年纸及纸板进口282万吨，较2013年增长-0.35%；纸浆进口1797万吨，较2013年增长6.65%；废纸进口2752万吨，较2013年增长-5.88%；纸制品进口13万吨，与2013年基本持平。

2014年进口纸及纸板、纸浆、废纸、纸制品合计4844万吨，较2013年增长-1.24%，用汇217.24亿美元，较2013年216.76亿美元增长0.22%。进口纸及纸板平均价格为1259.30美元/吨，较2013年平均价格增长-1.16%；进口纸浆平均价格为671.59美元/吨，较2013年平均价格增长-0.48%；进口废纸平均价格为194.27美元/吨，较2013年平均价格增长-4.22%(见表4)。

纸及纸板、纸浆、废纸及纸制品出口情况 2014年纸及纸板出口681万吨，较2013年增长11.46%；纸浆出口9.75万吨，较2013年增长17.33%；废纸出口0.07万吨，较2013年增长-30.00%；纸制品出口276万吨，较2013年增长8.24%。

2014年出口纸及纸板、纸浆、废纸、纸制品合计966.82万吨，较2013年增长10.57%，创汇179.58亿美元，较2013年161.03亿美元增长11.52%。出口纸及纸板平均价格为1306.34美元/吨，较2013年平均价格增长4.37%；出口纸浆平均价格为1203.27美元/吨，较2013年平均价格增长-5.53%；出口废纸平均价格为401.34美元/吨，较2013年平均价格增长-11.37%(见表5)。

表4 2014年中国纸浆、废纸、纸及纸板、纸制品进口情况

单位：万吨

品种	2013年进口量	2014年进口量	同比(%)
一、纸浆	1685	1797	6.65
二、废纸	2924	2752	-5.88
三、纸及纸板	283	282	-0.35
1. 新闻纸	11	5	-54.55
2. 未涂布印刷书写纸	28	31	10.71
3. 涂布印刷纸	32	34	6.25
其中：铜版纸	24	26	8.33
4. 包装用纸	20	20	0.00
5. 箱纸板	83	86	3.61
6. 白纸板	66	64	-3.03
其中：涂布白纸板	65	64	-1.54
7. 生活用纸	3	4	33.33
8. 瓦楞原纸	7	5	-28.57
9. 特种纸及纸板	27	27	0.00
10. 其他纸及纸板	6	6	0.00
四、纸制品	13	13	0.00
总计	4905	4844	-1.24

注：数据来源于海关总署。

表5 2014年中国纸浆、废纸、纸及纸板、纸制品出口情况

单位：万吨

品种	2013年出口量	2014年出口量	同比(%)
一、纸浆	8.31	9.75	17.33
二、废纸	0.10	0.07	-30.00
三、纸及纸板	611	681	11.46
1. 新闻纸	9	9	0.00
2. 未涂布印刷书写纸	121	117	-3.31
3. 涂布印刷纸	179	184	2.79
其中：铜版纸	132	124	-6.06
4. 包装用纸	5	5	0.00
5. 箱纸板	17	26	52.94
6. 白纸板	116	158	36.21
其中：涂布白纸板	116	158	36.21
7. 生活用纸	64	75	17.19
8. 瓦楞原纸	9	8	-11.11
9. 特种纸及纸板	69	72	4.35
10. 其他纸及纸板	22	27	22.73
四、纸制品	255	276	8.24
总计	874.41	966.82	10.57

注：数据来源于海关总署。

纸及纸板主要产品进出口量比较 ①新闻纸：2014年进口量小于出口量，净出口量4万吨。

②未涂布印刷书写纸：2014年出口量大于进口量，净出口量86万吨。

③涂布印刷纸：2014年出口量大于进口量，净出口量150万吨。

其中，铜版纸：2014 年出口量大于进口量，净出口量 98 万吨。

④生活用纸：2014 年出口量大于进口量，净出口量 71 万吨。

⑤包装用纸：2014 年进口量大于出口量，净进口量 15 万吨。

⑥白纸板：2014 年出口量大于进口量，净出口量 94 万吨。

其中，涂布白纸板：2014 年出口量大于进口量，净出口量 94 万吨。

⑦箱纸板：2014 年进口量大于出口量，净进口量 60 万吨。

⑧瓦楞原纸：2014 年出口量大于进口量，净出口量 3 万吨。

⑨特种纸及纸板：2014 年出口量大于进口量，净出口量 45 万吨。

纸制品进出口量比较 2014 年纸制品进口量 13 万吨，与 2013 年基本持平。2014 年纸制品出口量 276 万吨，较 2013 年增加 21 万吨，同比增长 8%。

【纸及纸板生产布局与集中度】 根据中国造纸协会调查资料，2014 年我国东部地区 12 个省(区、市)，纸及纸板产量占全国纸及纸板产量比例为 77.3%，比 2013 年提高 0.4 个百分点；中部地区 9 个省(区)比例占 16.0%，比 2013 年降低 0.9 个百分点；西部地区 10 个省(区、市)比例占 6.7%，比 2013 年提高 0.5 个百分点(见表 6)。

表 6　2014 纸及纸板生产量区域布局变化

	2013		2014	
	产量（万吨）	占比例（%）	产量（万吨）	占比例（%）
纸及纸板产量	10110	100	10470	100
其中：东部地区	7773	76.9	8095	77.3
中部地区	1706	16.9	1672	16.0
西部地区	631	6.2	703	6.7

2014 年广东、山东、浙江、江苏、福建、河南、河北、湖南、重庆、广西、天津、安徽、四川、湖北、海南和江西 16 个省(区、市)纸及纸板产量超过 100 万吨，产量合计已达 9995 万吨，占全国纸及纸板总产量的 95.46%(见表 7)。

表 7　2014 年纸及纸板产量 100 万吨以上的省(区、市)

单位：万吨

省(区、市) \ 产量	2013 年	2014 年	较 2013 年增长（%）
广东省	1641	1760	7.25
山东省	1730	1750	1.16
浙江省	1561	1590	1.86
江苏省	1210	1280	5.79
福建省	525	650	23.81
河南省	700	630	-10.00
河北省	344	320	-6.98
湖南省	320	300	-6.25
重庆市	240	300	25.00
广西壮族自治区	275	240	-12.73
天津市	220	235	6.82
安徽省	195	230	17.95
四川省	202	210	3.96
湖北省	190	200	5.26
海南省	140	155	10.71
江西省	160	145	-9.38
合计	9653	9995	3.54

注：中国造纸协会调查资料。

【环境保护】 根据环境保护部统计，2013 年造纸和纸制品业(统计企业 4856 家，比 2012 年减少 376 家)用水总量为 121.13 亿吨，其中新鲜水量为 34.46 亿吨，占工业总耗新鲜水量 463.12 亿吨的 8.04%；重复用水量为 86.68 亿吨，水重复利用率为 71.55%，比 2012 年提高 5.17 个百分点。万元工业产值(现价)新鲜水用量为 48.9 吨，比 2012 年减少 8.3 吨，降低 14.5%。造纸工业 2013 年废水排放量为 28.55 亿吨，占全国工业废水总排放量 191.42 亿吨的 14.9%，比 2012 年降低 2 个百分点。排放废水中化学需氧量(COD)为 53.3 万吨，比 2012 年 62.3 万吨减少 9 万吨，占全国工业 COD 总排放 285.3 万吨的 18.7%，比 2012 年减少 14.4 个百分点。万元工业产值(现价)化学需氧量(COD)排放强度为 7.6 千克，比 2012 年降低 13.6%。排放废水中氨氮为 1.8 万吨，占全国工业氨氮总排放量 22.5 万吨的 7.9%，比 2012 年减少 0.8 个百分点。万元工业产值(现价)氨氮排放强度为 0.25 千克，比 2012 年降低 13.2%。造纸工业废水处理设施年运行费用为57.9亿元，比2012年减少2.5亿元，降低4.1%。

2013年造纸和纸制品业二氧化硫排放量44.9万吨，比2012年减少4.8万吨，降低9.7%；氮氧化物排放量19.3万吨，比2012年减少1.4万吨，降低6.8%；烟(粉)尘排放量14.9万吨，比2012年减少1.8万吨，降低10.8%。废气治理设施年运行费用16.31亿元，与2012年基本持平。

附表　2014年重点造纸企业产量前30名企业

序号	单位名称	产量(万吨)		
		2013年	2014年	同比(%)
1	玖龙纸业(控股)有限公司	1109.00	1226.00	10.55
2	理文造纸有限公司	482.71	500.45	3.68
3	山东晨鸣纸业集团股份有限公司	421.20	426.40	1.23
4	华泰集团有限公司	288.60	315.50	9.32
5	山东太阳控股集团有限公司	309.92	315.00	1.64
6	安徽山鹰纸业股份有限公司	243.03	242.00	-0.42
7	福建联盛纸业	138.20	200.29	44.93
8	金东纸业(江苏)股份有限公司	201.95	194.50	-3.69
9	宁波中华纸业有限公司(含宁波亚洲浆纸业有限公司)	163.00	183.04	12.29
10	中国纸业投资有限公司	191.00	178.00	-6.81
11	荣成纸业(中国)控股有限公司	136.00	161.00	18.38
12	山东世纪阳光纸业集团有限公司	108.60	108.80	0.18
13	海南金海浆纸业有限公司	108.00	107.00	-0.93
14	金红叶纸业集团有限公司	91.18	106.87	17.21
15	浙江景兴纸业股份有限公司	98.84	106.24	7.49
16	山东博汇纸业股份有限公司	106.25	105.80	-0.42
17	东莞建晖纸业有限公司	130.23	103.70	-20.37
18	芬欧汇川(中国)有限公司	88.50	88.00	-0.56
19	东莞金洲纸业有限公司	74.51	78.70	5.62
20	山东泉林纸业有限责任公司	80.79	75.53	-6.51
21	漯河银鸽实业集团有限公司	83.62	74.39	-11.04
22	新乡新亚纸业集团股份有限公司	66.21	69.84	5.48
23	恒安(中国)纸业有限公司	60.78	67.63	11.27
24	河南省江河纸业股份有限公司	61.49	65.16	5.97
25	金华盛纸业(苏州工业园区)有限公司	64.00	64.30	0.47
26	永丰余造纸(扬州)有限公司	34.98	62.02	77.30
27	山东贵和显星纸业有限公司	68.93	61.96	-10.11
28	山东华金集团有限公司	61.36	59.43	-3.15
29	广州造纸集团有限公司	60.93	55.00	-9.73
30	维达纸业(中国)有限公司	44.31	47.73	7.72

注：按已收集到的数据排列。

(中国造纸协会)

中国家具产业

【概　述】 2014年，我国家具行业累计规模以上企业累计产量7.78亿件，同比增长3.1%；产量居全国前10位的地区依次是浙江、广东、福建、河南、山东、辽宁、上海、四川、江苏及江西，仅前三甲的产量就合计占到了全国家具总产量的65.73%。与2013年相比，上述主要产区中只有辽宁和上海的位次变化了互换，其他8个地区的排名未变；广东、辽宁、江苏及江西4个地区的累计产量占比有所扩大，而其他地区的累计产量占比均出现不同程度的收窄。

规模以上企业分布情况 2014年全国家具行业共有规模以上企业4942家，其中大型企业106家、中型企业851家、小型企业3985家，小企业占全行业的80.64%。从注册类型看，内资企业3988家，占80.7%；港、澳、台商投资企业488家，占9.87%；外商投资企业466家，占9.43%。家具企业广泛分布在广东、浙江、山东、福建、河南等省份。分行业来看，我国共有木质家具企业3165家，占规模以上企业的64.04%，金属家具制造企业925家，占18.72%，塑料和竹藤家具分别83家和75家。

家具行业规模以上企业累计主营业务收入 2014年全国家具行业规模以上企业累计完成主营业务收入7187.35亿元，同比增长10.86%，家具行业规模以上企业累计主营业务收入居全国前10位的地区分别是广东、山东、浙江、河南、四川、辽宁、福建、江苏、上海及安徽，与2013年相比，四川超越辽宁成为第五，江苏超越上海成为第八，安徽代替湖南进入前十行列；这10个地区的累计主营业务收入合计占比接近八成，其中广东的累计主营业务收入(下同)完成了1608.03亿元(占22.37%)，山东完成了858.45亿元(占11.94%)，浙江完成了766.64亿元(占10.67%)同年，上述10个地区中，安徽的累计主营业务收入增速(下称“累计增速”)最快，保持在20%以上；河南、四川、山东及广东4个地区的累计增速超过了10%；福建、江苏、浙江及上海4个地区呈个位数增长，只有辽宁的累计增速为负。与2013年相比，安徽、河南、四川及上海4个地区的累计增速有所提升，其他地区均放慢了增长。

定制家具快速发展 目前，定制化家具可以满足消费者个性化要求，近年来大型定制家具生产企业发展迅速。全屋家具定制、发展到厨房、衣柜、木门等多品类家具定制，家居配套服务等定制企业发展迅速。这些企业引入了大规模定制化生产设备，将信息技术应用于生产制造，缩短了产品生产周期，将现代科技与传统制造业充分结合，成为家具企业转型升级的样板，更多企业在尝试定制家具服务。

实木家具产业 我国家具产业中，实木家具占据一定的总量优势，是行业的中坚力量。2014年底木质家具累计规模以上企业累计产量26345.01万件，占全国家具产量的33.87%。截至2014年年底，我国正式命名的实木家具产区有4个，分别为山东宁津、辽宁庄河、浙江玉环、江西南康，从分布上可看出，实木产区主要集中在东北、山东、江西等地，京津冀、广东、浙江等地也很突出，无论是企业规模还是企业数量在行业内都有不可动摇的地位。2014年，各产区发展情况如下。

宁津有家具企业3078家，从业人员达到4.7万人，行业销售收入134亿元；

庄河有华丰、华夏等龙头企业，家具企业1621家，从业人员近2万人，实现产值61.5亿元；

玉环以生产欧式古典家具为主，家具企业268家，从业人员近3万人，行业总产值49.56亿元；

南康家具企业6000多家，从业人员30多万，行业总产值701.8亿元，同比增长55.95%。

【**中国家具产业集群**】 国家在制定“十二五”规划

中，肯定了着力培育发展轻工业特色区域和产业集群的重要作用，提出了建设先进制造业基地和现代产业集群的部署和要求。中国轻工业联合会与中国家具协会根据我国家具行业自身特点，对共同建设家具产业集群提出了几点基本要求：具有传统优势，在同行业中处于龙头地位或具有明显特色区域优势；以某一产品为龙头，形成相关配套产业互相协调发展，具有知名的品牌群体和突出的龙头企业；已形成稳定的专业化生产及销售中心，国内外市场营销网络比较健全，市场成熟度高、辐射面广，在国内外市场占有较大份额；有较强创新能力，拥有自主知识产权和有一定数量的产品专利；注重节能减排、环境保护。

产业集群分布 截至2014年12月，我国家具产业集群共计37个，其中，特色区域31个，新兴产业园区6个。这37个产业集群分别分布在我国12个省份中。其中，广东省占6个，浙江省7个，江苏省4个，是产业集群分布比较集中的地区，四川、山东、河北各3个，江西、云南、湖北、河南、辽宁各2个，福建省1个。

我国家具产业集群覆盖了珠江三角洲、长江三角洲、环渤海、东北、中部、西部六大板块，涵盖了东、西、南、北、中所有区域，对我国家具产业地图新格局的形成，产生重要影响。具体表现如下：①东部地区总量优势仍然显著。东部家具产业集群建立时间早，数量多，产业基础力量雄厚，是我国家具产业集群主要集聚区。如江苏省、浙江省、广东省等地家具产业集群数量在全国领先。

②中部发展加快趋势明显。响应国家中西部开发政策，近几年，中部地区发展势头迅猛，江西、湖北、河南等省份随着新兴产业园区的逐步建成投产，集群效应更加明显，带动家具及相关产业协调发展，为区域经济增长和人民生活水平的提升提供动力。除已建成的产区外，中部地区还有两个待建产区，分别是江西南城校用家具产业集群和湖北监利香港国际家具产业基地。江西南城现有校用家具加工企业134家，主营业务收入亿元以上企业9家，拥有自主品牌企业28家，其中上规模企业16家，拥有相关从业人员23600人。2014年实现出口800万美元。实现主营业务收入27.5亿元，同比增长44.8%，利税2.65亿元，同比增长43.2%。湖北监利香港家居产业基地规划面积3万亩，家具规划6000亩，目前已有35家企业入园，13家企业开工建设。

③西部地区崛起。西部地区以四川省家具产业为首，目前已建成3个家具产业集群，并成功打造一批川军领军企业，如全友家私、掌上明珠、双虎家私等。云南省则充分发掘当地家具产业特点，打造了2个特色传统家具产区，近几年也有不俗的发展。

产业集群规模 ①集群数量逐年增加。自2003年3月起，中国家具协会在中山大涌建立第一个家具产业集群—中国红木家具生产专业镇以来，至2014年年底，命名和共建的产业集群共计37个，其中2014年发展的产业集群4个，分别是中国中原家具产业园河南省新乡市原阳县、中国京作古典家具产业基地河北省涞水县、中国钢制家具基地河南省洛阳市庞村镇和中国红木家居文化园浙江省龙游县。

②集群类型涵盖广泛。从家具产业集群的功能类型来看，37个产业集群涵盖传统家具产区、金属家具产区、实木家具产区、出口家具产区、家具流通市场、新兴家具产业园等多种类型。总体来看，我国已有生产制造类集群27个；市场流通类集群4个，分别是乐从、武侯、香河和蠡口；也有生产和市场兼备型集群，如龙江、南康、新都等；新兴产业园6个，分别是潜江、彰武、红安、海安、原阳、龙游。

③产业规模总量突出。家具产业集群的建立，促进了区域经济的繁荣发展，是当地的支柱产业。随着政府加大支持力度、完善产业链、建设公共平台等一系列措施的开展，产业集群内企业发展态势良好、产业规模不断扩大。

集群特点及其优势 我国家具产业集群主要分为两种：一是特色区域，是由于自身的各种因素，在改革开放以来的不同阶段，自发形成的产业集聚。如中国红木家具生产专业镇广东大涌、中国椅业之乡浙江安吉。另一种是新兴产业园区，是近几年在当地政府政策支持下，突然发展起来的，相对集中的工业园区，是在政府主导下，由开发商兴建的。

①特色区域特点。地理上，特色区域比较集中在沿海省份里相对偏远的一些地区。这个特点与我国改革开放由沿海向内地扩散的趋势一致，反映出家具的加工制造更加倾向于成本低的地方。人才上，特色区域出现在历史上能工巧匠，建筑人才或者手工技艺人才比较集中的地方。如中国红木(雕刻)家具之都浙江省东阳市是“百工之乡”，用了近6年的时间，由原来的不足百家企业发展到现在3000多家，并兴建起110万平方米建筑面积的红木家具专卖市场。

②新兴产业园区特点。地理上，基本处于发展稍微落后的一些地区，如中部过去并不是产业发达地区，近年以来发展却很迅速。在高速公路和高铁网络的布局下，这些地区土地及综合成本较有优势。目前已经正式命名的产业园有50%位于中部，由此可见，中部发展产业园具有得天独厚的优势。政策上，新兴产业园基本在政府主导下建立，家具行业原有的从业人员作为投资主体，各方积极性都比较高。

③产业集群优势。一是区位优势，自发形成在沿海地区或布局在低成本和交通便利地区；二是人才优势，集群所在地多为专业技工的发源地，能够积极响应回乡建设的号召；三是政策支持优势，一些产业集群是响应政府政策的号召下成立的，大部分集群都是当地的支柱产业，能够得到政策支持和资源供给。一些成立时间比较长的产区表现突出，以大涌、安吉等地区为代表，政府给予了大力支持，并在2014年完成或制定了相应的发展规划和扶持政策；四是成本优势，大部分产业集群经过多年发展，企业间形成互补，合作逐渐加强，逐步实现专业化生产、市场配套的新格局。健全的产业链形成良性循环，降低了物流成本、仓储成本；五是规模优势，集群集中了我国家具生产的主要力量，产品品类齐全，全面供应全国。如中国金属玻璃家具产业基地河北胜芳，专业生产金属玻璃家具，生产金属玻璃产品占全国同类产品的70%。

除上述五点外，产业集群还具有创新意识和创新能力。如中国红木家具生产专业镇广东省大涌镇目前拥有红木家具产品专利800多件；中国家具出口第一镇广东省大岭山镇家具企业获得的外观设计专利、实用新型专利累计已超过3500项。

集群对家具行业以及当地经济发展的作用

①家具产品的主要产地。目前，家具产业集群集中了国内家具生产的主要力量，约有60%~70%的产品在产业集群产出，成为国内家具及相关产品加工的主要基地，是中国特色的当代加工业代表。产业集群的发展壮大促进了上下游产业的协调发展，竞争优势从制造优势向产业链优势发展，企业间的包容性加强，区域综合竞争优势和市场地位更加突出。家具产业集群以中小企业为主，产业链条比较完整，配套设施相对合理，各类人才循环流动，形成了一个综合化工业生态圈。如中国出口沙发产业基地浙江海宁的出口优势十分明显，沙发出口量占浙江省的50%，产品远销北美、大洋洲、欧洲等地区。

②公共平台的孵化地。产业集群重视公共服务平台的建设，积极建立如研发中心、检测中心、信息中心等服务机构，为集群内甚至全行业的企业提供技术推广、质量检测、信息咨询等服务，促进家具企业健康有序发展。如中山市大涌镇十分重视公共服务平台建设，现累计投入2000多万元建设产业服务平台，引入红木家具监测站、金融服务中心、电子商务服务中心等。

③传统文化的主要载体。我国的古典家具，如京作、苏作、仙作、民族家具等集艺术价值、观赏价值、珍藏价值和实用价值于一体，是传统文化的载体，是当地文明自然积淀的成果，在世界家具行列中，独树一帜。如云南省剑川县的民族木雕家具具有文化、工艺、鉴赏和收藏价值，随着我国民族木雕家具产业基地的建立，该地区家具在市场上的影响力逐渐扩大。

④地方经济的主要支柱。家具产业集群的发展，促进了地方经济的繁荣，带动了旅游、物流、服务等相关产业的发展，成为反映地方经济、文化特色、历史传承、旅游购物的名片。各地政府统筹产业集群与区域经济的发展，带动了区域社会经济协调发展。如中国家具出口第一镇广东省大岭山镇拥有企业数量549个，工业总产值125.8亿元，家具产量1580万件，家具行业的生产总值占到全镇经济收入的50%。

表1　中国家具协会产业集群一览表

序号	时间	名称	所在地
1	2003年3月	中国红木家具生产专业镇	广东省中山市大涌镇
2	2003年8月	中国椅业之乡	浙江省湖州市安吉县
3	2004年3月	中国家具商贸之都	广东省佛山市顺德乐从镇
4	2004年8月	中国实木家具之乡	山东省德州市宁津县
5	2004年9月	中国家具出口第一镇	广东省东莞市大岭山镇
6	2005年7月	中国西部家具商贸之都	四川省成都市武侯区
7	2005年8月	中国家具制造重镇	广东省顺德龙江镇
8	2005年8月	中国家具材料之都	广东省顺德龙江镇
9	2005年9月	中国金属玻璃家具产业基地	河北省廊坊市胜芳镇
10	2006年12月	中国实木家具产业基地	辽宁省庄河市
11	2007年3月	中国北方家具商贸之都	河北省廊坊市香河县
12	2007年5月	中国欧式古典家具生产基地	浙江省玉环县
13	2008年1月	中国传统家具专业镇	广东省台山市大江镇
14	2008年5月	中国古典家具名镇	广东省中山市三乡镇
15	2009年6月	中国东部家具商贸之都	江苏省苏州相成区蠡口镇
16	2009年12月	中国民族木雕家具产业基地	云南省大理市剑川县
17	2010年4月	中国板式家具产业基地	四川省崇州市
18	2011年4月	中国出口沙发产业基地	浙江省海宁市
19	2011年6月	中国中部家具产业基地	江西省南康市
20	2011年7月	中国古典家具文化产业基地	山东省滨州市阳信县
21	2011年7月	中国北方家具出口产业基地	山东省胶州市胶西镇
22	2011年7月	中国华中家具产业园	湖北省潜江市
23	2011年7月	中国家具彰武新型产业园区	辽宁省阜新市彰武县
24	2012年4月	中国金属家具产业基地	江西省樟树市
25	2012年4月	中国办公家具产业基地	浙江省杭州市
26	2012年10月	中国浴柜之乡	浙江省杭州市萧山区党山镇
27	2012年11月	中国苏作红木家具名镇—海虞	江苏省常熟市海虞镇
28	2012年11月	中国苏作红木家具名镇—碧溪	江苏省常熟市碧溪镇
29	2012年12月	中国家具红安新兴产业园	湖北省黄冈市红安县
30	2012年12月	中国西南家具产业基地	四川省成都市新都区
31	2013年4月	中国(瑞丽)红木家具产业基地	云南省瑞丽市
32	2013年4月	中国仙作红木家具产业基地	福建省莆田市仙游县
33	2013年8月	中国红木(雕刻)家具之都	浙江省东阳市
34	2013年8月	中国东部家具产业基地	江苏省南通市海安县
35	2014年3月	中国中原家具产业园	河南省新乡市原阳县
36	2014年9月	中国京作古典家具产业基地	河北省保定市涞水县
37	2014年9月	中国京作古典家具发祥地	河北省保定市涞水县
38	2014年11月	中国钢制家具基地	河南省洛阳市庞村镇
39	2014年12月	中国红木家居文化园	浙江省衢州市龙游县

【中国实木家具之乡—宁津】　宁津家具产业以实木为特色和优势，产品包括餐厅家具、厨房家具、酒店家具、卧房家具、套房家具、办公家具、软包家具、实木内门等民用和商用家具八大类上千个品种，其中餐桌餐椅占到长江以北市场份额的50%以上，家具产品还远销美国、韩国、德国等30余个国家和地区。在家具产业不断发展的同时，宁津县还大力加强电子商务平台、高端展销平台、协会服务平台、网络服务平台、技术服务平台等市场配套服务设施建设，促进企业抱团发展。目前，宁津家具产业链已经形成了从木材经营、“白茬”加工、零部件配套、油漆购销、成品组合到产品销售的产、供、销一体化产业链。宁津家具产业已经实现了由单一产品向多花色、高质量、系列化转变，由传统木制品加工向具有地方特色方向转变，由零散式经营向集团式方式转变。

宁津县拥有“兴强”“万赢”“吉祥木”“德克”等4个山东省名牌产品和“美瑞克”1个山东省著名商标。家具龙头企业优势逐步凸显，涌现出美善、三江、宏发、德克、鸿源、汇丰、大亨等20余家龙头骨干企业。其中，大亨木业、宏发木业、名岳家具、三江木业被授予"山东省实木家具产业基地骨干企业"称号。

经济运营情况 全县共有家具生产加工企业3078处(户)，其中规模以上企业58家，从业人员达到4.7万人。2014年全县家具产业实现销售收入134亿元，出口创汇7890万元。新建投资过千万元的项目7个，总投资额超过1.1亿元。

表2 2010~2014年宁津县家具行业发展情况汇总

主要指标	2014	2013	2012	2011	2010
企业数量	3078	3061	3045	3029	3018
规模以上企业数量	58	56	50	48	46
主营业务收入(万元)	1680000	1580000	1486000	1407000	1400000
规模以上企业主营业务收入(万元)	1590000	1500000	1408000	1390000	1350000
出口值(万美元)	1300	1100	980	950	935
内销(万元)	1650000	1550000	1470000	1400000	1390000
家具产量(万件)	3360	3160	2970	2800	2760

存在问题 近年来，宁津家具产业在县委、县政府的大力培植下，取得了长足的发展，但与先进地区相比，还存在一些差距：①产血链条存在短板家具产业链条上下延伸不足，在木材板材、五金配件、油漆、胶等环节存在短板，本地配套率较低，没有形成完整的生产链和供应链，难以在激烈的市场竞争中形成整体的、可持续的竞争力。

②龙头企业带动力不足，缺乏大的品牌，且核心企业规模不大，主导产品优势不明显，辐射力和带动力有限，尚未形成较强的集聚效应和整体竞争力。大部分企业仍在单打独斗，很少与其他企业合作，缺少集群意识，企业竞争力相对薄弱。

③技术创新能力不强，技术创新问题是目前整个家具行业存在的突出问题，产品模仿现象突出，同质化严重，技术创新能力不强，新产品、新技术研发能力不足，造成产品开发周期长，新产品上市速度慢、产品同质化竞争激烈。

④土地成发展制约。宁津县工业用地供应远远满足不了工业经济发展的需要，很多家具企业因为拿不到土地指标而没有办法扩大生产规模，部分外资项目无法落地。

【中国实木家具产业基地—庄河】 2014年，庄河市实现地区生产总值690亿元，公共财政收入33.3亿元，全社会固定资产投资457亿元，社会消费品零售总额168亿元，城镇居民人均可支配收入23970元，农村居民人均可支配收入13169元。2014年，全市拥有规模以上工业企业380户。全市规模以上工业实现工业总产值1389亿元；完成工业增加值389亿元，实现利税103亿元。农副产品加工业、家具制造业机械制造业是全市工业的支柱产业，共实现总产值1112.7亿元，占规模以上工业总产值的7%。

庄河家具产业已形成了以集群发展为特点、家具制造与家具材料相配套、生产和流通相衔接、生产与研发相促进的产业格局。形成了集原材料供应、家具生产加工、包装、产业配套、展销、物流配送的完整产业链，家具制造业已成为支撑庄河经济发展的一大支柱产业和特色产业。

经济运营情况 截至2014年年底，全市拥有家具生产企业1621户，其中规模以上企业达11家，从业人员近2万人，有厂房约230万平方米，设备约1.5万台(套)，资产总额约40亿元人民币。涌现出一批家具精英企业，培育出"华丰""华夏"两个中国驰名商标。产品远销日本、美国、东南亚及欧洲等国家和地区；在全国60多个城市建立了销售分公司，销售网点达650多个，国际、国内销售体系日臻完善。2014年，全市规模以上家具企业实现产值61.5亿元。

重点品牌及龙头企业发展情况 全市家具业拥有国家级著名商标2个，省级名牌和著名商标10个、大连市级名牌和著名商标15个。

发展措施 ①大力培植龙头骨干企业。采取政策扶持、要素倾斜、优化服务等措施，重点扶持带动能力强的骨干企业，加速企业扩张步伐，不断增强和提升骨干企业对产业集群发展的支撑力和贡献率。

②狠抓产业技术改造和创新。积极引导企业加大技术改造力度，开发新产品，增强企业竞争力。大连华夏家具为了整合人力资源和原材料资源，降低企业生产成本，成功收购了俄罗斯吉利

尔公司，为抢占俄罗斯及远东地区市场迈出了坚实的一步。庄河市为加快企业自主创新体系建设，建立了较为完善的生产和销售服务的技术创新服务体系、技术研发中心、职工培训中心和产品博览中心，这些服务机构促使家具制造业从下游低端的简单加工装配向上游高端的核心技术研发延伸，拓展了以品牌开发、产品营销为核心的价值链。

③大力实施品牌战略。积极引导企业争创名优产品，实现家具品牌化。一是鼓励企业自创品牌。对其商标新评为国家、辽宁省和大连市著名商标和名牌产品的家具企业，由市财政给予一定的奖励。同时积极做好中小企业申报省、市名牌和著名商标工作。二是加大宣传力度，扩大"华丰家具"这一名牌的知名度，扩大"庄河实木家具"在省内外的影响。目前，全市拥有国家级著名商标2个、省级名牌和著名商标10个、大连市级名牌和著名商标15个。

④加大招商引资力度，不断增强家具业发展后劲。在发展本地企业的同时，不断加大招商引资工作力度，着力引进国内知名的家具企业，并促进其与当地家具企业的融合，做宽、拉长家居产业链条。已建成的北方家居城项目，对构建庄河家具产业销售平台，拉长家具产业链，带动家具产业快速发展，起着积极的推动作用。

⑤不断加大特色产业园区建设力度，提高产业集群发展承载力。为了推进家具产业集群加快发展，提高产业集群综合竞争力，庄河市在新兴产业经济区筹划建设了庄河家居产业园。目前，永大建材免漆室内门生产线项目、佰林达木业拼板及家具生产线项目、丰汇木业免漆复合门及家具项目、万鹏公司的家具项目、松江木业的建材项目已建成投产，集群化基础条件基本形成，发展态势良好。

存在问题　一是受经济大环境以及国际(主要是欧美)、国内订单持续减少及房地产市场不景气影响，全市家具行业受到很大程度的影响，很多企业订单不足、开工不饱和。二是企业生产成本上涨。随着各种原材料、运费、劳动力成本不断增加以及中小企业融资难等问题影响，导致企业经营越来越困难。

【中国中部家具产业基地—南康】　南康家具产业园进展速度加快，企业入园工作较快推进，已有15家家具企业初步建成、龙田、镜坝、龙华等家具产业集聚区建设进展顺利。南康家具产业开始大量使用高档进口木材，使得南康家具产品质量和形象得到了极大的提高。目前，入驻红星美凯龙等高档市场的企业有20多家。企业的研发能力进一步增强，开展自主研发或聘请专业机构开发的企业有140多家，产品附加值不断提高。企业大量采用先进生产设备和管理方式自发开展产品质量检测，标准化建设稳步推进，从业人员素质逐渐提升，企业品牌影响力开始凸显，已经形成了转型升级的良好局面。2014年5月，由国家林业局、省人民政府主持主办，中国(赣州)第一届家具产业博览会在南康胜利召开，吸引4000多家家具企业参展，总展览面积120万平方米，累计参观人数12万余人次，签约金额逾10亿元，展会的展开在业内及周边各省市影响力巨大，南康家具区域品牌影响力进一步提升。

经济运营情况　截至2014年年底，南康有家具企业6000多家，规模企业67家，从业人员30多万人。2014年实现工业总产值701.8亿元，同比增长55.95%。专业家具市场面积达到140万平方米，市场店铺8000多间，建成营业面积和年交易额在全国位居前列。配套物流企业263家，线路630多条，基本覆盖所有县级城市。在全国各地设有6000余家销售网点，在全国二、三线城市占有较大市场份额。

南康有家具电商企业近千家，从业人员达1.2万人，2014年销售额达30多亿元，其中年销售千万元以上的家具电商企业已达16家，被评为江西省"电子商务示范基地"。目前，南康有自主出口权的家具企业34家，产品主要出口到东南亚、中东、非洲等国家，2014年出口额超过1亿美元。在经济下行压力增大情况下，通过持续的引导和多项有力措施，家具产业税收实现了快速增长，家具企业纳税意识增强，企业的社会责任感得到提升，一般纳税人企业113家，规模企业67家。2014年家具产业纳税超亿元，同比增长超过60%。

家具发展特色　近年来，南康家具产业转型升级加快，产业链条更加完善，品质和形象不断提升，区域品牌影响力增强，主要有以下几个特色。①产品质量更加优良。目前南康家具产业已基本摆脱了对本地域的原材料依赖，基本实现木材的进口和多样化。据统计，2014 年全区木材放行达 300 多万立方米，其中 80% 以上为较高档的进口木材，进口国家 20 多个，近 30 个品种。南康使用进口橡胶木的企业由 80% 以上下降至近两年的 40% 左右。越来越多的企业开始使用来自非洲的乌金木和虎斑木，俄罗斯的榆木，北美的胡桃木、白蜡木、红橡以及欧洲的榉木等更高档的木材。如使用虎斑木的千多多家具、使用乌金木的宏巨家具在中国北方非常畅销，产品供不应求。企业开始采用新设备，不断用自动化、机械化设备替代传统的手工生产，改进和创新生产工艺，重视产品质量，从选材到喷涂，质量意识始终贯穿全过程。目前，已有 90 多家企业通过了 ISO 等质量、环保体系认证。进口高档木材的推广使用和生产工艺的提升，让南康家具产品有了质的飞跃，大大提升了南康家具产品的形象。

②投资环境更加优越。南康历届政府都高度重视家具产业的发展，从土地、税收、融资、行政审批等各个方面给予优惠，为家具企业发展创造了良好的投资环境。一是建立政府领导与企业一对一帮扶机制，切实为企业发展排忧解难。二是为培育龙头企业，鼓励企业转型发展而出台了加快家具企业转型发展奖励扶持办法。三是为解决企业融资难、融资贵的问题，设立了财园信贷通、小微信贷通和家具产业信贷通。同时，与全国著名的中小企业融资平台——深圳前海股权交易中心签订合作协议，通过设立总规模 10 亿元的家具产业发展基金为企业实现债权融资。2014 年，国务院出台了《关于支持赣南等中央苏区振兴发展的若干意见》明确把家具产业作为重点扶持产业，更为南康家具产业的发展带来了前所未有的发展新机遇。

③产业平台更加完善。根据打造全国一流家具专业市场和中高端实木家具生产基地的定位，着力打造园区、口岸、金融、喷涂、烘干、检测、研发、展销、物流等九大公共服务平台。通过提供家具行业标准化公共服务，整合资源、树立品牌，从而引领南康家具产业转型发展。为提高家具产业环保、健康、高附加值的产品比重，投资 1 亿元建设了中部唯一一个国家级家具产品质量监督检验中心，对家具、人造板木材、家具用涂料、家具用胶合产品的质量进行监督检验、质量仲裁、新产品质量鉴定检验；投资 2.2 亿元建设自动化喷涂中心、投资 5.2 亿元建设自动化烘干中心，为突出产业发展的创新驱动，加强与深圳家具研发院的合作，建设了南康家具研发中心。

发展举措 南康家具朝着打造千亿产业集群的目标，推动南康家具产业转型升级。一是坚持龙头带动，着力在上下游产业中培育一批大型龙头企业，增强家具产业整体竞争力。二是坚持创新驱动，加大技术和工艺的创新研发力度。三是坚持品牌推动，进一步提高南康家具产业的品牌知名度和市场占有率。四是坚持服务联动，市、区两级和其他有关部门有的放矢地为企业解决实际困难和问题，在政策、项目和资金等方面加大支持力度，为南康家具产业发展创造更好条件、营造更优环境。

【家具进出口贸易】 2014 年全国家具行业累计完成进出口总额 562.23 亿美元，同比增长 1.00%，其中实现出口额 534.16 亿美元，同比增长 0.61%，低于 2013 年 6.30% 的增速；实现进口 28.07 亿美元，同比增长 9.25%，低于 2013 年同期 10.11% 的增速。全年实现贸易顺差 506.09 亿美元。

出口贸易 2014 年，我国家具行业出口在轻工主要商品出口中占 8.68%，居第五位；累计出口值增速尽管由上半年的同比下降 5.83% 上涨为同比增长 0.61%，但仍比轻工主要出口商品的平均水平低 9.66 个百分点，对比近 5 年增长情况来看，家具行业出口下滑明显。

表 3 近 5 年我国家具出口值变化

年　份	累计出口值(亿美元)	增速(%)
2010 年	337.24	29.95
2011 年	388.82	15.31
2012 年	499.60	28.52
2013 年	531.01	6.30
2014 年	534.16	0.61

主要出口产品以坐具及其零件、木家具和金属家具为主，在主要出口产品中牙科、理发椅及其零件出口同比增长45.6%，同比增幅较高。

我国家具行业主要出口国别为美国、日本、英国、马来西亚、德国等国家和地区。在主产区中，对新加坡出口增长较快，对马来西亚和阿拉伯出口下降明显。

广东、浙江、江苏等是我国家具行业的主要出口省份，在主要出口省份中，河北、天津和浙江出口增幅较大。山东、辽宁出口下滑严重。

进口贸易 2014年我国家具行业主要以坐具及其零件和木家具进口为主，在主要出口产品中，牙科、理发椅及其零件出口同比增长85.1%，同比增幅较高。

我国家具行业主要进口国为德国、意大利、韩国和美国等国家和地区。在主要进口国家中，从波兰、意大利和越南进口增长较快，对日本、韩国和德国进口下降明显。

上海、广东、北京是我国家具行业的主要进口省份，在主要进口省份中，广西、上海和江苏进口增幅较大。从辽宁、吉林进口下滑严重。

附表1 2014年家具行业规模以上企业主营业务收入表

行业名称	2014年主营业务收入(万元)	2013年主营业务收入(万元)	增速(%)
家具制造业	71873527.3	64831437.9	10.86
其中：木质家具制造业	45575633.4	41183326.9	10.67
竹、藤家具制造业	1509366.2	1349556.3	11.84
金属家具制造业	13693159.5	12245333.2	11.82
塑料家具制造业	940613.4	919088.0	2.34
其他家具制造业	10154754.8	9134133.5	11.17

附表2 2014年各地区家具行业规模以上企业主营业务收入表

地区名	汇总企业单位数(个)	2014年主营业务收入(万元)	2013年主营业务收入(万元)	增速(%)
全国	4942	71873527.3	64831437.9	10.86
北京市	66	747528.5	715426.3	4.49
天津市	66	860566.0	869657.9	-1.05
河北省	138	2175445.1	1897545.9	14.65
山西省	5	59266.3	58766.7	0.85

（续）

地区名	汇总企业单位数(个)	2014年主营业务收入(万元)	2013年主营业务收入(万元)	增速(%)
内蒙古自治区	7	229673.3	175493.0	30.87
辽宁省	168	3783078.6	3883628.8	-2.59
吉林省	69	1262846.4	1125478.9	12.21
黑龙江省	65	745599.0	730077.8	2.13
上海市	166	2745550.2	2629028.4	4.43
江苏省	248	3022448.2	2780020.8	8.72
浙江省	679	7666396.4	7215385.9	6.25
安徽省	232	2724720.3	2235144.6	21.90
福建省	296	3570880.6	3249522.8	9.89
江西省	117	1772999.2	1418669.4	24.98
山东省	536	8584499.3	7708117.7	11.37
河南省	279	4948888.8	4206398.9	17.65
湖北省	107	1381647.1	1130322.1	22.23
湖南省	126	2524980.1	2333890.1	8.19
广东省	1160	16080265.0	14558810.6	10.45
广西壮族自治区	42	812811.1	729806.7	11.37
海南省	5	19267.2	26661.8	-27.73
重庆市	56	1182374.6	940898.6	25.66
四川省	247	4443992.2	3800446.2	16.93
贵州省	22	203045.0	134967.5	50.44
云南省	4	14940.8	13541.0	10.34
陕西省	20	194181.8	157608.7	23.21
甘肃省	4	7612.1	8862.8	-14.11
青海省	1	27302.0	8965.0	204.54
宁夏回族自治区	5	38444.0	48956.7	-21.47
新疆维吾尔自治区	6	42278.1	39336.3	7.48

附表3 2014年家具行业规模以上企业出口交货值表

行业名称	2014年出口交货值(万元)	2013年出口交货值(万元)	增速(%)
家具制造业	16243738.6	15493011.3	4.85
其中：木质家具制造业	8009397.0	7628265.0	5.00
竹、藤家具制造业	473596.7	413685.9	14.48
金属家具制造业	4417699.7	4222175.3	4.63
塑料家具制造业	517351.8	505127.0	2.42
其他家具制造业	2825693.4	2723758.1	3.74

附表 4　2014 年主要家具产品产量表

产品名称	2014 年产量（件）	2013 年产量（件）	增速(%)
家具	777856872	754499282	3.10
其中：木质家具	263450121	259323805	1.59
金属家具	375349987	364185261	3.07
软体家具	52987499	50434360	5.06

附表 5　2014 年各地区主要家具产量表

地区名	2014 年产量（件）	2013 年产量（件）	增速(%)
全国	777856872	754499282	3.10
北京市	6746969	6904400	-2.28
天津市	12907668	9460992	36.43
河北省	13218928	13188763	0.23
山西省	154880	104332	48.45
内蒙古自治区	1114410	914774	21.82
辽宁省	27265737	29607970	-7.91
吉林省	3640094	3273449	11.20
黑龙江省	2496214	3182403	-21.56
上海市	26281128	26622849	-1.28
江苏省	16465912	16497595	-0.19
浙江省	212050039	207227015	2.33
安徽省	10724513	11086682	-3.27
福建省	126609255	122916703	3.00
江西省	14560943	12645646	15.15
山东省	39144624	41224905	-5.05
河南省	49214720	47135345	4.41
湖北省	5847754	4538665	28.84
湖南省	7405346	7226863	2.47
广东省	172596786	164494504	4.93
广西壮族自治区	4498348	4977944	-9.63
海南省	63553	74701	-14.92
重庆市	5160886	4426719	16.58
四川省	16929766	14369018	17.82
贵州省	1079773	869399	24.20
云南省	94975	73386	29.42
陕西省	774817	892439	-13.18
甘肃省	119983	89623	33.88
青海省	105921	21772	386.50
宁夏回族自治区	225258	198524	13.47
新疆维吾尔自治区	357672	251902	41.99

附表 6　2014 年全国各地区家具进口情况

地区名	2014 年进口值(美元)	2013 年进口值(美元)	增速(%)
全国	2807080256	2569435083	9.25
上海市	955680408	758531865	25.99
广东省	353197274	361490135	-2.29
北京市	280683803	296266786	-5.26
江苏省	217458055	187754349	15.82
福建省	170477983	156806005	8.72
辽宁省	140264424	176828059	-20.68
天津市	123703034	107718807	14.84
吉林省	121784649	145506301	-16.30
浙江省	110715173	98649769	12.23
广西壮族自治区	73738147	49764162	48.18
山东省	57054059	55882690	2.10
湖北省	52710912	45012322	17.10
四川省	40809578	39081021	4.42
重庆市	39721455	28740752	38.21
安徽省	15961667	17311765	-7.80
河北省	11035466	7307373	51.02
黑龙江省	9540033	4601749	107.31
云南省	8508125	8641948	-1.55
湖南省	6653493	8282324	-19.67
海南省	5025642	5596635	-10.20
河南省	3209237	2958202	8.49
陕西省	3180752	4289934	-25.86
山西省	2612652	436635	498.36
江西省	1933037	968725	99.54
宁夏回族自治区	528526	309590	70.72
内蒙古自治区	334784	236477	41.57
新疆维吾尔自治区	256248	161272	58.89
贵州省	149644	141025	6.11
西藏自治区	146693	124011	18.29
青海省	4840	34395	-85.93
甘肃省	463		

附表7　2014年全国各地区家具出口情况

地区名	2014年出口值(美元)	2013年出口值(美元)	增速(%)
全国	53415854640	53094430097	0.61
广东省	26012995760	25344435969	2.64
浙江省	10012621545	9114587502	9.85
江苏省	3599614473	3440931077	4.61
福建省	3010727953	2921558885	3.05
上海市	2960688910	2846275102	4.02
山东省	2444684148	2352856009	3.90
河北省	1028077204	867765236	18.47
江西省	807820888	1164859423	-30.65
天津市	597235957	543319124	9.92
辽宁省	583616155	758020299	-23.01
安徽省	429542055	742588061	-42.16
河南省	319215228	647604335	-50.71
北京市	246516383	193883975	27.15
湖南省	219024726	291612514	-24.89
黑龙江省	208282097	205048825	1.58
湖北省	142739656	145018371	-1.57
四川省	125553961	245821321	-48.92
重庆市	109772372	402919574	-72.76
新疆维吾尔自治区	101862548	154830317	-34.21
吉林省	78266248	63191206	23.86
陕西省	75601551	121525869	-37.79
云南省	62133292	155770809	-60.11
内蒙古自治区	59828984	16981979	252.31
广西壮族自治区	55081272	93336396	-40.99
海南省	36308918	68928229	-47.32
贵州省	31222590	131448606	-76.25
宁夏回族自治区	25729976	7783928	230.55
甘肃省	18383521	15417911	19.23
青海省	5923149	109320	5318.18
西藏自治区	3584015	20922799	-82.87
山西省	3199105	15077126	-78.78

(中国家具协会)

中国橡胶工业

【天然橡胶生产】 2013 年我国天然橡胶种植面积达 1800 万亩，产量近 85 万吨，主要在海南和云南地区，产量分别占全国的 49.6% 和 48.5%。

海南地区生产加工情况 2014 年天然橡胶农场种植面积共计 760 万亩，较 2013 年增长 3.3%；开割面积 531 万亩，与 2013 年持平；产能 24.1 万吨，较 2013 年下降 45.7%。

表 1 海南天然橡胶农场种植、开割和产量情况

项目	种植面积(万亩)		开割面积(万亩)		预计产能(万吨)	
	2013	2014	2013	2013	2014	2013
民营	381.3	381.3	301.0	301.0	26.0	16.0
国营	354.3	378.7	230.0	230.0	18.0	8.1
合计	735.6	760.0	531.0	531.0	44.0	24.1

表 2 海南各地区天然橡胶产能产量汇总

地区	产能(万吨)		WF 胶产量(万吨)		SCR 胶产量(万吨)		乳胶产量(万吨)	
	2013	2014	2013	2014	2013	2014	2013	2014
东部	26.3	18.1	1.5	—	9.1	1.4	6.8	1.7
西部	34.4	38.5	6.5	4.9	1.2	0.7	4.6	4.0
中部	14.0	17.0	3.5	1.3	0.7	0.4	3.4	1.7
南部	10.1	10.1	3.5	2.0	2.4	0.7	1.5	4.2
合计	84.8	83.7	15.0	8.1	13.4	3.2	16.3	11.6

云南地区生产加工情况 2014 年云南天然橡胶农场种植面积共计 875 万亩，较 2013 年增长 5%；开割面积 442 万亩，较 2013 年增长 10%；产能 47.5 万吨，较 2013 年增长 10%。

表 3 云南国营和民营天然橡胶农场种植、开割和产量情况

项目	种植面积(万亩)		开割面积(万亩)		预计产能(万吨)	
	2013	2014	2013	2014	2013	2014
民营	199.6	209.6	138.3	152.1	15.0	16.5
国营	633.4	665.0	263.8	290.2	28.2	31.0
合计	833.0	874.6	402.1	442.3	43.2	47.5

表 4 云南各地区天然橡胶产能产量汇总

地区	产能（万吨）		WF 胶产量（万吨）		SCR/TSR 产量（万吨）	
	2013	2014	2013	2014	2013	2014
版纳	32.0	35.0	24.0	28.0	8.0	7.0
普洱	5.0	5.4	3.7	4.3	1.2	1.1
红河	2.6	2.8	1.9	2.3	0.6	0.6
临沧	3.3	3.6	2.4	2.9	0.8	0.7
德宏	0.7	0.7	0.5	0.6	0.2	0.1
合计	43.2	47.5	32.4	38.0	10.8	9.5

天然橡胶生产成本分析 天然橡胶成本构成复杂、投入与产出差异大，要准确计算天然橡胶生产种植成本较为困难。气候正常的情况下，天然橡胶从种植到开割，至少需要长达 7 年的成熟期，而真正产生效益要 10 年左右的时间，投资时间长、利润率不高。从成本构成来看，天然橡胶生产成本主要有橡胶种植成本、割胶人工成本、加工运输成本 3 部分(以某企业为例，加以分析)。

①橡胶种植成本。开荒、挖坑、定植、锄草、护理、肥料、农药，加上长达 10 年的管护费用，估算天然橡胶种植成本约为 8000 元/吨(未扣除资金成本和通货膨胀，下同)。

②割胶人工成本。割胶分摊比例一般为六四分成，即胶农分六成、企业分四成，成本与干胶销售价格直接挂钩。以当前 14 元/千克的胶水折干销售价计算，每吨干胶中分给割胶工人成本在 8200 元/吨。

③加工运输成本。工厂设备、电力、人工、税收等成本，再加上部分运输费用，约为 1800 元/吨。综上所述，该企业所生产天然橡胶生产成本在 17000 ~ 18000 元/吨。

【我国天然橡胶行业面临的主要问题及政策建议】

产量出现下跌 ①自然灾害影响橡胶生产。我国植胶区属于热带北缘地区，温度偏低，橡胶树每年的生长期较原产地短2~3个月，采胶时间少75~90天。在我国风、寒、病、虫频发的植胶区，每年损失率达15%以上，近年来国内天然橡胶农场更是遭受到不同程度的台风和寒流侵袭，产量受到很大影响。一是2014年部分橡胶树开割时间推迟约半个月，干胶生产受到影响。海南农垦在海南岛中部、西部地区的中坤、阳江等农场受2~3月份低温寒流影响，南部地区的山荣等农场受2013年11月份台风"海燕"影响，开割时间同比推迟了15天左右，且初始产胶率同比降低2~3成，造成开割初期干胶产量下降。二是干旱和雨天影响，造成干胶产量下降。2014年5月中下旬海南岛受持续高温干旱影响，海南农垦在海南岛西部地区的广坝、红林、八一等农场胶树出现黄叶、落叶现象，造成短期休割，干旱还引发了"橡胶六点始叶螨"等虫害，造成进一步减产。截至2014年5月底，海南农垦因干旱受灾面积达10.3万亩，共28.7万株开割树短期休割。另一方面，2014年8月上旬和下旬海南岛大部分地区持续降雨，而雨天无法割胶，导致海南农垦8月底割胶天数同比减少12天，干胶产量下降。

②胶工短缺，弃割离岗现象严重，胶农生产积极性不高。一是受胶价持续低迷的影响，胶工收入偏低，胶工短缺问题较为突出。天然橡胶价格的大幅下跌直接影响了广大胶农的经济收入，极大地挫伤了生产积极性。海南农垦的中坤、阳江、山荣等农场胶农人均月收入仅有1093元、1072元、1300元，弃岗人员较多。2014年以来，海南橡胶平均短缺胶工达5000人左右，约占胶工总人数的12%，5~8月份上岗率不足70%，大量岗位无人割胶，造成干胶产量减少。云南农垦的西双版纳、普洱等农场也出现胶农弃割的现象。如云南农垦集团江城橡胶公司共有8户胶农因胶价过低，割胶收入不能维持全家正常生活开支，自愿放弃现有承包胶林，举家外出打工。二是胶价低迷，胶工割胶积极性不高，树位丢割、漏割现象突出。虽然部分胶工没有弃岗离岗，但胶工挂岗、混岗或为了保障生活而兼打短工，部分"三胶"承包户甚至持观望心态，干胶产量受到较大影响。如中化国际位于海南的加工厂2014年收到的胶水总量比2013年降低约30%。

③新种胶园逐年放缓或略有减少。据统计，受前几年胶价上涨刺激，地方民营开始大面积更新其他作物种植橡胶，但自2012年胶价下跌后，民营不再大面积种植橡胶，而转种其他经济作物，2013新种面积大幅下滑，2014年受持续胶价低迷影响，出现个别种植户砍伐胶园种植其他经济作物的情况。如云南农垦集团江城橡胶公司有15户砍掉自有胶林改种香蕉。

国内外市场供大于求 ①全球天然橡胶市场处于严重供大于求的局面。供求情况是影响天然橡胶价格最根本的因素。据中国天然橡胶协会分析，2013年全球天然橡胶过剩65万吨，2014年约为37万吨，供过于求的状况造成了价格持续下跌。一方面，目前产量增长速度高于消费增长速度，造成天然橡胶供给过剩。近10年来，世界植胶面积增加约600万亩，2013年全球天然橡胶产量已达1170万吨，2014年预计超过1200万吨。另一方面，随着石油价格下跌，大量品质和价格相对较低的合成橡胶逐渐代替天然橡胶使用，轮胎，尤其是工程胎、载重胎使用减少导致需求不振。

②进口胶激增对国内市场产生巨大冲击。自2010年以来我国天然橡胶和复合橡胶进口量大幅增长，2010~2013年进口量总计分别为286万吨、295万吨、348万吨、401万吨。2014年截至11月底，进口天然橡胶200万吨左右；进口复合橡胶140万吨。

③未来市场供需矛盾预期仍将持续。2015年全球橡胶供大于求的状况并没有改变，中国经济增速下滑、汽车消费量增速减缓、美国对中国轮胎企业进行"双反"调查，都加剧了天然橡胶需求不足的状况。泰国、印尼和马来西亚成立联合橡胶市场，相关各国政府和企业联合保价，也将使天然橡胶供求矛盾有所缓和，价格有望小幅反弹，但反弹空间有限，未来较长时间内天然橡胶价格都会处于低位。

橡胶企业效益下滑 天然橡胶价格的大幅下跌，导致国内橡胶生产企业整体效益下滑。天然橡胶目前的价格水平已远远低至成本线以下，期货的大幅下跌直接导致了现货市场的低迷，橡胶产品严重滞销。据统计，目前云南农垦集团公司库存量已达4.6万吨，估计云南省干胶库存量达6

万吨，而全国整个橡胶行业总库存达到100万吨左右。由于2014年胶价一路走低，橡胶产品销售不畅，各橡胶农场及胶厂均处于亏损状态。

天然橡胶产业扶持政策尚未完全覆盖 目前，国家对天然橡胶生产保留了农垦植胶区基建拨款投资、农产品免税政策和天然橡胶良种补贴制度，但这些扶持政策覆盖面小，数量有限。

政策建议 一是完善橡胶储备机制，发挥国家储备在调节天然橡胶行业和市场中的重要作用。国家储备是宏观调控的重要手段，对国内天然橡胶行业可以起到稳定作用。当天然橡胶市场出现起伏，供需矛盾突出，行业面临困境时，可以通过进行国家收储等相应措施调节市场，对促进整个橡胶行业健康发展提供支持。加强天然橡胶国家储备既可以大幅降低成本，又可以拉动市场需求，稳定胶价、保护产能、稳定胶农，切实发挥国家储备“蓄水池”作用。积极探索商业储备途径，使国家储备与主要生产企业的生产、销售结合，保证产品质量、降低企业成本，有效降低质量更新压力。

二是增加国家补贴。建议财政、农业等相关部委扩大天然橡胶非生产期抚育管理补贴范围，并利用中央财政林业补助资金支持天然橡胶行业发展。一方面，改造老胶园，针对品种单一、老化胶园，推广优良品种，优化胶园结构，加强土壤改良、配方施肥、病虫防治等新技术的综合应用，提高天然橡胶单产水平，有力提升现有胶园的持续生产能力；另一方面，鼓励国内企业“走出去”发展，到东南亚、南美、非洲等地建立天然橡胶生产基地，控制国际天然橡胶资源，以弥补我国天然橡胶供需的缺口，充分利用“一种资源，两个市场”的优势，降低对外依存度，保障我国天然橡胶供给安全。

三是减少走私胶对国内市场的冲击。建议国家税务、海关等部门加快研究有关关税政策，减少走私对国内市场的冲击，保护国内天然橡胶基本生产能力。

（国家物资储备局物资储备研究所　何晓伟）

【2014年中国橡胶工业十大新闻】

美国对中国乘用及轻卡轮胎“双反” 6月3日，美国钢铁工人联合会（USW）向美国商务部和美国国际贸易委员会（ITC）提出申请，要求对来自中国的乘用及轻卡轮胎启动反倾销和反补贴调查，并指控倾销幅度为60.15%、补贴幅度为25.73%。11月24日，美商务部公布反补贴初裁结果；12月22日，又修正了反补贴初裁税率。两家强制应诉企业的初裁税率分别是11.74%和12.5%，其余企业为12.03%；山东永盛橡胶集团有限公司获得惩罚性关税81.29%。据中国海关统计，中国出口美国涉案产品交货值为33.37亿美元，是迄今为止轮胎行业遭受贸易救济措施中金额最大的一次，涉及国内企业上千家，其中生产企业68家，将影响中国轮胎及相关行业产业工人近百万人。

天然橡胶进口关税上调 自2015年1月1日起，中国天然橡胶进口关税暂定税率由20%或1200元/吨调整为20%或1500元/吨，增加300元/吨；进口天然胶乳暂定税率由10%或720元/吨调整为10%或900元/吨，增加180元/吨。按2013年一般贸易天然橡胶进口量约为35万吨测算，用胶企业将年增成本支出1.05亿元。但由于进口关税调高，轮胎等用胶企业或将更多进口加工贸易类天然橡胶，对出口依赖度更高，其结果一是容易导致更多贸易摩擦，二是将一直压制国内用胶企业处于制造链的底端。

复合橡胶国标降低生胶含量指标 8月22日，国家标准化管理委员会公布了《复合橡胶通用技术规范》（征求意见稿），规定复合橡胶中生胶含量不大于88%（质量分数），与中国橡胶工业协会2006年制定的《复合橡胶自律规范》中规定的天然橡胶含量为95%~99.5%相差甚远。据了解，如果该标准正式实施，意味着复合橡胶进口的大门将关闭。如果复合橡胶全部转成一般贸易天然橡胶进口，按年进口150万吨天然橡胶计算，用胶企业需多支出成本22.5亿元。同时，也将迫使轮胎等用胶企业更多进口加工贸易类天然橡胶，既容易导致新的贸易摩擦，也使企业无法摆脱处于制造链底端的局面。

《轮胎行业准入条件》出台 9月17日，工信部正式出台《轮胎行业准入条件》，并于10月1日起实施。《条件》重点强调了节能环保，对轮胎企业提出了能耗、资源消耗以及污染物排放等硬指标要求；鼓励发展节能、环保、安全的绿色轮胎；鼓励新建、改扩建轮胎项目采用自主知识产权技术；规定了轮胎产品质量必须符合相关标准等。目前工信部正在制定准入条件的公告管理办法，并将对轮胎企业进行公告管理。该政策的发布，将对轮胎行业淘汰落后产能、规范行业发展起到较好的推动作用。

中国橡胶工业协会发布《绿色轮胎技术规范》 2月24日，中国橡胶工业协会发布了《绿色轮胎技术规范》，并于3月1日开始试行。这是我国首部绿色轮胎行业自律标准。该标准对绿色轮胎的定义进行了规范，提出了绿色轮胎产品性能要求，原材料使用要求，并推荐了绿色轮胎生产工艺技术。该《规范》为我国下一步实现轮胎标签制度打下了基础。为推动绿色轮胎产业化，中国橡胶工业协会已经成立了“绿色轮胎产业化促进工作委员会”和“绿色轮胎技术支持中心”，并将对轮胎检测机构进行认证，细化绿色轮胎原材料指南等，最终实现轮胎标签制度。

行业发展进入速度换挡回落“新常态” 2014年，中国橡胶工业发展的基本态势为产量持续增长，销售价格持续下降；出口数量增长，出口交货值增幅下降；橡胶原材料价格持续低位，要素成本持续上升；利润增长，但增幅持续回落。全行业已进入速度换挡回落“新常态”，从过去20%左右的高速增长转为目前已连续3年5%以下的个位数增长。据中国橡胶工业协会统计，前三季度行业完成现价工业产值同比增加3.67%，销售收入同比减少0.18%，出口交货值同比增加1.39%，出口率(值)同比下降0.64个百分点。一些在高速增长时期被掩盖的问题集中暴露，如结构性产能过剩、产品同质化严重等。同时，“新常态”下，行业也将加速结构调整、创新驱动、绿色发展。

《中国橡胶工业强国发展战略研究》正式发布 10月16日，中国橡胶工业协会正式发布了《中国橡胶工业强国发展战略研究》。该书内容全面丰富，以权威翔实的数据，系统总结了橡胶工业“十一五”和“十二五”前期取得的成绩，并以当代橡胶工业先进技术水平为目标，对照国际先进技术，提出未来5~10年中国橡胶工业强国发展战略目标和措施。该书首次具体量化了强国战略目标，首次绘制了橡胶工业强国路线图，是中国迈向世界橡胶工业强国的指南针，将有力推进中国橡胶工业强国的建设步伐。

轮胎企业投资放缓项目延迟 在国内外市场需求增速放缓，原材料和产品价格持续下行，以及美国对华轮胎“双反”的压力下，下半年轮胎行业经营难度明显加大，“双反”涉案产品对美国出口逐月下降，行业普遍开工率不高，多数企业在70%~80%之间，库存压力增大，使近年来一直热度不减的轮胎项目投资首度放缓，一些项目被暂停或终止。这种情况也波及设备供应商，大量设备积压在设备供应商手中，橡机企业2015年的订单大幅减少。此外，由于市场和库存的压力，以及轮胎价格不断下跌的预期，也使轮胎营销行业进入困难的一年。在此环境下，国内轮胎企业加快走出去步伐，玲珑、中策、赛轮等企业都加快了东南亚项目的建设进度。

推进信息化和环保节能成为方向 由于国家对环保要求日益严格，以及国内基本要素成本持续推高，橡胶及相关配套行业企业都加大了安全环保工艺设备开发和自动化、信息化改造。如废橡胶综合利用行业一直积极推动胶粉和再生胶生产工艺、装备和原材料的绿色升级，并确定了淘汰“小三件”和煤焦油、改变脱硫方式的三大目标，同时积极推进清洁生产、绿色化生产标准的制定。橡胶助剂、骨架材料、力车胎等行业也在积极推动自动化升级和信息化改造，如橡胶助剂生产企业已启动了密闭连续生产工艺改造和中控自动化等工作。

橡胶价格持续下降 2014年是天然橡胶生产和贸易商经营较为艰难的一年。天然橡胶处于全球性供大于求的局面，价格持续低迷，回落到2008年国际金融危机时期的水平，生产企业和贸易商出现亏损现象。合成胶产能也明显高于实际需求，丁苯橡胶、顺丁橡胶装置利用率已分别下跌至53%和68%，异戊橡胶更是降至15%，合成橡胶企业出现生产经营困难局面。

（中国橡胶工业协会）

中国花卉产业

【概　述】 2014年我国花卉生产总面积127.02万公顷，比2013年的122.71万公顷增加3.51%，大幅低于2013年9.54%的增长速度；销售总额1279.45亿元，比2013年的1288.11亿元降低0.67%；出口额6.20亿美元，比2013年的6.46亿美元降低4.08%。我国花卉出口呈一定程度的下降，但内销呈增长态势。

2014年江苏、浙江花木种植面积相当，分别为14.66万公顷和14.57万公顷。其中江苏花木种植面积比2013年增长3.50%，鲜切花增长幅度最大，增长1055.70公顷，增长37.34%；浙江花木种植面积比2013年微增0.34%。河南的花木种植面积也达10万公顷以上，为11.68万公顷。同2013年一样，花木种植面积排在前10位的有江苏、浙江、河南、山东、四川、湖南、广东、福建、云南、湖北，它们的面积之和为93.71万公顷，占全国总面积的73.77%。

与之对应的是，2014年浙江的花卉销售额位列全国之首，为168.69亿元，比2013年下降1.75%，其中鲜切花类大幅下降22.79%。花木生产大省江苏、广东、福建紧随其后，分别是167.05亿元、128.77亿元和116.37亿元。江苏在连云港等地的鲜切花生产继续快速发展，2014年鲜切花销售量和销售额均成倍增长，其中销售额达18.80亿元，比2013年上涨107.25%。

尽管鲜切花类产品的生产有一定程度增长，但浙江、江苏仍以观赏苗木生产为主，观赏苗木销售额分别为133.84亿元和115.89亿元，占本省总销售额的79.34%和69.37%。其他苗木生产大省河南、安徽、山东、湖北等的苗木销售额也分别占本省总销售额的69.69%、62.18%、52.59%和52.52%。福建盆栽植物类销售额41.70亿元，比2013年增长12.72%，占总销售额的35.83%。在保持盆栽植物生产优势的前提下，福建苗木产销也稳步发展，销售额达52.40亿元，占总销售额的45.03%。广东观赏苗木、盆栽植物类和鲜切花类产品均衡发展，销售额分别为46.75亿元、57.15亿元和18.20亿元，占总销售额的36.30%、44.38%和14.13%。

2014年云南花卉产业再次给业内带来了惊喜，花卉出口全面开花，盆景、食用与药用花卉、工业及其他用途花卉、种苗用花卉、种球用花卉出口比2013年分别增长985万美元、1051万美元、779.90万美元、1013万美元、450万美元。因此，尽管2014年云南鲜切花出口额下降1247万美元，下降7.46%，但总的花卉出口额仍高达2.50亿美元，比2013年的2.21亿美元上涨12.79%，占全国花卉总出口额的40.26%，所占比例比2013年大幅提升6个百分点，花卉出口额仍稳居第一。位列第二的广东花卉出口额为1.11亿美元，比2013年下降11.61%。广东花卉出口额下降主要是由鲜切花出口的大幅下降引起的。2014年广东鲜切花出口额减少2538.70万美元，比2013年大幅下降42.19%。2014年福建花卉出口再上一个台阶，突破1亿美元大关，达1.01亿美元，也比2013年增长12.07%。其中盆栽植物出口新增1055.26万美元，大幅增长34.75%；食用与药用花卉、工业与其他用途花卉也分别增加303万美元和400万美元。花卉出口额位列前五名的依次是云南、广东、福建、江苏、浙江，这5个省的花卉出口总额为5.68亿美元，占全国花卉出口总额的91.57%，比2013年提高近8个百分点。我国花卉出口进一步集中在这些传统花卉生产和出口地区。

【鲜切花】 **生产布局基本不变** 2014年全国鲜切花类产品种植面积6.48万公顷，比2013年的6.51万公顷略降0.53%。其中鲜切花种植面积5.19万公顷，比2013年增加519.12公顷，上涨1.01%。鲜切叶7698.14公顷，降低10.40%。湖北、海南、浙江是鲜切叶生产大省，种植面积分别为2232公顷、1164.20公顷和1157.90公顷。鲜切枝5215.56公顷，微增0.56%。鲜切枝生产面积在千亩以上的有广东、海南和四川，除海南大幅增长85.74%外，广东、四川均有一定幅度回落。从统计数据可以看出，鲜切花类产品的种植面积超过1万公顷的有湖北和云南，分别为1.24万公顷和1.13万公顷，其中仍然只有云南鲜切花种植面积超过1万公顷，为1.12万公顷，比2013年略降0.54%。

鲜切花类产品种植面积排在前5位的是湖北、云南、广东、辽宁和四川。其中鲜切花种植面积排在前5位的依次是云南、湖北、辽宁、广东和江苏；鲜切叶种植面积排在前5位的是湖北、海南、浙江、广东、四川；鲜切枝种植面积排在前5位的是广东、海南、四川、湖北、陕西，广东、海南、四川的面积均在1000公顷以上。尽管云南、广东、海南、辽宁、浙江等省在各个分项中排名有所变化，但总体来看，鲜切花生产布局并没有改变，尤其是云南，鲜切花生产面积、销量、销售额分别占全国鲜切花生产面积、总销量和总销售额的21.52%、34.33%和21.25%。

2014年全国鲜切花类产品销售额135.34亿元，比2013年的134.51亿元增长0.62%。平均销售价格0.66元/支，比2013年的0.52元/支大幅增长26.92%。鲜切花、鲜切叶、鲜切枝销售额分别为123.71亿元、6.53亿元、5.10亿元，平均销售单价分别为0.69元/支、0.49元/支、0.42元/支，比2013年对应的0.64元/支、0.36元/支、0.11元/支相比，价格均大幅上升。

鲜切花类产品出口回落 2014年，全国鲜切花类产品出口总额3.16亿美元，比2013年的3.74亿美元下降15.53%，占全国花卉总出口额的50.99%。其中，鲜切花出口2.54亿美元，大幅回落24.47%；鲜切叶出口4082.10万美元，大幅增长33.35%；鲜切枝出口2114.70万美元，大幅增长197.22%。鲜切花类产品出口额排名前5位的是云南、广东、浙江、江苏、福建，5省出口总额为3.07亿美元，占整个鲜切花类产品出口额的96.98%。

鲜切花仍是主要出口种类 2014年共有10个省(区、市)出口鲜切花，并且集中在云南、广东、江苏、浙江、福建5个省份，总额为2.45亿美元，占全国鲜切花出口总额的96.25%。从统计数据可以看出，云南鲜切花出口继续保持遥遥领先之势，出口额达1.55亿美元，占全国鲜切花出口额的60.92%。2014年广东鲜切花出口从2013年的6017.70万美元下降到3479.00万美元，大幅下降42.19%。2014年福建鲜切花出口增长647.40万美元，比2013年增长118.57%。江苏、浙江鲜切花出口额分别为3033万美元和1269万美元，同比均有下降，尤其是浙江大幅下降26.18%。海南鲜切花出口下降幅度最大，从2013年的4029万美元降到355万美元，下降91.19%。浙江仍是名副其实的鲜切叶生产和出口大省。2014年全国鲜切叶出口额4082.10万美元，其中浙江3081万美元，占总出口额的75.48%。2013年广东鲜切叶出口额仅17.30万美元，2014年增长到896万美元，而云南也新增105万美元。2014年鲜切枝出口额2114.70万美元，大幅上涨197.22%。其中广东出口1944.70万美元，激增397.75%；浙江出口170万美元，与2013年持平略减。

主要切花种植面积下降 2014年，除月季种植面积微涨0.22%外，康乃馨、百合、唐菖蒲、菊花、非洲菊种植面积全线下降，尤其是康乃馨、唐菖蒲下跌幅度均在30%以上。2014年月季、康乃馨、百合、唐菖蒲、菊花、非洲菊单价分别为0.54元/支、0.38元/支、2.52元/支、0.62元/支、0.48元/支、0.41元/支，与2013年的0.61元/支、0.33元/支、2.50元/支、0.63元/支、0.59元/支、0.43元/支相比，月季、唐菖蒲、菊花、非洲菊均有所下降，而康乃馨、百合有不同程度上涨(见表1)。

表1 2014年主要鲜切花产销情况

产品类别	种植面积(公顷)	同比增长(%)	销售量(万支)	销售额(万元)	平均价格(元/支)
月季	14348.17	0.22	564268.83	302588.01	0.54
康乃馨	3325.52	-37.40	266481.63	100213.15	0.38
百合	8977.18	-10.13	156559.05	394236.44	2.52
唐菖蒲	3307.90	-32.44	36893.93	22861.75	0.62
菊花	7426.69	-12.36	252411.68	122056.25	0.48
非洲菊	5749.02	-7.34	321328.74	132435.53	0.41

【盆　花】 盆栽花卉生产稳中有升 2014年，全国盆栽花卉种植面积10.66万公顷，比2013年的

10.40 万公顷增长 2.56%。有 10 个省的种植面积超过 4000 公顷，分别为广东、四川、陕西、福建、江苏、湖南、河南、云南、湖北、江西，其中广东的面积达 1.93 万公顷，比排名第二的四川高出近 6850.90 公顷。这 10 个省盆栽花卉种植面积为 8.08 万公顷，占全部总面积的 75.77%。

在盆花和绿植生产上，广东仍然独占鳌头，其盆栽植物种植面积高达 1.36 万公顷，高出第二名四川的一倍以上。除广东外，四川、江苏、福建、云南、陕西仍是盆栽植物生产大省，种植面积均在 3000 公顷以上。广东、四川、江苏、福建、云南的种植总面积为 3.71 万公顷，占全部总面积的 59.89%。同 2013 年一样，盆景生产面积上千公顷以上的仍然是四川、广东、福建、浙江、湖南、陕西、湖北和江西 8 个省，面积共 1.60 万公顷，占全部总面积的 80.97%。各地均有花坛植物种植，其中种植面积上千公顷的有陕西、四川、广东、山东、河南、湖南、内蒙古、福建，面积总和为 1.74 万公顷，占全部总面积的 69.97%。

花坛植物逆势上升 2014 年全国盆栽花卉销售额 279.67 亿元，比 2013 年的 281.50 亿元略降 0.65%。其中盆栽植物销售额 185.16 亿元，降低 1.00%；盆景销售额 52.50 亿元，降低 3.05%。花坛植物种植面积、销售量、销售额均逆势上升，尤其是销量从 2013 年的 23.13 亿盆增长到 29.28 亿盆，增长 26.60%，这与花坛植物价格亲民和普通家庭花卉消费需求提升密不可分。

主要盆花销售单价回升 2014 年，除观叶芋和杜鹃花外，凤梨、红掌、蝴蝶兰、国兰等盆花的种植面积均大幅降低 20% 以上。其中观叶芋、杜鹃花分别上涨 17.15% 和 11.65%；凤梨、红掌、蝴蝶兰、国兰分别下降 23.13%、28.55%、24.65%、41.82%。从统计数据看，2014 年，凤梨、红掌、蝴蝶兰、国兰、杜鹃、观叶芋等盆花单价分别为 7.74 元/盆、9.30 元/盆、12.92 元/盆、10.74 元/盆、8.63 元/盆和 11.63 元/盆，与 2013 年的 2.92 元/盆、1.93 元/盆、6.07 元/盆、5.42 元/盆、12.88 元/盆和 0.90 元/盆相比，除杜鹃价格下降 33.00% 外，其他几种盆花的价格均有很大程度的上升，这也更接近市场真实的销售价格(见表 2)。

表 2　2014 年主要盆花产销情况

产品类别	种植面积（公顷）	同比增长（%）	销售量（万盆）	销售额（万元）	平均价格（元/盆）
凤梨类	5406.61	-23.13	19464.53	150728.23	7.74
红掌	2750.62	-28.55	9841.75	91489.72	9.30
观叶芋	6676.20	17.15	12479.95	145175.20	11.63
杜鹃花	1240.71	11.65	2807.37	24215.26	8.63
国兰	753.04	-41.82	11143.23	119674.90	10.74
蝴蝶兰	506.38	-24.65	1790.28	23138.64	12.92

江苏、云南成为盆栽花卉出口大省 2014 年盆栽花卉出口额 1.33 亿美元，比 2013 年的 1.13 亿美元增长 17.82%。其中盆栽植物出口额 9071.20 万美元，占整个盆栽花卉的 68.01%，增长幅度比 2013 年大幅提高 27 个百分点；盆景出口额 4151.50 万美元，与 2013 年持平略低；花坛植物出口额从 2013 年 41 万美元增长到 115 万美元，大幅增长 180.49%。

2014 年，福建盆栽花卉出口额 6923 万美元，上涨 2.43%，占全国盆栽花卉出口总额的 51.91%。盆栽花卉出口增长幅度最大的是江苏，2014 年出口额从 2013 年的 530 万美元猛增到 2540 万美元，增长 379.25%。广东退居第三，从 2013 年的 2946 万美元下降到 1918.30 万美元，大幅降低 34.88%。云南也从 2013 年的 869.40 万美元增加到 1790.40 万美元，增长 105.94%。福建、江苏、广东、云南盆栽花卉出口额 1.32 亿美元，占整个盆栽花卉出口总额的 98.76%。福建 6923 万美元的盆栽花卉出口额全部由盆栽植物和盆景完成，其中盆栽植物出口额大幅增长到 4092 万美元，比 2013 年增长 34.75%；盆景出口额 2831 万美元，比 2013 年下降 23.94%。江苏 2540 万美元的盆栽花卉出口额全部由盆栽植物完成。广东 1918.30 万美元的出口额大部分由盆栽植物完成，为 1601.80 万美元，比 2013 年大幅下降 36.11%；盆景 298.50 万美元，比 2013 年下降 25.00%；花坛植物 18 万美元，比 2013 年下降 56.10%。云南 1790.40 万美元的盆栽花卉出口中，盆栽植物 687.40 万美元，花坛植物 97 万美元，其余的 1006 万美元全部是盆景出口，是 2013 年 21 万美元的 47.9 倍，增长幅度惊人。此外，江西、浙江、海南、广西、上海也有少量盆栽花卉出口。

【观赏苗木】 2014 年全国观赏苗木种植面积 74.10 万公顷，比 2013 年的 71.41 万公顷增长 3.76%，远低于 2013 年 11.98% 的增长速度。销售额 659.07 亿元，比 2013 年的 652.32 亿元增长 1.03%，也低于 2013 年的 5.91%。观赏苗木生产增长速度放缓。

观赏苗木种植面积上万公顷的省(区、市)已达 18 个，分别是浙江、江苏、河南、福建、山东、广东、四川、湖南、安徽、江西、湖北、河北、吉林、陕西、辽宁、重庆、云南、广西，其中浙江、江苏两省的观赏苗木种植面积均达 12 万公顷以上，浙江为 12.98 万公顷，江苏为 12.08 万公顷。福建、江苏、广东、四川苗木种植面积增长最多，分别增长 8896.86 公顷、3858.30 公顷、3854 公顷和 3466 公顷，福建增长幅度最大，达 20.64%。18 个省(区、市)的苗木种植面积总和为 70.67 万公顷，占全国总种植面积的 95.37%。

观赏苗木销售额在 100 亿元以上的只有浙江、江苏两省，遥遥领先于其他省(区、市)。其中浙江观赏苗木销售额为 133.84 亿元，比 2013 年下降 7.77%，江苏 115.89 亿元，比 2013 年略降 0.13%。销售额在 10 亿元以上的有浙江、江苏、河南、福建、广东、山东、四川、安徽、湖北、河北、江西、湖南、陕西、广西、辽宁、贵州，它们的销售额之和为 618.94 亿元，占总销售额的 93.91%。

2014 年全国观赏苗木出口额 3190.44 万美元，比 2013 年的 3808.38 万美元降低 16.23%。广东仍是我国的苗木出口大省，出口额为 2241.40 万美元，比 2013 年降低 21.27%，但仍占苗木出口总额的 70.25%。福建、山东、江苏也有一定的苗木出口，出口额分别为 596 万美元、253.04 万美元、100 万美元。

【食用药用、工业用花卉】 2014 年全国食用与药用花卉种植面积 25.05 万公顷，比 2013 年的 23.51 万公顷增加 6.56%。山东、湖南、云南、四川、河南、湖北、重庆、广西、安徽是食用与药用花卉生产大省，种植面积都在 1 万公顷以上，种植面积之和为 21.22 万公顷，占总种植面积的 84.74%。

值得一提的是，2014 年食用与药用花卉出口额从 2013 年的 251.00 万美元大幅增长到 1540.80 万美元，增长 513.86%。云南 2014 年食用与药用花卉出口额在 2013 年零出口的基础上新增 1051 万美元，占整个出口额的 68.21%。福建食用与药用花卉出口也从 2013 年的 40 万美元增加到 343 万美元，增长 757.50%。浙江也有 144 万美元的食用与药用花卉出口，增长 27.43%。

黑龙江工业及其他用途花卉的生产面积仍然最大，达 1.39 万公顷，比 2013 年减少 4.52%；销售额 4.90 亿元，比 2013 年增长 0.82%。云南工业及其他用途花卉的生产面积 7163 公顷，比 2013 年增长 9.63%。广西工业及其他用途花卉的生产面积也大幅增长，达到 6207.60 公顷，增长 21.77%。2014 年工业用花卉出口额 4502.10 万美元，增长 35.55%。其中云南出口额 4101.20 万美元，比 2013 年增长 23.48%，占总出口额的 91.10%；福建出口额 400 万美元。

【花卉种苗生产】 我国花卉种子生产仍然集中在内蒙古、甘肃等地区，其生产面积分别为 906.30 公顷、788.90 公顷。其中甘肃销售额位居第一，达 10368.50 万元，另有 200 万美元的出口；湖南次之，销售额 6477 万元。

2014 年种苗用花卉种植面积继续从 2013 年的 8828.15 万公顷下降到 6903.39 公顷，下降 21.80%。生产面积最大的是湖南、河南、广东、四川、江苏、陕西，面积均在 500 公顷以上。广东种苗销售额 2.08 亿元，位居榜首；尽管福建种苗用花卉种植面积只有 116.32 公顷，但销售额却位居第二，达 1.73 亿元；江苏、浙江分列第三、第四，分别为 1.29 亿元、1.26 亿元；上海种苗用花卉种植面积虽只有 75.10 公顷，但销售额也高达 1.17 亿元。

2014 年种苗出口总额 6903.80 万美元，比 2013 年略降 1.09%。上海、云南和河南仍是种苗生产和出口大户，其中上海出口额 2499.80 万美元，云南 1975 万美元，河南 1000 万美元。上海、云南、河南的出口额之和占总出口额的 79.30%。

此外，福建、广东、浙江、甘肃、北京也分别贡献了638万美元、596万美元、144万美元、35万美元和16万美元。

2014年我国种球生产面积5657.77公顷，大幅增长35.56%。辽宁仍是我国种球生产大省，生产面积为1848.10公顷，占全国种球生产面积的32.66%，销售额也占全国总销售额的46.77%。2014年新疆的种球生产面积从2013年的2.42公顷激增到1602.35公顷，销售额也从47万元增长到17061.50万元。此外，广东、甘肃、云南、陕西等省也有200公顷以上的种球生产面积。

【干燥花】 2014年全国干燥花种植面积从2013年的53.20公顷增加到621.20公顷，增长1067.67%。近两年，云南包括保鲜花在内的干燥花种植面积大幅增加，以郑继兰、祥郡、梦之草、格瑞特等为代表的干燥花企业明显增多，2014年从2013年的23.40公顷增加到590.50公顷，增加了25倍，占全国总种植面积的95.06%。据了解，2014年云南很多干燥花生产还处于原料生长阶段，很多产品还没有上市，所以2014年云南干燥花销售额只增加了13.38%。

【花卉经营单位与分布】 2014年全国花卉市场3286个，比2013年的3533个减少247个，降低6.99%。广东花卉市场变化最大，比2013年减少247个；其次是江苏，也减少了46个市场；云南、陕西也分别减少了27个和20个市场。湖北、湖南、四川、福建花卉市场增长较快，分别新增24个、23个、18个和14个。其余各省(区、市)花卉市场总数变化不大。花卉市场最多的河北比较稳定，为332个，仅比2013年增长0.30%；广东次之，为314个；湖南、四川、江苏的花卉市场也都在200个以上，分别达到271个、265个和233个。

花卉企业为85406个，比2013年增加2068个，增长2.48%。花卉企业数名列前5名的仍是浙江、广东、山东、江苏和福建，分别为26319个、12524个、12250个、6589个和4725个，除江苏增长16.74%外，其他的变化都不大。花卉企业中的大中型企业15127个，比2013年降低1.79%。大中型花卉企业主要分布在浙江、广东、山东、江苏、福建、云南、河南等花卉主产区，其中浙江、广东、山东、江苏、福建的大中型企业在1000个以上，分别为4355个、2107个、1570个、1402个和1081个。花农188.12万户，从业人员525.51万人，其中专业技术人员28.03万人，除花农增长2.56%外，从业人员和专业技术人员均比2013年下降。江苏花农最多，达30.19万人；云南次之，达26.17万人。浙江、河南、广西、四川和湖南的花农人数也在10万户以上。江苏从业人员最多，有69.57万人；浙江次之，有64.49万人；第三是云南，有45.45万人。专业技术人员中，浙江最多，达6.01万人；广东次之，有5.81万人；第三是江苏，为3.82万人。

【2014年全国花卉保护地栽培情况】 2014年我国花卉保护地栽培面积12.95万公顷，比2013年的13.35万公顷降低3.01%。其中温室面积2.84万公顷，比2013年减少21.20%。温室中的节能日光温室面积9282.46公顷，比2013年的1.67万公顷大幅下降44.26%。大(中、小)棚面积5.66万公顷，比2013年的5.51万公顷略增2.70%。遮阴棚面积4.44万公顷，比2013年上涨5.10%。

花卉保护地栽培面积在1万公顷以上的有四川、江苏、广东、云南，其中四川面积最大，达2.28万公顷；江苏次之，为1.98万公顷；广东第三，为1.83万公顷；云南第四，为1.20万公顷。除云南花卉保护地栽培面积小幅下降1.09%外，四川、江苏、广东均有所上涨。花卉保护地栽培面积下降幅度最大的是辽宁，从2013年的1.23万公顷降到7285.70公顷，大幅下降40.73%。

广东温室栽培面积最大，达7319.90公顷，比2013年略降1.99%；辽宁次之，为4729.30公顷。温室中的节能日光温室辽宁面积最大，为2276.70公顷，河北次之，1436.90公顷。江苏的大(中、小)棚面积最大，达12342.10公顷，比2013年增长14.11%；四川次之，为10604.00公顷，也增长9.79%；云南稳定在9367.00公顷，比2013年略降3.01%。四川的遮阴棚面积最大，为10217.00公顷；广东次之，为7287.70公顷；浙江和江苏的遮阴棚面积也分别达到5492.10公顷和

4660.30公顷。各类花卉保护地栽培面积的分布与各地的气候条件和栽培水平密切相关。

表3　2014年主要花卉十大类产销情况总表

类　型	种植面积(公顷)	单位	销售数量	销售额(万元)	出口额(万美元)
合　　计	1270226.81	—	—	12794523.69	61982.34
一、鲜切花类	64781.67	万支	2045830.22	1353349.79	31603.50
其中：鲜切花	51867.97	万支	1789902.19	1237063.10	25406.70
鲜切叶	7698.14	万支	134497.21	65304.33	4082.10
鲜切枝	5215.56	万支	121430.82	50982.36	2114.70
二、盆栽植物类	106615.24	万盆	538572.40	2796668.54	13337.70
其中：盆栽植物	62019.78	万盆	219009.64	1851637.37	9071.20
盆景	19788.36	万盆	26718.85	525021.93	4151.50
花坛植物	24807.10	万盆	292843.91	420009.24	115.00
三、观赏苗木	740954.17	万株	1333202.38	6590683.32	3190.44
四、食用与药用花卉	250459.41	千克	169774137.55	1276056.55	1540.80
五、工业及其他用途	46842.30	吨	21076388.43	232709.32	4502.10
六、草坪	42860.58	万平方米	177344.44	261773.19	0
七、种子用花卉	4531.08	千克	579143.80	39464.40	228.00
八、种苗用花卉	6903.39	万株	589356.33	143391.26	6903.80
九、种球用花卉	5657.77	万粒	74738.20	89545.00	450.00
十、干燥花	621.20	—	—	10882.32	226.00

注：数据来源于农业部。

【2014中国花木产业十大年度人物】　由中国花卉协会、中国绿色时报社主办的“2014中国花木产业年度人物”评选活动，共有北京、河北、上海、江苏、浙江、福建、山东、河南、湖南、四川、云南等11省(市)花协和中国花卉协会桂花分会、零售业分会、绿化观赏苗木分会、盆景分会4个分支机构推荐了24位候选人参加评选。经评委会评审，评出10位“2014中国花木产业年度人物”。评审结果如下。

史亚飞——把“烂摊子”变成全国一流市场　史亚飞，江苏夏溪花木市场控股有限公司副董事长。10多年前挑起夏溪花木市场重担时，史亚飞只有30岁；10多年后，史亚飞已经将原来的“烂摊子”转变为全国最大、最具影响力的花木交易市场之一。

2012年，市场交易额达到了115.6亿元，成为国内首家交易突破百亿元的专业花木市场。

2013年，市场交易额达到了135.8亿元。这一年，市场成为第八届花博会辅展区“一场五园”的核心展区和第六届中国花卉交易会的主办地。

2014年，他带着全体员工完成了市场东扩工程项目，使经营面积发展到1300亩；成功举办了中国(夏溪)花木节；夏溪花木市场商标被国家工商总局认定为“中国驰名商标”。全年市场交易额达147.2亿元，继续领跑全国同类市场。

这次花木节设有展位近5000个，聚集了近20个省(区、市)的8万余名优秀展商及客商，50余家采购单位近50亿元园林采购订单，签订合同以及达成意向的成交额约为30.2亿元，同比增加126%。

他带领团队成立了信息服务公司，并创办“夏溪花木网”。2014年，他们又开发了掌上苗木在线交易云平台——“花木源”APP，并同步开通了夏溪花木市场微信服务平台。如今，“花木源”平台已有用户4万多名。

陈煜初——执著研究水生植物收获硕果　陈

煜初，浙江人文园林有限公司副总经理、杭州天景水生植物园主任作为一个科研工作者，2014 年，陈煜初付出巨大努力，在水生植物的科学研究领域取得了累累硕果。

2014 年，他赴东北三省以及宁波、临安、淳安等地考察调查野生莲花等野生水生植物资源，行程 1 万多千米；迁地保育中华水韭、野生莲等，使天景园收集的国家重点保护植物达 8 种；引种收集野生水生植物上百种，使天景园收集保育的水生植物达 1300 多个分类单位，名列全国前茅。

2014 年，他参与了杭州市 3 个科研项目，发表论文 6 篇，申请 7 项专利。他带领的团队在荷花和睡莲新品种选育方面，取得了佳绩。他发起、组织举办了“首届(2014)全国睡莲学术研讨会”，并发起、组织、筹备成立杭州市水生植物学会。在他的努力下，天景水生植物园于 2014 年加入了国际植物园保护联盟。

除了学术活动，他还带领团队生产各类水生植物，年产量达 2000 万株(芽)，销往全国 20 多个省(区、市)，选育的迎国庆系列荷花新品种深受种植企业和应用单位喜爱。

王晓明——让美国红紫薇红遍大江南北　王晓明，湖南省林业科学院所长。近两年，花木品种中出现了“一匹黑马”——花色又红又艳的美国红紫薇。这几个紫薇新品种可以说是红遍了大江南北，据不完全统计，2014 年，全国年产“红火箭”紫薇等新品种苗木 3 亿多株，年产值突破了 10 亿元。红火的背后，是一位林业科技工作者的辛勤付出，他就是湖南省林业科学院花卉与药用植物研究所所长王晓明。

王晓明是湖南省林业科学院首席专家，一直从事木本花卉研究与科技成果转化工作。他带领科研团队，依托国家“948”项目，经过长达 8 年的试验研究，引种选育出我国最红、最艳的紫薇新品种“红火箭”“红火球”和“红叶”，获得湖南省科技进步二等奖。3 个紫薇新品种分别于 2012 年和 2013 年获得国家级林木良种证书，是目前我国紫薇品种中唯一获得该殊荣的新品种。

这些紫薇新品种一上市就得到市场认可，迅速推广到湖南、江苏、浙江、河南、山东、四川等 21 个省(区、市)，树立了湖南“红火箭”紫薇品牌，提高了湖南花卉产业在全国的地位与影响力。

为了引领紫薇苗木产业升级，王晓明牵头发起成立了红火箭紫薇产业联盟，吸收了 60 多家单位成员加入，起草制定了美国三红紫薇苗木分级标准，搭建了美国紫薇栽培、育苗和市场营销的平台。

张长城——缔造红霞杨的“朝霞”传奇　张长城，四川彩杨农林有限公司董事长。四川彩杨农林科技有限公司成功研发培育彩色速生杨树新品种——红霞杨。2014 年，红霞杨一经推出，就受到苗木行业的青睐和追捧，获得了极大的经济效益和较好的社会效益。

2010 年，公司董事长张长城在基地考察时偶然发现一棵杨树的枝头上有一些红色的芽苞，从此拉开了培育杨树新品种的大幕。通过采取多种手段，他和团队培育出叶和枝干的颜色都美丽如朝霞的“红霞杨”。此品种被国家林业局授予植物新品种权证书。

通过不断改良、筛选和培育，他和团队又研发培育出多种具有更强抗逆性和更高观赏性的红霞杨新品种。其中，新一代“红霞杨”Ⅰ号的性状表现最为突出。

2014 年，“红霞杨”Ⅰ号正式开始向市场推广。在各种展会上，“红霞杨”Ⅰ号每到一处，惊艳一处，咨询、订货的客户络绎不绝。才一年时间，“红霞杨”Ⅰ号已实现直接销售收入千余万元，公司已基本建成以四川为中心，辐射山东、辽宁、吉林等 10 余省的“红霞杨”Ⅰ号产业网络。

“红霞杨”的红色浪潮，给绵竹市带来了新的发展机遇——开发以红霞杨为中心的旅游经济。公司还将与陕西省汉中市合作，用红霞杨助力打造“多彩陕西”。

郑长才——努力成为发展盆景产业的典范　郑长才，江苏如皋绿园有限公司董事长。2014 年，如皋绿园建成如皋一流园林式东方牡丹园，占地面积 1 万多平方米，引进名贵牡丹品种 50 多个。至此，如皋绿园形成了“一馆三园”的格局，即江苏盆景博物馆、东方盆景园、精品盆景园、东方牡丹园，成为国内展示和交流盆景艺术的重要平台。

2014 年，如皋绿园积极申报，如皋盆景的蟠扎技艺被列入国家级非物质文化遗产代表性项目名录。此前，以“绿园”为代表的如皋盆景曾获得全国首个盆景类地理标志证明商标。

2014 年，中国花卉协会成立盆景分会，郑长才举全公司之力配合组建工作，安排办公场所，与各方人士沟通联系，解决各种矛盾和难题。

作为盆景分会的会长，郑长才不负众望，在 2014 年带领如皋绿园协助组织筹备首届中国杯盆景大赛，投入大量人力、物力，带头组织盆景参赛。

在自身发展方面，如皋绿园的盆景先后在国内外各种花卉盆景评比中获得奖牌 30 多枚，其中国际金奖 10 多枚；在推动行业发展方面，如皋绿园先后出资承办、协办了10 多次盆景艺术的评比、评审、技术交流会。

张兰年——带领现代花卉企业阔步前进 张兰年，北京市花木有限公司董事长。从 2012 年到 2014 年，张兰年带领的北京市花木有限公司跨步前进。

张兰年于2012 年 5 月被任命为花木公司董事长。2012 年以来，公司产值从 2011 年的 3 亿元，增长到2014 年的 5.4 亿元；新签合同额从 2011 年的约2 亿元，增长到2014 年的6 亿元；职工收入年均增长 14%。公司进入了前所未有的快速发展周期，花卉占主营业务的比例逐年提高。公司连续荣膺“全国优秀花木种植企业”和“北京市农业产业化龙头企业”等称号，并在多项国际大赛中获奖。

2014 年，在张兰年的带领下，花木公司出色地完成了国庆 65 周年和 APEC 会议系列花卉布置和城市景观工程，赢得国内外人士的赞美。在张兰年的积极推动下，花木公司与北京市各区、县园林绿化部门合作开办了社区园艺中心，向市民普及家庭园艺知识，推广成熟产品，探索出开拓个人花卉零售和服务市场的新模式。

尚富德——让迷人的桂花香飘过黄河 尚富德，河南大学教授、博导。自 2001 年以来，他一直在并不适宜桂花生长的河南从事桂花的基础理论、品种推广与培育等方面的研究工作，主持国家自然科学基金项目和省部级基金项目6 项，发表桂花方面的论文 30 余篇。

在基础理论研究方面，他的研究成果为桂花品种的鉴定、桂花遗传图谱的构建、桂花品种之间的杂交育种、新品种的培育利用、桂花花香相关优良品种的培育和改良奠定了良好的基础。

在桂花品种的培育和推广应用方面，从 2001 年开始，他先后从杭州、湖北和四川等地收集了 100 多个品种 1000 余株桂花，栽培于河南大学桂花园内。经过 10 多年试验，筛选出“潢川金桂”“橙红丹桂”“籽银桂”和“堰红桂”等10 多个生长较好的品种，冬季可以正常越冬，并且可以正常开花。这个试验结果为桂花品种在黄河以北地区的推广栽培奠定了基础。

在新品种培育方面，他与杭州绿地等公司合作，利用杂交的方法筛选新品种，已经筛选出一批具有优良性状的桂花新品种，目前正在试验中。

刘亚军——把蝴蝶兰种苗产业做到极致 刘亚军，福建厦门兆翔花卉科技有限公司总经理。公司积极开展新品种自主研发，现已在英国皇家园艺协会登陆育种者权利新品种 30 多个，向农业部申请“兆翔黑天鹅”“兆翔彩蝶”“香橙美人”3 个新品种权利保护。公司拥有新品种权的“空港枫叶”蝴蝶兰荣获“福建省花王”称号。

在刘亚军的推动下，公司举办了两届兰花新品种精品展，组织召开了两届蝴蝶兰种苗论坛。2013 年，刘亚军当选中国内地蝴蝶兰产业联盟理事长、国际商业兰花生产者协会理事长。在他的积极联系下，已有多批欧洲、日本等国家的同行来我国参观指导，同时，他也多次组队考察日本、马来西亚、欧洲各国和我国台湾地区的花卉企业，应邀参加各类国际兰展。

姚建军——树起我国菊花行业的新标杆 姚建军，上海虹华园艺有限公司总经理。2014 年，上海虹华园艺有限公司年生产菊苗 1.8 亿株，居亚洲第一位，其中出口至日本 1 亿株，成为日本最大菊苗供应商；生产菊花 2500 万支，大量出口至韩国、日本市场，产销量居我国第一位；完成菊花系列产品销售 4300 万元，创汇 483 万美元。

2014 年，公司基地全面实现了农业标准化生产，完善了可追溯质量管理体系，集约化生产高品质菊花种苗再上新台阶；由他主持的上海市科技兴农重点攻关项目“切花菊种质创新与栽培技术的研究”，通过了上海市相关部门的验收；申请了1个专利和12个菊花新品种的申报；成功举办了“首届上海松江菊花文化节”与“第二届中国切花菊品种展示会”；他带领公司科技人员研制出新型“彩云幸福菊”，可以使菊花呈现不同颜色。

公司目前拥有自主知识产权的菊花新品种100多个，其中38个已申请新品种保护，已获授权7个。

闫大成——为企业搭建共同发展的大平台 作为山东省林木种苗协会的秘书长，闫大成在2014年为协会广大会员、企业单位出谋划策，做了大量细致的工作。2月，策划、组织举办了“2014春季中国北方大型园林、苗木企业交流订货会”，有园林设计、施工与苗木企业的各方人士400余人参加。5月，组织举办了山东省林木种苗协会年度总结表彰会。6月，分别在泰安市、济南市举办了两期“北方苗圃管理高级技师培训班”，来自苗木行业的120余人参加。7月、8月，组织了3期共15天的“北方苗木生产、营销对接夏季考察交流活动”，分3条线路考察了6个省、18个地市，15个省、市的苗圃企业的160余人参加考察。9月，策划、组织召开“我国北方绿化苗木生产、应用现场衔接交流会”，300余人参加了会议。

2010～2013年，闫大成曾连续4年组织、带领协会会员、企业单位，先后到美国、澳大利亚、新西兰、意大利等国家考察苗木生产及苗圃场种植管理技术。

【花木主产区2014年花木产销情况】

山东昌邑　昌邑实际育苗面积11.2万亩，全市育苗户为785户，苗木年总产量19395万株，可出圃苗木8710万株。在全部育苗面积中，园林树种比例达80%，以彩叶树种、观花行道树、花灌木和地被植物为主构成昌邑苗木产业的主要特色。育苗地分布较集中，大部分集中于206国道、309国道和下小路两侧。这种沿交通干线发展苗木的模式，既有绿化效果又有经济效益，并且种植相对集中，集中连片。会展带动产业链正初步形成，国家级苗木交易市场和中国绿色交易网的建立，苗木经纪人队伍和园林施工业快速发展，形成由一、二、三产业组成的苗木产业体系。从目前情况看，春季昌邑苗木销售量比2013年下降很多，苗木价格尤其是小规格苗木价格普遍降低为2014年苗木市场最大的特点。樱花、西府海棠、北美海棠、白蜡、法桐等价格下降明显。5～10厘米的常规园林绿化苗木价格下降不大，但用量明显减少。大规格的绿化苗木价格仍然持续在高位，但用量很少。目前存在的主要问题是：育苗密度过大，很难培养出8厘米以上大规格绿化苗木；苗圃育苗总体上还存在着品种繁多，大而全、管理档次低等现象，达不到工程用苗数量要求；常用园林绿化树种栽培面积大、数量多，花灌木栽培规模依旧不大。

江苏武进　武进目前花木种植面积达19万亩，已发展设施花木5.59万亩，花木产值达27亿元，实现花木年销售额(含园林绿化工程)近200亿元。2014年，武进区花木规模产值保持稳定。随着市场供需的变化，种植户和企业不断调整种植结构，放弃周期长、竞争力弱、风险高的品种如大规格苗木、蝴蝶兰等，转向周期短、价格相对稳定的品种如色块苗、观叶芋、盆景类等。受经济形势和国家政策影响，花卉需求降低，销售量和销售单价逐渐回归市场。其中，盆栽植物2014年销售额为2.71亿元，较2013年减少3240万元，降幅达11%；花坛植物销售额和销售量双双回落，分别下降16%和26%；受年宵花卉价格下降影响，主要盆花平均单价有所下降，由20.1元降至16.9元，幅度达16%。受限于国际、国内金融形势大环境影响，园林绿化项目减少，绿化苗木生产高速增长和苗木市场需求急剧下降，苗木价格逐步回落，使产销矛盾越来越尖锐。本地培育的苗木销售量和产值分别下降10%和5%。

河南鄢陵　当前，在鄢陵苗木市场上，杆径10厘米以上的乔木、小乔木等大规格苗木价格居高不下，货源不足。如胸径12厘米的国槐价格同比增长7.5%，胸径12厘米的法桐、南栾价格基本同比变化不大，地径10厘米的红玉兰价格没有变化。杆径6～8厘米的乔木、小乔木等中规格苗木价格趋于稳定，部分规格品种价格有所下滑，货源供求平稳。如胸径8厘米的国槐、南栾同比价格没有变化，常绿植物如高1.5米的河南桧柏同比下降20%，外地冠径1米的红叶石楠球在鄢陵的销售价格同比下降45%等。小规格苗木价格大幅下落，尤其是1~2年生苗木价格下降更多，库存苗木量明显供大于求，出现结构性过剩。如胸径4厘米的国槐价格同比下降22%，高1米的河南桧柏价格同比下降45%。同时，精品苗木受到关注，价格喜人。如造型小叶女贞、造型黑松、树冠经过整理的桂花、经过精心修剪的球类植物等，绿化工程用量逐渐增加，也正逐步进入家庭，市场价格明显高出同等规格一般树形的几倍。新品种推广引起重视，市场价格趋于合理，市场认可度增加。复叶槭、金叶复叶槭等品种，目前推广力度大，商品苗木的数量鄢陵排名靠前；巨紫荆、北美海棠、美国红枫、挪威槭国王枫、蓝冰柏等新品种引起重视。部分传统树种行情始终稳定。传统花木如腊梅、皂荚、五角枫、三角枫、老垂柳、千头椿等传统树种，除了一年苗的价格有所降低，3厘米以上苗木多年来产销基本保持稳定。

浙江萧山 全年萧山苗木销售总体平稳，以花灌木和地被色块苗为主，上半年从2013年底的高位逐渐下降，到6月底基本探底、到达成本线，下半年11月以后又逐步回升。2014年全区苗木销量总体与2013年持平，销售额达21.7亿元。1~12月，萧山苗木销往省外同比下降6%，销往省内同比则增加20%以上。不同品种、规格销售冷热不均。地被苗销售价格起伏较大，红叶石楠、金边黄杨、金森女贞、毛杜鹃等大部分品种的地被苗销售通畅，但价格起伏较大；部分花灌木和地被苗热销，红叶李、西府海棠、紫薇、桃叶珊瑚、红花檵木等各种规格都十分畅销；小规格半成品苗木紧俏，桂花、樱花、红枫、香樟、栾树、大叶女贞等品种小规格苗木圃地存量不足、市场供应紧缺，销售紧俏、价格上扬幅度较大；部分品种苗木出现结构性过剩，红枫、鸡爪槭、樱花、垂丝海棠等品种8厘米以上大规格苗木销售疲软，价格略有下降；各种球类销售平稳、价格坚挺，红叶石楠、红花檵木、无刺枸骨等品种球形销售平稳、价格稳定在较高价位；特大规格苗木滞销、价格回落，受政策和房产形势影响，胸径30厘米以上特大规格的乔木销售疲软，价格回落；造型苗木备受青睐、价格较高，达到数千元甚至上万元。

浙江金华 全年金华市花卉苗木面积31.6万亩，同比增长7.8%；销售额21.8亿元，同比下降3.1%。苗木价格除地被容器苗外，大部分乔木树种出现深幅下调，销量明显萎缩，总体产销形势呈现低迷态势。大宗产品深幅下调。桂花是金华种植面积最大的树种，现有面积10万亩，是金华具较强竞争优势的树种；从2013年开始下滑，2014年下跌幅度达40%~60%，销量减少20%~40%。香樟是第二大宗树种，有3.2万亩，30厘米以上的大规格苗2014年销量急剧下降，不到往年的1/3，价格下跌1/3。广玉兰和无患子有1万多亩，跌幅达30%~60%。以红叶石楠为代表的地被苗总体销量与2013年基本持平，总体价格是近年最好的一年，也是目前效益最好的产品；但全年价格波动较大，小杯苗从年初最高时的每株1元，降到5~6月的0.5元，跌到10月最低时的0.3元。特色产品行情看好，差异化、特色化的产品依然畅销。金华市永根杜鹃花培育有限公司自主培育开发杜鹃新品种，现有33个品种拿到了国家植物新品种专利。

安徽芜湖 芜湖县苗木种植面积11万亩，带动芜湖周边区域种植苗木面积30万亩。作为安徽省合肥、芜湖两个大的苗木主产区，芜湖苗木产业发展方向是：结合区域经济文化、承接苗木东西向产业转移特色，着力建设以苗木营销平台和承揽绿化工程为导向的产业集群，稳定种植规模面积，开展职业农民培训，大力培育苗木新型经营主体。全县目前有苗木种植经纪人3万余人，3000家园林绿化施工企业，其中三级以上园林绿化资质企业近200家。芜湖县苗木种植主要品种为香樟、红叶石楠、泡桐、冬青、桂花、广玉兰、紫薇、朴树、水杉等。其中，香樟约2.25万亩，红叶石楠约1.1万亩，泡桐约0.8万亩。2013年以来，苗木销售数量、价格呈下降趋势。主打品种如香樟、红叶石楠、桂花、广玉兰、泡桐几乎占种植面积的50%，省内外市场饱和价量齐降。如30厘米规格的广玉兰从最高售价1.2万元，降为上车价8000~10000元之间；10厘米香樟热卖时价格在200元左右，2014年仅卖130~150元。芜湖县红杨万村苗木专业合作社种植面积2800亩，各类品种数达50个，合作社成员200户，主打品种有香樟、红叶石楠、樱花、海棠、广玉兰、茶花、黄金槐、榉树等品种。该合作社往年销售额全年约8000万元，现较2013年销售额下降50%左右。从芜湖花木大市场供需情况来看，目前芜湖市场比较缺乏的品种有花灌木小苗、地被植物、水生植物、草坪、花卉类等，以及有价格竞争优势的银杏、红枫、法桐、桂花等；滞销的品种有红叶石楠、香樟、樱花、泡桐苗、广玉兰等。

浙江余杭 余杭花卉苗木栽培面积7.68万亩，2014年全区花卉苗木产值7.39亿元，其中观赏绿化苗木产值4.39亿元、花卉（含草坪）产值3亿元。2014年，传统大苗价格持续走低。截至2014年年末，全区发放林木种苗生产经营许可的苗木基地共494家，其中生产面积在300亩以上的仅49家，传统的小而散的生产经营模式仍占主导地位，设施化、标准化、规模化的生产基地占比不足1/10。全年桂花、红枫、鸡爪槭等传统苗木市场保有量持续增大，同时苗木质量参差不齐，造成销售价格走低。桂花大苗销售价格较2013年下降50%以上，鸡爪槭、红枫等大苗价格下降幅度在20%左右。同时，造型苗、精品大苗价格稳中有升，八仙花、常绿萱草、北美冬青等优新苗木品种价格稳定在高位，市场销售情况较好。2014年，花卉零售市场总体较为稳定，虽然各类鲜花零售价格有所涨跌，但总产值没有较大变化。一是鲜切花销售产值持续提升，花卉日常消费市场有较大增长，鲜切花销售产值一直处于高速发展期。二是销售渠道多元化发展，除了传统的门店零售外，电子商务的发展也提供了花卉零售行业以绝佳的平台，鲜花网购配送成为常态。三是多浆植物成市场新宠，多浆植物以其外观多变、栽培简单、运输方便、“景天效应”等特色，受到消费者欢迎。

浙江金东 金东花木种植面积7.5万亩，年销售额6.5亿元。面积基本保持稳定，销售额同比下降15%左右。2014年外销车次4.5万车，增长15%，销售量创历史新高。销售增量主要在上半年，上半年全区办理检疫证车数达到3.1万车，同比增长20%，下半年基本保持平稳。原因有两个：一是附近县市到金东区开证，如婺城区、兰溪市等开证数量下降较多；二是澧浦苗木城进出苗木数量增加。本地苗木销售数量下降10%~15%，苗农普遍感觉销售难度增加，尤其是乔木工程苗下降较多。在价格方面，花灌木价格不稳、波动大。红叶石楠、红花檵木容器苗价格在0.35~0.9元之间波动，大容器红叶石楠、红花檵木苗木价格上涨40%左右，红叶石楠（树、柱、球）平均跌幅为40%，金森女贞、金叶女贞、毛鹃、金边黄杨、无刺枸骨等常用苗木都有一定的波动、波幅没有红叶石楠大。乔木价格下跌幅度大。桂花、广玉兰、香樟、柚子、银杏、樱花、红枫等苗木下跌幅度都达到50%左右。由于大规格树受到政府限制，一直价格保持稳定的移植大树价格下跌30%~40%，销售数量大幅减少。只有（红、白、黄）玉兰、黄山栾树、无患子榔榆、朴树、茶花等价格基本稳定，红花檵木、无刺枸骨、黑松等各种造型苗木和进口树种价格也保持稳定。平原绿化使用的3~6厘米小规格苗木因存圃数量少，价格稳定并略有上涨。

四川温江 温江区花木种植总面积20万亩，在地资产200亿元，2014实现林业花卉总产值90.6亿元。全区现有园林企业400余家，其中具备园林绿化施工资质的企业50家，年产值上亿元的区内知名企业有卉森、易园、金兰等10余家。现有花木专业合作经济组织92家，会员5000余户，带动农户3万余户。其中，基地面积大于等于5亩的种植户为3949户；大于等于50亩的苗圃共178家，种植面积为15718.7亩，占花木总面积的11%。温江花木销售方式分为在地销售、花木经纪人营销、专业市场销售、成都花木交易所销售。目前，全区有寿安镇吴家场社区、和盛镇场镇、团结桥社区、公平镇惠民社区等4个小型花卉苗木市场，天府花城盆景花卉市场、成都国际生态花木城等两个大型市场，6个市场年总销售额在2亿元以上。为推进花木标准化，目前全区共完成143项地方花木标准的编制工作，其中11个品种、22项标准为四川省地方标准，建立了日香桂、红叶石楠、千层金、日本红枫等标准化推广基地20余个。创新贷款融资模式，由花木企业联保，花木协会担保，成立了民生银行“四川花木花卉互助基金会”。全区全年花木融资逾6.7亿元。

浙江长兴 长兴县花卉苗木种植总面积达28.3万亩，2014年花卉苗木销售额27亿元，同比基本持平。2014年花木销售特点：3~5厘米小规格苗木市场供应量不足，部分品种出现断档，价格上涨20%左右；中大规格银杏价格进一步下跌，平均下降30%左右；香樟、榉树、桂花等常规树种由于结构性过剩明显，20厘米以下规格价格下跌10%~20%左右；黄山栾树、无患子等彩叶树种，由于近年来发展面积较少，价格稳中有升；20厘米以上生长整齐、树形优美的中大规格精品苗木，虽然价格稳定，但销量却有所下降；观赏梅作为长兴特色品种，因其良好的观赏性和品质，在行业内形成了一定品牌，销售量与市场价格平稳增长。

浙江嵊州　嵊州市现有花卉苗木种植面积18.1万亩，同比增加2.6万亩，2014年花卉业总产值15.3亿元。从大类上讲，嵊州以观赏乔木树种为主，占95%以上。2014年苗木销售形势明显不及2013年。一年生樱花、红枫、海棠等花灌木小苗由于数量激增，价格同比下降50%以下，全年苗木外销约6000万株。多数品种的一年生花灌木价格为2013年的1/2~1/4。外销小苗出圃8000万株，未出圃3700万株，价格仅为2013年的1/3，甚至更低，品种主要为红枫、日本红枫、常年红红枫、黄金槐、花梅、晚樱、垂丝海棠、红白黄玉兰等。个别品种数量成倍增加，导致跌破成本价，多数小苗出圃亏本。多数品种的中档规格花灌木价格与2013年相比，有所下降，仍断货。但嵊州特色拳头品种红白黄玉兰与茶花，价格不降而升，2~10厘米玉兰价格比2013年提高30%~50%，仍缺货。多数乔木树种的大规格苗木销售量比2013年下降1/3，个别品种上涨。乔木树种香樟、无患子、杜英、乐昌含笑等主打品种的销售同比下降1/3；个别品种如乐昌含笑销售量与价格比2013年同期下降1/3以上；黄山栾树价格比往年上涨1/4，且销售量大，需大于供。

江苏如皋　如皋花木盆景生产面积达23万多亩，栽培品种1300多个，年产3.5亿株绿化苗木、100万盆盆景。2014年，全市新发展花木3.1万亩，实现花木盆景营销额100亿元以上。全年苗木价格与其他花木产区一样，上半年继续2013年较好行情，下半年9月以后，大多数花木品种价格有所回落，有的品种幅度下降较大。首先，销量减少。由于受到市场低迷大环境的影响，各家苗圃苗木的出圃量没有明显上升，往省外发货的数量也不多；往年走量较大的银杏，市场走量也不是很理想，其他种类的苗木发货量比往年都有所减少。其次，价格下跌。自2014年12月之后，苗木的价格直线下降，普遍跌幅在10%左右，少数品种跌幅达20%以上，同规格紫薇的价格从85元降到65元，女贞从28元降至22元，银杏从26元降至20元。目前，走货量保守估计同比下降50%，但目前小苗价格总体平稳，无明显下降趋势。

浙江鄞州　2014年，鄞州绿化观赏苗木育苗面积继续萎缩，减至35342亩，产苗量降为3106万株，销售850万株，销售收入8000万元。花木形势总体下行，育苗面积、育苗量、销售收入持续缩减。鄞州区以樱花、红枫、桂花、红豆杉、林木种苗等为主导花木，6~10厘米规格的苗木价格均下跌25%~50%，10厘米以上下跌30%左右。四明山区为鄞州苗木主产地，从禁止毁林开垦行动以来，老百姓急于销售苗木，存在互相压价及盲目抛售现象，使得在花木销售形势不佳的情况下，主导苗木价格大幅下落，桂花、红豆杉跌幅超50%。鄞州以课题研究为契机，开展樱花、桂花、槭树科苗木的新品种引进，以优良品种占领市场一席之地。

湖南长沙县　长沙县花卉苗木产业已成全县农业三大主导产业之一，至2011年底，花木基地面积15万亩，花木基地规模占全省1/3强，为中南地区面积最大的县。近两年，全县花木产业销售收入超过20亿，占全国苗木总销售的1/25；从业人员约12万，主产区人均年收入过2万。全县花木产业面临一些不足，比如缺乏大规模花木市场拉动，产业难以跨越发展；缺乏与产业发展配套的交通等基础设施，主产区内没有一条标准的主干道；缺乏大面积的基地规模，两个主产区乡镇的基地虽然近10万亩，但受城市扩张影响，基地规模不仅难以扩张，而且在不断缩小；缺乏产品特色，鲜花、盆桩只占3%，广大苗农严重跟风，产品呈同质化现象；缺乏科技支撑，没有竞争力，导致新品种、新技术推广滞后，花木多样性较低，苗木的标准化和规模化生产程度低。

浙江余姚　余姚市全年花卉苗木生产总面积6.26万亩，总产苗量7781万株，圃地产值13.5

亿元。樱花面积为2.25万亩，占全市总面积的35.9%；红枫面积为1.94万亩，占全市总面积的31.0%。2014年由于总体苗价有所下跌，销售总额约1.5亿元，同比下降20%左右。2014年产销形势特点：以红枫、樱花为主的四明山镇，苗木价格暴跌的幅度较大，销量减少。据统计，2014年四明山镇以红枫、樱花为主的花木销售额0.8亿元，比2013年同期下降33.3%左右。2014年各种规格红枫、樱花苗木价格普遍下跌，其中一年生小苗和大规格苗木价格跌幅较大。一年生红枫苗每株1.4元，一年生樱花苗每株0.6元；3厘米红枫苗每株为50元、4厘米红枫每株为80元、5厘米红枫每株为100元，3厘米樱花苗每株为15元、4厘米樱花每株为38元、5厘米樱花每株为50元。常规景观绿化树种与2013年相比也大幅下降。色块用树种红花檵木2013年下半年售价每株1元，2014年下半年下降至每株0.6元。桂花、广玉兰等苗木价格也有所下跌，尤其是大规格苗木跌幅较大。

【2014年中国花木产业大事记】 2014年，我国的花卉苗木产业逐步向理性生产、正常消费转变，向转型升级挺进，向更高层次迈进。《中国绿色时报·花草园林》周刊编辑部评选出了“2014中国花木产业十大新闻”。

彭丽媛命名的郁金香“国泰”在国内亮相并开始种植 3月24日，国家主席习近平和夫人彭丽媛访问荷兰期间，荷兰王后马克茜玛将新培育的郁金香作为国礼赠送给彭丽媛，彭丽媛应邀命名此郁金香为“Cathay”，中文名称为“国泰”。“国泰”郁金香是荷兰皇室委托库肯霍夫花园为中国领导人特意筛选的郁金香新品种。它有着深紫色花瓣和羽毛状的叶边缘，是目前唯一可以在1月被催开的鹦鹉型郁金香品种。

4月20日，备受国人瞩目的“国泰”郁金香在北京市第五届郁金香文化节期间，正式亮相北京国际鲜花港。

10月22日，首批99颗“国泰”种球在北京植物园种植。此后，湖北省中国科学院武汉植物园、河北省石家庄植物园、山西省太原“汾河湾·花镜”生态园三地也举行了“国泰”种植仪式。

2014青岛世界园艺博览会盛大举办 4月25日，以“让生活走进自然”为主题的2014青岛世界园艺博览会隆重开幕。青岛世园会由国家林业局、山东省政府、中国贸促会和中国花卉协会共同主办，青岛市政府承办，会期184天。

青岛世园会园区总面积241公顷，分为164公顷的主题区和77公顷的体验区。基本空间结构为“两轴十二园”。“两轴”为南北向的“鲜花大道轴”和东西向的“林荫大道轴”。“十二园”包括主题区的7个园和体验区的5个园，每个园都有寓意不同、相互补充的主题。在室外展园和室内展馆，都集中展示了世界最新花卉品种、栽培技术、园林艺术和园艺文化。

10月25日，青岛世园会圆满闭幕。世园会期间，国内外参观者达到400万人次，主题馆、植物馆、园艺文化中心等展示性场馆累计接待游客约900万人次。

江泽慧获世界花卉园艺界最高奖“金玫瑰奖章” 9月16日，在山东省青岛市召开的国际园艺生产者协会(AIPH)第66届年会开幕式上，全国政协人口资源环境委员会副主任、中国花卉协会会长、2014青岛世园会组委会主席江泽慧获得“国际园艺生产者协会金玫瑰奖章”，这是AIPH授予个人的最高奖项。

颁奖仪式上，AIPH主席维克·克朗为江泽慧颁发“金玫瑰奖章”，高度评价了江泽慧近20年来在花卉园艺领域所取得的杰出成就，以及在促进中国花卉产业发展和推动世界花卉园艺事业发展所作出的突出贡献。

福建连城兰花公司获“2014年度国际种植者”银玫瑰奖 9月17日，国际园艺生产者协会在山东青岛举办了第66届年会，同时举行了年度国际种植者颁奖晚会，一年一度备受业界关注的国际种植者金、银、铜玫瑰奖各归其主。由中国花卉协会推荐、唯一代表我国参加评选的企业——福建连城兰花股份有限公司被授予银玫瑰奖。

福建连城兰花股份有限公司成立于2000年，是一家以国兰新品种培育、种植和销售为主要业务的专业种植企业。公司建有3个总面积为1200亩的现代化国兰生产基地，拥有春兰、蕙兰、建兰、寒兰、墨兰、春剑、莲瓣兰等七大类256个品种，拥有成熟的国兰组培苗生产技术和营养钵苗种植管理技术体系。

“2013 中国花木产业年度人物”评选产生 3月8日，“2013 中国花木产业年度人物”颁奖仪式在浙江萧山花木城隆重举行。由中国花卉协会、中国绿色时报社共同主办的“2013 中国花木产业年度人物”评选活动，得到了各省(区、市)花卉协会的积极响应与大力支持。经过严格评选，天津滨海国际花卉科技园区股份有限公司董事长杨铁顺，安徽恩龙园林股份有限公司董事长李谢恩，云南昆明国际花卉拍卖交易中心有限公司总经理张力，江苏三维园艺有限公司董事长胡艺春，青海绿海生态林建设苗木有限公司董事长蒋全，北京纳波湾园艺有限公司董事长王波，上海和丰中林林业股份有限公司董事长苏涌，浙江杭州赛石园林集团、浙江花市投资管理集团董事长郭柏峰，山东青州亚泰农业科技有限公司董事长董春燕，河南遂平名品花木园林有限公司总经理王华明等10人当选“2013 中国花木产业年度人物”。

2014 中国(萧山)花木节 3月7~9日，2014中国(萧山)花木节暨第九届中国园林绿化产业交易会在杭州萧山新街镇浙江(中国)花木城举办。来自全国16个省(区、市)的2000多家花木企业，以及来自美国、英国、荷兰、意大利、西班牙、日本、澳大利亚、韩国等国的26家外国企业参展。3天时间，共有6万多人次前往参观，其中专业观众超过90%。花木节举办期间，共达成销售意向6.5亿元，比2013年增加8.5%，再创历史新高。

本届花木节期间还举办了中国园林绿化设计高峰论坛、中国园林绿化企业家峰会、中国园林花木经纪财富论坛、全国花木主产区产业发展联席会议和外商企业对接交流会等一系列高水平的专业活动。

第十六届中国国际花卉园艺展览会在北京举办 4月23~26日，第十六届中国国际花卉园艺展览会在北京展览馆隆重举办。展出的绚丽多彩的花卉、精美的园艺产品、先进的园艺园林机械和技术，吸引了大批观众。同期还举办了内容丰富的专题论坛和技术交流会，有温室设施、灌溉施肥等各种生产管理方面的技术论坛，还有京津冀立体绿化治理雾霾论坛、中荷花卉园艺研讨会、中国园艺企业发展交流会等。大型插花表演4月24日和25日精彩呈现，来自德国、韩国、中国内地及台湾地区的花艺师，分别为观众表演了德国流行花束花艺、文心兰插花花艺、韩式架构花艺作品设计、中国传统插花、池坊花道等。

福州茉莉花种植和茶文化成功申遗 5月，经联合国粮农组织全球重要农业遗产指导和科学委员会会议投票表决，福建省福州市茉莉花种植和茶文化系统获评“全球重要农业文化遗产”，并正式授牌。

福州茉莉花种植与茶文化系统是集茶文化、海上丝绸之路文化、根文化、香文化等于一体的复合文化系统。2014年4月初，联合国粮农组织专家专程来到福州考察“福州茉莉花种植与茶文化系统”申遗项目，认为福州的茉莉花种植与茶文化系统展现了很多与众不同之处，相信能成为全球人类共鸣的农业文化遗产。

福州市是我国唯一以茉莉花为市花的城市。目前，福州市辖区的茉莉花种植面积达1.5万亩，辐射周边面积1.8万亩，茉莉花茶产量1.5万吨，产值达20亿元。

KIFA 打造的以“B2B”电商为主业的“花拍在线”试运行 由昆明国际花卉拍卖交易中心(KIFA)推出的花卉在线交易系统——“花拍在线”于10月20日开放注册，10月24日正式试运行。“花拍在线”是针对终端花卉销售商建立的一个新的花卉交易平台，目的是增加产品交易信息透明度，加强产销两端沟通。

“花拍在线”陆续推出100多个品种，每个品种都有最小的定购量限制。每周一、二、三交易，主要利用航空运输。

第九届中国花卉产业论坛在江苏常州举办 11月7~8日，第九届中国花卉产业论坛在江苏常州西太湖畔召开。本届花卉产业论坛的主题是“让花卉走进千家万户”。有关专家学者和业界知名人士分别作了“国内外花卉种质资源、新品种培育最新进展及未来趋势展望”“我国花卉产销形势解读及未来形势研判”“中国花文化及其产业发展”“产业互联网，花卉领域的领跑者”等主题报告，相关企业负责人与业界人士还就“花卉商业模式与大众消费”“花卉品种创新与大众消费”“资本进入与产业发展”等专题进行了热烈研讨。 (中国花卉协会)

中国茶产业

【概　述】2014 年我国茶叶生产，在遭遇 2013 年长江中下游茶区严重伏旱、2014 年早春东部茶区持续低温阴雨等不利因素的影响下，由于及时加强了茶园管理，仍然取得了各项生产指标超历史的好成绩。

茶园面积低幅增加　据 18 个产茶省(区、市)农业部门上报汇总，茶园面积 4112 万亩，同比增加 202.8 万亩，增 5.19%。其中采摘面积 3162 万亩，同比增加 244 万亩，增 8.36%。

茶叶产量中幅增加　干毛茶总产量 209.2 万吨，同比增加 19.5 万吨，增 10.33%。其中，除河南、海南略有减产，其他 16 省(区、市)全部增产，增产较多的贵州增 4.7 万吨，云南、福建各增 2.5 万吨，四川、陕西各增 1.7 万吨，湖北、浙江分别增 1.6 万吨、1.1 万吨。

茶叶产值大幅增加　由于产量增加较多，加之价格继续上涨，干毛茶总产值大幅增加，达到 1349 亿元，同比增加 216 亿元，增 19.07%。除海南减少 1734 万元，其他 17 省(区、市)均增加，其中贵州增加 55.9 亿元、增 52.98%，陕西、云南分别增加 27.3 亿元、26.5 亿元，福建、浙江、四川、湖北也都增加 14 亿~20 亿元之间。

大宗茶增幅超过名优茶　名优茶产量 89.9 万吨，同比增加 8 万吨，增 9.76%；大宗茶产量 119.3 万吨，同比增加 11.5 万吨，增 10.75%。名优茶产值 892.5 亿元，增加 131.3 亿元，增 17.26%；大宗茶产值 456.4 亿元，增加 84.6 亿元，增 22.77%。名优茶与大宗茶产量占比分别为 43% 和 57%，下降或上升 2 个百分点；产值占比，名优茶占 66.2%，大宗茶占 33.8%，下降或上升 1 个百分点。

六大茶类普遍增产　六大茶类增产较多的依次是，绿茶增产 8.16 万吨，达到 133.26 万吨，增 6.52%，主要是贵州和陕西分别增产 3.6 万吨、1.37 万吨；黑茶增产 5.84 万吨，达到 28.04 万吨，增 26.33%，主要是云南、湖北、湖南分别增产 1.84 万吨、1.24 万吨、1.03 万吨；红茶增产 3.81 万吨，达到 21.53 万吨，增 21.55%，主要是福建增产 1.1 万吨；乌龙茶增产 1.26 万吨，达到 24.54 万吨，增 5.45%，主要是福建增产 1 万吨；白茶增产 4106 吨，达到 15708 吨，增 35.39%，主要是福建增产 3899 吨；黄茶增产 884 吨，达到 3109 吨，增 39.73%，主要是安徽和湖南分别增产 450 吨、319 吨。

生产水平和效益双提高　全国茶叶单产水平在连续 3 年下降的状况下开始止降回升。按茶园面积计算，平均亩产 50.88 千克，同比提高 2.37 千克，提高 4.89%；按采摘面积计算，平均亩产 66.18 千克，同比提高 1.18 千克，提高 1.81%；除江西、山东、河南、广西、海南减产，其他 13 省(区、市)都增产。与此同时，茶叶生产效益也大幅度提高。按茶园面积计算，全国平均亩产值 3280 元，提高 382 元，增 13.2%；按采摘面积计算，亩产值 4266 元，提高 383 元，增 9.88%；除江苏、河南、海南效益下降，其他 15 省(区、市)效益均上升。

茶叶质量及其安全水平明显提高　无公害茶园面积 2638 万亩，同比增加 141 万亩，增 5.68%；有机茶茶园面积 239 万亩，增加 18.6 万亩，增 8.41%；优质高产的无性系茶树良种面积 2449 万亩，增加 290 万亩，增 13.46%，占茶园总面积的比重由 2013 年的 55.2% 上升到 59.5%。

表1　2014 年茶业主产区面积分布表

地区	茶园面积(万亩)		采摘面积(万亩)		无性系面积(万亩)		无公害面积(万亩)		有机茶面积(万亩)	
	2014 年	增减(%)	2014 年	增减(%)	2014 年	增减(%)	2014 年	增减(%)	2014 年	增减(%)
江苏	51.30	0.79	43.70	3.31	17.00	1.80	40.70	0.74	4.70	6.82
浙江	280.90	1.74	259.00	2.86	202.00	3.75	233.50	-0.76	20.30	14.69
安徽	235.00	0.90	203.00	0.25	64.00	23.08	160.00	0.00	10.00	0.00
福建	355.00	1.89	315.00	2.07	330.00	3.13	80.00	14.29	45.00	18.42
江西	125.80	15.52	90.40	15.01	78.70	20.15	83.40	14.56	30.90	20.23
山东	51.40	9.83	38.10	6.72	5.00	25.00	34.90	3.25	6.50	27.45
河南	230.00	4.55	147.00	16.11	89.30	40.63	185.00	2.44	6.80	54.55
湖北	438.60	5.81	340.60	7.75	195.40	11.53	347.80	6.88	19.10	24.84
湖南	178.30	2.94	140.90	3.15	91.10	19.40	134.60	5.90	6.80	21.43
广东	68.00	2.41	63.00	2.94	47.60	4.62	66.00	3.13	8.50	11.84
广西	112.00	3.42	104.00	5.48	65.00	9.43	38.00	8.57	4.90	-5.77
海南	0.90	0.00	0.80	0.00	0.60	0.00	0.70		0.00	0.00
重庆	65.60	3.14	42.90	-0.23	29.80	2.76	18.20	-13.33	1.20	-52.00
四川	455.00	6.78	349.30	14.64	316.20	25.83	275.90	16.41	4.10	0.00
贵州	662.20	8.34	350.40	29.59	631.50	17.42	177.30	16.95	17.20	-2.27
云南	595.00	1.54	538.00	5.49	230.00	3.14	520.00	0.00	39.20	2.89
陕西	192.40	18.77	125.20	15.93	54.00	38.46	77.00	113.89	14.50	-12.12
甘肃	15.50	3.33	10.80	5.88	2.30	53.33	15.50	3.33	15.50	3.33
合计	4112.90	5.16	3162.10	8.82	2449.50	13.67	2488.50	7.00	255.20	9.62

表2　2014 年干毛茶、名优茶主产区产量产值明细表

地区	干毛茶总产量(吨)		名优茶总产量(吨)		干毛茶总产值(万元)		名优茶总产值(万元)	
	2014 年	增减(%)	2014 年	增减(%)	2014 年	增减(%)	2014 年	增减(%)
江苏	13928.00	2.49	4569.30	-1.42	224679.40	0.62	182936.10	-0.48
浙江	183570.00	8.88	72000.00	1.41	1500000.00	14.24	1300000.00	10.26
安徽	109000.00	8.00	36800.00	-7.19	760400.00	10.28	542535.00	15.34
福建	355000.00	2.31	160000.00	6.67	2000000.00	8.11	1100000.00	10.00
江西	46661.90	6.77	12146.90	7.68	398159.30	20.02	259681.60	15.79
山东	20042.50	5.66	12329.50	4.50	401467.80	10.58	299286.00	8.00
河南	54929.50	-5.29	43023.00	14.42	927748.00	3.93	860312.00	29.21
湖北	187864.50	9.28	66370.50	0.62	1069743.50	15.36	657352.80	4.28
湖南	161280.00	10.44	15356.00	7.35	617241.00	15.26	194249.00	18.73
广东	75472.00	8.20	24900.00	8.18	301900.00	13.91	160007.00	13.40
广西	70200.00	30.24	33000.00	11.49	277920.00	13.84	198000.00	21.56
海南	481.80		322.20		5816.60	-22.97	3185.00	-34.33
重庆	29380.40	3.04	10225.20	12.61	130480.30	3.20	70729.00	-3.16
四川	236119.00	7.36	130415.00	9.86	1300000.00	15.04	981500.00	12.56
贵州	218065.00	19.57	65871.00	52.34	1615150.00	52.98	797503.00	8.70

（续）

地区	干毛茶总产量(吨)		名优茶总产量(吨)		干毛茶总产值(万元)		名优茶总产值(万元)	
	2014 年	增减(%)	2014 年	增减(%)	2014 年	增减(%)	2014 年	增减(%)
云南	333703.00	7.70	191319.00	3.42	1110975.00	31.34	1359586.00	36.42
陕西	61472.00	41.31	20580.00	147.95	832356.00	48.90	476230.00	154.26
甘肃	1195.00	13.81	431.00	-10.21	16600.00	38.33	9100.00	5.81
合计	2158364.60	9.11	899658.60	9.17	13490636.90	18.63	9452192.50	18.53

表 3　2014 年分品种茶业主产区产量表

地区	绿茶产量(吨)		红茶产量(吨)		乌龙茶产量(吨)		黑茶产量(吨)		白茶产量(吨)		黄茶产量(吨)	
	2014 年	增减(%)	2014 年	增减(%)	2014 年	增减(%)	2014 年	增减(%)	2014 年	增减(%)	2014 年	增减(%)
江苏	11623.90	0.30	2304.10	15.19								
浙江	171800.00	7.38	5570.00	39.25	600.00	-25.00	5500.00	22.22			100.00	
安徽	99500.00	8.27	7000.00	0.00	50.00	0.00	200.00	0.00			2250.00	25.00
福建	110000.00	0.09	40000.00	8.50	190000.00	1.04			15000.00	40.13		
江西	37582.20	5.95	7393.90	9.73	1490.30	9.89			195.50	39.84		
山东	18213.30	2.02	1828.00	63.87	0.50		0.60	50.00	0.10		0.10	
河南	44445.00	-9.74	9050.00	23.47	1.00	-75.00	1433.00	0.70	0.50			
湖北	127055.00	1.08	19634.30	19.89	5639.00	7.75	35344.90	44.42	191.30	40.25	0.00	
湖南	76175.00	4.78	17934.00	6.44	3752.00	1.35	62847.00	19.64	3.00	200.00	569.00	127.60
广东	30653.00	7.85	3003.00	49.33	36027.00	8.09	5709.00	-3.38	72.00	0.00	8.00	0.00
广西	30108.00	4.48	25707.00	132.64	870.00	-7.94	13500.00	22.50	15.00			
海南	388.10	-18.71	93.70	2.63								
重庆	25482.10	2.37	3567.30	4.70	275.00	71.88	56.00	-0.88				
四川	196723.00	2.27	13471.00	52.13	3526.00	-5.80	22252.00	50.20			147.00	1.38
贵州	188781.00	17.24	18357.00	43.85	1563.00	-1.39	9139.00	35.21	191.00	-16.96	35.00	16.67
云南	164357.00	1.51	53384.00	7.52	1656.00	-31.68	114306.00	19.25				
陕西	54826.00	31.16	1211.00	505.50	33.00	-83.50	5362.00	312.46	40.00			
甘肃	1189.50	14.93	5.50	1000.00								
合计	1388902.10	5.61	229513.80	23.20	245482.80	1.62	275649.50	25.96	15708.40	39.22	3109.10	39.23

（农业部种植业管理司封槐松）

【进出口贸易】 2014 年我国茶叶出口 30.1 万吨，同比下降 7.5%，出口金额 12.7 亿美元，同比上升 2.1%。数据显示，2014 年各茶类出口全面下降。全年绿茶出口 24.9 万吨，同比下降 5.8%，绿茶出口仍在茶叶贸易中发挥支撑作用，占出口总量 80% 以上；红茶出口 2.8 万吨，同比下降 15.6%；乌龙茶出口 1.5 万吨，同比下降 9.7%；花茶出口 5782 吨，同比下降 15.7%；普洱茶出口 3385 吨，同比下降 25%。

主要出口市场 目前，我国与世界 113 个国家和地区建立了茶叶贸易关系，我国茶叶出口主销市场为摩洛哥、日本、美国、俄罗斯、欧盟、东南亚及中东等国家和地区，其中，亚、非地区占 80%，其次是欧洲和北美洲。摩洛哥、日本、美国和俄罗斯，上述 4 国进口我国茶叶量占我国茶叶出口总量近 45%。

表4　2014年中国茶叶出口前5位

序号	国别	出口量(吨)	出口额(亿美元)
1	摩洛哥	8.13	2.07
2	美国	3.21	0.73
3	俄罗斯	2.25	0.50
4	日本	2.03	0.61
5	乌兹别克斯坦	1.92	0.29

中国茶叶出口面临的瓶颈　主流市场占有率低，市场结构需调整和优化。中国茶叶出口市场格局，是由历史诸多因素和传统消费习惯逐渐发展起来的，有很大的依赖性，这种依赖显示出不协调、不平衡和不可持续。

中国多数茶企从20世纪90年代逐渐发展起来，缺乏真正意义的国际茶叶行业龙头企业和全球知名品牌，实力和规模普遍偏小，尚未形成有规模的标准化、规范化茶叶生产链，缺乏国外市场分销渠道，难以凭借自有品牌占领国际市场。

出口多为原料性产品，沦为外商的生产车间，只能获取微薄的加工费，更多的利润被国外品牌商赚取，竞争以低层次的价格竞争为主。

新市场拓展不力，各茶类的宣传促销跟不上，缺乏联合互动的对外宣传机制。世界上多数国家的消费者以饮红茶为主，中国绿茶主要销往经济欠发达的国家和地区，特种茶类尚未形成国际市场消费热。

中国90%以上茶企欠缺自主研发产品能力，贸易企业与科研机构缺乏合作，不能根据市场不同偏好生产适销对路商品，新品种研发能力相对不足。欧美等国家和地区尽管不种植茶树，但企业十分重视茶叶新产品开发，深加工产业非常发达。

没有统一的标准、技术指标来衡量茶产品质量，对企业无资质管理，有产品就可进入国际市场，经营秩序较乱。

生产成本不断提高、人民币预期升值及有关国家、市场农药残留检测指标多、变化快等因素，给出口企业经营加大风险，导致出口不稳定和不可持续。

【2014年度中国茶叶行业综合实力百强企业】　根据《关于开展“2014年度中国茶叶行业百强企业暨中国茶叶名牌调查工作”的通知》(中茶协字〔2014〕58号)的相关规定，在通过2013年度企业财务审计报告的茶叶企业自愿申报的基础上，由各省(区、市)茶叶社团组织审核、推荐，经中国茶叶流通协会组织专家初审、确认，并通过网络公示与再次核实等相关程序，最终推选出“2014中国茶叶行业综合实力百强企业”。

整个调查推选过程坚持“自愿、公平、公正和公益”的原则，入选的百强企业代表了目前中国茶叶行业的总体发展水平，相关结果将作为今后的行业推介、信用等级评定、品牌商标评选等项工作的依据。

2014中国茶叶行业综合实力百强企业候选名单

序号	企业名称	法人代表
1	天福(開曼)控股有限公司	李家麟
2	湖南省茶业集团股份有限公司	周重旺
3	中国茶叶股份有限公司	王　震
4	安徽茶叶进出口有限公司	顾公新
5	萧氏茶业集团有限公司	肖　勇
6	四川省峨眉山竹叶青茶业有限公司	唐先洪
7	北京张一元茶叶有限责任公司	王秀兰
8	四川省茶业集团股份有限公司	颜泽文
9	华茗园茶业股份有限公司	胡家华
10	武夷星茶业有限公司	何一心
11	安徽省六安瓜片茶业股份有限公司	曾胜春
12	信阳市龙潭茶叶有限公司	陈义兴
13	云南龙润茶业集团有限公司	焦家良
14	湖南华莱生物科技有限公司	张先枚
15	福建武夷山国家级自然保护区正山茶业有限公司	江元勋
16	福建品品香茶业有限公司	林振传
17	湖北邓村绿茶集团有限公司	刘长桥
18	福建省御茶园茶业股份有限公司	陈昌道
19	尧山国际控股股份有限公司	薛　鉦
20	云南下关沱茶(集团)股份有限公司	陈国风
21	福建新坦洋茶业(集团)股份有限公司	张锦华
22	湖南省白沙溪茶厂股份有限公司	周重旺
23	大不同集团有限公司	苏锦平
24	福建春伦茶业集团有限公司	傅天龙
25	云南滇红集团股份有限公司	王天权

（续）

序号	企业名称	法人代表
26	湖南洞庭山科技发展有限公司	袁小月
27	安徽天方茶业(集团)有限公司	郑孝和
28	湖北汉家刘氏茶业股份有限公司	刘家国
29	江西省宁红集团有限公司	俞学文
30	湖南省君山银针茶业有限公司	周重旺
31	浙江省诸暨绿剑茶业有限公司	马亚平
32	贵州湄潭兰馨茶业有限公司	金　循
33	厦门山国饮艺茶业有限公司	林玉辉
34	羊楼洞茶业股份有限公司	刘建军
35	四川省文君茶业有限公司	阎坤雄
36	云南六大茶山茶业股份有限公司	阮殿蓉
37	昆明七彩云南庆沣祥茶业股份有限公司	任剑峥
38	福建省满园春茶业有限公司	赵师增
39	陕西苍山茶业有限责任公司	纪晓明
40	河南新林茶业有限公司	连启武
41	黄山市松萝有机茶叶开发有限公司	王光熙
42	上海帝芙特国际茶业市场经营管理有限公司	庞言良
43	安徽一笑堂茶业有限公司	陈苏亮
44	福建三好茶博汇茶业有限公司	丁明雄
45	腾冲县高黎贡山生态茶业有限责任公司	陈亚忠
46	云南双江勐库茶叶有限责任公司	戎加升
47	福建省天湖茶业有限公司	林有希
48	黄山市新安源有机茶开发有限公司	方国强
49	安徽省祁门红茶发展有限公司	王　昶
50	湖南沩山湘茗茶业股份有限公司	姜胜标
51	闽榕茶业有限公司	王尤伦
52	陕西省午子绿茶有限责任公司	闫战利
53	宁德市奇隆翔农业有限公司	周大祥
54	安徽省华国茗人农业有限公司	宋光英
55	谢裕大茶叶股份有限公司	谢一平
56	浙江天赐生态科技有限公司	应米燕
57	霍山抱儿钟秀茶业有限公司	文　亮
58	福建鼎白茶业有限公司	王传意
59	黄山市猴坑茶业有限公司	方继凡
60	广东茶叶进出口有限公司	穆有为
61	湖北宜红茶业有限公司	韩靖忠
62	益阳茶厂有限公司	彭雄根
63	四川米仓山茶业集团有限公司	何旭伦
64	广东省大埔县西岩茶叶集团有限公司	魏顶国
65	湖南古洞春茶业有限公司	唐春仙

（续）

序号	企业名称	法人代表
66	四川省蒙顶山皇茗园茶业集团有限公司	杨文学
67	河南九华山茶业有限公司	舒学昌
68	安徽国润茶业有限公司	殷天霁
69	福州福民茶叶有限公司	刘南官
70	河南仰天雪绿茶叶有限公司	王章春
71	福建隽永天香茶业有限公司	龚　煦
72	福建省泉州市裕园茶业有限公司	林桂芬
73	黄山光明茶业有限公司	谢四十
74	北京二商京华茶业有限公司	任长青
75	云南普洱茶(集团)有限公司	郑炳基
76	六安市黄府茶业有限公司	张永芳
77	北京市武夷山老记茶业有限责任公司	杨　杰
78	安徽双园集团有限公司	袁　诚
79	福建省广福茶叶有限责任公司	林型彪
80	北京平月茶业企业管理有限公司	吴平月
81	武汉黄鹤楼茶叶有限公司	张岳峰
82	广西农垦茶业集团有限公司	唐永宁
83	五峰武陵山茶业有限公司	王诗告
84	江苏天乙生态茶业科技有限公司	赵汉如
85	广东凯达茶业股份有限公司	赖法卫
86	福建郑源茶业有限公司	郑传源
87	赣州市武夷源实业有限公司	谢明进
88	安徽宏云制茶有限公司	戴照云
89	安徽白云春毫茶业开发有限公司	赵玉贵
90	福建省天荣茶业有限公司	沈丞荣
91	浮梁县浮瑶仙芝茶业有限公司	吴水前
92	四川绿昌茗茶业有限公司	周　文
93	福建省天丰源茶产业有限公司	庄长强
94	江西天骏农业开发有限公司	曹发明
95	杭州艺福堂茶业有限公司	李晓军
96	福建誉达茶业有限公司	周庆贺
97	四川蒙顶山味独珍茶业集团有限公司	张　强
98	广西金花茶业有限公司	翁荣彬
99	信阳申林茶业开发有限公司	潘万勇
100	安化道然茶业有限公司	何则良

【2014 中国百名茶叶企业产品品牌价值排行榜】由浙江大学 CARD 中国农业品牌研究中心和《中国茶叶》杂志、中国农业科学院茶叶研究所中国茶叶网联合组建的课题组，深入研究茶产业发展趋势，完成了 2014 年茶叶品牌价值评估研究。评估过程中，课题组采用浙大 CARD 农产品品牌价值评估模型，通过茶叶企业调查、消费者综合评价调研等多种方式，以全国主要产茶区茶企产品品牌为基础，选用其中较有影响力的 200 个品牌为研究对

象，最终确定了中国茶叶企业品牌价值百强排行榜并由国家茶叶产业技术体系公布。

2014 中国茶叶企业产品品牌价值排行榜

单位：亿元

排名	品牌名称	品牌价值(亿元)	排名	品牌名称	品牌价值(亿元)
1	大益	12.82	27	清茗	2.49
2	吴裕泰	11.34	28	普秀	2.44
3	LUCKYBIRD 吉祥鸟	7.85	29	三鹤	2.43
4	春伦	7.83	30	绿芳	2.34
5	采花	7.82	31	浮瑶仙芝	2.31
6	更香茗茶	7.57	32	天峰	2.30
7	汉家刘氏	6.32	33	洪通	2.27
8	新坦洋	6.26	34	花秋	2.24
9	崟露	5.76	34	碧涛	2.24
10	绿剑	5.27	35	忆江南	2.23
11	巴陵春	5.10	36	岩中玉兔	2.15
12	品品香	5.03	37	大山坞	2.11
13	吟春碧芽	4.15	38	金鹿	2.06
14	凤	3.96	39	黄花	2.02
15	汪满田	3.85	40	碧云天	1.99
16	文新	3.65	41	悟道茶	1.98
17	迎客松 GREET-PINE	3.42	42	宋茗	1.95
18	绿雪芽	3.37	43	嘉竹	1.92
18	雪青	3.27	44	隽永	1.91
19	雾里青	3.13	44	味独珍	1.91
20	碧螺	2.98	45	艺福堂	1.90
20	徽六	2.98	46	天壶	1.88
21	雨佳	2.94	47	三万昌	1.84
22	武夷星	2.86	48	九龙山	1.81
23	太姥绿叶	2.83	49	裕荣香	1.80
24	九华山	2.77	50	高黎贡山	1.77
25	龙潭	2.72	51	西竺	1.76
26	宜	2.66	52	黄府茶行	1.75
27	誉达茶业	2.49	53	蒙山龙雾	1.72

(续)

排名	品牌名称	品牌价值(亿元)	排名	品牌名称	品牌价值(亿元)
54	舒绿园	1.71	78	郭公山	1.20
55	咏萌	1.69	78	千道湾	1.20
56	肖坑	1.68	79	天醇	1.19
57	羊岩山	1.64	80	古洞春	1.18
58	多奇	1.63	81	福百祥	1.17
59	定心	1.62	81	九华红	1.17
60	黄之江	1.60	82	皇茗园	1.12
61	浮红	1.56	83	浪伏	1.10
62	福茗芳	1.55	84	台品	1.09
62	茂圣	1.55	85	沂蒙春	1.06
62	天方	1.55	86	双园	1.03
63	银龙	1.54	87	凯达	1.02
64	名峰山	1.53	88	陈升号	0.97
65	瑞达	1.51	88	上茗轩	0.97
66	茗红	1.47	89	安池	0.90
67	品雅有机茶	1.46	90	花枝山	0.86
68	巴南银针	1.43	91	谭家桥	0.84
69	天毫	1.42	92	xiyanshan 西岩山	0.83
70	雨泰茗茶	1.38	92	春辉	0.83
71	仰天雪绿	1.35	93	极北云岫	0.81
72	大明山	1.33	94	芭蕉	0.78
73	嘉竹绿茶园	1.31	95	顶峰茶业	0.77
73	川	1.31	95	乡雨茶	0.77
74	鑫品	1.28	96	正山堂	0.73
75	青钱神茶	1.27	97	御玺	0.72
76	秦汉相府	1.26	97	春山	0.72
76	玲珑	1.26	98	林生	0.69
77	张元记	1.21	99	坪春	0.68
77	盘龙	1.21	100	兰草	0.67

本书中所估算之品牌价值，均基于茶叶品牌持有单位提供的相关数据及其他公开可得信息，且运用浙江大学 CARD 中国农业品牌研究中心的茶叶企业产品品牌专用评估方法对采集的数据处理的结果。

(中国茶叶流通协会)

森林旅游业

【概　况】 2014年，全国森林旅游的游客量达到了9.7亿人次，创造社会综合产值达到6500亿元，森林旅游的游客量第一次突破国内旅游人数的25%，创造社会综合产品第一次突破国内旅游收入的20%。尤其是经济相对落后的大山区、大林区，其森林、湿地、野生动植物资源相对富集，多为森林旅游地所在之处。通过发展森林旅游，可以让景区周边百姓“不离乡、不离土”，就能找到合适的工作和收入来源，生活条件和生活环境明显改善。据统计，在全国832个贫困县中，仅国家森林公园就达到227处，占国家森林公园总数的29%，有432个贫困县分布有各级森林公园，占贫困县总数的52%。山区、林区是我国旅游业提质升级的主阵地，林业可以在促进旅游投资和消费中发挥关键性的作用。森林旅游的发展，现已实现从砍树到看树、从卖山头到卖生态、从卖木材到卖景观、从把产品运出去到把城镇居民引进来的历史性转变，很多地区通过发展森林旅游获得了显著的经济效益。

森林公园建设 2014年，全国新批准建立国家级森林公园12处、省级森林公园65处、县(市)级森林公园81处。截至2014年年底，全国各类、各级森林旅游地数量已超过8500处，其中各级森林公园3101处(含白山市国家级森林旅游区)，规划总面积1780.54万公顷。各级林业系统自然保护区2189处、各级湿地公园979处。森林公园总数达3101处。广东、山东、浙江、福建、江西、河南、山西、湖南、四川、河北共10省的森林公园总数超百。

据对2777处森林公园(含白山市国家级森林旅游区)的统计，2014年森林公园共投入建设资金457.7亿元，比2013年减少28.99亿元。其中用于生态建设及环境保护的投资54.54亿元，比2013年减少1.61亿元。截至2014年年底，森林公园共拥有游步道7.81万千米、接待床位85.28万张、餐位153.73万个，分别比2013年增加0.39千米、4.37万张、9.89万个。从事管理与服务的职工达16.97万人、导游人员1.78万人，分别比2013年增加0.48万人、0.01万人。

表1　2014年各地新建森林公园情况

地区	新建国家级森林公园数(处)	新建省级森林公园数(处)	新建县(市)级森林公园数(处)
河北		8	
山西	1	15	
内蒙古	1		
江苏	1	1	
浙江	1	1	3
安徽	1	3	
福建	1		
江西	1	8	
山东	1	5	6
河南		6	4
湖北	2	4	
湖南	1	4	
广东			67
广西		2	
重庆		2	
四川		2	
贵州		2	1
陕西	1	1	
甘肃		1	
合计	12	65	81

表2　2014年年底森林公园总数超百的地区名单

序号	省(区、市)	森林公园总数(处)
1	广东	532
2	山东	251
3	浙江	199
4	福建	178
5	江西	175

(续)

序号	省(区、市)	森林公园总数(处)
6	河南	170
7	山西	127
8	湖南	123
9	四川	123
10	河北	101

森林公园经营 据对2777处森林公园(含白山市国家级森林旅游区)的统计，2014年森林公园共接待游客7.1亿人次，占国内旅游总人数的19.5%，旅游收入572.13亿元，分别比2013年度增长20.5%和16.5%。

据2222处森林公园的具体统计数据显示，2014年有1956处森林公园向游客开放，26个省(区、市、集团公司)的266处森林公园游客人数为0，其中31处国家级森林公园。6个省(区、市)的12处国家级森林公园在2012~2014年连续三年游客人数为0。

据对1956处开放接待游客的森林公园具体统计数据显示，911处森林公园免收门票，其中国家级森林公园194处。

【国家林业局森林公园管理开展的主要工作】 印发《国家林业局关于同意建设河南国家古枣林公园的函》，国家级林木(花卉)专类公园达到5个。

印发《国家林业局关于同意内蒙古自治区包头市昆都仑区、浙江省开化县、重庆市南川区开展国家生态公园试点建设的函》，启动首批国家生态公园建设试点。

办理国家级森林公园行政许可，准予设立合肥滨湖等12处国家级森林公园，准予辽宁元帅林等11处国家级森林公园改变经营范围，准予新疆照壁山等3处国家级森林公园变更公园名称。

批复四川美女峰等39个国家级森林公园总体规划。率团赴澳大利亚参加世界公园大会。举办2014年度国家级森林公园管理高级研修班。举办2014年森林公园行业管理暨监督检查研讨班。举办2014年国家级森林公园主任培训班。

组织编制《全国城镇森林公园发展规划(2015~2025年)》。印发《关于报送国家级森林公园总体规划编制情况的通知》。印发《拟设立国家级森林公园可行性研究报告格式及要求(2014年修订版)》。

委托山西、内蒙古、湖北、湖南、广东、甘肃等6省(区、市)开展森林公园监督检查活动。

选定江苏大阳山、合肥滨湖、福建灵石山、山东留山古火山、云南磨盘山等5处国家级森林公园开展解说示范项目建设。

【各地森林公园管理开展的主要工作】

北京 组织摄制16集系列专题宣传片《北京森林公园》，在北京电视台新闻频道播出。印制《北京森林公园指南》，由森林公园免费发放给游客。

河北 开通运行河北森林公园网站。

山西 举办全省国家级、省级森林公园建设管理培训班。

内蒙古 组织编制完成《内蒙古自治区森林公园发展规划(2014~2025年)》。

吉林 在吉林卫视投放全年电视广告，宣传本省森林旅游产品。

上海 与《新民晚报》合作开辟专版“生态上海”，宣传本市的林业建设成果及森林公园美景。

江苏 与《莫愁》杂志联合开展“发现森林之美”系列科普宣传活动。

浙江 举办全省国有林场和森林公园管理人员培训班。印发《关于加快森林休闲养生产业发展的意见》。组织开展“浙江最美森林”评选活动，并编印《浙江最美森林》画册。组织开展“森林古道”情况调查。

安徽 省森林旅游工作小组评选出首批“安徽省森林旅游示范景区”。

福建 与省交通厅、省旅游局等部门合作实施旅游服务交通通达工程，完成高速公路通往30个国家级森林公园的指示牌制作。

江西 与江西蓝航传媒有限公司合作，在《航空旅游—江西空港》杂志开辟“江西森林旅游”专栏。

山东 与山东省电视台联合承办“生态文明齐鲁行”宣传活动，以“寻找山东最美森林”为主线系统宣传森林公园等特色森林旅游资源。举办全省国有林场和森林公园培训班。

湖北 举办全省森林公园系统培训班。编制发行《森林旅游》杂志。与湖南省林业厅沟通洽谈，达成湖北、湖南两省森林旅游战略框架合作协议。

湖南 清理省级森林公园总体规划编制情况，对存在问题的森林公园发出限期整改通知。举办全省森林公园业务知识培训班。与中南林业科技大学联合举办为期半年的"游憩与森林公园管理"脱产培训班。与《森林与人类》杂志社联合出版《湖南：多少美景森林中》专刊。

广东 印发《广东省森林公园质量等级评定管理办法(试行)》。印发《广东省市、县和镇森林公园体系建设指引》。召开2014年度国家级森林公园监督检查情况汇报会，对在监督检查中发现问题的国家级森林公园进行约谈，限期整改。举办森林公园建设管理培训班。在森林植被恢复费省统筹资金中安排3000万元，对粤东西两翼和粤北山区新增建的森林公园给予扶持。签订《广东省旅游局、广东省林业厅关于推进广东省森林旅游发展的合作框架协议》。与广州日报社共同组织策划启动"寻找最美的森林公园"采访宣传活动。

广西 制订全区森林风景资源普查工作技术方案，全面铺开森林风景资源普查工作。印发《关于加快森林公园发展的意见》。从本级部门预算安排资金，对新建森林公园给予一次性补助。将森林公园是否出现重大违规行为作为生态环境考核指标纳入年度设区市绩效考评指标体系。与自治区旅发委共同编印《广西森林旅游手册》，并联合主办"2014美丽广西行·聚焦广西森林旅游"大型媒体采风活动。

四川 召开全省林业生态旅游发展暨森林公园建设推进会。举办全省森林公园主任培训班。召开全省森林公园财政资金项目管理培训会，对国家级森林公园转移支付补助资金和省级森林公园财政项目资金的规模使用情况进行监管。编制完成《四川省森林公园建设与发展规划纲要(2014~2025年)》。

贵州 组织召开全省森林公园现场会暨举办全省森林公园主任培训班。举办森林公园酒店管理服务培训班，

云南 发布《森林旅游示范区评定规程》地方性标准，并评选出首批3处省级森林旅游示范区、3处省级森林旅游示范村。

陕西 组织《陕西省森林公园条例》贯彻情况检查。

甘肃 将森林公园饮水工程纳入全省安全饮水"十二五"建设工程，解决71个森林公园安全饮水问题。举办全省森林公园和森林旅游工作管理人员培训班。

宁夏 出台《宁夏市民休闲森林公园建设技术指导意见》，并协调印发《关于规范市民休闲森林公园项目用地有关问题的通知》。

新疆 召开全区森林公园和森林旅游工作会议。签订《自治区林业厅自治区旅游局关于推进森林旅游发展的合作协议》，并成立"新疆维吾尔自治区森林旅游工作领导小组"。

内蒙古森工 编印《内蒙古大兴安岭林区旅游交通地图》和《内蒙古大兴安岭林区景点区位图》。与自治区旅游局共同主办内蒙古大兴安岭金秋摄影节。举办2014年林区地导培训班。

吉林森工 召开2014年度森林公园现场会和森林旅游规划修改讨论会。

大兴安岭 举办全区森林公园培训班。

表3 截至2014年年底国家级森林公园名录

序号	省份	公园名称	建园时间	面积(公顷)
001	北京	北京西山国家森林公园	1992.11	5926.10
002		北京上方山国家森林公园	1992.11	337.00
003		北京蟒山国家森林公园	1992.11	8581.53
004		北京云蒙山国家森林公园	1995.11	2208.00
005		北京小龙门国家森林公园	2000.02	1595.00
006		北京鹫峰国家森林公园	2003.12	775.12
007		北京大兴古桑国家森林公园	2004.12	1164.79
008		北京大杨山国家森林公园	2004.12	2106.50
009		北京八达岭国家森林公园	2005.12	2940.00
010		北京北宫国家森林公园	2005.12	914.50
011		北京霞云岭国家森林公园	2005.12	21487.40
012		北京黄松峪国家森林公园	2005.12	4274.00
013		北京崎峰山国家森林公园	2006.12	4290.18
014		北京天门山国家森林公园	2006.12	669.41
015		北京喇叭沟门国家森林公园	2008.01	11171.50
		合计	15处	68441.03
001	天津	天津九龙山国家森林公园	1997.12	2126.00
		合计	1处	2126.00
001	河北	河北海滨国家森林公园	1991.11	1666.67

(续)

序号	省份	公园名称	建园时间	面积(公顷)
002	河北	河北塞罕坝国家森林公园	1993.05	94000.00
003		河北磬槌峰国家森林公园	1993.05	4020.00
004		河北翔云岛国家森林公园	1993.05	2400.00
005		河北石佛国家森林公园	1993.05	293.33
006		河北清东陵国家森林公园	1993.05	2233.33
007		河北辽河源国家森林公园	1996.08	11886.00
008		河北山海关国家森林公园	1997.12	4853.30
009		河北五岳寨国家森林公园	2000.12	4400.00
010		河北白草洼国家森林公园	2002.12	5396.00
011		河北天生桥国家森林公园	2002.12	11600.00
012		河北黄羊山国家森林公园	2004.12	2107.00
013		河北茅荆坝国家森林公园	2004.12	19400.00
014		河北响堂山国家森林公园	2004.12	6348.80
015		河北野三坡国家森林公园	2004.12	22850.00
016		河北六里坪国家森林公园	2004.12	2250.00
017		河北白石山国家森林公园	2005.12	3478.00
018		河北易州国家森林公园	2005.12	8446.00
019		河北古北岳国家森林公园	2005.12	4873.33
020		河北武安国家森林公园	2005.12	40500.00
021		河北前南峪国家森林公园	2006.12	2600.00
022		河北驼梁山国家森林公园	2006.12	15870.00
023		河北木兰围场国家森林公园	2008.01	5351.00
024		河北蝎子沟国家森林公园	2008.01	4634.15
025		河北仙台山国家森林公园	2008.12	1522.00
026		河北丰宁国家森林公园	2008.12	8839.00
027		河北黑龙山国家森林公园	2009.12	7034.40
		合计	27 处	298852.31
001	山西	山西五台山国家森林公园	1992.09	19133.33
002		山西天龙山国家森林公园	1992.09	17732.95
003		山西关帝山国家森林公园	1992.09	68448.40
004		山西管涔山国家森林公园	1992.09	43440.00
005		山西恒山国家森林公园	1992.11	27960.00
006		山西云岗国家森林公园	1992.11	15820.40
007		山西龙泉国家森林公园	1992.11	24380.00
008		山西禹王洞国家森林公园	1992.11	7333.33
009		山西赵杲观国家森林公园	1992.11	4700.07
010		山西方山国家森林公园	1992.11	3333.33
011		山西交城山国家森林公园	1992.11	16741.05
012		山西太岳山国家森林公园	1992.11	60000.00

(续)

序号	省份	公园名称	建园时间	面积(公顷)
013	山西	山西五老峰国家森林公园	1992.11	10400.00
014		山西老顶山国家森林公园	1992.11	2200.00
015		山西乌金山国家森林公园	1993.05	3667.50
016		山西中条山国家森林公园	1993.10	46301.30
017		山西太行峡谷国家森林公园	1996.08	4000.00
018		山西黄崖洞国家森林公园	1996.08	6000.00
019		山西棋子山国家森林公园	2014.02	7541.14
		合计	19 处	389132.80
001	内蒙古	内蒙古红山国家森林公园	1991.11	4333.33
002		内蒙古哈达门国家森林公园	1992.04	3600.00
003		内蒙古察尔森国家森林公园	1992.04	12133.33
004		内蒙古海拉尔国家森林公园	1992.09	14062.00
005		内蒙古乌拉山国家森林公园	1992.09	93042.00
006		内蒙古乌素图国家森林公园	1992.09	80000.00
007		内蒙古马鞍山国家森林公园	1993.05	3500.00
008		内蒙古二龙什台国家森林公园	1993.05	9600.00
009		内蒙古兴隆国家森林公园	1994.12	2701.20
010		内蒙古黄岗梁国家森林公园	1996.08	103333.00
011		内蒙古贺兰山国家森林公园	2002.12	3455.10
012		内蒙古旺业甸国家森林公园	2003.12	25400.00
013		内蒙古好森沟国家森林公园	2003.12	37996.00
014		内蒙古额济纳胡杨国家森林公园	2003.12	5636.00
015		内蒙古桦木沟国家森林公园	2003.12	40000.00
016		内蒙古五当召国家森林公园	2005.12	1800.00
017		内蒙古红花尔基樟子松国家森林公园	2005.12	6726.00
018		内蒙古喇嘛山国家森林公园	2006.12	9379.00
019		内蒙古滦河源国家森林公园	2009.07	12666.70
020		内蒙古河套国家森林公园	2009.12	9652.33
021		内蒙古宝格达乌拉国家森林公园	2010.09	32562.80
022		内蒙古龙胜国家森林公园	2014.02	1077.00
		合计	22 处	512655.79
001	内蒙森工	内蒙古莫尔道嘎国家森林公园	1999.05	148324.00
002		内蒙古阿尔山国家森林公园	2000.02	103149.00
003		内蒙古达尔滨湖国家森林公园	2000.02	22081.00
004		内蒙古伊克萨玛国家森林公园	2001.11	15890.00
005		内蒙古乌尔旗汉国家森林公园	2003.12	36922.00
006		内蒙古兴安国家森林公园	2004.12	19217.00

（续）

序号	省份	公园名称	建园时间	面积(公顷)
007	内蒙森工	内蒙古绰源国家森林公园	2004.12	52858.00
008		内蒙古阿里河国家森林公园	2004.12	2486.00
		合计	8处	400927.00
001	辽宁	辽宁旅顺口国家森林公园	1990.08	2741.33
002		辽宁海棠山国家森林公园	1991.08	1440.00
003		辽宁大孤山国家森林公园	1991.08	466.67
004		辽宁首山国家森林公园	1991.08	666.67
005		辽宁凤凰山国家森林公园	1991.11	1333.33
006		辽宁桓仁国家森林公园	1991.11	15786.67
007		辽宁本溪国家森林公园	1991.11	6666.00
008		辽宁陨石山国家森林公园	1992.01	2000.00
009		辽宁盖县国家森林公园	1992.01	1600.00
010		辽宁元帅林国家森林公园	1992.07	7279.20
011		辽宁仙人洞国家森林公园	1992.07	3575.00
012		大连大赫山国家森林公园	1992.07	3846.60
013		辽宁长山群岛国家海岛森林公园	1993.05	4630.70
014		辽宁普兰店国家森林公园	1995.11	11000.00
015		辽宁大黑山国家森林公园	1996.08	3031.00
016		辽宁沈阳国家森林公园	1997.12	933.30
017		辽宁猴石国家森林公园	2002.12	5675.00
018		辽宁本溪环城国家森林公园	2002.12	19866.20
019		辽宁冰砬山国家森林公园	2002.12	2259.30
020		辽宁金龙寺国家森林公园	2002.12	2138.00
021		辽宁千山仙人台国家森林公园	2002.12	2931.00
022		辽宁清原红河谷国家森林公园	2003.12	9112.30
023		大连天门山国家森林公园	2003.12	3100.00
024		辽宁三块石国家森林公园	2004.12	7211.60
025		辽宁章古台沙地国家森林公园	2005.12	11341.30
026		大连银石滩国家森林公园	2005.12	570.00
027		大连西郊国家森林公园	2006.12	5958.00
028		辽宁医巫闾山国家森林公园	2008.01	1482.30
029		辽宁和睦国家森林公园	2008.01	1367.85
		合计	29处	140009.32
001	吉林	吉林净月潭国家森林公园	1989.11	8330.00
002		吉林五女峰国家森林公园	1992.11	6866.67
003		吉林龙湾群国家森林公园	1992.11	8133.33
004		吉林白鸡峰国家级森林公园	1992.11	3333.33
005		吉林帽儿山国家森林公园	1992.11	1100.00
006		吉林半拉山国家森林公园	1992.11	9299.00

（续）

序号	省份	公园名称	建园时间	面积(公顷)
007	吉林	吉林三仙夹国家森林公园	1993.03	880.00
008		吉林大安国家森林公园	1993.03	666.67
009		吉林长白国家森林公园	1993.05	27000.00
010		吉林临江国家级森林公园	1995.11	18000.00
011		吉林拉法山国家森林公园	1995.11	34194.00
012		吉林图们江国家森林公园	1997.12	32678.00
013		吉林朱雀山国家森林公园	2001.11	5662.00
014		吉林图们江源国家森林公园	2002.12	12737.00
015		吉林延边仙峰国家森林公园	2002.12	19102.23
016		吉林官马莲花山国家森林公园	2003.12	5146.00
017		吉林肇大鸡山国家森林公园	2003.12	14127.63
018		吉林寒葱顶国家森林公园	2004.12	7480.00
019		吉林满天星国家森林公园	2004.12	17057.30
020		吉林吊水壶国家森林公园	2004.12	4785.00
021		吉林通化石湖国家森林公园	2005.12	2337.00
022		吉林江源国家森林公园	2006.12	14636.00
023		吉林鸡冠山国家森林公园	2006.12	2903.61
024		吉林兰家大峡谷国家森林公园	2013.01	10972.00
025		吉林长白山北坡国家森林公园	2013.10	11660.00
		合计	25处	279086.77
001	吉林森工	吉林露水河国家森林公园	2004.12	25786.94
002		吉林红石国家森林公园	2005.12	28574.60
003		吉林泉阳泉国家森林公园	2008.12	4977.00
004		吉林白石山国家森林公园	2008.12	7473.50
005		吉林松江河国家森林公园	2008.12	6018.00
006		吉林三岔子国家森林公园	2009.07	7126.00
007		吉林临江瀑布群国家森林公园	2009.07	4085.00
008		吉林湾沟国家森林公园	2009.07	5732.00
		合计	8处	89773.04
001	黑龙江	黑龙江牡丹峰国家森林公园	1992.04	19466.67
002		黑龙江火山口国家森林公园	1992.04	66933.33
003		黑龙江大亮子河国家森林公园	1992.04	7133.33
004		黑龙江乌龙国家森林公园	1992.04	28000.00
005		黑龙江哈尔滨国家森林公园	1992.09	136.00
006		黑龙江街津山国家森林公园	1992.09	13570.00
007		黑龙江齐齐哈尔国家森林公园	1992.11	4666.00
008		黑龙江北极村国家森林公园	1992.11	36376.00
009		黑龙江长寿国家森林公园	1993.05	2483.00
010		黑龙江大庆国家森林公园	1993.05	5466.00

(续)

序号	省份	公园名称	建园时间	面积(公顷)
011	黑龙江	黑龙江一面坡国家森林公园	1995.11	23408.00
012		黑龙江龙凤国家森林公园	1997.12	21840.00
013		黑龙江金泉国家森林公园	1997.12	4000.00
014		黑龙江乌苏里江国家森林公园	1997.12	25069.00
015		黑龙江驿马山国家森林公园	1998.09	458.00
016		黑龙江三道关国家森林公园	1999.05	8000.00
017		黑龙江绥芬河国家森林公园	2000.12	971.00
018		黑龙江五顶山国家森林公园	2001.11	6651.00
019		黑龙江茅兰沟国家森林公园	2001.11	6000.00
020		黑龙江龙江三峡国家森林公园	2001.11	8569.20
021		黑龙江鹤岗国家森林公园	2002.12	2636.00
022		黑龙江勃利国家森林公园	2003.12	17601.00
023		黑龙江丹清河国家森林公园	2003.12	2850.00
024		黑龙江石龙山国家森林公园	2003.12	6307.50
025		黑龙江望龙山国家森林公园	2004.12	2152.00
026		黑龙江胜山要塞国家森林公园	2004.12	13828.00
027		黑龙江五大连池国家森林公园	2004.12	12380.00
028		黑龙江完达山国家森林公园	2005.12	61369.00
029		黑龙江金龙山国家森林公园	2008.01	8515.00
030		黑龙江呼兰国家森林公园	2009.12	10000.00
031		黑龙江伊春兴安国家森林公园	2005.12	4515.00
032		黑龙江长寿山国家森林公园	2012.09	7402.00
		合计	32 处	438752.03
001	龙江森工	黑龙江威虎山国家森林公园	1993.10	414756.00
002		黑龙江五营国家森林公园	1993.10	14141.00
003		黑龙江亚布力国家森林公园	1993.10	11748.30
004		黑龙江桃山国家森林公园	1997.12	100000.00
005		黑龙江日月峡国家森林公园	2000.12	29708.00
006		黑龙江八里湾国家森林公园	2001.11	41000.00
007		黑龙江乌马河国家森林公园	2001.11	12415.00
008		黑龙江凤凰山国家森林公园	2001.11	50000.00
009		黑龙江兴隆国家森林公园	2001.11	26812.00
010		黑龙江雪乡国家森林公园	2001.11	186000.00
011		黑龙江青山国家森林公园	2002.12	28000.00
012		黑龙江大沾河国家森林公园	2002.12	16270.30
013		黑龙江廻龙湾国家森林公园	2002.12	6326.00
014		黑龙江金山国家森林公园	2003.12	12283.00
015		黑龙江小兴安岭石林国家森林公园	2003.12	19007.00
016		黑龙江方正龙山国家森林公园	2003.12	66101.00

(续)

序号	省份	公园名称	建园时间	面积(公顷)
017	龙江森工	黑龙江溪水国家森林公园	2003.12	4580.00
018		黑龙江镜泊湖国家森林公园	2003.12	65000.00
019		黑龙江六峰山国家森林公园	2003.12	34640.00
020		黑龙江夹皮沟国家森林公园	2003.12	63114.00
021		黑龙江珍宝岛国家森林公园	2005.12	13429.00
022		黑龙江红松林国家森林公园	2006.12	19000.00
023		黑龙江七星峰国家森林公园	2006.12	15260.00
024		黑龙江仙翁山国家森林公园	2008.01	10555.00
		合计	24 处	1260145.60
001	大兴安岭	黑龙江呼中国家森林公园	2005.12	115340.27
002		黑龙江加格达奇国家森林公园	2008.12	14632.10
		合计	2 处	129972.37
001	上海	上海佘山国家森林公园	1993.05	401.00
002		上海东平国家森林公园	1993.05	355.00
003		上海海湾国家森林公园	2004.12	1065.10
004		上海共青国家森林公园	2005.12	131.00
		合计	4 处	1952.10
001	江苏	江苏虞山国家森林公园	1989.03	1466.67
002		江苏上方山国家森林公园	1992.07	500.00
003		江苏徐州环城国家森林公园	1992.11	1333.33
004		江苏宜兴国家森林公园	1992.11	3400.00
005		江苏惠山国家森林公园	1993.05	936.00
006		江苏东吴国家森林公园	1993.05	1200.00
007		江苏云台山国家森林公园	1993.05	2000.00
008		江苏盱眙第一山国家森林公园	1993.05	1400.00
009		江苏南山国家森林公园	1995.11	1000.00
010		江苏宝华山国家森林公园	1996.08	1700.00
011		江苏西山国家森林公园	1997.12	6000.00
012		江苏铁山寺国家森林公园	2003.12	7058.00
013		南京紫金山国家森林公园	2003.12	3008.80
014		江苏大阳山国家森林公园	2009.02	1029.80
015		南京栖霞山国家森林公园	2010.12	1019.00
016		江苏游子山国家森林公园	2012.01	3678.30
017		南京老山国家森林公园	2014.02	5063.00
		合计	17 处	41792.90
001	浙江	浙江千岛湖国家森林公园	1990.06	95000.00
002		浙江大奇山国家森林公园	1992.11	700.00
003		浙江兰亭国家森林公园	1992.11	229.67
004		浙江午潮山国家森林公园	1992.11	253.33

（续）

序号	省份	公园名称	建园时间	面积(公顷)
005	浙江	浙江富春江国家森林公园	1995.07	8466.67
006		浙江竹乡国家森林公园	1996.08	16600.00
007		浙江天童国家森林公园	1997.03	433.33
008		浙江雁荡山国家森林公园	1997.03	840.00
009		浙江溪口国家森林公园	1997.03	186.67
010		浙江九龙山国家森林公园	1997.03	433.33
011		浙江双龙洞国家森林公园	1997.03	773.33
012		浙江华顶国家森林公园	1997.03	3866.67
013		浙江青山湖国家森林公园	1999.05	2676.00
014		浙江玉苍山国家森林公园	1999.08	2378.60
015		浙江钱江源国家森林公园	1999.08	4500.00
016		浙江紫微山国家森林公园	2000.02	5500.00
017		浙江铜铃山国家森林公园	2001.11	2755.00
018		浙江花岩国家森林公园	2002.12	2640.00
019		浙江龙湾潭国家森林公园	2002.12	1561.67
020		浙江遂昌国家森林公园	2002.12	23953.47
021		浙江五泄国家森林公园	2003.12	733.33
022		浙江石门洞国家森林公园	2003.12	4295.00
023		浙江四明山国家森林公园	2003.12	6251.00
024		浙江双峰国家森林公园	2003.12	2281.41
025		浙江仙霞国家森林公园	2004.12	3449.46
026		浙江大溪国家森林公园	2004.12	3375.00
027		浙江松阳卯山国家森林公园	2005.12	1385.00
028		浙江牛头山国家森林公园	2005.12	1327.69
029		浙江三衢国家森林公园	2005.12	1067.53
030		浙江径山(山沟沟)国家森林公园	2006.12	5375.00
031		浙江南山湖国家森林公园	2006.12	2188.70
032		浙江大竹海国家森林公园	2008.01	3126.60
033		浙江仙居国家森林公园	2008.01	2980.00
034		浙江桐庐瑶琳国家森林公园	2008.12	949.00
035		浙江诸暨香榧国家森林公园	2009.12	2876.20
036		杭州半山国家森林公园	2010.12	1002.88
037		浙江庆元国家森林公园	2010.12	2455.70
038		杭州西山国家森林公园	2012.01	1775.20
039		浙江梁希国家森林公园	2014.02	1375.48
		合计	39处	222061.26
001	安徽	安徽黄山国家森林公园	1987.05	11686.67
002		安徽琅琊山国家森林公园	1992.07	4866.67
003		安徽天柱山国家森林公园	1992.07	2048.47

（续）

序号	省份	公园名称	建园时间	面积(公顷)
004	安徽	安徽九华山国家森林公园	1992.07	14333.33
005		安徽皇藏峪国家森林公园	1992.07	2276.00
006		安徽徽州国家森林公园	1992.07	5314.40
007		安徽大龙山国家森林公园	1992.07	4018.00
008		安徽紫蓬山国家森林公园	1992.07	1002.47
009		安徽皇甫山国家森林公园	1992.07	3551.53
010		安徽天堂寨国家森林公园	1992.11	12000.00
011		安徽鸡笼山国家森林公园	1992.09	4500.00
012		安徽冶父山国家森林公园	1992.09	810.47
013		安徽太湖山国家森林公园	1992.09	1813.53
014		安徽神山国家森林公园	1992.09	2221.87
015		安徽妙道山国家森林公园	1992.09	752.00
016		安徽天井山国家森林公园	1992.09	1200.40
017		安徽舜耕山国家森林公园	1992.09	2533.33
018		安徽浮山国家森林公园	1992.12	3834.13
019		安徽石莲洞国家森林公园	1992.12	1479.33
020		安徽齐云山国家森林公园	1993.05	6000.00
021		安徽韭山国家森林公园	1993.06	5533.33
022		安徽横山国家森林公园	1994.12	1000.00
023		安徽敬亭山国家森林公园	1996.08	2009.00
024		安徽八公山国家森林公园	2002.12	2759.00
025		安徽万佛山国家森林公园	2002.12	2000.00
026		安徽水西国家森林公园	2004.12	2147.00
027		安徽青龙湾国家森林公园	2004.12	2730.00
028		安徽上窑国家森林公园	2005.12	1040.00
029		安徽马仁山国家森林公园	2008.01	712.00
030		合肥大蜀山国家森林公园	2013.01	1003.01
031		合肥滨湖国家森林公园	2014.02	1072.00
		合计	31处	108247.94
001	福建	福建福州国家森林公园	1993.05	41814.50
002		福建天柱山国家森林公园	1995.11	2983.00
003		福建平潭海岛国家森林公园	1999.08	1295.70
004		福建华安国家森林公园	2000.02	8153.33
005		福建猫儿山国家森林公园	2000.02	2560.00
006		福建三元国家森林公园	2000.12	4572.00
007		福建龙岩国家森林公园	2000.12	2200.00
008		福建旗山国家森林公园	2000.12	3586.90
009		福建灵石山国家森林公园	2001.02	2275.00
010		福建东山国家森林公园	2002.12	874.60

(续)

序号	省份	公园名称	建园时间	面积(公顷)
011	福建	福建德化石牛山国家森林公园	2003.12	8411.00
012		福建三明仙人谷国家森林公园	2003.12	1488.00
013		福建将乐天阶山国家森林公园	2003.12	939.00
014		福建厦门莲花国家森林公园	2003.12	3824.00
015		福建上杭国家森林公园	2003.12	4894.92
016		福建武夷山国家森林公园	2004.12	3085.00
017		福建乌山国家森林公园	2004.12	6920.20
018		福建漳平天台国家森林公园	2004.12	3851.10
019		福建王寿山国家森林公园	2004.12	1535.20
020		福建九龙谷国家森林公园	2006.12	1091.50
021		福建支提山国家森林公园	2006.12	2299.93
022		福建天星山国家森林公园	2008.01	1861.90
023		福建闽江源国家森林公园	2008.01	1182.52
024		福建九龙竹海国家森林公园	2008.12	1704.60
025		福建长乐国家森林公园	2008.12	1823.17
026		福建匡山国家森林公园	2009.12	2175.13
027		福建龙湖山国家森林公园	2010.09	2697.21
028		福建南靖土楼国家森林公园	2010.09	2233.83
029		福建武夷天池国家森林公园	2013.01	2525.27
030		福建五虎山国家森林公园	2014.07	2668.73
		合计	30处	127527.24
001	江西	江西三爪仑国家森林公园	1993.03	12396.23
002		江西庐山山南国家森林公园	1993.05	3346.67
003		江西梅岭国家森林公园	1993.05	11173.10
004		江西三百山国家森林公园	1993.05	3330.00
005		江西马祖山国家森林公园	1993.05	666.67
006		江西鄱阳湖口国家森林公园	1993.05	1280.00
007		江西灵岩洞国家森林公园	1993.05	3000.00
008		江西明月山国家森林公园	1994.12	7842.00
009		江西翠微峰国家森林公园	1994.12	7866.67
010		江西天柱峰国家森林公园	2000.02	20757.00
011		江西泰和国家森林公园	2000.12	3000.00
012		江西鹅湖山国家森林公园	2000.12	7950.00
013		江西龟峰国家森林公园	2000.12	7400.00
014		江西上清国家森林公园	2000.12	11800.00
015		江西梅关国家森林公园	2001.11	5300.00
016		江西永丰国家森林公园	2001.11	7600.00
017		江西阁皂山国家森林公园	2001.11	6860.00
018		江西三叠泉国家森林公园	2001.11	1650.97

(续)

序号	省份	公园名称	建园时间	面积(公顷)
019	江西	江西武功山国家森林公园	2002.12	24190.00
020		江西铜钹山国家森林公园	2002.12	19500.00
021		江西阳岭国家森林公园	2003.12	6889.80
022		江西天花井国家森林公园	2003.12	685.00
023		江西五指峰国家森林公园	2003.12	24533.00
024		江西柘林湖国家森林公园	2004.12	16450.00
025		江西陡水湖国家森林公园	2004.12	22666.67
026		江西万安国家森林公园	2004.12	16333.00
027		江西三湾国家森林公园	2004.12	15513.30
028		江西安源国家森林公园	2004.12	11069.00
029		江西景德镇国家森林公园	2005.12	5479.70
030		江西云碧峰国家森林公园	2005.12	872.50
031		江西九连山国家森林公园	2005.12	20063.00
032		江西岩泉国家森林公园	2005.12	4885.39
033		江西瑶里国家森林公园	2005.12	4471.00
034		江西峰山国家森林公园	2006.12	20735.20
035		江西清凉山国家森林公园	2006.12	3397.82
036		江西九岭山国家森林公园	2006.12	1266.16
037		江西岑山国家森林公园	2008.01	955.00
038		江西五府山国家森林公园	2008.01	1715.00
039		江西军峰山国家森林公园	2008.01	1217.15
040		江西碧湖潭国家森林公园	2008.12	6800.00
041		江西怀玉山国家森林公园	2008.12	3354.00
042		江西毓秀山国家森林公园	2009.07	2178.93
043		江西圣水堂国家森林公园	2009.12	4060.10
044		江西鄱阳莲花山国家森林公园	2012.01	6510.00
045		江西彭泽国家森林公园	2013.01	2505.00
046		江西金盆山国家森林公园	2014.02	5981.85
		合计	46处	377496.88
001	山东	山东崂山国家森林公园	1992.09	7466.67
002		山东抱犊崮国家森林公园	1992.09	666.67
003		山东黄河口国家森林公园	1992.09	50933.33
004		山东昆嵛山国家森林公园	1992.09	4733.33
005		山东罗山国家森林公园	1992.09	480.00
006		山东长岛国家森林公园	1992.09	5700.00
007		山东沂山国家森林公园	1992.09	6466.67
008		山东尼山国家森林公园	1992.09	590.00
009		山东泰山国家森林公园	1992.09	12000.00
010		山东徂徕山国家森林公园	1992.09	9000.00

（续）

序号	省份	公园名称	建园时间	面积（公顷）
011	山东	山东日照海滨国家森林公园	1992.09	788.67
012		山东鹤伴山国家森林公园	1992.09	480.00
013		山东孟良崮国家森林公园	1992.09	800.00
014		山东柳埠国家森林公园	1992.11	2465.53
015		山东刘公岛国家森林公园	1992.11	247.53
016		山东槎山国家森林公园	1992.11	106.67
017		山东药乡国家森林公园	1992.11	1463.67
018		山东原山国家森林公园	1992.12	1705.87
019		山东灵山湾国家森林公园	1993.05	666.67
020		山东双岛国家森林公园	1993.05	2477.30
021		山东蒙山国家森林公园	1994.12	3675.87
022		山东腊山国家森林公园	1996.08	723.00
023		山东仰天山国家森林公园	2000.02	2400.00
024		山东伟德山国家森林公园	2000.12	8362.40
025		山东珠山国家森林公园	2000.12	4000.00
026		山东牛山国家森林公园	2002.12	3000.00
027		山东鲁山国家森林公园	2002.12	4133.33
028		山东岠嵎山国家森林公园	2002.12	1204.00
029		山东五莲山国家森林公园	2003.12	6800.00
030		山东莱芜华山国家森林公园	2003.12	4603.33
031		山东艾山国家森林公园	2004.12	2578.67
032		山东龙口南山国家森林公园	2004.12	949.00
033		山东新泰莲花山国家森林公园	2005.12	2164.00
034		山东牙山国家森林公园	2005.12	10140.00
035		山东招虎山国家森林公园	2005.12	1762.70
036		山东寿阳山国家森林公园	2008.12	2006.00
037		山东东阿黄河国家森林公园	2010.12	2446.33
038		山东峨庄古村落国家森林公园	2010.12	6800.00
039		山东峄山国家森林公园	2012.09	2136.50
040		山东滕州墨子国家森林公园	2013.01	3041.60
041		山东密州国家森林公园	2013.10	2553.60
042		山东留山古火山国家森林公园	2013.10	2539.00
043		山东泉林国家森林公园	2014.02	4780.46
		合计	43 处	192038.37
001	河南	河南嵩山国家森林公园	1988.09	11582.00
002		河南寺山国家森林公园	1992.09	5600.00
003		河南汝州国家森林公园	1992.09	4496.67
004		河南石漫滩国家森林公园	1992.09	5333.33
005		河南薄山国家森林公园	1992.09	6066.67

（续）

序号	省份	公园名称	建园时间	面积（公顷）
006	河南	河南开封国家森林公园	1992.09	881.60
007		河南亚武山国家森林公园	1992.11	15133.33
008		河南花果山国家森林公园	1993.05	4200.00
009		河南云台山国家森林公园	1993.05	360.00
010		河南白云山国家森林公园	1992.09	8133.33
011		河南龙峪湾国家森林公园	1994.12	1833.33
012		河南五龙洞国家森林公园	1995.11	2527.00
013		河南南湾国家森林公园	1996.09	2810.00
014		河南甘山国家森林公园	2000.12	3800.00
015		河南淮河源国家森林公园	2002.12	4924.00
016		河南神灵寨国家森林公园	2002.12	5300.00
017		河南铜山湖国家森林公园	2002.12	1996.00
018		河南黄河故道国家森林公园	2002.12	838.00
019		河南郁山国家森林公园	2002.12	2133.00
020		河南玉皇山国家森林公园	2003.12	2982.00
021		河南金兰山国家森林公园	2003.12	3333.00
022		河南嵖岈山国家森林公园	2004.12	2340.00
023		河南天池山国家森林公园	2004.12	1716.00
024		河南始祖山国家森林公园	2005.12	4667.00
025		河南黄柏山国家森林公园	2006.12	4010.00
026		河南燕子山国家森林公园	2006.12	4776.00
027		河南棠溪源国家森林公园	2006.12	3800.00
028		河南大鸿寨国家森林公园	2008.01	3300.00
		合计	28 处	118872.26
001	湖北	湖北九峰国家森林公园	1992.07	333.33
002		湖北鹿门寺国家森林公园	1992.07	1866.67
003		湖北玉泉寺国家森林公园	1992.07	9666.67
004		湖北大老岭国家森林公园	1992.07	6000.00
005		湖北大口国家森林公园	1995.07	6333.00
006		湖北神农架国家森林公园	1992.11	13333.33
007		湖北龙门河国家森林公园	1993.05	4644.40
008		湖北薤山国家森林公园	1994.12	4533.33
009		湖北清江国家森林公园	1996.08	49880.00
010		湖北大别山国家森林公园	1996.08	57427.00
011		湖北柴埠溪国家森林公园	1996.08	6667.00
012		湖北潜山国家森林公园	1996.09	206.47
013		湖北八岭山国家森林公园	1996.09	666.67
014		湖北沧水国家森林公园	1998.09	28600.00
015		湖北三角山国家森林公园	2002.12	6451.70

(续)

序号	省份	公园名称	建园时间	面积(公顷)
016	湖北	湖北中华山国家森林公园	2002.12	5139.87
017		湖北太子山国家森林公园	2002.12	7930.00
018		湖北红安天台山国家森林公园	2003.12	6000.00
019		湖北坪坝营国家森林公园	2004.12	13237.50
020		湖北吴家山国家森林公园	2004.12	5873.00
021		湖北千佛洞国家森林公园	2005.12	993.42
022		湖北双峰山国家森林公园	2005.12	1400.00
023		湖北大洪山国家森林公园	2006.12	1755.50
024		湖北虎爪山国家森林公园	2008.01	2600.00
025		湖北五脑山国家森林公园	2008.01	2153.30
026		湖北沧浪山国家森林公园	2008.12	7466.70
027		湖北安陆古银杏国家森林公园	2009.07	2413.00
028		湖北牛头山国家森林公园	2009.12	1840.00
029		湖北诗经源国家森林公园	2010.12	8280.00
030		湖北九女峰国家森林公园	2012.01	3527.00
031		湖北偏头山国家森林公园	2012.01	3131.65
032		湖北丹江口国家森林公园	2013.01	17773.33
033		湖北崇阳国家森林公园	2014.02	3080.00
034		湖北汉江瀑布群国家森林公园	2014.02	5680.00
		合计	34 处	296883.84
001	湖南	湖南张家界国家森林公园	1982.09	2466.67
002		湖南神农谷国家森林公园	1992.07	10000.00
003		湖南莽山国家森林公园	1992.07	19833.33
004		湖南大围山国家森林公园	1992.07	3703.00
005		湖南云山国家森林公园	1992.07	3110.00
006		湖南九疑山国家森林公园	1992.07	8226.67
007		湖南阳明山国家森林公园	1992.07	11733.33
008		湖南南华山国家森林公园	1992.07	2242.73
009		湖南黄山头国家森林公园	1992.07	666.67
010		湖南桃花源国家森林公园	1992.07	233.33
011		湖南天门山国家森林公园	1992.07	733.33
012		湖南天际岭国家森林公园	1992.07	140.00
013		湖南天鹅山国家森林公园	1992.07	706.67
014		湖南舜皇山国家森林公园	1992.09	14548.00
015		湖南东台山国家森林公园	1992.09	336.00
016		湖南夹山国家森林公园	1993.02	1530.00
017		湖南不二门国家森林公园	1993.05	5336.67
018		湖南河洑国家森林公园	1994.12	333.33
019		湖南岣嵝峰国家森林公园	1995.11	2067.00

(续)

序号	省份	公园名称	建园时间	面积(公顷)
020	湖南	湖南大云山国家森林公园	1996.08	1180.00
021		湖南花岩溪国家森林公园	1997.12	4000.00
022		湖南云阳国家森林公园	2002.12	8688.70
023		湖南大熊山国家森林公园	2002.12	7623.00
024		湖南中坡国家森林公园	2002.12	1688.00
025		湖南幕阜山国家森林公园	2005.12	1701.00
026		湖南金洞国家森林公园	2005.12	2500.00
027		湖南百里龙山国家森林公园	2006.12	13121.00
028		湖南千家峒国家森林公园	2006.12	4430.93
029		湖南两江峡谷国家森林公园	2008.01	6336.02
030		湖南雪峰山国家森林公园	2008.01	3478.10
031		湖南五尖山国家森林公园	2008.01	2879.89
032		湖南桃花江国家森林公园	2008.01	3153.05
033		湖南湘江源国家森林公园	2008.12	7046.70
034		湖南月岩国家森林公园	2008.12	3936.70
035		湖南峰峦溪国家森林公园	2008.12	2216.60
036		湖南柘溪国家森林公园	2009.07	8579.30
037		湖南天堂山国家森林公园	2009.12	5933.40
038		湖南凤凰山国家森林公园	2009.12	2159.00
039		湖南九龙江国家森林公园	2009.12	8436.30
040		湖南嵩云山国家森林公园	2010.09	3349.67
041		湖南天泉山国家森林公园	2010.09	3538.10
042		湖南西瑶绿谷国家森林公园	2010.12	12441.00
043		湖南青洋湖国家森林公园	2010.12	3247.47
044		湖南熊峰山国家森林公园	2012.01	6161.00
045		湖南菲溪国家森林公园	2012.01	27718.70
046		湖南福音山国家森林公园	2012.01	6829.70
047		长沙黑麋峰国家森林公园	2012.01	2451.70
048		湖南坐龙峡国家森林公园	2012.01	2371.29
049		湖南攸州国家森林公园	2013.01	6304.20
050		湖南矮寨国家森林公园	2013.10	3383.50
051		湖南嘉山国家森林公园	2014.02	2225.80
		合计	51 处	267056.55
001	广东	广东梧桐山国家森林公园	1989.06	678.00
002		广东小坑国家森林公园	1992.09	16700.00
003		广东南澳海岛国家森林公园	1992.12	1373.33
004		广东南岭国家森林公园	1993.03	27333.33
005		广东新丰江国家森林公园	1993.05	4479.47
006		广东韶关国家森林公园	1993.05	2010.73

（续）

序号	省份	公园名称	建园时间	面积（公顷）
007	广东	广东东海岛国家森林公园	1993.05	666.67
008		广东流溪河国家森林公园	1993.09	9333.33
009		广东南昆山国家森林公园	1993.10	2000.00
010		广东西樵山国家森林公园	1994.12	1400.00
011		广东石门国家森林公园	1995.11	2636.00
012		广东圭峰山国家森林公园	1997.12	3550.00
013		广东英德国家森林公园	2000.12	107000.00
014		广东广宁竹海国家森林公园	2004.12	8500.00
015		广东北峰山国家森林公园	2004.12	1161.60
016		广东大王山国家森林公园	2004.12	806.00
017		广东梁化国家森林公园	2005.12	1333.33
018		广东神光山国家森林公园	2005.12	674.60
019		广东观音山国家森林公园	2005.12	657.18
020		广东三岭山国家森林公园	2006.12	738.79
021		广东雁鸣湖国家森林公园	2006.12	923.80
022		广东天井山国家森林公园	2008.12	5564.10
023		广东大北山国家森林公园	2008.12	3067.20
024		广东镇山国家森林公园	2009.12	2177.37
025		广东南台山国家森林公园	2009.12	2073.20
		合计	25 处	206837.23
001	广西	广西桂林国家森林公园	1992.07	575.67
002		广西良凤江国家森林公园	1992.09	1348.00
003		广西三门江国家森林公园	1993.05	12475.60
004		广西龙潭国家森林公园	1993.05	7800.00
005		广西大桂山国家森林公园	1994.12	3000.00
006		广西元宝山国家森林公园	1994.12	25000.00
007		广西八角寨国家森林公园	1996.08	84000.00
008		广西十万大山国家森林公园	1996.08	8810.00
009		广西龙胜温泉国家森林公园	1996.08	420.00
010		广西姑婆山国家森林公园	1996.08	8000.00
011		广西大瑶山国家森林公园	1997.12	11124.00
012		广西黄猄洞天坑国家森林公园	2002.12	13879.70
013		广西飞龙湖国家森林公园	2003.12	12097.56
014		广西太平狮山国家森林公园	2003.12	5550.23
015		广西大容山国家森林公园	2003.12	4825.00
016		广西九龙瀑布群国家森林公园	2005.12	1639.87
017		广西平天山国家森林公园	2005.12	1676.20
018		广西红茶沟国家森林公园	2005.12	1896.40
019		广西阳朔国家森林公园	2005.12	4355.90

（续）

序号	省份	公园名称	建园时间	面积（公顷）
020	广西	广西龙滩大峡谷国家森林公园	2008.01	4172.60
		合计	20 处	212646.73
001	海南	海南尖峰岭国家森林公园	1992.09	46666.67
002		海南蓝洋温泉国家森林公园	1999.05	5660.32
003		海南吊罗山国家森林公园	1999.05	37900.00
004		海南海口火山国家森林公园	2000.02	2000.00
005		海南七仙岭温泉国家森林公园	2001.11	2200.00
006		海南黎母山国家森林公园	2002.12	12889.00
007		海南海上国家森林公园	2005.12	526.33
008		海南霸王岭国家森林公园	2006.12	8444.30
009		海南兴隆侨乡国家森林公园	2013.10	2815.31
		合计	9 处	119101.93
001	重庆	重庆双桂山国家森林公园	1992.09	102.00
002		重庆小三峡国家森林公园	1993.10	2000.00
003		重庆金佛山国家森林公园	1994.12	6081.87
004		重庆黄水国家森林公园	1998.09	4200.00
005		重庆仙女山国家森林公园	1999.05	2339.70
006		重庆茂云山国家森林公园	2000.12	1910.20
007		重庆武陵山国家森林公园	2001.11	1633.33
008		重庆青龙湖国家森林公园	2001.11	5236.30
009		重庆黔江国家森林公园	2001.11	12800.00
010		重庆梁平东山国家森林公园	2001.11	3780.00
011		重庆桥口坝国家森林公园	2002.12	7655.17
012		重庆铁峰山国家森林公园	2002.12	9100.00
013		重庆红池坝国家森林公园	2002.12	24200.00
014		重庆雪宝山国家森林公园	2002.12	9771.80
015		重庆歌乐山国家森林公园	2003.12	1403.03
016		重庆玉龙山国家森林公园	2003.12	3517.39
017		重庆茶山竹海国家森林公园	2003.12	9979.00
018		重庆黑山国家森林公园	2003.12	2652.00
019		重庆九重山国家森林公园	2004.12	10089.00
020		重庆大园洞国家森林公园	2004.12	3459.00
021		重庆南山国家森林公园	2004.12	3080.00
022		重庆观音峡国家森林公园	2005.12	1615.00
023		重庆天池山国家森林公园	2008.01	953.40
024		重庆酉阳桃花源国家森林公园	2008.12	2734.33
025		重庆巴尔盖国家森林公园	2010.09	3644.30
		合计	25 处	133936.82
001	四川	四川都江堰国家森林公园	1992.07	29548.00

(续)

序号	省份	公园名称	建园时间	面积(公顷)
002	四川	四川剑门关国家森林公园	1992.07	3046.67
003		四川瓦屋山国家森林公园	1993.05	65869.80
004		四川高山国家森林公园	1993.05	837.87
005		四川西岭国家森林公园	1993.05	48650.00
006		四川二滩国家森林公园	1993.10	54546.67
007		四川海螺沟国家森林公园	1993.10	18598.00
008		四川七曲山国家森林公园	1994.12	2000.00
009		四川九寨国家森林公园	1995.11	37000.00
010		四川天台山国家森林公园	1995.11	1328.00
011		四川福宝国家森林公园	1997.12	11000.00
012		四川黑竹沟国家森林公园	2000.02	28154.20
013		四川夹金山国家森林公园	2000.12	88332.10
014		四川龙苍沟国家森林公园	2000.12	7776.93
015		四川美女峰国家森林公园	2001.11	1900.00
016		四川白水河国家森林公园	2001.11	2271.71
017		四川华蓥山国家森林公园	2002.12	8091.25
018		四川五峰山国家森林公园	2002.12	876.16
019		四川千佛山国家森林公园	2002.12	7800.00
020		四川措普国家森林公园	2002.12	48061.77
021		四川米仓山国家森林公园	2002.12	40155.00
022		四川天曌山国家森林公园	2003.12	1334.30
023		四川镇龙山国家森林公园	2003.12	2553.00
024		四川二郎山国家森林公园	2003.12	57517.00
025		四川雅克夏国家森林公园	2003.12	44889.00
026		四川天马山国家森林公园	2004.12	2297.00
027		四川空山国家森林公园	2004.12	11511.00
028		四川云湖国家森林公园	2004.12	1013.00
029		四川铁山国家森林公园	2006.12	2666.70
030		四川荷花海国家森林公园	2006.12	5416.80
031		四川凌云山国家森林公园	2008.01	1116.40
032		四川北川国家森林公园	2012.09	3656.00
033		四川阆中国家森林公园	2013.01	2330.50
		合计	33 处	642144.83
001	贵州	贵州百里杜鹃国家森林公园	1993.05	18114.60
002		贵州竹海国家森林公园	1993.05	11200.00
003		贵州九龙山国家森林公园	2001.11	12500.00
004		贵州凤凰山国家森林公园	2001.11	1061.77
005		贵州长坡岭国家森林公园	2001.11	1294.21
006		贵州尧人山国家森林公园	2001.11	4787.00

(续)

序号	省份	公园名称	建园时间	面积(公顷)
007	贵州	贵州燕子岩国家森林公园	2001.11	10400.00
008		贵州玉舍国家森林公园	2002.12	924.47
009		贵州雷公山国家森林公园	2002.12	4354.73
010		贵州习水国家森林公园	2003.12	14027.46
011		贵州黎平国家森林公园	2003.12	5475.00
012		贵州朱家山国家森林公园	2004.12	4888.20
013		贵州紫林山国家森林公园	2004.12	3529.00
014		贵州潕阳湖国家森林公园	2004.12	21283.00
015		贵州赫章夜郎国家级森林公园	2004.12	4733.00
016		贵州青云湖国家森林公园	2005.12	2980.00
017		贵州大板水国家森林公园	2005.12	3132.00
018		贵州毕节国家森林公园	2005.12	4133.00
019		贵州仙鹤坪国家森林公园	2005.12	9065.00
020		贵州龙架山国家森林公园	2006.12	6079.00
021		贵州九道水国家森林公园	2006.12	1244.50
022		贵州台江国家森林公园	2012.01	6702.91
		合计	22 处	151908.85
001	云南	云南巍宝山国家森林公园	1992.11	1255.00
002		云南天星国家森林公园	1992.11	7420.00
003		云南清华洞国家森林公园	1992.11	9856.47
004		云南东山国家森林公园	1992.11	6281.80
005		云南来凤山国家森林公园	1992.11	6466.93
006		云南花鱼洞国家森林公园	1992.11	3143.00
007		云南磨盘山国家森林公园	1992.11	24200.00
008		云南龙泉国家森林公园	1992.11	1000.00
009		云南太阳河国家森林公园	1992.11	6666.67
010		云南金殿国家森林公园	1992.11	1970.40
011		云南章凤国家森林公园	1993.03	7000.00
012		云南十八连山国家森林公园	1993.05	2078.00
013		云南鲁布革国家森林公园	1993.05	4866.67
014		云南珠江源国家森林公园	1993.05	4376.00
015		云南五峰山国家森林公园	1993.05	2492.13
016		云南钟灵山国家森林公园	1993.05	540.00
017		云南棋盘山国家森林公园	1997.12	920.00
018		云南灵宝山国家森林公园	1997.12	811.20
019		云南铜锣坝国家森林公园	1999.05	3237.00
020		云南小白龙国家森林公园	1999.05	624.80
021		云南五老山国家森林公园	1999.05	3604.00
022		云南紫金山国家森林公园	2000.12	1700.00

（续）

序号	省份	公园名称	建园时间	面积（公顷）
023	云南	云南飞来寺国家森林公园	2000.12	3431.25
024		云南圭山国家森林公园	2000.12	3206.00
025		云南新生桥国家森林公园	2001.11	2616.00
026		云南西双版纳国家森林公园	2004.12	1801.70
027		云南宝台山国家森林公园	2005.12	1047.00
		合计	27 处	112612.02
001	西藏	西藏巴松湖国家森林公园	2001.11	410000.00
002		西藏色季拉国家森林公园	2001.11	400000.00
003		西藏玛旁雍错国家森公园	2004.12	310552.00
004		西藏班公湖国家森公园	2004.12	48159.00
005		西藏然乌湖国家森公园	2004.12	116150.00
006		西藏热振国家森公园	2004.12	7463.00
007		西藏姐德秀国家森公园	2004.12	8498.00
008		西藏尼木国家森林公园	2009.07	6192.00
009		西藏比日神山国家森林公园	2012.01	22594.15
		合计	9 处	1329608.15
001	陕西	陕西太白山国家森林公园	1991.08	2949.00
002		陕西延安国家森林公园	1992.04	5446.67
003		陕西楼观台国家森林公园	1992.07	27487.00
004		陕西终南山国家森林公园	1992.07	4799.00
005		陕西天台山国家森林公园	1993.05	8100.00
006		陕西天华山国家森林公园	1997.12	6000.00
007		陕西朱雀国家森林公园	1999.05	2621.00
008		陕西南宫山国家森林公园	2000.02	3100.00
009		陕西王顺山国家森林公园	2000.12	3633.00
010		陕西五龙洞国家森林公园	2001.11	5800.00
011		陕西骊山国家森林公园	2001.11	1873.30
012		陕西汉中天台国家森林公园	2002.12	3929.00
013		陕西黎坪国家森林公园	2002.12	9400.00
014		陕西金丝大峡谷国家森林公园	2002.12	1790.00
015		陕西通天河国家森林公园	2002.12	5235.00
016		陕西木王国家森林公园	2003.12	3616.00
017		陕西榆林沙漠国家森林公园	2003.12	871.40
018		陕西劳山国家森林公园	2004.12	1933.00
019		陕西太平国家森林公园	2004.12	6085.00
020		陕西鬼谷岭国家森林公园	2004.12	5135.00
021		陕西蟒头山国家森林公园	2005.12	2120.00
022		陕西玉华宫国家森林公园	2005.12	3200.00
023		陕西千家坪国家森林公园	2005.12	2145.00

（续）

序号	省份	公园名称	建园时间	面积（公顷）
024	陕西	陕西上坝河国家森林公园	2006.12	4526.00
025		陕西黑河国家森林公园	2006.12	7462.20
026		陕西洪庆山国家森林公园	2006.12	3000.00
027		陕西牛背梁国家森林公园	2008.01	2123.70
028		陕西天竺山国家森林公园	2008.12	1809.00
029		陕西紫柏山国家森林公园	2008.12	4662.00
030		陕西少华山国家森林公园	2008.12	6300.00
031		陕西石门山国家森林公园	2010.09	8856.00
032		陕西黄陵国家森林公园	2012.01	4358.50
033		陕西青峰峡国家森林公园	2013.01	6878.00
034		陕西黄龙山国家森林公园	2013.01	9913.00
035		陕西汉阴凤凰山国家森林公园	2014.02	8235.00
		合计	35 处	185391.77
001	甘肃	甘肃吐鲁沟国家森林公园	1992.09	5848.00
002		甘肃石佛沟国家森林公园	1992.09	6376.00
003		甘肃松鸣岩国家森林公园	1992.09	2666.67
004		甘肃云崖寺国家森林公园	1992.11	14891.00
005		甘肃徐家山国家森林公园	1992.11	171.07
006		甘肃贵清山国家森林公园	1996.08	6200.00
007		甘肃麦积国家森林公园	1997.12	8442.00
008		甘肃鸡峰山国家森林公园	1999.05	4200.00
009		甘肃渭河源国家森林公园	2000.12	7917.00
010		甘肃天祝三峡国家森林公园	2002.12	138706.00
011		甘肃冶力关国家森林公园	2002.12	79400.00
012		甘肃官鹅沟国家森林公园	2003.12	41996.10
013		甘肃沙滩国家森林公园	2003.12	17415.00
014		甘肃腊子口国家森林公园	2003.12	27896.90
015		甘肃大峪国家森林公园	2003.12	27625.00
016		甘肃小陇山国家森林公园	2005.12	19670.00
017		甘肃文县天池国家森林公园	2005.12	14338.00
018		甘肃莲花山国家森林公园	2005.12	4873.00
019		甘肃周祖陵国家森林公园	2005.12	613.70
020		甘肃寿鹿山国家森林公园	2005.12	1086.01
021		甘肃大峡沟国家森林公园	2005.12	4070.00
		合计	21 处	434401.45
001	宁夏	宁夏六盘山国家森林公园	2000.02	7900.00
002		宁夏苏峪口国家森林公园	2000.02	9587.00
003		宁夏花马寺国家森林公园	2002.12	5000.00
004		宁夏火石寨国家森林公园	2003.12	6100.00

(续)

序号	省份	公园名称	建园时间	面积(公顷)
		合计	4处	28587.00
001	青海	青海坎布拉国家森林公园	1992.11	15247.00
002		青海北山国家森林公园	1992.11	112723.00
003		青海大通国家森林公园	2001.11	4747.10
004		青海群加国家森林公园	2002.12	5849.00
005		青海仙米国家森林公园	2003.12	148025.00
006		青海哈里哈图国家森林公园	2005.12	5170.50
007		青海麦秀国家森林公园	2005.12	1535.00
		合计	7处	293296.60
001	新疆	新疆天山大峡谷国家森林公园	1993.05	82394.33
002		新疆天池国家森林公园	1994.12	44627.00
003		新疆那拉提国家森林公园	2001.11	6025.00
004		新疆巩乃斯国家森林公园	2001.11	73104.00
005		新疆贾登峪国家森林公园	2002.12	38985.00
006		新疆白哈巴国家森林公园	2002.12	48376.00
007		新疆江布拉克国家森林公园	2003.12	29306.00
008		新疆唐布拉国家森林公园	2003.12	34237.00
009		新疆科桑溶洞国家森林公园	2003.12	16400.00
010		新疆金湖杨国家森林公园	2003.12	2000.00
011		新疆巩留恰西国家森林公园	2004.12	55600.00
012		新疆哈密天山国家森林公园	2004.12	160462.33
013		新疆哈日图热格国家森林公园	2004.12	26848.00
014		新疆乌苏佛山国家森林公园	2008.12	37582.68
015		新疆哈巴河白桦国家森林公园	2010.09	24700.95
016		新疆阿尔泰山温泉国家森林公园	2010.09	88793.00
017		新疆夏塔古道国家森林公园	2010.09	38507.49
018		新疆塔西河国家森林公园	2012.01	4309.14
019		新疆巴楚胡杨林国家森林公园	2012.01	169371.03
		合计	19处	981628.95
		共计	**791处**	**10596135.26**

(国家林业局森林公园保护与发展中心)

【自然保护区发展】 自然保护区是依法划定的特别保护区域,保护有代表性的自然生态系统、珍稀濒危野生动植物和特殊意义自然遗迹。自然保护区是遗传基因库,是国家重要生物资源的战略储备库,对国家和民族的永续发展具有重大意义。建设和管理自然保护区是尊重自然、顺应自然、保护自然的生态文明理念在生态保护工作中的具体实践,是建设生态文明和美丽中国的重要载体,也是落实生态保护红线、优化国土空间格局的重要抓手,为维护国家生态安全发挥极其重要的作用。

1956年,我国第一个自然保护区——广东鼎湖山自然保护区建立以来,经过近60年的发展,中国的自然保护区事业经历了从无到有、规模从小到大、类型单一到全面的发展历程,取得了举世瞩目的成就。

面积和数量均居世界前列 党和国家高度重视自然保护区工作,在各级政府和有关部门的支持下,在自然保护区广大干部职工的辛勤努力下,自然保护区建设工作取得积极进展。

一是保护区面积和数量居世界前列。截至2014年年底,全国自然保护区数量为2729个,总面积147万平方千米,占陆地国土面积14.84%,自然保护区总面积居世界第四位。其中,国家级自然保护区数量为428个,总面积96.52万平方千米,分别约占全国自然保护区总数16%和总面积的66%,占陆地国土面积的10%。

二是初步建成自然保护区网络体系。经过近60年的建设,基本形成以国家级为主、地方级为辅,野生动物、荒漠、内陆湿地和森林生态为主体,包括野生植物、草原草甸、自然遗迹和海洋海岸生态系统的多种类型,以保护生物资源为主,兼具涵养水源、水土保持、调节气候等综合生态功能的自然保护区体系。

三是保护成效显著。自然保护区使我国90%的自然生态系统、85%的国家重点保护动物和86%的国家重点保护植物以及绝大多数自然遗迹得到了保护,我国部分区域生物多样性遭受严重威胁的局面得到缓解,一些濒危物种种群得到了恢复。目前,我国已经建立了60多处大熊猫自然保护区,野外大熊猫1864只,藏羚羊恢复到目前的20多万只,朱鹮、麋鹿、珙桐、苏铁、崖柏、银杉等珍稀濒危物种的种群呈现明显的恢复发展趋势。

四是积极开展科普宣教。我国有200多处国家级自然保护区建有动植物标本馆、自然博物馆、科普馆、科普长廊等,年接待参观考察人数超过3000万人(次),150多个国家级自然保护区建立了宣传网站或网页,自然保护区成为科普教育、生态教育和弘扬生态文明、开展爱国主义教育的重要基地。

五是国际合作广泛。我国有32处自然保护区加入联合国教科文组织"人与生物圈"保护区网络，有44处列入国际重要湿地名录，有30多处成为世界自然遗产地，30处自然保护区列入世界地质公园网络。我国与全球环境基金(GEF)、世界自然基金会(WWF)、世界自然保护联盟(IUCN)等国际组织建立了良好的合作关系，积极履行《生物多样性公约》。成立了中俄总理定期会晤委员会环保分委会跨界自然保护区和生物多样性保护工作组，积极推进跨界自然保护国际合作。

形成自然保护区管理体制 在自然保护区管理方面，我国也做出了积极的探索，取得了显著成效。

一是建立了适合我国国情的自然保护区管理体制。我国自然保护区管理实行环保部门综合管理、林业、农业、国土、海洋等有关部门分工负责，行业指导和属地管理相结合的体制。环保部门负责制定自然保护区发展规划、政策、法规和标准，对各级各类自然保护区进行监督；林业部门负责林业系统自然保护区的监督管理，具体指导森林、湿地、荒漠和陆生野生动物类型自然保护区的建设和管理；国土资源部门监督管理古生物化石、地质遗产自然保护区；农业部门监督管理草原、水生生物类型自然保护区；海洋部门监督管理海洋和海岸类型自然保护区。

二是形成了比较完善的自然保护区分级管理机制。自然保护区分为地方级(县、市、省级)和国家级，实行自下而上的方式建立，各级自然保护区由同级人民政府批准设立。为提高国家级自然保护区设立和调整的科学性，环境保护部根据国务院授权组建跨部门、跨学科的国家级自然保护区评审委员会，制定了委员会组织和工作制度、评审标准等，对申请新建国家级的自然保护区进行审查，提出审批建议，报请国务院审批。认真落实国务院印发的《国家级自然保护区调整管理规定》，严格国家级自然保护区调整，否决了一批自然保护区调整申请。目前，各省(区、市)均已参照国家级自然保护区评审委员会的组成模式，建立了省级自然保护区评审委员会，规范各级自然保护区建设和管理工作。

三是初步建立起自然保护区法规政策体系。1994年，国务院颁布实施《中华人民共和国自然保护区条例》，确立了我国自然保护区的法律地位。国务院办公厅分别于1998年和2010年做出关于加强自然保护区工作的通知，印发了《国家级自然保护区调整管理规定》等，推动自然保护区发展。环保部门制定了《国家级自然保护区监督检查办法》《自然保护区类型与级别划分原则》《自然保护区生态环境监察指南》等部门规章和标准，强化综合监管。林业部门制定了《森林和野生动物类型自然保护区管理办法》，农业部门制定了《水生动植物自然保护区管理办法》，海洋部门制定了《海洋自然保护区管理办法》，国土部门制定了《自然保护区土地管理办法》和《关于建立地质自然保护区的规定》等相关规章制度。黑龙江、内蒙古、浙江等24个省(区、市)制定了自然保护区管理法规，200多个自然保护区制定了管理条例或管理办法。1997年经国务院同意，原国家环保局和国家计委联合印发《中国自然保护区发展规划纲要(1996~2010年)》，2010年国务院审议通过《中国生物多样性保护战略与行动计划(2011~2030年)》，为我国自然保护区发展起到了重要推动作用。

四是强化自然保护区监督管理。为加强自然保护区监督管理，环保部门制定了《国家级自然保护区监督检查办法》，自2008年以来，利用卫星遥感技术，建立了"天地一体化"的自然保护区监控体系，对所有国家级自然保护区开展了人类活动遥感监测和实地核查，基本摸清了国家级自然保护区人类活动的分布状况，查处了一批违法违规案件。

五是加强自然保护区管理基础工作。2010年，在财政部的支持下，环境保护部实施了第一次全国自然保护区调查与评价项目，目前已完成31个省份2000多个自然保护区的调查工作，建立了基础调查数据库和地理信息系统，基本掌握了全国各级自然保护区建设管理现状；组织开展了中国生物物种资源调查和编目，与中国科学院联合发布了《中国生物多样性红色名录—高等植物卷》和《中国生物多样性红色名录—脊椎动物卷》。林业局组织开展了第二次全国野生动植物资源调查和第四次大熊猫调查，农业部开展了长江上游珍稀特有鱼类国家级自然保护区资源与环境综合调查等工作。这些工作为制定自然保护区发展规划和制定政策措施提供了依据。

全面实施系统性保护工程 我国自然保护区事业是在“抢救性保护”的方针指导下逐步发展起来的，在取得巨大成绩的同时，自然保护区建设管理中仍存在生物多样性保护存在空缺，保护质量不高，保护与开发矛盾日益显现，资金投入机制不健全，生态补偿政策不完善等一些困难和问题，一定程度上影响了自然保护区事业的健康发展。

统筹全国自然保护区发展。启动第二次全国自然保护区调查与评价项目，开展自然保护空缺分析、现状评价和保护有效性调查。尽快编制并报国务院审批发布全国自然保护区发展规划，为今后自然保护区发展提供指导。在一些生物多样性丰富、生态功能重要、生态环境脆弱的区域建立保护区或提高保护级别。加快中东部地区自然保护区建设步伐，扩大保护区面积。要将河湖、海洋、草原生态系统、小种群和自然遗迹的保护作为新建自然保护区的重点。

健全自然保护区投入机制。国家级自然保护区建设和管理属中央事权。应逐步理顺国家级自然保护区资金投入机制，将国家级自然保护区运行管理经费全部纳入中央财政预算；在“中央对地方国家重点生态功能区转移支付办法”中明确国家级自然保护区运行管理经费支出渠道。在保障运行经费的基础上，加强机构和人员建设，积极开展生态监测、科学研究、宣传教育和监督管理等工作，大力提升管护水平，提高保护质量。

加强自然保护区监督管理。进一步完善自然保护区“天地一体化”监控体系，建立长期监测和重点监控相结合的常态化运行机制，防范各种人类活动对保护区侵占和蚕食。严格执行《国家级自然保护区调整管理规定》，坚决抑制随意调整自然保护区范围和功能分区，确保自然保护区面积和功能稳定。定期开展自然保护区专项执法检查和管理评估，研究建立涉及自然保护区建设项目事中事后监督机制，严肃查处保护区内各类违法违规行为，完善责任追究制度，依法追究相关人员的责任。

完善生态补偿土地权属政策。研究制定自然保护区生态补偿政策，加大一般性财政转移支付力度，确保自然保护区所在地区的居民生活水平不因自然保护区建立而降低。研究制定自然保护区土地权属政策，通过收购、租赁等方式，确保保护区管理机构在保护区土地权属中的主体地位，强化对保护区土地使用的管制。建立自然保护区社区共管机制，探索适合我国国情的保护区周边居民参与保护区管理和利益公平分享的模式，有效缓解和消除社区矛盾，实现自然保护区持续发展。

（环境保护部南京环境科学研究所　王　智　徐海根）

【2014 年森林公园大事记】

摸底调查国家级森林公园总规编制情况 3月13日，国家林业局场圃总站印发通知，要求各地填报《国家级森林公园总体规划编制情况调查表》，对国家级森林公园总体规划编制情况进行全面摸底调查。《国家级森林公园管理办法》规定，国家级森林公园总体规划是国家级森林公园建设经营和监督管理的依据，国家级森林公园总体规划由国家林业局审批，规划期一般为10年。同时规定新设立国家级森林公园应在18个月内编制完成总体规划，改变范围的国家级森林公园应在12个月内修改完成总体规划。

盘点2013年我国森林公园建设经营数据 据2013年度全国森林公园建设经营统计数据显示，截至2013年年底，全国共建立森林公园2948处，规划总面积1758万公顷。其中，国家级森林公园779处、国家级森林旅游区1处、省级森林公园1371处、县(市)级森林公园797处。广东、山东、浙江、福建、江西、河南、四川、湖南和山西共9个省的森林公园总数超过100处。2013年全国森林公园创造的社会综合产值超过4700亿元。森林公园共拥有游步道7.42万千米，旅游车船3.78万台(艘)，接待床位80.91万张，餐位143.84万个。从事管理与服务的职工达16.48万人，导游1.77万人。

据统计，2013年有2466处森林公园共接待游客5.89亿人次，占国内旅游总人数的18.1%，旅游收入491.1亿元，分别比2012年度增长7.5%和8.3%。871处森林公园免费向公众开放，其中国家级为189处。享受免票服务的游客1.59亿人次，其中国家级6434.74万人次，占本年度游客总人数的27%，占国家级游客总人数的18.7%。

河南新郑国家古枣林公园获批 4月23日，国家林业局印发《关于同意建设河南新郑国家古枣林公园的函》，同意在河南省新郑市孟庄镇、薛店镇、郭庄镇范围内建设河南新郑国家古枣林公园，面积

2万余亩，并要求将其纳入森林公园管理体系。这是继河南洛阳国家牡丹园、江苏邳州国家银杏博览园、河南鄢陵国家花木博览园、江苏泰兴国家古银杏公园之后，国家林业局批准的第五个国家级林业专类公园。

开展首批国家生态公园试点建设 10月20日，国家林业局印发《关于同意内蒙古自治区包头市昆都仑区、浙江省开化县、重庆市南川区开展国家生态公园试点建设的函》，包头市昆都仑区、开化县和重庆市南川区成为首批国家生态公园试点建设县（区）。通知要求，各有关省级林业主管部门将国家生态公园作为巩固生态建设成果、展示林业建设成就、完善生态保护体系、服务民生福祉的重要平台抓紧抓好，鼓励和引导国家生态公园积极探索在实施国土空间战略中的功能、定位、管理模式、运行机制和政策措施，并将其纳入森林公园管理体系。

"大力推动城郊型森林公园发展"论坛召开 10月29～31日，中国林学会森林公园分会2014年年会暨"大力推动城郊型森林公园发展"论坛在陕西金丝大峡谷国家森林公园召开。本次会议系森林公园分会第三届理事会二次会议，主要总结了本届分会工作，部署2015年分会工作任务目标，遴选了下次年会承办单位，审议了《国家级森林公园负责人交流挂职办法》。在同期举办的"大力推动城郊型森林公园发展"论坛上，与会专家和代表围绕城郊森林公园规划设计、运行管理、法制建设等议题展开了交流、探讨。

陈凤学副局长率中国政府代表团参加2014世界公园大会 应世界自然保护联盟（IUCN）邀请，11月11～20日，以国家林业局副局长陈凤学为团长的中国政府代表团和国家林业局场圃总站站长杨超为团长的业务代表团，赴澳大利亚参加了世界自然保护联盟2014世界公园大会。本次大会以"公园、人类、地球：启发解决方案"为主题，就全球自然保护地规划、治理及管理领域重大问题开展了对话与交流。会议期间，陈凤学在大会部长级论坛上作了主旨发言并在亚太雨林峰会上作了发言，国家林业局、世界自然保护联盟和世界自然基金会联合举办了主题为"走向生态文明——探索有利于中国自然保护事业的国家公园体制"的中国主题边会，宣传我国在自然保护中取得的成就、经验及对世界的贡献。

龙湾群国家森林公园入选首批全球绿色名录 11月14日，世界自然保护联盟在澳大利亚召开全球绿色名录——最佳管理保护地发布及推介大会，发布首批全球绿色名录，共有8个国家23个不同类别的自然保护地获得这一殊荣，吉林龙湾群国家森林公园成为6个入选的中国自然保护地之一。

编制《全国城镇森林公园发展规划（2015～2025年）》 针对当前城镇居民对森林公园需求越来越大的趋势，为进一步加强城镇生态修复和建设，巩固城镇生态建设发展成果，更好服务于新型城镇化发展的需要，让居民看得见青山绿水，享受得到生态产品，生活在绿色的城镇中，国家林业局组织开展了对广东、山西两省城镇森林公园发展的调研，组织了对城镇森林公园发展规划编制的专家研讨，启动了《全国城镇森林公园发展规划（2015～2025年）》的编制工作。规划被列入中共中央办公厅、国务院办公厅印发的《关于落实〈国家新型城镇化规划（2014～2020年）主要目标和重点任务的分工方案〉和〈2014～2015年推进新型城镇化工作重点〉》。

落实严禁在公共资源中设立私人会所规定 2014年12月14日，国家林业局场圃总站印发通知，要求各省级林业主管部门自觉贯彻中共中央办公厅、国务院办公厅转发的《关于严禁在历史建筑、公园等公共资源中设立私人会所的暂行规定》。通知要求，始终坚持森林公园的公益性发展方向，坚决取缔在森林公园内设立的私人会所，同时要设立并公开举报方式，进行长期跟踪督察，防止其改头换面、死灰复燃。通知还要求进一步强化森林公园总体规划的审核，严格把关占用森林公园林地，严禁任何与森林公园公益性及服务游人宗旨相违背的建设、经营行为。

开展形式多样的森林公园人员培训 2014年，国家林业局场圃总站先后组织举办了国家级森林公园管理高级研修班、森林公园行业管理暨监督检查研讨班、国家级森林公园主任培训班，参训人员涉及省级林业部门森林公园主管处室、国家级森林公园管理机构、规划设计单位和国家级森林公园申报单位，参训总人数近400人。培训班采取政策解读、理论讲授、专题介绍、经验交流、现场交流等多种形式，内容丰富，可借鉴性强，取得了良好的培训效果。

（许 晶 俞 晖）

林木种苗生产

【林木种子生产】 种子采收 2014 年全国共采收林木种子 3142 万千克，比 2013 年增加 472 万千克，增长 17.6%。经核实，增加原因是 2014 年吉林省红松种子产量大增，仅吉林省 2014 年红松种子采收量同比增长 505 万千克。而以核桃、油茶为代表的经济林树种和前几年市场滞销品种如樟子松等绿化树种经过种苗管理部门的政策引导和市场自身调控，供应量逐步下降。其中核桃减少 30%，油茶减少 13%，板栗减少 26%，山桃减少 72%。2013 年歉收的侧柏 2014 年则恢复到以往 110 万千克采收量的平均水平。而樟子松在 2013 年减少 13% 的情况下 2014 年略减 0.7%，说明樟子松市场供求趋于稳定。值得关注的是油茶种子采收量虽有所下降，但良种实际用量连续两年增幅在 30% 以上。

全年采收前种子库存量为 255 万千克，实际用种量为 1901 万千克。

良种生产 据统计，2014 年全国良种基地共生产种子 730 万千克，同比增加 563 万千克(原因是红松种子产量剧增)。2014 年全国良种基地生产穗条 68.8 亿条(根)，比 2013 年增加 26.8 亿条(根)，增长率为 64%。

采种基地生产情况 2014 年全国采种基地共采收种子 1266 万千克，占全国林木种子采收量的 40%，比 2013 年增加 760 万千克。吉林省居增幅榜首，增长 537 万千克(红松种子较 2013 年增长 528 万千克)；吉林森工其次，增长 278 万千克(红松种子较 2013 年增长 278 万千克)。

【苗木生产及育苗单位情况】 2014 年全国共完成育苗面积 141.2 万公顷，比 2013 年增加 34.1 万公顷。育苗面积居于前五位的省份是山东省、江苏省、浙江省、河北省和安徽省，分别为 293 万亩、240 万亩、208 万亩、207 万亩和 124 万亩。全国新育苗面积 38 万公顷，占育苗总面积的 27%。国有、乡村集体和个体育苗面积分别占育苗总面积的 9.78%、5.1% 和 85.12%，与 2013 年相比，国有育苗面积比重减少 0.83 个百分点，乡村集体育苗面积比重增加 0.3 个百分点，个体育苗面积比重增加 0.53 个百分点，个体育苗面积所占比重超过 80% 成为新常态。

2014 年育苗总量为 677.7 亿株，比 2013 年增加 77.7 亿株，增幅为 13%。除留圃苗木外，实际用于造林绿化的苗木量为 175.5 亿株，其中生态公益林苗木 86.9 亿株，经济林苗木 46.9 亿株，其他林种苗木 41.7 亿株。2014 年实际用苗量中 30.09% 来自国有单位，6.77% 来自乡村集体，还有 63.14% 来自个体。

2014 年容器育苗产量为 116 亿株，良种苗产量 186 亿株，与 2013 年相比，容器苗产量增加 19 亿株，良种苗产量增加 21 亿株，增幅为 13%。

截至 2014 年年底，全国共有苗圃 462540 个，国有、乡村集体和个体所占比例分别为 1.61%、1.76% 和 96.63%。在国有苗圃单位中，林业系统内部的苗圃有 5457 个。

【林木种苗生产情况】 全国林木种子采收总量虽同比上升 17.6%，但究其增加原因是红松种子采收量的大增，其他类种子采收总量稳定。个别树种供应量的增减特别是珍稀阔叶、优质乡土等名特优新树种的增长预示树种结构进一步优化。良种穗条产量增幅为 64%，良种苗产量增幅为 13%，说明苗木质量得到进一步提高。全国育苗总量近年来连续上升且有加速上升的趋势，而平均每年实际用于造林绿化的苗木仅占总量的 1/4，提示苗木存量持续扩大，要进一步引起重视，积极采取措施，降低市场风险。

【林木种苗生产供应存在的主要问题与建议】 当前林木种苗生产供应中存在苗木存量大、良种产量低、结构不合理，市场信息闭塞等问题。为了解决好这些问题，各级种苗管理部门要积极采取措施，制定相应对策,重点做好以下几点工作。

一是要落实国办意见,抓好政策落实。深入贯彻落实《国务院办公厅关于加强林木种苗工作的意见》和《国务院办公厅关于深化种业体制改革提高创新能力的意见》是当前及今后一个时期种苗工作的重中之重,各地要切实加强对文件的宣传贯彻力度。已经出台贯彻落实意见的省(区、市),要进一步细化分解各项要求和任务,落实责任分工,明确工作要求,采取有力措施,将各项扶持政策落实到位。尚未出台贯彻落实意见的省(区、市),要进一步加大工作力度,争取尽快出台实施意见。

二是要提高认识,抓好良种生产。"一粒种子可以改变世界,一个物种可以左右一个国家的经济命脉",为林业建设提供充足的良种壮苗,是林木种苗工作的根本任务。林木种苗基地在保障林木种苗供应中发挥着主导作用。各地要以林木良种基地建设为重点,强化科技支撑、加大扶持力度,切实把基地建设好、管理好、经营好,进一步提高良种壮苗生产能力。

三是要抓好结构调整,加强市场引导。针对当前苗木结构性过剩问题,各地要加强行业管理,积极发展名特优新品种,淘汰市场需求小、价值低的品种,控制繁育快、效益差的品种,稳定市场容量大,效益好的品种。要大力采用育苗新技术,积极采取"定点育苗、订单生产、定向培育"的苗木培育新机制,实行订单化发展。要用好林木良种补贴政策,提高育苗户繁育良种壮苗的积极性,让老百姓得实惠。

四是要搭建信息平台,提高服务水平。各地要充分重视种苗信息化建设,搭建信息平台,拓宽种苗信息发布渠道。要充分发挥种苗行业协会的桥梁纽带作用,开展技术培训与推广、业务咨询,组织育苗户进行信息交流、传递种苗市场信息,避免种苗生产的盲目性。要搭建服务平台,支持和鼓励举办区域性苗木展销活动,引导和促进种苗产业健康发展。

五是要加强国有苗圃建设,积极探索国有苗圃改革。国有苗圃承担着为造林和绿化提供种苗的任务,发展和繁荣国有苗圃,提高其经营水平,是种苗工作中一项重要的战略目标。各地要以保障性苗圃建设为切入点,积极探索改革和发展新机制,激活国有苗圃发展潜力,发挥国有苗圃在生态建设中的基础保障作用,努力形成生产规模化、管理精细化、质量标准化和设备现代化的新局面,为生态建设努力提供数量充足、质量优良、品种对路、结构合理的林木种苗。

(国家林业局国有林场和林木种苗工作总站综合处)

各省（区、市）林业产业

PROVINCIAL FOREST INDUSTRY

北京市林业产业

【概　述】 2014年，绿色产业发展成效显著。一是推进了高效现代果园改造提升工程，制定了《50万亩低产低效果园提升改造工作方案》，全年新植优质高效果树9929亩、改造提升12996亩；建设高标准果品基地6.1万亩、更新老杂劣果树2.4万亩；进一步优化果品结构，年产干鲜果品8.3亿千克，收入43.4亿元。二是全面启动了平原地区规模化苗圃建设工作。制定了《关于加快平原地区规模化苗圃发展的意见》，建设规模化苗圃47个(参与企业39家)，总面积3.8万亩，培育乔木750余万株，带动3600人绿岗就业，吸引社会企业投入33.24亿元。三是全面发展花卉、蜂业、林下经济、观光旅游等产业。推进花卉优良品种研发、新技术示范推广，培育花卉新品种26个、引进200多个，花卉生产面积达到8万亩，年产值突破14亿元；发展林下经济13.2万亩；饲养蜜蜂23.6万群，产值1.6亿元；观光旅游接待游客913.8万人次，采摘收入5.2亿元。

【果树产业】 2014年，以启动改造提升50万亩低产低效果园示范为重点，以促进全市果树产业提档升级、提质增效、农民增收为目的，以推广现代化密植高效栽培模式为抓手，强化政策引导、增加资金投入，进一步加快转变发展方式，提升都市型现代果品产业发展水平，取得显著成效。

果品生产　2014年，全市果树遭受了几十年不遇的旱灾，预计干鲜果品产量8.3亿千克，减产近9%，但由于多年来重视了结构调整和有机化综合管理措施的推广普及，使果品结构进一步优化，果品质量得到大幅提升，全市果品总收入达43.4亿元，仅降低了1.3%。而且，优势树种、品种逆势上扬，实现增产增收，其中，大桃产量3.8亿千克，增长0.7%，收入达到16.7亿元，增长8.4%；梨产量达到1.5亿千克，增加1000万千克，收入5.1亿元，增长3.2%；樱桃产量增长25%，达到735万千克，收入达到3.3亿元。桃、梨、樱桃的产量、收入创历史新高。鲜杏在减产12%的情况下，实现增收20%，首次突破亿元大关。收入过亿元的还有葡萄3.2亿元，苹果6.2亿元，核桃2.3亿元，板栗1.9亿元。

设施果品效益　全市设施果品总产量达到899.6万千克，总收入高达2.4亿元，同比分别增长15.7%和22.1%，均创历史新高。截至2014年年底，全市共有设施果树面积12262亩，其中结果面积7624亩、6119个棚室，同比分别增长6.1%、11.6%和8.3%。全年结果面积的平均亩收入达到3.8万元。

高效现代果园改造提升工程扎实推进自“50万亩高效现代果园改造提升工程”任务提出以来，按照“改低、促中、提高”的总体要求，重点示范推广实施四项关键技术措施，一是新建园采用矮化高密栽培技术，采用“宽行窄株”种植方式，由传统的每亩种植44～70株改为每亩种植222～317株，便于机械化管理，实现省工、节本、增效，配合“五位一体”的管理技术，做到三年收回投资；二是采用独干高光效树形，实现结果部位集中在冠周1米范围内，简化修剪技术；三是按果树生理需求科学灌水，根据果树生理发育期需求及土壤墒情确定是否需要灌水，且用水量仅有传统用水量的1/3，实现节水增效。四是采用生物动力有机农业技术调整地力调节树势，提高光合效率，实现果品优质安全生产。2014年，全市采用现代化高效果园更新与改造模式，新植9929亩(主要是苹果、梨、樱桃)、改造12996亩(以樱桃、桃、梨为主)，实现了早果、丰产、高效，安全、优质，80%以上的果园达到欧盟有机认证标准。

高标准果品基地建设成效显著。一是果树发展保持较快增速，据统计，全市春季完成果树发展6.1万亩、504.5万株。其中，新发展果树2.4万亩、281.3万株，山区县1.9万亩，占到全市的79.2%。新植果树中近万亩按矮密高效现代化果园的模式，每亩种植222棵或317棵，与传统的大冠稀植或密植相比，单位面积种植株树大幅度提高。二是大树改造提质幅度较大，全市更新老杂劣果树2.4万亩、139.1万株，同比分别增长66.0%、14.0%。其中，鲜果更新力度较大，共更新2.1万亩、127.2万株。完成树体改造及品种改良、高接换优共完成1.3万亩、84.1万株(山区县占到7322亩、32.7万株)，以鲜果为主达到1.1万亩、73.0万株。其中，梨树完成4051亩、18.0万株，集中在大兴。三是设施果树发展迅猛，2014年各区县共新发展设施果树144亩、104个棚室同比面积增长30.9%。总投资3550.0万元，其中农民自筹618.0万元、市级补助2932.0万元。

京郊果园观光采摘亮点纷呈。2014年，京郊采摘开放果园已达1626个，面积30.0万亩，同比分别增长25.1%、8.8%。京郊果园共接待游客913.8万人次，采摘果品总量达3686.2万千克，采摘直接收入5.2亿元，比2013年增长6.1%。通过果园采摘促销果品5585.1万千克，促销收入3.8亿元。由于百万市民观光采摘系列旅游文化活动的精心策划宣传实施，在广大市民心目中春季摘樱桃、秋季摘苹果已成为固定的郊游项目。号称“春果第一枝”的樱桃栽培面积已达到5.7万亩，总产量587.4万千克，总收入2.8亿元，成熟时一如既往吸引了大量市民采摘、郊游。

主要工作开展情况 ①转变观念，引进技术，推广现代化密植高效栽培模式。从2012年下半年开始，围绕北京市果树产业升级，产业处数次组织区县业务主管部门及部分种植大户，分赴山西运城、山东烟台、河北遵化等地区考察学习；春节过后组织2次300余人次的集中培训，邀请刘全保系统讲授“果树辩证管理学系列技术”；聘请刘全保、魏文继二位专家逐区县现场培训实地指导独干形果树的具体管理技术及郁闭果园改造技术；两次邀请意大利ZANZI公司总经理介绍其成熟的矮化密植现代化果园生产管理技术，使大家逐渐认清了这一新技术的可行性和必要性。2014年只此一项技术组织参观考察培训近1万人次。在此基础上完成了万亩(近230万株)现代化示范果园的种植管理，这将全面提升北京果树产业水平。

②明确重点，强化举措，大力推进50万亩低产低效果园改造。一是制订整体方案，明确思路目标和工作重点。按照市委市政府的要求，产业处围绕如何加快改造提升50万亩低产低效果园，数次召开通气会，多次逐区县进行了深入的座谈调研，摸排情况，围绕着果园土地流转制度创新、果园经营模式创新、果园建设投融资模式、高端果品产业化分选流通、产业化体系服务建设及服务的多种形式等方面研究政策，制订了《50万亩低产低效果园提升改造工作方案》。明确了“改低、促中、提高”的指导思想，初步摸清了2014年到2019年的年度，将有共涉及13个区县128个乡镇需更新老杂劣果园25万亩；12个区县125个乡镇需改造郁闭低效果园25万亩。

二是强化保障措施，筹备成立果树产业服务联盟。为确保50万亩低效果园提升改造高标准实施，做好技术、营销服务、搭建产业与高端销售群体牵手的平台，筹备创建“北京特色果品产业创新服务联盟”，拟形成完善的组织保障，围绕着完善土地流转制度，使果树种植规模化；依托业内成熟大型企业，建立建全优质果品销售服务体系，带动京郊特色果品产业链建设，最终实现世界名果物流配送一体化；依托现代高效技术创始人刘全保、魏文继及享受其服务指导的企业、合作社，完善技术指导与培训服务体系建设。该联盟将以北京市果树产业协会为发起单位之一，组织高档果品销售企业、高效现代化果树栽培技术服务企业、在京大专院校、科研院所及拟在京从事现代化果园建设或改造的企业、合作社、公司代表组建“北京特色果品产业创新服务联盟”，负责指导、监督相关技术方案制订、技术服务标准、基地建设标准的落实与实施和相关补贴政策的落实。凡纳入50万亩改造的果园优先享受进入上述销售服务体系。

三是统一技术标准，扎实做好推广示范。为统一“50万亩低产低效果园提升改造”的技术标准，让区县及广大果农认识并接受新技术的核心内容，产业处多次组织区县业务主管部门及种植大户赴山西、大连、烟台等果区参观考察，聘请山西运城市全保果业公司老总刘全保、河北天丰农业技术有限公司老总魏文继先生作顾问，深入基层，对各区县进行分别培训、直接指导各区县的示范园建设。组织有关专家编写了《果树高产高效现代化栽培创新技术》，并再版了刘全保老师的《果树辩证管理学—应用理论与技术》，广泛发放到区县、相关公司、协会、果农手中，为高标准落实50万亩提升改造工作奠定了技术基础。

③强化基础，狠抓关键，深入推进全市果品有机化生产。北京市推广果树有机化栽培10年来，真正改善了土壤肥力状况，强壮了树势，提高了果品的外观质量和内在品质，受到广大市民和果农的青睐，果品价格逐年提升，使30.9万户果农实现了增收致富。在多年推广"果品零农残""生物动力有机农业"等有机化栽培的基础上，平谷大桃专业镇刘家店镇，切实推广系列有机化栽培，连续几年开展了"种诚信桃、做诚信人"的活动，使全镇从早桃到晚桃品质质量升级，销售价格大幅度提升。截至9月底，镇信用社统计桃农存款比2013年增长5700余万元，户均增收1.5万元。

全市认证有机(包括转换期)果园达到222个、12.5万亩。截至2014年年底，有880个、33万亩的果园启动了果树有机化栽培综合配套技术。其中申请并获得有机认证的有208个、11.9万亩。在这些有机果园中，行间生草6.3万亩，种植驱避植物1.2万亩。申请并获得有机转换期认证的果园有14个、6115亩，采用生草栽培4330亩，种植驱避植物927亩。有机或转换期果园每年每亩施用完熟有机肥2~5吨。另外，全市果园建有机肥发酵场78个，可年生产有机肥28万吨。其中，平谷建有机肥场48个，年产有机肥17.9万吨，分别占到总数的59.3%、64.2%。通过自己堆制有机肥，大幅降低生产成本，明显提高了果实品质。

④新媒体，网店商，打造百万市民观光采摘文化活动新亮点。结合新媒体网络及网店营销方式的成熟发展及果品观光采摘特点，确定了2014年百万市民观光采摘宣传的重点是抓两头，即以樱桃为启动，以苹果为结束，高调宣传并促成果园与店商、速递物联网的合作。5月22日，在顺义彩虹庄园，以"春来百果第一枝，邀您进'城'摘樱桃"为主题，拉开了2014年北京百万市民观光果园采摘游序幕暨五五茗果商城开通仪式，为果农和市民架起通畅的桥梁，使广大市民和消费者能够从更多途径即时了解优质安全果品的生产、销售情况，同时使北京的鲜食果品，能在第一时间送达消费者。

10月18日，拉开了第11届昌平金秋苹果节的序幕暨"五五苹果商城"的启动仪式。与北京五五华夏网络科技有限公司合作，在五五茗果商城为昌平苹果搭建了互联网销售平台，为全区有条件的果农提供了一个网络商店。苹果节开幕前由五五商城派技术人员分二批培训昌平果农500人次，主要教会果农如何利用五五商城的平台做网络宣传、开网店。已有34户果农(合作社)提交入驻网络商城文本。继续完善昌平区苹果网站，在2013年昌平苹果地理信息系统以及手机APP基础上，改版升级昌平苹果网站，在保留原网站4项功能基础上，增加了"苹果商城""苹果知识"等模块。

⑤抓难点，重实效，加大果树实用技术的培训力度。高产高效现代化果园栽培技术与传统栽培管理技术相比从观念到技术都有很大差别。为确保试点果农或将要大力推广的果农真正掌握这套技术并运用于生产中，2014年开始，市局举办了3次全市、近千人的理论知识培训，介绍这套栽培技术的特点及具体的建园、土壤管理、树形培养、果园生态系统建设及树体管理等技术。同时，全市区县、乡镇村级的共举办各种培训2942次，累计培训果农、技术人员及相关工作者共25.0万人次，与2013年基本持平。其中区县级培训641次、受训人员5.9万人次，同比分别增长16.8%、2.1%；乡镇村级培训2301次，培训果农、技术员19.1万人次，同比基本持平。另外，为了开阔视野、学习先进的矮密高效果树管理经验以及销售策略等，区县、乡镇村共组织外出参观学习1.1万人次。其中，区县级外出参观学习3517人次，同比增长6.1%；乡镇村级7949人次。全市累计培训中，有关有机化栽培的培训共计324次，受训人员3.0万人次，参观有机果园及有机肥生产场等的果农达2418人次。

【蚕业蜂业产业】 2014年，北京市紧抓百万亩平原大造林这一发展机遇，全面落实《首都蜂业产业"十二五"发展规划》，做好"十大重点工程"建设，在产业结构调整、重点项目建设、产业基地建设、合作组织发展、蜜蜂品种优化、蜜蜂授粉服务、蜂业科技研发等方面取得了显著成绩，高标准、高质量地完成了年初制定的各项工作目标任务。

据统计，2014 年全市蜜蜂饲养总量为 23.6 万群，与 2013 年持平；蜂蜜产量 760 万千克，蜂王浆产量 8.8 万千克，蜂胶产量 3.6 万千克，蜂蜡产量 35.2 万千克，全市共有蜂业专业合作组织 79 个，有蜂业产业基地 60 个，有养蜂户 1 万户，养蜂万元户超过 3000 户，售蜂收入 723.3 万元，蜂授粉收入 1500 万元，养蜂总产值 1.6 亿元，蜂产品加工产值超过 12 亿元，出口创汇超过 1500 万美元。

产业扶持保障体系建设积极推进 一是各区县产业扶持保障措施积极出台。积极与各区县政府和政协联系沟通，将蜂产业列为该区县年度重点产业发展项目和重点发展工程，打造富有活力的“空中产业”。其中，密云区连续十年出台产业扶持政策，扶持蜂产业发展，目前该区养蜂业已由单纯的发展蜂群数量向扩大蜂场规模和蜂产品深加工方向复合发展，房山区自 2011 年“7·21”特大自然灾害后，将蜂产业列为“十百千”工程，加大产业扶持力度，2011~2014 年，共投入资金 2100 多万元扶持蜂产业发展；怀柔区连续 3 年将蜂产业列为区政府折子工程，并制定出台了相应的扶持政策，鼓励养蜂户大力发展养蜂。

二是 APEC 国际高端会址附近蜂场清理整治工作迅速展开。为规范养蜂秩序，提升 APEC 会址附近整体形象。2014 年，围绕 APEC 国际高端会址附近进行综合治理，配合怀北镇、雁栖镇、怀柔镇、桥梓镇、渤海镇、琉璃庙镇等六个镇“环境整治年”拆违工作，动员说服联络线及风景区沿线公路两侧蜂场的蜂农正视拆违工作，对蜂场内私搭乱建的房屋、棚子等违建进行自行拆除，清理蜂场环境卫生。共完成 15 个蜂场的清理整治工作，有效地提升了区域生态环境整体水平。

三是《养蜂证》发放工作全面推进。2012 年 2 月，农业部办公厅下发了《农业部办公厅关于做好养蜂证发放工作的通知》(农办牧[2012]13 号)后，要求各区县蜂业主管部门严格按照农业部文件精神做好《养蜂证》制作和发放工作。目前，在全市 11 个养蜂重点区县已全面推进《养蜂证》发放工作，有 2200 多名蜂农领到了《养蜂证》，成为有资格证书的职业养蜂人。

四是道边蜂场现代化改造工作逐步展开。为规范养蜂秩序，美化道路两边环境，2014 年，继续在怀柔区和密云县试点开展道边蜂场现代化改造工作。统一修建了集蜂产品销售、养蜂和旅游为一体的“蜂彩小屋”和“蜂舞云间”木屋建设，共计 14 间，并对小屋周边进行绿化美化。道边蜂场现代化改造工作不仅解决了蜂农转地放蜂的食宿难题，还提高了广大市民对道路两边蜂产品质量安全的认可度，同时增加了特色旅游和蜂农销售蜂产品的收入，有助于北京市蜂产业整体形象的提升。

产业基地建设成效显著 2014 年，北京市现有各类产业基地 60 个，带动 7500 户蜂农。

一是国家蜂产业技术体系示范基地建设。北京市蚕业蜂业管理站自 2008 年承担国家蜂产业技术体系北京实验站工作，至今已第七年，年内通过西方蜜蜂规模化转地饲养技术的试验应用，形成了示范蜂场蜂群管理技术规范，蜂场人均蜜蜂饲养量达到了 118 群，蜜蜂单产量提高 15 千克，由原来的群单产 50 千克提高到 60~80 千克，且全部达到成熟蜜标准；王浆产量提高 60%，由原来的群单产 0.5 千克提高到 0.8 千克；平均生产效率提高 40%。完成北京地区蜜蜂主要病虫害流行病学调查，协助开展小蜂螨采样，在本地区示范、推广绿色蜂药 1000 群以上，每群蜂每年节约用药 20 元，产品达到无公害标准；投入质量可追溯蜂群 2000 群，收集荆条蜂蜜样品 30 份以上，举办蜂产品溯源管理培训班 3 期。

二是蜂产品安全可溯源监控技术示范基地建设。在昌平、密云、门头沟、顺义的 4 个蜂产品安全可溯源监控技术示范基地建立了蜂产品产地信息溯源系统、蜂产品收购信息溯源系统、蜂产品加工信息溯源系统和蜂产品溯源查询网站等 4 个信息采集与查询系统。采用电子信息化手段对蜂产品开展质量可追溯技术研究，建立了蜂产品质量溯源系统，对蜂产品开展实时跟踪、监测和查询，同时，在北京选取 2 家加工厂、4 个合作社和 200 户蜂农开展了应用示范，采集溯源信息 200 条，基本实现了蜂产品布局、生产、销售、流通、溯源等的全程数字化和智能化，最终完成蜂产品从“田间到餐桌”的转变。

三是优良蜂种繁育基地建设。为进一步提高北京市蜂种良种率，选育优良蜂种，提高蜂群产量，2014 年，重点加强北京市 3 个蜜蜂种王繁育基地建设，实现年产优良种蜂王 15000 只。从吉林省蜜蜂育种场引进了良种蜂王 1000 余只在北京市进行推广，有效解决了全市种蜂王数量紧缺和种性退化问题。

蜂业气象指数保险试点工作顺利完成 蜂业气象指数保险是为了增加蜂农抗御自然灾害能力、健全蜂业抗风险机制、保障蜂农养蜂增收致富而设计建立的创新险种。北京市蜂业气象指数保险，是我国政策性农业保险体系中首个引入气象指数的保险，是第一个依据产量指数的保险，提出了保产量的概念，是第一个基于产业链管理的保险农业政策性保险。2014 年，北京市蚕蜂站积极同保险公司、市财政、市气象局、市农委等部门沟通协作，经过实地调研，完成了《北京市蜂业气象指数保险条款》的编制工作，并根据北京地区蜂产业的发展布局，先期选择密云区进行试点实施，年内有蜂农 231 户、蜂群 24082 群参加蜂业气象指数保险，投保 96.33 万元，实现风险保障 1011.44 万元。8 月 12 日，“北京市蜂业气象指数保险赔款兑现会暨工作总结动员会”在密云区北京京纯养蜂合作社成功召开。会上，按照保险条款约定，保险公司向蜂农每群蜂赔付人民币 29.505 元，即向 231 户蜂农赔付 71.5 万元，次日赔款正式兑现，对点支付到每个蜂农的账户。蜂业气象指数保险的试点实施，有效增强蜂农抗御自然灾害能力，保障蜂农养蜂增收致富，促进了北京市蜂产业的持续健康发展。

蜜蜂授粉富民工程持续推进 2014 年，北京市蜜蜂授粉富民工程持续推进，蜂农经济结构已由单纯销售蜂产品向“销售蜂产品 + 蜜蜂授粉”方向转变。开展设施农业授粉蜂群工厂化繁育与调度工作，建立 600 群以上集约化授粉蜜蜂繁育场 2 个，每年按不同作物授粉需求和时间提供授粉专用蜂群 5000 群。开展国产熊蜂周年继代繁育工作，建成半自动工厂化生产车间，形成大规模生产能力，根据市场需求，随时培育最佳授粉蜂群，满足国内设施作物的授粉需求，实现年产熊蜂 5 万群。

同时，年内共建成熊蜂授粉基地 1 个，蜜蜂授粉基地 4 个。其中，在大兴区建成熊蜂授粉基地；在怀柔区建成 2 个蜜蜂授粉基地，基地规模 3000 群，年内对区内 500 亩果树基地进行蜜蜂授粉试验示范。在顺义区李遂镇和杨镇建立蜜蜂授粉示范基地 2 个，共组织授粉蜂群 12000 多群，熊蜂 5000 多群，授粉范围分布为顺义、昌平、平谷、通州、大兴等几个区县及河北省境内，主要为设施西瓜、设施大桃及露天樱桃授粉，授粉收入 200 万元。在昌平区南口、兴寿应用设施草莓蜜蜂授粉 3000 亩，每亩节约人工授粉费用 600 元，与人工授粉相比每亩提高经济收入 1500 元。

蜂业科技创新能力显著增强 一是重点科技项目工作。加大与相关科研单位、各区县、蜂产品龙头企业及相关社会团体的资源整合力度，帮助区县形成特色鲜明的主导产业，提升品质及安全性，带动蜂产业的发展、提高农民的收益。共承担各类科技项目 5 个，其中，农业部国家蜂产业技术体系项目 1 个，中华供销总社 1 个，国家标准委 1 个，市财政 1 个，市技监局 1 个。“生态涵养区蜂产业科技示范与产业化促进工程”获得北京市农业技术推广三等奖。

二是加大蜂业技术标准制定力度。主持起草《巢蜜》和《王台型蜂王浆》两个国家标准，目前已形成了《征求意见稿》和《编制说明》，并进入了广泛征求意见阶段；参与审阅国家标准《蜂箱小甲虫病诊断方法》和农业行业标准《种蜂场建设》，对标准的语言、结构和参数数据提出了观点和修改意见；大力推广北京市蚕业蜂业管理站制定的 5 个蜜蜂饲养和蜂产品生产地方标准及两个蜜蜂授粉地方标准；分别于 6 月 1 日和 9 月 1 日颁布实施了两项地方标准《设施草莓蜜蜂授粉技术规范》和《设施茄果类熊蜂授粉技术规程》，两个地方标准与 2012 年 10 月 1 日颁布实施的《设施西瓜蜜蜂授粉技术规范》形成了蜂授粉类技术的系列标准，这在全国范围内属于首创，目前已推广应用设施草莓蜜蜂授粉超过 1 万棚，应用设施番茄、大椒、茄子、甜瓜等作物熊蜂授粉超过 2000 棚，创造农作物增产提质效益超过 2000 万元。

三是引进示范国外先进养蜂设备与机具。引进了土耳其梵谷蜂箱 2000 套和意大利全自动蜂蜜切盖分离生产线1套，并在密云区和顺义区养蜂示范基地进行了示范应用。土耳其梵谷蜂箱具有材料环保、保温、通风性高等特点，能有效避免了环境恶劣导致的蜜蜂病害、提高生产效率。意大利全自动蜂蜜切盖分离生产线不仅能大幅度减轻养蜂员劳动强度，而且实现了成熟蜂蜜生产的机械化、集约化和标准化，生产线的投入使用标志着北京蜂业与国际生产蜂蜜先进性接轨，促进北京乃至全国封盖成熟蜂蜜生产及推广，为开创中国优质成熟蜂蜜生产奠定了基础。

四是蜂业科技培训。北京蚕蜂站积极开展蜂业科技推广与培训工作，共组织各类培训班15次，聘请蜂业专家28人次，培训蜂农和蜂业主管人员1800多人次。其中，昌平农广校把参加培训74名养蜂专业户中符合条件的48名农民注册为2014春季果蔬花卉专业的中专学员，不仅让学员学到养蜂技术，同时在今后的学习中还能取得中专学历的毕业证书。

【林业种子苗木产业】 北京市种苗站在市园林绿化局的领导下，积极贯彻落实《市园林绿化局(首都绿化办)关于全面深化改革的实施意见》，有重点、有计划地开展全面工作。平原地区规模化苗圃建设作为市园林绿化局一项重要的改革任务，时间紧、任务重，北京市种苗站以平原地区规模化苗圃建设为重点，明确责任，落实人员，抓紧制订实施方案和标准规范，较好地完成了2014年的建设任务，开局良好。同时，林木种苗科技基础研究、良种选育推广、行政执法、质量监督检查、宣传培训等各项工作也顺利开展，取得了一定的成绩。

平原地区规模化苗圃建设工作全面启动 为贯彻落实《国务院办公厅关于加强林木种苗工作的意见》(国办发〔2012〕58号)，进一步提高北京生态建设水平、增加林木绿量、做大做强林木种苗产业，经北京市政府同意，市园林绿化局联合市发展改革委、市财政局、市国土局、市规划委、市农委等五委局于2月17日正式印发了《关于加快平原地区规模化苗圃发展的意见》(京绿造发〔2014〕2号)。

以落实《意见》相关要求为目标，按照拟定的工作方案，全面有序地推进2014年平原地区规模化苗圃建设工作，先后制定了《北京市平原地区规模化苗圃管理办法》《北京市平原地区规模化苗圃资金管理办法》《北京市平原地区规模化苗圃建设规范》《北京市平原地区规模化苗圃经营管理合同范本》等相关配套文件。

召开了规模化苗圃新闻发布会和苗圃建设进展专题宣传，两次较大规模的宣传活动，对规模化苗圃的建设背景、总体思路、目标要求、支持政策等进行了全面报道，对2014年建设进展和取得的阶段性成果进行了及时宣传。宣传活动得到了北京电视台、《北京晚报》《北京花卉报》北京人民广播电台等40家媒体的大力支持，引起了社会各界的积极响应。

结合工作进度先后组织规模化苗圃建设培训班5次，培训各区县种苗管理机构相关负责人，企业方人员等共计500余人次。林木种苗生产企业现场交流会1次，种苗管理机构负责人、林木种苗优秀企业负责人以及平原地区规模化苗圃建设单位负责人近百人参加了交流会。交流会介绍了本市林木种苗发展形势及趋势分析，介绍了规模化苗圃发展用地情况，为企业提供了交流、发展的平台，为积极推进平原地区规模化苗圃建设具有重要意义。

经批复，2014年平原地区规模化苗圃47个，总面积38494.48亩，涉及大兴、通州、顺义、平谷、密云、延庆6个区县的29乡镇的58个行政村。总投资40.4亿元，其中，政府投入土地流转补助资金7.16亿元(到2028年计算)。其中建设面积最大的为亿利首建生态科技有限公司的延庆永宁镇苗木基地3957亩。

据初步统计，2014年的近4万亩规模化苗圃全部建成后，将培育乔木750余万株，其中大规格乔木140余万株(常绿2.5米以上，落叶6厘米以上)，将使大规格苗木自给率提高15个百分点，达到65%；使平原地区森林覆盖率提高0.4个百分点，达到24.9%；每年能带动3600人绿岗就业，其中当地劳动力2600人，占72%。

截至2014年年底，47个苗圃计划栽植面积34368.7亩，已完成栽植面积27677亩，占80.5%。已栽植各类苗木780余万株，其中乔木数量近560万株，占乔木总计划栽植量的74.6%。

坚持科技兴种，承担的科技项目进展顺利 首都增彩延绿科技示范工程通过验收。“增彩延绿科技示范工程”项目顺利通过北京市科学技术委员会的验收。项目围绕解决首都园林绿化“色彩不突出，绿期不够长”的问题，开展科技攻关，共计收集彩色抗逆植物种(品种)374个，通过建立彩色树种、抗逆树种的筛选应用评价体系，筛选出重点推广的彩色树种6个、抗逆树种5个；累计繁育彩色、抗逆植物种苗720万株，建立了2140亩彩色抗逆树种的示范区。

组织实施市科委重大项目“北京林木种苗产业提升及‘圃林一体化’科技示范工程”。项目初步筛选出32个适应北京环境、观赏价值较高、滞纳PM2.5能力强的原生树种和归化树种；开展了代表性树种扦插、嫁接、播种标准化育苗技术规程研究，“圃林一体化”发展模式资料的收集整理；初步开展了1500亩生态景观型苗圃示范区，2000亩科普教育型苗圃示范区以及1700亩休闲游憩型苗圃示范区建设。

多项工作有序开展，加快推进良种选育推广进程 完成国家重点林木良种基地年度考核。按照国家林业局《国家重点林木良种基地考核办法(试行)》要求，3月18日，北京市种苗站组织中国林业科学研究院、北京林业大学和北京农业职业学校等有关专家分别对黄垡国家彩叶树种良种基地和十三陵林场国家白皮松良种基地进行了2013年年度考核工作。经专家组综合打分评定，北京市黄垡国家彩叶树种良种基地和十三陵林场国家白皮松良种基地2013年度考核结果均为优秀。

开展2014年林木良种补贴申报工作。组织完成2014年林木良种补贴工作。依据《中央财政林业补贴资金管理办法》，结合《财政部国家林业局关于开展2012年林木良种补贴试点工作的意见》(财农[2012]60号)相关要求，结合北京市实际情况，组织开展2014年全市林木良种苗木培育补贴资金申报及验收工作，2014年北京市林木良种补贴资金460万元。目前，正在开展林木良种苗木培育补贴项目验收工作。

继续开展全市林木品种审定工作。2014年37个通过初审的品种全部通过审定。从2006年到2014年，经过9年审定，北京市共产生林木良种250个，其中，观赏植物品种139个，经济林品种111个。

林木种苗行政执法和质量监督检查工作依法开展 ①以核发“两证”为中心开展行政许可审批工作。2014年市种苗站，共接受行政审批事项1882件。其中审核进出口林木种子经营许可证20件，林木种子生产、经营许可证新办、延期、变更21件，受理品种审定申请39件，出具种用证明1802件，涉及引进种苗2600万株，花种及林木种子700吨，草种5万吨，种球5527.3万粒。

②全面开展全市林木种苗质量检查工作。为确保百万亩平原造林等绿化工程苗木质量，进一步贯彻落实种子法中的“三证一签”制度，按照国家林业局要求，4月9~30日，北京市园林绿化局组织了由造林营林处、市种苗站、市林保站、市质监站、执法监察大队等单位组成的种苗质量联合执法检查组对北京市造林绿化工程使用的种苗质量进行了检查。检查涉及北京市13个区县、32个施工单位(或林木种子生产经营单位)、130个苗批、32个树种(或品种)。

苗木质量整体情况为：130个苗批全部合格，苗批合格率为100%；32个单位均执行了林木种子生产经营许可制度，31个单位执行了标签制度；32个单位建立了档案，其中施工单位的施工档案普遍健全，生产经营单位档案普遍不健全。

10月，北京市种苗站组织区县林木种苗管理机构负责人，开展了全市种苗秋季质量和种苗行政执法综合检查活动。活动查看了12个区县近3年造林工程用苗情况，听取了各区县近3年种苗行政执法工作和林木种苗质量监督工作汇报，广泛交流了各区县各自的有关情况。有效促进了今后执法工作的开展。

③继续开展打击制售假劣林木种苗和保护植物新品种权工作。根据北京市双打办2014年第二季度打击侵犯知识产权和制售假冒伪劣商品重点工作的安排，重点落实宣传保护植物新品种权的重要意义，同时对重点造林工程、园林绿化工程、林木种苗交易市场、林木种苗集散地和30多家苗木生产经营单位(包括林木种子进出口公司)进行了抽查。10月30日和局科技处、局执法监察大队共同检查了温泉苗圃和大东流苗圃。检查中没有发现侵权和假冒林木种苗的行为。

【花卉产业】

研究起草《2014~2019 花卉产业行动计划》及年宵花市场调研 在生态文明建设、全球花卉生产转移以及筹办 2019 北京世园会的新机遇下，为实现首都花卉产业转型升级，从 2014 年初组织起草了《2014~2019 花卉产业行动计划》，先后组织有关部门、专家、花卉重点企业与市场负责人进行座谈，在充分吸收各方面意见的基础上，对《行动计划》进行了修改和完善。下一步将征求有关部门意见，经进一步修改和完善后，另行报批。

组织完成 2015 意大利米兰世博会中国馆划拨绿地和园林景观建设施工及养护方案制订工作

按照《北京市贸促会关于印发北京市参与 2015 年意大利米兰世博会工作方案的通知》(京贸促发〔2014〕1 号)，北京市园林绿化局作为协调小组成员单位，具体负责中国馆划拨的绿地和园林景观承建及养护工作，并配合做好 2019 年北京世园会招商招展工作。中国馆划拨绿地及园林景观占地面积 1200 平方米，其中景观绿化面积 700 平方米，道路铺装面积 500 平方米。目前已委托北京市花木公司具体负责该区域的植物配置、施工组织实施和展期养护。经北京市花木公司与设计团队多次沟通，按照总体设计要求，对绿化方案进行了深化，推荐了使用的花卉和其他植物种类，研究了施工工艺、施工组织及展期养护方案。

组织开展多项花卉文化宣传活动 迎春年宵花展、月季文化节、菊花文化节等花事系列活动顺利完成。一是迎春年宵花展活动。1 月 21 日至 2 月 14 日，举办了以“鲜花扮靓美好生活”为主题的 2014 迎春年宵花展。通过组合盆栽大赛、“幸福京蝶飞入百姓家”蝴蝶兰展卖以及蝴蝶兰、梅花、水仙花卉专项展览等系列活动的举办，弘扬花卉文化，丰富市民节日活动，促进花卉消费，满足人们精神文化需求，推动花卉产业发展。经统计，2014 年新春北京市重点花卉企业生产年宵花卉 238 万盆，其中主要年宵花卉品种为蝴蝶兰、红掌、竹芋、凤梨和长寿花。二是第六届北京月季文化节。于 5 月 15 日至 6 月 15 日在北京植物园、天坛公园、陶然亭公园、纳波湾园艺、繁华世金玫瑰谷、蔡家洼玫瑰情园和妙峰山森林公园七大会场同期举行，为期 32 天。本届文化节共组织主题活动 50 余项，包括月季主题展览、万盆月季进社区、玫瑰采摘等；展出月季 2500 余个品种、272 万株，展出面积 462 万平方米；接待游客 164 万人，收入 380 万元。三是第六届北京菊花文化节。于 9 月 26 日至 11 月 16 日在北京国际鲜花港、北海公园、北京植物园、世界花卉大观园、天坛公园和五棵松园艺体验中心六大会场举办。将组织 10 余项菊花专业评比，以及菊花擂台赛、全国菊艺大师作品展等主题活动。

另外，组织参加第六届中国月季花展、2014 年香港花卉展、澳门回归十五周年中国传统插花展等各类花卉展览活动。一是第六届中国月季花展。按照市领导指示，北京市园林绿化局代表北京市参加于 5 月 25~26 日在莱州举办的第六届中国月季花展，宣传北京月季产业成果和 2016 世界月季洲际大会。北京市以“舞动北京”为主题的月季造景展区荣获展会特别金奖。同时，闭幕式上，大兴区代表第七届中国月季花展承办单位接受中国月季花展会旗。二是 2014 年香港花卉展。北京市参展作品以“积善人家”为主题，以中国传统插花形式，呈现北京花满园、乐满园的意境。荣获最具特色金奖。三是澳门回归十五周年中国传统插花系列活动。北京花卉协会应澳门花艺师设计学会邀请，支持并配合完成了在澳门举办的中国传统插花大型系列展演活动并获得圆满成功。本次活动以吟诵、歌咏、舞蹈等综合舞台艺术表现形式，生动形象地再现中国传统插花的文脉流传，旨在向澳门市民宣传中国花卉文化。

积极推进花卉生产优势品种的育种研发和新品种、新技术的引进示范推广 5 月 8 日，北京市园林绿化局专门召开“北京市花卉新优品种展示专家座谈会”，研讨花卉育种新成果在 2019 北京世园会上的推介方案。同时对拟定展示、具有自主知识产权的新品种进行了初步筛选，并确定 2015 年新品种扩繁、中试计划。二是研发成果丰硕。2006~2014 年间，研发团队共培育出 120 多个具有自主知识产权花卉新品种，其中获得国家新品种授权证书 40 个，通过初审或 DUS 测试待授权 36 个；北京市良种审定 50 个。其中 2014 年培育花卉新品种 26 个。三是加大推广力度。2014 年全市共引进200多个优良品种；重点实施8个月季新品种繁育以及日光温室切花红掌生产技术等推广示范。

推进花卉生产示范基地建设 2014年，北京市利用国家农业综合开发资金，重点新建延庆区切花红掌、顺义区切花郁金香、海淀区新优观赏植物等3个名优花卉生产示范基地。项目实施后，延庆切花红掌年产可达到60万支。顺义切花郁金香项目年产鲜切花300万支，年均交易收入1200万元，直接带动周边农民就业增收8000元/年。海淀区新优观赏植物引进项目实施后可年产牡丹、梅花130万株苗木，将极大丰富北京地区城市园林绿化的应用种类。3个示范基地生产设施设备、道路等设施建设任务已全部按期完成。

做好花卉地方标准制定与推广 为了进一步规范花卉行业管理，结合当前全市花卉产业发展的实际，组织编写制定了万寿菊、盆栽石斛兰生产技术规程等4项地方标准。目前4项标准已经过专家组多次论证，并修改完善，待北京市质量监督局颁布。

加强全市花卉高层次技术人员培训，提高从业水平 2014年，在实施花卉乡土专家行动计划基础上，重点加强花卉高层次技术人员的培训。主要组织花坛花卉生产养护技术高级研修班，培训具有高级职称的学员50人。本次培训主要针对北京地区城镇绿化中草花广泛应用现状，提高全市重点草花生产企业、公园、绿化队技术骨干专业技术水平。高研班3个阶段的理论、实操以及实地考察与交流任务已于9月底全部完成，多数学员还结合自身工作撰写科技论文分享交流生产经验。

【森林公园】 北京市森林公园坚持以科学发展观为指导，紧紧围绕“建设生态文明，推动科学发展”的园林绿化发展总目标，把弘扬森林文化、增强森林福祉作为现代园林绿化事业建设的重要内容，进一步加强森林资源培育和管护、基础设施改造和提升、文化活动打造和丰富，森林公园建设力度逐年加大，森林旅游产业平稳增长。全年完成植树造林500余公顷，林相改造2000余公顷，基础设施建设投入资金近1.4亿元；接待国内外游客800余万人次，森林旅游总收入超过3亿元，分别较2013年增长20%和10%。2014年，未批准建立国家级或市级森林公园。

文化引领，精心打造森林文化活动，丰富森林游憩内容 2014年，举办了第二届森林文化节，各森林公园因地制宜、推陈出新，开展了100余项300余次森林文化活动，包括森林音乐会、踏青节、红叶节、森林手工、森林悦读、森林健身等，丰富了森林公园的活动内容，提升了森林文化的影响力。西山国家森林公园继续突出“森林音乐会”特色，重点打造了“三节一赛”，即第三届踏青节、首届牡丹文化节、第三届红叶节和第二届百姓森林合唱大赛。八达岭国家森林公园主打“森林体验”特色，在办好传统两节即“消夏避暑节”“长城红叶文化节”的基础上，依托森林体验中心，开展了25次森林体验教育活动，接待中小学生、亲子家庭5000余人，接待各类考察团20余个。喇叭沟门国家森林公园充分挖掘满族风俗和特色民俗，将满族传统体育项目二贵摔跤、蹴球列入了北京市非物质文化遗产保护项目，并被批准为“北京市民间文化艺术之乡”。

创新理论，着力抓好森林抚育经营，提升森林景观效果 2014年，北京市森林公园在森林生态建设上投入资金5000余万元，大力加强了森林健康经营，提高了林分质量和景观效果，丰富了生物多样性，显著提升了森林的碳汇功能和观赏价值，丰富了森林文化内涵，使森林公园逐渐成为森林旅游发展、森林文化展示的重要载体。一些森林公园结合各自特点，打造了多姿多彩、富有特色的森林景观：西山国家森林公园在林间补植了大量山桃、山杏，打造了“西山晴雪”春景；八达岭国家森林公园在长城脚下种植了大量黄栌树，提升了“红叶映长城”秋景；森鑫森林公园更新改造了单一杨树林，形成了“杨柳拂岸”美丽夏景；鹫峰国家森林公园实施了太行山造林和大西山彩化两个重点工程，打造了两条景观游步道；妙峰山森林公园补植了大量金顶玫瑰花，形成了千亩玫瑰花海。

推陈出新，切实加强“两防”“两管”，确保森林资源安全 各森林公园不断加强“两防”(防火、防虫)、“两管”(管林木、管林地)工作，生态安防体系进一步完善。一是森林火灾防控水平日益提升。增建了瞭望塔，视频监测覆盖率达到50%，超过林区平均水平；增建了森林防火道路，路网密度达到每公顷10米以上；进一步完善了森林防火无线数字通讯系统和数据网络系统；增建了专业森林消防队伍，落实了森林防火责任制，实现了“两个确保”目标。二是林木有害生物防控扎实有效。各森林公园有效预防了美国白蛾、黄栌跳甲、黄栌枯死病等病虫害，阻止了役情蔓延。三是林政资源管理能力不断加强。一些森林公园建立了森林资源巡护检查制度，及时发现、制止了破坏森林风景资源的行为。北京市园林绿化局在全市开展了违法侵占林地专项打击行动，各森林公园成为重点检查区域，查处了一批典型案件，形成了强大宣传攻势，有效震慑了对林地的“蚕食”行为。

多措并举，提升改造森林公园设施，增强服务接待能力 各森林公园突出“文化引领”作用，克服资金困难，多措并举，不断完善森林公园基础设施。一些公园修整、扩建了游园道路，制作了精美解说牌示，形成了更加丰富的游园路径；一些公园改造、新建了接待中心、停车场等，游客接待能力明显增强；一些公园增设了卫生间、垃圾筒、休息座椅等，游园环境更加舒适。对北京市园林绿化局直属5个森林公园进行了30余项设施建设，西山国家森林公园开展了4项，包括森林科普馆的筹建；八达岭森林公园完成了6项，包括森林体验中心的建成开放；其他3个公园完成了20项，包括建设游园道路、悬挂二维码植物标识牌等。同时，北京市积极交流引进，探寻建设森林文化基地，拓展森林多功能利用途径。积极引进韩国森林休养、日本森林医疗、德国森林教育和荷兰自然降解等先进理念，在昌平、密云、延庆、怀柔4区县开展国际合作建设了森林疗养基地，在八达岭、西山等森林公园建设了5个森林文化基地，在八达岭国家森林公园建设了北京市首个森林体验中心，在八达岭森林公园和松山自然保护区建设了2条森林疗养路径，在西山国家森林公园建设了北京市首条自然观察径。

上下联动，大力加强森林文化宣传，推广绿色生活理念 北京市园林绿化局组织摄制了《北京森林公园》系列专题宣传片，共16集，每集时长10分钟，国庆节前在北京电视台新闻频道黄金时段连续播出，吸引了广大市民关注，社会反响良好。印制了《北京森林公园指南》，由森林公园免费发放给游客，深受游客欢迎和喜爱。各森林公园积极主动，结合森林文化活动和相关建设，开展了丰富多彩的宣传活动。

【林下经济】 2014年，林下经济重点督察工作任务是完成林下经济示范面积480亩，主要种植射干、桔梗、饲料桑、油用牡丹等品种，力争辐射带动面积10万亩，带动农民绿色就业，增加农民收入。截至2014年10月，项目建设全部落实完成，在通州、延庆、昌平等区县平原林地，完成示范面积480亩，其中，林下中草药示范100亩，包括射干、桔梗等品种；林下饲料桑示范200亩；林下耐寒蕨类示范30亩，林草示范栽植鼠茅草100亩，林下功能性花卉示范栽植油用牡丹50亩。通过与区县沟通、协调，结合重点区县实际情况，积极推进林下经济推广辐射工作，目前，面积已突破10万亩，工作全部落实完成。

按照2014年林下经济建设计划的要求，截至2014年10月20日，全市2014年示范推广林下经济突破13万亩，平原造林工程下发展林下经济8.4万亩，2014年新建林下经济发展模式涉及林菌、林药、林花、林粮、林蔬、林草、林下休闲游等模式。栽培的品种涉及黄芩、射干、万寿菊、玫瑰等20余个具有生态、经济双重效益的优良品种。

做好北京市科技项目《北京林木种苗产业提升及“圃林一体化”科技示范》。结合科委项目，通过北京市林下耐阴植物资源调查，综合植物耐阴程度、观赏价值、经济开发价值、引种驯化的难易度，选择在增加地被盖度、提升园林景观效果和林地经济价值等方面有显著作用的耐阴植物品种进行收集、保存及示范推广。目前，完成“林下经济耐阴植物选育及开发”课题第一年的工作任务，在通州建设种质资源圃20亩，延庆建设林下耐阴植物筛选区100亩，收集包括林下花卉、林下中药和林下可食用等耐阴植物50种。同时，完成“林下经济耐阴植物栽培模式示范推广”课题第一年的工作任务建设示范推广面积1500亩，种植品种包括万寿菊、黄芩、射干、知母、远志、桔梗、饲料桑、油用牡丹、耐寒蕨类。（张林生）

天津市林业产业

【概　述】

产业发展规模　结合治理荒山、荒沙和盐碱荒地，已建成天津市小枣基地、天津市津西北水果基地和蓟宝干鲜果品基地三大经济林基地，同时开展了山区及滨海葡萄基地建设和冬枣基地建设。基本形成了东部滨海地区鲜食与酒用葡萄产区，大港、静海、津南冬枣和金丝小枣产区，津西北水果及设施栽培产区，蓟县北部山区特色优质果品产区。近几年林木种苗业迅速发展，全市有市、县级国有苗圃10个，苗木生产品种由单一的用材树种向绿化苗木多品种转变。花卉产业迅速兴起，全市有花卉种植面积2210公顷。基本形成了盆花、草花、宿根、球根花卉、观叶花卉、绿化苗木、种苗生产等多种类、多品种的花卉种植结构。结合农业产业结构调整，速生丰产用材林发展较快，全市已达到3333.33公顷。以森林资源为依托的生态旅游方兴未艾，全市有森林公园5处(九龙山国家森林公园、天津官港森林公园、港北森林公园、西青杨柳青森林公园、塘沽滨海森林公园)，其中蓟县九龙山国家级森林公园和梨木台景区，年接待中外游客达到8万人次，实现旅游综合收入430万元，其中门票收入173万元，其他收入257万元。此外，八仙山森林公园、港北森林公园、团泊洼生态旅游风景区，新建七里海生态旅游风景区、黄庄洼生态旅游风景区、青北森林公园、雁鸣湖森林公园等一批重点森林公园、生态风景区也已初具规模。

发展经验　①强化政策扶持。一是稳定林权。林业产业基地建设按照“谁造谁有谁受益”的原则，保护投资者的合法权益。二是加大资金扶持，财政专项资金适当予以倾斜，加大重点项目的扶持力度，同时构建林业产业信贷和多种形式的投融资机制。大力发展非公有制林业产业，鼓励社会和企业投资林业产业。三是落实国家有关减免林业税费征收的政策。②加强组织领导。③实行项目拉动。一是着眼长远、立足当前，下大力气抓好三北防护林建设、沿海防护林建设及市级重点项目的实施。二是积极培植和发展干鲜果品加工、储存、保鲜基地建设。三是建设大规模高标准产业基地，按照规划确定的区域，创新发展机遇，加大资金投入，改善发展条件，完善服务体系，以基地的不断发展带动更大区域覆盖范围的产品产业带的形成和发展，夯实产业发展的物质基础。④坚持科技兴林。强化科技兴林，加速推进林业产业的科技进步与创新，加强林业科技成果和实用技术的集成与推广应用，强化林业产业标准化体系建设，提升林业产业的开发力度，为林业发展和生态建设提供强有力的科技支撑。⑤搞好行业协会和专业经济合作组织建设，促进林业产业组织化程度的提高。在加强协会建设方面，重点抓好以下几项工作，一是加强协会的组织机构建设，按照专业化的要求组建协会。二是为协会创造良好的发展环境，按照“民办、公助、党领导”的协会建设方针，结合政府部门的职能转变，要放权给协会，帮助协会扩大影响力、增强凝聚力、树立权威性。三是注意发挥协会的作用，依靠和利用协会开展工作。四是搞好经纪人才的培养，建立现代营销体系和队伍。⑥加大人才培养力度。

存在问题　①产业基础薄弱。在计划经济体制下，林业建设是以木材、经济果品生产为主，天津市处于平原少林地区，林业生产主要是以农村集体所有制为主体，没有大型的林业企业；国有林场只有蓟县一家生态公益型林场，占地2200公顷；市县级国有苗圃共有11家，生产面积500公顷；国有林场、苗圃大多数是20世纪五六十年代建立的，地处边远地区、交通不便，基础设施设备陈旧、离退休人员负担过重，缺少市场竞争能力。随着社会主义市场经济的发展，经济林基地的建设，出现了经济果品加工企业，如大港的冬枣加工贮藏、蓟县的葡萄榨汁等加工企业，但处于起步阶段，具有不稳定性。②技术落后，缺少龙头企业。林业生产企业中，个体小型企业占大多数，存在规模小、加工工艺简单、技术相对落后，集科研、开发、生产为一体的龙头企业尚未形成。③市场秩序混乱，社会化服务体系滞后。林业产业没有实行市场准入制度，一些农户和企业从事林业生产具有很大的盲目性，造成市场供需不平衡，不但影响了行业的健康发展，也给从业者造成不必要的损失。行业协会和专业经济合作等社会服务组织建设滞后。

【品牌果品】 天津市果树生产走向产业化，拥有商标注册的果品数量逐年增加。具有影响力的果品有汉沽区生产的茶淀牌玫瑰香葡萄和大港区生产的翠果牌冬枣。汉沽区生产的玫瑰香葡萄玫瑰香味浓郁，含糖量高，品质上佳，口感独特，深受广大消费者喜爱，曾多次获得国家级、国际级奖励。2007 年 8 月又被评为中华名果，成为 2008 年奥运会指定水果。汉沽区有玫瑰香葡萄种植面积 2000 公顷，占该区耕地面积的 68.3%，全区种植业的 75%，年产葡萄 7 万吨，是全国最大的玫瑰香葡萄生产基地。

大港区地处天津市最南端，是滨海新区重要组成部分。该地区生产的冬枣果个大、果肉细腻、果汁丰富、含糖量高，风味独特，为市场上的畅销品。为加快优质冬枣苗木的繁育，该区还投资 230 万元建立冬枣苗木组培中心，研发苗木繁殖技术，使枣树定植成活率由 75% 提高到 2002 年的 90% 以上。大港区有大、中、小型冬枣贮藏保鲜库 30 座，贮藏能力达到 2790 吨。以冬枣为加工原料的加工企业两家，贮藏能力达到 1000 吨，年加工冬枣 1080 吨，年生产冬枣脆片、冬枣饮料等系列产品 2100 吨，产品深受市场欢迎。

此外，蓟县生产的盘山磨盘柿、天津板栗、北赵牌有机苹果、环秀湖牌蓟州脆枣及武清区生产的曙春、津港、雅农等无公害品牌果品在市场均成为畅销品。

存在问题 ①品种结构不合理，管理水平低。虽然区域布局已基本形成，但特色产品仍不突出，区域经济需要进一步完善和提高。②果品采后处理水平落后。产后管理薄弱、加工能力差是全市果品生产长期以来存在的瓶颈问题。重视采前栽培和病虫害防治，忽视采后处理，加工水平跟不上栽培面积的发展速度，缺乏基础设施和龙头产业的带动，采后流通过程中损失严重，损失率通常达到 25%~30%。随着果品产量迅速增加，经常出现销售价格下降，市场需求疲软，“卖果难”“果贱伤农”等现象。全市果品采后商品化处理率低，严重影响果品的外观质量和销售，加上周边地区果品的大量涌入进一步影响了全市果品的销售。③栽培管理缺乏规范化、标准化。近年来果树产销发展形势好、发展速度快、增产潜力和空间较大。但幼龄果树比重相对较大，单位产量低；管理水平不高，品质差，栽培经济效益低下，在大宗果品生产上竞争能力低。仍需进一步提升技术和管理水平，同时加大推行科学化、规范化、标准化管理工作力度。④加工品种单一。在天津果品的加工领域中，加工品种单一，仅局限于葡萄酒领域。⑤果品流通渠道不畅通，产业化经营程度低。果树种植多为一家一户的分散种植，生产规模小，果品档次低，生产、流通、加工、市场销售缺乏有效组织，果品流通渠道不畅通，市场体系不健全，严重影响果品业的快速发展。

【种苗生产】 全市有市、县级国有苗圃 10 个，有专业技术人员 130 名，个体育苗 3164 户，育苗面积 4000 公顷，年产苗木 1.1 亿株，在全面推行标准化、规范化、机械化生产中，大量引进新技术、新品种，有效地保障了苗木质量，苗木生产品种由单一的用材树种向绿化苗木多品种转变。同时，林木良种和育苗技术在全市得到了全面推广，完成了天津市现代化种苗基地(全光照喷雾扦插育苗技术设备)、天津市林木种子(苗)质量鉴定检测技术应用、天津市耐盐碱树种筛选等项目，引进了先进的育苗技术、设备和优良品种，经过示范、推广，提高了全市的种苗生产水平。特别是蓟县国营苗圃成为中国林业科学研究院的种苗良繁基地，并被国家林业局授予全国质量信得过苗圃称号；蓟县邦均镇优质常绿苗木基地被授予全国特色种苗基地称号。在国有苗圃的示范带动下，出现了以蓟县京哈公路百里 666.7 公顷苗木花卉长廊为主线，并向 10 个重点乡镇辐射的“一线十区”的育苗区域。

【花卉产业】 天津市有花卉种植面积2210公顷。其中切花切叶508公顷，盆栽植物486公顷，观赏苗木455公顷，草坪639公顷，其他122公顷。基本形成了盆花，草花，宿根、球根花卉观叶花卉，绿化苗木，种苗生产等多种类、多品种的花卉种植结构。此外，花卉流通体系的规模和功能得到进一步完善，档次逐步提高。全市有大中型花卉市场19个，花卉企业51家，拥有现代化温室38万平方米，日光温室90万平方米，大棚51万平方米，遮阴棚4万平方米。花农5388户，从业人员1万余人，专业技术人员1295人。年销售额近2亿元。形成了园林、农林、农垦、乡镇集体、独资等多种形式的花卉生产、经营实体。

【森林旅游业】 天津市有自然保护区8处(包括天津蓟县中上元古界国家级自然保护区、天津古海岸与湿地蓟县中上元古界纪念碑国家级自然保护区、天津八仙山国家级自然保护区、团泊洼自然保护区、盘山自然风景名胜古迹自然保护区、武清港北固沙林自然保护区、东丽自然保护区、武清区大黄堡湿地自然保护区)，总面积达1687.6平方千米，占全市总面积的14.9%。其中，国家级自然保护区2处，市级自然保护区2处，区县级自然保护区4处；全市有湿地自然保护区4处(包括武清区大黄堡湿地自然保护区、大港湿地自然保护区、团泊洼自然保护区、天津古海岸与湿地国家蓟县中上元古界纪念碑自然保护区)，湿地面积171780公顷。森林公园有5处(其中包括九龙山国家森林公园、天津官港森林公园、港北森林公园、西青杨柳青森林公园、塘沽滨海森林公园)，总面积5064公顷。其中蓟县国有林场是天津市唯一的国有林场，该林场利用西水场自然景观建立了九龙山国家级森林公园，“十五”期间又开发了梨木台景区，两个旅游景区的基础设施和服务设施条件不断完善，年接待中外游客达到8万人次，实现旅游综合收入430万元，其中门票收入173万元，其他收入257万元。此外，八仙山森林公园、港北森林公园、团泊洼生态旅游风景区，新建七里海生态旅游风景区、黄庄洼生态旅游风景区、青北森林公园、雁鸣湖森林公园等一批重点森林公园、生态风景区也已初具规模。

【林产品加工业】 天津市林产品加工业包含木材加工业和果品加工业。木材加工业主要产品为中密度纤维板、大芯板、胶合板、家具等。加工企业是以个体为主的中小型企业，全市共有30余家，主要分布在武清区、蓟县、静海、津南等区县。全市共有果品加工、贮藏企业1000多家，以葡萄酒生产、冬枣深加工以及罐头加工业为主。蓟县有天阳葡萄榨汁有限公司、天津明星葡萄酒有限公司和天津挂月果酒有限公司等60家中小型果品加工企业，年加工能力6500万千克。大港翠果冬枣开发有限公司引进了意大利生产的气调贮藏保鲜设备，贮藏能力达1000吨，贮藏保鲜期达4个月以上；利用低温脱水干燥等物理方法，加工冬枣脆片，鲜枣日加工能力达到4吨，产品保值期延长到1年；大港区天津绿生源食品饮料有限公司开发了鲜冬枣汁、枣酒生产加工技术，日加工生产能力达到5吨。汉沽区有葡萄保鲜库700余座。

【家具产业】 截至2014年年底，天津市共有家具企业305家，从业人员约15万人。规模以上企业21家，大中型家具卖场13家，市场营业面积190万平方米。近年天津家具实现了快速发展，通过对天津市规模以上家具企业的走访调研，估算2014年天津市家具企业完成工业产值180亿人民币，比2013年同期增长8%，出口值达50亿人民币。

品牌发展情况 2014年，天津市家具企业明显加快了品牌建设的步伐，实木家具在业内的品牌影响力得到飞速提升。天津家具企业的创新可以归结为两个最大的特点，一是企业非常注重对产品的研发设计。天津本土缺乏家具产业链服务公司，企业大部分从广东深圳、东莞等家具企业发展前沿地导入力量，通过在产品研发上的重金投入，使众多家具企业错位发展，避免了恶性竞争，逐渐形成了差异化格局。同时对企业和产品品牌建设也非常重视，企业和品牌形象飞速提升，直接使企业上了快车道。二是企业非常注重导入南方人才。据统计，目前已经从南方高薪引进营销、生产、管理等各类人才200余人，其中产值过亿的家具企业副总、营销总监以及骨干力量80%均从南方家具企业引进。

越来越多的企业已经明白，品牌创新是通往价值链最高端的唯一通道，由于几年注重产品研发、品牌升级、渠道管理、售后服务等工作，“津派”实木已经引起业内高度重视，美克美家、圣斯克、南洋胡氏、兴叶、意利达、珍荣等众多企业在业界已经形成了影响力和知名度。据统计，目前天津家具企业产值过亿家具企业20余家，大部分品牌企业都保持着10%~30%的增长速度。

部分重点企业情况 ①美克。2014年，美克美家发布了帕拉罗黎、亚岱尔、卡洛儿以及查尔斯汀等新品；推进店面布局，近80家直营连锁店面现已覆盖40城市。美克美家全面升级，以不断更新的生活方式和优质服务，构建无缝零售模式，企业稳步发展。②南洋胡氏。2013年，南洋胡氏20万平方米新工业园正式投产使用后，引进德国豪迈一体化生产线，将之打造成实木行业最先进的现代化生产线，并建立国家级家具检测检验实验室确保产品质量稳定，引进全自动水循环处理系统和锯末回收系统，塑造现代化环保工厂。2014年，全国新增店面159家，共计500余家，年销售总额超5亿。已经成为中国实木家具领导品牌，并朝全球健康家居资源整合者的目标迈进。③兴叶。兴叶家具2010年产值仅为5000万元，近年迅猛发展成为天津实木家具的代表企业，在不到4年的时间里产值成倍增长，目前年销售总额超3亿元，2014年仍保持30%的速度增长，为目前天津发展最为良性的企业之一。

天津(国际)家具展 5月29日，主题为“比肩世界、爱木天津”的第一届天津(国际)家具展盛装亮相，众多企业汇聚津门，本次展会展览规模达8万平方米，共计400余家企业参展，4天展期接待专业买家20万人次以上。由于定位精准，各参展商收获颇丰，创造了首届参展商单家签店70家的良好成绩，同时整个展会也吻合天津高端实木的形象，展会也受到各界良好评价，在业内引起巨大反响。

存在问题 天津家具企业融资问题将继续困扰中小企业。从目前情况来看，由于在品牌建设前期资金需求较大，70%的天津企业都涉及融资，资金问题已经成为制约中小企业发展的重要因素，特别是近年由于国家政策和目前全国经济环境，中小企业融资也变得更为艰难，目前也没有完善的融资体系。同时，也还有不少企业仍缺乏理念，仍存有小富即安的思想，也在很大程度上制约着企业发展。

(天津市林业局)

河北省林业产业

【概　述】 2014年，全省林业产业产值达1412.71亿元，与2013年同期相比增长15%，连续4年保持增长势头，其中，第一产业产值677.11亿元，第二产业产值662.33亿元，第三产业产值73.28亿元，与2013年同期相比分别增长11%、20%、8%。第一产业中，包括干鲜果品、中药材以及森林食品在内的经济林产品种植与采集522.71亿元，在第一产业中所占比重最大，为77.7%；在第二产业中包括锯材、人造板、地板等在内的木材加工及木、竹、藤、棕、苇制品制造339.49亿元，所占比重最大，为51%；第三产业中林业旅游与休闲服务业产值48.50亿元，所占比重最大，为66%。

2014年，河北省编制了《河北省木材战略储备基地建设规划(2014~2020年)》，人造板产业集中度进一步提高。全省木材产量90.18万立方米，与2013年同期相比增长6.5%。其中，原木产量77.00万立方米，薪材产量13.18万立方米；与2013年同期相比分别增长6.4%、6.8%。村及村以下木材产量60.44万立方米，同比增长11.0%。

全省人造板年产量达1660.95万立方米，位居全国前列，再创新高。在主要林产工业产品产量中，锯材产量171.00万立方米，与2013年同期相比下降1.1%；人造板产量1660.95万立方米，与2013年同期相比增长11.1%，其中，胶合板产量570.40万立方米、纤维板产量479.78万立方米、刨花板产量291.28万立方米，其他人造板319.49万立方米，分别占人造板产量的34.4%、28.9%、17.5%、19.2%，与2013年同期相比分别增长13.1%、10.1%、11.4%、9.1%。

花卉年末实有种植面积44582公顷，与2013年同期相比增长2.6%。全省花卉市场273个，花卉企业1003个，其中，大中型企业63个，花农37954户，花卉从业人员120143人，其中，专业技术人员10503人，控温温室面积73.84万平方米，日光温室面积594.73万平方米。（梁丽霞）

【林业科技】 服务基层，全方位开展科技惠民行动。组织林果专家，分别赴行唐县、滦平县开展了两次大型“三下乡”集中服务活动，现场培训果农280余人，发放各种技术资料8000余份，林果杂志1200余本。在全省继续开展“林业科技惠民行动”，组织省林业科学研究院等单位的专家和455名省林业科技特派员，赴生产一线，解决技术难题，推广林果新品种新技术100项次以上，建立和完善科技示范点400个以上。积极开展科技培训活动，2014年全省举办各类形式的培训班2000多次，培训林果农70多万人次，发放技术资料70多万份。

以推广项目管理为重点，提高林果工程科技含量。新争取“首都圈沙化土地植被恢复技术推广与示范”等中央财政林业科技推广示范项目18项，资金1500万元。加强中央财政林业科技推广示范资金项目管理和服务。加强项目绩效评价。对河北省林果工程、企业的科技需求和科技成果进行了调查，筛选推广成果157项，科技需求36项。同时完成了国家科技推广成果库河北数据建设，国家收录河北省132项科技成果。

强化林果科研攻关，提高科技支撑力度。结合河北省林业生产和生态建设重点，2014年新上科研项目17项，争取国家和省科技厅科研项目11项。及时对完成的项目进行验收或鉴定，共取得林业科技成果15项。积极组织林业科技人员申报省林业科学技术奖和省山区创业奖。制定了《河北省生态站管理暂行办法》，编制了《河北省生态系统长期定位监测网络建设规划(2015~2030)》。

全面推进林业标准化工作，加大林业标准推广示范力度。完成了《樟子松抚育规程》等2013年4项省级林业地方标准的审定工作。新上“京东板栗有机栽培示范区”等2个中央财政标准化示范区项目。积极开展2014年河北省优质产品和名牌产品评价，评出“贡仙”大樱桃等6项河北省林果优质产品。

丰富内涵，稳步推进林学会工作。围绕“华北地区森林生态系统区域监测”专题进行了学术研讨。开展了省林学会第七届林业科学技术奖、第五届林业青年科技奖、第五届优秀科普作品奖的评审工作；争取国家林业局林业科学技术科普项目《林果花新品种新技术推广与普及》，签署了项目合同。 （吴庆辉）

【花卉产业】 2014年，河北省花卉种植面已达到66.87万亩，产值53亿元，观赏苗木年产量达13.05亿株，盆栽植物产量达9554万盆，年产切花切叶1.7亿支。培育出仙客来、红掌、大丽花、高山杜鹃等一批特色花卉。花卉产业实现了集群化发展，形成了“两环(环京津、环省会)带动，重点辐射”的发展格局；河北省具备一定规模的花卉市场273个，花卉企业1003个，其中大中型企业63个，花农37954户，花卉从业人员120143人。 （张永信）

【果品产业】 河北省现有果树树种103个，品种1000多个，主要栽培的有苹果、梨、红枣、板栗等10多种，主要产品有河北鸭梨、富士苹果、京东板栗、太行山大枣、金丝小枣、黄骅冬枣等一大批深受国内外消费者欢迎的名特优果品。

截至2014年年底，全省果树面积2737万亩，果品产量147亿千克，已成为我国最主要的果品生产基地之一。全省有90%的县(市、区)、30%的农村、25%的农民从事果品生产经营，果品业总产值近700亿元。

河北果品产业发展具备的“五大优势”。①地理区位优势。河北省地处北纬38度附近，属温带半湿润半干旱大陆性季风气候，是国际上公认的落叶果树最佳适生区。同时，河北省环绕京津，交通便利，区位优势明显，高档果品消费、观光采摘、休闲度假消费市场潜力巨大，目前在京津两大市场的果品占有率达到40%以上。②资源规模优势。河北省共有果树树种103个，品种1100多个，“中国名特优经济林之乡”45个，数量均居全国之首。梨、红枣、京东板栗、杏扁面积和产量居全国第一位，桃、葡萄、柿子居全国第二位，核桃居全国第四位，苹果居全国第五位。③科技人才优势。河北省有从事果品教学和研究的省属大专院校、专业研究机构7个，有果树专业的中高等职业技术学校(院)15个、国家级专业研发中心4个，具有高级职称以上的专业技术人员630多人，科技人才力量居全国前列。林业系统建有林业推广机构1600多个，从业人员达5600多人，形成了较为完善的科技服务队伍。④产业品牌优势。全省共有果品类企业3000多家，其中国家级龙头企业8家、省级龙头企业72家；有协会和合作组织3000多个，经纪人队伍7万多人；有中国驰名商标6个，河北省著名商标18个，国家和省级名牌产品126个，绿色、有机果品213种，地理标志认证产品23个，果品产业基础实力位居全国前列。⑤林业行业管理优势。1958年以来，河北省林业系统自上而下已形成了完整的生产管理体系。近年来，省林业厅按照“增林扩绿，林果并重”的全省林业发展总体思路，整合国家退耕还林、太行山绿化等重点林业生态工程项目资金支持，加快了果品产业的发展。 （刘　辉）

【沧州市林业产业】 **沧州市果岭湾农业专业合作社** 其位于运河区小王庄镇，浮阳北大道纵穿园区，该社成立于2011年9月，占地2150亩，3年多来已投资9000多万元。现已建成果树采摘园600多亩，各类苗木面积1300亩，温室蔬菜大棚24个100亩，荷花池30亩，养殖场建筑面积1000多平方米。其中果树采摘园占地面积600亩，15万株，主要有苹果、梨、桃、葡萄、杏、李子、枣、柿子、核桃、石榴等；培育各类绿化、美化苗木1300亩，40万株。温室大棚占地面积100亩，种植了各类优质绿色瓜果蔬菜增加了种植的品种，得到社会的认可。2014年授予“沧州市农民合作社市级示范社”。

沧州恩际生物制品有限公司 该公司地处沧州市南42千米的盐山县工业园区，是以驰名中外的沧州金丝小枣为原料进行功能性营养食品研发、生产、营销、服务于一体的有限责任公司。公司成立于2003年9月，现有人员450人，占地面积

81900平方米，建筑面积19000平方米，其中通过GMP认证的车间有5000平方米，具备6条达到国际先进水平的生产流水线。

公司依托20万亩绿色红枣原料基地，以中国枣研究中心与中国疾病预防控制中心食品研究所为技术依托，已成为国内红枣行业规模最大、加工层次最深的现代化高科技生物制品企业。

沧州全鑫食品有限公司 该公司地处沧州市红枣产区中心腹地沧县杜生镇，是一家集红枣加工、储存冷藏、产品研发于一体的现代化企业。年加工能力1.5万吨，销售收入14947万元，利税185万元。该公司实行“企业+基地+农户”的产业化运行模式，与基地农户签订枣果回收合同，每年可直接带动农户10000户，间接辐射带动周边4个县市的5000多农户，实现了农业增效，农民增收。同时，还带动和促进了运输、加工、包装、储藏、饮食、服务等相关产业的发展。

青县张广王采摘果园 青县广旺农业种植专业合作社张广王村采摘果园坐落于县城西侧京沪高速路出口2千米处，森林公园南侧，青县万亩果蔬观光园起始处。园区始建于2004年，现有园工210人。建有果蔬保鲜库2个，科技服务楼1座，含化验室1个，气象服务站1个，培训室1个，设施果蔬日光暖室201个，工厂化育苗车间6亩。现有果园300余亩，其中冬枣园100亩。小枣、大枣、金丝枣园120亩，梨园、桃园、葡萄园70亩，园区定位为有机果蔬生产基地。专门生产国内外新、奇、特、优蔬菜和果品。园区引进国内外优质果蔬品种，不断推陈出新，尤其园区内“家峰”冬枣十年来，产品畅销京、津、冀、山东、内蒙古、东三省等地，亩产值达到9000元，品质享誉全国。

肃宁县西泊庄林下养殖场 西泊庄林下养殖场位于付佐乡西泊庄村北村西，始建于2010年，该养殖场流转土地300亩，栽有速生杨16500棵，栽植株行距2米×6米，品种为速生杨107、108。目前养殖场内有128户养殖户。养殖19000只种貂狐貉，年出栏79000只貂狐貉，纯收入1390万元。

献县小屯竹柳种植专业合作社 献县小屯竹柳种植专业合作社成立于2010年2月2日，位于献县河街镇小屯村。合作社共有员工260人，其中大中专毕业生20多人，拥有高、中级技术及行业专业管理人员20余人。截至2014年年底，合作社入股农户1468户，合作社总种植面积4000余亩，其中种植竹柳2600亩800万株；种植绿化苗木400亩花灌木、乔木42万株，无公害蔬菜大棚12个，粮食作物500亩，休闲垂钓鱼塘1个面积30亩，综合办公用房3000平方米，修建道路3500米，购置农业机械设备10台(套)，总资产达到5018.98万元，年实现产值1.75亿元，销售收入达到6012万元。该合作社示范带动6个乡镇20多个行政村5300个农户增收，实现人均年收入20000余元，成为华北地区最大的竹柳、绿化苗木生产基地。

献县林业产业 献县金丝小枣栽培历史近3000年，全县现有红枣总面积达到26.6万亩，2014年总产量达到1.2亿千克，实现产值4.6亿元。先后被命名为“中国金丝小枣之乡”“全国经济林建设先进县”“全国农业标准化优秀示范区”，献县金丝小枣获得国家地理标志产品认证。

目前献县有枣储藏保鲜库42座，贮藏能力达4000万千克，占总产量的34%；有加工企业50余家，其中省级龙头企业2家，市级龙头企业8家，全部通过国家和省技术监督局QS认证，年加工能力6000万千克，占总产量的52%；工业增加值2.05亿元；年出口红枣制品1000万千克，创汇0.9亿元。加工产品有枣汁、枣粉、阿胶枣等十几种。产品主要销往包括天津、北京、上海等城市，并出口到新加坡、马来西亚等国家。

盐山县林业产业 3年来，全县完成造林4.5万亩，植树247万株，全县新增森林覆盖率2个百分点。截至2014年年底，盐山县林业用地面积29.8万亩，有林地面积21.7万亩(其中经济林面积12.8万亩)，活立木蓄积量36487立方米，苗圃面积0.15万亩，林木覆盖率为21.5%。

盐山县紧紧围绕主导产业建设，加快林业产业化进程，逐步形成了“龙头企业+基地+农户”的产业化发展格局，全县拥有果树总面积27.92万亩，产量46595吨。其中苹果面积2.85万亩，产量1630吨；梨0.58万亩，产量318吨；红枣24万亩，产量12000吨；桃0.21万亩，产量139吨，杏0.01万亩，产量7吨，大棚葡萄面积0.27万亩，产量164吨。以沧州恩际生物制品有限公司等为龙头的企业带动基地面积 19 万亩，带动农户 11000 户，带动农户增收 5500 万元，解决就业人数 238 人。

(刘红英　滕仁艳高洁　张福霞　曲炳国　李娟)

【邢台市林业产业】 该市林药模式的主栽品种有黄芩、知母、柴胡、人参、苦参、栝楼、板蓝根、金线莲、秦九、猪苓、决明子、菊花、穿地龙、蒲公英等，初步获得了较好的收益。林禽模式主要是在太行山低山丘陵区圈养或散养鸡、鸭、鹅、雁。林菌模式主要是在山区林地栽植栗蘑、平菇等食用菌。林粮、林油、林菜三种模式则主要是在林地前 3 年郁闭度较小的条件下，林间种植大豆、甘薯、谷子、花生、油葵、油菜、菠菜、甘蓝、南瓜等传统农作物。

2014 年，邢台全市林业产业产值达 106.30 亿元，与 2013 年同期相比增长 4.3%，其中，第一产业产值 58.45 亿元，第二产业产值 45.42 亿元，第三产业产值 2.43 亿元，与 2013 年同期相比分别增长 8.4%、0.9%、-17.7%。在第一产业中所占比重最大的是干鲜果品和中药材种植与采集，达到 51.19 亿元，占比为 87.58%；在第二产业中仅人造板制造一项就达 31.11 亿元，占比 68.49%；第三产业中林业生态服务 1.80 亿元，所占比重最大，为 74.07%。

在该市主要林产工业产品产量中，锯材产量 35.04 万立方米，与 2013 年同期相比增长 0.4%；人造板产量 198.06 万立方米，与 2013 年同期相比下降 1.06%，其中，胶合板产量 62.50 万立方米、纤维板产量 0.32 万立方米、刨花板产量 44.18 万立方米，其他人造板 91.05 万立方米，分别占人造板产量的 31.56%、0.01%、22.31%、45.97%，与 2013 年同期相比分别增长 -0.57%、-3.03%、13.37%、-7.1%。

全市花卉年末实有种植面积 7536 公顷，与 2013 年同期相比增长 6.2%。花卉市场 36 个，花卉企业 39 个，其中，大中型企业 3 个，花农 949 户，花卉从业人员 11272 人，其中，专业技术人员 880 人，控温温室面积 0.12 万平方米，日光温室面积 2.96 万平方米。

南和县苗木花卉产业基地建设 截至 2014 年年底，全县苗圃面积达到 6.7 万亩，年生产各类苗木 10000 万株，苗木品种由原来的杨柳槐榆椿等几个品种发展到 90 多个，年产值达到 10 亿元以上。经营业户达到 500 余户，其中 100 亩以上 120 家，500 亩以上 32 家，1000 亩以上 15 家，2000 亩以上 6 家，带动吸收农村剩余劳动力 8000 余人。重点布局：打造苗木生产基地，建设苗木专业村；建设 1000 米环县城苗圃绿化带；推进 100 米通道两侧林苗一体化苗圃模式。新政策新措施：对发展 100 亩以上的享受政府一次性补贴；通道绿化政府前期补贴三年地租。加强其他奖励政策和项目支持政策。

南和县树莓基地建设 树莓谷园区位于南和县贾宋镇南师村，是以河北至高点农业科技有限公司投资为重点，始建于 2014 年 4 月，园区占地面积 2400 亩，现已累计投资 2000 余万元，植优质红树莓 1600 亩，建成 2000 万株的组培室、育苗大棚、组培繁育中心，并正在筹建公司办公楼及冷库等基础设施。

沙河市林业产业 2014 年，沙河市林业总产值达到 2.5 亿元，比 2013 年增加了 493 万元，增速 1.9%，增收主要来自第一产业，以核桃、板栗、苹果为主的经济林产业和种苗生产增速较快。

沙河市政府为促进林果产业发展，在企业占地、造林绿化等方面出台优惠政策，将造林绿化与果品基地发展相结合，主要通道绿化及省级重点村环村林带建设占地每亩补贴 2120 元，同时在村庄绿化方面也给予资金支持，绿化村庄 80 多个，财政投入 300 多万元。对改善沙河市生态环境和促进果品基地发展起到较大促进作用。

2014 年发展林药间作 1000 亩，主栽树种为速生杨，药材为荆芥、益母草、白芷、沙参等，平均收益每亩 2000 元。

河北宝晟农业开发有限公司 成立于 2009 年 11 月，注册资本 5000 万元，位于沙河市白塔镇，南临褡石线，东临邢峰线，交通便利，地理位置优越。总面积 2 万亩，计划总投资 12 亿元。公司以土地开发为基础，以林果种植为重点，以休闲旅游为方向，以科技为依托，以农民增收为主线，以休闲、求知、观光、采摘为载体，逐步发展成种、养、加工相结合，产、供、销一条龙的现代化农业企业。截至2014年年底，治理面积已达到15000余亩，栽植各种林果树木60多万株，生态林木100余万株，培育苗木200万株，发展盆栽果树上万盆。林果生产经营面积达90%以上，基本实现林果生产、科技开发、旅游观光、科普教育等一园多能。总投资12亿元的生态观光旅游项目规划设计已完成，已进入实施阶段。

2014年被邢台市政府授予“农业产业化重点龙头企业”；被省林业厅认定为“河北省林业重点龙头企业”“省级观光采摘园”“省级现代林果业示范园区”；被省科技厅授予“河北省科技型中小企业”“河北省山区特色产业科技示范基地”。

（国　宁　蒲建民）

【张家口市林业产业】 2014年，全市林业产业产值达到92.2亿元，与2013年同期相比增长17%，其中，第一产业产值52.6亿元，第二产业产值22.5亿元，第三产业产值17亿元，与2013年同期相比分别增长25%、0.4%、19%。第一产业中，包括干鲜果种植在内的经济林产品种植与采集44.1亿元，在第一产业中所占比重最大为84%；在第二产业中包括果品加工等21.1亿元，所占比重最大，为93.3%；第三产业中林业旅游与休闲服务15.2亿元，所占比重最大，为99%。截至2014年年底，全市干鲜果品基地总面积达到429.5万亩，比2013年增长1.3%，总产量达到68.7万吨，比2013年增长1.2%，重点林果企业达到200家。林果产业共覆盖全市200多万人口，对农民收入的贡献率达到20%，主产区农民人均收入的60%以上来自林果花等林果产业收入，怀来县葡萄产业对财政的贡献率达到60%以上，林果产业已真正成为农民收入的重要来源和县域经济的重要支柱。近年以来，该市相继被中国果品流通协会授予“中国葡萄之乡”“中国杏扁之乡”“中国海棠之乡”“中国欧李之乡”等荣誉称号。

张家口市永昌源果仁食品有限责任公司 该公司是一家集杏仁深加工和果脯加工于一体的现代化休闲食品加工企业。公司始建于2003年，坐落于河北省张家口市万全县，现有员工210人，年产值1.2个亿，是全国最大的脱苦杏仁生产企业，也是河北省林果产业化重点龙头企业。产品占到国内市场份额的10%，在市场中占主导地位。

主要产品有：脱苦杏仁、光龙王大杏仁、光北杏仁、杏仁粉、杏仁丁、珍珠杏仁、杏仁油、花红脯、青梅脯、活性炭等品种。公司在北京、上海、苏州、武汉、广州等20多个大城市设立了总代理部，与国内福建达利集团、汇源果汁集团、徐福记国际集团、完达山乳业股份有限公司等建立了长期供货关系，并且远销俄罗斯、日本、乌克兰、泰国、中国台湾、中国香港、马来西亚等国家和地区。

（封　坤　蒲建民）

【石家庄市林业产业】 2014年，全市林业产业总产值达203.56亿元，与2013年同期相比增长7.5%，连续4年保持增长势头，其中，第一产业产值85.28亿元，第二产业产值98.92亿元，第三产业产值19.36亿元。第一产业中，经济林产品种植与采集69亿元。在第一产业中所占比重最大，为81.2%；在第二产业中包括锯材、人造板、地板等在内的木材加工及木、竹、藤、棕、苇制品制造81.4亿元，所占比重最大，为82.3%；第三产业中林业旅游与休闲服务业产值17.13亿元，所占比重最大，为88.48%。

全市第二产业增长比较突出，比2013年同期相比增长了28.60%。其中，木材产量3.66万立方米，与2013年同期相比增长38.11%。其中，原木产量2.50万立方米，薪材产量1.16万立方米；与2013年同期相比分别增长27.6%、68.1%。村及村以下木材产量3.43万立方米，同比增长54.5%。

主要林产工业产品产量中，锯材产量7.91万立方米，与2013年同期相比增长18.9%；人造板年产量达192.21万立方米，与2013年同期相比增长3.5%，其中，胶合板产量12.54万立方米、纤维板产量138.23万立方米、刨花板产量31.69万立方米，其他人造板9.75万立方米，分别占人造板产量的6.5%、71.9%、16.5%、5.1%，与2013年同期相比分别增长25.0%、0.9%、5.1%、13.6%。

花卉年末实有种植面积2722公顷，与2013年同期相比减少8.5%。全市花卉市场39个，花卉企业212个，其中，大中型企业24个，花农2012

户，花卉从业人员8849人，其中，专业技术人员868人，控温温室面积10.69万平方米，日光温室面积267.99万平方米。

全市具有一定规模和实力的林产龙头企业和重点合作组织达到85家(其中，国家级重点龙头企业1家，省级重点龙头企业50家，省级重点合作组织34家)，直接带动从业人员达到110多万人，林果花等产业中农民数量占到了从业人员数量的70%。

该市先后被国家有关部门评为“中国大枣之乡”“中国雪梨之乡”“中国鸭梨之乡”“中国核桃之乡”。“赵县雪花梨”“晋州鸭梨”“赞皇大枣”“行唐大枣”“平山绵核桃”通过国家地理标志认证。西三教花卉市场是国家林业局命名的“全国重点花卉市场”。

辛集市林业产业 辛集市林业产业发展主要是果品业、纤维板、果汁生产、林下经济，林业总产值19.3亿元，果品产业占77.7%，纤维板6.2%，果汁生产4.6%。

全市果树面积31万亩，果品收入占农民总收入的30%以上。果品保鲜储藏企业227家，贮藏能力15万吨，批发市场10个，交易量40万吨，出口企业5家，出口鲜梨6万吨。木材加工在林业产业中处于重要地位。2014年，中密度纤维板产量10万立方米，产值1.4亿元，产品销往全国各地。果品业的发展带动了众多合作组织的兴起，现已建立各种形式的涉林合作社197家。强化科技对林业产业的支撑，加强示范园区、企业与科研单位、大专院校之间的合作，把标准化、产业化、生态化等要素有机结合，加快把先进的技术转化为生产力。2014年，聘请河北农大、果树研究所的专家教授举办培训班6次，林业技术员到果树种植集中的乡村进行技术指导和培训156场次，培训果农2万人次。林下经济发展面积2万亩，2014年新增5000亩，林下主要种植蘑菇、中药材、食用蔬菜、观赏类的草花及牧草，林下养殖主要有鸡、鸭、狐狸、猪、羊、金蝉。

灵寿县200平方千米核桃产业园区建设工程 核桃产业园区规划200平方千米，涉及丘陵区8个乡镇，151个村，覆盖人口13.8万人。在工程建设中，统筹整合财政、林业、发改、水务、扶贫、国土等部门涉农资金，县本级财政每年安排1000万元资金支持基地建设，年度投入资金达9000多万元。按照“集中连片、规模发展”的原则，采取了“统一规划、统一扶持政策、统一机械挖坑、统一供应苗木、统一技术服务”的建设模式，以公司、农业专业合作社、土地承包大户、村集体组织下的广大农户联合体为建设主体，在丘陵区大规模开展了核桃产业园区规模化、标准化建设。

石家庄华杰木业有限公司 华杰木业始建于1995年，厂区占地10万平方米，拥有100多名产品研发团队及近千名生产和销售人员。华杰木业从意大利引进10条成套原木加工、烘干、制造、检测及杀虫消毒的先进现代自动化生产流水线，并配备完善的质量监测体系和专业的技术人员，可为用户提供设计、制造、加工、测试、检验、售后的一站式技术服务。

华杰木业产品囊括家具生态板、环保型细木工板、奥松板、多层板、套装门、集成材、定制家具、护墙板等众多品类，产品定位中高端，华杰木业旗下有“华杰”“如怡”和“秀木秀工”三大品牌，分别应用于家具制造、家庭装修和工程装修3种渠道。

五岳寨国家森林公园 国家森林公园、AAAA级旅游区五岳寨地处太行山东麓，位于河北省灵寿县西北部深山区，总面积88平方千米，360多个景点。

景区森林覆盖率达98%以上，现有原始次生林3.6万亩。海拔近2000米的主峰和数十座海拔1600余米的峰林构成了景区特有的地貌景观，景区年平均气温12℃，7月份平均气温19℃，空气中每立方厘米含15000个负氧离子，实属典型的“康乐气候”。区内水资源丰沛，著名的“燕赵第一瀑”落差108米，是北方最大的山岳型瀑布。景区内生物资源保存完好，植物近700种，野生动物67种，昆虫300余种，人参、灵芝、党参等珍贵药材50余种。享有“生态钻石”“太行山物种基因库”之美誉。

鑫鑫木业有限公司 藁城市鑫鑫木业有限公司位于藁城东城工业园区，于2000年成立，注册资金3500万元，现有员工240人，是优质中高密度纤维板专业生产企业。是“2014～2015年度省级林业重点龙头企业”“河北省科技型企业”。公司人造板生产能力达50万立方米。年带动基地面积3万亩，带动农户500户，带动农民增收3500万元。产品覆盖20几个省会大中型城市，并出口海外。

公司坚持以人为本，以“绿色效益”为目标，以保护“环境、资源、健康”为发展主题，在解决劳动就业、带动农民增收致富、实现增林扩绿、改善环境等方面效果突出。

平山县葫芦峪农业科技开发有限公司 葫芦峪现代农业园区地处太行山东部丘陵地区，位于平山县王坡乡，海拔300米左右，年降水400~500毫米，大面积的荒山荒坡常年荒芜。

8年来，公司在平山县境内流转荒山5万多亩，完成高标准造田3万亩。其中，葫芦峪园区现有耕地11238亩，新造9300亩，流转零星耕地1938亩，新造耕地占总耕地的83%。已修筑塘坝32个，高位水池96个，铺设输水管线300千米，建设农田道路100千米，基本上实现了水电路配套和生物防护到位。建起塑料大棚150亩，72个，种苗基地1个，栽植优质核桃2万亩，优质苹果860亩，中华寿桃300亩，映霜红300亩，樱桃200亩，栽种大马士革玫瑰800亩，薰衣草500亩。试种红树莓200亩，黑加仑100亩，蓝莓50亩。种植小杂粮5000亩，高亚油酸花生200亩。林下种植中药材200亩。阜平县马沙沟、冯家口两个园区共有耕地13000亩，全部为新造耕地，水电路配套已完成，园区建设已经全面展开。公司2014年荣获“国家林下经济示范基地”荣誉称号。

河北华泉食品有限公司企业 成立于1987年，位于河北省石家庄市栾城县苏邱工业园区，是生产果蔬罐头的专业企业。目前拥有固定企业员工280名，其中专业技术人员达80名，另有季节性临时员工208名。

2014年，总资产6195万元，年采购农业原材料7033万元，实现销售收入12255万元，实现利税1580万元，拉动农户达到2970户，产品产销率达98.8%。

近年来，公司通过“公司+协会+基地”的方式，与种植农户建立了稳固的供求关系。基地已辐射栾城、高邑、元氏、晋县、深州、辛集、藁城等市县。累计联系种植农户2970户，年采购农业原料7033万元。

行唐县林业产业 被誉为“中国大枣之乡”，近年来，县委县政府大力实施品牌战略，积极培育龙头企业，实现了大枣生产标准化、加工精深化、销售品牌化、产业现代化、管理科学化的“五化一体”的大枣发展格局，枣树生产开始由传统种植零售业向生产加工、观光采摘于一体的现代化果业跨越。2014年，行唐县红枣年产量约11.5万吨，年产值约3亿元，全县共有红枣观光采摘园4家，蜜枣厂、枣酒厂、枣汁厂等各类大枣深加工企业达到44家，大枣烘干房达1000余间，智能化全自动烘干房超过100间，枣加工产品拓展到纯净枣、蜜枣、枣片、枣酒、枣醋，枣汁等6大系列20个品种。依托县内华北口头红枣商埠和南马路红枣批发一条街两个大型销售市场提高市场占有率，产品销往上海、广州、香港、澳门、日本、韩国等国内外20多个国家和地区。

河北旺甲果蔬贸易有限公司 成立于2012年6月，是一家集瓜果蔬菜种植、销售、农产品深加工等为一体的农业产业化企业，注册资金1200万元，公司资产总额约7500万元，固定资产投资4000余万元，年销售收入超2000万元。公司以生态农业为基础，以市场为导向，发展高产、高效、低耗、无污染无公害的瓜果蔬菜。通过加大科技力度，进行生态农业综合开发，将农业的产前、产中、产后各环节结成完整的产业链条，进行产业化经营，达到生态、经济和社会效益的有机统一，使之成为集农业综合开发、生产经营等功能于一体的产业公司。

石家庄维他食品饮料有限公司 始建于1995年，是一家集研制、开发、生产、销售食品饮料为一体的现代化企业。固定资产投资约4500万元，年销售收入超6000万元。产品远销山东、内蒙古、重庆、山西、江苏、湖南、湖北等全国各地。公司充分利用本地资源优势，建设“公司+基地+科技+农户”原材料生产基地，为农户免费提供种子、化肥、农药、地膜等，与农民签订购销协议，实行订单种植，对周边农户种植的花生大豆等全部按高于市场价格收购，极大的激发起农户依靠种植业致富的热情，既满足了公司需求，又最大限度降低农户的投资成本，实现了农户和公司的双赢。

正定县林业产业 该县林业资源总量为11168公顷，主要分布于正定县滹沱河两岸和老磁河故道。第一产业稳步发展。林木种植业在林改、深加工基地及木材交易市场建设驱动下，以杨树为主的速生林发展迅速，经济林树种结构渐趋合理，绿化苗木事业发展加快，野生动物养殖发展迅速。第一产业共计年产值23亿元，苗木、花卉生产基地30余家，产值达1430万元；第二产业初具规模。全县共有木材加工企业近500家，从业人数8800余人，年产值20亿元。第三产业逐步壮大。木材经销、板材经销、家具经销逐步壮大，恒山市场、盛世金河市场、三才家具市场在华北地区已有一定的影响力，第三产业年经营额共计63.2亿元。

正定县板材家具行业经过多年的发展，形成了具有鲜明地方特色，集原材料生产、深加工、配套产品、家具制造、专业市场于一体的特色产业格局，成为区域经济发展的特色产业之一。现有板材生产企业170余家，家具制造企业近1000家，从业人员2万余人。依托板材家具市场，形成了包括胶合板、贴面板、密度板、细木板、木质地板等板材产品的板材企业体系；包括卧房套装、办公、宾馆、沙发、优质实木复合套装门、仿古红木家具等系列700多个品种的家具行业。

中盐银港人造板有限公司 该公司先后从德国引进5条目前世界最先进的连续平压生产线，在河北石家庄、四川南充、湖北随州、河北承德建成4个大型现代化产业基地。公司目前资产总额23亿元，从业人员1800多人，年生产各种规格人造板的能力达到135万立方米。位于石家庄正定木都工业园区的河北金吉祥木业有限公司创建于2004年，是一家集生产、设计研发、销售、服务为一体的股份制企业。公司主要生产室内生态门、实木烤漆门、钢木门、整体家居等产品。河北明光食品有限公司成立于2008年，注册资本1000万元，是一家集科研、种植、加工、储存和销售为一体的创新型外向型冷冻水果加工企业。公司拥有现代化的生产车间一座、生产线两条、冷库两座、速冻间3间，年生产冷冻水果18000吨，年消耗水果原料38000吨。

无极县林业产业 无极县农业人口454886人，2014年林业总产值106421万元，林业从业人员5894人。林业第一产业产值4669万元(其中，苗木生产产值290万元、果品生产产值4100万元、野生动物养殖产值30万元,)；林业第二产业产值101537万元(其中，木材加工产值101537万元)；林业第三产业产值215万元。林下经济年产值189万元(其中，林下种植59.万元、林下养殖130万元)。

晋州市林业产业 晋州市地处河北省中南部，冀中平原腹地，西距省会45千米，北距首都300千米，总面积619平方千米，耕地面积61.7万亩，人口52万人，是国家命名的“全国绿化模范县(市)”“中国鸭梨之乡”“全国梨产业十强县(市)”，是河北省鸭梨出口基地县(市)、优质梨生产基地县(市)和出口鲜梨安全标准化示范县。

晋州市果树资源丰富，2014年全市果树面积1.61万公顷，产量72.73万吨，产值18.12亿元。其中梨面积1.21万公顷，产量60.39万吨，产值14.99亿元。鸭梨和黄冠梨是晋州市的拳头产品，鸭梨种植面积12万亩，产量32.58万吨，产值7.82亿元。黄冠梨种植面积8.1万亩，产量17.87万吨，产值6.43亿元。晋州市果品以鲜食为主，主要销往南方各大中城市和欧美、新西兰、澳大利亚、东南亚等国家和地区。果品生产带动和促进了相关产业的发展，全市冷藏库发展到470座，贮藏能力1.6亿千克，年增值3000余万元，规模大小各异的纸箱、格垫、网套、果袋等企业400余家，果品经销组织达到1500余个，从事梨果经销人员8000余人。 (戎青彬　蒲建民)

【唐山市林业产业】 截至2014年年底林业总产值1617363.7万元，占农业生产总值的比重为22.6%。其中，第一产业产值为787963.7万元；第二产业产值546317万元；第三产业产值235929万元；林下经济产值47154万元。超亿元以上企业16家。8个品牌获中国驰名商标称号，全市有6家企业获国家级龙头企业，省级龙头企业17家，市级龙头企业49家，市级以上龙头企业联结带动农户18万户，吸纳和安置农村劳动力就业人数达19.3万人，成立林业专业合作经济组织146个，

"京东板栗""迁西栗蘑"分别被认证为地理标志产品。

京东板栗是唐山市名牌产品，现有规模以上板栗经营加工企业22家，板栗储藏能力6.2吨，加工能力8吨，年经营额26.4亿万元，出口创汇6000万美元，产品出口美国、日本、中国香港、中国台湾、加拿大、以色列、菲律宾、新加坡、马来西亚、泰国、越南、俄罗斯、德国、法国、澳大利亚、斯洛文尼亚等20个国家和地区。主要经营产品包括鲜栗、糖炒板栗、干煲板栗、栗仁、小袋包装、栗酱、点心、板栗脆片、板栗饮料等产品。"栗源""迁西板栗""紫玉"牌商标获中国驰名商标称号，迁西县的"栗之花""胡子""喜峰口""万年福""栗树湾"获省著名商标。

河北栗源食品有限公司 该公司成立于1999年，主要经营京东板栗、粮食深加工及其他农副产品，是集绿色环保型、科技型、创汇型、产业化为一身的目前国内最大的专业板栗加工企业，是中国第一袋小包装甘栗仁的诞生地，开创中国板栗深加工的先河，是我国板栗行业的龙头。

栗源公司注册资金4157.77万元，占地10万平方米，拥有国际先进生产线10条，职工2358人。年生产能力5万吨，现有鲜板栗、速冻栗仁、小包装甘栗仁等产品。

唐山蓝猫饮品集团有限公司 该公司是目前国内唯一一家专业从事野生饮品研发、生产、销售的现代化企业集团。公司先后被评为农业产业化国家重点龙头企业、河北省林果产业重点龙头企业。现有员工2600余人，年设计产能20万吨，销售收入10亿元，蓝猫商标被认定为中国驰名商标。

经过20年的发展，公司独立自主研发的预蒸渗透提汁技术，是最先进的干果提汁技术，采用的CIP清洗、无菌冷罐装、超高温瞬时灭菌等工艺都处在国际国内最领先位置。公司研发生产的野生酸枣汁系列产品，弥补了中国饮品市场一大空白。产品远销到澳大利亚、新西兰等多个国家和地区。公司带动基地10万亩，直接带动农户8500户，年为农民增收2.5亿元，累计增加社会效益8亿元。

公司规划建设的野生饮品扩建项目被列入2014年省管重点建设项目，项目占地6000亩，计划投资32.6亿元，项目建成后公司产能将达到200万吨，产值突破100亿元，将辐射带动农户50万户。在做大野生酸枣产业的基础上，有计划、分步骤开发野生沙棘汁、野生蓝莓汁等其他野生饮品，全力打造野生饮品产业集群。

遵化亚太食品有限责任公司 亚太公司始建于1998年8月。目前公司占地3万平方米，总资产1.97亿元，固定资产1.28亿元，拥有国内领先水平的罐头生产线4条，果酱生产线一条。产品有水果和畜禽、水产品罐头两大类，达23个系列、170多个品种，年加工能力4万吨，2014年公司实现产值2.2亿元。公司先后荣获国家农业部和中国农业工程学会授予的"质量安全、信誉保障、绿色放心食品企业""河北省林果产业化重点龙头企业"等荣誉称号。 （姚志刚　蒲建民　朱爱革）

【保定市林业产业】 全市果树栽植面积达到262.8万亩，年产果品146万吨，果品产业总产值突破52亿元，形成了大枣、核桃、苹果、柿子、梨、桃六大果品产业带，建成了顺平县南神南2000亩三优富士苹果基地、阜平万亩红枣基地、曲阳县齐村乡万亩红枣基地、涞源县走马驿镇万亩国家级核桃示范园、易县狼牙山万亩果品示范园区、满城庆欣万亩葡萄基地、唐县千亩苹果基地等200余个规模型果品基地。全市形成了170多个季节性的果品专业收购批发市场，成立了455家果品专业合作组织，建立了119家果品加工厂、60家果品企业，其中具有出口创汇能力的果品销售和加工企业8个，年出口果品2.6万吨，创汇1.15亿元。此外，随着产业化的发展，全市还打造出了"顺富"牌苹果、桃、"百乐"牌梨、"甘霖"牌核桃油、"盖宇"牌野酸枣汁、"味丰"牌果蔬罐头、"增辉"牌速冻草莓、黄桃、"明花"牌水果罐头、果酱、"冀星"牌枣酒等众多品牌，从而带动了果品增效与果农增收，促进了全市果品产业的快速发展。

该市花卉栽植总面积达到8.5万亩，年产值4.2亿元，其中，观赏苗木7.8万亩，盆栽植物0.27万亩，药用花卉0.28万亩，切花切叶及其他0.15万亩；花卉生产企业175家，建有温控温室24445平方米、日光温室47502平方米；年产盆花

770万盆、观赏苗木2.86亿株、切花切叶230万支、种球1.9万粒。带动了4.1万户花农致富。2014年，安新县绿之梦农业种植有限责任公司、北京鑫碧圣园林绿化工程有限公司唐县红好分公司、保定艳永果树盆景种植有限公司等3家企业荣获了“河北省花卉示范基地”称号，博野县荣获了“河北省花卉重点产区”称号，花卉种植的区域特色进一步显现，花卉企业的知名度进一步提升。

该市以易县、望都、唐县板材加工基地为重点，以品牌产品、龙头企业为核心，不断扩大现有人造板骨干企业的生产规模。截至2014年年底，全市共有木材加工企业600多个，其中人造板企业30个，家具制造企业220个，木材粗加工企业375个；全年人造板产量达到44万立方米；年产值达到10.8亿元。

【承德县林业产业】 承德县地处河北省东北部，毗邻承德市，是京津绿色生态屏障和重要的水源涵养区，同时也是全国绿化模范县和全国绿色小康县。全县林地面积416.60万亩，占国土总面积的76.13%，截至2014年年底，有林地面积达302.58万亩，活立木蓄积量323.3万立方米，森林覆盖率56.29%，林业总产值实现13.28亿元，承德畅达生物科技有限公司、承德曼曼食品有限公司两家企业入选2014～2015年度省林业重点龙头企业。

截至2014年年底，全县果树总面积79.7万亩，其中苹果面积19.15万亩，果品总产量19.94万吨，总产值9.78亿元，其中苹果产量16.24万吨，产值8.12亿元。全县注册果品品牌达到11个，“中国国光苹果之乡”“中国仁用杏之乡”等地域品牌深入人心，“山庄”“新杖子”“滴水崖”“石湖”“骏杰”等一批产品品牌受到更多消费者青睐，生产的苹果连续7次被评为省名优农产品，连续两届荣获省名牌产品，多次摘得“果王”“奥运推荐果品”“中华名果”桂冠，获得国家A级绿色食品标志使用权，被认证为国家地理标志保护产品。全县果品专业合作社达51家，古桑、绿庄园、日正和3家果品专业合作社被认定为2014～2015年度省林业重点合作组织。

【迁安市林业产业】 全市有林地面积达70万亩，森林覆盖率达40.8%。干鲜果树面积25.2万亩，全市林业产业总产值7.6亿元，干鲜果品产值6.9亿元。

迁安市政府出台鼓励群众造林扶持政策，造林当年每亩补助600元，之后每年每亩补助400元，连补5年，累计每亩补助2200元，为巩固造林成果，使经济林尽快达到高产高效，制订了高效精品经济林示范工程补助项目，水果亩纯收入达到8000元，干果亩纯收入达到3000元，政府每亩补助500元。

全市涉林合作社6个，入社总农户154户，涉林面积3680亩。林业旅游与休闲服务得到快速发展，产值达3440万元，省级观光采摘园已达6家。

【河北爱美森木材加工有限公司】 成立于2009年11月，由中国优材控股有限公司独资建设，占地198亩，位于河北魏县经济开发区内，注册资金8500万元人民币。由该公司建设的木材优化集成项目，专门针对人工速生林木存在的易腐、易燃、易变形等缺陷，以杨木等速生丰产林木为原料，通过特殊优化处理生产出优化材和集成材。产品通过了国家级权威机构和瑞典SJS实验室所做的欧盟73项毒理检测，属E0级特优环保产品。目前，该项目已完成投资4.5亿元人民币，项目年产优化材12万立方米、集成材3万立方米、实木地板200万平方米。2014年1月6日，公司在香港联交所创业板成功上市，成为河北魏县首家上市企业，也是邯郸市首家在境外上市的企业，实现了历史性突破。

【塞罕坝机械林场林业产业】 塞罕坝机械林场总经营面积140万亩，有林地面积112万亩(人工林88万亩，次生林24万亩)，森林覆盖率80%。林木总蓄积量1012万立方米，年均生长量53.8万立方米，林木资产总价值约人民币42亿元。塞罕坝是华北地区重要的人工林基地，集生态公益林建设、商品林经营、自然保护和森林公园于一体。木材销售产业是塞罕坝林场目前支柱产业，产材主要为中小径材，常规产材大多为2～8米，径级3～26厘米，年产材12.6万立方米。全场共建设绿化苗木基地 10 万亩，重点培育云杉、樟子松、白桦、油松、落叶松、五角枫等树种。塞罕坝国家森林公园建于 1993 年，由国家林业局批准建立，经过 20 多年的发展，已经成为国家 AAAA 级森林公园，年入园游客人数达到 48.48 万人次，年收入达 4200 余万元。

2014 年，河北省塞罕坝机械林场总场再次获得“全国五一劳动奖状”和省级“青年文明号”荣誉称号，第三乡林场获得“全国工人先锋号”，开发公司被共青团河北省委授予“2014～2015 年青年文明号”，河北省塞罕坝机械林场总场获得省森林防火知识竞赛团体一等奖，塞罕坝机械林场总场北曼甸林场场长张利民被评为河北省先进工作者。

（傅聿峰　温亚楠）

【河北绿岭果业有限公司】 河北绿岭果业有限公司成立于 1999 年，是集优质薄皮核桃的产、研和深加工为一体的高科技企业，成功研制了拥有自主知识产权的“绿岭”和“绿早”两个薄皮核桃新品种，公司主要产品有核桃苗、绿岭薄皮核桃、多味核桃、核桃油、柴鸡蛋等多种产品；公司拥有 1.5 万亩的自有核桃产业基地和 10 万亩的合作基地，优质薄皮核桃苗圃 600 亩，已成为我国最大的优质薄皮核桃集约化生产基地。同时还拥有生态养殖柴鸡 5 万余只，将逐步扩养到 10 万只以上。公司先后被认定为“河北省林果产业重点龙头企业”“河北省农业产业化重点龙头企业”“国家产业化扶贫龙头企业”“河北省农业开发重点龙头企业”等荣誉称号，在 2014 年被国家林业局授予“全国林下经济示范基地”。（李　莉）

【河北蓝鸟家具有限公司】 河北蓝鸟家具股份有限公司始建于 1953 年，是一家集设计、开发和销售为一体的国家大型家具公司，国家大型二档企业，中国家具协会副理事长单位。下设实木家具、板式家具、软体家具、办公家具等 10 个分厂，8 个分公司，员工 1800 余人。拥有总资产 3 亿元，厂区 28 万平方米，年产量 150 万件。

公司拥有意大利、德国、荷兰、日本等国制造的当今世界先进的家具生产线，以及低温除湿木材干燥等高、精、尖加工设备，并在国内率先通过了 ISO9001：2000 国际质量管理体系认证、ISO14001 国际环境管理体系认证，具备了雄厚的市场竞争能力。

蓝鸟家具先后荣获“中国驰名商标”“中国环境标志认证”“全国用户满意产品”等 58 项国家级荣誉。（李　莉）

【廊坊三利木业有限公司】 廊坊三利木业有限公司，作为木业行业的一颗璀璨明珠，历经 10 余年创业拼搏，努力开发绿色产品，实施绿色市场战略，形成了完整的规范化管理体系。公司现已通过了“中国环境标志产品认证”、ISO9001 质量管理体系认证和 ISO14001 环境管理体系认证。公司自 1993 年成立，发展至今已拥有占地面积 130 亩，员工 920 余人，注册资金 1000 万元，年销售收入达 1.3 亿元人民币。公司主要生产胶合板、细木工板、集装箱底板和建筑模板，产品规格齐全，厚度从 1～60 毫米均可，也可以按客户要求订做。主要用于出口家具上的抽屉板、床横、装饰装修、建筑、地板原料、乐器、包装等。公司生产的产品主要有“鑫利”“奥松”两大品牌。（李　莉）

山西省林业产业

【概　况】 山西省地处黄河中游，华北西部的黄土高原地带，是一个资源丰富型省份，生态地位十分重要。2014 年，山西省林业产业总产值突破401 亿元，其中，第一产业达到 316 亿元，占79%；第二产业达到63 亿元，占16%；第三产业达到22 亿元，占5%。增长幅度达到16%。但全国林业产业发展水平方面，山西省林业产业的总量还比较小。山西省南北跨度大，丰富的地理气候条件也为发展地域性、多样化林业产业提供了有利的条件。

【干果经济林产业】 山西省2014 年"两林"富民工程计划任务100 万亩，其中，巩固退耕还林干果经济林 10.03 万亩，国家木本粮油核桃基地 2.1 万亩，造林补贴 12.5 万亩，现代农业示范干果园区10 万亩，省级干果经济林项目建设25 万亩，干果基地、速生林建设40.37 万亩。全省各地结合退耕还林成果巩固和其他国家级、省级林业工程以及地方工程的实施，大力发展干果经济林。据初步统计，2014 年全省新造干果经济林 103.2 万亩，基本完成"十二五"规划每年新发展 100 万亩干果经济林的目标任务。截至2014 年年底，全省干果经济林总面积为1700 万亩；强化惠农项目，改造低产低效林 47 万亩；强化抗晚霜、抗裂果、抗虫害科技服务，2014 年分别召开"永和红枣""运城双季槐""左权核桃"3 个现场培训会和"大同仁用杏"发展座谈会。干果经济林提质增效明显，年总产量达到50 万吨。

【速生丰产林产业】 继续大力发展平原林业，山西省以忻定、太原、临汾、运城及上党盆地为重点，开展多元化合作造林模式，建立符合现代市场需求的速生丰产林培育技术体系。全省重点发展杨树速生丰产林基地150 万亩。对现有木材加工企业给予资金上的优惠和政策上的扶持，建立产权明晰的现代企业制度，加快林纸林板一体化建设，建立现代化纸浆生产企业，帮助扩大生产加工能力，搭建电子商务平台体系，为企业产销储提供方便。

【林木种苗和花卉产业】

林木种苗市场建设 2014 年，山西省新育苗25 万亩生产任务，其中新育阔叶树苗 12.5 万亩，大苗定植 12.5 万亩。为给山西省广大苗木生产、经营者提供学习、交流机会，建立政府调控与市场运行相结合的种苗生产与销售体系，山西省于 3 月 10～12 日在中国(太原)煤炭交易中心召开了2014 山西苗木及绿化资材博览会。这次博览会由山西省林木种苗协会和国家种苗网共同主办，山西苗木网和山西省太谷绿美园林绿化有限公司承办，是山西省以行业协会组织、民间承办、行业搭台、苗农唱戏的方式举办的大型展会，也是参会人数最多的大型专业化种苗行业展会。来自全国各地的200 多家苗木及绿化资材生产经营单位参加了这次展会，达成苗木采购意向3.6 亿元，为山西省的广大苗木生产者提供了技术交流、苗木交易平台，保障了造林绿化苗木需求。

花卉市场建设 根据全省 11 个市统计，全年生产鲜切花2067.64 万支，盆花3573.06 万盆，观赏苗木 1592.64 万株，销售额 5.24 亿元。种植鲜切花 169.81 公顷，销售量 2067.64 万支，销售额约 1.18 亿元。种植盆栽植物 701.17 公顷，销售量3573.06 万盆，销售额约 3.33 亿元。观赏苗木788.73 公顷，销售量 1592.64 万株，销售额 0.73 亿元。全省共建设花卉市场 59 个，花卉企业 1674 家，其中，大中型企业 32 个；花农 2283 个，花卉从业人员 18721 人，其中，专业技术人员 2281 人。在 2014 年青岛世界园艺博览会上，山西展园在众多展园中脱颖而出，获得了 2014 青岛世界园艺博览会室外展园竞赛特等奖。

【森林旅游产业】 山西省通过国家林业局、省人民政府以及地方政府共批建各级森林公园17处，其中国家级1处、省级15处、县级1处，全省森林公园总数达到127处(国家级19处、省级51处、县级57处)，占全省国土总面积3.6%的847.1万亩林地以及范围内的森林风景、自然文化资源全部纳入森林公园保护范畴，较2013年新增33.61万亩，增加了0.14个百分点。据统计，2014年山西省森林公园游客总数达1272.59万人次，实现门票收入2.18亿元，同比增长15.2%和17.4%，社会旅游综合收入107亿元，社会从业人员近2万人，森林旅游产业效能和优势正在逐步突显。

【林下经济及灌木林产业】 山西省灌木林资源十分丰富，目前有440万亩的沙棘林、230万亩的柠条林，其中沙棘林面积占到全国的70%。山西省充分利用林下多种资源，大力发展具有山西省地方特色的林下资源采集与加工利用业，改变分散、无序的传统生产模式，向产业化、品牌化方向迈进。一是走“公司+基地+农户”的模式，加快灌木原料林基地建设；二是培育壮大龙头企业；三是加强灌木加工产品开发。坚持示范带动、强农惠农、以林为本的原则，大力扶持发展林下经济，2014年全省选出10个县(市)作为林下经济种植示范县予以扶持，发展林下经济10万亩，扶持林业合作社198家。通过举办林下经济发展林药、林菌种植培训班，讲解林下经济发展政策措施，规划发展思路，展望发展前景，传授栽培技术。

【安泽县连翘产业】 安泽连翘是山西省临汾市安泽县的特产。安泽连翘古称“岳阳连翘”，以个大、饱满、药用价值高而闻名全国，素有“全国连翘生产第一县”之称。安泽连翘获地理标志保护产品。

全县连翘总面积达150余万亩，包括裸露分布面积90万亩和林下分布面积60万亩，其中，裸露分布部分包括野生密集面积54万亩、人工栽植面积11万亩和零散分布面积为25万亩。全县连翘年产量达400万千克，采收量可达280万千克，占全国总产量的1/4，素有“全国连翘生产第一县”之称。连翘在安泽境内分布甚广，密集区主要集中在安泽县黄花岭、青松岭、三交沟、罗云沟等地。各乡镇分布情况为马壁乡20万亩、冀氏镇22万亩、杜村乡14万亩、府城镇27万亩、唐城镇17万亩、和川镇20万亩、良马乡30万亩。

【黎城县核桃产业】 核桃是黎城县有名的特产，曾赢得“中国核桃之乡”的美誉。在推进全县生态建设中，该县坚持生态保护与增加农民收入统筹兼顾、生态林建设与经济林建设同步推进的原则，将核桃种植作为农业增产、农民增收的重要产业来抓，规划建设了10个核桃种植片区，全力实施“一家一亩核桃园”行动计划。在推进中，他们加大品种改良和新技术推广力度，对原有树种实施了高接换优和实生苗嫁接，对新栽种苗推广了蘸根处理、盖石保墒炮震松土、抽穗去雄等先进的技术和管理措施，提高了苗木的成活率和挂果率、好果率。他们将核桃产业作为农民收入的基础性保障产业，加大政策扶持力度，2013年更是引进了薄壳早实等一批新品种在全县免费推广，并对种植户给予每亩100元的种植补贴。为提升产业水平，他们以“公司+合作社+农户”的经营模式，引导扶持了12家核桃产业专业合作社和三泰科技、四通公司等50多家加工销售企业，半数产品实现就地加工转化。

目前，该县核桃树的保有量超过400万株，全县核桃种植面积达到14.8万亩，实现了农业人口人均一亩核桃园，其中半数核桃园已进入挂果期。进入盛果期后，每亩将获得三四千元的收益。

【汾州裕源土特产品有限公司】 汾州裕源土特产品有限公司，位于的汾州核桃主产区山西省汾阳市高速路口，创建于1998年，现发展成为一家集农副产品种植、加工、国内外贸易及食品科研于一体的国家级农业产业化龙头企业。

公司注册资本5000万元，银行信用级别为AA+级，总资产达3.87亿元。年加工、销售核桃(仁)等农副产品1.38万吨，完成销售6.8亿元，进出口总额4200万美元，进出口贸易额居全国同行第一。产品远销全国31个省(区、市)，产品远销美国、欧盟、日本、东南亚等20多个国家和地区。

公司先后通过了ISO9001：2008国际质量管理

体系认证、HACCP食品安全管理体系认证、ISO14001: 2004环境管理体系认证、BRC英国零售商认证、IFS国际食品标准认证、HALAL国际清真食品认证，KOSHER国际犹太食品认证，中国、美国、日本、欧盟有机食品认证。

公司先后获得“全国经济林产业化龙头企业”“全国农产品加工示范企业”“农业产业化国家重点龙头企业”“全国食品工业优秀龙头食品企业”等荣誉称号。

【山西维之王食品有限公司】

维之王共生产20多种产品，按使用对象可分为两大块，即终端消费品和食品工业配料。按产品性质可分为六大系列，即凉果、果汁、果酱、水果软糖、果片茶和水果罐头。产品已获得有机食品、绿色食品证书和美国FDA质量检测，拥有进出口经营权。公司产品属于休闲高端产品，市场定位涵盖高、中、低各个消费群体。2014年底，企业总资产达43485万元，固定资产11642万元，全年销售收入30001万元。

企业带动农户增收情况 维之王新厂占地面积80余亩，总投资1.1亿元，新建了标准化的生产厂房14000平方米，并配置了先进的生产设备381台(套)，生产能力12300吨，使生产规模得以扩大，生产效率进一步提高。维之王公司本着“面向三农、造福三农、和谐发展、企农共赢”的发展理念，采取“公司+基地+农户”“公司+农村经济合作组织+农户”“公司+冷库+农户”等合作模式，用以满足生产所需原材料的供应。

企业生产加工情况 公司地处素有“中国山楂之乡”的山西绛县，土地肥沃、果林业发达、果品资源丰富，全县山楂种植面积10万亩，达到全县耕地面积的22%，产值占到了农业总产值的1/3。目前，公司生产规模达11000吨，可年转化山楂果20000吨，占到全县山楂总产量的70%。

【山西康立生药业有限公司】 山西康立生药业有限公司成立于1993年(原晋城中晋药业)，是一家民营高新技术企业，占地20000平方米，建筑面积8000平方米，资产总额5100万元，其中固定资产4300万元，流动资金800万元。

公司现有一条年生产能力16吨的植物提取生产线，6条制剂生产线，主要生产山楂叶(果)提取物(总黄酮)，是目前全国研发最早、规模最大、专业化和技术化水平最高、规格齐全的产品，在全国市场占有率达到90%以上。

公司设有中心实验室和完善质量保证体系；拥有一流的检测仪器，能有效对产品的生产过程，质量控制，变更控制以及生产系统的执行等进行检验；公司实行严格规范的管理，建立了一套完整的符合GMP规范要求的生产质量管理体系，为生产优质产品的保证。

2014年，生产山楂叶提取物20吨，销售收入3200万元，益心酮胶囊口服制剂成品药等销售收入2200万元，总产值5800万元，销售总额5400万元，全年实现利税618万元，其中利润394万元，税224万元。

公司山楂叶提取物(总黄酮)深加工生产，是服务于“三农”的重要组成部分。2014年，利用山楂叶700余吨，每吨收购价为5000元，农民增收350万元，带动农户1300余，户均收入2300元，同时促进了林果业的发展，林果业的发展改变了生态环境，保持了水土流失，荒山变绿，达到了农村致富，农民增收，形成了“公司+基地+农户”，使农民和企业形成紧密合作，产销一体化，促进了农业产业化的发展，推进了农副产品深加工，提升了农副产品深加工的技术升级，提高农副产品的附加值，达到调整产业结构，产品转型发展，具有良好的社会效益和经济效益。

为了进一步落实省委、省政府“一争两快三率先”“六个全面推进”的战略目标，为适应经济新常态，6月起投资3000万元，扩建一条年产45吨山楂叶提取物生产线，项目达产后可实现销售收入7200万元，实现利润1432.9万元，上缴金706万元，每年需山楂叶1500吨，收购价5000一吨，果农每年可增收750万元。项目实施可进一步推动林果种植业的发展。

【太岳山国有林管理局石膏山林场】 太岳山国家森林公园石膏山景区坐落于太岳山西北部，行政区划隶属山西省晋中市灵石县，距灵石县城35千米，距省城太原180千米。地处晋中、临汾、长治三地交界处，与大运高速、大西高铁擦边而过，交通便利、四通八达。景区规划总面积50平方千米，森林覆盖率达95%以上，自然环境优美，人文底蕴浓厚。自然景观以山、水、峡谷、森林为主，固有“雄、奇、青、秀、巧”之说，亦有“天然氧吧、高原翡翠”之美称。

近年来，石膏山林场不断加大招商引资力度，取得了显著成效。2007年10月，石膏山林场与灵石县通宇实业股份有限公司签订合作开发协议，共同对石膏山景区进行开发。目前，景区已成为环境优美、旅游设施和功能较为完善、人与自然高度融合、具有地方区域特色、省内外知名度较高的森林生态旅游景区。

景区建设项目计划总投资11.34亿元，目前已累计完成投资7.7亿元。根据规划，景区分为红叶景区、卧龙景区、乾龙景区、龙吟谷景区、花石岩景区、天竺景区、天河景区、水库景区、客服中心景区、白杨河野营探险景区共十大景区。其中，红叶景区、龙吟谷景区、天竺寺景区、卧龙景区共70多个景点已具备接待游客条件。此外，市政道路(共4100米)、桥梁、停车场、卧龙广场(共12436平方米)、管理楼、公寓楼、卧龙山庄、电瓶车等均已投入运营。随着景区建设扎实推进，游客数量和旅游收入稳步增长。2014年，景区游客数量突破10万人次，同比增长66.5%；旅游综合收入1000多万元，同比增长64.4%。同时，景区还拉动了餐饮、住宿、林副产品经营及特色商品销售等相关产业的迅速兴起，让地方政府和林区百姓真正享受到景区和谐发展带来的实惠。12月26日，经山西省旅游景区质量等级评定委员会检查、评定，石膏山景区荣膺AAAA级国家标准化旅游景区，使其知名度和社会影响力进一步扩大，为景区长期稳定发展起到了积极推动作用。

【关帝山国有林管理局吴城林场】 吴城林场食用菌种植基地创办于2013年7月，是吴城林场根据关帝林局党委提出的产业发展思路，争取政府优惠政策、发挥林场人力优势、自筹资金、对闲置房屋进行改造后，兴建的一个林场增收、职工创收的产业发展基地。

该基地创办之初以平菇种植为主，现有平菇出菇房2500平方米，可摆放菌棒6万余包，产菇约9万千克，年产值达十多万元。目前该基地运转正常，产供销环节衔接周密，市场稳定，形成了“政府扶持、林场经营、科技支撑、合作共赢”的良好局面，实现了“林场有积累、职工得实惠”的双赢目标。

2014年已完成了香菇大棚建设及配套工程的改扩建工程，共建大棚4栋，建设面积1920平方米，硬化道路2000平方米，新建原料库300平方米，冷库63平方米；改建出菇房、灭菌仓等1500平方米。通过该项目的实施，年可消化采伐剩余物200吨，生产香菇菌包20万袋。

【稷山县板枣产业】 稷山板枣为山西十大名枣之首，主要产于稷山县的陶梁、姚村、胡家庄3个村子。

板枣果实皮薄、肉厚、核小，肉甘甜，为扁圆形，略带上宽下窄状，故名板枣，成熟后为黑红色，果肉白绿色，制干后的好枣，皮无皱折，丰满有弹性，肉淡红色，即使压扁仍可复原，可拉出30~60厘米的金黄亮丝。含糖量31.33%，含酸量0.1%，每100克果实中含维生素C 499毫克，还含有钾、钠、钙、锰、锌、铁等多种微量元素，为高级补品，药用价值极高。目前，已开办工厂加工成金丝蜜枣，大量出口外销。稷山板枣树的栽植距今已有上千年的历史，素有皮薄、核小、肉厚著称于世。成为历代皇室“贡品”。板枣含糖量高，并有钾、钠、钙、镁、锰、锌、铁、磷等多种微量矿物质元素。成熟的鲜枣，含糖量达31.33%，每100克含维生素C为499.7毫克，制干后含糖量高达71.5%，各种维生素和氨基酸的含量均较鲜枣有所增长，药用价值极高，对治疗肝炎、降血压、医毒疮、健脑、防癌和健脾强身，具有特殊的效果。

稷山县是国家林业局命名的“红枣之乡”，稷山板枣因皮薄、肉厚、核小、营养价值高而享誉国内外。2014年，该县的板枣栽植面积达15.3万亩，2014年产量预计达到5000万千克，产值6.3亿元，枣农人均收入近万元。 （周浩　张劭）

内蒙古自治区林业产业

【概　述】 2014年，全区林业产业产值383.6亿元，比2013年增加103亿元、增长36.7%，其中第一产业194.1亿元、第二产业115.5亿元、第三产业74亿元，三产业比重为51:30:19。地方林业系统林业产值292.1亿元，中国内蒙古森林工业集团有限责任公司林业产值91.5亿元。全区农牧民人均林业收入652元，鄂尔多斯市农牧民林业人均收入达2600元，占当年农牧民人均可支配收入的19%。林业产业在贯彻落实自治区"8337"发展思路，建设绿色农畜产品生产加工输出基地和体现草原文化、独具北疆特色的旅游观光、休闲度假基地，推动绿色增长，增加绿色资产，促进地方经济发展，改善贫困落后地区生产生活条件，促进就业增收等方面，都发挥了比较重要的作用。

产业政策 自治区政府出台了《关于加快发展沙产业的若干意见》(内政发〔2010〕123号)。2007~2014年，自治区财政累计安排8600万元资金，对438个林业产业化项目进行了扶持，在全区培育林业产业发展龙头企业和典型示范项目、壮大区域特色林业产业、调动非公经济投入林业产业积极性等方面，发挥了重要作用。除依托国家重点林业生态工程支持产业化基地建设外，每年利用2亿多元的中央财政林业贴息贷款项目，重点扶持了林业产业项目建设。积极推动林权抵押贷款，扩大林业融资渠道，累计抵押林地面积52.15万亩、贷款10.25亿元。全区不少地方党委、政府对林业产业发展都予以关心和重视，实行了具体支持政策。鄂尔多斯市政府印发《关于扶持沙棘产业发展的意见》《全市渔业和林沙产业企业科技创新补贴奖励验收方案》，对沙棘等林沙产业给予扶持。阿拉善盟委、行署把发展肉苁蓉等林沙产业，列为全盟经济社会发展九大支柱产业来抓。兴安盟行署印发《关于推进绿色有机食品的产业基地建设的实施意见》，将发展食用菌作为国有林区的支柱产业之一。乌海市政府《关于加快葡萄产业发展的指导意见》和巴彦淖尔市政府《加快乌兰布和沙区酿酒葡萄产业发展实施方案》，对发展葡萄产业给予资金补贴及政策支持。呼伦贝尔市为做大做强林业产业龙头，重组了呼伦贝尔林业集团有限公司。

【特色产业】 全区各地形成不少具有区域特色优势和经营规模的名特优新经济林、林下经济、中蒙药材、种苗花卉、野生动物繁育利用、进口木材加工、生物质能源、灌木饲料和原料、森林沙漠旅游等特色林业产业，森林食品药品、人造板及木材制品等林产品加工、贮运和市场建设等相关产业也得到发展，产业规模不断扩大，产业链不断延长，产业效益逐步提高。

全区各地依托不同的区域条件和优势，积极发展适合当地发展的特色林业产业。呼伦贝尔、兴安盟、赤峰等地利用得天独厚的生态优势、资源优势及森林景观优势，积极发展天然无污染的山野菜、山野果、食用菌等森林绿色食品加工业及森林旅游业。

兴安盟食用菌产业年生产能力达800万棒，年销售收入达4800万元。

呼伦贝尔市蘑菇、木耳、蕨菜、黄花菜等食用菌和山野菜年采集量达2000多吨，实现收入2000余万元。

赤峰市探索出一条发展设施林业的道路，全市设施林果、花卉、菌类种植大棚已发展到9000余个，实现销售收入3.5亿元，安排2.5万农牧民就业，人均收入1.5万元。特别是林果产业已经成为当地活一方经济、富一方百姓的支柱产业。

通辽市以人造板工业园区为依托，发展人造板精深加工，提升产品质量，打造知名品牌，有效拉动地区经济发展和就业。全市共有木材及人造板加工企业97家，总资产达5.7亿元，生产能力为80万立方米，实际加工量为60万立方米，实现销售收入4.5亿元。

巴彦淖尔市、阿拉善盟、鄂尔多斯市以肉苁蓉基地建设与产品加工为重点，在现有初加工产品的基础上整合资源、扩大规模，以提取肉苁蓉有效成分生产功能食品为主发展肉苁蓉深加工。

呼和浩特以及乌兰察布市以沙棘、灌木资源加工利用产业为抓手，发挥资源优势，以点带面，引领地区特色产业向纵深发展。

乌海市进一步深挖葡萄产业潜力，做大、做强葡萄产业及酒庄观光旅游产业。鄂尔多斯市以沙棘工业园区为依托，大力发展沙棘产品加工。

满洲里、二连浩特市依托口岸优势，大力发展进口木材落地加工产业。

【产业基地】 基地建设是产业发展的基础，也是生态建设的重要组成部分，全区各地大力建设特色经济林、用材林、原料林、苗木花卉等特色商品林基地，夯实资源基础，为林业产业发展提供保障。

呼伦贝尔市通过发展食用菌生产基地，目前黑木耳规模已经达1000万袋。扎兰屯市林业局率先在成吉思汗林场建立了食用菌生产基地，种植香菇50万袋、平菇10万袋、木耳50万袋。

通辽市结合国家重点工程和本市实施的“科尔沁沙地双千万亩”林业示范工程，选择水资源较为丰富的地区建设速生丰产型商品用材林基地，经过几年的努力，全市商品用材林基地面积已达500万亩，经营期结束后每亩蓄积量可达8~10立方米，每年可提供商品材100万立方米，为今后稳定持续提供木材奠定了基础。通辽市还以奈曼旗、库伦旗、科左后旗为重点积极发展黄柳、锦鸡儿、沙柳等灌木能源林基地建设，目前林木生物质能源林基地已达200万亩，年提供各类灌木枝条35万吨。

呼和浩特市规模化种苗基地建设发展势头强劲，已由传统的种苗培育，发展成为“研发—种苗培育—苗木种植基地—销售—工程设计及施工”的综合性完整产业链，涵盖生态修复、节水园林、生态牧场、现代草业、生物质能源研究等多个领域。以内蒙古和盛生态育林有限公司为例，该公司成立于2008年，现有苗木培育基地5万亩，是我国北方最大的樟子松育苗基地和适合干旱半干旱区生长的优质乔木树种培育基地，苗木储量达4000万株，以碳汇林交易、生态修复、生态苗圃建设、园林绿化工程、林下经济开发、现代农牧业、生物质能源研究七大业务板块为核心，力争创建中国生态育林行业低碳节能环保有机循环产业的先锋公司。企业总投资22826.81万元，带动农户2690户，带动农牧户人均每年增收2000元，年销售收入2610.93万元。

巴彦淖尔市经济林基地面积达到23.28万亩，其中人工接种肉苁蓉8.41万亩，枸杞8.21万亩，苹果梨2.53万亩。当地农家乐、采摘园和果树专业户还纷纷种植了枣树、樱桃、葡萄、桃、李、杏等小杂果。果品种类更加丰富，产业基地规模逐步扩大。

鄂尔多斯市将国家重点工程项目不断向基地建设倾斜，启动了沙柳、柠条、杨柴3个1000万亩和沙棘、山杏、樟子松、油松4个100万亩基地建设工程。截至2014年年底，全市已建成沙柳原料林617万亩、柠条和杨柴原料林1432万亩、沙棘原料林56万亩、山杏原料林34万亩。

【龙头企业】 内蒙古汉森酒业集团有限公司充分利用乌海及周边地区优良的产区条件，致力于发展葡萄种植、加工产业。公司作为乌海市葡萄产业的重要龙头企业，通过着力打造乌海特色的优势葡萄酒品牌，扩展企业辐射带动范围，以原料订单收购为主，以统一组织服务生产和聘用农工为补充，形成了稳定的公司加农户的利益联结机制，对乌海市葡萄基地种植面积的扩张和生产水平的提高起到了积极的带动作用。公司引进法国优质酿酒葡萄苗木，利用以色列滴灌技术高效利用黄河水资源，在乌海市及周边建成了10000亩国家级标准化示范基地。以此为基础，公司引进国际先进的酿酒技术与设备，建成了年生产能力1万吨的现代化酿酒车间。2014年，汉森葡萄与葡萄酒获得欧盟有机双认证。汉森品牌上榜中国最具品牌价值500强。公司通过订单合同型、价格保护型、服务协作型3种利益联结模式，与当地农牧户建立了较稳定的利益关系，直接安置农业人口就业800多人(包括季节性临时工)，直接带动2000

多户农户种植酿酒葡萄，带动葡萄基地4万余亩。

阿拉善盟的内蒙古阿拉善苁蓉集团有限责任公司、巴丹吉林沙产业公司、金沙苑集团有限公司等林业产业化龙头企业在当地政府的扶持帮助下，采取“3+2”的运作模式(3即“公司+基地+农牧户”三位一体的互利互惠共同体，2即“科技+合作社(协会)”的增产增效和利益保障体系)，扶持农牧户开展肉苁蓉、锁阳、葡萄、文冠果原料林基地建设，保证了原料供应。同时，公司还吸纳当地群众从事加工、销售等活动，让群众既有劳务收入，还有林果收入，实现了企业和农牧户的“双赢”。

根河市根林木业有限责任公司成立于1976年，2008年改制为股份制民营企业，是一家综合性木材深加工龙头企业。公司坚持“以企业的可持续发展和职工收入的可持续增长”为目标，立足林区资源，以木结构房屋加工为主导产业，2014年，公司全年完成集成材生产2745.11立方米，木屋建筑安装4529.41平方米，景观建设28735.34平方米。产品销往海拉尔、扎兰屯、齐齐哈尔、天津、北京、山东、石家庄、呼和浩特、浙江、广东等地，并形成了南北方市场季节互补发展的良好局面。企业固定资产由改制前的857万元增加到现在的5000多万元。职工收入由改制前的925元/月提高到目前的2721元/月。

通辽市的内蒙古美林实业集团于2014年被评为国家林业重点龙头企业，是目前内蒙古地区最大的集装饰、家具设计、生产、订制、销售、物流配送为一体的大型综合性集团化企业。集团采用先进技术改造传统的家具生产，加快家具业内部结构调整的步伐，提高产品附加值，并依靠技术创新，个性化订制，体验式销售来提高家具产业的竞争力，增加工薪阶层百姓消费的产品比重，提高产品市场份额。2014年公司实现销售收入3亿元。企业资产总额达41027万元，同比增长24.72%，营业收入39074万元，同比增长29.77%；企业利润4766万元，增长率为44.04%。

巴彦淖尔市的王爷地公司和游牧一族公司是当地以肉苁蓉种植和加工利用为主的自治区级龙头企业，过去仅从事肉苁蓉接种及系列产品研发、销售，业态结构较为单一。从2012年开始，这两家公司在主业升级扩张的同时，兼顾沙漠养殖、有机农业种植、果品采摘、旅游观光等，形成了一业为主、多业共生的综合业态。乌兰布和沙区的帝泰、诺民等酿酒葡萄企业，除种植酿酒葡萄以外，还兼顾育苗、发展枣树、核桃、樱桃等经济林以及养殖业。企业经营领域多元化，产业链不断延伸。

内蒙古东达蒙古王集团是全区第三批自治区林业产业化重点龙头企业。该集团积极践行钱学森院士的沙产业理论，围绕生态建设和农牧民增收致富总体目标，经过近20年的艰苦奋斗，在库布其沙漠上发展形成了联结种植300万亩的沙柳基地、1.2万亩种苗基地、年产10万立方米的沙柳刨花板工厂、利用沙柳嫩梢和优质苜蓿做饲料的年出栏500万只獭兔养殖基地、总计年产70万吨的两座饲料加工厂和利用沙柳废料和獭兔粪便的食用菌种植加工基地，形成了以灌木资源加工利用为主线的资源种植—板材加工—养殖—饲料加工—食用菌培育的循环产业链，使生态、经济、社会效益得到了有机结合。

乌兰察布市的化德县三圆农副产品有限责任公司以“合作社+公司+基地+农户”的联动模式，利用灌木资源进行林下珍特禽养殖及销售。由养殖场为农户提供雏鸡，统一饲料配方，统一防疫免疫，统一饲养管理。公司现已与两个镇3个乡50个行政村600多农户签订养殖合同，发放特禽雏鸡6万只，并按照保护价回收农户出栏的肉食活鸡及鲜禽蛋，养殖户每户每年出栏100只特禽鸡，产鲜禽蛋350千克。公司形成了集“生产、加工、冷藏、检疫、销售”于一体的产业体系，年销售特禽8万多只、禽蛋10多万千克，实现销售收入1000多万元，安置农民就近转移就业600多人。

林业专业合作社是当下林业产业发展的新力量，也是新模式，全区共有林业专业合作社438个，其中12家被评为国家农民合作社示范社，64家被评为自治区级林业专业合作社示范社。林业专业合作社上联企业，下联农户，在创新利益联结模式、增加林农收入、提高资源有效利用等方面发挥积极、重要作用。

【林产品品牌】 品牌建设是产业发展的重要一环，是拓宽地区知名度，提高产品市场占有率，增加市场份额的有效方式。通过近几年的发展，全区形成了像巴彦淖尔苹果梨、枸杞，阿拉善肉苁蓉，呼伦贝尔榛子，赤峰寒富苹果，通辽锦绣海棠等地方特色林产品品牌。全区被认定为中国驰名商标的林产品商标达5件，内蒙古著名商标12件，市级知名商标6件。绿色食品认证6件，有机食品认证6件，无公害农产品认证3件，国家工商总局地理标志产品认证1件，农产品地理标志产品4件，质量体系认证8件。产品品牌知名度的提高进一步提高了自治区林产品走出去的发展优势。

【林业科技】 产业的发展与提质增效离不开科技创新的支撑和推动。巴彦淖尔市的肉苁蓉企业自2002年乌兰布和沙区人工接种肉苁蓉试验成功后，分别与北京大学、中国农业大学、中国矿业大学、中山大学、厦门大学、上海中医药大学、上海交通大学、四川大学、内蒙古大学、内蒙古农业大学等20多家国内知名院校及科研院所密切合作，在乌兰布和沙区肉苁蓉基地积极开展了20多项科研项目的实施与研究。

巴彦淖尔市乌前旗先锋镇枸杞专业合作社为适应市场需求，经多年试验自主研制了以苦豆根汁液提取烟碱、苦参碱等制成生物药剂，在防治枸杞病虫害方面取得了较好的防治效果，从根本上扭转了依赖化学药品防治病虫害的状况，27项农药残留检测指标均低于绿色农产品的标准值，研究成果获国家绿色产品认证。

阿拉善盟积极与北京大学、中国农业大学、上海交通大学、中国科学院植物研究所、中国医学科学院药用植物研究所、水利部南京水利科学院、以色列沙漠研究所、韩国生命科学院、内蒙古大学、内蒙古农业大学等科研院所建立科研项目合作关系，共同研究探索肉苁蓉产业发展技术问题，解决产品精深加工、开发技术“瓶颈”。其中，阿盟林业研究所与中国科学院北京分院、阿拉善宏魁苁蓉集团有限责任公司共同建立了“阿拉善沙生植物开发利用研究中心”，将梭梭、肉苁蓉栽培繁育基地和产品研发作为一个多学科交叉的试验、创新的平台，集成技术、转化科研成果，推动基地规模化、集约化的高标准建设，通过科技进步推动产业发展。

锡林郭勒盟林业局组织科技力量，在正蓝旗巴海嘎查开展了2000亩小红柳平茬复壮试验示范，在总结平茬试验示范结论的基础上，对外宣传推介资源情况，引进林板加工龙头企业，以此带动沙区灌木柳资源合理开发利用，拉动更多农牧民增收。2014年，内蒙古农牧业科学研究院与正镶白旗伊和淖苏木壮大林业发展合作社配合，在伊和淖苏木柴达木嘎查开展灌木柳饲料研发，取得成功，并进入加工生产环节。已在柴达木嘎查建加工厂房400平方米，年加工饲料50吨。通过对饲料的适口性和营养价值进行试验，灌木柳饲料的适口性、营养价值、加工成本均优于一般饲料。该项目的建设，一方面通过对灌木柳的科学合理利用，把资源优势转化为经济优势，调动牧民造林护林的积极性，逆向拉动资源增长，改善沙区生态环境；另一方面通过灌木柳饲料研发加工，就地解决沙区舍饲半舍饲的饲料来源，有效地缓解了沙区生态压力。（韩　英）

辽宁省林业产业

【概　述】 2014年，全省林业总产值达到1833.92亿元，全省林业增加值493.71亿元，其中，第一产业产值973.88亿元，第二产业产值597.68，第三产业产值262.36亿元。

辽宁省人民政府从2014年开始在全省实施千万亩经济林工程，规划期限从2014~2018年，力争用5年的时间建设十大经济林产业带955万亩，其中新植765万亩、改造190万亩。至2018年末将新增经济林面积810.15万亩，使全省干坚果等经济林的总量达到2253.32万亩，年果品产量将达到1870万吨、年实现产值805亿元。全省将有110万农户从事经济林生产，人均年增加收入7860元。

2014年，大连华丰家具集团有限公、辽宁赛斯木业有限公司、辽宁东宁药业有限公司、大连华夏家具有限公司、大连盛友门业有限公司等5家企业获“国家林业局首批国家林业重点龙头企业”称号；中国林业产业联合会命名西丰县“中国鹿产业第一县”、开原市“中国榛子产业示范县”。中国经济林协会命名辽阳县“中国大果榛子之乡”。

政策规划 2014年，启动了千万亩经济林工程建设项目，辽宁省林业厅、辽宁省农村经济委员会、辽宁省财政厅联合制定印发了《关于印发辽宁省千万亩经济林工程项目和财政补助资金管理办法的通知》(辽林字〔2014〕9号)文件要求。制定了4种地类、25个树种、5种资金补助标准、14种资金补助方式。2014年，省财政共补助资金4.6亿元用于千万亩经林工程建设。

鞍山市政府出台了《关于推进海岫生态经济林产业带建设的实施意见》(鞍政办发〔2014〕16号)，决定从2014~2018年，对土地流转规模化经营的大户、专业合作社、企业及其他经济组织，予以资金扶持。

省级林业产业龙头企业 辽宁省为促进全省林业产业的发展，完成第四批省级林业产业龙头企业的命名工作，共7家。名单如下：鞍山槿宁食品有限公司，丹东茂绿丰农业科技食品有限公司，丹东科健食品有限公司，丹东市森草土特产品有限公司，佰山(丹东)建材工业有限公司，铁岭市山禾林业开发有限公司，辽宁水木阳光生态发展有限公司。完成全省首批、第二批省级林业龙头企业重新审核认定工作，共有77家重新获得省级林业龙头企业称号。全省现共有省级林业产业龙头企业148家。

【产业园区】 **彰武园区** 2014年，园区签约项目达到33个，协议引资额35亿元，比2013年增长65%和32.5%；全年到位资金22.55亿元，比2013年增长70%。新开工项目达到16个，比2013年增长60%；新竣工项目12个，比2013年增长20%。研发包装项目6个，是2013年的6倍。入驻企业户数达到92户，其中生产加工型企业69户。新进规模企业4户，规模以上企业达43户，占全县规模企业总户数的40.2%，比2013年增加8户。完成全口径产值72亿元，比2013年增长14%，其中规模以上产值达到66亿元，比2013年增长11%。实现销售收入69亿元，比2013年增长15%，其中规模以上企业实现销售收入62亿元，比2013年增长8.7%。实现税收7200万元，比2013年增长45%。全年用电量达到2300万度，比2013年增长114%。完成固定资产投资25亿元，是2013年的8倍。

台安园区 2014年，入驻台安园区企业2家，并投产运营。园区内企业以板材及木材深加工类企业为主。协议投资额8.18亿元，实际完成投资8.18亿元。投产运营企业中，投资亿元以上项目2个，一是辽宁台安威利邦木业有限公司年产22万立方米中(高)密度纤维板项目，总投资5亿元。二是广东威华股份有限公司投资3.18亿元建设的生物质发电项目。2014年园区企业年产值2.1亿元，同比增长1.7%。

南杂木园区 南杂木工业园区到2013年11月底累计完成基础设施建设投资36亿元，共建成标准厂房30.4万平方米，累计同149户企业签署投资协议，协议投资额27亿元。入驻企业149家，有149家企业开工建设，其中，在建项目4个，竣工项目145个，投产运营企业140家。签约企业中，投资亿元以上项目3个，主要是木业、新材料、机械加工企业；5000万元~1亿元项目1个。目前的签约企业以板材及木材深加工类企业为主。到目前园区企业完成投资31亿元，园区2014年完成销售收入13亿元。

本溪“药都” 园区累计完成基础设施建设投资70亿元，共建成标准厂房22万平方米，修筑公路骨干路网62.4千米，铺设给排水管线100千米，架设电线150千米，完成绿化面积60万平方米，园区累计同250户企业签署投资协议，累计协议投资额1500亿元。入驻企业149家，有138家企业开工建设，其中，在建、续建项目36个，竣工项目17个，投产运营企业85家。签约企业中，投资亿元以上项目196个，主要是(医药)企业；5000万元~1亿元项目22个；5000万元以下项目8个。目前的签约企业以(医药、保健品、医疗器械、配套等生产类)企业为主。截至2014年年底，园区企业完成投资300多亿元，园区2014年完成销售收入200多亿元。

1~11月，园区同32户企业签署投资协议，协议投资额94亿元。签约企业中，投资亿元以上项目13个，主要是(医药)、(保健)、(配套)项目；5000万元~1亿元项目1个；5000万元以下项目16个。

佟二堡皮装皮草产业园区 截至2014年年底，园区累计完成基础设施建设投资5.4亿元，共建成标准厂房50万平方米。2014年，园区同5户企业签署投资协议，协议投资额15亿元，实际完成投资8.6亿元。入驻企业5家，有4家企业开工建设，其中，在建项目1个，竣工项目4个，投产运营企业4家。签约企业中，投资亿元以上项目5个。2014年完成销售收入181亿元。

西丰鹿产业园区 西丰县位于辽宁省东北部，区域总面积2686平方千米，辖18个乡镇、174个行政村、35万人口。

鹿产业是西丰县支柱产业，西丰县从事鹿饲养、加工、销售人员达4万多人，占全县人口的11.4%，鹿产业年产值约30亿元，利税5亿元；截至2014年年末，规模以上鹿场289个。鹿只饲养量15.4万只，存栏13.5万只，占全省的78%，占全国的25%。年产成品茸30余吨。有各类经销及加工户360家，年加工和经销成品鹿茸500余吨。国际鹿茸50%、国内鹿茸80%都在西丰加工经销。产品主要出口到韩国、中国香港、日本、俄罗斯、美国等国家和地区，年出口创汇5000万美元。西丰县已成为世界梅花鹿重要的养殖基地，鹿及鹿副产品加工、经销集散地。目前，西丰县已成为世界鹿产品加工经销贸易中心。中国东北参茸中药材市场拥有商住经营旺铺727个，其中鹿产品商户360个，2013年市场总交易额达90亿元。同时规划建设了占地8平方千米的西丰县生命健康产业园区，重点发展鹿产品精深加工业。该园区现有生产加工企业90家，其中鹿产品加工企业和医药保健品生产企业50余家。该园区是西丰县“东北参茸中草药材市场”货源供给基地和生产加工平台，已被列入辽宁省第十二个五年计划重点工业产业集群。

【展览展会】 辽宁林业网上博览会 辽宁林产品网上博览会，是将展馆、展品移植到互联网上进行展示、宣传与交易的三维互动立体体验模式。现已有68家涉林企业(3000余张图片、超过10万字的企业简介和产品说明)分开设家具、经济林、人造板、木制品、森林中药材和生物制药、种苗花卉、森林食品、野生动物繁育利用、森林旅游9个板块上传到了网上。

义乌博览会 11月1~4日，辽宁省林业厅组织企业参加了第7届中国义乌国际森林产品博览会。辽宁省林业厅荣获第7届中国义乌国际森林产品博览会“最佳组织奖”。两个企业获“最佳展台奖”。同时，辽宁省参展产品有2个产品被评为森博会金奖、3个产品被评森博会为优质产品奖。

第五届中国(铁岭)榛子节 9月20~22日，铁岭市于沈阳皇寺庙会成功举办了第五届中国榛子节暨铁岭榛子(沈阳)展销会，本次节会占地5000余平方米，分铁岭榛子及森林食品、铁岭大米、名特优农副产品和外市4个展区，共设有135个展位。节会期间，现场客流量达15余万人次，现场销售榛子20余万千克，销售额1200余万元，为铁岭市榛农及加工企业开拓域外市场，搭建了非常好的平台。

【鞍山市林业产业】 2014年，全市林业产业经济总产值约117.7亿元。其中，第一产业产值约80亿元，第二产业产值约36.5亿元，第三产业产值约1.2亿元。

南果梨作为鞍山市的地方特产名牌果品，以其色泽鲜艳、肉质细腻、酸甜爽口、果香浓郁的极佳品质，深受消费者青睐。产业发展规模大、区域优势突出，经济效益显著，具有极大的市场潜力和广阔的发展前景。全市南果梨面积41万亩，年产量33万吨，产值14.8亿元，占全市种植业总产值的18.5%。果产区农民年收入平均60%来自于南果梨生产，重点村达到了90%以上，成为果产区农民增加收入、建设富裕新农村的支柱产业。

鞍山寒富苹果是沈阳农业大学用“东光×富士”杂交选育而成的，果实圆锥形、果型端正、鲜红色、果实单果重平均250克以上，最大最重的已达900克，是目前栽培苹果当中单果重最大的品种，果肉淡黄色，肉质酥脆，汁多味浓，有香气，耐贮性强，品质上等。台安县自引进寒富苹果以来，栽植面积已达到10.5万亩，年产量约11.5万吨，产值约5亿元。目前已成为产区农民经济收入的主要来源。

岫岩县作为鞍山林业大县，其食用菌产业现已成为当地的特色主导产业。岫岩的食用菌生产规模已经辐射到全县24个乡镇190余个行政村，种菇农达到2万户，有近4万余人从事食用菌生产及与之相关的产业，占全县农民总数的12%。现已初步形成了以滑子蘑、香菇生产为主、其他特色菇种为辅的食用菌产业发展格局。其产品远销至日本、俄罗斯、意大利、法国、德国、美国等20多个国家和地区。

【铁岭市林业产业】 2014年，铁岭市林业产业产值实现195.2亿元，同比增长3.8%，山区农民人均林业产业收入达到5400元，增长12.5%，占山区农民人均收入的45.6%。全市榛林面积新增8万亩，达到140万亩；苗木花卉种植面积新增3万亩，达到28万亩；西丰鹿产业新增存栏量0.6万头，达到13.5万头。国家林业局授予铁岭市政府“林业产业突出贡献奖”。

铁岭市突出抓好以“一县一业”为主的种养业林地经济，新增榛林面积8万亩，达到140万亩，总产量4500万千克，总产值实现51亿元，主产区农民人均收入达到1.6万元；新建榛子标准园6万亩；新增苗木花卉种植面积3万亩，达到28万亩；新增林下中药材种植面积2万亩，达到41万亩；新增山野菜面积2万亩，达到16万亩；西丰县鹿只饲养量达到15.3万头，存栏13.5万头，分别比去年增长了0.7万头和0.6万头，新增其他林下养殖家畜(禽)存栏25万头(只)。

【凤城市红松产业】 凤城市位于辽东半岛东部，地近黄海北岸。全市户籍总人口近59万人，全市共有满、汉、蒙、回、朝等24个民族，满族人口占75.1%。全市辖3个经济管理区(办事处)、17个镇和1个蒙古族乡，201个行政村。辖区总面积5513平方千米。其中，林业用地面积616万亩，森林覆盖率72%。

凤城市现有红松果材林27.5万亩。其中，15年以上结果红松林面积共计12.8万亩，红松籽亩产量能达到25千克/亩。全市红松籽总产量3200吨，产值达1.28亿元；红松苗木繁育面积1500亩，年产红松苗2000余万株，产值达3000万元；年平均抚育红松林2000亩，年产红松木材2000立方米，产值达140万元。2006年末至2014年，合作社累计利用蚕改林地进行红松栽植并嫁接3000余亩，每亩嫁接40余株，亩嫁接成本200元左右，累计投资达60余万元。目前，已有800余亩红松出果，每年亩产出红松果价值可达1000元，年效益达70余万元。

【辽阳县大果榛子产业】 辽阳县位于辽宁省中部，地处东经122°35′04″~123°41′00″，北纬40°42′19″~41°25′22″。全县总面积2828.2平方千米，总人口50万人。辖12个镇、1个乡、2个民族乡。

截至2014年年底，全县大果榛子发展面积已达到5.5万亩，其中千亩连片榛子丰产园7个，年产量600余万千克，产值7亿元，全县已有平欧大果榛子栽植专业乡镇12个，辐射农户5000余户，农业专业合作社32个，预计丰产期增加农民纯收入4500元/人。中国大果榛子已经成为林农致富的“希望之星”。辽阳县的大果榛子基地面积和产量稳居全国之最，经专家分析，占全国总面积的1/3。

【辽宁意成企业集团】 辽宁意成企业集团成立于2003年，注册资金10000万元。集团拥有经过专业培训的职工队伍，职工总人数400多人，其中执业药师、主管药师和药师、会计师、食品发酵专家等专业技术人员110余人，大专以上文化程度人员150人。集团旗下拥有辽宁意成林药开发有限公司、建平县颈复康中药材种植有限公司、朝阳酒之源红山酒业有限公司、朝阳智慧沙棘生物科技开发有限公司、建平县天福医药有限责任公司、建平县新特药医药连锁有限公司、朝阳丰源生物科技有限公司、辽宁鸽子蓝商贸有限公司、建平县意成商贸有限公司、朝阳会通物流有限公司、辽宁会顺农产品信息服务有限公司。

辽宁意成林药开发有限公司，投资14.3亿元开工新建特色农产品加工及产业化项目，现正在稳步运行和推进。该项目包括中药材饮片加工项目，中药材(甘草、黄芩、苦参)提取物加工项目，中药材沙棘深加工项目，中药材保健酒生产项目，中药材功能产品及保健品生产项目，中药材加工副产品添加剂饲料生产项目，中药材种植基地建设项目。该项目全部达产后，可实现年销售收入45亿元，利税9亿元，销售税金及附加4.5亿元。公司已于2012年3月取得出口资质。并参加了2012法国国际食品饮料展(SIAL)，参展的品种有苦参、甘草、黄芩、黄芪、沙参等。种植的建平苦参2013年获得国家地理标志保护产品。

建平县颈复康中药材种植有限公司，公司发展中药材种植基地20万亩，其中中药材种苗种植基地1万亩，中药材种植示范基地10万亩，中药材种植基地覆盖建平县黑水镇、昌隆镇、义成功乡、国营八家农场、张家营子乡、奎德素镇、白山乡、黑水国营农场等10多个乡镇，从而推动和发展周边地区10多个乡镇基地种植农户2万多户，亩均增加纯收入2000多元，公司已于2012年3月取得出口资质。

朝阳酒之源红山酒业有限公司，公司成立后，投入了大量资金，对原有厂区、厂房、酿酒和灌装设备、库房和储存设施进行了全面和全方位的改造、维修和更新。现年生产能力2万吨，注册商标“叶泉”酒，现投放市场中的金叶泉、银叶泉、叶泉金樽、叶泉银座、叶泉秘酿，其特点绵软悠长、回味留香，深受各界赞赏和好评。

朝阳智慧沙棘生物科技开发有限公司，正处在发展建设当中，新建一个沙棘提取车间，一个沙棘饮料车间和一个检验中心，购置提取及饮料等生产成套设备，建成后年加工沙棘果2万吨、沙棘叶2000吨。同时投资建设沙棘林种植5万亩，南国梨1000亩，缓解了部分原料供应问题。

建平县天福医药有限责任公司，建平县唯一医药批发公司，主要经营中成药、中药材、中药饮片、化学药制剂、抗生素、生化药品、生物制品、保健食品、医疗器械等，目前发展药品批发分支机构15家。

建平县新特药医药连锁有限公司，是建平县最大的医药连锁公司，目前发展连锁大药房24家，经营药品5000多种。药品批发和零售连锁企业全部通过国家食品药品监督管理局GSP认证，公司拥有执业药师、主管中药师、药师等60多人，所经营的产品，担负着建平县人民的医药保健保障供应和配送，是建平县内唯一的药品批发和零售连锁企业，是辽宁省“价格诚信”单位。

朝阳丰源生物科技有限公司，成立于2010年，公司主要经营食用植物油加工，新鲜沙棘果销售等。公司具有国内先进的沙棘饮料、种子油、黄酮加工设备、设施及沙棘行业先进的生产技术，是工业化、标准化、规模化的生产企业。

辽宁意成企业集团秉承“敬业、责任、服从、诚实、合作”的企业精神，以“让百姓得到实惠，给企业创造效益，为国家增加税收，建立一个企业，推动一个产业，富裕一方百姓”的企业宗旨，“以传承中药产业的发展，发展成为种植、对外贸易、生产中药饮片、药品销售及酿酒、饮料加工为一体化最优秀的企业”为企业目标，通过科技创新，努力闯出一条能够把握市场经济规律、从中寻求发展机遇。建设高标准的中药材 GAP 基地、农林药产品开发、种植、加工、提取、销售、酿酒为一体的综合性开发现代化高科技农业产业化龙头企业。

【丽洲庄园葡萄酿酒有限公司】 丽洲庄园葡萄酿酒有限公司占地面积 66700 平方米，建筑面积 10000 平方米，企业整体工程为欧式建筑，总投资为人民币 8000 万元。公司从法国引进了代表世界先进水平的全套专业酿酒设备，葡萄酒生产发酵全过程实现电脑程控，现有葡萄酒灌装生产线两条，年生产能力 10000 吨。

为了扩大生产经营规模，2014 年，公司投资 1000 多万元，新建起泡鸡尾酒生产线两条，年可生产鸡尾酒 200 万箱，2014 年 9 月正式投入生产。

公司现有员工 200 人，其中高工 3 名，技术岗位工人 30 名，应往届大中专毕业生 20 人，安置下岗职工 30 人，当地贫困劳动力 110 人。

丽洲庄园葡萄酿酒有限公司葡萄酒产品具体分为四大系列：干红葡萄酒系列、干白葡萄酒系列、甜葡萄酒系列和冰酒系列。其中“丽洲庄园”干红葡萄酒系列被朝阳市、喀左县人民政府定为政府宴会特供酒。

公司采用以销定产的经营方式，2014 年年产量鸡尾酒 246500 箱，全年生产葡萄酒 258000 箱，其中干红葡萄酒 157800 箱，干白葡萄酒 41700 箱，甜葡萄酒 58500 箱。产品主要销往北京、沈阳、上海、福建、成都、大连、泉州等大中城市，2014 年全年实现销售收入 4608 万元，利税 1200 多万元。

丽洲庄园葡萄酿酒有限公司与政府有关部门和科研院所合作进行优质葡萄试验园建设，引进国外优质葡萄品种，经过改良、实验并逐步推广，逐步改变种植格局，最终使企业、农民、农户形成“公司 + 基地 + 农户”的产业格局，从而带动农户脱贫致富。目前公司拥有酒葡萄种植示范基地 2000 亩，带动农户 520 户，平均人均增收 1620 元。

【龙宝参茸股份有限公司】 龙宝参茸股份有限公司成立于 1993 年，公司是以生产和销售人参、西洋参、冬虫夏草、蛤蟆油及其他滋补保健类中药材(饮片)的“农业产业化国家重点龙头企业”和“省级林业产业化龙头企业”。公司法人代表孙孝贤，为参茸行业的资深专家，1992 年享受国务院特殊津贴，是国家参茸产品标准化技术委员会委员、国家参茸质检中心专家委员会委员。公司自主研发专利 15 项，其中发明专利 8 项，被省经信委评为“省级企业技术中心”。龙宝系列产品曾先后荣获国家林业局名特优产品金奖、国家农业产品贸易博览会金奖、国际农产品交易会优质农产品，2009 年“龙宝”品牌被国家工商总局商标局认定为“中国驰名商标”。

2014 年底，公司总资产 5.4 亿元，实现销售收入 4.2 亿元，利润总额 7850 万元。

公司多年来在东北地区与大量的林农建立了良好的合作关系，有效地带动了林农致富。2011 年公司出资成立“本溪龙宝农业科技发展有限公司”，在桓仁县购买宜参林地 10000 亩，现已投资 3500 万元，完成野山参播种面积 4000 亩，保证公司未来长期的原料供应，现已建成现代林业旅游示范基地，被国家标准委评为“标准化示范基地”。

公司于 2012 年新购买土地 106 亩，投资 1.3 亿元建设达到工业旅游标准的现代化厂区，预计 2015 年 10 月竣工投产，能够直接拉动本地区林产品加工产业的发展，大幅度增加税收，促进本地区的经济增长，带动林农致富，直接和间接带动就业近 4000 人。

公司以药都为中心，建设龙宝健康产业园。以中药饮片、参茸业务为依托，以营销渠道建设为基础，搭建成为集在线交易(B2B)、专业物流、电子供应链金融等供应链增值服务为核心的行业平台。

以两县为两翼，带动地区农业产业化发展。以本溪县为生产基地，建设达到工业旅游标准的现代化厂区，利用工业旅游推动参茸健康产业文化发展。以桓仁县为原料种植基地，建设现代农业旅游示范基地，带动更多农民致富。

(辽宁省林业厅)

吉林省林业产业

【概　述】 2014年，全省完成林业产业总产值1451.00亿元，比2013年增加100.01亿元，增长7.4%；其中第一产业产值391.17亿元，同比增长7.96%，占总产值的26.96%；第二产业产值891.17亿元，同比增长7.76%，占总产值的61.42%；第三产业产值168.66亿元，同比增长4.32%，占总产值的11.62%。

在林业的一、二、三产业中，龙头产业的带动性愈见增强。经济林产品的种植与采集业产值占第一产业产值的一半，2014年，包括水果、坚果、中药材以及森林食品等在内的经济林产品的种植与采集业产值达到199.88亿元，占第一产业产值的51.1%。非木质林产品加工制作业成为林业第二产业的重要支柱，2014年，包括中药材加工、果酒果汁制造、山野菜、食用菌加工在内的非木质林产品加工制造业产值达到426.74亿元，占第二产业产值的47.89%，随着木材加工制造业的整体下滑，非木质林产品加工制造业将逐步成为加快林业产业发展的重要砝码。森林旅游业成为林业第三产业的主要增长点，全年森林旅游及休闲服务业产值达到74.63亿元，同比增长7.01%，占第三产业产值的44.25%。

经济林产品采集业　2014年，全省经济林产品的种植与采集业产值达199.88亿元，同比增长9.37%；产值占全部林业产业总产值的13.78%，比重增长0.06%。2014年，全省松子产量3.54万吨、食用菌(干重)产量8.67万吨、山野菜(干重)产量6.79万吨。

花卉产业　2014年，吉林省作为中国北方重要的花卉生产基地，产值达13.58亿元，同比增长4.46%；花卉产值占全部林业总产值的0.94%，比重下降0.02%。全省切花切叶产量4325.7万枝，盆栽植物产量485.2万盆，观赏苗木产量647.5万株。

森林动物养殖业　2014年，全省以林蛙、鹿、野猪、山鸡等为主的野生动物驯养产业产值达47.97亿元，同比增长1.44%；养殖业产值占全部林业产业总产值的3.31%，比重下降0.19%。

森林生态旅游产业　2014年，全省林业旅游接待人次达1441.44万人次，旅游与休闲服务产业产值达74.63亿元，占全部林业产业总产值的5.14%，比重下降0.02%。

【木材生产机木材加工产业】

木材大幅降产、销售价格下降　2014年，全省出产木材345.18万立方米，同比减少6.23万立方米，下降1.77%。在全部木材产量中，原木产量336.62万立方米，同比下降0.84%,；薪材产量8.56万立方米，同比下降28.25%。在全部木材产量中，国有企业单位生产木材152.55万立方米；国有林场、事业单位生产木材88.71万立方米；系统外企、事业单位才发自营林地木材12.63万立方米；乡(镇)集体、村及村以下各级组织和农民个人生产木材91.3万立方米。

全省木材采运产值41.74亿元，同比增长11.81%；木材采运产值占全部林业产业总产值的2.88%，比重增加0.12%。全年全省木材销售实际平均价格为1214元/立方米，同比增加19.25%。

锯材产量、木片产量大幅增长　2014年，全省锯材产量149.44万立方米，同比增长6.28%；木片、木粒加工产量达到53.84万实积立方米，同比增长387.68%。锯材、木片销售实际平均价格分别为2241元/立方米、454元/实积立方米。全省锯材、木片加工产值达到76.62亿元，同比增长72.99%，占全部林业产业总产值的5.28%，比重增长2%。

人造板产量增长　2014年，全省人造板产量达到423.99万立方米，同比增长17.18%。其中，胶合板149.02万立方米，同比下降4.19%；纤维板 126.01 万立方米，同比增长 28.84%；刨花板 76.81 万立方米，同比增长 25.32%；；其他人造板(主要为细木工板)72.15 万立方米，同比增长 52.96%。全省人造板产值 102.83 亿元，同比增长 8.83%；人造板产值占全部林业产业总产值的 7.08%，比重增加 0.09%。

木地板产量大幅增长 2014 年，全省木地板产量达 4327.41 万平方米，同比增长 21.05%。其中实木地板 520.93 万平方米，复合木地板 3693.79 万平方米，强化木地板 108.67 万平方米，其他木地板 4.02 万平方米。全省木地板产值 53.39 亿元，同比增长 25.92%，占全部林业产业总产值的 3.68%，比重增长 0.55%。2014 年木地板销售实际平均价格为 124 元/平方米，同比下降 38.61%。

【非木质林产品加工制造产业】 吉林省的非木质林产品加工制作产业以中药材加工制造、坚果加工、山野菜食用菌加工、葡萄酒和果汁制造业为主，是吉林省林业加工业的第一支柱产业。2014 年全省非木质林产品加工制造业产值达 426.74 亿元，同比增长 2.58%，占全省林业产业总产值的 29.41%；同比下降 1.38%。其中，中药材加工制造业产值 316.59 亿元，同比下降 6.61%，占全省林业产业总产值的 21.82%；坚果加工产值 30.81 亿元，同比增加 18.95%，占全省林业产业总产值的 2.12%；山野菜、食用菌加工产值 16.54 亿元，同比增长 9.97%，占全省林业产业总产值的 1.14%；葡萄酒和果汁饮料制造业产业 35.4 亿元，同比增长 96.01%。

【龙头企业、产业基地建设】 截至 2014 年年底，吉林省已有 1 个国家林业产业园区、9 个省级林业产业园区、148 户省级林业产业化龙头企业和 71 个省级林业产业基地，其中年销售收入过亿元的龙头企业 19 家，销售收入过 10 亿元的龙头企业 1 家。这些企业已成为吉林省林业产业发展的龙头、发挥了重要的带动作用。

抚松金隆木业集团有限公司 该公司主要生产多层地板的中外合作企业，是一家母公司，抚松千秋木业有限公司、大连千秋木业有限公司、抚松金秋木业有限公司、抚松地王木业有限公司为子公司的木制品生产联合体，注册资本 13552 万元，账面资产总额 9.3 亿元，在岗职工 2200 人，域内厂区占地面积 40 万平方米，建筑面积 10 万平方米。共建成 12 条具有国际先进水平的实木复合地板生产线，主要产品为多层板地板，年生产能力为 500 万平方米。2013 年实现销售收入 13165 万元，其中出口创汇 10930 万元，实现利润 3636 万元、实现税金 6072 万元。金隆集团的生产能力、技术水平、出口创汇和实现利税等主要经济指标在国内同行业居领先水平。已连续多年在吉林省木制品企业出口排名第一位。

吉林省林海雪原酿酒有限公司 公司成立于 2004 年，现有员工 185 余人。生产基地面积 3850 平方米，固定资产 2104 万元。主要品牌“林海雪原牌”蓝莓白酒、果酒、饮品等。2014 年年产量 822 吨，销售收入 1200 万元，实现利润 110 万元。主要产品蓝莓白酒、蓝莓果酒、蓝莓饮料三大类 100 多个品种，都通过生产许可 QS 认证，企业通过国际质量管理体系 ISO9001－2000 认证，公司拥有一种国内领先省级新产品，产品通过有机食品认证，蓝金蓝莓酒 2010 年荣获吉林省名牌产品。产品销往北京、上海等 10 多个省(区、市)。

吉林长白明珠森林食品有限公司 现有人参米生产线一套、人参软糖生产线一套，配有破碎机、灭菌机、检验化验设备、微波灭菌烘干等先进生产设备。人参系列健康食品设计规模为年生产 600 吨人参米，人参系列软糖 300 吨。年产值可达到近 3000 万元。产品现已在广东省、北京市、上海市等 9 个省(区、市)建立销售网络。

汪清县斯宅木业有限公司 该公司是一家集设计、制造、销售于一体的专业化家具生产企业。拥有先进的集成材、家具生产线，主要生产不同规格的刨光材、集成材、板材，厨房家具、办公家具、宾馆酒店家具等。企业现有职工 125 人，拥有资产 8225 万元。2011 年注册的“幸运草”商标被评为吉林省著名商标，产品通过 ISO9001 质量管理体系认证和 ISO14001 环境管理体系认证。2014 年年生产 1 万套高档家具，3 万立方米集成材，50 套木屋。年销售收入 9676 万元。

汪清县天成农业服务有限公司 公司成立于

2010年，企业总占地面积2.41万平方米，坐落在汪清县天桥岭镇，是以专业批发交易为主，以“基地+耳农+黑木耳专业批发”交易模式组建起来的，市场主要经营黑木耳、山野菜、中草药、杂粮等农副产品，市场配套设施有物流配货，大型仓储库房，办公楼和检验检测中心及宾馆、旅店、饭店等。形成市场带基地、基地带农户的链式发展格局。现公司资产已达到9000万元，2014年整个批发市场中黑木耳、山野菜、中草药及农副产品等交易额达到8亿元。

表1　吉林省部分林业产业化龙头企业名单

单位名称	主营产品
吉林森林工业股份有限公司	刨花板、纤维板
敦化市中联木业有限责任公司	纤维板
长白山森工集团汪清林源木业有限责任公司	纤维板
长白山森工集团和龙人造板有限公司	纤维板
敦化市北营木业有限责任公司	集成材
辽源市龙山区森广木业制品有限公司	细木工板
梨树县永成木业	胶合板
抚松金龙木业集团有限公司	地板
吉林中信美莱木业集团有限责任公司	地板、木窗、木屋
吉林新元木业股份有限公司	地板、家具
吉林省鸿乔木业有限责任公司	木门、家具
吉林省兄弟木业集团有限公司	木门
临江市宝健木业有限责任公司	木制品(百叶窗)
通化方圆木业有限公司	家具
吉林省宇平工艺品制造有限公司	工艺品
梨树县明辉林业三剩物再利用有限公司	三剩物利用
吉林省集安益盛药业股份有限公司	中药
吉林睿康生物科技有限公司	中药(鹿制品)
吉林省通宝中药材科技开发有限责任公司	中药
通化百泉参业集团股份有限公司	人参制品
集安市永德参业有限公司	人参制品
吉林派诺生物技术股份有限公司	松子制品
吉林省泰信达长白山生物科技开发有限公司	林蛙制品
磐石市取财森林食品开发有限公司	食用菌、山野菜
吉林省鼎源特产经贸有限公司	食用菌、山野菜
抚松县露水河天祥土特产有限公司	蜂产品
延边宝利祥蜂业有限公司	蜂产品
吉林森工集团泉阳泉饮品有限公司	矿泉水、饮品
抚松县林海雪原酿酒有限责任公司	五味子、蓝莓饮品
通化禾韵现代农业股份有限公司	蓝莓产品
吉林省瑞福德食品科技有限公司	矿泉水、饮品
吉林省红五味生物技术有限公司	五味子饮品
吉林实验绿化集团有限责任公司	种苗、绿化工程
长春市宏达园林苗木绿化工程有限责任公司	种苗、绿化工程
吉林省新新农业开发有限责任公司	食用菌(香菇)
吉林省双阳鹿业良种繁育有限公司	鹿养殖
双阳区尊鹿生物科技有限公司	鹿产品
磐石市天庆元鸽业有限公司	肉鸽
长春净月潭旅游发展集团有限公司	旅游

表2　吉林省部分林业产业基地名单

单位名称	主营产品
和龙林业局食用菌产业基地	食用菌
吉林省山菇食品有限公司	木耳、滑子蘑
辉南县椅山湖中药材农民专业合作社	林下参
辉南四方山野山参种植专业合作社	林下参
抚松惠林中草药种植有限责任公司	天麻、林下参
抚松县旺德福种植专业合作社	蓝莓、中药材
长白冷沟子林场中药材种植基地	中药材
通化县朝阳林场返魂草产业基地	返魂草
靖宇县国营镇郊林场	大榛子、种苗
长春市吉双贵发鹿场	梅花鹿
长春市绿园区绿丰农业服务中心	葡萄
辉南县石道河镇龙岗中蜂繁育农民专业合作社	蜂产品
通化县三棚林场	红松果
露水河林业局宏伟种子园	红松种子

【林业科技】

鉴定成果　2014年，厅本级鉴定林业科技成果23项，新产品鉴定4项。主要有废弃木耳菌糠在刨花板生产中利用的研究；F★★★★刨花板研究；小径杨木单板强化研究；人工促进松茸丰产技术研究；北冬虫夏草人工栽培计划书研究；CNC激光切剖薄木拼花模板的研究；聚酯饰面三层实木复合地板技术研究；三层实木难燃地板生产技术研究；地采暖用旋切表板实木复合地板应用技术研究；地面辐射供暖木质地板基材的技术研究；红松结实性状优良育种资源选择及保存技术；吉林省现有森林经营技术研究；红松坚果园营建技术研究；薇菜人工繁殖及丰产栽培技术研究；吉林省荒漠化区生物治理模式研究与示范；优良花卉品种选择及乔木化栽培技术研究；适栽品种选择及栽培区划的研究；城市绿化树种黑皮油松综合复壮技术研究；吉林省西部山葡萄引种与栽培技术研究；文冠果优良品种选育；长白落叶松 1.5 代种子园营建技术研究；吉林省天保工程实施过程中森林生态环境影响经济评价。

成果获奖 2014 年，有 4 项成果获得吉林省科技进步奖，其中，“吉林省森林生态系统服务功能评估技术研究与应用”获二等奖；“长白山林区中幼龄天然林优化抚育经营技术研究”项目获二等奖；“长白山区玫瑰濒危机理、保育、栽培良种选育及丰产栽培技术的研究”项目获三等奖；“吉林省西部榆树疏林生态系统恢复与重建技术研究及示范”项目获三等奖。

技术推广 2014 年，林业推广技术成果 22 项，经费投入 1985 万元。其中，中央财政林业科技推广示范资金项目 16 项，投入 1600 万元；林业产业引导资金计划项目 9 项，经费投入 385 万元。推广了耐寒型优良彩色绿化树种及繁育栽培技术推广示范；森林火险监测预警关键技术推广示范；易拆装地砖式地板推广示范；落叶松八齿小蠹信息素防控技术推广示范；花楸优良类型品种推广示范；利用废弃木耳菌糠生产刨花板推广示范；蓝靛果优良品种推广示范；富含紫杉醇东北红豆杉良种推广示范；灵芝无公害规范化生产技术推广示范；保护地葡萄优质高效栽培模式推广示范；杨树桑黄生态栽培技术推广示范；蓝靛果人工丰产栽植技术推广示范；冬季观果树种优良无性系快繁及高效栽培技术推广示范；木材加工剩余物在木质层积地板上的应用技术推广示范；平欧杂交榛子新品种的引种栽培技术推广示范；基于高光谱遥感的湿地水禽生境保护有效性评估与修复技术推广示范；废弃木耳菌袋加工生物质燃料颗粒科技成果推广；松杉灵芝栽培科技示范推广；红松塔挥发油在制备化妆品中的应用推广；新型三角防滑铅笔生产线建设；地采暖用旋切表板实木复合地板技术研究；含有人参皂甙香菇高效栽培技术示范推广；北冬虫夏草人工栽培技术推广示范；实木薄木饰面杨木基材硬化复合地板科技推广；多功能墙体板技术推广。 (金元日)

黑龙江省林业产业

【概　述】 2014年，黑龙江省的林业产业建设，以林下经济为重点，突出木材进口，精心组织落地加工，重点抓招商推介，抓资金筹措，抓人才和技术引进，抓企业跟踪服务，林业产业经济总体运行平稳。全省林业主营业务收入实现1791.3亿元，同比增长21%，林业增加值实现637亿元，同比增长21%。全年全省林业总产值实现1800亿元，已连续5年保持20%以上增长速度，实现了跨越式发展，创造了历史性的突破。

以大项目建设为主，推进有力 2014年，全省林业产业重点推进的省重点项目14项，项目总建设投资90.1亿元，固定资产总投资79.3亿元，全年计划完成31亿元。截至2014年年底，14项省重点项目全部开复工，开复工率达到100%，完成固定资产投资32.7亿元，占全年固定资产投资的105.4%。除省重点项目外，还推进了一般项目建设67个(投资5000万~2亿元)，项目总投资78亿元。已经累计完成投资68亿元，占投资总额的87.1%。

产业规模不断提升，产值增长 全省木材加工业实现产值542.8亿元，同比增长21%，其中光明、华鹤、双叶、恒友等高端实木家具市场占有率小幅提高，远东、好家、凯达等企业板材出口量明显增多；林菌产业，年产黑木耳、榛蘑等干品43.2万吨，实现交易额235.6亿元，同比增长21%，稳居全国第一位；北药产业，种植面积超过800万亩，预计产量将达2.8万吨，可实现产值29.6亿元；红松籽、榛子等林果产量因受树木结果实规律影响，对比2013年略有小幅下降，预计产量1.6万吨，蓝莓、沙棘等浆果产量4350吨，年加工产值在10.6亿元左右；山野菜产量已经突破5.8万吨，产值43.3亿元，稳居全国第一。林下养殖业，全省驯养各类毛皮动物312万只，食肉野生动物173万头，林蛙养殖点超过700家，养殖面积35万公顷，年可实现产值达到140.7亿元以上。全省进口木材1000万立方米，同比增长35%。全省造纸产业的总投资额超过了100亿元，年实现销售收入60多亿元。

产业结构日趋合理，比例适当 从全省林业的第一、二、三产业比例看，全年第一产业实现产值720亿元，占总产值的40.1%，第二产业实现产值800亿元，占总产值的44.4%，第三产业实现产值280亿元，占总产值的15.5%。第一产业比重减少，第二产业基本持平，第三产业略有提高。

各项产业政策相继到位，重点落实 2014年在《黑龙江省林下经济发展规划》指导下，全省全力贯彻省委、省政府促进经济稳增长的65条措施，积极与发展与改革委员会、财政厅等部门协调，充分用好省产业结构调整专项资金，扶持省重点项目4项，分别以融资奖励、贷款贴息等方式，为项目建设企业落实资金1300万元。同时，还积极争取国家林业局和财政部林业生产企业贷款贴息政策，总计获得国家贴息资金6.5亿元。晋升国家级林业龙头企业6家，占全国总数的1/10。与商务部门配合落实国家木材进口补贴政策，为进口企业获得国家补贴资金9000余万元。8月25日，省林业厅、省林业产业协会与中国邮储银行黑龙江分行签署了框架合作协议，邮储银行拟对我省林业放贷200亿元，开展林业专项无抵押等多种形式贷款，为小企业解决发展资金问题。同时，与上海宋庆龄基金会建立了联系，为黑龙江省部分林业专业合作社提供无偿援助，目前已经有5家合作社得到扶持。

内引外联力度加大，引资加速 借助省政府央企对接会的平台，积极与中央企业沟通联系，促成项目建设。

引进建立绥芬河国林木业城项目，由中国林业集团投资20亿元，建设对俄木材进口加工基地，其中厂房等公共设施投资6.6亿元，厂房主体已经封顶，部分设备已进场安装，2014 年投资计划完成。

与中国纸业集团合作，洽谈计划借助国家财政资金，通过资产收购控股等方式，整合全省造纸企业，在黑龙江建立全国最大的造纸产业基地。同时，中国纸业拟投资 30 亿元，在牡丹江阳明经济开发区建设林业生物质能源产业示范基地，集生物质能源科技研发、生物质能源生产服务、林产品综合加工、进出口贸易、商贸物流于一体，项目已经正式签约，即将开工建设。

与中国诚通集团现联合研发市场，拟就对俄林业合作，特别是对进口木材和造纸业运作一至两个大的项目，初步拟定在俄罗斯建立一个大的木材采伐集散加工交易基地，把小的对俄木材进口企业整合起来，实现统一对外营销。

和华润集团合作，开发黑龙江省森林食品。计划投资 2000 万美元，把黑龙江省森林食品进行包装推广，纳入华润集团的全球销售计划。

组织开展了全省的“民企龙江行”活动，共签约 7 个项目，跟踪 9 个项目，争取实现项目落地。

【家具产业】 2014 年，黑龙江省家具行业发展处境艰难，省内环境复杂、严峻，GDP 始终徘徊于全国的末尾，小兴安岭木材禁伐、市场较为疲软、经济复苏艰难曲折。全省家具行业生产经营下行压力持续加大，多重困难和挑战相互交织，为史上从未有过的严峻局面。

在全省经济下行压力加大，经济增长速度换档期、结构调整阵痛期、前期刺激政策消化期三期叠加以及全国经济发展步入“新常态”的大背景下，受小兴安岭木材禁伐、进口木材价格上扬、行业的内生产动力严重不足等因素的影响，家具产量连续 4 年萎缩。在全行业艰辛努力下，克难攻坚，有效地抑制了产量持续下降的势头，为全省家具行业“十二五”发展规划的收官之年赢得了生存空间。2014 年，全省家具规模型以上企业 65 户，完成家具产量 2496214 件，同比增长 -21.6%。其中，木制家具完成 2108937 件，同比增长 -22.8%；金属家具 165294 件，同比增长 -19%；软体家具 65512 件，同比增长 17.1%。完成工业总产值 78.02 亿元，同比增长 2.75%。实现销售收入 74.6 亿元，增长 2.1%。家具出口 5.8 亿美元，同比下降 19.3%。

转型升级步伐加快 企业面临着劳动力成本上升、原辅材料价格和物流成本上升、山寨产品过剩、市场竞争惨烈等诸多挑战，企业改革迫在眉睫。

着力加强企业管理，烘托品牌形象。全省现有中国名牌 3 户、中国驰名商标 4 户、省名牌产品 24 户、省著名商标 12 个，品牌建设逐渐加强。提升生产经营者的技能。黑龙江林业职业技术学院在大庆时代华信家具有限公司设立教学研发基地，为大庆地区家具企业培训家具短缺人才，促进了该地区家具产业的持续发展。加大技术改造力度。郭氏家具有限公司、黑龙江省松杉木业有限公司加大技术改造的力度，扩大生产厂房面积、更新加工设备，扩大了产能。主要家具生产企业在产品结构创新、营销、模式调整、产品质量提升等方面均采取了不同的有效措施，促进企业良性发展。

表 1　2010~2014 年黑龙江省家具行业发展情况汇总表

主要指标	2014 年	2013 年	2012 年	2011 年	2010 年
企业数量	980	1080	1110	1170	1210
规模以上企业数量	65	61	51	47	70
工业总产值(万元)	1014000	878200	794300	620100	654000
规模以上企业工业总产值(万元)	780200	675620.7	611046.4	477254	503483.7
出口值(万美元)	58100	20504	20604	13029	14129
内销(万元)	670000	753000	669000	537000	564400
规企家具产量(万件)	249.6	307.8	279.5	307.1	452.6

数据来源：黑龙江省家具协会。

定制家具快速发展 随着市场对定制家具需求的不断增多，一些设计能力强、从业人员技能高超、加工机械齐备、诚信服务完善的中小型家具生产企业，开启家具定制的新模式。有的深入社区、有的步入门户，量体设计、按需定制。2014 年，吉林省家具产业呈现的家具定制情况，充分体现了工业 4.0 模式在家具产业上的率先启用，且已成为新常态，发展势头良好。

家居卖场继续发展 受房地产过剩、消费需求不足等因素的影响，将新房产改作家居卖场的做法在行业内屡见不鲜；加之大型家居卖场不断扩充新连锁店，招商引资建设家居卖场，促使家居卖场与营业面积无序扩张。虽然便利就近选购家居商品，但也呈现店面管理无序、商品参差不齐、营业面积销售额下降、利润收窄的情况发生，家居卖场已开始步入加快速调整期。

“互联网+”得到广泛运用 2014年，家具的市场营销已步入电子网络销售时期，给家具的生产、营销模式等带来了巨大改变，“互联网+”营销家具不再是一种概念，而已成为现实，并推动着众多家具卖场逐步向电子家具卖场转变，这种有利于双方的营销模式必将赢得消费者的青睐。

（陈凯声）

上海市林业产业

【概　述】 上海林业产业以经济果林为主，在增加农民收入、发展农村经济中起到了很大的作用。经济果林既是上海森林资源的重要组成部分，也是农民收入的重要来源。近年来，上海的林果产业呈现出良好的发展态势，生产规模迅速扩大，品种结构逐步优化，特色布局基本形成，标准化生产有序推进，组织化程度明显提高，品牌化经营效应凸显，经济效益、社会效益和生态效益显著提升。2014 年，上海的经济果林面积 31 万亩，果品总产量 47.7 万吨，总产值 22.2 亿元。林果产业发展越来越显现其生态、经济和社会功能。一是经济果林成为重要的生态资源。目前，上海的经济果林面积约占森林资源面积的 1/5，成为森林资源的重要组成部分，为改善本市城乡生态环境作出了重大贡献。二是经济果林成为农民增收的重要来源。目前，上海的经济果林已形成了具有区域特色的南汇水蜜桃、松江水晶梨、崇明柑橘、嘉定葡萄、奉贤黄桃、金山蟠桃等特色品牌。全市经济果林的平均亩产值超过 5000 元，远远高于粮食等一般农作物，已经成为农业增效、农民增收、农村稳定的重要保障。三是经济果林成为重要的旅游资源。近年来，南汇桃花节、嘉定马陆葡萄节、长兴柑橘节等以经济果林为主题的旅游已经成为上海市民家喻户晓的特色旅游节目，为广大市民休闲度假开拓了新的空间，为推进旅游事业和带动农村经济发展奠定了基础，为造福市民、服务社会作出了重要贡献。

上海林果产业取得了一定的成绩，但有存在一些问题。一是果园基础设施设备落后。尽管近几年在果树上有所投资，但由于欠账过多、僧多粥少，一时难以改观，果树生产还是以“靠天吃饭”为主。二是劳力缺乏成为果园突出问题。果园劳力缺口很大，很难招到青壮年劳力，使一些生产操作不能及时到位造成农时延误，用工成本呈上涨趋势，劳动力知识层次偏低，不利于果园走高端发展之路。三是农民专业合作社带动作用不够。大部分合作社只是停留在形式上，没有把合作社当成大家共同合作的联合体，大部分合作社没有真正发挥带动作用，帮助社员提高果树标准化程度，提高果品质量。

【森林资源管理】 截至 2014 年年底，全市林地面积 101915.66 公顷，比 2013 年净增 983.46 公顷；森林面积 89035.06 公顷，比 2013 年净增 5788.821 公顷；森林覆盖率 14.04%，比 2013 年净增 0.91 个百分点。上海市在加强森林资源管理方面做了几项重点工作。一是有序开展森林资源调查。按照国家林业局统一部署，如期完成上海市全国第 9 次森林资源连续清查和本市森林资源一体化监测工作，为实现国家监测与地方监测“一盘棋”、森林资源“一套数”、森林分布“一张图”的目标积累了经验，也为新造林地块和未成林造林地规划划示工作提供了科学依据。二是落实林业发展主体责任。围绕“十二五”末全市森林覆盖率达到 15% 的目标，市政府与区县政府和有关市属国有企业签订了森林目标责任书，分解落实了 2014、2015 年林业建设与森林资源管理任务。三是严格森林资源保护责任。首次组建林政稽查队伍，加强林政稽查工作。四是加强三防体系建设。在全市范围内规划防火、病虫害监测点，加强体系建设。

【经济林生产】 上海市着力推动林业产业发展。一是继续组织实施经济果林“双增双减”和套袋扶持政策。全年共推广有机肥面积 27 万亩、无公害农药面积 21 万亩，累计推广面积 48 万亩次；推广果树套袋折合面积近 12 万亩；落实财政补贴资金 0.9 亿元。二是深化“信得过果园”创建评选。对 2013 年度创建果园进行综合评分，评出 15 家合格果园并授牌，对第一批 40 家即将期满的“信得过果园”进行复审，对 15 家符合创建条件的果园进行审核。对全市“信得过果园”的安全监督员进行培训，考核并新加入20名安全监督员。委托专业机构对70家果园的76个样品进行农残检测，抽样结果均为合格。三是完善果品安全溯源系统。新添加32家果园二维码信息，共打印下发二维码115.5万个，实现了全市55家“信得过果园”二维码全覆盖。四是积极开拓果品市场销售。会同市农委、市商务委、市妇联等部门，组织郊区经济果林专业合作社开展桃、梨、葡萄等地产优质果品“进公园、进商场、进社区、进楼宇”活动，千方百计扩大果品销路，市民买地产优质果品热情高涨，果农和社会反响良好。五是提升柑橘产业功能。引进柑橘类新优品种3~5个，为柑橘品种结构调整提供种苗和技术储备；协助地方建立和完善崇明柑橘品牌联盟管理、运营机制，提高崇明柑橘生产经营组织化程度；加大媒体宣传，进一步扩大“崇明蜜橘”社会影响和市场营销。

【森林旅游】 截至2014年年底，上海市共有5家森林公园，总占地面积2258公顷。2014年接待游客人数约592万人次，同比增长18%，旅游直接收入8669万元，同比增加20%，其中门票收入6113万元，同比增长19%。本市大力发展森林公园旅游产业，为广大市民提供丰富的精神物质文化生活，带动相关产业发展，森林旅游效益凸显。除了松江佘山、崇明东平、上海海湾和上海共青等4座国家森林公园以及千亩以上大型生态片林15块供市民游憩，本市还建成青青旅游世界、申隆生态园、卫斯嘉闻道园、马陆葡萄主题公园等一大批具有自然、野趣、生态为主要特色的乡村森林旅游场所为市民提供旅游休闲服务，其中38家被市农委、市旅游局命名“世博观光农园”，占全市(78家)的49%。南汇桃花节、马陆葡萄节、金山蟠桃节、崇明柑橘节等以经济果林为主题的旅游节庆已成为上海市民家喻户晓的特色旅游节目。据统计，全市森林公园和以森林旅游为主题的各类景点每年接待的游客超过1000万人次，这些旅游景点已经成为市民度假休闲的好去处。

【林下经济】 林下经济作为一种循环经济模式，是以林地资源为依托，以科技为支撑，充分利用林下自然条件，选择适合林下种植、养殖的种类和方式，探索林地保护、提高林地产出与效益、增加农民收入的新途径。近年来，上海市各级林业部门以科技为支撑，充分利用林下自然条件，在推进林下经济发展方面进行了许多有效探索，取得了一定成效。2013~2015年间推行林下经济试点项目，积极探索适合上海市的林下经济形式，完成青浦林下种植荠草、菌菇试点项目、崇明县建设镇林下菌菇项目；嘉定、金山、松江开放休闲林地试点项目。带动郊区经济，吸收当地劳动力，为农民增收，其中青浦荠草已大量出口日本，有较稳定的收益和市场；崇明和青浦的林下种植菌菇项目有较好的产量，市场反响良好；开放休闲林地成为服务市民的新方向。

【野生动物】 2014年，委托办理自贸区注册企业许可50项(其中办理物种证明一项)，涉及企业10家(其中办理物种企业一家)；进出口贸易额达2858.5万元。其中动物皮具品类进口许可38项，占全市委托审批总数19%；涉及企业6家，占12.5%；贸易额达889万元，占14.6%；植物木材进口许可11项，占委托审批总数22.9%；企业3家，占15%；进口贸易额达1969.5万，占28%。2014年度共审核各类野生动物驯养繁殖与野生动植物资源经营利用行政许可87份，完成野生动植物进出口贸易行政许可审批1174份、涉及单位55家，进出口总金额63737万元。其中国家林业局委托审批962份。实地核查检查27家申请企业情况，约谈企业11家，参加1家企业的行政许可申请专家评审会。编写行政许可月度报表11份。在后续监管方面，联合本市公安和协助外省市森林公安处理非法买卖国家重点保护野生动物案件4起。

【家具产业】 2014年上海家具行业新增会员单位24家，截至2014年年底，注册会员数1073家，其中在线会员561家。上海家具市场规模新增20万平方米，总数在370万平方米左右。

在全国经济形势越来越“常态化”的背景下，在群起纷争的市场博弈中，上海家具行业协会在2014年里迎来了建会20周年庆。回顾发展历程，行业在渡过了改革开放初10年的嗷嗷待哺期之后，伴随协会成立的20年进入了快速成长期。随着行业规范的逐渐明晰，上海家具行业在日益成熟的过程中有序成长。协会20周年庆是行业成长期的终结，更是步入“而立之年”的开始。上海家具行业身处坚持实行最严格的土地管理制度，投资增速高位回落、投资结构不断优化，城市服务功能的拓展深化等政策影响的大环境中，从而使得上海消费者在购房等大宗商品方面更为理智。2014年上海家具市场虽然疲软，但仍保持平稳发展态势。以下是综合近年来上海家具行业经济指标，从表1中可见上海家具行业的发展基本是平衡的。

表1 2010~2014年上海市家具行业发展情况表

主要指标	2014年	2013年	2012年	2011年	2010年
生产企业数量	2600	2725	2800	2800	2950
规模以上企业数量	365	352	330	330	329
规模以上企业总产值(亿元/%)	284.4 +7.1%	264.2 +7.6%	244.2 +2.7%	240 +20.8%	192.5
规模以上企业产量(万件)	3174.9	2248.1	2396.2	1977.9	2677.7
出口值(亿美元/%)	28.16 -0.8%	28.7 +1.4%	28.3 +5.4%	26.78 +9.3%	
内销(包括机团、办公采购)(亿元)	171.5 -9.6%	195 +15.4%	165 -7%	170 +3%	165

数据来源：上海市家具协会。

注：以上表内注册中有“实业、装潢、木业等”名称的企业，其中会包含装潢、地板、木材，而装饰业、木材企业中又可能包含家具生产。“内销”项，2012、2014两年是下降的，2013年数据的增长主要是采购、办公家具方面销量较好。

上海家具行业2013年市场销售额约为195亿元，出口28.7亿美元约180亿元人民币，2014年在采购、办公家具领域表现较好，出口额也略有上升，但市场销售额略有下降。2014年，市场受地产影响更甚，家具市场仍不乐观。据行业初步统计，内销市场比2013年下滑9.6%，其中金属家具略微上升4.3%、软体家具下降5.2%，作为主要产品的木家具类下降9.93%(中国产业信息中心统计至2014年11月份的数据是金属家具上升2.25%、软体家具下降5.21%，木家具类下降10.73%)，估测市场销售额在175亿元左右(包括民用、办公、采购)。因各项成本的提高市场不景气导致的各种低价行为，使得行业利润跌落到历史最低时期。行业平均毛利率为24.4%，同比2013年25.16%下降了4个百分点，纯利润平均为3.1%，比2013年5.15%下降了近四成。

影响利润主要因素是居高不下的生产、销售成本，其中管理费占11.48%，比2013年新增4.5%；财务费用、原材料占用基本持平；人工费占17.38%，比2013年增加8%；营业费占17.38%，比2013年有所减少，营业费的减少与企业适当收缩经营场地有关。

参照中国轻工信息中心对规模以上家具企业1~11月份的统计数据可以看出，上海市规模以上企业实现销售收入为106.68亿元(包括内、外销)，同比增长8.28%；实现利润总额为7.36亿元，同比下降7.77%。在成本方面，销售费用同比增长6.48%；管理费用同比增长12.66%；财务费用同比略有下降。从以上数据分析，2014年，上海家具行业规模以上企业经营情况尚可，销售费用增加是因规模企业门店的扩张所至。家具出口数维持上升。两个数据对比可以看出规模以上家具企业经营良好，市场在扩展，而占70%以上的中小企业比较困难，经营场所减少，市场在萎缩。受大环境影响，2014年上海家具内销市场呈下滑态势。截至2014年年底，上海家具市场规模约370万平方米左右。2012年上海人年均家具消费额为360元左右(高于全国人均269元)，近两年人均家具消费并没有提高。以上海2425万常住人口计，预计消费应达87.3亿，而2014年的市场销售量仅为75.6亿元左右(机团、办公采购除外)，明显受到房地产及其他紧缩开支的影响。如人均分配到370万平方米商场，每平方米的年销量仅2043元，除去大量的网购、团购渠道，消费量更低。

(刘亚文)

江苏省林业产业

【概　况】 2014 年，全省实现林业总产值 3897 亿元，比 2013 年增长 9%。其中第一产业产值 1000 亿元，第二产业产值 2466 亿元，第三产业产值 431 亿元，三产产值比例 26∶63∶11。人造板产量 5792 万立方米，地板产量 2.79 亿平方米，各类经济林产品总量 339 万吨。第一产业中，林木育种和育苗产值 130 亿元，造林和更新 95 亿元，森林经营和管护 188 亿元，木材和竹材采运 33 亿元，经济林产品的种植和采集 383 亿元，花卉及其他观赏植物种植 202 亿元，陆生野生动物繁育利用 5 亿元。第二产业中，木材加工和制造产值 1535 亿元，木竹家具制造 90 亿元，木竹浆造纸和纸制品 421 亿元，林产化学产品制造 73 亿元，木质工艺品和木质文教体育用品制造 21 亿元，非木质林产品加工制造 158 亿元。第三产业中，林业旅游与休闲服务 244 亿元，林业生态服务 64 亿元，林业专业技术服务 29 亿元，林业公共管理及其他组织服务 50 亿元。

【杨树林板纸一体化】 杨树原料林生产面积的基本稳定，单位面积产量提高，原料供给能力增加。人造板产品结构进一步调整，加大了多功能、高质量、环保型的杨材产品开发力度，提高产品附加值和市场竞争力，全面提升杨木加工产业水平和效益。重点发展淮北林板加工密集区、沿海林纸一体化产业区、沿江木材加工高新技术区等三大产业区。以淮北地区为主，新增工业原料林基地 20 万亩，使全省林板林纸工业原料林面积稳定在 1000 万亩以上。大力推广杨树速生抗逆新品种及林菌、林禽、林药等多种高效林农复合经营模式，提高杨树速丰林集约化栽培水平，建成 300 万亩高效林农复合经营示范，10 个万亩杨树无节良材标准化示范区，10 个万亩杨树中小径材短周期定向培育示范区。调整人造板产品结构，重点开发定向刨花板、中高密度纤维板，积极扶持多功能、高质量、环保型、高附加值的精深木材产品开发，促进杨木产业的转型升级。

【特色经济林果及综合利用】 加强银杏、竹子等经济林基地建设，新增经济林和竹林面积 15 万亩，不断培育适销对路的经济林新品种，推广栽培新技术；大力建设森林食品和工业原料加工、贮藏和出口基地，培育龙头企业；建立和完善经济林果专业批发市场等现代市场流通体系。重点建设以泰兴、邳州为中心的银杏产业区，黄河故道优质水果(苹果)产业带，沿江优质经济林果(杨梅、枇杷、板栗、茶叶、葡萄)产业带，沿海优质果品(柿、梨)产业带等，逐步发展薄壳山核桃、蓝莓等价值较高的经济林果，新增经济林面积 5 万亩。重点扶持一批带动面宽、辐射面广、技术含量高、产品附加值高的森林食品、森林药材等林副产品加工龙头企业和流通企业。重点加强苏南丘陵山区笋材两用林和竹材综合利用基地建设，新增竹林 10 万亩，每年抚育改造竹林 10 万亩。调整竹林资源结构，拓宽竹产品应用领域，优先发展竹人造板等新型结构材、竹地板、竹炭、竹纸、竹纤维、竹工艺品等新产品，提高竹产品附加值，加强特种竹及观赏竹繁育基地的建设，大力发展竹林特色观光休闲旅游，促进竹产业的健康发展。

【野生动植物培育利用】 加强野生动植物驯养、繁育基地建设，增加野生动植物种群资源。推进野生动植物资源经营利用，扶持一批养殖、培育、深加工开发等产业领域的示范基地，提升野生动植物加工产品科技含量，提高资源使用效率。全省驯养繁殖单位达到 600 家，经营利用单位达到 500 家，野生动植物产业产值达 120 亿。加强野生动植物繁育基地建设，扩大人工培育野生动植物资源总量。重点建设麋鹿、梅花鹿、鳄鱼、试验动物(猕猴、食蟹猴等)、河鹿、林蛙等野生动物繁育示范基地和红豆杉、兰花、宝华玉兰、榉树、金钱松等特色植物资源和珍贵用材树种资源人工培育基地。鼓励城市动物园和野生动物园开展野生动物繁育，扩大资源总量。扶持蛇类、麝香等资源综合利用和深度加工企业发展。推进试验动物养殖企业扩大市场开发力度，在基本满足国内市场需求的同时，进一步加大出口工作力度，继续走在全国同行前列。做好鳄鱼、鹿类、孔雀等野生动物资源的深度加工与产品的开发利用。加快兰花繁育企业发展，鼓励和支持兰花进出口业务发展。支持兰科植物(石斛)深度加工利用企业。做大做强红豆杉人工培育与深加工产业。扶持一批野生动植物培育利用示范基地和龙头企业，重点是蛇类、麝香综合加工利用企业、试验动物繁育企业、梅类繁育与产品深加工企业、鳄鱼繁育与产品深加工企业、红豆杉培育与深加工企业、兰花培育企业。加大野生动植物产业发展的科技支持力度，促进新的生物技术、提炼技术、加工技术在野生动植物产业中的应用，提高资源利用效益，加快野生动植物产业的发展。

【珍贵用材林及生物质能源林培育】 根据国家珍贵树种用材林基地布局，结合本省的珍贵树种资源与现有条件，通过政策引导、资金扶持、技术服务等措施，不断加大江苏省珍贵乡土树种的培育和推广力度。在连云港云台山区、宜溧山区、宁镇丘陵和徐州丘陵分别利用楸树、麻栎、南京椴、黄连木等天然林资源，营建改培型基地1万亩。在苏北沿海的连云港、盐城及宿迁地区建立楸树、银杏、香椿、薄壳山核桃等树种基地，苏中的南通、泰州地区建立银杏、香椿、杂交马褂木等树种基地，苏南丘陵地区建立楸树、榉树、青檀、冬青、红楠等树种基地，合计新增造林3万亩。建立产学研合作珍贵树种培育科技示范基地1万亩。开展以高生物量柳树为主的木质能源林，光皮树、黄连木、乌桕等油料能源林的培育试点工作，营建生物质能源林3万亩。

【森林与湿地生态旅游】 一是加强森林公园和湿地公园建设。全省新建南京六合、高淳游子山、宜兴竹海、南京栖霞山、新沂马陵山等国家级森林公园5处，省级森林公园10处。全省凡具备条件的区域，都合理开发和利用林区、湿地等丰富的自然景观、人文景观和动植物资源，建立森林公园、湿地公园或各种生态观光园；二是积极发展生态旅游产业。重点打造沿海、沿长江、南京北线、南京南线、环太湖东线、环太湖西线、里下河湿地、古黄河、茅山、淮河线等10条特色精品森林旅游线路；三是加强风景林资源的保护与建设，完善森林旅游基础设施。初步形成了类型多样、布局合理、管理科学、功能齐全、效益良好的森林和湿地生态旅游网络。

【循环经济增收作用明显】 大亚集团每年消耗“三剩物”和“次小薪材”近60万吨，木材采购金额达到3.5亿元人民币，直接惠及农民5万户，每户增加收入7000元；无锡市前程木业包装有限公司积极推进废弃林产品的综合利用和循环利用，回收木质家具、木质包装、废纸等废弃林产品，生产大型流通用木质托盘，年产值上亿元；江苏胜阳集团是板材加工业的领头羊，由它带动的种植业、加工业、服务业、餐饮业、运输业、养殖业等产业的发展，为周边3000多人提供了就业岗位，为附近农民年增收1.2万元；邳州市陈楼、铁富、港上、邹庄4个镇30万农民从银杏产业中获得的纯收入近6亿元，人均达2000元。泰兴市积极引导农民进行银桑、银经、银果、银蔬、银药等高效间套种模式，努力提高土地的产出效益，每亩纯收益达3000元。邳州市是江苏省人造板出口大县，该县2014年人造板产量1152万立方米。江苏横林镇是中国强化木地板之都，强化木地板生产基地，拥有强化木地板生产企业174家，配套生产企业200多家，其中23家企业为出口分类管理一、二类企业。

【宿迁市林业循环经济】 近年来，全市林业系统紧紧围绕“生态宿迁、绿色家园”建设目标，按照“在生态建设中发挥产业功能，在产业发展中提升生态效益”的总体要求，着眼于高效生态林业的发展定位，通过科技创新驱动、典型示范引领、龙头企业带动等措施，大力发展循环型林业经济，推进林业产业向高效、低耗、节能、环保的绿色、低碳和循环经济模式转变，实现林业资源增长、生态良好、经济发展、社会和谐的。

宿迁市林业概况 全市林地面积335万亩，成片林面积292万亩，高标准农田林网面积620万亩，林木种苗花卉面积60万亩，林木覆盖率(扣除湖泊面积)30.12%；活立木蓄积量约1640万立方米，年可采伐利用约150万立方米；林地每公顷蓄积79.53立方米。2014年全市规模以上林木加工企业达547家，增长3.8%，产值达475.11亿元，从业农民约5万余人。全市林下经济发展面积71万亩，从业人员约2万人，年纯收益14.2亿元，成为林农增收致富的重要途径。全市林木种苗花卉面积达60万亩，产值约65.2亿元，从业人员超过10万人。

重点工作领域 宿迁市以节能增效和生态环保为切入点，利用树皮、树梢、木材加工产生的边角料等，经过粉碎、气流分选、加热、热压等程序，加工成中高档密度纤维板，推进木材加工产业提档升级。依托森林、湿地公园优势，打造森林生态文化旅游产业，走林业发展可持续道路。注重林苗一体化建设，积极发展林木种苗产业。通过林下种、养殖以及食用菌发展，既保护了生态环境，又可提高林地经济效益，增加林农收入，实现绿色增长。

林业循环经济发展现状 ①木材加工态势良好。宿迁市林木加工产业起步于20世纪90年代，是宿迁传统、优势、富民产业，产品涵盖了从锯材(普通锯材、特种锯材)，木片加工产品、人造板(胶合板、纤维板、刨花板)，二次加工材及相关板材(科技木、强化木、人造板表面装饰板)到木地板(实木复合地板、强化复合木地板)、木门、橱柜、家具、造纸等众多品种。目前，全市林木加工企业达3000余家，驰名商标1个，省名牌和著名商标8个，省级以上龙头企业8家，其中人造板出口量约占全国人造板出口量的5%~10%，拥有省级人造板产品质量监督检验中心、杨木加工技术研究院等产业服务机构，重点打造废旧木材回收服务平台项目、人造板材生产项目、木塑制品生产项目、翻新家具生产项目、木质玩具生产项目、废旧木材能源生产项目等一批支撑项目。木材加工主要集中在沭阳、泗阳两县乡镇，产业占两县工业经济的比重高达30%~40%，全市从业农民约5万余人，有力地促进了农民致富增收。

②林下经济快速推进。注重林地综合效益提升，积极探索林地复合经营模式，重点选择经济效益好、林农易接受、可操作性强的林下种、养殖示范点，建设一批规模大、效益好、带动力强的林下经济示范基地，充分发挥示范基地的引领辐射作用。积极利用秸秆、木屑等废料发展林菌模式；林间空地进行畜禽养殖，畜禽粪便促进树木生长；林下开展蒲公英、杭白菊、花生、紫薯等作物种植，以耕代抚，既增加林地效益，又促进林木生长。全市已发展林菜、林菌、林畜、林渔等林农复合经营模式30多种，年纯收益达14.2亿元。通过复合经营，杨树成片林产量由每亩3.4立方米提高到5.3立方米，高产地块甚至达到10立方米。2014年，泗阳县丰盛蒲公英种植专业合作社入选国家农民合作社示范社，成为江苏省林业中林下种植中草药唯一入选的示范社。

③种苗产业蓬勃发展。注重林苗一体化建设，培育引导全市苗木基地的发展，既有效增加森林覆盖率，改善生态环境，又促进苗木发展。全市年均杨树苗木出圃量达1亿株，先后被引入福建、江西、湖南、安徽、陕西等多个省(区、市)。其中，泗洪陈圩林场，有亚洲最大的美洲黑杨种质资源库，保存无性系种质300多个。沭阳花卉苗木凭着适用广、品质高等特点，在很多绿化工程上大量使用，已成为宿迁市农民致富的主导产业。2014年，全市林木种苗花卉面积达60万亩，产值约65.2亿元。

④生态旅游步伐加快。充分利用宿迁市森林、“两湖”自然资源，科学做好森林、湿地生态旅游规划，重点保护和开发好现有的森林湿地资源，为生态旅游筑牢基础。目前，全市建成国家级自然湿地保护区1个，市级自然保护区1个，省级森林、湿地公园5个，市级森林、湿地公园11个；另外，还有古黄河—运河两个省级风景名胜区，沭阳县苏北花木生态旅游园、植物园、古栗林园，泗阳县平原森林景区等，洪泽湖湿地、三台山森林、古黄河风光、骆马湖水韵成为生态旅游休闲目的地。2014年以森林湿地旅游为代表的林业三产收入达5亿余元。

泗阳县林下经济发展 为了培育杨木工业用大径材和有利于发展林下经济，杨树造林密度控制在每亩30株以下，重点工程造林株行距一般为6米×6米、5米×8米、4米×10米，林下间种农经作物年限可达7~8年，后期种植耐阴中草药或牧养畜禽。目前，全县林下经济总面积达到30万亩，蒲公英等中草药、双季雪菜的单个集中连片区域达3000亩以上，单个总面积均达到或超过10000亩。全县林下经济总产值6亿元，参与发展林下经济农户13.7万户，占总农户数70%，人均纯收入高于平均水平30%。

政府推动 泗阳县委、县政府高度重视林下经济发展，专门成立了县林下经济工作领导小组和县林下经济研究所。制订了科学的林下经济发展规划，印发了《加快发展林下经济的实施意见》，把新增林下经济面积列为各乡镇年度工作目标综合考核内容，每季度观摩评比打分排名次，年终综合评比奖惩兑现。还把林下种植蒲公英、林地饲养山羊作为全民创业扶贫菜单实行资金奖补。县乡财政每年投入1000多万元用于发展林下经济。县政府组织召开金融支持林权制度改革推进会议，解决林下经济发展资金不足的问题，通过林权抵押发放贷款和贴息贷款8000多万元。县农委、县林业局整合农林项目资金，在组织实施项目的同时，积极探索发展“林药模式”“混合模式”的林下经济，走可持续发展道路，不仅取得良好的生态效益，也产生了较好的经济效益。

科技带动 从安徽亳州引种杂交大叶蒲公英，较当地野生品种生物量大10倍左右。2014年新上两条机械制茶生产线，已制作蒲公英生态茶近万斤，注册了“皇蒲御茶”“黄花郎”商标。炒制蒲公英生态茶在江苏省为第一家。此外，还自主创新集成应用天南星和丹皮播种繁育技术、黄蜀葵加工技术、菊科中草药加工技术、雪菜腌制贮藏技术等系列高效实用技术，带动了林下经济快速发展。

市场拉动 林下种植中草药1.5万亩，其中蒲公英6000多亩、黄蜀葵4000多亩、杭白菊、黄金菊、地瓜蒌、丹皮、白芍等5000多亩。这些产品均为订单生产，销售有保障。目前，本县境内已有多个药材收购商，其中规模较大的泗阳高众中药材种植有限公司，主要种植和收购销售地产中草药，年销售额2000多万元。林地牧养山羊产销面旺，供不应求。2013年出栏量达到90万只，同比增长100%。双季雪菜等种植面积常年保持在1万亩。

存在问题 虽然林业产业发展取得了一定的成绩，但在当前经济新常态下，林业产业发展还存在以下问题。第一，林木资源持续经营难度增大。宿迁市杨树相继进入轮伐期，加上近年来农业效益与政策补贴的上升，相比而言，林业比较效益降低，林木经营者采伐杨树后继续栽植树木的积极性不高，巩固现有造林绿化成果难度加大。第二，林木加工产业发展层次有待拓宽。宿迁市虽是林业产业大市，但尚不能称为产业强市，林产品的精深加工能力仍然不强，产品多为初加工层次或处于产业链低端，高科技新兴产业发展不快，精品名品不多，附加值不高，龙头企业数量也有限。第三，森林生态旅游影响力需要提升。从宿迁市当下的森林湿地旅游发展情况来看，尽管旅游景点载体较多，但是基础设施还不够完善、提供的特色服务还不够全面，以其为代表的三产在林业产业中的占比仍然不高，需要再提升。第四，林下经济发展国家、省级缺乏必要的政策资金支持，进一步推进发展空间有限。

【徐州中原木业有限公司】 徐州中原有限公司创建于1993年，坐落于江苏省邳州市板材加工集聚区。公司注册资金5210万元，总资产2.3亿元，主要从事生态板和定制家具的生产、销售。2014年公司实现生产成品板15万立方米、定制家具30万平方米，实现产值5亿元。公司近年来先后被评为国家首批林业重点龙头企业、高新技术企业、江苏省农业产业化龙头企业、江苏省AAA级重合同守信用企业、江苏省量化融合示范企业等。

企业林业循环经济发展模式 为节约资源、保护环境，公司积极倡导企业发展循环经济。公司先后改造锅炉两台，逐步实现由燃煤向燃油、燃气转变；公司对木粉、边角料等生产废弃物进行回收利用；同时引进国内领先的科学技术“超低甲醛释放农林剩余物人造板制造关键技术与应用”，对农林剩余物进行加工利用，能够生产出同样健康环保的生态板产品。10 月，公司开始陆续使用生物质大豆胶，逐渐代替脲醛胶，从而减少化学投入品的应用。

存在主要问题 发展林业循环经济，在生产废弃物和农林剩余物的收集上需要大量的人力、物力；在科技创新上，企业需要林业各个方向的人才，人才资源略显不足。

政策建议 通过企业项目，大力扶持发展林业循环经济，给予财政资金补助；召集林业循环经济相关专家，探讨和制订发展林业循环经济的规划；积极促进人才引进和产学研合作。

（王晓南）

浙江省林业产业

【概　述】 2014年，浙江省林业产业总产值4186.7亿元，比2013年增长221.8亿元，增幅为5.6%。其中，一产产值829.5亿元，占总产值的19.8%；二产产值2336亿元，占总产值的55.8%；三产产值1021.2亿元，占总产值的24.4%。一、二、三产比例为20:56:24，与2013年相比，二、三产比重有所增大。

坚持“绿水青山就是金山银山”的发展理念 把“绿水青山就是金山银山”作为指导生态林业、民生林业的发展理念。2014年，浙江省委作出“建设美丽浙江创造美好生活”的决定，赋予林业新的使命。以生态建设为重点，倡导生态文明、共建绿色家园为主题，把植树造林和森林资源培育作为林业工作的重点。大力推进以森林通道为重点的平原绿化建设，共建成省级以上生态公益林4000万亩。全省森林覆盖率为60.63%，实现了森林面积、森林蓄积量和森林覆盖率的“三增长”。

坚持政府引导与市场驱动的发展动力 省委、省政府把调整林业产业结构，综合开发利用森林资源，积极发展多种经营的绿色产业发展思路，围绕全面建设小康社会和林业增效、林农增收的目标，把推进林业产业化经营作为林业建设的重要工作来抓，把建设林业特色基地、培育林业龙头企业和专业合作组织、发展森林旅游等作为林业产业化经营的重点。围绕林业产业结构升级、转变经济增长方式和提高市场竞争力，提出了“巩固提高一产、培育壮大二产、积极发展三产”的产业发展思路。各级党委、政府把林业产业作为发展当地经济和农民增收致富的重要内容来抓。

在市场的驱动下，浙江省初步形成了木业、竹业、花卉苗木、森林食品、野生动植物驯养与繁殖、森林旅游等六大优势产业，其区域布局已基本形成。

建成了浙北、浙东、浙西南三大竹产业区，有竹林面积1280万亩，竹业总产值400多亿元；建成了以油茶、香榧、山核桃等为主的森林食品基地，面积1700万亩，产值350亿元；建成了以观赏花卉和绿化苗木为主的花卉苗木生产基地193万亩，种植业产值达160多亿元。

产业的发展促进了产业聚集和特色产业集群。如形成市县区域聚集聚群的“中国竹子之乡”“中国地板之都”“中国木雕之都”等。

坚持强林惠农与民生需求的发展目标 林业产业的发展，有力促进了区域经济的发展，涌现出一批林业经济强县，实现了兴林富民。全省有83%的县(市、区)林业总产值超过10亿元，其中超过100亿元的县有10个、50亿至100亿元的县有8个，林业产业在促进区域经济发展中的重要作用，满足了社会对林业的民生需求。

林业产业在富民和惠农方面发挥了重要作用。据统计，林业纯收入占农村居民人均纯收入的18%，林业对农民增收的贡献率达22.5%。林业重点山区、林区农民增收的贡献尤为突出，这些地区农民增收的一半以上来自于林业。

坚持扶持产业与培育主体的发展机制 积极培育专业合作社、龙头企业等生产经营主体。目前，全省已有农民林业专业合作社1800多个，社员数15万个，带动农户100多万户，带动基地500多万亩。在培育林业龙头企业方面，充分发挥浙江民资充裕的优势，主动做好政策、信息、技术等方面的服务，大力引导和鼓励社会各界、工商业主投资林业。据统计，全省共有8600多家非公有制单位投资林业，累计投资800多亿元，已认定省级林业龙头企业457家。

近几年，每年安排1亿多元的财政资金，用于支持木本油料建设，重点支持龙头企业基地生产设施建设、先进生产技术等。积极争取中央财政贴息资金、省财政农业产业化贴息和专业合作社发展扶持资金等。出台了允许林权作价出资林业企业、专业合作社登记的政策，全省首批以林权非货币财产出资的6家公司在安吉成功注册，注册资本达2.17亿元，其中以林权作价出资总额达1.5亿元，出资林地近2万亩。这些扶持政策有力地促进了林业经营基地化、规模化、集约化发展。

林业产业绝大多数是中小型企业，最需要的是金融服务。目前全省已有45个县开展了林权抵押贷款业务，贷款银行已扩展到12家国有及商业银行，累计发放林权抵押贷款100多亿元。丽水市等地通过建设“林权IC卡”，将林权信息、森林资源资产评估数据与金融系统实现对接，有效破解林权抵押贷款工作中的“评估难”“耗时长”等问题。为缓解中小企业融资难问题，林业部门先后组建了浙江信林担保公司和浙江林业小额贷款公司。担保公司已累计为400多家林产品加工企业、专业合作社提供融资担保45亿元，受保企业新增产值115亿元，新增就业人数35000多人。加快推进林业金融改革，开展了“破解林权抵押贷款难”试点，探索解决评估难、抵押难等问题，2014年林权抵押贷款发生额42.8亿元，林权抵押贷款余额74.5亿元，同比增长32%。推进政策性林木保险工作，联合省政策性农业保险共保体出台了《关于共同推进林木综合保险工作的指导意见》，建立了林木综合保险协调工作机制，全省政策性林木保险面积5700万亩，占林地总面积的69%，比2013年提高8个百分点。

坚持优化结构与转型升级的发展方式　一是积极拓展森林休闲养生业。与省旅游局联合印发了《关于加快森林休闲养生发展的意见》，确定4个试点县开展试点示范，在产业开发、服务提升、机制创新等方面先行先试，提供经验和样板。加快修复森林古道，大力建设森林人家，开发度假、游憩、疗养、保健、养老、娱乐等多种产品，打造进森林氧吧、品森林美食、赏森林美景的森林旅游养生品牌，打造森林休闲养生福地，实现市民得健康、农民获效益、生态受保护、产业促发展的良性发展新局面。数据显示，浙江森林旅游游客量超1.5亿人次，总收入超过600亿元，年平均增幅三成以上，以休闲养生为主题的森林旅游，已成为浙江林业新的经济增长点。

二是加大林产品营销力度。连续举办了7届中国(义乌)国际森工产品博览会。第7届森博会共有国内有23个省(区、市)的1088家企业参展，境外有29个国家和地区的234家企业参展，吸引了64个国家和地区41.22万人次的采购商、参观者到会参观采购，实现成交额46.83亿元，实现了经济新常态下的逆势增长。实施“电商换市”，加快发展林产品电子商务，扶持大宗林产品现货电子交易平台建设，拓展销售市场。2014年召开了全省林业产业电子商务培训、全省林业电子商务论坛，成立省林业产业联合会电子商务分会，表彰林业电子商务领军企业。据对160余家开展电商的林业企业调查情况看，全省林产品电商年销售额在50亿元以上。近一两年时间，浙江省有脂松香、胶合板、黑木耳、红木、竹炭、香榧、铁皮石斛鲜品等林产品在渤海商品交易所、华东林交所等挂牌上市。

坚持科技创新与技术推广的发展行动　围绕竹子、经济林、珍贵树种、花卉、森林休闲等主导产业，加大技术集成推广和示范，辐射带动产业快速发展。为加强示范园区、企业与科研单位、大专院校之间的合作，建立了首席专家、责任林技员与示范户一体化科技支撑体系。开展百名专家进百个园区的“双百”科技示范行动，为产业发展起到了示范辐射作用。以林业企业和专业合作社为主要对象，大力推广林业新品种示范、林下种植、养殖、采集初级加工、森林景观利用等技术，每年推广新品种(系)、新技术100项以上。还大力开展“服务基层、服务企业”科技活动，完善以省级产业技术专家团队、县级首席林技推广专家和林技指导员及乡镇责任林技员为主体的责任林技推广制度，架起“专家”与“农民”之间的桥梁，解决科技推广“最后一千米”的瓶颈。

从2013年开始，浙江省总结推广“一亩山万元林”生态高效模式，推广面积13.8万亩，实现总产值16.56亿元，增收7亿元，为加快转变农民增收方式、促进农民收入持续普遍较快增长开辟新路径。

现代林业园区。全省已公布现代林业园区创建点74个，其中主导产业示范区16个、精品园58个，建设规模11.46万亩，总投资8.9亿元。

木本油料产业。抓好油茶、香榧、山核桃等木本油料提升项目，全省累计投入资金1.4亿元，木本粮油提升项目基地建设共完成17.33万亩，其中新造林13.05万亩、低改和生态复合经营4.22万亩，繁育基地565亩。

林下经济。大力培育林下经济，建设林下经济省级示范基地19个，财政扶持805万元，建设面积1250亩。加快林区道路建设，完成林区道路建设8553.3千米。

森林旅游。2014年中国(温州)森林旅游节暨第八届温州森林旅游节在泰顺县泗溪镇廊桥文化园开幕，省政协副主席陈艳华出席开幕式。2014年，浙江森林旅游游客量超1.5亿人次，总收入超过600亿元，年平均增幅三成以上。

2014中国(萧山)花木节 3月7~9日，2014中国(萧山)花木节暨第八届中国园林绿化产业交易会在浙江(萧山)花木城举行。本次花木节由国家林业局、浙江省人民政府、中国花卉协会联合主办。为期3天的“花木节”共吸引来自全国各地的参观者6万多人次，达成销售意向6.5亿元。

第7届中国义乌国际森林产品博览会 11月1~4日在义乌市举办。为期4天的森博会有来自全球30个国家和地区的1322家企业参展，设国际标准展位3240个。这次展会吸引了64个国家和地区采购商、参观者到会参观采购，总人数41.22万人次，其中专业采购商10417人。本届展会实现成交额46.83亿元，其中内贸成交额32.40亿元，占总成交额的69.2%，外贸成交额14.43亿元，占总成交额的30.8%。

【家具产业】 据浙江省经信委和浙江省统计局对全省规上企业统计，1~12月浙江省家具行业经济运行情况如下。

家具产量、工业销售产值增长 据浙江省经信委和统计局对全省514家规模以上企业统计，完成家具产量2.12亿件，同比增长2.33百分点。其中，木质家具3224.07万件，同比增7.61个百分点；金属家具1.40亿件，同比增长0.32百分点；软体家具1698.12万件，同比增长7.37个百分点；完成工业总产值824.31亿元，同比增长8.25%；实现工业销售产值789.75亿元，同比增长7.36%。

出口交货值小幅增长 全省规模以上企业实现出口交货值431.33亿元人民币，折合68.90亿美元，同比增长3.74%。出口占销售产值的比重为54.62%。

新产品开发情况 全省规模以上企业实现新产品销售265.77亿元，同比增长32.23%，新产品占工业销售产值的33.65%。另外，产品销售率为95.81%，同比下降0.80个百分点。

利润增长，亏损企业数量下降 全省679家规模以上企业实现利税66.80亿元人民币，同比增长14.22%。其中，实现利润39.09亿元，同比增长21.53%；税金27.71亿元，同比增长5.29%。其中，主营业务收入766.64亿元，同比增长6.25%。主营业务成本630.89亿元，同比增长5.31%。亏损企业99家，同比下降10.00%，亏损企业亏损4.65亿元，同比增长10.42个百分点。

各项费用情况 全省679家规模以上企业统计，销售费用36.09亿元，同比增长11.23%；管理费用44.08亿元，同比增长14.15%；财务费用15.60亿元，同比下降9.14%。科技活动经费支出总额为8.18亿元，同比下降6.71%；购置技术成果费用7866.0万元，同比增长145.77%。全部从业人员平均数17.15万人，同比增长0.13%；应付职工薪酬76.15亿元，同比增长18.04%。

表1 2010~2014年浙江省家具行业发展情况汇总表

主要指标	2014年	2013年	2012年	2011年	2010年
企业数量	4500	3100	3000	3000	2600
规模以上企业数量	679	639	597	538	609
工业总产值(亿元)	1600	1493	1350	1210	1100
规模以上企业工业总产值(亿元)	824.31	729.26	630.66	572.33	548.70
出口值(亿美元)	100.12	91.17	84.26	79.90	70.19
内销(亿元)	1036.6	919.54	819.16	681.06	620.60
规模以上企业家具产量(亿件)	2.12	1.88	1.84	1.80	1.87

主要特点 浙江家具行业经历了20多年的黄金时期的高速发展，逐步进入调整期，进入新常态。2014年，浙江家具行业呈现出新常态下的4个特点

①告别飞速增长，保持平稳发展。随着家具行业的日渐庞大，年增长率在30%以上的飞速增长期很难再出现，行业正趋于平稳发展。行业进

入新常态之后，就意味着发展的条件和环境已经或即将发生诸多重大转变。经济增长与传统的不平衡、不协调、不可持续的粗放增长模式基本告别。经济发展将向着高效率、低成本、优结构、中高速、可持续的发展阶段进军。

②调整结构，扩大内需。近年来，中央公布了“八项规定”“六项禁令”，办公家具需求萎缩，企业依靠政府采购的传统营销模式遭到逆转。从市场、渠道到买家，家具行业开始了新一轮的洗牌。“调整结构，扩大内需”已成为企业的重要战略。

③从要素驱动转向创新驱动。现在家具行业已进入新一轮调整期，行业将重新洗牌。企业发展的模式将从简单粗放的规模扩张向更有质量和深度的方向发展，从要素驱动转向创新驱动，更加注重设计、技术、管理、人才、品牌等综合素质的整体提升。

④科技创新成绩显著。浙江省知识产权局发布了2014年省专利示范企业名单，顾家、中艺实业、大丰实业、星威等企业榜上有名。圣奥已被评为市级信息化应用示范试点企业。2014年，丽博橱柜现代化全自动数控生产线已投入生产。圣奥、金鹭、帝龙、春光名美、中源、博泰、嘉瑞福、美生、升华云峰、川洋、喜临门、欧意等企业被新认定为2014年高新技术企业。安吉恒林等企业掀起了“机器换人”的热潮，车间投入700多万元研发配置的自动化设备提高了20%的劳动生产率，每分钟可以出厂5把椅子，产品合格率提升2%；并且率先将3D技术应用于转椅设计。安吉永艺提前完成了永艺健康坐具研究院的建设任务，成立了院士、博士后工作站。

⑤设计创新突出。在设计创新方面，不少企业做出了巨大的努力和勇敢的尝试。柏厨先后发布柏厨iPad APP、360°实景展厅两款软件。杭州惠尔邦家居“创意家居设计大赛”在中国美术学院举行，宁波大森与南京林业大学等3所高校全面开启校企战略合作，帮助学校培养出更多适合家具企业的全能型人才。顾家、城市之窗、圣奥、喜临门、莫霞、德昌五金等数10家浙江家具企业分别荣获上海展、广州展、东莞展等主要家具展览会的多项设计大奖，展现了浙江家具企业强大的设计能力。

⑥营销创新方兴未艾。在2014年的“双11”电商狂欢中，顾家排名家具类第三，仅在预售结束前2个小时，就公布预售已破5000万，远超2013年“双11”顾家5679万的销售额。顾家、利豪、富邦、巨桑等企业携手美乐乐、齐家网、日日顺等平台或自建O2O平台，正在尝试完善线上线下一体化发展的利益分配机制，一条从线上到线下畅通的O2O业务流程正在试运行中。

⑦加大培训力度，提升企业竞争力。为提高家具企业职工就业技能，提升企业的竞争力，浙江省家具行业协会建立了浙江家具行业职业技能鉴定专家库。4月24日，由中国轻工业职业技能鉴定指导中心主办，中国家具协会和浙江省家具行业协会共同承办的“轻工行业职业技能鉴定考评员(家具行业·浙江)培训班”开班。来自浙江家具行业及贵州、四川省等70余名学员参加了本次培训，并获得了国家人力资源和社会保障部颁发的国家级考评员证书。此外，浙江省家具行业协会和浙江农林大学在成功举办了第一届“浙江省家具企业接班人高级进修课程”之后，又开办了第二期的培训。10月，第二期“浙江省家具企业接班人高级进修课程”顺利结业，已有39位学员圆满完成接班人高级进修课程。

⑧由“经济人”向“社会人”转变。在浙江家具行业发展的30多年的时间里，企业家从生产经营的“经济人”向有责任和道德的“社会人”逐渐转变，生产优质产品，关心职工利益，参与慈善事业，承担社会责任。喜临门连续两年坚持发布《喜临门中国睡眠指数报告》，并借势向毒床垫宣战。由年年红集团开创的“中国红木家居文化园”已通过考评验收，将规划建设国学文化博览园、游客集散中心、楼塔江景、传统文化体验区、演绎中心、智慧游戏场、童心乐园、水上演出等工程，将成为带动龙游旅游产业转型的引擎之一。3年来，圣奥慈善基金会实施项目67个，受益人数达30000人(户)，累计捐款近5000万元。圣奥集团荣获浙江省公益慈善领域的政府最高奖“浙江慈善奖”，倪良正董事长荣获“浙江省光彩事业特殊贡献奖”和全国“优秀中国特色社会主义事业建设者”等多项荣誉。

品牌发展及重点企业情况 2014 年，全省新认定“源升”“艾美达”等 9 个产品为浙江名牌，“年年红”“利豪”等 9 个产品通过省名牌复评；新认定“川洋”“大清翰林”等 6 个商标为浙江省著名商标，认定“圣奥”“大康”等 9 个商号为 2013 年度浙江省知名商号。

除了在品牌发展上的不断创新外，浙江家具企业积极实行“两条腿走路，内外销并举”方针。2014 年，安吉椅类办公家具出口喜人，1～10 月份出口 15.2 亿美元，同比增长 14.07%，远高于全国平均水平；其中恒林已完成出口 1.4 亿美元，同比增长 21.9%；永艺、嘉瑞福上半年出口增幅分别达到了 35.37%、38.7%。

民用家具通过调整结构，狠抓内销通路建设，2014 年增幅达 20%～30% 的企业不在少数。其中包括顾家、喜临门、莫霞、欧宜风、德昌五金、杭州恒丰、温州城市之窗、奥利尔、顶丰、罗奈琪。丽博橱柜业绩增幅达 50%，已进入全国橱柜行业前 10 名。玉环家具积极开拓内销市场，取得了不俗的内销成绩。浙江省家具行业协会成立的浙商名家居品牌联盟积极助推浙江家具品牌开拓内销市场，与红星、居然、欧亚达、月星等多家优秀的连锁卖场签订合作协议，拓宽内销渠道，为调整浙江家具产业结构，实现国内市场全面开花，为今后奠定了良好的基础条件。

存在问题 现今，家具制造业的生存现状不容乐观——产能过剩严重，劳动力、土地等成本上涨压力增大，创新能力不足，同质化现象严重，资金投入短缺，资源环境紧张等诸多不利因素都在削减着家具企业的利润。除了以上受到上述因素的继续影响之外，行业在新的一年还将面临新的挑战。①房地产行业已经到达阶段性顶峰。2014 年，浙江省商品房销售面积同比下降 20% 左右，销售额下降 25% 以上。家具业作为房地产的下游，受其影响肯定首当其冲，这是对家具业最大的挑战之一。

②外国品牌家居在国内迅速扩张。随着国际家具市场的饱和，越来越多的外国资本加大了进军中国市场的力度。宜家(IKEA)现已在上海、北京、广州、重庆等 13 个大中城市开店，并计划每年在中国开设 3 家店。杭州宜家家居也将竣工开张，5 万平方米的卖场超过了上海宜家。2015 年意大利将取代德国成为欧洲向中国出口家具第一大国，出口额较 2013 年翻番。ASHLEY 等国际家居品牌也在上海、宁波等地开设门店，同时还将开拓电商业务。越南、孟加拉、柬埔寨、印尼、墨西哥等国家正在凭借廉价劳动力抢占家具出口市场。广东、山东等地区家具行业发展势头良好，四川、辽宁等地也在持续发力增长中。这都将成为浙江家具有力的竞争对手。

③成本压力增加。2014 年以来，家具企业面临的市场、成本和资金压力进一步加大。截至 2014 年年底，规上企业应收账款达到 118.02 亿元人民币，同比增加 11.47%。同时，企业每年至少提高 20% 的人工成本。规范管理也将使成本不断增加。现已有百余家家具企业在大气污染专项执法中被罚。被罚的家具企业主要有两大主要原因其一为无废气治理设施或者设施不正常运行，其二未安装净化设施，未正常使用或者擅自拆除和闲置大气污染防治设施。少数企业被处罚的原因为废气直排或者无环保手续。随着规范化管理的进一步深入，在财务税收、消防设施、财产保险、安全生产、养老保险、职业病防治、专利保护、违章建筑、三废排放等方面都需整改达标，都需投入大量资金，加大工厂成本支出，按照现有管理水平，行业将出现全面亏损。

【杭州市林业产业】 **全市林业产值情况** 据统计，2014 年杭州市林业产业总产值达到 780.5 亿元，占全省 18.64%，排名第一。一、二、三产产值对全省产值贡献占比为 22.7%、19.9%、12.4%。坚果和森林食品种植业、花卉苗木业，非木质林产品加工制造业，湿地产业及竹产业、林下经济是杭州市的区域特色产业，其中在全省产值占比第一的有：坚果种植占 47%，陆生野生动物繁育与利用占 36%，非木质林产品加工制造、森林食品种植均占 34%，花卉苗木占 28%，林下经济占 21%。

林业产业结构不断优化 2014 年，杭州市林业产业总产值比 2013 年增长 2%；一、二、三产产值分别是 187.8 亿元、465.3 亿元、127.4 亿元，占比为 24.1∶59.6∶16.3。除去二产中的木、竹、苇浆造纸产值 287.3 亿元，林业行业总产值为 493.2 亿元，比 2013 年增长 7.2%。林业行业总产值中一、二、三产占比为 38∶36∶26，产业结构不断优化，第一、三产业不断壮大。

主导产业发展 杭州市通过加大林业生产投入和科技推广力度，主导产业提升成效明显，2014 年主要林产品产量均有较大幅度增长，一产中花卉苗木、干果、竹笋、竹材等产量产值居全省第一。竹笋、板栗、山核桃、油茶籽、香榧果、白果产量分别为 57.89、1.33、1.82、1.1、0.071、0.056 万吨，较 2013 年分别增长 18.9%、增长 17%、增长 14.5%、增长 17%、增长 21%、增长 30%；大径竹材 3561 万根，较 2013 年增长 37%；花卉苗木 5.4 亿株（盆），较 2013 年减少 24%。二产中木、竹、苇浆制造，非木质林产品加工制造产值居全省第一，产值分别为 213 亿元、74 亿元。三产中湿地产业产值达 1.18 亿元，居全省第一，林业旅游与休闲服务产值达 102.9 亿元，全省占比 15%，居全省第三。

林农收入进一步提高 2014 年，杭州市农村林业总收入 280 亿元，较 2014 年增长了 7.7%，对林业富民贡献较大的是育种、育苗收入 41.8 亿元，茶桑果收入 47.9 亿元，林产品收入 35.9 亿元，木竹产品出售收入 17.5 亿元，资源流转收入 1.6 亿元，从事森林旅游经营及务工收入 15.8 亿元。全市农村居民人均林业纯收入 6098 元，比 2014 年增加 495 元，增长 8.8%，人均林业纯收入占农村居民人均纯收入的 28%，林业增收对农民收入增长的贡献率 27%。

林业重点项目进一步推进 2014 年，杭州市新建省级现代林业园区 8 个，其中主导产业示范区 3 个、精品园 5 个，新认定省级森林食品基地 12 个。完成市级设施农业示范园区 4 个、配套项目林业类 13 个，建成“菜篮子”森林蔬菜基地 10 个，建设面积 5040 亩。完成林道建设 957 千米。杭州市森林面积 1642.38 万亩，森林蓄积量 5376.43 万立方米，森林覆盖率达到 65.14%，森林病虫无公害防治率达到 99.13%。

积极争取资金推动林业产业发展 2014 年，争取省级以上支农资金 2.88 亿元，支持森林生态效益补偿 1.25 亿元，林区道路建设 1950 万元，中央立项木本油料产业提升项目 2790 万元，林业科技推广示范 132 万元，现代林业园区建设和奖励 410 万元，农业综合开发林业项目 200 万元。森林抚育补贴 3415 万元，林木良种补贴试点 297 万元，造林补贴 115 万元等。同时，争取市级支农财政资金 2228 万元，设施配套建设 158 万元，农业社会化服务项目 90 万元，“菜篮子”工程 200 万元，市级林道建设资金 520 万元，市级生态公益林补偿 1260 万元。公共财政支持提高了对林农的生态补偿，增加对林农的生产补助，加大林业基础建设投入，为推进杭州市林业产业发展提供了政策保障。

组团参展义乌国际森林产品博览会 11 月 1～4 日，杭州市组团参加第 7 届中国义乌国际森林产品博览会。杭州市共 70 家企业及合作社组团参展，共设 124 个展位。市林水局荣获最佳组织奖，杭州大库湾生态农业有限公司的“大库湾”牌香榧，建德市霞雾农业开发中心的“霞雾”牌山茶油、富阳市安顶山茶专业合作社的安顶云雾茶、杭州木栖坊家居有限公司的“木栖坊”牌儿童高低床等 13 个产品荣获金奖，杭州千岛淳瑶实业有限公司的“瑶记”山核桃等 18 个产品荣获优质奖。

陆生野生动物繁殖利用 2014 年，杭州市依托山林优势，大力发展陆生野生动物驯养繁殖与利用，产值达到 10.5 亿元，较 2013 年增长 48%。其中萧山产值达 7.1 亿元，淳安、临安、桐庐产值都达到 5 千万元以上，杭州市饲养种类主要有梅花鹿、鳄鱼、扬子鳄、蛇类、鸟类、蛙类、龟类、雁鸭类等 20 余种，杭州市野生动物驯养繁殖已具规模，已形成如萧山珍禽养殖有限公司、临安钱王鸵鸟养殖有限公司、建德市千岛石蛙专业合作社等第一批省野生动植物驯养繁育利用示范基地，并初步形成集约化、规模化的繁育培植体系，总体发展水平较高，野生动物产业的繁殖利用已成为杭州市林业一产新的经济增长点，在林业经济建设和林农致富中发挥了重要作用。

花卉苗木产业 2014 年，全年实现花卉产业收入 12.4 亿元，全省排名第一，年末实有花卉种植面积 31 万亩，切花切叶产量 4200 万支，盆栽植物产量 1 亿盆，花卉市场 12 个、花卉企业 2074 个、花卉从业人员 10 万人；全年育苗面积 30.6 万亩，其中观赏苗木产量4.3亿株，实现种苗收入40.8亿元，全省排名第一。全市种苗产业产值排序(前三位)：萧山区25亿元，余杭区4.3亿元，淳安县3.2亿元。

坚果种植业 2014年，杭州市坚果种植业产值达11.9亿元，全省排名第一，坚果主要包括山核桃、板栗、香榧、银杏，产量分别为1.82、1.33、0.071、0.056万吨，分别较2013年增长14.5%、17%、21%、30%。其中山核桃是杭州市最具特色的林业产业，临安、淳安都是国家林业局命名的“中国山核桃之乡”，目前杭州市现有山核桃面积91.8万亩，其中，临安市的山核桃面积48.2万亩、淳安县30.3万亩、桐庐县8.3万亩、建德市3.4万亩、富阳市1.5万亩、余杭区0.1万亩。杭州市目前投产山核桃面积65.2万亩，其中临安42.5万亩。

竹产业 2014年，杭州市实现竹产业产值106.7亿元，同比增长24%，全省排名第二。全市竹林面积244.94万亩，全年生产毛竹3363万支，篙竹198万支，小杂竹40万吨，鲜笋57.8万吨。全市竹产业产值排序(前三位)：余杭区37.5亿元，临安市30.5亿元，富阳市23亿元。

(裘　靓)

萧山区林业产业 2014年，萧山区实现林业产值12038万元，比2013年增2.56%，占全区农业总产值的1.2%。林业总产值中，扣除中间消耗值6494万元(其中物质消耗2044万元，劳务支出4450万元)，林业增加值为5544万元(其中劳动者报酬5329万元)。林业产值中，林产品产值6007万元，竹木采运产值1715万元。全年采伐木材947立方米、毛竹135万株，生产笋干(鲜笋折)2190吨、板栗403吨、竹壳1815吨、毛料3800吨、银杏(白果)6吨。

2014中国(萧山)花木节于3月7~9日在杭州市萧山区新街镇浙江(中国)花木城成功举行。为期3天的“花木节”共吸引来自全国各地的参观者6万多人次，其中90%以上为专业观众；达成销售意向6.5亿元，比上一届增加18%，再创历史新高。

参加本次展会的有来自全国16个省市区的近2000家花木企业，其中临时展馆有455家企业，包括来自美国、英国、荷兰、意大利、西班牙、日本、澳大利亚、韩国等国的26家外国企业。

(王　翔)

余杭区林业产业 2014年余杭区林业产业总产值达到872883万元，同比2013年增长4.57%。近年来，林业产业总产值稳步增长，已由“十一五”末的38.16亿元，增长到目前的87.29亿元，增加了49.13亿元，产业规模在不断扩大，产值稳步增长，但产值增速有所减缓，自2006年起，全区林业生产总产值增幅逐年减缓(除2011年由于新增统计指标，产值大幅增加，当年增幅达到38.39%，去掉造纸后增幅8.27%)，增幅由“十一五”时期的高速增长，过渡到目前的平稳增长。

2014年，全区林业投资完成额达到13317万元，比2013年增长1.3%，按建设内容分，绿化建设等林业民生工程方面投资7037万元，所占比重最大，占全部林业投资完成额的52.84%；生态建设与保护方面投资1848万元,；林木种苗、森林防火等林业支撑与保障方面投资2031万元；林业产业发展方面投资2313万元；其他投资88万元。

(徐浩)

淳安县林业产业 2014年，全年实现林业总产值90.93亿元，其中一产29.23亿元、二产7.98亿元、三产53.74亿元，有力促进了淳安经济社会发展和生态文明建设。

特色产业　新发展毛竹15122亩、山核桃10324亩、油茶4056亩、珍贵树种4431亩(其中香榧1399亩)；完成国家油茶示范林建设项目1000亩；全县花卉苗木种植规模20158亩，产值4.07亿元；新育苗920亩，培育苗木357.68万株，其中珍贵树种苗木108.35万株、长林系列油茶良种嫁接苗85.18万株、山核桃苗141.97万株、彩叶苗木22.18万株。淳杨线毛竹产业精品带建设全面完成，毛竹新造林1327亩，累计完成4687亩。完成山核桃生态栽培6798亩，其中套种木本1786亩、套种草本1180亩、矮化栽培3832亩，增强山核桃林内生物多样性。建设林区道路主干道200千米，辅助道100千米。

特色产业产量、产值　山核桃产量5097吨，实现产值5.3亿元(其中一产产值2.55亿元、二产产值2.75亿元)；竹产业产值3.83亿元(其中一产产值1.18亿元、二产产值2.65亿元);油茶(籽)产量7593吨,产值2.24亿元(其中一产产值0.91亿元、二产产值1.33亿元)。

森林食品建设　新认定省级森林食品基地2块3700亩,其中千岛露珠油茶专业合作社1500亩、千岛湖山中元笋竹专业合作社2200亩;复认省级森林食品基地2块3550亩。全年完成食用林产品检测145批次,其中,春笋30批次、冬笋10批次、山核桃70批次、茶籽25批次、柿子10批次,全部合格。

山核桃果蒲综合利用　首次在全县开展山核桃果蒲综合利用工作,每年由县财政支持100万元,用于山核桃果蒲加工机、蒲壳综合利用和处理等环节,对大户购机现场加工果蒲返山,每台加工机给予300元的补贴,对综合利用蒲壳每吨给予50元运费补贴,全年共处理14254吨,助力"五水共治"。(张旭君)

建德市林业产业　完成省级林区道路280千米(其中主干道150千米)、杭州市林区道路48.83千米建设任务,补助资金566万元;完成省级现代林业园区2个(第四批建德林场薄壳山核桃精品园、杨村桥毛竹精品园);建设省级示范区2个(三都香榧省级现代林业主导产业示范区、大同省级现代林业主导产业油茶示范区);建设省级特色林业精品园4个(第五批建德市乾潭省级特色林业玫瑰精品园、建德市岭后省级特色林业毛竹精品园、第六批建德市乾潭毛竹精品园、建德市李家油茶精品园);完成杭州市设施农业示范园1个(杭州艾利斯玫瑰科技有限公司设施农业示范园建设项目);完成"菜篮子"工程项目3个(建德市大同镇江头村毛竹笋竹两用林建设项目、建德市大洋镇麻车毛竹笋用林基地建设项目、建德市李家镇三溪毛竹笋用林基地建设项目)、完成杭州市农业社会化服务项目4个(建德市大洋柏松竹业专业合作社、建德市莲花汉威山核桃专业合作社、建德市罗村山核桃专业合作社和建德市石鼓油茶专业合作社)、培育建成杭州市农业标准化项目1个(建德市霞雾农业开发中心油茶标准化生产项目),完成无公害农产品认定与产品认证单位4家,面积5382亩;食用林产品质量安全提升项目1个、森林食品基地认定单位3家,新认证森林食品基地面积4100亩。争取国家、省级和杭州市级林业项目30多项、子项目400多个,资金7000多万元。

香榧产业　全年在三都镇、乾潭镇等宜种区域新发展香榧基地73.3公顷。在乾潭镇梓州、三都镇凤凰村等香榧重点发展区推广板栗林下种植香榧等板栗低产林改种技术,大力推广香榧套种梨或蓝莓等经济林复合生态经营技术,提高土地利用率,促进香榧基地经营管理,实现以短养长,加快香榧产业发展的目的。全年香榧产量30吨,产值900万元,比2013年增值30%。

油茶、山核桃产业　实施了2014年中央立项现代农业—木本油料产业提升项目和国家油茶示范基地建设及国家造林补贴试点项目,发展油茶、山核桃及薄壳山核桃产业,共新建油茶良种造林示范基地717公顷、薄壳山核桃和山核桃基地103公顷,油茶低改技术推广66.7公顷,全面推广实施以带状垦复、测土配方施肥为主的低产林改造技术和油茶良种繁育技术,培养和联系示范户30户,培训林农300多人次。受大旱影响,全市产油茶籽产量1500吨,比2013年增产41.5%。

多个林产品获得各类奖项在第7届中国义乌国际森林产品博览会上,建德市霞雾农业开发中心的"霞雾"牌山茶油、杭州大库湾生态农业有限公司的"大库湾"牌香榧两个产品荣获金奖;杭州九仙生物科技有限公司的"九仙灵斛"牌铁皮石斛、浙江幸福生物科技有限公司的"天怡"牌铁皮石斛两个产品荣获优质奖;杭州晨逸休闲用品有限公司选送的"吊椅"荣获第三届中国创意林业产品大赛银奖;杭州晨逸休闲用品有限公司选送的"牛角吊椅"荣获第三届中国创意林业产品大赛优秀奖。2014年,杭州市格林香料化学有限公司获得浙江省绿化模范单位。

林业科技推广　继续加强林业科研队伍建设,拓展林业科技推广应用平台,围绕产业发展、林农增收的目标,积极开展林业技术宣传、培训、指导服务,全年举办毛竹、香榧、山核桃种植和管理等培训班23期,受训人数达1126人次。推广油茶、薄壳山核桃良种11个,推广薄壳山核桃良种配置造林、油茶早实丰产、经济林复合经营、主要病虫害综合控制等6项先进技术。

结合中央立项产业项目和干果笋竹产业提升

工程，开展全市林业技术培训工作。举办各级各类培训班23期，共计培训人数达1126人。在建设各类示范基地的同时，抓好农村各类林业实用技术人才培养，全年培养有基地、懂技术、善管理、肯传授的土专家58名。根据农村社会发展及林业产业发展实际，不断总结、创新技术培训与推广的方式与方法，逐步由大课堂、全程式讲课模式转变为及时、实地、单一环节对基地建设人员的指导培训模式，大大提高了技术的推广落实率。

富阳区林业产业　2014年度全区林业产业总产值263.25亿元，其中一产产值34亿元，二产产值221.77亿元，三产产值74.67亿元。竹木纸浆造纸213.37亿元，占总产值81%，竹产业产值22.98亿元，占总产值的8.73%。

产业基地发展　2014年全区共新增香榧良种示范基地2000亩，油茶良种示范林1000亩，日本甜柿新品种示范林300亩，花卉苗木1000亩，建成省级现代林业示范区湘溪毛竹示范区15900亩，省级特色林业食用竹笋精品园1000亩，完成毛竹低产林改造1万亩，建成竹笋森林食品基地3000亩，香榧森林食品基地2000亩，新增林区道路100千米。截至2014年年末，全区香榧种植面积达3.4万亩，山核桃种植面积1.5万亩，油茶良种林4500亩，日本甜柿5000亩，花卉苗木4.2万亩，全区林区道路1480千米，山区经济发展潜力得到提升，特色林业产业得到了有力的推进。

多措并举推动产业发展　一是持续挖掘竹林亩均增产潜力。通过园区、菜篮子、设施、林道等支农项目强势推进竹林基础设施建设，通过毛竹低产林改造、退化竹林改造、大径材培育和笋材二用林基地建设，努力挖掘竹林亩均增产潜力，富阳区50万亩竹林原有70%以上为亩均300元左右的低产低效林，通过几年的先进经营技术示范推广，亩均效益达800元以上的竹林面积达60%以上，竹林培育迈上新台阶。二是经济林向“优质、高产、高效”发展。通过加强经济林产业规划布局，合理调整结构，注重良种造林和标准化生产经营，努力扩大经济林主产区的种植面积、产量和质量；在大力发展新造林的基础上，加大对原有老林的培育，大力推进生态复合经营新技术，全区香榧、山核桃等主要特色产业投产面积逐年增长，香榧投产面积8000亩，较2013年新增20%以上；产值2400万元，增2013年15%以上；山核桃投产面积1万亩，较2013年新增15%以上；日本甜柿投产面积4000亩，较2013年增10%以上。三是野生动物驯养繁育产业逐年扩大。全区共有野生动物驯养繁殖基地16家，野生动物种类达70余种，年销售产值1118万亩。四是森林旅游产业日趋成熟。全区共有省级森林公园4个，AAAA级森林旅游区2个，林业观光园区5个，农家乐200余家，全年森林旅游收入达5.3亿元。五是加大花卉苗木信息引导。加大区花卉苗木行业协会的管理力度，通过协会建立全区花卉苗木行业信息传导机制，加强产业规划和市场营销引导，建立产业预警机制，避免花木产业出现盲目扩大和跟风“怪圈”。

(楼　君)

临安市林业产业　9月2日，花旗银行(中国)有限公司和国际竹藤组织在四川省宜宾市举行“中国可持续竹加工企业发展项目”五年成果总结与报告发布会。临安市竹产业协会和横畈竹笋专业合作社应邀参会。临安市“运用合作社平台推广使用林业实用新技术为社员服务”的成功案例和科技推广模式引起举办方、与会代表及媒体广泛关注，并在中国经济网、凤凰财经、《经济日报》等10多家主流媒体进行报道。2014年，横畈竹笋专业合作社在总结2013年成功经验的基础上，推出“花旗基金会帮扶脱贫能力建设计划”，利用花旗基金会基金，运用浙江农林大学和临安市林业局的雷竹生态、高效、可持续经营技术，把示范户及合作社核心人员与贫困社员进行结对，以每户最高投入不超过10000元，以一对一的帮扶方法，对贫困户的竹林进行科学和持续管理，达到每投入10000元成本最终产生10000元到15000元效益的目标。

2014年，临安全市竹笋产量23.40万吨，竹笋产值10.047亿元，平均价格4.29元/千克，竹笋产值首次突破10亿元。全市有竹笋万元户12803个，竹笋5万元户871个，竹笋超10万元户136个。其中，临安市太湖源秧田弄竹笋专业合作社社员13户，共覆盖4.43公顷，竹笋产值291万元，平均亩产量2144.8千克，亩产值4.38万元。示范户邵观夫覆盖0.446公顷，产值28.5万元，亩产值4.25万元；示范户徐茂华覆盖0.38公顷，产值27万元，亩产值4.74万元。

《临安市山核桃生态化经营基地建设总体规划》通过评审 2014年1月8日，《临安市山核桃生态化经营基地建设总体规划》在钱王大酒店进行评审，浙江省林业厅、杭州林业水利局相关专家参加规划评审。山核桃是临安市农村支柱产业之一，2014年临安山核桃林32136公顷，山核桃产量11500吨，产值8.63亿元，比2013年增长75.05%。（盛恩浩）

【温州市林业产业】 2014年林业产业总产值197.89亿元，比2013年增长了14.9%。其中非常突出的是林下经济产值80.4亿元，增长幅度为45%。按产业类别分，全年实现第一产业产值42.08亿元，第二产业产值95.49亿元，第三产业产值60.32亿元。新建成省级现代林业园区5个(1个示范区4个精品园)，市级现代林业园区11个(1个示范区10个精品园)。

森林旅游建设 2014年，温州市实施《温州市森林绿道建设总体规划》，全年建成森林绿道251千米，全市29个森林公园开园。苍南玉苍山林场荣获浙江省“五一”模范集体荣誉称号；文成铜铃山、泰顺乌岩岭、泰顺天关山被授予“浙江最美森林”称号，新增3个市级森林公园。创新森林旅游经营模式，发行温州森林旅游一卡通。全年森林旅游产值为45.69亿元，比2013年增长80.67%。

林业产品参展活动 2014年，温州市举办2014中国(温州)森林旅游节，现场举行了《温州古道》书籍发行及赠送仪式，第六批全国生态文明建设试点县、国家主体功能区建设试点示范县、2013年度浙江旅游推广十佳县授牌仪式。推出第五届“三月三”畲族风情文化节、2014中国·温州国际山地户外运动挑战赛、泰顺山水文化系列宣传活动、“有氧温州之旅”体验活动、“千车万人游泰顺”活动等10多项。组织林业企业参加中国(义乌)森博会、省农博会、市农博会等活动。在义乌森博会上，温州展区获金奖产品20个，优质奖产品27个，创意优质奖2项。

野生动植物 开展全市野生动植物产值调查统计，温州市2014年野生动植物总产值为67464.49万元，同比增长28.06%，其中动物一产产值为22990.22万元，动物二产产值为6500.57万元，动物三产产值为2913.71万元，植物产值为35060万元。

林业种苗工作 2014年，温州市调运苗木500多万株，确保了温州市国家森林城市创建和其他各项林业建设对林木种苗的需求。向各县(市、区)赠送珍贵树种60余万株，涉及900多个村庄。加强良种基地建设管理，做好省亚作所等10处市级重点林木良种基地和省级油茶苗木保障基地建设，省亚作所等单位被确定为省政府珍贵树种育苗基地。

林业科技推广 2014年，举办林业技术培训班17期，培训人员1976人次。9月16日至10月15日，在温州科技馆举办林业科技成果展，市民参观41953人次。获得第十四届省林业厅“科技兴林奖”项目3个，获得温州市科技进步奖4个(其中一等奖1个)，获得市农业科技推广奖3个；新增2个中央财政林业科技推广示范资金项目，2个项目顺利通过中期验收，实施市林业“四新”科技推广示范项目10个。

【台州市黄岩区林业产业】 黄岩区全年投入水果资金500多万元，新发展水果2510亩，全区柑橘总产量达到5.69万吨，杨梅产量达到4万吨，枇杷产量与去年基本持平。出台《关于推进黄岩精品水果产业提升扶持政策的意见》，区财政每年拨款300多万元专项资金用于黄岩精品水果产业的发展，建设果园运输道、轨道运输、排水沟渠、蓄水池、钢架大棚等基础设施，促进园区提档升级。黄岩蜜橘、黄岩院桥东魁杨梅主导产业示范区、上垟山地蜜橘精品园基本建成，屿头上凤枇杷精品园和黄岩平田西部东魁杨梅主导产业示范区建设正在稳步推进中。

2014年，黄岩区示范推广罗幔杨梅10600株，近4年已推广示范3万多株，产量达230多吨，优质罗幔杨梅销售价格达到120元/千克。此外，还与浙江省柑橘研究所、黄岩区气象局合作开展罗幔栽培技术研究，在杨梅主产区配置气象自动记录仪器，将关键气象信息实时传输到果农手机上，指导果农生产管理。通过加强科技培训、推进水果绿色防控、强化源头监管等措施全力抓好果品质量安全，初步建立农产品质量安全追溯系统，开始筹划尝试帮助水果种植大户开展电子商务。组织台州市黄岩占堂果蔬专业合作社参加由浙江省农业厅在香港举办的“浙江杨梅六月红暨名优农产品香港推介会”。

黄岩蜜橘和黄岩东魁杨梅被农业部优质农产品开发服务中心评为全国名优特新农产品(果品类)。黄岩东魁杨梅被评为浙江省区域名牌农产品，并荣获2014年浙江农业吉尼斯杨梅擂台赛三等奖。“元春”葡萄获2014年浙江省精品水果展销会金奖。“金字山”葡萄柚荣获浙江省农博会金奖。

在第七届中国义乌森林产品博览会上，台州百龄芝草生物科技有限公司生产的玛咖、台州市黄岩秀岭桂花果苗专业合作社生产的桂花和台州市黄岩农副产品配送中心有限公司生产的九峰牌黄岩蜜橘获金奖。

【台州市临海市林业产业】 2014年，临海市成功创建省级森林城市。

柑橘 柑橘是临海市特产第一大产业，总种植面积186580亩，主要分布在涌泉、沿江、桃渚、杜桥、永丰等镇，其中涌泉柑橘效益最好。目前，较为知名的合作社有涌泉忘不了、岩鱼头、马里岙、梅尖山、丰甜，桃渚南岙、永丰正凤等柑橘专业合作社。多年来，临海蜜橘创誉无数，主要有中国无核蜜橘之乡、全国无公害柑橘生产示范基地县、全国无公害柑橘标准化生产示范基地创建县；中国名牌农产品、中国驰名商标、浙江省十大名牌柑橘、浙江省著名商标、浙江名牌农产品、浙江省农业博览会金奖等，其中忘不了柑橘专业合作社获中国驰名商标。全市建成浙江省现代农业示范园区、全国农业引智成果推广示范基地、浙江省柑橘精品园示范基地(岩鱼头橘场)、省级柑橘标准化生产示范基地(共3个：忘不了、涌发、桃渚)等园区、基地。

杨梅 杨梅是临海市第二大林特产，总种植面积131643亩，主要分布在白水洋、永丰、涌泉、杜桥等地，较为知名的合作社有临海市枝昌农副产品保鲜技术有限公司、清峰果业、上游杨梅专业合作社等。获得的主要荣誉有中国杨梅之乡、国家地理标志产品、全国十大精品杨梅、中国优质杨梅生产基地县市、浙江省十大精品杨梅、浙江农业博览会金奖、浙江省著名商标、浙江名牌农产品等。

茶叶 茶叶为临海市第三大特产，总种植面积50000亩，获得的主要荣誉有中国名茶之乡、临海蟠毫证明商标、羊岩勾青证明商标。临海蟠毫茶是全国名茶、浙江名牌产品、浙江省著名商标、中国国际农博会名牌产品、中国精品名茶博览会金奖。台州市桐坑茶业有限公司制作的绿壳红茶获中茶杯第二名。

【台州市三门县林业产业】

产业园区 继续加强对三门县泗淋柑橘产业示范区、三门亭旁茶叶精品园、三门县湫水杨梅精品园、三门县项家山杨梅精品园4个特色精品园区创建点的建设指导，使核心示范基地的基础设施得到逐步完善，初步形成科技和设施装备先进、经营机制完善、经济效益和示范带动效应明显的现代农业园区，引导和带动全县林业产业发展。

以果茶工程项目建设为契机，以示范园区建设为抓手，加强示范基地的生产性设施改造和完善，在增强抵御自然灾害能力的同时，扩大项目辐射推广面，全面实施标准化生产技术，提高果茶产品质量和生产效益，突出产业优势，提升产业层次，达到产业增效、果农增收目的。

协会组织 6月20日，经三门县民政局审批，三门县茶文化促进会获准发起筹备。11月14日三门县茶文化促进会召开成立大会，通过了协会章程，确定了理事会成员。现促进会已发展会员数量74个；其中单位会员18个、个人会员56个。该会住所设在浙江省三门县林业特产局。

林业知名品牌获奖情况 2014年，在第7届中国义乌国际森林产品博览会上，浙江三门恒盛农业开发有限公司“梅王”牌鹿胎膏产品获金奖；“太师峰”牌三门绿毫茶叶，在中国太原第九届浙江绿茶博览会上获得金奖，同年该产品还获国际名茶评比金奖；三门县富民柑橘专业合作社的“三富”牌柑橘、浙江三门湫水山葛根专业合作社的“湫水山”牌葛产品、三门县绿源水果基地的“蓝玲”牌健香柚获浙江省农业博览会得金奖；

在2014中国(杭州)茶业博览会暨茶文化博览会上，仙子红茶获金奖，在全省10个金奖产品竞拍卖中，以每千克4000元的最高价成功拍卖。

此外，1个林产品获省著名商标、3个产品获台州市著名商标，1个产品获省名牌、1个产品获市名牌。

表2

商标/产品名称	生产单位	负责人	所获奖项
湫水山牌	三门县湫水花果专业合作社	许丽珍	浙江省著名商标
蓝玲牌	三门县绿源水果基地	管吉新	台州市著名商标
三富牌	三门县富明柑橘专业合作社	张先富	台州市著名商标
百瀑谷牌	三门县玉龙茶叶专业合作社	梁帅龙	台州市著名商标
“三富”牌柑橘	三门县富明柑橘专业合作社	张先富	浙江省名牌产品
“三冠”牌葡萄	三门县绿岙山庄果园	陈中专	台州市名牌产品

本地特色优势林产品生产状况　三门拥有丰富的果、茶产品，拥有10万亩特色水果生产基地和1.8万亩名茶基地，年产水果7.59万吨、名茶265吨，总产值2.63亿元。柑橘、杨梅、茶叶等产品别具地方特色，畅销国内外。其中柑橘栽培总面积7.45万亩，2014年总产量7.59万吨，产值达11973万元，是三门农业的主导产业之一，也是沿海一带农民的主要经济来源之一。目前种植规模在全省产橘县(市、区)中位居第12位，属浙江省柑橘主产县之一，并列入了浙江省特色优势农产品区域布局规划。

①从品种结构分析。三门县柑橘以温州蜜橘品种为主，栽培面积6.98万亩，占柑橘总面积的93.70%。温州蜜橘中以中晚熟品种占多，栽培面积4.67万亩，占柑橘总面积的62.68%。

②从区域布局分析。三门县柑橘集中分布东南沿海，主产区为健跳、浦坝港、花桥等镇，并且产区柑橘以涂地种植为主。其中，沿海涂地栽培柑橘约6.34万亩，占全县柑橘总面积的85.10%；山地栽培柑橘约1.11万亩，占全县柑橘总面积的14.90%。

③从树龄结构分析，三门县柑橘自20世纪70年代开始起步，80年代中后期又有一次发展高峰，虽然大多数橘园已被改造更新，但还存在较大面积的衰产橘园。

表3　柑橘品种结构统计表

指标名称		面积(亩)	产量(吨)	产值(万元)
柑橘合计		74464	75857	11973
1. 宽皮柑橘类	特早熟温州蜜柑	3288	3100	558
	早熟温州蜜柑	19789	22500	3150
	中晚熟温州蜜柑	46702	44600	6690
	本地早	40	45	9
	椪柑	470	320	64
	小　计	70289	70565	10471
2. 橙类	1127	500	250	
3. 柚类	135	50	20	
4. 杂柑类	伊予柑	360	380	76
	葡萄柚	85	62	124
	其他	2468	4300	1032
	小　计	2913	4742	1232

表4　按树龄结构柑橘调查表

	柑橘合计	产前期	初产期	盛产期	衰产期
面积(万亩)	7.45	0.37	0.93	4.68	1.47
产量(万吨)	7.59		0.38	6.54	0.67

④从组织化程度分析。三门县柑橘以个体所有、各家各户分散经营为主，集体所有柑橘通过承包经营的只占总面积的8.3%。

⑤从栽培方式分析。目前，还以传统栽培方式为主。由于不同地区的柑橘管理水平不同，柑橘效益差异较大，相对管理水平较高的地区为原泗淋、小雄镇、花桥等乡镇，约占全县柑橘面积的33.56%，这些地区的柑橘价格一般高出其他地区0.25~0.05元/千克。又有部分农户管理技术不到位或疏于管理，处于粗放经营状态，这部分柑橘约占全县柑橘面积的12.10%。

⑥从销售情况分析。全县柑橘鲜果销售的一贯方式为“加工+市场”形式。市场途径销售，基本上是外地老客户来三门收购，主要销往东北等省份。

从柑橘品种对应的行情价格分析，特早熟、胡柚、脐橙等历年来价格较稳定，销售也顺畅，种植效益也突出。另外，设施栽培柑橘(大棚完熟，平均2.00元/千克)、个性化品种柑橘(葡萄柚、清香柚、红美人等)有较高的价位。但受多个因素影响，普通温州蜜柑不同年份、不同阶段价格波动较大，销售压力多年存在，直接影响到橘农的收入，给产业发展带来不利影响。

【台州市天台县林业产业】 2014年，根据工作部署，围绕茶叶、水果等产业做好产业调研、技术推广、质量安全、品牌管理、培训指导等工作。2014年，全县春茶总产量1684吨，产值2.03亿元，同比分别增长6.6%和7.8%，其中名优茶产量956吨，产值达1.39亿元，同比分别减少2.9%和2.0%。4月，参加在椒江举办的台州市全民饮茶日活动；同月，成功举办了“长三角地区天台黄茶产业发展研讨会”，邀请了国内40多名茶业界专家和企业家代表为天台黄茶产业发展出谋划策；5~6月，先后组织茶企赴山西浙江绿茶博览会、上海国际茶文化旅游节、北京国际茶叶站等进行密集推介宣传，先后获得8项金奖；8月，修缘葡萄获浙江精品果蔬展销会精品葡萄金奖，另外，天台县茶企九遮茶业、大志茶业、白茶合作社、天岭合作社、东横山合作社等获得第十届国际名茶评比绿茶类6项金奖；9月，九穗儿荣获浙江农业吉尼斯最甜葡萄大奖。同期在组织举办了县首届茶艺师大赛和台州市首届茶艺师技能大赛；10月，组织茶企参加山东济南中国国际茶叶博览会、浙江省森博会。

【台州市仙居县杨梅产业】 浙江仙居，“中国杨梅第一县”，地处浙江东南、括苍山脉中段北麓。境内山清水秀，风光旖旎，森林覆盖率达77.9%，109座海拔1000米以上的山峰环抱，四季分明，雨量充沛，日照充足，昼夜温差大，为杨梅的生长提供了得天独厚的生态环境。

目前全县种植面积13.5万亩，投产面积11万亩，2014年产量7.5万吨，产值4.2亿元，仅此一项为全县农民人均增收1100余元(2014年产量7.5万吨，产值4.2亿元)。

目前，全县建有10个高标准仙居杨梅示范园区和50个绿色标准化示范基地。组建有280多家杨梅专业合作社、协会等合作经济组织，注册资金8090万元，入社农户9300多人，带动周边梅农2.78万户。有产地批发市场21个，冷藏保鲜包装设备197套。建立了仙居杨梅观光园23个，日接待游客能力达2万余人。县内拥有两条投资总额近亿元属国内首创的万吨杨梅深加工生产线，生产的杨梅饮品远销海内外。两家杨梅加工企业加工转化杨梅能力近4万吨，开发了杨梅干红、杨梅原汁、杨梅浓缩汁、杨梅醋饮等10多个系列产品。

为确保每颗杨梅都成为绿色精品，近年来，该县在杨梅质量上将绿色防控保安全作为主抓手，以技术培训为依托，狠抓杨梅质量安全管理。一是全面实行杨梅病虫害绿色防控，在20个乡镇(街道)共组建90多支绿色防控专业队全面开展统防统治。二是全面推行物理诱杀技术，共投入资金1100多万元，购买喷雾器、杀虫灯、黄板等免费发放到20个乡镇(街道)和300多个杨梅生产重点村，目前，全县共有1.4万多盏杀虫灯、12万多张黄板粘卡投入使用，物理防治面积达8万多亩，基本覆盖全县的投产杨梅园。三是通过统一时间、统一药剂、统一技术、统一督查，使防治技术到位率、防治水平、防治效果和防治效益得到同步提升，有效减少用工、用药和污染，保证了农产品质量安全。四是对全县杨梅种植村开展1700多场次的劳动力素质培训、农函大培训、电教工程培训和现场培训；发放《仙居杨梅农事操作记录本》20000余册，帮助果农做好杨梅生产操作、农业投入品、产品流向等农事记录。五是在20个乡镇(街道)、4个杨梅批发市场、4个杨梅专业合作社全面建立仙居杨梅质量安全检测站28个，县政府出资400余万元配备农残检测仪等相关监测设备，进行属地质量安全检测，检测面覆盖全县投产杨梅园和杨梅市场。

【丽水市龙泉市林业产业】

竹木制品加工传统产业 2013年年底全市有竹木制品加工企业689家，因全省上下开展“六边三化三美”及公路沿线整治工作，全市的竹木制品初加工企业数减少了近200家，通过转型升级、龙头带动，竹木制品精深加工企业增加了50多家，“以竹代木”竹制品加工企业快速成长，主要竹木制品有竹家具、竹砧板、竹胶板、竹凉席、竹工艺品、玩具、太阳伞等竹木制品等200多个品种。2014年林业总产值达到58.7亿元，其中，一产18.1亿元，二产31.1亿元，三产9.5亿元，创税收4950多万元，竹木加工产业带动就业6万多人，贡献率、就业率排在全市工业产业之首。

毛竹林高效经营持续保持林业主导产业地位。全市有竹林面积55.1万亩，2014年通过“龙泉市八都现代农业(林业)园区”建设示范带动，新建竹林机耕路443千米全市累计达到2695千米，道路硬化30千米，新建高产高效笋竹两用林基地4.51万亩，竹林实施配方施肥和竹腔施肥新技术，开展林业面源污染治理，禁止竹林使用禁限农药和化学除草剂，经济效益显著提高。2014年竹产业产值达21.6亿元，为农民增收主要产业，全市农民从竹产业经营中人均纯收益达到2600多元，占人均年纯收入20%以上。

油茶、香榧特色产业 龙泉市把油茶和香榧基地建设作为林农增收的特色新兴产业来抓，2014年全市新建油茶良种基地2109亩，油茶低产林改造3765亩，全市油茶面积达到5万亩；组织人员赴诸暨等地参观考察香榧种植，香榧推广种植第一年，新造基地10051亩，培训人员300多人次。

石蛙(棘胸蛙)仿生养殖产业 棘胸蛙作为省二级保护野生动物，为保护野生动物资源，以浙江九重天蛙业有限公司石蛙仿生态养殖为龙头，成立了石蛙养殖协会，带动企业、专业合作社和养殖大户，建设石蛙养殖基地31个面积201亩，并与市林业局共同牵头制定完成《龙泉市棘胸蛙养殖技术规范》地方标准，并批准发布实施；12月12日，龙泉市申报“中国棘胸蛙之乡”在北京中国野生动物保护协会专家评审顺利通过，成为全国目前唯一的一个两栖动物之乡。

珍贵树种等绿化造林工作 2014年开展“珍贵树种进千村万户”、新春植树等系列活动，义务植树76万株，绿化造林2.81万亩，列丽水第一；平原绿化面积926亩，列丽水第三；森林抚育14万亩，建设杉木大径材基地2万亩，林木育苗100亩，生产苗木507万株；开展“六边三化三美”行动，完成林相改造1.1万亩，建成省级森林村庄3个、市级绿化示范村18个，建设森林通道33千米，完成主要省道和景区沿线的绿化美化工程；新增珍贵树种示范基地1万亩，被国家林业局授予“国家珍贵树种培育示范县”称号。继续加强生态公益林保护，总面积达162.5万亩，建成了生态公益林优质林分建设128万亩。公布实施第一批湿地保护名录区块8个，面积5163公顷。

林下经济发展规模逐步壮大 林农在竹林内种植黄精、白芨等中药材达500多亩；龙之源农林科技有限公司、“章府”“科远”铁皮石斛专业合作社林下仿生种植铁皮石斛面积350亩；种植金线莲60多亩；“龚氏”“军武”等养蛇专业合作社养殖幼蛇10000多条，商品蛇5000多条。

森林观光旅游产业 完成大赛湖漂流、低丘缓坡立新区块等市重点项目林地报批8个，龙泉山二期项目已获国家林业局初步同意，取得重大突破。“国际竹建筑双年展”项目全部建筑开工建设，已完成工程总量的60%以上。配合开展“丽水竹海公园”5次考察调研，完成总体规划编制，2014年森林旅游和休闲服务产值达到6.5亿元。

林权制度改革助推林业产业发展 2014年，龙泉市的林权制度改革继续走在全国前列，开创4项全国林改先河，一是率先全国试行林地经营权流转证制度。二是全国首个村级惠农担保合作社在上垟镇花桥村成立，为75户林农解决生产经营资金1146万元。三是全国首单公益林收益权信托合同正式签订，生态资源变身金融资产，破解公益林不能抵押流转问题。四是率先全国建成《林业信息集成(一本图)系统》，为林业生产、经营、管理提供了科学依据，实现了信息资源共享。2014年新增林权流转2.16万亩，累计林权流转突破100万亩；新增林权抵押贷款3.92亿元，余额6.16亿元，累计发放林权抵押贷款超20亿元；新办理《林地使用权流转证》135本面积2.991万亩，流转证贷款余额3148万元，龙泉成为全国试行最早，发证面积、抵押贷款最多的县(市)；建立村级惠农担保合作社8个，245农户受益反担保贷款3695万元；不良贷款处置5笔，收回现金36万元，不良贷款率由2013年0.73%降到0.43%；培育新型林业经营主体15家。全市398万亩林业用地森林火灾保险实现全覆盖，2万亩林地纳入政策性林木综合保险。

龙泉市林科院将建设成为全省县级面积最大、

苗种最多、产能最强、品质最优的容器苗基地

以杉木种子园为建设核心，同时根据林业发展需要增加木荷种子园、南方红豆杉种子园等建设内容，从四川、重庆、江西、湖南等地收集木荷优良种质资源380份，总量达到895份，力争“十三五”期间资源收集总量达到1000份，建成全国首个木荷基因库，为木荷良种创新提供有利平台。在省级林业保障性苗圃建设方面，利用无纺布轻基质育苗技术，培育珍贵树种、彩色树种、生态造林树种、经济树种容器苗共计262万株。6月23日，省委书记夏宝龙视察了林科院容器苗基地后给予“有作为、能干事”的高度评价，并指示对育苗基地实施扩建。2014年，在现有育苗基地53亩的基础上，投资1000多万元实施改扩建基地100亩，完成规划、征地等前期工作。

积极争取政策扶持林业产业发展 2014年政府出台《关于加快林业产业发展的若干政策》《龙泉市竹木加工产业转型升级扶持政策》等6个政策和《龙泉市2014年度农村土地流转意见》，市财政单列投入资金1627.8万元扶持林业产业发展，这是历年来县级财政安排林业资金最多的一年，为促进各项林业产业注入了活力。

行业协会积极架起产业发展桥梁 各个行业协会积极发挥产业发展桥梁纽带作用，组织30多家竹木加工企业、林业专业合作社参加第108届上海日用百货商品博览会和第七届义乌森林博览会，在森博会上获金奖1个、优质奖2个。搭建龙泉市竹木休闲用品行业电商公共服务平台1家，为60多家新开设的电商淘宝店家做好供货服务。新培育省级林业龙头企业3家、省级林业示范合作社4家。建设丽水市级林业标准化生产示范基地1个，浙江省森林食品基地认证1家，全市林业标准化程度达到48.6%。

【庆元县林业产业】 2014年，全年实现林业总产值60.08亿元，同比增长11.34%，其中一产产值10.16亿元，同比增长5.08%，二产产值42.09亿元，同比增长9.51%，三产产值7.83亿元，同比增长33.64%。

毛竹主导产业 ①竹产业扩面增效。完成毛竹基地造林面积696亩，毛竹散种30830株，持续增加竹林面积。推广毛竹高效经营技术，新建竹林示范基地4988亩，新增毛竹高效基地3.16万亩。②竹林道建设。继续把竹林道建设列入省第二批扶贫项目，计划新建竹林道200千米，硬化竹林道100千米。2014年完成新建80.5千米，硬化74千米，总投资2500多万元，政府补助1589万元。

油茶产业 新造油茶基地5500亩，累计全县新造油茶13800亩。

种苗产业 加快国家珍贵树种良种基地建设。新建种子园40亩，子代测定林105亩；新收集树种248份(其中树种苗木111份、种子137份)，累计收集保育种质资源1762份。实验林场苗圃根据彩色森林建设苗木需求，逐步提高珍贵及彩色树种苗木培育力度，2014年培育苗木306万株，其中珍贵及彩色树种容器苗171.4万株。

森林旅游 成立了以分管县长为组长的巾子峰景区创建国家AAAA级景区创建领导小组，正式启动巾子峰景区国家AAAA级景区创建工作，计划到2016年创建为庆元县第二个国家AAAA级旅游景区，计划投入建设资金7271万元，其中县政府注入启动资金1000万元。招商引资有了新突破，引进浙江元峰养生有限公司，投资建设庆元森林公园大洋湿地休闲养生项目。

【缙云县林业产业】 2014年，全县实现林业总产值47.7亿元，人均林业纯收入3328元，占农村居民人均纯收入的29%，林业增收对农民收入增长的贡献达28.8%。

主要做法和成效 ①创新机制，规模发展。一是出台扶持政策。成立林业产业发展领导小组，整合各类资源，协调各部门齐心协力抓林业产业。首先是增加扶持资金，出台了《加快木本油料、毛竹发展若干意见》；其次是扩大扶持范围与对象，木本油料新造基地扶持面积条件由50亩降低到20亩，毛竹低改扶持面积从30亩开始，扶持对象由原来的企业、合作社、大户扩大到农户或联户；扶持范围扩大到油茶、香榧、山核桃、毛竹基地建设和产业链建设，基地道路扶持标准由5万元/千米提高到8万元/千米。二是大力推进林地流转。制定了《缙云县林地经营权流转证管理办法(试行)》，建立了林地流转激励机制，给予林地流转

的乡镇(街道)20元/亩、村集体20元/亩、农户50元/亩的奖励，对林地股份合作社一次性给予5万元的奖励。规范林地流转行为，引导承包到各家各户的油茶林、毛竹林向大户流转，实行统一经营，引导所有权零散的林地向企业、专业合作社流转，集千家于一家，集零散于一体。近三年来，林地流转面积达4万多亩，为规模化经营提供集中连片的林地资源。三是大力开展招商引资。招大商、招强商，引进有实力的企业和工商资本投资林业产业。目前，已引进社会企业6家、工商资本1.2亿元。四是建设香榧示范中心。充分依托国有林场林地集中连片优势，建设全省香榧南扩示范中心，县政府与市林业局联合编制了《浙江省缙云括苍山香榧示范中心建设规划》。

②示范带动，加快发展。一是建好示范基地。目前投产面积800亩，年产值已达到60万元，为全市连片面积最大的香榧基地，被省林业厅列为全省香榧南扩示范基地，成为省内香榧产业投资者学习、考察的示范基地。二是建好示范户。三是建好套种示范基地。大力推广基地套种，以短养长，在全县建设套种基地7个，其中套种黄豆、花生、玉米等农作物的示范基地3个，面积1200亩；套种贝母、元胡等中药材的示范基地4个，面积1300亩，都取得了良好的效益。四是建好良种示范基地。目前，已发展长林系列油茶良种苗木基地600多亩；与省林科院合作，在县林场大洋山林区建设红花油茶良种选育基地50亩。

③加强指导，科学发展。一是抓好技术培训。积极引进和培养林业产业专业技术人才，聘请亚林所、林科院专家教授为长年技术顾问，组织本县邓春光、王均生等专业户为林农“传经送宝”，组建6支林技推广队伍80名驻村科技人员开展技术帮扶。明确林技人员联户、联片责任，林业技术人员走村入户，深入山头地块进行指导。同时，每年举办县级林业实用技术培训班6期以上，培训林农500多人次。二是抓好老油茶林改造提升。三是抓好项目实施。林业产业项目实施由发改、财政、林业、乡镇(街道)等部门、单位联合指导管理，建立“一个项目、一个责任人、一套工作班子”的“三个一”工作机制。2014年根据县政府农民增收政策，及时制定了县级林业产业项目实施管理办法，对项目实施实行全过程监督指导，特别在选地、选苗、种植、施肥、抚育环节上进行重点指导。四是抓好市场拓展。2014年开始每年出资50万元，鼓励油茶、香榧、毛竹企业和大户参加森博会、农博会等产品推介活动，提高市场影响力。同时，帮助企业通过改进生产设备、生产工艺、产品包装等办法提升森林食品品质。“高山绿谷”“石笕”“山川绿野”被认定为省知名品牌，“山川绿野”油焖笋被认定为省名牌林产品。引导林农依托企业、大户的销售网络，走中、高端销售市场，以良好的市场需求带动林业主导产业发展。

油茶基地 近年来，随着木本油料项目扶持政策的推动，全县油茶林面积达到了7万亩(老油茶林5万亩左右，新发展油茶基地2万余亩)，2014年实现油茶产业总产值5731万元。建成低改、新造油茶示范基地40多个、面积6万多亩，其中千亩以上的油茶基地14个、良种油茶示范基地面积1260亩；建成油茶采穗圃2个、苗圃3个，年产苗木60万株；发展年加工700吨以上山茶油加工企业2家，创建“高山绿谷”“石笕”两个省内知名品牌；实现油茶干籽产量2660吨，年产初制茶油665吨。

香榧基地规模 目前，全县香榧林面积发展到1万亩，主要分布在壶镇、新建、东渡、舒洪、三溪、双溪口等6个乡镇，其中千亩以上连片基地3个：舒洪镇悬腾山2500亩、新建镇新川村(栗坑)1000亩，东渡镇吴岭村1100亩，目前香榧有800多亩已开始投产，产值76万元。

毛竹产业 在全县发展毛竹专业户30个、毛竹专业村3个、毛竹产业示范乡镇2个、竹类加工企业38家，低改毛竹基地2万亩，建成笋竹两用林基地1万亩、毛竹示范园区1个、毛竹精品园4个，修建竹林道200千米。

林下经济 坚持发展生态精品林业，发展森林旅游、森林养生、森林休闲、林下种养殖等综合型长效产业，把森林资源转化为森林生态经济资源。通过科学综合经营，林粮种植可达2000元/亩，林药种植可达8000元/亩，林菌种植可达6000元/亩，森林养生、休闲年营业收入达到1.2亿元。 (陈 妃)

【衢州市林业产业】 2014 年，衢州林业行业经济总量稳中求进，实现林业行业总产值 272 亿元，比 2013 年增加了 17.3 亿元，增长 6.8%，略高于全市 GDP 增长(6.1%)。其中第一产业 35.6 亿元，比 2013 年增长 11.3%；第二产业 188 亿元，比 2013 年增长 3.9%；第三产业 48.2 亿元，比 2013 年增长 15.6%。一、二、三产占总产值比重为 13: 69: 18，第二产业有较大优势。

从区域分布看，市本级为 0.77 亿元，柯城区为 17.33 亿元，衢江区为 28.7 亿元，常山县为 30.1 亿元，开化县为 37.25 亿元，龙游县为 20.87 亿元，江山市为 136.99 亿元。江山市林业产值占了全市林业产值的 50.4%。

从 2013~2014 年两个年度情况来看，区域产业结构未发生大的变化。全市林业产业结构，逐步有一产、二产占比保持平衡，三产占比逐步放大的趋势。

产业运行特点 ①一产中稳中有升，经济林发展迅速。2014 年全市第一产业总产值 35.6 亿元，比 2013 年增加 3.6 亿元。其中经济林产品的种植与采集、木材和竹材的采运、林木的培育和种植分别为 25.25 亿元、4.29 亿元、3.83 亿元，共 30.02 亿元，占一产的 93.7%。

2014 年末全市种植花卉苗木面积 5008 公顷，比 2013 年增长 30.68%。切花切叶产量 1053 万支，比 2013 年增长 119%，盆栽植物产量 351 万盆，比 2013 年增长 21.5%，观赏苗木产量 3530 万株，比 2013 年减少 8%。全市主要以生产绿化苗木为主，生产百合、玫瑰等鲜切花企业不多，少量生产绿植盆景。全市的花卉主要集中在衢江区。绿化苗木品种主要有桂花、红叶石楠、香樟、罗汉松、黄山栾树、枫香、玉兰等，其中桂花生产企业最多，存圃量最大。目前全市共有花卉市场 3 个，花卉企业 492 个，花卉从业人员 2.2 万人。

近年来，全市经济优化林种结构，大力发展效益林业，实施品牌战略，加快名优基地建设，全市水果总产量 70.5 万吨，比 2013 年增加 13.7%，年末实有种植面积 5.6 万公顷，比 2013 年减少 3.4%，主要仍以柑橘为主 4.8 万公顷，杨梅 0.27 万公顷，猕猴桃 0.14 万公顷，其中猕猴桃主要集中在江山，为 0.1 万公顷，但近几年柑橘效益不好，导致柑橘面积大量减少。

干果总产量 1.5 万吨，其中板栗 1.11 万吨，年末实有种植面积 0.8 万公顷，比 2013 年减少 20%，主要是近几年板栗结果率不高，经济效益不好，改种了其他品种水果。

毛茶总产量 1.3 万吨，年末实有种植面积 1.7 万公顷。其中开化 0.8 万吨，种植面积 0.8 万公顷。

油茶籽总产量 1.55 万吨，年末实有种植面积类 4.6 万公顷，与往年基本持平。

森林食品中，竹笋干 7.7 万吨，食用菌 7.2 万吨，山野菜 89 吨，与 2013 年相比略有上升，主要分布在江山、衢江、常山、龙游。龙游恒昌笋厂水发笋干接单爆满，新增产值超 3000 万元。

中草药种植 3386 万元，比 2013 年增加 347%，主要并化近几年大力发展金银花基地近 5000 亩，衢江区大力发展铁皮石斛仅浙江水云谷生物科技有限公司年产值达千万元。

木材采运 22.4 万立方米，与 2013 年相比略有下降，竹材采运 2023.9 万株，与 2013 年减少 21.7%，主要是林农的生态意识加强，龙游完成了炭化篾整治行动，竹产业下降明显，与 2013 年相比下降近 30%。

②二产加工业为主导，保持低速增长。林业二产是全市林业的重点，主要以加工业为重要组成部分。2014 年全市的二产 188 亿元，占总产值的 69.1%，其中江山市二产产值 108.5 亿元，占全市二产的 62.8%。

区域分布明显。目前全市已有年产值亿元以上企业 13 家，规模以上企业 296 家，国家级农业龙头企业 1 家，省级农业龙头企业 12 家，省级林业龙头企业 46 家，市级农业龙头企业 81 家，行业分布主要集中在木门、家具、人造板、森林食品、林产化学品制造等方面。

林产加工业占鳌头。目前全市产值超亿元的竹木加工企业有 9 家，2014 年，全市木竹加工及木、竹、藤、棕、苇制品制造产值达到 130 亿元，二产占比达到 69%，其中木制品制造 82 亿元，人造板制作 23 亿元，木材加工 18 亿元，均比 2013 年有所增长。竹、藤、棕、苇制品 6.8 亿元，林产化学品制造10.3亿元，均比2013年有所减少。主要是因为龙游进行炭化篾整治行动，导致竹产业大幅下降，开化林产化工由于受销售价格下跌，产值有所下降。

家具精品化、多样化。全市共有家具企业75家，产值达21.3亿元。比2013年增加5.4%。家具形式品种多样化，有实木、现代、古典、中式、欧式等风格。受市场2014年红木价格上涨因素刺激，红木家具企业利润较好。

③第三产业增长迅速，森林旅游业蓬勃发展。2014年全市第三产业48.2亿元，同比增长15.6%。其中森林旅游与休闲17.1亿元，同比增长23.4%。游客接待量873万人次，同比增长30.9%。

目前全市建有钱江源、紫微山、三衢山、仙霞山、浙江大竹海5个国家级森林公园、古田山国家级自然保护区和乌溪江国家级湿地公园，拥有绿葱湖、钱江源2个省级湿地公园，浙西桔海省级森林公园以及16个省级林业观光园区、30个休闲度假基地和131个自然保护小区，开发出了森林健身、森林疗养、森林探秘、生态考察、森林野营、观赏野生动植物等有特色的森林旅游项目。新增市级森林休闲观光园10个，开展了全市"百佳古树名木"和"十大树王"评选工作，编辑发行了《衢州古树名木》大型画册，大大提高了衢州森林旅游的知名度，2014年接待游客量比2013年有了更大幅度的提高。

④林农林业收入持续增加。林业是全市农民增收的主力军。2014年衢州农民人均林业纯收入4417元，同比增长12%，人均林业纯收入占农村居民人均纯收入的32%，林业增收对农民收入增长的贡献率为31%，即2014年农民增加的收入中，1/3来自林业产业。全市农村居民工资性收入283051万元，同比增加22334万元，增长8.6%。家庭经营收入506937万元，同比增加44980万元，增长9.4%。从事森林旅游经营收入和务工收入51589万元，同比增加11141万元，增长27.5%。资源流转收入25914万元，同比增加2010万元，增长8.4%。转移性收入9863万元，同比增加2709万元，增长27.2%，其他收入5263万元，同比增加817万元，增长18.4%。

林下经济发展势头强势。2014年，全市林下经济产值达56.1亿元，较比2013年同比增长18.6%，其中常山、开化均达到16亿元，两县合计产值占比57.1%。

⑤林业投资快速增长。2014年，全年累计林业投资6.3亿元，较2013年同比增长19%，其中国家投资完成1.3亿元，占全部林业投资额的20.6%。

按建设内容分，用于生态建设与保护方面的投资为2.3亿元，林业产业发展投资3.1亿元，两项合计占比85.7%。用于林木种苗、森林防火等林业支撑与保障方面的投资为1.9亿元。用于社会性基础设施等民生工程的投资为0.13亿元，其他0.55亿元。

存在问题 ①林业一产比重小，特色产业弱。全市第一产业总产值35.6亿元，占总产值的13%，比重小。第二产业188亿元，占总产值的69%。

②林产工业规模小，市场竞争力不强。全市林产企业综合经营效益低，林产品缺少产业化龙头企业带动和辐射，科技含量不高，经营品种原始单一，经营方式简单粗放。

③林业企业对外宣传不够。各种龙头企业、示范性和星级企业评比，林业企业(专业合作社、家庭农场)比重偏低，林业企业参与度不高。

(浙江省林业厅产业办)

安徽省林业产业

【概　述】 2014 年全省林业产值达到 2510.8 亿元，同比增长 21.9%。其中第一产业 752.47 亿元，比 2013 年增加 121.49 亿元，同比增长 19.25%；第二产业 1336.18 亿元，比 2013 年增加 198.27 亿元，同比增长 17.42%；第三产业 422.16 亿元，比 2013 年增加 131.51 亿元，同比增长 45.25%，第三产业增长速度最快。

培育特色林业资源 继续主攻油茶、竹子、杨树“三大树种”，分别新造油茶 1.3 万公顷、竹子 0.36 万公顷、杨树 1.55 万公顷；其他特色经济林快速发展，新造山核桃、薄壳山核桃等 0.42 万公顷，葡萄、猕猴桃、金银花、油用牡丹、蓝莓等 0.45 万公顷。完成新育苗面积 0.67 余万公顷，新续建林木良种基地 0.13 万公顷，全省苗木种植面积已近 16.67 万公顷，年产值达 160 余亿元。顺利完成国家储备林划定任务，全省划定国家储备林面积 7.97 万公顷，其中国家储备林 6.93 万公顷，占下达任务数的 104%，后备林 1.04 万公顷。

壮大新兴林业产业 加快发展林下经济，以林下种植中药材和菌类种植为突破口，带动林下养殖、林间采集加工的发展。加快森林旅游业发展，新增 1 处国家级、3 处省级森林公园，全省森林公园总数已达 73 处，总面积 15.61 万公顷，其中国家级 31 处，数量居全国第八位；会同省旅游局授予 287 家经营点为第二批“森林旅游人家”，天柱山国家森林公园等 19 家森林旅游景区为首批“安徽省森林旅游示范景区”。

打造产业发展平台 成功举办了第十二届中国合肥苗木花卉交易大会，总交易额 22.5 亿元，较 2013 年增长 10.2%；会同黄山市成功承办了第八届中国竹子文化节和竹产业发展经验交流会。会同宿州市成功承办了第十三届全国人造板工业发展研讨会，宿州市被中国林业产业联合会认定为“中国杨木产业经济示范区”。鼓励企业自主创新，加大林业贴息贷款等政策扶持力度，支持林业龙头企业依靠科技进步研发新工艺、新产品。加快实施品牌战略，安徽龙华竹业有限公司等 7 家皖企被国家林业局认定为重点龙头企业。

培育新型林业经营主体 加强对林业合作组织、家庭林场、专业大户、林业龙头企业等新型经营主体的培育引导，制订了《安徽省省级示范家庭林场认定办法》。继续开展省级林业合作社示范社评选，共评选省级示范社 50 个；向国家推荐了 15 个全国农民合作社示范社，并得到批准确认；1 个省级林业产业化龙头企业被认定为国家标准化示范企业。

【主要林产品产量】 全年全省生产商品材 465.52 万立方米、毛竹 11867.14 万根，小杂竹 106.51 万吨，与 2013 年相比略有下降。水果种植面积 13.54 万公顷，产量 285.35 万吨，同比增长 10.92%；干果种植面积 11.7142 万公顷，同比下降 17.33%，产量 27.3643 万吨，同比增长 35.94%；产饮品种植面积 13.55 万公顷，同比下降 1.79%，产量 10.75 万吨，同比增长 15.82%；森林食品产量 10.78 万吨，同比减少 4.52%；木本药材种植面积 1.33 万公顷，产量 2.24 万吨，与 2013 年相比增长 14.29%。木本油料种植面积 11.95 公顷，比 2013 年增长 12.10%，产量 7.70 万吨，同比上涨 11.76%；林产工业原料产量 2.04 万吨，比 2013 年同期提高了 2.49 个百分点；其中松脂 1.31 万吨，占工业原料的 64.22%，仍然是最主要的工业原料。

表 1　主要经济林产品产量

产品名称	计量单位	产　量
苹果	吨	396250
柑橘	吨	40365
梨	吨	1125160
葡萄	吨	384525

（续）

产品名称	计量单位	产　量
桃	吨	615111
杏	吨	8997
猕猴桃	吨	17930
核桃	吨	19201
板栗	吨	197803
枣(干重)	吨	11791
柿子(干重)	吨	39797
银杏(白果)	吨	1968
毛茶(干重)	吨	104451
竹笋干	吨	28291
食用菌(干重)	吨	57852
山野菜(干重)	吨	8727
杜仲	吨	1603
油茶籽	吨	71425
油桐籽	吨	2653
棕片	吨	3982
松脂	吨	13105

表 2　主要木竹加工产品产量

产　品　名　称	计量单位	产　量
锯材	立方米	4056641
木片、木粒加工产品	实积立方米	1498805
人造板	立方米	20192573
1. 胶合板	立方米	12755763
2. 纤维板	立方米	3982708
3. 刨花板	立方米	1326645
4. 其他人造板	立方米	2127457
其中：细木工板	立方米	1699387
其他加工材	立方米	33296
木竹地板	平方米	84847301
1. 实木地板	平方米	5617054
2. 实木复合木地板	平方米	14135059
3. 浸渍纸层压木质地板(强化木地板)	平方米	52518230
4. 竹地板(含竹木复合地板)	平方米	11019958
5. 其他木地板(含软木地板、集成材地板等)	平方米	1557000

表 3　主要林产化工产品产量

产　品　名　称	计量单位	产量
松香	吨	6928

（续）

产　品　名　称	计量单位	产量
松节油	吨	1879
木炭	吨	74305
竹炭	吨	6113
木质活性炭	吨	380

【竹产业】　截至2014年年底，全省已建成各类竹子科技示范园30余处，垦复竹林16.5万亩，建设道路(含林道和作业道)127.5千米。

竹林面积不断增加　近五年，在各地科技示范园的辐射带动下，加上竹资源价格上升和竹加工业的快速发展等多方面影响，竹农营造竹林的积极性非常高。全省每年新造竹林都保持在5万~8万亩之间，累计新造竹林32万亩，竹林总面积达到550万亩。除“四大竹乡”县新造竹林保持稳定增长外，其余15个竹业生产重点县竹子发展速度也很快，尤其是近3年尤其明显。金寨县仅2012年就新造竹林2.03万亩，东至县2013年新造竹林0.87万亩。尚未纳入竹业生产重点县的太湖县发展竹业的积极性也非常高，2013年、2014年两年累计新造竹林2.1万亩，并多次向省厅申请加入省级竹子科技示范园建设队伍。庐江县、南陵县、无为县等非传统竹业生产县竹子面积也在不断增加。

科技兴竹成果　广德县、宁国市坚持走科技兴竹的道路，通过与浙江农林大学合作，开展竹笋早出覆盖、竹药复合经营、毛竹笋用林水肥一体化等技术的研究与示范推广。并先后编写了《红壳竹笋材两用林丰产栽培技术规程》《雷竹笋用林培育技术规程》《毛竹笋早出培育技术》等地方标准。由安徽省造林经营总站、广德县林业局、安徽农业大学联合编写的《竹子科技示范园建设规范》目前已经通过专家评审，正在按程序报安徽省质监局批准为地方标准。

多方投入资金扶持竹子发展　从2011年起，省财政每年安排竹业专项资金300~500万元，到2014年底累计投入1730万元。2013年起，新造竹纳入千万亩森林增长工程后，仅2013年、2014年两年新造竹林达11.35万亩，财政补助3405万元。加上各地从农业综合开发、科技推广项目等其他国家或省级重点项目中整合的资金，近4年来实际投入到竹林建设中的省级以上财政资金已经超过6000万元。加上地方各级财政对竹业的支持，全省竹业发展资金正在进入快速增长期。

竹子科技示范园建设进展顺利 2014年竹产业专项资金下达相对比较晚，但各地不等不靠，按照竹子科技示范园规划总体要求，稳扎稳打，有序开展各项建设工作。根据各地自查上报结果，截至2014年11月底，各地累计新建竹子科技示范园14220亩，已建竹子科技示范园培育提高15700亩；新建林区道路(含林道和作业道)54.6千米，维修道路18千米；新建蓄水池16个，铺设输水管道7800米；树立标牌46个，安装杀虫灯28盏。开设培训班20期，培训人员2500多人，发放技术手册7000余册。各地除完成规定任务外，还结合自身发展实际，进行了一些开创性工作。广德县继续加大创新与研发力度，2014年新选择1亩红壳竹田地作为“竹笋早出覆盖基地”，对比研究红壳竹竹笋早出覆盖技术；新增50亩竹林山场作为毛竹笋早出覆盖培育技术推广示范点；并与安徽振扬农林生态开发有限公司、安徽润华生态林业有限公司等合作开展竹药复合经营技术研究。贵池区继续在基础建设方面稳扎稳打，2013～2014年连续投入120余万元，建设林区道路5.2千米，作业道6.3千米，建设30立方米的蓄水池1座，铺设灌溉管道4800米；铺设电线1.8千米，安装诱杀灯20盏。舒城县2014年首次列入省级竹子科技示范园建设范围，但建设成果突出，已建成毛竹科技核心示范区1500亩，修建道路5.4千米，新建固定蓄水池2个，铺设自来水管道3千米，树立标牌13个。

竹子科技示范园主要工作 ①贯彻落实竹子文化节精神，把竹子综合效益开发好。2014年，中国第八次竹文化节在安徽省黄山市举办。会议指出，今后竹业发展要围绕改善生态、改善民生这个中心，遵循调结构、拓市场、求高效、创品牌的产业发展思路，通过提高科技研发和加大科技成果转化力度，加大资源培育力度，提高经营管理水平，来进一步推动竹业发展。

②把竹林增产增效、竹子科技园建设为生态、民生林业亮点。霍山县为推动竹产业发展还成立了“竹产业发展局”；金寨县把竹业作为本地经济发展的五大产业之一，为解决竹子造林中的竹母问题，建设了300亩的竹母实生苗基地。

③进一步完善和维护好已建的竹子科技示范园，将其建成“永久牌”示范点。现全省竹子科技园及辐射示范区面积达9.7万亩。仅广德竹子科技示范园就已达8处，包括辐射面积，总面积有4万多亩，黄山区竹科技示范园区也达4个，总面积有1万余亩。

④继续加强一产，着力提高二产，不断拓展三产，三产联动，相互促进。目前，全省就有一批县(市)通过竹林培育和加工，走上了富山富民富行业的道路。广德竹资源总量已达到90万亩，竹业产值达到30亿元，并扶植了森泰、宏宇等10多家竹子加工企业，建立了20多家竹业农业生产合作社，全县1/3林农依靠竹业生产走上了发家致富的道路。霍山县竹林面积45万亩，竹业产业达到40亿元，培植规模以上竹业加工企业15家，小微企业200多家，成立竹业专业合作社26家，仅安徽龙华集团一年的销售额就超过10亿元。全省大部分竹林重点县(市、区)竹业产值都占到本县林业总产值的30%以上，其中“四大竹乡”县竹业产值都占到林业总产值的50%以上。

【林下经济】 全省现有林下经济发展面积1311万亩，从事林下经济农业人口620万人，实现产值180亿元，发展林下经济促进农民人均增收1000元。林下种植面积349.12万亩，实现产值49.86亿元，主要模式有林药、林菌、林菜、林农、林果和林茶等模式。林下养殖3287.5万只，实现产值35.59亿元，主要模式有林禽、林草、林蜂等模式。林产品采集加工面积412万亩，主要模式有柳竹编织、竹笋采集加工、山野菜加工。森林景观利用面积501万亩，主要有森林旅游人家、农家乐经营等模式。

发展的主要特点 一是林下种植面积大。林下种植分为：①林下种植中药材、食用菌和药用菌，这一类目前已列入国家财政和省级财政支持的范围。②林下种植蔬果，包括林下种植青菜、萝卜、大蒜、黄豆、西瓜、草莓等。③林下种植高山蔬菜，多为种植大户经营，以特定的蔬菜为主，重点提供给就近的大中城市。④林下种植小树苗等苗木花卉以及林下种茶，是林业的新型复合种植模式。二是林下养殖方兴未艾。林下养殖分为两类：一类为林下养殖的家禽家畜，家禽以养土鸡和生产土鸡蛋为主。家畜以养猪和野猪驯化杂交猪为主，全省五大山区市均有养殖。野生动物驯养也有养殖，但比重较小。三是林下林间采集促进农民增收效果好。主要有：①毛竹冬春笋和元杂竹笋；②野生中药材和食用菌药用菌；③山野菜，以蕨菜、马兰头为主；④壳斗科树木苦槠类、栓皮、松脂等；⑤柳编、藤编、竹编等原料采集。四是森林旅游异军突起，全省由省林业厅和省旅游局共同授牌发展"森林人家"200个，各类森林游园、休闲小区等遍布全省各地。2014年，全省森林旅游接待游客1755万人次，创产值7.25亿元。

发展中存在的问题　一是规模仍然较小。一些地方对发展林下经济的重要意义和作用认识不足，没有作为一项重要的基础产业通盘考虑。参与林下经济开发的规模较小，农户总数不多，管理水平偏低，产值总量偏小，没有形成规模效应。二是政策扶持力度不够。林下经济发展涉及多个部门，由于缺少联动机制，得不到必要的项目和资金扶持，技术指导、种苗保障、加工销售、金融信贷等相关服务比较薄弱。三是科技含量不高。主要表现在现有培育模式比较落后，良种壮苗培育能力不强，林产品开发利用科技水平较低。四是基础设施条件滞后。普遍存在水、电、路、通信等基础设施不配套的问题，制约了林下经济加快发展。

发展林下经济过程中新的探索和突破　结合农业及农村经济发展规划、全省林业产业发展规划，按全省主体功能区划分，突出林下经济产业优势及产业特色，因地制宜，根据不同区位优势，确定区域林下经济发展方向，着力打造"一县一业""一乡一品"、林下经济优势产业带和产业发展区，将全省林下经济发展在地域上划分为五大特色林下经济示范片，即沿淮淮北林下中药材与蔬果种植示范片、江淮丘陵种植养殖示范片、沿江苗木种植与生态旅游休闲示范片、大别山中药材种植与林产品采集加工示范片、皖南山区林产品采集加工与森林旅游示范片。

【油茶产业】　2014年，全省完成油茶新造林20万亩，全省油茶林总面积达209万亩；低产林改造完成11.9万亩，超额完成年度建设任务。

推进高标准油茶林基地建设　安徽省以实施现代农业生产发展资金油茶项目、油茶示范县项目为契机，坚持规模化开发、集约化经营、专业队施工，注重水土保持，高起点、高标准、高质量打造了一批油茶基地，充分发挥了示范带动作用。金寨县在项目实施中采取水平阶梯整地、水保措施配套，即保留山顶15~20米原生植被，每隔5道梯保留3~5米原生植被带，在山脚保留5~10米原生植被带，在山沟两边各保留5米植被带，做到"头戴帽、腰系带、脚穿靴"。歙县利用现代农业油茶项目，将该县杞梓里、溪头、北岸等3个乡镇打造成"万亩油茶基地示范乡镇"，2014年又新建油茶基地1.25万亩，其中百亩以上的造林小班占95%以上。

提高现有油茶林的产量和质量　2014年安徽省利用省财政油茶产业发展专项资金，启动实施了首批6个省级油茶低产林改造示范园建设，面积1.8万亩。主要采取垦复、间伐、施肥、品种更新、高枝嫁接等多项技术措施，同时加大道路、蓄水池等基础设施的建设力度，短时期内大幅提升了茶籽产量，为广大农户带来了效益。2014年，省油茶办与省财政厅积极沟通、协调，首次在中央财政现代农业生产发展资金油茶项目内容中安排了现有油茶林抚育管护建设面积2.35万亩，受到广大油茶主产区的一致欢迎。

提高油茶产业科技含量　以实施中央财政科技推广示范项目为抓手，重点加大对油茶产业的科技投入，大力推进科技兴油工作。黄山市林科所以推广繁育黄山系列油茶良种苗木为首要任务，认真实施"油茶优良品种繁育及丰产栽培技术推广示范"项目，建设油茶良种基地400亩。潜山县依托"油茶丰产栽培技术推广示范"项目，按照"良种+良法"的要求，对各种先进技术进行组装配套、综合集成，建立了一批油茶示范样板林。

推进我省油茶北扩进程　为扩大全省油茶种植范围，经深入调研、反复论证，省林业厅决定今后一段时期重点在江淮北部地区建立一批北缘油茶抗寒品种的采穗圃和定点育苗基地，为实施油茶北扩奠定种苗基础。省林业高科技开发中心集中力量，重点选育出“凤阳”系列抗寒良种，2014 年出圃“凤阳 1 –4 号”油茶良种苗木 30 万株。地处江淮北部的凤阳县选用“凤阳”系列良种，2014 年春季新造油茶林 1900 亩。

提高林地综合效益 安徽省各油茶主产区结合本地实际，在油茶新造林地中，因地制宜地套种中药材、豆类、花生、蔬菜等，以耕代抚、以短养长；在成林中发展养殖业，开展生态休闲旅游，推进综合发展。安徽裕民生态农业有限公司自 2010 年以来已建设油茶基地 13000 亩，其中套种油用牡丹 10000 亩、油用牡丹育苗 700 多亩、中药材 2000 多亩。潜山县黄铺镇实施油茶、矮秆绿化苗复合经营，有效降低了造林成本，增加了前期收入。歙县依托油茶基地建设，培育出杞梓里镇坡山百佳摄影点、云舟生态山庄、溪头镇溪之源生态农庄等一批生态休闲旅游点，带动了当地农户增收致富。

推进油茶产业转型升级 加快建立以企业为主体、产学研相结合的技术创新体系，延伸产业链，培育知名品牌，提升市场竞争力。安徽大别山科技开发有限公司、安徽绿健生物科技有限公司、黄山市徽山食用油有限公司等 3 家油茶加工企业注重加强技术创新，不断提高产品质量，被国家林业局认定为首批国家林业重点龙头企业。黄山裕籽贵茶油有限公司与安农大合作，对油茶加工工艺进行改进创新，各项指标大大优于国家相关标准，该工艺目前正在申请国家专利。

2014 年 6 ~ 9 月，安徽省林业厅组织人员对《安徽省油茶产业发展规划(2009 ~ 2014 年)》实施情况开展了中期评估，对有代表性的油茶产业重点县(市、区)进行了实地调研，并会同省发改委、财政厅等部门多次召开评估座谈会，就全省油茶产业发展过程中存在的难点、热点问题进行座谈、交流，在以上工作的基础上形成了《安徽省油茶产业发展规划中期评估报告》。评估报告认为，安徽省油茶产业的各项规划目标是可以如期完成的。

【经济林生产】 2014 年，全省现有经济林总面积达 1750 万亩(包括竹类 550 万亩)，干果面积约 450 万亩，其中板栗 240 万亩、山核桃 50 万亩；油茶 160 万亩；水果面积约 500 万亩，其中梨 95 万亩、苹果 28 万亩、石榴 15 万亩；木本药材、茶、桑等其他经济林 180 万亩，人均经济林面积不足 0. 3 亩，经济林产品产量达 150 万吨，产值达百亿元。依靠经济林生产，涌现了一批经济林产值超亿元的经济林生产先进县和名特优经济林产品生产县，金寨、宁国、祁门、歙县、砀山、东至、石台、阜南、广德、萧县等均被国家林业局命名为全国经济林生产先进县和名优特经济林生产县。2014 年初，六安市被确定为“全国油茶产业发展示范市”。经济林的快速发展带动了当地林农收入稳步提升，金寨县仅板栗一项收入超万元的农户有 2000 多户，有一大批农民靠发展板栗脱贫致富；“三潭枇杷”主产区歙县深渡镇棉潭村每年只枇杷一项收入就达 280 多万元，户均年收入达 4000 元以上，最多的户可达 4 万多元。宁国市人均经济林收入达 1520 元，在已达到小康的乡镇农户中，靠经济林致富的要占 70% 以上。

经济林规划 安徽省正式将油茶、竹林、板栗、特色经济林(枣、柿子、香椿、石榴、山核桃、香榧、木瓜、青檀等)作为重点提升对象。油茶林由 2008 年的 85 万亩提高到 160 万亩，4 年将近翻了一番；油茶籽年产量达到 6. 7 万吨，提高了 34%；茶油产量和年产值稳步提升。竹林生产亩均效益达到了 600 元/亩的翻番目标，广德毛竹山示范点竹林亩均产值达 5000 元，个别地方最高收益已达 1. 7 万元/亩。石榴、山核桃异军突起，近年来逐渐成为安徽省经济林发展新秀。淮北市已形成以烈山区塔山为中心，绵延 50 余千米的石榴种植基地生态群落，年产石榴近 5 万吨，产值一亿多元。宁国山核桃种植、经营理念不断提升，逐步形成了基地化、品牌化的发展模式，形成了“一村一品”或“多乡一品”的格局，产业总产值达 8 亿多元，经中国农产品区域公用品牌价值评估课题组评估，“宁国山核桃”品牌价值达 12. 17 亿元。

发展经济林文化产业 为扩大产品知名度和影响力，各地积极通过办节办会的形式深入群众、广做宣传，极大地推动了经济林产业的发展。宁国市自 1996 年被评为“中国山核桃之乡”后，当地政府先后于2002年10月、2004年11月、2008年9月举办了3届“山核桃节”。通过举办山核桃节，宁国市山核桃产业得到了进一步发展壮大，全市山核桃种植面积已达33万亩，总产量突破8000吨，分别占全国山核桃面积和产量的40%，涌现出詹氏、山里仁、莹辉等几十家龙头企业。核心山区农户山核桃收入超万元，收入最高的达30万元。歙县于每年5~8月举办为期3个月的“三潭枇杷节”，将品尝美味水果与旅游相结合，推出枇杷摄影采摘观光游、新安江山水画廊游、寻梦古歙自驾游等活动。三潭枇杷不仅让游客大饱口福，也让当地果农收入颇丰。枇杷已成为歙县新安江库区3万枇杷果农收入的主要来源，仅此一项就给果农带来人均3000元以上的收入，因此，三潭枇杷已被当地果农亲切地称为“绿色银行”。

种苗培育 ①定点育苗。安徽省始终坚持良种壮苗作为经济林营造的先决条件，尤其是国家和安徽省近年来大力扶持的木本油料树种油茶和薄壳山核桃，已经全部实现定点育苗。苗木质量和采穗圃建立，严格执行定点育苗、分系育苗，坚持“四定三清楚”，杜绝盲目引种和穗条不清现象的发生。在油茶采穗圃和育苗基地建设中，省林业厅直接扶持、确定了2个定点采穗圃、12个定点育苗基地，建设良种采穗圃1840亩。实行种苗供给统一调度，省林业厅提前公布油茶苗木供需情况和苗木指导价，划分定点供应区域，开展油茶种苗质量专项检查，规范油茶种苗生产、经营秩序，并实行责任追溯制度。薄壳山核桃规模化繁育开始于2010年，首先在黄山、阜阳、亳州、宿州4个市进行试点，建立采穗圃和引种推广示范林，种子统一从美国引进。2014年初，省林业厅进一步明确了3个薄壳山核桃良种基地，坚持发展薄壳山核桃良种嫁接苗。并聘请3位核桃首席专家，在整个薄壳山核桃苗木培育过程中，深入育苗基地，实行定点、定期现场培训、指导。

②良种选育。安徽省在林木良种选育途径上，实行自我开发与引进利用相结合。2006年以来，全省共审定油茶良种5项、蓝莓4项、枣2项、梨和石榴各1项；认定油茶良种31项、石榴4项、省沽油2项和猕猴桃1项。通过种植试验和生产实践推广种植油茶良种8项。

③政策支持。安徽省开展“森林质量提升行动”中首先抓的是种苗，为此也采取了一系列强有力的措施。一是建立专项资金，省政府每年从省优质林木良种繁育推广专项资金中，拿出一部分资金专门用于扶持林木良种的推广和使用。对主要造林树种，每个县都要确定自己的育苗基地，建立苗木生产、技术指导和销售档案，跟踪问效。二是强力提高良种使用率，对国家和省重点工程造林，必须使用良种壮苗造林，否则不予承认造林实绩。三是加强技术指导，建立技术人员联系生产单位制度，对苗木生产进行全程技术指导。

科技培训 ①建立首席专家制度。省林业厅从安徽农业大学、浙江农林科技大学等有关科研院所聘请油茶、竹子、薄壳山核桃等首席专家，开展专项技术指导。从整地、种苗、栽植到抚育和管护，全程指导与服务，做到整地方式合理，栽植全部采用专业队，抚育管理严格执行技术规范，并大力推广根际覆盖地膜、测土配方等实用技术。

②开展实用技术培训。省林业厅每年都会有针对性地开展油茶、竹子、薄壳山核桃等实用技术培训。近5年来，开展各种省级培训班50余次，培训大户和林业合作组织带头人1000余人，累计编发油茶种植技术资料4.5万余份，竹子营造林手册5000余份。各市、县也分不同层次开展培训，积极推广良种良法，培训到骨干企业和大户。15个竹子生产重点县结合竹子科技示范园建设，建立竹农科技示范户登记造册制度。示范户人手一本记录手册，记载全年竹林经营的所有措施及投工和产出情况，为竹林经营措施的改进和提高提供第一手资料。淮北建立农民培训学校，不定期培训果农，为广大果农提供学习技术和了解石榴信息的场所。聘请山东石榴专家、安徽农业大学教授等前来授课，讲解石榴栽培实用技术，提高果农种植水平。并通过开展科技宣传周活动，采取举办培训班、送科技下乡、一技一训、扶持林业致富带头人等形式，发放林业技术资料5万余份，培训林农、果农上万人。

③制定实用技术标准。为规范经济林生产，提高经济林种植水平，安徽省先后组织专家编写了《油茶营造林技术规程》(DB34/T1268－2010)、

《油茶芽苗砧嫁接容器育苗技术规程》(DB34/T1348－2001)、《油茶低产林改造技术》(DB34/T1347－2011)、《红壳竹笋材两用林丰产栽培技术规程》(DB34/T1161.1～3－2010)《安徽省毛竹笋材两用林》(DB34/T772.1～5－2008)、《薄壳山核桃营造林技术规程》(试行)、《薄壳山核桃育苗技术规程》(试行)、《竹子科技示范园建设技术标准》(试行)等技术标准。在总结实践经验，结合林农等文化认识水平组织有关处室编写了《油茶知识问答》《油茶造林》《安徽竹林提升技术要点》《毛竹笋材两用林丰产高效培育技术》等技术手册。

龙头带动作用 2007年，安徽省开始组织首批林业产业龙头企业认定工作，当年认定“黄山市徽山食用油业有限公司”等72家企业为林业产业龙头企业，到2014年，已经发展到691家，其中有1/3左右为从事经济林生产和加工的企业；2014年组织申报工作正在进行，预计将超过700家。经过审核认定的198个农民林业专业合作社中从事经济林的有104个，占到了53%。龙头企业和林业合作社的发展极大地带动了当地经济林种植业的发展。

发展规划 结合林业区划研究成果，安徽省组织人员编写了《安徽特色经济林产业发展规划(2011～2020)》，对全省经济林发展进行了总体布局，并划分黄河故道经济林区、江淮丘陵经济林区、皖西南沿江经济林区等十大区域，分不同区域布局主导发展经济林树种。安徽省已经将山核桃和薄壳山核桃纳入重点发展木本粮油树种。

加大对经济林发展投入 为加快安徽省经济林发展步伐，近年来安徽省坚持以龙头企业和基地建设为抓手，积极整合巩固退耕还林成果专项资金、造林补贴试点资金、林木良种补贴试点资金、农业综合开发资金、农业产业化资金、扶贫开发资金、林业科技推广示范资金、林业贷款财政贴息资金、国家水土保持重点建设工程补助等专项资金，实行统一规划，集中投入。2014年安徽省木本油料产业发展资金整合达14342万元。其中，中央财政专项资金10370万元(含中央财政现代农业生产发展资金3000万元)，省级财政专项资金3472万元(含油茶发展专项资金1000万元)，省级政府性基金500万元。重点用于油茶、核桃、山核桃和薄壳山核桃基地建设、种苗培育、新品种、新技术推广及龙头企业种植和加工。此外，安徽省还对重点扶持树种设立了省级专项资金。

【宿州市林业产业】 **林业总产值** 年报显示，全市林业总产值达到380.6亿元，增长24%。其中，砀山县137亿元，增长21.7%；埇桥115亿元，增长22.5%；泗县49.5亿元，增长30.3%；萧县44.9亿元，增长18.9%；灵璧31.4亿元，增长35.3%；市经开区2.8亿元，增长64.7%。

林产工业产值 年报显示，全市林产工业(林业第二产业，含水果加工)达到307.8亿元，增长25.5%。其中，埇桥102.9亿元，增长22.5%；砀山102.7亿元，增长26%；泗县46.5亿元，增长30%；萧县26.6亿元，增长14.2%；灵璧26.5亿元，增长38%；市经开区2.6亿元，增长73.3%。

木材加工和家具制造产值 全市木材加工和家具制造产值达到276.8亿元，增长25.1%。其中，埇桥102.9亿元，增长22.5%；砀山78.9亿元，增长27.7%；泗县46.5亿元，增长30%；灵璧26.5亿元，增长38%；萧县20.3亿元(未完成年度任务)，增长6.8%；市经开区1.7亿元，增长13.3%。

林业产业化龙头企业 经过新报认定和动态管理，市级林业龙头企业达到75家(原有56家，新增20家，淘汰1家)。其中，埇桥24家(新增9家、淘汰1家)，砀山21家(新增5家)，萧县12家(新增3家)，泗县10家(新增2家)，灵璧5家(新增1家，未完成年度任务)，市经开区3家(无新增)。以上企业涵盖木材加工、家具制造、荒山绿化、丰产林培育、苗木培育、森林食品生产、林产品市场、林下经济、森林旅游、浆纸生产等十大类，其中38家同属省级林业产业化龙头企业。

规模以上林业企业 全市规模以上(年产值2000万元以上)林业企业达到178家(新增35家)，其中砀山55家(新增12家)，埇桥51家(新增7家)，泗县43家(新增9家)，灵璧14家(新增3家)，萧县12家(新增4家)，市经开区3家(无新增)。

亿元以上年产值林业企业 全市林业龙头企

业中，年产值超亿元的企业33家，其中砀山县14家，埇桥区13家，萧县3家、灵璧县2家、泗县1家。泗县、灵璧和萧县均未完成年度任务。

新增名优林产品牌 全市新增名优林产品牌2个，均在埇桥。分别是安徽新远大木业有限公司“麒麟富宝”木地板获得安徽省著名商标；安徽东大木业(集团)有限公司“红树湾”复合地板获安徽省著名商标和“安徽自主出口名牌”。砀山县、萧县、灵璧县和泗县均未完成年度任务。

林业贴息贷款项目 ①全市申报2014年度贴息资金的林业贷款486万元，落实贴息资金6.3万元(均为小额余额贷款项目，涉及砀山县、灵璧县和泗县)；②全市申报2015年度林业贴息贷款项目计划8个、计划贷款1.06亿元，包括林业龙头企业项目5个(埇桥区3个，砀山县2个)，工业原料林项目2个(灵璧县2个)，沙区种植业项目1个(砀山县1个)；③新申报2015年度林农小额贴息贷款计划61人，其中灵璧县29人，泗县15人，砀山12人，埇桥5人。萧县未申报。

主要工作 ①举办国家级行业盛会。经过积极争取、精心准备，10月15~17日，由中国绿色时报社、中国林科院木工所、中国林产工业协会、中国林业机械协会联合主办的第十三届全国人造板工业发展研讨会在埇桥召开，同期套开了全国部分省区林业产业处长座谈会。会上，中国林业产业联合会授予埇桥区全国唯一的“中国杨木产业示范区”称号。全国人造板行业顶级专家、学者、企业家400多人与会。中纪委驻国家林业局纪检组长陈述贤、省林业厅厅长程中才等领导到会讲话。

②组织参加涉林展会论坛。动员各地积极组织林业企业参加临沂板博会、义乌森博会、菏泽林交会、合肥农交会等各类涉林展会。市林业局组织人员赴伊春参加了第三届中国(伊春)国际森林产品博览会，还组织5家省级林业重点企业负责人参加杰出华商董事长(合肥)合作对接会。砀山县、灵璧县林业部门主要负责同志或分管负责同志带领林业龙头企业负责人积极参加第十三届全国人造板工业发展研讨会，聆听讲座，现场交流，开阔视野。灵璧县林业部门还积极组织林业企业负责人赴菏泽观摩第十一届中国林产品交易会，进一步学先进、找差距、求合作。

③申报市级林业龙头企业。各地认真调查、积极动员，鼓励并组织林业企业申报新一届市级林业产业化龙头企业。经过考评认定，20家林业企业晋级，总数增至75家。

④引导创树各级名优品牌。调整并明确了林产名优品牌创树的任务和范围，并督促各地认真指导、帮助林业企业创树省级、市级林产品牌。致函省林业厅，重点推荐埇桥区4家林业企业的4个产品品牌申报安徽省著名商标，通过省工商局认定2个。萧县、灵璧县和砀山县积极组织多家林企申报安徽省诚信示范企业，帮助企业了解申报政策、把关申报文本。泗县、萧县各有1家林企入选2014年安徽省高新技术培育企业名单。

⑤申报中央财政贴息项目。认真组织开展2011~2013年度林业贴息贷款项目自查自纠，及时总结经验、反馈问题并限期整改。灵璧县、砀山县林业贴息贷款工作人员认真研究相关政策，主动走进林企、走近林农，调查了解林业贷款情况，指导编报文本、申报贴息项目、争取贴息资金。

【池州市林业产业】 2014年，池州市林业产业工作坚持政策引导、龙头带动、品牌经营、特色发展，林业产业建设取得了良好成效。林业年产值首次突破200亿元，达201.12亿元，比2013年增长23.12%。

林业产业基地 2014年完成人工造林面积8.3万亩，其中用材林5.5万亩，经济林1.5万亩。新增省级森林旅游人家29个，新增省级森林旅游示范景区2个。

林业龙头企业 坚持引龙头、建龙头、扶龙头、促升级、抓聚集，全市林业产业化龙头企业发展到72家，其中省级林业产业化龙头企业34家。安徽鸿叶集团实现销售4.89亿元，比2013年同期增长21.3%；自营出口4103万美元，比2013年同期增长70.4%；纳税1304万元，比2013年同期增长11.5%。集团公司全年出口总量和生产总量在全国同行业内连续7年均排名第一。金品西山枣业成功亮相第七届中国义乌国际林产品博览会，荣获金奖和优秀参展奖。

主要林产品产量 2014年，全市水果产量

14114 吨；干果产量 7047 吨；毛茶 9681 吨；森林食品 4511 吨；木本药材和油料 963 吨；林产工业原料产量 1545 吨；切花切叶产量 339 万支、盆栽植物 424 万盆、观赏苗木 1620 万株、草坪 15 万平方米；锯材 681135 立方米，人造板 685130 立方米，木竹地板 806270 平方米，木质生物质成型燃料 6000 吨、木竹热解产品 22375 吨。

林产品品牌建设 2014 年全市林产品新增安徽省著名商标 2 个。目前全市拥有“中国驰名”商标林业企业 1 个，“安徽名牌产品”和“安徽著名商标”企业 9 个、“池州知名商标”林特产品 10 个，中国义乌国际森博会金奖产品 2 个、优质产品 2 个。

林业产业结构 全市年产值 10 亿元以上的林业产业有木竹采运、经济林、绿化苗木、人造板加工、家具制造、非木质林产品加工、森林旅游等六大产业，尤其是林下种植(养殖)和森林旅游业等新兴林业产业增势强劲。2014 年，全市林业产业总产值达 201.12 亿元，比 2013 年增长 23.12%。其中第一产业产值达 63.31 亿元，实现增加值 21.97 亿元；第二产业产值 71.89 亿元，实现增加值 21.97 亿元；第三产业产值 65.93 亿元，增长 34.59 亿元。林业一、二、三产业由 2013 年 31∶40∶29 调整为 31.5∶35.7∶32.8，结构进一步优化。

【宣城市林业产业】 2014 年，全市林业总产值达到 380 亿元，较 2013 年提高 15.2%。山区农民人均林业综合收入 2674 元，较 2013 年提高 20%。

持续发展区域特色林业 认真实施《宣城市美好乡村林业产业三年发展规划》，建设特色林业产业村，宁国恩龙、广德笋山、泾县榔桥入选全省十大现代林业产业示范区。大力推进中国森林食品产业示范基地建设，协助安徽康大香榧有限公司成立安徽省香榧产业协会，组织相关企业入会和参加外出考察。编制《宣城市核桃产业发展规划》《国家级宣城集体林业综合改革试验示范区总体方案》，起草市政府与中林集团合作框架性协议。

大力发展林下经济 制定并下发了《宣城市林下经济发展规划》，筛选出全市 15 个地道森林药材并编制了种植技术资料，以发展林下种养业为突破口，积极探索林下循环经济发展模式，初步形成了林药、林养、林菌等林下经济发展模式，林地综合效益得到充分发挥，实现了“生态林—禽畜—肥料—食用菌—生态林”良性循环，全市实现林下经济产值 80 亿元。

提高产业组织化程度 组织开展市级林业产业化龙头企业申报、认定工作。全市有 35 家企业被认定为“宣城市林业产业化龙头企业”。积极开展省级森林旅游示范景区和森林旅游人家申报工作，实地考察，形成书面材料上报省森林旅游工作领导小组。全市有 5 家景区被认定为安徽省首批“森林旅游示范景区”、40 家经营单位被认定为安徽省第二批“森林旅游人家”，分别占全省的 1/4 和 1/7。着力培育新型林业经营主体，新增 6 家省级农民林业专业合作社示范社。

在全省率先开展森林认证 落实宣城市林业局与国家林业局签订的《森林认证框架协议》，配合中林天合公司在宣城市成功举办两期“森林认证培训班”。引导泾县白华林场开展 FSC 认证、双联工艺品公司开展 CFCC 认证、宣州博亚公司开展 FSC 和 CFCC 双认证。有效带动了全市森林可持续经营和林产品产销监管链的发展。

为企业做好协调服务 组织各县市区林业局开展规上林业企业调查，完成中国林业产业基础数据和经济林基础数据填报工作。积极与市邮储银行、农商行、农行对接，推进林权抵押贷款，全市全年累放林权抵押贷款 1.5 亿元。组织宣城市家具企业赴江西赣州参加中国首届家具产业博览会、人造板企业赴宿州参加全国人造板工业发展研讨会。帮助林业企业做好有关项目的申报工作，到相关科研院所寻求技术支撑。协助市木业、竹业、竹胶板协会完成年检，参加宣城市行业协会评估。

(白卫萍)

福建省林业产业

【概 述】 福建是全国南方重点集体林区，全省林业用地面积 1.37 亿亩、占土地总面积的 75.3%，素有“八山一水一分田”之称；全省森林面积801万公顷(1.2亿亩)，森林覆盖率65.95%，已多年保持全国第一；森林蓄积量6.08亿立方米，其中人工林蓄积量2.49亿立方米、居全国第一。生物多样性丰富，拥有木本植物1943种、陆生野生动物828种，均占全国1/3。2014年以来，全省林业产业工作继续实施“以二促一带三”战略，因地制宜，培育龙头，克服经济下行的压力，保持了林业产业平稳发展。

林业产业规模持续壮大 2014年全省林业产业总产值达3971亿元，同比增长10%。其中，规模以上林产工业产值完成3466.65亿元，比增11.3%；完成销售产值3340.71亿元，比增11%；产销率96.37%。累计完成工业增加值936.79亿元，比增9.6%；累计完成木材生产565.54万立方米，比降1.4%；完成出口交货值265.56亿元，比增9.7%，完成木材进口426万立方米，比增31.5%。人造板产量保持小幅增长，累计完成1416.21万立方米，同比增长5.22%；其中胶合板完成784.56万立方米，同比增长3.95%；纤维板完成246.77万立方米，同比增长7.9%；刨花板完成209.68万立方米，同比下降3.72%；人造板二次加工装饰板完成198.78万平方米，同比增长10.54%。木制家具累计完成3363.44万件，同比增长6.02%。纸浆累计完成31.79万吨，同比下降3.47%；机制纸及纸板累计完成653.91万吨，同比增长5.88%；木地板累计完成910.95万平方米，同比增长20.49%。

产业结构和布局调整日趋优化 全省林产品加工企业技术水平和管理水平不断提高，整体实力日益增强，新兴产业蓬勃发展。全省现有规模以上林业工业企业2340家，其中省级以上龙头企业176家、境内外林业上市企业22家、产值2亿元以上的企业超过50家，企业规模明显增强。林业产业布局也趋于合理，林业专业园区不断涌现，中国木质活性炭产业基地、海峡两岸(三明)现代林业合作试验区、莆田秀屿国家级木材加工贸易示范区、建阳“海西林产工贸城”、建瓯“中国笋竹城”、漳州花博园、仙游“中国古典家具之都”、建瓯“中国根雕之都”、政和“中国竹具工艺城”等产业集中区建设取得新进展，新的林产加工园区不断涌现，林业产业集中度不断提高，五大林业产业集群的产值占全省同行业比重已超过60%，产业集聚效应初步显现。永安、沙县、邵武、建瓯、仙游、漳浦、秀屿等县林业产业总产值超50亿元；福州诚丰家具、莆田标准木业、厦门金牌橱柜等3家企业年产值超10亿元。

企业品牌意识和可持续发展能力不断增强 林产品质量不断提高、品牌产品逐年增加，竞争力不断增强。截至2014年年底，全省林业行业共获得中国名牌产品2个、中国驰名商标31个、福建名牌产品170个，福建省著名商标104个。一批企业通过改造提升，走上节能减排和绿色清洁发展道路。目前，已有10多家单位经营的200多万亩森林通过FSC森林认证，顺昌升升木业等100多家企业通过COC林产品产销监管链的认证。仙游县积极打造区域品牌，申报“全国红木古典家具产业知名品牌创建示范区”获准。

闽台合作和对外开放持续推进 以海峡两岸(三明)现代林业合作实验区和台湾农民创业园为载体，吸引台商来闽投资林业。据统计，截至2014年年底，台商在福建投资创办的林业企业已达465家，其中规模以上265家，合同利用台资10.8亿美元，实际利用台资7.5亿美元。作为闽台林业合作重要平台的海峡两岸花博会和林博会已连续成功举办15届和9届。同时，通过“请进来”“走出去”的方式，全省林业对外合作发展迅速。2014年，全省林业工业主要产品累计完成出口交货值265.56亿元，同比增长9.7%，增幅同比下降5.4个百分点，环比上升0.5%。省商务厅通报2014年全省林产品出口额大幅高于工业品、农产品和水产品出口增幅，增幅位居全省各行业前列。累计完成木材进口426万立方米，其中，漳州港266万立方米，秀屿港160万立方米(从莆田口岸进口60万立方米)。从全省情况来看，部分靠进口木材为原料、“两头在外”的林业企业如邵武杜氏家居、漳平木村等生产经营都比较稳定，也是拉动福建省林产品贸易的重要推动力。

木竹加工产业体系逐步完善 一是主导产业体系基本形成。木竹加工业初步实现了从粗加工到次加工和精加工的转变。长期以来，传统产业发展积累了丰富的经验，初步形成了较完整的主导产业体系。2014年，木竹加工产品中，四大主导工业(包括纸浆制造、木竹制品、人造板、家具)产值达到1304.13亿元(分别6.05亿元、626.74亿元、427.27亿元、244.07亿元)。特别是福人莆田项目、永林项目等投产达产进一步提升我省木材加工水平。二是木材加工体系基本形成，产业链不断延伸。全省木材加工企业近5000家，形成了以林浆纸、人造板、家具、木竹制品加工为主体的、门类齐全的十大产业工业框架体系。“三块板”单一的品种，已向多品种全方位发展，门类齐全，主导产品上万种，而且设计精细。上下游关联产品开始对接，产业附加值提高、产业链长的产品不断增加。三是木材加工合作配套体系基本形成。在工业化基础上，加强企业分工协作，形成合作体系，木材综合利用率不断提高。漳平木村、邵武杜氏、邵武王斌等下游配套企业分别有几十家，目前杉木综合利用率已达100%。全省同类加工企业相互依存协作配套形成大趋势，木材综合利用率有很大提高。

【林产工业】

各项指标保持低速增长，但增速出现新低 2014年，林业工业经济总体仍保持两位数增长(10年来的新低)，超过同期GDP和其他大多数行业增长速度，但增速四季度较三季度有小幅回落，下降0.1%，特别是10月、11月增速分别为6.3%、4.1%，均创新低，12月增速有较大幅度回升，达11.4%，拉平三季度增幅。

出口继续保持较高增速 2014年，林产品出口增幅仍保持较高幅度，主要得益于欧美日等发达国家经济复苏态势稳定对林产品需求增加，同时，积极开拓东南亚等新兴市场，并及时组织木门、木屋、家具、杉木小径材原料的涂装板、户外滑梯板等适销对路产品出口；另外，省里出台的促进外贸稳定增长一系列措施以及充分发挥福建省沿海港口作用，大力发展“两头在外”企业，这些都一定程度拉动了林产品出口。但是，新兴经济体减速压力较大、国际资本波动显著、基数较高以及国际贸易壁垒越来越多因素也影响出口增速。

企业保持一定利润增长 2014年以来，国家和福建省相继出台了一系列减税等帮助企业、支持企业创新等政策措施，1~12月企业实现税金增幅同比下降31.8个百分点，企业税负明显降低；经过市场资源配置和磨合，林业企业重新“洗牌”，一些经受住市场考验的林业企业得以发展和壮大，同时，企业更加注重内部管理，降低成本经营；通过国外木材等资源进口以及国内广西、江西等桉木、杨木和江、浙、沪等木材加工剩余物的购进弥补，福建省加工企业原料保障基本平稳，且价格相对较低。以上因素使福建省林业企业保持了一定利润增长，但是人工成本不断上升也冲抵了部分利润。

更加注重品牌建设和发挥市场主体作用 品牌建设越来越被企业所重视，2014年，新增“中国驰名商标”8个(累计达31个)、国家地理标志证明商标2个(累计8个)、福建省著名商标59个(累计104个)。龙头企业并购重组做大做强意愿也越来越明显，如福建金森作价8.5亿元收购福建连城兰花80%的股权，实现业务周期互补，熨平经济业绩波动风险；从事松节油深加工的青松化工发挥松节油生产樟脑的品牌和市场占有率高的优势，2014年产值增长40%以上，利润增幅65%~95%，出口大幅增长；仙游县积极打造区域品牌，申报“全国红木古典家具产业知名品牌创建示范区”获准。

互联网经济思维逐渐增强 以电子商务等为代表的互联网应用继续向林业行业渗透，发展电商，实现线上线下全覆盖，包括利用社会化媒体成为营销新利器等已成为行业共识，企业运营逐步向“平台化、社会化、移动化、电商化、国际化”五化发展趋势，用互联网思维重新架构企业运营。如清流春舞枝2014年电商销售2.3亿元，上缴税金1800万元。邵武味家竹业从以电商销售为主转为“电商+生产基地”。

【油茶产业】 福建是全国油茶的中心产区之一，栽培历史悠久，适宜发展县(份)达63个，占全省的75.9%，有全国油茶产业发展重点县12个，省级重点县33个，现有油茶林面积达328.9万亩。2014年，福建油茶产值达35.8亿元，比2009年增长了450.8%。

福建坚持企业、专业合作组织、种植大户及林农自主经营四轮驱动，不断壮大产业发展队伍。参加产业发展的企业达127家，带动21.1万林农发展油茶产业，比2009年各增长了49.4%和151.2%；有376个专业合作组织，参与农户达4.9万户分别较2009年增长117.3%和276.9%；成立了福建油茶产业发展协会。

福建大力实施品牌战略，培育了沈郎食用油有限公司等一批实力强、管理先进、辐射力强的龙头企业29家，已创沈郎、天福、盛洲等知名品牌26个，有获得“中国油茶之乡”的县(份)7个，已成功注册了“尤溪茶籽油”等国家地理标志集体商标，注册了“福安油茶油”等国家地理标志证明商标。其中，福建省尤溪县沈郎食用油有限公司，是“全国油茶产业重点企业”和省级农业产业化龙头企业，生产两大系列18个品种，“沈郎乡”一级压榨山茶籽油先后通过“绿色食品AA级”认证和“有机食品”认证，获得“福建省名牌产品”“农业部放心粮油”等荣誉称号。公司以“公司+基地+农户”的模式，建立了5万多亩的生产基地，带领当地1800多户农民种植油茶林。沈郎公司年产10000吨有机山茶籽油生产线及年产600吨茶皂素、茶多酚以及茶枯洗发露、茶枯沐浴乳生产线均已经投产，与中粮集团OEM项目已正式投产。

【林权抵押贷款】 林权抵押融资是实现资源变资产、资产变资金的有效途径，有利于拓展全省经济发展环境承载空间，有效推动林业持续发展。福建省林权抵押贷款累计突破129.7亿元，截至2014年年底，全省林权抵押贷款余额近50亿元，占全国总量的1/10，位列全国第二。其中，2014年，全省新增发放林权抵押贷款27.5亿元，累计129.7亿元，林权抵押贷款余额位居全国第二。

全省推进林权抵押融资工作主要体现在如下6个方面。

①积极争取融资担保扶持政策。2013年，省政府出台《关于进一步深化集体林权制度改革的若干意见》(闽政〔2013〕32号)，将林权抵押贷款全部纳入我省小微企业贷款风险补偿范围；对林木收储中心和林业担保机构为林农生产性贷款提供担保的，由省级财政按年度担保额的1.6%给予风险补偿。

②规范完善林权流转交易市场。通过覆盖全省的“福建省林权管理信息系统”的功能升级，进一步完善全省66个县(市、区)级、157个乡镇级林权流转服务平台的功能，实现全省林权登记、林权抵押、林权流转交易等的实时动态管理；同时依托海峡股权交易中心等机构，建立全省性的林权流转交易平台和信息发布机制，促进林权公开、公平、公正流转。据统计，2014年全省已有86家林业企业在海峡股权交易市场挂牌交易或展示，意向挂牌展示88家，实现近3000万元的融资额；全省新增林权流转1619宗，面积27.9万亩，2010年以来累计流转202.7万亩。

③加快推进林权抵押收储中心建设。2014年，福建省把建立林权抵押、担保、收储为一体的林权收储中心建设，作为拓展林权抵押贷款、优化融资环境、化解金融风险的重要举措来抓，取得实质性进展，“省、市、县”三级均有突破。全省已有三明、武平、邵武、永安等18个市、县(区)已开展或正在开展林权抵押担保收储为一体的试点工作。据统计，2014年全省新增林权抵押贷款27.5亿元，增幅31.5%。

④加快组建森林资源评估机构。按照闽政〔2013〕32号文件规定，林业部门管理的具有丙级以上资质的森林资源调查规划设计、林业科研教学单位可从事非国有森林资源抵押贷款项目的评估咨询业务，这一规定使得这些机构突破了原来

只能开展100万元以内项目评估咨询业务的限制。同时，福建省加强评估机构建设，配合中国林业工程建设协会做好全省林业调查规划设计单位资格认证，截至2014年年底，全省丙级以上资质的单位达到125家，其中甲级2家、乙级48家、丙级75家，实现重点林区县全覆盖，为林农林权抵押贷款提供规范可靠的森林资源资产评估业务。

⑤扎实推进森林综合保险工作。全省实施森林综合保险，将森林火灾、病虫害、暴雨、暴风、洪水、滑坡、泥石流、冰雹、霜冻、台风、暴雪、雨凇、干旱纳入保险责任范围，每亩保险金额600元，费率2.5‰。财政对公益林给予90%保费补贴，对商品林给予60%~75%的保费补贴。同时，省级财政设立2000万元风险补偿金，以设区市为单位，当年森林综合保险赔付率超过80%时，启动省级森林综合保险风险补偿金。截至2014年年底，全省参保面积达到1.14亿亩、参保率超过90%，为金融机构开展“林权证+保单”林权抵押贷款提供安全可靠的融资资产。

⑥强化林权抵押融资配套服务措施。一是落实林业贷款贴息政策。二是完善林木采伐管理制度。三是依法开展林权抵押登记。四是积极开展重点生态区位商品林赎买试点。

【花卉苗木产业】 福建省花卉苗木行业，全产业总产值达422.4亿元，同比增长20.48%，种植面积首超100万亩，出口额突破1亿美元，提前完成“十二五”规划目标。主要做法：一是调整产业结构，培育新的增长点。在蝴蝶兰等高档盆花消费遭遇瓶颈的时候，及时减少高档盆花生产面积，扩大中小盆栽生产规模，培育大众消费的中小盆栽新型产品。2014年盆栽花卉产值达81.9亿元，实现销售额41.7亿元，分别同比增长30.4%和12.7%。二是挖掘食用药用花卉市场潜能。2014年以金线莲和铁皮石斛为主的食用药用花卉种植面积达8.93万亩，在市场销售价格急剧下跌的情况下，产值仍达到21.77亿元，实现销售额10.44亿元，基本与2013年持平。三是加快现代花卉生产设施建设力度，提升花卉品质和竞争力。截至2014年年底，全省花卉智能温室面积达511.7万平方米，同比增长98.0%，随着生产设施的不断改善，花卉品质和市场竞争力得到进一步提高，2014年福建省盆栽花卉出口全球50多个国家和地区，出口额近7000万美元，首次实现雕刻水仙和闽产君子兰的出口，盆栽花卉出口额有望实现五连冠，继续蝉联全国第一。四是积极推进花卉网下网上交易市场建设。完成了漳州海峡花卉集散中心(一期)市场建设与招商，并实现销售额4亿多元；同时春舞枝全球鲜花交易网与美国最大鲜切花连锁销售商也签订合作协议，鲜切花配送范围扩展至全球190个国家和地区。

【林下经济】 据统计，2014年福建省累计发展林下经济面积将达到2459万亩以上，实现产值746亿元。一是编制发展规划。《福建省林下经济发展规划(2014~2020年)》规划编制完成并颁布。南平市林下经济发展规划已呈报市政府审批，三明市专门制定了加快林下经济发展实施方案，漳州市已于2013年出台加快林下经济发展的意见，龙岩市已经按照市政府领导的指示着手编制林下经济发展规划。各县(市、区)如南平的邵武市，龙岩的武平县，福州的闽清县、闽侯县等也相应出台加快林下经济发展的规划及政策措施。二是争取财政资金补助。2014年度省级财政林下经济补助资金已经完成下达7000万元，与原计划3000万元相比，资金增加233%。在资金下拨时间上，比2013年提早了整整5个月。三是扶持示范基地建设。经过县级筛选、市级审核、省级财政、林业主管部门共同确定，2014年度批复建立林下经济示范基地43个，其中项目县33个，省属国有林场6个，国家级自然保护区4个。与2013年相比，基地数增加159.3%。新增林下种植示范面积达到40多万亩，提前超过去年38万亩的任务。四是结合扶贫开发工作。2014年的林下经济专项资金扶持继续与扶贫开发重点县挂钩，确定的33个项目县中，省级扶贫开发工作重点县占了14个，与2013年相比，增加5个；扶持国有单位10个，增加5个；带动农户19860户，与去年相比，增加3606户。五是要求市县财政配套。泉州市财政再安排240万元，扶持林下经济项目40个；龙岩市林业局已安排100万元扶持林下经济发展；福州市财政2014年安排200万元，扶持9个示范项目；

南平市财政2014年安排300万元，建立市级林下经济示范基地30个，每个补助10万元；漳平、长汀、新罗、闽侯等一些县(市、区)财政也相继出台扶持政策，落实补助资金50~150万元。漳州市也已出台扶持文件。

【森林旅游产业】 据统计，2014年全省森林人家的建设面积达到7万多亩，餐位总数10679个，接待床位数1706个，解决就业人数达5631人，有效地带动了林农种养殖业的发展，增加了当地林农收入。如泰宁水际村通过发展森林人家，实现农民人均纯收入近10000元，由20世纪70年代的贫困村，发展为如今“家家做旅游、户户住别墅、人人收入过万元”的泰宁旅游“第一村”。永安市青水乡龙头村村民罗春典依托天宝岩国家级自然保护区优势，投资300万元办起森林人家，带动林农致富，全村现有森林人家5家，安置富余劳动力20多人，年增加劳务收入50多万元，实现从原来卖笋竹原材料到卖森林景观的跨越。

【竹产业】 福建是全国竹子的重点产区，竹林资源优势突出，全省竹产业基本情况可概括为四大特点。

一是竹资源快速增长。全省现有竹林面积1601万亩，其中毛竹1494万亩，竹林面积、竹立竹度均居全国首位，毛竹面积约占全国的1/3。经济竹种19属，约200种，主要种类有毛竹、绿竹、麻竹、黄甜竹、台湾桂竹、苦竹等。建瓯、顺昌、武夷山、永安、沙县、尤溪等被国家林业局评为“中国竹子之乡”。

二是笋竹加工方兴未艾。“十二五”以来，全省新增笋竹加工企业300多个，至2014年底笋竹加工企业达2504家，其中产值1000万元以上的达290家。福建省笋竹加工产业主要有以下几个特点。①产品种类齐全，企业初步实现了从粗加工到精加工，从手工作坊向规模化、机械化方向的转变，产品涉及十几个系列、300多个种类。涵盖了竹地板、竹装饰板、竹家具、竹工艺品和竹纤维、竹炭等产品品种。②科技创新支撑提升，福建省笋竹加工企业依托福建农林大学、浙江农林大学、省林科院等科研院所，同时，永安还成立了永安竹产业研究院，以产学研合作项目为纽带，以联合攻克核心关键技术为主要任务，为科技创新服务，促进科技成果产业化。由福建农林大学陈礼辉教授主持的“竹纤维制备关键技术及功能化应用”成果获2014年度国家科技进步奖二等奖。③产品销售电商化，近年来，政和、邵武、永安等笋竹加工企业逐步完善了电商“硬件”和“软件”建设，促进了竹产品销售多元化，涌现出邵武味家等电商销售突出企业。④竹文化不断融入笋竹加工，竹文化和创意相结合，传统民间竹手工艺术不断融入现代科技，其独特的构思、精美的造型、精湛的技艺，大幅提高竹的附加值。⑤产业聚集加快，形成了永安竹集装箱底板、竹家具；政和竹具工艺；建瓯竹地板、竹炭等区域特色。

三是竹业经济总量快速增长。2014年全省毛竹材产量达4.39亿根，小径竹材产量68.2万吨，鲜笋产量263.1万吨，实现竹业总产值达412.34亿元，比2005年的114亿元增长了3.6倍，其中笋竹加工产值达267.8亿元，出口创汇3.76亿美元。

四是竹旅游逐步兴起。以集竹产业发展与竹文化交流、旅游观光、休闲养生等为一体的全竹元素的城市综合体—永安竹天下成为全省首个“全竹元素”项目，带动我省竹旅游文化的开发，同时，武夷山等竹乡特色旅游开发不断兴起。

自2009年开始，福建省启动实施了两轮现代竹业发展资金项目，项目选择在领导重视、竹区群众经营竹林积极性高、竹业发展基础较好、笋竹产品加工规模较大、竹林资源总面积30万亩以上的15个县(市)实施。经过5年多的项目实施，喷(滴)灌设施建设完成101308立方米，灌溉面积为179724亩；竹林测土配方施肥完成592241亩；竹林机耕路建设完成3395.9千米；竹农培训42405人次。2009以来省级财政合计投入18150万元。各项目县共整合各类财政资金1.13亿元投入竹业开发建设，项目还带动业主单位和林农自筹投入3.34亿元，推动了竹产业化发展。本项目实施以来，受到山区农民的广泛欢迎，现代竹业项目成了增加山区农民收益最直接、惠农涉及面最广、也是实现山区农民脱贫致富的富民工程之一。

(伍清亮)

江西省林业产业

【概　述】 全省完成造林面积14.01万公顷，目标完成率105.1%，林业重点生态工程完成率100%。全省林业用地面积1.61亿亩，占全省国土总面积的64.21%；森林覆盖率63.10%，林木蓄积量4.45亿立方米，被誉为中国“最绿的省”之一。江西省林业产业近年来呈现四大发展趋势，一是从过去以卖木、竹为主，转变成更多地卖加工产品；二是从过去主打木、竹初级产品，到现在生产如木、竹人造板、林产化工、林产香精香料、森林食品以及木、竹工艺品等琳琅满目、有科技含量的系列产品；三是许多企业从主要靠输送半成品、赚加工费谋生存，变成更多地从新产品开发、品牌创立、科技创新找出路；四是从种植、加工、销售到科研、创新等，“一条龙”的产业链开始“粗线条式”显现。

全年实现林业总产值2654.54亿元，同比增长31.1%，其中，第一产业860.14亿元、第二产业1292.69亿元、第三产业501.71亿元，分别同比增长14.4%、58.3%和9.8%。产值比重由2013年的37:40:23调整到32:49:19。全省生产原木240.24万立方米、大径竹19683.94万根、小杂竹43.68万吨，生产木竹加工产品6829.21万立方米、林产化工产品37.40万吨、各类经济林产品560.08万吨。实现油茶产业总产值164.43亿元，同比增长35.5%；竹产业总产值292.54亿元，同比增长8%；林木育种育苗产值65.86亿元，花卉及其他观赏植物种植产值142.24亿元；陆生野生动物繁育与利用产值8.76亿元，同比增长6.8%；林下经济总产值165.19亿元，同比增长7%。全省森林公园接待游客5551万人次，森林旅游与休闲产业产值378.16亿元，同比增长17.7%。

林产工业及木竹经营　全省现有林产工业及木竹经营加工企业5000多家(含部分家具企业)，主要林产品包括人造板、林化产品、竹产品等。2014年，全省年产竹地板4804万平方米，活性炭3.5万吨，松香11万吨，松节油2.8万吨。毛竹产品已由传统的竹地板、竹胶合板向竹键盘、竹家具、竹工艺(日用)品、竹纤维等高科技、高附加值产品迈步。赣州市南康区积极发展家具产业，突出抓好融资、物流、展销等服务平台，推动家具产业转型升级，2014年该区家具产业实现总产值535亿元，已发展成为中部比较有影响力的家具产业集群。2014年全省林业总产值达2655亿元，比2013年增长31.13%，省级林业龙头企业数量达到354家，林业产业呈现良好发展态势。

集体林权制度改革　省林业厅确定在武宁等11个县(市)开展林地流转试点；全省有79家县级林权交易中心，56个县级林权交易中心转变为林权管理服务中心，林权交易项目931项，成交845项、面积2.67万公顷、金额8.1亿元；全省林业合作社、民营(家庭)林场等林业新型经营主体4080家，其中林业专业合作社2630家，入社农户47.77万户，合作经营面积47.67万公顷；76家林业合作社获中央财政农民合作组织专项资金扶持，创建省级林业合作社示范社50家，其中14家被认定为全国农民合作社示范社；新增林权抵押贷款23亿元，贷款余额49.5亿元；利用林业小额贷款近6亿元，中央财政贴息1700万元，7000余户林农和林业职工受益；纳入保险的森林面积760万公顷，参保率83%。全省调处山林权属争议545起，面积0.49万公顷，未发生山林权属争议重大群体性事件。

林场改革　全省国有林场改革试点任务基本完成。425个国有林场整合重组为216个，平均经营规模由改革前的0.39万公顷扩大到0.8万公顷。其中，生态公益型林场182个，占84.3%；商品经营型林场34个，占15.7%。争取中央和省级补助资金21.07亿元，市县两级投入10亿元，主要用于解决林场职工养老保险和医疗保险。全省应参加基本养老保险9.99万人，实际参保9.93万人，参保率99%；应参加基本医疗保险10.01万人，实际参保9.92万人，参保率99%。各地采取分流安置职工4.56万人，占改革前在职职工的81%。场办义务教育学校和医疗单位全部剥离，剥离代管村组63个，退休和解除劳动关系人员大部分实现社会化管理。生态公益型林场全部纳入财政预算管理，与林场职工签订新型劳动或聘用合同。改革期间，林区社会和谐稳定。

通道绿化工程 全省新建(提升)森林公园48个、湿地公园43个；新增森林园区、森林社区、森林街道、森林单位、森林小区、森林校园、森林营区计550个，新增森林乡镇172个、森林村庄1075个。新建绿道里程441.13千米；新增通道绿化达标里程369.54千米，其中高速65.09千米、国道103.17千米、省道201.27千米；通道绿化提升里程554.73千米，其中高速215.47千米、国道105.60千米、省道233.66千米。全省城市建成区绿化覆盖率46.1%，绿地率42.1%，人均公园绿地面积14.15平方米，城市园林绿化主要指标均处全国领先水平。

政策措施 ①深化改革，以林业改革促进产业发展。一是继续深入推进林权制度配套改革。2014年省委、省政府出台了《关于积极稳妥推进林地流转进一步深化集体林权制度改革的意见》，积极稳妥推进林地流转，全省确定了武宁、分宜等11个县(市)开展林地流转试点工作。建立健全林权交易服务平台，推进森林保险，打造林业投融资平台，目前全省已成立79家县级林权交易中心，完成了56个县级林权交易中心向林权管理服务中心的转变。二是国有林场改革深入推进。江西作为国有林场改革试点省之一，围绕"定性、重组、保障、减人、剥离、转换、安全、稳定"16字方针，全面开展了改革试点工作。目前全省已将原有424个林场整合重组为216个，其中生态公益型林场162个、占75%，商品经营型54个、占25%，国有林场改革试点任务全面完成。三是积极开展行政审批体制改革。加大简政放权工作力度，取消下放省本级行政审批项目19项。非毛竹类木材加工项目下放至设区市林业行政主管部门审批；毛竹加工项目下放至县级林业行政主管部门审批，林区经营(加工)中高密度纤维板列入江西省市场准入负面清单。暂停将胶合板、纤维板、刨花板、以木材为主辅原料的家具和木制工艺品、竹材及其制品纳入凭证运输管理范围。

②政策扶持，林业产业发展加快。一是加大资源培育扶持力度。出台了《关于实施低产低效林改造提升森林资源质量的意见》，积极探索符合江西实际的森林抚育模式，开展森林可持续经营试点，遂川、武宁等8个县(市)被列为全国森林可持续经营试点县。推广良种壮苗，全省建立了统一供苗、省级林木种子统一调剂、省级良种选育和种子贮备"三项机制"。二是大力发展特色产业。继油茶、毛竹、苗木花卉等特色产业之后，江西省又将香料香精、林下经济列为重点发展的特色产业。2014年江西省被列为全国首批林下经济试点省，武宁县被列为全国林下经济示范县，全省确定弋阳、宜丰等10个林下经济发展重点县。开展了香精香料产业发展调研，加大了对金溪、吉水等县香料香精产业集群和龙头企业的扶持。三是出台《江西省林产品质量安全条例》强化林产品质量监管。《条例》已于2014年5月29日经江西省第十二届人大常委会第十一次会议审议通过，自2014年12月1日起施行，《条例》的出台弥补了江西省林产品质量安全立法的空白，成为继湖南省之后，全国第二个出台林产品质量安全地方性法规的省份。

③强化管理，充分发挥行业协会桥梁纽带作用。一是注重培养林业产业协会，着力帮扶林业企业。近几年来，先后组建了油茶、松香、细木工板、竹胶板、活性炭等15个省级林业产业专业协会，目前正在筹备成立香榧和食用菌产业协会，基本覆盖了林业产业主要生产领域和产品。加入产业协会的企业数量快速增长，已达到1296家。二是充分发挥行业协会桥梁纽带作用，组织企业参展第九届中国林产品交易会、首届中国森林食品交易博览会暨第三届中国(铁岭)榛子节、第五届中国义乌国际森林产品博览会等行业展会，成功举办了由国家林业局和江西省人民政府共同主办的中国(赣州)第一届家具产业博览会，打响了江西家具的品牌，促进了江西家具产业的发展，宣传和提升江西林业产业形象。三是强化了协会内部管理，协会负责人一改过去的"官办"模式，

全部由本行业实力强、影响大的龙头企业负责人担任会长。这些协会在推进行业自律、加强企业合作、维护企业合法权益等方面发挥了重要作用。

招商引资 全省林业系统招商引资完成签约128个，签约内资248.48亿元人民币、外资61.50亿美元，实际引进内资59.58亿元人民币、外资17.74亿美元。

【竹产业】 江西省地处中亚热带湿润季风气候区，是我国竹林的主要分布区，竹林已成为全省四大植被类型之一。全省竹类植物分布达15属128种，分别占全国竹属、种的31%和25.6%。其中，自然分布的竹类14属93种，引种有1属35种。江西省自然分布的散生竹种有毛竹、淡竹、桂竹、水竹等；丛生竹种有黄竹、青皮竹、绿竹、麻竹、孝顺竹等；混生竹种有苦竹等；引进竹种有雷竹、哺鸡竹、撑绿竹等。全省竹林面积1479万亩(98%以上为毛竹)，占全省有林地面积的10.7%，毛竹立竹总株数19.1亿株，竹林资源总量居全国第二位，是江西森林资源中的重要组成部分。

全省共有竹加工企业1400余家，产品有竹地板、竹胶合板、竹家具、竹厨房用具、竹家居装饰材料、竹雕、竹编工艺品、竹造纸、竹药品食品等共计20多种，涵盖了建筑、装饰、食品药品等多个领域。年产值1亿元以上的竹加工企业有10家，年产值在5000万至1亿元的竹加工企业有9家。

发展特点 江西竹产业经多年发展已有较好的基础，形成了好的发展势头。一是产业基础不断夯实。竹林面积逐年增加，竹产业规模逐步扩大。“十二五”期间，加工企业由2010年的780余家发展到目前的1400多家，竹地板、竹胶板、竹筷产销量居全国前列。二是产品档次不断提升。从过去以卖毛竹为主变成更多地卖加工产品，从过去主打竹筷、竹凉席等初级产品，到现在已能生产如竹键盘、竹工艺品、重竹家具、竹纤维制品等有科技含量的系列竹制品；南丰振宇的竹材综合利用率已达95%以上，艺竹公司的彩竹工艺品、铜鼓江桥的竹键盘等产品为世界首创。三是自主创新能力不断加强。许多企业从主要靠输送半成品、赚加工费谋生存，变成更多地从新产品开发、品牌创立、科技创新找出路。四是产业集群效应不断显现。从种植、加工、销售到科研、创新等，“一条龙”的竹产业链开始“粗线条式”显现。许多企业通过“公司 + 基地 + 农户”“公司 + 合作社 + 农户”等形式带动竹农增收。崇义等毛竹重点县的林农来自毛竹产业的人均收入占全年人均收入的70%左右，全省常年从事竹产业人员已达36万人，竹产业的富民强县效应日益显现。

主要做法 ①领导重视高位推动。通过多方调研和沟通，2013年省政府出台了《江西省人民政府办公厅关于加快竹产业发展的意见》(赣府厅〔2013〕24号)，该《意见》明确了未来几年我省竹产业发展的目标和重点。宜丰、奉新、崇义等全省毛竹重点县也相应出台了扶持竹产业发展的具体政策和措施。全省上下已经形成了发展竹产业的良好氛围。

②大力培育竹林资源。江西省竹林资源丰富，但质量不高，低产低效竹林占绝大多数。为此，江西省以提高现有竹林林分质量为重点，采取“政府补一点、集体筹一点、竹农投一点”的办法，大力度实施低产低效林改造，建设竹林经营道路，鼓励支持企业、合作社和其他社会力量参与竹资源培育开发，在毛竹重点县突出抓好一批示范基地建设，打通一批竹林区道路，切实发挥示范带动作用。依托省财政林业发展资金竹类特色产业项目和退耕还林及后续产业项目，大力实施毛竹低产林改造，通过项目的辐射和示范作用，加快全省毛竹低产林改造步伐。

③积极推进加工业转型升级。江西省竹产企业规模较小，创新能力不足，产业整体实力不强，与资源现状不匹配，产业发展面临的问题较多。为此，江西省在产业集群发展、企业创新提升和品牌建设、龙头企业培育等方面积极支持企业做大做强，促进竹产业快速发展。一是出台了《江西省林业龙头企业扶持办法》，开展了省级林业龙头企业的评定与监测工作，加大了对包括竹产企业在内的省级林业龙头企业的培植和支持力度。二是构建产业集群，按照区域布局和资源优势，打造竹产业集群，宜丰、奉新经过多年发展竹产业集群已经初具规模，2014年省政府将宜丰—奉新—铜鼓竹产业集群列入江西农业产业化集群。

三是组织竹产企业参加国家林业重点展会，提升企业的影响力和品牌的知名度，近几年来已经组织企业参加了浙江义乌、山东菏泽、福建三明等全国性的林业展会，企业参展的产品如铜鼓江桥的竹键盘、南丰振宇的竹凉席、奉新飞宇的竹家具等获得了多个奖项。

④加强竹产业协会建设。江西省竹产业协会成立以来，积极为企业搭建政府与企业、企业与市场平台，帮助企业争取优惠政策和项目资金、把握市场信息和行业发展方向、应对市场风险和融资。

⑤营造良好发展环境。一是开通了竹产品运输绿色通道，对毛竹及其加工产品的运输，继续按省厅《关于毛竹运输有关问题的通知》(赣林资字〔2009〕99号)规定执行。二是积极与国家林业局沟通协调，进一步放宽竹林经营利用的监督管理。目前国家林业局已出台了《关于进一步改革和完善集体林采伐管理的意见》(林资发〔2014〕61号)，《意见》要求进一步放宽竹林采伐和竹材运输管理，实行竹林经营利用由经营者自主决策。对竹子采伐可暂不实行林木采伐许可发证；对竹材及其制品的运输，暂停纳入凭证运输管理范围。三是毛竹加工项目下放至县级林业行政主管部门审批。四是经过积极沟通协调，资溪等部分毛竹重点县已经减免了毛竹育林基金，省财政也已初步同意，如国家取消毛竹育林基金将会同步实施。五是搭建融资平台，依托赣林担保公司和南北联合林业产权交易所，积极为竹产企业提供贷款融资服务，赣林担保公司建立了江西省首个林业系统民营企业资金互助组织—竹产企业资金互助社，有效解决了企业的短期流动资金要求。

【产业集群】

南康家具产业集群　南康家具产业历经20多年的发展，已成为中国东部最具影响力的家具产业集群。南康家具产业起步于20世纪90年代初，历经20多年发展，产业从无到有，规模从小到大、加工由粗到精、结构从单一到多元，初步形成了集加工制造、销售流通、专业配套、家具基地等为一体的产业集群，已成为中国中部最大的实木家具生产基地，是南康区的支柱产业、富民产业、优势产业。南康区现有家具企业7200多家，从业人员30多万人，其中规模以上企业70多家，亿元以上企业20多家；有10个家具专业市场和配套市场，市场面积达160万平方米，年交易额达150亿；拥有中国驰名商标3个，著名商标64个；家具产业及相关配套产业2014年总产值超700亿，近3年增长率均保持在30%以上。为提升南康家具的影响力，加强对外合作交流，2014年3月，经国家林业局批准，南康家具产业博览会正式升格为中国(赣州)家具产业博览会，由国家林业局和江西省人民政府共同主办，江西省林业厅和赣州市人民政府联合承办。首届博览会隆重热烈、特色鲜明、专业务实、安全高效，各项活动组织科学严密、富有实效，参展参会企业规模和质量达到历史新高，接待和服务水平优质周到。据不完全统计，在为期3天的会展期间，共吸引了4000多家家具企业前来参展，总展览面积达120万平方米，累计观展人数12万余人次，签约金额逾10亿元。展会规模和产品档次得到大幅提升，参展商、观展商人数及成交额再创新高。

奉新宜丰铜鼓竹产业集群　2014年中国林业产业联合会授予铜鼓县“中国竹键盘之都”称号，拥有省级林业龙头企业12家。集群以生产竹胶合板、竹地板、竹键盘、竹工艺品、竹碳纤维、竹集成材等产品为主，有竹加工企业300多家，其中规模以上的30家，建有竹产业种植基地100多万亩。2014年，集群实现竹产业总产值90亿元，带动农户100000余户，户均增收1000元。

金溪吉水香料香精产业集群　金溪县香料香精企业有36家，其中投产26家，在建10家。2014年，香料香精企业主营业务收入达到40亿元。全县香料拥有了香料种植、生产、加工、贸易的完整产业链条，其中，天然芳樟醇、天然樟脑粉产量占全球80%，居全球第一，拥有全球市场定价的话语权。吉水素有“香料油不到吉水不齐、不到吉水不香”的美誉。近年来，兴华香料、嘉源香料、赫信化学等40多家林化香料企业快速发展，衍生了林产化工、药用香料两大系列、200多个品种，产品畅销世界各地，打响了“水南”“兴华”“福达”等系列品牌。2014年，林化香料产业主营业务收入达到30亿元。

【龙头企业】 8月14日，省林业厅决定授予省内354家林业企业为“江西省省级林业龙头企业”称号，有效期两年。2014年国家林业局开展了全国首届林业重点龙头企业评选活动，全国共评选出128家，江西省有9家林业企业入选。省级林业龙头企业已成为了推动全省林业产业快速发展的中坚力量。

规模不断发展壮大 截至2014年年底，省级林业龙头企业数量达到354家，企业总资产规模达到400亿元，资产规模超亿元企业100家，比2012年增加43家；2014年的总销售收入达到300亿元，年销售收入超亿元的企业达到80家，比2012年增加24家；利润超千万元企业达到99家，比2012年增加50家。龙头企业在总资产规模、销售收入和营业利润等方面均比两年前有大幅度的提高。

技术水平和产品竞争力稳步提升 江西省省级林业龙头企业在经营发展过程中，加强了品牌建设和科技创新，技术工艺水平和产品竞争力得到稳步提升。省级林业龙头企业中，有79家企业注册商标获得“江西省著名商标”称号，其中11家企业获得“中国驰名商标”称号。除此之外，有84家企业获得发明或实用新型专利，56家企业获得了省级以上科技成果奖，63家企业拥有进出口经营权。

示范带头作用显著提高 省级林业龙头企业常年提供就业20万人，带动农户数量达到130多万户，企业与林农之间已形成了比较稳固的利益联结机制。

江西省省级林业龙头企业名单(共354家)
(排名不分先后)

南昌市(21家)

江西飞尚林产有限公司
江西晨鸣纸业有限责任公司
江西九木堂实业有限公司
江西省高氏林牧发展有限公司
江西丰林投资开发有限公司
江西卓茵园林景观工程有限公司
江西省磊鑫花木有限公司
江西满园春园林景观有限公司
江西绿源油脂实业有限公司
江西正邦林业开发有限公司
江西盛竹联创农林发展有限公司
江西省大白鲨油脂实业有限公司
江西江南园林建设工程有限公司
江西淦鑫实业发展有限公司
南昌赣顺林业有限公司
江西金乔园林有限公司
江西艺竹实业有限公司
江西省华府豪门装饰制品有限责任公司
南昌华辉木业有限公司
南昌市林业投资发展有限公司
南昌洋浦天然香料香精有限公司

九江市(22家)

江西仙客来生物科技有限公司
江西立信园艺制品有限公司
江西省久木木业有限公司
江西艺邦木业有限公司
九江市中堂生态园林有限公司
九江金太阳科技林业有限公司
江西神州通油茶投资有限公司
修水县金园园林绿化有限公司
九江凌华实业有限公司
九江市鑫森林业专业合作社
九江高生园林苗木专业合作社
九江市庐山区云雾茶有限公司
江西万茂科技有限公司
江西群鹿实业有限公司
江西华昂实业有限公司
江西维森农林发展有限公司
九江升科生态农业发展有限公司
九江鄱雁养殖有限公司
江西宏远喀斯特综合开发有限公司
江西花之海洋苗圃有限公司
江西福欣木业有限公司
永修县吴城久怡养殖专业合作社

景德镇(4家)

浮梁县鑫叶林场
江西景德中药有限公司
江西昌新农业发展有限公司

乐平市伯乐珍禽养殖专业合作社

萍乡市(17 家)

江西福义实业有限公司
江西万通竹木业有限责任公司
萍乡市博昌实业有限公司
江西多盛农林综合开发有限公司
莲花县华翔农林生态科技有限公司
莲花县森美农林开发有限公司
萍乡市源盛祥林业有限责任公司
江西一统林农科技有限公司
江西圣仁碳业有限公司
芦溪县万龙山裕龙农林专业合作社
萍乡市翠涛毛竹专业合作社
萍乡市三友林果园开发有限公司
萍乡市衍龙生态王蛇科技有限公司
江西健航实业有限公司
江西伟兆实业有限公司
萍乡市翔鸿生态资源有限公司
萍乡市仙居农业开发有限公司

新余市(27 家)

分宜县钟氏木业有限公司
新余市泓鹏农村开发有限公司
新余市欣源农业开发有限公司
江西珊娜果业有限公司
新余市天欣源工贸有限公司
新余市信安新型建材有限公司
新余仙女湖景笙农业综合开发有限公司
江西众鑫生态农业开发有限公司
新余市虹桥农业开发有限公司
新余市忠鸿林业开发有限公司
新余市沃丰实业有限公司
江西省新世界有机农业有限公司
新余市新星园林有限责任公司
江西新安农林生物科技有限公司
分宜县湖龙农产品开发有限公司
江西绿阳林业有限公司
江西农科农业发展有限公司
新余市鑫海果业有限公司
江西喜耕田种苗科技股份有限公司
新余市创丰农业生态有限公司
江西顺民农林科技有限公司
江西燕涞农业发展有限公司
新余市建发农业开发有限公司
新余市田丰生态农业有限公司
新余市渝水区东湖林场
江西浩森东方生态科技有限公司
江西凯光新天地生态农林开发有限公司

鹰潭市(4 家)

江西朝兴园林绿化有限公司
贵溪市久润农业发展有限公司
贵溪市华丰竹业有限公司
江西森禾林业科技有限公司

赣州市(56 家)

赣州华劲纸业有限公司
江西华亿木业有限公司
江西省崇义华森竹业有限公司
江西高峰生态农林开发有限公司
赣州金太阳科技林业有限公司
江西兴民再生能源开发有限公司
江西恒泰林业开发有限公司
江西省绿宏实业有限公司
于都县鑫民生态发展有限公司
会昌县远方林牧有限责任公司
瑞金市绿野轩林业有限责任公司
瑞金市柏联实业有限公司
大余县林盛木业有限责任公司
崇义县永乐林源有限公司
江西友尼宝农业科技开发有限公司
江西山村油脂食品有限公司
江西仰山园油茶开发有限公司
崇义县林业投资有限责任公司
江西维平创业家具实业有限公司
江西省崇盛竹业有限公司
南康市文华家瑞家具实业有限公司
南康蓝天木业有限公司
江西红土地实业有限公司
崇义林业股份有限公司
江西省华颐丰生态实业有限公司

瑞金市绵江林业有限公司
定南县黄金坳高山油茶有限公司
兴国宏兴木业有限责任公司
江西省云顺竹木业有限公司
赣州市今日茶油实业有限公司
上犹强旺油茶开发有限公司
江西会昌大自然油茶有限责任公司
赣州市宝葫芦农庄油茶开发有限公司
兴国县浙赣油茶开发有限公司
兴国红天下山茶油有限公司
兴国红土地生态农业开发有限公司
兴国县赣兴油茶发展有限公司
全南厚朴生态林业有限公司
赣州市永森林业发展有限公司
兴国县汇丰林业发展有限公司
于都东森源农林开发有限公司
江西省贵竹发展有限公司
江西仟亿家具实业有限公司
赣州市南康区昭玺家具有限公司
龙南永健竹业有限公司
会昌县中盛雨霖林业发展有限公司
会昌县绿能生态林业发展有限公司
会昌县森辉林业有限责任公司
瑞金市关山林业发展有限责任公司
江西宝生园农业开发有限公司
江西星光现代生态农业发展有限公司
赣州市凌云苗业有限公司
上犹县盛发苗木有限公司
赣州裕丰林业开发有限公司
赣州源丰生态文化旅游发展有限公司
赣州庚艺农业生物科技有限公司

宜春市(58家)

江西康替龙竹业有限公司
江西宏丰人造板有限公司
江西奋发竹木业有限公司
江西福丰木业有限公司
江西绿保木竹有限公司
江西铜鼓县山珠人造板有限责任公司
江西金仁实业有限公司
江西腾达竹木业有限公司
江西铜鼓江桥竹木业有限责任公司
铜鼓县群生林场
江西铜鼓华辉实业有限公司
江西晶粹油茶林基地种植有限公司
江西三高绿健农业有限公司
江西丰顶山农林生态科技有限公司
罗宾有限公司
青龙高科技股份有限公司
宜春元博山茶油科技农业开发有限公司
江西星火农林科技发展有限公司
宜春市阳光家居城有限公司
宜春市沐阳农林科技有限公司
江西飞宇竹业集团有限公司
江西华昌竹业集团有限公司
江西松涛竹业有限公司
江西康达竹制品集团有限公司
江西泰豪竹业有限公司
高安市康丽竹木制品有限责任公司
高安市瑞荣竹木制品厂
江西省远南竹材集团有限公司
江西邓氏园林(集团)有限公司
江西润苗生态植物园有限公司
江西山友实业有限公司
江西北河园生态发展有限公司
上高县林业经济合作社
上高县九峰园林工程有限公司
江西省好口福油脂有限公司
江西御润坊富硒山茶油有限公司
丰城市天缘花木药材有限公司
丰城市森禾花卉园艺有限公司
江西樟树天齐堂中药饮片有限公司
江西邓志平园林绿化有限公司
铜鼓县金轮实业有限公司
江西省金松木业有限公司
宜丰县景笙林业开发有限公司
宜丰县正邦林业开发有限公司
江西天虹木业有限公司
宜春市秀江园林景观工程有限公司
江西丰茂林业开发有限公司
江西超凡木业有限公司
江西金丰食品责任有限公司

高安市智锐竹木制品有限公司
江西省龙润农业开发有限公司
江西翔天木业有限公司
江西博明雨花园林科技发展有限公司
江西省鑫隆农业发展有限公司
宜春蓝玉有机农业开发有限公司
宜春市瓷钰实业有限公司
江西金凤竹业有限公司
樟树市德泰木制品有限公司

上饶市(67 家)

德兴市荣兴苗木有限公司
德兴市兔宝宝装饰材料有限公司
德兴市源森红花茶油有限公司
德兴市畲民油脂化工有限责任公司
德兴市德畅集装箱配套有限公司
德兴市鸿祥木业有限公司
德兴市年年新土特产开发有限公司
江西远泉林业股份有限公司
江西恩泉油脂有限公司
上饶府山实业有限公司
江西清鑫农业开发有限公司
上饶市农丰实业开发有限公司
江西美鑫华农业开发有限公司
上饶市强能农业开发有限公司
江西金标实业集团有限公司
江西绿丰实业有限公司
广丰岭底竹业有限公司
江西吴记园食品有限公司
广丰县丰豪造林有限公司
江西省翔宇农林综合开发有限公司
铅山县天鑫绿化有限公司
铅山县鹅湖远顺生态农业科技有限公司
江西春源绿色食品有限公司
江西三清山绿色食品有限公司
江西三山实业有限公司
江西恒森农林开发有限公司
玉山县绿涛造林工程有限责任公司
玉山县绿清农林开发有限公司
江西省太阳升农业科技发展有限公司
江西省百源木业有限公司
江西好晟好生态农业科技有限公司
江西桐源林业科技有限公司
江西广联农业有限公司
上饶市广信园林绿化工程有限公司
江西省喜果绿化有限公司
江西云河实业有限公司
江西鼎丰植物开发有限公司
横峰县青松绿化有限公司
江西绿野山茶油有限公司
弋阳县艺林农业开发有限公司
玉山县创新农业综合开发有限公司
鄱阳县新水农业发展有限公司
上饶市兴达林业发展有限公司
弋阳县顺弋实业有限公司
江西宏业农林开发有限公司
广丰县飞鹰农业综合开发有限公司
江西玉榧农业发展有限公司
江西博华农林开发有限公司
江西振发农业发展有限公司
江西济泓实业有限公司
江西环鄱湿地生态农业发展有限公司
玉山县蓬发实业有限公司
江西华友农业发展有限公司
婺源县华龙木雕有限公司
江西山旺鹿业特种养殖有限公司
万年县绿源花木有限公司
上饶市上潭实业有限公司
江西澳洋生态农业发展有限公司
上饶县茶园林业发展有限公司
上饶市致诚实业有限公司
江西万年神龙果开发有限公司
江西兴华绿色农业开发有限公司
上饶县金旺林业开发有限公司
江西横峰葛佬葛产业开发有限公司
江西翰雨油茶有限公司
江西省元宝山农业发展有限公司
婺源县乡村文化发展有限公司

吉安市(34 家)

江西绿洲人造板有限公司
江西省金星木业有限公司

新干县恒荣制板厂
新干县林瑞木业有限公司
江西扬宏建材有限公司
江西金安林产实业有限公司
峡江县玉松林化有限公司
江西省吉水县兴华天然香料有限公司
遂川县茂森林场有限公司
永丰县林业局鹿冈林场
江西省宏冠绿色农庄有限公司
万安县祥霖山茶油有限公司
江西闽赣花木有限公司
万安县井冈野猪豪猪养殖专业合作社
江西省青苹园林艺术有限公司
江西绿海油脂有限公司
江西五百里井冈特产有限公司
安福县福源毛竹实验林场
峡江县豫泰木业有限公司
江西晨雨晖实业有限公司
江西省固欧家居实业有限公司
井冈山市井红饰材有限公司
江西福达香料化工有限公司
吉安市高盛生物科技发展有限公司
遂川县碧洲长青毛竹开发林场
江西省新新竹业有限公司
安福县绿洲油茶开发有限公司
江西安邦林业开发有限公司
江西绿巨人市政园林有限公司
江西省金庐园林工程有限责任公司
江西井冈园林实业发展有限公司
江西佑华山生物科技有限公司
江西普正制药有限公司
井冈山市博友农林开发有限公司

抚州市(44 家)

大亚木业(江西)有限公司
江西多木园林有限公司
江西芸林木业有限公司
江西天香林业开发有限公司
江西思派思香料化工有限公司
江西大地长春实业有限公司
江西巨峰竹木业有限公司
东乡县兴林果业有限公司
江西裕林茶花科技开发有限公司
江西艺美家具有限公司
江西绿杉油脂有限公司
广昌县广龙雪松制板有限责任公司
广昌县绿园木业有限公司
抚州远安茗杏绿地花木有限公司
江西天顺生态农业有限公司
江西东伟实业有限公司
江西金山圣实业有限公司
抚州市恒绿云林有限公司
江西宏绿实业有限公司
江西南方林场有限公司
资溪新云峰木业有限公司
资溪县康熊实业有限公司
资溪曼图林业有限公司
江西南丰振宇实业集团有限公司
江西真诚校具实业有限公司
江西华南林业有限公司
宜黄县森源木业有限公司
江西省润邦农业开发集团有限公司
东乡县跃建油茶蔬菜专业合作社
江西吉仁林化实业有限公司
江西红润苗木有限公司
江西雅姿农林开发有限公司
江西银树农林科技开发有限公司
江西省青云园林绿化有限公司
江西艺景园林发展有限公司
抚州苍源中药材种植股份有限公司
江西中天农业生物工程有限公司
江西景田实业有限公司
资溪县华森林场普通合伙
黎川盛世本香林业开发有限公司
江西森冠农业发展有限公司
黎川野趣食品有限公司
江西荣胜艺术有限公司
资溪县大庄竹木制品有限公司

表1　经行政认定的江西林业类中国驰名商标

序号	商标名称	注册人	使用商品	认定时间	地址
1	得尔乐	江西春源绿色食品有限公司	第29类：食用油	2009.4	玉山县
2	斯尔摩	江西省斯尔摩红木家具有限公司	第29类：家　具	2012.4	广丰县
3	源森	德兴市源森红花茶油有限公司	第29类：食用油	2012.12	德兴市
4	恩泉	江西恩泉油脂有限公司	第29类：食用油	2013.12	上饶县
5	振宇	江西南丰振宇实业集团有限公司	第27类：垫　席	2010.10	南丰县
6	吉祥·百得	南康蓝天木业有限公司	第20类：家　具	2012.12	南康市
7	维平	江西维平创业家具实业有限公司	第20类：家　具	2012.12	南康市
8	仙客来	江西仙客来生物科技有限公司	第29类：蘑菇罐头	2012.4	经开区
9	映山	江西康替龙竹业有限公司	第19类：地　板	2012.12	宜丰县
10	月兔	江西月兔企业集团有限公司	第20类：橱　柜	2005.12	广丰县

【2014年林业产业大事记】 **1月15日**　国家林业局和国家标准化管理委员会公布2013年国家林业标准化示范企业名单，飞宇竹业集团有限公司、绿洲人造板有限公司位列其中。

1月21日　省林业厅认定江西淦鑫实业发展有限公司林下种植基地等100家林下经济基地为“省级林下经济示范基地”，安义县尚富种养专业合作社林下养殖基地为“省十佳林下经济示范基地”。

5月14日　江西仙客来生物新科技有限公司、江西康替龙竹业有限公司、全南厚朴生态林业有限公司、新余市天欣源工贸有限公司、江西飞尚林产有限公司、江西春源绿色食品有限公司、青龙高科技股份有限公司、江西山村油脂食品有限公司、江西绿海油脂有限公司等9家林业企业入选首批国家林业重点龙头企业。

5月19~20日　省林业厅在修水县召开全省油茶产业科技(示范)园建设现场会。厅长阎钢军作出专门批示，副厅长罗勤出席会议并讲话。

5月28~30日　国家林业局、江西省人民政府在赣州市南康区共同主办中国(赣州)第一届家具产业博览会。国家林业局党组成员、纪检组组长陈述贤出席并宣布开幕，省委常委、赣州市委书记史文清，省政府顾问、党组成员熊盛文，省林业厅厅长阎钢军等出席开幕式。

5月29日　省十二届人大常委会第十一次会议表决通过《江西省林产品质量安全条例》，于12月1日正式实施。同时通过修正《江西省森林公园条例》。

5月30日　省林业厅印发《江西省保障性苗圃管理办法》，自6月1日起执行，有效期至2019年4月30日。

6月20日　安福明月山林场、新余分宜昌山林场、崇义天台山林场、靖安烟竹林场、永丰官山林场被国家林业局授予“国家储备林示范林场”称号。

8月5日　中国野生植物保护协会授予黎川县“中国香榧之乡”、德兴市“中国红花油茶之乡”称号。

8月中旬　全省首家开展中国产销监管链(COC)认证试点单位——靖安县江西邓氏园林(集团)有限公司通过中国森林COC认证主审。

8月21日　省林业科学院主持制定的《光皮树育苗技术规程》《枳壳培育技术规程》《木荷防火林带营建技术规程》，景德镇市林科所主持制定的《南方红豆杉育苗技术规程》，省林业科技培训中心主持制定的《油茶嫁接技术规程》，被国家林业局列为全国林业行业标准。

8月25日　安福地理标志产品陈山红心杉编入《中国地理标志产品大典》。

8月29日　省林业厅组建由科研、教学、推广和有关国有林场与龙头企业组成的林业科技创新团队，实行首席专家负责制，以松树、杉木、樟树、油茶等八大(类)树种为主导，以种质创新与良种快繁为主攻方向，发展林业主导产业。

8月30日　中国林业产业联合会授予铜鼓县“中国竹键盘之都”称号。

9月4日　遂川县、宜春市袁州区被中国经济林协会复查授予“中国油茶之乡”。

10月11日 江西省家具行业协会、江西省立信集团在瑞昌市联合举办第一届中国中部(九江)红木家具博览会。省林业厅厅长阎钢军出席开幕式。中国家具协会副理事长陈宝光，山西、湖南、湖北、安徽、河南、江西等六省家具协会会长，以及省直有关部门、九江市相关领导和嘉宾共900余人出席。

10月23日 深圳市神州通集团投资10亿元建设神州通油茶产业园项目签约落户星子县。

10月24日 省林业厅印发《关于公布江西省第二批省级保障性苗圃的通知》，确定第二批省级保障性苗圃18个、自繁自用保障性苗圃11个，并取消不符合管理要求的6个第一批省保障性苗圃资格。

11月1日 省林业厅组团参展国家林业局、浙江省政府联合主办的第7届中国义乌国际森林产品博览会。

11月18~20日 中国林产工业协会主办的第二十届全国松香年会在吉安市召开。全国产销区松香、松节油生产、经营、出口、深加工、下游等企业的代表近250人参会。年会以“产业转型，融合创新，和谐生态”为主题，包括主题发言、观点大碰撞和分论坛三大内容。

11月22日 农业部、发展改革委、财政部、水利部、税务总局、工商行政管理总局、林业局、中国银监委、中华全国供销合作总社联合公布国家农民合作社示范社名单，江西新建县绿源井冈油茶专业合作社、九江市鑫森林业专业合作社、乐平市乐北山林木种植专业合作社、芦溪金乌毛竹种养专业合作社、分宜县袁河林业专业合作社、余江县鑫兴营林造林专业合作社、崇义县长兴竹产业专业合作社、兴国县山村油茶农民专业合作社、兴国县红土地油茶专业合作社、铜鼓县林科造林专业合作社、上高县林业经济合作社、玉山县下塘林业专业合作社、上饶县绿源植物苗木经营合作社、泰和县桥头镇店前林业专业合作社等14家农民林业专业合作社在列。

11月28日 国家林业局经济林产品质量检验检测中心(南昌)正式通过省质量技术监督局的资质认证，获得“计量认证证书”和“食品检验机构资质认定证书”。

12月10日 经省政府批准，省林业厅公布《江西省林产品名录(第一批)》，2大类、24种林产品适用于《江西省林产品质量安全条例》。

12月12日 省工商行政管理局发布《江西省著名商标认定公告》，江西康替龙竹业有限公司等83家涉林企业的83件商标被认定为江西省著名商标。

12月19日 省林业厅认定江西云河实业有限公司油茶基地、弋阳县艺林农业开发有限公司雷竹笋基地、抚州市苍源中药材种植股份有限公司金银花基地、九江市还林油茶专业合作社油茶基地、九江市云山油茶科技发展有限公司油茶基地、江西仙客来生物科技有限公司灵芝基地、江西省新光山水开发有限公司枳壳基地、新余市新星园林有限责任公司香橼基地等8个基地为江西省首批森林食品基地。总面积1326公顷，初级产品有油茶、雷竹笋、灵芝、金银花、香橼、枳壳等。

(万发令)

山东省林业产业

【概　述】 2014年，山东省林业产业总产值继续保持平稳增长态势，全年实现林业产业总产值6094亿元，比2013年增加520亿元，增长9.3%，继续位居全国前列，三产比重调整为37:56:7，第三产业比重进一步提高。

分地区看，临沂、潍坊、烟台、菏泽、济宁5市与2013年情况基本一致，林业产业产值继续保持全省前五位，5市产值占到了全省的67.5%。其中临沂林业产业产值继续高居全省首位，达到1202亿元，同比增长4.7%。潍坊、烟台、菏泽紧随其后，产值均超过了700亿元；济宁产值同比增长18.2%，达到493亿元，列全省第五位。从各县(市、区)来看，2014年全省14个县(市、区)林业产业产值超过100亿元，比2013年新增3个(蓬莱市、沂源县、高密市)，其中临沂市兰山区产值达419.8亿元，稳居县级首位；其次是菏泽市曹县达303亿元，紧随其后的是潍坊市寿光县212.5亿元、诸城市189.8亿元、临沂市沂水县176.8亿元、费县166亿元。全省有36个县(市、区)林业产值超过了50亿元，有66个县(市、区)林业产值超过了30亿元，比2013年增加了9个。

从三产比重看，2014年第一产业产值为2273亿元，占全部林业总产值的37.3%，同比增长15%；第二产业产值为3423亿元，占全部林业产值的56.2%，同比增长4.5%；第三产业产值为398亿元，占全部林业产值的6.5%，同比增长24.4%。三次产业的产值结构由2013年的35:59:6，发展到2014年的37:56:7。2014年由于整体经济形势和政策等因素的影响，致使二产比重略有下降，三产比重有所提高，产业结构还有待提升优化。

林下经济产业 2014年全省林下经济发展面积达22万公顷，比2013年增长5.3%；林菌种植产量76.8万吨，同比大幅增长82.4%，农民种植林菌的热情进一步提高；林药种植产量6.8万吨，林禽、林畜、林驯养殖5.5亿只(头)，比2013年分别减少了41.7%和10%；林下经济年产值达281.7亿元，同比增加了3%；年纯收入91.6亿元，带动劳动力就业112.4万人，基本与2013年持平。

林业旅游与休闲服务业 2014年，全省的林业旅游与休闲服务业增长态势较好，产值为245.1亿元，与2013年同期相比增长24.7%，占三产的61.5%，占总产值的4%，在总产值中所占比例有所上升，产业布局更加合理。2014年全部林业旅游与休闲人次达11356万人次，直接带动其他产业产值399.6亿元，与2013年相比分别增长36.4%和14.6%。

进出口贸易 2014年，山东省林产品进出口924.87亿元人民币(149.2亿美元)，同比增长3.1%，其中出口509.09(82.1亿美元)亿元，增长6.5%，进口415.78亿元(67.06亿美元)，下降0.9%。

产业集群发展情况 全省八大主导林业产业发展越来越突出，区域化、规模化、集群化发展趋势更加明显，如临沂的木材加工及人造板产业群，日照岚山区碑廓镇的木材进出口加工贸易产业群，龙口市的果品储藏加工产业群，青州市的花卉产业群，济宁任城区李营的绿化苗木产业群，茌平县的中密度纤维板产业群，费县、宁津县的实木家具产业群，菏泽市的木材加工产业群，齐河县、沂水县的林下种养产业群等，都在当地区域经济中占有较大比重。寿光木材加工业发展迅猛，汇集了鲁丽集团、晨鸣板材、富士木业等一大批知名品牌企业，将打造成山东第一个千亿级产业集群。

【木材生产及林产工业】 以人造板加工为主的木材加工业以绝对优势依然占据全省林业产业的主导地位。2014年，全省的木材加工产业产值为

1916.7 亿元，占二产的 56%，占总产值的 31.5%；其中人造板制造产值为 1330 亿元，占木材加工业的 69.4%，占二产的 38.9%，占总产值的 21.8%，成为山东省名副其实的林业主导产业。2014 年山东省人造板产量为 6659 万立方米，与 2013 年同期略增 3.7%。在全部人造板产量中，胶合板产量 4625 万立方米，同比增长 4.8%，占全部人造板产量的 69.5%，成为山东省的主导产品；以中密度纤维板为主的纤维板产量 1101 万立方米，刨花板产量 367 万立方米，以细木工为主的其他人造板产量 566 万立方米。

从各市情况看，2014 年人造板产量超过 1000 万立方米有临沂、菏泽两市，其中临沂产量为 3392 万立方米，遥遥领先其他市，占全省总产量的 51%，成为名副其实的“板材之都”；其次是菏泽产量为 1337 万立方米，占全省的 20%；临沂、菏泽两市产量占了全省总产量的 71%，成为我省板材加工主力军。

此外，2014 年全省木竹地板产量 7391 万平方米，比 2013 年产量减少 4.9%，其中实木复合地板产量为 5244 万立方米，比 2013 年减少了 6.9%；锯材产量为 1443 万立方米，比 2013 年增长 11.9%，木片、木粒加工产品 2075 万实积立方米，与 2013 年同期相比产量有所下滑。

【经济林及种苗花卉业】 水果、坚果种植和采集　以水果、坚果等作物种植和采集为主的经济林依旧保持第一产业的主导地位。2014 年，以水果、坚果、茶等作物种植和采集的经济林产值为 1282.8 亿元，占一产的 56.4%，依旧保持了一产的主导地位；截至 2014 年年底，全省各类经济林实有结果面积达到 101.9 万公顷，产量达 1914.4 万吨，与 2013 年基本持平，其中水果产量为 1792.3 万吨，干果产量为 98.7 万吨，毛茶等林产品饮料产量为 9.7 万吨，均与 2013 年同期基本持平。

林木的育种育苗及花卉产业　山东省的种苗花卉业近几年发展迅速。2014 年林木的育种和育苗产值为 416.2 亿元，占一产的 18.3%；花卉及其他观赏植物的种植产值为 250.8 亿元，占 11%；2014 年全省育苗面积 193859 公顷，比 2013 年增长 13.6%，其中当年新增 50764 公顷。花卉种植面积 159718 公顷，全省花卉市场达 430 个，花卉企业 3571 个，花卉从业人员 48.2 万人，成为全国北方重要的花卉苗木基地，有力地促进了山东经济发展和社会就业。

【龙头企业】　目前山东省共有 446 家龙头企业，涵盖了人造板生产、家具制造、果品加工、种苗花卉、木浆造纸、园林绿化、林下经济等各个林业领域。2014 年修订了全省林业龙头企业评审认定办法，在企业自愿申报，县、市林业主管部门审核推荐的基础上，组织十几位专家进行了综合评审，218 家申报企业中 144 家通过了省级龙头企业评审认定，制发了证书和匾牌。

全省共有 7 家国家级林业龙头企业，分别是菏泽尧舜牡丹生物科技有限公司、山东霞光实业有限公司、山东贺友集团有限公司、山东新港企业集团有限公司、东营正和木业有限公司、鲁丽集团有限公司和诸城市松源木业有限责任公司。山东鑫迪家居装饰有限公司、山东立晨集团有限公司、青岛彬圣木业有限公司 3 家企业被评为中国林业产业木门及木结构诚信企业。山东太阳纸业股份有限公司、山东华泰纸业股份有限公司、山东潍坊恒联浆纸有限公司、山东潍坊恒联铜版纸有限公司获得首届中国林业产业创新奖(林浆纸类)。

山东省人造板产量一直居于全国前列。以临沂新港集团为例，是全国木模板协会、胶合板协会会长。主营产品是高档建筑模板和木制品，年产胶合板 30 万立方米，产值 15 亿元，主要销往欧洲、美洲、非洲、东南亚的多个国家和地区。近两年销售受欧债危机影响，国外销售量下滑，正积极开拓国内市场，创建国内消费的高端路线。

诸城顺合木业有限公司，是一家生产销售实木家具、自营出口创汇的外向型企业，拥有国外森林资源采伐权 80 平方千米。主要生产依娃椅、桦木椅、柞木系列椅子、松木床等近 40 个品种，年产值 12000 万元人民币，产品主要销往西欧、北美等几十个国家和地区。该企业最大特点是拥有较大数额的国外森林资源采伐权，为省内解决资源不足问题提供了较好的解决途径。欧美尔家居置业有限公司，是国内最大的集家具生产、研发、产品展示、销售为一体的基地之一。目前，公司总资产15亿元，占地总面积42万平方米，产品展馆12万平方米，员工2600人。年生产能力达到软体家具10万件套，板式家具20万件套，床垫30万件。整体的研发和生产实力，使其在家具行业独树一帜，国内市场稳定。

山东省的种苗花卉业近几年发展迅猛。全国十大园林苗木企业在山东均有生产基地，很多大型企业转产转业到苗木行业求新发展和突破。山东阳光园林建设有限公司、山东东方花卉有限责任公司等在全国园林花卉市场中均占据一席之地。山东阳光园林建设有限公司在山东、新疆等地建有6处苗圃，总育苗面积达1万余亩，是中国北方地区最优秀的集科研、生产、销售于一体的苗木生产企业。山东东方花卉有限责任公司拥有高档智能化温室80000平方米，年产盆花500万盆(株)，草花800万盆，培育林木和脱毒蔬菜种苗5000万株。年完成产值20445万元，利税2211万元。

山东省木浆造纸产业不断发展，在获得"中国轻工业造纸行业10强企业"称号中，山东省有两家龙头企业获此殊荣，分别是华泰纸业有限公司、山东晨鸣纸业集团股份有限公司。此外，山东省正大纸业等造纸企业也在造纸行业中居于前列。山东晨鸣纸业集团股份有限公司是以制浆、造纸为主业的大型上市企业集团，总资产260多亿元，年纸品生产能力400万吨，进入中国企业500强和世界纸业50强。主导产品为高档铜版纸、白卡纸、轻涂纸、新闻纸、双胶纸、电话号簿纸、静电复印纸、箱板纸、书写纸、高密度纤维板、强化木地板等。山东华泰集团是集造纸、化工、印刷、林业等于一体的国家大型企业，中国最大的新闻纸制造企业，"十一五"期间，华泰集团计划总投资100多亿元陆续增上"林纸一体化"国家重点技改项目。公司现有员工15000余人，总资产300亿元；年造纸生产能力400万吨，化工及造纸助剂200万吨，年承接印刷能力50万色令。

果品加工企业中，青岛沃林蓝莓果业有限公司是一家专业从事蓝莓种苗繁育、基地种植、果品加工、销售及进出口业务的大型综合性现代农业企业。公司成立以来，先后投资2.5亿元人民币，建成了包括苗木繁育基地在内的36个规模化基地，总面积逾15000亩。同时，沃林始终将"食品安全"放在首位，沃林共有7个大型产果基地通过了日本JAS有机认证及中绿华夏有机认证，其中4个基地通过了欧洲GAP认证；1个基地获得商检局出口基地备案；蓝莓冻果通过了ISO22000食品安全管理体系认证。

(姜　敏　郑汝志　杨　涛　宋　云)

河南省林业产业

【概　述】

产业成就　2014年，河南省共完成林业产值1490.84亿元，较2013年同期增长17.99%，林业产值实现持续稳定增长。其中一、二、三产业产值分别为707.6亿元、624.24亿元、159亿元，占总产值的47.46%、41.87%、10.67%。同比增长了71.98亿元、113.2亿元、42.17亿元，同比增长率为11.32%、22.15%、36.1%。第一产业共完成产值707.6亿元。其中森林培育与采伐139.64亿元%，占19.73%；非木材林产品的培育与采集536.64亿元，占75.84%；林业系统非林产值31.31亿元，占4.42%。第二产业共完成产值624.24亿元。其中木材加工和木、竹、藤、棕、苇制品制造343.26亿元，占54.99%；以木、竹、藤家具制造71.84亿元，占11.51%；以木、竹、苇浆造纸和纸制品76.44亿元，占12.25%；林产化学产品制造1.32亿元，占0.21%；非木质产品加工制造业115.34亿元，占18.48%；林业其他相关活动14.05亿元，占2.25%；林业系统非林产业1.99亿元，占0.32%。第三产业共完成产值159亿元。其中林业生产服务4.55亿元，占2.86%；林业旅游与休闲服务109.14亿元，占68.64%；林业生态服务28.27亿元，占17.78%；林业专业技术服务4.12亿元，占2.59%；林业公共管理及其他组织服务12.04亿元，占7.57%；林业系统非林产业0.89亿元，占0.56%。

2014年，第二、三产业产值同比增幅较第一产业产值明显，一、二、三产业产值比例由2013年的50.31:40.45:9.24调整到2014年的47.46:41.87:10.67，第一产业比重持续下降，第二、三产业所占比重继续提升，第三产业较第一、二产业增速仍然具备明显优势，产业结构不断得到调整。

【龙头企业】　依据《河南省林业产业化重点龙头企业认定监测管理办法》（豫林产〔2010〕171号），在各省辖市、省直管县监测推荐的基础上，组织有关专家对2012年认定的林业产业化重点龙头企业和新推荐上报的企业进行了复审认定，好想你枣业股份有限公司等355家企业被确认为省级林业产业化重点龙头企业。

河南省林业产业化重点龙头企业的健康发展，着力推进了全省林业产业化进程，充分发挥了龙头企业辐射带动作用，进一步加快技术创新步伐，提高了林业管理科学化水平，提升了组织化程度；龙头企业坚持为林农服务的方向，通过采用基地加农户等方式，搞好产销衔接和技术服务，与林农建立利益联结机制，提高带动农户致富的能力；积极引进国内外资金、技术和人才，不断拓展国内国际市场，进一步提升全省林产品国际市场竞争力，为发展河南林业事业、建设富强河南、美丽河南作出了新的贡献。

【国家储备林建设情况】　2014年，国家林业局速丰办安排河南省国家储备林划定任务90万亩，全省严格按照《国家储备林划定办法（试行）》，全面完成国家储备林划定工作任务。全省划定的国家储备林涉及9个省辖市（含省直管县），18个县（市、区）中的25个国有林场和2个林农专业合作社。主要分布在豫西、豫南山区和豫东平原，主要承储树种为枫香、水曲柳、栎类、柏木、楸树、刺槐、黄山松、马尾松、火炬松、落叶松、杉木、杨树等乡土珍贵树种和大径级材树种。现划定国家储备林面积90.6万亩，为划定任务的100.71%，已超额完成划定任务数。按权属分，国有林面积86.7万亩，集体林面积3.9万亩；按起源分，天然次生林面积48.9万亩，人工林面积41.7万亩；按龄组分，中龄林面积70.6万亩，近熟林面积15.2万亩，成熟林面积4.8万亩。培育大径级材面积24.1万亩、珍贵用材林面积66.5万亩。划定后备林面积9.4万亩。

【森林旅游资源及利用】 河南省现有森林公园116个，总面积30.14万公顷，其中2014年全省国家级森林公园数量由原来的30个增加到33个，面积由11.98万公顷增加到12.91万公顷；省级森林公园数量由原来的75个增加到83个，面积由14.51万公顷增加到17.23万公顷。截至2014年年底，全省森林公园职工总人数达到7744人，导游1279人，社会旅游从业人员37735人，年接待游客2941.69万人，旅游总收入128948.58万元，2014年全省森林旅游接待游客数量达到3960万人次，森林旅游业直接收入达到比2013年增长10%，为社会创造了更多的就业机会，充分发挥了森林公园的经济、生态、社会效益及强劲的带动作用。

【林业科技创新与教育发展】 2014年，河南省林业系统申报国家林业局2015年度公益性行业专项项目3个、948项目3个，组织厅直单位申报2015年度中央部门预算监测运行补助项目2个、国家农业科技成果转化资金项目1个。新争取国家林业局公益性行业专项项目1个，948项目2个。组织验收国家行业公益性专项项目4项，948项目2项。全省22项林业科技成果参加河南省林业厅科技进步奖评选工作，有11项获一等奖，7项获二等奖，3项获三等奖。

围绕林业生态省提升规划建设要求，按重点林业工程类别，继续狠抓西峡等10个科技支撑示范县(市)建设。按照年度工作目标，继续推进各省辖市林业科技示范园区的建设，各地实际建立林业科技示范园区25个。许昌、新乡、漯河、洛阳等新建了一大批林业科技示范基地。

据统计，2014年全省各级林业部门共开展送科技下乡5000多次，受培训林农达到70多万人次，发放林业科普宣传资料180多万份，受教育总人数达到230多万人次。

【林业产业国际合作】 完成了欧洲投资银行贷款，河南珍稀优质用材林可持续经营项目的前期准备工作。欧投项目总投资58105.94万元，建设总规模41950公顷，涉及全省27个县(市)。建设期5年。经过认真准备，2014年2月18~25日，欧投项目评估组对河南省宜阳等10个项目县进行了评估。4月份，项目可行性研究报告得到省发改委批准(豫发改外资[2014]629号)。5月，向省财政厅呈报了项目资金申请书(豫林函[2014]84号)。6月，省财政厅组织专家对项目进行了评审，出具了项目评审意见书，并报送财政部。8~9月，委托省林业调查规划院开展了项目总体设计工作，规范了项目造林设计。分别参加了国家林业局世行中心在江西和北京举办的欧投行贷款林业培训班，就项目支付、项目提款和支付报账、对森林认证理念及相关程序、项目绩效监测和询价采购等内容进行了培训。项目启动实施的各项准备工作全部完成。

【2014年林业产业大事记】 **1月11日** 组织河南省林业调查规划院及有关单位专家组成评审委员会，对河南省国有尉氏县林场、商丘市民权林场、虞城县林场、宁陵林场、信阳市南湾实验林场、商城黄柏山林场、固始林场2013年木材战略储备基地示范项目作业设计进行了评审。

2月 组织完成了2013年度河南省林业产值统计情况分析报告，2014年12月完成了全省2014年林业产值目标完成情况的核查工作；

2月18~25日 以苏拉库先生为组长的欧洲投资银行贷款河南珍稀优质用材林项目评估组一行11人分两个小组对该项目开展了评估工作。欧洲投资银行贷款河南珍稀优质用材林项目建设期为5年，总投资58105.94万元，建设总规模41950公顷，主要树种为楸树、银杏、黄连木、檫木等珍稀优质用材树种。项目区涉及郑州、开封、洛阳、安阳、鹤壁、许昌、三门峡、南阳、商丘、信阳、周口等11个省辖市的27个县(市、林场)。

3月20~21日 参加了在贵州召开的全国林业产业年鉴工作会议，2014年河南省再次荣获《中国林业产业和林产品年鉴》编撰工作特等奖，年鉴编辑工作得到了年鉴编辑部的充分肯定。同时圆满完成了全省2013年度《中国林业产业和林产品年鉴》数据录入的网上填报工作。

4月2~6日 日本三重县环境森林部课长、三重县日中友好协会副理事长花井伦大先生一行访问河南。访问期间，参加了第八届中国(河南)

国际投资贸易洽谈会，考察了部分林业产业化龙头企业，赴嵩县和光山实地考察了2013年和2014年的造林成效，调查了苗木、化肥、农药价格以及施肥情况。

4月10日 召开了河南省林业产业工作会议，全省各省辖市、省直管县林业局主管副局长、负责产业工作的部门负责人参加了这次会议。会议贯彻落实了全省林业局局长会议精神，总结回顾了2013年全省林业产业工作，安排部署了2014年林业产业工作的重点，李军副厅长在会上作了重要指示。

5月28~30日 组织兰考三环华兰实业集团、登封市嵩山木业有限公司、河南省艾迪嘉家具有限公司等家具龙头企业和部分市县主管局长、产业科长参加了于在江西省赣州市南康区举办的第一届中国(赣州)家具产业博览会。

6月10日 组织周口大河林业有限公司、河南豫人木业有限公司、长葛市翔宇制板有限公司、长葛市板业协会、长葛市林业局等单位参加了在武汉召开的，华中地区"纤维板、胶合板"市场期现结合研讨会。

6月19~20日 省产业发展中心(省林业厅速丰办)在信阳市商城县举办了河南省国家储备林划定培训班。各有关省辖市、省直管县林业局负责国家储备林划定工作的科长，23个国有林场主管业务场长、负责划定工作的专业技术人员参加本次培训。

7月23~26日 完成了迎接国家林业局速丰办黄采艺副主任一行，到河南省督导检查国家储备林划定工作。国家林业局督查组在省林业厅李军副厅长和产业中心人员的陪同下，分别到洛宁县吕村林场、洛宁县林业局楸树基地、卢氏淇河林场、卢氏东湾林场、陕县窑店林场进行了实地督查，听取了林场划定工作情况汇报、存在问题及建议，并与省、市、县林业主管部门领导以及林场班子、技术人员进行了座谈。

8月12日至12月30日 收集整理申报材料并组织有关专家对2012年认定的林业产业化重点龙头企业和新推荐上报的企业进行了复审认定，评定确认好想你枣业股份有限公司等355家企业为省级林业产业化重点龙头企业。为及时掌握重点龙头企业运行情况，对省级林业产业化重点龙头企业实行动态管理，定期监测。

8月26~28日 组织河南省平顶山等4市、13个县的林业局主管局长、产业科长及企业人员共40余人参加了第三届中国(伊春)国际森林产品博览会。

9月19~22日 组织商丘、濮阳两省辖市及所属县的部分林业局主管局长、产业科长及企业代表共60余人参加了第十一届中国(菏泽)林产品交易会。河南省林业企业与各地参展企业进行了广泛的交流和洽谈，积极推介省内名、特、优林产品。

10月14~15日 协助国家林业局速丰办在河南省郑州市组织召开了全国林业国际贷款暨木材基地建设信息宣传工作座谈会。

11月1~4日 参加了在浙江义乌召开的第七届中国义乌国际森林产品博览会。本届森博会，河南省共有10多家企业的30余种(系列)林产品分24个标准展位进行了展示，前来河南省展区参观、询问、品尝森林食品的人员络绎不绝。另外开封、洛阳、安阳、新乡、漯河、三门峡、南阳等省辖市组织当地企业家40余人携带本地项目推介材料到会进行宣传推介，达到了预期的效果。

12月11~12日 日本三重县日中友协事务局长小信一郎与日本铃鹿木材株式会社一行5人日本考察团来我省考察木材出口方面事宜，并到登封市嵩山木业有限公司、河南阿凡达精工家具有限公司、尉氏县华誉木业有限公司、河南省艾迪嘉家具有限公司、盛阳木业有限公司进行了参观考察和双方合作洽谈。

12月26日 根据《国家林业局、国家标准化管理委员会关于公布2014年国家林业标准化示范企业的通知》(林科法〔2014〕201号)，河南省河南四季春园林艺术工程有限公司、兰考三环华兰实业集团、艾迪嘉家具有限责任公司和夏邑县金展木业有限责任公司4家公司，被国家林业局和国家标准化管理委员会确定为2014年国家林业标准化示范企业，期限自2015年1月至2017年12月，此次评选全国共有46家企业通过审核。

(肖武奇　周晶晶)

湖北省林业产业

【概　况】 2014年，湖北省坚持以民生为本，把发展林业产业、促进群众就业和林农致富作为林业建设和“四化同步”的战略选择，推进林业产业升级转型，林业产业继续呈现良好的发展态势。一是借力首届中国武汉绿色产品交易会，招商引资63个林业产业项目，吸引投资213.6亿元。二是继续依靠科技支撑，发挥林业职业教育集团、北京林业大学、华中农业大学等高等院校技术专家在我省林业企业发展中的指导作用。三是进一步稳定和完善与国家开发银行湖北分行等金融支持机构的战略合作。四是继续发挥各级龙头企业带动作用，新增省级林业龙头企业80家，省级林业龙头企业数达到431家，其中9家企业入选首届国家级林业重点龙头企业。五是拓展林业产业领域，大力发展油茶、油用牡丹等新兴特色产业，推进林电、林油、林纸等一体化发展，提升产业层次和水平。

2014年，全省林业产业总产值达到1737亿元，比2013年增长21.34%。其中，第一产业产值702.2亿元，比2013年增长10.1%，占总产值的40.4%；第二产业产值708.4亿元，比2013年增长22.5%，占总产值的40.8%；第三产业326.4亿元，同比增长51.6%，占总产值的18.8%。在产业总产值中，涉林产业产值为1668.8亿元，占总产值的96.1%；林业系统非林产业产值68.2亿元，占总产值的3.9%。2014年，全省林业产业总产值增幅虽有所下降，但整个产业仍延续了迅猛的发展势头，尤其是第三产业发展更快，一、二、三产业结构更趋合理。

【木材及人造板业】 全省木材产量227.47万立方米，同比减少9.7%。竹材产量为3414.4万根，同比增长3.5%。锯材产量115.7万立方米，同比增长30.2%。人造板产量591.5万立方米，比2013年增长18.1%。其中，胶合板产量149.2万立方米，同比增长26.6%；纤维板产量298.7万立方米，同比增长15.7%；刨花板产量78.8万立方米，同比增长65.5%，其中定向刨花板54.5万立方米，增长了42.1%；细木工板产量64万立方米，同比下降6%。胶合板和刨花板继续强劲增长的势头，中高密度纤维板增长势头减缓，细木工板出现萎缩。木竹地板产量3181万平方米，同比增长2.6%。松香类产品产量20235吨，比2013年增长2.3%。

【经济林及花卉业】 全省经济林及花卉产业稳步发展。新造经济林面积5.13万公顷，略少于2013年，其中新造油茶林1.7万公顷，与2013年基本持平。经济林产品总量达到667.4万吨，比2013年增长5.6%，产值达到472.5亿元，同比增长9.6%。全省年末花卉种植面积达4.8万公顷，比2013年增长11.6%；年产切花切叶9386万支，比2013年增长7.4%；盆栽植物12441万盆，基本与2013年持平；观赏苗木29669万株，比2013年增长7.8%。全省现有花卉市场265个，花卉企业1302个，花农40194户，花卉从业人员11.7万人，其中专业技术人员1.4万人，专业技术人员占比11.8%，比2013年提高了1.4个百分点；全年花卉种植业产值达到63.3亿元，比2013年增长41.2%。

【森林旅游业】 全省森林公园、自然保护区旅游等林业旅游与休闲服务共接待5314万人次，比2013年增长了25.1%。林业旅游和休闲服务业直接收入199.4亿元，比2013年增长37%；直接带动其他产业产值530.8亿元，同比增长4.5%。森林旅游和休闲服务业接待人次和直接收入继续保持高增长态势，带动其他产业的增长趋势有所减弱，生态产业对人民群众生活质量提高和就业机会的提供作出了重要贡献，对地方经济的发展起着重要推动作用。

【木本油料】

油茶产业 截至2014年年底，全省种植油茶320万亩，其中当年新造27.6万亩，重点区域分布在武汉、黄冈、咸宁、黄石、孝感和随州等地区，麻城市、阳新县、通城县、谷城县、黄陂区、崇阳县、嘉鱼县、松滋市、恩施市、京山县、英山县和大悟县等12个县(市、区)列为全国油茶产业发展试点示范县，国家发改委每年安排项目资金1000余万元支持示范县建设，省财政安排1000万元支持油茶种质资源建设。全省共布局油茶定点苗圃28个，每年新培育嫁接4000~5000万株，培育两年生留床苗3000万株左右，供求基本平衡。油茶育苗均采用容器育苗，推广使用轻基质容器育苗，培育两年生合格苗上山造林，成活率高、效果好。积极开展了油茶良种的选育工作，补充了油茶良种上的不足。加强技术攻关，组织编写并出版了《油茶种植新技术》《油茶丰产栽培实用技术》两本专业书籍，编制了《油茶芽苗砧嫁接容器苗培育技术规程》《油茶采穗圃营建技术规程》《油茶丰产栽培技术规程》和《油茶低产林改造技术规程》等4项技术规程，成功研制出油茶轻基质容器育苗的科学配方和育苗技术。全省各地通过积极扶持油茶加工企业，培育龙头企业，油茶加工产业得到快速发展。据统计，全省现有油茶加工企业40家，全省企业年设计加工能力达到40万吨，其中年设计加工能力达到1万吨以上的企业有12家。全省干茶籽年产量7.5万吨，茶油产量达到1.8万吨，年产值达到15亿元。华饴木本油脂有限公司、黄袍山绿色产品有限公司、阳新富川油脂有限责任公司、四季春茶油有限公司、汇澄茶油股份有限公司等5家企业被授予“国家油茶产业重点企业”；黄袍山绿色产品有限公司、四季春茶油有限公司、正全科技开发有限公司获得首批“国家林业产业化重点龙头企业”称号。

核桃 核桃是湖北另一重要木本油料作物，近几年来，在全省各级政府大力引导下，由市场主导、社会参与，全省核桃产业得到快速发展，生态效益、经济效益、社会效益明显体现。全省共有核桃种植面积266万亩，主要分布在十堰、恩施、宜昌、襄阳、神农架、随州等地区，保康、兴山、秭归、长阳、巴东、郧西、郧县和竹溪等9个县(市、区)种植规模达10万亩以上，其中房县48.7万亩，保康县47万亩。全省当年新培育嫁接苗5860亩，计2000万株，销售1172万株，品种主要有清香、香玲、辽核、房陵1号、楚兴、秭林1号等。全省现有核桃加工企业24家，2013年全省核桃干果产量达到1.84万吨，目前核桃加工还主要以简单加工成干果为主，也有一些生产加工核桃仁、核桃油、核桃饮料等，但尚处起步阶段。

油用牡丹 油用牡丹作为新兴的木本油料作物近年来在湖北省取得较快发展。省委省政府高度重视油用牡丹产业，从2014年起省财政每年安排专项资金500万元，重点支持油用牡丹种质资源圃、良种繁育基地和示范基地建设，在资源收集、良种选育、种苗繁育和栽培管理等方面已具备了良好的研究基础与技术储备。全年全省完成油用牡丹育苗1000亩，出苗2.5亿株，造林1.2万亩，组织编制了《湖北省油用牡丹产业发展规划(2014~2025年)》。湖北是牡丹野生种群主要分布区之一，全国9个野生牡丹种群有5个种和1个亚种属我省原生。分别是紫斑牡丹、卵叶牡丹、杨山牡丹、保康牡丹、红斑牡丹和林氏牡丹(亚种)，占全世界原生野生牡丹种一半以上。湖北省保康县野生牡丹是全国乃至世界牡丹重要发祥地之一。保康野生牡丹不仅历史悠久、分布广泛、保存完整、人工栽培面积大，而且气味芳香、结籽量大、出油率高、生长适应性强，是非常适合发展油用牡丹的种质资源类群。保康紫斑牡丹通过了省林木良种审定委员会良种认定，并以省林业厅2号公告予以发布。

【林下经济】 据统计，全省从事林下经济活动的县域林地面积834.89万公顷，其中适宜发展林下经济的集体林地面积234.62万公顷，占林地面积的28.10%。已利用林地发展林下经济面积1196万亩，占适合发展林下经济林地面积的39.95%。在发展林下经济林地面积中，林下种植面积499.83万亩，林下养殖面积279.3万亩，采集加工面积395.4万亩，森林景观农家旅游利用面积21.45万亩。全省共建立林下经济示范基地144

个，其中省级示范基地20个，从事林下经济专业合作组织达到783个。全省林下经济建设区域总人口4880.63万人，其中从事林下经济经营人口达到369.04万人。在林下经济经营活动中，从事林下种植21.49万人，林下养殖58.30万人，采集加工37.42万人，森林景观利用31.83万人。2014年林下经济产值达160多亿，林下经济发展区域农民年人均纯收入6412元，其中来自林下经济纯收入1164元，占人均年收入的18.15%。在林下经济纯收入中，林下种植491.7元，林下养殖315.4元，采集加工166.4元，森林景观利用190.3元。目前，湖北省林下经济产业发展已涵盖种植、养殖、采集加工、森林景观和生态旅游等多个产业。其中林下种植业面积最大，已开展林下种植茶叶、黄豆、花生、红苕、瓜果、蔬菜、花草、苗木、中药材、食用菌等作物；林下养殖分布全省12个市州的78个县市，已开展养鸭、养鸡、养猪、养牛、养羊、养兔、养蜂、养蚯蚓和野生动物驯养繁殖等近100个品种；森林景观旅游日渐火热，开展了休闲度假、生态旅游和餐饮服务等经营活动，林家乐(农家乐)等利用点达到7183个，游客数量达到546.95万人/次。

【区域性特色经济】

荆州市杨树产业链建设 截至2014年年底，全市速生丰产林达320万亩，人造板生产量达81万立方米，加工纸品达50万吨，年加工产值达120亿元，林业总产值达164亿元；创建中国驰名商标3个，中国名牌3个，湖北名牌1个，形成了以石首杨树科技产业园、荆州拍马林浆纸科技产业园、监利林工一体化科技产业园等现代林业科技产业园区为平台，以吉象、拍马、东森、森鑫等林业产业化龙头企业为骨干，以海富家具等17家省级林业产业化龙头企业为基础的林业产业体系。一是创新机制发展杨树基地。采取“林水结合”“林路结合”“林庄结合”和洲滩造林等模式，鼓励引导森工企业在帮助村组疏浚沟渠、推进通道绿化、乡村绿化的同时，获得沟渠、道路、农庄绿化的承包经营权造林。实施退耕还林、长江防护林、日贷造林、防病抑螺造林等工程项目，对森工企业自办工业原料林基地给予项目资金支持，近五年累计造林120多万亩。同时引导森工企业和林农联办基地，通过合股、参资、订单等多种形式发展原料林。二是大力推进产业园区建设。一批产业关联度高、示范效应好、带动功能强的产业园应运而生，发展加快。杨树产业建设呈现出集约化、园区化、集群化的发展态势。三是大力拓展产业发展空间。积极引导企业利用现有的产品拓展生存和发展空间，向家具产业和工艺品产业迈进。

咸宁市楠竹产业 咸宁市是全国闻名的“楠竹之乡”，全市现有竹林面积160万亩(楠竹156万亩)、立竹量2.5亿株，年产楠竹2200万株，2014年实现竹产业产值18亿元。一是竹林基地颇具规模。2014年，全市新造楠竹3.68万亩，超额完成3万亩年度目标任务。全市建成万亩以上基地26个，其中赤壁官塘驿、陆水湖连片基地分别突破10万亩，咸安汀泗桥、大幕基地规模都在5万亩以上。二是园区建设稳步推进。规划兴建3平方千米的竹产业园，市区两级政府先后投入园区建设资金2亿元。目前，园区一期工程基本完成，重点完成1100余亩土地平整；建成3条园区道路，完善水电等配套设施，实现交通循环。三是产业招商卓有成效。扶持、引进具有一定规模的楠竹加工企业20余家，协议投资额17亿元，建成投产后可实现年产值60亿元。巨宁竹业、江南春竹业、鑫科竹业、天和鑫鑫竹业等企业顺利投产，竹产品主要涉及板材、工艺品、日用品、食品、高新技术品等六大系列600多个品种，其中有23个产品先后荣获全国竹(林)业博览会金奖。四是科技示范初见成效。大力推广楠竹深翻垦复、护笋养竹、号竹钩梢、适时追肥、防虫治病、分类采伐等丰产技术，促进了楠竹立竹数量和质量的提升。林业部门印发《楠竹丰产栽培技术手册》5万份，培训技术骨干1.5万人次，指导竹农按照《竹林示范基地建设技术标准》改造竹园，成功创建“国家楠竹生产综合标准化示范区”五是竹林旅游方兴未艾。全市初步形成了鄂南大竹海以及随阳、大幕、黄龙、金沙、九宫、潜山等竹生态旅游景区体系，2014年接待游客量达280万人次。

随州市兰花产业 随州是全国惠兰主产区，是中国野生植物保护协会认定的“中国兰花之乡”。

该市已发现的兰花品种达121种，数量在2亿株以上，随州兰花在全国兰博会中多次获奖而享誉海内外，被中外兰商誉为继日本、韩国之后的第三大兰花产地。全市有近4万多人常年从事兰花采集、培育、经营活动，年交易额达5000万美元以上。

宜昌市林业产业加快转型发展 宜昌市是天保工程重点地区，木材禁伐限伐一度让"以木为主"的林业产业陷入低谷。"十二五"期间，该市不断优化调整林业产业结构，第一产业占比从"十一五"期末的68.27%降至2014年的56.27%，第二、三产业总体占比增加12个百分点，达到43.73%(全国接近60%，德国超过80%)，以木、竹、藤、棕、苇制品制造，家具制造及林产化工为主的第二产业稳步增长，以森林旅游业及林业生产性服务业为主的第三产业增长了8倍，已占到林业总产值的27.76%。2014年，全市林业社会总产值215.06亿元，是"十一五"期末(2010年)的3倍，年均增长18.61%，稳居全省市州前列，远超同期国民经济增速。林业经济贡献率从2010年的4.66%增加到2014年的6.87%，林业产业作为低碳、环保、可再生、可持续的朝阳产业，在国民经济中占有越来越重要的地位。一是林产加工业在结构调整中逐渐恢复，可持续发展的立体型产业体系雏形逐步显现。全市林产加工重心逐步由人造板、纤维板等木材资源加工转变到木材、林化、林药鼎立的产业体系，单一的产业结构被打破，主要林产品涉及人造板、单宁酸、松香、家具、茶多酚、木本油料、森林食品等100多个品种和种类，已初步形成了木制品及新材料、林产化工、干鲜果茶、森林蔬菜、中药材、森林旅游、种苗花卉、木本油料等九大优势产业。二是林业特色新兴产业发展迅猛，集约化经营程度明显提高。木本油料、种苗花卉、林下经济等特色新兴主导产业发展势头强劲。截至2014年年底，全市建设木本油料基地94.2万亩，种苗花卉基地面积达15万多亩，开展林下种养殖148万亩。三是全面深化林业改革，创新发展全面提速。深入推进集体林权改革，积极探索试点国有林场改革，使林业资源优势不断释放，促进了林业产业大基地、大园区、大龙头、大品牌的形成和成长。全市建林产品种植基地400多万亩，国家级林业生物产业园1个，省级现代林业科技产业园4个；扶持发展省级林业龙头企业57家，市级林业龙头企业58家，各类林业专业合作社760家，全市林产品拥有中国驰名商标8件，湖北省著名商标产品8个、湖北名牌产品称号9个，以及30多个名优和地方特色产品。

咸安区桂花特色产业 桂花是咸安区特色资源，2000年6月，国家林业局和中国花协命名咸安区为"中国桂花之乡"，为打造"香城泉都"提供了极佳的发展机遇。2014年桂花产业产值2.73亿元。一是桂花资源保护有力。该区现有桂花面积7万亩，其中苗圃基地2万亩，栽植各类桂花420万株，桂花苗木12000多万株。产花树和试花树120多万株，年产鲜桂花50多万千克。百年以上挂牌保护古桂树2503株，其中桂花古树群26个，1936株；散生567株。在古桂中，一级古桂7株，二级145株，三级2351株。为了保护好现有桂花资源，咸安区在桂花镇柏墩村设立面积为1.2万亩的省级桂花自然保护小区，并将保护小区范围内的森林纳入了省级公益林进行保护和补偿。同时，对桂花大树(地径8厘米以上)采挖执行"区政府审批，林业部门监管"的管理机制，严格控制桂花大树过度采挖；对挂牌桂花古树(树龄100年以上)签订管护合同，区政府按每年每株30元标准给管护人补贴管护费。二是桂花加工产业加速发展。现有规模以上桂花加工企业4家，分别是咸宁市咸安区桂源红酒业有限公司，咸宁八月花食品有限公司、咸宁市咸安区清香桂花制品厂、湖北省咸宁市天源生物科技有限责任公司。产品有桂花茶、桂花酒、饮料、糕点、桂花浸膏、香精等50余个。桂花产品畅销全国20多个省(区、市)，销往日本、欧美和东南亚10多个国家和地区。2014年，全区桂花加工企业实现产值9500万元，上激税款100多万元，从业人员超过200人。三是桂花苗木繁育方兴未艾。全区有桂花苗圃2万亩，种植桂花苗木12000万株，桂花育苗户3300多户，年销售桂花小苗4000万株，大苗50多万株，销售收入超过1.2亿元。

【林业产值过十亿元县市区】 2014年全省林业产

值过十亿元的县市区有58个：谷城县、南漳县、保康县、荆州区、随县、东宝区、枣阳市、老河口市、曾都区、石首市、宜城市、黄陂区、夷陵区、鹤峰县、京山县、襄州区、神农架林区、罗田县、恩施市、远安县、咸安区、江夏区、襄城区、英山县、长阳自治县、潜江市、咸丰县、赤壁市、宜都市、樊城区、监利县、钟祥市、五峰县、秭归县、兴山县、广水市、利川市、枝江市、松滋市、宣恩县、当阳市、麻城市、新洲区、红安县、嘉鱼县、房县、丹江口市。

谷城县林业产业 以油茶、茶叶、食用菌、生物质能源、林下种养殖、生态旅游等为主，2014年全县实现林业总产值110.03亿元，居全省县级单位第一位。有1家企业被评为首批国家级林业龙头企业，4家企业被评为省级林业产业化龙头企业，国家级、省级、市级林业产业化龙头企业分别达到1家、9家、7家；1家林业合作社被评为国家农民专业合作社示范社，4家林业专业合作社被评为市级农民林业专业合作社示范社，4个林下经济基地被评为市级林下经济示范基地；2个林产品商标获得中国驰名商标认定、2个林产品商标喜获“湖北省著名商标”认定。

保康县林业产业 主要有核桃、蓝莓、油用兼观赏牡丹、茶叶、中药材等。全县建有核桃产业基地47万亩，年产核桃305万吨，实现产值3.28亿元；建成茶园面积14万亩，年产茶叶7131吨，产值达7.1亿元；新建油用牡丹繁育苗圃767.5亩(紫斑牡丹163亩)，产业示范基地7355亩(紫斑2223亩)；新建蓝莓基地5000亩，年产蓝莓果干、果汁等产品产量200吨，实现销售收入4000万元；全县新增药材基地面积2万亩，达到40905亩；发展苗木花卉基地2345亩，从业户数达185户557人，年产花卉苗木408.5万株(盆)，年产值1157万元。2014年，全县林业总产值达97亿元，比2013年同期增长48.47%，其中第一产业产值45.8亿元，第二产业产值7.8亿元，第三产业产值43.4亿元。

咸安区林业产业 将森林工业、苗木花卉、桂花、楠竹和林果等五大产业作为咸安林业主要产业来发展。在此期间，先后出台了《关于进一步促进工业大发展的若干意见》(咸安发[2012]3号)、《关于进一步加快竹产业发展的实施意见》(咸安发[2013]16号)、《咸安区竹产业发展规划(2013~2020年)》和《咸安区关于加快建设丰产高效竹林示范基地的意见》等新政策和新措施。2014年，全区林业产业总产值达29.58亿元。完成人工造林5万亩，占计划100%，其中桂花、楠竹、油茶特色基地1.5万亩。竹产业园区建设加快，巨宁竹业、江南春竹业和湖北汉邦木业等3家龙头企业入驻咸宁市竹循环产业园区，巨宁竹业和江南春竹业已投产，湖北汉邦木业正在建设中。竹产业配套企业已达到20家，其中2014年新增4家。咸安区的拳头产品主要是“巨宁牌”纤维板，延伸深加工的产品有地板、家具、橱柜、木门、集成材、建筑模板等，现已形成了10多个系列100多个品种的产品群，销往全国各地。

当阳市林业产业 2014年，全市森林面积达到135万亩，活立木蓄积量达到了180万立方米，林业特色产业蓬勃发展，全市林业总产值达到了15亿元以上。一是林业龙头企业发展良好，涌现出以湖北神州新能源发电股份有限公司、当阳市森成林化有限公司为代表的市级和省级以上的龙头企业12家，实现年产值3.6亿元。二是板块造林基地初具规模。全市涌现出1000亩以上的造林大户9户，100~1000亩的造林大户92户，全市流转登记624宗55144.2亩。大力发展柑橘、湿地松、速生杨、刺槐等林业产业基地达70万亩。三是花卉、苗木产业蓬勃发展。以当阳市圣枫投资公司、宜昌市龙源公司等为龙头带动，全市从事苗木种植生产的农户达到9000多户，种植面积20000多亩，苗木品种300多种。四是林下立体种养模式广泛推广。积极引导和大力发展林下立体综合经营基地达到2万亩。五是森林旅游蓬勃发展。以森林公园、自然保护小区和国有林场为依托，构建森林旅游网络，年接待游客100多万人次，创产值5000多万元。

【林业专业合作社】 据统计，截至2014年年底，湖北省共有林业专业合作社2733家，出资总额508196万元，年营销额564550万元，年利润96440万元。

表1　2014年度湖北省林业专业合作社经营状况统计表

单位：个，万元

市州县	数量	出资总额	年营销额	年利润
武汉市	100	33709.5	22675.9	4062.5
江夏区	35	2206.5	2337.9	0
黄陂区	17	6677	9019	1876
新洲区	41	22770	8159	2081
蔡甸区	7	2056	3160	105.5
黄石市	34	4680.4	0	0
大冶市	30	4613	0	0
阳新县	4	67.4	0	0
襄阳市	167	31591	103528	7546.2
襄州区	26	16250	2760	850
谷城县	19	4171.4	6790	
老河口市	15	2720	32270	2870
宜城市	10	1165	3730	478
枣阳市	13	628	36450	704
保康县	2	520	14062	1878.2
南漳县	82	6136.6	7466	766
荆州市	62	16918	14113.4	1836.1
沙市区	2	330	1300	130
石首市	2	930	1870	561
监利县	6	1000	755	0
洪湖市	6	1850	3353	455
公安县	8	868	3488.7	690.1
松滋市	20	9735	2008.7	0
荆州区	18	2205	1338	0
宜昌市	498	65950.77	57434.2	6348.5
当阳市	22	6409.3	6743	572.9
点军区	33	2319	808	292
五峰县	43	6220.76	1643.6	441.6
伍家岗区	2	15	67	22
西陵区	8	162	3130	161
猇亭区	8	127.4	3728.6	0
兴山县	37	12655.28	24	12
宜都市	68	7519.20	14007	1424
远安县	39	2855.2	4989	1375

（续）

市州县	数量	出资总额	年营销额	年利润
长阳县	115	5189.85	200	80
枝江市	45	17707.5	19451	1127
秭归县	78	4770.29	2643	841
十堰市	127	25986.7	31623.3	7164.8
房县	13	5952	17494	6022.2
丹江口市	17	1342.5	255	22.5
张湾区	6	893.4	397	68
郧西县	33	2501	6630	202.2
竹山县	40	11187.5	2801.3	294.9
竹溪县	10	903.3	3056	399
郧县	8	3207	990	156
孝感市	178	25787.2	88199	21794.5
孝昌县	28	10345	57574	17241
应城市	16	2093.1	2920	950
云梦县	27	1924.5	7845	939
安陆市	8	5360	17480	2226.5
孝南区	54	2150	2380	438
大悟县	45	3914.6	0	0
荆门市	229	48957.08	58776.5	18052.14
京山县	40	7906	6318	1074
沙洋县	44	9104	27182	13583
钟祥市	26	7720	7248	0
东宝区	101	17652.08	13685.5	1761.64
掇刀区	5	1900	2800	1000
漳河新区	13	4675	1543	633.5
鄂州市	160	39852	14123	2958
鄂城区	102	32176	9951	2236
梁子湖区	10	551	2122	362
华容区	48	7125	2050	360
黄冈市	313	78148.2	41559.64	3854.4
红安县	69	20586.7	0	0
黄梅县	12	10410	9200	1500
黄州区	4	390	640	175
罗田县	7	560	8.835	1.5
麻城市	108	19228.3	13706.8	0
蕲春县	28	12309	10215	1230.9
团风县	64	5949.2	1369	227
武穴市	10	2160	0	0
浠水县	6	3018	120	30
英山县	5	3537	6300	690

(续)

市州县	数量	出资总额	年营销额	年利润
咸宁市	210	65472.25	26582	9030.7
咸安区	83	23032.5	0	0
赤壁市	24	16305	12275	3682.5
嘉鱼县	11	3660	2620	771
通城县	42	11908.75	9027	4430.5
通山县	22	8566	1800	16.7
崇阳县	28	2000	860	130
随州市	68	20742.2	31737	6714
曾都区	12	5850	5290	1995
广水市	56	14892.2	26447	4719
恩施州	516	38056.46	57824.5	4721.8
恩施市	95	8192.01	10609	0
利川市	75	6789.4	5846	1532.5
咸丰县	46	5355.33	0	0
来凤县	44	5949.8	6770	450
宜恩县	76	905	2126.4	217.2
鹤峰县	46	5472.79	15748	1560.8
巴东县	51	3849.03	14033	556
建始县	83	1543.1	2692.1	405.3
省直管市	71	12344.01	16373.3	2356.5
仙桃市	1	1000	6000	422
潜江市	23	4375	0	0
天门市	18	5980	8380	1892
神农架	29	989.01	1993.3	42.5
总　计	2733	508195.77	564549.74	96440.14

【林业产业突出贡献先进人物】

晏绿金　2012~2013年全国林业产业突出贡献奖获得者。男，汉族，湖北通城县塘湖镇人，1969年12月10日出生，博士学位，高级经济师。2007年8月创办湖北黄袍山绿色产品有限公司，任董事长，经过多年发展，在油茶深加工方面已走在湖北的前列，先后被授予全国油茶重点企业、国家林业重点龙头企业、省科技创新试点企业，产品先后通过"绿色食品""有机产品"，生产的"本草天香"系列油茶籽油被武汉农博会授予"金奖农产品"，CCTV授予"全国农产品最佳人气奖"。公司与湖北工业学院、中国农业科学院油料研究所、湖北中医学院、南昌大学、省林科院、中油所等科研机构与大专院校合作，开展油茶育苗、油茶籽剥壳、脱壳冷榨、茶皂素研究、化妆品用油、注射用油研究，形成完整产业链条，大大提高了产品附加值。同时，公司投资2.95亿元建成集精深加工基地、食用油储备基地、油茶品种科研与观赏基地、油茶产业培训教学基地、油茶生态综合利用示范基地于一体的"通城县油茶精深加工产业园"，年新增1000吨的茶皂素、4000吨化妆品用油、2.5万吨冷榨油茶籽油、2.5万吨压榨一级油茶籽油、3.5万吨的食用油储备库。实现年产值32亿元、创利税8亿元。公司积极开展产业扶持，推动油茶基地快速发展，投入600多万元，创建"通城县油茶产业化服务平台"，开展油茶技术培训指导、产业政策宣传、产品市场分析、科技信息交流、实用技术推广等全方位服务。

刘家国　2012~2013年全国林业产业突出贡献奖获得者。男，汉族，1962年3月生，湖北谷城县刘家小河人，1987年毕业于华中师范大学中文系，后就读武汉大学法学院行政管理专业研究生。曾任中学教师、县教育局干部、县委党史办主任、镇党委书记，现任湖北汉家刘氏茶业有限公司董事长、世界刘氏联谊总会副理事长。公司下辖一个专业合作社，年销售有机茶叶500多吨，产品出口美、日、欧盟及南非。2013年汉家刘氏品牌进入《2013中国茶叶品牌价值评估榜》第8位，湖北省第2位，评估值5.63亿元。公司以基地加工为基础，以汉家刘氏茶坊品牌形象为推广手段，生产有绿茶、黑茶、红茶、乌龙茶、白茶、花茶，兼顾其他茶类和茶食品、茶饮料生产。现拥有资产总额16362万元，净资产11317万元，固定资产7250万元。

刘玉新　2012~2013年全国林业产业突出贡献奖获得者，男，1969年4月生，中共党员，1990年6月毕业于湖北林校并参加工作，分别于1997年、2001年取得专、本科学历和林业工程师职称，先后从事森林资源培育、花卉生产经营、林业科技、林权制度改革、林业产业等工作，2009年担任市林业局产业科长、花协副会长、速丰林协副秘书长等职。工作以来共撰写研究文章和科技论文50多篇，发表林业科技产业文章及通讯200多篇计16万字，获科技成果和论文奖8项、科技进步奖2项，参与研发林业新产品20多项，获国家奖10多项，推广林业技术20多项。2002年当选中共荆门市第五次党代会党代表，先后被省政府、中国花卉协会、省科学技术协会、省林业厅和市政府等分别授予集体林权制度改革、参展中国花卉博览会、科普工作、林业林业工作先进个人荣誉。

【龙头企业】 截至2014年年底，湖北省共有省级以上林业产业化重点龙头企业431家，其中国家林业重点龙头企业9家，销售额过50亿元的有1家，10亿元以上的有5家，过5亿元的有21家，过亿元的有70家，拥有宝源、康欣、巨宁、福汉等一批"中国驰名商标"。

湖北圭萃园农林股份有限公司 以核桃种植为主业，公司成立于2007年6月，注册资金2000万元，现资产总额8700万元，拥有科技创新示范基地1万亩，科技推广应用基地34800亩。公司先后投资3000多万元，建成核桃种苗繁育、科技创新示范和推广基地38000亩，带动3000多农户、约1.2万人投身核桃种植。2014年，公司顺应时代要求，抓住"一县一特"政策机遇，在经济新常态下，以林下种植、核桃大园管理为主，同时兴建了核桃初级产品加工中心，全年收获核桃产品10余万千克，加工核桃15000千克，实现产值1.7亿元，实现利润1124万元。

湖北荆山锦茶业有限公司 湖北荆山锦茶业有限公司是一家集茶叶、农副土特产品生产、加工、研发于一体的现代农产品加工企业，注册资金2500万元，总资产7000万元，现有员工96人。下设高香有机茶研究所、有机茶技术创新中心、有机茶专业合作社、茶业技术协会等生产经营及科研实体。自有标准化有机茶基地38000亩，拥有国际先进、国内领先的有机茶清洁化生产线2条，有机乌龙茶生产线2条，红茶、白茶加工设备269台套，年产优质有机绿茶2850吨。公司"荆山锦茶"商标被认定为"湖北省著名商标"。公司联系专业合作社和茶业技术协会会员达475个，带动茶农23870人，网络带动茶叶基地8.6万亩，2014年，实现销售收入3.3亿元，实现利税2.15亿元。

湖北龙观核桃发展专业合作社 湖北龙观核桃发展专业合作社位于保康县马桥镇黄龙观村，是一家以优质核桃发展为为主导产业，集生产、加工、销售、研发为一体的农产品生产销售企业。注册资金200万元，现有职工75人。其中，大专以上学历15人，技术研发人员4人。现有会员1050户，辐射马桥、歇马2个乡镇、53个村，带动农户发展核桃面积52197亩。2014年合作社管辖核桃产量达到768万千克，产值23040万元，辐射带动农民自发发展核桃20000亩，带动农民增收3000万元。

湖北宝康宝农业科技发展有限公司 该公司是一家集茶叶、农副土特产品生产、加工、研发于一体的现代农产品加工企业，注册资金1000万元，总资产5300万元，拥有固定资料3180万元，现有员工30人。公司依托全县茶叶资源，按照"科技兴茶，产业兴县"经营理念，实行"企业+专业合作社+基地+农户"的经营模式，开发生产优质绿茶、红茶等保康高香茶系列产品，带动周边农户320户1022人，促进农户年人均增收1500元。自有标准化茶园基地18000亩，拥有国际先进、国内领先的有机茶清洁化生产线1条，年产优质茶叶530吨、核桃油200吨，年销售收入6038万元，实现利税1015万元。

襄阳佰蒂生物科技股份有限公司 该公司是一家集蓝莓种植、蓝莓产品深加工、销售、园林植物栽培销售、生物技术开发、技术转让、技术服务于一体的综合型农业产业化企业。公司致力于蓝莓产业发展，现已建成标准化蓝莓种植示范基地5000亩，其中1000亩2013年进入丰产期。位于城关镇农业园区的深加工厂房一期建设果汁、果酱、果干、果酒4条生产线，研发出果汁、果干、化妆品和提取物四大系列产品。佰蒂蓝莓鲜果已成功进驻武商集团、中百仓储、华南果批等流通领域，辐射全国乃至东南亚的销售网络正在逐步打造形成。2014年，公司新建蓝莓基地5000亩，年产蓝莓果干、果汁等产品产量200吨，实现销售收入4000万元。

保康县帝歌药材种植农民专业合作社 该合作社是一家以中药材种植开发、优良品种推广、中药材经销为一体的合作经济组织。合作社注册资本500万元，由116人发起，入社社员850人，合作社下设30个分社、1个联合社、50个个体大户、20个农场场主，网络农户8000户，年助农增收6000多万元。2014年被市政府授予“市级农民专业合作社示范社”和“市级林下经济示范基地”。合作社着重于木瓜的发展，通过3~5年的努力，完成种植面积25万亩，实现木瓜酒生产50000吨，木瓜果脯9.6万吨，木瓜饮品(酱油醋)3.6万吨，实现年营业额124800万元，完成税收1亿多元。

宜城大山合现代农业有限公司 该公司是一家食用菌及系列调味品、罐头精深加工企业，现有员工518人，总资产22361万元，占地面积206亩。公司现有建筑面积42000平方米的干品加工车间和30万级工业品净化车间与附楼，拥有一流的生产线，包括食用菌干品加工生产线20条，工业品菇酱、菇菜、罐头、菌汤、菇汁、固体饮料、食用菌多糖提取物7条生产线。“大山合”牌系列制品通过欧盟GAP、ISO22000和ISO9001: 2000等产品质量管理体系认证。公司系列产品远销欧盟、澳洲、东南亚、日、韩、美等60多个国家和地区，在国内各省、市、均有销售网络，并与康师傅公司、海天公司等大客户建立了良好的合作关系。2014年实现加工销售食用菌10000多吨，实现总产值10.5亿元，销售收入10.3亿元，出口创汇5000万美元，上交税金3000万元。

安能(宜城)生物质热电有限公司 该公司是一家以回收利用废弃的农作物秸秆及壳皮等生物质作为燃料产生电能及热能的发电企业。被湖北省发改委认定为资源综合利用认定单位。公司建成两台12MW生物质汽轮发电机组，配置两台75吨高温高压锅炉，是湖北省引进的第一台丹麦技术的高温高压生物质振动炉排炉，设计年发电量1.8亿千瓦时，年销售收入1.20亿元。项目占地240亩，所用燃料全部为生物质秸秆，全年耗用生物质秸秆26万吨。2014年，公司总资产34124.96万元，其中固定资产24460.80万元，流动资产9664.16万元；生产能力18000万千瓦时，年生产量16000万千瓦时，年销售收入12000万元，产品产销率达100%，带动农户3000多户，约9000人，人平年增收6000多元。

湖北巨宁森工股份有限公司 该公司是一家致力于人造板制造及系列深加工产品研发的现代化集团公司，已形成以纤维板、地板、重组竹制造为主导产业，以速生丰产林建设、板材研发及系列高附加值深加工产品生产为发展方向的现代化森工企业。现拥有5家下属子公司，裙带多家松散合作型的用板企业。“巨宁”品牌经过多年的精心呵护和锤炼，在板材市场上享有较高的知名度和美誉度，被国家工商总局认定为中国驰名商标。“巨宁牌”中、高密度纤维板和强化复合地板均连续多届被评为湖北省名牌产品、湖北省消费者满意商品。现有3条竹、木质纤维板生产线，多条深加工产品生产线，1条年产5万立方重组竹生产线，年产纤维板30余万立方米，复合地板300万平方米，并配套生产重组竹地板、家具、橱柜、木门、集成材、建筑模板等，已形成10多个系列100多个品种的产品群。主要销往全国各地。2014年，该公司生产的纤维板产量达到14万立方米，实现年产值4.756亿元。

康欣新材料科技股份有限公司 该公司是一家集育苗、造林、木材深加工林板一体化的大型林业产业化龙头企业。公司主要生产集装箱用定向结构板、集装箱木底板、装饰板和建筑模板，拥有国际、国内一流的生产线，产品质量通过了中国船级社、法国船级社以及美国船级社(ABS)的工厂认证，通过了包括ISO9001: 2008质量管理体系认证、ISO14001: 2004环境管理体系认证、GB/T28001-2011/OHSAS18001职业健康安全管理体系认证、FSC-COC森林产销监管链认证等多项国际权威认证，取得了人造板“全国工业产品生产许可证”，“康欣科技”环保多层胶合板、建筑模板获得了第五届中国武汉农博会金奖、“湖北省名牌产品”。“康欣科技”注册商标先后被评定为“中国驰名商标”“湖北省著名商标”。公司拥有国家知识产权局授予的2项国家发明专利和10项实用新型专利。

福江集团有限公司 该公司是一家集造林、木材加工、人造板生产、农产品种植、房地产开发、进出口贸易、境外投资、商业连锁等于一体的高新技术企业，注册资本5200万元，资产总额3亿多元。核心林产品的加工能力为45万立方米，其中细木工板20万立方米、胶合板10万立方米、中纤板15万立方米。企业年总产值达10亿元以上，年利税6000万元以上。“福江”商标，2014年元月被国家工商总局认定为“中国驰名商标”。公司拥有原料林基地近20万亩，被国家林业局授予“全国林业产业突出贡献奖”。

湖北耀荣木瓜生物科技发展有限公司 该公司是一家木瓜系列产品深加工企业。公司利用郧县木瓜丰富的资源优势和得天独厚的地理环境与武汉轻工大学、武汉市鑫宏食品酿造科研所进行产学研技术合作，主要从事木瓜果醋饮料、木瓜灵芝醋饮料、宣木瓜酒、木瓜酵素、木瓜籽油等木瓜系列产品的生产经营和生物研发。公司于2012年在郧县经济开发区“农产品加工工业园”征地85亩，建设具有现代化集科研、生产经营为一体的木瓜系列产品生产线，2014年正式投产。项目达产后，年加工鲜木瓜1.5万吨、木瓜系列产品产能达到22000吨、年产值可达3.87亿元、年创利税6700万元、带动就业人数1500余人。

湖北神农蜂语生物产业有限公司 该公司是鄂西北地区的唯一一家集蜜蜂养殖、蜂产品生产、销售、外贸出口于一体的综合型企业，销售网络遍布12省(区、市)，有上百家神农蜂语专卖店和上千家商超药店合作伙伴，产品远销欧美、东南亚、中东30多个国家地区，年产值达3000多万元，带动近千农民养蜂脱贫，积极探索“龙头企业+专业合作社(协会)+基地(蜂农)”的经营模式。目前已带动意蜂专业养殖户300多家，中蜂养殖户1000多家，共同发展健康生态性蜂产业，同时开发出蜂蜜、蜂王浆、蜂胶、蜂花粉等系列60多个品种的“神农蜂语”品牌蜂产品，拥有自主知识产权3项发明专利。

表2 湖北省省级以上林业重点龙头企业名单(431家)

序号	企业名称
1	武汉大好河山旅游发展有限公司
2	武汉优尼特茶业有限公司
3	湖北纽兰投资有限公司
4	武汉市花果山农业发展有限公司
5	武汉海帆生态农业有限公司
6	武汉林业集团有限公司
7	湖北福汉木业集团发展有限责任公司
8	武汉双龙木业发展有限责任公司
9	武汉市鹰冠木业有限公司
10	武汉荣德实业有限公司
11	武汉中排粮油有限公司
12	武汉市木兰清凉寨旅游发展有限公司
13	武汉市丰太木兰天池旅游有限公司
14	武汉谦森岛庄园有限公司
15	武汉市威远生态园有限公司
16	湖北康欣新材料科技开发有限公司
17	武汉森茂生态绿化工程有限公司
18	武汉市西湖园艺有限公司
19	武汉东方园林生态发展有限公司
20	武汉大花山生态园工程有限公司
21	武汉溢春集团
22	武汉黄鹤楼茶业有限公司
23	武汉法雅园林集团有限公司
24	武汉瑞索思投资有限公司
25	武汉和平科技集团股份有限公司
26	湖北荣星家具有限公司
27	武汉经纬置业有限公司
28	湖北九森林业股份有限公司
29	武汉科宝林业有限公司
30	武汉国科融通种养殖有限公司
31	武汉木兰湖绿岛茶业有限公司
32	武汉鑫家乐实业有限公司
33	武汉青山绿水有害生物防治有限公司
34	武汉大雾山茶业有限公司
35	武汉市香花王园林有限公司
36	武汉东湖花木城有限公司
37	武汉三色天香精品桂花有限公司
38	武汉望田农业科技发展有限公司
39	湖北省中金林业投资有限公司
40	武汉市燕山生态农业有限公司
41	广西东正木业武汉有限公司
42	中博绿色科技股份有限公司
43	湖北万佳福茶业有限公司
44	武汉金坊建设集团有限公司
45	湖北景上木兰生态农业开发有限公司
46	武汉天茂生态农业有限公司
47	武汉光谷园艺工程有限公司
48	湖北华田林业有限公司

(续)

序号	企业名称
49	武汉南湖花木城物业发展有限公司
50	武汉鹏宜林业有限公司
51	湖北御品红红木家具发展有限公司
52	武汉宏博生态茶业有限公司
53	湖北铭浩绿色生态科技发展有限公司
54	湖北华鸿农贸有限责任公司
55	湖北枫桥山茶油有限公司
56	劲牌有限公司
57	阳新富川油脂有限责任公司
58	黄石富豪家具有限公司
59	黄石市园林花木有限公司
60	湖北瑞晟生物有限责任公司
61	大冶市真有味旅游商品有限公司
62	湖北格茵环保木业有限公司
63	大冶市龙凤山农业开发有限公司
64	湖北天天红食品有限公司
65	阳新三元实业有限公司
66	大冶市秀水湾生态农业科技发展有限公司
67	湖北五龙河食品有限公司
68	十堰神农武当医药科技园
69	十堰天翔茧丝生化有限公司
70	房县神武山珍食品有限责任公司
71	湖北丰神林果有限公司
72	湖北梨花村酒业股份有限公司
73	十堰市辰泓木材有限公司
74	湖北俊发农副产品开发公司
75	竹山县天新医药化工有限责任公司
76	湖北神武天滋野生葡萄酒业有限公司
77	十堰渝川食品有限公司
78	湖北神农蜂语生物产业有限公司
79	湖北省房县月亮湾野生动物技术开发有限公司
80	房县神农峡绿色食品有限公司
81	湖北武当生物医药科技有限公司
82	湖北圣水茶厂有限责任公司
83	房县翔宇木业有限责任公司
84	湖北强生园油脂有限责任公司
85	湖北耀荣木瓜生物科技发展有限公司
86	十堰市科地农业设施推广开发有限公司
87	湖北济世药业有限责任公司

(续)

序号	企业名称
88	湖北银杉园林景观工程有限公司武当山分公司
89	郧县月亮湖生态农业开发有限公司
90	十堰润景园林绿化有限公司
91	竹溪县锦源造林绿化工程有限公司
92	房县绿源林业育苗专业合作社
93	丹江口市伟峰茸血阳酒有限责任公司
94	十堰金橄榄生态农业有限公司
95	竹山金九堂生物医药科技有限公司
96	洪湖市绿色田园科技有限公司
97	石首市华林木业有限公司
98	湖北东森木业有限公司
99	监利大枫纸业有限公司
100	湖北吉象人造林制品有限公司
101	湖北万顺木业有限公司
102	湖北昌兴农林开发有限公司
103	湖北新天地农林集团有限公司
104	荆州森茂林业有限公司
105	湖北拍马纸业有限公司
106	荆州市万树木业有限公司
107	洪湖市昌兴木业有限公司
108	湖北家润门业有限公司
109	湖北天益家具有限公司
110	湖北海富家具有限公司
111	湖北新兴家具有限公司
112	洪湖市兴国农林开发有限公司
113	监利县佳贝斑嘴鸭专业合作社
114	湖北源传林木科技发展有限公司
115	湖北新启元农林科技有限公司
116	湖北旺膳生态科技有限公司
117	宜都市三川生态绿化发展有限公司
118	湖北一致魔芋生物科技有限公司
119	五峰天健植物制品有限公司
120	宜昌东灵工贸有限公司
121	宜昌金太源工贸集团有限公司
122	湖北稻花香绿色食品股份有限公司
123	宜昌市晓曦红柑橘专业合作社
124	湖北龙腾园林工程有限公司
125	宜昌清江药谷科技有限公司
126	湖北智慧果林业科技有限公司

(续)

序号	企业名称
127	宜昌山山林业有限责任公司
128	湖北采花茶业有限公司
129	湖北新桥生物科技有限责任公司
130	五峰赤诚生物科技有限公司
131	湖北好智多生物科技开发有限公司
132	宜昌萧氏茶业集团有限公司
133	湖北坤艳药业有限责任公司
134	湖北邓村绿茶集团有限公司
135	湖北龙峡茶业集团有限公司
136	宜昌武星装饰板有限责任公司
137	远安星球宜林人造板有限公司
138	宜昌盼盼木制品有限责任公司
139	湖北森源生态科技股份有限公司
140	宜昌奥龙绿色食品有限公司
141	远安科力生菌业有限公司
142	湖北土老憨生态农业开发有限公司
143	湖北省宜都市宜红茶业有限公司
144	丰岛股份宜都食品有限责任公司
145	宜昌绿源生物技术有限公司
146	湖北宜都蜜柑集团合作社
147	当阳市森成林化有限责任公司
148	湖北神州新能源发电股份有限公司
149	湖北华饴木本油脂有限公司
150	湖北野风食品有限公司
151	宜昌富豪家私有限公司
152	宜昌十八湾农林产品专业合作社
153	湖北当阳市安诚森工科技有限公司
154	当阳圣枫投资开发有限公司
155	宜昌雅佳明妃家具有限公司
156	宜昌市裕禾菌业有限公司
157	湖北佳运木本植物油有限公司(原长乐科技)
158	宜昌罗汉农贸有限公司
159	宜昌农晟生态农业开发有限公司
160	宜昌沭阳园林工程有限公司
161	湖北宜昌众赢药材种植专业合作社
162	宜昌金禾环境工程有限公司
163	宜昌众森园林绿化有限公司
164	宜昌龙源林业有限公司
165	宜昌卫民园林环境工程有限责任公司

(续)

序号	企业名称
166	湖北秀水天香茶业有限公司
167	湖北三品源茶业科技开发有限公司
168	湖北纽斯达食品股份有限公司
169	宜昌野山珍食品开发有限公司
170	五峰博翎红花玉兰科技发展有限公司
171	宜昌七彩园林物业有限责任公司
172	当阳市亚林木业有限责任公司
173	宜昌天峰茶叶开发有限责任公司
174	湖北汉家刘氏茶业有限公司
175	湖北玉皇剑茶业有限公司
176	湖北亿龙园林业有限公司
177	湖北吉仙桃木文化有限公司
178	襄阳西河蛇业养殖有限责任公司
179	倪氏国际玫瑰产业有限公司
180	襄阳市绿韵园林科技服务中心
181	湖北保康圭萃园农林有限公司
182	湖北老龙洞杜仲开发有限公司
183	襄阳杨森林业开发有限公司
184	襄阳市宏枫实业有限公司
185	襄阳程河工艺品有限公司
186	襄樊大山现代农业有限公司
187	襄樊中泰德盛现代农业有限公司
188	湖北威利邦木业有限公司
189	湖北华海纤维科技股份有限公司
190	南漳县水镜山野菜有限责任公司
191	湖北荆山锦茶业有限公司
192	谷城胜源生物有限公司
193	湖北仙仙果品有限公司
194	湖北香园食品有限公司
195	老河口市春雨苗木果品专业合作社
196	襄樊威杰茶业食品有限公司
197	枣阳市农兴油桃基地
198	湖北香芝源绿色食品有限公司
199	湖北龙观核桃发展专业合作社
200	湖北泉沟楚穰有限公司
201	南漳县桔农发柑橘专业合作社
202	湖北思安药业有限公司
203	襄阳佰蒂生物科技股份有限公司
204	襄阳永进绿色食品有限公司

(续)

序号	企业名称
205	湖北宏林园艺集团股份有限公司
206	湖北正全农业科技开发有限公司
207	湖北水镜茶业发展有限公司
208	湖北永续植物科技股份有限公司
209	湖北诺科生物科技有限公司
210	襄阳绿亚林业开发股份有限公司
211	襄阳展博园林工程有限公司
212	湖北宝谷生态农业有限公司
213	襄阳市土生金农业科技有限公司
214	襄阳金世博农林科技有限公司
215	湖北春又生菜业股份有限公司
216	宜城市三园林木有限公司
217	湖北慧山生态农业有限公司
218	宜城市国庆农牧有限公司
219	襄阳市畅新投资实业有限公司
220	襄阳市嵩基绿谷园林市场开发有限公司
221	湖北七叶树园林股份有限公司
222	湖北沃尔沣特种林业发展有限公司
223	老河口市正天园林绿化有限公司
224	襄阳林航木业有限公司
225	湖北申欣根雕艺术有限公司
226	老河口市吾家家具制造有限公司
227	老河口市金赞阳纸业有限公司
228	襄阳鸿创龙凤综合养殖有限公司
229	湖北保康帝豪中药材种植有限责任公司
230	保康县帝歌药材种植农民专业合作社
231	谷城县凯迪绿色能源开发有限公司
232	安能(宜城)生物质热电有限公司
233	襄阳市君冉林业专业合作社
234	湖北鄂西北林权交易中心
235	鄂州市国营沼山林场林工商公司
236	湖北楚风竹韵科技有限公司
237	鄂州市东佛园艺场
238	湖北名胜园林工程有限公司
239	鄂州市俊杰农业合作社
240	鄂州梁子湖白龙有机农业科技开发有限公司
241	鄂州市梁子湖绿色食品有限公司
242	鄂州市天之润幕阜生态农业开发有限公司
243	湖北金源鹿业有限公司

(续)

序号	企业名称
244	荆门市丽轩家具有限公司
245	湖北天德林业发展有限公司
246	湖北宝源木业有限公司
247	湖北宝源装饰材料有限责任公司
248	湖北山缘山珍食品有限公司
249	湖北道地药材科技有限公司
250	湖北星球家具装饰集团有限公司
251	湖北金林木业有限公司
252	湖北白鹿春实业股份公司
253	湖北华源生物科技有限公司
254	沙洋秦江人造板有限公司
255	湖北爱斯曼食品有限公司
256	湖北汇澄茶油有限公司
257	湖北荆门绿上林业有限公司
258	钟祥市青云园林有限公司
259	湖北省大荣木业有限公司
260	广信绿色食品开发京山有限公司
261	湖北京山宏大实业有限公司
262	湖北紫园园林工程有限公司
263	湖北佳鼎农业股份有限公司
264	荆门市崇源农业开发有限公司
265	湖北天鑫京园林有限公司
266	湖北金卉花木有限公司
267	湖北千百卉园艺工程有限公司
268	湖北凯进园林绿化工程有限公司
269	湖北悟道茶业有限公司
270	湖北华龙生物制药有限公司
271	大悟县金丰实业发展有限公司
272	湖北富苑生态科技有限公司
273	云梦县天成实业有限公司
274	康欣新材料科技股份有限公司
275	湖北三泰皮草有限公司
276	湖北绿丰果业有限公司
277	湖北午时药业股份有限公司
278	湖北保丽家具有限公司
279	安陆市长生树保健品有限公司
280	湖北益嘉林业发展有限公司
281	湖北新荣豪服装有限公司
282	湖北唯雅皮草有限公司

(续)

序号	企业名称
283	湖北诺克特药业有限公司
284	孝感顺利特种养殖有限公司
285	湖北亚森农林科技有限公司
286	湖北京穗农林科技发展有限公司
287	武汉林汇园林有限责任公司
288	孝感市永昌农业科技发展有限公司
289	湖北博锦园林有限公司
290	湖北大别山农林科技有限公司
291	武汉菲利普木业有限公司
292	湖北金日生态能源有限公司
293	湖北麻城市天景绿峰农林特产专业合作社
294	湖北山天林产品开发有限公司
295	湖北绿润食品有限公司
296	黄冈市林木种苗场
297	红安县老君眉茶场
298	湖北福凯木业有限公司
299	湖北中林木业有限公司
300	麻城景田山茶油有限公司
301	湖北凤凰白云山药业有限公司
302	湖北食为天药业科技有限公司
303	湖北东方苗联苗木科技有限公司
304	湖北四季春茶油有限公司
305	湖北燕加隆木制品有限公司
306	黄冈晨鸣林业发展有限公司
307	湖北超强林业投资有限公司
308	湖北大别山主峰风景区旅游有限公司
309	湖北纽兰木业有限公司
310	通山正祥竹木制品有限公司
311	崇阳秦江木业有限责任公司
312	崇阳县凯迪绿色能源开发有限公司
313	坤旺农业科技园(湖北)股份有限公司
314	湖北森旺农业科技有限公司
315	湖北隽华家具有限公司
316	通城县四脚岭生态农林专业合作社
317	湖北爱尔木业发展有限公司
318	武汉博大鑫海木业制品有限公司
319	湖北绿洲人造板有限公司
320	咸宁市贝森装饰材料有限公司
321	湖北巨宁森工股份有限公司

(续)

序号	企业名称
322	湖北澳森木业股份有限公司
323	湖北黄袍山绿色产品有限公司
324	湖北万树木业有限公司
325	赤壁市嘉力工贸有限公司
326	湖北福人药业股份有限公司
327	湖北鹏程林农开发有限公司
328	崇阳县瑞发竹业有限公司
329	羊楼洞茶业股份有限公司
330	赤壁利源林农开发有限公司
331	湖北锦兴林业股份有限公司
332	湖北林宝香榧产业开发股份有限公司
333	通山县恒通竹业有限责任公司
334	通山新夏松木业有限公司
335	湖北天和鑫鑫竹业有限公司
336	崇阳鑫森工贸实业有限公司
337	湖北锦睿木业有限公司
338	咸宁好吃佬食品有限公司
339	湖北富士峰生物科技有限公司
340	巴东县仕平柑橘开发有限公司
341	来凤县三和竹木制品有限公司
342	来凤海玉农林有限责任公司
343	来凤县森达木业有限公司
344	湖北恒贸油脂有限公司
345	恩施绿嘉依农业发展有限公司
346	来凤县宝石花工艺品有限公司
347	来凤易达生物开发有限公司
348	恩施自治州佳佳生物工程有限公司
349	来凤县古杨梅食品开发有限责任公司
350	来凤县合顺医药有限责任公司
351	来凤县创鑫木业有限责任公司
352	湖北水布垭酒业有限公司
353	湖北爱茵木塑制品有限责任公司
354	湖北圣峰药业有限公司
355	湖北省鹤峰县翠泉茶业有限公司
356	湖北长友现代农业股份有限公司
357	湖北省鹤峰鑫农茶业有限公司
358	恩施市弘翔药业有限公司
359	湖北鹤峰繁荣木制工艺有限公司
360	恩施清江生物工程有限公司

(续)

序号	企业名称
361	湖北宜恒植物油有限公司
362	湖北金果茶业有限公司
363	宣恩县武陵中药材有限公司
364	湖北省发夏食品有限公司
365	湖北西谷核桃有限公司
366	蒙恩林业(宣恩)发展有限公司
367	蒙恩林业(咸丰)发展有限公司
368	咸丰县佳德木业有限公司
369	湖北帅丰建材有限责任公司
370	湖北省武陵山茶油有限公司
371	湖北德晖生漆科技股份有限公司
372	利川市腾飞林业有限公司
373	湖北仙芝堂生物科技有限公司
374	鹤峰县森茂林业开发有限公司
375	恩施市宇宏木业制品有限公司
376	奇泉茶业(咸丰)有限责任公司
377	湖北西部现代农业有限公司
378	湖北丰年农业开发有限公司
379	湖北徐莓生物科技有限公司
380	广水市深广物流有限责任公司
381	随州市金源林业有限公司
382	湖北炎帝农业科技股份有限公司
383	湖北品源食品有限公司
384	随县神农苗圃有限公司
385	广水市东晨农业科技有限公司
386	随州市田丰土产有限责任公司
387	三友(随州)食品有限公司
388	湖北神农生态食品股份有限公司
389	随州市集蜂堂生物科技有限公司
390	随州市鸿发蜂产品有限公司
391	随州市灵龙木业有限公司
392	湖北大洪山琵琶湖声泉开发有限公司
393	湖北万和食品有限公司
394	随州云峰山茶场
395	随州二月风食品有限公司
396	随州宝珠峰食品有限公司
397	中盐银港湖北人造板有限公司
398	湖北绿城生态景观工程有限公司
399	荣盛隆(随州)食品有限公司

(续)

序号	企业名称
400	湖北詹王健康产业发展有限公司
401	武汉长绿环境科技发展股份有限公司
402	湖北耀鑫农业科技有限公司
403	湖北佳禾生态农业有限公司
404	昱辰生态农业开发随县股份有限公司
405	湖北随州星源蓝莓科技有限公司
406	湖北金兰园艺有限公司
407	湖北裕国菇业股份有限公司
408	湖北中兴食品有限公司
409	湖北水牛实业发展有限公司
410	潜江市乐水林纸科技开发有限公司
411	潜江市先林苗木专业合作社
412	潜江市禄秀特色农业发展专业合作
413	湖北华中家具产业园有限公司
414	湖北滕头园林苗木有限公司
415	湖北巨江实业有限公司
416	仙桃市建民木业有限公司
417	湖北浩科实业有限公司
418	湖北胜昌生物药业有限公司
419	仙桃市星星木制品有限责任公司
420	湖北巨田生态农业科技有限公司
421	武汉鸿扬尚品家私有限公司
422	天门市天源木业有限公司
423	湖北金莓科技发展有限公司
424	神农架神林林业开发有限公司
425	湖北神农架旅游投资集团有限公司
426	湖北神农架林区林森木业有限公司
427	湖北省楚林园林绿化中心
428	湖北省林木种苗场
429	湖北美宝药业有限公司
430	湖北太子山森林资源投资集团有限公司
431	湖北太子山旅游开发有限公司

【2014年林业产业大事记】 **5月14日** 国家林业局经组织专家评审、社会公示和审查批准，下发《国家林业局关于公布首批国家林业重点龙头企业名单的通知》(林规发〔2014〕67号)，评审认定了首批128家国家林业重点龙头企业，其中湖北省湖北省康欣新材料科技股份有限公司、湖北拍马林浆纸集团、湖北燕加隆九方圆板材有限责任公司、

巨宁森工股份有限公司、湖北正全农业科技开发有限公司、广信绿色食品开发京山有限公司、湖北黄袍山绿色产品有限公司、湖北汇澄茶油股份有限公司、湖北四季春茶油限公司等9家涉林企业获批国家林业产业化重点龙头企业称号，上榜企业数量与江西、福建并列全国第一。

10月11~13日　中国林业产业联合会、湖北省林业厅、武汉市人民政府联合主办的首届“中国·武汉绿色产品交易会”在武汉国际会展中心成功举办。来自省内外的绿色产品生产企业500余家，采购商1000多家、4000余人参会交易，进场参观采购的市民达8.2万多人次，现场销售额11.28亿元。

10月16日　湖北省林业厅在楚源大厦召开2014年度林业产业发展补助资金竞争性分配评审会，经专家评审，报省财政复核，确定等30家涉林企业共享受林业产业发展补助资金。

12月22日　湖北省林业厅经组织专家评审、社会公示和审查批准，下发《省林业厅关于公布2014年度湖北省林业产业化省级重点龙头企业名单的通知》，全省新晋省级林业产业化重点龙头企业94家，重新认定45家，省级林业产业化重点龙头企业总数达到431家。

（龚泽和　从卫国　李清伟）

湖南省林业产业

【概　述】 **经济规模**　从总量上看，2014年全省林业产业总产值达2799亿元，较2013年增加419亿，同比增长17.61%，超额完成产值增长350亿元、同比增长15%的预期目标，对全省GDP贡献率由2013年的9.7%上升为10.3%。其中一产业产值953.74亿元，较2013年增长12.43%；二产业产值1046.74亿元，较2013年增长11.76%；三产业产值798.63亿元，较2013年增长34.2%。从结构上看，一、二、三产业产值比由2013年的35.6∶39.4∶25调整为34.1∶37.4∶28.5，三产成为拉动产值增长的主力，二产业受国内外经济大环境的影响，增速略有放缓。从各市州林业产业总产值来看，怀化、永州、邵阳位居全省前列。

产业富民　在十大富民产业中，油茶产业重点打造了衡阳、常德、怀化3条百里油茶产业带和25个油茶高产示范园。全省完成新造油茶林3.7万公顷、高标准低产林垦复改造6.7万公顷、幼林抚育7.2万公顷。全省茶油总产量达20.7万吨，产值达213亿元，较2013年增长37.42%，继续位居全国第一。竹产业以毛竹低改、林道建设和精深加工为突破口，全省竹林总面积达108.9万公顷，立竹总数27.92亿根，竹产业产值达250亿元，较2013年增长5.93%。家具产业以益阳顺德城、浏阳国际家具城、开福国际家具城为代表的集约化、多功能、强辐射、大流通的专业市场为引领，立足湖南，快速发展，完成产值230亿元，较2013年增长25.68%。生态旅游业以“健康森林、美丽湿地、秀美村庄、绿色通道”为主题，全省127处国家级、省级森林公园和49处国家湿地公园不断加强建设，带动周边地区，着力推进秀美村庄和城郊型森林公园发展，共接待国内外游客9650万人次，实现综合收入529.44亿元，较2013年增长27%，带动其他产业产值达1570.70亿元。传统木材加工业中，木竹制浆造纸行业和人造板行业正处于调整升级阶段，木竹制浆造纸业完成产值194.26亿元，与2013年基本持平；人造板产业完成产值120.79亿元，较2013年增长9.56%。此外，非木质资源的产业快速发展，森林食品产业产值达317.18亿元；种苗花卉产业完成产值190.43亿元；林下经济产业产值突破300亿元；森林药材产业完成产值92.75亿元。

产业转型升级　2014年，在指导、考核2013年度专项资金扶持项目实施情况的基础上，又筛选扶持51个产业结构调整、转型升级项目，下达毛竹加工和林产工业专项资金1300万元，带动企业投入产业升级资金2亿多元，为产业转型升级增添了动力。落实“减少木材消耗”的战略部署，严格市场准入，淘汰落后产能，加快林业产业实现由木材消耗为主向资源培育、提高资源利用率、发展非木质资源产业的转变。如湘西土家族苗族自治州主动适应新形势，围绕森林食品、生物医药、油茶、生物质能源、森林旅游、林产化工等非木质资源产业开展招商，并通过提高林产品规模效益和附加值，带动了全州林业产业转型发展，在全年木材加工总产值仅1.84亿元的情况下，取得了林业总产值72.58亿元、增长17.63%的可喜成绩。省政府出台了《关于支持工商企业转型投资林业建设的意见》，鼓励和支持工商企业尤其是矿山和房地产企业转型投资林业产业建设。2014年，全省共签订林业招商引资项目154个，协议引进资金437.67亿元，当年到位资金34.40亿元。

产业园区建设　2014年，与省政府办公厅、财政厅、农业厅的协调、沟通，联合下发了《湖南省培育扶持1000个现代农业园实施方案》文件，争取了9家林业综合产业园和16家林业特色产业园列入省级计划，落实扶持资金1.06亿元。同时，省厅批复筹建的省级林业产业园建设也取得了一定的进展。湖南(苏仙)现代林业产业园获批省级工业集中区，累计完成基础设施建设投资3.3亿元，实现了通路、通给水、通排水、通电、通讯、土地平整等“五通一平”，正式入驻3家企业，协议投资45亿元，实际已完成投资2.8亿元。

龙头企业培育 龙头企业整体素质有效提升。通过修订龙头企业认定管理办法，提高了准入门槛，强化运行监测。全年新认定省级林业龙头企业67家，全省林业产业龙头企业总数达397家。福湘木业、山润茶油等7家企业入选首批国家林业重点龙头企业，25家企业纳入省政府“百企”工程扶持范围。进一步规范重点资金项目、龙头企业加工项目贷款贴息计划的运行，下达2014年全省林业贷款余额5.2亿元，争取中央财政贴息资金1752万元。

林产品质量安全水平和品牌影响力建设 2014年，开展了人造板、地板、家具、茶油、林化产品、森林食品的质量安全监督抽检。共监测抽检林产品604批次，其中木竹加工产品合格率达75.4%，茶油重金属砷、铅含量两项指标合格率达100%。并依法向社会公布抽检结果。全年新增了“洞庭”“林钰王”“旺正”等中国驰名商标3件、湖南省著名商标75件、湖南名牌产品11件。评选了全省“板业十强”和“竹产业十强”企业，进一步促进重点企业做优做强。开展了“湖南茶油”推广活动。组织茶油品牌企业参展伊春和义乌国际森林产品博览会等国家林业重点展会，宣传茶油的营养健康知识，提升湖南茶油在全国的影响力。

速生丰产林基地建设工程 2014年，全省共完成速丰林人工培育面积84443公顷。按造林地类型分，其中荒山荒沙地造林62777公顷、更新造林6841公顷、非林业用地造林167公顷、现有林改培面积14658公顷；按培育目的分，其中浆纸原料林10739公顷、人造板原料林20700公顷、大径级和珍稀树种用材林28320公顷、其他24684公顷；工程投资额为136395万元。大户造林仍为速丰林建设主力军，基本实现了规模化、标准化、集约化经营；在投入上更加注重产出比，名贵化、速生化和基地化得到充分体现。在树种选择上，由以杉木、湿地松一般树种为主，逐渐发展成杉木、湿地松一般树种和香樟、楠木等珍贵树种齐头并进的局面。

【产业新政】 2014年，湖南省政府出台了《关于支持工商企业转型投资林业建设的意见》(湘政发〔2014〕35号)，这是省政府继出台《关于加快油茶产业发展的意见》《绿色湖南建设纲要》之后，重视和加强林业工作的又一重大举措，为湖南省经济保持平稳较快发展、全面建成小康社会和建设“绿色湖南”创造了有利条件。同时，省政府提出了“减少木材消耗”的发展战略，要求严格市场准入，淘汰落后产能，加快林业产业实现由木材消耗为主向资源培育、提高资源利用率、发展非木质产业的转变。各市州采取措施积极应对，其中湘西土家族苗族自治州主动适应新形势，围绕森林食品、生物医药、油茶、生物质能源、森林旅游、林产化工等非木材消耗产业开展招商，并通过提高林产品规模效益和附加值，带动了全州林业产业转型发展，在全年木材加工总产值仅1.84亿元的情况下，取得了林业总产值72.58亿元、增长17.63%的可喜成绩。

森林采伐限额管理 全省开展了“十三五”林木采伐限额编制工作。成立了以邓三龙厅长为组长的“十三五”编限领导小组，制定了《湖南省“十三五”期间年森林采伐限额编制办法》，召开了编限视频会，组织全省220余名技术骨干开展了编制技术和测算软件操作培训。对交通、城建、铁路等非林业系统“十三五”森林采伐限额编制工作征求了意见。组织编限单位以“十二五”森林资源二类调查成果为基础，合理选择编限参数，对合理年采伐量进行了测算。开展了森林资源可持续经营管理试点工作，召开了8个试点单位研讨会，探讨集体林森林经营方案编制技术，充分利用“十二五”森林资源二类调查成果，科学编制森林经营方案，以森林经营方案确定“十三五”采伐限额。继续坚持实施并完善采伐指标入村到户政策，在不突破采伐限额的前提下，允许采伐指标一年申报2次，积极探索皆伐作业以设计面积进行控制的管理方式，择伐作业以设计蓄积进行控制的管理方式。据统计，2014年全省集体林(含个人)686.31万立方米主伐指标全部落实到了1.95万个村55万户农户和其他森林经营者手中。

木材经营、加工、运输管理 进一步推进木材流通管理改革。修订了《湖南省木材运输证核发管理办法》和《湖南省凭证运输木材名录》，取消了育林基金票据和木材经营加工证副本作为办证依据的规定，取消了人造板、毛竹等凭证运输制度，规范了木材运输证办证依据、办证程序、办证时间，放宽了木材流通管理。依法组织开展木材市场清理整顿和2013年度木竹经营加工许可证年审工作。

国家木材战略储备林建设项目 2014年，通过新造、改培、抚育等工程措施，在11个县14个林场圆满完成了国家下达的11000公顷国家储备林基地生产任务，其中集约人工林栽培400公顷、现有林改培1800公顷、木材战略储备森林抚育8800公顷，建立了楠木、红豆杉、木荷混交等7个集约人工林栽培典型模式，杉木、楠木、红豆杉复层异龄混交林等13个高标准现有林改培典型模式。根据国家林业局的要求，精心组织了国家储备林划定工作，及时出台了具有操作性和政策性的《湖南省林业厅关于做好国家储备林划定工作的通知》，在两个多月的时间内划定国家储备林12.3万公顷，划定面积居全国15个省市区第一，国家储备林每公顷平均蓄积量达129立方米，为全省乔木林分平均蓄积量的2.5倍。

【油茶产业】 2014年，全省实际投入油茶发展资金17.80亿元，较2013年增长1.7%，完成油茶造林3.73万公顷，较2013年增长2.6%，低产林抚育改造6.72万公顷，较2013年减少12.7%。截至2014年年底，全省油茶林总面积达到123.81万公顷，茶油产量20.7万吨，产值213亿元，产量和产值分别较2013年增长28.6%、39.2%。油茶林总面积、新造林面积、茶油产量、产值均居全国第一。油茶产业技术支撑体系逐步走向成熟。全省以提升油茶资源培育及加工技术为主导，利用“国家油茶工程技术研究中心”平台，在油茶杂交育种、组织培养、分子技术、测土配方施肥、加工工艺、产品研发等领域加强技术创新和应用，编制了湖南省《油茶籽的采收和质量分级》《油茶栽培技术规程》《油茶种子园营建技术规程》等地方性标准规程。同时，组织国家油茶工程技术研究中心与林之神、金浩、神农等6家规模企业签订了技术创新战略合作框架协议。2014年，根据湖南省人民政府《关于实施两个“百千万”工程加快现代农业建设的意见》，省政府批准耒阳市、常宁市、邵阳县、平江县、辰溪县、永兴县等6个县市政府申报的油茶产业园列入全省100个现代农业综合产业园，2014~2016年3年支持中央财政现代农业生产发展资金1000万元。“鼎城茶油”“常宁茶油”“邵阳茶油”成功获批地理标志产品。

【花卉产业】 2014年，全省花卉种植面积为76687公顷，较2013年增加2500公顷，年销售额497786万元，较2013年增加286万元。在10项花卉类型中，观赏苗木、食用与药用花卉、盆栽植物和草坪占据湖南省花卉产业主体位置，4项种植面积和年销售额占到全省总量的95.83%和93.37%。观赏苗木种植面积达到31753公顷，销售额148961万元；食用与药用花卉种植面积34557公顷，销售额234493万元；盆栽植物种植面积5025公顷，销售额68589万元；草坪种植面积2153公顷，销售额12758万元。全省现有花卉市场396个，花卉企业1837个。2014年，省花卉协会联合红网开展湖南花卉产业“十佳企业和人物”评选活动，湖南紫薇投资集团有限公司获湖南花卉产业十佳企业特别奖。

【生态旅游产业】 以森林公园建设为引领，带动周边乡村美丽村庄建设。2014年，向国家林业局申报了龙华山、齐云山、四明山(祁东)等3处国家级森林公园，目前已通过专家考察；经省人民政府批准建立了溆浦穿岩山、沅陵万羊山、麻阳文明山、望城乌山等4处省级森林公园。截至2014年年底，全省森林公园总数达到127处，其中国家级52处，省级63处。加强森林公园基础设施建设，完善交通和接待条件，改善当地乡村基础设施，创建美丽村庄。全年完成基础设施建设投资37.91亿元，其中各级财政投入11.5亿元，招商引资12.8亿元，森林公园贷款筹资13.6亿元。落实省委省政府重点工作，合纵连横，与周边省区开展森林旅游协作。经与湖北省林业厅协商，签订两省森林生态旅游战略合作框架协议。同时，与广东省的森林旅游合作也正在研究和协商中。积极争取项目资金。开展了2015年森林景观与生态文化资源保护项目申报工作，上报了工作方案。开展多种形式的宣传促销。通过节庆活动、特色旅游项目推广等多形式促销。与《森林与人类》杂志联合编辑出版了《湖南：多少美景森林中》专刊，详细介绍湖南森林公园美景和建设成就，取得良好的宣传效果。开展森林公园调研和行政执法监督检查工作，先后在郴州、岳阳、衡阳3地开展调研。在调研的基础上，与中南林业科技大学共同开展"湖南省城郊型森林公园建设模式研究"，着力推进城郊型森林公园建设与发展。森林公园完成基础设施建设投资37.91亿元，比2013年增加8.2%。

【林下经济】 编制完成了省级林下经济发展规划，落实2014年度省财政林下经济扶持项目39个，纳入中央财政林下中药材种植补贴试点县10个，设置林下中药材苗木培育补贴单位11个。建立省"特色林下经济产业园"4个、省级林下经济示范基地80家、林下经济科研示范基地4家。依托省林科院成立了湖南林下经济科研示范中心，国家林业局将其确认为"国家林下经济示范基地"。举办了《林业与生态》林下经济宣传专栏，加大林下经济宣传力度。全省已有郴州、长沙等50多个市、县政府出台了林下经济政策文件。2014年，全省林下经济产值308.5亿元，比2013年增长45.2%。

【林业合作组织建设】 创建林业合作社国家示范社18个。开展了林业合作社情况摸底调查并登记建档，建立了农民林业合作社示范社名录。年内全省新成立林业合作社957家，新增入社农户46.57万户。全省林业合作社总数达到3726家，入社农户108.89万户；其中，联合社14家、国家示范社24家、省级示范社100家；合作社经营林地总面积80.33万公顷，占集体林地的6.7%。全省已登记注册家庭林场约300家。

【市场服务建设及产业集群发展】

林业产业园区建设 督促已批复筹建的8个省级林业产业园抓紧建设，并以落实省政府两个"百千万"工程为契机，加快省级现代林业产业园建设。省林业厅会同省政府办公厅、财政厅、农业厅联合下发了《湖南省培育扶持1000个现代农业园实施方案》，争取了9家林业综合产业园和16家林业特色产业园列入省级计划，落实扶持资金1.06亿元。在全省林业工作会议上，省林业厅对基础较好、建设进度达到标准的产业园正式授牌。

野生动植物产业开发 组织专家赴驯养繁殖场进行现场评估，全年共完成现场评估近400家；严格按照省政府的有关要求，所有的审批事项都进入到网上办理；严格按照时限要求办理行政审批事项。全年共办理野生动植物保护行政审批文件共540多件，审批事项共2000多起；办理自然保护区的行政审批事项41项。

【产业科技推广】 全年共鉴定科研成果19项，其中18项为实用科研成果、1项为基础应用研究成果；获得科技进步奖8项，其中"非耕地工业油料植物新品种选育及油脂高值化利用技术"研究项目获国家科技进步二等奖，"湖南油茶良种组合区划和标准化栽培"等4项获省科技进步二等奖，3项获三等奖；1人获省科技领军人才培养计划资助；1项948项目和2项公益性行业专项顺利通过国家林业局中期评估。

科技惠民能力和水平不断提升。开展基层调研，听取基层、科研单位专家学者及技术人员意见和建议，进一步完善落实湖南省林业科技集成创新的成果——林地测土配方工作方案，深入开展了系统推广应用、数据库维护、区域林地土壤化验站建设以及主要造林树种测土配方定量施肥技术研究和配方施肥专家咨询子系统软件研发等工作；持续开展林地测土配方宣传、培训、试点示范和经验交流，全省建设了238个测土配方示范基地，提高了造林设计使用率和林农知晓率。

标准化工作成效显著。全年共组织申报标准修制订项目52项。获批承担中央财政毛竹、杉木标准化示范区建设项目4项、行标制定项目3项、地标制修订项目36项，完成行标审查3项、地标审查11项。开展了13个中央财政林业标准化示范区建设工作。重点完成了5个油茶标准化示范区建设项目的现场查定与验收及4个油茶标准化示范区建设项目的中期绩效评估，5个项目均顺利通过验收。就新发布的涉及面广的《造林技术规程》等4个重要林业地方标准开展了全省范围内的技术培训，促推林业生产标准化。湖南省福湘木业有限责任公司获批成为国家林业标准化示范企业，为加快推进林业企业标准化生产，提高产品质量，增强市场竞争力提供了示范。省林标委被评为“全省标准化工作先进单位”。

针对“茶油调和油标准混乱可能导致湖南纯正茶油品牌崩盘”问题，开展了专项调研，提出了制订湖南省纯茶油和加工方法的检测标准及开展油茶产地环境与茶油质量关键因子评估研究的工作建议，同时抓紧相关标准研制，已完成《掺假油茶籽油定性鉴别》省地方标准初步审查。主持完成了《高标准农田建设农田防护与生态环境保持》系列地标的编制，并启动开展了第二批3个标准的制定工作。

2014年，国家下达湖南省中央财政林业科技推广示范资金1900万元，项目19项(技术类推广示范项目15项，油茶标准化示范区建设项目4项)；安排省级推广项目18项。共营建示范林面积835.3公顷，辐射推广面积10126公顷，推广应用新技术、新成果61项(次)，林木良种5个，标准4项。

【桃江县竹产业】 益阳桃江县地处湘中偏北，资水中下游，国土总面积309万亩，辖15个乡镇284个行政村(社区)，总人口88.9万。先后获得“中国竹子之乡”“全国绿色小康县”“全国竹产业示范县”“湖南省重点林区县”“湖南省林业十强县”等荣誉称号。其中林业用地197万亩，占国土总面积的63.7%，森林覆盖率64.15%。

竹资源 全县有竹林面积103万亩，立竹1.9亿株，居湖南第一，全国第三，是湖南省“千亿”竹产业核心基地。其中连片面积达10万亩以上的竹林有桃花江竹海等6处，已建成面积500亩以上的丰产竹林基地35个、100亩以上的笋用林基地47个，每年每亩可产楠竹30根(以每3根竹为100斤计算，每亩每年可产竹500千克，计0.5吨/亩/年)，全县每年可采伐50万吨，合计3000多万根、鲜笋1万多吨。并已形成了中南地区楠竹原竹集散市场，现有安化、汉寿、浏阳、会同、攸县、娄底、沅陵、平江、桃源、郴州、常德等81个县市区以及江西、湖北等省周边20多个市、县的原竹流向桃江。周边地区共有1000万亩以上竹林资源。

竹加工 全县已发展竹业加工企业202家，其中规模企业38家、省级高新技术企业2家、省级林业产业化龙头企业11家，发展竹业专业合作社52个，从业人员达15万多人。开发了竹集成材、竹地板、竹凉席、竹家具、竹工艺品、竹炭等10大类400多个产品，注册了98个品牌，其中湖南省名牌产品2个(桃花江、万维)、湖南省著名商标7个(冰梦、曙林、晨康、春龙、桃花江、万维、楠木山)，“桃江竹凉席”获得国家地理标志证明商标。加强产学研合作，与中南林业科技大学、省林业科学院合作建立了“湖南省竹业工程研究中心”，桃花江竹业成为该中心的“产学研”生产基地。全县获得省级以上科研成果5个、市级科研成果16个。2014年，全县共实现竹业产值52亿元，同比增长21.5%。

【汝城县林业产业】 汝城县地处湘、粤、赣3省交界处，是湖南省重点林区县和全国绿化模范县。全县辖19个乡镇，308个村。全县国土面积363.74万亩，其中林业用地面积290.62万亩，占国土面积的79.9%。全县森林覆盖率70.39%，林木绿化率72.99%，活立木蓄积量1008.76万立方米，野生动植物资源丰富，林业产业发展优势明显。目前全县有万亩油茶基地，有20多万亩的楠竹基地，建有100余万亩的杉木、松木用材林基地，有87.67万亩的生态公益林保护区，为开发竹产品、木制品、松脂加工、林产林果、茶油加工、家具、旅游产品、发展林下养殖种植等林业产业开发提供了丰富的资源。

林产工业 全县现有竹木经营加工企业47家，其中省级林业龙头企业3家(即绿叶木业、湘苏木业和纯正木业)，产品主要以细木工板、刨花板、指接板为主，人造板年产量5.30万立方米，产值9102万元。其中汝城县绿叶木业有限公司的“波林”商标获“湖南省著名商标”称号，汝城县纯正木业有限公司生产的“汝垣”牌指接板获“湖南省名牌产品”称号，“汝垣”牌商标获“湖南省著名商标”称号。毛竹产业稳步发展。全县现有毛竹林面积28.05万亩，毛竹总株数6984.53万株，位居全市前列。2014年竹产业产值5833万元。全县现有毛竹加工企业21家，主要分布在该县的热水、三江口、濠头、集益等乡镇，主要产品有竹筷、竹帘、竹地板、竹炭等，其中以热水永瑞竹业发展规模最大，该厂生产的竹地板产品供不应求。

林下经济产业　一是森林旅游快速发展。近年来，该县以创建湖南省旅游强县为抓手，狠抓九龙江国家森林公园的森林旅游产业发展，目前已投入1.8亿进行园区旅游建设开发。九龙江森林公园属我国华南地区森林资源保存完好的典型天然林区之一，公园内物种丰富度较高，原始次生林面积达7万多亩，景区分布的植物有2800多种，该景区去年成功创建为国家AAAA级旅游景区。二是茶产业发展迅猛。目前全县已建设生态有机茶园2.5万亩，相继成立了松溪、金润、汝莲、三江和、绿江南、绿金香等茶叶龙头企业，打造了罗霄红、南岭青、西山茶、云雾茶、白毛尖、苦丁茶等品牌，建立了"龙头+基地+农户"的发展模式，并将山、水、路、林的建设与茶园的建设有机结合起来，大力打造集休闲、旅游、观光于一体的生态有机茶园。三是兰花产业发展初具规模。全县有3个兰花品种获得国家注册登记认证。在中国第八届花卉博览会上，4个兰花品种全部获奖，其中汝城建兰获金奖，湘南鹤顶兰获银奖，绿嘴红花虾脊兰获铜奖，铁皮石斛获优秀奖。兰花产业主要布局在该县的三江口、热水和土桥3个乡镇，其中三江口镇以种植石斛兰(铁皮石斛)为主，热水镇以本地兰花资源品种繁育为主。土桥镇引进台湾老板成立的发记农业生态有限公司在永安村建立出口兰花种植示范基地60亩。目前全县有兰花协会一个，兰花种植企业一家，兰花种植专业合作社5家，兰花种植户100多户，兰花产业已成为该县林农增收的一项重要产业。四是林下养殖发展有特色。全县林下养殖牛、羊、鸡、蜂、蛇、竹鼠、野猪、野鸭、牛蛙等林下养殖户达50多家。

【龙头企业】 2014年，国家林业重点龙头企业有：益阳森华林业发展有限公司、株洲松本林化有限公司、湖南瑞柏茶油有限公司、湖南福湘木业有限责任公司、伟特家居股份有限公司、湖南林之神生物科技有限公司、湖南山润油茶科技发展有限公司。

2014年，全省新增省级林业产业龙头企业67家，依《湖南省林业产业龙头企业认定管理办法》取消了12家违规企业龙头企业资格，全省龙头企业总数达409家，龙头企业产值合计达553.5亿元。福湘木业、山润茶油等7家企业入选首批国家林业重点龙头企业，25家企业纳入省政府"百企"工程扶持范围。进一步规范重点资金项目、龙头企业加工项目贷款贴息计划的运行，下达2014年全省林业贷款余额5.2亿元，争取中央财政贴息资金1752万元。

表1　省级林业产业龙头企业名录

企业名称
湖南泰格林纸集团有限责任公司
浏阳市永鑫建材有限责任公司
浏阳市金仁竹木工艺品有限公司
湖南省宇翔木业有限公司
湖南地宝龙装饰材料有限公司
湖南望城出口包装有限公司
长沙千禧木业有限公司
长沙市木之子木业有限责任公司
湖南省浏阳市浏东竹木有限公司
湖南省浏阳市大围山竹木制品厂
浏阳市中南竹业有限公司
湖南圣保罗木业有限公司
浏阳市康明木业有限公司
浏阳市戴式木业厂
浏阳市顺捷木艺有限公司
长沙菱格木业有限公司
浏阳市古港镇虎康厨具用品厂
湖南先伟实业有限公司
浏阳市恒春木业有限公司
长沙李氏家具有限公司
长沙市欧林雅家纺有限责任公司
长沙民湾家具制造有限公司
浏阳市龙伏镇圣丽亚木业厂
湖南文和家具有限公司
湖南贵太太茶油科技有限公司
湖南省达美包装有限公司
浏阳市九道湾茶油产业发展有限公司
湖南高鹏木艺有限公司

（续）

企业名称
湖南森鑫环境景观园林工程有限公司
湖南金太阳木制品有限公司
浏阳市山田腾飞木业厂
长沙林盛林业科技开发有限责任公司
湖南雪丰建材有限公司
湖南怡人园林绿化有限公司
浏阳市富豪木业有限公司
浏阳市时上木业厂
长沙千龙湖生态农业开发有限公司
湖南瀚海林业发展有限公司
湖南天华油茶科技股份有限公司
湖南长浏园林建设发展有限公司
伟特家居股份有限公司
浏阳市闩山门业有限公司
浏阳市名柏木业有限公司
湖南顺天园林绿化有限公司
湖南省文华农业工程技术有限公司
湖南湘纯农业科技有限公司
浏阳市蜜蜂哥哥蜂产业专业合作社
浏阳市汉瑞木业有限公司
衡阳市天天见梳篦实业有限公司
湖南开福家具有限公司
湖南省天福油脂有限公司
衡阳市岑芳装饰材料实业有限公司
湖南金拓天油茶科技开发有限公司
湖南大三湘油茶科技有限公司
祁东县宏泰家具实业有限公司
湖南省衡东县中药饮片厂
祁东县新丰果业有限公司
湖南森香木业有限公司
湖南江山生态农林发展有限公司
耒阳市神农农业科技发展有限公司
湖南省三香农林开发有限公司
湖南恒建农林综合开发有限公司
湖南省顾帝家俬有限公司
衡阳市嘉兴木业有限公司
湖南德邦竹木业有限公司
湖南金昌生物技术有限公司
衡阳市众森木业有限公司

（续）

企业名称
湖南隆昌农林开发有限公司
炎陵县霞阳板业有限公司
株洲松本林化有限公司
株洲江山置业有限公司
株洲市丹陵花木有限责任公司
攸县奇瑞实木家私有限公司
炎陵县江陵木业有限公司
炎陵县振盛木业厂
茶陵古城香业有限责任公司
株洲云田花木有限公司
炎陵县南都木业厂
株洲县林之鹰竹胶板厂
湖南红星盛康油脂股份有限公司
茶陵县虎踞林场发展有限公司
茶陵县浙南竹木开发有限公司
株洲市万樟园林绿化工程有限责任公司
湖南省山森林业开发有限公司
炎陵县盛发木业有限责任公司
湖南森龙林业开发有限公司
湖南省慧科生态园林开发有限公司
茶陵县木森木业有限责任公司
醴陵金桥生态林农实业有限公司
株洲市大顺包装有限公司
湖南波比木业有限责任公司
湖南唐臣粮油实业有限公司
湖南行寅贤农业科技有限公司
湖南农其科技开发有限公司
湘潭华茂园林绿化工程有限公司
湖南明月山庄农业发展有限公司
湘潭市鑫美园林苗木有限责任公司
湖南汇景投资有限公司
湘潭市花园林产品交易市场有限公司
湘潭金峰生态农业有限责任公司
湖南福鑫木业有限公司
湖南荣和谷农业发展有限公司
湘潭市向阳苗木花卉有限公司
湖南月意生态工程有限公司
湖南鑫湘木业有限公司
湘潭县东兴木业有限责任公司

(续)

企业名称
湖南省壹点园林有限公司
湘乡春天木业有限公司
湘潭市木材公司
湘潭康奕达油茶生物科技有限公司
湖南东方威生物制品有限公司
湖南润竹竹业有限公司
湘林集团有限公司
绥宁县丰源竹木实业有限公司
邵阳佰龙竹木有限责任公司
湖南县旺正新材料有限公司
洞口县佳利木业有限公司
洞口县五龙山胶合板有限公司
湖南崀山家具有限公司
武冈市云山木业有限责任公司
绥宁县力马画材有限公司
湖南紫薇投资集团有限公司
湖南银山竹业有限公司
洞口佳和建材有限公司
湖南花研园林景观有限公司
邵阳市鑫众农林科技发展有限公司
邵阳市华立竹木制品有限公司
湖南李文食品有限公司
湖南瑞柏茶油有限公司
湖南百山洁具有限责任公司
伟特家具有限公司
湖南德润蓝昆生物工程技术有限公司
邵阳心连心食品有限公司
湖南湘宝油茶开发有限公司
邵东县古奇洞玫瑰开发有限公司
邵阳天元木业有限公司
湖南省武冈市银林林业发展有限公司
湖南金芒果家居有限公司
邵阳市新康尼生态农业发展有限责任公司
湖南东方新绿洲农林科技有限公司
邵阳市檀香园现代农业综合开发有限公司
新宁县福鑫木业有限责任公司
邵阳市新绿洲农林高新科技发展股份有限公司
邵阳县华强粮油发展有限公司
湖南浩达农林发展有限责任公司

(续)

企业名称
邵阳县珍奇木材加工厂
湖南美景生态农林发展有限公司
洞口县玉竹木业总厂
湖南青钱柳科技开发有限公司
城步苗族自治县鸿丰木业有限公司
新宁县崀山中药材种植有限责任公司
邵东县新屋农林发展有限责任公司
湖南鸿利药业有限公司
绥宁县兴隆农林牧业有限公司
湖南雪湘玫瑰花农业科技有限公司
湖南家富三禾农林科技发展有限公司
邵阳县盛和农林科技发展有限公司
邵阳县五龙休闲农业开发有限公司
新宁县森鑫竹木发展有限公司
湖南益宏园林建设有限公司
武冈市青钱柳茶业有限公司
湖南长江木业实业有限公司
湖南福湘木业有限责任公司
湖南山润油茶科技开发有限公司
临湘市沈君炭仙有限公司
岳阳纸业股份有限公司
湖南茂源林业有限责任公司
湖南大亨湖湘木业有限公司
岳阳洞庭木业有限公司
湖南省福星林业股份有限公司
岳阳华信人造板有限公司
岳阳县芭蕉扇业有限责任公司
汨罗市宏达木业有限公司
湖南基荣木业有限公司
湘阴县兴湘木业有限责任公司
湖南省及时春金银花保健品有限公司
湖南给力生物能源股份有限公司
湖南省长康实业有限责任公司
岳阳县林园生态农业科技有限公司
湖南现代家具装饰有限公司
临湘市晨星竹业有限公司
澧县振顺人造板有限责任公司
湖南国珍木业有限公司
桃源县桃花源跃宇竹业有限责任公司

（续）

企业名称
常德市鼎城东方恒康竹业有限公司
汉寿县洞庭木业有限责任公司
湖南省石门县白云山国有林场
常德荣星家具有限公司
湖南省文源林业开发有限公司
常德湘大环保科技有限公司
湖南常德湘联实业有限责任公司
常德市卧山夫烙画有限公司
汉寿县绿博农业综合开发有限公司
汉寿县芙蓉林业园林有限责任公司
湖南林钰王科技环保有限公司
常德市鼎城金标粮油工业有限公司
湖南华耀浆纸有限公司
常德市鼎城区富祥木业有限公司
湖南城头山农林开发有限公司
常德百佳园林建设有限责任公司
湖南新合丰装饰材料有限公司
湖南天骄农林发展有限公司
湖南博邦农林科技股份有限公司
湖南周记工贸有限公司
常德市鼎城区天野竹业有限公司
湖南同飞农林科技开发有限公司
湖南天福农业综合开发有限公司
汉寿县湘汉苗木有限公司
张家界久瑞生物科技有限公司
湖南张家界九天食品有限责任公司
张家界康华实业有限公司
张家界茅岩莓有限公司
张家界福安家木业有限公司
张家界惊梦酒业食品有限责任公司
张家界广惠众生态农业有限公司
湖南大湘西魔芋有限公司
张家界三木能源开发有限公司
桑植金桥农产品有限责任公司
张家界立功旅游农业发展公司
张家界大峡谷旅游景区管理有限公司
湖南桃花江实业有限公司
益阳瑞亚高科纺织有限公司
益阳桃花江竹业发展有限公司

（续）

企业名称
益阳海利宏竹业有限公司
湖南森艺家具有限公司
湖南万森木业有限公司
桃江县湘益木业有限责任公司
益阳森华林业发展有限公司
益阳市远益竹青砧板有限公司
益阳市华林实业发展有限公司
湖南省科农林业科技开发有限公司
益阳市恒生木业有限公司
湖南省桃江县竹制品有限公司
沅江纸业有限责任公司
沅江市天健林业开发有限公司
湖南家湘美木业有限公司
湖南德群园林绿化有限公司
湖南省桃江县杨林移民竹业有限责任公司
湖南省桃江县吉华竹木制品有限公司
湖南省桃江县金桥竹业有限公司
桃江县罗家坪福利竹业有限公司
桃江县宏森木业有限责任公司
桃江县福森木业有限公司
益阳福民油茶产业发展有限公司
沅江市鸿海农业综合开发有限公司
湖南拓普竹麻产业开发有限公司
湖南森润富隆林业发展有限公司
湖南金柠农林科技综合开发有限公司
桃江县伊联木业有限责任公司
益阳康力竹艺制品有限公司
湖南三盟油茶科技开发有限公司
湖南瑞慧农林科技有限公司
益阳市新昌竹木制品有限公司
沅江市湘北正森木业有限公司
湖南风河竹木科技有限公司
益阳和祥竹业有限公司
桃江曙林家居有限公司
湖南胜辉木业有限公司
湖南绿苑园林景观工程有限公司
湖南力都科技有限公司
湖南省春龙竹艺有限公司
桃江县杨林木业有限公司

(续)

企业名称
安化县龙塘柏溪竹业有限责任公司
湖南山山绿色食品有限公司
益阳冉哲竹木有限公司
湖南省西施园林科技有限公司
永兴县绿洲木业有限公司
郴州海华竹木制品有限公司
湖南创兴人造板有限公司
郴州天湖绿色食品有限公司
郴州邦尔泰苏仙油脂有限公司
嘉禾嘉津实业有限公司
汝城县湘苏木业有限责任公司
资兴市华兴木制品有限公司
汝城县纯正木业有限公司
汝城县绿叶木业有限责任公司
宜章裕农林业发展有限公司
郴州华鼎粮油工业有限公司
郴州御林家私有限公司
湖南宏润绿色油业科技有限公司
湖南中南油茶控股有限公司
湖南省绿色家园现代休闲农业有限公司
桂阳郁葱葱生态林业发展有限公司
永兴县源和油茶有限公司
湖南过山瑶农业有限公司
湖南利诺生物药业有限公司
湖南御仙生态农业发展有限公司
永州市异蛇产业有限公司
永州市异蛇科技实业有限公司
永州市山香香料有限公司
湖南金浩茶油股份有限公司
湖南科茂林化有限公司
湖南敬和堂制药有限公司
永州湘江纸业有限责任公司
永州利达工贸实业有限公司
湖南省江永县大众木业有限责任公司
湖南银光粮油股份有限公司
永州市湘南出口包装有限公司
永州市福源木业有限公司
湖南大自然制药有限公司
湖南湘浩油茶生物科技有限公司

(续)

企业名称
江永县金榄果茶油有限责任公司
湖南省唐家山油茶开发有限公司
湖南果秀食品有限公司
湖南舜皇峰竹木有限公司
永州市鑫森农林业开发有限公司
永州市东安汤氏竹业有限公司
永州锦田木业有限公司
永州市阳明生态农业发展有限公司
湖南咏农投资开发有限公司
湖南希尔天然药业有限公司
湖南恒伟药业股份有限公司
蓝山县湘蓝竹木制品有限公司
蓝山县鑫旺竹业有限公司
湖南家乐竹木有限公司
新田苗木绿化有限公司
湖南林丰木业有限公司
永州伊园科技有限公司
永州万喜登农业发展有限公司
湖南凯丰活性炭环保科技有限公司
湖南华泰家私有限责任公司
湖南吉星家居有限公司
蓝山县郁葱林业有限责任公司
永州市馨园园艺有限责任公司
东安县新科生态农业有限公司
双牌县聚农林场
会同县贤胜油业有限责任公司
湖南补天药业有限公司
怀化市松涛林产化工有限公司
洪江市华宇竹业有限公司
怀化市恒裕竹木开发有限公司
湖南骏泰浆纸有限责任公司
湖南湘虹葛业股份有限公司
湖南森海林业有限责任公司
湖南泰格林纸集团洪江纸业有限责任公司
会同县康奇瑞竹木有限公司
湖南鸿森木业有限公司
湖南佰诺酒业有限公司
沅陵大博农林开发有限公司
怀化市洪源农林开发有限公司

(续)

企业名称
湖南恒嘉木业有限公司
怀化市四宝山生物科技有限公司
湖南杨家将茶油股份有限公司
湖南省新晃县龙脑开发有限责任公司
湖南省怀化市华鑫生态科技发展有限公司
溆浦县恒森农业产业开发有限责任公司
溆浦乐园竹业有限公司
湖南洪江棓雅生物科技有限公司
湖南汉清生物技术有限公司
怀化市荣华生态农业开发有限公司
靖州县金茶油科技开发有限责任公司
怀化福民油茶发展有限公司
湖南金月云农林投资开发有限公司
湖南金鹰服饰集团有限公司
湖南娄底响莲实业发展有限公司
湖南亲情果饮料有限公司
双峰县双龙家具装饰有限责任公司
湖南汇元板业有限公司
涟源市祥兴农林科技开发有限公司
湖南湘雪农业发展有限公司
娄底龙山竹业有限公司
新化县绿源农林科技有限公司
双峰县永盛木业胶板厂
湖南华人中药科技有限公司
湖南中南神箭竹木有限公司
湖南味茹妨生物科技有限公司
湖南华泰农林科技有限公司
湖南贵鸿生态农业发展有限责任公司
娄底市海人科技开发有限公司
娄底市神州生物能源有限公司
湖南汇美天下集团园林绿化有限公司
湖南瑞生源生物科技有限公司
湖南省新贵园农业科技发展有限公司
娄底市万花花卉有限公司
娄底市现代园林绿化有限公司
冷水江市潮盛生态林业发展有限公司
湖南省大泽生农林开发有限公司
新化县中派集成家具有限公司
湖南省桑圆门业有限责任公司

(续)

企业名称
涟源市利群农贸综合开发有限公司
湖南省宜东农林发展有限公司
湖南省林海农林综合开发有限公司
湖南省宇诚农业科技发展有限公司
古丈县卓良木业有限责任公司
湘西老爹生物有限公司
湖南龙山县现代中药材开发有限责任公司
永顺县源植天然香精香料有限责任公司
湘西宏成制药有限责任公司
湖南恒兴木业有限公司
湖南省泸溪县晓园生物科技有限公司
古丈县神土地农副特产制品厂
湖南边城生物科技有限公司
湘西自治州奥瑞克医药化工有限责任公司
泸溪县武陵阳光生物科技有限责任公司
湖南鸿光林产品开发有限公司
古丈县宏箐竹制品有限公司
湖南林之神生物科技有限公司

表2　中国驰名商标名录

序号	企业名称	商标
1	湖南福湘木业有限责任公司	福湘
2	湖南康派木业有限公司	圣保罗
3	湖南地宝龙装饰材料有限公司	地宝龙
4	湖南金浩茶油股份有限公司	金浩
5	湖南省君山银针茶业有限公司	君山
6	湖南银光粮油有限公司	银光
7	伟特家具有限公司	伟特
8	古丈茶业发展研究中心	古丈
9	衡阳市天天见梳篦实业集团有限公司	天天见
10	长沙千禧木业有限公司	金典
11	湖南现代家具装饰有限公司	现代美 Modern Beauty
12	湖南果秀食品有限公司	果秀
13	株洲松本林化有限公司	雪峰
14	永州市异蛇科技实业有限公司	柳宗元
15	湖南恒盾集团有限公司	恒盾
16	长沙市捷西实业有限公司	捷西
17	湖南李文食品有限公司	李文

(续)

序号	企业名称	商标
18	长沙市欧林雅家纺有限责任公司	欧林雅
19	湖南山润茶油科技发展有限公司	山润
20	长沙菱格木业有限公司	天格 TIANGE 及图
21	湖南旺德府投资控股集团有限公司	万象及图
22	湖南济草堂金银花科技开发有限公司	济草堂
23	湖南金拓天油茶科技开发有限公司	金拓天 JINTUO-TIAN 及图
24	永兴冰糖橙种植业协会	永兴冰糖橙
25	湖南省百山洁具有限责任公司	百山及图
26	湖南中富植物油脂有限公司	中富 zhongfu
27	湖南省松龄堂中药饮片有限公司	SOLITA 及图
28	湖南华龙粮油集团有限公司	绿湘园及图
29	湖南湖湘木业有限公司	湖湘及图
30	湖南森艺家具有限公司	森艺 senyi
31	湖南林钰王科技环保有限公司	林钰王
32	岳阳市洞庭木业有限公司	洞庭
33	湖南旺正新材料有限公司	旺正

表3 湖南省著名商标名录

序号	商标注册人/使用人	商标
1	岳阳市开发区巴陵王板材经营部	巴陵王印
2	湖南福星林业股份有限公司	连云福星
3	湖南省冠宇家具有限公司	龙舟家具+图形
4	湖南旺德府投资控股集团有限公司	万象+图形
5	湖南省浏阳市浏东竹木有限公司	浏阳河+图形
6	长沙市芙蓉区亮奇装饰建材商行	亮奇
7	湖南康派木业有限公司	圣保罗
8	长沙青之源办公家具设计有限公司	青知源+拼音
9	长沙市雨花区星悦家具厂	星悦+拼音+图形
10	长沙文象环保科技有限公司	金乌炭雕
11	长沙市世通工艺品有限公司	世通+图形
12	湖南艾度装饰材料有限公司	艾度巨迪+图形
13	湖南尚莱雅纺织品有限公司	尚莱雅+拼音
14	湖南贵太太茶油科技有限公司	贵太太
15	湖南蜜蜂哥哥蜂业有限公司	大名围山+何国华+肖像
16	湖南林之神生物科技有限公司	林之神
17	湖南月意生态工程有限公司	图形
18	炎陵县江陵木业有限公司	湘帝
19	株洲市芦淞区湘峰木业行	健香

(续)

序号	商标注册人/使用人	商标
20	株洲市柳村家具厂	柳村+图形
21	湖南株洲姚氏蜂业有限责任公司	琼园+拼音+图形
22	衡阳市步云纸业有限公司	南航+拼音+图形
23	衡山县逢缘草艺开发有限责任公司	逢缘+图形
24	湖南省天福油脂有限公司	老知青
25	汝城县斌志木业有限公司	斌志+拼音+图形
26	湖南创兴人造板有限公司	创兴+拼音
27	湖南帝森装饰材料有限公司	金帝森
28	嘉禾嘉津实业有限公司	嘉津+图形
29	桂东县玲珑王茶叶开发有限公司	玲珑
30	湖南济草堂金银花科技开发有限公司	济草堂
31	常德市远智棕毛制品有限公司	欢颜
32	湖南省常德市皇冠桌球台总厂	球王+拼音+图形
33	湖南省康多利油脂有限公司	康多利+图形
34	澧县千诺拉油脂有限责任公司	图形
35	桃源县漳江镇万家油脂厂	福千府
36	桃江县宏森木业有限责任公司	华春
37	益阳市明华木艺有限公司	小时候
38	湖南瑞亚高科集团有限公司	图形
39	桃江县述林竹制品厂	曙林+图形
40	桃江县晨康竹业厂	晨康
41	湖南省春龙竹艺有限公司	春龙
42	益阳大森林食品生物科技有限公司	绿乡灵
43	湖南省百山洁具有限责任公司	百山+图形
44	邵东县两市镇爱民铅笔厂	聪明崽
45	湖南崀山家具有限公司	崀山+图形
46	湖南瑞柏茶油有限公司	瑞柏+英文
47	湖南省和盛农业开发有限公司	上和卿 SOHOCH
48	湘西自治州边城醋业科技有限责任公司	神秘湘西
49	张家界奥威科技有限公司	MY+图形
50	张家界三木能源开发有限公司	三木林源+图形
51	张家界福安家木业有限公司	福安家+图形
52	张家界茅岩莓有限公司	茅岩莓
53	湖南五强溪特种纸业有限公司	五强
54	洪江市雪峰木业有限公司	忠良
55	湖南恒嘉木业有限公司	五溪+图形
56	洪江市昌远果业有限责任公司	红岩 HY
57	中方县湘珍珠葡萄专业合作社	湘珍珠
58	中方县龙场杨梅专业合作社	龙场+图形

(续)

序号	商标注册人/使用人	商标
59	湖南敬和堂制药有限公司	敬和堂
60	湖南银光粮油股份有限公司	银光＋图形
61	湖南湘浩油茶生物科技有限公司	湘浩
62	湖南果秀食品有限公司	果秀
63	湖南振兴中药饮片实业有限公司	桔泉＋图形
64	湖南福悦床具有限公司	福悦
65	湖南欧壹家居装饰有限公司	欧壹
66	伟特家具有限公司	伟特
67	长沙好韵味实业发展有限公司	好韵味
68	湖南神农油茶科技发展有限公司	神农国
69	泰格林纸集团股份有限公司	图形
70	湖南省晚安家居实业有限公司	晚安＋图形
71	湖南欧林雅服饰有限责任公司	欧林雅＋OLY
72	湖南省美津园粮油食品有限公司	美津园
73	湖南省晚安家居实业有限公司	晚安
74	长沙李氏家具有限公司	李氏＋图
75	湖南皇邦家居有限公司	皇邦家具＋图形
76	浏阳市康明木业有限公司	冠湘＋拼音＋图形
77	湖南蜜蜂哥哥蜂业有限公司	蜜蜂哥哥
78	永州市凯丰活性炭有限公司	凯丰
79	永州市福源木业有限公司	瑞霖＋图形
80	湖南舜皇峰竹木有限公司	舜皇峰＋图形
81	江华瑶族自治县富华食用菌专业合作社	富瑶
82	永州利达工贸实业有限公司	众康
83	江永县大众木业有限责任公司	健湘
84	湖南龙丰茯苓科技开发有限公司	龙豐＋图形
85	会同康奇瑞竹木有限公司	嘉佳福
86	中方县长寿仙桃农民专业合作社	甜咪咪
87	洪江市柑橘产业开发管理办公室	黔阳＋拼音＋图形
88	湖南补天药业有限公司	补天回生
89	汝城县纯正木业有限公司	汝垣
90	洪江市华宇竹业有限公司	366＋图形
91	怀化星源床垫家具有限责任公司	星源＋图形
92	湖南杨家将茶油股份有限公司	杨家将
93	会同县贤胜油业有限责任公司	珍湘
94	湖南百山洁具有限责任公司	橡柏
95	新宁县福鑫木业有限公司	图形
96	邵阳佰龙竹木有限责任公司	佰龙及图
97	湖南金芒果家居有限公司	图形

(续)

序号	商标注册人/使用人	商标
98	邵阳市北塔区旺达实业木家具厂	舒康美
99	邵阳博盛家具有限公司	博盛家具及图
100	湖南盛顺纸业有限公司	月半弯及图
101	澧县复兴苹果柚专业合作社	复润及图
102	湖南林钰王科技环保有限公司	林钰王及图
103	石门柑橘协会	石门柑橘
104	湖南森香木业有限公司	森香
105	衡阳市岑芳装饰材料实业有限公司	林子＋图形
106	衡阳市大富豪家具有限公司	图形
107	湖南大三湘油茶科技有限公司	茶乡物语
108	衡阳市玮大纸业有限公司	王中王
109	湖南开福家具有限公司	开福
110	湖南京湘天然藤茶开发有限公司	京湘
111	湖南新湘龙木业有限公司	绿湘
112	湘潭县华钢竹业有限公司	福里居
113	湖南唐臣粮油实业有限公司	唐臣
114	湘潭市茵源床业有限公司	茵源图形
115	桃江县伊联木业有限责任公司	怡恋
116	桃江县春林竹业发展有限公司	春秋
117	桃江县湘益木业有限责任公司	湘益
118	湖南家湘美木业有限公司	家湘美
119	湖南森艺家具有限公司	森艺＋SENYI
120	岳阳市九原复合材料有限公司	九原及图形
121	岳阳县芭蕉扇业有限责任公司	岳州 YUEZHOU
122	银城沙发厂	湘之源＋拼音＋图形
123	湖南福湘木业有限责任公司	福湘
124	岳阳市洞庭木业有限公司	洞庭＋图形
125	湖南基荣木业有限公司	基荣＋图形
126	湖南梦玉床垫有限公司	梦玉及图形
127	湖南天子家具有限公司	天子山＋图形
128	湖南省长康实业有限责任公司	长康
129	湖南省长康实业有限责任公司	长康
130	株洲市林之鹰竹胶板厂	林之鹰
131	古丈县卓良木业有限责任公司	卓明板材＋图
132	郴州御林家私有限公司	御林
133	冷水江市华厦家私装饰有限公司	夏华轩
134	湖南张家界九天生物科技有限责任公司	九天洞
135	张家界康华实业有限公司	康华
136	张家界惊梦酒业食品有限责任公司	惊梦

(续)

序号	商标注册人/使用人	商标
137	湖南省衡东县中药饮片厂	峥嵘
138	衡阳市岑芳装饰材料实业有限公司	岑芳
139	衡阳县喜传天下家居有限公司	喜传天下+图形
140	衡阳市天天见梳篦实业有限公司	天天见
141	衡东兴薇三樟黄贡农产品有限公司	兴薇
142	湖南金宇农业科技开发有限公司	香九九+图形
143	浏阳市顺捷木艺有限公司	顺捷+字母
144	长沙市雨花区西塞罗木业有限公司	西塞罗
145	湖南雪丰建材有限公司	雪丰+图形
146	湖南省安泰家具实业有限公司	安泰+图形
147	长沙市万发家具有限公司	万发+图形
148	湖南家家红食品有限公司	家家红
149	湖南华龙粮油集团有限公司	绿湘园+图形
150	湖南省明园蜂业有限公司	明园+图形+字母
151	湖南森鑫环境景观园林工程有限公司	图形
152	湖南旺正新材料有限公司	旺正
153	湘林集团有限公司	湘林
154	邵阳市双清港艺家具厂	金港亿+图形
155	湖南莨山家具有限公司	丹霞+图形+字母
156	邵阳天元木业有限公司	湘吉+图形+字母
157	邵阳市立本竹木制品有限公司	华立+图形
158	绥宁县丰源竹木实业有限公司	图形+字母
159	隆回县农业产业化协会	隆回龙牙百合+图形+字母
160	湖南省宝庆农产品进出口有限公司	金鸡宝庆百合+图形+字母
161	湖南中富植物油脂有限公司	中富+字母
162	邵阳县华强粮油发展有限公司	桂芳+图形
163	洞口县茗峰金银花开发专业合作社	桐山+字母
164	武冈市和旺食品有限公司	众泰+图形+字母
165	湖南青钱柳科技开发有限公司	百春+图形+字母
166	平江县宏辉木业有限公司	H
167	湖南兴湘木业有限责任公司	兴湘+图形+字母
168	湖南福湘木业有限责任公司	福湘
169	临湘市晨星竹业有限公司	难得糊涂
170	岳阳市恒泰家具厂	香园恒泰
171	岳阳市金可可食品科技有限公司	金可可+图形+字母
172	湖南省金一科技有限公司	湘金一
173	益阳桃花江竹业发展有限公司	万维
174	桃江县福森木业有限公司	怡湘居

(续)

序号	商标注册人/使用人	商标
175	桃江县杨林木业有限公司	福晶
176	湖南超红家具制造有限公司	超红+字母
177	湖南瑞亚高科集团有限公司	凯伦保+图形+字母
178	益阳市赫山区和牌凉席厂	湘里美人
179	湖南省桃江县桃江竹制品生产合作社	湘友
180	桃江冰梦家居用品有限公司	冰梦+字母
181	益阳金浩油中王油脂有限公司	油中王
182	湖南鸿森木业(集团)有限公司	领富世家
183	湖南鸿森木业(集团)有限公司	大湘西+图形
184	怀化市富源油业有限公司	运春+图形
185	靖州县金茶油科技开发有限责任公司	锹里
186	靖州县湘百仕酒业有限责任公司	湘百仕
187	湖南佰诺酒业有限公司	圣仕佰诺
188	双峰县湘中名望木业加工厂	湘中名望
189	湖南省桑园门业有限责任公司	桑圆
190	湖南娄底响莲实业发展有限公司	响莲+图形
191	湖南亲情果食品饮料有限公司	亲情果+图形+字母
192	湖南波比木业有限责任公司	创旗+图形+字母
193	湘潭市仙女竹业有限公司	仙女+图形
194	湖南农其科技开发有限公司	天子山
195	湖南省强盛农业开发有限公司	九雁+图形
196	湖南堂皇湘莲食品有限公司	堂皇+图形+字母
197	常德湘大环保科技有限公司	辣妹子+图形
198	桃源县金虹茶油有限公司	泥头山
199	湖南省石门县白云山国有林场	冠云+图形+字母
200	桂阳县豪鹰家具有限公司	豪鹰
201	桂阳梦康床垫厂	万吉
202	郴州伊桂园家具制造有限责任公司	伊桂园+字母
203	湖南好恰绿色油业发展有限公司	好恰+图形+字母
204	张家界金鲵生物工程股份有限公司	金鲵+图形
205	张家界秋收食品实业有限公司	秋收+图形
206	张家界茅岩河绿色食品有限公司	茅岩河+图形
207	张家界西莲茶业有限责任公司	西莲+图形
208	湖南银光粮油股份有限公司	银光
209	泸溪县椪柑协会	泸溪椪柑+图形

表4　湖南名牌产品名录

序号	生产企业名称	注册商标
1	湖南福湘木业有限责任公司	福湘
2	湖南现代家具装饰有限公司	现代美
3	湖南福星林业股份有限公司	连云福星
4	湖南省冠宇家具有限公司	龙舟家具、大坡梨家具
5	湖南湖湘木业有限公司	湖湘
6	湖南艾度装饰材料有限公司	巨迪艾度
7	湖南雪丰建材有限公司	雪丰
8	浏阳康明木业有限公司	冠湘
9	浏阳顺捷木艺有限公司	顺捷
10	长沙嘉宝家具有限公司	嘉宝
11	湖南恒盾集团有限公司	恒盾
12	炎陵县江陵木业有限公司	湘帝
13	湖南开福家具有限公司	开福
14	祁东县宏蔚家具实业有限公司	宏蔚
15	衡阳市岑芳装饰材料实业有限公司	岑芳、林子
16	常德湘大环保科技有限公司	辣妹子
17	常德荣星家具有限公司	红荣居
18	湖南林钰王科技环保有限公司	林钰王
19	湖南瑞亚高科集团有限公司	布伊尔
20	桃江县湘益木业有限责任公司	湘益
21	桃江县宏森木业有限责任公司	华春
22	桃江县福森木业有限公司	怡湘居
23	娄底海人科技开发有限公司	海人
24	双峰县永盛木业有限公司	爱达
25	洞口县方正胶合板厂	旺正
26	邵阳华德家具有限公司	韦尔奇
27	伟特家具有限公司	伟特
28	新宁县福鑫木业有限责任公司	福馨、家家福、好仕材
29	洞口县佳利木业有限公司	佳卓
30	古丈县卓良木业有限责任公司	卓明板材
31	湘西自治州边城醋业科技有限责任公司	神秘湘西
32	湖南湘泉药业股份有限公司	湘泉
33	湘西老爹生物有限公司	果王素
34	湖南湘泉药业股份有限公司	湘泉
35	湘西宏成制药有限责任公司	宏成及图
36	湖南鸿森木业(集团)有限公司	大湘西
38	汝城县纯正木业有限公司	汝垣
37	江永县大众木业有限责任公司	健湘
39	永州利达工贸实业有限公司	众康

(续)

序号	生产企业名称	注册商标
40	湖南福湘木业有限责任公司	福湘
41	湖南省浏阳市浏东竹木有限公司	浏阳河
42	湖南金典木业有限公司	金典
43	湖南森香木业有限公司	森香
44	湖南德邦竹木业有限公司	三湘
45	洪江市华宇竹业有限公司	366
46	湖南森艺家具有限公司	森艺
47	伟特家居股份有限公司	伟特
48	邵阳市扬诚瑞林木业	扬森
49	湖南盈成油脂工业有限公司	盈成、古稻田
50	湖南金健米业股份有限公司(植物油分公司)	金健
51	郴州邦尔泰苏仙油脂有限公司	苏仙、邦尔泰
52	湖南瑞柏茶油有限公司	瑞柏、茶仔皇
53	湖南美津园粮油食品有限公司	美津园
54	湖南中富植物油脂有限公司	中富、崀润、富顿、开口香
55	湖南大三湘油茶科技有限公司	茶郷物语、大三湘
56	芷江华兴油业有限公司	侗香缘
57	湖南杨家将茶油股份有限公司	杨家将
58	湖南唐臣粮油实业有限公司	唐臣
59	湖南金宇农业科技开发有限公司	誉湘龙
60	岳阳林纸股份有限公司	泰格颂、泰格雅贞
61	岳阳林纸股份有限公司	泰格雅、泰格风韵
62	永州湘江纸业有限责任公司	泰格永颂
63	沅江纸业有限责任公司	泰格风格
64	湖南双华纸业有限公司	图形
65	湖南福湘木业有限责任公司	福湘
66	湖南科茂林化有限公司	科茂
67	湖南创兴人造板有限公司	创兴
68	湖南凯丰活性炭环保科技有限公司	凯丰
69	湖南省春龙竹艺有限公司	春龙
70	张家界茅岩莓有限公司	茅岩莓
71	湖南省石门县白云山国有林场	冠云、白云山
72	湖南绿海粮油有限公司	绿海
73	湖南银光粮油股份有限公司	银光
74	湖南李文食品有限公司	李文
75	邵阳心连心食品有限公司	心连心、人人夸

【2014年林业产业大事记】　**5～11月**　产业办、省林业产业协会以“湖南茶油”为宣传、展示重点,

成功组织湖南林之神生物科技有限公司、湖南山润油茶科技发展有限公司等11家油茶企业先后参展了第三届中国(伊春)国际森林产品博览会和第七届中国义乌国际森林产品博览会。

9月28日 湖南省油茶产业发展新闻发布会在邵阳县白仓镇迎丰村的油茶园中召开。湖南省委宣传部副部长、省外宣办主任周湘主持新闻发布会。来自新华社、《湖南日报》等34家中央、境外、省级、市级主流媒体参会。

10月25日 2014青岛世界园艺博览会圆满闭幕，湖南园荣获2014青岛世界园艺博览会室外展园竞赛特等奖。湖南园面积1416平方米，整个园区全部采用紫薇营造门、亭、墙、坊，是全国唯一的"纯绿色、会呼吸"的省级展园，日均接待游客上万人，构园理念得到了世园组委会专家的高度肯定，央视、《中国绿色时报》、凤凰卫视等主流媒体都进行了专题报道。

11月6日 我国中部第一家区域性林权交易平台——中部林业产权交易服务中心揭牌成立，并正式投入运营。中心覆盖产权交易、林业融资、电子商务、资产评估、法律咨询、技术服务等多项业务。已于全省120多个县(市、区)分中心实现了网络的互联互通；已发展综合(交易)会员45家，招募各类企业会员123家。已累计发布信息、在线流转、资产评估达102.67万公顷，成交金额近52亿元，业务辐射四川、云南、广西、江西、湖北等10多个省(市)。

12月12日 湖南省林业科学院"非耕地工业油料植物高产新品种选育及高值化利用技术"荣获国家科学技术进步二等奖。该项目选育出工业油料植物新品22个，开发出耐低温柴油添加剂、生物柴油混配产品等新产品，创新集成油脂选择性加成定向聚合酰胺化等关键技术和制备工艺用于环氧结构胶、环氧沥青材料的耐高温低黏度聚酰胺固化剂产品，有效解决了我国非耕地发展工业油料产业存在高产品种缺乏、加工技术和装备落后、产业效益较低等难题。 (何 宏 甄国懿)

广东省林业产业

【概　述】 2014年，广东省有林业用地面积1096.25万公顷，森林覆盖率58.69%，其中商品林631.95万公顷，占林业用地的57.65%，活立木总蓄积量5.47亿立方米，比2013年度增加2400万立方米，顺利完成森林资源“双增”目标，林木总消耗量1293.47万立方米。2014年，新一轮绿化广东大行动目标任务全面落实，四大林业重点生态工程建设进展顺利，粤东西北地区生态建设力度进一步加大，珠三角地区生态建设一体化步伐进一步加快，南粤生态文明建设水平不断提升。2014年，广东林业产业产值达6500.35亿元，比2013年增长16.18%。

林业产业总产值稳定增长　按照现行价格统计，2014年广东林业产业总产值为6500亿元，比2013年增加905亿元，增长16.18%。

从产业结构看。第一产业产值792亿元，占全部林业产值的12.18%，同比增长14.95%；第二产业产值4469亿元，占全部林业产值的68.75%，同比增长15.72%；第三产业产值1240亿元，占全部林业产值的19.08%，同比增长18.89%。林业三次产业的产值比例逐步调整，产业结构进一步优化中。

在广东全省林业产业总产值中，包括干鲜果品、茶、中药材以及森林食品等在内的经济林产品的种植与采集业的产值为446亿元，占第一产业产值的56.44%，是第一产业的龙头行业；在第二产业中，所占比重较大的是木材加工、家具和造纸业，三者产值合计为3800亿元，占第二产业产值的85.03%；第三产业的龙头行业是林业旅游与休闲服务业，产值为1112亿元，占第三产业产值的89.68%，全年涉及林业旅游与休闲的人数达2.08亿人次。

从分地区看。珠三角地区林业产业产值为4970亿元，占广东林业产业产值的76.46%，同比增长14%；山区5市林业产业产值为673亿元，占全省林业产业产值的10.35%，同比增长39%；东西两翼地区林业产业产值为845亿元，占广东林业产业产值的13%，同比增长15%。林业产业产值超过300亿元的市有6个，主要分布在珠三角地区，分别是广州、深圳、佛山、东莞、中山、肇庆，主要是因为广东林业产业产值中第二产业比重较大，林业第二产业主要集中在广东珠三角地区，珠三角地区6个市的林业产业产值合计为4393亿元，占广东全省林业产业总产值的67.58%。

木材产品产量平稳增长　根据统计数据显示，2014年广东人造板产量1136万立方米，比2013年增加156万立方米，增长15.92%。其中胶合板产量为333万立方米，增长34.27%；纤维板产量570万立方米，增长10.89%；刨花板产量159万立方米，增长16.06%。2014年广东木竹地板产量3633万平方米，比2013年增长25.97%。

林产化工产品产量稳中有增　2014年，广东松香及其深加工产品产量119769吨，比2013年增长8.55%；松节油产量3898吨，比2013年增长8.73%；紫胶产量2800吨，比2013年增长0.18%；木炭产量10747吨，比2013年增长28%。

商品材产量持续增长　2014年，广东木材加工企业的产量和产值都有一定的增长，整体形势较好，市场对林产品的需求量增加，商品材产量持续增长。全省商品材总产量841.47万立方米，比2013年增长4%。其中原木748.93万立方米，增长4.41%；薪材92.54万立方米，增长0.75%。2014年全省锯材产量168.35万立方米，比2013年增长23.7%；木片产量135.47万立方米，比2013年增长7%。商品材产量按生产单位分类，林业系统内生产的商品材为116.44万立方米，减少17.28%，其中系统内国有林场、事业单位生产商品材115.24万立方米，减少10.35%；系统外企事业单位采伐自营地的商品材58.28万立方米，减少13.05%；乡镇集体企业及单位生产的商品材76.3万立方米，增长126%；村及村以下各级组织和农民个人生产的商品材590.43万立方米，增长4.01%。

经济林产品总量平稳增长 竹产业产量略有提高。2014年，广东各类经济林产品总量达到836.15万吨，比2013年增长0.41%。其中水果产量为775.44万吨，比2013年增长0.28%；干果产量为6.1万吨，比2013年增加10.91%；林产饮料产品产量为6.41万吨，比2013年增长31.89%；林产调料产品产量7.97万吨，比2013年减少5.79%；林产工业原料产量22.44万吨，和2013年基本持平；木本油料产量8.99万吨，与2013年基本持平；竹笋干、食用菌等森林食品产量6.32万吨，比2013年增长6.4%；木本药材产量2.47万吨，比2013年减少8.52%。

2014年，广东大径竹产量为1.45亿根，比2013年增长0.74%，增长的原因是受到市场价格因素影响，各地采伐大径竹的积极性较高。其中毛竹6657万根，其他竹7817万根，分别占全部大径竹产量的45.91%和53.91%。村及村以下各级组织和农民所生产的大径竹占全部大径竹产量的比例为46.86%，依然是大径竹生产的主要力量，共达6795万根。

油茶与花卉产业平稳发展 2014年，广东全省油茶种植面积达154010公顷，当年新造油茶林面积9880公顷，低产林改造面积7664公顷。繁殖圃23个，苗木产量6034万株，油茶籽产量85341吨，比2013年增长7.66%。

截至2014年年末，广东实有花卉种植面积7.35万公顷，切花切叶19.39亿支，盆栽植物2.62亿盆，观赏苗木2.68亿株，草坪3117万平方米。广东现有花卉市场99个，花卉企业9154个，花卉从业人员15.56万人，花农6.14万户，控温温室面积和日光温室面积分别为156万平方米和1024万平方米。

林业旅游与休闲产业发展良好 2014年，广东接待林业旅游与休闲的人次达到2.08亿人次，比2013年增加52.9%；森林生态旅游产值达1112亿元，比2013年增加24.8%；直接带动其他产业产值174亿元，比2013年增加1.75%；考虑到合理出行以及林业旅游景点大多免费等因素的影响，2014年人均旅游花费534元，比2013年减少18.47%。

发展思路 ①提高认识，推动产业科学发展。广东林业产业发展立足于社会经济发展大局，与生态建设、农民致富、林区繁荣相结合，与建设幸福广东、打造宜居城市相融洽、相促进，形成“生态建设产业化，产业发展生态化”格局，进一步增强发展产业的责任感、使命感和紧迫感，积极引导发展林业产业，提升传统优势产业，加快转变经济发展方式，加快产业转型升级，优化产业结构，增强企业竞争力。同时，大力扶持发展林下经济、森林生态旅游、林产品市场等新兴绿色惠民产业。

②做好产业规划，指导林业产业发展。根据广东地区的森林资源、经济发展状况等编制好《林业产业发展规划》，明确发展目标和重点，有效指导广东林业产业发展。

③完善优惠政策，扶持林业产业发展。为适应广东林业产业大省发展要求，广东省林业厅相继出台相关扶持产业发展政策，创新机制，制定措施，重点扶持十大林业产业发展。进一步落实造林抚育补助、农业综合开发林业项目、贴息贷款、森林保险等优惠政策；积极推广木材加工业“节能减排”和木材资源循环利用等，有效促进林业产业健康、稳步、持续发展。

④加大科技支撑，增强林业产业核心竞争力。广东省积极引导产业发展，着力推进林业产业发展方式由粗放型向集约型转变，林业产业结构由资源主导型向技术主导型转变，产品生产由单一向多元化转变，着力推动林业产业集群建设，鼓励扶持建设林业产业基地(园区)，引导林业产业规模化、专业化发展，推进产业集群式发展，提升林产经济效益。扎实推进优质林果、调料香料、木本粮油、森林食品、森林药材等五大类经济林产业集群发展。培育林业龙头，辐射示范带动，推广“公司+基地+林业合作社+农户”的产业发展模式。鼓励科技创新，支持企业开展自主创新，打造品牌，做大做强，以品牌建设带动产业创新发展，提升品牌竞争力和国际竞争力。

发展目标与重点 发展目标：努力把广东建

设成为林业产业体系发达的林业强省，确保林业产业产值继续保持全国领先地位。

发展重点：在努力构建完善的林业产业体系的前提条件下，重点发展森林资源培育业、林木种苗与花卉业、野生动植物培育业、木竹材加工业、木竹家具业、木竹浆纸业、森林食品药品和油料加工业、林产化工业、森林生态旅游业、林产品市场流通业等十大支柱产业。

主要措施 ①认真贯彻执行《国家林业局林业产业政策要点》和《广东省林业产业发展规划》，明确发展目标、重点和措施，做大做强广东传统优势产业，大力发展新兴产业，不断挖掘林业产业发展潜力。

②加强行业发展指导，充分发挥市场调控作用，加强广东传统产业发展的宏观指导，着力加快转变经济发展方式和转型升级，优化产业结构；简政放权，广东在全国率先取消木材经营加工许可证制度，降低木材经营加工企业准入门槛，发挥市场调控作用。

③大力培育林业龙头企业。坚持规模化、集约化、专业化经营，扶持发展传统优势产业，坚持走“公司+基地+农户”的发展模式，加强原料林基地建设，每年评定一批广东省林业龙头企业，辐射带动产业发展。

④争取财政投入和加大投融资支持力度。扎实落实用好造林抚育补助、农业综合开发林业项目、林权抵押贷款、林业贴息贷款、森林保险、三剩物利用即征即退税等扶持政策。

⑤加强林业产业技术创新体系建设。积极建设以企业为主体、市场为导向、产学研相结合的技术创新体系；鼓励企业加大科研投入，开发新产品，培育品牌，创建名牌产品，提升市场竞争力；鼓励企业拓展经营渠道，开发经营国外森林资源，抢占国外市场。

主要亮点 2014年，广东林业产业突出发展绿色产业建设，不断提升惠民效益，主动适应经济发展新常态，加快转变经济发展方式，不断优化产业结构，促进产业转型升级，有效推进全省林业产业持续健康发展。广东通过财政、金融、税收等综合措施，积极培育扶持林业龙头企业，促进林业产业转型升级。2014年，新评选出省级林业龙头企业22家，全省累计省级林业龙头企业137家、省级森林生态旅游示范基地83家，24个林业项目被确定为广东省现代产业500强项目，涌现出联邦、宜华、红苹果家具和大自然、圣象地板等9个中国名牌产品、55个省驰名商标。广东电白、怀集、广宁、南雄等县(市)和顺德陈村、南海里水、中山大涌等镇被中国林业产业联合会认定为中国特色产业之乡。广东林业产业持续快速发展，在新常态下仍保持两位数增长，林业产业产值连续多年位居全国第一，主要亮点有：

①以森林资源培育为主要抓手，夯实林业产业发展的基础。2014年广东新种植珍贵树种2.13万公顷，累计种植珍贵树种7.33万公顷。广东油茶迅猛发展，种植面积达15.40万公顷，其中新种0.98万公顷，油茶成规模以上加工企业23家，产能达4.67万吨，全省经济林累计达131万公顷。努力建设用材林、原料林、经济林、苗木花卉、珍贵树木和大径级木材培育等五大类基地，其中花卉种植面积达7.35万公顷，全省建成商品林基地面积400.67万公顷。

大力发展林下经济，增加农民涉林收入。全省累计建立林业合作社1230个，发展林下经济100万公顷，实现林下经济产值239亿元，鼓励发展巴戟、砂仁、铁皮石斛、金线莲等林药种植，农民在林下经济方面的人均年收入为2053元，受益农民618.8万人，有力促进农村经济发展。

②以木材加工为主的第二产业越做越强。2014年，广东主动适应经济发展新常态，加快转变经济发展方式，不断优化产业结构，促进产业转型升级，有效推进全省林业产业持续健康发展。以木材加工为主的第二产业是广东林业支柱产业。2014年，广东林业第二产业产值达4469亿元，其中木竹加工628亿元、木竹家具业产业达1426亿元、木竹浆纸业产值达1746亿元、林产化工业产值达81亿元，木竹家具、松香产品生产量出口量位居全国前列。

广东充分发挥改革开放先行地、市场发育较成熟的优势，充分利用市场对资源配置的决定性作用，引导各地承继传统、突出特色，培育一地一品，在省内多个地方形成了各具特色的海内外知名的产业集散地。如：顺德乐从家具市场、中山大涌红木家具销售量居全国市场之冠，还有德庆贡柑、梅州沙田柚、增城荔枝、高州龙眼等岭南一系列特色水果，佛山陈村花卉世界，佛山乐从、东莞大岭山现代家具制造，中山大涌、江门大江的红木家具，东莞麻涌纸业，梅州、河源的油茶产业等一地一品产业集群。

③以森林旅游、市场流通为主的第三产业越做越优。广东在努力扶持传统优势产业的同时，大力发展森林生态旅游，盘活生态资源，拓展发展渠道，努力将生态优势转化为经济优势，推动第三产业比重稳步上升，使产业结构更趋合理。2014年依托全省森林公园460处，270处自然保护区、55个湿地公园，建立森林旅游示范基地83处，带动400多个村脱贫致富，受益农村人口300多万，建成“吃、住、行、游、购、娱”相配套的旅游服务体系，森林旅游业已成为林业产业体系建设中最具活力的产业。长隆集团、大南岭、雁南飞等生态休闲观光旅游业迅猛发展，全省森林生态旅游产值超过1000亿元，森林生态旅游业成为林业经济新的增长极。

广东拥有地理优势，市场流通业发展潜力巨大，在广东省内多个地方形成了各具特色的海内外知名的产业集散地。如：顺德乐从家具市场、中山大涌红木家具市场成为全国家具生产销售于一体的家具重镇，家具销售量居全国市场之首，广东鱼珠林产集团建立4个大型木材市场，经营面积达140多万平方米，年销售额达600亿元，集团建立了中国木材行业第一个移动电子商务平台和中国木材市场第一个现货交易指数——“鱼珠中国木材指数”，引导了国内外木材市场价格。

存在的主要问题　广东林业产业发展主要存在森林资源严重不足，森林经营水平不高，推动产业发展体制不顺、机制不活，扶持政策不多，产业市场竞争力不强等问题，主要表现在。

①原材料供应矛盾越来越突出。2014年，广东全省年消耗木材约4000万立方米，其中人造板产能1200万立方米，所需木材约2000万立方米。为确保森林资源“双增长”目标，广东部分人造板企业因原材料不足处于停产或半停产状态，林业经济发展受到冲击和影响。

②森林经营模式陈旧、水平低下，受林木采伐限额和造林机制影响，社会投资造林、管护森林和农民耕山致富积极性不高。

③扶持林业产业发展优惠政策不多，促进产业发展激励机制少，政府扶持林业产业发展资金和开发项目甚少，林业产业建设受到不同程度影响。

④生产技术装备水平低，产品技术含量低，林产品市场竞争力不强，产业整体素质不高，精深加工产品少，产品附加值低，科技创新能力不强，科技贡献率低，产品销售对外依存度高，受国内外形势影响大。

⑤广东林业产业管理机构不完善，林业产业机构建设和人才队伍建设与林业产业大省不协调。广东大部分市、县、区没有设立产业科、股、办，林业产业管理五花八门，不统一，且管理服务不到位。职能未理顺，交叉太多，产业工作没有抓手，难开展工作。

表1　2014年广东省林业产业产值统计

产业类别	计量单位	代码	总产值	增加值
甲	乙	丙	01	02
总　计	万元	01	65003382	18352941
一、第一产业	万元	02	7917011	2868188
(一)涉林产业合计	万元	03	7805337	2851877
其中:湿地产业	万元	04	1760	352
1. 林木育种和育苗	万元	05	92522	33971
(1)林木育种	万元	06	8195	3274
(2)林木育苗	万元	07	84327	30697
2. 造林和更新	万元	08	253127	119883
3. 森林经营和管护	万元	09	137429	55422
4. 木材和竹材采运	万元	10	797021	332993
(1)木材采运	万元	11	576016	228698
(2)竹材采运	万元	12	221005	104295
5. 经济林产品的种植与采集	万元	13	4466800	1709401
(1)水果种植	万元	14	3107391	1166611
(2)坚果、含油果和香料作物种植	万元	15	186992	60908
(3)茶及其他饮料作物的种植	万元	16	211421	53409
(4)中药材种植	万元	17	109920	54045
(5)森林食品种植	万元	18	192997	57780
(6)林产品采集	万元	19	658079	316648

(续)

产业类别	计量单位	代码	总产值	增加值
6. 花卉及其他观赏植物种植	万元	20	2031653	590427
7. 陆生野生动物繁育与利用	万元	21	26785	9780
(二)林业系统非林产业	万元	22	111674	16311
二、第二产业	万元	23	44689654	11062792
(一)涉林产业合计	万元	24	44675116	11056236
其中:湿地产业	万元	25	9605	18970
1. 木材加工和木、竹、藤、棕、苇制品制造	万元	26	6278643	1828170
(1)木材加工	万元	27	914634	290315
(2)人造板制造	万元	28	3856616	1134063
(3)木制品制造	万元	29	1183015	239722
(4)竹、藤、棕、苇制品制造	万元	30	324378	164070
2. 木、竹、藤家具制造	万元	31	14261058	3365371
3. 木、竹、苇浆造纸和纸制品	万元	32	17467906	4136727
(1)木、竹、苇浆制造	万元	33	1243687	199449
(2)造纸	万元	34	7352005	1550722
(3)纸制品制造	万元	35	8872214	2386556
4. 林产化学产品制造	万元	36	811668	207226
5. 木质工艺品和木质文教体育用品制造	万元	37	399130	88543
6. 非木质林产品加工制造业	万元	38	2702346	735104
(1)木本油料、果蔬、茶饮料等加工制造	万元	39	1807055	478812
(2)野生动物食品与毛皮革等加工制造	万元	40	298065	60462
(3)中药材加工制造	万元	41	597226	195830
7. 其他	万元	42	2754365	695095
(二)林业系统非林产业	万元	43	14538	6556
三、第三产业	万元	44	12396717	4421961
(一)涉林产业合计	万元	45	11991881	4305260
其中:湿地产业	万元	46	2965	893
1. 林业生产服务	万元	47	48952	743
2. 林业旅游与休闲服务	万元	48	11122178	4034995
3. 林业生态服务	万元	49	80680	47128

(续)

产业类别	计量单位	代码	总产值	增加值
4. 林业专业技术服务	万元	50	4638	2160
5. 林业公共管理及其他组织服务	万元	51	735433	220234
(二)林业系统非林产业	万元	52	404836	116701
补充资料:竹产业产值	万元	53	108262	41722
油茶产业产值	万元	54	228003	41016
林下经济产值	万元	55	376408	175935

【林业产业投资】 2014 年，广东全部林业投资完成额达到 732897 万元。用于林业产业发展方面的资金为 37323 万元；用于林业民生工程方面的资金为 23780 元；包含财政事业费等其他资金为 151597 万元，其中财政事业费资金 114667 万元。广东林业利用外资情况。2014 年，广东林业利用外资项目个数为 3 个，实际利用外资规模达到 1230 万美元，比 2013 年增加 242 万美元，增加 24.49%，全部为金韶关丰产林有限公司的投资，属于毛里求斯外商投资企业，投资主要用于营造桉树工业原料林 6100 亩、采伐和运输木材等。

【广东省林业龙头企业建设】 2014 年，广东省林业厅根据《广东省林业龙头企业评选标准》(粤林函〔2008〕503 号)和《广东省林业厅关于开展 2014 年省林业龙头企业申报和复核工作的通知》(粤林函〔2014〕388 号)精神，经企业申请和县、市林业主管部门推荐，广东省林业厅组织评审组对 2014 年申报省林业龙头企业进行考核，对 2008、2011 年省林业龙头企业进行复核，评审结果经省林业厅党组审定并公示无异议，评定广东国森林业有限公司等 22 家企业为 2014 年“广东省林业龙头企业”，认定保留深圳市绿宝佳环境建设有限公司等 40 家企业“广东省林业龙头企业”资格，取消广东维康生物技术有限公司等 12 家企业“广东省林业龙头企业”称号。

【林业龙头企业】

河源市立兴园林基础工程有限公司 公司成立于 2008 年 4 月，位于河源市河源大道北 80 号，注册资本300万元，是一家从事园林绿化、荒山造林、果树和油茶种植的种养业民营企业。注册资金300万元。在和平县青州镇有11万亩果树、油茶林，集油茶种植、加工、销售于一体。2013年，该公司总资产3804万元(固定资产483万元)、年收入3215万元、净利润357万元、负债1589万元(41.77%)。带动农户3841户，带动农户种植油茶0.66万公顷，每户年均增收2600元，创造就业950人。

连平康之顺油茶科技有限公司 公司成立于2012年7月，位于连平县城，注册资本400万元，是一家油茶种植的种养业民营企业，在连平县溪山镇种植油茶0.69万公顷。2013年该公司总资产467.56万元(固定资产9.86万元)、负债109.5万元(23.42%)、年收入0元，净利润负25万元，带动农户1147户、带动增收1638元、创造就业280人。

龙川森林源油茶发展有限公司 公司成立于2010年4月，位于龙川县老隆镇，是一家集种植、加工(江西代加工)、销售于一体的油茶种植业民营企业，种植油茶林0.22万公顷，注册资金1100万元，生产“林源”牌系列食用山茶油。以“公司+基地+农户”的发展模式带动农户2160户，带动农户年增收2350元，创造就业人数365人。2013年公司总资产15192万元(固定资产1130万元)，年收入4938万元，负债2112.9万元(14%)、净利润586万元，上交税金365万元。

韶关市友丰生态园林开发有限公司 公司成立于2010年3月，位于韶关市浈江区犁市镇梅村铁路林场，注册资本1000万元，是一家以油茶种植、加工、生态园林旅游观光的种植业民营企业。目前自有油茶林0.46万公顷、合作0.72万公顷，有一占地2公顷的休闲山庄。2010年种植的油茶年产油茶果35吨，2014年2月，采用低温螺旋压榨技术，年底建成一条年产1000吨的油茶生产线。公司采用“公司+基地+农户”的经营模式发展，带动农户20家，每户年均增收10000元，创造就业人数629人。2013年该公司总资产3687.9万元(固定资产18万元)，负债1336.9万元(36.25%)，年销售收入57.75万元，净利润为负41.75万元。

仁化县鑫宇生态开发有限公司 公司成立于2009年4月，位于仁化县丹霞山夏富村，注册资本1000万元，是一家种植铁皮石斛、灵芝、油茶、水果的民营企业，以种植石斛为主。公司现有3.33公顷标准大棚和36.67公顷树表贴生仿野生种植铁皮石斛的基地，公司带动农户种植33.33公顷，带动农户1080家，带动农户增收410万元，平均每年每户增收3800元。2013年公司总资产2721.9万元(固定资产381万元)、年收入258.64万元、总负债1658万元(60.9%)、净利润79.7万元。

韶关市明弘生态农业有限公司 公司成立于2005年5月，位于韶关市浈江区犁市镇黄沙村，注册资本700万元，是一家以生态农业、种养殖业、森林旅游观光为一体的种植业民营企业。种植有233.33公顷高脂松、166.67公顷柚、桃、李、梅。开展采摘、观光旅游。2013年该公司总资产3684万元(固定资产660万元)，负债1524万元(41.86%)，年收入5500万元，净利润249万元。

巴洛克木业(中山)有限公司 公司成立于2006年5月，位于中山市港口镇穗安工业区，注册资本16880万元，是一家研发生产木地板、木门为主的外资加工业企业，设计年产能1500万平方米，母公司为马来西亚三林环球有限公司。该公司是我国知名木地板生产企业，其生产的实木复合地板和仿古地板获得多项认证。2013年，企业资产总值71342万元(固定资产10325万元)，负责51270万元(71.87%)，经营收入51826万元，净利润1291万元，创造就业人数1567人。

中山市东成家具有限公司 公司成立于2013年1月，位于中山市大涌镇葵朗工业区，注册资本50万元，是一家集高档红木家具研发、生产加工、销售于一体的加工业民营企业，年生产能力12000多件木质家具。2013年，该公司总资产7256万元(固定资产430万元)、年收入15038.7万元、负债1141万元(15.72%)、净利润1846万元、带动农户63户、每户年均增收3万元、创造就业837人。

中山市红古轩家具有限公司 公司成立于1999年3月，位于中山市大涌镇岐涌路，注册资本50万元，是一家集高档红木家具研发、生产加工、销售于一体的加工业民营企业，年生产能力3万件木质家具。2013年，该公司总资产23388万元(固定资产911万元)、年收入21845万元、负债11597万元(49.58%)净利润3074万元、带动农户162户、每户年均增收0万元、创造就业816人。

广东始兴县华洲木业有限公司 公司成立于2009年7月，注册资本1.3亿元，是广州华坊洲木业(集团)有限公司下属分公司，位于韶关始兴县东莞石龙(始兴)产业转移工业园，是一家以连续式压机生产人造板的加工业民营企业，总投资4.5亿元，2012年8月投产，主要从事刨花板生产与销售。现年产30万立方米高质量环保型原木微粒板(E02.8MG/100G)。2012年8月投产5万立方米、2013年投产17万立方米微粒板。2013年企业资产总值42776万元(固定资产26396万元)，负债18302万元(42.79%)，年收入31404万元，净利润2781万元，创造就业人数380人。

广东国森林业有限公司 公司于1998年创办，位于广州市天河区。主要从事园林绿化苗木的培育和肥料生产。注册资金2000万元，2014年公司资产总值5250.74万元，年销售收入4156.88万元，企业资产负债率38%，净资产收益率2.67%。自建种植基地254.21公顷，带动林农户880户，带动林农户年均增收2482元，创造就业人数816人。

广东华清园生物科技有限公司 公司于2008年创办，位于梅州市平远县。主要从事梅片树培育、种植及生物萃取深加工。注册资金3200万元，2014年公司资产总值2056万元，年销售收入2032万元，企业资产负债率23.8%，净资产收益率3.17%。自建种植基地533.33公顷，带动林农户1361户，带动林农户年均增收1650元，创造就业人数310人。

广东瑞和农林科技有限公司 公司于2011年创办，位于梅州市大埔县。主要从事金线莲和铁皮石斛种苗培育、种植、加工、销售。注册资金300万元，2014年公司资产总值1597.89万元，年销售收入3564.21万元，企业资产负债率35.30%，净资产收益率52.04%。自建种植基地66.67公顷，带动林农户318户，带动林农户年均增收8000元，创造就业人数415人。

丰顺县林海实业有限公司 公司于2007年创办，位于梅州市丰顺县。主要从事林木种植、茶叶种植、生物质成型燃料生产、板材加工。注册资金500万元，2014年公司资产总值2209万元，年销售收入2245万元，企业资产负债率35.30%，净资产收益率52.04%。自建种植基地1290公顷，带动林农户365户，带动林农户年均增收20000元，创造就业人数520人。

广东银葛宝科技有限公司 公司于2007年创办，位于梅州市蕉岭县。主要从事葛根的培育、种植、加工、销售和研发，以及发展名贵树木、优质果树种植。注册资金500万元，2014年公司资产总值2893.59万元，年销售收入6510万元，企业资产负债率13.6%，净资产收益率25.99%。自建种植基地371.6公顷，带动林农户1388户，带动林农户年均增收3800元，创造就业人数2545人。

丰顺县龙丰农业综合开发有限公司 公司于2009年创办，位于梅州市丰顺县。主要从事油茶、茶叶、南药等农业综合开发。注册资金500万元，2014年公司资产总值2452.7万元，年销售收入2411.9万元，企业资产负债率30.3%，净资产收益率11.73%。自建种植基地466.67公顷，带动林农户1320户，带动林农户年均增收1820元，创造就业人数650人。

梅州穗瑞农林发展有限公司 公司于2012年创办，位于梅州市大埔县。主要从事果蔬、油茶、农产品种植。注册资金300万元，2014年公司资产总值3113.1万元，年销售收入5542.6万元，企业资产负债率28.6%，净资产收益率24.65%。自建种植基地200公顷，带动林农户1200户，带动林农户年均增收1650元，创造就业人数630人。

平远县善吉实业有限公司 公司于2011年创办，位于梅州市平远县。主要从事油茶、脐橙、特早蜜柑、珍贵树木种植以及林下养殖。注册资金500万元，2014年公司资产总值3041万元，年销售收入2007万元，企业资产负债率32.9%，净资产收益率6.7%。自建种植基地230.73公顷，带动林农户550户，带动林农户年均增收1800元，创造就业人数150人。

五华县琴江园农业发展有限公司 公司于2009年创办，位于梅州市五华县。主要从事油茶、果树种植、禽畜养殖。注册资金103万元，2014年公司资产总值3455万元，年销售收入2353万元，企业资产负债率2%，净资产收益率14%。自建种植基地500公顷，带动林农户1150户，带动林农户年均增收2180元，创造就业人数2100人。

梅州市华狮龙农林科技投资有限公司 公司于2012年创办，位于梅州市五华县。主要从事名贵树木种植。注册资金300万元，2014年公司资产总值3055万元，年销售收入3623万元，企业资产负债率0.22%，净资产收益率8.4%。自建种植基地853.33公顷，带动林农户1038户，带动林农户年均增收6000元，创造就业人数880人。

广东虎形山生物科技有限公司 公司于2013年创办，位于梅州市梅江区。主要从事金线莲种苗培育、温室大棚种植、林下生态种植及相关产品的生产、销售。注册资金1001万元，2014年公司资产总值1440万元，年销售收入3631.56万元，企业资产负债率2.01%，净资产收益率14%。带动林农户880户，带动林农户年均增收1600元，创造就业人数145人。

罗定市恒兆蒸笼有限公司 公司于2011年创办，位于云浮市罗定。主要从事罗定市特色产业泗纶竹蒸笼。注册资金500万元，2014年公司资产总值3472万元，年销售收入5569万元，企业资产负债率28.63%%，净资产收益率11.5%。自建种植基地333.33公顷，带动林农户1000多户，带动林农户年均增收3000元，创造就业人数1000多人。其产品出口83个国家和地区，每年创汇近1000万美元。

【家具产业】 据不完全估计，2014年全省家具销售总值3630亿元，比2013年同期3390亿元增加7.1%。其中，出口方面，据海关统计数据，2014年广东家具出口196.49亿美元，同比增长12.6%，占全国家具出口520.22亿美元的33.8%，比同期全国家具出口增长0.4%高出12.2个百分点；内销方面，估算2014年内销2350亿元，比2013年同期2220亿元增加6%。

据统计部门数据，2014年全省家具行业规模以上企业(约1170家，下同)总产值1707.39亿元，总产量17259.68万件，分类数据参见表格。

广东省家具行业经济工作会议 针对我国外贸进出口总值下降、房地产市场分化调整、国家新型城镇化规划出台、政府加大家具行业环境治理力度的严峻形势，会议提出“创新驱动·技术改造·环境治理·优化升级”的行业发展策略，应对措施：一要深化改革，激发市场活力；二要积极拓宽内外市场，掀起新一轮家具行业技术改造、环境治理的浪潮；三要保持广东家具行业的整体增长11.5%，实现健康稳步发展，从追求规模速度向追求规模效益转变，保证本省家具行业转型升级工作的顺利进行。

广东省家具人造板行业环保产品工作会议 会议强调环保是社会进步的要求、是行业转型的责任、是企业品牌的核心。会议由广东省家具协会、广东省林产协会联合召开，得到省林业厅、省商务厅公平贸易局、省WTO/TBT通报咨询研究中心的指导。一方面探讨有效应对美国复合木制品技术性贸易措施，从制度和顶层促进林产品又好又快发展；另一方面还可以加强企业间的联系合作，互相学习借鉴发展经验，实现共赢，有效推动广东木材加工产业健康发展。

广东省家具协会与多方建立战略合作关系 广东省家具协会与省涂料协会、省林产协会、伦教木工机械商会、省服装设计师协会建立战略合作关系，通过品牌家具企业应用品牌原辅材料、设备，提高产品的质量、环保指标，提高品牌的核心竞争力，形成家具、服装跨界设计，创新、融合、营销的良好氛围。东莞市元宗家具公司等19家企业成为“广东省家具行业转型升级重点培育企业(第四批)”。

表2 2014年广东省家具行业主要经济指标一览表

主要指标	2014年	2013年	同比增减	净增减
总值(亿元)	3630	3390	+7.1%	+240
出口(亿美元)	196.49	174.5	+12.6%	+21.99
内销(亿元)	2350	2220	+6.0%	+130

表3 2013~2014年广东省家具出口分类情况一览表

主要指标	2014年	2013年	同比增减	净增减	2014年比重
出口总值(亿美元)	196.49	174.51	+12.6%	+21.98	100%
其中：木质家具	106.61	96.27	+10.7%	+10.34	54.3%
金属家具	54.96	45.40	+21.1%	+9.56	28.0%
其他家具	34.92	32.84	+6.3%	+2.08	17.7%

数据来源：海关统计数据。

表4 2013~2014年广东省家具规上企业工业总产值分类情况一览表

主要指标	2014年	2013年	同比增减	净增减	2014年比重
工业总产值(亿元)	1707.39	1531.20	+11.51%	+176.19	100%
其中：木质家具	1002.38	900.21	+11.35%	+102.17	54.3%
金属家具	295.23	254.31	+16.09%	+40.92	17.3%
软体家具	55.72	—	—	—	7.7%
其他家具	354.06	324.86	+8.99%	+29.2	20.7%

表5 2013~2014年广东省家具规上企业总产量分类情况一览表

主要指标	2014年	2013年	同比增减	净增减	2014年比重
总产量(万件)	17259.68	16449.45	+810.23	+4.9%	100%
其中：木质家具	5650.08	6029.97	-6.3%	-379.89	32.7%
金属家具	6993.13	6283.14	11.3%	710.00	40.5%
软体家具	1591.92	—	—	—	9.3%
其他家具	3024.55	2572.26	17.7%	452.29	17.5%

广东省第七届“省长杯”工业设计大赛家具专项赛 大赛由广东省家具协会承办，以“新中式·新生活”为主题，大赛吸引了创豪家具、尚品宅配、前进家具、红古轩、品域家居、居典红木、拓璞设计、广州美术学院等众多家具与用品骨干企业、家具设计机构、相关设计类教育院校师生和广大设计爱好者共366名企业/个人的踊跃参与，参赛作品共计459件。经过对入国专项赛决赛的实物作品评审，最终评出概念组一等、二等、三等、优胜奖分别2、6、10、12名，产品组一等、二等、三等、优胜奖分别2、4、6、18名，产业组优胜奖1名。

其他设计大赛 澳门荷花杯酒店家具、红古轩杯新中式家具、中泰龙杯办公家具、健威杯板式家具、丽江杯公共座椅、百利杯·全国大学生办公家具以及广东省家具行业摄影大赛继续举办，吸引来自全国各地的企业设计人员、设计专业人员和相关设计类院校的师生参加，参赛作品水平不断提高，受到了专家评委的一致好评。

第六届广州家居设计展 为期5天的展览规模进一步扩大，参展单位涵盖国内外知名企业、设计机构、设计类院校、企业、独立设计师合计44家。展品涵盖特色创意家具(民用、办公、户外等)，家居饰品、工艺品、系列设计大赛获奖作品等。系列活动主题论坛、设计年会、流行趋势发布、摄影大赛启动、设计大赛颁奖典礼、华笔·全国家居创意设计大赛等，集合设计交易、潮流发布、展赛互动的三大功能，吸引了大批国内外专业观众、采购商、经销商和众多企业知名人士慕名而来。

会展经济，助力拓展市场 中国广州国际家具博览会、国际名家具东莞家具展览会、深圳国际家具展览会、龙家具展览会等四大展会，不断强化市场拓展、新品发布、品牌展示、设计创新、交流学习等作用，提供更多开拓国内外市场的商机。其中，第33届中国广州国际家具博览会分两期举办，3500家参展商，19万名全球采购商云集广州。第一期分民用家具、户外家具及休闲用品、家居饰品及用品、家纺布艺及辅料等4大专业展区；第二期以办公家具、商用家具、酒店家具、家具生产设备及辅料为主。

海南国际酒店家具、酒店用品及培训服务展览会(简称海南M3展)，让广东酒店家具、酒店用品企业在海南旅游建设中捕抓商机。中国(乐从)红木家具艺术博览会，展销海南黄花梨、小叶紫檀、越南黄花梨、大红酸枝等红木家具精品、民间收藏品、新中式家具。澳门国际酒店展，推动广东省家具企业进一步开拓澳门及葡语国家市场。中国(福州)家具建材装饰品博览会，为广东家具、建材、住房、装饰等企业开拓海西市场服务。

政府助推行业发展 为加快广东省家具企业技术改造步伐，配合省政府制定重点技术改造发展方向和扶持政策，按照广东省经济和信息化委员会工作部署，广东省家具协会召开了征求家具行业技改指导意见及技改意向座谈会，就编制《广东省工业企业技术改造指导目录意见》中家具行业重点方向进行了认真研究，形成修改建议，及时上报。广东省经济和信息化委员会颁布的《广东省工业企业技术改造指导目录》(试行)，对省家具行业今后开展技术改造重点指明了方向。

广东省商务厅在广东省家具协会设立"广东省公平贸易工作站"。工作站积极做好贸易政策审议和对外交涉磋商工作，配合国家、省有关部门领导开展调查研究，掌握行业经济情况，开展家具行业贸易摩擦预警监测。对我国及出口国家具行业的市场状况、法律、政策、规则和指令等变化进行长期监测、分析和预警，关注家具行业贸易摩擦案件情况，及时提醒相关企业予以高度重视。及时收集相关政策和行业出口信息，分析行业出口情况和影响原因，提出相关建议，制定行业出口规划。在"广东家具网"上建立有关公平贸易的专题网页，及时发布政策、行业数据、资讯、工作动态等信息。举办环保产品工作会议，积极应对美国复合木制品技术性贸易措施，不断完善行业自律机制，坚持实施《广东省家具市场诚信自律公约》，协调和规范行业经营秩序。

【2014年林业产业大事记】 **1月22日** 广东徐闻县神州木兰园培植中心朱开甫董事长荣获中华全国工商业联合会、国家林业局、中国光彩事业促进会优秀民营企业家第五届"光彩事业国土绿化贡献奖"。

2月27日 国家林业局和中国农林水利工会全国委员会联合表彰2012~2013年度"中国林业产业突出贡献奖"获得者。广东省5家林产企业被授予为"中国林业产业突出贡献奖"单位。

5月14日 广东宜华木业股份有限公司、鸿伟木业(仁化)有限公司、广东五联木业集团有限公司、廉江一品木业有限公司、广东新大地生物科技股份有限公司、广东鸿利丰生物科技有限公司等6家林产企业被国家林业局认定为首批国家林业重点龙头企业。

5月17日 为推动粤东西北地区油茶产业发展，在梅州市丰顺县组织召开全省油茶产业发展交流座谈会。

12月6日 广东省林业厅产业处荣获国家林业局2014年度《中国林业产业与林产品年鉴》编撰工作特等奖。

12月12日 为加大林业龙头企业培育力度，提升林业产业惠民能力，在广州组织召开广东省林业龙头企业评审会，评定粤东西北地区省林业龙头企业18家。

(吴灿军)

广西壮族自治区林业产业

【概　述】

新常态下林业产业发展规模、增速及特点　2014年，广西林业产业总产值达3850亿元，比2013年增长27.5%。其中，林业第一产业产值1283亿元，增长29.2%；第二产业产值2224亿元，增长27.5%；第三产业产值343亿元，增长21.2%。其中，造纸与木材加工业实现销售收入1300亿元；林产化工产值174亿元；经济林产品总量1122万吨，增长3.1%；林下经济产值614亿元；森林旅游游收入200亿元。林业产业基本形成以市场需求为导向，以资源培育为基础，以优势产业为主体，以新兴产业为增长点，一、二、三产业全面覆盖，多元主体共同参与的林业产业体系和发展格局。

产业新政策及新措施　2014年，自治区林业厅印发《关于打造广西林业产业升级版实施纲要》，明确了未来几年广西林业产业的发展方向和发展重点；4月11日，自治区林业厅印发《关于加快森林公园发展的意见》，提出全区加快发展森林公园的目标、任务和工作重点。7月31日和8月11日，自治区林业厅分别印发《广西特色林产化工产业发展规划(2014~2020年)》和《广西壮族自治区林业厅关于推动林产化工产业科学发展的意见》，对广西未来几年林化产业的发展目标、主要任务和保障措施进行了优化调整。

森林培育　2014年，广西完成植树造林面积351170公顷，其中完成荒山造林117985公顷、迹地人工更新86585公顷、低效林改造造林8835公顷、封山育林34821公顷(其中无林地和疏林地封育25666公顷、有林地和灌木林地封育9155公顷)、桉树萌芽更新102944公顷。截至2014年年底，广西森林面积2.21亿亩，森林覆盖率达62.0%，活立木蓄积量达6.8亿立方米。

2014年，广西完成珍贵树种造林11333公顷，比2013年增加3842公顷；完成珍贵树种育苗3000多万株。其中，完成自治区部门预算珍贵树种项目733公顷，占年度任务的100%。完成“珍贵树种送农家”1000万株。

林业产业就业情况　2014年，林业系统从业人员达到45558人，其中专业技术人员9999人，在岗职工39692人，其他从业人员2969人。在岗职工年平均收入32689元，比2013年增长11.7%。

【林浆纸一体化产业】　2014年，广西木(竹)浆造纸产业产值296亿元，纸浆企业200多家。近年来成功引进了全球知名的芬兰斯道拉恩索公司和印尼金光集团分别在北海和钦州合作建设林浆纸一体化项目，并相应配套建设沿海地区林浆纸业原料林基地，配套的原料林基地已规模化建设，并逐步进入采伐期。林浆纸类自治区级现代林业产业龙头企业共有4家。

产业集群　广西形成了以钦州、南宁、百色等地为主的林浆纸和竹浆纸产业集群。构建了以钦州、南宁、百色等沿海地区的大型林浆纸企业为核心，内地林(木竹)、草、蔗浆造纸并重发展的产业格局。

大型项目　广西金桂浆纸业有限公司年产30万吨浆、60万吨纸项目已经建成投产并生产正常；广西东源木业有限公司年产15万立方米中纤板项目建成投产；斯道拉恩索广西北海林浆纸一体化项目正式获得施工许可证，厂房、办公室及厂区道路等工程全面启动。

【木材精深加工产业】　2014年，广西木材产量2550万立方米，占全国总产量的31.2%，比2013年增长2.8%；人造板产量突破2860万立方米，产值突破600亿元；木材加工经营企业17400家，其中规模以上木材加工企业1480家。人造板类自治区级现代林业产业龙头企业有37家。

产业集群　广西形成了以南宁、柳州、桂林、梧州、玉林、贵港等为核心的木材加工产业集群。主要包括以柳州、桂林、南宁为中心的板式家具制造基地，以南宁、贵港为中心的胶合板制造基地，以南宁、梧州、贺州为中心的纤维板生产基地，以崇左、贺州为中心的刨花板生产基地，以柳州、河池为中心的细木工板、指接板生产基地；以凭祥、东兴为中心红木家具进出口及商贸物流基地，以玉林容县为代表的异型胶合板生产基地，以桂林荔浦县为代表的中国木衣架生产基地等木材精深加工产业基地。

知名品牌 以“高林”“丰林”“三威”三大品牌为首的纤维板以产量大、质量优良而享誉全国；“铜冠牌”指接板畅销国内；“俏天下”“裕祥”“华海”“高旭”“庆祥”“居美工艺”等品牌的木竹衣架产品享誉全国，畅销海外。

人造板生产 人造板产业是广西木材加工业的核心产业，产品类型主要有桉木旋切单板、桉木胶合板、纤维板、细木工板、刨花板、异型胶合板等。中密度纤维板、桉木单板、桉木胶合板、桉木异型胶合板、木衣架等在全国具有举足轻重的地位，细木工板左右着大西南市场，产品主要供应山东临沂、江苏邳州、浙江嘉善、湖州、广东东莞、顺德、中山、四川成都等地。2014 年，广西人造板企业达 1600 多家，其中，胶合板企业 1300 多家，纤维板企业 53 家，刨花板企业 18 家，细木工板企业 100 多家，其他类型企业 120 多家。80%左右的人造板企业都生产建筑模板，工业总产值超过亿元的人造板企业 22 家。

人造板出口贸易 2014 年，广西人造板出口约 71432 立方米，实现创汇 4919 万美元，其中纤维板出口约 1040 立方米，实现创汇 49 万美元；胶合板出口约 70392 立方米，实现创汇 4870 万美元。

第 11 届中国—东盟博览会林产品及木制品展 9 月 25～28 日，第 11 届中国—东盟博览会林产品及木制品展(以下简称“林木展”)在南宁国际会展中心举办，本届林木展由国家林业局与自治区人民政府联合主办，自治区林业厅、中国—东盟博览会秘书处和中国林产工业协会承办。林木展展示面积 3 万平方米，展位数量超过 1000 个，展示内容包括红木家具、木工机械、人造板、林业先进技术项目、林下经济等中国与东盟林木业贸易投资合作最多的相关产品。林木展期间还举办了林产品国际贸易论坛、广西人造板工业发展研讨会、国际木文化论坛、木工机械采购对接会等专业论坛和贸易对接活动，以及招商引资项目集中签约、国家林业龙头企业授牌、现场花艺表演活动等相关配套活动。其中，在林业产业招商引资中，有 6 个项目现场签约，签约总金额 66 亿元。“高林”牌中(高)密度纤维板等 54 个产品获第 11 届中国—东盟博览会林产品与木制品展金奖；“笔架山”牌环保生态板等 43 个产品获银奖。

【林产化工产业】 2014 年，广西林产化工产业产值 174 亿元，松脂产量 40 万吨，松脂产品产量占全国 50% 以上，出口量占全国的 60%，松节油 9.4 万吨。茴油、桂油产量均占全国的 80% 以上，茴油生产占世界总量的 40%。林产化工类自治区级现代林业产业龙头企业有 9 家。

产业集群 广西形成了梧州、玉林、贵港、防城港等地的林产化工一体化产业集群。

松香产业 广西现有 170 多家松脂加工企业，主要分布在梧州、南宁、玉林、崇左、防城港等松林资源丰富的桂东南原料主产区。广西松香产业现已形成了以梧州、南宁为中心的松香、松节油加工产业集群，松香松节油深加工产品主要有歧化松香、歧化松香皂、聚合松香、氢化松香、马来松香、浅色松香、松香树脂、氢化松香树脂、歧化松香树脂、造纸施胶剂、食品级松香树脂、松香胺、松香腈、芳樟醇、松油醇、长叶烯衍生物、二氢月桂烯醇、龙脑等 40 多个系列产品。国家松脂林化产品质量监督检验中心(广西)已在梧州市成立，并获得国家认证认可监督管理委员会授权，从事松脂林化产品质量监督检验。

知名品牌 主要有“华松”牌歧化松香系列产品、“龙舟牌”松香及系列深加工产品、“嘉盈”牌松香树脂产品。

【特色经济林】 2014 年，广西经济林总面积 225.7 万公顷。按用途分，水果类 125 万公顷，干果类 20.4 万公顷，林产饮料类 5.8 万公顷，林产调料类 36.0 万公顷，木本药材类 2.4 万公顷，木本油料类 36.1 万公顷。经济林产品总产量 1121.9

万吨，其中水果类958.8万吨，干果类18.9万吨，林产饮料类5.8万吨，林产调料类16.6万吨，森林食品类18.2万吨，木本药材类15.9万吨，木本油料类18.1万吨，林产工业原料类69.6万吨。经济林产业总产值736.4亿元，比2013年增长47%。8月，田林县被中国经济林协会命名为“灵芝之乡”。广西特色经济林中，延伸有精深加工产业的种类主要是八角、油茶和油桐。至2014年，广西共有31个县(市、区)被国家林业局中国经济林协会命名为“中国经济林之乡”；16个经济林产品获得商标注册和地理标志认证；9个县(市、区)获“全国经济林建设先进县”称号，46个县(市、区)列入全国特色优势经济林发展重点县，其中全国油茶产业发展重点县19个。

八角生产 八角是广西著名的特产和传统出口产品，德保、那坡、金秀、宁明、苍梧、防城区和藤县等先后被国家林业局授予“中国八角之乡”荣誉称号。2014年，广西有八角林总面积30.5万公顷，八角干果总产量13.2万吨。广西八角的著名品牌有“高峰林场大八角”“梧州大红八角”。自治区级龙头企业主要有：广西万山香料有限责任公司、广西京桂香香料有限公司、广西藤县古龙龙淳八角专业合作社、广西藤县光华农工商贸发展有限责任公司等4家。

肉桂生产 广西藤县、防城区、岑溪市中心产区先后被国家林业局命名为“中国肉桂之乡”，防城区肉桂获得国家地理标志认证。2014年，广西肉桂林种植面积5.4万公顷，年总产量为2.4万吨。

油桐生产 2014年，广西油桐林种植面积66.4万亩，年总产量为5.2万吨。其中当地产品加工率10.5%，当地产品加工量1663.7吨。广西是全国桐油主产区之一，主产地为百色市、河池市。广西有多家桐油加工企业，其中规模最大、效益最好的是天峨天泉桐油有限责任公司。

板栗生产 广西东兰县、隆安县中心产区被国家林业局命名为“中国板栗之乡”，东兰板栗获商标注册和地理标志认证。2014年，广西板栗林总面积13万公顷，比2013年增长13.0%，板栗产量7.3万吨。

核桃生产 2014年，广西核桃林总面积6.4万公顷，比2013年增长93.9%，核桃产量1.9万吨。其中，广西河池市通过大力发展种植核桃进行石漠化综合治理，核桃产业已逐步成为河池市促进农民增收，改善石山区生态环境，发展地方经济的主导产业之一。7月9~10日，中国(河池)核桃产业发展研讨会在河池市凤山县召开，国家林业局、自治区林业厅有关领导，市委、市政府主要领导出席会议。9月10~12日，自治区林业厅在河池市天峨县举办泡核桃等林业地方标准培训班。

金槐生产 桂林市全州县是广西金槐种植的主产区，也是国内闻名的槐米集散市场，金槐种植历史有300多年，2013年被中国经济林协会认定为“中国金槐之乡”。2014年，全州县已有金槐种植面积近24万亩，其中新造1万亩。已嫁接面积12万余亩，形成挂果面积7万余亩；建设金槐种植基地400多个，每年生产金槐米1万吨以上，年产值在7个亿以上。

【油茶产业】 广西油茶种植区主要分布在柳州市、百色市、河池市、贺州市和桂林市。2014年，广西新造油茶林1.7万公顷、改造低产林1.3万公顷，油茶林总面积41.6万公顷。全年油茶籽产量18万吨，茶油产量4万吨，油茶产业产值41亿元。油茶企业180多家，产品涵盖初榨油、精炼油、化妆品级油及药用产品。自治区级现代林业产业龙头企业共7家。

知名品牌 主要有“金茶王”“百德唐”“山椿”“增年”“九万大山”“黄金木梓”等知名茶油品牌。

财政安排 2014年，广西油茶产业发展资金共3亿多元，其中，中央油茶专项、农业综合开发及其他中央项目资金5150万元；自治区财政油茶专项5000万元，补助标准也从2013年300元/亩提高到400元/亩；市县财政及统筹整合其他项目资金740万元；企业投入资金1057万元；林农、合作社投入1.3亿元。

油茶遗传资源调查编目 广西油茶种质资源调查编目进入项目总结验收阶段。截至12月，完成了505份油茶种质的调查测定，收集图片资料3000多份，并发现了一个山茶属新种——香花油茶，申请红羽大果油茶1号、红羽大果油茶2号植物新品种权保护2件。

科研成果 完成《油茶施肥技术规程》《油茶苗木质量分级》《油茶优树选择和优良家系选育技术规程》等3个地方标准制订。广西林科院承担的广西农业科技成果转化资金项目"油茶采穗圃营建新技术中试示范"课题通过验收;"广西油茶新型多功能肥料研制与示范"项目通过验收鉴定,项目研究总体水平处于国际同类研究先进水平。

全国油茶产业发展现场会 11月5~6日,第七次全国油茶产业发展现场会在广西桂林召开。广西及部分省区分别就油茶、核桃、油用牡丹、长柄扁桃和油料树种光皮树的研发生产、市场发展和政策支持情况作了典型发言。国家林业局党组书记、局长赵树丛发表重要讲话,并对今后一个时期油茶等木本油料的发展做出了部署。国家林业局总工程师封加平作大会总结,并对今后的工作提出要求。广西壮族自治区党委常委、自治区常务副主席唐仁健、桂林市人民政府市长唐琮沅出席了会议并讲话。

【花卉产业】 2014年,广西花卉产业总产值107亿元,比2013年增长16.3%。花卉种植面积65万亩,增长8.0%。2014年广西花卉生产企业2000多家,花卉市场122个,各类从业人员45万多人,花农10万多户。广西最具特色的花卉品种主要为茉莉花、桂花、金花茶、罗汉松。广西花卉苗木种植面积在3000公顷以上的地市有:南宁、柳州、桂林、北海、贵港、防城港。花卉培植类自治区级现代林业产业龙头企业有8家。

产业集群 广西初步形成广西北部湾、桂北桂西等地的花卉产业集群,具体包括以南宁为核心的茉莉花产业化生产区域,以桂林为核心的桂花产业化生产区域,以北海为核心的罗汉松产业化生产区域,以防城港、北海为核心的金花茶产业化生产区域等广西特色花卉苗木生产区域;以南宁、柳州、桂林、玉林、北海、梧州、河池等为重点的绿化苗木生产区域。

横县国际茉莉花文化节 8月23日,2014年中国(横县)茉莉花文化节(以下简称"茉莉花文化节")开幕式在广西横县中国茉莉花茶交易中心隆重举行。本届茉莉花文化节由中国花卉协会、中国茶叶流通协会支持,中国花卉协会花文化专业委员会、中国茶叶流通协会茶文化教育工作专业委员会、广西花卉协会、横县人民政府联合主办。中国花卉协会、中国茶叶流通协会领导,广西壮族自治区、南宁市、横县等有关单位领导,以及国内茶叶主要产区和消费区和社会各界代表共2000多人参加开幕式。

【野生动植物繁育利用产业】 2014年,广西野生动植物繁育与利用产业产值近百亿元,其中,陆生野生动植物繁育与利用产业产值37亿元。人工繁育的野生动物物种主要有食蟹猴、猕猴、虎纹蛙、梅花鹿、竹鼠、鳄鱼、蛇类、蛤蚧、龟类等20多种,人工种植利用的植物物种主要有金花茶、罗汉果、两面针、红豆杉、灵香草、铁皮石斛等几十种具有地方特色的产品。自治区级现代林业产业龙头企业有4家。

产业集群 广西基本形成了桂北、北部湾两大野生动物繁育利用集群区和桂北、桂西南两大野生植物利用产业集群区。初步形成了以食蟹猴、猕猴等灵长类实验动物驯养繁殖,蛇类、竹鼠、蛤蚧人工养殖及加工为优势的产业格局;打造了以玉林、贵港、梧州为中心的桂东医药用野生动物繁育利用及深加工基地,在南宁、百色、崇左、桂林建立9个培育兰科、苏铁、罗汉松的野生植物培育基地。

【森林旅游】 2014年,广西森林旅游收入达200亿元,森林公园总数达56处,自然保护区62处,湿地公园13处,其他森林旅游景区景点120多处。初步形成了以森林公园、自然保护区旅游小区和湿地公园、林业观光园等其他类型森林旅游景区协同发展的森林旅游体系。以资源八角寨、龙胜温泉、贺州姑婆山、金秀大瑶山、上思十万大山、南宁良凤江、百色大王岭、靖西通灵大峡谷等森林公园,南宁大明山、桂林猫儿山、龙虎山等自然保护区旅游小区和北海滨海湿地公园等为代表的一大批森林旅游景区景点已经成为广西重要的森林旅游目的地。

产业集群 广西形成了以西江黄金水道、北部湾滨海、大桂林山水和桂西北为主的森林旅游产业集群。

森林公园 2014年，广西森林公园总数达到56处，其中国家级森林公园20处、自治区级森林公园30处、市(县)级森林公园6处。广西森林公园经营总面积259184.22公顷，比2013年增加1018.41公顷，2014年各级森林公园投入资金大幅增长，全年共投入建设资金48324.89万元(其中国家投资7431.16万元，自筹31133.73万元，招商引资9760万元)，比2013年增加10916.12万元，增长29.18%；其中，森林公园环境保护投入6040.33万元，植树造林500.45公顷，改造林相422.30公顷。全年森林公园没有发生重大安全生产责任事故。各级森林公园接待游客量815.87万人次，比2013年增长16.46%，森林公园收入总额24.22亿元，比2013年增长101.78%。2014年，广西新建2处自治区级森林公园，分别是广西富川西岭自治区级森林公园和广西朝燕自治区级森林公园。

森林公园“提质增量”工程 2014年，广西AAA级旅游景区以上的森林公园达到17处。其中，贺州姑婆山国家森林公园被评为首批国家旅游生态示范区，贺州姑婆山景区获得“首届广西服务业品牌”称号，桂平龙潭国家森林公园评为广西首批6家“省级生态旅游示范区”之一，玉林大容山国家森林公园列入“广西科普教育基地”，成为广西第3个生态文化、科普教育示范基地的森林公园，南宁良凤江国家森林公园获得“南宁市十佳景区”称号。

广西富川西岭自治区级森林公园 广西富川西岭自治区级森林公园位于广西富川县西南与恭城县交界部，距离县城约11千米。森林公园规划总面积为678.41公顷，公园内森林覆盖率83.61%，森林面积567.20公顷。森林公园属于山地丘陵地貌，旅游资源种类丰富，数量多，涵盖有生物景观、地文景观、水文景观、天象景观四大类型，公园内景色各有特点、相得益彰，具有较高的观赏和科研价值。

广西朝燕自治区级森林公园 广西朝燕自治区级森林公园位于广西南宁市武鸣县境内的朝燕林场，森林公园规划总面积为340公顷，公园内森林覆盖率高达96.6%，林地面积328.44公顷。公园内部动植物种类繁多，地文景观和水文景观丰富多样，人文景观独特，具有较高的生态保护价值和旅游开发价值，适宜开展休闲养生、观光度假、科普教育等旅游活动。

森林人家 12月3日，自治区林业厅、自治区旅游发展委员会联合发文，选定龙胜县泗水乡八滩村里排壮寨龙胜县伟江乡甘甲大寨、龙胜县大唐湾健康养生精品庄园、荔浦县天河瀑布生态旅游度假区、资源县五排河龙洞峡景区、兴安县华江高山钓鱼山庄、藤县藤州镇潭东村桃源湖乡村旅游区、蒙山县长坪瑶族乡长坪村、广西平天山国家森林公园(贵港市)、八步区怡华农家馆、罗城县青明山庄、环江县华山林场生态园、东兰县东兰镇那亨村壮乡农家乐、崇左市狮子头森林公园、大新县那岭乡陇玉村陇灶村民小组等15家单位作为2014年广西“森林人家”试点单位。

【竹藤加工产业】 广西竹类资源丰富，是我国竹种分布较多的省(区、市)之一。2014年，广西竹产业产值38亿元，竹林面积512万亩，其中毛竹272万亩，占53%；竹林立竹总株数达73亿株。广西有竹产品加工企业500多家，形成了涵盖竹浆造纸、竹人造板、竹地板、竹笋、竹炭、竹质家具、竹纤维制品、竹饮制品、竹编等门类齐全的竹产品加工产业体系。2014年，广西竹藤芒编织加工产值达到30亿元，各类竹藤加工企业2000多家，规模加工企业50多家，加工产品共有30多个系列，2000多个品种，畅销欧美等20多个国家。

产业集群 广西各地均有种植竹类，竹类主产区主要分布在桂林市(占37%)、柳州市(占16%)和百色市(占9%)。藤芒主产区集中在宾阳、横县、灵山、浦北、博白、容县、岑溪、苍梧、都安等县(市)。并形成了以桂林(兴安)、玉林(博白)、钦州(浦北)为中心的竹藤加工产业集群。

【林下经济】 2014年，广西林下经济产值达到614亿元，完成全年工作目标(600亿元)的102%，比2013年增长30.6%，林下经济发展面积达到4982万亩，比2013年增加764万亩，增长18%。全区共有1427万人通过发展林下经济实现人均增收1678元，比2013年增加了223万人。

林业专业合作社发展情况 2014 年，广西林业专业合作社数量达到 1106 个，入社农户数量达到 8.7 万户，林地经营规模达到 206 万亩(详见表 1)。

表 1 广西林业专业合作社基本情况表

县(市、区)	合作社数量	入社农户数	经营林地面积(亩)
全区合计	1106	87283	2063991.67
一、南宁市	95	5733	258369.3
邕宁区	8	284	43024.5
宾阳县	24	2732	72170.8
江南区	5	191	18653
兴宁区	2	320	1500
横县	9	536	7187
武鸣县	8	134	17715
西乡塘区	1	53	3500
青秀区	9	269	1171
马山县	19	1010	39200
隆安县	7	119	52048
上林县	3	85	2200
二、柳州市	133	8386	110300
鹿寨县	5	102	870
融水县	13	1086	12010
三江县	29	4626	82355
融安县	85	2566	14965
柳城县	1	6	100
三、桂林市	122	6590	165614.3
荔浦县	5	134	2653
临桂县	8	205	6120
龙胜县	8	230	1260
资源县	8	693	16000
灵川县	9	227	8170
兴安县	10	670	13980
永福县	25	395	21189
灌阳县	10	109	576
恭城县	8	879	28000
全州县	10	1664	22870
平乐县	10	1050	36530
阳朔县	6	250	6618.3
雁山区	5	84	1648
四、梧州市	136	3827	214450.5
岑溪市	20	787	31969
藤县	62	2397	49148

(续)

县(市、区)	合作社数量	入社农户数	经营林地面积(亩)
苍梧县	17	339	15601
长洲区	8	54	1734
万秀区	1	15	300
蒙山县	28	235	115698.5
五、北海市	4	504	40681
银海区	2	38	1881
合浦县	2	466	38800
六、防城港市	68	1741	339597
东兴市	8	443	5163
港口区	1	22	790
防城区	50	1108	328734
上思县	9	168	4910
七、钦州市	69	1107	50483
浦北县	12	123	—
钦北区	11	682	44135
灵山县	46	302	6348
八、贵港市	15	316	10230
港南区	4	—	—
平南县	11	316	10230
九、玉林市	32	641	5545
陆川县	14	—	—
博白县	3	101	2500
兴业县	10	293	—
玉州区	5	247	3045
十、百色市	106	5053	185584
田林县	14	222	21450
田阳县	9	1426	9100
右江区	31	651	11030
西林县	1	4	500
乐业县	24	207	32353
凌云县	14	1463	89000
德保县	7	120	151
十一、贺州市	169	45174	488212.57
八步区	18	6667	42762
昭平县	122	35664	422610.57
富川县	29	2843	22840
十二、河池市	119	6247	142149
东兰县	18	1041	38500
天峨县	11	201	1745

（续）

县(市、区)	合作社数量	入社农户数	经营林地面积(亩)
凤山县	17	1082	22395
都安县	8	2792	13200
金城江区	7	109	2865
宜州市	8	77	764
环江县	8	122	7330
南丹县	15	254	4100
罗城县	11	55	—
大化县	8	122	29950
巴马县	8	392	21300
十三、来宾市	6	174	6322
金秀县	5	116	5722
武宣县	1	58	600
十四、崇左市	32	1790	46454
凭祥市	4	17	1200
龙州县	8	30	230
大新县	7	89	1090
天等县	2	55	10580
宁明县	6	793	26340
扶绥县	5	806	7014

资金扶持　2014 年，广西共争取 790 万元中央扶持资金，2000 万元自治区扶持资金，各地投入林下经济的财政资金近 5000 万元。

林下经济示范项目培育　2014 年，在全区范围内培育了 6 个中央林下种植中药材示范项目与 107 个自治区林下经济示范项目，继续扩大林下经济示范项目的覆盖面与带动力。

林下经济实用技术指南编制　根据全区林下经济规划布局与地域特性，与相应科技研发单位共同合作，编写了《全区林下经济实用技术指南》，以便于不同地区林下经济发展主体相互借鉴学习，提高林下经济发展的科技含量。

【产业科技推广与引导产业升级】　2014 年，广西林业科技创新支撑和引领作用增强，林业技术推广工作扎实开展。广西林业相关项目、专利及植物新品种申报创新高，科技成果进一步增多。

项目、专利及植物新品种申报　2014 年，广西共获得科技项目立项 220 多项，首次获得中央补助地方科技基础条件专项和国家星火计划立项共获批准林业标准立项 32 项，共获发明专利授权 32 件，提前完成林业专利倍增计划。发现兰科植物新品种 1 个，申报植物新品种权 4 个。取得科技成果 40 多项，获得科技奖励 6 项，新增工程技术研究中心、院士工作站等科技创新平台 6 个。

林业科技合作　2014 年，广西与国内高校院所以及泰国、越南、缅甸、澳大利亚、新西兰等国合作取得实质进展，项目合作经费 900 多万元。

林业技术推广　2014 年，广西共承担中央财政林业科技推广示范项目 14 个，资金总额 1600 万元；实施自治区级林业技术推广示范项目 23 个，资金总额 220 万元。在全区范围内开展林业科技特派员工作，107 名特派员指导农民示范林 54327 亩，建设苗圃 42 个，育苗 7008 万株，育苗收益 6558 万元。开展林业科普惠农增收活动，在南宁、百色、梧州等地连续举办三场林业科普惠农增收活动，发放实用技术资料 6000 余份、光碟 1000 余张，赠送专用配方肥 15 吨，并采取专家现场技术示范及与林农互动等方式，推广了板栗、油茶、核桃等树种的丰产栽培技术。建立自治区级林业科技示范点 63 个，在全区范围内大力推进林业科技示范点建设。在北海市推广罗汉松速丰高效栽培技术，推广面积近 2 万亩，主要培育推广种植廉刀弯、厚叶神等罗汉松优良品种。还通过摄制远程科教专题片、组织专家编写和发布《广西林业实用技术手册》、推动桂林市林业技术推广站与桂林林校建立“校站企”联合共建等方式，拓宽林业实用技术传播渠道。

【省级以上产业先进人物】

傅镜远　男，汉族，广西合浦人，高级工程师，现任合浦佳永金花开发有限公司董事长，广西壮族自治区珍稀动植物保护协会金花茶专业委员会秘书长。于 1979 年开始引种、研究、开发金花茶，取得人工无性繁殖金花茶和开发利用的成功技术，获得国家发明专利两项。撰写有《合浦金花茶(花)一茶多酚功能作用化学构效关系机理探讨》等论文，成为世界人工无性繁殖金花茶第一人及开发利用创始人；建有世界上最大的人工无性繁殖金花茶种质和生态原料基地，被授予广西壮族自治区“科技种养大王”称号，被誉为“金花茶之父”，荣获“全国十大创新企业家”。创新采用印度紫檀林下种植金花茶的“双珍”模式，引导和带动当地农民发展林下经济致富。

【2014年新增广西现代林业产业龙头企业】 2014年，广西现代林业产业龙头企业数量达到117家。广西龙头企业发展具有以下特点：①龙头企业规模不断增大。2014年广西新增培育认定自治区级现代林业产业龙头企业23家，龙头企业的数量突破百家，销售收入超亿元的龙头数量突破55家。②品牌影响力逐步增强。各龙头企业坚持“名牌兴企”战略，努力创建精品名牌。③一、二、三产业领域的龙头企业结构不断优化，龙头企业类型不断丰富。从产业结构来看，龙头企业数量在第二产业占比重最大，达到59.8%，第一产业次之，占36.8%，第三产业占3.4%。第二产业和第三产业的龙头企业数量比重较2013年有所提高，龙头业企业类型已达到11类。④龙头企业质量不断提高。2014年，广西有6家现代林业产业龙头企业被评为“首批国家林业重点龙头企业”，有4家企业评为“自治区农业产业化重点龙头企业”，龙头企业称誉的含金量进一步提升。许多企业积极进行产业升级，逐步实现由粗加工向精细加工转变、由单一产品加工向系列产品加工转变的“两转变”，提高了产品附加值，扩大利润空间。

广西坤旺林业有限公司 公司成立于2013年6月，位于贺州市钟山县公安镇牛庙村，是一家商品林种植类企业，实施种植加工一条龙，注册资本1亿元。公司大型杉木速生丰产林基地位于钟山县西北部，现有员工56人，杉木速生丰产林1.5万公顷。此外，建有一个占地3.3公顷的加工厂，内有员工60多人，年加工原材料2万多吨。

广西桂林思源生态农业科技开发有限责任公司 公司成立于2005年，位于桂林市灌阳县灌江路，是一家林副产品专业市场类生产加工企业，生产茶籽油系列产品，注册资本8000万元。公司占地面积11.6万平方米，建筑面积3.8万平方米，公司拥有合作建设基地0.07万公顷，是一家从原料清理、压榨、浸出、精炼一条龙专业生产茶油的厂家，年生产“百德唐”牌冷榨茶籽油1万吨，其他副产品5000吨。

北海银阳园艺有限公司 公司位于北海市高德镇马栏村，是一家花卉培植类企业，也是全国规模较大的罗汉松种植经营龙头企业和著名的罗汉松专营企业、广西罗汉松产业的龙头企业，公司拥有各种罗汉松种植基地和罗汉松盆景创造园，种植罗汉松面积达266.7公顷。

广西南宁碧湾园林工程有限公司 公司成立于2005年，位于广西南宁昆仑大道995号，是一家花卉培植类企业，注册资本5000万元。公司集园林苗圃建设、苗木产销与服务、植物科技研发应用、风景园林设计、施工养护于一体，发展规模化、大规格化、标准化、精品化的苗木生产，拥有苗圃近333.3公顷，种植生产各种乔灌木、地被植物、花卉及阴生观赏植物等近250个品种，年出圃规格苗木30余万株，年总产值超过1亿元。

广西天源农业开发有限公司 公司成立于2012年11月，位于广西防城港市防城区那梭镇，是一家花卉培育类企业，现有员工60人。公司主营业务为金花茶及名贵经济林育苗、种植、产品研发及加工销售，金花茶及珍贵树种种植面积为133.3公顷。兼营业务为金花茶种植基地林下养殖和山泉水产业等。

广西横县威林木材市场投资限责任公司 公司成立于2011年5月，位于南宁市横县石塘镇石塘林场红旗林站，是一家人造板类木材加工企业，注册资本1000万元。主要生产和加工高端旋切单板、胶合板、木地板基材、木片、板方材、原木等。

广西南宁绿园北林木业有限公司 公司成立于2011年1月，位于南宁市伊岭工业集中区，是一家人造板类木材加工企业。2014年，人造板产量5万立方米，年产值1.9亿元，年销售收入1.7亿元，年税金352万元，利润270万元，从业人数183人。公司厂区占地面积2万平方米，生产厂房1.5万平方米，主要经营三聚氰胺免漆板、多层实木生态板、高档家具板、多层实木强化地板、免漆生态板基材。现有广西鹿寨北林胶合板有限公司、广西南宁绿园北林木业有限公司平果分公司两家配套分厂。

陆川县三力木业有限责任公司 公司成立于2008年9月，位于广西玉林市陆川县南部工业开发区，是一家人造板类木材加工企业，现有员工500余人，注册资本1000万元。公司占地面积1.2公顷，厂房面积2.8万平方米，年产量可达5万立方米，产值8000多万元，主要产品是以桉木为原料生产的各种规格的高档桉木单板、家私胶合板、地板基材和市场板，主打产品为实木地板基材。

融水县融西木业有限公司 公司成立于2007年3月，位于柳州市融水县融水镇，是一家人造板类生产加工企业，注册资本220万元。经营范围包括人造板、单板、锯材加工和销售。公司多年经营细木工板生产，现有厂房面积1.32万平方米，在职员工247人，年产3万立方米杉木细木工板。

融水县新林木业有限公司 公司成立于2005年12月，位于广西融水县融水镇马长洞贮木场，是一家人造板类生产加工企业，现有员工286人。公司厂区占地规模10.7公顷，自建厂房、车间1.5万平方米，主要生产细木工板、通条板和指接板、杉木实木门，年产5万立方米杉木细木工板。产品主要销往浙江、江苏、福建等地市场。

贵港市金利木业有限公司 公司成立于2009年2月，位于贵港市港南区江南工业园A区，是一家人造板类木材深加工企业，现有员工110人，注册资本为200万元。公司厂房面积为1.2万平方米，有5条产品生产线，年产三合板1万立方米，木地基材4万立方米。公司主要产品为桉木单板、胶合板、复合木地板基材等产品，所产产品远销北京、江苏、福建、广东等城市。

百色大地木业有限责任公司 公司成立于2008年，位于百色市右江区四塘镇新明村，是一家人造板类木材深加工企业，注册资本200万。公司目前有员工180人，拥有年产9万立方米胶合板生产线，同时还拥有同产品规模的广西澳林木业有限责任公司100%的股权和拥有年产15万立方米集成材、胶合板、细木工板的广西春天木业有限责任公司30%的股权。公司在西林、田林、凌云和右江等区县拥有占地1333.3公顷的木材生产基地。

广西田东畅宇木业有限公司 公司成立于2009年6月，位于广西百色市田东县，是一家大型木材生产加工企业，现有员工380余人，注册资本为5000万。公司占地约5.3公顷，公司生产的主要产品为旋切单板、多层胶合板(3~40毫米)、木地板基材、LVL板、LVB板、细木工板及建筑模板等。现有6条全自动胶合板生产，年产5万立方米的中高档胶合板。

广西平果县松森木业有限公司 公司成立于2007年11月，位于平果县坡造镇，是一家人造板类生产加工企业，现有员工350人，注册资本为3200万元。公司经营范围包括原木、胶合板、细木工板、松桉单板、木片、家具以及用木屑制造活性炭的加工、销售，主营产品为胶合板。年产速生桉原料2.8万立方米。

广西防城港市昌海木业有限公司 公司成立于2012年6月，是一家人造板类的现代化胶合板生产大型企业，集研究、开发、生产、销售为一体，现有员工380人，注册资本2000万元。公司占地面积3.3公顷，是中国胶合板行业产品最多、销售量最大的企业之一，产品出口到韩国、新加坡、马来西亚、中国台湾等地，且占韩国胶合板进口市场的30%。

崇左市恒宇木业有限公司公司 成立于2007年11月，位于广西崇左市城市工业园，是一家人造板类大型胶合板生产企业，现有员工230名，注册资本为1500万。公司总占地面积3万平方米，经营范围为单板、普通胶合板及衍生产品加工、销售。主要生产产品为多层胶合板，年产量达5.3万立方米，产品主要销往广东、四川等地，同时也出口日本、韩国、印度等国家。

柳州市柳城鸿森家具制造有限公司 公司成立于2010年4月，位于广西柳州市柳城县，是一家木竹制品类木制家具生产企业，现有员工245人，注册资本1000万元。公司以生产少数民族、民用家具用品为主，是华南地区高档民族家居用品的最大生产商。

桂林美万家竹业有限公司 公司成立于2005年4月，位于桂林市资源县中峰乡工业园区，是一家木竹制品类的毛竹深加工大中型企业，集研发、生产、销售竹木产品于一体，现有员工200多人，注册资本500万元。工厂占地2.7公顷，厂房建筑1.2万平方米，公司主要生产产品为竹砧板、竹签、竹炭包、茶具工艺品及竹碗盘、竹筷等厨餐具等。年产竹砧板30万平方米、竹工艺筷2千万双和其他竹制工艺品等15万件。注册商标有“刘三姐”“美万家”牌竹产品。

桂林毛嘉工艺品有限公司 公司成立于2003年6月，位于桂林市荔浦县荔城镇黄寨工业区，是一家木竹制品类生产加工企业，也是中国“铝制品衣架”“铁艺衣架”“竹衣架”“布衣架”“浸塑衣架”5个行业标准主要起草单位，公司现有员工480人，注册资本500万元。公司占地面积约3.5万平方米，主要产品有金属、原木、铝、浸塑和包布等9大类品种，2000余款高档衣架产品及衣架配件，拥有4条金属衣架生产线和8条木衣架生产线，年产3500万支各类型衣架。

防城港市宝兴工艺品有限公司 公司成立于2005年，位于港口区公车镇大西南临港工业园A区，是木竹制品类生产加工企业，现有员工250余人，注册资本3000万元。公司占地面积2.9公顷，主营业务是竹、木、藤、芒、岗松(扫把枝)、水草种植及其编织工艺品加工出口，主要产品是岗松篱笆工艺品等，产品以直接出口为主，销往西班牙、法国、澳大利亚等国家。

广西藤县光华农工商贸发展有限责任公司 公司成立于1992年10月，位于广西藤县古龙镇，是一家林产化工类企业，集各类香料生产、加工、销售为一体。公司拥有200公顷的标准化八角林基地和9400平方米的加工厂，现有员工176名，注册资本300万元。公司主要经营八角、干姜、生姜、花椒、辣椒、香料原料及成品、生干果品、原生草药购销和进出口等，产品远销中国台湾、香港等地区和日本、中东等国家。

广西藤县古龙龙淳八角专业合作社 合作社成立于2008年4月，位于梧州市藤县古龙镇，是一家林产化工类综合型农民专业合作社，集八角种植以及八角香料生产、粗加工、销售为一体，现有社员121人，注册资本103万元。主要经营八角等农产品销售及初级加工，年销售八角2970多吨。合作社的注册商标“龙淳”牌大红八角曾荣获“全国八角品牌”及“梧州特色产品”称号。

广西君武原生态旅游开发有限责任公司 公司成立于2005年4月，位于柳州市柳北区沙塘镇君武森林公园，是一家森林公园类企业，现有员工263人，注册资本300万元。公司主营业务是开发和经营森林生态旅游、少数民族文化旅游。

【龙头企业和名牌产品】 2014年，广西现代林业产业龙头企业数量达到117家。广西龙头企业发展具有以下特点：①龙头企业规模不断增大。2014年广西新增培育认定自治区级现代林业产业龙头企业23家，龙头企业的数量突破百家，销售收入超亿元的龙头数量突破55家。②品牌影响力逐步增强。各龙头企业坚持“名牌兴企”战略，努力创建精品名牌。③一、二、三产业领域的龙头企业结构不断优化，龙头企业类型不断丰富。从产业结构来看，龙头企业数量在第二产业占比重最大，达到59.8%，第一产业次之，占36.8%，第三产业占3.4%。第二产业和第三产业的龙头企业数量比重较2013年有所提高，龙头业企业类型已达到11类。④龙头企业质量不断提高。2014年，广西有6家现代林业产业龙头企业被评为“首批国家林业重点龙头企业”，有4家企业评为“自治区农业产业化重点龙头企业”，龙头企业称誉的含金量进一步提升。许多企业积极进行产业升级，逐步实现由粗加工向精细加工转变、由单一产品加工向系列产品加工转变的“两转变”，提高了产品附加值，扩大利润空间。

国家级龙头企业 首批国家林业重点龙头企业广西壮族自治区国有高峰林场、广西三威林产工业有限公司、广西金桂浆纸业有限公司、广西梧州日成林产化工股份有限公司、广西天利恒种业有限公司、广西桂林思源生态农业科技开发有限责任公司。

国家农业产业化重点龙头企业 广西丰林木业集团股份有限公司、广西国有高峰林场、广西梧州松脂股份有限公司、广西华劲纸业集团有限公司。

自治区农业产业化重点龙头企业 广西丰林木业集团股份有限公司、北流市兆周松脂厂、田东县金荣纸业有限公司、永福县龙腾木业有限公司、桂林裕祥衣架有限公司、广西国有高峰林场、广西梧州松脂股份有限公司、广西三威林产工业有限公司、广西华劲纸业集团有限公司、梧州日成林产化工有限公司、广西浦北县龙门镇海龙工艺编织厂、广西京桂香料有限公司、贺州新凯骅木业有限公司、融安华海木业有限公司、广西金田木业有限公司、广西国有七坡林场、广西亿健茶业有限公司、玉林市汉桂园园林花木有限公司、贺州东辉木业有限公司、广西桂人堂金花茶产业集团股份有限公司、苍梧县桂森林产品发展有限公司、广西田东增年山茶油有限责任公司、广西大玉余甘果有限责任公司、广西宜州凯立木业有限公司、广西桂林思源生态农业科技开发有限公司、广西田阳华美纸业有限公司、广西肥涛纸制品有限公司、广西金茶王油脂有限公司、广西巴马印象生活体验产业有限公司、梧州市润森园艺发展有限责任公司等30家企业。

广西现代林业产业龙头企业 2014年，广西现代林业产业龙头企业数量共117家(详见表2)。

表2 广西现代林业产业龙头企业名录表

序号	企业名称	类型	主营产品
1	广西国有派阳山林场	商品林种植类	商品林
2	广西国有钦廉林场	商品林种植类	商品林
3	广西国有六万林场	商品林种植类	商品林
4	广西国有东门林场	商品林种植类	商品林
5	广西国有七坡林场	商品林种植类	商品林
6	广西国有黄冕林场	商品林种植类	商品林
7	广西国有维都林场	商品林种植类	商品林
8	广西国有三门江林场	商品林种植类	商品林
9	广西国有博白林场	商品林种植类	商品林
10	广西国有雅长林场	商品林种植类	商品林
11	广西林业集团有限公司	商品林种植类	商品林
12	广西天利恒种业有限公司	商品林种植类	商品林
13	广西全通投资集团有限公司	商品林种植类	商品林
14	广西世银农林资源开发有限责任公司	商品林种植类	商品林
15	广西绿桂林业资源开发有限责任公司	商品林种植类	商品林
16	天峨县林朵林场	商品林种植类	商品林
17	北海森源林业有限公司	商品林种植类	商品林
18	贺州市欣荣星林业有限公司	商品林种植类	商品林
19	昭平县远大营林投资有限责任公司	商品林种植类	商品林
20	广西贺州市远高林业开发有限公司	商品林种植类	商品林
21	广西长林木业有限公司	商品林种植类	商品林
22	广西洲际林业投资有限公司	商品林种植类	商品林
23	广西坤旺林业有限公司	商品林种植类	商品林

(续)

序号	企业名称	类型	主营产品
24	广西三江源源茶叶有限公司	商品林种植类	茶叶
25	广西亿健茶叶有限公司	商品林种植类	茶叶
26	三江县茶油科技有限公司	商品林种植类	油茶
27	广西三椿生物科技有限公司	商品林种植类	油茶
28	广西田东增年山茶油有限责任公司	商品林种植类	油茶
29	广西桂林思源生态农业科技开发有限公司	商品林种植类	油茶
30	广西中港高科国宝金花茶产业有限公司	花卉培植类	金花茶
31	广西合浦佳永金花茶开发有限公司	花卉培植类	金花茶
32	防城港市百喜金花茶科技开发有限公司	花卉培植类	金花茶
33	广西桂人堂金花茶产业集团股份有限公司	花卉培植类	金花茶
34	广西天源农业开发有限公司	花卉培植类	金花茶
35	广西北海银阳园艺有限公司	花卉培植类	罗汉松
36	广西南宁碧湾园林工程有限公司	花卉培植类	花卉
37	玉林市汉桂园园林花木有限公司	花卉培植类	花卉
38	东兴市鑫祥野生动物养殖有限公司	野生动植物驯养繁育类	野生动物
39	广西盟展鳄鱼科技开发有限公司	野生动植物驯养繁育类	野生动物
40	防城港常春生物技术开发有限公司	野生动植物驯养繁育类	野生动物
41	广西雄森灵长类实验动物养殖开发有限公司	野生动植物驯养繁育类	野生动物
42	柳州市笑缘林业有限责任公司	种苗培育类	种苗
43	广西高峰林浆纸业(集团)有限责任公司	人造板类	纤维板
44	广西国有高峰林场	人造板类	纤维板
45	广西华峰林业股份有限公司	人造板类	纤维板
46	广西浩林人造板有限公司	人造板类	纤维板
47	广西丰林木业集团股份有限公司	人造板类	纤维板
48	广西东正集团有限公司	人造板类	纤维板
49	广西乐林林业开发有限公司	人造板类	纤维板
50	永福县龙腾木业有限公司	人造板类	纤维板
51	桂林速丰木业有限公司	人造板类	纤维板
52	广西三威林产工业有限公司	人造板类	纤维板
53	贺州新凯骅木业有限公司	人造板类	纤维板
54	贺州东辉木业有限公司	人造板类	纤维板
55	广西宜州凯立木业有限公司	人造板类	纤维板

(续)

序号	企业名称	类型	主营产品
56	广西金田木业有限公司	人造板类	纤维板、刨花板
57	广西国有大桂山林场	人造板类	纤维板、胶合板
58	广西桂巽板业有限公司	人造板类	胶合板
59	苍梧县桂森林产品发展有限公司	人造板类	胶合板
60	广西上思华林林产工业有限公司	人造板类	胶合板
61	贵港市鸿盛隆木业有限公司	人造板类	胶合板
62	广西贵港市树泰木业有限公司	人造板类	胶合板
63	广西春天木业有限责任公司	人造板类	胶合板
64	广西田东畅宇木业有限公司	人造板类	胶合板
65	广西平果县松森木业有限公司	人造板类	胶合板
66	广西防城港市昌海木业有限公司	人造板类	胶合板
67	崇左市恒宇木业有限公司	人造板类	胶合板
68	广西南宁绿园北林木业有限公司	人造板类	胶合板
69	广西横县威林木材市场投资限责任公司	人造板类	胶合板、单板
70	陆川县三力木业有限责任公司	人造板类	胶合板、单板
71	百色大地木业有限责任公司	人造板类	胶合板、单板
72	融水县融西木业有限公司	人造板类	细木工板
73	融水县新林木业有限公司	人造板类	细木工板
74	融安华海木业有限公司	人造板类	其他人造板
75	广西凤山宏宇木业有限责任公司	人造板类	其他人造板
76	环江森源木业有限责任公司	人造板类	其他人造板
77	广西澳林木业有限责任公司	人造板类	其他人造板
78	平果丰宇发展有限责任公司	人造板类	其他人造板
79	贵港市金利木业有限公司	人造板类	其他人造板
80	广西荔浦利林木业有限公司	木竹制品类	家具
81	广西志光办公家具有限公司	木竹制品类	家具
82	桂林森林美实木家具有限公司	木竹制品类	家具
83	广西桂林华海家居用品有限公司	木竹制品类	木、竹衣架
84	兴安全翼竹木业有限公司	木竹制品类	木、竹衣架
85	桂林裕祥家居用品有限公司	木竹制品类	木、竹衣架
86	桂林俏天下家居用品有限公司	木竹制品类	木、竹衣架
87	荔浦庆祥竹木制品有限公司	木竹制品类	木、竹衣架
88	荔浦县东方木业制品有限公司	木竹制品类	木、竹衣架
89	桂林佰客喜家居用品有限责任公司	木竹制品类	木、竹衣架

(续)

序号	企业名称	类型	主营产品
90	柳州隆泰竹业有限公司	木竹制品类	木、竹衣架
91	柳州林道轻型木结构制造有限公司	木竹制品类	木、竹衣架
92	广西浦北县龙门镇海龙工艺编织厂	木竹制品类	木、竹衣架
93	柳州市柳城鸿森家具制造有限公司	木竹制品类	木、竹衣架
94	桂林美万家竹业有限公司	木竹制品类	木竹制品
95	桂林毛嘉工艺品有限公司	木竹制品类	木竹制品
96	防城港市宝兴工艺品有限公司	木竹制品类	木竹藤制品
97	广西梧州松脂股份有限公司	林产化工类	松香
98	梧州日成林产化工有限公司	林产化工类	松香
99	梧州市嘉盈树胶有限公司	林产化工类	松香
100	梧州市松桦化学品有限公司	林产化工类	松香
101	北流市兆周松脂厂	林产化工类	松香
102	富川瑶族自治县威龙林化有限公司	林产化工类	松香
103	桂林兴松林化有限责任公司	林产化工类	松香
104	国营武鸣县朝燕林场	林产化工类	松香
105	广西京桂香料有限公司	林产化工类	香精香料
106	广西万山香料有限责任公司	林产化工类	香精香料
107	广西藤县光华农工商贸发展有限责任公司	林产化工类	香精香料
108	广西藤县古龙龙淳八角专业合作社	林产化工类	香精香料
109	广西华劲纸业集团有限公司	制浆造纸类	制浆造纸
110	广西荔浦纸业有限责任公司	制浆造纸类	制浆造纸
111	广西金桂浆纸业有限公司	制浆造纸类	制浆造纸
112	田东县金荣纸业有限公司	制浆造纸类	制浆造纸
113	广西大玉余甘果有限公司	野生植物加工流通类	余甘果
114	广西南宁良凤江国家森林公园	森林旅游类	森林公园
115	广西贺州市姑婆山国家森林公园	森林旅游类	森林公园
116	广西君武原生态旅游开发有限责任公司	森林旅游类	森林公园
117	百色市建鑫植物油有限公司	林副产品专业市场类	林副产品

表3　第11届中国—东盟博览会林产品及木制品展获奖展品

序号	产品名称	企业名称
一	金奖产品	
1	“桂人堂”金花茶素饮液	广西桂人堂金花茶产业集团股份有限公司
2	昌海牌系列胶合板	广西贵港市昌海木业有限公司
3	“伟健”灵芝养心口服液	广西伟健药业有限公司
4	“加年”野生山茶油	百色市建鑫植物油有限公司
5	“达力”牌生活用纸	广西达力纸业有限公司
6	“君王春”金花茶花茶	广西合浦佳永金花茶开发有限公司
7	“健美乐”牌丹竹液	广西健美乐食品有限公司
8	陈锦记红木家具	凭祥市陈锦记红木家具店
9	“平丹”牌大玉余甘果系列产品	广西大玉余甘果有限责任公司
10	“竹福”牌竹福星竹汁系列饮料	广西竹福星生物科技有限公司
11	“森林美”皇宫椅	桂林森林美实木家具有限公司
12	千年金丝楠木茶台	桂林亚非木业开发有限公司
13	“兴松”牌脂松香	桂林兴松林化有限公司
14	“裕祥”牌实木衣架	桂林裕祥家居用品有限公司
15	“盛世森源”生态板	环江森源木业有限责任公司
16	木门	罗城玉麟木业有限公司
17	“山寨皇”三江红韵茶叶	广西山寨皇农业集团
18	金丝楠画案	柳州一鸣木艺有限公司
19	“莫老爷”竹衣架	鑫源木业制品有限公司
20	“富泰雅居”十一件套沙发	广西翰廷红木有限公司
21	四川小桢楠宝座二件套家具	皇家金丝楠书画艺术馆
22	荔枝木南宫椅三件套家具	灵山县三木家具有限公司
23	金箍棒工艺品	广西骄之王工贸有限公司
24	“神象结缘”木雕	南宁市名贵奇木艺厂
25	“人间壹香”方盒茶叶	广西金花茶业有限公司
26	“欣绿洲”免漆生态地板	广西南宁绿园北林木业有限公司
27	集装箱用竹木复合底板	广西天利恒木业有限公司
28	“桂达牌”橡胶木指接板	南宁市森雄木业有限公司
29	木制凉亭	广西意华恒林实业有限公司
30	“龙升”牌红椎菌	广西浦北龙升红椎菌有限公司
31	“富桂”牌高松厚度单面涂布白卡纸	广西金桂浆纸业有限公司
32	“麓岭”牌百寿山特级红茶	广西国有黄冕林场
33	东门尾巨桉杂种无性系DH32-29号	广西国有东门林场
34	真柏盘景	广西朝辉花卉产业有限责任公司
35	“高林”牌中(高)密度纤维板	广西国有高峰林场
36	“六万山”牌竹木复合集装箱底板	广西六万山林业有限公司
37	派阳山刨花板	广西国有派阳山林场
38	“博大浩林”牌阻燃板	广西浩林人造板有限公司
39	“华威特”无醛胶合板	广西华威木业有限公司
40	“六万山泉”牌饮用天然泉水	广西六万山泉有限公司
41	派阳山八角香鸡蛋	广西国有派阳山林场
42	“良凤江”牌梅花鹿系列酒	南宁良凤江国家森林公园
43	“家品特”整体橱柜	梧州市家品特家居装饰有限公司
44	“龙舟”牌浅色松香季戊四醇酯	梧州日成林产化工股份有限公司
45	“三威”牌全松木中纤板	广西三威林产工业有限公司
46	“寿之元”直饮有机山茶油	广西茶仔龙林业科技发展有限公司
47	“百德唐”山茶籽油	广西桂林思源生态农业科技开发有限责任公司
48	“金茶王”牌油茶籽油	广西金茶王油脂有限公司
49	黄金木梓东方养生膳食油	广西金木林业科技有限公司
50	“山椿”山茶籽油	广西三椿生物科技有限公司
51	“庆利”香樟木8件套沙发	玉林市永利家具厂
52	“兆周”精制无色松香季戊四醇酯	北流市兆周林产有限公司
53	“国茗天设”金花茶极品花茶(40克)	广西国茗金花茶科技有限公司
54	植物纤维花盆系列	广西新凯骅实业集团股份有限公司
二	银奖产品	
1	布柳河红茶	广西乐业县昌伦茶业有限责任公司
2	顾式茶	广西乐业县顾式茶有限公司
3	隆林白毫茶	隆林乌龙茶业有限公司
4	核桃油	百色市建鑫植物油有限公司
5	“石来运转”工艺品	北海善德国老船木工艺品有限公司
6	画案	广西合浦汉郡古沉木文化开发有限公司
7	罗汉松盆景(小鸟天堂)	北海市银阳园艺有限公司
8	无患子天然皂	龙州县大地种植开发有限公司
9	金花茶花类茶	广西鑫宇金花茶实业有限责任公司

(续)

序号	产品名称	企业名称
10	"鸿盛隆"牌免漆生态板基材	广西贵港市鸿盛隆木业有限公司
11	新食记牌系列食品	广西杨翔股份有限公司南宁新食记有限公司
12	香樟木中式沙发	桂林市庆丰家具有限公司
13	"刘三姐"牌竹砧板	桂林美万家竹业有限公司
14	"榕湖"牌生态板	桂林桂湖木业有限公司
15	"象鼻山"牌胶合板	桂林阳光木业有限公司
16	国画石	广西观赏石协会
17	树木盆景	南宁市伟志盆景园
18	花卉(小桃红)	广西生态工程技术学院生物技术中心
19	兰花(墨兰)	广西源隆科技有限公司
20	花卉(一品梅)	柳州市盛鑫隆花卉种植专业合作社
21	兰花(文心兰)	柳州市天资园艺有限公司
22	金丝楠乌木祥龙茶盘	柳州市融安县丁丁工艺品加工厂
23	金丝楠木书房三件套家具	柳州市天昀家具厂
24	木雕作品"楠韵"	柳州沁楠轩
25	"笔架山"牌环保生态板	柳州市长富木业有限公司
26	"桥牌"细木工板	柳州市长荣胶合板厂
27	金丝楠木五福十件套沙发	福建省莆田市绍兴古典红木家具有限公司
28	紫檀大小头柜	福韵阁红木馆
29	"悠然客厅"沙发系列	弘木印象南宁专卖店
30	万事如意十件套黑酸枝沙发	南宁市金刚王木业商行
31	花梨木十件套五福临门沙发	凭祥市吉利红木厂
32	根雕作品"凤"	根雕苑
33	"招财进宝"黄金樟雕件	古韵沉香
34	木雕作品"悟禅"	广西木缘珍阁
35	木雕作品"济公"	广西凭祥和通红木家具馆
36	木雕作品"百财"	木艺成舟
37	木雕作品"天然神龟"	覃喜华
38	"豪桂地板"多层实木地板	广西武鸣万福木材厂
39	"邦得力木业"E1级桉木细工板	南宁市邦得万木业有限责任公司
40	玉清休闲组合三件套	广西浦北港龙工艺品有限公司
41	"甜蜜家"蜂蜜	广西梧州甜蜜家蜂业有限公司
42	红花大果茶油	广西陆拾红花大果油茶农林生态有限公司
43	"沧海桑田"阴沉木金丝楠茶盘	顽坊缘金丝楠精品店

【2014年林业产业大事记】 **2月21~26日** 广西壮族自治区林业厅组织由邓建华副厅长为团长的广西林业分团一行9人赴台湾参加2014年桂台经贸文化合作论坛及系列活动。期间举办了桂台花卉产业研讨会1场，桂台花卉园艺产业发展经验交流会1场，签订合作项目8个和合作备忘录1个。

3月13日 自治区林业厅与自治区旅游发展委员会在南宁良凤江国家森林公园召开了森林旅游工作磋商会。自治区林业厅副厅长邓建华、自治区旅游发展委副主任赖富强参加了会议。

4月17日 2014年国家级林业重点展会新闻发布会在北京市召开，自治区林业厅副厅长邓建华参加会议。

4月22日 自治区林业厅与自治区旅游发展委员会共同拟定了《2014年合作推进森林旅游发展计划》，两厅委将重点加强12个方面的合作。

4月25日至10月30日 2014年青岛世界园艺博览会在青岛市李沧区百果山森林公园开幕，自治区林业厅副厅长邓建华率团参会并参加相关活动。10月25日，为期184天的青岛世界园艺博览会正式落下帷幕，在闭幕仪式上广西展园获室外展园竞赛特等奖。

5月28日 国家级林业重点展会城市座谈会在赣州市南康区召开，自治区林业厅副厅长邓建华参加座谈会。

7月3日 全区林业产业工作会议在贺州市召开，自治区林业厅副厅长邓建华出席会议。

7月3~4日 2014年全区胶合板行业发展交流会在贵港市召开。各胶合板企业负责人，木工机械设备、产品检测、胶黏剂生产、企业管理认证咨询等胶合板相关服务行业代表180多人参会。

7月9日~10日 中国(河池)核桃产业发展研讨会在河池市凤山县召开，国家林业局、自治区林业厅有关领导，市委、市政府主要领导出席会议。

8月23日 2014年中国(横县)茉莉花文化节开幕式在广西横县中国茉莉花茶交易中心隆重举行。

9月25~28日 第11届中国—东盟博览会林产品及木制品展在南宁国际会展中心举办。自治区党委常委、自治区常务副主席唐仁健，国家林业局计财司副司长、全国木材行业管理办公室主任孙建，自治区有关部门的领导和中外客商出席了展会启幕仪式。展会期间举办了林产品国际贸易论坛、广西人造板工业发展研讨会、国际木文化论坛、木工机械采购对接会等系列活动。

11 月 1~4 日 第七届中国义乌国际森林产品博览会在浙江义乌市隆重举行，自治区林业厅组团参展并设立了广西展馆。

11 月 4 日 自治区林业厅与自治区农业厅、投资促进局联合承办了在南宁举行的中国农业产业化龙头企业协会广西投资合作洽谈会。

11 月 5~6 日 第七次全国油茶产业发展现场会在广西桂林召开，国家林业局局长赵树丛，自治区人民政府常务副主席唐仁健出席会议并讲话。

11 月 6 日 斯道拉恩索广西北海林浆纸一体化项目厂房、办公室及厂区道路等工程全面启动。广西北海林纸一体化项目投资总额 191.3 亿元，是落户广西最大的利用外资项目。项目将新建年产 90 万吨浆生产线一条和年产 90 万吨高档纸板生产线两条，配套建设原料林基地 205.7 万亩。

（张　丽）

海南省林业产业

【概　述】 2014年，全省现有森林面积3172万亩，森林覆盖率61.5%。全省林业总产值达442.03亿元。

森林旅游加快发展 全年森林旅游(林业旅游、林业疗养与休闲)接待游客超过1000万人次，旅游收入达19.3亿元。目前，海南省森林公园有27处，总面积为170052.8公顷。其中，国家森林公园9处，面积117681.8公顷；省级森林公园16处，面积50678公顷；市县级森林公园2处，面积1693公顷。

热带花卉特色产业快速发展 全省花卉种植面积达12.2万亩，同比增长4.3%；年销售额达16.5亿元，增长1.2%，花卉企业达640家，花农9150户，从业人员46506人。11月，汪洋副总理视察海南，得知一亩兰花一年能卖数万甚至几十万元时，由衷赞叹："我看这不是种兰花，而是种黄金。"

林木种苗业稳步发展 2014年，全省共有苗圃数量612个，比2013年增加128个，同比增加达26.45%；总占地面积达60253.78亩，比2013年增加6193.64亩，同比增加11.46%。全省育苗总量为16735.35万株，比2013年增加2934.86万株，同比增加21.27%。全省林木种苗产值约达1.13亿元。

野生动物驯养业呈现积极发展态势 由省林业厅审批的野生动物驯养繁殖场有240多家，主要养殖有虎纹蛙、龟鳖类、蛇类、实验猴、鳄鱼、果子狸等野生动物，2014年年产值达4.2亿元。海南已成为全国最大的龟鳖养殖基地和全国唯一的蟒蛇养殖基地。

木材加工业得到加强 2014年，海南省木材加工产业克服市场价格低迷等困难，利用大量消化风灾木的有利时机，木材加工产业稳步推进。2014年，全省木材经营加工单位总投资超过200亿元，全省木材经营加工单位达548家，从业人数达到2.8万人，全省木材加工行业年总产值达到106亿元。一是浆纸产值77.6亿元。纸浆产量约160万吨，产值60.8亿元；商业纸品产值约16.8亿元。二是锯材产值5.5亿元。三是人造板、胶合板产值4.5亿元。四是木片生产约143万吨，产值约12.5亿元，2014年利用大量消化风灾木的有利时机，增量较大。五是木、竹、藤制成品及红木家具等其他产品产值5.9亿元。

特色经济林产业平稳推进 2014年种植经济林6.35万亩，全省经济林面积1465万亩，主要经济林树种有橡胶、槟榔、芒果、荔枝、龙眼、椰子、腰果、杨桃、菠萝蜜、莲雾、红毛丹、咖啡等。2014年，经济林产品与采集产值为219.21亿元

林下经济产业发展迅猛 2014年，全省各地大力发展以林下种植、林下养殖、林下产品采集加工、林下旅游为主要内容的林下经济，有效地促进了农民增收，走出了一条不砍树也致富的绿色发展之路。一是委托资质单位编写完成了《海南省林下经济发展规划(2014~2020年)》；二是根据国家林业局《关于推荐认定2014年国家林下经济示范基地的通知》的要求，全年共申报认定林下经济示范基地62个(其中国家级林下经济示范基地4个，省级林下经济示范基地58个)；三是联合省财政厅制定了《2014年度海南省品牌林业发展资金申报指南》，对海南省林下经济的标准化建设、质量认证、品牌认证、品牌建设、名牌企业建设、产品营销推介等项目进行扶持奖励达540万元。全省新增林下经济发展面积109.3万亩，产值54.66亿元。累计共发展林下经济面积211.7万亩，产值75.69亿元。

(陈　康)

重庆市林业产业

【概　述】 2014年，共完成营造林320万亩(其中人工造林210万亩)，1800万人次参加义务植树，共植树6000万株。全市森林覆盖率达到43.1%，林木蓄积量达到2亿立方米。市级以上财政投入32.14亿元，其中，中央投入23.79亿元，市级投入8.35亿元，专项用于造林的资金5.27亿元。全年林业产值达480亿元，农民人均林业收入800元。林权抵押贷款余额累计达到193亿元，森林保险面积达到4250万亩。全年仅发生森林火灾9起，过火面积15.6公顷，取得了近8年来的最好成绩。发生各类林业有害生物灾害15万亩，成灾率仅2.3‰，在全国核查中2011~2013年度考核为优秀。依法审核审批占用征收林地331宗，面积1.83万亩，工程建设占用征收林地审核审批率达到95%以上。全市森林公安机关侦破查处森林和野生动物案件3775起，挽回经济损失2135万元，未发生涉林特大案件。

2014年，市局组织编制了《重庆市推进生态文明建设林业规划纲要(2014~2020年)》。提出建设生态安全、生态经济、生态文化和生态文明制度四大体系，规划实施生态修复、生态富民、生态保护、生态文化和生态服务五大林业行动，《纲要》已经市政府办公厅印发实施。

2014年，划定了林地、森林和湿地三条“红线”。明确到2020年，全市林地面积不低于6300万亩、森林面积不低于5600万亩，湿地面积不低于310万亩。把林业生态红线落实到山头地块和图斑上，实行林地“一张图”管理，严格林地用途管制和差别化管理制度，加强自然保护区、湿地保护区和野生动植物保护管理。

2014年，实施了四大林业重点工程。做好国家第一轮退耕还林工程成果巩固项目建设，发展后续产业解决退耕农户生计问题；启动新一轮退耕还林工程，国家下达的65万亩工程任务已经全部安排到相关区县。全面落实4505万亩公益林管护责任，对300万户林农直补兑现生态效益补偿金近5.8亿元。继续开展长江绿化，项目实施区域森林覆盖率达到45%。加强石漠化综合治理，全市试点区县增加到16个，石漠化治理面积111.8万亩。

【集体林权制度改革】 深化集体林权制度改革，围绕“明晰所有权、放活经营权、落实处置权、确保收益权”，巩固集体林权主体改革成果，建立健全“市级、区县、乡镇、村社”4级林权争议排查调处工作体系。加大林权交易平台建设，全市24个区县建立了林权管理服务中心，涪陵、南川两区充分发挥区域性林权交易所作用，2014年交易林地19.2万亩，金额1.09亿元。探索林地承包权、经营权“两权分离”，推动林地有序流转，2014年林地流转面积26.3万亩，金额1.52亿元。

【生态文化载体建设】 创新生态文化载体建设。坚持开展全民义务植树活动，开展绿地、林地、名木古树的认建认养，社会植绿、爱绿、护绿的意识逐渐增强。开展生态示范基地、国家生态文化示范企业、生态文化村、生态科普基地创建活动，9个区县被国家确定为生态文明示范县。开展森林资源监测、林业碳汇监测、负氧离子监测等林业生态效益监测，空气负氧离子监测覆盖38个区县，实现了日测日报并向社会公布。

【林业特色产业】 2014年，加大对林业特色产业的投入，一是开展了2014年林业特色产业项目的申报工作，按照重点扶持渝东南生态保护发展区和渝东北生态涵养发展区，积极支持国有林场发展，扶持林业富民产业，培育特色产业的原则，评选出75个林业特色产业项目给予支持。2014年在市财政预算2000万元林业特色产业资金的基础上，局党组又从农发资金中抽调2500万元资金用于林业特色产业发展，为全市林业产业发展注入了活力，增添了后劲；二是对2013年林业特色产业项目的实施情况开展了督查工作，于5月下旬到6月上旬对奉节、云阳、万州、合川、铜梁、綦江等区县的项目实施情况、资金使用情况进行了督查，促进了林业特色产业资金的有效利用。三是开展了林下经济中药材种植补贴试点工作。编制了《重庆市林下经济中药材种植补贴试点方案》，按照因地制宜、突出特色；政策引导、农民自愿；生态优先、兼顾经济效益的原则，对黔江、彭水、酉阳、秀山、石柱、奉节、开县、巫溪、巫山、城口等10个区县开展了林下经济中药材种植补贴试点，试点面积5万亩，每亩国家补助100元，主要发展金银花、黄连、木香、虎杖、青蒿、党参等品种。

【国家木材储备战略】 一是组织计财处、造林处、林场办负责人对国家储备林划定的技术标准，划定范围、储备树种、政策要点、资金配套等进行了仔细讨论和逐一研究，加强了项目之间的协调，提出了任务要求，制定了国家储备林划定摸底调查方案。二是积极开展摸底调查工作。全面摸清和掌握全市国有林场分树种、分林种、分林龄的森林资源现状，为国家储备林划定奠定了扎实基础。三是7月2~3日开展国家储备林划定工作培训，组织相关区县林业局、承储林场具体负责人，对国家储备林相关政策、划定条件、国家储备林信息管理系统等内容进行了培训。四是认真编制国家储备林方案。对各区县上报的国家储备林划定进行统计、汇总，再按照国家储备林划定的条件、内容进行分析、甄别，对不符合国家储备林划定条件的予以取消，确保重庆市20万亩国家储备林划定工作的保质保量完成。五是启动木材战略储备基地建设。中央投资400万元，地方配套400万元，对丰都、开县、彭水、巫溪等4个区县10668亩储备林基地开展珍稀树种和一般树种的改培工作，编制好了实施方案的编制阶段，准备启动实施。

【森林旅游发展】 一是森林公园的设立和管理。新建重庆南川山王坪喀斯特国家生态公园1个，成为国家首批生态公园试点单位。新建市级森林公园2个，全市森林公园数量达到85个。对5个市级以上森林公园进行了总体规划或修编，办理占用市级以上森林公园林地工程项目审批6件，全市市(省)级以上森林公园发展到83处，其中国家级森林公园25处，经营面积19万公顷。全年森林旅游人数达到5800万人(次)左右，直接旅游收入近80亿元。小三峡、仙女山、金佛山、黑山谷、歌乐山、南山、茶山竹海等一批森林旅游知名品牌初步形成；二是森林人家的发展建设。落实了2014年度森林人家建设补助资金500万，指导区县开展森林人家实施方案的编制，对《森林人家管理办法》进行了修改完善，开展了2013年度森林人家建设督查工作，推动区县发展森林休闲旅游业；三是拓宽了森林旅游的广度深度，承办了国家林业局对外合作项目中心的全国森林疗养研讨会，与来自日本、韩国的专家以及全国12个省(区、市)同行就森林疗养产业发展进行了探讨；四是继续为市民提供良好的公共服务，在“国际森林日”期间，全市森林公园免费向市民开放，吸引了120万人进入森林体验；五是指导区县做好项目申报和实施工作。指导大圆洞国家森林公园积极开展林相改造项目的方案制订和组织实施工作，提升公园森林景观。组织了7个国家森林公园申报2015年林相改造项目。指导武隆县做好全国森林旅游示范区建设工作。

【木竹加工业】 2014年，全市制浆30万吨，林板42万立方米，木门600万樘。以香港理文公司、香港九龙公司为主的年产265万吨林纸项目已投产运营。全市基本形成了以林浆纸为主导，家具工业为支撑，人造板、竹制品为辅助的林产加工业发展格局。

【森林食品业】 2014年，森林食品业开始起步。通过大力引进、培育花椒、笋竹、油茶等优良品种，扶持龙头企业，加大对森林产品的科技开发利用，全市以花椒、竹笋为主导的森林食品加工业有了较快的发展，初步形成生产、加工、生态、文化、旅游、餐饮等多位一体，综合发展的格局。一批以江津花椒、金佛山方竹笋、包黑子鲜食笋、秀山金银花等为特色的品牌产品正在不断涌现。

【苗木花卉产业】 苗木花卉产业正在兴起，2014年共发展种苗基地47万亩，建设上千亩的苗圃基地32个，其中5000亩以上的特大型苗圃6个。全市在圃苗木达16亿株，形成了小苗、中苗、大苗梯度培育的格局。巴南5000亩的重庆花木世界，成为重庆最大、西部一流的花木交易平台。苗木价值大幅提升，成为老百姓“离土不离乡”增收致富的朝阳产业。

【生物质能源产业】 2014年，生物质能源产业有了恢复性发展。全市发展以油桐、油橄榄为主的生物质能源基地10万亩，全市规划发展油茶基地240万亩，并已纳入国家总体规划。

【森林药材产业】 2014年，森林药材产业初显成效。依托重庆太极集团、重庆制药厂、重庆中药研究所等大型企业和科研院所，重庆市以金银花、杜仲、厚朴、青蒿等为主的中药材基地规模不断扩大，基地总规模近130万亩，年产值超过20亿元。

【林业对外合作工作】 一是欧洲投资银行重庆林业发展项目正式立项。项目采购计划将进入正式启动阶段；二是美国明尼苏达河谷野生动物救护和湿地管理区与缙云山自然保护区建成姐妹保护区计划初步落实。三是组织参加各类展会。5月16~20日期间，市林业局作为技术支撑单位，组织区县林业局和相关林业龙头积极参与首届中国(重庆)—东盟家具博览会木材及木材制品采购订货会。会上，东盟家具协会、市林业局、巴南区政府、重庆市家具商会签订了战略合作四方意向协议，打造中国与东盟家具产品展示、交易、信息发布、高峰论坛、交流经验的国际性产业平台。8月26~28日，组织有关区县林业局参加第三届2014中国(伊春)森林产品博览会；9月27~30日，组织有关区县林业局参加第11届中国—东盟博览会专业展林产品及木制品展；11月5~8日，组织有关区县参加了第十届海峡两岸林业博览会。

【家具产业】 2014年，重庆市家具行业工业企业总产值65亿元，同比增长9.6%；规模以上企业产值45亿元，同比增长7.3%，企业数量比2013年有大幅增加，达到17500家(含卖场和生产企业设立的销售门店)；出口额610万美元，同比减少34%；投资额23亿元，同比增长7.2%；从业人员数量552718人，同比增长3.9%。

市场转型 受欧盟针对家具进口发布的“木材及木制品规例和新环保设计指令”新规影响，2014年重庆市家具出口企业面临生产成本大幅提升、市场下滑的局面。欧盟的新规迫使部分企业放弃欧美市场，开始将眼光瞄准了受调控政策影响小的国内及本地市场。虽然国内经济下滑，但是刚需住房以及消费者对家具的升级换代要求，使得市场对家具产品具有很强的市场需求。

2014年沿袭了2013年的经济下行趋势，重庆市各家具企业充分感受到面临不少困难：工业品出厂价格下降，融资和劳动力成本上升，民营经济和小微企业发展瓶颈亟待突破，做大总量与调优结构对产业发展形成双重压力科技创新能力不足、投入不够、人才缺乏等问题较为突出。企业日子难过，销量下滑、利润下滑，有的家具企业已经转行，更多的家具企业则留在本行业内苦苦挣扎。重庆家具生产企业大多为劳动密集型企业，产业聚集程度低，缺乏长远发展规划，在设计、生产、质量控制等方面的管理能力不够，产品知名度不够。

表1 2010~2014年重庆市家具行业发展情况汇总表

主要指标	2014年	2013年	2012年	2011年	2010年
企业数量	5178	2900	2400	2500	2300
规模以上企业数量	135	128	119	120	114
工业总产值(万元)	653738	625801	564230	582931	450782
规模以上企业工业总产值(万元)	458125	336425	203309	210179	153350
出口值(万美元)	610	925	713	502	325
内销(万元)	901704	751420	662400	631701	483732
家具产量(万件)	4768231	4246312	4033697	4137281	3567453

数据来源：重庆家具行业协会。

据统计，截至2014年11月，重庆市房地产开发投资完成3251亿元，同比增长22.9%；商品房新开工面积5689万平方米，同比下降18.7%；商品房施工面积28117万平方米，同比增长10%；商品房竣工面积2771万平方米，同比下降1.7%；销售面积4329万平方米，同比增长5.8%。

品牌发展及重点企业情况 2014年，重庆市家具生产及销售企业，全面苦练内功，积极谋求转型升级，狠抓技术创新，内销增速延续了2013年下半年的良好表现，保持在20%左右。

朗萨 以品牌引领行业发展。企业的长远发展不仅在于自身做大做强，更在于营造一个健康发展的生态链环境，助推行业健康发展。在重庆市朗萨家私有限公司总经理吴应荣看来，企业应该主动承担起助推行业健康发展、切实服务消费者的责任。打造一条健康的行业生态链，需要原材料供应商、企业员工和经销商等各方实现共赢，并保证产品品质和售后服务让消费者满意。朗萨家私公司以家具为核心，不断外延盈利模式，形成以家具为基点、以服务增值的2.5产业模式。比如在新建的产业园区开设健康生活馆，突出公司的附加值等。

佳梦 成功实现华丽转身。有着29年历史的重庆佳梦家具有限公司，以佳梦床垫为主打，用高品质的产品、贴心到家的服务，赢得了市场认可，获得了重庆人的口碑相传。为改变产品单一的格局，实现华丽转身，佳梦盯准转型发力，与台商合资，投入3000万元，新建的美式实木家具生产线于2014年7月竣工投产，该生产线的生产及管理人员全部从广东引进，生产出的涵盖沙发、床、衣柜等100多种类型的“美卡诺”国际家居产品，以品质引领市场，深受广大消费者喜爱。

玛格 智能化基地群布局全国。国内唯一一家实现全非标定制家具产品信息化生产的重庆玛格装饰建材有限公司，创立于2003年，它是一家集专业设计、制造、销售、服务为一体的大型现代化定制家具企业，其总部基地为玛格西南(重庆)生产基地。2010年，玛格向广东挺进，成立广东玛格家居有限公司，打造玛格华南(广东)生产基地。为满足北方市场需求，2014年8月，玛格北部(天津)生产基地建成，这标志着在全国高端实木定制家具中，玛格成为第一家向北方扩张的南方定制家具品牌，也是唯一一家实现南北实木家具规模化生产基地布局的品牌。

聚信名家汇 打造“家具奥特莱斯”。2014年4月26日，名家汇家具奥特莱斯在重庆市北部新区鸳鸯盛大开业。聚信名家汇集团是一家以家居卖场运营为核心的大型集团公司，在20多年的家具建材运营中，已与重庆市内外许多家居界的朋友结下了深厚友谊，深谙家居商场经营管理之道，并历练出了一套完善的家居建材卖场管理体系及运作团队。在这个高效的团队运作下，聚信名家汇建材城成为重庆家居建材卖场翘楚。 (梁 辉)

四川省林业产业

【概　述】 2014年，四川林业坚持以生态文明建设为统揽，以发展绿色经济、增加农民收入为核心，以提质增效和转型升级为主线，扎实推进各项工作，全省林业产业取得了新成效。

林业产业投入 2014年，全省林业产业总投入271.9亿元，较2013年增长14.4%。在21个市(州)中，投入10亿元以上的有11个，较2013年增加4个；依次为成都市(64.2亿元)、宜宾市(35.8亿元)、绵阳市(29.6亿元)、巴中市(17.8亿元)、泸州市(14.5亿元)、眉山市(14.4亿元)、乐山市(13.9亿元)、广元市(13.4亿元)、南充市(12.3亿元)、遂宁市(11.1亿元)、雅安市(11.0亿元)，11市2014年林业产业累计投入238亿元，占全省的87.53%。183个县(市、区)中，投入5亿元以上的有12个，其中10亿元以上的有4个，依次为三台县(18.0亿元)、新都区(15.0亿元)、南溪区(13.3亿元)、蒲江县(10.2亿元)。从资金来源来看，各级政府投入(含整合资金)47.4亿元、企业自有资金投入157.0亿元、信贷投入37.3亿元、林农和业主等社会投入30.2亿元，分别比2013年增长42.8%、18.5%、7.8%和-19.3%。从资金投向来看，林业产业发展资金主要投向林产加工业和资源培育业。第三产业投入增幅最大，达40.8%。

林业产业基地 2014年，全省共培育林业产业基地543.4万亩。从培育方式看，新造394.3万亩、占72.6%，低改或抚育149.1万亩，占27.4%。在当年产业基地培育中，以核桃、油橄榄为主的木本油料林和木质原料林居多，分占总面积的36.6%和27.1%。截至2014年年底，全省林业产业基地总规模达到9176.3万亩，其中木质原料林基地3560.9万亩，占总基地面积的38.8%，位居第一。截至2014年年底，21个市(州)的118个县(市、区)已建成现代林业产业基地2038万亩，其中木质原料林基地、竹林基地和木本油料基地面积位列前三，分别占总面积的40.9%、31.3%和15.4%。

【林产工业调整提升】 截至2014年年底，全省有林产加工企业7054家，比2013年增加396家。在所有林产加工企业中，木材加工类企业数约占80%，占绝对优势。全省有中型以上林业企业413家，全年共实现营业收入502亿元。成都全友家具有限公司、四川永丰浆纸股份有限公司、四川叙府茶业有限公司、成都双虎实业有限责任公司、犍为凤生纸业有限公司和剑门关景区开发有限公司年营业收入超过10亿元，分别达到26.2亿元、15.8亿元、15.0亿元、14.3亿元、12.3亿元和10.6亿元，十亿元企业较2013年增加2个。到2014年，全省有林业产业园区44个，其中亿元林业产业园区31个，比2013年增加11个。2014年，四川省林产加工结构继续调整，主要林产品加工能力总体平稳。截至2014年年底，全省木竹人造板产能达到1314.6万立方米、木竹地板产能达到2320.1万平方米、木竹家具3309.6万件(套)、木竹工艺品234.4万件、竹笋加工50.5万吨、特色经济林产品加工达到282.4万吨，同比分别增长15.7%、13.8%、10.3%、123.9%、8.6%、57.4%。2014年，四川省林业厅按照动态管理的原则，对首批省级林业产业化龙头进行了复核认定，淘汰了3家不达标的龙头企业，全省省级林业产业化龙头企业调整为148家。同时，积极向国家林业局申报了一批国家级龙头企业，企业数量达到5家。2014年，在经济下行压力依然较大的形势下，四川省积极引进和培育以龙头企业、专合组织、专业大户为核心的新型经营主体，引导企业、林业专合社、家庭林场、专业大户、农民及其他工商资本等各类社会资本投入现代林业产业建设，通过招商引资、技术开发、规范管理、品牌创建等多种措施促进林产工业提档升级。四川广安和诚林业开发有限责任公司在广安区恒升镇发展花椒种植核心示范基地3100亩，投资1500余万元建设林产品加工厂及附属设施8000余平方米，生产线3条，年加工保鲜青花椒1200余吨、花椒粉10余吨、干花椒500余吨、花椒油100余吨，建有林产品冷藏保鲜库2座，冷藏保鲜能力达500吨，公司开发的花椒油、干烘花椒技术分别获得国家专利证书。梓潼县成功引进了全市规模较大、全省排名前列的林产加工企业—绵阳建丰林产有限公司，投资近2亿元，建成了年产20万立方米的中纤板生产线和年产5万吨的甲醛工程项目，并且完成1.5万亩低产低效商品林改造，年产值达到3亿元，利税3000万元，提供1200人以上就业，带动林农年人均增收300元以上。

【林业经济保持稳步增长】 2014年，全省实现林业总产值2336.3亿元，其中超过百亿元的市(州)有11个，较2013年增加4个，依次为：成都市(438.2亿元)、乐山市(183.2亿元)、眉山市(167.5亿元)、泸州市(149.5亿元)、绵阳市(146.3亿元)、宜宾市(144.4亿元)、广元市(124.8亿元)、南充市(120.7亿元)、巴中市(105.9亿元)、雅安市(101.2亿元)、凉山州(100.7亿元)；超过30亿元的县级统计单位有16个，较2013年增加6个。2014年，全省林业总产值较2013年增长15.1%，其中第一产业增长14.9%，第二产业增长11.6%，第三产业增长19.8%。在21个市(州)中，超过全省平均增速的有10个市(州)，其中巴中市达48.8%。在183个县(市、区)中，增速超过30%(含)的有20个县(市、区)。全省林业第一、第二、第三产业产值的构成比为37.8:33.8:28.4。其中第三产业产值比重较2013年增加了1.2个百分点，表明四川省林业结构向生态旅游、仓储物流等服务业调整取得新成效。

【农民林业收入持续增加】 2014年，全省农民人均林业收入达1033元。在21个市(州)中，农民人均林业收入达1240元以上的有4个市，其中雅安市、成都市分别达到1734元和1453元。在178个县(市、区，成都市5城区除外，下同)中，农民人均林业收入达1240元以上的有64个县(市、区)、占36.0%。温江区、朝天区、沐川县、金阳县、茂县、龙泉驿区、名山区、天全县、宝兴县和金川县等10个县(区)人均突破2000元，较2013年增加2个。2014年，全省农民人均林业收入比2013年增加163元，同比增长18.7%。在21个市(州)中，增幅在18.7%以上的有11个市(州)，其中广元市增幅达28.9%。在178个县(市、区)中，增幅超过全省平均水平的有77个。在四大林业产业发展区域中，盆中平原丘陵区农民人均林业收入增幅达到20%，位居第一。2014年，在全省农民人均林业收入中，家庭经营性收入863元，占83.0%，仍保持绝对主体地位。同时，家庭经营性收入较2013年增加141元，增长19.5%，成为农民增收的主要支撑。

【四大产业集群带动明显】

成都平原区林板家具产业集群 2014年，该集群的30个县(市、区)共实现林业总产值665亿元，占全省总量的28.5%；农民人均林业收入1100元，比全省平均水平高6.5个百分点。

川东北特色经济林产业集群 2014年，该集群的14个县(市、区)实现林业总产值264.5亿元，占全省总量的11.3%；农民人均林业收入1196元，高出全省平均水平15.8个百分点。

川南竹产业集群 2014年，该集群的20个县(区)共实现林业总产值389.9亿元，占全省总量的16.7%；农民人均林业收入1154元，高出全省平均水平11.7个百分点。

川西生态旅游产业集群 2014年，该集群的44个县(市、区)共实现林业总产值295.4亿元，占全省总量的12.6%；农民人均林业收入1303元，高出全省平均水平26.1个百分点。

【"万亩林亿元钱"示范成效显著】 2014年，四川省创新经营模式，放活经营机制，实施林地整体开发，促进林下林上综合利用，不断提高林地综合效益，"万亩林亿元钱"综合示范成效显著。宜宾市兴文县在仙峰村一组实施市林业局班子成员领办"万亩林亿元钱"高产核心示范点200亩。通过高效示范区引领，积极探索建立林菌、林药、林菜、林禽、森林旅游五大新型发展模式，大力发展以方竹基地建设为主，乡村生态观光、休闲养生旅游和林下养殖乌鸡、种植竹荪为辅的立体林业，并推广以“合作社 + 支部 + 基地 + 农户”、业主大户参与投资建设、林地寄托管养等新型合作模式，进一步激发了全县林业发展活力。2014年，该县“万亩林亿元钱”高效示范区实现产值1.113亿元。巴中市通江县引进巴中卓轮林业开发有限公司，采取股份合作经营模式，按照“培育标准化、产业园区化”的要求，在巴万高速沿线的广纳镇青寺垭村、独柏树村、铜钵山村，带动农户集中连片、规模化建设林药(核桃 + 百合)示范基地1万亩，辐射周边杨柏、民胜、三合、铁佛等4个乡镇，面积达3万余亩。同时，通过整合国土、农业、水利等相关项目，建设了蓄水池、产业路等基础设施。

【特色优势产业稳步发展】 2014年，木竹、特色经济林、林下经济、生态旅游、苗木花卉、野生动植物繁育利用等六大特色优势产业共实现产值2082亿元，占全省林业总产值的89.1%。木竹产业、林业生态旅游产业和特色经济林产业所占比重较大，分别达到优势产业产值的33.6%、28.4%和23.2%。木本油料产业是四川省的传统优势产业，2014年，全省共有木本油料基地1142.8万亩，其中核桃1074.6万亩、油茶32.4万亩、油橄榄28.8万亩，产值分别为100亿元、2.1亿元、2.6亿元。广元市是四川省核桃的重要产区和最佳适生区，核桃产业是广元林业重点产业之一，是山区农民致富增收的骨干产业。截至2014年年底，全市核桃产业基地超过160万亩，占全省核桃基地总面积的14.9%；产量达到8.3万吨，同比增产29.7%；全市核桃产业总产值达到34.6亿元。2014年，朝天区核桃产量达到2.61万吨，连续6年全省县区产量排名第一；实现核桃产业产值15.3亿元，农民人均从核桃产业获得收入2330元，占全区农民林业总收入的75.0%。全区建有朝天现代核桃产业示范园，乡镇建有核桃标准化示范基地，村组培育有核桃产业示范大户，基本形成了区—乡(镇)—村三级示范体系。建成万亩核桃乡(镇)12个、千亩核桃村110个。2014年成功举办了“第二届四川·朝天核桃文化旅游节”，“朝天核桃”获得四川首届“果王子”核桃类金奖，荣获第二届四川省优质森林食品宣传展播“最佳人气奖”。

(李　艳)

贵州省林业产业

【概　述】 2014年贵州省林业产业快速发展，按照省委、省政府的要求，组织编制了《贵州省刺梨产业发展规划(2014~2020年)》。省政府组织召开全省刺梨产业发展现场推进会，对加快发展刺梨产业，打造全国最大刺梨产业带进行安排部署，2014年规划重点县新增刺梨面积22.9万亩。加强林业特色优势资源基地建设，完成无患子能源林基地建设3.6万亩，新建油茶林23.1万亩。安排省级林业产业财政专项资金3200万元，用于发展林下经济、支持花卉产业和园区建设、对78个林产品加工项目贷款贴息，带动社会资金7.85亿元投入林业产业。黎平森泰和鲁屯油脂2家民营企业成为全国首批100家国家级林业龙头企业。完成了2011~2013年林业招商引资项目落实情况的调查，全省履约林业招商引资项目共有473个，履约率94%，实际到位资金214.3亿元，资金到位率32%。2014年，全省共签约项目126个，总金额达260.57亿元；已履约项目115个，到位资金60.71亿元。省林业厅牵头指导的6个省级现代高效农业示范园区建设入驻企业65家，其中龙头企业为16家，投入总资金9.49亿元，实现总产值6.59亿元、销售总收入5.17亿元。贵定甘溪、大方油杉河大峡谷、六枝黄果树瀑布源3处国家级森林公园可行性研究通过国家林业局专家评审。全省森林公园接待游客3000余万人次，实施直接旅游收入40亿元，较2013年增长18.7%和71.6%。全省林下经济经营面积达1038.36万亩，产值达48.12亿元。

2014年，全省实现全部林业产业总产值(按现行价格计算，下同)610亿元，比2013年503亿元增长21.3%。分产业门类完成情况看：第一产业总产值实现243.13亿元，比2013年236.14亿元增长2.96%，第二产业总产值实现91.35亿元，同2013年84.41亿元增长8.23%，第三产业总产值实现275.56亿元，比2013年182.91亿元增长50.66%。

木材、竹材生产　2014年，实际完成木材产量191.36万立方米，其中直接用原木50.15万立方米，占木材总产量的26.21%，加工用材110.36万立方米，占木材总产量的57.68%，造纸用材21万立方米，占木材总产量的10.98%。全年完成竹材740.18万根。

人造板工业　2014年贵州省生产人造板2289299.22立方米，同比增长15%。

花卉业　2014年，贵州花卉产业发展继续保持良好势头，全省花卉生产面积33.2万亩，年销售收入22.5亿元。花卉企业765家，其中，中大型企业82家(指种植面积在3公顷或年营业收入500万元以上的企业)，切花切叶2318万支。

【林产化学工业原料生产及其加工工业】 贵州省遵义林源医药化工有限责任公司是目前国内最大的五倍子系列产品生产者，其相关产品产量占国内总产量的40%以上，产品市场占有率也在40%以上，建立了稳定的销售市场，产品在全国乃至国际市场都有较强的影响力。公司成立于2004年1月，前身为遵义市第二化工厂，注册资本700万元，是国内林产化学品和原料药生产企业。公司主要以贵州省山区特有的五倍子为原料，经化学加工后生产单宁酸、没食子酸、焦性没食子酸、食品鞣酸等系列产品，产品广泛应用于医药、化工、食品、染料、军工等行业。公司产品生产充分利用了贵州省的林业资源，符合现行国家生态建设和产业政策。公司拥有成熟的单宁酸、没食子酸、焦性没食子酸的生产技术，且技术处于国内领先水平。现拥有该领域3项专利技术，并于2012年主导制定了贵州省焦性没食子酸地方标准。

【木本油料生产】

油茶生产　贵州省是我国油茶主产省区之一，

2009年开始，国家开始安排专项造林投资用于油茶基地建设，2014年继续延续这一政策，在国家投资的带动下，在各级政府的高度重视下，全年新造油茶林3万亩，年末实有油茶林达197.6万亩，茶籽产量达到6.94万吨，比2013年3.8万吨增长63.94%。

贵州油茶主要分布于黔东南、铜仁以及黔西南地区，主产县有天柱、玉屏、黎平、锦屏、册亨、望谟、松桃、石阡、碧江、从江、岑巩等，黔中地区的贵阳、清镇、平坝以及西部地区的威宁等地亦有一定的天然分布。本省栽培的油茶主要为普通油茶。小果油茶、攸县油茶、红花油茶亦有少量栽培。栽培的普通油茶品种类型有霜降类型、立冬类型和寒露类型。地方良种有望谟油茶等。

油桐生产　贵州省大部分地区有油桐分布，主产县有黔西南州的望谟、册亨；安顺市的镇宁、紫云；黔东南州的岑巩、镇远；遵义市的正安、道真；铜仁市的松桃、沿河、碧江以及黔南州的罗甸、惠水等县(区)。贵州省栽培的油桐类树种有三年桐和千年桐两个种，以三年桐为主。主要栽培品种有小米桐、大米桐、葡萄桐、黔桐1、2号、贵桐1~4号等。到2013年末，全省资源面积51.8万亩，年产桐籽上万吨，均位居全国前列。省内拥有桐油加工企业10多家，主要分布于望谟、册亨、镇宁等县，年加工能力(桐油)0.5万吨左右。贵州出产的桐油主要供出口，曾经是本省传统的大宗出口商品，通过上海、广州、厦门、青岛等港口出口日本、韩国、美国以及东南亚、中国台湾等地。贵州历史上先后出产的桐油知名产品有镇宁“六马”桐油(曾为出口免检商品)、岑巩“思州”桐油、望谟桐油，正安桐油等。

【茶产业—名茶生产与流通】　2014年，全省投产茶园面积350万亩，产量18万吨，综合产值超过270亿元。林产饮料产品种植面积675.32万亩，饮料产品产量为9.08万吨，以种植毛茶为主。

调整优化品种结构　适应开发规模化、标准化和多元化产品需要，实现茶区劳动力资源季节性均衡配置。在黔东北茶区主推中茶系列、黔湄系列以及石阡苔茶等；黔中、黔南茶区主推福鼎大白茶、中茶系列、都匀毛尖与贵定鸟王地方群体种等；黔西北茶区主推福鼎大白茶、中茶系列、乌牛早等；黔西南茶区主推乌牛早、福鼎大白茶、中茶系列、黔湄系列与云抗系列。

打造品牌系列　依托贵州低纬度、高海拔、寡日照、多云雾的地理优势，大力实施黔茶品牌战略，即绿茶以“都匀毛尖”“湄潭翠芽”“绿宝石”，红茶以“遵义红”为重点品牌；大力扶持“梵净山茶”“凤冈锌硒茶”“石阡苔茶”“瀑布毛峰”等公共品牌建设。

支持品牌建设　以“都匀毛尖”“湄潭翠芽”“绿宝石”“遵义红”“梵净山茶”“凤冈锌硒茶”“石阡苔茶”“瀑布毛峰”等品牌为依托，大力实施“基地品牌化、企业品牌化、产品品牌化”三位一体品牌战略，鼓励支持和引导龙头企业通过兼并重组、市场融资、连锁加盟等方式组建茶叶生产、加工、销售集团，做大做强品牌企业。实施龙头企业商标战略，增强茶产业商标市场竞争力。制定完善品牌运营管理规则，支持行业组织及第三方服务机构承担品牌运营维护、行业自律、信息发布、文化创意、质量安全检测等工作。

创新茶园经营管理模式　鼓励企业与合作社合作，形成以茶叶加工企业为龙头、合作社为依托、农户建园为主体的茶叶产业化经营模式。引导品牌企业与集中产区、规模茶场、茶叶合作社合作建设专属茶园、种植庄园。推广茶园线上线下的认购模式，让更多的网民成为茶园“合伙人”。支持农户流转茶园，力争3年建成茶园15亩以上的茶叶专业大户、家庭农场10万户。创建茶叶示范社300家，推动茶叶合作社成为茶园标准化生产、科技推广、质量安全控制的重要主体。支持以企业为主体，建设全资茶叶生产基地。

加快发展初制加工　2014年，全省新建小型初制加工企业500家，建成小型清洁化生产线600条，小型初制加工企业达到800家，生产线100余条；新建中型及以上初制加工企业100余家，建成中型及以上清洁化生产线220条，中型及以上初制加工企业达到170家。

从2014年起，省级财政加大茶产业资金投入力度，同时，在不改变资金使用方向、项目运行方式的前提下，整合有关专项资金，重点用于茶产业品牌打造、市场开拓、茶叶加工技改、新建茶园和茶园质量提升。

【水果、干果业】

水果生产 全省水果年末实有种植面积424.55万亩，年末实有结果面积252.31万亩，结果面积占实有面积的59.43%。全年产量达134.5万吨。其中，柑橘、梨、桃产量合计91.39万吨，占当年全部水果产量的67.95%，为贵州省水果的主要品种。

刺梨原产于贵州各地，在我国南方的四川、广西、云南、湖南等省区也有零星分布。贵州是刺梨产地的中心区域，野生资源丰富，分布范围广，全省88个县(市、区)除从江、榕江、威宁3县少有分布外，其余各县(市、区)均有大量分布，是贵州省特有优势资源。截至2014年年末，贵州省刺梨(含金刺梨)种植面积50万亩，年产鲜果约4万吨，产值约4亿元。1982年以来，贵州大学及贵州省植物园选育了“贵农5号”“贵农7号”等30多个刺梨优良无性系品种，在生产上进行了大面积的推广应用，其中“贵农5号”栽培面积最大，取得了较好的经济、生态和社会效益。

目前，我省刺梨产业尚未形成市场合力，保障机制尚未健全，社会催化作用较弱，刺梨营造林基地建设规模小，产业发展不配套，深加工技术相对滞后，整体效益仍处于较低水平。据《贵州省刺梨产业发展规划(2014～2020年)》，截止2020年，全省刺梨资源面积在现有30万亩的基础上达到120万亩；新建4个刺梨优良种源繁殖基地，保证品种的优良性和稳定性，同时加强对现有苗圃场的管理，逐步扩大苗木产出能力，提高苗木质量，为营造林基地建设提供充足的优质苗木；加大对现有企业提质增效的扶持力度，扩大招商引资范围和力度，引进国内大中型产品精深加工企业落户工业园区，形成产品精深加工产业集群，提升其辐射带动能力；开展以刺梨为主题的乡村生态文化旅游观光，丰富刺梨产业发展内涵，延长产业链；新建刺梨果品、原汁冷藏保鲜库2个，着力解决贮藏保鲜难题；新建现代化刺梨产品交易市场2个。

干果生产 全省干果年末实有种植面积为461.24万亩，年末实有结果面积164.7万亩，全年产量达12.48万吨，其中，核桃、板栗产量总计11.06万吨，占当年全部干果产量的88.63%，为贵州省干果的主要品种。

核桃 截至2013年年底，贵州省共有核桃资源面积480万亩(含山核桃)，年产核桃数万吨。核桃在贵州省主要产于毕节市的赫章、威宁、金沙、纳雍、织金、黔西、大方县、七星关区；六盘水市的盘县、水城县和黔西南的普安等县；贵州中南部地区的长顺、紫云等县和息烽、开阳、遵义县的高海拔山地亦有一定的核桃分布。全省现有核桃加工企业10多家，主要加工产品有核桃乳、核桃油、核桃粉和核桃糖等，其中，规模较大的有六盘水市盘县的贵州信友实业有限公司和位于毕节市赫章县的贵州赫之林食品饮料有限公司，两家公司均以生产核桃乳为主。近年来，由于消费者对核桃需求量的增大，以及售价的持续上升，种植核桃的经济效益明显提高，各级政府和主管部门高度重视，产区群众的生产积极性亦空前高涨，核桃的生产发展呈上升趋势。毕节市的赫章、威宁、金沙、大方、纳雍等县和六盘水市的盘县、水城以及黔南州的长顺等县掀起大力发展核桃生产的高潮。

板栗 截至2013年年底，全省资源面积达53.17万亩，年产量约上万吨。贵州省板栗主产区有黔西南、铜仁、毕节、黔南及黔东南等市(州)，主产县有兴义、望谟、玉屏、石阡、荔波、罗甸、七星关、台江、镇远等县(区)。目前，贵州省板栗主要是以鲜食及糖砂栗子为主，深度加工仍处在起步阶段。板栗主销本省城乡市场和湖南、广西等邻省地区。贵州省著名的板栗有玉屏大板栗、兴义红油板栗、毕节出产的顶红板栗等，其中玉屏大板栗颗粒硕大、外形美观；兴义红油板栗色泽鲜艳、含糖量高，外形和品质俱佳；毕节的顶红板栗大小适中，品质优良，栗实虫害较少。

【木本中药材生产】 2014年，全省木本类(林产)中药材面积为242.16万亩，比2013年增长7.5%。2014年，全省木本类(林产)中药材面积上10万亩的有金银花、杜仲、刺梨等8个品种，比2013年增加黄柏1个品种。2014年，全省木本类(林产)

中药材产量为13.2万吨，比2013年增长17%。2014年全省木本类(林产)中药材产值实现15.07亿元，比2013年增长205.5%。2014年全省木本类(林产)中药材产值上亿元的有金(山)花银花、杜仲、花椒、刺梨4个品种，比2013年增加杜仲、花椒2个品种。

【林下经济】 截至2014年年底，全省林下种植面积218.59万亩，与2013年相比增长25.37%，产值20亿元，增长161.3%；林下养殖产值13.74亿元，增长63.77%；林下产品采集加工产值7.28亿，增长258.6%；森林景观利用集体林地面积274.28万亩，增长142%，产值10亿元。共申报项目163个，总投资6亿元，申报专项资金补助1.6亿元。按照重点扶持一批经济、社会效益好、有较好示范带动作用的要求，对部分项目开展了现场调研，对40个项目给予了扶持，总投资8900万元。

【森林旅游业】 贵州省以森林公园和自然保护区为依托的森林旅游业加快发展，森林生态旅游吸引了更多旅游者，林业旅游与休闲服务业取得长足进步，使第三产业成为全省林业产业总产值增长的突出点。全年林业旅游与休闲产业累计吸引旅游人次超过7746.77万人次，比2013年5935万人次增长30.53%，人均花费329元，较2013年人均花费增长了19.64%，直接带动其他产业实现产值236.07亿元，比2013年179.66亿元增长31.4%。

【市场服务与产业集群】 协会与合作社。为推进农民林业专业合作组织建设，使之成为运行规范、管理民主、效益明显的新型农民林业专业合作组织，组织开展了全国农民专业合作示范社的申报、评选工作，经筛选，共有19家林业专业合作社获得全国农民专业合作示范社称号。同时组织各高市、州按照《贵州省龙头农民林业专业合作社评定办法》等规定申报省级示范社，全省已成立各类林业合作经济组织2396个，带动农户57.83万户，其中，农民林业专业合作社1307个，入社农户40.45万户，合作社经营林地237.9万亩。

【林业产业科技及领军人物】

新科技推广 进一步加强林业特色产业、森林资源培育等方面的科学研究，认真组织申报国家和省级林业科技年度项目。加大标准的制(修)订及标准化示范区建设力度，逐步完善林业建设质量技术监督体系。认真做好中央财政林业科技推广示范资金项目、省级推广示范项目的申报及管理，充实完善科技成果和推广示范项目库。围绕林业重点工程建设和产业发展，继续开展林业适用技术培训、送技术下乡活动和科技示范点建设工作。加强网站建设和运维管理，按照《贵州省林业资源综合监测评价与决策信息系统建设总体设计框架》，建立林业基础数据库，提高林业信息技术为生产服务水平。

中央财政林业科技推广示范项目获准立项16个，投入资金1500万元，完成了安顺市等3个市19个县2013年度中央财政林业科技推广示范项目绩效评价，所有项目评价结果均为优等。铜仁市等8个市县科技推广站建设项目获国家批准，投入资金80万元，比2013年增长60%。

全面完成2014年到期中央财政林业科技推广示范资金8个跨区重点项目、8个其他项目国家和省级查定验收并获好评。投入省级林业科技推广经费71万元，建立省级林业科技示范户16户，实施科技推广示范面积760亩。抓好全民科学素质工作，选派林业科技特派员77人深入基层开展林业科技服务，组织开展林业实用技术培训和送科技下乡、技术服务、科普活动周等活动，发放林业科技宣传资料23万余份，受训群众达23.9万人次。

根据《贵州省刺梨产业发展规划(2014～2020年)》和省推进工作方案，省林业厅与省科学院一起拍摄了“贵州刺梨无公害无权栽培技术”全国党员干部现代规程教育培训科教片；在黔南州长顺县举办了一期全省“刺梨栽培技术培训班”，聘请省刺梨专家讲授刺梨丰产栽培及病虫害防治技术，培训基层林业专业技术人员和刺梨栽植大户110人；并在沪昆高速沿线造林绿化中对刺梨栽植采用了地膜覆盖技术，提高了造林成活率。

2014年度全省共有8个项目申报2014年度科学技术进步奖，其中科技进步三等奖有4项，分

别是:

①贵州科学院主持的《中国热带大型真菌资源调查及其利用》;

②贵州大学主持的《贵州乡土树种猴樟栽培生理生态与培育技术研究》;

③遵义市林业科学研究所主持的《重大外来有害生物松材线虫病有效控制技术研究》;

④贵州省植物园主持的《观赏月季品种优选及高效栽培技术研究与示范》。

专利申报与标准制定工作 贵州省遵义林源化工有限责任公司于2012年6月20日申报"高效液相色谱法测定焦性没食子酸"发明专利1项,申请号:201210204156.2;于2014年7月25日申报"一种没食子酸生产中的废水处理的方法"和"一种没食子酸乙酯的合成方法"发明专利2项,申请号:201410359159.2和201410360026.7。

2014年度组织有关单位向省质量技术监督局申报了6项地方标准项目,已批准立项6项。分别是:

①浸渍胶膜纸饰面胶合板(细木工板)

②半枫荷育苗技术规程

③榉木育苗技术规程

④光枝无子刺梨栽培技术规程

⑤贵州省级森林可持续经营标准与指标

⑥贵州县级森林可持续经营标准与指标

2014年度申报国家林业局行业标准,批准立项《刺梨培育技术规程》《黄褐毛忍冬育苗技术规程》《马尾松育苗技术规程》《闽楠育苗技术规程》等4个行业标准项目,资金32万元,并组织项目承担单位完成合同签订。组织专家完成了4个行业标准的审定工作,并将在10月20日审定2个行业标准。

2014年国家林业局立项标准化示范区项目6项,资金560万元,目前,已组织金沙、赫章、威宁、龙里、修文、普安6个县编制项目作业设计,并组织专家审查和批复。

认真组织了2014年国家林业标准化示范企业申报工作,会同贵州省质量技术监督局,按照《国家林业标准化示范企业管理办法(林科发〔2014〕5号)》要求,推荐"贵州新锦竹木制品有限公司""贵州凤冈县仙人岭锌硒有机茶业有限公司"和"贵州省桐梓县康利绿色食品有限公司"三家企业申报2014年度林业标准化示范企业。

贵州省遵义林源化工有限责任公司将"焦性没食子酸企业标准"升为"贵州省地方标准"。由该公司提出,将"焦性没食子酸企业标准"修正,牵头起草"焦性没食子酸标准"(贵州省地方标准),2012年3月获得贵州省质量技术监督局批准发布"焦性没食子酸标准"(贵州省地方标准DB52/T741-2012)。

【林业产业发展的社会与国家资金投入】 2014年全省林业投资总计完成40.2亿元,比2013年39亿元增加3.08%(其中国家投资33.6亿元,地方投资6.6亿元)。

2014年贵州省林业投资用于生态建设与保护项目35.23亿元,占实际到位资金的87.64%,其中用于造林25.27亿元。用于林业支撑与保障项目1.19亿元,用于林业产业发展方面1.2亿元,用于林业民生工程0.22亿元,其他投资(含财政事业费)2.36亿元。

2014年,全省林业产业项目通过招商引资共签约126个,总金额达260.57亿元;已履约项目115个,到位资金60.71亿元。

【赤水市——中国竹子之乡】 贵州省遵义市下辖的赤水市是"中国竹子之乡",贵州省"十大重点林业县(市)"。依据"十二五"竹产业发展规划目标,截至2014年年底,全市林业用地面积已达217万亩,有林地214万亩,森林覆盖率80.17%。有林地中竹林面积130万亩,其中,楠竹51万亩、杂竹79万亩。赤水市竹林面积在中国竹乡中位居第二,竹林面积占县域国土面积比例及人均竹林面积位居全国第一。木材蓄积量602万立方米,楠竹蓄积量8200万株,杂竹蓄积量300万吨。全市省级林业龙头企业已有7家,年加工产值在1000万元以上7家,5000万元以上4家,1亿元以上的1家。竹笋加工利用率达到了60%,竹产品种类较为齐全。2014年实现林业综合产值已达42.1亿元。现全市有注册林业加工企业300多户,其中,省级龙头企业7家。年加工产值在1000万元以上7家,5000万元以上4家,1亿元以上的1家。

【国家级重点龙头企业】

贵州森泰实业有限公司 成立于1999年1月，注册资金720.8万元，公司经过多年发展，现已成为当地最大的民营企业之一，是国家林业重点龙头企业，贵州省林业产业化龙头企业，贵州省农业产业化重点龙头企业。具有健全的科研、生产、营销管理体系和完善的质量保证体系，已通过ISO2001-9001国际质量体系论证。公司下属全资子公司林化公司、松脂基地公司、茯苓食品厂以及木材制品加工厂。目前公司主要经营产品为松香、松节油、胶合板、指接材、茯苓饮片及茯苓食品产品。2013年度，贵州省高新技术推广示范项目“茯苓复式栽培技术示范种植基地”在黎平实施，该项目的实施大大促进了当地茯苓产业的发展，黎平地区茯苓产量逐年上升。截至2014年年底，全县鲜苓产量达到500多万千克，茯苓种植成为当地林农增收的重要途径。2014年度，公司共计收购松脂4350吨，累计向农户支付现金5651万元。带动全县4510采脂农户通过采脂取得收入，户均取得收入8095元，带动了2830多农户脱贫致富。2014年度，公司加工松香产品3750吨，全年平均价格14000元/吨，实现产值5250万元，上缴税款213万元，松香项目全年实现利润165万元。完成茯苓规范化种植20万窖，通过签订保底价格收购方式，带动145户农户参与基地建设，户均取得收入7230元，增加了农户的收入渠道。共计收杉木、松材13200立方米，支付收购价款1427万元，生产指接材、胶合板等加工材8546立方米，实现销售收入1025万元，上缴税款87万元，实现利润32万元。

兴义市鲁屯油脂加工厂 公司投资建设于1980年，是一家专业生产桐油、菜籽油、核桃油等植物油，集种植、生产、加工、销售于一体的民营企业。注册资金3450万，资产总额15674万元，资产负债率51%。公司以兴义为基点，连接贵州、云南、上海等省市，设立八大生产厂、三个销售处和一家外贸进出口公司，建立起一个紧密而宽广的生产及营销网络，为公司桐油、菜籽油、核桃油的生产和销售奠定了基础。先后被相关部门授予“省级重点农业产业化龙头企业”“国家重点支持粮油产业化龙头企业”“贵州省农业加工示范基地”“兴义市现代高效农业园区重点示范项目”“诚信企业”等荣誉称号；金五丰桐油产品获“贵州农产品加工特色产品金奖”，2014年成功申报成功申报国家林业产业化重点龙头企业，董事长周相波获贵州省创业之星荣誉称号、黔西南州优秀民营企业家称号、黔西南州加工大王。

万亩油桐种植基地的实施直接带动基地农户种植油桐10000亩，间接带动全乡非项目区农户种植5000~10000亩，可提供1000多个就业岗位。直接带动面猪场坪乡镇8个村组，900多户农户参与种植，解决1800多人的就业问题，以每亩482元(租地费、清林费、整地费、栽植费)的补助补贴给种植户。

2200亩核桃基地的种植与实施，直接参与种植的农户800余户，解决近1100人的季节性就业，以每亩585元(清林费、整地费、栽植费)的补助补贴给种植户，2013~2014年，全厂每年支付农户劳务费、管护费近380余万元，平均每年每户4750元。

【省级重点龙头企业】

贵州苗夫都市园艺有限公司 公司成立于2013年，是一家集观赏植物研发生产销售、园林景观设计施工、产业投资等业务于一体的创新型园林绿化产业化企业，总资产3.1亿元，固定资产1900万元，年销售额上亿元。现有特色基地上万亩，拥有“地被植物产业化工程技术研究中心”及近20项国家发明专利技术。现为省级林业产业化龙头企业，先后被国家林业局中国花卉协会评为“中国十佳花木种植企业”“中国十大创新型绿化观赏苗木企业”和“中国花木产业年度人物”，是中国最具实力的花木种苗、造型植物特色花乔木与花灌木研发生产及推广应用企业之一。

正安县顶箐方竹笋有限公司 公司成立于1996年，注册资金400万元，主要经营方竹笋和山野菜的加工销售，以及种植业和养殖业，是省级林业产业化龙头企业，2014年底总资产6000万元，固定资产1800万元，年销售额1亿元。目前种植面积21.8万亩，带动农户1.5万人，人均增收1400元。

贵州凤冈县仙人岭锌硒有机茶业有限公司 公司成立于1993年，注册资金500万元，是集有机茶种植、加工、销售及茶旅游一体化的民营科技企业，2014年底总资产8500万元，固定资产7800万元，年销售额6180余万元。目前种植面积6000亩，带动农户1500人，人均增收400元。

贵州山珍宝绿色科技开发有限公司 公司成立于2006年，是一家集刺梨良种繁育，种植基地发展，刺梨产品研发、精深加工、销售推广于一体的企业。2014年底总资产4152万元，年销售额8500元。目前种植面积3万亩，带动农户3万人，人均增收3000元。

普定县朵贝重华茶业有限责任公司 公司成立于2008年，注册资金500万元，是一家集茶叶育苗、种植、生产加工、销售和茶文化挖掘、研究为一体的股份制民营企业。2014年底总资产1610万元，固定资产535万元，年销售额630万元。目前种植面积4000亩，带动农户1000人，人均增收3000元。

贵定县黔星云雾贡茶产业有限公司 公司成立于2008年，公司主要从事茶叶的种植、加工及销售。2014年底总资产1610万元，固定资产535万元，年销售额630元。目前种植面积4000亩，带动农户1000人，人均增收3000元。

贵州龙港生态资源开发有限公司 公司成立于2006年，注册资金600万元，是以刺梨产品生产加工及销售为主的大型现代化企业。2014年底总资产3500万元，固定资产2650万元，年销售额1216元。目前种植面积2000亩，带动农户2510人，人均增收5300元。

三都县顺发木业有限公司 公司成立于2008年，是一家从事胶合板、指接板生产的林木深加工企业。2014年底总资产1821万元，固定资产683万元，年销售额1950元。目前基地面积1.5万亩，带动农户1.2万人，人均增收2万元。

锦屏县寰宇木业有限公司 公司成立于2011年，是一家从事指接板、细木工板生产的林木深加工企业。2014年底总资产3700万元，固定资产1700万元，年销售额4000余万元。目前基地面积4.5万亩，带动农户2万人，人均增收2万余元。

贵州全成林木发展有限公司 公司成立于2009年，注册资金500万元，是一家专业制造木屋的生产商，专业从事木质结构房屋设计、制造、销售、安装和维护的企业。2014年底总资产3428万元，固定资产985万元，年销售额1948余万元。

榕江县五榕木业有限责任公司 公司成立于2006年，是一家主要经营木材深加工指接板、柜子板、机拼板以及细木工板、生态板的企业。2014年底总资产1945万元，固定资产700万元，年销售额3689余万元。

贵州省从江县红枫木业有限公司 公司成立于2011年，是一家专业从事木材生产、精深加工、销售为一体的省级林业产业化经营龙头企业。2014年底总资产8790万元，固定资产5357万元，年销售额6120余万元。目前种植面积2.5万亩，带动农户600人，人均增收3000元。

贵州省石阡和记绿色食品开发有限公司 该公司主要从事黄花菜等山野菜种植加工，在石阡县有生产基地5000亩，采取“公司+协会+基地+农户”的经营模式，种植农户4700余户。拥有加工车间1.2万平方米。总资产3998万元。2014年主营产品产量4000吨，销售率95%，年销售额4000万元。

大方县九龙天麻开发有限公司 公司成立于2001年，是一家集科研、种植、加工、销售天麻系列产品为一体的民营企业。开展天麻仿野生栽培GAP关键主、仿野生天麻种植技术、有性繁殖育种技术等研究，并取得一定成果，其中“野生天麻有性繁殖育种技术”、“天麻酒配方”获发明专利。2014年底总资产1853万元，固定资产317万元，年销售额1700余万元。目前种植面积6000亩，带动农户1400人，人均增收1200元。

贵州天刺力食品科技有限责任公司 公司成立于2011年，是一家以刺梨为原料的系列产品生产、特色产业开发、精深加工、销售推广于一体的企业。2014年底总资产5340万元，固定资产2900万元，年销售额900元。目前种植面积15万亩，带动农户1.2万人，人均增收5000元。

贞丰县顶罈椒业有限公司 公司成立于2005年，是一家主要从事农产品及花椒加工销售的省级龙头企业。2014年底总资产2079万元，年销售额1986万元。目前种植面积2000亩，带动农户

2000 人，人均增收 3000 元。

黔西南州宏森木业有限公司　公司成立于 2010 年，是一家集细木工板、免漆生态板、指接板、柜子板、胶合板等人造板及机制木炭研发、生产、销售为一体的民营企业。2014 年底总资产 4600 万元，固定资产 2375 万元，年销售额 4068 余万元。目前种植面积 1 万亩，带动农户 900 人，人均增收 6500 元。

贵州芳阳特产有限公司　公司成立于 2009 年，注册资金 1000 万元，是以加工山茶油、核桃油为主要产品，集种、产、销为一体的实体企业。2014 年底总资产 3500 万元，固定资产 1158 万元，年销售额 8589 余万元。目前种植面积 2 万亩，带动农户 5000 人，人均增收 600 元。

贵州马岭河植物油有限公司　公司成立于 1995 年，是一家以加工、生产油茶籽油主要产品，集种、产、销为一体的股份制企业。2014 年底总资产 1078 万元，固定资产 550 万元，年销售额 631 余万元。目前种植面积 2000 亩，带动农户 3.6 万人，人均增收 210 元。

附录：龙头企业目录

——贵阳市(8 家)

贵阳单宁科技有限公司
贵州合众家具有限公司
贵州大自然科技有限公司
贵阳万方生态资源开发有限责任公司
贵州阳光林业科技开发有限公司
贵州开阳南江大峡谷旅游有限公司
开阳紫江富硒茶叶有限公司
贵州由由农业开发有限责任公司

——遵义市(16 家)

贵州中竹新宇竹业有限公司
贵州红赤水生态食品开发有限公司
正安县顶箐方竹笋有限公司
遵义林源医药化工有限责任公司
余庆县敖弘木材产销农民专业合作社
贵州省三阁园林绿化工程有限公司
贵州赤水市科技发展有限公司
贵州省桐梓县康利绿色食品有限公司
贵州新锦竹木制品有限公司
赤水市新生竹纤维板有限公司
赤水市供销社综合经营公司
赤水市黔原笋业有限责任公司
贵州金泽地绿色产品开发有限责任公司
贵州乾艺园林工程有限公司
贵州凤冈县仙人岭锌硒有机茶业有限公司
贵州山珍宝绿色科技开发有限公司

——安顺市(4 家)

贵州省关岭自治县板贵花椒食品香料有限公司
普定县朵贝重华茶业有限责任公司
贵州正茂生物农业开发有限公司
安顺市西秀区钰霖种植农民专业合作社

——黔南州(11 家)

贵州恒力源林业发展科技有限责任公司
贵州汇生林业开发有限公司
贵州颖梵农业资源开发有限公司
贵定县黔星云雾贡茶产业有限公司
贵定县三胜绿色产业开发基地
长顺丹索亚刺梨庄园有限公司
贵州龙港生态资源开发有限公司
贵州金鸟木业有限公司
三都县顺发木业有限公司
贵州高原农产资材开发有限公司
贵州桥盛农业综合开发有限责任公司

——黔东南州(24 家)

贵州甘力木业有限公司
贵州威榕木业有限公司
贵州凯鸿木业有限公司
贵州省黎平县锦龙木业有限公司
贵州森泰实业有限公司
贵州省黎平县东风林场日升木业有限公司
从江县华丰木业有限责任公司
锦屏县胜利木业有限公司
贵州正康中药材科技开发有限公司
锦屏县森科林产品有限公司
施秉县东昌木业有限责任公司
锦屏县寰宇木业有限公司
贵州全成林木发展有限公司
榕江县五榕木业有限责任公司
贵州省榕江县黔闽活性炭有限公司
贵州福林福木业工贸有限责任公司
榕江县天润木业有限公司

贵州华宏木业有限公司
黎平县霞宇油脂有限公司
黎平县海华木业发展有限公司
贵州省从江县红枫木业有限公司
贵州永恒丰木业有限公司
从江县盛源木业有限公司
贵州溢鹏木业有限公司
——铜仁市(2家)
江口县吉尔森木业有限公司
贵州省石阡和记绿色食品开发有限公司
——毕节市(2家)
黔西县绿源食品开发有限公司
大方县九龙天麻开发有限公司
——六盘水市(5家)
六盘水神驰生物科技有限公司
六枝特区昌文特色生态养殖观光有限公司
六枝特区育农园艺有限责任公司
贵州天刺力食品科技有限责任公司
水城县玉舍乡俄脚村旭鑫种养殖专业合作社
——黔西南州(8家)
贵州飞龙雨绿色实业有限公司
贵州顶效绿化绿色产业水果公司
兴义市鲁屯油脂加工厂
贵州益发绿色开发有限公司
贞丰县顶罈椒业有限公司
黔西南州宏森木业有限公司
望谟县芳阳土特产开发有限公司
贵州马岭河植物油有限公司

(沈永生)

云南省林业产业

【概　述】 云南是全国四大林区之一，全省林业用地面积 3.75 亿亩，占全省土地总面积的 65.36%，居全国第二位；森林面积 2.87 亿亩，占林地面积的 76.54%，居全国第三位；森林覆盖率 54.6%，活立木总蓄积量 18.75 亿立方米，居全国第二位。全省已知高等植物 17000 余种，约占全国植物总数的 62.9%，陆生野生脊椎动物 1416 种，占全国总数的 52.8%，已建成和正在开发的森林旅游景区和森林公园 309 个，景点 2000 多个。云南有着光热水资源富集、气候类型多样的优势，具有北热带、南亚热带、中亚热带、北亚热带、南温带、中温带和高原气候区共 7 个气候类型，孕育了丰富的生物多样性资源和无与伦比的自然景观，享有"植物王国""动物王国""香料王国""花卉之乡""药物宝库"和"生物资源基因库"等美称，林业产业发展空间大、资源丰富。

产业结构布局 云南省现代林业产业发展规划为"六园区、八项骨干工程、九大产业"。

六园区　滇中林业产业加工园区、滇西南林浆纸林产化工工业园区、滇西特色林产品工业园区、滇东南林业产业工业园区、滇西北非木质林产品工业园区和滇东北竹藤产业工业园区。

八项骨干工程　低效林改造工程、产业园区建设工程、原料基地建设工程、基础设施建设工程、良种生产推广工程、市场体系建设工程、产品品牌打造工程和信息化平台工程。

九大产业　特色经济林产业、林(竹)浆纸产业、林产化工产业、竹藤产业、野生动物驯养繁殖产业、森林生态旅游产业、木材加工及人造板产业、非木材产业和观赏苗木产业。

林业产值 2014 年，云南省林业产业总产值 1329.64 亿元，同比增长 13.6%。其中第一产业产值 860.15 亿元，同比增长 10.6%。第二产业产值 367.15 亿元，同比增长 13.3%。第三产业产值 102.34 亿元，同比增长 49.8%。特色林产品市场需求增长，干果(核桃、板栗、澳洲坚果等)、茶叶、水果等好于往年，核桃产量 78.6 万吨，板栗 16.1 万吨，毛茶 32.8 万吨，水果 476.9 万吨，均高于 2013 年；林下经济产值 136.6 亿元，同比增长 38.1%。森林生态旅游实现收入 50.2 亿元人民币，比 2013 年增长 22%。森林生态旅游已成为云南经济快速发展的重要支柱之一。一、二、三产比重为65:28:7。

营造林生产 2014 年全年完成营造林 400.35 千公顷(600.53 万亩)，其中，人工造林 334.59 千公顷(501.89 万亩)，无林地和疏林地新封山育林 65.76 千公顷(98.64 万亩)，同比增长 16.04%。国家林业生态重点工程营造林 139.99 千公顷(209.99 万亩)，其中，天然林保护工程造林 37.57 千公顷(56.35 万亩)，退耕还林工程造林 108.09 千公顷(162.13 万亩)，防护林工程造林 6.91 千公顷(10.37 万亩)。完成零星(四旁)植树 9884.55 万株；2014 年育苗面积 9.49 千公顷(142365 亩)；低产低效林改造 101.16 千公顷(151.74 万亩)。

按经济成分，公有经济造林 159.85 千公顷(239.77 万亩)，占营造林总面积的 40%；非公有经济造林 240.51 千公顷(360.76 万亩)，占营造林总面积的 60%。2014 年造林面积以经济林为主，完成 216.59 千公顷(324.88 万亩)，所占比例较大，为 54%；用材林 72.51 千公顷(108.77 万亩)，防护林 108.26 千公顷(162.38 万亩)，薪炭林 0.36 千公顷(0.55 万亩)，特种用途林 2.63 千公顷(3.95 万亩)。

林业重点工程 2014 年全省林业建设完成投资 90.48 亿元，比 2013 年同期增长 5.8%；其中生态建设与保护资金 54.43 亿元，林业支撑与保障资金 8.28 亿元，林业产业发展资金 13.33 亿元，林业民生工程资金 1.78 亿元。全年到位资金 104.26 亿元。全部林业固定资产投资完成 18.12 亿元。

天然林保护工程、退耕还林工程等重点生态建设工程扎实稳步推进，2014 年天保工程完成投资 16.55 亿元，退耕还林工程完成投资 128985 万元，防护林体系工程完成投资 2190 万元。林业系统野生动植物保护及自然保护区建设完成投资 6544 万元。截至 2014 年年底，落实森林管护 1.99 亿亩，完成营造林 664.1 万亩，义务植树 1.06 亿株。完成木本油料基地建设 269 万亩，低效林改造 406.8 万亩。积极推进国家木材战略储备和珍贵用材林基地建设，划定国家储备林 130 万亩，营造珍贵用材林 2.6 万亩。争取国家新一轮退耕还林还草计划 90 万亩，占全国计划的 18%。沼气、节柴灶、太阳能热水器项目分别完成 7.97 万户、16.32 万户、10.61 万台，完成率超过 100%。

林浆纸 全省共完成 350.4 万亩林(竹)浆纸原料林基地建设，其中，桉树基地 143.5 万亩，思茅松基地 59.8 万亩，竹浆纸基地 147.1 万亩。全省有较大规模的林浆纸企业 22 家，浆产量 14.26 万吨，纸产量 15.38 万吨，2014 年实现产值 9.09 亿元。

野生动物驯养繁殖 野生动物驯养繁殖产业发展趋势良好，全省野生动物驯养繁殖、经营利用单位和养殖户超过 1000 家，企业就业人数达 40000 多人，实现产值 40 亿元；形成了以观赏、食用、药用、科研、实验为主的野生动物驯养繁殖产业。带动了云南省经济发展，是农民脱贫致富的一条重要途径。同时对野生动物资源保护也起到了一定的作用。

【林业投融资】 在不断加大财政投入的基础上，全省坚持全社会办林业的方针，形成了“政府扶持、信贷支持、市场运作、社会参与”的多元的林业投入机制。2014 年中央和省级共下达林业资金 71.4 亿元，同比增加 14%。新增林业贴息贷款 14.6 亿元，财政贴息 0.73 亿元。特别是集体林权产权明晰后，社会资金纷纷向林业汇集，云南省加强了与银行业金融机构协作，积极开发适合林业特点的信贷产品，加大对林权抵押贷款、林农小额信用贷款等信贷支持力度，不断拓展了林业融资渠道。积极协调金融机构开发适合林业特点的信贷产品，积极探索抵押林木购买保险模式和林木林地抵押监管机制，拓展了林业融资渠道。2014 年底，全省林权抵押贷款和林业贷款余额分别为 155.76 亿元和 185.65 亿元，比 2013 年分别增加 22.55 亿元和 25.32 亿元，同比增长 16.93% 和 15.79%，林权抵押贷款余额自 2010 年以来，连续 5 年位居全国第一。大理白族自治州南涧等县首创经济林木(果)权抵押贷款，完成经济林木(果)权证登记 24.02 万户，发放证书 17.54 万本，抵押贷款 8.1 亿元。南涧县“经济林木(果)所有权证抵押贷款”产品被列为“中国农村金融十大品牌价值榜创新产品”。在昆明市开展了观赏苗木抵押贷款试点，出台了《云南省观赏苗木抵押登记管理办法》(试行)，中信银行、农信社昆明市联社已发放观赏苗木抵押贷款 1.15 亿元。切实加大招商引资力度，积极与中兴、云药等大企业、大集团开展战略合作，全省签约项目 109 个，签约资金 359 亿元，为林业发展注入了新的活力。

【品牌建设】 全省有 28 户林业企业获得了 37 个省级名牌产品认定，核桃、三七、天麻、石斛、野生菌、松香等骨干产品在国内外市场的知名度和占有率进一步提高；西双版纳、高黎贡山、白马雪山、玉龙雪山、泸沽湖等自然保护区，以及亚洲象、滇金丝猴、黑颈鹤、长臂猿等物种资源已成为国内外知名的旅游品牌；不少林产品通过了国家绿色环保质量认证、国际食品质量认证。“文山三七”“大姚核桃”“龙陵石斛”和“昭通天麻”等成功申报产品原产地保护认证；石斛、野生食用菌、森林蔬菜等优势产品的绿色产品及原产地保护认证工作正有序推进。

【产业基地建设】 按照规模化、集约化、产业化的要求，积极调整林业产业结构，加快推广特色品种，优化区域布局，加大科技投入，推进集约经营，加快由数量型向质量、效益、品牌型转变。完善优惠政策，将中低产林改造、退耕还林等林业重点项目建设与原料林基地相结合，鼓励和支持企业、个人和其他经济组织，特别是有条件的大中型林业企业，通过股份合作、联营、租赁、承包、转让等形式营造原料林基地，着力建设木本油料、林(竹)浆纸、高产脂、珍贵用材、野生动物驯养繁殖、珍贵用材、观赏苗木等8个省级原料供给基地。各州(市)根据自身资源特点，建立2个以上优势特色产业原料基地。提高示范基地建设补助标准，核桃示范基地每亩补助提高到300元，澳洲坚果示范基地每亩补助提高到400元，油茶示范基地每亩补助提高到500元。进一步打造林业生态建设、产业发展、森林生态文化建设等各个领域亮点，已认定15类109个省级示范基地，涵盖了观赏苗木、特色经济林、野生动物驯养繁殖、林业科技推广、林木良种繁育、森林庄园等。

【林业产业园区建设】 按照"科学规划、合理布局、各具特色、资源互补、生态发展"原则，积极推进集林产品加工、研发、物流、商贸、信息为一体的基础先进、配套完备、交通发达、产业集聚的林业产业特色园区建设。坚持把园区建设作为促进林业转型升级的重要举措，推动林业增效和农民增收的重要途径，提升林业产业发展水平和综合效益的重要载体。对涉林园区建设项目的审核审批采取提前介入、特事特办的做法，按照依法依规、并行推进、优质高效的原则，及时做好项目使用林地手续的办理。深入嵩明泛亚家具园区、中国昆明杨林家居园区、宜良林产品加工园区、宜良花木城观赏苗木园区、玉溪林产品加工贸易物流中心等园区和云南利鲁环境建设有限公司百草园庄园、云南一条龙企业集团有限公司等投资过亿元大型项目检查指导，通过与省相关部门沟通协调，帮助改善基础设施、推广先进技术、大力发展主导产业等措施，有力地推进了园区和项目的建设步伐。

【实体经济主体】 按照"扶优、扶强、扶特、扶大"的原则，云南省采取扶持、改造、重组等多种形式，扶持培育了一批有特色、有市场竞争优势、产业关联度大、带动能力强的大中型龙头企业，提高林业产业的规模化经营水平，带动相关中小企业协调发展。

全省林业企业15000余户，其中省级林业产业龙头企业508户，国家级林业产业龙头企业5户，覆盖九大林产业、16个州市。企业从业人数近20万人，带动农户400多万户。20户企业被省政府评为"全省推进高原特色农业产业化发展先进龙头企业"，14户企业进入全省百强企业，4户企业被评为"云南省农产品出口工作先进单位"。不少企业的产品通过了国家绿色环保质量认证、国际食品质量认证。企业与科研机构合作，取得了一批具有自主知识产权的科技成果。新产品开发和科技创新能力都有了显著提高。林业龙头企业注重原料林基地规模建设，目前各企业原料林基地面积近1000万亩，为企业可持续发展奠定了良好的基础。

林业合作组织建设工作推进明显，全省林农专业合作社近5000户，其中完成工商登记注册4234户；国家级林业专业合作社18户，省级示范社357户，截至2014年年底，省级示范社将超过450户。

【林下经济】 随着集体林权制度改革的深入推进，我省各地坚持"产业发展生态化，生态建设产业化"发展思路，开展了不同形式的林下经济活动，通过发展林下经济，提高林地利用率，拓宽林业发展空间，增进资源培育，增加林地产出效益，提升森林生态产品供给能力，林下经济发展逐步向产业经营转变。

林下经济发展形式 通过开展林下种植、林下养殖、林果采摘及加工、森林资源采集及加工、生物质能源和森林景观利用，初步形成了以林下养殖、林下种植、林产品采集加工、森林生态旅游等为重点，涉及林药、林菌、林花、林果、林菜、林草、林禽、林畜、林虫、林景等领域的林下经济发展格局，林、农、牧等资源共享、优势互补、循环发展已形成趋势。

林下经济区域布局 滇中地区以野生菌、林下药材及木本油料产品的加工及流通为主；滇东北地区以林下药材种植为主，天麻、重楼等名贵药材种植已经形成规模；滇南地区多种植石斛、三七等林下药材；滇西北及滇西南地区依托丰富的旅游资源开展森林生态旅游。

截至2014年12月，全省林下经济经营面积达6500万亩，主要产品产量700万吨，产值600亿元，占全省林业总产值的28.9%，从事林下经济人数达600万人；林下养殖、林下产品采集加工迅速发展，仅野生食用菌年产量就超过8万吨，产值近70亿元，成为全省第二大出口创汇农产品；石斛、草果等林下药材和森林食品产值均超过10亿元。松香、松节油等林产化工产业走在全国前列，松香年产量16.3万吨，松节油3.3万吨。木本油料种植面积达4700万亩，产量83万吨，产值248亿元。其中，核桃面积4100万亩，产量77万吨，产值239亿元；澳洲坚果面积110万亩，产量0.8万吨，产值2.8亿元。核桃、澳洲坚果面积、产量和产值均居全国之冠。以各种类型的国家公园、自然保护区、森林公园、湿地公园等为基础，开展森林旅游，实现森林旅游收入50.2亿元，接待中外游客3314.6万人次，直接带动的其他产业产值38.1亿元，林业旅游业收入比2013年增长22%。森林生态旅游已成为云南旅游业的重要载体。

【观赏苗木】 2014年，云南省观赏苗木产业实现产值45.69亿元，全省建设有观赏苗木基地4000余个，经营面积30万余亩，实际育苗面积25万亩；培植观赏苗木树种200个；从事观赏苗木生产及销售的苗木经营户超过3000户，其中林业产业省级龙头企业55户，生产从业人数3万余人。目前，以滇中、滇西南、滇西、滇东南、滇西北、滇东北6个区域为主的乡土苗木树种集约培育特色已基本形成，滇润楠、云南拟单性木兰、云南山茶花和云南樱花4个观赏苗木树种的育苗技术规程已颁布实施，滇朴、冬樱花、云南含笑、云南樱花、马缨花、奇楠沉香、香油果、清香木等观赏苗木树种繁育技术取得了突破；通过转让品种权的方式，杜鹃、月季、报春花、迎春花等品种在生产经营上也取得初步成效。

【野生食用菌】 云南地形地貌复杂，森林类型多样，得天独厚的立体气候条件，孕育了丰富的野生食用菌资源，成为中国乃至世界野生食用菌物种多样性最丰富的地区。云南有食用菌种类882种，占世界2000种的43%，占中国978种的91%。世界四大名菌——松茸、牛肝菌、块菌、鸡油菌，在云南均有分布，且资源量较大。松茸、牛肝菌、羊肚菌、鸡枞、干巴菌、红菇、块菌、金耳等，不仅产量居全国之首，质量也最优。全省野生食用菌自然产量50万吨，其中已大量开发利用的约有20多种，年产量约8万吨，全国市场商品野生食用菌约70%为云南所产。

2010年以来，云菌产量和产值呈稳步上升态势。2014年，全省实现食用菌产量39.8万吨、产值100亿元、销售收入105亿元，同比分别增长28.4%、24.4%和23.5%。其中，野生食用菌产量达8万吨，实现产值67.8亿元。产品远销欧、美、法、德、荷兰、日本、泰国、新加坡等40多个国家和地区，创汇排名仅次于烟草、咖啡和蔬菜，成为云南重要的林下产业。香格里拉松茸、丽江羊肚菌、楚雄牛肝菌、大理鸡枞、易门干巴菌等地理标志性产品具有较高知名度，“云菌”品牌效应基本形成。全省从事野生菌采收、加工销售、餐饮经营企业达上千户，从事野生菌加工销售的龙头企业有65家，年销售收入近50亿元，从事野生菌采集、加工、销售的林农专业合作社达460多家，涉及农户3万多户。

【木本油料】 全省木本油料种植面积达4700万亩，产量83万吨，产值248亿元。其中，核桃面积4100万亩，产量78.6万吨，产值239亿元；油茶330.47万亩，产量1.68万吨，产值2.06亿元；澳洲坚果面积110万亩，产量0.8万吨，产值2.8亿元；油橄榄面积6.4万亩，产量0.05万吨，产值0.2亿元；膏桐面积69万亩，产量0.3万吨，产值0.1亿元；油桐面积31万亩，产量1.7万吨，产值1.3亿元。核桃、澳洲坚果面积、产量和产值均居全国之冠，云南已成为全国重要的木本油料基地。

【林产化工】 全省有林化工及生物质能源生产企业257户，经销企业400多户，主要产品有脂松香、松节油、桉叶油、紫胶、山苍子油、单宁酸、栲胶、活性炭、黄樟油、桐油、紫杉醇等，其中脂松香、松节油、桉叶油和紫胶为大宗出口创汇产品。云南是松脂资源大省，松香、松节油具有巨大的发展潜力，全省共有58个采脂县，主要产脂树种有云南松和思茅松，能采脂的林分面积和蓄积均居全国的首位。2014年，松香产量18.6万吨，松节油3.5万吨，居全国第二位。林产化工产业及生物质能源产值达44.39亿元。

【木材加工及人造板】 全省木竹材、木制品经营加工企业共6298户，其中木竹材加工企业4520户，木竹制品经营企业1778户，规模以上木材加工和木、竹、藤、棕、草制品企业77户。按行业统计，2014年木材加工实现产值154.43亿元。木竹商品材产量393.57万立方米，居全国第七位；大径竹产量14960.3万根，居全国第五位；生产木竹地板497.32万平方米，木质家具2.23万件；锯材产量199.23万立方米，人造板产量292.56万立方米，规模以上木材加工业实现年产值60余亿元。

【竹藤产业】 云南由于特殊的地理位置和复杂的环境条件，竹类植物异常丰富，成为世界公认的竹类植物起源地和现代分布中心之一，有"竹类故乡"之美誉。云南天然竹林类型数量及面积居全国第一位，竹类植物以大型丛生竹类独具特色和优势。由于地形复杂，形成多样的小气候和小生境，分布有许多以云南为分布中心或云南特有的竹种。云南现有竹亚科植物29属250种(含变种、变型)，其属数占世界的40%，占中国的75%；种数占世界的25%，占中国的50%；特有竹属10个以上，特有竹种100种以上。

云南现有竹林面积756.8万亩。其中连片竹林415.5万亩，零星散生四旁竹调查株数44369.2万株，折合面积341.3万亩。按起源分，天然竹林380.0万亩，占50.2%；人工竹林376.8万亩，占49.8%。

云南竹林以大型丛生竹为主，全省生态旅游竹林有3种类型：风景竹林、竹类公园及竹类植物园。风景竹林、竹类公园重点分布在西双版纳州，风景竹林统计面积5.5万亩，2个竹类公园面积2.5万亩；在德宏州有2个竹类植物园，面积0.04万亩。全省竹林生态旅游产值主要在西双版纳、红河、德宏、玉溪和昭通等州市。从事竹藤种植加工企业364户，竹资源的加工主要为竹笋加工、竹浆造纸、竹人造板、竹地板、竹纤维、竹制日用品、竹家具、竹炭等方面。

【森林旅游产业】 云南省共建有自然保护区131个，其中国家级18个，总面积2684.5千公顷，省级以上自然保护区59个，国家公园8个，国家湿地公园4个，省级以上森林公园40个。创建了西双版纳、白马雪山、高黎贡山、哀牢山、玉龙雪山、泸沽湖、大山包、哈尼梯田等森林生态旅游品牌；亚洲象、滇金丝猴、黑颈鹤、长臂猿等物种资源已成为国内外知名的旅游品牌。中国野生动物保护协会分别授予昆明市为中国红嘴鸥之乡、昭通市昭阳区为中国黑颈鹤之乡、普洱市景东县为中国黑长臂猿之乡、保山市隆阳区为中国白眉长臂猿之乡；2006年，西双版纳保护区内的野象谷景区被《环球时报》评选为"中国50个最值得外国人去的地方"之一；白马雪山的森林被中国国家地理杂志评选为"中国最美十大森林"之一；2010年，高黎贡山保护区荣膺《时尚旅游》首届自然遗产保护奖。2014年，依托国家公园、自然保护区、森林公园、湿地公园等开展森林旅游，实现森林旅游收入50.2亿元，接待中外游客3314.6万人次，直接带动其他产业产值38.1亿元，林业旅游业收入比2013年增长22%。

云南省林业主管部门与省旅游发展委员会共同成立了"云南省森林生态旅游工作领导小组"，建立了联合推动森林生态旅游发展的有效机制；制定并发布实施了我省首项森林旅游地方标准《森林旅游示范区评定规程》，并将"森林旅游示范村""森林旅游示范景区"列入森林云南示范基地建设称号。初步建立起了以林业部门为主导、社会各界共同参与的国家公园管理体制，制定了一套与国际先进理念接轨的国家公园政策法规和标准体系。

表1 林业产业省级龙头企业名录

序号	企业名称
1	西双版纳青松林业有限公司
2	云南湄公河生物科技有限公司
3	云南金孔雀旅游集团有限公司
4	云南勐象竹业有限公司
5	西双版纳增靓生物科技有限公司
6	景洪市晨晓商贸有限公司
7	西双版纳银海福林石斛有限公司

(续)

序号	企业名称
8	西双版纳天源林石斛种植有限公司
9	西双版纳恒兴创吉橡胶有限公司
10	西双版纳云丰木业有限公司
11	云南景泰绿色产业有限公司
12	西双版纳菊香诚信木业有限公司
13	西双版纳礼龙木业有限公司
14	西双版纳印奇生物资源开发有限公司
15	勐海县布朗山林业有限公司
16	西双版纳高山铁皮石斛有限公司
17	云南红土生源药用生物科技开发有限公司
18	光明食品集团云南石斛生物科技开发有限公司
19	西双版纳广顺生物科技有限责任公司
20	景洪雄伟园林种植有限公司
21	西双版纳千松石斛种植有限责任公司
22	云南保山华恒木业有限公司
23	云南省保山市林业投资发展公司
24	保山昌宁红茶业集团有限公司
25	云南昌宁建星纸业有限公司
26	昌宁县雄达木业有限公司
27	昌宁县桦东实业有限公司
28	昌宁笑果果食品有限公司
29	昌宁十里香食品有限公司
30	云南品斛堂生物科技有限公司
31	龙陵县林源石斛开发有限公司
32	龙陵县富民石斛开发有限公司
33	龙陵县顺兴木材加工厂
34	云南极斛生物科技有限公司
35	龙陵县云河石斛开发有限责任公司
36	保山滇宝贡山绿色食品有限责任公司
37	保山奥新绿色资源开发有限公司
38	隆阳区丰源木业有限公司
39	保山市映山红甜柿开发有限公司
40	隆阳区凤溪茶叶有限公司
41	保山德森人造板有限公司
42	隆阳区华品木材高压板厂
43	保山丰源汇生物产业有限公司
44	保山富群农业科技有限公司
45	保山林佳园林绿化有限公司
46	保山市山田种植有限责任公司

(续)

序号	企业名称
47	云南优昊实业有限公司
48	保山市大寨山核桃开发有限公司
49	施甸县美良园艺有限公司
50	云南大山合农业科技发展有限公司
51	施甸荣呈石斛生物科技开发有限公司
52	云南斛健庄园生物科技有限公司
53	腾冲县古林木业有限责任公司
54	云南省腾冲县林瑞木制品有限责任公司
55	云南腾冲杜鹃王旅游产品有限公司
56	和顺鑫生态食品开发有限公司
57	腾冲县滕虹油业有限公司
58	腾冲县高黎贡山生态茶业有限责任公司
59	楚雄泰恒工贸有限责任公司
60	云南欣绿茶花股份有限公司
61	云南楚雄东宝生物资源开发有限公司
62	楚雄宏桂绿色食品有限公司
63	云南摩尔农庄生物科技开发有限公司
64	云南滇洱古道山茶花园艺有限公司
65	楚雄泓利达食品有限公司
66	云南森阳林木种植有限责任公司
67	大姚东兴食品有限公司
68	大姚顺达农林科技有限公司
69	大姚亿利丰农产品有限公司
70	大姚广益发展有限公司
71	大姚兆鹏食品有限责任公司
72	大姚锦亿土特产有限公司
73	大姚森盛木业有限责任公司
74	大姚家和天然食品开发有限责任公司
75	大姚欣杰食品有限公司
76	大姚华盛饮料食品有限责任公司
77	楚雄市树苴乡农业技术综合开发有限公司
78	云南嘉缘绿色产业有限责任公司
79	云南楚雄圣谷食品有限公司
80	云南牟定恒瑞生物化工有限公司
81	云南星贸食品有限公司
82	楚雄德尔思紫胶有限公司
83	南华县云华绿色食品有限责任公司
84	南华县宏怡野生菌开发有限公司
85	南华松香厂
86	南华鸿发核桃产业开发有限公司
87	南华新世纪生物工程有限公司

(续)

序号	企业名称
88	南华县腾龙物流有限责任公司
89	云南华香源香料有限公司
90	南华嘉懋绿色食品有限公司
91	云南美森源林产科技有限公司
92	云南森源化工有限公司
93	双柏华兴人造板有限公司
94	宾川康弘林产品有限责任公司
95	宾川瑞林克林业科技有限公司
96	宾川县沧海农林有限责任公司
97	宾川高原有机农业开发有限公司
98	大理国沣农产品有限公司
99	宾川拉乌峨溪核桃金果有限责任公司
100	大理堃达绿化有限公司
101	云南福安园林景观工程有限公司
102	大理番秀农牧有限责任公司
103	云南大理市佳利有限公司
104	云南远益园林工程有限公司
105	云南大理瑞鹤药业
106	云南绿野花卉科技有限公司
107	云南大理康亚生物科技有限公司
108	大理冠宇花卉发展有限公司
109	云南大理洱宝实业有限公司
110	洱源县云洱果脯有限公司
111	洱源县佳瀌核桃食品开发有限公司
112	洱源县苗圃基地
113	洱源恒旺林畜开发有限公司
114	大理金彩龙农作物余料开发利用有限公司
115	鹤庆县石榴园赛丰核桃专业合作社
116	剑川县华艺木雕有限公司
117	剑川县兴艺古典木雕刻家具厂
118	剑川宏盛古建筑工程有限责任公司
119	云南茶花林化有限公司
120	云南凤凰木业开发有限责任公司
121	南涧县红云核桃加工销售有限责任公司
122	巍山县福禄食品有限责任公司
123	大理鑫湖食品有限公司
124	巍山县年丰农副产品有限责任公司
125	巍山大仓文华农产品有限责任公司
126	祥云县品位经贸有限责任公司
127	祥云县融兴经贸有限责任公司
128	祥云县龙云经贸有限责任公司
129	大理州怀宝经贸有限责任公司
130	祥云县晨宇经贸有限公司

(续)

序号	企业名称
131	漾濞侨盛核桃加工厂
132	漾濞彝族自治县万佳核桃有限责任公司
133	大理漾濞核桃有限公司
134	漾濞县涵轩绿色产业开发有限公司
135	漾濞县核桃秀工艺品
136	漾濞大漾生物科技有限公司
137	永平县果亮农副产品有限责任公司
138	昆明自主择业集源生物科技有限公司
139	永平云森木业有限公司
140	永平建标生命科学研究开发有限公司
141	永平创盈实业有限公司
142	永平大林生物科技有限公司
143	永平大衍生物科技有限公司
144	云南岚福源生态资源投资有限公司
145	云龙县恒源林产实业有限公司
146	云龙海嘉生物技术有限公司
147	云龙三森生物科技有限公司
148	阳森生物技术开发有限公司
149	梁河县三禾林业有限公司
150	陇川县集强林竹产业有限责任公司
151	陇川县雅森特木业有限公司
152	陇川山茶茶油有限责任公司
153	云南省陇川县福斯特实业有限公司
154	云南永利发林业有限公司
155	德宏后谷咖啡有限公司
156	德宏恒利达生物科技开发有限公司
157	芒市信凯石斛发展有限公司
158	云南铁枫石斛发展有限公司
159	云南亚豪木业有限责任公司
160	芒市大地生物科技有限公司
161	瑞丽彩云南集团木业有限公司
162	瑞丽市德冠恒隆红木家具有限公司
163	瑞丽市涵森实业有限责任公司
164	瑞丽市岭瑞农业开发有限公司
165	瑞丽市千紫木业发展有限责任公司
166	瑞丽市宏茂石斛生物科技开发有限公司
167	云南迪思企业集团坚果有限公司
168	盈江林立油茶有限责任公司
169	盈江县源润坚果开发有限公司
170	维西叁疆植物保护抢救有限公司
171	维西傈僳族自治县综合贸易股份合作公司
172	云南香格里拉藏龙生物资源开发有限公司
173	迪庆香格里拉舒达有机食品有限公司

(续)

序号	企业名称
174	维西县康邦美味绿色资源开发公司
175	中甸野生食品进出口有限责任公司
176	香格里拉县圣宝食品出品有限责任公司
177	香格里拉县智圆食品科技有限责任公司
178	香格里拉县祥和食品有限责任公司
179	香格里拉县岭地野生动物养殖有限公司
180	个旧市佳润三木家居有限公司
181	云南攀大木棉科技应用有限公司
182	巨丰生物科技有限公司
183	恒盛木业有限公司
184	河口瑶族自治县坝洒农场
185	河口丰收农业发展有限公司
186	红河麟源农业科技发展有限公司
187	云南天佑熊业制药有限公司
188	红河棕业有限责任公司
189	云南红河棠洲林木开发有限公司
190	建水鸿林林业开发有限责任公司
191	建水大洋林化有限公司
192	建水千原木业有限公司
193	建水县浩野农林产业有限公司
194	红河州和源农业开发有限公司
195	大丰林业开发有限公司
196	红河山鼎木业有限公司
197	云南雲海山茶油有限公司
198	金平分水岭西隆生物资源开发有限责任公司
199	金平县金合宸投资有限公司
200	开远南圃园林景观工程有限公司
201	开远市三鼎产业有限责任公司
202	云南浙兴林果种植有限公司
203	泸西希康银杏发展有限公司
204	云南粤泸木业有限责任公司
205	云南深发林业有限公司
206	红河中丹橡胶实业有限公司
207	红河阳光生物质能源有限公司
208	大山林业发展有限公司
209	云南桑田绿洲种植有限公司
210	弥勒县唐氏特种养殖有限公司
211	云南天巍竹业有限公司
212	吉成花卉园艺有限公司
213	远达果业有限公司
214	东兴昱特禽生态养殖场
215	弥勒江泰园林绿化有限责任公司
216	屏边县永春木业有限公司

(续)

序号	企业名称
217	红河阳光天地生态农业科技有限公司
218	云南长盛农林生物科技有限公司
219	云南省石屏县采伐林场
220	云南省红石木业有限责任公司
221	红河山鼎生物资源开发有限公司
222	昆明斗南国际花卉产业园区开发有限公司
223	云南宝琨置业有限公司
224	云南一条龙企业集团绿化工程有限公司
225	昆明大树景观绿化有限公司
226	昆明林茂科技有限公司
227	云南兴箐集团农林科技开发有限公司
228	富民富亚实业有限公司
229	昆明圣果园科技开发有限公司
230	云南康景农业科技有限公司
231	云南利鲁环境建设有限公司
232	云南腾众新能源科技有限公司
233	云南戎信农林产业开发股份有限公司
234	云南滇龙达园林工程有限公司
235	云南长江绿海环境工程集团有限公司
236	昆明宇妥生物科技有限公司
237	云南木水花旅游文化城有限公司
238	昆明金派园林绿化工程有限公司
239	云南绿原实业发展有限公司
240	云南绿大地生物科技股份有限公司
241	昆明信威食品有限公司
242	昆明百年家园家具有限公司
243	昆明云蕈食品有限责任公司
244	云南洪尧园林绿化工程有限公司
245	云南恒苑绿色产业开发有限公司
246	云南泰诚园艺工程有限公司
247	云南碧根农业科技有限公司
248	云南绿茵环境建设有限公司
249	昆明汇丰花卉园艺有限公司
250	云南大森生态园艺工程有限公司
251	云南新兴绿化工程有限公司
252	云南绿泰园艺有限公司
253	云南瑞丰园林绿化有限公司
254	昆明康嘉乐生物科技有限公司
255	昆明恒沅食品工业有限公司
256	昆明苏化生物科技有限公司
257	云南凯云科工贸有限公司
258	昆明福莱威尔家具制造有限公司
259	昆明天森木业有限公

(续)

序号	企业名称
260	云南汇昱园林景观工程有限公司
261	云南大色彩绿化有限公司
262	锦德林业资源开发有限公司
263	云南园林绿化(集团)绿化有限公司
264	云南长江云通环境工程有限公司
265	昆明奥斯腾木业有限公司
266	云南九彩云蝶生物科技有限公司
267	云南腾龙园艺绿化工程技术有限公司
268	禄劝茂利农业发展有限责任公司
269	云南滇勃生物资源开发有限公司
270	云南川云养生保健食品有限公司
271	云南汇丰神农有限公司
272	昆明康蕊药业有限责任公司
273	云南苏林绿化工程有限公司
274	昆明泽恒林业技术开发有限公司
275	云南宝顿农林科技有限公司
276	云南野生动物园有限公司
277	云南野生兰收藏基地有限公司
278	嵩明美迎和睦家具有限公司
279	云南捷森木业有限公司
280	昆明为民林木种植有限公司
281	云南乾润林业开发有限公司
282	云南万家欢食品集团有限公司
283	昆明艾兰生物科技有限公司
284	云南景园绿化工程有限公司
285	昆明皓源园艺有限公司
286	云南高润林业科技有限公司
287	云南源宥林林权投资管理有限公司
288	石林龙晖野生动物科研中心有限公司
289	石林红杉农林科技开发有限公司
290	石林闽滇绿化苗木有限公司
291	石林兴滇农产品开发有限公司
292	石林绿呈生物科技开发有限公司
293	昆明丰源花木有限公司
294	石林联申农产品开发有限公司
295	昆明振楚工贸有限公司
296	嵩明志龙林木良种培育有限公司
297	云南交林林业勘察绿化有限公司
298	昆明松远经贸有限公司
299	云南云澳达坚果开发有限公司
300	云南瑞林中密度纤维板有限公司
301	云南金江绿色产业有限公司
302	云南金九地生物科技有限公司

(续)

序号	企业名称
303	云南邦业园林绿化有限公司
304	云南华龙园林绿化工程有限公司
305	云南绿盛美地园林景观有限公司
306	云南山河园林有限公司
307	云南绿洲装饰有限公司
308	云南永通木业有限公司
309	云南海侨园艺有限公司
310	昆明森工集团有限公司
311	昆明新飞林人造板有限公司
312	云南汉德生物技术有限公司
313	云南神宇新能源有限公司
314	云南云安商贸有限公司
315	云南汇元生物开发有限公司
316	云南省林业投资有限公司
317	昆明大商汇实业有限公司
318	昆明普朗特园林绿化工程有限公司
319	昆明兴海绿化有限公司
320	昆明云海环境工程有限公司
321	云南山川园林有限公司
322	昆明三德木门制造有限公司
323	云南滇木人造板有限公司
324	寻甸林立方林业投资有限公司
325	云南林聚绿化工程有限公司
326	云南莱根潭饮食文化有限公司
327	云南辰申生物科技开发有限公司
328	呈贡三人食品有限公司
329	云南锦苑春种植有限公司
330	宜良振明苗木种植有限公司
331	宜良安源农林科技有限公司
332	昆明市宜良滇王食品有限公司
333	东来种植开发有限公司
334	云南程春种植有限公司
335	云南雷兰生物科技有限公司
336	云南花城景观建设有限公司
337	云南福宜天水园艺科技有限公司
338	宜良绿兴苗木有限责任公司
339	云南兰弗农业科技开发有限公司
340	丽江华利生物开发药业有限公司
341	宁蒗县女儿珍生物工程有限公司
342	丽江永胜边屯食尚养生园有限公司
343	永胜林辰绿色资源开发有限责任公司
344	云南永胜绿地源植物开发有限公司
345	永胜雷特生物工程有限责任公司

(续)

序号	企业名称
346	丽江得一食品有限责任公司
347	丽江中源绿色食品有限责任公司
348	沧源县茂名华建投资有限责任公司
349	云南凤庆巨达食品工业有限责任公司
350	云南滇红集团股份有限公司
351	凤庆县胜达木业有限公司
352	耿马泰兴发展有限责任公司
353	临沧南华纸业有限公司
354	耿马四方生物科技开发有限责任公司
355	临沧凌丰咖啡产业发展有限公司
356	临沧邦泰昔归庄园有限公司
357	云南省临沧市泛华林业投资发展有限公司
358	临沧凌丰产业(集团)有限公司
359	临沧市天移园林绿化工程有限责任公司
360	双江云药园生物资源开发有限公司
361	云南福滋农业科技开发有限公司
362	永德县供销集团有限责任公司
363	永德华顺园林绿化植物研发工程有限公司
364	永德县大雪山实业有限公司
365	云南康伟生物有限公司
366	云县乡土农业综合开发有限公司
367	云南茅粮酒业集团有限公司
368	云南汇智源食品有限公司
369	云县嘉木茶业制品有限责任公司
370	云县新云州实业有限责任公司
371	镇康县创森林木开发有限责任公司
372	镇康县如意橡胶开发有限责任公司
373	镇康县云华物业管理有限责任公司
374	贡山县三源种养专业合作社
375	兰坪县啦井镇紫兴五味子饮品厂
376	泸水县万群种养殖有限责任公司
377	云南森友木业有限公司
378	怒江绿源绿色产业发展有限公司
379	泸水县农业生产资料有限责任公司
380	云南怒江东方大峡谷生物城有限责任公司
381	怒江滇鑫农业科技示范园
382	云南福维临生物药业有限公司
383	泸水县凯锋农林发展有限公司
384	怒江八达农业科技发展有限公司
385	普洱泛亚农林资源开发有限公司
386	普洱南药庄园科技有限公司
387	云南江城木制品有限公司
388	普洱三国庄园茶业有限责任公司

(续)

序号	企业名称
389	江城耀霖木业有限责任公司
390	景东力奥林产集团有限公司
391	景东彝族自治县昌龙林产工业有限公司
392	景东彝族自治县天瑞林业有限公司
393	景谷邦永生物资源开发有限公司
394	云南景谷林业股份有限公司
395	云南云景林纸股份有限公司
396	景谷林化有限公司
397	思茅金澜沧丰产有限公司
398	孟连大发铁皮石斛有限公司
399	宁洱同泽生物科技有限责任公司
400	云南峻山傲斛珍浠植物药业有限公司
401	普洱林达木业有限责任公司
402	普洱市卫国林业局
403	普洱科茂林化有限公司
404	普洱瑞霖生物技术开发有限公司
405	普洱市思茅区森盛林化有限责任公司
406	普洱福通(集团)木业有限公司
407	普洱市思茅区沪顺木业有限公司
408	普洱市鼎达园林景观有限公司
409	云南长源投资集团普洱天翔林业开发有限公司
410	镇沅县林产工业有限公司
411	镇沅彝族哈尼族拉祜族自治县松香厂
412	镇沅彝族哈尼族拉祜族自治县昌龙林产工业有限公司
413	云南华晨林业发展有限公司
414	曲靖市万隆生态科技有限责任公司
415	富源县林山野生动物驯养繁殖有限责公司
416	富源县聚农绿色食品开发有限公司
417	会泽绿大地种苗有限责任公司
418	云南陆良国康天然生物资源开发有限公司
419	陆良招宝特种野生养殖有限公司
420	云南大地生态产业开发有限公司
421	马龙县红石农业科技开发有限公司
422	曲靖市荣昕园林绿化有限公司
423	云南育春园林艺术有限公司
424	曲靖市楹源农业科技有限公司
425	云南司珈尔木业股份有限公司
426	云南翠楹花卉公司
427	师宗华海木业有限公司
428	宣威市鸿达移民园林有限公司
429	宣威市汇丰食用菌开发有限公司
430	宣威市虹桥生态旅游开发有限公司

(续)

序号	企业名称
431	云南为君开园林工程有限公司
432	宣威市宝鑫种养殖科技发展有限公司
433	沾益县春海农林科技开发有限公司
434	曲靖市园通林牧有限公司
435	云南煜欣农林生物科技有限公司
436	曲靖市祥源农林开发有限公司
437	沾益播乐庄园农业科技有限公司
438	曲靖康庄肥业有限公司
439	曲靖兆金园艺有限公司
440	曲靖浩凯农林投资开发公司
441	曲靖鸿昊生物科技有限公司
442	沾益县坤泰园艺有限公司
443	曲靖市富田园林有限公司
444	云南伊森源林业开发有限公司
445	云南希美康农业开发有限公司
446	沾益县华晋农牧有限责任公司
447	云南万道香茶业有限公司
448	云南富嘉林产科技有限公司
449	云南云岭茶油有限公司
450	广南润和木业有限公司
451	广南豪威木业有限公司
452	广南皇饰木业有限公司
453	广南县天云植物油业有限公司
454	云南归田实业有限公司
455	麻栗坡县佳林咖啡发展有限责任公司
456	丘北县富亿木业有限公司
457	丘北县双龙油脂有限责任公司
458	文山开开药业有限公司
459	云南七乡农业综合开发有限公司
460	文山盘龙山生态农业综合开发有限公司
461	云南希诺康生物科技有限公司
462	文山市益力生物科技发展有限公司
463	云南跃兴园林工程有限公司
464	文山县金达利三七生物科技有限责任公司
465	金光集团文山金文山丰产林有限公司
466	文山圆和圆经贸有限责任公司
467	文山州叶飞林木种植有限公司
468	西畴县国营香坪山林场
469	西畴县百汇药材林果种植有限公司

(续)

序号	企业名称
470	云南盛禾生态农业科技发展有限公司
471	峨山彝人谷万亩竹海生态旅游开发有限公司
472	云南峨山高香万亩生态茶业有限责任公司
473	峨山县森达林业开发有限责任公司
474	峨山彝族自治县玉和林场
475	玉溪市洛河昱鑫工贸有限公司
476	云南锦萃园林工程有限公司
477	玉溪子墨商贸服务有限公司
478	云南玉达木门制造有限公司
479	玉溪比格力富康门业
480	华宁泉溪农林综合开发有限责任公司
481	玉溪市华冠蔬果有限公司
482	云南华宁鑫辰食品有限公司
483	华宁县山水农林开发有限责任公司
484	云南省江川县柏池古绿色产业一有限公司
485	江川泰怡园林绿化工程有限公司
486	云南绿地园林绿化有限公司
487	云南新平哀牢山兴智植物油厂
488	中林化工有限公司
489	云南新平南恩糖纸有限责任公司
490	云南易门丛山食用菌有限责任公司
491	云南易门益生绿色食品有限责任公司
492	云南易门山里香食品有限责任公司
493	易门县康源菌业有限公司
494	云南林缘香料有限公司
495	云南金土地生态开发有限公司
496	云南易门恒源食品有限公司
497	云南玉加宝人造板有限公司
498	云南玉溪金土地绿色产品开发有限公司
499	云南原林生态有限公司
500	云南瑞江木业有限公司
501	昭通市大成农业开发有限责任公司
502	云南威信锦昌生物科技有限公司
503	威信县兴源木业有限公司
504	盐津津华竹产业专业合作社
505	云南永孜堂制药有限公司
506	昭通市宏联实业有限责任公司
507	昭通市昭阳区庆丰果树有限公司
508	镇雄县叶茂开发有限责任公司

表2　林农专业合作社省级示范社名录

序号	合作社名称
1	景洪市景讷乡林园鸡养殖专业合作社
2	基诺洛普惠农冬瓜猪养殖专业合作社
3	勐海惠农林业专业合作社
4	勐海县勐混镇映彰林业专业合作社
5	勐海曼满富海林业种植专业合作社
6	勐海县天生绿科技农业专业合作社
7	勐海县竹源养殖专业合社
8	西双版纳山水石斛种植专业合作社
9	勐腊县高源农夫养殖专业合作社
10	昌宁县国光永泽泡核桃种植专业合作社
11	昌宁县荣星兴果泡核桃专业合作社
12	昌宁县恒亚农产品种植专业合作社
13	昌宁县正强嘎薄泡核桃专业合作社
14	昌宁县仙亚泡核桃专业合作社
15	昌宁县鑫隆金果泡核桃专业合作社
16	昌宁县智源金果泡核桃专业合作社
17	昌宁县军林泡核桃专业合作社
18	昌宁县大良田坚果种植专业合作社
19	昌宁县森鑫泡核桃专业合作社
20	昌宁县一根丝泡核桃种植专业合作社
21	昌宁县晶壳泡核桃专业合作社
22	昌宁县乡富华荣鑫泡核桃专业合作社
23	昌宁县客落勐泡核桃种植专业合作社
24	昌宁县盛和美食食用菌种植专业合作社
25	龙陵县林博石斛种植专业合作社
26	龙陵县金泉水核桃种植专业合作社
27	龙陵县合鑫众益核桃专业合作社
28	龙陵县翔丰草果种植专业合作社
29	龙陵县万金石斛专业合作社
30	龙陵县常盛棕树种植专业合作社
31	龙陵县富民石斛专业合作社
32	龙陵县正广重楼种植专业合作社
33	龙陵县立新石斛种植专业合作社
34	龙陵县永丰石斛专业合作社
35	龙陵县正才石斛专业合作社
36	龙陵县昌家石斛种植专业合作社
37	龙陵县春逸石斛种植专业合作社
38	龙陵县摩山重楼种植专业合作社
39	龙陵县旺盛草果种植专业合作社
40	隆阳区合惠元生物资源开发专业合作社

(续)

序号	企业名称
41	隆阳区英智竹柳树种植专业合作社
42	隆阳区贵盛核桃种植专业合作社
43	隆阳区昊天石斛种植专业合作社
44	隆阳区丰宇农产品专业合作社
45	隆阳区川顺核桃种植专业合作社
46	隆阳区明和种植专业合作社
47	隆阳区中昌中药材种植专业合作社
48	隆阳区中洲农产品专业合作社
49	隆阳区阿辉农产品种植专业合作社
50	隆阳区杨昇糯橄榄种植专业合作社
51	隆阳区优土种植专业合作社
52	隆阳区康和种植专业合作社
53	隆阳区东睿种植专业合作社
54	隆阳区松坡金银花种植专业合作社
55	隆阳区金元盛农产品种植专业合作社
56	隆阳区横山农产品种植专业合作社
57	隆阳区永蔚林果种植专业合作社
58	隆阳区三达地果蔬专业合作社
59	隆阳区百岑农产品种植专业合作社
60	隆阳区绿金农产品种植专业合作社
61	隆阳区长生农产品种植专业合作社
62	隆阳区怒江雪林农产品种植专业合作社
63	保山市佳品农产品专业合作社
64	隆阳区金鑫农产品种植专业合作社
65	隆阳区好伙伴农产品种植专业合作社
66	隆阳区振昇农产品种植专业合作社
67	保山市利民石斛种植专业合作社
68	隆阳区云贵养殖专业合作社
69	隆阳区赛格农产品种植专业合作社
70	隆阳区汇宏核桃种植专业合作社
71	隆阳区源升农产品种植专业合作社
72	施甸县木老元雪山黑山羊专业合作社
73	施甸县金梧中药材种植专业合作社
74	施甸县勐旺甜柿专业合作社
75	施甸县利民果蔬专业合作社
76	施甸县高峰核桃种植专业合作社
77	施甸县禾源果蔬专业合作社
78	施甸县核老松果蔬专业合作社
79	施甸县姚关富民核桃专业合作社
80	施甸县查邑油茶种植专业合作社

(续)

序号	企业名称
81	腾冲腾龙石斛种植专业合作社
82	腾冲县强辉食用菌种植专业合作社
83	腾冲众富重楼种植专业合作社
84	腾冲谢家山金铁锁种植专业合作社
85	腾冲县大尖山草果专业合作社
86	腾冲县界头石斛种植种植专业合作社
87	腾冲县云华红花油茶专业合作社
88	腾冲县宏营阳光石斛专业合作社
89	腾冲县富民药材种植专业合作社
90	腾冲县永兴核桃专业合作社
91	腾冲县箐口林业专业合作社
92	腾冲县侍郎坝花木种植专业合作社
93	腾冲县利民石斛专业合作社
94	腾冲县户弄核桃专业合作社
95	腾冲县公平火山银杏叶生产专业合作社
96	腾冲县大黑山泡核桃种植专业合作社
97	腾冲县红茂石斛种植专业合作社
98	腾冲南凹木瓜种植专业合作社
99	腾冲民鑫石斛种植专业合作社
100	楚雄市哀牢山森林蔬菜专业合作社
101	楚雄市八角核桃专业合作社
102	楚雄市大地基核桃专业合作社
103	楚雄市天森商品林木种苗专业合作社
104	楚雄市中山镇草介核桃专业合作社
105	楚雄滇彝农产品产销专业合作社
106	楚雄市紫溪林果业农民专业合作社
107	大姚县百草岭天麻种植专业合作社
108	大姚县桂花乡宏源野生菌专业合作社
109	大姚县锦彝核桃专业合作社
110	大姚县百草岭蜂养蜂专业合作社
111	大姚亿利丰核桃专业合作社
112	大姚县三台庆丰农副产品专业合作社
113	大姚三台核桃种苗专业合作社
114	大姚县三台丰顺核桃专业合作社
115	大姚县彝山松子专业合作社
116	楚雄新思路彝苗专业合作社
117	大姚县铁锁青花椒专业合作社
118	大姚县金碧镇涧水花椒种植专业合作社
119	大姚县荃玛箐核桃发展专业合作社

(续)

序号	企业名称
120	大姚县彝丽核桃专业合作社
121	大姚县桂花核桃专业合作社
122	大姚县殷连核桃发展专业合作社
123	禄丰县大华农产品种植营销专业合作社
124	禄丰县和平缘农林产品种植营销专业合作社
125	南华县金润杨梅种植专业合作社
126	南华鸿发农产品专业合作社
127	南华县张和新村种养殖专业合作社
128	永仁县宜就镇洪茂源种养殖专业合作社
129	宾川县毛氏种养业专业合作社
130	宾川县永升核桃产业开发专业合作社
131	大理市凤仪镇三哨村红亮核桃种植专业合作社
132	大理市海东上登南山林果专业合作社
133	大理市下关镇吊草食用菌种植专业合作社
134	大理市凤仪镇吉祥村松山核桃种植专业合作社
135	大理市桃树村邑兴核桃种植专业合作社
136	大理市凤仪镇绍宝核桃种植专业合作社
137	大理市凤仪镇银鑫核桃专业合作社
138	大理市凤仪镇南汤天村金彪核桃种植专业合作社
139	大理市挖色镇光邑村全月林果专业合作社
140	大理市森旺苗木种植专业合作社
141	大理市凤仪毓强核桃种植专业合作社
142	大理市下关镇瀚森苗木专业合作社
143	大理市凤仪镇明军核桃种植专业合作社
144	大理市挖色镇光邑村望旺林果种植专业合作社
145	大理州阳光森林园艺专业合作社
146	鹤庆县石榴园赛丰核桃专业合作社
147	弥渡县红土中草药种植农民专业合作社
148	南涧县金秋林果加工专业合作社
149	南涧县宏凤林产业专业合作社
150	南涧无量朝武泡核桃生产专业合作社
151	南涧云宏农民购销合作社
152	南涧县广纳特种养殖专业合作社
153	南涧县龙凤中药材种植专业合作社
154	南涧县无量山开春种植专业合作社
155	南涧县无量阿四茶叶购销专业合作社
156	祥云县明昌种植农民专业合作社
157	祥云县王葵种植农民专业合作社
158	祥云县吉才林园农民种植专业合作社

(续)

序号	企业名称
159	祥云县森茂种植农民专业合作社
160	祥云县经纬种植农民专业合作社
161	漾江核桃中药材种植农民专业合作社
162	箐口核桃专业合作社
163	永平县胜泉苗木专业合作社
164	永平县荣兴林木培育农民专业合作社
165	永平县囿鑫中药材种植专业合作社
166	永平县龙门乡信农核桃种植专业合作社
167	永平县七昌村核桃农民专业合作社
168	永平县佳亿核桃种植农民专业合作社
169	云龙县团结益创生态专业合作社
170	云龙共邦生态野猪养殖专业合作社
171	云龙县宏达核桃专业合社
172	云龙县宝丰乡胜得种植专业合作社
173	梁河县生龙林业专业合作社
174	陇川县双贵竹产品专业合作社
175	芒市江东乡共荣石斛专业合作社
176	芒市江东乡云岩石斛发展专业合作社
177	芒市轩岗乡水井石斛发展专业合作社
178	芒市金山核桃专业合作社
179	芒市中山坚果咖啡专业合作社
180	芒市林生石斛科技发展专业合作社
181	芒市合心石斛发展专业合作社
182	瑞丽市边育林产业专业合作社
183	盈江县儒林石斛种植专业合作社联合社
184	盈江县邦伟山核桃种植专业合作社
185	维西鹏程林农科技专业合作社
186	维西共吉惠民核桃种植农民专业合作社
187	维西县三和蜜蜂养殖专业合作社
188	香格里拉县金江镇兴文村奔旺综合种养殖农民专业合作社
189	香格里拉县旺达种养殖专业合作社
190	香格里拉县东旺乡德康龙核桃种植农民专业合作社
191	洛吉"绿生干果种植专业合作社"
192	香格里拉县虎跳峡镇金星史跨迪综合种植农民专业合作社
193	香格里拉县虎跳峡镇界碑核桃种植农民专业合作社
194	香格里拉县崩龙养殖农民专业合作社
195	河口莲花滩橡胶农民专业合作社
196	红河县泰富木豆种植专业合作社
197	建水县利民乡清江柑橘专业合作社

(续)

序号	企业名称
198	建水县思媛养殖专业合作社
199	金平县金色油茶专业合作社
200	金平县金山油茶产销专业合作社
201	金平县兴农油茶产销专业合作社
202	开远市红土高原种植专业合作社
203	泸西县泸亿农油桃产销农民专业合作社
204	泸西县普泽苗木花卉生产经营农民专业合作社
205	绿春县刁比东茶叶专业合作社
206	蒙自市新安东桥石榴产销专业合作社
207	蒙自市龙潭兴农水果产销专业合作
208	蒙自市南疆水果产销专业合作社
209	弥勒县法门香椿专业合作社
210	弥勒县翠泉水果专业合作社
211	弥勒县绿水林业果蔬专业合作社
212	屏边县苗林贵族甜柿种植专业合作社
213	屏边县马马草果种植专业合作社
214	石屏县兴海大枇杷专业合作社
215	石屏县湖东杨梅专业合作社
216	石屏县湖畔杨梅种植专业合作社
217	石屏县果富杨梅专业合作社
218	石屏县园丽蓝莓种植专业合作社
219	东川区杉木东柏种植专业合作社
220	富民兴胜种植专业合作社
221	昆明清泉苗木种植专业合作社
222	禄劝忠义核桃种植专业合作社
223	石林县联谊林业专业合作社
224	寻甸永祥种植专业合作社
225	宜良县大鹏坚果产销专业合作社
226	宜良恒瑞林木种植专业合作社
227	安宁诚川油茶种植专业合作社
228	华坪县国华核桃种植农民专业合作社
229	华坪县源艺芒果种植专业合作社
230	华坪县金牛畜禽养殖专业合作社
231	凤庆县德发魔芋种植专业合作社
232	凤庆县裕泽谷核桃专业合作社
233	凤庆县春芽苗木种植专业合作社
234	凤庆县仙草石斛种植专业合作社
235	凤庆县核艺阁核桃专业合作社
236	凤庆县雪山镇裕源核桃种植专业合作社

（续）

序号	企业名称
237	凤庆县秋吉核桃专业合作社
238	凤庆县凤山镇东城社区金银花种植专业合作社
239	凤庆县万宝核桃种植农民专业合作社
240	凤庆县禾山种养殖合作社
241	耿马四方石斛种植专业合作社
242	耿马林农种植专业合作社
243	临沧市顺发中药材种植专业合作社
244	临沧市邦东乡古树茶农民专业合作社
245	临沧市邦东昔归茶叶农民专业合作社
246	临沧市南美植宝养殖农民专业合作社
247	临沧双鹿源石斛种植林农专业合作社
248	临沧金顺祥中药材种植专业合作社
249	永德县联源竹鼠产销专业合作社
250	永德县康伟药材德党产销专业合作社
251	永德县忙肺茶叶产销专业合作社
252	福贡县野生鸡脚云黄连种植专业合作社
253	福贡迪付草果种植农民专业合作社
254	贡山县三源种养专业合作社
255	贡山县一园中草药种植农民专业合作社
256	兰坪县鑫良核桃种植农民专业合作社
257	兰坪县芳韵兰花专业合作社
258	兰坪县金浩药材种植农民专业合作社
259	兰坪县金顶镇仁和种植专业合作社
260	兰坪县联利生源核桃基地专业合作社
261	兰坪县通甸镇水俸福源核桃种植专业合作社
262	泸水县茂源碧乃金种养殖农民专业合作社
263	泸水县廖忠核桃种植农民专业合作社
264	泸水县老窝乡银坡村厂天灵重楼种植专业合作社
265	泸水县三河草果专业合作社
266	怒江望三江果品农民专业合作社
267	泸水县秤杆村一了石榴种植农民专业合作社
268	泸水县洛本卓久金生漆种植专业合作社
269	泸水县文中火龙果种植农民专业合作社
270	泸水县片古岗茶山族金源核桃种植林农专业合作社
271	泸水县华祥柑橘种植农民专业合作社
272	泸水县河新楤木种植农民专业合作社
273	泸水县农林木香种植农民专业合作社
274	泸水县云升核桃种植农民专业合作社
275	江城县曲水乡怒那橡胶农民专业合作社

（续）

序号	企业名称
276	江城县瑶家山润森林场林业种植农民专业合作社
277	江城县加禾乡大岔河橡胶农民专业合作社
278	景东新会中药材种植农民专业合作社
279	景东文俄泡核桃种植农民专业合作社
280	景东朝阳天鹅养殖农民专业合作社
281	景东加福石斛种植农民专业合作社
282	景东志和核桃种植农民专业合作社
283	景东花山泡核桃种植农民专业合作社
284	景东龙街泡核桃种植农民专业合作社
285	景谷雄剑重楼种植专业合作社
286	景谷香盐林业专业合作社
287	墨江县文武乡文武村老毕寨核桃种植专业合作社
288	墨江泗南江镇干坝核桃种植农民专业合作社
289	墨江县团田乡生态农产品开发农民专业合作社
290	宁洱磨黑正春林下经济作物种植畜禽养殖试验示范农民专业合作社
291	镇沅根盛农林生物药种植农民专业合作社
292	镇沅县田坝乡龙藤铁皮石斛专业合作社
293	镇沅凯利龙胆草种植专业合作社
294	镇沅县祖明野生动物驯养繁殖专业合作社
295	镇沅县勐大镇东升石斛种植农民专业合作社
296	镇沅县勐大镇文开村重楼种植农民专业合作社
297	会泽县马路乡泽辰种植专业合作社
298	会泽纸厂翔鸿种植专业合作社
299	罗平县九龙生态农业专业合作社
300	师宗五龙花桂林业发展专业合作社
301	师宗五龙南岩林业发展专业合作社
302	富宁县南渭茶果种植专业合作社
303	富宁县玉弄大红优质油茶专业合作社
304	富宁宏达油茶种植专业合作社
305	富宁田坝油茶农民专业合作社
306	富宁红都油茶种植专业合作社
307	广南县木贴秃杉种植农民专业合作社
308	广南县森源林果种植农民专业合作社
309	麻栗坡县林沃草果种植农民专业合作社
310	麻栗坡云岭野生中药材种植专业合作社
311	文山市薄竹清油茶种植服务专业合作社
312	文山市君龙源种植养殖农民专业合作社
313	文山市朵白库希诺康农业专业合作社

(续)

序号	企业名称
314	文山市老君山药材种植农民专业合作社
315	文山市明春他披梨种植农民专业合作社
316	文山市七花果蔬专业合作社
317	文山市七乡种植养殖专业合作社
318	西畴县顺发阳荷种植专业合作社
319	澄江永鑫蓝莓种植专业合作社
320	澄江星星蓝莓农民专业合作社
321	澄江县森茂苗圃种植农民专业合作社
322	澄江县昌旭蓝莓种植专业合作社
323	国祥石斛种植农民专业合作社
324	澄江县禄充车厘子水果樱桃农民专业合作社
325	峨山县岔河谢扎富果核桃种植专业合作社
326	玉溪市红塔区小石桥彝族乡龙马梨王产销专业合作社
327	玉溪市宏升现代烟草农业专业合作社
328	华宁县华溪镇桔乡柑橘专业合作社
329	华宁县泉乡梨专业合作社
330	华宁县阿贝楚甜柿专业合作社
331	华宁县盘溪镇果蔬营销专业合作社
332	江川柏池古经果林产销专业合作社
333	江川盛果核桃种植专业合作社
334	江川上头营冬桃产销专业合作社
335	新平戛洒竹园竹子种植专业合作社

(续)

序号	企业名称
336	新平南达核桃产销专业合作社
337	易门县浦贝乡板栗专业合作社
338	易门县阿告米核桃专业合作社
339	易门县龙泉镇大营板栗专业合作社
340	元江县果洛垤林果专业合作社
341	元江县龙洞荔枝专业合作社
342	元江县老虎箐芒果专业合作社
343	大关县中药材种植专业合作社
344	鲁甸县鸭子塘农业开发农民专业合作社
345	鲁甸县祥瑞核桃产业专业合作社
346	鲁甸县梭山乡妥乐村花椒专业合作社
347	鲁甸县绿林核桃种植专业合作社
348	巧家县白鹤滩生态农业专业合作社
349	绥江县丰华林果种植专业合作社
350	盐津津华竹产业专业合作社
351	彝良县富农核桃种植专业合作社
352	彝良县山地天麻种植专业合作社
353	彝良县小草坝天麻专业合作社
354	彝良县原生态天麻种植专业合作社
355	永善县得天核桃种植专业合作社
356	昭通市昭阳区龙瑞竹柳专业种植合作社
357	镇雄县友贻核桃专业合作社

(云南省林业厅林业改革与产业发展处　李伟平　杨红朝)

西藏自治区林业产业

【概　述】　近年来西藏林业产业总产值连续保持增长态势，林业收入占农牧民人均收入的比重不断增大，林业产业已经成为林区广大农牧民增收致富的重要渠道之一。2014 年西藏实现林业总产值 23.95 亿元，比 2013 年增加了 2.01 亿元，保持了 9.16% 的增长速度，三产产值比例为 90.61%:0.51%:8.88%。从产业结构看，第一产业仍是西藏林业产值的主流，第三产业呈现蓬勃发展态势。

【苗木产业】　截至 2014 年年底，全区现有种子园 3 个，面积 0.86 万亩；采种基地 14 个，采种面积 2.02 万亩；各类苗圃 238 个，育苗面积为 1.55 万亩，年均苗木产量 3369 万株，年产值达 2.3 亿元。其中，日喀则地区苗木基地规模最大，面积为 9214.31 亩，其次分别为拉萨 2246.51 亩，山南地区 1871.54 亩，昌都地区 1237.67 亩，林芝地区 429.98 亩。

【特色经济林产业】　西藏经济林资源主要分布于海拔在 1500~4150 米的 38 个县(区)。全区现有各类经济林木 16.60 万亩(含农牧民庭院经济林统计数据)，年产品总量 3.52 万吨，年产品总值 6.27 亿元。其中，以核桃为主的木本油料经济林种植面积最大，达 5.68 万亩，年产 6000 多吨，产值 2.4 亿元；苹果、桃等果品也有不同程度的发展。据统计，目前经济林果发展总规模最大的是山南地区，主要有核桃、苹果等，发展面积达 8.98 万亩；年产量最大的是昌都地区，主要有石榴、花椒等，产量达 7222.09 吨；年产值最大的是昌都地区，达 14306.73 万元。

【林下资源产业】　2014 年，统计数据表明全区林下中药材采集与种植的年产量约有 2482.40 吨，年产值达 1.20 亿元左右；以松茸为典型代表的野生食用菌和野菜年产量 1200.60 吨，年产值达 6.65 亿元左右。林下中药材年产量最大的为林芝地区，主要有天麻、灵芝、三七、丹参等品种。林下食用菌年产量最大的也是林芝地区，主要有松茸、青杠菌等品种。

【森林旅游产业】　西藏幅员辽阔，自然景观独具特色，全区现有自然保护区、国家级森林和湿地公园共 81 个。其中，国家级森林公园 9 个，国家级湿地公园 10 个，自然保护区 62 个(其中国家级 8 个，省级 10 个，省级以下 44 个)，保护区总面积达 41.87 万公顷。2014 年西藏森林生态旅游(包括野生动物观赏旅游)直接产值 2.13 亿元。

【木材生产及木材加工】　2014 年，西藏商品材采伐量为 57603 立方米，所有商品材都为农牧民安居工程用材；非商品材采伐量为 518947 立方米，其中农牧民自用材采伐 244649 立方米，占非商品材产量的 47.14%，农牧民烧材采伐 274298 立方米，占非商品材产量的 52.86%，竹材产量 51 万根。

【林业产业项目建设】　5 月，编制印发了《西藏自治区林业产业总体规划(2014~2020 年)》，《规划》根据西藏自然地理和森林资源情况，提出了产业发展的总体布局。自治区财政，按《规划》安排项目建设资金，每年计划安排 4000 多万元用于林业产业建设项目。2014 年落实产业扶持项目 4 个，投资 1300 多万元。申请国有林场扶贫资金项目 3 个，投资 539 万元。　　(张万茹)

陕西省林业产业

【概　述】 2014 年，陕西林业产业总产值 840 亿元，比 2013 年增长 18%。其中第一产业产值 666 亿元，第二产业产值 99 亿元，第三产业产值 75 亿元，分别比 2013 年增长 18%、6%、34%，三产比例 79:12:9。

【政策措施】 2014 年，省财政下达核桃、红枣经济林基地建设项目资金 1.35 亿元。省林业厅召开了"全省核桃红枣产业发展座谈会"。邀请西北农林科技大学从事核桃、红枣种植加工研究的专家和核桃、红枣林业龙头企业、农民专业合作社代表及种植大户进行了座谈交流。总结了近年来核桃、红枣产业发展中取得的成绩和经验，查找了存在问题，分析、讨论了其成因，研究了今后的发展思路和措施，

5 月 21 日，省林业厅与省发改委、省财政厅联合印发了《陕西省油用牡丹产业发展规划(2014~2020 年)》。规划到 2020 年，按照"陕北油用生态兼用发展区、关中油花一体化发展区和陕南油药一体化发展区"的总体布局，在全省 77 个县(市、区)通过建设资源培育、良种繁育、产品加工贸易、科技支撑等四大体系，大力发展油用牡丹产业。到 2017 年，油用牡丹总面积 90 万亩，年产油用牡丹籽 18 万吨，生产初榨牡丹油 3.6 万吨，实现产值 80 亿元。到 2020 年，油用牡丹总面积达到 200 万亩，年产油用牡丹籽 50 万吨，生产初榨牡丹油 8 万吨，实现产值 200 亿元，初步形成相对完备的油用牡丹产、供、销产业链条，逐步形成资源相对稳定、利用水平高、产出效益显著的油用牡丹产业发展格局。

【特色经济林】 2014 年，宜君县、麟游县被中国经济林协会认定为"中国核桃之乡"，略阳县被中国野生植物协会认定为"中国红豆杉之乡"。

2014 年新造核桃等五大干杂果经济林 137.55 万亩，全省干杂果总面积达到 2172.2 万亩，年产量 115.92 万吨，产值 126.28 亿元。其中，核桃面积 1024.24 万亩，产量 18.32 万吨，产值 45.88 亿元；红枣面积 328.5 万亩，产量 67 万吨，产值 34.59 亿元；花椒面积 260.79 万亩，产量 5.92 万吨，产值 31.6 亿元；板栗面积 470.78 万亩，产量 7.61 万吨，产值 8.87 亿元；柿子面积 87.89 万亩，产量 17.07 万吨，产值 5.34 亿元。花椒面积、产量居全国第一位，核桃面积、产量分居全国第二和第四位。林农干杂果经济林户均收入达到 1586 元，

9 月 16 日，"国家林业局茯茶工程技术研究中心"在陕西咸阳成立。国家林业局党组成员、科技司彭有冬司长和陕西省祝列克副省长出席会议并揭牌。陕西省林业厅李三原厅长主持会议。国家林业局茯茶工程技术研究中心依托陕西省苍山茶叶有限责任公司组建，由北京林业大学原校长、中国工程院尹伟伦院士担任顾问，陕西省林业厅李三原厅长任主任，安徽农业大学党委书记宛晓春教授、全国供销总社杭州茶叶研究院院长张士康高级工程师、陕西省农业厅王振兴副厅长、陕西苍山茶叶有限责任公司董事长纪晓明高级工程师任副主任。该中心今后重点将在茶树种质资源与茶园标准化建设、茯茶生产加工流通关键技术开发与成果转化、茯茶功能成分开发与高效利用、茯茶饮用方式及茯茶文化等方面开展研究。

8 月 3 日，陕西省林业厅召开陕西生漆文化与产业发展座谈会。陕西是全国生漆主产区，产量占全国的 40% 以上，其中安康出产的"金漆""牛王漆"等在国内外享有盛誉。陕西漆树资源丰富，主要分布在秦巴山区的安康、汉中、商洛等市。据调查统计，秦巴山区有漆树 7700 多万株，约占全国漆树资源总量的 1/3，优良品种主要有：大红袍、高八尺、金州红、秦佛漆树、火焰子等。漆树全身是宝，除生漆做主用外，其木材、根、茎、

叶、果均可利用。发展生漆产业，不但可以弘扬优秀的中华漆文化，还可以促进山区农村经济增长，发挥重要的生态经济效益。

【森林旅游】 截至2014年年底，全省共建立森林公园84处，其中国家级35处，省级49处，规划面积33.1万公顷。2014年全省森林公园接待游客1824万人次，实现直接收入7.33亿元，较2013年分别增长了13%和15%。举办"陕西省森林旅游宣传月"活动，联合省邮政公司组织发行2014年陕西省森林旅游年票，包含全省14处森林公园。

【种苗花卉】 全省累计建设国有种苗基地282个，年生产各类苗木37亿株、花卉309万株、林木种子247万千克，年产值71亿元。截至2014年年底，全省累计核发种子生产许可证2279份、经营许可证1947份，其中持有林木良种生产经营许可证119家。

【速生丰产林、生物质能源林及木材加工】 建设杨树、泡桐、杉木等速生丰产用材林基地275万亩，以油茶、油桐、黄连木、文冠果、元宝枫、长柄扁桃为主的生物质能源林种植面积超过400万亩，2014年全省人造板产量达到56.3万立方米，木材采运加工产值达到21亿元。

【木本油料】 截至2014年年底，核桃、油茶、花椒、油用牡丹、长柄扁桃五大木本油料面积1349万亩，结果面积619.7万亩，产果量26.37万吨，果产值63.2亿元，油产量0.59万吨，油产值达8.8亿元。

5月14号，中国油用牡丹产业座谈会在杨凌示范区召开，来自北京、山东、安徽、甘肃等地发展油用牡产业的企业代表，油用牡丹产业的科研人员就中国油用牡丹成立产业联盟进行座谈，并就发展中国油用牡丹产业的前景、现状以及发展思路交换意见。

12月2日，国家林业局"油用牡丹工程技术研究中心"授牌仪式在杨凌西北农林科技大学举行。国家林业局依托西北农林科技大学和东北林业大学联合建立的"油用牡丹工程技术研究中心"，将致力于油用牡丹产业发展战略、资源利用、品种选育、标准化栽培、产品加工和科技推广等研发工作。

【林下经济】 2014年年底，全省林下经济总产值155.1亿元(不含干杂果)，从业人员226.9万人，林农人均林下经济收益达到了1000元。涌现出宁陕县旬宝猪苓专业合作社、凤县林麝养殖基地、蓝田县白皮松育苗基地、岚皋县魔芋种植基地、陕西中兴林产有限责任公司木材剩余物加工等林业专业合作社、示范基地和龙头企业，为全省林下经济发展起到了积极的典型示范推动作用。

【林业专业合作社】 截至2014年年底，全省建立林业专业合作社1260个，注册资金4.5亿元，入社农户21.26万户，其中城固县华绿食用菌专业合作社等15个合作社被评为国家级农民林业专业合作社示范社，安塞绿盛苗木花卉专业合作社等50个合作社被评定为省级农民林业专业合作示范社，太白县等10县(区)被确定为全国200个首批创建农民林业专业合作社示范基地，宁陕县入选全国28个典型示范县。

【林业产业龙头企业】 2014年，省林业厅批准认定陕西君威农贸综合有限责任公司、黄龙县干果公司、陕西意景园林设计工程有限公司、盛泰嘉业(陕西)生态资源有限责任公司、延川县宏达有限责任公司、榆林益友沙产业有限公司6家企业为"陕西省林业产业省级龙头企业"，省级林业产业龙头企业达到26家。陕西中兴林产科技股份有限公司被国家林业局认定为首批"国家级林业重点龙头企业"。陕西大统投资股份有限公司被中国经济林协会评为"中国核桃产业十佳企业"。

【野生动物繁育利用】 2014年，全省野外朱鹮约1203只，人工饲养384只，总共1587只。野外繁育317只，人工繁育38只，总共繁育成活355只。目前，全省林麝存栏7509只，繁育成活2155只，在全国位列第一。

4月12日，省野生动植物保护协会在西安大明宫国家遗址公园由举办了陕西省第33届"爱鸟周”活动暨大明宫国家遗址公园“爱之巢”活动。本次活动的主题为“保护野生动植物，建设鸟语花香的美丽陕西”。

9 月 17 日，秦岭以北第二次朱鹮野化放飞活动在宝鸡市千阳县千湖国家湿地公园举行。陕西省副省长祝列克、国家林业局原局长王志宝、国家林业局野生动植物保护与自然保护区管理司司长张希武、宝鸡市市委书记上官吉庆、陕西省林业厅厅长李三原、省政府副秘书长王栓虎等出席了活动仪式。30 只朱鹮陆续飞出网笼，自由翱翔，这是继 2013 年在铜川成功放飞 32 只朱鹮后，陕西省在秦岭以北地区举行的朱鹮再次放飞活动，目的是进一步扩大朱鹮的栖息地范围，对朱鹮这一物种真正摆脱濒危状态具有重要意义。

【科技教育】 2014 年度，陕西省林业厅评选省林业科学技术进步奖 6 项、省林业技术推广奖 5 项。省林业科学技术进步奖包括：一等奖 3 项，分别是“陕西荒漠化地区针叶树造林关键技术集成研究”“等离子臭氧技术防治核桃腐烂病试验研究”和“陕北沙地矿区生态恢复与重建技术研究”；二等奖 2 项，分别是“高二氧化碳气调对核桃鲜贮的原理与技术研究”和“西安市森林健康经营技术研究与示范”；三等奖 1 项，是“花椒采摘机研制项目”。省林业技术推广奖包括：特等奖 2 项，分别是“林木鼠(兔)害无害化控制技术集成与示范推广”和“陕西黄土高原造林综合技术示范与推广”；一等奖 2 项，分别是“渭北旱塬核桃标准化建园技术示范”和“优良品种核桃基因库、采穗圃建设及繁育技术推广”；二等奖 1 项，是“花椒芽菜优质高产栽培技术示范推广”。

1 月 8 日，陕西省林业厅主持，中国林业科学研究院承担的扩大繁殖保护黄帝柏研究工作取得突破性进展。采用扦插繁殖的黄帝陵黄帝柏幼苗从温室里的营养杯内移栽到了大盆生长，采用无性繁殖获取了与黄帝柏基因一样的新个体。

【森林文化】 陕西长青国家级自然保护区管理局编写、影像生物多样性调查所(IBE)策划、中国国家地理杂志社出品、中国大百科全书出版社出版的《秦岭自然观察手册》全国发行。该书作为《中国国家地理》野外图鉴系列又一力作，详细介绍了秦岭地区的人文自然地理、11 条自然观察路线和 800 余种野生动植物，图文并茂，是读者认识秦岭、观察秦岭野生动植物的首选。

2014 年，中国生态文化协会授予全国 109 个村为“全国生态文化村”称号。陕西安康市平利县城关镇龙头村、宝鸡市太白县黄柏塬镇黄柏塬村、商洛市柞水县朱家湾村、渭南市大荔县范家镇福佑村荣获“全国生态文化村”称号。陕西已有 6 个村获此殊荣。

【特色产业】

黄龙核桃 黄龙县地处陕北黄土高原丘陵沟壑区和渭北高原过渡地带，属温带大陆性半湿润季风气候，境内地形复杂，地区差异明显。最高海拔 1783.5 米，最低 643 米，南北气候分布不均，无霜期为 126~186 天，年降雨量为 600 毫米左右。昼夜温差大，光照时间长，是核桃最佳适生区。黄龙核桃具有个大皮薄、仁饱色浅、不饱和脂肪酸含量高、口感酥脆、大分子单宁含量低、涩味轻、取仁方便、品质上乘、无污染等特点，无论在感官质量，还是理化质量及安全卫生质量上都有别于其他核桃产区的产品。黄龙核桃品牌已得到省内外专家和社会各界的普遍认可。先后荣获“中国核桃之乡”“国家矮化核桃标准化示范区”“后稷金像奖”“全省第一”等荣誉 2014 年 7 月，黄龙县干果公司被省林业厅认定为林业产业省级龙头企业。

2014 年，全县核桃面积累计达到 28.8 万亩，其中良种核桃面积达 21 万亩，挂果面积 12 万亩，人均核桃面积 8.7 亩。核桃产量突破 8000 吨，产值达到 2.88 亿元，带动了全县 3.2 万农民通过发展核桃产业增收致富，全县农民年收入的一半以上来自核桃经济林，核桃收入占到农民人均纯收入的 70% 以上。

宜君核桃 宜君县委、县政府高度重视核桃产业发展，出台了《十万亩优质核桃基地建设的决定》《关于做大做强核桃产业的决定》《加强特色产业建设，增加城乡居民收入的决定》等一系列文件，为推动核桃产业发展提供了强有力的政策支持。宜君县核桃产业由传统的副业转变为新时期农民增收的支柱产业。宜君县核桃由1997年的2.7万亩发展到现在的42万亩，其中挂果面积达到13万亩，核桃产量9000吨，产值1.8亿元，农民人均核桃收入2000元，占农民人均纯收入的27%，山区主产乡镇达50%以上。全县已建成核桃深加工企业4家、核桃专业合作社10多家，开发了核桃乳、核桃露、核桃油胶囊、有机核桃干果及核桃仁等系列产品，注册商标4个，年加工核桃2500吨。

麟游核桃 核桃是麟游县农业优势主导产业之一，截至2014年年底，全县核桃面积已发展到23万亩，其中良种建园7.6万亩，传统品种建园9.9万亩，散生树5.5万亩。全县7个镇实现了核桃产业全覆盖，形成了“镇镇有核桃基地，村村有核桃园，户户有核桃树”的良好格局。全县核桃年平均产量达到了520万千克，产值7800万元，仅此一项，使全县农民人均增收1232元，占到农民人均纯收入的20以上，核桃产业正逐渐发展成为促进农民持续大幅增收的支柱产业之一。该县与西北农林科技大学签订校地合作协议，先后引进核桃优良品种16个，经区域种植试验后甄别筛选出香玲、清香、辽核4号、西扶1号、晋龙2号等5个适合本地种植的丰产性、抗逆性强的优良品种，并大力扶持和培育建成了处于国内同行业领先水平的核桃深加工企业，申报注册了“长麟农林”牌核桃、杏仁、蜂蜜等系列产品商标，建成了蜂蜜加工、核桃榨油、核桃脱皮分拣、破壳加工等生产线，年可生产、加工核桃5000吨，生产核桃仁800吨，核桃油300吨，年销售收入可达到1.56亿元，年利润3595万元。“长麟农林”牌核桃先后荣获第十九届、二十届杨凌农高会和2013年第七届世界核桃大会后稷奖、后稷特别奖和优良核桃品种奖；在陕西省第七届农产品对接洽谈会上荣获“陕西优质农产品奖”。

附表1 陕西省特色经济林之乡

荣誉名称	单位	授予单位	授予时间
中国核桃之都	商洛市	中国经济林协会	2011年
中国核桃之乡	黄龙县	国家林业局	2001年
中国核桃之乡	镇坪县	国家林业局	2004年
中国核桃之乡	洛南县	国家林业局	2000年
中国核桃之乡	临渭区	国家林业局	2012年
中国核桃之乡	宜君县	中国经济林协会	2014年
中国核桃之乡	麟游县	中国经济林协会	2014年
中国红枣之乡	佳县	国家林业局	2001年
中国红枣之乡	延川县	国家林业局	2001年
中国枣之乡	大荔县	国家林业局	2001年
中国花椒之乡	凤县	国家林业局	2004年
中国花椒之乡	韩城	国家林业局	2000年
中国板栗之乡	镇安县	国家林业局	2000年
中国柿子之乡	富平县	国家林业局	2001年
中国柿子之乡	商州区	国家林业局	2001年
中国杜仲之乡	略阳县	国家林业局	2000年
中国茶叶之乡	西乡县	国家林业局	2001年
中国山茱萸之乡	佛坪县	国家林业局	2001年
中国漆树之乡	平利县	国家林业局	2004年
中国苹果之乡	礼泉县	国家林业局	2000年
中国苹果之乡	旬邑县	国家林业局	2001年
中国柑橘之乡	城固县	国家林业局	2001年
中国红豆杉之乡	略阳县	中国野生植物协会	2014年

附表2 2014年陕西省国家级林业专业合作示范社基本情况表

序号	合作社名称	社员人数	农民社员人数	主要产品
1	宁强县羌良核桃生态专业合作社	4680	4680	仁果类和核果类水果种植
2	彬县长丰正果业农民专业合作社	825	825	枣、柿子
3	西乡县应红农林综合开发专业合作社	319	318	林下养殖、茶叶
4	麟游县久香核桃农民专业合作社	316	316	精制坚果仁及核桃建园
5	岐山县渭漳源核桃专业合作社	280	280	核桃、核桃油
6	绿盛苗木花卉专业合作社	246		苗木
7	宝鸡市陈仓区玉恒果禽专业合作社	186	186	花椒、核桃、苹果、土鸡、鸡蛋、苗木
8	泾阳县振兴林业专业合作社	110	105	苗木
9	华绿食用菌专业合作社	102	102	食用菌
10	商南县雨山茶叶专业合作社	34	34	茶叶种植/加工

(续)

序号	合作社名称	社员人数	农民社员人数	主要产品
11	略阳县宇航乌鸡养殖农民专业合作社	6	6	乌鸡
12	山阳县枫树茶业专业合作社	5	5	茶叶
13	山阳县金山食用菌专业合作社	5	5	食用菌
14	瀛辉核桃农民专业合作社			

附表3　2014年陕西省省级林业专业合作示范社基本情况表

序号	合作社名称	社员人数	农民社员人数	主要产品
1	洛南县向阳核桃种植专业合作社	1400	1350	核桃种植、加工
2	富平县洋阳柿饼专业合作社	1000	1000	柿饼、柿醋、花椒
3	韩城市联合花椒专业合作社	650	650	花椒及花椒芽菜
4	洋县天年银杏专业合作社	381	381	银杏叶
5	富平县诚信果业专业合作社	267	267	柿饼制作及销售
6	西安美林石榴专业合作社	251	249	临潼石榴、临潼火晶柿子
7	绿盛苗木花卉专业合作社	246		苗木
8	土坪茶叶农民专业合作社	240	240	茶叶
9	丹凤县聚农养鸡专业合作社	206		鲜鸡蛋
10	黄龙县长石头果业专业合作社	203	203	核桃、苹果
11	柞水县颐和农产品购销农民专业合作社	200	200	中药材种植及销售
12	宝鸡市陈仓区玉恒果禽专业合作社	186	186	花椒、核桃、苹果、土鸡、鸡蛋、苗木
13	城固县山花茶叶专业合作社	168	167	茶叶
14	蒲城县裕康金合作社	160	160	金银花茶叶
15	商南县木本油料生产专业合作社	156	151	林果生产
16	洛南县金满地核桃专业合作社	152	152	核桃种植及销售
17	黄龙县三岔乡四条梁圣地红果业专业合作社	151	151	核桃、苹果
18	千阳县千龙蚕桑专业合作社	131	131	保健枕、茶
19	黄龙县建国核桃专业合作社	122	122	核桃
20	镇安县绿腾板栗专业合作社	120	120	板栗种植
21	金彦茶叶农民专业合作社	119	117	茶叶
22	华县绿新花卉苗木合作社	114	114	绿化苗木、花卉生产
23	商南县昌隆茶叶专业合作社	105	105	茶叶加工
24	华绿食用菌专业合作社	102	102	食用菌
25	千阳县千山薄皮核桃专业合作社	100	100	核桃
26	瀛湖茶叶农民专业合作社	100	95	茶叶
27	千阳县金土地有机农业生产专业合作社	74	74	苗木、药材
28	彬县林海柿子加工农民专业合作社	60	60	柿子、柿饼
29	千阳县扁豆福干杂果专业合作社	59	59	核桃
30	岐山县林丰核桃专业合作社	52	152	核桃、核桃苗
31	镇巴县怡溪春茶业专业合作社	50	50	茶叶
32	城固县汉江柑橘专业合作社	50	50	柑橘苗木及柑橘果品
33	神木县盛园农民专业合作社	50	35	蔬菜、瓜果

(续)

序号	合作社名称	社员人数	农民社员人数	主要产品
34	扶风县新良核桃苗木专业合作社	40	40	绿化苗木
35	汉滨区田心茶叶种植农民专业合作社	21	21	茶叶
36	宝鸡市扶风县硕丰苗木专业合作社	20	20	绿化苗木
37	扶风县金生喜核桃育苗专业合作社	15	15	绿化苗木
38	佛坪县长兴苍术专业合作社	10	10	苍术
39	商南县春语茶业机械化生产专业合作社	9	9	茶叶
40	洋县绿海苗木生产经营专业合作社	8	8	苗木
41	陕西康鑫源核桃专业合作社	8	8	核桃
42	扶风县新优核桃苗木合作社	7	7	绿化苗木
43	略阳县宇航乌鸡养殖农民专业合作社	6	6	乌鸡
44	扶风县高新苗木专业合作社	6	6	绿化苗木
45	山阳县联盟生态食用农产品专业合作社	6	6	香菇
46	扶风县段家绿源果业育苗专业合作社	5	72	绿化苗木
47	山阳县山里人家农产品开发专业合作社	5	5	粉条
48	旬阳县盛农中药材专业合作社			
49	旬阳县南黑山畜禽养殖专业合作社			

附表4　陕西省林业产业省级龙头企业情况表

序号	企业名称	经营范围
1	陕西中兴林产有限责任公司	利用果树小径材，枝丫材为主要原料生产各类中(高)密度纤维板
2	陕西绿迪投资控股集团有限公司	投资与投资管理、林业、生物工程、房地产、国际贸易等。其下属公司陕西绿迪林业橡树发展有限公司主要以橡子为原料生产研发食品、保健品和“乙醇汽油”
3	陕西德融科技信息发展有限公司	黄连木基地建设及生物柴油生产
4	西安汇丰生态农林科技股份有限公司	果汁、果味水、纯净水、果脯、保健食品的销售和林产品种植、培育、加工、销售和生态旅游等项目开发
5	陕西鑫源林业工程开发有限公司	速生丰产林种植，植物科研试验，苗木的养护培育及经营，木板材深加工，农业机械开发
6	陕西绿源旅游景观工程有限公司	苗木培育和经营、荒山开发与植树造林、绿化工程
7	渭南市雅典家具有限公司	研发、生产、销售办公、酒店、民用家具
8	西安市宝润实业发展有限公司	石油及石油制品、煤炭、金属材料批发经营。2004年以文冠果、黄连木、蓖麻、花椒等为原料研发生产生物柴油
9	陕西华州林业生态有限公司	荒山开发、农林业种植、养殖、林产品加工、生态旅游、科研创建生态林业等
10	陕西岩林门业有限公司	研发、生产、销售木制环保型复合材料套装门即系列建材产品
11	韩城市宏达花椒香料有限公司	以花椒为原料深加工，主营产品花椒油树脂、花椒精油
12	陕西春光油脂有限公司	种苗繁育、销售、栽植、原料收购、加工、生物柴油生产销售(黄连木、水冬瓜等生物柴油原料林)
13	延川县兴盛红枣开发有限责任公司	红枣土特产生产、加工、储存、销售
14	延安华联锦园沙棘生物工程有限公司	沙棘系列产品的生产、销售自产产品
15	延安资航工贸有限责任公司	“狗头”牌红枣系列产品开发、加工、贮藏、销售
16	陕西大统生态开发有限公司	苗木繁育、果木嫁接、农副产品加工、名优特产品种植、养殖、生产、销售

(续)

序号	企业名称	经营范围
17	勉县双龙绿色产品开发有限公司	山野菜、食用菌(野山菌)、干鲜果品(果仁)、农副产品初加工、出口销售
18	陕西苍山茶业有限责任公司	预包装食品批发零售；边销茶批发；茶具加工；农副土特产品、日用百货、花卉种植销售等
19	陕西华丰农林科技有限公司	木本油料、茶树种植、科学技术研发、菜籽油加工销售等
20	清涧县山区农业综合开发有限责任公司	红枣种植加工购销及进出口销售
21	陕西君威农贸综合有限责任公司	进出口贸易、农副产品购销；仓储；物流服务；罐头加工、销售等
22	黄龙县干果公司	干鲜果及农林副产品进出口业务；修剪嫁接，果树用品及果树农药
23	盛泰嘉业(陕西)生态资源有限责任公司	油茶树种苗及牧草的培育、种植，销售自产产品，生产加工食品植物油
24	陕西意景园林设计工程有限公司	生态、旅游、景观、城市、土地规划设计；绿化景观种植工程施工，养护及咨询等
25	延川县宏达有限责任公司	粮食购销，进出口贸易，红枣系列产品及其他农副产品的加工、购销等
26	榆林益友沙产业有限公司	沙漠治理；沙漠旅游开发；经济作物研发

(庞　燕)

甘肃省林业产业

【经济林果产业】 2014年，全省完成人工造林341万亩；完成封山育林120万亩；完成中幼林抚育138.3万亩；新育苗25.4万亩，供应各类苗木11亿株。新增特色经济林果面积97.18万亩；完成经济林果提质增效124.77万亩。全省经济林果总面积达到了2020.58万亩，挂果面积1083.7万亩，预计总产量920万吨，总产值218亿元。

经济林果产业发展现状 ①产业布局基本形成。截至2014年年底，全省林果总面积2072.11万亩(其中，挂果面积1066.98万亩，盛果面积659.14万亩)，总产量568.62万吨，总产值274.52亿元，农民人均林果纯收入1176元，占全省农民人均纯收入的23%。全省建成苗木基地259个，面积11.12万亩，年出圃苗木1.29亿株；建成千亩以上集中连片规模化林果生产基地1957个，其中5000亩以上400个，10000亩以上200个；已形成陇东富士系苹果，陇中元帅系苹果，陇南核桃、花椒、油橄榄，河西走廊和沿黄灌区红枣、葡萄、枸杞等特色鲜明的优质林果基地，区域特色进一步凸现。

②产业体系正在建立。全省林果贮藏、加工、包装及市场体系建设快速发展，已建成500~10000吨级果品贮藏气调库、恒温库464座，各种简易果窖3.2万个，贮藏能力达到150万吨；建成各类果品加工企业186家，年加工能力123.86万吨，建成各类果品产地交易及中小型批发市场131处，年交易量达到503.26万吨。平凉金果、麦积花牛苹果、武都大红袍花椒、陇南油橄榄、河西葡萄、瓜州枸杞等一批知名品牌在国内外市场初具知名度和影响力。

③社会化服务逐步完善。林果产业产前、产中、产后一体化服务体系不断完善，已形成“龙头企业+农民合作社+基地”“龙头企业+基地+农户”“果农协会+农民合作社+农户”等多种经营模式。全省注册登记各级林果经济协作组织1122个，参加农民人数28771人，资产总额28.35亿元，带动农户55.24万户。各级各类经营主体大力推广旱地果园栽植、高效节水、矮化密植、设施栽培等先进实用技术，“三品一标”、GAP、生态果园等标准化制度逐步推行，果农生产管理水平进一步提升，初步形成了企业与果农风险共担、利益共享的分配机制，形成了产业链条不断延伸的产加销一体化经营格局。

④科技支撑不断加强。全省积极推进现代农业产业技术体系建设，组建了林果产业发展专家团队，在全省范围内采取跨区域、跨行业、跨部门形式聘用林果业发展首席专家13名，林果专家109名，每年选派120名全国林业科技特派员，深入基层一线开展科技服务工作，极大地促进了产学研用的有机结合；各市州、县市区依托科技资源和人才队伍，广泛开展校(院)地合作，不断强化林果产业发展的科技支撑，促进了自主创新和新技术引进转化，林果产业发展科技含量不断提高。

林下经济发展现状、成效和特点 ①发展现状。坚持从实际出发，突出特色，科学规划，合理布局，分区域确定重点产业和主攻方向，走出了多种模式发展林下经济的道路。一是利用承包林地营造林。针对甘肃省集体林地中宜林地、疏林地占比较大，林分质量不高的实际，按照适地适树的原则，积极组织动员农户利用承包林地造林，开展树种改优和疏林地补植补造。林改以来，全省农民累计利用承包林地造林386.7万亩，完成树种改优88.78万亩。二是加快发展特色林果。按照不同的自然、水土、光热、气候条件和现有基础，分区域发展苹果、核桃、花椒、油橄榄、茶叶、桃、梨、杏、葡萄、大枣等特色林果，全省共栽植果树经济林362.8万亩。三是大力发展林下种植。在适宜地区发展林下种植中药材、优质牧草、叶类山野菜、观赏花卉和培植食用菌等，全省已发展林下种植中药材40.23万亩，林下培植食用菌7.52万亩，林下培育种苗花卉22.15万亩。四是大力发展林下养殖。充分利用林地空间，在适宜地区发展林下禽类养殖891.41万只，林下种草舍饲养畜84.59万头(只)，林区特种养殖38.31万头(只)。五是发展森林旅游。发挥林区山清水秀、空气清新、生态良好的优势，利用森林景观、自然环境，发展生态旅游，兴办森林旅游农家乐2400多户。六是发展林下产品加工。大力发展林下产品采集、藤条编织、畜禽屠宰等产品加工、贮藏、包装、流通和销售业，全省兴办林产品加工企业230个。

②成效和特点。经过3年多发展，甘肃省林下经济从无到有，从小到大，2014年林下经济产值达到64.95亿元，取得了显著的发展成效。一是涌现出了一批林下经济示范典型。全省各地将抓点示范作为推进林下经济发展的先手棋，通过政策扶持、领导抓点、部门帮扶、加强指导等措施，在全省培育和树立了一大批林下经济发展的突出示范典型。泾川县被国家林业局评为全国首批林下经济示范基地。省厅充分发挥省级财政每年1000万元扶持资金效用，两年共扶持林下经济示范点118个，分布全省37个县。市县也相继扶持培育了一批林下经济示范点，兰州市从2013年起每年安排120万元林下经济专项扶持资金，目前已培育示范点32个。二是涌现出了一批新型林业经营主体。为缓解林地面积、发展资金等方面不足，扩大林下经济发展规模，提升发展层次和水平，各地农户在林下经济发展中逐步走上了互助合作、风险共担、利益共享的合作发展道路，林业合作社、家庭林场、林业龙头企业和专业大户等新型林业经营主体大量涌现。全省已组建林业合作社1775个，专业协会128个。三黄医药商贸有限责任公司投资3500万元在康县岸门口镇建成中药饮片加工厂，与农户合作建设10000亩林下中药材种植基地，带动当地3000户农户收入大幅度增加。三是社会资本投入林下经济发展。林下经济具有发展模式多、就业容量大、从业门槛低的显著优势，在经济发展转方式、调结构的大背景下，许多之前投入矿产资源开发和房地产建设等资本开始转向发展林下经济，走生态绿色的发展道路。四是林下经济发展链条逐步延伸。一些林下经济发展起步较早，成效明显的市县，开始在延伸产业链条、增加产品附加值上积极探索。

③林下经济发展过程中新的探索和突破充分尊重农民在承包经营林地和林下经济发展中的自主权，因地制宜，分类指导，引导农户通过多种经营模式发展林下经济。一是支持农户“搞单干”，走自主经营的道路。以现有林权承包为基础，鼓励支持有条件的农民在承包林地、撂荒地发展林下种植、林下养殖等，对符合条件的发展农户，通过专项扶持资金和整合其他项目资金等方式，给予财政扶持，并提供技术指导、销售信息等方面的服务。二是鼓励大户“大包干”，走规模经营的道路。引导和动员有实力、善经营的专业大户积极参与林下经济发展，不设政策障碍，不受户籍限制，由专业大户将农户不愿经营或暂无能力经营的集体林地，采取租赁等方式流转出来，发展规模经营。三是入股分红“合作干”，走合作经营的道路。对不愿发展林下经济又不愿将林地出租的农户，通过林地入股组建合作社，由合作社统一经营，统一管理，统一销售，收益按比例分成的模式，发展合作经营。四是龙头带动“跟着干”，走企业化经营的道路。对未有效利用的集体林地、集体宜林荒山荒地整块规划，出租给林业龙头企业，按照“企业+基地+农户”的形式，通过企业化经营，带领广大农户共同发展林下经济。

【家具产业】 2014年，甘肃省家具行业在克服经济下行压力加大、要素成本上升、资源环境约束增强等各种困难的情况下，保持全行业的平稳发展。2014年甘肃轻工业保持平稳增长，主营业务收入同比增长8.09%，工业增加值同比增长9.7%，实现利税同比增长7.35%。甘肃省家具行业作为轻工业的重要组成部分，企业规模和效益得到稳步提高。

生产企业不断发展壮大 酒泉富康家具有限公司积极挖掘潜力，利用管理优势，不断创新发展。武威市宁海商贸有限公司，是甘肃省产值有望过亿的企业之一。2014年一期建设和二期准备为行业发展增添动力。兰州江艺家具有限公司在兰州生产环境受制约的情况下，在广东成立办公家具生产企业，注册商标为“华礼龙”的办公家具，无论设计和质量都遥遥领先。甘肃龙润德商贸有限公司迎来成立8周年纪念，实木套房家具店在居然之家开业，是多元化经营又一硕果。21亩教学家具新厂区已初具规模，行业领先的流水线作业使产品质量和劳动生产率有了很大提高。在皋兰县忠和镇投资成立了“兰州龙润德农业综合开发有限公司”，进行高科技农业研究开发项目，为企业再次腾飞储蓄能量。家具企业电子商务小试牛刀，兰州佳航家具有限公司等企业与淘宝、天猫等平台合作，开始了线上与线下相结合的销售模式，为家具销售提供了新的渠道，积累“触电”经验。

流通企业快速发展 甘肃平凉华亭县是甘肃省的煤炭资源大县，中驰·华亭国际商贸城应运而生，成熟的卖场经验和统一规划，将打造完美的城市家居经销综合体，目前项目在招商进行中。北龙口装饰建材城、居然之家万佳店开业和红星美凯龙建设，使兰州的家具卖场数量和营业面积快速增长。

园区建设紧锣密鼓 北龙口甘肃家具园区项目已破土动工，园区将贯彻执行国家产业政策及相关法律法规，按照布局合理、用地集约、产业聚集、持续发展的总体要求，以市场需求为导向，以技术创新为动力，整合现有资源，发展规模经济，发展特色产品，调整优化家具产品结构，提升家具园区的生存发展能力和竞争能力，把甘肃家具工业园区努力打造成为具有区域特色的家具产业群，环境污染小和规模经济效益好的“循环经济型”生态园区。

表1 2011~2014年甘肃省家具行业发展情况汇总表

主要指标	2014年	2013年	2012年	2011年
规模以上企业数量	4	3	1	1
规模以上企业主营业务收入(万元)	7612.1	6447.5	5840.1	—
出口值(万美元)	1838.35	1541.79	8601.37	7.96
规模以上企业家具产量(万件)	12.00	6.16	6.19	5.72

数据来源：中国轻工业信息中心。

存在问题 2014年，伴随全国经济增速趋缓，家具行业也面临新的挑战，甘肃省家具行业存在一些问题，影响了行业的发展步伐。①行业规模偏小。甘肃省家具行业经过多年的发展，已经具有一定的规模，但是跟发达省市比较，差距还很大，在本省家喻户晓的品牌寥寥无几，除了地域和自身因素外，由于冶金、有色金属等行业为甘肃省经济支撑行业，是经济关注的重点，因此，省内家具行业的投资环境、生产环境得不到政府部门的关注和重视，家具行业没有话语权。由于家具行业准入门槛低，行业准入机制和标准缺乏，导致盲目投资、产能过剩，无序竞争也进一步制约了行业的发展。②卖场竞争激烈。连锁家居卖场持续开店，建成和在建设的卖场数量增多，造成家具卖场数量和营业面积快速增长。家居卖场的提升和扩张，为品牌企业走向全国市场提供了条件，一定意义上规范了家居卖场，另一方面，家居卖场单位面积销售额在下降，卖场顾客流量下降，家居卖场面临更残酷的竞争，优胜劣汰的洗牌也会悄然开始。③生产管理落后。由于甘肃省发展环境受限，家具生产企业管理普遍落后，从原材料、产成品到成品的管理仍然是粗放式模式。多数家具企业环保意识薄弱，设备工艺落后，生产环境改造滞后，生产过程中的粉尘和油漆喷涂的直接排放，对工人健康造成影响，对大气造成污染，使生产企业的发展受到制约。④家族企业制约家族式家具企业经过多年的发展，为甘肃省经济和社会发展做出了重要贡献。但由于家族式管理对企业发展的制约，在企业发展的鼎盛时期没有进行现代企业制度改革，随着社会的发展和行业的不断进步，企业的发展出现瓶颈。

应对措施 ①加强行业管理，提升行业地位。进一步加强地方行业协会的自身建设，努力发挥协会的作用，当好政府和企业的参谋助手。加强行业自律，规范市场行为，培育提升自主品牌影响力，依靠企业、政府、协会，借助新闻媒体宣传行业和企业，通过各种活动邀请相关部门参与，引起相关部门对行业的关注和重视。随着行业影响力的提高和行业的不断发展壮大，协会和行业逐步得到政府和社会的认可。甘肃省家具行业虽然面临诸多挑战，但未来是光明的，甘肃省家具企业将奋发自强，只有改变自己，改变传统发展模式，才能从根本上改善行业的发展环境。②卖

场转型调整，找寻发展出路。优胜劣汰是市场永远的法则，行业既阻止不了卖场开业，也阻止不了企业倒闭。目前，卖场持续增多，不断对流通业行业进行冲击，也对卖场的服务、售后、环境、管理提出更高的要求。适者生存的环境下，就会有一些卖场转行，另一些越做越好。本省流通企业在家具卖场单位面积销售额不断下降的情况下，要有清醒的认识和果断的抉择，既不能孤注一掷，也不能遍地开花，要根据自己的实力及时调整，不能坐以待毙，要积极应对，找到出路。

③强化企业管理，增强安全意识。深刻认识安全管理对一个企业生存和发展的重要性。家具企业原材料到成品都是易燃物品，尤其冬季气候干燥，容易引起火灾，每年全省乃至全国都有家具厂因各种原因失火的相关报道。原因是多种的，教训是惨痛的。本省家具生产企业普遍存在管理不规范，安全管理不到位等问题。因此企业应引以为戒，加强企业生产、安全管理，自查自纠安全隐患，消除不安全因素，时刻做到安全为了生产，生产必须安全。

随着国家日益重视环境保护工作，新的环境保护法即将实施。家具企业为了适应新的环保要求，要对生产设备进行改造升级，改进生产工艺和技术，使用新材料。在制造过程中，要不断使用新设备，不断改进生产工艺，通过使用低污染、低能耗的材料，减少对大气的污染。通过机械喷涂代替人工生产，降低工人在制造过程中对健康带来的影响，使用水性涂料、粉末涂料替代高污染涂料，降低有害物质的排放，保护环境和人身健康，同时促进行业的技术进步。④改变经营理念，推进整合升级。企业要解放思想，创建现代企业管理制度，同时规范生产、经营自律行为，加强品牌培育。随着国家经济调控政策的深入和加强，家具行业已经进入低增长阶段，市场竞争日趋激烈。在行业产能过剩的情况下，甘肃省家具企业急需转型升级、重新整合，不断开拓新的市场，放弃盲目扩张方式和恶性竞争的做法，在企业自身发展遇到瓶颈时，要及时学习和借鉴知名企业的发展经验，学习他们的技术、管理和创新能力，要积极参与市场竞争，从省内逐步向省外迈进。

【森林旅游产业】 根据国家林业局2014年森林公园行业管理的重点工作安排，结合全省森林公园发展实际，组织召开了全省森林公园和森林旅游工作座谈会，举办了全省森林公园管理人员培训班，起草了《关于加快发展全省森林旅游工作的意见》(草拟稿)，为加快森林公园建设、全面推进森林公园管理水平迈上新台阶、促进全省森林旅游更好发展打下了基础。截至2014年年底，甘肃省新建省级森林公园1处(卓尼九洞山省级森林公园)，向国家申报国家级森林公园1处(拟建子午岭国家森林公园)，森林公园总数达到94个。全年接待游客695.66万人(次)，实现森林公园总收入10666.14万元。其中，公园门票收入3840.31万元，食宿收入4685.32万元，娱乐配套服务收入942.35万元，其他收入1178.16万元，森林公园建设稳步推进。全省森林公园旅游道路达2079.33千米，接待床位数9479张，就餐容量20391个，初步形成了森林旅游产业“吃、住、行、游、购、娱”六要素配套发展的旅游服务体系。

为强化服务意识，提升管理水平，推动森林公园的科学发展，甘肃省不断加强对森林公园管理人员和服务人员的培训工作。一是加强学习贯彻《国家级森林公园管理办法》《甘肃省森林公园管理条例》等制度法规。2014年向森林公园发放《国家级森林公园管理办法》《国家级森林公园总体规划规范》《中国国家级森林公园专用标志使用暂行办法》《甘肃省森林公园管理条例》600多份。二是举办全省森林公园和森林旅游工作管理人员培训班，聘请了国家林业局森林公园办余晖处长、国家林业局规划设计院园林处王澍副处长、北京林业大学生态旅游发展研究中心主任张玉钧教授对甘肃省94个森林公园和部分县(区)林业部门的负责人进行了培训。三是组织小陇山等森林公园管理人员参加国家林业局2014年国家级森林公园主任及森林旅游高级人才培训班等各类培训班。四是组织全省40多个森林公园参加中国林学会2014年森林公园年会，向大会提交学术论文20余篇，并获得一等奖1个，二等奖2个，三等奖7个。

加大宣传力度，扩展森林旅游客源市场。组织冶力关、莲花山等多家森林公园积极参与“敦煌行·丝绸之路国际旅游节”，加入“敦煌卡”甘肃旅游通票，整合资源，打包促销，取得了良好成效。同时，以节会为契机，举办花儿会、庙会等赛事节会，扩大知晓面，提升知名度。加强信息化建设工作，积极向国家林业局森林公园管理办报送信息，共发布森林公园和森林旅游信息7条，在甘肃林业网森林公园和森林旅游栏目发布信息100余条，增加游客对甘肃省森林公园的了解，扩大社会影响。鼓励各森林公园充分利用网络平台建网页、设论坛，进行个性化宣传。莲花山等森林公园建设了自己的网站。

在不断开拓森林旅游市场的同时，做好资源管护，不断优化旅游环境。一是加强环境监控，严格按照森林公园旅游环境容量和森林公园的承载力接待游客，发展旅游，尽量减少旅游活动对森林及其环境的负面效应。二是加大森林公园生态建设，狠抓造林绿化，丰富森林景观，优化树种结构，走可持续发展的道路。2014年全省各森林公园在环境保护方面投入资金3484.05万元，植树3097.67公顷，改造林相2168.03公顷。三是完善各项服务设施，净化美化景区环境，搞好森林风景资源的保护发展，加强游乐设施、卫生防疫、森林防火、病虫害防治等综合治理工作，努力为游客提供一个舒畅美好的旅游环境。

强化安全管理，确保市场和谐有序抓好节假日旅游安全工作。实施资源管控，督促各森林公园全力抓好森林防火工作，加强日常巡护检查和监督检查，认真落实无盗猎野生动物、无乱砍乱伐、无偷挖林土、无非法种植等各项责任，确保了森林公园各项森林资源的安全。排查旅游设施，督促各景区开展旅游安全隐患排查整治工作，认真开展安全检查，对各类游客运输工具、旅游设施、游乐工具、娱乐和餐饮场所定期排查，加大旅游安全隐患整治力度，保障游客安全。2014年全省未出现森林旅游安全事故。

2014年甘肃省森林公园建设虽然取得了一些成绩，但也存在不少的问题。一是建设资金不足。许多森林公园的规划、设计不能落在实处，一些新的旅游项目无法及时开发，陈旧老化的设施也得不到及时更新，制约了森林公园的发展。二是基础设施薄弱。很多森林公园交通状况普遍较差，可进入性差，水、电、通讯等基础设施建设非常落后，住宿、餐饮等配套服务设施不全，无法满足游客“食、住、行、游、购、娱”的基本需求。三是宣传推介力度不够。由于森林旅游宣传推介资金有限、意识不强、力度不够、方式单一等原因，导致甘肃省森林旅游整体形象不明，知名度较低，客源市场较窄。四是服务管理水平滞后。随着旅游业的发展、公园规模的扩大，原有的管理模式和服务理念已不能适应公园当前的发展要求，职工的素质、管理与服务水平不能适应森林公园的发展，迫切需要专业技术人才充实甘肃省森林公园管理和服务队伍。

（甘肃省林业厅造林产业处）

青海省林业产业

【概　述】 近年来，青海林业产业得到了较快发展，“东部沙棘，西部枸杞，南部藏茶、河湟杂果”的发展思路基本形成，乐都的大果樱桃、循化的核桃、柴达木的枸杞已初具规模，市场竞争力和知名度不断提升，2014 年林业产业产值达到 42.94 亿元，截至 2014 年年底，全省枸杞种植面积达到 40.6 万亩、干果产量 5.4 万吨，沙棘 230 万亩、可采果利用面积 40.65 万亩，核桃 21 万亩、年产量 1067 吨，大果樱桃 2.31 万亩。枸杞、沙棘、大果樱桃、核桃等特色经济林实现年产值 24 亿元以上。

【林木种苗业】 全省有各类苗圃 10840 公顷，其中国有苗圃 1566.7 公顷、集体苗圃 193.3 公顷、个体苗圃 9080 公顷，种子生产基地 5000 公顷，年均可提供苗木 110000 万株，各类林木种子 20 万千克，确保了林业快速发展对林木种苗的需求。

为规范林木种苗行政法，青海省相继修订和完善了《种子法》配套法规和规章，积极开展林木品种鉴定审定工作，规范完善了林木种子生产经营许可，目前共投入种苗建设资金 6927 万元，其中林木种苗工程中央预算内资金 1987 万元，新建和改扩建林木种苗工程项目 6 处；全省现有林木种苗管理机构 26 个，其中省级 1 个、市州级 5 个，县市、区级 20 个，有从事林木种苗管理人员 234 人，其中中级专业技术人员 165 人。

【经济林基地培育业】 青海地处青藏高原，自然生态环境脆弱，但土地资源丰富。选择适宜的气候、因地制宜、适地适树、科学布局、适度规模有计划地发展生态经济型经济林产业仍具有很大的潜力，也是青海林业实现跨越式发展的重要措施之一。近年来，青海依托“三北”工程、退耕还林等重点工程，按照“东部沙棘，西部枸杞”的林业产业发展思路，着力强化沙棘、枸杞基地建设，同时发展核桃、花椒、大果樱桃种植，全省经济林面积逐步扩大，经济林的优良树种品种率明显增加。民和县、贵德县、循化县等地引进了部分苹果、梨、油桃、仁用杏、西洋大樱桃等新品种，并建立了小面积的良种母木园和苗圃。全省已初步建立了“柴杞”基地和沙棘基地等大型经济林基地，大大促进了全省经济林的发展，同时也带动了相关加工业的发展。

沙　棘 青海是我国沙棘资源大省之一，当地政府历来高度重视沙棘资源的开发利用。早在 20 世纪 80 年代初青海就成立了“三刺”开发利用领导小组，对沙棘的开发利用进行有组织的研究。1985 年根据青海省人民政府青政办(1985)74 号文件通知和省“三刺”领导小组部署，省林业局和省农林科学院组织人员，组成沙棘资源调查课题组，对全省沙棘资源进行了调查，同时，对沙棘资源开发利用在不同领域进行了研究，并取得了可喜的成绩。目前，全省沙棘总面积约 230 万亩，青海沙棘品种共有 4 个，即中国沙棘、肋果沙棘、西藏沙棘和大果沙棘，前 3 种为天然原始分布种，大果沙棘为近年来的引进种。近年来，省委省政府将沙棘产品列为特色产业进行发展，青海独特的区位优势和丰富的沙棘资源已吸引了众多投资者。青海康普生物制品有限公司、青海清华博众生物技术有限公司、青海柴达木药业、西宁光华科技有限公司先后进入沙棘开发领域，并取得了一定成效。以青海清华博众生物技术有限公司为代表的沙棘加工企业，已开发出了沙棘酒、沙棘果醋、沙棘油、沙棘果珍、沙棘茶、沙棘口服液等八大系列产品，并成功推出了“青海青”品牌。目前“青海青”沙棘系列产品不但销往北京、广东、福建等国内市场，而且远销日本、韩国、德国、英国等海外市场，高原特色产品在国内外消费者面前展示了独特的魅力。

枸　杞 枸杞属茄科、枸杞属，为落叶灌木，具有耐盐碱、耐寒、抗热、抗旱特性，是一种泌盐植物，适应性很强，具有改善土壤结构、提高土壤肥力、降低盐碱危害的作用。也是一种名贵药用经济植物。柴达木盆地东南缘诺木洪—都兰—乌兰—德令哈一线既是我国天然枸杞的中心分布区，也是青海省枸杞人工种植集中分布区域。柴达木盆地天然枸杞资源分布面积达100.0万亩，其中都兰县48.0万亩、格尔木市35.0万亩、德令哈市12.0万亩、乌兰县5.0万亩。在都兰县乌龙沟分布有迄今发现的国内面积最大、最为集中的天然枸杞群落，面积达3400亩，集中分布青海省的全部枸杞天然种(3种2变种，共5个种)。独特光热、水土自然条件匹配了枸杞的生长发育，产自柴达木盆地的枸杞果大、色艳、内在品质好、营养成分足，是青海省产量最高，品质最佳的枸杞生长地区。

在“东部沙棘、西部枸杞”战略推动下，特色林业产业基地建设取得快速发展。枸杞种植规模由2005年的4万亩发展到2014年的40.6万亩、干果产量5.4万吨，种植区域从柴达木盆地扩展到共和盆地，其中诺木洪农场种植面积达7.5万亩，成为国内目前集中连片栽植的最大区域。

近年来，随着青海省农业产业结构的调整，枸杞产业以其较大的经济生态效益，较广泛的从业人员和较深远的产业开发前景，成为农业经济增长、农村建设发展和农民增收致富的重要产业。枸杞基地的增加和产生的经济效益给企业发展带来了商机，通过实施龙头企业带动战略，大力推行“龙头企业+基地+农户”的经营模式，进一步推动了全省枸杞产业的纵深发展。目前，有一定规模的枸杞加工、销售企业达到36家，主要从事枸杞种植生产、产品研发及加工销售。产品由直销干果逐步研发出枸杞浓缩汁、枸杞茶、枸杞籽油、枸杞多糖等系列产品。

为引导和规范枸杞基地建设，青海省相继出台了《关于加快枸杞沙棘产业发展的意见》《青海省枸杞产业发展规划》《青海省柴达木地区枸杞生态经济林基地建设技术规程(试行)》《青海省柴达木地区枸杞无性繁殖技术规程(试行)》《青海省柴达木地区黑果枸杞播种育苗技术规程(试行)》，引导枸杞种植已走向标准化、规模化，成为当地群众脱贫致富，带动农村经济全面发展的“主导产业”和“富民产业”。

核　桃　青海省适宜发展核桃的区域为光热条件较好的黄河及其一级支流湟水河两岸的一、二级台地，行政区域包括海东地区的化隆、循化、民和、乐都4县，海南藏族自治州的贵德、共和2县，黄南藏族自治州的尖扎县，国土总面积3.2万平方千米，其中农业用地313333.3公顷。该地区雨热同期，是青海省农业生产条件最好的地区，有利于核桃的生长发育和优质生产，并有供核桃发展的荒山荒地、田坎、地边、河(沟)边及房屋四周等土地。近年来，青海省在循化、民和、化隆等地引进薄皮核桃进行种植，其特点是个大仁满，皮薄而脆，出仁率高，含油丰富，取得了良好的经济效益。目前，全省核桃种植面积已达21万亩，较著名的核桃品种有史纳大核桃、薄皮核桃、喇嘛核桃、离壳油核桃、循化露仁核桃等。

【花卉培育业】　花卉集观赏价值、经济价值、生态价值于一身，花卉产业已成为我国许多地区农业产业结构调整最重要的产业之一，是农村经济发展新的增长点，也是各地林业产业发展的重要内容。青海地处青藏高原东北部，得天独厚的冷凉性气候非常适宜凉性类花卉的生产种植，是理想的冷凉花卉和球根类花卉繁育基地。青海省花卉产业于20世纪90年代初从西宁开始起步，经过多年发展已初具规模，种植花卉品种600多种，除了部分反季节鲜花销往广州、武汉、上海等地，现有的花卉苗木基地和企业所生产的花卉苗木在青海市场上供不应求。截止2014年年底，全省有花卉苗木生产企业40余家，花卉种植面积7521亩，从事花卉的花农从业人员3071人，年产各类花卉苗木4000余万株(枝、粒、盆)，主要种植品种有康乃馨、亚洲百合、唐菖蒲、倒挂金钟、月季、石榴、荷兰菊、丁香、牡丹、芍药、鸢尾和各种盆花等。在销售领域，全省有1家专业花卉市场，3处花卉集散地，有各类苗木花卉经营部门、服务公司、花店195家，生产和销售总产值达1.5亿元。同时，青海省在东方百合、郁金香、唐菖蒲等球根花卉栽培技术、种球脱毒技术等方面的研究中获得重大突破，形成了适合青海气候特点的唐菖蒲生产技术体系，生产技术在全国处于领先地位。

【森林旅游业】 青海森林资源较为丰富，各个国家和省级森林公园的道路、电力基础设施较为完善，具有发展森林生态旅游业的较好条件。青海省以“保护为主，开发、利用相结合”的方针，把森林公园建设和森林生态旅游产业作为新的经济增长点，大力推进森林公园开发建设。目前，已建立森林公园17处，经营总面积45.84万公顷，年均接待游客110万人次，年均旅游收入5884万元，经济、社会和生态效益明显。北山、坎布拉、大通等森林公园已成为当地旅游产业龙头，坎布拉国家森林公园的建设和发展更是带动了藏文化和黄南社会经济文化的发展。社会、经济效益均取得了明显成效。

【湿地资源】 青海被誉为“三江源”“中华水塔”，是水之宗、山之祖，不仅发源了长江、黄河、澜沧江、黑河等大江大河，还有昆仑山、祁连山、唐古拉山等著名山脉，是我国淡水资源的重要补给地、亚洲重要的河源区，维护着长江、黄河、澜沧江和黑河水资源安全，在全国乃至世界上都具有不可替代的生态地位。青海高原特殊的地质、地形和气候为高原沼泽草甸湿地、湖泊湿地、河流湿地的广泛发育提供了得天独厚的条件。

1月13日，国务院新闻办发布全国第二次湿地资源调查成果，青海省湿地面积814.36万公顷，占全国湿地总面积的15.19%，湿地面积居全国第一。青海省湿地资源具有类型多样，原始生态系统功能强大的特点，是我国乃至世界上影响力最大的生态调节区之一。全省分布的湿地类型有4大类17型。其中，沼泽湿地有564.54万公顷、湖泊湿地147.03万公顷、河流湿地88.53万公顷、人工湿地14.26万公顷。

全省湿地有维管植物47科137属372种，被子植物46科135属369种。湿地野生动物计280种，其中鸟类15目35科172种，鱼类3目6科59种，两栖类2目6科10种，爬行类1目2科3种；哺乳类6目12科36种。

目前，全省已建各类型自然保护区11处，总面积约2177万公顷；省境内有青海湖鸟岛、扎陵湖、鄂陵湖3处国际重要湿地名录，面积16.7万公顷；全省已批建贵德黄河清、西宁湟水、互助南门峡、祁连黑河源、德令哈尕海、乌兰都兰湖、都兰阿拉克湖、玉树巴塘河、天峻布哈河、玛多冬格措纳湖、河南洮河源11处国家湿地公园（试点），总面积21.1万公顷。通过不断加强和完善湿地保护主体建设，初步构建了以自然保护区和国家湿地公园为主的湿地保护管理体系。

【森林公园】 按照“十二五”规划和森林生态旅游发展战略目标，进一步加大森林公园建设力度，在森林资源条件好、发展潜力较大的林区大力建设森林公园，截至目前，全省森林公园总数达到18处，其中国家7处、省级11处，经营总面积47.51万公顷。为加强对森林公园森林风景资源的保护。全省国有林场和森林公园全部被界定为生态公益林，纳入天然林保护工程，生态公益建设工程等，为森林公园风景林的保护提供了资金支撑。不断强化森林公园建设质量，使一些森林公园的软、硬件设施都得到了极大地改善。为加强森林公园管理，合理利用森林风景资源，发展森林旅游业，在森林公园管理和建设工作中，认真贯彻落实国家有关森林公园管理要求和海南会议精神，大力开展森林资源保护宣传，提高公众保护森林资源的意识、严格按照《国家森林公园管理办法》，坚持保护优先，合理开发的原则，不断提升森林公园行业服务素质，全省森林旅游业保持稳步发展势头，各项指标再创新高。2014年，全省森林公园共接待国内外游客320万人（次），实现旅游收入1.3亿元，基础设施不断完善，社会旅游从业人数达到2800人（次），社会、经济效益日渐凸显。

【自然保护区】 目前，青海省已建立国家级、省级自然保护区11处（环保系统1个），总面积达21.8万平方千米，占省域国土面积的30.24%。其中国家级保护区7处，面积20.7万平方千米，占省域国土面积的28.8%；省级保护区4处，面积1.03万平方千米，占省域国土面积的1.4%。从东向西、由南至北，全省已建立起具有典型性、代表性和多样性特点的森林、湿地、荒漠生态系统和野生动植物类型的自然保护区，形成了涵盖全省三江源、青海湖流域、祁连山地、柴达木盆地和黄河干流五大地理区域，布局比较合理、类型比较齐全、功能比较完善的保护区网络，并在维护区域生态系统平衡、物种多样性保护、资源与社会经济可持续发展的进程中发挥了应有的作用。

可可西里保护区的藏羚羊种群数量已明显得到恢复；青海湖保护区通过实施湿地恢复与保护工程和流域生态综合治理等工程项目，区域内退化、沙化的生态环境有了较快恢复，围栏封育和人工综合治理取得一定成效，已连续几年水位增长、水量增加。三江源保护区从 2010 年开始，先后与北京大学合作，开展了 18 处雪豹主要栖息分布调查研究，并实施了红外相机野外监测，首次收集到珍贵的雪豹照片资料；针对棕熊对社区的危害现状，为了解棕熊的活动栖息规律，开展了无线电相圈跟踪迁徙方面的调查。青海湖保护区与中国科学院计算机网络中心、病毒所、遥感所、湖泊所、西北高原生物研究所等科研部门多方面合作，积极搭建科研平台。在候鸟资源网络实时监控体系建设、鸟类迁徙规律跟踪课题研究、搭建青海湖数字化标本平台和野生候鸟疫源疫病监测研究等领域有了长足推进和实践。

【林下种养殖】 以保护森林生态环境为前提，以科学利用林地资源为基础，抓示范、树典型、促服务，有计划、有重点的发展林下种植、林下养殖、生态茶园、农家乐，兼顾林菜林菌种植和野生动物驯养繁殖。截至 2013 年年底，全年实现林下养禽 27.5 万只，林下中藏药种植 6.6 万亩，森林景观利用 1.1 万亩，参与农户 1.1 万户，总产值达 7630 万元，全省林下经济呈现快速发展的势头。

（孙鸿儒）

宁夏回族自治区林业产业

【概　述】 2014年，自治区围绕中心、服务大局，按照“责任、实干、创新、上台阶”的工作思路，以生态林业民生林业为核心，以建设“两屏两带”“五大生态工程”为重点，认真贯彻落实自治区关于促进特色优势林产业发展的政策措施，以优化布局、质量监管、品牌保护、市场开拓为抓手，全面推进特色优势经济林产业提质增效。提升改造低产低效果园10万亩，兑现产业扶持资金1.6亿元。大力推进葡萄良种育繁推体系建设，在五大葡萄产区建设优良新品种及砧木品种采条圃繁育基地，从法国引进酿酒葡萄嫁接苗55.6万株，种条92万根，依法销毁50.8万株带毒葡萄苗木。成功举办了中法葡萄酒设备技术展和2014贺兰山东麓国际葡萄酒博览会。加强宁夏枸杞新品种培育和研发，推进小产区标准化基地建设，扩大有机枸杞种植规模。引进淘宝网、天津渤海商品交易所等知名电商，推进网上实体融合营销，宁夏枸杞影响力不断提升，价格持续增长，出口枸杞干果4359.3吨，出口额7000万美元，同比分别增长67.4%和119.1%，确立了宁夏枸杞国内外市场定价权的地位。召开全区特色优势经济林产业现场观摩会。强制使用葡萄、枸杞国家地理标志保护产品标志和贺兰山东麓酿酒葡萄、贺兰山东麓葡萄酒、宁夏枸杞(中宁枸杞)地理标志证明商标。积极实施自治区民生计划，新发展葡萄5.1万亩、枸杞4.2万亩、苹果3.5万亩、红枣1万亩、花卉0.3万亩，改造提升低产低效果园10万亩，稳步推进苹果、红枣、花卉产业，试验示范推广了10项苹果、红枣丰产技术。全区森林、湿地公园共接待游客200多万人次，旅游综合收入4000万元以上。全区林业及相关产值达到190亿元。全区25个市民休闲森林公园全部开工建设，规划建设总面积18.9万亩，完成投资14.9亿元，部分市、县(区)市民休闲森林公园已初具雏形。

【产业政策】 4月24日，自治区人民政府办公厅下发《关于加强宁夏枸杞质量监管品牌保护及市场规范的指导意见》(宁政办发〔2014〕57号)，进一步加强宁夏枸杞质量监管、品牌保护和市场开拓，推进宁夏枸杞产业现代化进程，做大做强宁夏枸杞产业。《意见》规定，严格禁止宁夏枸杞(中宁枸杞)与其他产区枸杞混合销售，冒牌销售的将被停业整顿并罚款，同时，加强宁夏枸杞品牌保护。《意见》提出，加强宁夏枸杞品牌保护，突出地域性特征。宁夏将加快制定宁夏枸杞品牌保护的法规和实施细则。《意见》要求提升宁夏枸杞专卖店的对外形象。将由自治区工商局牵头，林业厅和质监局配合，对全区范围内的所有宁夏枸杞(中宁枸杞)零售专卖店或连锁营销店，进行“四个统一”的规范(即“统一门牌标识、统一室内装修、统一产品包装、统一销售贴标产品”)。对不按要求整改的店面，营业执照不予年检。同时，加大对“宁夏枸杞”品牌的宣传。宣传时，要充分发挥宁夏枸杞协会作用，建立宁夏枸杞产区品牌网站，整合中宁枸杞产业集团门户网站已有资源，把中国枸杞网打造成为“宁夏枸杞”品牌唯一官方指定的综合性公共服务平台，积极宣传宁夏枸杞历史、养生文化、饮食知识等内容。自治区林业厅还将联合质监局、工商局等部门，在全区范围内对枸杞交易市场、枸杞流通加工企业、枸杞专营店定期开展维权打假行动，清理整顿非法使用宁夏枸杞(中宁枸杞)品牌现象。冒牌销售其他省区枸杞产品的，将被停业整顿并处以罚款。

4月27日，自治区人民政府办公厅下发《关于加强贺兰山东麓葡萄酒质量监管品牌保护及市场规范的指导意见》(宁政办发〔2014〕60号)，葡萄产业坚持以市场为导向，以打造贺兰山东麓在我国乃至世界知名葡萄酒产区为目标，以加强葡萄与葡萄酒质量监管、完善质量标准、保护产区品牌、规范市场营销、拓展市场空间为重点，创新运行机制，健全管理制度，加大执法力度，建立和完善贺兰山东麓葡萄与葡萄酒质量标准体系、品牌保护体系、质量追溯体系、市场流通体系，推进葡萄与葡萄酒产业健康持续发展。

【推进集体林权改革】 全区累计流转林地面积149.6万亩。起草了《宁夏生态红线划分工作方案》和《宁夏回族自治区生态保护红线划定方案大纲》，积极开展森林、林地、湿地、沙区植被、物种保护五条生态红线的调研。推进国有林场改革，确定原州区、中宁县作为全区国有林场改革试点县。精简下放审批权限，减少合并10项林政审批事项，审批期限压缩50%。制定完善了2014~2015年全区林下经济发展计划，全力扶持培育壮大林产品加工流通企业，积极引导、支持、鼓励和发展新型林业生产经营主体。全区培育林产品加工流通龙头企业近300家，发展农民林业专业合作社317家，家庭林场637家。发展以黄芪、秦艽、柴胡等林草、林药为主的林下种植93.8万亩，林禽、林畜养殖近260万头(只)，实现年产值近9.6亿元。

【宁夏枸杞】 2014年，面对宁夏枸杞产业发展中存在的市场竞争压力加大、生产成本上升、劳动力紧张、加工转化率低、产品质量安全、品牌保护与市场规范等新问题，自治区林业厅、枸杞产业指导组坚持市场化方向，立足全产业链优化升级，发挥地缘优势，加大政策引导，强化科技支撑，突出地理保护，实现了内外贸与价格同步增长，有力推进了枸杞产业健康稳步持续发展。2014年新发展枸杞基地5.84万亩，新建示范园11个。枸杞出口量与交易额比2013年分别增长了55%与66%，枸杞每千克价格比2013年同期增长了30%以上。

推行标准化管理，提升基地建设水平 推进企业自建与联建稳定的生产基地，目前已有40家企业拥有固定的生产基地15万亩以上。2014年，企业新发展基地有5万亩全部采用宁杞7号良种。

加强品种选育，占领产业高地 自治区启动实施了宁夏枸杞育种专项，在不断选育推出优良新品系，宁夏枸杞育种始终占领着国际枸杞育种高地。宁杞1号、4号、7号已成为枸杞当家品种，种植规模不断扩大。尤其是宁杞7号，自2012年审定以来，在全区推广面积超过10万亩。

壮大龙头企业，增强发展能力 推进用资本、土地、技术、市场、管理等要素改造提升龙头企业，引进培育的近200家枸杞流通加工企业中，有60余家规模不断壮大，有30多家取得出口权，建设出口示范基地5万亩。2014年，企业在枸杞保健、功能饮品等新产品开发上有突破，宁夏红的“传杞”枸杞酒、厚生记“杞动力”功能饮品走红国内外市场。宁夏早康枸杞股份有限公司的新三板上市，实现了宁夏枸杞企业在资本市场的零突破。2014年中宁国际枸杞交易中心，6~7月每天枸杞交易量达到300~500吨，枸杞干果价格比2013年同期增长15元以上/千克。积极引进淘宝网、天津渤海商品交易所，推进网上实体融合营销，天津渤海商品交易所自4月进入以来，与中杞公司签订了合作协议，推进宁夏枸杞营销与品牌培育。支持枸杞企业发挥名人效应，邀请成龙、李娜等名人作产品代言人。积极培育企业品牌，中宁枸杞、宁夏红、百瑞源、沃福百瑞、早康等一批企业品牌获得中国驰名商标，在国内外市场上的影响力不断扩大。在成都糖酒会上，宁夏红、杞动力等企业刮起了宁夏红色旋风，进一步扩大了宁夏枸杞的宣传。

出口创历史新高 2014年，宁夏枸杞产品走俏国际市场，已出口美国、俄罗斯、澳大利亚和欧盟等40多个国家和地区，出口枸杞干果6870吨，出口额近7000万美元，位居全区食品出口第一位。各枸杞主产区林业部门狠抓优新品种繁育推广、新技术与新装备推广应用，使标准化基地建设、品牌保护、质量监管、市场规范等关键环节有了全面提升，枸杞产业继续保持良好发展势头。

【贺兰山东麓葡萄酒】 截至2014年年底，全区葡萄种植面积达到59万亩，其中酿酒葡萄51万亩，产量18万吨。已投产葡萄酒庄72家，加工能力近27万吨，正在建设的酒庄有58家，初步形成了以银川市(西夏区、永宁县、贺兰县)、石嘴山市、青铜峡市、红寺堡区和农垦系统为主体的五大葡萄酒产区，贺兰山东麓葡萄产业文化长廊基本形成。3月，在上海举行的“发现中国·2014中国葡萄酒发展峰会”上，杰西斯·罗宾逊、贝尔纳·布尔奇、伊安·达加塔等3位世界葡萄酒大师向国际市场推荐的7款中国精品葡萄酒中，有4款来自宁夏贺兰山东麓产区。在2014世界葡萄大会·北京延庆国际葡萄酒博览会期间举办的有“葡萄界奥运会”之称的葡萄酒巅峰挑战赛上，贺兰山东麓葡萄酒再获丰硕成果，宁夏禹皇酒庄侯爵赤霞珠干红葡萄酒等5款葡萄酒获得大赛银奖、铜奖和单项奖，成为国内葡萄酒获奖最多的产区，贺兰山东麓葡萄酒产区荣获“新兴产国之星”大奖。

【中宁县枸杞产业】 枸杞是中宁的地域符号、特色产业、文化品牌。近年来，中宁县枸杞产业工作以着力打造“一乡一园一品牌六中心”为总体目标，建立健全标准化生产、质量控制、市场监管和品牌保护四大体系，优化基地、精化加工、活化流通、靓化品牌，枸杞产业已成为中宁最具特色的富民产业、最显活力的文化产业、最有影响的形象产业、最富前景的生态产业、最为时尚的养生产业，中宁县已发展成为宁夏和全国的枸杞核心示范区。2014年，全县枸杞种植面积达到20万亩，干果产量4.76万吨，产值21.5亿元，产业综合产值达31.5亿元。2014年中宁枸杞销售价格平均上涨38.2%，创历史新高，拉动农民增收7个百分点，单产业的拉动作用位居全区第一。品牌价值达23.42亿元，位居中国农产品价值排行榜第五位。

一是以顶层设计谋发展。始终以科学规划为龙头，依托《宁夏空间发展战略规划》，委托国家农业部规划设计研究院、同济大学分别编制完成了《中宁枸杞产业发展中长期规划》、《中国枸杞文化旅游产业园建设规划》，并提请县人大常委会审定，通过顶层设计凝聚共识、指导实践、推动工作。先后成立了中国优农协会枸杞产业分会、宁夏枸杞产业发展联盟、枸杞产业(中宁)技术创新战略联盟、中宁县枸杞产业发展领导小组等机构，实现强强联合、优势互补，推进枸杞产业高端、多元发展。

二是以基地建设促发展。采取适度规模经营、测土配方施肥、病虫害统防防治、机械制干、节水灌溉、标准化栽培“六个全覆盖”措施，建成“八大片区”7.5万亩标准化示范基地，全面提高了枸杞质量安全标准。目前，全县枸杞种植面积稳定在20万亩，创建全国绿色枸杞标准化生产基地10.41万亩，建成3万亩国家级出口枸杞质量安全示范区、2020亩国家中药材GAP认证基地、1200亩国家级枸杞良种苗木繁育中心，年繁育优质苗木1000万株，销售收入达3000万元以上。

三是以精深加工推发展。高度重视枸杞深加工产品的研发。目前，全县枸杞深加工企业发展到24家(其中：国家级龙头企业3家，自治区级龙头企业4家)，投资7.8亿元建设了占地600亩的中国枸杞加工城，16家企业已入园投产；投资8.3亿元建设了中宁县新水农产品加工园区，顺元堂、乐杞、御萃坊、福玛特等5家枸杞企业入驻。占地514.6亩的中宁枸杞科技园正在有序推进，届时，中宁枸杞加工转化率将实现大幅提升。

四是以营销创新赢发展。始终以市场营销为主题手段，着力构建现代市场体系，发展多元化营销。中宁国际枸杞交易中心被农业部批准为首批国家级专业农产品批发市场，年枸杞干果交易量达到5万吨，交易额25亿元以上。借助淘宝特色中国宁夏馆中宁专区和渤海商品交易所枸杞交收运营服务中心，广泛发展电商营销，开拓高端销售市场，销售模式正在从有形市场向无形市场转轨，枸杞及系列产品远销日本、俄罗斯、美国、欧盟、东南亚等30多个国家和地区，年出口枸杞4000余吨，创汇4000万美元。

五是以擦亮品牌保发展。始终以科学管理为重要支撑，健全完善长效管理机制，努力构建产品质量保护体系。对已授权的289家商标准用户进行清理，为具备六个条件的14家企业重新核发了“中宁枸杞”证明商标准用证。启动“中宁枸杞密码”工程，制定完善中宁枸杞地方标准和分级标准，加快检验检测和质量追溯体系建设，全力维护市场经营秩序，积极争取自治区出台“中宁枸杞”品牌管理办法，目前，《宁夏枸杞产业发展促进条例》(草案)正在征求意见中，随后通过自治区人大予以立法，切实保护中宁枸杞的品牌和声誉。

【产业科技支撑】 2014年，争取中央财政专项资金14.5亿元，同比增长17.7%。全区苗木基地达到48万亩，建立林业技术推广示范基地15个，举办了宁夏首届园艺园林设备展和苗木花卉交易展览会。引进驯化油用牡丹、欧美杨等10余个优新树种，组织审定了《宁夏黄土丘陵区油松育苗技术规程》等25项行业和地方标准。加快推进葡萄、枸杞、种苗人才高地建设，举办各类林业科技培训100余场，培训基层林业科技人员和果农近6万人次。成立了国家林业局枸杞工程技术中心和林产品检测检验中心；黄河湿地、城市森林、平原绿化3个国家生态定位研究实验站通过现场考核并纳入国家生态定位观测网络。加强宁夏防沙治沙职业技术学院建设，招生人数创历年新高，首届高职毕业生就业率达95%以上。

【人物风采】 曹有龙，男，汉族，1963年生，宁夏中宁县恩和乡人。四川大学毕业，四川大学生命科学学院博士。中共党员，研究员，硕士研究生导师。现任宁夏农林科学院枸杞工程技术研究中心党支部书记、主任，兼任宁夏回族自治区枸杞专家服务团团长、宁夏回族自治区枸杞种植创新与遗传改良创新团队首席专家。曹有龙博士一直从事枸杞种植创新与遗传改良研究，先后主持了国家科技部重大攻关项目"抗蚜虫转基因枸杞新品种培育的研究"、国家自然科学基金项目"枸杞雄性不育YX－1不育机理研究"、国家发改委高新技术产业化项目"大果鲜食枸杞新品种快繁及产业化"、国家科技部成果转化项目"枸杞新品种宁杞3号中试及产业化示范"、国家创新基金项目"宁夏枸杞创新技术共享服务平台建设"、自治区国际合作项目"植物工程疫苗——抗肝炎枸杞新品种培育的研究"、自治区国际合作项目"NutriSmart活性生态肥在中药材枸杞上的应用与推广"、自治区重大科技攻关项目"枸杞产业化关键技术研究与示范"等20余项重大科技攻关项目，利用生物工程技术培育出了抗蚜虫枸杞和抗肝炎枸杞两个新品系；利用航天育种技术和常规遗传育种技术培出了5个单果千粒重都超过"宁杞1号"的枸杞新品系；研究出了枸杞经济平衡施肥技术和病虫害生物防治技术，并进行了示范和推广，示范面积超过2万亩，农民增效1850万元。为宁夏枸杞产业发展作出积极贡献。

【林下经济】 制订完善了2014～2015年全区林下经济发展计划，全力扶持培育壮大林产品加工流通企业，积极引导、支持、鼓励和发展新型林业生产经营主体。截至2014年年底，全区培育林产品加工流通龙头企业近300家，发展农民林业专业合作社317家，家庭林场637家。发展以黄芪、秦艽、柴胡等林草、林药为主的林下种植93.8万亩，林禽、林畜养殖近260万头（只），实现年产值近9.6亿元。

【2014年林业产业大事记】 **1月24日** 宁夏枸杞协会第二届会员代表大会隆重开幕。自治区林业厅副厅长曹凯龙主持会议。自治区枸杞产业指导组组长、林业厅副厅长平学智出席了代表大会。

1月26日 宁夏红枣协会、苹果协会分别召开成立大会。大会通过了红枣协会、苹果协会章程，选举产生了会长、副会长、秘书长。徐庆林同志任宁夏红枣协会会长，金韶琴同志任宁夏苹果协会会长，副厅长曹凯龙主持会议。

2月17～18日 "中国西北苗木产业合作交流会暨第三届西北苗木供需洽谈会"在宁夏银川举办。来自宁夏以及周边的甘肃、山西、内蒙古、山西等16个省、市、县（区）的种苗管理部门、320余家苗木供需单位共350余人参加了本次洽谈会。

2月18日 国家林业局场圃总站站长杨超和自治区林业厅副厅长金韶琴一行8人，在中宁县林业和枸杞产业发展局副局长李志中的陪同下，检查了中宁县林场国家枸杞种质资源收集库树种收集保存、良种选育试验研究情况。

3月6日 全区枸杞产业发展座谈会在百瑞源枸杞研发中心召开，自治区政府屈冬玉副主席出席会议并作重要讲话。自治区政府办公厅，自治区发改委、财政厅、科技厅、农牧厅、商务厅、检验检疫局、工商局、质监局、农科院、药监局等单位相关负责人及枸杞主产县区政府分管领导和企业代表参加了会议。

3月7～10日 "发现中国·2014中国葡萄酒发展峰会"在上海召开，自治区政府党组副书记、特邀顾问郝林海带领自治区林业厅王文宇厅长、宁夏贺兰山东麓葡萄产区企业近100人参加了会议，与国内外葡萄酒业界专业人士对话交流，共谋发展。

4月11~15日 自治区林业厅党组成员、纪检组长开永安带领自治区林改处、自治区林权服务中心一行，对盐池县、永宁县、红寺堡区等县、市(区)的林权服务平台建设及林下经济发展情况进行了调研督导。

4月15日 自治区林业厅王文宇厅长、徐庆林副厅长一行对中宁县枸杞产业、森林公园、主干道路大绿化工作进行了实地调研。中宁县主要领导陪同调研。

4月25日 自治区林业厅组织召开了全区林业产业化发展银企座谈会，自治区党委政研室和人民银行银川中心支行、自治区银监局、农业发展银行宁夏分行、国家开发银行宁夏分行等13家金融机构的相关部门负责人，21家林业产业化龙头企业、12家林业专业合作社、5家国有林场、5家家庭林场的代表参加会议。

4月29日 自治区主席刘慧出席了自治区林业厅挂牌仪式并调研了贺兰山东麓百万亩葡萄文化长廊建设。

6月18日 由宁夏贺兰山东麓葡萄与葡萄酒国际联合会、法国高美艾博展览(上海)有限公司共同主办的中法葡萄酒设备技术展在银川开幕。自治区党委副书记崔波、政府党组副书记、宁夏贺兰山东麓葡萄与葡萄酒国际联合会主席郝林海、自治区政府副主席屈冬玉，法国驻华大使馆农业参赞李嘉琳和高美艾博展览(上海)有限公司总经理凯旋等出席并分别致辞，自治区林业厅厅长王文宇主持开幕式。

7月19日 天津渤海商品交易所与中杞集团在中宁国际枸杞交易中心举行中宁枸杞大宗电商采购签约仪式，来自全国十大中药材流通市场、药材连锁企业、医药公司、大型超市等枸杞采购方200多人参加了采购仪式，渤海商品交易所与中宁枸杞国际交易中心签署了第一期5000吨枸杞采购合作协议。

7月22日 自治区林业厅为会同自治区农林科学院，在中宁县长山头百瑞源枸杞示范基地召开全区枸杞新品种、新品系现场观摩会。

9月3~6日 由自治区林业厅主办、宁夏宁苗园林绿化有限公司承办的首届宁夏园艺园林设备展览会在宁夏贺兰园艺产业园举行。

9月2~4日 “宁夏首届秋季苗木花卉交易会”在宁夏园艺产业园成功举办。

9月11~12日 自治区林业厅召开了全区2014年特色经济林产业发展观摩会及座谈会。自治区林业厅党组书记、厅长王文宇出席观摩会并主持召开座谈会，厅纪检组长开永安，副厅长金韶琴、平学智分别出席了观摩会及座谈会。

9月27~29日 吸引20多国外宾及国内众多企业参加的2014贺兰山东麓国际葡萄酒博览会，在一场以交流、学习为目的的葡萄酒品鉴活动中开幕。自治区领导王儒贵、郝林海、屈冬玉、张乐琴出席活动，并为2012世界酿酒大师贺兰山东麓邀请赛获奖酿酒师颁奖。自治区林业厅党组书记、厅长王文宇主持开幕式。

10月11日 在南京召开的全国休闲农业经验交流会上，农业部公布了2014年“中国最美休闲乡村”百村名单，西吉县吉强镇龙王坝村榜上有名，这是继该村荣获“国家林下经济示范基地”称号后，再次荣获的一项国家荣誉，也是历年来宁夏唯一获此殊荣的乡村。

表1 全区特色产业重点企业名单

序号	企业名称	所属县	法人	注册时间	品牌	企业资产情况				销售或交易额(万元)	带动农户总数
						总资产(万元)	固定资产(万元)	基地面积(亩)	土地租期(年)		
1	宁夏立兰酒庄有限公司	永宁县	邵青松	2013	览翠	3500	1500	1600	30	1500	500
2	宁夏圣路易·丁葡萄酒庄(有限公司)	永宁县	丁洁杨	2007	法塞特	8000	3000	3400	50		

(续)

序号	企业名称	所属县	法人	注册时间	品牌	企业资产情况				销售或交易额(万元)	带动农户总数
						总资产(万元)	固定资产(万元)	基地面积(亩)	土地租期(年)		
3	保乐力加贺兰山(宁夏)葡萄酒业有限公司	银川开发区	CONSTANDIS	2009	贺兰山	18278	5398	6000	30	2400	240
4	宁夏张裕摩赛尔十五世酒庄有限公司	西夏区	周洪江	2010	宁夏张裕摩塞尔十五酒庄	60000	2000	1400	自有	1517	1380
5	宁夏类人首葡萄酒业有限公司	永宁县	陈　林	2002	类人首	8000	3000	1082	30	1600	350
6	宁夏红枸杞产业集团有限公司	中宁县	张金山	2004	宁夏红	100283	22807	1055	30	47000	200000
7	银川巴格斯葡萄酒庄(有限公司)	永宁县	王三伟	2005	巴格斯	13000	9684	1700	30	1000	
8	宁夏兰一酒庄有限公司	银川市	赵增柱	2010	兰一	3200	2200	600	50	368	200
9	宁夏青铜峡市禹皇酒庄有限公司	吴忠市	李文军	2009	禹皇酒庄	26000	26000	8205	50	1700	3000
10	酩悦轩尼诗夏桐(宁夏)酒庄有限公司	永宁县	Mark Bending Ham	2011	夏桐	7000	7000	1020	自有		
11	宁夏原歌葡萄酒业有限公司	贺兰县	田生良	2011	原歌戈丽雅	5200	5200	408	30	2200	46
12	中粮长城葡萄酒(宁夏)有限公司	永宁县	马永明	2011	中粮长城云漠	31000	31000	5000	50	1600	2300
13	宁夏志辉源石葡萄酒庄有限公司	西夏区	周月琴	2013	山之魂山之子	5234	1149	2050	30		
14	宁夏凯仕丽实业有限公司	红寺堡区	郑永金	2002	凯仕丽	31000	19000	50000	50	6100	2100
15	宁夏汉森葡萄酒有限公司	红寺堡区	撒建平	2013	汉森	4600	2800	5000	50	1500	20
16	宁夏贺兰芳华田园酒庄有限公司	青铜峡	王新文	2010	贺兰芳华	3000	3000	600	30	180	30
17	宁夏西夏王葡萄酒业有限公司	永宁县	王　宏	1992	西夏王	25265	4306	132000		10503	3050
18	银川泰丰生物科技有限公司	贺兰县	郝万亮	2003	百瑞源	21400	10100	12000	30	17000	10000
19	宁夏农林科学院枸杞研究所(有限公司)	西夏区			枸杞葡萄酒	8531	1632			3603	
20	宁夏沃福百瑞生物食品工程有限公司	金凤区	潘泰安	2004.12	沃福百瑞	5000	2000	14000	9	12000	20000
21	宁夏厚生记枸杞饮品股份有限公司	贺兰县	阮世忠	2013.8	杞动力	14000	12000		订单	20000	20000
22	宁夏万家香清真食品有限公司	永宁县			宁杞1号	3075	1572			3057	
23	宁夏中宁县早康枸杞开发有限责任公司	中宁	朱彦华	1999.9	早康	12850	3440	10000	12	11000	27900
24	宁夏万盛生物科技有限公司	中宁	胡保栋	2010.12	杞百益	33900	10400	3200	10	2532	17000
25	宁夏华宝枸杞产业有限公司	中宁	王宇	2007	亮杞	11000	7200	500	10	6301	9040
26	宁夏红枸杞商贸有限公司	中宁	周佳奇	1998.2	杞王、杞黄	12500	7400	1400	11	7569	20000
27	宁夏杞芽食品科技有限公司	中宁	刘国祥	2005.2	红色健康	5300	1700	2000	11	2498	4000

(续)

序号	企业名称	所属县	法人	注册时间	品牌	企业资产情况				销售或交易额(万元)	带动农户总数
						总资产(万元)	固定资产(万元)	基地面积(亩)	土地租期(年)		
28	宁夏杞乡生物食品工程有限公司	中宁	王自贵	1997.11	杞乡春	9871	2699	2800	15	5327	7000
29	宁夏中宁县宁海土产果品有限责任公司	中宁	龙生泉	1995	兴隆源	1300	830	300	15	5700	3000
30	宁夏宁安堡土特产品有限公司	中宁	曹登科	2001.4	宁安堡	4700	2100	800	15	5500	32000
31	中宁县壹宝枸杞商贸有限公司	中宁	刘仲益	2003	云坤壹宝	2300	1500	560	15	13760	2500
32	宁夏乐杞生物科技发展有限公司	中宁	雍跃文	2007.4	健商堂/红色动力	1400	705	450	12	4590	10000
33	宁夏顺元堂汉方生物科技有限公司	中宁	庄王庆	2009.1	顺元堂	17739	5430	520	12	2100	2000
34	宁夏中杞枸杞贸易集团有限公司	中宁			枸杞	39592	12217			9254	
35	中宁县隆盛枸杞商贸有限公司	中宁	张保成	2000.8	隆盛聚	1230	910	500	10	3400	15000
36	宁夏三亮实业有限公司	中宁	窦享亮	1999.5	三亮	760	430	240	10	3000	2000
37	中宁县惠林商贸有限公司	中宁	王国顺	2001.3	果顺	1500	1000	100	12	9710	2000
38	宁夏易捷庄园科技有限公司	同心	吴衍霖	2011	国杞天香	23000	3643	40000	25	30000	50000
39	宁夏金彤枸杞生物制品有限公司	沙坡头	赵广涛	2005.5	江南好	2000	1000	6500	5	1500	2600
40	宁夏枸杞企业(集团)公司	农垦局			枸杞	4846	2232			7219.7	
41	宁夏杞叶青生物工程有限公司	利通区			杞叶青枸杞饮料	3985	1486			3404	
42	宁夏义福茂工贸有限公司	海原县			枸杞果汁	11557	6650			6301	
43	西吉县旺泉食品饮料厂	西吉县			缘分枸杞露	1301	858			1783	
44	宁夏吴忠市茂源天然果汁有限责任公司	利通区	李书臻	1998年	恒通牌	26000	13000	10000	30年	13664	5000
45	中宁恒兴果汁有限公司	中宁县	李书臻	2004年	恒通牌	14600	8700	无	收购	9394	3300
46	宁夏通达果汁有限公司	沙坡头区	高　鹏	2005年	恒通牌	18000	13000	无	收购	6832	2100
47	宁夏南山阳光果业有限公司	沙坡头区	吴光亮	2010.1	南山阳光	4500	3100	3200	订单	4200	600
48	宁夏宁圆果汁有限责任公司	青铜峡市	李　勇	2006.3	宁圆浓缩苹果清汁	4266	2195	6000	自有订单	2638	2300
49	灵武市果业开发有限责任公司	灵武市	马占儒	2000.6	灵丹	5035.5	5035.5	157.8	自有	4800	700
50	宁夏中玺枣业股份有限公司	灵武市	林　海	2013.7	中玺御果天沁	6000	2000	5000	5~15	3500	40000
51	宁夏绿源恒农业中河开发有限公司	灵武市	马玉虎	2009	灵虎灵武长枣	8500	4050	8241	40	1740	260
52	宁夏银湖农林牧开发有限公司	灵武市	郭　有	1999.9	沙漠鲜狼皮子梁	20000	18000	4000	50	1000	8000
53	中卫宝塔农林牧生态科技有限公司	中卫市	王学林	2012	宁宝硒枣宝砂硒枣	23000	8655	78000	70	480	300

（续）

序号	企业名称	所属县	法人	注册时间	品牌	企业资产情况				销售或交易额（万元）	带动农户总数
						总资产（万元）	固定资产（万元）	基地面积（亩）	土地租期（年）		
54	同心县圣峰枣业有限责任公司	同心县				1597	627			1170	
55	宁夏中卫市西部枣业食品有限公司	中卫市	张旭兰	1997	拓老七	3000	1000	800	20	1000	600
56	宁夏天予枣业有限责任公司	同心县	马　军		同心圆枣	3603	1591			3829	1500
57	宁夏宁苗园林集团有限公司	兴庆区	余根民	2003. 3	宁苗	15000	3000	2000	25	25000	1000
58	宁夏海绿丰农业科技开发有限公司	兴庆区	张建宁	2000. 3	昆仑碧佳	4700	4200	1000	27	5000	1500
59	宁夏天地缘锦绣园林有限公司	兴庆区	施　栋	2003 年	天地缘	6200	1650	2000	20	6450	1000
60	宁夏睿发农业开发有限公司	兴庆区	李永斌	2013. 3	兴燕	2000	1700	2200	30	2700	1200
61	宁夏小任果业发展有限公司	永宁县	任爱民		设施水果	9129	2809			15989	
62	永宁县董洋农林果蔬开发示范园	永宁县	董道洋		设施水果	3004	1570			3044	
63	银川市天天鲜菜篮子冷链物流有限公司	永宁县			设施水果	4435	700			12659	
64	宁夏云雾山庄果品开发有限责任公司	彭阳县			果脯	2340	1706			1896	
65	宁夏彭阳县林果发展有限责任公司	彭阳县			果脯	2218	1190			2334	
66	隆德县绿鲜果蔬有限责任公司	隆德县	张兵		花卉	2967	2522			1463	
67	隆德县六盘山五龙花卉有限公司	隆德县			花卉	1788	1359			1211	

（宁夏回族自治区林业厅　李　国　李惠军　马永福　吕学民）

新疆维吾尔自治区林业产业

【概　述】 新疆的林业特色产业突出表现在森林培育业、特色林果业、森林旅游业、种苗花卉业和沙产业。2014 年，新疆林业总产值 590 亿元，其中，对林业总产值贡献最大的是林果产业，490 亿元(含兵团)，占 83%。

在新疆，特色林果是农民发家致富的法宝，是政府推动经济发展的抓手。新疆维吾尔自治区成立 60 年来，自治区党委、政府不断推进特色林果业提质增效、转型升级，为全疆各族人民创造源自绿色的财富。

1999 年，若羌县开始大规模推广红枣种植。全县统一规划种植区域，免费为农民发放苗木。县林业局派出技术人员深入林间地头，指导农民种植、嫁接，统一测土配方、施肥防虫、采摘出售。2003 年，退耕还林工程启动。县政府规定，只有栽种红枣并达到一定成活率，才能纳入退耕还林范围，享受工程补贴。到 2006 年，全县 4.9 万亩退耕还林任务全部栽植了枣树。目前，若羌县栽植红枣面积 22 万亩，已连续 6 年农民人均纯收入位居西部 12 省(区)之首。2014 年，农民人均纯收入 2.65 万元。

1978 年，新疆特色林果种植面积仅为 71 万亩，2009 年即飙升至 1545 万亩，2014 年更是突破 2200 万亩；1978 年，新疆果品产量尚不足 20 万吨，2009 年跃升至 441 万吨，2014 年已经达到 830 万吨(含新疆生产建设兵团在内的果品产量)，其中，杏 123 万吨、葡萄 169 万吨、红枣 126 万吨、香梨 70 万吨、苹果 67 万吨、核桃 48 万吨、石榴 5 万吨、枸杞 3 万吨、巴旦木 5 万吨、小浆果 1 万吨。全疆农民人均林果业年收入为 1400 元。

目前，全疆已建成环塔里木盆地面积近 1500 万亩的林果主产区，吐哈盆地、伊犁河谷及天山北坡一带若干个高效林果基地和林果业产业带。特色林果业已成为全区特别是南疆农民增收致富的重要来源。2014 年，全区特色林果品实现产值 450 亿元，农民人均来自林果业的纯收入超过 1400 元，一些林果业发展较早的县(市)，林果业收入已占农民人均年收入的 50%。

品牌带动精深加工　羌都公司是新疆的龙头企业，年加工量 1200 吨。2014 年“羌都参枣”被评为新疆著名商标。公司将参枣分为 4 个等级，分别推出礼盒装、罐装、袋装等 12 种不同规格的产品，以满足不同层次的市场需求。收购价每千克 20～25 元的参枣，经过加工和包装，特级礼盒 660 克售价可达 398 元。2013 年，公司产值超过 4000 万元。深加工与品牌的力量可见一斑。

为进一步延长产业链，公司与新疆大学等科研院所合作，研发出红枣多糖片、红枣粉、红枣汁、红枣红酒、红枣膳食纤维等多种精深加工产品，进一步开发红枣在养生及辅助医疗等方面的潜力，目前已通过临床试验。

截至 2014 年年底，全疆果品贮藏保鲜与加工企业达 380 家，精深加工产品 400 多种，年贮藏保鲜与加工处理能力突破 300 万吨，60 多家林果企业成为国家和自治区级农业产业化重点龙头企业。

同时，全区积极开展各类林果品牌创建活动，切实提高林果产品知名度。截至 2014 年年底，全区有 134 个林果产品获得国家级和自治区级知名品牌名牌，13 种林果产品及商标获中国驰名商标和“中国名牌产品”“中国农业名牌产品”称号；33 种产品受国家地理标志产品保护。林果产品已成为新疆的一张特色名片。

市场开拓电子加盟　2013 年 11 月，2014 新疆特色林果产品(广州)交易会举行。新疆 7 个地州成功对接林果业发展项目 37 个，签约金额近 20 亿元。

2009 年，新疆启动了特色林果产品市场开拓“走出去”战略，先后在北京、上海、广州、武汉、成都、长春建起了 6 个一级营销平台，并辐射带动华北、华东、华南和港澳台、华中、东北、西南地区市场，销售网点向二、三线城市延伸。截至2014年年底，全区以林果产品为主的农产品生产、加工、流通等企业已在全国建起1000多家专卖、代理、加盟店。

致力于将产品带出新疆。自治区连续6年在南方重点销售区广州市举办新疆特色林果产品交易会，创建了广东·新疆生态大果园产品展示直销中心，影响力和知名度不断提升。

随着电子商务市场逐步扩大，新疆紧紧抓住这一新兴平台，借助"互联网+"大力开拓特色林果产品市场。目前，新疆"大唐丝路"网购体系、淘宝网新疆馆等特色林果产品电子商务平台影响力不断增强，多个企业在天猫、一号店、京东等网上商城设立旗舰店，进一步拓展国内、国际销售市场。

新疆若羌县等4县被命名为"中国经济林之乡"称号 截至12月29日，阿克苏地区乌什县再被国家林业局命名为"中国核桃之乡"，新疆2014年被国家林业局命名的"中国经济林之乡"达4个。巴音郭楞蒙古自治州若羌县是继2008年9月被评为"中国红枣之乡"后再次获得该项殊荣。且末县获得"中国红枣之乡"、托克逊县获得"中国早熟红枣之乡"殊荣，这也是新疆大力实施林果产品品牌名牌战略取得的又一重大成效。

目前，新疆被国家林业局授予经济林之乡称号的有17个，分别是吐鲁番市"中国葡萄之乡"、叶城县"中国核桃之乡"和"中国石榴之乡"、和田县"中国核桃之乡"、莎车县"中国巴旦杏之乡"，库尔勒市"中国香梨之乡"、疏附县"中国木亚格杏之乡"、阿克陶县"中国巴仁杏之乡"，轮台县"中国小白杏之乡"、精河县"中国枸杞之乡"、霍城县"中国樱桃李之乡"、库车县"中国小白杏之乡"、若羌县"中国红枣之乡"、且末县"中国红枣之乡"、托克逊县"中国早熟红枣之乡"，乌什县"中国核桃之乡"和"中国沙棘之乡"。

截至2014年年底，全区获得国家级和自治区级的各类知名品牌名牌林果产品133个，3家林果企业获得国家林业局首批"国家林业重点龙头企业"称号，"中国经济林之乡"是新疆实施品牌名牌战略建设的一项重要内容之一。2014年，在各级政府和林业部门审核上报的基础上，自治区林业厅对符合"中国经济林之乡"的林果业发展主产县(市)进行了认真筛选，并向中国经济林协会提交了若羌县、且末县、托克逊县和乌什县"中国经济林之乡"命名申请书。在此基础上，中国经济林协会对上报的若羌县等4县经济社会及特色林果业发展现状进行了实地考察和评议，认为上报的4个县的特色林果业发展情况完全符合和具备"中国经济林之乡"认定和命名条件，在向社会公示期满后，下发文件进行命名。该命名有效期自2014年至2020年，"中国经济林之乡"称号和标识在5年内有效。

"中国经济林之乡"的命名，进一步扩大了新疆林果产品及产地的社会知名度，将有效地激励全区各地更好地推进特色林果业持续健康高效发展，为提升林果产品品牌效应，提高新疆林果产品市场开拓能力奠定坚实的基础。

(新疆维吾尔自治区林业厅天然林保护工程和产业发展办公室)

【阿尔泰山国有林管理局林业产业】 阿勒泰山国有林管理局下辖6个分局，分别是哈巴河分局、布尔津分局、阿勒泰分局、福海分局、富蕴分局、青河分局。截至2014年年底，全局在职职工695人、资产总额27269.52万元、营业收入1828.28万元、利税增长率68.31%。

苗圃苗木生产 全局苗圃育苗面积22.69公顷，苗木160.04万株，其中，西伯利亚云杉31.34万株、疣枝桦6万株、樟子松1.2万株、榆树11万株、大叶白蜡110.5万株。

森林旅游资源与利用 阿勒泰山国有林管理局现有6个森林公园。分别是白哈巴、贾登峪、阿尔泰山温泉3个国家级森林公园和小东沟、神钟山、大青河3个省级森林公园。森林公园面积414.82万亩，旅游接待人数11.67万人，总收入193.2万元、门票收入25.95万元。

(阿尔泰山国有林管理局)

【阿克苏地区林业产业】 2014年，阿克苏地区坚持"生态优先和两个可持续"发展道路，以"增资源、增效益"为目标，大力发展以特色林果业为主的林业产业，林业经济发展取得显著成效。全年实现林业产值157.01亿元，其中特色林果挂果面积达到368万亩、总产量达到190.03万吨(其中苹果、香梨等水果114.69万吨、核桃红枣等干果75.34万吨)，实现产值144.87亿元；木材采运及加工业实现产值8.00亿元，野生动物驯养繁殖、林药、林产品加工实现产值6.83亿元，一个以红枣核桃为主的，以木材、林药、苗木生产、林产品加工为补充的较为完善和发达的林业产业体系逐步形成。

深入实施“林果业管理增效年”活动 阿克苏地区以“林果业管理增效年”活动为抓手，狠抓林果管理，促进提质增效。地区年初组织召开了“林果业管理增效年”研讨会，总结研讨会成果，形成了《2014年阿克苏地区果树生产管理技术规范》，规范和完善技术措施。详细制定了“林果业管理增效年”活动实施方案和阿克苏地区2014年“林果业管理增效年”考评办法，确保了各项林果技术措施的全面落实。在实际生产中，结合果树不同生产环节和工作重点，每月定期编发了《现阶段果树管理技术要点》，并下发至各县(市)、各乡镇场，进一步增强了管理措施的指导性。巩固林果标准化管理“双百工程”建设，充分发挥全地区1224个23.09万亩领导干部科技示范园引领示范作用，带动周边“双百”工程生产园红枣100.19万亩、核桃102.61万亩技术措施的有效落实，达到了亩均单产红枣422.74千克、核桃143.8千克的增产成效，进一步推进了特色林果业标准化生产和提质增效。2014年全地区林果挂果面积达到368.16万亩，果品总产量达到190.04万吨，其中红枣57.59万吨、核桃17.65万吨、苹果41.26万吨、香梨30.89万吨，实现农民林果纯收入3701元，占农民人均纯收入10630元的34.82%，同比增收543元，林果业在农业经济的基础地位进一步巩固。

组织开展活动，培育企业、打造品牌、开拓市场 2014年，阿克苏地区开展了“林果业重点龙头企业”和“地区林果专业合作社示范社”遴选评审认定工作，在县(市)林业主管部门推荐的基础上，经地区评审，认定阿克苏地区天山枣业有限责任公司等16家林果企业和阿克苏戈壁枣业农民专业合作社等23家合作社为第一批“地区林果业重点龙头企业”和“地区林果专业合作社示范社”，目前全地区培育林果企业141家；自治区级重点龙头企业16家，地区级重点龙头企业43家；培育合作社404家，其中阿克苏戈壁枣业农民专业合作社等5家林果专业合作社被评选为国家级农民合作社示范社，占全疆总数的42%；自治区级林果业合作社示范社15家，地区级示范社23家。温宿县木本粮油林场、新疆天海绿洲农业科技股份有限公司被国家林业局评为“首批国家林业重点龙头企业”荣誉称号(全疆共3家)；邀请区内外电子商务、果品分级加工、营销及物流专家举行新疆特色果品营销讲座，地直相关单位、各县市企业、合作社及工作人员近200人参加学习培训。“阿克苏苹果”驰名商标通过国家工商总局审核批准。利用浙江援疆优势，积极拓展华东、华南市场，发展果品营销网点1678个，其中直营店356个、商超591家、电子商务58家、加盟代理673家。组织林果龙头骨干企业、专业合作社积极参加第七届中国义乌国际森林产品博览会、广州林果展销会，“阿克苏地区—红旗坡苹果”“阿克苏地区—阿克苏红枣”被新疆特色林果产品交易会评为“金奖产品”，“阿克苏地区—宝圆核桃”“阿克苏地区—枣晨红枣酒”“阿克苏地区—钟华牌香梨”被新疆特色林果产品交易会评为“银奖产品”，温宿县木本粮油林场“宝圆牌核桃”被第七届中国义乌国际森林产品博览会评委“优质奖”、阿克苏中枣果业有限公司“七果传奇牌红枣”被第七届中国义乌国际森林产品博览会评为“金奖”，阿克苏地区供销社中枣果业有限公司被第七届中国义乌国际森林产品博览会评为“最佳参展奖”；阿克苏地区承办了以“绿色生态健康，合作发展共赢”为主题的自治区首届特色果品交易会，实现交易额39亿元；地区林果业龙头企业和林果专业合作社示范带动和引领辐射作用进一步发挥，“阿克苏苹果”“阿克苏红枣”“阿克苏核桃”区域大品牌美誉度和影响力进一步提高，为推进地区特色林果业转型升级、提质增效、持续健康发展奠定了基础。

林果产业化发展助推产业提质增效 全地区培育林果企业141家，培育林果专业合作社404家，加工能力68.2万吨、保鲜能力49.9万吨，企业、合作社发展营销网点1678个；2014年地区创建国家级林业重点龙头企业2家，国家级农民专业合作社示范社5家，自治区级林果专业合作社示范社21家，地区级林果专业合作社示范社23家，企业、合作社积极开展红枣代加工、代储藏、代销售，发展势头强劲；建设县、乡级果品晾晒交易市场78个15816亩；切实帮助企业、合作社解决果品收购资金不足的难题，共协调果品收购资金4.72亿元；阿克苏市、新和县积极建设果品晾晒交易市场，引进客商入驻收购，阿瓦提县充分利用援疆机遇在永鑫商贸城购买36间门面(摊位)供企业、合作社免费使用，促进红枣销售；库车县、沙雅县拿出专项资金委托银行对当地企业、合作社进行果品收购资金的贷款支持；库车县积极探索合作社成员互保贷款、果品库贷抵押等形式帮助贷款，协调农业银行、国民村镇银行、农村信用社3家银行，启动农民专业户户户联保形式，为企业、合作社协调贷款1.2亿元；阿克苏市、温宿县积极组织当地企业、合作社在本县市开展果品推介会；地区乌什县阿瓦提县、温宿县等多县市充分利用浙江援建优势，在浙江援建城市开展果品展销，推介宣传阿克苏果品，进一步拓展林果市场。

(新疆阿克苏地区林业局　李宗明)

中国内蒙古森林工业集团林业产业

【概　述】 内蒙古大兴安岭重点国有林区是我国东北内蒙古四大国有林区之一，林业生态主体功能区面积10.67万平方千米，全部纳入天保工程实施范围，是我国北方重要的生态安全屏障。目前，内蒙古森工集团(林管局)下属企事业单位45家，其中森工公司、林业局19家，北部原始林区管护局1家，国家级自然保护区管理局2家，航空护林、森调规划、旅游、房地产等企事业单位23家；在册全民职工9.4万人，混岗知青工5.8万人，退休职工8.6万人，另有改革改制中用现金或资产一次性补偿安置的全民和大集体职工近9万人。

林区转型产业发展现状 按照内蒙古自治区"8337"发展思路，结合林区木材减产、停产和富余人员安置的实际，加快经济结构调整，努力谋求转型发展新途径，提出了建设"五大基地、三大龙头"的奋斗目标。当前，龙头基地建设尚处在起步阶段和资金集中投入期，还未形成规模效益，难以起到经济支撑作用，暂时也不能形成有效的就业带动能力。

水体资源 林区水资源丰富，共有河流984条(一级100条、二级河流884条)。以大兴安岭山脉为界，形成两大水系，岭东的甘河、诺敏河、绰尔河等流入嫩江；岭西的海拉尔河、根河、激流河等汇入额尔古纳河。水资源总量161亿立方米，其中，地表水159亿立方米，地下水2亿立方米。其中，额尔古纳河发源于大兴安岭西麓，全长970千米，流域面积15万平方千米，林区主要支流有海拉尔河、根河、得耳布尔河、莫尔道嘎河、激流河。嫩江发源于伊勒呼里山南坡，全长1869千米，流域面积28万平方千米，林区的主要支流有绰尔河、诺敏河、甘河、阿里河等。根据《中华人民共和国地表水环境质量标准》(GB3838～2002)，林区各河流为源头水，为国家Ⅰ类，国家自然保护区水质达到饮用水Ⅰ类标准。

林区矿泉水资源丰富，富含锂、锶、锌、硒、钒和高含量偏硅酸等有益矿物质和微量元素，目前，森工集团开始初步对其商业性开发进行可研论证。已对林区14处水源地水质进行检测(主要是山上泉水及林场深井)，莫尔道嘎、绰尔、绰源、克一河、甘河等5个局的7处水源达到或超过国家矿泉水检测标准，水源综合品质高。莫尔道嘎、绰尔两个水源设置方案已经完成所在旗县、呼伦贝尔市国土局、自治区基金中心及国土厅等环节的审批，分别在2014年5月和11月上报国土资源部备案，其他5个水源设置方案正在履行自治区审批手续。

造纸业 大兴安岭浆纸有限公司股权置换后成为森工集团全资子公司，目前在岗职工1202人。2013年，森工集团投资1.25亿元对其进行了技改升级，2014年，新生产线安装调试成功，产能和产品附加值大幅提高，但后续原料问题一直不能得到有效解决，造成了亏损，2014年，亏损1615万元。

【森林旅游业】 根据林区旅游资源分布特点，规划了以阿尔山、莫尔道嘎、毕拉河为中心的南、北、东三大板块，现正在加大基础设施建设。2014年，投入1.68亿元的阿尔山国家森林公园景区刚刚完成了停车场、休闲广场、游客换乘站等13个总面积12.5万平方米的景区公共交通基础设施建设；完成了10个无线信号传输塔和19个机房的建设；景区标识系统完成安装并启用。其他金江沟温泉小镇项目、银江沟温泉开发和五星级酒店、太平岭滑雪场、阿尔山直通景区城轨等项目正在招商引资。经统计，林区森林旅游从业人员1526人，3年来旅游综合收入12.93亿元。2014年，林区接待游客106.6万人，旅游产业总收入6.4亿元，其中门票收入5646万元，食宿收入2.7亿元，娱乐收入1.04亿元，其他收入2.08亿元。

【林下经济产业】 林区林业产业发展多年来一直以木材生产为主，林产工业和多种经营为辅。在2008年，林区对木材生产之外的辅业进行了改制，产业发展重新进行了布局。在2011年集团公司新班子上任之后，对林区林下经济产业的发展给予了重视，目前各产业项目还处于起步阶段。

食用菌培植 2014年，林区食用菌培植规模达2000万袋。目前，克一河森工公司建设了一条年产300万袋三级菌生产线、阿里河森工公司建设了一条年产400万袋三级菌生产线；莫尔道嘎以荷叶离褶伞为主要栽培品种的食用菌培植基地项目和即食产品加工项目正在积极推进，现已完成3万袋的试生产，还开发了杏鲍菇、平菇等品种；即食产品加工项目主要设备已基本到位，现正进行安装、调试、试生产。其他森工公司(林业局)也非常重视这项产业，纷纷出台各种扶持政策引领职工发展。

经济林果种植 大杨树林业局蓝莓种植示范基地现已建成有机蓝莓示范园1045亩、建成了2000亩的野生榛子驯化繁育栽培技术推广示范园，同时年可提供大量的蓝莓、榛子种苗。阿里河森工公司播育榛子良种近1万千克，完成榛子经济林造林1.25万亩。库都尔大果沙棘种植示范基地建设基本完善，框架已经形成，大果沙棘种植面积达1.1余万亩，另有2000亩沙棘繁育、采穗基地，年可育苗500万株。

中草药培育 林区各类中草药培植面积累计近5000余亩，人工种植、野生药材驯化、种苗繁育技术日渐成熟。图里河森工公司2014年种植水飞蓟1000亩，芍药、金莲花、防风、返魂草等品种共计600余亩。绰源森工公司规划建设了2000亩的林药间作培育基地，正不断扩大返魂草苗、白芍、赤芍等中草药的栽植面积。吉文森工公司2014年五味子的结实量达1000多千克。

森林牲畜养殖 绰尔、乌尔旗汉等森工公司将森林畜牧业，特别是马匹养殖业作为重点产业项目。目前绰尔森工公司建设了马匹养殖、驯养示范区，现有马匹约2600匹，牛9180头，羊10560只。乌尔旗汉森工公司2014年共增加存栏马2000匹、牛5000头、猪5000头、羊2万只。林区畜牧业养殖主要以个体养殖户为主，各森工公司(林业局)通过为养殖户提供无息贷款、建立养殖协会提供养殖技术等方式积极发展森林畜牧业。

特种动物养殖 金河森工公司内2014年北极狐养殖户达239户，养殖北极狐4万只，出售种狐1.2万只，狐皮2.8万张，总产值4460万元。甘河森工公司特种野猪繁育基地现存栏野猪204头。根河林业局驯鹿繁养基地的基础及辅助设施建设已基本完成，正在建设基地环行道路，为从芬兰引进570头驯鹿做好了充足的准备工作。

【矿产开发】 林区矿产开发比较缓慢，有待进一步加大投入，在形成一定产业规模后与市场全面接轨。矿产开发利用好，既能丰富林区经济体系，又能为国有林区改革中富余人员安置工作拓宽渠道，减少分流压力。林区现拥有有色金属探矿权20个，主要矿种为铅、锌、钼；受资金影响，目前勘探程度较低，找矿潜力较大。拥有采矿权1个，为“根河市比利亚谷铅锌矿”，矿种为铅、锌、银，矿石储量1651.81万吨；铅锌金属资源储量81.62万吨；银金属资源储量733.07吨。该矿山正在初步开发建设当中，一期建设规模为50万吨/年，计划投资3.68亿元，年可实现销售收入2.4亿元，一期工程预计2016年末建成投产；二期工程计划2017年建设，2018年末建成投产，年生产规模可达99万吨，实现销售收入4.6亿元。拥有在产矿山1个，由根河市森鑫矿业开发有限责任公司开发，矿种为铅、锌、银，年采选规模20万吨，现有铅锌金属资源储量36万吨，该公司由陕西有色控股集团控股51%，森工集团参股49%。

(内蒙古森工集团(林管局)产业处 张国钢)

中国吉林森林工业集团有限责任公司林业产业

【概　述】 2014 年，集团稳步实施项目重组，调整优化产业产品结构，全力开拓市场，强化风险防范，科学经营森林，集团经济保持了持续稳健的发展态势。

经济效益　全年实现总产值 200 亿元，比 2013 年增长 22.7%；销售收入 92.7 亿元(由于会计准则调整和内部抵消影响收入 14.9 亿元)，按可比口径比 2013 年增长 13.5%；利润总额 16.1 亿元，比 2013 年增长 2.1 倍；净利润 3.5 亿元，比 2013 年增长 3.4 倍；2014 年底资产总额达 306 亿元，比 2013 年增长 22%；净资产 51.1 亿元，比 2013 年增长 24.3%。

森林资源　经营区森林覆盖率达 90.9%，比 2013 年增长 0.1 个百分点；有林地总蓄积达 1.8 亿立方米，比 2013 年增长 380 万立方米；乔木林公顷蓄积量达 151.95 立方米，在全国已开发林区位居第一；成过熟林蓄积占有林地总蓄积 41.6%，珍贵树种蓄积比重达 44.5%，针阔混交林面积占有林地面积 87.3%。

企业经营　重组中盐银港人造板公司扩大产能 150 万立方米，并购湖南益阳林业公司实现收益 13.97 亿元。泉阳泉饮品公司销售矿泉水 30.5 万吨，比 2013 年增长 46.7%；实现利润 3045 万元，比 2013 年增长 1.17 倍。类金融企业实现利润 4.5 亿元，比 2013 年增长 20.2%。

产业结构　在全部销售收入中，原木销售收入 10.2 亿元，占 11%，林木加工业销售收入 28.1 亿元，占 30.3%，其他非林产业销售收入 54.4 亿元，占 58.7%。一、二、三产业比例为 26:39:35。

品牌建设　露水河刨花板、泉阳泉矿泉水和霍尔茨门被国家质检总局认定为“生态原产地保护产品”。金桥地板集团被全国进出口企业质量诚信经验交流会评为“中国质量诚信企业”。集团被国家发改委批准为第二批资源综合利用骨干企业，股份公司和金桥地板集团被列入首批国家林业重点龙头企业。

【2014 年产业工作】

实施重组整合和项目建设，产业转型发展取得明显成效　①组建人造板集团，借助重组中盐银港人造板公司向域外发展，实现了人造板产业在河北、湖北、湖南、四川等地的全国布局。②重组湖南益阳森华林业发展公司，建立 70 万亩外埠速生丰产工业原料林基地，林板一体化取得突破性进展。③长春水泥刨花板外墙挂板项目进入试生产阶段，推进了人造板产业产品转型升级。④河北永清年产 20 万樘油漆实木复合门项目一期工程竣工投产，进一步扩大了门业产能。⑤泉阳泉饮品公司年产 50 万吨矿泉水新建项目进展顺利，为提升矿泉水产量奠定了基础。⑥财务公司、投资公司和融信控股公司落实金融业务风险管理办法，有效防范经营风险，实现利润 4.5 亿元，为集团经济发展提供了重要支撑。

强化管理提升和风险防控，经济运行保持了平稳健康态势　①扎实开展管理提升活动，针对 10 个重点领域 25 个方面的管理短板和瓶颈问题，启动 5 项专项治理工程，修改完善 45 项内控制度，制定实施了 15 项经营管理制度。②推行采购、验收、出库三分离制度，实施考核站管理模式，有效地防止了跑冒滴漏和侵占企业利益行为的发生。③严格预算管理，加强成本控制和节本降耗，减少资金占用，严控管理费用支出，全年生产成本降低了 3%。④拓宽融资渠道，在银行间交易商市场发行 14 亿元短期债券、6 亿元中期票据和 7 亿元私募债，改善了债务结构，全年节约财务费用 3200 多万元。⑤开展经营风险检查和巡视活动，成立巡视办公室，重点对金融、房地产、加工企业进行全面审计，开展资本权益和资产安全监管检查及整改，有效地防控了经营风险。

推进商业模式创新和市场开发，提升了产品

市场占有率　①与北京易观公司实施战略合作，完成电子商务发展战略整体设计，开展了战略支撑点建设与实际操作培训。②探索O2O营销模式，推进网络营销与实体店体验有机结合，利用淘宝网吉森商城平台推介销售吉林森工产品取得积极进展。③强化品牌宣传，冠名十七届省运会和延边足球队，在传统媒介和自办网站及微信公众平台宣传产品，推广了吉林森工品牌形象，提升了产品市场认知度。④借助上海自贸区政策优势，组建上海自贸区投资公司，筹建吉林森工形象及产品展示馆，带动了产品区域营销。⑤推进北京森工食品公司与华润万家商超合作，实现吉林森工保健食品在沈阳7家大卖场的进店销售。

坚持深化改革，推进科技创新，进一步增强了企业发展活力　①实施多元化投资主体模式，泉阳泉饮品公司、中森电子商务公司、财务公司和融信控股公司完成增资扩股工作。融信控股公司引进企业外资金13亿元。②适应市场需求，依托企业科技中心研发新产品，人造板7款新品、实木复合地板14款新品和天然矿泉水5款新品投放市场。开发了蓝莓等系列果汁饮料、果醋产品。③推进刨花板主导产品向水泥外墙挂板、门芯板、内饰板等高附加值产品转移，开发出浸渍纸、薄木饰面板、后成型防火板等新品种。④F4星级刨花板胶黏剂、废弃木耳菌袋在刨花板生产中应用研究项目已通过省级科技成果鉴定。　（涂海萍）

中国龙江森林工业(集团)总公司林业产业

【概　述】 中国龙江森林工业(集团)总公司暨黑龙江省森林工业总局，2014 年在经济下行压力较大的背景下，解放思想，奋发努力，果断停伐，转型发展，主动适应经济发展新常态，取得生态资源恢复、经济稳中向好、结构调整持续、转型发展较快的良好局面。

按照国家林业局“林资发〔2014〕3 号”《国家林业局关于切实做好全面停止商业性采伐试点工作的通知》精神，龙江森工作为首批点单位，从 2014 年 4 月 1 日起，全面停止木材商业性采伐。集团成立全面停伐试点工作领导小组，与各林业局签订全面停伐、加强森林保护承诺书，大力推进生态建设，强化资源保护。截至 2014 年年末，森林蓄积量已达 8.6 亿立方米，比 2013 年增加 3000 万立方米，增长 3.6%，实现森林资源持续增长，生态环境进一步优化。

2014 年，龙江森工产业总产值完成 478.2 亿元，比 2013 年降低 3.4%，下降的主要原因是木材大幅减产，加工原料短缺。龙江森工三次产业比由 2013 年的 37.1∶37.3∶25.6 调整到 2014 年的 39.4∶31.7∶28.9，以森林生态旅游为代表的第三产业比重逐步提高。2014 年新建、续建产业项目 82 个，完成投资 72.2 亿元。集团化发展步伐加快，“黑森”绿色食品集团构建了覆盖全国主要城市的营销网络，实现销售收入 50 亿元。成功举办第三届中国(伊春)国际森林产品博览会，签订产业项目 12 个，签约额 9.9 亿元。

【营林产业】 实现产值 15.6 亿元，比 2013 年增长 25.1%，更新造林 32.6 万亩，完成绿化面积 427.64 公顷，植树 551.4 万株。修订森林抚育定额，组织全系统森林抚育技术人员持证上岗培训，森林抚育 748 万亩，占全国总量的 14.7%，连续 3 年在森林抚育工作上取得全国前三名的排序。

【木材生产】 按照国家林业局《关于切实做好全面停止商业性采伐试点工作的通知》要求，一季度木材产量不得超过全年计划 70% 的指标，实际木材产量 36.3 万立方米，实现产值 7.8 亿元，比 2013 年降低 10.4%。伊春林区 2014 年已实施全面停止木材商业性采伐。

【林产工业】 实现产值 55.5 亿元，比 2013 年降低 16.0%，降低的主要原因是原料短缺。针对木材原料供给减少，价格上升的现状，林产工业重点做好以下 3 项工作，一是调整产品结构和生产布局，加快产业升级，限制淘汰初加工产品，发展精深加工产品，延长产业链条，提高木材利用率和加工增值幅度；二是加大境外木材资源加工利用，在俄罗斯建立龙跃经贸园区，已建成制材、胶合板、钢构复合板等 8 条生产线，积极扩大俄罗斯木材采伐加工项目，境外木材加工产值实现 9.16 亿元；三是促进城市院墙企业转型发展，依托地缘优势，释放厂房、场地、产品、设备等原有基础的发展潜力，加大资产整合力度，调整产业结构，多业并举、主营转向、产品升级、做强品牌，寻求新的经济增长点，实现转型发展。2014 年，加工木材 134.4 万立方米，“三剩物”工业利用率 81.98%。

【种植养殖】 实现产值 103 亿元，比 2013 年增长 12.5%，以葡萄、蓝莓、树莓、蓝靛果等浆果栽培，蕨菜、薇菜、刺嫩芽等山野菜栽培，黑木耳、香菇、金针菇等食用菌栽培为重点，进一步提升了常规种植项目集约化、标准化程度，全面推广林蛙、山猪、狐、鹿、河蟹为主的特色养殖项目。

【森林食品】 实现产值 67.6 亿元，比 2013 年增长 5.5%，积极开展黑木耳栽培代用料研究工作，推进工厂化制菌、棚室挂袋栽培等生产方式，大力推广蓝莓、树莓等市场前景广阔的浆果项目，开展大面积栽培，把小浆果做成大产业，目前全系统蓝莓栽培面积4.1万亩。成功为“黑森”商标(干食用菌系列产品)申办了“黑龙江省著名商标”，新组建绿色食品集团在全国主要城市建立“黑森”品牌绿色食品旗舰店18个，实现销售收入50亿元。

【北药业】 实现产值14.2亿元，比2013年增长5.2%。培育和壮大“两参”、平贝等现有优势品种栽培，逐步实现林下药材栽培基地化、规模化、产业化，加快推进林药复合生产模式。目前，全系统“两参”栽培面积达1.26万亩，平贝种植面积达2.94万亩，五味子栽培面积达5.35万亩。

【森林生态旅游】 完成旅游产值50.2亿元，比2013年增长23.1%，接待游客突破900万人次，完成了《黑龙江省森林工业总局旅游发展总体规划》，为森工旅游产业长远发展奠定了理论基础。与世界自然基金会等国际组织开展东北虎及栖息地保护合作取得积极进展，碧水中华秋沙鸭保护区通过了国际级评审。“黑森旅游有限公司”“黑龙江森工国际旅行社有限公司”于2014年1月正式运营，并取得了预期的效果。筹备建立新的亚布力滑雪旅游度假区管委会，积极谋划新的管理机制和发展思路。

【清洁能源】 2014年森工林区清洁能源产业开工建设项目3个，其中生物质固化燃料改扩建项目1个；生物质炭、气、油、酸综合利用项目1个；风电项目1个，装机容量5万千瓦。森工林区风电企业完成发电量144200万千瓦时，完成销售收入8.8亿元。

【林业科技】 2014年，共落实各级各类科技项目87项，经费4784万元。其中，国家科技惠民计划项目、中央财政林业科技推广项目、国家公益项目重点项目等10项；国家林业局948项目、森林认证项目、实验平台运行补助项目等12项；黑龙江省科研机构创新能力提升专项、省科技特派员项目、省院科技合作专项等16项；总局科技计划项目50项。

【政策法规】 参与中央和黑龙江省关于《重点国有林区改革指导意见》《推进国有林区转型发展的若干意见》的制定，成立全面深化改革领导小组，确定10个重点领域专项改革任务，完成了柴河、清河、绥棱、五营等管理体制改革试点单位前期准备工作；推进行政审批制度改革，取消、下放行政审批事项123项，对新增职能部门210名行政执法人员进行了岗位培训，授予相关人员行政执法资格。

【教育培训】 2014年，森工高考升学率连续3年上升，专科以上升学率达95.12%，入学人数3704人，本科以上升学率51.08%，入学人数2017人，争取义务教育薄弱学校改造资金2500余万元，有针对性地举办了11期教师培训班，培训教师1870人次。举办各类系列岗位培训班200多期，培训人员近3万人，提高了转岗就业职工能力。

【招商引资】 开展了“招商之冬”和“招商之春”专题招商活动。先后赴俄罗斯、香港、粤鲁京等地开展了6次招商活动，引入了一批有实力、有规模的战略投资者，共计签订项目签约50个项目，签约金额49.02亿元，超亿元项目11个。

【基本建设】 2014年，棚户区改造开工19724套，开工率为98.6%，基本完成18539套，竣工率为92.6%；新建、续建产业项目82个，完成投资72.2亿元；完成基础设施建设项目48个，总投资14.2亿元。

(李海波　姜东涛)

大兴安岭林业集团公司林业产业

【概　述】 2014年，大兴安岭生态建设切实加强，全面停止木材商业性采伐，划定森林、林地、湿地、物种4条保护红线，查处资源林政案件365起，收缴木材366立方米，收回林地291.4公顷。突出抓好营林专业化队伍建设，完成中幼林抚育305.9万亩、补植补造19万亩，义务植树102万株。森林面积、活立木总蓄积和森林覆盖率分别增加了4.16万公顷、740.5万立方米、0.49个百分点。大兴安岭被纳入国家主体功能区建设试点示范单位，森林资源连续5年实现“三增长”。55个重点产业项目全部开复工，完成投资20.1亿元，建成投产24个。招商引资新签约项目47个；工业园区实现产值5.9亿元；白山和多布库尔景区晋升AAA级；30个产品通过国家有机食品认证；与中国林业、农夫山泉、葵花药业等集团签订了战略框架合作协议；北极旅游名镇建设加快推进；宛西制药北极村张仲景养生院建成运营；旅游接待人数402.9万人次，实现旅游收入38亿元，分别增长5.9%和5.8%；绿色食品、矿产开发分别实现产值34.8亿元和9.4亿元；完成10项改革管理专题调研；境外生产木材47.7万立方米；外贸进出口总额增长9.2%；集团公司实现利润119.4万元。完成林业棚改结转项目31.3万平方米、新建19.7万平方米，多方筹资为职工增加了工资。制定出台了全民创业专项扶持资金使用办法和担保贷款管理办法，6.7万创业人员年人均纯收入达到2.3万元，全民创业实现增加值23.7亿元，拉动GDP增长2.3个百分点，已经成为大兴安岭最大的转型项目、富民项目。

【林业计划】 森林资源实现了恢复性增长。稳步实施天然林保护工程和野生动植物保护工程，森林面积、林地面积、活立木蓄积量、森林覆盖率连续实现“四增长”，分别由2012年的679.5万公顷、808.5万公顷、55277万立方米、81.37%增加到2013年的683.7万公顷、809.9万公顷、56018万立方米、81.86%。2014年营林产值实现10.2亿元，完成计划的103.3%；完成中幼林抚育面积305.9万亩，其中天保工程完成275.9万亩。完成补植补造19万亩，完成计划的100%。育苗面积完成133公顷，其中本年新增40公顷。完成苗木产量12000万株。

受全面停止商业性采伐的影响，大兴安岭林业集团公司实现林业产业总产值104.6亿元，同比下降11.5%。其中，第一产业总产值45.8亿元，同比下降2.7%；第二产业总产值28.9亿元，同比下降33.8%；第三产业总产值29.9亿元，同比增长8.8%。林业产业结构由2013的46.1∶38∶15.9转变到2014年的43.7∶27.6∶28.7，第二产业比重下降了10.5个百分点。

林业集团公司严格按照国家林业局全面停止商业性采伐的要求，年度木材生产计划按照天保二期实施方案的56.5万立方米的70%安排了生产任务39.55万立方米，木材产量完成25万立方米，为下达计划的63.3%。全年木材销售59.1万立方米，年末木材库存为2.6万立方米。

第二产业产值完成同比下降33.8%。其中，林产工业产值完成28.9亿元，同比下降23.9%；矿产资源开发业产值完成4.7亿元，同比下降50%。主产品中，林产工业产品产量下降较大，锯材、纤维板、刨花板、细木工板、集成材、建筑模板、卫生筷子、木地板块、木片产量下降较多，仅有胶合板产量由于2013年基数较小有所上升。原煤产量完成202万吨，同比下降34%。发电量完成3.0亿度，同比下降16.2%。

林下经济产值完成28.5亿元，同比增长17.1%。其中，蓝莓种植面积8235亩、食用菌养殖3.3亿袋、中药材种植10万亩；山野果采集9666吨，其中野生蓝莓采集3555吨、野生红豆采集6107吨，山野菜采集3881吨，食用菌采集1.2

万吨。到2014年末，牛存栏数量达到14646头、羊77292只、家禽48万只，鹿存栏达到2375头、狐狸和貉11.5万只。

全年共完成投资28.0亿元，同比下降31.9%。投资减少的原因是2014年棚户区主体工程量计划同比减少，棚户区投资同比下降较大。从投资主体看，国家投资25.1亿元，占总投资的89.6%，与2013年投资持平；企业自有资金(包括企业自筹、个人)完成2.9亿元，占总投资的10.4%。从投资用途分，用于生态建设与保护投资23.1亿元，其中天保工程二期投资完成22.7亿元，占生态建设与保护投资的98.3%；用于林业支撑与保障投资0.2亿元，全部用于森林防火与森林公安；用于林业民生工程投资3.3亿元，其中棚户区主体1.9亿元，棚户区配套1.3亿元、社会性基础设施0.1亿元，分别占民生工程总投资的57.5%、39.4%、3.1%。企业折旧1.4亿元，占完成全部投资的5%。

林业集团公司实有职工人数59761人，其中在岗职工58162人，同比下降3.1%。在岗职工工资总额16.5亿元、年平均工资29469元/人，增长7.0%。

【森林资源】 2014年，按照年度分项限额的70%核发木材采伐许可证。先后组织开展了伐区作业质量和凭证采伐专项检查整顿生产秩序，从源头控制森林资源的消耗。查处无证作业行为7起，移交公安机关1起。制订出台了《停止商业性采伐后森林抚育调查设计暂行技术要求》和《关于进一步做好停止商业性采伐工作的通知》。按林木采伐许可证的拨交进度，审核发放木材运输证。

通过开设普法宣传专栏、设立宣传点、出动宣传车、发放宣传单等多种形式推进依法治林，开展了林业法律法规宣传等普法宣传教育活动。在为期3个月的“兴安六号”专项行动中，累计查处各类森林资源案件365起，打击处理违法犯罪人员380人，收缴木材366.1立方米，收回林地291.44公顷，累计为国家挽回经济损失2000余万元。

组织开展开垦林地清查突出林地保护工作。制订了工作方案，完成了开垦林地及占用林地清查工作。已有漠大线RTU阀室外电系统改造工程、黑龙江大兴安岭航空森林消防直升机取水池工程、GSM网络十四期二阶段公铁路覆盖提升工程大兴安岭地区单项工程、大兴安岭漠河宏伟矿业有限公司改扩建工程等23个工程占用林地项目获得国家林业局批复。开展了发展林下经济使用林地、涉农林地、工程项目占用林地等林地保护专项行动，查处非法侵占破坏林地案件88起，挂牌督办13起，收回林地249.44公顷。

着手大兴安岭地区“十三五”限额编制工作，制定了编工作方案和技术方案，已完成地方林场“十三五”限额的先期测算。调整了2013年大兴安岭地区国家级公益林变更后资源变化统计和更新基础信息库，启用了与二期“天保工程”配套的森林分类区划的数据库、森林分类区划图等相关数据和图表。

森林资源继续保持了较快增长的良好势头，活立木总蓄积量较2013年度增加740.5万立方米，达到5.6亿立方米；森林面积增加了4.16万公顷，达到683.66万公顷；林地面积增加了1.38万公顷，达到809.89万公顷；森林覆盖率增加了0.49个百分点，达到81.86%。

【绿色产业】 2014年，实现产值34.8亿元，同比增长12%。野生蓝莓抚育完成1.79万公顷，人工蓝莓种植1.03万亩；食用菌菌包完成3.17亿袋，其中黑木耳2.7亿袋。

有33个产品通过有机食品认证；8家企业15个产品通过绿色食品认证，认证面积18万亩；10家企业80个产品通过无公害农产品认证，认证面积155万亩。

开展了有机食品、绿色食品、无公害农产品农药残留、瘦肉精、禁用药物等专项整治。突出产地环境、投入品使用、生产记录、证书标志使用等整治要点，找准薄弱环节和工作切入点，建立健全监测、分析、预警、防范、控制为主线的三品风险管理机制。

制定下发了示范基地建设标准，建成示范基地182个，其中，蓝莓基地25个、食用菌基地94个、北药基地20个、特色养殖基地33个、苗木产业基地10个。培育各类养殖典型57个。鼓励有实力、懂技术的职工带头开展林下种植、养殖，累计培育年产值10万元以上的种养示范大户112个。按照风险共担、利益共赢原则，累计成立各类合作社、联合体337个，参与职工7640人。

引进了宛西制药、康恩贝等全国知名食品药品加工企业9家，培育本地林下产品加工企业84家。其中，规模以上企业7家，建设原料种养基地46个，吸纳承包职工172名，初步形成了“公司+基地+承包户”的产业化发展格局。十八站林业局共组建专业合作社21家，合作社参与人员657人，引进专业技术人才11名，从合作社的入股人员与参与社员入手、将合作社的社员大会、理事会、监视会进行捋顺、逐步完善各项合作社制度，通过以点带面，全面铺开合作社的标准化运营。

【营林生产】 2014年，营林305.9万亩森林抚育全部完成；补植补造19万亩全部完成；1.8万亩森林经营样板基地建设已设立7种模式11个类型，完成1.6万亩；义务植树102万株、村屯绿化8733亩、道路绿化1049.5亩全部完成；苗木产苗量1.36亿株，换床460.95亩，新播361.23亩，均超计划完成；完成病虫鼠害防治50万亩，无公害防治率为100%；除森林抚育按序时进度正在推进以外，其他各项生产任务均已完成。

【木材生产】 2014年，木材生产计划为39.55万立方米，共完成木材生产25.01万立方米，占年度计划的63.2%。

停止采伐作业，转入伐区收尾，验收比例达到了8%。从总体情况看，各局能够克服资源分散、生产计划调整给生产作业带来的不利影响，坚持持证作业，坚持以原条生产方式为主。

对全区的设备管理使用、安全等进行了抽查，共检查10个林业局及农工商，共20家科级单位，检查设备128混合台。对9个停产后林业局进行闲置固定资产统计。严格按照设备报废标准，对电力工业局、农林科学院、加林局等单位办理设备报废审批手续。各林业局单位国内生产总值能源消耗降低达到20%左右，能源消耗量同比均下降了2%~3%。

【境外采伐】 全区累计境外生产商品材47.71万立方米，其中直接生产25.13万立方米，劳务生产22.58万立方米；加工板材12.02万立方米。

在推进圭亚那项目上，重点加强了机械管理、销售管理，提高了经济效益。在设备管理上，完善了责、权、利、管明晰的制度，做到奖惩分明。在销售管理上，销售公司工作人员积极研究市场，加大木材销售力度，保证木材卖得快、卖得高，促使资金尽快回笼，保持项目顺利运行。圭亚那项目2014年公司根据市场需求，以效益为中心，实行“以销定产”，调整采伐树种结构，采伐树种由28个调整为12个，停止采伐廉价树种，加强伐后产品的回运速度。圭亚那项目已累计生产商品材12万立方米。已在圭亚那当地销售木材1.5万立方米，部分木材已发运回国内，已有746个集装箱木材到港，共计14879立方米，已销售9899立方米，平均售价达到3000元/立方米，实现销售收入2809万元。

编制完成了《境外采伐五年规划》，计划在2016~2020年内逐步提高产量，最终达到并稳定保持在年产100万立方米商品材，其中对俄项目生产70万立方米，圭亚那项目生产30万立方米。征求意见稿近期将下发到各林业局及相关单位进行意见征集。

新林林业局已连续3年争取到国家对外投资专项资金共计316万元，已发放到位，2014年的资金申报工作已完成。

【木材销售】 2014年，累计销售林木产品936389立方米，实现销售收入70355万元。其中，经济材销售458281立方米，实现销售收入34039万元，比2013年同期少销233555立方米；造纸材销售33726立方米，实现销售收入1066.00万元；火烧木销售98326立方米，实现销售收入3103万元；松桦木杆销售99986立方米。截至12月末，林木产品库存341264立方米。原木库存40344立方米，占库存总量的11.82%。

大兴安岭木材销售执行原木最低限价与降价审批相结合的价格策略；继续实施“三三制”木材销售策略，结合后期销售形势，分段把握，防止畅销材种销售过快，销售形势转好后无货可卖，实现销售进度和质量同步进行。加强了木材销售的日间管理、木材调度以及统计工作，保证了木材销售、运输基础数据真实准确。在运输管理上加强了林木产品铁路运输计划和请车管理。

【林产工业】 2014年，林产工业完成产值176490.8万元，完成年计划的92.9%，同比降低23.86%。增加值完成68780.0万元，完成年计划的92.8%，同比降低23.91%。主要产品产量同比大幅下滑，其中，人造板、集成材、实木复合地板、卫生筷子、锯材、林化产品等主要产品产量下降幅度分别达到29.5%、73.1%、57.2%、31.3%、25.7%、18.4%。

推动各林业局对23家国有企业和4家参股企业的发展潜力、发展趋势、产品定位和原料供给等方面进行深入的分析和研究。推进塔河生物质炭、电联产项目，向国家发改委争取到837万元政策性新能源项目开发资金，将2个生物质能源项目列入全国林业百家林业绿色能源示范县先期启动的10个示范县规划内，申请办理全国林业绿色能源县建设补助资金。制订了生物质能源项目发展规划，测算了生物质原料年产量，测算了山场削片的成本，为生物质项目的发展提供理论依据。塔河生物质能源炭电联产项目累计发电1700万千瓦时，生产出活性炭400吨。发电并网运行，单机已达满负荷500千瓦/小时，上网电价为0.75元/千瓦时。通过了国网黑龙江省电力有限公司专家的并网验收投产；壮志生物质炭、气联产项目产出的可燃气经使用，做饭、烧水符合居民使用要求，新式生物质燃气灶具、壁挂炉通过运行测试并定型。两个生物质能源项目已经获得成功。

大兴安岭神州北极木业有限公司通过2013年度企业资质信用评价，被授予首批国家林业重点龙头企业、中国林业产业5A级诚信企业、全国木结构建筑工程专业承包十佳企业、全国木屋木结构行业“双十佳”十强企业、中国木结构建筑行业十大质量品牌企业、中国林业产业突出贡献奖、黑龙江名牌产品、省著名商标等荣誉称号。在国内拥有“十个唯一”，被权威人士誉为中国高端木结构建筑的领导者。充分发挥北京销售展示服务中心的功能与作用，获取销售信息、商业情报和订单。在以直销为重点的基础上，创新销售模式，拓宽销售区域和渠道。产品已销往北京、海南、新疆、甘肃、辽宁、哈尔滨、绥芬河、大庆等地，深受客户喜爱和欢迎。已有21项研发成果填补了国家空白，并申请获得了承载集成空心木柱及生产工艺、木材干燥机、随动车、齿板压合机、空心木柱液压拼圆机发明专利5项，实用新型专利9项，外观设计专利7项。

编制完成《林产工业“十三五”规划》；制订了《质量管理方案》，抽检了大兴安岭地区九个林业局的11个人造板企业的5种13个批次产品，产品合格率达100%。与地区职业学院协作完成科研课题“便携式活立木弹性模量分等装置及技术引进”的实验样品检测等工作，使课题顺利通过国家林业局验收。

【旅游业】 2014年，旅游接待人数402.9万人次，实现旅游总收入38.1亿元，同比分别增长5.94%和5.83%。

围绕旅游产业空间布局和客源市场需求，确定了神州北极旅游休闲区建设项目一期工程、北极村七星山湿地植物园、立体球幕影院、龙文化主题公园、华洋集团民俗园等13个重点旅游产业推进项目，计划投资总额82274万元。完成投资70694万元，已完成年度计划的86%。

参加了“4+1”城市联盟上海推介会。大庆、齐齐哈尔、黑河、大兴安岭和呼伦贝尔5座城市联合在上海世博园举行一系列旅游宣传促销活动，共同推出了找北寻源探秘五日游等精品旅游线路，实现了五市地旅游资源共享、优势互补。组织参加了全省特色旅游商品展，组织全区重点旅游商品企业赴哈尔滨中央大街“大美龙江”展厅，参全省特色旅游商品展。与哈尔滨铁路局就开通哈尔滨—加格达奇—漠河旅游专列进行了深入交流和探讨，此次临时专列已于6月中旬开通。协助黑龙江电视台深入漠河北极村、塔河、加区等地拍摄了两集《穿越大冰雪》。

【畜牧业】 截至2014年年末，各类畜禽存栏分别为：狐(貉)59419只，同比增长5.6%；兔35223只，同比增长0.5%；鹿3386头，同比增长

-14.4%；肉牛30342头，同比增长7.9%；奶牛2020头，同比增长-21.9%；猪104924头，同比增长10.2%；羊149968只，同比增长5%；禽类878375只，同比增长2.4%。畜产品产量：肉类产量17857吨，蛋类产量6323吨，奶类产量4615吨，同比增长分别为8.9%、7.5%、-16.7%。畜牧业产值实现112329万元，同比增长9.8%，从事畜牧养殖的人员人均年收入实现1.5万元。

通过全民创业扶持政策激励、基地典型大户带动、科技服务促动、养殖效益驱动，特色动物养殖发展迅速。养殖示范基地达39个，新增14个；典型大户达81个，新增24个；养殖户数达5025户，新增758户；从事畜禽养殖人数达1.3万多人，新增3000人；全年养殖狐(貉)23.8万只、森林猪6.6万头、森林鸡16.5万只，分别比上年增长10.2%、20%、19.8%；每只打皮蓝狐、每头森林猪、每只森林鸡平均养殖利润分别在400元、600元、50元左右，从事特色动物养殖的养殖户户均年收入可达3.2万元。

标准化规模养殖水平提高。2014年，建设完成畜禽标准化规模养殖场6个，畜禽标准化规模养殖场(小区)已达56个；畜牧业组织化程度提升。新成立畜牧合作经济组织14家，畜牧合作经济组织已发展到33家。

【对外贸易】 2014年，招商引资到位资金79.99亿元，完成计划的53.24%，同比下降33.40%，其中，实际利用省外资金完成54.98亿元，完成计划的52.5%，同比下降28.69%；实际利用境外资金完成3000万美元，完成计划的101%，同比增长11.1%；进出口总额实现2955.26万美元，完成计划的101.1%，同比增长9.2%。

新签约项目47个，投资总额50.2亿元。其中，绿色食品、现代服务、特色养殖、生产加工项目共32个，占新签约项目总数的80%，投资总额29.54亿元，占新签约项目总投资额的65.4%，呈现向重点产业集聚的新趋势。有139个项目有到位资金。

进出口总额实现2955.26万美元，同比增长9.2%。其中，出口1186.78万美元，同比下降11.05%；进口1768.48万美元，同比增长28.9%。从市场结构上看，对俄贸易占重要地位。对俄贸易完成1135.05万美元，同比增长27.98%，占全区贸易总量的38.41%。地产品出口额985万美元，同比增长10%，地产品出口占出口总值比重83%，比2013年同期提高16个百分点。

开展电子商务营销，加入全省绿色食品营销体系有6家企业，加入全省绿色食品展销协会会员单位有4家企业；上报全区绿色食品数据库企业50余家。绿色食品已经入驻厦门、北京、苏州和香港北角旗舰店，入驻产品5大类160多个品种。

【科学技术】 2014年，14个项目得到国家林业局和省科技厅立项支持，争取科技项目经费861.59万元，开发新产品10种，高新技术产业实现产值5.35亿元，工业增加值1.68亿元，生物产业推进名列第二，为全区经济转型和社会发展发挥了重要支撑和引领作用。

为生物产业项目办理了立项、环评、土地审批等手续，重点推进的7个生物产业项目全部开复工，完成年度计划的121%，4个项目达产达效。生物产业实现主营业务收入1.1亿元，利税1100万元。

大兴安岭林业集团公司被国家林业局认定为2014年国家首批森林认证试点单位之一，可以把全区发展林下经济纳入森林认证管理体系，实施原料生产基地规范化、产品加工基地标准化和产品营销标识化管理，实现全区发展林下经济从无序管理到有序管理，保证林下资源可持续利用，大大提高林产品的附加值和知名度。经过努力已获准国际组织认可的“大兴安岭”独特标识，图强林业局、阿木尔林业局、松岭区、韩家园林业局、呼中、十八站和新林区通过森林经营认证和非木质林产品认证，大兴安岭北源绿色产业有限公司、北极冰酒业公司、百盛蓝莓科技开发公司、富林公司、绿源蜂业公司通过产销监管链认证。

建立食用菌、野生蓝莓抚育、人工蓝莓种植和北药种植科技示范基地9个，GAP种植基地2个。北药科技示范基地被国家中医药管理局批准为道地药材种质资源普查试点单位，形成“龙头企业+科技示范基地+职工种植户”的产业链条发展模式。

安排科技经费711万元，围绕全民创业、林下经济、生态建设、社会发展和绿色矿业领域实施了一批科技专项，开展了蓝莓果高效利用、保健品、药品研发关键技术攻关，培育超越、北极冰酒、百盛、林格贝等加工龙头企业，蓝莓产品不仅畅销北京、上海、大连、广州等国内大中城市，还远销美国、日本、捷克等国。2014年推广"兴安1号"黑木耳标准化种植2000万袋，产值7200万元。对筛选出的马铃薯优良品种进行了脱毒扩繁，生产出的脱毒种薯在全国18个省市进行推广，推广面积达到15万亩。

推进专利技术转化及产业化，申请国家专利125项，其中授权68件，万人拥有量1.077。为16户企业申请到专项奖励资金11.59万元，北极木业成为国家林业局知识产权试点单位，13项科技成果通过了地区鉴定，对17个科技项目进行科技进步奖评审，共评出一等奖3项、二等奖14项。

制订活动方案，征集中科院所属研究所、协同创新中心、东北林业大学等高校院所科研成果420项并向全区企业发布对接，中国科学院昆明植物研究所与林格贝集团公司实质对接的"α－熊果苷生产关键技术成果的工业化转化"项目以技术转让的形式签约，完成实验室小试工艺的可重复性验证，实现产值2400万元，利税1500万元。

【大兴安岭超越野生浆果加工有限责任公司】 公司始建于2004年5月，位于塔河县塔河镇，注册资金3750万元。现有员工230人，其中安置下岗职工180人。公司以生产加工绿色森林食品为主，产品主要分为八大类：40多个品种，其中有以蓝莓、红豆等山野果为原料生产的果酒、果酱、饮料、罐头、果干、浓缩汁，口服液、速冻果等产品。同时兼顾加工生产山野菜、山草药、食用菌等土特产品。现有野生浆果冷藏速冻加工厂、野生浆果深加工厂和野生浆果综合加工厂等5个工厂，厂区占地面积8万平方米，建筑面积3万平方米，其中冷藏速冻加工厂拥有国内先进的单体速冻流水线；野生浆果深加工厂拥有果酒、饮料、果干、果酱、罐头等多条生产流水线；综合加工厂拥有世界领先的瑞士进口浓缩生产线，有全国唯一蓝莓健字号口服液的生产线；另有冷库5座，冷藏能力达3000吨。2011年实现产值7945万元，利税618万元。

【大兴安岭北极冰蓝莓酒庄有限公司】 公司资产总额8075万元，现有集生产、窖存、旅游、商贸洽谈为一体的酒庄6195平方米、老厂区生产车间1461平方米、冷库509平方米(冷冻能力为400吨)，单体速冻机1套、灌装线2套、白兰地蒸馏设备1套、13吨发酵罐14个、10吨冷冻罐4个、5吨发酵罐10个、3吨发酵罐2个、2吨发酵罐3个、1吨发酵罐6个、0.5吨发酵罐2个、225千克橡木桶215个、5吨橡木桶2个。同时新林碧州2355平方米的冷藏厂也在为公司提供冷冻储存服务(冷冻能力1100吨)。现有设备可一次性可同时发酵200吨蓝莓，出汁约40吨(大约可灌装8万瓶)。

员工共计63人，其中，阿木尔公司总部30人、加区店2人、漠河店2人、哈尔滨营销中心29人。技术人员计8人，国外长期技术顾问两人(其中：德国1人，布鲁诺·汉舒、瑞典1人，安妮卡·尼克森)。

现有产品9大类32个品种，即冰酒、冰红、干红、白兰地、果露酒、果脯、罐头、果酱、口服液。

酒庄主体工程于2011年10月份15日交付使用。酒庄内酒窖面积为832平方米，最大存酒能力为：瓶储29036瓶、桶储47.25吨，良性循环储酒能力为20万瓶左右，能够满足目前的生产、销售需求。

【百盛蓝莓科技公司】 百盛蓝莓科技公司年加工能力在600吨左右。2011年产值达2725万元，年收入2685万元，税收到80万元。产品主要销往省内、北京、上海、深圳等地。2014年扩建7500吨野生蓝莓果汁改扩建项目，新建仓库1496平方米，购买1000平方米冷库一栋，改造果酒车间1000平方米，改造饮料生产车间864平方米，购买年产7500蓝莓果汁饮料灌装生产线一条和蓝莓果汁发酵生产线。总投资达2050万元，现已投资545万元，果酒车间改造土建工程已完成，投资50万元；饮料灌装车土建工程改造已完成，投资43.2万元，

465 平方米冷库库房建设已完成，投资 69.75 万元，购买冷库配套设备 54 万元，购买年产 7500 吨饮料灌装生产线一条 328.05 万元。

【大兴安岭神州北极木业有限公司】

公司坐落在我国最北、面积最大，森林覆盖率 81.23%，林木蓄积量 5.38 亿立方米，素有“兴安落叶松之乡”“绿色宝库”之美称的大兴安岭原始森林深处，有中国的“北极村”“不夜城”“天鹅之首”“金鸡之冠”“神州北极”等美誉，具有北极光、中国最北点、黑龙江源头、林海观音等垄断性旅游资源的旅游名城漠河县的中俄对外贸易工业园区内。公司是一户国有独资企业，注册资金 1.56 亿元，员工 1500 多人，拥有宜家、福圆、诚誉、永恒 4 个分公司，是国内最大的木屋生产加工企业之一。

主营业务为木结构建筑设计、制造、安装；兼营木材产品加工及销售、木材及其制品进出口贸易、房地产开发、房屋建筑工程、园林绿化、木材加工机械设备制造等。

主要设备有德国威力成套自动化木结构建筑结构材生产线；芬兰福莱克西圆形墙体加工生产线；意大利 SCM 实木门窗生产线；台湾风巧地板、墙板、棚板、木线生产线；自主研发的大型木梁、弯梁、空心木柱生产设备。可满足各种木结构建筑配套产品的加工。

拥有研发、设计、制造、施工、检验、营销、服务等专业团队，23 项国家专利。年可生产结构集成材 3 万立方米，地板、墙板 30 万平方米，实木门窗 2 万套，其他产品 1 万立方米。可满足 10 万平方米木结构建筑所需的所有产品。200 平方米的房屋 20 栋，可同时施工，主体结构在 15 天内就可安装完成；1 万平方米的单体、多体工程项目，可在 70 天内竣工。木结构建筑施工基本不受季节变化的影响。 (康文学)

新疆生产建设兵团林业产业

【概　述】 **特色林果基地发展较快，优化结构调整的力度进一步加大**　新疆生产建设兵团(以下简称"兵团")2014 年计划发展特色林果面积 10 万亩，实际完成 19.25 万亩，为兵团计划的 192.5%，其中葡萄 8.12 万亩、苹果 1.22 万亩、香梨 1.7 万亩、核桃 4.66 万亩、红枣 3.06 万亩，为进一步优化种植业结构，增加林果产值比重打下了基础。

设施林果业稳步发展　兵团设施林果温室大棚 1.55 万座，面积 3.1 万亩，其中种植葡萄 0.52 万座、桃 0.18 万座、红枣 0.12 万座，总产量 2.6 万吨，是北疆各师结构调整的突破口。

经济效益较为显著　兵团 2014 年实现果品产量 277 万吨，产值 185 亿元，占农业总产值的 30%；2014 年亩纯收入在 2000 元以上、5000 元以上和一万元以上的果园为 196970 亩、905800 亩和 176410 亩，分别比 2013 年增长了 18.1%、40% 和 30%，特色林果业已成为兵团职工增收的重要产业。

新科学新技术不断推进　2014 年葡萄"厂"字形、"三优"苹果、香梨省力安全高效栽培管理新科学新技术继续推进。一是举办培训班三期，授训人员 200 多人。二是加强指导，特邀请国家首席专家现场指导 6 次，操作规程进一步规范。三是推广面积进一步扩大。2014 年葡萄"厂"字形推广 1.75 万亩，推广总面积达到 4 万亩；香梨省力栽培推广面积 0.8 万亩；"三优"苹果推广 0.2 万亩，推广总面积达到 0.45 万亩。栽培管理新科学新技术的不断推进，为提升兵团特色林果业现代化栽培水平、进而加快兵团农业全面现代化建设进程、实现优质高效将起到引领作用。

【产业工作主要举措】 **全民重视**　2014 年 1～4 月份兵团先后召开 4 次特色林果推进会。4 月 22 日，全疆农业遭受有史以来最严重的霜冻，使正处在萌动开花时期的果树受到巨大影响。灾情发生后，兵团第一时间做出部署，第一时间组织 9 个工作组分别赴南北疆进行调研、调查灾情，帮助师团开展抗灾自救工作，随后兵团党委召开常委会，专题研究安排部署抗灾自救工作，由于兵团上下一心，齐力工作，使受灾损失降到了最低程度，为夺取全年果树丰收奠定了基础。各师积极响应，将特色林果业纳入当年重点工作之一，现场会、推进会不断召开，扶持政策、管理考核办法、实施意见相继出台，为特色林果业快速发展创建了良好的环境。三师将当年特色林果业发展各项生产目标纳入各团场绩效考核指标，并实行奖罚措施，极大地增强了各团场完成当年特色林果业生产任务的紧迫感和责任心；十三师葡萄受到严重冻害后，师党委及时召开专题会研究部署抗灾自救工作，并专门拿出 100 万元资金用于救灾，提振职工信心，沈自云副师长亲自率领有关部门逐个团场检查指导抗灾自救工作，落实救灾各项措施，由于职工情绪稳定，各项自救措施及时落实到位，使得受灾葡萄很快恢复了长势，经调查预计 2014 年该师葡萄总产量可达到 6 万吨，比受灾时预测减产提高了 30%；二师为振兴香梨产业，经集思广益，在充分发展民主的基础上制定了《第二师二十万亩香梨发展总体规划(2014～2020 年)》,《二师香梨产业发展扶持政策》和《加快推进香梨产业发展的意见》，有力的调动了团场恢复发展香梨产业和职工承包管理香梨的"两个积极性"；八师党委出台了《关于加快师市农业结构调整实现倍增的实施意见》《关于加快师市农业结构调整实现倍增的实施方案》和《2014 年八师石河子市农业三年倍增推进及高产创建工作考核办法》等一系列配套文件，并与师团两级签订了《2014 年度师市经济发展目标责任书》，将种植业结构调整、加快特色林果业发展纳入各级党委领导的目标考核之中。

十大主体技术落实到位率进一步提高　一是红枣春季病虫害防控工作做得比较全面扎实，萌芽前150多万亩枣园实行机械化喷施石硫合剂1~2遍，枣瘿蚊等灾害性病虫害得到有效控制；针对2013年黑斑病大面积发生的情况，为有效防控，春季红枣开花前和秋季，喷施低毒、安全、高效代森锰锌(大生M45)保护剂两次；同时，尽早控水，枣黑斑病得到很好控制。二是苹果、梨等花期期间，正赶上沙尘天气，但因团场授粉工作积极主动，采取蜜蜂授粉为主、人工授粉为辅的方式进行，授粉效果很好，坐果情况比预测的要好。三是有机肥的投入量有所增加普遍多于2013年，特别是果树主产三、一师力度更大，三师增施有机肥200多万吨，施肥果园36万亩，占师果园总面积的72%，每亩施肥量5.5吨；一师增施有机肥61.5万吨，同比增长6%，施肥果园62万亩，占师果园总面积的71%，为果树获得良好的长势提供了充足的养分。

公司化运作进一步加强 2014年，各师随着兵团农牧团场体制改革的全面启动，公司化运作在体制机制方面也进行了较大幅度的改进。如三师叶河源果业公司将与各团场建立更加紧密的合作关系，一是实行保护价收购；二是实行优质优价收购；三是实行工业反哺林业建立销售利润分成机制，大头归团场、职工。五师北疆果蔬股份有限公司和十三师哈密瓜香果业股份公司与葡萄基地结合改过去松散分离型为2014年的紧密合作型，对果农实行订单保底价销售，实现了公司、果农双赢。

以标准园建设为抓手，不断提升特色林果业管理水平 特色林果业作物标准园创建工作于2014年有新的进展。一是兵团制定印发了红枣、苹果、香梨、鲜食葡萄、核桃五大类果树创建技术规程，该规程以兵团十大主体技术为基础，完善了现代果树栽培技术、食品安全、基础设施建设和采后处理建设等，使兵团果树标准园逐步步入规模化经营、标准化生产、商品化处理、品牌化销售的现代果品发展轨道。二是继续实施标准园创建工作。兵团2014年标准园创建计划5万亩，经各师检查兵团抽查全面完成；各师标准园创建工作也相继开展实施，据不完全统计，2014年各师创建标准园51.21万亩，其中一师面积最大将达到36万亩。三是节水灌溉进一步扩大。一师、三师果园节水灌溉面积作为标准园创建的重要内容加大推进，2014年分别新增44万亩和18万亩，使全师果园节水灌溉总面积分别达到70万亩和30万亩，分别占全师果园面积的80%和60%以上。四是标准园建设投资力度加大。兵团果树标准园亩投资由2012年的800~1000元(包括节水灌溉)提高到1500元；一师标准园创建增施有机肥每亩补助66元，新建节水灌溉每亩补助260元、改造每亩补助50元；三师拿出200万元奖励资金对标准园创建工作进行奖励，以上各项措施项目计划的落实，将极大推进果树标准园建设进程。

存在的突出问题 ①种苗培育工作滞后。推广现代果树栽培管理新科学新技术，实现果树栽培管理现代化，并达到预期效益，种苗培育是基础，要实行良种大苗壮苗建园，但各师、团场仍以外购苗木为主，不适应现代果品的发展。

②接受现代果树栽培管理新科学、新技术、新观念转变较慢，如“三优”苹果、葡萄“厂”字形枝蔓整形技术等，这些新科学、新技术目前多被团场、承包职工认可，但在推广执行时仍存在技术路线贯彻不彻底的问题。

③注重果品产量而轻视果品质量，由数量型向质量型观念转变较慢。

(新疆生产建设兵团林业局经济林处)

林产品主产县
（旗、市、区、局、场）

PRINCIPAL PRODUCTION COUNTIES FOR FOREST PRODUCTS

表 1-1　原木主产地产量

序号	原木主产地	万立方米
1	大兴区(京)	3.43
2	塞罕坝机械林场(冀)	12.60
3	木栏围场国营林场(冀)	5.90
4	围场满族蒙古族自治县(冀)	5.50
5	丰宁满族自治县(冀)	3.41
6	平泉县(冀)	2.44
7	灵寿县(冀)	1.20
8	滦　县(冀)	0.90
9	安次区(冀)	0.89
10	乐亭县(冀)	0.83
11	文安县(冀)	0.80
12	香河县(冀)	0.80
13	唐海县(冀)	0.80
14	遵化市(冀)	0.77
15	承德县(冀)	0.77
16	涿州市(冀)	0.75
17	青龙满族自治县(冀)	0.70
18	桃城区(冀)	0.70
19	丰润区(冀)	0.70
20	赤城县(冀)	0.65
21	尚义县(冀)	0.62
22	隆化县(冀)	0.60
23	故城县(冀)	0.58
24	兴隆县(冀)	0.56
25	宽城满族自治县(冀)	0.52
26	景　县(冀)	0.52
27	迁安市(冀)	0.52
28	易　县(冀)	0.50
29	冀州市(冀)	0.50
30	忻府区(晋)	0.76
31	沁　县(晋)	0.57
32	阳高县(晋)	0.50
33	额尔古纳市(内蒙古)	4.97
34	敖汉旗(内蒙古)	4.90
35	奈曼旗(内蒙古)	4.67
36	巴林左旗(内蒙古)	4.10
37	开鲁县(内蒙古)	3.13
38	阿鲁科尔沁旗(内蒙古)	3.10
39	科尔沁左翼后旗(内蒙古)	3.06
40	松山区(内蒙古)	2.60
41	柴河林业局(内蒙古)	2.60
42	免渡河林业局(内蒙古)	2.56
43	喀喇沁旗(内蒙古)	2.50
44	乌奴尔林业局(内蒙古)	2.20
45	克什克腾旗(内蒙古)	1.90
46	科尔沁左翼中旗(内蒙古)	1.70
47	扎鲁特旗(内蒙古)	1.59
48	科尔沁区(内蒙古)	1.50
49	林西县(内蒙古)	1.50
50	巴林右旗(内蒙古)	1.46
51	杭锦后旗(内蒙古)	1.43
52	磴口县(内蒙古)	1.31
53	五原县(内蒙古)	1.29
54	临河区(内蒙古)	1.20
55	扎赉特旗(内蒙古)	1.00
56	巴林林业局(内蒙古)	0.99
57	红花尔基林业局(内蒙古)	0.99
58	元宝山区(内蒙古)	0.90
59	南木林业局(内蒙古)	0.90
60	翁牛特旗(内蒙古)	0.70
61	乌拉特前旗(内蒙古)	0.69
62	达拉特旗(内蒙古)	0.60
63	宽甸满族自治县(辽)	14.00
64	清原满族自治县(辽)	13.00
65	新民市(辽)	11.27
66	桓仁满族自治县(辽)	8.80
67	昌图县(辽)	8.00
68	本溪满族自治县(辽)	7.40
69	康平县(辽)	6.40
70	新宾满族自治县(辽)	6.00
71	凌海市(辽)	6.00
72	凤城市(辽)	3.60
73	凌源市(辽)	3.20
74	阜新蒙古族自治县(辽)	3.00
75	铁岭县(辽)	2.88
76	抚顺县(辽)	2.60
77	西丰县(辽)	2.00
78	北票市(辽)	2.00
79	南芬区(辽)	1.70
80	辽宁实验林场(辽)	1.30
81	灯塔市(辽)	1.18
82	东港市(辽)	1.10
83	建平县(辽)	1.00
84	北镇市(辽)	0.85
85	喀喇沁左翼蒙古族自治县(辽)	0.80
86	盘锦市辽河口生态经济区(辽)	0.80
87	辽宁省生态实验林场(辽)	0.77
88	大石桥市(辽)	0.70
89	振安区(辽)	0.58
90	明山区(辽)	0.50
91	义　县(辽)	0.50
92	辽宁省森林经营研究所(辽)	0.50
93	汪清县(吉)	13.43
94	通化县(吉)	12.40
95	敦化市(吉)	11.70
96	敦化林业局(吉)	10.60
97	白河林业局(吉)	10.09
98	农安县(吉)	10.00
99	和龙林业局(吉)	8.44
100	汪清林业局(吉)	8.18
101	长白山林业局(吉)	8.00
102	八家子林业局(吉)	7.30
103	永吉县(吉)	7.27
104	蛟河市(吉)	7.07
105	大石头林业局(吉)	6.70
106	榆树市(吉)	6.60
107	通榆县(吉)	6.60
108	东丰县(吉)	6.57
109	上营森林经营局(吉)	6.30
110	公主岭市(吉)	6.30
111	黄泥河林业局(吉)	5.87
112	集安市(吉)	5.82
113	长白朝鲜族自治县(吉)	5.62
114	和龙市(吉)	5.47
115	梨树县(吉)	5.19
116	白城市市辖区(吉)	5.05
117	德惠市(吉)	5.00
118	天桥岭林业局(吉)	4.90
119	舒兰市(吉)	4.90
120	安图森林经营局(吉)	4.90
121	长白森林经营局(吉)	4.64
122	珲春林业局(吉)	4.40
123	镇赉县(吉)	4.30
124	柳河县(吉)	4.00
125	洮南市(吉)	3.80
126	磐石市(吉)	3.76
127	辉南县(吉)	3.60
128	大安市(吉)	3.30
129	桦甸市(吉)	3.20
130	九台市(吉)	3.00
131	乾安县(吉)	3.00
132	抚松县(吉)	2.60
133	丰满区(吉)	2.60
134	大兴沟林业局(吉)	2.30
135	珲春市(吉)	2.23
136	东辽县(吉)	2.02
137	辉南森林经营局(吉)	2.00

序号	原木主产地	万立方米	序号	原木主产地	万立方米	序号	原木主产地	万立方米
138	龙井市(吉)	1.85	184	富锦市(黑)	1.09	230	江宁区(苏)	0.54
139	临江市(吉)	1.35	185	明水县(黑)	1.00	231	龙泉市(浙)	17.30
140	长岭县(吉)	1.30	186	呼兰区(黑)	1.00	232	开化县(浙)	12.06
141	龙潭区(吉)	1.30	187	林甸县(黑)	1.00	233	庆元县(浙)	9.10
142	延吉市(吉)	1.24	188	集贤县(黑)	0.82	234	淳安县(浙)	7.71
143	图们市(吉)	1.23	189	克山县(黑)	0.80	235	遂昌县(浙)	6.76
144	宁江区(吉)	0.94	190	庆安县(黑)	0.70	236	建德市(浙)	6.56
145	白山市市辖区(吉)	0.81	191	海林市(黑)	0.60	237	临安市(浙)	6.34
146	船营区(吉)	0.80	192	大同区(黑)	0.59	238	松阳县(浙)	4.45
147	双阳区(吉)	0.75	193	佳木斯市郊区(黑)	0.57	239	临海市(浙)	4.42
148	四平市铁东区(吉)	0.70	194	新沂市(苏)	10.00	240	江山市(浙)	3.80
149	伊通满族自治县(吉)	0.69	195	六合区(苏)	8.88	241	云和县(浙)	3.03
150	浑江区(吉)	0.60	196	宿城区(苏)	8.74	242	仙居县(浙)	2.80
151	江源区(吉)	0.55	197	宝应县(苏)	7.35	243	文成县(浙)	2.80
152	洮北区(吉)	0.52	198	邗江区(苏)	6.99	244	嵊州市(浙)	2.76
153	牡丹江市市本级(黑)	11.38	199	响水县(苏)	6.51	245	富阳市(浙)	2.74
154	尚志国有林场管理局(黑)	9.14	200	东台市(苏)	5.12	246	婺城区(浙)	2.69
155	五常市(黑)	7.50	201	盱眙县(苏)	4.57	247	武义县(浙)	2.64
156	海伦市(黑)	6.54	202	泗洪县(苏)	4.02	248	桐庐县(浙)	2.64
157	望奎县(黑)	6.50	203	邳州市(苏)	3.82	249	磐安县(浙)	2.07
158	依兰县(黑)	5.10	204	泗阳县(苏)	3.80	250	莲都区(浙)	2.04
159	鹤岗市市辖区(黑)	5.08	205	丰　县(苏)	3.50	251	缙云县(浙)	2.02
160	讷河市(黑)	4.00	206	丹阳市(苏)	3.31	252	天台县(浙)	1.95
161	双城市(黑)	3.35	207	大丰市(苏)	3.30	253	永嘉县(浙)	1.88
162	阿城区(黑)	3.20	208	沛　县(苏)	3.20	254	常山县(浙)	1.64
163	绥棱县(黑)	2.92	209	东海县(苏)	2.80	255	安吉县(浙)	1.48
164	林口县(黑)	2.81	210	灌云县(苏)	2.80	256	青田县(浙)	1.43
165	延寿县(黑)	2.80	211	宿豫区(苏)	2.74	257	泰顺县(浙)	1.27
166	庆安国有林场管理局(黑)	2.72	212	沭阳县(苏)	2.71	258	衢江区(浙)	1.20
167	方正县(黑)	2.50	213	睢宁县(苏)	2.61	259	浦江县(浙)	1.11
168	汤原县(黑)	2.50	214	金湖县(苏)	2.48	260	兰溪市(浙)	1.11
169	桦南县(黑)	2.40	215	阜宁县(苏)	2.44	261	龙游县(浙)	1.08
170	丹清河实验林场(黑)	2.32	216	滨海县(苏)	2.19	262	长兴县(浙)	0.97
171	北林区(黑)	2.30	217	洪泽县(苏)	2.00	263	永康市(浙)	0.95
172	孟家岗林场(黑)	2.27	218	建湖县(苏)	1.94	264	新昌县(浙)	0.91
173	肇东市(黑)	2.10	219	赣榆县(苏)	1.64	265	黄岩区(浙)	0.86
174	克东县(黑)	1.73	220	句容市(苏)	1.60	266	东阳市(浙)	0.75
175	兰西县(黑)	1.70	221	淮阴区(苏)	1.50	267	余杭区(浙)	0.70
176	木兰县(黑)	1.68	222	射阳县(苏)	1.49	268	德清县(浙)	0.60
177	巴彦县(黑)	1.64	223	高邮市(苏)	1.30	269	宁海县(浙)	0.52
178	转山实验林场(黑)	1.50	224	涟水县(苏)	1.20	270	祁门县(皖)	22.09
179	肇源县(黑)	1.40	225	贾汪区(苏)	0.88	271	潜山县(皖)	15.68
180	通河县(黑)	1.30	226	江都区(苏)	0.87	272	东至县(皖)	14.35
181	杜尔伯特蒙古族自治县(黑)	1.27	227	宜兴市(苏)	0.84	273	泾　县(皖)	12.00
182	山河实验林场(黑)	1.10	228	盐都区(苏)	0.70	274	休宁县(皖)	10.36
183	肇州县(黑)	1.10	229	溧水县(苏)	0.59	275	萧　县(皖)	10.10

序号	原木主产地	万立方米
276	灵璧县(皖)	10.10
277	涡阳县(皖)	9.80
278	埇桥区(皖)	8.95
279	太和县(皖)	8.60
280	泗　县(皖)	8.50
281	太湖县(皖)	8.17
282	贵池区(皖)	8.10
283	颍上县(皖)	6.90
284	宣城市市辖区(皖)	6.60
285	旌德县(皖)	6.28
286	阜南县(皖)	6.26
287	固镇县(皖)	5.29
288	砀山县(皖)	4.88
289	宿松县(皖)	4.81
290	金寨县(皖)	4.80
291	南谯区(皖)	4.50
292	寿　县(皖)	4.50
293	霍山县(皖)	4.00
294	石台县(皖)	3.61
295	宁国市(皖)	3.49
296	黟　县(皖)	3.46
297	绩溪县(皖)	3.46
298	颍东区(皖)	3.30
299	枞阳县(皖)	3.12
300	界首市(皖)	3.01
301	濉溪县(皖)	2.94
302	怀远县(皖)	2.80
303	颍泉区(皖)	2.78
304	无为县(皖)	2.62
305	南陵县(皖)	2.56
306	舒城县(皖)	2.41
307	明光市(皖)	2.32
308	铜陵县(皖)	2.30
309	怀宁县(皖)	2.27
310	广德县(皖)	2.00
311	桐城市(皖)	2.00
312	岳西县(皖)	2.00
313	定远县(皖)	1.89
314	滁州市管店林业总场(皖)	1.84
315	来安县(皖)	1.79
316	全椒县(皖)	1.67
317	金安区(皖)	1.60
318	滁州市沙河集林业总场(皖)	1.51
319	霍邱县(皖)	1.33
320	肥东县(皖)	1.00
321	含山县(皖)	1.00
322	烈山区(皖)	0.86
323	肥西县(皖)	0.80
324	繁昌县(皖)	0.70
325	徽州区(皖)	0.63
326	凤阳县(皖)	0.58
327	和　县(皖)	0.57
328	庐江县(皖)	0.53
329	六安市叶集区(皖)	0.52
330	大观区(皖)	0.50
331	蕉城区(闽)	0.80
332	崇义县(赣)	18.21
333	安福县(赣)	16.16
334	遂川县(赣)	12.80
335	新干县(赣)	8.07
336	永丰县(赣)	7.95
337	吉水县(赣)	7.95
338	宁都县(赣)	7.87
339	铜鼓县(赣)	7.55
340	永新县(赣)	7.40
341	信丰县(赣)	6.28
342	大余县(赣)	6.10
343	浮梁县(赣)	5.90
344	青原区(赣)	5.43
345	奉新县(赣)	5.06
346	靖安县(赣)	5.01
347	上犹县(赣)	4.80
348	宜丰县(赣)	4.79
349	泰和县(赣)	4.60
350	婺源县(赣)	4.31
351	上高县(赣)	4.00
352	万安县(赣)	3.91
353	资溪县(赣)	3.82
354	全南县(赣)	3.80
355	安远县(赣)	3.73
356	武宁县(赣)	3.67
357	峡江县(赣)	3.43
358	吉安县(赣)	3.41
359	瑞金市(赣)	3.10
360	高安市(赣)	3.05
361	万载县(赣)	2.82
362	宜黄县(赣)	2.80
363	于都县(赣)	2.69
364	井冈山市(赣)	2.68
365	德兴市(赣)	2.54
366	分宜县(赣)	2.35
367	修水县(赣)	2.12
368	龙南县(赣)	1.77
369	南城县(赣)	1.70
370	临川区(赣)	1.60
371	石城县(赣)	1.58
372	永修县(赣)	1.56
373	定南县(赣)	1.53
374	南康市(赣)	1.50
375	袁州区(赣)	1.45
376	弋阳县(赣)	1.42
377	渝水区(赣)	1.10
378	赣　县(赣)	1.10
379	鄱阳县(赣)	0.97
380	贵溪市(赣)	0.80
381	会昌县(赣)	0.78
382	余江县(赣)	0.78
383	彭泽县(赣)	0.74
384	东乡县(赣)	0.72
385	上饶县(赣)	0.62
386	万年县(赣)	0.60
387	兴国县(赣)	0.57
388	铅山县(赣)	0.54
389	瑞昌市(赣)	0.53
390	都昌县(赣)	0.50
391	乐安县(赣)	0.50
392	五莲县(鲁)	48.00
393	东明县(鲁)	33.88
394	河东区(鲁)	32.00
395	蒙阴县(鲁)	28.60
396	惠民县(鲁)	28.00
397	鱼台县(鲁)	11.00
398	平原县(鲁)	10.56
399	东阿县(鲁)	8.30
400	曲阜市(鲁)	6.83
401	高密市(鲁)	6.10
402	郯城县(鲁)	5.80
403	成武县(鲁)	5.29
404	诸城市(鲁)	5.16
405	东平县(鲁)	5.10
406	高青县(鲁)	4.30
407	宁阳县(鲁)	4.25
408	陵　县(鲁)	4.20
409	邹平县(鲁)	4.10
410	沂水县(鲁)	4.00
411	平邑县(鲁)	3.70
412	罗庄区(鲁)	3.66
413	兰山区(鲁)	3.63

序号	原木主产地	万立方米
414	昌乐县(鲁)	3.50
415	乐陵市(鲁)	3.40
416	莒南县(鲁)	3.30
417	沂南县(鲁)	3.26
418	博兴县(鲁)	3.10
419	莒　县(鲁)	3.09
420	临沭县(鲁)	3.08
421	兰陵县(鲁)	3.00
422	肥城市(鲁)	2.98
423	冠　县(鲁)	2.90
424	邹城市(鲁)	2.50
425	临清市(鲁)	2.48
426	兖州市(鲁)	2.45
427	昌邑市(鲁)	2.42
428	费　县(鲁)	2.40
429	寿光市(鲁)	2.35
430	安丘市(鲁)	2.29
431	长清区(鲁)	2.26
432	东昌府区(鲁)	2.22
433	新泰市(鲁)	2.21
434	莱城区(鲁)	2.20
435	阳谷县(鲁)	2.10
436	黄岛区(鲁)	2.10
437	武城县(鲁)	2.00
438	嘉祥县(鲁)	1.98
439	平度市(鲁)	1.95
440	汶上县(鲁)	1.49
441	高唐县(鲁)	1.41
442	章丘市(鲁)	1.40
443	庆云县(鲁)	1.30
444	德城区(鲁)	1.30
445	临沂市蒙山旅游区(鲁)	1.30
446	泗水县(鲁)	1.17
447	任城区(鲁)	1.14
448	茌平县(鲁)	1.12
449	齐河县(鲁)	1.10
450	莱阳市(鲁)	1.10
451	胶州市(鲁)	1.10
452	台儿庄区(鲁)	1.09
453	宁津县(鲁)	1.06
454	梁山县(鲁)	1.01
455	岱岳区(鲁)	1.00
456	微山县(鲁)	0.97
457	沂源县(鲁)	0.96
458	淄川区(鲁)	0.93
459	济阳县(鲁)	0.90
460	蓬莱市(鲁)	0.90
461	利津县(鲁)	0.84
462	文登市(鲁)	0.83
463	即墨市(鲁)	0.83
464	德州市市辖区(鲁)	0.75
465	莘　县(鲁)	0.72
466	潍坊市峡山区(鲁)	0.67
467	岚山区(鲁)	0.64
468	临淄区(鲁)	0.60
469	青州市(鲁)	0.57
470	坊子区(鲁)	0.56
471	张店区(鲁)	0.55
472	桓台县(鲁)	0.50
473	莱州市(鲁)	0.50
474	息　县(豫)	8.90
475	永城市(豫)	8.37
476	夏邑县(豫)	7.50
477	原阳县(豫)	6.60
478	太康县(豫)	6.50
479	民权县(豫)	6.31
480	尉氏县(豫)	5.58
481	内黄县(豫)	5.30
482	杞　县(豫)	5.20
483	扶沟县(豫)	5.20
484	兰考县(豫)	4.83
485	鹿邑县(豫)	4.80
486	柘城县(豫)	4.53
487	郸城县(豫)	4.30
488	西华县(豫)	4.20
489	舞阳县(豫)	4.20
490	淮滨县(豫)	4.19
491	商水县(豫)	4.13
492	固始县(豫)	4.11
493	睢　县(豫)	3.90
494	项城市(豫)	3.50
495	内乡县(豫)	3.40
496	平舆县(豫)	3.30
497	潢川县(豫)	3.26
498	方城县(豫)	3.03
499	宁陵县(豫)	3.01
500	开封县(豫)	3.00
501	魏都区(豫)	2.90
502	辉县市(豫)	2.80
503	长垣县(豫)	2.75
504	栾川县(豫)	2.70
505	石龙区(豫)	2.67
506	许昌县(豫)	2.60
507	商城县(豫)	2.50
508	通许县(豫)	2.47
509	确山县(豫)	2.40
510	滑　县(豫)	2.39
511	睢阳区(豫)	2.32
512	光山县(豫)	2.31
513	延津县(豫)	2.20
514	新蔡县(豫)	2.16
515	汝南县(豫)	1.92
516	嵩　县(豫)	1.90
517	封丘县(豫)	1.81
518	遂平县(豫)	1.70
519	灵宝市(豫)	1.61
520	获嘉县(豫)	1.56
521	上蔡县(豫)	1.54
522	禹州市(豫)	1.47
523	舞钢市(豫)	1.46
524	泌阳县(豫)	1.46
525	武陟县(豫)	1.45
526	修武县(豫)	1.39
527	卢氏县(豫)	1.37
528	汝阳县(豫)	1.36
529	梁园区(豫)	1.34
530	博爱县(豫)	1.34
531	洛宁县(豫)	1.29
532	郏　县(豫)	1.29
533	正阳县(豫)	1.28
534	唐河县(豫)	1.27
535	金明区(豫)	1.27
536	汝州市(豫)	1.21
537	邓州市(豫)	1.20
538	叶　县(豫)	1.18
539	襄城县(豫)	1.10
540	宝丰县(豫)	1.10
541	沁阳市(豫)	1.08
542	桐柏县(豫)	1.04
543	沈丘县(豫)	1.00
544	淅川县(豫)	1.00
545	西平县(豫)	0.98
546	罗山县(豫)	0.94
547	渑池县(豫)	0.92
548	召陵区(豫)	0.91
549	南乐县(豫)	0.90
550	新安县(豫)	0.87
551	孟州市(豫)	0.87

序号	原木主产地	万立方米	序号	原木主产地	万立方米	序号	原木主产地	万立方米
552	平桥区(豫)	0.84	598	钟祥市(鄂)	2.85	644	汝城县(湘)	5.71
553	宜阳县(豫)	0.81	599	谷城县(鄂)	2.85	645	鼎城区(湘)	5.70
554	济源市(豫)	0.79	600	当阳市(鄂)	2.80	646	赫山区(湘)	5.70
555	新野县(豫)	0.74	601	沙市区(鄂)	2.58	647	会同县(湘)	5.40
556	卫辉市(豫)	0.72	602	利川市(鄂)	1.96	648	桂东县(湘)	5.20
557	汤阴县(豫)	0.70	603	宜城市(鄂)	1.90	649	沅陵县(湘)	5.10
558	南召县(豫)	0.65	604	随　县(鄂)	1.61	650	南　县(湘)	4.80
559	淮阳县(豫)	0.64	605	红安县(鄂)	1.60	651	浏阳市(湘)	4.56
560	林州市(豫)	0.63	606	蔡甸区(鄂)	1.53	652	资阳区(湘)	4.50
561	台前县(豫)	0.63	607	兴山县(鄂)	1.44	653	宁远县(湘)	4.11
562	新乡县(豫)	0.60	608	樊城区(鄂)	1.03	654	桑植县(湘)	4.00
563	浉河区(豫)	0.60	609	来凤县(鄂)	0.97	655	道　县(湘)	3.90
564	孟津县(豫)	0.58	610	巴东县(鄂)	0.96	656	鹤城区(湘)	3.84
565	湖滨区(豫)	0.56	611	阳新县(鄂)	0.84	657	澧　县(湘)	3.66
566	安阳县(豫)	0.55	612	浠水县(鄂)	0.81	658	武冈市(湘)	3.50
567	温　县(豫)	0.54	613	秭归县(鄂)	0.73	659	慈利县(湘)	3.49
568	驿城区(豫)	0.52	614	蕲春县(鄂)	0.71	660	茶陵县(湘)	3.20
569	长葛市(豫)	0.50	615	张湾区(鄂)	0.70	661	新宁县(湘)	3.20
570	鲁山县(豫)	0.50	616	通城县(鄂)	0.62	662	永定区(湘)	3.19
571	石首市(鄂)	12.50	617	远安县(鄂)	0.60	663	君山区(湘)	3.10
572	五峰土家族自治县(鄂)	10.00	618	麻城市(鄂)	0.57	664	衡东县(湘)	3.00
573	监利县(鄂)	10.00	619	丹江口市(鄂)	0.56	665	新晃侗族自治县(湘)	3.00
574	仙桃市(鄂)	9.80	620	老河口市(鄂)	0.55	666	常宁市(湘)	2.60
575	恩施市(鄂)	8.80	621	长阳土家族自治县(鄂)	0.50	667	辰溪县(湘)	2.60
576	南漳县(鄂)	8.20	622	罗田县(鄂)	0.50	668	溆浦县(湘)	2.60
577	公安县(鄂)	6.97	623	大悟县(鄂)	0.50	669	湘阴县(湘)	2.50
578	潜江市(鄂)	6.00	624	宣恩县(鄂)	0.50	670	永兴县(湘)	2.16
579	汉川市(鄂)	5.50	625	江华瑶族自治县(湘)	29.42	671	新化县(湘)	2.15
580	咸安区(鄂)	5.11	626	汉寿县(湘)	16.50	672	耒阳市(湘)	2.05
581	咸丰县(鄂)	4.45	627	城步苗族自治县(湘)	15.80	673	桃江县(湘)	1.80
582	保康县(鄂)	4.36	628	绥宁县(湘)	14.30	674	安仁县(湘)	1.79
583	房　县(鄂)	4.20	629	沅江市(湘)	10.83	675	芷江侗族自治县(湘)	1.74
584	松滋市(鄂)	4.10	630	安化县(湘)	9.30	676	冷水滩区(湘)	1.71
585	鹤峰县(鄂)	4.00	631	湘潭县(湘)	8.30	677	临湘市(湘)	1.70
586	通山县(鄂)	3.91	632	通道侗族自治县(湘)	7.71	678	东安县(湘)	1.65
587	京山县(鄂)	3.69	633	炎陵县(湘)	7.70	679	洪江市(湘)	1.58
588	江陵县(鄂)	3.65	634	靖州苗族侗族自治县(湘)	7.69	680	中方县(湘)	1.52
589	宜都市(鄂)	3.50	635	洞口县(湘)	7.68	681	醴陵市(湘)	1.50
590	英山县(鄂)	3.21	636	宁乡县(湘)	7.00	682	攸　县(湘)	1.40
591	赤壁市(鄂)	3.13	637	双牌县(湘)	6.43	683	汨罗市(湘)	1.35
592	嘉鱼县(鄂)	3.11	638	金洞林场(湘)	6.25	684	株洲县(湘)	1.30
593	安陆市(鄂)	3.00	639	宜章县(湘)	6.10	685	桂阳县(湘)	1.23
594	荆州区(鄂)	2.91	640	平江县(湘)	6.03	686	江永县(湘)	1.20
595	建始县(鄂)	2.90	641	桃源县(湘)	6.00	687	望城县(湘)	1.20
596	襄州区(鄂)	2.90	642	华容县(湘)	5.98	688	永顺县(湘)	1.20
597	枣阳市(鄂)	2.88	643	资兴市(湘)	5.98	689	云溪区(湘)	1.12

序号	原木主产地	万立方米	序号	原木主产地	万立方米	序号	原木主产地	万立方米
690	新邵县(湘)	1.00	736	从化市(粤)	7.90	782	樟木头林场(粤)	1.32
691	衡南县(湘)	0.98	737	云城区(粤)	7.70	783	陆丰市(粤)	1.27
692	祁阳县(湘)	0.98	738	乳源瑶族自治县(粤)	7.58	784	和平县(粤)	1.26
693	嘉禾县(湘)	0.95	739	始兴县(粤)	6.80	785	潮州市属总林场(粤)	1.26
694	新田县(湘)	0.95	740	新丰县(粤)	6.67	786	连山林场(粤)	1.22
695	零陵区(湘)	0.85	741	新会区(粤)	6.46	787	阳江花滩林场(粤)	1.13
696	苏仙区(湘)	0.64	742	五华县(粤)	6.27	788	惠阳区(粤)	1.10
697	隆回县(湘)	0.60	743	云安县(粤)	6.23	789	九连山林场(粤)	1.06
698	石鼓区(湘)	0.60	744	武江区(粤)	6.11	790	揭阳市普侨区(粤)	1.02
699	雨花区(湘)	0.60	745	梅　县(粤)	6.00	791	郁南县(粤)	1.00
700	古丈县(湘)	0.60	746	韶关市属总林场(粤)	6.00	792	天井山林场(粤)	1.00
701	双峰县(湘)	0.58	747	徐闻县(粤)	5.95	793	宝安区(粤)	1.00
702	武陵区(湘)	0.56	748	兴宁市(粤)	5.89	794	潮安县(粤)	0.95
703	麻阳苗族自治县(湘)	0.50	749	清远市属总林场(粤)	5.85	795	梅江区(粤)	0.90
704	岳麓区(湘)	0.50	750	乐昌市(粤)	5.52	796	揭西县(粤)	0.80
705	怀集县(粤)	48.91	751	浈江区(粤)	5.32	797	湛江市属总林场(粤)	0.63
706	英德市(粤)	32.35	752	饶平县(粤)	5.20	798	乐昌林场(粤)	0.62
707	紫金县(粤)	26.80	753	化州市(粤)	5.10	799	三水区(粤)	0.50
708	高要市(粤)	21.54	754	丰顺县(粤)	5.00	800	上思县(桂)	80.24
709	阳春市(粤)	20.00	755	连山壮族瑶族自治县(粤)	4.75	801	高峰林场(桂)	64.36
710	广宁县(粤)	19.93	756	南雄市(粤)	4.37	802	藤　县(桂)	62.80
711	东源县(粤)	18.92	757	龙门县(粤)	4.23	803	桂平市(桂)	48.85
712	台山市(粤)	18.20	758	吴川市(粤)	4.10	804	昭平县(桂)	46.15
713	封开县(粤)	17.94	759	茂名市属总林场(粤)	3.76	805	大桂山林场(桂)	43.27
714	开平市(粤)	16.30	760	海丰县(粤)	3.58	806	环江毛南族自治县(桂)	42.56
715	博罗县(粤)	15.30	761	高州市(粤)	3.49	807	横　县(桂)	42.10
716	德庆县(粤)	14.31	762	惠东县(粤)	3.44	808	灵山县(桂)	42.00
717	西江林业局(粤)	13.35	763	阳东县(粤)	3.38	809	浦北县(桂)	38.25
718	鹤山市(粤)	13.10	764	惠城区(粤)	3.35	810	象州县(桂)	37.21
719	翁源县(粤)	12.90	765	遂溪县(粤)	3.15	811	鹿寨县(桂)	36.95
720	阳山县(粤)	12.18	766	阳西县(粤)	2.80	812	扶绥县(桂)	36.93
721	新兴县(粤)	12.15	767	连平县(粤)	2.77	813	兴宾区(桂)	35.77
722	清新县(粤)	11.80	768	揭东区(粤)	2.40	814	宁明县(桂)	33.50
723	廉江市(粤)	11.60	769	中山市(粤)	2.18	815	右江区(桂)	33.40
724	四会市(粤)	11.11	770	惠州市属总林场(粤)	2.10	816	七坡林场(桂)	33.33
725	佛冈县(粤)	10.64	771	蓬江区(粤)	2.05	817	八步区(桂)	33.03
726	罗定市(粤)	9.62	772	平远县(粤)	2.04	818	武宣县(桂)	32.38
727	高明区(粤)	9.20	773	龙川县(粤)	2.00	819	天峨县(桂)	31.70
728	恩平市(粤)	9.18	774	电白区(粤)	1.92	820	钦北区(桂)	31.12
729	肇庆市林业总场(粤)	9.08	775	花都区(粤)	1.89	821	田林县(桂)	30.12
730	仁化县(粤)	9.00	776	新丰江林管局(粤)	1.70	822	武鸣县(桂)	30.00
731	信宜市(粤)	8.89	777	鼎湖区(粤)	1.55	823	平果县(桂)	29.55
732	雷州市(粤)	8.80	778	东江林场(粤)	1.51	824	苍梧县(桂)	28.30
733	连州市(粤)	8.70	779	蕉岭县(粤)	1.51	825	钦南区(桂)	27.80
734	清城区(粤)	8.68	780	大埔县(粤)	1.50	826	融水苗族自治县(桂)	25.70
735	增城市(粤)	8.02	781	连南瑶族自治县(粤)	1.36	827	六万林场(桂)	25.10

序号	原木主产地	万立方米	序号	原木主产地	万立方米	序号	原木主产地	万立方米
828	黄冕林场(桂)	23.45	874	荔浦县(桂)	5.94	920	古蔺县(川)	3.80
829	西林县(桂)	23.32	875	西乡塘区(桂)	5.93	921	合江县(川)	3.50
830	宜州市(桂)	23.01	876	三江侗族自治县(桂)	5.88	922	沙湾区(川)	3.43
831	良庆区(桂)	22.90	877	资源县(桂)	5.80	923	什邡市(川)	3.43
832	维都林场(桂)	22.82	878	灵川县(桂)	5.66	924	绵竹市(川)	3.37
833	宾阳县(桂)	22.75	879	东兰县(桂)	5.43	925	西昌市(川)	3.25
834	罗城仫佬族自治县(桂)	20.27	880	临桂县(桂)	5.10	926	宝兴县(川)	3.01
835	田阳县(桂)	20.09	881	凭祥市(桂)	4.84	927	芦山县(川)	3.00
836	融安县(桂)	18.60	882	雅长林场(桂)	4.59	928	旺苍县(川)	3.00
837	田东县(桂)	17.66	883	大化瑶族自治县(桂)	3.70	929	阆中市(川)	2.88
838	博白林场(桂)	17.33	884	东兴市(桂)	3.50	930	三台县(川)	2.75
839	马山县(桂)	17.19	885	柳北区(桂)	3.22	931	都江堰市(川)	2.50
840	柳江县(桂)	16.60	886	中国林科院热林中心(桂)	3.00	932	白玉县(川)	2.48
841	忻城县(桂)	16.11	887	恭城瑶族自治县(桂)	2.69	933	荣　县(川)	2.44
842	隆林各族自治县(桂)	15.16	888	铁山港区(桂)	2.48	934	马边彝族自治县(川)	2.31
843	全州县(桂)	15.10	889	灌阳县(桂)	2.30	935	苍溪县(川)	2.30
844	兴宁区(桂)	15.00	890	阳朔县(桂)	1.87	936	宜宾县(川)	2.14
845	港南区(桂)	14.59	891	玉州区(桂)	1.60	937	天全县(川)	2.05
846	那坡县(桂)	14.00	892	沙塘林场(桂)	0.91	938	夹江县(川)	2.00
847	东门林场(桂)	12.59	893	石柱土家族自治县(渝)	2.83	939	朝天区(川)	1.93
848	港北区(桂)	12.03	894	南川区(渝)	1.53	940	峨眉山市(川)	1.89
849	兴业县(桂)	12.00	895	武隆县(渝)	1.39	941	盐源县(川)	1.80
850	隆安县(桂)	11.99	896	彭水苗族土家族自治县(渝)	1.20	942	仪陇县(川)	1.80
851	永福县(桂)	11.79	897	江津区(渝)	1.10	943	剑阁县(川)	1.72
852	覃塘区(桂)	11.60	898	黔江区(渝)	1.01	944	中江县(川)	1.72
853	派阳山林场(桂)	11.57	899	潼南县(渝)	1.00	945	筠连县(川)	1.69
854	上林县(桂)	11.50	900	綦江县(渝)	1.00	946	崇州市(川)	1.65
855	金秀瑶族自治县(桂)	11.24	901	秀山土家族苗族自治县(渝)	0.96	947	彭州市(川)	1.64
856	平乐县(桂)	11.22	902	永川区(渝)	0.83	948	通江县(川)	1.36
857	南丹县(桂)	11.01	903	巫山县(渝)	0.77	949	东坡区(川)	1.31
858	龙胜各族自治县(桂)	10.93	904	城口县(渝)	0.60	950	西充县(川)	1.30
859	凌云县(桂)	10.92	905	丰都县(渝)	0.57	951	峨边彝族自治县(川)	1.29
860	防城区(桂)	9.94	906	雨城区(川)	10.44	952	射洪县(川)	1.29
861	柳城县(桂)	9.75	907	洪雅县(川)	9.86	953	游仙区(川)	1.20
862	乐业县(桂)	9.60	908	叙永县(川)	8.90	954	威远县(川)	1.20
863	青秀区(桂)	9.14	909	宣汉县(川)	7.75	955	丹棱县(川)	1.18
864	兴安县(桂)	9.06	910	屏山县(川)	6.93	956	彭山县(川)	1.16
865	邕宁区(桂)	8.88	911	荥经县(川)	5.09	957	巴州区(川)	1.15
866	天等县(桂)	8.21	912	安　县(川)	4.80	958	石棉县(川)	1.01
867	合山市(桂)	7.70	913	邛崃市(川)	4.72	959	乐山市市中区(川)	1.00
868	三门江林场(桂)	7.60	914	梓潼县(川)	4.70	960	利州区(川)	1.00
869	钟山县(桂)	7.50	915	沐川县(川)	4.49	961	江油市(川)	0.99
870	富川瑶族自治县(桂)	6.90	916	珙　县(川)	4.39	962	平昌县(川)	0.92
871	江南区(桂)	6.68	917	大竹县(川)	4.00	963	犍为县(川)	0.91
872	金城江区(桂)	6.00	918	南部县(川)	3.98	964	恩阳区(川)	0.90
873	靖西县(桂)	6.00	919	平武县(川)	3.80	965	翠屏区(川)	0.85

序号	原木主产地	万立方米
966	雁江区(川)	0.83
967	兴文县(川)	0.82
968	布拖县(川)	0.81
969	营山县(川)	0.80
970	雅江县(川)	0.77
971	冕宁县(川)	0.75
972	通川区(川)	0.71
973	五通桥区(川)	0.70
974	纳溪区(川)	0.69
975	江安县(川)	0.63
976	青神县(川)	0.60
977	万源市(川)	0.60
978	蓬安县(川)	0.60
979	大英县(川)	0.60
980	仁寿县(川)	0.59
981	长宁县(川)	0.58
982	乡城县(川)	0.57
983	名山县(川)	0.56
984	德格县(川)	0.54
985	南溪县(川)	0.51
986	美姑县(川)	0.50
987	榕江县(黔)	18.70
988	黎平县(黔)	16.95
989	从江县(黔)	9.94
990	三都水族自治县(黔)	9.30
991	锦屏县(黔)	9.02
992	江口县(黔)	6.20
993	遵义县(黔)	5.30
994	天柱县(黔)	4.51
995	龙里县(黔)	3.60
996	瓮安县(黔)	3.50
997	独山县(黔)	3.39
998	赤水市(黔)	3.25
999	德江县(黔)	2.70
1000	凤冈县(黔)	2.05
1001	贵定县(黔)	2.00
1002	长顺县(黔)	1.80
1003	福泉市(黔)	1.77
1004	道真仡佬族苗族自治县(黔)	1.72
1005	清镇市(黔)	1.64
1006	汇川区(黔)	1.60
1007	开阳县(黔)	1.58
1008	松桃苗族自治县(黔)	1.56
1009	六枝特区(黔)	1.50
1010	都匀市(黔)	1.20
1011	绥阳县(黔)	1.20

序号	原木主产地	万立方米
1012	普安县(黔)	1.08
1013	普定县(黔)	1.03
1014	思南县(黔)	0.83
1015	息烽县(黔)	0.80
1016	碧江区(黔)	0.79
1017	印江土家族苗族自治县(黔)	0.77
1018	荔波县(黔)	0.72
1019	石阡县(黔)	0.71
1020	沿河土家族自治县(黔)	0.65
1021	平坝县(黔)	0.57
1022	紫云苗族布依族自治县(黔)	0.51
1023	玉屏侗族自治县(黔)	0.50
1024	腾冲县(滇)	20.01
1025	景洪市(滇)	15.90
1026	宁洱哈尼族彝族自治县(滇)	13.83
1027	富宁县(滇)	11.00
1028	南华县(滇)	9.90
1029	广南县(滇)	9.78
1030	马关县(滇)	8.40
1031	盈江县(滇)	8.10
1032	芒　市(滇)	7.90
1033	陇川县(滇)	7.42
1034	双柏县(滇)	7.40
1035	墨江哈尼族自治县(滇)	6.98
1036	勐腊县(滇)	6.92
1037	师宗县(滇)	6.52
1038	屏边苗族自治县(滇)	5.54
1039	宣威市(滇)	5.50
1040	龙陵县(滇)	5.46
1041	罗平县(滇)	5.12
1042	麻栗坡县(滇)	5.07
1043	砚山县(滇)	4.12
1044	江城哈尼族彝族自治县(滇)	3.97
1045	耿马傣族佤族自治县(滇)	3.85
1046	西畴县(滇)	3.85
1047	楚雄市(滇)	3.83
1048	威信县(滇)	3.50
1049	金平苗族瑶族傣族自治县(滇)	3.47
1050	梁河县(滇)	3.22
1051	瑞丽市(滇)	3.14
1052	昌宁县(滇)	2.96
1053	通海县(滇)	2.90
1054	石林彝族自治县(滇)	2.75
1055	文山市(滇)	2.65
1056	勐海县(滇)	2.54
1057	沧源佤族自治县(滇)	2.49

序号	原木主产地	万立方米
1058	隆阳区(滇)	2.47
1059	富源县(滇)	2.03
1060	会泽县(滇)	2.01
1061	曲靖市属海寨林场(滇)	1.96
1062	卫国林业局(滇)	1.90
1063	倘甸工业园区(滇)	1.80
1064	镇康县(滇)	1.79
1065	弥勒市(滇)	1.70
1066	永仁县(滇)	1.67
1067	丘北县(滇)	1.66
1068	永善县(滇)	1.63
1069	贡山独龙族怒族自治县(滇)	1.60
1070	陆良县(滇)	1.60
1071	香格里拉县(滇)	1.44
1072	双江拉祜族佤族布朗族傣族自治县(滇)	1.40
1073	水富县(滇)	1.19
1074	峨山彝族自治县(滇)	1.11
1075	宜良县(滇)	0.84
1076	维西傈僳族自治县(滇)	0.84
1077	祥云县(滇)	0.83
1078	临翔区(滇)	0.67
1079	姚安县(滇)	0.63
1080	永胜县(滇)	0.59
1081	大姚县(滇)	0.58
1082	寻甸回族彝族自治县(滇)	0.51
1083	巍山彝族回族自治县(滇)	0.50
1084	林芝县(藏)	3.14
1085	波密县(藏)	0.98
1086	米林县(藏)	0.77
1087	察隅县(藏)	0.63
1088	镇巴县(陕)	3.46
1089	陇　县(陕)	0.59
1090	洋　县(陕)	0.54
1091	甘州区(甘)	0.72
1092	临泽县(甘)	0.70
1093	瓜州县(甘)	0.62
1094	莎车县(新)	3.00
1095	温宿县(新)	1.65
1096	奇台县(新)	1.10
1097	乌什县(新)	1.00
1098	阿克苏市(新)	0.80
1099	泽普县(新)	0.59
1100	拜城县(新)	0.59
1101	麦盖提县(新)	0.56
1102	莫尔道嘎林业局(内蒙古森工)	11.64

序号	原木主产地	万立方米
1103	根河林业局(内蒙古森工)	11.02
1104	金河林业局(内蒙古森工)	10.34
1105	乌尔旗汉林业局(内蒙古森工)	8.57
1106	满归林业局(内蒙古森工)	7.63
1107	绰尔林业局(内蒙古森工)	6.60
1108	阿龙山林业局(内蒙古森工)	6.42
1109	阿里河林业局(内蒙古森工)	6.20
1110	得耳布尔林业局(内蒙古森工)	5.61
1111	甘河林业局(内蒙古森工)	5.33
1112	库都尔林业局(内蒙古森工)	4.74
1113	克一河林业局(内蒙古森工)	4.48
1114	吉文林业局(内蒙古森工)	4.19
1115	绰源林业局(内蒙古森工)	3.93
1116	图里河林业局(内蒙古森工)	3.93
1117	伊图里河林业局(内蒙古森工)	2.38
1118	大杨树林业局(内蒙古森工)	0.84
1119	毕拉河林业局(内蒙古森工)	0.50
1120	红石林业局(吉林森工)	12.77
1121	三岔子林业局(吉林森工)	9.64
1122	松江河林业有限公司(吉林森工)	8.15
1123	露水河林业局(吉林森工)	6.69
1124	临江林业局(吉林森工)	6.06
1125	白石山林业局(吉林森工)	5.84
1126	泉阳林业局(吉林森工)	4.12
1127	湾沟林业局(吉林森工)	2.79
1128	亚布力林业局(龙江森工)	5.50
1129	东京城林业局(龙江森工)	4.10
1130	林口林业局(龙江森工)	4.10
1131	兴隆林业局(龙江森工)	4.10
1132	大海林林业局(龙江森工)	4.00
1133	东方红林业局(龙江森工)	3.90
1134	沾河林业局(龙江森工)	3.20
1135	穆棱林业局(龙江森工)	2.90
1136	山河屯林业局(龙江森工)	2.70
1137	柴河林业局(龙江森工)	2.50
1138	苇河林业局(龙江森工)	2.30
1139	方正林业局(龙江森工)	2.30
1140	绥阳林业局(龙江森工)	2.20
1141	绥棱林业局(龙江森工)	1.80
1142	清河林业局(龙江森工)	1.30
1143	带岭实验局(龙江森工)	1.10
1144	迎春林业局(龙江森工)	1.00
1145	海林林业局(龙江森工)	0.70
1146	八面通林业局(龙江森工)	0.50
1147	西林吉林业局(大兴安岭)	3.71
1148	新林林业局(大兴安岭)	3.52
1149	韩家园林业局(大兴安岭)	3.52
1150	塔河林业局(大兴安岭)	2.95
1151	图强林业局(大兴安岭)	2.61
1152	呼中林业局(大兴安岭)	2.44
1153	松岭林业局(大兴安岭)	2.35
1154	阿木尔林业局(大兴安岭)	2.25
1155	十八站林业局(大兴安岭)	1.67
1156	农四师(新疆兵团)	3.02
1157	农六师(新疆兵团)	1.83
1158	农五师(新疆兵团)	0.76

表 1-2 锯材主产地产量

序号	锯材主产地	万立方米
1	临漳县(冀)	98.07
2	南和县(冀)	30.81
3	昌黎县(冀)	5.60
4	沙河市(冀)	3.70
5	景　县(冀)	3.41
6	藁城区(冀)	2.60
7	丰南区(冀)	2.50
8	永年县(冀)	1.74
9	围场满族蒙古族自治县(冀)	1.59
10	正定县(冀)	1.37
11	元氏县(冀)	0.91
12	文安县(冀)	0.86
13	定州市(冀)	0.76
14	栾城区(冀)	0.74
15	平山县(冀)	0.60
16	灵寿县(冀)	0.56
17	奈曼旗(内蒙古)	2.80
18	阿鲁科尔沁旗(内蒙古)	2.10
19	松山区(内蒙古)	2.00
20	巴林左旗(内蒙古)	1.60
21	开鲁县(内蒙古)	1.56
22	宁城县(内蒙古)	1.35
23	杭锦后旗(内蒙古)	1.11
24	扎赉特旗(内蒙古)	1.00
25	额尔古纳市(内蒙古)	0.85
26	库伦旗(内蒙古)	0.81
27	新宾满族自治县(辽)	16.00
28	桓仁满族自治县(辽)	12.68
29	新民市(辽)	9.67
30	本溪满族自治县(辽)	7.80
31	昌图县(辽)	7.00
32	清原满族自治县(辽)	6.00
33	宽甸满族自治县(辽)	5.00
34	振安区(辽)	5.00
35	凌海市(辽)	4.00
36	东洲区(辽)	3.10
37	义　县(辽)	2.80
38	凌源市(辽)	2.40
39	抚顺县(辽)	2.20
40	绥中县(辽)	2.00
41	龙城区(辽)	1.35
42	东港市(辽)	1.30
43	北票市(辽)	1.00
44	海城市(辽)	0.78
45	盖州市(辽)	0.68
46	喀喇沁左翼蒙古族自治县(辽)	0.60
47	灯塔市(辽)	0.57
48	敦化市(吉)	18.00
49	汪清县(吉)	15.91
50	前郭尔罗斯蒙古族自治县(吉)	13.00
51	辉南县(吉)	10.30
52	二道区(吉)	8.70
53	蛟河市(吉)	6.50
54	通榆县(吉)	6.30
55	八家子林业局(吉)	6.02
56	通化县(吉)	5.30
57	和龙市(吉)	5.20
58	图们市(吉)	5.04
59	集安市(吉)	4.72
60	东丰县(吉)	4.45
61	梨树县(吉)	4.10
62	榆树市(吉)	4.00
63	农安县(吉)	4.00
64	公主岭市(吉)	3.45
65	临江市(吉)	3.30
66	绿园区(吉)	2.00
67	德惠市(吉)	2.00
68	舒兰市(吉)	1.93
69	九台市(吉)	1.50
70	丰满区(吉)	1.10
71	镇赉县(吉)	1.10
72	龙潭区(吉)	0.80
73	经济开发区(吉)	0.64
74	磐石市(吉)	0.64
75	白河林业局(吉)	0.63
76	四平市铁西区(吉)	0.60
77	抚松县(吉)	0.56
78	牡丹江市市本级(黑)	135.00
79	同江市(黑)	109.00

序号	锯材主产地	万立方米
80	宁安市(黑)	27.00
81	富锦市(黑)	13.56
82	海伦市(黑)	6.54
83	方正县(黑)	5.37
84	巴彦县(黑)	5.04
85	庆安国有林场管理局(黑)	4.47
86	依兰县(黑)	4.00
87	城子河区(黑)	3.00
88	木兰县(黑)	2.40
89	爱辉区(黑)	2.40
90	讷河市(黑)	2.00
91	林口县(黑)	1.96
92	青冈县(黑)	1.30
93	肇东市(黑)	1.30
94	鸡冠区(黑)	1.12
95	孟家岗林场(黑)	1.00
96	延寿县(黑)	0.80
97	明水县(黑)	0.70
98	庆安县(黑)	0.70
99	肇州县(黑)	0.66
100	汤原县(黑)	0.60
101	丰　县(苏)	46.00
102	大丰市(苏)	39.10
103	沭阳县(苏)	28.80
104	泗阳县(苏)	12.90
105	东台市(苏)	9.80
106	泗洪县(苏)	7.26
107	吴中区(苏)	5.49
108	沛　县(苏)	4.00
109	宝应县(苏)	3.50
110	宿城区(苏)	2.74
111	通州区(苏)	2.52
112	亭湖区(苏)	2.20
113	滨海县(苏)	1.90
114	盐都区(苏)	1.84
115	阜宁县(苏)	1.80
116	睢宁县(苏)	1.76
117	常熟市(苏)	1.70
118	宿豫区(苏)	1.69
119	江宁区(苏)	1.32
120	建湖县(苏)	1.28
121	涟水县(苏)	1.20
122	句容市(苏)	1.10
123	射阳县(苏)	0.98
124	高邮市(苏)	0.75
125	淮安区(苏)	0.70

序号	锯材主产地	万立方米
126	淮阴区(苏)	0.70
127	邗江区(苏)	0.61
128	宜兴市(苏)	0.53
129	仪征市(苏)	0.52
130	江山市(浙)	102.23
131	东阳市(浙)	33.10
132	义乌市(浙)	30.80
133	桐乡市(浙)	16.40
134	安吉县(浙)	15.40
135	龙泉市(浙)	12.30
136	临安市(浙)	10.21
137	莲都区(浙)	6.66
138	淳安县(浙)	4.88
139	青田县(浙)	4.88
140	武义县(浙)	4.42
141	奉化市(浙)	4.21
142	婺城区(浙)	3.98
143	衢江区(浙)	3.80
144	长兴县(浙)	3.10
145	苍南县(浙)	3.08
146	遂昌县(浙)	2.66
147	临海市(浙)	2.59
148	龙游县(浙)	2.50
149	建德市(浙)	2.48
150	宁海县(浙)	2.40
151	仙居县(浙)	2.33
152	富阳市(浙)	2.21
153	松阳县(浙)	2.10
154	柯城区(浙)	1.98
155	常山县(浙)	1.86
156	余杭区(浙)	1.66
157	永嘉县(浙)	1.58
158	天台县(浙)	1.50
159	泰顺县(浙)	1.27
160	永康市(浙)	1.25
161	文成县(浙)	0.90
162	德清县(浙)	0.80
163	上虞市(浙)	0.80
164	普陀区(浙)	0.75
165	平阳县(浙)	0.70
166	庆元县(浙)	0.67
167	缙云县(浙)	0.65
168	三门县(浙)	0.56
169	秀洲区(浙)	0.53
170	五河县(皖)	70.00
171	东至县(皖)	48.29

序号	锯材主产地	万立方米
172	鸠江区(皖)	19.50
173	天长市(皖)	12.03
174	谯城区(皖)	10.00
175	阜南县(皖)	9.54
176	全椒县(皖)	9.30
177	南陵县(皖)	9.02
178	明光市(皖)	8.80
179	贵池区(皖)	8.10
180	祁门县(皖)	8.00
181	南谯区(皖)	7.50
182	灵璧县(皖)	7.10
183	泾　县(皖)	6.00
184	潜山县(皖)	5.80
185	旌德县(皖)	4.56
186	颍州区(皖)	3.70
187	黟　县(皖)	3.41
188	太湖县(皖)	2.82
189	怀宁县(皖)	2.62
190	郎溪县(皖)	2.50
191	濉溪县(皖)	2.44
192	枞阳县(皖)	2.42
193	来安县(皖)	2.20
194	长丰县(皖)	2.09
195	宿松县(皖)	2.08
196	无为县(皖)	1.87
197	泗　县(皖)	1.82
198	休宁县(皖)	1.55
199	舒城县(皖)	1.52
200	大观区(皖)	1.50
201	岳西县(皖)	1.31
202	铜陵县(皖)	1.15
203	固镇县(皖)	1.01
204	桐城市(皖)	1.00
205	和　县(皖)	1.00
206	霍山县(皖)	1.00
207	含山县(皖)	1.00
208	望江县(皖)	0.88
209	绩溪县(皖)	0.80
210	田家庵区(皖)	0.80
211	界首市(皖)	0.66
212	琅琊区(皖)	0.66
213	石台县(皖)	0.60
214	庐江县(皖)	0.59
215	秀屿区(闽)	36.95
216	延平区(闽)	19.79
217	永安市(闽)	12.59

序号	锯材主产地	万立方米
218	龙海市(闽)	12.25
219	武夷山市(闽)	10.78
220	建瓯市(闽)	8.19
221	漳平市(闽)	7.85
222	顺昌县(闽)	7.52
223	泰宁县(闽)	6.33
224	尤溪县(闽)	5.91
225	清流县(闽)	5.38
226	沙　县(闽)	4.27
227	将乐县(闽)	4.10
228	闽清县(闽)	3.87
229	宁化县(闽)	3.71
230	连城县(闽)	3.16
231	新罗区(闽)	3.03
232	诏安县(闽)	2.76
233	仙游县(闽)	2.67
234	德化县(闽)	2.62
235	大田县(闽)	2.54
236	周宁县(闽)	2.40
237	浦城县(闽)	2.24
238	长泰县(闽)	2.14
239	永春县(闽)	1.80
240	梅列区(闽)	1.71
241	南安市(闽)	1.41
242	漳浦县(闽)	1.30
243	邵武市(闽)	1.09
244	芗城区(闽)	0.93
245	福鼎市(闽)	0.91
246	连江县(闽)	0.87
247	霞浦县(闽)	0.85
248	福清市(闽)	0.81
249	三元区(闽)	0.81
250	长汀县(闽)	0.79
251	永泰县(闽)	0.77
252	华安县(闽)	0.72
253	平和县(闽)	0.63
254	建宁县(闽)	0.58
255	寿宁县(闽)	0.57
256	武平县(闽)	0.57
257	南靖县(闽)	0.54
258	南昌市市辖区(赣)	95.75
259	南康市(赣)	35.00
260	遂川县(赣)	5.50
261	信丰县(赣)	3.42
262	浮梁县(赣)	3.40
263	安远县(赣)	3.29
264	婺源县(赣)	3.28
265	广丰县(赣)	3.24
266	上高县(赣)	3.23
267	渝水区(赣)	2.60
268	贵溪市(赣)	2.03
269	月湖区(赣)	2.00
270	永新县(赣)	2.00
271	余江县(赣)	1.90
272	泰和县(赣)	1.80
273	永丰县(赣)	1.50
274	上犹县(赣)	1.50
275	吉水县(赣)	1.39
276	安源区(赣)	1.20
277	安福县(赣)	1.20
278	临川区(赣)	1.20
279	崇义县(赣)	1.17
280	全南县(赣)	1.15
281	瑞金市(赣)	1.10
282	吉州区(赣)	1.00
283	铜鼓县(赣)	0.86
284	章贡区(赣)	0.72
285	新建县(赣)	0.66
286	上饶县(赣)	0.63
287	峡江县(赣)	0.62
288	兴国县(赣)	0.60
289	进贤县(赣)	0.55
290	玉山县(赣)	0.52
291	泗水县(鲁)	623.00
292	岚山区(鲁)	210.00
293	临沂市临港经济开发区(鲁)	190.00
294	成武县(鲁)	61.02
295	诸城市(鲁)	30.90
296	临朐县(鲁)	30.00
297	郯城县(鲁)	29.60
298	梁山县(鲁)	25.61
299	惠民县(鲁)	23.00
300	东明县(鲁)	21.58
301	兰山区(鲁)	13.60
302	济阳县(鲁)	12.55
303	蒙阴县(鲁)	9.30
304	莱州市(鲁)	8.90
305	兰陵县(鲁)	6.78
306	微山县(鲁)	6.57
307	寿光市(鲁)	5.15
308	嘉祥县(鲁)	4.37
309	东平县(鲁)	4.20
310	新泰市(鲁)	3.20
311	沂水县(鲁)	3.00
312	宁阳县(鲁)	2.60
313	台儿庄区(鲁)	2.25
314	昌乐县(鲁)	2.20
315	桓台县(鲁)	2.20
316	东昌府区(鲁)	1.97
317	章丘市(鲁)	1.90
318	兖州市(鲁)	1.63
319	高青县(鲁)	1.60
320	昌邑市(鲁)	1.56
321	冠　县(鲁)	1.50
322	汶上县(鲁)	1.49
323	五莲县(鲁)	1.42
324	阳谷县(鲁)	1.42
325	武城县(鲁)	1.30
326	费　县(鲁)	1.20
327	沂南县(鲁)	1.12
328	肥城市(鲁)	1.00
329	庆云县(鲁)	1.00
330	莱城区(鲁)	0.97
331	平度市(鲁)	0.89
332	乐陵市(鲁)	0.80
333	胶州市(鲁)	0.80
334	利津县(鲁)	0.80
335	莘　县(鲁)	0.65
336	东阿县(鲁)	0.52
337	兰考县(豫)	31.00
338	西华县(豫)	16.00
339	安阳县(豫)	9.99
340	梁园区(豫)	9.90
341	睢阳区(豫)	9.79
342	沈丘县(豫)	7.50
343	长葛市(豫)	6.00
344	太康县(豫)	6.00
345	原阳县(豫)	5.60
346	尉氏县(豫)	5.58
347	山城区(豫)	5.00
348	镇平县(豫)	4.98
349	民权县(豫)	4.98
350	淮阳县(豫)	4.20
351	内黄县(豫)	3.90
352	川汇区(豫)	3.80
353	商水县(豫)	3.65
354	沁阳市(豫)	3.50
355	睢　县(豫)	3.20

序号	锯材主产地	万立方米
356	虞城县(豫)	3.00
357	淮滨县(豫)	2.71
358	卫辉市(豫)	2.60
359	商城县(豫)	2.30
360	新密市(豫)	2.10
361	郸城县(豫)	2.10
362	郾城区(豫)	2.07
363	温　县(豫)	2.00
364	柘城县(豫)	1.86
365	辉县市(豫)	1.60
366	汝南县(豫)	1.53
367	宁陵县(豫)	1.53
368	汝阳县(豫)	1.25
369	洛宁县(豫)	1.20
370	许昌市经济技术开发区(豫)	1.20
371	内乡县(豫)	1.20
372	台前县(豫)	1.15
373	长垣县(豫)	1.12
374	灵宝市(豫)	1.04
375	固始县(豫)	1.01
376	夏邑县(豫)	1.00
377	社旗县(豫)	0.98
378	陕　县(豫)	0.94
379	西平县(豫)	0.91
380	鲁山县(豫)	0.87
381	叶　县(豫)	0.83
382	伊川县(豫)	0.80
383	许昌县(豫)	0.80
384	新郑市(豫)	0.80
385	石龙区(豫)	0.80
386	延津县(豫)	0.80
387	汝州市(豫)	0.76
388	方城县(豫)	0.76
389	新野县(豫)	0.75
390	召陵区(豫)	0.67
391	卢氏县(豫)	0.52
392	枣阳市(鄂)	12.08
393	监利县(鄂)	10.00
394	谷城县(鄂)	5.35
395	嘉鱼县(鄂)	3.12
396	东宝区(鄂)	3.00
397	潜江市(鄂)	3.00
398	天门市(鄂)	3.00
399	通山县(鄂)	1.99
400	蔡甸区(鄂)	1.53
401	长阳土家族自治县(鄂)	1.50
402	鄂城区(鄂)	1.30
403	华容区(鄂)	1.20
404	安陆市(鄂)	1.00
405	建始县(鄂)	0.98
406	利川市(鄂)	0.97
407	麻城市(鄂)	0.86
408	樊城区(鄂)	0.76
409	沙市区(鄂)	0.72
410	宜城市(鄂)	0.70
411	沙洋县(鄂)	0.60
412	巴东县(鄂)	0.58
413	兴山县(鄂)	0.54
414	京山县(鄂)	0.51
415	汉寿县(湘)	14.80
416	开福区(湘)	12.00
417	靖州苗族侗族自治县(湘)	9.12
418	双牌县(湘)	9.06
419	浏阳市(湘)	8.69
420	新化县(湘)	8.55
421	炎陵县(湘)	7.60
422	城步苗族自治县(湘)	7.30
423	安化县(湘)	6.60
424	鹤城区(湘)	6.10
425	资兴市(湘)	5.70
426	平江县(湘)	5.50
427	鼎城区(湘)	5.40
428	沅江市(湘)	5.40
429	桃江县(湘)	5.00
430	武冈市(湘)	5.00
431	通道侗族自治县(湘)	4.99
432	宁乡县(湘)	4.80
433	绥宁县(湘)	4.20
434	雨湖区(湘)	4.00
435	道　县(湘)	3.90
436	金洞林场(湘)	3.75
437	赫山区(湘)	3.70
438	洞口县(湘)	3.43
439	祁阳县(湘)	3.10
440	冷水江市(湘)	2.97
441	衡山县(湘)	2.71
442	北塔区(湘)	2.63
443	安乡县(湘)	2.62
444	湘乡市(湘)	2.62
445	攸　县(湘)	2.52
446	桃源县(湘)	2.50
447	新宁县(湘)	2.40
448	慈利县(湘)	2.37
449	君山区(湘)	2.33
450	蓝山县(湘)	2.20
451	宁远县(湘)	2.13
452	安仁县(湘)	2.10
453	汝城县(湘)	1.92
454	洪江市(湘)	1.85
455	茶陵县(湘)	1.80
456	资阳区(湘)	1.80
457	东安县(湘)	1.76
458	蒸湘区(湘)	1.70
459	隆回县(湘)	1.60
460	会同县(湘)	1.60
461	衡东县(湘)	1.60
462	中方县(湘)	1.50
463	洪江区(湘)	1.50
464	永兴县(湘)	1.46
465	桂东县(湘)	1.40
466	永顺县(湘)	1.40
467	江永县(湘)	1.30
468	醴陵市(湘)	1.30
469	武陵区(湘)	1.30
470	江华瑶族自治县(湘)	1.28
471	云溪区(湘)	1.26
472	宜章县(湘)	1.20
473	衡南县(湘)	1.20
474	祁东县(湘)	1.20
475	溆浦县(湘)	1.20
476	临湘市(湘)	1.20
477	南　县(湘)	1.10
478	衡阳县(湘)	1.10
479	麻阳苗族自治县(湘)	1.05
480	辰溪县(湘)	1.00
481	湘阴县(湘)	1.00
482	桑植县(湘)	1.00
483	石鼓区(湘)	1.00
484	吉首市(湘)	0.92
485	益阳市市辖区(湘)	0.80
486	珠晖区(湘)	0.80
487	古丈县(湘)	0.80
488	株洲县(湘)	0.77
489	耒阳市(湘)	0.70
490	新晃侗族自治县(湘)	0.65
491	望城县(湘)	0.65
492	岳麓区(湘)	0.60
493	英德市(粤)	20.87

序号	锯材主产地	万立方米
494	增城市(粤)	13.20
495	高要市(粤)	13.00
496	鹤山市(粤)	12.20
497	阳春市(粤)	12.00
498	清新县(粤)	10.50
499	东源县(粤)	9.90
500	浈江区(粤)	8.20
501	台山市(粤)	8.10
502	从化市(粤)	7.90
503	四会市(粤)	6.67
504	惠东县(粤)	5.60
505	清城区(粤)	5.45
506	罗定市(粤)	5.34
507	恩平市(粤)	4.94
508	乐昌市(粤)	4.79
509	博罗县(粤)	4.59
510	鼎湖区(粤)	4.50
511	龙门县(粤)	4.23
512	怀集县(粤)	4.18
513	郁南县(粤)	3.70
514	乳源瑶族自治县(粤)	3.41
515	梅　县(粤)	3.00
516	饶平县(粤)	2.92
517	兴宁市(粤)	2.56
518	仁化县(粤)	2.00
519	云安县(粤)	1.98
520	蓬江区(粤)	1.86
521	惠阳区(粤)	1.80
522	化州市(粤)	1.75
523	新丰县(粤)	1.51
524	阳山县(粤)	1.47
525	信宜市(粤)	1.45
526	电白区(粤)	1.43
527	高明区(粤)	1.40
528	中山市(粤)	1.35
529	揭东区(粤)	1.30
530	连山壮族瑶族自治县(粤)	1.20
531	龙川县(粤)	1.20
532	大埔县(粤)	1.20
533	蕉岭县(粤)	1.12
534	紫金县(粤)	1.00
535	宝安区(粤)	0.92
536	广宁县(粤)	0.85
537	高州市(粤)	0.80
538	雷州市(粤)	0.70
539	平远县(粤)	0.69
540	阳东县(粤)	0.65
541	兴宁区(桂)	32.00
542	灵山县(桂)	30.00
543	龙胜各族自治县(桂)	22.68
544	玉州区(桂)	20.15
545	扶绥县(桂)	19.43
546	柳北区(桂)	17.50
547	融水苗族自治县(桂)	16.60
548	八步区(桂)	13.53
549	环江毛南族自治县(桂)	13.24
550	临桂县(桂)	12.23
551	宜州市(桂)	10.80
552	隆林各族自治县(桂)	10.61
553	横　县(桂)	10.30
554	苍梧县(桂)	10.00
555	融安县(桂)	10.00
556	宁明县(桂)	9.60
557	贺州市平桂管理区(桂)	9.40
558	兴宾区(桂)	8.67
559	象州县(桂)	8.00
560	鹿寨县(桂)	7.50
561	三江侗族自治县(桂)	7.34
562	上林县(桂)	7.30
563	荔浦县(桂)	7.02
564	兴安县(桂)	6.80
565	田林县(桂)	6.10
566	秀峰区(桂)	6.00
567	叠彩区(桂)	6.00
568	象山区(桂)	6.00
569	七星区(桂)	6.00
570	靖西县(桂)	6.00
571	港北区(桂)	5.96
572	罗城仫佬族自治县(桂)	5.80
573	海城区(桂)	5.80
574	全州县(桂)	5.40
575	忻城县(桂)	5.36
576	西林县(桂)	5.25
577	江南区(桂)	4.69
578	永福县(桂)	4.59
579	防城区(桂)	4.58
580	平果县(桂)	4.24
581	覃塘区(桂)	4.20
582	武宣县(桂)	3.77
583	金城江区(桂)	3.60
584	资源县(桂)	3.52
585	金秀瑶族自治县(桂)	3.52
586	恭城瑶族自治县(桂)	3.50
587	兴业县(桂)	3.50
588	右江区(桂)	3.42
589	平南县(桂)	3.27
590	平乐县(桂)	3.11
591	东兰县(桂)	2.91
592	灵川县(桂)	2.86
593	桂平市(桂)	2.74
594	柳城县(桂)	2.47
595	田东县(桂)	2.35
596	藤　县(桂)	2.30
597	昭平县(桂)	2.26
598	灌阳县(桂)	1.72
599	凌云县(桂)	1.69
600	田阳县(桂)	1.60
601	柳江县(桂)	1.60
602	阳朔县(桂)	1.51
603	那坡县(桂)	1.50
604	钦南区(桂)	1.32
605	宾阳县(桂)	1.32
606	钦北区(桂)	1.21
607	钟山县(桂)	1.15
608	良庆区(桂)	1.00
609	雁山区(桂)	0.87
610	浦北县(桂)	0.80
611	港口区(桂)	0.80
612	凭祥市(桂)	0.65
613	大化瑶族自治县(桂)	0.60
614	富川瑶族自治县(桂)	0.52
615	天峨县(桂)	0.51
616	九龙坡区(渝)	15.09
617	酉阳土家族苗族自治县(渝)	5.00
618	秀山土家族苗族自治县(渝)	1.58
619	开　县(渝)	1.45
620	黔江区(渝)	1.20
621	丰都县(渝)	1.00
622	石柱土家族自治县(渝)	0.75
623	巫溪县(渝)	0.72
624	南川区(渝)	0.60
625	涪陵区(渝)	0.57
626	洪雅县(川)	9.10
627	威远县(川)	8.50
628	雨城区(川)	7.80
629	珙　县(川)	7.00
630	武侯区(川)	6.50
631	崇州市(川)	6.25

序号	锯材主产地	万立方米
632	乐山市市中区(川)	5.56
633	三台县(川)	4.72
634	攀枝花市西区(川)	4.30
635	江油市(川)	4.00
636	夹江县(川)	4.00
637	蓬溪县(川)	3.50
638	仁和区(川)	2.80
639	梓潼县(川)	2.80
640	叙永县(川)	2.50
641	南部县(川)	2.35
642	宜宾市市辖区(川)	2.28
643	翠屏区(川)	2.28
644	犍为县(川)	2.28
645	旌阳区(川)	2.20
646	彭州市(川)	2.05
647	邻水县(川)	2.00
648	安　县(川)	1.70
649	邛崃市(川)	1.60
650	苍溪县(川)	1.50
651	雷波县(川)	1.45
652	盐亭县(川)	1.44
653	郫　县(川)	1.42
654	荥经县(川)	1.36
655	彭山县(川)	1.30
656	冕宁县(川)	1.29
657	马边彝族自治县(川)	1.24
658	东坡区(川)	1.05
659	新津县(川)	1.01
660	华蓥市(川)	1.01
661	射洪县(川)	0.98
662	筠连县(川)	0.97
663	天全县(川)	0.96
664	沙湾区(川)	0.93
665	丹棱县(川)	0.91
666	昭化区(川)	0.90
667	达川区(川)	0.90
668	高　县(川)	0.83
669	五通桥区(川)	0.80
670	宣汉县(川)	0.72
671	古蔺县(川)	0.70
672	安岳县(川)	0.70
673	平武县(川)	0.65
674	兴文县(川)	0.63
675	广安区(川)	0.60
676	旺苍县(川)	0.60
677	宝兴县(川)	0.58

序号	锯材主产地	万立方米
678	金牛区(川)	0.53
679	从江县(黔)	9.13
680	三都水族自治县(黔)	5.10
681	罗甸县(黔)	4.83
682	红花岗区(黔)	3.96
683	遵义县(黔)	2.60
684	玉屏侗族自治县(黔)	2.56
685	龙里县(黔)	2.55
686	独山县(黔)	2.55
687	锦屏县(黔)	2.34
688	天柱县(黔)	1.82
689	清镇市(黔)	1.73
690	贵定县(黔)	1.50
691	汇川区(黔)	1.20
692	福泉市(黔)	1.10
693	松桃苗族自治县(黔)	1.09
694	黎平县(黔)	1.03
695	德江县(黔)	0.85
696	都匀市(黔)	0.84
697	碧江区(黔)	0.81
698	思南县(黔)	0.62
699	六枝特区(黔)	0.60
700	绥阳县(黔)	0.60
701	长顺县(黔)	0.60
702	印江土家族苗族自治县(黔)	0.58
703	荔波县(黔)	0.53
704	南华县(滇)	13.20
705	富宁县(滇)	6.00
706	丘北县(滇)	5.95
707	广南县(滇)	5.33
708	勐腊县(滇)	4.87
709	双柏县(滇)	4.61
710	盈江县(滇)	4.52
711	师宗县(滇)	4.49
712	陇川县(滇)	4.43
713	楚雄市(滇)	4.35
714	江城哈尼族彝族自治县(滇)	4.21
715	屏边苗族自治县(滇)	3.90
716	龙陵县(滇)	3.82
717	麻栗坡县(滇)	3.40
718	马关县(滇)	3.10
719	文山市(滇)	2.96
720	芒　市(滇)	2.90
721	瑞丽市(滇)	2.70
722	耿马傣族佤族自治县(滇)	2.61
723	陆良县(滇)	2.50

序号	锯材主产地	万立方米
724	宁洱哈尼族彝族自治县(滇)	2.17
725	泸水县(滇)	2.13
726	景洪市(滇)	2.02
727	腾冲县(滇)	2.00
728	墨江哈尼族自治县(滇)	1.97
729	宾川县(滇)	1.69
730	金平苗族瑶族傣族自治县(滇)	1.66
731	大理市(滇)	1.45
732	通海县(滇)	1.30
733	西畴县(滇)	1.30
734	镇康县(滇)	1.26
735	双江拉祜族佤族布朗族傣族自治县(滇)	1.20
736	大姚县(滇)	0.84
737	沧源佤族自治县(滇)	0.80
738	勐海县(滇)	0.78
739	隆阳区(滇)	0.77
740	晋宁县(滇)	0.75
741	昆明市经济技术开发区(滇)	0.73
742	施甸县(滇)	0.60
743	贡山独龙族怒族自治县(滇)	0.52
744	汉台区(陕)	3.24
745	户　县(陕)	2.83
746	汉滨区(陕)	2.56
747	雁塔区(陕)	1.00
748	温宿县(新)	0.99
749	奇台县(新)	0.81
750	哈密市(新)	0.63
751	红石林业局(吉林森工)	0.70
752	湾沟林业局(吉林森工)	0.51
753	带岭实验局(龙江森工)	7.50
754	沾河林业局(龙江森工)	3.60
755	兴隆林业局(龙江森工)	3.50
756	大海林林业局(龙江森工)	3.40
757	苇河林业局(龙江森工)	2.80
758	方正林业局(龙江森工)	2.60
759	东方红林业局(龙江森工)	2.50
760	穆棱林业局(龙江森工)	1.90
761	鹤北林业局(龙江森工)	1.70
762	绥阳林业局(龙江森工)	1.60
763	双丰林业局(龙江森工)	1.60
764	柴河林业局(龙江森工)	1.50
765	桦南林业局(龙江森工)	1.40
766	乌马河林业局(龙江森工)	1.40
767	美溪林业局(龙江森工)	1.40
768	山河屯林业局(龙江森工)	0.80

序号	锯材主产地	万立方米
769	亚布力林业局(龙江森工)	0.80
770	林口林业局(龙江森工)	0.70
771	清河林业局(龙江森工)	0.70
772	迎春林业局(龙江森工)	0.60
773	东京城林业局(龙江森工)	0.58
774	呼中林业局(大兴安岭)	2.97
775	十八站林业局(大兴安岭)	1.84
776	西林吉林业局(大兴安岭)	1.15
777	图强林业局(大兴安岭)	0.88
778	新林林业局(大兴安岭)	0.87
779	塔河林业局(大兴安岭)	0.73
780	松岭林业局(大兴安岭)	0.65

表 1-3　木片主产地产量

序号	木片主产地	万立方米
1	临漳县(冀)	3.26
2	昌黎县(冀)	3.20
3	涿州市(冀)	3.10
4	景　县(冀)	2.86
5	任　县(冀)	2.20
6	曲阳县(冀)	1.99
7	沽源县(冀)	1.82
8	文安县(冀)	1.50
9	藁城区(冀)	0.99
10	奈曼旗(内蒙古)	0.80
11	宁城县(内蒙古)	0.75
12	阜新蒙古族自治县(辽)	30.00
13	抚顺县(辽)	8.70
14	灯塔市(辽)	6.20
15	本溪满族自治县(辽)	4.00
16	新宾满族自治县(辽)	2.20
17	振安区(辽)	2.00
18	北票市(辽)	2.00
19	凌海市(辽)	1.00
20	庄河市(辽)	0.55
21	松原市市辖区(吉)	24.28
22	梨树县(吉)	11.10
23	敦化市(吉)	1.22
24	安图县(吉)	1.03
25	二道区(吉)	1.00
26	前郭尔罗斯蒙古族自治县(吉)	0.80
27	公主岭市(吉)	0.78
28	方正县(黑)	13.32
29	爱辉区(黑)	10.00
30	依兰县(黑)	1.90
31	讷河市(黑)	1.00
32	安达市(黑)	0.88
33	宜兴市(苏)	138.32
34	泗阳县(苏)	58.85
35	洪泽县(苏)	15.00
36	新沂市(苏)	5.00
37	金湖县(苏)	4.20
38	宿城区(苏)	3.82
39	宿豫区(苏)	2.41
40	沛　县(苏)	2.00
41	宝应县(苏)	2.00
42	盐都区(苏)	1.76
43	滨海县(苏)	1.50
44	睢宁县(苏)	1.00
45	涟水县(苏)	0.80
46	江山市(浙)	15.73
47	东阳市(浙)	11.62
48	桐乡市(浙)	9.30
49	奉化市(浙)	5.80
50	临海市(浙)	3.15
51	余杭区(浙)	2.34
52	长兴县(浙)	1.22
53	苍南县(浙)	0.95
54	镇海区(浙)	0.80
55	柯城区(浙)	0.67
56	淳安县(浙)	0.65
57	婺城区(浙)	0.53
58	东至县(皖)	36.24
59	谯城区(皖)	22.00
60	五河县(皖)	16.50
61	潜山县(皖)	7.20
62	郎溪县(皖)	6.50
63	怀宁县(皖)	4.76
64	南陵县(皖)	4.65
65	濉溪县(皖)	4.14
66	霍山县(皖)	4.00
67	泗　县(皖)	3.63
68	宿松县(皖)	3.40
69	大观区(皖)	3.20
70	太湖县(皖)	2.70
71	颍州区(皖)	2.70
72	无为县(皖)	2.64
73	涡阳县(皖)	2.00
74	颍东区(皖)	1.40
75	临泉县(皖)	1.31
76	长丰县(皖)	1.29
77	桐城市(皖)	1.20
78	贵池区(皖)	1.20
79	淮上区(皖)	1.00
80	六安市叶集区(皖)	0.90
81	寿　县(皖)	0.80
82	永安市(闽)	37.01
83	龙海市(闽)	5.06
84	明溪县(闽)	3.92
85	诏安县(闽)	3.36
86	闽清县(闽)	3.30
87	仙游县(闽)	3.23
88	延平区(闽)	3.00
89	南安市(闽)	2.33
90	连江县(闽)	0.94
91	尤溪县(闽)	0.85
92	蕉城区(闽)	0.75
93	闽侯县(闽)	0.71
94	霞浦县(闽)	0.70
95	南昌市市辖区(赣)	66.00
96	进贤县(赣)	14.95
97	南康市(赣)	9.00
98	南城县(赣)	8.18
99	上高县(赣)	2.71
100	遂川县(赣)	2.50
101	贵溪市(赣)	2.35
102	渝水区(赣)	2.00
103	万安县(赣)	1.58
104	安源区(赣)	1.43
105	吉安县(赣)	1.27
106	吉水县(赣)	0.99
107	婺源县(赣)	0.76
108	余江县(赣)	0.60
109	费　县(鲁)	352.50
110	茌平县(鲁)	170.00
111	济阳县(鲁)	49.00
112	兰陵县(鲁)	39.56
113	河东区(鲁)	27.00
114	莒　县(鲁)	17.60
115	临清市(鲁)	15.00
116	惠民县(鲁)	15.00
117	东明县(鲁)	13.30
118	嘉祥县(鲁)	12.90
119	郯城县(鲁)	12.20
120	东平县(鲁)	12.20
121	平原县(鲁)	12.11
122	齐河县(鲁)	10.60
123	临朐县(鲁)	10.40

序号	木片主产地	万立方米	序号	木片主产地	万立方米	序号	木片主产地	万立方米
124	宁阳县(鲁)	9.75	170	社旗县(豫)	3.65	216	沅江市(湘)	6.65
125	东阿县(鲁)	9.50	171	镇平县(豫)	3.25	217	靖州苗族侗族自治县(湘)	6.60
126	蒙阴县(鲁)	9.00	172	确山县(豫)	3.00	218	东安县(湘)	4.55
127	成武县(鲁)	7.15	173	内黄县(豫)	2.70	219	临湘市(湘)	2.80
128	岚山区(鲁)	6.80	174	民权县(豫)	2.54	220	汉寿县(湘)	2.50
129	泗水县(鲁)	6.17	175	安阳县(豫)	2.50	221	新化县(湘)	2.12
130	寿光市(鲁)	6.10	176	川汇区(豫)	2.10	222	衡山县(湘)	2.03
131	高唐县(鲁)	5.80	177	延津县(豫)	2.00	223	君山区(湘)	1.80
132	昌乐县(鲁)	5.60	178	睢　县(豫)	1.90	224	双牌县(湘)	1.50
133	肥城市(鲁)	5.50	179	台前县(豫)	1.80	225	沅陵县(湘)	1.30
134	梁山县(鲁)	5.10	180	息　县(豫)	1.80	226	炎陵县(湘)	1.00
135	新泰市(鲁)	5.00	181	郾城区(豫)	1.75	227	祁东县(湘)	1.00
136	临沂市临港经济开发区(鲁)	5.00	182	召陵区(豫)	1.53	228	衡东县(湘)	1.00
137	博兴县(鲁)	4.60	183	虞城县(豫)	1.50	229	宁乡县(湘)	0.90
138	诸城市(鲁)	3.87	184	沈丘县(豫)	1.45	230	云溪区(湘)	0.79
139	陵　县(鲁)	3.80	185	郸城县(豫)	1.40	231	岳阳楼区(湘)	0.76
140	微山县(鲁)	3.01	186	禹州市(豫)	1.33	232	衡阳县(湘)	0.70
141	安丘市(鲁)	2.70	187	扶沟县(豫)	1.20	233	武冈市(湘)	0.60
142	章丘市(鲁)	2.20	188	商水县(豫)	1.16	234	赫山区(湘)	0.60
143	兖州市(鲁)	1.86	189	宝丰县(豫)	1.11	235	岳麓区(湘)	0.60
144	沂南县(鲁)	1.31	190	兰考县(豫)	1.10	236	廉江市(粤)	38.50
145	沂水县(鲁)	1.20	191	许昌市经济技术开发区(豫)	1.10	237	浈江区(粤)	12.50
146	莒南县(鲁)	1.10	192	伊川县(豫)	1.00	238	揭阳市普侨区(粤)	10.00
147	东昌府区(鲁)	0.99	193	太康县(豫)	1.00	239	东源县(粤)	8.60
148	乐陵市(鲁)	0.88	194	封丘县(豫)	0.97	240	博罗县(粤)	7.65
149	阳谷县(鲁)	0.77	195	通许县(豫)	0.93	241	清新县(粤)	6.50
150	胶州市(鲁)	0.70	196	灵宝市(豫)	0.89	242	高要市(粤)	6.02
151	宁津县(鲁)	0.70	197	汝阳县(豫)	0.88	243	阳春市(粤)	5.00
152	武城县(鲁)	0.70	198	获嘉县(豫)	0.86	244	罗定市(粤)	4.28
153	昌邑市(鲁)	0.64	199	西平县(豫)	0.84	245	海丰县(粤)	3.50
154	固始县(豫)	14.80	200	内乡县(豫)	0.80	246	高州市(粤)	3.40
155	开封县(豫)	12.00	201	鹿邑县(豫)	0.80	247	恩平市(粤)	3.38
156	武陟县(豫)	12.00	202	栾川县(豫)	0.70	248	阳西县(粤)	3.00
157	洛宁县(豫)	10.00	203	光山县(豫)	0.65	249	始兴县(粤)	3.00
158	梁园区(豫)	9.90	204	新密市(豫)	0.60	250	化州市(粤)	2.80
159	沁阳市(豫)	9.50	205	枣阳市(鄂)	21.50	251	怀集县(粤)	2.42
160	原阳县(豫)	9.30	206	松滋市(鄂)	7.50	252	雷州市(粤)	2.40
161	尉氏县(豫)	8.80	207	谷城县(鄂)	4.28	253	乳源瑶族自治县(粤)	2.35
162	新郑市(豫)	7.80	208	天门市(鄂)	4.00	254	佛冈县(粤)	2.20
163	濮阳县(豫)	7.60	209	潜江市(鄂)	2.00	255	新丰县(粤)	1.91
164	柘城县(豫)	7.33	210	监利县(鄂)	2.00	256	信宜市(粤)	1.90
165	许昌县(豫)	5.50	211	樊城区(鄂)	1.57	257	遂溪县(粤)	1.90
166	泌阳县(豫)	5.06	212	长阳土家族自治县(鄂)	1.50	258	中山市(粤)	1.62
167	南乐县(豫)	5.00	213	来凤县(鄂)	1.40	259	龙川县(粤)	1.50
168	浚　县(豫)	4.20	214	随　县(鄂)	0.98	260	饶平县(粤)	1.45
169	淮阳县(豫)	4.00	215	浠水县(鄂)	0.52	261	郁南县(粤)	1.00

序号	木片主产地	万立方米
262	仁化县(粤)	1.00
263	惠城区(粤)	1.00
264	霞山区(粤)	1.00
265	广宁县(粤)	0.91
266	徐闻县(粤)	0.65
267	武鸣县(桂)	130.00
268	兴宁区(桂)	45.00
269	八步区(桂)	36.58
270	邕宁区(桂)	34.05
271	兴业县(桂)	30.00
272	灵山县(桂)	19.10
273	凭祥市(桂)	18.86
274	鹿寨县(桂)	18.50
275	象州县(桂)	17.32
276	港南区(桂)	13.77
277	良庆区(桂)	9.70
278	宜州市(桂)	9.40
279	港北区(桂)	8.71
280	全州县(桂)	7.30
281	钦南区(桂)	6.30
282	西乡塘区(桂)	5.85
283	横　县(桂)	5.10
284	柳江县(桂)	5.10
285	柳北区(桂)	5.00
286	海城区(桂)	4.60
287	钦北区(桂)	4.51
288	浦北县(桂)	4.50
289	秀峰区(桂)	4.00
290	叠彩区(桂)	4.00
291	象山区(桂)	4.00
292	七星区(桂)	4.00
293	昭平县(桂)	3.98
294	防城区(桂)	3.85
295	宁明县(桂)	3.40
296	隆安县(桂)	3.06
297	宾阳县(桂)	2.52
298	田东县(桂)	2.51
299	兴安县(桂)	2.35
300	上林县(桂)	2.27
301	田林县(桂)	2.20
302	扶绥县(桂)	1.75
303	兴宾区(桂)	1.62
304	上思县(桂)	1.59
305	临桂县(桂)	1.51
306	荔浦县(桂)	1.50
307	大化瑶族自治县(桂)	1.50
308	环江毛南族自治县(桂)	1.49
309	阳朔县(桂)	1.49
310	田阳县(桂)	1.47
311	合山市(桂)	1.42
312	江南区(桂)	1.34
313	右江区(桂)	1.25
314	七坡林场(桂)	1.10
315	永福县(桂)	1.05
316	贺州市平桂管理区(桂)	1.04
317	苍梧县(桂)	1.00
318	玉州区(桂)	1.00
319	资源县(桂)	0.95
320	港口区(桂)	0.95
321	桂平市(桂)	0.92
322	铁山港区(桂)	0.87
323	靖西县(桂)	0.80
324	雁山区(桂)	0.69
325	柳城县(桂)	0.66
326	天峨县(桂)	0.51
327	酉阳土家族苗族自治县(渝)	3.00
328	九龙坡区(渝)	2.14
329	丰都县(渝)	1.09
330	开　县(渝)	0.81
331	南川区(渝)	0.80
332	彭山县(川)	4.75
333	三台县(川)	4.46
334	夹江县(川)	4.00
335	通江县(川)	3.50
336	东坡区(川)	3.28
337	阆中市(川)	3.04
338	荥经县(川)	2.96
339	苍溪县(川)	2.00
340	筠连县(川)	1.66
341	江油市(川)	1.50
342	五通桥区(川)	1.40
343	绵竹市(川)	1.29
344	盐亭县(川)	1.13
345	邻水县(川)	1.10
346	青川县(川)	1.00
347	丹棱县(川)	0.98
348	安　县(川)	0.90
349	天全县(川)	0.86
350	富顺县(川)	0.82
351	旌阳区(川)	0.80
352	沐川县(川)	0.73
353	南溪县(川)	0.65
354	名山县(川)	0.54
355	赤水市(黔)	2.94
356	遵义县(黔)	1.80
357	玉屏侗族自治县(黔)	1.25
358	红花岗区(黔)	0.58
359	天柱县(黔)	0.58
360	独山县(黔)	0.51
361	陆良县(滇)	11.00
362	江城哈尼族彝族自治县(滇)	4.81
363	盈江县(滇)	4.76
364	瑞丽市(滇)	3.68
365	龙陵县(滇)	2.10
366	双柏县(滇)	1.73
367	宁洱哈尼族彝族自治县(滇)	0.77
368	砚山县(滇)	0.76
369	扶风县(陕)	0.78
370	秦都区(陕)	0.60
371	温宿县(新)	1.80
372	方正林业局(龙江森工)	0.60
373	松岭林业局(大兴安岭)	11.96
374	塔河林业局(大兴安岭)	2.40
375	图强林业局(大兴安岭)	2.08
376	西林吉林业局(大兴安岭)	1.02

表 2-1　胶合板主产地产量

序号	胶合板主产地	万立方米
1	文安县(冀)	450.00
2	邢台市高新技术开发区(冀)	61.50
3	霸州市(冀)	30.29
4	正定县(冀)	6.84
5	青龙满族自治县(冀)	3.90
6	昌黎县(冀)	3.08
7	唐　县(冀)	3.00
8	灵寿县(冀)	2.95
9	望都县(冀)	2.50
10	新乐市(冀)	2.46
11	三河市(冀)	0.88
12	涿州市(冀)	0.81
13	盐山县(冀)	0.80
14	景　县(冀)	0.68
15	南和县(冀)	0.68
16	元宝山区(内蒙古)	18.00
17	扎鲁特旗(内蒙古)	4.10
18	杭锦后旗(内蒙古)	2.86
19	五原县(内蒙古)	1.20
20	顺城区(辽)	30.00

序号	胶合板主产地	万立方米
21	台安县(辽)	22.00
22	新民市(辽)	12.83
23	黑山县(辽)	6.00
24	喀喇沁左翼蒙古族自治县(辽)	5.00
25	辽中县(辽)	3.50
26	海城市(辽)	2.82
27	昌图县(辽)	1.00
28	本溪满族自治县(辽)	0.80
29	敦化市(吉)	17.90
30	珲春市(吉)	13.60
31	安图县(吉)	9.69
32	梨树县(吉)	9.00
33	农安县(吉)	4.00
34	榆树市(吉)	2.00
35	东辽县(吉)	1.55
36	四平市市辖区(吉)	1.30
37	图们市(吉)	1.19
38	宁江区(吉)	1.10
39	松原市市辖区(吉)	1.09
40	绿园区(吉)	1.00
41	德惠市(吉)	1.00
42	汪清县(吉)	0.96
43	经济开发区(吉)	0.85
44	乾安县(吉)	0.80
45	伊通满族自治县(吉)	0.78
46	长岭县(吉)	0.70
47	通化县(吉)	0.70
48	东丰县(吉)	0.65
49	公主岭市(吉)	0.55
50	穆棱市(黑)	99.50
51	宁安市(黑)	24.20
52	明水县(黑)	5.00
53	克山县(黑)	3.20
54	庆安县(黑)	2.00
55	安达市(黑)	1.26
56	五常市(黑)	1.00
57	宾　县(黑)	0.85
58	香坊区(黑)	0.80
59	邳州市(苏)	956.15
60	泗阳县(苏)	798.00
61	沭阳县(苏)	598.00
62	丰　县(苏)	79.20
63	沛　县(苏)	40.00
64	灌南县(苏)	40.00
65	东台市(苏)	34.84
66	新沂市(苏)	15.00
67	灌云县(苏)	15.00
68	宿城区(苏)	13.98
69	宿豫区(苏)	11.36
70	东海县(苏)	11.20
71	泗洪县(苏)	10.03
72	睢宁县(苏)	9.87
73	高淳县(苏)	7.65
74	金湖县(苏)	7.20
75	江都区(苏)	7.10
76	启东市(苏)	5.00
77	昆山市(苏)	4.63
78	盱眙县(苏)	4.54
79	宜兴市(苏)	4.19
80	江宁区(苏)	2.69
81	如东县(苏)	2.55
82	淮安区(苏)	2.28
83	吴中区(苏)	2.00
84	涟水县(苏)	1.90
85	姜堰区(苏)	1.32
86	建湖县(苏)	1.25
87	高邮市(苏)	1.00
88	阜宁县(苏)	0.78
89	贾汪区(苏)	0.69
90	射阳县(苏)	0.64
91	响水县(苏)	0.59
92	安吉县(浙)	54.00
93	德清县(浙)	22.00
94	龙泉市(浙)	17.10
95	建德市(浙)	15.98
96	南浔区(浙)	14.36
97	江山市(浙)	10.63
98	吴兴区(浙)	7.52
99	嘉善县(浙)	6.00
100	庆元县(浙)	5.25
101	衢江区(浙)	5.24
102	嵊州市(浙)	2.97
103	长兴县(浙)	2.89
104	临海市(浙)	2.69
105	龙游县(浙)	2.19
106	新昌县(浙)	2.10
107	桐庐县(浙)	1.79
108	上虞市(浙)	1.55
109	宁海县(浙)	1.54
110	常山县(浙)	1.32
111	苍南县(浙)	1.23
112	柯城区(浙)	1.22
113	莲都区(浙)	1.01
114	永康市(浙)	0.86
115	镇海区(浙)	0.83
116	余姚市(浙)	0.75
117	淳安县(浙)	0.66
118	遂昌县(浙)	0.64
119	桐乡市(浙)	0.64
120	泰顺县(浙)	0.59
121	开化县(浙)	0.57
122	临安市(浙)	0.56
123	埇桥区(皖)	261.43
124	六安市叶集区(皖)	120.00
125	砀山县(皖)	98.21
126	泗　县(皖)	89.25
127	萧　县(皖)	67.00
128	广德县(皖)	44.10
129	宣城市市辖区(皖)	31.00
130	灵璧县(皖)	28.60
131	天长市(皖)	27.20
132	蒙城县(皖)	22.00
133	宁国市(皖)	21.70
134	怀宁县(皖)	16.71
135	利辛县(皖)	7.85
136	颍上县(皖)	5.90
137	颍泉区(皖)	5.80
138	相山区(皖)	5.33
139	祁门县(皖)	5.30
140	宿松县(皖)	5.03
141	南谯区(皖)	5.00
142	来安县(皖)	5.00
143	贵池区(皖)	5.00
144	霍山县(皖)	5.00
145	弋江区(皖)	4.50
146	东至县(皖)	4.50
147	明光市(皖)	4.50
148	固镇县(皖)	4.42
149	潜山县(皖)	4.20
150	太和县(皖)	4.00
151	长丰县(皖)	3.64
152	黟　县(皖)	3.47
153	金寨县(皖)	3.40
154	博望区(皖)	3.20
155	寿　县(皖)	3.20
156	琅琊区(皖)	3.00
157	定远县(皖)	3.00
158	霍邱县(皖)	2.43

序号	胶合板主产地	万立方米	序号	胶合板主产地	万立方米	序号	胶合板主产地	万立方米
159	五河县(皖)	2.32	205	芗城区(闽)	1.75	251	石城县(赣)	0.72
160	临泉县(皖)	2.10	206	长汀县(闽)	1.66	252	武宁县(赣)	0.65
161	涡阳县(皖)	1.95	207	长乐市(闽)	1.53	253	永修县(赣)	0.61
162	全椒县(皖)	1.75	208	顺昌县(闽)	1.53	254	吉州区(赣)	0.60
163	绩溪县(皖)	1.60	209	漳浦县(闽)	1.50	255	井冈山市(赣)	0.53
164	屯溪区(皖)	1.56	210	蕉城区(闽)	1.20	256	兰山区(鲁)	2084.00
165	界首市(皖)	1.52	211	浦城县(闽)	1.15	257	东明县(鲁)	440.60
166	铜陵县(皖)	1.50	212	霞浦县(闽)	0.94	258	沂水县(鲁)	403.00
167	徽州区(皖)	1.48	213	上杭县(闽)	0.89	259	费　县(鲁)	358.80
168	铜官山区(皖)	1.20	214	寿宁县(闽)	0.83	260	寿光市(鲁)	115.40
169	太湖县(皖)	1.20	215	永定县(闽)	0.73	261	高密市(鲁)	93.00
170	颍州区(皖)	1.20	216	建宁县(闽)	0.71	262	昌乐县(鲁)	82.00
171	和　县(皖)	1.00	217	福鼎市(闽)	0.69	263	阳谷县(鲁)	82.00
172	岳西县(皖)	0.95	218	诏安县(闽)	0.64	264	曲阜市(鲁)	71.41
173	滁州市管店林业总场(皖)	0.93	219	永春县(闽)	0.50	265	惠民县(鲁)	70.00
174	禹会区(皖)	0.83	220	宜丰县(赣)	31.50	266	莘　县(鲁)	69.44
175	当涂县(皖)	0.70	221	吉安县(赣)	21.55	267	临沂市高新技术产业开发区(鲁)	59.35
176	石台县(皖)	0.58	222	新干县(赣)	13.00	268	高唐县(鲁)	36.00
177	无为县(皖)	0.57	223	南康市(赣)	12.20	269	平邑县(鲁)	35.20
178	南陵县(皖)	0.54	224	奉新县(赣)	8.41	270	成武县(鲁)	34.27
179	永安市(闽)	46.75	225	万载县(赣)	4.40	271	兰陵县(鲁)	29.40
180	沙　县(闽)	24.57	226	峡江县(赣)	4.30	272	东平县(鲁)	24.10
181	尤溪县(闽)	24.57	227	泰和县(赣)	4.20	273	嘉祥县(鲁)	22.50
182	漳平市(闽)	22.45	228	吉水县(赣)	3.99	274	齐河县(鲁)	19.50
183	三元区(闽)	18.10	229	靖安县(赣)	2.84	275	桓台县(鲁)	19.20
184	建瓯市(闽)	15.43	230	铜鼓县(赣)	2.69	276	微山县(鲁)	18.99
185	明溪县(闽)	14.54	231	婺源县(赣)	2.47	277	阳信县(鲁)	16.00
186	邵武市(闽)	13.24	232	上高县(赣)	2.27	278	罗庄区(鲁)	16.00
187	延平区(闽)	13.24	233	德兴市(赣)	2.19	279	梁山县(鲁)	15.72
188	将乐县(闽)	13.10	234	乐安县(赣)	2.10	280	台儿庄区(鲁)	15.00
189	武平县(闽)	12.81	235	遂川县(赣)	2.10	281	郯城县(鲁)	15.00
190	泰宁县(闽)	11.98	236	万安县(赣)	1.80	282	兖州市(鲁)	15.00
191	大田县(闽)	11.47	237	高安市(赣)	1.76	283	新泰市(鲁)	14.80
192	连城县(闽)	7.54	238	贵溪市(赣)	1.60	284	东阿县(鲁)	14.00
193	清流县(闽)	7.29	239	崇义县(赣)	1.52	285	潍城区(鲁)	10.70
194	龙文区(闽)	7.00	240	永丰县(赣)	1.40	286	沂源县(鲁)	8.60
195	龙海市(闽)	5.93	241	永新县(赣)	1.40	287	河东区(鲁)	8.20
196	武夷山市(闽)	5.49	242	章贡区(赣)	1.21	288	邹平县(鲁)	7.60
197	梅列区(闽)	5.21	243	上犹县(赣)	1.10	289	张店区(鲁)	7.40
198	新罗区(闽)	4.83	244	九江县(赣)	1.10	290	蒙阴县(鲁)	7.40
199	宁化县(闽)	4.34	245	安福县(赣)	1.00	291	汶上县(鲁)	6.43
200	闽清县(闽)	2.48	246	新建县(赣)	0.95	292	鱼台县(鲁)	6.20
201	光泽县(闽)	2.45	247	全南县(赣)	0.94	293	东营区(鲁)	5.92
202	古田县(闽)	2.32	248	上饶县(赣)	0.94	294	高青县(鲁)	5.60
203	建阳市(闽)	2.12	249	南城县(赣)	0.93	295	泗水县(鲁)	4.65
204	政和县(闽)	1.80	250	瑞金市(赣)	0.80	296	肥城市(鲁)	4.60

序号	胶合板主产地	万立方米
297	诸城市(鲁)	4.49
298	宁阳县(鲁)	4.36
299	莒南县(鲁)	4.10
300	岱岳区(鲁)	4.00
301	博兴县(鲁)	3.20
302	陵　县(鲁)	3.00
303	冠　县(鲁)	2.90
304	青州市(鲁)	2.82
305	莒　县(鲁)	2.54
306	宁津县(鲁)	1.80
307	沂南县(鲁)	1.43
308	邹城市(鲁)	0.90
309	泰山区(鲁)	0.79
310	五莲县(鲁)	0.73
311	临朐县(鲁)	0.70
312	鄢陵县(豫)	205.80
313	巩义市(豫)	80.00
314	兰考县(豫)	64.00
315	柘城县(豫)	55.25
316	滑　县(豫)	39.10
317	原阳县(豫)	38.50
318	许昌县(豫)	24.13
319	西华县(豫)	20.00
320	邓州市(豫)	17.00
321	梁园区(豫)	17.00
322	罗山县(豫)	16.70
323	禹州市(豫)	16.18
324	上蔡县(豫)	15.70
325	夏邑县(豫)	15.00
326	宁陵县(豫)	13.05
327	内乡县(豫)	13.00
328	卧龙区(豫)	11.70
329	固始县(豫)	10.80
330	尉氏县(豫)	9.20
331	正阳县(豫)	9.20
332	延津县(豫)	8.50
333	范　县(豫)	8.00
334	永城市(豫)	7.80
335	睢阳区(豫)	7.49
336	召陵区(豫)	7.25
337	太康县(豫)	6.00
338	息　县(豫)	5.30
339	台前县(豫)	5.10
340	伊川县(豫)	5.00
341	驿城区(豫)	5.00
342	武陟县(豫)	3.90
343	宛城区(豫)	3.71
344	汝南县(豫)	3.53
345	嵩　县(豫)	3.50
346	社旗县(豫)	3.30
347	郸城县(豫)	2.80
348	确山县(豫)	2.60
349	博爱县(豫)	2.40
350	内黄县(豫)	2.30
351	郾城区(豫)	2.27
352	新蔡县(豫)	2.22
353	民权县(豫)	2.20
354	洛宁县(豫)	2.19
355	镇平县(豫)	2.07
356	扶沟县(豫)	2.00
357	平舆县(豫)	2.00
358	方城县(豫)	2.00
359	新野县(豫)	1.80
360	商水县(豫)	1.78
361	淮滨县(豫)	1.60
362	封丘县(豫)	1.50
363	登封市(豫)	1.20
364	新安县(豫)	1.20
365	舞阳县(豫)	1.10
366	叶　县(豫)	1.08
367	遂平县(豫)	1.01
368	偃师市(豫)	1.00
369	牧野区(豫)	0.95
370	获嘉县(豫)	0.87
371	西平县(豫)	0.85
372	汝阳县(豫)	0.82
373	辉县市(豫)	0.80
374	西峡县(豫)	0.76
375	潢川县(豫)	0.61
376	卫辉市(豫)	0.61
377	西塞山区(鄂)	18.00
378	天门市(鄂)	18.00
379	枣阳市(鄂)	17.50
380	汉川市(鄂)	10.50
381	谷城县(鄂)	10.28
382	嘉鱼县(鄂)	8.63
383	随　县(鄂)	5.80
384	监利县(鄂)	5.00
385	石首市(鄂)	4.80
386	曾都区(鄂)	4.71
387	仙桃市(鄂)	4.42
388	公安县(鄂)	3.87
389	洪湖市(鄂)	3.80
390	建始县(鄂)	3.00
391	钟祥市(鄂)	2.50
392	宜都市(鄂)	2.00
393	潜江市(鄂)	2.00
394	当阳市(鄂)	1.76
395	老河口市(鄂)	1.72
396	蕲春县(鄂)	1.68
397	通山县(鄂)	1.54
398	樊城区(鄂)	1.20
399	张湾区(鄂)	1.10
400	大悟县(鄂)	1.00
401	京山县(鄂)	0.85
402	湖北省太子山林场(鄂)	0.61
403	长阳土家族自治县(鄂)	0.59
404	襄城区(鄂)	0.57
405	汉寿县(湘)	13.80
406	浏阳市(湘)	13.58
407	新化县(湘)	11.55
408	攸　县(湘)	11.50
409	新田县(湘)	10.60
410	衡山县(湘)	10.10
411	湘乡市(湘)	8.20
412	绥宁县(湘)	6.50
413	芦淞区(湘)	6.00
414	鹤城区(湘)	5.50
415	永定区(湘)	5.00
416	鼎城区(湘)	4.90
417	洞口县(湘)	4.10
418	珠晖区(湘)	4.00
419	株洲县(湘)	3.81
420	祁东县(湘)	3.80
421	大祥区(湘)	3.60
422	湘潭县(湘)	2.90
423	常宁市(湘)	2.74
424	洪江区(湘)	2.62
425	隆回县(湘)	2.60
426	邵阳县(湘)	2.60
427	城步苗族自治县(湘)	2.00
428	沅陵县(湘)	1.90
429	冷水滩区(湘)	1.84
430	沅江市(湘)	1.80
431	东安县(湘)	1.80
432	汝城县(湘)	1.76
433	桑植县(湘)	1.50
434	双牌县(湘)	1.44

序号	胶合板主产地	万立方米	序号	胶合板主产地	万立方米	序号	胶合板主产地	万立方米
435	冷水江市(湘)	1.30	481	台山市(粤)	0.90	527	西林县(桂)	8.92
436	宁乡县(湘)	1.20	482	禅城区(粤)	0.88	528	全州县(桂)	8.30
437	宜章县(湘)	1.10	483	怀集县(粤)	0.81	529	钦北区(桂)	8.23
438	赫山区(湘)	1.10	484	徐闻县(粤)	0.76	530	阳朔县(桂)	8.03
439	双峰县(湘)	1.00	485	揭西县(粤)	0.65	531	罗城仫佬族自治县(桂)	8.01
440	岳阳县(湘)	1.00	486	港南区(桂)	237.55	532	鹿寨县(桂)	7.60
441	长沙县(湘)	0.92	487	覃塘区(桂)	86.60	533	港口区(桂)	6.15
442	吉首市(湘)	0.90	488	港北区(桂)	75.78	534	田林县(桂)	6.00
443	芷江侗族自治县(湘)	0.78	489	柳北区(桂)	72.20	535	兴业县(桂)	6.00
444	安仁县(湘)	0.75	490	武鸣县(桂)	71.00	536	叠彩区(桂)	5.80
445	茶陵县(湘)	0.70	491	临桂县(桂)	66.22	537	富川瑶族自治县(桂)	5.70
446	新邵县(湘)	0.60	492	藤　县(桂)	57.10	538	象山区(桂)	5.40
447	汨罗市(湘)	0.60	493	桂平市(桂)	56.62	539	六万林场(桂)	5.12
448	雨湖区(湘)	0.60	494	柳江县(桂)	55.00	540	国家级南宁经济技术开发区(桂)	5.10
449	开福区(湘)	0.60	495	浦北县(桂)	45.90	541	田东县(桂)	5.06
450	娄星区(湘)	0.54	496	岑溪市(桂)	45.36	542	秀峰区(桂)	5.00
451	廉江市(粤)	98.30	497	宁明县(桂)	33.20	543	七星区(桂)	5.00
452	揭阳市普侨区(粤)	50.00	498	右江区(桂)	31.46	544	昭平县(桂)	4.95
453	顺德区(粤)	28.69	499	西乡塘区(桂)	30.13	545	城中区(桂)	4.33
454	遂溪县(粤)	20.09	500	八步区(桂)	29.59	546	钦南区(桂)	3.96
455	英德市(粤)	14.87	501	玉州区(桂)	24.60	547	上林县(桂)	3.90
456	鹤山市(粤)	12.10	502	宾阳县(桂)	20.85	548	银海区(桂)	3.89
457	东莞市(粤)	7.07	503	恭城瑶族自治县(桂)	20.20	549	武宣县(桂)	3.69
458	东源县(粤)	6.80	504	兴宾区(桂)	19.15	550	良凤江国家森林公园(桂)	3.60
459	滨江区(粤)	5.20	505	灵山县(桂)	19.00	551	靖西县(桂)	3.50
460	开平市(粤)	5.03	506	上思县(桂)	18.60	552	兴宁区(桂)	3.40
461	仁化县(粤)	5.00	507	灵川县(桂)	16.53	553	田阳县(桂)	3.35
462	蕉岭县(粤)	4.56	508	龙胜各族自治县(桂)	15.82	554	七坡林场(桂)	3.22
463	清新县(粤)	4.50	509	宜州市(桂)	15.50	555	隆安县(桂)	3.00
464	番禺区(粤)	4.00	510	凭祥市(桂)	14.74	556	忻城县(桂)	3.00
465	平远县(粤)	2.87	511	横　县(桂)	14.20	557	良庆区(桂)	3.00
466	雷州市(粤)	2.60	512	柳城县(桂)	13.65	558	大化瑶族自治县(桂)	2.50
467	连平县(粤)	2.50	513	金秀瑶族自治县(桂)	13.50	559	海城区(桂)	2.50
468	宝安区(粤)	2.48	514	青秀区(桂)	12.80	560	凌云县(桂)	2.47
469	增城市(粤)	2.40	515	荔浦县(桂)	12.72	561	东兴市(桂)	2.40
470	中山市(粤)	2.13	516	江南区(桂)	12.52	562	博白林场(桂)	2.32
471	郁南县(粤)	2.00	517	象州县(桂)	12.00	563	三江侗族自治县(桂)	2.24
472	惠城区(粤)	2.00	518	防城区(桂)	11.91	564	灌阳县(桂)	2.00
473	乳源瑶族自治县(粤)	1.83	519	永福县(桂)	11.55	565	金城江区(桂)	1.90
474	大埔县(粤)	1.80	520	平乐县(桂)	11.06	566	南丹县(桂)	1.65
475	揭东区(粤)	1.52	521	平南县(桂)	10.20	567	扶绥县(桂)	1.64
476	高州市(粤)	1.50	522	环江毛南族自治县(桂)	10.17	568	东兰县(桂)	1.58
477	博罗县(粤)	1.20	523	苍梧县(桂)	10.10	569	天等县(桂)	1.50
478	高明区(粤)	1.20	524	贺州市平桂管理区(桂)	10.00	570	大桂山林场(桂)	1.37
479	乐昌市(粤)	1.00	525	平果县(桂)	10.00	571	铁山港区(桂)	1.33
480	兴宁市(粤)	1.00	526	兴安县(桂)	9.50	572	雁山区(桂)	1.23

序号	胶合板主产地	万立方米
573	钟山县(桂)	1.20
574	资源县(桂)	1.00
575	那坡县(桂)	1.00
576	马山县(桂)	0.82
577	融安县(桂)	0.70
578	黄冕林场(桂)	0.51
579	九龙坡区(渝)	8.96
580	大渡口区(渝)	3.30
581	南川区(渝)	2.00
582	开　县(渝)	1.94
583	永川区(渝)	1.80
584	垫江县(渝)	1.65
585	万州区(渝)	1.58
586	江津区(渝)	0.80
587	石柱土家族自治县(渝)	0.80
588	沙坪坝区(渝)	0.60
589	大足县(渝)	0.56
590	井研县(川)	20.60
591	大邑县(川)	13.00
592	利州区(川)	11.80
593	洪雅县(川)	10.00
594	新都区(川)	8.60
595	丹棱县(川)	8.00
596	万源市(川)	8.00
597	华蓥市(川)	6.80
598	长宁县(川)	6.00
599	高坪区(川)	6.00
600	荣　县(川)	5.40
601	宣汉县(川)	4.20
602	富顺县(川)	4.00
603	前锋区(川)	4.00
604	宜宾县(川)	3.69
605	雁江区(川)	3.50
606	剑阁县(川)	2.80
607	纳溪区(川)	2.50
608	邻水县(川)	2.50
609	江油市(川)	2.40
610	东坡区(川)	2.02
611	射洪县(川)	2.00
612	江安县(川)	1.93
613	达川区(川)	1.70
614	乐山市市中区(川)	1.58
615	通川区(川)	1.50
616	金堂县(川)	1.50
617	自流井区(川)	1.50
618	武胜县(川)	1.50
619	苍溪县(川)	1.30
620	贡井区(川)	1.20
621	大安区(川)	1.20
622	高　县(川)	1.00
623	宜宾市市辖区(川)	1.00
624	翠屏区(川)	1.00
625	古蔺县(川)	0.80
626	沿滩区(川)	0.80
627	绵竹市(川)	0.73
628	旌阳区(川)	0.60
629	游仙区(川)	0.56
630	赤水市(黔)	9.54
631	红花岗区(黔)	2.65
632	遵义县(黔)	2.00
633	凤冈县(黔)	1.30
634	三都水族自治县(黔)	0.90
635	德江县(黔)	0.90
636	镇远县(黔)	0.86
637	绥阳县(黔)	0.80
638	长顺县(黔)	0.80
639	白云区(黔)	0.75
640	昌宁县(滇)	7.24
641	宁洱哈尼族彝族自治县(滇)	5.49
642	双柏县(滇)	4.04
643	楚雄市(滇)	2.85
644	盈江县(滇)	2.54
645	大姚县(滇)	2.40
646	隆阳区(滇)	2.18
647	卫国林业局(滇)	2.00
648	芒　市(滇)	1.65
649	马关县(滇)	1.59
650	昆明市经济技术开发区(滇)	0.93
651	陇川县(滇)	0.80
652	南华县(滇)	0.72
653	施甸县(滇)	0.70
654	大理市(滇)	0.65
655	砚山县(滇)	0.63
656	扶风县(陕)	4.30
657	汉台区(陕)	1.59
658	雁塔区(陕)	1.30
659	商南县(陕)	0.56
660	莎车县(新)	2.10

表 2-2　纤维板主产地产量

序号	纤维板主产地	万立方米
1	文安县(冀)	240.00
2	藁城区(冀)	121.03
3	易　县(冀)	31.00
4	平泉县(冀)	16.28
5	正定县(冀)	16.00
6	邱　县(冀)	14.75
7	辛集市(冀)	9.85
8	深州市(冀)	9.50
9	安平县(冀)	7.10
10	肃宁县(冀)	4.70
11	霸州市(冀)	3.92
12	唐　县(冀)	2.70
13	灵寿县(冀)	1.29
14	涿州市(冀)	0.60
15	盐湖区(晋)	13.00
16	杭锦后旗(内蒙古)	1.36
17	海城市(辽)	37.50
18	台安县(辽)	10.00
19	阜新蒙古族自治县(辽)	8.00
20	新宾满族自治县(辽)	7.80
21	桓仁满族自治县(辽)	5.91
22	黑山县(辽)	5.00
23	清原满族自治县(辽)	4.40
24	辽宁实验林场(辽)	1.24
25	敦化市(吉)	14.90
26	和龙人造板公司(吉)	8.30
27	汪清林业局(吉)	2.24
28	榆树市(吉)	2.00
29	桦甸市(吉)	1.20
30	绥芬河市(黑)	22.00
31	牡丹江市市本级(黑)	17.20
32	沭阳县(苏)	185.00
33	丹阳市(苏)	138.77
34	泗阳县(苏)	50.00
35	灌南县(苏)	43.19
36	邳州市(苏)	42.56
37	新沂市(苏)	40.00
38	泗洪县(苏)	36.22
39	浦口区(苏)	35.00
40	赣榆县(苏)	24.89
41	沛　县(苏)	20.00
42	高邮市(苏)	18.50
43	睢宁县(苏)	11.45
44	滨海县(苏)	10.00
45	溧阳市(苏)	10.00
46	盱眙县(苏)	9.80
47	淮阴区(苏)	9.40

序号	纤维板主产地	万立方米	序号	纤维板主产地	万立方米	序号	纤维板主产地	万立方米
48	大丰市(苏)	5.10	94	旌德县(皖)	0.57	140	沂南县(鲁)	1.33
49	宿豫区(苏)	4.15	95	永安市(闽)	42.02	141	东营区(鲁)	0.87
50	宝应县(苏)	4.00	96	南靖县(闽)	23.91	142	胶州市(鲁)	0.80
51	涟水县(苏)	2.00	97	建阳市(闽)	15.67	143	长葛市(豫)	148.78
52	阜宁县(苏)	0.65	98	武夷山市(闽)	14.83	144	濮阳县(豫)	28.00
53	泰顺县(浙)	30.30	99	建瓯市(闽)	12.20	145	扶沟县(豫)	19.80
54	遂昌县(浙)	21.67	100	龙海市(闽)	8.48	146	汝南县(豫)	18.00
55	江山市(浙)	13.34	101	新罗区(闽)	8.19	147	范　县(豫)	18.00
56	富阳市(浙)	9.24	102	永定县(闽)	0.53	148	兰考县(豫)	17.50
57	常山县(浙)	8.55	103	临川区(赣)	26.00	149	罗山县(豫)	12.26
58	桐乡市(浙)	8.31	104	南康市(赣)	24.50	150	孟州市(豫)	10.50
59	仙居县(浙)	8.28	105	吉安县(赣)	20.06	151	邓州市(豫)	10.00
60	天台县(浙)	5.41	106	南昌市市辖区(赣)	15.50	152	西华县(豫)	8.00
61	长兴县(浙)	0.75	107	信丰县(赣)	10.51	153	睢阳区(豫)	5.64
62	上虞市(浙)	0.56	108	遂川县(赣)	7.50	154	泌阳县(豫)	5.07
63	宣城市市辖区(皖)	45.00	109	永丰县(赣)	5.50	155	淇　县(豫)	5.00
64	阜南县(皖)	40.60	110	余江县(赣)	0.70	156	新乡县(豫)	4.18
65	怀宁县(皖)	29.00	111	茌平县(鲁)	219.20	157	固始县(豫)	4.00
66	贵池区(皖)	25.00	112	兰山区(鲁)	203.00	158	沁阳市(豫)	3.70
67	太和县(皖)	18.00	113	临清市(鲁)	40.00	159	郸城县(豫)	3.20
68	宁国市(皖)	17.90	114	桓台县(鲁)	31.50	160	西峡县(豫)	3.16
69	东至县(皖)	16.00	115	阳谷县(鲁)	30.00	161	尉氏县(豫)	3.10
70	埇桥区(皖)	14.50	116	高唐县(鲁)	27.90	162	内乡县(豫)	3.00
71	琅琊区(皖)	13.50	117	惠民县(鲁)	25.00	163	沈丘县(豫)	2.50
72	利辛县(皖)	13.00	118	广饶县(鲁)	21.40	164	新野县(豫)	2.20
73	泗　县(皖)	12.39	119	嘉祥县(鲁)	13.80	165	镇平县(豫)	2.12
74	凤阳县(皖)	12.00	120	临沂市临港经济开发区(鲁)	12.00	166	商水县(豫)	1.93
75	灵璧县(皖)	12.00	121	寿光市(鲁)	11.81	167	辉县市(豫)	0.65
76	寿　县(皖)	12.00	122	鱼台县(鲁)	11.80	168	监利县(鄂)	42.18
77	蒙城县(皖)	10.00	123	任城区(鲁)	11.00	169	天门市(鄂)	30.00
78	定远县(皖)	10.00	124	肥城市(鲁)	10.00	170	潜江市(鄂)	26.00
79	六安市叶集区(皖)	10.00	125	齐河县(鲁)	9.50	171	东宝区(鄂)	23.00
80	南谯区(皖)	9.00	126	兖州市(鲁)	8.00	172	石首市(鄂)	20.00
81	固镇县(皖)	7.67	127	张店区(鲁)	7.60	173	曾都区(鄂)	18.33
82	桐城市(皖)	7.50	128	汶上县(鲁)	7.37	174	南漳县(鄂)	16.10
83	祁门县(皖)	6.89	129	潍城区(鲁)	7.00	175	咸安区(鄂)	14.00
84	含山县(皖)	6.14	130	寒亭区(鲁)	6.50	176	西塞山区(鄂)	10.00
85	太湖县(皖)	6.00	131	东平县(鲁)	6.05	177	沙市区(鄂)	10.00
86	舒城县(皖)	5.00	132	沂水县(鲁)	5.00	178	蕲春县(鄂)	7.50
87	怀远县(皖)	3.80	133	博兴县(鲁)	4.10	179	仙桃市(鄂)	6.21
88	颍泉区(皖)	3.30	134	邹城市(鲁)	3.30	180	武穴市(鄂)	6.00
89	五河县(皖)	2.53	135	郯城县(鲁)	3.10	181	远安县(鄂)	4.46
90	禹会区(皖)	2.10	136	宁阳县(鲁)	2.24	182	嘉鱼县(鄂)	4.30
91	濉溪县(皖)	2.09	137	河东区(鲁)	2.07	183	五峰土家族自治县(鄂)	3.50
92	谯城区(皖)	2.00	138	费　县(鲁)	2.00	184	松滋市(鄂)	2.95
93	颍州区(皖)	0.60	139	新泰市(鲁)	1.50	185	洪湖市(鄂)	1.85

序号	纤维板主产地	万立方米
186	建始县(鄂)	0.80
187	资阳区(湘)	11.35
188	华容县(湘)	7.45
189	新邵县(湘)	6.00
190	攸　县(湘)	5.60
191	浏阳市(湘)	4.25
192	安化县(湘)	2.80
193	资兴市(湘)	2.78
194	新化县(湘)	2.00
195	冷水滩区(湘)	1.16
196	芙蓉区(湘)	0.60
197	揭阳市普侨区(粤)	50.00
198	花都区(粤)	34.00
199	开平市(粤)	32.18
200	茂南区(粤)	29.50
201	封开县(粤)	28.89
202	鹤山市(粤)	22.00
203	阳东县(粤)	21.60
204	廉江市(粤)	20.10
205	德庆县(粤)	20.10
206	清城区(粤)	20.01
207	遂溪县(粤)	17.62
208	四会市(粤)	15.10
209	濒江区(粤)	15.00
210	东莞市(粤)	14.89
211	新丰县(粤)	13.13
212	东源县(粤)	10.30
213	台山市(粤)	10.00
214	翁源县(粤)	10.00
215	郁南县(粤)	9.00
216	阳春市(粤)	9.00
217	增城市(粤)	8.30
218	高明区(粤)	8.00
219	怀集县(粤)	5.01
220	仁化县(粤)	5.00
221	紫金县(粤)	5.00
222	南海区(粤)	4.78
223	博罗县(粤)	3.40
224	顺德区(粤)	2.75
225	中山市(粤)	2.36
226	恩平市(粤)	1.30
227	禅城区(粤)	1.27
228	平远县(粤)	0.83
229	宝安区(粤)	0.59
230	高峰林场(桂)	60.31
231	鹿寨县(桂)	55.64

序号	纤维板主产地	万立方米
232	横　县(桂)	54.00
233	藤　县(桂)	40.10
234	昭平县(桂)	26.50
235	良庆区(桂)	23.60
236	岑溪市(桂)	23.13
237	宜州市(桂)	22.50
238	隆安县(桂)	21.85
239	博白林场(桂)	21.17
240	七坡林场(桂)	20.38
241	覃塘区(桂)	19.00
242	永福县(桂)	18.50
243	宾阳县(桂)	18.50
244	钦北区(桂)	17.65
245	上思县(桂)	17.56
246	象州县(桂)	16.00
247	柳城县(桂)	14.93
248	扶绥县(桂)	14.25
249	兴宁区(桂)	13.00
250	苍梧县(桂)	12.40
251	八步区(桂)	12.35
252	凭祥市(桂)	11.09
253	钟山县(桂)	10.20
254	武宣县(桂)	10.05
255	桂平市(桂)	9.88
256	兴宾区(桂)	8.35
257	兴业县(桂)	6.60
258	环江毛南族自治县(桂)	6.09
259	柳北区(桂)	5.60
260	雅长林场(桂)	5.18
261	全州县(桂)	5.10
262	中国林科院热林中心(桂)	5.02
263	国家级南宁经济技术开发区(桂)	5.00
264	浦北县(桂)	4.30
265	大桂山林场(桂)	1.00
266	黔江区(渝)	16.50
267	石柱土家族自治县(渝)	13.00
268	丰都县(渝)	7.41
269	南岸区(渝)	3.30
270	万州区(渝)	2.30
271	开　县(渝)	1.36
272	邛崃市(川)	65.00
273	彭山县(川)	38.02
274	乐山市市中区(川)	32.00
275	梓潼县(川)	23.00
276	南部县(川)	20.00
277	高坪区(川)	15.00

序号	纤维板主产地	万立方米
278	大邑县(川)	14.00
279	崇州市(川)	13.30
280	彭州市(川)	13.03
281	丹棱县(川)	13.00
282	盐亭县(川)	12.50
283	苍溪县(川)	11.00
284	合江县(川)	10.00
285	阆中市(川)	9.80
286	屏山县(川)	9.20
287	乐至县(川)	7.80
288	平武县(川)	7.00
289	新都区(川)	7.00
290	安　县(川)	6.20
291	达川区(川)	6.10
292	北川羌族自治县(川)	6.10
293	资中县(川)	6.00
294	名山县(川)	5.00
295	剑阁县(川)	5.00
296	夹江县(川)	5.00
297	温江区(川)	3.90
298	宣汉县(川)	3.80
299	三台县(川)	3.74
300	西昌市(川)	2.80
301	江油市(川)	1.50
302	武胜县(川)	1.50
303	青川县(川)	0.90
304	金堂县(川)	0.65
305	龙里县(黔)	8.40
306	双柏县(滇)	18.18
307	临翔区(滇)	15.79
308	师宗县(滇)	10.65
309	腾冲县(滇)	9.93
310	景东彝族自治县(滇)	9.44
311	寻甸回族彝族自治县(滇)	9.07
312	宁洱哈尼族彝族自治县(滇)	8.74
313	陇川县(滇)	7.50
314	盘龙区(滇)	6.00
315	丘北县(滇)	4.98
316	隆阳区(滇)	4.89
317	卫国林业局(滇)	3.00
318	墨江哈尼族自治县(滇)	2.96
319	芒　市(滇)	2.02
320	麒麟区(滇)	2.00
321	高陵县(陕)	48.95
322	大荔县(陕)	2.90
323	勉　县(陕)	1.26

序号	纤维板主产地	万立方米
324	米东区(新)	7.00
325	红石林业局(吉林森工)	6.01
326	白石山林业局(吉林森工)	4.59
327	绥棱林业局(龙江森工)	5.10
328	友好林业局(龙江森工)	0.60
329	新林林业局(大兴安岭)	9.01
330	呼中林业局(大兴安岭)	1.47

表 2-3　刨花板主产地产量

序号	刨花板主产地	万立方米
1	文安县(冀)	160.00
2	南和县(冀)	38.50
3	正定县(冀)	18.00
4	武邑县(冀)	15.00
5	临漳县(冀)	14.71
6	藁城区(冀)	12.02
7	迁西县(冀)	8.00
8	望都县(冀)	6.10
9	邢台市高新技术开发区(冀)	5.67
10	霸州市(冀)	3.28
11	吴桥县(冀)	2.60
12	曲周县(冀)	2.00
13	灵寿县(冀)	1.30
14	昌黎县(冀)	1.25
15	永年县(冀)	1.25
16	三河市(冀)	0.76
17	夏　县(晋)	7.30
18	海城市(辽)	28.50
19	法库县(辽)	28.40
20	普兰店市(辽)	5.00
21	长白山林业局(吉)	7.50
22	榆树市(吉)	1.00
23	船营区(吉)	1.00
24	公主岭市(吉)	0.99
25	宁安市(黑)	17.50
26	穆棱市(黑)	16.64
27	爱辉区(黑)	2.50
28	沭阳县(苏)	102.00
29	洪泽县(苏)	60.00
30	丹阳市(苏)	34.70
31	丰　县(苏)	32.00
32	泗阳县(苏)	15.50
33	盱眙县(苏)	8.90
34	宿城区(苏)	4.50
35	常熟市(苏)	3.42
36	滨海县(苏)	1.80
37	宝应县(苏)	1.50
38	泗洪县(苏)	1.40
39	溧阳市(苏)	0.79
40	建湖县(苏)	0.78
41	阜宁县(苏)	0.67
42	吴中区(苏)	0.61
43	吴兴区(浙)	6.18
44	鄞州区(浙)	3.39
45	江山市(浙)	1.38
46	武义县(浙)	1.03
47	六安市叶集区(皖)	35.00
48	南谯区(皖)	17.00
49	埇桥区(皖)	15.80
50	砀山县(皖)	10.89
51	凤阳县(皖)	8.50
52	全椒县(皖)	6.00
53	怀宁县(皖)	5.60
54	岳西县(皖)	5.45
55	琅琊区(皖)	4.50
56	泗　县(皖)	3.62
57	潜山县(皖)	2.50
58	石台县(皖)	2.35
59	禹会区(皖)	2.10
60	太和县(皖)	2.00
61	五河县(皖)	1.35
62	东至县(皖)	1.30
63	祁门县(皖)	0.88
64	宿松县(皖)	0.85
65	南陵县(皖)	0.76
66	龙海市(闽)	9.84
67	顺昌县(闽)	8.67
68	建瓯市(闽)	7.35
69	武夷山市(闽)	6.95
70	清流县(闽)	6.87
71	明溪县(闽)	4.18
72	武平县(闽)	2.65
73	平和县(闽)	1.73
74	诏安县(闽)	1.73
75	永安市(闽)	1.37
76	南昌市市辖区(赣)	9.50
77	九江县(赣)	4.60
78	万安县(赣)	4.00
79	芦溪县(赣)	3.00
80	余江县(赣)	0.60
81	上高县(赣)	0.54
82	兰山区(鲁)	198.00
83	昌乐县(鲁)	23.00
84	惠民县(鲁)	15.00
85	阳谷县(鲁)	14.00
86	山亭区(鲁)	8.20
87	寿光市(鲁)	8.10
88	沂水县(鲁)	8.00
89	东明县(鲁)	7.86
90	岚山区(鲁)	4.30
91	兖州市(鲁)	4.00
92	诸城市(鲁)	1.70
93	胶州市(鲁)	1.70
94	郯城县(鲁)	1.30
95	临朐县(鲁)	1.20
96	东平县(鲁)	1.04
97	微山县(鲁)	1.00
98	沂南县(鲁)	0.87
99	周村区(鲁)	0.56
100	肥城市(鲁)	0.53
101	西华县(豫)	19.00
102	尉氏县(豫)	16.68
103	睢　县(豫)	15.00
104	虞城县(豫)	8.00
105	许昌县(豫)	6.60
106	湖滨区(豫)	6.30
107	睢阳区(豫)	5.43
108	兰考县(豫)	5.00
109	杞　县(豫)	4.12
110	民权县(豫)	2.92
111	宁陵县(豫)	2.55
112	沁阳市(豫)	2.50
113	沈丘县(豫)	1.50
114	平桥区(豫)	1.01
115	夏邑县(豫)	1.00
116	东宝区(鄂)	22.00
117	监利县(鄂)	15.00
118	沙市区(鄂)	2.30
119	石首市(鄂)	1.38
120	汨罗市(湘)	2.88
121	衡东县(湘)	2.60
122	澧　县(湘)	2.05
123	双峰县(湘)	1.90
124	洪江市(湘)	1.20
125	汝城县(湘)	1.16
126	新化县(湘)	1.00
127	炎陵县(湘)	0.86
128	冷水江市(湘)	0.84

序号	刨花板主产地	万立方米
129	洪江区(湘)	0.81
130	祁阳县(湘)	0.80
131	君山区(湘)	0.70
132	长沙县(湘)	0.65
133	永兴县(湘)	0.58
134	仁化县(粤)	30.00
135	惠城区(粤)	20.00
136	遂溪县(粤)	19.82
137	始兴县(粤)	16.00
138	东莞市(粤)	8.39
139	五华县(粤)	5.67
140	兴宁市(粤)	5.00
141	蓬江区(粤)	3.13
142	海丰县(粤)	2.80
143	番禺区(粤)	2.23
144	顺德区(粤)	2.08
145	大埔县(粤)	1.50
146	清城区(粤)	1.30
147	宝安区(粤)	1.24
148	中山市(粤)	1.17
149	蕉岭县(粤)	0.89
150	龙川县(粤)	0.80
151	博罗县(粤)	0.80
152	平远县(粤)	0.62
153	八步区(桂)	22.15
154	宁明县(桂)	21.80
155	覃塘区(桂)	17.00
156	横　县(桂)	8.80
157	荔浦县(桂)	6.36
158	南宁经济技术开发区(桂)	5.20
159	桂平市(桂)	5.18
160	港南区(桂)	3.33
161	城中区(桂)	2.88
162	三门江林场(桂)	1.32
163	雁山区(桂)	1.15
164	宾阳县(桂)	1.06
165	象山区(桂)	1.00
166	巫溪县(渝)	0.82
167	江阳区(川)	3.30
168	安　县(川)	3.10
169	宣汉县(川)	2.90
170	中江县(川)	0.70
171	昌宁县(滇)	6.69
172	鹤庆县(滇)	1.00
173	吉林森工集团股份公司(吉林森工)	48.00
174	穆棱林业局(龙江森工)	3.70
175	牡丹江木材综合加工厂(龙江森工)	3.00
176	朗乡林业局(龙江森工)	0.90

表 2-4　细木工板(大芯板)主产地产量

序号	细木工板(大芯板)主产地	万立方米
1	文安县(冀)	150.00
2	邢台市高新技术开发区(冀)	66.50
3	青龙满族自治县(冀)	5.60
4	灵寿县(冀)	5.33
5	藁城区(冀)	1.00
6	新乐市(冀)	0.88
7	魏　县(冀)	0.81
8	临漳县(冀)	0.62
9	元宝山区(内蒙古)	5.00
10	科尔沁区(内蒙古)	1.00
11	奈曼旗(内蒙古)	0.90
12	新宾满族自治县(辽)	13.50
13	黑山县(辽)	5.00
14	昌图县(辽)	4.00
15	海城市(辽)	2.39
16	台安县(辽)	2.00
17	凌源市(辽)	0.87
18	北票市(辽)	0.80
19	前郭尔罗斯蒙古族自治县(吉)	10.10
20	公主岭市(吉)	3.33
21	敦化市(吉)	2.80
22	龙山区(吉)	2.62
23	德惠市(吉)	2.00
24	临江市(吉)	1.63
25	洮北区(吉)	1.60
26	长岭县(吉)	1.10
27	农安县(吉)	1.00
28	梨树县(吉)	0.90
29	五常市(黑)	2.50
30	北安市(黑)	2.00
31	肇源县(黑)	1.60
32	青冈县(黑)	1.20
33	克东县(黑)	1.20
34	绥芬河市(黑)	1.20
35	明水县(黑)	1.00
36	庆安县(黑)	1.00
37	克山县(黑)	1.00
38	讷河市(黑)	1.00
39	望奎县(黑)	0.60

序号	细木工板(大芯板)主产地	万立方米
40	沭阳县(苏)	315.00
41	丰　县(苏)	46.80
42	六合区(苏)	5.23
43	宿豫区(苏)	3.50
44	通州区(苏)	0.61
45	嘉善县(浙)	120.00
46	江山市(浙)	54.75
47	德清县(浙)	23.00
48	余杭区(浙)	9.35
49	龙泉市(浙)	3.90
50	瓯海区(浙)	2.98
51	天台县(浙)	2.27
52	温岭市(浙)	1.92
53	庆元县(浙)	1.85
54	苍南县(浙)	1.69
55	兰溪市(浙)	1.50
56	上虞市(浙)	1.42
57	临安市(浙)	0.96
58	常山县(浙)	0.78
59	开化县(浙)	0.55
60	遂昌县(浙)	0.52
61	泗　县(皖)	52.34
62	砀山县(皖)	38.40
63	怀宁县(皖)	7.54
64	谯城区(皖)	6.00
65	六安市叶集区(皖)	5.60
66	天长市(皖)	3.50
67	贵池区(皖)	3.00
68	潜山县(皖)	2.80
69	东至县(皖)	1.29
70	泾　县(皖)	1.10
71	五河县(皖)	0.75
72	旌德县(皖)	0.70
73	舒城县(皖)	0.70
74	祁门县(皖)	0.68
75	太湖县(皖)	0.60
76	徽州区(皖)	0.56
77	固镇县(皖)	0.51
78	宁化县(闽)	15.38
79	永安市(闽)	13.09
80	延平区(闽)	10.46
81	沙　县(闽)	8.82
82	尤溪县(闽)	8.82
83	大田县(闽)	7.34
84	漳平市(闽)	6.95
85	明溪县(闽)	5.98

序号	细木工板(大芯板)主产地	万立方米
86	泰宁县(闽)	5.82
87	浦城县(闽)	5.72
88	清流县(闽)	4.81
89	闽侯县(闽)	2.03
90	政和县(闽)	1.90
91	霞浦县(闽)	1.27
92	上杭县(闽)	1.22
93	武平县(闽)	1.19
94	蕉城区(闽)	1.10
95	松溪县(闽)	0.96
96	长汀县(闽)	0.70
97	德化县(闽)	0.56
98	武宁县(赣)	15.40
99	遂川县(赣)	10.00
100	南康市(赣)	8.30
101	南昌市市辖区(赣)	8.20
102	铜鼓县(赣)	5.54
103	上高县(赣)	5.50
104	共青城市(赣)	5.17
105	新干县(赣)	5.00
106	德兴市(赣)	2.89
107	宜黄县(赣)	2.80
108	资溪县(赣)	2.70
109	万载县(赣)	2.50
110	崇义县(赣)	1.95
111	安远县(赣)	1.80
112	婺源县(赣)	1.74
113	分宜县(赣)	1.65
114	瑞金市(赣)	1.60
115	广昌县(赣)	1.20
116	吉水县(赣)	1.10
117	修水县(赣)	1.08
118	浮梁县(赣)	0.80
119	安源区(赣)	0.70
120	高安市(赣)	0.60
121	沂水县(鲁)	71.00
122	济阳县(鲁)	36.60
123	莘　县(鲁)	18.64
124	阳谷县(鲁)	11.00
125	寿光市(鲁)	9.70
126	惠民县(鲁)	7.00
127	阳信县(鲁)	5.00
128	梁山县(鲁)	3.86
129	任城区(鲁)	3.00
130	昌乐县(鲁)	2.00
131	兖州市(鲁)	2.00
132	肥城市(鲁)	1.58
133	宁阳县(鲁)	1.37
134	邹城市(鲁)	1.32
135	岱岳区(鲁)	1.20
136	齐河县(鲁)	0.80
137	东平县(鲁)	0.80
138	禹州市(豫)	60.73
139	尉氏县(豫)	29.00
140	兰考县(豫)	10.50
141	邓州市(豫)	9.00
142	睢阳区(豫)	3.10
143	新密市(豫)	2.30
144	睢　县(豫)	2.10
145	濮阳县(豫)	2.00
146	义马市(豫)	1.80
147	内乡县(豫)	1.00
148	洛宁县(豫)	0.81
149	东西湖区(鄂)	11.26
150	黄陂区(鄂)	5.00
151	钟祥市(鄂)	3.30
152	天门市(鄂)	3.00
153	石首市(鄂)	2.20
154	潜江市(鄂)	1.00
155	鹤峰县(鄂)	1.00
156	湘潭县(湘)	17.30
157	攸　县(湘)	11.20
158	湘阴县(湘)	11.00
159	岳麓区(湘)	10.00
160	汉寿县(湘)	8.06
161	冷水滩区(湘)	7.12
162	炎陵县(湘)	6.20
163	湘乡市(湘)	5.80
164	新化县(湘)	4.20
165	衡山县(湘)	3.48
166	安化县(湘)	3.10
167	平江县(湘)	2.90
168	北塔区(湘)	2.85
169	武冈市(湘)	2.84
170	沅江市(湘)	2.80
171	蓝山县(湘)	2.80
172	汝城县(湘)	2.39
173	江永县(湘)	2.04
174	双牌县(湘)	2.00
175	中方县(湘)	1.80
176	衡南县(湘)	1.72
177	临澧县(湘)	1.68
178	会同县(湘)	1.60
179	零陵区(湘)	1.50
180	桃源县(湘)	1.50
181	城步苗族自治县(湘)	1.40
182	古丈县(湘)	1.30
183	浏阳市(湘)	1.26
184	耒阳市(湘)	1.25
185	祁东县(湘)	1.20
186	资兴市(湘)	1.20
187	隆回县(湘)	1.10
188	宁乡县(湘)	1.10
189	鹤城区(湘)	1.00
190	双峰县(湘)	1.00
191	宁远县(湘)	0.92
192	洞口县(湘)	0.90
193	新宁县(湘)	0.80
194	溆浦县(湘)	0.70
195	芦淞区(湘)	0.60
196	株洲县(湘)	0.56
197	顺德区(粤)	11.65
198	仁化县(粤)	5.00
199	乳源瑶族自治县(粤)	2.56
200	清新县(粤)	2.50
201	博罗县(粤)	2.30
202	乐昌市(粤)	1.60
203	大埔县(粤)	1.00
204	台山市(粤)	0.80
205	增城市(粤)	0.60
206	中山市(粤)	0.59
207	东莞市(粤)	0.58
208	融水苗族自治县(桂)	123.70
209	融安县(桂)	32.00
210	八步区(桂)	7.56
211	江南区(桂)	6.62
212	横　县(桂)	6.20
213	资源县(桂)	6.00
214	环江毛南族自治县(桂)	4.58
215	田林县(桂)	3.20
216	玉州区(桂)	3.00
217	临桂县(桂)	2.40
218	田阳县(桂)	1.92
219	三江侗族自治县(桂)	1.58
220	柳城县(桂)	1.28
221	乐业县(桂)	1.25
222	金城江区(桂)	1.10
223	雁山区(桂)	1.01

序号	细木工板(大芯板)主产地	万立方米
224	昭平县(桂)	0.93
225	雅长林场(桂)	0.55
226	云阳县(渝)	1.23
227	青神县(川)	4.50
228	天全县(川)	3.90
229	宣汉县(川)	3.30
230	夹江县(川)	3.00
231	安　县(川)	2.50
232	中江县(川)	1.80
233	万源市(川)	1.70
234	剑阁县(川)	1.40
235	江安县(川)	1.33
236	广汉市(川)	1.00
237	高　县(川)	0.97
238	芦山县(川)	0.90
239	南江县(川)	0.90
240	沙湾区(川)	0.85
241	荥经县(川)	0.70
242	三都水族自治县(黔)	1.50
243	天柱县(黔)	0.85
244	马龙县(滇)	2.59
245	师宗县(滇)	2.30
246	威信县(滇)	1.16
247	宁洱哈尼族彝族自治县(滇)	0.95
248	罗平县(滇)	0.80
249	三岔子林业局(吉林森工)	0.54
250	柴河林业局(龙江森工)	2.10
251	穆棱林业局(龙江森工)	1.60
252	汤旺河林业局(龙江森工)	0.80

表 3-1　木地板主产地产量

序号	木地板主产地	万平方米
1	魏　县(冀)	59.00
2	于洪区(辽)	700.00
3	溪湖区(辽)	310.00
4	庄河市(辽)	100.00
5	普兰店市(辽)	52.00
6	大石桥市(辽)	34.50
7	清原满族自治县(辽)	16.50
8	甘井子区(辽)	13.61
9	沈北新区(辽)	6.00
10	抚顺县(辽)	5.90
11	新宾满族自治县(辽)	5.20
12	彰武县(辽)	5.00
13	凌海市(辽)	3.00
14	珲春市(吉)	2014.80
15	敦化市(吉)	994.60
16	抚松县(吉)	241.00
17	宽城区(吉)	118.00
18	延吉市(吉)	105.00
19	汪清林业局(吉)	100.00
20	新元木业公司(吉)	79.00
21	珲春森林山公司(吉)	76.00
22	集安市(吉)	20.00
23	德惠市(吉)	6.00
24	二道区(吉)	4.00
25	蛟河市(吉)	2.87
26	临江市(吉)	1.80
27	龙潭区(吉)	1.20
28	东丰县(吉)	1.00
29	长白朝鲜族自治县(吉)	0.61
30	海林市(黑)	100.00
31	绥芬河市(黑)	85.00
32	穆棱市(黑)	76.16
33	桦南县(黑)	45.00
34	五常市(黑)	43.00
35	延寿县(黑)	15.00
36	香坊区(黑)	7.50
37	绥棱县(黑)	6.50
38	呼兰区(黑)	2.00
39	方正县(黑)	0.85
40	松江区(沪)	200.00
41	丹阳市(苏)	4842.98
42	沭阳县(苏)	430.00
43	邳州市(苏)	425.40
44	泗阳县(苏)	350.00
45	吴江市(苏)	302.19
46	灌云县(苏)	210.00
47	宜兴市(苏)	166.25
48	赣榆县(苏)	144.00
49	金坛市(苏)	120.00
50	东台市(苏)	71.24
51	江宁区(苏)	46.98
52	昆山市(苏)	7.00
53	启东市(苏)	7.00
54	丰　县(苏)	6.80
55	邗江区(苏)	4.50
56	宿豫区(苏)	3.35
57	高邮市(苏)	2.00
58	涟水县(苏)	1.50
59	常熟市(苏)	1.45
60	海安县(苏)	0.90
61	南浔区(浙)	6617.46
62	嘉善县(浙)	1225.00
63	吴兴区(浙)	353.00
64	德清县(浙)	299.00
65	长兴县(浙)	200.00
66	桐庐县(浙)	183.30
67	海盐县(浙)	159.00
68	龙泉市(浙)	151.00
69	临安市(浙)	83.50
70	安吉县(浙)	51.20
71	定海区(浙)	50.60
72	余杭区(浙)	44.24
73	鄞州区(浙)	25.00
74	淳安县(浙)	17.35
75	江山市(浙)	10.41
76	开化县(浙)	10.00
77	乐清市(浙)	8.80
78	衢江区(浙)	8.65
79	建德市(浙)	8.60
80	温岭市(浙)	6.86
81	奉化市(浙)	6.75
82	江北区(浙)	3.50
83	瓯海区(浙)	3.13
84	嵊州市(浙)	3.08
85	富阳市(浙)	3.02
86	遂昌县(浙)	3.00
87	镇海区(浙)	1.80
88	永康市(浙)	1.71
89	桐乡市(浙)	1.50
90	柯城区(浙)	0.96
91	泰顺县(浙)	0.70
92	南谯区(皖)	3560.00
93	琅琊区(皖)	600.00
94	宿松县(皖)	517.35
95	来安县(皖)	501.00
96	阜南县(皖)	300.00
97	埇桥区(皖)	292.00
98	砀山县(皖)	280.50
99	繁昌县(皖)	280.00
100	怀宁县(皖)	200.00
101	广德县(皖)	132.00
102	淮上区(皖)	80.00
103	天长市(皖)	60.90
104	六安市叶集区(皖)	52.00
105	定远县(皖)	49.00
106	东至县(皖)	28.54

序号	木地板主产地	万平方米	序号	木地板主产地	万平方米	序号	木地板主产地	万平方米
107	黟　县(皖)	28.30	153	安福县(赣)	0.60	199	武冈市(湘)	100.00
108	旌德县(皖)	9.10	154	茌平县(鲁)	2929.47	200	天心区(湘)	100.00
109	休宁县(皖)	6.50	155	阳谷县(鲁)	1060.00	201	永定区(湘)	60.00
110	祁门县(皖)	5.10	156	任城区(鲁)	1042.50	202	望城县(湘)	32.40
111	岳西县(皖)	5.02	157	无棣县(鲁)	600.00	203	炎陵县(湘)	31.00
112	霍山县(皖)	2.90	158	东明县(鲁)	213.00	204	湘阴县(湘)	31.00
113	屯溪区(皖)	2.20	159	兖州市(鲁)	140.00	205	苏仙区(湘)	23.28
114	禹会区(皖)	2.10	160	邹平县(鲁)	120.00	206	安化县(湘)	20.00
115	潜山县(皖)	1.50	161	莱城区(鲁)	115.00	207	鹤城区(湘)	14.50
116	郎溪县(皖)	1.50	162	寿光市(鲁)	114.40	208	城步苗族自治县(湘)	14.20
117	石台县(皖)	1.34	163	成武县(鲁)	99.85	209	邵东县(湘)	13.40
118	贵池区(皖)	1.00	164	垦利县(鲁)	76.00	210	桃源县(湘)	11.00
119	颍上县(皖)	0.86	165	平度市(鲁)	60.50	211	沅陵县(湘)	8.50
120	顺昌县(闽)	4.42	166	高唐县(鲁)	49.00	212	靖州苗族侗族自治县(湘)	5.00
121	上杭县(闽)	0.53	167	黄岛区(鲁)	46.00	213	绥宁县(湘)	4.50
122	奉新县(赣)	1964.80	168	肥城市(鲁)	40.00	214	株洲县(湘)	4.50
123	宜丰县(赣)	361.00	169	邹城市(鲁)	30.50	215	洪江市(湘)	3.96
124	靖安县(赣)	297.10	170	河口区(鲁)	14.00	216	浏阳市(湘)	3.50
125	铜鼓县(赣)	168.00	171	东平县(鲁)	13.75	217	湘乡市(湘)	3.20
126	沙　县(闽)	127.27	172	胶州市(鲁)	12.40	218	石峰区(湘)	3.20
127	广昌县(赣)	59.49	173	齐河县(鲁)	10.65	219	隆回县(湘)	2.60
128	资溪县(赣)	42.65	174	梁山县(鲁)	9.10	220	衡阳县(湘)	2.60
129	宁都县(赣)	38.00	175	潍城区(鲁)	8.00	221	新化县(湘)	2.20
130	南昌市市辖区(赣)	22.50	176	桓台县(鲁)	4.10	222	洞口县(湘)	2.10
131	浮梁县(赣)	15.00	177	惠民县(鲁)	4.00	223	溆浦县(湘)	2.10
132	遂川县(赣)	15.00	178	尉氏县(豫)	120.00	224	益阳市市辖区(湘)	1.60
133	永新县(赣)	13.50	179	邓州市(豫)	69.00	225	双牌县(湘)	1.50
134	玉山县(赣)	10.46	180	固始县(豫)	34.40	226	桑植县(湘)	1.30
135	永修县(赣)	8.20	181	兰考县(豫)	11.00	227	凤凰县(湘)	1.10
136	德兴市(赣)	8.00	182	台前县(豫)	2.64	228	零陵区(湘)	0.90
137	高安市(赣)	7.76	183	睢阳区(豫)	0.68	229	麻阳苗族自治县(湘)	0.80
138	芦溪县(赣)	6.30	184	洛宁县(豫)	0.59	230	洪江区(湘)	0.63
139	石城县(赣)	5.00	185	咸安区(鄂)	705.50	231	鼎城区(湘)	0.60
140	泰和县(赣)	4.50	186	嘉鱼县(鄂)	350.00	232	会同县(湘)	0.60
141	婺源县(赣)	3.69	187	蔡甸区(鄂)	205.00	233	东源县(粤)	1050.00
142	上高县(赣)	3.32	188	蕲春县(鄂)	201.00	234	增城市(粤)	340.00
143	万载县(赣)	2.59	189	荆州区(鄂)	200.00	235	宝安区(粤)	287.50
144	分宜县(赣)	2.00	190	沙市区(鄂)	200.00	236	番禺区(粤)	172.50
145	新建县(赣)	1.96	191	东宝区(鄂)	100.00	237	揭阳市普侨区(粤)	100.00
146	吉州区(赣)	1.73	192	汉川市(鄂)	10.80	238	澄海区(粤)	34.60
147	安远县(赣)	1.50	193	利川市(鄂)	9.28	239	顺德区(粤)	23.03
148	吉水县(赣)	1.35	194	鹤峰县(鄂)	2.50	240	仁化县(粤)	12.00
149	乐安县(赣)	1.00	195	来凤县(鄂)	1.98	241	雷州市(粤)	12.00
150	井冈山市(赣)	0.89	196	仙桃市(鄂)	1.20	242	东莞市(粤)	9.39
151	峡江县(赣)	0.78	197	咸丰县(鄂)	0.80	243	禅城区(粤)	7.80
152	大余县(赣)	0.65	198	攸　县(湘)	350.00	244	鹤山市(粤)	6.60

序号	木地板主产地	万平方米
245	中山市(粤)	5.41
246	乳源瑶族自治县(粤)	1.54
247	紫金县(粤)	1.06
248	宾阳县(桂)	33.10
249	融水苗族自治县(桂)	33.00
250	港南区(桂)	9.10
251	全州县(桂)	6.10
252	武鸣县(桂)	3.60
253	酉阳土家族苗族自治县(渝)	5.00
254	双流县(川)	750.00
255	乐至县(川)	100.00
256	郫　县(川)	58.00
257	雁江区(川)	50.00
258	剑阁县(川)	50.00
259	盐亭县(川)	48.40
260	新都区(川)	17.00
261	南部县(川)	10.00
262	温江区(川)	8.00
263	彭州市(川)	6.42
264	南江县(川)	5.70
265	前锋区(川)	4.00
266	华蓥市(川)	3.00
267	江油市(川)	2.40
268	金牛区(川)	2.10
269	雨城区(川)	1.60
270	涪城区(川)	1.50
271	昭化区(川)	1.00
272	阆中市(川)	0.60
273	锦屏县(黔)	5.60
274	凤冈县(黔)	3.00
275	碧江区(黔)	1.50
276	白云区(黔)	1.50
277	赤水市(黔)	1.37
278	盈江县(滇)	269.25
279	瑞丽市(滇)	69.85
280	梁河县(滇)	5.46
281	芒　市(滇)	4.92
282	昆明市经济技术开发区(滇)	4.10
283	陇川县(滇)	3.41
284	耿马傣族佤族自治县(滇)	2.00
285	腾冲县(滇)	0.83
286	吉林森工集团金桥木业有限公司(吉林森工)	423.87
287	铁力林业局(龙江森工)	29.00
288	穆棱林业局(龙江森工)	25.00
289	松江胶合板厂(龙江森工)	20.80
290	清河林业局(龙江森工)	5.70
291	林口林业局(龙江森工)	4.00
292	带岭实验局(龙江森工)	0.70
293	阿木尔林业局(大兴安岭)	5.93
294	松岭林业局(大兴安岭)	2.14

表 3-2　单板(刨切、旋切、微薄板)主产地产量

序号	单板(刨切、旋切、微薄板)主产地	万立方米
1	任　县(冀)	2.20
2	元宝山区(内蒙古)	5.00
3	林西县(内蒙古)	2.35
4	乌拉特中旗(内蒙古)	1.00
5	彰武县(辽)	15.00
6	新宾满族自治县(辽)	11.00
7	昌图县(辽)	6.00
8	庄河市(辽)	4.00
9	新邱区(辽)	1.00
10	北票市(辽)	1.00
11	梨树县(吉)	7.23
12	二道区(吉)	6.85
13	敦化市(吉)	6.10
14	农安县(吉)	6.00
15	前郭尔罗斯蒙古族自治县(吉)	2.90
16	延吉市(吉)	2.36
17	榆树市(吉)	1.00
18	船营区(吉)	1.00
19	长岭县(吉)	0.90
20	公主岭市(吉)	0.78
21	东丰县(吉)	0.60
22	青冈县(黑)	7.40
23	南岗区(黑)	5.30
24	克山县(黑)	4.20
25	明水县(黑)	4.00
26	绥芬河市(黑)	1.50
27	灵璧县(皖)	18.50
28	潜山县(皖)	13.60
29	涡阳县(皖)	6.50
30	霍邱县(皖)	5.20
31	临泉县(皖)	3.45
32	五河县(皖)	2.08
33	桐城市(皖)	2.00
34	界首市(皖)	1.51
35	颍州区(皖)	1.20
36	泾　县(皖)	1.10
37	谯城区(皖)	1.00
38	寿　县(皖)	0.80
39	南陵县(皖)	0.72
40	望江县(皖)	0.55
41	吉水县(赣)	62.85
42	南康市(赣)	3.00
43	万安县(赣)	2.00
44	余江县(赣)	1.60
45	遂川县(赣)	1.50
46	婺源县(赣)	1.02
47	泰和县(赣)	0.90
48	瑞金市(赣)	0.80
49	赣　县(赣)	0.70
50	高安市(赣)	0.64
51	费　县(鲁)	352.20
52	茌平县(鲁)	175.50
53	肥城市(鲁)	142.00
54	莘　县(鲁)	41.30
55	兰陵县(鲁)	33.00
56	惠民县(鲁)	22.00
57	广饶县(鲁)	21.10
58	成武县(鲁)	14.12
59	平原县(鲁)	12.11
60	阳谷县(鲁)	12.00
61	鱼台县(鲁)	10.00
62	高唐县(鲁)	10.00
63	寿光市(鲁)	5.10
64	平邑县(鲁)	4.60
65	新泰市(鲁)	4.50
66	兖州市(鲁)	4.00
67	诸城市(鲁)	3.87
68	岱岳区(鲁)	3.00
69	高青县(鲁)	2.50
70	宁阳县(鲁)	2.43
71	莒南县(鲁)	2.30
72	郯城县(鲁)	1.20
73	原阳县(豫)	60.80
74	范　县(豫)	42.00
75	商水县(豫)	29.16
76	邓州市(豫)	23.00
77	夏邑县(豫)	18.00
78	兰考县(豫)	12.00
79	虞城县(豫)	10.00
80	尉氏县(豫)	8.80
81	开封县(豫)	8.00

序号	单板(刨切、旋切、微薄板)主产地	万立方米
82	内乡县(豫)	3.00
83	淮滨县(豫)	2.32
84	确山县(豫)	2.30
85	新野县(豫)	2.20
86	西华县(豫)	2.00
87	新蔡县(豫)	1.57
88	鹿邑县(豫)	1.50
89	唐河县(豫)	1.38
90	桐柏县(豫)	1.30
91	偃师市(豫)	1.00
92	天门市(鄂)	7.00
93	潜江市(鄂)	5.00
94	嘉鱼县(鄂)	2.90
95	仙桃市(鄂)	1.80
96	南漳县(鄂)	1.50
97	洪湖市(鄂)	0.80
98	江陵县(鄂)	0.70
99	沅江市(湘)	2.88
100	浏阳市(湘)	2.50
101	汉寿县(湘)	2.20
102	城步苗族自治县(湘)	1.70
103	澧　县(湘)	1.00
104	祁东县(湘)	0.80
105	益阳市市辖区(湘)	0.80
106	娄星区(湘)	0.80
107	零陵区(湘)	0.61
108	赫山区(湘)	0.60
109	洞口县(湘)	0.51
110	廉江市(粤)	20.10
111	仁化县(粤)	20.00
112	阳春市(粤)	20.00
113	英德市(粤)	16.05
114	清新县(粤)	10.50
115	翁源县(粤)	6.60
116	增城市(粤)	6.20
117	郁南县(粤)	6.00
118	乳源瑶族自治县(粤)	5.67
119	紫金县(粤)	5.56
120	徐闻县(粤)	5.50
121	遂溪县(粤)	3.35
122	惠城区(粤)	3.00
123	新丰县(粤)	2.92
124	曲江区(粤)	2.60
125	饶平县(粤)	2.30
126	惠阳区(粤)	2.00

序号	单板(刨切、旋切、微薄板)主产地	万立方米
127	高州市(粤)	1.80
128	电白区(粤)	1.75
129	化州市(粤)	1.70
130	博罗县(粤)	1.50
131	连平县(粤)	1.20
132	中山市(粤)	1.03
133	龙门县(粤)	1.00
134	阳山县(粤)	0.95
135	清城区(粤)	0.91
136	云城区(粤)	0.70
137	乐昌市(粤)	0.60
138	港南区(桂)	205.83
139	覃塘区(桂)	175.00
140	柳北区(桂)	89.00
141	宜州市(桂)	69.00
142	南丹县(桂)	52.00
143	玉州区(桂)	38.95
144	浦北县(桂)	38.00
145	灵山县(桂)	37.60
146	鹿寨县(桂)	35.00
147	宁明县(桂)	33.30
148	田东县(桂)	27.60
149	扶绥县(桂)	25.28
150	环江毛南族自治县(桂)	22.98
151	兴宾区(桂)	22.31
152	防城区(桂)	20.67
153	象州县(桂)	19.00
154	凭祥市(桂)	18.72
155	岑溪市(桂)	18.27
156	兴宁区(桂)	15.00
157	合山市(桂)	14.82
158	平果县(桂)	14.49
159	钦北区(桂)	13.14
160	上思县(桂)	11.51
161	临桂县(桂)	10.00
162	田林县(桂)	10.00
163	钦南区(桂)	9.98
164	大桂山林场(桂)	8.45
165	全州县(桂)	7.50
166	江南区(桂)	7.00
167	永福县(桂)	6.70
168	港口区(桂)	6.15
169	宾阳县(桂)	5.80
170	叠彩区(桂)	5.50
171	贺州市平桂管理区(桂)	5.40

序号	单板(刨切、旋切、微薄板)主产地	万立方米
172	武宣县(桂)	5.12
173	马山县(桂)	5.10
174	秀峰区(桂)	5.00
175	上林县(桂)	4.20
176	象山区(桂)	4.00
177	七星区(桂)	4.00
178	金秀瑶族自治县(桂)	3.80
179	隆安县(桂)	3.60
180	忻城县(桂)	3.29
181	灵川县(桂)	3.27
182	黄冕林场(桂)	2.76
183	柳城县(桂)	2.60
184	兴安县(桂)	2.45
185	资源县(桂)	2.20
186	派阳山林场(桂)	2.13
187	那坡县(桂)	2.00
188	荔浦县(桂)	1.32
189	金城江区(桂)	1.30
190	苍梧县(桂)	1.30
191	昭平县(桂)	1.15
192	融安县(桂)	1.00
193	良凤江国家森林公园(桂)	0.81
194	阳朔县(桂)	0.56
195	永川区(渝)	2.00
196	资中县(川)	6.00
197	沐川县(川)	3.00
198	夹江县(川)	1.00
199	天柱县(黔)	1.10
200	腾冲县(滇)	1.99
201	宁洱哈尼族彝族自治县(滇)	1.67
202	龙陵县(滇)	1.00
203	嵩明县(滇)	0.70

表 3-3　木质家具主产地产量

序号	木质家具主产地	万件
1	宝坻区(津)	195.79
2	东丽区(津)	10.64
3	津南区(津)	3.20
4	井陉矿区(冀)	185.00
5	武邑县(冀)	156.00
6	正定县(冀)	110.00
7	无极县(冀)	60.00
8	丰南区(冀)	58.00
9	文安县(冀)	40.00
10	邢台市高新技术开发区(冀)	36.00

序号	木质家具主产地	万件	序号	木质家具主产地	万件	序号	木质家具主产地	万件
11	巨鹿县(冀)	36.00	57	沈北新区(辽)	25.00	103	舒兰市(吉)	1.70
12	曲周县(冀)	36.00	58	南芬区(辽)	25.00	104	南关区(吉)	1.40
13	广平县(冀)	20.00	59	新宾满族自治县(辽)	11.00	105	靖宇县(吉)	0.90
14	平泉县(冀)	11.00	60	海城市(辽)	11.00	106	长春市净月经济开发区(吉)	0.85
15	玉田县(冀)	10.00	61	清原满族自治县(辽)	10.50	107	长春市经济开发区(吉)	0.63
16	威　县(冀)	10.00	62	建昌县(辽)	10.00	108	通化县(吉)	0.60
17	南宫市(冀)	9.70	63	普兰店市(辽)	10.00	109	香坊区(黑)	21.00
18	滦南县(冀)	7.53	64	双塔区(辽)	10.00	110	巴彦县(黑)	14.50
19	宁晋县(冀)	6.51	65	顺城区(辽)	9.00	111	松北区(黑)	8.00
20	高碑店市(冀)	6.50	66	鞍山市开发区(辽)	6.00	112	五常市(黑)	7.00
21	临漳县(冀)	6.20	67	银州区(辽)	5.80	113	阿城区(黑)	6.60
22	栾城区(冀)	4.50	68	龙城区(辽)	4.20	114	克山县(黑)	5.00
23	广宗县(冀)	4.50	69	连山区(辽)	4.00	115	穆棱市(黑)	4.02
24	平山县(冀)	3.20	70	喀喇沁左翼蒙古族自治县(辽)	4.00	116	南岗区(黑)	4.00
25	清苑县(冀)	3.00	71	北票市(辽)	4.00	117	克东县(黑)	3.20
26	任丘市(冀)	2.52	72	抚顺县(辽)	3.90	118	道里区(黑)	2.25
27	武强县(冀)	2.46	73	彰武县(辽)	3.90	119	让胡路区(黑)	1.64
28	磁　县(冀)	2.20	74	桓仁满族自治县(辽)	2.50	120	方正县(黑)	1.00
29	宽城满族自治县(冀)	2.00	75	兴城市(辽)	2.10	121	依兰县(黑)	1.00
30	丰宁满族自治县(冀)	2.00	76	东港市(辽)	2.00	122	庆安县(黑)	1.00
31	涿州市(冀)	1.40	77	东陵区(辽)	2.00	123	新兴区(黑)	0.80
32	邯郸县(冀)	1.36	78	大石桥市(辽)	1.70	124	松江区(沪)	48.00
33	馆陶县(冀)	1.30	79	甘井子区(辽)	1.32	125	沛　县(苏)	1.00
34	元氏县(冀)	1.21	80	鲅鱼圈区(辽)	1.30	126	安吉县(浙)	644.44
35	唐　县(冀)	1.20	81	盖州市(辽)	1.10	127	嘉善县(浙)	638.00
36	永年县(冀)	1.09	82	本溪市经济开发区(辽)	1.00	128	莲都区(浙)	450.60
37	桃城区(冀)	1.00	83	凌海市(辽)	1.00	129	东阳市(浙)	340.00
38	赵　县(冀)	1.00	84	振兴区(辽)	1.00	130	婺城区(浙)	228.15
39	鸡泽县(冀)	0.87	85	辉南县(吉)	180.00	131	建德市(浙)	204.75
40	永清县(冀)	0.80	86	长白山林业局(吉)	80.00	132	玉环县(浙)	144.00
41	峰峰矿区(冀)	0.70	87	敦化市(吉)	17.60	133	桐庐县(浙)	124.50
42	涞水县(冀)	0.70	88	安图县(吉)	15.00	134	云和县(浙)	101.60
43	任　县(冀)	0.63	89	浑江区(吉)	15.00	135	平阳县(浙)	97.60
44	鹿泉区(冀)	0.59	90	前郭尔罗斯蒙古族自治县(吉)	7.20	136	椒江区(浙)	81.00
45	魏　县(冀)	0.52	91	朝阳区(吉)	5.10	137	德清县(浙)	78.00
46	垣曲县(晋)	1.20	92	集安市(吉)	5.00	138	遂昌县(浙)	73.40
47	南郊区(晋)	1.20	93	新元木业公司(吉)	4.00	139	鄞州区(浙)	73.15
48	侯马市(晋)	1.14	94	桦甸市(吉)	3.50	140	鹿城区(浙)	68.47
49	晋源区(晋)	0.66	95	二道区(吉)	3.30	141	富阳市(浙)	62.00
50	杭锦后旗(内蒙古)	8.00	96	蛟河市(吉)	3.14	142	浦江县(浙)	61.58
51	喀喇沁旗(内蒙古)	3.40	97	抚松县(吉)	2.80	143	海盐县(浙)	54.06
52	于洪区(辽)	200.00	98	长白朝鲜族自治县(吉)	2.50	144	余姚市(浙)	48.11
53	太子河区(辽)	180.00	99	宁江区(吉)	2.33	145	武义县(浙)	45.42
54	庄河市(辽)	100.00	100	昌邑区(吉)	2.10	146	温岭市(浙)	45.00
55	本溪满族自治县(辽)	47.00	101	绿园区(吉)	2.00	147	江山市(浙)	40.58
56	岫岩满族自治县(辽)	40.00	102	德惠市(吉)	2.00	148	三门县(浙)	40.55

序号	木质家具主产地	万件
149	南浔区(浙)	40.06
150	柯城区(浙)	36.95
151	江北区(浙)	36.00
152	衢江区(浙)	27.00
153	临海市(浙)	26.77
154	开化县(浙)	25.00
155	北仑区(浙)	21.87
156	龙泉市(浙)	20.10
157	慈溪市(浙)	18.64
158	苍南县(浙)	16.45
159	镇海区(浙)	15.53
160	嵊州市(浙)	14.84
161	余杭区(浙)	13.46
162	象山县(浙)	11.60
163	泰顺县(浙)	11.32
164	乐清市(浙)	11.28
165	吴兴区(浙)	10.20
166	奉化市(浙)	9.50
167	仙居县(浙)	8.85
168	兰溪市(浙)	8.05
169	瑞安市(浙)	7.69
170	海宁市(浙)	7.52
171	桐乡市(浙)	7.00
172	天台县(浙)	6.75
173	淳安县(浙)	6.01
174	定海区(浙)	5.45
175	临安市(浙)	5.38
176	常山县(浙)	5.10
177	磐安县(浙)	4.72
178	路桥区(浙)	4.46
179	平湖市(浙)	3.80
180	永嘉县(浙)	3.53
181	宁海县(浙)	3.00
182	长兴县(浙)	2.50
183	秀洲区(浙)	2.20
184	越城区(浙)	2.10
185	上虞市(浙)	1.92
186	松阳县(浙)	1.66
187	瓯海区(浙)	1.15
188	永康市(浙)	0.90
189	缙云县(浙)	0.85
190	南湖区(浙)	0.68
191	舒城县(皖)	75.00
192	潜山县(皖)	55.00
193	谯城区(皖)	30.00
194	砀山县(皖)	24.00
195	固镇县(皖)	21.00
196	包河区(皖)	20.00
197	颍州区(皖)	20.00
198	东至县(皖)	19.28
199	六安市叶集区(皖)	15.00
200	泗　县(皖)	14.21
201	颍泉区(皖)	12.60
202	涡阳县(皖)	12.00
203	瑶海区(皖)	8.00
204	桐城市(皖)	7.50
205	怀宁县(皖)	6.60
206	临泉县(皖)	6.25
207	岳西县(皖)	5.50
208	界首市(皖)	5.40
209	太和县(皖)	5.00
210	贵池区(皖)	5.00
211	太湖县(皖)	4.00
212	屯溪区(皖)	3.60
213	徽州区(皖)	3.50
214	黟　县(皖)	3.10
215	石台县(皖)	2.80
216	五河县(皖)	2.68
217	天长市(皖)	2.50
218	霍山县(皖)	2.00
219	潘集区(皖)	1.80
220	郎溪县(皖)	1.50
221	毛集实验区(皖)	1.50
222	颍东区(皖)	1.00
223	祁门县(皖)	0.95
224	寿　县(皖)	0.90
225	蒙城县(皖)	0.89
226	怀远县(皖)	0.80
227	枞阳县(皖)	0.70
228	望江县(皖)	0.55
229	余江县(赣)	320.00
230	龙南县(赣)	145.00
231	安义县(赣)	50.00
232	宜丰县(赣)	50.00
233	南昌市市辖区(赣)	41.00
234	瑞金市(赣)	38.00
235	贵溪市(赣)	30.00
236	新干县(赣)	15.00
237	奉新县(赣)	13.57
238	泰和县(赣)	13.00
239	定南县(赣)	5.90
240	石城县(赣)	5.60
241	修水县(赣)	5.12
242	青原区(赣)	5.00
243	共青城市(赣)	4.70
244	临川区(赣)	4.60
245	广丰县(赣)	4.33
246	万载县(赣)	3.95
247	寻乌县(赣)	3.50
248	遂川县(赣)	3.50
249	赣　县(赣)	2.90
250	章贡区(赣)	2.90
251	吉安县(赣)	2.82
252	万年县(赣)	2.60
253	万安县(赣)	2.60
254	南城县(赣)	2.50
255	分宜县(赣)	2.43
256	全南县(赣)	2.38
257	吉水县(赣)	2.14
258	余干县(赣)	2.01
259	都昌县(赣)	2.00
260	永新县(赣)	2.00
261	昌江区(赣)	2.00
262	高安市(赣)	1.83
263	婺源县(赣)	1.83
264	上高县(赣)	1.60
265	玉山县(赣)	1.60
266	永修县(赣)	1.10
267	星子县(赣)	1.00
268	浮梁县(赣)	1.00
269	新建县(赣)	0.88
270	安福县(赣)	0.80
271	大余县(赣)	0.75
272	安源区(赣)	0.65
273	铅山县(赣)	0.51
274	诸城市(鲁)	765.96
275	胶州市(鲁)	620.00
276	周村区(鲁)	450.00
277	寿光市(鲁)	215.00
278	莱阳市(鲁)	130.00
279	肥城市(鲁)	120.00
280	乐陵市(鲁)	120.00
281	成武县(鲁)	102.00
282	阳谷县(鲁)	102.00
283	沂南县(鲁)	33.50
284	沂水县(鲁)	31.60
285	莒　县(鲁)	28.90
286	鱼台县(鲁)	20.00

序号	木质家具主产地	万件
287	河东区(鲁)	16.40
288	临清市(鲁)	16.00
289	桓台县(鲁)	15.00
290	东平县(鲁)	15.00
291	惠民县(鲁)	15.00
292	莒南县(鲁)	13.00
293	沂源县(鲁)	12.20
294	青州市(鲁)	10.50
295	阳信县(鲁)	10.00
296	昌乐县(鲁)	8.00
297	东昌府区(鲁)	7.40
298	蒙阴县(鲁)	5.50
299	宁阳县(鲁)	5.35
300	平原县(鲁)	4.10
301	岱岳区(鲁)	4.00
302	临沂市临港经济开发区(鲁)	4.00
303	德州市市辖区(鲁)	4.00
304	新泰市(鲁)	3.70
305	曲阜市(鲁)	3.00
306	平度市(鲁)	2.30
307	武城县(鲁)	2.10
308	济阳县(鲁)	2.05
309	庆云县(鲁)	2.00
310	威海市市辖区(鲁)	2.00
311	博山区(鲁)	1.90
312	莘　县(鲁)	1.56
313	昌邑市(鲁)	1.30
314	罗庄区(鲁)	1.20
315	章丘市(鲁)	0.98
316	利津县(鲁)	0.85
317	兖州市(鲁)	0.80
318	高青县(鲁)	0.70
319	坊子区(鲁)	0.70
320	新蔡县(豫)	930.00
321	尉氏县(豫)	101.24
322	民权县(豫)	100.40
323	清丰县(豫)	74.00
324	项城市(豫)	60.00
325	沈丘县(豫)	52.00
326	镇平县(豫)	50.00
327	商城县(豫)	50.00
328	夏邑县(豫)	50.00
329	滑　县(豫)	48.00
330	兰考县(豫)	44.50
331	西华县(豫)	40.00
332	梁园区(豫)	35.00
333	原阳县(豫)	30.00
334	邓州市(豫)	24.00
335	范　县(豫)	22.00
336	淅川县(豫)	22.00
337	淮滨县(豫)	22.00
338	中牟县(豫)	20.00
339	虞城县(豫)	20.00
340	华龙区(豫)	18.00
341	辉县市(豫)	18.00
342	嵩　县(豫)	15.00
343	魏都区(豫)	13.60
344	新安县(豫)	12.31
345	濮阳县(豫)	12.00
346	西峡县(豫)	10.44
347	淮阳县(豫)	10.00
348	卧龙区(豫)	10.00
349	伊川县(豫)	10.00
350	鹿邑县(豫)	9.80
351	西平县(豫)	9.50
352	洛宁县(豫)	9.00
353	光山县(豫)	9.00
354	南乐县(豫)	8.00
355	宝丰县(豫)	7.50
356	台前县(豫)	7.40
357	宛城区(豫)	7.00
358	桐柏县(豫)	6.20
359	林州市(豫)	5.40
360	汝阳县(豫)	5.38
361	偃师市(豫)	5.00
362	睢　县(豫)	5.00
363	太康县(豫)	5.00
364	浚　县(豫)	5.00
365	博爱县(豫)	5.00
366	方城县(豫)	4.70
367	荥阳市(豫)	4.70
368	正阳县(豫)	4.56
369	凤泉区(豫)	4.50
370	湖滨区(豫)	4.00
371	杞　县(豫)	3.80
372	汝州市(豫)	3.65
373	睢阳区(豫)	3.60
374	平舆县(豫)	3.60
375	长葛市(豫)	3.50
376	郾城区(豫)	3.38
377	商水县(豫)	3.16
378	新密市(豫)	3.00
379	平桥区(豫)	3.00
380	获嘉县(豫)	3.00
381	沁阳市(豫)	3.00
382	固始县(豫)	2.90
383	灵宝市(豫)	2.60
384	永城市(豫)	2.60
385	济源市(豫)	2.60
386	卫辉市(豫)	2.60
387	登封市(豫)	2.00
388	封丘县(豫)	1.90
389	息　县(豫)	1.80
390	牧野区(豫)	1.80
391	禹州市(豫)	1.10
392	郏　县(豫)	1.00
393	山城区(豫)	1.00
394	文峰区(豫)	0.97
395	柘城县(豫)	0.90
396	孟津县(豫)	0.80
397	内乡县(豫)	0.80
398	新郑市(豫)	0.80
399	新野县(豫)	0.76
400	社旗县(豫)	0.70
401	川汇区(豫)	0.60
402	确山县(豫)	0.60
403	掇刀区(鄂)	119.70
404	枣阳市(鄂)	82.00
405	东宝区(鄂)	50.00
406	潜江市(鄂)	20.00
407	天门市(鄂)	20.00
408	洪湖市(鄂)	16.20
409	荆州区(鄂)	15.00
410	广水市(鄂)	15.00
411	谷城县(鄂)	10.35
412	黄陂区(鄂)	10.00
413	来凤县(鄂)	10.00
414	襄州区(鄂)	9.00
415	英山县(鄂)	8.00
416	宜城市(鄂)	5.00
417	鄂城区(鄂)	4.50
418	汉川市(鄂)	4.50
419	华容区(鄂)	4.10
420	沙市区(鄂)	4.00
421	梁子湖区(鄂)	3.30
422	夷陵区(鄂)	3.20
423	红安县(鄂)	3.20
424	蕲春县(鄂)	3.00

序号	木质家具主产地	万件	序号	木质家具主产地	万件	序号	木质家具主产地	万件
425	远安县(鄂)	2.42	471	芦淞区(湘)	8.00	517	电白区(粤)	28.00
426	蔡甸区(鄂)	2.10	472	新田县(湘)	6.00	518	中山市(粤)	26.58
427	麻城市(鄂)	2.00	473	株洲县(湘)	5.75	519	台山市(粤)	22.00
428	松滋市(鄂)	2.00	474	浏阳市(湘)	5.60	520	郁南县(粤)	20.00
429	安陆市(鄂)	2.00	475	衡山县(湘)	5.32	521	鼎湖区(粤)	16.50
430	石首市(鄂)	2.00	476	醴陵市(湘)	5.00	522	潮安县(粤)	15.00
431	恩施市(鄂)	2.00	477	临澧县(湘)	4.80	523	乐昌市(粤)	12.00
432	嘉鱼县(鄂)	1.80	478	永兴县(湘)	4.22	524	番禺区(粤)	7.06
433	京山县(鄂)	1.60	479	南　县(湘)	4.15	525	惠阳区(粤)	7.00
434	咸安区(鄂)	1.60	480	宁乡县(湘)	4.00	526	霞山区(粤)	6.00
435	浠水县(鄂)	1.60	481	汉寿县(湘)	3.50	527	花都区(粤)	5.10
436	五峰土家族自治县(鄂)	1.50	482	望城县(湘)	3.50	528	曲江区(粤)	5.00
437	西塞山区(鄂)	1.50	483	湘阴县(湘)	3.20	529	德庆县(粤)	4.61
438	张湾区(鄂)	1.50	484	赫山区(湘)	3.20	530	遂溪县(粤)	3.52
439	房　县(鄂)	1.50	485	临武县(湘)	2.50	531	海丰县(粤)	3.40
440	樊城区(鄂)	1.20	486	北塔区(湘)	2.30	532	化州市(粤)	3.30
441	竹山县(鄂)	1.20	487	新晃侗族自治县(湘)	2.30	533	揭阳市空港经济区(粤)	3.00
442	建始县(鄂)	1.00	488	北湖区(湘)	2.10	534	乳源瑶族自治县(粤)	2.56
443	沙洋县(鄂)	1.00	489	冷水江市(湘)	2.00	535	广宁县(粤)	2.10
444	仙桃市(鄂)	1.00	490	武陵源区(湘)	2.00	536	雷州市(粤)	1.90
445	襄城区(鄂)	0.70	491	永定区(湘)	2.00	537	罗定市(粤)	1.83
446	涟源市(湘)	93.00	492	东安县(湘)	2.00	538	高州市(粤)	1.70
447	鹤城区(湘)	85.00	493	双牌县(湘)	2.00	539	茂南区(粤)	1.20
448	安化县(湘)	55.00	494	华容县(湘)	1.80	540	濠江区(粤)	1.20
449	汝城县(湘)	39.00	495	洞口县(湘)	1.70	541	连平县(粤)	1.00
450	桂阳县(湘)	35.40	496	长沙县(湘)	1.70	542	仁化县(粤)	1.00
451	雨湖区(湘)	35.00	497	岳阳楼区(湘)	1.59	543	翁源县(粤)	1.00
452	岳塘区(湘)	34.05	498	宁远县(湘)	1.52	544	吴川市(粤)	0.62
453	湘乡市(湘)	26.00	499	零陵区(湘)	1.50	545	龙胜各族自治县(桂)	80.35
454	石门县(湘)	23.25	500	津市市(湘)	1.32	546	上林县(桂)	33.20
455	鼎城区(湘)	22.00	501	邵东县(湘)	1.30	547	玉州区(桂)	26.50
456	桃源县(湘)	20.00	502	城步苗族自治县(湘)	1.30	548	象山区(桂)	20.00
457	新化县(湘)	15.00	503	麻阳苗族自治县(湘)	1.20	549	象州县(桂)	18.00
458	资兴市(湘)	13.10	504	新宁县(湘)	1.20	550	阳朔县(桂)	17.81
459	双峰县(湘)	13.00	505	澧　县(湘)	1.00	551	柳城县(桂)	13.94
460	桑植县(湘)	13.00	506	芷江侗族自治县(湘)	0.86	552	临桂县(桂)	12.10
461	桂东县(湘)	12.20	507	洪江市(湘)	0.80	553	灌阳县(桂)	12.00
462	安仁县(湘)	12.00	508	龙山县(湘)	0.80	554	兴安县(桂)	9.20
463	慈利县(湘)	12.00	509	永顺县(湘)	0.70	555	恭城瑶族自治县(桂)	9.00
464	平江县(湘)	11.25	510	耒阳市(湘)	0.55	556	融水苗族自治县(桂)	8.00
465	中方县(湘)	11.00	511	博罗县(粤)	372.00	557	金城江区(桂)	7.00
466	武陵区(湘)	11.00	512	三水区(粤)	300.00	558	贺州市平桂管理区(桂)	7.00
467	资阳区(湘)	10.00	513	阳东县(粤)	250.00	559	永福县(桂)	6.30
468	衡阳县(湘)	10.00	514	五华县(粤)	130.00	560	灵川县(桂)	6.20
469	石峰区(湘)	9.20	515	揭阳市普侨区(粤)	100.00	561	国家级南宁经济技术开发区(桂)	5.20
470	汨罗市(湘)	8.83	516	宝安区(粤)	32.80	562	兴宾区(桂)	4.98

序号	木质家具主产地	万件
563	覃塘区(桂)	4.10
564	荔浦县(桂)	3.62
565	资源县(桂)	3.50
566	浦北县(桂)	3.50
567	鹿寨县(桂)	2.70
568	雁山区(桂)	2.40
569	昭平县(桂)	2.20
570	港北区(桂)	2.20
571	宾阳县(桂)	1.47
572	南丹县(桂)	1.06
573	叠彩区(桂)	1.00
574	乐业县(桂)	1.00
575	东兰县(桂)	0.97
576	港南区(桂)	0.91
577	田林县(桂)	0.90
578	田阳县(桂)	0.86
579	那坡县(桂)	0.65
580	田东县(桂)	0.65
581	天等县(桂)	0.60
582	隆安县(桂)	0.60
583	海城区(桂)	0.60
584	岑溪市(桂)	0.56
585	合川区(渝)	64.80
586	沙坪坝区(渝)	38.00
587	长寿区(渝)	32.81
588	永川区(渝)	30.00
589	万州区(渝)	25.40
590	秀山土家族苗族自治县(渝)	20.00
591	江津区(渝)	15.00
592	南川区(渝)	7.50
593	铜梁县(渝)	6.70
594	酉阳土家族苗族自治县(渝)	4.00
595	奉节县(渝)	3.00
596	彭水苗族土家族自治县(渝)	2.50
597	丰都县(渝)	2.32
598	石柱土家族自治县(渝)	1.03
599	巫溪县(渝)	1.00
600	城口县(渝)	0.70
601	綦江县(渝)	0.70
602	邛崃市(川)	183.14
603	新都区(川)	182.00
604	仁寿县(川)	74.58
605	彭州市(川)	59.00
606	井研县(川)	45.00
607	南部县(川)	45.00
608	乐至县(川)	40.00

序号	木质家具主产地	万件
609	青神县(川)	37.50
610	乐山市市中区(川)	37.00
611	彭山县(川)	35.48
612	华蓥市(川)	30.00
613	江阳区(川)	24.00
614	龙马潭区(川)	23.40
615	峨眉山市(川)	23.30
616	双流县(川)	23.00
617	万源市(川)	23.00
618	大邑县(川)	22.00
619	平昌县(川)	20.00
620	游仙区(川)	19.00
621	叙永县(川)	17.00
622	东坡区(川)	16.30
623	巴州区(川)	14.55
624	丹棱县(川)	13.50
625	船山区(川)	13.00
626	仪陇县(川)	12.00
627	金堂县(川)	10.50
628	盐亭县(川)	10.10
629	温江区(川)	10.00
630	岳池县(川)	10.00
631	恩阳区(川)	9.30
632	新津县(川)	9.20
633	宣汉县(川)	9.00
634	三台县(川)	8.50
635	梓潼县(川)	8.20
636	合江县(川)	8.00
637	顺庆区(川)	8.00
638	大英县(川)	8.00
639	仁和区(川)	7.10
640	利州区(川)	7.00
641	筠连县(川)	6.89
642	雁江区(川)	6.50
643	简阳市(川)	6.00
644	安岳县(川)	5.80
645	古蔺县(川)	5.30
646	旌阳区(川)	5.00
647	广安区(川)	4.50
648	宜宾县(川)	4.25
649	威远县(川)	4.20
650	江油市(川)	4.00
651	芦山县(川)	4.00
652	什邡市(川)	3.90
653	阆中市(川)	3.80
654	泸　县(川)	3.80

序号	木质家具主产地	万件
655	通江县(川)	3.50
656	布拖县(川)	3.50
657	南江县(川)	3.50
658	绵竹市(川)	3.47
659	剑阁县(川)	3.20
660	达川区(川)	3.10
661	射洪县(川)	3.00
662	安　县(川)	3.00
663	荣　县(川)	2.80
664	纳溪区(川)	2.80
665	荥经县(川)	2.80
666	中江县(川)	2.80
667	苍溪县(川)	2.50
668	渠　县(川)	2.50
669	珙　县(川)	2.50
670	南溪县(川)	2.20
671	广汉市(川)	2.00
672	平武县(川)	2.00
673	大竹县(川)	2.00
674	江安县(川)	1.89
675	沐川县(川)	1.80
676	大安区(川)	1.80
677	安居区(川)	1.60
678	涪城区(川)	1.50
679	富顺县(川)	1.50
680	高　县(川)	1.47
681	洪雅县(川)	1.40
682	通川区(川)	1.20
683	贡井区(川)	1.20
684	武侯区(川)	1.20
685	攀枝花市东区(川)	1.20
686	金牛区(川)	1.10
687	北川羌族自治县(川)	1.10
688	西充县(川)	1.00
689	蓬安县(川)	1.00
690	雨城区(川)	1.00
691	邻水县(川)	0.90
692	高坪区(川)	0.88
693	兴文县(川)	0.80
694	龙泉驿区(川)	0.78
695	长宁县(川)	0.70
696	嘉陵区(川)	0.70
697	沿滩区(川)	0.60
698	龙里县(黔)	43.50
699	普安县(黔)	5.30
700	沿河土家族自治县(黔)	3.50

序号	木质家具主产地	万件
701	红花岗区(黔)	3.09
702	贵定县(黔)	3.00
703	德江县(黔)	2.80
704	松桃苗族自治县(黔)	2.50
705	息烽县(黔)	2.50
706	开阳县(黔)	2.44
707	榕江县(黔)	2.00
708	六枝特区(黔)	1.80
709	从江县(黔)	1.71
710	罗甸县(黔)	1.50
711	天柱县(黔)	1.20
712	万山区(黔)	1.00
713	长顺县(黔)	0.91
714	道真仡佬族苗族自治县(黔)	0.80
715	腾冲县(滇)	16.90
716	姚安县(滇)	14.20
717	武定县(滇)	8.63
718	富宁县(滇)	7.10
719	威信县(滇)	6.68
720	昌宁县(滇)	4.79
721	大理市(滇)	4.38
722	楚雄市(滇)	4.14
723	易门县(滇)	3.70
724	富民县(滇)	3.20
725	宣威市(滇)	3.00
726	麒麟区(滇)	3.00
727	南华县(滇)	2.40
728	临翔区(滇)	2.10
729	西畴县(滇)	2.02
730	罗平县(滇)	1.51
731	耿马傣族佤族自治县(滇)	1.50
732	昆明市经济技术开发区(滇)	1.30
733	丘北县(滇)	1.15
734	弥勒市(滇)	1.00
735	砚山县(滇)	0.80
736	官渡区(滇)	0.69
737	梁河县(滇)	0.56
738	元谋县(滇)	0.55
739	扶风县(陕)	16.30
740	淳化县(陕)	15.00
741	临渭区(陕)	5.00
742	长安区(陕)	4.50
743	渭滨区(陕)	4.45
744	旬邑县(陕)	2.18
745	南郑县(陕)	2.10
746	子洲县(陕)	1.30
747	蒲城县(陕)	1.10
748	未央区(陕)	1.00
749	渭城区(陕)	1.00
750	商南县(陕)	0.82
751	秦都区(陕)	0.60
752	红石林业局(吉林森工)	0.52

表 3-4　卫生筷子主产地产量

序号	卫生筷子主产地	标准箱
1	新宾满族自治县(辽)	4320
2	连山区(辽)	1000
3	敦化市(吉)	54600
4	长白朝鲜族自治县(吉)	1998
5	绥芬河市(黑)	200000
6	延寿县(黑)	30000
7	茄子河区(黑)	1000
8	余杭区(浙)	249000
9	泰顺县(浙)	98500
10	奉化市(浙)	80000
11	临安市(浙)	40000
12	龙泉市(浙)	26541
13	富阳市(浙)	17000
14	淳安县(浙)	8000
15	平阳县(浙)	5980
16	东至县(皖)	35000
17	石台县(皖)	28000
18	霍山县(皖)	8500
19	界首市(皖)	4000
20	潜山县(皖)	3200
21	铅山县(赣)	833277
22	芦溪县(赣)	632000
23	渝水区(赣)	380000
24	武宁县(赣)	175300
25	定南县(赣)	134600
26	修水县(赣)	134300
27	浮梁县(赣)	123750
28	安远县(赣)	106774
29	上饶县(赣)	100000
30	贵溪市(赣)	90000
31	资溪县(赣)	40000
32	井冈山市(赣)	28060
33	吉水县(赣)	26800
34	万安县(赣)	25000
35	永新县(赣)	25000
36	安源区(赣)	18500
37	遂川县(赣)	15000

序号	卫生筷子主产地	标准箱
38	婺源县(赣)	14300
39	全南县(赣)	10000
40	石城县(赣)	10000
41	瑞昌市(赣)	8000
42	于都县(赣)	8000
43	南城县(赣)	7600
44	崇仁县(赣)	4860
45	靖安县(赣)	4800
46	黎川县(赣)	4800
47	奉新县(赣)	4350
48	宁都县(赣)	3000
49	宜丰县(赣)	2000
50	永修县(赣)	2000
51	费　县(鲁)	1500
52	睢　县(豫)	1500
53	蕲春县(鄂)	10000
54	浠水县(鄂)	10000
55	红安县(鄂)	3600
56	桃江县(湘)	2000000
57	安化县(湘)	500000
58	大祥区(湘)	335000
59	新化县(湘)	300000
60	赫山区(湘)	132000
61	茶陵县(湘)	100000
62	汝城县(湘)	100000
63	蓝山县(湘)	50000
64	岳阳县(湘)	50000
65	洞口县(湘)	43000
66	衡南县(湘)	42000
67	耒阳市(湘)	36400
68	城步苗族自治县(湘)	31300
69	炎陵县(湘)	30000
70	洪江市(湘)	30000
71	资兴市(湘)	21000
72	宁远县(湘)	20560
73	鼎城区(湘)	20000
74	浏阳市(湘)	20000
75	通道侗族自治县(湘)	20000
76	双峰县(湘)	18000
77	洪江区(湘)	17000
78	祁东县(湘)	15200
79	零陵区(湘)	11500
80	衡东县(湘)	10000
81	株洲县(湘)	7000
82	衡阳县(湘)	6000
83	溆浦县(湘)	3600

序号	卫生筷子主产地	标准箱
84	会同县(湘)	3000
85	双清区(湘)	3000
86	邵阳县(湘)	2000
87	望城县(湘)	1800
88	双牌县(湘)	1000
89	始兴县(粤)	1000000
90	仁化县(粤)	10000
91	乳源瑶族自治县(粤)	1800
92	灵川县(桂)	45384
93	阳朔县(桂)	25790
94	融安县(桂)	20000
95	秀山土家族苗族自治县(渝)	1000
96	大竹县(川)	5000
97	锦屏县(黔)	1000
98	陇川县(滇)	63544
99	麒麟区(滇)	20000
100	腾冲县(滇)	13500
101	会泽县(滇)	12000
102	绥阳林业局(龙江森工)	360000
103	鹤北林业局(龙江森工)	86000
104	亚布力林业局(龙江森工)	80885
105	方正林业局(龙江森工)	78123
106	沾河林业局(龙江森工)	72100
107	兴隆林业局(龙江森工)	56000
108	黑龙江柴河林业局(龙江森工)	54500
109	东方红林业局(龙江森工)	50030
110	东京城林业局(龙江森工)	41500
111	桦南林业局(龙江森工)	34260
112	穆棱林业局(龙江森工)	23000
113	友好林业局(龙江森工)	22992
114	新林林业局(大兴安岭)	170380
115	十八站林业局(大兴安岭)	94181
116	呼中林业局(大兴安岭)	77640
117	松岭林业局(大兴安岭)	65500
118	韩家园林业局(大兴安岭)	36848
119	塔河林业局(大兴安岭)	28560
120	阿木尔林业局(大兴安岭)	4497

表 4-1 木浆主产地产量

序号	木浆主产地	万吨
1	双塔区(辽)	5.00
2	图们市(吉)	3.35
3	滴道区(黑)	12.00
4	富阳市(浙)	200.00
5	上虞市(浙)	5.64
6	吴兴区(浙)	1.01
7	迎江区(皖)	10.00
8	颍州区(皖)	8.00
9	建瓯市(闽)	5.65
10	新罗区(闽)	3.04
11	章贡区(赣)	4.10
12	南昌市市辖区(赣)	2.20
13	吉安县(赣)	1.00
14	兖州市(鲁)	75.00
15	宁阳县(鲁)	36.50
16	桓台县(鲁)	35.50
17	陵　县(鲁)	7.70
18	濮阳市高新区(豫)	12.80
19	新乡县(豫)	10.58
20	武陟县(豫)	2.30
21	禹州市(豫)	0.60
22	通山县(鄂)	345.00
23	潜江市(鄂)	2.00
24	监利县(鄂)	2.00
25	南漳县(鄂)	1.00
26	辰溪县(湘)	10.00
27	沅江市(湘)	6.50
28	绥宁县(湘)	5.00
29	城步苗族自治县(湘)	3.00
30	苏仙区(湘)	2.40
31	新邵县(湘)	2.00
32	安乡县(湘)	1.00
33	冷水滩区(湘)	1.00
34	麻章区(粤)	89.00
35	揭阳市普侨区(粤)	30.00
36	广宁县(粤)	9.20
37	南雄市(粤)	6.00
38	乳源瑶族自治县(粤)	3.76
39	台山市(粤)	0.80
40	钦南区(桂)	64.60
41	邕宁区(桂)	3.86
42	田阳县(桂)	2.30
43	青神县(川)	1.80
44	北川羌族自治县(川)	1.00
45	麒麟区(滇)	2.00
46	宣威市(滇)	1.00

表 4-2 木浆纸主产地产量

序号	木浆纸主产地	万吨
1	顺平县(冀)	0.84
2	稷山县(晋)	1.00
3	双塔区(辽)	3.00
4	大丰市(苏)	75.00
5	德清县(浙)	180.00
6	鄞州区(浙)	106.88
7	北仑区(浙)	101.00
8	南浔区(浙)	12.10
9	浦江县(浙)	10.87
10	镇海区(浙)	9.40
11	长兴县(浙)	8.80
12	桐庐县(浙)	5.86
13	遂昌县(浙)	3.58
14	南湖区(浙)	2.50
15	吴兴区(浙)	1.01
16	潜山县(皖)	16.00
17	南昌市市辖区(赣)	32.70
18	弋阳县(赣)	5.51
19	吉安县(赣)	0.80
20	兖州市(鲁)	315.00
21	寿光市(鲁)	256.50
22	临清市(鲁)	37.00
23	桓台县(鲁)	30.70
24	宁阳县(鲁)	26.00
25	新泰市(鲁)	18.00
26	坊子区(鲁)	15.00
27	青州市(鲁)	10.20
28	昌乐县(鲁)	8.56
29	东平县(鲁)	7.54
30	梁山县(鲁)	0.90
31	平原县(鲁)	0.80
32	中牟县(豫)	146.00
33	濮阳市高新区(豫)	33.50
34	台前县(豫)	12.20
35	范　县(豫)	8.00
36	睢　县(豫)	7.80
37	新乡县(豫)	7.30
38	召陵区(豫)	7.12
39	武陟县(豫)	2.50
40	荆州区(鄂)	40.00
41	宜都市(鄂)	20.00
42	老河口市(鄂)	2.00
43	监利县(鄂)	1.00
44	洪江区(湘)	6.36
45	沅江市(湘)	4.80
46	绥宁县(湘)	4.00
47	城步苗族自治县(湘)	1.70
48	赫山区(湘)	0.60
49	麻章区(粤)	63.98

序号	木浆纸主产地	万吨
50	揭阳市普侨区(粤)	20.00
51	南雄市(粤)	5.00
52	乳源瑶族自治县(粤)	1.32
53	钦南区(桂)	68.10
54	田林县(桂)	13.04
55	象州县(桂)	12.00
56	荔浦县(桂)	6.54
57	田阳县(桂)	1.10
58	柳城县(桂)	0.90
59	合川区(渝)	2.20
60	彭州市(川)	7.00
61	青神县(川)	1.10
62	宣威市(滇)	1.00
63	柴河林业造纸厂(龙江森工)	2.50

表 4-3　竹浆主产地产量

序号	竹浆主产地	万吨
1	富阳市(浙)	222.00
2	宜丰县(赣)	7.50
3	临川区(赣)	1.20
4	辰溪县(湘)	4.50
5	新化县(湘)	2.00
6	绥宁县(湘)	2.00
7	东安县(湘)	1.00
8	洞口县(湘)	0.80
9	城步苗族自治县(湘)	0.70
10	南　县(湘)	0.60
11	宁远县(湘)	0.56
12	揭阳市普侨区(粤)	10.00
13	四会市(粤)	9.50
14	乳源瑶族自治县(粤)	3.83
15	南雄市(粤)	1.20
16	田东县(桂)	3.30
17	田阳县(桂)	2.65
18	桂平市(桂)	1.00
19	灵山县(桂)	0.97
20	永川区(渝)	18.00
21	邛崃市(川)	45.60
22	沐川县(川)	21.90
23	犍为县(川)	20.90
24	江安县(川)	5.58
25	达川区(川)	4.70
26	纳溪区(川)	4.20
27	屏山县(川)	4.00
28	安　县(川)	3.50
29	高　县(川)	3.30
30	青神县(川)	3.00
31	叙永县(川)	3.00
32	长宁县(川)	2.20
33	富顺县(川)	2.00
34	大邑县(川)	1.60
35	三台县(川)	1.50
36	宜宾县(川)	0.68
37	夹江县(川)	0.60
38	赤水市(黔)	20.00
39	新平彝族傣族自治县(滇)	2.20
40	宣威市(滇)	1.00

表 4-4　竹浆纸主产地产量

序号	竹浆纸主产地	万吨
1	德清县(浙)	46.00
2	瑞安市(浙)	15.36
3	泰和县(赣)	4.20
4	章贡区(赣)	2.40
5	安远县(赣)	1.70
6	修水县(赣)	1.24
7	临川区(赣)	1.00
8	绥宁县(湘)	2.00
9	安化县(湘)	2.00
10	新化县(湘)	1.50
11	赫山区(湘)	0.80
12	揭阳市普侨区(粤)	10.00
13	四会市(粤)	7.50
14	南雄市(粤)	1.60
15	乳源瑶族自治县(粤)	1.37
16	平南县(桂)	328.00
17	田东县(桂)	3.00
18	田阳县(桂)	1.80
19	永福县(桂)	0.65
20	永川区(渝)	18.00
21	合川区(渝)	5.70
22	丰都县(渝)	2.07
23	犍为县(川)	11.40
24	安　县(川)	9.00
25	沐川县(川)	8.30
26	船山区(川)	6.00
27	东坡区(川)	5.87
28	纳溪区(川)	4.90
29	达川区(川)	4.20
30	高　县(川)	2.00
31	青神县(川)	1.80
32	大邑县(川)	1.60
33	盐边县(川)	1.50
34	彭州市(川)	1.00
35	洪雅县(川)	0.96
36	赤水市(黔)	1.50
37	宣威市(滇)	1.00

表 4-5　其他浆主产地产量

序号	其他浆主产地	万吨
1	大同区(黑)	1.90
2	富阳市(浙)	200.00
3	福安市(闽)	1.20
4	高青县(鲁)	10.30
5	内乡县(豫)	15.00
6	淮滨县(豫)	1.00
7	沅江市(湘)	9.50
8	津市市(湘)	3.20
9	南　县(湘)	1.90
10	会同县(湘)	1.20
11	绥宁县(湘)	1.00
12	城步苗族自治县(湘)	1.00
13	冷水滩区(湘)	1.00
14	麻阳苗族自治县(湘)	0.60
15	揭阳市普侨区(粤)	10.00
16	乳源瑶族自治县(粤)	2.61
17	连州市(粤)	1.20
18	田东县(桂)	12.30
19	全州县(桂)	0.70
20	筠连县(川)	0.67
21	宜宾县(川)	0.52
22	宣威市(滇)	1.00

表 4-6　其他纸主产地产量

序号	其他纸主产地	万吨
1	赵　县(冀)	32.00
2	稷山县(晋)	3.00
3	双塔区(辽)	6.00
4	西新开发区(吉)	1.00
5	长春市市辖区(吉)	1.00
6	杜尔伯特蒙古族自治县(黑)	1.69
7	海盐县(浙)	339.05
8	温岭市(浙)	146.47
9	临海市(浙)	114.69
10	临安市(浙)	61.70
11	路桥区(浙)	48.84
12	余杭区(浙)	44.24
13	椒江区(浙)	41.69

序号	其他纸主产地	万吨
14	黄岩区(浙)	31.18
15	平湖市(浙)	23.00
16	玉环县(浙)	17.00
17	仙居县(浙)	14.94
18	平阳县(浙)	11.70
19	三门县(浙)	8.05
20	海宁市(浙)	5.97
21	庆元县(浙)	5.28
22	天台县(浙)	4.13
23	鹿城区(浙)	3.96
24	桐乡市(浙)	1.50
25	龙泉市(浙)	1.10
26	岱山县(浙)	0.53
27	霍山县(皖)	18.00
28	泾　县(皖)	3.50
29	龙文区(闽)	42.36
30	华安县(闽)	28.27
31	龙海市(闽)	28.27
32	尤溪县(闽)	19.90
33	长泰县(闽)	19.55
34	建宁县(闽)	12.86
35	新罗区(闽)	12.44
36	福鼎市(闽)	10.50
37	浦城县(闽)	6.76
38	大田县(闽)	4.63
39	三元区(闽)	1.50
40	洛江区(闽)	1.50
41	明溪县(闽)	1.24
42	东山县(闽)	0.97
43	顺昌县(闽)	0.95
44	漳平市(闽)	0.77
45	邵武市(闽)	0.58
46	瑞金市(赣)	24.00
47	石城县(赣)	1.80
48	高青县(鲁)	12.50
49	宁阳县(鲁)	5.00
50	黄岛区(鲁)	1.10
51	章丘市(鲁)	0.90
52	肥城市(鲁)	0.60
53	太康县(豫)	30.00
54	内乡县(豫)	12.00
55	淮阳县(豫)	2.00
56	淮滨县(豫)	1.00
57	温　县(豫)	0.80
58	沅江市(湘)	10.50
59	津市市(湘)	3.01
60	武冈市(湘)	1.50
61	绥宁县(湘)	1.00
62	桃江县(湘)	1.00
63	揭阳市普侨区(粤)	15.00
64	连州市(粤)	1.05
65	乳源瑶族自治县(粤)	0.86
66	田东县(桂)	12.60
67	鹿寨县(桂)	12.31
68	马山县(桂)	2.15
69	右江区(桂)	1.25
70	贺州市平桂管理区(桂)	1.00
71	全州县(桂)	0.60
72	永川区(渝)	73.00
73	江津区(渝)	1.00
74	旺苍县(川)	1.00
75	宣威市(滇)	1.00

表 5-1　毛竹主产地产量

序号	毛竹主产地	万根
1	宜兴市(苏)	200.00
2	六合区(苏)	15.55
3	江宁区(苏)	12.88
4	溧阳市(苏)	9.21
5	溧水县(苏)	5.41
6	高淳县(苏)	4.82
7	丹徒区(苏)	3.00
8	江阴市(苏)	1.90
9	锡山区(苏)	1.90
10	金坛市(苏)	1.50
11	句容市(苏)	1.20
12	惠山区(苏)	0.56
13	仪征市(苏)	0.55
14	安吉县(浙)	2970.00
15	庆元县(浙)	1652.00
16	龙泉市(浙)	1457.00
17	富阳市(浙)	1090.00
18	余杭区(浙)	824.81
19	龙游县(浙)	813.00
20	衢江区(浙)	800.00
21	遂昌县(浙)	750.00
22	德清县(浙)	599.00
23	奉化市(浙)	520.00
24	长兴县(浙)	500.00
25	吴兴区(浙)	468.00
26	临安市(浙)	450.00
27	鄞州区(浙)	425.00
28	淳安县(浙)	405.23
29	宁海县(浙)	400.00
30	婺城区(浙)	396.05
31	泰顺县(浙)	219.52
32	余姚市(浙)	210.00
33	柯城区(浙)	210.00
34	建德市(浙)	191.50
35	缙云县(浙)	161.00
36	萧山区(浙)	135.00
37	武义县(浙)	112.00
38	松阳县(浙)	102.00
39	桐庐县(浙)	85.80
40	江山市(浙)	81.00
41	黄岩区(浙)	78.60
42	常山县(浙)	70.00
43	永嘉县(浙)	53.75
44	开化县(浙)	50.00
45	莲都区(浙)	47.60
46	临海市(浙)	35.00
47	东阳市(浙)	31.00
48	平阳县(浙)	25.20
49	永康市(浙)	24.90
50	江北区(浙)	22.00
51	仙居县(浙)	19.15
52	浦江县(浙)	17.56
53	云和县(浙)	16.81
54	天台县(浙)	16.80
55	瓯海区(浙)	15.50
56	文成县(浙)	15.11
57	青田县(浙)	15.00
58	瑞安市(浙)	14.70
59	象山县(浙)	11.00
60	苍南县(浙)	10.08
61	乐清市(浙)	10.00
62	越城区(浙)	10.00
63	磐安县(浙)	6.25
64	北仑区(浙)	5.00
65	三门县(浙)	3.58
66	镇海区(浙)	3.50
67	嵊州市(浙)	3.00
68	新昌县(浙)	2.92
69	宁波市市辖区(浙)	2.43
70	慈溪市(浙)	2.31
71	鹿城区(浙)	1.78
72	兰溪市(浙)	1.36
73	广德县(皖)	3000.00

序号	毛竹主产地	万根
74	霍山县(皖)	2000.00
75	宁国市(皖)	1040.00
76	泾　县(皖)	750.00
77	东至县(皖)	443.49
78	金安区(皖)	400.00
79	金寨县(皖)	325.00
80	贵池区(皖)	320.00
81	南陵县(皖)	315.00
82	休宁县(皖)	283.00
83	石台县(皖)	260.00
84	宿松县(皖)	255.00
85	潜山县(皖)	250.00
86	舒城县(皖)	195.00
87	岳西县(皖)	186.20
88	祁门县(皖)	150.00
89	黟　县(皖)	135.00
90	郎溪县(皖)	105.00
91	繁昌县(皖)	100.00
92	太湖县(皖)	78.26
93	绩溪县(皖)	50.58
94	铜陵县(皖)	48.00
95	望江县(皖)	38.00
96	徽州区(皖)	36.00
97	宣城市市辖区(皖)	35.00
98	无为县(皖)	19.00
99	枞阳县(皖)	17.75
100	旌德县(皖)	17.00
101	庐江县(皖)	9.58
102	花山区(皖)	8.12
103	全椒县(皖)	4.00
104	南谯区(皖)	3.00
105	桐城市(皖)	3.00
106	屯溪区(皖)	2.80
107	鸠江区(皖)	1.50
108	博望区(皖)	1.00
109	和　县(皖)	1.00
110	怀宁县(皖)	1.00
111	芜湖县(皖)	0.60
112	乐安县(赣)	5306.00
113	余干县(赣)	2000.00
114	宜丰县(赣)	916.60
115	崇义县(赣)	871.00
116	贵溪市(赣)	792.10
117	寻乌县(赣)	525.36
118	资溪县(赣)	499.38
119	井冈山市(赣)	442.00
120	奉新县(赣)	366.40
121	龙南县(赣)	329.06
122	武宁县(赣)	295.07
123	黎川县(赣)	278.80
124	袁州区(赣)	276.90
125	广丰县(赣)	247.60
126	芦溪县(赣)	244.00
127	瑞金市(赣)	240.00
128	铅山县(赣)	238.20
129	铜鼓县(赣)	220.00
130	上饶县(赣)	198.14
131	宁都县(赣)	189.00
132	彭泽县(赣)	180.00
133	余江县(赣)	180.00
134	大余县(赣)	159.00
135	湘东区(赣)	150.00
136	弋阳县(赣)	135.00
137	南城县(赣)	120.00
138	青原区(赣)	120.00
139	靖安县(赣)	117.20
140	吉水县(赣)	112.50
141	万载县(赣)	110.00
142	峡江县(赣)	105.16
143	遂川县(赣)	105.00
144	安福县(赣)	100.00
145	星子县(赣)	100.00
146	广昌县(赣)	88.98
147	南丰县(赣)	83.00
148	上犹县(赣)	78.60
149	吉安县(赣)	75.00
150	会昌县(赣)	70.00
151	永丰县(赣)	64.10
152	赣州市市辖区(赣)	62.00
153	宜春市明月山温泉风景名胜区(赣)	62.00
154	永新县(赣)	50.00
155	于都县(赣)	45.00
156	崇仁县(赣)	42.00
157	金溪县(赣)	37.99
158	兴国县(赣)	37.00
159	安义县(赣)	35.00
160	定南县(赣)	32.00
161	临川区(赣)	30.00
162	婺源县(赣)	25.61
163	德兴市(赣)	23.35
164	泰和县(赣)	23.00
165	全南县(赣)	22.12
166	分宜县(赣)	18.00
167	浮梁县(赣)	18.00
168	赣　县(赣)	17.00
169	上高县(赣)	15.00
170	信丰县(赣)	11.95
171	都昌县(赣)	11.50
172	万安县(赣)	10.00
173	瑞昌市(赣)	9.60
174	新干县(赣)	8.23
175	修水县(赣)	8.22
176	高安市(赣)	7.90
177	九江县(赣)	7.60
178	万年县(赣)	6.50
179	新建县(赣)	5.88
180	永修县(赣)	5.50
181	樟树市(赣)	4.93
182	渝水区(赣)	4.20
183	安源区(赣)	4.00
184	安远县(赣)	3.25
185	共青城市(赣)	3.00
186	南康市(赣)	2.00
187	章贡区(赣)	2.00
188	鄱阳县(赣)	0.91
189	莲花县(赣)	0.70
190	玉山县(赣)	0.70
191	商城县(豫)	35.00
192	固始县(豫)	20.00
193	潢川县(豫)	16.13
194	淮滨县(豫)	7.00
195	西峡县(豫)	6.98
196	唐河县(豫)	6.50
197	南召县(豫)	3.00
198	光山县(豫)	2.00
199	通山县(鄂)	454.00
200	咸安区(鄂)	400.00
201	麻城市(鄂)	300.00
202	长阳土家族自治县(鄂)	180.00
203	五峰土家族自治县(鄂)	120.00
204	蕲春县(鄂)	100.00
205	嘉鱼县(鄂)	70.00
206	保康县(鄂)	60.00
207	鹤峰县(鄂)	45.00
208	通城县(鄂)	39.00
209	石首市(鄂)	33.00
210	远安县(鄂)	30.00

序号	毛竹主产地	万根
211	宜都市(鄂)	25.00
212	英山县(鄂)	19.70
213	阳新县(鄂)	18.00
214	随　县(鄂)	10.00
215	宜城市(鄂)	10.00
216	浠水县(鄂)	6.50
217	来凤县(鄂)	5.80
218	利川市(鄂)	3.55
219	鄂州市市辖区(鄂)	3.50
220	罗田县(鄂)	3.00
221	鄂城区(鄂)	2.00
222	梁子湖区(鄂)	1.90
223	恩施市(鄂)	1.60
224	宣恩县(鄂)	1.30
225	咸丰县(鄂)	1.10
226	安化县(湘)	400.00
227	浏阳市(湘)	360.00
228	城步苗族自治县(湘)	330.10
229	新宁县(湘)	320.00
230	新化县(湘)	300.00
231	绥宁县(湘)	244.00
232	鼎城区(湘)	240.00
233	益阳市市辖区(湘)	220.00
234	鹤城区(湘)	207.00
235	湘潭县(湘)	205.00
236	蓝山县(湘)	200.00
237	株洲县(湘)	182.00
238	祁东县(湘)	180.00
239	零陵区(湘)	180.00
240	衡阳县(湘)	167.00
241	汝城县(湘)	119.13
242	衡山县(湘)	97.01
243	赫山区(湘)	90.00
244	衡南县(湘)	70.00
245	洪江区(湘)	62.45
246	资兴市(湘)	62.00
247	茶陵县(湘)	51.00
248	珠晖区(湘)	50.00
249	武冈市(湘)	48.60
250	洪江市(湘)	45.00
251	平江县(湘)	43.73
252	炎陵县(湘)	38.90
253	双峰县(湘)	38.00
254	常宁市(湘)	37.56
255	双牌县(湘)	37.35
256	苏仙区(湘)	35.00
257	醴陵市(湘)	35.00
258	石门县(湘)	35.00
259	湘乡市(湘)	35.00
260	洞口县(湘)	29.20
261	云溪区(湘)	28.98
262	华容县(湘)	28.47
263	冷水江市(湘)	28.35
264	东安县(湘)	28.00
265	永定区(湘)	25.00
266	汨罗市(湘)	23.00
267	临武县(湘)	20.70
268	北湖区(湘)	20.00
269	资阳区(湘)	20.00
270	南岳区(湘)	20.00
271	汉寿县(湘)	16.50
272	宁远县(湘)	14.50
273	天心区(湘)	12.00
274	永兴县(湘)	11.95
275	新晃侗族自治县(湘)	11.00
276	津市市(湘)	10.10
277	望城县(湘)	10.00
278	通道侗族自治县(湘)	9.77
279	蒸湘区(湘)	9.00
280	祁阳县(湘)	7.80
281	安仁县(湘)	6.50
282	溆浦县(湘)	6.10
283	新田县(湘)	5.66
284	涟源市(湘)	5.20
285	中方县(湘)	5.00
286	江华瑶族自治县(湘)	4.48
287	慈利县(湘)	4.37
288	桂阳县(湘)	4.36
289	宁乡县(湘)	4.00
290	桂东县(湘)	3.90
291	宜章县(湘)	3.90
292	芷江侗族自治县(湘)	3.50
293	湘阴县(湘)	3.50
294	邵东县(湘)	3.40
295	邵阳县(湘)	3.23
296	靖州苗族侗族自治县(湘)	2.69
297	辰溪县(湘)	2.50
298	耒阳市(湘)	2.20
299	岳阳楼区(湘)	2.17
300	隆回县(湘)	2.10
301	嘉禾县(湘)	2.00
302	沅陵县(湘)	1.80
303	新邵县(湘)	1.60
304	金洞林场(湘)	1.28
305	荷塘区(湘)	1.20
306	武陵源区(湘)	1.00
307	冷水滩区(湘)	0.96
308	韶山市(湘)	0.80
309	紫金县(粤)	2593.00
310	怀集县(粤)	486.16
311	和平县(粤)	325.00
312	揭阳市普侨区(粤)	300.00
313	信宜市(粤)	276.00
314	南雄市(粤)	230.00
315	仁化县(粤)	200.00
316	高州市(粤)	182.00
317	梅　县(粤)	105.00
318	龙川县(粤)	105.00
319	乐昌市(粤)	100.00
320	始兴县(粤)	100.00
321	曲江区(粤)	100.00
322	阳山县(粤)	76.23
323	蕉岭县(粤)	64.00
324	云安县(粤)	52.96
325	开平市(粤)	50.00
326	清新县(粤)	50.00
327	从化市(粤)	50.00
328	惠东县(粤)	47.38
329	廉江市(粤)	47.20
330	连州市(粤)	41.62
331	连南瑶族自治县(粤)	40.66
332	大埔县(粤)	38.00
333	连山壮族瑶族自治县(粤)	36.64
334	阳春市(粤)	28.00
335	龙门县(粤)	27.30
336	英德市(粤)	22.50
337	乳源瑶族自治县(粤)	18.35
338	清城区(粤)	12.50
339	连平县(粤)	12.00
340	翁源县(粤)	8.00
341	新丰县(粤)	7.01
342	丰顺县(粤)	5.00
343	平远县(粤)	3.57
344	湘桥区(粤)	2.60
345	武江区(粤)	2.51
346	揭西县(粤)	2.47
347	江城区(粤)	1.80
348	郁南县(粤)	1.50

序号	毛竹主产地	万根	序号	毛竹主产地	万根	序号	毛竹主产地	万根
349	雷州市(粤)	1.10	395	奉节县(渝)	1.10	441	思南县(黔)	11.00
350	浈江区(粤)	1.02	396	大足县(渝)	1.10	442	镇远县(黔)	8.00
351	韶关市属总林场(粤)	1.00	397	会理县(川)	624.00	443	惠水县(黔)	6.42
352	潮州市枫溪区(粤)	0.60	398	安　县(川)	316.00	444	汇川区(黔)	5.00
353	防城区(桂)	1982.00	399	大竹县(川)	300.00	445	锦屏县(黔)	2.00
354	兴安县(桂)	1800.00	400	长宁县(川)	210.00	446	贵定县(黔)	2.00
355	资源县(桂)	800.00	401	叙永县(川)	119.00	447	从江县(黔)	1.55
356	平乐县(桂)	642.41	402	沐川县(川)	100.00	448	沧源佤族自治县(滇)	1116.80
357	灌阳县(桂)	641.23	403	资中县(川)	100.00	449	宁洱哈尼族彝族自治县(滇)	928.00
358	三江侗族自治县(桂)	486.00	404	平昌县(川)	64.50	450	寻甸回族彝族自治县(滇)	505.00
359	融安县(桂)	400.00	405	天全县(川)	60.00	451	香格里拉县(滇)	479.00
360	龙胜各族自治县(桂)	304.66	406	东兴区(川)	58.30	452	金平苗族瑶族傣族自治县(滇)	369.00
361	昭平县(桂)	220.00	407	邛崃市(川)	50.00	453	贡山独龙族怒族自治县(滇)	302.29
362	全州县(桂)	200.00	408	兴文县(川)	45.00	454	富源县(滇)	243.05
363	荔浦县(桂)	151.00	409	合江县(川)	45.00	455	昌宁县(滇)	181.00
364	宜州市(桂)	117.00	410	绵竹市(川)	23.00	456	云　县(滇)	146.00
365	灵川县(桂)	108.73	411	纳溪区(川)	21.00	457	景东彝族自治县(滇)	140.88
366	临桂县(桂)	108.60	412	古蔺县(川)	15.00	458	施甸县(滇)	130.00
367	罗城仫佬族自治县(桂)	72.76	413	威远县(川)	15.00	459	永德县(滇)	122.73
368	钟山县(桂)	66.00	414	珙　县(川)	14.80	460	峨山彝族自治县(滇)	105.03
369	贺州市平桂管理区(桂)	60.00	415	宣汉县(川)	12.00	461	勐腊县(滇)	91.73
370	环江毛南族自治县(桂)	52.00	416	恩阳区(川)	10.00	462	腾冲县(滇)	85.00
371	阳朔县(桂)	47.10	417	达川区(川)	8.50	463	倘甸工业园区(滇)	75.00
372	隆安县(桂)	46.00	418	筠连县(川)	8.10	464	凤庆县(滇)	72.55
373	藤　县(桂)	43.00	419	屏山县(川)	8.00	465	楚雄市(滇)	70.90
374	永福县(桂)	40.00	420	江安县(川)	8.00	466	隆阳区(滇)	68.37
375	天峨县(桂)	23.00	421	富顺县(川)	7.50	467	南涧彝族自治县(滇)	66.00
376	鹿寨县(桂)	18.00	422	隆昌县(川)	6.00	468	勐海县(滇)	62.30
377	岑溪市(桂)	11.69	423	五通桥区(川)	4.65	469	芒　市(滇)	57.22
378	灵山县(桂)	9.80	424	崇州市(川)	4.60	470	富宁县(滇)	55.00
379	金城江区(桂)	8.00	425	北川羌族自治县(川)	3.30	471	云龙县(滇)	40.00
380	金秀瑶族自治县(桂)	6.95	426	沙湾区(川)	2.60	472	昭阳区(滇)	40.00
381	东兰县(桂)	4.02	427	内江市市中区(川)	2.60	473	马龙县(滇)	39.70
382	江南区(桂)	4.00	428	泸　县(川)	2.10	474	梁河县(滇)	38.08
383	恭城瑶族自治县(桂)	3.19	429	彭州市(川)	2.00	475	盈江县(滇)	37.63
384	靖西县(桂)	3.00	430	大邑县(川)	1.44	476	陇川县(滇)	36.10
385	苍梧县(桂)	1.00	431	高坪区(川)	1.30	477	瑞丽市(滇)	35.58
386	黄冕林场(桂)	1.00	432	开江县(川)	1.00	478	文山市(滇)	32.92
387	那坡县(桂)	0.65	433	宜宾县(川)	0.75	479	巍山彝族回族自治县(滇)	29.60
388	黔江区(渝)	98.00	434	松桃苗族自治县(黔)	240.00	480	墨江哈尼族自治县(滇)	29.00
389	垫江县(渝)	46.00	435	德江县(黔)	164.00	481	麻栗坡县(滇)	26.53
390	永川区(渝)	13.00	436	榕江县(黔)	70.00	482	江城哈尼族彝族自治县(滇)	24.00
391	万州区(渝)	8.20	437	普安县(黔)	61.00	483	龙陵县(滇)	20.57
392	江津区(渝)	5.00	438	龙里县(黔)	18.00	484	双江拉祜族佤族布朗族傣族自治县(滇)	20.00
393	铜梁县(渝)	4.64	439	江口县(黔)	18.00			
394	石柱土家族自治县(渝)	2.20	440	印江土家族苗族自治县(黔)	12.00	485	漾濞彝族自治县(滇)	16.86

序号	毛竹主产地	万根
486	永仁县(滇)	14.32
487	兰坪白族普米族自治县(滇)	14.00
488	南华县(滇)	12.70
489	晋宁县(滇)	10.60
490	马关县(滇)	10.00
491	弥勒市(滇)	10.00
492	水富县(滇)	10.00
493	砚山县(滇)	5.00
494	罗平县(滇)	4.31
495	西畴县(滇)	3.59
496	江川县(滇)	1.50
497	玉龙纳西族自治县(滇)	0.75
498	景洪市(滇)	0.61
499	平利县(陕)	280.00
500	洋　县(陕)	150.00
501	石泉县(陕)	50.00
502	蓝田县(陕)	15.00
503	汉阴县(陕)	12.90
504	商南县(陕)	9.55
505	佛坪县(陕)	8.00

表 5-2 篙竹主产地产量

序号	篙竹主产地	万根
1	阜宁县(苏)	120.00
2	溧水县(苏)	1.34
3	安吉县(浙)	330.00
4	吴兴区(浙)	115.00
5	淳安县(浙)	113.21
6	德清县(浙)	98.00
7	余杭区(浙)	84.76
8	广德县(皖)	2000.00
9	繁昌县(皖)	700.00
10	郎溪县(皖)	185.00
11	石台县(皖)	100.00
12	霍山县(皖)	20.00
13	东至县(皖)	4.71
14	休宁县(皖)	2.00
15	资溪县(赣)	214.02
16	湘东区(赣)	200.00
17	崇义县(赣)	87.10
18	吉水县(赣)	67.13
19	铜鼓县(赣)	55.00
20	定南县(赣)	50.00
21	弋阳县(赣)	45.00
22	青原区(赣)	45.00
23	遂川县(赣)	40.00
24	瑞昌市(赣)	35.00
25	万安县(赣)	35.00
26	瑞金市(赣)	32.00
27	安福县(赣)	20.00
28	吉安县(赣)	15.00
29	会昌县(赣)	15.00
30	赣州市市辖区(赣)	14.00
31	广丰县(赣)	12.97
32	贵溪市(赣)	12.40
33	永丰县(赣)	12.00
34	宜春市明月山温泉风景名胜区(赣)	9.60
35	泰和县(赣)	9.00
36	井冈山市(赣)	9.00
37	武宁县(赣)	7.28
38	崇仁县(赣)	6.90
39	修水县(赣)	6.75
40	信丰县(赣)	6.50
41	兴国县(赣)	5.00
42	永新县(赣)	5.00
43	分宜县(赣)	4.50
44	莲花县(赣)	2.40
45	高安市(赣)	2.00
46	上高县(赣)	2.00
47	铅山县(赣)	2.00
48	峡江县(赣)	1.57
49	婺源县(赣)	1.26
50	咸安区(鄂)	120.00
51	赤壁市(鄂)	60.00
52	通城县(鄂)	35.00
53	广水市(鄂)	16.00
54	阳新县(鄂)	2.00
55	岳阳县(湘)	100.00
56	祁东县(湘)	80.00
57	鼎城区(湘)	80.00
58	洞口县(湘)	31.00
59	株洲县(湘)	28.00
60	双峰县(湘)	22.00
61	云溪区(湘)	16.93
62	会同县(湘)	13.00
63	新宁县(湘)	12.00
64	蓝山县(湘)	12.00
65	苏仙区(湘)	11.00
66	资阳区(湘)	10.00
67	南岳区(湘)	10.00
68	天心区(湘)	10.00
69	城步苗族自治县(湘)	8.00
70	永兴县(湘)	6.97
71	永定区(湘)	6.00
72	益阳市市辖区(湘)	5.00
73	洪江市(湘)	5.00
74	望城县(湘)	4.00
75	衡南县(湘)	3.00
76	双牌县(湘)	2.00
77	湘乡市(湘)	1.25
78	麻阳苗族自治县(湘)	0.65
79	汝城县(湘)	0.60
80	怀集县(粤)	2128.98
81	四会市(粤)	575.62
82	高州市(粤)	497.00
83	廉江市(粤)	429.60
84	英德市(粤)	378.05
85	仁化县(粤)	200.00
86	始兴县(粤)	150.00
87	和平县(粤)	120.00
88	阳山县(粤)	89.80
89	遂溪县(粤)	68.47
90	揭阳市普侨区(粤)	50.00
91	曲江区(粤)	30.00
92	大埔县(粤)	20.00
93	清新县(粤)	20.00
94	麻章区(粤)	11.00
95	封开县(粤)	10.50
96	翁源县(粤)	10.00
97	信宜市(粤)	9.00
98	连南瑶族自治县(粤)	8.68
99	乳源瑶族自治县(粤)	8.61
100	连州市(粤)	5.31
101	新丰县(粤)	5.15
102	郁南县(粤)	3.00
103	花都区(粤)	3.00
104	清城区(粤)	1.50
105	连山壮族瑶族自治县(粤)	0.86
106	藤　县(桂)	3271.00
107	浦北县(桂)	1058.00
108	柳城县(桂)	909.49
109	罗城仫佬族自治县(桂)	702.00
110	平乐县(桂)	650.25
111	宜州市(桂)	502.00
112	防城区(桂)	354.00
113	苍梧县(桂)	211.00
114	环江毛南族自治县(桂)	198.00

序号	篙竹主产地	万根
115	龙州县(桂)	198.00
116	平果县(桂)	171.20
117	昭平县(桂)	160.00
118	三江侗族自治县(桂)	158.00
119	钟山县(桂)	130.00
120	荔浦县(桂)	122.00
121	恭城瑶族自治县(桂)	102.00
122	鹿寨县(桂)	102.00
123	融安县(桂)	100.00
124	右江区(桂)	84.00
125	灵山县(桂)	75.20
126	凌云县(桂)	55.00
127	城中区(桂)	49.00
128	田阳县(桂)	31.55
129	龙胜各族自治县(桂)	30.92
130	铁山港区(桂)	28.00
131	天等县(桂)	23.00
132	覃塘区(桂)	21.00
133	田林县(桂)	15.72
134	天峨县(桂)	8.00
135	钦北区(桂)	4.50
136	贺州市平桂管理区(桂)	2.50
137	金城江区(桂)	1.00
138	玉州区(桂)	1.00
139	酉阳土家族苗族自治县(渝)	27.00
140	游仙区(川)	7.00
141	峨山彝族自治县(滇)	327.47
142	水富县(滇)	50.00
143	鹤庆县(滇)	36.00
144	昆明市经济技术开发区(滇)	1.10

表 5-3　小杂竹主产地产量

序号	小杂竹主产地	产量(万吨)
1	赣榆县(苏)	3.20
2	东海县(苏)	1.10
3	临安市(浙)	26.00
4	余杭区(浙)	13.05
5	安吉县(浙)	3.85
6	吴兴区(浙)	0.68
7	奉化市(浙)	0.53
8	临泉县(皖)	15.30
9	南谯区(皖)	12.00
10	宁国市(皖)	8.68
11	宁国市(皖)	8.68
12	宣城市市辖区(皖)	3.00
13	绩溪县(皖)	1.25
14	颍州区(皖)	1.20
15	桐城市(皖)	1.00
16	颍上县(皖)	0.89
17	霍邱县(皖)	0.80
18	太湖县(皖)	0.74
19	石台县(皖)	0.60
20	泾　县(皖)	0.60
21	于都县(赣)	28.80
22	瑞金市(赣)	4.50
23	彭泽县(赣)	3.50
24	瑞昌市(赣)	1.46
25	泰和县(赣)	1.40
26	大余县(赣)	1.18
27	九江县(赣)	1.00
28	遂川县(赣)	0.50
29	新蔡县(豫)	1.46
30	汝阳县(豫)	1.23
31	淮滨县(豫)	1.00
32	光山县(豫)	0.70
33	咸安区(鄂)	2.20
34	监利县(鄂)	2.00
35	浠水县(鄂)	1.97
36	阳新县(鄂)	1.00
37	竹山县(鄂)	1.00
38	鄂州市市辖区(鄂)	0.80
39	鄂城区(鄂)	0.70
40	房　县(鄂)	0.69
41	梁子湖区(鄂)	0.60
42	蕲春县(鄂)	0.60
43	长阳土家族自治县(鄂)	0.50
44	安仁县(湘)	2.00
45	祁东县(湘)	1.80
46	宁乡县(湘)	1.00
47	城步苗族自治县(湘)	0.80
48	永定区(湘)	0.70
49	新田县(湘)	0.60
50	中方县(湘)	0.50
51	沅陵县(湘)	0.50
52	怀集县(粤)	36.76
53	和平县(粤)	30.00
54	揭西县(粤)	24.46
55	南雄市(粤)	18.00
56	阳山县(粤)	11.47
57	揭阳市普侨区(粤)	10.00
58	武江区(粤)	9.09
59	四会市(粤)	9.05
60	廉江市(粤)	8.90
61	清新县(粤)	6.50
62	始兴县(粤)	5.00
63	英德市(粤)	3.90
64	郁南县(粤)	3.00
65	高州市(粤)	2.00
66	阳春市(粤)	1.50
67	龙门县(粤)	1.11
68	新丰县(粤)	1.05
69	台山市(粤)	1.00
70	龙川县(粤)	1.00
71	阳江花滩林场(粤)	1.00
72	曲江区(粤)	1.00
73	连山壮族瑶族自治县(粤)	0.96
74	连南瑶族自治县(粤)	0.84
75	恩平市(粤)	0.80
76	大埔县(粤)	0.70
77	遂溪县(粤)	0.58
78	翁源县(粤)	0.50
79	钦北区(桂)	15.20
80	南丹县(桂)	10.80
81	浦北县(桂)	9.90
82	马山县(桂)	3.20
83	灵山县(桂)	1.70
84	防城区(桂)	1.56
85	兴安县(桂)	1.25
86	永福县(桂)	1.07
87	苍梧县(桂)	1.01
88	金城江区(桂)	1.00
89	柳北区(桂)	1.00
90	昭平县(桂)	0.70
91	柳城县(桂)	0.62
92	融安县(桂)	0.50
93	黔江区(渝)	13.52
94	江津区(渝)	10.00
95	綦江县(渝)	10.00
96	大足县(渝)	6.00
97	永川区(渝)	5.00
98	荣昌县(渝)	2.50
99	南川区(渝)	1.80
100	城口县(渝)	1.00
101	宜宾县(川)	20.30
102	高　县(川)	18.49
103	东坡区(川)	18.00
104	富顺县(川)	17.55
105	井研县(川)	16.53

序号	小杂竹主产地	产量(万吨)
106	南溪县(川)	13.67
107	荣　县(川)	12.90
108	江安县(川)	12.80
109	纳溪区(川)	12.00
110	洪雅县(川)	11.00
111	屏山县(川)	10.00
112	广安区(川)	10.00
113	隆昌县(川)	10.00
114	蓬溪县(川)	10.00
115	青神县(川)	9.40
116	江油市(川)	7.46
117	仁寿县(川)	6.80
118	长宁县(川)	6.67
119	雨城区(川)	5.20
120	大英县(川)	5.00
121	芦山县(川)	4.60
122	沙湾区(川)	4.00
123	东兴区(川)	3.81
124	珙　县(川)	3.80
125	彭山县(川)	3.50
126	盐亭县(川)	3.25
127	五通桥区(川)	3.15
128	威远县(川)	2.60
129	宜宾市市辖区(川)	2.50
130	翠屏区(川)	2.50
131	安　县(川)	2.20
132	岳池县(川)	1.68
133	名山县(川)	1.65
134	大竹县(川)	1.60
135	船山区(川)	1.60
136	绵竹市(川)	1.49
137	安岳县(川)	1.30
138	兴文县(川)	1.00
139	彭州市(川)	1.00
140	荥经县(川)	1.00
141	中江县(川)	1.00
142	雁江区(川)	0.83
143	贡井区(川)	0.80
144	梓潼县(川)	0.80
145	泸　县(川)	0.76
146	乐山市市中区(川)	0.71
147	峨眉山市(川)	0.70
148	筠连县(川)	0.67
149	仪陇县(川)	0.65
150	渠　县(川)	0.63
151	乐至县(川)	0.63
152	宣汉县(川)	0.57
153	蓬安县(川)	0.52
154	天全县(川)	0.51
155	蒲江县(川)	0.50
156	绥阳县(黔)	2.00
157	龙里县(黔)	1.00
158	松桃苗族自治县(黔)	1.00
159	盈江县(滇)	21.30
160	腾冲县(滇)	3.62
161	会泽县(滇)	3.00
162	禄丰县(滇)	1.30
163	陇川县(滇)	1.23
164	麒麟区(滇)	1.00
165	宣威市(滇)	0.75
166	倘甸工业园区(滇)	0.55
167	昌宁县(滇)	0.53
168	砚山县(滇)	0.50
169	宁强县(陕)	0.58

表 5-4　藤类主产地产量

序号	藤类主产地	万吨
1	沛　县(苏)	20.00
2	霍山县(皖)	14.50
3	潜山县(皖)	10.00
4	阜南县(皖)	1.05
5	瑞金市(赣)	9.00
6	会昌县(赣)	0.60
7	鱼台县(鲁)	130.00
8	宁阳县(鲁)	15.20
9	梁山县(鲁)	0.85
10	渑池县(豫)	115.00
11	淮滨县(豫)	60.00
12	宁陵县(豫)	0.56
13	京山县(鄂)	25.00
14	珠晖区(湘)	5.00
15	涟源市(湘)	4.00
16	冷水江市(湘)	2.00
17	衡南县(湘)	1.20
18	安化县(湘)	1.00
19	双峰县(湘)	0.60
20	揭阳市普侨区(粤)	10.00
21	仁化县(粤)	10.00
22	信宜市(粤)	5.30
23	平南县(桂)	5.06
24	灵山县(桂)	2.60
25	合川区(渝)	380.00
26	贵定县(黔)	10.00
27	印江土家族苗族自治县(黔)	5.00
28	思南县(黔)	5.00
29	罗平县(滇)	2.20
30	盈江县(滇)	1.30
31	南郑县(陕)	0.73
32	康　县(甘)	0.85

表 6-1　油茶籽主产地产量

序号	油茶籽主产地	产量(吨)
1	青田县(浙)	8712.00
2	淳安县(浙)	7593.00
3	莲都区(浙)	6585.00
4	常山县(浙)	5800.00
5	开化县(浙)	4300.00
6	遂昌县(浙)	3359.00
7	江山市(浙)	3182.00
8	松阳县(浙)	2864.00
9	缙云县(浙)	2660.00
10	天台县(浙)	2300.00
11	衢江区(浙)	2288.00
12	建德市(浙)	1600.00
13	仙居县(浙)	1487.00
14	武义县(浙)	1440.00
15	云和县(浙)	887.00
16	三门县(浙)	670.00
17	景宁畲族自治县(浙)	556.00
18	文成县(浙)	528.00
19	柯城区(浙)	430.00
20	新昌县(浙)	382.00
21	苍南县(浙)	244.00
22	龙游县(浙)	191.00
23	磐安县(浙)	180.00
24	泰顺县(浙)	133.00
25	潜山县(皖)	27000.00
26	舒城县(皖)	16542.00
27	太湖县(皖)	14490.00
28	金寨县(皖)	5222.00
29	桐城市(皖)	1800.00
30	祁门县(皖)	1800.00
31	休宁县(皖)	1109.00
32	绩溪县(皖)	720.00
33	徽州区(皖)	620.00
34	旌德县(皖)	400.00
35	霍山县(皖)	400.00
36	东至县(皖)	353.00

序号	油茶籽主产地	产量(吨)
37	凤阳县(皖)	325.00
38	金安区(皖)	300.00
39	黟　县(皖)	180.00
40	湘东区(赣)	50000.00
41	永丰县(赣)	32500.00
42	遂川县(赣)	30000.00
43	上饶县(赣)	24593.00
44	玉山县(赣)	24550.00
45	永新县(赣)	22900.00
46	青原区(赣)	20110.00
47	瑞金市(赣)	17000.00
48	袁州区(赣)	15000.00
49	樟树市(赣)	11620.00
50	赣　县(赣)	9671.00
51	万安县(赣)	9600.00
52	兴国县(赣)	9494.00
53	渝水区(赣)	8910.00
54	上犹县(赣)	8589.00
55	德兴市(赣)	8000.00
56	高安市(赣)	7741.00
57	万载县(赣)	6960.00
58	井冈山市(赣)	6364.00
59	莲花县(赣)	6068.00
60	新干县(赣)	5905.00
61	昌江区(赣)	5760.00
62	新建县(赣)	5626.00
63	崇义县(赣)	5360.00
64	宁都县(赣)	5000.00
65	峡江县(赣)	4980.00
66	石城县(赣)	4959.00
67	于都县(赣)	4800.00
68	进贤县(赣)	3000.00
69	宜丰县(赣)	2926.00
70	临川区(赣)	2860.00
71	芦溪县(赣)	2700.00
72	广丰县(赣)	2700.00
73	修水县(赣)	2600.00
74	泰和县(赣)	2328.00
75	婺源县(赣)	2200.00
76	武宁县(赣)	2170.00
77	会昌县(赣)	2126.00
78	全南县(赣)	2042.00
79	安福县(赣)	2000.00
80	龙南县(赣)	1978.00
81	铅山县(赣)	1833.00
82	余江县(赣)	1800.00
83	横峰县(赣)	1800.00
84	赣州市市辖区(赣)	1672.00
85	鹰潭市市辖区(赣)	1536.00
86	宜春市明月山温泉风景名胜区(赣)	1536.00
87	分宜县(赣)	1500.00
88	南康市(赣)	1485.00
89	东乡县(赣)	1400.00
90	奉新县(赣)	1400.00
91	乐安县(赣)	1380.00
92	信丰县(赣)	1319.00
93	贵溪市(赣)	1280.00
94	弋阳县(赣)	1250.00
95	安远县(赣)	1220.00
96	铜鼓县(赣)	1100.00
97	寻乌县(赣)	1050.00
98	定南县(赣)	950.00
99	广昌县(赣)	720.00
100	永修县(赣)	710.00
101	上高县(赣)	640.00
102	共青城市(赣)	400.00
103	信州区(赣)	400.00
104	靖安县(赣)	350.00
105	余干县(赣)	310.00
106	都昌县(赣)	300.00
107	万年县(赣)	300.00
108	星子县(赣)	220.00
109	南城县(赣)	200.00
110	瑞昌市(赣)	190.00
111	安源区(赣)	160.00
112	吉安县(赣)	125.00
113	九江县(赣)	125.00
114	金溪县(赣)	121.00
115	资溪县(赣)	120.00
116	商城县(豫)	9100.00
117	固始县(豫)	860.00
118	光山县(豫)	850.00
119	桐柏县(豫)	500.00
120	罗山县(豫)	200.00
121	通城县(鄂)	20021.00
122	通山县(鄂)	15000.00
123	麻城市(鄂)	14000.00
124	谷城县(鄂)	8650.00
125	英山县(鄂)	7208.50
126	阳新县(鄂)	4640.00
127	随　县(鄂)	4500.00
128	蕲春县(鄂)	4000.00
129	大悟县(鄂)	3975.00
130	曾都区(鄂)	1500.00
131	红安县(鄂)	1500.00
132	安陆市(鄂)	1200.00
133	来凤县(鄂)	860.00
134	浠水县(鄂)	820.00
135	梁子湖区(鄂)	800.00
136	大冶市(鄂)	600.00
137	鄂城区(鄂)	600.00
138	钟祥市(鄂)	546.00
139	孝昌县(鄂)	500.00
140	长阳土家族自治县(鄂)	400.00
141	枣阳市(鄂)	371.00
142	咸安区(鄂)	315.00
143	广水市(鄂)	300.00
144	建始县(鄂)	280.00
145	松滋市(鄂)	260.00
146	鄂州市市辖区(鄂)	200.00
147	丹江口市(鄂)	160.00
148	京山县(鄂)	150.00
149	黄陂区(鄂)	130.00
150	竹山县(鄂)	120.00
151	五峰土家族自治县(鄂)	100.00
152	郧　县(鄂)	100.00
153	衡南县(湘)	76372.16
154	邵阳县(湘)	44650.00
155	零陵区(湘)	39667.00
156	攸　县(湘)	32000.00
157	醴陵市(湘)	32000.00
158	安仁县(湘)	31000.00
159	涟源市(湘)	26300.00
160	浏阳市(湘)	25640.00
161	津市市(湘)	24500.00
162	株洲县(湘)	23750.00
163	衡阳县(湘)	21250.00
164	耒阳市(湘)	20000.00
165	道　县(湘)	20000.00
166	平江县(湘)	19695.00
167	常宁市(湘)	19107.00
168	会同县(湘)	17603.00
169	祁阳县(湘)	15480.00
170	永兴县(湘)	14439.00
171	祁东县(湘)	13700.00
172	中方县(湘)	13600.00
173	临澧县(湘)	13300.00

序号	油茶籽主产地	产量(吨)
174	赫山区(湘)	13000.00
175	桃源县(湘)	12780.00
176	大祥区(湘)	12675.00
177	安化县(湘)	12600.00
178	蓝山县(湘)	11600.00
179	宁远县(湘)	11260.00
180	新化县(湘)	11000.00
181	苏仙区(湘)	10000.00
182	桂阳县(湘)	9410.00
183	邵东县(湘)	8875.00
184	通道侗族自治县(湘)	8109.00
185	东安县(湘)	7100.00
186	双峰县(湘)	7000.00
187	湘潭县(湘)	6650.00
188	鼎城区(湘)	6600.00
189	永顺县(湘)	6000.00
190	辰溪县(湘)	5800.00
191	江永县(湘)	5000.00
192	宁乡县(湘)	4800.00
193	资兴市(湘)	4595.00
194	北湖区(湘)	4461.00
195	溆浦县(湘)	4360.00
196	新田县(湘)	4280.00
197	桑植县(湘)	3650.00
198	芦淞区(湘)	3600.00
199	泸溪县(湘)	3285.00
200	绥宁县(湘)	2800.00
201	沅陵县(湘)	2496.00
202	石门县(湘)	2440.00
203	桂东县(湘)	2000.00
204	洪江区(湘)	1960.00
205	石峰区(湘)	1950.00
206	汝城县(湘)	1899.00
207	茶陵县(湘)	1780.00
208	双牌县(湘)	1700.00
209	炎陵县(湘)	1600.00
210	湘阴县(湘)	1600.00
211	临武县(湘)	1500.00
212	望城县(湘)	1500.00
213	武陵区(湘)	1390.00
214	慈利县(湘)	1350.00
215	龙山县(湘)	1300.00
216	城步苗族自治县(湘)	1250.00
217	永定区(湘)	1200.00
218	天元区(湘)	1200.00
219	靖州苗族侗族自治县(湘)	1030.00
220	冷水滩区(湘)	1000.00
221	湘乡市(湘)	900.00
222	隆回县(湘)	895.00
223	桃江县(湘)	800.00
224	汉寿县(湘)	800.00
225	韶山市(湘)	750.00
226	凤凰县(湘)	510.00
227	澧　县(湘)	505.00
228	临湘市(湘)	480.00
229	保靖县(湘)	480.00
230	金洞林场(湘)	450.00
231	麻阳苗族自治县(湘)	330.00
232	娄星区(湘)	320.00
233	珠晖区(湘)	300.00
234	芷江侗族自治县(湘)	298.40
235	宜章县(湘)	282.00
236	武冈市(湘)	280.00
237	洞口县(湘)	235.00
238	古丈县(湘)	220.00
239	荷塘区(湘)	215.00
240	洪江市(湘)	200.00
241	吉首市(湘)	170.00
242	南岳区(湘)	150.00
243	新宁县(湘)	150.00
244	花垣县(湘)	140.00
245	冷水江市(湘)	122.00
246	岳阳县(湘)	100.00
247	龙川县(粤)	7808.00
248	连州市(粤)	6635.00
249	和平县(粤)	6500.00
250	连南瑶族自治县(粤)	4979.00
251	平远县(粤)	4448.00
252	广宁县(粤)	3056.00
253	南雄市(粤)	2900.00
254	大埔县(粤)	2500.00
255	高州市(粤)	1921.00
256	东源县(粤)	1860.50
257	梅　县(粤)	830.00
258	高要市(粤)	630.00
259	连山壮族瑶族自治县(粤)	572.00
260	鼎湖区(粤)	473.00
261	丰顺县(粤)	405.00
262	仁化县(粤)	400.00
263	浈江区(粤)	375.00
264	乐昌市(粤)	350.00
265	连平县(粤)	337.50
266	封开县(粤)	297.00
267	潮南区(粤)	226.00
268	翁源县(粤)	225.00
269	德庆县(粤)	137.00
270	清新县(粤)	130.00
271	廉江市(粤)	100.00
272	三江侗族自治县(桂)	13610.00
273	右江区(桂)	10800.00
274	龙胜各族自治县(桂)	9953.00
275	昭平县(桂)	8071.00
276	田林县(桂)	7812.00
277	田阳县(桂)	7230.00
278	田东县(桂)	6595.00
279	融水苗族自治县(桂)	5217.00
280	凌云县(桂)	3921.00
281	贺州市平桂管理区(桂)	3829.00
282	融安县(桂)	3714.00
283	东兰县(桂)	3515.00
284	永福县(桂)	3413.00
285	隆林各族自治县(桂)	3335.00
286	象州县(桂)	3250.00
287	阳朔县(桂)	2999.00
288	荔浦县(桂)	2889.00
289	那坡县(桂)	2376.00
290	金秀瑶族自治县(桂)	2350.00
291	鹿寨县(桂)	2022.00
292	全州县(桂)	2000.00
293	西林县(桂)	1885.00
294	天峨县(桂)	1762.00
295	罗城仫佬族自治县(桂)	1600.00
296	环江毛南族自治县(桂)	1493.00
297	平乐县(桂)	1230.00
298	乐业县(桂)	1065.00
299	灵川县(桂)	1062.00
300	柳江县(桂)	705.00
301	恭城瑶族自治县(桂)	666.00
302	苍梧县(桂)	650.00
303	武宣县(桂)	481.00
304	港北区(桂)	416.00
305	大化瑶族自治县(桂)	330.00
306	兴宾区(桂)	276.00
307	临桂县(桂)	232.00
308	金城江区(桂)	163.00
309	忻城县(桂)	158.00
310	凭祥市(桂)	149.00
311	柳北区(桂)	136.00

序号	油茶籽主产地	产量(吨)
312	钦北区(桂)	125.35
313	防城区(桂)	107.00
314	秀山土家族苗族自治县(渝)	2100.00
315	酉阳土家族苗族自治县(渝)	280.00
316	黔江区(渝)	186.00
317	荣　县(川)	9456.00
318	安　县(川)	1200.00
319	威远县(川)	900.00
320	宜宾市市辖区(川)	380.00
321	富顺县(川)	356.00
322	隆昌县(川)	350.00
323	宜宾县(川)	260.00
324	江安县(川)	242.00
325	贡井区(川)	200.00
326	蒲江县(川)	150.00
327	从江县(黔)	4650.00
328	玉屏侗族自治县(黔)	3100.00
329	锦屏县(黔)	1361.00
330	碧江区(黔)	1112.00
331	松桃苗族自治县(黔)	350.00
332	惠水县(黔)	315.00
333	万山区(黔)	300.00
334	石阡县(黔)	256.00
335	思南县(黔)	200.00
336	德江县(黔)	150.00
337	沿河土家族自治县(黔)	118.00
338	广南县(滇)	5920.70
339	富宁县(滇)	5210.00
340	师宗县(滇)	3004.00
341	盈江县(滇)	986.60
342	陇川县(滇)	498.00
343	腾冲县(滇)	329.00
344	西畴县(滇)	225.00
345	丘北县(滇)	128.00
346	南郑县(陕)	4200.00
347	汉滨区(陕)	2638.00

表 6-2　核桃主产地产量

序号	核桃主产地	产量(吨)
1	房山区(京)	1201.00
2	怀柔区(京)	918.80
3	延庆县(京)	342.00
4	海淀区(京)	340.97
5	蓟　县(津)	1271.00
6	涉　县(冀)	19000.00
7	迁安市(冀)	18813.00
8	赞皇县(冀)	13000.00
9	临城县(冀)	12573.00
10	平山县(冀)	12400.00
11	兴隆县(冀)	9575.00
12	灵寿县(冀)	6500.00
13	迁西县(冀)	5699.00
14	元氏县(冀)	5054.00
15	唐　县(冀)	4800.00
16	邢台县(冀)	4507.00
17	遵化市(冀)	4106.00
18	内丘县(冀)	3826.00
19	抚宁县(冀)	3225.00
20	阜平县(冀)	2500.00
21	定州市(冀)	2200.00
22	沙河市(冀)	1950.00
23	涞源县(冀)	1800.00
24	井陉县(冀)	1700.00
25	涞水县(冀)	1600.00
26	鹿泉区(冀)	1220.00
27	易　县(冀)	1200.00
28	宽城满族自治县(冀)	1000.00
29	磁　县(冀)	1000.00
30	卢龙县(冀)	881.00
31	丰润区(冀)	830.00
32	青龙满族自治县(冀)	700.00
33	深泽县(冀)	695.00
34	藁城区(冀)	638.00
35	玉田县(冀)	601.00
36	行唐县(冀)	600.00
37	涿鹿县(冀)	531.00
38	高邑县(冀)	500.00
39	曲阳县(冀)	346.00
40	怀来县(冀)	320.00
41	隆尧县(冀)	300.00
42	滦　县(冀)	270.00
43	邢台市高新技术开发区(冀)	210.00
44	高碑店市(冀)	189.00
45	博野县(冀)	140.00
46	盐湖区(晋)	3700.00
47	临猗县(晋)	3000.00
48	原平市(晋)	2353.00
49	平顺县(晋)	2310.00
50	蒲　县(晋)	2300.00
51	霍州市(晋)	2000.00
52	阳城县(晋)	1372.00
53	和顺县(晋)	1100.00
54	隰　县(晋)	1100.00
55	闻喜县(晋)	810.00
56	昔阳县(晋)	800.00
57	陵川县(晋)	679.00
58	介休市(晋)	600.00
59	垣曲县(晋)	520.00
60	襄垣县(晋)	505.20
61	大宁县(晋)	500.00
62	忻府区(晋)	449.00
63	安泽县(晋)	366.00
64	长子县(晋)	358.00
65	榆社县(晋)	320.00
66	阳曲县(晋)	220.00
67	长治县(晋)	194.00
68	稷山县(晋)	150.00
69	平陆县(晋)	125.00
70	阳泉市郊区(晋)	103.00
71	岫岩满族自治县(辽)	5202.00
72	抚顺县(辽)	2993.00
73	东洲区(辽)	2500.00
74	本溪满族自治县(辽)	1100.00
75	凌源市(辽)	399.00
76	振安区(辽)	270.00
77	集安市(吉)	1425.00
78	通化县(吉)	1078.00
79	靖宇县(吉)	501.00
80	梅河口市(吉)	329.00
81	丰满区(吉)	200.00
82	抚松县(吉)	148.00
83	敦化市(吉)	108.00
84	贾汪区(苏)	537.00
85	临安市(浙)	11500.00
86	桐庐县(浙)	3920.00
87	安吉县(浙)	407.00
88	富阳市(浙)	140.00
89	宁国市(皖)	10253.00
90	绩溪县(皖)	3880.00
91	舒城县(皖)	1160.00
92	旌德县(皖)	225.00
93	谯城区(皖)	160.00
94	肥城市(鲁)	12100.50
95	东平县(鲁)	11363.00
96	汶上县(鲁)	8000.00
97	长清区(鲁)	7607.00
98	泗水县(鲁)	5315.00
99	泰山区(鲁)	3250.00

序号	核桃主产地	产量(吨)
100	费　县(鲁)	3208.00
101	新泰市(鲁)	2820.00
102	邹城市(鲁)	2732.00
103	章丘市(鲁)	2559.00
104	蒙阴县(鲁)	2000.00
105	岱岳区(鲁)	1996.00
106	栖霞市(鲁)	1810.00
107	青州市(鲁)	1580.00
108	沂水县(鲁)	1301.00
109	临朐县(鲁)	1200.00
110	兰陵县(鲁)	988.00
111	山亭区(鲁)	774.00
112	张店区(鲁)	530.00
113	诸城市(鲁)	500.00
114	安丘市(鲁)	500.00
115	德州市市辖区(鲁)	450.00
116	莱城区(鲁)	430.00
117	淄川区(鲁)	400.00
118	五莲县(鲁)	370.00
119	沂源县(鲁)	343.00
120	邹平县(鲁)	325.00
121	海阳市(鲁)	300.00
122	曲阜市(鲁)	235.00
123	昌邑市(鲁)	220.00
124	胶州市(鲁)	211.00
125	梁山县(鲁)	207.00
126	临沂市蒙山旅游区(鲁)	200.00
127	寿光市(鲁)	180.00
128	潍坊市峡山区(鲁)	150.00
129	莱州市(鲁)	100.00
130	河东区(鲁)	100.00
131	渑池县(豫)	18000.00
132	湖滨区(豫)	15000.00
133	伊川县(豫)	5000.00
134	荥阳市(豫)	4800.00
135	林州市(豫)	3550.00
136	桐柏县(豫)	3289.00
137	济源市(豫)	3100.00
138	孟津县(豫)	3000.00
139	栾川县(豫)	2521.00
140	灵宝市(豫)	2400.00
141	嵩　县(豫)	2345.00
142	新安县(豫)	2115.00
143	鹤山区(豫)	2010.00
144	洛宁县(豫)	2000.00
145	汝州市(豫)	1600.00
146	淅川县(豫)	1000.00
147	叶　县(豫)	1000.00
148	辉县市(豫)	750.00
149	内乡县(豫)	600.00
150	鲁山县(豫)	520.00
151	偃师市(豫)	500.00
152	舞钢市(豫)	405.00
153	卫辉市(豫)	401.00
154	驿城区(豫)	400.00
155	方城县(豫)	311.00
156	新密市(豫)	310.00
157	确山县(豫)	300.00
158	郏　县(豫)	300.00
159	禹州市(豫)	220.00
160	范　县(豫)	220.00
161	台前县(豫)	220.00
162	卧龙区(豫)	211.00
163	吉利区(豫)	210.00
164	龙安区(豫)	200.00
165	镇平县(豫)	180.00
166	淇　县(豫)	162.00
167	安阳县(豫)	150.00
168	舞阳县(豫)	150.00
169	商城县(豫)	130.00
170	山阳区(豫)	125.00
171	唐河县(豫)	100.00
172	新郑市(豫)	100.00
173	竹山县(鄂)	14529.00
174	秭归县(鄂)	3760.00
175	保康县(鄂)	3286.00
176	巴东县(鄂)	849.00
177	广水市(鄂)	700.00
178	房　县(鄂)	500.00
179	随　县(鄂)	400.00
180	谷城县(鄂)	375.00
181	五峰土家族自治县(鄂)	300.00
182	建始县(鄂)	300.00
183	神农架林区(鄂)	300.00
184	竹溪县(鄂)	277.00
185	宣恩县(鄂)	277.00
186	丹江口市(鄂)	275.00
187	夷陵区(鄂)	220.00
188	鹤峰县(鄂)	208.00
189	恩施市(鄂)	166.00
190	宜城市(鄂)	142.00
191	宜都市(鄂)	128.00
192	靖州苗族侗族自治县(湘)	1771.00
193	永定区(湘)	800.00
194	永顺县(湘)	470.00
195	泸溪县(湘)	470.00
196	龙山县(湘)	460.00
197	保靖县(湘)	430.00
198	新邵县(湘)	360.00
199	安化县(湘)	300.00
200	通道侗族自治县(湘)	254.00
201	新宁县(湘)	200.00
202	洪江市(湘)	200.00
203	慈利县(湘)	180.00
204	双牌县(湘)	180.00
205	洞口县(湘)	165.00
206	隆安县(桂)	95600.00
207	隆林各族自治县(桂)	200.00
208	乐业县(桂)	123.00
209	田林县(桂)	107.00
210	潼南县(渝)	6000.00
211	城口县(渝)	3315.00
212	奉节县(渝)	1890.00
213	巫山县(渝)	1200.00
214	云阳县(渝)	1200.00
215	渝北区(渝)	385.28
216	巫溪县(渝)	209.00
217	南川区(渝)	200.00
218	丰都县(渝)	164.00
219	酉阳土家族苗族自治县(渝)	150.00
220	石柱土家族自治县(渝)	150.00
221	武隆县(渝)	110.00
222	朝天区(川)	26094.00
223	盐源县(川)	21500.00
224	青川县(川)	15120.00
225	利州区(川)	13906.10
226	旺苍县(川)	12000.00
227	南江县(川)	10500.00
228	金阳县(川)	9470.00
229	昭化区(川)	8520.00
230	射洪县(川)	8000.00
231	盐亭县(川)	7850.00
232	雷波县(川)	7820.00
233	德昌县(川)	7770.00
234	旌阳区(川)	6000.00
235	会理县(川)	5940.00
236	剑阁县(川)	5625.00
237	宁南县(川)	5500.00

序号	核桃主产地	产量(吨)	序号	核桃主产地	产量(吨)	序号	核桃主产地	产量(吨)
238	甘洛县(川)	5354.00	284	泸定县(川)	474.00	330	宾川县(滇)	130200.00
239	雁江区(川)	5000.00	285	船山区(川)	470.00	331	凤庆县(滇)	90123.00
240	盐边县(川)	4524.00	286	北川羌族自治县(川)	467.00	332	漾濞彝族自治县(滇)	41500.00
241	中江县(川)	4500.00	287	丹巴县(川)	460.00	333	弥勒市(滇)	40000.00
242	三台县(川)	4458.00	288	开江县(川)	450.00	334	云　县(滇)	33215.70
243	通江县(川)	4100.00	289	仁和区(川)	400.00	335	昌宁县(滇)	29629.70
244	南部县(川)	3900.00	290	邻水县(川)	400.00	336	隆阳区(滇)	24400.00
245	冕宁县(川)	3663.00	291	筠连县(川)	390.00	337	永德县(滇)	22356.70
246	西昌市(川)	3560.00	292	峨眉山市(川)	375.00	338	镇康县(滇)	20975.00
247	木里藏族自治县(川)	3240.00	293	普格县(川)	360.00	339	巍山彝族回族自治县(滇)	20079.00
248	仪陇县(川)	3000.00	294	小金县(川)	356.00	340	剑川县(滇)	18000.00
249	江油市(川)	2778.00	295	金口河区(川)	351.00	341	禄劝彝族苗族自治县(滇)	15000.00
250	简阳市(川)	2703.70	296	乐至县(川)	350.00	342	鲁甸县(滇)	14698.00
251	平武县(川)	2700.00	297	乡城县(川)	343.00	343	祥云县(滇)	13142.86
252	越西县(川)	2410.00	298	金堂县(川)	330.00	344	临翔区(滇)	12000.00
253	巴塘县(川)	2200.00	299	营山县(川)	312.00	345	洱源县(滇)	11700.00
254	苍溪县(川)	2146.00	300	西充县(川)	300.00	346	永胜县(滇)	10626.00
255	万源市(川)	2000.00	301	龙泉驿区(川)	280.00	347	双江拉祜族佤族布朗族傣族自治县(滇)	10493.50
256	美姑县(川)	1953.00	302	大竹县(川)	278.00			
257	巴州区(川)	1950.00	303	荣　县(川)	272.00	348	楚雄市(滇)	10068.00
258	宣汉县(川)	1910.00	304	稻城县(川)	260.00	349	永平县(滇)	10000.00
259	昭觉县(川)	1700.00	305	彭州市(川)	259.00	350	香格里拉县(滇)	9671.00
260	古蔺县(川)	1660.00	306	广安区(川)	250.00	351	鹤庆县(滇)	9600.00
261	石棉县(川)	1650.00	307	平昌县(川)	245.00	352	彝良县(滇)	9300.00
262	仁寿县(川)	1529.00	308	理　县(川)	240.00	353	昭阳区(滇)	8960.00
263	会东县(川)	1500.00	309	兴文县(川)	220.00	354	景东彝族自治县(滇)	8151.80
264	资中县(川)	1450.00	310	达川区(川)	200.00	355	南华县(滇)	7275.00
265	喜德县(川)	1366.00	311	九龙县(川)	170.00	356	兰坪白族普米族自治县(滇)	5500.00
266	蓬安县(川)	1350.00	312	马边彝族自治县(川)	168.00	357	大理市(滇)	5000.00
267	安　县(川)	1300.00	313	康定县(川)	166.00	358	新平彝族傣族自治县(滇)	4768.80
268	叙永县(川)	1260.00	314	彭山县(川)	160.00	359	永善县(滇)	4620.90
269	梓潼县(川)	1200.00	315	九寨沟县(川)	160.00	360	姚安县(滇)	4054.00
270	罗江县(川)	1080.00	316	隆昌县(川)	155.00	361	宣威市(滇)	3155.00
271	岳池县(川)	1040.00	317	高　县(川)	153.00	362	华宁县(滇)	3085.00
272	威远县(川)	960.00	318	宜宾县(川)	147.00	363	麒麟区(滇)	3000.00
273	大英县(川)	960.00	319	邛崃市(川)	134.00	364	玉龙纳西族自治县(滇)	2957.00
274	汶川县(川)	918.00	320	广汉市(川)	130.00	365	双柏县(滇)	2851.00
275	恩阳区(川)	910.00	321	惠水县(黔)	1029.00	366	泸水县(滇)	2830.90
276	金川县(川)	840.00	322	普安县(黔)	760.00	367	禄丰县(滇)	2700.00
277	嘉陵区(川)	804.00	323	六枝特区(黔)	344.00	368	腾冲县(滇)	2419.00
278	屏山县(川)	735.00	324	赤水市(黔)	161.00	369	龙陵县(滇)	2400.00
279	黑水县(川)	735.00	325	罗甸县(黔)	150.00	370	盈江县(滇)	1710.60
280	渠　县(川)	730.00	326	德江县(黔)	147.00	371	东川区(滇)	1620.00
281	得荣县(川)	700.00	327	印江土家族苗族自治县(黔)	120.00	372	耿马傣族佤族自治县(滇)	1600.00
282	游仙区(川)	650.00	328	沿河土家族自治县(黔)	112.00	373	师宗县(滇)	1422.00
283	布拖县(川)	560.00	329	思南县(黔)	100.00	374	石林彝族自治县(滇)	1396.00

序号	核桃主产地	产量(吨)
375	富源县(滇)	1175.00
376	富民县(滇)	1120.00
377	贡山独龙族怒族自治县(滇)	1078.30
378	永仁县(滇)	785.00
379	宁蒗彝族自治县(滇)	758.60
380	福贡县(滇)	700.00
381	陇川县(滇)	685.00
382	易门县(滇)	594.14
383	元江哈尼族彝族傣族自治县(滇)	476.90
384	富宁县(滇)	382.00
385	丘北县(滇)	340.00
386	文山市(滇)	331.00
387	牟定县(滇)	281.00
388	元谋县(滇)	280.00
389	晋宁县(滇)	248.50
390	瑞丽市(滇)	222.00
391	西畴县(滇)	215.00
392	芒　市(滇)	211.00
393	梁河县(滇)	196.00
394	倘甸工业园区(滇)	168.00
395	沾益县(滇)	120.00
396	澄江县(滇)	105.00
397	加查县(藏)	2000.00
398	芒康县(藏)	1200.00
399	日喀则市(藏)	1200.00
400	嘉黎县(藏)	370.00
401	曲水县(藏)	117.00
402	洛南县(陕)	14285.00
403	山阳县(陕)	11435.00
404	宜君县(陕)	10200.00
405	陇　县(陕)	8239.00
406	临渭区(陕)	8000.00
407	黄龙县(陕)	8000.00
408	汉滨区(陕)	6052.00
409	蓝田县(陕)	5800.00
410	宁强县(陕)	5400.00
411	麟游县(陕)	5000.00
412	陈仓区(陕)	4860.00
413	丹凤县(陕)	4722.00
414	潼关县(陕)	4500.00
415	镇安县(陕)	4290.00
416	旬阳县(陕)	3969.00
417	旬邑县(陕)	3795.00
418	彬　县(陕)	3700.00
419	柞水县(陕)	3695.00
420	灞桥区(陕)	3200.00
421	略阳县(陕)	3100.00
422	凤　县(陕)	3000.00
423	长武县(陕)	2800.00
424	淳化县(陕)	2768.00
425	千阳县(陕)	2012.00
426	平利县(陕)	1800.00
427	南郑县(陕)	1650.00
428	蒲城县(陕)	1600.00
429	榆阳区(陕)	1500.00
430	临潼区(陕)	1300.00
431	城固县(陕)	1099.00
432	汉阴县(陕)	1058.00
433	太白县(陕)	990.00
434	宁陕县(陕)	923.00
435	渭滨区(陕)	817.00
436	礼泉县(陕)	750.00
437	洋　县(陕)	716.00
438	印台区(陕)	650.00
439	岚皋县(陕)	551.00
440	白河县(陕)	422.00
441	佛坪县(陕)	340.00
442	户　县(陕)	330.00
443	白水县(陕)	300.00
444	华阴市(陕)	250.00
445	雁塔区(陕)	180.00
446	富　县(陕)	110.00
447	甘泉县(陕)	100.00
448	武都区(甘)	12160.50
449	庆城县(甘)	10231.00
450	武山县(甘)	9858.00
451	徽　县(甘)	5441.00
452	康　县(甘)	5234.40
453	清水县(甘)	2600.00
454	西和县(甘)	2200.00
455	张家川回族自治县(甘)	1989.16
456	礼　县(甘)	1917.00
457	麦积区(甘)	1712.00
458	两当县(甘)	1513.00
459	宁　县(甘)	1500.00
460	崆峒区(甘)	1314.00
461	文　县(甘)	1085.46
462	通渭县(甘)	800.00
463	正宁县(甘)	450.00
464	甘谷县(甘)	434.70
465	镇原县(甘)	340.00
466	秦州区(甘)	161.40
467	陇西县(甘)	100.00
468	循化撒拉族自治县(青)	1080.00
469	民和回族土族自治县(青)	230.00
470	叶城县(新)	91576.00
471	莎车县(新)	32889.00
472	泽普县(新)	32119.00
473	阿克苏市(新)	20808.00
474	巴楚县(新)	18089.00
475	疏附县(新)	5166.00
476	麦盖提县(新)	1734.00
477	疏勒县(新)	1485.00
478	英吉沙县(新)	1067.00
479	新和县(新)	864.00
480	阿克陶县(新)	787.50
481	红石林业局(吉林森工)	3723.00
482	三岔子林业局(吉林森工)	151.00
483	山河屯林业局(龙江森工)	1895.00
484	桃山林业局(龙江森工)	360.00
485	带岭实验局(龙江森工)	200.00
486	双丰林业局(龙江森工)	150.00
487	农三师(新疆兵团)	3865.00

表 6-3　板栗主产地产量

序号	板栗主产地	产量(吨)
1	怀柔区(京)	5991.10
2	延庆县(京)	674.00
3	海淀区(京)	198.00
4	房山区(京)	190.00
5	蓟　县(津)	1188.00
6	兴隆县(冀)	108000.00
7	迁西县(冀)	54436.00
8	遵化市(冀)	21299.00
9	抚宁县(冀)	20759.00
10	宽城满族自治县(冀)	20000.00
11	青龙满族自治县(冀)	12000.00
12	邢台县(冀)	11021.00
13	迁安市(冀)	7248.00
14	内丘县(冀)	4200.00
15	灵寿县(冀)	3231.00
16	沙河市(冀)	2358.00
17	承德县(冀)	2074.00
18	平泉县(冀)	2000.00
19	平山县(冀)	1725.00
20	赞皇县(冀)	1100.00
21	滦平县(冀)	988.00
22	易　县(冀)	700.00

序号	板栗主产地	产量(吨)	序号	板栗主产地	产量(吨)	序号	板栗主产地	产量(吨)
23	临城县(冀)	600.00	69	泰顺县(浙)	1443.00	115	祁门县(皖)	452.00
24	阜平县(冀)	450.00	70	武义县(浙)	1311.00	116	大观区(皖)	450.00
25	鹰手营子矿区(冀)	400.00	71	富阳市(浙)	1151.00	117	无为县(皖)	260.00
26	卢龙县(冀)	387.00	72	云和县(浙)	1050.00	118	南陵县(皖)	259.00
27	滦　县(冀)	205.00	73	衢江区(浙)	1042.00	119	滁州市管店林业总场(皖)	220.00
28	夏　县(晋)	2490.00	74	绍兴县(浙)	1012.50	120	绩溪县(皖)	200.00
29	宽甸满族自治县(辽)	30000.00	75	仙居县(浙)	1000.00	121	博望区(皖)	200.00
30	东港市(辽)	30000.00	76	临安市(浙)	903.00	122	繁昌县(皖)	200.00
31	桓仁满族自治县(辽)	9400.00	77	磐安县(浙)	900.00	123	滁州市沙河集林业总场(皖)	177.00
32	岫岩满族自治县(辽)	7850.00	78	青田县(浙)	594.00	124	芜湖县(皖)	160.00
33	振安区(辽)	6600.00	79	嵊州市(浙)	550.00	125	八公山区(皖)	160.00
34	抚顺县(辽)	4396.00	80	临海市(浙)	528.00	126	怀宁县(皖)	156.00
35	振兴区(辽)	3000.00	81	义乌市(浙)	410.00	127	狮子山区(皖)	152.00
36	庄河市(辽)	1280.00	82	天台县(浙)	360.00	128	屯溪区(皖)	112.00
37	大连市保税区(辽)	771.00	83	文成县(浙)	285.00	129	铜陵市郊区(皖)	100.00
38	凌源市(辽)	647.00	84	三门县(浙)	230.00	130	玉山县(赣)	3285.00
39	元宝区(辽)	500.00	85	浦江县(浙)	225.00	131	武宁县(赣)	2700.00
40	东洲区(辽)	200.00	86	长兴县(浙)	220.00	132	靖安县(赣)	2300.00
41	集安市(吉)	1179.00	87	婺城区(浙)	212.00	133	高安市(赣)	2176.00
42	赣榆县(苏)	6200.00	88	德清县(浙)	180.00	134	上高县(赣)	1300.00
43	盱眙县(苏)	5860.00	89	奉化市(浙)	180.00	135	铜鼓县(赣)	1100.00
44	溧阳市(苏)	2433.00	90	龙泉市(浙)	164.00	136	永修县(赣)	960.00
45	宜兴市(苏)	2028.00	91	黄岩区(浙)	150.00	137	龙南县(赣)	723.00
46	金坛市(苏)	1805.00	92	东阳市(浙)	124.00	138	东乡县(赣)	526.00
47	六合区(苏)	1110.00	93	舒城县(皖)	25422.00	139	婺源县(赣)	500.00
48	新沂市(苏)	1100.00	94	潜山县(皖)	23200.00	140	修水县(赣)	450.00
49	浦口区(苏)	1050.00	95	太湖县(皖)	11900.00	141	上饶县(赣)	450.00
50	沭阳县(苏)	800.00	96	金寨县(皖)	10850.00	142	新建县(赣)	368.00
51	溧水县(苏)	780.00	97	霍山县(皖)	10000.00	143	乐安县(赣)	366.00
52	句容市(苏)	760.00	98	凤阳县(皖)	6300.00	144	金溪县(赣)	346.00
53	邳州市(苏)	551.00	99	岳西县(皖)	6150.00	145	安福县(赣)	300.00
54	吴中区(苏)	506.00	100	广德县(皖)	2593.00	146	全南县(赣)	300.00
55	江宁区(苏)	436.00	101	枞阳县(皖)	2389.00	147	石城县(赣)	294.00
56	丹徒区(苏)	256.00	102	宿松县(皖)	2310.00	148	德兴市(赣)	280.00
57	灌云县(苏)	150.00	103	明光市(皖)	2300.00	149	万载县(赣)	180.00
58	连云区(苏)	111.00	104	全椒县(皖)	2000.00	150	定南县(赣)	154.00
59	淳安县(浙)	4819.00	105	宁国市(皖)	1352.00	151	泰和县(赣)	150.00
60	遂昌县(浙)	4710.00	106	桐城市(皖)	1200.00	152	安远县(赣)	131.00
61	松阳县(浙)	3475.00	107	石台县(皖)	1118.00	153	南城县(赣)	120.00
62	莲都区(浙)	3402.00	108	南谯区(皖)	900.00	154	岱岳区(鲁)	41278.00
63	缙云县(浙)	3124.00	109	休宁县(皖)	840.00	155	五莲县(鲁)	22000.00
64	江山市(浙)	2890.00	110	贵池区(皖)	805.00	156	费　县(鲁)	17813.00
65	安吉县(浙)	2778.00	111	裕安区(皖)	750.00	157	沂水县(鲁)	14584.00
66	建德市(浙)	2600.00	112	泾　县(皖)	680.00	158	诸城市(鲁)	14390.00
67	庆元县(浙)	2082.00	113	宣城市市辖区(皖)	525.00	159	沂南县(鲁)	14360.00
68	开化县(浙)	1625.00	114	庐江县(皖)	510.00	160	乳山市(鲁)	14000.00

序号	板栗主产地	产量(吨)
161	泗水县(鲁)	13912.00
162	海阳市(鲁)	13000.00
163	莒南县(鲁)	9580.00
164	东港区(鲁)	9423.00
165	沂源县(鲁)	6849.00
166	临朐县(鲁)	6600.00
167	栖霞市(鲁)	6000.00
168	郯城县(鲁)	6000.00
169	泰山区(鲁)	5860.00
170	莱城区(鲁)	5680.00
171	新泰市(鲁)	5138.00
172	临沂市蒙山旅游区(鲁)	4250.00
173	邹城市(鲁)	3916.00
174	莱阳市(鲁)	2800.00
175	兰陵县(鲁)	2735.00
176	章丘市(鲁)	2438.00
177	蒙阴县(鲁)	2200.00
178	安丘市(鲁)	2000.00
179	河东区(鲁)	1800.00
180	长清区(鲁)	1713.00
181	宁阳县(鲁)	1702.50
182	曲阜市(鲁)	1104.00
183	肥城市(鲁)	1013.50
184	博山区(鲁)	1000.00
185	临沂市临港经济开发区(鲁)	1000.00
186	莒　县(鲁)	822.00
187	钢城区(鲁)	600.00
188	临沭县(鲁)	506.00
189	黄岛区(鲁)	500.00
190	平度市(鲁)	494.00
191	胶州市(鲁)	387.00
192	兰山区(鲁)	255.22
193	环翠区(鲁)	172.00
194	商城县(豫)	29800.00
195	桐柏县(豫)	11455.00
196	浉河区(豫)	8550.00
197	确山县(豫)	8300.00
198	栾川县(豫)	7630.00
199	嵩　县(豫)	6630.00
200	泌阳县(豫)	5600.00
201	卢氏县(豫)	3980.00
202	光山县(豫)	3000.00
203	平桥区(豫)	2950.00
204	内乡县(豫)	2860.00
205	罗山县(豫)	2530.00
206	鲁山县(豫)	1550.00
207	固始县(豫)	1500.00
208	林州市(豫)	1350.00
209	灵宝市(豫)	800.00
210	潢川县(豫)	695.00
211	驿城区(豫)	600.00
212	淅川县(豫)	576.00
213	汝阳县(豫)	352.00
214	方城县(豫)	311.00
215	登封市(豫)	300.00
216	叶　县(豫)	144.00
217	遂平县(豫)	135.00
218	舞钢市(豫)	105.00
219	麻城市(鄂)	75347.00
220	罗田县(鄂)	43500.00
221	大悟县(鄂)	35140.00
222	京山县(鄂)	9923.20
223	浠水县(鄂)	9600.00
224	安陆市(鄂)	7740.00
225	随　县(鄂)	6347.00
226	英山县(鄂)	4384.00
227	红安县(鄂)	3640.00
228	竹溪县(鄂)	3243.00
229	黄陂区(鄂)	2500.00
230	宜城市(鄂)	2000.00
231	通城县(鄂)	1860.00
232	南漳县(鄂)	1750.00
233	保康县(鄂)	1666.00
234	鹤峰县(鄂)	1640.00
235	谷城县(鄂)	1560.00
236	巴东县(鄂)	1429.00
237	孝昌县(鄂)	1400.00
238	曾都区(鄂)	1287.00
239	夷陵区(鄂)	1020.00
240	秭归县(鄂)	940.00
241	东宝区(鄂)	927.00
242	神农架林区(鄂)	740.00
243	来凤县(鄂)	700.00
244	枣阳市(鄂)	650.00
245	张湾区(鄂)	570.00
246	通山县(鄂)	465.00
247	蕲春县(鄂)	400.00
248	宣恩县(鄂)	369.00
249	宜都市(鄂)	335.00
250	恩施市(鄂)	224.00
251	郧　县(鄂)	200.00
252	石首市(鄂)	200.00
253	茅箭区(鄂)	200.00
254	五峰土家族自治县(鄂)	185.00
255	建始县(鄂)	155.00
256	兴山县(鄂)	121.00
257	黄州区(鄂)	100.00
258	长阳土家族自治县(鄂)	100.00
259	大冶市(鄂)	100.00
260	新化县(湘)	4800.00
261	新晃侗族自治县(湘)	4436.00
262	耒阳市(湘)	3750.00
263	城步苗族自治县(湘)	3110.00
264	永定区(湘)	3000.00
265	泸溪县(湘)	2880.00
266	浏阳市(湘)	2870.00
267	沅陵县(湘)	2220.00
268	安化县(湘)	2000.00
269	资兴市(湘)	1702.00
270	祁阳县(湘)	1610.00
271	新田县(湘)	1496.00
272	慈利县(湘)	1400.00
273	北湖区(湘)	1355.00
274	零陵区(湘)	1096.00
275	平江县(湘)	1038.00
276	衡东县(湘)	1000.00
277	大祥区(湘)	1000.00
278	新宁县(湘)	1000.00
279	湘乡市(湘)	880.00
280	祁东县(湘)	830.00
281	桑植县(湘)	805.00
282	隆回县(湘)	784.00
283	中方县(湘)	685.00
284	苏仙区(湘)	640.00
285	洞口县(湘)	632.00
286	娄星区(湘)	620.00
287	双峰县(湘)	600.00
288	宜章县(湘)	592.00
289	衡山县(湘)	590.50
290	株洲县(湘)	580.00
291	汝城县(湘)	554.00
292	冷水江市(湘)	484.00
293	常宁市(湘)	400.20
294	道　县(湘)	381.00
295	茶陵县(湘)	362.00
296	临武县(湘)	320.00
297	宁远县(湘)	312.00
298	炎陵县(湘)	280.00

序号	板栗主产地	产量(吨)	序号	板栗主产地	产量(吨)	序号	板栗主产地	产量(吨)
299	新邵县(湘)	250.00	345	钟山县(桂)	168.00	391	兴文县(川)	160.00
300	津市市(湘)	200.00	346	那坡县(桂)	157.00	392	盐源县(川)	150.00
301	汨罗市(湘)	169.00	347	兴宾区(桂)	152.00	393	马边彝族自治县(川)	132.00
302	通道侗族自治县(湘)	160.00	348	昭平县(桂)	144.00	394	筠连县(川)	130.00
303	永兴县(湘)	158.00	349	凭祥市(桂)	132.00	395	平昌县(川)	127.00
304	鼎城区(湘)	150.00	350	灵山县(桂)	132.00	396	长宁县(川)	110.00
305	溆浦县(湘)	120.00	351	忻城县(桂)	124.00	397	屏山县(川)	100.00
306	安仁县(湘)	110.00	352	金城江区(桂)	106.00	398	碧江区(黔)	1123.00
307	冷水滩区(湘)	110.00	353	恭城瑶族自治县(桂)	101.00	399	荔波县(黔)	1058.00
308	东安县(湘)	107.00	354	城口县(渝)	3000.00	400	普安县(黔)	257.00
309	阳山县(粤)	3937.00	355	南川区(渝)	3000.00	401	惠水县(黔)	227.00
310	封开县(粤)	3863.00	356	奉节县(渝)	960.00	402	六枝特区(黔)	224.00
311	连州市(粤)	1026.00	357	石柱土家族自治县(渝)	740.00	403	赤水市(黔)	134.00
312	乳源瑶族自治县(粤)	930.00	358	云阳县(渝)	650.00	404	镇远县(黔)	130.00
313	郁南县(粤)	450.00	359	丰都县(渝)	465.00	405	印江土家族苗族自治县(黔)	120.00
314	连南瑶族自治县(粤)	375.00	360	巫山县(渝)	440.00	406	思南县(黔)	100.00
315	龙川县(粤)	323.00	361	万州区(渝)	381.00	407	寻甸回族彝族自治县(滇)	24664.00
316	广宁县(粤)	318.00	362	酉阳土家族苗族自治县(渝)	270.00	408	大理市(滇)	4303.00
317	始兴县(粤)	270.00	363	巫溪县(渝)	246.00	409	鲁甸县(滇)	3375.00
318	五华县(粤)	200.00	364	潼南县(渝)	190.00	410	禄丰县(滇)	3200.00
319	大埔县(粤)	200.00	365	武隆县(渝)	100.00	411	永仁县(滇)	2846.00
320	乐昌市(粤)	150.00	366	德昌县(川)	12520.00	412	富民县(滇)	2687.00
321	东兰县(桂)	16000.00	367	会理县(川)	1872.00	413	弥勒市(滇)	2541.00
322	南丹县(桂)	5999.00	368	南江县(川)	1770.00	414	武定县(滇)	2396.00
323	田林县(桂)	3648.00	369	宣汉县(川)	1050.00	415	禄劝彝族苗族自治县(滇)	1695.00
324	永福县(桂)	3315.00	370	仁和区(川)	1000.00	416	石林彝族自治县(滇)	1671.00
325	天峨县(桂)	3225.00	371	平武县(川)	900.00	417	剑川县(滇)	1445.00
326	阳朔县(桂)	2412.00	372	叙永县(川)	880.00	418	易门县(滇)	1169.69
327	隆林各族自治县(桂)	1850.00	373	三台县(川)	785.00	419	隆阳区(滇)	1157.20
328	田东县(桂)	1785.00	374	达川区(川)	770.00	420	五华区(滇)	1000.00
329	乐业县(桂)	1290.00	375	万源市(川)	750.00	421	江川县(滇)	700.00
330	右江区(桂)	1271.00	376	冕宁县(川)	737.00	422	施甸县(滇)	659.00
331	合山市(桂)	1210.00	377	江油市(川)	694.00	423	师宗县(滇)	610.00
332	环江毛南族自治县(桂)	932.00	378	开江县(川)	600.00	424	维西傈僳族自治县(滇)	507.40
333	全州县(桂)	700.00	379	盐边县(川)	589.00	425	勐海县(滇)	460.00
334	西林县(桂)	698.00	380	通江县(川)	500.00	426	腾冲县(滇)	432.00
335	田阳县(桂)	682.00	381	利州区(川)	450.00	427	玉龙纳西族自治县(滇)	419.00
336	兴安县(桂)	678.00	382	雷波县(川)	380.00	428	昌宁县(滇)	400.75
337	鹿寨县(桂)	559.00	383	会东县(川)	270.00	429	澄江县(滇)	400.00
338	三江侗族自治县(桂)	450.00	384	西昌市(川)	235.00	430	麒麟区(滇)	300.00
339	金秀瑶族自治县(桂)	438.00	385	巴州区(川)	220.00	431	昭阳区(滇)	274.00
340	龙胜各族自治县(桂)	410.00	386	恩阳区(川)	200.00	432	牟定县(滇)	273.00
341	武宣县(桂)	294.00	387	仪陇县(川)	200.00	433	芒　市(滇)	266.00
342	柳江县(桂)	281.00	388	北川羌族自治县(川)	180.00	434	景东彝族自治县(滇)	234.60
343	融水苗族自治县(桂)	272.00	389	崇州市(川)	173.00	435	宾川县(滇)	227.00
344	大化瑶族自治县(桂)	225.00	390	青川县(川)	170.00	436	富源县(滇)	224.00

序号	板栗主产地	产量(吨)
437	晋宁县(滇)	212.30
438	云　县(滇)	212.20
439	永胜县(滇)	205.40
440	姚安县(滇)	200.00
441	西畴县(滇)	199.00
442	陇川县(滇)	186.00
443	楚雄市(滇)	166.00
444	兰坪白族普米族自治县(滇)	165.00
445	东川区(滇)	161.25
446	马龙县(滇)	157.30
447	元谋县(滇)	156.00
448	通海县(滇)	152.00
449	瑞丽市(滇)	143.00
450	洱源县(滇)	139.00
451	盈江县(滇)	133.90
452	香格里拉县(滇)	130.00
453	贡山独龙族怒族自治县(滇)	128.00
454	鹤庆县(滇)	125.00
455	富宁县(滇)	118.00
456	丘北县(滇)	118.00
457	汉滨区(陕)	13520.00
458	山阳县(陕)	6254.00
459	镇安县(陕)	5997.00
460	旬阳县(陕)	3932.00
461	宁陕县(陕)	3780.00
462	柞水县(陕)	3708.00
463	汉阴县(陕)	3450.00
464	陈仓区(陕)	3405.00
465	商南县(陕)	3115.00
466	岚皋县(陕)	2507.00
467	蓝田县(陕)	2000.00
468	丹凤县(陕)	1823.00
469	洋　县(陕)	1683.00
470	城固县(陕)	1501.00
471	略阳县(陕)	1500.00
472	太白县(陕)	1201.00
473	南郑县(陕)	1050.00
474	平利县(陕)	500.00
475	佛坪县(陕)	420.00
476	岐山县(陕)	400.00
477	石泉县(陕)	400.00
478	白河县(陕)	385.00
479	洛南县(陕)	366.00
480	陇　县(陕)	107.00
481	黄龙县(陕)	100.00
482	康　县(甘)	649.80
483	麦积区(甘)	592.00
484	徽　县(甘)	258.00
485	两当县(甘)	145.00

表 6-4　花椒籽主产地产量

序号	花椒籽主产地	产量(吨)
1	平山县(冀)	3800.00
2	涉　县(冀)	3500.00
3	宽城满族自治县(冀)	350.00
4	井陉县(冀)	275.00
5	磁　县(冀)	270.00
6	峰峰矿区(冀)	100.00
7	涞水县(冀)	100.00
8	平顺县(晋)	1961.00
9	临猗县(晋)	1500.00
10	垣曲县(晋)	1050.00
11	夏　县(晋)	590.00
12	平陆县(晋)	478.00
13	河津市(晋)	400.00
14	稷山县(晋)	230.00
15	烈山区(皖)	210.00
16	沂水县(鲁)	6709.00
17	山亭区(鲁)	5242.00
18	莱城区(鲁)	3680.00
19	兰陵县(鲁)	2279.00
20	蒙阴县(鲁)	2200.00
21	淄川区(鲁)	1800.00
22	章丘市(鲁)	1506.00
23	新泰市(鲁)	305.00
24	宁阳县(鲁)	230.00
25	博山区(鲁)	200.00
26	岱岳区(鲁)	132.00
27	邹城市(鲁)	129.00
28	渑池县(豫)	3500.00
29	林州市(豫)	2738.00
30	济源市(豫)	1550.00
31	登封市(豫)	1197.00
32	湖滨区(豫)	1000.00
33	嵩　县(豫)	810.00
34	内乡县(豫)	800.00
35	宝丰县(豫)	800.00
36	宜阳县(豫)	301.00
37	安阳县(豫)	277.00
38	新安县(豫)	175.00
39	随　县(鄂)	160.00
40	老河口市(鄂)	110.00

序号	花椒籽主产地	产量(吨)
41	保靖县(湘)	420.00
42	永顺县(湘)	330.00
43	江津区(渝)	25000.00
44	璧山县(渝)	2300.00
45	合川区(渝)	1450.00
46	万盛区(渝)	1200.00
47	丰都县(渝)	961.00
48	开　县(渝)	886.00
49	涪陵区(渝)	600.00
50	巴南区(渝)	540.00
51	石柱土家族自治县(渝)	400.00
52	金阳县(川)	5500.00
53	盐源县(川)	3563.00
54	冕宁县(川)	3141.00
55	雷波县(川)	2160.00
56	渠　县(川)	2050.00
57	仁寿县(川)	1428.00
58	宣汉县(川)	1400.00
59	美姑县(川)	1309.00
60	三台县(川)	1206.00
61	喜德县(川)	1201.00
62	茂　县(川)	1200.00
63	西昌市(川)	920.00
64	昭觉县(川)	900.00
65	德昌县(川)	900.00
66	前锋区(川)	897.00
67	沐川县(川)	850.00
68	沿滩区(川)	810.00
69	普格县(川)	730.00
70	木里藏族自治县(川)	716.00
71	布拖县(川)	710.00
72	越西县(川)	600.00
73	金川县(川)	580.00
74	广安区(川)	400.00
75	邻水县(川)	400.00
76	会理县(川)	382.00
77	大安区(川)	350.00
78	富顺县(川)	338.00
79	盐边县(川)	320.00
80	宁南县(川)	275.00
81	岳池县(川)	270.00
82	九龙县(川)	260.00
83	丹巴县(川)	248.00
84	康定县(川)	246.00
85	开江县(川)	240.00
86	理　县(川)	210.00

序号	花椒籽主产地	产量(吨)
87	宜宾县(川)	200.00
88	江安县(川)	195.00
89	达川区(川)	160.00
90	泸定县(川)	145.00
91	荣　县(川)	141.00
92	仪陇县(川)	140.00
93	盐亭县(川)	130.00
94	通江县(川)	120.00
95	中江县(川)	120.00
96	惠水县(黔)	426.00
97	贵定县(黔)	300.00
98	大姚县(滇)	6370.00
99	永善县(滇)	4742.60
100	昭阳区(滇)	3600.00
101	彝良县(滇)	2500.00
102	永胜县(滇)	1000.00
103	玉龙纳西族自治县(滇)	977.50
104	宁蒗彝族自治县(滇)	935.40
105	鹤庆县(滇)	315.00
106	兰坪白族普米族自治县(滇)	142.00
107	姚安县(滇)	130.00
108	腾冲县(滇)	115.00
109	禄劝彝族苗族自治县(滇)	112.50
110	隆阳区(滇)	105.50
111	东川区(滇)	102.87
112	富民县(滇)	102.00
113	韩城市林业局(陕)	40000.00
114	临潼区(陕)	4900.00
115	凤　县(陕)	4000.00
116	耀州区(陕)	3100.00
117	澄城县(陕)	1800.00
118	陈仓区(陕)	1780.00
119	黄龙县(陕)	1139.00
120	旬阳县(陕)	1074.00
121	华阴市(陕)	875.00
122	临渭区(陕)	600.00
123	延长县(陕)	307.00
124	蓝田县(陕)	300.00
125	淳化县(陕)	221.00
126	丹凤县(陕)	200.00
127	汉滨区(陕)	184.00
128	洛南县(陕)	128.00
129	城固县(陕)	115.00
130	略阳县(陕)	111.00
131	礼泉县(陕)	100.00
132	武都区(甘)	20000.00
133	秦安县(甘)	8482.50
134	积石山保安族东乡族撒拉族自治县(甘)	6300.00
135	甘谷县(甘)	3519.00
136	麦积区(甘)	2312.00
137	礼　县(甘)	2300.00
138	临夏县(甘)	1981.00
139	文　县(甘)	1500.00
140	西和县(甘)	859.00
141	崆峒区(甘)	717.00
142	永靖县(甘)	300.00
143	武山县(甘)	242.00
144	东乡族自治县(甘)	215.00
145	张家川回族自治县(甘)	214.28
146	和政县(甘)	192.00
147	会宁县(甘)	112.00
148	广河县(甘)	110.00

表 6-5　其他木本粮油主产地产量

序号	其他木本粮油主产地	品种	产量(吨)
1	金秀瑶族自治县(桂)	八角	8850.00
2	右江区(桂)	八角	7960.00
3	防城区(桂)	八角	6659.00
4	富宁县(滇)	八角	6071.00
5	龙州县(桂)	八角	4323.00
6	苍梧县(桂)	八角	3732.00
7	田林县(桂)	八角	3602.00
8	凌云县(桂)	八角	3146.00
9	凭祥市(桂)	八角	2748.00
10	桂平市(桂)	八角	2318.00
11	乐业县(桂)	八角	2050.00
12	信宜市(粤)	八角	2000.00
13	那坡县(桂)	八角	1589.00
14	昭平县(桂)	八角	1264.00
15	西畴县(滇)	八角	1182.00
16	靖西县(桂)	八角	1161.00
17	融水苗族自治县(桂)	八角	1090.00
18	融安县(桂)	八角	759.00
19	天等县(桂)	八角	750.00
20	派阳山林场(桂)	八角	712.50
21	东兰县(桂)	八角	605.00
22	麻栗坡县(滇)	八角	560.50
23	三江侗族自治县(桂)	八角	450.00
24	天峨县(桂)	八角	370.00
25	荔浦县(桂)	八角	261.00
26	永福县(桂)	八角	257.00
27	文山市(滇)	八角	234.00
28	灵山县(桂)	八角	211.00
29	马山县(桂)	八角	140.00
30	恭城瑶族自治县(桂)	八角	132.00
31	芒　市(滇)	八角	124.00
32	覃塘区(桂)	八角	118.00
33	西林县(桂)	八角	114.00
34	莎车县(新)	巴旦姆	45452.00
35	英吉沙县(新)	巴旦姆	4010.00
36	疏附县(新)	巴旦姆	652.00
37	疏勒县(新)	巴旦姆	173.00
38	喀什市(新)	巴旦姆	114.00
39	昌邑市(鲁)	翅果油树	198.00
40	无棣县(鲁)	干枣	320000.00
41	沧　县(冀)	干枣	119080.00
42	农三师(新疆兵团)	干枣	51993.00
43	献　县(冀)	干枣	46870.00
44	甘州区(甘)	干枣	45790.00
45	黄骅市(冀)	干枣	37932.00

序号	其他木本粮油主产地	品种	产量(吨)	序号	其他木本粮油主产地	品种	产量(吨)
46	泊头市(冀)	干枣	26475.00	92	津市市(湘)	干枣	450.00
47	曲阳县(冀)	干枣	16790.00	93	大宁县(晋)	干枣	450.00
48	邹城市(鲁)	干枣	16231.00	94	邢台县(冀)	干枣	407.00
49	茌平县(鲁)	干枣	12751.00	95	道　县(湘)	干枣	392.00
50	宁阳县(鲁)	干枣	10116.00	96	子洲县(陕)	干枣	365.00
51	青　县(冀)	干枣	8841.00	97	浦口区(苏)	干枣	364.00
52	盐山县(冀)	干枣	8200.00	98	沂南县(鲁)	干枣	352.00
53	凌源市(辽)	干枣	8000.00	99	凤阳县(皖)	干枣	330.00
54	怀来县(冀)	干枣	8000.00	100	定远县(皖)	干枣	320.00
55	祁东县(湘)	干枣	7800.00	101	宁远县(湘)	干枣	298.00
56	南皮县(冀)	干枣	6946.00	102	孟村回族自治县(冀)	干枣	296.00
57	阜新蒙古族自治县(辽)	干枣	6500.00	103	东平县(鲁)	干枣	293.00
58	内黄县(豫)	干枣	5604.00	104	沧州市临港经济技术开发区(冀)	干枣	280.00
59	平陆县(晋)	干枣	3798.00	105	江永县(湘)	干枣	250.00
60	长清区(鲁)	干枣	3710.00	106	大祥区(湘)	干枣	250.00
61	景泰县(甘)	干枣	3400.00	107	昌邑市(鲁)	干枣	240.00
62	河间市(冀)	干枣	3393.00	108	江油市(川)	干枣	236.00
63	大观区(皖)	干枣	2700.00	109	淮阴区(苏)	干枣	216.00
64	原平市(晋)	干枣	2655.00	110	柳江县(桂)	干枣	215.00
65	新安县(豫)	干枣	2599.00	111	镇原县(甘)	干枣	202.00
66	任　县(冀)	干枣	2380.00	112	海阳市(鲁)	干枣	200.00
67	临武县(湘)	干枣	2350.00	113	东光县(冀)	干枣	200.00
68	冀州市(冀)	干枣	2163.00	114	明光市(皖)	干枣	166.00
69	海兴县(冀)	干枣	2092.00	115	冷水滩区(湘)	干枣	165.00
70	濮阳市高新区(豫)	干枣	1952.00	116	通州区(苏)	干枣	160.00
71	句容市(苏)	干枣	1850.00	117	三江侗族自治县(桂)	干枣	158.00
72	象州县(桂)	干枣	1798.00	118	贵池区(皖)	干枣	150.00
73	祁阳县(湘)	干枣	1705.00	119	盱眙县(苏)	干枣	146.00
74	临城县(冀)	干枣	1680.00	120	开江县(川)	干枣	140.00
75	莱城区(鲁)	干枣	1456.00	121	景　县(冀)	干枣	140.00
76	榆阳区(陕)	干枣	1400.00	122	洛宁县(豫)	干枣	135.00
77	兴宾区(桂)	干枣	1204.00	123	忻府区(晋)	干枣	134.00
78	澄城县(陕)	干枣	1200.00	124	邹平县(鲁)	干枣	130.00
79	兰陵县(鲁)	干枣	1130.00	125	济源市(豫)	干枣	130.00
80	西夏区(宁)	干枣	1056.00	126	高淳县(苏)	干枣	130.00
81	礼泉县(陕)	干枣	1000.00	127	鹿寨县(桂)	干枣	128.00
82	泗洪县(苏)	干枣	815.00	128	禹州市(豫)	干枣	115.00
83	沙河市(冀)	干枣	810.00	129	淳安县(浙)	干枣	112.00
84	沂水县(鲁)	干枣	739.00	130	盐都区(苏)	干枣	110.00
85	贾汪区(苏)	干枣	696.00	131	赣榆县(苏)	干枣	110.00
86	弥勒市(滇)	干枣	684.00	132	管城回族区(豫)	干枣	108.00
87	滨城区(鲁)	干枣	635.00	133	珠晖区(湘)	干枣	100.00
88	华阴市(陕)	干枣	600.00	134	昔阳县(晋)	干枣	100.00
89	六合区(苏)	干枣	580.00	135	万州区(渝)	干枣	100.00
90	任丘市(冀)	干枣	535.00	136	耒阳市(湘)	干枣	100.00
91	梁山县(鲁)	干枣	460.00	137	沧州市南大港管理区(冀)	干枣	100.00

序号	其他木本粮油主产地	品种	产量(吨)
138	宽甸满族自治县(辽)	核桃楸	33000.00
139	清原满族自治县(辽)	核桃楸	30100.00
140	新宾满族自治县(辽)	核桃楸	17808.00
141	桓仁满族自治县(辽)	核桃楸	9400.00
142	南芬区(辽)	核桃楸	500.00
143	江源区(吉)	核桃楸	275.00
144	明山区(辽)	核桃楸	225.00
145	宁强县(陕)	核桃楸	214.00
146	延寿县(黑)	核桃楸	100.00
147	平泉县(冀)	核桃楸	100.00
148	集安市(吉)	红松坚果	3389.00
149	敦化市(吉)	红松坚果	2330.00
150	通化县(吉)	红松坚果	2150.20
151	岫岩满族自治县(辽)	红松坚果	1656.00
152	宽甸满族自治县(辽)	红松坚果	900.00
153	抚松县(吉)	红松坚果	680.50
154	三岔子林业局(吉林森工)	红松坚果	600.00
155	靖宇县(吉)	红松坚果	552.00
156	桦川县(黑)	红松坚果	490.00
157	辉南县(吉)	红松坚果	420.00
158	延寿县(黑)	红松坚果	400.00
159	延吉市(吉)	红松坚果	385.00
160	浑江区(吉)	红松坚果	350.00
161	梅河口市(吉)	红松坚果	120.00
162	长白朝鲜族自治县(吉)	红松坚果	110.00
163	清原满族自治县(辽)	红松籽	10303.00
164	新宾满族自治县(辽)	红松籽	4346.00
165	桓仁满族自治县(辽)	红松籽	3711.00
166	汤旺河林业局(龙江森工)	红松籽	2969.00
167	东京城林业局(龙江森工)	红松籽	1275.00
168	清河林业局(龙江森工)	红松籽	1245.00
169	五营林业局(龙江森工)	红松籽	1236.00
170	穆棱林业局(龙江森工)	红松籽	1150.00
171	抚顺县(辽)	红松籽	1075.00
172	南芬区(辽)	红松籽	850.00
173	海林林业局(龙江森工)	红松籽	800.00
174	友好林业局(龙江森工)	红松籽	750.00
175	林口林业局(龙江森工)	红松籽	722.00
176	黑龙江柴河林业局(龙江森工)	红松籽	710.00
177	桦南林业局(龙江森工)	红松籽	690.00
178	红石林业局(吉林森工)	红松籽	654.00
179	鹤北林业局(龙江森工)	红松籽	605.00
180	集安市(吉)	红松籽	501.00
181	本溪满族自治县(辽)	红松籽	500.00
182	朗乡林业局(龙江森工)	红松籽	480.00
183	沾河林业局(龙江森工)	红松籽	469.00
184	东港市(辽)	红松籽	454.00
185	东丰县(吉)	红松籽	400.00
186	双丰林业局(龙江森工)	红松籽	300.00
187	兴隆林业局(龙江森工)	红松籽	298.00
188	靖宇县(吉)	红松籽	278.00
189	新青林业局(龙江森工)	红松籽	260.00
190	凤庆县(滇)	红松籽	241.00
191	美溪林业局(龙江森工)	红松籽	200.00
192	双鸭山林业局(龙江森工)	红松籽	186.00
193	方正林业局(龙江森工)	红松籽	185.00
194	上甘岭林业局(龙江森工)	红松籽	180.00
195	铁力林业局(龙江森工)	红松籽	128.00
196	金山屯林业局(龙江森工)	红松籽	128.00
197	乌马河林业局(龙江森工)	红松籽	120.00
198	红星林业局(龙江森工)	红松籽	120.00
199	带岭实验局(龙江森工)	红松籽	120.00
200	东方红林业局(龙江森工)	红松籽	100.00
201	漾濞彝族自治县(滇)	梅类	6700.00
202	海宁市(浙)	梅类	3010.00
203	信宜市(粤)	梅类	2280.00
204	台山市(粤)	梅类	600.00
205	鹤庆县(滇)	梅类	403.00
206	涟源市(湘)	梅类	180.00
207	凤庆县(滇)	梅类	131.90
208	垫江县(渝)	牡丹籽	5.00
209	东明县(鲁)	牡丹籽	1.00
210	阜新蒙古族自治县(辽)	仁用杏	8000.00
211	吴起县(陕)	仁用杏	7800.00
212	涿鹿县(冀)	仁用杏	5097.57
213	宣化县(冀)	仁用杏	3171.00
214	凌源市(辽)	仁用杏	2734.00
215	延庆县(京)	仁用杏	2462.00
216	怀来县(冀)	仁用杏	1890.00
217	康平县(辽)	仁用杏	1700.00
218	天镇县(晋)	仁用杏	1500.00
219	灵寿县(冀)	仁用杏	1484.00
220	怀安县(冀)	仁用杏	1400.00
221	蔚　县(冀)	仁用杏	1200.00
222	丰宁满族自治县(冀)	仁用杏	1200.00
223	易　县(冀)	仁用杏	1000.00
224	涞水县(冀)	仁用杏	1000.00
225	涞源县(冀)	仁用杏	995.00
226	襄垣县(晋)	仁用杏	900.00
227	巴林左旗(内蒙古)	仁用杏	876.00
228	下花园区(冀)	仁用杏	858.00
229	子洲县(陕)	仁用杏	830.00

序号	其他木本粮油主产地	品种	产量(吨)	序号	其他木本粮油主产地	品种	产量(吨)
230	平泉县(冀)	仁用杏	800.00	276	宣化县(冀)	山杏	1082.00
231	喀喇沁旗(内蒙古)	仁用杏	760.00	277	宁城县(内蒙古)	山杏	1010.00
232	会宁县(甘)	仁用杏	600.00	278	嵩　县(豫)	山杏	1000.00
233	奇台县(新)	仁用杏	561.00	279	旬邑县(陕)	山杏	819.00
234	凌海市(辽)	仁用杏	550.00	280	涞水县(冀)	山杏	800.00
235	承德县(冀)	仁用杏	532.00	281	喀喇沁旗(内蒙古)	山杏	652.00
236	滦平县(冀)	仁用杏	510.00	282	怀来县(冀)	山杏	650.00
237	怀柔区(京)	仁用杏	439.90	283	宽城满族自治县(冀)	山杏	600.00
238	兴隆县(冀)	仁用杏	391.00	284	巴林右旗(内蒙古)	山杏	546.00
239	房山区(京)	仁用杏	377.50	285	松山区(内蒙古)	山杏	308.00
240	大石桥市(辽)	仁用杏	300.00	286	双滦区(冀)	山杏	220.00
241	隰　县(晋)	仁用杏	286.00	287	大宁县(晋)	山杏	210.00
242	万全县(冀)	仁用杏	256.00	288	吴起县(陕)	山杏	200.00
243	青龙满族自治县(冀)	仁用杏	200.00	289	贵池区(皖)	山杏	200.00
244	子长县(陕)	仁用杏	120.00	290	原平市(晋)	山杏	160.00
245	阳曲县(晋)	仁用杏	105.00	291	定西市巉口林业试验场(甘)	山杏	150.00
246	抚宁县(冀)	仁用杏	105.00	292	和顺县(晋)	山杏	125.00
247	曲阳县(冀)	仁用杏	100.00	293	绥中县(辽)	山杏	100.00
248	宽城满族自治县(冀)	仁用杏	100.00	294	淄川区(鲁)	柿饼	14400.00
249	繁峙县(晋)	仁用杏	100.00	295	象州县(桂)	柿饼	6110.00
250	德庆县(粤)	肉桂	31165.00	296	沂南县(鲁)	柿饼	2510.00
251	防城区(桂)	肉桂	11147.00	297	澄城县(陕)	柿饼	1833.00
252	富宁县(滇)	肉桂	1339.00	298	保康县(鄂)	柿饼	875.00
253	昭平县(桂)	肉桂	709.00	299	三江侗族自治县(桂)	柿饼	430.00
254	乳源瑶族自治县(粤)	肉桂	630.00	300	巫溪县(渝)	柿饼	280.00
255	高　县(川)	肉桂	450.00	301	洱源县(滇)	松果	615.00
256	龙州县(桂)	肉桂	426.00	302	南郑县(陕)	松果	580.00
257	大观区(皖)	沙枣	3750.00	303	巍山彝族回族自治县(滇)	松果	253.00
258	郏　县(豫)	沙枣	180.00	304	鹤庆县(滇)	松果	240.00
259	凌源市(辽)	山杏	16450.00	305	旬阳县(陕)	松果	86.00
260	会宁县(甘)	山杏	16000.00	306	江川县(滇)	松果	85.00
261	朝阳县(辽)	山杏	12000.00	307	新丰县(粤)	松果	56.00
262	多伦县(内蒙古)	山杏	10500.00	308	晋宁县(滇)	松果	52.60
263	邹城市(鲁)	山杏	9765.00	309	文山市(滇)	松果	51.00
264	彭阳县(宁)	山杏	7483.00	310	嵊州市(浙)	香榧	850.00
265	北票市(辽)	山杏	6000.00	311	磐安县(浙)	香榧	600.00
266	甘泉县(陕)	山杏	4000.00	312	新宁县(湘)	香榧	100.00
267	敖汉旗(内蒙古)	山杏	2402.00	313	黟　县(皖)	香榧	72.00
268	丰宁满族自治县(冀)	山杏	2350.00	314	松阳县(浙)	香榧	62.00
269	赤城县(冀)	山杏	2350.00	315	铜鼓县(赣)	香榧	60.00
270	子长县(陕)	山杏	2000.00	316	富阳市(浙)	香榧	43.00
271	围场满族蒙古族自治县(冀)	山杏	2000.00	317	淳安县(浙)	香榧	40.00
272	宁阳县(鲁)	山杏	1943.00	318	建德市(浙)	香榧	38.00
273	子洲县(陕)	山杏	1500.00	319	休宁县(皖)	香榧	32.00
274	翁牛特旗(内蒙古)	山杏	1310.00	320	缙云县(浙)	香榧	19.00
275	隆德县(宁)	山杏	1300.00	321	临安市(浙)	香榧	17.00

序号	其他木本粮油主产地	品种	产量(吨)
322	安吉县(浙)	香榧	12.00
323	武都区(甘)	油橄榄	14000.00
324	开江县(川)	油橄榄	2646.00
325	青川县(川)	油橄榄	1500.00
326	利州区(川)	油橄榄	347.00
327	西昌市(川)	油橄榄	260.00
328	奉节县(渝)	油橄榄	200.00
329	游仙区(川)	油橄榄	150.00
330	昭化区(川)	油橄榄	120.00
331	谯城区(皖)	牡丹籽	50000.00
332	兰州新区(甘)	牡丹籽	2950.00
333	东阿县(鲁)	牡丹籽	2000.00
334	怀远县(皖)	牡丹籽	1500.00
335	邵阳县(湘)	牡丹籽	800.00
336	保康县(鄂)	牡丹籽	700.00
337	东昌府区(鲁)	牡丹籽	400.00
338	随　县(鄂)	牡丹籽	380.00
339	汝阳县(豫)	牡丹籽	112.00
340	嵩　县(豫)	元宝枫	27.00
341	翁牛特旗(内蒙古)	元宝枫	24.00
342	岫岩满族自治县(辽)	榛子	18243.00
343	铁岭县(辽)	榛子	14400.00
344	西丰县(辽)	榛子	14000.00
345	辽阳县(辽)	榛子	12500.00
346	开原市(辽)	榛子	11000.00
347	围场满族蒙古族自治县(冀)	榛子	6530.00
348	抚顺县(辽)	榛子	5560.00
349	海城市(辽)	榛子	5000.00
350	顺城区(辽)	榛子	2720.00
351	昌图县(辽)	榛子	2500.00
352	梅河口市(吉)	榛子	1646.00
353	法库县(辽)	榛子	1320.00
354	清原满族自治县(辽)	榛子	1040.00
355	本溪满族自治县(辽)	榛子	700.00
356	桓仁满族自治县(辽)	榛子	532.00
357	集安市(吉)	榛子	450.00
358	新宾满族自治县(辽)	榛子	445.00
359	新邱区(辽)	榛子	400.00
360	平泉县(冀)	榛子	300.00
361	喀喇沁旗(内蒙古)	榛子	285.00
362	赤城县(冀)	榛子	225.00
363	五营林业局(龙江森工)	榛子	215.00
364	南芬区(辽)	榛子	210.00
365	双丰林业局(龙江森工)	榛子	200.00
366	宁城县(内蒙古)	榛子	200.00
367	新青林业局(龙江森工)	榛子	170.00
368	庄河市(辽)	榛子	155.00
369	铁岭市经济开发区(辽)	榛子	150.00
370	金山屯林业局(龙江森工)	榛子	128.00
371	汤旺河林业局(龙江森工)	榛子	123.00
372	裕安区(皖)	榛子	120.00
373	宽甸满族自治县(辽)	榛子	300.00
374	通化县(吉)	榛子	248.90
375	五大连池市(黑)	榛子	150.00
376	东丰县(吉)	榛子	110.00
377	宏伟区(辽)	榛子	100.00

表 6-6　主要木本工业用油料主产地产量

序号	主要木本工业用油料主产地	品种	产量(吨)
1	牟定县(滇)	桉树树叶	19000.00
2	楚雄市(滇)	桉树树叶	12962.00
3	乡宁县(晋)	翅果油树	506.40
4	临泉县(皖)	枫杨	1125.00
5	会理县(川)	华山松籽	5380.00
6	麒麟区(滇)	华山松籽	3000.00
7	会东县(川)	华山松籽	1900.00
8	巫山县(渝)	华山松籽	900.00
9	旺苍县(川)	华山松籽	800.00
10	万源市(川)	华山松籽	560.00
11	巫溪县(渝)	华山松籽	410.00
12	通江县(川)	华山松籽	270.00
13	鹤庆县(滇)	华山松籽	240.00
14	美姑县(川)	华山松籽	170.00
15	德江县(黔)	华山松籽	50.00
16	嵩　县(豫)	华山松籽	30.00
17	楚雄市(滇)	华山松籽	29.00
18	漾濞彝族自治县(滇)	华山松籽	18.00
19	万源市(川)	黄柏籽	600.00
20	宜宾县(川)	黄柏籽	415.00
21	江油市(川)	黄柏籽	133.00
22	双牌县(湘)	黄柏籽	60.00
23	沅陵县(湘)	黄柏籽	37.00
24	资兴市(湘)	黄柏籽	26.00
25	麻城市(鄂)	黄柏籽	10.00
26	淅川县(豫)	黄连木籽	8300.00
27	栾川县(豫)	黄连木籽	5430.00
28	汝阳县(豫)	黄连木籽	1345.00
29	林州市(豫)	黄连木籽	720.00
30	涉　县(冀)	黄连木籽	600.00
31	武安市(冀)	黄连木籽	500.00
32	新安县(豫)	黄连木籽	370.50
33	辉县市(豫)	黄连木籽	72.00

序号	主要木本工业用油料主产地	品种	产量(吨)
34	石泉县(陕)	黄连木籽	70.00
35	嵩　县(豫)	黄连木籽	40.00
36	南郑县(陕)	黄连木籽	10.00
37	乳源瑶族自治县(粤)	马尾松籽	6300.00
38	宜都市(鄂)	马尾松籽	5000.00
39	恭城瑶族自治县(桂)	马尾松籽	3275.00
40	旺苍县(川)	马尾松籽	2000.00
41	长顺县(黔)	马尾松籽	900.00
42	平利县(陕)	马尾松籽	400.00
43	武江区(粤)	马尾松籽	216.00
44	新晃侗族自治县(湘)	马尾松籽	179.00
45	双峰县(湘)	马尾松籽	170.00
46	祁东县(湘)	马尾松籽	21.20
47	南江县(川)	马尾松籽	15.00
48	玉州区(桂)	马尾松籽	10.00
49	永登县(甘)	玫瑰	1044.00
50	渑池县(豫)	玫瑰	250.00
51	泸水县(滇)	漆树籽	7800.00
52	平利县(陕)	漆树籽	2000.00
53	冷水江市(湘)	漆树籽	1050.00
54	长阳土家族自治县(鄂)	漆树籽	800.00
55	汉滨区(陕)	漆树籽	521.00
56	城口县(渝)	漆树籽	500.00
57	旺苍县(川)	漆树籽	500.00
58	酉阳土家族苗族自治县(渝)	漆树籽	400.00
59	旬阳县(陕)	漆树籽	202.00
60	新邵县(湘)	漆树籽	160.00
61	石泉县(陕)	漆树籽	115.00
62	栾川县(豫)	漆树籽	100.00
63	丹凤县(陕)	漆树籽	62.00
64	兰坪白族普米族自治县(滇)	漆树籽	45.00
65	白河县(陕)	漆树籽	43.00
66	武隆县(渝)	漆树籽	33.00
67	巫溪县(渝)	漆树籽	32.00
68	万源市(川)	漆树籽	25.00
69	竹溪县(鄂)	漆树籽	17.00
70	隆回县(湘)	漆树籽	12.00
71	溆浦县(湘)	漆树籽	11.00
72	乳源瑶族自治县(粤)	山苍子	11000.00
73	新宁县(湘)	山苍子	5000.00
74	紫云苗族布依族自治县(黔)	山苍子	2475.00
75	桂东县(湘)	山苍子	1210.00
76	资兴市(湘)	山苍子	1008.00
77	衡阳县(湘)	山苍子	752.00
78	耒阳市(湘)	山苍子	500.00
79	宁远县(湘)	山苍子	490.00
80	株洲县(湘)	山苍子	325.00
81	洪江市(湘)	山苍子	280.00
82	全州县(桂)	山苍子	280.00
83	沅陵县(湘)	山苍子	157.00
84	乐昌市(粤)	山苍子	150.00
85	连南瑶族自治县(粤)	山苍子	77.00
86	赣　县(赣)	山苍子	75.00
87	祁东县(湘)	山苍子	60.00
88	遂川县(赣)	山苍子	60.00
89	芷江侗族自治县(湘)	山苍子	25.00
90	石台县(皖)	山苍子	15.00
91	新化县(湘)	山苍子	10.00
92	大悟县(鄂)	乌桕籽	5244.00
93	确山县(豫)	乌桕籽	1700.00
94	酉阳土家族苗族自治县(渝)	乌桕籽	850.00
95	乳源瑶族自治县(粤)	乌桕籽	630.00
96	淅川县(豫)	乌桕籽	550.00
97	祁东县(湘)	乌桕籽	480.00
98	阳山县(粤)	乌桕籽	462.00
99	商南县(陕)	乌桕籽	340.00
100	德江县(黔)	乌桕籽	328.60
101	云阳县(渝)	乌桕籽	200.00
102	安陆市(鄂)	乌桕籽	180.00
103	郧　县(鄂)	乌桕籽	170.00
104	城固县(陕)	乌桕籽	108.00
105	旺苍县(川)	乌桕籽	100.00
106	威远县(川)	乌桕籽	80.00
107	太湖县(皖)	乌桕籽	80.00
108	红安县(鄂)	乌桕籽	72.00
109	建始县(鄂)	乌桕籽	62.00
110	临武县(湘)	乌桕籽	55.00
111	黔江区(渝)	乌桕籽	55.00
112	汉滨区(陕)	乌桕籽	50.00
113	龙山县(湘)	乌桕籽	50.00
114	旬阳县(陕)	乌桕籽	44.00
115	恭城瑶族自治县(桂)	乌桕籽	40.00
116	新邵县(湘)	乌桕籽	40.00
117	永顺县(湘)	乌桕籽	35.00
118	英山县(鄂)	乌桕籽	31.20
119	赣　县(赣)	乌桕籽	30.00
120	信丰县(赣)	乌桕籽	30.00
121	宜都市(鄂)	乌桕籽	24.00
122	沿河土家族自治县(黔)	乌桕籽	23.00
123	嵩　县(豫)	乌桕籽	20.00
124	常宁市(湘)	乌桕籽	20.00
125	保靖县(湘)	乌桕籽	20.00

序号	主要木本工业用油料主产地	品种	产量(吨)
126	兴安县(桂)	乌桕籽	16.00
127	冷水滩区(湘)	乌桕籽	16.00
128	卢氏县(豫)	乌桕籽	15.00
129	阳新县(鄂)	乌桕籽	11.00
130	南江县(川)	乌桕籽	10.00
131	花垣县(湘)	乌桕籽	10.00
132	浠水县(鄂)	乌桕籽	10.00
133	吴起县(陕)	杏核	7835.00
134	宁城县(内蒙古)	杏核	1010.00
135	宁　县(甘)	杏核	436.00
136	沁水县(晋)	杏核	116.00
137	永胜县(滇)	油料麻疯树	1801.00
138	会理县(川)	油料麻疯树	416.00
139	会东县(川)	油料麻疯树	200.00
140	田林县(桂)	油桐籽	18180.00
141	旬阳县(陕)	油桐籽	16212.00
142	天峨县(桂)	油桐籽	15219.00
143	德江县(黔)	油桐籽	10000.00
144	平江县(湘)	油桐籽	8160.00
145	南丹县(桂)	油桐籽	7383.00
146	固始县(豫)	油桐籽	7100.00
147	隆林各族自治县(桂)	油桐籽	6960.00
148	会同县(湘)	油桐籽	6800.00
149	确山县(豫)	油桐籽	6400.00
150	罗甸县(黔)	油桐籽	5170.00
151	麻城市(鄂)	油桐籽	5079.00
152	嵩　县(豫)	油桐籽	4690.00
153	淅川县(豫)	油桐籽	4300.00
154	汉滨区(陕)	油桐籽	4250.00
155	西峡县(豫)	油桐籽	4200.00
156	梅　县(粤)	油桐籽	3990.00
157	龙山县(湘)	油桐籽	3600.00
158	开江县(川)	油桐籽	3500.00
159	汝阳县(豫)	油桐籽	3455.00
160	商南县(陕)	油桐籽	3365.00
161	右江区(桂)	油桐籽	3250.00
162	田东县(桂)	油桐籽	3200.00
163	曾都区(鄂)	油桐籽	3000.00
164	富宁县(滇)	油桐籽	2467.00
165	云阳县(渝)	油桐籽	2350.00
166	永福县(桂)	油桐籽	2192.00
167	郧　县(鄂)	油桐籽	2100.00
168	遂平县(豫)	油桐籽	2049.00
169	乐业县(桂)	油桐籽	2025.00
170	桐柏县(豫)	油桐籽	2010.00
171	龙胜各族自治县(桂)	油桐籽	1818.00
172	永顺县(湘)	油桐籽	1800.00
173	来凤县(鄂)	油桐籽	1800.00
174	东兰县(桂)	油桐籽	1738.00
175	紫云苗族布依族自治县(黔)	油桐籽	1670.00
176	内乡县(豫)	油桐籽	1600.00
177	新宁县(湘)	油桐籽	1500.00
178	奉新县(赣)	油桐籽	1400.00
179	从江县(黔)	油桐籽	1345.00
180	汉阴县(陕)	油桐籽	1330.00
181	龙川县(粤)	油桐籽	1250.00
182	祁东县(湘)	油桐籽	1100.00
183	金寨县(皖)	油桐籽	1077.00
184	山阳县(陕)	油桐籽	1070.00
185	秀山土家族苗族自治县(渝)	油桐籽	1000.00
186	茶陵县(湘)	油桐籽	842.00
187	凌云县(桂)	油桐籽	827.00
188	全州县(桂)	油桐籽	800.00
189	阳朔县(桂)	油桐籽	791.00
190	安化县(湘)	油桐籽	700.00
191	美姑县(川)	油桐籽	692.00
192	阳山县(粤)	油桐籽	682.00
193	叶　县(豫)	油桐籽	680.00
194	融水苗族自治县(桂)	油桐籽	667.00
195	巫溪县(渝)	油桐籽	665.00
196	唐河县(豫)	油桐籽	663.00
197	沅陵县(湘)	油桐籽	654.00
198	瑞金市(赣)	油桐籽	640.00
199	乳源瑶族自治县(粤)	油桐籽	630.00
200	安陆市(鄂)	油桐籽	630.00
201	宁南县(川)	油桐籽	607.00
202	分宜县(赣)	油桐籽	590.00
203	于都县(赣)	油桐籽	590.00
204	丹凤县(陕)	油桐籽	588.00
205	江华瑶族自治县(湘)	油桐籽	559.00
206	白河县(陕)	油桐籽	550.00
207	恭城瑶族自治县(桂)	油桐籽	536.00
208	方城县(豫)	油桐籽	534.20
209	凤庆县(滇)	油桐籽	524.70
210	泌阳县(豫)	油桐籽	520.00
211	镇远县(黔)	油桐籽	470.00
212	连山壮族瑶族自治县(粤)	油桐籽	453.00
213	竹山县(鄂)	油桐籽	430.00
214	双牌县(湘)	油桐籽	420.00
215	平远县(粤)	油桐籽	407.00
216	泸水县(滇)	油桐籽	406.20
217	资兴市(湘)	油桐籽	402.00

序号	主要木本工业用油料主产地	品种	产量(吨)	序号	主要木本工业用油料主产地	品种	产量(吨)
218	新化县(湘)	油桐籽	400.00	264	巴东县(鄂)	油桐籽	150.00
219	双峰县(湘)	油桐籽	400.00	265	凤凰县(湘)	油桐籽	150.00
220	随　县(鄂)	油桐籽	400.00	266	德兴市(赣)	油桐籽	140.00
221	安福县(赣)	油桐籽	400.00	267	江安县(川)	油桐籽	138.00
222	太湖县(皖)	油桐籽	390.00	268	三江侗族自治县(桂)	油桐籽	130.00
223	麻栗坡县(滇)	油桐籽	382.10	269	三江侗族自治县(桂)	油桐籽	130.00
224	宜丰县(赣)	油桐籽	377.00	270	隆阳区(滇)	油桐籽	126.00
225	平昌县(川)	油桐籽	374.00	271	冷水滩区(湘)	油桐籽	125.00
226	荔浦县(桂)	油桐籽	363.00	272	全南县(赣)	油桐籽	125.00
227	靖安县(赣)	油桐籽	350.00	273	威远县(川)	油桐籽	120.00
228	丘北县(滇)	油桐籽	349.00	274	石泉县(陕)	油桐籽	120.00
229	城固县(陕)	油桐籽	337.00	275	会昌县(赣)	油桐籽	115.00
230	西平县(豫)	油桐籽	330.00	276	北湖区(湘)	油桐籽	113.00
231	桐城市(皖)	油桐籽	330.00	277	金城江区(桂)	油桐籽	107.00
232	融安县(桂)	油桐籽	324.00	278	连南瑶族自治县(粤)	油桐籽	105.00
233	田阳县(桂)	油桐籽	310.00	279	凭祥市(桂)	油桐籽	102.00
234	永兴县(湘)	油桐籽	300.00	280	长阳土家族自治县(鄂)	油桐籽	100.00
235	驿城区(豫)	油桐籽	300.00	281	潜山县(皖)	油桐籽	100.00
236	保靖县(湘)	油桐籽	300.00	282	零陵区(湘)	油桐籽	100.00
237	旺苍县(川)	油桐籽	300.00	283	慈利县(湘)	油桐籽	100.00
238	道　县(湘)	油桐籽	296.00	284	临澧县(湘)	油桐籽	100.00
239	酉阳土家族苗族自治县(渝)	油桐籽	291.00	285	绥宁县(湘)	油桐籽	100.00
240	酉阳土家族苗族自治县(渝)	油桐籽	291.00	286	廉江市(粤)	油桐籽	100.00
241	衡南县(湘)	油桐籽	282.80	287	岳阳县(湘)	油桐籽	100.00
242	南江县(川)	油桐籽	280.00	288	卢氏县(豫)	油桐籽	98.00
243	桑植县(湘)	油桐籽	280.00	289	溆浦县(湘)	油桐籽	96.00
244	那坡县(桂)	油桐籽	276.00	290	大化瑶族自治县(桂)	油桐籽	89.00
245	株洲县(湘)	油桐籽	275.00	291	清镇市(黔)	油桐籽	87.00
246	柳江县(桂)	油桐籽	264.00	292	石台县(皖)	油桐籽	85.00
247	云　县(滇)	油桐籽	253.20	293	永定区(湘)	油桐籽	80.00
248	信丰县(赣)	油桐籽	250.00	294	黔江区(渝)	油桐籽	77.00
249	万载县(赣)	油桐籽	240.00	295	兰坪白族普米族自治县(滇)	油桐籽	76.00
250	宜都市(鄂)	油桐籽	230.00	296	马山县(桂)	油桐籽	75.00
251	平乐县(桂)	油桐籽	224.00	297	丹江口市(鄂)	油桐籽	71.00
252	湘乡市(湘)	油桐籽	220.00	298	松桃苗族自治县(黔)	油桐籽	70.00
253	思南县(黔)	油桐籽	220.00	299	兴山县(鄂)	油桐籽	62.70
254	阳新县(鄂)	油桐籽	211.00	300	英德市(粤)	油桐籽	62.00
255	大悟县(鄂)	油桐籽	200.00	301	章贡区(赣)	油桐籽	61.00
256	锦屏县(黔)	油桐籽	194.00	302	建始县(鄂)	油桐籽	60.00
257	横　县(桂)	油桐籽	175.00	303	古丈县(湘)	油桐籽	60.00
258	龙南县(赣)	油桐籽	175.00	304	霍山县(皖)	油桐籽	60.00
259	万州区(渝)	油桐籽	174.00	305	西畴县(滇)	油桐籽	58.10
260	兴安县(桂)	油桐籽	167.00	306	兴宾区(桂)	油桐籽	57.00
261	巴南区(渝)	油桐籽	167.00	307	连平县(粤)	油桐籽	55.00
262	临武县(湘)	油桐籽	160.00	308	印江土家族苗族自治县(黔)	油桐籽	55.00
263	英山县(鄂)	油桐籽	159.00	309	安远县(赣)	油桐籽	55.00

序号	主要木本工业用油料主产地	品种	产量(吨)
310	中方县(湘)	油桐籽	54.00
311	南陵县(皖)	油桐籽	51.00
312	南郑县(陕)	油桐籽	50.00
313	奉节县(渝)	油桐籽	50.00
314	花垣县(湘)	油桐籽	50.00
315	上饶县(赣)	油桐籽	45.00
316	金秀瑶族自治县(桂)	油桐籽	42.00
317	合川区(渝)	油桐籽	40.00
318	石柱土家族自治县(渝)	油桐籽	40.00
319	舒城县(皖)	油桐籽	37.00
320	宝丰县(豫)	油桐籽	36.00
321	泾　县(皖)	油桐籽	35.00
322	修水县(赣)	油桐籽	35.00
323	钦北区(桂)	油桐籽	32.55
324	东至县(皖)	油桐籽	31.00
325	邵阳县(湘)	油桐籽	30.00
326	孝昌县(鄂)	油桐籽	30.00
327	万山区(黔)	油桐籽	30.00
328	定南县(赣)	油桐籽	30.00
329	靖州苗族侗族自治县(湘)	油桐籽	27.50
330	常宁市(湘)	油桐籽	25.00
331	平桥区(豫)	油桐籽	25.00
332	醴陵市(湘)	油桐籽	25.00
333	武宣县(桂)	油桐籽	24.00
334	江永县(湘)	油桐籽	22.00
335	苍梧县(桂)	油桐籽	21.00
336	寻乌县(赣)	油桐籽	21.00
337	吉首市(湘)	油桐籽	20.00
338	隆回县(湘)	油桐籽	20.00
339	沿河土家族自治县(黔)	油桐籽	20.00
340	合山市(桂)	油桐籽	18.00
341	象州县(桂)	油桐籽	18.00
342	武隆县(渝)	油桐籽	16.00
343	南漳县(鄂)	油桐籽	15.00
344	彭水苗族土家族自治县(渝)	油桐籽	15.00
345	通山县(鄂)	油桐籽	15.00
346	罗城仫佬族自治县(桂)	油桐籽	15.00
347	鼎城区(湘)	油桐籽	14.00
348	红安县(鄂)	油桐籽	12.50
349	张湾区(鄂)	油桐籽	12.00
350	开　县(渝)	油桐籽	11.10
351	新丰县(粤)	油桐籽	11.00
352	六枝特区(黔)	油桐籽	11.00
353	丰都县(渝)	油桐籽	10.02
354	五峰土家族自治县(鄂)	油桐籽	10.00
355	华容县(湘)	油桐籽	10.00
356	枣阳市(鄂)	油桐籽	10.00
357	玉屏侗族自治县(黔)	油桐籽	10.00
358	靖西县(桂)	油桐籽	10.00
359	浠水县(鄂)	油桐籽	10.00
360	玉山县(赣)	油桐籽	10.00
361	乳源瑶族自治县(粤)	樟树籽	12600.00
362	祁东县(湘)	樟树籽	2500.00
363	宜都市(鄂)	樟树籽	500.00
364	芜湖县(皖)	樟树籽	200.00
365	望城县(湘)	樟树籽	150.00
366	宁乡县(湘)	樟树籽	110.00
367	旺苍县(川)	樟树籽	100.00
368	于都县(赣)	棕榈籽	931.00
369	宜都市(鄂)	棕榈籽	580.00
370	荔浦县(桂)	棕榈籽	440.00
371	思南县(黔)	棕榈籽	400.00
372	阳新县(鄂)	棕榈籽	117.00
373	江华瑶族自治县(湘)	棕榈籽	101.00
374	恭城瑶族自治县(桂)	棕榈籽	86.00
375	寻乌县(赣)	棕榈籽	42.00
376	冷水江市(湘)	棕榈籽	32.00
377	武隆县(渝)	棕榈籽	16.00
378	兴山县(鄂)	棕榈籽	13.75

表 7-1　苹果主产地产量

序号	苹果主产地	产量(吨)
1	密云县(京)	11965.00
2	延庆县(京)	10947.00
3	房山区(京)	4760.30
4	怀柔区(京)	2070.20
5	蓟　县(津)	10871.00
6	宝坻区(津)	9737.00
7	北辰区(津)	2338.00
8	静海县(津)	1739.00
9	深州市(冀)	244494.00
10	围场满族蒙古族自治县(冀)	201000.00
11	承德县(冀)	162358.00
12	乐亭县(冀)	156612.00
13	平泉县(冀)	140000.00
14	辛集市(冀)	127930.00
15	青龙满族自治县(冀)	127000.00
16	抚宁县(冀)	103809.00
17	邢台县(冀)	103737.00
18	迁安市(冀)	88025.00
19	昌黎县(冀)	77000.00
20	遵化市(冀)	73376.00
21	枣强县(冀)	70990.00
22	深泽县(冀)	70485.00
23	兴隆县(冀)	65769.00
24	三河市(冀)	62310.00
25	冀州市(冀)	57474.00
26	顺平县(冀)	57200.00

序号	苹果主产地	产量(吨)
27	涿鹿县(冀)	53768.00
28	滦　县(冀)	51947.00
29	玉田县(冀)	45845.00
30	藁城区(冀)	43624.00
31	武邑县(冀)	40100.00
32	故城县(冀)	39686.00
33	滦南县(冀)	39583.00
34	井陉县(冀)	37865.00
35	丰润区(冀)	32802.00
36	永清县(冀)	31500.00
37	魏　县(冀)	30750.00
38	临漳县(冀)	30380.00
39	宽城满族自治县(冀)	30000.00
40	献　县(冀)	27999.00
41	桃城区(冀)	26669.00
42	隆尧县(冀)	25846.00
43	定州市(冀)	25600.00
44	怀来县(冀)	24825.00
45	新河县(冀)	23760.00
46	文安县(冀)	23604.00
47	卢龙县(冀)	22888.00
48	景　县(冀)	22182.00
49	宁晋县(冀)	20663.00
50	饶阳县(冀)	20174.00
51	内丘县(冀)	19900.00
52	平山县(冀)	19740.00
53	阜城县(冀)	19640.00
54	肥乡县(冀)	19400.00
55	肃宁县(冀)	18974.00
56	南宫市(冀)	18441.00
57	泊头市(冀)	18173.00
58	武安市(冀)	18000.00
59	临城县(冀)	17468.00
60	安平县(冀)	17030.00
61	鹿泉区(冀)	16753.00
62	成安县(冀)	16750.00
63	南皮县(冀)	16392.00
64	曲周县(冀)	16000.00
65	盐山县(冀)	14000.00
66	霸州市(冀)	12978.00
67	馆陶县(冀)	12035.00
68	望都县(冀)	11950.00
69	安国市(冀)	11842.00
70	晋州市(冀)	11700.00
71	巨鹿县(冀)	11592.00
72	沧　县(冀)	11587.00

序号	苹果主产地	产量(吨)
73	香河县(冀)	10300.00
74	隆化县(冀)	10120.00
75	邱　县(冀)	10000.00
76	广平县(冀)	9645.00
77	邯郸县(冀)	9335.00
78	博野县(冀)	9320.00
79	吴桥县(冀)	9169.00
80	雄　县(冀)	9000.00
81	安次区(冀)	8867.00
82	迁西县(冀)	8800.00
83	大名县(冀)	8775.00
84	威　县(冀)	8175.00
85	蠡　县(冀)	8135.00
86	磁　县(冀)	8000.00
87	行唐县(冀)	8000.00
88	固安县(冀)	7230.00
89	任丘市(冀)	6372.00
90	广阳区(冀)	6308.00
91	易　县(冀)	6000.00
92	沙河市(冀)	5950.00
93	曲阳县(冀)	5900.00
94	丰南区(冀)	5837.00
95	古冶区(冀)	5737.00
96	平乡县(冀)	5647.00
97	唐海县(冀)	5331.00
98	丰宁满族自治县(冀)	5300.00
99	徐水县(冀)	5300.00
100	黄骅市(冀)	5216.00
101	大城县(冀)	5060.00
102	灵寿县(冀)	4950.00
103	青　县(冀)	4687.00
104	任　县(冀)	4657.00
105	临西县(冀)	4500.00
106	满城县(冀)	4496.00
107	清苑县(冀)	4363.00
108	孟村回族自治县(冀)	4305.00
109	河间市(冀)	4300.00
110	井陉矿区(冀)	4300.00
111	赤城县(冀)	4228.00
112	宣化县(冀)	4100.00
113	赞皇县(冀)	4000.00
114	柏乡县(冀)	3909.00
115	唐　县(冀)	3820.00
116	涞水县(冀)	3800.00
117	永年县(冀)	3750.00
118	无极县(冀)	3700.00

序号	苹果主产地	产量(吨)
119	新乐市(冀)	3700.00
120	武强县(冀)	3162.00
121	涞源县(冀)	3050.00
122	大厂回族自治县(冀)	3026.00
123	东光县(冀)	3000.00
124	安新县(冀)	2820.00
125	崇礼县(冀)	2800.00
126	正定县(冀)	2782.00
127	峰峰矿区(冀)	2240.00
128	怀安县(冀)	2208.00
129	元氏县(冀)	1976.00
130	广宗县(冀)	1770.00
131	邢台市桥西区(冀)	1700.00
132	南和县(冀)	1451.00
133	新市区(冀)	1260.00
134	运河区(冀)	1064.00
135	海兴县(冀)	1030.00
136	万荣县(晋)	416010.00
137	平陆县(晋)	90720.00
138	河津市(晋)	47000.00
139	隰　县(晋)	36500.00
140	曲沃县(晋)	26513.00
141	高平市(晋)	20300.00
142	阳曲县(晋)	19292.00
143	原平市(晋)	13761.00
144	沁水县(晋)	12600.00
145	闻喜县(晋)	11400.00
146	忻府区(晋)	5649.00
147	定襄县(晋)	5000.00
148	侯马市(晋)	4908.90
149	阳泉市郊区(晋)	3213.00
150	壶关县(晋)	3154.00
151	稷山县(晋)	3078.00
152	黎城县(晋)	3078.00
153	垣曲县(晋)	3000.00
154	晋源区(晋)	2772.00
155	安泽县(晋)	2115.00
156	临猗县(晋)	1930.70
157	长治县(晋)	1900.00
158	长治市郊区(晋)	1793.00
159	清徐县(晋)	1776.00
160	尖草坪区(晋)	1250.00
161	文水县(晋)	1200.00
162	奈曼旗(内蒙古)	18198.00
163	宁城县(内蒙古)	11500.00
164	林西县(内蒙古)	9000.00

序号	苹果主产地	产量(吨)	序号	苹果主产地	产量(吨)	序号	苹果主产地	产量(吨)
165	扎赉特旗(内蒙古)	5000.00	211	千山区(辽)	3723.00	257	沂源县(鲁)	815325.00
166	松山区(内蒙古)	4308.00	212	甘井子区(辽)	3500.00	258	牟平区(鲁)	554733.00
167	兴和县(内蒙古)	3562.20	213	灯塔市(辽)	3500.00	259	招远市(鲁)	441073.00
168	红山区(内蒙古)	3433.00	214	北票市(辽)	3500.00	260	乳山市(鲁)	400000.00
169	托克托县(内蒙古)	3080.30	215	苏家屯区(辽)	3001.00	261	蓬莱市(鲁)	391908.00
170	阿鲁科尔沁旗(内蒙古)	2426.00	216	太子河区(辽)	3000.00	262	海阳市(鲁)	376000.00
171	科尔沁左翼中旗(内蒙古)	2420.00	217	顺城区(辽)	2750.00	263	莱阳市(鲁)	360000.00
172	凉城县(内蒙古)	2400.00	218	昌图县(辽)	2500.00	264	沂水县(鲁)	257022.00
173	杭锦旗(内蒙古)	1500.00	219	大连市高新技术园区(辽)	2000.00	265	莱州市(鲁)	245694.00
174	临河区(内蒙古)	1268.00	220	清河区(辽)	1680.00	266	文登市(鲁)	201686.00
175	敖汉旗(内蒙古)	1106.00	221	振安区(辽)	1500.00	267	龙口市(鲁)	196369.00
176	科尔沁左翼后旗(内蒙古)	1080.00	222	大洼县(辽)	1080.00	268	冠　县(鲁)	187000.00
177	和林格尔县(内蒙古)	1008.00	223	东丰县(吉)	10661.00	269	岱岳区(鲁)	112272.00
178	绥中县(辽)	320000.00	224	敦化市(吉)	8235.00	270	寿光市(鲁)	92851.00
179	盖州市(辽)	281340.00	225	前郭尔罗斯蒙古族自治县(吉)	7300.00	271	新泰市(鲁)	82116.00
180	普兰店市(辽)	184802.00	226	辉南县(吉)	4600.00	272	高密市(鲁)	81000.00
181	台安县(辽)	165500.00	227	伊通满族自治县(吉)	3600.00	273	莘　县(鲁)	72938.00
182	喀喇沁左翼蒙古族自治县(辽)	95000.00	228	珲春市(吉)	2624.00	274	威海市经济技术开发区(鲁)	72108.00
183	辽中县(辽)	78750.00	229	永吉县(吉)	2526.00	275	庆云县(鲁)	67500.00
184	东港市(辽)	75850.00	230	集安市(吉)	2250.00	276	五莲县(鲁)	63088.00
185	大石桥市(辽)	71000.00	231	梨树县(吉)	2220.00	277	黄岛区(鲁)	62520.00
186	海城市(辽)	50000.00	232	龙井市(吉)	1181.00	278	临朐县(鲁)	60000.00
187	康平县(辽)	46000.00	233	汪清县(吉)	1100.00	279	环翠区(鲁)	54438.00
188	铁岭县(辽)	40000.00	234	洮南市(吉)	1000.00	280	东港区(鲁)	54400.00
189	新民市(辽)	39030.00	235	牡丹江市市本级(黑)	71444.00	281	惠民县(鲁)	51480.00
190	于洪区(辽)	32760.00	236	林口县(黑)	5383.00	282	诸城市(鲁)	51104.00
191	建昌县(辽)	28000.00	237	鸡冠区(黑)	3116.00	283	临清市(鲁)	51000.00
192	法库县(辽)	28000.00	238	恒山区(黑)	2400.00	284	蒙阴县(鲁)	47300.00
193	连山区(辽)	27300.00	239	丰　县(苏)	597900.00	285	胶州市(鲁)	38142.00
194	义　县(辽)	22000.00	240	沛　县(苏)	42300.00	286	寒亭区(鲁)	36407.00
195	兴城市(辽)	18000.00	241	沭阳县(苏)	22000.00	287	昌乐县(鲁)	35625.00
196	凌海市(辽)	11000.00	242	睢宁县(苏)	17298.00	288	肥城市(鲁)	34008.00
197	凤城市(辽)	10500.00	243	滨海县(苏)	14120.00	289	福山区(鲁)	30400.00
198	抚顺县(辽)	9080.00	244	赣榆县(苏)	12300.00	290	莱山区(鲁)	30000.00
199	南票区(辽)	8250.00	245	涟水县(苏)	9000.00	291	岚山区(鲁)	29040.00
200	辽阳县(辽)	8000.00	246	邳州市(苏)	7336.00	292	高青县(鲁)	28000.00
201	旅顺口区(辽)	8000.00	247	淮阴区(苏)	3555.00	293	莒　县(鲁)	27281.00
202	沈北新区(辽)	7000.00	248	盐都区(苏)	2620.00	294	昌邑市(鲁)	26400.00
203	大连市长兴岛临港工业区(辽)	6984.00	249	灌云县(苏)	1960.00	295	曲阜市(鲁)	24700.00
204	北镇市(辽)	6000.00	250	淮安区(苏)	1760.00	296	茌平县(鲁)	24480.00
205	阜新蒙古族自治县(辽)	6000.00	251	新沂市(苏)	1500.00	297	乐陵市(鲁)	24208.00
206	朝阳县(辽)	6000.00	252	砀山县(皖)	250000.00	298	泗水县(鲁)	24007.00
207	清原满族自治县(辽)	5625.00	253	萧　县(皖)	55626.00	299	临沂市蒙山旅游区(鲁)	24000.00
208	宏伟区(辽)	5000.00	254	烈山区(皖)	27854.00	300	邹城市(鲁)	22599.00
209	大连市保税区(辽)	4308.00	255	凤阳县(皖)	12583.00	301	山亭区(鲁)	22350.00
210	文圣区(辽)	3980.00	256	栖霞市(鲁)	1505046.00	302	安丘市(鲁)	22000.00

序号	苹果主产地	产量(吨)	序号	苹果主产地	产量(吨)	序号	苹果主产地	产量(吨)
303	利津县(鲁)	18171.00	349	莱芜市雪野旅游区(鲁)	1200.00	395	封丘县(豫)	2000.00
304	梁山县(鲁)	16333.00	350	济南市市中区(鲁)	1000.00	396	辉县市(豫)	1820.00
305	费　县(鲁)	16178.00	351	灵宝市(豫)	1019462.00	397	栾川县(豫)	1600.00
306	河口区(鲁)	16009.20	352	虞城县(豫)	650000.00	398	清丰县(豫)	1600.00
307	潍城区(鲁)	15512.00	353	洛宁县(豫)	160000.00	399	睢　县(豫)	1300.00
308	阳谷县(鲁)	14900.00	354	南乐县(豫)	84720.00	400	嵩　县(豫)	1200.00
309	滨城区(鲁)	14747.00	355	永城市(豫)	61987.00	401	郸城县(豫)	1200.00
310	成武县(鲁)	14108.00	356	兰考县(豫)	47749.50	402	红旗区(豫)	1050.00
311	东昌府区(鲁)	12060.00	357	内黄县(豫)	42000.00	403	建始县(鄂)	21095.00
312	莱城区(鲁)	11287.00	358	孟州市(豫)	39500.00	404	枣阳市(鄂)	2859.00
313	沾化县(鲁)	11000.00	359	湖滨区(豫)	30000.00	405	南岸区(渝)	2276.00
314	河东区(鲁)	11000.00	360	汤阴县(豫)	29100.00	406	奉节县(渝)	2210.00
315	东阿县(鲁)	10500.00	361	梁园区(豫)	28600.00	407	汉源县(川)	35250.00
316	莒南县(鲁)	10500.00	362	卢氏县(豫)	24650.00	408	越西县(川)	4880.00
317	章丘市(鲁)	9998.00	363	西华县(豫)	20600.00	409	金川县(川)	4300.00
318	平原县(鲁)	9940.00	364	中牟县(豫)	20050.00	410	美姑县(川)	3538.00
319	东平县(鲁)	9451.00	365	林州市(豫)	18690.00	411	冕宁县(川)	2836.00
320	即墨市(鲁)	9000.00	366	睢阳区(豫)	17270.00	412	会理县(川)	2588.00
321	陵　县(鲁)	8400.00	367	通许县(豫)	15004.00	413	乡城县(川)	2500.00
322	宁阳县(鲁)	8373.00	368	鲁山县(豫)	14000.00	414	苍溪县(川)	2500.00
323	武城县(鲁)	8000.00	369	宜阳县(豫)	12000.00	415	木里藏族自治县(川)	1850.00
324	临沂市临港经济开发区(鲁)	7000.00	370	太康县(豫)	12000.00	416	旺苍县(川)	1500.00
325	泰山区(鲁)	6700.00	371	夏邑县(豫)	12000.00	417	南江县(川)	1350.00
326	青州市(鲁)	6635.00	372	民权县(豫)	11586.00	418	长顺县(黔)	3079.00
327	德州市市辖区(鲁)	6400.00	373	卫辉市(豫)	8800.00	419	昭阳区(滇)	1418715.00
328	垦利县(鲁)	5270.00	374	济源市(豫)	8000.00	420	广南县(滇)	19876.00
329	齐河县(鲁)	5020.00	375	伊川县(豫)	7500.00	421	宁蒗彝族自治县(滇)	10508.00
330	德城区(鲁)	5000.00	376	浚　县(豫)	6000.00	422	玉龙纳西族自治县(滇)	7463.50
331	阳信县(鲁)	4813.00	377	柘城县(豫)	5862.00	423	漾濞彝族自治县(滇)	6920.00
332	潍坊市峡山区(鲁)	4640.00	378	荥阳市(豫)	5603.00	424	沾益县(滇)	6800.00
333	张店区(鲁)	4166.00	379	台前县(豫)	5000.00	425	西山区(滇)	4646.60
334	博山区(鲁)	4100.00	380	安阳县(豫)	4846.00	426	富源县(滇)	3632.00
335	沂南县(鲁)	3900.00	381	项城市(豫)	4800.00	427	永胜县(滇)	3412.81
336	临沭县(鲁)	3367.04	382	濮阳市高新区(豫)	4395.00	428	石林彝族自治县(滇)	2307.60
337	高唐县(鲁)	3025.00	383	濮阳县(豫)	4200.00	429	武定县(滇)	1270.00
338	邹平县(鲁)	3002.00	384	获嘉县(豫)	4010.00	430	香格里拉县(滇)	1093.00
339	威海市市辖区(鲁)	2880.00	385	扶沟县(豫)	4000.00	431	洱源县(滇)	1019.00
340	周村区(鲁)	2300.00	386	淇滨区(豫)	3900.00	432	鹤庆县(滇)	1000.00
341	钢城区(鲁)	2000.00	387	滑　县(豫)	3487.00	433	日喀则市(藏)	6500.00
342	临淄区(鲁)	1950.00	388	杞　县(豫)	3450.00	434	加查县(藏)	1037.00
343	长清区(鲁)	1950.00	389	延津县(豫)	3450.00	435	洛川县(陕)	841000.00
344	兰陵县(鲁)	1892.00	390	登封市(豫)	3375.00	436	淳化县(陕)	636775.00
345	东明县(鲁)	1772.00	391	汝州市(豫)	3260.00	437	富　县(陕)	508300.00
346	汶上县(鲁)	1500.00	392	新乡县(豫)	3132.00	438	蒲城县(陕)	300000.00
347	潍坊市市辖区(鲁)	1500.00	393	宁陵县(豫)	3123.00	439	黄陵县(陕)	300000.00
348	微山县(鲁)	1264.00	394	龙安区(豫)	2761.00	440	永寿县(陕)	278995.00

序号	苹果主产地	产量(吨)
441	扶风县(陕)	269805.00
442	印台区(陕)	240768.00
443	澄城县(陕)	205112.00
444	旬邑县(陕)	198625.00
445	宜君县(陕)	185000.00
446	大荔县(陕)	180000.00
447	礼泉县(陕)	151000.00
448	延长县(陕)	140000.00
449	凤翔县(陕)	131649.00
450	岐山县(陕)	92500.00
451	乾　县(陕)	90000.00
452	陈仓区(陕)	85900.00
453	绥德县(陕)	80480.00
454	兴平市(陕)	63472.00
455	延川县(陕)	60000.00
456	三原县(陕)	57500.00
457	凤　县(陕)	55000.00
458	黄龙县(陕)	50000.00
459	武功县(陕)	47962.00
460	秦都区(陕)	36700.00
461	王益区(陕)	34385.00
462	安塞县(陕)	30000.00
463	韩城市林业局(陕)	30000.00
464	米脂县(陕)	20115.00
465	千阳县(陕)	16299.00
466	渭城区(陕)	15406.00
467	子洲县(陕)	14260.00
468	泾阳县(陕)	13000.00
469	志丹县(陕)	12100.00
470	吴起县(陕)	7825.00
471	临潼区(陕)	4900.00
472	旬阳县(陕)	3186.00
473	镇安县(陕)	2996.00
474	眉　县(陕)	2414.00
475	定边县(陕)	1520.00
476	丹凤县(陕)	1483.00
477	略阳县(陕)	1433.00
478	山阳县(陕)	1235.00
479	柞水县(陕)	1118.00
480	静宁县(甘)	680000.00
481	泾川县(甘)	360000.00
482	秦安县(甘)	352520.00
483	麦积区(甘)	345737.00
484	甘谷县(甘)	291515.00
485	礼　县(甘)	248000.00
486	庄浪县(甘)	200000.00
487	清水县(甘)	149672.00
488	秦州区(甘)	139325.80
489	庆城县(甘)	124028.00
490	西峰区(甘)	107432.00
491	正宁县(甘)	96772.00
492	通渭县(甘)	80000.00
493	崆峒区(甘)	77680.00
494	镇原县(甘)	71000.00
495	灵台县(甘)	70000.00
496	武山县(甘)	69488.00
497	张家川回族自治县(甘)	64116.80
498	甘州区(甘)	59338.00
499	会宁县(甘)	57975.00
500	靖远县(甘)	29541.00
501	宁　县(甘)	24817.00
502	肃州区(甘)	15811.00
503	西和县(甘)	15100.00
504	环　县(甘)	13899.00
505	崇信县(甘)	13200.00
506	永靖县(甘)	13200.00
507	高台县(甘)	12320.00
508	白银区(甘)	11604.00
509	华池县(甘)	10000.00
510	皋兰县(甘)	9867.00
511	西固区(甘)	7486.00
512	金塔县(甘)	5657.00
513	永登县(甘)	2198.00
514	漳　县(甘)	1800.00
515	临泽县(甘)	1653.70
516	瓜州县(甘)	1500.00
517	平川区(甘)	1500.00
518	康　县(甘)	1237.00
519	凉州区(甘)	1200.00
520	玉门市(甘)	1103.00
521	迭部县(甘)	1084.00
522	文　县(甘)	1025.62
523	沙坡头区(宁)	89752.00
524	利通区(宁)	88000.00
525	青铜峡市(宁)	68100.00
526	同心县(宁)	60000.00
527	中宁县(宁)	50400.00
528	灵武市(宁)	37906.00
529	农垦事业管理局(宁)	19417.00
530	西夏区(宁)	9226.00
531	海原县(宁)	8012.50
532	大武口区(宁)	5613.00
533	贺兰县(宁)	5200.00
534	彭阳县(宁)	3500.00
535	惠农区(宁)	3080.00
536	宁夏仁存渡护岸林场(宁)	1900.00
537	兴庆区(宁)	1390.00
538	平罗县(宁)	1300.00
539	阿克苏市(新)	115111.00
540	温宿县(新)	75442.80
541	泽普县(新)	48401.00
542	叶城县(新)	28671.00
543	莎车县(新)	11972.00
544	疏勒县(新)	7722.00
545	麦盖提县(新)	6977.00
546	疏附县(新)	6430.00
547	阿瓦提县(新)	5610.00
548	新和县(新)	3347.00
549	英吉沙县(新)	3204.00
550	乌什县(新)	3014.00
551	库车县(新)	2767.80
552	沙雅县(新)	2246.90
553	农一师(新疆兵团)	147616.00
554	农四师(新疆兵团)	130286.00
555	农三师(新疆兵团)	59381.00
556	农二师(新疆兵团)	6700.00

表 7-2　梨主产地产量

序号	梨主产地	产量(吨)
1	大兴区(京)	49284.00
2	密云县(京)	18616.00
3	房山区(京)	18060.50
4	怀柔区(京)	3170.50
5	延庆县(京)	1146.00
6	西青区(津)	13254.00
7	蓟　县(津)	9387.00
8	静海县(津)	7224.00
9	宝坻区(津)	4517.00
10	北辰区(津)	1335.00
11	晋州市(冀)	603900.00
12	赵　县(冀)	500000.00
13	泊头市(冀)	452699.00
14	深州市(冀)	410563.00
15	宁晋县(冀)	367627.00
16	辛集市(冀)	308950.00
17	藁城区(冀)	178318.00
18	魏　县(冀)	151280.00
19	阜城县(冀)	145022.00

序号	梨主产地	产量(吨)
20	定州市(冀)	99167.00
21	永清县(冀)	63900.00
22	曲阳县(冀)	63278.00
23	固安县(冀)	62580.00
24	兴隆县(冀)	56866.00
25	肃宁县(冀)	53328.00
26	平泉县(冀)	50000.00
27	遵化市(冀)	44891.00
28	滦　县(冀)	44437.00
29	青龙满族自治县(冀)	41000.00
30	昌黎县(冀)	40010.00
31	南皮县(冀)	39304.00
32	冀州市(冀)	39139.00
33	滦南县(冀)	29585.00
34	临漳县(冀)	27115.00
35	馆陶县(冀)	27100.00
36	乐亭县(冀)	25677.00
37	深泽县(冀)	25596.00
38	新河县(冀)	24912.00
39	迁安市(冀)	24834.00
40	饶阳县(冀)	24247.00
41	隆尧县(冀)	24240.00
42	新乐市(冀)	21000.00
43	沧　县(冀)	20773.00
44	怀来县(冀)	19900.00
45	滦平县(冀)	19323.00
46	抚宁县(冀)	19262.00
47	无极县(冀)	18500.00
48	雄　县(冀)	18100.00
49	涿州市(冀)	17176.00
50	安国市(冀)	17100.00
51	南宫市(冀)	17080.00
52	青　县(冀)	17037.00
53	文安县(冀)	16621.00
54	迁西县(冀)	16500.00
55	霸州市(冀)	15949.00
56	广平县(冀)	15720.00
57	安次区(冀)	15010.00
58	广阳区(冀)	14969.00
59	承德县(冀)	14827.00
60	成安县(冀)	14800.00
61	高阳县(冀)	14300.00
62	任丘市(冀)	12869.00
63	涿鹿县(冀)	12141.30
64	大名县(冀)	11550.00
65	蠡　县(冀)	11135.00
66	丰宁满族自治县(冀)	10470.00
67	安平县(冀)	10432.00
68	河间市(冀)	10163.00
69	博野县(冀)	10000.00
70	大城县(冀)	9990.00
71	献　县(冀)	9970.00
72	隆化县(冀)	9070.00
73	平乡县(冀)	9000.00
74	肥乡县(冀)	8900.00
75	柏乡县(冀)	8400.00
76	丰南区(冀)	8376.00
77	高碑店市(冀)	8100.00
78	故城县(冀)	7784.00
79	景　县(冀)	7698.00
80	丰润区(冀)	7655.00
81	孟村回族自治县(冀)	7360.00
82	盐山县(冀)	7300.00
83	三河市(冀)	6950.00
84	临西县(冀)	6750.00
85	曲周县(冀)	6000.00
86	巨鹿县(冀)	5944.00
87	枣强县(冀)	5338.00
88	威　县(冀)	5000.00
89	武邑县(冀)	4930.00
90	玉田县(冀)	4669.00
91	古冶区(冀)	4471.00
92	平山县(冀)	4310.00
93	黄骅市(冀)	4264.00
94	东光县(冀)	4000.00
95	永年县(冀)	3800.00
96	广宗县(冀)	3182.00
97	磁　县(冀)	3000.00
98	邢台市大曹庄管理区(冀)	2950.00
99	邯郸县(冀)	2925.00
100	清苑县(冀)	2833.00
101	长安区(冀)	2790.00
102	卢龙县(冀)	2659.00
103	吴桥县(冀)	2657.00
104	围场满族蒙古族自治县(冀)	2595.00
105	新华区(冀)	2585.00
106	赞皇县(冀)	2100.00
107	安新县(冀)	1960.00
108	徐水县(冀)	1950.00
109	南和县(冀)	1882.00
110	丛台区(冀)	1816.00
111	鹿泉区(冀)	1696.00
112	正定县(冀)	1605.00
113	宽城满族自治县(冀)	1600.00
114	灵寿县(冀)	1575.00
115	武强县(冀)	1533.00
116	邢台市桥东区(冀)	1530.00
117	易　县(冀)	1500.00
118	桃城区(冀)	1462.00
119	元氏县(冀)	1454.00
120	邱　县(冀)	1400.00
121	双桥区(冀)	1275.00
122	临城县(冀)	1250.00
123	邢台县(冀)	1120.00
124	容城县(冀)	1006.00
125	文水县(晋)	95380.00
126	隰　县(晋)	40200.00
127	原平市(晋)	35529.00
128	清徐县(晋)	16909.00
129	河津市(晋)	15000.00
130	高平市(晋)	13000.00
131	万荣县(晋)	4310.00
132	忻府区(晋)	3881.00
133	长子县(晋)	3615.00
134	沁水县(晋)	3010.00
135	阳曲县(晋)	2932.00
136	定襄县(晋)	2900.00
137	平陆县(晋)	2300.00
138	晋源区(晋)	2047.00
139	壶关县(晋)	1705.00
140	长治县(晋)	1400.00
141	临河区(内蒙古)	7314.00
142	杭锦后旗(内蒙古)	1160.85
143	海城市(辽)	182000.00
144	千山区(辽)	122061.00
145	绥中县(辽)	110000.00
146	北镇市(辽)	77190.00
147	建昌县(辽)	68000.00
148	义　县(辽)	52000.00
149	辽阳县(辽)	50000.00
150	阜新蒙古族自治县(辽)	42000.00
151	连山区(辽)	37300.00
152	喀喇沁左翼蒙古族自治县(辽)	35000.00
153	大石桥市(辽)	30500.00
154	抚顺县(辽)	28260.00
155	东港市(辽)	22980.00
156	苏家屯区(辽)	14358.00
157	双塔区(辽)	11500.00

序号	梨主产地	产量(吨)	序号	梨主产地	产量(吨)	序号	梨主产地	产量(吨)
158	兴城市(辽)	10000.00	204	射阳县(苏)	189673.00	250	新沂市(苏)	1500.00
159	北票市(辽)	10000.00	205	丰　县(苏)	118000.00	251	六合区(苏)	1410.00
160	凤城市(辽)	9810.00	206	睢宁县(苏)	46953.00	252	吴江市(苏)	1231.00
161	清原满族自治县(辽)	9200.00	207	阜宁县(苏)	33200.00	253	宿城区(苏)	1210.00
162	盖州市(辽)	7505.00	208	如东县(苏)	26400.00	254	姜堰区(苏)	1163.00
163	沈北新区(辽)	7500.00	209	大丰市(苏)	24000.00	255	吴中区(苏)	1152.00
164	法库县(辽)	7000.00	210	滨海县(苏)	20112.00	256	丹徒区(苏)	1106.00
165	凌海市(辽)	5500.00	211	启东市(苏)	19425.00	257	海门市(苏)	1039.00
166	辽中县(辽)	5400.00	212	亭湖区(苏)	16205.00	258	慈溪市(浙)	54000.00
167	普兰店市(辽)	5028.00	213	灌云县(苏)	16200.00	259	余姚市(浙)	36500.00
168	旅顺口区(辽)	5000.00	214	响水县(苏)	15050.00	260	秀洲区(浙)	22735.00
169	宏伟区(辽)	5000.00	215	泗阳县(苏)	15000.00	261	海宁市(浙)	22000.00
170	铁岭县(辽)	4353.70	216	盐都区(苏)	13850.00	262	龙游县(浙)	20748.00
171	清河门区(辽)	2710.00	217	武进区(苏)	13326.00	263	天台县(浙)	20000.00
172	清河区(辽)	2700.00	218	沛　县(苏)	11590.00	264	武义县(浙)	19019.00
173	桓仁满族自治县(辽)	2671.00	219	江阴市(苏)	9752.00	265	建德市(浙)	16576.00
174	文圣区(辽)	2540.00	220	宿豫区(苏)	8500.00	266	上虞市(浙)	12000.00
175	大洼县(辽)	2334.00	221	东台市(苏)	8183.00	267	富阳市(浙)	11625.00
176	康平县(辽)	2000.00	222	涟水县(苏)	8000.00	268	松阳县(浙)	11043.00
177	东洲区(辽)	1700.00	223	建湖县(苏)	7071.00	269	嘉善县(浙)	9874.00
178	新邱区(辽)	1699.00	224	宜兴市(苏)	6801.00	270	嵊州市(浙)	8991.00
179	甘井子区(辽)	1650.00	225	溧阳市(苏)	6750.00	271	温岭市(浙)	8902.00
180	朝阳县(辽)	1600.00	226	灌南县(苏)	6300.00	272	临海市(浙)	7589.00
181	南票区(辽)	1375.00	227	高淳县(苏)	5780.00	273	江北区(浙)	7200.00
182	太子河区(辽)	1300.00	228	盱眙县(苏)	5700.00	274	仙居县(浙)	6600.00
183	龙井市(吉)	25885.00	229	东海县(苏)	5625.00	275	宁海县(浙)	6500.00
184	延吉市(吉)	18759.00	230	溧水县(苏)	5445.00	276	临安市(浙)	6159.00
185	前郭尔罗斯蒙古族自治县(吉)	6300.00	231	高邮市(苏)	5050.00	277	东阳市(浙)	6059.00
186	和龙市(吉)	5690.00	232	沭阳县(苏)	4400.00	278	鄞州区(浙)	5456.00
187	敦化市(吉)	4980.00	233	浦口区(苏)	3993.00	279	海盐县(浙)	5230.00
188	珲春市(吉)	4118.00	234	泗洪县(苏)	3900.00	280	德清县(浙)	5066.00
189	伊通满族自治县(吉)	3200.00	235	金坛市(苏)	3800.00	281	淳安县(浙)	5030.00
190	图们市(吉)	1218.00	236	句容市(苏)	3340.00	282	浦江县(浙)	4550.00
191	汪清县(吉)	1195.00	237	兴化市(苏)	3071.00	283	象山县(浙)	4169.00
192	集安市(吉)	1155.00	238	海州区(苏)	2660.00	284	莲都区(浙)	3917.00
193	牡丹江市市本级(黑)	17186.00	239	淮阴区(苏)	2565.00	285	缙云县(浙)	3815.00
194	延寿县(黑)	5000.00	240	邳州市(苏)	2544.00	286	文成县(浙)	3800.00
195	鸡冠区(黑)	2668.00	241	昆山市(苏)	2302.00	287	长兴县(浙)	3500.00
196	林口县(黑)	2512.00	242	宝应县(苏)	2202.00	288	兰溪市(浙)	3499.00
197	恒山区(黑)	1980.00	243	仪征市(苏)	2148.00	289	云和县(浙)	2979.00
198	浦东新区(沪)	9961.00	244	靖江市(苏)	1987.00	290	安吉县(浙)	2900.00
199	奉贤区(沪)	9193.50	245	江都区(苏)	1800.00	291	江山市(浙)	2830.00
200	崇明县(沪)	7855.00	246	新北区(苏)	1730.00	292	三门县(浙)	2800.00
201	松江区(沪)	3298.20	247	锡山区(苏)	1708.00	293	婺城区(浙)	2508.00
202	金山区(沪)	2948.50	248	张家港市(苏)	1676.00	294	乐清市(浙)	2420.00
203	青浦区(沪)	1991.00	249	淮安区(苏)	1529.00	295	永康市(浙)	2200.00

序号	梨主产地	产量(吨)
296	吴兴区(浙)	2089.00
297	庆元县(浙)	2050.00
298	南湖区(浙)	2020.00
299	平湖市(浙)	1943.00
300	镇海区(浙)	1900.00
301	新昌县(浙)	1860.00
302	定海区(浙)	1850.00
303	萧山区(浙)	1833.00
304	北仑区(浙)	1715.00
305	青田县(浙)	1350.00
306	开化县(浙)	1298.00
307	黄岩区(浙)	1113.00
308	砀山县(皖)	700000.00
309	萧　县(皖)	82575.00
310	广德县(皖)	28000.00
311	怀远县(皖)	15733.00
312	宣城市市辖区(皖)	14625.00
313	寿　县(皖)	6430.00
314	凤台县(皖)	3920.00
315	凤阳县(皖)	3015.00
316	灵璧县(皖)	2810.00
317	颍泉区(皖)	1980.00
318	东至县(皖)	1606.00
319	肥西县(皖)	1520.00
320	广丰县(赣)	19530.00
321	玉山县(赣)	9827.00
322	永修县(赣)	9160.00
323	瑞昌市(赣)	6282.00
324	高安市(赣)	4515.00
325	靖安县(赣)	3805.00
326	新干县(赣)	3735.00
327	九江县(赣)	3220.00
328	贵溪市(赣)	2198.00
329	龙南县(赣)	2100.00
330	奉新县(赣)	1935.00
331	兴国县(赣)	1718.00
332	赣　县(赣)	1660.00
333	于都县(赣)	1626.00
334	安福县(赣)	1500.00
335	大余县(赣)	1452.00
336	上饶县(赣)	1390.00
337	定南县(赣)	1380.00
338	南城县(赣)	1075.00
339	铜鼓县(赣)	1050.00
340	星子县(赣)	1046.00
341	阳信县(鲁)	230147.00
342	冠　县(鲁)	160000.00
343	莱阳市(鲁)	140000.00
344	龙口市(鲁)	97580.00
345	安丘市(鲁)	62000.00
346	临清市(鲁)	45000.00
347	蓬莱市(鲁)	30899.00
348	齐河县(鲁)	28400.00
349	莱州市(鲁)	27000.00
350	高密市(鲁)	26800.00
351	海阳市(鲁)	24400.00
352	茌平县(鲁)	24242.00
353	寿光市(鲁)	20840.00
354	沂源县(鲁)	18642.00
355	乳山市(鲁)	17000.00
356	岱岳区(鲁)	16214.00
357	昌邑市(鲁)	15600.00
358	临沂市临港经济开发区(鲁)	15000.00
359	栖霞市(鲁)	13500.00
360	费　县(鲁)	13010.00
361	河东区(鲁)	12245.00
362	东阿县(鲁)	10900.00
363	宁阳县(鲁)	9521.00
364	环翠区(鲁)	9472.00
365	沂水县(鲁)	9063.00
366	诸城市(鲁)	8816.00
367	莒南县(鲁)	8600.00
368	邹城市(鲁)	7600.00
369	莘　县(鲁)	6225.00
370	胶州市(鲁)	5710.00
371	昌乐县(鲁)	5700.00
372	文登市(鲁)	5600.00
373	东港区(鲁)	5458.00
374	武城县(鲁)	5060.00
375	新泰市(鲁)	4903.00
376	泗水县(鲁)	4560.00
377	利津县(鲁)	4436.00
378	威海市经济技术开发区(鲁)	3996.00
379	兖州市(鲁)	3950.00
380	东昌府区(鲁)	3900.00
381	招远市(鲁)	3870.00
382	岚山区(鲁)	3790.00
383	牟平区(鲁)	3709.00
384	河口区(鲁)	3558.70
385	黄岛区(鲁)	3365.00
386	兰陵县(鲁)	3128.00
387	邹平县(鲁)	3011.00
388	淄川区(鲁)	3000.00
389	阳谷县(鲁)	3000.00
390	莱山区(鲁)	3000.00
391	陵　县(鲁)	2750.00
392	曲阜市(鲁)	2622.00
393	惠民县(鲁)	2600.00
394	滨城区(鲁)	2515.00
395	山亭区(鲁)	2300.00
396	长清区(鲁)	2060.00
397	莱城区(鲁)	1924.00
398	寒亭区(鲁)	1835.00
399	沂南县(鲁)	1810.00
400	微山县(鲁)	1765.00
401	平原县(鲁)	1737.00
402	德城区(鲁)	1600.00
403	临朐县(鲁)	1500.00
404	张店区(鲁)	1379.00
405	崂山区(鲁)	1322.00
406	汶上县(鲁)	1300.00
407	肥城市(鲁)	1239.00
408	章丘市(鲁)	1156.00
409	莱芜市雪野旅游区(鲁)	1050.00
410	梁山县(鲁)	1042.00
411	潍坊市峡山区(鲁)	1010.00
412	德州市市辖区(鲁)	1000.00
413	宁陵县(豫)	325019.00
414	永城市(豫)	150657.00
415	虞城县(豫)	90000.00
416	淅川县(豫)	45000.00
417	兰考县(豫)	42000.00
418	夏邑县(豫)	40000.00
419	方城县(豫)	25000.00
420	武陟县(豫)	21000.00
421	唐河县(豫)	20500.00
422	洛宁县(豫)	20400.00
423	泌阳县(豫)	20000.00
424	西平县(豫)	16800.00
425	西华县(豫)	16712.00
426	太康县(豫)	16500.00
427	梁园区(豫)	16380.00
428	商水县(豫)	15516.00
429	宛城区(豫)	13500.00
430	济源市(豫)	10085.00
431	项城市(豫)	9908.00
432	孟州市(豫)	9600.00
433	内黄县(豫)	9300.00

序号	梨主产地	产量(吨)
434	灵宝市(豫)	9125.00
435	新乡县(豫)	8385.00
436	鄢陵县(豫)	7850.00
437	柘城县(豫)	7626.00
438	社旗县(豫)	7500.00
439	汝州市(豫)	6975.00
440	息　县(豫)	6850.00
441	确山县(豫)	6700.00
442	新蔡县(豫)	6638.00
443	南乐县(豫)	6610.00
444	睢阳区(豫)	5550.00
445	潢川县(豫)	5115.00
446	扶沟县(豫)	5000.00
447	舞钢市(豫)	4700.00
448	遂平县(豫)	4700.00
449	浚　县(豫)	4200.00
450	民权县(豫)	3630.00
451	二七区(豫)	3541.00
452	卫辉市(豫)	3450.00
453	长垣县(豫)	3300.00
454	栾川县(豫)	3215.00
455	宜阳县(豫)	3150.00
456	卢氏县(豫)	2720.00
457	沁阳市(豫)	2680.00
458	襄城县(豫)	2451.00
459	延津县(豫)	2300.00
460	鲁山县(豫)	2172.00
461	濮阳县(豫)	2150.00
462	林州市(豫)	2101.00
463	登封市(豫)	2089.00
464	郾城区(豫)	2081.00
465	淇滨区(豫)	2050.00
466	嵩　县(豫)	2000.00
467	驿城区(豫)	2000.00
468	获嘉县(豫)	1840.00
469	杞　县(豫)	1800.00
470	孟津县(豫)	1800.00
471	鹿邑县(豫)	1800.00
472	汝南县(豫)	1712.00
473	荥阳市(豫)	1700.00
474	汤阴县(豫)	1682.00
475	平桥区(豫)	1571.00
476	惠济区(豫)	1386.00
477	开封县(豫)	1300.00
478	金水区(豫)	1215.00
479	博爱县(豫)	1200.00
480	清丰县(豫)	1190.00
481	卧龙区(豫)	1110.00
482	邓州市(豫)	1100.00
483	许昌县(豫)	1098.00
484	沈丘县(豫)	1000.00
485	老河口市(鄂)	157500.00
486	利川市(鄂)	68000.00
487	京山县(鄂)	35000.00
488	钟祥市(鄂)	17987.00
489	咸丰县(鄂)	13197.00
490	襄州区(鄂)	9300.00
491	枣阳市(鄂)	6314.00
492	随　县(鄂)	5462.00
493	东宝区(鄂)	4730.00
494	屈家岭管理区(鄂)	4509.00
495	荆州区(鄂)	4500.00
496	石首市(鄂)	3500.00
497	松滋市(鄂)	2890.00
498	宣恩县(鄂)	2680.00
499	大悟县(鄂)	2520.00
500	赤壁市(鄂)	2000.00
501	恩施市(鄂)	1896.00
502	宜城市(鄂)	1399.00
503	建始县(鄂)	1170.00
504	谷城县(鄂)	1015.00
505	广水市(鄂)	1000.00
506	新晃侗族自治县(湘)	230000.00
507	中方县(湘)	22200.00
508	花垣县(湘)	19000.00
509	凤凰县(湘)	16000.00
510	浏阳市(湘)	13400.00
511	桑植县(湘)	12005.00
512	宜章县(湘)	10465.00
513	新宁县(湘)	10000.00
514	蓝山县(湘)	9200.00
515	湘潭县(湘)	8700.00
516	资兴市(湘)	6813.00
517	临武县(湘)	6680.00
518	绥宁县(湘)	6000.00
519	株洲县(湘)	5500.00
520	涟源市(湘)	4620.00
521	祁东县(湘)	4325.00
522	平江县(湘)	4302.00
523	北湖区(湘)	4208.00
524	隆回县(湘)	4000.00
525	嘉禾县(湘)	3920.00
526	新化县(湘)	3600.00
527	安化县(湘)	3500.00
528	靖州苗族侗族自治县(湘)	3495.00
529	大祥区(湘)	2522.00
530	新田县(湘)	2410.00
531	炎陵县(湘)	2409.00
532	石门县(湘)	2000.00
533	永顺县(湘)	2000.00
534	津市市(湘)	1802.00
535	新邵县(湘)	1700.00
536	道　县(湘)	1310.00
537	龙山县(湘)	1200.00
538	赫山区(湘)	1100.00
539	城步苗族自治县(湘)	1100.00
540	泸溪县(湘)	1050.00
541	辰溪县(湘)	1000.00
542	保靖县(湘)	1000.00
543	连州市(粤)	48168.00
544	封开县(粤)	11005.00
545	乐昌市(粤)	1900.00
546	阳山县(粤)	1273.00
547	全州县(桂)	24600.00
548	灵川县(桂)	23301.00
549	钦北区(桂)	16707.00
550	富川瑶族自治县(桂)	11454.00
551	兴安县(桂)	10362.00
552	柳江县(桂)	9777.00
553	临桂县(桂)	7358.00
554	兴宾区(桂)	7103.00
555	永福县(桂)	6021.00
556	平乐县(桂)	5660.00
557	阳朔县(桂)	4271.00
558	宜州市(桂)	3268.00
559	龙胜各族自治县(桂)	3043.00
560	金城江区(桂)	2793.00
561	隆林各族自治县(桂)	2750.00
562	南丹县(桂)	2678.00
563	象州县(桂)	2560.00
564	右江区(桂)	2460.00
565	田林县(桂)	2222.00
566	雁山区(桂)	1915.00
567	鹿寨县(桂)	1744.00
568	贺州市平桂管理区(桂)	1694.00
569	邕宁区(桂)	1567.00
570	那坡县(桂)	1531.00
571	田东县(桂)	1525.00

序号	梨主产地	产量(吨)
572	罗城仫佬族自治县(桂)	1310.00
573	昭平县(桂)	1241.00
574	金秀瑶族自治县(桂)	1230.00
575	天峨县(桂)	1218.00
576	荔浦县(桂)	1192.00
577	永川区(渝)	55000.00
578	璧山县(渝)	30200.00
579	云阳县(渝)	22000.00
580	涪陵区(渝)	21900.00
581	南川区(渝)	19600.00
582	万州区(渝)	15800.00
583	巫山县(渝)	9000.00
584	开　县(渝)	8040.00
585	潼南县(渝)	6975.00
586	江津区(渝)	6200.00
587	巴南区(渝)	5920.00
588	沙坪坝区(渝)	4500.00
589	合川区(渝)	4010.00
590	石柱土家族自治县(渝)	2000.00
591	南岸区(渝)	1662.00
592	奉节县(渝)	1450.00
593	武隆县(渝)	1400.00
594	万盛区(渝)	1020.00
595	汉源县(川)	56800.00
596	龙泉驿区(川)	35300.00
597	苍溪县(川)	31300.00
598	金川县(川)	25000.00
599	南溪县(川)	19200.00
600	会理县(川)	16580.00
601	江油市(川)	13941.00
602	南部县(川)	13000.00
603	金堂县(川)	11200.00
604	简阳市(川)	9870.00
605	仪陇县(川)	9650.00
606	屏山县(川)	9580.00
607	万源市(川)	9000.00
608	罗江县(川)	8250.00
609	宣汉县(川)	7700.00
610	宜宾市市辖区(川)	7527.00
611	翠屏区(川)	7527.00
612	巴州区(川)	7500.00
613	中江县(川)	7000.00
614	游仙区(川)	6820.00
615	顺庆区(川)	6000.00
616	达川区(川)	5500.00
617	高　县(川)	5202.00
618	雁江区(川)	5000.00
619	旌阳区(川)	5000.00
620	南江县(川)	4800.00
621	蓬安县(川)	4720.00
622	崇州市(川)	4330.00
623	阆中市(川)	3675.00
624	越西县(川)	3530.00
625	蒲江县(川)	3318.00
626	峨眉山市(川)	2760.00
627	西充县(川)	2650.00
628	珙　县(川)	2397.00
629	宁南县(川)	2386.00
630	江安县(川)	2100.00
631	平昌县(川)	2085.00
632	木里藏族自治县(川)	2000.00
633	美姑县(川)	2000.00
634	古蔺县(川)	1996.00
635	开江县(川)	1736.00
636	安　县(川)	1700.00
637	大邑县(川)	1681.00
638	冕宁县(川)	1675.00
639	仁寿县(川)	1605.00
640	盐亭县(川)	1500.00
641	威远县(川)	1500.00
642	营山县(川)	1500.00
643	德昌县(川)	1378.00
644	雷波县(川)	1340.00
645	纳溪区(川)	1320.00
646	什邡市(川)	1215.00
647	荣　县(川)	1186.00
648	嘉陵区(川)	1098.00
649	涪城区(川)	1050.00
650	北川羌族自治县(川)	1001.00
651	乌当区(黔)	32965.00
652	六枝特区(黔)	17199.00
653	普定县(黔)	15000.00
654	镇远县(黔)	12547.00
655	修文县(黔)	10112.00
656	龙里县(黔)	9400.00
657	桐梓县(黔)	8406.00
658	红花岗区(黔)	7965.00
659	贵定县(黔)	4500.00
660	榕江县(黔)	4000.00
661	开阳县(黔)	3600.00
662	汇川区(黔)	3500.00
663	德江县(黔)	3360.00
664	普安县(黔)	3357.00
665	绥阳县(黔)	2500.00
666	锦屏县(黔)	2411.00
667	惠水县(黔)	2287.00
668	沿河土家族自治县(黔)	2175.00
669	赤水市(黔)	2129.00
670	息烽县(黔)	2000.00
671	花溪区(黔)	1967.00
672	独山县(黔)	1800.00
673	荔波县(黔)	1545.00
674	松桃苗族自治县(黔)	1500.00
675	江口县(黔)	1450.00
676	紫云苗族布依族自治县(黔)	1400.00
677	永胜县(滇)	21128.71
678	安宁市(滇)	20000.00
679	麒麟区(滇)	15000.00
680	石林彝族自治县(滇)	14300.04
681	弥勒市(滇)	11295.00
682	禄丰县(滇)	10480.00
683	漾濞彝族自治县(滇)	8000.00
684	巍山彝族回族自治县(滇)	7681.00
685	楚雄市(滇)	7454.00
686	沾益县(滇)	4800.00
687	云龙县(滇)	4474.00
688	广南县(滇)	4462.00
689	玉龙纳西族自治县(滇)	3788.40
690	昭阳区(滇)	3470.00
691	富源县(滇)	3363.00
692	师宗县(滇)	3319.00
693	江川县(滇)	3200.00
694	南华县(滇)	2913.00
695	牟定县(滇)	2828.00
696	鹤庆县(滇)	2500.00
697	文山市(滇)	2430.00
698	西山区(滇)	2355.00
699	洱源县(滇)	2334.00
700	武定县(滇)	2320.00
701	姚安县(滇)	2300.00
702	云　县(滇)	2112.60
703	嵩明县(滇)	1993.20
704	晋宁县(滇)	1594.00
705	凤庆县(滇)	1567.00
706	丘北县(滇)	1478.00
707	施甸县(滇)	1377.00
708	沧源佤族自治县(滇)	1343.80
709	香格里拉县(滇)	1276.00

序号	梨主产地	产量(吨)
710	富宁县(滇)	1191.00
711	永德县(滇)	1154.00
712	永仁县(滇)	1062.00
713	双柏县(滇)	1057.00
714	日喀则市(藏)	5500.00
715	芒康县(藏)	5334.00
716	桑日县(藏)	1228.00
717	蒲城县(陕)	350000.00
718	延长县(陕)	20000.00
719	洋　县(陕)	14231.00
720	乾　县(陕)	9000.00
721	阎良区(陕)	7800.00
722	秦都区(陕)	7500.00
723	淳化县(陕)	6190.00
724	米脂县(陕)	5190.00
725	泾阳县(陕)	5000.00
726	绥德县(陕)	4274.00
727	南郑县(陕)	3950.00
728	陈仓区(陕)	3302.00
729	子洲县(陕)	3100.00
730	兴平市(陕)	2663.00
731	临潼区(陕)	1700.00
732	略阳县(陕)	1666.00
733	旬阳县(陕)	1554.00
734	汉阴县(陕)	1427.00
735	汉滨区(陕)	1330.00
736	志丹县(陕)	1062.00
737	景泰县(甘)	79000.00
738	甘州区(甘)	41815.00
739	肃州区(甘)	39728.00
740	和政县(甘)	38950.00
741	民乐县(甘)	38749.00
742	通渭县(甘)	22500.00
743	高台县(甘)	16850.00
744	静宁县(甘)	16000.00
745	秦安县(甘)	15264.60
746	甘谷县(甘)	13740.00
747	张家川回族自治县(甘)	8916.48
748	积石山保安族东乡族撒拉族自治县(甘)	8900.00
749	金塔县(甘)	8849.00
750	临夏县(甘)	8065.70
751	皋兰县(甘)	7135.00
752	秦州区(甘)	6847.70
753	凉州区(甘)	6650.00
754	会宁县(甘)	6549.00
755	泾川县(甘)	6000.00
756	靖远县(甘)	5520.00
757	东乡族自治县(甘)	4800.00
758	陇西县(甘)	4700.00
759	广河县(甘)	3750.00
760	临潭县(甘)	3200.00
761	白银区(甘)	2848.00
762	崆峒区(甘)	2782.00
763	康乐县(甘)	2700.00
764	嘉峪关市(甘)	2100.00
765	山丹县(甘)	1750.00
766	临泽县(甘)	1732.50
767	岷　县(甘)	1350.00
768	玉门市(甘)	1322.00
769	迭部县(甘)	1300.00
770	西和县(甘)	1250.00
771	永登县(甘)	1235.00
772	永靖县(甘)	1200.00
773	漳　县(甘)	1200.00
774	西峰区(甘)	1178.00
775	西固区(甘)	1110.00
776	乐都县(青)	2520.00
777	青铜峡市(宁)	4860.00
778	海原县(宁)	3140.00
779	贺兰县(宁)	1501.00
780	彭阳县(宁)	1300.00
781	阿克苏市(新)	128770.00
782	阿瓦提县(新)	40790.00
783	莎车县(新)	4689.00
784	巴楚县(新)	3453.00
785	疏勒县(新)	1710.00
786	伽师县(新)	1419.00
787	农一师(新疆兵团)	170745.00
788	农二师(新疆兵团)	95500.00
789	农三师(新疆兵团)	51495.00

表 7-3　桃主产地产量

序号	桃主产地	产量(吨)
1	大兴区(京)	36594.00
2	房山区(京)	8900.50
3	怀柔区(京)	3430.00
4	密云县(京)	3105.00
5	丰台区(京)	1304.00
6	延庆县(京)	1042.00
7	静海县(津)	11943.00
8	蓟　县(津)	9359.00
9	宁河县(津)	8300.00
10	北辰区(津)	7211.00
11	宝坻区(津)	6986.00
12	西青区(津)	1157.00
13	乐亭县(冀)	252782.00
14	深州市(冀)	191137.00
15	顺平县(冀)	164100.00
16	昌黎县(冀)	82050.00
17	满城县(冀)	69230.00
18	临漳县(冀)	69100.00
19	滦南县(冀)	55063.00
20	抚宁县(冀)	51088.00
21	辛集市(冀)	44867.00
22	遵化市(冀)	42855.00
23	迁安市(冀)	34461.00
24	永清县(冀)	34200.00
25	滦　县(冀)	32580.00
26	安次区(冀)	32483.00
27	邯郸县(冀)	27514.00
28	丰润区(冀)	26690.00
29	固安县(冀)	25600.00
30	晋州市(冀)	24000.00
31	定兴县(冀)	23997.00
32	唐　县(冀)	22015.00
33	魏　县(冀)	20500.00
34	饶阳县(冀)	19747.00
35	定州市(冀)	16800.00
36	霸州市(冀)	16240.00
37	怀来县(冀)	14550.00
38	山海关区(冀)	13870.00
39	涿州市(冀)	13517.00
40	高碑店市(冀)	13350.00
41	邢台县(冀)	12893.00
42	兴隆县(冀)	12553.00
43	威　县(冀)	12120.00
44	卢龙县(冀)	11082.00
45	正定县(冀)	11080.00
46	古冶区(冀)	10254.00
47	香河县(冀)	9840.00
48	成安县(冀)	9800.00
49	广阳区(冀)	8456.00
50	三河市(冀)	8420.00
51	沧　县(冀)	8300.00
52	博野县(冀)	7880.00
53	安平县(冀)	7634.00
54	藁城区(冀)	6932.00

序号	桃主产地	产量(吨)
55	平山县(冀)	6306.00
56	易　县(冀)	6300.00
57	玉田县(冀)	5356.00
58	宁晋县(冀)	5119.00
59	献　县(冀)	4873.00
60	景　县(冀)	4725.00
61	邱　县(冀)	4500.00
62	涞水县(冀)	4200.00
63	泊头市(冀)	4135.00
64	巨鹿县(冀)	4121.00
65	路北区(冀)	4113.00
66	磁　县(冀)	4000.00
67	望都县(冀)	4000.00
68	新乐市(冀)	3800.00
69	大名县(冀)	3769.00
70	任　县(冀)	3762.00
71	丰南区(冀)	3595.00
72	大城县(冀)	3300.00
73	雄　县(冀)	3300.00
74	广宗县(冀)	3154.00
75	任丘市(冀)	3014.00
76	曲阳县(冀)	3000.00
77	吴桥县(冀)	2992.00
78	文安县(冀)	2970.00
79	盐山县(冀)	2951.00
80	冀州市(冀)	2885.00
81	新市区(冀)	2748.00
82	长安区(冀)	2680.00
83	肥乡县(冀)	2500.00
84	肃宁县(冀)	2371.00
85	孟村回族自治县(冀)	2250.00
86	河间市(冀)	2162.00
87	承德县(冀)	1974.00
88	徐水县(冀)	1850.00
89	内丘县(冀)	1800.00
90	黄骅市(冀)	1783.00
91	枣强县(冀)	1780.00
92	永年县(冀)	1764.00
93	北戴河区(冀)	1578.00
94	故城县(冀)	1520.00
95	迁西县(冀)	1500.00
96	唐海县(冀)	1425.00
97	隆尧县(冀)	1364.00
98	鹿泉区(冀)	1284.00
99	高邑县(冀)	1281.00
100	邢台市桥东区(冀)	1213.00
101	武强县(冀)	1200.00
102	深泽县(冀)	1154.00
103	涿鹿县(冀)	1118.10
104	阜城县(冀)	1030.00
105	青龙满族自治县(冀)	1000.00
106	清苑县(冀)	1000.00
107	临猗县(晋)	116000.00
108	平陆县(晋)	38400.00
109	河津市(晋)	35000.00
110	万荣县(晋)	26389.00
111	侯马市(晋)	4614.10
112	高平市(晋)	2100.00
113	清徐县(晋)	1810.00
114	闻喜县(晋)	1782.00
115	稷山县(晋)	1652.00
116	晋源区(晋)	1485.00
117	忻府区(晋)	1078.00
118	阳曲县(晋)	1008.00
119	普兰店市(辽)	90986.00
120	盖州市(辽)	61903.00
121	大连市保税区(辽)	9579.00
122	大连市长兴岛临港工业区(辽)	8998.00
123	法库县(辽)	7000.00
124	建昌县(辽)	5000.00
125	振安区(辽)	5000.00
126	东港市(辽)	4890.00
127	甘井子区(辽)	4000.00
128	连山区(辽)	3600.00
129	旅顺口区(辽)	3000.00
130	辽中县(辽)	2000.00
131	喀喇沁左翼蒙古族自治县(辽)	1600.00
132	大石桥市(辽)	1500.00
133	北镇市(辽)	1000.00
134	阜新蒙古族自治县(辽)	1000.00
135	浦东新区(沪)	36578.00
136	奉贤区(沪)	16518.30
137	金山区(沪)	13262.70
138	崇明县(沪)	8307.84
139	青浦区(沪)	3346.00
140	松江区(沪)	2840.10
141	贾汪区(苏)	57840.00
142	邳州市(苏)	39200.00
143	新沂市(苏)	38800.00
144	惠山区(苏)	35774.00
145	句容市(苏)	29880.00
146	赣榆县(苏)	29860.00
147	武进区(苏)	28113.00
148	如东县(苏)	28000.00
149	泗阳县(苏)	25150.00
150	沛　县(苏)	23450.00
151	江阴市(苏)	7753.00
152	海州区(苏)	6504.00
153	阜宁县(苏)	6000.00
154	浦口区(苏)	5731.00
155	滨湖区(苏)	5230.00
156	睢宁县(苏)	4926.00
157	大丰市(苏)	4800.00
158	溧阳市(苏)	4617.00
159	滨海县(苏)	4530.00
160	亭湖区(苏)	4000.00
161	高邮市(苏)	3970.00
162	丹阳市(苏)	3650.00
163	泗洪县(苏)	3605.00
164	宝应县(苏)	3408.00
165	连云区(苏)	3262.00
166	靖江市(苏)	2980.00
167	吴中区(苏)	2874.00
168	建湖县(苏)	2488.00
169	昆山市(苏)	2435.00
170	溧水县(苏)	2300.00
171	姜堰区(苏)	2104.00
172	盐都区(苏)	2100.00
173	宿豫区(苏)	1980.00
174	高淳县(苏)	1735.00
175	江宁区(苏)	1722.00
176	丹徒区(苏)	1644.00
177	润州区(苏)	1586.30
178	启东市(苏)	1500.00
179	海门市(苏)	1406.00
180	淮阴区(苏)	1328.00
181	灌云县(苏)	1200.00
182	东台市(苏)	1160.00
183	响水县(苏)	1150.00
184	莲都区(浙)	39458.00
185	嵊州市(浙)	34700.00
186	奉化市(浙)	28348.00
187	缙云县(浙)	22751.00
188	长兴县(浙)	21800.00
189	临海市(浙)	15869.00
190	嘉善县(浙)	13962.00
191	建德市(浙)	11445.00
192	慈溪市(浙)	11000.00

序号	桃主产地	产量(吨)	序号	桃主产地	产量(吨)	序号	桃主产地	产量(吨)
193	淳安县(浙)	10560.00	239	肥西县(皖)	4419.00	285	沂南县(鲁)	57380.00
194	南湖区(浙)	9012.00	240	芜湖县(皖)	4300.00	286	五莲县(鲁)	55282.00
195	新昌县(浙)	8412.00	241	毛集实验区(皖)	4169.00	287	泗水县(鲁)	54023.00
196	富阳市(浙)	8025.00	242	庐江县(皖)	3965.00	288	兰陵县(鲁)	49963.00
197	秀洲区(浙)	7780.00	243	蒙城县(皖)	3600.00	289	新泰市(鲁)	47490.00
198	临安市(浙)	7500.00	244	八公山区(皖)	3161.00	290	费　县(鲁)	45880.00
199	仙居县(浙)	7500.00	245	东至县(皖)	2995.00	291	博山区(鲁)	42800.00
200	宁海县(浙)	7500.00	246	颍泉区(皖)	2200.00	292	临沂市蒙山旅游区(鲁)	40000.00
201	青田县(浙)	6249.00	247	潘集区(皖)	2194.00	293	邹城市(鲁)	39917.00
202	德清县(浙)	5381.00	248	太湖县(皖)	2108.00	294	临朐县(鲁)	35000.00
203	天台县(浙)	5000.00	249	来安县(皖)	2000.00	295	河东区(鲁)	28970.00
204	兰溪市(浙)	4443.00	250	涡阳县(皖)	1875.00	296	昌乐县(鲁)	27300.00
205	吴兴区(浙)	3628.00	251	黟　县(皖)	1755.00	297	胶州市(鲁)	26780.00
206	余姚市(浙)	3515.00	252	巢湖市(皖)	1630.00	298	莒　县(鲁)	23816.00
207	上虞市(浙)	3500.00	253	怀宁县(皖)	1520.00	299	寿光市(鲁)	22700.00
208	黄岩区(浙)	2789.00	254	霍邱县(皖)	1500.00	300	台儿庄区(鲁)	22110.00
209	乐清市(浙)	2750.00	255	凤阳县(皖)	1281.00	301	海阳市(鲁)	20000.00
210	温岭市(浙)	2719.00	256	潜山县(皖)	1250.00	302	环翠区(鲁)	17112.00
211	海宁市(浙)	2510.00	257	泗　县(皖)	1250.00	303	邹平县(鲁)	16895.00
212	海盐县(浙)	2380.00	258	蜀山区(皖)	1200.00	304	莱城区(鲁)	16232.00
213	鄞州区(浙)	2329.00	259	琅琊区(皖)	1050.00	305	曲阜市(鲁)	15638.00
214	象山县(浙)	2096.50	260	博望区(皖)	1050.00	306	惠民县(鲁)	13400.00
215	东阳市(浙)	1994.00	261	望江县(皖)	1050.00	307	东平县(鲁)	13395.00
216	松阳县(浙)	1812.00	262	永修县(赣)	11080.00	308	长清区(鲁)	13156.00
217	婺城区(浙)	1786.00	263	玉山县(赣)	3628.00	309	蓬莱市(鲁)	11931.00
218	平湖市(浙)	1725.00	264	九江县(赣)	3586.00	310	钢城区(鲁)	10500.00
219	三门县(浙)	1630.00	265	瑞昌市(赣)	2556.00	311	即墨市(鲁)	10500.00
220	浦江县(浙)	1480.00	266	贵溪市(赣)	2210.00	312	乳山市(鲁)	10100.00
221	武义县(浙)	1296.00	267	新干县(赣)	1972.00	313	德城区(鲁)	10000.00
222	北仑区(浙)	1288.00	268	于都县(赣)	1778.00	314	兰山区(鲁)	9920.12
223	平阳县(浙)	1287.00	269	武宁县(赣)	1651.00	315	黄岛区(鲁)	9888.00
224	路桥区(浙)	1170.00	270	会昌县(赣)	1611.00	316	高青县(鲁)	9500.00
225	砀山县(皖)	430000.00	271	宁都县(赣)	1349.00	317	岚山区(鲁)	8800.00
226	萧　县(皖)	81978.00	272	高安市(赣)	1188.00	318	德州市市辖区(鲁)	8750.00
227	金安区(皖)	52000.00	273	全南县(赣)	1000.00	319	微山县(鲁)	8704.00
228	南谯区(皖)	20000.00	274	蒙阴县(鲁)	716858.00	320	茌平县(鲁)	8421.00
229	谯城区(皖)	8500.00	275	安丘市(鲁)	240000.00	321	潍坊市峡山区(鲁)	8350.00
230	怀远县(皖)	7830.00	276	沂源县(鲁)	203547.00	322	兖州市(鲁)	7860.00
231	定远县(皖)	7700.00	277	肥城市(鲁)	184223.00	323	宁阳县(鲁)	7146.00
232	当涂县(皖)	7215.00	278	沂水县(鲁)	142213.00	324	淄川区(鲁)	7000.00
233	无为县(皖)	6170.00	279	岱岳区(鲁)	72625.00	325	泰山区(鲁)	6112.00
234	寿　县(皖)	5845.00	280	莱阳市(鲁)	66000.00	326	龙口市(鲁)	5635.00
235	长丰县(皖)	5485.00	281	青州市(鲁)	63688.00	327	齐河县(鲁)	5100.00
236	全椒县(皖)	5000.00	282	诸城市(鲁)	60840.00	328	阳谷县(鲁)	5045.00
237	明光市(皖)	4789.00	283	冠　县(鲁)	60000.00	329	垦利县(鲁)	4980.00
238	庐阳区(皖)	4500.00	284	山亭区(鲁)	59850.00	330	平原县(鲁)	4833.00

序号	桃主产地	产量(吨)	序号	桃主产地	产量(吨)	序号	桃主产地	产量(吨)
331	高密市(鲁)	4600.00	377	濮阳市高新区(豫)	8112.00	423	遂平县(豫)	1300.00
332	梁山县(鲁)	4540.00	378	郾城区(豫)	7644.00	424	孟州市(豫)	1250.00
333	武城县(鲁)	4525.00	379	新野县(豫)	7320.00	425	邓州市(豫)	1160.00
334	郯城县(鲁)	4500.00	380	嵩　县(豫)	6750.00	426	林州市(豫)	1103.00
335	招远市(鲁)	4218.40	381	宜阳县(豫)	6650.00	427	牧野区(豫)	1100.00
336	莱山区(鲁)	4000.00	382	洛宁县(豫)	6600.00	428	管城回族区(豫)	1028.00
337	章丘市(鲁)	3915.00	383	延津县(豫)	6300.00	429	沈丘县(豫)	1000.00
338	临清市(鲁)	3200.00	384	舞钢市(豫)	5800.00	430	枣阳市(鄂)	334771.00
339	临沭县(鲁)	3200.00	385	新乡县(豫)	5639.00	431	屈家岭管理区(鄂)	50000.00
340	潍城区(鲁)	3192.00	386	桐柏县(豫)	5212.00	432	老河口市(鄂)	45000.00
341	栖霞市(鲁)	2860.00	387	卧龙区(豫)	4995.00	433	随　县(鄂)	38639.00
342	崂山区(鲁)	2859.00	388	荥阳市(豫)	4924.00	434	潜江市(鄂)	10000.00
343	利津县(鲁)	2731.00	389	汤阴县(豫)	4800.00	435	钟祥市(鄂)	9351.00
344	济南市市中区(鲁)	2600.00	390	确山县(豫)	4700.00	436	广水市(鄂)	6300.00
345	文登市(鲁)	2300.00	391	鲁山县(豫)	4524.00	437	襄州区(鄂)	5800.00
346	汶上县(鲁)	2000.00	392	兰考县(豫)	4120.00	438	京山县(鄂)	5000.00
347	周村区(鲁)	2000.00	393	登封市(豫)	4000.00	439	东西湖区(鄂)	4750.00
348	成武县(鲁)	1849.00	394	二七区(豫)	3690.00	440	宜城市(鄂)	3200.00
349	牟平区(鲁)	1829.00	395	卢氏县(豫)	3300.00	441	荆州区(鄂)	3000.00
350	坊子区(鲁)	1600.00	396	潢川县(豫)	3258.00	442	大悟县(鄂)	2520.00
351	福山区(鲁)	1600.00	397	襄城县(豫)	3227.00	443	罗田县(鄂)	2500.00
352	莘　县(鲁)	1575.00	398	平桥区(豫)	2900.00	444	利川市(鄂)	2500.00
353	东明县(鲁)	1240.00	399	川汇区(豫)	2667.00	445	丹江口市(鄂)	2378.00
354	临沂市临港经济开发区(鲁)	1200.00	400	新蔡县(豫)	2612.00	446	襄城区(鄂)	2300.00
355	陵　县(鲁)	1000.00	401	沁阳市(豫)	2600.00	447	东宝区(鄂)	2140.00
356	虞城县(豫)	150000.00	402	许昌县(豫)	2520.00	448	孝昌县(鄂)	1900.00
357	内乡县(豫)	96000.00	403	上蔡县(豫)	2510.00	449	武穴市(鄂)	1800.00
358	西华县(豫)	81890.00	404	台前县(豫)	2500.00	450	通城县(鄂)	1700.00
359	唐河县(豫)	70054.00	405	安阳县(豫)	2459.00	451	曾都区(鄂)	1633.00
360	内黄县(豫)	50000.00	406	杞　县(豫)	2400.00	452	嘉鱼县(鄂)	1500.00
361	灵宝市(豫)	38902.00	407	商水县(豫)	2320.00	453	谷城县(鄂)	1400.00
362	泌阳县(豫)	32000.00	408	社旗县(豫)	2250.00	454	恩施市(鄂)	1301.00
363	尉氏县(豫)	24750.00	409	宁陵县(豫)	2236.00	455	张湾区(鄂)	1250.00
364	太康县(豫)	23000.00	410	郏　县(豫)	2025.00	456	建始县(鄂)	1200.00
365	永城市(豫)	21738.00	411	长垣县(豫)	2000.00	457	鹤峰县(鄂)	1190.00
366	卫辉市(豫)	14400.00	412	湛河区(豫)	1970.00	458	宜都市(鄂)	1125.00
367	武陟县(豫)	14000.00	413	洛龙区(豫)	1950.00	459	赤壁市(鄂)	1000.00
368	扶沟县(豫)	12880.00	414	封丘县(豫)	1900.00	460	安陆市(鄂)	1000.00
369	博爱县(豫)	12000.00	415	淇滨区(豫)	1700.00	461	浏阳市(湘)	8850.00
370	浚　县(豫)	10000.00	416	红旗区(豫)	1600.00	462	临武县(湘)	6600.00
371	济源市(豫)	9800.00	417	汝阳县(豫)	1560.00	463	靖州苗族侗族自治县(湘)	4995.00
372	栾川县(豫)	9528.00	418	柘城县(豫)	1501.00	464	永定区(湘)	4600.00
373	鄢陵县(豫)	9462.00	419	长葛市(豫)	1462.00	465	涟源市(湘)	4320.00
374	光山县(豫)	9000.00	420	汝南县(豫)	1454.00	466	资兴市(湘)	4005.00
375	汝州市(豫)	8970.00	421	西平县(豫)	1440.00	467	石门县(湘)	3500.00
376	宛城区(豫)	8550.00	422	叶　县(豫)	1375.00	468	株洲县(湘)	2850.00

序号	桃主产地	产量(吨)	序号	桃主产地	产量(吨)	序号	桃主产地	产量(吨)
469	大祥区(湘)	2820.00	515	南丹县(桂)	1857.00	561	高　县(川)	1500.00
470	祁阳县(湘)	2690.00	516	田阳县(桂)	1752.00	562	威远县(川)	1500.00
471	永顺县(湘)	2600.00	517	龙胜各族自治县(桂)	1747.00	563	旺苍县(川)	1500.00
472	道　县(湘)	2430.00	518	永福县(桂)	1546.00	564	翠屏区(川)	1382.00
473	中方县(湘)	2400.00	519	隆林各族自治县(桂)	1350.00	565	大邑县(川)	1271.00
474	新田县(湘)	2398.00	520	乐业县(桂)	1285.00	566	德昌县(川)	1253.00
475	澧　县(湘)	2220.00	521	金城江区(桂)	1223.00	567	宁南县(川)	1201.00
476	云溪区(湘)	2010.00	522	合川区(渝)	9430.00	568	达川区(川)	1000.00
477	华容县(湘)	1845.00	523	奉节县(渝)	8520.00	569	普定县(黔)	10000.00
478	衡山县(湘)	1745.20	524	璧山县(渝)	8400.00	570	六枝特区(黔)	8813.00
479	临澧县(湘)	1676.00	525	云阳县(渝)	8000.00	571	桐梓县(黔)	8132.00
480	洞口县(湘)	1625.00	526	万州区(渝)	7400.00	572	南明区(黔)	7816.32
481	东安县(湘)	1615.00	527	潼南县(渝)	6000.00	573	印江土家族苗族自治县(黔)	6400.00
482	麻阳苗族自治县(湘)	1600.00	528	涪陵区(渝)	4500.00	574	思南县(黔)	5900.00
483	赫山区(湘)	1500.00	529	沙坪坝区(渝)	3600.00	575	龙里县(黔)	4850.00
484	双牌县(湘)	1410.00	530	江津区(渝)	2000.00	576	荔波县(黔)	4065.00
485	慈利县(湘)	1357.00	531	铜梁县(渝)	2000.00	577	修文县(黔)	3801.00
486	宁远县(湘)	1329.00	532	巴南区(渝)	1620.00	578	乌当区(黔)	3512.00
487	津市市(湘)	1235.00	533	永川区(渝)	1600.00	579	独山县(黔)	2800.00
488	嘉禾县(湘)	1201.00	534	开　县(渝)	1401.00	580	清镇市(黔)	2612.00
489	祁东县(湘)	1200.00	535	石柱土家族自治县(渝)	1000.00	581	松桃苗族自治县(黔)	2250.00
490	龙山县(湘)	1200.00	536	龙泉驿区(川)	65700.00	582	贵定县(黔)	1800.00
491	北湖区(湘)	1103.00	537	仁寿县(川)	54850.00	583	长顺县(黔)	1595.00
492	衡东县(湘)	1000.00	538	金堂县(川)	38832.00	584	碧江区(黔)	1458.00
493	新邵县(湘)	1000.00	539	简阳市(川)	30875.00	585	惠水县(黔)	1369.00
494	翁源县(粤)	67500.00	540	广汉市(川)	19125.00	586	德江县(黔)	1250.00
495	连平县(粤)	34104.00	541	西充县(川)	15000.00	587	瓮安县(黔)	1000.00
496	乐昌市(粤)	12000.00	542	江油市(川)	13414.00	588	弥勒市(滇)	31950.00
497	连州市(粤)	1987.00	543	汉源县(川)	9000.00	589	元江哈尼族彝族傣族自治县(滇)	11200.00
498	灵川县(桂)	38556.00	544	会理县(川)	8651.00	590	麒麟区(滇)	10000.00
499	平乐县(桂)	32802.00	545	顺庆区(川)	6500.00	591	嵩明县(滇)	6567.10
500	恭城瑶族自治县(桂)	22439.00	546	冕宁县(川)	5812.00	592	石林彝族自治县(滇)	5059.40
501	象州县(桂)	19365.00	547	峨眉山市(川)	5400.00	593	永胜县(滇)	5009.00
502	鹿寨县(桂)	9148.00	548	中江县(川)	5330.00	594	禄丰县(滇)	4600.00
503	兴宾区(桂)	8641.00	549	南部县(川)	5000.00	595	玉龙纳西族自治县(滇)	4381.60
504	忻城县(桂)	8527.00	550	大竹县(川)	5000.00	596	沾益县(滇)	4200.00
505	阳朔县(桂)	6854.00	551	南江县(川)	4500.00	597	文山市(滇)	3628.00
506	兴安县(桂)	6101.00	552	邻水县(川)	4084.00	598	永仁县(滇)	3259.00
507	天峨县(桂)	4150.00	553	雨城区(川)	4000.00	599	楚雄市(滇)	3219.00
508	荔浦县(桂)	3486.00	554	巴州区(川)	3500.00	600	富宁县(滇)	2566.00
509	罗城仫佬族自治县(桂)	3127.00	555	盐亭县(川)	3300.00	601	双柏县(滇)	2515.00
510	全州县(桂)	3000.00	556	阆中市(川)	2425.00	602	师宗县(滇)	2324.00
511	金秀瑶族自治县(桂)	2892.00	557	营山县(川)	2150.00	603	广南县(滇)	2150.00
512	柳江县(桂)	2865.00	558	仪陇县(川)	2150.00	604	西畴县(滇)	2044.00
513	田林县(桂)	2680.00	559	游仙区(川)	2100.00	605	凤庆县(滇)	1988.00
514	富川瑶族自治县(桂)	2670.00	560	南溪县(川)	1600.00	606	丘北县(滇)	1890.00

序号	桃主产地	产量(吨)
607	西山区(滇)	1396.00
608	麻栗坡县(滇)	1387.00
609	昭阳区(滇)	1326.00
610	永德县(滇)	1231.00
611	云　县(滇)	1194.80
612	牟定县(滇)	1103.00
613	沧源佤族自治县(滇)	1095.00
614	富源县(滇)	1070.00
615	安宁市(滇)	1000.00
616	大荔县(陕)	63000.00
617	长安区(陕)	30150.00
618	淳化县(陕)	21050.00
619	蒲城县(陕)	20000.00
620	临潼区(陕)	16800.00
621	兴平市(陕)	10395.00
622	汉台区(陕)	10301.00
623	秦都区(陕)	9383.00
624	汉阴县(陕)	8920.00
625	眉　县(陕)	8739.00
626	乾　县(陕)	8000.00
627	扶风县(陕)	7762.00
628	汉滨区(陕)	6565.00
629	泾阳县(陕)	6000.00
630	渭滨区(陕)	5746.00
631	旬阳县(陕)	5260.00
632	礼泉县(陕)	4825.00
633	户　县(陕)	4000.00
634	灞桥区(陕)	3761.00
635	岐山县(陕)	3250.00
636	王益区(陕)	3220.00
637	南郑县(陕)	3040.00
638	未央区(陕)	3000.00
639	渭城区(陕)	1950.00
640	绥德县(陕)	1791.00
641	韩城市林业局(陕)	1400.00
642	略阳县(陕)	1318.00
643	镇安县(陕)	1211.00
644	凤翔县(陕)	1048.00
645	秦安县(甘)	120250.00
646	皋兰县(甘)	11456.00
647	肃州区(甘)	4629.00
648	敦煌市(甘)	4500.00
649	崆峒区(甘)	2680.00
650	秦州区(甘)	2352.50
651	泾川县(甘)	2060.00
652	宁　县(甘)	1824.00
653	西峰区(甘)	1538.00
654	金塔县(甘)	1412.00
655	庆城县(甘)	1111.00
656	麦积区(甘)	1072.00
657	武都区(甘)	1000.00
658	西和县(甘)	1000.00
659	彭阳县(宁)	3500.00
660	青铜峡市(宁)	2000.00
661	贺兰县(宁)	1519.00
662	莎车县(新)	28970.00
663	叶城县(新)	11985.00
664	泽普县(新)	8359.00
665	麦盖提县(新)	7849.00
666	喀什市(新)	3275.00
667	疏附县(新)	1638.00
668	农四师(新疆兵团)	30980.00
669	农三师(新疆兵团)	3874.00

表 7-4　杏主产地产量

序号	杏主产地	产量(吨)
1	密云县(京)	4770.00
2	延庆县(京)	3836.00
3	房山区(京)	2846.10
4	大兴区(京)	2319.00
5	怀柔区(京)	2199.50
6	海淀区(京)	920.70
7	蓟　县(津)	2015.00
8	巨鹿县(冀)	74858.00
9	易　县(冀)	20000.00
10	满城县(冀)	15021.00
11	兴隆县(冀)	14709.00
12	遵化市(冀)	14017.00
13	顺平县(冀)	12900.00
14	永清县(冀)	8530.00
15	辛集市(冀)	7225.00
16	新河县(冀)	6195.00
17	涞水县(冀)	6000.00
18	宣化县(冀)	5600.00
19	阜城县(冀)	5100.00
20	蠡　县(冀)	5100.00
21	怀安县(冀)	4500.00
22	鹿泉区(冀)	3556.00
23	唐　县(冀)	3200.00
24	临漳县(冀)	3195.00
25	平乡县(冀)	3100.00
26	青龙满族自治县(冀)	3000.00
27	行唐县(冀)	3000.00
28	沙河市(冀)	2992.00
29	万全县(冀)	2601.00
30	肥乡县(冀)	2500.00
31	抚宁县(冀)	2325.00
32	蔚　县(冀)	2200.00
33	承德县(冀)	2075.00
34	清苑县(冀)	2000.00
35	威　县(冀)	1880.00
36	迁西县(冀)	1800.00
37	大名县(冀)	1684.00
38	丰润区(冀)	1585.00
39	深州市(冀)	1426.00
40	涞源县(冀)	1350.00
41	广阳区(冀)	1336.00
42	滦平县(冀)	1280.00
43	魏　县(冀)	1260.00
44	迁安市(冀)	1153.00
45	任　县(冀)	1109.00
46	怀来县(冀)	1000.00
47	平山县(冀)	966.00
48	献　县(冀)	894.00
49	博野县(冀)	860.00
50	饶阳县(冀)	853.00
51	赤城县(冀)	760.00
52	枣强县(冀)	756.00
53	武邑县(冀)	740.00
54	滦　县(冀)	714.00
55	望都县(冀)	700.00
56	玉田县(冀)	696.00
57	涿鹿县(冀)	674.60
58	成安县(冀)	670.00
59	内丘县(冀)	620.00
60	徐水县(冀)	600.00
61	安国市(冀)	600.00
62	丰宁满族自治县(冀)	530.00
63	南宫市(冀)	517.00
64	临猗县(晋)	20100.00
65	河津市(晋)	9000.00
66	阳高县(晋)	8000.00
67	万荣县(晋)	2780.00
68	晋源区(晋)	1742.00
69	闻喜县(晋)	980.00
70	原平市(晋)	942.00
71	稷山县(晋)	852.00
72	忻府区(晋)	679.00

序号	杏主产地	产量(吨)
73	天镇县(晋)	500.00
74	杭锦后旗(内蒙古)	72500.00
75	奈曼旗(内蒙古)	18002.00
76	临河区(内蒙古)	4181.00
77	丰镇市(内蒙古)	3141.00
78	凉城县(内蒙古)	2999.75
79	准格尔旗(内蒙古)	2133.00
80	阜新蒙古族自治县(辽)	20000.00
81	龙城区(辽)	11000.00
82	双塔区(辽)	7600.00
83	连山区(辽)	5300.00
84	南票区(辽)	3100.00
85	法库县(辽)	3000.00
86	大石桥市(辽)	2500.00
87	建昌县(辽)	2000.00
88	东港市(辽)	1860.00
89	清河门区(辽)	1000.00
90	海城市(辽)	1000.00
91	贾汪区(苏)	5010.00
92	肥西县(皖)	1010.00
93	邹平县(鲁)	19158.00
94	东平县(鲁)	17016.00
95	长清区(鲁)	15075.00
96	新泰市(鲁)	13220.00
97	岱岳区(鲁)	13106.00
98	邹城市(鲁)	9765.00
99	淄川区(鲁)	9000.00
100	沂水县(鲁)	8948.00
101	临清市(鲁)	8100.00
102	龙口市(鲁)	7348.00
103	莱州市(鲁)	6360.00
104	肥城市(鲁)	5632.00
105	博山区(鲁)	5000.00
106	宁阳县(鲁)	3935.00
107	昌乐县(鲁)	3600.00
108	青州市(鲁)	3365.00
109	阳谷县(鲁)	3140.00
110	曲阜市(鲁)	3015.00
111	微山县(鲁)	2697.00
112	临朐县(鲁)	2500.00
113	钢城区(鲁)	2400.00
114	诸城市(鲁)	2012.00
115	费　县(鲁)	2009.00
116	梁山县(鲁)	1950.00
117	章丘市(鲁)	1885.00
118	沂南县(鲁)	1800.00
119	招远市(鲁)	1630.00
120	泰山区(鲁)	1550.00
121	东昌府区(鲁)	1410.00
122	山亭区(鲁)	1142.00
123	沂源县(鲁)	854.00
124	莒　县(鲁)	768.00
125	德州市市辖区(鲁)	750.00
126	济南市市中区(鲁)	720.00
127	崂山区(鲁)	664.00
128	兖州市(鲁)	660.00
129	汶上县(鲁)	600.00
130	福山区(鲁)	600.00
131	蓬莱市(鲁)	561.00
132	德城区(鲁)	525.00
133	临沂市临港经济开发区(鲁)	500.00
134	新密市(豫)	11000.00
135	宜阳县(豫)	8400.00
136	内黄县(豫)	7000.00
137	汝州市(豫)	6902.00
138	项城市(豫)	5915.00
139	林州市(豫)	5720.00
140	舞钢市(豫)	5400.00
141	南乐县(豫)	5351.00
142	栾川县(豫)	2690.00
143	济源市(豫)	2500.00
144	二七区(豫)	2409.00
145	郏　县(豫)	2250.00
146	新安县(豫)	2030.00
147	新乡县(豫)	1877.00
148	太康县(豫)	1800.00
149	封丘县(豫)	1500.00
150	宛城区(豫)	1400.00
151	兰考县(豫)	1247.50
152	渑池县(豫)	1200.00
153	嵩　县(豫)	1160.00
154	荥阳市(豫)	1150.00
155	睢阳区(豫)	1055.00
156	新野县(豫)	1050.00
157	鄢陵县(豫)	1035.00
158	延津县(豫)	1000.00
159	沁阳市(豫)	948.00
160	唐河县(豫)	900.00
161	许昌县(豫)	864.00
162	泌阳县(豫)	750.00
163	卫辉市(豫)	710.00
164	登封市(豫)	700.00
165	川汇区(豫)	591.00
166	扶沟县(豫)	500.00
167	洛宁县(豫)	500.00
168	钟祥市(鄂)	850.00
169	孝昌县(鄂)	500.00
170	竹山县(鄂)	500.00
171	云阳县(渝)	8000.00
172	沙坪坝区(渝)	1500.00
173	涪陵区(渝)	560.00
174	仪陇县(川)	560.00
175	邻水县(川)	540.00
176	淳化县(陕)	21540.00
177	蓝田县(陕)	15000.00
178	泾阳县(陕)	15000.00
179	临潼区(陕)	6500.00
180	礼泉县(陕)	3450.00
181	户　县(陕)	3000.00
182	米脂县(陕)	2398.00
183	汉滨区(陕)	2323.00
184	绥德县(陕)	1900.00
185	灞桥区(陕)	1741.00
186	旬阳县(陕)	1515.00
187	岐山县(陕)	1055.00
188	蒲城县(陕)	1000.00
189	韩城市林业局(陕)	950.00
190	陈仓区(陕)	846.00
191	汉阴县(陕)	730.00
192	眉　县(陕)	662.00
193	镇原县(甘)	24400.00
194	环　县(甘)	9407.00
195	庆城县(甘)	7903.00
196	高台县(甘)	5875.00
197	宁　县(甘)	5365.00
198	正宁县(甘)	4515.00
199	民乐县(甘)	4262.20
200	东乡族自治县(甘)	4200.00
201	肃州区(甘)	4158.00
202	张家川回族自治县(甘)	3957.34
203	崆峒区(甘)	2400.00
204	会宁县(甘)	2093.00
205	山丹县(甘)	1702.00
206	秦安县(甘)	1597.60
207	西峰区(甘)	1538.00
208	金塔县(甘)	1414.00
209	陇西县(甘)	1230.00
210	泾川县(甘)	1140.00

序号	杏主产地	产量(吨)
211	永登县(甘)	799.00
212	麦积区(甘)	760.00
213	秦州区(甘)	743.00
214	甘谷县(甘)	702.00
215	永靖县(甘)	640.00
216	西和县(甘)	620.00
217	玉门市(甘)	566.00
218	彭阳县(宁)	5740.00
219	贺兰县(宁)	1447.00
220	英吉沙县(新)	216494.00
221	叶城县(新)	133877.00
222	库车县(新)	128052.45
223	莎车县(新)	85077.00
224	阿克陶县(新)	84000.00
225	伽师县(新)	54988.00
226	疏附县(新)	45389.00
227	拜城县(新)	29484.00
228	沙雅县(新)	27949.60
229	疏勒县(新)	22138.00
230	新和县(新)	21796.00
231	喀什市(新)	9486.00
232	岳普湖县(新)	9158.00
233	巴楚县(新)	7312.00
234	柯坪县(新)	5034.00
235	麦盖提县(新)	3893.00
236	阿瓦提县(新)	3470.00
237	塔什库尔干塔吉克自治县(新)	1628.00
238	乌什县(新)	1493.00
239	阿合奇县(新)	1000.00
240	奇台县(新)	945.00
241	农四师(新疆兵团)	18996.00
242	农三师(新疆兵团)	11901.00
243	农一师(新疆兵团)	7375.00

表 7-5　李主产地产量

序号	李主产地	产量(吨)
1	密云县(京)	4255.00
2	怀柔区(京)	931.80
3	房山区(京)	810.00
4	大兴区(京)	561.00
5	延庆县(京)	431.00
6	海淀区(京)	221.90
7	迁安市(冀)	3605.00
8	大名县(冀)	1455.00
9	涿州市(冀)	299.00
10	丰宁满族自治县(冀)	240.00
11	赤城县(冀)	145.00
12	邯山区(冀)	100.00
13	杭锦后旗(内蒙古)	5000.00
14	莫力达瓦达斡尔族自治旗(内蒙古)	1200.00
15	扎赉特旗(内蒙古)	450.00
16	元宝山区(内蒙古)	375.00
17	松山区(内蒙古)	150.00
18	连山区(辽)	6100.00
19	大石桥市(辽)	4700.00
20	义　县(辽)	4500.00
21	建昌县(辽)	2000.00
22	喀喇沁左翼蒙古族自治县(辽)	1050.00
23	南票区(辽)	330.00
24	新民市(辽)	246.00
25	洮南市(吉)	2000.00
26	辉南县(吉)	1850.00
27	东辽县(吉)	1400.00
28	白城市市辖区(吉)	800.00
29	绿园区(吉)	300.00
30	九台市(吉)	150.00
31	东丰县(吉)	135.00
32	磐石市(吉)	104.00
33	龙凤区(黑)	850.00
34	友谊县(黑)	560.00
35	让胡路区(黑)	432.00
36	鹤岗市市辖区(黑)	275.00
37	五常市(黑)	220.00
38	海州区(苏)	111.00
39	嵊州市(浙)	21080.00
40	临安市(浙)	8100.00
41	建德市(浙)	7000.00
42	浦江县(浙)	5015.00
43	兰溪市(浙)	3122.00
44	定海区(浙)	1980.00
45	淳安县(浙)	1860.00
46	永康市(浙)	1770.00
47	婺城区(浙)	1249.00
48	宁海县(浙)	1200.00
49	临海市(浙)	1095.00
50	缙云县(浙)	1065.00
51	平湖市(浙)	484.00
52	乐清市(浙)	450.00
53	富阳市(浙)	420.00
54	温岭市(浙)	300.00
55	龙泉市(浙)	300.00
56	天台县(浙)	300.00
57	安吉县(浙)	231.00
58	江山市(浙)	202.00
59	仙居县(浙)	200.00
60	三门县(浙)	190.00
61	鄞州区(浙)	122.00
62	瑞安市(浙)	104.00
63	象山县(浙)	103.50
64	文成县(浙)	100.00
65	潜山县(皖)	350.00
66	徽州区(皖)	267.00
67	芜湖县(皖)	190.00
68	黟　县(皖)	162.00
69	龙南县(赣)	4200.00
70	赣　县(赣)	1710.00
71	昌乐县(鲁)	2900.00
72	临朐县(鲁)	2000.00
73	沂水县(鲁)	1775.00
74	岱岳区(鲁)	1640.00
75	宁阳县(鲁)	300.00
76	邹平县(鲁)	227.00
77	肥城市(鲁)	150.00
78	商水县(豫)	7326.00
79	嵩　县(豫)	4800.00
80	林州市(豫)	2266.00
81	太康县(豫)	2000.00
82	延津县(豫)	240.00
83	淮阳县(豫)	200.00
84	罗田县(鄂)	1800.00
85	利川市(鄂)	1200.00
86	宜都市(鄂)	350.00
87	长阳土家族自治县(鄂)	300.00
88	蕲春县(鄂)	280.00
89	阳新县(鄂)	252.00
90	大悟县(鄂)	200.00
91	嘉鱼县(鄂)	200.00
92	竹溪县(鄂)	180.00
93	襄城区(鄂)	140.00
94	来凤县(鄂)	124.00
95	张湾区(鄂)	120.00
96	新化县(湘)	43200.00
97	祁东县(湘)	18000.00
98	涟源市(湘)	5220.00
99	隆回县(湘)	2200.00
100	永定区(湘)	1100.00
101	石门县(湘)	1050.00

序号	李主产地	产量(吨)
102	株洲县(湘)	1050.00
103	新宁县(湘)	800.00
104	新晃侗族自治县(湘)	750.00
105	中方县(湘)	600.00
106	临澧县(湘)	510.00
107	桑植县(湘)	482.00
108	麻阳苗族自治县(湘)	430.00
109	鼎城区(湘)	275.00
110	衡山县(湘)	224.70
111	南岳区(湘)	180.00
112	北湖区(湘)	157.00
113	湘阴县(湘)	130.00
114	信宜市(粤)	174306.00
115	翁源县(粤)	52500.00
116	新丰县(粤)	24316.00
117	南雄市(粤)	22500.00
118	乐昌市(粤)	22400.00
119	龙川县(粤)	19820.00
120	平远县(粤)	15750.00
121	始兴县(粤)	15000.00
122	连山壮族瑶族自治县(粤)	4223.00
123	阳山县(粤)	3383.00
124	惠阳区(粤)	3300.00
125	五华县(粤)	3000.00
126	蕉岭县(粤)	2369.00
127	乳源瑶族自治县(粤)	1875.00
128	佛冈县(粤)	1650.00
129	广宁县(粤)	975.00
130	丰顺县(粤)	156.00
131	平乐县(桂)	20527.00
132	金秀瑶族自治县(桂)	7774.00
133	田林县(桂)	5533.00
134	天峨县(桂)	5173.00
135	阳朔县(桂)	3662.00
136	东兰县(桂)	2800.00
137	金城江区(桂)	2001.00
138	龙胜各族自治县(桂)	1391.00
139	隆林各族自治县(桂)	1210.00
140	苍梧县(桂)	977.00
141	乐业县(桂)	692.00
142	大化瑶族自治县(桂)	430.00
143	田阳县(桂)	361.00
144	马山县(桂)	101.00
145	巫山县(渝)	50000.00
146	万州区(渝)	21000.00
147	合川区(渝)	4467.00
148	璧山县(渝)	3700.00
149	垫江县(渝)	3000.00
150	铜梁县(渝)	3000.00
151	丰都县(渝)	1936.00
152	永川区(渝)	1400.00
153	江津区(渝)	900.00
154	石柱土家族自治县(渝)	750.00
155	万盛区(渝)	530.00
156	江北区(渝)	200.00
157	古蔺县(川)	50000.00
158	屏山县(川)	15800.00
159	越西县(川)	3495.00
160	万源市(川)	3000.00
161	大竹县(川)	3000.00
162	江安县(川)	2500.00
163	旌阳区(川)	2000.00
164	宣汉县(川)	1520.00
165	巴州区(川)	1500.00
166	江油市(川)	1460.00
167	高　县(川)	1360.00
168	筠连县(川)	1000.00
169	井研县(川)	820.00
170	旺苍县(川)	700.00
171	兴文县(川)	624.00
172	营山县(川)	540.00
173	雷波县(川)	515.00
174	达川区(川)	450.00
175	九寨沟县(川)	407.00
176	邻水县(川)	400.00
177	北川羌族自治县(川)	310.00
178	石棉县(川)	260.00
179	泸定县(川)	253.00
180	天全县(川)	242.00
181	九龙县(川)	102.00
182	贡井区(川)	100.00
183	德江县(黔)	20000.00
184	普定县(黔)	20000.00
185	紫云苗族布依族自治县(黔)	18500.00
186	龙里县(黔)	15000.00
187	贵定县(黔)	13500.00
188	汇川区(黔)	600.00
189	沿河土家族自治县(黔)	477.00
190	绥阳县(黔)	200.00
191	长顺县(黔)	154.00
192	元江哈尼族彝族傣族自治县(滇)	31800.00
193	弥勒市(滇)	15975.00
194	麒麟区(滇)	1500.00
195	沧源佤族自治县(滇)	1313.40
196	石林彝族自治县(滇)	1074.20
197	永胜县(滇)	769.72
198	云　县(滇)	725.40
199	晋宁县(滇)	617.00
200	武定县(滇)	450.00
201	富宁县(滇)	375.00
202	江川县(滇)	320.00
203	玉龙纳西族自治县(滇)	270.00
204	牟定县(滇)	168.00
205	禄丰县(滇)	156.00
206	双柏县(滇)	100.00
207	岚皋县(陕)	1315.00
208	南郑县(陕)	980.00
209	汉阴县(陕)	340.00
210	秦安县(甘)	2239.80
211	张家川回族自治县(甘)	1858.00
212	彭阳县(宁)	1700.00
213	利通区(宁)	400.00
214	米东区(新)	1524.00
215	沙雅县(新)	141.30

表 7-6　樱桃主产地产量

序号	樱桃主产地	产量(吨)
1	海淀区(京)	942.60
2	密云县(京)	734.00
3	房山区(京)	352.80
4	山海关区(冀)	17600.00
5	望都县(冀)	1500.00
6	迁安市(冀)	585.00
7	乐亭县(冀)	561.00
8	平泉县(冀)	450.00
9	海港区(冀)	118.50
10	河津市(晋)	300.00
11	松山区(内蒙古)	108.00
12	旅顺口区(辽)	19000.00
13	普兰店市(辽)	15033.00
14	大连市保税区(辽)	3221.00
15	大连市金州新区(辽)	100.00
16	余姚市(浙)	725.00
17	仙居县(浙)	350.00
18	临海市(浙)	163.00
19	浦江县(浙)	160.00
20	临泉县(皖)	113.00

序号	樱桃主产地	产量(吨)
21	临朐县(鲁)	35000.00
22	安丘市(鲁)	32000.00
23	福山区(鲁)	32000.00
24	新泰市(鲁)	30796.00
25	肥城市(鲁)	22432.90
26	岱岳区(鲁)	18597.00
27	山亭区(鲁)	17250.00
28	莱山区(鲁)	10000.00
29	临沂市临港经济开发区(鲁)	8000.00
30	长清区(鲁)	7821.00
31	泰山区(鲁)	6495.00
32	沂南县(鲁)	6020.00
33	招远市(鲁)	5360.00
34	蓬莱市(鲁)	4909.00
35	五莲县(鲁)	4500.00
36	芝罘区(鲁)	4415.00
37	崂山区(鲁)	3610.00
38	莒南县(鲁)	3500.00
39	昌乐县(鲁)	3080.00
40	沂水县(鲁)	2926.00
41	文登市(鲁)	2100.00
42	乳山市(鲁)	2000.00
43	蒙阴县(鲁)	1900.00
44	临清市(鲁)	1740.00
45	东平县(鲁)	1664.00
46	曲阜市(鲁)	1500.00
47	博山区(鲁)	1040.00
48	钢城区(鲁)	800.00
49	莱城区(鲁)	775.80
50	费　县(鲁)	689.00
51	青州市(鲁)	585.00
52	东昌府区(鲁)	330.00
53	济南市市中区(鲁)	320.00
54	汶上县(鲁)	300.00
55	张店区(鲁)	290.00
56	高密市(鲁)	280.00
57	寿光市(鲁)	252.00
58	阳谷县(鲁)	246.00
59	环翠区(鲁)	219.00
60	临淄区(鲁)	175.00
61	周村区(鲁)	117.58
62	新郑市(豫)	15000.00
63	新安县(豫)	10165.00
64	栾川县(豫)	2983.00
65	博爱县(豫)	2200.00
66	二七区(豫)	1950.00
67	尉氏县(豫)	1200.00
68	镇平县(豫)	900.00
69	洛龙区(豫)	820.00
70	商水县(豫)	360.00
71	新密市(豫)	310.00
72	台前县(豫)	280.00
73	淮阳县(豫)	262.00
74	长垣县(豫)	250.00
75	金水区(豫)	150.00
76	睢　县(豫)	120.00
77	夷陵区(鄂)	6700.00
78	房　县(鄂)	995.00
79	竹溪县(鄂)	360.00
80	张湾区(鄂)	225.00
81	谷城县(鄂)	170.00
82	铜梁县(渝)	3000.00
83	璧山县(渝)	1720.00
84	江北区(渝)	100.00
85	理　县(川)	1200.00
86	巴州区(川)	900.00
87	威远县(川)	900.00
88	汶川县(川)	731.00
89	九寨沟县(川)	480.50
90	旌阳区(川)	360.00
91	雷波县(川)	210.00
92	三台县(川)	204.92
93	泸定县(川)	201.00
94	万源市(川)	200.00
95	木里藏族自治县(川)	100.00
96	红花岗区(黔)	450.00
97	开阳县(黔)	390.00
98	龙里县(黔)	225.00
99	贵定县(黔)	200.00
100	汇川区(黔)	150.00
101	麒麟区(滇)	1200.00
102	永胜县(滇)	728.97
103	武定县(滇)	693.00
104	灞桥区(陕)	36302.00
105	蓝田县(陕)	22500.00
106	渭滨区(陕)	4113.00
107	眉　县(陕)	2633.00
108	西乡县(陕)	1560.00
109	旬阳县(陕)	934.00
110	韩城市林业局(陕)	820.00
111	略阳县(陕)	464.00
112	汉阴县(陕)	340.00
113	洛南县(陕)	329.00
114	山阳县(陕)	246.00
115	白河县(陕)	126.00
116	秦州区(甘)	20040.00
117	清水县(甘)	2820.00
118	麦积区(甘)	598.40
119	武都区(甘)	520.00
120	张家川回族自治县(甘)	144.79
121	乐都县(青)	4375.00
122	莎车县(新)	204.00

表 7-7　猕猴桃主产地产量

序号	猕猴桃主产地	产量(吨)
1	灵寿县(冀)	1560.00
2	浦东新区(沪)	827.00
3	金山区(沪)	570.20
4	崇明县(沪)	402.91
5	海门市(苏)	1960.00
6	江都区(苏)	1850.00
7	六合区(苏)	500.00
8	高港区(苏)	270.00
9	相城区(苏)	250.00
10	金坛市(苏)	163.00
11	吴江市(苏)	147.00
12	泉山区(苏)	115.00
13	江山市(浙)	9000.00
14	泰顺县(浙)	5995.00
15	上虞市(浙)	4500.00
16	宁海县(浙)	1500.00
17	义乌市(浙)	1200.00
18	余姚市(浙)	963.00
19	长兴县(浙)	900.00
20	莲都区(浙)	787.00
21	乐清市(浙)	690.00
22	仙居县(浙)	650.00
23	武义县(浙)	622.00
24	临海市(浙)	589.00
25	平阳县(浙)	538.00
26	临安市(浙)	500.00
27	柯城区(浙)	500.00
28	黄岩区(浙)	465.00
29	遂昌县(浙)	421.00
30	三门县(浙)	420.00
31	淳安县(浙)	339.00
32	永康市(浙)	265.00
33	东阳市(浙)	223.00

序号	猕猴桃主产地	产量(吨)
34	奉化市(浙)	180.00
35	平湖市(浙)	178.00
36	文成县(浙)	153.00
37	鄞州区(浙)	152.00
38	浦江县(浙)	120.00
39	新昌县(浙)	120.00
40	广德县(皖)	3125.00
41	舒城县(皖)	969.00
42	芜湖县(皖)	650.00
43	霍邱县(皖)	210.00
44	颍泉区(皖)	100.00
45	奉新县(赣)	14693.00
46	宁都县(赣)	419.00
47	芦溪县(赣)	353.00
48	永新县(赣)	190.00
49	瑞昌市(赣)	165.00
50	吉州区(赣)	104.85
51	莱州市(鲁)	200.00
52	潍坊市峡山区(鲁)	180.00
53	西峡县(豫)	21000.00
54	栾川县(豫)	1983.00
55	鲁山县(豫)	1458.00
56	卢氏县(豫)	1250.00
57	新乡县(豫)	531.00
58	汝南县(豫)	156.00
59	郾城区(豫)	117.00
60	建始县(鄂)	10000.00
61	赤壁市(鄂)	3500.00
62	广水市(鄂)	2300.00
63	大悟县(鄂)	1200.00
64	蕲春县(鄂)	1200.00
65	长阳土家族自治县(鄂)	750.00
66	张湾区(鄂)	410.00
67	利川市(鄂)	350.00
68	恩施市(鄂)	246.00
69	兴山县(鄂)	194.00
70	鹤峰县(鄂)	180.00
71	竹溪县(鄂)	130.00
72	永顺县(湘)	26000.00
73	凤凰县(湘)	24000.00
74	花垣县(湘)	9000.00
75	龙山县(湘)	3000.00
76	宁乡县(湘)	2400.00
77	双牌县(湘)	1610.00
78	浏阳市(湘)	610.00
79	武冈市(湘)	500.00
80	石门县(湘)	425.00
81	新宁县(湘)	400.00
82	桑植县(湘)	303.00
83	新化县(湘)	250.00
84	隆回县(湘)	220.00
85	会同县(湘)	200.00
86	绥宁县(湘)	200.00
87	祁东县(湘)	170.00
88	麻阳苗族自治县(湘)	150.00
89	乳源瑶族自治县(粤)	330.00
90	兴安县(桂)	1486.00
91	南丹县(桂)	880.00
92	乐业县(桂)	450.00
93	临桂县(桂)	208.00
94	靖西县(桂)	120.00
95	奉节县(渝)	1650.00
96	秀山土家族苗族自治县(渝)	1500.00
97	万州区(渝)	1300.00
98	开　县(渝)	1260.00
99	铜梁县(渝)	1200.00
100	万盛区(渝)	650.00
101	永川区(渝)	600.00
102	城口县(渝)	523.00
103	江津区(渝)	420.00
104	石柱土家族自治县(渝)	300.00
105	武隆县(渝)	205.00
106	丰都县(渝)	165.00
107	邛崃市(川)	70639.20
108	苍溪县(川)	45000.00
109	都江堰市(川)	18320.00
110	名山县(川)	12000.00
111	蒲江县(川)	9560.00
112	雷波县(川)	5519.00
113	雨城区(川)	5000.00
114	巴州区(川)	2900.00
115	宣汉县(川)	2780.00
116	南江县(川)	2000.00
117	大邑县(川)	1271.00
118	天全县(川)	1229.00
119	什邡市(川)	1057.00
120	万源市(川)	1000.00
121	旺苍县(川)	1000.00
122	仪陇县(川)	830.00
123	兴文县(川)	600.00
124	安　县(川)	600.00
125	开江县(川)	556.00
126	江油市(川)	486.00
127	邻水县(川)	420.00
128	彭山县(川)	400.00
129	游仙区(川)	300.00
130	恩阳区(川)	300.00
131	平昌县(川)	113.00
132	阆中市(川)	100.00
133	修文县(黔)	10305.00
134	清镇市(黔)	6020.00
135	道真仡佬族苗族自治县(黔)	1345.00
136	贵定县(黔)	700.00
137	龙里县(黔)	650.00
138	桐梓县(黔)	494.00
139	乌当区(黔)	217.00
140	碧江区(黔)	123.00
141	师宗县(滇)	200.00
142	眉　县(陕)	445759.00
143	武功县(陕)	45500.00
144	岐山县(陕)	44910.00
145	灞桥区(陕)	19642.00
146	陈仓区(陕)	18250.00
147	扶风县(陕)	14356.00
148	城固县(陕)	8300.00
149	渭滨区(陕)	6048.00
150	户　县(陕)	6000.00
151	汉台区(陕)	900.00
152	南郑县(陕)	705.00
153	镇坪县(陕)	583.00
154	太白县(陕)	561.00
155	商南县(陕)	559.00
156	柞水县(陕)	279.00
157	佛坪县(陕)	259.00
158	兴平市(陕)	240.00
159	岚皋县(陕)	133.00
160	石泉县(陕)	120.00
161	略阳县(陕)	106.00

表 7-8　鲜葡萄主产地产量

序号	鲜葡萄主产地	产量(吨)
1	大兴区(京)	7375.00
2	房山区(京)	4098.00
3	密云县(京)	3177.00
4	延庆县(京)	2516.00
5	滨海新区(津)	48796.00
6	宁河县(津)	24300.00
7	蓟　县(津)	7906.00

序号	鲜葡萄主产地	产量(吨)
8	东丽区(津)	6006.78
9	西青区(津)	1048.00
10	涿鹿县(冀)	278109.56
11	怀来县(冀)	171520.00
12	卢龙县(冀)	135995.00
13	乐亭县(冀)	110792.00
14	晋州市(冀)	87500.00
15	柏乡县(冀)	66615.00
16	威　县(冀)	56810.00
17	昌黎县(冀)	55100.00
18	永清县(冀)	54000.00
19	永年县(冀)	50065.00
20	饶阳县(冀)	41940.00
21	滦南县(冀)	27498.00
22	清苑县(冀)	25454.00
23	满城县(冀)	18456.00
24	顺平县(冀)	17400.00
25	鸡泽县(冀)	17300.00
26	曲周县(冀)	15000.00
27	献　县(冀)	14789.00
28	鹿泉区(冀)	13939.00
29	滦　县(冀)	13400.00
30	玉田县(冀)	13161.00
31	深泽县(冀)	12971.00
32	肥乡县(冀)	12290.00
33	广阳区(冀)	12146.00
34	成安县(冀)	12100.00
35	丰润区(冀)	8765.00
36	辛集市(冀)	8259.00
37	阜城县(冀)	7762.00
38	安次区(冀)	7412.00
39	三河市(冀)	6495.00
40	古冶区(冀)	6287.00
41	新河县(冀)	6184.00
42	香河县(冀)	5835.00
43	大城县(冀)	5500.00
44	藁城区(冀)	5327.00
45	蠡　县(冀)	5000.00
46	遵化市(冀)	4774.00
47	临漳县(冀)	4500.00
48	徐水县(冀)	4500.00
49	故城县(冀)	4130.00
50	曲阳县(冀)	3600.00
51	霸州市(冀)	3574.00
52	安平县(冀)	3560.00
53	宣化县(冀)	3400.00
54	宣化区(冀)	3369.00
55	灵寿县(冀)	3225.00
56	迁西县(冀)	3100.00
57	涉　县(冀)	3000.00
58	定兴县(冀)	2910.00
59	阳原县(冀)	2614.00
60	深州市(冀)	2380.00
61	泊头市(冀)	2136.00
62	大名县(冀)	2074.00
63	迁安市(冀)	2034.00
64	肃宁县(冀)	2003.00
65	望都县(冀)	1950.00
66	丰南区(冀)	1936.00
67	广宗县(冀)	1895.00
68	魏　县(冀)	1890.00
69	任　县(冀)	1797.00
70	盐山县(冀)	1700.00
71	黄骅市(冀)	1542.00
72	唐山市汉沽管理区(冀)	1500.00
73	博野县(冀)	1500.00
74	抚宁县(冀)	1462.00
75	南宫市(冀)	1362.00
76	馆陶县(冀)	1250.00
77	丰宁满族自治县(冀)	1200.00
78	新乐市(冀)	1200.00
79	邱　县(冀)	1200.00
80	平乡县(冀)	1110.00
81	平泉县(冀)	1000.00
82	清徐县(晋)	23284.00
83	曲沃县(晋)	15564.00
84	临猗县(晋)	7600.00
85	尖草坪区(晋)	6256.00
86	万荣县(晋)	3600.00
87	文水县(晋)	2500.00
88	河津市(晋)	2500.00
89	高平市(晋)	2200.00
90	侯马市(晋)	2034.00
91	晋源区(晋)	1881.00
92	稷山县(晋)	1469.00
93	河曲县(晋)	1239.00
94	喀喇沁旗(内蒙古)	6000.00
95	松山区(内蒙古)	4890.00
96	托克托县(内蒙古)	3987.00
97	科尔沁左翼中旗(内蒙古)	1560.00
98	元宝山区(内蒙古)	1500.00
99	盖州市(辽)	119945.00
100	南票区(辽)	64000.00
101	苏家屯区(辽)	35404.00
102	阜新蒙古族自治县(辽)	30000.00
103	灯塔市(辽)	26000.00
104	喀喇沁左翼蒙古族自治县(辽)	24400.00
105	桓仁满族自治县(辽)	22133.00
106	龙城区(辽)	20000.00
107	辽中县(辽)	12000.00
108	义　县(辽)	11200.00
109	顺城区(辽)	10213.00
110	法库县(辽)	8100.00
111	连山区(辽)	7800.00
112	东港市(辽)	5250.00
113	东洲区(辽)	5000.00
114	海城市(辽)	4000.00
115	甘井子区(辽)	3000.00
116	凌海市(辽)	3000.00
117	于洪区(辽)	2760.00
118	千山区(辽)	2319.00
119	朝阳县(辽)	2000.00
120	大石桥市(辽)	1800.00
121	南芬区(辽)	1560.00
122	沈北新区(辽)	1500.00
123	北镇市(辽)	1150.00
124	清河门区(辽)	1150.00
125	集安市(吉)	20966.00
126	南关区(吉)	17500.00
127	绿园区(吉)	8750.00
128	德惠市(吉)	4000.00
129	乾安县(吉)	3750.00
130	洮南市(吉)	3300.00
131	永吉县(吉)	2921.00
132	农安县(吉)	2000.00
133	临江市(吉)	1580.00
134	辉南县(吉)	1560.00
135	梨树县(吉)	1248.00
136	东辽县(吉)	1020.00
137	大同区(黑)	20461.00
138	牡丹江市市本级(黑)	4331.00
139	延寿县(黑)	1500.00
140	肇源县(黑)	1500.00
141	让胡路区(黑)	1243.00
142	奉贤区(沪)	27770.90
143	嘉定区(沪)	21159.00
144	金山区(沪)	14359.30
145	浦东新区(沪)	9243.00

序号	鲜葡萄主产地	产量(吨)
146	崇明县(沪)	9169.49
147	青浦区(沪)	8200.00
148	松江区(沪)	3873.30
149	东海县(苏)	60000.00
150	邳州市(苏)	49800.00
151	句容市(苏)	46780.00
152	沛　县(苏)	13350.00
153	宝应县(苏)	4471.00
154	丹徒区(苏)	4250.00
155	睢宁县(苏)	3469.00
156	海州区(苏)	3067.00
157	江都区(苏)	2600.00
158	滨海县(苏)	2398.00
159	大丰市(苏)	1500.00
160	丹阳市(苏)	1315.00
161	浦江县(浙)	58200.00
162	温岭市(浙)	57523.00
163	慈溪市(浙)	54000.00
164	上虞市(浙)	53786.00
165	南湖区(浙)	40150.00
166	长兴县(浙)	32000.00
167	秀洲区(浙)	31987.00
168	金东区(浙)	28770.00
169	海宁市(浙)	27563.00
170	余姚市(浙)	23750.00
171	鄞州区(浙)	14518.00
172	路桥区(浙)	12500.00
173	永康市(浙)	12065.00
174	玉环县(浙)	10978.00
175	象山县(浙)	10545.00
176	婺城区(浙)	8727.00
177	嵊州市(浙)	8540.00
178	北仑区(浙)	6261.00
179	镇海区(浙)	5900.00
180	奉化市(浙)	5880.00
181	椒江区(浙)	5500.00
182	临海市(浙)	5387.00
183	乐清市(浙)	4940.00
184	黄岩区(浙)	4207.00
185	江北区(浙)	4140.00
186	德清县(浙)	3920.00
187	富阳市(浙)	3920.00
188	平湖市(浙)	3825.00
189	吴兴区(浙)	3664.00
190	宁海县(浙)	3000.00
191	兰溪市(浙)	2917.00
192	莲都区(浙)	2893.00
193	仙居县(浙)	2670.00
194	缙云县(浙)	2429.00
195	临安市(浙)	2320.00
196	天台县(浙)	2200.00
197	三门县(浙)	2110.00
198	定海区(浙)	2070.00
199	遂昌县(浙)	1693.00
200	衢江区(浙)	1672.00
201	普陀区(浙)	1543.00
202	瑞安市(浙)	1428.00
203	东阳市(浙)	1315.00
204	武义县(浙)	1296.00
205	萧　县(皖)	95676.00
206	庐江县(皖)	25108.00
207	包河区(皖)	15075.00
208	广德县(皖)	15000.00
209	凤阳县(皖)	12350.00
210	宣城市市辖区(皖)	12240.00
211	利辛县(皖)	7499.20
212	无为县(皖)	6210.00
213	肥西县(皖)	4860.00
214	宿松县(皖)	4813.00
215	颍泉区(皖)	4200.00
216	潘集区(皖)	3878.00
217	来安县(皖)	3500.00
218	定远县(皖)	2800.00
219	怀远县(皖)	2002.00
220	霍邱县(皖)	2000.00
221	南谯区(皖)	1600.00
222	博望区(皖)	1463.00
223	灵璧县(皖)	1370.00
224	蒙城县(皖)	1125.00
225	涡阳县(皖)	1050.00
226	东至县(皖)	1001.25
227	分宜县(赣)	1100.00
228	蓬莱市(鲁)	312669.00
229	龙口市(鲁)	70934.00
230	曲阜市(鲁)	55692.00
231	沂水县(鲁)	39875.00
232	任城区(鲁)	38000.00
233	临沂市经济技术开发区(鲁)	30000.00
234	乳山市(鲁)	20000.00
235	东昌府区(鲁)	18500.00
236	茌平县(鲁)	14803.00
237	寿光市(鲁)	13500.00
238	岱岳区(鲁)	10496.00
239	邹城市(鲁)	10088.00
240	费　县(鲁)	8080.00
241	新泰市(鲁)	7920.00
242	沂南县(鲁)	7210.00
243	山亭区(鲁)	5711.00
244	泗水县(鲁)	5490.00
245	招远市(鲁)	5289.60
246	栖霞市(鲁)	5200.00
247	济南市市中区(鲁)	4800.00
248	陵　县(鲁)	4600.00
249	东营区(鲁)	4500.00
250	寒亭区(鲁)	4399.00
251	章丘市(鲁)	3443.00
252	东港区(鲁)	3422.00
253	垦利县(鲁)	3100.00
254	莱城区(鲁)	3085.80
255	汶上县(鲁)	3017.00
256	台儿庄区(鲁)	3015.00
257	莱山区(鲁)	3000.00
258	微山县(鲁)	2976.00
259	郯城县(鲁)	2630.00
260	肥城市(鲁)	2620.00
261	昌乐县(鲁)	2200.00
262	齐河县(鲁)	2200.00
263	阳信县(鲁)	1990.00
264	邹平县(鲁)	1836.00
265	诸城市(鲁)	1633.00
266	临清市(鲁)	1500.00
267	坊子区(鲁)	1500.00
268	德城区(鲁)	1500.00
269	惠民县(鲁)	1500.00
270	临淄区(鲁)	1454.00
271	岚山区(鲁)	1350.00
272	东阿县(鲁)	1260.00
273	莒　县(鲁)	1205.00
274	长清区(鲁)	1200.00
275	牟平区(鲁)	1074.00
276	乐陵市(鲁)	1050.00
277	张店区(鲁)	1000.00
278	许昌县(豫)	26932.00
279	长垣县(豫)	19950.00
280	太康县(豫)	18200.00
281	灵宝市(豫)	15387.00
282	汝州市(豫)	15072.00
283	内黄县(豫)	15000.00

序号	鲜葡萄主产地	产量(吨)	序号	鲜葡萄主产地	产量(吨)	序号	鲜葡萄主产地	产量(吨)
284	桐柏县(豫)	12887.00	330	安陆市(鄂)	5000.00	376	恭城瑶族自治县(桂)	2335.00
285	项城市(豫)	9908.00	331	恩施市(鄂)	3206.00	377	璧山县(渝)	38600.00
286	西华县(豫)	8871.00	332	京山县(鄂)	2800.00	378	九龙坡区(渝)	3393.00
287	息　县(豫)	7830.00	333	建始县(鄂)	2515.00	379	沙坪坝区(渝)	3100.00
288	上蔡县(豫)	7400.00	334	枣阳市(鄂)	1826.00	380	奉节县(渝)	2650.00
289	淮阳县(豫)	7062.00	335	利川市(鄂)	1500.00	381	南川区(渝)	2000.00
290	博爱县(豫)	6000.00	336	罗田县(鄂)	1200.00	382	南岸区(渝)	1618.00
291	新野县(豫)	5320.00	337	漳河新区(鄂)	1000.00	383	开　县(渝)	1600.00
292	偃师市(豫)	5000.00	338	武穴市(鄂)	1000.00	384	垫江县(渝)	1532.00
293	永城市(豫)	4870.00	339	蔡甸区(鄂)	1000.00	385	江津区(渝)	1500.00
294	洛龙区(豫)	4402.00	340	蓝山县(湘)	19000.00	386	龙泉驿区(川)	71900.00
295	二七区(豫)	4260.00	341	澧　县(湘)	17600.00	387	南部县(川)	20000.00
296	商水县(豫)	4023.00	342	冷水江市(湘)	13530.00	388	五通桥区(川)	9635.00
297	襄城县(豫)	3143.00	343	蒸湘区(湘)	9000.00	389	游仙区(川)	9295.00
298	嵩　县(豫)	3000.00	344	中方县(湘)	8600.00	390	翠屏区(川)	6824.00
299	唐河县(豫)	2985.00	345	靖州苗族侗族自治县(湘)	6300.00	391	涪城区(川)	4800.00
300	新密市(豫)	2800.00	346	永定区(湘)	6300.00	392	峨眉山市(川)	4300.00
301	扶沟县(豫)	2800.00	347	泸溪县(湘)	6075.00	393	南江县(川)	4150.00
302	确山县(豫)	2500.00	348	北湖区(湘)	5107.00	394	彭山县(川)	4000.00
303	鄢陵县(豫)	2341.00	349	大祥区(湘)	4480.00	395	崇州市(川)	2990.00
304	浚　县(豫)	2300.00	350	涟源市(湘)	3750.00	396	南溪县(川)	2000.00
305	兰考县(豫)	2250.00	351	东安县(湘)	2870.00	397	邛崃市(川)	1620.00
306	郾城区(豫)	2168.00	352	浏阳市(湘)	2760.00	398	巴州区(川)	1500.00
307	平桥区(豫)	2118.00	353	鼎城区(湘)	2730.00	399	江油市(川)	1414.00
308	华龙区(豫)	2000.00	354	祁阳县(湘)	2600.00	400	金川县(川)	1350.00
309	睢　县(豫)	1950.00	355	绥宁县(湘)	2100.00	401	红花岗区(黔)	36810.00
310	南乐县(豫)	1900.00	356	芦淞区(湘)	2000.00	402	修文县(黔)	2457.00
311	鹿邑县(豫)	1800.00	357	武陵区(湘)	1900.00	403	碧江区(黔)	1809.00
312	潢川县(豫)	1709.00	358	临澧县(湘)	1832.00	404	长顺县(黔)	1520.00
313	荥阳市(豫)	1600.00	359	湘潭县(湘)	1510.00	405	龙里县(黔)	1320.00
314	睢阳区(豫)	1530.00	360	岳阳县(湘)	1500.00	406	榕江县(黔)	1200.00
315	濮阳县(豫)	1400.00	361	道　县(湘)	1470.00	407	松桃苗族自治县(黔)	1000.00
316	登封市(豫)	1300.00	362	洞口县(湘)	1336.00	408	弥勒市(滇)	80000.00
317	郏　县(豫)	1300.00	363	新邵县(湘)	1300.00	409	永仁县(滇)	26547.00
318	杞　县(豫)	1200.00	364	株洲县(湘)	1250.00	410	永胜县(滇)	20313.00
319	舞钢市(豫)	1200.00	365	苏仙区(湘)	1056.00	411	元谋县(滇)	11564.00
320	尉氏县(豫)	1200.00	366	临武县(湘)	1012.00	412	昭阳区(滇)	10023.00
321	获嘉县(豫)	1190.00	367	新宁县(湘)	1000.00	413	石林彝族自治县(滇)	7266.60
322	洛宁县(豫)	1000.00	368	翁源县(粤)	1350.00	414	丘北县(滇)	2832.00
323	郸城县(豫)	1000.00	369	兴安县(桂)	164772.00	415	鹤庆县(滇)	2658.00
324	潜江市(鄂)	30000.00	370	灵川县(桂)	25451.00	416	禄丰县(滇)	2500.00
325	荆州区(鄂)	14000.00	371	全州县(桂)	17000.00	417	巍山彝族回族自治县(滇)	2342.00
326	老河口市(鄂)	10000.00	372	平乐县(桂)	9621.00	418	广南县(滇)	2338.00
327	随　县(鄂)	8762.00	373	柳北区(桂)	6637.00	419	大姚县(滇)	2081.00
328	松滋市(鄂)	8754.00	374	临桂县(桂)	5642.00	420	勐海县(滇)	1500.00
329	钟祥市(鄂)	7363.00	375	永福县(桂)	2928.00	421	嵩明县(滇)	1080.00

序号	鲜葡萄主产地	产量(吨)
422	水富县(滇)	1006.00
423	户　县(陕)	50000.00
424	灞桥区(陕)	30048.00
425	临潼区(陕)	18000.00
426	长安区(陕)	15375.00
427	渭滨区(陕)	10110.00
428	泾阳县(陕)	10000.00
429	乾　县(陕)	7700.00
430	旬邑县(陕)	7700.00
431	汉台区(陕)	7518.00
432	岐山县(陕)	5880.00
433	礼泉县(陕)	5185.00
434	眉　县(陕)	4414.00
435	渭城区(陕)	4350.00
436	韩城市林业局(陕)	3000.00
437	绥德县(陕)	2474.00
438	武功县(陕)	1500.00
439	凤翔县(陕)	1409.00
440	兴平市(陕)	1056.00
441	敦煌市(甘)	165000.00
442	高台县(甘)	32840.00
443	嘉峪关市(甘)	10100.00
444	临泽县(甘)	5852.16
445	甘州区(甘)	5697.00
446	金塔县(甘)	5549.00
447	永登县(甘)	2853.00
448	玉门市(甘)	2601.00
449	肃州区(甘)	1910.00
450	山丹县(甘)	1500.00
451	庆城县(甘)	1224.00
452	青铜峡市(宁)	44075.00
453	贺兰县(宁)	26700.00
454	利通区(宁)	6900.00
455	沙坡头区(宁)	4370.00
456	兴庆区(宁)	3000.00
457	金凤区(宁)	2690.00
458	永宁县(宁)	2176.00
459	灵武市(宁)	2014.00
460	大武口区(宁)	1620.00
461	惠农区(宁)	1500.00
462	西夏区(宁)	1164.00
463	红寺堡区(宁)	1000.00
464	库车县(新)	40055.10
465	拜城县(新)	27889.00
466	阿瓦提县(新)	20220.00
467	乌什县(新)	19000.00
468	新和县(新)	8122.00
469	沙雅县(新)	2602.90
470	巴里坤哈萨克自治县(新)	1239.00
471	农八师(新疆兵团)	139000.00
472	农十三师(新疆兵团)	85145.00
473	农五师(新疆兵团)	66844.00
474	农四师(新疆兵团)	59714.00
475	农十二师(新疆兵团)	56600.00
476	农七师(新疆兵团)	30000.00
477	农六师(新疆兵团)	20000.00
478	农二师(新疆兵团)	12900.00
479	农一师(新疆兵团)	10581.00
480	农三师(新疆兵团)	10446.00

表 7-9　山楂主产地产量

序号	山楂主产地	产量(吨)
1	大兴区(京)	380.00
2	房山区(京)	161.30
3	兴隆县(冀)	209455.00
4	隆化县(冀)	16200.00
5	桃城区(冀)	820.00
6	博野县(冀)	300.00
7	河津市(晋)	16000.00
8	闻喜县(晋)	11815.00
9	临猗县(晋)	3700.00
10	垣曲县(晋)	1000.00
11	阳城县(晋)	460.00
12	保德县(晋)	290.00
13	库伦旗(内蒙古)	202.00
14	建昌县(辽)	12200.00
15	义　县(辽)	11500.00
16	法库县(辽)	9000.00
17	苏家屯区(辽)	3029.00
18	清原满族自治县(辽)	1533.00
19	南票区(辽)	165.00
20	新民市(辽)	164.00
21	新宾满族自治县(辽)	150.00
22	喀喇沁左翼蒙古族自治县(辽)	130.00
23	辉南县(吉)	750.00
24	费　县(鲁)	60410.00
25	临朐县(鲁)	50000.00
26	临沂市蒙山旅游区(鲁)	36500.00
27	青州市(鲁)	23470.00
28	新泰市(鲁)	12628.50
29	岱岳区(鲁)	11665.00
30	沂水县(鲁)	8723.00
31	钢城区(鲁)	8000.00
32	昌邑市(鲁)	6480.00
33	莱城区(鲁)	2312.20
34	临沭县(鲁)	1929.00
35	泰山区(鲁)	1100.00
36	庆云县(鲁)	1000.00
37	莒　县(鲁)	994.00
38	邹平县(鲁)	928.00
39	章丘市(鲁)	832.00
40	坊子区(鲁)	500.00
41	曲阜市(鲁)	415.00
42	东平县(鲁)	367.00
43	莱芜市经济开发区(鲁)	344.00
44	肥城市(鲁)	260.10
45	宁阳县(鲁)	203.30
46	招远市(鲁)	170.00
47	阳谷县(鲁)	163.00
48	平原县(鲁)	149.00
49	临沂市临港经济开发区(鲁)	130.00
50	辉县市(豫)	39200.00
51	林州市(豫)	5100.00
52	栾川县(豫)	1200.00
53	汝阳县(豫)	781.00
54	嵩　县(豫)	500.00
55	登封市(豫)	250.00
56	荥阳市(豫)	135.00
57	信宜市(粤)	2033.00
58	韩城市林业局(陕)	150.00

表 7-10　柚主产地产量

序号	柚主产地	产量(吨)
1	常山县(浙)	90486.00
2	苍南县(浙)	4150.00
3	定海区(浙)	1500.00
4	南康市(赣)	30916.00
5	广丰县(赣)	17344.00
6	余江县(赣)	3000.00
7	新干县(赣)	2334.00
8	龙南县(赣)	1600.00
9	大余县(赣)	1547.00
10	玉山县(赣)	1470.00
11	吉州区(赣)	900.00
12	上饶县(赣)	685.00
13	安福县(赣)	500.00
14	芦溪县(赣)	150.00
15	章贡区(赣)	104.00

序号	柚主产地	产量(吨)
16	梁子湖区(鄂)	24000.00
17	鄂城区(鄂)	8000.00
18	鄂州市市辖区(鄂)	6000.00
19	宜都市(鄂)	2800.00
20	来凤县(鄂)	2480.00
21	华容区(鄂)	1200.00
22	巴东县(鄂)	850.00
23	祁东县(湘)	8010.00
24	鼎城区(湘)	3300.00
25	石门县(湘)	2350.00
26	麻阳苗族自治县(湘)	1600.00
27	辰溪县(湘)	1300.00
28	永定区(湘)	700.00
29	华容县(湘)	645.00
30	娄星区(湘)	305.00
31	南岳区(湘)	300.00
32	株洲县(湘)	280.00
33	桑植县(湘)	265.00
34	双峰县(湘)	140.00
35	蕉岭县(粤)	18093.00
36	平远县(粤)	14793.00
37	连山壮族瑶族自治县(粤)	12021.00
38	五华县(粤)	12000.00
39	阳山县(粤)	6532.00
40	清新县(粤)	3500.00
41	丰顺县(粤)	3326.00
42	东源县(粤)	2500.00
43	龙川县(粤)	1676.00
44	始兴县(粤)	1200.00
45	连南瑶族自治县(粤)	714.00
46	广宁县(粤)	616.00
47	乳源瑶族自治县(粤)	360.00
48	新丰县(粤)	176.00
49	佛冈县(粤)	141.00
50	阳朔县(桂)	60885.00
51	昭平县(桂)	17940.00
52	富川瑶族自治县(桂)	3752.00
53	东兰县(桂)	3400.00
54	贺州市平桂管理区(桂)	3107.00
55	天峨县(桂)	3042.00
56	苍梧县(桂)	1821.00
57	大化瑶族自治县(桂)	939.00
58	防城区(桂)	725.00
59	隆林各族自治县(桂)	615.00
60	黄冕林场(桂)	585.00
61	龙胜各族自治县(桂)	493.00
62	田林县(桂)	179.00
63	田阳县(桂)	105.00
64	丰都县(渝)	42485.00
65	潼南县(渝)	8100.00
66	巫山县(渝)	3000.00
67	合川区(渝)	439.00
68	罗江县(川)	3200.00
69	营山县(川)	2500.00
70	梓潼县(川)	2400.00
71	巴州区(川)	2160.00
72	江油市(川)	2040.00
73	盐亭县(川)	1200.00
74	旌阳区(川)	1100.00
75	邻水县(川)	350.00
76	沿河土家族自治县(黔)	433.00
77	瓮安县(黔)	200.00

表 7-11 柑橘主产地产量

序号	柑橘主产地	产量(吨)
1	安泽县(晋)	1295.00
2	崇明县(沪)	219825.91
3	浦东新区(沪)	19023.00
4	金山区(沪)	2151.30
5	奉贤区(沪)	1836.70
6	吴江市(苏)	9550.00
7	吴中区(苏)	9079.00
8	张家港市(苏)	3832.00
9	滨湖区(苏)	3750.00
10	丹徒区(苏)	2156.00
11	启东市(苏)	1850.00
12	海门市(苏)	1388.00
13	武进区(苏)	1253.00
14	临海市(浙)	225439.00
15	柯城区(浙)	137600.00
16	衢江区(浙)	135000.00
17	建德市(浙)	121000.00
18	象山县(浙)	120605.50
19	莲都区(浙)	94601.00
20	金东区(浙)	90065.00
21	宁海县(浙)	80500.00
22	三门县(浙)	75857.00
23	黄岩区(浙)	56936.00
24	龙游县(浙)	53864.00
25	青田县(浙)	44316.00
26	江山市(浙)	41000.00
27	玉环县(浙)	39796.00
28	松阳县(浙)	30645.00
29	天台县(浙)	25000.00
30	椒江区(浙)	22008.00
31	瓯海区(浙)	21030.00
32	仙居县(浙)	20984.00
33	海宁市(浙)	19076.00
34	普陀区(浙)	17054.00
35	庆元县(浙)	16680.00
36	兰溪市(浙)	16478.00
37	乐清市(浙)	13702.00
38	瑞安市(浙)	13665.00
39	北仑区(浙)	13520.00
40	温岭市(浙)	12870.00
41	定海区(浙)	12530.00
42	嘉善县(浙)	12195.00
43	东阳市(浙)	12066.00
44	奉化市(浙)	11820.00
45	鄞州区(浙)	11529.00
46	苍南县(浙)	10329.00
47	婺城区(浙)	10217.00
48	慈溪市(浙)	9100.00
49	永嘉县(浙)	7858.00
50	永康市(浙)	6500.00
51	平阳县(浙)	6104.00
52	镇海区(浙)	5660.00
53	开化县(浙)	5400.00
54	武义县(浙)	4750.00
55	缙云县(浙)	4130.00
56	鹿城区(浙)	3959.00
57	江北区(浙)	3950.00
58	景宁畲族自治县(浙)	3532.00
59	岱山县(浙)	3430.00
60	嵊州市(浙)	3375.00
61	路桥区(浙)	2711.00
62	富阳市(浙)	2660.00
63	龙泉市(浙)	2200.00
64	临安市(浙)	2000.00
65	平湖市(浙)	1226.00
66	遂昌县(浙)	1001.00
67	太湖县(皖)	3900.00
68	宿松县(皖)	3057.00
69	大观区(皖)	1800.00
70	东至县(皖)	1782.00
71	望江县(皖)	1500.00
72	寻乌县(赣)	447064.00
73	安远县(赣)	219231.00

序号	柑橘主产地	产量(吨)	序号	柑橘主产地	产量(吨)	序号	柑橘主产地	产量(吨)
74	信丰县(赣)	156520.00	120	内乡县(豫)	4800.00	166	永顺县(湘)	160000.00
75	会昌县(赣)	132000.00	121	邓州市(豫)	1290.00	167	龙山县(湘)	120000.00
76	南城县(赣)	94645.00	122	夷陵区(鄂)	672800.00	168	新晃侗族自治县(湘)	110000.00
77	兴国县(赣)	52621.00	123	宜都市(鄂)	600000.00	169	道　县(湘)	102465.00
78	新干县(赣)	52029.00	124	当阳市(鄂)	420000.00	170	澧　县(湘)	99523.00
79	崇义县(赣)	50375.00	125	秭归县(鄂)	320780.00	171	江永县(湘)	93645.00
80	临川区(赣)	49706.00	126	丹江口市(鄂)	298796.00	172	资兴市(湘)	72013.00
81	永修县(赣)	48613.00	127	松滋市(鄂)	149857.00	173	永定区(湘)	72000.00
82	靖安县(赣)	45185.00	128	宣恩县(鄂)	89880.00	174	凤凰县(湘)	71000.00
83	遂川县(赣)	45000.00	129	东宝区(鄂)	80380.00	175	零陵区(湘)	66143.00
84	万安县(赣)	33338.00	130	兴山县(鄂)	61911.00	176	洞口县(湘)	65210.00
85	大余县(赣)	24778.00	131	长阳土家族自治县(鄂)	60883.00	177	临澧县(湘)	49200.00
86	吉水县(赣)	24194.00	132	钟祥市(鄂)	47591.00	178	宁远县(湘)	47570.00
87	定南县(赣)	22819.00	133	荆州区(鄂)	32000.00	179	沅江市(湘)	45000.00
88	泰和县(赣)	10838.00	134	武穴市(鄂)	30000.00	180	新宁县(湘)	45000.00
89	武宁县(赣)	10377.00	135	阳新县(鄂)	29917.00	181	冷水滩区(湘)	45000.00
90	龙南县(赣)	10200.00	136	利川市(鄂)	25700.00	182	绥宁县(湘)	39500.00
91	赣　县(赣)	10167.00	137	京山县(鄂)	21000.00	183	桑植县(湘)	38010.00
92	上高县(赣)	10000.00	138	恩施市(鄂)	13865.00	184	宜章县(湘)	36940.00
93	宁都县(赣)	8532.00	139	远安县(鄂)	10680.00	185	中方县(湘)	35800.00
94	樟树市(赣)	8442.00	140	来凤县(鄂)	9400.00	186	东安县(湘)	33000.00
95	安福县(赣)	7500.00	141	通城县(鄂)	7000.00	187	津市市(湘)	32600.00
96	贵溪市(赣)	6845.00	142	漳河新区(鄂)	6000.00	188	安化县(湘)	32000.00
97	崇仁县(赣)	6498.00	143	屈家岭管理区(鄂)	5517.00	189	安仁县(湘)	31500.00
98	玉山县(赣)	5860.00	144	蔡甸区(鄂)	5500.00	190	岳阳县(湘)	30000.00
99	进贤县(赣)	4967.00	145	巴东县(鄂)	5239.00	191	浏阳市(湘)	29980.00
100	吉安县(赣)	4200.00	146	随　县(鄂)	5102.00	192	洪江市(湘)	27000.00
101	九江县(赣)	4150.00	147	嘉鱼县(鄂)	5000.00	193	靖州苗族侗族自治县(湘)	24464.00
102	分宜县(赣)	3300.00	148	咸安区(鄂)	4650.00	194	嘉禾县(湘)	24316.00
103	瑞昌市(赣)	2820.00	149	赤壁市(鄂)	4000.00	195	鼎城区(湘)	24000.00
104	奉新县(赣)	2726.00	150	建始县(鄂)	3750.00	196	古丈县(湘)	22000.00
105	井冈山市(赣)	2594.00	151	谷城县(鄂)	3479.00	197	桃源县(湘)	20000.00
106	青原区(赣)	2372.00	152	咸丰县(鄂)	2448.00	198	涟源市(湘)	18720.00
107	吉州区(赣)	2160.80	153	广水市(鄂)	2000.00	199	永兴县(湘)	17818.00
108	铜鼓县(赣)	2000.00	154	鹤峰县(鄂)	1820.00	200	武陵区(湘)	17200.00
109	余干县(赣)	2000.00	155	宜城市(鄂)	1755.00	201	华容县(湘)	16815.00
110	余江县(赣)	1800.00	156	安陆市(鄂)	1500.00	202	湘乡市(湘)	16600.00
111	上饶县(赣)	1780.00	157	东西湖区(鄂)	1500.00	203	花垣县(湘)	15000.00
112	共青城市(赣)	1688.00	158	孝昌县(鄂)	1400.00	204	隆回县(湘)	14034.00
113	修水县(赣)	1320.00	159	蕲春县(鄂)	1200.00	205	宁乡县(湘)	13800.00
114	石城县(赣)	1293.00	160	西塞山区(鄂)	1000.00	206	城步苗族自治县(湘)	13100.00
115	莲花县(赣)	1250.00	161	泸溪县(湘)	450000.00	207	平江县(湘)	12357.30
116	永丰县(赣)	1200.00	162	石门县(湘)	390000.00	208	衡东县(湘)	10000.00
117	宜丰县(赣)	1046.00	163	麻阳苗族自治县(湘)	280000.00	209	常德市市辖区(湘)	10000.00
118	昌江区(赣)	1000.00	164	慈利县(湘)	167066.00	210	祁阳县(湘)	9155.00
119	淅川县(豫)	66520.00	165	保靖县(湘)	160000.00	211	大祥区(湘)	8960.00

序号	柑橘主产地	产量(吨)
212	衡阳县(湘)	8000.00
213	株洲县(湘)	7750.00
214	苏仙区(湘)	7038.00
215	冷水江市(湘)	6985.00
216	耒阳市(湘)	6000.00
217	常宁市(湘)	5800.00
218	双牌县(湘)	5800.00
219	湘潭县(湘)	5000.00
220	新邵县(湘)	4000.00
221	新化县(湘)	3960.00
222	辰溪县(湘)	3800.00
223	溆浦县(湘)	3218.00
224	炎陵县(湘)	3142.00
225	望城县(湘)	3000.00
226	衡山县(湘)	2498.40
227	北湖区(湘)	2247.00
228	武冈市(湘)	2030.00
229	金洞林场(湘)	1735.00
230	君山区(湘)	1650.00
231	桂阳县(湘)	1298.00
232	汨罗市(湘)	1212.00
233	赫山区(湘)	1200.00
234	临湘市(湘)	1200.00
235	桂东县(湘)	1196.00
236	邵东县(湘)	1118.00
237	五华县(粤)	600000.00
238	封开县(粤)	289798.00
239	英德市(粤)	185528.00
240	德庆县(粤)	157800.00
241	广宁县(粤)	135275.00
242	四会市(粤)	92650.00
243	阳春市(粤)	86900.00
244	佛冈县(粤)	84996.00
245	乐昌市(粤)	75000.00
246	阳山县(粤)	44433.00
247	新会区(粤)	41724.00
248	清城区(粤)	37500.00
249	始兴县(粤)	35000.00
250	廉江市(粤)	31251.00
251	饶平县(粤)	25823.00
252	龙川县(粤)	23609.00
253	云城区(粤)	20060.00
254	连州市(粤)	19856.00
255	郁南县(粤)	16980.00
256	恩平市(粤)	14318.00
257	台山市(粤)	12573.00
258	新丰县(粤)	10039.00
259	平远县(粤)	8818.00
260	连山壮族瑶族自治县(粤)	7793.00
261	高要市(粤)	6776.00
262	惠阳区(粤)	6083.00
263	南雄市(粤)	6000.00
264	潮安县(粤)	5874.00
265	武江区(粤)	5616.00
266	鼎湖区(粤)	5070.00
267	连平县(粤)	4897.00
268	蕉岭县(粤)	4717.00
269	信宜市(粤)	3954.00
270	丰顺县(粤)	3450.00
271	鹤山市(粤)	2908.00
272	遂溪县(粤)	2081.00
273	揭阳市蓝城区(粤)	2000.00
274	连南瑶族自治县(粤)	1060.00
275	恭城瑶族自治县(桂)	512292.00
276	平乐县(桂)	297782.00
277	荔浦县(桂)	232712.00
278	灵川县(桂)	147139.00
279	兴安县(桂)	146044.00
280	全州县(桂)	130000.00
281	富川瑶族自治县(桂)	103995.00
282	苍梧县(桂)	100116.00
283	阳朔县(桂)	98290.00
284	临桂县(桂)	71397.00
285	龙胜各族自治县(桂)	64265.00
286	兴宾区(桂)	45042.00
287	鹿寨县(桂)	44695.00
288	右江区(桂)	44447.00
289	钟山县(桂)	35136.00
290	岑溪市(桂)	32371.00
291	金秀瑶族自治县(桂)	26569.00
292	南丹县(桂)	24095.00
293	融水苗族自治县(桂)	22658.00
294	柳北区(桂)	19525.00
295	宜州市(桂)	16387.00
296	金城江区(桂)	14553.00
297	防城区(桂)	11180.00
298	靖西县(桂)	10862.00
299	东兰县(桂)	10145.00
300	昭平县(桂)	9739.00
301	雁山区(桂)	9603.00
302	环江毛南族自治县(桂)	9557.00
303	西乡塘区(桂)	9117.00
304	贺州市平桂管理区(桂)	6885.00
305	罗城仫佬族自治县(桂)	6654.00
306	永福县(桂)	6567.00
307	桂平市(桂)	6274.00
308	忻城县(桂)	5770.00
309	天峨县(桂)	5227.00
310	田林县(桂)	4874.00
311	象州县(桂)	4780.00
312	天等县(桂)	4716.00
313	柳江县(桂)	3469.00
314	乐业县(桂)	3330.00
315	那坡县(桂)	2533.00
316	大化瑶族自治县(桂)	2104.00
317	武宣县(桂)	1965.00
318	田东县(桂)	1545.00
319	宾阳县(桂)	1310.00
320	港北区(桂)	1246.00
321	凭祥市(桂)	1167.00
322	马山县(桂)	1080.00
323	巫山县(渝)	1000000.00
324	奉节县(渝)	247413.00
325	万州区(渝)	196300.00
326	云阳县(渝)	160000.00
327	江津区(渝)	120000.00
328	永川区(渝)	72000.00
329	铜梁县(渝)	70700.00
330	涪陵区(渝)	39000.00
331	丰都县(渝)	38571.00
332	璧山县(渝)	38260.00
333	垫江县(渝)	28874.00
334	开　县(渝)	26552.90
335	九龙坡区(渝)	7369.00
336	巴南区(渝)	6250.00
337	沙坪坝区(渝)	6150.00
338	武隆县(渝)	5360.00
339	石柱土家族自治县(渝)	3500.00
340	江北区(渝)	3200.00
341	合川区(渝)	3104.00
342	南川区(渝)	2600.00
343	巫溪县(渝)	2330.00
344	荣昌县(渝)	1184.00
345	秀山土家族苗族自治县(渝)	1000.00
346	仁寿县(川)	221428.00
347	金堂县(川)	211367.00
348	青神县(川)	180000.00
349	蒲江县(川)	100373.00

序号	柑橘主产地	产量(吨)
350	阆中市(川)	85400.00
351	蓬安县(川)	66020.00
352	江安县(川)	48045.00
353	简阳市(川)	47540.00
354	营山县(川)	44062.00
355	石棉县(川)	35000.00
356	嘉陵区(川)	31690.00
357	雁江区(川)	30000.00
358	屏山县(川)	28231.00
359	乐山市市中区(川)	26000.00
360	南溪县(川)	23600.00
361	宜宾市市辖区(川)	23309.00
362	翠屏区(川)	23309.00
363	开江县(川)	20692.00
364	井研县(川)	19530.00
365	达川区(川)	19000.00
366	顺庆区(川)	18000.00
367	仪陇县(川)	16500.00
368	巴州区(川)	15500.00
369	五通桥区(川)	15349.00
370	龙泉驿区(川)	14503.00
371	荣　县(川)	13166.00
372	西充县(川)	12000.00
373	邛崃市(川)	11270.00
374	威远县(川)	10125.00
375	彭山县(川)	8600.00
376	中江县(川)	8500.00
377	纳溪区(川)	8360.00
378	雷波县(川)	8000.00
379	洪雅县(川)	7036.00
380	富顺县(川)	6864.00
381	涪城区(川)	6600.00
382	江油市(川)	6302.00
383	船山区(川)	5850.00
384	南江县(川)	5120.00
385	沿滩区(川)	5100.00
386	泸　县(川)	5000.00
387	宁南县(川)	4771.00
388	高　县(川)	4290.00
389	游仙区(川)	3980.00
390	通川区(川)	3500.00
391	恩阳区(川)	3468.00
392	崇州市(川)	3428.00
393	旌阳区(川)	3400.00
394	武胜县(川)	3000.00
395	峨眉山市(川)	2600.00
396	苍溪县(川)	2500.00
397	平昌县(川)	2373.00
398	龙马潭区(川)	2200.00
399	盐亭县(川)	2000.00
400	古蔺县(川)	1501.00
401	沐川县(川)	1500.00
402	珙　县(川)	1444.00
403	贡井区(川)	1290.00
404	广汉市(川)	1230.00
405	罗江县(川)	1200.00
406	会理县(川)	1175.00
407	从江县(黔)	26000.00
408	荔波县(黔)	21330.00
409	沿河土家族自治县(黔)	10436.00
410	锦屏县(黔)	6722.00
411	惠水县(黔)	5815.00
412	镇远县(黔)	4021.00
413	赤水市(黔)	2998.00
414	碧江区(黔)	2691.00
415	独山县(黔)	2300.00
416	普安县(黔)	1725.00
417	清镇市(黔)	1615.00
418	长顺县(黔)	1550.00
419	江口县(黔)	1387.00
420	修文县(黔)	1307.00
421	华宁县(滇)	134330.00
422	弥勒市(滇)	132132.00
423	元江哈尼族彝族傣族自治县(滇)	17800.00
424	广南县(滇)	10885.00
425	永胜县(滇)	7473.87
426	芒　市(滇)	6703.00
427	江城哈尼族彝族自治县(滇)	5489.00
428	腾冲县(滇)	1701.00
429	西畴县(滇)	1504.00
430	勐海县(滇)	1409.00
431	富宁县(滇)	1403.00
432	武定县(滇)	1123.00
433	汉台区(陕)	65130.00
434	汉滨区(陕)	52415.00
435	旬阳县(陕)	35305.00
436	城固县(陕)	25500.00
437	洋　县(陕)	13170.00
438	白河县(陕)	4940.00
439	南郑县(陕)	3520.00
440	紫阳县(陕)	2000.00
441	山阳县(陕)	1858.00
442	岚皋县(陕)	1500.00
443	汉阴县(陕)	1050.00

表 7-12　枇杷主产地产量

序号	枇杷主产地	产量(吨)
1	青浦区(沪)	438.00
2	崇明县(沪)	216.27
3	昆山市(苏)	137.00
4	丹徒区(苏)	125.00
5	缙云县(浙)	45730.00
6	黄岩区(浙)	12080.00
7	象山县(浙)	6558.50
8	仙居县(浙)	5200.00
9	淳安县(浙)	4832.00
10	兰溪市(浙)	4811.00
11	建德市(浙)	4100.00
12	临海市(浙)	3703.00
13	乐清市(浙)	3290.00
14	温岭市(浙)	2635.00
15	宁海县(浙)	2000.00
16	永嘉县(浙)	1948.00
17	衢江区(浙)	1924.00
18	婺城区(浙)	1786.00
19	三门县(浙)	1725.00
20	德清县(浙)	1460.00
21	路桥区(浙)	1440.00
22	莲都区(浙)	1192.00
23	嵊州市(浙)	1110.00
24	玉环县(浙)	931.00
25	江山市(浙)	920.00
26	椒江区(浙)	870.00
27	开化县(浙)	660.00
28	金东区(浙)	550.00
29	慈溪市(浙)	375.00
30	鄞州区(浙)	374.00
31	海盐县(浙)	370.00
32	定海区(浙)	325.00
33	瑞安市(浙)	260.00
34	天台县(浙)	250.00
35	海宁市(浙)	240.00
36	青田县(浙)	234.00
37	普陀区(浙)	190.00
38	浦江县(浙)	185.00
39	松阳县(浙)	168.00
40	东阳市(浙)	164.00

序号	枇杷主产地	产量(吨)
41	秀洲区(浙)	155.00
42	富阳市(浙)	138.00
43	龙泉市(浙)	135.00
44	武义县(浙)	130.00
45	大观区(皖)	200.00
46	潜山县(皖)	170.00
47	龙南县(赣)	1800.00
48	来凤县(鄂)	1000.00
49	嘉鱼县(鄂)	800.00
50	阳新县(鄂)	270.00
51	竹溪县(鄂)	200.00
52	株洲县(湘)	2150.00
53	临武县(湘)	1344.00
54	永定区(湘)	1280.00
55	安化县(湘)	600.00
56	双峰县(湘)	390.00
57	鼎城区(湘)	230.00
58	娄底市市辖区(湘)	150.00
59	信宜市(粤)	1653.00
60	南雄市(粤)	1500.00
61	乳源瑶族自治县(粤)	690.00
62	合川区(渝)	10300.00
63	璧山县(渝)	4700.00
64	铜梁县(渝)	4600.00
65	永川区(渝)	1700.00
66	石柱土家族自治县(渝)	680.00
67	丰都县(渝)	204.00
68	江津区(渝)	150.00
69	仁寿县(川)	63350.00
70	龙泉驿区(川)	20800.00
71	南部县(川)	20000.00
72	石棉县(川)	4000.00
73	游仙区(川)	3000.00
74	井研县(川)	3000.00
75	北川羌族自治县(川)	1764.00
76	盐亭县(川)	1500.00
77	江油市(川)	1500.00
78	雷波县(川)	1485.00
79	巴州区(川)	1200.00
80	恩阳区(川)	1200.00
81	屏山县(川)	890.00
82	涪城区(川)	720.00
83	广汉市(川)	670.00
84	旌阳区(川)	650.00
85	宣汉县(川)	555.00
86	纳溪区(川)	500.00
87	旺苍县(川)	400.00
88	三台县(川)	392.00
89	泸　县(川)	300.00
90	营山县(川)	260.00
91	康定县(川)	226.00
92	达川区(川)	120.00
93	九寨沟县(川)	118.00
94	开阳县(黔)	27000.00
95	贵定县(黔)	150.00
96	弥勒市(滇)	3057.00
97	云　县(滇)	1285.00
98	屏边苗族自治县(滇)	280.00
99	永胜县(滇)	204.71
100	汉阴县(陕)	690.00
101	紫阳县(陕)	200.00
102	南郑县(陕)	140.00
103	武都区(甘)	200.00

表 7-13　杧果主产地产量

序号	杧果主产地	产量(吨)
1	信宜市(粤)	14865.00
2	徐闻县(粤)	14460.00
3	廉江市(粤)	13480.00
4	遂溪县(粤)	3655.00
5	阳春市(粤)	1500.00
6	丰顺县(粤)	695.00
7	台山市(粤)	420.00
8	雷州市(粤)	330.10
9	广宁县(粤)	233.00
10	黄埔区(粤)	192.00
11	萝岗区(粤)	115.00
12	田阳县(桂)	165000.00
13	田东县(桂)	26806.00
14	钦北区(桂)	12577.00
15	田林县(桂)	4498.00
16	银海区(桂)	814.00
17	防城区(桂)	584.00
18	隆林各族自治县(桂)	200.00
19	攀枝花市东区(川)	4890.00
20	攀枝花市西区(川)	3100.00
21	会理县(川)	1768.00
22	弥勒市(滇)	46665.00
23	元江哈尼族彝族傣族自治县(滇)	32270.00
24	永胜县(滇)	9897.45
25	永德县(滇)	2600.00
26	施甸县(滇)	2000.00
27	云　县(滇)	1540.50
28	武定县(滇)	565.00
29	富宁县(滇)	528.00
30	沧源佤族自治县(滇)	518.70
31	元谋县(滇)	321.00

表 7-14　荔枝主产地产量

序号	荔枝主产地	产量(吨)
1	高州市(粤)	207199.00
2	电白区(粤)	167065.00
3	廉江市(粤)	90205.00
4	东莞市(粤)	64900.00
5	惠来县(粤)	31800.00
6	阳春市(粤)	26200.00
7	郁南县(粤)	14300.00
8	阳西县(粤)	14000.00
9	饶平县(粤)	11786.00
10	惠阳区(粤)	11500.00
11	遂溪县(粤)	8592.00
12	揭西县(粤)	8426.00
13	丰顺县(粤)	8110.00
14	台山市(粤)	7308.00
15	五华县(粤)	7200.00
16	信宜市(粤)	6586.00
17	茂南区(粤)	6468.00
18	佛冈县(粤)	4889.00
19	坡头区(粤)	4500.00
20	汕尾市华侨区(粤)	4500.00
21	新会区(粤)	4356.00
22	恩平市(粤)	3552.00
23	潮南区(粤)	3187.70
24	茂名市属总林场(粤)	3089.00
25	萝岗区(粤)	2940.00
26	斗门区(粤)	2639.00
27	龙门县(粤)	2562.00
28	潮安县(粤)	2392.00
29	封开县(粤)	1702.00
30	清城区(粤)	1350.00
31	源城区(粤)	999.00
32	高要市(粤)	932.00
33	鹤山市(粤)	682.00
34	鼎湖区(粤)	642.00
35	黄埔区(粤)	532.00
36	珠海市高新区(粤)	505.00
37	龙川县(粤)	465.00

序号	荔枝主产地	产量(吨)
38	湘桥区(粤)	456.00
39	雷州市(粤)	440.00
40	广宁县(粤)	415.00
41	汕尾市红海湾区(粤)	358.00
42	蕉岭县(粤)	310.00
43	英德市(粤)	265.00
44	云城区(粤)	251.00
45	宝安区(粤)	135.00
46	徐闻县(粤)	132.00
47	珠海市高栏港区(粤)	101.00
48	花都区(粤)	100.00
49	钦北区(桂)	107119.00
50	灵山县(桂)	9060.00
51	横　县(桂)	8844.00
52	邕宁区(桂)	7795.00
53	港南区(桂)	4546.00
54	右江区(桂)	3910.00
55	玉州区(桂)	3000.00
56	柳江县(桂)	2783.00
57	苍梧县(桂)	2377.00
58	防城区(桂)	2359.00
59	隆安县(桂)	2277.00
60	西乡塘区(桂)	2139.00
61	港北区(桂)	1980.00
62	铁山港区(桂)	1831.00
63	覃塘区(桂)	1559.00
64	兴宾区(桂)	1057.00
65	宾阳县(桂)	1056.00
66	武宣县(桂)	853.00
67	银海区(桂)	621.00
68	兴宁区(桂)	603.00
69	大化瑶族自治县(桂)	393.00
70	田东县(桂)	368.00
71	鹿寨县(桂)	241.00
72	凭祥市(桂)	200.00
73	马山县(桂)	200.00
74	那坡县(桂)	118.00
75	合江县(川)	7800.00
76	宜宾市市辖区(川)	540.00
77	翠屏区(川)	540.00
78	南溪县(川)	500.00
79	龙马潭区(川)	400.00
80	江安县(川)	210.00
81	赤水市(黔)	565.00
82	元江哈尼族彝族傣族自治县(滇)	2583.00
83	永德县(滇)	1333.00
84	屏边苗族自治县(滇)	250.00
85	景洪市(滇)	204.00
86	云　县(滇)	160.50
87	麻栗坡县(滇)	144.00
88	盈江县(滇)	139.10
89	沧源佤族自治县(滇)	100.00

表 7-15　龙眼主产地产量

序号	龙眼主产地	产量(吨)
1	高州市(粤)	126655.00
2	揭阳市蓝城区(粤)	45000.00
3	电白区(粤)	41217.00
4	廉江市(粤)	40924.00
5	阳春市(粤)	34500.00
6	饶平县(粤)	34089.00
7	台山市(粤)	14571.00
8	丰顺县(粤)	10553.00
9	恩平市(粤)	8333.00
10	信宜市(粤)	6820.00
11	惠阳区(粤)	6500.00
12	茂南区(粤)	6085.00
13	郁南县(粤)	5980.00
14	遂溪县(粤)	5673.00
15	湛江市属总林场(粤)	5600.00
16	封开县(粤)	4195.00
17	清城区(粤)	4008.00
18	英德市(粤)	3778.00
19	龙门县(粤)	3762.00
20	佛冈县(粤)	3036.00
21	蕉岭县(粤)	2737.00
22	新会区(粤)	2375.00
23	茂名市属总林场(粤)	2105.00
24	高要市(粤)	1470.00
25	龙川县(粤)	1105.00
26	源城区(粤)	1092.00
27	黄埔区(粤)	1063.00
28	清新县(粤)	1000.00
29	阳西县(粤)	960.00
30	萝岗区(粤)	902.00
31	潮安县(粤)	897.00
32	揭西县(粤)	867.00
33	鼎湖区(粤)	676.00
34	徐闻县(粤)	642.00
35	湘桥区(粤)	580.00
36	斗门区(粤)	565.00
37	鹤山市(粤)	512.00
38	珠海市高新区(粤)	453.00
39	云城区(粤)	390.00
40	雷州市(粤)	250.00
41	五华县(粤)	186.30
42	新丰县(粤)	155.00
43	广宁县(粤)	110.00
44	钦北区(桂)	26261.00
45	武宣县(桂)	22700.00
46	横　县(桂)	11756.00
47	兴宾区(桂)	10425.00
48	隆安县(桂)	9045.00
49	象州县(桂)	8920.00
50	邕宁区(桂)	8621.00
51	右江区(桂)	6160.00
52	港南区(桂)	4139.00
53	防城区(桂)	3991.00
54	天等县(桂)	3933.00
55	鹿寨县(桂)	3508.00
56	港北区(桂)	3395.00
57	柳江县(桂)	2783.00
58	西乡塘区(桂)	2651.00
59	银海区(桂)	2605.00
60	田东县(桂)	2598.00
61	大化瑶族自治县(桂)	2352.00
62	灵山县(桂)	2250.00
63	宾阳县(桂)	2183.00
64	马山县(桂)	1845.00
65	覃塘区(桂)	1768.00
66	兴宁区(桂)	1670.00
67	玉州区(桂)	1500.00
68	铁山港区(桂)	1272.00
69	金秀瑶族自治县(桂)	1265.00
70	凭祥市(桂)	1151.00
71	苍梧县(桂)	898.00
72	合山市(桂)	821.00
73	柳北区(桂)	650.00
74	忻城县(桂)	270.00
75	田阳县(桂)	240.00
76	东兰县(桂)	190.00
77	永川区(渝)	7200.00
78	丰都县(渝)	7092.00
79	江津区(渝)	3500.00
80	万州区(渝)	500.00
81	璧山县(渝)	300.00
82	涪陵区(渝)	181.00

序号	龙眼主产地	产量(吨)
83	泸 县(川)	7000.00
84	龙马潭区(川)	5600.00
85	南溪县(川)	4500.00
86	屏山县(川)	1350.00
87	宜宾市市辖区(川)	841.00
88	翠屏区(川)	841.00
89	高 县(川)	450.00
90	江安县(川)	380.00
91	德昌县(川)	327.00
92	雷波县(川)	110.00
93	赤水市(黔)	386.00
94	永胜县(滇)	3711.42
95	元江哈尼族彝族傣族自治县(滇)	3157.00
96	元谋县(滇)	231.00
97	永德县(滇)	164.00
98	水富县(滇)	163.00
99	景洪市(滇)	154.00

表 7-16 香蕉主产地产量

序号	香蕉主产地	产量(吨)
1	廉江市(粤)	161334.00
2	恩平市(粤)	34843.00
3	丰顺县(粤)	14991.00
4	顺德区(粤)	9003.00
5	雷州市(粤)	8000.00
6	台山市(粤)	6943.00
7	揭东区(粤)	6500.00
8	惠阳区(粤)	6300.00
9	广宁县(粤)	4841.00
10	蕉岭县(粤)	4746.00
11	清新县(粤)	4500.00
12	揭阳市空港经济区(粤)	3200.00
13	萝岗区(粤)	3075.00
14	黄埔区(粤)	2166.00
15	龙川县(粤)	1898.00
16	佛冈县(粤)	1493.00
17	蓬江区(粤)	1119.00
18	潮南区(粤)	490.50
19	西乡塘区(桂)	524489.00
20	钦北区(桂)	25856.00
21	田阳县(桂)	20367.00
22	马山县(桂)	4680.00
23	防城区(桂)	3625.00
24	铁山港区(桂)	3502.00
25	苍梧县(桂)	3196.00
26	田林县(桂)	2921.00
27	银海区(桂)	1504.00
28	东兰县(桂)	671.00
29	大化瑶族自治县(桂)	400.00
30	会理县(川)	7743.00
31	宁南县(川)	455.00
32	雷波县(川)	105.00
33	盈江县(滇)	27694.40
34	元江哈尼族彝族傣族自治县(滇)	15200.00
35	武定县(滇)	6346.00
36	沧源佤族自治县(滇)	4323.00
37	富宁县(滇)	1286.00
38	云 县(滇)	891.60
39	永胜县(滇)	554.66
40	施甸县(滇)	530.00
41	元谋县(滇)	243.00
42	凤庆县(滇)	146.20

表 7-17 草莓主产地产量

序号	草莓主产地	产量(吨)
1	海淀区(京)	297.35
2	丰宁满族自治县(冀)	430.00
3	普兰店市(辽)	10000.00
4	大连市金州新区(辽)	2000.00
5	桓仁满族自治县(辽)	336.00
6	太子河区(辽)	300.00
7	清原满族自治县(辽)	120.00
8	长白朝鲜族自治县(吉)	1350.00
9	辉南县(吉)	560.00
10	磐石市(吉)	201.00
11	绿园区(吉)	200.00
12	桦川县(黑)	200.00
13	崇明县(沪)	1369.90
14	昆山市(苏)	412.00
15	海州区(苏)	150.00
16	建德市(浙)	30666.00
17	大通区(皖)	13500.00
18	颍泉区(皖)	10730.00
19	巢湖市(皖)	9120.00
20	霍山县(皖)	1500.00
21	怀远县(皖)	225.00
22	浮梁县(赣)	1208.00
23	共青城市(赣)	600.00
24	芦溪县(赣)	350.00
25	新建县(赣)	200.00
26	瑞昌市(赣)	105.00
27	莒南县(鲁)	47000.00
28	莱州市(鲁)	9000.00
29	费 县(鲁)	6000.00
30	新泰市(鲁)	930.00
31	崂山区(鲁)	664.00
32	坊子区(鲁)	600.00
33	招远市(鲁)	450.00
34	岱岳区(鲁)	400.00
35	章丘市(鲁)	390.00
36	滨城区(鲁)	200.00
37	临沂市临港经济开发区(鲁)	200.00
38	沂水县(鲁)	135.00
39	梁园区(豫)	6100.00
40	太康县(豫)	6000.00
41	商水县(豫)	2010.00
42	伊川县(豫)	1350.00
43	华龙区(豫)	750.00
44	郾城区(豫)	480.00
45	淮阳县(豫)	468.00
46	卫滨区(豫)	240.00
47	管城回族区(豫)	232.00
48	魏都区(豫)	213.00
49	民权县(豫)	158.00
50	睢 县(豫)	150.00
51	广水市(鄂)	700.00
52	蕲春县(鄂)	350.00
53	新晃侗族自治县(湘)	7460.00
54	株洲县(湘)	2625.00
55	沅陵县(湘)	2200.00
56	安化县(湘)	380.00
57	北湖区(湘)	287.00
58	双峰县(湘)	200.00
59	鼎城区(湘)	190.00
60	安仁县(湘)	140.00
61	乳源瑶族自治县(粤)	375.00
62	曲江区(粤)	250.00
63	合山市(桂)	100.00
64	巫山县(渝)	3000.00
65	合川区(渝)	500.00
66	通川区(川)	6300.00
67	邛崃市(川)	4725.00
68	江油市(川)	733.00
69	巴州区(川)	350.00
70	三台县(川)	144.00
71	贵定县(黔)	300.00

序号	草莓主产地	产量(吨)
72	灞桥区(陕)	1099.00
73	韩城市林业局(陕)	800.00
74	南郑县(陕)	180.00
75	乐都县(青)	200.00
76	亚布力林业局(龙江森工)	350.00
77	农四师(新疆兵团)	1400.00

表 7-18　鲜红枣主产地产量

序号	鲜红枣主产地	产量(吨)
1	怀柔区(京)	1765.10
2	密云县(京)	1464.00
3	延庆县(京)	645.00
4	房山区(京)	499.50
5	静海县(津)	9831.00
6	津南区(津)	2100.00
7	东丽区(津)	1533.00
8	北辰区(津)	590.00
9	蓟　县(津)	456.00
10	沧　县(冀)	278688.00
11	行唐县(冀)	115000.00
12	献　县(冀)	112154.00
13	阜平县(冀)	100000.00
14	新河县(冀)	87949.00
15	泊头市(冀)	54768.00
16	大城县(冀)	51000.00
17	曲阳县(冀)	41970.00
18	青　县(冀)	21502.00
19	盐山县(冀)	20300.00
20	南皮县(冀)	14077.00
21	河间市(冀)	8447.00
22	平山县(冀)	6745.00
23	涿鹿县(冀)	6132.60
24	遵化市(冀)	5155.00
25	海兴县(冀)	4860.00
26	元氏县(冀)	4860.00
27	鹿泉区(冀)	4835.00
28	藁城区(冀)	4825.00
29	平乡县(冀)	4800.00
30	井陉县(冀)	3790.00
31	曲周县(冀)	2690.00
32	沙河市(冀)	2026.00
33	辛集市(冀)	1891.00
34	玉田县(冀)	1775.00
35	威　县(冀)	1680.00
36	魏　县(冀)	1600.00
37	滦　县(冀)	1410.00
38	任丘市(冀)	1135.00
39	灵寿县(冀)	1125.00
40	丰润区(冀)	1060.00
41	滦平县(冀)	1050.00
42	广阳区(冀)	1002.00
43	兴隆县(冀)	978.00
44	内丘县(冀)	900.00
45	武安市(冀)	800.00
46	孟村回族自治县(冀)	740.00
47	迁安市(冀)	725.00
48	黄骅市(冀)	700.00
49	大名县(冀)	693.00
50	平泉县(冀)	675.00
51	安次区(冀)	614.00
52	固安县(冀)	605.00
53	承德县(冀)	590.00
54	三河市(冀)	529.00
55	柏乡县(冀)	513.00
56	迁西县(冀)	500.00
57	易　县(冀)	480.00
58	东光县(冀)	450.00
59	丰宁满族自治县(冀)	430.00
60	成安县(冀)	420.00
61	永清县(冀)	350.00
62	巨鹿县(冀)	350.00
63	抚宁县(冀)	265.00
64	清河县(冀)	265.00
65	徐水县(冀)	244.00
66	双桥区(冀)	203.00
67	沧州市南大港管理区(冀)	200.00
68	邯郸县(冀)	200.00
69	鸡泽县(冀)	180.00
70	磁　县(冀)	150.00
71	深泽县(冀)	140.00
72	宽城满族自治县(冀)	120.00
73	隆尧县(冀)	120.00
74	广平县(冀)	120.00
75	运河区(冀)	104.00
76	吴桥县(冀)	103.00
77	清苑县(冀)	100.00
78	稷山县(晋)	48000.00
79	太谷县(晋)	40000.00
80	河津市(晋)	6000.00
81	平陆县(晋)	2700.00
82	夏　县(晋)	2180.00
83	榆社县(晋)	1800.00
84	河曲县(晋)	339.70
85	垣曲县(晋)	300.00
86	介休市(晋)	140.00
87	朝阳县(辽)	100000.00
88	双塔区(辽)	23000.00
89	北票市(辽)	20000.00
90	龙城区(辽)	9000.00
91	南票区(辽)	8000.00
92	连山区(辽)	7231.00
93	大石桥市(辽)	2800.00
94	新邱区(辽)	327.00
95	清河门区(辽)	300.00
96	寿　县(皖)	670.00
97	濉溪县(皖)	200.00
98	怀宁县(皖)	156.00
99	临泉县(皖)	110.00
100	石城县(赣)	215.00
101	宁阳县(鲁)	32500.00
102	山亭区(鲁)	7782.00
103	费　县(鲁)	5990.00
104	泗水县(鲁)	5055.00
105	新泰市(鲁)	2838.00
106	莱城区(鲁)	1933.00
107	东昌府区(鲁)	1300.00
108	河口区(鲁)	357.80
109	环翠区(鲁)	298.00
110	灵宝市(豫)	64558.00
111	博爱县(豫)	1000.00
112	林州市(豫)	657.00
113	延津县(豫)	500.00
114	扶沟县(豫)	250.00
115	新密市(豫)	190.00
116	蔡甸区(鄂)	1000.00
117	大悟县(鄂)	212.50
118	衡阳县(湘)	600.00
119	麻阳苗族自治县(湘)	180.00
120	株洲县(湘)	180.00
121	雁峰区(湘)	105.00
122	阳朔县(桂)	206.00
123	罗江县(川)	2310.00
124	旌阳区(川)	1200.00
125	元谋县(滇)	413.00
126	永胜县(滇)	180.00

序号	鲜红枣主产地	产量(吨)
127	佳　县(陕)	100000.00
128	吴堡县(陕)	21900.00
129	神木县(陕)	10500.00
130	蒲城县(陕)	10000.00
131	淳化县(陕)	3005.00
132	米脂县(陕)	2000.00
133	绥德县(陕)	1900.00
134	彬　县(陕)	1334.00
135	乾　县(陕)	750.00
136	旬邑县(陕)	750.00
137	子洲县(陕)	230.00
138	民勤县(甘)	8386.70
139	敦煌市(甘)	8000.00
140	平川区(甘)	8000.00
141	白银区(甘)	4160.00
142	金塔县(甘)	3842.00
143	靖远县(甘)	3200.00
144	庆城县(甘)	1651.00
145	高台县(甘)	1326.00
146	肃州区(甘)	467.00
147	皋兰县(甘)	404.00
148	永靖县(甘)	200.00
149	永登县(甘)	109.00
150	环　县(甘)	100.00
151	中宁县(宁)	22300.00
152	同心县(宁)	15000.00
153	灵武市(宁)	11440.00
154	利通区(宁)	5400.00
155	红寺堡区(宁)	4274.30
156	沙坡头区(宁)	3613.00
157	西夏区(宁)	2860.00
158	贺兰县(宁)	2400.00
159	青铜峡市(宁)	1950.00
160	农垦事业管理局(宁)	1924.00
161	平罗县(宁)	564.00
162	惠农区(宁)	550.00
163	大武口区(宁)	308.00
164	阿克苏市(新)	135481.00
165	库车县(新)	68942.82
166	柯坪县(新)	20005.00
167	阿克陶县(新)	2970.00
168	农一师(新疆兵团)	832412.00
169	农十四师(新疆兵团)	180000.00
170	农二师(新疆兵团)	125000.00
171	农十三师(新疆兵团)	35237.00
172	农四师(新疆兵团)	1492.00

表 7-19　青枣主产地产量

序号	青枣主产地	产量(吨)
1	丰台区(京)	350.00
2	宝坻区(津)	130.00
3	赞皇县(冀)	119110.00
4	青浦区(沪)	505.00
5	崇明县(沪)	192.80
6	义乌市(浙)	360.00
7	三门县(浙)	100.00
8	霍邱县(皖)	610.00
9	大观区(皖)	225.00
10	宿松县(皖)	107.00
11	乳山市(鲁)	600.00
12	招远市(鲁)	190.00
13	封丘县(豫)	500.00
14	卫辉市(豫)	337.00
15	汝州市(豫)	150.00
16	鹿邑县(豫)	100.00
17	随　县(鄂)	3420.00
18	宣恩县(鄂)	369.00
19	京山县(鄂)	150.00
20	衡山县(湘)	591.30
21	南岳区(湘)	300.00
22	双峰县(湘)	145.00
23	连州市(粤)	8242.00
24	田阳县(桂)	1583.00
25	龙泉驿区(川)	807.00
26	息烽县(黔)	300.00
27	元江哈尼族彝族傣族自治县(滇)	12885.20
28	元谋县(滇)	11862.00
29	峨山彝族自治县(滇)	885.00
30	禄丰县(滇)	622.00
31	双柏县(滇)	335.00
32	武定县(滇)	273.00
33	泾阳县(陕)	3000.00
34	西固区(甘)	1799.00
35	米东区(新)	306.00

表 7-20　冬枣主产地产量

序号	冬枣主产地	产量(吨)
1	西青区(津)	4418.00
2	滨海新区(津)	2855.00
3	黄骅市(冀)	94130.00
4	沧　县(冀)	19012.00
5	涉　县(冀)	12855.00
6	泊头市(冀)	11420.00
7	献　县(冀)	5021.00
8	南皮县(冀)	3287.00
9	沧州市临港经济技术开发区(冀)	700.00
10	青　县(冀)	600.00
11	海兴县(冀)	370.00
12	高邑县(冀)	225.00
13	任丘市(冀)	202.00
14	盐山县(冀)	200.00
15	临猗县(晋)	209000.00
16	奉贤区(沪)	101.10
17	绍兴县(浙)	540.00
18	龙南县(赣)	200.00
19	沾化县(鲁)	280000.00
20	河口区(鲁)	17267.00
21	昌邑市(鲁)	5850.00
22	滨城区(鲁)	4119.00
23	利津县(鲁)	3851.00
24	高密市(鲁)	3200.00
25	庆云县(鲁)	3000.00
26	垦利县(鲁)	2000.00
27	昌乐县(鲁)	1600.00
28	沂水县(鲁)	739.00
29	阳信县(鲁)	700.00
30	东昌府区(鲁)	200.00
31	惠民县(鲁)	150.00
32	濮阳县(豫)	5170.00
33	长垣县(豫)	3600.00
34	渑池县(豫)	1500.00
35	荥阳市(豫)	805.00
36	竹山县(鄂)	2000.00
37	孝昌县(鄂)	1350.00
38	广水市(鄂)	240.00
39	安陆市(鄂)	200.00
40	祁东县(湘)	21000.00
41	浏阳市(湘)	3900.00
42	津市市(湘)	1580.00
43	阆中市(川)	415.00
44	攀枝花市东区(川)	150.00
45	印江土家族苗族自治县(黔)	100.00
46	弥勒市(滇)	684.00
47	临渭区(陕)	6000.00
48	灞桥区(陕)	679.00
49	甘泉县(陕)	150.00

表 7-21　石榴主产地产量

序号	石榴主产地	产量(吨)
1	临猗县(晋)	10000.00
2	烈山区(皖)	89010.00
3	相山区(皖)	11553.00
4	怀远县(皖)	3597.00
5	颍东区(皖)	400.00
6	临泉县(皖)	150.00
7	峄城区(鲁)	47500.00
8	东平县(鲁)	5878.00
9	沂南县(鲁)	2600.00
10	泰山区(鲁)	1500.00
11	岱岳区(鲁)	1196.00
12	新泰市(鲁)	642.00
13	宁阳县(鲁)	560.50
14	肥城市(鲁)	315.30
15	武城县(鲁)	300.00
16	阳谷县(鲁)	170.00
17	莱城区(鲁)	138.00
18	曲阜市(鲁)	120.00
19	章丘市(鲁)	104.00
20	荥阳市(豫)	24428.00
21	卧龙区(豫)	2600.00
22	太康县(豫)	2500.00
23	平桥区(豫)	2300.00
24	商水县(豫)	1350.00
25	封丘县(豫)	1000.00
26	金水区(豫)	245.00
27	卫东区(豫)	204.00
28	固始县(豫)	180.00
29	新密市(豫)	160.00
30	孟州市(豫)	100.00
31	涟源市(湘)	23860.00
32	遂溪县(粤)	970.00
33	蕉岭县(粤)	121.00
34	黄埔区(粤)	113.00
35	会理县(川)	43920.00
36	会东县(川)	1800.00
37	永胜县(滇)	11033.60
38	弥勒市(滇)	10620.00
39	永仁县(滇)	4299.00
40	禄丰县(滇)	950.00
41	双柏县(滇)	451.00
42	元谋县(滇)	261.00
43	武定县(滇)	248.00
44	德钦县(滇)	242.72
45	华宁县(滇)	199.30
46	楚雄市(滇)	193.00
47	临潼区(陕)	62200.00
48	灞桥区(陕)	7300.00
49	礼泉县(陕)	1500.00
50	武都区(甘)	510.00
51	叶城县(新)	19114.00
52	喀什市(新)	14698.00
53	疏附县(新)	1436.00
54	伽师县(新)	1150.00
55	库车县(新)	1134.36
56	莎车县(新)	125.00
57	巴楚县(新)	121.00

表 7-22　鲜柿子主产地产量

序号	鲜柿子主产地	产量(吨)
1	房山区(京)	14157.70
2	密云县(京)	3635.00
3	怀柔区(京)	978.00
4	丰台区(京)	200.00
5	蓟　县(津)	8233.00
6	易　县(冀)	159959.00
7	满城县(冀)	74850.00
8	顺平县(冀)	70330.00
9	遵化市(冀)	28572.00
10	平山县(冀)	16797.00
11	兴隆县(冀)	13606.00
12	磁　县(冀)	9800.00
13	唐　县(冀)	7620.00
14	丰润区(冀)	7443.00
15	邢台县(冀)	7141.00
16	灵寿县(冀)	6300.00
17	武安市(冀)	6000.00
18	徐水县(冀)	5417.00
19	内丘县(冀)	5200.00
20	玉田县(冀)	5169.00
21	迁西县(冀)	4200.00
22	涉　县(冀)	4000.00
23	滦　县(冀)	2673.00
24	迁安市(冀)	2637.00
25	赞皇县(冀)	2499.00
26	三河市(冀)	2387.00
27	辛集市(冀)	2296.00
28	沙河市(冀)	2238.00
29	曲阳县(冀)	2050.00
30	元氏县(冀)	1887.00
31	涞源县(冀)	1800.00
32	古冶区(冀)	1474.00
33	临城县(冀)	1138.00
34	定州市(冀)	500.00
35	鹿泉区(冀)	432.00
36	任丘市(冀)	365.00
37	井陉县(冀)	237.00
38	井陉矿区(冀)	231.00
39	复兴区(冀)	170.00
40	开平区(冀)	165.00
41	定兴县(冀)	129.00
42	黄骅市(冀)	117.00
43	行唐县(冀)	105.00
44	献　县(冀)	100.00
45	临猗县(晋)	45000.00
46	稷山县(晋)	5600.00
47	垣曲县(晋)	4800.00
48	河津市(晋)	4500.00
49	闻喜县(晋)	4000.00
50	平顺县(晋)	1700.00
51	夏　县(晋)	1453.00
52	阳城县(晋)	838.00
53	五台县(晋)	200.00
54	介休市(晋)	190.00
55	定襄县(晋)	160.00
56	崇明县(沪)	534.10
57	大丰市(苏)	39700.00
58	东台市(苏)	35360.00
59	滨海县(苏)	3100.00
60	泗洪县(苏)	2950.00
61	阜宁县(苏)	1050.00
62	贾汪区(苏)	736.00
63	浦口区(苏)	688.00
64	盱眙县(苏)	635.00
65	射阳县(苏)	553.00
66	响水县(苏)	450.00
67	如皋市(苏)	350.00
68	高淳县(苏)	310.00
69	赣榆县(苏)	262.00
70	沭阳县(苏)	260.00
71	溧水县(苏)	230.00
72	海州区(苏)	218.00
73	宿城区(苏)	160.00
74	灌云县(苏)	103.00
75	天台县(浙)	7000.00
76	玉环县(浙)	4300.00
77	兰溪市(浙)	4038.00

序号	鲜柿子主产地	产量(吨)	序号	鲜柿子主产地	产量(吨)	序号	鲜柿子主产地	产量(吨)
78	新昌县(浙)	2052.00	124	山亭区(鲁)	5600.00	170	嵩　县(豫)	1550.00
79	仙居县(浙)	1800.00	125	新泰市(鲁)	5161.00	171	鲁山县(豫)	1500.00
80	余姚市(浙)	1580.00	126	费　县(鲁)	4560.00	172	固始县(豫)	1500.00
81	瑞安市(浙)	1500.00	127	即墨市(鲁)	2670.00	173	确山县(豫)	1400.00
82	临海市(浙)	1099.00	128	钢城区(鲁)	2600.00	174	封丘县(豫)	1000.00
83	永嘉县(浙)	1000.00	129	沂南县(鲁)	2510.00	175	惠济区(豫)	943.00
84	淳安县(浙)	536.00	130	胶州市(鲁)	2207.00	176	平桥区(豫)	850.00
85	温岭市(浙)	530.00	131	高密市(鲁)	2000.00	177	卫辉市(豫)	820.00
86	北仑区(浙)	465.00	132	章丘市(鲁)	1985.00	178	正阳县(豫)	800.00
87	定海区(浙)	450.00	133	兰陵县(鲁)	1956.00	179	安阳县(豫)	765.00
88	三门县(浙)	410.00	134	昌邑市(鲁)	1890.00	180	济源市(豫)	750.00
89	乐清市(浙)	324.00	135	东港区(鲁)	1653.00	181	鹿邑县(豫)	750.00
90	凤阳县(皖)	5230.00	136	东平县(鲁)	1588.00	182	郸城县(豫)	750.00
91	潜山县(皖)	2350.00	137	曲阜市(鲁)	1500.00	183	襄城县(豫)	671.00
92	无为县(皖)	1930.00	138	邹平县(鲁)	1267.00	184	扶沟县(豫)	500.00
93	舒城县(皖)	1650.00	139	诸城市(鲁)	1041.00	185	洛宁县(豫)	400.00
94	东至县(皖)	1482.70	140	乳山市(鲁)	900.00	186	商水县(豫)	375.00
95	肥西县(皖)	1180.00	141	招远市(鲁)	671.00	187	伊川县(豫)	323.00
96	颍泉区(皖)	896.00	142	宁阳县(鲁)	610.00	188	汝州市(豫)	260.00
97	南陵县(皖)	800.00	143	泰山区(鲁)	600.00	189	禹州市(豫)	215.00
98	禹会区(皖)	630.00	144	沂源县(鲁)	526.00	190	开封县(豫)	200.00
99	怀宁县(皖)	550.00	145	寿光市(鲁)	521.00	191	郏　县(豫)	135.00
100	三山区(皖)	450.00	146	泗水县(鲁)	502.00	192	罗山县(豫)	125.00
101	旌德县(皖)	250.00	147	栖霞市(鲁)	440.00	193	卫滨区(豫)	100.00
102	定远县(皖)	240.00	148	肥城市(鲁)	384.40	194	罗田县(鄂)	7341.00
103	临泉县(皖)	209.00	149	莱阳市(鲁)	380.00	195	广水市(鄂)	3000.00
104	蜀山区(皖)	200.00	150	莒　县(鲁)	320.00	196	蔡甸区(鄂)	2500.00
105	濉溪县(皖)	200.00	151	台儿庄区(鲁)	302.00	197	大悟县(鄂)	2000.00
106	祁门县(皖)	184.00	152	西华县(豫)	26550.00	198	安陆市(鄂)	1450.00
107	繁昌县(皖)	180.00	153	林州市(豫)	25410.00	199	谷城县(鄂)	1020.00
108	明光市(皖)	166.00	154	灵宝市(豫)	17973.00	200	东宝区(鄂)	986.00
109	贵池区(皖)	150.00	155	渑池县(豫)	13124.00	201	长阳土家族自治县(鄂)	600.00
110	绩溪县(皖)	120.00	156	鹤山区(豫)	12600.00	202	恩施市(鄂)	561.00
111	毛集实验区(皖)	120.00	157	项城市(豫)	8635.00	203	张湾区(鄂)	250.00
112	石城县(赣)	1302.00	158	博爱县(豫)	7500.00	204	大冶市(鄂)	170.00
113	于都县(赣)	480.00	159	淮阳县(豫)	5788.00	205	来凤县(鄂)	120.00
114	赣　县(赣)	367.00	160	新安县(豫)	5300.00	206	浏阳市(湘)	2232.00
115	上饶县(赣)	296.00	161	宜阳县(豫)	5100.00	207	津市市(湘)	885.00
116	寻乌县(赣)	150.00	162	太康县(豫)	5000.00	208	道　县(湘)	610.00
117	青州市(鲁)	29540.00	163	荥阳市(豫)	4924.30	209	宁远县(湘)	550.00
118	海阳市(鲁)	18000.00	164	杞　县(豫)	3200.00	210	株洲县(湘)	180.00
119	莱城区(鲁)	17543.50	165	泌阳县(豫)	3000.00	211	祁阳县(湘)	180.00
120	长清区(鲁)	16650.00	166	延津县(豫)	3000.00	212	大祥区(湘)	150.00
121	沂水县(鲁)	15623.00	167	内乡县(豫)	2100.00	213	江永县(湘)	144.00
122	邹城市(鲁)	6937.00	168	栾川县(豫)	2000.00	214	北湖区(湘)	132.00
123	莱州市(鲁)	6750.00	169	新密市(豫)	1860.00	215	临澧县(湘)	132.00

序号	鲜柿子主产地	产量(吨)
216	鼎城区(湘)	108.00
217	新化县(湘)	100.00
218	五华县(粤)	146250.00
219	龙川县(粤)	16553.00
220	信宜市(粤)	4600.00
221	平远县(粤)	3785.00
222	连州市(粤)	1926.00
223	广宁县(粤)	1404.00
224	新丰县(粤)	1142.00
225	佛冈县(粤)	496.00
226	阳山县(粤)	495.00
227	连南瑶族自治县(粤)	404.00
228	潮南区(粤)	187.50
229	新兴县(粤)	105.00
230	始兴县(粤)	100.00
231	恭城瑶族自治县(桂)	339659.00
232	平乐县(桂)	282979.00
233	兴宾区(桂)	15844.00
234	阳朔县(桂)	9000.00
235	鹿寨县(桂)	4288.00
236	钦北区(桂)	3904.00
237	柳江县(桂)	2935.00
238	东兰县(桂)	2790.00
239	昭平县(桂)	2614.00
240	金城江区(桂)	2155.00
241	天峨县(桂)	2009.00
242	金秀瑶族自治县(桂)	1759.00
243	田林县(桂)	1755.00
244	柳北区(桂)	1318.00
245	龙胜各族自治县(桂)	1306.00
246	靖西县(桂)	970.00
247	大化瑶族自治县(桂)	872.00
248	凭祥市(桂)	761.00
249	马山县(桂)	693.00
250	田东县(桂)	447.00
251	雁山区(桂)	388.00
252	田阳县(桂)	367.00
253	融水苗族自治县(桂)	330.00
254	石柱土家族自治县(渝)	760.00
255	璧山县(渝)	210.80
256	万州区(渝)	140.00
257	江油市(川)	682.00
258	惠水县(黔)	898.00
259	沿河土家族自治县(黔)	368.00
260	贵定县(黔)	180.00
261	道真仡佬族苗族自治县(黔)	104.00
262	隆阳区(滇)	15850.70
263	华宁县(滇)	15373.00
264	文山市(滇)	6303.00
265	石林彝族自治县(滇)	3721.90
266	施甸县(滇)	2521.00
267	元江哈尼族彝族傣族自治县(滇)	1760.00
268	永胜县(滇)	764.90
269	武定县(滇)	715.00
270	禄丰县(滇)	644.00
271	洱源县(滇)	616.20
272	凤庆县(滇)	604.60
273	西畴县(滇)	509.00
274	云　县(滇)	450.70
275	弥勒市(滇)	348.00
276	牟定县(滇)	337.00
277	罗平县(滇)	334.00
278	富宁县(滇)	316.00
279	富源县(滇)	275.00
280	楚雄市(滇)	257.00
281	丘北县(滇)	253.00
282	腾冲县(滇)	203.00
283	泸水县(滇)	150.70
284	彬　县(陕)	109720.00
285	富平县(陕)	50000.00
286	乾　县(陕)	21000.00
287	旬邑县(陕)	21000.00
288	旬阳县(陕)	16428.00
289	武功县(陕)	12500.00
290	淳化县(陕)	12040.00
291	岐山县(陕)	10140.00
292	户　县(陕)	9000.00
293	临渭区(陕)	6400.00
294	山阳县(陕)	6256.00
295	凤翔县(陕)	5056.00
296	临潼区(陕)	4900.00
297	礼泉县(陕)	3000.00
298	眉　县(陕)	2635.00
299	柞水县(陕)	2530.00
300	略阳县(陕)	2486.00
301	周至县(陕)	2442.00
302	汉滨区(陕)	2366.00
303	洛南县(陕)	2204.00
304	灞桥区(陕)	1888.00
305	丹凤县(陕)	1634.00
306	华阴市(陕)	900.00
307	宁陕县(陕)	526.00
308	王益区(陕)	420.00
309	泾阳县(陕)	400.00
310	汉阴县(陕)	390.00
311	麟游县(陕)	212.00
312	蓝田县(陕)	140.00
313	清水县(甘)	1094.00
314	舟曲县(甘)	348.00
315	武都区(甘)	300.00
316	西和县(甘)	174.00

表 7-23　脐橙主产地产量

序号	脐橙主产地	产量(吨)
1	三门县(浙)	500.00
2	象山县(浙)	346.00
3	宁都县(赣)	89936.00
4	瑞金市(赣)	82000.00
5	于都县(赣)	74576.00
6	龙南县(赣)	51433.00
7	赣　县(赣)	31243.00
8	南康市(赣)	24740.00
9	全南县(赣)	18500.00
10	石城县(赣)	6493.00
11	吉州区(赣)	650.00
12	寻乌县(赣)	556.00
13	芦溪县(赣)	180.00
14	吉安县(赣)	100.00
15	嘉鱼县(鄂)	350.00
16	新宁县(湘)	600000.00
17	宜章县(湘)	30080.00
18	安仁县(湘)	30000.00
19	永定区(湘)	2800.00
20	辰溪县(湘)	1800.00
21	新化县(湘)	1500.00
22	华容县(湘)	1015.00
23	株洲县(湘)	750.00
24	雁峰区(湘)	150.00
25	平远县(粤)	38495.00
26	龙川县(粤)	6330.00
27	富川瑶族自治县(桂)	222492.00
28	阳朔县(桂)	42230.00
29	马山县(桂)	289.00
30	南部县(川)	20000.00
31	邻水县(川)	16061.00
32	大安区(川)	1600.00
33	巴州区(川)	1380.00

序号	脐橙主产地	产量(吨)
34	贡井区(川)	150.00
35	榕江县(黔)	4500.00

表 7-24 红果主产地产量

序号	红果主产地	产量(吨)
1	密云县(京)	4758.00
2	怀柔区(京)	1507.20
3	延庆县(京)	1392.00
4	蓟 县(津)	4208.00
5	西青区(津)	800.00
6	宝坻区(津)	417.50
7	清河县(冀)	44687.00
8	宽城满族自治县(冀)	20000.00
9	遵化市(冀)	14484.00
10	青龙满族自治县(冀)	4700.00
11	滦平县(冀)	4200.00
12	灵寿县(冀)	1650.00
13	抚宁县(冀)	1401.00
14	迁安市(冀)	1390.00
15	平泉县(冀)	1300.00
16	滦 县(冀)	1195.00
17	鹰手营子矿区(冀)	500.00
18	卢龙县(冀)	485.00
19	丰宁满族自治县(冀)	480.00
20	古冶区(冀)	429.00
21	玉田县(冀)	348.00
22	鹿泉区(冀)	203.00
23	平山县(冀)	188.00
24	定州市(冀)	169.00
25	邱 县(冀)	150.00
26	清苑县(冀)	150.00
27	乐亭县(冀)	145.00
28	保德县(晋)	500.00

表 7-25 蓝莓主产地产量

序号	蓝莓主产地	产量(吨)
1	集安市(吉)	1350.00
2	爱辉区(黑)	531.00
3	尚志市(黑)	390.00
4	青浦区(沪)	193.00
5	临海市(浙)	512.00
6	秀洲区(浙)	280.00
7	建德市(浙)	250.00
8	玉环县(浙)	175.00
9	绍兴县(浙)	120.00
10	郎溪县(皖)	750.00
11	南陵县(皖)	300.00
12	旌德县(皖)	240.00
13	东港区(鲁)	21400.00
14	崂山区(鲁)	2445.00
15	临沭县(鲁)	1650.00
16	乳山市(鲁)	600.00
17	临沂市临港经济开发区(鲁)	400.00
18	招远市(鲁)	130.00
19	岱岳区(鲁)	108.00
20	肥城市(鲁)	105.00
21	广水市(鄂)	210.00
22	建始县(鄂)	126.00
23	三台县(川)	127.65
24	紫云苗族布依族自治县(黔)	555.00
25	临夏市(甘)	1392.00
26	清河林业局(龙江森工)	3100.00

表 7-26 其他果品主产地产量

序号	其他果品主产地	品种	产量(吨)
1	雷州市(粤)	菠萝	38000.00
2	饶平县(粤)	菠萝	7981.00
3	银海区(桂)	菠萝	981.00
4	防城区(桂)	菠萝	645.00
5	丰顺县(粤)	菠萝	555.00
6	潮南区(粤)	菠萝	96.50
7	沧源佤族自治县(滇)	菠萝	77.90
8	萝岗区(粤)	菠萝	14.00
9	竹山县(鄂)	番木瓜	12500.00
10	乳源瑶族自治县(粤)	番木瓜	1035.00
11	莎车县(新)	番木瓜	647.00
12	萝岗区(粤)	番木瓜	125.00
13	万盛区(渝)	番木瓜	80.00
14	中宁县(宁)	枸杞	214200.00
15	靖远县(甘)	枸杞	15900.00
16	巨鹿县(冀)	枸杞	11998.00
17	乌拉特前旗(内蒙古)	枸杞	11820.00
18	同心县(宁)	枸杞	6000.00
19	瓜州县(甘)	枸杞	5810.00
20	托克托县(内蒙古)	枸杞	5420.25
21	民勤县(甘)	枸杞	4980.00
22	惠农区(宁)	枸杞	2400.00
23	红寺堡区(宁)	枸杞	2399.28
24	平罗县(宁)	枸杞	2146.95
25	原州区(宁)	枸杞	1261.30
26	贺兰县(宁)	枸杞	1080.00
27	农垦事业管理局(宁)	枸杞	722.00
28	雁峰区(湘)	枸杞	475.00
29	灵武市(宁)	枸杞	328.00
30	共和县(青)	枸杞	124.00
31	大武口区(宁)	枸杞	104.00
32	永宁县(宁)	枸杞	90.00
33	凉州区(甘)	枸杞	50.00
34	盐池县(宁)	枸杞	17.00
35	利通区(宁)	枸杞	15.00
36	怀来县(冀)	海棠	10170.00
37	扎赉特旗(内蒙古)	海棠	5000.00
38	临沂市经济技术开发区(鲁)	海棠	3000.00
39	奇台县(新)	海棠	3000.00
40	前郭尔罗斯蒙古族自治县(吉)	海棠	2500.00
41	磐石市(吉)	海棠	1300.00
42	赤城县(冀)	海棠	300.00
43	莫力达瓦达斡尔族自治旗(内蒙古)	海棠	300.00
44	丰宁满族自治县(冀)	海棠	200.00
45	松山区(内蒙古)	海棠	160.00

序号	其他果品主产地	品种	产量(吨)
46	玉龙纳西族自治县(滇)	海棠	120.00
47	双滦区(冀)	海棠	11.00
48	阳朔县(桂)	金橘	139670.00
49	高安市(赣)	金橘	3932.00
50	浏阳市(湘)	金橘	2100.00
51	修水县(赣)	金橘	230.00
52	赣　县(赣)	金橘	32.00
53	新化县(湘)	梅	12500.00
54	达川区(川)	梅	11200.00
55	新晃侗族自治县(湘)	梅	8500.00
56	漾濞彝族自治县(滇)	梅	6700.00
57	弥勒市(滇)	梅	3402.00
58	长兴县(浙)	梅	3000.00
59	修水县(赣)	梅	2890.00
60	景宁畲族自治县(浙)	梅	1520.00
61	腾冲县(滇)	梅	1410.00
62	连州市(粤)	梅	1050.00
63	浏阳市(湘)	梅	950.00
64	衢江区(浙)	梅	570.00
65	永丰县(赣)	梅	275.00
66	六枝特区(黔)	梅	250.00
67	赣　县(赣)	梅	218.00
68	株洲县(湘)	梅	185.00
69	象山县(浙)	梅	144.00
70	云　县(滇)	梅	135.80
71	凤庆县(滇)	梅	131.90
72	潼南县(渝)	柠檬	72000.00
73	铜梁县(渝)	柠檬	5000.00
74	木里藏族自治县(川)	柠檬	4000.00
75	东源县(粤)	柠檬	2000.00
76	江津区(渝)	柠檬	200.00
77	珠晖区(湘)	葡萄干	8000.00
78	建德市(浙)	葡萄干	4630.00
79	阎良区(陕)	葡萄干	4500.00
80	江口县(黔)	葡萄干	3660.00
81	伊吾县(新)	葡萄干	3600.00
82	娄底市市辖区(湘)	葡萄干	2050.00
83	祁东县(湘)	葡萄干	1875.00
84	凤泉区(豫)	葡萄干	1637.00
85	广水市(鄂)	葡萄干	900.00
86	珲春市(吉)	葡萄干	679.00
87	乳源瑶族自治县(粤)	葡萄干	660.00
88	麻城市(鄂)	葡萄干	143.00
89	柯城区(浙)	葡萄干	120.00
90	高　县(川)	桑葚	147840.00
91	莒　县(鲁)	桑葚	67500.00
92	巴州区(川)	桑葚	9600.00
93	余姚市(浙)	桑葚	1790.00
94	奉化市(浙)	桑葚	1536.00
95	西充县(川)	桑葚	1500.00
96	麒麟区(滇)	桑葚	600.00
97	绥德县(陕)	桑葚	505.00
98	章丘市(鲁)	桑葚	495.00
99	修水县(赣)	桑葚	233.50
100	献　县(冀)	桑葚	200.00
101	宁阳县(鲁)	桑葚	150.00
102	旌德县(皖)	山竹	4000.00
103	永定区(湘)	山竹	90.00
104	尚志市(黑)	树莓	20000.00
105	延寿县(黑)	树莓	4000.00
106	东陵区(辽)	树莓	2500.00
107	宾县(黑)	树莓	2464.00
108	新化县(湘)	树莓	2000.00
109	林口县(黑)	树莓	1523.00
110	章丘市(鲁)	树莓	33.00
111	钦北区(桂)	酸梅	2037.00
112	宜章县(湘)	酸梅	572.00
113	潮州市属总林场(粤)	酸梅	152.00
114	裕民县(新)	酸梅	133.00
115	武宣县(桂)	甜瓜	106335.00
116	章丘市(鲁)	甜瓜	87330.00
117	兴宾区(桂)	甜瓜	68971.00
118	忻城县(桂)	甜瓜	19682.00
119	象州县(桂)	甜瓜	15617.00
120	株洲县(湘)	甜瓜	12000.00
121	合山市(桂)	甜瓜	8698.00
122	鼎城区(湘)	甜瓜	5200.00
123	东丰县(吉)	甜瓜	5000.00
124	太康县(豫)	甜瓜	5000.00
125	龙南县(赣)	甜瓜	4775.00
126	定海区(浙)	甜瓜	3000.00
127	郾城区(豫)	甜瓜	1523.00
128	商水县(豫)	甜瓜	1500.00
129	临泉县(皖)	甜瓜	800.00
130	新丰县(粤)	甜瓜	684.00
131	蜀山区(皖)	甜瓜	600.00
132	宜都市(鄂)	甜瓜	310.00
133	莱城区(鲁)	文冠果	30.00
134	长清区(鲁)	文冠果	30.00
135	吴起县(陕)	文冠果	29.00
136	靖远县(甘)	文冠果	20.00
137	扎赉特旗(内蒙古)	文冠果	20.00

序号	其他果品主产地	品种	产量(吨)
138	沾化县(鲁)	无花果	30000.00
139	威远县(川)	无花果	5000.00
140	东平县(鲁)	无花果	953.00
141	岳普湖县(新)	无花果	869.00
142	河口区(鲁)	无花果	800.00
143	邹平县(鲁)	无花果	400.00
144	环翠区(鲁)	无花果	303.00
145	乳山市(鲁)	无花果	250.00
146	武都区(甘)	无花果	250.00
147	新宁县(湘)	无花果	240.00
148	宁阳县(鲁)	无花果	200.00
149	奉贤区(沪)	无花果	187.20
150	崇明县(沪)	无花果	139.00
151	武城县(鲁)	无花果	100.00
152	高阳县(冀)	无花果	60.00
153	雷波县(川)	无花果	45.00
154	丹徒区(苏)	无花果	32.00
155	兖州市(鲁)	无花果	30.00
156	栾城区(冀)	无花果	10.00
157	巫山县(渝)	无花果	10.00
158	库车县(新)	香梨	66071.85
159	沙雅县(新)	香梨	23813.20
160	农三师(新疆兵团)	香梨	21094.00
161	武宁县(赣)	香梨	7522.00
162	乌什县(新)	香梨	5019.00
163	前郭尔罗斯蒙古族自治县(吉)	香梨	3900.00
164	柳河县(吉)	香梨	3000.00
165	叶城县(新)	香梨	2761.00
166	钢城区(鲁)	香梨	2400.00
167	柯坪县(新)	香梨	596.00
168	会昌县(赣)	香梨	554.00
169	尚志市(黑)	小浆果	18173.00
170	遂溪县(粤)	小浆果	3893.00
171	桦川县(黑)	小浆果	500.00
172	额敏县(新)	小浆果	480.00
173	爱辉区(黑)	小浆果	200.00
174	任丘市(冀)	小浆果	102.00
175	徐闻县(粤)	椰子	2557.00

表 8　母树林种子主产地产量

序号	母树林种子主产地	品种	产量(千克)
1	弥勒市(滇)	桉树	1000.00
2	英吉沙县(新)	巴旦木	10700.00
3	梁山县(鲁)	白蜡	200.00
4	韩城市林业局(陕)	白皮松	45000.00
5	萧　县(皖)	柏树	81000.00
6	蒙阴县(鲁)	柏树	12870.00
7	竹山县(鄂)	柏树	10000.00
8	稷山县(晋)	柏树	2500.00
9	定西市巉口林业试验场(甘)	柏树	1200.00
10	德江县(黔)	柏树	1125.00
11	互助土族自治县(青)	柏树	813.20
12	北山森林公园(青)	柏树	813.20
13	蓬安县(川)	柏树	500.00
14	永定区(湘)	柏树	480.00
15	民乐县(甘)	柏树	380.00
16	理塘县(川)	柏树	260.00
17	徽　县(甘)	柏树	100.00
18	安陆市(鄂)	柏树	100.00
19	英吉沙县(新)	柽柳	73430.00
20	鼎城区(湘)	池杉	820.00
21	安图森林经营局(吉)	赤松	6730000.00
22	汝阳县(豫)	刺槐	15624000.00
23	沁　县(晋)	刺槐	2320000.00
24	老河口市(鄂)	刺槐	42000.00
25	庄河市(辽)	刺槐	31130.00
26	宁　县(甘)	刺槐	9450.00
27	蒙阴县(鲁)	刺槐	6458.00
28	汝州市(豫)	刺槐	5200.00
29	临泉县(皖)	刺槐	3000.00
30	凌海市(辽)	刺槐	2500.00
31	长武县(陕)	刺槐	2000.00
32	淅川县(豫)	刺槐	230.00
33	贺兰县(宁)	刺槐	219.00
34	宁阳县(鲁)	刺槐	102.00
35	蕲春县(鄂)	刺槐	100.00
36	酉阳土家族苗族自治县(渝)	鹅掌楸	6871.00
37	东至县(皖)	鹅掌楸	6000.00
38	五峰土家族自治县(鄂)	鹅掌楸	700.00
39	祁东县(湘)	枫香	2200.00
40	石台县(皖)	枫香	1000.00
41	祁门县(皖)	枫香	350.00
42	蕲春县(鄂)	枫香	230.00
43	南岳区(湘)	枫香	200.00
44	东至县(皖)	枫香	200.00
45	罗田县(鄂)	枫香	150.00
46	洞口县(湘)	柑橘	65210.00
47	柳江县(桂)	柑橘	3469.00
48	全州县(桂)	桂花	8000.00
49	竹山县(鄂)	桂花	3750.00
50	南岳区(湘)	桂花	3000.00
51	铜鼓县(赣)	桂花	270.00

序号	母树林种子主产地	品种	产量(千克)	序号	母树林种子主产地	品种	产量(千克)
52	衡东县(湘)	国外松	1000.00	98	八家子林业局(吉)	红松	20000.00
53	于都县(赣)	国外松	900.00	99	松江河林业有限公司(吉林森工)	红松	17000.00
54	淳安县(浙)	国外松	315.00	100	东辽县(吉)	红松	15000.00
55	丰顺县(粤)	荷木	300.00	101	磐石市(吉)	红松	14000.00
56	文　县(甘)	核桃	375000.00	102	东京城林业局(龙江森工)	红松	10170.00
57	宣威市(滇)	核桃	300000.00	103	桦南林业局(龙江森工)	红松	10000.00
58	麒麟区(滇)	核桃	150000.00	104	黑龙江柴河林业局(龙江森工)	红松	10000.00
59	弥勒市(滇)	核桃	100000.00	105	八面通林业局(龙江森工)	红松	10000.00
60	叶城县(新)	核桃	96000.00	106	爱辉区(黑)	红松	10000.00
61	盈江县(滇)	核桃	90000.00	107	东洲区(辽)	红松	7020.00
62	平利县(陕)	核桃	30000.00	108	山河实验林场(黑)	红松	5000.00
63	内乡县(豫)	核桃	15000.00	109	海伦市(黑)	红松	5000.00
64	南江县(川)	核桃	5000.00	110	昌邑区(吉)	红松	5000.00
65	凤　县(陕)	核桃	4000.00	111	本溪满族自治县(辽)	红松	5000.00
66	仪陇县(川)	核桃	3000.00	112	大海林林业局(龙江森工)	红松	4000.00
67	洞口县(湘)	核桃	165.00	113	乌马河林业局(龙江森工)	红松	3000.00
68	房　县(鄂)	核桃	150.00	114	汤旺河林业局(龙江森工)	红松	3000.00
69	漾濞彝族自治县(滇)	核桃	120.00	115	红石林业局(吉林森工)	红松	3000.00
70	梅河口市(吉)	黑松	875.00	116	丰满区(吉)	红松	2800.00
71	蚌山区(皖)	黑松	200.00	117	大石头林业局(吉)	红松	2500.00
72	新宾满族自治县(辽)	红松	4089100.00	118	清河林业局(龙江森工)	红松	2045.00
73	露水河林业局(吉林森工)	红松	2822500.00	119	双鸭山林业局(龙江森工)	红松	2000.00
74	海林市(黑)	红松	1100000.00	120	东方红林业局(龙江森工)	红松	1900.00
75	宁安市(黑)	红松	600000.00	121	长白朝鲜族自治县(吉)	红松	1826.00
76	孟家岗林场(黑)	红松	519315.00	122	柳河县(吉)	红松	822.00
77	桦川县(黑)	红松	450000.00	123	集安市(吉)	红松	750.00
78	桦南县(黑)	红松	400000.00	124	通化县(吉)	红松	325.80
79	桦甸市(吉)	红松	355628.00	125	梅河口市(吉)	红松	315.00
80	敦化林业局(吉)	红松	268712.00	126	绥棱县(黑)	红松	300.00
81	辉南森林经营局(吉)	红松	222500.00	127	延寿县(黑)	红松	210.00
82	辽宁省森林经营研究所(辽)	红松	214000.00	128	汤原县(黑)	红松	126.50
83	鹤岗市市辖区(黑)	红松	200000.00	129	城固县(陕)	厚朴	91700.00
84	安图县(吉)	红松	150000.00	130	桂东县(湘)	厚朴	18000.00
85	和龙林业局(吉)	红松	142100.00	131	南郑县(陕)	厚朴	9500.00
86	辉南县(吉)	红松	85000.00	132	新宾满族自治县(辽)	胡桃楸	44805000.00
87	山河屯林业局(龙江森工)	红松	80000.00	133	敦化林业局(吉)	胡桃楸	303795.00
88	临江市(吉)	红松	63100.00	134	五常市(黑)	胡桃楸	8000.00
89	穆棱林业局(龙江森工)	红松	50000.00	135	三岔子林业局(吉林森工)	胡桃楸	2000.00
90	丹清河实验林场(黑)	红松	49215.00	136	松江河林业有限公司(吉林森工)	胡桃楸	1050.00
91	绥阳林业局(龙江森工)	红松	30000.00	137	山河屯林业局(龙江森工)	胡桃楸	750.00
92	黄泥河林业局(吉)	红松	30000.00	138	山河实验林场(黑)	胡桃楸	300.00
93	江源区(吉)	红松	25000.00	139	倘甸工业园区(滇)	华山松	950450.00
94	靖宇县(吉)	红松	22801.00	140	宁强县(陕)	华山松	100000.00
95	明山区(辽)	红松	22000.00	141	南郑县(陕)	华山松	40000.00
96	辽宁实验林场(辽)	红松	21000.00	142	德江县(黔)	华山松	20000.00
97	通北林业局(龙江森工)	红松	20000.00	143	兰坪白族普米族自治县(滇)	华山松	15000.00

序号	母树林种子主产地	品种	产量(千克)	序号	母树林种子主产地	品种	产量(千克)
144	云　县(滇)	华山松	10100.00	190	长白朝鲜族自治县(吉)	落叶松	327.00
145	南华县(滇)	华山松	10000.00	191	辽宁实验林场(辽)	落叶松	270.00
146	美姑县(川)	华山松	5000.00	192	尚义县(冀)	落叶松	200.00
147	洱源县(滇)	华山松	5000.00	193	娄烦县(晋)	落叶松	200.00
148	清水县(甘)	华山松	2800.00	194	五常市(黑)	落叶松	100.00
149	会东县(川)	华山松	2500.00	195	柳河县(吉)	落叶松	100.00
150	富源县(滇)	华山松	1000.00	196	鼎城区(湘)	落羽杉	560.00
151	万源市(川)	华山松	760.00	197	祁东县(湘)	马尾松	208000.00
152	镇安县(陕)	华山松	144.00	198	开　县(渝)	马尾松	145000.00
153	安福县(赣)	火柜松	220.00	199	房　县(鄂)	马尾松	112500.00
154	英德市(粤)	火柜松	200.00	200	竹山县(鄂)	马尾松	72000.00
155	婺源县(赣)	火柜松	100.00	201	南郑县(陕)	马尾松	50000.00
156	婺源县(赣)	栲树	500.00	202	城固县(陕)	马尾松	23000.00
157	随　县(鄂)	栎树	45000.00	203	大悟县(鄂)	马尾松	20000.00
158	平桥区(豫)	栎树	40000.00	204	乳源瑶族自治县(粤)	马尾松	18000.00
159	东至县(皖)	栎树	15000.00	205	南江县(川)	马尾松	10000.00
160	固始县(豫)	栎树	13000.00	206	淅川县(豫)	马尾松	7500.00
161	罗田县(鄂)	栎树	10000.00	207	宁远县(湘)	马尾松	7200.00
162	霍山县(皖)	栎树	10000.00	208	宜都市(鄂)	马尾松	5000.00
163	汉阴县(陕)	栎树	3200.00	209	南岳区(湘)	马尾松	5000.00
164	舞钢市(豫)	栎树	2880.00	210	安　县(川)	马尾松	4600.00
165	资兴市(湘)	栎树	1738.00	211	汉阴县(陕)	马尾松	3100.00
166	麒麟区(滇)	柳杉	30000.00	212	罗田县(鄂)	马尾松	2500.00
167	万源市(川)	柳杉	7500.00	213	彭水苗族土家族自治县(渝)	马尾松	2000.00
168	南岳区(湘)	柳杉	3000.00	214	松桃苗族自治县(黔)	马尾松	1500.00
169	奉节县(渝)	柳杉	3000.00	215	酉阳土家族苗族自治县(渝)	马尾松	1421.00
170	洪雅县(川)	柳杉	2000.00	216	桐柏县(豫)	马尾松	1000.00
171	汝州市(豫)	栾树	1500.00	217	江永县(湘)	马尾松	1000.00
172	梁山县(鲁)	栾树	200.00	218	瑞金市(赣)	马尾松	850.00
173	敦化林业局(吉)	落叶松	151965.00	219	潜山县(皖)	马尾松	800.00
174	汪清县(吉)	落叶松	50000.00	220	广水市(鄂)	马尾松	600.00
175	庄河市(辽)	落叶松	26180.00	221	全州县(桂)	马尾松	450.00
176	宁武县(晋)	落叶松	7500.00	222	祁门县(皖)	马尾松	310.00
177	磐石市(吉)	落叶松	6000.00	223	富顺县(川)	马尾松	185.00
178	宽甸满族自治县(辽)	落叶松	3200.00	224	忻城县(桂)	马尾松	100.00
179	清原满族自治县(辽)	落叶松	2950.00	225	铜鼓县(赣)	南方红豆杉	220.00
180	抚顺县(辽)	落叶松	2366.00	226	长宁县(川)	楠木	2000.00
181	塞罕坝机械林场(冀)	落叶松	2000.00	227	金洞林场(湘)	楠木	500.00
182	和林格尔县(内蒙古)	落叶松	1700.00	228	米脂县(陕)	柠条	75000.00
183	汪清林业局(吉)	落叶松	1522.50	229	盐池县(宁)	柠条	56078.00
184	沽源县(冀)	落叶松	1300.00	230	鄂托克前旗(内蒙古)	柠条	11000.00
185	宁安市(黑)	落叶松	1000.00	231	丰镇市(内蒙古)	柠条	5800.00
186	克山县(黑)	落叶松	1000.00	232	康保县(冀)	柠条	2000.00
187	建始县(鄂)	落叶松	800.00	233	永靖县(甘)	柠条	810.00
188	丰镇市(内蒙古)	落叶松	700.00	234	定西市巉口林业试验场(甘)	柠条	750.00
189	喀喇沁旗(内蒙古)	落叶松	550.00	235	汝州市(豫)	女贞	5500.00

序号	母树林种子主产地	品种	产量(千克)	序号	母树林种子主产地	品种	产量(千克)
236	那坡县(桂)	女贞	1000.00	282	随　县(鄂)	湿地松	5000.00
237	南岳区(湘)	女贞	100.00	283	汨罗市(湘)	湿地松	4100.00
238	柳江县(桂)	葡萄	47123.00	284	吉安县(赣)	湿地松	3000.00
239	平昌县(川)	桤木	2650.00	285	台山市(粤)	湿地松	2000.00
240	巴州区(川)	桤木	1000.00	286	孝昌县(鄂)	湿地松	1500.00
241	凉城县(内蒙古)	沙棘	95000.00	287	瑞金市(赣)	湿地松	600.00
242	理塘县(川)	沙棘	350.00	288	蕲春县(鄂)	湿地松	320.00
243	英吉沙县(新)	沙枣	942100.00	289	安陆市(鄂)	湿地松	200.00
244	临泽县(甘)	沙枣	10000.00	290	新宾满族自治县(辽)	水曲柳	77250.00
245	惠农区(宁)	沙枣	3600.00	291	五常市(黑)	水曲柳	160.00
246	大悟县(鄂)	杉木	100000.00	292	利川市(鄂)	水杉	1500.00
247	竹山县(鄂)	杉木	45000.00	293	鼎城区(湘)	水杉	770.00
248	祁东县(湘)	杉木	44700.00	294	定西市巉口林业试验场(甘)	文冠果	750.00
249	倘甸工业园区(滇)	杉木	20000.00	295	彭水苗族土家族自治县(渝)	香椿	2000.00
250	阳新县(鄂)	杉木	15000.00	296	巴州区(川)	香椿	2000.00
251	雨城区(川)	杉木	12000.00	297	万源市(川)	香椿	1500.00
252	城固县(陕)	杉木	12000.00	298	蓬溪县(川)	香椿	300.00
253	宁远县(湘)	杉木	9600.00	299	祁东县(湘)	香樟	250000.00
254	龙陵县(滇)	杉木	5100.00	300	翠屏区(川)	香樟	205000.00
255	乐安县(赣)	杉木	5000.00	301	茶陵县(湘)	香樟	52000.00
256	靖州苗族侗族自治县(湘)	杉木	5000.00	302	南岳区(湘)	香樟	20000.00
257	会同县(湘)	杉木	5000.00	303	阳新县(鄂)	香樟	15000.00
258	资兴市(湘)	杉木	3625.00	304	岳阳县(湘)	香樟	10000.00
259	安福县(赣)	杉木	3600.00	305	大足县(渝)	香樟	5500.00
260	平利县(陕)	杉木	3000.00	306	竹山县(鄂)	香樟	3750.00
261	芦山县(川)	杉木	1600.00	307	富顺县(川)	香樟	645.00
262	金洞林场(湘)	杉木	1500.00	308	林西县(内蒙古)	杏	150000.00
263	融安县(桂)	杉木	1050.00	309	宁　县(甘)	杏	9000.00
264	马关县(滇)	杉木	1000.00	310	彭阳县(宁)	杏	1700.00
265	遂川县(赣)	杉木	900.00	311	敦化林业局(吉)	杨树	95746.00
266	铜鼓县(赣)	杉木	820.00	312	安陆市(鄂)	银杏	60000.00
267	青川县(川)	杉木	500.00	313	全州县(桂)	银杏	20000.00
268	彭水苗族土家族自治县(渝)	杉木	500.00	314	振安区(辽)	银杏	10000.00
269	筠连县(川)	杉木	500.00	315	揭东区(粤)	油茶	130000.00
270	祁门县(皖)	杉木	420.00	316	田阳县(桂)	油茶	15000.00
271	全州县(桂)	杉木	400.00	317	盈江县(滇)	油茶	13000.00
272	淳安县(浙)	杉木	312.00	318	金平苗族瑶族傣族自治县(滇)	油茶	12000.00
273	恩施市(鄂)	杉木	300.00	319	大悟县(鄂)	油茶	10000.00
274	休宁县(皖)	杉木	270.00	320	龙陵县(滇)	油茶	7250.00
275	昭平县(桂)	杉木	250.00	321	浏阳市(湘)	油茶	6000.00
276	商城县(豫)	杉木	200.00	322	那坡县(桂)	油茶	2000.00
277	罗田县(鄂)	杉木	180.00	323	舒城县(皖)	油茶	1000.00
278	永定区(湘)	杉木	120.00	324	九江县(赣)	油茶	960.00
279	长阳土家族自治县(鄂)	杉木	100.00	325	长阳土家族自治县(鄂)	油茶	600.00
280	南岳区(湘)	杉木	100.00	326	沁　县(晋)	油松	1200000.00
281	南丰县(赣)	湿地松	8000.00	327	阜新蒙古族自治县(辽)	油松	200000.00

序号	母树林种子主产地	品种	产量(千克)
328	凌源市(辽)	油松	100000.00
329	喀喇沁旗(内蒙古)	油松	90000.00
330	华池县(甘)	油松	25000.00
331	迭部县(甘)	油松	15800.00
332	南郑县(陕)	油松	12000.00
333	韩城市林业局(陕)	油松	10000.00
334	平顺县(晋)	油松	4540.00
335	平泉县(冀)	油松	3920.00
336	凌海市(辽)	油松	3500.00
337	正宁林业总场(甘)	油松	2300.00
338	辉县市(豫)	油松	1250.00
339	宁城县(内蒙古)	油松	1200.00
340	卢氏县(豫)	油松	1130.00
341	陇　县(陕)	油松	1000.00
342	丰镇市(内蒙古)	油松	415.00
343	桥山林业局(陕)	油松	367.00
344	汉阴县(陕)	油松	300.00
345	罗田县(鄂)	油松	240.00
346	西吉县(宁)	榆树	820.00
347	倘甸工业园区(滇)	云南松	24750.00
348	澄江县(滇)	云南松	7400.00
349	美姑县(川)	云南松	7000.00
350	楚雄市(滇)	云南松	4000.00
351	弥渡县(滇)	云南松	290.00
352	永仁县(滇)	云南松	200.00
353	雅江县(川)	云南松	100.00
354	迭部县(甘)	云杉	3500.00
355	嫩江县(黑)	云杉	500.00
356	理塘县(川)	云杉	391.00
357	翁达林业局(川)	云杉	200.00
358	平安县(青)	云杉	200.00
359	绥棱林业局(龙江森工)	云杉	195.00
360	麦秀森林公园(青)	云杉	160.00
361	绥棱县(黑)	云杉	115.00
362	炉霍林业局(川)	云杉	100.00
363	彰武县(辽)	樟子松	5050.00
364	东丰县(吉)	樟子松	4300.00
365	塞罕坝机械林场(冀)	樟子松	3200.00
366	梨树县(吉)	樟子松	2000.00
367	黑河市直属林场(黑)	樟子松	1500.00
368	昌图县(辽)	樟子松	1500.00
369	嫩江县(黑)	樟子松	1000.00
370	凉州区(甘)	樟子松	1000.00
371	克山县(黑)	樟子松	1000.00
372	喀喇沁旗(内蒙古)	樟子松	600.00
373	巴彦县(黑)	樟子松	510.00
374	长岭县(吉)	樟子松	500.00
375	北票市(辽)	樟子松	500.00
376	红花尔基林业局(内蒙古)	樟子松	250.00
377	绥棱县(黑)	樟子松	244.00
378	南漳县(鄂)	珍惜乡土	5000.00
379	庆元县(浙)	珍惜乡土	365.00
380	集安市(吉)	紫椴	3000.00
381	汪清林业局(吉)	紫椴	160.00

表9　种子园种子主产地产量

序号	种子园种子主产地	品种	产量(千克)
1	澄江县(滇)	桉树	2030.00
2	英吉沙县(新)	巴旦木	12740.00
3	惠农区(宁)	白蜡	3000.00
4	平罗县(宁)	白蜡	1000.00
5	临洮县(甘)	白蜡	200.00
6	垣曲县(晋)	柏树	125000.00
7	内乡县(豫)	柏树	75000.00
8	竹山县(鄂)	柏树	30000.00
9	陇西县(甘)	柏树	12500.00
10	郧　县(鄂)	柏树	10000.00
11	阜新蒙古族自治县(辽)	柏树	2500.00
12	郏　县(豫)	柏树	2000.00
13	蓬安县(川)	柏树	500.00
14	徽　县(甘)	柏树	300.00
15	淅川县(豫)	柏树	260.00
16	北山森林公园(青)	柏树	205.20
17	互助土族自治县(青)	柏树	205.20
18	三台县(川)	柏树	191.00
19	东至县(皖)	檫树	19000.00
20	嘉鱼县(鄂)	檫树	300.00
21	洪湖市(鄂)	池杉	5000.00
22	庄河市(辽)	赤松	4515.00
23	章丘市(鲁)	刺槐	270000.00
24	章丘市(鲁)	刺槐	270000.00
25	章丘市(鲁)	刺槐	270000.00
26	内乡县(豫)	刺槐	75000.00
27	凤　县(陕)	刺槐	51900.00
28	垣曲县(晋)	刺槐	48000.00
29	北票市(辽)	刺槐	24000.00
30	竹山县(鄂)	刺槐	16000.00
31	陇西县(甘)	刺槐	10000.00
32	普兰店市(辽)	刺槐	7820.00
33	庄河市(辽)	刺槐	2741.00
34	凌海市(辽)	刺槐	2500.00
35	郧　县(鄂)	刺槐	2000.00

序号	种子园种子主产地	品种	产量(千克)	序号	种子园种子主产地	品种	产量(千克)
36	清水县(甘)	刺槐	1980.00	82	苇河林业局(龙江森工)	红松	2000.00
37	吉　县(晋)	刺槐	1500.00	83	永吉县(吉)	红松	1800.00
38	临泉县(皖)	刺槐	900.00	84	汪清林业局(吉)	红松	1000.00
39	淅川县(豫)	刺槐	630.00	85	亚布力林业局(龙江森工)	红松	1000.00
40	万源市(川)	刺槐	500.00	86	龙井市(吉)	红松	840.00
41	临洮县(甘)	刺槐	300.00	87	敦化林业局(吉)	红松	400.00
42	费　县(鲁)	刺槐	260.00	88	丹清河实验林场(黑)	红松	300.00
43	贺兰县(宁)	刺槐	219.00	89	靖宇县(吉)	红松	274.00
44	双峰县(湘)	刺槐	100.00	90	龙眼洞林场(粤)	红锥	153.00
45	南郑县(陕)	刺槐	100.00	91	新宾满族自治县(辽)	胡桃楸	4350000.00
46	永靖县(甘)	枸杞	450.00	92	瓜州县(甘)	胡杨	100.00
47	衡东县(湘)	国外松	1000.00	93	禄劝彝族苗族自治县(滇)	华山松	600000.00
48	荆门市市辖区(鄂)	国外松	910.00	94	凤　县(陕)	华山松	516150.00
49	双峰县(湘)	国外松	500.00	95	奉节县(渝)	华山松	180000.00
50	淳安县(浙)	国外松	216.00	96	平利县(陕)	华山松	150000.00
51	内乡县(豫)	核桃	4000000.00	97	易门县(滇)	华山松	100000.00
52	平利县(陕)	核桃	500000.00	98	麒麟区(滇)	华山松	60000.00
53	文　县(甘)	核桃	450000.00	99	弥勒市(滇)	华山松	50000.00
54	泽普县(新)	核桃	412500.00	100	万源市(川)	华山松	12000.00
55	东平县(鲁)	核桃	230000.00	101	南江县(川)	华山松	10000.00
56	汝阳县(豫)	核桃	185500.00	102	渭源县(甘)	华山松	7500.00
57	弥勒市(滇)	核桃	100000.00	103	洱源县(滇)	华山松	5000.00
58	罗田县(鄂)	核桃	55000.00	104	庄河市(辽)	华山松	1607.00
59	南江县(川)	核桃	45000.00	105	宁东林业局(陕)	华山松	1000.00
60	宁　县(甘)	核桃	27000.00	106	平坝县(黔)	华山松	800.00
61	英吉沙县(新)	核桃	24900.00	107	荆州区(鄂)	火柜松	1500.00
62	竹山县(鄂)	核桃	15000.00	108	双峰县(湘)	火柜松	500.00
63	叶城县(新)	核桃	11600.00	109	安福县(赣)	火柜松	200.00
64	通化县(吉)	核桃	11238.00	110	英德市(粤)	火柜松	200.00
65	南郑县(陕)	核桃	8000.00	111	房　县(鄂)	栎树	400000.00
66	青川县(川)	核桃	6000.00	112	郧　县(鄂)	栎树	200000.00
67	寻甸回族彝族自治县(滇)	核桃	4500.00	113	竹山县(鄂)	栎树	50000.00
68	宣威市(滇)	核桃	600.00	114	固始县(豫)	栎树	26000.00
69	洞口县(湘)	核桃	165.00	115	南郑县(陕)	栎树	21000.00
70	庄河市(辽)	黑松	1785.00	116	浠水县(鄂)	栎树	12000.00
71	费　县(鲁)	黑松	200.00	117	舞钢市(豫)	栎树	7290.00
72	新宾满族自治县(辽)	红松	3970000.00	118	双峰县(湘)	栎树	750.00
73	辽宁实验林场(辽)	红松	94500.00	119	蚌山区(皖)	栎树	200.00
74	林口县(黑)	红松	86000.00	120	万源市(川)	柳杉	500.00
75	抚顺县(辽)	红松	61505.00	121	南岳区(湘)	柳杉	200.00
76	江源区(吉)	红松	25000.00	122	清原满族自治县(辽)	落叶松	8500.00
77	梅河口市(吉)	红松	21500.00	123	赤城县(冀)	落叶松	7650.00
78	本溪满族自治县(辽)	红松	6300.00	124	渭源县(甘)	落叶松	5100.00
79	红石林业局(吉林森工)	红松	6000.00	125	汪清县(吉)	落叶松	5000.00
80	柳河县(吉)	红松	5000.00	126	本溪满族自治县(辽)	落叶松	3600.00
81	辽宁省森林经营研究所(辽)	红松	3000.00	127	庄河市(辽)	落叶松	2730.00

序号	种子园种子主产地	品种	产量(千克)
128	宽甸满族自治县(辽)	落叶松	2000.00
129	新宾满族自治县(辽)	落叶松	1500.00
130	和林格尔县(内蒙古)	落叶松	1300.00
131	抚顺县(辽)	落叶松	1015.00
132	泾源县(宁)	落叶松	760.00
133	海伦市(黑)	落叶松	500.00
134	临潭县(甘)	落叶松	500.00
135	建始县(鄂)	落叶松	400.00
136	建始县(鄂)	落叶松	400.00
137	东洲区(辽)	落叶松	341.00
138	克山县(黑)	落叶松	250.00
139	静乐县(晋)	落叶松	200.00
140	万源市(川)	落叶松	200.00
141	宁城县(内蒙古)	落叶松	160.00
142	木栏围场国营林场(冀)	落叶松	102.00
143	敦化林业局(吉)	落叶松	100.00
144	柳河县(吉)	落叶松	100.00
145	宁安市(黑)	落叶松	100.00
146	鼎城区(湘)	落羽杉	640.00
147	竹山县(鄂)	马尾松	100000.00
148	平利县(陕)	马尾松	45000.00
149	乳源瑶族自治县(粤)	马尾松	18000.00
150	霍山县(皖)	马尾松	15000.00
151	平桥区(豫)	马尾松	15000.00
152	南江县(川)	马尾松	13000.00
153	祁东县(湘)	马尾松	12500.00
154	开　县(渝)	马尾松	12500.00
155	宜章县(湘)	马尾松	7718.00
156	黔江区(渝)	马尾松	6950.00
157	宜都市(鄂)	马尾松	5000.00
158	京山县(鄂)	马尾松	5000.00
159	酉阳土家族苗族自治县(渝)	马尾松	2700.00
160	桐柏县(豫)	马尾松	1000.00
161	德江县(黔)	马尾松	1000.00
162	潜山县(皖)	马尾松	800.00
163	万源市(川)	马尾松	800.00
164	安化县(湘)	马尾松	600.00
165	湖北省太子山林场管理局(鄂)	马尾松	500.00
166	开化县(浙)	马尾松	400.00
167	南岳区(湘)	马尾松	400.00
168	富顺县(川)	马尾松	395.00
169	藤　县(桂)	马尾松	251.00
170	派阳山林场(桂)	马尾松	250.00
171	双峰县(湘)	马尾松	180.00
172	高　县(川)	马尾松	145.00
173	樟树市(赣)	马尾松	120.00
174	赫山区(湘)	马尾松	100.00
175	信宜市(粤)	马尾松	100.00
176	建德市(浙)	楠木	150.00
177	盐池县(宁)	柠条	56078.00
178	陇西县(甘)	柠条	11000.00
179	永靖县(甘)	柠条	810.00
180	洞口县(湘)	葡萄	1336.00
181	英吉沙县(新)	沙枣	1216600.00
182	瓜州县(甘)	沙枣	31900.00
183	竹山县(鄂)	杉木	112500.00
184	平利县(陕)	杉木	60000.00
185	阳新县(鄂)	杉木	15000.00
186	乐安县(赣)	杉木	5000.00
187	岳阳县(湘)	杉木	3000.00
188	崇义县(赣)	杉木	2000.00
189	青原区(赣)	杉木	2000.00
190	会同县(湘)	杉木	1800.00
191	攸　县(湘)	杉木	1500.00
192	双峰县(湘)	杉木	1200.00
193	融安县(桂)	杉木	1050.00
194	彭水苗族土家族自治县(渝)	杉木	1000.00
195	马关县(滇)	杉木	1000.00
196	资兴市(湘)	杉木	980.00
197	信丰县(赣)	杉木	800.00
198	万源市(川)	杉木	800.00
199	高　县(川)	杉木	753.00
200	遂川县(赣)	杉木	750.00
201	靖州苗族侗族自治县(湘)	杉木	680.00
202	南川区(渝)	杉木	600.00
203	休宁县(皖)	杉木	500.00
204	石台县(皖)	杉木	500.00
205	乐昌市(粤)	杉木	500.00
206	筠连县(川)	杉木	500.00
207	瑞金市(赣)	杉木	450.00
208	德昌县(川)	杉木	400.00
209	全州县(桂)	杉木	350.00
210	淳安县(浙)	杉木	312.00
211	安福县(赣)	杉木	300.00
212	屏边苗族自治县(滇)	杉木	300.00
213	昭平县(桂)	杉木	250.00
214	古蔺县(川)	杉木	240.00
215	余江县(赣)	杉木	230.00
216	融水苗族自治县(桂)	杉木	200.00
217	云溪区(湘)	杉木	150.00
218	泾　县(皖)	杉木	120.00
219	城步苗族自治县(湘)	杉木	101.00

序号	种子园种子主产地	品种	产量(千克)	序号	种子园种子主产地	品种	产量(千克)
220	汨罗市(湘)	湿地松	4100.00	245	洛南县(陕)	油松	10000.00
221	台山市(粤)	湿地松	2020.00	246	赤城县(冀)	油松	8100.00
222	余江县(赣)	湿地松	1200.00	247	平顺县(晋)	油松	4540.00
223	吉安县(赣)	湿地松	1000.00	248	凌海市(辽)	油松	3000.00
224	青原区(赣)	湿地松	500.00	249	渭源县(甘)	油松	3000.00
225	安陆市(鄂)	湿地松	500.00	250	正宁林业总场(甘)	油松	1300.00
226	余杭区(浙)	湿地松	438.00	251	陇　县(陕)	油松	1000.00
227	瑞金市(赣)	湿地松	400.00	252	合水林业总场(甘)	油松	800.00
228	泾　县(皖)	湿地松	200.00	253	平泉县(冀)	油松	354.00
229	利川市(鄂)	水杉	5000.00	254	桥山林业局(陕)	油松	283.00
230	云　县(滇)	思茅松	600.00	255	宁城县(内蒙古)	油松	220.00
231	双峰县(湘)	铁木	100.00	256	卢氏县(豫)	油松	112.00
232	北票市(辽)	杏	500000.00	257	广南县(滇)	云南松	3026.00
233	环　县(甘)	杏	50000.00	258	双柏县(滇)	云南松	2095.00
234	环　县(甘)	杏	50000.00	259	洱源县(滇)	云南松	800.30
235	林西县(内蒙古)	杏	30000.00	260	玉龙纳西族自治县(滇)	云南松	600.00
236	赤城县(冀)	杏	15000.00	261	云　县(滇)	云南松	450.00
237	多伦县(内蒙古)	杏	11000.00	262	弥渡县(滇)	云南松	290.00
238	英吉沙县(新)	杏	8200.00	263	普格县(川)	云南松	240.00
239	华池县(甘)	杏	2500.00	264	渭源县(甘)	云杉	5000.00
240	临洮县(甘)	杏	600.00	265	湟中县(青)	云杉	1200.00
241	资阳区(湘)	杨树	200.00	266	群加森林公园(青)	云杉	1000.00
242	北票市(辽)	油松	50000.00	267	赤城县(冀)	樟子松	9250.00
243	蓝田县(陕)	油松	40000.00	268	彰武县(辽)	樟子松	5050.00
244	阜新蒙古族自治县(辽)	油松	22000.00	269	克山县(黑)	樟子松	250.00

表 10-1　马尾松苗主产地产量

序号	马尾松苗主产地	产量(万株)	序号	马尾松苗主产地	产量(万株)	序号	马尾松苗主产地	产量(万株)
1	龙泉市(浙)	354.00	19	当阳市(鄂)	10.00	38	靖州苗族侗族自治县(湘)	125.00
2	云和县(浙)	37.50	20	松滋市(鄂)	10.00	39	冷水江市(湘)	120.00
3	建德市(浙)	20.00	21	宜城市(鄂)	10.00	40	辰溪县(湘)	100.00
4	旌德县(皖)	250.00	22	安化县(湘)	1145.00	41	洪江市(湘)	100.00
5	贵池区(皖)	60.00	23	蓝山县(湘)	1096.00	42	绥宁县(湘)	100.00
6	潜山县(皖)	30.00	24	安仁县(湘)	750.00	43	临武县(湘)	100.00
7	石城县(赣)	480.00	25	芷江侗族自治县(湘)	520.00	44	溆浦县(湘)	80.00
8	瑞金市(赣)	300.00	26	宜章县(湘)	510.00	45	零陵区(湘)	52.00
9	瑞昌市(赣)	97.45	27	新化县(湘)	500.00	46	永定区(湘)	50.00
10	确山县(豫)	140.00	28	湘乡市(湘)	300.00	47	嘉禾县(湘)	45.00
11	大悟县(鄂)	560.00	29	新晃侗族自治县(湘)	280.00	48	沅陵县(湘)	40.00
12	罗田县(鄂)	200.00	30	炎陵县(湘)	200.00	49	慈利县(湘)	34.00
13	宣恩县(鄂)	200.00	31	双峰县(湘)	180.00	50	永兴县(湘)	32.00
14	来凤县(鄂)	150.00	32	桂阳县(湘)	168.06	51	浏阳市(湘)	30.00
15	浠水县(鄂)	90.00	33	资兴市(湘)	160.00	52	江永县(湘)	13.00
16	阳新县(鄂)	60.00	34	新宁县(湘)	150.00	53	乐昌市(粤)	500.00
17	大冶市(鄂)	24.00	35	汝城县(湘)	150.00	54	信宜市(粤)	200.00
18	湖北省太子山林场(鄂)	20.00	36	城步苗族自治县(湘)	131.00	55	韶关市属总林场(粤)	154.00
			37	中方县(湘)	125.00	56	封开县(粤)	100.00

序号	马尾松苗主产地	产量(万株)
57	阳西县(粤)	75.00
58	郁南县(粤)	70.00
59	丰顺县(粤)	60.00
60	高要市(粤)	50.00
61	清新县(粤)	50.00
62	始兴县(粤)	40.00
63	连平县(粤)	10.00
64	昭平县(桂)	355.00
65	苍梧县(桂)	254.00
66	田林县(桂)	237.00
67	藤　县(桂)	175.00
68	派阳山林场(桂)	150.00
69	东兰县(桂)	100.00
70	田阳县(桂)	100.00
71	全州县(桂)	80.00
72	雅长林场(桂)	71.50
73	高峰林场(桂)	50.38
74	博白林场(桂)	43.00
75	灌阳县(桂)	40.00
76	七坡林场(桂)	38.00
77	中国林科院热林中心(桂)	36.00
78	田东县(桂)	30.00
79	灵川县(桂)	23.16
80	大桂山林场(桂)	21.70
81	钦北区(桂)	18.00
82	灵山县(桂)	18.00
83	隆林各族自治县(桂)	12.00
84	酉阳土家族苗族自治县(渝)	2400.00
85	彭水苗族土家族自治县(渝)	150.00
86	开　县(渝)	40.00
87	城口县(渝)	21.80
88	富顺县(川)	110.00
89	宣汉县(川)	50.00
90	青川县(川)	20.00
91	高　县(川)	14.00
92	贵定县(黔)	900.00
93	罗甸县(黔)	750.00
94	沿河土家族自治县(黔)	605.00
95	松桃苗族自治县(黔)	600.00
96	荔波县(黔)	385.00
97	德江县(黔)	304.30
98	施秉县(黔)	263.08
99	龙里县(黔)	260.00
100	紫云苗族布依族自治县(黔)	210.00
101	西秀区(黔)	210.00
102	长顺县(黔)	210.00
103	开阳县(黔)	171.58
104	三都水族自治县(黔)	120.00
105	惠水县(黔)	120.00
106	都匀市(黔)	100.00
107	碧江区(黔)	100.00
108	江口县(黔)	30.00
109	瓮安县(黔)	15.00

表 10-2　落叶松苗主产地产量

序号	落叶松苗主产地	产量(万株)
1	赤城县(冀)	6450.00
2	围场满族蒙古族自治县(冀)	2000.00
3	丰宁满族自治县(冀)	1800.00
4	尚义县(冀)	635.00
5	木栏围场国营林场(冀)	147.60
6	塞罕坝机械林场(冀)	120.00
7	宁武县(晋)	5200.00
8	静乐县(晋)	4000.00
9	岢岚县(晋)	700.00
10	神池县(晋)	110.00
11	原平市(晋)	15.10
12	克什克腾旗(内蒙古)	1026.00
13	喀喇沁旗(内蒙古)	900.00
14	松山区(内蒙古)	813.00
15	莫力达瓦达斡尔族自治旗(内蒙古)	650.00
16	林西县(内蒙古)	200.00
17	卓资县(内蒙古)	200.00
18	宁城县(内蒙古)	180.00
19	鄂伦春自治旗(内蒙古)	150.00
20	牙克石市(内蒙古)	150.00
21	白狼林业局(内蒙古)	105.00
22	内蒙古柴河林业局(内蒙古)	80.00
23	巴林林业局(内蒙古)	55.00
24	乌奴尔林业局(内蒙古)	37.00
25	免渡河林业局(内蒙古)	30.00
26	新宾满族自治县(辽)	56650.00
27	凤城市(辽)	8000.00
28	宽甸满族自治县(辽)	3200.00
29	清原满族自治县(辽)	2400.00
30	抚顺县(辽)	2305.00
31	本溪满族自治县(辽)	1450.00
32	庄河市(辽)	1000.00
33	辽阳县(辽)	500.00
34	盖州市(辽)	320.00
35	大石桥市(辽)	50.00
36	海城市(辽)	43.00
37	辽宁实验林场(辽)	10.00
38	梅河口市(吉)	29000.00
39	辉南县(吉)	1686.00
40	东丰县(吉)	600.00
41	临江市(吉)	372.00
42	舒兰市(吉)	240.00
43	丰满区(吉)	200.00
44	东辽县(吉)	190.70
45	磐石市(吉)	160.00
46	永吉县(吉)	132.00
47	龙潭区(吉)	130.00
48	敦化市(吉)	120.00
49	集安市(吉)	112.00
50	长白朝鲜族自治县(吉)	83.00
51	伊通满族自治县(吉)	80.00
52	和龙市(吉)	64.30
53	长白森林经营局(吉)	50.00
54	黄泥河林业局(吉)	26.50
55	长白山林业局(吉)	13.00
56	尚志市(黑)	6600.00
57	集贤县(黑)	1500.00
58	佳木斯市郊区(黑)	1430.00
59	延寿县(黑)	1000.00
60	五大连池市(黑)	967.00
61	汤原县(黑)	900.00
62	孙吴县(黑)	703.00
63	依兰县(黑)	560.00
64	林口县(黑)	550.00
65	尚志国有林场管理区(黑)	480.00
66	五大连池市(黑)	400.00
67	鹤岗市市辖区(黑)	321.00
68	五常市(黑)	300.00
69	黑河市直属林场(黑)	265.00
70	嫩江县(黑)	260.00
71	桦南县(黑)	240.00
72	宁安市(黑)	200.00
73	孟家岗林场(黑)	180.00
74	克山县(黑)	175.00
75	木兰县(黑)	100.00
76	饶河县(黑)	68.00
77	呼玛县(黑)	60.00
78	桦川县(黑)	38.00
79	同江市(黑)	23.00
80	海林市(黑)	20.00
81	四方台区(黑)	18.00

序号	落叶松苗主产地	产量(万株)
82	济源市(豫)	20.00
83	利川市(鄂)	1660.00
84	建始县(鄂)	450.00
85	恩施市(鄂)	75.00
86	巫溪县(渝)	200.00
87	永善县(滇)	250.00
88	徽　县(甘)	6688.40
89	武都区(甘)	5980.00
90	岷　县(甘)	1500.00
91	文　县(甘)	600.00
92	武山县(甘)	500.00
93	关山林业管理局(甘)	459.00
94	西和县(甘)	385.00
95	渭源县(甘)	100.00
96	舟曲县(甘)	16.00
97	三岔子林业局(吉林森工)	75.00
98	白石山林业局(吉林森工)	14.00
99	八面通林业局(龙江森工)	91.00
100	朗乡林业局(龙江森工)	74.00
101	亚布力林业局(龙江森工)	66.00
102	穆棱林业局(龙江森工)	62.90
103	林口林业局(龙江森工)	27.10
104	五营林业局(龙江森工)	25.20
105	绥棱林业局(龙江森工)	24.70
106	乌马河林业局(龙江森工)	24.00
107	迎春林业局(龙江森工)	21.70
108	方正林业局(龙江森工)	19.20
109	鹤立林业局(龙江森工)	19.20
110	苇河林业局(龙江森工)	17.80
111	红星林业局(龙江森工)	17.00
112	金山屯林业局(龙江森工)	16.10
113	桦南林业局(龙江森工)	15.00
114	大海林林业局(龙江森工)	14.50
115	乌伊岭林业局(龙江森工)	11.00
116	双鸭山林业局(龙江森工)	10.20

表 10-3　红松苗主产地产量

序号	红松苗主产地	产量(万株)
1	新宾满族自治县(辽)	29870.00
2	清原满族自治县(辽)	6600.00
3	宽甸满族自治县(辽)	4350.00
4	凤城市(辽)	2150.00
5	本溪满族自治县(辽)	1400.00
6	桓仁满族自治县(辽)	941.20
7	辽宁省森林经营研究所(辽)	800.00
8	振安区(辽)	400.00
9	庄河市(辽)	105.00
10	振兴区(辽)	80.00
11	辽宁实验林场(辽)	12.00
12	柳河县(吉)	100000.00
13	抚松县(吉)	5432.00
14	临江市(吉)	1685.00
15	汪清林业局(吉)	1630.00
16	东昌区(吉)	1440.00
17	梅河口市(吉)	1414.00
18	辉南县(吉)	1376.00
19	敦化林业局(吉)	1200.00
20	江源区(吉)	1170.00
21	黄泥河林业局(吉)	1156.00
22	长白朝鲜族自治县(吉)	920.00
23	集安市(吉)	602.50
24	安图县(吉)	500.00
25	敦化市(吉)	500.00
26	上营森林经营局(吉)	500.00
27	桦甸市(吉)	480.00
28	珲春林业局(吉)	467.00
29	磐石市(吉)	437.00
30	东辽县(吉)	314.70
31	船营区(吉)	300.00
32	汪清县(吉)	290.70
33	长白森林经营局(吉)	260.00
34	东丰县(吉)	260.00
35	珲春市(吉)	250.00
36	长白山林业局(吉)	250.00
37	大石头林业局(吉)	200.00
38	八家子林业局(吉)	170.00
39	蛟河市(吉)	164.00
40	辉南森林经营局(吉)	153.00
41	丰满区(吉)	150.00
42	白山市市辖区(吉)	140.00
43	龙潭区(吉)	136.00
44	图们市(吉)	126.00
45	舒兰市(吉)	103.00
46	和龙市(吉)	94.90
47	延吉市(吉)	90.00
48	永吉县(吉)	71.00
49	二道江区(吉)	10.00
50	昌邑区(吉)	10.00
51	宝清县(黑)	7000.00
52	汤原县(黑)	3420.00
53	勃利县(黑)	1650.00
54	孙吴县(黑)	1516.00
55	尚志国有林场管理局(黑)	676.00
56	庆安国有林场管理局(黑)	585.50
57	延寿县(黑)	500.00
58	宁安市(黑)	300.00
59	集贤县(黑)	300.00
60	鹤岗市市辖区(黑)	179.00
61	尖山区(黑)	160.00
62	孟家岗林场(黑)	110.00
63	海伦市(黑)	80.00
64	桦川县(黑)	65.00
65	绥芬河市(黑)	65.00
66	佳木斯市郊区(黑)	50.00
67	木兰县(黑)	30.00
68	饶河县(黑)	29.00
69	丹清河实验林场(黑)	25.00
70	桦南县(黑)	17.00
71	山河实验林场(黑)	12.00
72	松江河林业有限公司(吉林森工)	1605.00
73	白石山林业局(吉林森工)	1604.80
74	三岔子林业局(吉林森工)	1076.58
75	临江林业局(吉林森工)	726.00
76	红石林业局(吉林森工)	500.00
77	露水河林业局(吉林森工)	156.00
78	泉阳林业局(吉林森工)	150.00
79	汤旺河林业局(龙江森工)	315.60
80	东京城林业局(龙江森工)	206.00
81	双鸭山林业局(龙江森工)	182.80
82	兴隆林业局(龙江森工)	177.70
83	鹤北林业局(龙江森工)	164.10
84	金山屯林业局(龙江森工)	161.50
85	鹤立林业局(龙江森工)	139.60
86	翠峦林业局(龙江森工)	137.40
87	大海林林业局(龙江森工)	131.00
88	朗乡林业局(龙江森工)	130.00
89	黑龙江柴河林业局(龙江森工)	129.00
90	方正林业局(龙江森工)	126.60
91	穆棱林业局(龙江森工)	120.10
92	乌马河林业局(龙江森工)	120.00
93	桦南林业局(龙江森工)	117.80
94	沾河林业局(龙江森工)	111.20
95	苇河林业局(龙江森工)	91.70
96	铁力林业局(龙江森工)	89.60
97	山河屯林业局(龙江森工)	89.00
98	新青林业局(龙江森工)	87.00
99	绥阳林业局(龙江森工)	83.50

序号	红松苗主产地	产量(万株)
100	八面通林业局(龙江森工)	80.00
101	清河林业局(龙江森工)	80.00
102	红星林业局(龙江森工)	79.30
103	友好林业局(龙江森工)	73.80
104	海林林业局(龙江森工)	63.80
105	亚布力林业局(龙江森工)	62.00
106	上甘岭林业局(龙江森工)	53.80
107	双丰林业局(龙江森工)	35.00
108	南岔林业局(龙江森工)	30.90
109	乌伊岭林业局(龙江森工)	30.90
110	五营林业局(龙江森工)	22.10
111	美溪林业局(龙江森工)	20.20
112	桃山林业局(龙江森工)	20.00
113	东方红林业局(龙江森工)	20.00
114	绥棱林业局(龙江森工)	13.00

表 10-4 国外松苗主产地产量

序号	国外松苗主产地	产量(万株)
1	常山县(浙)	130.00
2	含山县(皖)	2050.00
3	郎溪县(皖)	400.00
4	泾　县(皖)	320.00
5	南陵县(皖)	300.00
6	望江县(皖)	220.00
7	宣城市市辖区(皖)	150.00
8	怀宁县(皖)	100.00
9	五河县(皖)	95.00
10	桐城市(皖)	40.00
11	广德县(皖)	12.00
12	永丰县(赣)	1000.00
13	泰和县(赣)	520.00
14	上高县(赣)	90.00
15	于都县(赣)	58.00
16	浠水县(鄂)	900.00
17	红安县(鄂)	720.00
18	大悟县(鄂)	360.00
19	南漳县(鄂)	330.00
20	枣阳市(鄂)	122.50
21	荆门市市辖区(鄂)	105.00
22	曾都区(鄂)	100.00
23	恩施市(鄂)	50.00
24	松滋市(鄂)	15.00
25	张湾区(鄂)	10.00
26	东安县(湘)	1720.00
27	宁远县(湘)	1149.00
28	双清区(湘)	900.00
29	道　县(湘)	755.00
30	双峰县(湘)	600.00
31	岳阳县(湘)	500.00
32	衡山县(湘)	443.52
33	湘乡市(湘)	408.00
34	衡东县(湘)	400.00
35	汨罗市(湘)	372.00
36	安仁县(湘)	300.00
37	新田县(湘)	300.00
38	武冈市(湘)	300.00
39	隆回县(湘)	176.60
40	鼎城区(湘)	160.00
41	新宁县(湘)	150.00
42	株洲县(湘)	140.00
43	临澧县(湘)	100.00
44	湘潭县(湘)	75.00
45	资兴市(湘)	62.00
46	赫山区(湘)	60.00
47	北塔区(湘)	60.00
48	芷江侗族自治县(湘)	50.00
49	嘉禾县(湘)	48.00
50	邵东县(湘)	48.00
51	浏阳市(湘)	40.00
52	大祥区(湘)	40.00
53	永兴县(湘)	18.00
54	娄星区(湘)	12.00
55	台山市(粤)	510.00
56	云城区(粤)	440.00
57	惠来县(粤)	250.00
58	化州市(粤)	120.00
59	恩平市(粤)	60.00
60	钦北区(桂)	25.00

表 10-5 黑松苗主产地产量

序号	黑松苗主产地	产量(万株)
1	邢台县(冀)	14.00
2	阳曲县(晋)	408.00
3	盖州市(辽)	785.00
4	鲅鱼圈区(辽)	50.00
5	白城市市辖区(吉)	12.00
6	泰顺县(浙)	20.00
7	莒南县(鲁)	8600.00
8	栖霞市(鲁)	1140.00
9	新泰市(鲁)	810.00
10	东港区(鲁)	779.00
11	莱城区(鲁)	538.00
12	临沂市临港经济开发区(鲁)	500.00
13	招远市(鲁)	485.00
14	沂水县(鲁)	463.00
15	岚山区(鲁)	425.00
16	莱芜市雪野旅游区(鲁)	400.00
17	牟平区(鲁)	195.00
18	蒙阴县(鲁)	190.00
19	河东区(鲁)	160.00
20	宁阳县(鲁)	150.00
21	博山区(鲁)	130.00
22	莱芜市高新区(鲁)	120.00
23	蓬莱市(鲁)	105.00
24	莱山区(鲁)	105.00
25	文登市(鲁)	98.00
26	沂源县(鲁)	92.34
27	即墨市(鲁)	80.00
28	临淄区(鲁)	50.00
29	海阳市(鲁)	40.00
30	临沭县(鲁)	30.00
31	泰安市市辖区(鲁)	22.30
32	环翠区(鲁)	18.00
33	济阳县(鲁)	18.00
34	威海市经济技术开发区(鲁)	17.20
35	潍城区(鲁)	16.00
36	河口区(鲁)	15.00
37	肥城市(鲁)	14.60
38	潢川县(豫)	19.00

表 10-6 华山松苗主产地产量

序号	华山松苗主产地	产量(万株)
1	易　县(冀)	200.00
2	涿州市(冀)	200.00
3	绛　县(晋)	240.00
4	桓仁满族自治县(辽)	1270.10
5	庄河市(辽)	360.00
6	海阳市(鲁)	30.00
7	通江县(川)	305.00
8	越西县(川)	80.00
9	会东县(川)	30.00
10	龙里县(黔)	25.00
11	洱源县(滇)	395.00
12	腾冲县(滇)	260.00
13	会泽县(滇)	229.00
14	永德县(滇)	180.00
15	富源县(滇)	150.00
16	倘甸工业园区(滇)	150.00

序号	华山松苗主产地	产量(万株)
17	沾益县(滇)	150.00
18	双江拉祜族佤族布朗族傣族自治县(滇)	143.00
19	澄江县(滇)	115.00
20	玉龙纳西族自治县(滇)	75.00
21	施甸县(滇)	16.00
22	马龙县(滇)	10.00
23	师宗县(滇)	10.00
24	华阴市(陕)	10000.00
25	周至县(陕)	5150.00
26	蓝田县(陕)	900.00
27	南郑县(陕)	360.00
28	凤　县(陕)	300.00
29	佛坪县(陕)	168.75
30	平利县(陕)	150.00
31	留坝县(陕)	90.00
32	商州区(陕)	59.00
33	乾　县(陕)	23.00
34	洋　县(陕)	18.00
35	麟游县(陕)	18.00
36	太白县(陕)	17.00
37	洛南县(陕)	15.00
38	镇坪县(陕)	15.00
39	陇　县(陕)	11.00
40	徽　县(甘)	12139.90
41	成　县(甘)	6976.00
42	武都区(甘)	500.00
43	西和县(甘)	190.00
44	文　县(甘)	180.00
45	华池林业总场(甘)	73.40
46	正宁林业总场(甘)	47.00
47	两当县(甘)	10.00

表 10-7　湿地松苗主产地产量

序号	湿地松苗主产地	产量(万株)
1	金东区(浙)	100.00
2	临海市(浙)	90.00
3	衢江区(浙)	45.00
4	天台县(浙)	35.00
5	三门县(浙)	35.00
6	鄞州区(浙)	34.00
7	建德市(浙)	19.00
8	苍南县(浙)	15.00
9	贵池区(皖)	180.00
10	临川区(赣)	720.00
11	会昌县(赣)	675.00
12	东乡县(赣)	560.00
13	渝水区(赣)	520.00
14	永修县(赣)	400.00
15	赣　县(赣)	390.00
16	星子县(赣)	300.00
17	吉安县(赣)	300.00
18	宜丰县(赣)	297.00
19	崇仁县(赣)	200.00
20	安福县(赣)	200.00
21	玉山县(赣)	200.00
22	高安市(赣)	142.00
23	龙南县(赣)	120.00
24	广丰县(赣)	110.00
25	铅山县(赣)	100.00
26	全南县(赣)	89.00
27	万载县(赣)	60.00
28	信丰县(赣)	50.00
29	金溪县(赣)	40.00
30	新建县(赣)	30.00
31	昌江区(赣)	30.00
32	樟树市(赣)	25.00
33	靖安县(赣)	20.00
34	进贤县(赣)	10.00
35	潢川县(豫)	130.00
36	广水市(鄂)	1000.00
37	随　县(鄂)	800.00
38	麻城市(鄂)	600.00
39	京山县(鄂)	450.00
40	当阳市(鄂)	320.00
41	孝昌县(鄂)	250.00
42	大冶市(鄂)	60.00
43	谷城县(鄂)	60.00
44	英山县(鄂)	50.00
45	阳新县(鄂)	35.00
46	襄城区(鄂)	20.00
47	宜都市(鄂)	20.00
48	罗田县(鄂)	15.00
49	松滋市(鄂)	15.00
50	临湘市(湘)	720.00
51	茶陵县(湘)	600.00
52	祁东县(湘)	540.00
53	江华瑶族自治县(湘)	360.00
54	宜章县(湘)	350.00
55	新宁县(湘)	300.00
56	江永县(湘)	267.00
57	武冈市(湘)	200.00
58	耒阳市(湘)	186.10
59	新邵县(湘)	175.00
60	荷塘区(湘)	160.10
61	衡南县(湘)	160.00
62	零陵区(湘)	146.00
63	中方县(湘)	125.00
64	临武县(湘)	100.00
65	常宁市(湘)	88.00
66	洪江市(湘)	75.00
67	邵阳县(湘)	25.00
68	乐昌市(粤)	600.00
69	连州市(粤)	292.00
70	台山市(粤)	178.00
71	丰顺县(粤)	75.00
72	翁源县(粤)	75.00
73	高要市(粤)	50.00
74	揭东区(粤)	45.00
75	新丰县(粤)	17.00
76	钦南区(桂)	250.00
77	防城区(桂)	80.00
78	灵山县(桂)	21.00
79	灵川县(桂)	10.25
80	开江县(川)	35.00
81	威远县(川)	20.00
82	惠水县(黔)	150.00
83	师宗县(滇)	45.00

表 10-8　白皮松苗主产地产量

序号	白皮松苗主产地	产量(万株)
1	北京市林业种子苗木管理总站(京)	52.49
2	平谷区(京)	20.00
3	定州市(冀)	120.00
4	赞皇县(冀)	90.00
5	曲阳县(冀)	30.00
6	三河市(冀)	21.60
7	正定县(冀)	10.00
8	霍州市(晋)	2000.00
9	绛　县(晋)	2000.00
10	垣曲县(晋)	821.00
11	闻喜县(晋)	630.00
12	大宁县(晋)	117.00
13	原平市(晋)	67.10
14	临猗县(晋)	60.00
15	吉　县(晋)	31.00
16	隰　县(晋)	20.00

序号	白皮松苗主产地	产量(万株)
17	河津市(晋)	16.00
18	长清区(鲁)	960.00
19	周村区(鲁)	186.00
20	淄川区(鲁)	60.00
21	宁阳县(鲁)	12.00
22	文登市(鲁)	12.00
23	嵩　县(豫)	150.00
24	汤阴县(豫)	50.00
25	新蔡县(豫)	45.00
26	洛宁县(豫)	40.00
27	长葛市(豫)	27.60
28	济源市(豫)	15.00
29	陈仓区(陕)	24000.00
30	蓝田县(陕)	6000.00
31	蒲城县(陕)	1500.00
32	千阳县(陕)	675.00
33	渭滨区(陕)	640.00
34	佛坪县(陕)	279.50
35	洛南县(陕)	108.00
36	乾　县(陕)	75.00
37	凤　县(陕)	60.00
38	扶风县(陕)	28.00
39	澄城县(陕)	24.00
40	秦都区(陕)	20.00
41	宜川县(陕)	16.00
42	桥北林业局(陕)	15.90
43	南郑县(陕)	12.00
44	徽　县(甘)	10889.60
45	成　县(甘)	716.00
46	两当县(甘)	400.00
47	华池林业总场(甘)	66.20
48	正宁林业总场(甘)	57.00
49	湘乐林业总场(甘)	10.00

表 10-9　油松苗主产地产量

序号	油松苗主产地	产量(万株)
1	北京市林业种子苗木管理总站(京)	564.36
2	平谷区(京)	110.00
3	隆化县(冀)	12350.00
4	丰宁满族自治县(冀)	12000.00
5	平泉县(冀)	8330.00
6	围场满族蒙古族自治县(冀)	5660.00
7	赤城县(冀)	2700.00
8	怀安县(冀)	2300.00
9	兴隆县(冀)	1678.00
10	涞源县(冀)	1250.00
11	阜平县(冀)	750.00
12	木栏围场国营林场(冀)	671.40
13	青龙满族自治县(冀)	300.00
14	双桥区(冀)	270.00
15	定州市(冀)	250.00
16	易　县(冀)	240.00
17	双滦区(冀)	225.00
18	承德县(冀)	200.00
19	尚义县(冀)	182.00
20	宽城满族自治县(冀)	168.00
21	赞皇县(冀)	150.00
22	沧　县(冀)	125.00
23	满城县(冀)	100.00
24	蔚　县(冀)	77.00
25	滦平林场管理局(冀)	63.27
26	邢台县(冀)	62.00
27	滦　县(冀)	60.00
28	万全县(冀)	45.00
29	张家口市高新技术管理区(冀)	39.00
30	博野县(冀)	35.00
31	张家口市林场(冀)	35.00
32	塞罕坝机械林场(冀)	34.00
33	三河市(冀)	24.00
34	晋州市(冀)	20.00
35	鹿泉区(冀)	14.86
36	邯郸县(冀)	10.00
37	静乐县(晋)	11000.00
38	偏关县(晋)	10496.00
39	忻府区(晋)	5779.28
40	代　县(晋)	5513.00
41	灵丘县(晋)	5300.00
42	中阳县(晋)	4046.00
43	新荣区(晋)	2730.00
44	原平市(晋)	2048.79
45	定襄县(晋)	1680.00
46	沁　县(晋)	1644.00
47	平顺县(晋)	1352.00
48	岢岚县(晋)	920.00
49	浑源县(晋)	900.00
50	大宁县(晋)	856.00
51	阳高县(晋)	800.00
52	保德县(晋)	800.00
53	大同县(晋)	800.00
54	广灵县(晋)	600.00
55	五寨县(晋)	600.00
56	绛　县(晋)	480.00
57	娄烦县(晋)	450.00
58	南郊区(晋)	420.00
59	河曲县(晋)	316.80
60	天镇县(晋)	300.00
61	垣曲县(晋)	283.00
62	神池县(晋)	215.00
63	山阴县(晋)	200.00
64	隰　县(晋)	191.00
65	桦林背林场(晋)	180.00
66	恒山林场(晋)	150.00
67	阳泉市郊区(晋)	100.00
68	高平市(晋)	46.00
69	侯马市(晋)	45.00
70	五台县(晋)	42.00
71	泽州县(晋)	23.00
72	十里河林场(晋)	15.00
73	襄垣县(晋)	14.00
74	阳城县(晋)	13.00
75	喀喇沁旗(内蒙古)	1500.00
76	乌审旗(内蒙古)	907.00
77	集宁区(内蒙古)	832.00
78	松山区(内蒙古)	801.00
79	凉城县(内蒙古)	561.35
80	兴和县(内蒙古)	344.94
81	克什克腾旗(内蒙古)	286.00
82	丰镇市(内蒙古)	198.70
83	敖汉旗(内蒙古)	160.00
84	达拉特旗(内蒙古)	75.00
85	土默特右旗(内蒙古)	75.00
86	宁城县(内蒙古)	60.00
87	赛罕区(内蒙古)	51.00
88	元宝山区(内蒙古)	50.00
89	东胜区(内蒙古)	41.44
90	杭锦旗(内蒙古)	28.30
91	红山区(内蒙古)	25.04
92	石拐区(内蒙古)	25.00
93	察哈尔右翼前旗(内蒙古)	23.05
94	察哈尔右翼中旗(内蒙古)	22.10
95	鄂托克前旗(内蒙古)	18.55
96	商都县(内蒙古)	17.00
97	鄂托克旗(内蒙古)	16.00
98	察哈尔右翼后旗(内蒙古)	10.00
99	阜新蒙古族自治县(辽)	1500.00
100	凌海市(辽)	800.00
101	双塔区(辽)	450.00

序号	油松苗主产地	产量(万株)
102	喀喇沁左翼蒙古族自治县(辽)	310.00
103	绥中县(辽)	300.00
104	凌源市(辽)	225.00
105	本溪满族自治县(辽)	100.00
106	北票市(辽)	70.00
107	辽宁省生态实验林场(辽)	10.00
108	长白朝鲜族自治县(吉)	80.00
109	汪清县(吉)	10.00
110	莒南县(鲁)	1570.00
111	海阳市(鲁)	40.00
112	卢氏县(豫)	191.80
113	济源市(豫)	46.00
114	金川县(川)	10.00
115	吴起县(陕)	18023.00
116	横山县(陕)	8000.00
117	安塞县(陕)	7713.00
118	周至县(陕)	5300.00
119	黄龙县(陕)	4853.00
120	户　县(陕)	4500.00
121	榆阳区(陕)	3780.00
122	黄陵县(陕)	2580.00
123	黄龙山林业局(陕)	1976.00
124	千阳县(陕)	1639.00
125	宜君县(陕)	1534.10
126	志丹县(陕)	1379.00
127	靖边县(陕)	1300.00
128	凤　县(陕)	1200.00
129	凤翔县(陕)	1200.00
130	富　县(陕)	1200.00
131	洛南县(陕)	1020.00
132	宝塔区(陕)	910.00
133	陇　县(陕)	732.00
134	绥德县(陕)	713.00
135	城固县(陕)	540.00
136	宜川县(陕)	460.00
137	延长县(陕)	460.00
138	南郑县(陕)	400.00
139	太白县(陕)	256.00
140	麟游县(陕)	243.00
141	宁陕县(陕)	240.00
142	镇安县(陕)	234.00
143	佛坪县(陕)	209.00
144	洛川县(陕)	185.00
145	定边县(陕)	170.00
146	商州区(陕)	129.00
147	印台区(陕)	120.00
148	西乡县(陕)	120.00
149	劳山林业局(陕)	119.20
150	桥北林业局(陕)	117.89
151	桥山林业局(陕)	106.00
152	澄城县(陕)	100.00
153	留坝县(陕)	100.00
154	子洲县(陕)	73.00
155	神木县(陕)	70.00
156	乾　县(陕)	60.00
157	商南县(陕)	50.00
158	韩城市林业局(陕)	42.30
159	甘泉县(陕)	26.00
160	清涧县(陕)	21.00
161	渭滨区(陕)	10.00
162	王益区(陕)	10.00
163	子长县(陕)	10.00
164	徽　县(甘)	19763.40
165	武都区(甘)	13035.00
166	华池林业总场(甘)	5136.60
167	迭部县(甘)	1750.00
168	合水林业总场(甘)	1730.00
169	清水县(甘)	1600.00
170	湘乐林业总场(甘)	1518.20
171	岷　县(甘)	1170.00
172	静宁县(甘)	900.00
173	正宁林业总场(甘)	716.40
174	崆峒区(甘)	599.70
175	西峰区(甘)	480.00
176	西和县(甘)	290.00
177	关山林业管理局(甘)	254.00
178	临夏市(甘)	200.00
179	麦积区(甘)	195.00
180	临洮县(甘)	150.00
181	渭源县(甘)	120.00
182	两当县(甘)	100.00
183	会宁县(甘)	40.00
184	靖远县(甘)	19.80
185	民乐县(甘)	16.30
186	崇信县(甘)	15.00
187	舟曲县(甘)	12.00
188	定西市巉口林业试验场(甘)	10.00
189	乐都县(青)	1160.00
190	互助土族自治县(青)	295.90
191	民和回族土族自治县(青)	120.00
192	湟中县(青)	80.00
193	湟源县(青)	31.20
194	湟水森林公园(青)	30.00
195	北山森林公园(青)	28.86
196	同仁县(青)	17.00
197	尖扎县(青)	12.75
198	泾源县(宁)	2000.00
199	隆德县(宁)	1200.00
200	彭阳县(宁)	900.00
201	原州区(宁)	618.00
202	西吉县(宁)	27.60
203	红寺堡区(宁)	15.00
204	贺兰县(宁)	11.00
205	灵武市(宁)	10.34

表 10-10　樟子松苗主产地产量

序号	樟子松苗主产地	产量(万株)
1	康保县(冀)	3285.00
2	围场满族蒙古族自治县(冀)	3000.00
3	丰宁满族自治县(冀)	2000.00
4	御道口林场(冀)	500.00
5	定州市(冀)	220.00
6	沽源县(冀)	180.00
7	怀安县(冀)	125.00
8	宣化区(冀)	120.00
9	张北县(冀)	102.00
10	木栏围场国营林场(冀)	101.20
11	尚义县(冀)	77.20
12	万全县(冀)	70.00
13	塞罕坝机械林场(冀)	60.00
14	新荣区(晋)	4036.00
15	大同县(晋)	405.00
16	南郊区(晋)	260.00
17	广灵县(晋)	200.00
18	原平市(晋)	190.90
19	五寨县(晋)	165.00
20	左云县(晋)	105.00
21	山阴县(晋)	100.00
22	桦林背林场(晋)	90.00
23	忻府区(晋)	83.68
24	偏关县(晋)	57.00
25	河曲县(晋)	22.50
26	乌审旗(内蒙古)	31037.00
27	阿鲁科尔沁旗(内蒙古)	6000.00
28	和林格尔县(内蒙古)	3600.00
29	克什克腾旗(内蒙古)	2313.00
30	科尔沁左翼后旗(内蒙古)	1760.00
31	喀喇沁旗(内蒙古)	1550.00

序号	樟子松苗主产地	产量(万株)
32	林西县(内蒙古)	1500.00
33	库伦旗(内蒙古)	1300.00
34	杭锦旗(内蒙古)	1162.24
35	巴林右旗(内蒙古)	1155.00
36	多伦县(内蒙古)	980.00
37	凉城县(内蒙古)	942.11
38	宁城县(内蒙古)	800.00
39	扎赉特旗(内蒙古)	500.00
40	兴和县(内蒙古)	393.30
41	松山区(内蒙古)	341.00
42	丰镇市(内蒙古)	341.00
43	卓资县(内蒙古)	340.00
44	商都县(内蒙古)	324.00
45	鄂托克前旗(内蒙古)	303.98
46	奈曼旗(内蒙古)	295.00
47	敖汉旗(内蒙古)	280.00
48	赛罕区(内蒙古)	253.00
49	察哈尔右翼后旗(内蒙古)	214.00
50	牙克石市(内蒙古)	200.00
51	四子王旗(内蒙古)	191.00
52	土默特右旗(内蒙古)	191.00
53	鄂托克旗(内蒙古)	189.00
54	元宝山区(内蒙古)	100.00
55	红花尔基林业局(内蒙古)	100.00
56	东胜区(内蒙古)	93.24
57	红山区(内蒙古)	81.70
58	察哈尔右翼中旗(内蒙古)	79.90
59	察哈尔右翼前旗(内蒙古)	68.31
60	达拉特旗(内蒙古)	45.00
61	固阳县(内蒙古)	28.35
62	白狼林业局(内蒙古)	28.00
63	化德县(内蒙古)	20.52
64	昌图县(辽)	600.00
65	彰武县(辽)	460.00
66	辽宁省固沙造林研究所(辽)	190.00
67	本溪满族自治县(辽)	150.00
68	阜新蒙古族自治县(辽)	120.00
69	辽宁省生态实验林场(辽)	40.00
70	九台市(吉)	1000.00
71	东丰县(吉)	240.00
72	长白森林经营局(吉)	200.00
73	长白朝鲜族自治县(吉)	184.00
74	东辽县(吉)	181.50
75	江源区(吉)	180.00
76	伊通满族自治县(吉)	150.00
77	辉南县(吉)	137.00
78	龙潭区(吉)	135.00
79	通榆县(吉)	75.00
80	双阳区(吉)	60.00
81	长白山林业局(吉)	10.00
82	尚志市(黑)	4875.00
83	佳木斯市郊区(黑)	1768.00
84	孙吴县(黑)	1442.50
85	黑河市直属林场(黑)	1100.00
86	汤原县(黑)	1050.00
87	讷河市(黑)	700.00
88	克东县(黑)	640.00
89	友谊县(黑)	500.00
90	嫩江县(黑)	429.00
91	林口县(黑)	420.00
92	桦南县(黑)	300.00
93	北安市(黑)	200.00
94	呼兰区(黑)	180.00
95	尚志国有林场管理局(黑)	168.00
96	克山县(黑)	161.00
97	孟家岗林场(黑)	150.00
98	逊克县(黑)	144.00
99	桦川县(黑)	143.00
100	兰西县(黑)	120.00
101	海伦市(黑)	106.00
102	杜尔伯特蒙古族自治县(黑)	90.00
103	青冈县(黑)	80.00
104	海林市(黑)	80.00
105	集贤县(黑)	70.00
106	林甸县(黑)	66.00
107	庆安国有林场管理局(黑)	58.00
108	北林区(黑)	50.00
109	鹤岗市市辖区(黑)	29.00
110	让胡路区(黑)	16.00
111	大同区(黑)	15.50
112	安阳县(豫)	2250.00
113	横山县(陕)	205000.00
114	华阴市(陕)	10000.00
115	蒲城县(陕)	1500.00
116	神木县(陕)	1400.00
117	吴起县(陕)	525.00
118	定边县(陕)	495.00
119	宝塔区(陕)	30.00
120	千阳县(陕)	18.50
121	志丹县(陕)	18.00
122	徽　县(甘)	4832.10
123	岷　县(甘)	1000.00
124	临洮县(甘)	300.00
125	临泽县(甘)	74.00
126	正宁林业总场(甘)	69.80
127	民乐县(甘)	67.70
128	甘州区(甘)	65.00
129	高台县(甘)	52.12
130	肃州区(甘)	38.00
131	定西市巉口林业试验场(甘)	30.00
132	临夏市(甘)	20.00
133	金川区(甘)	20.00
134	靖远县(甘)	14.35
135	永昌县(甘)	13.19
136	玉门市(甘)	12.00
137	互助土族自治县(青)	80.91
138	隆德县(宁)	2520.00
139	盐池县(宁)	511.40
140	泾源县(宁)	500.00
141	原州区(宁)	444.00
142	彭阳县(宁)	360.00
143	永宁县(宁)	348.00
144	灵武市(宁)	134.17
145	贺兰县(宁)	36.80
146	红寺堡区(宁)	32.00
147	西吉县(宁)	27.50
148	双鸭山林业局(龙江森工)	25.00
149	林口林业局(龙江森工)	19.50
150	桦南林业局(龙江森工)	19.00
151	苇河林业局(龙江森工)	18.20

表 10-11　柳杉苗主产地产量

序号	柳杉苗主产地	产量(万株)
1	科尔沁左翼后旗(内蒙古)	498.00
2	惠民县(鲁)	2000.00
3	上蔡县(豫)	24.00
4	利川市(鄂)	2665.50
5	恩施市(鄂)	100.00
6	竹溪县(鄂)	60.00
7	南川区(渝)	1000.00
8	石柱土家族自治县(渝)	240.00
9	武隆县(渝)	38.00
10	城口县(渝)	27.50
11	芦山县(川)	2250.00
12	雨城区(川)	1500.00
13	马边彝族自治县(川)	1350.00
14	屏山县(川)	750.00
15	北川羌族自治县(川)	600.00

序号	柳杉苗主产地	产量(万株)
16	宝兴县(川)	400.00
17	峨边彝族自治县(川)	220.00
18	万源市(川)	120.00
19	安　县(川)	100.00
20	冕宁县(川)	58.00
21	大邑县(川)	54.00
22	古蔺县(川)	30.00
23	越西县(川)	30.00
24	合江县(川)	20.00
25	巴州区(川)	10.00
26	六枝特区(黔)	150.00
27	清镇市(黔)	75.00
28	开阳县(黔)	30.10
29	瓮安县(黔)	13.17
30	麒麟区(滇)	1500.00
31	罗平县(滇)	300.00
32	宣威市(滇)	200.00
33	富源县(滇)	180.00

表 10-12　水杉苗主产地产量

序号	水杉苗主产地	产量(万株)
1	大丰市(苏)	80.00
2	海宁市(浙)	121.30
3	玉环县(浙)	50.00
4	天台县(浙)	32.00
5	海盐县(浙)	28.50
6	桐乡市(浙)	21.43
7	奉化市(浙)	15.00
8	南陵县(皖)	60.00
9	贵池区(皖)	10.00
10	莲花县(赣)	92.30
11	河东区(鲁)	40.00
12	栾川县(豫)	756.00
13	潢川县(豫)	240.00
14	源汇区(豫)	35.00
15	利川市(鄂)	4464.00
16	红安县(鄂)	18.00
17	湘阴县(湘)	35.00
18	沅江市(湘)	13.50
19	石柱土家族自治县(渝)	180.00
20	武隆县(渝)	30.00
21	宣汉县(川)	20.00
22	新都区(川)	14.50

表 10-13　杉木苗主产地产量

序号	苗主产地产量	产量(万株)
1	常山县(浙)	900.00
2	龙泉市(浙)	220.00
3	衢江区(浙)	52.00
4	遂昌县(浙)	50.34
5	云和县(浙)	30.00
6	松阳县(浙)	15.40
7	东至县(皖)	1121.00
8	南陵县(皖)	400.00
9	祁门县(皖)	400.00
10	泾　县(皖)	350.00
11	旌德县(皖)	280.00
12	石台县(皖)	225.00
13	贵池区(皖)	40.00
14	广德县(皖)	15.00
15	潜山县(皖)	15.00
16	宿松县(皖)	10.00
17	安福县(赣)	6075.00
18	定南县(赣)	3000.00
19	宜丰县(赣)	1722.00
20	崇义县(赣)	1700.00
21	万载县(赣)	1335.00
22	遂川县(赣)	1190.00
23	赣　县(赣)	1110.00
24	泰和县(赣)	1080.00
25	永丰县(赣)	1006.00
26	渝水区(赣)	980.00
27	乐安县(赣)	900.00
28	铜鼓县(赣)	750.00
29	大余县(赣)	750.00
30	全南县(赣)	663.00
31	永新县(赣)	640.00
32	会昌县(赣)	600.00
33	黎川县(赣)	600.00
34	万年县(赣)	600.00
35	信丰县(赣)	580.00
36	永修县(赣)	382.00
37	武宁县(赣)	340.00
38	高安市(赣)	334.50
39	龙南县(赣)	300.00
40	彭泽县(赣)	294.40
41	铅山县(赣)	250.00
42	瑞金市(赣)	230.00
43	瑞昌市(赣)	224.13
44	吉安县(赣)	200.00
45	临川区(赣)	200.00
46	靖安县(赣)	175.00
47	上高县(赣)	175.00
48	新建县(赣)	140.00
49	婺源县(赣)	120.00
50	金溪县(赣)	120.00
51	崇仁县(赣)	90.00
52	广丰县(赣)	50.00
53	于都县(赣)	43.00
54	樟树市(赣)	15.00
55	谷城县(鄂)	1200.00
56	利川市(鄂)	1179.00
57	阳新县(鄂)	900.00
58	大悟县(鄂)	750.00
59	来凤县(鄂)	750.00
60	南漳县(鄂)	600.00
61	保康县(鄂)	600.00
62	竹溪县(鄂)	600.00
63	红安县(鄂)	540.00
64	宣恩县(鄂)	500.00
65	罗田县(鄂)	450.00
66	京山县(鄂)	150.00
67	嘉鱼县(鄂)	150.00
68	松滋市(鄂)	100.00
69	房　县(鄂)	100.00
70	建始县(鄂)	95.00
71	竹山县(鄂)	88.00
72	长阳土家族自治县(鄂)	60.00
73	枣阳市(鄂)	60.00
74	张湾区(鄂)	50.00
75	大冶市(鄂)	45.00
76	襄城区(鄂)	15.00
77	麻城市(鄂)	10.00
78	茶陵县(湘)	2400.00
79	桂阳县(湘)	1615.45
80	宜章县(湘)	1538.00
81	江华瑶族自治县(湘)	1500.00
82	东安县(湘)	1380.00
83	蓝山县(湘)	1266.00
84	临湘市(湘)	1200.00
85	资兴市(湘)	1085.00
86	城步苗族自治县(湘)	1061.00
87	双峰县(湘)	1000.00
88	绥宁县(湘)	900.00
89	涟源市(湘)	900.00
90	鼎城区(湘)	880.00
91	苏仙区(湘)	800.00

序号	苗主产地产量	产量(万株)
92	浏阳市(湘)	800.00
93	新宁县(湘)	800.00
94	炎陵县(湘)	700.00
95	安化县(湘)	650.00
96	靖州苗族侗族自治县(湘)	628.00
97	常宁市(湘)	585.00
98	芷江侗族自治县(湘)	500.00
99	安仁县(湘)	480.00
100	隆回县(湘)	466.50
101	桂东县(湘)	430.00
102	新化县(湘)	420.00
103	新田县(湘)	400.00
104	辰溪县(湘)	400.00
105	武冈市(湘)	400.00
106	金洞林场(湘)	400.00
107	嘉禾县(湘)	350.00
108	沅陵县(湘)	350.00
109	通道侗族自治县(湘)	350.00
110	零陵区(湘)	310.00
111	麻阳苗族自治县(湘)	300.00
112	华容县(湘)	300.00
113	临澧县(湘)	300.00
114	汝城县(湘)	300.00
115	岳阳县(湘)	300.00
116	会同县(湘)	260.00
117	洪江市(湘)	260.00
118	中方县(湘)	250.00
119	衡山县(湘)	221.70
120	祁阳县(湘)	220.00
121	江永县(湘)	215.00
122	永兴县(湘)	214.50
123	新邵县(湘)	200.00
124	临武县(湘)	200.00
125	桑植县(湘)	180.00
126	汨罗市(湘)	180.00
127	醴陵市(湘)	160.00
128	荷塘区(湘)	155.20
129	慈利县(湘)	150.00
130	株洲县(湘)	150.00
131	冷水江市(湘)	120.00
132	溆浦县(湘)	115.00
133	祁东县(湘)	110.00
134	赫山区(湘)	80.00
135	永定区(湘)	70.00
136	湘乡市(湘)	68.00
137	邵东县(湘)	56.00
138	衡南县(湘)	46.00
139	湘潭县(湘)	24.00
140	耒阳市(湘)	23.20
141	邵阳县(湘)	15.00
142	乳源瑶族自治县(粤)	1980.00
143	连山壮族瑶族自治县(粤)	980.00
144	乐昌市(粤)	800.00
145	始兴县(粤)	800.00
146	仁化县(粤)	600.00
147	连州市(粤)	238.06
148	封开县(粤)	212.00
149	翁源县(粤)	180.00
150	阳江花滩林场(粤)	150.00
151	新丰县(粤)	116.00
152	信宜市(粤)	100.00
153	阳山县(粤)	90.00
154	丰顺县(粤)	75.00
155	清新县(粤)	60.00
156	连山林场(粤)	37.50
157	五华县(粤)	30.00
158	融安县(桂)	9787.38
159	恭城瑶族自治县(桂)	3500.00
160	田林县(桂)	2220.00
161	那坡县(桂)	1605.00
162	全州县(桂)	1200.00
163	兴安县(桂)	1160.00
164	东兰县(桂)	950.00
165	灌阳县(桂)	850.00
166	昭平县(桂)	717.00
167	凌云县(桂)	600.00
168	融水苗族自治县(桂)	600.00
169	金城江区(桂)	500.00
170	维都林场(桂)	488.00
171	大桂山林场(桂)	387.00
172	灵川县(桂)	311.32
173	阳朔县(桂)	220.00
174	浦北县(桂)	110.00
175	隆林各族自治县(桂)	110.00
176	高峰林场(桂)	103.98
177	藤　县(桂)	100.00
178	田阳县(桂)	70.00
179	苍梧县(桂)	60.00
180	中国林科院热林中心(桂)	12.00
181	南川区(渝)	2250.00
182	彭水苗族土家族自治县(渝)	500.00
183	黔江区(渝)	450.00
184	江津区(渝)	200.00
185	酉阳土家族苗族自治县(渝)	140.00
186	城口县(渝)	65.40
187	渝北区(渝)	55.70
188	丰都县(渝)	12.00
189	雨城区(川)	420.00
190	古蔺县(川)	220.00
191	峨边彝族自治县(川)	180.00
192	通江县(川)	140.00
193	青川县(川)	72.00
194	宣汉县(川)	50.00
195	威远县(川)	35.00
196	高　县(川)	33.00
197	达川区(川)	30.00
198	芦山县(川)	30.00
199	榕江县(黔)	9000.00
200	松桃苗族自治县(黔)	1500.00
201	锦屏县(黔)	1250.00
202	三都水族自治县(黔)	1000.00
203	普安县(黔)	560.00
204	罗甸县(黔)	500.00
205	万山区(黔)	300.00
206	江口县(黔)	230.00
207	施秉县(黔)	153.86
208	六枝特区(黔)	120.00
209	沿河土家族自治县(黔)	112.00
210	碧江区(黔)	100.00
211	思南县(黔)	100.00
212	印江土家族苗族自治县(黔)	100.00
213	紫云苗族布依族自治县(黔)	48.00
214	开阳县(黔)	38.51
215	清镇市(黔)	30.00
216	马关县(滇)	2410.00
217	罗平县(滇)	2000.00
218	双江拉祜族佤族布朗族傣族自治县(滇)	950.00
219	富源县(滇)	630.00
220	沧源佤族自治县(滇)	600.00
221	威信县(滇)	600.00
222	腾冲县(滇)	500.00
223	师宗县(滇)	500.00
224	屏边苗族自治县(滇)	400.00
225	凤庆县(滇)	360.00
226	昌宁县(滇)	360.00
227	镇康县(滇)	300.00
228	宣威市(滇)	300.00

序号	苗主产地产量	产量(万株)
229	广南县(滇)	200.00
230	永德县(滇)	180.00
231	新平彝族傣族自治县(滇)	150.00
232	云　县(滇)	140.00
233	麻栗坡县(滇)	120.00
234	西畴县(滇)	26.70
235	陇川县(滇)	15.00
236	石泉县(陕)	600.00
237	镇巴县(陕)	200.00
238	岚皋县(陕)	135.00
239	镇坪县(陕)	50.00
240	西乡县(陕)	40.00

表 10-14　云杉苗主产地产量

序号	云杉苗主产地	产量(万株)
1	围场满族蒙古族自治县(冀)	1000.00
2	定州市(冀)	700.00
3	康保县(冀)	400.00
4	木栏围场国营林场(冀)	374.10
5	御道口林场(冀)	100.00
6	沽源县(冀)	53.00
7	怀安县(冀)	38.00
8	塞罕坝机械林场(冀)	30.00
9	赤城县(冀)	27.00
10	尚义县(冀)	11.00
11	阳高县(晋)	50.00
12	五寨县(晋)	46.50
13	代　县(晋)	30.40
14	偏关县(晋)	27.00
15	左云县(晋)	25.00
16	克什克腾旗(内蒙古)	5168.00
17	多伦县(内蒙古)	3000.00
18	和林格尔县(内蒙古)	410.00
19	赛罕区(内蒙古)	301.00
20	凉城县(内蒙古)	233.00
21	兴和县(内蒙古)	94.50
22	白狼林业局(内蒙古)	88.00
23	察哈尔右翼中旗(内蒙古)	80.38
24	乌审旗(内蒙古)	77.00
25	察哈尔右翼前旗(内蒙古)	64.79
26	察哈尔右翼后旗(内蒙古)	35.50
27	卓资县(内蒙古)	30.75
28	红山区(内蒙古)	22.50
29	丰镇市(内蒙古)	20.60
30	杭锦旗(内蒙古)	19.00
31	土默特右旗(内蒙古)	15.00
32	化德县(内蒙古)	10.89
33	元宝山区(内蒙古)	10.00
34	集宁区(内蒙古)	10.00
35	阜新蒙古族自治县(辽)	1500.00
36	本溪满族自治县(辽)	1000.00
37	桓仁满族自治县(辽)	991.90
38	庄河市(辽)	100.00
39	海城市(辽)	59.80
40	宽甸满族自治县(辽)	51.00
41	普兰店市(辽)	25.00
42	盖州市(辽)	14.00
43	江源区(吉)	3360.00
44	长白朝鲜族自治县(吉)	2907.00
45	临江市(吉)	1058.00
46	敦化市(吉)	800.00
47	黄泥河林业局(吉)	602.00
48	九台市(吉)	600.00
49	珲春林业局(吉)	536.00
50	安图县(吉)	500.00
51	汪清林业局(吉)	481.00
52	集安市(吉)	388.00
53	辉南县(吉)	380.00
54	磐石市(吉)	324.00
55	东丰县(吉)	250.00
56	长白森林经营局(吉)	200.00
57	昌邑区(吉)	200.00
58	长白山林业局(吉)	200.00
59	汪清县(吉)	172.20
60	龙潭区(吉)	100.00
61	大石头林业局(吉)	100.00
62	敦化林业局(吉)	70.00
63	丰满区(吉)	45.00
64	八家子林业局(吉)	44.00
65	和龙市(吉)	37.10
66	浑江区(吉)	35.80
67	莲花山开发区(吉)	30.00
68	辉南森林经营局(吉)	26.10
69	东辽县(吉)	25.00
70	船营区(吉)	25.00
71	蛟河市(吉)	24.00
72	二道江区(吉)	20.00
73	永吉县(吉)	20.00
74	珲春市(吉)	20.00
75	二道区(吉)	10.00
76	白山市市辖区(吉)	10.00
77	孙吴县(黑)	16500.00
78	爱辉区(黑)	5025.00
79	尚志市(黑)	4167.00
80	延寿县(黑)	1000.00
81	鹤岗市市辖区(黑)	920.00
82	尚志国有林场管理局(黑)	706.00
83	嫩江县(黑)	504.00
84	北安市(黑)	500.00
85	集贤县(黑)	500.00
86	黑河市直属林场(黑)	480.00
87	庆安国有林场管理局(黑)	388.80
88	呼兰区(黑)	360.00
89	克东县(黑)	350.00
90	海伦市(黑)	220.00
91	克山县(黑)	143.00
92	桦南县(黑)	130.00
93	桦川县(黑)	126.50
94	尖山区(黑)	120.00
95	讷河市(黑)	100.00
96	北林区(黑)	100.00
97	逊克县(黑)	96.00
98	林口县(黑)	90.00
99	汤原县(黑)	90.00
100	饶河县(黑)	61.00
101	孟家岗林场(黑)	50.00
102	友谊县(黑)	50.00
103	巴彦县(黑)	30.00
104	山河实验林场(黑)	20.00
105	佳木斯市郊区(黑)	20.00
106	呼玛县(黑)	12.70
107	庆安县(黑)	10.00
108	新龙林业局(川)	904.00
109	松潘县(川)	600.00
110	道孚林业局(川)	576.00
111	雅江县(川)	450.00
112	甘孜县(川)	101.00
113	甘孜州林业工程处(川)	58.60
114	翁达林业局(川)	50.40
115	理塘县(川)	48.00
116	白玉林业局(川)	33.00
117	稻城县(川)	30.00
118	丹巴林业局(川)	17.00
119	炉霍林业局(川)	13.00
120	维西傈僳族自治县(滇)	60.00
121	香格里拉县(滇)	33.00
122	太白林业局(陕)	118.40
123	太白县(陕)	33.00

序号	云杉苗主产地	产量(万株)
124	宝塔区(陕)	21.00
125	安塞县(陕)	20.00
126	辛家山林业局(陕)	10.00
127	迭部县(甘)	15200.00
128	徽　县(甘)	5256.12
129	天祝藏族自治县(甘)	3300.44
130	临洮县(甘)	1115.00
131	关山林业管理局(甘)	884.00
132	崆峒区(甘)	797.33
133	岷　县(甘)	700.00
134	积石山保安族东乡族撒拉族自治县(甘)	647.00
135	武都区(甘)	462.00
136	永昌县(甘)	440.15
137	渭源县(甘)	300.00
138	民乐县(甘)	254.20
139	夏河县(甘)	200.00
140	会宁县(甘)	177.00
141	定西市华家岭林业站(甘)	150.00
142	临夏市(甘)	130.00
143	正宁林业总场(甘)	100.70
144	甘州区(甘)	99.00
145	合作市(甘)	80.00
146	陇西县(甘)	75.50
147	康乐县(甘)	75.00
148	肃州区(甘)	54.00
149	华池林业总场(甘)	41.30
150	定西市巉口林业试验场(甘)	40.00
151	静宁县(甘)	40.00
152	凉州区(甘)	40.00
153	临泽县(甘)	20.00
154	靖远县(甘)	14.80
155	碌曲县(甘)	14.50
156	临夏县(甘)	12.00
157	泾川县(甘)	10.00
158	兰州新区(甘)	10.00
159	互助土族自治县(青)	7025.37
160	湟源县(青)	3198.00
161	乐都县(青)	3051.00
162	民和回族土族自治县(青)	840.00
163	麦秀森林公园(青)	650.00
164	门源回族自治县(青)	550.00
165	化隆回族自治县(青)	450.00
166	湟中县(青)	350.00
167	平安县(青)	325.00
168	上北山森林公园(青)	223.00
169	群加森林公园(青)	100.00
170	同仁县(青)	50.00
171	北山森林公园(青)	37.04
172	尖扎县(青)	27.10
173	湟水森林公园(青)	25.00
174	共和县(青)	18.10
175	贵南县(青)	10.00
176	隆德县(宁)	7600.00
177	彭阳县(宁)	2153.00
178	泾源县(宁)	2000.00
179	原州区(宁)	1862.70
180	永宁县(宁)	858.00
181	西吉县(宁)	27.60
182	灵武市(宁)	10.11
183	尼勒克林场(新)	225.00
184	福海林场(新)	30.00
185	特克斯林场(新)	28.00
186	乌苏林场(新)	15.50
187	奇台县(新)	13.10
188	临江林业局(吉林森工)	640.00
189	三岔子林业局(吉林森工)	491.19
190	松江河林业有限公司(吉林森工)	310.00
191	红石林业局(吉林森工)	167.00
192	白石山林业局(吉林森工)	132.33
193	泉阳林业局(吉林森工)	100.00
194	露水河林业局(吉林森工)	100.00
195	朗乡林业局(龙江森工)	339.30
196	穆棱林业局(龙江森工)	223.10
197	鹤立林业局(龙江森工)	184.00
198	铁力林业局(龙江森工)	114.30
199	沾河林业局(龙江森工)	110.60
200	苇河林业局(龙江森工)	104.20
201	兴隆林业局(龙江森工)	102.60
202	鹤北林业局(龙江森工)	99.00
203	绥棱林业局(龙江森工)	95.80
204	东京城林业局(龙江森工)	93.00
205	绥阳林业局(龙江森工)	90.50
206	桦南林业局(龙江森工)	87.00
207	双鸭山林业局(龙江森工)	80.30
208	双丰林业局(龙江森工)	66.00
209	海林林业局(龙江森工)	66.00
210	八面通林业局(龙江森工)	56.00
211	新青林业局(龙江森工)	49.90
212	上甘岭林业局(龙江森工)	49.80
213	翠峦林业局(龙江森工)	40.50
214	林口林业局(龙江森工)	33.50
215	乌马河林业局(龙江森工)	30.00
216	红星林业局(龙江森工)	26.00
217	大海林林业局(龙江森工)	25.00
218	山河屯林业局(龙江森工)	19.40
219	金山屯林业局(龙江森工)	14.50
220	乌伊岭林业局(龙江森工)	12.80
221	方正林业局(龙江森工)	10.40

表 10-15　柏树苗主产地产量

序号	柏树苗主产地	产量(万株)
1	定州市(冀)	8513.00
2	易　县(冀)	2300.00
3	滦平县(冀)	2200.00
4	满城县(冀)	280.00
5	武安市(冀)	120.00
6	沧　县(冀)	98.00
7	迁西县(冀)	90.00
8	开平区(冀)	50.00
9	蠡　县(冀)	45.00
10	抚宁县(冀)	11.00
11	平顺县(晋)	2020.00
12	垣曲县(晋)	450.00
13	河曲县(晋)	310.49
14	定襄县(晋)	300.00
15	南郊区(晋)	210.00
16	稷山县(晋)	30.00
17	侯马市(晋)	24.00
18	长治县(晋)	18.40
19	阜新蒙古族自治县(辽)	2000.00
20	盖州市(辽)	480.00
21	海城市(辽)	53.00
22	于洪区(辽)	20.00
23	舒城县(皖)	150.00
24	肥城市(鲁)	2100.00
25	临淄区(鲁)	1900.00
26	岚山区(鲁)	1290.00
27	沂水县(鲁)	1104.00
28	莱芜市雪野旅游区(鲁)	500.00
29	河东区(鲁)	248.00
30	东营区(鲁)	45.00
31	淅川县(豫)	4080.00
32	卫辉市(豫)	820.00
33	鄢陵县(豫)	500.00
34	内乡县(豫)	270.00
35	偃师市(豫)	21.00

序号	柏树苗主产地	产量(万株)
36	巴东县(鄂)	1200.00
37	郧　县(鄂)	800.00
38	郧西县(鄂)	200.00
39	竹山县(鄂)	200.00
40	兴山县(鄂)	50.00
41	宣恩县(鄂)	20.00
42	蔡甸区(鄂)	12.00
43	孝昌县(鄂)	10.00
44	桂阳县(湘)	202.28
45	武冈市(湘)	200.00
46	新邵县(湘)	180.00
47	邵东县(湘)	162.00
48	新田县(湘)	150.00
49	慈利县(湘)	120.00
50	涟源市(湘)	110.00
51	永定区(湘)	60.00
52	新宁县(湘)	60.00
53	隆回县(湘)	40.30
54	祁东县(湘)	32.70
55	衡山县(湘)	22.17
56	零陵区(湘)	20.00
57	双峰县(湘)	15.00
58	沅陵县(湘)	14.00
59	芷江侗族自治县(湘)	10.00
60	酉阳土家族苗族自治县(渝)	2200.00
61	潼南县(渝)	662.50
62	开　县(渝)	331.00
63	万州区(渝)	301.20
64	彭水苗族土家族自治县(渝)	300.00
65	黔江区(渝)	200.00
66	巫溪县(渝)	200.00
67	巫山县(渝)	160.00
68	武隆县(渝)	45.00
69	金川县(川)	150.00
70	古蔺县(川)	120.00
71	宣汉县(川)	50.00
72	沿河土家族自治县(黔)	534.00
73	松桃苗族自治县(黔)	300.00
74	六枝特区(黔)	160.00
75	桐梓县(黔)	150.00
76	思南县(黔)	100.00
77	印江土家族苗族自治县(黔)	100.00
78	碧江区(黔)	50.00
79	普安县(黔)	45.00
80	会泽县(滇)	429.00
81	宣威市(滇)	300.00
82	砚山县(滇)	230.00
83	弥勒市(滇)	166.00
84	罗平县(滇)	100.00
85	富源县(滇)	70.00
86	玉龙纳西族自治县(滇)	70.00
87	施甸县(滇)	60.00
88	石林彝族自治县(滇)	50.00
89	沾益县(滇)	50.00
90	广南县(滇)	40.00
91	倘甸工业园区(滇)	25.00
92	弥渡县(滇)	18.60
93	洋　县(陕)	251.00
94	子洲县(陕)	180.00
95	定边县(陕)	39.00
96	宝塔区(陕)	30.00
97	崆峒区(甘)	440.10
98	环　县(甘)	88.00
99	定西市峨口林业试验场(甘)	50.00
100	凉州区(甘)	50.00
101	肃州区(甘)	34.00
102	门源回族自治县(青)	150.00
103	互助土族自治县(青)	145.32
104	湟源县(青)	62.40
105	同仁县(青)	10.00
106	永宁县(宁)	1205.00
107	金凤区(宁)	81.30
108	大武口区(宁)	12.14
109	原州区(宁)	10.50

表 10-16　刺槐苗主产地产量

序号	刺槐苗主产地	产量(万株)
1	定州市(冀)	1900.00
2	宽城满族自治县(冀)	1050.00
3	阜平县(冀)	675.00
4	青龙满族自治县(冀)	600.00
5	曲阳县(冀)	300.00
6	涞源县(冀)	300.00
7	平泉县(冀)	300.00
8	易　县(冀)	220.00
9	博野县(冀)	85.00
10	清苑县(冀)	70.00
11	丰宁满族自治县(冀)	40.00
12	吴桥县(冀)	28.80
13	邢台县(冀)	15.00
14	满城县(冀)	14.00
15	沙河市(冀)	10.00
16	晋州市(冀)	10.00
17	绛　县(晋)	7200.00
18	临　县(晋)	1200.00
19	长子县(晋)	468.00
20	河津市(晋)	400.00
21	大宁县(晋)	397.00
22	壶关县(晋)	255.00
23	吉　县(晋)	200.00
24	隰　县(晋)	177.00
25	南郊区(晋)	135.00
26	夏　县(晋)	60.00
27	阳泉市郊区(晋)	50.00
28	阳城县(晋)	36.00
29	乡宁县(晋)	24.27
30	忻府区(晋)	12.00
31	鄂托克前旗(内蒙古)	12.88
32	双塔区(辽)	3375.00
33	海城市(辽)	900.00
34	凌海市(辽)	800.00
35	法库县(辽)	593.00
36	凌源市(辽)	394.00
37	盖州市(辽)	280.00
38	喀喇沁左翼蒙古族自治县(辽)	229.00
39	大石桥市(辽)	130.00
40	绥中县(辽)	100.00
41	东洲区(辽)	96.00
42	康平县(辽)	50.00
43	义　县(辽)	45.00
44	太子河区(辽)	35.00
45	阜新蒙古族自治县(辽)	30.00
46	辽阳县(辽)	13.00
47	新民市(辽)	10.00
48	老边区(辽)	10.00
49	集安市(吉)	273.50
50	伊通满族自治县(吉)	90.00
51	濉溪县(皖)	52.00
52	萧　县(皖)	50.00
53	杜集区(皖)	48.00
54	东营区(鲁)	308.00
55	河口区(鲁)	115.00
56	桓台县(鲁)	77.00
57	莱芜市雪野旅游区(鲁)	60.00
58	宁阳县(鲁)	56.00
59	肥城市(鲁)	30.00
60	费　县(鲁)	30.00
61	陵　县(鲁)	16.00

序号	刺槐苗主产地	产量(万株)
62	庆云县(鲁)	10.00
63	德州市市辖区(鲁)	10.00
64	汝阳县(豫)	22650.00
65	洛宁县(豫)	612.00
66	鄢陵县(豫)	480.00
67	卢氏县(豫)	382.45
68	栾川县(豫)	208.00
69	禹州市(豫)	140.00
70	淅川县(豫)	84.00
71	内黄县(豫)	75.00
72	潢川县(豫)	73.00
73	商水县(豫)	45.00
74	宜阳县(豫)	30.00
75	清丰县(豫)	30.00
76	安阳县(豫)	21.00
77	义马市(豫)	15.00
78	夏邑县(豫)	15.00
79	陕　县(豫)	11.70
80	大悟县(鄂)	520.00
81	竹溪县(鄂)	280.00
82	利川市(鄂)	250.00
83	恩施市(鄂)	100.00
84	郧西县(鄂)	60.00
85	张湾区(鄂)	30.00
86	来凤县(鄂)	30.00
87	双峰县(湘)	120.00
88	慈利县(湘)	10.00
89	酉阳土家族苗族自治县(渝)	2100.00
90	南川区(渝)	400.00
91	万盛区(渝)	220.00
92	万州区(渝)	198.60
93	石柱土家族自治县(渝)	60.00
94	丰都县(渝)	25.00
95	城口县(渝)	22.00
96	通江县(川)	90.00
97	南江县(川)	85.00
98	松桃苗族自治县(黔)	150.00
99	桐梓县(黔)	60.00
100	六枝特区(黔)	45.00
101	靖边县(陕)	1500.00
102	吴起县(陕)	780.00
103	长武县(陕)	705.00
104	永寿县(陕)	351.00
105	志丹县(陕)	232.00
106	宝塔区(陕)	229.00
107	安塞县(陕)	224.00
108	洛南县(陕)	180.00
109	千阳县(陕)	144.00
110	子洲县(陕)	120.00
111	商南县(陕)	120.00
112	乾　县(陕)	120.00
113	商州区(陕)	114.00
114	镇巴县(陕)	110.00
115	凤翔县(陕)	110.00
116	印台区(陕)	76.00
117	柞水县(陕)	70.00
118	镇安县(陕)	60.00
119	甘泉县(陕)	50.00
120	镇坪县(陕)	30.00
121	黄陵县(陕)	25.00
122	洛川县(陕)	24.00
123	大荔县(陕)	18.00
124	宜君县(陕)	15.00
125	麟游县(陕)	15.00
126	三原县(陕)	15.00
127	陇　县(陕)	11.00
128	宜川县(陕)	10.00
129	西峰区(甘)	3000.00
130	徽　县(甘)	2406.60
131	崆峒区(甘)	1379.58
132	静宁县(甘)	900.00
133	会宁县(甘)	806.00
134	清水县(甘)	260.00
135	泾川县(甘)	225.00
136	凉州区(甘)	148.00
137	崇信县(甘)	105.00
138	正宁县(甘)	90.00
139	西和县(甘)	90.00
140	武都区(甘)	60.00
141	靖远县(甘)	55.01
142	白银区(甘)	55.00
143	古浪县(甘)	50.00
144	湘乐林业总场(甘)	38.80
145	两当县(甘)	30.00
146	正宁林业总场(甘)	30.00
147	永靖县(甘)	22.50
148	宕昌县(甘)	18.00
149	肃州区(甘)	18.00
150	华池林业总场(甘)	13.80
151	永昌县(甘)	13.20
152	彭阳县(宁)	4800.00
153	泾源县(宁)	2000.00
154	红寺堡区(宁)	1660.00
155	永宁县(宁)	1034.00
156	隆德县(宁)	210.00
157	利通区(宁)	135.00
158	中宁县(宁)	126.50
159	灵武市(宁)	100.55
160	金凤区(宁)	94.20
161	平罗县(宁)	88.12
162	同心县(宁)	83.60
163	贺兰县(宁)	70.00
164	青铜峡市(宁)	68.00
165	沙坡头区(宁)	38.00
166	盐池县(宁)	35.50
167	原州区(宁)	32.60
168	灵武白芨滩国家级自然保护区(宁)	26.43
169	惠农区(宁)	15.00

表 10-17　泡桐苗主产地产量

序号	泡桐苗主产地	产量(万株)
1	邯郸县(冀)	90.00
2	临漳县(冀)	75.00
3	南和县(冀)	64.00
4	南皮县(冀)	32.00
5	邢台县(冀)	14.00
6	沙河市(冀)	13.00
7	柏乡县(冀)	12.00
8	界首市(皖)	40.00
9	贵池区(皖)	40.00
10	临泉县(皖)	18.00
11	颍东区(皖)	18.00
12	谯城区(皖)	15.00
13	瑞昌市(赣)	11.77
14	成武县(鲁)	64.89
15	青州市(鲁)	36.00
16	东平县(鲁)	30.00
17	博山区(鲁)	30.00
18	卫辉市(豫)	820.00
19	禹州市(豫)	180.00
20	睢　县(豫)	180.00
21	确山县(豫)	150.00
22	沈丘县(豫)	75.00
23	洛宁县(豫)	60.00
24	商水县(豫)	45.00
25	新安县(豫)	45.00
26	睢阳区(豫)	32.00

序号	泡桐苗主产地	产量(万株)
27	西华县(豫)	31.70
28	项城市(豫)	30.00
29	清丰县(豫)	30.00
30	太康县(豫)	27.00
31	鹿邑县(豫)	25.20
32	偃师市(豫)	23.00
33	杞　县(豫)	18.00
34	内黄县(豫)	18.00
35	长葛市(豫)	15.00
36	兰考县(豫)	14.30
37	博爱县(豫)	14.00
38	郏　县(豫)	12.00
39	梁园区(豫)	11.90
40	通许县(豫)	11.34
41	大悟县(鄂)	10.00
42	双峰县(湘)	24.00
43	丰都县(渝)	85.00
44	酉阳土家族苗族自治县(渝)	19.00
45	武胜县(川)	50.00
46	岚皋县(陕)	91.00

表10-18　柳树苗主产地产量

序号	柳树苗主产地	产量(万株)
1	平谷区(京)	20.00
2	西青区(津)	130.00
3	宝坻区(津)	56.90
4	清苑县(冀)	1550.00
5	滦南县(冀)	1197.20
6	定州市(冀)	1120.00
7	昌黎县(冀)	1050.00
8	馆陶县(冀)	600.00
9	博野县(冀)	500.00
10	邱　县(冀)	500.00
11	阳原县(冀)	450.00
12	顺平县(冀)	325.00
13	南和县(冀)	293.00
14	河间市(冀)	290.50
15	丰宁满族自治县(冀)	240.00
16	沧　县(冀)	232.00
17	遵化市(冀)	231.00
18	平乡县(冀)	200.00
19	吴桥县(冀)	165.00
20	涿州市(冀)	161.27
21	邯郸县(冀)	100.00
22	肥乡县(冀)	100.00
23	围场满族蒙古族自治县(冀)	100.00
24	邢台县(冀)	95.00
25	曲周县(冀)	94.00
26	景　县(冀)	80.00
27	武安市(冀)	80.00
28	曲阳县(冀)	75.00
29	晋州市(冀)	70.90
30	唐山市汉沽管理区(冀)	60.00
31	滦　县(冀)	60.00
32	广平县(冀)	60.00
33	抚宁县(冀)	55.00
34	任　县(冀)	43.00
35	武邑县(冀)	41.00
36	开平区(冀)	40.00
37	盐山县(冀)	33.09
38	北戴河区(冀)	32.00
39	阜城县(冀)	30.00
40	蔚　县(冀)	30.00
41	沙河市(冀)	30.00
42	辛集市(冀)	27.00
43	乐亭县(冀)	26.60
44	海兴县(冀)	25.00
45	柏乡县(冀)	25.00
46	大厂回族自治县(冀)	23.00
47	南皮县(冀)	22.00
48	高阳县(冀)	21.00
49	灵寿县(冀)	18.00
50	安平县(冀)	16.00
51	魏　县(冀)	16.00
52	安新县(冀)	15.00
53	高碑店市(冀)	15.00
54	鸡泽县(冀)	13.00
55	峰峰矿区(冀)	13.00
56	三河市(冀)	12.00
57	故城县(冀)	11.44
58	万全县(冀)	10.00
59	大名县(冀)	10.00
60	原平市(晋)	634.57
61	绛　县(晋)	360.00
62	阳曲县(晋)	266.00
63	河津市(晋)	200.00
64	岢岚县(晋)	189.00
65	浑源县(晋)	180.00
66	定襄县(晋)	150.00
67	阳高县(晋)	140.00
68	中阳县(晋)	108.00
69	襄垣县(晋)	100.00
70	长子县(晋)	93.60
71	壶关县(晋)	62.00
72	忻府区(晋)	61.79
73	夏　县(晋)	45.00
74	侯马市(晋)	45.00
75	高平市(晋)	33.00
76	河曲县(晋)	32.95
77	大宁县(晋)	28.00
78	新荣区(晋)	24.30
79	泽州县(晋)	23.00
80	乡宁县(晋)	22.59
81	临猗县(晋)	20.00
82	吉　县(晋)	18.90
83	稷山县(晋)	18.00
84	垣曲县(晋)	13.00
85	长治县(晋)	10.80
86	长治市城区(晋)	10.00
87	土默特右旗(内蒙古)	789.00
88	凉城县(内蒙古)	163.71
89	鄂托克旗(内蒙古)	119.20
90	乌审旗(内蒙古)	105.00
91	奈曼旗(内蒙古)	89.00
92	杭锦后旗(内蒙古)	71.90
93	开鲁县(内蒙古)	70.00
94	达拉特旗(内蒙古)	65.00
95	元宝山区(内蒙古)	50.00
96	兴和县(内蒙古)	48.00
97	新巴尔虎右旗(内蒙古)	30.00
98	库伦旗(内蒙古)	30.00
99	松山区(内蒙古)	21.00
100	和林格尔县(内蒙古)	10.00
101	喀喇沁旗(内蒙古)	10.00
102	东港市(辽)	1800.00
103	康平县(辽)	800.00
104	普兰店市(辽)	480.00
105	新民市(辽)	352.50
106	庄河市(辽)	350.00
107	海城市(辽)	191.00
108	苏家屯区(辽)	190.00
109	大洼县(辽)	175.00
110	喀喇沁左翼蒙古族自治县(辽)	164.90
111	阜新蒙古族自治县(辽)	160.00
112	桓仁满族自治县(辽)	120.10
113	法库县(辽)	120.00
114	太子河区(辽)	55.00

序号	柳树苗主产地	产量(万株)
115	义　县(辽)	45.00
116	于洪区(辽)	40.00
117	银州区(辽)	23.00
118	调兵山市(辽)	23.00
119	文圣区(辽)	12.00
120	老边区(辽)	10.00
121	长岭县(吉)	400.00
122	洮南市(吉)	360.00
123	辉南县(吉)	82.00
124	榆树市(吉)	50.00
125	白城市市辖区(吉)	28.00
126	通榆县(吉)	20.00
127	五大连池市管委会(黑)	350.00
128	延寿县(黑)	300.00
129	松北区(黑)	230.00
130	呼兰区(黑)	225.00
131	五常市(黑)	180.00
132	让胡路区(黑)	75.00
133	讷河市(黑)	70.00
134	桦川县(黑)	47.00
135	克东县(黑)	42.00
136	巴彦县(黑)	30.00
137	睢宁县(苏)	1250.00
138	大丰市(苏)	20.00
139	奉化市(浙)	10.00
140	怀远县(皖)	100.00
141	望江县(皖)	49.00
142	毛集实验区(皖)	30.00
143	肥西县(皖)	15.00
144	沾化县(鲁)	3000.00
145	济阳县(鲁)	2850.00
146	垦利县(鲁)	2827.00
147	乐陵市(鲁)	1916.00
148	安丘市(鲁)	1220.00
149	宁津县(鲁)	1200.00
150	陵　县(鲁)	1140.00
151	阳信县(鲁)	1030.00
152	肥城市(鲁)	905.00
153	高青县(鲁)	900.00
154	东平县(鲁)	700.00
155	东营区(鲁)	500.00
156	滨城区(鲁)	399.00
157	利津县(鲁)	365.00
158	新泰市(鲁)	350.00
159	梁山县(鲁)	270.00
160	东昌府区(鲁)	240.00
161	莱城区(鲁)	220.00
162	宁阳县(鲁)	162.00
163	河口区(鲁)	123.00
164	河东区(鲁)	120.00
165	齐河县(鲁)	100.00
166	寒亭区(鲁)	91.00
167	青州市(鲁)	90.00
168	桓台县(鲁)	88.00
169	莘　县(鲁)	76.00
170	昌乐县(鲁)	75.00
171	德城区(鲁)	66.00
172	诸城市(鲁)	50.00
173	沂水县(鲁)	49.00
174	山亭区(鲁)	32.50
175	海阳市(鲁)	30.00
176	邹城市(鲁)	30.00
177	平度市(鲁)	28.00
178	岱岳区(鲁)	26.00
179	坊子区(鲁)	25.00
180	汶上县(鲁)	22.50
181	嘉祥县(鲁)	21.40
182	博山区(鲁)	21.00
183	曲阜市(鲁)	18.00
184	环翠区(鲁)	16.00
185	牟平区(鲁)	15.00
186	罗庄区(鲁)	15.00
187	莱芜市高新区(鲁)	12.00
188	庆云县(鲁)	10.00
189	濮阳县(豫)	823.83
190	鄢陵县(豫)	560.00
191	社旗县(豫)	400.00
192	范　县(豫)	300.00
193	淅川县(豫)	146.00
194	邓州市(豫)	140.00
195	汝州市(豫)	131.00
196	清丰县(豫)	123.50
197	郾城区(豫)	106.20
198	华龙区(豫)	104.00
199	商水县(豫)	76.00
200	南乐县(豫)	71.00
201	长葛市(豫)	66.00
202	辉县市(豫)	64.00
203	项城市(豫)	60.00
204	杞　县(豫)	45.00
205	许昌县(豫)	40.50
206	内黄县(豫)	36.00
207	济源市(豫)	35.00
208	安阳县(豫)	32.50
209	原阳县(豫)	28.00
210	凤泉区(豫)	15.20
211	来凤县(鄂)	225.00
212	郧　县(鄂)	60.00
213	樊城区(鄂)	12.00
214	湘阴县(湘)	52.00
215	武隆县(渝)	26.00
216	道孚林业局(川)	180.00
217	红原县(川)	45.00
218	甘孜县(川)	40.00
219	通川区(川)	40.00
220	冕宁县(川)	40.00
221	德格县(川)	32.00
222	雅江县(川)	30.00
223	炉霍林业局(川)	20.00
224	色达县(川)	20.00
225	越西县(川)	20.00
226	翁达林业局(川)	14.60
227	乾　县(陕)	135.00
228	宝塔区(陕)	90.00
229	韩城市林业局(陕)	67.50
230	大荔县(陕)	58.00
231	安塞县(陕)	50.00
232	吴起县(陕)	48.00
233	麟游县(陕)	16.00
234	延长县(陕)	12.00
235	宜川县(陕)	10.00
236	甘州区(甘)	589.00
237	靖远县(甘)	579.30
238	徽　县(甘)	517.50
239	会宁县(甘)	506.00
240	西固区(甘)	270.00
241	肃州区(甘)	210.00
242	临夏市(甘)	150.00
243	高台县(甘)	135.92
244	玉门市(甘)	133.00
245	麦积区(甘)	99.70
246	永昌县(甘)	93.96
247	东乡族自治县(甘)	85.00
248	西峰区(甘)	75.00
249	临泽县(甘)	75.00
250	静宁县(甘)	50.00
251	崇信县(甘)	50.00
252	凉州区(甘)	45.00

序号	柳树苗主产地	产量(万株)
253	积石山保安族东乡族撒拉族自治县(甘)	38.00
254	金塔县(甘)	32.10
255	华池林业总场(甘)	31.50
256	广河县(甘)	30.00
257	清水县(甘)	30.00
258	民乐县(甘)	24.90
259	兰州新区(甘)	16.00
260	古浪县(甘)	15.00
261	定西市峨口林业试验场(甘)	10.00
262	平川区(甘)	10.00
263	乐都县(青)	733.00
264	贵南县(青)	60.00
265	永宁县(宁)	1932.00
266	彭阳县(宁)	1800.00
267	红寺堡区(宁)	1174.00
268	中宁县(宁)	619.20
269	同心县(宁)	616.38
270	西吉县(宁)	392.20
271	利通区(宁)	350.00
272	隆德县(宁)	220.00
273	平罗县(宁)	208.15
274	青铜峡市(宁)	190.00
275	沙坡头区(宁)	98.00
276	灵武白芨滩国家级自然保护区(宁)	16.58
277	灵武市(宁)	13.56
278	大武口区(宁)	10.96
279	莎车县(新)	463.70
280	巴楚县(新)	128.00
281	麦盖提县(新)	79.70
282	疏附县(新)	69.70
283	伽师县(新)	39.74
284	库车县(新)	36.78
285	英吉沙县(新)	35.29
286	喀什市(新)	10.30

表 10-19　杨树苗主产地产量

序号	杨树苗主产地	产量(万株)
1	平谷区(京)	35.00
2	海淀区(京)	16.10
3	西青区(津)	290.00
4	北辰区(津)	160.00
5	宝坻区(津)	146.40
6	津南区(津)	10.00
7	涿州市(冀)	5000.00
8	滦南县(冀)	1957.20
9	昌黎县(冀)	1800.00
10	邱　县(冀)	1213.00
11	河间市(冀)	1171.70
12	丰宁满族自治县(冀)	870.00
13	临西县(冀)	607.10
14	魏　县(冀)	601.00
15	馆陶县(冀)	600.00
16	任丘市(冀)	528.40
17	灵寿县(冀)	510.00
18	曲阳县(冀)	480.00
19	文安县(冀)	450.00
20	阳原县(冀)	450.00
21	隆尧县(冀)	430.00
22	香河县(冀)	424.00
23	沧　县(冀)	420.00
24	临漳县(冀)	373.70
25	永年县(冀)	359.00
26	迁安市(冀)	357.00
27	康保县(冀)	328.00
28	南宫市(冀)	319.00
29	永清县(冀)	303.00
30	东光县(冀)	300.00
31	徐水县(冀)	300.00
32	玉田县(冀)	295.00
33	曲周县(冀)	290.00
34	南和县(冀)	283.00
35	邯郸县(冀)	280.00
36	定州市(冀)	270.00
37	阜城县(冀)	256.50
38	顺平县(冀)	252.00
39	赤城县(冀)	247.00
40	泊头市(冀)	228.00
41	辛集市(冀)	200.00
42	广宗县(冀)	200.00
43	沙河市(冀)	192.00
44	肃宁县(冀)	179.26
45	邢台县(冀)	175.00
46	宁晋县(冀)	171.00
47	吴桥县(冀)	168.30
48	大厂回族自治县(冀)	165.00
49	宽城满族自治县(冀)	150.00
50	雄　县(冀)	150.00
51	抚宁县(冀)	146.00
52	围场满族蒙古族自治县(冀)	130.00
53	武邑县(冀)	126.00
54	平泉县(冀)	120.00
55	南皮县(冀)	116.00
56	迁西县(冀)	110.00
57	武强县(冀)	109.00
58	晋州市(冀)	100.50
59	清苑县(冀)	100.00
60	藁城区(冀)	98.00
61	任　县(冀)	95.00
62	赵　县(冀)	90.00
63	成安县(冀)	90.00
64	沽源县(冀)	85.00
65	广平县(冀)	80.00
66	新河县(冀)	79.00
67	高阳县(冀)	65.00
68	万全县(冀)	60.00
69	博野县(冀)	60.00
70	新乐市(冀)	60.00
71	冀州市(冀)	50.00
72	威　县(冀)	50.00
73	张家口市高新技术管理区(冀)	46.49
74	鹿泉区(冀)	45.88
75	开平区(冀)	45.00
76	涞源县(冀)	45.00
77	大名县(冀)	44.00
78	桃城区(冀)	40.00
79	定兴县(冀)	40.00
80	景　县(冀)	38.00
81	磁　县(冀)	35.00
82	柏乡县(冀)	35.00
83	枣强县(冀)	34.30
84	鸡泽县(冀)	30.00
85	易　县(冀)	30.00
86	满城县(冀)	30.00
87	盐山县(冀)	29.65
88	高邑县(冀)	29.00
89	尚义县(冀)	27.00
90	峰峰矿区(冀)	25.00
91	孟村回族自治县(冀)	25.00
92	三河市(冀)	24.00
93	故城县(冀)	21.46
94	容城县(冀)	21.00
95	深泽县(冀)	21.00
96	安次区(冀)	20.00
97	深州市(冀)	20.00
98	饶阳县(冀)	18.00
99	安新县(冀)	18.00

序号	杨树苗主产地	产量(万株)
100	平山县(冀)	18.00
101	高碑店市(冀)	18.00
102	石家庄市南化苗圃(冀)	18.00
103	新华区(冀)	14.60
104	无极县(冀)	14.40
105	井陉矿区(冀)	14.00
106	献　县(冀)	12.00
107	乐亭县(冀)	11.50
108	安平县(冀)	10.00
109	绛　县(晋)	1360.00
110	原平市(晋)	526.92
111	南郊区(晋)	450.00
112	阳曲县(晋)	380.00
113	襄垣县(晋)	370.00
114	山阴县(晋)	350.00
115	定襄县(晋)	274.00
116	浑源县(晋)	270.00
117	忻府区(晋)	224.10
118	河津市(晋)	150.00
119	黎城县(晋)	120.00
120	大同县(晋)	120.00
121	沁　县(晋)	111.00
122	广灵县(晋)	100.00
123	长子县(晋)	93.60
124	新荣区(晋)	84.00
125	岢岚县(晋)	80.00
126	天镇县(晋)	80.00
127	河曲县(晋)	77.76
128	隰　县(晋)	68.00
129	壶关县(晋)	65.00
130	侯马市(晋)	60.00
131	阳城县(晋)	50.00
132	代　县(晋)	43.00
133	临猗县(晋)	35.00
134	大宁县(晋)	27.00
135	高平市(晋)	26.60
136	芮城县(晋)	25.50
137	垣曲县(晋)	20.00
138	稷山县(晋)	18.00
139	左云县(晋)	18.00
140	长治县(晋)	14.00
141	长治市城区(晋)	11.00
142	扎赉特旗(内蒙古)	2800.00
143	乌审旗(内蒙古)	1312.92
144	杭锦后旗(内蒙古)	795.45
145	奈曼旗(内蒙古)	686.00
146	林西县(内蒙古)	600.00
147	科尔沁左翼后旗(内蒙古)	498.00
148	开鲁县(内蒙古)	482.00
149	敖汉旗(内蒙古)	460.00
150	鄂伦春自治旗(内蒙古)	330.00
151	杭锦旗(内蒙古)	325.00
152	土默特右旗(内蒙古)	225.00
153	凉城县(内蒙古)	217.60
154	临河区(内蒙古)	198.00
155	巴林右旗(内蒙古)	181.00
156	多伦县(内蒙古)	180.00
157	兴和县(内蒙古)	175.80
158	松山区(内蒙古)	139.00
159	鄂托克旗(内蒙古)	130.00
160	达拉特旗(内蒙古)	105.00
161	额尔古纳市(内蒙古)	100.00
162	察哈尔右翼中旗(内蒙古)	86.76
163	察哈尔右翼前旗(内蒙古)	86.30
164	赛罕区(内蒙古)	78.00
165	阿鲁科尔沁旗(内蒙古)	77.00
166	察哈尔右翼后旗(内蒙古)	76.00
167	鄂托克前旗(内蒙古)	74.95
168	商都县(内蒙古)	41.00
169	达尔罕茂明安联合旗(内蒙古)	25.90
170	丰镇市(内蒙古)	24.40
171	固阳县(内蒙古)	24.00
172	克什克腾旗(内蒙古)	20.00
173	和林格尔县(内蒙古)	20.00
174	四子王旗(内蒙古)	18.20
175	青山区(内蒙古)	18.00
176	卓资县(内蒙古)	16.00
177	红山区(内蒙古)	13.20
178	康平县(辽)	1575.00
179	阜新蒙古族自治县(辽)	1500.00
180	昌图县(辽)	900.00
181	凌海市(辽)	800.00
182	双塔区(辽)	600.00
183	新民市(辽)	534.10
184	喀喇沁左翼蒙古族自治县(辽)	382.00
185	法库县(辽)	343.00
186	绥中县(辽)	300.00
187	盘山县(辽)	236.00
188	海城市(辽)	230.00
189	大洼县(辽)	198.00
190	盖州市(辽)	180.00
191	凌源市(辽)	180.00
192	老边区(辽)	45.00
193	于洪区(辽)	40.00
194	辽宁省杨树研究所(辽)	36.00
195	太子河区(辽)	35.00
196	调兵山市(辽)	33.00
197	银州区(辽)	29.00
198	普兰店市(辽)	25.00
199	大石桥市(辽)	21.00
200	辽宁省生态实验林场(辽)	15.00
201	北票市(辽)	10.00
202	前郭尔罗斯蒙古族自治县(吉)	2000.00
203	通榆县(吉)	1875.00
204	洮南市(吉)	1449.00
205	乾安县(吉)	1050.00
206	镇赉县(吉)	850.00
207	农安县(吉)	800.00
208	宁江区(吉)	730.00
209	双辽市(吉)	650.00
210	榆树市(吉)	500.00
211	洮北区(吉)	400.00
212	舒兰市(吉)	350.00
213	公主岭市(吉)	250.00
214	梨树县(吉)	200.00
215	磐石市(吉)	145.00
216	白城市市辖区(吉)	140.00
217	长岭县(吉)	120.00
218	船营区(吉)	80.00
219	丰满区(吉)	75.00
220	辉南县(吉)	57.00
221	昌邑区(吉)	50.00
222	绿园区(吉)	45.00
223	德惠市(吉)	20.00
224	长白朝鲜族自治县(吉)	15.00
225	双阳区(吉)	10.00
226	东丰县(吉)	10.00
227	呼兰区(黑)	3600.00
228	林甸县(黑)	3156.00
229	阿城区(黑)	1558.00
230	延寿县(黑)	700.00
231	巴彦县(黑)	600.00
232	道外区(黑)	600.00
233	双城市(黑)	550.00
234	五常市(黑)	500.00
235	明水县(黑)	400.00
236	五大连池市管委会(黑)	375.00
237	杜尔伯特蒙古族自治县(黑)	375.00

序号	杨树苗主产地	产量(万株)
238	讷河市(黑)	300.00
239	肇源县(黑)	300.00
240	松北区(黑)	279.00
241	让胡路区(黑)	260.00
242	克山县(黑)	251.00
243	同江市(黑)	245.00
244	汤原县(黑)	242.80
245	肇州县(黑)	215.00
246	尚志市(黑)	135.00
247	木兰县(黑)	130.00
248	绥滨县(黑)	130.00
249	庆安县(黑)	110.00
250	南岗区(黑)	85.00
251	青冈县(黑)	80.00
252	北林区(黑)	80.00
253	克东县(黑)	75.00
254	大同区(黑)	60.10
255	桦川县(黑)	56.00
256	萨尔图区(黑)	40.00
257	庆安国有林场管理局(黑)	34.80
258	红岗区(黑)	25.00
259	龙凤区(黑)	22.00
260	友谊县(黑)	10.00
261	沛 县(苏)	580.00
262	大丰市(苏)	370.00
263	睢宁县(苏)	300.00
264	阜南县(皖)	993.80
265	淮上区(皖)	700.00
266	庐阳区(皖)	602.00
267	霍邱县(皖)	480.00
268	濉溪县(皖)	450.00
269	泗 县(皖)	356.27
270	寿 县(皖)	240.00
271	界首市(皖)	180.00
272	望江县(皖)	145.00
273	无为县(皖)	134.00
274	萧 县(皖)	110.00
275	固镇县(皖)	100.00
276	怀远县(皖)	90.00
277	灵璧县(皖)	90.00
278	迎江区(皖)	75.00
279	芜湖县(皖)	60.00
280	贵池区(皖)	60.00
281	三山区(皖)	55.00
282	五河县(皖)	41.00
283	巢湖市(皖)	33.00
284	潘集区(皖)	22.50
285	利辛县(皖)	20.00
286	弋江区(皖)	15.00
287	肥西县(皖)	10.00
288	新建县(赣)	50.00
289	瑞昌市(赣)	25.64
290	永修县(赣)	10.00
291	成武县(鲁)	645000.00
292	惠民县(鲁)	4000.00
293	新泰市(鲁)	2820.00
294	诸城市(鲁)	2000.00
295	肥城市(鲁)	1680.00
296	安丘市(鲁)	1480.00
297	乐陵市(鲁)	1300.00
298	河东区(鲁)	1250.00
299	齐河县(鲁)	1200.00
300	莒南县(鲁)	1200.00
301	东平县(鲁)	1155.00
302	宁津县(鲁)	1000.00
303	宁阳县(鲁)	860.00
304	东营区(鲁)	720.00
305	梁山县(鲁)	677.00
306	嘉祥县(鲁)	650.00
307	郯城县(鲁)	620.00
308	高青县(鲁)	500.00
309	陵 县(鲁)	493.00
310	岱岳区(鲁)	480.00
311	桓台县(鲁)	452.00
312	蒙阴县(鲁)	424.00
313	阳信县(鲁)	410.00
314	冠 县(鲁)	360.00
315	平邑县(鲁)	310.00
316	昌乐县(鲁)	300.00
317	莱城区(鲁)	300.00
318	费 县(鲁)	280.00
319	邹城市(鲁)	260.00
320	曲阜市(鲁)	240.00
321	滨城区(鲁)	210.00
322	沂南县(鲁)	200.00
323	坊子区(鲁)	174.00
324	青州市(鲁)	150.00
325	沂水县(鲁)	139.00
326	茌平县(鲁)	100.70
327	莱阳市(鲁)	100.00
328	利津县(鲁)	99.20
329	寒亭区(鲁)	79.80
330	平度市(鲁)	62.00
331	武城县(鲁)	45.00
332	微山县(鲁)	41.00
333	鱼台县(鲁)	35.00
334	莘 县(鲁)	35.00
335	博山区(鲁)	16.00
336	东阿县(鲁)	15.70
337	即墨市(鲁)	15.00
338	海阳市(鲁)	10.00
339	西华县(豫)	3034.00
340	开封县(豫)	3000.00
341	商水县(豫)	1922.00
342	台前县(豫)	1500.00
343	西平县(豫)	1057.00
344	获嘉县(豫)	992.00
345	卢氏县(豫)	969.50
346	内黄县(豫)	900.00
347	襄城县(豫)	899.00
348	民权县(豫)	710.00
349	濮阳县(豫)	585.00
350	睢 县(豫)	550.00
351	扶沟县(豫)	520.00
352	范 县(豫)	500.00
353	召陵区(豫)	476.00
354	夏邑县(豫)	450.00
355	尉氏县(豫)	349.50
356	洛宁县(豫)	336.00
357	平舆县(豫)	322.00
358	虞城县(豫)	300.00
359	安阳县(豫)	260.00
360	太康县(豫)	232.00
361	禹州市(豫)	230.00
362	通许县(豫)	221.90
363	潢川县(豫)	220.00
364	济源市(豫)	215.00
365	正阳县(豫)	200.00
366	新安县(豫)	160.00
367	上蔡县(豫)	145.40
368	温 县(豫)	140.00
369	清丰县(豫)	127.50
370	睢阳区(豫)	123.99
371	新野县(豫)	111.60
372	长葛市(豫)	110.00
373	杞 县(豫)	105.00
374	博爱县(豫)	102.00
375	原阳县(豫)	90.00

序号	杨树苗主产地	产量(万株)	序号	杨树苗主产地	产量(万株)	序号	杨树苗主产地	产量(万株)
376	鹿邑县(豫)	90.00	422	红安县(鄂)	30.00	468	景泰县(甘)	280.00
377	项城市(豫)	80.00	423	黄州区(鄂)	30.00	469	高台县(甘)	270.03
378	郾城区(豫)	69.12	424	宜都市(鄂)	20.00	470	金塔县(甘)	260.40
379	许昌县(豫)	66.00	425	宣恩县(鄂)	15.00	471	永昌县(甘)	155.91
380	兰考县(豫)	65.00	426	华容县(湘)	2000.00	472	凉州区(甘)	143.00
381	叶　县(豫)	52.00	427	君山区(湘)	650.00	473	正宁林业总场(甘)	50.00
382	滑　县(豫)	50.00	428	沅江市(湘)	450.00	474	白银区(甘)	50.00
383	偃师市(豫)	48.00	429	株洲县(湘)	180.00	475	敦煌市(甘)	50.00
384	平桥区(豫)	46.00	430	湘乡市(湘)	42.00	476	民乐县(甘)	45.10
385	新蔡县(豫)	42.00	431	鼎城区(湘)	39.00	477	两当县(甘)	36.00
386	华龙区(豫)	39.00	432	武陵区(湘)	25.00	478	金川区(甘)	36.00
387	龙亭区(豫)	36.00	433	酉阳土家族苗族自治县(渝)	200.00	479	清水县(甘)	30.00
388	嵩　县(豫)	24.00	434	潼南县(渝)	165.00	480	华池林业总场(甘)	26.50
389	金明区(豫)	22.00	435	巴南区(渝)	40.00	481	湘乐林业总场(甘)	17.40
390	义马市(豫)	22.00	436	长寿区(渝)	10.40	482	山丹县(甘)	12.23
391	梁园区(豫)	20.20	437	顺庆区(川)	1000.00	483	嘉峪关市(甘)	11.25
392	禹王台区(豫)	20.00	438	蓬安县(川)	150.00	484	湟中县(青)	160.00
393	吉利区(豫)	20.00	439	盐亭县(川)	120.00	485	民和回族土族自治县(青)	150.00
394	社旗县(豫)	20.00	440	蓬溪县(川)	100.00	486	贵德县(青)	138.30
395	郏　县(豫)	20.00	441	新都区(川)	53.50	487	门源回族自治县(青)	80.00
396	林州市(豫)	16.30	442	甘孜县(川)	45.00	488	尖扎县(青)	76.22
397	宜阳县(豫)	16.20	443	岳池县(川)	34.00	489	贵南县(青)	60.00
398	南乐县(豫)	13.00	444	三台县(川)	32.00	490	共和县(青)	56.00
399	唐河县(豫)	11.25	445	巴州区(川)	30.00	491	平安县(青)	45.00
400	潜江市(鄂)	900.00	446	稻城县(川)	30.00	492	湟水森林公园(青)	43.00
401	襄城区(鄂)	605.00	447	力邱河林业局(川)	15.00	493	湟源县(青)	18.00
402	巴东县(鄂)	600.00	448	倘甸工业园区(滇)	400.60	494	西吉县(宁)	4746.80
403	洪湖市(鄂)	500.00	449	易门县(滇)	23.00	495	永宁县(宁)	2324.00
404	嘉鱼县(鄂)	430.00	450	阳宗海(滇)	20.00	496	彭阳县(宁)	2250.00
405	汉川市(鄂)	400.00	451	红塔区(滇)	13.00	497	红寺堡区(宁)	1231.89
406	石首市(鄂)	400.00	452	滇池旅游度假区(滇)	10.00	498	平罗县(宁)	1066.08
407	监利县(鄂)	300.00	453	吴起县(陕)	1200.00	499	青铜峡市(宁)	480.00
408	公安县(鄂)	270.00	454	华阴市(陕)	180.00	500	中宁县(宁)	471.81
409	房　县(鄂)	226.00	455	澄城县(陕)	100.00	501	利通区(宁)	400.00
410	建始县(鄂)	180.00	456	定边县(陕)	98.00	502	兴庆区(宁)	259.49
411	蔡甸区(鄂)	180.00	457	宝塔区(陕)	82.50	503	灵武市(宁)	256.77
412	随　县(鄂)	120.00	458	富平县(陕)	32.00	504	贺兰县(宁)	189.00
413	沙市区(鄂)	113.00	459	蒲城县(陕)	31.00	505	同心县(宁)	118.25
414	钟祥市(鄂)	100.00	460	千阳县(陕)	18.00	506	惠农区(宁)	100.00
415	沙洋县(鄂)	100.00	461	志丹县(陕)	13.00	507	沙坡头区(宁)	37.00
416	枣阳市(鄂)	90.00	462	甘州区(甘)	1418.00	508	隆德县(宁)	27.00
417	恩施市(鄂)	66.00	463	玉门市(甘)	1300.00	509	灵武白芨滩国家级自然保护区(宁)	24.14
418	孝昌县(鄂)	50.00	464	临泽县(甘)	913.00	510	盐池县(宁)	15.42
419	当阳市(鄂)	45.00	465	会宁县(甘)	526.00	511	莎车县(新)	1401.30
420	安陆市(鄂)	40.00	466	肃州区(甘)	525.00	512	英吉沙县(新)	1199.10
421	松滋市(鄂)	37.50	467	靖远县(甘)	452.60			

序号	杨树苗主产地	产量(万株)
513	麦盖提县(新)	1046.70
514	温宿县(新)	870.00
515	库车县(新)	796.43
516	叶城县(新)	789.59
517	疏附县(新)	424.00
518	疏勒县(新)	423.30
519	巴楚县(新)	294.00
520	岳普湖县(新)	293.00
521	伽师县(新)	292.75
522	喀什市(新)	268.00
523	哈密市(新)	245.30
524	阿合奇县(新)	200.00
525	奇台县(新)	152.00
526	泽普县(新)	123.32
527	阿瓦提县(新)	93.00
528	额敏县(新)	83.12
529	沙雅县(新)	57.75
530	乌恰县(新)	50.00
531	和布克赛尔蒙古自治县(新)	20.00
532	农三师(新疆兵团)	1170.00
533	农六师(新疆兵团)	1000.00
534	农四师(新疆兵团)	25.00

表 10-20　白蜡苗主产地产量

序号	白蜡苗主产地	产量(万株)
1	北京市林业种子苗木管理总站(京)	193.56
2	平谷区(京)	30.00
3	静海县(津)	147.00
4	宝坻区(津)	42.20
5	津南区(津)	30.00
6	西青区(津)	22.00
7	沧　县(冀)	552.00
8	清苑县(冀)	500.00
9	遵化市(冀)	479.00
10	南和县(冀)	460.00
11	定州市(冀)	380.00
12	博野县(冀)	350.00
13	馆陶县(冀)	310.00
14	河间市(冀)	253.00
15	滦南县(冀)	233.00
16	顺平县(冀)	185.00
17	行唐县(冀)	160.00
18	邱　县(冀)	142.60
19	景　县(冀)	85.00
20	滦　县(冀)	85.00
21	沧州市南大港管理区(冀)	70.00
22	吴桥县(冀)	69.00
23	高邑县(冀)	65.00
24	桃城区(冀)	60.00
25	曲阳县(冀)	60.00
26	魏　县(冀)	58.00
27	盐山县(冀)	54.30
28	蠡　县(冀)	50.00
29	新河县(冀)	47.00
30	邢台县(冀)	42.00
31	泊头市(冀)	38.89
32	青　县(冀)	36.38
33	晋州市(冀)	34.00
34	栾城区(冀)	31.50
35	武强县(冀)	30.00
36	涿州市(冀)	30.00
37	易　县(冀)	30.00
38	任　县(冀)	29.00
39	海兴县(冀)	28.00
40	赵　县(冀)	24.00
41	阜城县(冀)	22.50
42	高阳县(冀)	22.00
43	安国市(冀)	22.00
44	三河市(冀)	21.60
45	黄骅市(冀)	20.00
46	辛集市(冀)	20.00
47	高碑店市(冀)	20.00
48	深泽县(冀)	20.00
49	大厂回族自治县(冀)	19.00
50	元氏县(冀)	18.00
51	抚宁县(冀)	16.50
52	故城县(冀)	15.10
53	正定县(冀)	15.00
54	武邑县(冀)	15.00
55	沧州市临港经济技术开发区(冀)	13.00
56	安平县(冀)	12.00
57	满城县(冀)	10.00
58	垣曲县(晋)	420.00
59	临猗县(晋)	30.00
60	奈曼旗(内蒙古)	202.00
61	鄂托克旗(内蒙古)	18.00
62	鄂托克前旗(内蒙古)	14.18
63	瓦房店市(辽)	100000.00
64	东港市(辽)	2346.00
65	庄河市(辽)	200.00
66	大洼县(辽)	38.00
67	于洪区(辽)	20.00
68	老边区(辽)	10.00
69	大观区(皖)	980.00
70	灵璧县(皖)	75.00
71	成武县(鲁)	210900.00
72	惠民县(鲁)	18000.00
73	无棣县(鲁)	14100.00
74	沾化县(鲁)	5000.00
75	寿光市(鲁)	4500.00
76	乐陵市(鲁)	2850.00
77	利津县(鲁)	2448.00
78	高青县(鲁)	2400.00
79	垦利县(鲁)	2069.00
80	东营区(鲁)	1890.00
81	安丘市(鲁)	1470.00
82	阳信县(鲁)	1250.00
83	嘉祥县(鲁)	1106.00
84	长清区(鲁)	1050.00
85	曲阜市(鲁)	930.00
86	宁津县(鲁)	780.00
87	河口区(鲁)	750.00
88	陵　县(鲁)	618.00
89	临沂市经济技术开发区(鲁)	612.00
90	梁山县(鲁)	570.00
91	东平县(鲁)	450.00
92	河东区(鲁)	270.00
93	济阳县(鲁)	240.00
94	滨城区(鲁)	240.00
95	东昌府区(鲁)	228.80
96	周村区(鲁)	192.00
97	庆云县(鲁)	165.00
98	桓台县(鲁)	151.00
99	汶上县(鲁)	140.00
100	昌乐县(鲁)	140.00
101	平度市(鲁)	126.00
102	海阳市(鲁)	122.00
103	邹城市(鲁)	120.00
104	肥城市(鲁)	65.00
105	邹平县(鲁)	64.78
106	德城区(鲁)	63.00
107	淄川区(鲁)	60.00
108	临淄区(鲁)	60.00
109	阳谷县(鲁)	52.00
110	山亭区(鲁)	40.00
111	德州市市辖区(鲁)	40.00
112	茌平县(鲁)	38.88

序号	白蜡苗主产地	产量(万株)
113	文登市(鲁)	38.00
114	潍城区(鲁)	32.00
115	牟平区(鲁)	30.00
116	莘　县(鲁)	30.00
117	武城县(鲁)	30.00
118	济南市市中区(鲁)	22.50
119	罗庄区(鲁)	10.00
120	坊子区(鲁)	10.00
121	原阳县(豫)	1215.00
122	濮阳县(豫)	1095.00
123	鄢陵县(豫)	850.00
124	栾川县(豫)	832.00
125	南乐县(豫)	700.00
126	西华县(豫)	400.00
127	济源市(豫)	230.00
128	清丰县(豫)	212.90
129	郾城区(豫)	163.05
130	湖滨区(豫)	160.00
131	民权县(豫)	96.80
132	华龙区(豫)	96.00
133	项城市(豫)	75.00
134	濮阳市高新区(豫)	74.45
135	新密市(豫)	72.00
136	汝南县(豫)	50.00
137	滑　县(豫)	50.00
138	牧野区(豫)	48.00
139	许昌县(豫)	46.00
140	范　县(豫)	40.00
141	惠济区(豫)	39.37
142	凤泉区(豫)	38.00
143	太康县(豫)	36.00
144	长葛市(豫)	30.00
145	夏邑县(豫)	30.00
146	商水县(豫)	28.00
147	驿城区(豫)	18.00
148	修武县(豫)	15.00
149	通许县(豫)	14.13
150	天门市(鄂)	30.00
151	湖北省太子山林场管理局(鄂)	18.00
152	安陆市(鄂)	10.00
153	渝北区(渝)	67.30
154	巴州区(川)	30.00
155	正宁林业总场(甘)	90.00
156	临泽县(甘)	63.00
157	合水林业总场(甘)	54.00
158	华池林业总场(甘)	40.30
159	甘州区(甘)	27.00
160	湘乐林业总场(甘)	17.70
161	民勤县(甘)	12.69
162	定西市巉口林业试验场(甘)	10.00
163	永宁县(宁)	648.00
164	平罗县(宁)	324.20
165	兴庆区(宁)	309.42
166	贺兰县(宁)	309.00
167	红寺堡区(宁)	183.30
168	灵武市(宁)	114.35
169	金凤区(宁)	75.00
170	中宁县(宁)	57.05
171	彭阳县(宁)	36.00
172	原州区(宁)	29.80
173	青铜峡市(宁)	22.00
174	惠农区(宁)	15.00
175	大武口区(宁)	11.94
176	米东区(新)	456.00
177	奇台县(新)	155.10
178	阿尔泰林场 (新)	108.50
179	英吉沙县(新)	69.00
180	疏附县(新)	35.60
181	疏勒县(新)	30.00
182	奇台林场(新)	20.70
183	呼图壁林场(新)	15.60
184	乌苏林场(新)	15.00
185	伽师县(新)	11.36
186	农六师(新疆兵团)	300.00
187	农四师(新疆兵团)	15.00

表 10-21　水曲柳苗主产地产量

序号	水曲柳苗主产地	产量(万株)
1	振安区(辽)	500.00
2	长白山林业局(吉)	700.00
3	集安市(吉)	126.40
4	长白朝鲜族自治县(吉)	50.00
5	八家子林业局(吉)	50.00
6	长白森林经营局(吉)	30.00
7	辉南县(吉)	13.00
8	白山市市辖区(吉)	10.00
9	孟家岗林场(黑)	70.00
10	尚志国有林场管理局(黑)	40.00
11	庆安国有林场管理局(黑)	17.00
12	五河县(皖)	158.00
13	松江河林业有限公司(吉林森工)	722.00
14	三岔子林业局(吉林森工)	385.38
15	露水河林业局(吉林森工)	150.50
16	白石山林业局(吉林森工)	65.10
17	临江林业局(吉林森工)	22.00
18	迎春林业局(龙江森工)	288.00
19	兴隆林业局(龙江森工)	161.80
20	南岔林业局(龙江森工)	75.70
21	朗乡林业局(龙江森工)	42.60
22	穆棱林业局(龙江森工)	37.40
23	苇河林业局(龙江森工)	27.80
24	大海林林业局(龙江森工)	26.00
25	山河屯林业局(龙江森工)	23.60
26	鹤立林业局(龙江森工)	16.10
27	桦南林业局(龙江森工)	15.00
28	金山屯林业局(龙江森工)	14.70
29	绥棱林业局(龙江森工)	12.40
30	乌马河林业局(龙江森工)	12.00
31	乌伊岭林业局(龙江森工)	11.00
32	八面通林业局(龙江森工)	10.00

表 10-22　榆树苗主产地产量

序号	榆树苗主产地	产量(万株)
1	尚义县(冀)	2315.00
2	阳原县(冀)	1332.00
3	康保县(冀)	1319.00
4	定州市(冀)	1300.00
5	博野县(冀)	1200.00
6	沽源县(冀)	1100.00
7	张北县(冀)	1000.00
8	丰宁满族自治县(冀)	750.00
9	馆陶县(冀)	500.00
10	安国市(冀)	382.00
11	围场满族蒙古族自治县(冀)	370.00
12	顺平县(冀)	250.00
13	河间市(冀)	220.00
14	赵　县(冀)	135.00
15	吴桥县(冀)	117.90
16	清苑县(冀)	100.00
17	高邑县(冀)	86.00
18	沙河市(冀)	80.00
19	景　县(冀)	68.00
20	盐山县(冀)	23.84
21	张家口市高新技术管理区(冀)	23.45
22	邢台县(冀)	23.00
23	高阳县(冀)	23.00
24	辛集市(冀)	20.00

序号	榆树苗主产地	产量(万株)
25	安平县(冀)	14.00
26	任　县(冀)	12.00
27	海兴县(冀)	10.00
28	怀安县(冀)	10.00
29	大同县(晋)	30.00
30	巴林右旗(内蒙古)	2543.00
31	察哈尔右翼后旗(内蒙古)	900.00
32	土默特右旗(内蒙古)	545.00
33	松山区(内蒙古)	504.00
34	五原县(内蒙古)	350.00
35	杭锦后旗(内蒙古)	272.00
36	四子王旗(内蒙古)	255.00
37	林西县(内蒙古)	200.00
38	杭锦旗(内蒙古)	197.00
39	乌审旗(内蒙古)	193.00
40	察哈尔右翼中旗(内蒙古)	107.00
41	卓资县(内蒙古)	100.00
42	克什克腾旗(内蒙古)	66.00
43	鄂托克前旗(内蒙古)	60.19
44	集宁区(内蒙古)	36.00
45	固阳县(内蒙古)	29.23
46	阿鲁科尔沁旗(内蒙古)	24.00
47	商都县(内蒙古)	20.00
48	鄂托克旗(内蒙古)	12.00
49	察哈尔右翼前旗(内蒙古)	12.00
50	石拐区(内蒙古)	10.00
51	康平县(辽)	350.00
52	喀喇沁左翼蒙古族自治县(辽)	118.00
53	大洼县(辽)	46.00
54	太子河区(辽)	40.00
55	新民市(辽)	33.00
56	莲花山开发区(吉)	43.00
57	丰满区(吉)	25.00
58	白城市市辖区(吉)	21.00
59	明水县(黑)	400.00
60	呼兰区(黑)	220.00
61	兰西县(黑)	200.00
62	桐城市(皖)	15.00
63	垦利县(鲁)	600.00
64	宁津县(鲁)	300.00
65	利津县(鲁)	95.00
66	东营区(鲁)	90.00
67	武城县(鲁)	67.50
68	河口区(鲁)	45.00
69	陵　县(鲁)	29.00
70	华龙区(豫)	15.40
71	乾　县(陕)	135.00
72	宝塔区(陕)	50.00
73	临泽县(甘)	570.00
74	高台县(甘)	420.30
75	甘州区(甘)	237.60
76	永昌县(甘)	98.02
77	宕昌县(甘)	45.00
78	古浪县(甘)	25.00
79	凉州区(甘)	25.00
80	靖远县(甘)	22.50
81	定西市巉口林业试验场(甘)	10.00
82	乐都县(青)	1304.00
83	湟中县(青)	190.00
84	互助土族自治县(青)	80.72
85	民和回族土族自治县(青)	61.20
86	平安县(青)	52.00
87	永宁县(宁)	1446.00
88	原州区(宁)	314.00
89	平罗县(宁)	153.83
90	西吉县(宁)	134.50
91	贺兰县(宁)	109.00
92	红寺堡区(宁)	89.70
93	同心县(宁)	82.88
94	兴庆区(宁)	80.61
95	盐池县(宁)	72.84
96	灵武市(宁)	59.65
97	彭阳县(宁)	36.00
98	灵武白芨滩国家级自然保护区(宁)	25.31
99	利通区(宁)	14.40
100	奇台县(新)	1064.00
101	米东区(新)	273.75
102	巴楚县(新)	34.00
103	哈密市(新)	30.35
104	英吉沙县(新)	20.70
105	水磨沟区(新)	14.00
106	富蕴林场(新)	11.00
107	农六师(新疆兵团)	800.00

表 10-23　楠木苗主产地产量

序号	楠木苗主产地	产量(万株)
1	建德市(浙)	60.00
2	泰顺县(浙)	15.00
3	芦溪县(赣)	80.00
4	临川区(赣)	10.00
5	泰和县(赣)	10.00
6	宜城市(鄂)	227.00
7	沙洋县(鄂)	200.00
8	樊城区(鄂)	110.00
9	远安县(鄂)	36.00
10	来凤县(鄂)	30.00
11	宜都市(鄂)	20.00
12	竹溪县(鄂)	20.00
13	宣恩县(鄂)	20.00
14	新宁县(湘)	800.00
15	株洲县(湘)	350.00
16	金洞林场(湘)	200.00
17	涟源市(湘)	136.00
18	新邵县(湘)	60.00
19	常宁市(湘)	48.60
20	临澧县(湘)	45.00
21	石门县(湘)	25.00
22	桑植县(湘)	15.00
23	安化县(湘)	10.00
24	洞口县(湘)	10.00
25	新化县(湘)	10.00
26	南澳县(粤)	91.00
27	郁南县(粤)	25.00
28	龙眼洞林场(粤)	10.00
29	阳朔县(桂)	180.00
30	昭平县(桂)	72.20
31	融水苗族自治县(桂)	20.00
32	江津区(渝)	20.00
33	丹棱县(川)	420.00
34	芦山县(川)	400.00
35	长宁县(川)	400.00
36	名山县(川)	300.00
37	雨城区(川)	200.00
38	合江县(川)	120.00
39	四川省大渡河造林局(川)	100.00
40	游仙区(川)	50.00
41	大邑县(川)	30.00
42	高　县(川)	23.30
43	都江堰市(川)	22.00
44	思南县(黔)	20.00
45	印江土家族苗族自治县(黔)	10.00
46	石林彝族自治县(滇)	88.00
47	江川县(滇)	14.95

表 10-24　桉树苗主产地产量

序号	桉树苗主产地	产量(万株)
1	赣　县(赣)	120.00

序号	桉树苗主产地	产量(万株)
2	遂溪县(粤)	7524.00
3	霞山区(粤)	3000.00
4	麻章区(粤)	2231.00
5	雷州市(粤)	1800.00
6	廉江市(粤)	700.00
7	高要市(粤)	690.00
8	乳源瑶族自治县(粤)	450.00
9	高州市(粤)	395.00
10	鼎湖区(粤)	320.00
11	徐闻县(粤)	310.00
12	乐昌市(粤)	300.00
13	新会区(粤)	300.00
14	封开县(粤)	250.00
15	吴川市(粤)	200.00
16	阳西县(粤)	188.00
17	饶平县(粤)	160.00
18	怀集县(粤)	120.50
19	台山市(粤)	104.00
20	化州市(粤)	100.00
21	清城区(粤)	95.00
22	清新县(粤)	80.00
23	恩平市(粤)	70.00
24	湛江市东海岛区(粤)	70.00
25	清远市属总林场(粤)	42.00
26	东门林场(桂)	5158.00
27	博白林场(桂)	3040.00
28	钦南区(桂)	2500.00
29	钦北区(桂)	1423.00
30	环江毛南族自治县(桂)	1121.30
31	武宣县(桂)	1054.60
32	玉州区(桂)	1000.00
33	忻城县(桂)	812.00
34	横　县(桂)	787.00
35	苍梧县(桂)	781.00
36	象州县(桂)	508.00
37	高峰林场(桂)	472.33
38	大桂山林场(桂)	450.50
39	田东县(桂)	410.00
40	田阳县(桂)	400.00
41	良庆区(桂)	395.00
42	浦北县(桂)	350.00
43	七坡林场(桂)	343.00
44	维都林场(桂)	308.90
45	三门江林场(桂)	300.00
46	派阳山林场(桂)	228.48
47	合山市(桂)	160.00
48	金城江区(桂)	100.00
49	防城区(桂)	80.00
50	藤　县(桂)	70.00
51	昭平县(桂)	57.00
52	黄冕林场(桂)	43.69
53	马山县(桂)	40.00
54	良凤江国家森林公园(桂)	39.22
55	铁山港区(桂)	25.00
56	那坡县(桂)	20.00
57	永川区(渝)	500.00
58	潼南县(渝)	366.00
59	荣昌县(渝)	52.00
60	长寿区(渝)	33.40
61	九龙坡区(渝)	22.00
62	泸　县(川)	400.00
63	乐山市市辖区(川)	253.00
64	荣　县(川)	220.00
65	夹江县(川)	200.00
66	东坡区(川)	162.50
67	梓潼县(川)	100.00
68	高坪区(川)	100.00
69	江油市(川)	100.00
70	南江县(川)	80.00
71	威远县(川)	30.00
72	武胜县(川)	15.00
73	砚山县(滇)	500.00
74	南华县(滇)	209.40
75	弥勒市(滇)	166.00
76	云　县(滇)	75.00
77	禄丰县(滇)	58.00
78	双江拉祜族佤族布朗族傣族自治县(滇)	46.00
79	沧源佤族自治县(滇)	30.00
80	倘甸工业园区(滇)	20.00
81	新和县(新)	624.00

表 10-25　香樟苗主产地产量

序号	香樟苗主产地	产量(万株)
1	松江区(沪)	100.40
2	闵行区(沪)	34.10
3	嘉定区(沪)	27.60
4	浦东新区(沪)	12.13
5	昆山市(苏)	38.00
6	句容市(苏)	20.00
7	奉化市(浙)	380.00
8	慈溪市(浙)	370.00
9	秀洲区(浙)	272.90
10	桐乡市(浙)	240.00
11	黄岩区(浙)	163.00
12	嘉善县(浙)	153.60
13	金东区(浙)	120.00
14	浦江县(浙)	100.20
15	临安市(浙)	80.00
16	宁海县(浙)	80.00
17	三门县(浙)	73.00
18	鄞州区(浙)	70.00
19	义乌市(浙)	60.00
20	玉环县(浙)	60.00
21	海盐县(浙)	46.70
22	新昌县(浙)	40.00
23	瓯海区(浙)	35.00
24	天台县(浙)	35.00
25	路桥区(浙)	30.00
26	温岭市(浙)	26.00
27	青田县(浙)	26.00
28	象山县(浙)	25.00
29	淳安县(浙)	21.33
30	衢江区(浙)	20.00
31	越城区(浙)	18.20
32	龙湾区(浙)	11.00
33	永嘉县(浙)	10.00
34	鸠江区(皖)	4000.00
35	肥西县(皖)	1195.00
36	芜湖县(皖)	180.00
37	长丰县(皖)	155.00
38	贵池区(皖)	153.00
39	桐城市(皖)	150.00
40	寿　县(皖)	126.00
41	望江县(皖)	118.00
42	弋江区(皖)	100.00
43	屯溪区(皖)	100.00
44	无为县(皖)	96.00
45	巢湖市(皖)	86.81
46	当涂县(皖)	44.55
47	潜山县(皖)	40.00
48	广德县(皖)	32.00
49	郎溪县(皖)	30.00
50	霍山县(皖)	30.00
51	金安区(皖)	30.00
52	东至县(皖)	29.00
53	庐阳区(皖)	23.20
54	旌德县(皖)	18.00

序号	香樟苗主产地	产量(万株)
55	太湖县(皖)	15.00
56	高安市(赣)	1144.50
57	上高县(赣)	1020.00
58	金溪县(赣)	260.00
59	新建县(赣)	240.00
60	上犹县(赣)	200.00
61	兴国县(赣)	200.00
62	芦溪县(赣)	107.00
63	余江县(赣)	83.00
64	樟树市(赣)	76.00
65	龙南县(赣)	30.00
66	宁都县(赣)	25.00
67	瑞金市(赣)	25.00
68	共青城市(赣)	24.00
69	渝水区(赣)	18.50
70	潢川县(豫)	345.00
71	淅川县(豫)	53.00
72	新野县(豫)	48.60
73	邓州市(豫)	30.00
74	老河口市(鄂)	750.00
75	当阳市(鄂)	650.00
76	荆门市市辖区(鄂)	413.57
77	沙洋县(鄂)	400.00
78	天门市(鄂)	400.00
79	荆州区(鄂)	200.00
80	钟祥市(鄂)	200.00
81	襄城区(鄂)	160.00
82	蔡甸区(鄂)	125.00
83	宜都市(鄂)	100.00
84	襄州区(鄂)	85.00
85	京山县(鄂)	80.00
86	掇刀区(鄂)	72.00
87	樊城区(鄂)	55.00
88	松滋市(鄂)	50.00
89	汉川市(鄂)	50.00
90	竹山县(鄂)	36.00
91	阳新县(鄂)	30.00
92	罗田县(鄂)	30.00
93	大冶市(鄂)	30.00
94	安陆市(鄂)	30.00
95	来凤县(鄂)	30.00
96	江陵县(鄂)	23.00
97	湖北省太子山林场管理局(鄂)	15.00
98	宁乡县(湘)	900.00
99	华容县(湘)	500.00
100	新宁县(湘)	300.00
101	赫山区(湘)	300.00
102	衡山县(湘)	295.60
103	云溪区(湘)	240.00
104	桂阳县(湘)	201.66
105	涟源市(湘)	171.00
106	株洲县(湘)	140.00
107	临澧县(湘)	120.00
108	汨罗市(湘)	96.00
109	桂东县(湘)	90.00
110	洞口县(湘)	60.00
111	嘉禾县(湘)	55.00
112	金洞林场(湘)	50.00
113	常宁市(湘)	39.80
114	荷塘区(湘)	36.00
115	苏仙区(湘)	32.00
116	冷水江市(湘)	30.00
117	沅陵县(湘)	25.00
118	双峰县(湘)	20.00
119	湘阴县(湘)	18.00
120	安仁县(湘)	12.50
121	岳阳市市辖区(湘)	12.40
122	炎陵县(湘)	12.00
123	新田县(湘)	10.00
124	乳源瑶族自治县(粤)	720.00
125	乐昌市(粤)	500.00
126	丰顺县(粤)	350.00
127	大埔县(粤)	200.00
128	新丰江林管局(粤)	150.00
129	饶平县(粤)	150.00
130	翁源县(粤)	150.00
131	云城区(粤)	120.00
132	信宜市(粤)	90.00
133	五华县(粤)	72.00
134	连平县(粤)	70.00
135	新丰县(粤)	66.00
136	封开县(粤)	62.00
137	阳山县(粤)	60.00
138	海丰县(粤)	60.00
139	始兴县(粤)	60.00
140	潮安县(粤)	50.00
141	梅江区(粤)	40.00
142	佛冈县(粤)	35.00
143	电白区(粤)	35.00
144	南澳县(粤)	30.00
145	湘桥区(粤)	21.60
146	连南瑶族自治县(粤)	20.00
147	龙眼洞林场(粤)	20.00
148	罗定市(粤)	15.00
149	阳朔县(桂)	960.00
150	南川区(渝)	675.00
151	黔江区(渝)	372.00
152	奉节县(渝)	300.00
153	万盛区(渝)	150.00
154	潼南县(渝)	75.00
155	巴南区(渝)	60.00
156	开　县(渝)	45.00
157	丰都县(渝)	18.00
158	沙坪坝区(渝)	15.00
159	安　县(川)	300.00
160	芦山县(川)	200.00
161	合江县(川)	120.00
162	江油市(川)	70.00
163	平昌县(川)	60.00
164	游仙区(川)	50.00
165	富顺县(川)	50.00
166	蓬安县(川)	40.00
167	四川省大渡河造林局(川)	30.00
168	新都区(川)	29.40
169	荣　县(川)	25.00
170	都江堰市(川)	24.00
171	龙泉驿区(川)	23.00
172	罗江县(川)	20.00
173	威远县(川)	20.00
174	渠　县(川)	20.00
175	岳池县(川)	11.00
176	筠连县(川)	10.00
177	龙里县(黔)	32.00
178	汇川区(黔)	24.00
179	锦屏县(黔)	10.00
180	万山区(黔)	10.00
181	倘甸工业园区(滇)	120.00
182	西山区(滇)	40.00
183	嵩明县(滇)	32.00
184	澄江县(滇)	18.00
185	彝良县(滇)	16.02
186	紫阳县(陕)	400.00
187	石泉县(陕)	12.00

表 10-26　女贞苗主产地产量

序号	女贞苗主产地	产量(万株)
1	定州市(冀)	16365.00
2	滦南县(冀)	654.60

序号	女贞苗主产地	产量(万株)	序号	女贞苗主产地	产量(万株)	序号	女贞苗主产地	产量(万株)
3	南和县(冀)	380.00	49	芜湖县(皖)	12.00	95	内黄县(豫)	45.00
4	沧　县(冀)	152.00	50	弋江区(皖)	10.00	96	温　县(豫)	36.00
5	深州市(冀)	135.00	51	淮上区(皖)	10.00	97	方城县(豫)	31.50
6	运河区(冀)	51.00	52	利辛县(皖)	10.00	98	新郑市(豫)	30.00
7	开平区(冀)	50.00	53	九江县(赣)	2948.00	99	镇平县(豫)	25.00
8	山海关区(冀)	24.00	54	临川区(赣)	38.40	100	原阳县(豫)	22.00
9	抚宁县(冀)	16.00	55	新建县(赣)	15.00	101	义马市(豫)	22.00
10	阳城县(晋)	36.00	56	新泰市(鲁)	1150.00	102	华龙区(豫)	22.00
11	阳泉市郊区(晋)	20.00	57	河东区(鲁)	850.00	103	荥阳市(豫)	20.00
12	莲花山开发区(吉)	180.00	58	东平县(鲁)	80.00	104	洛宁县(豫)	18.00
13	睢宁县(苏)	3600.00	59	岚山区(鲁)	73.00	105	南乐县(豫)	18.00
14	大丰市(苏)	770.00	60	临沂市经济技术开发区(鲁)	50.00	106	金水区(豫)	16.97
15	句容市(苏)	26.00	61	昌乐县(鲁)	30.00	107	凤泉区(豫)	16.80
16	北仑区(浙)	600.00	62	诸城市(鲁)	20.00	108	正阳县(豫)	15.00
17	慈溪市(浙)	205.00	63	曲阜市(鲁)	20.00	109	博爱县(豫)	15.00
18	金东区(浙)	180.00	64	武陟县(豫)	4400.00	110	睢阳区(豫)	10.30
19	缙云县(浙)	67.50	65	鄢陵县(豫)	900.00	111	柘城县(豫)	10.00
20	余杭区(浙)	56.00	66	新安县(豫)	800.00	112	蔡甸区(鄂)	800.00
21	海宁市(浙)	50.50	67	济源市(豫)	650.00	113	大悟县(鄂)	400.00
22	宁海县(浙)	35.00	68	光山县(豫)	560.00	114	来凤县(鄂)	225.00
23	奉化市(浙)	30.00	69	潢川县(豫)	500.00	115	沙洋县(鄂)	200.00
24	秀洲区(浙)	23.10	70	内乡县(豫)	400.00	116	荆门市市辖区(鄂)	167.56
25	青田县(浙)	14.80	71	卧龙区(豫)	380.00	117	潜江市(鄂)	100.00
26	三门县(浙)	14.80	72	许昌县(豫)	240.00	118	樊城区(鄂)	78.00
27	定海区(浙)	12.25	73	禹州市(豫)	200.00	119	当阳市(鄂)	50.00
28	衢江区(浙)	12.00	74	滑　县(豫)	200.00	120	汉川市(鄂)	40.00
29	越城区(浙)	10.50	75	嵩　县(豫)	198.00	121	宜都市(鄂)	30.00
30	嵊州市(浙)	10.00	76	尉氏县(豫)	184.00	122	枣阳市(鄂)	14.00
31	宣城市市辖区(皖)	1500.00	77	长葛市(豫)	182.00	123	张湾区(鄂)	10.00
32	肥西县(皖)	980.00	78	商水县(豫)	168.00	124	宜城市(鄂)	10.00
33	界首市(皖)	400.00	79	邓州市(豫)	162.00	125	娄星区(湘)	410.00
34	金安区(皖)	300.00	80	郾城区(豫)	147.00	126	汝城县(湘)	105.00
35	怀远县(皖)	200.00	81	舞钢市(豫)	135.00	127	醴陵市(湘)	90.00
36	舒城县(皖)	150.00	82	宜阳县(豫)	130.20	128	洞口县(湘)	12.00
37	桐城市(皖)	120.00	83	西华县(豫)	120.10	129	乳源瑶族自治县(粤)	225.00
38	潘集区(皖)	108.00	84	宝丰县(豫)	103.00	130	连州市(粤)	10.91
39	固镇县(皖)	100.00	85	淅川县(豫)	95.00	131	那坡县(桂)	55.00
40	庐阳区(皖)	77.50	86	新蔡县(豫)	90.00	132	渝北区(渝)	2500.00
41	濉溪县(皖)	70.00	87	牧野区(豫)	81.00	133	巴南区(渝)	100.00
42	谯城区(皖)	30.00	88	太康县(豫)	80.00	134	高　县(川)	270.00
43	巢湖市(皖)	29.98	89	中原区(豫)	80.00	135	巴州区(川)	50.00
44	灵璧县(皖)	25.00	90	惠济区(豫)	79.60	136	峨边彝族自治县(川)	18.00
45	无为县(皖)	24.00	91	安阳县(豫)	77.00	137	普定县(黔)	90.00
46	毛集实验区(皖)	20.00	92	新野县(豫)	66.96	138	龙里县(黔)	60.00
47	颍泉区(皖)	18.00	93	项城市(豫)	64.00	139	开阳县(黔)	17.40
48	五河县(皖)	15.70	94	新密市(豫)	63.35	140	沿河土家族自治县(黔)	15.00

序号	女贞苗主产地	产量(万株)
141	道真仡佬族苗族自治县(黔)	13.00
142	石林彝族自治县(滇)	106.60
143	嵩明县(滇)	60.00
144	户　县(陕)	400.00
145	紫阳县(陕)	90.00
146	武功县(陕)	70.00
147	澄城县(陕)	60.00
148	蒲城县(陕)	43.00
149	南郑县(陕)	40.00
150	镇坪县(陕)	25.00
151	岚皋县(陕)	20.00
152	长安区(陕)	14.00
153	泾阳县(陕)	10.00

表 10-27　杜英苗主产地产量

序号	杜英苗主产地	产量(万株)
1	余杭区(浙)	43.00
2	弋江区(皖)	15.00
3	东乡县(赣)	98.00
4	龙南县(赣)	50.00
5	新建县(赣)	42.00
6	宁都县(赣)	21.00
7	临川区(赣)	10.40
8	星子县(赣)	10.00
9	襄城区(鄂)	55.00
10	蔡甸区(鄂)	17.00
11	罗田县(鄂)	15.00
12	娄星区(湘)	158.00
13	蓝山县(湘)	110.00
14	赫山区(湘)	100.00
15	汝城县(湘)	90.00
16	桃源县(湘)	80.00
17	珠晖区(湘)	50.00
18	双峰县(湘)	30.00
19	株洲县(湘)	30.00
20	洞口县(湘)	30.00
21	涟源市(湘)	22.00
22	南岳区(湘)	20.00
23	武冈市(湘)	20.00
24	醴陵市(湘)	12.00
25	南雄市(粤)	300.00
26	和平县(粤)	60.00
27	清新县(粤)	50.00
28	五华县(粤)	45.00
29	连州市(粤)	28.33
30	东源县(粤)	25.00
31	龙门县(粤)	25.00
32	龙眼洞林场(粤)	10.00
33	蕉岭县(粤)	10.00
34	黄冕林场(桂)	10.00
35	巴南区(渝)	80.00
36	渝北区(渝)	22.20
37	沙坪坝区(渝)	12.00

表 10-28　桂花苗主产地产量

序号	桂花苗主产地	产量(万株)
1	松江区(沪)	21.80
2	嘉定区(沪)	16.50
3	闵行区(沪)	16.42
4	新昌县(浙)	1300.00
5	黄岩区(浙)	1067.00
6	嵊州市(浙)	800.00
7	象山县(浙)	500.00
8	奉化市(浙)	450.00
9	义乌市(浙)	370.00
10	武义县(浙)	320.00
11	余杭区(浙)	311.00
12	金东区(浙)	180.00
13	鄞州区(浙)	170.00
14	宁海县(浙)	150.00
15	永康市(浙)	147.53
16	仙居县(浙)	130.00
17	缙云县(浙)	95.30
18	淳安县(浙)	94.35
19	浦江县(浙)	85.00
20	临安市(浙)	83.00
21	建德市(浙)	80.00
22	慈溪市(浙)	59.00
23	天台县(浙)	50.00
24	海宁市(浙)	44.30
25	秀洲区(浙)	42.70
26	定海区(浙)	40.53
27	永嘉县(浙)	38.00
28	温岭市(浙)	37.00
29	衢江区(浙)	35.00
30	云和县(浙)	32.00
31	嘉善县(浙)	32.00
32	常山县(浙)	30.00
33	桐乡市(浙)	30.00
34	越城区(浙)	28.20
35	南湖区(浙)	23.00
36	北仑区(浙)	16.00
37	莲都区(浙)	15.50
38	苍南县(浙)	12.70
39	松阳县(浙)	12.30
40	泰顺县(浙)	10.00
41	肥西县(皖)	1250.00
42	旌德县(皖)	1100.00
43	含山县(皖)	500.00
44	绩溪县(皖)	400.00
45	桐城市(皖)	300.00
46	颍东区(皖)	300.00
47	无为县(皖)	170.00
48	界首市(皖)	160.00
49	长丰县(皖)	112.00
50	屯溪区(皖)	100.00
51	枞阳县(皖)	90.00
52	徽州区(皖)	45.00
53	霍邱县(皖)	40.00
54	潜山县(皖)	35.00
55	广德县(皖)	33.00
56	当涂县(皖)	30.15
57	弋江区(皖)	30.00
58	东至县(皖)	30.00
59	五河县(皖)	30.00
60	郎溪县(皖)	30.00
61	庐阳区(皖)	26.80
62	望江县(皖)	22.00
63	贵池区(皖)	20.00
64	金安区(皖)	19.00
65	石台县(皖)	15.00
66	宣城市市辖区(皖)	15.00
67	祁门县(皖)	15.00
68	巢湖市(皖)	14.66
69	怀远县(皖)	10.00
70	包河区(皖)	10.00
71	九江县(赣)	4433.00
72	信州区(赣)	1600.00
73	上高县(赣)	750.00
74	新建县(赣)	720.00
75	万年县(赣)	600.00
76	东乡县(赣)	300.00
77	宁都县(赣)	200.00
78	芦溪县(赣)	166.80
79	共青城市(赣)	152.00
80	宜丰县(赣)	100.00
81	高安市(赣)	95.20
82	会昌县(赣)	90.00

序号	桂花苗主产地	产量(万株)
83	崇义县(赣)	80.00
84	彭泽县(赣)	75.20
85	临川区(赣)	66.70
86	星子县(赣)	45.00
87	铜鼓县(赣)	43.00
88	龙南县(赣)	40.00
89	樟树市(赣)	32.00
90	玉山县(赣)	30.00
91	瑞昌市(赣)	12.74
92	余江县(赣)	11.60
93	黎川县(赣)	11.50
94	安源区(赣)	10.00
95	费　县(鲁)	400.00
96	河东区(鲁)	360.00
97	潢川县(豫)	5500.00
98	光山县(豫)	110.00
99	固始县(豫)	110.00
100	孟津县(豫)	72.00
101	新野县(豫)	70.20
102	济源市(豫)	53.00
103	荥阳市(豫)	30.00
104	镇平县(豫)	28.00
105	夏邑县(豫)	23.00
106	淅川县(豫)	21.80
107	源汇区(豫)	18.00
108	遂平县(豫)	18.00
109	新密市(豫)	15.80
110	平桥区(豫)	15.00
111	宜都市(鄂)	6000.00
112	长阳土家族自治县(鄂)	800.00
113	孝昌县(鄂)	800.00
114	来凤县(鄂)	675.00
115	巴东县(鄂)	600.00
116	嘉鱼县(鄂)	550.00
117	天门市(鄂)	480.00
118	恩施市(鄂)	470.00
119	老河口市(鄂)	375.00
120	荆门市市辖区(鄂)	267.35
121	钟祥市(鄂)	200.00
122	沙洋县(鄂)	200.00
123	浠水县(鄂)	187.50
124	大悟县(鄂)	165.00
125	宣恩县(鄂)	150.00
126	襄城区(鄂)	140.00
127	通城县(鄂)	130.00
128	樊城区(鄂)	120.00
129	南漳县(鄂)	110.00
130	襄州区(鄂)	68.00
131	东宝区(鄂)	67.00
132	利川市(鄂)	56.00
133	当阳市(鄂)	52.00
134	蔡甸区(鄂)	51.50
135	安陆市(鄂)	50.00
136	鄂州市市辖区(鄂)	50.00
137	红安县(鄂)	36.00
138	竹山县(鄂)	36.00
139	郧　县(鄂)	35.00
140	五峰土家族自治县(鄂)	30.00
141	公安县(鄂)	30.00
142	黄州区(鄂)	12.50
143	湖北省太子山林场管理局(鄂)	10.00
144	掇刀区(鄂)	10.00
145	监利县(鄂)	10.00
146	娄星区(湘)	550.00
147	韶山市(湘)	550.00
148	武冈市(湘)	300.00
149	珠晖区(湘)	300.00
150	株洲县(湘)	225.00
151	汝城县(湘)	150.00
152	云溪区(湘)	120.00
153	涟源市(湘)	105.00
154	桂东县(湘)	100.00
155	桃源县(湘)	100.00
156	新宁县(湘)	100.00
157	金洞林场(湘)	100.00
158	荷塘区(湘)	81.00
159	苏仙区(湘)	76.00
160	零陵区(湘)	65.00
161	汨罗市(湘)	60.00
162	蒸湘区(湘)	50.00
163	沅陵县(湘)	45.00
164	芷江侗族自治县(湘)	34.00
165	洞口县(湘)	32.00
166	蓝山县(湘)	30.80
167	茶陵县(湘)	30.00
168	安仁县(湘)	30.00
169	隆回县(湘)	21.00
170	浏阳市(湘)	20.00
171	大祥区(湘)	18.00
172	南岳区(湘)	15.00
173	祁东县(湘)	13.60
174	岳阳市市辖区(湘)	10.73
175	冷水江市(湘)	10.00
176	阳山县(粤)	120.00
177	清新县(粤)	100.00
178	乐昌市(粤)	30.00
179	翁源县(粤)	30.00
180	清城区(粤)	12.00
181	惠城区(粤)	10.00
182	阳朔县(桂)	5300.00
183	融安县(桂)	1024.93
184	恭城瑶族自治县(桂)	50.25
185	三门江林场(桂)	33.00
186	金秀瑶族自治县(桂)	30.00
187	靖西县(桂)	30.00
188	那坡县(桂)	25.00
189	石柱土家族自治县(渝)	750.00
190	酉阳土家族苗族自治县(渝)	550.00
191	黔江区(渝)	308.00
192	南川区(渝)	200.00
193	合川区(渝)	180.00
194	奉节县(渝)	100.00
195	巴南区(渝)	100.00
196	九龙坡区(渝)	55.00
197	荣昌县(渝)	38.00
198	开　县(渝)	36.30
199	武隆县(渝)	36.00
200	丰都县(渝)	25.00
201	綦江县(渝)	20.00
202	沙坪坝区(渝)	18.00
203	江北区(渝)	14.50
204	万盛区(渝)	13.50
205	永川区(渝)	10.00
206	苍溪县(川)	1200.00
207	安　县(川)	600.00
208	通川区(川)	410.00
209	泸　县(川)	400.00
210	乐至县(川)	280.00
211	大竹县(川)	200.00
212	名山县(川)	180.00
213	西充县(川)	180.00
214	游仙区(川)	150.00
215	巴州区(川)	120.00
216	新都区(川)	89.00
217	高　县(川)	76.40
218	前锋区(川)	60.00
219	崇州市(川)	30.00
220	通江县(川)	30.00

序号	桂花苗主产地	产量(万株)
221	古蔺县(川)	30.00
222	南部县(川)	30.00
223	都江堰市(川)	25.00
224	广汉市(川)	20.00
225	简阳市(川)	16.00
226	岳池县(川)	14.00
227	三都水族自治县(黔)	800.00
228	思南县(黔)	200.00
229	龙里县(黔)	182.00
230	西秀区(黔)	176.00
231	开阳县(黔)	76.18
232	道真仡佬族苗族自治县(黔)	75.40
233	瓮安县(黔)	62.05
234	松桃苗族自治县(黔)	60.00
235	汇川区(黔)	50.00
236	万山区(黔)	50.00
237	绥阳县(黔)	35.00
238	德江县(黔)	30.00
239	荔波县(黔)	14.20
240	南明区(黔)	12.66
241	锦屏县(黔)	10.00
242	嵩明县(滇)	29.10
243	石林彝族自治县(滇)	20.40
244	弥渡县(滇)	16.91
245	紫阳县(陕)	100.00
246	南郑县(陕)	78.00
247	略阳县(陕)	33.00
248	石泉县(陕)	22.50
249	汉阴县(陕)	15.00
250	户　县(陕)	10.00

表 10-29　广玉兰苗主产地产量

序号	广玉兰苗主产地	产量(万株)
1	定州市(冀)	300.00
2	奉化市(浙)	60.00
3	新昌县(浙)	60.00
4	嵊州市(浙)	55.00
5	秀洲区(浙)	22.50
6	金东区(浙)	14.00
7	余杭区(浙)	13.50
8	嘉善县(浙)	13.20
9	越城区(浙)	12.80
10	海宁市(浙)	10.10
11	鸠江区(皖)	280.00
12	肥西县(皖)	180.00
13	长丰县(皖)	124.00
14	无为县(皖)	61.00
15	郎溪县(皖)	30.00
16	杜集区(皖)	30.00
17	贵池区(皖)	20.00
18	潜山县(皖)	15.00
19	金安区(皖)	12.00
20	信州区(赣)	1500.00
21	新建县(赣)	10.00
22	临沭县(鲁)	66.70
23	东平县(鲁)	15.00
24	东港区(鲁)	13.00
25	潢川县(豫)	3900.00
26	鄢陵县(豫)	210.00
27	郾城区(豫)	124.95
28	宝丰县(豫)	100.00
29	卧龙区(豫)	56.00
30	邓州市(豫)	53.00
31	光山县(豫)	35.00
32	惠济区(豫)	30.80
33	源汇区(豫)	30.00
34	方城县(豫)	23.00
35	许昌县(豫)	19.00
36	新郑市(豫)	18.50
37	长葛市(豫)	15.00
38	驿城区(豫)	12.00
39	荆门市市辖区(鄂)	201.88
40	钟祥市(鄂)	200.00
41	大悟县(鄂)	110.00
42	蔡甸区(鄂)	91.00
43	天门市(鄂)	90.00
44	樊城区(鄂)	88.00
45	沙洋县(鄂)	50.00
46	襄城区(鄂)	35.00
47	当阳市(鄂)	30.00
48	宜都市(鄂)	20.00
49	松滋市(鄂)	20.00
50	竹山县(鄂)	10.00
51	株洲县(湘)	150.00
52	双峰县(湘)	60.00
53	娄星区(湘)	35.00
54	醴陵市(湘)	12.00
55	洞口县(湘)	11.00
56	大足县(渝)	4000.00
57	巴南区(渝)	60.00
58	南郑县(陕)	48.00

表 10-30　雪松苗主产地产量

序号	雪松苗主产地	产量(万株)
1	定州市(冀)	510.00
2	河津市(晋)	20.00
3	芮城县(晋)	14.40
4	慈溪市(浙)	42.00
5	莱城区(鲁)	480.00
6	诸城市(鲁)	200.00
7	济南市市中区(鲁)	41.00
8	肥城市(鲁)	34.50
9	宁阳县(鲁)	31.00
10	即墨市(鲁)	12.00
11	海阳市(鲁)	10.00
12	潢川县(豫)	110.00
13	新安县(豫)	60.00
14	义马市(豫)	20.00
15	惠济区(豫)	16.00
16	中原区(豫)	15.00
17	淅川县(豫)	14.00
18	嵩　县(豫)	11.50
19	蔡甸区(鄂)	10.00
20	巴南区(渝)	30.00
21	陆良县(滇)	5000.00
22	乾　县(陕)	255.00
23	南郑县(陕)	40.00
24	麦积区(甘)	17.30
25	泾川县(甘)	15.00

表 10-31　杏苗主产地产量

序号	杏苗主产地	产量(万株)
1	延庆县(京)	18.00
2	丰宁满族自治县(冀)	1690.00
3	宽城满族自治县(冀)	900.00
4	涿鹿县(冀)	300.00
5	平泉县(冀)	225.00
6	赤城县(冀)	200.00
7	阳原县(冀)	180.00
8	顺平县(冀)	146.00
9	怀安县(冀)	103.00
10	万全县(冀)	66.00
11	阜平县(冀)	31.50
12	涿州市(冀)	25.20
13	满城县(冀)	20.00
14	吉　县(晋)	820.00
15	临　县(晋)	720.00
16	偏关县(晋)	560.00
17	阳高县(晋)	191.00

序号	杏苗主产地	产量(万株)
18	大同县(晋)	100.00
19	代　县(晋)	80.40
20	壶关县(晋)	53.00
21	天镇县(晋)	15.00
22	黎城县(晋)	10.00
23	察哈尔右翼后旗(内蒙古)	4500.00
24	巴林右旗(内蒙古)	302.00
25	鄂托克旗(内蒙古)	269.00
26	鄂托克前旗(内蒙古)	201.36
27	林西县(内蒙古)	200.00
28	松山区(内蒙古)	181.00
29	阿鲁科尔沁旗(内蒙古)	160.00
30	敖汉旗(内蒙古)	150.00
31	奈曼旗(内蒙古)	112.00
32	东胜区(内蒙古)	86.32
33	杭锦旗(内蒙古)	65.30
34	察哈尔右翼中旗(内蒙古)	64.00
35	乌拉特前旗(内蒙古)	45.00
36	杭锦后旗(内蒙古)	26.60
37	商都县(内蒙古)	10.00
38	红山区(内蒙古)	10.00
39	喀喇沁左翼蒙古族自治县(辽)	1007.00
40	双塔区(辽)	900.00
41	凌源市(辽)	825.00
42	建平县(辽)	675.00
43	义　县(辽)	450.00
44	阜新蒙古族自治县(辽)	220.00
45	北票市(辽)	50.00
46	洮南市(吉)	1061.00
47	通榆县(吉)	160.00
48	贵池区(皖)	50.00
49	河东区(鲁)	2500.00
50	新泰市(鲁)	650.00
51	舞钢市(豫)	47.00
52	昌宁县(滇)	12.00
53	子洲县(陕)	26.00
54	临洮县(甘)	2000.00
55	临夏市(甘)	250.00
56	古浪县(甘)	100.00
57	环　县(甘)	66.00
58	甘州区(甘)	42.00
59	互助土族自治县(青)	598.10
60	民和回族土族自治县(青)	60.00
61	尖扎县(青)	46.95
62	平安县(青)	37.00
63	彭阳县(宁)	6000.00
64	西吉县(宁)	642.70
65	原州区(宁)	79.80
66	哈密市(新)	28.30
67	英吉沙县(新)	26.78
68	农四师(新疆兵团)	25.00

表 10-32　核桃苗主产地产量

序号	核桃苗主产地	产量(万株)
1	平谷区(京)	10.00
2	定州市(冀)	7804.00
3	赞皇县(冀)	3000.00
4	滦平县(冀)	2938.00
5	迁西县(冀)	600.00
6	宽城满族自治县(冀)	496.00
7	灵寿县(冀)	480.00
8	昌黎县(冀)	450.00
9	内丘县(冀)	450.00
10	涞源县(冀)	200.00
11	井陉县(冀)	150.00
12	高邑县(冀)	100.00
13	满城县(冀)	100.00
14	唐　县(冀)	90.00
15	曲阳县(冀)	70.00
16	平山县(冀)	60.00
17	迁安市(冀)	60.00
18	沙河市(冀)	50.00
19	永年县(冀)	40.50
20	正定县(冀)	30.00
21	赵　县(冀)	30.00
22	抚宁县(冀)	22.00
23	卢龙县(冀)	17.50
24	辛集市(冀)	17.00
25	汾西县(晋)	3950.00
26	吉　县(晋)	385.00
27	万荣县(晋)	225.00
28	临猗县(晋)	130.00
29	大宁县(晋)	106.00
30	隰　县(晋)	93.00
31	中阳县(晋)	49.00
32	沁　县(晋)	31.40
33	安泽县(晋)	30.00
34	乡宁县(晋)	25.79
35	阳城县(晋)	22.00
36	建昌县(辽)	100.00
37	绥中县(辽)	30.00
38	长白山林业局(吉)	10.00
39	建德市(浙)	60.00
40	颍东区(皖)	120.00
41	金安区(皖)	60.00
42	蜀山区(皖)	15.00
43	长清区(鲁)	2625.00
44	东平县(鲁)	1200.00
45	费　县(鲁)	600.00
46	新泰市(鲁)	550.00
47	肥城市(鲁)	450.00
48	山亭区(鲁)	316.00
49	曲阜市(鲁)	210.00
50	章丘市(鲁)	157.00
51	岱岳区(鲁)	120.00
52	河东区(鲁)	105.00
53	蒙阴县(鲁)	72.00
54	东昌府区(鲁)	60.00
55	青州市(鲁)	60.00
56	汶上县(鲁)	54.00
57	莱城区(鲁)	41.00
58	宁阳县(鲁)	40.00
59	海阳市(鲁)	40.00
60	博山区(鲁)	21.00
61	牟平区(鲁)	20.00
62	莘　县(鲁)	20.00
63	卢氏县(豫)	2094.50
64	新安县(豫)	550.00
65	济源市(豫)	550.00
66	惠济区(豫)	424.00
67	内乡县(豫)	260.00
68	新密市(豫)	224.58
69	洛宁县(豫)	210.00
70	确山县(豫)	180.00
71	禹州市(豫)	156.00
72	郾城区(豫)	112.50
73	湖滨区(豫)	112.00
74	嵩　县(豫)	90.00
75	淅川县(豫)	82.00
76	栾川县(豫)	81.00
77	正阳县(豫)	50.00
78	林州市(豫)	36.50
79	舞钢市(豫)	32.00
80	长葛市(豫)	30.00
81	辉县市(豫)	22.00
82	内黄县(豫)	15.00
83	范　县(豫)	10.00
84	房　县(鄂)	1000.00

序号	核桃苗主产地	产量(万株)
85	巴东县(鄂)	900.00
86	保康县(鄂)	620.00
87	夷陵区(鄂)	300.00
88	秭归县(鄂)	200.00
89	竹溪县(鄂)	180.00
90	建始县(鄂)	125.00
91	竹山县(鄂)	98.00
92	兴山县(鄂)	38.00
93	宣恩县(鄂)	35.00
94	长阳土家族自治县(鄂)	30.00
95	远安县(鄂)	30.00
96	恩施市(鄂)	30.00
97	当阳市(鄂)	20.00
98	罗田县(鄂)	15.00
99	郧西县(鄂)	13.50
100	东兰县(桂)	200.00
101	隆林各族自治县(桂)	13.50
102	潼南县(渝)	306.00
103	巫溪县(渝)	160.00
104	巫山县(渝)	130.00
105	城口县(渝)	16.50
106	丰都县(渝)	13.50
107	苍溪县(川)	1500.00
108	恩阳区(川)	1300.00
109	南江县(川)	570.00
110	江油市(川)	400.00
111	昭化区(川)	400.00
112	峨边彝族自治县(川)	397.00
113	美姑县(川)	350.00
114	通江县(川)	320.00
115	冕宁县(川)	300.00
116	简阳市(川)	260.00
117	平昌县(川)	200.00
118	游仙区(川)	200.00
119	万源市(川)	180.00
120	大英县(川)	180.00
121	德昌县(川)	150.00
122	会东县(川)	150.00
123	南部县(川)	150.00
124	顺庆区(川)	150.00
125	射洪县(川)	125.00
126	三台县(川)	120.00
127	旌阳区(川)	120.00
128	越西县(川)	100.00
129	普格县(川)	98.00
130	青川县(川)	74.00
131	宣汉县(川)	55.00
132	布拖县(川)	50.00
133	古蔺县(川)	50.00
134	北川羌族自治县(川)	45.00
135	威远县(川)	45.00
136	巴塘县(川)	40.00
137	蓬安县(川)	40.00
138	金堂县(川)	35.00
139	四川省大渡河造林局(川)	22.90
140	营山县(川)	20.00
141	中江县(川)	11.50
142	仁寿县(川)	10.00
143	渠　县(川)	10.00
144	荔波县(黔)	360.00
145	惠水县(黔)	270.00
146	普安县(黔)	170.00
147	罗甸县(黔)	110.00
148	桐梓县(黔)	100.00
149	六枝特区(黔)	75.00
150	施秉县(黔)	37.60
151	开阳县(黔)	28.89
152	漾濞彝族自治县(滇)	2023.00
153	永平县(滇)	1112.30
154	禄丰县(滇)	511.00
155	会泽县(滇)	341.00
156	麒麟区(滇)	300.00
157	墨江哈尼族自治县(滇)	253.00
158	南华县(滇)	249.00
159	昭阳区(滇)	225.00
160	峨山彝族自治县(滇)	220.00
161	鲁甸县(滇)	200.00
162	师宗县(滇)	200.00
163	倘甸工业园区(滇)	200.00
164	新平彝族傣族自治县(滇)	180.00
165	楚雄市(滇)	167.00
166	兰坪白族普米族自治县(滇)	125.00
167	禄劝彝族苗族自治县(滇)	120.00
168	弥勒市(滇)	120.00
169	云　县(滇)	110.00
170	东川区(滇)	103.00
171	永善县(滇)	85.00
172	武定县(滇)	80.00
173	双柏县(滇)	72.04
174	姚安县(滇)	70.00
175	永胜县(滇)	70.00
176	石林彝族自治县(滇)	50.60
177	施甸县(滇)	48.70
178	维西傈僳族自治县(滇)	42.00
179	红塔区(滇)	41.00
180	洱源县(滇)	35.00
181	大理市(滇)	35.00
182	凤庆县(滇)	30.00
183	双江拉祜族佤族布朗族傣族自治县(滇)	26.00
184	巍山彝族回族自治县(滇)	20.00
185	威信县(滇)	20.00
186	永德县(滇)	15.00
187	扶风县(陕)	2314.00
188	武功县(陕)	990.00
189	镇巴县(陕)	350.00
190	长武县(陕)	346.00
191	旬阳县(陕)	335.00
192	商州区(陕)	305.00
193	乾　县(陕)	280.00
194	蒲城县(陕)	270.00
195	蓝田县(陕)	270.00
196	洋　县(陕)	270.00
197	商南县(陕)	255.00
198	紫阳县(陕)	200.00
199	韩城市林业局(陕)	173.00
200	岐山县(陕)	160.00
201	绥德县(陕)	140.00
202	白水县(陕)	90.00
203	白河县(陕)	80.00
204	兴平市(陕)	77.00
205	城固县(陕)	75.00
206	汉滨区(陕)	75.00
207	镇安县(陕)	72.00
208	大荔县(陕)	66.00
209	印台区(陕)	53.00
210	临潼区(陕)	50.00
211	石泉县(陕)	50.00
212	平利县(陕)	45.00
213	汉阴县(陕)	42.00
214	麟游县(陕)	40.00
215	西乡县(陕)	40.00
216	洛南县(陕)	36.00
217	佛坪县(陕)	31.00
218	泾阳县(陕)	30.00
219	宜君县(陕)	25.00
220	长青林业局(陕)	25.00
221	南郑县(陕)	20.00

序号	核桃苗主产地	产量(万株)
222	礼泉县(陕)	18.00
223	旬邑县(陕)	15.00
224	延长县(陕)	15.00
225	渭城区(陕)	12.00
226	王益区(陕)	12.00
227	成　县(甘)	1366.00
228	徽　县(甘)	1070.90
229	积石山保安族东乡族撒拉族自治县(甘)	756.00
230	礼　县(甘)	680.00
231	临洮县(甘)	450.00
232	文　县(甘)	150.00
233	西峰区(甘)	84.00
234	泾川县(甘)	30.00
235	清水县(甘)	30.00
236	民和回族土族自治县(青)	240.00
237	温宿县(新)	800.00
238	英吉沙县(新)	52.43
239	麦盖提县(新)	41.45
240	泽普县(新)	36.48
241	喀什市(新)	33.20
242	疏勒县(新)	21.80
243	三岔子林业局(吉林森工)	40.00

表 10-33　葡萄苗主产地产量

序号	葡萄苗主产地	产量(万株)
1	乐亭县(冀)	172.00
2	徐水县(冀)	80.00
3	开平区(冀)	71.00
4	柏乡县(冀)	48.00
5	卢龙县(冀)	36.00
6	满城县(冀)	30.00
7	鸡泽县(冀)	20.00
8	深泽县(冀)	19.00
9	沙河市(冀)	10.00
10	南郊区(晋)	20.00
11	新民市(辽)	740.00
12	四平市铁东区(吉)	30.00
13	绿园区(吉)	20.00
14	让胡路区(黑)	75.00
15	金安区(皖)	31.00
16	怀远县(皖)	30.00
17	肥西县(皖)	20.00
18	相山区(皖)	20.00
19	潘集区(皖)	12.00
20	贵池区(皖)	10.00

序号	葡萄苗主产地	产量(万株)
21	蓬莱市(鲁)	900.00
22	临沂市经济技术开发区(鲁)	324.00
23	平度市(鲁)	230.00
24	东昌府区(鲁)	215.00
25	河东区(鲁)	100.00
26	寒亭区(鲁)	68.40
27	沂水县(鲁)	19.00
28	偃师市(豫)	302.00
29	内黄县(豫)	36.00
30	博爱县(豫)	26.00
31	许昌县(豫)	22.00
32	巩义市(豫)	14.00
33	天门市(鄂)	225.00
34	江陵县(鄂)	128.00
35	洞口县(湘)	18.00
36	芷江侗族自治县(湘)	18.00
37	三都水族自治县(黔)	1300.00
38	荔波县(黔)	20.00
39	弥勒市(滇)	200.00
40	蒲城县(陕)	90.00
41	泾阳县(陕)	30.00
42	民勤县(甘)	136.80
43	敦煌市(甘)	42.00
44	永宁县(宁)	1000.00
45	利通区(宁)	650.00
46	红寺堡区(宁)	370.77
47	青铜峡市(宁)	160.00
48	麦盖提县(新)	22.45
49	农四师(新疆兵团)	15.00

表 10-34　红枣苗主产地产量

序号	红枣苗主产地	产量(万株)
1	赞皇县(冀)	1200.00
2	沧　县(冀)	602.00
3	涿鹿县(冀)	150.00
4	阜平县(冀)	117.00
5	邢台县(冀)	20.00
6	临猗县(晋)	340.00
7	稷山县(晋)	15.00
8	喀喇沁左翼蒙古族自治县(辽)	70.00
9	乐陵市(鲁)	120.00
10	宁阳县(鲁)	40.20
11	茌平县(鲁)	15.50
12	内黄县(豫)	270.00
13	清丰县(豫)	25.00

序号	红枣苗主产地	产量(万株)
14	祁东县(湘)	280.00
15	永仁县(滇)	40.00
16	大荔县(陕)	507.00
17	绥德县(陕)	420.00
18	临泽县(甘)	5759.00
19	民勤县(甘)	114.50
20	古浪县(甘)	75.00
21	敦煌市(甘)	16.00
22	同心县(宁)	182.65
23	永宁县(宁)	35.00
24	阿图什市(新)	75.00
25	喀什市(新)	26.68

表 10-35　苹果苗主产地产量

序号	苹果苗主产地	产量(万株)
1	延庆县(京)	18.00
2	滦平县(冀)	3071.00
3	青龙满族自治县(冀)	660.00
4	顺平县(冀)	370.00
5	赞皇县(冀)	340.00
6	宽城满族自治县(冀)	300.00
7	蠡　县(冀)	250.00
8	遵化市(冀)	180.00
9	平泉县(冀)	150.00
10	涿鹿县(冀)	150.00
11	深州市(冀)	120.00
12	内丘县(冀)	70.00
13	乐亭县(冀)	42.00
14	临漳县(冀)	41.84
15	邢台县(冀)	37.00
16	藁城区(冀)	25.00
17	卢龙县(冀)	20.00
18	武强县(冀)	16.00
19	抚宁县(冀)	15.00
20	辛集市(冀)	11.00
21	满城县(冀)	10.00
22	奈曼旗(内蒙古)	100.00
23	宁城县(内蒙古)	45.00
24	克什克腾旗(内蒙古)	15.00
25	林西县(内蒙古)	10.00
26	海城市(辽)	650.00
27	盖州市(辽)	612.00
28	东陵区(辽)	480.00
29	大石桥市(辽)	150.00
30	普兰店市(辽)	120.00
31	新民市(辽)	34.50

序号	苹果苗主产地	产量(万株)
32	于洪区(辽)	24.00
33	河东区(鲁)	3000.00
34	栖霞市(鲁)	1958.00
35	平邑县(鲁)	432.00
36	惠民县(鲁)	200.00
37	蓬莱市(鲁)	191.00
38	沂水县(鲁)	110.00
39	牟平区(鲁)	60.00
40	海阳市(鲁)	60.00
41	新泰市(鲁)	50.00
42	寒亭区(鲁)	42.00
43	环翠区(鲁)	40.00
44	曲阜市(鲁)	30.00
45	文登市(鲁)	23.00
46	东昌府区(鲁)	22.00
47	河口区(鲁)	16.00
48	山亭区(鲁)	13.00
49	武陟县(豫)	2940.00
50	安阳县(豫)	685.00
51	内黄县(豫)	225.00
52	西华县(豫)	123.00
53	登封市(豫)	76.70
54	夏邑县(豫)	35.00
55	汉源县(川)	22.00
56	龙里县(黔)	16.00
57	洛川县(陕)	121.00
58	吴起县(陕)	53.00
59	渭城区(陕)	30.00
60	志丹县(陕)	25.00
61	蒲城县(陕)	16.00
62	泾阳县(陕)	15.00
63	静宁县(甘)	320.00
64	秦安县(甘)	300.00
65	张家川回族自治县(甘)	202.50
66	甘谷县(甘)	200.00
67	西和县(甘)	97.00
68	清水县(甘)	90.00
69	环　县(甘)	82.00
70	崇信县(甘)	75.00
71	临洮县(甘)	75.00
72	正宁林业总场(甘)	50.00
73	泾川县(甘)	15.00
74	尖扎县(青)	13.40
75	西吉县(宁)	167.10
76	永宁县(宁)	128.00
77	灵武市(宁)	36.90
78	彭阳县(宁)	15.00
79	奇台县(新)	205.90
80	农四师(新疆兵团)	25.00
81	农六师(新疆兵团)	20.00

表 10-36　沙枣苗主产地产量

序号	沙枣苗主产地	产量(万株)
1	杭锦后旗(内蒙古)	215.00
2	杭锦旗(内蒙古)	170.00
3	金塔县(甘)	1040.00
4	肃州区(甘)	612.00
5	临泽县(甘)	500.00
6	古浪县(甘)	200.00
7	凉州区(甘)	135.00
8	甘州区(甘)	71.00
9	民勤县(甘)	52.40
10	高台县(甘)	48.20
11	民乐县(甘)	30.00
12	山丹县(甘)	29.70
13	玉门市(甘)	19.00
14	门源回族自治县(青)	220.00
15	永宁县(宁)	923.00
16	平罗县(宁)	130.12
17	灵武市(宁)	99.09
18	贺兰县(宁)	33.00
19	惠农区(宁)	20.00
20	灵武白芨滩国家级自然保护区(宁)	15.15
21	莎车县(新)	246.30
22	麦盖提县(新)	234.80
23	英吉沙县(新)	218.23
24	泽普县(新)	135.00
25	伽师县(新)	99.00
26	岳普湖县(新)	48.00
27	巴楚县(新)	44.00
28	奇台县(新)	13.50
29	乌恰县(新)	12.00
30	疏附县(新)	11.60
31	叶城县(新)	10.55

表 10-37　槐树苗主产地产量

序号	槐树苗主产地	产量(万株)
1	北辰区(津)	24.00
2	定州市(冀)	1306.00
3	清苑县(冀)	1000.00
4	邱　县(冀)	144.40
5	沧　县(冀)	129.00
6	开平区(冀)	100.00
7	邯郸县(冀)	90.00
8	泊头市(冀)	66.70
9	武强县(冀)	38.00
10	南皮县(冀)	22.00
11	涿州市(冀)	20.00
12	饶阳县(冀)	17.00
13	长治市郊区(晋)	120.00
14	芮城县(晋)	15.80
15	宁津县(鲁)	4000.00
16	昌乐县(鲁)	92.00
17	新泰市(鲁)	45.00
18	坊子区(鲁)	12.00
19	高坪区(川)	200.00
20	石林彝族自治县(滇)	50.00
21	子洲县(陕)	12.00
22	环　县(甘)	12.00
23	同心县(宁)	17.22
24	大武口区(宁)	11.66

表 10-38　厚朴苗主产地产量

序号	厚朴苗主产地	产量(万株)
1	东港市(辽)	1300.00
2	巴东县(鄂)	800.00
3	利川市(鄂)	232.50
4	建始县(鄂)	220.00
5	五峰土家族自治县(鄂)	90.00
6	宣恩县(鄂)	10.00
7	新宁县(湘)	40.00
8	安化县(湘)	40.00
9	桂东县(湘)	25.00
10	蓝山县(湘)	24.90
11	武隆县(渝)	65.00
12	都江堰市(川)	290.00
13	宣汉县(川)	150.00
14	北川羌族自治县(川)	120.00
15	江油市(川)	75.00
16	古蔺县(川)	50.00
17	宝兴县(川)	30.00
18	桐梓县(黔)	100.00
19	弥勒市(滇)	50.00
20	贡山独龙族怒族自治县(滇)	20.00
21	洋　县(陕)	74.00

表 10-39 桤木苗主产地产量

序号	桤木苗主产地	产量(万株)
1	瑞金市(赣)	180.00
2	铜鼓县(赣)	55.00
3	宜丰县(赣)	36.00
4	新建县(赣)	12.00
5	利川市(鄂)	50.00
6	来凤县(鄂)	22.00
7	建始县(鄂)	10.00
8	酉阳土家族苗族自治县(渝)	3300.00
9	万州区(渝)	221.80
10	黔江区(渝)	200.00
11	潼南县(渝)	140.00
12	石柱土家族自治县(渝)	60.00
13	恩阳区(川)	800.00
14	通江县(川)	580.00
15	平昌县(川)	400.00
16	达川区(川)	300.00
17	巴州区(川)	300.00
18	安　县(川)	280.00
19	江油市(川)	230.00
20	宣汉县(川)	200.00
21	彭州市(川)	120.00
22	四川省大渡河造林局(川)	90.00
23	峨边彝族自治县(川)	70.00
24	新都区(川)	62.00
25	梓潼县(川)	60.00
26	越西县(川)	50.00
27	乐山市市辖区(川)	23.00
28	富源县(滇)	920.00
29	永德县(滇)	550.00
30	师宗县(滇)	400.00
31	宣威市(滇)	300.00
32	石林彝族自治县(滇)	258.00
33	富宁县(滇)	152.00
34	施甸县(滇)	150.00
35	腾冲县(滇)	100.00
36	屏边苗族自治县(滇)	100.00
37	云　县(滇)	80.00
38	澄江县(滇)	70.00
39	双江拉祜族佤族布朗族傣族自治县(滇)	67.00
40	倘甸工业园区(滇)	50.00
41	马龙县(滇)	20.00

表 10-40 枫香苗主产地产量

序号	枫香苗主产地	产量(万株)
1	云和县(浙)	49.00
2	常山县(浙)	45.00
3	建德市(浙)	28.00
4	临安市(浙)	22.00
5	黄岩区(浙)	20.00
6	天台县(浙)	20.00
7	宁波市市辖区(浙)	14.00
8	遂昌县(浙)	12.63
9	三门县(浙)	12.00
10	桐城市(皖)	300.00
11	霍山县(皖)	300.00
12	旌德县(皖)	200.00
13	东至县(皖)	90.00
14	郎溪县(皖)	50.00
15	贵池区(皖)	40.00
16	潜山县(皖)	25.00
17	怀宁县(皖)	10.00
18	上高县(赣)	1170.00
19	赣　县(赣)	840.00
20	全南县(赣)	238.00
21	铜鼓县(赣)	90.00
22	新建县(赣)	80.00
23	会昌县(赣)	60.00
24	宜丰县(赣)	36.00
25	信丰县(赣)	27.00
26	临川区(赣)	27.00
27	玉山县(赣)	10.00
28	栾川县(豫)	20.00
29	罗田县(鄂)	600.00
30	麻城市(鄂)	180.00
31	建始县(鄂)	160.00
32	大悟县(鄂)	110.00
33	英山县(鄂)	60.00
34	红安县(鄂)	50.00
35	临湘市(湘)	360.00
36	茶陵县(湘)	270.00
37	武冈市(湘)	200.00
38	安仁县(湘)	105.00
39	新邵县(湘)	65.00
40	安化县(湘)	30.00
41	桂阳县(湘)	26.13
42	隆回县(湘)	25.60
43	桑植县(湘)	24.00
44	永兴县(湘)	18.00
45	汝城县(湘)	18.00
46	桂东县(湘)	17.00
47	南岳区(湘)	15.00
48	麻阳苗族自治县(湘)	12.00
49	沅陵县(湘)	12.00
50	洞口县(湘)	10.00
51	梅　县(粤)	480.00
52	乐昌市(粤)	350.00
53	乳源瑶族自治县(粤)	300.00
54	和平县(粤)	300.00
55	南雄市(粤)	300.00
56	高州市(粤)	185.00
57	五华县(粤)	180.00
58	惠城区(粤)	150.00
59	普宁市(粤)	140.00
60	翁源县(粤)	130.00
61	新丰县(粤)	129.00
62	丰顺县(粤)	125.00
63	阳山县(粤)	80.00
64	清新县(粤)	70.00
65	新丰江林管局(粤)	65.00
66	始兴县(粤)	60.00
67	紫金县(粤)	50.00
68	信宜市(粤)	40.00
69	蕉岭县(粤)	32.00
70	龙门县(粤)	30.00
71	恩平市(粤)	30.00
72	连州市(粤)	22.10
73	平远县(粤)	20.00
74	连南瑶族自治县(粤)	16.00
75	郁南县(粤)	10.00
76	海丰县(粤)	10.00
77	榕城区(粤)	10.00
78	龙眼洞林场(粤)	10.00
79	南川区(渝)	500.00
80	渝北区(渝)	135.00
81	彭水苗族土家族自治县(渝)	100.00
82	巴南区(渝)	50.00
83	石林彝族自治县(滇)	23.80

表 10-41 柑橘苗主产地产量

序号	柑橘苗主产地	产量(万株)
1	黄岩区(浙)	270.00
2	象山县(浙)	80.00
3	龙湾区(浙)	55.00
4	宁海县(浙)	20.00
5	定海区(浙)	15.50

序号	柑橘苗主产地	产量(万株)
6	椒江区(浙)	15.00
7	三门县(浙)	15.00
8	新建县(赣)	150.00
9	淅川县(豫)	113.70
10	兴山县(鄂)	300.00
11	松滋市(鄂)	200.00
12	天门市(鄂)	130.00
13	宣恩县(鄂)	50.00
14	宜都市(鄂)	15.00
15	孝昌县(鄂)	10.00
16	长阳土家族自治县(鄂)	10.00
17	当阳市(鄂)	10.00
18	澧　县(湘)	300.00
19	邵东县(湘)	112.00
20	双峰县(湘)	60.00
21	岳阳市市辖区(湘)	26.00
22	沅江市(湘)	22.50
23	新宁县(湘)	15.00
24	安仁县(湘)	12.00
25	湘乡市(湘)	10.28
26	鼎城区(湘)	10.00
27	武冈市(湘)	10.00
28	宝安区(粤)	250.00
29	清新县(粤)	160.00
30	龙川县(粤)	150.00
31	始兴县(粤)	100.00
32	清城区(粤)	26.00
33	良庆区(桂)	200.00
34	那坡县(桂)	75.00
35	江津区(渝)	150.00
36	铜梁县(渝)	47.00
37	万盛区(渝)	25.00
38	丰都县(渝)	22.00
39	永川区(渝)	20.00
40	彭水苗族土家族自治县(渝)	10.00
41	武胜县(川)	300.00
42	江安县(川)	210.00
43	营山县(川)	30.00
44	汉源县(川)	23.00
45	仁寿县(川)	22.00
46	紫阳县(陕)	14.00

表 10-42　香椿苗主产地产量

序号	香椿苗主产地	产量(万株)
1	抚宁县(冀)	11.00
2	侯马市(晋)	13.20
3	建德市(浙)	16.00
4	鄞州区(浙)	10.00
5	霍山县(皖)	15.00
6	青州市(鲁)	300.00
7	新泰市(鲁)	220.00
8	汶上县(鲁)	45.00
9	曲阜市(鲁)	30.00
10	莱芜市高新区(鲁)	18.00
11	卧龙区(豫)	300.00
12	清丰县(豫)	120.00
13	登封市(豫)	74.20
14	惠济区(豫)	69.00
15	商水县(豫)	45.00
16	利川市(鄂)	279.00
17	来凤县(鄂)	45.00
18	兴山县(鄂)	15.00
19	娄星区(湘)	55.00
20	双峰县(湘)	16.00
21	阳朔县(桂)	300.00
22	融安县(桂)	33.00
23	雅长林场(桂)	30.10
24	隆林各族自治县(桂)	12.00
25	江津区(渝)	500.00
26	潼南县(渝)	180.00
27	武隆县(渝)	57.00
28	万盛区(渝)	50.00
29	彭水苗族土家族自治县(渝)	50.00
30	九龙坡区(渝)	22.00
31	雁江区(川)	2500.00
32	大英县(川)	750.00
33	彭山县(川)	600.00
34	广安区(川)	450.00
35	盐亭县(川)	120.00
36	万源市(川)	90.00
37	武胜县(川)	85.00
38	蓬溪县(川)	60.00
39	雨城区(川)	60.00
40	蓬安县(川)	50.00
41	旌阳区(川)	50.00
42	大邑县(川)	30.00
43	射洪县(川)	20.00
44	清镇市(黔)	12.00
45	镇巴县(陕)	500.00

表 10-43　珍稀乡土苗主产地产量

序号	珍稀乡土苗主产地	产量(万株)
1	绿园区(吉)	265.00
2	武义县(浙)	8900.00
3	三门县(浙)	1332.30
4	平阳县(浙)	235.30
5	象山县(浙)	15.00
6	庐江县(皖)	2256.00
7	屯溪区(皖)	590.00
8	淮阳县(豫)	36.00
9	洛宁县(豫)	13.50
10	竹山县(鄂)	150.00
11	保康县(鄂)	53.00
12	新宁县(湘)	200.00
13	遂溪县(粤)	624.00
14	恩平市(粤)	80.00
15	高要市(粤)	80.00
16	萝岗区(粤)	32.67
17	坡头区(粤)	12.00
18	中国林科院热林中心(桂)	50.00
19	丰都县(渝)	12.50
20	井研县(川)	540.00
21	江油市(川)	325.00
22	平昌县(川)	90.00
23	锦屏县(黔)	10.00
24	寻甸回族彝族自治县(滇)	1606.50
25	施甸县(滇)	515.00
26	南郑县(陕)	280.00
27	特克斯林场(新)	35.00

表 10-44　栾树苗主产地产量

序号	栾树苗主产地	产量(万株)
1	北京市林业种子苗木管理总站(京)	98.30
2	平谷区(京)	20.00
3	海淀区(京)	11.10
4	博野县(冀)	800.00
5	遵化市(冀)	433.00
6	安国市(冀)	420.00
7	定州市(冀)	300.00
8	南和县(冀)	216.00
9	清苑县(冀)	160.00
10	邢台县(冀)	95.00
11	滦南县(冀)	64.60
12	顺平县(冀)	40.00
13	河间市(冀)	37.30
14	泊头市(冀)	31.28

序号	栾树苗主产地	产量(万株)
15	易　县(冀)	30.00
16	景　县(冀)	20.00
17	正定县(冀)	15.00
18	高阳县(冀)	15.00
19	涿州市(冀)	10.00
20	睢宁县(苏)	3000.00
21	句容市(苏)	560.00
22	慈溪市(浙)	72.00
23	秀洲区(浙)	59.90
24	桐乡市(浙)	45.00
25	嘉善县(浙)	24.60
26	奉化市(浙)	22.00
27	海盐县(浙)	16.30
28	金东区(浙)	15.00
29	郎溪县(皖)	780.00
30	鸠江区(皖)	280.00
31	潘集区(皖)	90.00
32	灵璧县(皖)	75.00
33	庐阳区(皖)	67.80
34	东至县(皖)	60.00
35	固镇县(皖)	50.00
36	桐城市(皖)	45.00
37	禹会区(皖)	36.90
38	蒙城县(皖)	28.00
39	巢湖市(皖)	20.12
40	淮上区(皖)	20.00
41	利辛县(皖)	20.00
42	临泉县(皖)	20.00
43	金安区(皖)	20.00
44	旌德县(皖)	15.00
45	贵池区(皖)	12.00
46	霍邱县(皖)	10.00
47	九江县(赣)	2565.00
48	彭泽县(赣)	40.30
49	邹城市(鲁)	320.00
50	桓台县(鲁)	202.00
51	汶上县(鲁)	108.00
52	曲阜市(鲁)	95.00
53	梁山县(鲁)	65.00
54	东昌府区(鲁)	36.00
55	威海市经济技术开发区(鲁)	20.22
56	临沭县(鲁)	19.98
57	德州市市辖区(鲁)	15.00
58	海阳市(鲁)	12.00
59	东平县(鲁)	12.00
60	安阳县(豫)	1100.00
61	邓州市(豫)	700.00
62	潢川县(豫)	550.00
63	济源市(豫)	305.00
64	嵩　县(豫)	270.00
65	光山县(豫)	265.00
66	新野县(豫)	136.80
67	长葛市(豫)	103.00
68	西华县(豫)	76.50
69	宝丰县(豫)	72.00
70	惠济区(豫)	62.43
71	新郑市(豫)	48.00
72	兰考县(豫)	37.50
73	淮滨县(豫)	30.00
74	正阳县(豫)	26.00
75	太康县(豫)	25.00
76	华龙区(豫)	20.00
77	北关区(豫)	14.00
78	义马市(豫)	12.00
79	嘉鱼县(鄂)	1330.00
80	宜都市(鄂)	1000.00
81	掇刀区(鄂)	600.00
82	夷陵区(鄂)	550.00
83	天门市(鄂)	480.00
84	荆门市市辖区(鄂)	451.40
85	老河口市(鄂)	420.00
86	京山县(鄂)	350.00
87	利川市(鄂)	315.00
88	钟祥市(鄂)	300.00
89	湖北省太子山林场管理局(鄂)	270.00
90	潜江市(鄂)	200.00
91	监利县(鄂)	120.00
92	来凤县(鄂)	112.50
93	荆州区(鄂)	100.00
94	枣阳市(鄂)	58.70
95	兴山县(鄂)	56.00
96	大悟县(鄂)	42.00
97	襄城区(鄂)	40.00
98	宜城市(鄂)	28.00
99	漳河新区(鄂)	25.00
100	宣恩县(鄂)	20.00
101	竹山县(鄂)	20.00
102	蔡甸区(鄂)	18.00
103	红安县(鄂)	18.00
104	松滋市(鄂)	15.00
105	襄州区(鄂)	11.00
106	樊城区(鄂)	10.00
107	武冈市(湘)	200.00
108	新宁县(湘)	100.00
109	云溪区(湘)	60.00
110	澧　县(湘)	60.00
111	邵阳县(湘)	30.00
112	常德市市辖区(湘)	15.00
113	麻阳苗族自治县(湘)	10.00
114	零陵区(湘)	10.00
115	潮安县(粤)	50.00
116	湘桥区(粤)	11.15
117	江津区(渝)	300.00
118	万州区(渝)	177.90
119	潼南县(渝)	140.00
120	万盛区(渝)	100.00
121	黔江区(渝)	50.00
122	武隆县(渝)	44.00
123	开　县(渝)	40.00
124	荣昌县(渝)	40.00
125	石柱土家族自治县(渝)	40.00
126	九龙坡区(渝)	35.00
127	彭山县(川)	120.00
128	高　县(川)	63.00
129	大英县(川)	54.00
130	蓬安县(川)	50.00
131	合江县(川)	10.00
132	万山区(黔)	60.00
133	江口县(黔)	30.00
134	清镇市(黔)	10.00
135	蒲城县(陕)	39.00
136	西乡县(陕)	15.00

表 10-45　银杏苗主产地产量

序号	银杏苗主产地	产量(万株)
1	定州市(冀)	480.00
2	南和县(冀)	238.00
3	开平区(冀)	50.00
4	涿州市(冀)	50.00
5	邢台县(冀)	25.00
6	滦南县(冀)	17.60
7	大厂回族自治县(冀)	12.00
8	高平市(晋)	16.70
9	东港市(辽)	7000.00
10	振安区(辽)	1000.00
11	普兰店市(辽)	550.00
12	振兴区(辽)	200.00
13	凤城市(辽)	73.00

序号	银杏苗主产地	产量(万株)
14	海城市(辽)	52.00
15	文圣区(辽)	18.00
16	睢宁县(苏)	2280.00
17	临安市(浙)	40.00
18	宁海县(浙)	40.00
19	余杭区(浙)	15.00
20	海宁市(浙)	13.10
21	天台县(浙)	12.00
22	缙云县(浙)	10.60
23	嘉善县(浙)	10.20
24	仙居县(浙)	10.00
25	蚌山区(皖)	150.00
26	旌德县(皖)	100.00
27	屯溪区(皖)	50.00
28	庐阳区(皖)	34.90
29	五河县(皖)	13.80
30	灵璧县(皖)	12.00
31	九江县(赣)	1463.00
32	宁都县(赣)	300.00
33	郯城县(鲁)	4200.00
34	海阳市(鲁)	400.00
35	安丘市(鲁)	380.00
36	桓台县(鲁)	144.00
37	曲阜市(鲁)	121.00
38	河东区(鲁)	85.00
39	莱城区(鲁)	80.00
40	昌乐县(鲁)	60.00
41	文登市(鲁)	58.00
42	利津县(鲁)	58.00
43	沂水县(鲁)	12.00
44	坊子区(鲁)	10.00
45	费　县(鲁)	10.00
46	嵩　县(豫)	80.00
47	许昌县(豫)	57.20
48	惠济区(豫)	31.00
49	濮阳市高新区(豫)	23.76
50	牧野区(豫)	16.00
51	魏都区(豫)	13.00
52	巴东县(鄂)	1600.00
53	夷陵区(鄂)	530.00
54	安陆市(鄂)	500.00
55	建始县(鄂)	250.00
56	红安县(鄂)	110.00
57	宣恩县(鄂)	100.00
58	东宝区(鄂)	85.00
59	孝昌县(鄂)	80.00
60	大悟县(鄂)	72.00
61	远安县(鄂)	60.00
62	襄城区(鄂)	60.00
63	长阳土家族自治县(鄂)	35.00
64	宜都市(鄂)	30.00
65	当阳市(鄂)	30.00
66	竹山县(鄂)	30.00
67	恩施市(鄂)	29.00
68	枣阳市(鄂)	22.90
69	郧　县(鄂)	18.00
70	保康县(鄂)	18.00
71	襄州区(鄂)	17.00
72	蔡甸区(鄂)	13.00
73	宜城市(鄂)	11.80
74	新宁县(湘)	200.00
75	韶山市(湘)	16.00
76	永定区(湘)	10.00
77	阳朔县(桂)	32.00
78	灌阳县(桂)	10.00
79	大足县(渝)	25000.00
80	荣昌县(渝)	420.00
81	石柱土家族自治县(渝)	150.00
82	彭水苗族土家族自治县(渝)	50.00
83	巴南区(渝)	40.00
84	黔江区(渝)	37.00
85	万州区(渝)	20.60
86	九龙坡区(渝)	20.00
87	潼南县(渝)	15.60
88	永川区(渝)	10.00
89	恩阳区(川)	1800.00
90	开江县(川)	1016.00
91	苍溪县(川)	900.00
92	青川县(川)	749.00
93	芦山县(川)	180.00
94	通江县(川)	160.00
95	万源市(川)	160.00
96	都江堰市(川)	143.20
97	彭山县(川)	120.00
98	巴州区(川)	120.00
99	高　县(川)	72.75
100	长宁县(川)	70.00
101	荣　县(川)	67.00
102	崇州市(川)	40.00
103	大邑县(川)	37.50
104	新都区(川)	10.60
105	合江县(川)	10.00
106	蓬安县(川)	10.00
107	道真仡佬族苗族自治县(黔)	29.70
108	瓮安县(黔)	24.66
109	龙里县(黔)	12.00
110	昌宁县(滇)	11.00
111	嵩明县(滇)	10.00
112	宁强县(陕)	25000.00
113	乾　县(陕)	263.00
114	洋　县(陕)	162.00
115	佛坪县(陕)	136.80
116	镇巴县(陕)	100.00
117	宜川县(陕)	35.00
118	西乡县(陕)	33.50
119	略阳县(陕)	27.00
120	徽　县(甘)	6904.70
121	麦积区(甘)	43.30

表 10-46　合欢苗主产地产量

序号	合欢苗主产地	产量(万株)
1	定州市(冀)	310.00
2	邢台县(冀)	30.00
3	海宁市(浙)	26.80
4	越城区(浙)	14.30
5	奉化市(浙)	10.00
6	肥西县(皖)	54.00
7	烈山区(皖)	45.00
8	长丰县(皖)	14.00
9	郎溪县(皖)	10.00
10	惠民县(鲁)	2500.00
11	河东区(鲁)	120.00
12	东平县(鲁)	27.00
13	平度市(鲁)	25.00
14	潢川县(豫)	510.00
15	鄢陵县(豫)	290.00
16	荥阳市(豫)	260.00
17	惠济区(豫)	80.00
18	嵩　县(豫)	56.00
19	商水县(豫)	55.00
20	许昌县(豫)	21.00
21	京山县(鄂)	30.00
22	新丰县(粤)	79.00
23	米易县(川)	25.00
24	乾　县(陕)	23.00

表 10-47　油茶苗主产地产量

序号	油茶苗主产地	产量(万株)
1	天台县(浙)	515.76
2	云和县(浙)	270.00
3	苍南县(浙)	250.00
4	常山县(浙)	240.00
5	宁海县(浙)	130.00
6	缙云县(浙)	70.00
7	建德市(浙)	60.00
8	淳安县(浙)	10.00
9	仙居县(浙)	10.00
10	太湖县(皖)	600.00
11	徽州区(皖)	520.00
12	金寨县(皖)	420.00
13	绩溪县(皖)	240.00
14	贵池区(皖)	200.00
15	桐城市(皖)	135.00
16	宿松县(皖)	120.00
17	东至县(皖)	75.00
18	潜山县(皖)	30.00
19	霍山县(皖)	20.00
20	湘东区(赣)	800.00
21	宁都县(赣)	350.00
22	樟树市(赣)	280.00
23	兴国县(赣)	230.00
24	瑞金市(赣)	225.00
25	安福县(赣)	160.00
26	广丰县(赣)	130.00
27	东乡县(赣)	100.00
28	玉山县(赣)	60.00
29	瑞昌市(赣)	36.20
30	赣　县(赣)	35.00
31	进贤县(赣)	22.00
32	商城县(豫)	1000.00
33	通山县(鄂)	1840.00
34	麻城市(鄂)	300.00
35	阳新县(鄂)	240.00
36	大悟县(鄂)	230.00
37	谷城县(鄂)	200.00
38	黄陂区(鄂)	200.00
39	孝昌县(鄂)	150.00
40	京山县(鄂)	100.00
41	松滋市(鄂)	90.00
42	当阳市(鄂)	80.00
43	随　县(鄂)	80.00
44	宣恩县(鄂)	55.00
45	宜都市(鄂)	50.00
46	长阳土家族自治县(鄂)	40.00
47	五峰土家族自治县(鄂)	30.00
48	大冶市(鄂)	30.00
49	临澧县(湘)	1650.00
50	双峰县(湘)	900.00
51	中方县(湘)	600.00
52	常宁市(湘)	572.00
53	株洲县(湘)	380.00
54	涟源市(湘)	360.00
55	桑植县(湘)	250.00
56	耒阳市(湘)	232.00
57	衡南县(湘)	212.00
58	浏阳市(湘)	200.00
59	苏仙区(湘)	198.00
60	安仁县(湘)	180.00
61	慈利县(湘)	155.00
62	邵阳县(湘)	148.00
63	邵东县(湘)	123.00
64	沅陵县(湘)	120.00
65	醴陵市(湘)	120.00
66	衡山县(湘)	118.20
67	娄星区(湘)	110.00
68	新化县(湘)	105.00
69	桂东县(湘)	102.00
70	桂阳县(湘)	80.10
71	新田县(湘)	40.00
72	湘潭县(湘)	34.00
73	石门县(湘)	23.00
74	汉寿县(湘)	12.00
75	龙川县(粤)	350.00
76	云安县(粤)	220.00
77	丰顺县(粤)	200.00
78	信宜市(粤)	200.00
79	梅　县(粤)	180.00
80	清新县(粤)	100.00
81	和平县(粤)	60.00
82	罗定市(粤)	40.00
83	高要市(粤)	30.00
84	平远县(粤)	25.00
85	连平县(粤)	10.00
86	那坡县(桂)	600.00
87	田林县(桂)	321.00
88	东兰县(桂)	250.00
89	三门江林场(桂)	200.00
90	田阳县(桂)	190.00
91	龙胜各族自治县(桂)	180.00
92	田东县(桂)	100.00
93	维都林场(桂)	64.70
94	藤　县(桂)	60.00
95	隆林各族自治县(桂)	40.00
96	秀山土家族苗族自治县(渝)	950.00
97	彭水苗族土家族自治县(渝)	400.00
98	荣　县(川)	210.00
99	翠屏区(川)	120.00
100	泸　县(川)	100.00
101	富顺县(川)	42.00
102	江安县(川)	30.00
103	锦屏县(黔)	456.20
104	天柱县(黔)	280.00
105	罗甸县(黔)	170.00
106	万山区(黔)	100.00
107	碧江区(黔)	50.00
108	富宁县(滇)	1417.00
109	砚山县(滇)	1200.00
110	腾冲县(滇)	620.00
111	梁河县(滇)	555.00
112	广南县(滇)	360.00
113	凤庆县(滇)	270.00
114	昌宁县(滇)	150.00
115	龙陵县(滇)	134.50
116	师宗县(滇)	30.00
117	陇川县(滇)	29.60
118	商南县(陕)	480.00
119	汉阴县(陕)	300.00
120	南郑县(陕)	210.00
121	汉滨区(陕)	150.00
122	镇安县(陕)	90.00

表 10-48　荷木苗主产地产量

序号	荷木苗主产地	产量(万株)
1	临海市(浙)	125.00
2	云和县(浙)	42.00
3	青田县(浙)	21.00
4	奉化市(浙)	10.00
5	崇义县(赣)	560.00
6	铜鼓县(赣)	90.00
7	安福县(赣)	70.00
8	信丰县(赣)	60.00
9	会昌县(赣)	60.00
10	铅山县(赣)	50.00
11	靖安县(赣)	50.00
12	宜丰县(赣)	36.00

序号	荷木苗主产地	产量(万株)
13	武冈市(湘)	100.00
14	金洞林场(湘)	50.00
15	桂阳县(湘)	26.06
16	浏阳市(湘)	20.00
17	零陵区(湘)	16.00
18	桂东县(湘)	13.00
19	梅　县(粤)	600.00
20	龙川县(粤)	500.00
21	乐昌市(粤)	480.00
22	惠东县(粤)	322.00
23	五华县(粤)	300.00
24	丰顺县(粤)	251.00
25	潮安县(粤)	200.00
26	和平县(粤)	200.00
27	东莞市(粤)	160.00
28	高要市(粤)	150.00
29	高州市(粤)	150.00
30	惠城区(粤)	150.00
31	连平县(粤)	146.00
32	云城区(粤)	120.00
33	翁源县(粤)	108.00
34	新丰县(粤)	105.00
35	始兴县(粤)	100.00
36	普宁市(粤)	90.00
37	清新县(粤)	80.00
38	郁南县(粤)	80.00
39	乳源瑶族自治县(粤)	80.00
40	电白区(粤)	70.00
41	封开县(粤)	65.00
42	罗定市(粤)	60.00
43	揭东区(粤)	58.00
44	佛冈县(粤)	44.00
45	平远县(粤)	40.00
46	海丰县(粤)	40.00
47	清城区(粤)	36.00
48	连州市(粤)	35.85
49	恩平市(粤)	30.00
50	龙门县(粤)	30.00
51	紫金县(粤)	30.00
52	潮南区(粤)	30.00
53	东源县(粤)	25.00
54	连南瑶族自治县(粤)	25.00
55	榕城区(粤)	20.00
56	新丰江林管局(粤)	18.00
57	湘桥区(粤)	18.00
58	龙眼洞林场(粤)	15.00
59	东江林场(粤)	10.00
60	连山林场(粤)	10.00
61	巴南区(渝)	50.00

表 10-49　南方红豆杉苗主产地产量

序号	南方红豆杉苗主产地	产量(万株)
1	新昌县(浙)	7000.00
2	黄岩区(浙)	434.00
3	莲都区(浙)	261.00
4	武义县(浙)	212.00
5	青田县(浙)	208.00
6	龙泉市(浙)	190.00
7	遂昌县(浙)	177.43
8	永嘉县(浙)	176.00
9	天台县(浙)	78.00
10	宁海县(浙)	65.00
11	慈溪市(浙)	50.00
12	苍南县(浙)	45.10
13	瓯海区(浙)	45.00
14	嵊州市(浙)	35.00
15	象山县(浙)	30.00
16	衢江区(浙)	25.00
17	临安市(浙)	22.00
18	建德市(浙)	21.00
19	仙居县(浙)	21.00
20	三门县(浙)	20.00
21	奉化市(浙)	15.00
22	缙云县(浙)	13.90
23	义乌市(浙)	10.00
24	旌德县(皖)	60.00
25	绩溪县(皖)	40.00
26	黟　县(皖)	18.00
27	玉山县(赣)	105.00
28	铜鼓县(赣)	80.00
29	龙南县(赣)	60.00
30	兴国县(赣)	10.00
31	新密市(豫)	1800.00
32	孝昌县(鄂)	100.00
33	宜都市(鄂)	15.00
34	新宁县(湘)	800.00
35	桂东县(湘)	500.00
36	汝城县(湘)	240.00
37	桑植县(湘)	80.00
38	金洞林场(湘)	50.00
39	株洲县(湘)	45.00
40	新晃侗族自治县(湘)	11.00
41	乳源瑶族自治县(粤)	270.00
42	乐昌市(粤)	15.00
43	灌阳县(桂)	150.00
44	奉节县(渝)	1000.00
45	江油市(川)	220.00
46	龙里县(黔)	105.00
47	普定县(黔)	12.00
48	腾冲县(滇)	400.00
49	石林彝族自治县(滇)	42.00

表 10-50　其他主要苗圃苗木主产地产量

序号	其他主要苗圃苗木主产地	品种	产量(万株)
1	临江林业局(吉林森工)	班克松	40.00
2	彝良县(滇)	檫树	350.00
3	旌德县(皖)	檫树	45.00
4	双峰县(湘)	檫树	13.00
5	渝北区(渝)	檫树	12.50
6	贵池区(皖)	檫树	10.00
7	通榆县(吉)	柽柳	600.00
8	乌拉特前旗(内蒙古)	柽柳	375.00
9	东营区(鲁)	柽柳	194.00
10	肃州区(甘)	柽柳	180.00
11	金凤区(宁)	柽柳	160.00
12	高台县(甘)	柽柳	108.00
13	大安市(吉)	柽柳	100.00
14	垦利县(鲁)	柽柳	83.00
15	贺兰县(宁)	柽柳	45.00
16	河口区(鲁)	柽柳	40.00
17	卧龙区(豫)	柽柳	40.00
18	利津县(鲁)	柽柳	31.00
19	西吉县(宁)	柽柳	28.00

序号	其他主要苗圃苗木主产地	品种	产量(万株)
20	甘州区(甘)	柽柳	15.00
21	玉门市(甘)	柽柳	15.00
22	额济纳旗(内蒙古)	柽柳	11.70
23	海阳市(鲁)	柽柳	10.00
24	桐乡市(浙)	池杉	211.00
25	海宁市(浙)	池杉	37.10
26	湘阴县(湘)	池杉	20.00
27	沅江市(湘)	池杉	20.00
28	正阳县(豫)	池杉	12.00
29	三门县(浙)	池杉	10.00
30	偏关县(晋)	杜松	10.00
31	弋江区(皖)	鹅耳枥	10.00
32	利川市(鄂)	鹅掌楸	144.00
33	潢川县(豫)	鹅掌楸	130.00
34	慈溪市(浙)	鹅掌楸	52.00
35	商水县(豫)	鹅掌楸	36.00
36	武隆县(渝)	鹅掌楸	31.00
37	清新县(粤)	鹅掌楸	30.00
38	原州区(宁)	枸杞	487.20
39	康保县(冀)	枸杞	330.00
40	景泰县(甘)	枸杞	280.00
41	惠农区(宁)	枸杞	150.00
42	彭阳县(宁)	枸杞	120.00
43	红寺堡区(宁)	枸杞	118.36
44	民勤县(甘)	枸杞	100.00
45	共和县(青)	枸杞	67.00
46	民和回族土族自治县(青)	枸杞	45.00
47	古浪县(甘)	枸杞	40.00
48	靖远县(甘)	枸杞	13.61
49	商都县(内蒙古)	枸杞	10.00
50	雷州市(粤)	红树类	250.00
51	荥阳市(豫)	红树类	136.00
52	罗定市(粤)	红树类	120.00
53	澄海区(粤)	红树类	100.00
54	浦江县(浙)	红树类	12.92
55	龙里县(黔)	红树类	12.00
56	凤泉区(豫)	红树类	11.00
57	惠民县(鲁)	红叶臭椿	2500.00
58	彭山县(川)	红叶臭椿	200.00
59	济阳县(鲁)	红叶臭椿	150.00
60	芮城县(晋)	红叶臭椿	28.80
61	长葛市(豫)	红叶臭椿	18.00
62	平罗县(宁)	红叶臭椿	16.20
63	利津县(鲁)	红叶臭椿	11.00
64	云城区(粤)	红锥	140.00
65	东莞市(粤)	红锥	110.00

序号	其他主要苗圃苗木主产地	品种	产量(万株)
66	梅　县(粤)	红锥	80.00
67	清新县(粤)	红锥	50.00
68	新丰江林管局(粤)	红锥	50.00
69	敦化市(吉)	胡桃楸	300.00
70	延寿县(黑)	胡桃楸	100.00
71	集安市(吉)	胡桃楸	58.40
72	临江林业局(吉林森工)	胡桃楸	32.90
73	白石山林业局(吉林森工)	胡桃楸	11.50
74	讷河市(黑)	胡桃楸	10.00
75	金塔县(甘)	胡杨	583.00
76	乌拉特前旗(内蒙古)	胡杨	400.00
77	巴楚县(新)	胡杨	206.00
78	肥西县(皖)	胡杨	60.00
79	瓜州县(甘)	胡杨	60.00
80	哈密市(新)	胡杨	33.20
81	麦盖提县(新)	胡杨	22.70
82	高台县(甘)	胡杨	12.92
83	临江市(吉)	桦树	188.00
84	伊通满族自治县(吉)	桦树	160.00
85	克什克腾旗(内蒙古)	桦树	114.00
86	木栏围场国营林场(冀)	桦树	87.00
87	围场满族蒙古族自治县(冀)	桦树	70.00
88	互助土族自治县(青)	桦树	68.30
89	汤原县(黑)	桦树	58.00
90	中国林科院热林中心(桂)	桦树	50.00
91	讷河市(黑)	桦树	20.00
92	腾冲县(滇)	桦树	20.00
93	三岔子林业局(吉林森工)	桦树	18.00
94	白山市市辖区(吉)	桦树	10.00
95	桓仁满族自治县(辽)	黄波罗	1143.80
96	集安市(吉)	黄波罗	848.60
97	江源区(吉)	黄波罗	315.00
98	龙潭区(吉)	黄波罗	62.00
99	南岔林业局(龙江森工)	黄波罗	31.90
100	珲春林业局(吉)	黄波罗	25.60
101	朗乡林业局(龙江森工)	黄波罗	25.30
102	三岔子林业局(吉林森工)	黄波罗	24.40
103	长白山林业局(吉)	黄波罗	18.00
104	八面通林业局(龙江森工)	黄波罗	15.00
105	乌伊岭林业局(龙江森工)	黄波罗	14.90
106	亚布力林业局(龙江森工)	黄波罗	14.30
107	红星林业局(龙江森工)	黄波罗	13.00
108	新安县(豫)	黄连木	420.00
109	涉　县(冀)	黄连木	82.00
110	安阳县(豫)	黄连木	71.00
111	恩阳区(川)	黄连木	30.00

序号	其他主要苗圃苗木主产地	品种	产量(万株)
112	霍邱县(皖)	黄连木	30.00
113	曲阜市(鲁)	黄连木	30.00
114	沙河市(冀)	黄连木	20.00
115	澄江县(滇)	黄连木	15.00
116	长清区(鲁)	黄栌	1500.00
117	章丘市(鲁)	黄栌	540.00
118	定州市(冀)	黄栌	360.00
119	青州市(鲁)	黄栌	270.00
120	北京市林业种子苗木管理总站(京)	黄栌	144.88
121	莱芜市雪野旅游区(鲁)	黄栌	95.00
122	汝阳县(豫)	黄栌	62.00
123	济南市市中区(鲁)	黄栌	45.00
124	海淀区(京)	黄栌	27.50
125	南召县(豫)	黄栌	25.05
126	昌乐县(鲁)	黄栌	25.00
127	平谷区(京)	黄栌	20.00
128	桐柏县(豫)	火桓松	2448.00
129	双峰县(湘)	火桓松	600.00
130	钟祥市(鄂)	火桓松	600.00
131	贵池区(皖)	火桓松	180.00
132	惠水县(黔)	火桓松	100.00
133	松滋市(鄂)	火桓松	55.00
134	文圣区(辽)	火桓松	24.00
135	安阳县(豫)	火桓松	21.50
136	望花区(辽)	火桓松	10.00
137	新丰县(粤)	榜树	36.00
138	临翔区(滇)	栎树	200.00
139	北京市大东流苗圃(京)	栎树	140.00
140	双峰县(湘)	栎树	60.00
141	霍山县(皖)	栎树	50.00
142	友谊县(黑)	栎树	20.00
143	麻阳苗族自治县(湘)	栎树	10.00
144	桐乡市(浙)	落羽杉	214.00
145	松江区(沪)	落羽杉	148.50
146	海宁市(浙)	落羽杉	61.80
147	天台县(浙)	落羽杉	28.00
148	舞钢市(豫)	木瓜	230.00
149	永平县(滇)	木瓜	171.00
150	栾川县(豫)	木瓜	90.00
151	古蔺县(川)	木瓜	80.00
152	潢川县(豫)	木瓜	40.00
153	长阳土家族自治县(鄂)	木瓜	30.00
154	霍山县(皖)	木瓜	20.00
155	长葛市(豫)	木瓜	18.00
156	肥西县(皖)	木瓜	15.00
157	吴起县(陕)	木瓜	15.00
158	维西傈僳族自治县(滇)	木瓜	12.00
159	巴州区(川)	木瓜	10.00
160	鄂托克前旗(内蒙古)	柠条	6320.00
161	偏关县(晋)	柠条	3600.00
162	鄂托克旗(内蒙古)	柠条	2130.00
163	岢岚县(晋)	柠条	1400.00
164	巴林右旗(内蒙古)	柠条	1395.00
165	四子王旗(内蒙古)	柠条	1048.99
166	河曲县(晋)	柠条	704.34
167	靖远县(甘)	柠条	485.00
168	南郊区(晋)	柠条	365.00
169	克什克腾旗(内蒙古)	柠条	298.00
170	康保县(冀)	柠条	277.80
171	阿鲁科尔沁旗(内蒙古)	柠条	240.00
172	神池县(晋)	柠条	223.00
173	盐池县(宁)	柠条	204.00
174	林西县(内蒙古)	柠条	200.00
175	敖汉旗(内蒙古)	柠条	180.00
176	凉州区(甘)	柠条	180.00
177	山丹县(甘)	柠条	43.39
178	灵武市(宁)	柠条	30.00
179	察哈尔右翼中旗(内蒙古)	柠条	20.00
180	红山区(内蒙古)	柠条	20.00
181	博野县(冀)	千头椿	500.00
182	茌平县(鲁)	千头椿	84.00
183	河间市(冀)	千头椿	65.30
184	邢台县(冀)	千头椿	56.00
185	平度市(鲁)	千头椿	42.00
186	新河县(冀)	千头椿	37.00
187	陵　县(鲁)	千头椿	24.00
188	河口区(鲁)	千头椿	20.00
189	涿州市(冀)	千头椿	20.00
190	宝坻区(津)	千头椿	10.00
191	德城区(鲁)	千头椿	10.00
192	定州市(冀)	青桐	370.00
193	商水县(豫)	青桐	75.00
194	新蔡县(豫)	青桐	21.00
195	尉氏县(豫)	青桐	20.20
196	许昌县(豫)	青桐	17.40
197	仙居县(浙)	青桐	16.00
198	潢川县(豫)	青桐	15.00
199	鹿邑县(豫)	楸叶桐	146.25
200	尚义县(冀)	沙棘	5550.00
201	渭源县(甘)	沙棘	4800.00
202	岷　县(甘)	沙棘	4500.00
203	张北县(冀)	沙棘	1950.00

序号	其他主要苗圃苗木主产地	品种	产量(万株)
204	丰宁满族自治县(冀)	沙棘	1800.00
205	沽源县(冀)	沙棘	1600.00
206	岢岚县(晋)	沙棘	1600.00
207	康保县(冀)	沙棘	657.00
208	互助土族自治县(青)	沙棘	525.00
209	孙吴县(黑)	沙棘	329.00
210	合水林业总场(甘)	沙棘	192.00
211	东胜区(内蒙古)	沙棘	174.27
212	平安县(青)	沙棘	160.00
213	卓资县(内蒙古)	沙棘	150.00
214	敖汉旗(内蒙古)	沙棘	80.00
215	新龙林业局(川)	沙棘	72.50
216	阿合奇县(新)	沙棘	50.00
217	理塘县(川)	沙棘	22.00
218	察哈尔右翼中旗(内蒙古)	沙棘	12.00
219	甘孜县(川)	沙棘	10.00
220	霍林郭勒市(内蒙古)	沙棘	10.00
221	克什克腾旗(内蒙古)	沙棘	10.00
222	东港市(辽)	沙松	1400.00
223	三岔子林业局(吉林森工)	沙松	22.76
224	汤旺河林业局(龙江森工)	山槐	36.00
225	铁力林业局(龙江森工)	山槐	24.90
226	乌马河林业局(龙江森工)	山槐	13.00
227	五营林业局(龙江森工)	山槐	12.90
228	峄城区(鲁)	石榴	1000.00
229	宁津县(鲁)	石榴	650.00
230	烈山区(皖)	石榴	150.00
231	相山区(皖)	石榴	150.00
232	惠济区(豫)	石榴	100.40
233	惠水县(黔)	石榴	70.00
234	卫辉市(豫)	石榴	19.00
235	海宁市(浙)	石榴	16.20
236	怀远县(皖)	石榴	12.00
237	揭东区(粤)	桃花心木	32.00
238	潮安县(粤)	桃花心木	20.00
239	湘桥区(粤)	桃花心木	13.30
240	丰顺县(粤)	桃花心木	10.00
241	龙眼洞林场(粤)	桃花心木	10.00
242	榕城区(粤)	桃花心木	10.00
243	双峰县(湘)	铁木	100.00
244	阿鲁科尔沁旗(内蒙古)	文冠果	1089.00
245	阜新蒙古族自治县(辽)	文冠果	600.00
246	靖远县(甘)	文冠果	484.60
247	麦盖提县(新)	文冠果	207.10
248	凌源市(辽)	文冠果	150.00
249	鄂托克前旗(内蒙古)	文冠果	104.16
250	定西市巉口林业试验场(甘)	文冠果	80.00
251	西吉县(宁)	文冠果	60.00
252	敖汉旗(内蒙古)	文冠果	40.00
253	松山区(内蒙古)	文冠果	26.00
254	奈曼旗(内蒙古)	文冠果	23.00
255	克什克腾旗(内蒙古)	文冠果	12.00
256	共和县(青)	乌柳	67.00
257	门源回族自治县(青)	乌柳	27.00
258	二道区(吉)	香梨	2000.00
259	湘乡市(湘)	香梨	150.00
260	顺河回族区(豫)	香梨	60.00
261	酉阳土家族苗族自治县(渝)	香梨	29.00
262	涿州市(冀)	香梨	24.00
263	定州市(冀)	小檗	15464.00
264	振安区(辽)	小檗	2000.00
265	新泰市(鲁)	小檗	1160.00
266	博野县(冀)	小檗	880.00
267	沂水县(鲁)	小檗	472.00
268	南和县(冀)	小檗	450.00
269	长安区(陕)	小檗	450.00
270	滦南县(冀)	小檗	260.30
271	商水县(豫)	小檗	192.00
272	蒲城县(陕)	小檗	40.00
273	阳城县(晋)	小檗	39.00
274	甘州区(甘)	小檗	33.00
275	安阳县(豫)	小檗	26.00
276	曲阜市(鲁)	小檗	22.00
277	阳泉市郊区(晋)	小檗	20.00
278	侯马市(晋)	小檗	12.00
279	东陵区(辽)	小浆果	100.00
280	桦川县(黑)	小浆果	35.00
281	鄢陵县(豫)	元宝枫	800.00
282	定州市(冀)	元宝枫	300.00
283	北京市林业种子苗木管理总站(京)	元宝枫	196.84
284	郾城区(豫)	元宝枫	60.00
285	巴南区(渝)	元宝枫	45.00
286	海淀区(京)	元宝枫	39.10
287	平谷区(京)	元宝枫	30.00
288	雅长林场(桂)	云南松	95.90
289	富源县(滇)	云南松	60.00
290	阳宗海(滇)	云南松	30.00
291	香格里拉县(滇)	云南松	22.00
292	腾冲县(滇)	云南松	10.00
293	集安市(吉)	紫椴	73.00
294	饶河县(黑)	紫椴	42.00
295	松江河林业有限公司(吉林森工)	紫椴	10.50
296	振安区(辽)	紫杉	400.00
297	珲春林业局(吉)	紫杉	12.00

表 11-1　松香主产地产量

序号	松香主产地	产量(吨)
1	开化县(浙)	2500.00
2	全椒县(皖)	1750.00
3	怀宁县(皖)	800.00
4	滁州市管店林业总场(皖)	450.00
5	祁门县(皖)	307.00
6	泾　县(皖)	180.00
7	桐城市(皖)	150.00
8	岳西县(皖)	105.00
9	武平县(闽)	21942.00
10	宁化县(闽)	18064.00
11	尤溪县(闽)	15095.00
12	沙　县(闽)	13989.00
13	明溪县(闽)	9507.00
14	连城县(闽)	8274.00
15	上杭县(闽)	7010.00
16	将乐县(闽)	6400.00
17	永定县(闽)	4897.00
18	清流县(闽)	4667.00
19	梅列区(闽)	3020.00
20	永泰县(闽)	1891.00
21	长汀县(闽)	1300.00
22	永安市(闽)	1250.00
23	泰宁县(闽)	1000.00
24	大田县(闽)	902.00
25	三元区(闽)	880.00
26	邵武市(闽)	640.00
27	吉水县(赣)	8200.00
28	宁都县(赣)	5333.00
29	安福县(赣)	5000.00
30	泰和县(赣)	4617.00
31	乐安县(赣)	4479.00
32	崇仁县(赣)	4430.00
33	吉安县(赣)	3904.00
34	浮梁县(赣)	3800.00
35	永丰县(赣)	3600.00
36	青原区(赣)	3600.00
37	安远县(赣)	3500.00
38	峡江县(赣)	3269.00
39	遂川县(赣)	2500.00
40	瑞金市(赣)	2400.00
41	渝水区(赣)	1710.00
42	奉新县(赣)	1598.00
43	金溪县(赣)	800.00
44	贵溪市(赣)	750.00
45	于都县(赣)	601.00
46	兴国县(赣)	432.00
47	修水县(赣)	393.00
48	永新县(赣)	355.00
49	信丰县(赣)	321.00
50	上高县(赣)	295.00
51	余江县(赣)	220.00
52	婺源县(赣)	200.00
53	赣　县(赣)	186.00
54	东乡县(赣)	130.00
55	大余县(赣)	107.00
56	德兴市(赣)	100.00
57	桐柏县(豫)	2635.00
58	英山县(鄂)	10000.00
59	麻城市(鄂)	2000.00
60	京山县(鄂)	400.00
61	随　县(鄂)	120.00
62	房　县(鄂)	106.00
63	芦淞区(湘)	5500.00
64	岳阳县(湘)	2000.00
65	古丈县(湘)	1320.00
66	中方县(湘)	800.00
67	绥宁县(湘)	560.00
68	龙山县(湘)	330.00
69	安化县(湘)	320.00
70	道　县(湘)	297.00
71	永顺县(湘)	240.00
72	衡山县(湘)	232.84
73	东安县(湘)	220.00
74	双牌县(湘)	150.00
75	南雄市(粤)	9531.00
76	高要市(粤)	8588.00
77	梅　县(粤)	7500.00
78	封开县(粤)	6167.00
79	连山壮族瑶族自治县(粤)	4083.00
80	信宜市(粤)	3963.00
81	阳东县(粤)	2640.00
82	德庆县(粤)	1893.00
83	龙川县(粤)	1800.00
84	佛冈县(粤)	1292.00
85	仁化县(粤)	1000.00
86	和平县(粤)	1000.00
87	乳源瑶族自治县(粤)	825.00
88	阳春市(粤)	800.00
89	连州市(粤)	450.00
90	新兴县(粤)	210.00
91	兴安县(桂)	42702.00
92	象州县(桂)	35464.00
93	港口区(桂)	29000.00
94	临桂县(桂)	28838.00
95	钦北区(桂)	18914.00
96	防城区(桂)	17490.00
97	上思县(桂)	13367.00
98	龙圩区(桂)	10432.00
99	苍梧县(桂)	9848.00
100	金秀瑶族自治县(桂)	9413.00
101	右江区(桂)	8833.00
102	恭城瑶族自治县(桂)	7320.00
103	昭平县(桂)	7190.00
104	隆安县(桂)	7000.00
105	鹿寨县(桂)	6620.00
106	融水苗族自治县(桂)	6292.00
107	港南区(桂)	5586.00
108	全州县(桂)	5200.00
109	富川瑶族自治县(桂)	5100.00
110	荔浦县(桂)	5065.00
111	良庆区(桂)	4510.00
112	七坡林场(桂)	4313.00
113	青秀区(桂)	4230.00
114	武宣县(桂)	2835.00
115	灵山县(桂)	2610.00
116	柳城县(桂)	1783.00
117	柳北区(桂)	1500.00
118	玉州区(桂)	1000.00
119	宜州市(桂)	674.30
120	桂平市(桂)	500.00
121	忻城县(桂)	160.00
122	秀山土家族苗族自治县(渝)	940.00
123	镇远县(黔)	2580.00
124	龙里县(黔)	420.00
125	都匀市(黔)	400.00
126	惠水县(黔)	350.00
127	施秉县(黔)	100.00
128	南华县(滇)	23032.00
129	宁洱哈尼族彝族自治县(滇)	16743.00
130	景东彝族自治县(滇)	13535.00
131	云　县(滇)	11008.00
132	双江拉祜族佤族布朗族傣族自治县(滇)	8996.00
133	楚雄市(滇)	6045.00
134	江城哈尼族彝族自治县(滇)	5327.00
135	双柏县(滇)	4240.00
136	南涧彝族自治县(滇)	3200.00

序号	松香主产地	产量(吨)
137	勐海县(滇)	1850.00
138	凤庆县(滇)	1846.00
139	墨江哈尼族自治县(滇)	1529.00
140	禄丰县(滇)	780.00
141	易门县(滇)	600.00
142	砚山县(滇)	439.00
143	隆阳区(滇)	420.00
144	景洪市(滇)	409.00
145	临翔区(滇)	250.00
146	施甸县(滇)	200.00

表 11-2 松节油主产地产量

序号	松节油主产地	产量(吨)
1	全椒县(皖)	485.00
2	滁州市管店林业总场(皖)	100.00
3	祁门县(皖)	61.00
4	泾 县(皖)	55.00
5	怀宁县(皖)	42.00
6	武平县(闽)	3799.00
7	宁化县(闽)	1706.00
8	连城县(闽)	1532.00
9	梅列区(闽)	820.00
10	将乐县(闽)	600.00
11	三元区(闽)	155.00
12	永定县(闽)	149.00
13	乐安县(赣)	3260.00
14	吉安县(赣)	2559.00
15	吉水县(赣)	1600.00
16	泰和县(赣)	1200.00
17	宁都县(赣)	940.00
18	永丰县(赣)	920.00
19	浮梁县(赣)	861.00
20	峡江县(赣)	726.00
21	青原区(赣)	700.00
22	崇仁县(赣)	670.00
23	会昌县(赣)	520.00
24	吉州区(赣)	440.00
25	奉新县(赣)	400.00
26	贵溪市(赣)	250.00
27	余江县(赣)	120.00
28	于都县(赣)	108.00
29	金溪县(赣)	96.00
30	赣 县(赣)	68.00
31	上高县(赣)	54.00
32	信丰县(赣)	44.00
33	宜丰县(赣)	29.00
34	大余县(赣)	21.00
35	德兴市(赣)	20.00
36	井冈山市(赣)	13.50
37	麻城市(鄂)	500.00
38	随 县(鄂)	60.00
39	京山县(鄂)	40.00
40	道 县(湘)	943.00
41	中方县(湘)	100.00
42	武冈市(湘)	40.00
43	双牌县(湘)	30.00
44	浏阳市(湘)	30.00
45	湘阴县(湘)	27.00
46	衡山县(湘)	24.58
47	绥宁县(湘)	19.00
48	双峰县(湘)	18.00
49	高要市(粤)	1889.00
50	连州市(粤)	90.00
51	连山壮族瑶族自治县(粤)	69.00
52	信宜市(粤)	56.00
53	新兴县(粤)	50.00
54	阳东县(粤)	26.40
55	钦北区(桂)	2258.00
56	全州县(桂)	2100.00
57	灵山县(桂)	1608.00
58	龙圩区(桂)	1588.00
59	苍梧县(桂)	1498.00
60	昭平县(桂)	1075.00
61	融水苗族自治县(桂)	970.00
62	隆安县(桂)	930.00
63	右江区(桂)	884.00
64	港南区(桂)	833.00
65	富川瑶族自治县(桂)	760.00
66	金秀瑶族自治县(桂)	747.00
67	七坡林场(桂)	601.00
68	兴安县(桂)	550.00
69	青秀区(桂)	500.00
70	武宣县(桂)	140.00
71	忻城县(桂)	35.00
72	龙里县(黔)	260.00
73	惠水县(黔)	50.00
74	南华县(滇)	6500.00
75	宁洱哈尼族彝族自治县(滇)	3268.00
76	楚雄市(滇)	2890.00
77	双柏县(滇)	2677.00
78	易门县(滇)	2500.00
79	双江拉祜族佤族布朗族傣族自治县(滇)	2350.00
80	云 县(滇)	1247.00
81	勐海县(滇)	650.00
82	凤庆县(滇)	488.00
83	南涧彝族自治县(滇)	450.00
84	墨江哈尼族自治县(滇)	308.00
85	江城哈尼族彝族自治县(滇)	235.00
86	砚山县(滇)	120.00
87	景洪市(滇)	110.00
88	禄丰县(滇)	62.00
89	临翔区(滇)	35.00

表 11-3 松脂主产地产量

序号	松脂主产地	产量(吨)
1	全椒县(皖)	2500.00
2	滁州市管店林业总场(皖)	459.00
3	潜山县(皖)	450.00
4	祁门县(皖)	410.00
5	东至县(皖)	400.00
6	南谯区(皖)	350.00
7	泾 县(皖)	320.00
8	旌德县(皖)	300.00
9	望江县(皖)	180.00
10	明光市(皖)	90.00
11	定远县(皖)	65.00
12	南陵县(皖)	51.00
13	贵池区(皖)	15.00
14	滁州市沙河集林业总场(皖)	14.00
15	新干县(赣)	9980.00
16	泰和县(赣)	8283.00
17	吉安县(赣)	6074.00
18	青原区(赣)	4860.00
19	瑞金市(赣)	2500.00
20	万载县(赣)	980.00
21	于都县(赣)	800.00
22	永修县(赣)	657.60
23	兴国县(赣)	600.00
24	定南县(赣)	460.00
25	上高县(赣)	357.00
26	昌江区(赣)	320.00
27	永新县(赣)	300.00
28	赣 县(赣)	254.00
29	都昌县(赣)	120.00
30	龙南县(赣)	90.00
31	吉安市市辖区(赣)	46.00

序号	松脂主产地	产量(吨)
32	全南县(赣)	33.00
33	横峰县(赣)	28.00
34	余干县(赣)	25.00
35	南丰县(赣)	15.00
36	章贡区(赣)	13.00
37	洛宁县(豫)	14.00
38	南漳县(鄂)	10000.00
39	蕲春县(鄂)	600.00
40	京山县(鄂)	300.00
41	红安县(鄂)	220.00
42	浠水县(鄂)	200.00
43	湖北省太子山林场管理局(鄂)	170.00
44	东宝区(鄂)	150.00
45	兴山县(鄂)	146.30
46	罗田县(鄂)	120.00
47	武穴市(鄂)	44.00
48	新宁县(湘)	2000.00
49	茶陵县(湘)	1620.00
50	双牌县(湘)	1520.00
51	沅陵县(湘)	600.00
52	安化县(湘)	350.00
53	浏阳市(湘)	340.00
54	祁东县(湘)	300.00
55	株洲县(湘)	290.00
56	新晃侗族自治县(湘)	230.00
57	东安县(湘)	225.00
58	会同县(湘)	200.00
59	冷水滩区(湘)	181.00
60	宁远县(湘)	162.00
61	冷水江市(湘)	130.00
62	临湘市(湘)	100.00
63	鼎城区(湘)	70.00
64	芷江侗族自治县(湘)	60.00
65	炎陵县(湘)	49.00
66	洪江市(湘)	30.00
67	永定区(湘)	28.00
68	双峰县(湘)	22.00
69	新化县(湘)	20.00
70	吉首市(湘)	15.00
71	汨罗市(湘)	13.20
72	云安县(粤)	50600.00
73	德庆县(粤)	25402.00
74	怀集县(粤)	24577.00
75	高要市(粤)	11765.00
76	云城区(粤)	9610.00
77	四会市(粤)	5031.00
78	连山壮族瑶族自治县(粤)	4083.00
79	广宁县(粤)	4013.00
80	信宜市(粤)	3224.00
81	罗定市(粤)	2000.00
82	始兴县(粤)	2000.00
83	佛冈县(粤)	1610.00
84	廉江市(粤)	1330.00
85	郁南县(粤)	1083.00
86	台山市(粤)	1050.00
87	鼎湖区(粤)	528.00
88	大云雾林场(粤)	430.00
89	连南瑶族自治县(粤)	341.00
90	平远县(粤)	276.00
91	龙埔林场(粤)	221.00
92	阳山县(粤)	216.00
93	武江区(粤)	216.00
94	茂名市属总林场(粤)	202.00
95	新丰县(粤)	106.00
96	水台林场(粤)	43.00
97	飞马林场(粤)	40.00
98	连平县(粤)	22.00
99	田东县(桂)	54600.00
100	钦北区(桂)	34643.00
101	龙圩区(桂)	34521.00
102	苍梧县(桂)	30351.00
103	钦南区(桂)	17000.00
104	防城区(桂)	15026.00
105	灵川县(桂)	12600.00
106	昭平县(桂)	12130.00
107	凭祥市(桂)	9768.00
108	象州县(桂)	9560.00
109	全州县(桂)	7500.00
110	平乐县(桂)	5673.00
111	右江区(桂)	5400.00
112	兴宾区(桂)	4706.00
113	兴安县(桂)	4013.00
114	资源县(桂)	4000.00
115	浦北县(桂)	3841.00
116	灌阳县(桂)	3506.00
117	港北区(桂)	2783.00
118	马山县(桂)	2673.00
119	平果县(桂)	2596.00
120	武宣县(桂)	2399.00
121	中国林科院热林中心(桂)	1700.00
122	金秀瑶族自治县(桂)	1512.00
123	贺州市平桂管理区(桂)	1308.00
124	富川瑶族自治县(桂)	1009.00
125	扶绥县(桂)	860.00
126	阳朔县(桂)	805.00
127	天等县(桂)	740.00
128	城中区(桂)	600.00
129	三门江林场(桂)	535.00
130	环江毛南族自治县(桂)	440.00
131	龙胜各族自治县(桂)	435.00
132	罗城仫佬族自治县(桂)	400.00
133	田阳县(桂)	340.00
134	忻城县(桂)	326.00
135	融安县(桂)	325.00
136	大化瑶族自治县(桂)	293.00
137	龙州县(桂)	293.00
138	柳城县(桂)	247.00
139	合山市(桂)	210.00
140	靖西县(桂)	185.00
141	金城江区(桂)	142.00
142	田林县(桂)	93.00
143	柳江县(桂)	60.00
144	凌云县(桂)	51.00
145	黄冕林场(桂)	28.00
146	南江县(川)	150.00
147	万源市(川)	100.00
148	盐边县(川)	50.00
149	开江县(川)	35.00
150	威远县(川)	10.00
151	锦屏县(黔)	413.00
152	贵定县(黔)	225.00
153	独山县(黔)	80.00
154	长顺县(黔)	37.00
155	惠水县(黔)	24.00
156	德江县(黔)	10.00
157	墨江哈尼族自治县(滇)	6500.00
158	楚雄市(滇)	2308.00
159	巍山彝族回族自治县(滇)	1300.00
160	永德县(滇)	968.00
161	临翔区(滇)	340.00
162	勐海县(滇)	295.00
163	玉龙纳西族自治县(滇)	100.00
164	昌宁县(滇)	76.20
165	龙陵县(滇)	50.00
166	凤庆县(滇)	30.80
167	洱源县(滇)	27.90
168	漾濞彝族自治县(滇)	20.90
169	宣威市(滇)	10.00

表 11-4　活性炭主产地产量

序号	活性炭主产地	产量(吨)
1	平泉县(冀)	46000.00
2	图们市(吉)	2927.00
3	松阳县(浙)	12320.00
4	淳安县(浙)	10180.00
5	开化县(浙)	8000.00
6	龙游县(浙)	5024.00
7	德清县(浙)	4415.00
8	龙泉市(浙)	2805.00
9	江山市(浙)	2193.00
10	遂昌县(浙)	1100.00
11	长兴县(浙)	900.00
12	浦江县(浙)	22.00
13	六安市叶集区(皖)	4000.00
14	郎溪县(皖)	1000.00
15	旌德县(皖)	800.00
16	祁门县(皖)	118.00
17	新罗区(闽)	67190.00
18	延平区(闽)	45358.00
19	邵武市(闽)	45358.00
20	明溪县(闽)	8122.00
21	三元区(闽)	5020.00
22	顺昌县(闽)	4935.00
23	浦城县(闽)	2195.00
24	建阳市(闽)	2041.00
25	光泽县(闽)	277.00
26	南城县(赣)	9606.00
27	定南县(赣)	7550.00
28	余江县(赣)	3400.00
29	崇义县(赣)	3000.00
30	龙南县(赣)	2500.00
31	宜黄县(赣)	1800.00
32	芦溪县(赣)	1250.00
33	靖安县(赣)	1200.00
34	玉山县(赣)	1187.00
35	宜丰县(赣)	600.00
36	铜鼓县(赣)	510.00
37	修水县(赣)	120.00
38	上饶县(赣)	80.00
39	嘉祥县(鲁)	10500.00
40	滑　县(豫)	2600.00
41	安化县(湘)	6000.00
42	中方县(湘)	900.00
43	蓝山县(湘)	880.00
44	靖州苗族侗族自治县(湘)	850.00
45	绥宁县(湘)	700.00
46	通道侗族自治县(湘)	422.00
47	乳源瑶族自治县(粤)	345.00
48	从江县(黔)	8800.00
49	锦屏县(黔)	2100.00
50	碧江区(黔)	150.00
51	沿河土家族自治县(黔)	22.00
52	漾濞彝族自治县(滇)	800.00

表 11-5　生漆及其制品主产地产量

序号	生漆及其制品主产地	产量(吨)
1	长阳土家族自治县(鄂)	15.00
2	恩施市(鄂)	15.00
3	房　县(鄂)	10.00
4	南川区(渝)	21.00
5	城口县(渝)	10.00
6	南江县(川)	72.00
7	安　县(川)	40.00
8	兴文县(川)	18.00
9	荔波县(黔)	118.00
10	惠水县(黔)	45.00
11	六枝特区(黔)	40.00
12	彝良县(滇)	95.00
13	维西傈僳族自治县(滇)	83.30
14	城固县(陕)	262.00
15	商南县(陕)	154.00
16	平利县(陕)	120.00
17	南郑县(陕)	25.00

表 11-6　木炭主产地产量

序号	木炭主产地	产量(吨)
1	蔚　县(冀)	1056.00
2	吴桥县(冀)	850.00
3	彰武县(辽)	23578.00
4	庆安县(黑)	50.00
5	江山市(浙)	15026.00
6	长兴县(浙)	180.00
7	淳安县(浙)	100.00
8	太湖县(皖)	4700.00
9	南谯区(皖)	4000.00
10	全椒县(皖)	4000.00
11	舒城县(皖)	1100.00
12	旌德县(皖)	700.00
13	泾　县(皖)	250.00
14	滁州市管店林业总场(皖)	200.00
15	和　县(皖)	200.00
16	岳西县(皖)	135.00
17	霍山县(皖)	100.00
18	潜山县(皖)	50.00
19	新罗区(闽)	268.00
20	诏安县(闽)	100.00
21	周宁县(闽)	60.00
22	武夷山市(闽)	25.00
23	南康市(赣)	4700.00
24	吉水县(赣)	3000.00
25	金溪县(赣)	2260.00
26	宜黄县(赣)	1500.00
27	遂川县(赣)	1450.00
28	全南县(赣)	1005.00
29	瑞金市(赣)	700.00
30	定南县(赣)	155.00
31	分宜县(赣)	80.00
32	靖安县(赣)	63.00
33	井冈山市(赣)	50.00
34	上饶县(赣)	50.00
35	于都县(赣)	35.00
36	南城县(赣)	22.00
37	信丰县(赣)	10.00
38	临沂市临港经济开发区(鲁)	300000.00
39	成武县(鲁)	160000.00
40	嘉祥县(鲁)	6000.00
41	永城市(豫)	510.00
42	光山县(豫)	100.00
43	固始县(豫)	80.00
44	罗田县(鄂)	500.00
45	浠水县(鄂)	250.00
46	建始县(鄂)	100.00
47	谷城县(鄂)	60.00
48	江华瑶族自治县(湘)	16600.00
49	绥宁县(湘)	5200.00
50	衡东县(湘)	3000.00
51	武冈市(湘)	3000.00
52	新宁县(湘)	3000.00
53	桃江县(湘)	2500.00
54	新晃侗族自治县(湘)	2380.00
55	安化县(湘)	1500.00
56	道　县(湘)	1500.00
57	沅陵县(湘)	1250.00
58	岳阳县(湘)	500.00
59	通道侗族自治县(湘)	494.00
60	溆浦县(湘)	490.00
61	东安县(湘)	352.00
62	株洲县(湘)	280.00

序号	木炭主产地	产量(吨)	序号	木炭主产地	产量(吨)	序号	木炭主产地	产量(吨)
63	零陵区(湘)	202.00	78	揭西县(粤)	34.00	93	贵定县(黔)	3000.00
64	新化县(湘)	200.00	79	台山市(粤)	13.00	94	锦屏县(黔)	540.00
65	衡阳县(湘)	175.00	80	化州市(粤)	10.00	95	镇远县(黔)	420.00
66	祁东县(湘)	130.00	81	全州县(桂)	9000.00	96	思南县(黔)	150.00
67	桑植县(湘)	130.00	82	融水苗族自治县(桂)	1260.00	97	印江土家族苗族自治县(黔)	100.00
68	桃源县(湘)	100.00	83	金城江区(桂)	1000.00	98	碧江区(黔)	50.00
69	赫山区(湘)	100.00	84	隆林各族自治县(桂)	958.00	99	长顺县(黔)	25.00
70	永兴县(湘)	75.00	85	西林县(桂)	300.00	100	沿河土家族自治县(黔)	15.00
71	娄星区(湘)	21.00	86	龙胜各族自治县(桂)	111.00	101	荔波县(黔)	11.00
72	永定区(湘)	15.00	87	黔江区(渝)	1900.00	102	陇川县(滇)	2000.00
73	雷州市(粤)	39000.00	88	秀山土家族苗族自治县(渝)	465.00	103	宁洱哈尼族彝族自治县(滇)	810.00
74	徐闻县(粤)	1351.00	89	合川区(渝)	60.00	104	梁河县(滇)	627.00
75	和平县(粤)	1000.00	90	彭水苗族土家族自治县(渝)	60.00	105	漾濞彝族自治县(滇)	200.00
76	乳源瑶族自治县(粤)	345.00	91	奉节县(渝)	30.00	106	扶风县(陕)	150.00
77	新丰县(粤)	101.00	92	仪陇县(川)	100.00			

表 11-7　其他林化产品主产地产量

序号	其他林化产品主产地	品种	产量(吨)	序号	其他林化产品主产地	品种	产量(吨)
1	喜德县(川)	白蜡	50.00	29	青龙满族自治县(冀)	栲胶	1320.00
2	乐山市市辖区(川)	白蜡	50.00	30	右江区(桂)	栲胶	1202.00
3	新宁县(湘)	白蜡	20.00	31	栾川县(豫)	栲胶	1000.00
4	五峰土家族自治县(鄂)	单宁	1200.00	32	红花岗区(黔)	栲胶	800.00
5	竹山县(鄂)	单宁	750.00	33	南丹县(桂)	栲胶	60.00
6	石柱土家族自治县(渝)	单宁	600.00	34	白石山林业局(吉林森工)	脲醛树脂胶	120.00
7	彭水苗族土家族自治县(渝)	单宁	80.00	35	封开县(粤)	歧化松香	14278.00
8	翠屏区(川)	芳樟醇	3100.00	36	双柏县(滇)	歧化松香	14026.00
9	乳源瑶族自治县(粤)	芳樟醇	450.00	37	楚雄市(滇)	歧化松香	2050.00
10	罗定市(粤)	桂油	860.00	38	七坡林场(桂)	歧化松香	261.00
11	乳源瑶族自治县(粤)	桂油	330.00	39	内乡县(豫)	栓皮	5000.00
12	郁南县(粤)	桂油	120.00	40	旺苍县(川)	栓皮	1500.00
13	梓潼县(川)	桂油	100.00	41	嵩　县(豫)	栓皮	1300.00
14	筠连县(川)	桂油	50.00	42	霍山县(皖)	栓皮	1000.00
15	蓬溪县(川)	桂油	38.00	43	略阳县(陕)	栓皮	460.00
16	珙　县(川)	桂油	22.00	44	西峡县(豫)	栓皮	400.00
17	新晃侗族自治县(湘)	合成龙脑	380.00	45	北川羌族自治县(川)	栓皮	210.00
18	建阳市(闽)	合成樟脑	11170.00	46	留坝县(陕)	栓皮	180.00
19	金溪县(赣)	合成樟脑	600.00	47	商南县(陕)	栓皮	150.00
20	那坡县(桂)	茴油	1933.00	48	兴山县(鄂)	栓皮	83.00
21	吉安县(赣)	聚合松香	6136.00	49	宁陕县(陕)	栓皮	25.00
22	会昌县(赣)	聚合松香	3600.00	50	霍山县(皖)	松针粉	2.00
23	七坡林场(桂)	聚合松香	914.00	51	遂川县(赣)	萜烯树脂	6500.00
24	上饶县(赣)	聚合松香	630.00	52	勐腊县(滇)	橡胶及其制品	165633.00
25	蕲春县(鄂)	聚合松香	80.00	53	景洪市(滇)	橡胶及其制品	140000.00
26	曾都区(鄂)	聚合松香	21.00	54	徐闻县(粤)	橡胶及其制品	2362.00
27	安义县(赣)	聚合松香	10.00	55	雷州市(粤)	橡胶及其制品	320.00
28	道　县(湘)	聚酯树脂	9243.00	56	信宜市(粤)	橡胶及其制品	220.00
				57	麻栗坡县(滇)	橡胶及其制品	74.80

序号	其他林化产品主产地	品种	产量(吨)
58	西安林产化学工厂(陕)	橡胶及其制品	26.00
59	临泉县(皖)	熏衣草	450.00
60	农四师(新疆兵团)	熏衣草	34.10
61	楚雄市(滇)	脂松香	2070.00
62	宣城市市辖区(皖)	脂松香	260.00
63	昆明市经济技术开发区(滇)	紫胶	800.00
64	墨江哈尼族自治县(滇)	紫胶	477.00
65	牟定县(滇)	紫胶	353.00
66	沧源佤族自治县(滇)	紫胶	113.90
67	会同县(湘)	紫胶	100.00
68	丰顺县(粤)	紫胶	80.00
69	昌宁县(滇)	紫胶	78.10
70	江城哈尼族彝族自治县(滇)	紫胶	60.00
71	永德县(滇)	紫胶	44.00
72	龙陵县(滇)	紫胶	35.00
73	乐山市市辖区(川)	紫胶	30.00
74	芒　市(滇)	紫胶	16.00
75	阳山县(粤)	紫胶	12.00

表 12-1　野菜主产地产量

序号	野菜主产地	产量(吨)
1	承德县(冀)	800.00
2	滦平县(冀)	468.00
3	丰宁满族自治县(冀)	260.00
4	隆化县(冀)	200.00
5	喀喇沁旗(内蒙古)	200.00
6	新宾满族自治县(辽)	99000.00
7	宽甸满族自治县(辽)	55000.00
8	岫岩满族自治县(辽)	45000.00
9	凤城市(辽)	40187.00
10	清原满族自治县(辽)	16110.00
11	本溪满族自治县(辽)	10100.00
12	抚顺县(辽)	6342.00
13	桓仁满族自治县(辽)	5000.00
14	庄河市(辽)	4000.00
15	顺城区(辽)	1309.00
16	振安区(辽)	800.00
17	铁岭县(辽)	747.00
18	南芬区(辽)	720.00
19	东洲区(辽)	695.00
20	清河区(辽)	550.00
21	东港市(辽)	414.00
22	海城市(辽)	320.00
23	普兰店市(辽)	200.00
24	凌海市(辽)	200.00
25	南票区(辽)	170.00
26	延吉市(吉)	3106.00
27	敦化市(吉)	2377.00
28	汪清县(吉)	1023.00
29	东丰县(吉)	550.00
30	靖宇县(吉)	528.00
31	八家子林业局(吉)	450.00
32	黄泥河林业局(吉)	279.00
33	长白朝鲜族自治县(吉)	187.00
34	天桥岭林业局(吉)	167.00
35	尚志市(黑)	5000.00
36	城子河区(黑)	2000.00
37	依兰县(黑)	1500.00
38	北安市(黑)	1200.00
39	牡丹江市市本级(黑)	983.00
40	五常市(黑)	900.00
41	宁安市(黑)	810.00
42	阿城区(黑)	788.00
43	延寿县(黑)	500.00
44	恒山区(黑)	380.00
45	五大连池市(黑)	350.00
46	爱辉区(黑)	263.00
47	方正县(黑)	230.00
48	嫩江县(黑)	180.00
49	林口县(黑)	127.00
50	饶河县(黑)	100.00
51	宜兴市(苏)	100.00
52	婺城区(浙)	700.00
53	天台县(浙)	248.00
54	霍山县(皖)	2800.00
55	舒城县(皖)	2625.00
56	凤阳县(皖)	1420.00
57	旌德县(皖)	900.00
58	滁州市沙河集林业总场(皖)	644.00
59	繁昌县(皖)	600.00
60	临泉县(皖)	387.00
61	休宁县(皖)	235.00
62	九江县(赣)	2972.00
63	铜鼓县(赣)	660.00
64	南城县(赣)	150.00
65	乐陵市(鲁)	80000.00
66	青州市(鲁)	150.00
67	桐柏县(豫)	12294.00
68	舞钢市(豫)	700.00
69	新安县(豫)	600.00
70	鲁山县(豫)	600.00
71	辉县市(豫)	260.00
72	栾川县(豫)	200.00
73	咸丰县(鄂)	1580.00
74	麻城市(鄂)	1331.00
75	宜都市(鄂)	1300.00
76	谷城县(鄂)	650.00
77	大悟县(鄂)	220.00
78	鹤峰县(鄂)	178.00
79	竹山县(鄂)	126.00
80	阳新县(鄂)	122.00
81	罗田县(鄂)	120.00
82	鄂城区(鄂)	100.00
83	沅陵县(湘)	9850.00
84	新化县(湘)	5000.00
85	石门县(湘)	2800.00
86	安化县(湘)	2300.00
87	新宁县(湘)	1000.00
88	桑植县(湘)	970.00
89	汉寿县(湘)	800.00
90	常宁市(湘)	600.00
91	江华瑶族自治县(湘)	530.00
92	醴陵市(湘)	500.00
93	零陵区(湘)	404.00
94	鹤城区(湘)	400.00
95	新晃侗族自治县(湘)	310.00
96	临澧县(湘)	250.00
97	吉首市(湘)	210.00
98	桃源县(湘)	200.00
99	会同县(湘)	200.00
100	宁远县(湘)	176.00
101	靖州苗族侗族自治县(湘)	139.00
102	麻阳苗族自治县(湘)	131.00
103	赫山区(湘)	120.00
104	城步苗族自治县(湘)	120.00

序号	野菜主产地	产量(吨)
105	临武县(湘)	105.00
106	乳源瑶族自治县(粤)	1650.00
107	连州市(粤)	250.00
108	昭平县(桂)	920.00
109	金城江区(桂)	200.00
110	城口县(渝)	5680.00
111	石柱土家族自治县(渝)	400.00
112	巴南区(渝)	153.00
113	奉节县(渝)	100.00
114	井研县(川)	39340.00
115	旺苍县(川)	5000.00
116	雷波县(川)	1500.00
117	冕宁县(川)	1479.00
118	安　县(川)	1450.00
119	宣汉县(川)	1200.00
120	高　县(川)	620.00
121	宜宾县(川)	589.00
122	会理县(川)	450.00
123	芦山县(川)	280.00
124	西昌市(川)	210.00
125	南部县(川)	200.00
126	平武县(川)	135.00
127	康定县(川)	110.00
128	从江县(黔)	300.00
129	榕江县(黔)	200.00
130	石阡县(黔)	200.00
131	贵定县(黔)	200.00
132	锦屏县(黔)	100.00
133	盈江县(滇)	1751.00
134	玉龙纳西族自治县(滇)	1700.00
135	麒麟区(滇)	1500.00
136	陇川县(滇)	1456.00
137	罗平县(滇)	582.20
138	昌宁县(滇)	512.00
139	云龙县(滇)	500.00
140	大理市(滇)	457.00
141	洱源县(滇)	429.00
142	禄丰县(滇)	339.00
143	江川县(滇)	250.00
144	永德县(滇)	212.00
145	姚安县(滇)	136.00
146	楚雄市(滇)	117.00
147	大姚县(滇)	117.00
148	寻甸回族彝族自治县(滇)	100.00
149	勉　县(陕)	2680.00
150	岚皋县(陕)	2300.00
151	西乡县(陕)	1960.00
152	南郑县(陕)	1700.00
153	洋　县(陕)	1300.00
154	略阳县(陕)	912.00
155	镇安县(陕)	332.00
156	文　县(甘)	3000.00
157	清水县(甘)	513.00
158	麦积区(甘)	418.00
159	宕昌县(甘)	167.50
160	三岔子林业局(吉林森工)	415.51
161	露水河林业局(吉林森工)	340.00
162	红石林业局(吉林森工)	335.00
163	临江林业局(吉林森工)	300.00
164	沾河林业局(龙江森工)	10500.00
165	绥阳林业局(龙江森工)	5200.00
166	五营林业局(龙江森工)	2472.00
167	双丰林业局(龙江森工)	2260.00
168	朗乡林业局(龙江森工)	2200.00
169	汤旺河林业局(龙江森工)	2085.00
170	友好林业局(龙江森工)	2000.00
171	鹤北林业局(龙江森工)	1313.00
172	南岔林业局(龙江森工)	1150.00
173	带岭实验局(龙江森工)	1100.00
174	亚布力林业局(龙江森工)	1000.00
175	乌伊岭林业局(龙江森工)	900.00
176	大海林林业局(龙江森工)	721.00
177	美溪林业局(龙江森工)	700.00
178	东方红林业局(龙江森工)	700.00
179	铁力林业局(龙江森工)	693.00
180	方正林业局(龙江森工)	691.00
181	红星林业局(龙江森工)	680.00
182	桃山林业局(龙江森工)	650.00
183	海林林业局(龙江森工)	600.00
184	新青林业局(龙江森工)	560.00
185	乌马河林业局(龙江森工)	540.00
186	兴隆林业局(龙江森工)	536.00
187	清河林业局(龙江森工)	500.00
188	通北林业局(龙江森工)	466.00
189	东京城林业局(龙江森工)	430.00
190	苇河林业局(龙江森工)	400.00
191	迎春林业局(龙江森工)	388.00
192	穆棱林业局(龙江森工)	380.00
193	黑龙江柴河林业局(龙江森工)	360.00
194	上甘岭林业局(龙江森工)	280.00
195	林口林业局(龙江森工)	260.00
196	金山屯林业局(龙江森工)	233.00
197	双鸭山林业局(龙江森工)	227.00
198	翠峦林业局(龙江森工)	224.00
199	八面通林业局(龙江森工)	210.00
200	山河屯林业局(龙江森工)	197.00
201	鹤立林业局(龙江森工)	190.00
202	桦南林业局(龙江森工)	162.00
203	绥棱林业局(龙江森工)	158.00

表 12-2　食用菌类主产地产量

序号	食用菌类主产地	产量(吨)
1	静海县(津)	1300.00
2	遵化市(冀)	14397.00
3	迁西县(冀)	1980.00
4	承德县(冀)	1700.00
5	平泉县(冀)	720.00
6	滦平县(冀)	237.00
7	隆化县(冀)	210.00
8	丰宁满族自治县(冀)	160.00
9	围场满族蒙古族自治县(冀)	145.00
10	宁城县(内蒙古)	36145.00
11	敖汉旗(内蒙古)	580.00
12	松山区(内蒙古)	378.00
13	喀喇沁旗(内蒙古)	310.00
14	岫岩满族自治县(辽)	451000.00
15	宽甸满族自治县(辽)	64000.00
16	东港市(辽)	27500.00
17	桓仁满族自治县(辽)	16420.00
18	凤城市(辽)	15912.00
19	建昌县(辽)	15000.00
20	清原满族自治县(辽)	13320.00
21	千山区(辽)	10000.00
22	兴城市(辽)	7200.00
23	海城市(辽)	6000.00
24	盘山县(辽)	5118.00
25	大洼县(辽)	1729.00
26	新宾满族自治县(辽)	1700.00
27	抚顺县(辽)	1493.00
28	庄河市(辽)	1250.00
29	振安区(辽)	850.00
30	望花区(辽)	800.00
31	盖州市(辽)	300.00
32	普兰店市(辽)	300.00
33	顺城区(辽)	240.00
34	铁岭县(辽)	197.80
35	南芬区(辽)	150.00
36	南票区(辽)	100.00

序号	食用菌类主产地	产量(吨)
37	汪清县(吉)	23988.10
38	敦化市(吉)	15335.00
39	黄泥河林业局(吉)	1929.00
40	天桥岭林业局(吉)	1890.00
41	白河林业局(吉)	1600.00
42	大石头林业局(吉)	1543.00
43	大兴沟林业局(吉)	1520.00
44	梅河口市(吉)	1480.00
45	长白山林业局(吉)	1170.00
46	和龙市(吉)	1145.00
47	安图森林经营局(吉)	495.00
48	和龙林业局(吉)	485.00
49	敦化林业局(吉)	450.00
50	长白朝鲜族自治县(吉)	420.00
51	东丰县(吉)	320.00
52	汪清林业局(吉)	275.00
53	龙井市(吉)	203.00
54	八家子林业局(吉)	100.00
55	牡丹江市市本级(黑)	125860.00
56	尚志市(黑)	96250.00
57	宁安市(黑)	7444.00
58	桦南县(黑)	6975.00
59	方正县(黑)	3200.00
60	五常市(黑)	1900.00
61	绥芬河市(黑)	1500.00
62	富锦市(黑)	1400.00
63	尚志国有林场管理局(黑)	776.00
64	汤原县(黑)	520.00
65	孙吴县(黑)	440.00
66	阿城区(黑)	363.20
67	五大连池市(黑)	327.00
68	龙凤区(黑)	300.00
69	逊克县(黑)	270.00
70	爱辉区(黑)	202.50
71	鹤岗市市辖区(黑)	180.00
72	滴道区(黑)	153.00
73	克东县(黑)	120.00
74	萨尔图区(黑)	113.00
75	宝清县(黑)	112.00
76	延寿县(黑)	110.00
77	桦川县(黑)	100.00
78	黑河市直属林场(黑)	100.00
79	仪征市(苏)	18500.00
80	溧水县(苏)	4040.00
81	高淳县(苏)	3270.00
82	姜堰区(苏)	1427.00
83	盱眙县(苏)	235.00
84	松阳县(浙)	49185.00
85	开化县(浙)	20959.00
86	龙泉市(浙)	17034.00
87	庆元县(浙)	8202.00
88	莲都区(浙)	8012.00
89	江山市(浙)	6801.00
90	云和县(浙)	6059.00
91	奉化市(浙)	5400.00
92	缙云县(浙)	4480.00
93	景宁畲族自治县(浙)	4351.00
94	磐安县(浙)	3892.00
95	苍南县(浙)	3675.00
96	遂昌县(浙)	1839.00
97	德清县(浙)	1823.00
98	婺城区(浙)	1725.00
99	淳安县(浙)	1399.00
100	常山县(浙)	670.00
101	建德市(浙)	500.00
102	平阳县(浙)	398.00
103	桐乡市(浙)	350.00
104	天台县(浙)	268.00
105	阜南县(皖)	50460.00
106	芜湖县(皖)	32000.00
107	潜山县(皖)	8000.00
108	南陵县(皖)	6500.00
109	舒城县(皖)	4972.00
110	宁国市(皖)	3165.00
111	凤阳县(皖)	2900.00
112	桐城市(皖)	2800.00
113	东至县(皖)	1498.00
114	明光市(皖)	900.00
115	泾　县(皖)	850.00
116	旌德县(皖)	850.00
117	南谯区(皖)	600.00
118	滁州市沙河集林业总场(皖)	541.00
119	太湖县(皖)	500.00
120	贵池区(皖)	500.00
121	祁门县(皖)	432.00
122	石台县(皖)	325.00
123	霍山县(皖)	210.00
124	定远县(皖)	180.00
125	休宁县(皖)	141.00
126	黟　县(皖)	101.00
127	九江县(赣)	6930.00
128	浮梁县(赣)	5480.00
129	吉水县(赣)	1166.00
130	宁都县(赣)	900.00
131	万载县(赣)	805.00
132	靖安县(赣)	700.00
133	崇义县(赣)	700.00
134	遂川县(赣)	500.00
135	奉新县(赣)	455.00
136	永新县(赣)	450.00
137	泰和县(赣)	441.50
138	龙南县(赣)	371.00
139	赣　县(赣)	367.00
140	瑞金市(赣)	350.00
141	婺源县(赣)	250.00
142	于都县(赣)	238.00
143	修水县(赣)	231.00
144	永修县(赣)	200.00
145	全南县(赣)	198.85
146	定南县(赣)	198.00
147	吉安县(赣)	184.00
148	南城县(赣)	180.00
149	信丰县(赣)	166.00
150	新干县(赣)	150.00
151	永丰县(赣)	150.00
152	大余县(赣)	147.00
153	渝水区(赣)	145.00
154	会昌县(赣)	144.00
155	德兴市(赣)	120.00
156	章贡区(赣)	103.40
157	分宜县(赣)	100.00
158	利津县(鲁)	5560.00
159	沂水县(鲁)	5296.00
160	东营区(鲁)	3000.00
161	梁山县(鲁)	2150.00
162	肥城市(鲁)	1500.00
163	乐陵市(鲁)	1500.00
164	沂南县(鲁)	1312.00
165	兰陵县(鲁)	1100.00
166	东港区(鲁)	889.00
167	黄岛区(鲁)	736.00
168	邹城市(鲁)	600.00
169	青州市(鲁)	510.00
170	宁阳县(鲁)	306.00
171	章丘市(鲁)	198.00
172	卢氏县(豫)	108000.00
173	西峡县(豫)	32700.00
174	灵宝市(豫)	30000.00

序号	食用菌类主产地	产量(吨)	序号	食用菌类主产地	产量(吨)	序号	食用菌类主产地	产量(吨)
175	夏邑县(豫)	25000.00	221	浏阳市(湘)	2782.00	267	柳城县(桂)	9172.00
176	西华县(豫)	12000.00	222	沅陵县(湘)	1970.00	268	龙胜各族自治县(桂)	2979.00
177	泌阳县(豫)	7600.00	223	新化县(湘)	1800.00	269	兴宾区(桂)	2436.00
178	西平县(豫)	7500.00	224	祁阳县(湘)	1640.00	270	金城江区(桂)	1672.00
179	淅川县(豫)	5000.00	225	北湖区(湘)	1345.00	271	昭平县(桂)	1346.00
180	桐柏县(豫)	4750.00	226	常宁市(湘)	1300.00	272	融水苗族自治县(桂)	1243.00
181	清丰县(豫)	4000.00	227	株洲县(湘)	850.00	273	田林县(桂)	1062.00
182	淮阳县(豫)	3940.00	228	赫山区(湘)	800.00	274	金秀瑶族自治县(桂)	342.00
183	镇平县(豫)	3248.00	229	道　县(湘)	788.00	275	浦北县(桂)	310.00
184	辉县市(豫)	2500.00	230	安化县(湘)	600.00	276	全州县(桂)	155.00
185	内乡县(豫)	1500.00	231	永兴县(湘)	536.00	277	鹿寨县(桂)	124.00
186	伊川县(豫)	800.00	232	零陵区(湘)	508.00	278	万盛区(渝)	6048.00
187	舞钢市(豫)	800.00	233	资兴市(湘)	501.00	279	丰都县(渝)	1800.00
188	洛宁县(豫)	600.00	234	靖州苗族侗族自治县(湘)	431.00	280	荣昌县(渝)	1000.00
189	叶　县(豫)	460.00	235	城步苗族自治县(湘)	310.00	281	城口县(渝)	738.00
190	开封县(豫)	300.00	236	涟源市(湘)	302.00	282	石柱土家族自治县(渝)	600.00
191	新野县(豫)	250.00	237	绥宁县(湘)	300.00	283	黔江区(渝)	215.00
192	平桥区(豫)	230.00	238	慈利县(湘)	288.00	284	奉节县(渝)	160.00
193	栾川县(豫)	200.00	239	石门县(湘)	250.00	285	巴南区(渝)	158.00
194	宜阳县(豫)	152.00	240	桑植县(湘)	230.00	286	巫溪县(渝)	124.00
195	浉河区(豫)	110.00	241	永顺县(湘)	220.00	287	开　县(渝)	100.00
196	随　县(鄂)	49194.00	242	宁远县(湘)	213.00	288	青川县(川)	12370.00
197	保康县(鄂)	11787.00	243	新宁县(湘)	200.00	289	朝天区(川)	6570.00
198	当阳市(鄂)	11000.00	244	龙山县(湘)	200.00	290	开江县(川)	4000.00
199	曾都区(鄂)	10000.00	245	隆回县(湘)	150.00	291	利州区(川)	3070.00
200	南漳县(鄂)	7980.00	246	江永县(湘)	132.00	292	通江县(川)	2360.00
201	东宝区(鄂)	7200.00	247	永定区(湘)	125.00	293	江油市(川)	2077.00
202	宜城市(鄂)	6500.00	248	新邵县(湘)	120.00	294	南江县(川)	1760.00
203	阳新县(鄂)	6100.00	249	古丈县(湘)	120.00	295	昭化区(川)	1525.00
204	钟祥市(鄂)	5600.00	250	桂东县(湘)	110.00	296	蓬安县(川)	1520.00
205	广水市(鄂)	4500.00	251	衡东县(湘)	100.00	297	纳溪区(川)	1500.00
206	谷城县(鄂)	1400.00	252	泸溪县(湘)	100.00	298	会理县(川)	1310.00
207	安陆市(鄂)	1200.00	253	保靖县(湘)	100.00	299	三台县(川)	872.00
208	咸丰县(鄂)	850.00	254	乳源瑶族自治县(粤)	3300.00	300	仁寿县(川)	800.00
209	丹江口市(鄂)	530.00	255	丰顺县(粤)	3000.00	301	小金县(川)	756.00
210	兴山县(鄂)	500.00	256	封开县(粤)	1292.00	302	顺庆区(川)	700.00
211	京山县(鄂)	458.00	257	仁化县(粤)	1000.00	303	万源市(川)	650.00
212	大悟县(鄂)	415.00	258	广宁县(粤)	882.00	304	宣汉县(川)	600.00
213	长阳土家族自治县(鄂)	350.00	259	高要市(粤)	629.00	305	长宁县(川)	600.00
214	鹤峰县(鄂)	325.00	260	龙门县(粤)	567.00	306	龙泉驿区(川)	472.00
215	红安县(鄂)	250.00	261	平远县(粤)	497.00	307	什邡市(川)	464.00
216	宜都市(鄂)	150.00	262	清新县(粤)	450.00	308	自流井区(川)	460.00
217	罗田县(鄂)	120.00	263	武江区(粤)	236.00	309	冕宁县(川)	447.00
218	利川市(鄂)	100.00	264	英德市(粤)	186.00	310	苍溪县(川)	420.00
219	炎陵县(湘)	4617.00	265	新丰县(粤)	138.00	311	天全县(川)	370.00
220	衡山县(湘)	3252.48	266	龙川县(粤)	100.00	312	德昌县(川)	322.00

序号	食用菌类主产地	产量(吨)
313	游仙区(川)	300.00
314	安　县(川)	280.00
315	喜德县(川)	268.00
316	盐边县(川)	263.00
317	宜宾县(川)	260.00
318	仁和区(川)	250.00
319	金川县(川)	220.00
320	江安县(川)	196.50
321	金阳县(川)	170.00
322	阆中市(川)	160.00
323	稻城县(川)	150.00
324	梓潼县(川)	150.00
325	北川羌族自治县(川)	120.00
326	兴文县(川)	110.00
327	达川区(川)	100.00
328	赤水市(黔)	4403.00
329	贵定县(黔)	3000.00
330	榕江县(黔)	600.00
331	锦屏县(黔)	230.00
332	清镇市(黔)	211.00
333	从江县(黔)	160.00
334	普安县(黔)	100.00
335	永胜县(滇)	37860.00
336	大姚县(滇)	6745.00
337	楚雄市(滇)	6251.00
338	禄劝彝族苗族自治县(滇)	5000.00
339	马龙县(滇)	5000.00
340	南华县(滇)	4312.00
341	麒麟区(滇)	2700.00
342	禄丰县(滇)	2334.00
343	永平县(滇)	1825.00
344	武定县(滇)	1675.00
345	鹤庆县(滇)	1663.00
346	姚安县(滇)	1435.00
347	易门县(滇)	1326.30
348	倘甸工业园区(滇)	1115.00
349	昆明市经济技术开发区(滇)	928.30
350	香格里拉县(滇)	838.00
351	施甸县(滇)	825.00
352	墨江哈尼族自治县(滇)	630.00
353	富源县(滇)	598.60
354	龙陵县(滇)	580.80
355	兰坪白族普米族自治县(滇)	576.00
356	南涧彝族自治县(滇)	560.00
357	凤庆县(滇)	556.20

序号	食用菌类主产地	产量(吨)
358	牟定县(滇)	551.00
359	玉龙纳西族自治县(滇)	522.00
360	大理市(滇)	442.00
361	洱源县(滇)	418.00
362	江城哈尼族彝族自治县(滇)	401.00
363	宣威市(滇)	396.50
364	永仁县(滇)	372.00
365	盈江县(滇)	336.00
366	景洪市(滇)	318.00
367	云龙县(滇)	296.00
368	梁河县(滇)	290.00
369	富宁县(滇)	227.00
370	双江拉祜族佤族布朗族傣族自治县(滇)	212.50
371	弥勒市(滇)	200.00
372	罗平县(滇)	190.60
373	维西傈僳族自治县(滇)	183.50
374	巍山彝族回族自治县(滇)	181.00
375	昌宁县(滇)	170.30
376	广南县(滇)	142.00
377	江川县(滇)	138.00
378	元谋县(滇)	115.00
379	隆阳区(滇)	106.00
380	漾濞彝族自治县(滇)	101.00
381	西乡县(陕)	5200.00
382	宁陕县(陕)	4226.00
383	南郑县(陕)	3600.00
384	宁强县(陕)	3275.00
385	汉阴县(陕)	3200.00
386	岚皋县(陕)	3005.00
387	城固县(陕)	2200.00
388	略阳县(陕)	1943.00
389	留坝县(陕)	1800.00
390	韩城市林业局(陕)	1200.00
391	山阳县(陕)	841.00
392	商州区(陕)	658.00
393	镇坪县(陕)	611.00
394	洛南县(陕)	610.00
395	勉　县(陕)	510.00
396	眉　县(陕)	461.00
397	蓝田县(陕)	360.00
398	镇安县(陕)	320.00
399	陇　县(陕)	218.00
400	太白林业局(陕)	198.00
401	旬阳县(陕)	195.00

序号	食用菌类主产地	产量(吨)
402	洋　县(陕)	166.00
403	佛坪县(陕)	161.00
404	迭部县(甘)	2890.00
405	两当县(甘)	1200.00
406	宕昌县(甘)	700.00
407	康　县(甘)	481.30
408	临江林业局(吉林森工)	482.90
409	露水河林业局(吉林森工)	150.00
410	绥阳林业局(龙江森工)	14780.00
411	亚布力林业局(龙江森工)	7655.00
412	苇河林业局(龙江森工)	6963.00
413	东京城林业局(龙江森工)	4955.00
414	美溪林业局(龙江森工)	4390.00
415	朗乡林业局(龙江森工)	3905.40
416	穆棱林业局(龙江森工)	3130.00
417	南岔林业局(龙江森工)	3103.00
418	清河林业局(龙江森工)	2720.00
419	方正林业局(龙江森工)	2608.00
420	五营林业局(龙江森工)	2547.00
421	汤旺河林业局(龙江森工)	2502.00
422	金山屯林业局(龙江森工)	2462.10
423	大海林林业局(龙江森工)	2440.00
424	兴隆林业局(龙江森工)	2254.00
425	黑龙江柴河林业局(龙江森工)	2202.50
426	沾河林业局(龙江森工)	1910.00
427	山河屯林业局(龙江森工)	1803.00
428	鹤北林业局(龙江森工)	1700.00
429	新青林业局(龙江森工)	1555.00
430	乌伊岭林业局(龙江森工)	1525.00
431	红星林业局(龙江森工)	1440.00
432	林口林业局(龙江森工)	1400.00
433	带岭实验局(龙江森工)	1390.00
434	乌马河林业局(龙江森工)	1217.00
435	东方红林业局(龙江森工)	1190.00
436	翠峦林业局(龙江森工)	1124.00
437	友好林业局(龙江森工)	1000.00
438	上甘岭林业局(龙江森工)	980.00
439	海林林业局(龙江森工)	840.00
440	绥棱林业局(龙江森工)	826.00
441	双丰林业局(龙江森工)	658.00
442	八面通林业局(龙江森工)	616.00
443	桃山林业局(龙江森工)	500.00
444	鹤立林业局(龙江森工)	324.00
445	铁力林业局(龙江森工)	307.00
446	双鸭山林业局(龙江森工)	146.00
447	桦南林业局(龙江森工)	135.00

表 12-3　竹笋主产地产量

序号	竹笋主产地	产量(吨)
1	金山区(沪)	3966.00
2	崇明县(沪)	207.88
3	高淳县(苏)	6510.00
4	溧水县(苏)	342.00
5	宜兴市(苏)	250.00
6	临安市(浙)	244000.00
7	余杭区(浙)	91858.00
8	德清县(浙)	74500.00
9	桐庐县(浙)	59954.62
10	遂昌县(浙)	55764.00
11	龙泉市(浙)	52178.00
12	奉化市(浙)	43646.00
13	宁海县(浙)	29490.00
14	江山市(浙)	28230.00
15	吴兴区(浙)	26738.00
16	临海市(浙)	20450.00
17	余姚市(浙)	16900.00
18	平阳县(浙)	13265.00
19	建德市(浙)	10980.00
20	淳安县(浙)	10963.00
21	苍南县(浙)	10700.00
22	庆元县(浙)	10625.00
23	富阳市(浙)	9122.00
24	天台县(浙)	8100.00
25	仙居县(浙)	7350.00
26	常山县(浙)	7080.00
27	义乌市(浙)	7000.00
28	新昌县(浙)	6940.00
29	安吉县(浙)	6750.00
30	长兴县(浙)	5900.00
31	象山县(浙)	4999.30
32	青田县(浙)	3900.00
33	瓯海区(浙)	3200.00
34	莲都区(浙)	3015.00
35	柯城区(浙)	2800.00
36	三门县(浙)	2740.00
37	景宁畲族自治县(浙)	2568.00
38	萧山区(浙)	2190.00
39	松阳县(浙)	2158.00
40	北仑区(浙)	1870.00
41	开化县(浙)	1650.00
42	磐安县(浙)	1600.00
43	泰顺县(浙)	950.00
44	缙云县(浙)	833.00
45	秀洲区(浙)	780.00
46	瑞安市(浙)	720.00
47	海盐县(浙)	497.00
48	浦江县(浙)	460.00
49	永康市(浙)	418.00
50	黄岩区(浙)	323.00
51	婺城区(浙)	274.00
52	武义县(浙)	260.00
53	云和县(浙)	235.00
54	定海区(浙)	220.00
55	乐清市(浙)	180.00
56	广德县(皖)	9000.00
57	旌德县(皖)	6000.00
58	宁国市(皖)	2074.00
59	贵池区(皖)	2000.00
60	舒城县(皖)	1100.00
61	南陵县(皖)	950.00
62	绩溪县(皖)	930.00
63	泾　县(皖)	900.00
64	太湖县(皖)	700.00
65	黟　县(皖)	670.00
66	祁门县(皖)	477.00
67	休宁县(皖)	436.00
68	潜山县(皖)	420.00
69	芜湖县(皖)	352.00
70	石台县(皖)	225.00
71	宿松县(皖)	200.00
72	繁昌县(皖)	200.00
73	屯溪区(皖)	137.00
74	徽州区(皖)	137.00
75	霍山县(皖)	120.00
76	武宁县(赣)	455000.00
77	弋阳县(赣)	30000.00
78	崇义县(赣)	20000.00
79	宜春市明月山温泉风景名胜区(赣)	3752.00
80	瑞金市(赣)	3300.00
81	石城县(赣)	3000.00
82	上犹县(赣)	2520.00
83	井冈山市(赣)	2319.00
84	万载县(赣)	1900.00
85	广丰县(赣)	1600.00
86	上高县(赣)	1560.00
87	上饶县(赣)	1374.00
88	万年县(赣)	1300.00
89	昌江区(赣)	1200.00
90	万安县(赣)	1000.00
91	铜鼓县(赣)	980.00
92	宜丰县(赣)	800.00
93	兴国县(赣)	624.00
94	青原区(赣)	500.00
95	渝水区(赣)	363.00
96	修水县(赣)	350.00
97	大余县(赣)	350.00
98	赣　县(赣)	316.00
99	南城县(赣)	290.00
100	泰和县(赣)	280.00
101	分宜县(赣)	270.00
102	龙南县(赣)	210.00
103	浮梁县(赣)	200.00
104	全南县(赣)	198.50
105	瑞昌市(赣)	190.00
106	会昌县(赣)	180.00
107	永丰县(赣)	180.00
108	定南县(赣)	163.00
109	新建县(赣)	160.00
110	德兴市(赣)	110.00
111	信丰县(赣)	110.00
112	余江县(赣)	104.00
113	麻城市(鄂)	1868.00
114	竹山县(鄂)	700.00
115	阳新县(鄂)	496.00
116	钟祥市(鄂)	360.00
117	竹溪县(鄂)	189.00
118	当阳市(鄂)	160.00
119	利川市(鄂)	150.00
120	房　县(鄂)	100.00
121	新化县(湘)	30000.00
122	新宁县(湘)	20000.00
123	城步苗族自治县(湘)	13200.00
124	苏仙区(湘)	10020.00
125	桑植县(湘)	8158.00
126	衡山县(湘)	6776.00
127	赫山区(湘)	5000.00
128	北湖区(湘)	4721.00
129	耒阳市(湘)	4500.00
130	沅陵县(湘)	4320.00
131	炎陵县(湘)	4233.00
132	涟源市(湘)	3010.00
133	会同县(湘)	2833.00
134	零陵区(湘)	2756.00
135	桃江县(湘)	2658.00
136	鼎城区(湘)	1400.00

序号	竹笋主产地	产量(吨)	序号	竹笋主产地	产量(吨)	序号	竹笋主产地	产量(吨)
137	株洲县(湘)	1250.00	183	南雄市(粤)	1500.00	229	垫江县(渝)	2650.00
138	常宁市(湘)	1100.00	184	封开县(粤)	1044.00	230	荣昌县(渝)	1500.00
139	永兴县(湘)	1045.00	185	连州市(粤)	850.00	231	合川区(渝)	921.00
140	资兴市(湘)	1020.00	186	饶平县(粤)	800.00	232	丰都县(渝)	180.00
141	洪江市(湘)	900.00	187	连南瑶族自治县(粤)	610.00	233	巴南区(渝)	150.00
142	安化县(湘)	700.00	188	武江区(粤)	305.00	234	江津区(渝)	100.00
143	祁阳县(湘)	680.00	189	湘桥区(粤)	230.00	235	雁江区(川)	300000.00
144	南岳区(湘)	600.00	190	龙川县(粤)	200.00	236	合江县(川)	250000.00
145	绥宁县(湘)	600.00	191	台山市(粤)	182.00	237	长宁县(川)	131000.00
146	溆浦县(湘)	535.00	192	连山壮族瑶族自治县(粤)	169.00	238	叙永县(川)	90000.00
147	江华瑶族自治县(湘)	512.00	193	高要市(粤)	168.00	239	兴文县(川)	29278.00
148	新邵县(湘)	500.00	194	新丰县(粤)	151.00	240	威远县(川)	20000.00
149	宁远县(湘)	362.00	195	田林县(桂)	3660.00	241	雷波县(川)	16210.00
150	永顺县(湘)	360.00	196	龙州县(桂)	3065.00	242	江安县(川)	15978.00
151	双牌县(湘)	350.00	197	灵川县(桂)	1418.00	243	沐川县(川)	10000.00
152	龙山县(湘)	340.00	198	金秀瑶族自治县(桂)	965.00	244	都江堰市(川)	9650.00
153	新晃侗族自治县(湘)	320.00	199	全州县(桂)	850.00	245	高　县(川)	9305.00
154	双峰县(湘)	300.00	200	东兰县(桂)	850.00	246	宣汉县(川)	8500.00
155	衡阳县(湘)	300.00	201	浦北县(桂)	715.00	247	雨城区(川)	8100.00
156	临武县(湘)	300.00	202	荔浦县(桂)	650.00	248	邛崃市(川)	6645.00
157	凤凰县(湘)	300.00	203	柳北区(桂)	548.00	249	纳溪区(川)	5300.00
158	慈利县(湘)	265.00	204	防城区(桂)	513.00	250	仁寿县(川)	4500.00
159	芷江侗族自治县(湘)	210.00	205	桂平市(桂)	370.00	251	宜宾县(川)	4005.00
160	湘乡市(湘)	208.00	206	昭平县(桂)	360.00	252	马边彝族自治县(川)	3580.00
161	醴陵市(湘)	200.00	207	恭城瑶族自治县(桂)	336.00	253	翠屏区(川)	3360.00
162	洪江区(湘)	200.00	208	龙胜各族自治县(桂)	314.00	254	开江县(川)	3000.00
163	东安县(湘)	192.00	209	横　县(桂)	300.00	255	洪雅县(川)	2300.00
164	桂东县(湘)	180.00	210	鹿寨县(桂)	250.00	256	蒲江县(川)	2300.00
165	隆回县(湘)	180.00	211	隆林各族自治县(桂)	240.00	257	隆昌县(川)	2300.00
166	桂阳县(湘)	165.00	212	宾阳县(桂)	230.00	258	安　县(川)	2100.00
167	道　县(湘)	156.00	213	兴安县(桂)	218.00	259	屏山县(川)	2000.00
168	麻阳苗族自治县(湘)	130.00	214	灵山县(桂)	213.00	260	崇州市(川)	1800.00
169	中方县(湘)	130.00	215	田阳县(桂)	180.00	261	达川区(川)	1680.00
170	古丈县(湘)	120.00	216	罗城仫佬族自治县(桂)	125.00	262	乐山市市中区(川)	1500.00
171	冷水江市(湘)	108.00	217	永福县(桂)	120.00	263	珙　县(川)	1500.00
172	桃源县(湘)	100.00	218	环江毛南族自治县(桂)	117.00	264	乐至县(川)	1500.00
173	资阳区(湘)	100.00	219	天等县(桂)	114.00	265	峨边彝族自治县(川)	1100.00
174	永定区(湘)	100.00	220	港北区(桂)	109.00	266	东坡区(川)	1000.00
175	五华县(粤)	375000.00	221	金城江区(桂)	100.00	267	五通桥区(川)	876.00
176	清新县(粤)	160000.00	222	南川区(渝)	19000.00	268	平昌县(川)	800.00
177	英德市(粤)	55168.00	223	石柱土家族自治县(渝)	9000.00	269	万源市(川)	800.00
178	始兴县(粤)	33750.00	224	铜梁县(渝)	8000.00	270	江油市(川)	760.00
179	揭东区(粤)	22500.00	225	万盛区(渝)	6500.00	271	金口河区(川)	721.00
180	乳源瑶族自治县(粤)	16500.00	226	永川区(渝)	6000.00	272	通江县(川)	600.00
181	广宁县(粤)	4281.00	227	城口县(渝)	5480.00	273	夹江县(川)	600.00
182	揭西县(粤)	2263.00	228	武隆县(渝)	4670.00	274	青神县(川)	500.00

序号	竹笋主产地	产量(吨)
275	古蔺县(川)	500.00
276	天全县(川)	450.00
277	蓬安县(川)	450.00
278	仪陇县(川)	400.00
279	旺苍县(川)	200.00
280	宝兴县(川)	196.00
281	南江县(川)	167.00
282	井研县(川)	120.00
283	汶川县(川)	100.00
284	南溪县(川)	100.00
285	赤水市(黔)	21000.00
286	贵定县(黔)	750.00
287	荔波县(黔)	686.00
288	榕江县(黔)	600.00
289	德江县(黔)	375.00
290	汇川区(黔)	300.00
291	从江县(黔)	208.00
292	镇远县(黔)	154.00
293	锦屏县(黔)	150.00
294	罗甸县(黔)	130.00
295	碧江区(黔)	100.00
296	陇川县(滇)	10431.06
297	梁河县(滇)	415.00
298	盈江县(滇)	356.00
299	芒　市(滇)	285.00
300	勐海县(滇)	220.00
301	墨江哈尼族自治县(滇)	196.60
302	江城哈尼族彝族自治县(滇)	195.00
303	罗平县(滇)	170.00
304	施甸县(滇)	150.90
305	兰坪白族普米族自治县(滇)	145.00
306	昌宁县(滇)	115.80
307	剑川县(滇)	107.00
308	南郑县(陕)	2050.00
309	镇坪县(陕)	712.00
310	城固县(陕)	328.00
311	汉阴县(陕)	160.00
312	平利县(陕)	100.00

表 12-4　蕨菜主产地产量

序号	蕨菜主产地	产量(吨)
1	平泉县(冀)	240.00
2	丰宁满族自治县(冀)	200.00
3	赤城县(冀)	165.00
4	喀喇沁旗(内蒙古)	120.00
5	庄河市(辽)	1450.00
6	新宾满族自治县(辽)	1250.00
7	东港市(辽)	384.00
8	汪清林业局(吉)	500.00
9	长白山林业局(吉)	400.00
10	长白朝鲜族自治县(吉)	198.00
11	舒兰市(吉)	166.00
12	天桥岭林业局(吉)	135.00
13	逊克县(黑)	3000.00
14	黑河市直属林场(黑)	1200.00
15	宝清县(黑)	922.00
16	延寿县(黑)	200.00
17	鹤岗市市辖区(黑)	185.00
18	讷河市(黑)	150.00
19	恒山区(黑)	130.00
20	桦南县(黑)	120.00
21	嫩江县(黑)	120.00
22	饶河县(黑)	100.00
23	林口县(黑)	75.00
24	祁门县(皖)	410.00
25	太湖县(皖)	400.00
26	霍山县(皖)	300.00
27	贵池区(皖)	200.00
28	泾　县(皖)	130.00
29	休宁县(皖)	120.00
30	潜山县(皖)	87.00
31	黟　县(皖)	83.00
32	浮梁县(赣)	760.00
33	靖安县(赣)	230.00
34	万载县(赣)	160.00
35	嵩　县(豫)	510.00
36	南召县(豫)	300.00
37	遂平县(豫)	90.00
38	固始县(豫)	51.00
39	阳新县(鄂)	1793.00
40	五峰土家族自治县(鄂)	250.00
41	鹤峰县(鄂)	179.00
42	攸　县(湘)	40000.00
43	耒阳市(湘)	21000.00
44	新化县(湘)	10000.00
45	沅陵县(湘)	3230.00
46	株洲县(湘)	2450.00
47	醴陵市(湘)	500.00
48	安化县(湘)	400.00
49	桑植县(湘)	340.00
50	资兴市(湘)	325.00
51	新晃侗族自治县(湘)	310.00
52	湘乡市(湘)	308.00
53	新宁县(湘)	300.00
54	益阳市市辖区(湘)	250.00
55	城步苗族自治县(湘)	210.00
56	永顺县(湘)	160.00
57	龙山县(湘)	160.00
58	桂阳县(湘)	150.00
59	涟源市(湘)	145.00
60	洪江市(湘)	120.00
61	泸溪县(湘)	120.00
62	保靖县(湘)	120.00
63	凤凰县(湘)	100.00
64	古丈县(湘)	100.00
65	花垣县(湘)	80.00
66	衡东县(湘)	60.00
67	赫山区(湘)	50.00
68	连州市(粤)	450.00
69	全州县(桂)	130.00
70	金城江区(桂)	50.00
71	南川区(渝)	3000.00
72	秀山土家族苗族自治县(渝)	50.00
73	泸　县(川)	1000.00
74	宣汉县(川)	700.00
75	万源市(川)	500.00
76	阆中市(川)	430.00
77	筠连县(川)	389.00
78	兴文县(川)	280.00
79	德昌县(川)	210.00
80	宝兴县(川)	192.00
81	合江县(川)	180.00
82	荥经县(川)	172.00
83	越西县(川)	160.00
84	金口河区(川)	133.00
85	江油市(川)	100.00
86	旺苍县(川)	100.00
87	长宁县(川)	80.00
88	平昌县(川)	62.00
89	九寨沟县(川)	60.00
90	金阳县(川)	55.00
91	达川区(川)	50.00
92	安　县(川)	50.00
93	贵定县(黔)	30000.00
94	榕江县(黔)	1500.00
95	龙里县(黔)	260.00
96	荔波县(黔)	253.00
97	从江县(黔)	180.00

序号	蕨菜主产地	产量(吨)
98	汇川区(黔)	150.00
99	锦屏县(黔)	101.00
100	易门县(滇)	2600.00
101	永平县(滇)	759.00
102	剑川县(滇)	613.00
103	双江拉祜族佤族布朗族傣族自治县(滇)	500.00
104	永胜县(滇)	500.00
105	盈江县(滇)	482.70
106	兰坪白族普米族自治县(滇)	460.00
107	禄丰县(滇)	420.00
108	隆阳区(滇)	374.00
109	鹤庆县(滇)	204.00
110	江川县(滇)	200.00
111	威信县(滇)	200.00
112	大姚县(滇)	190.00
113	富源县(滇)	188.40
114	宁蒗彝族自治县(滇)	130.00
115	巍山彝族回族自治县(滇)	124.00
116	沾益县(滇)	100.00
117	弥勒市(滇)	100.00
118	洱源县(滇)	96.50
119	石林彝族自治县(滇)	86.00
120	水富县(滇)	80.00
121	云　县(滇)	69.00
122	楚雄市(滇)	69.00
123	昌宁县(滇)	60.00
124	姚安县(滇)	56.00
125	安宁市(滇)	50.00
126	马龙县(滇)	50.00
127	施甸县(滇)	50.00
128	汉阴县(陕)	175.00
129	平利县(陕)	100.00
130	迭部县(甘)	9200.00
131	文　县(甘)	2000.00
132	渭源县(甘)	1200.00
133	临潭县(甘)	125.00
134	宕昌县(甘)	65.00
135	彭阳县(宁)	150.00
136	三岔子林业局(吉林森工)	208.03

表 12-5　香椿主产地产量

序号	香椿主产地	产量(吨)
1	河津市(晋)	90.00
2	忻府区(晋)	31.50
3	东河区(内蒙古)	26.00
4	太和县(皖)	100.00
5	泾　县(皖)	50.00
6	颍泉区(皖)	33.75
7	潜山县(皖)	24.00
8	怀宁县(皖)	20.00
9	临泉县(皖)	12.30
10	祁门县(皖)	10.00
11	新泰市(鲁)	16730.00
12	沂水县(鲁)	4950.00
13	青州市(鲁)	4350.00
14	邹平县(鲁)	1835.00
15	沂南县(鲁)	1500.00
16	章丘市(鲁)	1122.00
17	岱岳区(鲁)	700.00
18	乐陵市(鲁)	370.00
19	博山区(鲁)	150.00
20	阳信县(鲁)	135.00
21	汶上县(鲁)	120.00
22	东平县(鲁)	90.00
23	河东区(鲁)	90.00
24	长清区(鲁)	50.00
25	宁阳县(鲁)	45.00
26	偃师市(豫)	710.00
27	嵩　县(豫)	500.00
28	伊川县(豫)	400.00
29	辉县市(豫)	380.00
30	林州市(豫)	90.00
31	解放区(豫)	76.00
32	新蔡县(豫)	32.00
33	栾川县(豫)	25.00
34	淅川县(豫)	20.00
35	遂平县(豫)	13.50
36	平桥区(豫)	10.00
37	宜都市(鄂)	550.00
38	老河口市(鄂)	300.00
39	五峰土家族自治县(鄂)	250.00
40	南漳县(鄂)	160.00
41	钟祥市(鄂)	160.00
42	来凤县(鄂)	150.00
43	鄂州市市辖区(鄂)	80.00
44	鹤峰县(鄂)	63.00
45	郧　县(鄂)	30.00
46	长阳土家族自治县(鄂)	15.00
47	咸丰县(鄂)	10.00
48	随　县(鄂)	10.00
49	沅陵县(湘)	545.00
50	城步苗族自治县(湘)	315.00
51	永顺县(湘)	260.00
52	龙山县(湘)	200.00
53	凤凰县(湘)	180.00
54	永定区(湘)	160.00
55	泸溪县(湘)	160.00
56	保靖县(湘)	140.00
57	新宁县(湘)	100.00
58	古丈县(湘)	100.00
59	花垣县(湘)	80.00
60	新化县(湘)	50.00
61	衡东县(湘)	30.00
62	临武县(湘)	28.00
63	隆回县(湘)	25.00
64	株洲县(湘)	25.00
65	永兴县(湘)	12.00
66	桑植县(湘)	10.00
67	合川区(渝)	420.00
68	武隆县(渝)	28.00
69	黔江区(渝)	22.00
70	秀山土家族苗族自治县(渝)	10.00
71	大竹县(川)	4500.00
72	雁江区(川)	2250.00
73	三台县(川)	430.00
74	南部县(川)	170.00
75	木里藏族自治县(川)	81.00
76	宁南县(川)	80.00
77	越西县(川)	80.00
78	江油市(川)	79.00
79	达川区(川)	70.00
80	沿滩区(川)	45.00
81	平昌县(川)	34.00
82	罗江县(川)	22.00
83	广安区(川)	20.50
84	盐亭县(川)	20.00
85	宣汉县(川)	15.00
86	雷波县(川)	12.00
87	贵定县(黔)	45.00
88	普安县(黔)	35.00
89	富源县(滇)	212.50
90	梁河县(滇)	190.00
91	倘甸工业园区(滇)	125.00
92	洱源县(滇)	124.50
93	禄丰县(滇)	120.00
94	石林彝族自治县(滇)	70.00
95	罗平县(滇)	65.20

序号	香椿主产地	产量(吨)
96	兰坪白族普米族自治县(滇)	60.00
97	弥勒市(滇)	50.00
98	鹤庆县(滇)	47.00
99	隆阳区(滇)	44.80
100	武定县(滇)	40.00
101	姚安县(滇)	35.00
102	楚雄市(滇)	32.00
103	大姚县(滇)	30.00
104	元谋县(滇)	28.00
105	江川县(滇)	23.00
106	牟定县(滇)	21.00
107	施甸县(滇)	20.00
108	宣威市(滇)	16.00
109	南华县(滇)	13.00
110	沾益县(滇)	13.00
111	富民县(滇)	10.10
112	昭阳区(滇)	10.00
113	永平县(滇)	10.00
114	马龙县(滇)	10.00
115	汉阴县(陕)	150.00
116	华阴市(陕)	140.00
117	长安区(陕)	76.50
118	略阳县(陕)	15.00
119	康　县(甘)	639.20

表 12-6　黄花菜主产地产量

序号	黄花菜主产地	产量(吨)
1	赤城县(冀)	190.00
2	丰宁满族自治县(冀)	40.00
3	广灵县(晋)	75.00
4	多伦县(内蒙古)	17.00
5	巴林右旗(内蒙古)	14.00
6	桦南县(黑)	15.00
7	五大连池市管委会(黑)	13.00
8	嫩江县(黑)	10.00
9	太湖县(皖)	150.00
10	霍山县(皖)	60.00
11	新泰市(鲁)	16560.00
12	宁阳县(鲁)	134.00
13	东平县(鲁)	100.00
14	淮阳县(豫)	60.00
15	耒阳市(湘)	3000.00
16	邵东县(湘)	2750.00
17	资兴市(湘)	410.00
18	株洲县(湘)	240.00
19	沅陵县(湘)	235.00
20	邵阳县(湘)	50.00
21	永兴县(湘)	12.00
22	醴陵市(湘)	10.00
23	望城县(湘)	10.00
24	黔江区(渝)	805.00
25	酉阳土家族苗族自治县(渝)	71.00
26	巫溪县(渝)	28.00
27	秀山土家族苗族自治县(渝)	20.00
28	巴州区(川)	284.00
29	南部县(川)	150.00
30	万源市(川)	100.00
31	江油市(川)	50.00
32	德江县(黔)	10.00
33	韩城市林业局(陕)	20.00
34	文　县(甘)	100.00
35	宁　县(甘)	25.00
36	华池县(甘)	10.00

表 12-7　百合主产地产量

序号	百合主产地	产量(吨)
1	常山县(浙)	400.00
2	霍山县(皖)	29000.00
3	郎溪县(皖)	25.00
4	修水县(赣)	10.00
5	罗田县(鄂)	3200.00
6	来凤县(鄂)	1696.00
7	宜都市(鄂)	850.00
8	恩施市(鄂)	750.00
9	鹤峰县(鄂)	116.00
10	隆回县(湘)	1600.00
11	新化县(湘)	1000.00
12	邵阳县(湘)	300.00
13	沅陵县(湘)	290.00
14	新宁县(湘)	200.00
15	安化县(湘)	150.00
16	常德市市辖区(湘)	45.00
17	石门县(湘)	45.00
18	双峰县(湘)	30.00
19	耒阳市(湘)	20.00
20	江津区(渝)	6000.00
21	黔江区(渝)	800.00
22	酉阳土家族苗族自治县(渝)	86.00
23	江油市(川)	500.00
24	万源市(川)	150.00
25	松桃苗族自治县(黔)	22500.00
26	贵定县(黔)	1500.00
27	永靖县(甘)	52.00

表 12-8　其他森林蔬菜主产地产量

序号	其他森林蔬菜主产地	品种	产量(吨)
1	本溪满族自治县(辽)	龙芽木	5060.00
2	迭部县(甘)	龙芽木	4802.00
3	柳河县(吉)	龙芽木	750.00
4	通化县(吉)	龙芽木	124.00
5	八家子林业局(吉)	龙芽木	50.00
6	和龙林业局(吉)	龙芽木	43.30
7	安图森林经营局(吉)	龙芽木	28.00
8	集安市(吉)	龙芽木	27.00
9	东丰县(吉)	龙芽木	25.00
10	敦化林业局(吉)	龙芽木	25.00
11	庄河市(辽)	龙芽木	22.00
12	大石桥市(辽)	龙芽木	20.00
13	明山区(辽)	龙芽木	20.00
14	嵩　县(豫)	龙芽木	20.00
15	天桥岭林业局(吉)	龙芽木	18.80
16	大兴沟林业局(吉)	龙芽木	12.00
17	汪清林业局(吉)	龙芽木	10.00
18	清新县(粤)	笋用竹	160000.00
19	荣昌县(渝)	笋用竹	80000.00
20	绍兴县(浙)	笋用竹	56000.00
21	新化县(湘)	笋用竹	37500.00
22	衢江区(浙)	笋用竹	31200.00
23	兴文县(川)	笋用竹	29278.00
24	南川区(渝)	笋用竹	19000.00
25	余姚市(浙)	笋用竹	15000.00

序号	其他森林蔬菜主产地	品种	产量(吨)
26	淳安县(浙)	笋用竹	10963.00
27	陇川县(滇)	笋用竹	9485.10
28	高　县(川)	笋用竹	9305.00
29	常山县(浙)	笋用竹	7080.00
30	沐川县(川)	笋用竹	7000.00
31	万盛区(渝)	笋用竹	6500.00
32	罗田县(鄂)	笋用竹	6000.00
33	大足县(渝)	笋用竹	3250.00
34	象山县(浙)	笋用竹	3000.00
35	北仑区(浙)	笋用竹	1870.00
36	绵竹市(川)	笋用竹	1648.00
37	威信县(滇)	笋用竹	1642.00
38	武义县(浙)	笋用竹	1300.00
39	弥勒市(滇)	笋用竹	1000.00
40	郁南县(粤)	笋用竹	910.00
41	南岳区(湘)	笋用竹	900.00
42	贵定县(黔)	笋用竹	750.00
43	郎溪县(皖)	笋用竹	750.00
44	巴州区(川)	笋用竹	500.00
45	古蔺县(川)	笋用竹	500.00
46	邻水县(川)	笋用竹	500.00
47	北湖区(湘)	笋用竹	425.00
48	浦江县(浙)	笋用竹	425.00
49	镇海区(浙)	笋用竹	350.00
50	龙里县(黔)	笋用竹	260.00
51	江津区(渝)	笋用竹	250.00
52	旺苍县(川)	笋用竹	200.00
53	新建县(赣)	笋用竹	142.00
54	双柏县(滇)	笋用竹	139.00
55	宜都市(鄂)	笋用竹	120.00

表 12-9　茶叶主产地产量

序号	茶叶主产地	产量(吨)
1	宜兴市(苏)	6127.00
2	溧阳市(苏)	1977.00
3	金坛市(苏)	1068.00
4	江宁区(苏)	608.00
5	仪征市(苏)	594.00
6	句容市(苏)	580.00
7	溧水县(苏)	536.00
8	高淳县(苏)	450.00
9	丹徒区(苏)	333.00
10	吴中区(苏)	305.00
11	赣榆县(苏)	227.00
12	滨湖区(苏)	176.00
13	浦口区(苏)	172.00
14	锡山区(苏)	153.00
15	嵊州市(浙)	19268.00
16	武义县(浙)	9507.00
17	遂昌县(浙)	9193.00
18	开化县(浙)	8450.00
19	余杭区(浙)	7867.00
20	余姚市(浙)	7035.00
21	淳安县(浙)	5966.00
22	宁海县(浙)	5192.00
23	安吉县(浙)	4250.00
24	泰顺县(浙)	2960.00
25	奉化市(浙)	2500.00
26	天台县(浙)	2423.00
27	建德市(浙)	2326.00
28	鄞州区(浙)	2200.00
29	龙游县(浙)	2187.00
30	临安市(浙)	2125.00
31	缙云县(浙)	2119.00
32	莲都区(浙)	1734.00
33	龙泉市(浙)	1716.00
34	兰溪市(浙)	1366.00
35	德清县(浙)	1344.00
36	临海市(浙)	1300.00
37	东阳市(浙)	1272.00
38	象山县(浙)	1224.00
39	富阳市(浙)	1000.00
40	义乌市(浙)	995.00
41	江山市(浙)	952.00
42	云和县(浙)	807.00
43	苍南县(浙)	805.00
44	北仑区(浙)	730.00
45	仙居县(浙)	720.00
46	平阳县(浙)	639.00
47	庆元县(浙)	491.00
48	三门县(浙)	490.00
49	文成县(浙)	320.00
50	乐清市(浙)	241.00
51	青田县(浙)	180.00
52	海盐县(浙)	146.00
53	慈溪市(浙)	100.00
54	休宁县(皖)	9850.00
55	祁门县(皖)	6615.00
56	霍山县(皖)	3800.00
57	东至县(皖)	3328.50
58	石台县(皖)	2993.00
59	潜山县(皖)	2900.00
60	舒城县(皖)	2810.00
61	太湖县(皖)	2470.00
62	宁国市(皖)	2300.00
63	泾　县(皖)	2200.00
64	郎溪县(皖)	2000.00
65	黟　县(皖)	1971.00
66	广德县(皖)	1800.00
67	庐江县(皖)	1496.00
68	徽州区(皖)	1438.00
69	南谯区(皖)	800.00
70	屯溪区(皖)	613.00
71	巢湖市(皖)	480.00
72	南陵县(皖)	460.00
73	桐城市(皖)	380.00
74	宿松县(皖)	340.00
75	枞阳县(皖)	320.00
76	绩溪县(皖)	120.00
77	婺源县(赣)	11000.00
78	遂川县(赣)	2580.00
79	修水县(赣)	1987.00
80	上犹县(赣)	1500.00
81	铜鼓县(赣)	1200.00
82	高安市(赣)	1178.00
83	崇义县(赣)	681.00
84	玉山县(赣)	620.00
85	泰和县(赣)	613.00
86	于都县(赣)	430.00

序号	茶叶主产地	产量(吨)	序号	茶叶主产地	产量(吨)	序号	茶叶主产地	产量(吨)
87	兴国县(赣)	423.00	133	浠水县(鄂)	1230.00	179	苏仙区(湘)	345.00
88	崇仁县(赣)	275.00	134	南漳县(鄂)	1120.00	180	涟源市(湘)	335.00
89	樟树市(赣)	270.00	135	竹溪县(鄂)	1000.00	181	城步苗族自治县(湘)	316.00
90	靖安县(赣)	243.00	136	竹山县(鄂)	1000.00	182	鼎城区(湘)	290.00
91	上高县(赣)	226.00	137	天门市(鄂)	1000.00	183	保靖县(湘)	250.00
92	德兴市(赣)	196.00	138	房　县(鄂)	990.00	184	冷水江市(湘)	242.00
93	万载县(赣)	176.00	139	来凤县(鄂)	968.00	185	宁远县(湘)	217.00
94	彭泽县(赣)	163.00	140	兴山县(鄂)	869.00	186	云溪区(湘)	213.00
95	定南县(赣)	163.00	141	建始县(鄂)	800.00	187	祁阳县(湘)	210.00
96	永丰县(赣)	150.00	142	郧　县(鄂)	780.00	188	永顺县(湘)	200.00
97	会昌县(赣)	142.00	143	利川市(鄂)	750.00	189	北湖区(湘)	177.00
98	广丰县(赣)	141.00	144	宜城市(鄂)	675.00	190	桑植县(湘)	165.00
99	铅山县(赣)	124.00	145	点军区(鄂)	675.00	191	华容县(湘)	155.00
100	全南县(赣)	122.00	146	孝昌县(鄂)	500.00	192	龙山县(湘)	140.00
101	诸城市(鲁)	1205.00	147	罗田县(鄂)	450.00	193	隆回县(湘)	132.00
102	莒南县(鲁)	1160.00	148	巴东县(鄂)	446.00	194	临澧县(湘)	132.00
103	东港区(鲁)	850.00	149	钟祥市(鄂)	435.00	195	中方县(湘)	127.00
104	五莲县(鲁)	550.00	150	宣恩县(鄂)	350.00	196	吉首市(湘)	125.00
105	黄岛区(鲁)	470.00	151	阳新县(鄂)	325.00	197	耒阳市(湘)	110.00
106	新泰市(鲁)	270.00	152	丹江口市(鄂)	310.00	198	常宁市(湘)	100.00
107	长清区(鲁)	220.00	153	郧西县(鄂)	150.00	199	岳阳县(湘)	100.00
108	章丘市(鲁)	101.00	154	曾都区(鄂)	101.00	200	饶平县(粤)	6739.00
109	浉河区(豫)	11000.00	155	石门县(湘)	18000.00	201	揭西县(粤)	6200.00
110	光山县(豫)	3000.00	156	安化县(湘)	15000.00	202	廉江市(粤)	4535.00
111	固始县(豫)	750.00	157	桃江县(湘)	8480.00	203	英德市(粤)	2716.00
112	桐柏县(豫)	602.00	158	衡山县(湘)	6053.20	204	丰顺县(粤)	2364.00
113	登封市(豫)	399.00	159	桃源县(湘)	4500.00	205	乳源瑶族自治县(粤)	1650.00
114	潢川县(豫)	330.00	160	湘乡市(湘)	3700.00	206	广宁县(粤)	1553.00
115	内乡县(豫)	190.00	161	古丈县(湘)	3400.00	207	揭东区(粤)	1200.00
116	英山县(鄂)	26456.00	162	双峰县(湘)	2500.00	208	信宜市(粤)	988.00
117	远安县(鄂)	25650.00	163	蓝山县(湘)	1900.00	209	封开县(粤)	980.00
118	夷陵区(鄂)	18944.00	164	慈利县(湘)	1713.00	210	龙川县(粤)	760.00
119	恩施市(鄂)	17637.00	165	浏阳市(湘)	1557.00	211	平远县(粤)	729.00
120	鹤峰县(鄂)	16825.00	166	汨罗市(湘)	1500.00	212	徐闻县(粤)	478.00
121	宜都市(鄂)	15000.00	167	新化县(湘)	1220.00	213	连南瑶族自治县(粤)	473.00
122	赤壁市(鄂)	7500.00	168	资兴市(湘)	1200.00	214	乐昌市(粤)	400.00
123	保康县(鄂)	7131.00	169	沅陵县(湘)	780.00	215	连平县(粤)	394.00
124	咸丰县(鄂)	5746.00	170	赫山区(湘)	680.00	216	始兴县(粤)	320.00
125	谷城县(鄂)	5682.00	171	株洲县(湘)	625.00	217	新丰县(粤)	233.00
126	大悟县(鄂)	5000.00	172	桂东县(湘)	592.00	218	五华县(粤)	230.00
127	麻城市(鄂)	4500.00	173	江华瑶族自治县(湘)	589.00	219	德庆县(粤)	180.00
128	秭归县(鄂)	4106.00	174	武冈市(湘)	580.00	220	湘桥区(粤)	180.00
129	五峰土家族自治县(鄂)	2400.00	175	新宁县(湘)	500.00	221	潮南区(粤)	114.00
130	长阳土家族自治县(鄂)	2031.00	176	宁乡县(湘)	490.00	222	连山壮族瑶族自治县(粤)	109.00
131	红安县(鄂)	2000.00	177	会同县(湘)	450.00	223	揭阳市空港经济区(粤)	103.00
132	随　县(鄂)	1896.00	178	澧　县(湘)	364.00	224	那坡县(桂)	12000.00

序号	茶叶主产地	产量(吨)	序号	茶叶主产地	产量(吨)	序号	茶叶主产地	产量(吨)
225	三江侗族自治县(桂)	11048.00	271	邛崃市(川)	6503.00	317	清镇市(黔)	994.00
226	昭平县(桂)	6050.00	272	沐川县(川)	5700.00	318	惠水县(黔)	940.00
227	凌云县(桂)	4910.00	273	旺苍县(川)	5000.00	319	独山县(黔)	550.00
228	灵山县(桂)	4700.00	274	宜宾县(川)	4615.00	320	罗甸县(黔)	520.00
229	龙州县(桂)	2391.00	275	犍为县(川)	4050.00	321	紫云苗族布依族自治县(黔)	500.00
230	乐业县(桂)	2064.00	276	都江堰市(川)	3962.00	322	六枝特区(黔)	356.00
231	浦北县(桂)	1043.00	277	纳溪区(川)	2529.00	323	龙里县(黔)	300.00
232	平乐县(桂)	999.00	278	乐山市市中区(川)	2235.00	324	长顺县(黔)	294.00
233	全州县(桂)	980.00	279	筠连县(川)	1900.00	325	乌当区(黔)	229.00
234	覃塘区(桂)	929.00	280	高　县(川)	1860.00	326	平坝县(黔)	227.00
235	苍梧县(桂)	744.00	281	翠屏区(川)	1750.00	327	凤庆县(滇)	32020.00
236	恭城瑶族自治县(桂)	655.00	282	叙永县(川)	1600.00	328	昌宁县(滇)	19363.20
237	融水苗族自治县(桂)	605.00	283	万源市(川)	1500.00	329	景洪市(滇)	18679.00
238	龙胜各族自治县(桂)	603.00	284	天全县(川)	1492.00	330	勐海县(滇)	18200.00
239	防城区(桂)	495.00	285	威远县(川)	1446.00	331	江城哈尼族彝族自治县(滇)	13722.00
240	桂平市(桂)	441.00	286	五通桥区(川)	1260.00	332	腾冲县(滇)	12200.00
241	天等县(桂)	400.00	287	青川县(川)	1150.00	333	永德县(滇)	12030.00
242	马山县(桂)	399.00	288	荣　县(川)	1121.00	334	墨江哈尼族自治县(滇)	11068.00
243	金秀瑶族自治县(桂)	332.00	289	古蔺县(川)	1006.00	335	芒　市(滇)	11003.00
244	兴安县(桂)	309.00	290	江安县(川)	860.00	336	广南县(滇)	9467.00
245	武宣县(桂)	264.00	291	北川羌族自治县(川)	743.00	337	双江拉祜族佤族布朗族傣族自治县(滇)	9419.00
246	隆林各族自治县(桂)	248.00	292	雷波县(川)	728.00			
247	柳城县(桂)	204.00	293	井研县(川)	650.00	338	龙陵县(滇)	7022.20
248	阳朔县(桂)	153.00	294	仁寿县(川)	630.00	339	盈江县(滇)	4553.00
249	钟山县(桂)	121.00	295	开江县(川)	600.00	340	勐腊县(滇)	3715.00
250	巴南区(渝)	3580.00	296	芦山县(川)	589.00	341	梁河县(滇)	2793.00
251	永川区(渝)	3200.00	297	宣汉县(川)	530.00	342	隆阳区(滇)	2579.00
252	荣昌县(渝)	2860.00	298	资中县(川)	530.00	343	安宁市(滇)	1400.00
253	万盛区(渝)	704.00	299	崇州市(川)	460.00	344	陇川县(滇)	1317.00
254	巫溪县(渝)	665.00	300	青神县(川)	370.00	345	施甸县(滇)	800.00
255	江津区(渝)	500.00	301	南溪县(川)	300.00	346	麻栗坡县(滇)	605.00
256	黔江区(渝)	487.00	302	大邑县(川)	213.00	347	富宁县(滇)	602.00
257	奉节县(渝)	402.00	303	南江县(川)	202.00	348	西畴县(滇)	428.50
258	云阳县(渝)	350.00	304	绵竹市(川)	200.00	349	金平苗族瑶族傣族自治县(滇)	409.00
259	涪陵区(渝)	320.00	305	平昌县(川)	140.00	350	洱源县(滇)	387.00
260	城口县(渝)	315.00	306	江油市(川)	104.00	351	南华县(滇)	382.00
261	秀山土家族苗族自治县(渝)	300.00	307	沙湾区(川)	100.00	352	峨山彝族自治县(滇)	285.00
262	璧山县(渝)	274.17	308	凤冈县(黔)	16660.00	353	瑞丽市(滇)	220.00
263	铜梁县(渝)	215.00	309	普安县(黔)	5100.00	354	牟定县(滇)	183.00
264	万州区(渝)	212.00	310	松桃苗族自治县(黔)	5000.00	355	楚雄市(滇)	171.00
265	南川区(渝)	170.00	311	贵定县(黔)	4000.00	356	西乡县(陕)	10119.00
266	石柱土家族自治县(渝)	100.00	312	道真仡佬族苗族自治县(黔)	3460.00	357	平利县(陕)	7700.00
267	名山县(川)	27927.00	313	江口县(黔)	1800.00	358	勉　县(陕)	5720.00
268	蒲江县(川)	14111.00	314	思南县(黔)	1500.00	359	南郑县(陕)	5500.00
269	屏山县(川)	9500.00	315	印江土家族苗族自治县(黔)	1300.00	360	汉滨区(陕)	2162.00
270	雨城区(川)	8400.00	316	沿河土家族自治县(黔)	1108.00	361	商南县(陕)	1836.00

序号	茶叶主产地	产量(吨)
362	岚皋县(陕)	1595.00
363	汉阴县(陕)	701.00
364	城固县(陕)	500.00
365	白河县(陕)	445.00
366	镇安县(陕)	277.00
367	石泉县(陕)	206.00
368	丹凤县(陕)	159.00
369	镇坪县(陕)	100.00
370	康　县(甘)	615.00
371	文　县(甘)	480.00
372	武都区(甘)	100.00

表 12-10　矿泉水主产地产量

序号	矿泉水主产地	产量(吨)
1	平泉县(冀)	1000.00
2	阿鲁科尔沁旗(内蒙古)	30000.00
3	长白朝鲜族自治县(吉)	102000.00
4	辉南县(吉)	13000.00
5	辉南森林经营局(吉)	12000.00
6	东辽县(吉)	11000.00
7	通化县(吉)	3500.00
8	梅河口市(吉)	2000.00
9	巴彦县(黑)	5000.00
10	富锦市(黑)	500.00
11	霍山县(皖)	240000.00
12	郎溪县(皖)	50000.00
13	于都县(赣)	210000.00
14	芦溪县(赣)	134000.00
15	瑞金市(赣)	12000.00
16	修水县(赣)	1200.00
17	铜鼓县(赣)	110.00
18	岱岳区(鲁)	3000.00
19	沂水县(鲁)	2050.00
20	汝阳县(豫)	187.00
21	长阳土家族自治县(鄂)	6000.00
22	蕲春县(鄂)	2000.00
23	枣阳市(鄂)	1700.00
24	随　县(鄂)	800.00
25	广水市(鄂)	700.00
26	城步苗族自治县(湘)	900200.00
27	桃源县(湘)	150000.00
28	耒阳市(湘)	73000.00
29	醴陵市(湘)	20000.00
30	安化县(湘)	20000.00
31	湘乡市(湘)	11000.00
32	娄星区(湘)	10050.00
33	新晃侗族自治县(湘)	10000.00
34	新宁县(湘)	10000.00
35	中方县(湘)	10000.00
36	邵阳县(湘)	7020.00
37	隆回县(湘)	3500.00
38	双峰县(湘)	3000.00
39	沅陵县(湘)	2380.00
40	汨罗市(湘)	1010.00
41	华容县(湘)	1000.00
42	资兴市(湘)	456.00
43	五华县(粤)	6000000.00
44	雷州市(粤)	31000.00
45	龙川县(粤)	22000.00
46	乳源瑶族自治县(粤)	3300.00
47	全州县(桂)	3000.00
48	合川区(渝)	13000.00
49	石柱土家族自治县(渝)	6800.00
50	三台县(川)	1297.00
51	锦屏县(黔)	11000000.00
52	贵定县(黔)	400000.00
53	松桃苗族自治县(黔)	150000.00
54	龙里县(黔)	11000.00
55	德江县(黔)	500.00
56	长顺县(黔)	115.00
57	麻栗坡县(滇)	30000.00
58	宣威市(滇)	4500.00
59	漾濞彝族自治县(滇)	3000.00
60	腾冲县(滇)	1536.43
61	弥勒市(滇)	1000.00
62	双鸭山林业局(龙江森工)	2300.00
63	鹤立林业局(龙江森工)	1200.00
64	鹤北林业局(龙江森工)	1100.00
65	大海林林业局(龙江森工)	788.00
66	东方红林业局(龙江森工)	400.00

表 12-11　其他森林饮料主产地产量

序号	其他森林饮料主产地	品种	产量(吨)
1	龙里县(黔)	刺梨	8500.00
2	长顺县(黔)	刺梨	198.00
3	乐至县(川)	刺梨	60.00
4	南郑县(陕)	刺梨	10.00
5	本溪满族自治县(辽)	刺五加	4020.00
6	辉南县(吉)	刺五加	1590.00
7	新化县(湘)	刺五加	500.00
8	五常市(黑)	刺五加	250.00
9	梓潼县(川)	葛根	4210.00
10	祁东县(湘)	葛根	2800.00
11	横峰县(赣)	葛根	2755.00
12	沅陵县(湘)	葛根	2050.00
13	霍山县(皖)	葛根	1700.00
14	桑植县(湘)	葛根	868.00
15	洱源县(滇)	葛根	500.00
16	宜都市(鄂)	葛根	380.00
17	象州县(桂)	葛根	297.00
18	永定区(湘)	葛根	220.00
19	兴山县(鄂)	葛根	120.00
20	石门县(湘)	葛根	100.00
21	新宁县(湘)	葛根	100.00
22	西夏区(宁)	枸杞芽	2.80
23	临泉县(皖)	枸杞芽	1.00
24	利通区(宁)	枸杞芽	0.54
25	隆阳区(滇)	咖啡	19641.00
26	盈江县(滇)	咖啡	8883.00
27	芒　市(滇)	咖啡	8539.00
28	江城哈尼族彝族自治县(滇)	咖啡	5776.00
29	云　县(滇)	咖啡	2076.06
30	勐腊县(滇)	咖啡	804.00
31	永德县(滇)	咖啡	789.00
32	陇川县(滇)	咖啡	666.00
33	瑞丽市(滇)	咖啡	581.00

序号	其他森林饮料主产地	品种	产量(吨)
34	麻栗坡县(滇)	咖啡	511.00
35	勐海县(滇)	咖啡	145.00
36	爱辉区(黑)	蓝靛果酒	1000.00
37	通化县(吉)	蓝靛果酒	120.00
38	乳源瑶族自治县(粤)	栗子汁	825.00
39	洛宁县(豫)	苹果汁	35000.00
40	济源市(豫)	苹果汁	30000.00
41	牟平区(鲁)	苹果汁	20000.00
42	灵宝市(豫)	苹果汁	15306.00
43	湖滨区(豫)	苹果汁	15000.00
44	利通区(宁)	苹果汁	14001.00
45	韩城市林业局(陕)	苹果汁	12764.00
46	中宁县(宁)	苹果汁	11000.00
47	乐陵市(鲁)	苹果汁	5500.00
48	青铜峡市(宁)	苹果汁	5150.00
49	宁　县(甘)	苹果汁	4985.00
50	原阳县(豫)	苹果汁	3230.00
51	农四师(新疆兵团)	苹果汁	1000.00
52	双城市(黑)	苹果汁	500.00
53	辉南县(吉)	苹果汁	325.00
54	东胜区(内蒙古)	沙棘	65200.00
55	伊金霍洛旗(内蒙古)	沙棘	18618.00
56	敖汉旗(内蒙古)	沙棘	9880.00
57	岢岚县(晋)	沙棘	9000.00
58	北票市(辽)	沙棘	7500.00
59	和林格尔县(内蒙古)	沙棘	4500.00
60	围场满族蒙古族自治县(冀)	沙棘	4000.00
61	隆德县(宁)	沙棘	3680.00
62	延寿县(黑)	沙棘	1000.00
63	小金县(川)	沙棘	900.00
64	吴起县(陕)	沙棘	800.00
65	孙吴县(黑)	沙棘	526.00
66	华池县(甘)	沙棘	500.00
67	尖草坪区(晋)	沙棘	400.00
68	临潭县(甘)	沙棘	200.00
69	山丹县(甘)	沙棘	160.00
70	民乐县(甘)	沙棘	150.00
71	永胜县(滇)	余甘子	300.00
72	漾濞彝族自治县(滇)	余甘子	120.00

表 12-12　主要森林饲料主产地产量

序号	主要森林饲料主产地	品种	产量(吨)
1	鄂托克旗(内蒙古)	阔叶维生素粉	14000.00
2	德江县(黔)	阔叶维生素粉	4000.00
3	乳源瑶族自治县(粤)	阔叶维生素粉	3150.00
4	宣威市(滇)	嫩树枝叶	1950000.00
5	新宁县(湘)	嫩树枝叶	200000.00
6	敖汉旗(内蒙古)	嫩树枝叶	65280.00
7	新宾满族自治县(辽)	嫩树枝叶	37500.00
8	东平县(鲁)	嫩树枝叶	15000.00
9	新化县(湘)	嫩树枝叶	10000.00
10	南华县(滇)	嫩树枝叶	7650.00
11	云　县(滇)	嫩树枝叶	6500.00
12	嵩　县(豫)	嫩树枝叶	6300.00
13	瑞金市(赣)	嫩树枝叶	3800.00
14	耒阳市(湘)	嫩树枝叶	3650.00
15	宁　县(甘)	嫩树枝叶	3000.00
16	沅陵县(湘)	嫩树枝叶	1960.00
17	乳源瑶族自治县(粤)	嫩树枝叶	1800.00
18	永靖县(甘)	嫩树枝叶	1400.00
19	娄星区(湘)	嫩树枝叶	1200.00
20	五峰土家族自治县(鄂)	嫩树枝叶	1100.00
21	宁远县(湘)	嫩树枝叶	1092.00
22	临泉县(皖)	嫩树枝叶	900.00
23	襄城区(鄂)	嫩树枝叶	800.00
24	新安县(豫)	嫩树枝叶	530.00
25	弥勒市(滇)	嫩树枝叶	500.00
26	罗田县(鄂)	嫩树枝叶	500.00
27	京山县(鄂)	嫩树枝叶	500.00
28	株洲县(湘)	嫩树枝叶	380.00
29	霍山县(皖)	嫩树枝叶	100.00
30	柳城县(桂)	桑叶	426060.00
31	黔江区(渝)	桑叶	180300.00
32	高　县(川)	桑叶	147840.00
33	那坡县(桂)	桑叶	120000.00
34	凌云县(桂)	桑叶	102500.00
35	岱岳区(鲁)	桑叶	90000.00
36	汉滨区(陕)	桑叶	63395.00
37	白河县(陕)	桑叶	60000.00
38	东兰县(桂)	桑叶	52470.00
39	昭平县(桂)	桑叶	50696.00
40	铜梁县(渝)	桑叶	45000.00
41	广安区(川)	桑叶	45000.00
42	廉江市(粤)	桑叶	44500.00
43	东乡县(赣)	桑叶	34000.00
44	丰都县(渝)	桑叶	27076.00
45	始兴县(粤)	桑叶	27000.00
46	武胜县(川)	桑叶	25000.00
47	融水苗族自治县(桂)	桑叶	21435.00
48	沂水县(鲁)	桑叶	18800.00
49	新泰市(鲁)	桑叶	18000.00
50	忻城县(桂)	桑叶	18000.00

序号	主要森林饲料主产地	品种	产量(吨)
51	游仙区(川)	桑叶	15000.00
52	连南瑶族自治县(粤)	桑叶	12820.00
53	麒麟区(滇)	桑叶	12000.00
54	江津区(渝)	桑叶	12000.00
55	莒南县(鲁)	桑叶	11900.00
56	隆林各族自治县(桂)	桑叶	9657.00
57	垣曲县(晋)	桑叶	8500.00
58	井研县(川)	桑叶	8350.00
59	蓬安县(川)	桑叶	8000.00
60	雷州市(粤)	桑叶	6500.00
61	苍梧县(桂)	桑叶	6094.00
62	威远县(川)	桑叶	6000.00
63	乐至县(川)	桑叶	6000.00
64	巫山县(渝)	桑叶	5000.00
65	靖西县(桂)	桑叶	5000.00
66	潜山县(皖)	桑叶	3800.00
67	汉阴县(陕)	桑叶	3500.00
68	乳源瑶族自治县(粤)	桑叶	3300.00
69	合川区(渝)	桑叶	3200.00
70	泰兴市(苏)	桑叶	3191.00
71	石泉县(陕)	桑叶	3100.00
72	黟　县(皖)	桑叶	2863.00
73	南漳县(鄂)	桑叶	2800.00
74	东至县(皖)	桑叶	2750.00
75	资兴市(湘)	桑叶	2125.00
76	安　县(川)	桑叶	2100.00
77	三台县(川)	桑叶	1870.00
78	祁东县(湘)	桑叶	1580.00
79	兴文县(川)	桑叶	1517.00
80	砚山县(滇)	桑叶	1500.00
81	宿松县(皖)	桑叶	1500.00
82	西充县(川)	桑叶	1500.00
83	遂川县(赣)	桑叶	1500.00
84	平利县(陕)	桑叶	1500.00
85	开　县(渝)	桑叶	1500.00
86	霍山县(皖)	桑叶	1200.00
87	坊子区(鲁)	桑叶	1100.00
88	永新县(赣)	桑叶	1052.00
89	象山县(浙)	桑叶	1000.00
90	桐城市(皖)	桑叶	1000.00
91	石柱土家族自治县(渝)	桑叶	950.00
92	施甸县(滇)	桑叶	900.00
93	建德市(浙)	桑叶	900.00
94	南郑县(陕)	桑叶	810.00
95	巫溪县(渝)	桑叶	800.00
96	宜丰县(赣)	桑叶	700.00
97	芜湖县(皖)	桑叶	500.00
98	鼎城区(湘)	桑叶	500.00
99	松阳县(浙)	桑叶	398.00
100	仁寿县(川)	桑叶	365.00
101	沅陵县(湘)	桑叶	320.00
102	旺苍县(川)	桑叶	300.00
103	江安县(川)	桑叶	220.00
104	清镇市(黔)	桑叶	200.00
105	德江县(黔)	桑叶	200.00
106	新干县(赣)	桑叶	180.00
107	固始县(豫)	桑叶	180.00
108	嵩　县(豫)	桑叶	150.00
109	怀宁县(皖)	桑叶	150.00
110	宁阳县(鲁)	桑叶	145.00
111	宁　县(甘)	桑叶	100.00
112	临安市(浙)	桑叶	100.00
113	米脂县(陕)	紫穗槐	75000.00
114	横山县(陕)	紫穗槐	53000.00
115	昌邑市(鲁)	紫穗槐	1350.00

表 13-1　蝴蝶兰主产地产量

序号	蝴蝶兰主产地	花卉类别	生产量
1	长清区(鲁)	城市绿化苗(万株)	300.00
2	肥西县(皖)	城市绿化苗(万株)	150.00
3	南岳区(湘)	城市绿化苗(万株)	100.00
4	雁山区(桂)	城市绿化苗(万株)	6.00
5	仙桃市(鄂)	城市绿化苗(万株)	2.50
6	讷河市(黑)	城市绿化苗(万株)	1.00
7	柘城县(豫)	城市绿化苗(万株)	0.90
8	洛龙区(豫)	观赏苗木(万株)	400.00
9	大洼县(辽)	观赏苗木(万株)	63.00
10	濮阳市高新区(豫)	观叶植物(万盆)	350.00
11	高青县(鲁)	观叶植物(万盆)	300.00
12	章丘市(鲁)	观叶植物(万盆)	10.00
13	青州市(鲁)	花卉用种苗(千苗)	500.00
14	嵩明县(滇)	盆花(万盆)	2006.00
15	东丽区(津)	盆花(万盆)	880.80
16	青州市(鲁)	盆花(万盆)	350.00
17	荥阳市(豫)	盆花(万盆)	170.00
18	松江区(沪)	盆花(万盆)	134.00
19	惠济区(豫)	盆花(万盆)	76.60
20	颍泉区(皖)	盆花(万盆)	57.80
21	东营区(鲁)	盆花(万盆)	55.00
22	莱阳市(鲁)	盆花(万盆)	50.00
23	路桥区(浙)	盆花(万盆)	50.00
24	兴庆区(宁)	盆花(万盆)	41.00

序号	蝴蝶兰主产地	花卉类别	生产量
25	丰宁满族自治县(冀)	盆花(万盆)	40.00
26	玉田县(冀)	盆花(万盆)	40.00
27	四会市(粤)	盆花(万盆)	38.65
28	临洮县(甘)	盆花(万盆)	30.00
29	路北区(冀)	盆花(万盆)	30.00
30	阜新蒙古族自治县(辽)	盆花(万盆)	22.00
31	长安区(陕)	盆花(万盆)	21.00
32	喀喇沁左翼蒙古族自治县(辽)	盆花(万盆)	20.00
33	牟平区(鲁)	盆花(万盆)	18.00
34	邹平县(鲁)	盆花(万盆)	18.00
35	昆山市(苏)	盆花(万盆)	16.80
36	章丘市(鲁)	盆花(万盆)	15.00
37	青浦区(沪)	盆花(万盆)	14.00
38	灵宝市(豫)	盆花(万盆)	12.00
39	桃城区(冀)	盆花(万盆)	12.00
40	海城市(辽)	盆花(万盆)	10.00
41	邯郸县(冀)	盆花(万盆)	10.00
42	环翠区(鲁)	盆花(万盆)	10.00
43	涿州市(冀)	盆花(万盆)	10.00
44	临夏市(甘)	盆花(万盆)	8.00
45	临淄区(鲁)	盆花(万盆)	8.00
46	润州区(苏)	盆花(万盆)	8.00
47	阎良区(陕)	盆花(万盆)	8.00
48	红山区(内蒙古)	盆花(万盆)	7.00
49	藁城区(冀)	盆花(万盆)	5.00
50	东洲区(辽)	盆花(万盆)	4.90
51	阳新县(鄂)	盆花(万盆)	4.00
52	开平区(冀)	盆花(万盆)	3.00
53	北京市大东流苗圃(京)	盆花(万盆)	2.90
54	晋州市(冀)	盆花(万盆)	2.00
55	农六师(新疆兵团)	盆花(万盆)	2.00
56	新城区(内蒙古)	盆花(万盆)	1.60
57	西安区(吉)	盆花(万盆)	1.30
58	大城县(冀)	盆花(万盆)	1.00
59	东昌府区(鲁)	盆花(万盆)	1.00
60	榕城区(粤)	盆花(万盆)	1.00
61	汶上县(鲁)	盆花(万盆)	1.00
62	汉源县(川)	盆花(万盆)	0.90
63	利津县(鲁)	盆花(万盆)	0.60
64	忻府区(晋)	盆花(万盆)	0.60
65	新丰县(粤)	盆景(万盆)	20.22
66	翠屏区(川)	盆景(万盆)	2.00
67	新丰县(粤)	鲜切花(万支)	964.00
68	濮阳县(豫)	鲜切花(万支)	210.00
69	万州区(渝)	鲜切花(万支)	20.00
70	桃城区(冀)	鲜切花(万支)	10.00
71	东港区(鲁)	鲜切花(万支)	5.00

表 13-2　吊兰主产地产量

序号	吊兰主产地	花卉类别	生产量
1	衡东县(湘)	城市绿化苗(万株)	50.00
2	醴陵市(湘)	城市绿化苗(万株)	10.00
3	新化县(湘)	城市绿化苗(万株)	10.00
4	侯马市(晋)	城市绿化苗(万株)	5.00
5	平利县(陕)	城市绿化苗(万株)	0.60
6	建始县(鄂)	观赏苗木(万株)	200.00
7	叠彩区(桂)	观赏苗木(万株)	100.00
8	贵池区(皖)	观赏苗木(万株)	80.00
9	广水市(鄂)	观赏苗木(万株)	50.00
10	琅琊区(皖)	观赏苗木(万株)	25.00
11	承德县(冀)	观赏苗木(万株)	20.00
12	镇坪县(陕)	观赏苗木(万株)	20.00
13	洞口县(湘)	观赏苗木(万株)	10.00
14	游仙区(川)	观赏苗木(万株)	10.00
15	太康县(豫)	观赏苗木(万株)	2.00
16	西峰区(甘)	观赏苗木(万株)	1.00
17	吴起县(陕)	观赏苗木(万株)	0.70
18	青州市(鲁)	观叶植物(万盆)	350.00
19	清苑县(冀)	观叶植物(万盆)	200.00
20	运河区(冀)	观叶植物(万盆)	30.00
21	中方县(湘)	观叶植物(万盆)	30.00
22	唐　县(冀)	观叶植物(万盆)	13.30
23	从江县(黔)	观叶植物(万盆)	6.00
24	嵩　县(豫)	观叶植物(万盆)	5.00
25	忻府区(晋)	观叶植物(万盆)	1.30
26	固始县(豫)	观叶植物(万盆)	1.20
27	洋　县(陕)	观叶植物(万盆)	1.10
28	宁东林业局(陕)	观叶植物(万盆)	1.00
29	临沭县(鲁)	观叶植物(万盆)	0.70
30	冀州市(冀)	盆花(万盆)	70.00
31	青州市(鲁)	盆花(万盆)	58.00
32	石家庄市桥西区(冀)	盆花(万盆)	58.00
33	路桥区(浙)	盆花(万盆)	40.00
34	无极县(冀)	盆花(万盆)	25.00
35	涿州市(冀)	盆花(万盆)	25.00
36	路南区(冀)	盆花(万盆)	20.00
37	章丘市(鲁)	盆花(万盆)	20.00
38	隆尧县(冀)	盆花(万盆)	14.00
39	兴庆区(宁)	盆花(万盆)	11.50
40	金城江区(桂)	盆花(万盆)	11.00
41	洞口县(湘)	盆花(万盆)	10.00
42	伽师县(新)	盆花(万盆)	10.00
43	会宁县(甘)	盆花(万盆)	10.00
44	黔江区(渝)	盆花(万盆)	10.00
45	桃城区(冀)	盆花(万盆)	10.00

序号	吊兰主产地	花卉类别	生产量
46	阳泉市郊区(晋)	盆花(万盆)	10.00
47	许昌县(豫)	盆花(万盆)	9.00
48	固安县(冀)	盆花(万盆)	8.00
49	任丘市(冀)	盆花(万盆)	6.60
50	辛集市(冀)	盆花(万盆)	6.00
51	邢台市桥东区(冀)	盆花(万盆)	5.40
52	大城县(冀)	盆花(万盆)	5.00
53	藁城区(冀)	盆花(万盆)	5.00
54	红山区(内蒙古)	盆花(万盆)	5.00
55	星子县(赣)	盆花(万盆)	5.00
56	永清县(冀)	盆花(万盆)	5.00
57	青　县(冀)	盆花(万盆)	4.00
58	阳新县(鄂)	盆花(万盆)	4.00
59	东洲区(辽)	盆花(万盆)	3.30
60	西华县(豫)	盆花(万盆)	3.10
61	龙里县(黔)	盆花(万盆)	3.00
62	南乐县(豫)	盆花(万盆)	3.00
63	盐山县(冀)	盆花(万盆)	3.00
64	三门县(浙)	盆花(万盆)	2.50
65	桐柏县(豫)	盆花(万盆)	2.30
66	滦平县(冀)	盆花(万盆)	2.20
67	郎溪县(皖)	盆花(万盆)	1.90
68	公安县(鄂)	盆花(万盆)	1.88
69	平果县(桂)	盆花(万盆)	1.39
70	武强县(冀)	盆花(万盆)	1.30
71	涉　县(冀)	盆花(万盆)	1.20
72	宁晋县(冀)	盆花(万盆)	1.10
73	黄骅市(冀)	盆花(万盆)	1.00
74	晋州市(冀)	盆花(万盆)	1.00
75	陵　县(鲁)	盆花(万盆)	1.00
76	平罗县(宁)	盆花(万盆)	1.00
77	肃宁县(冀)	盆花(万盆)	1.00
78	新华区(豫)	盆花(万盆)	1.00
79	邢台县(冀)	盆花(万盆)	1.00
80	永年县(冀)	盆花(万盆)	0.97
81	献　县(冀)	盆花(万盆)	0.90
82	方城县(豫)	盆花(万盆)	0.86
83	汉源县(川)	盆花(万盆)	0.80
84	景　县(冀)	盆花(万盆)	0.70
85	稷山县(晋)	盆花(万盆)	0.60
86	庆元县(浙)	盆花(万盆)	0.60
87	汶上县(鲁)	盆花(万盆)	0.60
88	新城区(内蒙古)	盆花(万盆)	0.60
89	鹤城区(湘)	盆景(万盆)	850.00
90	襄城县(豫)	盆景(万盆)	79.00
91	乳源瑶族自治县(粤)	盆景(万盆)	65.00
92	会理县(川)	盆景(万盆)	25.00
93	赞皇县(冀)	盆景(万盆)	2.70
94	南岸区(渝)	盆景(万盆)	2.41
95	新丰县(粤)	盆景(万盆)	1.60
96	凉州区(甘)	盆景(万盆)	1.10
97	黄州区(鄂)	盆景(万盆)	1.00
98	平利县(陕)	盆景(万盆)	0.60
99	新丰县(粤)	鲜切花(万支)	650.00
100	藁城区(冀)	鲜切花(万支)	20.00
101	龙南县(赣)	鲜切花(万支)	10.00
102	会宁县(甘)	鲜切花(万支)	2.00
103	庆云县(鲁)	鲜切花(万支)	1.00
104	藁城区(冀)	鲜切叶(万支)	5.00
105	红花岗区(黔)	鲜切叶(万支)	1.40

表 13-3　君子兰主产地产量

序号	君子兰主产地	花卉类别	生产量
1	醴陵市(湘)	城市绿化苗(万株)	10.00
2	建始县(鄂)	观赏苗木(万株)	50.00
3	商州区(陕)	观赏苗木(万株)	20.00
4	贵池区(皖)	观赏苗木(万株)	10.00
5	垦利县(鲁)	观赏苗木(万株)	5.00
6	西峰区(甘)	观赏苗木(万株)	1.20
7	固始县(豫)	观叶植物(万盆)	4.20
8	从江县(黔)	观叶植物(万盆)	1.00
9	平罗县(宁)	花卉用种苗(千苗)	2.00
10	普兰店市(辽)	盆花(万盆)	200.00
11	绿园区(吉)	盆花(万盆)	150.00
12	海州区(苏)	盆花(万盆)	78.00
13	颍泉区(皖)	盆花(万盆)	49.30
14	津南区(津)	盆花(万盆)	30.00
15	海城市(辽)	盆花(万盆)	21.00
16	路桥区(浙)	盆花(万盆)	20.00
17	商州区(陕)	盆花(万盆)	20.00
18	武城县(鲁)	盆花(万盆)	20.00
19	裕华区(冀)	盆花(万盆)	20.00
20	宽城满族自治县(冀)	盆花(万盆)	16.00
21	路南区(冀)	盆花(万盆)	10.00
22	青州市(鲁)	盆花(万盆)	10.00
23	石家庄市桥西区(冀)	盆花(万盆)	10.00
24	藁城区(冀)	盆花(万盆)	8.00
25	栾城区(冀)	盆花(万盆)	8.00
26	兴庆区(宁)	盆花(万盆)	6.00
27	北辰区(津)	盆花(万盆)	5.50
28	任丘市(冀)	盆花(万盆)	5.00
29	无极县(冀)	盆花(万盆)	5.00

序号	君子兰主产地	花卉类别	生产量
30	涿州市(冀)	盆花(万盆)	5.00
31	灵宝市(豫)	盆花(万盆)	3.20
32	定兴县(冀)	盆花(万盆)	3.00
33	固始县(豫)	盆花(万盆)	2.20
34	巴州区(川)	盆花(万盆)	2.00
35	大城县(冀)	盆花(万盆)	2.00
36	长治市城区(晋)	盆花(万盆)	2.00
37	郎溪县(皖)	盆花(万盆)	1.80
38	西安区(吉)	盆花(万盆)	1.50
39	东平县(鲁)	盆花(万盆)	1.00
40	伽师县(新)	盆花(万盆)	1.00
41	晋州市(冀)	盆花(万盆)	1.00
42	三门县(浙)	盆花(万盆)	1.00
43	兴山县(鄂)	盆花(万盆)	1.00
44	汉源县(川)	盆花(万盆)	0.90
45	碧江区(黔)	盆花(万盆)	0.60
46	赞皇县(冀)	盆景(万盆)	4.50
47	宕昌县(甘)	盆景(万盆)	0.85
48	郎溪县(皖)	盆景(万盆)	0.85
49	藁城区(冀)	鲜切花(万支)	10.00
50	龙南县(赣)	鲜切花(万支)	10.00

表 13-4 玉兰类主产地产量

序号	玉兰类主产地	花卉类别	生产量
1	攸　县(湘)	城市绿化苗(万株)	6000.00
2	灵山县(桂)	城市绿化苗(万株)	5800.00
3	潢川县(豫)	城市绿化苗(万株)	1400.00
4	周至县(陕)	城市绿化苗(万株)	1000.00
5	即墨市(鲁)	城市绿化苗(万株)	436.00
6	扶沟县(豫)	城市绿化苗(万株)	260.00
7	上蔡县(豫)	城市绿化苗(万株)	235.00
8	邵东县(湘)	城市绿化苗(万株)	65.00
9	偃师市(豫)	城市绿化苗(万株)	51.00
10	东平县(鲁)	城市绿化苗(万株)	50.00
11	郎溪县(皖)	城市绿化苗(万株)	50.00
12	五峰土家族自治县(鄂)	城市绿化苗(万株)	30.00
13	荥阳市(豫)	城市绿化苗(万株)	30.00
14	宁陕县(陕)	城市绿化苗(万株)	16.00
15	新化县(湘)	城市绿化苗(万株)	15.00
16	宜都市(鄂)	城市绿化苗(万株)	15.00
17	中方县(湘)	城市绿化苗(万株)	15.00
18	碧江区(黔)	城市绿化苗(万株)	12.00
19	博望区(皖)	城市绿化苗(万株)	10.00
20	掇刀区(鄂)	城市绿化苗(万株)	10.00
21	华容县(湘)	城市绿化苗(万株)	8.30
22	三山区(皖)	城市绿化苗(万株)	8.00
23	龙里县(黔)	城市绿化苗(万株)	7.00
24	清新县(粤)	城市绿化苗(万株)	5.00
25	象山县(浙)	城市绿化苗(万株)	3.00
26	桐城市(皖)	城市绿化苗(万株)	2.00
27	玉山县(赣)	城市绿化苗(万株)	2.00
28	罗山县(豫)	城市绿化苗(万株)	1.00
29	涿州市(冀)	观赏苗木(万株)	342.00
30	北川羌族自治县(川)	观赏苗木(万株)	150.00
31	固镇县(皖)	观赏苗木(万株)	100.00
32	内乡县(豫)	观赏苗木(万株)	80.00
33	五峰土家族自治县(鄂)	观赏苗木(万株)	80.00
34	西平县(豫)	观赏苗木(万株)	65.00
35	沙河市(冀)	观赏苗木(万株)	50.00
36	芜湖县(皖)	观赏苗木(万株)	40.00
37	长葛市(豫)	观赏苗木(万株)	29.25
38	宁阳县(鲁)	观赏苗木(万株)	28.50
39	大祥区(湘)	观赏苗木(万株)	22.00
40	霸州市(冀)	观赏苗木(万株)	20.00
41	藁城区(冀)	观赏苗木(万株)	20.00
42	岚山区(鲁)	观赏苗木(万株)	17.00
43	青州市(鲁)	观赏苗木(万株)	15.00
44	汝南县(豫)	观赏苗木(万株)	15.00
45	沂水县(鲁)	观赏苗木(万株)	14.00
46	镇平县(豫)	观赏苗木(万株)	12.00
47	环翠区(鲁)	观赏苗木(万株)	10.00
48	全州县(桂)	观赏苗木(万株)	10.00
49	玉州区(桂)	观赏苗木(万株)	7.56
50	蔡甸区(鄂)	观赏苗木(万株)	6.00
51	黄州区(鄂)	观赏苗木(万株)	5.00
52	蒙阴县(鲁)	观赏苗木(万株)	5.00
53	新泰市(鲁)	观赏苗木(万株)	5.00
54	阳新县(鄂)	观赏苗木(万株)	5.00
55	许昌市经济技术开发区(豫)	观赏苗木(万株)	3.60
56	灵璧县(皖)	观赏苗木(万株)	3.00
57	洋　县(陕)	观赏苗木(万株)	2.60
58	安阳县(豫)	观赏苗木(万株)	2.25
59	巴州区(川)	观赏苗木(万株)	2.00
60	淮阳县(豫)	观赏苗木(万株)	2.00
61	井陉矿区(冀)	观赏苗木(万株)	2.00
62	宝丰县(豫)	观赏苗木(万株)	1.50
63	常宁市(湘)	观赏苗木(万株)	1.00
64	荔波县(黔)	观赏苗木(万株)	1.00
65	南郑县(陕)	花卉用种苗(千苗)	700.00
66	乳源瑶族自治县(粤)	盆花(万盆)	120.00
67	巴州区(川)	盆花(万盆)	8.00
68	方城县(豫)	盆花(万盆)	7.60

序号	玉兰类主产地	花卉类别	生产量
69	汉源县(川)	盆花(万盆)	0.60
70	潢川县(豫)	盆景(万盆)	4.00
71	郎溪县(皖)	盆景(万盆)	2.50
72	新丰县(粤)	盆景(万盆)	0.70
73	巴州区(川)	鲜切花(万支)	15.00
74	巴州区(川)	鲜切叶(万支)	10.00

序号	牡丹主产地	花卉类别	生产量
38	伊川县(豫)	鲜切花(万支)	50.00
39	贵池区(皖)	鲜切花(万支)	20.00
40	隆尧县(冀)	鲜切花(万支)	15.00
41	平山县(冀)	鲜切花(万支)	14.00
42	西峰区(甘)	鲜切花(万支)	4.00
43	永靖县(甘)	鲜切叶(万支)	1.20

表 13-5 牡丹主产地产量

序号	牡丹主产地	花卉类别	生产量
1	蒲城县(陕)	城市绿化苗(万株)	750.00
2	竹山县(鄂)	城市绿化苗(万株)	9.10
3	临洮县(甘)	城市绿化苗(万株)	7.50
4	偃师市(豫)	城市绿化苗(万株)	2.00
5	邓州市(豫)	工业及其他用途花卉(千克)	30.00
6	栾城区(冀)	工业及其他用途花卉(千克)	20.00
7	保康县(鄂)	观赏苗木(万株)	480.00
8	宜阳县(豫)	观赏苗木(万株)	280.00
9	贵池区(皖)	观赏苗木(万株)	200.00
10	禹州市(豫)	观赏苗木(万株)	140.00
11	建始县(鄂)	观赏苗木(万株)	100.00
12	汝阳县(豫)	观赏苗木(万株)	61.25
13	范　县(豫)	观赏苗木(万株)	50.00
14	大城县(冀)	观赏苗木(万株)	20.00
15	巫山县(渝)	观赏苗木(万株)	20.00
16	济南市市中区(鲁)	观赏苗木(万株)	12.00
17	镇坪县(陕)	观赏苗木(万株)	10.00
18	隆德县(宁)	观赏苗木(万株)	3.80
19	高碑店市(冀)	观赏苗木(万株)	1.00
20	南关区(吉)	观叶植物(万盆)	320.00
21	垫江县(渝)	观叶植物(万盆)	3.00
22	路南区(冀)	盆花(万盆)	50.00
23	柏乡县(冀)	盆花(万盆)	7.00
24	谯城区(皖)	盆花(万盆)	5.00
25	鼎城区(湘)	盆花(万盆)	4.00
26	壶关县(晋)	盆花(万盆)	3.60
27	竹溪县(鄂)	盆花(万盆)	3.00
28	肃宁县(冀)	盆花(万盆)	2.50
29	郎溪县(皖)	盆花(万盆)	2.20
30	兰州新区(甘)	食用及药用花卉(千克)	78000.00
31	康乐县(甘)	食用及药用花卉(千克)	37000.00
32	怀远县(皖)	食用及药用花卉(千克)	900.00
33	铜梁县(渝)	食用及药用花卉(千克)	8.00
34	安阳县(豫)	食用及药用花卉(千克)	2.00
35	新安县(豫)	鲜切花(万支)	430.00
36	临洮县(甘)	鲜切花(万支)	100.00
37	临夏市(甘)	鲜切花(万支)	74.00

表 13-6 榆叶梅主产地产量

序号	榆叶梅主产地	花卉类别	生产量
1	康保县(冀)	城市绿化苗(万株)	173.80
2	九台市(吉)	城市绿化苗(万株)	120.00
3	潢川县(豫)	城市绿化苗(万株)	103.00
4	坊子区(鲁)	城市绿化苗(万株)	40.00
5	彭阳县(宁)	城市绿化苗(万株)	30.00
6	临夏市(甘)	城市绿化苗(万株)	20.00
7	北林区(黑)	城市绿化苗(万株)	10.00
8	兰西县(黑)	城市绿化苗(万株)	10.00
9	大武口区(宁)	城市绿化苗(万株)	6.70
10	永靖县(甘)	城市绿化苗(万株)	6.40
11	大同县(晋)	城市绿化苗(万株)	5.00
12	鹤山区(豫)	城市绿化苗(万株)	3.75
13	崆峒区(甘)	城市绿化苗(万株)	3.10
14	定西市巉口林业试验场(甘)	城市绿化苗(万株)	2.00
15	昌乐县(鲁)	城市绿化苗(万株)	1.20
16	白城市市辖区(吉)	城市绿化苗(万株)	1.00
17	讷河市(黑)	城市绿化苗(万株)	1.00
18	呼兰区(黑)	观赏苗木(万株)	850.00
19	乐都县(青)	观赏苗木(万株)	458.00
20	平泉县(冀)	观赏苗木(万株)	200.00
21	永清县(冀)	观赏苗木(万株)	200.00
22	甘州区(甘)	观赏苗木(万株)	97.00
23	固安县(冀)	观赏苗木(万株)	75.00
24	藁城区(冀)	观赏苗木(万株)	50.00
25	遵化市(冀)	观赏苗木(万株)	50.00
26	博野县(冀)	观赏苗木(万株)	40.00
27	丰宁满族自治县(冀)	观赏苗木(万株)	30.00
28	青州市(鲁)	观赏苗木(万株)	20.00
29	玉田县(冀)	观赏苗木(万株)	20.00
30	闻喜县(晋)	观赏苗木(万株)	15.60
31	大同区(黑)	观赏苗木(万株)	15.00
32	安平县(冀)	观赏苗木(万株)	11.50
33	大城县(冀)	观赏苗木(万株)	10.00
34	让胡路区(黑)	观赏苗木(万株)	10.00
35	桃城区(冀)	观赏苗木(万株)	10.00
36	新泰市(鲁)	观赏苗木(万株)	10.00
37	平安县(青)	观赏苗木(万株)	9.10

序号	榆叶梅主产地	花卉类别	生产量
38	南和县(冀)	观赏苗木(万株)	7.00
39	涿州市(冀)	观赏苗木(万株)	7.00
40	铁锋区(黑)	观赏苗木(万株)	5.50
41	北戴河区(冀)	观赏苗木(万株)	5.00
42	龙凤区(黑)	观赏苗木(万株)	5.00
43	任　县(冀)	观赏苗木(万株)	4.00
44	赤城县(冀)	观赏苗木(万株)	3.00
45	大厂回族自治县(冀)	观赏苗木(万株)	3.00
46	晋州市(冀)	观赏苗木(万株)	3.00
47	满城县(冀)	观赏苗木(万株)	1.00
48	山阴县(晋)	观赏苗木(万株)	1.00
49	新民市(辽)	盆花(万盆)	10.00
50	蠡　县(冀)	盆景(万盆)	1.00
51	三门县(浙)	盆景(万盆)	0.80

表 13-7　波斯菊主产地产量

序号	波斯菊主产地	花卉类别	生产量
1	仙桃市(鄂)	城市绿化苗(万株)	30.00
2	新宁县(湘)	城市绿化苗(万株)	10.00
3	榆树市(吉)	城市绿化苗(万株)	10.00
4	蕉岭县(粤)	城市绿化苗(万株)	8.00
5	四平市铁西区(吉)	城市绿化苗(万株)	5.00
6	攀枝花市东区(川)	城市绿化苗(万株)	4.30
7	广水市(鄂)	观赏苗木(万株)	60.00
8	盐亭县(川)	观叶植物(万盆)	5.00
9	大足县(渝)	盆花(万盆)	250.00
10	肥西县(皖)	盆花(万盆)	150.00
11	大洼县(辽)	盆花(万盆)	130.00
12	富顺县(川)	盆花(万盆)	80.00
13	玉田县(冀)	盆花(万盆)	80.00
14	上蔡县(豫)	盆花(万盆)	36.00
15	正定县(冀)	盆花(万盆)	20.00
16	四平市铁东区(吉)	盆花(万盆)	15.00
17	蕉岭县(粤)	盆花(万盆)	10.00
18	阳泉市郊区(晋)	盆花(万盆)	10.00
19	巴州区(川)	盆花(万盆)	8.00
20	双桥区(冀)	盆花(万盆)	8.00
21	星子县(赣)	盆花(万盆)	5.00
22	广阳区(冀)	盆花(万盆)	3.00
23	张湾区(鄂)	盆花(万盆)	3.00
24	高碑店市(冀)	盆花(万盆)	2.50
25	本溪满族自治县(辽)	盆花(万盆)	2.20
26	枣强县(冀)	盆花(万盆)	1.50
27	衡山县(湘)	盆花(万盆)	1.08
28	芜湖县(皖)	盆花(万盆)	1.00
29	琅琊区(皖)	鲜切花(万支)	205.00
30	南芬区(辽)	鲜切花(万支)	200.00
31	江川县(滇)	鲜切花(万支)	50.00
32	泰顺县(浙)	鲜切花(万支)	16.00
33	红花岗区(黔)	鲜切花(万支)	1.50
34	阳泉市郊区(晋)	鲜切花(万支)	1.00
35	汉源县(川)	鲜切花(万支)	0.90

表 13-8　万寿菊主产地产量

序号	万寿菊主产地	花卉类别	生产量
1	多伦县(内蒙古)	城市绿化苗(万株)	500.00
2	肥西县(皖)	城市绿化苗(万株)	180.00
3	嘉峪关市(甘)	城市绿化苗(万株)	60.00
4	大同县(晋)	城市绿化苗(万株)	50.00
5	木兰县(黑)	城市绿化苗(万株)	25.00
6	金川区(甘)	城市绿化苗(万株)	10.00
7	侯马市(晋)	城市绿化苗(万株)	6.00
8	洮南市(吉)	城市绿化苗(万株)	3.00
9	莎车县(新)	工业及其他用途花卉(吨)	81400.00
10	岳普湖县(新)	工业及其他用途花卉(吨)	38500.00
11	民乐县(甘)	工业及其他用途花卉(吨)	3500.00
12	石林彝族自治县(滇)	工业及其他用途花卉(千克)	2972.22
13	平泉县(冀)	观赏苗木(万株)	3339.00
14	新民市(辽)	观赏苗木(万株)	150.00
15	丰宁满族自治县(冀)	观赏苗木(万株)	100.00
16	呼兰区(黑)	观赏苗木(万株)	50.00
17	宜阳县(豫)	观赏苗木(万株)	24.00
18	南和县(冀)	观赏苗木(万株)	7.00
19	龙凤区(黑)	观赏苗木(万株)	5.00
20	龙子湖区(皖)	观叶植物(万盆)	10.00
21	宁城县(内蒙古)	观叶植物(万盆)	5.00
22	山丹县(甘)	观叶植物(万盆)	2.00
23	平罗县(宁)	花卉用种子(千克)	5000.00
24	长安区(冀)	盆花(万盆)	280.00
25	莒南县(鲁)	盆花(万盆)	270.00
26	新安县(豫)	盆花(万盆)	260.00
27	椒江区(浙)	盆花(万盆)	150.00
28	金凤区(宁)	盆花(万盆)	140.00
29	兴庆区(宁)	盆花(万盆)	133.00
30	商水县(豫)	盆花(万盆)	100.00
31	阜新蒙古族自治县(辽)	盆花(万盆)	75.00
32	乌审旗(内蒙古)	盆花(万盆)	45.00
33	双城市(黑)	盆花(万盆)	40.00

序号	万寿菊主产地	花卉类别	生产量
34	西夏区(宁)	盆花(万盆)	30.00
35	邹平县(鲁)	盆花(万盆)	30.00
36	静海县(津)	盆花(万盆)	21.00
37	固安县(冀)	盆花(万盆)	20.00
38	龙子湖区(皖)	盆花(万盆)	20.00
39	永清县(冀)	盆花(万盆)	20.00
40	涿州市(冀)	盆花(万盆)	20.00
41	惠济区(豫)	盆花(万盆)	15.20
42	广阳区(冀)	盆花(万盆)	15.05
43	和林格尔县(内蒙古)	盆花(万盆)	15.00
44	隆尧县(冀)	盆花(万盆)	15.00
45	新泰市(鲁)	盆花(万盆)	12.00
46	井陉县(冀)	盆花(万盆)	10.00
47	临洮县(甘)	盆花(万盆)	10.00
48	明山区(辽)	盆花(万盆)	10.00
49	平罗县(宁)	盆花(万盆)	10.00
50	未央区(陕)	盆花(万盆)	9.00
51	石家庄市桥西区(冀)	盆花(万盆)	8.00
52	魏　县(冀)	盆花(万盆)	8.00
53	北戴河区(冀)	盆花(万盆)	6.50
54	喀什市(新)	盆花(万盆)	6.00
55	梁山县(鲁)	盆花(万盆)	5.90
56	闵行区(沪)	盆花(万盆)	5.00
57	青铜峡市(宁)	盆花(万盆)	5.00
58	元宝山区(内蒙古)	盆花(万盆)	5.00
59	忻府区(晋)	盆花(万盆)	4.50
60	海港区(冀)	盆花(万盆)	4.30
61	寿　县(皖)	盆花(万盆)	4.00
62	东洲区(辽)	盆花(万盆)	3.40
63	鹿泉区(冀)	盆花(万盆)	3.00
64	满城县(冀)	盆花(万盆)	3.00
65	饶阳县(冀)	盆花(万盆)	3.00
66	崆峒区(甘)	盆花(万盆)	2.80
67	安陆市(鄂)	盆花(万盆)	2.00
68	金城江区(桂)	盆花(万盆)	2.00
69	山海关区(冀)	盆花(万盆)	2.00
70	邢台县(冀)	盆花(万盆)	2.00
71	石柱土家族自治县(渝)	盆花(万盆)	1.80
72	临武县(湘)	盆花(万盆)	1.62
73	龙里县(黔)	盆花(万盆)	1.00
74	萨尔图区(黑)	盆花(万盆)	1.00
75	雄　县(冀)	盆花(万盆)	1.00
76	汶上县(鲁)	盆花(万盆)	0.80
77	伽师县(新)	盆景(万盆)	20.00
78	郎溪县(皖)	盆景(万盆)	3.85
79	九龙坡区(渝)	鲜切花(万支)	221.00
80	长葛市(豫)	鲜切花(万支)	80.00
81	宣汉县(川)	鲜切花(万支)	63.00
82	南岗区(黑)	鲜切花(万支)	35.00
83	商州区(陕)	鲜切花(万支)	30.00
84	东河区(内蒙古)	鲜切花(万支)	6.50
85	隆化县(冀)	鲜切花(万支)	5.00
86	灵宝市(豫)	鲜切花(万支)	1.00

表 13-9　雏菊主产地产量

序号	雏菊主产地	花卉类别	生产量
1	大竹县(川)	城市绿化苗(万株)	300.00
2	新宁县(湘)	城市绿化苗(万株)	10.00
3	新晃侗族自治县(湘)	城市绿化苗(万株)	2.80
4	沿滩区(川)	城市绿化苗(万株)	1.00
5	新晃侗族自治县(湘)	工业及其他用途花卉(千克)	2.80
6	广水市(鄂)	观赏苗木(万株)	50.00
7	藁城区(冀)	观赏苗木(万株)	30.00
8	扶风县(陕)	观赏苗木(万株)	21.00
9	商州区(陕)	观赏苗木(万株)	20.00
10	固始县(豫)	观赏苗木(万株)	19.00
11	沅江市(湘)	观赏苗木(万株)	10.00
12	西峰区(甘)	观赏苗木(万株)	1.50
13	中方县(湘)	观叶植物(万盆)	30.00
14	瓜州县(甘)	观叶植物(万盆)	6.20
15	威　县(冀)	观叶植物(万盆)	5.00
16	三河市(冀)	盆花(万盆)	370.00
17	武陟县(豫)	盆花(万盆)	300.00
18	界首市(皖)	盆花(万盆)	100.00
19	临川区(赣)	盆花(万盆)	80.00
20	禹王台区(豫)	盆花(万盆)	26.00
21	石家庄市桥西区(冀)	盆花(万盆)	16.00
22	隆尧县(冀)	盆花(万盆)	12.00
23	泊头市(冀)	盆花(万盆)	10.67
24	龙子湖区(皖)	盆花(万盆)	10.00
25	招远市(鲁)	盆花(万盆)	10.00
26	西华县(豫)	盆花(万盆)	8.70
27	鼓楼区(豫)	盆花(万盆)	6.00
28	抚宁县(冀)	盆花(万盆)	5.00
29	伽师县(新)	盆花(万盆)	5.00
30	望花区(辽)	盆花(万盆)	5.00
31	北戴河区(冀)	盆花(万盆)	4.00
32	内乡县(豫)	盆花(万盆)	3.00
33	肥城市(鲁)	盆花(万盆)	2.80
34	旌阳区(川)	盆花(万盆)	2.50
35	湘乡市(湘)	盆花(万盆)	2.08

序号	雏菊主产地	花卉类别	生产量
36	黔江区(渝)	盆花(万盆)	2.00
37	公安县(鄂)	盆花(万盆)	1.60
38	梁山县(鲁)	盆花(万盆)	1.60
39	汶上县(鲁)	盆花(万盆)	1.30
40	榕城区(粤)	盆花(万盆)	1.00
41	临川区(赣)	盆景(万盆)	118.00
42	广水市(鄂)	盆景(万盆)	2.00
43	新丰县(粤)	盆景(万盆)	0.90
44	宜春市明月山温泉风景名胜区(赣)	食用及药用花卉(千克)	3000.00
45	新安县(豫)	鲜切花(万支)	320.00
46	鄢陵县(豫)	鲜切花(万支)	300.00
47	新丰县(粤)	鲜切花(万支)	260.00
48	大武口区(宁)	鲜切花(万支)	120.00
49	经济技术开发区(辽)	鲜切花(万支)	110.00
50	凤城市(辽)	鲜切花(万支)	22.00
51	凌云县(桂)	鲜切花(万支)	6.25
52	东洲区(辽)	鲜切花(万支)	6.00
53	桃城区(冀)	鲜切花(万支)	5.00
54	洋　县(陕)	鲜切花(万支)	3.00
55	藁城区(冀)	鲜切叶(万支)	10.00

表 13-10　非洲菊主产地产量

序号	非洲菊主产地	花卉类别	生产量
1	三台县(川)	城市绿化苗(万株)	28.00
2	新宁县(湘)	城市绿化苗(万株)	20.00
3	平泉县(冀)	观赏苗木(万株)	50.00
4	仁寿县(川)	观赏苗木(万株)	5.00
5	临泉县(皖)	观叶植物(万盆)	2.00
6	灯塔市(辽)	盆花(万盆)	290.00
7	兰陵县(鲁)	盆花(万盆)	13.00
8	祁东县(湘)	盆花(万盆)	12.00
9	青州市(鲁)	盆花(万盆)	6.00
10	平泉县(冀)	盆花(万盆)	4.00
11	芜湖县(皖)	盆花(万盆)	3.00
12	伽师县(新)	盆花(万盆)	1.00
13	黔江区(渝)	盆花(万盆)	1.00
14	兰山区(鲁)	鲜切花(万支)	40000.00
15	奉贤区(沪)	鲜切花(万支)	22542.00
16	灯塔市(辽)	鲜切花(万支)	22000.00
17	嘉善县(浙)	鲜切花(万支)	21023.00
18	濮阳市高新区(豫)	鲜切花(万支)	20689.00
19	河东区(鲁)	鲜切花(万支)	16500.00
20	海州区(苏)	鲜切花(万支)	15000.00
21	莒　县(鲁)	鲜切花(万支)	11800.00
22	喀喇沁左翼蒙古族自治县(辽)	鲜切花(万支)	11080.00
23	晋宁县(滇)	鲜切花(万支)	5265.00
24	古冶区(冀)	鲜切花(万支)	4552.00
25	临沭县(鲁)	鲜切花(万支)	4000.00
26	台安县(辽)	鲜切花(万支)	4000.00
27	石林彝族自治县(滇)	鲜切花(万支)	3470.30
28	长兴县(浙)	鲜切花(万支)	1500.00
29	路桥区(浙)	鲜切花(万支)	1030.00
30	海盐县(浙)	鲜切花(万支)	824.60
31	高邑县(冀)	鲜切花(万支)	770.00
32	呈贡县(滇)	鲜切花(万支)	547.00
33	凌源市(辽)	鲜切花(万支)	520.00
34	灵宝市(豫)	鲜切花(万支)	331.90
35	新都区(川)	鲜切花(万支)	300.00
36	西山区(滇)	鲜切花(万支)	214.00
37	沂水县(鲁)	鲜切花(万支)	148.00
38	崇明县(沪)	鲜切花(万支)	129.90
39	临沂市高新技术产业开发区(鲁)	鲜切花(万支)	120.00
40	费　县(鲁)	鲜切花(万支)	110.00
41	椒江区(浙)	鲜切花(万支)	100.00
42	庆元县(浙)	鲜切花(万支)	100.00
43	遵化市(冀)	鲜切花(万支)	100.00
44	郯城县(鲁)	鲜切花(万支)	77.00
45	红旗区(豫)	鲜切花(万支)	74.00
46	吉安县(赣)	鲜切花(万支)	60.00
47	秀洲区(浙)	鲜切花(万支)	56.50
48	松江区(沪)	鲜切花(万支)	56.00
49	蒙阴县(鲁)	鲜切花(万支)	52.00
50	红山区(内蒙古)	鲜切花(万支)	50.00
51	平泉县(冀)	鲜切花(万支)	50.00
52	临洮县(甘)	鲜切花(万支)	40.00
53	管城回族区(豫)	鲜切花(万支)	34.00
54	庄河市(辽)	鲜切花(万支)	33.00
55	开平区(冀)	鲜切花(万支)	30.00
56	德城区(鲁)	鲜切花(万支)	25.00
57	雁山区(桂)	鲜切花(万支)	18.00
58	路北区(冀)	鲜切花(万支)	16.50
59	平谷区(京)	鲜切花(万支)	13.53
60	海城市(辽)	鲜切花(万支)	10.50
61	浦东新区(沪)	鲜切花(万支)	10.00
62	章丘市(鲁)	鲜切花(万支)	6.00
63	嘉定区(沪)	鲜切花(万支)	5.00
64	德兴市(赣)	鲜切花(万支)	4.00
65	芜湖县(皖)	鲜切花(万支)	3.00

表 13-11　菊花主产地产量

序号	菊花主产地	花卉类别	生产量
1	滑　县(豫)	城市绿化苗(万株)	1800.00
2	修水县(赣)	城市绿化苗(万株)	250.00
3	彭阳县(宁)	城市绿化苗(万株)	100.00
4	固始县(豫)	城市绿化苗(万株)	32.00
5	鹤山区(豫)	城市绿化苗(万株)	30.00
6	新宁县(湘)	城市绿化苗(万株)	20.00
7	新晃侗族自治县(湘)	城市绿化苗(万株)	9.00
8	侯马市(晋)	城市绿化苗(万株)	8.60
9	醴陵市(湘)	城市绿化苗(万株)	5.00
10	石门县(湘)	城市绿化苗(万株)	2.00
11	榆树市(吉)	城市绿化苗(万株)	2.00
12	攀枝花市东区(川)	城市绿化苗(万株)	1.20
13	广水市(鄂)	干花(万支)	6.80
14	兰考县(豫)	工业及其他用途花卉(千克)	5000.00
15	鹤山区(豫)	工业及其他用途花卉(千克)	30.00
16	群加森林公园(青)	工业及其他用途花卉(千克)	1.00
17	梁园区(豫)	观赏苗木(万株)	540.00
18	民权县(豫)	观赏苗木(万株)	224.00
19	禹州市(豫)	观赏苗木(万株)	223.00
20	大城县(冀)	观赏苗木(万株)	20.00
21	武安市(冀)	观赏苗木(万株)	20.00
22	商州区(陕)	观赏苗木(万株)	18.00
23	济南市市中区(鲁)	观赏苗木(万株)	11.00
24	复兴区(冀)	观赏苗木(万株)	10.00
25	卫辉市(豫)	观赏苗木(万株)	6.00
26	岚山区(鲁)	观赏苗木(万株)	4.80
27	壶关县(晋)	观赏苗木(万株)	1.50
28	临泉县(皖)	观赏苗木(万株)	1.50
29	炎陵县(湘)	观赏苗木(万株)	1.00
30	中方县(湘)	观叶植物(万盆)	40.00
31	长丰县(皖)	观叶植物(万盆)	4.00
32	游仙区(川)	花卉用种苗(千苗)	100.00
33	元宝山区(内蒙古)	花卉用种子(千克)	1000.00
34	章丘市(鲁)	花卉用种子(千克)	1000.00
35	肥乡县(冀)	盆花(万盆)	1100.00
36	睢阳区(豫)	盆花(万盆)	431.10
37	武胜县(川)	盆花(万盆)	300.00
38	商水县(豫)	盆花(万盆)	200.00
39	诸城市(鲁)	盆花(万盆)	200.00
40	鼎城区(湘)	盆花(万盆)	160.00
41	赫山区(湘)	盆花(万盆)	100.00
42	路南区(冀)	盆花(万盆)	100.00
43	左云县(晋)	盆花(万盆)	100.00
44	霸州市(冀)	盆花(万盆)	85.00
45	大冶市(鄂)	盆花(万盆)	80.00
46	蔡甸区(鄂)	盆花(万盆)	76.00
47	颍泉区(皖)	盆花(万盆)	64.60
48	遵化市(冀)	盆花(万盆)	62.00
49	甘州区(甘)	盆花(万盆)	60.00
50	潍城区(鲁)	盆花(万盆)	55.00
51	椒江区(浙)	盆花(万盆)	50.00
52	浦东新区(沪)	盆花(万盆)	50.00
53	清河区(辽)	盆花(万盆)	45.00
54	藁城区(冀)	盆花(万盆)	30.00
55	彭山县(川)	盆花(万盆)	30.00
56	邵阳县(湘)	盆花(万盆)	30.00
57	运河区(冀)	盆花(万盆)	30.00
58	新泰市(鲁)	盆花(万盆)	27.00
59	固始县(豫)	盆花(万盆)	26.00
60	沂水县(鲁)	盆花(万盆)	22.00
61	连州市(粤)	盆花(万盆)	21.50
62	赵　县(冀)	盆花(万盆)	21.50
63	大名县(冀)	盆花(万盆)	20.00
64	金明区(豫)	盆花(万盆)	20.00
65	龙亭区(豫)	盆花(万盆)	20.00
66	石家庄市桥西区(冀)	盆花(万盆)	20.00
67	阳朔县(桂)	盆花(万盆)	20.00
68	梁山县(鲁)	盆花(万盆)	18.50
69	安化县(湘)	盆花(万盆)	15.00
70	东港区(鲁)	盆花(万盆)	15.00
71	固安县(冀)	盆花(万盆)	15.00
72	隆尧县(冀)	盆花(万盆)	15.00
73	内乡县(豫)	盆花(万盆)	15.00
74	武城县(鲁)	盆花(万盆)	15.00
75	青州市(鲁)	盆花(万盆)	12.00
76	枣强县(冀)	盆花(万盆)	10.50
77	成安县(冀)	盆花(万盆)	10.00
78	东平县(鲁)	盆花(万盆)	10.00
79	高碑店市(冀)	盆花(万盆)	10.00
80	贵池区(皖)	盆花(万盆)	10.00
81	淮上区(皖)	盆花(万盆)	10.00
82	灵璧县(皖)	盆花(万盆)	10.00
83	黔江区(渝)	盆花(万盆)	10.00
84	谯城区(皖)	盆花(万盆)	10.00
85	沂南县(鲁)	盆花(万盆)	10.00
86	章丘市(鲁)	盆花(万盆)	10.00
87	寿　县(皖)	盆花(万盆)	8.00
88	桐城市(皖)	盆花(万盆)	8.00

序号	菊花主产地	花卉类别	生产量	序号	菊花主产地	花卉类别	生产量
89	雨湖区(湘)	盆花(万盆)	8.00	135	峰峰矿区(冀)	盆花(万盆)	1.00
90	曲周县(冀)	盆花(万盆)	6.10	136	宁阳县(鲁)	盆花(万盆)	1.00
91	潢川县(豫)	盆花(万盆)	6.00	137	榕城区(粤)	盆花(万盆)	1.00
92	晋州市(冀)	盆花(万盆)	6.00	138	芜湖县(皖)	盆花(万盆)	1.00
93	辛集市(冀)	盆花(万盆)	6.00	139	兴山县(鄂)	盆花(万盆)	1.00
94	宣威市(滇)	盆花(万盆)	6.00	140	芷江侗族自治县(湘)	盆花(万盆)	1.00
95	阳泉市郊区(晋)	盆花(万盆)	6.00	141	台山市(粤)	盆花(万盆)	0.90
96	长安区(陕)	盆花(万盆)	5.60	142	汉源县(川)	盆花(万盆)	0.80
97	北戴河区(冀)	盆花(万盆)	5.00	143	电白区(粤)	盆花(万盆)	0.65
98	抚宁县(冀)	盆花(万盆)	5.00	144	井陉矿区(冀)	盆花(万盆)	0.60
99	临淄区(鲁)	盆花(万盆)	5.00	145	通城县(鄂)	盆花(万盆)	0.60
100	鹿泉区(冀)	盆花(万盆)	5.00	146	顺河回族区(豫)	盆景(万盆)	11.20
101	蒙城县(皖)	盆花(万盆)	5.00	147	霍山县(皖)	盆景(万盆)	6.00
102	平山县(冀)	盆花(万盆)	5.00	148	隆化县(冀)	盆景(万盆)	5.00
103	任　县(冀)	盆花(万盆)	5.00	149	雷州市(粤)	盆景(万盆)	4.00
104	任丘市(冀)	盆花(万盆)	5.00	150	常宁市(湘)	盆景(万盆)	2.00
105	桃城区(冀)	盆花(万盆)	5.00	151	蠡　县(冀)	盆景(万盆)	2.00
106	汉阴县(陕)	盆花(万盆)	4.60	152	麻城市(鄂)	食用及药用花卉(吨)	5500.00
107	津市市(湘)	盆花(万盆)	4.10	153	原阳县(豫)	鲜切花(万支)	90000.00
108	赞皇县(冀)	盆花(万盆)	4.10	154	嵩明县(滇)	鲜切花(万支)	14000.00
109	磁　县(冀)	盆花(万盆)	4.00	155	太子河区(辽)	鲜切花(万支)	6000.00
110	郎溪县(皖)	盆花(万盆)	3.85	156	奉贤区(沪)	鲜切花(万支)	1680.00
111	壶关县(晋)	盆花(万盆)	3.80	157	青浦区(沪)	鲜切花(万支)	1600.00
112	清城区(粤)	盆花(万盆)	3.20	158	卫滨区(豫)	鲜切花(万支)	1000.00
113	东昌府区(鲁)	盆花(万盆)	3.00	159	松江区(沪)	鲜切花(万支)	984.00
114	谷城县(鄂)	盆花(万盆)	3.00	160	香河县(冀)	鲜切花(万支)	800.00
115	青　县(冀)	盆花(万盆)	3.00	161	海州区(苏)	鲜切花(万支)	780.00
116	三门县(浙)	盆花(万盆)	3.00	162	新安县(豫)	鲜切花(万支)	600.00
117	竹溪县(鄂)	盆花(万盆)	3.00	163	崇明县(沪)	鲜切花(万支)	483.65
118	襄城区(鄂)	盆花(万盆)	2.50	164	沂源县(鲁)	鲜切花(万支)	240.00
119	信宜市(粤)	盆花(万盆)	2.50	165	东洲区(辽)	鲜切花(万支)	175.00
120	宝丰县(豫)	盆花(万盆)	2.40	166	濮阳县(豫)	鲜切花(万支)	150.00
121	安平县(冀)	盆花(万盆)	2.00	167	阳新县(鄂)	鲜切花(万支)	150.00
122	肥城市(鲁)	盆花(万盆)	2.00	168	瓦房店市(辽)	鲜切花(万支)	145.00
123	陵　县(鲁)	盆花(万盆)	2.00	169	阳宗海(滇)	鲜切花(万支)	130.00
124	南乐县(豫)	盆花(万盆)	2.00	170	金山区(沪)	鲜切花(万支)	120.00
125	宁晋县(冀)	盆花(万盆)	2.00	171	灵川县(桂)	鲜切花(万支)	120.00
126	雄　县(冀)	盆花(万盆)	2.00	172	永清县(冀)	鲜切花(万支)	100.00
127	张湾区(鄂)	盆花(万盆)	2.00	173	兴庆区(宁)	鲜切花(万支)	95.02
128	安新县(冀)	盆花(万盆)	1.50	174	徐水县(冀)	鲜切花(万支)	91.00
129	嵩　县(豫)	盆花(万盆)	1.50	175	宣汉县(川)	鲜切花(万支)	89.50
130	西峰区(甘)	盆花(万盆)	1.50	176	闵行区(沪)	鲜切花(万支)	80.00
131	新建县(赣)	盆花(万盆)	1.22	177	顺城区(辽)	鲜切花(万支)	77.00
132	鸡泽县(冀)	盆花(万盆)	1.20	178	银海区(桂)	鲜切花(万支)	70.00
133	巴州区(川)	盆花(万盆)	1.00	179	固安县(冀)	鲜切花(万支)	65.00
134	大城县(冀)	盆花(万盆)	1.00	180	金明区(豫)	鲜切花(万支)	50.00

序号	菊花主产地	花卉类别	生产量
181	浦东新区(沪)	鲜切花(万支)	50.00
182	三河市(冀)	鲜切花(万支)	50.00
183	大英县(川)	鲜切花(万支)	40.00
184	广阳区(冀)	鲜切花(万支)	35.43
185	汝南县(豫)	鲜切花(万支)	30.00
186	禹会区(皖)	鲜切花(万支)	30.00
187	南岸区(渝)	鲜切花(万支)	22.66
188	许昌县(豫)	鲜切花(万支)	22.00
189	义乌市(浙)	鲜切花(万支)	21.00
190	藁城区(冀)	鲜切花(万支)	20.00
191	连州市(粤)	鲜切花(万支)	15.50
192	牧野区(豫)	鲜切花(万支)	15.40
193	定兴县(冀)	鲜切花(万支)	15.00
194	岱山县(浙)	鲜切花(万支)	11.00
195	隆尧县(冀)	鲜切花(万支)	11.00
196	临洮县(甘)	鲜切花(万支)	10.00
197	祁东县(湘)	鲜切花(万支)	10.00
198	海城市(辽)	鲜切花(万支)	8.00
199	平谷区(京)	鲜切花(万支)	7.12
200	嘉定区(沪)	鲜切花(万支)	7.00
201	武陵区(湘)	鲜切花(万支)	6.00
202	临夏市(甘)	鲜切花(万支)	5.70
203	贵池区(皖)	鲜切花(万支)	5.00
204	开平区(冀)	鲜切花(万支)	5.00
205	黔江区(渝)	鲜切花(万支)	5.00
206	双桥区(冀)	鲜切花(万支)	5.00
207	西华县(豫)	鲜切花(万支)	3.60
208	碧江区(黔)	鲜切花(万支)	3.50
209	津市市(湘)	鲜切花(万支)	3.20
210	满城县(冀)	鲜切花(万支)	3.00
211	沙市区(鄂)	鲜切花(万支)	3.00
212	长治市城区(晋)	鲜切花(万支)	2.00
213	台山市(粤)	鲜切花(万支)	1.20
214	怀柔区(京)	鲜切花(万支)	1.09

表 13-12 月季类主产地产量

序号	月季类主产地	花卉类别	生产量
1	潢川县(豫)	城市绿化苗(万株)	820.00
2	青州市(鲁)	城市绿化苗(万株)	350.00
3	即墨市(鲁)	城市绿化苗(万株)	325.00
4	巩义市(豫)	城市绿化苗(万株)	145.00
5	邓州市(豫)	城市绿化苗(万株)	50.00
6	光山县(豫)	城市绿化苗(万株)	50.00
7	鹤山区(豫)	城市绿化苗(万株)	15.00
8	内江市市中区(川)	城市绿化苗(万株)	12.00
9	北关区(豫)	城市绿化苗(万株)	10.00
10	宜都市(鄂)	城市绿化苗(万株)	10.00
11	金川区(甘)	城市绿化苗(万株)	7.00
12	彭阳县(宁)	城市绿化苗(万株)	6.00
13	文　县(甘)	城市绿化苗(万株)	4.00
14	蒲城县(陕)	城市绿化苗(万株)	3.00
15	柘城县(豫)	城市绿化苗(万株)	2.10
16	芷江侗族自治县(湘)	城市绿化苗(万株)	2.00
17	河口区(鲁)	城市绿化苗(万株)	1.00
18	卧龙区(豫)	观赏苗木(万株)	11150.00
19	固安县(冀)	观赏苗木(万株)	1210.00
20	望都县(冀)	观赏苗木(万株)	1020.00
21	莱州市(鲁)	观赏苗木(万株)	1000.00
22	射洪县(川)	观赏苗木(万株)	350.00
23	顺平县(冀)	观赏苗木(万株)	335.00
24	东平县(鲁)	观赏苗木(万株)	260.00
25	昌黎县(冀)	观赏苗木(万株)	150.00
26	新蔡县(豫)	观赏苗木(万株)	90.00
27	灵宝市(豫)	观赏苗木(万株)	64.00
28	巫山县(渝)	观赏苗木(万株)	50.00
29	大城县(冀)	观赏苗木(万株)	30.00
30	盐亭县(川)	观赏苗木(万株)	30.00
31	南和县(冀)	观赏苗木(万株)	26.00
32	汉阴县(陕)	观赏苗木(万株)	23.00
33	安阳县(豫)	观赏苗木(万株)	16.00
34	藁城区(冀)	观赏苗木(万株)	15.20
35	新乐市(冀)	观赏苗木(万株)	15.00
36	新泰市(鲁)	观赏苗木(万株)	13.00
37	固始县(豫)	观赏苗木(万株)	12.00
38	寿　县(皖)	观赏苗木(万株)	12.00
39	辛集市(冀)	观赏苗木(万株)	10.00
40	定西市巉口林业试验场(甘)	观赏苗木(万株)	8.00
41	监利县(鄂)	观赏苗木(万株)	8.00
42	青　县(冀)	观赏苗木(万株)	7.00
43	德城区(鲁)	观赏苗木(万株)	5.00
44	贵池区(皖)	观赏苗木(万株)	5.00
45	山海关区(冀)	观赏苗木(万株)	5.00
46	夏邑县(豫)	观赏苗木(万株)	5.00
47	固始县(豫)	观赏苗木(万株)	3.60
48	北戴河区(冀)	观赏苗木(万株)	3.50
49	巴州区(川)	观赏苗木(万株)	3.00
50	卫辉市(豫)	观赏苗木(万株)	2.50
51	大名县(冀)	观赏苗木(万株)	2.00
52	淮阳县(豫)	观赏苗木(万株)	2.00
53	谷城县(鄂)	观赏苗木(万株)	1.50
54	赞皇县(冀)	观赏苗木(万株)	1.10
55	孟村回族自治县(冀)	观赏苗木(万株)	1.00

序号	月季类主产地	花卉类别	生产量
56	汝州市(豫)	观叶植物(万盆)	300.00
57	中方县(湘)	观叶植物(万盆)	20.00
58	山丹县(甘)	观叶植物(万盆)	1.00
59	双峰县(湘)	花卉用种苗(千苗)	20.00
60	邹平县(鲁)	盆花(万盆)	356.00
61	曲阜市(鲁)	盆花(万盆)	300.00
62	瓦房店市(辽)	盆花(万盆)	180.00
63	浦东新区(沪)	盆花(万盆)	100.00
64	阜新蒙古族自治县(辽)	盆花(万盆)	70.00
65	睢　县(豫)	盆花(万盆)	65.00
66	遵化市(冀)	盆花(万盆)	60.00
67	辉南县(吉)	盆花(万盆)	57.00
68	吴桥县(冀)	盆花(万盆)	39.00
69	巴州区(川)	盆花(万盆)	25.00
70	隆尧县(冀)	盆花(万盆)	23.00
71	上蔡县(豫)	盆花(万盆)	21.00
72	固安县(冀)	盆花(万盆)	20.00
73	宽城满族自治县(冀)	盆花(万盆)	20.00
74	临洮县(甘)	盆花(万盆)	20.00
75	长治市郊区(晋)	盆花(万盆)	20.00
76	魏　县(冀)	盆花(万盆)	17.90
77	新宾满族自治县(辽)	盆花(万盆)	15.00
78	稷山县(晋)	盆花(万盆)	11.00
79	藁城区(冀)	盆花(万盆)	10.00
80	金城江区(桂)	盆花(万盆)	10.00
81	鼎城区(湘)	盆花(万盆)	9.00
82	丰南区(冀)	盆花(万盆)	8.00
83	邯郸县(冀)	盆花(万盆)	8.00
84	卫辉市(豫)	盆花(万盆)	7.00
85	固始县(豫)	盆花(万盆)	6.20
86	丰台区(京)	盆花(万盆)	6.00
87	秀洲区(浙)	盆花(万盆)	6.00
88	磁　县(冀)	盆花(万盆)	5.00
89	定兴县(冀)	盆花(万盆)	5.00
90	盐山县(冀)	盆花(万盆)	5.00
91	临武县(湘)	盆花(万盆)	4.10
92	龙里县(黔)	盆花(万盆)	4.00
93	三门县(浙)	盆花(万盆)	4.00
94	馆陶县(冀)	盆花(万盆)	3.71
95	桐柏县(豫)	盆花(万盆)	3.70
96	沂源县(鲁)	盆花(万盆)	3.70
97	方城县(豫)	盆花(万盆)	3.45
98	容城县(冀)	盆花(万盆)	3.10
99	沙河市(冀)	盆花(万盆)	3.00
100	山海关区(冀)	盆花(万盆)	3.00
101	邢台县(冀)	盆花(万盆)	3.00
102	息　县(豫)	盆花(万盆)	2.60
103	费　县(鲁)	盆花(万盆)	2.00
104	陵　县(鲁)	盆花(万盆)	2.00
105	新建县(赣)	盆花(万盆)	1.96
106	安平县(冀)	盆花(万盆)	1.90
107	大城县(冀)	盆花(万盆)	1.00
108	伽师县(新)	盆花(万盆)	1.00
109	鹿泉区(冀)	盆花(万盆)	1.00
110	农四师(新疆兵团)	盆花(万盆)	1.00
111	黔江区(渝)	盆花(万盆)	1.00
112	青铜峡市(宁)	盆花(万盆)	1.00
113	西安区(吉)	盆花(万盆)	1.00
114	竹溪县(鄂)	盆花(万盆)	1.00
115	通城县(鄂)	盆花(万盆)	0.90
116	安化县(湘)	盆景(万盆)	3.00
117	隆化县(冀)	盆景(万盆)	2.00
118	蠡　县(冀)	盆景(万盆)	1.50
119	常宁市(湘)	盆景(万盆)	0.60
120	太子河区(辽)	鲜切花(万支)	300000.00
121	白水县(陕)	鲜切花(万支)	75000.00
122	南召县(豫)	鲜切花(万支)	47000.00
123	宛城区(豫)	鲜切花(万支)	22200.00
124	阳宗海(滇)	鲜切花(万支)	12900.00
125	灵川县(桂)	鲜切花(万支)	475.60
126	经济技术开发区(辽)	鲜切花(万支)	200.00
127	蓬安县(川)	鲜切花(万支)	200.00
128	濮阳县(豫)	鲜切花(万支)	200.00
129	汝州市(豫)	鲜切花(万支)	180.00
130	阳新县(鄂)	鲜切花(万支)	160.00
131	涿州市(冀)	鲜切花(万支)	120.00
132	固安县(冀)	鲜切花(万支)	105.00
133	三河市(冀)	鲜切花(万支)	95.00
134	甘州区(甘)	鲜切花(万支)	80.00
135	香河县(冀)	鲜切花(万支)	62.00
136	临洮县(甘)	鲜切花(万支)	60.00
137	临夏市(甘)	鲜切花(万支)	55.00
138	高邑县(冀)	鲜切花(万支)	53.00
139	鄢陵县(豫)	鲜切花(万支)	50.00
140	平泉县(冀)	鲜切花(万支)	40.00
141	宣汉县(川)	鲜切花(万支)	35.00
142	大英县(川)	鲜切花(万支)	30.00
143	彭山县(川)	鲜切花(万支)	30.00
144	商州区(陕)	鲜切花(万支)	30.00
145	邱　县(冀)	鲜切花(万支)	23.00
146	武安市(冀)	鲜切花(万支)	22.00
147	巴州区(川)	鲜切花(万支)	20.00

序号	月季类主产地	花卉类别	生产量
148	正定县(冀)	鲜切花(万支)	20.00
149	玉田县(冀)	鲜切花(万支)	19.00
150	兰陵县(鲁)	鲜切花(万支)	15.00
151	临漳县(冀)	鲜切花(万支)	15.00
152	鹿泉区(冀)	鲜切花(万支)	15.00
153	西华县(豫)	鲜切花(万支)	14.80
154	东洲区(辽)	鲜切花(万支)	14.00
155	九龙坡区(渝)	鲜切花(万支)	10.00
156	石柱土家族自治县(渝)	鲜切花(万支)	9.00
157	洋　县(陕)	鲜切花(万支)	8.00
158	南皮县(冀)	鲜切花(万支)	7.12
159	南乐县(豫)	鲜切花(万支)	7.00
160	徐水县(冀)	鲜切花(万支)	7.00
161	衡山县(湘)	鲜切花(万支)	6.77
162	邵阳县(湘)	鲜切花(万支)	5.50
163	开平区(冀)	鲜切花(万支)	5.00
164	满城县(冀)	鲜切花(万支)	5.00
165	芜湖县(皖)	鲜切花(万支)	5.00
166	张湾区(鄂)	鲜切花(万支)	4.00
167	怀柔区(京)	鲜切花(万支)	2.44
168	惠济区(豫)	鲜切花(万支)	2.30
169	抚宁县(冀)	鲜切花(万支)	2.00
170	伽师县(新)	鲜切花(万支)	2.00
171	汉源县(川)	鲜切花(万支)	2.00
172	无棣县(鲁)	鲜切花(万支)	2.00
173	信宜市(粤)	鲜切花(万支)	2.00
174	解放区(豫)	鲜切花(万支)	1.00
175	石台县(皖)	鲜切花(万支)	1.00
176	东兰县(桂)	鲜切花(万支)	0.80

表 13-13　现代月季主产地产量

序号	现代月季主产地	花卉类别	生产量
1	临洮县(甘)	城市绿化苗(万株)	150.00
2	青州市(鲁)	城市绿化苗(万株)	26.00
3	新密市(豫)	观赏苗木(万株)	400.00
4	新野县(豫)	观赏苗木(万株)	90.00
5	武陟县(豫)	观赏苗木(万株)	80.00
6	武安市(冀)	观赏苗木(万株)	48.00
7	章丘市(鲁)	观赏苗木(万株)	20.00
8	复兴区(冀)	观赏苗木(万株)	3.00
9	新野县(豫)	盆花(万盆)	200.00
10	滦南县(冀)	盆花(万盆)	52.00
11	北辰区(津)	盆花(万盆)	40.00
12	赵　县(冀)	盆花(万盆)	11.00
13	东洲区(辽)	盆花(万盆)	9.30
14	忻府区(晋)	盆花(万盆)	3.50
15	雄　县(冀)	盆花(万盆)	2.50
16	樊城区(鄂)	盆花(万盆)	1.40
17	复兴区(冀)	盆花(万盆)	1.00
18	青铜峡市(宁)	盆花(万盆)	1.00
19	长葛市(豫)	鲜切花(万支)	320.00
20	许昌县(豫)	鲜切花(万支)	180.00
21	浦东新区(沪)	鲜切花(万支)	120.00
22	颍泉区(皖)	鲜切花(万支)	115.60
23	平谷区(京)	鲜切花(万支)	82.31
24	青浦区(沪)	鲜切花(万支)	80.00
25	松江区(沪)	鲜切花(万支)	38.00
26	定南县(赣)	鲜切花(万支)	37.68
27	农四师(新疆兵团)	鲜切花(万支)	30.00
28	义乌市(浙)	鲜切花(万支)	20.00
29	武陵区(湘)	鲜切花(万支)	5.00
30	长治市城区(晋)	鲜切花(万支)	3.00

表 13-14　桂花主产地产量

序号	桂花主产地	花卉类别	生产量
1	芦溪县(赣)	城市绿化苗(万株)	606000.00
2	南漳县(鄂)	城市绿化苗(万株)	350000.00
3	平舆县(豫)	城市绿化苗(万株)	230000.00
4	英山县(鄂)	城市绿化苗(万株)	200000.00
5	松桃苗族自治县(黔)	城市绿化苗(万株)	100000.00
6	通道侗族自治县(湘)	城市绿化苗(万株)	12000.00
7	攸　县(湘)	城市绿化苗(万株)	10000.00
8	宜都市(鄂)	城市绿化苗(万株)	6500.00
9	北湖区(湘)	城市绿化苗(万株)	5510.00
10	京山县(鄂)	城市绿化苗(万株)	2500.00
11	茶陵县(湘)	城市绿化苗(万株)	1000.00
12	岳阳县(湘)	城市绿化苗(万株)	1000.00
13	温江区(川)	城市绿化苗(万株)	780.00
14	常山县(浙)	城市绿化苗(万株)	500.00
15	叠彩区(桂)	城市绿化苗(万株)	500.00
16	象山县(浙)	城市绿化苗(万株)	500.00
17	点军区(鄂)	城市绿化苗(万株)	320.00
18	桑植县(湘)	城市绿化苗(万株)	300.00
19	颍东区(皖)	城市绿化苗(万株)	300.00
20	通城县(鄂)	城市绿化苗(万株)	200.00
21	澧　县(湘)	城市绿化苗(万株)	180.00
22	无为县(皖)	城市绿化苗(万株)	170.00
23	洪江市(湘)	城市绿化苗(万株)	165.00
24	宁强县(陕)	城市绿化苗(万株)	150.00
25	汝城县(湘)	城市绿化苗(万株)	150.00
26	津市市(湘)	城市绿化苗(万株)	140.00
27	龙里县(黔)	城市绿化苗(万株)	140.00

序号	桂花主产地	花卉类别	生产量
28	修水县(赣)	城市绿化苗(万株)	127.00
29	富顺县(川)	城市绿化苗(万株)	120.00
30	邵东县(湘)	城市绿化苗(万株)	110.00
31	掇刀区(鄂)	城市绿化苗(万株)	100.00
32	肥西县(皖)	城市绿化苗(万株)	100.00
33	谷城县(鄂)	城市绿化苗(万株)	100.00
34	光山县(豫)	城市绿化苗(万株)	100.00
35	芦山县(川)	城市绿化苗(万株)	100.00
36	泸　县(川)	城市绿化苗(万株)	100.00
37	全州县(桂)	城市绿化苗(万株)	100.00
38	汝南县(豫)	城市绿化苗(万株)	100.00
39	万年县(赣)	城市绿化苗(万株)	100.00
40	新宁县(湘)	城市绿化苗(万株)	100.00
41	华容县(湘)	城市绿化苗(万株)	80.00
42	桐城市(皖)	城市绿化苗(万株)	80.00
43	雨城区(川)	城市绿化苗(万株)	80.00
44	高　县(川)	城市绿化苗(万株)	76.40
45	雁江区(川)	城市绿化苗(万株)	75.00
46	广丰县(赣)	城市绿化苗(万株)	65.00
47	安化县(湘)	城市绿化苗(万株)	60.00
48	益阳市市辖区(湘)	城市绿化苗(万株)	60.00
49	济源市(豫)	城市绿化苗(万株)	52.00
50	合川区(渝)	城市绿化苗(万株)	50.00
51	隆回县(湘)	城市绿化苗(万株)	50.00
52	思南县(黔)	城市绿化苗(万株)	50.00
53	郎溪县(皖)	城市绿化苗(万株)	45.00
54	邵阳县(湘)	城市绿化苗(万株)	45.00
55	南郑县(陕)	城市绿化苗(万株)	40.00
56	中方县(湘)	城市绿化苗(万株)	40.00
57	安仁县(湘)	城市绿化苗(万株)	30.00
58	贵池区(皖)	城市绿化苗(万株)	30.00
59	开　县(渝)	城市绿化苗(万株)	30.00
60	宁陕县(陕)	城市绿化苗(万株)	30.00
61	印江土家族苗族自治县(黔)	城市绿化苗(万株)	30.00
62	玉山县(赣)	城市绿化苗(万株)	30.00
63	昌江区(赣)	城市绿化苗(万株)	26.00
64	丰都县(渝)	城市绿化苗(万株)	25.00
65	铜梁县(渝)	城市绿化苗(万株)	22.00
66	汉寿县(湘)	城市绿化苗(万株)	20.00
67	吉安县(赣)	城市绿化苗(万株)	20.00
68	蕉岭县(粤)	城市绿化苗(万株)	20.00
69	泾　县(皖)	城市绿化苗(万株)	20.00
70	彭山县(川)	城市绿化苗(万株)	20.00
71	普定县(黔)	城市绿化苗(万株)	20.00
72	新田县(湘)	城市绿化苗(万株)	19.00
73	长丰县(皖)	城市绿化苗(万株)	17.00
74	保康县(鄂)	城市绿化苗(万株)	16.10
75	黟　县(皖)	城市绿化苗(万株)	15.00
76	资阳区(湘)	城市绿化苗(万株)	15.00
77	平桥区(豫)	城市绿化苗(万株)	14.40
78	上林县(桂)	城市绿化苗(万株)	14.00
79	岳池县(川)	城市绿化苗(万株)	14.00
80	通江县(川)	城市绿化苗(万株)	12.00
81	新化县(湘)	城市绿化苗(万株)	12.00
82	蚌山区(皖)	城市绿化苗(万株)	10.00
83	博望区(皖)	城市绿化苗(万株)	10.00
84	大英县(川)	城市绿化苗(万株)	10.00
85	广安区(川)	城市绿化苗(万株)	10.00
86	罗山县(豫)	城市绿化苗(万株)	10.00
87	蜀山区(皖)	城市绿化苗(万株)	10.00
88	万山区(黔)	城市绿化苗(万株)	10.00
89	仙桃市(鄂)	城市绿化苗(万株)	10.00
90	利川市(鄂)	城市绿化苗(万株)	9.92
91	上蔡县(豫)	城市绿化苗(万株)	9.58
92	固始县(豫)	城市绿化苗(万株)	9.00
93	沿滩区(川)	城市绿化苗(万株)	9.00
94	颍泉区(皖)	城市绿化苗(万株)	8.50
95	达川区(川)	城市绿化苗(万株)	8.00
96	瑞金市(赣)	城市绿化苗(万株)	7.00
97	柘城县(豫)	城市绿化苗(万株)	6.50
98	六枝特区(黔)	城市绿化苗(万株)	6.35
99	辰溪县(湘)	城市绿化苗(万株)	6.00
100	恩阳区(川)	城市绿化苗(万株)	6.00
101	新晃侗族自治县(湘)	城市绿化苗(万株)	6.00
102	怀远县(皖)	城市绿化苗(万株)	5.00
103	江津区(渝)	城市绿化苗(万株)	5.00
104	蓬安县(川)	城市绿化苗(万株)	5.00
105	三山区(皖)	城市绿化苗(万株)	5.00
106	娄底市市辖区(湘)	城市绿化苗(万株)	4.70
107	施甸县(滇)	城市绿化苗(万株)	4.50
108	通川区(川)	城市绿化苗(万株)	3.50
109	沅陵县(湘)	城市绿化苗(万株)	3.50
110	涪城区(川)	城市绿化苗(万株)	3.00
111	临泉县(皖)	城市绿化苗(万株)	3.00
112	石门县(湘)	城市绿化苗(万株)	3.00
113	项城市(豫)	城市绿化苗(万株)	3.00
114	永定区(湘)	城市绿化苗(万株)	2.50
115	公安县(鄂)	城市绿化苗(万株)	2.00
116	栾川县(豫)	城市绿化苗(万株)	2.00
117	韶山市(湘)	城市绿化苗(万株)	2.00
118	常德市市辖区(湘)	城市绿化苗(万株)	1.50
119	旌阳区(川)	城市绿化苗(万株)	1.50

序号	桂花主产地	花卉类别	生产量
120	麻城市(鄂)	城市绿化苗(万株)	1.50
121	威远县(川)	城市绿化苗(万株)	1.50
122	赤水市(黔)	城市绿化苗(万株)	1.20
123	江川县(滇)	城市绿化苗(万株)	1.10
124	醴陵市(湘)	城市绿化苗(万株)	1.00
125	蓬溪县(川)	城市绿化苗(万株)	1.00
126	盐亭县(川)	城市绿化苗(万株)	0.80
127	三门江林场(桂)	城市绿化苗(万株)	0.66
128	枞阳县(皖)	观赏苗木(万株)	900000.00
129	东宝区(鄂)	观赏苗木(万株)	670000.00
130	兰山区(鲁)	观赏苗木(万株)	150000.00
131	阳朔县(桂)	观赏苗木(万株)	5600.00
132	大足县(渝)	观赏苗木(万株)	600.00
133	平乐县(桂)	观赏苗木(万株)	521.00
134	社旗县(豫)	观赏苗木(万株)	500.00
135	新邵县(湘)	观赏苗木(万株)	450.00
136	广水市(鄂)	观赏苗木(万株)	410.00
137	建始县(鄂)	观赏苗木(万株)	410.00
138	衡东县(湘)	观赏苗木(万株)	400.00
139	内乡县(豫)	观赏苗木(万株)	270.00
140	渝水区(赣)	观赏苗木(万株)	243.00
141	酉阳土家族苗族自治县(渝)	观赏苗木(万株)	240.00
142	桂东县(湘)	观赏苗木(万株)	220.00
143	龙南县(赣)	观赏苗木(万株)	200.00
144	名山县(川)	观赏苗木(万株)	180.00
145	驿城区(豫)	观赏苗木(万株)	150.00
146	庆元县(浙)	观赏苗木(万株)	125.00
147	沙湾区(川)	观赏苗木(万株)	105.00
148	巴州区(川)	观赏苗木(万株)	100.00
149	潜江市(鄂)	观赏苗木(万株)	100.00
150	宜州市(桂)	观赏苗木(万株)	90.80
151	新干县(赣)	观赏苗木(万株)	80.00
152	恭城瑶族自治县(桂)	观赏苗木(万株)	50.30
153	慈利县(湘)	观赏苗木(万株)	35.00
154	衢江区(浙)	观赏苗木(万株)	35.00
155	广德县(皖)	观赏苗木(万株)	33.00
156	汉阴县(陕)	观赏苗木(万株)	32.00
157	雁山区(桂)	观赏苗木(万株)	32.00
158	桐柏县(豫)	观赏苗木(万株)	29.30
159	富川瑶族自治县(桂)	观赏苗木(万株)	26.00
160	祁门县(皖)	观赏苗木(万株)	25.30
161	鹤峰县(鄂)	观赏苗木(万株)	25.00
162	南康市(赣)	观赏苗木(万株)	25.00
163	石泉县(陕)	观赏苗木(万株)	22.50
164	邓州市(豫)	观赏苗木(万株)	20.00
165	贵池区(皖)	观赏苗木(万株)	20.00
166	普安县(黔)	观赏苗木(万株)	20.00
167	双峰县(湘)	观赏苗木(万株)	20.00
168	竹溪县(鄂)	观赏苗木(万株)	20.00
169	海盐县(浙)	观赏苗木(万株)	17.60
170	芦淞区(湘)	观赏苗木(万株)	16.00
171	东兰县(桂)	观赏苗木(万株)	15.99
172	洞口县(湘)	观赏苗木(万株)	15.00
173	那坡县(桂)	观赏苗木(万株)	15.00
174	长宁县(川)	观赏苗木(万株)	15.00
175	荔波县(黔)	观赏苗木(万株)	14.21
176	赣　县(赣)	观赏苗木(万株)	11.00
177	新蔡县(豫)	观赏苗木(万株)	10.50
178	黄州区(鄂)	观赏苗木(万株)	10.00
179	会理县(川)	观赏苗木(万株)	10.00
180	临沭县(鲁)	观赏苗木(万株)	10.00
181	确山县(豫)	观赏苗木(万株)	10.00
182	垫江县(渝)	观赏苗木(万株)	9.60
183	淮上区(皖)	观赏苗木(万株)	9.00
184	合山市(桂)	观赏苗木(万株)	8.29
185	阳新县(鄂)	观赏苗木(万株)	8.00
186	长葛市(豫)	观赏苗木(万株)	7.00
187	蔡甸区(鄂)	观赏苗木(万株)	6.50
188	常宁市(湘)	观赏苗木(万株)	6.00
189	淅川县(豫)	观赏苗木(万株)	5.40
190	彭水苗族土家族自治县(渝)	观赏苗木(万株)	5.00
191	武陵区(湘)	观赏苗木(万株)	5.00
192	洋　县(陕)	观赏苗木(万株)	5.00
193	北塔区(湘)	观赏苗木(万株)	4.24
194	清城区(粤)	观赏苗木(万株)	3.40
195	川汇区(豫)	观赏苗木(万株)	3.00
196	镇坪县(陕)	观赏苗木(万株)	3.00
197	湘潭县(湘)	观赏苗木(万株)	2.80
198	沅陵县(湘)	观赏苗木(万株)	2.60
199	翠屏区(川)	观赏苗木(万株)	2.50
200	霍山县(皖)	观赏苗木(万株)	2.00
201	台山市(粤)	观赏苗木(万株)	2.00
202	维都林场(桂)	观赏苗木(万株)	1.80
203	汉源县(川)	观赏苗木(万株)	1.50
204	金城江区(桂)	观赏苗木(万株)	1.00
205	苏仙区(湘)	观叶植物(万盆)	9500.00
206	大冶市(鄂)	观叶植物(万盆)	200.00
207	宜州市(桂)	观叶植物(万盆)	5.00
208	平利县(陕)	观叶植物(万盆)	0.70
209	江阳区(川)	花卉用种苗(千苗)	60.00
210	河东区(鲁)	盆花(万盆)	400.00
211	射洪县(川)	盆花(万盆)	200.00

序号	桂花主产地	花卉类别	生产量
212	沂水县(鲁)	盆花(万盆)	28.00
213	巴州区(川)	盆花(万盆)	25.00
214	商州区(陕)	盆花(万盆)	11.00
215	东港区(鲁)	盆花(万盆)	10.00
216	蕉岭县(粤)	盆花(万盆)	10.00
217	莒南县(鲁)	盆花(万盆)	10.00
218	方城县(豫)	盆花(万盆)	8.20
219	临淄区(鲁)	盆花(万盆)	4.00
220	沂源县(鲁)	盆花(万盆)	3.80
221	郎溪县(皖)	盆花(万盆)	1.80
222	娄星区(湘)	盆花(万盆)	1.10
223	兴山县(鄂)	盆花(万盆)	1.00
224	竹溪县(鄂)	盆花(万盆)	1.00
225	电白区(粤)	盆花(万盆)	0.70
226	广水市(鄂)	盆景(万盆)	3.00
227	章丘市(鲁)	盆景(万盆)	2.00
228	新丰县(粤)	盆景(万盆)	1.50
229	全州县(桂)	食用及药用花卉(千克)	25000.00
230	高　县(川)	鲜切花(万支)	6200.00
231	巴州区(川)	鲜切花(万支)	200.00
232	禄丰县(滇)	鲜切花(万支)	1.25
233	芜湖县(皖)	鲜切叶(万支)	20.00

表 13-15　杜鹃花主产地产量

序号	杜鹃花主产地	花卉类别	生产量
1	雨花区(湘)	城市绿化苗(万株)	1000.00
2	通城县(鄂)	城市绿化苗(万株)	500.00
3	东源县(粤)	城市绿化苗(万株)	350.00
4	赫山区(湘)	城市绿化苗(万株)	350.00
5	洪江市(湘)	城市绿化苗(万株)	260.00
6	宿松县(皖)	城市绿化苗(万株)	100.00
7	碧江区(黔)	城市绿化苗(万株)	80.00
8	新化县(湘)	城市绿化苗(万株)	80.00
9	津市市(湘)	城市绿化苗(万株)	70.00
10	章丘市(鲁)	城市绿化苗(万株)	68.00
11	赤坎区(粤)	城市绿化苗(万株)	30.00
12	高　县(川)	城市绿化苗(万株)	30.00
13	宜都市(鄂)	城市绿化苗(万株)	25.00
14	蕲春县(鄂)	城市绿化苗(万株)	15.00
15	蕉岭县(粤)	城市绿化苗(万株)	10.00
16	醴陵市(湘)	城市绿化苗(万株)	10.00
17	黔江区(渝)	城市绿化苗(万株)	10.00
18	新晃侗族自治县(湘)	城市绿化苗(万株)	6.00
19	蜀山区(皖)	城市绿化苗(万株)	5.00
20	上高县(赣)	城市绿化苗(万株)	4.00
21	北仑区(浙)	城市绿化苗(万株)	2.00
22	广水市(鄂)	城市绿化苗(万株)	2.00
23	新晃侗族自治县(湘)	工业及其他用途花卉(千克)	6.00
24	苏仙区(湘)	观赏苗木(万株)	4500.00
25	金秀瑶族自治县(桂)	观赏苗木(万株)	90.00
26	会理县(川)	观赏苗木(万株)	60.00
27	贡井区(川)	观赏苗木(万株)	30.00
28	霍山县(皖)	观赏苗木(万株)	30.00
29	竹溪县(鄂)	观赏苗木(万株)	30.00
30	丰顺县(粤)	观赏苗木(万株)	23.00
31	株洲县(湘)	观赏苗木(万株)	15.00
32	双滦区(冀)	观赏苗木(万株)	10.00
33	永丰县(赣)	观赏苗木(万株)	6.70
34	廉江市(粤)	观赏苗木(万株)	4.90
35	石棉县(川)	观赏苗木(万株)	4.00
36	武陵区(湘)	观赏苗木(万株)	2.00
37	岚山区(鲁)	观赏苗木(万株)	1.20
38	黄州区(鄂)	观赏苗木(万株)	1.00
39	益阳市市辖区(湘)	观叶植物(万盆)	60.00
40	鹤城区(湘)	观叶植物(万盆)	40.00
41	赣　县(赣)	观叶植物(万盆)	14.00
42	北仑区(浙)	盆花(万盆)	205.00
43	武胜县(川)	盆花(万盆)	200.00
44	兴国县(赣)	盆花(万盆)	110.00
45	马边彝族自治县(川)	盆花(万盆)	56.00
46	浦东新区(沪)	盆花(万盆)	30.00
47	仙桃市(鄂)	盆花(万盆)	30.00
48	海州区(苏)	盆花(万盆)	20.00
49	嘉善县(浙)	盆花(万盆)	20.00
50	昆山市(苏)	盆花(万盆)	17.80
51	海城市(辽)	盆花(万盆)	15.00
52	章丘市(鲁)	盆花(万盆)	15.00
53	鼎城区(湘)	盆花(万盆)	12.00
54	恩阳区(川)	盆花(万盆)	12.00
55	维都林场(桂)	盆花(万盆)	11.70
56	阳泉市郊区(晋)	盆花(万盆)	10.00
57	蔡甸区(鄂)	盆花(万盆)	9.50
58	东港区(鲁)	盆花(万盆)	9.00
59	龙里县(黔)	盆花(万盆)	8.00
60	津市市(湘)	盆花(万盆)	5.20
61	藁城区(冀)	盆花(万盆)	5.00
62	隆尧县(冀)	盆花(万盆)	5.00
63	长安区(陕)	盆花(万盆)	4.50
64	巴州区(川)	盆花(万盆)	4.00
65	梁山县(鲁)	盆花(万盆)	3.50
66	大名县(冀)	盆花(万盆)	3.00

序号	杜鹃花主产地	花卉类别	生产量
67	红山区(内蒙古)	盆花(万盆)	3.00
68	蒙城县(皖)	盆花(万盆)	3.00
69	三门县(浙)	盆花(万盆)	3.00
70	西安区(吉)	盆花(万盆)	3.00
71	阳新县(鄂)	盆花(万盆)	3.00
72	信宜市(粤)	盆花(万盆)	2.80
73	汉阴县(陕)	盆花(万盆)	2.40
74	汉源县(川)	盆花(万盆)	2.30
75	大厂回族自治县(冀)	盆花(万盆)	2.00
76	房　县(鄂)	盆花(万盆)	2.00
77	郎溪县(皖)	盆花(万盆)	1.90
78	滦平县(冀)	盆花(万盆)	1.80
79	甘州区(甘)	盆花(万盆)	1.50
80	嵩　县(豫)	盆花(万盆)	1.20
81	沂南县(鲁)	盆花(万盆)	1.20
82	黔江区(渝)	盆花(万盆)	1.00
83	雄　县(冀)	盆花(万盆)	1.00
84	张湾区(鄂)	盆花(万盆)	1.00
85	洋　县(陕)	盆花(万盆)	0.90
86	鸡泽县(冀)	盆花(万盆)	0.60
87	新城区(内蒙古)	盆花(万盆)	0.60
88	资阳区(湘)	盆景(万盆)	12.00
89	竹溪县(鄂)	盆景(万盆)	2.00
90	新丰县(粤)	盆景(万盆)	1.90
91	常宁市(湘)	盆景(万盆)	0.60
92	武穴市(鄂)	鲜切花(万支)	40500.00
93	新丰县(粤)	鲜切花(万支)	680.00
94	宣汉县(川)	鲜切花(万支)	50.50
95	藁城区(冀)	鲜切花(万支)	10.00
96	龙南县(赣)	鲜切花(万支)	10.00
97	洋　县(陕)	鲜切花(万支)	2.00

表 13-16　茶花主产地产量

序号	茶花主产地	花卉类别	生产量
1	攸　县(湘)	城市绿化苗(万株)	10000.00
2	高　县(川)	城市绿化苗(万株)	230.00
3	竹溪县(鄂)	城市绿化苗(万株)	100.00
4	蕲春县(鄂)	城市绿化苗(万株)	50.00
5	全州县(桂)	城市绿化苗(万株)	50.00
6	筠连县(川)	城市绿化苗(万株)	41.00
7	象山县(浙)	城市绿化苗(万株)	30.00
8	宜都市(鄂)	城市绿化苗(万株)	24.00
9	广丰县(赣)	城市绿化苗(万株)	21.50
10	沙洋县(鄂)	城市绿化苗(万株)	20.00
11	新晃侗族自治县(湘)	城市绿化苗(万株)	20.00
12	安化县(湘)	城市绿化苗(万株)	15.00
13	瑞金市(赣)	城市绿化苗(万株)	12.00
14	醴陵市(湘)	城市绿化苗(万株)	10.00
15	孝昌县(鄂)	城市绿化苗(万株)	10.00
16	新化县(湘)	城市绿化苗(万株)	10.00
17	北仑区(浙)	城市绿化苗(万株)	8.00
18	辰溪县(湘)	城市绿化苗(万株)	6.00
19	隆回县(湘)	城市绿化苗(万株)	5.00
20	新宁县(湘)	城市绿化苗(万株)	5.00
21	茅箭区(鄂)	城市绿化苗(万株)	4.40
22	娄底市市辖区(湘)	城市绿化苗(万株)	3.20
23	龙里县(黔)	城市绿化苗(万株)	3.00
24	株洲县(湘)	城市绿化苗(万株)	3.00
25	安陆市(鄂)	城市绿化苗(万株)	2.00
26	彭山县(川)	城市绿化苗(万株)	2.00
27	石门县(湘)	城市绿化苗(万株)	2.00
28	路桥区(浙)	城市绿化苗(万株)	1.50
29	雨城区(川)	城市绿化苗(万株)	1.50
30	湘潭县(湘)	城市绿化苗(万株)	1.20
31	泸　县(川)	城市绿化苗(万株)	1.00
32	邵阳县(湘)	城市绿化苗(万株)	1.00
33	岳阳县(湘)	城市绿化苗(万株)	1.00
34	竹山县(鄂)	城市绿化苗(万株)	1.00
35	三山区(皖)	城市绿化苗(万株)	0.60
36	正阳县(豫)	观赏苗木(万株)	20000.00
37	北仑区(浙)	观赏苗木(万株)	480.00
38	建始县(鄂)	观赏苗木(万株)	120.00
39	阳朔县(桂)	观赏苗木(万株)	100.00
40	广水市(鄂)	观赏苗木(万株)	80.00
41	慈溪市(浙)	观赏苗木(万株)	62.00
42	贵池区(皖)	观赏苗木(万株)	60.00
43	邛崃市(川)	观赏苗木(万株)	42.00
44	定海区(浙)	观赏苗木(万株)	35.50
45	翠屏区(川)	观赏苗木(万株)	21.00
46	阳新县(鄂)	观赏苗木(万株)	20.00
47	京山县(鄂)	观赏苗木(万株)	18.60
48	衢江区(浙)	观赏苗木(万株)	16.00
49	富顺县(川)	观赏苗木(万株)	15.00
50	洞口县(湘)	观赏苗木(万株)	10.00
51	蕉岭县(粤)	观赏苗木(万株)	10.00
52	石城县(赣)	观赏苗木(万株)	10.00
53	新干县(赣)	观赏苗木(万株)	10.00
54	长宁县(川)	观赏苗木(万株)	10.00
55	维都林场(桂)	观赏苗木(万株)	7.80
56	谷城县(鄂)	观赏苗木(万株)	5.00
57	麻城市(鄂)	观赏苗木(万株)	5.00
58	巴州区(川)	观赏苗木(万株)	3.00

序号	茶花主产地	花卉类别	生产量
59	高州市(粤)	观赏苗木(万株)	3.00
60	碧江区(黔)	观赏苗木(万株)	2.00
61	德兴市(赣)	观赏苗木(万株)	2.00
62	固始县(豫)	观赏苗木(万株)	2.00
63	沅江市(湘)	观赏苗木(万株)	2.00
64	牟定县(滇)	观赏苗木(万株)	1.50
65	沅陵县(湘)	观赏苗木(万株)	1.10
66	金城江区(桂)	观赏苗木(万株)	1.00
67	石柱土家族自治县(渝)	观叶植物(万盆)	5.50
68	冷水滩区(湘)	观叶植物(万盆)	1.10
69	龙南县(赣)	花卉用种苗(千苗)	1000.00
70	老河口市(鄂)	花卉用种苗(千苗)	150.00
71	资阳区(湘)	花卉用种苗(千苗)	6.00
72	蒲江县(川)	盆花(万盆)	110.00
73	鹤城区(湘)	盆花(万盆)	45.00
74	阳朔县(桂)	盆花(万盆)	42.00
75	路南区(冀)	盆花(万盆)	20.00
76	巴州区(川)	盆花(万盆)	15.00
77	凤庆县(滇)	盆花(万盆)	11.72
78	连平县(粤)	盆花(万盆)	10.00
79	罗江县(川)	盆花(万盆)	5.50
80	阳新县(鄂)	盆花(万盆)	5.00
81	武陵区(湘)	盆花(万盆)	4.00
82	章丘市(鲁)	盆花(万盆)	3.00
83	津市市(湘)	盆花(万盆)	2.80
84	郎溪县(皖)	盆花(万盆)	2.50
85	青州市(鲁)	盆花(万盆)	2.00
86	三门县(浙)	盆花(万盆)	2.00
87	无极县(冀)	盆花(万盆)	2.00
88	汉源县(川)	盆花(万盆)	1.20
89	藁城区(冀)	盆花(万盆)	1.00
90	黔江区(渝)	盆花(万盆)	1.00
91	西安区(吉)	盆花(万盆)	1.00
92	霞山区(粤)	盆花(万盆)	1.00
93	沅陵县(湘)	盆花(万盆)	0.90
94	当阳市(鄂)	盆景(万盆)	3.50
95	广水市(鄂)	盆景(万盆)	3.00
96	新丰县(粤)	盆景(万盆)	1.10
97	镇坪县(陕)	盆景(万盆)	1.00
98	高　县(川)	鲜切花(万支)	6500.00
99	新丰县(粤)	鲜切花(万支)	530.00
100	夷陵区(鄂)	鲜切花(万支)	255.00
101	龙南县(赣)	鲜切花(万支)	15.00
102	金洞林场(湘)	鲜切花(万支)	2.00

表 13-17　玫瑰主产地产量

序号	玫瑰主产地	花卉类别	生产量
1	宣威市(滇)	城市绿化苗(万株)	90000000.00
2	鄢陵县(豫)	城市绿化苗(万株)	2000.00
3	东平县(鲁)	城市绿化苗(万株)	200.00
4	宜都市(鄂)	城市绿化苗(万株)	25.00
5	北林区(黑)	城市绿化苗(万株)	10.00
6	芷江侗族自治县(湘)	城市绿化苗(万株)	6.00
7	侯马市(晋)	城市绿化苗(万株)	4.00
8	滨城区(鲁)	城市绿化苗(万株)	2.00
9	承德县(冀)	城市绿化苗(万株)	2.00
10	台前县(豫)	干花(万支)	420.00
11	卫东区(豫)	干花(万支)	3.50
12	兰考县(豫)	工业及其他用途花卉(千克)	13000.00
13	景泰县(甘)	工业及其他用途花卉(千克)	3000.00
14	梁山县(鲁)	工业及其他用途花卉(千克)	3.80
15	望城县(湘)	观赏苗木(万株)	230000.00
16	潼南县(渝)	观赏苗木(万株)	400.00
17	邵东县(湘)	观赏苗木(万株)	230.00
18	呼兰区(黑)	观赏苗木(万株)	140.00
19	新邵县(湘)	观赏苗木(万株)	120.00
20	白河林业局(吉)	观赏苗木(万株)	109.00
21	淅川县(豫)	观赏苗木(万株)	80.00
22	伽师县(新)	观赏苗木(万株)	30.00
23	阿鲁科尔沁旗(内蒙古)	观赏苗木(万株)	20.00
24	建始县(鄂)	观赏苗木(万株)	20.00
25	双滦区(冀)	观赏苗木(万株)	20.00
26	栾城区(冀)	观赏苗木(万株)	19.00
27	复兴区(冀)	观赏苗木(万株)	15.00
28	隆德县(宁)	观赏苗木(万株)	11.00
29	登封市(豫)	观赏苗木(万株)	10.30
30	海港区(冀)	观赏苗木(万株)	10.00
31	邢台县(冀)	观赏苗木(万株)	10.00
32	章丘市(鲁)	观赏苗木(万株)	5.00
33	陵　县(鲁)	观赏苗木(万株)	4.00
34	镇坪县(陕)	观赏苗木(万株)	3.50
35	兴庆区(宁)	观赏苗木(万株)	3.00
36	平罗县(宁)	观赏苗木(万株)	0.80
37	麻城市(鄂)	花卉用种苗(千苗)	15.00
38	登封市(豫)	花卉用种子(千克)	371.25
39	范　县(豫)	盆花(万盆)	600.00
40	东昌府区(鲁)	盆花(万盆)	150.00
41	椒江区(浙)	盆花(万盆)	150.00
42	阳新县(鄂)	盆花(万盆)	100.00

序号	玫瑰主产地	花卉类别	生产量	序号	玫瑰主产地	花卉类别	生产量
43	颍泉区(皖)	盆花(万盆)	70.60	89	瓦房店市(辽)	鲜切花(万支)	3000.00
44	清河区(辽)	盆花(万盆)	60.00	90	凌源市(辽)	鲜切花(万支)	2300.00
45	上蔡县(豫)	盆花(万盆)	16.00	91	辽中县(辽)	鲜切花(万支)	2160.00
46	定州市(冀)	盆花(万盆)	15.00	92	平桥区(豫)	鲜切花(万支)	1840.00
47	双桥区(冀)	盆花(万盆)	10.00	93	西山区(滇)	鲜切花(万支)	1723.80
48	武城县(鲁)	盆花(万盆)	10.00	94	喀喇沁左翼蒙古族自治县(辽)	鲜切花(万支)	1600.00
49	藁城区(冀)	盆花(万盆)	5.00	95	维西傈僳族自治县(滇)	鲜切花(万支)	1506.00
50	临西县(冀)	盆花(万盆)	5.00	96	巴林左旗(内蒙古)	鲜切花(万支)	1500.00
51	隆尧县(冀)	盆花(万盆)	5.00	97	郾城区(豫)	鲜切花(万支)	1193.00
52	桃城区(冀)	盆花(万盆)	5.00	98	岫岩满族自治县(辽)	鲜切花(万支)	835.00
53	元宝山区(内蒙古)	盆花(万盆)	5.00	99	兰山区(鲁)	鲜切花(万支)	600.00
54	上饶县(赣)	盆花(万盆)	3.53	100	清丰县(豫)	鲜切花(万支)	400.00
55	郎溪县(皖)	盆花(万盆)	2.58	101	新丰县(粤)	鲜切花(万支)	370.00
56	青铜峡市(宁)	盆花(万盆)	2.00	102	衢江区(浙)	鲜切花(万支)	350.00
57	信宜市(粤)	盆花(万盆)	2.00	103	华龙区(豫)	鲜切花(万支)	300.00
58	竹溪县(鄂)	盆花(万盆)	2.00	104	濮阳县(豫)	鲜切花(万支)	280.00
59	三门县(浙)	盆花(万盆)	1.20	105	东洲区(辽)	鲜切花(万支)	230.00
60	台山市(粤)	盆花(万盆)	1.20	106	来凤县(鄂)	鲜切花(万支)	200.00
61	赞皇县(冀)	盆花(万盆)	1.20	107	新野县(豫)	鲜切花(万支)	200.00
62	章丘市(鲁)	盆花(万盆)	1.00	108	许昌县(豫)	鲜切花(万支)	195.00
63	大城县(冀)	盆花(万盆)	0.80	109	大武口区(宁)	鲜切花(万支)	160.00
64	盐山县(冀)	盆花(万盆)	0.80	110	红山区(内蒙古)	鲜切花(万支)	140.00
65	永年县(冀)	盆花(万盆)	0.76	111	辉南县(吉)	鲜切花(万支)	130.00
66	临川区(赣)	盆景(万盆)	72.00	112	平山县(冀)	鲜切花(万支)	112.00
67	新丰县(粤)	盆景(万盆)	1.70	113	丰满区(吉)	鲜切花(万支)	110.00
68	星子县(赣)	盆景(万盆)	1.00	114	沂源县(鲁)	鲜切花(万支)	103.00
69	常宁市(湘)	盆景(万盆)	0.80	115	古冶区(冀)	鲜切花(万支)	100.00
70	莱州市(鲁)	食用及药用花卉(千克)	800000.00	116	固安县(冀)	鲜切花(万支)	90.00
71	衢江区(浙)	食用及药用花卉(千克)	200000.00	117	临川区(赣)	鲜切花(万支)	84.00
72	绵竹市(川)	食用及药用花卉(千克)	100000.00	118	吉安县(赣)	鲜切花(万支)	80.00
73	白水县(陕)	食用及药用花卉(千克)	50000.00	119	连州市(粤)	鲜切花(万支)	80.00
74	禄劝彝族苗族自治县(滇)	食用及药用花卉(千克)	10000.00	120	宣汉县(川)	鲜切花(万支)	71.50
75	兰州新区(甘)	食用及药用花卉(千克)	1520.00	121	德江县(黔)	鲜切花(万支)	66.60
76	秀山土家族苗族自治县(渝)	食用及药用花卉(千克)	400.00	122	管城回族区(豫)	鲜切花(万支)	62.00
77	临洮县(甘)	食用及药用花卉(千克)	200.00	123	红旗区(豫)	鲜切花(万支)	60.00
78	墨江哈尼族自治县(滇)	鲜切花(万支)	300000.00	124	龙南县(赣)	鲜切花(万支)	60.00
79	晋宁县(滇)	鲜切花(万支)	185220.00	125	岚山区(鲁)	鲜切花(万支)	55.00
80	禄劝彝族苗族自治县(滇)	鲜切花(万支)	100000.00	126	金山区(沪)	鲜切花(万支)	53.00
81	朝阳县(辽)	鲜切花(万支)	30000.00	127	江阳区(川)	鲜切花(万支)	50.00
82	莒　县(鲁)	鲜切花(万支)	23600.00	128	南丰县(赣)	鲜切花(万支)	50.00
83	灯塔市(辽)	鲜切花(万支)	20400.00	129	振安区(辽)	鲜切花(万支)	50.00
84	石林彝族自治县(滇)	鲜切花(万支)	8727.44	130	海城市(辽)	鲜切花(万支)	45.00
85	东乡县(赣)	鲜切花(万支)	6180.00	131	长垣县(豫)	鲜切花(万支)	40.00
86	台安县(辽)	鲜切花(万支)	6000.00	132	花溪区(黔)	鲜切花(万支)	35.00
87	濮阳市高新区(豫)	鲜切花(万支)	5173.00	133	仁寿县(川)	鲜切花(万支)	35.00
88	龙城区(辽)	鲜切花(万支)	5000.00	134	庄河市(辽)	鲜切花(万支)	35.00

序号	玫瑰主产地	花卉类别	生产量
135	大同区(黑)	鲜切花(万支)	34.00
136	凤城市(辽)	鲜切花(万支)	34.00
137	会理县(川)	鲜切花(万支)	33.00
138	大英县(川)	鲜切花(万支)	30.00
139	藁城区(冀)	鲜切花(万支)	30.00
140	海港区(冀)	鲜切花(万支)	30.00
141	隆尧县(冀)	鲜切花(万支)	30.00
142	武功县(陕)	鲜切花(万支)	30.00
143	招远市(鲁)	鲜切花(万支)	27.00
144	南岸区(渝)	鲜切花(万支)	25.43
145	栾城区(冀)	鲜切花(万支)	25.00
146	绿园区(吉)	鲜切花(万支)	25.00
147	台山市(粤)	鲜切花(万支)	22.10
148	芦溪县(赣)	鲜切花(万支)	22.00
149	祁东县(湘)	鲜切花(万支)	20.00
150	青山区(内蒙古)	鲜切花(万支)	20.00
151	清苑县(冀)	鲜切花(万支)	20.00
152	汝南县(豫)	鲜切花(万支)	20.00
153	章丘市(鲁)	鲜切花(万支)	20.00
154	梁山县(鲁)	鲜切花(万支)	18.80
155	南乐县(豫)	鲜切花(万支)	18.00
156	红岗区(黑)	鲜切花(万支)	13.00
157	柞水县(陕)	鲜切花(万支)	12.00
158	井研县(川)	鲜切花(万支)	10.20
159	怀远县(皖)	鲜切花(万支)	10.00
160	临洮县(甘)	鲜切花(万支)	10.00
161	临漳县(冀)	鲜切花(万支)	10.00
162	宁都县(赣)	鲜切花(万支)	10.00
163	黔江区(渝)	鲜切花(万支)	10.00
164	永兴县(湘)	鲜切花(万支)	10.00
165	西华县(豫)	鲜切花(万支)	9.70
166	垫江县(渝)	鲜切花(万支)	6.53
167	汉阴县(陕)	鲜切花(万支)	5.50
168	献　县(冀)	鲜切花(万支)	5.40
169	房　县(鄂)	鲜切花(万支)	5.00
170	喀什市(新)	鲜切花(万支)	5.00
171	满城县(冀)	鲜切花(万支)	5.00
172	沙市区(鄂)	鲜切花(万支)	5.00
173	衡山县(湘)	鲜切花(万支)	4.07
174	北票市(辽)	鲜切花(万支)	4.00
175	顺庆区(川)	鲜切花(万支)	4.00
176	武陵区(湘)	鲜切花(万支)	4.00
177	平果县(桂)	鲜切花(万支)	3.50
178	津市市(湘)	鲜切花(万支)	3.30
179	沂南县(鲁)	鲜切花(万支)	3.20
180	汉源县(川)	鲜切花(万支)	2.80
181	曲周县(冀)	鲜切花(万支)	2.40
182	碧江区(黔)	鲜切花(万支)	2.00
183	从江县(黔)	鲜切花(万支)	2.00
184	德城区(鲁)	鲜切花(万支)	2.00
185	闵行区(沪)	鲜切花(万支)	2.00
186	永靖县(甘)	鲜切花(万支)	2.00
187	沙雅县(新)	鲜切花(万支)	1.93
188	蔡甸区(鄂)	鲜切花(万支)	1.60
189	阿拉善左旗(内蒙古)	鲜切花(万支)	1.00
190	惠济区(豫)	鲜切花(万支)	1.00
191	上思县(桂)	鲜切花(万支)	1.00
192	万载县(赣)	鲜切花(万支)	1.00
193	泰顺县(浙)	鲜切叶(万支)	16.00
194	长治市城区(晋)	鲜切叶(万支)	5.00

表 13-18　百合主产地产量

序号	百合主产地	花卉类别	生产量
1	瑞金市(赣)	城市绿化苗(万株)	26.00
2	盐亭县(川)	城市绿化苗(万株)	15.00
3	广水市(鄂)	干花(万支)	30.00
4	广水市(鄂)	观赏苗木(万株)	100.00
5	建始县(鄂)	观赏苗木(万株)	100.00
6	贵池区(皖)	观赏苗木(万株)	60.00
7	伊通满族自治县(吉)	观赏苗木(万株)	10.00
8	游仙区(川)	观赏苗木(万株)	10.00
9	调兵山市(辽)	观赏苗木(万株)	3.00
10	黄州区(鄂)	观赏苗木(万株)	1.00
11	二道区(吉)	观叶植物(万盆)	150.00
12	红岗区(黑)	观叶植物(万盆)	43.00
13	黄埔区(粤)	观叶植物(万盆)	7.90
14	庆云县(鲁)	观叶植物(万盆)	1.00
15	平泉县(冀)	花卉用种球(千粒)	8000.00
16	南郑县(陕)	花卉用种球(千粒)	250.00
17	青州市(鲁)	花卉用种球(千粒)	100.00
18	临洮县(甘)	花卉用种球(千粒)	35.00
19	东营区(鲁)	盆花(万盆)	16.00
20	青州市(鲁)	盆花(万盆)	12.00
21	贵池区(皖)	盆花(万盆)	10.00
22	南乐县(豫)	盆花(万盆)	10.00
23	藁城区(冀)	盆花(万盆)	5.00
24	固安县(冀)	盆花(万盆)	4.00
25	郎溪县(皖)	盆花(万盆)	2.50
26	大城县(冀)	盆花(万盆)	2.00
27	旌阳区(川)	盆花(万盆)	1.50
28	巴州区(川)	盆花(万盆)	1.00
29	平山县(冀)	盆花(万盆)	1.00

序号	百合主产地	花卉类别	生产量
30	章丘市(鲁)	盆花(万盆)	1.00
31	三门县(浙)	盆花(万盆)	0.90
32	北京市大东流苗圃(京)	盆花(万盆)	0.76
33	新丰县(粤)	盆景(万盆)	0.80
34	莱州市(鲁)	食用及药用花卉(千克)	300000.00
35	新宁县(湘)	食用及药用花卉(千克)	200000.00
36	凌源市(辽)	鲜切花(万支)	56000.00
37	太子河区(辽)	鲜切花(万支)	30000.00
38	灯塔市(辽)	鲜切花(万支)	21000.00
39	高　县(川)	鲜切花(万支)	8400.00
40	东乡县(赣)	鲜切花(万支)	8316.00
41	会泽县(滇)	鲜切花(万支)	5000.00
42	龙城区(辽)	鲜切花(万支)	5000.00
43	盘龙区(滇)	鲜切花(万支)	5000.00
44	师宗县(滇)	鲜切花(万支)	5000.00
45	于洪区(辽)	鲜切花(万支)	2267.00
46	阳宗海(滇)	鲜切花(万支)	1500.00
47	海州区(苏)	鲜切花(万支)	1400.00
48	北票市(辽)	鲜切花(万支)	1200.00
49	清新县(粤)	鲜切花(万支)	850.00
50	晋宁县(滇)	鲜切花(万支)	810.00
51	隆德县(宁)	鲜切花(万支)	710.00
52	呈贡县(滇)	鲜切花(万支)	632.00
53	平泉县(冀)	鲜切花(万支)	550.00
54	香河县(冀)	鲜切花(万支)	500.00
55	临川区(赣)	鲜切花(万支)	470.00
56	万载县(赣)	鲜切花(万支)	450.00
57	嘉善县(浙)	鲜切花(万支)	435.60
58	获嘉县(豫)	鲜切花(万支)	300.00
59	濮阳县(豫)	鲜切花(万支)	300.00
60	新丰县(粤)	鲜切花(万支)	250.00
61	长兴县(浙)	鲜切花(万支)	200.00
62	西山区(滇)	鲜切花(万支)	184.00
63	东洲区(辽)	鲜切花(万支)	180.00
64	江川县(滇)	鲜切花(万支)	120.00
65	灵川县(桂)	鲜切花(万支)	120.00
66	南丰县(赣)	鲜切花(万支)	120.00
67	石林彝族自治县(滇)	鲜切花(万支)	115.00
68	金山区(沪)	鲜切花(万支)	107.00
69	临安市(浙)	鲜切花(万支)	100.00
70	漳河新区(鄂)	鲜切花(万支)	100.00
71	铜陵县(皖)	鲜切花(万支)	95.00
72	颍泉区(皖)	鲜切花(万支)	87.50
73	崇明县(沪)	鲜切花(万支)	86.70
74	红山区(内蒙古)	鲜切花(万支)	80.00
75	吉安县(赣)	鲜切花(万支)	80.00
76	绍兴县(浙)	鲜切花(万支)	80.00
77	遵化市(冀)	鲜切花(万支)	80.00
78	长垣县(豫)	鲜切花(万支)	70.00
79	奉贤区(沪)	鲜切花(万支)	54.50
80	嘉陵区(川)	鲜切花(万支)	52.40
81	振安区(辽)	鲜切花(万支)	50.00
82	宣汉县(川)	鲜切花(万支)	44.50
83	芦溪县(赣)	鲜切花(万支)	40.00
84	庄河市(辽)	鲜切花(万支)	33.00
85	会理县(川)	鲜切花(万支)	32.00
86	平谷区(京)	鲜切花(万支)	26.50
87	闵行区(沪)	鲜切花(万支)	20.00
88	维西傈僳族自治县(滇)	鲜切花(万支)	20.00
89	永靖县(甘)	鲜切花(万支)	20.00
90	兴庆区(宁)	鲜切花(万支)	18.50
91	南岸区(渝)	鲜切花(万支)	18.43
92	海城市(辽)	鲜切花(万支)	17.00
93	路北区(冀)	鲜切花(万支)	16.50
94	浦东新区(沪)	鲜切花(万支)	15.70
95	开江县(川)	鲜切花(万支)	13.20
96	龙南县(赣)	鲜切花(万支)	11.00
97	黔江区(渝)	鲜切花(万支)	10.00
98	玉田县(冀)	鲜切花(万支)	10.00
99	章丘市(鲁)	鲜切花(万支)	10.00
100	九龙坡区(渝)	鲜切花(万支)	8.50
101	柞水县(陕)	鲜切花(万支)	8.00
102	井研县(川)	鲜切花(万支)	6.20
103	定兴县(冀)	鲜切花(万支)	5.00
104	开平区(冀)	鲜切花(万支)	5.00
105	郎溪县(皖)	鲜切花(万支)	5.00
106	临漳县(冀)	鲜切花(万支)	5.00
107	平山县(冀)	鲜切花(万支)	5.00
108	沙市区(鄂)	鲜切花(万支)	5.00
109	桃城区(冀)	鲜切花(万支)	5.00
110	义乌市(浙)	鲜切花(万支)	5.00
111	怀柔区(京)	鲜切花(万支)	4.00
112	曲周县(冀)	鲜切花(万支)	3.60
113	宽城满族自治县(冀)	鲜切花(万支)	3.50
114	新城区(内蒙古)	鲜切花(万支)	2.30
115	阿拉善左旗(内蒙古)	鲜切花(万支)	2.00
116	喀什市(新)	鲜切花(万支)	2.00
117	蔡甸区(鄂)	鲜切花(万支)	1.30
118	信宜市(粤)	鲜切花(万支)	1.30
119	西华县(豫)	鲜切花(万支)	1.20
120	汉源县(川)	鲜切花(万支)	0.80
121	碧江区(黔)	鲜切花(万支)	0.60

序号	百合主产地	花卉类别	生产量
122	临洮县(甘)	鲜切叶(万支)	50.00
123	藁城区(冀)	鲜切叶(万支)	17.00
124	长治市城区(晋)	鲜切叶(万支)	5.00
125	洋　县(陕)	鲜切叶(万支)	4.00
126	麻城市(鄂)	鲜切叶(万支)	1.00

表 13-19　康乃馨主产地产量

序号	康乃馨主产地	花卉类别	生产量
1	新宁县(湘)	城市绿化苗(万株)	20.00
2	嵩明县(滇)	观赏苗木(万株)	600.00
3	建始县(鄂)	观赏苗木(万株)	200.00
4	贵池区(皖)	观赏苗木(万株)	10.00
5	闵行区(沪)	花卉用种苗(千苗)	800.00
6	东丽区(津)	盆花(万盆)	8.60
7	东河区(内蒙古)	盆花(万盆)	7.20
8	襄城区(鄂)	盆花(万盆)	3.50
9	盐山县(冀)	盆花(万盆)	3.00
10	章丘市(鲁)	盆花(万盆)	2.00
11	隆德县(宁)	盆花(万盆)	1.50
12	新建县(赣)	盆花(万盆)	1.12
13	石棉县(川)	盆花(万盆)	1.00
14	新丰县(粤)	盆景(万盆)	0.90
15	晋宁县(滇)	鲜切花(万支)	54938.00
16	石林彝族自治县(滇)	鲜切花(万支)	29431.74
17	兴庆区(宁)	鲜切花(万支)	7828.52
18	阳宗海(滇)	鲜切花(万支)	5850.00
19	会泽县(滇)	鲜切花(万支)	3000.00
20	西山区(滇)	鲜切花(万支)	785.00
21	香河县(冀)	鲜切花(万支)	400.00
22	凌源市(辽)	鲜切花(万支)	380.00
23	青浦区(沪)	鲜切花(万支)	208.00
24	大武口区(宁)	鲜切花(万支)	160.00
25	南丰县(赣)	鲜切花(万支)	150.00
26	临川区(赣)	鲜切花(万支)	129.00
27	金山区(沪)	鲜切花(万支)	71.00
28	吉安县(赣)	鲜切花(万支)	60.00
29	椒江区(浙)	鲜切花(万支)	50.00
30	会理县(川)	鲜切花(万支)	32.00
31	庄河市(辽)	鲜切花(万支)	27.00
32	芦溪县(赣)	鲜切花(万支)	20.00
33	章丘市(鲁)	鲜切花(万支)	20.00
34	沙市区(鄂)	鲜切花(万支)	15.00
35	海城市(辽)	鲜切花(万支)	12.00
36	东港区(鲁)	鲜切花(万支)	11.00
37	龙南县(赣)	鲜切花(万支)	10.20
38	藁城区(冀)	鲜切花(万支)	10.00
39	贵池区(皖)	鲜切花(万支)	10.00
40	宁都县(赣)	鲜切花(万支)	10.00
41	浦东新区(沪)	鲜切花(万支)	10.00
42	武功县(陕)	鲜切花(万支)	10.00
43	伽师县(新)	鲜切花(万支)	5.00
44	宽城满族自治县(冀)	鲜切花(万支)	4.00
45	闵行区(沪)	鲜切花(万支)	4.00
46	双桥区(冀)	鲜切花(万支)	4.00
47	井研县(川)	鲜切花(万支)	3.50
48	信宜市(粤)	鲜切花(万支)	3.00
49	石柱土家族自治县(渝)	鲜切花(万支)	2.50
50	西华县(豫)	鲜切花(万支)	2.30
51	红花岗区(黔)	鲜切花(万支)	1.50
52	碧江区(黔)	鲜切花(万支)	1.00
53	汉源县(川)	鲜切花(万支)	0.80
54	呈贡县(滇)	鲜切叶(万支)	796.00
55	长治市城区(晋)	鲜切叶(万支)	5.00

表 13-20　鸡冠花主产地产量

序号	鸡冠花主产地	花卉类别	生产量
1	青州市(鲁)	城市绿化苗(万株)	384.00
2	伽师县(新)	城市绿化苗(万株)	10.00
3	集安市(吉)	城市绿化苗(万株)	6.00
4	侯马市(晋)	城市绿化苗(万株)	4.60
5	榆树市(吉)	城市绿化苗(万株)	1.00
6	洮南市(吉)	城市绿化苗(万株)	0.80
7	广水市(鄂)	观赏苗木(万株)	260.00
8	庆安县(黑)	观叶植物(万盆)	5.00
9	宁城县(内蒙古)	观叶植物(万盆)	1.80
10	肥乡县(冀)	盆花(万盆)	900.00
11	新民市(辽)	盆花(万盆)	160.00
12	兴庆区(宁)	盆花(万盆)	91.50
13	颍泉区(皖)	盆花(万盆)	80.10
14	固安县(冀)	盆花(万盆)	20.00
15	涿州市(冀)	盆花(万盆)	20.00
16	丰宁满族自治县(冀)	盆花(万盆)	10.00
17	会宁县(甘)	盆花(万盆)	10.00
18	平罗县(宁)	盆花(万盆)	10.00
19	香河县(冀)	盆花(万盆)	10.00
20	阳泉市郊区(晋)	盆花(万盆)	10.00
21	北戴河区(冀)	盆花(万盆)	9.00
22	未央区(陕)	盆花(万盆)	9.00
23	金凤区(宁)	盆花(万盆)	8.00
24	鼎城区(湘)	盆花(万盆)	7.00
25	大名县(冀)	盆花(万盆)	6.00
26	邯郸县(冀)	盆花(万盆)	5.00

序号	鸡冠花主产地	花卉类别	生产量
27	双桥区(冀)	盆花(万盆)	5.00
28	高碑店市(冀)	盆花(万盆)	4.50
29	复兴区(冀)	盆花(万盆)	4.00
30	广阳区(冀)	盆花(万盆)	4.00
31	鹿泉区(冀)	盆花(万盆)	4.00
32	青铜峡市(宁)	盆花(万盆)	3.00
33	肃宁县(冀)	盆花(万盆)	3.00
34	潢川县(豫)	盆花(万盆)	2.90
35	信宜市(粤)	盆花(万盆)	2.60
36	忻府区(晋)	盆花(万盆)	2.50
37	本溪满族自治县(辽)	盆花(万盆)	2.20
38	晋州市(冀)	盆花(万盆)	2.00
39	陵　县(鲁)	盆花(万盆)	2.00
40	古冶区(冀)	盆花(万盆)	1.53
41	藁城区(冀)	盆花(万盆)	1.00
42	龙里县(黔)	盆花(万盆)	1.00
43	满城县(冀)	盆花(万盆)	1.00
44	雄　县(冀)	盆花(万盆)	1.00
45	会宁县(甘)	鲜切花(万支)	3.00

表 13-21　紫叶李主产地产量

序号	紫叶李主产地	花卉类别	生产量
1	宁河县(津)	城市绿化苗(万株)	45000.00
2	即墨市(鲁)	城市绿化苗(万株)	650.00
3	潢川县(豫)	城市绿化苗(万株)	480.00
4	汶上县(鲁)	城市绿化苗(万株)	400.00
5	河东区(鲁)	城市绿化苗(万株)	200.00
6	东平县(鲁)	城市绿化苗(万株)	150.00
7	邹平县(鲁)	城市绿化苗(万株)	32.83
8	光山县(豫)	城市绿化苗(万株)	30.00
9	游仙区(川)	城市绿化苗(万株)	30.00
10	许昌县(豫)	城市绿化苗(万株)	28.00
11	贵池区(皖)	城市绿化苗(万株)	25.00
12	颍泉区(皖)	城市绿化苗(万株)	20.20
13	富顺县(川)	城市绿化苗(万株)	20.00
14	孝昌县(鄂)	城市绿化苗(万株)	10.00
15	东昌府区(鲁)	城市绿化苗(万株)	7.00
16	龙里县(黔)	城市绿化苗(万株)	4.00
17	崆峒区(甘)	城市绿化苗(万株)	3.10
18	昌乐县(鲁)	城市绿化苗(万株)	2.20
19	船营区(吉)	城市绿化苗(万株)	2.00
20	金川区(甘)	城市绿化苗(万株)	2.00
21	蒲城县(陕)	城市绿化苗(万株)	2.00
22	呼兰区(黑)	观赏苗木(万株)	1500.00
23	安国市(冀)	观赏苗木(万株)	630.00
24	遵化市(冀)	观赏苗木(万株)	400.00
25	博野县(冀)	观赏苗木(万株)	152.00
26	陵　县(鲁)	观赏苗木(万株)	120.00
27	永清县(冀)	观赏苗木(万株)	120.00
28	涉　县(冀)	观赏苗木(万株)	80.00
29	平度市(鲁)	观赏苗木(万株)	76.00
30	固安县(冀)	观赏苗木(万株)	60.00
31	霸州市(冀)	观赏苗木(万株)	55.00
32	广平县(冀)	观赏苗木(万株)	51.00
33	肥城市(鲁)	观赏苗木(万株)	47.00
34	磁　县(冀)	观赏苗木(万株)	40.00
35	淄川区(鲁)	观赏苗木(万株)	40.00
36	东港区(鲁)	观赏苗木(万株)	35.00
37	濮阳县(豫)	观赏苗木(万株)	30.00
38	青州市(鲁)	观赏苗木(万株)	30.00
39	新泰市(鲁)	观赏苗木(万株)	30.00
40	玉田县(冀)	观赏苗木(万株)	30.00
41	邢台县(冀)	观赏苗木(万株)	28.00
42	长葛市(豫)	观赏苗木(万株)	23.00
43	南和县(冀)	观赏苗木(万株)	21.00
44	宁阳县(鲁)	观赏苗木(万株)	18.00
45	梁山县(鲁)	观赏苗木(万株)	17.00
46	乐亭县(冀)	观赏苗木(万株)	16.20
47	巴州区(川)	观赏苗木(万株)	16.00
48	闻喜县(晋)	观赏苗木(万株)	14.00
49	桃城区(冀)	观赏苗木(万株)	13.40
50	曲阳县(冀)	观赏苗木(万株)	11.00
51	安平县(冀)	观赏苗木(万株)	10.30
52	魏　县(冀)	观赏苗木(万株)	10.10
53	广阳区(冀)	观赏苗木(万株)	10.00
54	红花岗区(黔)	观赏苗木(万株)	10.00
55	霍山县(皖)	观赏苗木(万株)	10.00
56	项城市(豫)	观赏苗木(万株)	9.00
57	嵩　县(豫)	观赏苗木(万株)	8.00
58	三台县(川)	观赏苗木(万株)	7.90
59	临漳县(冀)	观赏苗木(万株)	7.40
60	沂源县(鲁)	观赏苗木(万株)	5.80
61	大城县(冀)	观赏苗木(万株)	5.00
62	洞口县(湘)	观赏苗木(万株)	5.00
63	怀宁县(皖)	观赏苗木(万株)	5.00
64	芜湖县(皖)	观赏苗木(万株)	5.00
65	涿州市(冀)	观赏苗木(万株)	5.00
66	晋州市(冀)	观赏苗木(万株)	4.00
67	灵璧县(皖)	观赏苗木(万株)	4.00
68	鹿泉区(冀)	观赏苗木(万株)	4.00
69	任　县(冀)	观赏苗木(万株)	4.00
70	鸡泽县(冀)	观赏苗木(万株)	3.50

序号	紫叶李主产地	花卉类别	生产量
71	大名县(冀)	观赏苗木(万株)	3.00
72	栾城区(冀)	观赏苗木(万株)	3.00
73	铁锋区(黑)	观赏苗木(万株)	2.50
74	北戴河区(冀)	观赏苗木(万株)	2.00
75	大厂回族自治县(冀)	观赏苗木(万株)	2.00
76	定西市巉口林业试验场(甘)	观赏苗木(万株)	2.00
77	高碑店市(冀)	观赏苗木(万株)	2.00
78	金凤区(宁)	观赏苗木(万株)	2.00
79	静海县(津)	观赏苗木(万株)	2.00
80	满城县(冀)	观赏苗木(万株)	2.00
81	镇坪县(陕)	观赏苗木(万株)	2.00
82	石泉县(陕)	观赏苗木(万株)	1.80
83	阳信县(鲁)	观赏苗木(万株)	1.30
84	黄州区(鄂)	观赏苗木(万株)	1.00
85	新乐市(冀)	观赏苗木(万株)	1.00
86	路南区(冀)	观赏苗木(万株)	0.80
87	威海市经济技术开发区(鲁)	观赏苗木(万株)	0.77
88	巴州区(川)	盆花(万盆)	3.00
89	西华县(豫)	鲜切叶(万支)	7.00

表 13-22 碧桃主产地产量

序号	碧桃主产地	花卉类别	生产量
1	宁河县(津)	城市绿化苗(万株)	50000.00
2	东平县(鲁)	城市绿化苗(万株)	300.00
3	坊子区(鲁)	城市绿化苗(万株)	100.00
4	潢川县(豫)	城市绿化苗(万株)	49.00
5	偃师市(豫)	城市绿化苗(万株)	30.00
6	即墨市(鲁)	城市绿化苗(万株)	28.00
7	许昌县(豫)	城市绿化苗(万株)	15.00
8	颍泉区(皖)	城市绿化苗(万株)	10.20
9	仙桃市(鄂)	城市绿化苗(万株)	10.00
10	辛集市(冀)	城市绿化苗(万株)	10.00
11	岳阳县(湘)	城市绿化苗(万株)	10.00
12	湟源县(青)	城市绿化苗(万株)	6.00
13	金川区(甘)	城市绿化苗(万株)	5.00
14	沙洋县(鄂)	城市绿化苗(万株)	5.00
15	夏邑县(豫)	城市绿化苗(万株)	5.00
16	新化县(湘)	城市绿化苗(万株)	5.00
17	东昌府区(鲁)	城市绿化苗(万株)	4.00
18	龙里县(黔)	城市绿化苗(万株)	3.00
19	雁山区(桂)	城市绿化苗(万株)	1.00
20	永清县(冀)	观赏苗木(万株)	200.00
21	青州市(鲁)	观赏苗木(万株)	100.00
22	固安县(冀)	观赏苗木(万株)	88.00
23	安国市(冀)	观赏苗木(万株)	84.00
24	博野县(冀)	观赏苗木(万株)	70.00
25	清苑县(冀)	观赏苗木(万株)	50.00
26	广阳区(冀)	观赏苗木(万株)	30.00
27	遵化市(冀)	观赏苗木(万株)	27.00
28	沙河市(冀)	观赏苗木(万株)	25.00
29	大城县(冀)	观赏苗木(万株)	20.00
30	兴庆区(宁)	观赏苗木(万株)	15.00
31	闻喜县(晋)	观赏苗木(万株)	12.00
32	陵　县(鲁)	观赏苗木(万株)	10.00
33	南乐县(豫)	观赏苗木(万株)	10.00
34	芜湖县(皖)	观赏苗木(万株)	10.00
35	新泰市(鲁)	观赏苗木(万株)	10.00
36	新华区(冀)	观赏苗木(万株)	8.00
37	满城县(冀)	观赏苗木(万株)	5.82
38	垦利县(鲁)	观赏苗木(万株)	5.00
39	青　县(冀)	观赏苗木(万株)	5.00
40	涿州市(冀)	观赏苗木(万株)	5.00
41	大厂回族自治县(冀)	观赏苗木(万株)	3.00
42	晋州市(冀)	观赏苗木(万株)	3.00
43	任　县(冀)	观赏苗木(万株)	3.00
44	任丘市(冀)	观赏苗木(万株)	3.00
45	邢台县(冀)	观赏苗木(万株)	3.00
46	北戴河区(冀)	观赏苗木(万株)	2.00
47	高碑店市(冀)	观赏苗木(万株)	2.00
48	井陉矿区(冀)	观赏苗木(万株)	2.00
49	章丘市(鲁)	观赏苗木(万株)	2.00
50	安阳县(豫)	观赏苗木(万株)	1.80
51	威海市经济技术开发区(鲁)	观赏苗木(万株)	1.60
52	容城县(冀)	观赏苗木(万株)	1.40
53	黄州区(鄂)	观赏苗木(万株)	1.00
54	武强县(冀)	观赏苗木(万株)	1.00
55	龙安区(豫)	观赏苗木(万株)	0.80
56	冀州市(冀)	观叶植物(万盆)	60.00
57	宁城县(内蒙古)	观叶植物(万盆)	2.30
58	肥西县(皖)	盆花(万盆)	100.00
59	贵池区(皖)	盆花(万盆)	5.00
60	三门县(浙)	盆花(万盆)	0.80
61	章丘市(鲁)	盆花(万盆)	0.80
62	上蔡县(豫)	盆景(万盆)	6.00

表 13-23 栀子花主产地产量

序号	栀子花主产地	花卉类别	生产量
1	蓬溪县(川)	城市绿化苗(万株)	350.00
2	龙里县(黔)	城市绿化苗(万株)	10.00
3	沙洋县(鄂)	城市绿化苗(万株)	10.00
4	新化县(湘)	城市绿化苗(万株)	10.00
5	岳阳县(湘)	城市绿化苗(万株)	2.00

序号	栀子花主产地	花卉类别	生产量
6	三台县(川)	工业及其他用途花卉(千克)	10.00
7	高坪区(川)	观赏苗木(万株)	420.40
8	昌黎县(冀)	观赏苗木(万株)	200.00
9	盐亭县(川)	观赏苗木(万株)	20.00
10	开江县(川)	观赏苗木(万株)	15.62
11	鹤峰县(鄂)	观赏苗木(万株)	13.00
12	阳新县(鄂)	观赏苗木(万株)	6.00
13	贵池区(皖)	观赏苗木(万株)	5.00
14	镇坪县(陕)	观赏苗木(万株)	5.00
15	巴州区(川)	观赏苗木(万株)	4.00
16	临武县(湘)	观赏苗木(万株)	1.20
17	黄州区(鄂)	观赏苗木(万株)	1.00
18	巴州区(川)	盆花(万盆)	20.00
19	中江县(川)	盆花(万盆)	11.50
20	通江县(川)	盆花(万盆)	5.00
21	涿州市(冀)	盆花(万盆)	5.00
22	襄城区(鄂)	盆花(万盆)	3.10
23	鹤峰县(鄂)	盆花(万盆)	2.90
24	三门县(浙)	盆花(万盆)	1.50
25	兴山县(鄂)	盆花(万盆)	1.00
26	铜梁县(渝)	食用及药用花卉(千克)	7.20
27	高　县(川)	鲜切花(万支)	4460.00
28	黔江区(渝)	鲜切花(万支)	100.00
29	彭山县(川)	鲜切花(万支)	40.00
30	巴州区(川)	鲜切花(万支)	15.00
31	息　县(豫)	鲜切叶(万支)	1.20

表 13-24　一品红主产地产量

序号	一品红主产地	花卉类别	生产量
1	蜀山区(皖)	城市绿化苗(万株)	2.00
2	会理县(川)	观赏苗木(万株)	80.00
3	丰宁满族自治县(冀)	观赏苗木(万株)	75.00
4	叠彩区(桂)	观赏苗木(万株)	26.00
5	梁山县(鲁)	观叶植物(万盆)	3.50
6	路桥区(浙)	观叶植物(万盆)	2.10
7	双滦区(冀)	观叶植物(万盆)	2.00
8	闵行区(沪)	花卉用种苗(千苗)	10.00
9	平利县(陕)	花卉用种苗(千苗)	2.00
10	青州市(鲁)	盆花(万盆)	37.00
11	高邑县(冀)	盆花(万盆)	35.00
12	涿州市(冀)	盆花(万盆)	25.00
13	临洮县(甘)	盆花(万盆)	23.00
14	从化市(粤)	盆花(万盆)	20.00
15	甘州区(甘)	盆花(万盆)	10.00
16	承德县(冀)	盆花(万盆)	8.00
17	海城市(辽)	盆花(万盆)	5.10
18	长治市城区(晋)	盆花(万盆)	3.50
19	东洲区(辽)	盆花(万盆)	3.30
20	沙河市(冀)	盆花(万盆)	3.00
21	邢台市桥东区(冀)	盆花(万盆)	2.40
22	崆峒区(甘)	盆花(万盆)	2.30
23	临武县(湘)	盆花(万盆)	2.11
24	雄　县(冀)	盆花(万盆)	1.50
25	晋州市(冀)	盆花(万盆)	1.00
26	蠡　县(冀)	盆花(万盆)	1.00
27	任　县(冀)	盆花(万盆)	1.00
28	新建县(赣)	盆花(万盆)	0.51
29	大冶市(鄂)	盆景(万盆)	30.00
30	新安县(豫)	鲜切花(万支)	340.00
31	贵池区(皖)	鲜切花(万支)	10.00
32	江川县(滇)	鲜切花(万支)	10.00
33	贡井区(川)	鲜切叶(万支)	40.00

表 13-25　丁香类主产地产量

序号	丁香类主产地	花卉类别	生产量
1	宁河县(津)	城市绿化苗(万株)	22000.00
2	康保县(冀)	城市绿化苗(万株)	174.00
3	望奎县(黑)	城市绿化苗(万株)	100.00
4	延寿县(黑)	城市绿化苗(万株)	100.00
5	榆树市(吉)	城市绿化苗(万株)	100.00
6	龙里县(黔)	城市绿化苗(万株)	85.00
7	潢川县(豫)	城市绿化苗(万株)	60.00
8	喀喇沁旗(内蒙古)	城市绿化苗(万株)	40.00
9	甘州区(甘)	城市绿化苗(万株)	20.00
10	大武口区(宁)	城市绿化苗(万株)	15.90
11	湟源县(青)	城市绿化苗(万株)	11.00
12	北林区(黑)	城市绿化苗(万株)	10.00
13	兰西县(黑)	城市绿化苗(万株)	10.00
14	临夏市(甘)	城市绿化苗(万株)	6.50
15	金川区(甘)	城市绿化苗(万株)	5.00
16	庆安县(黑)	城市绿化苗(万株)	5.00
17	武山县(甘)	城市绿化苗(万株)	5.00
18	侯马市(晋)	城市绿化苗(万株)	4.50
19	四平市铁西区(吉)	城市绿化苗(万株)	3.00
20	特克斯林场(新)	城市绿化苗(万株)	3.00
21	定襄县(晋)	城市绿化苗(万株)	2.50
22	白城市市辖区(吉)	城市绿化苗(万株)	2.00
23	崆峒区(甘)	城市绿化苗(万株)	1.70
24	永靖县(甘)	城市绿化苗(万株)	1.50
25	吴起县(陕)	城市绿化苗(万株)	1.30
26	汪清林业局(吉)	城市绿化苗(万株)	1.20

序号	丁香类主产地	花卉类别	生产量
27	呼兰区(黑)	观赏苗木(万株)	3500.00
28	翁牛特旗(内蒙古)	观赏苗木(万株)	704.00
29	乐都县(青)	观赏苗木(万株)	466.00
30	闻喜县(晋)	观赏苗木(万株)	300.00
31	凤城市(辽)	观赏苗木(万株)	255.00
32	青州市(鲁)	观赏苗木(万株)	150.00
33	丰宁满族自治县(冀)	观赏苗木(万株)	100.00
34	安国市(冀)	观赏苗木(万株)	95.00
35	兴庆区(宁)	观赏苗木(万株)	78.70
36	丰南区(冀)	观赏苗木(万株)	60.00
37	乐亭县(冀)	观赏苗木(万株)	44.00
38	让胡路区(黑)	观赏苗木(万株)	27.00
39	玉田县(冀)	观赏苗木(万株)	25.80
40	平安县(青)	观赏苗木(万株)	25.00
41	海城市(辽)	观赏苗木(万株)	22.00
42	大同区(黑)	观赏苗木(万株)	20.00
43	二道区(吉)	观赏苗木(万株)	20.00
44	南和县(冀)	观赏苗木(万株)	20.00
45	涿州市(冀)	观赏苗木(万株)	16.00
46	怀来县(冀)	观赏苗木(万株)	13.00
47	隆化县(冀)	观赏苗木(万株)	10.00
48	新民市(辽)	观赏苗木(万株)	10.00
49	山阴县(晋)	观赏苗木(万株)	8.00
50	铁锋区(黑)	观赏苗木(万株)	5.10
51	沽源县(冀)	观赏苗木(万株)	4.80
52	忻府区(晋)	观赏苗木(万株)	4.37
53	沅江市(湘)	观赏苗木(万株)	4.00
54	长治市城区(晋)	观赏苗木(万株)	3.50
55	赤城县(冀)	观赏苗木(万株)	3.00
56	石泉县(陕)	观赏苗木(万株)	2.00
57	邢台县(冀)	观赏苗木(万株)	2.00
58	北戴河区(冀)	观赏苗木(万株)	1.50
59	平罗县(宁)	观赏苗木(万株)	1.00
60	汶上县(鲁)	观赏苗木(万株)	0.60
61	宁城县(内蒙古)	观叶植物(万盆)	3.00
62	阳新县(鄂)	盆花(万盆)	40.00
63	石家庄市桥西区(冀)	盆花(万盆)	22.00
64	宣化县(冀)	盆花(万盆)	21.50
65	兴山县(鄂)	盆花(万盆)	2.00
66	肇州县(黑)	盆景(万盆)	10.00
67	开江县(川)	盆景(万盆)	3.54
68	镇坪县(陕)	盆景(万盆)	2.00
69	南岗区(黑)	鲜切花(万支)	20.00
70	肇州县(黑)	鲜切花(万支)	15.00
71	汉源县(川)	鲜切花(万支)	0.60

表 13-26　樱花主产地产量

序号	樱花主产地	花卉类别	生产量
1	旌德县(皖)	城市绿化苗(万株)	150000.00
2	即墨市(鲁)	城市绿化苗(万株)	950.00
3	颍东区(皖)	城市绿化苗(万株)	300.00
4	许昌县(豫)	城市绿化苗(万株)	240.00
5	潢川县(豫)	城市绿化苗(万株)	120.00
6	沙洋县(鄂)	城市绿化苗(万株)	100.00
7	五莲县(鲁)	城市绿化苗(万株)	100.00
8	汶上县(鲁)	城市绿化苗(万株)	80.00
9	东平县(鲁)	城市绿化苗(万株)	50.00
10	长丰县(皖)	城市绿化苗(万株)	45.00
11	上蔡县(豫)	城市绿化苗(万株)	38.00
12	温江区(川)	城市绿化苗(万株)	31.00
13	蕲春县(鄂)	城市绿化苗(万株)	28.00
14	京山县(鄂)	城市绿化苗(万株)	25.00
15	邹平县(鲁)	城市绿化苗(万株)	23.34
16	宜都市(鄂)	城市绿化苗(万株)	20.00
17	中方县(湘)	城市绿化苗(万株)	20.00
18	栾川县(豫)	城市绿化苗(万株)	18.00
19	龙里县(黔)	城市绿化苗(万株)	16.00
20	衢江区(浙)	城市绿化苗(万株)	10.00
21	高　县(川)	城市绿化苗(万株)	5.00
22	枣阳市(鄂)	城市绿化苗(万株)	4.00
23	平桥区(豫)	城市绿化苗(万株)	3.10
24	蒲城县(陕)	城市绿化苗(万株)	3.00
25	柘城县(豫)	城市绿化苗(万株)	2.30
26	涪城区(川)	城市绿化苗(万株)	2.00
27	怀远县(皖)	城市绿化苗(万株)	2.00
28	鹿邑县(豫)	城市绿化苗(万株)	2.00
29	彭水苗族土家族自治县(渝)	城市绿化苗(万株)	2.00
30	玉山县(赣)	城市绿化苗(万株)	2.00
31	象山县(浙)	城市绿化苗(万株)	1.20
32	石门县(湘)	城市绿化苗(万株)	1.00
33	利川市(鄂)	城市绿化苗(万株)	0.80
34	汝南县(豫)	观赏苗木(万株)	120.00
35	东港区(鲁)	观赏苗木(万株)	78.00
36	沙湾区(川)	观赏苗木(万株)	70.00
37	安国市(冀)	观赏苗木(万株)	65.00
38	巴州区(川)	观赏苗木(万株)	60.00
39	冀州市(冀)	观赏苗木(万株)	50.00
40	岚山区(鲁)	观赏苗木(万株)	46.00
41	慈溪市(浙)	观赏苗木(万株)	39.00
42	长葛市(豫)	观赏苗木(万株)	36.00
43	肥城市(鲁)	观赏苗木(万株)	33.00
44	贵池区(皖)	观赏苗木(万株)	30.00
45	邯郸县(冀)	观赏苗木(万株)	30.00

序号	樱花主产地	花卉类别	生产量
46	新泰市(鲁)	观赏苗木(万株)	30.00
47	驿城区(豫)	观赏苗木(万株)	30.00
48	定海区(浙)	观赏苗木(万株)	24.16
49	商州区(陕)	观赏苗木(万株)	20.00
50	社旗县(豫)	观赏苗木(万株)	20.00
51	淄川区(鲁)	观赏苗木(万株)	20.00
52	宁阳县(鲁)	观赏苗木(万株)	17.20
53	霸州市(冀)	观赏苗木(万株)	12.00
54	平度市(鲁)	观赏苗木(万株)	11.00
55	汉阴县(陕)	观赏苗木(万株)	10.00
56	红花岗区(黔)	观赏苗木(万株)	10.00
57	南乐县(豫)	观赏苗木(万株)	10.00
58	海盐县(浙)	观赏苗木(万株)	9.40
59	长白山林业局(吉)	观赏苗木(万株)	9.00
60	禄丰县(滇)	观赏苗木(万株)	8.60
61	江川县(滇)	观赏苗木(万株)	8.07
62	博野县(冀)	观赏苗木(万株)	8.00
63	蒙阴县(鲁)	观赏苗木(万株)	8.00
64	黄州区(鄂)	观赏苗木(万株)	5.00
65	阳新县(鄂)	观赏苗木(万株)	5.00
66	沂源县(鲁)	观赏苗木(万株)	5.00
67	章丘市(鲁)	观赏苗木(万株)	5.00
68	安阳县(豫)	观赏苗木(万株)	4.10
69	涿州市(冀)	观赏苗木(万株)	4.00
70	威海市经济技术开发区(鲁)	观赏苗木(万株)	3.87
71	闻喜县(晋)	观赏苗木(万株)	3.50
72	宁波市市辖区(浙)	观赏苗木(万株)	2.50
73	临武县(湘)	观赏苗木(万株)	2.35
74	施甸县(滇)	观赏苗木(万株)	2.10
75	翠屏区(川)	观赏苗木(万株)	2.00
76	大厂回族自治县(冀)	观赏苗木(万株)	2.00
77	新华区(冀)	观赏苗木(万株)	2.00
78	北仑区(浙)	观赏苗木(万株)	1.90
79	高碑店市(冀)	观赏苗木(万株)	1.05
80	常宁市(湘)	观赏苗木(万株)	1.00
81	石泉县(陕)	观赏苗木(万株)	1.00
82	新乐市(冀)	观赏苗木(万株)	1.00
83	盐亭县(川)	观赏苗木(万株)	1.00
84	镇坪县(陕)	观赏苗木(万株)	1.00
85	南郑县(陕)	花卉用种苗(千苗)	600.00
86	巴州区(川)	盆花(万盆)	5.00
87	巴州区(川)	鲜切花(万支)	10.00

表 13-27　满天星主产地产量

序号	满天星主产地	花卉类别	生产量
1	宜都市(鄂)	城市绿化苗(万株)	25.00
2	攀枝花市东区(川)	城市绿化苗(万株)	1.60
3	雁山区(桂)	城市绿化苗(万株)	1.00
4	贵池区(皖)	观赏苗木(万株)	15.00
5	施甸县(滇)	观赏苗木(万株)	1.00
6	清河区(辽)	盆花(万盆)	42.00
7	鹿泉区(冀)	盆花(万盆)	6.00
8	藁城区(冀)	盆花(万盆)	5.00
9	永年县(冀)	盆花(万盆)	1.89
10	鼎城区(湘)	盆花(万盆)	1.00
11	临武县(湘)	盆花(万盆)	1.00
12	新建县(赣)	盆花(万盆)	0.88
13	玉州区(桂)	盆景(万盆)	8.60
14	郎溪县(皖)	盆景(万盆)	2.50
15	呈贡县(滇)	鲜切花(万支)	669.00
16	吉安县(赣)	鲜切花(万支)	60.00
17	芦溪县(赣)	鲜切花(万支)	40.00
18	三河市(冀)	鲜切花(万支)	40.00
19	沙市区(鄂)	鲜切花(万支)	30.00
20	龙南县(赣)	鲜切花(万支)	22.00
21	藁城区(冀)	鲜切花(万支)	20.00
22	贵池区(皖)	鲜切花(万支)	10.00
23	章丘市(鲁)	鲜切花(万支)	10.00
24	东洲区(辽)	鲜切花(万支)	8.00
25	定兴县(冀)	鲜切花(万支)	5.00
26	洋　县(陕)	鲜切花(万支)	3.00
27	石柱土家族自治县(渝)	鲜切花(万支)	2.20
28	碧江区(黔)	鲜切花(万支)	1.00
29	南皮县(冀)	鲜切叶(万支)	4.01

表 13-28　海棠花主产地产量

序号	海棠花主产地	花卉类别	生产量
1	费　县(鲁)	城市绿化苗(万株)	180.00
2	肥西县(皖)	城市绿化苗(万株)	150.00
3	永城市(豫)	城市绿化苗(万株)	56.10
4	东平县(鲁)	城市绿化苗(万株)	50.00
5	长丰县(皖)	城市绿化苗(万株)	42.00
6	东昌府区(鲁)	城市绿化苗(万株)	20.00
7	蕉岭县(粤)	城市绿化苗(万株)	20.00
8	滨城区(鲁)	城市绿化苗(万株)	3.00
9	洮南市(吉)	城市绿化苗(万株)	2.00
10	德城区(鲁)	城市绿化苗(万株)	1.00
11	遵化市(冀)	观赏苗木(万株)	500.00
12	青州市(鲁)	观赏苗木(万株)	400.00
13	永清县(冀)	观赏苗木(万株)	400.00
14	莒南县(鲁)	观赏苗木(万株)	300.00
15	邯郸县(冀)	观赏苗木(万株)	230.00

序号	海棠花主产地	花卉类别	生产量
16	安国市(冀)	观赏苗木(万株)	200.00
17	涉　县(冀)	观赏苗木(万株)	105.00
18	大城县(冀)	观赏苗木(万株)	100.00
19	驿城区(豫)	观赏苗木(万株)	100.00
20	东港区(鲁)	观赏苗木(万株)	65.00
21	建始县(鄂)	观赏苗木(万株)	50.00
22	贵池区(皖)	观赏苗木(万株)	30.00
23	嵩　县(豫)	观赏苗木(万株)	27.00
24	固安县(冀)	观赏苗木(万株)	20.00
25	赤城县(冀)	观赏苗木(万株)	15.00
26	正定县(冀)	观赏苗木(万株)	15.00
27	郾城区(豫)	观赏苗木(万株)	12.54
28	垦利县(鲁)	观赏苗木(万株)	12.00
29	寿　县(皖)	观赏苗木(万株)	11.00
30	南乐县(豫)	观赏苗木(万株)	10.00
31	任　县(冀)	观赏苗木(万株)	9.00
32	沂源县(鲁)	观赏苗木(万株)	6.20
33	定海区(浙)	观赏苗木(万株)	3.90
34	永年县(冀)	观赏苗木(万株)	3.52
35	盐山县(冀)	观赏苗木(万株)	3.50
36	威海市经济技术开发区(鲁)	观赏苗木(万株)	2.75
37	海盐县(浙)	观赏苗木(万株)	2.50
38	内江市市中区(川)	观赏苗木(万株)	2.00
39	新乐市(冀)	观赏苗木(万株)	2.00
40	故城县(冀)	观赏苗木(万株)	0.80
41	路南区(冀)	观赏苗木(万株)	0.60
42	章丘市(鲁)	花卉用种苗(千苗)	150.00
43	闵行区(沪)	花卉用种苗(千苗)	11.00
44	乐至县(川)	盆花(万盆)	60.00
45	蔡甸区(鄂)	盆花(万盆)	55.00
46	从化市(粤)	盆花(万盆)	30.00
47	石家庄市桥西区(冀)	盆花(万盆)	16.00
48	元氏县(冀)	盆花(万盆)	14.00
49	武城县(鲁)	盆花(万盆)	11.00
50	蒙阴县(鲁)	盆花(万盆)	8.00
51	丰宁满族自治县(冀)	盆花(万盆)	6.00
52	沂源县(鲁)	盆花(万盆)	3.80
53	南岸区(渝)	盆花(万盆)	3.27
54	伽师县(新)	盆花(万盆)	3.00
55	邢台市桥东区(冀)	盆花(万盆)	2.30
56	周村区(鲁)	盆花(万盆)	2.10
57	农四师(新疆兵团)	盆花(万盆)	2.00
58	黔江区(渝)	盆花(万盆)	2.00
59	邢台县(冀)	盆花(万盆)	2.00
60	平山县(冀)	盆花(万盆)	1.52
61	三门县(浙)	盆花(万盆)	1.50
62	潢川县(豫)	盆花(万盆)	1.30
63	藁城区(冀)	盆花(万盆)	1.00
64	滦平县(冀)	盆花(万盆)	1.00
65	庆云县(鲁)	盆花(万盆)	1.00
66	张湾区(鄂)	盆花(万盆)	1.00
67	方城县(豫)	盆花(万盆)	0.95
68	沂南县(鲁)	盆花(万盆)	0.60
69	星子县(赣)	盆景(万盆)	1.00
70	藁城区(冀)	鲜切花(万支)	10.00
71	娄星区(湘)	鲜切花(万支)	7.80
72	东港区(鲁)	鲜切花(万支)	3.00

表 13-29　连翘主产地产量

序号	连翘主产地	花卉类别	生产量
1	潢川县(豫)	城市绿化苗(万株)	120.00
2	九台市(吉)	城市绿化苗(万株)	120.00
3	侯马市(晋)	城市绿化苗(万株)	39.00
4	北林区(黑)	城市绿化苗(万株)	10.00
5	长白山林业局(吉)	城市绿化苗(万株)	10.00
6	栾川县(豫)	城市绿化苗(万株)	9.00
7	大武口区(宁)	城市绿化苗(万株)	8.90
8	临洮县(甘)	城市绿化苗(万株)	5.00
9	彭阳县(宁)	城市绿化苗(万株)	5.00
10	榆树市(吉)	城市绿化苗(万株)	5.00
11	临夏市(甘)	城市绿化苗(万株)	4.00
12	定襄县(晋)	城市绿化苗(万株)	3.00
13	集安市(吉)	城市绿化苗(万株)	3.00
14	金川区(甘)	城市绿化苗(万株)	3.00
15	白城市市辖区(吉)	城市绿化苗(万株)	2.00
16	滨城区(鲁)	城市绿化苗(万株)	2.00
17	崆峒区(甘)	城市绿化苗(万株)	2.00
18	讷河市(黑)	城市绿化苗(万株)	2.00
19	伽师县(新)	城市绿化苗(万株)	1.00
20	永靖县(甘)	城市绿化苗(万株)	0.75
21	呼兰区(黑)	观赏苗木(万株)	1000.00
22	青州市(鲁)	观赏苗木(万株)	1000.00
23	固安县(冀)	观赏苗木(万株)	120.00
24	乐都县(青)	观赏苗木(万株)	94.00
25	开平区(冀)	观赏苗木(万株)	59.00
26	唐山市汉沽管理区(冀)	观赏苗木(万株)	50.00
27	丰宁满族自治县(冀)	观赏苗木(万株)	35.00
28	海城市(辽)	观赏苗木(万株)	34.00
29	隆化县(冀)	观赏苗木(万株)	26.00
30	乐亭县(冀)	观赏苗木(万株)	22.90
31	南乐县(豫)	观赏苗木(万株)	20.00
32	涿州市(冀)	观赏苗木(万株)	15.00

序号	连翘主产地	花卉类别	生产量
33	平安县(青)	观赏苗木(万株)	13.70
34	乌审旗(内蒙古)	观赏苗木(万株)	13.00
35	大城县(冀)	观赏苗木(万株)	10.00
36	龙凤区(黑)	观赏苗木(万株)	10.00
37	青　县(冀)	观赏苗木(万株)	8.00
38	兴庆区(宁)	观赏苗木(万株)	5.20
39	东港区(鲁)	观赏苗木(万株)	5.00
40	嵩　县(豫)	观赏苗木(万株)	5.00
41	北戴河区(冀)	观赏苗木(万株)	2.00
42	瓜州县(甘)	观赏苗木(万株)	1.50
43	壶关县(晋)	观赏苗木(万株)	1.20
44	深泽县(冀)	观赏苗木(万株)	1.09
45	郎溪县(皖)	盆景(万盆)	1.50
46	卢氏县(豫)	食用及药用花卉(千克)	200.00

表 13-30　木槿主产地产量

序号	木槿主产地	花卉类别	生产量
1	潢川县(豫)	城市绿化苗(万株)	300.00
2	滑　县(豫)	城市绿化苗(万株)	100.00
3	即墨市(鲁)	城市绿化苗(万株)	60.00
4	伊川县(豫)	城市绿化苗(万株)	50.00
5	济源市(豫)	城市绿化苗(万株)	45.00
6	鹤山区(豫)	城市绿化苗(万株)	30.00
7	汶上县(鲁)	城市绿化苗(万株)	20.00
8	颍泉区(皖)	城市绿化苗(万株)	12.60
9	枣阳市(鄂)	城市绿化苗(万株)	9.00
10	昌乐县(鲁)	城市绿化苗(万株)	3.00
11	普陀区(浙)	城市绿化苗(万株)	1.03
12	龙里县(黔)	城市绿化苗(万株)	1.00
13	平桥区(豫)	城市绿化苗(万株)	1.00
14	东平县(鲁)	观赏苗木(万株)	200.00
15	陵　县(鲁)	观赏苗木(万株)	110.00
16	濮阳县(豫)	观赏苗木(万株)	60.00
17	青州市(鲁)	观赏苗木(万株)	60.00
18	邯郸县(冀)	观赏苗木(万株)	50.00
19	环翠区(鲁)	观赏苗木(万株)	40.00
20	南宫市(冀)	观赏苗木(万株)	31.10
21	长垣县(豫)	观赏苗木(万株)	25.00
22	霸州市(冀)	观赏苗木(万株)	24.00
23	南和县(冀)	观赏苗木(万株)	19.00
24	东港区(鲁)	观赏苗木(万株)	15.00
25	利津县(鲁)	观赏苗木(万株)	12.00
26	嵩　县(豫)	观赏苗木(万株)	12.00
27	大城县(冀)	观赏苗木(万株)	10.00
28	新泰市(鲁)	观赏苗木(万株)	6.00
29	海城市(辽)	观赏苗木(万株)	5.90
30	高邑县(冀)	观赏苗木(万株)	5.50
31	武强县(冀)	观赏苗木(万株)	5.10
32	垦利县(鲁)	观赏苗木(万株)	5.00
33	平度市(鲁)	观赏苗木(万株)	5.00
34	辛集市(冀)	观赏苗木(万株)	5.00
35	北戴河区(冀)	观赏苗木(万株)	4.00
36	鹿泉区(冀)	观赏苗木(万株)	4.00
37	邢台县(冀)	观赏苗木(万株)	4.00
38	海盐县(浙)	观赏苗木(万株)	3.80
39	内江市市中区(川)	观赏苗木(万株)	3.00
40	武邑县(冀)	观赏苗木(万株)	3.00
41	饶阳县(冀)	观赏苗木(万株)	2.50
42	安阳县(豫)	观赏苗木(万株)	2.30
43	威海市经济技术开发区(鲁)	观赏苗木(万株)	2.02
44	大厂回族自治县(冀)	观赏苗木(万株)	2.00
45	鸡泽县(冀)	观赏苗木(万株)	2.00
46	新乐市(冀)	观赏苗木(万株)	2.00
47	涿州市(冀)	观赏苗木(万株)	2.00
48	川汇区(豫)	观赏苗木(万株)	1.50
49	卫辉市(豫)	观赏苗木(万株)	1.50
50	阳信县(鲁)	观赏苗木(万株)	0.80
51	德城区(鲁)	观赏苗木(万株)	0.60
52	红花岗区(黔)	盆景(万盆)	9.00

表 13-31　黄杨类主产地产量

序号	黄杨类主产地	花卉类别	生产量
1	偃师市(豫)	城市绿化苗(万株)	1000.00
2	新泰市(鲁)	城市绿化苗(万株)	850.00
3	东平县(鲁)	城市绿化苗(万株)	500.00
4	光山县(豫)	城市绿化苗(万株)	300.00
5	兰考县(豫)	城市绿化苗(万株)	300.00
6	汝州市(豫)	城市绿化苗(万株)	240.00
7	上蔡县(豫)	城市绿化苗(万株)	213.00
8	辛集市(冀)	城市绿化苗(万株)	89.00
9	平山县(冀)	城市绿化苗(万株)	68.80
10	龙里县(黔)	城市绿化苗(万株)	40.00
11	济南市市中区(鲁)	城市绿化苗(万株)	20.00
12	罗山县(豫)	城市绿化苗(万株)	20.00
13	龙南县(赣)	城市绿化苗(万株)	19.00
14	梁山县(鲁)	城市绿化苗(万株)	14.00
15	东昌府区(鲁)	城市绿化苗(万株)	10.00
16	路桥区(浙)	城市绿化苗(万株)	7.90
17	北关区(豫)	城市绿化苗(万株)	6.00
18	平桥区(豫)	城市绿化苗(万株)	4.10
19	崆峒区(甘)	城市绿化苗(万株)	2.70
20	蒲城县(陕)	城市绿化苗(万株)	2.50

序号	黄杨类主产地	花卉类别	生产量
21	固安县(冀)	观赏苗木(万株)	1320.00
22	青州市(鲁)	观赏苗木(万株)	1200.00
23	望都县(冀)	观赏苗木(万株)	1100.00
24	顺平县(冀)	观赏苗木(万株)	550.00
25	深州市(冀)	观赏苗木(万株)	532.80
26	郏　县(豫)	观赏苗木(万株)	508.00
27	成安县(冀)	观赏苗木(万株)	350.00
28	确山县(豫)	观赏苗木(万株)	280.00
29	涿州市(冀)	观赏苗木(万株)	200.00
30	安阳县(豫)	观赏苗木(万株)	177.00
31	沂水县(鲁)	观赏苗木(万株)	163.00
32	开平区(冀)	观赏苗木(万株)	150.00
33	香河县(冀)	观赏苗木(万株)	150.00
34	南皮县(冀)	观赏苗木(万株)	126.20
35	霸州市(冀)	观赏苗木(万株)	100.00
36	伊川县(豫)	观赏苗木(万株)	100.00
37	沙河市(冀)	观赏苗木(万株)	90.00
38	新蔡县(豫)	观赏苗木(万株)	67.50
39	内乡县(豫)	观赏苗木(万株)	50.00
40	玉田县(冀)	观赏苗木(万株)	50.00
41	运河区(冀)	观赏苗木(万株)	50.00
42	濮阳县(豫)	观赏苗木(万株)	38.00
43	永年县(冀)	观赏苗木(万株)	38.00
44	定海区(浙)	观赏苗木(万株)	32.40
45	海港区(冀)	观赏苗木(万株)	31.00
46	灵璧县(皖)	观赏苗木(万株)	25.00
47	嵩　县(豫)	观赏苗木(万株)	25.00
48	南和县(冀)	观赏苗木(万株)	20.00
49	驿城区(豫)	观赏苗木(万株)	20.00
50	泊头市(冀)	观赏苗木(万株)	19.18
51	河间市(冀)	观赏苗木(万株)	19.02
52	邢台县(冀)	观赏苗木(万株)	19.00
53	巴州区(川)	观赏苗木(万株)	16.00
54	盐山县(冀)	观赏苗木(万株)	15.00
55	大名县(冀)	观赏苗木(万株)	12.00
56	赵　县(冀)	观赏苗木(万株)	10.80
57	磁　县(冀)	观赏苗木(万株)	10.00
58	高碑店市(冀)	观赏苗木(万株)	10.00
59	隆尧县(冀)	观赏苗木(万株)	10.00
60	郾城区(豫)	观赏苗木(万株)	10.00
61	鸡泽县(冀)	观赏苗木(万株)	9.50
62	卫辉市(豫)	观赏苗木(万株)	9.50
63	武强县(冀)	观赏苗木(万株)	7.50
64	北戴河区(冀)	观赏苗木(万株)	6.00
65	任　县(冀)	观赏苗木(万株)	6.00
66	寿　县(皖)	观赏苗木(万株)	6.00
67	赞皇县(冀)	观赏苗木(万株)	5.10
68	大厂回族自治县(冀)	观赏苗木(万株)	4.00
69	孟村回族自治县(冀)	观赏苗木(万株)	2.00
70	宕昌县(甘)	观赏苗木(万株)	1.50
71	故城县(冀)	观赏苗木(万株)	0.70
72	夏邑县(豫)	观叶植物(万盆)	10.00
73	章丘市(鲁)	花卉用种球(千粒)	10.00
74	巴州区(川)	盆花(万盆)	3.00
75	涉　县(冀)	盆花(万盆)	2.40
76	河间市(冀)	盆景(万盆)	61.03
77	翠屏区(川)	盆景(万盆)	50.00
78	文　县(甘)	盆景(万盆)	2.30
79	三门县(浙)	盆景(万盆)	0.80

表 13-32　紫荆主产地产量

序号	紫荆主产地	花卉类别	生产量
1	潢川县(豫)	城市绿化苗(万株)	50.00
2	贵池区(皖)	城市绿化苗(万株)	15.00
3	宜都市(鄂)	城市绿化苗(万株)	15.00
4	颍泉区(皖)	城市绿化苗(万株)	10.80
5	鹤山区(豫)	城市绿化苗(万株)	7.50
6	碧江区(黔)	城市绿化苗(万株)	3.00
7	花都区(粤)	城市绿化苗(万株)	3.00
8	雅长林场(桂)	城市绿化苗(万株)	2.21
9	罗山县(豫)	城市绿化苗(万株)	2.00
10	竹山县(鄂)	城市绿化苗(万株)	2.00
11	梁山县(鲁)	城市绿化苗(万株)	1.50
12	龙里县(黔)	城市绿化苗(万株)	1.50
13	东昌府区(鲁)	城市绿化苗(万株)	1.00
14	东平县(鲁)	观赏苗木(万株)	50.00
15	嵩　县(豫)	观赏苗木(万株)	50.00
16	陵　县(鲁)	观赏苗木(万株)	48.00
17	巴州区(川)	观赏苗木(万株)	36.00
18	环翠区(鲁)	观赏苗木(万株)	30.00
19	通江县(川)	观赏苗木(万株)	30.00
20	盐亭县(川)	观赏苗木(万株)	20.00
21	红花岗区(黔)	观赏苗木(万株)	10.00
22	东港区(鲁)	观赏苗木(万株)	8.00
23	永年县(冀)	观赏苗木(万株)	6.45
24	新泰市(鲁)	观赏苗木(万株)	6.00
25	任　县(冀)	观赏苗木(万株)	2.00
26	荔波县(黔)	观赏苗木(万株)	1.00
27	普安县(黔)	观赏苗木(万株)	1.00
28	镇坪县(陕)	观赏苗木(万株)	1.00
29	赞皇县(冀)	观赏苗木(万株)	0.70
30	巴州区(川)	盆花(万盆)	6.00

表 13-33 紫薇类主产地产量

序号	紫薇类主产地	花卉类别	生产量
1	长清区(鲁)	城市绿化苗(万株)	500.00
2	即墨市(鲁)	城市绿化苗(万株)	155.00
3	竹溪县(鄂)	城市绿化苗(万株)	100.00
4	上蔡县(豫)	城市绿化苗(万株)	86.00
5	荥阳市(豫)	城市绿化苗(万株)	35.00
6	掇刀区(鄂)	城市绿化苗(万株)	20.00
7	桐城市(皖)	城市绿化苗(万株)	20.00
8	坊子区(鲁)	城市绿化苗(万株)	8.00
9	邓州市(豫)	城市绿化苗(万株)	6.00
10	丰都县(渝)	城市绿化苗(万株)	5.50
11	江川县(滇)	城市绿化苗(万株)	5.13
12	碧江区(黔)	城市绿化苗(万株)	5.00
13	清新县(粤)	城市绿化苗(万株)	5.00
14	昌乐县(鲁)	城市绿化苗(万株)	4.00
15	泾　县(皖)	城市绿化苗(万株)	4.00
16	肥城市(鲁)	观赏苗木(万株)	102.00
17	河东区(鲁)	观赏苗木(万株)	75.00
18	陵　县(鲁)	观赏苗木(万株)	56.00
19	沙河市(冀)	观赏苗木(万株)	45.00
20	贵池区(皖)	观赏苗木(万株)	30.00
21	确山县(豫)	观赏苗木(万株)	30.00
22	新泰市(鲁)	观赏苗木(万株)	30.00
23	龙州县(桂)	观赏苗木(万株)	15.00
24	衢江区(浙)	观赏苗木(万株)	12.00
25	蒙阴县(鲁)	观赏苗木(万株)	10.50
26	孟津县(豫)	观赏苗木(万株)	5.00
27	盐亭县(川)	观赏苗木(万株)	5.00
28	涿州市(冀)	观赏苗木(万株)	5.00
29	三台县(川)	观赏苗木(万株)	2.34
30	北戴河区(冀)	观赏苗木(万株)	2.00
31	渝水区(赣)	观赏苗木(万株)	1.60
32	台山市(粤)	观赏苗木(万株)	0.70
33	保康县(鄂)	观叶植物(万盆)	30.00
34	蔡甸区(鄂)	盆花(万盆)	7.00
35	竹溪县(鄂)	盆花(万盆)	3.00
36	襄城区(鄂)	盆景(万盆)	3.00
37	宣汉县(川)	鲜切花(万支)	9.00

表 13-34 矮牵牛主产地产量

序号	矮牵牛主产地	花卉类别	生产量
1	青州市(鲁)	城市绿化苗(万株)	785.00
2	大竹县(川)	城市绿化苗(万株)	400.00
3	嘉峪关市(甘)	城市绿化苗(万株)	50.00
4	通河县(黑)	城市绿化苗(万株)	30.00
5	木兰县(黑)	城市绿化苗(万株)	20.00
6	沙市区(鄂)	城市绿化苗(万株)	20.00
7	镇赉县(吉)	城市绿化苗(万株)	16.00
8	大同县(晋)	城市绿化苗(万株)	10.00
9	金川区(甘)	城市绿化苗(万株)	10.00
10	讷河市(黑)	城市绿化苗(万株)	5.00
11	四平市铁西区(吉)	城市绿化苗(万株)	5.00
12	长白山林业局(吉)	城市绿化苗(万株)	5.00
13	洮南市(吉)	城市绿化苗(万株)	3.00
14	延寿县(黑)	观赏苗木(万株)	1000.00
15	丰宁满族自治县(冀)	观赏苗木(万株)	50.00
16	庄河市(辽)	观赏苗木(万株)	45.00
17	贡井区(川)	观赏苗木(万株)	30.00
18	甘州区(甘)	观赏苗木(万株)	20.00
19	元氏县(冀)	观赏苗木(万株)	15.00
20	黄州区(鄂)	观赏苗木(万株)	4.00
21	宁城县(内蒙古)	观叶植物(万盆)	10.00
22	通榆县(吉)	观叶植物(万盆)	3.30
23	山丹县(甘)	观叶植物(万盆)	1.00
24	梅河口市(吉)	花卉用种苗(千苗)	600.00
25	鄢陵县(豫)	盆花(万盆)	1000.00
26	邹平县(鲁)	盆花(万盆)	458.00
27	莒南县(鲁)	盆花(万盆)	380.00
28	灯塔市(辽)	盆花(万盆)	300.00
29	金凤区(宁)	盆花(万盆)	200.00
30	三河市(冀)	盆花(万盆)	200.00
31	庐阳区(皖)	盆花(万盆)	175.00
32	兴庆区(宁)	盆花(万盆)	175.00
33	新民市(辽)	盆花(万盆)	150.00
34	长安区(冀)	盆花(万盆)	103.00
35	玉田县(冀)	盆花(万盆)	59.00
36	路北区(冀)	盆花(万盆)	42.00
37	西夏区(宁)	盆花(万盆)	40.00
38	北戴河区(冀)	盆花(万盆)	35.00
39	石家庄市桥西区(冀)	盆花(万盆)	35.00
40	惠农区(宁)	盆花(万盆)	30.00
41	永清县(冀)	盆花(万盆)	30.00
42	涿州市(冀)	盆花(万盆)	30.00
43	惠济区(豫)	盆花(万盆)	25.10
44	固安县(冀)	盆花(万盆)	21.00
45	静海县(津)	盆花(万盆)	21.00
46	海城市(辽)	盆花(万盆)	20.00
47	黔江区(渝)	盆花(万盆)	20.00
48	和林格尔县(内蒙古)	盆花(万盆)	18.00
49	海港区(冀)	盆花(万盆)	17.80
50	平罗县(宁)	盆花(万盆)	16.00
51	普兰店市(辽)	盆花(万盆)	12.00

序号	矮牵牛主产地	花卉类别	生产量
52	巴州区(川)	盆花(万盆)	10.00
53	会宁县(甘)	盆花(万盆)	10.00
54	开平区(冀)	盆花(万盆)	10.00
55	闵行区(沪)	盆花(万盆)	10.00
56	青铜峡市(宁)	盆花(万盆)	10.00
57	望花区(辽)	盆花(万盆)	10.00
58	阳泉市郊区(晋)	盆花(万盆)	10.00
59	未央区(陕)	盆花(万盆)	9.00
60	大通回族土族自治县(青)	盆花(万盆)	8.00
61	临洮县(甘)	盆花(万盆)	8.00
62	大厂回族自治县(冀)	盆花(万盆)	6.00
63	满城县(冀)	盆花(万盆)	5.00
64	双桥区(冀)	盆花(万盆)	5.00
65	香河县(冀)	盆花(万盆)	5.00
66	宣化区(冀)	盆花(万盆)	5.00
67	长治县(晋)	盆花(万盆)	5.00
68	本溪满族自治县(辽)	盆花(万盆)	4.00
69	赞皇县(冀)	盆花(万盆)	3.90
70	忻府区(晋)	盆花(万盆)	3.80
71	井研县(川)	盆花(万盆)	3.20
72	费　县(鲁)	盆花(万盆)	3.00
73	淮上区(皖)	盆花(万盆)	3.00
74	抚宁县(冀)	盆花(万盆)	2.00
75	广阳区(冀)	盆花(万盆)	2.00
76	东平县(鲁)	盆花(万盆)	1.50
77	公安县(鄂)	盆花(万盆)	1.50
78	金城江区(桂)	盆花(万盆)	1.50
79	临漳县(冀)	盆花(万盆)	1.10
80	龙凤区(黑)	盆花(万盆)	1.00
81	萨尔图区(黑)	盆花(万盆)	1.00
82	新乐市(冀)	盆花(万盆)	1.00
83	商水县(豫)	盆花(万盆)	0.80
84	伽师县(新)	盆景(万盆)	20.00
85	肇州县(黑)	盆景(万盆)	5.00
86	大武口区(宁)	鲜切花(万支)	140.00
87	肇州县(黑)	鲜切花(万支)	20.00

表 13-35　一串红主产地产量

序号	一串红主产地	花卉类别	生产量
1	青州市(鲁)	城市绿化苗(万株)	640.00
2	双城市(黑)	城市绿化苗(万株)	68.00
3	丹棱县(川)	城市绿化苗(万株)	50.00
4	嘉峪关市(甘)	城市绿化苗(万株)	35.00
5	二道江区(吉)	城市绿化苗(万株)	30.00
6	大同县(晋)	城市绿化苗(万株)	20.00
7	木兰县(黑)	城市绿化苗(万株)	20.00
8	集安市(吉)	城市绿化苗(万株)	10.00
9	榆树市(吉)	城市绿化苗(万株)	10.00
10	四平市铁西区(吉)	城市绿化苗(万株)	5.00
11	金川区(甘)	城市绿化苗(万株)	4.00
12	蜀山区(皖)	城市绿化苗(万株)	4.00
13	洮南市(吉)	城市绿化苗(万株)	3.20
14	蚌山区(皖)	观赏苗木(万株)	40.00
15	淮上区(皖)	观赏苗木(万株)	20.00
16	长白山林业局(吉)	观赏苗木(万株)	15.00
17	承德县(冀)	观赏苗木(万株)	10.00
18	南和县(冀)	观赏苗木(万株)	7.00
19	壶关县(晋)	观赏苗木(万株)	3.40
20	察哈尔右翼前旗(内蒙古)	观叶植物(万盆)	8.00
21	沅陵县(湘)	观叶植物(万盆)	2.10
22	山丹县(甘)	观叶植物(万盆)	2.00
23	阿城区(黑)	花卉用种苗(千苗)	66.00
24	阜新蒙古族自治县(辽)	盆花(万盆)	525.00
25	灯塔市(辽)	盆花(万盆)	300.00
26	莒南县(鲁)	盆花(万盆)	130.00
27	玉田县(冀)	盆花(万盆)	120.00
28	襄城县(豫)	盆花(万盆)	115.00
29	赫山区(湘)	盆花(万盆)	100.00
30	蔡甸区(鄂)	盆花(万盆)	71.00
31	路南区(冀)	盆花(万盆)	70.00
32	海城市(辽)	盆花(万盆)	53.00
33	环翠区(鲁)	盆花(万盆)	50.00
34	金凤区(宁)	盆花(万盆)	50.00
35	彭山县(川)	盆花(万盆)	50.00
36	平泉县(冀)	盆花(万盆)	50.00
37	浦东新区(沪)	盆花(万盆)	50.00
38	曲阜市(鲁)	盆花(万盆)	50.00
39	长安区(冀)	盆花(万盆)	50.00
40	左云县(晋)	盆花(万盆)	50.00
41	石家庄市桥西区(冀)	盆花(万盆)	43.00
42	兴庆区(宁)	盆花(万盆)	40.60
43	巴州区(川)	盆花(万盆)	40.00
44	平桥区(豫)	盆花(万盆)	32.00
45	涿州市(冀)	盆花(万盆)	30.00
46	新泰市(鲁)	盆花(万盆)	28.00
47	吴桥县(冀)	盆花(万盆)	27.00
48	甘州区(甘)	盆花(万盆)	20.00
49	龙子湖区(皖)	盆花(万盆)	20.00
50	庐阳区(皖)	盆花(万盆)	19.80
51	惠济区(豫)	盆花(万盆)	18.20
52	普兰店市(辽)	盆花(万盆)	15.00
53	谯城区(皖)	盆花(万盆)	15.00

序号	一串红主产地	花卉类别	生产量
54	北戴河区(冀)	盆花(万盆)	13.00
55	东港区(鲁)	盆花(万盆)	13.00
56	本溪满族自治县(辽)	盆花(万盆)	12.00
57	成安县(冀)	盆花(万盆)	12.00
58	辛集市(冀)	盆花(万盆)	12.00
59	磁　县(冀)	盆花(万盆)	11.00
60	莎车县(新)	盆花(万盆)	11.00
61	开平区(冀)	盆花(万盆)	10.00
62	黔江区(渝)	盆花(万盆)	10.00
63	凤城市(辽)	盆花(万盆)	9.00
64	海港区(冀)	盆花(万盆)	9.00
65	未央区(陕)	盆花(万盆)	9.00
66	香河县(冀)	盆花(万盆)	9.00
67	和林格尔县(内蒙古)	盆花(万盆)	8.00
68	隆尧县(冀)	盆花(万盆)	8.00
69	邱　县(冀)	盆花(万盆)	8.00
70	忻府区(晋)	盆花(万盆)	7.50
71	寿　县(皖)	盆花(万盆)	7.00
72	金城江区(桂)	盆花(万盆)	6.50
73	鼎城区(湘)	盆花(万盆)	6.00
74	抚宁县(冀)	盆花(万盆)	6.00
75	固安县(冀)	盆花(万盆)	6.00
76	闵行区(沪)	盆花(万盆)	6.00
77	大名县(冀)	盆花(万盆)	5.00
78	邯郸县(冀)	盆花(万盆)	5.00
79	喀什市(新)	盆花(万盆)	5.00
80	任　县(冀)	盆花(万盆)	5.00
81	威海市经济技术开发区(鲁)	盆花(万盆)	5.00
82	宣化区(冀)	盆花(万盆)	5.00
83	沂南县(鲁)	盆花(万盆)	5.00
84	长治县(晋)	盆花(万盆)	5.00
85	新乐市(冀)	盆花(万盆)	4.00
86	邢台市桥东区(冀)	盆花(万盆)	3.30
87	井研县(川)	盆花(万盆)	3.20
88	高碑店市(冀)	盆花(万盆)	3.00
89	陵　县(鲁)	盆花(万盆)	3.00
90	鹿泉区(冀)	盆花(万盆)	3.00
91	满城县(冀)	盆花(万盆)	3.00
92	山海关区(冀)	盆花(万盆)	3.00
93	雄　县(冀)	盆花(万盆)	3.00
94	古冶区(冀)	盆花(万盆)	2.56
95	新建县(赣)	盆花(万盆)	2.46
96	崆峒区(甘)	盆花(万盆)	2.10
97	东平县(鲁)	盆花(万盆)	2.00
98	藁城区(冀)	盆花(万盆)	2.00
99	广阳区(冀)	盆花(万盆)	2.00
100	邢台县(冀)	盆花(万盆)	2.00
101	长治市城区(晋)	盆花(万盆)	2.00
102	沙河市(冀)	盆花(万盆)	1.50
103	宁阳县(鲁)	盆花(万盆)	1.40
104	商水县(豫)	盆花(万盆)	1.20
105	东昌府区(鲁)	盆花(万盆)	1.00
106	复兴区(冀)	盆花(万盆)	1.00
107	龙凤区(黑)	盆花(万盆)	1.00
108	龙里县(黔)	盆花(万盆)	1.00
109	肃宁县(冀)	盆花(万盆)	1.00
110	方城县(豫)	盆花(万盆)	0.87
111	鹤峰县(鄂)	盆花(万盆)	0.80
112	枣强县(冀)	盆花(万盆)	0.80
113	安平县(冀)	盆花(万盆)	0.72
114	鸡泽县(冀)	盆花(万盆)	0.60
115	汶上县(鲁)	盆花(万盆)	0.60
116	沁　县(晋)	盆景(万盆)	14.00
117	郎溪县(皖)	盆景(万盆)	4.50
118	襄城区(鄂)	盆景(万盆)	3.00
119	镇坪县(陕)	盆景(万盆)	2.00
120	宝丰县(豫)	盆景(万盆)	1.10
121	贡井区(川)	鲜切花(万支)	40.00
122	芜湖县(皖)	鲜切花(万支)	10.00
123	石台县(皖)	鲜切花(万支)	2.00
124	汉源县(川)	鲜切花(万支)	0.70
125	东河区(内蒙古)	鲜切叶(万支)	7.20

表 13-36　凤梨类主产地产量

序号	凤梨类主产地	花卉类别	生产量
1	贵池区(皖)	观赏苗木(万株)	30.00
2	七坡林场(桂)	观赏苗木(万株)	5.00
3	游仙区(川)	观叶植物(万盆)	20.00
4	丰台区(京)	观叶植物(万盆)	12.50
5	蚌山区(皖)	观叶植物(万盆)	1.00
6	闵行区(沪)	花卉用种苗(千苗)	11.00
7	松江区(沪)	盆花(万盆)	513.00
8	诸城市(鲁)	盆花(万盆)	300.00
9	海州区(苏)	盆花(万盆)	292.00
10	青州市(鲁)	盆花(万盆)	150.00
11	怀宁县(皖)	盆花(万盆)	100.00
12	徐水县(冀)	盆花(万盆)	84.00
13	义乌市(浙)	盆花(万盆)	70.00
14	昆山市(苏)	盆花(万盆)	48.40
15	德昌县(川)	盆花(万盆)	45.00
16	大丰市(苏)	盆花(万盆)	38.50
17	涿州市(冀)	盆花(万盆)	25.00

序号	凤梨类主产地	花卉类别	生产量
18	武城县(鲁)	盆花(万盆)	20.00
19	成安县(冀)	盆花(万盆)	16.00
20	新华区(冀)	盆花(万盆)	11.00
21	东洲区(辽)	盆花(万盆)	11.00
22	东昌府区(鲁)	盆花(万盆)	10.00
23	金山区(沪)	盆花(万盆)	9.50
24	黄埔区(粤)	盆花(万盆)	8.00
25	永清县(冀)	盆花(万盆)	6.00
26	临夏市(甘)	盆花(万盆)	6.00
27	北京市大东流苗圃(京)	盆花(万盆)	5.46
28	固安县(冀)	盆花(万盆)	5.00
29	临洮县(甘)	盆花(万盆)	5.00
30	惠济区(豫)	盆花(万盆)	4.30
31	长安区(陕)	盆花(万盆)	2.50
32	赞皇县(冀)	盆花(万盆)	1.40
33	绍兴县(浙)	盆花(万盆)	1.32
34	忻府区(晋)	盆花(万盆)	0.58
35	翠屏区(川)	盆景(万盆)	2.00
36	鹿泉区(冀)	鲜切叶(万支)	13.00

表 13-37 红檵木主产地产量

序号	红檵木主产地	花卉类别	生产量
1	北湖区(湘)	城市绿化苗(万株)	2050.00
2	洪江市(湘)	城市绿化苗(万株)	240.00
3	庐阳区(皖)	城市绿化苗(万株)	202.00
4	沙洋县(鄂)	城市绿化苗(万株)	200.00
5	岳阳县(湘)	城市绿化苗(万株)	200.00
6	象山县(浙)	城市绿化苗(万株)	150.00
7	株洲县(湘)	城市绿化苗(万株)	140.00
8	孝昌县(鄂)	城市绿化苗(万株)	100.00
9	邵东县(湘)	城市绿化苗(万株)	82.00
10	碧江区(黔)	城市绿化苗(万株)	80.00
11	颍泉区(皖)	城市绿化苗(万株)	76.40
12	威远县(川)	城市绿化苗(万株)	55.00
13	荆门市市辖区(鄂)	城市绿化苗(万株)	52.75
14	江津区(渝)	城市绿化苗(万株)	50.00
15	清新县(粤)	城市绿化苗(万株)	50.00
16	华容县(湘)	城市绿化苗(万株)	40.00
17	龙里县(黔)	城市绿化苗(万株)	30.00
18	新宁县(湘)	城市绿化苗(万株)	30.00
19	宜都市(鄂)	城市绿化苗(万株)	25.00
20	高　县(川)	城市绿化苗(万株)	23.00
21	新化县(湘)	城市绿化苗(万株)	20.00
22	汝城县(湘)	城市绿化苗(万株)	16.00
23	新晃侗族自治县(湘)	城市绿化苗(万株)	11.00
24	黔江区(渝)	城市绿化苗(万株)	10.00
25	娄底市市辖区(湘)	城市绿化苗(万株)	9.50
26	茅箭区(鄂)	城市绿化苗(万株)	8.00
27	芷江侗族自治县(湘)	城市绿化苗(万株)	8.00
28	普陀区(浙)	城市绿化苗(万株)	5.80
29	辰溪县(湘)	城市绿化苗(万株)	5.00
30	路桥区(浙)	城市绿化苗(万株)	4.00
31	新田县(湘)	城市绿化苗(万株)	2.80
32	浠水县(鄂)	城市绿化苗(万株)	2.50
33	安陆市(鄂)	城市绿化苗(万株)	2.00
34	黟　县(皖)	城市绿化苗(万株)	1.00
35	铅山县(赣)	观赏苗木(万株)	8000.00
36	阳朔县(桂)	观赏苗木(万株)	350.00
37	慈溪市(浙)	观赏苗木(万株)	150.00
38	慈利县(湘)	观赏苗木(万株)	80.00
39	定海区(浙)	观赏苗木(万株)	50.55
40	中方县(湘)	观赏苗木(万株)	35.00
41	巴州区(川)	观赏苗木(万株)	30.00
42	南郑县(陕)	观赏苗木(万株)	20.00
43	常宁市(湘)	观赏苗木(万株)	16.00
44	洞口县(湘)	观赏苗木(万株)	12.00
45	蔡甸区(鄂)	观赏苗木(万株)	10.00
46	内江市市中区(川)	观赏苗木(万株)	10.00
47	张湾区(鄂)	观赏苗木(万株)	10.00
48	武陵区(湘)	观赏苗木(万株)	9.00
49	贵池区(皖)	观赏苗木(万株)	5.00
50	阳新县(鄂)	观赏苗木(万株)	5.00
51	沅江市(湘)	观赏苗木(万株)	5.00
52	永兴县(湘)	观赏苗木(万株)	4.00
53	海盐县(浙)	观赏苗木(万株)	3.50
54	黄冕林场(桂)	观赏苗木(万株)	2.00
55	黄州区(鄂)	观赏苗木(万株)	1.00
56	都昌县(赣)	观叶植物(万盆)	4.00
57	新宁县(湘)	花卉用种苗(千苗)	100.00
58	龙里县(黔)	盆花(万盆)	8.00
59	洞口县(湘)	盆花(万盆)	5.00
60	巴州区(川)	盆花(万盆)	3.00
61	阳朔县(桂)	盆景(万盆)	40.00
62	贵池区(皖)	盆景(万盆)	15.00
63	郎溪县(皖)	盆景(万盆)	2.00
64	两当县(甘)	盆景(万盆)	1.30
65	镇坪县(陕)	盆景(万盆)	1.00
66	三门县(浙)	盆景(万盆)	0.60
67	津市市(湘)	鲜切花(万支)	1.20
68	洋　县(陕)	鲜切叶(万支)	1.90

表 13-38　红掌主产地产量

序号	红掌主产地	花卉类别	生产量
1	长清区(鲁)	城市绿化苗(万株)	200.00
2	炎陵县(湘)	城市绿化苗(万株)	0.80
3	望城县(湘)	观赏苗木(万株)	243.00
4	贵池区(皖)	观赏苗木(万株)	5.00
5	盐亭县(川)	观赏苗木(万株)	1.00
6	清丰县(豫)	观叶植物(万盆)	50.00
7	章丘市(鲁)	观叶植物(万盆)	15.00
8	东昌府区(鲁)	观叶植物(万盆)	1.00
9	高碑店市(冀)	观叶植物(万盆)	0.60
10	嵩明县(滇)	盆花(万盆)	2010.00
11	洛龙区(豫)	盆花(万盆)	200.00
12	松江区(沪)	盆花(万盆)	174.10
13	三河市(冀)	盆花(万盆)	172.10
14	崇明县(沪)	盆花(万盆)	146.82
15	东营区(鲁)	盆花(万盆)	120.00
16	怀宁县(皖)	盆花(万盆)	100.00
17	德昌县(川)	盆花(万盆)	85.00
18	青州市(鲁)	盆花(万盆)	75.00
19	颍泉区(皖)	盆花(万盆)	66.50
20	北京市大东流苗圃(京)	盆花(万盆)	54.29
21	从化市(粤)	盆花(万盆)	50.00
22	攀枝花市西区(川)	盆花(万盆)	45.00
23	涿州市(冀)	盆花(万盆)	35.00
24	新华区(冀)	盆花(万盆)	30.00
25	环翠区(鲁)	盆花(万盆)	25.00
26	长安区(陕)	盆花(万盆)	17.00
27	路桥区(浙)	盆花(万盆)	15.00
28	三原县(陕)	盆花(万盆)	15.00
29	海港区(冀)	盆花(万盆)	14.50
30	昆山市(苏)	盆花(万盆)	10.50
31	栾城区(冀)	盆花(万盆)	10.00
32	石家庄市桥西区(冀)	盆花(万盆)	10.00
33	东港区(鲁)	盆花(万盆)	6.00
34	固安县(冀)	盆花(万盆)	5.00
35	兴庆区(宁)	盆花(万盆)	5.00
36	甘州区(甘)	盆花(万盆)	3.00
37	许昌县(豫)	盆花(万盆)	3.00
38	抚宁县(冀)	盆花(万盆)	2.00
39	灵宝市(豫)	盆花(万盆)	2.00
40	威海市经济技术开发区(鲁)	盆花(万盆)	2.00
41	威远县(川)	盆花(万盆)	2.00
42	黔江区(渝)	盆花(万盆)	1.50
43	景　县(冀)	盆花(万盆)	1.05
44	汉源县(川)	盆花(万盆)	0.90
45	忻府区(晋)	盆花(万盆)	0.75
46	伽师县(新)	盆景(万盆)	1.50
47	新丰县(粤)	盆景(万盆)	1.10
48	黄陂区(鄂)	鲜切花(万支)	2000.00
49	濮阳县(豫)	鲜切花(万支)	360.00
50	呈贡县(滇)	鲜切花(万支)	310.00
51	华龙区(豫)	鲜切花(万支)	200.00
52	固安县(冀)	鲜切花(万支)	40.00

表 13-39　富贵竹主产地产量

序号	富贵竹主产地	花卉类别	生产量
1	新宁县(湘)	城市绿化苗(万株)	20.00
2	清新县(粤)	城市绿化苗(万株)	2.00
3	贵池区(皖)	观赏苗木(万株)	120.00
4	太康县(豫)	观赏苗木(万株)	3.00
5	黔江区(渝)	观叶植物(万盆)	10.00
6	麻城市(鄂)	观叶植物(万盆)	5.00
7	涿州市(冀)	观叶植物(万盆)	5.00
8	赞皇县(冀)	观叶植物(万盆)	4.50
9	清城区(粤)	观叶植物(万盆)	3.10
10	石柱土家族自治县(渝)	观叶植物(万盆)	2.80
11	青州市(鲁)	观叶植物(万盆)	2.10
12	建始县(鄂)	观叶植物(万盆)	1.00
13	从江县(黔)	观叶植物(万盆)	0.80
14	台山市(粤)	观叶植物(万盆)	0.70
15	青州市(鲁)	盆花(万盆)	65.00
16	巴州区(川)	盆花(万盆)	40.00
17	许昌县(豫)	盆花(万盆)	5.50
18	无极县(冀)	盆花(万盆)	5.00
19	西华县(豫)	盆花(万盆)	4.60
20	金城江区(桂)	盆花(万盆)	3.00
21	青　县(冀)	盆花(万盆)	3.00
22	大城县(冀)	盆花(万盆)	2.00
23	盐山县(冀)	盆花(万盆)	1.40
24	汉源县(川)	盆花(万盆)	0.80
25	三门县(浙)	盆花(万盆)	0.80
26	会理县(川)	盆景(万盆)	15.00
27	宝丰县(豫)	盆景(万盆)	2.40
28	平果县(桂)	鲜切花(万支)	3.50
29	呈贡县(滇)	鲜切花(万支)	1.20
30	永丰县(赣)	鲜切花(万支)	0.90
31	台山市(粤)	鲜切叶(万支)	1300.00
32	永清县(冀)	鲜切叶(万支)	20.00
33	黔江区(渝)	鲜切叶(万支)	18.00
34	西华县(豫)	鲜切叶(万支)	5.80
35	洋　县(陕)	鲜切叶(万支)	5.00
36	章丘市(鲁)	鲜切叶(万支)	5.00

序号	富贵竹主产地	花卉类别	生产量
37	藁城区(冀)	鲜切叶(万支)	2.00
38	汶上县(鲁)	鲜切叶(万支)	1.30

表 13-40 草花主产地产量

序号	草花主产地	花卉类别	生产量
1	阳高县(晋)	城市绿化苗(万株)	2500.00
2	辉南县(吉)	城市绿化苗(万株)	1655.00
3	肥西县(皖)	城市绿化苗(万株)	1000.00
4	大竹县(川)	城市绿化苗(万株)	581.00
5	利通区(宁)	城市绿化苗(万株)	247.00
6	临河区(内蒙古)	城市绿化苗(万株)	160.00
7	土默特右旗(内蒙古)	城市绿化苗(万株)	50.00
8	牙克石市(内蒙古)	城市绿化苗(万株)	40.00
9	大同县(晋)	城市绿化苗(万株)	20.00
10	农四师(新疆兵团)	城市绿化苗(万株)	20.00
11	彭阳县(宁)	城市绿化苗(万株)	20.00
12	侯马市(晋)	城市绿化苗(万株)	12.00
13	石棉县(川)	城市绿化苗(万株)	10.00
14	路桥区(浙)	城市绿化苗(万株)	9.00
15	荆门市市辖区(鄂)	城市绿化苗(万株)	1.00
16	丰宁满族自治县(冀)	观赏苗木(万株)	150.00
17	镇坪县(陕)	观赏苗木(万株)	20.00
18	芜湖县(皖)	观赏苗木(万株)	10.00
19	黄州区(鄂)	观赏苗木(万株)	5.00
20	莒南县(鲁)	观叶植物(万盆)	380.00
21	石柱土家族自治县(渝)	观叶植物(万盆)	5.20
22	海淀区(京)	花卉用种苗(千苗)	222.00
23	清原满族自治县(辽)	盆花(万盆)	2700.00
24	青浦区(沪)	盆花(万盆)	908.05
25	浦东新区(沪)	盆花(万盆)	338.60
26	沙坪坝区(渝)	盆花(万盆)	221.00
27	庐阳区(皖)	盆花(万盆)	208.30
28	辛集市(冀)	盆花(万盆)	94.00
29	丰　县(苏)	盆花(万盆)	58.20
30	北戴河区(冀)	盆花(万盆)	45.00
31	东西湖区(鄂)	盆花(万盆)	45.00
32	富顺县(川)	盆花(万盆)	23.00
33	北辰区(津)	盆花(万盆)	20.00
34	沂水县(鲁)	盆花(万盆)	18.00
35	青铜峡市(宁)	盆花(万盆)	12.00
36	淮上区(皖)	盆花(万盆)	10.00
37	江津区(渝)	盆花(万盆)	10.00
38	临沭县(鲁)	盆花(万盆)	8.00
39	长葛市(豫)	盆花(万盆)	8.00
40	稷山县(晋)	盆花(万盆)	6.00
41	蜀山区(皖)	盆花(万盆)	5.00
42	蒙城县(皖)	盆花(万盆)	4.00
43	北京市大东流苗圃(京)	盆花(万盆)	3.90
44	晋州市(冀)	盆花(万盆)	1.40
45	东乡族自治县(甘)	盆花(万盆)	0.90
46	昭化区(川)	盆景(万盆)	23.00
47	攀枝花市东区(川)	盆景(万盆)	0.80
48	东乡族自治县(甘)	鲜切花(万支)	150.00
49	青浦区(沪)	鲜切叶(万支)	900.00
50	洛南县(陕)	鲜切叶(万支)	2.20
51	点军区(鄂)	穴盘苗(万株)	30.00

表 13-41 法桐主产地产量

序号	法桐主产地	花卉类别	生产量
1	济源市(豫)	城市绿化苗(万株)	3300.00
2	新泰市(鲁)	城市绿化苗(万株)	1250.00
3	即墨市(鲁)	城市绿化苗(万株)	800.00
4	东平县(鲁)	城市绿化苗(万株)	400.00
5	河东区(鲁)	城市绿化苗(万株)	350.00
6	管城回族区(豫)	城市绿化苗(万株)	165.00
7	偃师市(豫)	城市绿化苗(万株)	100.00
8	邹平县(鲁)	城市绿化苗(万株)	82.60
9	潢川县(豫)	城市绿化苗(万株)	80.00
10	濮阳县(豫)	城市绿化苗(万株)	60.00
11	夏邑县(豫)	城市绿化苗(万株)	50.00
12	怀远县(皖)	城市绿化苗(万株)	40.00
13	昌乐县(鲁)	城市绿化苗(万株)	20.00
14	费　县(鲁)	城市绿化苗(万株)	20.00
15	杞　县(豫)	城市绿化苗(万株)	16.00
16	荥阳市(豫)	城市绿化苗(万株)	10.00
17	项城市(豫)	城市绿化苗(万株)	6.00
18	禹会区(皖)	城市绿化苗(万株)	5.60
19	滨城区(鲁)	城市绿化苗(万株)	5.00
20	平桥区(豫)	城市绿化苗(万株)	5.00
21	平乡县(冀)	城市绿化苗(万株)	5.00
22	辛集市(冀)	城市绿化苗(万株)	5.00
23	息　县(豫)	城市绿化苗(万株)	4.00
24	侯马市(晋)	城市绿化苗(万株)	3.60
25	龙安区(豫)	城市绿化苗(万株)	3.00
26	鹿邑县(豫)	城市绿化苗(万株)	3.00
27	瑞金市(赣)	城市绿化苗(万株)	3.00
28	仙桃市(鄂)	城市绿化苗(万株)	2.80
29	威海市经济技术开发区(鲁)	城市绿化苗(万株)	2.60
30	周村区(鲁)	城市绿化苗(万株)	2.60
31	固始县(豫)	城市绿化苗(万株)	2.20
32	滑　县(豫)	观赏苗木(万株)	750.00
33	清苑县(冀)	观赏苗木(万株)	450.00

序号	法桐主产地	花卉类别	生产量
34	肥乡县(冀)	观赏苗木(万株)	365.00
35	莎车县(新)	观赏苗木(万株)	155.00
36	利津县(鲁)	观赏苗木(万株)	112.00
37	庆云县(鲁)	观赏苗木(万株)	100.00
38	固安县(冀)	观赏苗木(万株)	90.00
39	广水市(鄂)	观赏苗木(万株)	81.00
40	青州市(鲁)	观赏苗木(万株)	60.00
41	长葛市(豫)	观赏苗木(万株)	41.60
42	无极县(冀)	观赏苗木(万株)	36.00
43	广阳区(冀)	观赏苗木(万株)	34.66
44	安国市(冀)	观赏苗木(万株)	32.00
45	鹿泉区(冀)	观赏苗木(万株)	31.00
46	南和县(冀)	观赏苗木(万株)	31.00
47	垦利县(鲁)	观赏苗木(万株)	30.00
48	确山县(豫)	观赏苗木(万株)	30.00
49	沙河市(冀)	观赏苗木(万株)	30.00
50	景　县(冀)	观赏苗木(万株)	27.50
51	梁山县(鲁)	观赏苗木(万株)	18.20
52	乐亭县(冀)	观赏苗木(万株)	15.60
53	魏　县(冀)	观赏苗木(万株)	12.00
54	大城县(冀)	观赏苗木(万株)	10.00
55	新乐市(冀)	观赏苗木(万株)	6.00
56	长春市市辖区(吉)	观赏苗木(万株)	6.00
57	栾城区(冀)	观赏苗木(万株)	5.60
58	高碑店市(冀)	观赏苗木(万株)	4.00
59	大名县(冀)	观赏苗木(万株)	3.00
60	井陉矿区(冀)	观赏苗木(万株)	3.00
61	武强县(冀)	观赏苗木(万株)	3.00
62	淮阳县(豫)	观赏苗木(万株)	2.50
63	北戴河区(冀)	观赏苗木(万株)	2.00
64	宁晋县(冀)	观赏苗木(万株)	1.50
65	藁城区(冀)	鲜切叶(万支)	2.00

表 13-42　红叶小檗主产地产量

序号	红叶小檗主产地	花卉类别	生产量
1	华池县(甘)	城市绿化苗(万株)	50000.00
2	龙安区(豫)	城市绿化苗(万株)	538.00
3	潢川县(豫)	城市绿化苗(万株)	510.00
4	临洮县(甘)	城市绿化苗(万株)	200.00
5	即墨市(鲁)	城市绿化苗(万株)	150.00
6	沂水县(鲁)	城市绿化苗(万株)	67.00
7	颍泉区(皖)	城市绿化苗(万株)	62.80
8	鹤山区(豫)	城市绿化苗(万株)	30.00
9	彭阳县(宁)	城市绿化苗(万株)	20.00
10	伽师县(新)	城市绿化苗(万株)	10.00
11	枣阳市(鄂)	城市绿化苗(万株)	9.50
12	金川区(甘)	城市绿化苗(万株)	6.00
13	侯马市(晋)	城市绿化苗(万株)	5.60
14	威海市经济技术开发区(鲁)	城市绿化苗(万株)	3.00
15	昌乐县(鲁)	城市绿化苗(万株)	1.50
16	蒲城县(陕)	城市绿化苗(万株)	1.00
17	青州市(鲁)	观赏苗木(万株)	2000.00
18	望都县(冀)	观赏苗木(万株)	1550.00
19	顺平县(冀)	观赏苗木(万株)	235.00
20	清苑县(冀)	观赏苗木(万株)	150.00
21	涿州市(冀)	观赏苗木(万株)	140.00
22	丰南区(冀)	观赏苗木(万株)	100.00
23	开平区(冀)	观赏苗木(万株)	80.00
24	范　县(豫)	观赏苗木(万株)	50.00
25	徐水县(冀)	观赏苗木(万株)	48.00
26	博野县(冀)	观赏苗木(万株)	40.00
27	濮阳县(豫)	观赏苗木(万株)	40.00
28	鹿泉区(冀)	观赏苗木(万株)	37.00
29	甘州区(甘)	观赏苗木(万株)	33.00
30	武邑县(冀)	观赏苗木(万株)	32.00
31	兴庆区(宁)	观赏苗木(万株)	22.00
32	藁城区(冀)	观赏苗木(万株)	10.00
33	石泉县(陕)	观赏苗木(万株)	10.00
34	平度市(鲁)	观赏苗木(万株)	7.00
35	山丹县(甘)	观赏苗木(万株)	7.00
36	北戴河区(冀)	观赏苗木(万株)	6.00
37	邢台县(冀)	观赏苗木(万株)	6.00
38	武强县(冀)	观赏苗木(万株)	5.00
39	大厂回族自治县(冀)	观赏苗木(万株)	4.00
40	曲阳县(冀)	观赏苗木(万株)	4.00
41	壶关县(晋)	观赏苗木(万株)	2.40
42	井陉矿区(冀)	观赏苗木(万株)	2.00
43	海港区(冀)	观赏苗木(万株)	1.00
44	大武口区(宁)	观赏苗木(万株)	0.52
45	环翠区(鲁)	观叶植物(万盆)	60.00
46	高碑店市(冀)	观叶植物(万盆)	8.00
47	潢川县(豫)	观叶植物(万盆)	2.80

表 13-43　竹柳主产地产量

序号	竹柳主产地	花卉类别	生产量
1	颍东区(皖)	城市绿化苗(万株)	3000.00
2	范　县(豫)	城市绿化苗(万株)	500.00
3	宣威市(滇)	城市绿化苗(万株)	200.00
4	即墨市(鲁)	城市绿化苗(万株)	170.00
5	辛集市(冀)	城市绿化苗(万株)	80.00
6	蔚　县(冀)	城市绿化苗(万株)	60.00
7	广丰县(赣)	城市绿化苗(万株)	54.00

序号	竹柳主产地	花卉类别	生产量
8	三山区(皖)	城市绿化苗(万株)	50.00
9	邵东县(湘)	城市绿化苗(万株)	36.00
10	怀远县(皖)	城市绿化苗(万株)	30.00
11	房　县(鄂)	城市绿化苗(万株)	20.00
12	华容县(湘)	城市绿化苗(万株)	20.00
13	普定县(黔)	城市绿化苗(万株)	20.00
14	泾　县(皖)	城市绿化苗(万株)	15.00
15	鹿邑县(豫)	城市绿化苗(万株)	15.00
16	平罗县(宁)	城市绿化苗(万株)	10.00
17	博望区(皖)	城市绿化苗(万株)	3.00
18	大同县(晋)	城市绿化苗(万株)	2.00
19	许昌县(豫)	城市绿化苗(万株)	1.20
20	麻城市(鄂)	城市绿化苗(万株)	1.00
21	安阳县(豫)	工业及其他用途花卉(千克)	30.00
22	邱　县(冀)	观赏苗木(万株)	500.00
23	陵　县(鲁)	观赏苗木(万株)	300.00
24	沅江市(湘)	观赏苗木(万株)	85.00
25	大城县(冀)	观赏苗木(万株)	50.00
26	武强县(冀)	观赏苗木(万株)	35.40
27	赤城县(冀)	观赏苗木(万株)	35.00
28	巴州区(川)	观赏苗木(万株)	25.00
29	哈密市(新)	观赏苗木(万株)	20.00
30	晋州市(冀)	观赏苗木(万株)	8.00
31	任丘市(冀)	观赏苗木(万株)	5.40
32	鸡泽县(冀)	观赏苗木(万株)	5.00
33	阳新县(鄂)	观赏苗木(万株)	3.00
34	海港区(冀)	观赏苗木(万株)	0.70
35	方城县(豫)	盆花(万盆)	1.15
36	贵池区(皖)	盆景(万盆)	5.00

表 13-44　桧柏主产地产量

序号	桧柏主产地	花卉类别	生产量
1	潢川县(豫)	城市绿化苗(万株)	99.00
2	偃师市(豫)	城市绿化苗(万株)	80.00
3	临洮县(甘)	城市绿化苗(万株)	70.00
4	荆门市市辖区(鄂)	城市绿化苗(万株)	55.00
5	忻府区(晋)	城市绿化苗(万株)	22.75
6	三山区(皖)	城市绿化苗(万株)	14.00
7	龙里县(黔)	城市绿化苗(万株)	5.00
8	定襄县(晋)	城市绿化苗(万株)	3.50
9	彭阳县(宁)	城市绿化苗(万株)	3.00
10	山城区(豫)	城市绿化苗(万株)	3.00
11	仙桃市(鄂)	城市绿化苗(万株)	2.60
12	鄂托克前旗(内蒙古)	城市绿化苗(万株)	1.45
13	伽师县(新)	城市绿化苗(万株)	1.00
14	广水市(鄂)	城市绿化苗(万株)	1.00
15	特克斯林场(新)	城市绿化苗(万株)	1.00
16	新化县(湘)	城市绿化苗(万株)	1.00
17	威海市经济技术开发区(鲁)	城市绿化苗(万株)	0.74
18	望都县(冀)	观赏苗木(万株)	1380.00
19	易　县(冀)	观赏苗木(万株)	500.00
20	邯郸县(冀)	观赏苗木(万株)	260.00
21	武安市(冀)	观赏苗木(万株)	100.00
22	平泉县(冀)	观赏苗木(万株)	30.00
23	大城县(冀)	观赏苗木(万株)	20.00
24	贵池区(皖)	观赏苗木(万株)	20.00
25	盐山县(冀)	观赏苗木(万株)	15.00
26	魏　县(冀)	观赏苗木(万株)	11.46
27	汝阳县(豫)	观赏苗木(万株)	11.23
28	唐　县(冀)	观赏苗木(万株)	11.00
29	固安县(冀)	观赏苗木(万株)	10.00
30	确山县(豫)	观赏苗木(万株)	10.00
31	新乐市(冀)	观赏苗木(万株)	10.00
32	临漳县(冀)	观赏苗木(万株)	9.40
33	太康县(豫)	观赏苗木(万株)	9.00
34	北戴河区(冀)	观赏苗木(万株)	5.00
35	藁城区(冀)	观赏苗木(万株)	5.00
36	鹿泉区(冀)	观赏苗木(万株)	4.00
37	赤城县(冀)	观赏苗木(万株)	3.00
38	高碑店市(冀)	观赏苗木(万株)	3.00
39	井陉矿区(冀)	观赏苗木(万株)	3.00
40	定海区(浙)	观赏苗木(万株)	2.32
41	龙安区(豫)	观赏苗木(万株)	2.00
42	青州市(鲁)	观赏苗木(万株)	2.00
43	卫辉市(豫)	观赏苗木(万株)	2.00
44	长治市城区(晋)	观赏苗木(万株)	2.00
45	汉源县(川)	盆花(万盆)	0.80
46	贵池区(皖)	盆景(万盆)	15.00

表 13-45　榕树(小叶榕)主产地产量

序号	榕树(小叶榕)主产地	花卉类别	生产量
1	清城区(粤)	城市绿化苗(万株)	1800.00
2	富顺县(川)	城市绿化苗(万株)	40.00
3	北仑区(浙)	城市绿化苗(万株)	15.00
4	龙南县(赣)	城市绿化苗(万株)	15.00
5	达川区(川)	城市绿化苗(万株)	3.00
6	南康市(赣)	城市绿化苗(万株)	3.00
7	赤水市(黔)	城市绿化苗(万株)	2.60
8	路桥区(浙)	城市绿化苗(万株)	1.80
9	江津区(渝)	城市绿化苗(万株)	1.50
10	雁山区(桂)	城市绿化苗(万株)	1.50

序号	榕树(小叶榕)主产地	花卉类别	生产量
11	田阳县(桂)	城市绿化苗(万株)	1.10
12	潮安县(粤)	城市绿化苗(万株)	0.80
13	大余县(赣)	观赏苗木(万株)	74.00
14	叠彩区(桂)	观赏苗木(万株)	25.00
15	巴州区(川)	观赏苗木(万株)	5.00
16	信宜市(粤)	观赏苗木(万株)	5.00
17	雷州市(粤)	观赏苗木(万株)	2.00
18	翠屏区(川)	观赏苗木(万株)	1.80
19	台山市(粤)	观赏苗木(万株)	1.50
20	姚安县(滇)	观赏苗木(万株)	1.00
21	六枝特区(黔)	观叶植物(万盆)	10.00
22	宜州市(桂)	观叶植物(万盆)	6.00
23	三门县(浙)	观叶植物(万盆)	1.00
24	石柱土家族自治县(渝)	观叶植物(万盆)	0.70
25	伽师县(新)	观叶植物(万盆)	0.60
26	洋　县(陕)	观叶植物(万盆)	0.60
27	江阳区(川)	花卉用种苗(千苗)	60.00
28	涿州市(冀)	盆花(万盆)	10.00
29	东洲区(辽)	盆花(万盆)	2.90
30	隆安县(桂)	盆景(万盆)	26.30
31	汉源县(川)	盆景(万盆)	1.00

表 13-46　红叶石楠主产地产量

序号	红叶石楠主产地	花卉类别	生产量
1	常山县(浙)	城市绿化苗(万株)	5000.00
2	肥西县(皖)	城市绿化苗(万株)	1500.00
3	象山县(浙)	城市绿化苗(万株)	1500.00
4	岳阳县(湘)	城市绿化苗(万株)	1000.00
5	江口县(黔)	城市绿化苗(万株)	666.00
6	宜都市(鄂)	城市绿化苗(万株)	600.00
7	潢川县(豫)	城市绿化苗(万株)	500.00
8	汶上县(鲁)	城市绿化苗(万株)	300.00
9	京山县(鄂)	城市绿化苗(万株)	290.00
10	掇刀区(鄂)	城市绿化苗(万株)	250.00
11	洪江市(湘)	城市绿化苗(万株)	235.00
12	邵东县(湘)	城市绿化苗(万株)	206.00
13	驿城区(豫)	城市绿化苗(万株)	200.00
14	即墨市(鲁)	城市绿化苗(万株)	180.00
15	株洲县(湘)	城市绿化苗(万株)	150.00
16	铜梁县(渝)	城市绿化苗(万株)	140.00
17	龙里县(黔)	城市绿化苗(万株)	120.00
18	颍东区(皖)	城市绿化苗(万株)	120.00
19	永城市(豫)	城市绿化苗(万株)	118.50
20	偃师市(豫)	城市绿化苗(万株)	102.00
21	光山县(豫)	城市绿化苗(万株)	100.00
22	赫山区(湘)	城市绿化苗(万株)	100.00
23	桐城市(皖)	城市绿化苗(万株)	100.00
24	孝昌县(鄂)	城市绿化苗(万株)	100.00
25	长宁县(川)	城市绿化苗(万株)	100.00
26	汝南县(豫)	城市绿化苗(万株)	95.00
27	颍泉区(皖)	城市绿化苗(万株)	87.40
28	谷城县(鄂)	城市绿化苗(万株)	80.00
29	泾　县(皖)	城市绿化苗(万株)	80.00
30	澧　县(湘)	城市绿化苗(万株)	58.00
31	曲阜市(鲁)	城市绿化苗(万株)	55.00
32	新邵县(湘)	城市绿化苗(万株)	50.00
33	保康县(鄂)	城市绿化苗(万株)	48.80
34	蕲春县(鄂)	城市绿化苗(万株)	45.00
35	叶　县(豫)	城市绿化苗(万株)	41.00
36	栾川县(豫)	城市绿化苗(万株)	40.00
37	高　县(川)	城市绿化苗(万株)	33.10
38	芷江侗族自治县(湘)	城市绿化苗(万株)	32.00
39	博望区(皖)	城市绿化苗(万株)	30.00
40	新宁县(湘)	城市绿化苗(万株)	30.00
41	邵阳县(湘)	城市绿化苗(万株)	28.00
42	仙桃市(鄂)	城市绿化苗(万株)	23.00
43	吉安县(赣)	城市绿化苗(万株)	20.00
44	江津区(渝)	城市绿化苗(万株)	20.00
45	六枝特区(黔)	城市绿化苗(万株)	20.00
46	蓬安县(川)	城市绿化苗(万株)	20.00
47	普定县(黔)	城市绿化苗(万株)	20.00
48	黔江区(渝)	城市绿化苗(万株)	20.00
49	伊川县(豫)	城市绿化苗(万株)	20.00
50	麻城市(鄂)	城市绿化苗(万株)	15.00
51	三山区(皖)	城市绿化苗(万株)	15.00
52	迎江区(皖)	城市绿化苗(万株)	15.00
53	新晃侗族自治县(湘)	城市绿化苗(万株)	13.00
54	平桥区(豫)	城市绿化苗(万株)	12.80
55	碧江区(黔)	城市绿化苗(万株)	12.00
56	枣阳市(鄂)	城市绿化苗(万株)	11.00
57	龙南县(赣)	城市绿化苗(万株)	10.00
58	蒲城县(陕)	城市绿化苗(万株)	10.00
59	广水市(鄂)	城市绿化苗(万株)	8.80
60	资阳区(湘)	城市绿化苗(万株)	8.00
61	威远县(川)	城市绿化苗(万株)	7.00
62	固始县(豫)	城市绿化苗(万株)	6.00
63	汝城县(湘)	城市绿化苗(万株)	5.00
64	井研县(川)	城市绿化苗(万株)	3.60
65	宁陕县(陕)	城市绿化苗(万株)	3.20
66	东昌府区(鲁)	城市绿化苗(万株)	3.00
67	鹿邑县(豫)	城市绿化苗(万株)	3.00
68	沙市区(鄂)	城市绿化苗(万株)	3.00

序号	红叶石楠主产地	花卉类别	生产量
69	新田县(湘)	城市绿化苗(万株)	3.00
70	黟　县(皖)	城市绿化苗(万株)	2.50
71	衡东县(湘)	城市绿化苗(万株)	2.00
72	怀远县(皖)	城市绿化苗(万株)	2.00
73	石门县(湘)	城市绿化苗(万株)	2.00
74	韶山市(湘)	城市绿化苗(万株)	1.20
75	达川区(川)	城市绿化苗(万株)	0.80
76	平舆县(豫)	观赏苗木(万株)	4593.00
77	北仑区(浙)	观赏苗木(万株)	4000.00
78	桂东县(湘)	观赏苗木(万株)	530.00
79	慈溪市(浙)	观赏苗木(万株)	480.00
80	大冶市(鄂)	观赏苗木(万株)	200.00
81	长葛市(豫)	观赏苗木(万株)	162.50
82	衢江区(浙)	观赏苗木(万株)	150.00
83	新干县(赣)	观赏苗木(万株)	130.00
84	慈利县(湘)	观赏苗木(万株)	120.00
85	定海区(浙)	观赏苗木(万株)	81.85
86	贵池区(皖)	观赏苗木(万株)	80.00
87	确山县(豫)	观赏苗木(万株)	80.00
88	阳朔县(桂)	观赏苗木(万株)	70.00
89	西平县(豫)	观赏苗木(万株)	60.00
90	东港区(鲁)	观赏苗木(万株)	56.00
91	濮阳县(豫)	观赏苗木(万株)	50.00
92	海盐县(浙)	观赏苗木(万株)	48.10
93	中方县(湘)	观赏苗木(万株)	30.00
94	巴州区(川)	观赏苗木(万株)	24.00
95	嵩　县(豫)	观赏苗木(万株)	20.00
96	川汇区(豫)	观赏苗木(万株)	17.54
97	黄州区(鄂)	观赏苗木(万株)	13.00
98	洞口县(湘)	观赏苗木(万株)	12.00
99	红花岗区(黔)	观赏苗木(万株)	10.00
100	南郑县(陕)	观赏苗木(万株)	10.00
101	内江市市中区(川)	观赏苗木(万株)	10.00
102	汝阳县(豫)	观赏苗木(万株)	8.65
103	监利县(鄂)	观赏苗木(万株)	8.00
104	丰都县(渝)	观赏苗木(万株)	6.50
105	睢阳区(豫)	观赏苗木(万株)	6.00
106	浠水县(鄂)	观赏苗木(万株)	6.00
107	沅江市(湘)	观赏苗木(万株)	6.00
108	大城县(冀)	观赏苗木(万株)	5.00
109	江川县(滇)	观赏苗木(万株)	5.00
110	石泉县(陕)	观赏苗木(万株)	5.00
111	永年县(冀)	观赏苗木(万株)	4.20
112	北塔区(湘)	观赏苗木(万株)	4.00
113	阳新县(鄂)	观赏苗木(万株)	4.00
114	洋　县(陕)	观赏苗木(万株)	3.82
115	荔波县(黔)	观赏苗木(万株)	2.15
116	彭水苗族土家族自治县(渝)	观赏苗木(万株)	2.00
117	曲周县(冀)	观赏苗木(万株)	1.90
118	湘潭县(湘)	观赏苗木(万株)	1.30
119	淮阳县(豫)	观赏苗木(万株)	1.00
120	环翠区(鲁)	观叶植物(万盆)	110.00
121	蕉岭县(粤)	观叶植物(万盆)	10.00
122	翠屏区(川)	观叶植物(万盆)	4.00
123	潢川县(豫)	观叶植物(万盆)	3.70
124	洋　县(陕)	观叶植物(万盆)	1.30
125	平利县(陕)	观叶植物(万盆)	0.80
126	龙南县(赣)	花卉用种苗(千苗)	1000.00
127	章丘市(鲁)	花卉用种球(千粒)	5.00
128	巴州区(川)	盆花(万盆)	5.00
129	竹溪县(鄂)	盆花(万盆)	2.00
130	宣汉县(川)	鲜切花(万支)	24.00
131	竹溪县(鄂)	鲜切花(万支)	3.00
132	巴州区(川)	鲜切叶(万支)	20.00
133	西华县(豫)	鲜切叶(万支)	2.70

表 13-47　罗汉松主产地产量

序号	罗汉松主产地	花卉类别	生产量
1	攸　县(湘)	城市绿化苗(万株)	5000.00
2	茶陵县(湘)	城市绿化苗(万株)	800.00
3	赫山区(湘)	城市绿化苗(万株)	150.00
4	银海区(桂)	城市绿化苗(万株)	110.00
5	四会市(粤)	城市绿化苗(万株)	79.17
6	邵东县(湘)	城市绿化苗(万株)	53.00
7	上林县(桂)	城市绿化苗(万株)	23.00
8	新宁县(湘)	城市绿化苗(万株)	20.00
9	新化县(湘)	城市绿化苗(万株)	10.00
10	宜都市(鄂)	城市绿化苗(万株)	10.00
11	中方县(湘)	城市绿化苗(万株)	10.00
12	新田县(湘)	城市绿化苗(万株)	8.80
13	岱山县(浙)	城市绿化苗(万株)	6.00
14	清新县(粤)	城市绿化苗(万株)	5.00
15	普陀区(浙)	城市绿化苗(万株)	3.10
16	龙里县(黔)	城市绿化苗(万株)	3.00
17	雁山区(桂)	城市绿化苗(万株)	3.00
18	玉山县(赣)	城市绿化苗(万株)	3.00
19	钦南区(桂)	城市绿化苗(万株)	2.50
20	安化县(湘)	城市绿化苗(万株)	2.00
21	辰溪县(湘)	城市绿化苗(万株)	2.00
22	仙桃市(鄂)	城市绿化苗(万株)	2.00
23	象山县(浙)	城市绿化苗(万株)	2.00
24	吉安县(赣)	城市绿化苗(万株)	1.00

序号	罗汉松主产地	花卉类别	生产量
25	汝城县(湘)	城市绿化苗(万株)	1.00
26	石门县(湘)	城市绿化苗(万株)	1.00
27	北仑区(浙)	观赏苗木(万株)	115.00
28	龙南县(赣)	观赏苗木(万株)	100.00
29	阳朔县(桂)	观赏苗木(万株)	95.00
30	定海区(浙)	观赏苗木(万株)	10.19
31	洞口县(湘)	观赏苗木(万株)	8.00
32	金秀瑶族自治县(桂)	观赏苗木(万株)	5.00
33	高州市(粤)	观赏苗木(万株)	2.00
34	路桥区(浙)	观赏苗木(万株)	2.00
35	铁山港区(桂)	观赏苗木(万株)	2.00
36	沅江市(湘)	观赏苗木(万株)	1.50
37	国家级南宁经济技术开发区(桂)	观赏苗木(万株)	1.00
38	台山市(粤)	观赏苗木(万株)	0.80
39	荔波县(黔)	观赏苗木(万株)	0.73
40	富川瑶族自治县(桂)	观赏苗木(万株)	0.60
41	龙南县(赣)	花卉用种苗(千苗)	500.00
42	新宁县(湘)	花卉用种苗(千苗)	100.00
43	巴州区(川)	盆花(万盆)	4.00
44	乳源瑶族自治县(粤)	盆景(万盆)	65.00
45	阳朔县(桂)	盆景(万盆)	28.00
46	贵池区(皖)	盆景(万盆)	15.00
47	南岸区(渝)	盆景(万盆)	2.41
48	霞山区(粤)	盆景(万盆)	2.00
49	北仑区(浙)	盆景(万盆)	1.50
50	那坡县(桂)	盆景(万盆)	1.00
51	黔江区(渝)	盆景(万盆)	1.00

表 13-48 红枫主产地产量

序号	红枫主产地	花卉类别	生产量
1	东平县(鲁)	城市绿化苗(万株)	120.00
2	濮阳县(豫)	城市绿化苗(万株)	80.00
3	益阳市市辖区(湘)	城市绿化苗(万株)	40.00
4	颍泉区(皖)	城市绿化苗(万株)	33.90
5	潢川县(豫)	城市绿化苗(万株)	25.00
6	株洲县(湘)	城市绿化苗(万株)	20.00
7	即墨市(鲁)	城市绿化苗(万株)	15.00
8	温江区(川)	城市绿化苗(万株)	12.00
9	荆门市市辖区(鄂)	城市绿化苗(万株)	11.60
10	龙里县(黔)	城市绿化苗(万株)	10.00
11	象山县(浙)	城市绿化苗(万株)	6.00
12	三山区(皖)	城市绿化苗(万株)	5.00
13	资阳区(湘)	城市绿化苗(万株)	5.00
14	安化县(湘)	城市绿化苗(万株)	2.00
15	安陆市(鄂)	城市绿化苗(万株)	2.00
16	泾　县(皖)	城市绿化苗(万株)	2.00
17	蜀山区(皖)	城市绿化苗(万株)	2.00
18	桐城市(皖)	城市绿化苗(万株)	2.00
19	铜梁县(渝)	城市绿化苗(万株)	2.00
20	新化县(湘)	城市绿化苗(万株)	2.00
21	仙桃市(鄂)	城市绿化苗(万株)	1.80
22	碧江区(黔)	城市绿化苗(万株)	1.50
23	达川区(川)	城市绿化苗(万株)	1.00
24	普定县(黔)	城市绿化苗(万株)	1.00
25	石门县(湘)	城市绿化苗(万株)	1.00
26	竹山县(鄂)	城市绿化苗(万株)	1.00
27	柘城县(豫)	城市绿化苗(万株)	0.90
28	郯城县(鲁)	观赏苗木(万株)	6000.00
29	青州市(鲁)	观赏苗木(万株)	200.00
30	阳朔县(桂)	观赏苗木(万株)	28.00
31	翠屏区(川)	观赏苗木(万株)	20.00
32	大城县(冀)	观赏苗木(万株)	20.00
33	南郑县(陕)	观赏苗木(万株)	20.00
34	邢台县(冀)	观赏苗木(万株)	17.00
35	宜阳县(豫)	观赏苗木(万株)	15.00
36	定海区(浙)	观赏苗木(万株)	10.73
37	海盐县(浙)	观赏苗木(万株)	5.30
38	沂源县(鲁)	观赏苗木(万株)	5.30
39	广德县(皖)	观赏苗木(万株)	5.00
40	黄州区(鄂)	观赏苗木(万株)	5.00
41	长葛市(豫)	观赏苗木(万株)	4.00
42	安平县(冀)	观赏苗木(万株)	3.20
43	贵池区(皖)	观赏苗木(万株)	3.00
44	内江市市中区(川)	观赏苗木(万株)	3.00
45	利津县(鲁)	观赏苗木(万株)	2.80
46	巴州区(川)	观赏苗木(万株)	2.00
47	荔波县(黔)	观赏苗木(万株)	2.00
48	宁晋县(冀)	观赏苗木(万株)	2.00
49	石泉县(陕)	观赏苗木(万株)	1.50
50	浠水县(鄂)	观赏苗木(万株)	1.50
51	大厂回族自治县(冀)	观赏苗木(万株)	1.00
52	衡东县(湘)	观赏苗木(万株)	1.00
53	宣恩县(鄂)	观赏苗木(万株)	1.00
54	阳新县(鄂)	观赏苗木(万株)	1.00
55	郎溪县(皖)	盆景(万盆)	2.00

表 13-49 紫薇主产地产量

序号	紫薇主产地	花卉类别	生产量
1	颍东区(皖)	城市绿化苗(万株)	600.00
2	潢川县(豫)	城市绿化苗(万株)	520.00
3	温江区(川)	城市绿化苗(万株)	500.00
4	保康县(鄂)	城市绿化苗(万株)	120.29

序号	紫薇主产地	花卉类别	生产量	序号	紫薇主产地	花卉类别	生产量
5	肥西县(皖)	城市绿化苗(万株)	100.00	51	射洪县(川)	观赏苗木(万株)	422.00
6	旌德县(皖)	城市绿化苗(万株)	100.00	52	阳朔县(桂)	观赏苗木(万株)	390.00
7	綦江县(渝)	城市绿化苗(万株)	100.00	53	社旗县(豫)	观赏苗木(万株)	300.00
8	万年县(赣)	城市绿化苗(万株)	100.00	54	汝南县(豫)	观赏苗木(万株)	170.00
9	孝昌县(鄂)	城市绿化苗(万株)	100.00	55	东平县(鲁)	观赏苗木(万株)	150.00
10	邵东县(湘)	城市绿化苗(万株)	68.00	56	河东区(鲁)	观赏苗木(万株)	75.00
11	无为县(皖)	城市绿化苗(万株)	63.00	57	龙南县(赣)	观赏苗木(万株)	50.00
12	安化县(湘)	城市绿化苗(万株)	50.00	58	潜江市(鄂)	观赏苗木(万株)	50.00
13	富顺县(川)	城市绿化苗(万株)	50.00	59	京山县(鄂)	观赏苗木(万株)	45.00
14	郎溪县(皖)	城市绿化苗(万株)	50.00	60	北川羌族自治县(川)	观赏苗木(万株)	40.00
15	彭山县(川)	城市绿化苗(万株)	50.00	61	巴州区(川)	观赏苗木(万株)	37.00
16	高　县(川)	城市绿化苗(万株)	46.00	62	霸州市(冀)	观赏苗木(万株)	31.00
17	宜都市(鄂)	城市绿化苗(万株)	35.00	63	大城县(冀)	观赏苗木(万株)	30.00
18	广安区(川)	城市绿化苗(万株)	32.00	64	博望区(皖)	观赏苗木(万株)	28.00
19	兴山县(鄂)	城市绿化苗(万株)	30.00	65	垦利县(鲁)	观赏苗木(万株)	25.00
20	管城回族区(豫)	城市绿化苗(万株)	29.80	66	长葛市(豫)	观赏苗木(万株)	19.00
21	长丰县(皖)	城市绿化苗(万株)	29.00	67	东港区(鲁)	观赏苗木(万株)	17.00
22	蕲春县(鄂)	城市绿化苗(万株)	25.00	68	石泉县(陕)	观赏苗木(万株)	16.00
23	贵池区(皖)	城市绿化苗(万株)	20.00	69	桐柏县(豫)	观赏苗木(万株)	15.50
24	济源市(豫)	城市绿化苗(万株)	20.00	70	长宁县(川)	观赏苗木(万株)	15.00
25	游仙区(川)	城市绿化苗(万株)	20.00	71	定海区(浙)	观赏苗木(万株)	14.26
26	费　县(鲁)	城市绿化苗(万株)	16.00	72	威海市经济技术开发区(鲁)	观赏苗木(万株)	11.16
27	龙里县(黔)	城市绿化苗(万株)	15.00	73	博野县(冀)	观赏苗木(万株)	10.00
28	五莲县(鲁)	城市绿化苗(万株)	15.00	74	红花岗区(黔)	观赏苗木(万株)	10.00
29	雨城区(川)	城市绿化苗(万株)	15.00	75	章丘市(鲁)	观赏苗木(万株)	10.00
30	宁陕县(陕)	城市绿化苗(万株)	12.00	76	淄川区(鲁)	观赏苗木(万株)	10.00
31	怀宁县(皖)	城市绿化苗(万株)	10.00	77	登封市(豫)	观赏苗木(万株)	9.00
32	平桥区(豫)	城市绿化苗(万株)	9.20	78	邢台县(冀)	观赏苗木(万株)	8.00
33	瑞金市(赣)	城市绿化苗(万株)	8.00	79	北塔区(湘)	观赏苗木(万株)	6.00
34	岳池县(川)	城市绿化苗(万株)	8.00	80	邵阳县(湘)	观赏苗木(万株)	6.00
35	三山区(皖)	城市绿化苗(万株)	5.00	81	三台县(川)	观赏苗木(万株)	5.60
36	玉山县(赣)	城市绿化苗(万株)	5.00	82	铜梁县(渝)	观赏苗木(万株)	5.30
37	恩阳区(川)	城市绿化苗(万株)	4.50	83	洞口县(湘)	观赏苗木(万株)	5.00
38	罗山县(豫)	城市绿化苗(万株)	3.00	84	黄州区(鄂)	观赏苗木(万株)	5.00
39	梁山县(鲁)	城市绿化苗(万株)	2.50	85	阳新县(鄂)	观赏苗木(万株)	5.00
40	利川市(鄂)	城市绿化苗(万株)	2.21	86	施甸县(滇)	观赏苗木(万株)	4.30
41	醴陵市(湘)	城市绿化苗(万株)	2.00	87	任　县(冀)	观赏苗木(万株)	4.00
42	蜀山区(皖)	城市绿化苗(万株)	2.00	88	安陆市(鄂)	观赏苗木(万株)	3.00
43	雁山区(桂)	城市绿化苗(万株)	2.00	89	永兴县(湘)	观赏苗木(万株)	3.00
44	竹山县(鄂)	城市绿化苗(万株)	1.89	90	淅川县(豫)	观赏苗木(万株)	2.30
45	公安县(鄂)	城市绿化苗(万株)	1.50	91	沅江市(湘)	观赏苗木(万株)	2.00
46	沅陵县(湘)	城市绿化苗(万株)	1.50	92	镇坪县(陕)	观赏苗木(万株)	2.00
47	井研县(川)	城市绿化苗(万株)	1.30	93	德城区(鲁)	观赏苗木(万株)	1.00
48	茅箭区(鄂)	城市绿化苗(万株)	1.00	94	内江市市中区(川)	观赏苗木(万株)	1.00
49	石门县(湘)	城市绿化苗(万株)	1.00	95	富川瑶族自治县(桂)	观赏苗木(万株)	0.80
50	苏仙区(湘)	观赏苗木(万株)	6800.00	96	竹溪县(鄂)	观叶植物(万盆)	1.00

序号	紫薇主产地	花卉类别	生产量
97	慈利县(湘)	观叶植物(万盆)	0.60
98	南郑县(陕)	花卉用种苗(千苗)	1000.00
99	淮滨县(豫)	花卉用种苗(千苗)	300.00
100	廉江市(粤)	盆景(万盆)	168.80
101	来凤县(鄂)	盆景(万盆)	10.00

表 13-50 仙客来主产地产量

序号	仙客来主产地	花卉类别	生产量
1	莱州市(鲁)	城市绿化苗(万株)	15.00
2	山海关区(冀)	观赏苗木(万株)	3.00
3	闵行区(沪)	花卉用种苗(千苗)	10.00
4	临洮县(甘)	花卉用种球(千粒)	20.00
5	颍泉区(皖)	盆花(万盆)	81.10
6	霸州市(冀)	盆花(万盆)	55.00
7	青州市(鲁)	盆花(万盆)	32.00
8	张家口市高新技术管理区(冀)	盆花(万盆)	30.00
9	万全县(冀)	盆花(万盆)	25.00
10	牟平区(鲁)	盆花(万盆)	20.00
11	石家庄市桥西区(冀)	盆花(万盆)	18.00
12	涿州市(冀)	盆花(万盆)	15.00
13	丰宁满族自治县(冀)	盆花(万盆)	12.00
14	栾城区(冀)	盆花(万盆)	12.00
15	临洮县(甘)	盆花(万盆)	10.00
16	潍城区(鲁)	盆花(万盆)	8.58
17	红山区(内蒙古)	盆花(万盆)	8.00
18	固安县(冀)	盆花(万盆)	6.00
19	鹿泉区(冀)	盆花(万盆)	6.00
20	无极县(冀)	盆花(万盆)	5.00
21	隆化县(冀)	盆花(万盆)	4.00
22	普兰店市(辽)	盆花(万盆)	3.00
23	长治市城区(晋)	盆花(万盆)	2.50
24	大厂回族自治县(冀)	盆花(万盆)	2.00
25	东平县(鲁)	盆花(万盆)	2.00
26	甘州区(甘)	盆花(万盆)	2.00
27	旌阳区(川)	盆花(万盆)	2.00
28	新城区(内蒙古)	盆花(万盆)	1.70
29	蔚　县(冀)	盆花(万盆)	1.60
30	长安区(陕)	盆花(万盆)	1.20
31	伽师县(新)	盆花(万盆)	1.00
32	怀来县(冀)	盆花(万盆)	1.00
33	忻府区(晋)	盆花(万盆)	0.53
34	赞皇县(冀)	盆景(万盆)	2.70
35	郎溪县(皖)	盆景(万盆)	1.20
36	翠屏区(川)	盆景(万盆)	1.00
37	贡井区(川)	鲜切花(万支)	20.00
38	平泉县(冀)	鲜切花(万支)	13.00

表 13-51 其他花卉主产地产量

序号	其他花卉主产地	品种	花卉类别	生产量
1	麻章区(粤)	巴西铁	观赏苗木(万株)	3.30
2	南和县(冀)	巴西铁	观赏苗木(万株)	3.00
3	清城区(粤)	巴西铁	观叶植物(万盆)	2.10
4	路桥区(浙)	巴西铁	观叶植物(万盆)	1.20
5	青州市(鲁)	巴西铁	观叶植物(万盆)	1.00
6	新丰县(粤)	巴西铁	盆景(万盆)	0.70
7	章丘市(鲁)	巴西铁	鲜切叶(万支)	6.00
8	曲周县(冀)	白碧桃	观赏苗木(万株)	1.40
9	章丘市(鲁)	白碧桃	盆花(万盆)	1.00
10	新宁县(湘)	白及	城市绿化苗(万株)	50.00
11	旌德县(皖)	白及	城市绿化苗(万株)	20.00
12	狮子山区(皖)	白鹃梅	观赏苗木(万株)	9.00
13	铜陵县(皖)	白鹃梅	观叶植物(万盆)	110.00
14	老河口市(鄂)	白头翁	盆花(万盆)	100.00
15	四平市铁西区(吉)	百日草	城市绿化苗(万株)	5.00
16	老河口市(鄂)	百日草	观赏苗木(万株)	200.00
17	宁城县(内蒙古)	百日草	观叶植物(万盆)	10.00
18	北戴河区(冀)	百日草	盆花(万盆)	7.00
19	黔江区(渝)	百日草	盆花(万盆)	5.00
20	星子县(赣)	百日草	盆花(万盆)	5.00
21	梁山县(鲁)	百日草	盆花(万盆)	3.00
22	临武县(湘)	百日草	盆花(万盆)	2.18
23	淮上区(皖)	百日草	盆花(万盆)	2.00
24	公安县(鄂)	百日草	盆花(万盆)	1.80
25	九龙坡区(渝)	百日草	鲜切花(万支)	215.00
26	石城县(赣)	百子莲	观赏苗木(万株)	8.00
27	郎溪县(皖)	百子莲	盆花(万盆)	2.50
28	太康县(豫)	薄荷	观赏苗木(万株)	48.00
29	临川区(赣)	薄荷	观赏苗木(万株)	28.00
30	汉源县(川)	薄荷	观赏苗木(万株)	1.20
31	伽师县(新)	薄荷	观叶植物(万盆)	1.00
32	卫辉市(豫)	薄荷	盆花(万盆)	3.00
33	临泉县(皖)	薄荷	食用及药用花卉(千克)	50000.00
34	隆化县(冀)	薄荷	鲜切花(万支)	5.00
35	南岸区(渝)	薄荷	鲜切叶(万支)	9.05
36	青州市(鲁)	彩叶草	城市绿化苗(万株)	980.00
37	沅江市(湘)	彩叶草	观赏苗木(万株)	25.00
38	路桥区(浙)	彩叶草	观叶植物(万盆)	2.40
39	嵩　县(豫)	彩叶草	观叶植物(万盆)	1.80
40	东昌府区(鲁)	彩叶草	观叶植物(万盆)	1.00
41	忻府区(晋)	彩叶草	观叶植物(万盆)	0.80
42	鄢陵县(豫)	彩叶草	盆花(万盆)	2000.00
43	赫山区(湘)	彩叶草	盆花(万盆)	100.00
44	永清县(冀)	彩叶草	盆花(万盆)	15.00
45	开平区(冀)	彩叶草	盆花(万盆)	7.00

序号	其他花卉主产地	品种	花卉类别	生产量
46	北戴河区(冀)	彩叶草	盆花(万盆)	6.00
47	香河县(冀)	彩叶草	盆花(万盆)	5.00
48	本溪满族自治县(辽)	彩叶草	盆花(万盆)	2.80
49	郎溪县(皖)	彩叶草	盆花(万盆)	2.50
50	公安县(鄂)	彩叶草	盆花(万盆)	2.00
51	金城江区(桂)	彩叶草	盆花(万盆)	1.50
52	农四师(新疆兵团)	彩叶草	盆花(万盆)	1.00
53	宿松县(皖)	彩叶草	盆花(万盆)	1.00
54	商水县(豫)	彩叶草	盆花(万盆)	0.80
55	庐阳区(皖)	彩叶草	盆景(万盆)	19.50
56	新丰县(粤)	彩叶草	盆景(万盆)	0.90
57	伽师县(新)	彩叶草	盆景(万盆)	0.80
58	隆尧县(冀)	草芙蓉	鲜切花(万支)	8.00
59	石台县(皖)	草芙蓉	鲜切叶(万支)	1.00
60	象山县(浙)	茶梅	城市绿化苗(万株)	500.00
61	衡东县(湘)	茶梅	城市绿化苗(万株)	300.00
62	宜都市(鄂)	茶梅	城市绿化苗(万株)	22.50
63	沙洋县(鄂)	茶梅	城市绿化苗(万株)	20.00
64	茅箭区(鄂)	茶梅	城市绿化苗(万株)	11.60
65	龙里县(黔)	茶梅	城市绿化苗(万株)	5.00
66	新化县(湘)	茶梅	城市绿化苗(万株)	2.00
67	株洲县(湘)	茶梅	城市绿化苗(万株)	2.00
68	娄底市市辖区(湘)	茶梅	城市绿化苗(万株)	1.30
69	北仑区(浙)	茶梅	观赏苗木(万株)	360.00
70	资阳区(湘)	茶梅	观赏苗木(万株)	8.00
71	沅江市(湘)	茶梅	观赏苗木(万株)	3.00
72	南郑县(陕)	茶梅	观赏苗木(万株)	2.00
73	德兴市(赣)	茶梅	观赏苗木(万株)	1.00
74	郎溪县(皖)	茶梅	盆花(万盆)	1.50
75	三门县(浙)	茶梅	盆花(万盆)	1.00
76	星子县(赣)	茶梅	盆景(万盆)	2.00
77	当阳市(鄂)	茶梅	盆景(万盆)	1.00
78	龙里县(黔)	常春藤类	城市绿化苗(万株)	5.00
79	新泰市(鲁)	常春藤类	观赏苗木(万株)	40.00
80	贵池区(皖)	常春藤类	观赏苗木(万株)	20.00
81	沅江市(湘)	常春藤类	观赏苗木(万株)	20.00
82	东昌府区(鲁)	常春藤类	观赏苗木(万株)	3.00
83	青州市(鲁)	常春藤类	观叶植物(万盆)	46.00
84	宜州市(桂)	常春藤类	观叶植物(万盆)	3.00
85	嵩　县(豫)	常春藤类	观叶植物(万盆)	1.10
86	伽师县(新)	常春藤类	观叶植物(万盆)	1.00
87	定州市(冀)	常春藤类	盆花(万盆)	15.00
88	金城江区(桂)	常春藤类	盆花(万盆)	10.00
89	永清县(冀)	常春藤类	盆花(万盆)	6.00
90	新华区(豫)	常春藤类	盆花(万盆)	2.00
91	故城县(冀)	常春藤类	盆景(万盆)	0.60
92	新宁县(湘)	赤楠	城市绿化苗(万株)	5.00
93	鼎城区(湘)	赤楠	观赏苗木(万株)	3.00
94	洞口县(湘)	赤楠	观赏苗木(万株)	2.00
95	鄢陵县(豫)	垂丝海棠	城市绿化苗(万株)	2000.00
96	庐阳区(皖)	垂丝海棠	城市绿化苗(万株)	202.00
97	大足县(渝)	垂丝海棠	城市绿化苗(万株)	200.00
98	肥西县(皖)	垂丝海棠	城市绿化苗(万株)	100.00
99	怀远县(皖)	垂丝海棠	城市绿化苗(万株)	25.00
100	蕉岭县(粤)	垂丝海棠	城市绿化苗(万株)	20.00
101	河口区(鲁)	垂丝海棠	城市绿化苗(万株)	18.00
102	潢川县(豫)	垂丝海棠	城市绿化苗(万株)	15.00
103	颍泉区(皖)	垂丝海棠	城市绿化苗(万株)	10.60
104	贵池区(皖)	垂丝海棠	城市绿化苗(万株)	5.00
105	威海市经济技术开发区(鲁)	垂丝海棠	城市绿化苗(万株)	3.05
106	上蔡县(豫)	垂丝海棠	城市绿化苗(万株)	2.65
107	象山县(浙)	垂丝海棠	城市绿化苗(万株)	2.00
108	河东区(鲁)	垂丝海棠	观赏苗木(万株)	620.00
109	慈溪市(浙)	垂丝海棠	观赏苗木(万株)	170.00
110	长葛市(豫)	垂丝海棠	观赏苗木(万株)	67.50
111	新华区(冀)	垂丝海棠	观赏苗木(万株)	6.00
112	大城县(冀)	垂丝海棠	观赏苗木(万株)	2.00
113	黄州区(鄂)	垂丝海棠	观赏苗木(万株)	1.00
114	青州市(鲁)	垂丝海棠	观赏苗木(万株)	1.00
115	阜南县(皖)	垂丝海棠	盆花(万盆)	17.90
116	汉阴县(陕)	垂丝海棠	盆花(万盆)	6.00
117	新丰县(粤)	垂丝海棠	鲜切花(万支)	620.00
118	肥城市(鲁)	垂枝桃	观赏苗木(万株)	19.00
119	章丘市(鲁)	春羽	鲜切叶(万支)	20.00
120	新化县(湘)	葱兰	城市绿化苗(万株)	12.00
121	攀枝花市东区(川)	葱兰	城市绿化苗(万株)	4.60
122	仙桃市(鄂)	葱兰	城市绿化苗(万株)	2.00
123	芷江侗族自治县(湘)	葱兰	城市绿化苗(万株)	2.00
124	沅江市(湘)	葱兰	观赏苗木(万株)	30.00
125	黄州区(鄂)	葱兰	观赏苗木(万株)	5.00
126	赫山区(湘)	葱兰	观叶植物(万盆)	220.00
127	洞口县(湘)	葱兰	盆花(万盆)	4.00
128	襄城区(鄂)	葱兰	盆花(万盆)	2.20
129	黔江区(渝)	葱兰	盆花(万盆)	1.00
130	鹤峰县(鄂)	葱兰	盆花(万盆)	0.70
131	红花岗区(黔)	葱兰	鲜切叶(万支)	1.40
132	雁山区(桂)	翠柏	城市绿化苗(万株)	8.00
133	广水市(鄂)	翠柏	观赏苗木(万株)	100.00
134	芜湖县(皖)	翠柏	观赏苗木(万株)	20.00
135	沅江市(湘)	翠柏	观赏苗木(万株)	3.00
136	鼎城区(湘)	翠柏	观赏苗木(万株)	2.00

序号	其他花卉主产地	品种	花卉类别	生产量
137	黔江区(渝)	翠柏	观叶植物(万盆)	1.00
138	章丘市(鲁)	翠柏	花卉用种球(千粒)	3.00
139	潢川县(豫)	翠柏	盆景(万盆)	1.50
140	费　县(鲁)	翠柏	盆景(万盆)	0.70
141	木兰县(黑)	大丽花	城市绿化苗(万株)	3.00
142	甘州区(甘)	大丽花	观赏苗木(万株)	2.00
143	固始县(豫)	大丽花	观叶植物(万盆)	2.10
144	临洮县(甘)	大丽花	花卉用种球(千粒)	60.00
145	九龙坡区(渝)	大丽花	盆花(万盆)	218.00
146	郯城县(鲁)	大丽花	盆花(万盆)	140.00
147	青州市(鲁)	大丽花	盆花(万盆)	23.00
148	浦东新区(沪)	大丽花	盆花(万盆)	20.00
149	株洲县(湘)	大丽花	盆花(万盆)	15.00
150	会宁县(甘)	大丽花	盆花(万盆)	10.00
151	临洮县(甘)	大丽花	盆花(万盆)	10.00
152	新泰市(鲁)	大丽花	盆花(万盆)	10.00
153	伽师县(新)	大丽花	盆花(万盆)	5.00
154	潢川县(豫)	大丽花	盆花(万盆)	4.00
155	临武县(湘)	大丽花	盆花(万盆)	2.36
156	旌阳区(川)	大丽花	盆花(万盆)	1.50
157	嵩　县(豫)	大丽花	盆花(万盆)	1.50
158	调兵山市(辽)	大丽花	盆花(万盆)	1.00
159	商水县(豫)	大丽花	盆花(万盆)	0.90
160	临夏市(甘)	大丽花	鲜切花(万支)	12.00
161	肇州县(黑)	大丽花	鲜切花(万支)	10.00
162	郎溪县(皖)	大丽花	鲜切花(万支)	1.20
163	建始县(鄂)	大岩桐	观叶植物(万盆)	1.20
164	青州市(鲁)	大岩桐	盆花(万盆)	12.00
165	即墨市(鲁)	淡竹	城市绿化苗(万株)	110.00
166	贵池区(皖)	淡竹	观赏苗木(万株)	80.00
167	建始县(鄂)	倒挂金钟	观赏苗木(万株)	60.00
168	西峰区(甘)	倒挂金钟	观赏苗木(万株)	1.50
169	滦平县(冀)	倒挂金钟	盆花(万盆)	15.00
170	青州市(鲁)	倒挂金钟	盆花(万盆)	14.00
171	蠡　县(冀)	倒挂金钟	盆花(万盆)	10.00
172	红山区(内蒙古)	倒挂金钟	盆花(万盆)	5.00
173	赞皇县(冀)	倒挂金钟	盆花(万盆)	2.10
174	涿州市(冀)	倒挂金钟	盆花(万盆)	2.00
175	郎溪县(皖)	倒挂金钟	盆花(万盆)	1.90
176	平山县(冀)	倒挂金钟	盆花(万盆)	1.00
177	镇坪县(陕)	倒挂金钟	盆景(万盆)	1.00
178	廉江市(粤)	灯盏花	鲜切花(万支)	82.00
179	鄢陵县(豫)	地肤	盆花(万盆)	1000.00
180	金凤区(宁)	地肤	盆花(万盆)	45.00
181	东营区(鲁)	地肤	盆花(万盆)	20.00
182	郎溪县(皖)	地肤	盆花(万盆)	1.50
183	新乐市(冀)	地肤	盆花(万盆)	1.00
184	嵩　县(豫)	地肤	盆花(万盆)	0.90
185	商水县(豫)	地肤	盆花(万盆)	0.80
186	侯马市(晋)	地锦	城市绿化苗(万株)	7.00
187	青州市(鲁)	地锦	观赏苗木(万株)	200.00
188	涿州市(冀)	地锦	观赏苗木(万株)	10.00
189	满城县(冀)	地锦	观赏苗木(万株)	4.00
190	哈密市(新)	地锦	观赏苗木(万株)	2.00
191	嵩　县(豫)	地锦	观叶植物(万盆)	0.80
192	青铜峡市(宁)	地锦	盆花(万盆)	1.00
193	仙桃市(鄂)	地石榴	城市绿化苗(万株)	1.00
194	宁陵县(豫)	地石榴	盆花(万盆)	20.00
195	隆尧县(冀)	地石榴	盆花(万盆)	10.00
196	侯马市(晋)	棣棠	城市绿化苗(万株)	2.00
197	青州市(鲁)	棣棠	观赏苗木(万株)	50.00
198	涿州市(冀)	棣棠	观赏苗木(万株)	5.00
199	西华县(豫)	吊金钱	盆花(万盆)	1.20
200	柘城县(豫)	杜仲	城市绿化苗(万株)	100.00
201	荥阳市(豫)	杜仲	城市绿化苗(万株)	80.00
202	济源市(豫)	杜仲	城市绿化苗(万株)	48.00
203	新宁县(湘)	杜仲	城市绿化苗(万株)	10.00
204	瑞金市(赣)	杜仲	城市绿化苗(万株)	5.00
205	醴陵市(湘)	杜仲	城市绿化苗(万株)	3.00
206	象山县(浙)	杜仲	城市绿化苗(万株)	0.80
207	项城市(豫)	杜仲	观赏苗木(万株)	30.00
208	青州市(鲁)	杜仲	观赏苗木(万株)	20.00
209	商州区(陕)	杜仲	观赏苗木(万株)	20.00
210	镇坪县(陕)	杜仲	观赏苗木(万株)	20.00
211	汝阳县(豫)	杜仲	观赏苗木(万株)	5.23
212	沅江市(湘)	杜仲	观赏苗木(万株)	2.00
213	张湾区(鄂)	杜仲	观赏苗木(万株)	2.00
214	东营区(鲁)	杜仲	盆花(万盆)	23.00
215	濮阳县(豫)	对节白蜡	城市绿化苗(万株)	540.00
216	荆门市市辖区(鄂)	对节白蜡	城市绿化苗(万株)	151.15
217	沙洋县(鄂)	对节白蜡	城市绿化苗(万株)	20.00
218	谷城县(鄂)	对节白蜡	城市绿化苗(万株)	10.00
219	仙桃市(鄂)	对节白蜡	城市绿化苗(万株)	2.00
220	京山县(鄂)	对节白蜡	观赏苗木(万株)	1057.00
221	遵化市(冀)	对节白蜡	观赏苗木(万株)	150.00
222	社旗县(豫)	对节白蜡	观赏苗木(万株)	50.00
223	元氏县(冀)	对节白蜡	观赏苗木(万株)	18.00
224	安陆市(鄂)	对节白蜡	观赏苗木(万株)	10.00
225	垦利县(鲁)	对节白蜡	观赏苗木(万株)	5.00
226	公安县(鄂)	对节白蜡	盆花(万盆)	1.00
227	安陆市(鄂)	对节白蜡	盆景(万盆)	5.00
228	郎溪县(皖)	多花栒子	盆花(万盆)	1.50

序号	其他花卉主产地	品种	花卉类别	生产量	序号	其他花卉主产地	品种	花卉类别	生产量
229	伽师县(新)	多花枸子	食用及药用花卉(千克)	1000.00	275	高碑店市(冀)	凤仙花	盆花(万盆)	2.00
230	青州市(鲁)	多花蔷薇	城市绿化苗(万株)	162.00	276	襄城区(鄂)	凤仙花	盆花(万盆)	1.80
231	新宁县(湘)	多花蔷薇	城市绿化苗(万株)	10.00	277	平山县(冀)	凤仙花	盆花(万盆)	1.00
232	伽师县(新)	多花蔷薇	城市绿化苗(万株)	1.00	278	新丰县(粤)	凤仙花	鲜切花(万支)	350.00
233	雁山区(桂)	多花蔷薇	城市绿化苗(万株)	1.00	279	大足县(渝)	凤仙花	鲜切花(万支)	120.00
234	益阳市市辖区(湘)	多花蔷薇	观赏苗木(万株)	220.00	280	隆尧县(冀)	凤仙花	鲜切花(万支)	10.00
235	涿州市(冀)	多花蔷薇	观赏苗木(万株)	10.00	281	青州市(鲁)	凤眼莲	盆花(万盆)	7.30
236	北戴河区(冀)	多花蔷薇	观赏苗木(万株)	5.00	282	金山区(沪)	扶郎花	鲜切花(万支)	122.60
237	章丘市(鲁)	多花蔷薇	观叶植物(万盆)	120.00	283	庄河市(辽)	扶郎花	鲜切花(万支)	24.00
238	彭州市(川)	多花蔷薇	盆花(万盆)	20.00	284	东港区(鲁)	扶郎花	鲜切花(万支)	13.00
239	潢川县(豫)	多花蔷薇	盆花(万盆)	1.50	285	吴桥县(冀)	扶郎花	鲜切花(万支)	9.00
240	赞皇县(冀)	多花蔷薇	盆景(万盆)	1.50	286	闵行区(沪)	扶郎花	鲜切花(万支)	5.00
241	南岸区(渝)	多花蔷薇	鲜切花(万支)	15.75	287	攀枝花市东区(川)	扶桑	城市绿化苗(万株)	8.50
242	井研县(川)	多花蔷薇	鲜切花(万支)	5.60	288	瑞金市(赣)	扶桑	城市绿化苗(万株)	6.00
243	伽师县(新)	多花素馨	盆花(万盆)	1.40	289	雅长林场(桂)	扶桑	城市绿化苗(万株)	0.99
244	郎溪县(皖)	飞燕草	盆花(万盆)	1.50	290	固始县(豫)	扶桑	观叶植物(万盆)	1.10
245	中方县(湘)	费菜	观叶植物(万盆)	30.00	291	陵　县(鲁)	扶桑	盆花(万盆)	1.50
246	高邑县(冀)	风铃草	盆花(万盆)	21.00	292	伽师县(新)	扶桑	盆花(万盆)	1.00
247	黔江区(渝)	风铃草	盆花(万盆)	1.00	293	郎溪县(皖)	扶桑	盆花(万盆)	0.80
248	贵池区(皖)	凤尾竹	观赏苗木(万株)	20.00	294	藁城区(冀)	扶桑	鲜切叶(万支)	2.00
249	青州市(鲁)	凤尾竹	观叶植物(万盆)	1.80	295	临洮县(甘)	福禄考	城市绿化苗(万株)	12.00
250	嵩　县(豫)	凤尾竹	观叶植物(万盆)	0.90	296	四平市铁西区(吉)	福禄考	城市绿化苗(万株)	1.00
251	椒江区(浙)	凤尾竹	盆花(万盆)	18.00	297	台安县(辽)	福禄考	观赏苗木(万株)	5000.00
252	巴州区(川)	凤尾竹	盆花(万盆)	3.00	298	威海市经济技术开发区(鲁)	福禄考	观赏苗木(万株)	20.00
253	郎溪县(皖)	凤尾竹	盆花(万盆)	1.20					
254	黄州区(鄂)	凤尾竹	盆景(万盆)	1.00	299	甘州区(甘)	福禄考	观赏苗木(万株)	1.00
255	新丰县(粤)	凤尾竹	盆景(万盆)	0.80	300	易　县(冀)	福禄考	盆花(万盆)	200.00
256	洋　县(陕)	凤尾竹	鲜切叶(万支)	5.00	301	青州市(鲁)	福禄考	盆花(万盆)	85.00
257	武胜县(川)	凤仙花	城市绿化苗(万株)	100.00	302	涿州市(冀)	福禄考	盆花(万盆)	10.00
258	游仙区(川)	凤仙花	城市绿化苗(万株)	100.00	303	本溪满族自治县(辽)	福禄考	盆花(万盆)	3.50
259	太康县(豫)	凤仙花	观赏苗木(万株)	5.00	304	新乐市(冀)	福禄考	盆花(万盆)	1.00
260	宁城县(内蒙古)	凤仙花	观叶植物(万盆)	1.10	305	贵池区(皖)	刚竹	城市绿化苗(万株)	10.00
261	九龙坡区(渝)	凤仙花	盆花(万盆)	298.00	306	巫山县(渝)	珙桐	城市绿化苗(万株)	5.00
262	武安市(冀)	凤仙花	盆花(万盆)	80.00	307	新宁县(湘)	珙桐	城市绿化苗(万株)	5.00
263	新安县(豫)	凤仙花	盆花(万盆)	30.00	308	利川市(鄂)	珙桐	城市绿化苗(万株)	1.11
264	庐阳区(皖)	凤仙花	盆花(万盆)	28.50	309	北川羌族自治县(川)	珙桐	观赏苗木(万株)	120.00
265	涿州市(冀)	凤仙花	盆花(万盆)	20.00	310	镇坪县(陕)	珙桐	观赏苗木(万株)	30.00
266	海港区(冀)	凤仙花	盆花(万盆)	18.50	311	鹤峰县(鄂)	珙桐	观赏苗木(万株)	8.00
267	金城江区(桂)	凤仙花	盆花(万盆)	9.00	312	平利县(陕)	珙桐	观赏苗木(万株)	3.00
268	高邑县(冀)	凤仙花	盆花(万盆)	8.50	313	翠屏区(川)	珙桐	观赏苗木(万株)	1.00
269	红山区(内蒙古)	凤仙花	盆花(万盆)	7.00	314	青州市(鲁)	珙桐	盆花(万盆)	7.60
270	青州市(鲁)	凤仙花	盆花(万盆)	6.90	315	孝昌县(鄂)	枸骨	城市绿化苗(万株)	10.00
271	黔江区(渝)	凤仙花	盆花(万盆)	5.00	316	郎溪县(皖)	枸骨	盆花(万盆)	1.80
272	东洲区(辽)	凤仙花	盆花(万盆)	3.90	317	芦溪县(赣)	枸骨	盆景(万盆)	3.00
273	西华县(豫)	凤仙花	盆花(万盆)	2.70	318	雁山区(桂)	观叶芋类	城市绿化苗(万株)	4.00
274	抚宁县(冀)	凤仙花	盆花(万盆)	2.00	319	丰台区(京)	观叶芋类	观叶植物(万盆)	51.00

序号	其他花卉主产地	品种	花卉类别	生产量	序号	其他花卉主产地	品种	花卉类别	生产量
320	青州市(鲁)	观叶芋类	观叶植物(万盆)	24.00	365	巴州区(川)	海桐	观赏苗木(万株)	8.00
321	海城市(辽)	观叶芋类	观叶植物(万盆)	15.00	366	海盐县(浙)	海桐	观赏苗木(万株)	5.10
322	嵩　县(豫)	观叶芋类	观叶植物(万盆)	1.50	367	洞口县(湘)	海桐	观赏苗木(万株)	4.00
323	秀山土家族苗族自治县(渝)	观叶芋类	观叶植物(万盆)	0.80	368	定海区(浙)	海桐	观赏苗木(万株)	3.75
					369	内江市市中区(川)	海桐	观赏苗木(万株)	3.00
324	松江区(沪)	观叶芋类	盆花(万盆)	320.70	370	麻城市(鄂)	海桐	观叶植物(万盆)	3.00
325	义乌市(浙)	观叶芋类	盆花(万盆)	80.00	371	巴州区(川)	海桐	盆花(万盆)	2.00
326	攀枝花市西区(川)	观叶芋类	盆花(万盆)	45.00	372	昌江区(赣)	含笑	城市绿化苗(万株)	35.00
327	德昌县(川)	观叶芋类	盆花(万盆)	20.00	373	荆门市市辖区(鄂)	含笑	城市绿化苗(万株)	5.80
328	昆山市(苏)	观叶芋类	盆花(万盆)	12.80	374	上高县(赣)	含笑	城市绿化苗(万株)	5.00
329	奉贤区(沪)	观叶芋类	盆花(万盆)	11.50	375	碧江区(黔)	含笑	城市绿化苗(万株)	4.00
330	金城江区(桂)	观叶芋类	盆花(万盆)	10.00	376	隆回县(湘)	含笑	城市绿化苗(万株)	3.00
331	金凤区(宁)	观叶芋类	盆花(万盆)	10.00	377	醴陵市(湘)	含笑	城市绿化苗(万株)	2.00
332	黄埔区(粤)	观叶芋类	盆花(万盆)	8.30	378	雨城区(川)	含笑	城市绿化苗(万株)	2.00
333	崆峒区(甘)	观叶芋类	盆花(万盆)	2.60	379	仙桃市(鄂)	含笑	城市绿化苗(万株)	1.80
334	碧江区(黔)	观叶芋类	盆花(万盆)	1.00	380	雁山区(桂)	含笑	城市绿化苗(万株)	1.00
335	肃宁县(冀)	观叶芋类	盆花(万盆)	1.00	381	衡南县(湘)	含笑	观赏苗木(万株)	200.00
336	安化县(湘)	观叶芋类	盆景(万盆)	5.00	382	贵池区(皖)	含笑	观赏苗木(万株)	20.00
337	潢川县(豫)	观叶芋类	盆景(万盆)	3.50	383	蔡甸区(鄂)	含笑	观赏苗木(万株)	4.00
338	定南县(赣)	观叶芋类	盆景(万盆)	3.00	384	内江市市中区(川)	含笑	观赏苗木(万株)	3.00
339	绍兴县(浙)	观叶芋类	盆景(万盆)	1.00	385	定海区(浙)	含笑	观赏苗木(万株)	2.20
340	新丰县(粤)	观叶芋类	盆景(万盆)	0.90	386	黄州区(鄂)	含笑	观赏苗木(万株)	2.00
341	宣化县(冀)	龟背竹	观赏苗木(万株)	2.50	387	沅江市(湘)	含笑	观赏苗木(万株)	2.00
342	南和县(冀)	龟背竹	观赏苗木(万株)	2.00	388	南郑县(陕)	含笑	花卉用种苗(千苗)	25.00
343	游仙区(川)	龟背竹	观叶植物(万盆)	10.00	389	涿州市(冀)	含笑	盆花(万盆)	5.00
344	涿州市(冀)	龟背竹	观叶植物(万盆)	5.00	390	固始县(豫)	含笑	盆花(万盆)	1.90
345	麻城市(鄂)	龟背竹	观叶植物(万盆)	3.00	391	郎溪县(皖)	含笑	盆花(万盆)	1.80
346	赞皇县(冀)	龟背竹	观叶植物(万盆)	3.00	392	沅陵县(湘)	含笑	盆花(万盆)	1.20
347	青州市(鲁)	龟背竹	观叶植物(万盆)	2.60	393	方城县(豫)	含笑	盆花(万盆)	0.86
348	路桥区(浙)	龟背竹	观叶植物(万盆)	1.30	394	常宁市(湘)	含笑	盆景(万盆)	0.80
349	固镇县(皖)	龟背竹	盆花(万盆)	20.00	395	新丰县(粤)	含笑	鲜切花(万支)	450.00
350	无极县(冀)	龟背竹	盆花(万盆)	8.00	396	贵池区(皖)	含羞草	观赏苗木(万株)	10.00
351	石家庄市桥西区(冀)	龟背竹	盆花(万盆)	6.00	397	青州市(鲁)	含羞草	观叶植物(万盆)	12.00
352	金城江区(桂)	龟背竹	盆花(万盆)	3.50	398	息　县(豫)	含羞草	观叶植物(万盆)	1.40
353	会理县(川)	龟背竹	盆景(万盆)	20.00	399	商州区(陕)	含羞草	盆花(万盆)	20.00
354	龙南县(赣)	龟背竹	鲜切花(万支)	5.00	400	石家庄市桥西区(冀)	含羞草	盆花(万盆)	8.00
355	永清县(冀)	龟背竹	鲜切叶(万支)	5.00	401	涿州市(冀)	含羞草	盆花(万盆)	3.00
356	无为县(皖)	海桐	城市绿化苗(万株)	23.00	402	鼎城区(湘)	含羞草	盆花(万盆)	2.20
357	北仑区(浙)	海桐	城市绿化苗(万株)	15.00	403	金城江区(桂)	含羞草	盆花(万盆)	1.50
358	象山县(浙)	海桐	城市绿化苗(万株)	10.00	404	赞皇县(冀)	含羞草	盆花(万盆)	1.30
359	郎溪县(皖)	海桐	城市绿化苗(万株)	2.50	405	凤城市(辽)	含羞草	鲜切花(万支)	27.00
360	雁山区(桂)	海桐	城市绿化苗(万株)	2.00	406	藁城区(冀)	含羞草	鲜切花(万支)	10.00
361	江津区(渝)	海桐	城市绿化苗(万株)	1.50	407	隆尧县(冀)	含羞草	鲜切花(万支)	8.00
362	嵊泗县(浙)	海桐	城市绿化苗(万株)	1.50	408	石台县(皖)	含羞草	鲜切花(万支)	5.00
363	仙桃市(鄂)	海桐	城市绿化苗(万株)	1.00	409	肥东县(皖)	荷包牡丹	观赏苗木(万株)	1.60
364	贵池区(皖)	海桐	观赏苗木(万株)	30.00	410	青州市(鲁)	荷包牡丹	盆花(万盆)	2.30

序号	其他花卉主产地	品种	花卉类别	生产量
411	青州市(鲁)	荷兰菊	城市绿化苗(万株)	15.00
412	海淀区(京)	荷兰菊	花卉用种苗(千苗)	10.00
413	普兰店市(辽)	荷兰菊	盆花(万盆)	15.00
414	平罗县(宁)	荷兰菊	盆花(万盆)	2.00
415	青铜峡市(宁)	荷兰菊	盆花(万盆)	2.00
416	台安县(辽)	荷兰菊	鲜切花(万支)	3000.00
417	彭阳县(宁)	黑心菊	城市绿化苗(万株)	20.00
418	青州市(鲁)	黑心菊	城市绿化苗(万株)	2.60
419	安陆市(鄂)	黑心菊	城市绿化苗(万株)	2.00
420	丰宁满族自治县(冀)	黑心菊	观赏苗木(万株)	50.00
421	海淀区(京)	黑心菊	花卉用种苗(千苗)	50.00
422	大洼县(辽)	黑心菊	盆花(万盆)	130.00
423	青铜峡市(宁)	黑心菊	盆花(万盆)	2.00
424	双桥区(冀)	黑心菊	鲜切花(万支)	5.00
425	鄢陵县(豫)	红碧桃	城市绿化苗(万株)	1000.00
426	鹤山区(豫)	红碧桃	城市绿化苗(万株)	7.50
427	枣阳市(鄂)	红碧桃	城市绿化苗(万株)	6.00
428	普定县(黔)	红碧桃	城市绿化苗(万株)	2.00
429	定西市巉口林业试验场(甘)	红碧桃	城市绿化苗(万株)	1.00
430	青州市(鲁)	红碧桃	观赏苗木(万株)	60.00
431	西平县(豫)	红碧桃	观赏苗木(万株)	55.00
432	东平县(鲁)	红碧桃	观赏苗木(万株)	50.00
433	肥城市(鲁)	红碧桃	观赏苗木(万株)	30.00
434	宜阳县(豫)	红碧桃	观赏苗木(万株)	26.00
435	郾城区(豫)	红碧桃	观赏苗木(万株)	20.01
436	嵩　县(豫)	红碧桃	观赏苗木(万株)	3.00
437	川汇区(豫)	红碧桃	观赏苗木(万株)	2.20
438	高碑店市(冀)	红碧桃	观赏苗木(万株)	1.80
439	宁阳县(鲁)	红碧桃	观叶植物(万盆)	15.60
440	太康县(豫)	红花	城市绿化苗(万株)	11.00
441	东胜区(内蒙古)	红花	盆花(万盆)	400.00
442	娄星区(湘)	红花	盆花(万盆)	2.00
443	伽师县(新)	红花	食用及药用花卉(千克)	5000.00
444	农四师(新疆兵团)	红花	食用及药用花卉(千克)	2000.00
445	宣汉县(川)	红花	鲜切花(万支)	15.50
446	九台市(吉)	红瑞木	城市绿化苗(万株)	110.00
447	甘州区(甘)	红瑞木	城市绿化苗(万株)	43.00
448	即墨市(鲁)	红瑞木	城市绿化苗(万株)	20.00
449	兰西县(黑)	红瑞木	城市绿化苗(万株)	5.00
450	白城市市辖区(吉)	红瑞木	城市绿化苗(万株)	3.50
451	讷河市(黑)	红瑞木	城市绿化苗(万株)	3.00
452	特克斯林场(新)	红瑞木	城市绿化苗(万株)	1.00
453	大武口区(宁)	红瑞木	城市绿化苗(万株)	0.70
454	青州市(鲁)	红瑞木	观赏苗木(万株)	100.00
455	玉田县(冀)	红瑞木	观赏苗木(万株)	50.00
456	翁牛特旗(内蒙古)	红瑞木	观赏苗木(万株)	30.00
457	丰宁满族自治县(冀)	红瑞木	观赏苗木(万株)	20.00
458	顺平县(冀)	红瑞木	观赏苗木(万株)	15.00
459	龙凤区(黑)	红瑞木	观赏苗木(万株)	10.00
460	庄河市(辽)	红瑞木	观赏苗木(万株)	6.00
461	涿州市(冀)	红瑞木	观赏苗木(万株)	5.00
462	井陉矿区(冀)	红瑞木	观赏苗木(万株)	3.00
463	铁锋区(黑)	红瑞木	观赏苗木(万株)	1.90
464	易　县(冀)	红叶小檗球	观赏苗木(万株)	500.00
465	青州市(鲁)	红叶小檗球	观赏苗木(万株)	100.00
466	章丘市(鲁)	红叶小檗球	花卉用种球(千粒)	5.00
467	峄城区(鲁)	红叶小檗球	鲜切花(万支)	7800.00
468	高碑店市(冀)	猴面花	盆花(万盆)	3.00
469	新宁县(湘)	厚朴	城市绿化苗(万株)	100.00
470	桂东县(湘)	厚朴	观赏苗木(万株)	13.00
471	贵池区(皖)	厚朴	观赏苗木(万株)	5.00
472	鹤峰县(鄂)	厚朴	盆花(万盆)	0.80
473	九台市(吉)	黄刺玫	城市绿化苗(万株)	60.00
474	竹山县(鄂)	黄刺玫	城市绿化苗(万株)	9.10
475	大武口区(宁)	黄刺玫	城市绿化苗(万株)	6.00
476	榆树市(吉)	黄刺玫	城市绿化苗(万株)	3.00
477	平罗县(宁)	黄刺玫	城市绿化苗(万株)	1.10
478	讷河市(黑)	黄刺玫	城市绿化苗(万株)	1.00
479	呼兰区(黑)	黄刺玫	观赏苗木(万株)	20.00
480	丰宁满族自治县(冀)	黄刺玫	观赏苗木(万株)	10.00
481	瓜州县(甘)	黄刺玫	观赏苗木(万株)	5.00
482	甘州区(甘)	黄刺玫	观赏苗木(万株)	4.00
483	壶关县(晋)	黄刺玫	观赏苗木(万株)	2.50
484	蒲江县(川)	黄刺玫	鲜切花(万支)	1100.00
485	贵池区(皖)	黄秋葵	观赏苗木(万株)	50.00
486	瓦房店市(辽)	惠兰	盆花(万盆)	500.00
487	固安县(冀)	惠兰	盆花(万盆)	4.00
488	普兰店市(辽)	惠兰	盆花(万盆)	4.00
489	磐安县(浙)	惠兰	盆花(万盆)	1.20
490	章丘市(鲁)	惠兰	盆花(万盆)	1.00
491	忻府区(晋)	惠兰	盆花(万盆)	0.86
492	新丰县(粤)	惠兰	盆景(万盆)	1.20
493	四会市(粤)	惠兰	鲜切花(万支)	1254.90
494	罗田县(鄂)	惠兰	鲜切花(万支)	10.00
495	万州区(渝)	惠兰	鲜切花(万支)	2.00
496	洋　县(陕)	惠兰	鲜切叶(万支)	3.00
497	潢川县(豫)	火棘	城市绿化苗(万株)	90.00
498	黔江区(渝)	火棘	城市绿化苗(万株)	10.00
499	沙洋县(鄂)	火棘	城市绿化苗(万株)	10.00
500	新宁县(湘)	火棘	城市绿化苗(万株)	10.00
501	龙里县(黔)	火棘	城市绿化苗(万株)	8.00

序号	其他花卉主产地	品种	花卉类别	生产量
502	高　县(川)	火棘	城市绿化苗(万株)	0.72
503	芜湖县(皖)	火棘	观赏苗木(万株)	10.00
504	鹤峰县(鄂)	火棘	观赏苗木(万株)	7.00
505	登封市(豫)	火棘	观赏苗木(万株)	6.00
506	鼎城区(湘)	火棘	观赏苗木(万株)	3.00
507	镇坪县(陕)	火棘	观赏苗木(万株)	3.00
508	海盐县(浙)	火棘	观赏苗木(万株)	2.40
509	环翠区(鲁)	火棘	观叶植物(万盆)	130.00
510	商水县(豫)	藿香蓟	盆花(万盆)	2.00
511	寿　县(皖)	鸡爪槭	城市绿化苗(万株)	15.00
512	宜都市(鄂)	鸡爪槭	城市绿化苗(万株)	6.00
513	恩阳区(川)	鸡爪槭	城市绿化苗(万株)	5.00
514	江津区(渝)	鸡爪槭	城市绿化苗(万株)	3.00
515	郎溪县(皖)	鸡爪槭	城市绿化苗(万株)	2.50
516	龙里县(黔)	鸡爪槭	城市绿化苗(万株)	2.50
517	黔江区(渝)	鸡爪槭	城市绿化苗(万株)	1.00
518	沂水县(鲁)	鸡爪槭	观赏苗木(万株)	16.00
519	贵池区(皖)	鸡爪槭	观赏苗木(万株)	10.00
520	广德县(皖)	鸡爪槭	观赏苗木(万株)	5.00
521	衢江区(浙)	鸡爪槭	观赏苗木(万株)	3.00
522	青州市(鲁)	鸡爪槭	观赏苗木(万株)	0.55
523	芦溪县(赣)	鸡爪槭	观叶植物(万盆)	19.00
524	阳新县(鄂)	鸡爪槭	盆花(万盆)	2.00
525	洋　县(陕)	鸡爪槭	鲜切叶(万支)	7.00
526	肥西县(皖)	夹竹桃类	城市绿化苗(万株)	150.00
527	贵池区(皖)	夹竹桃类	城市绿化苗(万株)	20.00
528	津市市(湘)	夹竹桃类	城市绿化苗(万株)	13.00
529	象山县(浙)	夹竹桃类	城市绿化苗(万株)	10.00
530	固始县(豫)	夹竹桃类	城市绿化苗(万株)	7.00
531	碧江区(黔)	夹竹桃类	城市绿化苗(万株)	6.00
532	雁山区(桂)	夹竹桃类	城市绿化苗(万株)	5.00
533	仙桃市(鄂)	夹竹桃类	城市绿化苗(万株)	2.50
534	凤城市(辽)	夹竹桃类	观赏苗木(万株)	945.00
535	慈溪市(浙)	夹竹桃类	观赏苗木(万株)	68.00
536	丰顺县(粤)	夹竹桃类	观赏苗木(万株)	52.00
537	方城县(豫)	夹竹桃类	盆花(万盆)	2.82
538	藁城区(冀)	夹竹桃类	盆花(万盆)	1.10
539	宣汉县(川)	夹竹桃类	鲜切花(万支)	21.50
540	青州市(鲁)	假龙头	观赏苗木(万株)	3600.00
541	海淀区(京)	假龙头	花卉用种苗(千苗)	8.00
542	青州市(鲁)	假昙花	盆花(万盆)	2.80
543	新宁县(湘)	结香	城市绿化苗(万株)	2.00
544	龙里县(黔)	结香	城市绿化苗(万株)	1.00
545	博望区(皖)	金弹子	城市绿化苗(万株)	20.00
546	高　县(川)	金弹子	城市绿化苗(万株)	12.50
547	澧　县(湘)	金弹子	城市绿化苗(万株)	1.50
548	来凤县(鄂)	金弹子	盆景(万盆)	10.00
549	碧江区(黔)	金弹子	盆景(万盆)	0.60
550	邢台县(冀)	金光菊	盆花(万盆)	3.00
551	青铜峡市(宁)	金光菊	盆花(万盆)	1.00
552	青州市(鲁)	金鸡菊	城市绿化苗(万株)	22.00
553	郎溪县(皖)	金星	盆花(万盆)	1.85
554	侯马市(晋)	金银木	城市绿化苗(万株)	2.60
555	大武口区(宁)	金银木	城市绿化苗(万株)	2.00
556	大城县(冀)	金银木	观赏苗木(万株)	10.00
557	丰宁满族自治县(冀)	金银木	观赏苗木(万株)	10.00
558	涿州市(冀)	金银木	观赏苗木(万株)	7.00
559	平罗县(宁)	金银木	花卉用种苗(千苗)	2000.00
560	章丘市(鲁)	金银木	盆花(万盆)	1.00
561	鹤峰县(鄂)	金银木	盆花(万盆)	0.60
562	竹溪县(鄂)	金钟花	鲜切花(万支)	3.00
563	九台市(吉)	锦带花	城市绿化苗(万株)	120.00
564	侯马市(晋)	锦带花	城市绿化苗(万株)	3.60
565	金川区(甘)	锦带花	城市绿化苗(万株)	3.00
566	讷河市(黑)	锦带花	城市绿化苗(万株)	3.00
567	大武口区(宁)	锦带花	城市绿化苗(万株)	1.09
568	丰宁满族自治县(冀)	锦带花	观赏苗木(万株)	40.00
569	海城市(辽)	锦带花	观赏苗木(万株)	38.00
570	博野县(冀)	锦带花	观赏苗木(万株)	10.00
571	涿州市(冀)	锦带花	观赏苗木(万株)	5.00
572	海港区(冀)	锦带花	观赏苗木(万株)	3.12
573	章丘市(鲁)	锦带花	花卉用种球(千粒)	3.00
574	凤城市(辽)	锦熟黄杨	观赏苗木(万株)	240.00
575	北京市大东流苗圃(京)	荆芥	观赏苗木(万株)	5.34
576	九台市(吉)	景天	城市绿化苗(万株)	100.00
577	湟源县(青)	景天	城市绿化苗(万株)	10.00
578	金川区(甘)	景天	城市绿化苗(万株)	10.00
579	侯马市(晋)	景天	城市绿化苗(万株)	6.60
580	四平市铁西区(吉)	景天	城市绿化苗(万株)	1.00
581	台安县(辽)	景天	观赏苗木(万株)	5000.00
582	丰宁满族自治县(冀)	景天	观赏苗木(万株)	100.00
583	呼兰区(黑)	景天	观赏苗木(万株)	50.00
584	平罗县(宁)	景天	观赏苗木(万株)	8.00
585	北京市大东流苗圃(京)	景天	观赏苗木(万株)	2.05
586	山海关区(冀)	景天	观赏苗木(万株)	2.00
587	海淀区(京)	景天	花卉用种苗(千苗)	10.00
588	定州市(冀)	景天	盆花(万盆)	225.00
589	阜新蒙古族自治县(辽)	景天	盆花(万盆)	120.00
590	高邑县(冀)	景天	盆花(万盆)	21.00
591	新乐市(冀)	景天	盆花(万盆)	20.00
592	东营区(鲁)	景天	盆花(万盆)	12.00
593	青铜峡市(宁)	景天	盆花(万盆)	5.00

序号	其他花卉主产地	品种	花卉类别	生产量
594	枣强县(冀)	景天	盆花(万盆)	0.60
595	娄星区(湘)	景天	盆景(万盆)	1.00
596	宣汉县(川)	景天	鲜切花(万支)	25.00
597	沙坪坝区(渝)	九重葛	观赏苗木(万株)	10.00
598	石门县(湘)	桔梗	城市绿化苗(万株)	2.00
599	郎溪县(皖)	桔梗	盆花(万盆)	1.80
600	石林彝族自治县(滇)	桔梗	鲜切花(万支)	401.00
601	新都区(川)	桔梗	鲜切花(万支)	59.00
602	章丘市(鲁)	桔梗	鲜切花(万支)	3.00
603	潢川县(豫)	蜡梅	城市绿化苗(万株)	140.00
604	保康县(鄂)	蜡梅	城市绿化苗(万株)	61.00
605	竹山县(鄂)	蜡梅	城市绿化苗(万株)	19.10
606	茅箭区(鄂)	蜡梅	城市绿化苗(万株)	6.00
607	沙洋县(鄂)	蜡梅	城市绿化苗(万株)	5.00
608	达川区(川)	蜡梅	城市绿化苗(万株)	4.00
609	铜梁县(渝)	蜡梅	城市绿化苗(万株)	2.00
610	修武县(豫)	蜡梅	观赏苗木(万株)	15.00
611	巴州区(川)	蜡梅	观赏苗木(万株)	8.00
612	嵩　县(豫)	蜡梅	观赏苗木(万株)	1.30
613	浠水县(鄂)	蜡梅	观赏苗木(万株)	1.20
614	翠屏区(川)	蜡梅	观叶植物(万盆)	4.00
615	丰宁满族自治县(冀)	蜡梅	盆花(万盆)	5.00
616	青州市(鲁)	蜡梅	盆花(万盆)	2.10
617	郎溪县(皖)	蜡梅	盆花(万盆)	1.80
618	保康县(鄂)	蜡梅	盆景(万盆)	2.50
619	嘉定区(沪)	蜡梅	鲜切花(万支)	209.00
620	北碚区(渝)	蜡梅	鲜切花(万支)	200.00
621	宣汉县(川)	蜡梅	鲜切花(万支)	37.00
622	彭山县(川)	蜡梅	鲜切花(万支)	20.00
623	南岸区(渝)	蜡梅	鲜切花(万支)	9.88
624	黔江区(渝)	蜡梅	鲜切花(万支)	5.00
625	南岳区(湘)	兰草	城市绿化苗(万株)	20.00
626	新宁县(湘)	兰草	城市绿化苗(万株)	2.00
627	广水市(鄂)	兰草	观赏苗木(万株)	200.00
628	贵池区(皖)	兰草	观赏苗木(万株)	10.00
629	镇坪县(陕)	兰草	观赏苗木(万株)	8.00
630	大足县(渝)	兰草	观叶植物(万盆)	600.00
631	澄海区(粤)	兰草	观叶植物(万盆)	30.00
632	宣汉县(川)	兰草	盆花(万盆)	57.50
633	恭城瑶族自治县(桂)	兰草	盆花(万盆)	30.70
634	黔江区(渝)	兰草	盆花(万盆)	20.00
635	禄丰县(滇)	兰草	盆花(万盆)	18.10
636	巴州区(川)	兰草	盆花(万盆)	18.00
637	鼎城区(湘)	兰草	盆花(万盆)	8.00
638	岱山县(浙)	兰草	盆花(万盆)	3.00
639	洞口县(湘)	兰草	盆花(万盆)	3.00
640	青州市(鲁)	兰草	盆花(万盆)	2.80
641	三门县(浙)	兰草	盆花(万盆)	2.20
642	普安县(黔)	兰草	盆花(万盆)	2.00
643	涿州市(冀)	兰草	盆花(万盆)	2.00
644	普陀区(浙)	兰草	盆花(万盆)	1.50
645	牟定县(滇)	兰草	盆花(万盆)	1.20
646	四川省大渡河造林局(川)	兰草	盆花(万盆)	1.00
647	绍兴县(浙)	兰草	盆景(万盆)	14.00
648	郎溪县(皖)	兰草	盆景(万盆)	4.50
649	安化县(湘)	兰草	盆景(万盆)	2.00
650	沅陵县(湘)	兰草	盆景(万盆)	0.70
651	蒲江县(川)	兰草	鲜切叶(万支)	2400.00
652	红花岗区(黔)	蓝目菊	盆花(万盆)	20.00
653	郎溪县(皖)	铃兰	盆花(万盆)	0.80
654	新宁县(湘)	凌霄花类	城市绿化苗(万株)	2.00
655	青州市(鲁)	凌霄花类	观赏苗木(万株)	15.00
656	海州区(苏)	凌霄花类	食用及药用花卉(千克)	21000.00
657	栾川县(豫)	流苏	城市绿化苗(万株)	107.00
658	昌乐县(鲁)	流苏	城市绿化苗(万株)	5.00
659	青州市(鲁)	流苏	观赏苗木(万株)	700.00
660	河东区(鲁)	流苏	观赏苗木(万株)	135.00
661	沂南县(鲁)	流苏	观赏苗木(万株)	110.00
662	新泰市(鲁)	龙柏	城市绿化苗(万株)	1120.00
663	即墨市(鲁)	龙柏	城市绿化苗(万株)	900.00
664	潢川县(豫)	龙柏	城市绿化苗(万株)	290.00
665	梁山县(鲁)	龙柏	城市绿化苗(万株)	20.30
666	昌乐县(鲁)	龙柏	城市绿化苗(万株)	12.00
667	贵池区(皖)	龙柏	城市绿化苗(万株)	10.00
668	坊子区(鲁)	龙柏	城市绿化苗(万株)	8.00
669	威海市经济技术开发区(鲁)	龙柏	城市绿化苗(万株)	4.10
670	龙安区(豫)	龙柏	城市绿化苗(万株)	4.00
671	娄星区(湘)	龙柏	城市绿化苗(万株)	3.50
672	滨城区(鲁)	龙柏	城市绿化苗(万株)	2.00
673	濮阳县(豫)	龙柏	城市绿化苗(万株)	2.00
674	醴陵市(湘)	龙柏	城市绿化苗(万株)	1.00
675	蒲城县(陕)	龙柏	城市绿化苗(万株)	1.00
676	青州市(鲁)	龙柏	观赏苗木(万株)	1000.00
677	东港区(鲁)	龙柏	观赏苗木(万株)	40.00
678	陵　县(鲁)	龙柏	观赏苗木(万株)	35.00
679	沙河市(冀)	龙柏	观赏苗木(万株)	30.00
680	芜湖县(皖)	龙柏	观赏苗木(万株)	10.00
681	安阳县(豫)	龙柏	观赏苗木(万株)	6.40
682	常宁市(湘)	龙柏	观赏苗木(万株)	6.00
683	垦利县(鲁)	龙柏	观赏苗木(万株)	5.00
684	中方县(湘)	龙柏	观赏苗木(万株)	5.00

序号	其他花卉主产地	品种	花卉类别	生产量
685	灵璧县(皖)	龙柏	观赏苗木(万株)	2.00
686	鹿泉区(冀)	龙柏	观赏苗木(万株)	2.00
687	海盐县(浙)	龙柏	观赏苗木(万株)	1.30
688	红花岗区(黔)	龙舌兰牡丹	盆花(万盆)	20.00
689	青州市(鲁)	耧斗菜	城市绿化苗(万株)	51.00
690	鼎城区(湘)	罗汉竹	观赏苗木(万株)	1.50
691	巴州区(川)	罗汉竹	盆花(万盆)	2.00
692	新丰县(粤)	罗汉竹	盆景(万盆)	0.60
693	青州市(鲁)	落地生根	观叶植物(万盆)	1.30
694	伽师县(新)	落地生根	观叶植物(万盆)	1.00
695	五常市(黑)	麻叶绣线菊类	城市绿化苗(万株)	50.00
696	涿州市(冀)	麻叶绣线菊类	观赏苗木(万株)	15.00
697	平罗县(宁)	马蔺	观赏苗木(万株)	60.00
698	北京市大东流苗圃(京)	马蔺	观赏苗木(万株)	1.58
699	平罗县(宁)	马蔺	花卉用种子(千克)	157.50
700	金凤区(宁)	马蔺	盆花(万盆)	40.00
701	青铜峡市(宁)	马蔺	盆花(万盆)	15.00
702	东洲区(辽)	马蔺	盆花(万盆)	6.80
703	闵行区(沪)	马蹄井	鲜切花(万支)	1.00
704	蓬安县(川)	麦冬	城市绿化苗(万株)	200.00
705	旌阳区(川)	麦冬	城市绿化苗(万株)	15.50
706	辛集市(冀)	麦冬	城市绿化苗(万株)	15.00
707	侯马市(晋)	麦冬	城市绿化苗(万株)	3.00
708	黟　县(皖)	麦冬	城市绿化苗(万株)	2.00
709	洞口县(湘)	麦冬	观赏苗木(万株)	15.00
710	黄州区(鄂)	麦冬	观赏苗木(万株)	1.00
711	青州市(鲁)	麦冬	观叶植物(万盆)	2.60
712	郎溪县(皖)	麦冬	盆景(万盆)	8.50
713	红花岗区(黔)	蔓胡颓子	盆景(万盆)	8.00
714	青州市(鲁)	毛地黄	观赏苗木(万株)	50.00
715	平利县(陕)	毛竹	城市绿化苗(万株)	1.50
716	桂东县(湘)	毛竹	观赏苗木(万株)	12.00
717	洋　县(陕)	毛竹	鲜切叶(万支)	5.00
718	潢川县(豫)	梅花	城市绿化苗(万株)	70.00
719	临川区(赣)	梅花	观赏苗木(万株)	40.00
720	安阳县(豫)	梅花	观赏苗木(万株)	6.35
721	贵池区(皖)	梅花	观赏苗木(万株)	5.00
722	寿　县(皖)	梅花	观赏苗木(万株)	4.00
723	巴州区(川)	梅花	观赏苗木(万株)	2.00
724	翠屏区(川)	梅花	观赏苗木(万株)	1.00
725	莱州市(鲁)	梅花	观赏苗木(万株)	1.00
726	沅江市(湘)	梅花	观赏苗木(万株)	1.00
727	卢氏县(豫)	梅花	盆花(万盆)	217.50
728	东港区(鲁)	梅花	盆花(万盆)	8.00
729	巴州区(川)	梅花	盆花(万盆)	5.00
730	鼎城区(湘)	梅花	盆花(万盆)	4.00
731	青州市(鲁)	梅花	盆花(万盆)	1.60
732	三门县(浙)	梅花	盆花(万盆)	1.00
733	颍泉区(皖)	梅花	盆景(万盆)	10.70
734	宣汉县(川)	梅花	鲜切花(万支)	43.00
735	平桥区(豫)	梅花	鲜切花(万支)	9.00
736	顺庆区(川)	梅花	鲜切花(万支)	4.00
737	巴州区(川)	梅花	鲜切叶(万支)	10.00
738	潢川县(豫)	美国红栌	城市绿化苗(万株)	8.00
739	栾川县(豫)	美国红栌	城市绿化苗(万株)	1.00
740	青州市(鲁)	美国红栌	观赏苗木(万株)	20.00
741	章丘市(鲁)	美国红栌	花卉用种子(千克)	2000.00
742	白城市市辖区(吉)	美人松	城市绿化苗(万株)	2.00
743	监利县(鄂)	米兰	城市绿化苗(万株)	6.00
744	贵池区(皖)	米兰	观赏苗木(万株)	15.00
745	商州区(陕)	米兰	观赏苗木(万株)	10.00
746	红花岗区(黔)	米兰	盆花(万盆)	20.00
747	阳新县(鄂)	米兰	盆花(万盆)	9.00
748	郎溪县(皖)	米兰	盆花(万盆)	2.80
749	三门县(浙)	米兰	盆花(万盆)	1.20
750	东兰县(桂)	米兰	盆花(万盆)	1.00
751	沅陵县(湘)	米兰	盆花(万盆)	0.70
752	会理县(川)	米兰	盆景(万盆)	12.00
753	三河市(冀)	米兰	鲜切花(万支)	80.00
754	禹州市(豫)	茉莉花	观赏苗木(万株)	210.00
755	贵池区(皖)	茉莉花	观赏苗木(万株)	5.00
756	巴州区(川)	茉莉花	观赏苗木(万株)	2.00
757	三门县(浙)	茉莉花	观赏苗木(万株)	2.00
758	邹平县(鲁)	茉莉花	盆花(万盆)	220.00
759	涿州市(冀)	茉莉花	盆花(万盆)	20.00
760	青州市(鲁)	茉莉花	盆花(万盆)	8.90
761	阳新县(鄂)	茉莉花	盆花(万盆)	6.00
762	无极县(冀)	茉莉花	盆花(万盆)	3.00
763	邢台市桥东区(冀)	茉莉花	盆花(万盆)	2.00
764	汉源县(川)	茉莉花	盆花(万盆)	1.50
765	晋州市(冀)	茉莉花	盆花(万盆)	1.00
766	宣汉县(川)	茉莉花	鲜切花(万支)	25.00
767	贵池区(皖)	木芙蓉	城市绿化苗(万株)	20.00
768	仙桃市(鄂)	木芙蓉	城市绿化苗(万株)	2.00
769	巴州区(川)	木芙蓉	观赏苗木(万株)	26.00
770	青州市(鲁)	木芙蓉	盆花(万盆)	5.90
771	巴州区(川)	木芙蓉	盆花(万盆)	3.00
772	郎溪县(皖)	木芙蓉	盆花(万盆)	1.20
773	绿园区(吉)	木通类	观赏苗木(万株)	200.00
774	碧江区(黔)	木通类	观赏苗木(万株)	1.20
775	阜新蒙古族自治县(辽)	木犀草	盆花(万盆)	100.00
776	潢川县(豫)	南天竹	城市绿化苗(万株)	200.00

序号	其他花卉主产地	品种	花卉类别	生产量
777	黟　县(皖)	南天竹	城市绿化苗(万株)	105.00
778	广安区(川)	南天竹	城市绿化苗(万株)	14.00
779	龙里县(黔)	南天竹	城市绿化苗(万株)	12.00
780	沙洋县(鄂)	南天竹	城市绿化苗(万株)	5.00
781	鄢陵县(豫)	南天竹	观赏苗木(万株)	1000.00
782	巴州区(川)	南天竹	观赏苗木(万株)	20.00
783	郾城区(豫)	南天竹	观赏苗木(万株)	20.00
784	彭水苗族土家族自治县(渝)	南天竹	观赏苗木(万株)	5.00
785	沅江市(湘)	南天竹	观赏苗木(万株)	3.00
786	嵩　县(豫)	南天竹	观赏苗木(万株)	1.50
787	安阳县(豫)	南天竹	观赏苗木(万株)	0.70
788	平桥区(豫)	南天竹	观叶植物(万盆)	12.00
789	贵池区(皖)	南天竹	盆景(万盆)	20.00
790	红花岗区(黔)	南天竹	盆景(万盆)	8.00
791	郎溪县(皖)	南天竹	盆景(万盆)	1.50
792	鹤峰县(鄂)	平枝栒子	盆花(万盆)	0.80
793	九台市(吉)	葡萄	城市绿化苗(万株)	50.00
794	白城市市辖区(吉)	葡萄	城市绿化苗(万株)	2.00
795	望都县(冀)	葡萄	观赏苗木(万株)	780.00
796	呼兰区(黑)	葡萄	观赏苗木(万株)	50.00
797	新蔡县(豫)	葡萄	观赏苗木(万株)	9.00
798	哈密市(新)	葡萄	观赏苗木(万株)	8.00
799	巴州区(川)	葡萄	盆花(万盆)	2.00
800	壶关县(晋)	葡萄	盆花(万盆)	1.80
801	郎溪县(皖)	葡萄	盆景(万盆)	3.50
802	北仑区(浙)	七叶树	城市绿化苗(万株)	500.00
803	许昌县(豫)	七叶树	城市绿化苗(万株)	18.00
804	南郑县(陕)	七叶树	城市绿化苗(万株)	15.00
805	宜都市(鄂)	七叶树	城市绿化苗(万株)	12.00
806	潢川县(豫)	七叶树	城市绿化苗(万株)	9.00
807	岱山县(浙)	七叶树	城市绿化苗(万株)	4.00
808	利川市(鄂)	七叶树	城市绿化苗(万株)	0.51
809	长垣县(豫)	七叶树	观赏苗木(万株)	20.00
810	两当县(甘)	七叶树	观赏苗木(万株)	10.00
811	石泉县(陕)	七叶树	观赏苗木(万株)	10.00
812	海盐县(浙)	七叶树	观赏苗木(万株)	1.40
813	嵩　县(豫)	七叶树	观赏苗木(万株)	1.20
814	洋　县(陕)	七叶树	观叶植物(万盆)	0.70
815	渭城区(陕)	千花葵	观赏苗木(万株)	1.00
816	许昌县(豫)	千日红	城市绿化苗(万株)	38.60
817	青州市(鲁)	千日红	城市绿化苗(万株)	15.00
818	集安市(吉)	千日红	城市绿化苗(万株)	3.00
819	延寿县(黑)	千日红	观赏苗木(万株)	500.00
820	南和县(冀)	千日红	观赏苗木(万株)	9.00
821	固始县(豫)	千日红	观赏苗木(万株)	2.20
822	许昌市经济技术开发区(豫)	千日红	观赏苗木(万株)	2.00
823	济南市市中区(鲁)	千日红	观赏苗木(万株)	1.00
824	乾安县(吉)	千日红	观叶植物(万盆)	7.00
825	松潘县(川)	千日红	盆花(万盆)	1200.00
826	东营区(鲁)	千日红	盆花(万盆)	20.00
827	商州区(陕)	千日红	盆花(万盆)	15.00
828	中江县(川)	千日红	盆花(万盆)	9.80
829	隆尧县(冀)	千日红	盆花(万盆)	8.00
830	石城县(赣)	千日红	盆花(万盆)	6.00
831	沙河市(冀)	千日红	盆花(万盆)	2.50
832	北戴河区(冀)	千日红	盆花(万盆)	2.00
833	抚宁县(冀)	千日红	盆花(万盆)	1.00
834	龙里县(黔)	千日红	盆花(万盆)	1.00
835	鹿泉区(冀)	千日红	盆花(万盆)	1.00
836	河口区(鲁)	千日红	盆花(万盆)	0.75
837	襄城区(鄂)	千日红	盆景(万盆)	1.80
838	大英县(川)	千日红	鲜切花(万支)	10.00
839	沁阳市(豫)	千日红	鲜切叶(万支)	14.00
840	龙里县(黔)	青枫	城市绿化苗(万株)	8.00
841	宁波市市辖区(浙)	青枫	观赏苗木(万株)	5.00
842	定海区(浙)	青枫	观赏苗木(万株)	2.00
843	青州市(鲁)	青枫	观赏苗木(万株)	2.00
844	郎溪县(皖)	青枫	盆景(万盆)	0.80
845	上林县(桂)	秋风	城市绿化苗(万株)	20.00
846	银海区(桂)	秋风	城市绿化苗(万株)	5.00
847	清新县(粤)	秋风	城市绿化苗(万株)	1.00
848	那坡县(桂)	秋风	观赏苗木(万株)	3.20
849	平果县(桂)	秋风	观赏苗木(万株)	2.50
850	电白区(粤)	秋风	观赏苗木(万株)	0.85
851	定西市巉口林业试验场(甘)	秋牡丹	观赏苗木(万株)	1.00
852	鹿邑县(豫)	楸树	城市绿化苗(万株)	80.00
853	贵池区(皖)	楸树	城市绿化苗(万株)	20.00
854	项城市(豫)	楸树	城市绿化苗(万株)	8.00
855	颍东区(皖)	楸树	城市绿化苗(万株)	2.00
856	汝南县(豫)	楸树	观赏苗木(万株)	100.00
857	淮阳县(豫)	楸树	观赏苗木(万株)	10.50
858	睢阳区(豫)	楸树	观赏苗木(万株)	0.70
859	红花岗区(黔)	楸树	盆景(万盆)	5.00
860	江川县(滇)	球根海棠	城市绿化苗(万株)	5.77
861	安阳县(豫)	球根海棠	观赏苗木(万株)	2.00
862	淅川县(豫)	球根海棠	观赏苗木(万株)	1.10
863	青州市(鲁)	球根海棠	盆花(万盆)	87.00
864	涿州市(冀)	球根海棠	盆花(万盆)	15.00
865	巴州区(川)	球根海棠	盆花(万盆)	3.00

序号	其他花卉主产地	品种	花卉类别	生产量
866	郎溪县(皖)	球兰	盆花(万盆)	1.20
867	三门县(浙)	雀梅藤	盆景(万盆)	1.30
868	九台市(吉)	忍冬类	城市绿化苗(万株)	50.00
869	新宁县(湘)	忍冬类	城市绿化苗(万株)	50.00
870	讷河市(黑)	忍冬类	城市绿化苗(万株)	3.00
871	白城市市辖区(吉)	忍冬类	城市绿化苗(万株)	1.00
872	丰宁满族自治县(冀)	忍冬类	观赏苗木(万株)	20.00
873	新民市(辽)	忍冬类	观赏苗木(万株)	9.50
874	静海县(津)	忍冬类	观赏苗木(万株)	3.30
875	青州市(鲁)	忍冬类	观赏苗木(万株)	2.00
876	芜湖县(皖)	忍冬类	观赏苗木(万株)	1.00
877	天全县(川)	忍冬类	盆景(万盆)	5.40
878	临淄区(鲁)	忍冬类	食用及药用花卉(千克)	25000.00
879	大余县(赣)	瑞香	盆花(万盆)	3920.00
880	青州市(鲁)	三色堇	城市绿化苗(万株)	460.00
881	集安市(吉)	三色堇	城市绿化苗(万株)	3.00
882	安源区(赣)	三色堇	观赏苗木(万株)	10.00
883	贡井区(川)	三色堇	观叶植物(万盆)	20.00
884	彭山县(川)	三色堇	盆花(万盆)	60.00
885	庐阳区(皖)	三色堇	盆花(万盆)	57.00
886	新安县(豫)	三色堇	盆花(万盆)	40.00
887	惠济区(豫)	三色堇	盆花(万盆)	32.30
888	黔江区(渝)	三色堇	盆花(万盆)	20.00
889	北戴河区(冀)	三色堇	盆花(万盆)	16.00
890	开平区(冀)	三色堇	盆花(万盆)	10.00
891	未央区(陕)	三色堇	盆花(万盆)	9.00
892	石柱土家族自治县(渝)	三色堇	盆花(万盆)	5.50
893	费　县(鲁)	三色堇	盆花(万盆)	5.00
894	双桥区(冀)	三色堇	盆花(万盆)	5.00
895	香河县(冀)	三色堇	盆花(万盆)	5.00
896	东洲区(辽)	三色堇	盆花(万盆)	4.90
897	龙里县(黔)	三色堇	盆花(万盆)	3.00
898	抚宁县(冀)	三色堇	盆花(万盆)	2.00
899	临武县(湘)	三色堇	盆花(万盆)	1.90
900	枣强县(冀)	三色堇	盆花(万盆)	1.40
901	商水县(豫)	三色堇	盆花(万盆)	1.20
902	东平县(鲁)	三色堇	盆花(万盆)	1.00
903	萨尔图区(黑)	三色堇	盆花(万盆)	1.00
904	芜湖县(皖)	三色堇	盆花(万盆)	1.00
905	洋　县(陕)	三色堇	鲜切花(万支)	4.00
906	汉源县(川)	三色堇	鲜切花(万支)	0.60
907	青州市(鲁)	三叶地锦	城市绿化苗(万株)	24.00
908	南和县(冀)	散尾葵	观赏苗木(万株)	2.00
909	涿州市(冀)	散尾葵	观叶植物(万盆)	15.00
910	海城市(辽)	散尾葵	观叶植物(万盆)	12.00
911	青州市(鲁)	散尾葵	观叶植物(万盆)	1.00
912	章丘市(鲁)	散尾葵	鲜切叶(万支)	20.00
913	南岸区(渝)	散尾葵	鲜切叶(万支)	8.07
914	北湖区(湘)	山茶花	城市绿化苗(万株)	3246.00
915	茶陵县(湘)	山茶花	城市绿化苗(万株)	600.00
916	宜都市(鄂)	山茶花	城市绿化苗(万株)	35.00
917	贵池区(皖)	山茶花	城市绿化苗(万株)	15.00
918	津市市(湘)	山茶花	城市绿化苗(万株)	12.50
919	衡东县(湘)	山茶花	城市绿化苗(万株)	1.00
920	普陀区(浙)	山茶花	城市绿化苗(万株)	0.90
921	乳源瑶族自治县(粤)	山茶花	观赏苗木(万株)	65.00
922	酉阳土家族苗族自治县(渝)	山茶花	观赏苗木(万株)	30.00
923	洞口县(湘)	山茶花	观赏苗木(万株)	12.00
924	中方县(湘)	山茶花	观赏苗木(万株)	10.00
925	巴州区(川)	山茶花	观赏苗木(万株)	9.00
926	芜湖县(皖)	山茶花	观赏苗木(万株)	6.00
927	雅长林场(桂)	山茶花	观赏苗木(万株)	0.63
928	炎陵县(湘)	山茶花	观叶植物(万盆)	1.20
929	巴州区(川)	山茶花	盆花(万盆)	6.00
930	鼎城区(湘)	山茶花	盆花(万盆)	3.50
931	娄星区(湘)	山茶花	盆花(万盆)	1.40
932	鹤峰县(鄂)	山茶花	盆花(万盆)	1.20
933	郎溪县(皖)	山茶花	盆花(万盆)	1.20
934	衡山县(湘)	山茶花	盆花(万盆)	0.55
935	临川区(赣)	山茶花	盆景(万盆)	18.00
936	巴州区(川)	山茶花	鲜切叶(万支)	30.00
937	石城县(赣)	山茶花	鲜切叶(万支)	20.00
938	喀喇沁旗(内蒙古)	山桃	城市绿化苗(万株)	15.00
939	鄂托克前旗(内蒙古)	山桃	城市绿化苗(万株)	0.60
940	固安县(冀)	山桃	观赏苗木(万株)	80.00
941	呼兰区(黑)	山桃	观赏苗木(万株)	20.00
942	隆化县(冀)	山桃	观赏苗木(万株)	9.00
943	北塔区(湘)	山桃	观赏苗木(万株)	1.50
944	满城县(冀)	山桃	观赏苗木(万株)	1.00
945	平罗县(宁)	山桃	观赏苗木(万株)	1.00
946	壶关县(晋)	山桃	盆花(万盆)	2.80
947	禹州市(豫)	山茱萸	观赏苗木(万株)	120.00
948	商州区(陕)	山茱萸	观赏苗木(万株)	20.00
949	青州市(鲁)	山茱萸	观赏苗木(万株)	3.00
950	鹤山区(豫)	芍药	城市绿化苗(万株)	6.00
951	长白山林业局(吉)	芍药	城市绿化苗(万株)	1.00
952	黟　县(皖)	芍药	城市绿化苗(万株)	0.60
953	芜湖县(皖)	芍药	观赏苗木(万株)	10.00
954	隆德县(宁)	芍药	观赏苗木(万株)	5.00
955	大武口区(宁)	芍药	观赏苗木(万株)	2.10
956	哈密市(新)	芍药	观赏苗木(万株)	2.00

序号	其他花卉主产地	品种	花卉类别	生产量
957	淮阳县(豫)	芍药	观赏苗木(万株)	2.00
958	平罗县(宁)	芍药	花卉用种球(千粒)	10.00
959	隆尧县(冀)	芍药	盆花(万盆)	12.00
960	谯城区(皖)	芍药	盆花(万盆)	2.00
961	青州市(鲁)	芍药	盆花(万盆)	2.00
962	柏乡县(冀)	芍药	盆花(万盆)	1.50
963	榕城区(粤)	芍药	盆花(万盆)	1.00
964	西安区(吉)	芍药	盆花(万盆)	0.60
965	邓州市(豫)	芍药	食用及药用花卉(千克)	10.00
966	许昌县(豫)	芍药	鲜切花(万支)	15.00
967	西峰区(甘)	芍药	鲜切花(万支)	8.00
968	双桥区(冀)	芍药	鲜切花(万支)	6.00
969	巴州区(川)	芍药	鲜切叶(万支)	30.00
970	青州市(鲁)	蛇鞭菊	城市绿化苗(万株)	10.00
971	北京市大东流苗圃(京)	蛇莓	观赏苗木(万株)	1.70
972	新宁县(湘)	射干	城市绿化苗(万株)	10.00
973	侯马市(晋)	射干	城市绿化苗(万株)	6.00
974	嵩　县(豫)	射干	观赏苗木(万株)	20.00
975	梁山县(鲁)	射干	观叶植物(万盆)	1.10
976	津市市(湘)	麝香百合类	鲜切花(万支)	1.20
977	二道区(吉)	蓍草	观赏苗木(万株)	200.00
978	建始县(鄂)	十姊妹	观赏苗木(万株)	140.00
979	涿州市(冀)	十姊妹	观赏苗木(万株)	30.00
980	隆尧县(冀)	石刁柏	观赏苗木(万株)	4.60
981	南岸区(渝)	石刁柏	鲜切叶(万支)	6.78
982	六枝特区(黔)	石斛兰	城市绿化苗(万株)	50.00
983	新宁县(湘)	石斛兰	花卉用种苗(千苗)	1000.00
984	七坡林场(桂)	石斛兰	花卉用种苗(千苗)	328.81
985	青州市(鲁)	石斛兰	盆花(万盆)	15.00
986	北京市大东流苗圃(京)	石斛兰	盆花(万盆)	4.01
987	旌阳区(川)	石斛兰	盆花(万盆)	1.50
988	嵩明县(滇)	石斛兰	盆花(万盆)	1.50
989	黄冕林场(桂)	石斛兰	盆景(万盆)	1.00
990	庆元县(浙)	石斛兰	食用及药用花卉(千克)	11230.00
991	路桥区(浙)	石斛兰	食用及药用花卉(千克)	175.00
992	雅长林场(桂)	石斛兰	食用及药用花卉(千克)	75.00
993	商州区(陕)	石莲花	盆花(万盆)	15.00
994	涿州市(冀)	石莲花	盆花(万盆)	5.00
995	宣汉县(川)	石莲花	鲜切花(万支)	13.00
996	荥阳市(豫)	石榴	城市绿化苗(万株)	35.00
997	沙洋县(鄂)	石榴	城市绿化苗(万株)	10.00
998	中方县(湘)	石榴	城市绿化苗(万株)	10.00
999	侯马市(晋)	石榴	城市绿化苗(万株)	3.00
1000	怀远县(皖)	石榴	城市绿化苗(万株)	3.00
1001	竹山县(鄂)	石榴	城市绿化苗(万株)	3.00
1002	雁山区(桂)	石榴	城市绿化苗(万株)	2.00

序号	其他花卉主产地	品种	花卉类别	生产量
1003	鹿邑县(豫)	石榴	城市绿化苗(万株)	1.50
1004	路桥区(浙)	石榴	城市绿化苗(万株)	1.00
1005	岳阳县(湘)	石榴	城市绿化苗(万株)	1.00
1006	陵　县(鲁)	石榴	观赏苗木(万株)	63.00
1007	博野县(冀)	石榴	观赏苗木(万株)	24.00
1008	固安县(冀)	石榴	观赏苗木(万株)	15.00
1009	鹿泉区(冀)	石榴	观赏苗木(万株)	3.00
1010	巴州区(川)	石榴	观赏苗木(万株)	1.00
1011	赞皇县(冀)	石榴	观赏苗木(万株)	0.60
1012	贵池区(皖)	石榴	盆花(万盆)	15.00
1013	三门县(浙)	石榴	盆花(万盆)	0.80
1014	峄城区(鲁)	石榴	盆景(万盆)	30.00
1015	青州市(鲁)	石蒜	盆花(万盆)	8.00
1016	卫辉市(豫)	石蒜	盆花(万盆)	2.00
1017	郎溪县(皖)	石蒜	盆景(万盆)	1.20
1018	九台市(吉)	石竹	城市绿化苗(万株)	100.00
1019	金川区(甘)	石竹	城市绿化苗(万株)	10.00
1020	青州市(鲁)	石竹	观赏苗木(万株)	3000.00
1021	安源区(赣)	石竹	观赏苗木(万株)	5.00
1022	黄州区(鄂)	石竹	观赏苗木(万株)	2.00
1023	平罗县(宁)	石竹	观赏苗木(万株)	1.00
1024	阜新蒙古族自治县(辽)	石竹	盆花(万盆)	175.00
1025	新安县(豫)	石竹	盆花(万盆)	160.00
1026	蔡甸区(鄂)	石竹	盆花(万盆)	60.00
1027	唐山市汉沽管理区(冀)	石竹	盆花(万盆)	20.00
1028	金凤区(宁)	石竹	盆花(万盆)	6.00
1029	抚宁县(冀)	石竹	盆花(万盆)	5.00
1030	龙里县(黔)	石竹	盆花(万盆)	5.00
1031	青铜峡市(宁)	石竹	盆花(万盆)	5.00
1032	赞皇县(冀)	石竹	盆花(万盆)	3.60
1033	津市市(湘)	石竹	盆花(万盆)	3.20
1034	湘乡市(湘)	石竹	盆花(万盆)	2.05
1035	三门县(浙)	石竹	盆花(万盆)	1.50
1036	息　县(豫)	石竹	盆花(万盆)	1.50
1037	郎溪县(皖)	石竹	盆景(万盆)	1.50
1038	呈贡县(滇)	石竹	鲜切花(万支)	897.00
1039	松江区(沪)	石竹	鲜切花(万支)	138.00
1040	奉贤区(沪)	石竹	鲜切花(万支)	41.00
1041	龙南县(赣)	石竹	鲜切花(万支)	5.00
1042	隆尧县(冀)	石竹	鲜切叶(万支)	4.00
1043	沙市区(鄂)	石竹	鲜切叶(万支)	3.00
1044	青州市(鲁)	矢车菊	城市绿化苗(万株)	51.00
1045	椒江区(浙)	矢车菊	盆花(万盆)	150.00
1046	枣强县(冀)	矢车菊	盆花(万盆)	1.30
1047	宣汉县(川)	矢车菊	鲜切花(万支)	16.50
1048	东港区(鲁)	矢车菊	鲜切花(万支)	3.00

序号	其他花卉主产地	品种	花卉类别	生产量
1049	石台县(皖)	矢车菊	鲜切叶(万支)	1.00
1050	侯马市(晋)	柿	城市绿化苗(万株)	5.00
1051	望都县(冀)	柿	观赏苗木(万株)	200.00
1052	郎溪县(皖)	水晶掌	盆景(万盆)	1.50
1053	建始县(鄂)	水仙	观赏苗木(万株)	100.00
1054	固始县(豫)	水仙	观赏苗木(万株)	6.30
1055	普陀区(浙)	水仙	花卉用种球(千粒)	1000.00
1056	贵池区(皖)	水仙	盆花(万盆)	15.00
1057	青州市(鲁)	水仙	盆花(万盆)	12.00
1058	巴州区(川)	水仙	盆花(万盆)	5.00
1059	赞皇县(冀)	水仙	盆花(万盆)	3.70
1060	定兴县(冀)	水仙	盆花(万盆)	3.00
1061	东洲区(辽)	水仙	盆花(万盆)	2.90
1062	大城县(冀)	水仙	盆花(万盆)	2.00
1063	三门县(浙)	水仙	盆花(万盆)	1.50
1064	郎溪县(皖)	水仙	盆花(万盆)	1.25
1065	新建县(赣)	水仙	盆花(万盆)	0.85
1066	崇明县(沪)	水仙	鲜切花(万支)	82.80
1067	龙南县(赣)	水仙	鲜切花(万支)	5.00
1068	郎溪县(皖)	丝兰	盆景(万盆)	1.50
1069	永城市(豫)	丝绵木	城市绿化苗(万株)	56.40
1070	侯马市(晋)	丝绵木	城市绿化苗(万株)	5.00
1071	金凤区(宁)	丝绵木	城市绿化苗(万株)	1.50
1072	大城县(冀)	丝绵木	观赏苗木(万株)	10.00
1073	东昌府区(鲁)	丝绵木	观赏苗木(万株)	10.00
1074	大厂回族自治县(冀)	丝绵木	观赏苗木(万株)	2.00
1075	栾城区(冀)	丝绵木	观赏苗木(万株)	2.00
1076	平罗县(宁)	丝绵木	观赏苗木(万株)	1.50
1077	新建县(赣)	四季竹	盆花(万盆)	0.63
1078	郎溪县(皖)	四季竹	盆景(万盆)	1.50
1079	蕲春县(鄂)	四季竹	盆景(万盆)	0.60
1080	宣汉县(川)	四季竹	鲜切花(万支)	35.00
1081	贵池区(皖)	四照花	观赏苗木(万株)	10.00
1082	芦溪县(赣)	松叶菊	盆花(万盆)	6.00
1083	红山区(内蒙古)	昙花	盆花(万盆)	3.00
1084	九台市(吉)	唐菖蒲	城市绿化苗(万株)	100.00
1085	洞口县(湘)	唐菖蒲	观赏苗木(万株)	20.00
1086	临洮县(甘)	唐菖蒲	花卉用种球(千粒)	150.00
1087	东兰县(桂)	唐菖蒲	盆花(万盆)	1.50
1088	郎溪县(皖)	唐菖蒲	盆花(万盆)	1.50
1089	龙里县(黔)	唐菖蒲	盆花(万盆)	1.00
1090	香河县(冀)	唐菖蒲	鲜切花(万支)	800.00
1091	崇明县(沪)	唐菖蒲	鲜切花(万支)	381.10
1092	永清县(冀)	唐菖蒲	鲜切花(万支)	100.00
1093	甘州区(甘)	唐菖蒲	鲜切花(万支)	80.00
1094	管城回族区(豫)	唐菖蒲	鲜切花(万支)	24.00
1095	海城市(辽)	唐菖蒲	鲜切花(万支)	20.00
1096	东港区(鲁)	唐菖蒲	鲜切花(万支)	6.00
1097	沂南县(鲁)	唐菖蒲	鲜切花(万支)	2.00
1098	蔡甸区(鄂)	唐菖蒲	鲜切花(万支)	1.00
1099	汉源县(川)	唐菖蒲	鲜切花(万支)	0.80
1100	洋　县(陕)	唐菖蒲	鲜切叶(万支)	5.00
1101	青州市(鲁)	藤本月季	城市绿化苗(万株)	38.00
1102	莱州市(鲁)	藤本月季	观赏苗木(万株)	20.00
1103	鹤峰县(鄂)	藤本月季	盆花(万盆)	0.90
1104	安丘市(鲁)	藤本月季	盆景(万盆)	12.00
1105	郎溪县(皖)	藤本月季	盆景(万盆)	3.85
1106	贡井区(川)	藤本月季	鲜切花(万支)	30.00
1107	东港区(鲁)	藤本月季	鲜切花(万支)	11.00
1108	永靖县(甘)	藤本月季	鲜切叶(万支)	3.60
1109	青州市(鲁)	藤类	观叶植物(万盆)	12.00
1110	郎溪县(皖)	藤类	盆景(万盆)	1.85
1111	霸州市(冀)	藤萝	观叶植物(万盆)	30.00
1112	信宜市(粤)	藤萝	观叶植物(万盆)	3.00
1113	大城县(冀)	藤萝	盆花(万盆)	5.00
1114	平果县(桂)	藤萝	盆花(万盆)	5.00
1115	九台市(吉)	天目琼花	城市绿化苗(万株)	60.00
1116	海淀区(京)	天人菊	花卉用种苗(千苗)	10.00
1117	河东区(鲁)	贴梗海棠	城市绿化苗(万株)	9800.00
1118	定西市巉口林业试验场(甘)	贴梗海棠	城市绿化苗(万株)	2.00
1119	宁阳县(鲁)	贴梗海棠	观赏苗木(万株)	12.30
1120	巴州区(川)	贴梗海棠	观赏苗木(万株)	4.00
1121	南郑县(陕)	贴梗海棠	观赏苗木(万株)	2.00
1122	黄州区(鄂)	贴梗海棠	观赏苗木(万株)	1.00
1123	长治市城区(晋)	贴梗海棠	观赏苗木(万株)	1.00
1124	巴州区(川)	贴梗海棠	盆花(万盆)	8.00
1125	青州市(鲁)	贴梗海棠	盆花(万盆)	3.00
1126	蠡　县(冀)	贴梗海棠	盆景(万盆)	1.00
1127	平桥区(豫)	贴梗海棠	鲜切花(万支)	0.70
1128	商州区(陕)	晚香玉	鲜切花(万支)	30.00
1129	北京市大东流苗圃(京)	萎陵菜	观赏苗木(万株)	6.00
1130	九台市(吉)	卫矛类	城市绿化苗(万株)	60.00
1131	定襄县(晋)	卫矛类	城市绿化苗(万株)	50.00
1132	特克斯林场(新)	卫矛类	城市绿化苗(万株)	5.00
1133	白城市市辖区(吉)	卫矛类	城市绿化苗(万株)	1.00
1134	固安县(冀)	卫矛类	观赏苗木(万株)	810.00
1135	青州市(鲁)	卫矛类	观赏苗木(万株)	500.00
1136	翁牛特旗(内蒙古)	卫矛类	观赏苗木(万株)	300.00
1137	易　县(冀)	卫矛类	观赏苗木(万株)	300.00
1138	顺平县(冀)	卫矛类	观赏苗木(万株)	245.00
1139	丰南区(冀)	卫矛类	观赏苗木(万株)	190.00

序号	其他花卉主产地	品种	花卉类别	生产量
1140	满城县(冀)	卫矛类	观赏苗木(万株)	149.23
1141	开平区(冀)	卫矛类	观赏苗木(万株)	120.00
1142	沂水县(鲁)	卫矛类	观赏苗木(万株)	84.00
1143	沙河市(冀)	卫矛类	观赏苗木(万株)	30.00
1144	安阳县(豫)	卫矛类	观赏苗木(万株)	27.00
1145	武强县(冀)	卫矛类	观赏苗木(万株)	20.00
1146	乐亭县(冀)	卫矛类	观赏苗木(万株)	18.00
1147	盐山县(冀)	卫矛类	观赏苗木(万株)	12.50
1148	桃城区(冀)	卫矛类	观赏苗木(万株)	10.00
1149	北戴河区(冀)	卫矛类	观赏苗木(万株)	8.00
1150	涿州市(冀)	卫矛类	观赏苗木(万株)	5.00
1151	海港区(冀)	卫矛类	观赏苗木(万株)	2.80
1152	长治市城区(晋)	卫矛类	观赏苗木(万株)	2.50
1153	长治县(晋)	卫矛类	鲜切花(万支)	100.00
1154	白城市市辖区(吉)	文冠果	城市绿化苗(万株)	1.00
1155	宁　县(甘)	文冠果	工业及其他用途花卉(千克)	120.00
1156	隆化县(冀)	文冠果	观赏苗木(万株)	24.00
1157	寻甸回族彝族自治县(滇)	文殊兰	盆景(万盆)	3.00
1158	镇坪县(陕)	五味子类	观赏苗木(万株)	5.00
1159	贵池区(皖)	五针松	城市绿化苗(万株)	15.00
1160	北仑区(浙)	五针松	观赏苗木(万株)	500.00
1161	路桥区(浙)	五针松	盆景(万盆)	0.60
1162	娄星区(湘)	勿忘草	盆花(万盆)	0.90
1163	郎溪县(皖)	勿忘草	盆景(万盆)	1.80
1164	吉安县(赣)	勿忘草	鲜切花(万支)	60.00
1165	宣汉县(川)	勿忘草	鲜切花(万支)	38.00
1166	凤城市(辽)	勿忘草	鲜切叶(万支)	23.00
1167	滑　县(豫)	西府海棠	城市绿化苗(万株)	200.00
1168	潢川县(豫)	西府海棠	城市绿化苗(万株)	40.00
1169	坊子区(鲁)	西府海棠	城市绿化苗(万株)	20.00
1170	龙里县(黔)	西府海棠	城市绿化苗(万株)	1.00
1171	河东区(鲁)	西府海棠	观赏苗木(万株)	1200.00
1172	青州市(鲁)	西府海棠	观赏苗木(万株)	200.00
1173	平泉县(冀)	西府海棠	观赏苗木(万株)	150.00
1174	博野县(冀)	西府海棠	观赏苗木(万株)	100.00
1175	曲阳县(冀)	西府海棠	观赏苗木(万株)	45.00
1176	淄川区(鲁)	西府海棠	观赏苗木(万株)	30.00
1177	平度市(鲁)	西府海棠	观赏苗木(万株)	21.00
1178	东平县(鲁)	西府海棠	观赏苗木(万株)	20.00
1179	沙河市(冀)	西府海棠	观赏苗木(万株)	20.00
1180	涿州市(冀)	西府海棠	观赏苗木(万株)	18.00
1181	冀州市(冀)	西府海棠	观赏苗木(万株)	15.00
1182	满城县(冀)	西府海棠	观赏苗木(万株)	10.00
1183	桃城区(冀)	西府海棠	观赏苗木(万株)	10.00
1184	阳信县(鲁)	西府海棠	观赏苗木(万株)	8.10

序号	其他花卉主产地	品种	花卉类别	生产量
1185	安平县(冀)	西府海棠	观赏苗木(万株)	7.00
1186	长葛市(豫)	西府海棠	观赏苗木(万株)	5.20
1187	内江市市中区(川)	西府海棠	观赏苗木(万株)	5.00
1188	滦　县(冀)	西府海棠	观赏苗木(万株)	1.60
1189	新泰市(鲁)	西府海棠	盆花(万盆)	6.00
1190	抚宁县(冀)	香雪球	盆花(万盆)	3.00
1191	黔江区(渝)	香雪球	盆花(万盆)	1.00
1192	涿州市(冀)	小苍兰	盆花(万盆)	3.00
1193	南和县(冀)	小丽花	观赏苗木(万株)	7.00
1194	郎溪县(皖)	小雀舌兰	盆花(万盆)	1.50
1195	九台市(吉)	杏	城市绿化苗(万株)	120.00
1196	白城市市辖区(吉)	杏	城市绿化苗(万株)	2.00
1197	渝水区(赣)	杏	观赏苗木(万株)	312.00
1198	固安县(冀)	杏	观赏苗木(万株)	45.00
1199	贵池区(皖)	杏	观赏苗木(万株)	30.00
1200	哈密市(新)	杏	观赏苗木(万株)	28.30
1201	藁城区(冀)	杏	观赏苗木(万株)	5.00
1202	呼兰区(黑)	杏	观赏苗木(万株)	5.00
1203	卫辉市(豫)	杏	观赏苗木(万株)	0.60
1204	九台市(吉)	绣球花	城市绿化苗(万株)	120.00
1205	六枝特区(黔)	绣球花	城市绿化苗(万株)	5.00
1206	田阳县(桂)	绣球花	城市绿化苗(万株)	1.50
1207	椒江区(浙)	绣球花	盆花(万盆)	100.00
1208	颍泉区(皖)	绣球花	盆花(万盆)	50.90
1209	青州市(鲁)	绣球花	盆花(万盆)	5.20
1210	涿州市(冀)	绣球花	盆花(万盆)	3.00
1211	竹溪县(鄂)	绣球花	鲜切花(万支)	2.00
1212	西华县(豫)	绣球花	鲜切花(万支)	1.30
1213	九台市(吉)	萱草	城市绿化苗(万株)	1000.00
1214	青州市(鲁)	萱草	城市绿化苗(万株)	460.00
1215	大同县(晋)	萱草	城市绿化苗(万株)	30.00
1216	四平市铁西区(吉)	萱草	城市绿化苗(万株)	4.00
1217	讷河市(黑)	萱草	城市绿化苗(万株)	2.00
1218	丰宁满族自治县(冀)	萱草	观赏苗木(万株)	60.00
1219	威海市经济技术开发区(鲁)	萱草	观赏苗木(万株)	60.00
1220	东昌府区(鲁)	萱草	观赏苗木(万株)	20.00
1221	北京市大东流苗圃(京)	萱草	观赏苗木(万株)	17.43
1222	满城县(冀)	萱草	观叶植物(万盆)	2.21
1223	海港区(冀)	萱草	花卉用种苗(千苗)	40.00
1224	易　县(冀)	萱草	盆花(万盆)	600.00
1225	涿州市(冀)	萱草	盆花(万盆)	466.00
1226	定州市(冀)	萱草	盆花(万盆)	220.00
1227	顺平县(冀)	萱草	盆花(万盆)	120.00
1228	东营区(鲁)	萱草	盆花(万盆)	8.00
1229	新乐市(冀)	萱草	盆花(万盆)	2.00

序号	其他花卉主产地	品种	花卉类别	生产量	序号	其他花卉主产地	品种	花卉类别	生产量
1230	台安县(辽)	萱草	鲜切花(万支)	5000.00	1276	两当县(甘)	羽叶甘蓝	鲜切叶(万支)	3.80
1231	涿州市(冀)	雁来红	盆花(万盆)	20.00	1277	九台市(吉)	玉簪类	城市绿化苗(万株)	100.00
1232	富顺县(川)	羊蹄甲类	城市绿化苗(万株)	30.00	1278	北京市大东流苗圃(京)	玉簪类	观赏苗木(万株)	49.78
1233	上林县(桂)	羊蹄甲类	城市绿化苗(万株)	12.00	1279	北京市大东流苗圃(京)	玉簪类	花卉用种苗(千苗)	795.00
1234	田阳县(桂)	羊蹄甲类	城市绿化苗(万株)	12.00	1280	昌乐县(鲁)	玉簪类	花卉用种苗(千苗)	80.00
1235	平果县(桂)	羊蹄甲类	城市绿化苗(万株)	2.70	1281	涿州市(冀)	玉簪类	盆花(万盆)	170.00
1236	雁山区(桂)	羊蹄甲类	城市绿化苗(万株)	1.00	1282	威海市经济技术开发区(鲁)	玉簪类	盆花(万盆)	10.00
1237	台山市(粤)	羊蹄甲类	观赏苗木(万株)	1.60					
1238	翠屏区(川)	羊蹄甲类	观赏苗木(万株)	1.00	1283	闵行区(沪)	玉簪类	盆花(万盆)	1.00
1239	施甸县(滇)	叶子花	观赏苗木(万株)	3.00	1284	碧江区(黔)	玉簪类	盆花(万盆)	0.60
1240	金城江区(桂)	叶子花	盆花(万盆)	4.00	1285	洋　县(陕)	玉簪类	鲜切叶(万支)	5.00
1241	赤坎区(粤)	夜来香	观赏苗木(万株)	10.00	1286	巫山县(渝)	郁金香	观赏苗木(万株)	70.00
1242	郎溪县(皖)	夜来香	盆花(万盆)	1.55	1287	叠彩区(桂)	郁金香	观赏苗木(万株)	20.00
1243	潢川县(豫)	樱桃	城市绿化苗(万株)	50.00	1288	藁城区(冀)	郁金香	观赏苗木(万株)	10.00
1244	龙里县(黔)	樱桃	城市绿化苗(万株)	8.00	1289	伽师县(新)	郁金香	观赏苗木(万株)	1.00
1245	铁岭市经济开发区(辽)	樱桃	城市绿化苗(万株)	1.00	1290	彭水苗族土家族自治县(渝)	郁金香	花卉用种苗(千苗)	3.00
1246	丰宁满族自治县(冀)	樱桃	观赏苗木(万株)	50.00					
1247	贵池区(皖)	樱桃	观赏苗木(万株)	5.00	1291	青州市(鲁)	郁金香	花卉用种球(千粒)	200.00
1248	孝昌县(鄂)	樱桃	观赏苗木(万株)	5.00	1292	南乐县(豫)	郁金香	盆花(万盆)	10.00
1249	井陉矿区(冀)	樱桃	观赏苗木(万株)	2.00	1293	宽城满族自治县(冀)	郁金香	盆花(万盆)	6.00
1250	霍山县(皖)	樱桃	观赏苗木(万株)	1.00	1294	旌阳区(川)	郁金香	盆花(万盆)	5.00
1251	竹溪县(鄂)	樱桃	盆景(万盆)	2.00	1295	谯城区(皖)	郁金香	盆花(万盆)	2.00
1252	洋　县(陕)	樱桃	鲜切花(万支)	6.00	1296	永年县(冀)	郁金香	盆花(万盆)	1.98
1253	龙里县(黔)	迎春	城市绿化苗(万株)	18.00	1297	郎溪县(皖)	郁金香	盆花(万盆)	1.85
1254	南乐县(豫)	迎春	观赏苗木(万株)	25.00	1298	三门县(浙)	郁金香	盆花(万盆)	1.50
1255	新泰市(鲁)	迎春	观赏苗木(万株)	17.00	1299	兴山县(鄂)	郁金香	盆花(万盆)	1.00
1256	大城县(冀)	迎春	观赏苗木(万株)	5.00	1300	河口区(鲁)	郁金香	盆花(万盆)	0.55
1257	赞皇县(冀)	迎春	观赏苗木(万株)	1.30	1301	新丰县(粤)	郁金香	盆景(万盆)	0.60
1258	涿州市(冀)	迎春	观赏苗木(万株)	1.00	1302	海州区(苏)	郁金香	鲜切花(万支)	510.00
1259	彭山县(川)	迎春	盆花(万盆)	30.00	1303	永清县(冀)	郁金香	鲜切花(万支)	100.00
1260	青州市(鲁)	鱼尾葵	观叶植物(万盆)	0.80	1304	吉安县(赣)	郁金香	鲜切花(万支)	50.00
1261	南岸区(渝)	鱼尾葵	鲜切叶(万支)	7.17	1305	芦溪县(赣)	郁金香	鲜切花(万支)	20.00
1262	青州市(鲁)	羽叶甘蓝	城市绿化苗(万株)	20.00	1306	闵行区(沪)	郁金香	鲜切花(万支)	20.00
1263	洮南市(吉)	羽叶甘蓝	城市绿化苗(万株)	1.50	1307	章丘市(鲁)	郁金香	鲜切花(万支)	10.00
1264	海港区(冀)	羽叶甘蓝	观叶植物(万盆)	11.00	1308	开平区(冀)	郁金香	鲜切花(万支)	5.00
1265	梁山县(鲁)	羽叶甘蓝	观叶植物(万盆)	2.50	1309	蔡甸区(鄂)	郁金香	鲜切花(万支)	1.00
1266	莒南县(鲁)	羽叶甘蓝	盆花(万盆)	270.00	1310	东昌府区(鲁)	鸢尾类	城市绿化苗(万株)	20.00
1267	新安县(豫)	羽叶甘蓝	盆花(万盆)	74.00	1311	蒲城县(陕)	鸢尾类	城市绿化苗(万株)	20.00
1268	浦东新区(沪)	羽叶甘蓝	盆花(万盆)	50.00	1312	龙里县(黔)	鸢尾类	城市绿化苗(万株)	15.00
1269	甘州区(甘)	羽叶甘蓝	盆花(万盆)	30.00	1313	金川区(甘)	鸢尾类	城市绿化苗(万株)	4.00
1270	沙市区(鄂)	羽叶甘蓝	盆花(万盆)	30.00	1314	台安县(辽)	鸢尾类	观赏苗木(万株)	3000.00
1271	阜新蒙古族自治县(辽)	羽叶甘蓝	盆花(万盆)	25.00	1315	望都县(冀)	鸢尾类	观赏苗木(万株)	1260.00
1272	邹平县(鲁)	羽叶甘蓝	盆花(万盆)	22.00	1316	北京市大东流苗圃(京)	鸢尾类	观赏苗木(万株)	5.00
1273	石柱土家族自治县(渝)	羽叶甘蓝	盆花(万盆)	5.80	1317	威海市经济技术开发区(鲁)	鸢尾类	观赏苗木(万株)	1.50
1274	龙里县(黔)	羽叶甘蓝	盆花(万盆)	1.00					
1275	商水县(豫)	羽叶甘蓝	盆花(万盆)	0.80	1318	临武县(湘)	鸢尾类	观赏苗木(万株)	1.30

序号	其他花卉主产地	品种	花卉类别	生产量
1319	海港区(冀)	鸢尾类	花卉用种苗(千苗)	40.00
1320	涿州市(冀)	鸢尾类	盆花(万盆)	700.00
1321	易　县(冀)	鸢尾类	盆花(万盆)	500.00
1322	蠡　县(冀)	鸢尾类	盆花(万盆)	12.50
1323	南乐县(豫)	鸢尾类	盆花(万盆)	8.00
1324	赞皇县(冀)	鸢尾类	盆花(万盆)	2.70
1325	三门县(浙)	鸢尾类	盆花(万盆)	0.60
1326	崇明县(沪)	鸢尾类	鲜切花(万支)	38.70
1327	闵行区(沪)	鸢尾类	鲜切花(万支)	3.00
1328	栾川县(豫)	元宝枫	城市绿化苗(万株)	1353.00
1329	喀喇沁旗(内蒙古)	元宝枫	城市绿化苗(万株)	85.00
1330	广阳区(冀)	元宝枫	观赏苗木(万株)	10.00
1331	红花岗区(黔)	元宝枫	观赏苗木(万株)	10.00
1332	东港区(鲁)	元宝枫	观赏苗木(万株)	8.00
1333	涿州市(冀)	元宝枫	观赏苗木(万株)	5.00
1334	鹿泉区(冀)	元宝枫	观赏苗木(万株)	4.00
1335	邢台县(冀)	元宝枫	观赏苗木(万株)	2.00
1336	碧江区(黔)	元宝枫	观赏苗木(万株)	0.80
1337	巴州区(川)	元宝枫	鲜切叶(万支)	5.00
1338	阿鲁科尔沁旗(内蒙古)	云杉	城市绿化苗(万株)	2000.00
1339	九台市(吉)	云杉	城市绿化苗(万株)	250.00
1340	喀喇沁旗(内蒙古)	云杉	城市绿化苗(万株)	30.00
1341	关山林业管理局(甘)	云杉	城市绿化苗(万株)	20.00
1342	兰西县(黑)	云杉	城市绿化苗(万株)	20.00
1343	讷河市(黑)	云杉	城市绿化苗(万株)	20.00
1344	新宾满族自治县(辽)	云杉	城市绿化苗(万株)	15.00
1345	忻府区(晋)	云杉	城市绿化苗(万株)	8.84
1346	定襄县(晋)	云杉	城市绿化苗(万株)	3.00
1347	白城市市辖区(吉)	云杉	城市绿化苗(万株)	1.50
1348	金川区(甘)	云杉	城市绿化苗(万株)	1.00
1349	沁阳市(豫)	云杉	观赏苗木(万株)	1230.00
1350	清原满族自治县(辽)	云杉	观赏苗木(万株)	700.00
1351	丰宁满族自治县(冀)	云杉	观赏苗木(万株)	80.00
1352	赤城县(冀)	云杉	观赏苗木(万株)	45.00
1353	隆化县(冀)	云杉	观赏苗木(万株)	21.00
1354	长白山林业局(吉)	云杉	观赏苗木(万株)	10.00
1355	长治市郊区(晋)	云杉	观赏苗木(万株)	6.50
1356	宽城满族自治县(冀)	云杉	观赏苗木(万株)	2.00
1357	山丹县(甘)	云杉	观赏苗木(万株)	1.80
1358	威海市经济技术开发区(鲁)	云杉	观赏苗木(万株)	1.00
1359	娄星区(湘)	云杉	观赏苗木(万株)	0.70
1360	威海市经济技术开发区(鲁)	杂种香水月季	盆花(万盆)	1.00
1361	长葛市(豫)	杂种香水月季	盆花(万盆)	1.00
1362	深泽县(冀)	杂种香水月季	鲜切花(万支)	12.10
1363	偃师市(豫)	杂种香水月季	鲜切叶(万支)	305.00
1364	涿州市(冀)	旱园竹	观赏苗木(万株)	2.00
1365	嵩　县(豫)	皂角	城市绿化苗(万株)	210.00
1366	栾川县(豫)	皂角	城市绿化苗(万株)	30.00
1367	巴州区(川)	皂角	观赏苗木(万株)	2.00
1368	青州市(鲁)	皂角	观赏苗木(万株)	2.00
1369	方城县(豫)	皂角	盆花(万盆)	0.95
1370	鼎城区(湘)	长春花	盆花(万盆)	22.00
1371	北戴河区(冀)	长春花	盆花(万盆)	3.00
1372	平罗县(宁)	长寿花	观赏苗木(万株)	2.00
1373	青州市(鲁)	长寿花	盆花(万盆)	85.00
1374	从化市(粤)	长寿花	盆花(万盆)	50.00
1375	金城江区(桂)	长寿花	盆花(万盆)	2.50
1376	忻府区(晋)	长寿花	盆花(万盆)	0.90
1377	喀什市(新)	长寿花	鲜切花(万支)	3.00
1378	西华县(豫)	长寿花	鲜切花(万支)	2.10
1379	宜都市(鄂)	中华蚊母	城市绿化苗(万株)	100.00
1380	新化县(湘)	中华蚊母	城市绿化苗(万株)	20.00
1381	镇坪县(陕)	中华蚊母	观赏苗木(万株)	2.00
1382	来凤县(鄂)	中华蚊母	盆景(万盆)	5.00
1383	夷陵区(鄂)	中华蚊母	盆景(万盆)	4.50
1384	黔江区(渝)	中华蚊母	盆景(万盆)	0.60
1385	九台市(吉)	紫萼玉簪	城市绿化苗(万株)	100.00
1386	游仙区(川)	紫罗兰	干花(万支)	50.00
1387	叠彩区(桂)	紫罗兰	观赏苗木(万株)	20.00
1388	红花岗区(黔)	紫罗兰	观赏苗木(万株)	10.00
1389	阜新蒙古族自治县(辽)	紫罗兰	盆花(万盆)	30.00
1390	庐阳区(皖)	紫罗兰	盆花(万盆)	17.50
1391	泊头市(冀)	紫罗兰	盆花(万盆)	6.26
1392	乐业县(桂)	紫罗兰	盆花(万盆)	4.50
1393	湘乡市(湘)	紫罗兰	盆花(万盆)	2.85
1394	襄城区(鄂)	紫罗兰	盆花(万盆)	2.70
1395	郎溪县(皖)	紫罗兰	盆花(万盆)	1.80
1396	衡山县(湘)	紫罗兰	盆花(万盆)	0.68
1397	新丰县(粤)	紫罗兰	盆景(万盆)	0.60
1398	沁阳市(豫)	紫罗兰	鲜切花(万支)	48.00
1399	章丘市(鲁)	紫罗兰	鲜切花(万支)	8.00
1400	青州市(鲁)	紫茉莉	城市绿化苗(万株)	12.00
1401	安国市(冀)	紫茉莉	盆花(万盆)	150.00
1402	临武县(湘)	紫茉莉	盆花(万盆)	1.92
1403	周至县(陕)	紫叶矮樱	城市绿化苗(万株)	1500.00
1404	彭阳县(宁)	紫叶矮樱	城市绿化苗(万株)	80.00
1405	永城市(豫)	紫叶矮樱	城市绿化苗(万株)	16.20

序号	其他花卉主产地	品种	花卉类别	生产量
1406	大同县(晋)	紫叶矮樱	城市绿化苗(万株)	10.00
1407	侯马市(晋)	紫叶矮樱	城市绿化苗(万株)	9.00
1408	大武口区(宁)	紫叶矮樱	城市绿化苗(万株)	3.60
1409	定襄县(晋)	紫叶矮樱	城市绿化苗(万株)	1.20
1410	兴庆区(宁)	紫叶矮樱	观赏苗木(万株)	163.75
1411	永清县(冀)	紫叶矮樱	观赏苗木(万株)	100.00
1412	遵化市(冀)	紫叶矮樱	观赏苗木(万株)	40.00
1413	桃城区(冀)	紫叶矮樱	观赏苗木(万株)	14.00
1414	魏　县(冀)	紫叶矮樱	观赏苗木(万株)	9.00
1415	冀州市(冀)	紫叶矮樱	观赏苗木(万株)	2.00
1416	青州市(鲁)	紫叶矮樱	观赏苗木(万株)	2.00
1417	新乐市(冀)	紫叶矮樱	观赏苗木(万株)	1.00
1418	忻府区(晋)	紫叶矮樱	观赏苗木(万株)	0.85
1419	榆树市(吉)	紫叶稠李	城市绿化苗(万株)	210.00
1420	九台市(吉)	紫叶稠李	城市绿化苗(万株)	100.00
1421	北林区(黑)	紫叶稠李	城市绿化苗(万株)	40.00
1422	兰西县(黑)	紫叶稠李	城市绿化苗(万株)	15.00
1423	讷河市(黑)	紫叶稠李	城市绿化苗(万株)	2.00
1424	白城市市辖区(吉)	紫叶稠李	城市绿化苗(万株)	1.00
1425	望都县(冀)	紫叶稠李	观赏苗木(万株)	1510.00
1426	博野县(冀)	紫叶稠李	观赏苗木(万株)	80.00
1427	大同区(黑)	紫叶稠李	观赏苗木(万株)	18.50
1428	哈密市(新)	紫叶稠李	观赏苗木(万株)	1.00
1429	喀什市(新)	紫叶桃	城市绿化苗(万株)	2.00
1430	固安县(冀)	紫叶桃	观赏苗木(万株)	67.00
1431	宁阳县(鲁)	紫叶桃	观赏苗木(万株)	12.00
1432	辛集市(冀)	紫叶桃	观赏苗木(万株)	5.00
1433	威海市经济技术开发区(鲁)	紫叶桃	观赏苗木(万株)	1.00
1434	宣汉县(川)	紫叶桃	鲜切花(万支)	23.50
1435	三台县(川)	紫竹	城市绿化苗(万株)	12.00
1436	叠彩区(桂)	紫竹	观赏苗木(万株)	15.00
1437	南郑县(陕)	紫竹	花卉用种苗(千苗)	1500.00
1438	青州市(鲁)	醉蝶花	盆花(万盆)	7.60
1439	嵩　县(豫)	醉蝶花	盆花(万盆)	1.20
1440	黔江区(渝)	醉蝶花	盆花(万盆)	1.00

表 13-52　草坪主产地产量

序号	草坪主产地	产量(万平方米)
1	静海县(津)	40.00
2	路北区(冀)	330.00
3	抚宁县(冀)	81.00
4	香河县(冀)	80.00
5	涿州市(冀)	30.00
6	定州市(冀)	22.00
7	邯郸县(冀)	10.00
8	曲周县(冀)	6.00
9	任　县(冀)	2.00
10	复兴区(冀)	2.00
11	玉田县(冀)	1.60
12	涉　县(冀)	0.85
13	长治市城区(晋)	10.00
14	长治市郊区(晋)	10.00
15	侯马市(晋)	3.80
16	壶关县(晋)	2.35
17	定襄县(晋)	1.50
18	察哈尔右翼前旗(内蒙古)	3.33
19	东河区(内蒙古)	0.82
20	铁岭县(辽)	2510.00
21	普兰店市(辽)	10.00
22	海城市(辽)	5.80
23	本溪满族自治县(辽)	5.50
24	铁岭市经济开发区(辽)	5.00
25	凌海市(辽)	3.00
26	阜新蒙古族自治县(辽)	0.90
27	长白山林业局(吉)	75.00
28	敦化市(吉)	40.00
29	延吉市(吉)	27.00
30	东丰县(吉)	1.50
31	庆安县(黑)	18.00
32	铁锋区(黑)	9.00
33	让胡路区(黑)	8.53
34	龙凤区(黑)	8.00
35	讷河市(黑)	2.00
36	双城市(黑)	0.60
37	金山区(沪)	477.80
38	奉贤区(沪)	420.00
39	崇明县(沪)	149.95
40	浦东新区(沪)	122.80
41	松江区(沪)	50.00
42	常熟市(苏)	780.13
43	句容市(苏)	238.00
44	大丰市(苏)	50.00
45	扬中市(苏)	20.00
46	仪征市(苏)	15.80
47	滨海县(苏)	15.00
48	睢宁县(苏)	12.00
49	泰兴市(苏)	8.60
50	丰　县(苏)	1.80
51	新沂市(苏)	1.00
52	宝应县(苏)	0.67
53	余杭区(浙)	1267.53
54	海宁市(浙)	310.56
55	瓯海区(浙)	150.00
56	常山县(浙)	145.00
57	婺城区(浙)	106.72
58	金东区(浙)	80.00
59	武义县(浙)	48.00
60	衢江区(浙)	33.30
61	平湖市(浙)	22.60
62	龙游县(浙)	21.50
63	平阳县(浙)	21.10
64	莲都区(浙)	20.00
65	临安市(浙)	18.00
66	温岭市(浙)	10.00
67	瑞安市(浙)	10.00
68	天台县(浙)	10.00
69	富阳市(浙)	9.00
70	路桥区(浙)	8.00
71	嵊州市(浙)	8.00
72	定海区(浙)	3.80
73	余姚市(浙)	2.00
74	桐乡市(浙)	2.00

序号	草坪主产地	产量（万平方米）
75	乐清市(浙)	1.50
76	长兴县(浙)	1.20
77	安吉县(浙)	1.00
78	象山县(浙)	1.00
79	南谯区(皖)	1000.00
80	芜湖县(皖)	70.00
81	霍山县(皖)	30.00
82	望江县(皖)	16.50
83	南陵县(皖)	15.00
84	迎江区(皖)	15.00
85	庐江县(皖)	10.12
86	贵池区(皖)	10.00
87	鸠江区(皖)	10.00
88	颍上县(皖)	8.30
89	琅琊区(皖)	6.00
90	庐阳区(皖)	5.00
91	潜山县(皖)	3.00
92	霍邱县(皖)	3.00
93	宿松县(皖)	2.00
94	屯溪区(皖)	2.00
95	太湖县(皖)	1.80
96	禹会区(皖)	1.60
97	徽州区(皖)	1.40
98	桐城市(皖)	1.20
99	石台县(皖)	1.00
100	来安县(皖)	1.00
101	六安市叶集区(皖)	0.80
102	新建县(赣)	268.00
103	浮梁县(赣)	152.00
104	奉新县(赣)	107.00
105	高安市(赣)	97.95
106	吉水县(赣)	72.95
107	南丰县(赣)	54.00
108	上高县(赣)	50.00
109	都昌县(赣)	20.00
110	赣　县(赣)	19.00
111	广昌县(赣)	18.00
112	余江县(赣)	11.00
113	临川区(赣)	11.00
114	宁都县(赣)	10.00
115	瑞金市(赣)	9.00
116	新干县(赣)	8.00
117	弋阳县(赣)	7.50
118	安源区(赣)	5.00
119	万年县(赣)	5.00
120	进贤县(赣)	4.99
121	遂川县(赣)	4.50
122	东乡县(赣)	4.20
123	泰和县(赣)	4.20
124	章贡区(赣)	4.10
125	金溪县(赣)	3.40
126	靖安县(赣)	3.00
127	乐安县(赣)	3.00
128	吉安县(赣)	3.00
129	龙南县(赣)	2.60
130	吉州区(赣)	2.31
131	石城县(赣)	2.00
132	玉山县(赣)	2.00
133	铜鼓县(赣)	1.60
134	会昌县(赣)	1.50
135	彭泽县(赣)	1.50
136	德兴市(赣)	1.40
137	余干县(赣)	0.80
138	永丰县(赣)	0.60
139	于都县(赣)	0.60
140	星子县(赣)	0.60
141	微山县(鲁)	441.00
142	宁阳县(鲁)	36.00
143	桓台县(鲁)	15.60
144	长清区(鲁)	15.00
145	昌邑市(鲁)	11.00
146	莱山区(鲁)	8.00
147	高密市(鲁)	6.00
148	临朐县(鲁)	5.00
149	沂水县(鲁)	4.00
150	章丘市(鲁)	1.60
151	即墨市(鲁)	1.00
152	黄岛区(鲁)	1.00
153	成武县(鲁)	0.60
154	鄢陵县(豫)	68.50
155	潢川县(豫)	41.00
156	汤阴县(豫)	15.00
157	许昌县(豫)	11.80
158	获嘉县(豫)	9.00
159	长葛市(豫)	7.30
160	卧龙区(豫)	5.00
161	渑池县(豫)	5.00
162	唐河县(豫)	1.20
163	淮滨县(豫)	1.00
164	罗田县(鄂)	666.67
165	夷陵区(鄂)	180.00
166	赤壁市(鄂)	80.00
167	沙洋县(鄂)	50.00
168	麻城市(鄂)	36.00
169	安陆市(鄂)	30.00
170	大冶市(鄂)	20.00
171	仙桃市(鄂)	15.00
172	宜都市(鄂)	10.00
173	兴山县(鄂)	10.00
174	松滋市(鄂)	10.00
175	蔡甸区(鄂)	10.00
176	恩施市(鄂)	8.50
177	西塞山区(鄂)	6.00
178	阳新县(鄂)	5.50
179	嘉鱼县(鄂)	3.50
180	当阳市(鄂)	2.00
181	洪湖市(鄂)	2.00
182	京山县(鄂)	1.00
183	随　县(鄂)	1.00
184	竹山县(鄂)	1.00
185	红安县(鄂)	0.68
186	苏仙区(湘)	540.00
187	珠晖区(湘)	150.00
188	衡南县(湘)	120.00
189	鼎城区(湘)	120.00
190	武冈市(湘)	100.00
191	东安县(湘)	23.00
192	芷江侗族自治县(湘)	15.00
193	桂阳县(湘)	14.00
194	宁远县(湘)	11.60
195	涟源市(湘)	10.90
196	中方县(湘)	6.00
197	洪江市(湘)	4.80
198	靖州苗族侗族自治县(湘)	3.60
199	新化县(湘)	3.50
200	隆回县(湘)	3.00
201	辰溪县(湘)	3.00
202	永定区(湘)	2.50
203	武陵区(湘)	2.50
204	赫山区(湘)	2.50
205	资兴市(湘)	2.50
206	荷塘区(湘)	2.30
207	岳阳楼区(湘)	2.07
208	洞口县(湘)	2.00
209	永兴县(湘)	2.00

序号	草坪主产地	产量(万平方米)
210	常宁市(湘)	2.00
211	云溪区(湘)	2.00
212	通道侗族自治县(湘)	2.00
213	冷水滩区(湘)	2.00
214	祁东县(湘)	1.90
215	新田县(湘)	1.65
216	湘阴县(湘)	1.40
217	安化县(湘)	1.30
218	道 县(湘)	1.29
219	蓝山县(湘)	0.80
220	慈利县(湘)	0.70
221	江永县(湘)	0.66
222	南海区(粤)	802.00
223	清城区(粤)	32.13
224	中山市(粤)	24.60
225	乳源瑶族自治县(粤)	22.00
226	萝岗区(粤)	18.00
227	鼎湖区(粤)	16.00
228	蕉岭县(粤)	7.20
229	英德市(粤)	6.22
230	榕城区(粤)	5.00
231	高州市(粤)	2.80
232	台山市(粤)	1.00
233	顺德区(粤)	0.54
234	柳江县(桂)	2987.00
235	右江区(桂)	1380.00
236	金城江区(桂)	500.00
237	兴宁区(桂)	89.00
238	玉州区(桂)	80.00
239	港北区(桂)	57.25
240	钟山县(桂)	49.90
241	龙胜各族自治县(桂)	43.56
242	江南区(桂)	33.33
243	海城区(桂)	25.00
244	平果县(桂)	25.00
245	融水苗族自治县(桂)	8.00
246	隆安县(桂)	5.50
247	兴安县(桂)	5.00
248	柳北区(桂)	4.90
249	雁山区(桂)	3.36
250	田阳县(桂)	3.00
251	贺州市平桂管理区(桂)	1.40
252	钦南区(桂)	1.00
253	扶绥县(桂)	1.00
254	北碚区(渝)	642.00
255	璧山县(渝)	343.07
256	酉阳土家族苗族自治县(渝)	38.00
257	永川区(渝)	25.00
258	合川区(渝)	15.00
259	奉节县(渝)	5.00
260	江津区(渝)	4.00
261	彭水苗族土家族自治县(渝)	4.00
262	黔江区(渝)	1.00
263	南川区(渝)	1.00
264	万州区(渝)	0.55
265	郫 县(川)	453.50
266	五通桥区(川)	100.00
267	富顺县(川)	50.00
268	旺苍县(川)	20.00
269	都江堰市(川)	6.80
270	广汉市(川)	4.00
271	顺庆区(川)	3.50
272	巴州区(川)	3.26
273	仪陇县(川)	3.00
274	翠屏区(川)	2.20
275	仁寿县(川)	2.00
276	长宁县(川)	1.50
277	井研县(川)	1.30
278	中江县(川)	1.20
279	高 县(川)	0.64
280	红花岗区(黔)	6.00
281	江口县(黔)	0.60
282	大理市(滇)	14.00
283	罗平县(滇)	12.98
284	砚山县(滇)	10.00
285	弥勒市(滇)	5.00
286	宣威市(滇)	2.00
287	施甸县(滇)	2.00
288	富源县(滇)	1.85
289	秦都区(陕)	40.00
290	蒲城县(陕)	9.00
291	长安区(陕)	5.30
292	未央区(陕)	1.30
293	灞桥区(陕)	1.20
294	汉台区(陕)	1.10
295	永靖县(甘)	15.00
296	宕昌县(甘)	1.50
297	宁 县(甘)	1.31
298	临潭县(甘)	1.00
299	合水县(甘)	1.00
300	湟源县(青)	6.60
301	群加森林公园(青)	1.00
302	伽师县(新)	6.66
303	巴楚县(新)	1.34

表 14-1 木雕主产地产值

序号	木雕主产地	产值(万元)
1	顺平县(冀)	355.00
2	武强县(冀)	300.00
3	涿州市(冀)	20.00
4	满城县(冀)	5.00
5	克什克腾旗(内蒙古)	550.00
6	林西县(内蒙古)	30.50
7	内蒙古柴河林业局(内蒙古)	23.00
8	新宾满族自治县(辽)	50000.00
9	桓仁满族自治县(辽)	500.00
10	敦化市(吉)	13650.00
11	辉南县(吉)	3900.00
12	桃山区(黑)	2200.00
13	木兰县(黑)	200.00
14	仙居县(浙)	60747.00
15	开化县(浙)	22000.00
16	嵊州市(浙)	20000.00
17	椒江区(浙)	13764.00
18	瑞安市(浙)	8980.00
19	临海市(浙)	6896.00
20	德清县(浙)	3600.00
21	黄岩区(浙)	3595.00
22	淳安县(浙)	1804.00
23	常山县(浙)	500.00
24	鹿城区(浙)	140.00
25	庆元县(浙)	93.00
26	路桥区(浙)	50.00
27	衢江区(浙)	22.00
28	灵璧县(皖)	31000.00
29	徽州区(皖)	3580.00
30	霍山县(皖)	1200.00
31	郎溪县(皖)	500.00
32	绩溪县(皖)	400.00
33	潜山县(皖)	156.00
34	石台县(皖)	140.00
35	黟 县(皖)	65.00
36	广丰县(赣)	20150.00
37	信丰县(赣)	17838.00
38	龙南县(赣)	6680.00

序号	木雕主产地	产值(万元)	序号	木雕主产地	产值(万元)	序号	木雕主产地	产值(万元)
39	余江县(赣)	6400.00	85	罗田县(鄂)	100.00	131	邵阳县(湘)	50.00
40	靖安县(赣)	5910.00	86	房　县(鄂)	100.00	132	赫山区(湘)	50.00
41	婺源县(赣)	5600.00	87	监利县(鄂)	100.00	133	宁远县(湘)	40.10
42	南城县(赣)	5000.00	88	浠水县(鄂)	12.00	134	浏阳市(湘)	15.00
43	上饶县(赣)	2150.00	89	巴东县(鄂)	10.00	135	双牌县(湘)	10.00
44	吉安县(赣)	2100.00	90	宣恩县(鄂)	2.00	136	岳阳县(湘)	10.00
45	安远县(赣)	2025.00	91	湘乡市(湘)	5580.00	137	望城县(湘)	1.50
46	寻乌县(赣)	1750.00	92	蓝山县(湘)	5430.00	138	乳源瑶族自治县(粤)	2100.00
47	临川区(赣)	1510.00	93	永兴县(湘)	5074.00	139	鼎湖区(粤)	1320.00
48	会昌县(赣)	1332.00	94	会同县(湘)	4500.00	140	三水区(粤)	398.00
49	玉山县(赣)	1240.00	95	鹤城区(湘)	3800.00	141	东源县(粤)	384.00
50	修水县(赣)	400.00	96	炎陵县(湘)	3200.00	142	云城区(粤)	203.00
51	南康市(赣)	350.00	97	资兴市(湘)	3005.00	143	雷州市(粤)	200.00
52	贵溪市(赣)	263.00	98	桃江县(湘)	3000.00	144	和平县(粤)	200.00
53	新建县(赣)	200.00	99	岳麓区(湘)	3000.00	145	化州市(粤)	180.00
54	大余县(赣)	100.00	100	南岳区(湘)	2000.00	146	揭阳市空港经济区(粤)	150.00
55	铅山县(赣)	76.00	101	祁东县(湘)	1380.00	147	台山市(粤)	41.00
56	东乡县(赣)	27.00	102	沅陵县(湘)	1350.00	148	始兴县(粤)	30.00
57	南丰县(赣)	12.00	103	武陵区(湘)	1200.00	149	新兴县(粤)	2.75
58	安义县(赣)	10.00	104	临武县(湘)	1100.00	150	连平县(粤)	2.00
59	都昌县(赣)	7.00	105	娄星区(湘)	1000.00	151	玉州区(桂)	13600.00
60	肥城市(鲁)	7380.00	106	永顺县(湘)	900.00	152	隆林各族自治县(桂)	7500.00
61	沂源县(鲁)	5000.00	107	保靖县(湘)	850.00	153	柳城县(桂)	5578.00
62	青州市(鲁)	1650.00	108	龙山县(湘)	850.00	154	东兴市(桂)	4689.00
63	坊子区(鲁)	800.00	109	资阳区(湘)	800.00	155	龙州县(桂)	1885.00
64	费　县(鲁)	300.00	110	古丈县(湘)	800.00	156	象山区(桂)	1000.00
65	无棣县(鲁)	18.00	111	衡山县(湘)	677.60	157	全州县(桂)	1000.00
66	洛宁县(豫)	17350.00	112	汨罗市(湘)	624.00	158	昭平县(桂)	850.00
67	濮阳市高新区(豫)	4300.00	113	安化县(湘)	500.00	159	恭城瑶族自治县(桂)	565.00
68	范　县(豫)	1800.00	114	凤凰县(湘)	360.00	160	那坡县(桂)	300.00
69	嵩　县(豫)	500.00	115	新宁县(湘)	300.00	161	钦北区(桂)	223.00
70	管城回族区(豫)	234.50	116	东安县(湘)	300.00	162	田林县(桂)	200.00
71	宝丰县(豫)	35.00	117	新晃侗族自治县(湘)	300.00	163	凌云县(桂)	110.00
72	谷城县(鄂)	8400.00	118	通道侗族自治县(湘)	150.00	164	环江毛南族自治县(桂)	90.00
73	南漳县(鄂)	2400.00	119	吉首市(湘)	150.00	165	金城江区(桂)	50.00
74	咸丰县(鄂)	1832.00	120	泸溪县(湘)	140.00	166	黔江区(渝)	4900.00
75	阳新县(鄂)	1040.00	121	洪江市(湘)	120.00	167	巫溪县(渝)	1500.00
76	来凤县(鄂)	800.00	122	靖州苗族侗族自治县(湘)	110.00	168	城口县(渝)	1000.00
77	老河口市(鄂)	500.00	123	平江县(湘)	100.00	169	大足县(渝)	550.00
78	恩施市(鄂)	500.00	124	天心区(湘)	100.00	170	奉节县(渝)	300.00
79	随　县(鄂)	280.00	125	芷江侗族自治县(湘)	85.00	171	合川区(渝)	123.00
80	蕲春县(鄂)	250.00	126	花垣县(湘)	80.00	172	石柱土家族自治县(渝)	30.00
81	竹山县(鄂)	191.00	127	麻阳苗族自治县(湘)	60.00	173	南川区(渝)	10.00
82	保康县(鄂)	180.00	128	道　县(湘)	53.00	174	彭水苗族土家族自治县(渝)	10.00
83	长阳土家族自治县(鄂)	100.00	129	新化县(湘)	50.00	175	芦山县(川)	24000.00
84	京山县(鄂)	100.00	130	双峰县(湘)	50.00	176	宜宾县(川)	2950.00

序号	木雕主产地	产值(万元)
177	三台县(川)	750.00
178	江油市(川)	500.00
179	北川羌族自治县(川)	450.00
180	翠屏区(川)	320.00
181	甘洛县(川)	300.00
182	资中县(川)	300.00
183	安　县(川)	150.00
184	高　县(川)	90.00
185	江安县(川)	33.00
186	万源市(川)	5.00
187	榕江县(黔)	1500.00
188	赤水市(黔)	1300.00
189	江口县(黔)	752.00
190	龙里县(黔)	560.00
191	汇川区(黔)	550.00
192	罗甸县(黔)	300.00
193	长顺县(黔)	205.00
194	锦屏县(黔)	120.00
195	贵定县(黔)	100.00
196	沿河土家族自治县(黔)	96.00
197	普安县(黔)	80.00
198	碧江区(黔)	55.00
199	德江县(黔)	30.00
200	从江县(黔)	10.00
201	勐腊县(滇)	26800.00
202	剑川县(滇)	25746.00
203	腾冲县(滇)	6457.00
204	弥勒市(滇)	5000.00
205	墨江哈尼族自治县(滇)	2946.00
206	罗平县(滇)	2263.00
207	隆阳区(滇)	1300.00
208	西山区(滇)	800.00
209	宣威市(滇)	600.00
210	施甸县(滇)	500.00
211	易门县(滇)	500.00
212	寻甸回族彝族自治县(滇)	250.00
213	龙陵县(滇)	200.00
214	云　县(滇)	96.00
215	临翔区(滇)	60.00
216	宁洱哈尼族彝族自治县(滇)	45.00
217	宁陕县(陕)	30.00
218	文　县(甘)	200.00
219	敦煌市(甘)	100.00
220	麦积区(甘)	87.00
221	临潭县(甘)	40.00
222	永靖县(甘)	18.00
223	宁　县(甘)	5.00

表 14-2　竹雕主产地产值

序号	竹雕主产地	产值(万元)
1	象山县(浙)	3080.00
2	德清县(浙)	2500.00
3	三门县(浙)	391.00
4	文成县(浙)	118.00
5	衢江区(浙)	15.00
6	徽州区(皖)	7500.00
7	霍山县(皖)	1500.00
8	黟　县(皖)	750.00
9	石台县(皖)	170.00
10	泾　县(皖)	55.00
11	潜山县(皖)	28.00
12	奉新县(赣)	22600.00
13	南城县(赣)	350.00
14	瑞金市(赣)	135.00
15	新建县(赣)	120.00
16	寻乌县(赣)	26.00
17	宝丰县(豫)	30.00
18	竹山县(鄂)	91.00
19	浠水县(鄂)	1.20
20	桃江县(湘)	3000.00
21	桑植县(湘)	2600.00
22	衡山县(湘)	1774.08
23	资兴市(湘)	1251.00
24	龙山县(湘)	400.00
25	永顺县(湘)	350.00
26	武陵区(湘)	300.00
27	古丈县(湘)	280.00
28	石门县(湘)	200.00
29	祁东县(湘)	120.00
30	安化县(湘)	100.00
31	娄星区(湘)	92.00
32	冷水江市(湘)	75.00
33	赫山区(湘)	60.00
34	吉首市(湘)	40.00
35	保靖县(湘)	40.00
36	汨罗市(湘)	37.20
37	凤凰县(湘)	35.00
38	衡南县(湘)	30.00
39	新化县(湘)	30.00
40	花垣县(湘)	30.00
41	双峰县(湘)	30.00
42	泸溪县(湘)	30.00
43	邵阳县(湘)	30.00
44	宁远县(湘)	15.30
45	新晃侗族自治县(湘)	13.00
46	道　县(湘)	5.00
47	梅　县(粤)	520.00
48	万州区(渝)	3591.00
49	大足县(渝)	450.00
50	武隆县(渝)	165.00
51	江安县(川)	4820.00
52	长宁县(川)	2000.00
53	蓬溪县(川)	1500.00
54	营山县(川)	500.00
55	北川羌族自治县(川)	150.00
56	大竹县(川)	100.00
57	翠屏区(川)	50.00
58	万源市(川)	5.00
59	赤水市(黔)	1600.00
60	西山区(滇)	150.00

表 14-3　竹编主产地产值

序号	竹编主产地	产值(万元)
1	大名县(冀)	220.00
2	扬中市(苏)	50.00
3	北仑区(浙)	55200.00
4	余杭区(浙)	18241.00
5	文成县(浙)	10275.00
6	德清县(浙)	10000.00
7	瑞安市(浙)	5575.00
8	安吉县(浙)	4000.00
9	常山县(浙)	3100.00
10	永康市(浙)	2970.00
11	淳安县(浙)	2950.00
12	富阳市(浙)	1290.00
13	嵊州市(浙)	1000.00
14	临安市(浙)	500.00
15	新昌县(浙)	250.00
16	武义县(浙)	220.00
17	衢江区(浙)	52.00
18	浦江县(浙)	29.00
19	椒江区(浙)	14.00
20	旌德县(皖)	3300.00
21	太湖县(皖)	3100.00
22	霍山县(皖)	1550.00
23	郎溪县(皖)	1500.00
24	庐江县(皖)	987.00
25	徽州区(皖)	500.00
26	临泉县(皖)	352.00
27	广德县(皖)	300.00
28	祁门县(皖)	268.00

序号	竹编主产地	产值(万元)	序号	竹编主产地	产值(万元)	序号	竹编主产地	产值(万元)
29	界首市(皖)	130.00	75	宛城区(豫)	19.00	121	华容县(湘)	120.00
30	潜山县(皖)	120.00	76	西峡县(豫)	13.11	122	天心区(湘)	120.00
31	石台县(皖)	90.00	77	竹山县(鄂)	9118.00	123	岳阳县(湘)	100.00
32	宿松县(皖)	50.00	78	鄂州市市辖区(鄂)	6080.00	124	麻阳苗族自治县(湘)	90.00
33	贵池区(皖)	20.00	79	谷城县(鄂)	1200.00	125	芷江侗族自治县(湘)	90.00
34	泾　县(皖)	18.00	80	阳新县(鄂)	1107.00	126	慈利县(湘)	80.00
35	南昌市市辖区(赣)	20000.00	81	广水市(鄂)	500.00	127	保靖县(湘)	80.00
36	崇义县(赣)	6626.00	82	宜都市(鄂)	355.00	128	古丈县(湘)	80.00
37	吉水县(赣)	5936.00	83	麻城市(鄂)	300.00	129	东安县(湘)	73.00
38	万载县(赣)	3755.00	84	蕲春县(鄂)	200.00	130	新化县(湘)	65.00
39	寻乌县(赣)	3058.00	85	来凤县(鄂)	200.00	131	花垣县(湘)	60.00
40	金溪县(赣)	2161.00	86	红安县(鄂)	160.00	132	桂东县(湘)	40.00
41	上饶县(赣)	1640.00	87	利川市(鄂)	80.00	133	隆回县(湘)	40.00
42	泰和县(赣)	917.00	88	监利县(鄂)	50.00	134	邵阳县(湘)	40.00
43	宜丰县(赣)	600.00	89	随　县(鄂)	38.00	135	双牌县(湘)	40.00
44	上犹县(赣)	500.00	90	浠水县(鄂)	20.00	136	平江县(湘)	30.00
45	青原区(赣)	480.00	91	安陆市(鄂)	10.00	137	新晃侗族自治县(湘)	30.00
46	婺源县(赣)	410.00	92	恩施市(鄂)	10.00	138	洪江市(湘)	25.00
47	大余县(赣)	380.00	93	长阳土家族自治县(鄂)	8.00	139	道　县(湘)	21.00
48	龙南县(赣)	360.00	94	宣恩县(鄂)	6.00	140	汉寿县(湘)	15.00
49	遂川县(赣)	325.00	95	资兴市(湘)	6000.00	141	辰溪县(湘)	12.00
50	永丰县(赣)	315.00	96	永兴县(湘)	4118.00	142	衡东县(湘)	10.00
51	乐安县(赣)	309.00	97	湘潭县(湘)	4030.00	143	永定区(湘)	10.00
52	瑞昌市(赣)	300.00	98	湘阴县(湘)	3500.00	144	江华瑶族自治县(湘)	2.80
53	定南县(赣)	298.00	99	会同县(湘)	3215.00	145	靖州苗族侗族自治县(湘)	1.60
54	星子县(赣)	150.00	100	中方县(湘)	2100.00	146	阳春市(粤)	93520.00
55	贵溪市(赣)	108.00	101	溆浦县(湘)	1620.00	147	信宜市(粤)	58645.00
56	彭泽县(赣)	100.00	102	宁远县(湘)	1162.00	148	罗定市(粤)	5569.00
57	赣　县(赣)	61.00	103	娄星区(湘)	1020.00	149	兴宁市(粤)	5000.00
58	上高县(赣)	50.00	104	永顺县(湘)	800.00	150	中山市(粤)	4058.50
59	永新县(赣)	45.00	105	龙山县(湘)	700.00	151	番禺区(粤)	3757.63
60	石城县(赣)	26.00	106	株洲县(湘)	680.00	152	新丰县(粤)	1705.00
61	都昌县(赣)	6.00	107	吉首市(湘)	600.00	153	梅　县(粤)	1500.00
62	坊子区(鲁)	3000.00	108	冷水滩区(湘)	553.00	154	乳源瑶族自治县(粤)	1200.00
63	昌邑市(鲁)	2.00	109	安仁县(湘)	500.00	155	清新县(粤)	800.00
64	博爱县(豫)	3000.00	110	临武县(湘)	480.00	156	大埔县(粤)	600.00
65	桐柏县(豫)	956.00	111	衡山县(湘)	406.50	157	和平县(粤)	300.00
66	光山县(豫)	600.00	112	沅陵县(湘)	350.00	158	三水区(粤)	200.00
67	郸城县(豫)	540.00	113	凤凰县(湘)	320.00	159	湛江市东海岛区(粤)	130.00
68	洛宁县(豫)	300.00	114	冷水江市(湘)	300.00	160	雷州市(粤)	100.00
69	嵩　县(豫)	150.00	115	桑植县(湘)	250.00	161	郁南县(粤)	80.00
70	鲁山县(豫)	100.00	116	鼎城区(湘)	200.00	162	龙川县(粤)	80.00
71	淅川县(豫)	85.00	117	安化县(湘)	200.00	163	潮阳区(粤)	60.00
72	新蔡县(豫)	65.00	118	汨罗市(湘)	180.00	164	云城区(粤)	56.00
73	汝阳县(豫)	51.00	119	泸溪县(湘)	160.00	165	始兴县(粤)	20.00
74	卫辉市(豫)	50.00	120	双峰县(湘)	150.00	166	乐昌市(粤)	10.00

序号	竹编主产地	产值(万元)
167	新兴县(粤)	2.75
168	横　县(桂)	10722.00
169	灵山县(桂)	2500.00
170	那坡县(桂)	200.00
171	东兰县(桂)	80.00
172	田阳县(桂)	25.00
173	贺州市平桂管理区(桂)	16.30
174	环江毛南族自治县(桂)	10.00
175	靖西县(桂)	10.00
176	马山县(桂)	1.00
177	铜梁县(渝)	3786.00
178	垫江县(渝)	3000.00
179	大渡口区(渝)	2727.00
180	涪陵区(渝)	2500.00
181	荣昌县(渝)	1489.00
182	黔江区(渝)	600.00
183	酉阳土家族苗族自治县(渝)	380.00
184	大足县(渝)	350.00
185	开　县(渝)	311.70
186	南川区(渝)	180.00
187	石柱土家族自治县(渝)	80.00
188	奉节县(渝)	35.00
189	江津区(渝)	3.00
190	彭水苗族土家族自治县(渝)	2.00
191	青神县(川)	38750.00
192	井研县(川)	34000.00
193	嘉陵区(川)	3519.00
194	江油市(川)	3200.00
195	仁寿县(川)	1538.00
196	乐至县(川)	1300.00
197	三台县(川)	1230.00
198	长宁县(川)	1100.00
199	渠　县(川)	1040.00
200	邛崃市(川)	1000.00
201	雨城区(川)	900.00
202	沐川县(川)	360.00
203	南江县(川)	350.00
204	泸　县(川)	350.00
205	大竹县(川)	300.00
206	梓潼县(川)	300.00
207	高坪区(川)	209.00
208	旺苍县(川)	200.00
209	达川区(川)	170.00
210	仁和区(川)	153.00

序号	竹编主产地	产值(万元)
211	营山县(川)	120.00
212	绵竹市(川)	110.00
213	宣汉县(川)	100.00
214	高　县(川)	54.00
215	平昌县(川)	50.00
216	蓬安县(川)	50.00
217	米易县(川)	40.00
218	万源市(川)	10.00
219	松桃苗族自治县(黔)	500.00
220	汇川区(黔)	300.00
221	普安县(黔)	278.00
222	锦屏县(黔)	180.00
223	罗甸县(黔)	110.00
224	榕江县(黔)	50.00
225	贵定县(黔)	30.00
226	长顺县(黔)	30.00
227	德江县(黔)	20.00
228	从江县(黔)	5.00
229	思南县(黔)	5.00
230	印江土家族苗族自治县(黔)	5.00
231	彝良县(滇)	1500.00
232	罗平县(滇)	1007.00
233	弥勒市(滇)	1000.00
234	墨江哈尼族自治县(滇)	985.00
235	富宁县(滇)	810.00
236	盈江县(滇)	698.00
237	隆阳区(滇)	500.00
238	江城哈尼族彝族自治县(滇)	400.00
239	腾冲县(滇)	220.00
240	宣威市(滇)	200.00
241	双柏县(滇)	158.00
242	武定县(滇)	139.00
243	马龙县(滇)	50.00
244	西畴县(滇)	44.00
245	云　县(滇)	40.00
246	沧源佤族自治县(滇)	30.00
247	楚雄市(滇)	26.00
248	施甸县(滇)	20.00
249	会泽县(滇)	20.00
250	禄丰县(滇)	18.00
251	临翔区(滇)	2.00
252	南郑县(陕)	700.00
253	汉阴县(陕)	340.00
254	平利县(陕)	120.00

表 14-4　藤编主产地产值

序号	藤编主产地	产值(万元)
1	深泽县(冀)	12.00
2	多伦县(内蒙古)	30.00
3	五常市(黑)	140.00
4	德清县(浙)	2800.00
5	萧山区(浙)	1200.00
6	武义县(浙)	1180.00
7	椒江区(浙)	897.00
8	黄岩区(浙)	872.00
9	文成县(浙)	462.00
10	温岭市(浙)	327.00
11	霍邱县(皖)	601864.00
12	阜南县(皖)	330000.00
13	桐城市(皖)	2500.00
14	太湖县(皖)	1100.00
15	霍山县(皖)	500.00
16	潜山县(皖)	70.00
17	石台县(皖)	30.00
18	宿松县(皖)	20.00
19	南昌市市辖区(赣)	17500.00
20	乐安县(赣)	2800.00
21	金溪县(赣)	1080.00
22	新干县(赣)	800.00
23	南康市(赣)	800.00
24	兴国县(赣)	250.00
25	大余县(赣)	200.00
26	定南县(赣)	200.00
27	崇仁县(赣)	200.00
28	安远县(赣)	174.00
29	会昌县(赣)	170.00
30	信丰县(赣)	154.00
31	赣　县(赣)	115.00
32	星子县(赣)	50.00
33	永新县(赣)	35.00
34	瑞金市(赣)	28.00
35	石城县(赣)	18.00
36	龙南县(赣)	5.00
37	任城区(鲁)	60900.00
38	成武县(鲁)	52508.00
39	费　县(鲁)	10000.00
40	沂源县(鲁)	5000.00
41	东平县(鲁)	5000.00
42	河东区(鲁)	500.00
43	宁阳县(鲁)	218.00
44	梁山县(鲁)	72.00
45	郯城县(鲁)	20.00

序号	藤编主产地	产值(万元)
46	黄岛区(鲁)	1.00
47	固始县(豫)	21029.00
48	渑池县(豫)	7570.00
49	郸城县(豫)	650.00
50	淮滨县(豫)	600.00
51	桐柏县(豫)	574.00
52	淅川县(豫)	83.00
53	嵩　县(豫)	80.00
54	卫辉市(豫)	50.00
55	汝阳县(豫)	46.00
56	枣阳市(鄂)	16400.00
57	襄州区(鄂)	8000.00
58	咸丰县(鄂)	600.00
59	竹山县(鄂)	591.00
60	广水市(鄂)	200.00
61	京山县(鄂)	70.00
62	红安县(鄂)	45.00
63	利川市(鄂)	20.00
64	监利县(鄂)	10.00
65	恩施市(鄂)	1.00
66	蓝山县(湘)	2360.00
67	湘潭县(湘)	1620.00
68	溆浦县(湘)	1360.00
69	永兴县(湘)	1198.00
70	娄星区(湘)	560.00
71	安仁县(湘)	500.00
72	株洲县(湘)	280.00
73	汨罗市(湘)	228.00
74	沅陵县(湘)	195.00
75	鼎城区(湘)	190.00
76	衡山县(湘)	147.87
77	资兴市(湘)	95.00
78	双峰县(湘)	80.00
79	冷水江市(湘)	60.00
80	宁远县(湘)	57.60
81	安化县(湘)	50.00
82	芷江侗族自治县(湘)	40.00
83	邵阳县(湘)	35.00
84	道　县(湘)	33.00
85	东安县(湘)	30.00
86	永顺县(湘)	30.00
87	龙山县(湘)	25.00
88	泸溪县(湘)	12.00
89	新晃侗族自治县(湘)	11.00
90	新化县(湘)	10.00
91	凤凰县(湘)	10.00
92	吉首市(湘)	10.00
93	保靖县(湘)	9.00
94	古丈县(湘)	8.00
95	花垣县(湘)	6.00
96	阳春市(粤)	62346.00
97	兴宁市(粤)	15000.00
98	中山市(粤)	2129.30
99	乳源瑶族自治县(粤)	1650.00
100	大埔县(粤)	1250.00
101	梅　县(粤)	700.00
102	丰顺县(粤)	530.00
103	清新县(粤)	500.00
104	东源县(粤)	328.50
105	龙川县(粤)	150.00
106	仁化县(粤)	100.00
107	郁南县(粤)	90.00
108	雷州市(粤)	50.00
109	坡头区(粤)	30.00
110	新兴县(粤)	2.75
111	连平县(粤)	2.00
112	浦北县(桂)	27900.00
113	玉州区(桂)	6000.00
114	岑溪市(桂)	5543.00
115	平南县(桂)	4429.00
116	港口区(桂)	2900.00
117	灵山县(桂)	850.00
118	那坡县(桂)	20.00
119	环江毛南族自治县(桂)	15.00
120	万州区(渝)	720.00
121	秀山土家族苗族自治县(渝)	500.00
122	大足县(渝)	310.00
123	合川区(渝)	210.00
124	酉阳土家族苗族自治县(渝)	200.00
125	南川区(渝)	110.00
126	石柱土家族自治县(渝)	32.00
127	奉节县(渝)	10.00
128	崇州市(川)	6840.00
129	嘉陵区(川)	3407.00
130	荣　县(川)	3250.00
131	盐边县(川)	773.00
132	长宁县(川)	500.00
133	江油市(川)	290.00
134	旺苍县(川)	150.00
135	达川区(川)	50.00
136	万源市(川)	10.00
137	松桃苗族自治县(黔)	500.00
138	赤水市(黔)	440.00
139	普安县(黔)	100.00
140	榕江县(黔)	50.00
141	贵定县(黔)	50.00
142	思南县(黔)	10.00
143	德江县(黔)	10.00
144	从江县(黔)	2.00
145	弥勒市(滇)	500.00
146	腾冲县(滇)	300.00
147	沧源佤族自治县(滇)	33.00
148	施甸县(滇)	30.00
149	富宁县(滇)	6.00
150	南郑县(陕)	1750.00
151	汉阴县(陕)	362.00
152	镇巴县(陕)	120.00
153	永靖县(甘)	270.00
154	绥棱林业局(龙江森工)	300.00

表 14-5　棕编主产地产值

序号	棕编主产地	产值(万元)
1	浦江县(浙)	4.00
2	太湖县(皖)	750.00
3	怀宁县(皖)	310.00
4	祁门县(皖)	241.00
5	石台县(皖)	40.00
6	潜山县(皖)	25.00
7	宿松县(皖)	6.00
8	崇义县(赣)	4900.00
9	赣　县(赣)	360.00
10	修水县(赣)	200.00
11	石城县(赣)	13.00
12	瑞金市(赣)	7.80
13	龙南县(赣)	1.00
14	镇平县(豫)	1644.00
15	汝阳县(豫)	51.10
16	宜都市(鄂)	680.00
17	利川市(鄂)	50.00
18	竹山县(鄂)	26.00
19	广水市(鄂)	12.00
20	京山县(鄂)	10.00
21	浠水县(鄂)	2.00
22	会同县(湘)	1002.00
23	娄星区(湘)	550.00
24	溆浦县(湘)	270.00
25	株洲县(湘)	240.00
26	龙山县(湘)	240.00

序号	棕编主产地	产值(万元)
27	资兴市(湘)	215.00
28	沅陵县(湘)	155.00
29	永顺县(湘)	120.00
30	衡山县(湘)	108.40
31	新晃侗族自治县(湘)	100.00
32	安化县(湘)	100.00
33	临武县(湘)	65.00
34	双峰县(湘)	45.00
35	祁东县(湘)	40.00
36	吉首市(湘)	30.00
37	保靖县(湘)	30.00
38	泸溪县(湘)	20.00
39	双牌县(湘)	20.00
40	凤凰县(湘)	20.00
41	宁远县(湘)	17.20
42	邵阳县(湘)	15.00
43	古丈县(湘)	10.00
44	新化县(湘)	10.00
45	岳阳县(湘)	10.00
46	花垣县(湘)	8.00
47	道　县(湘)	5.00
48	芷江侗族自治县(湘)	1.20
49	乳源瑶族自治县(粤)	600.00
50	新兴县(粤)	2.75
51	那坡县(桂)	10.00
52	万州区(渝)	1727.00
53	黔江区(渝)	530.00
54	大足县(渝)	150.00
55	合川区(渝)	60.00
56	石柱土家族自治县(渝)	45.00
57	南川区(渝)	40.00
58	彭水苗族土家族自治县(渝)	5.00
59	江津区(渝)	1.50
60	嘉陵区(川)	3720.00
61	江油市(川)	300.00
62	旺苍县(川)	50.00
63	平昌县(川)	25.00
64	蓬安县(川)	20.00
65	赤水市(黔)	880.00
66	贵定县(黔)	50.00
67	锦屏县(黔)	50.00
68	思南县(黔)	5.00
69	弥勒市(滇)	100.00
70	施甸县(滇)	15.00
71	南郑县(陕)	260.00
72	镇巴县(陕)	80.00
73	镇坪县(陕)	50.00

表15　2014年驯化野生动物与利用

序号	主产地	动物种类	驯养数量(只、头、条)
1	贵池区(皖)	短尾猴	3
2	宜宾县(川)	猕猴	6500
3	永福县(桂)	猕猴	5648
4	呈贡县(滇)	猕猴	5183
5	平南县(桂)	猕猴	4982
6	雨城区(川)	猕猴	3000
7	新野县(豫)	猕猴	2000
8	城口县(渝)	猕猴	900
9	祁门县(皖)	猕猴	829
10	耿马傣族佤族自治县(滇)	猕猴	502
11	曾都区(鄂)	猕猴	400
12	简阳市(川)	猕猴	380
13	南郑县(陕)	猕猴	342
14	松滋市(鄂)	猕猴	285
15	元江哈尼族彝族傣族自治县(滇)	猕猴	283
16	北戴河区(冀)	猕猴	218
17	金山区(沪)	猕猴	200
18	从化市(粤)	猕猴	187
19	正定县(冀)	猕猴	130
20	资兴市(湘)	猕猴	120
21	永顺县(湘)	猕猴	80
22	浦东新区(沪)	猕猴	68
23	龙山县(湘)	猕猴	60
24	镇海区(浙)	猕猴	46
25	蓝田县(陕)	猕猴	40
26	浏阳市(湘)	猕猴	40
27	颍上县(皖)	猕猴	34
28	婺城区(浙)	猕猴	32
29	罗田县(鄂)	猕猴	30
30	大兴区(京)	猕猴	26
31	安丘市(鲁)	猕猴	20
32	奉贤区(沪)	猕猴	20
33	驿城区(豫)	猕猴	18
34	双辽市(吉)	猕猴	15
35	项城市(豫)	猕猴	15
36	翠屏区(川)	猕猴	10
37	从化市(粤)	食蟹猴	59761
38	防城区(桂)	食蟹猴	12000
39	浦东新区(沪)	食蟹猴	993
40	元江哈尼族彝族傣族自治县(滇)	食蟹猴	561
41	浏阳市(湘)	食蟹猴	100
42	松江区(沪)	食蟹猴	70
43	奉贤区(沪)	食蟹猴	40
44	浦东新区(沪)	松鼠猴	98
45	瓦房店市(辽)	松鼠猴	20
46	瓯海区(浙)	狗熊	2000
47	龙井市(吉)	狗熊	876
48	陇川县(滇)	狗熊	547
49	延吉市(吉)	狗熊	519
50	大理市(滇)	狗熊	467
51	都江堰市(川)	狗熊	345
52	勉　县(陕)	狗熊	309
53	同江市(黑)	狗熊	200

序号	主产地	动物种类	驯养数量（只、头、条）
54	从化市(粤)	狗熊	177
55	简阳市(川)	狗熊	121
56	汪清县(吉)	狗熊	96
57	敦化市(吉)	狗熊	80
58	资溪县(赣)	狗熊	72
59	城子河区(黑)	狗熊	69
60	安图森林经营局(吉)	狗熊	63
61	铁岭市经济开发区(辽)	狗熊	55
62	浦东新区(沪)	狗熊	25
63	茂南区(粤)	狗熊	7
64	陕西省楼观台林场(陕)	狗熊	6
65	回民区(内蒙古)	狗熊	3
66	肥城市(鲁)	狗熊	2
67	汉台区(陕)	狗熊	2
68	霍州市(晋)	狗熊	2
69	双辽市(吉)	狗熊	2
70	盘龙区(滇)	小熊猫	9
71	浦东新区(沪)	小熊猫	9
72	大兴区(京)	小熊猫	8
73	翠屏区(川)	小熊猫	4
74	富阳市(浙)	小熊猫	4
75	陕西省楼观台林场(陕)	小熊猫	4
76	婺城区(浙)	小熊猫	4
77	红花岗区(黔)	小熊猫	2
78	桓仁满族自治县(辽)	棕熊	171
79	饶平县(粤)	棕熊	100
80	山河实验林场(黑)	棕熊	84
81	大兴区(京)	棕熊	34
82	北戴河区(冀)	棕熊	33
83	婺城区(浙)	棕熊	3
84	沂源县(鲁)	棕熊	3
85	颍上县(皖)	棕熊	3
86	汉台区(陕)	棕熊	2
87	红花岗区(黔)	棕熊	2
88	淄川区(鲁)	棕熊	2
89	万州区(渝)	棕熊	1
90	盘龙区(滇)	浣熊	27
91	红花岗区(黔)	浣熊	12
92	婺城区(浙)	浣熊	11
93	巴林左旗(内蒙古)	马鹿	5600
94	金山屯林业局(龙江森工)	马鹿	3500
95	桃山林业局(龙江森工)	马鹿	3200
96	桦南县(黑)	马鹿	2500
97	绥中县(辽)	马鹿	2000
98	户　县(陕)	马鹿	1300
99	龙井市(吉)	马鹿	1050
100	祁连县(青)	马鹿	856
101	方正林业局(龙江森工)	马鹿	835
102	新青林业局(龙江森工)	马鹿	695
103	带岭实验局(龙江森工)	马鹿	650
104	阿城区(黑)	马鹿	585
105	新宾满族自治县(辽)	马鹿	550
106	农四师(新疆兵团)	马鹿	500
107	清原满族自治县(辽)	马鹿	500
108	五常市(黑)	马鹿	480
109	易门县(滇)	马鹿	436
110	本溪满族自治县(辽)	马鹿	400
111	鹤北林业局(龙江森工)	马鹿	400
112	红石林业局(吉林森工)	马鹿	350
113	东方红林业局(龙江森工)	马鹿	240
114	苇河林业局(龙江森工)	马鹿	213
115	阿鲁科尔沁旗(内蒙古)	马鹿	200
116	桦南林业局(龙江森工)	马鹿	200
117	龙港区(辽)	马鹿	200
118	乌伊岭林业局(龙江森工)	马鹿	200
119	逊克县(黑)	马鹿	200
120	红星林业局(龙江森工)	马鹿	150
121	多伦县(内蒙古)	马鹿	136
122	乐都县(青)	马鹿	127
123	沙雅县(新)	马鹿	120
124	马龙县(滇)	马鹿	100
125	群加森林公园(青)	马鹿	100
126	石门县(湘)	马鹿	100
127	盈江县(滇)	马鹿	98
128	共和县(青)	马鹿	97
129	腾冲县(滇)	马鹿	63
130	奇台林场(新)	马鹿	50
131	克什克腾旗(内蒙古)	马鹿	43
132	乌苏林场(新)	马鹿	43
133	天峻县(青)	马鹿	40
134	调兵山市(辽)	马鹿	35
135	木兰县(黑)	马鹿	32
136	旌阳区(川)	马鹿	30
137	同德县(青)	马鹿	30
138	盘龙区(滇)	马鹿	29
139	木栏围场国营林场(冀)	马鹿	28
140	民乐县(甘)	马鹿	26
141	大兴区(京)	马鹿	21
142	关山林业管理局(甘)	马鹿	20
143	海城市(辽)	马鹿	20

序号	主产地	动物种类	驯养数量（只、头、条）
144	中宁县(宁)	马鹿	20
145	内蒙古柴河林业局(内蒙古)	马鹿	17
146	巴林林业局(内蒙古)	马鹿	15
147	北戴河区(冀)	马鹿	15
148	浦东新区(沪)	马鹿	13
149	宁国市(皖)	马鹿	11
150	云　县(滇)	马鹿	11
151	北山森林公园(青)	马鹿	10
152	互助土族自治县(青)	马鹿	10
153	林西县(内蒙古)	马鹿	10
154	西丰县(辽)	梅花鹿	123500
155	东丰县(吉)	梅花鹿	50000
156	朝阳区(吉)	梅花鹿	10000
157	蛟河市(吉)	梅花鹿	7540
158	乐至县(川)	梅花鹿	6000
159	磐石市(吉)	梅花鹿	4498
160	通化县(吉)	梅花鹿	4361
161	让胡路区(黑)	梅花鹿	4220
162	前郭尔罗斯蒙古族自治县(吉)	梅花鹿	4000
163	绥中县(辽)	梅花鹿	4000
164	梅河口市(吉)	梅花鹿	3605
165	龙山区(吉)	梅花鹿	3550
166	辉南县(吉)	梅花鹿	3510
167	东港市(辽)	梅花鹿	3400
168	双阳区(吉)	梅花鹿	3200
169	铁岭市经济开发区(辽)	梅花鹿	3000
170	新宁县(湘)	梅花鹿	3000
171	乌马河林业局(龙江森工)	梅花鹿	2950
172	屈家岭管理区(鄂)	梅花鹿	2710
173	九台市(吉)	梅花鹿	2600
174	迁西县(冀)	梅花鹿	2300
175	宁江区(吉)	梅花鹿	2250
176	朝阳县(辽)	梅花鹿	2000
177	邻水县(川)	梅花鹿	2000
178	临江市(吉)	梅花鹿	1900
179	抚顺县(辽)	梅花鹿	1850
180	灵山县(桂)	梅花鹿	1800
181	永吉县(吉)	梅花鹿	1728
182	黄岛区(鲁)	梅花鹿	1600
183	岫岩满族自治县(辽)	梅花鹿	1600
184	昌邑区(吉)	梅花鹿	1500
185	凤　县(陕)	梅花鹿	1500
186	江油市(川)	梅花鹿	1500
187	清原满族自治县(辽)	梅花鹿	1500
188	白狼林业局(内蒙古)	梅花鹿	1450
189	船营区(吉)	梅花鹿	1300
190	建昌县(辽)	梅花鹿	1300
191	汪清县(吉)	梅花鹿	1245
192	京山县(鄂)	梅花鹿	1213
193	瑞安市(浙)	梅花鹿	1180
194	广丰县(赣)	梅花鹿	1100
195	奉化市(浙)	梅花鹿	1005
196	麻章区(粤)	梅花鹿	1000
197	彭泽县(赣)	梅花鹿	1000
198	阳信县(鲁)	梅花鹿	1000
199	寿光市(鲁)	梅花鹿	800
200	翠峦林业局(龙江森工)	梅花鹿	758
201	武义县(浙)	梅花鹿	730
202	北票市(辽)	梅花鹿	700
203	江津区(渝)	梅花鹿	700
204	射洪县(川)	梅花鹿	680
205	朗乡林业局(龙江森工)	梅花鹿	660
206	逊克县(黑)	梅花鹿	650
207	西山区(滇)	梅花鹿	632
208	含山县(皖)	梅花鹿	600
209	湖北省太子山林场管理局(鄂)	梅花鹿	600
210	内乡县(豫)	梅花鹿	600
211	铁岭县(辽)	梅花鹿	600
212	吴兴区(浙)	梅花鹿	600
213	瓯海区(浙)	梅花鹿	559
214	永川区(渝)	梅花鹿	550
215	松江区(沪)	梅花鹿	546
216	来安县(皖)	梅花鹿	503
217	赤城县(冀)	梅花鹿	500
218	德惠市(吉)	梅花鹿	500
219	金东区(浙)	梅花鹿	500
220	莱山区(鲁)	梅花鹿	500
221	烈山区(皖)	梅花鹿	500
222	讷河市(黑)	梅花鹿	500
223	蔡甸区(鄂)	梅花鹿	498
224	东昌区(吉)	梅花鹿	470
225	永济市(晋)	梅花鹿	465
226	永康市(浙)	梅花鹿	440
227	都江堰市(川)	梅花鹿	411
228	大通回族土族自治县(青)	梅花鹿	400
229	宽城满族自治县(冀)	梅花鹿	400
230	马龙县(滇)	梅花鹿	400
231	舒兰市(吉)	梅花鹿	400
232	多伦县(内蒙古)	梅花鹿	390
233	茂南区(粤)	梅花鹿	380

序号	主产地	动物种类	驯养数量（只、头、条）
234	顺城区(辽)	梅花鹿	380
235	五营林业局(龙江森工)	梅花鹿	365
236	图们市(吉)	梅花鹿	356
237	钦北区(桂)	梅花鹿	355
238	普安县(黔)	梅花鹿	330
239	乐安县(赣)	梅花鹿	320
240	大兴区(京)	梅花鹿	317
241	峨眉山市(川)	梅花鹿	310
242	海城市(辽)	梅花鹿	310
243	闵行区(沪)	梅花鹿	305
244	双丰林业局(龙江森工)	梅花鹿	305
245	白河县(陕)	梅花鹿	300
246	本溪满族自治县(辽)	梅花鹿	300
247	鄂托克旗(内蒙古)	梅花鹿	300
248	鹤岗市市辖区(黑)	梅花鹿	300
249	吉林市市辖区(吉)	梅花鹿	300
250	莱阳市(鲁)	梅花鹿	300
251	平阳县(浙)	梅花鹿	300
252	东莞市(粤)	梅花鹿	295
253	贵池区(皖)	梅花鹿	295
254	秀洲区(浙)	梅花鹿	295
255	柳河县(吉)	梅花鹿	291
256	绛　县(晋)	梅花鹿	280
257	渭源县(甘)	梅花鹿	280
258	美溪林业局(龙江森工)	梅花鹿	275
259	盖州市(辽)	梅花鹿	270
260	友好林业局(龙江森工)	梅花鹿	265
261	昌乐县(鲁)	梅花鹿	260
262	木栏围场国营林场(冀)	梅花鹿	260
263	彰武县(辽)	梅花鹿	260
264	汤原县(黑)	梅花鹿	256
265	大海林林业局(龙江森工)	梅花鹿	251
266	梓潼县(川)	梅花鹿	250
267	上营森林经营局(吉)	梅花鹿	245
268	大石桥市(辽)	梅花鹿	230
269	露水河林业局(吉林森工)	梅花鹿	230
270	沂源县(鲁)	梅花鹿	230
271	湟源县(青)	梅花鹿	220
272	宁武县(晋)	梅花鹿	220
273	绥棱林业局(龙江森工)	梅花鹿	220
274	浦东新区(沪)	梅花鹿	204
275	乌拉特后旗(内蒙古)	梅花鹿	203
276	澄江县(滇)	梅花鹿	200
277	丹江口市(鄂)	梅花鹿	200
278	富源县(滇)	梅花鹿	200
279	和布克赛尔蒙古自治县(新)	梅花鹿	200
280	南江县(川)	梅花鹿	200
281	绍兴县(浙)	梅花鹿	200
282	四平市铁西区(吉)	梅花鹿	200
283	无为县(皖)	梅花鹿	200
284	宁国市(皖)	梅花鹿	196
285	铁力林业局(龙江森工)	梅花鹿	195
286	永胜县(滇)	梅花鹿	190
287	龙湾区(浙)	梅花鹿	188
288	佳木斯市郊区(黑)	梅花鹿	187
289	绥阳林业局(龙江森工)	梅花鹿	185
290	汤旺河林业局(龙江森工)	梅花鹿	185
291	遵化市(冀)	梅花鹿	181
292	鹤立林业局(龙江森工)	梅花鹿	180
293	克什克腾旗(内蒙古)	梅花鹿	180
294	穆棱林业局(龙江森工)	梅花鹿	180
295	三门县(浙)	梅花鹿	180
296	上甘岭林业局(龙江森工)	梅花鹿	180
297	双滦区(冀)	梅花鹿	180
298	长白朝鲜族自治县(吉)	梅花鹿	180
299	开平市(粤)	梅花鹿	173
300	石林彝族自治县(滇)	梅花鹿	173
301	苍南县(浙)	梅花鹿	160
302	鄂伦春自治旗(内蒙古)	梅花鹿	150
303	海宁市(浙)	梅花鹿	150
304	恒山区(黑)	梅花鹿	150
305	浦江县(浙)	梅花鹿	150
306	清河区(辽)	梅花鹿	150
307	玉山县(赣)	梅花鹿	144
308	丰润区(冀)	梅花鹿	140
309	鹰手营子矿区(冀)	梅花鹿	140
310	栾川县(豫)	梅花鹿	135
311	文成县(浙)	梅花鹿	135
312	关山林业管理局(甘)	梅花鹿	130
313	大余县(赣)	梅花鹿	126
314	盘龙区(滇)	梅花鹿	125
315	金山区(沪)	梅花鹿	121
316	奉贤区(沪)	梅花鹿	120
317	江源区(吉)	梅花鹿	120
318	宁陕县(陕)	梅花鹿	120
319	巫山县(渝)	梅花鹿	120
320	玉龙纳西族自治县(滇)	梅花鹿	120
321	利辛县(皖)	梅花鹿	118
322	高青县(鲁)	梅花鹿	115
323	禹州市(豫)	梅花鹿	114

序号	主产地	动物种类	驯养数量(只、头、条)	序号	主产地	动物种类	驯养数量(只、头、条)
324	藁城区(冀)	梅花鹿	110	369	八面通林业局(龙江森工)	梅花鹿	58
325	建始县(鄂)	梅花鹿	110	370	东宝区(鄂)	梅花鹿	56
326	开　县(渝)	梅花鹿	105	371	松阳县(浙)	梅花鹿	56
327	双鸭山林业局(龙江森工)	梅花鹿	104	372	凉州区(甘)	梅花鹿	54
328	大姚县(滇)	梅花鹿	102	373	香格里拉县(滇)	梅花鹿	53
329	全椒县(皖)	梅花鹿	101	374	泗　县(皖)	梅花鹿	52
330	凤冈县(黔)	梅花鹿	100	375	保康县(鄂)	梅花鹿	50
331	高州市(粤)	梅花鹿	100	376	大邑县(川)	梅花鹿	50
332	良凤江国家森林公园(桂)	梅花鹿	100	377	贵溪市(赣)	梅花鹿	50
333	芦山县(川)	梅花鹿	100	378	桦甸市(吉)	梅花鹿	50
334	平利县(陕)	梅花鹿	100	379	会泽县(滇)	梅花鹿	50
335	西新开发区(吉)	梅花鹿	100	380	绩溪县(皖)	梅花鹿	50
336	长春市市辖区(吉)	梅花鹿	100	381	金川县(川)	梅花鹿	50
337	缙云县(浙)	梅花鹿	95	382	临海市(浙)	梅花鹿	50
338	杭锦后旗(内蒙古)	梅花鹿	94	383	罗田县(鄂)	梅花鹿	50
339	建德市(浙)	梅花鹿	94	384	宁　县(甘)	梅花鹿	50
340	徽州区(皖)	梅花鹿	90	385	平安县(青)	梅花鹿	50
341	开化县(浙)	梅花鹿	90	386	青铜峡市(宁)	梅花鹿	50
342	奉节县(渝)	梅花鹿	86	387	随　县(鄂)	梅花鹿	50
343	龙游县(浙)	梅花鹿	86	388	文　县(甘)	梅花鹿	50
344	宁东林业局(陕)	梅花鹿	85	389	中宁县(宁)	梅花鹿	50
345	仙居县(浙)	梅花鹿	85	390	北湖区(湘)	梅花鹿	49
346	通海县(滇)	梅花鹿	83	391	天柱县(黔)	梅花鹿	48
347	高安市(赣)	梅花鹿	81	392	新平彝族傣族自治县(滇)	梅花鹿	46
348	吉安县(赣)	梅花鹿	80	393	南岔林业局(龙江森工)	梅花鹿	43
349	临安市(浙)	梅花鹿	80	394	横　县(桂)	梅花鹿	42
350	嵩明县(滇)	梅花鹿	80	395	额尔古纳市(内蒙古)	梅花鹿	41
351	呈贡县(滇)	梅花鹿	79	396	从化市(粤)	梅花鹿	40
352	四方台区(黑)	梅花鹿	73	397	龙山县(湘)	梅花鹿	40
353	黄岩区(浙)	梅花鹿	70	398	沙坪坝区(渝)	梅花鹿	40
354	清河林业局(龙江森工)	梅花鹿	70	399	吉利区(豫)	梅花鹿	38
355	通城县(鄂)	梅花鹿	70	400	元江哈尼族彝族傣族自治县(滇)	梅花鹿	38
356	湘乐林业总场(甘)	梅花鹿	70	401	德兴市(赣)	梅花鹿	37
357	浏阳市(湘)	梅花鹿	65	402	滴道区(黑)	梅花鹿	36
358	宁远县(湘)	梅花鹿	65	403	浑源县(晋)	梅花鹿	35
359	通北林业局(龙江森工)	梅花鹿	65	404	万荣县(晋)	梅花鹿	35
360	宾川县(滇)	梅花鹿	64	405	颍上县(皖)	梅花鹿	32
361	海林林业局(龙江森工)	梅花鹿	63	406	镇海区(浙)	梅花鹿	32
362	临　县(晋)	梅花鹿	60	407	大丰市(苏)	梅花鹿	30
363	禄劝彝族苗族自治县(滇)	梅花鹿	60	408	克东县(黑)	梅花鹿	30
364	南川区(渝)	梅花鹿	60	409	涞源县(冀)	梅花鹿	30
365	仁寿县(川)	梅花鹿	60	410	南芬区(辽)	梅花鹿	30
366	瓦房店市(辽)	梅花鹿	60	411	山河屯林业局(龙江森工)	梅花鹿	30
367	宜良县(滇)	梅花鹿	60	412	山阴县(晋)	梅花鹿	30
368	自流井区(川)	梅花鹿	60	413	托克托县(内蒙古)	梅花鹿	30

序号	主产地	动物种类	驯养数量（只、头、条）
414	西夏区(宁)	梅花鹿	30
415	昭阳区(滇)	梅花鹿	30
416	株洲县(湘)	梅花鹿	30
417	转山实验林场(黑)	梅花鹿	30
418	永平县(滇)	梅花鹿	28
419	腾冲县(滇)	梅花鹿	26
420	武定县(滇)	梅花鹿	26
421	正宁林业总场(甘)	梅花鹿	26
422	承德县(冀)	梅花鹿	25
423	民乐县(甘)	梅花鹿	25
424	泰顺县(浙)	梅花鹿	25
425	尖扎县(青)	梅花鹿	24
426	米易县(川)	梅花鹿	24
427	松滋市(鄂)	梅花鹿	23
428	永仁县(滇)	梅花鹿	23
429	连山区(辽)	梅花鹿	22
430	滨城区(鲁)	梅花鹿	21
431	卢氏县(豫)	梅花鹿	20
432	磐安县(浙)	梅花鹿	20
433	青州市(鲁)	梅花鹿	20
434	太湖县(皖)	梅花鹿	20
435	邢台市高新技术开发区(冀)	梅花鹿	20
436	资兴市(湘)	梅花鹿	20
437	苏仙区(湘)	梅花鹿	18
438	汉台区(陕)	梅花鹿	15
439	山河实验林场(黑)	梅花鹿	15
440	驿城区(豫)	梅花鹿	15
441	黑龙江柴河林业局(龙江森工)	梅花鹿	12
442	林口林业局(龙江森工)	梅花鹿	12
443	新建县(赣)	梅花鹿	12
444	宣威市(滇)	梅花鹿	12
445	永顺县(湘)	梅花鹿	12
446	巴东县(鄂)	梅花鹿	10
447	察哈尔右翼前旗(内蒙古)	梅花鹿	10
448	翠屏区(川)	梅花鹿	10
449	井冈山市(赣)	梅花鹿	10
450	乐都县(青)	梅花鹿	10
451	宣化区(冀)	梅花鹿	10
452	大丰市(苏)	河麂	867
453	颍上县(皖)	河麂	189
454	澄江县(滇)	河麂	150
455	吴兴区(浙)	河麂	150
456	句容市(苏)	河麂	145
457	三门县(浙)	河麂	128
458	北湖区(湘)	河麂	110
459	施甸县(滇)	河麂	70
460	巢湖市(皖)	河麂	60
461	柞水县(陕)	河麂	30
462	泰顺县(浙)	河麂	26
463	南谯区(皖)	河麂	16
464	大兴区(京)	麋鹿	170
465	双城市(黑)	麋鹿	100
466	临安市(浙)	麋鹿	60
467	原阳县(豫)	麋鹿	42
468	章丘市(鲁)	麋鹿	40
469	木栏围场国营林场(冀)	麋鹿	17
470	盘龙区(滇)	麋鹿	11
471	遵化市(冀)	野猪	56801
472	承德县(冀)	野猪	24170
473	渑池县(豫)	野猪	20000
474	东方红林业局(龙江森工)	野猪	17000
475	巴东县(鄂)	野猪	16310
476	祁东县(湘)	野猪	16000
477	友好林业局(龙江森工)	野猪	12910
478	万源市(川)	野猪	12000
479	汤旺河林业局(龙江森工)	野猪	10152
480	衡东县(湘)	野猪	10000
481	宁海县(浙)	野猪	10000
482	临海市(浙)	野猪	7300
483	香格里拉县(滇)	野猪	7300
484	栾川县(豫)	野猪	7247
485	漾濞彝族自治县(滇)	野猪	6300
486	巴州区(川)	野猪	6000
487	清原满族自治县(辽)	野猪	6000
488	红安县(鄂)	野猪	5600
489	迁西县(冀)	野猪	5300
490	海城市(辽)	野猪	5100
491	东至县(皖)	野猪	5000
492	芦山县(川)	野猪	5000
493	绥中县(辽)	野猪	5000
494	富源县(滇)	野猪	4700
495	平桥区(豫)	野猪	4300
496	青州市(鲁)	野猪	4150
497	射洪县(川)	野猪	4000
498	盐边县(川)	野猪	4000
499	乐安县(赣)	野猪	3800
500	腾冲县(滇)	野猪	3648
501	东昌区(吉)	野猪	3600
502	宁国市(皖)	野猪	3266
503	禄丰县(滇)	野猪	3067

序号	主产地	动物种类	驯养数量（只、头、条）
504	灵寿县(冀)	野猪	3000
505	罗江县(川)	野猪	3000
506	无为县(皖)	野猪	3000
507	五常市(黑)	野猪	3000
508	江城哈尼族彝族自治县(滇)	野猪	2699
509	登封市(豫)	野猪	2600
510	金口河区(川)	野猪	2500
511	灵宝市(豫)	野猪	2500
512	淅川县(豫)	野猪	2500
513	黄陂区(鄂)	野猪	2400
514	桑植县(湘)	野猪	2400
515	安化县(湘)	野猪	2180
516	大兴区(京)	野猪	2122
517	恩施市(鄂)	野猪	2000
518	环江毛南族自治县(桂)	野猪	2000
519	阆中市(川)	野猪	2000
520	洛宁县(豫)	野猪	2000
521	喜德县(川)	野猪	2000
522	迎春林业局(龙江森工)	野猪	2000
523	梓潼县(川)	野猪	2000
524	本溪满族自治县(辽)	野猪	1800
525	沂源县(鲁)	野猪	1800
526	镇坪县(陕)	野猪	1800
527	简阳市(川)	野猪	1730
528	岑溪市(桂)	野猪	1636
529	巫溪县(渝)	野猪	1600
530	彰武县(辽)	野猪	1530
531	利津县(鲁)	野猪	1500
532	南川区(渝)	野猪	1500
533	内乡县(豫)	野猪	1500
534	威远县(川)	野猪	1380
535	金城江区(桂)	野猪	1300
536	南部县(川)	野猪	1300
537	上甘岭林业局(龙江森工)	野猪	1300
538	兴宁市(粤)	野猪	1300
539	庄河市(辽)	野猪	1300
540	梁山县(鲁)	野猪	1200
541	麻城市(鄂)	野猪	1200
542	龙门县(粤)	野猪	1198
543	良庆区(桂)	野猪	1150
544	双丰林业局(龙江森工)	野猪	1127
545	靖宇县(吉)	野猪	1105
546	丹棱县(川)	野猪	1100
547	宜良县(滇)	野猪	1100
548	辉南县(吉)	野猪	1020
549	克什克腾旗(内蒙古)	野猪	1020
550	宁安市(黑)	野猪	1000
551	石台县(皖)	野猪	1000
552	铁力林业局(龙江森工)	野猪	1000
553	温江区(川)	野猪	1000
554	小金县(川)	野猪	1000
555	新宁县(湘)	野猪	1000
556	兴国县(赣)	野猪	1000
557	宜都市(鄂)	野猪	1000
558	游仙区(川)	野猪	1000
559	玉屏侗族自治县(黔)	野猪	1000
560	泾　县(皖)	野猪	950
561	方正林业局(龙江森工)	野猪	900
562	建昌县(辽)	野猪	856
563	松阳县(浙)	野猪	840
564	勐腊县(滇)	野猪	838
565	融水苗族自治县(桂)	野猪	830
566	灵川县(桂)	野猪	823
567	集宁区(内蒙古)	野猪	810
568	东丰县(吉)	野猪	800
569	老边区(辽)	野猪	800
570	林口林业局(龙江森工)	野猪	800
571	双峰县(湘)	野猪	800
572	嵩　县(豫)	野猪	800
573	岫岩满族自治县(辽)	野猪	800
574	扎赉特旗(内蒙古)	野猪	800
575	鹤北林业局(龙江森工)	野猪	780
576	沅陵县(湘)	野猪	750
577	文　县(甘)	野猪	710
578	绥棱林业局(龙江森工)	野猪	700
579	都昌县(赣)	野猪	680
580	天台县(浙)	野猪	669
581	汶川县(川)	野猪	650
582	余杭区(浙)	野猪	650
583	峨边彝族自治县(川)	野猪	640
584	江源区(吉)	野猪	620
585	浏阳市(湘)	野猪	620
586	阿鲁科尔沁旗(内蒙古)	野猪	600
587	带岭实验局(龙江森工)	野猪	600
588	东宝区(鄂)	野猪	600
589	金川县(川)	野猪	600
590	铅山县(赣)	野猪	600
591	松潘县(川)	野猪	600
592	开　县(渝)	野猪	590
593	彭山县(川)	野猪	588

序号	主产地	动物种类	驯养数量(只、头、条)
594	东京城林业局(龙江森工)	野猪	586
595	盖州市(辽)	野猪	580
596	旌阳区(川)	野猪	580
597	宁城县(内蒙古)	野猪	575
598	临江市(吉)	野猪	540
599	白河县(陕)	野猪	535
600	阳山县(粤)	野猪	535
601	五营林业局(龙江森工)	野猪	530
602	内蒙柴河林业局(内蒙古)	野猪	520
603	巴林右旗(内蒙古)	野猪	500
604	沧源佤族自治县(滇)	野猪	500
605	淳化县(陕)	野猪	500
606	垫江县(渝)	野猪	500
607	浑江区(吉)	野猪	500
608	集安市(吉)	野猪	500
609	君山区(湘)	野猪	500
610	两当县(甘)	野猪	500
611	临安市(浙)	野猪	500
612	弥勒市(滇)	野猪	500
613	讷河市(黑)	野猪	500
614	宁阳县(鲁)	野猪	500
615	全州县(桂)	野猪	500
616	社旗县(豫)	野猪	500
617	新宾满族自治县(辽)	野猪	500
618	阳新县(鄂)	野猪	500
619	玉环县(浙)	野猪	500
620	沾河林业局(龙江森工)	野猪	500
621	新青林业局(龙江森工)	野猪	475
622	南岔林业局(龙江森工)	野猪	472
623	永胜县(滇)	野猪	460
624	安　县(川)	野猪	450
625	北川羌族自治县(川)	野猪	450
626	崇义县(赣)	野猪	450
627	富阳市(浙)	野猪	450
628	玉龙纳西族自治县(滇)	野猪	450
629	清城区(粤)	野猪	445
630	紫金县(粤)	野猪	430
631	麦积区(甘)	野猪	401
632	黑龙江柴河林业局(龙江森工)	野猪	400
633	朗乡林业局(龙江森工)	野猪	400
634	马龙县(滇)	野猪	400
635	黔江区(渝)	野猪	400
636	双江拉祜族佤族布朗族傣族自治县(滇)	野猪	400
637	西畴县(滇)	野猪	400
638	新丰县(粤)	野猪	400
639	云龙县(滇)	野猪	400
640	大邑县(川)	野猪	380
641	丰都县(渝)	野猪	380
642	苇河林业局(龙江森工)	野猪	380
643	龙陵县(滇)	野猪	374
644	碧江区(黔)	野猪	370
645	翠峦林业局(龙江森工)	野猪	360
646	来安县(皖)	野猪	360
647	醴陵市(湘)	野猪	360
648	新建县(赣)	野猪	360
649	建始县(鄂)	野猪	358
650	彝良县(滇)	野猪	355
651	白狼林业局(内蒙古)	野猪	350
652	慈利县(湘)	野猪	350
653	江山市(浙)	野猪	350
654	耿马傣族佤族自治县(滇)	野猪	342
655	潜山县(皖)	野猪	340
656	石林彝族自治县(滇)	野猪	335
657	双鸭山林业局(龙江森工)	野猪	333
658	额尔古纳市(内蒙古)	野猪	318
659	乌拉特前旗(内蒙古)	野猪	310
660	北安市(黑)	野猪	300
661	贵溪市(赣)	野猪	300
662	韩城市林业局(陕)	野猪	300
663	耒阳市(湘)	野猪	300
664	临泉县(皖)	野猪	300
665	穆棱林业局(龙江森工)	野猪	300
666	南江县(川)	野猪	300
667	南郑县(陕)	野猪	300
668	平利县(陕)	野猪	300
669	邛崃市(川)	野猪	300
670	芮城县(晋)	野猪	300
671	邵东县(湘)	野猪	300
672	石门县(湘)	野猪	300
673	随　县(鄂)	野猪	300
674	桐庐县(浙)	野猪	300
675	五大连池市(黑)	野猪	300
676	渝水区(赣)	野猪	300
677	中宁县(宁)	野猪	300
678	建德市(浙)	野猪	298
679	丹江口市(鄂)	野猪	290
680	鄂伦春自治旗(内蒙古)	野猪	280
681	桦甸市(吉)	野猪	280
682	姚安县(滇)	野猪	270

序号	主产地	动物种类	驯养数量（只、头、条）	序号	主产地	动物种类	驯养数量（只、头、条）
683	巴林林业局(内蒙古)	野猪	260	728	井陉县(冀)	野猪	124
684	奉化市(浙)	野猪	260	729	巢湖市(皖)	野猪	123
685	赫山区(湘)	野猪	250	730	防城区(桂)	野猪	120
686	瓯海区(浙)	野猪	250	731	高青县(鲁)	野猪	120
687	临翔区(滇)	野猪	246	732	鹤峰县(鄂)	野猪	120
688	南华县(滇)	野猪	238	733	洪江市(湘)	野猪	120
689	马边彝族自治县(川)	野猪	227	734	浠水县(鄂)	野猪	120
690	宁远县(湘)	野猪	225	735	长安区(陕)	野猪	120
691	雨城区(川)	野猪	220	736	永宁县(宁)	野猪	110
692	金山屯林业局(龙江森工)	野猪	210	737	沾益县(滇)	野猪	110
693	麻栗坡县(滇)	野猪	210	738	长寿区(渝)	野猪	105
694	永平县(滇)	野猪	208	739	宝兴县(川)	野猪	100
695	大石桥市(辽)	野猪	200	740	大姚县(滇)	野猪	100
696	佛坪县(陕)	野猪	200	741	大足县(渝)	野猪	100
697	广南县(滇)	野猪	200	742	东平县(鲁)	野猪	100
698	金溪县(赣)	野猪	200	743	木兰县(黑)	野猪	100
699	连南瑶族自治县(粤)	野猪	200	744	温岭市(浙)	野猪	100
700	林西县(内蒙古)	野猪	200	745	永修县(赣)	野猪	100
701	弥渡县(滇)	野猪	200	746	长阳土家族自治县(鄂)	野猪	100
702	南票区(辽)	野猪	200	747	四平市铁东区(吉)	野猪	90
703	闻喜县(晋)	野猪	200	748	明光市(皖)	野猪	85
704	乌马河林业局(龙江森工)	野猪	200	749	揭西县(粤)	野猪	84
705	襄城区(鄂)	野猪	200	750	盈江县(滇)	野猪	84
706	新安县(豫)	野猪	200	751	师宗县(滇)	野猪	81
707	亚布力林业局(龙江森工)	野猪	200	752	都江堰市(川)	野猪	80
708	耀州区(陕)	野猪	200	753	藁城区(冀)	野猪	80
709	英德市(粤)	野猪	200	754	江川县(滇)	野猪	80
710	乐都县(青)	野猪	180	755	卢氏县(豫)	野猪	80
711	枣阳市(鄂)	野猪	180	756	石柱土家族自治县(渝)	野猪	80
712	新平彝族傣族自治县(滇)	野猪	176	757	舞钢市(豫)	野猪	80
713	长白朝鲜族自治县(吉)	野猪	174	758	逊克县(黑)	野猪	80
714	汶上县(鲁)	野猪	170	759	永年县(冀)	野猪	80
715	屏山县(川)	野猪	168	760	昭阳区(滇)	野猪	80
716	上高县(赣)	野猪	167	761	宾川县(滇)	野猪	76
717	三门县(浙)	野猪	165	762	始兴县(粤)	野猪	75
718	芦溪县(赣)	野猪	160	763	宣威市(滇)	野猪	75
719	兰坪白族普米族自治县(滇)	野猪	150	764	江安县(川)	野猪	70
720	彭水苗族土家族自治县(渝)	野猪	150	765	宁　县(甘)	野猪	70
721	遂川县(赣)	野猪	150	766	玉山县(赣)	野猪	70
722	武定县(滇)	野猪	150	767	米易县(川)	野猪	64
723	易门县(滇)	野猪	147	768	北戴河区(冀)	野猪	63
724	永清县(冀)	野猪	140	769	施甸县(滇)	野猪	63
725	大海林林业局(龙江森工)	野猪	138	770	永济市(晋)	野猪	60
726	田东县(桂)	野猪	138	771	翠屏区(川)	野猪	56
727	万盛区(渝)	野猪	125	772	梅河口市(吉)	野猪	56

序号	主产地	动物种类	驯养数量（只、头、条）	序号	主产地	动物种类	驯养数量（只、头、条）
773	罗平县(滇)	野猪	53	818	东至县(皖)	豪猪	3350
774	徽州区(皖)	野猪	50	819	全州县(桂)	豪猪	2600
775	吉州区(赣)	野猪	50	820	腾冲县(滇)	豪猪	2347
776	涞源县(冀)	野猪	50	821	大安区(川)	豪猪	2000
777	舒兰市(吉)	野猪	50	822	咸丰县(鄂)	豪猪	1800
778	调兵山市(辽)	野猪	50	823	新田县(湘)	豪猪	1770
779	砚山县(滇)	野猪	50	824	永定区(湘)	豪猪	1660
780	宁武县(晋)	野猪	48	825	红塔区(滇)	豪猪	1600
781	临川区(赣)	野猪	36	826	金城江区(桂)	豪猪	1500
782	陇川县(滇)	野猪	36	827	金口河区(川)	豪猪	1500
783	河津市(晋)	野猪	35	828	鹤城区(湘)	豪猪	1420
784	万州区(渝)	野猪	35	829	耿马傣族佤族自治县(滇)	豪猪	1291
785	牟定县(滇)	野猪	32	830	石柱土家族自治县(渝)	豪猪	1250
786	化德县(内蒙古)	野猪	30	831	黔江区(渝)	豪猪	1230
787	会理县(川)	野猪	30	832	巴东县(鄂)	豪猪	1143
788	露水河林业局(吉林森工)	野猪	30	833	从化市(粤)	豪猪	1064
789	双辽市(吉)	野猪	30	834	芦溪县(赣)	豪猪	1011
790	翁源县(粤)	野猪	30	835	洪江市(湘)	豪猪	1000
791	兴山县(鄂)	野猪	30	836	綦江县(渝)	豪猪	1000
792	新巴尔虎右旗(内蒙古)	野猪	25	837	铅山县(赣)	豪猪	1000
793	定南县(赣)	野猪	22	838	武隆县(渝)	豪猪	1000
794	琅琊区(皖)	野猪	20	839	兴国县(赣)	豪猪	1000
795	武江区(粤)	野猪	20	840	建始县(鄂)	豪猪	990
796	永川区(渝)	野猪	20	841	通城县(鄂)	豪猪	810
797	竹溪县(鄂)	野猪	20	842	鹤峰县(鄂)	豪猪	750
798	彭泽县(赣)	野猪	18	843	盈江县(滇)	豪猪	687
799	会泽县(滇)	野猪	17	844	南川区(渝)	豪猪	661
800	禹州市(豫)	野猪	16	845	云龙县(滇)	豪猪	640
801	绥阳林业局(龙江森工)	野猪	15	846	彭水苗族土家族自治县(渝)	豪猪	615
802	倘甸工业园区(滇)	野猪	15	847	常宁市(湘)	豪猪	600
803	汪清林业局(吉)	野猪	15	848	鹤庆县(滇)	豪猪	600
804	九江县(赣)	野猪	10	849	江永县(湘)	豪猪	600
805	黎城县(晋)	野猪	10	850	彭泽县(赣)	豪猪	600
806	茂南区(粤)	猸猪	1000	851	垫江县(渝)	豪猪	548
807	利川市(鄂)	猸猪	150	852	龙门县(粤)	豪猪	510
808	新化县(湘)	猸猪	100	853	德江县(黔)	豪猪	500
809	涿州市(冀)	猸猪	40	854	凤冈县(黔)	豪猪	500
810	桃源县(湘)	豪猪	22000	855	芦山县(川)	豪猪	500
811	邻水县(川)	豪猪	17588	856	息烽县(黔)	豪猪	500
812	兴宁市(粤)	豪猪	7440	857	宣恩县(鄂)	豪猪	500
813	长宁县(川)	豪猪	6350	858	永修县(赣)	豪猪	460
814	大余县(赣)	豪猪	5318	859	南部县(川)	豪猪	400
815	万安县(赣)	豪猪	4000	860	阳新县(鄂)	豪猪	400
816	无为县(皖)	豪猪	3600	861	张湾区(鄂)	豪猪	400
817	酉阳土家族苗族自治县(渝)	豪猪	3546	862	柞水县(陕)	豪猪	385

序号	主产地	动物种类	驯养数量(只、头、条)
863	德兴市(赣)	豪猪	382
864	鹤山市(粤)	豪猪	380
865	饶平县(粤)	豪猪	380
866	龙陵县(滇)	豪猪	370
867	新建县(赣)	豪猪	350
868	竹溪县(鄂)	豪猪	350
869	陇川县(滇)	豪猪	343
870	施甸县(滇)	豪猪	336
871	勐腊县(滇)	豪猪	323
872	麻城市(鄂)	豪猪	320
873	来凤县(鄂)	豪猪	313
874	连平县(粤)	豪猪	302
875	洞口县(湘)	豪猪	300
876	凤　县(陕)	豪猪	300
877	怀宁县(皖)	豪猪	300
878	会昌县(赣)	豪猪	300
879	元江哈尼族彝族傣族自治县(滇)	豪猪	300
880	长阳土家族自治县(鄂)	豪猪	300
881	易门县(滇)	豪猪	296
882	灵川县(桂)	豪猪	260
883	灌阳县(桂)	豪猪	250
884	蓝山县(湘)	豪猪	230
885	新丰县(粤)	豪猪	230
886	倘甸工业园区(滇)	豪猪	225
887	江川县(滇)	豪猪	220
888	云溪区(湘)	豪猪	220
889	潮阳区(粤)	豪猪	200
890	丰都县(渝)	豪猪	200
891	江南区(桂)	豪猪	200
892	醴陵市(湘)	豪猪	200
893	屈家岭管理区(鄂)	豪猪	200
894	嵩明县(滇)	豪猪	200
895	屏山县(川)	豪猪	196
896	马边彝族自治县(川)	豪猪	188
897	绍兴县(浙)	豪猪	180
898	阳朔县(桂)	豪猪	180
899	略阳县(陕)	豪猪	150
900	潜山县(皖)	豪猪	150
901	始兴县(粤)	豪猪	150
902	舒城县(皖)	豪猪	150
903	修水县(赣)	豪猪	125
904	澧　县(湘)	豪猪	120
905	高安市(赣)	豪猪	114
906	金溪县(赣)	豪猪	112
907	夹江县(川)	豪猪	110
908	武定县(滇)	豪猪	110
909	钦北区(桂)	豪猪	103
910	都昌县(赣)	豪猪	100
911	黄岩区(浙)	豪猪	100
912	武陵区(湘)	豪猪	100
913	吉安县(赣)	豪猪	80
914	南谯区(皖)	豪猪	80
915	石门县(湘)	豪猪	80
916	寿　县(皖)	豪猪	80
917	黎川县(赣)	豪猪	75
918	安宁市(滇)	豪猪	70
919	洪江区(湘)	豪猪	70
920	镇康县(滇)	豪猪	70
921	都江堰市(川)	豪猪	60
922	合江县(川)	豪猪	60
923	连南瑶族自治县(粤)	豪猪	55
924	苍南县(浙)	豪猪	50
925	崇仁县(赣)	豪猪	50
926	揭西县(粤)	豪猪	50
927	麻章区(粤)	豪猪	50
928	上思县(桂)	豪猪	50
929	太湖县(皖)	豪猪	50
930	茂南区(粤)	豪猪	40
931	章丘市(鲁)	豪猪	37
932	江城哈尼族彝族自治县(滇)	豪猪	35
933	师宗县(滇)	豪猪	32
934	潮安县(粤)	豪猪	30
935	武义县(浙)	豪猪	30
936	麻栗坡县(滇)	豪猪	28
937	阳山县(粤)	豪猪	28
938	翠屏区(川)	豪猪	26
939	荣　县(川)	豪猪	26
940	双江拉祜族佤族布朗族傣族自治县(滇)	豪猪	25
941	上高县(赣)	豪猪	24
942	桃江县(湘)	豪猪	20
943	巫山县(渝)	豪猪	11
944	西山区(滇)	豪猪	11
945	云　县(滇)	豪猪	11
946	定远县(皖)	豪猪	10
947	卢氏县(豫)	豪猪	10
948	大洼县(辽)	银狐	141000
949	杜尔伯特蒙古族自治县(黑)	银狐	118715
950	前郭尔罗斯蒙古族自治县(吉)	银狐	50000
951	庄河市(辽)	银狐	38000

序号	主产地	动物种类	驯养数量（只、头、条）
952	灯塔市(辽)	银狐	35000
953	青州市(鲁)	银狐	21500
954	南票区(辽)	银狐	16100
955	让胡路区(黑)	银狐	10170
956	获嘉县(豫)	银狐	2250
957	彰武县(辽)	银狐	1650
958	海城市(辽)	银狐	500
959	民乐县(甘)	银狐	70
960	辽阳县(辽)	北极狐	60000
961	永宁县(宁)	北极狐	1200
962	肥城市(鲁)	北极狐	600
963	鄂伦春自治旗(内蒙古)	北极狐	500
964	黎川县(赣)	北极狐	60
965	诸城市(鲁)	水貂	9000000
966	庄河市(辽)	水貂	1710000
967	普兰店市(辽)	水貂	352000
968	青州市(鲁)	水貂	226500
969	昌邑区(吉)	水貂	207000
970	东港市(辽)	水貂	160000
971	河口区(鲁)	水貂	120000
972	尚志市(黑)	水貂	100000
973	昌乐县(鲁)	水貂	58000
974	灯塔市(辽)	水貂	52000
975	东平县(鲁)	水貂	52000
976	前郭尔罗斯蒙古族自治县(吉)	水貂	50000
977	新宾满族自治县(辽)	水貂	33000
978	浦东新区(沪)	水貂	32913
979	枣强县(冀)	水貂	31000
980	孟家岗林场(黑)	水貂	23000
981	寿光市(鲁)	水貂	20000
982	利津县(鲁)	水貂	11600
983	鞍山市开发区(辽)	水貂	7000
984	峄城区(鲁)	水貂	7000
985	章丘市(鲁)	水貂	5000
986	灵寿县(冀)	水貂	4500
987	鹤立林业局(龙江森工)	水貂	4000
988	集宁区(内蒙古)	水貂	3000
989	绥中县(辽)	水貂	3000
990	肥城市(鲁)	水貂	2600
991	大石桥市(辽)	水貂	2000
992	南岔林业局(龙江森工)	水貂	1850
993	汤旺河林业局(龙江森工)	水貂	1850
994	让胡路区(黑)	水貂	1812
995	美溪林业局(龙江森工)	水貂	1800
996	翠峦林业局(龙江森工)	水貂	1650
997	利辛县(皖)	水貂	1005
998	亚布力林业局(龙江森工)	水貂	1000
999	永宁县(宁)	水貂	1000
1000	上甘岭林业局(龙江森工)	水貂	650
1001	乌伊岭林业局(龙江森工)	水貂	500
1002	东方红林业局(龙江森工)	水貂	350
1003	诸城市(鲁)	狐狸	1000000
1004	肇源县(黑)	狐狸	320000
1005	微山县(鲁)	狐狸	180000
1006	滦南县(冀)	狐狸	165000
1007	普兰店市(辽)	狐狸	81880
1008	寿光市(鲁)	狐狸	71000
1009	邹城市(鲁)	狐狸	50000
1010	东平县(鲁)	狐狸	40000
1011	林甸县(黑)	狐狸	30210
1012	藁城区(冀)	狐狸	24000
1013	枣强县(冀)	狐狸	24000
1014	友好林业局(龙江森工)	狐狸	15350
1015	东京城林业局(龙江森工)	狐狸	11000
1016	方正林业局(龙江森工)	狐狸	10300
1017	河口区(鲁)	狐狸	10000
1018	海林林业局(龙江森工)	狐狸	7400
1019	遵化市(冀)	狐狸	6871
1020	灵寿县(冀)	狐狸	5900
1021	金山屯林业局(龙江森工)	狐狸	5200
1022	沾河林业局(龙江森工)	狐狸	5164
1023	绥中县(辽)	狐狸	5000
1024	建昌县(辽)	狐狸	4402
1025	东营区(鲁)	狐狸	4000
1026	章丘市(鲁)	狐狸	3456
1027	宁安市(黑)	狐狸	3000
1028	尚义县(冀)	狐狸	3000
1029	上甘岭林业局(龙江森工)	狐狸	2610
1030	肥城市(鲁)	狐狸	2400
1031	汤旺河林业局(龙江森工)	狐狸	2100
1032	东方红林业局(龙江森工)	狐狸	2000
1033	集宁区(内蒙古)	狐狸	2000
1034	双丰林业局(龙江森工)	狐狸	1740
1035	新青林业局(龙江森工)	狐狸	1700
1036	濉溪县(皖)	狐狸	1500
1037	翠峦林业局(龙江森工)	狐狸	1420
1038	承德县(冀)	狐狸	1330
1039	磐石市(吉)	狐狸	1000
1040	亚布力林业局(龙江森工)	狐狸	1000
1041	美溪林业局(龙江森工)	狐狸	800

序号	主产地	动物种类	驯养数量(只、头、条)
1042	利津县(鲁)	狐狸	650
1043	临江市(吉)	狐狸	600
1044	西夏区(宁)	狐狸	560
1045	赤城县(冀)	狐狸	550
1046	昌乐县(鲁)	狐狸	500
1047	深泽县(冀)	狐狸	360
1048	绥棱林业局(龙江森工)	狐狸	300
1049	桃山林业局(龙江森工)	狐狸	300
1050	鹿泉区(冀)	狐狸	280
1051	桦甸市(吉)	狐狸	265
1052	利辛县(皖)	狐狸	201
1053	大同县(晋)	狐狸	200
1054	苇河林业局(龙江森工)	狐狸	120
1055	巴林林业局(内蒙古)	狐狸	100
1056	临泽县(甘)	狐狸	100
1057	万安县(赣)	果子狸	6000
1058	新宁县(湘)	果子狸	5000
1059	鹤城区(湘)	果子狸	1060
1060	全州县(桂)	果子狸	1000
1061	和平县(粤)	果子狸	600
1062	桃源县(湘)	果子狸	600
1063	金城江区(桂)	果子狸	500
1064	襄州区(鄂)	果子狸	500
1065	东乡县(赣)	果子狸	410
1066	栾川县(豫)	果子狸	403
1067	藤　县(桂)	果子狸	400
1068	安宁市(滇)	果子狸	350
1069	江南区(桂)	果子狸	350
1070	安化县(湘)	果子狸	300
1071	霍山县(皖)	果子狸	300
1072	良庆区(桂)	果子狸	300
1073	镇坪县(陕)	果子狸	300
1074	巴东县(鄂)	果子狸	230
1075	沅陵县(湘)	果子狸	186
1076	铜鼓县(赣)	果子狸	160
1077	东宝区(鄂)	果子狸	150
1078	洞口县(湘)	果子狸	150
1079	倘甸工业园区(滇)	果子狸	110
1080	盈江县(滇)	果子狸	101
1081	昌江区(赣)	果子狸	100
1082	内乡县(豫)	果子狸	100
1083	铅山县(赣)	果子狸	100
1084	屏山县(川)	果子狸	76
1085	耒阳市(湘)	果子狸	60
1086	醴陵市(湘)	果子狸	56
1087	鹤峰县(鄂)	果子狸	50
1088	侯马市(晋)	果子狸	30
1089	马边彝族自治县(川)	果子狸	27
1090	翠屏区(川)	果子狸	20
1091	增城市(粤)	果子狸	20
1092	夹江县(川)	果子狸	10
1093	龙陵县(滇)	果子狸	10
1094	禹州市(豫)	果子狸	10
1095	肇源县(黑)	貉	750000
1096	滦南县(冀)	貉	416000
1097	巴彦县(黑)	貉	325000
1098	杜尔伯特蒙古族自治县(黑)	貉	93833
1099	蠡　县(冀)	貉	80000
1100	林甸县(黑)	貉	56900
1101	东平县(鲁)	貉	52000
1102	前郭尔罗斯蒙古族自治县(吉)	貉	35000
1103	河口区(鲁)	貉	30000
1104	邹城市(鲁)	貉	30000
1105	大洼县(辽)	貉	25000
1106	方正林业局(龙江森工)	貉	17284
1107	友好林业局(龙江森工)	貉	16885
1108	海林林业局(龙江森工)	貉	14400
1109	枣强县(冀)	貉	12000
1110	兴城市(辽)	貉	10000
1111	青州市(鲁)	貉	8500
1112	喀喇沁左翼蒙古族自治县(辽)	貉	5500
1113	灵寿县(冀)	貉	5300
1114	赤城县(冀)	貉	4500
1115	济阳县(鲁)	貉	3900
1116	南宫市(冀)	貉	3700
1117	东方红林业局(龙江森工)	貉	3500
1118	涞源县(冀)	貉	3000
1119	迎春林业局(龙江森工)	貉	3000
1120	沾河林业局(龙江森工)	貉	2987
1121	双丰林业局(龙江森工)	貉	2700
1122	藁城区(冀)	貉	2000
1123	鹤立林业局(龙江森工)	貉	2000
1124	梅河口市(吉)	貉	2000
1125	美溪林业局(龙江森工)	貉	2000
1126	让胡路区(黑)	貉	1821
1127	永宁县(宁)	貉	1700
1128	黑龙江柴河林业局(龙江森工)	貉	1510
1129	获嘉县(豫)	貉	1500
1130	木兰县(黑)	貉	1400
1131	翠峦林业局(龙江森工)	貉	1240

序号	主产地	动物种类	驯养数量（只、头、条）
1132	朗乡林业局(龙江森工)	貉	1059
1133	鹤北林业局(龙江森工)	貉	1000
1134	金山屯林业局(龙江森工)	貉	1000
1135	双城市(黑)	貉	1000
1136	五营林业局(龙江森工)	貉	1000
1137	亚布力林业局(龙江森工)	貉	1000
1138	栾川县(豫)	貉	660
1139	鹿泉区(冀)	貉	600
1140	利津县(鲁)	貉	580
1141	苇河林业局(龙江森工)	貉	526
1142	五常市(黑)	貉	500
1143	友谊县(黑)	貉	500
1144	大海林林业局(龙江森工)	貉	421
1145	新青林业局(龙江森工)	貉	415
1146	绥棱林业局(龙江森工)	貉	300
1147	穆棱林业局(龙江森工)	貉	280
1148	洮南市(吉)	貉	230
1149	黎川县(赣)	貉	220
1150	鄂伦春自治旗(内蒙古)	貉	200
1151	舒兰市(吉)	貉	200
1152	内蒙古柴河林业局(内蒙古)	貉	120
1153	克什克腾旗(内蒙古)	狍子	349
1154	赤城县(冀)	狍子	75
1155	内蒙古柴河林业局(内蒙古)	狍子	36
1156	怀宁县(皖)	狍子	27
1157	鄂伦春自治旗(内蒙古)	狍子	20
1158	林西县(内蒙古)	狍子	10
1159	托克托县(内蒙古)	狍子	5
1160	怀来县(冀)	狍子	2
1161	沂源县(鲁)	金钱豹	4
1162	驿城区(豫)	金钱豹	2
1163	红花岗区(黔)	金钱豹	1
1164	婺城区(浙)	金钱豹	1
1165	乐都县(青)	狼	45
1166	北戴河区(冀)	狼	21
1167	大兴区(京)	狼	13
1168	回民区(内蒙古)	狼	12
1169	浦东新区(沪)	狼	4
1170	翠屏区(川)	狼	2
1171	巩义市(豫)	狼	2
1172	汉台区(陕)	狼	2
1173	红花岗区(黔)	狼	2
1174	双辽市(吉)	狼	2
1175	婺城区(浙)	狼	2
1176	滨城区(鲁)	狼	1
1177	霍州市(晋)	狼	1
1178	全椒县(皖)	老虎	112
1179	浦东新区(沪)	老虎	94
1180	盘龙区(滇)	老虎	79
1181	北戴河区(冀)	老虎	29
1182	项城市(豫)	老虎	13
1183	翠屏区(川)	老虎	10
1184	驿城区(豫)	老虎	10
1185	富阳市(浙)	老虎	9
1186	回民区(内蒙古)	老虎	3
1187	沂源县(鲁)	老虎	3
1188	肥城市(鲁)	老虎	2
1189	汉台区(陕)	老虎	2
1190	婺城区(浙)	老虎	2
1191	颍上县(皖)	老虎	2
1192	贵池区(皖)	老虎	1
1193	万州区(渝)	老虎	1
1194	浦东新区(沪)	狮子	54
1195	北戴河区(冀)	狮子	22
1196	富阳市(浙)	狮子	5
1197	肥城市(鲁)	狮子	2
1198	婺城区(浙)	狮子	2
1199	颍上县(皖)	狮子	2
1200	汉台区(陕)	狮子	1
1201	万州区(渝)	狮子	1
1202	沂源县(鲁)	狮子	1
1203	浦东新区(沪)	海狮	19
1204	浦东新区(沪)	河马	4
1205	翠屏区(川)	河马	1
1206	颍上县(皖)	河马	1
1207	乳源瑶族自治县(粤)	海狸鼠	13000
1208	新化县(湘)	海狸鼠	9000
1209	兴国县(赣)	海狸鼠	2000
1210	山阳区(豫)	海狸鼠	1300
1211	大丰市(苏)	海狸鼠	1000
1212	阳朔县(桂)	海狸鼠	800
1213	深泽县(冀)	海狸鼠	540
1214	北湖区(湘)	海狸鼠	500
1215	全州县(桂)	海狸鼠	300
1216	婺城区(浙)	海狸鼠	11
1217	翠屏区(川)	豚鼠	35000
1218	金城江区(桂)	豚鼠	6000
1219	浏阳市(湘)	豚鼠	2300
1220	江城哈尼族彝族自治县(滇)	豚鼠	1000
1221	崇义县(赣)	豚鼠	360

序号	主产地	动物种类	驯养数量（只、头、条）	序号	主产地	动物种类	驯养数量（只、头、条）
1222	双峰县(湘)	豚鼠	300	1267	全州县(桂)	竹鼠	2500
1223	沅陵县(湘)	花鼠	5100	1268	灌阳县(桂)	竹鼠	2350
1224	辰溪县(湘)	花鼠	500	1269	麻阳苗族自治县(湘)	竹鼠	2220
1225	娄星区(湘)	花鼠	430	1270	钦北区(桂)	竹鼠	2004
1226	芷江侗族自治县(湘)	仓鼠	1300	1271	桂东县(湘)	竹鼠	2000
1227	临川区(赣)	仓鼠	380	1272	龙山县(湘)	竹鼠	2000
1228	东源县(粤)	仓鼠	100	1273	南江县(川)	竹鼠	2000
1229	丰都县(渝)	复齿鼯鼠	1700	1274	綦江县(渝)	竹鼠	2000
1230	卢氏县(豫)	复齿鼯鼠	140	1275	永顺县(湘)	竹鼠	2000
1231	南郑县(陕)	麝鼠	500	1276	连南瑶族自治县(粤)	竹鼠	1930
1232	彭水苗族土家族自治县(渝)	麝鼠	100	1277	阳山县(粤)	竹鼠	1800
1233	汨罗市(湘)	竹鼠	44400	1278	融水苗族自治县(桂)	竹鼠	1630
1234	永福县(桂)	竹鼠	38300	1279	泸水县(滇)	竹鼠	1600
1235	隆阳区(滇)	竹鼠	37000	1280	上思县(桂)	竹鼠	1560
1236	顺庆区(川)	竹鼠	30000	1281	保靖县(湘)	竹鼠	1500
1237	贵定县(黔)	竹鼠	20000	1282	苏仙区(湘)	竹鼠	1500
1238	勐腊县(滇)	竹鼠	16639	1283	紫金县(粤)	竹鼠	1500
1239	洪江市(湘)	竹鼠	15000	1284	樟树市(赣)	竹鼠	1400
1240	慈利县(湘)	竹鼠	12000	1285	浦北县(桂)	竹鼠	1300
1241	东兰县(桂)	竹鼠	9000	1286	天柱县(黔)	竹鼠	1290
1242	金城江区(桂)	竹鼠	8800	1287	盈江县(滇)	竹鼠	1210
1243	瑞金市(赣)	竹鼠	8600	1288	防城区(桂)	竹鼠	1200
1244	耿马傣族佤族自治县(滇)	竹鼠	7618	1289	洪江区(湘)	竹鼠	1200
1245	乳源瑶族自治县(粤)	竹鼠	6900	1290	屏山县(川)	竹鼠	1200
1246	南雄市(粤)	竹鼠	6000	1291	镇康县(滇)	竹鼠	1200
1247	新宁县(湘)	竹鼠	6000	1292	桑植县(湘)	竹鼠	1150
1248	陇川县(滇)	竹鼠	5875	1293	田阳县(桂)	竹鼠	1000
1249	平南县(桂)	竹鼠	5100	1294	秀山土家族苗族自治县(渝)	竹鼠	1000
1250	从江县(黔)	竹鼠	5000	1295	灵川县(桂)	竹鼠	950
1251	洞口县(湘)	竹鼠	4500	1296	合江县(川)	竹鼠	900
1252	蓝山县(湘)	竹鼠	4360	1297	鹤城区(湘)	竹鼠	900
1253	江永县(湘)	竹鼠	4200	1298	吉首市(湘)	竹鼠	900
1254	翁源县(粤)	竹鼠	3500	1299	罗平县(滇)	竹鼠	846
1255	碧江区(黔)	竹鼠	3400	1300	麻栗坡县(滇)	竹鼠	840
1256	漾濞彝族自治县(滇)	竹鼠	3260	1301	崇仁县(赣)	竹鼠	800
1257	玉屏侗族自治县(黔)	竹鼠	3200	1302	花垣县(湘)	竹鼠	800
1258	平昌县(川)	竹鼠	3000	1303	藤　县(桂)	竹鼠	800
1259	榕江县(黔)	竹鼠	3000	1304	沿滩区(川)	竹鼠	800
1260	邵东县(湘)	竹鼠	3000	1305	遂川县(赣)	竹鼠	750
1261	兴国县(赣)	竹鼠	3000	1306	凤凰县(湘)	竹鼠	700
1262	临翔区(滇)	竹鼠	2885	1307	泸溪县(湘)	竹鼠	700
1263	都江堰市(川)	竹鼠	2830	1308	双峰县(湘)	竹鼠	700
1264	会昌县(赣)	竹鼠	2700	1309	安化县(湘)	竹鼠	650
1265	腾冲县(滇)	竹鼠	2594	1310	新田县(湘)	竹鼠	650
1266	内江市市中区(川)	竹鼠	2500	1311	巴东县(鄂)	竹鼠	600

序号	主产地	动物种类	驯养数量（只、头、条）	序号	主产地	动物种类	驯养数量（只、头、条）
1312	古丈县(湘)	竹鼠	600	1356	江川县(滇)	竹鼠	68
1313	和平县(粤)	竹鼠	600	1357	襄城区(鄂)	竹鼠	60
1314	鹤峰县(鄂)	竹鼠	580	1358	新丰县(粤)	竹鼠	50
1315	云　县(滇)	竹鼠	520	1359	翠屏区(川)	竹鼠	40
1316	安　县(川)	竹鼠	500	1360	勐海县(滇)	中华竹鼠	67400
1317	常宁市(湘)	竹鼠	500	1361	良庆区(桂)	中华竹鼠	6500
1318	凤冈县(黔)	竹鼠	500	1362	施甸县(滇)	中华竹鼠	5620
1319	惠城区(粤)	竹鼠	500	1363	金秀瑶族自治县(桂)	中华竹鼠	5000
1320	六枝特区(黔)	竹鼠	500	1364	龙陵县(滇)	中华竹鼠	3706
1321	铅山县(赣)	竹鼠	500	1365	隆安县(桂)	中华竹鼠	3000
1322	通道侗族自治县(湘)	竹鼠	500	1366	阳朔县(桂)	中华竹鼠	2890
1323	兴宁市(粤)	竹鼠	500	1367	大余县(赣)	中华竹鼠	1470
1324	永兴县(湘)	竹鼠	500	1368	钦南区(桂)	中华竹鼠	1200
1325	新平彝族傣族自治县(滇)	竹鼠	460	1369	耿马傣族佤族自治县(滇)	中华竹鼠	773
1326	四会市(粤)	竹鼠	450	1370	崇义县(赣)	中华竹鼠	300
1327	安宁市(滇)	竹鼠	420	1371	盈江县(滇)	中华竹鼠	260
1328	怀集县(粤)	竹鼠	420	1372	金溪县(赣)	中华竹鼠	220
1329	永善县(滇)	竹鼠	420	1373	资兴市(湘)	中华竹鼠	110
1330	祥云县(滇)	竹鼠	400	1374	余杭区(浙)	巴西龟	1068830
1331	东安县(湘)	竹鼠	380	1375	吴兴区(浙)	巴西龟	920000
1332	辰溪县(湘)	竹鼠	350	1376	惠城区(粤)	巴西龟	5000
1333	南康市(赣)	竹鼠	350	1377	萧山区(浙)	巴西龟	4000
1334	易门县(滇)	竹鼠	330	1378	麻城市(鄂)	巴西龟	500
1335	石林彝族自治县(滇)	竹鼠	310	1379	奉新县(赣)	巴西龟	110
1336	开　县(渝)	竹鼠	300	1380	磐安县(浙)	巴西龟	50
1337	南部县(川)	竹鼠	300	1381	茂南区(粤)	鳄龟	1500
1338	宁远县(湘)	竹鼠	300	1382	金安区(皖)	鳄龟	387
1339	潼南县(渝)	竹鼠	300	1383	南部县(川)	鳄龟	70
1340	兴安县(桂)	竹鼠	300	1384	大余县(赣)	中华鳖	12000
1341	永平县(滇)	竹鼠	300	1385	南康市(赣)	中华鳖	8250
1342	酉阳土家族苗族自治县(渝)	竹鼠	260	1386	耒阳市(湘)	中华鳖	800
1343	双江拉祜族佤族布朗族傣族自治县(滇)	竹鼠	241	1387	吴兴区(浙)	湾鳄	20000
				1388	四会市(粤)	湾鳄	3000
1344	彝良县(滇)	竹鼠	230	1389	双辽市(吉)	湾鳄	7
1345	吉安县(赣)	竹鼠	200	1390	资兴市(湘)	湾鳄	4
1346	井冈山市(赣)	竹鼠	200	1391	驿城区(豫)	湾鳄	2
1347	永川区(渝)	竹鼠	200	1392	高州市(粤)	暹罗鳄	120000
1348	定南县(赣)	竹鼠	189	1393	东兴市(桂)	暹罗鳄	14000
1349	略阳县(陕)	竹鼠	180	1394	潮南区(粤)	暹罗鳄	10869
1350	龙门县(粤)	竹鼠	170	1395	四会市(粤)	暹罗鳄	3000
1351	两当县(甘)	竹鼠	150	1396	平阳县(浙)	暹罗鳄	2000
1352	马边彝族自治县(川)	竹鼠	150	1397	奉贤区(沪)	暹罗鳄	220
1353	黔江区(渝)	竹鼠	100	1398	浦东新区(沪)	暹罗鳄	150
1354	桃江县(湘)	竹鼠	100	1399	奉化市(浙)	暹罗鳄	32
1355	北湖区(湘)	竹鼠	74	1400	禹州市(豫)	暹罗鳄	10

序号	主产地	动物种类	驯养数量（只、头、条）
1401	四会市(粤)	尼罗鳄	1000
1402	亚布力林业局(龙江森工)	黑龙江林蛙	100000000
1403	磐石市(吉)	黑龙江林蛙	56922000
1404	苇河林业局(龙江森工)	黑龙江林蛙	41000000
1405	山河屯林业局(龙江森工)	黑龙江林蛙	35040000
1406	东方红林业局(龙江森工)	黑龙江林蛙	20000000
1407	兴隆林业局(龙江森工)	黑龙江林蛙	11000000
1408	桦南林业局(龙江森工)	黑龙江林蛙	10000000
1409	尚志市(黑)	黑龙江林蛙	9000000
1410	沾河林业局(龙江森工)	黑龙江林蛙	8600000
1411	海林林业局(龙江森工)	黑龙江林蛙	5000000
1412	柳河县(吉)	黑龙江林蛙	5000000
1413	双鸭山林业局(龙江森工)	黑龙江林蛙	4500000
1414	鹤北林业局(龙江森工)	黑龙江林蛙	4030000
1415	黑龙江柴河林业局(龙江森工)	黑龙江林蛙	3000000
1416	清河林业局(龙江森工)	黑龙江林蛙	3000000
1417	方正县(黑)	黑龙江林蛙	2700000
1418	五常市(黑)	黑龙江林蛙	2680000
1419	鹤立林业局(龙江森工)	黑龙江林蛙	2100000
1420	绥棱林业局(龙江森工)	黑龙江林蛙	2000000
1421	大海林林业局(龙江森工)	黑龙江林蛙	1540000
1422	东京城林业局(龙江森工)	黑龙江林蛙	1500000
1423	宁安市(黑)	黑龙江林蛙	1500000
1424	扎赉特旗(内蒙古)	黑龙江林蛙	1000000
1425	穆棱林业局(龙江森工)	黑龙江林蛙	900000
1426	迎春林业局(龙江森工)	黑龙江林蛙	800000
1427	八面通林业局(龙江森工)	黑龙江林蛙	680000
1428	林口林业局(龙江森工)	黑龙江林蛙	650000
1429	鹤岗市市辖区(黑)	黑龙江林蛙	400000
1430	方正林业局(龙江森工)	黑龙江林蛙	330000
1431	黑河市直属林场(黑)	黑龙江林蛙	300000
1432	转山实验林场(黑)	黑龙江林蛙	50000
1433	富锦市(黑)	黑龙江林蛙	30000
1434	浦北县(桂)	黑龙江林蛙	10000
1435	浏阳市(湘)	虎纹蛙	8620000
1436	襄城区(鄂)	虎纹蛙	1000000
1437	九龙坡区(渝)	虎纹蛙	200000
1438	高　县(川)	虎纹蛙	192000
1439	永兴县(湘)	虎纹蛙	126220
1440	南川区(渝)	虎纹蛙	100000
1441	瓯海区(浙)	虎纹蛙	100000
1442	赫山区(湘)	虎纹蛙	50000
1443	铅山县(赣)	虎纹蛙	50000
1444	荣　县(川)	虎纹蛙	50000
1445	五峰土家族自治县(鄂)	虎纹蛙	50000
1446	鼎城区(湘)	虎纹蛙	45000
1447	旌阳区(川)	虎纹蛙	40000
1448	三山区(皖)	虎纹蛙	30000
1449	新干县(赣)	虎纹蛙	30000
1450	安化县(湘)	虎纹蛙	24800
1451	耒阳市(湘)	虎纹蛙	20000
1452	横　县(桂)	虎纹蛙	12000
1453	瑞昌市(赣)	虎纹蛙	12000
1454	洪湖市(鄂)	虎纹蛙	10000
1455	平桥区(豫)	虎纹蛙	10000
1456	新晃侗族自治县(湘)	虎纹蛙	10000
1457	苍南县(浙)	虎纹蛙	8080
1458	三门县(浙)	虎纹蛙	5800
1459	秀山土家族苗族自治县(渝)	虎纹蛙	5000
1460	开　县(渝)	虎纹蛙	4500
1461	万盛区(渝)	虎纹蛙	4000
1462	芷江侗族自治县(湘)	虎纹蛙	3600
1463	蓝山县(湘)	虎纹蛙	3500
1464	黔江区(渝)	虎纹蛙	2600
1465	丰都县(渝)	虎纹蛙	2000
1466	简阳市(川)	虎纹蛙	2000
1467	武陵区(湘)	虎纹蛙	2000
1468	峄城区(鲁)	虎纹蛙	2000
1469	椒江区(浙)	虎纹蛙	1500
1470	玉环县(浙)	虎纹蛙	200
1471	资兴市(湘)	棘胸蛙	1120000
1472	瓯海区(浙)	棘胸蛙	410000
1473	龙泉市(浙)	棘胸蛙	311080
1474	祁东县(湘)	棘胸蛙	300000
1475	雨城区(川)	棘胸蛙	161500
1476	江川县(滇)	棘胸蛙	150000
1477	屏山县(川)	棘胸蛙	122500
1478	腾冲县(滇)	棘胸蛙	120000
1479	宁海县(浙)	棘胸蛙	103200
1480	辰溪县(湘)	棘胸蛙	100000
1481	大余县(赣)	棘胸蛙	85000
1482	三门县(浙)	棘胸蛙	57000
1483	贵溪市(赣)	棘胸蛙	50000
1484	咸丰县(鄂)	棘胸蛙	50000
1485	宁国市(皖)	棘胸蛙	40400
1486	苍南县(浙)	棘胸蛙	30000
1487	永福县(桂)	棘胸蛙	30000
1488	铅山县(赣)	棘胸蛙	26000
1489	崇义县(赣)	棘胸蛙	25000
1490	龙游县(浙)	棘胸蛙	23795

序号	主产地	动物种类	驯养数量（只、头、条）
1491	磐安县(浙)	棘胸蛙	23000
1492	黄岩区(浙)	棘胸蛙	20800
1493	武定县(滇)	棘胸蛙	16005
1494	临安市(浙)	棘胸蛙	16000
1495	连南瑶族自治县(粤)	棘胸蛙	15000
1496	奉新县(赣)	棘胸蛙	13000
1497	松阳县(浙)	棘胸蛙	13000
1498	大邑县(川)	棘胸蛙	10000
1499	弥渡县(滇)	棘胸蛙	10000
1500	新宁县(湘)	棘胸蛙	10000
1501	洞口县(湘)	棘胸蛙	9000
1502	泰顺县(浙)	棘胸蛙	8000
1503	祥云县(滇)	棘胸蛙	7500
1504	开化县(浙)	棘胸蛙	6000
1505	瑞安市(浙)	棘胸蛙	6000
1506	铜鼓县(赣)	棘胸蛙	6000
1507	德兴市(赣)	棘胸蛙	5000
1508	浏阳市(湘)	棘胸蛙	5000
1509	天台县(浙)	棘胸蛙	4643
1510	米易县(川)	棘胸蛙	3812
1511	金口河区(川)	棘胸蛙	3000
1512	苏仙区(湘)	棘胸蛙	2500
1513	徽州区(皖)	棘胸蛙	2000
1514	乳源瑶族自治县(粤)	棘胸蛙	2000
1515	英德市(粤)	棘胸蛙	2000
1516	北湖区(湘)	棘胸蛙	1500
1517	永仁县(滇)	棘胸蛙	1000
1518	长阳土家族自治县(鄂)	棘胸蛙	1000
1519	阳山县(粤)	棘胸蛙	740
1520	安化县(湘)	棘胸蛙	500
1521	蛟河市(吉)	中国林蛙	12000000000
1522	新宾满族自治县(辽)	中国林蛙	550000000
1523	舒兰市(吉)	中国林蛙	250000000
1524	红石林业局(吉林森工)	中国林蛙	168910000
1525	宽甸满族自治县(辽)	中国林蛙	160000000
1526	汪清县(吉)	中国林蛙	52300000
1527	抚顺县(辽)	中国林蛙	43500000
1528	西丰县(辽)	中国林蛙	37000000
1529	清原满族自治县(辽)	中国林蛙	35000000
1530	安图县(吉)	中国林蛙	18490000
1531	敦化市(吉)	中国林蛙	14000000
1532	露水河林业局(吉林森工)	中国林蛙	13270000
1533	开原市(辽)	中国林蛙	10000000
1534	岫岩满族自治县(辽)	中国林蛙	8620000
1535	永吉县(吉)	中国林蛙	8246590
1536	带岭实验局(龙江森工)	中国林蛙	7500000
1537	振安区(辽)	中国林蛙	6500000
1538	敦化林业局(吉)	中国林蛙	5160000
1539	八家子林业局(吉)	中国林蛙	4800000
1540	井陉县(冀)	中国林蛙	4400000
1541	黄泥河林业局(吉)	中国林蛙	4331760
1542	东港市(辽)	中国林蛙	4000000
1543	珲春林业局(吉)	中国林蛙	3758000
1544	林甸县(黑)	中国林蛙	3000000
1545	长白朝鲜族自治县(吉)	中国林蛙	2785432
1546	辉南县(吉)	中国林蛙	2770000
1547	安图森林经营局(吉)	中国林蛙	2448000
1548	和龙林业局(吉)	中国林蛙	2361600
1549	阜新蒙古族自治县(辽)	中国林蛙	2000000
1550	梅河口市(吉)	中国林蛙	2000000
1551	大石头林业局(吉)	中国林蛙	1137600
1552	天桥岭林业局(吉)	中国林蛙	1099200
1553	白河林业局(吉)	中国林蛙	1056000
1554	东昌区(吉)	中国林蛙	1000000
1555	铁岭县(辽)	中国林蛙	1000000
1556	汪清林业局(吉)	中国林蛙	864000
1557	大兴沟林业局(吉)	中国林蛙	859574
1558	龙井市(吉)	中国林蛙	473000
1559	东丰县(吉)	中国林蛙	430000
1560	顺城区(辽)	中国林蛙	400000
1561	庄河市(辽)	中国林蛙	301000
1562	喀喇沁旗(内蒙古)	中国林蛙	200000
1563	鄂伦春自治旗(内蒙古)	中国林蛙	100000
1564	瓯海区(浙)	中国林蛙	100000
1565	资兴市(湘)	中国林蛙	100000
1566	汤原县(黑)	中国林蛙	90000
1567	桑植县(湘)	中国林蛙	73000
1568	桓仁满族自治县(辽)	中国林蛙	60000
1569	龙潭区(吉)	中国林蛙	50000
1570	木兰县(黑)	中国林蛙	28000
1571	会理县(川)	中国林蛙	22000
1572	桂东县(湘)	中国林蛙	20000
1573	沅陵县(湘)	中国林蛙	6100
1574	宣恩县(鄂)	中国林蛙	1000
1575	涉　县(冀)	中国林蛙	500
1576	米易县(川)	猪蛙	22500
1577	安化县(湘)	猪蛙	8900
1578	兴宁市(粤)	猪蛙	3000
1579	德清县(浙)	蛇	5820000
1580	秀洲区(浙)	蛇	547945

序号	主产地	动物种类	驯养数量（只、头、条）
1581	东兴市(桂)	蛇	143000
1582	浦北县(桂)	蛇	137400
1583	钦南区(桂)	蛇	118200
1584	灵山县(桂)	蛇	89000
1585	上思县(桂)	蛇	64365
1586	钦北区(桂)	蛇	61945
1587	常宁市(湘)	蛇	60000
1588	襄城区(鄂)	蛇	50000
1589	海宁市(浙)	蛇	38725
1590	新会区(粤)	蛇	33000
1591	邕宁区(桂)	蛇	30900
1592	潼南县(渝)	蛇	30000
1593	襄州区(鄂)	蛇	30000
1594	恩阳区(川)	蛇	27000
1595	江安县(川)	蛇	26000
1596	四会市(粤)	蛇	25000
1597	潜山县(皖)	蛇	23000
1598	武陵区(湘)	蛇	22000
1599	九龙坡区(渝)	蛇	21000
1600	南川区(渝)	蛇	21000
1601	博罗县(粤)	蛇	20520
1602	安化县(湘)	蛇	20400
1603	大足县(渝)	蛇	20000
1604	江永县(湘)	蛇	20000
1605	金城江区(桂)	蛇	20000
1606	萧山区(浙)	蛇	20000
1607	砚山县(滇)	蛇	20000
1608	良庆区(桂)	蛇	18000
1609	贵溪市(赣)	蛇	17000
1610	桑植县(湘)	蛇	16850
1611	东宝区(鄂)	蛇	16000
1612	三台县(川)	蛇	15750
1613	阳山县(粤)	蛇	15500
1614	东莞市(粤)	蛇	15000
1615	鹤城区(湘)	蛇	15000
1616	高安市(赣)	蛇	14909
1617	遂溪县(粤)	蛇	14850
1618	从化市(粤)	蛇	14763
1619	建始县(鄂)	蛇	13869
1620	祁东县(湘)	蛇	13800
1621	防城区(桂)	蛇	13120
1622	平南县(桂)	蛇	12500
1623	苏仙区(湘)	蛇	12100
1624	凤冈县(黔)	蛇	12000
1625	高州市(粤)	蛇	12000
1626	青州市(鲁)	蛇	12000
1627	邵东县(湘)	蛇	12000
1628	桃源县(湘)	蛇	12000
1629	武江区(粤)	蛇	12000
1630	阳新县(鄂)	蛇	12000
1631	上高县(赣)	蛇	11700
1632	盈江县(滇)	蛇	11513
1633	永川区(渝)	蛇	11500
1634	鹤山市(粤)	蛇	11200
1635	铁山港区(桂)	蛇	11000
1636	仙居县(浙)	蛇	10700
1637	澧　县(湘)	蛇	10600
1638	竹山县(鄂)	蛇	10198
1639	环江毛南族自治县(桂)	蛇	10000
1640	开化县(浙)	蛇	10000
1641	望城县(湘)	蛇	10000
1642	宜城市(鄂)	蛇	10000
1643	玉州区(桂)	蛇	10000
1644	新建县(赣)	蛇	9500
1645	碧江区(黔)	蛇	9100
1646	衡南县(湘)	蛇	9000
1647	新干县(赣)	蛇	9000
1648	湘乡市(湘)	蛇	8580
1649	横　县(桂)	蛇	8500
1650	沅陵县(湘)	蛇	8500
1651	昌江区(赣)	蛇	8000
1652	掇刀区(鄂)	蛇	8000
1653	田东县(桂)	蛇	8000
1654	瑞金市(赣)	蛇	7700
1655	明光市(皖)	蛇	7500
1656	洞口县(湘)	蛇	7000
1657	洪江区(湘)	蛇	7000
1658	隆安县(桂)	蛇	7000
1659	盘龙区(滇)	蛇	7000
1660	通城县(鄂)	蛇	7000
1661	石柱土家族自治县(渝)	蛇	6600
1662	富民县(滇)	蛇	6400
1663	永修县(赣)	蛇	6300
1664	浏阳市(湘)	蛇	6200
1665	洪江市(湘)	蛇	6000
1666	陇川县(滇)	蛇	6000
1667	宁海县(浙)	蛇	6000
1668	长安区(冀)	蛇	6000
1669	永善县(滇)	蛇	5700
1670	翠屏区(川)	蛇	5560

序号	主产地	动物种类	驯养数量（只、头、条）
1671	茂南区(粤)	蛇	5400
1672	兴宁市(粤)	蛇	5250
1673	监利县(鄂)	蛇	5000
1674	全州县(桂)	蛇	5000
1675	双峰县(湘)	蛇	5000
1676	太湖县(皖)	蛇	5000
1677	新化县(湘)	蛇	5000
1678	沿滩区(川)	蛇	5000
1679	东兰县(桂)	蛇	4800
1680	怀集县(粤)	蛇	4500
1681	涟源市(湘)	蛇	4330
1682	田阳县(桂)	蛇	4300
1683	玉山县(赣)	蛇	4000
1684	临湘市(湘)	蛇	3600
1685	鹤峰县(鄂)	蛇	3500
1686	沙湾区(川)	蛇	3500
1687	金秀瑶族自治县(桂)	蛇	3300
1688	天台县(浙)	蛇	3221
1689	开　县(渝)	蛇	3200
1690	长寿区(渝)	蛇	3080
1691	河津市(晋)	蛇	3000
1692	邵阳县(湘)	蛇	3000
1693	石门县(湘)	蛇	3000
1694	酉阳土家族苗族自治县(渝)	蛇	3000
1695	余江县(赣)	蛇	3000
1696	玉屏侗族自治县(黔)	蛇	3000
1697	长宁县(川)	蛇	3000
1698	中方县(湘)	蛇	3000
1699	耿马傣族佤族自治县(滇)	蛇	2800
1700	岚皋县(陕)	蛇	2800
1701	封开县(粤)	蛇	2750
1702	泰和县(赣)	蛇	2700
1703	那坡县(桂)	蛇	2500
1704	平昌县(川)	蛇	2500
1705	永康市(浙)	蛇	2500
1706	松阳县(浙)	蛇	2300
1707	金溪县(赣)	蛇	2200
1708	吉安县(赣)	蛇	2040
1709	奉节县(渝)	蛇	2000
1710	乳源瑶族自治县(粤)	蛇	2000
1711	永定区(湘)	蛇	2000
1712	永顺县(湘)	蛇	1800
1713	三门县(浙)	蛇	1610
1714	龙山县(湘)	蛇	1600
1715	龙泉市(浙)	蛇	1584
1716	文　县(甘)	蛇	1500
1717	保靖县(湘)	蛇	1400
1718	天长市(皖)	蛇	1400
1719	灌阳县(桂)	蛇	1200
1720	罗田县(鄂)	蛇	1200
1721	芷江侗族自治县(湘)	蛇	1200
1722	吉首市(湘)	蛇	1000
1723	古丈县(湘)	蛇	800
1724	兴山县(鄂)	蛇	800
1725	卢氏县(豫)	蛇	730
1726	花垣县(湘)	蛇	700
1727	黎城县(晋)	蛇	700
1728	凤凰县(湘)	蛇	600
1729	泸溪县(湘)	蛇	600
1730	彭水苗族土家族自治县(渝)	蛇	600
1731	巴东县(鄂)	蛇	580
1732	徽州区(皖)	蛇	550
1733	黎川县(赣)	蛇	500
1734	米易县(川)	蛇	500
1735	武隆县(渝)	蛇	400
1736	镇康县(滇)	蛇	400
1737	竹溪县(鄂)	蛇	400
1738	永兴县(湘)	蛇	200
1739	玉环县(浙)	蛇	150
1740	广南县(滇)	蛇	100
1741	麦积区(甘)	蛇	30
1742	垫江县(渝)	黑眉蛇	3400
1743	耒阳市(湘)	黑眉蛇	2000
1744	陇川县(滇)	黑眉蛇	800
1745	宁国市(皖)	黑眉蛇	380
1746	迎江区(皖)	王锦蛇	30000
1747	洞口县(湘)	王锦蛇	16000
1748	慈利县(湘)	王锦蛇	12500
1749	耒阳市(湘)	王锦蛇	6000
1750	浏阳市(湘)	王锦蛇	6000
1751	鹤山市(粤)	王锦蛇	5000
1752	通城县(鄂)	王锦蛇	5000
1753	温岭市(浙)	王锦蛇	4000
1754	资兴市(湘)	王锦蛇	4000
1755	桃江县(湘)	王锦蛇	3400
1756	白河县(陕)	王锦蛇	3300
1757	腾冲县(滇)	王锦蛇	3300
1758	来凤县(鄂)	王锦蛇	3122
1759	监利县(鄂)	王锦蛇	3000
1760	黔江区(渝)	王锦蛇	3000

序号	主产地	动物种类	驯养数量（只、头、条）
1761	万州区(渝)	王锦蛇	3000
1762	秀山土家族苗族自治县(渝)	王锦蛇	3000
1763	金安区(皖)	王锦蛇	2750
1764	鹤峰县(鄂)	王锦蛇	2400
1765	芦溪县(赣)	王锦蛇	2300
1766	增城市(粤)	王锦蛇	2135
1767	巴东县(鄂)	王锦蛇	2100
1768	恩阳区(川)	王锦蛇	2000
1769	麻城市(鄂)	王锦蛇	1800
1770	丰都县(渝)	王锦蛇	1400
1771	内江市市中区(川)	王锦蛇	1200
1772	平桥区(豫)	王锦蛇	1200
1773	苍南县(浙)	王锦蛇	1000
1774	吉安县(赣)	王锦蛇	1000
1775	双峰县(湘)	王锦蛇	1000
1776	祥云县(滇)	王锦蛇	1000
1777	缙云县(浙)	王锦蛇	900
1778	黎川县(赣)	王锦蛇	600
1779	宁海县(浙)	王锦蛇	600
1780	怀宁县(皖)	王锦蛇	500
1781	临猗县(晋)	王锦蛇	500
1782	彭水苗族土家族自治县(渝)	王锦蛇	500
1783	全州县(桂)	王锦蛇	500
1784	宣恩县(鄂)	王锦蛇	500
1785	芷江侗族自治县(湘)	王锦蛇	480
1786	三山区(皖)	王锦蛇	280
1787	大余县(赣)	王锦蛇	176
1788	长阳土家族自治县(鄂)	王锦蛇	150
1789	惠城区(粤)	王锦蛇	100
1790	永川区(渝)	王锦蛇	100
1791	华容县(湘)	乌梢蛇	500000
1792	怀宁县(皖)	乌梢蛇	7000
1793	邛崃市(川)	乌梢蛇	5000
1794	万州区(渝)	乌梢蛇	5000
1795	耒阳市(湘)	乌梢蛇	4000
1796	大足县(渝)	乌梢蛇	3000
1797	苍南县(浙)	乌梢蛇	2610
1798	酉阳土家族苗族自治县(渝)	乌梢蛇	2500
1799	黔江区(渝)	乌梢蛇	2000
1800	永定区(湘)	乌梢蛇	1300
1801	安　县(川)	乌梢蛇	1000
1802	金安区(皖)	乌梢蛇	1000
1803	临安市(浙)	乌梢蛇	1000
1804	温岭市(浙)	乌梢蛇	1000
1805	增城市(粤)	乌梢蛇	1000
1806	长阳土家族自治县(鄂)	乌梢蛇	800
1807	巴东县(鄂)	乌梢蛇	700
1808	鹤峰县(鄂)	乌梢蛇	600
1809	缙云县(浙)	乌梢蛇	600
1810	临猗县(晋)	乌梢蛇	500
1811	丰都县(渝)	乌梢蛇	400
1812	巫山县(渝)	乌梢蛇	260
1813	芦山县(川)	乌梢蛇	200
1814	平桥区(豫)	乌梢蛇	60
1815	翠屏区(川)	蟒蛇	2
1816	红花岗区(黔)	蟒蛇	2
1817	驿城区(豫)	蟒蛇	2
1818	婺城区(浙)	蟒蛇	1
1819	田阳县(桂)	菜蛇	11000
1820	鼎湖区(粤)	菜蛇	10900
1821	兴宁市(粤)	菜蛇	3800
1822	新晃侗族自治县(湘)	菜蛇	2000
1823	椒江区(浙)	菜蛇	1500
1824	城口县(渝)	菜蛇	1400
1825	都江堰市(川)	菜蛇	1000
1826	夹江县(川)	菜蛇	500
1827	宁国市(皖)	孔雀	6000
1828	蓝山县(湘)	孔雀	2600
1829	乐都县(青)	孔雀	2400
1830	淅川县(豫)	孔雀	2000
1831	永川区(渝)	孔雀	1700
1832	奉贤区(沪)	孔雀	1100
1833	张湾区(鄂)	孔雀	1061
1834	康乐县(甘)	孔雀	1000
1835	阎良区(陕)	孔雀	800
1836	永清县(冀)	孔雀	800
1837	金东区(浙)	孔雀	600
1838	无极县(冀)	孔雀	500
1839	青州市(鲁)	孔雀	450
1840	平阳县(浙)	孔雀	400
1841	寿　县(皖)	孔雀	400
1842	宛城区(豫)	孔雀	300
1843	永康市(浙)	孔雀	300
1844	枣阳市(鄂)	孔雀	300
1845	铜鼓县(赣)	孔雀	220
1846	浉河区(豫)	孔雀	200
1847	竹山县(鄂)	孔雀	200
1848	屈家岭管理区(鄂)	孔雀	150
1849	户　县(陕)	孔雀	100
1850	南川区(渝)	孔雀	100

序号	主产地	动物种类	驯养数量（只、头、条）
1851	遵化市(冀)	孔雀	100
1852	临沭县(鲁)	孔雀	86
1853	麦积区(甘)	孔雀	84
1854	路桥区(浙)	孔雀	56
1855	椒江区(浙)	孔雀	55
1856	乌拉特前旗(内蒙古)	孔雀	51
1857	翠屏区(川)	孔雀	40
1858	宣化区(冀)	孔雀	39
1859	东河区(内蒙古)	孔雀	35
1860	深泽县(冀)	孔雀	30
1861	托克托县(内蒙古)	孔雀	30
1862	资兴市(湘)	孔雀	30
1863	双江拉祜族佤族布朗族傣族自治县(滇)	孔雀	29
1864	倘甸工业园区(滇)	孔雀	25
1865	河口区(鲁)	孔雀	15
1866	杭锦后旗(内蒙古)	孔雀	14
1867	沂源县(鲁)	孔雀	13
1868	京山县(鄂)	蓝孔雀	8500
1869	无为县(皖)	蓝孔雀	8000
1870	广丰县(赣)	蓝孔雀	5000
1871	宜都市(鄂)	蓝孔雀	5000
1872	桐城市(皖)	蓝孔雀	4700
1873	磐安县(浙)	蓝孔雀	4080
1874	大丰市(苏)	蓝孔雀	3100
1875	桐庐县(浙)	蓝孔雀	3000
1876	简阳市(川)	蓝孔雀	2980
1877	安丘市(鲁)	蓝孔雀	2625
1878	苍南县(浙)	蓝孔雀	2500
1879	盘龙区(滇)	蓝孔雀	2254
1880	井陉县(冀)	蓝孔雀	2100
1881	南部县(川)	蓝孔雀	2000
1882	柞水县(陕)	蓝孔雀	2000
1883	宁海县(浙)	蓝孔雀	1800
1884	奉化市(浙)	蓝孔雀	1600
1885	巢湖市(皖)	蓝孔雀	1520
1886	铅山县(赣)	蓝孔雀	1300
1887	浏阳市(湘)	蓝孔雀	1200
1888	临川区(赣)	蓝孔雀	1105
1889	灌阳县(桂)	蓝孔雀	1000
1890	芦溪县(赣)	蓝孔雀	1000
1891	瓯海区(浙)	蓝孔雀	1000
1892	平安县(青)	蓝孔雀	1000
1893	新晃侗族自治县(湘)	蓝孔雀	1000
1894	普兰店市(辽)	蓝孔雀	900
1895	宁国市(皖)	蓝孔雀	819
1896	谯城区(皖)	蓝孔雀	800
1897	玉环县(浙)	蓝孔雀	800
1898	湘潭县(湘)	蓝孔雀	760
1899	武陵区(湘)	蓝孔雀	680
1900	蔡甸区(鄂)	蓝孔雀	620
1901	怀宁县(皖)	蓝孔雀	600
1902	北戴河区(冀)	蓝孔雀	561
1903	芷江侗族自治县(湘)	蓝孔雀	560
1904	常山县(浙)	蓝孔雀	500
1905	鼎城区(湘)	蓝孔雀	500
1906	洞口县(湘)	蓝孔雀	500
1907	鹿泉区(冀)	蓝孔雀	400
1908	让胡路区(黑)	蓝孔雀	400
1909	瑞昌市(赣)	蓝孔雀	400
1910	舒城县(皖)	蓝孔雀	400
1911	万盛区(渝)	蓝孔雀	400
1912	瑞安市(浙)	蓝孔雀	380
1913	偃师市(豫)	蓝孔雀	350
1914	青铜峡市(宁)	蓝孔雀	335
1915	阳谷县(鲁)	蓝孔雀	310
1916	吉州区(赣)	蓝孔雀	300
1917	全州县(桂)	蓝孔雀	300
1918	贵溪市(赣)	蓝孔雀	280
1919	浦东新区(沪)	蓝孔雀	256
1920	大安区(川)	蓝孔雀	200
1921	金安区(皖)	蓝孔雀	200
1922	麻栗坡县(滇)	蓝孔雀	200
1923	勐腊县(滇)	蓝孔雀	200
1924	南谯区(皖)	蓝孔雀	200
1925	芜湖县(皖)	蓝孔雀	200
1926	襄城区(鄂)	蓝孔雀	200
1927	奉贤区(沪)	蓝孔雀	180
1928	勉　县(陕)	蓝孔雀	174
1929	迎江区(皖)	蓝孔雀	160
1930	缙云县(浙)	蓝孔雀	150
1931	两当县(甘)	蓝孔雀	150
1932	麦积区(甘)	蓝孔雀	150
1933	温岭市(浙)	蓝孔雀	150
1934	麻城市(鄂)	蓝孔雀	120
1935	满城县(冀)	蓝孔雀	120
1936	三门县(浙)	蓝孔雀	108
1937	邛崃市(川)	蓝孔雀	100
1938	白河县(陕)	蓝孔雀	98
1939	来安县(皖)	蓝孔雀	82

序号	主产地	动物种类	驯养数量（只、头、条）	序号	主产地	动物种类	驯养数量（只、头、条）
1940	罗平县(滇)	蓝孔雀	70	1985	金山屯林业局(龙江森工)	兔	4800
1941	彭山县(川)	蓝孔雀	60	1986	富阳市(浙)	兔	4700
1942	桑植县(湘)	蓝孔雀	60	1987	上甘岭林业局(龙江森工)	兔	4100
1943	西山区(滇)	蓝孔雀	54	1988	南岔林业局(龙江森工)	兔	3800
1944	巴东县(鄂)	蓝孔雀	50	1989	开　县(渝)	兔	3350
1945	靖安县(赣)	蓝孔雀	50	1990	潜山县(皖)	兔	3200
1946	长宁县(川)	蓝孔雀	50	1991	带岭实验局(龙江森工)	兔	3000
1947	武定县(滇)	蓝孔雀	40	1992	麻城市(鄂)	兔	3000
1948	奉节县(渝)	蓝孔雀	35	1993	绥棱林业局(龙江森工)	兔	3000
1949	河津市(晋)	蓝孔雀	35	1994	天台县(浙)	兔	2935
1950	桃江县(湘)	蓝孔雀	30	1995	三门县(浙)	兔	2800
1951	易门县(滇)	蓝孔雀	30	1996	山河屯林业局(龙江森工)	兔	2273
1952	禹州市(豫)	蓝孔雀	30	1997	穆棱林业局(龙江森工)	兔	2000
1953	北湖区(湘)	蓝孔雀	26	1998	乌马河林业局(龙江森工)	兔	2000
1954	海城市(辽)	蓝孔雀	15	1999	明光市(皖)	兔	1800
1955	万州区(渝)	蓝孔雀	15	2000	江山市(浙)	兔	1600
1956	婺城区(浙)	蓝孔雀	14	2001	苇河林业局(龙江森工)	兔	1050
1957	临猗县(晋)	蓝孔雀	12	2002	大海林林业局(龙江森工)	兔	1002
1958	肥城市(鲁)	蓝孔雀	10	2003	掇刀区(鄂)	兔	1000
1959	栾川县(豫)	蓝孔雀	10	2004	克什克腾旗(内蒙古)	兔	1000
1960	金口河区(川)	白孔雀	12	2005	石台县(皖)	兔	1000
1961	霍州市(晋)	白孔雀	4	2006	沾河林业局(龙江森工)	兔	1000
1962	驿城区(豫)	红梅花雀	20	2007	友好林业局(龙江森工)	兔	608
1963	寿光市(鲁)	兔	230000	2008	桐庐县(浙)	兔	600
1964	五营林业局(龙江森工)	兔	85026	2009	新安县(豫)	兔	580
1965	枣强县(冀)	兔	76000	2010	会理县(川)	兔	500
1966	建昌县(辽)	兔	41000	2011	集宁区(内蒙古)	兔	500
1967	青州市(鲁)	兔	35500	2012	文　县(甘)	兔	500
1968	汤旺河林业局(龙江森工)	兔	22000	2013	露水河林业局(吉林森工)	兔	360
1969	朗乡林业局(龙江森工)	兔	20050	2014	大邑县(川)	兔	200
1970	让胡路区(黑)	兔	16250	2015	奉新县(赣)	兔	200
1971	东丰县(吉)	兔	14000	2016	扎赉特旗(内蒙古)	兔	200
1972	利川市(鄂)	兔	12000	2017	巴东县(鄂)	兔	100
1973	瓯海区(浙)	兔	11500	2018	乌伊岭林业局(龙江森工)	兔	100
1974	林甸县(黑)	兔	11200	2019	广南县(滇)	兔	90
1975	宜都市(鄂)	兔	10000	2020	奉化市(浙)	兔	60
1976	承德县(冀)	兔	9000	2021	黎川县(赣)	兔	50
1977	双鸭山林业局(龙江森工)	兔	8500	2022	九江县(赣)	兔	25
1978	迁西县(冀)	兔	8000	2023	涞源县(冀)	兔	20
1979	双丰林业局(龙江森工)	兔	7000	2024	邓州市(豫)	兔	10
1980	桃山林业局(龙江森工)	兔	7000	2025	藁城区(冀)	鸵鸟	2500
1981	龙井市(吉)	兔	6988	2026	三台县(川)	鸵鸟	2500
1982	美溪林业局(龙江森工)	兔	6500	2027	满城县(冀)	鸵鸟	700
1983	东方红林业局(龙江森工)	兔	6000	2028	射洪县(川)	鸵鸟	500
1984	翠峦林业局(龙江森工)	兔	5430	2029	涪城区(川)	鸵鸟	400

序号	主产地	动物种类	驯养数量（只、头、条）
2030	西山区(滇)	鸵鸟	349
2031	屈家岭管理区(鄂)	鸵鸟	300
2032	澄江县(滇)	鸵鸟	280
2033	未央区(陕)	鸵鸟	240
2034	临安市(浙)	鸵鸟	200
2035	让胡路区(黑)	鸵鸟	190
2036	汉台区(陕)	鸵鸟	53
2037	遵化市(冀)	鸵鸟	50
2038	凉州区(甘)	鸵鸟	40
2039	普安县(黔)	鸵鸟	40
2040	大姚县(滇)	鸵鸟	30
2041	翠屏区(川)	鸵鸟	26
2042	河口区(鲁)	鸵鸟	26
2043	米易县(川)	鸵鸟	20
2044	颍上县(皖)	鸵鸟	20
2045	邻水县(川)	鸵鸟	12
2046	浦东新区(沪)	鸵鸟	10
2047	易门县(滇)	鸵鸟	10
2048	昭阳区(滇)	鸵鸟	10
2049	临海市(浙)	非洲鸵鸟	2100
2050	长安区(冀)	非洲鸵鸟	1000
2051	广丰县(赣)	非洲鸵鸟	500
2052	师宗县(滇)	非洲鸵鸟	320
2053	三门县(浙)	非洲鸵鸟	250
2054	腾冲县(滇)	非洲鸵鸟	238
2055	祥云县(滇)	非洲鸵鸟	200
2056	黎城县(晋)	非洲鸵鸟	150
2057	浦东新区(沪)	非洲鸵鸟	27
2058	青铜峡市(宁)	非洲鸵鸟	16
2059	颍上县(皖)	非洲鸵鸟	15
2060	巴东县(鄂)	蜈蚣	7251000
2061	宜都市(鄂)	蜈蚣	1000000
2062	宁海县(浙)	蜈蚣	900000
2063	富源县(滇)	蜈蚣	470000
2064	浦江县(浙)	蜈蚣	105200
2065	淳安县(浙)	蜈蚣	19000
2066	青州市(鲁)	蝎子	500000
2067	富源县(滇)	蝎子	200000
2068	侯马市(晋)	蝎子	100000
2069	内江市市中区(川)	蝎子	30000
2070	建德市(浙)	石鸡	402300
2071	慈利县(湘)	石鸡	45000
2072	乌拉特后旗(内蒙古)	石鸡	20000
2073	淳安县(浙)	石鸡	18000
2074	乳源瑶族自治县(粤)	石鸡	13305
2075	新化县(湘)	石鸡	10000
2076	东河区(内蒙古)	石鸡	1100
2077	融水苗族自治县(桂)	石鸡	400
2078	西夏区(宁)	石鸡	300
2079	赤城县(冀)	石鸡	100
2080	鹿泉区(冀)	石鸡	100
2081	石拐区(内蒙古)	石鸡	80
2082	克什克腾旗(内蒙古)	石鸡	35
2083	彝良县(滇)	白腹锦鸡	450
2084	奉贤区(沪)	白腹锦鸡	290
2085	会泽县(滇)	白腹锦鸡	170
2086	桑植县(湘)	白腹锦鸡	130
2087	大兴区(京)	白腹锦鸡	14
2088	安丘市(鲁)	白腹锦鸡	10
2089	禹州市(豫)	白腹锦鸡	10
2090	大英县(川)	七彩山鸡	200000
2091	罗江县(川)	七彩山鸡	180000
2092	承德县(冀)	七彩山鸡	165500
2093	武城县(鲁)	七彩山鸡	150000
2094	遵化市(冀)	七彩山鸡	82715
2095	颍州区(皖)	七彩山鸡	50000
2096	麦积区(甘)	七彩山鸡	32000
2097	芜湖县(皖)	七彩山鸡	30300
2098	弥渡县(滇)	七彩山鸡	30000
2099	五河县(皖)	七彩山鸡	24800
2100	含山县(皖)	七彩山鸡	22000
2101	黔江区(渝)	七彩山鸡	21000
2102	祥云县(滇)	七彩山鸡	20000
2103	宜都市(鄂)	七彩山鸡	20000
2104	昭阳区(滇)	七彩山鸡	20000
2105	旌阳区(川)	七彩山鸡	15180
2106	瑞金市(赣)	七彩山鸡	14000
2107	南江县(川)	七彩山鸡	12000
2108	威远县(川)	七彩山鸡	11100
2109	城口县(渝)	七彩山鸡	10000
2110	平利县(陕)	七彩山鸡	10000
2111	简阳市(川)	七彩山鸡	9100
2112	都江堰市(川)	七彩山鸡	8600
2113	山阳区(豫)	七彩山鸡	8000
2114	温宿县(新)	七彩山鸡	8000
2115	巴东县(鄂)	七彩山鸡	7800
2116	鼎城区(湘)	七彩山鸡	7500
2117	宝山区(黑)	七彩山鸡	7000
2118	奉节县(渝)	七彩山鸡	7000
2119	天台县(浙)	七彩山鸡	5540

序号	主产地	动物种类	驯养数量（只、头、条）	序号	主产地	动物种类	驯养数量（只、头、条）
2120	武定县(滇)	七彩山鸡	5200	2165	林西县(内蒙古)	七彩山鸡	1000
2121	安　县(川)	七彩山鸡	5000	2166	茂南区(粤)	七彩山鸡	1000
2122	恩施市(鄂)	七彩山鸡	5000	2167	清城区(粤)	七彩山鸡	1000
2123	韩城市林业局(陕)	七彩山鸡	5000	2168	嵩　县(豫)	七彩山鸡	1000
2124	彭水苗族土家族自治县(渝)	七彩山鸡	5000	2169	玉龙纳西族自治县(滇)	七彩山鸡	1000
2125	通城县(鄂)	七彩山鸡	5000	2170	露水河林业局(吉林森工)	七彩山鸡	800
2126	巫溪县(渝)	七彩山鸡	5000	2171	浦江县(浙)	七彩山鸡	750
2127	耒阳市(湘)	七彩山鸡	4000	2172	闻喜县(晋)	七彩山鸡	750
2128	榕江县(黔)	七彩山鸡	4000	2173	枣阳市(鄂)	七彩山鸡	700
2129	东平县(鲁)	七彩山鸡	3600	2174	镜湖区(皖)	七彩山鸡	500
2130	迁西县(冀)	七彩山鸡	3500	2175	平桥区(豫)	七彩山鸡	500
2131	长寿区(渝)	七彩山鸡	3500	2176	长安区(陕)	七彩山鸡	500
2132	禄丰县(滇)	七彩山鸡	3400	2177	开　县(渝)	七彩山鸡	450
2133	舒城县(皖)	七彩山鸡	3000	2178	临翔区(滇)	七彩山鸡	434
2134	潼南县(渝)	七彩山鸡	3000	2179	盘龙区(滇)	七彩山鸡	363
2135	牟定县(滇)	七彩山鸡	2819	2180	新丰县(粤)	七彩山鸡	350
2136	丰都县(渝)	七彩山鸡	2800	2181	宾川县(滇)	七彩山鸡	300
2137	涞源县(冀)	七彩山鸡	2800	2182	瓯海区(浙)	七彩山鸡	300
2138	泰和县(赣)	七彩山鸡	2705	2183	阳谷县(鲁)	七彩山鸡	260
2139	文成县(浙)	七彩山鸡	2700	2184	翠屏区(川)	七彩山鸡	200
2140	潜山县(皖)	七彩山鸡	2570	2185	户　县(陕)	七彩山鸡	200
2141	六枝特区(黔)	七彩山鸡	2500	2186	会理县(川)	七彩山鸡	200
2142	桑植县(湘)	七彩山鸡	2250	2187	兰考县(豫)	七彩山鸡	200
2143	永定区(湘)	七彩山鸡	2200	2188	文　县(甘)	七彩山鸡	200
2144	平乐县(桂)	七彩山鸡	2104	2189	汶上县(鲁)	七彩山鸡	200
2145	临泽县(甘)	七彩山鸡	2100	2190	象山县(浙)	七彩山鸡	200
2146	罗平县(滇)	七彩山鸡	2100	2191	贺兰县(宁)	七彩山鸡	102
2147	宁海县(浙)	七彩山鸡	2000	2192	耿马傣族佤族自治县(滇)	七彩山鸡	100
2148	嵩明县(滇)	七彩山鸡	2000	2193	华池县(甘)	七彩山鸡	100
2149	桐城市(皖)	七彩山鸡	2000	2194	两当县(甘)	七彩山鸡	100
2150	无极县(冀)	七彩山鸡	2000	2195	赤城县(冀)	七彩山鸡	89
2151	永康市(浙)	七彩山鸡	2000	2196	凉州区(甘)	七彩山鸡	80
2152	舒兰市(吉)	七彩山鸡	1800	2197	太湖县(皖)	七彩山鸡	70
2153	宣威市(滇)	七彩山鸡	1800	2198	万盛区(渝)	七彩山鸡	70
2154	大邑县(川)	七彩山鸡	1700	2199	涿州市(冀)	七彩山鸡	30
2155	井陉矿区(冀)	七彩山鸡	1600	2200	南华县(滇)	七彩山鸡	10
2156	中宁县(宁)	七彩山鸡	1600	2201	城口县(渝)	红腹锦鸡	7000
2157	钦南区(桂)	七彩山鸡	1500	2202	宜都市(鄂)	红腹锦鸡	5000
2158	新野县(豫)	七彩山鸡	1500	2203	卢氏县(豫)	红腹锦鸡	4030
2159	星子县(赣)	七彩山鸡	1500	2204	椒江区(浙)	红腹锦鸡	2075
2160	江安县(川)	七彩山鸡	1250	2205	平安县(青)	红腹锦鸡	1000
2161	利辛县(皖)	七彩山鸡	1003	2206	户　县(陕)	红腹锦鸡	800
2162	大石桥市(辽)	七彩山鸡	1000	2207	都江堰市(川)	红腹锦鸡	600
2163	封开县(粤)	七彩山鸡	1000	2208	瑞昌市(赣)	红腹锦鸡	600
2164	凤　县(陕)	七彩山鸡	1000	2209	大兴区(京)	红腹锦鸡	583

序号	主产地	动物种类	驯养数量(只、头、条)
2210	佛坪县(陕)	红腹锦鸡	500
2211	奉贤区(沪)	红腹锦鸡	422
2212	文　县(甘)	红腹锦鸡	300
2213	屈家岭管理区(鄂)	红腹锦鸡	250
2214	浑源县(晋)	红腹锦鸡	232
2215	芷江侗族自治县(湘)	红腹锦鸡	200
2216	河口区(鲁)	红腹锦鸡	180
2217	鼎城区(湘)	红腹锦鸡	120
2218	黔江区(渝)	红腹锦鸡	100
2219	青铜峡市(宁)	红腹锦鸡	86
2220	宁国市(皖)	红腹锦鸡	85
2221	北戴河区(冀)	红腹锦鸡	42
2222	浦东新区(沪)	红腹锦鸡	11
2223	安丘市(鲁)	红腹锦鸡	10
2224	禹州市(豫)	红腹锦鸡	10
2225	和布克赛尔蒙古自治县(新)	珠鸡	80000
2226	合作市(甘)	珠鸡	10000
2227	承德县(冀)	珠鸡	3500
2228	鹤峰县(鄂)	珠鸡	3000
2229	彭山县(川)	珠鸡	2500
2230	洮南市(吉)	珠鸡	2500
2231	察哈尔右翼前旗(内蒙古)	珠鸡	2000
2232	集宁区(内蒙古)	珠鸡	2000
2233	大安区(川)	珠鸡	1800
2234	内江市市中区(川)	珠鸡	1500
2235	利津县(鲁)	珠鸡	1483
2236	中宁县(宁)	珠鸡	1400
2237	翁牛特旗(内蒙古)	珠鸡	1200
2238	临泽县(甘)	珠鸡	1000
2239	无极县(冀)	珠鸡	1000
2240	青铜峡市(宁)	珠鸡	520
2241	禹州市(豫)	珠鸡	300
2242	北戴河区(冀)	珠鸡	297
2243	赤城县(冀)	珠鸡	200
2244	鹿泉区(冀)	珠鸡	200
2245	凉州区(甘)	珠鸡	140
2246	屈家岭管理区(鄂)	珠鸡	100
2247	额尔古纳市(内蒙古)	珠鸡	60
2248	石拐区(内蒙古)	珠鸡	25
2249	柞水县(陕)	火鸡	4000
2250	南江县(川)	火鸡	3500
2251	秀山土家族苗族自治县(渝)	火鸡	3000
2252	大安区(川)	火鸡	2000
2253	无为县(皖)	火鸡	2000
2254	邵阳县(湘)	火鸡	600
2255	青铜峡市(宁)	火鸡	500
2256	浉河区(豫)	火鸡	500
2257	彭山县(川)	火鸡	200
2258	鹿泉区(冀)	火鸡	100
2259	麦积区(甘)	火鸡	50
2260	滨城区(鲁)	火鸡	18
2261	井陉矿区(冀)	火鸡	15
2262	安丘市(鲁)	火鸡	12
2263	临沭县(鲁)	火鸡	12
2264	新青林业局(龙江森工)	野鸡	13470000
2265	建昌县(辽)	野鸡	4000000
2266	双丰林业局(龙江森工)	野鸡	100000
2267	弥勒市(滇)	野鸡	80000
2268	富源县(滇)	野鸡	79000
2269	新会区(粤)	野鸡	60000
2270	鹤山市(粤)	野鸡	35000
2271	巴东县(鄂)	野鸡	25760
2272	东丰县(吉)	野鸡	25000
2273	云龙县(滇)	野鸡	25000
2274	宁武县(晋)	野鸡	24600
2275	沾益县(滇)	野鸡	20300
2276	永胜县(滇)	野鸡	15000
2277	师宗县(滇)	野鸡	13000
2278	竹山县(鄂)	野鸡	13000
2279	赤城县(冀)	野鸡	12250
2280	栾川县(豫)	野鸡	11560
2281	乐安县(赣)	野鸡	10500
2282	肥城市(鲁)	野鸡	10002
2283	筠连县(川)	野鸡	10000
2284	大足县(渝)	野鸡	9000
2285	松潘县(川)	野鸡	8000
2286	明光市(皖)	野鸡	7700
2287	山亭区(鲁)	野鸡	7200
2288	安化县(湘)	野鸡	6600
2289	石柱土家族自治县(渝)	野鸡	6300
2290	会泽县(滇)	野鸡	6000
2291	望奎县(黑)	野鸡	5900
2292	长安区(陕)	野鸡	5600
2293	彭水苗族土家族自治县(渝)	野鸡	5050
2294	北安市(黑)	野鸡	5000
2295	丹江口市(鄂)	野鸡	5000
2296	平利县(陕)	野鸡	5000
2297	淅川县(豫)	野鸡	5000
2298	梓潼县(川)	野鸡	5000
2299	利川市(鄂)	野鸡	4500

序号	主产地	动物种类	驯养数量（只、头、条）	序号	主产地	动物种类	驯养数量（只、头、条）
2300	乌拉特后旗(内蒙古)	野鸡	4500	2345	九江县(赣)	野鸡	100
2301	双峰县(湘)	野鸡	4000	2346	鹿泉区(冀)	野鸡	100
2302	新平彝族傣族自治县(滇)	野鸡	3500	2347	梅河口市(吉)	野鸡	100
2303	阆中市(川)	野鸡	3000	2348	宾川县(滇)	野鸡	95
2304	马龙县(滇)	野鸡	3000	2349	杭锦后旗(内蒙古)	野鸡	80
2305	南川区(渝)	野鸡	3000	2350	托克托县(内蒙古)	野鸡	60
2306	尚义县(冀)	野鸡	3000	2351	颍上县(皖)	野鸡	28
2307	铁力林业局(龙江森工)	野鸡	3000	2352	江川县(滇)	野鸡	25
2308	新宁县(湘)	野鸡	3000	2353	双辽市(吉)	野鸡	20
2309	秀山土家族苗族自治县(渝)	野鸡	3000	2354	平桥区(豫)	贵妃鸡	5000
2310	游仙区(川)	野鸡	3000	2355	鹤峰县(鄂)	贵妃鸡	3000
2311	察哈尔右翼中旗(内蒙古)	野鸡	2650	2356	青铜峡市(宁)	贵妃鸡	1855
2312	嵩明县(滇)	野鸡	2600	2357	浉河区(豫)	贵妃鸡	1000
2313	翠屏区(川)	野鸡	2500	2358	无极县(冀)	贵妃鸡	1000
2314	汶川县(川)	野鸡	2350	2359	武义县(浙)	贵妃鸡	1000
2315	东昌区(吉)	野鸡	2300	2360	灵川县(桂)	贵妃鸡	87
2316	南谯区(皖)	野鸡	2050	2361	凉州区(甘)	贵妃鸡	60
2317	察哈尔右翼前旗(内蒙古)	野鸡	2000	2362	北戴河区(冀)	贵妃鸡	37
2318	定远县(皖)	野鸡	1940	2363	海盐县(浙)	绿头鸭	1150000
2319	新建县(赣)	野鸡	1800	2364	潜山县(皖)	绿头鸭	30000
2320	克什克腾旗(内蒙古)	野鸡	1730	2365	汝城县(湘)	绿头鸭	20000
2321	西夏区(宁)	野鸡	1600	2366	奉化市(浙)	绿头鸭	17000
2322	富阳市(浙)	野鸡	1500	2367	辽阳县(辽)	绿头鸭	15000
2323	赫山区(湘)	野鸡	1500	2368	太湖县(皖)	绿头鸭	10200
2324	鹤峰县(鄂)	野鸡	1200	2369	萧山区(浙)	绿头鸭	10000
2325	舞钢市(豫)	野鸡	1200	2370	贵溪市(赣)	绿头鸭	6000
2326	椒江区(浙)	野鸡	1020	2371	三山区(皖)	绿头鸭	4500
2327	安陆市(鄂)	野鸡	1000	2372	上思县(桂)	绿头鸭	4000
2328	琅琊区(皖)	野鸡	1000	2373	君山区(湘)	绿头鸭	3500
2329	南部县(川)	野鸡	1000	2374	星子县(赣)	绿头鸭	2900
2330	文　县(甘)	野鸡	1000	2375	桐城市(皖)	绿头鸭	2000
2331	小金县(川)	野鸡	1000	2376	兴国县(赣)	绿头鸭	1500
2332	永善县(滇)	野鸡	900	2377	包河区(皖)	绿头鸭	1000
2333	麻栗坡县(滇)	野鸡	800	2378	鹤城区(湘)	绿头鸭	560
2334	漾濞彝族自治县(滇)	野鸡	600	2379	绍兴县(浙)	绿头鸭	500
2335	简阳市(川)	野鸡	500	2380	贺兰县(宁)	绿头鸭	410
2336	长白朝鲜族自治县(吉)	野鸡	478	2381	彭山县(川)	绿头鸭	350
2337	宁阳县(鲁)	野鸡	460	2382	颍上县(皖)	绿头鸭	320
2338	姚安县(滇)	野鸡	400	2383	黄岩区(浙)	绿头鸭	300
2339	永川区(渝)	野鸡	400	2384	三门县(浙)	绿头鸭	200
2340	淳化县(陕)	野鸡	350	2385	禹州市(豫)	绿头鸭	200
2341	井冈山市(赣)	野鸡	300	2386	永宁县(宁)	绿头鸭	100
2342	北湖区(湘)	野鸡	230	2387	罗平县(滇)	绿头鸭	30
2343	云溪区(湘)	野鸡	145	2388	慈溪市(浙)	绿头野鸭	104000
2344	深泽县(冀)	野鸡	130	2389	来凤县(鄂)	绿头野鸭	38990

序号	主产地	动物种类	驯养数量（只、头、条）
2390	铅山县(赣)	绿头野鸭	30000
2391	鼎城区(湘)	绿头野鸭	9000
2392	安新县(冀)	绿头野鸭	8800
2393	桐乡市(浙)	绿头野鸭	5000
2394	玉龙纳西族自治县(滇)	绿头野鸭	3500
2395	东平县(鲁)	绿头野鸭	2300
2396	简阳市(川)	绿头野鸭	1900
2397	达川区(川)	绿头野鸭	1000
2398	琅琊区(皖)	绿头野鸭	1000
2399	吴兴区(浙)	绿头野鸭	800
2400	寒亭区(鲁)	绿头野鸭	280
2401	潜江市(鄂)	绿头野鸭	50
2402	涿州市(冀)	绿头野鸭	35
2403	江川县(滇)	绿头野鸭	20
2404	监利县(鄂)	斑嘴鸭	50000
2405	新建县(赣)	斑嘴鸭	15000
2406	太湖县(皖)	斑嘴鸭	10000
2407	永修县(赣)	斑嘴鸭	10000
2408	星子县(赣)	斑嘴鸭	1500
2409	包河区(皖)	斑嘴鸭	1000
2410	巢湖市(皖)	斑嘴鸭	1000
2411	利川市(鄂)	斑嘴鸭	500
2412	睢宁县(苏)	斑嘴鸭	200
2413	永宁县(宁)	斑嘴鸭	100
2414	奉贤区(沪)	黑天鹅	1000
2415	浦东新区(沪)	黑天鹅	405
2416	岱岳区(鲁)	黑天鹅	400
2417	河口区(鲁)	黑天鹅	320
2418	睢宁县(苏)	黑天鹅	300
2419	托克托县(内蒙古)	黑天鹅	300
2420	平舆县(豫)	黑天鹅	200
2421	邛崃市(川)	黑天鹅	200
2422	岳塘区(湘)	黑天鹅	200
2423	内江市市中区(川)	黑天鹅	150
2424	吴兴区(浙)	黑天鹅	100
2425	颍上县(皖)	黑天鹅	75
2426	青铜峡市(宁)	黑天鹅	18
2427	大兴区(京)	黑天鹅	14
2428	婺城区(浙)	黑天鹅	13
2429	滨城区(鲁)	黑天鹅	10
2430	城步苗族自治县(湘)	白天鹅	3000
2431	广丰县(赣)	白天鹅	500
2432	邻水县(川)	白天鹅	400
2433	河口区(鲁)	白天鹅	300
2434	开　县(渝)	白天鹅	120
2435	阳谷县(鲁)	白天鹅	80
2436	颍上县(皖)	白天鹅	20
2437	临海市(浙)	灰天鹅	9900
2438	河口区(鲁)	灰天鹅	7000
2439	芜湖县(皖)	灰天鹅	5000
2440	南涧彝族自治县(滇)	灰天鹅	2000
2441	瓯海区(浙)	灰天鹅	2000
2442	龙游县(浙)	灰天鹅	1750
2443	椒江区(浙)	灰天鹅	1000
2444	奉化市(浙)	灰天鹅	720
2445	永川区(渝)	灰天鹅	500
2446	三门县(浙)	灰天鹅	450
2447	怀宁县(皖)	灰天鹅	90
2448	浦东新区(沪)	疣鼻天鹅	28
2449	富阳市(浙)	疣鼻天鹅	13
2450	藁城区(冀)	鹌鹑	220000
2451	舒兰市(吉)	鹌鹑	150000
2452	五峰土家族自治县(鄂)	鹌鹑	30000
2453	兴国县(赣)	鹌鹑	10000
2454	庄河市(辽)	鹌鹑	10000
2455	汶上县(鲁)	鹌鹑	6000
2456	恩施市(鄂)	鹌鹑	3000
2457	井陉矿区(冀)	鹌鹑	2000
2458	桐城市(皖)	鹌鹑	1200
2459	新安县(豫)	鹌鹑	1000
2460	大兴区(京)	鹌鹑	500
2461	石拐区(内蒙古)	鹌鹑	65
2462	岱岳区(鲁)	鸳鸯	600
2463	奉贤区(沪)	鸳鸯	216
2464	浦东新区(沪)	鸳鸯	65
2465	海城市(辽)	鸳鸯	20
2466	安丘市(鲁)	鸳鸯	10
2467	滨城区(鲁)	鸳鸯	10
2468	大兴区(京)	鸳鸯	10
2469	禹州市(豫)	鸳鸯	10
2470	栾川县(豫)	鹧鸪	6000
2471	罗平县(滇)	鹧鸪	5000
2472	麦积区(甘)	鹧鸪	5000
2473	米易县(川)	鹧鸪	1500
2474	英德市(粤)	鹧鸪	500
2475	禹州市(豫)	鹧鸪	320
2476	贺兰县(宁)	鹧鸪	75
2477	旌德县(皖)	中华大蟾蜍	1000000
2478	临泉县(皖)	中华大蟾蜍	200000
2479	万州区(渝)	中华大蟾蜍	2000

序号	主产地	动物种类	驯养数量(只、头、条)
2480	大兴区(京)	牡丹鹦鹉	400
2481	花都区(粤)	金刚鹦鹉	103
2482	紫金县(粤)	金刚鹦鹉	100
2483	霍州市(晋)	虎皮鹦鹉	100
2484	灌阳县(桂)	虎皮鹦鹉	40
2485	海城市(辽)	虎皮鹦鹉	22
2486	颍上县(皖)	鸡尾鹦鹉	3
2487	利川市(鄂)	凤头鹦鹉	1000
2488	临沭县(鲁)	凤头鹦鹉	12
2489	新会区(粤)	非洲鹦鹉	231
2490	浦东新区(沪)	白鹳	4
2491	婺城区(浙)	白鹳	1
2492	汝城县(湘)	白鹇	500
2493	大兴区(京)	白鹇	121
2494	利津县(鲁)	白鹇	37
2495	奉贤区(沪)	白鹇	20
2496	浦东新区(沪)	白鹇	15
2497	盘龙区(滇)	白鹇	14
2498	富阳市(浙)	白鹇	12
2499	禹州市(豫)	白鹇	10
2500	椒江区(浙)	斑头雁	2500
2501	浦东新区(沪)	斑头雁	29
2502	红花岗区(黔)	斑头雁	12
2503	梅河口市(吉)	大雁	40000
2504	渑池县(豫)	大雁	35000
2505	五河县(皖)	大雁	32000
2506	咸丰县(鄂)	大雁	30000
2507	永修县(赣)	大雁	13920
2508	黎城县(晋)	大雁	10700
2509	邛崃市(川)	大雁	10100
2510	阎良区(陕)	大雁	6000
2511	东营区(鲁)	大雁	5000
2512	梁子湖区(鄂)	大雁	5000
2513	新宁县(湘)	大雁	5000
2514	岱岳区(鲁)	大雁	4000
2515	新建县(赣)	大雁	3800
2516	都江堰市(川)	大雁	3500
2517	桐城市(皖)	大雁	3000
2518	明光市(皖)	大雁	2800
2519	定远县(皖)	大雁	2400
2520	永清县(冀)	大雁	2380
2521	讷河市(黑)	大雁	2000
2522	星子县(赣)	大雁	2000
2523	来安县(皖)	大雁	1920
2524	洮南市(吉)	大雁	1900
2525	浏阳市(湘)	大雁	1500
2526	周村区(鲁)	大雁	1500
2527	让胡路区(黑)	大雁	1100
2528	鹤城区(湘)	大雁	1000
2529	临安市(浙)	大雁	1000
2530	鼎城区(湘)	大雁	900
2531	兰考县(豫)	大雁	600
2532	桐庐县(浙)	大雁	600
2533	托克托县(内蒙古)	大雁	600
2534	山亭区(鲁)	大雁	500
2535	无极县(冀)	大雁	500
2536	湘潭县(湘)	大雁	480
2537	迎江区(皖)	大雁	420
2538	耿马傣族佤族自治县(滇)	大雁	330
2539	沂源县(鲁)	大雁	302
2540	建德市(浙)	大雁	300
2541	睢宁县(苏)	大雁	220
2542	天长市(皖)	大雁	209
2543	都昌县(赣)	大雁	200
2544	永康市(浙)	大雁	200
2545	田东县(桂)	大雁	168
2546	安新县(冀)	大雁	100
2547	丰都县(渝)	大雁	100
2548	舒兰市(吉)	大雁	100
2549	太湖县(皖)	大雁	100
2550	栾川县(豫)	大雁	70
2551	济阳县(鲁)	大雁	50
2552	临猗县(晋)	大雁	40
2553	让胡路区(黑)	鸸鹋	200
2554	全州县(桂)	鸸鹋	100
2555	武义县(浙)	鸸鹋	30
2556	盘龙区(滇)	鸸鹋	20
2557	金口河区(川)	环颈雉	30000
2558	奉新县(赣)	环颈雉	17000
2559	温岭市(浙)	环颈雉	16800
2560	乐都县(青)	环颈雉	8260
2561	三门县(浙)	环颈雉	8200
2562	湘潭县(湘)	环颈雉	7390
2563	澄江县(滇)	环颈雉	7000
2564	京山县(鄂)	环颈雉	7000
2565	保康县(鄂)	环颈雉	6500
2566	嵩明县(滇)	环颈雉	6000
2567	内江市市中区(川)	环颈雉	5350
2568	都昌县(赣)	环颈雉	5000
2569	英德市(粤)	环颈雉	5000

序号	主产地	动物种类	驯养数量(只、头、条)
2570	增城市(粤)	环颈雉	5000
2571	苍南县(浙)	环颈雉	4164
2572	秀洲区(浙)	环颈雉	4100
2573	吉安县(赣)	环颈雉	4000
2574	南部县(川)	环颈雉	3300
2575	南郑县(陕)	环颈雉	3200
2576	浏阳市(湘)	环颈雉	2500
2577	彭山县(川)	环颈雉	2400
2578	建始县(鄂)	环颈雉	2350
2579	大通回族土族自治县(青)	环颈雉	2000
2580	泾　县(皖)	环颈雉	2000
2581	平安县(青)	环颈雉	2000
2582	兴国县(赣)	环颈雉	2000
2583	镇巴县(陕)	环颈雉	2000
2584	罗平县(滇)	环颈雉	1800
2585	维西傈僳族自治县(滇)	环颈雉	1600
2586	遂川县(赣)	环颈雉	1500
2587	共青城市(赣)	环颈雉	1200
2588	弥渡县(滇)	环颈雉	1100
2589	资兴市(湘)	环颈雉	1100
2590	宜都市(鄂)	环颈雉	1000
2591	月湖区(赣)	环颈雉	1000
2592	镇海区(浙)	环颈雉	1000
2593	洞口县(湘)	环颈雉	620
2594	青铜峡市(宁)	环颈雉	613
2595	克什克腾旗(内蒙古)	环颈雉	600
2596	禹州市(豫)	环颈雉	600
2597	路桥区(浙)	环颈雉	585
2598	玉环县(浙)	环颈雉	550
2599	长阳土家族自治县(鄂)	环颈雉	550
2600	鹤峰县(鄂)	环颈雉	500
2601	华阴市(陕)	环颈雉	500
2602	黎川县(赣)	环颈雉	500
2603	星子县(赣)	环颈雉	500
2604	涿州市(冀)	环颈雉	450
2605	龙陵县(滇)	环颈雉	420
2606	巴东县(鄂)	环颈雉	400
2607	崇仁县(赣)	环颈雉	380
2608	芷江侗族自治县(湘)	环颈雉	380
2609	柳城县(桂)	环颈雉	300
2610	芦溪县(赣)	环颈雉	300
2611	樟树市(赣)	环颈雉	300
2612	北戴河区(冀)	环颈雉	221
2613	寒亭区(鲁)	环颈雉	202
2614	芦山县(川)	环颈雉	200
2615	大兴区(京)	环颈雉	76
2616	定远县(皖)	环颈雉	62
2617	宁国市(皖)	环颈雉	58
2618	永川区(渝)	环颈雉	50
2619	田东县(桂)	环颈雉	46
2620	石拐区(内蒙古)	环颈雉	25
2621	安丘市(鲁)	环颈雉	20
2622	洋　县(陕)	环颈雉	14
2623	盐亭县(川)	环颈雉	12
2624	沂源县(鲁)	环颈雉	12
2625	淮滨县(豫)	白雉	100
2626	大兴区(京)	白冠长尾雉	107
2627	盘龙区(滇)	白冠长尾雉	23
2628	富阳市(浙)	白冠长尾雉	16
2629	禹州市(豫)	白冠长尾雉	10
2630	邛崃市(川)	七彩文鸟	200
2631	监利县(鄂)	尖吻蝮	5000
2632	宁国市(皖)	尖吻蝮	680
2633	内江市市中区(川)	尖吻蝮	600
2634	巴东县(鄂)	尖吻蝮	400
2635	洞口县(湘)	尖吻蝮	200

表 16-1　人参主产地产量

序号	人参主产地	产量(吨)
1	凤城市(辽)	1750.00
2	宽甸满族自治县(辽)	900.00
3	新宾满族自治县(辽)	825.00
4	南芬区(辽)	60.00
5	岫岩满族自治县(辽)	45.00
6	本溪满族自治县(辽)	26.00
7	桓仁满族自治县(辽)	15.00
8	抚松县(吉)	9375.00
9	长白朝鲜族自治县(吉)	8509.00
10	集安市(吉)	5073.00
11	通化县(吉)	3776.80
12	汪清县(吉)	2400.00
13	辉南县(吉)	1100.00
14	珲春市(吉)	783.00
15	浑江区(吉)	450.00
16	和龙市(吉)	236.00
17	四平市铁东区(吉)	80.00
18	蛟河市(吉)	40.00
19	图们市(吉)	32.00
20	舒兰市(吉)	15.30
21	大石头林业局(吉)	15.00
22	长白山林业局(吉)	14.00
23	黄泥河林业局(吉)	10.00
24	绥棱县(黑)	1432.00
25	逊克县(黑)	610.00
26	尚志市(黑)	80.00
27	露水河林业局(吉林森工)	1970.00
28	临江林业局(吉林森工)	264.29
29	三岔子林业局(吉林森工)	20.00

序号	人参主产地	产量(吨)
30	沾河林业局(龙江森工)	450.00
31	方正林业局(龙江森工)	35.00
32	大海林林业局(龙江森工)	22.00

表 16-2 刺五加主产地产量

序号	刺五加主产地	产量(吨)
1	新宾满族自治县(辽)	5500.00
2	本溪满族自治县(辽)	3600.00
3	凤城市(辽)	2700.00
4	清原满族自治县(辽)	953.00
5	平山区(辽)	95.00
6	东港市(辽)	66.00
7	庄河市(辽)	52.00
8	桓仁满族自治县(辽)	40.00
9	振安区(辽)	30.00
10	本溪市经济开发区(辽)	25.00
11	辉南县(吉)	170.00
12	集安市(吉)	42.00
13	九台市(吉)	20.00
14	方正县(黑)	200.00
15	巴彦县(黑)	40.00
16	南岔林业局(龙江森工)	1800.00
17	东方红林业局(龙江森工)	900.00
18	桃山林业局(龙江森工)	750.00
19	朗乡林业局(龙江森工)	511.00
20	双丰林业局(龙江森工)	400.00
21	友好林业局(龙江森工)	300.00
22	带岭实验局(龙江森工)	254.00
23	五营林业局(龙江森工)	246.00
24	汤旺河林业局(龙江森工)	210.00
25	翠峦林业局(龙江森工)	166.00
26	方正林业局(龙江森工)	165.00
27	山河屯林业局(龙江森工)	137.00
28	乌伊岭林业局(龙江森工)	95.00
29	乌马河林业局(龙江森工)	90.00
30	铁力林业局(龙江森工)	79.00
31	美溪林业局(龙江森工)	65.00
32	大海林林业局(龙江森工)	63.00
33	迎春林业局(龙江森工)	44.00
34	金山屯林业局(龙江森工)	33.00
35	红星林业局(龙江森工)	30.00
36	亚布力林业局(龙江森工)	20.00
37	海林林业局(龙江森工)	20.00
38	穆棱林业局(龙江森工)	10.00
39	上甘岭林业局(龙江森工)	10.00

表 16-3 杜仲主产地产量

序号	杜仲主产地	产量(吨)
1	灵寿县(冀)	50.00
2	六合区(苏)	213.00
3	磐安县(浙)	17.00
4	平阳县(浙)	10.00
5	祁门县(皖)	851.00
6	南谯区(皖)	150.00
7	潜山县(皖)	30.00
8	东至县(皖)	15.10
9	定远县(皖)	15.00
10	芜湖县(皖)	15.00
11	芦溪县(赣)	800.00
12	遂川县(赣)	573.00
13	修水县(赣)	50.00
14	莲花县(赣)	20.00
15	武宁县(赣)	18.70
16	婺源县(赣)	10.00
17	高密市(鲁)	90.00
18	青州市(鲁)	50.00
19	平桥区(豫)	130.00
20	宝丰县(豫)	35.00
21	桐柏县(豫)	30.00
22	夷陵区(鄂)	5560.00
23	来凤县(鄂)	3600.00
24	恩施市(鄂)	1069.00
25	长阳土家族自治县(鄂)	500.00
26	南漳县(鄂)	450.00
27	五峰土家族自治县(鄂)	300.00
28	通山县(鄂)	210.00
29	巴东县(鄂)	150.00
30	利川市(鄂)	90.00
31	京山县(鄂)	40.00
32	松滋市(鄂)	16.00
33	广水市(鄂)	15.00
34	竹山县(鄂)	10.00
35	安化县(湘)	330.00
36	衡阳县(湘)	257.00
37	新宁县(湘)	200.00
38	冷水江市(湘)	120.00
39	溆浦县(湘)	72.00
40	桑植县(湘)	65.00
41	新田县(湘)	60.00
42	株洲县(湘)	55.00
43	祁阳县(湘)	48.00
44	桂东县(湘)	42.00
45	炎陵县(湘)	41.00
46	麻阳苗族自治县(湘)	37.00
47	道　县(湘)	30.00
48	洞口县(湘)	28.00
49	新晃侗族自治县(湘)	25.00
50	会同县(湘)	20.00
51	耒阳市(湘)	20.00
52	北塔区(湘)	20.00
53	宁远县(湘)	12.00
54	武陵源区(湘)	10.00
55	衡东县(湘)	10.00
56	富川瑶族自治县(桂)	47.00
57	龙胜各族自治县(桂)	33.00
58	开　县(渝)	7084.00
59	武隆县(渝)	390.00
60	酉阳土家族苗族自治县(渝)	350.00
61	万州区(渝)	30.40
62	万源市(川)	3300.00
63	北川羌族自治县(川)	1361.00
64	旺苍县(川)	1000.00
65	仪陇县(川)	800.00
66	沐川县(川)	600.00
67	邛崃市(川)	481.00
68	南部县(川)	300.00
69	崇州市(川)	190.00
70	古蔺县(川)	180.00
71	汶川县(川)	155.00
72	通江县(川)	150.00
73	宝兴县(川)	136.00
74	朝天区(川)	120.00
75	蓬安县(川)	40.00
76	珙　县(川)	29.00
77	犍为县(川)	26.00
78	道真仡佬族苗族自治县(黔)	500.00
79	赤水市(黔)	288.00
80	桐梓县(黔)	181.00
81	修文县(黔)	83.00
82	清镇市(黔)	67.00
83	瓮安县(黔)	65.00
84	三都水族自治县(黔)	31.00
85	锦屏县(黔)	24.00
86	碧江区(黔)	23.00
87	西秀区(黔)	20.00
88	红花岗区(黔)	12.00
89	双柏县(滇)	638.00
90	西畴县(滇)	11.00
91	城固县(陕)	2000.00

序号	杜仲主产地	产量(吨)
92	商南县(陕)	1452.00
93	平利县(陕)	300.00
94	旬阳县(陕)	199.00
95	宁陕县(陕)	119.00
96	汉阴县(陕)	93.00
97	佛坪县(陕)	50.00
98	汉台区(陕)	25.00
99	凤　县(陕)	10.00

表 16-4　五味子主产地产量

序号	五味子主产地	产量(吨)
1	凤城市(辽)	5850.00
2	本溪满族自治县(辽)	1000.00
3	辽阳县(辽)	1000.00
4	桓仁满族自治县(辽)	750.00
5	清原满族自治县(辽)	568.00
6	东港市(辽)	72.00
7	普兰店市(辽)	65.00
8	集安市(吉)	5217.00
9	通化县(吉)	1466.80
10	敦化市(吉)	1239.00
11	柳河县(吉)	1000.00
12	汪清县(吉)	600.00
13	和龙市(吉)	240.00
14	蛟河市(吉)	125.00
15	黄泥河林业局(吉)	74.00
16	长白朝鲜族自治县(吉)	29.00
17	珲春市(吉)	21.00
18	长白山林业局(吉)	13.00
19	舒兰市(吉)	13.00
20	尚志市(黑)	400.00
21	桦南县(黑)	160.00
22	方正县(黑)	120.00
23	宝清县(黑)	100.00
24	双城市(黑)	55.00
25	逊克县(黑)	50.00
26	宾　县(黑)	40.06
27	木兰县(黑)	20.00
28	嵩　县(豫)	100.00
29	武穴市(鄂)	9795.00
30	巴东县(鄂)	100.00
31	南漳县(鄂)	35.00
32	凤　县(陕)	10.00
33	泉阳林业局(吉林森工)	75.00
34	三岔子林业局(吉林森工)	22.59
35	清河林业局(龙江森工)	5000.00
36	双丰林业局(龙江森工)	553.00
37	朗乡林业局(龙江森工)	310.00
38	亚布力林业局(龙江森工)	280.00
39	东方红林业局(龙江森工)	260.00
40	鹤立林业局(龙江森工)	212.00
41	绥阳林业局(龙江森工)	200.00
42	南岔林业局(龙江森工)	200.00
43	桃山林业局(龙江森工)	160.00
44	铁力林业局(龙江森工)	159.00
45	山河屯林业局(龙江森工)	100.00
46	穆棱林业局(龙江森工)	93.00
47	新青林业局(龙江森工)	91.00
48	东京城林业局(龙江森工)	80.00
49	大海林林业局(龙江森工)	70.00
50	双鸭山林业局(龙江森工)	65.00
51	鹤北林业局(龙江森工)	60.00
52	迎春林业局(龙江森工)	60.00
53	带岭实验局(龙江森工)	60.00
54	兴隆林业局(龙江森工)	49.00
55	美溪林业局(龙江森工)	46.00
56	五营林业局(龙江森工)	43.00
57	汤旺河林业局(龙江森工)	30.00
58	林口林业局(龙江森工)	25.00
59	方正林业局(龙江森工)	22.00
60	乌马河林业局(龙江森工)	15.00
61	桦南林业局(龙江森工)	15.00
62	苇河林业局(龙江森工)	13.00
63	翠峦林业局(龙江森工)	13.00
64	海林林业局(龙江森工)	10.00
65	金山屯林业局(龙江森工)	10.00
66	上甘岭林业局(龙江森工)	10.00

表 16-5　黄柏主产地产量

序号	黄柏主产地	产量(吨)
1	桓仁满族自治县(辽)	20.00
2	辉南县(吉)	30.00
3	定远县(皖)	10.00
4	武穴市(鄂)	4026.00
5	来凤县(鄂)	1815.00
6	恩施市(鄂)	618.00
7	通山县(鄂)	52.00
8	巴东县(鄂)	50.00
9	五峰土家族自治县(鄂)	25.00
10	长阳土家族自治县(鄂)	20.00
11	竹山县(鄂)	16.00
12	桑植县(湘)	1050.00
13	新化县(湘)	200.00
14	安化县(湘)	180.00
15	新宁县(湘)	100.00
16	桂东县(湘)	76.00
17	澧　县(湘)	41.00
18	沅陵县(湘)	37.00
19	溆浦县(湘)	35.00
20	衡东县(湘)	20.00
21	祁阳县(湘)	16.00
22	常宁市(湘)	15.00
23	洞口县(湘)	15.00
24	宁远县(湘)	11.00
25	武陵源区(湘)	10.00
26	富川瑶族自治县(桂)	50.00
27	潼南县(渝)	1320.00
28	开　县(渝)	1288.00
29	武隆县(渝)	220.00
30	酉阳土家族苗族自治县(渝)	140.00
31	万州区(渝)	19.50
32	万源市(川)	2500.00
33	邛崃市(川)	846.00
34	宝兴县(川)	657.00
35	古蔺县(川)	280.00
36	仪陇县(川)	280.00
37	沐川县(川)	240.00
38	崇州市(川)	204.00
39	通江县(川)	80.00
40	朝天区(川)	60.00
41	芦山县(川)	60.00
42	屏山县(川)	50.00
43	犍为县(川)	41.00
44	美姑县(川)	23.00
45	汶川县(川)	22.00
46	珙　县(川)	18.00
47	雨城区(川)	18.00
48	道真仡佬族苗族自治县(黔)	350.00
49	赤水市(黔)	165.00
50	西秀区(黔)	80.00
51	桐梓县(黔)	21.00
52	瓮安县(黔)	10.00
53	汉阴县(陕)	32.00
54	康　县(甘)	133.30

表 16-6　金银花主产地产量

序号	金银花主产地	产量(吨)
1	元氏县(冀)	260.00

序号	金银花主产地	产量(吨)
2	任　县(冀)	206.00
3	藁城区(冀)	50.00
4	鸡泽县(冀)	14.00
5	威　县(冀)	12.00
6	宁晋县(冀)	11.00
7	阳城县(晋)	21.50
8	沛　县(苏)	150.00
9	泰兴市(苏)	29.60
10	瑞安市(浙)	15.00
11	涡阳县(皖)	360.00
12	寿　县(皖)	100.00
13	潜山县(皖)	30.00
14	蜀山区(皖)	15.00
15	临川区(赣)	2500.00
16	彭泽县(赣)	2000.00
17	高安市(赣)	478.20
18	永修县(赣)	75.00
19	永丰县(赣)	65.00
20	赣　县(赣)	43.00
21	玉山县(赣)	42.50
22	靖安县(赣)	35.00
23	余江县(赣)	30.00
24	芦溪县(赣)	26.00
25	铜鼓县(赣)	20.00
26	平邑县(鲁)	58000.00
27	阳谷县(鲁)	28000.00
28	新泰市(鲁)	1278.00
29	黄岛区(鲁)	350.00
30	武城县(鲁)	200.00
31	宁阳县(鲁)	175.00
32	临沂市蒙山旅游区(鲁)	130.00
33	兖州市(鲁)	100.00
34	沂水县(鲁)	93.00
35	临沭县(鲁)	90.00
36	东平县(鲁)	30.00
37	临沂市高新技术产业开发区(鲁)	24.00
38	肥城市(鲁)	18.00
39	昌乐县(鲁)	10.00
40	登封市(豫)	1760.00
41	嵩　县(豫)	1200.00
42	睢　县(豫)	900.00
43	南乐县(豫)	800.00
44	商水县(豫)	360.00
45	睢阳区(豫)	210.00
46	宜阳县(豫)	90.00
47	鹿邑县(豫)	50.00
48	梁园区(豫)	24.00
49	淮阳县(豫)	20.00
50	辉县市(豫)	20.00
51	固始县(豫)	10.00
52	罗田县(鄂)	1000.00
53	来凤县(鄂)	738.00
54	随　县(鄂)	330.00
55	恩施市(鄂)	62.00
56	茅箭区(鄂)	57.50
57	大冶市(鄂)	50.00
58	通城县(鄂)	36.00
59	宜都市(鄂)	22.00
60	涟源市(湘)	6570.00
61	龙山县(湘)	3600.00
62	凤凰县(湘)	2400.00
63	冷水江市(湘)	1780.00
64	洪江市(湘)	1500.00
65	岳阳县(湘)	500.00
66	花垣县(湘)	400.00
67	永顺县(湘)	400.00
68	永兴县(湘)	355.40
69	保靖县(湘)	350.00
70	北湖区(湘)	287.00
71	泸溪县(湘)	200.00
72	芷江侗族自治县(湘)	160.00
73	古丈县(湘)	100.00
74	汨罗市(湘)	84.00
75	双峰县(湘)	80.00
76	耒阳市(湘)	40.00
77	城步苗族自治县(湘)	35.00
78	麻阳苗族自治县(湘)	27.00
79	常宁市(湘)	15.10
80	桑植县(湘)	15.00
81	醴陵市(湘)	10.00
82	邵阳县(湘)	10.00
83	仁化县(粤)	50.00
84	潮阳区(粤)	10.00
85	昭平县(桂)	28.00
86	田林县(桂)	21.00
87	田东县(桂)	12.00
88	秀山土家族苗族自治县(渝)	20000.00
89	开　县(渝)	2530.00
90	永川区(渝)	75.00
91	武隆县(渝)	32.00
92	铜梁县(渝)	20.00
93	大足县(渝)	10.00
94	沐川县(川)	900.00
95	万源市(川)	600.00
96	资中县(川)	60.00
97	游仙区(川)	40.00
98	古蔺县(川)	30.00
99	瓮安县(黔)	200.00
100	西秀区(黔)	20.00
101	德江县(黔)	20.00
102	会泽县(滇)	5600.00
103	禄劝彝族苗族自治县(滇)	50.00
104	蒲城县(陕)	300.00
105	乾　县(陕)	130.00
106	平利县(陕)	10.00
107	农垦事业管理局(宁)	10.00

表 16-7　厚朴主产地产量

序号	厚朴主产地	产量(吨)
1	景宁畲族自治县(浙)	1560.00
2	衢江区(浙)	400.00
3	平阳县(浙)	100.00
4	磐安县(浙)	12.00
5	潜山县(皖)	40.00
6	芦溪县(赣)	980.00
7	遂川县(赣)	240.00
8	武宁县(赣)	11.20
9	莲花县(赣)	10.00
10	来凤县(鄂)	26226.00
11	恩施市(鄂)	3482.00
12	长阳土家族自治县(鄂)	300.00
13	利川市(鄂)	80.00
14	巴东县(鄂)	50.00
15	五峰土家族自治县(鄂)	45.00
16	道　县(湘)	5001.00
17	涟源市(湘)	3600.00
18	新宁县(湘)	1000.00
19	安化县(湘)	620.00
20	桑植县(湘)	510.00
21	新化县(湘)	475.00
22	桂东县(湘)	254.00
23	苏仙区(湘)	80.00
24	冷水江市(湘)	75.00
25	宁远县(湘)	51.00
26	新田县(湘)	45.00
27	洞口县(湘)	33.00
28	麻阳苗族自治县(湘)	33.00
29	炎陵县(湘)	20.00

序号	厚朴主产地	产量(吨)
30	娄星区(湘)	17.00
31	常宁市(湘)	10.00
32	英德市(粤)	2652.00
33	连山壮族瑶族自治县(粤)	140.00
34	龙胜各族自治县(桂)	153.00
35	富川瑶族自治县(桂)	20.00
36	开　县(渝)	24615.00
37	武隆县(渝)	850.00
38	北川羌族自治县(川)	4558.00
39	都江堰市(川)	2087.00
40	宝兴县(川)	609.00
41	古蔺县(川)	280.00
42	芦山县(川)	220.00
43	沐川县(川)	180.00
44	崇州市(川)	137.00
45	通江县(川)	100.00
46	汶川县(川)	63.00
47	朝天区(川)	25.00
48	彭州市(川)	20.00
49	道真仡佬族苗族自治县(黔)	188.00
50	瓮安县(黔)	30.00
51	修文县(黔)	21.00
52	倘甸工业园区(滇)	10.00
53	城固县(陕)	2700.00
54	佛坪县(陕)	50.00
55	汉阴县(陕)	24.00
56	汉台区(陕)	19.00
57	康　县(甘)	26.70

表 16-8　柴胡主产地产量

序号	柴胡主产地	产量(吨)
1	涉　县(冀)	2250.00
2	涞源县(冀)	2000.00
3	丰宁满族自治县(冀)	40.00
4	绛　县(晋)	200.00
5	垣曲县(晋)	40.00
6	喀喇沁左翼蒙古族自治县(辽)	10.00
7	九台市(吉)	20.00
8	嵩　县(豫)	850.00
9	宜阳县(豫)	140.00
10	南漳县(鄂)	400.00
11	广水市(鄂)	16.00
12	汉源县(川)	309.00
13	永善县(滇)	570.00
14	禄劝彝族苗族自治县(滇)	142.00
15	麟游县(陕)	64.00
16	凤　县(陕)	30.00
17	迭部县(甘)	127.00
18	文　县(甘)	120.00
19	陇西县(甘)	80.00
20	永靖县(甘)	70.00
21	宕昌县(甘)	60.00
22	临潭县(甘)	60.00
23	宁　县(甘)	18.00
24	湟源县(青)	250.00

表 16-9　蜂蜜主产地产量

序号	蜂蜜主产地	产量(吨)
1	元氏县(冀)	80.00
2	阜新蒙古族自治县(辽)	20.00
3	伊通满族自治县(吉)	21.00
4	大石头林业局(吉)	20.00
5	淳安县(浙)	2932.00
6	建德市(浙)	86.00
7	芜湖县(皖)	20.00
8	龙南县(赣)	125.40
9	赣　县(赣)	11.00
10	蕲春县(鄂)	1100.00
11	东宝区(鄂)	82.00
12	广水市(鄂)	80.00
13	五峰土家族自治县(鄂)	15.00
14	宜都市(鄂)	11.00
15	来凤县(鄂)	10.00
16	中方县(湘)	300.00
17	沅陵县(湘)	75.00
18	开　县(渝)	347.00
19	泸水县(滇)	51.00
20	丘北县(滇)	22.00
21	南郑县(陕)	180.00
22	镇坪县(陕)	117.00
23	宁陕县(陕)	84.87
24	文　县(甘)	168.00
25	两当县(甘)	150.00

表 16-10　板蓝根主产地产量

序号	板蓝根主产地	产量(吨)
1	滦平县(冀)	340.00
2	洮南市(吉)	240.00
3	镇赉县(吉)	120.00
4	红岗区(黑)	900.00
5	肇源县(黑)	150.00
6	让胡路区(黑)	85.00
7	太和县(皖)	3000.00
8	临泉县(皖)	2000.00
9	界首市(皖)	200.00
10	龙南县(赣)	258.00
11	寻乌县(赣)	14.10
12	成武县(鲁)	16.00
13	嵩　县(豫)	2300.00
14	宜阳县(豫)	330.00
15	睢　县(豫)	180.00
16	邓州市(豫)	50.00
17	广水市(鄂)	16.00
18	乳源瑶族自治县(粤)	1200.00
19	那坡县(桂)	500.00
20	凌云县(桂)	130.00
21	木里藏族自治县(川)	10.00
22	永平县(滇)	50.00
23	宣威市(滇)	10.00
24	山丹县(甘)	1200.00
25	崆峒区(甘)	487.00
26	两当县(甘)	20.00

表 16-11　桔梗主产地产量

序号	桔梗主产地	产量(吨)
1	迁西县(冀)	1500.00
2	涞源县(冀)	1300.00
3	丰宁满族自治县(冀)	25.00
4	临漳县(冀)	18.00
5	喀喇沁旗(内蒙古)	130.00
6	本溪满族自治县(辽)	200.00
7	凌源市(辽)	46.00
8	东港市(辽)	44.00
9	振安区(辽)	20.00
10	长白山林业局(吉)	28.00
11	太和县(皖)	20000.00
12	界首市(皖)	4000.00
13	砀山县(皖)	161.04
14	蜀山区(皖)	40.00
15	芜湖县(皖)	30.00
16	郎溪县(皖)	30.00
17	宜丰县(赣)	55.50
18	东乡县(赣)	32.00
19	沂源县(鲁)	5000.00
20	新泰市(鲁)	215.00
21	梁山县(鲁)	123.00
22	长清区(鲁)	80.00
23	嵩　县(豫)	5000.00

序号	桔梗主产地	产量(吨)
24	沈丘县(豫)	200.00
25	宜阳县(豫)	120.00
26	西平县(豫)	100.00
27	平桥区(豫)	30.00
28	鹿邑县(豫)	15.00
29	漳河新区(鄂)	750.00
30	恩施市(鄂)	95.00
31	广水市(鄂)	10.00
32	安仁县(湘)	5000.00
33	开　县(渝)	1957.00
34	巫山县(渝)	20.00
35	昭化区(川)	150.00
36	玉龙纳西族自治县(滇)	10400.00
37	洱源县(滇)	180.00
38	广南县(滇)	10.90

表 16-12　丹参主产地产量

序号	丹参主产地	产量(吨)
1	迁西县(冀)	5000.00
2	灵寿县(冀)	130.00
3	临漳县(冀)	17.00
4	平陆县(晋)	31.00
5	谯城区(皖)	1000.00
6	桐城市(皖)	750.00
7	长清区(鲁)	15000.00
8	新泰市(鲁)	10280.00
9	平邑县(鲁)	5300.00
10	沂源县(鲁)	5000.00
11	莒　县(鲁)	3000.00
12	临朐县(鲁)	1500.00
13	临沂市蒙山旅游区(鲁)	1200.00
14	沂水县(鲁)	584.00
15	兖州市(鲁)	300.00
16	肥城市(鲁)	266.00
17	梁山县(鲁)	205.00
18	汶上县(鲁)	140.00
19	宁阳县(鲁)	105.00
20	东平县(鲁)	60.00
21	嵩　县(豫)	3500.00
22	义马市(豫)	300.00
23	淇　县(豫)	30.00
24	商水县(豫)	25.00
25	辉县市(豫)	20.00
26	方城县(豫)	12.00
27	鹿邑县(豫)	10.00
28	恩施市(鄂)	10.00
29	双峰县(湘)	20.00
30	禄劝彝族苗族自治县(滇)	800.00
31	蒲城县(陕)	720.00

表 16-13　天麻主产地产量

序号	天麻主产地	产量(吨)
1	辉南县(吉)	860.00
2	靖宇县(吉)	13.00
3	抚松县(吉)	5.70
4	永吉县(吉)	5.00
5	金寨县(皖)	10085.00
6	嵩　县(豫)	500.00
7	商水县(豫)	35.00
8	汝阳县(豫)	11.30
9	内乡县(豫)	5.00
10	罗田县(鄂)	10000.00
11	英山县(鄂)	300.00
12	房　县(鄂)	20.00
13	恩施市(鄂)	17.00
14	宜都市(鄂)	10.00
15	湘乡市(湘)	1098.00
16	洪江市(湘)	350.00
17	桑植县(湘)	25.00
18	靖州苗族侗族自治县(湘)	6.50
19	株洲县(湘)	5.00
20	巫山县(渝)	60.00
21	开　县(渝)	45.00
22	武隆县(渝)	25.00
23	南川区(渝)	6.00
24	北川羌族自治县(川)	214.00
25	美姑县(川)	100.00
26	金口河区(川)	50.00
27	茂　县(川)	50.00
28	普安县(黔)	150.00
29	锦屏县(黔)	40.00
30	彝良县(滇)	14810.00
31	永善县(滇)	820.00
32	禄劝彝族苗族自治县(滇)	330.00
33	鹤庆县(滇)	83.30
34	富源县(滇)	6.50
35	宁陕县(陕)	1524.59
36	佛坪县(陕)	320.00
37	商南县(陕)	135.00
38	蓝田县(陕)	25.00
39	泉阳林业局(吉林森工)	50.00
40	三岔子林业局(吉林森工)	30.80

表 16-14　党参主产地产量

序号	党参主产地	产量(吨)
1	清原满族自治县(辽)	716.00
2	辉南县(吉)	170.00
3	恩施市(鄂)	414.00
4	新化县(湘)	20.00
5	开　县(渝)	901.00
6	巫山县(渝)	200.00
7	九寨沟县(川)	220.00
8	罗江县(川)	80.00
9	会理县(川)	30.00
10	汉源县(川)	26.00
11	禄劝彝族苗族自治县(滇)	1080.00
12	永平县(滇)	500.00
13	漾濞彝族自治县(滇)	350.00
14	倘甸工业园区(滇)	20.00
15	平利县(陕)	400.00
16	宕昌县(甘)	30000.00
17	文　县(甘)	6000.00
18	武山县(甘)	5246.00
19	崆峒区(甘)	229.00
20	陇西县(甘)	200.00
21	临潭县(甘)	150.00
22	湟源县(青)	250.00
23	湟中县(青)	144.00

表 16-15　石斛主产地产量

序号	石斛主产地	产量(吨)
1	象山县(浙)	9000.00
2	余姚市(浙)	195.00
3	新昌县(浙)	34.00
4	天台县(浙)	15.00
5	婺城区(浙)	14.00
6	庆元县(浙)	11.00
7	霍山县(皖)	8.00
8	修水县(赣)	1200.00
9	翁源县(粤)	10.00
10	大埔县(粤)	5.00
11	那坡县(桂)	5.00
12	垫江县(渝)	8.00
13	合江县(川)	5000.00
14	双江拉祜族佤族布朗族傣族自治县(滇)	15275.00
15	芒　市(滇)	2009.00
16	龙陵县(滇)	2000.00
17	勐海县(滇)	542.00
18	屏边苗族自治县(滇)	260.00

序号	石斛主产地	产量(吨)
19	腾冲县(滇)	198.30
20	禄劝彝族苗族自治县(滇)	180.00
21	临翔区(滇)	162.00
22	施甸县(滇)	150.00
23	昌宁县(滇)	140.00
24	盈江县(滇)	120.00
25	陇川县(滇)	96.23
26	漾濞彝族自治县(滇)	80.00
27	沧源佤族自治县(滇)	51.00
28	墨江哈尼族自治县(滇)	16.40
29	楚雄市(滇)	9.00

表 16-16　百合主产地产量

序号	百合主产地	产量(吨)
1	克什克腾旗(内蒙古)	6.00
2	常山县(浙)	900.00
3	郎溪县(皖)	1500.00
4	旌德县(皖)	800.00
5	舒城县(皖)	20.00
6	兴国县(赣)	10.00
7	修水县(赣)	10.00
8	罗田县(鄂)	2000.00
9	来凤县(鄂)	754.00
10	恩施市(鄂)	692.00
11	蕲春县(鄂)	180.00
12	宜都市(鄂)	15.00
13	广水市(鄂)	6.00
14	芷江侗族自治县(湘)	600.00
15	新化县(湘)	260.00
16	新宁县(湘)	200.00
17	安化县(湘)	150.00
18	祁东县(湘)	100.00
19	双峰县(湘)	30.00
20	辰溪县(湘)	30.00
21	武陵源区(湘)	20.00
22	新晃侗族自治县(湘)	10.00
23	黔江区(渝)	760.00
24	合川区(渝)	220.00
25	会理县(川)	30.00
26	永靖县(甘)	600.00

表 16-17　枸杞子主产地产量

序号	枸杞子主产地	产量(吨)
1	元氏县(冀)	840.00
2	辛集市(冀)	174.00
3	山阴县(晋)	7.50
4	乌拉特前旗(内蒙古)	11820.00
5	托克托县(内蒙古)	5420.25
6	磴口县(内蒙古)	84.00
7	临河区(内蒙古)	52.50
8	达拉特旗(内蒙古)	11.00
9	克什克腾旗(内蒙古)	11.00
10	梅河口市(吉)	100.00
11	高安市(赣)	12.00
12	成武县(鲁)	9.00
13	渑池县(豫)	150.00
14	万州区(渝)	28.00
15	汉阴县(陕)	13.00
16	靖远县(甘)	15900.00
17	瓜州县(甘)	5810.00
18	民勤县(甘)	4980.00
19	永登县(甘)	1218.00
20	永昌县(甘)	750.00
21	凉州区(甘)	450.00
22	山丹县(甘)	5.00
23	共和县(青)	124.00
24	西夏区(宁)	4300.00
25	惠农区(宁)	2400.00
26	原州区(宁)	1261.30
27	金凤区(宁)	508.00
28	盐池县(宁)	17.00
29	奇台县(新)	16.00

表 16-18　白果主产地产量

序号	白果主产地	产量(吨)
1	振安区(辽)	10.00
2	青浦区(沪)	65.00
3	嘉定区(沪)	60.00
4	崇明县(沪)	17.60
5	广陵区(苏)	17620.00
6	泰兴市(苏)	12000.00
7	高港区(苏)	4000.00
8	邳州市(苏)	3203.00
9	姜堰区(苏)	3048.00
10	如东县(苏)	2955.00
11	赣榆县(苏)	1930.00
12	如皋市(苏)	1750.00
13	靖江市(苏)	1336.00
14	宿城区(苏)	1200.00
15	东台市(苏)	1188.00
16	盐都区(苏)	1050.00
17	沭阳县(苏)	920.00
18	兴化市(苏)	800.00
19	滨海县(苏)	650.00
20	射阳县(苏)	598.00
21	宜兴市(苏)	534.00
22	灌云县(苏)	510.00
23	吴中区(苏)	492.00
24	江都区(苏)	400.00
25	睢宁县(苏)	383.00
26	海陵区(苏)	283.00
27	响水县(苏)	210.00
28	通州区(苏)	148.00
29	海门市(苏)	144.00
30	邗江区(苏)	100.00
31	启东市(苏)	100.00
32	长兴县(浙)	800.00
33	奉化市(浙)	150.00
34	嵊州市(浙)	85.00
35	衢江区(浙)	55.00
36	淳安县(浙)	30.00
37	明光市(皖)	800.00
38	金寨县(皖)	133.00
39	宁国市(皖)	103.00
40	岳西县(皖)	75.00
41	舒城县(皖)	50.00
42	潜山县(皖)	24.00
43	铜鼓县(赣)	50.00
44	昌邑市(鲁)	540.00
45	郯城县(鲁)	150.00
46	河东区(鲁)	30.00
47	乳山市(鲁)	17.00
48	沂南县(鲁)	13.00
49	宁阳县(鲁)	10.11
50	嵩　县(豫)	100.00
51	浉河区(豫)	50.00
52	新野县(豫)	50.00
53	罗山县(豫)	40.00
54	南漳县(鄂)	2100.00
55	曾都区(鄂)	1026.00
56	建始县(鄂)	840.00
57	恩施市(鄂)	507.00
58	来凤县(鄂)	252.00
59	宣恩县(鄂)	55.00
60	利川市(鄂)	50.00
61	房　县(鄂)	50.00
62	兴山县(鄂)	48.00
63	竹溪县(鄂)	30.00

序号	白果主产地	产量(吨)
64	浠水县(鄂)	20.00
65	广水市(鄂)	20.00
66	宜都市(鄂)	10.00
67	罗田县(鄂)	10.00
68	沅陵县(湘)	351.00
69	冷水江市(湘)	23.00
70	株洲县(湘)	21.00
71	中方县(湘)	20.00
72	宁远县(湘)	12.00
73	南雄市(粤)	660.00
74	连南瑶族自治县(粤)	40.00
75	灵川县(桂)	3293.00
76	兴安县(桂)	3058.00
77	龙胜各族自治县(桂)	43.00
78	平乐县(桂)	36.00
79	恭城瑶族自治县(桂)	30.00
80	永福县(桂)	19.00
81	石柱土家族自治县(渝)	550.00
82	南川区(渝)	200.00
83	合川区(渝)	200.00
84	黔江区(渝)	80.00
85	武隆县(渝)	28.00
86	奉节县(渝)	15.00
87	万源市(川)	900.00
88	通江县(川)	550.00
89	南部县(川)	150.00
90	江油市(川)	120.00
91	青川县(川)	120.00
92	达川区(川)	72.00
93	北川羌族自治县(川)	59.00
94	江安县(川)	55.00
95	芦山县(川)	25.00
96	旺苍县(川)	20.00
97	大安区(川)	15.00
98	朝天区(川)	10.00
99	贵定县(黔)	150.00
100	瓮安县(黔)	55.00
101	惠水县(黔)	25.00
102	德江县(黔)	20.00
103	腾冲县(滇)	13060.00
104	城固县(陕)	270.00
105	略阳县(陕)	110.00
106	汉阴县(陕)	81.00
107	柞水县(陕)	45.00
108	佛坪县(陕)	25.00

表 16-19 其他中药材主产地产量

序号	其他中药材主产地	品种	产量(吨)
1	临泉县(皖)	艾叶	500.00
2	嵩　县(豫)	艾叶	500.00
3	襄城区(鄂)	艾叶	400.00
4	开　县(渝)	艾叶	256.00
5	合川区(渝)	艾叶	230.00
6	贵定县(黔)	艾叶	200.00
7	德江县(黔)	艾叶	100.00
8	伊通满族自治县(吉)	艾叶	90.00
9	宿松县(皖)	艾叶	40.00
10	社旗县(豫)	艾叶	30.00
11	赣　县(赣)	艾叶	20.00
12	醴陵市(湘)	艾叶	20.00
13	青州市(鲁)	艾叶	10.00
14	兴国县(赣)	艾叶	10.00
15	乳源瑶族自治县(粤)	桉	1200.00
16	醴陵市(湘)	巴戟天	20.00
17	双柏县(滇)	白扁豆	618.00
18	蕲春县(鄂)	白扁豆	230.00
19	恩施市(鄂)	白附子	276.00
20	龙陵县(滇)	白花蛇	860.00
21	广德县(皖)	白及	1200.00
22	旌德县(皖)	白及	160.00
23	房　县(鄂)	白及	100.00
24	弥勒市(滇)	白及	100.00
25	东至县(皖)	白及	90.00
26	修水县(赣)	白及	65.00
27	桑植县(湘)	白及	25.00
28	贵定县(黔)	白及	20.00
29	双峰县(湘)	白茅根	1.00
30	谯城区(皖)	白芍	100000.00
31	涡阳县(皖)	白芍	4000.00
32	中江县(川)	白芍	3250.00
33	虞城县(豫)	白芍	3000.00
34	界首市(皖)	白芍	1000.00
35	睢阳区(豫)	白芍	560.00
36	迎江区(皖)	白芍	500.00
37	夏邑县(豫)	白芍	400.00
38	新泰市(鲁)	白芍	375.00
39	零陵区(湘)	白芍	300.00
40	南部县(川)	白芍	150.00
41	梁山县(鲁)	白芍	126.00
42	临漳县(冀)	白芍	100.00
43	舞钢市(豫)	白芍	100.00
44	罗江县(川)	白芍	80.00
45	芜湖县(皖)	白芍	35.00
46	竹山县(鄂)	白芍	20.00
47	鹿邑县(豫)	白芍	15.00
48	双峰县(湘)	白芍	12.00
49	广水市(鄂)	白芍	10.00
50	临泉县(皖)	白术	60000.00
51	安国市(冀)	白术	16000.00
52	咸丰县(鄂)	白术	8200.00
53	谯城区(皖)	白术	6000.00
54	磐安县(浙)	白术	4433.00
55	秀山土家族苗族自治县(渝)	白术	1000.00
56	恩施市(鄂)	白术	663.00
57	砀山县(皖)	白术	521.84

序号	其他中药材主产地	品种	产量(吨)
58	景宁畲族自治县(浙)	白术	451.00
59	淳安县(浙)	白术	220.00
60	新宁县(湘)	白术	200.00
61	修水县(赣)	白术	150.00
62	来凤县(鄂)	白术	134.00
63	天台县(浙)	白术	129.00
64	青田县(浙)	白术	75.00
65	北湖区(湘)	白术	65.00
66	桑植县(湘)	白术	45.00
67	邢台市桥西区(冀)	白术	15.00
68	双峰县(湘)	白术	12.00
69	鹿邑县(豫)	白术	10.00
70	安国市(冀)	白芷	15000.00
71	乐至县(川)	白芷	9000.00
72	谯城区(皖)	白芷	3000.00
73	南川区(渝)	白芷	1700.00
74	鹿邑县(豫)	白芷	1500.00
75	开　县(渝)	白芷	940.00
76	宜阳县(豫)	白芷	70.00
77	大足县(渝)	白芷	50.00
78	永平县(滇)	白芷	10.00
79	耒阳市(湘)	百两金	0.60
80	耒阳市(湘)	败酱草	1200.00
81	潜江市(鄂)	半夏	5000.00
82	砀山县(皖)	半夏	301.96
83	利川市(鄂)	半夏	300.00
84	荆门市市辖区(鄂)	半夏	120.00
85	嵩　县(豫)	半夏	100.00
86	新宁县(湘)	半夏	100.00
87	酉阳土家族苗族自治县(渝)	半夏	55.00
88	麻阳苗族自治县(湘)	半夏	41.00
89	锦屏县(黔)	半夏	14.00
90	竹山县(鄂)	半夏	11.00
91	来凤县(鄂)	半夏	10.00
92	临泉县(皖)	薄荷	5000.00
93	靖安县(赣)	薄荷	26.00
94	大石头林业局(吉)	暴马子	4.00
95	海林林业局(龙江森工)	贝母	1600.00
96	亚布力林业局(龙江森工)	贝母	1550.00
97	利川市(鄂)	贝母	1500.00
98	定海区(浙)	贝母	1240.00
99	磐安县(浙)	贝母	1149.00
100	带岭实验局(龙江森工)	贝母	730.00
101	辉南县(吉)	贝母	450.00
102	苇河林业局(龙江森工)	贝母	396.00
103	恩施市(鄂)	贝母	366.00
104	迁西县(冀)	贝母	300.00
105	方正林业局(龙江森工)	贝母	144.00
106	修水县(赣)	贝母	130.00
107	山河屯林业局(龙江森工)	贝母	112.00
108	茂　县(川)	贝母	50.00
109	桓仁满族自治县(辽)	贝母	30.00
110	大海林林业局(龙江森工)	贝母	22.00
111	兴隆林业局(龙江森工)	贝母	22.00
112	绥棱林业局(龙江森工)	贝母	20.00
113	长白山林业局(吉)	贝母	15.00
114	乌马河林业局(龙江森工)	贝母	10.00
115	耒阳市(湘)	苍耳子	20.00
116	双峰县(湘)	苍耳子	6.00
117	罗田县(鄂)	苍术	850.00
118	南漳县(鄂)	苍术	800.00
119	郧西县(鄂)	苍术	500.00
120	丰宁满族自治县(冀)	苍术	50.00
121	京山县(鄂)	苍术	20.00
122	泸水县(滇)	草果	5938.80
123	屏边苗族自治县(滇)	草果	5000.00
124	贡山独龙族怒族自治县(滇)	草果	2088.75
125	龙陵县(滇)	草果	1200.00
126	西畴县(滇)	草果	300.00
127	那坡县(桂)	草果	10.00
128	青州市(鲁)	侧柏	1000.00
129	确山县(豫)	侧柏	200.00
130	辉县市(豫)	侧柏叶	140.00
131	乳源瑶族自治县(粤)	茶树	2200.00
132	台山市(粤)	茶树	263.00
133	双峰县(湘)	菖蒲	9.00
134	辉南县(吉)	车前子	165.00
135	修水县(赣)	车前子	150.00
136	龙里县(黔)	车前子	55.00
137	化州市(粤)	沉香	1.00
138	新会区(粤)	陈皮	40000.00
139	宜都市(鄂)	陈皮	60.00
140	兴国县(赣)	陈皮	10.00
141	浏阳市(湘)	赤小豆	5.00
142	石渠县(川)	虫草	50.20
143	木里藏族自治县(川)	虫草	30.00
144	南部县(川)	臭椿	300.00
145	来凤县(鄂)	川椒	172.00
146	金口河区(川)	川芎	3195.00
147	开　县(渝)	川芎	154.00
148	辉南县(吉)	穿山甲	300.00
149	延寿县(黑)	穿山龙	500.00

序号	其他中药材主产地	品种	产量(吨)	序号	其他中药材主产地	品种	产量(吨)
150	本溪满族自治县(辽)	穿山龙	350.00	196	湟中县(青)	当归	172.00
151	辉南县(吉)	穿山龙	340.00	197	陇西县(甘)	当归	90.00
152	麟游县(陕)	穿山龙	189.00	198	丰宁满族自治县(冀)	当归	15.00
153	桓仁满族自治县(辽)	穿山龙	100.00	199	倘甸工业园区(滇)	当归	10.00
154	耒阳市(湘)	大红藤	6.00	200	盖州市(辽)	地龙	220.00
155	利川市(鄂)	大黄	15000.00	201	双峰县(湘)	莪术	3.00
156	开　县(渝)	大黄	9800.00	202	竹山县(鄂)	番木瓜	12500.00
157	宕昌县(甘)	大黄	4000.00	203	藁城区(冀)	防风	1800.00
158	绛　县(晋)	大黄	3500.00	204	孙吴县(黑)	防风	600.00
159	北川羌族自治县(川)	大黄	2385.00	205	清原满族自治县(辽)	防风	593.00
160	洱源县(滇)	大黄	1360.00	206	洮南市(吉)	防风	270.00
161	茂　县(川)	大黄	1000.00	207	灵寿县(冀)	防风	80.00
162	湟源县(青)	大黄	750.00	208	海林市(黑)	防风	30.00
163	嵩　县(豫)	大黄	500.00	209	桦南县(黑)	防风	25.00
164	恩施市(鄂)	大黄	478.00	210	垣曲县(晋)	防风	20.00
165	大通回族土族自治县(青)	大黄	150.00	211	阿城区(黑)	防风	16.20
166	巫山县(渝)	大黄	100.00	212	耒阳市(湘)	枫香	12.00
167	碌曲县(甘)	大黄	60.00	213	石柱土家族自治县(渝)	佛手	1600.00
168	迭部县(甘)	大黄	52.00	214	靖州苗族侗族自治县(湘)	茯苓	36152.00
169	克什克腾旗(内蒙古)	大黄	42.00	215	上思县(桂)	茯苓	32500.00
170	嵩　县(豫)	大青叶	700.00	216	石柱土家族自治县(渝)	茯苓	3600.00
171	耒阳市(湘)	大青叶	200.00	217	岑溪市(桂)	茯苓	3240.00
172	民勤县(甘)	大枣	8387.00	218	湘乡市(湘)	茯苓	1458.00
173	滦平县(冀)	大枣	200.00	219	蕲春县(鄂)	茯苓	1200.00
174	谯城区(皖)	丹皮	140000.00	220	潜山县(皖)	茯苓	700.00
175	南陵县(皖)	丹皮	3800.00	221	楚雄市(滇)	茯苓	515.00
176	砀山县(皖)	丹皮	710.88	222	墨江哈尼族自治县(滇)	茯苓	408.50
177	宜阳县(豫)	丹皮	190.00	223	田林县(桂)	茯苓	381.00
178	泾　县(皖)	丹皮	120.00	224	昭化区(川)	茯苓	220.00
179	寻甸回族彝族自治县(滇)	丹皮	80.00	225	谷城县(鄂)	茯苓	200.00
180	成武县(鲁)	丹皮	44.00	226	旌德县(皖)	茯苓	200.00
181	双峰县(湘)	丹皮	30.00	227	锦屏县(黔)	茯苓	90.00
182	鹿邑县(豫)	丹皮	15.00	228	龙里县(黔)	茯苓	55.00
183	伊川县(豫)	丹皮	15.00	229	双柏县(滇)	茯苓	47.00
184	舞钢市(豫)	丹皮	10.00	230	通道侗族自治县(湘)	茯苓	20.00
185	宕昌县(甘)	当归	7000.00	231	高安市(赣)	茯苓	18.00
186	汉源县(川)	当归	4420.00	232	武隆县(渝)	茯苓	13.00
187	沾益县(滇)	当归	3000.00	233	安仁县(湘)	茯苓	10.00
188	湟源县(青)	当归	2880.00	234	昭平县(桂)	茯苓	10.00
189	武山县(甘)	当归	2427.00	235	耒阳市(湘)	浮萍	300.00
190	临潭县(甘)	当归	1500.00	236	玉龙纳西族自治县(滇)	附子	11200.00
191	金口河区(川)	当归	1250.00	237	禄劝彝族苗族自治县(滇)	附子	1500.00
192	大通回族土族自治县(青)	当归	600.00	238	云龙县(滇)	附子	640.00
193	蕲春县(鄂)	当归	500.00	239	漾濞彝族自治县(滇)	附子	150.00
194	禄劝彝族苗族自治县(滇)	当归	320.00	240	宾川县(滇)	附子	103.50
195	文　县(甘)	当归	180.00	241	姚安县(滇)	附子	100.00

序号	其他中药材主产地	品种	产量(吨)	序号	其他中药材主产地	品种	产量(吨)
242	武定县(滇)	附子	89.00	288	宁远县(湘)	葛根	17.00
243	天门市(鄂)	覆盆子	700.00	289	锦屏县(黔)	钩藤	420.00
244	新化县(湘)	覆盆子	200.00	290	新宁县(湘)	钩藤	100.00
245	旌德县(皖)	覆盆子	60.00	291	耒阳市(湘)	谷精草	4.00
246	广水市(鄂)	覆盆子	20.00	292	安国市(冀)	瓜蒌	41250.00
247	杭锦旗(内蒙古)	甘草	20000.00	293	潜山县(皖)	瓜蒌	7000.00
248	金塔县(甘)	甘草	3880.00	294	谯城区(皖)	瓜蒌	1000.00
249	沙雅县(新)	甘草	1938.00	295	修水县(赣)	瓜蒌	100.00
250	嫩江县(黑)	甘草	900.00	296	寻乌县(赣)	桂枝	6.40
251	集宁区(内蒙古)	甘草	681.00	297	利川市(鄂)	何首乌	200.00
252	阳曲县(晋)	甘草	416.00	298	蕲春县(鄂)	何首乌	150.00
253	磴口县(内蒙古)	甘草	220.00	299	武陵源区(湘)	何首乌	30.00
254	阿拉善右旗(内蒙古)	甘草	200.00	300	那坡县(桂)	何首乌	20.00
255	惠农区(宁)	甘草	200.00	301	宿松县(皖)	荷叶	100.00
256	子洲县(陕)	甘草	190.00	302	双峰县(湘)	荷叶	12.00
257	浮梁县(赣)	甘草	165.00	303	淮阳县(豫)	黑芝麻	1455.00
258	和林格尔县(内蒙古)	甘草	60.00	304	商水县(豫)	黑芝麻	10.00
259	宁　县(甘)	甘草	20.00	305	余江县(赣)	黑芝麻	10.00
260	洮南市(吉)	甘草	18.00	306	山阳县(陕)	黄姜	63796.00
261	资溪县(赣)	甘草	16.01	307	淅川县(豫)	黄姜	28000.00
262	九台市(吉)	甘草	15.00	308	旬阳县(陕)	黄姜	3513.00
263	达拉特旗(内蒙古)	甘草	10.00	309	眉　县(陕)	黄姜	712.00
264	蕲春县(鄂)	干姜	800.00	310	那坡县(桂)	黄姜	500.00
265	铜鼓县(赣)	干姜	500.00	311	安化县(湘)	黄姜	230.00
266	赣　县(赣)	干姜	230.00	312	北湖区(湘)	黄姜	58.00
267	上饶县(赣)	干姜	180.00	313	宜都市(鄂)	黄姜	30.00
268	靖安县(赣)	干姜	75.00	314	耒阳市(湘)	黄荆	40.00
269	开　县(渝)	藁本	116.00	315	会理县(川)	黄荆	30.00
270	茂　县(川)	藁本	50.00	316	营山县(川)	黄精	1200.00
271	沅陵县(湘)	葛根	2050.00	317	开　县(渝)	黄精	515.00
272	来凤县(鄂)	葛根	1000.00	318	修水县(赣)	黄精	360.00
273	桑植县(湘)	葛根	860.00	319	旌德县(皖)	黄精	160.00
274	耒阳市(湘)	葛根	600.00	320	贵池区(皖)	黄精	50.00
275	彭泽县(赣)	葛根	400.00	321	恩施市(鄂)	黄精	40.00
276	恩施市(鄂)	葛根	300.00	322	西畴县(滇)	黄精	17.50
277	金堂县(川)	葛根	250.00	323	嵩　县(豫)	黄精	12.00
278	宜都市(鄂)	葛根	250.00	324	那坡县(桂)	黄精	10.00
279	新宁县(湘)	葛根	200.00	325	开　县(渝)	黄连	6400.00
280	旌德县(皖)	葛根	150.00	326	鄂城区(鄂)	黄连	1000.00
281	利川市(鄂)	葛根	120.00	327	北川羌族自治县(川)	黄连	914.00
282	嵩　县(豫)	葛根	90.00	328	恩施市(鄂)	黄连	224.00
283	苏仙区(湘)	葛根	56.00	329	来凤县(鄂)	黄连	160.00
284	冷水江市(湘)	葛根	35.00	330	利川市(鄂)	黄连	50.00
285	辰溪县(湘)	葛根	30.00	331	武隆县(渝)	黄连	50.00
286	新晃侗族自治县(湘)	葛根	28.00	332	桑植县(湘)	黄连	45.00
287	潜山县(皖)	葛根	20.00	333	酉阳土家族苗族自治县(渝)	黄连	13.00

序号	其他中药材主产地	品种	产量(吨)
334	宕昌县(甘)	黄芪	36000.00
335	山丹县(甘)	黄芪	4800.00
336	沂源县(鲁)	黄芪	3000.00
337	莒　县(鲁)	黄芪	720.00
338	崆峒区(甘)	黄芪	536.00
339	广灵县(晋)	黄芪	525.00
340	阳曲县(晋)	黄芪	500.00
341	湟中县(青)	黄芪	440.00
342	逊克县(黑)	黄芪	360.00
343	山阳县(陕)	黄芪	290.00
344	湟源县(青)	黄芪	250.00
345	陇西县(甘)	黄芪	250.00
346	子洲县(陕)	黄芪	245.00
347	浑源县(晋)	黄芪	218.00
348	双城市(黑)	黄芪	175.00
349	大通回族土族自治县(青)	黄芪	150.00
350	桓仁满族自治县(辽)	黄芪	100.00
351	凌源市(辽)	黄芪	82.00
352	方正县(黑)	黄芪	70.00
353	碌曲县(甘)	黄芪	58.00
354	克什克腾旗(内蒙古)	黄芪	42.00
355	平邑县(鲁)	黄芩	5500.00
356	绛　县(晋)	黄芩	4500.00
357	迁西县(冀)	黄芩	2500.00
358	涞源县(冀)	黄芩	2400.00
359	蒲城县(陕)	黄芩	1300.00
360	宽城满族自治县(冀)	黄芩	1030.00
361	龙城区(辽)	黄芩	521.00
362	嵩　县(豫)	黄芩	500.00
363	赤城县(冀)	黄芩	450.00
364	喀喇沁左翼蒙古族自治县(辽)	黄芩	185.00
365	子洲县(陕)	黄芩	105.00
366	凌源市(辽)	黄芩	84.00
367	临潭县(甘)	黄芩	80.00
368	长清区(鲁)	黄芩	80.00
369	沂水县(鲁)	黄芩	71.00
370	丰宁满族自治县(冀)	黄芩	60.00
371	东平县(鲁)	黄芩	50.00
372	垣曲县(晋)	黄芩	40.00
373	麟游县(陕)	黄芩	23.00
374	南部县(川)	藿香	300.00
375	乳源瑶族自治县(粤)	鸡血藤	620.00
376	昭平县(桂)	鸡血藤	80.00
377	双峰县(湘)	鸡血藤	15.00
378	西畴县(滇)	姜黄	820.00
379	那坡县(桂)	金钱草	3.00
380	鼎城区(湘)	金樱子	29.00
381	涉　县(冀)	荆芥	1000.00
382	阳谷县(鲁)	菊花	1200000.00
383	太康县(豫)	菊花	1500.00
384	夷陵区(鄂)	菊花	1150.00
385	彭泽县(赣)	菊花	1000.00
386	淳安县(浙)	菊花	962.00
387	鹿邑县(豫)	菊花	180.00
388	桐城市(皖)	菊花	150.00
389	蕲春县(鄂)	菊花	80.00
390	景宁畲族自治县(浙)	菊花	65.00
391	鹤山区(豫)	菊花	60.00
392	界首市(皖)	菊花	60.00
393	永丰县(赣)	菊花	35.00
394	武宁县(赣)	菊花	25.72
395	耒阳市(湘)	菊花	20.00
396	广水市(鄂)	菊花	16.00
397	辉县市(豫)	决明子	65.00
398	伊川县(豫)	决明子	20.00
399	长清区(鲁)	决明子	20.00
400	建平县(辽)	苦参	1500.00
401	喀喇沁左翼蒙古族自治县(辽)	苦参	950.00
402	康平县(辽)	苦参	150.00
403	赤城县(冀)	苦参	50.00
404	丰宁满族自治县(冀)	苦参	40.00
405	耒阳市(湘)	阔叶十大功劳	4.00
406	玉州区(桂)	荔枝核	2000.00
407	黎城县(晋)	连翘	3300.00
408	嵩　县(豫)	连翘	2700.00
409	陵川县(晋)	连翘	1965.00
410	阳城县(晋)	连翘	1295.00
411	青州市(鲁)	连翘	300.00
412	辉县市(豫)	连翘	160.00
413	沁　县(晋)	连翘	140.00
414	耒阳市(湘)	楝	5.00
415	祁门县(皖)	灵芝	355.00
416	旌德县(皖)	灵芝	300.00
417	龙泉市(浙)	灵芝	300.00
418	寻乌县(赣)	灵芝	58.00
419	长白山林业局(吉)	灵芝	53.00
420	八家子林业局(吉)	灵芝	42.00
421	婺城区(浙)	灵芝	20.00
422	长白森林经营局(吉)	灵芝	15.00
423	永丰县(赣)	灵芝	12.00
424	昭平县(桂)	灵芝	12.00
425	海州区(苏)	凌霄花	21.00

序号	其他中药材主产地	品种	产量(吨)	序号	其他中药材主产地	品种	产量(吨)
426	清原满族自治县(辽)	龙胆草	708.00	472	耒阳市(湘)	木槿	1.00
427	永德县(滇)	龙胆草	140.00	473	东源县(粤)	木棉	20.00
428	宽甸满族自治县(辽)	龙胆草	110.00	474	来凤县(鄂)	木通	120.00
429	云龙县(滇)	龙胆草	110.00	475	辉南县(吉)	木通	55.00
430	黄泥河林业局(吉)	龙胆草	60.00	476	玉龙纳西族自治县(滇)	木香	22500.00
431	桦南县(黑)	龙胆草	50.00	477	文　县(甘)	木香	16000.00
432	桓仁满族自治县(辽)	龙胆草	40.00	478	开　县(渝)	木香	5796.00
433	辉南县(吉)	龙胆草	11.00	479	洱源县(滇)	木香	2640.00
434	高州市(粤)	龙眼肉	2500.00	480	北川羌族自治县(川)	木香	2228.00
435	耒阳市(湘)	芦根	300.00	481	禄劝彝族苗族自治县(滇)	木香	960.00
436	延寿县(黑)	鹿茸	10.00	482	泸水县(滇)	木香	875.00
437	长白山林业局(吉)	鹿茸	4.00	483	漾濞彝族自治县(滇)	木香	400.00
438	新宾满族自治县(辽)	鹿茸	3.00	484	永胜县(滇)	木香	96.90
439	辉南县(吉)	鹿茸	2.50	485	耒阳市(湘)	南蛇藤	100.00
440	鄂伦春自治旗(内蒙古)	鹿茸	2.00	486	黟　县(皖)	南天竹	10.00
441	阿鲁科尔沁旗(内蒙古)	麻黄	8300.00	487	耒阳市(湘)	南天竹	6.00
442	鄂托克前旗(内蒙古)	麻黄	2360.00	488	迭部县(甘)	牛蒡子	121.00
443	达拉特旗(内蒙古)	麻黄	975.00	489	临潭县(甘)	牛蒡子	60.00
444	克什克腾旗(内蒙古)	麻黄	45.00	490	耒阳市(湘)	牛蒡子	20.00
445	临潭县(甘)	麻黄	12.00	491	金口河区(川)	牛膝	7200.00
446	耒阳市(湘)	马勃	2.00	492	汉源县(川)	牛膝	465.00
447	耒阳市(湘)	马齿苋	2000.00	493	那坡县(桂)	女贞子	500.00
448	灵寿县(冀)	马齿苋	150.00	494	临泉县(皖)	女贞子	185.00
449	兴国县(赣)	马齿苋	10.00	495	伊川县(豫)	女贞子	100.00
450	襄城区(鄂)	麦冬	7000.00	496	嵩　县(豫)	女贞子	70.00
451	宜都市(鄂)	麦冬	10.00	497	芜湖县(皖)	女贞子	30.00
452	麻阳苗族自治县(湘)	麦冬	8.00	498	双峰县(湘)	枇杷叶	4.00
453	永定区(湘)	麦冬	4.00	499	丰顺县(粤)	枇杷叶	2.00
454	东平县(鲁)	玫瑰花	600.00	500	新宾满族自治县(辽)	蒲公英	4500.00
455	肥城市(鲁)	玫瑰花	50.00	501	辉南县(吉)	蒲公英	3700.00
456	娄星区(湘)	玫瑰花	41.00	502	清原满族自治县(辽)	蒲公英	558.00
457	郧　县(鄂)	木瓜	15000.00	503	伊通满族自治县(吉)	蒲公英	220.00
458	谷城县(鄂)	木瓜	10000.00	504	宁阳县(鲁)	蒲公英	62.00
459	方城县(豫)	木瓜	7012.00	505	青州市(鲁)	蒲公英	50.00
460	桐柏县(豫)	木瓜	2155.00	506	耒阳市(湘)	蒲公英	40.00
461	施甸县(滇)	木瓜	2000.00	507	襄城区(鄂)	蒲公英	25.00
462	丹江口市(鄂)	木瓜	1800.00	508	耒阳市(湘)	千金藤	10.00
463	河东区(鲁)	木瓜	720.00	509	石柱土家族自治县(渝)	前胡	5000.00
464	商南县(陕)	木瓜	624.00	510	旌德县(皖)	前胡	100.00
465	綦江县(渝)	木瓜	500.00	511	固始县(豫)	芡实	20.00
466	恩施市(鄂)	木瓜	84.00	512	迭部县(甘)	羌活	1760.00
467	桑植县(湘)	木瓜	65.00	513	茂　县(川)	羌活	100.00
468	房　县(鄂)	木瓜	50.00	514	宕昌县(甘)	羌活	40.00
469	舞钢市(豫)	木瓜	50.00	515	炉霍县(川)	羌活	33.30
470	宝丰县(豫)	木瓜	45.00	516	玉龙纳西族自治县(滇)	秦艽	16700.00
471	武陵源区(湘)	木瓜	30.00	517	永胜县(滇)	秦艽	80.70

序号	其他中药材主产地	品种	产量(吨)	序号	其他中药材主产地	品种	产量(吨)
518	迭部县(甘)	秦艽	20.00	564	桓仁满族自治县(辽)	山药	900.00
519	耒阳市(湘)	青蒿	500.00	565	蕲春县(鄂)	山药	350.00
520	开　县(渝)	青蒿	128.00	566	界首市(皖)	山药	240.00
521	双峰县(湘)	青蒿	50.00	567	利川市(鄂)	山药	150.00
522	会理县(川)	青蒿	15.00	568	舒城县(皖)	山药	120.00
523	耒阳市(湘)	青葙子	8.00	569	东平县(鲁)	山药	100.00
524	汝阳县(豫)	全蝎	2.11	570	通城县(鄂)	山药	80.00
525	内乡县(豫)	全蝎	2.00	571	嵩　县(豫)	山萸肉	30000.00
526	江津区(渝)	忍冬	5.50	572	淳安县(浙)	山萸肉	3004.00
527	阿拉善右旗(内蒙古)	肉苁蓉	550.00	573	平阳县(浙)	山萸肉	2285.00
528	农垦事业管理局(宁)	肉苁蓉	475.00	574	阳城县(晋)	山萸肉	1386.00
529	磴口县(内蒙古)	肉苁蓉	280.00	575	城固县(陕)	山萸肉	202.00
530	阿拉善左旗(内蒙古)	肉苁蓉	260.00	576	黎城县(晋)	山萸肉	133.00
531	木里藏族自治县(川)	肉苁蓉	170.00	577	商南县(陕)	山萸肉	52.00
532	乌拉特后旗(内蒙古)	肉苁蓉	115.25	578	涪陵区(渝)	山萸肉	51.00
533	额济纳旗(内蒙古)	肉苁蓉	115.00	579	万州区(渝)	山萸肉	48.00
534	高台县(甘)	肉苁蓉	56.00	580	汉台区(陕)	山萸肉	31.00
535	高要市(粤)	肉桂	18321.00	581	进贤县(赣)	山萸肉	12.00
536	乳源瑶族自治县(粤)	肉桂	620.00	582	汝阳县(豫)	山萸肉	11.21
537	信宜市(粤)	肉桂	390.00	583	内乡县(豫)	山萸肉	10.00
538	广南县(滇)	三七	1043.80	584	辉县市(豫)	山楂	750.00
539	禄劝彝族苗族自治县(滇)	三七	350.00	585	嵩　县(豫)	山楂	450.00
540	嵩明县(滇)	三七	276.00	586	阳城县(晋)	山楂	385.00
541	倘甸工业园区(滇)	三七	60.00	587	东平县(鲁)	山楂	367.00
542	宣威市(滇)	三七	60.00	588	盖州市(辽)	山楂	210.00
543	江川县(滇)	三七	50.00	589	辉南县(吉)	山楂	210.00
544	延寿县(黑)	桑寄生	100.00	590	大石桥市(辽)	山楂	200.00
545	南部县(川)	桑葚	300.00	591	康　县(甘)	山楂	133.00
546	合川区(渝)	桑葚	50.00	592	乳源瑶族自治县(粤)	山楂	120.00
547	连南瑶族自治县(粤)	桑叶	12820.00	593	舞钢市(豫)	山楂	40.00
548	乳源瑶族自治县(粤)	桑叶	3100.00	594	庄河市(辽)	山楂	40.00
549	修水县(赣)	桑叶	500.00	595	伊通满族自治县(吉)	山楂	23.00
550	耒阳市(湘)	桑叶	80.00	596	谯城区(皖)	射干	500.00
551	金城江区(桂)	桑叶	10.00	597	涉　县(冀)	射干	500.00
552	桓仁满族自治县(辽)	沙参	60.00	598	滦南县(冀)	射干	400.00
553	会理县(川)	沙参	50.00	599	茂　县(川)	射干	50.00
554	梅河口市(吉)	沙参	20.00	600	万源市(川)	射干	50.00
555	资中县(川)	沙参	20.00	601	双峰县(湘)	射干	30.00
556	阜新蒙古族自治县(辽)	沙参	2.00	602	蒲城县(陕)	生地	1400.00
557	信宜市(粤)	砂仁	400.00	603	龙里县(黔)	生姜	6245.00
558	耒阳市(湘)	山鸡椒	4.00	604	连南瑶族自治县(粤)	生姜	5145.00
559	安国市(冀)	山药	32500.00	605	舒城县(皖)	生姜	4500.00
560	淮阳县(豫)	山药	6500.00	606	乳源瑶族自治县(粤)	生姜	3100.00
561	高州市(粤)	山药	4500.00	607	昭平县(桂)	生姜	2500.00
562	玉龙纳西族自治县(滇)	山药	4000.00	608	潜山县(皖)	生姜	1200.00
563	双峰县(湘)	山药	1200.00	609	五华县(粤)	生姜	1000.00

序号	其他中药材主产地	品种	产量(吨)
610	双牌县(湘)	生姜	400.00
611	兴国县(赣)	生姜	320.00
612	玉山县(赣)	生姜	220.00
613	永胜县(滇)	生姜	200.00
614	高州市(粤)	生姜	150.00
615	耒阳市(湘)	生姜	100.00
616	全州县(桂)	生姜	100.00
617	双峰县(湘)	生姜	90.00
618	桑植县(湘)	生姜	80.00
619	苏仙区(湘)	生姜	67.00
620	新化县(湘)	生姜	50.00
621	宜都市(鄂)	生姜	32.00
622	会理县(川)	生姜	30.00
623	东源县(粤)	生姜	25.00
624	大埔县(粤)	生姜	21.00
625	龙川县(粤)	生姜	19.00
626	高安市(赣)	生姜	14.40
627	乐安县(赣)	生姜	11.00
628	新晃侗族自治县(湘)	生姜	10.00
629	元氏县(冀)	石榴	360.00
630	施甸县(滇)	石榴	200.00
631	会理县(川)	石榴	175.00
632	石台县(皖)	石榴	20.00
633	双峰县(湘)	石榴皮	0.60
634	辉县市(豫)	柿蒂	4.20
635	双峰县(湘)	熟地	9.00
636	双峰县(湘)	丝瓜络	1.00
637	乳源瑶族自治县(粤)	松香	31000.00
638	龙里县(黔)	松香	580.00
639	房　县(鄂)	松香	400.00
640	安化县(湘)	松香	320.00
641	通道侗族自治县(湘)	松香	10.00
642	田阳县(桂)	苏木	6500.00
643	乳源瑶族自治县(粤)	苏木	1100.00
644	辉南县(吉)	苏子	120.00
645	青州市(鲁)	酸枣仁	2000.00
646	宜阳县(豫)	酸枣仁	300.00
647	灵寿县(冀)	酸枣仁	80.00
648	宁　县(甘)	酸枣仁	12.00
649	阿拉善右旗(内蒙古)	锁阳	2200.00
650	额济纳旗(内蒙古)	锁阳	94.00
651	芜湖县(皖)	太子参	40.00
652	龙里县(黔)	太子参	35.00
653	德江县(黔)	太子参	20.00
654	瓮安县(黔)	桃仁	135.00
655	雅长林场(桂)	天冬	15.00
656	原阳县(豫)	天南星	10.00
657	耒阳市(湘)	通脱木	3.00
658	开　县(渝)	土大黄	10304.00
659	罗田县(鄂)	土茯苓	15000.00
660	彭水苗族土家族自治县(渝)	土茯苓	700.00
661	英山县(鄂)	土茯苓	650.00
662	长顺县(黔)	土茯苓	550.00
663	耒阳市(湘)	土茯苓	300.00
664	新化县(湘)	土茯苓	50.00
665	鼎城区(湘)	土茯苓	21.00
666	永定区(湘)	菟丝子	1.00
667	清原满族自治县(辽)	威灵仙	583.00
668	本溪满族自治县(辽)	威灵仙	320.00
669	达川区(川)	乌梅	87000.00
670	旌德县(皖)	乌梅	150.00
671	会泽县(滇)	乌药	5000.00
672	天台县(浙)	乌药	15.00
673	恩施市(鄂)	吴茱萸	152.00
674	双峰县(湘)	吴茱萸	60.00
675	汨罗市(湘)	吴茱萸	54.00
676	娄星区(湘)	吴茱萸	45.00
677	乳源瑶族自治县(粤)	梧桐	2100.00
678	耒阳市(湘)	梧桐	2.00
679	石城县(赣)	梧桐	0.80
680	东宝区(鄂)	蜈蚣	40.00
681	广水市(鄂)	蜈蚣	5.00
682	竹山县(鄂)	五倍子	620.00
683	永定区(湘)	五倍子	500.00
684	红安县(鄂)	五倍子	350.00
685	五峰土家族自治县(鄂)	五倍子	240.00
686	德江县(黔)	五倍子	200.00
687	瓮安县(黔)	五倍子	200.00
688	商南县(陕)	五倍子	121.00
689	来凤县(鄂)	五倍子	120.00
690	桑植县(湘)	五倍子	60.00
691	东宝区(鄂)	五倍子	40.00
692	沅陵县(湘)	五倍子	36.00
693	新化县(湘)	五加	200.00
694	新化县(湘)	五加皮	5.00
695	宽甸满族自治县(辽)	细辛	4000.00
696	新宾满族自治县(辽)	细辛	1545.00
697	凤城市(辽)	细辛	1050.00
698	清原满族自治县(辽)	细辛	920.00
699	阜新蒙古族自治县(辽)	细辛	420.00
700	桓仁满族自治县(辽)	细辛	400.00
701	迭部县(甘)	细辛	222.00

序号	其他中药材主产地	品种	产量(吨)
702	本溪满族自治县(辽)	细辛	50.00
703	浑江区(吉)	细辛	50.00
704	东港市(辽)	细辛	24.00
705	南芬区(辽)	细辛	10.00
706	桐柏县(豫)	夏枯草	7390.00
707	平桥区(豫)	夏枯草	217.00
708	耒阳市(湘)	夏枯草	80.00
709	耒阳市(湘)	香薷	6.00
710	耒阳市(湘)	香叶树	4.00
711	澧　县(湘)	香椽	200.00
712	会理县(川)	小茴香	80.00
713	丰顺县(粤)	小茴香	1.00
714	南召县(豫)	辛夷	300000.00
715	鲁山县(豫)	辛夷	700.00
716	北川羌族自治县(川)	辛夷	403.00
717	五峰土家族自治县(鄂)	辛夷	250.00
718	南川区(渝)	辛夷	40.00
719	伊通满族自治县(吉)	杏仁	120.00
720	环　县(甘)	杏仁	102.00
721	衡阳县(湘)	杏仁	40.00
722	临潭县(甘)	杏仁	20.00
723	华池县(甘)	杏仁	15.00
724	洱源县(滇)	续断	4500.00
725	云龙县(滇)	续断	1221.00
726	禄劝彝族苗族自治县(滇)	续断	1040.00
727	永平县(滇)	续断	1000.00
728	龙里县(黔)	续断	355.00
729	恩施市(鄂)	续断	253.00
730	永善县(滇)	续断	110.00
731	南川区(渝)	玄参	7500.00
732	恩施市(鄂)	玄参	978.00
733	沾益县(滇)	玄参	450.00
734	长顺县(黔)	玄参	300.00
735	嵩　县(豫)	玄参	200.00
736	东平县(鲁)	玄参	100.00
737	双峰县(湘)	玄参	20.00
738	田东县(桂)	鸦胆子	30.00
739	磐安县(浙)	延胡索	820.00
740	芜湖县(皖)	延胡索	240.00
741	耒阳市(湘)	盐肤木	200.00
742	耒阳市(湘)	羊踯躅	1.00
743	耒阳市(湘)	夜明砂	4.00
744	青州市(鲁)	益母草	10.00
745	丰顺县(粤)	益母草	5.00
746	兴国县(赣)	益母草	5.00
747	双峰县(湘)	益母草	3.00
748	信宜市(粤)	益智仁	580.00
749	石城县(赣)	薏苡仁	0.80
750	嵩　县(豫)	茵陈	4000.00
751	石城县(赣)	茵陈	3.00
752	新宾满族自治县(辽)	淫羊藿	2400.00
753	桓仁满族自治县(辽)	淫羊藿	400.00
754	本溪满族自治县(辽)	淫羊藿	90.00
755	新宁县(湘)	淫羊藿	50.00
756	巫山县(渝)	淫羊藿	30.00
757	凤城市(辽)	玉竹	6700.00
758	慈利县(湘)	玉竹	4800.00
759	双峰县(湘)	玉竹	3000.00
760	东港市(辽)	玉竹	2272.00
761	涟源市(湘)	玉竹	2150.00
762	宽甸满族自治县(辽)	玉竹	1500.00
763	桃江县(湘)	玉竹	1500.00
764	清原满族自治县(辽)	玉竹	966.00
765	新化县(湘)	玉竹	500.00
766	本溪满族自治县(辽)	玉竹	350.00
767	安化县(湘)	玉竹	200.00
768	会理县(川)	玉竹	110.00
769	桑植县(湘)	玉竹	27.00
770	青州市(鲁)	远志	8.00
771	耒阳市(湘)	月季	1.00
772	黟　县(皖)	皂刺	1.00
773	双峰县(湘)	泽兰	3.00
774	双峰县(湘)	泽泻	1.20
775	谯城区(皖)	知母	1500.00
776	临漳县(冀)	知母	90.00
777	灵寿县(冀)	知母	30.00
778	江津区(渝)	栀子	4000.00
779	唐河县(豫)	栀子	3000.00
780	临川区(赣)	栀子	2300.00
781	长阳土家族自治县(鄂)	栀子	2000.00
782	翠屏区(川)	栀子	1320.00
783	万源市(川)	栀子	800.00
784	郎溪县(皖)	栀子	750.00
785	都昌县(赣)	栀子	400.00
786	武宁县(赣)	栀子	186.00
787	株洲县(湘)	栀子	150.00
788	苍南县(浙)	栀子	133.00
789	开　县(渝)	栀子	129.00
790	纳溪区(川)	栀子	100.00
791	孝昌县(鄂)	栀子	100.00
792	冷水江市(湘)	栀子	90.00
793	新干县(赣)	栀子	80.00

序号	其他中药材主产地	品种	产量(吨)	序号	其他中药材主产地	品种	产量(吨)
794	双峰县(湘)	栀子	60.00	806	蓝田县(陕)	猪苓	80.00
795	新化县(湘)	栀子	30.00	807	两当县(甘)	猪苓	50.00
796	上高县(赣)	栀子	14.00	808	汝阳县(豫)	猪苓	15.53
797	平桥区(豫)	栀子	12.00	809	耒阳市(湘)	竹叶	80.00
798	昌江区(赣)	栀子	10.00	810	确山县(豫)	竹叶	1.00
799	确山县(豫)	枳实	3.00	811	嵩　县(豫)	紫花地丁	300.00
800	宁陕县(陕)	猪苓	966.62	812	耒阳市(湘)	紫花地丁	60.00
801	凤　县(陕)	猪苓	500.00	813	耒阳市(湘)	紫金牛	1.00
802	嵩　县(豫)	猪苓	420.00	814	桦南县(黑)	紫苏	2000.00
803	辉南县(吉)	猪苓	350.00	815	耒阳市(湘)	紫苏	200.00
804	佛坪县(陕)	猪苓	186.00	816	新化县(湘)	紫苏	10.00
805	留坝县(陕)	猪苓	180.00	817	安国市(冀)	紫苑	14000.00

表 17　森林公园及自然保护区旅游人数及收入

序号	县(旗、市、区、局、场)	森林公园及自然保护区(名称)	级别	实际接待人数(万人次)	旅游总收入(万元)	其中:门票收入(万元)
1	大兴区(京)	古桑国家森林公园	国家	30.00	20.00	20.00
2	北京市西山林场(京)	西山国家森林公园	国家	203.00	340.80	294.30
3	北京松山国家级自然保护区(京)	北京松山国家级自然保护区森林旅游景区	国家	4.50	157.00	157.00
4	北京市十三陵林场(京)	蟒山国家森林公园	国家	24.89	328.00	328.00
5	灵寿县(冀)	五岳寨森林公园	国家	160.00	96000.00	80.00
6	平山县(冀)	河北驼梁自然保护区	国家	68.00	4610.00	2766.00
7	平山县(冀)	平山天桂山风景名胜区	国家	53.00	3905.00	2345.00
8	迁西县(冀)	达峪林场	国家	50.00	28000.00	5500.00
9	山海关区(冀)	山海关森林公园	国家	20.00	970.00	
10	北戴河区(冀)	秦皇岛野生动物园	国家	65.00	4380.00	4380.00
11	峰峰矿区(冀)	峰峰矿区元宝山国家森林公园	国家	33.00	460.00	30.00
12	武安市(冀)	武安市国家森林公园	国家	65.00	3900.00	3900.00
13	邢台县(冀)	大峡谷旅游区	国家	17.89	326.80	326.80
14	邢台县(冀)	前南峪森林公园	国家	36.91	1389.30	1389.30
15	邢台县(冀)	云梦山旅游区	国家	20.63	487.00	487.00
16	邢台县(冀)	九龙峡旅游区	国家	36.96	1039.00	1039.00
17	邢台县(冀)	天河山旅游区	国家	30.28	855.90	855.90
18	邢台县(冀)	天梯山旅游区	国家	14.25	262.30	262.30
19	邢台县(冀)	英谈历史文化古村	国家	11.61	7.60	7.60
20	邢台县(冀)	紫金山旅游区	国家	6.92	39.60	39.60
21	临城县(冀)	小天池	国家	2.60	180.00	10.00
22	涞水县(冀)	野三坡国家森林公园	国家	269.80	21800.00	6000.00
23	阜平县(冀)	天生桥国家森林公园	国家	14.00	3920.00	1400.00
24	唐　县(冀)	古北岳森林国家公园	国家	20.00	600.00	
25	涞源县(冀)	白石山国家级地质公园	国家	53.00	10000.00	8000.00
26	易　县(冀)	易州国家森林公园	国家	10.00	870.00	
27	曲阳县(冀)	虎山风景区	国家	3.00	469.00	165.00
28	沽源县(冀)	河北坝上闪电河国家湿地公园	国家	25.00	130.00	60.00
29	蔚　县(冀)	小五台山国家级森林公园	国家	5.44	4620.00	435.00
30	双桥区(冀)	磬锤峰国家森林公园	国家	10.00	500.00	500.00

序号	县(旗、市、区、局、场)	森林公园及自然保护区(名称)	级别	实际接待人数(万人次)	旅游总收入(万元)	其中:门票收入(万元)
31	兴隆县(冀)	兴隆县六里坪林场国家森林公园	国家	1.50	42.47	18.50
32	平泉县(冀)	辽河源国家级森林公园	国家	4.00	153.00	100.00
33	滦平县(冀)	白草洼国家森林公园	国家	2.50	26.00	26.00
34	丰宁满族自治县(冀)	白云古洞景区	国家	12.10	955.00	600.00
35	丰宁满族自治县(冀)	九龙松景区	国家	2.00	60.00	60.00
36	丰宁满族自治县(冀)	河北丰宁海留图国家级湿地公园	国家	14.00	4900.00	1680.00
37	塞罕坝机械林场(冀)	河北省塞罕坝国家级森林公园	国家	48.49	4544.00	4259.00
38	雾灵山国家级自然保护区(冀)	河北雾灵山国家级自然保护区	国家	18.42	414.22	227.07
39	晋源区(晋)	天龙山旅游区	国家	10.00	500.00	
40	浑源县(晋)	恒山森林公园	国家	84.50	26369.20	4812.60
41	长治市郊区(晋)	老顶山国家森林公园	国家	38.12	5420.00	
42	黎城县(晋)	黄崖洞国家森林公园	国家	21.00	300.00	150.00
43	壶关县(晋)	太行峡谷国家森林公园	国家	13.00	13000.00	3500.00
44	陵川县(晋)	王莽岭旅游区	国家	322.50		5580.00
45	垣曲县(晋)	历山国家级自然保护区	国家	25.00	9500.00	1500.00
46	回民区(内蒙古)	呼市乌素图国家森林公园	国家	2.45	70.00	70.00
47	九原区(内蒙古)	梅力更自然保护区	国家	15.00	575.00	
48	海勃湾区(内蒙古)	乌海市金沙湾旅游区	国家	1.50	1700.00	850.00
49	元宝山区(内蒙古)	兴隆国家森林公园	国家	1.50	200.00	
50	阿鲁科尔沁旗(内蒙古)	高格斯台罕乌拉自然保护区	国家	1.00	150.00	
51	巴林右旗(内蒙古)	赛罕乌拉自然保护区	国家	1.36	6.80	6.80
52	克什克腾旗(内蒙古)	桦木沟国家级森林公园	国家	33.00	240.00	160.00
53	克什克腾旗(内蒙古)	黄岗梁国家级森林公园	国家	32.00	42.00	15.00
54	喀喇沁旗(内蒙古)	旺业甸国家森林公园	国家	1.50	1005.00	40.00
55	喀喇沁旗(内蒙古)	马鞍山国家森林公园	国家	1.00	670.00	20.00
56	宁城县(内蒙古)	道须沟旅游开发区	国家	10.00	1400.00	800.00
57	科尔沁左翼后旗(内蒙古)	大青沟自然保护区	国家	22.00	17000.00	1100.00
58	东胜区(内蒙古)	九成功生态园	国家	32.00	1248.00	1248.00
59	达拉特旗(内蒙古)	响沙湾旅游区	国家	10.80	5088.00	2500.00
60	鄂托克前旗(内蒙古)	大沙头生态文化旅游区	国家	17.00	1300.00	195.00
61	鄂托克前旗(内蒙古)	上海庙欢乐大草原旅游区	国家	8.00	700.00	105.00
62	鄂托克前旗(内蒙古)	鄂尔多斯文化旅游村	国家	3.00	300.00	45.00
63	杭锦旗(内蒙古)	杭锦旗七星湖旅游区	国家	5.20	2198.00	226.00
64	乌审旗(内蒙古)	萨拉乌苏国家湿地公园	国家	5.20	518.00	106.00
65	巴林林业局(内蒙古)	喇嘛山国家森林公园	国家	3.60	184.00	142.21
66	红花尔基林业局(内蒙古)	红花尔基樟子松国家森林公园	国家	1.00	102.00	53.00
67	乌拉特前旗(内蒙古)	乌梁素海	国家	15.00	600.00	
68	凉城县(内蒙古)	二龙什台国家级森林公园	国家	5.00	250.00	50.00
69	多伦县(内蒙古)	内蒙古滦河源国家森林公园	国家	7.00	10.00	6.00
70	东陵区(辽)	棋盘山风景区	国家	84.50	3396.70	1263.00
71	辽中县(辽)	蒲河国家湿地公园	国家	210.00	195.00	30.00
72	法库县(辽)	五龙山自然保护区	国家	50.00	8000.00	3000.00
73	甘井子区(辽)	大连西郊森林公园	国家	97.00	14872.00	10386.00
74	甘井子区(辽)	大连金龙寺森林公园	国家	15.00	210.00	210.00
75	普兰店市(辽)	普兰店国家森林公园	国家	40.00	2000.00	800.00

序号	县(旗、市、区、局、场)	森林公园及自然保护区（名称）	级别	实际接待人数（万人次）	旅游总收入（万元）	其中:门票收入（万元）
76	庄河市(辽)	大连冰峪风景区	国家	25.00	3500.00	2500.00
77	庄河市(辽)	大连银石滩国家级森林公园	国家	30.00	3200.00	560.00
78	庄河市(辽)	大连天门山国家级森林公园	国家	8.00	500.00	200.00
79	抚顺县(辽)	抚顺三块石国家森林公园	国家	35.00	4443.00	1699.00
80	新宾满族自治县(辽)	新宾满族自治县猴石森林公园	国家	30.00	3100.00	1800.00
81	新宾满族自治县(辽)	新宾满族自治县和睦森林公园	国家	20.00	2700.00	1500.00
82	新宾满族自治县(辽)	新宾满族自治县岗山森林公园	国家	10.00	1100.00	200.00
83	南芬区(辽)	大冰沟森林公园	国家	1.20	23.00	3.60
84	本溪满族自治县(辽)	关门山森林公园	国家	22.00	2000.00	1500.00
85	本溪满族自治县(辽)	铁刹山森林公园	国家	3.50	60.00	50.00
86	本溪满族自治县(辽)	汤沟森林公园	国家	8.00	240.00	190.00
87	桓仁满族自治县(辽)	库区国家森林公园	国家	5.00	219.00	101.00
88	宽甸满族自治县(辽)	青山沟森林公园	国家	4.70	1200.00	689.00
89	凤城市(辽)	凤凰山自然保护区	国家	34.00	20400.00	
90	凤城市(辽)	大梨树自然保护区	国家	100.00	80000.00	
91	北镇市(辽)	医巫闾山国家级自然保护区	国家	603.00	180000.00	
92	盖州市(辽)	盖州市森林公园	国家	86.40	17280.00	1840.00
93	阜新蒙古族自治县(辽)	辽宁海棠山国家级自然保护区	国家	500.00	2500.00	800.00
94	西丰县(辽)	冰砬山森林公园	国家	36.00	670.00	8.00
95	双塔区(辽)	凤凰山国家森林公园	国家	7.00	5.50	0.05
96	北票市(辽)	大黑山自然保护区	国家	35.00	28000.00	1700.00
97	连山区(辽)	虹螺山自然保护区	国家	5.00	410.00	
98	建昌县(辽)	白狼山保护区	国家	10.00	5000.00	1000.00
99	建昌县(辽)	柏山保护区	国家	5.00	2500.00	
100	九台市(吉)	庙香山旅游区	国家	50.00	600.00	
101	长春市净月经济开发区(吉)	长春净月潭国家森林旅游公园	国家	450.00	96883.00	6127.00
102	吉林市市辖区(吉)	吉林朱雀山国家森林公园	国家	20.00	465.00	200.00
103	蛟河市(吉)	吉林省拉法山国家森林公园	国家	27.50	43901.00	1360.00
104	磐石市(吉)	磐石莲花山森林公园	国家	1.00	10.00	10.00
105	通化市市辖区(吉)	白鸡峰国家森林公园	国家	1.20	124.70	18.00
106	集安市(吉)	集安市五女峰国家级森林公园	国家	10.00	800.00	300.00
107	临江市(吉)	吉林临江国家森林公园	国家	80.00	1800.00	60.00
108	临江市(吉)	吉林临江五道沟国家森林公园	国家	5.00	300.00	50.00
109	前郭尔罗斯蒙古族自治县(吉)	查干湖自然保护区	国家	200.00	160000.00	
110	白城市市辖区(吉)	白城市团结水库	国家	10.00	100.00	15.00
111	通榆县(吉)	向海自然保护区	国家	19.00	780.00	36.00
112	汪清县(吉)	汪清县满天星国家森林公园	国家	16.00	2189.00	
113	辉南森林经营局(吉)	吉林龙湾国家级自然保护区	国家	14.00	1202.00	916.00
114	长白山林业局(吉)	长白山保护区	国家	277.30	255000.00	28000.00
115	松北区(黑)	太阳岛风景区	国家	156.00	14209.00	
116	呼兰区(黑)	呼兰国家级森林公园	国家	15.00	100.00	
117	巴彦县(黑)	驿马山森林公园	国家	6.00	68.00	
118	延寿县(黑)	黑龙江长寿山森林公园	国家	1.00	925.00	25.00
119	阿城区(黑)	金龙山国家级森林公园	国家	42.00	1220.00	610.00
120	五常市(黑)	国家龙凤森林公园	国家	2.00	120.00	40.00

序号	县(旗、市、区、局、场)	森林公园及自然保护区(名称)	级别	实际接待人数(万人次)	旅游总收入(万元)	其中:门票收入(万元)
121	丹清河实验林场(黑)	丹清河国家森林公园	国家	2.00	35.50	
122	铁锋区(黑)	扎龙自然保护区	国家	20.00	1420.00	1200.00
123	鹤岗市市辖区(黑)	鹤岗市国家森林公园	国家	1.50	20.00	10.00
124	汤原县(黑)	大亮子河国家森林公园	国家	28.00	3700.00	
125	同江市(黑)	街津山国家森林公园	国家	13.00	775.00	156.00
126	宁安市(黑)	宁安市火山口森林公园	国家	18.00	3500.00	1440.00
127	孙吴县(黑)	黑龙江省孙吴县胜山要塞森林公园	国家	1.77	30.00	4.10
128	五大连池市管委会(黑)	五大连池风景区国家地质公园	国家	11.30	565.00	565.00
129	庆安国有林场管理局(黑)	望龙山国家森林公园	国家	5.00	307.00	
130	绥芬河市(黑)	绥芬河国家森林公园	国家	1.60	35.00	4.00
131	奉贤区(沪)	上海海湾国家森林公园	国家	69.00	3782.16	1508.32
132	崇明县(沪)	东平国家森林公园	国家	182.00	6050.00	5000.00
133	邳州市(苏)	艾山九龙沟风景区	国家	17.44	7564.36	1450.00
134	大丰市(苏)	大丰麋鹿国家级自然保护区	国家	500.00	100000.00	25000.00
135	润州区(苏)	南山国家森林公园	国家	5.00	5000.00	2000.00
136	泰兴市(苏)	江苏泰兴国家古银杏公园	国家	103.00	3.20	
137	余杭区(浙)	径山?山沟沟森林公园	国家	141.36	7790.00	3160.00
138	淳安县(浙)	千岛湖国家森林公园	国家	556.00	53.70	5.30
139	建德市(浙)	富春江森林公园	国家	40.00	25000.00	
140	临安市(浙)	天目山自然保护区	国家	31.82		1545.00
141	临安市(浙)	青山湖森林公园	国家	16.43		824.00
142	宁波市市辖区(浙)	四明山国家森林公园	国家	35.00	408.00	170.00
143	鄞州区(浙)	宁波市天童国家森林公园	国家	2.80	150.00	25.00
144	宁海县(浙)	双峰森林公园	国家	15.79	1069.39	1069.39
145	永嘉县(浙)	龙湾潭国家级森林公园	国家	15.00	1000.00	700.00
146	苍南县(浙)	玉苍山国家森林公园	国家	20.00	4060.00	860.00
147	泰顺县(浙)	泰顺县乌岩岭自然保护区	国家	10.00	120.00	90.00
148	平湖市(浙)	平湖市九龙山森林公园	国家	20.10	952.00	
149	嵊州市(浙)	南山湖国家森林公园	国家	64.90	10578.00	
150	武义县(浙)	牛头山国家森林公园	国家	103.33	49600.00	
151	衢江区(浙)	紫微山国家森林公园	国家	25.00	50000.00	
152	常山县(浙)	浙江常山三衢国家森林公园	国家	7.50	850.00	600.00
153	开化县(浙)	古田山保护区	国家	3.50	320.00	21.00
154	开化县(浙)	钱江源森林公司	国家	43.00	446.00	350.00
155	龙游县(浙)	浙江大竹海国家森林公园	国家	152.10	24635.00	
156	天台县(浙)	华顶国家森林公园	国家	22.60	4536.00	1701.00
157	仙居县(浙)	仙居国家森林公园	国家	299.50	35.74	5.10
158	温岭市(浙)	大溪国家级森林公园	国家	38.00		285.00
159	缙云县(浙)	缙云仙都风景区	国家	885.02	450030.00	135009.00
160	松阳县(浙)	浙江松阳卯山国家公园	国家	7.00	83.00	
161	庆元县(浙)	百山祖自然保护区	国家	6.54	1070.20	285.10
162	蜀山区(皖)	大蜀山森林公园	国家	100.00	2700.00	2400.00
163	包河区(皖)	合肥滨湖森林公园	国家	300.00	1200.00	
164	肥西县(皖)	紫蓬山国家生森林公园	国家	110.00	12500.00	
165	庐江县(皖)	冶父山国家森林公园	国家	58.46	9846.00	1169.20

序号	县(旗、市、区、局、场)	森林公园及自然保护区（名称）	级别	实际接待人数（万人次）	旅游总收入（万元）	其中:门票收入（万元）
166	繁昌县(皖)	马仁国家森林公园	国家	70.00	16500.00	5600.00
167	八公山区(皖)	八公山国家森林公园	国家	8.50	340.00	340.00
168	含山县(皖)	安徽太湖山国家森林公园	国家	4.00	21.00	21.00
169	和　县(皖)	和县鸡笼山国家森林公园	国家	11.00	2000.00	
170	宜秀区(皖)	大龙山国家森林公园	国家	6.00	120.00	80.00
171	枞阳县(皖)	浮山国家森林公园	国家	1.24	3986.00	1495.00
172	潜山县(皖)	天柱山森林公园	国家	103.00	136000.00	13000.00
173	太湖县(皖)	安徽花亭湖国家湿地公园	国家	27.00	1400.00	270.00
174	宿松县(皖)	石莲洞国家森林公园	国家	30.00	1200.00	600.00
175	屯溪区(皖)	花山谜窟	国家	30.00	2970.00	2700.00
176	祁门县(皖)	黄山市祁门县牯牛降自然保护区	国家	39.00	23400.00	4680.00
177	全椒县(皖)	全椒县神山森林公园	国家	20.00	4500.00	150.00
178	凤阳县(皖)	凤阳县韭山森林公园	国家	28.00	11760.00	1500.00
179	滁州市琅琊山林场(皖)	琅琊山森林公园	国家	16.00	10500.00	6500.00
180	滁州市沙河集林业总场(皖)	皇甫山国家森林公园	国家	3.00	943.00	80.00
181	颍泉区(皖)	阜阳生态乐园	国家	300.00	6000.00	2000.00
182	萧　县(皖)	皇藏峪国家级森林公园	国家	46.00	4500.00	
183	寿　县(皖)	安徽省八公山森林公园	国家	28.00	1340.00	780.00
184	金寨县(皖)	安徽天马国家级自然保护区	国家	158.00	79115.00	5391.00
185	东至县(皖)	池州市东至县升金湖国家级自然保护区	国家	19.00	1210.00	
186	东至县(皖)	东至县大历山风景区	国家	26.00	2921.00	33.00
187	石台县(皖)	牯牛降自然保护区	国家	115.00	58000.00	11300.00
188	广德县(皖)	横山国家森林公园	国家	55.00	82720.00	
189	泾　县(皖)	泾县水西国家森林公园	国家	58.00	1500.00	
190	新建县(赣)	南矶湿地国家级自然保护区	国家	25.00	1800.00	
191	浮梁县(赣)	江西瑶里国家森林公园	国家	70.00	89100.00	5500.00
192	湘东区(赣)	碧湖潭国家森林公园	国家	10.00	500.00	
193	芦溪县(赣)	江西芦溪山口岩省级湿地公园	国家	11.00	950.00	
194	武宁县(赣)	庐山西海湿地公园	国家	14.00	285.00	
195	武宁县(赣)	九岭山国家森林公园	国家	12.00	249.00	
196	永修县(赣)	柘林湖国家森林公园	国家	40.00	2647.00	
197	星子县(赣)	庐山国家级自然保护区	国家	58.00	32500.00	
198	彭泽县(赣)	江西彭泽国家森林公园	国家	30.00	4500.00	2400.00
199	彭泽县(赣)	桃红岭梅花鹿自然保护区	国家	5.00	60.00	
200	章贡区(赣)	峰山森林国家公园	国家	5.00	252.00	120.00
201	信丰县(赣)	江西金盆山森林公园	国家	90.76	23.15	5.79
202	大余县(赣)	大余县梅关国家森林公园	国家	40.00	4160.00	1527.00
203	崇义县(赣)	阳岭国家森林公公园	国家	50.15	60000.00	205.30
204	崇义县(赣)	齐云山自然保护区	国家	2.00	2520.00	
205	宁都县(赣)	宁都县翠微峰国家森林公园	国家	28.00	2800.00	1400.00
206	石城县(赣)	赣江源自然保护区	国家	58.00	12000.00	11600.00
207	瑞金市(赣)	赣江源国家级自然保护区	国家	2.78	63.00	
208	安福县(赣)	武功山风景名胜区	国家	21.91	2100.00	828.90
209	宜春市明月山温泉风景名胜区(赣)	明月山森林公园	国家	300.00	12000.00	2400.00
210	宜丰县(赣)	官山自然保护区	国家	1.20	120.00	

序号	县(旗、市、区、局、场)	森林公园及自然保护区（名称）	级别	实际接待人数（万人次）	旅游总收入（万元）	其中：门票收入（万元）
211	靖安县(赣)	三爪仑国家森林公园	国家	173.87	70415.00	
212	铜鼓县(赣)	天柱峰国家森林公园	国家	15.00	6450.00	650.00
213	樟树市(赣)	阁皂山国家森林公园	国家	12.47	623.00	
214	上饶县(赣)	五府山森林公园	国家	2.10	600.00	
215	广丰县(赣)	上饶市铜钹山国家级森林公园	国家	26.40	31400.00	12000.00
216	玉山县(赣)	怀玉山国家森林公园	国家	1.50	1510.00	
217	横峰县(赣)	横峰县岑山国家森林公园	国家	56.00	560.00	
218	弋阳县(赣)	龟峰国家森林公园	国家	50.00	46000.00	5720.00
219	鄱阳县(赣)	莲花山国家森林公园	国家	16.00	486.00	
220	婺源县(赣)	灵岩洞森林保护区	国家	10.00	800.00	200.00
221	德兴市(赣)	大茅山风景名胜区	国家	68.00	966.00	905.00
222	章丘市(鲁)	山东省章丘市国家森林公园	国家	33.00	228.00	193.00
223	崂山区(鲁)	崂山国家森林公园	国家	273.00	16000.00	
224	即墨市(鲁)	马山国家级自然保护区	国家	20.00	10.00	10.00
225	博山区(鲁)	原山国家森林公园	国家	105.00	3200.00	1350.00
226	博山区(鲁)	鲁山国家森林公园	国家	23.58	637.40	404.00
227	桓台县(鲁)	马踏湖湿地公园	国家	8.30	1000.00	560.00
228	峄城区(鲁)	冠世榴园国家级森林公园	国家	166.00	16620.00	2000.00
229	台儿庄区(鲁)	台儿庄运河国家湿地公园	国家	26.50	9300.00	1300.00
230	山亭区(鲁)	枣庄市抱犊崮国家森林公园	国家	12.50	248.00	245.00
231	垦利县(鲁)	黄河口自然保护区	国家	26.00	78000.00	10040.00
232	长岛县(鲁)	长岛烽山林海国家森林公园	国家	21.40	545.00	545.00
233	栖霞市(鲁)	牙山国家级森林公园	国家	3.00	15.00	15.00
234	海阳市(鲁)	海阳招虎山省级自然保护区	国家	16.50	13000.00	1625.00
235	潍坊市峡山区(鲁)	峡山湖国家湿地公园	国家	5.50	225.00	
236	临朐县(鲁)	沂山国家森林公园	国家	77.70	6276.00	1510.00
237	昌乐县(鲁)	寿阳山国家级森林公园	国家	1.20	26.00	
238	青州市(鲁)	仰天山森林公园	国家	28.00	1041.00	687.00
239	诸城市(鲁)	密州国家级森林公园	国家	3.00	120.00	50.00
240	寿光市(鲁)	国家级滨海湿地公园	国家	76.00	2180.00	1200.00
241	安丘市(鲁)	安丘市青云山公园	国家	61.00	778.00	751.00
242	安丘市(鲁)	山东留山古火山国家森林公园	国家	58.00	280.00	231.70
243	昌邑市(鲁)	绿博园	国家	6.00	360.00	120.00
244	曲阜市(鲁)	尼山国家森林公园	国家	30.00	11000.00	1100.00
245	泰安市市辖区(鲁)	泰山国家森林公园	国家	546.63	112000.00	41300.00
246	泰安市市辖区(鲁)	徂徕山国家森林公园	国家	41.00	1126.00	655.00
247	东平县(鲁)	东平县腊山国家森林公园	国家	100.00	10000.00	4000.00
248	东平县(鲁)	东平县东平湖湿地保护区	国家	100.00	10000.00	2000.00
249	肥城市(鲁)	牛山森林公园	国家	10.00	60.00	20.00
250	环翠区(鲁)	双岛国家森林公园	国家	37.00	1122.00	400.00
251	五莲县(鲁)	五莲山旅游风景区	国家	80.00	10000.00	2000.00
252	五莲县(鲁)	大青山旅游风景区	国家	60.50	8000.00	800.00
253	莱城区(鲁)	华山森林公园	国家	10.00	700.00	195.00
254	罗庄区(鲁)	临沂国家级武河湿地公园	国家	2.00	6000.00	100.00
255	河东区(鲁)	汤河国家级湿地公园	国家	150.00	1500.00	

序号	县(旗、市、区、局、场)	森林公园及自然保护区（名称）	级别	实际接待人数（万人次）	旅游总收入（万元）	其中:门票收入（万元）
256	沂南县(鲁)	孟良崮森林公园	国家	3.10	120.00	70.00
257	莒南县(鲁)	莒南天马岛旅游区	国家	26.00	3600.00	3200.00
258	无棣县(鲁)	黄河岛国家级湿地公园	国家	1.10	52.00	52.00
259	邹平县(鲁)	鹤伴山国家森林公园	国家	16.00	612.00	159.00
260	登封市(豫)	嵩山国家森林公园	国家	332.00		24000.00
261	新安县(豫)	新安县郁山国家森林公园	国家	13.30	260.00	
262	新安县(豫)	新安县青要山国家级自然保护区	国家	50.00	3560.00	1500.00
263	新安县(豫)	新安县黄河湿地自然保护区	国家	16.00	130.00	
264	栾川县(豫)	龙峪湾	国家	12.50	3000.00	60.00
265	栾川县(豫)	老君山	国家	52.00	8000.00	3400.00
266	嵩　县(豫)	白云山	国家	153.70	58000.00	4611.00
267	嵩　县(豫)	天池山	国家	130.70	37000.00	2645.00
268	嵩　县(豫)	木札岭	国家	129.00	47000.00	2833.00
269	宜阳县(豫)	花果山	国家	30.00	800.00	130.00
270	洛宁县(豫)	洛宁县神灵寨森林公园	国家	11.00	16017.00	275.00
271	鲁山县(豫)	尧山自然保护区	国家	30.00	6468.00	240.00
272	舞钢市(豫)	石漫滩国家森林公园	国家	30.00	6175.00	
273	安阳县(豫)	漳河峡谷湿地公园	国家	2.00	8.00	2.00
274	林州市(豫)	五龙洞森林公园	国家	9.00	192.00	182.00
275	修武县(豫)	河南云台山国家森林公园	国家	102.00	2060.00	2040.00
276	博爱县(豫)	河南太行国家级自然保护区	国家	21.00	3351.00	1680.00
277	沁阳市(豫)	河南省猕猴国家级自然保护区沁阳白松岭区	国家	15.00	4550.00	
278	濮阳县(豫)	金堤河国家湿地公园	国家	2.50	117.00	
279	濮阳市高新区(豫)	濮上生态园区	国家	21.60	550.00	370.00
280	鄢陵县(豫)	鄢陵中原花木博览园	国家	479.10	82096.00	750.00
281	禹州市(豫)	鸠山大鸿寨森林公园	国家	200.00	3500.00	360.00
282	三门峡市市辖区(豫)	亚武山国家森林公园	国家	1.20	14.00	
283	陕　县(豫)	甘山森林公园	国家	22.05	180.00	85.00
284	灵宝市(豫)	燕子山国家森林公园	国家	5.00	100.00	50.00
285	南召县(豫)	宝天曼自然保护区	国家	350.00	42520.00	2500.00
286	西峡县(豫)	西峡县寺山森林公园	国家	3.20	55.00	50.00
287	内乡县(豫)	宝天曼自然保护区	国家	12.00	1400.00	600.00
288	桐柏县(豫)	淮河源森林公园	国家	23.00	2661.00	989.00
289	梁园区(豫)	黄河故道国家森林公园	国家	30.00	450.00	100.00
290	信阳市市辖区(豫)	波尔登森林公园、鸡公山自然保护区	国家	8.00	300.00	300.00
291	平桥区(豫)	信阳市平桥两河口国家湿地公园	国家	8.00	100.00	
292	光山县(豫)	大苏山国家森林公园	国家	6.00	750.00	20.00
293	商城县(豫)	河南商城黄柏山国家森林公园	国家	20.00	8000.00	200.00
294	淮阳县(豫)	河南省淮阳龙湖国家湿地公园	国家	120.00	3600.00	1500.00
295	驿城区(豫)	金顶山森林公园	国家	62.00	2240.00	2170.00
296	西平县(豫)	棠溪源国家级森林公园	国家	6.80	904.00	340.00
297	确山县(豫)	薄山林场	国家	40.00	6000.00	1600.00
298	济源市(豫)	猕猴自然保护区	国家	150.00	7900.00	5000.00
299	蔡甸区(鄂)	武汉市蔡甸区九真森林公园	国家	30.00	4500.00	2100.00
300	蔡甸区(鄂)	武汉市蔡甸区嵩阳森林公园	国家	20.00	1600.00	610.00

序号	县(旗、市、区、局、场)	森林公园及自然保护区（名称）	级别	实际接待人数（万人次）	旅游总收入（万元）	其中:门票收入（万元）
301	黄陂区(鄂)	武汉木兰天池	国家	60.00	50000.00	5000.00
302	黄陂区(鄂)	武汉木兰云雾山	国家	50.00	40000.00	4800.00
303	黄陂区(鄂)	武汉木兰清凉寨	国家	50.00	20000.00	5000.00
304	黄陂区(鄂)	武汉木兰山	国家	50.00	10000.00	5000.00
305	西塞山区(鄂)	西塞山公园	国家	2.50	5.00	5.00
306	茅箭区(鄂)	湖北省赛武当国家级自然保护区	国家	20.00	7000.00	600.00
307	郧　县(鄂)	湖北苍浪山	国家	60.00	15.00	
308	郧西县(鄂)	汉江瀑布群森岭公园	国家	30.00	15000.00	2400.00
309	竹山县(鄂)	湖北堵河国家级自然保护区	国家	7.00	291.00	
310	竹山县(鄂)	九女峰国家森林公园	国家	29.10	198.80	20.00
311	竹溪县(鄂)	偏头山森林公园	国家	5.00	50.00	
312	房　县(鄂)	诗经源国家级森林公园	国家	5.00	500.00	
313	丹江口市(鄂)	丹江口国家森林公园	国家	5.00	400.00	
314	夷陵区(鄂)	湖北西塞国国家森林公园	国家	4.50	1100.00	
315	兴山县(鄂)	龙门河国家森林公园	国家	1.20	98.00	76.00
316	秭归县(鄂)	屈原故里	国家	30.52	280.00	
317	长阳土家族自治县(鄂)	长阳清江画廊风景区	国家	56.00	13000.00	11035.00
318	长阳土家族自治县(鄂)	清江国家森林公园	国家	51.00	8500.00	
319	五峰土家族自治县(鄂)	五峰柴埠溪国家森林公园	国家	5.50	920.00	160.00
320	五峰土家族自治县(鄂)	五峰后河国家级自然保护区	国家	1.00	80.00	30.00
321	宜都市(鄂)	宜都市天龙湾国家湿地公园	国家	1.20	60.00	25.00
322	当阳市(鄂)	玉泉寺国家森林公园	国家	60.00	650.00	120.00
323	樊城区(鄂)	长寿岛湿地公园	国家	10.00	1200.00	
324	襄州区(鄂)	鹿门寺国家森林公园	国家	3.10	165.40	84.00
325	谷城县(鄂)	薤山国家森林公园	国家	25.00	2500.00	130.00
326	谷城县(鄂)	谷城汉江国家湿地公园	国家	6.00	650.00	
327	鄂州市市辖区(鄂)	白雉山自然保护区	国家	6.00	16.00	
328	东宝区(鄂)	漳河风景区	国家	52.00	61000.00	2600.00
329	京山县(鄂)	湖北虎爪山国家森林公园	国家	5.00	3000.00	
330	钟祥市(鄂)	大口国家森林公园	国家	4.20	765.00	210.00
331	孝感市市辖区(鄂)	双峰山国家森林公园	国家	15.00	1500.00	200.00
332	安陆市(鄂)	湖北安陆古银杏国家森林公园	国家	15.00	20000.00	1500.00
333	荆州区(鄂)	荆州区八岭山森林公园	国家	10.00	100.00	50.00
334	松滋市(鄂)	洈水国家森林公园	国家	26.38	8500.00	1300.00
335	红安县(鄂)	天台山国家级森林公园	国家	120.00	3200.00	280.00
336	红安县(鄂)	金沙湖湿地公园	国家	50.00	1200.00	
337	罗田县(鄂)	大别山国家森林公园	国家	385.00	199500.00	2500.00
338	浠水县(鄂)	三角山森林公园	国家	6.50	4320.00	512.00
339	麻城市(鄂)	湖北五脑山国家森林公园	国家	102.80	3600.00	
340	通城县(鄂)	通城县大溪湿地公园	国家	15.00	4500.00	
341	通山县(鄂)	九宫山自然保护区	国家	30.00	15000.00	1500.00
342	广水市(鄂)	中华山	国家	70.00	350.00	180.00
343	随　县(鄂)	西游记游园	国家	30.00	6500.00	3200.00
344	随　县(鄂)	炎帝故里风景名胜区	国家	60.00	42000.00	30000.00
345	恩施市(鄂)	恩施大峡谷	国家	20.00	5000.00	3500.00

序号	县(旗、市、区、局、场)	森林公园及自然保护区（名称）	级别	实际接待人数（万人次）	旅游总收入（万元）	其中:门票收入（万元）
346	咸丰县(鄂)	坪坝营国家级森林公园	国家	286.50	75320.00	30000.00
347	鹤峰县(鄂)	湖北木林子国家级自然保护区	国家	5.21	2531.24	
348	仙桃市(鄂)	沙湖湿地公园	国家	6.50	800.00	60.00
349	神农架林区(鄂)	神农架国家森林公园	国家	430.00	150000.00	7500.00
350	湖北省太子山林场管理局(鄂)	湖北省太子山国家森林公园	国家	4.00	420.00	60.00
351	望城县(湘)	黑麋峰森林公园	国家	120.00	3000.00	40.00
352	宁乡县(湘)	宁乡县凤凰山国家森林公园	国家	3.00	910.00	
353	浏阳市(湘)	大围山国家森林公园	国家	56.58	84500.00	1000.00
354	茶陵县(湘)	云阳国家森林公园	国家	14.00	46.00	21.00
355	湘乡市(湘)	东台山森林公园	国家	21.00	2100.00	
356	韶山市(湘)	滴水洞景区	国家	40.00	13830.00	9866.00
357	南岳区(湘)	南岳衡山国家级自然保护区	国家	706.00	52770.00	30400.00
358	衡阳县(湘)	湖南省衡阳县岣嵝峰国家森林公园	国家	33.20	19300.00	7600.00
359	祁东县(湘)	四明山	国家	3.50	300.00	
360	常宁市(湘)	湖南天堂山国家森林公园	国家	35.00	15356.00	
361	新邵县(湘)	岳坪峰国家森林公园	国家	6.00	700.00	120.00
362	洞口县(湘)	罗溪森林公园	国家	20.00	4500.00	
363	新宁县(湘)	舜皇山国家级自然保护区	国家	2.00	1000.00	
364	城步苗族自治县(湘)	南山牧场	国家	6.60	611.00	460.80
365	城步苗族自治县(湘)	两江峡谷国家森林公园	国家	3.10	281.00	
366	岳阳县(湘)	岳阳县国家森林公园	国家	18.90	1235.00	236.60
367	湘阴县(湘)	洋沙湖东湖湿地公园	国家	32.00	4850.00	
368	平江县(湘)	幕阜山森林公园	国家	8.00	1800.00	70.00
369	临湘市(湘)	五尖山国家森林公园	国家	99.80	7985.00	300.00
370	鼎城区(湘)	湖南省常德花岩溪国家森林公园	国家	9.10	2700.00	185.00
371	石门县(湘)	石门夹山国家森林公园	国家	80.00	32000.00	
372	石门县(湘)	石门壶瓶山国家级自然保护区	国家	24.00	12000.00	
373	津市市(湘)	湖南毛里湖湿地公园	国家	10.80	410.00	
374	津市市(湘)	嘉山森林公园	国家	4.60	270.00	
375	永定区(湘)	天门山自然保护区	国家	500.00	20000.00	16000.00
376	永定区(湘)	天泉山自然保护区	国家	3.00	20.00	14.00
377	武陵源区(湘)	湖南张家界森林公园	国家	475.00	201310.00	36177.00
378	安化县(湘)	六步溪国家自然保护区	国家	20.00	2000.00	
379	苏仙区(湘)	郴州苏仙岭风景区	国家	74.00	955.00	410.00
380	宜章县(湘)	莽山国家森林公园	国家	24.00	29846.00	2585.00
381	永兴县(湘)	湖南永兴丹霞国家森林公园	国家	12.40	12.20	9.20
382	临武县(湘)	西瑶绿谷森林公园	国家	21.00	9980.00	2555.00
383	桂东县(湘)	湖南八面山自然保护区	国家	29.00	9558.00	2600.00
384	安仁县(湘)	雄峰山国家森林公园	国家	40.00	1200.00	
385	资兴市(湘)	天鹅山国家森林公园	国家	31.00	48.00	
386	资兴市(湘)	东江湖国家湿地公园	国家	121.00	112129.00	35000.00
387	祁阳县(湘)	永州市金洞国家级森林公园	国家	4.30	3440.00	1450.00
388	东安县(湘)	东安县舜皇山	国家	20.89	30577.00	1460.00
389	道　县(湘)	道县月岩森林公园	国家	4.00	3212.00	
390	宁远县(湘)	九嶷山国家森林公园	国家	43.60	8595.00	1656.00

序号	县(旗、市、区、局、场)	森林公园及自然保护区(名称)	级别	实际接待人数(万人次)	旅游总收入(万元)	其中:门票收入(万元)
391	蓝山县(湘)	蓝山县板塘国家森林公园	国家	1.30	1680.00	
392	新田县(湘)	福音山国家森林公园	国家	30.50	3600.00	
393	金洞林场(湘)	金洞国家森林公园	国家	7.50	4000.00	300.00
394	洪江区(湘)	嵩云山国家森林公园	国家	100.00	54000.00	9000.00
395	沅陵县(湘)	借母溪保护区	国家	4.10	2050.00	
396	溆浦县(湘)	思蒙湿地公园	国家	15.00	3000.00	
397	会同县(湘)	鹰嘴界国家级自然保护区	国家	25.00	11400.00	
398	靖州苗族侗族自治县(湘)	五龙潭湿地公园	国家	1.10	80.00	
399	双峰县(湘)	水府庙湿地公园	国家	100.00	1000.00	
400	新化县(湘)	大熊山国家森林公园	国家	17.50	1500.00	400.00
401	涟源市(湘)	湖南涟源龙山国家森林公园	国家	51.20	11781.00	
402	始兴县(粤)	广东车八岭国家级自然保护区	国家	2.00	50.50	19.00
403	仁化县(粤)	丹霞山	国家	300.00	9000.00	8000.00
404	南澳县(粤)	黄花山森林公园	国家	25.00	106.00	16.00
405	南海区(粤)	西樵山	国家	305.80	24464.00	
406	台山市(粤)	北峰山国家森林公园	国家	12.00	450.00	10.00
407	麻章区(粤)	湛江市湖光岩风景区	国家	101.00	2331.00	1760.00
408	雷州市(粤)	九龙山红树林国家级湿地公园	国家	80.00	1500.00	
409	雷州市(粤)	雷州市南渡河红树林湿地自然保护区	国家	60.00	100.00	
410	鼎湖区(粤)	鼎湖山	国家	125.00	48767.00	6000.00
411	龙门县(粤)	南昆山森林公园	国家	554.25	22.75	11.32
412	惠州市属总林场(粤)	广东南昆山国家森林公园	国家	142.50	32113.00	1265.00
413	惠州市属总林场(粤)	广东梁化国家森林公园	国家	1.00	200.00	
414	梅　县(粤)	梅县雁鸣湖森林公园	国家	90.00	6600.00	1300.00
415	平远县(粤)	广东南台山国家森林公园	国家	98.00	120.00	
416	蕉岭县(粤)	镇山公园	国家	130.00	1300.00	
417	蕉岭县(粤)	长潭自然保护区	国家	130.00	2150.00	
418	蕉岭县(粤)	皇佑笔自然保护区	国家	120.00	2130.00	
419	兴宁市(粤)	广东神光山森林公园	国家	95.00	1050.00	
420	新丰江林管局(粤)	东源县新丰江国家森林公园	国家	196.00	7534.00	4370.00
421	英德市(粤)	广东石门台国家级自然保护区	国家	13.70	1507.00	69.64
422	揭西县(粤)	广东省大北山国家森林公园	国家	32.00	2134.80	13.50
423	乳阳林业局(粤)	南岭国家森林公园	国家	10.60	4325.00	425.00
424	天井山林场(粤)	广东天井山国家森林公园	国家	1.30	78.00	12.00
425	横　县(桂)	广西九龙瀑布群国家森林公园	国家	4.50	148.50	130.00
426	融水苗族自治县(桂)	元宝山自然保护区	国家	106.20	61598.00	
427	阳朔县(桂)	阳朔县国家森林公园	国家	6.70	1077.00	774.00
428	灌阳县(桂)	广西桂林千家洞国家级自然保护区	国家	6.62	5860.00	
429	龙胜各族自治县(桂)	龙胜温泉国家森林公园	国家	59.21	20828.50	5831.98
430	资源县(桂)	八角寨国家森林公园	国家	73.00	4.50	6000.00
431	防城区(桂)	广西防城金花茶国家级自然保护区	国家	9.00	600.00	
432	防城区(桂)	广西北仑河口国家级自然保护区	国家	1.00	100.00	
433	防城区(桂)	广西十万山国家级自然保护区	国家	20.00	1800.00	
434	上思县(桂)	广西上思县十万大山国家森林公园	国家	69.00	35443.80	1371.31
435	环江毛南族自治县(桂)	环江明伦镇牛角寨景区	国家	10.00	1000.00	300.00

序号	县(旗、市、区、局、场)	森林公园及自然保护区（名称）	级别	实际接待人数（万人次）	旅游总收入（万元）	其中:门票收入（万元）
436	金秀瑶族自治县(桂)	大瑶山国家级森林公园	国家	119.60	75620.00	5867.58
437	良凤江国家森林公园(桂)	南宁良凤江国家森林公园	国家	12.90	1486.00	154.80
438	三门江林场(桂)	三门江国家森林公园	国家	19.00	752.00	138.00
439	大桂山林场(桂)	广西大桂山国家森林公园	国家	1.50	80.00	60.00
440	万州区(渝)	重庆市铁峰山国家森林公园	国家	9.90	369.00	
441	沙坪坝区(渝)	歌乐山森林公园	国家	16.30	250.35	16.30
442	南岸区(渝)	南山植物园	国家	1566.80	22244.00	22244.00
443	万盛区(渝)	黑山国家森林公园	国家	65.00	8612.00	4100.00
444	巴南区(渝)	桥口坝国家森林公园	国家	25.70	1200.00	180.00
445	黔江区(渝)	黔江国家森林公园	国家	30.00	7800.00	1000.00
446	江津区(渝)	四面山自然保护区和风景名胜区	国家	320.00	150000.00	6258.00
447	江津区(渝)	大圆洞国家森林公园	国家	15.00	500.00	
448	永川区(渝)	茶山竹海国家森林公园	国家	65.00	12353.00	800.00
449	南川区(渝)	金佛山国家森林公园	国家	70.00	22000.00	1200.00
450	璧山县(渝)	青龙湖国家森林公园	国家	6.00	3750.00	
451	丰都县(渝)	双桂山国家森林公园	国家	8.00	40.00	40.00
452	武隆县(渝)	仙女山森林公园	国家	393.70	47650.00	14500.00
453	开　县(渝)	雪宝山国家级森林公园	国家	3.40	680.00	
454	巫山县(渝)	小三峡国家森林公园	国家	800.00	260000.00	96000.00
455	巫溪县(渝)	红池坝国家森林公园	国家	102.50	2178.00	962.00
456	石柱土家族自治县(渝)	重庆黄水国家森林公园	国家	250.00	118100.00	15000.00
457	酉阳土家族苗族自治县(渝)	桃花源国家森林公园	国家	56.00	16860.00	3800.00
458	酉阳土家族苗族自治县(渝)	巴尔盖国家森林公园	国家	38.00	6880.00	980.00
459	彭水苗族土家族自治县(渝)	彭水县茂云山国家森林公园摩围山景区	国家	30.00	4000.00	80.00
460	彭水苗族土家族自治县(渝)	彭水茂云山国家森林公园阿依河景区	国家	40.00	5000.00	120.00
461	邛崃市(川)	天台山国家森林公园	国家	37.57	10075.64	1984.84
462	纳溪区(川)	纳溪天仙硐风景名胜区	国家	40.00	20800.00	
463	纳溪区(川)	纳溪区凤凰湖风景区	国家	29.00	15200.00	
464	合江县(川)	合江县福宝森林公园	国家	150.00	95000.00	9000.00
465	叙永县(川)	画稿溪国家级自然保护区	国家	30.00	6000.00	
466	盐亭县(川)	盐亭县高山国家森林公园	国家	50.00	5000.00	
467	盐亭县(川)	盐亭县白鹭自然保护区	国家	200.00	20000.00	
468	梓潼县(川)	七曲山国家森林公园	国家	260.00	41600.00	5200.00
469	北川羌族自治县(川)	四川北川国家森林公园	国家	75.00	21200.00	7432.00
470	利州区(川)	天曌山国家森林公园	国家	24.20	3630.00	1035.00
471	旺苍县(川)	米仓山自然保护区	国家	80.00	8000.00	5000.00
472	青川县(川)	唐家河自然保护区	国家	25.00	24000.00	1520.00
473	剑阁县(川)	剑门关景区开发有限公司	国家	328.40	106428.00	10345.00
474	苍溪县(川)	苍溪国家森林公园	国家	20.00	1550.00	
475	射洪县(川)	射洪县侏罗纪公园	国家	60.00	17700.00	3000.00
476	大英县(川)	东方生态旅游度假区	国家	60.00	8600.00	
477	沙湾区(川)	沙湾区美女峰国家森林公园	国家	32.00	7000.00	
478	高坪区(川)	凌云山风景区	国家	153.50	22410.00	4500.00
479	南部县(川)	升钟湖湿地公园	国家	105.00	30345.00	
480	阆中市(川)	阆中国家森林公园	国家	47.40	4951.40	451.00

序号	县(旗、市、区、局、场)	森林公园及自然保护区(名称)	级别	实际接待人数(万人次)	旅游总收入(万元)	其中:门票收入(万元)
481	阆中市(川)	阆中市构溪河国家湿地公园	国家	19.43	5159.00	
482	仁寿县(川)	黑龙滩风景区	国家	141.00	19125.00	10107.00
483	彭山县(川)	彭祖山风景区	国家	33.19	383.35	314.70
484	长宁县(川)	长宁竹海自然保护区	国家	233.00	68257.00	14143.00
485	屏山县(川)	四川省屏山县老君山国家级自然保护区	国家	36.34	12090.00	
486	广安区(川)	邓小平故里保护区	国家	30.00	18000.00	600.00
487	邻水县(川)	天易谷	国家	80.00	25000.00	1000.00
488	华蓥市(川)	华蓥山国家森林公园	国家	126.50	29095.00	17710.00
489	达川区(川)	四川省铁山国家级森林公园	国家	17.00	2900.00	
490	宣汉县(川)	百里峡自然保护区	国家	18.90	2655.00	
491	开江县(川)	金山寺	国家	15.00	5000.00	1000.00
492	开江县(川)	宝石水库风景区	国家	5.00	1600.00	
493	大竹县(川)	五峰山国家森林公园	国家	190.00	19000.00	330.00
494	万源市(川)	花萼自然保护区	国家	10.00	150.00	
495	石棉县(川)	贡嘎山自然保护区	国家	1.50	280.00	
496	宝兴县(川)	宝兴县夹金山国家森林公园	国家	1.75	875.00	
497	巴州区(川)	天马山国家森林公园	国家	22.00	4073.90	44.00
498	通江县(川)	空山国家森林公园	国家	67.90	26940.00	
499	南江县(川)	米仓山国家森林公园	国家	65.20	24838.00	5110.00
500	平昌县(川)	镇龙山国家森林公园	国家	25.00	1050.00	
501	松潘县(川)	黄龙自然保护区	国家	160.00	1250.00	560.00
502	九寨沟县(川)	九寨沟自然保护区	国家	480.00	630000.00	153600.00
503	泸定县(川)	贡嘎山森林公园	国家	37.78	32000.00	22400.00
504	白玉县(川)	察青松多白唇鹿自然保护区	国家	5.70	2704.00	
505	理塘县(川)	海子山国家级自然保护区	国家	2.35	3248.00	
506	巴塘县(川)	巴塘县措普国家森林公园	国家	5.78	4100.00	
507	稻城县(川)	海子山国家级自然保护区	国家	4.00	4000.00	
508	稻城县(川)	亚丁国家级自然保护区	国家	12.00	12000.00	
509	力邱河林业局(川)	荷花海国家森林公园	国家	3.50	190.00	
510	西昌市(川)	邛海泸山景区	国家	62.50	92100.00	156.00
511	普格县(川)	螺髻山风景区	国家	26.00	4160.00	2860.00
512	美姑县(川)	美姑县大风顶国家级自然保护区	国家	1.50	123.20	
513	清镇市(黔)	红枫湖	国家	282.55	7.90	
514	六枝特区(黔)	贵州黄果树瀑布源国家森林公园	国家	2.00	68.00	
515	红花岗区(黔)	凤凰山国家森林公园	国家	164.50	49350.00	
516	红花岗区(黔)	大板水国家森林公园	国家	46.70	14010.00	467.00
517	赤水市(黔)	燕子岩森林公园	国家	109.00	49600.00	4500.00
518	赤水市(黔)	竹海国家森林公园	国家	80.00	22000.00	3300.00
519	西秀区(黔)	九龙山森林公园	国家	4.20	120.00	40.00
520	平坝县(黔)	天龙屯堡	国家	34.00	3555.00	1360.00
521	碧江区(黔)	九龙洞国家级风景名胜区	国家	2.00	600.00	200.00
522	江口县(黔)	梵净山国家级自然保护区	国家	37.00	10730.00	3700.00
523	沿河土家族自治县(黔)	麻阳河国家级自然保护区	国家	3.30	1620.00	
524	都匀市(黔)	都匀市斗篷山国家级风景名胜区	国家	10.00	150.00	50.00
525	都匀市(黔)	都匀市青云湖森林公园	国家	30.00	3.00	

序号	县(旗、市、区、局、场)	森林公园及自然保护区(名称)	级别	实际接待人数(万人次)	旅游总收入(万元)	其中:门票收入(万元)
526	荔波县(黔)	茂兰自然保护区	国家	8.00	381.00	21.00
527	长顺县(黔)	杜鹃湖风景区	国家	7.50	1200.00	
528	龙里县(黔)	贵州龙架山国家森林公园	国家	48.99	10650.00	106.00
529	茂兰国家级自然保护区(黔)	贵州茂兰国家级自然保护区	国家	8.00	5840.00	210.00
530	西山区(滇)	棋盘山国家森林公园	国家	4.13	126.50	41.30
531	罗平县(滇)	鲁布革森林公园	国家	13.50	6500.00	
532	通海县(滇)	通海秀山公园	国家	35.20	210.00	
533	易门县(滇)	龙泉国家森林公园	国家	25.00	20.00	9.00
534	新平彝族傣族自治县(滇)	磨盘山国家森林旅游公园	国家	9.58		3039.00
535	新平彝族傣族自治县(滇)	哀牢山国家自然保护区	国家	15.62		337.35
536	双江拉祜族佤族布朗族傣族自治县(滇)	云南双江古茶山国家森林公园	国家	5.00	140.00	
537	大理市(滇)	大理苍山洱海国家级自然保护区	国家	80.82	56572.00	11314.00
538	祥云县(滇)	清华洞国家级森林公园	国家	12.80	300.00	
539	南涧彝族自治县(滇)	灵宝山国家级森林公园	国家	8.00	108.00	
540	巍山彝族回族自治县(滇)	巍宝山国家级森林公园	国家	15.00	226.00	226.00
541	永平县(滇)	宝台山国家森林公园	国家	2.60	45.00	
542	灞桥区(陕)	洪庆山国家森林公园	国家	8.50	80.00	25.00
543	临潼区(陕)	骊山国家森林公园	国家	70.00	4699.00	4699.00
544	长安区(陕)	终南山国家森林公园	国家	12.00	368.00	182.00
545	蓝田县(陕)	王顺山森林公园	国家	20.00	800.00	600.00
546	蓝田县(陕)	紫云山森林公园	国家	20.00	300.00	100.00
547	周至县(陕)	国营周至县厚畛子林场	国家	4.70	226.00	226.00
548	户　县(陕)	朱雀国家森林公园	国家	11.00	2006.00	552.00
549	户　县(陕)	太平国家森林公园	国家	21.00	3010.00	830.00
550	印台区(陕)	玉华宫森林公园	国家	58.30	26400.00	650.00
551	眉　县(陕)	太白山国家森林公园	国家	38.00	7944.00	2785.00
552	凤　县(陕)	紫柏山自然保护区	国家	4.00	12000.00	150.00
553	太白县(陕)	青峰峡国家森林公园	国家	140.00	18900.00	2204.00
554	辛家山林业局(陕)	通天河国家森林公园	国家	4.91	224.00	180.80
555	马头滩林业局(陕)	宝鸡天台山国家森林公园嘉陵江源头景区	国家	12.96	1215.00	619.74
556	旬邑县(陕)	石门山国家森林公园	国家	2.00	200.00	60.00
557	劳山林业局(陕)	劳山国家森林公园	国家	6.00	200.00	54.00
558	延安市风景林场(陕)	延安国家森林公园	国家	38.00	1520.00	1280.00
559	汉台区(陕)	汉中天台国家森林公园	国家	6.00	3858.00	80.00
560	南郑县(陕)	黎坪国家森林公园	国家	34.00	17000.00	3060.00
561	洋　县(陕)	陕西省长青国家自然保护区	国家	10.00	1188.00	838.00
562	洋　县(陕)	陕西省朱鹮国家级自然保护区	国家	8.00	390.00	210.00
563	西乡县(陕)	米仓山自然保护区	国家	1.20	25.00	
564	略阳县(陕)	五龙洞国家森林公园	国家	1.30	1500.00	78.00
565	留坝县(陕)	陕西紫柏山国家森林公园	国家	12.00	1500.00	320.00
566	佛坪县(陕)	秦岭人与之然博物馆	国家	5.00	200.00	120.00
567	汉阴县(陕)	陕西汉阴凤凰山国家森林公园	国家	35.97	7704.00	
568	宁陕县(陕)	陕西省上坝河国家森林公园	国家	30.00	867.00	150.00
569	岚皋县(陕)	南宫山森林公园	国家	7.00	4000.00	700.00
570	商南县(陕)	金丝峡国家森林公园	国家	71.44	5819.00	4073.53

序号	县(旗、市、区、局、场)	森林公园及自然保护区（名称）	级别	实际接待人数（万人次）	旅游总收入（万元）	其中:门票收入（万元）
571	山阳县(陕)	陕西天竺山国家森林公园	国家	78.56	15694.00	5575.68
572	镇安县(陕)	木王国家森林公园	国家	17.00	2210.00	
573	柞水县(陕)	牛背梁国家森林公园	国家	69.50	7600.00	4576.00
574	陕西省楼观台林场(陕)	陕西楼观台国家森林公园	国家	15.00	435.00	421.00
575	嘉峪关市(甘)	嘉峪关草湖国家湿地公园	国家	3.00	25.00	
576	古浪县(甘)	古浪县昌岭山国家级自然保护区	国家	8.00	60.00	8.00
577	古浪县(甘)	古浪县十八里堡国家级自然保护区	国家	1.30	8.00	
578	天祝藏族自治县(甘)	天祝三峡国家森林公园	国家	40.50	6200.00	10.50
579	山丹县(甘)	焉支山森林公园	国家	20.00	1000.00	200.00
580	庆城县(甘)	周祖陵森林公园	国家	28.10	140.00	140.00
581	渭源县(甘)	渭河源森林公园	国家	35.00	1400.00	
582	漳　县(甘)	国家级贵清山森林公园	国家	210.00	460.00	60.00
583	成　县(甘)	成县鸡峰山国家级森林公园	国家	10.00	670.00	50.00
584	文　县(甘)	文县天池国家级森林公园	国家	10.00	40.00	40.00
585	宕昌县(甘)	官鹅沟国家森林公园	国家	116.00	64000.00	75.00
586	两当县(甘)	黑河森林公园	国家	1.00	40.00	40.00
587	互助土族自治县(青)	北山森林公园	国家	4.50	6300.00	
588	北山森林公园(青)	北山国家森林公园	国家	17.00	6800.00	422.00
589	乌兰县(青)	哈里哈图国家级森林公园	国家	4.10	3573.57	100.00
590	兴庆区(宁)	鸣翠湖国家湿地公园	国家	15.00	800.00	600.00
591	兴庆区(宁)	宁夏黄沙古渡国家湿地公园	国家	55.00	1334.00	934.00
592	金凤区(宁)	银川市阅海公园	国家	23.50	1036.00	574.40
593	西吉县(宁)	西吉县党家岔国家级湿地自然保护区	国家	5.00	2.00	
594	西吉县(宁)	西吉县火石寨国家地质公园	国家	26.00	90.00	70.00
595	乌什县(新)	新疆托什干河国家湿地公园	国家	1.00	4.00	4.00
596	泽普县(新)	中国泽普县国家金胡杨景区	国家	12.50	173.00	80.00
597	巴楚县(新)	新疆巴楚胡杨林国家森林公园	国家	1.42	117.00	80.00
598	巩留林场(新)	恰西国家森林公园	国家	1.50	160.00	6.00
599	尼勒克林场(新)	唐布拉国家森林公园	国家	42.76	119.00	2.05
600	特克斯林场(新)	新疆特克斯科桑溶洞国家森林公园	国家	3.90	35.00	11.00
601	昭苏林场(新)	新疆夏塔古道国家森林公园	国家	2.00	25.10	10.00
602	布尔津林场(新)	贾登峪国家级森林公园	国家	2.60	65.00	15.00
603	哈密林场(新)	哈密天山国家森林公园	国家	4.00	13.50	5.30
604	吉木萨尔林场(新)	新疆车师古道国家森林公园	国家	3.00	30.00	27.00
605	奇台林场(新)	新疆江布拉克国家级森林公园	国家	18.80	1682.00	902.40
606	米泉林场(新)	天山森林公园	国家	4.50	89.00	87.00
607	乌苏林场(新)	乌苏佛山国家森林公园	国家	12.00	1200.00	230.00
608	露水河林业局(吉林森工)	露水河国家森林公园	国家	5.30	711.00	
609	白石山林业局(吉林森工)	吉林省白石山林业局国家森林公园	国家	2.00	1500.00	
610	红石林业局(吉林森工)	红石国家森林公园	国家	2.80	382.00	140.00
611	大海林林业局(龙江森工)	雪乡国家森林公园	国家	33.85	23255.70	3023.00
612	黑龙江柴河林业局(龙江森工)	威虎山国家森林公园	国家	53.86	8443.53	2459.70
613	东京城林业局(龙江森工)	镜泊湖国家森林公园	国家	22.00	6600.00	7.80
614	穆棱林业局(龙江森工)	六峰山国家森林公园	国家	20.00	3120.00	500.00
615	海林林业局(龙江森工)	黑龙江夹皮沟国家森林公园	国家	10.00	555.00	75.00

序号	县(旗、市、区、局、场)	森林公园及自然保护区（名称）	级别	实际接待人数（万人次）	旅游总收入（万元）	其中:门票收入（万元）
616	桦南林业局(龙江森工)	黑龙江七星峰国家林林公园	国家	9.00	2412.00	
617	双鸭山林业局(龙江森工)	青山国家森林公园	国家	28.80	3600.00	
618	鹤北林业局(龙江森工)	黑龙江红松林国家森林公园	国家	21.70	4021.70	
619	东方红林业局(龙江森工)	黑龙江珍宝岛国家森林公园	国家	22.00	4706.00	
620	上甘岭林业局(龙江森工)	溪水国家森林公园	国家	14.50	2950.00	95.00
621	乌马河林业局(龙江森工)	乌马河国家森林公园	国家	8.18	1014.00	
622	美溪林业局(龙江森工)	回龙湾国家森林公园	国家	35.00	5010.00	2100.00
623	金山屯林业局(龙江森工)	金山国家森林公园	国家	19.47	3080.00	275.00
624	南岔林业局(龙江森工)	黑龙江仙翁山国家森林公园	国家	14.00	5046.00	280.00
625	桃山林业局(龙江森工)	桃山国家森林公园	国家	13.60	6238.00	728.00
626	铁力林业局(龙江森工)	日月峡国家森林公园	国家	11.00	129.90	16.70
627	汤旺河林业局(龙江森工)	小兴安岭石林国家森林公园	国家	14.94	1245.97	769.97
628	五营林业局(龙江森工)	五营国家森林公园	国家	19.38	838.87	562.30
629	山河屯林业局(龙江森工)	凤凰山国家森林公园	国家	28.10	16490.00	2380.00
630	苇河林业局(龙江森工)	八里湾国家级森林公园	国家	12.97	3953.25	147.31
631	亚布力林业局(龙江森工)	亚布力国家森林公园	国家	10.20	2120.00	68.00
632	方正林业局(龙江森工)	龙山国家级森林公园	国家	13.40	2802.00	
633	兴隆林业局(龙江森工)	兴隆国家级森林公园	国家	6.50	1450.00	30.00
634	沾河林业局(龙江森工)	大沾河国家级森林公园	国家	11.60	3245.00	962.00
635	井陉矿区(冀)	清凉湾湿地公园	省	11.00	400.00	
636	井陉县(冀)	南寺掌森林公园	省	61.00	1840.00	650.00
637	赞皇县(冀)	棋盘山省级森林公园	省	3.00	1000.00	120.00
638	元氏县(冀)	松鼠岩森林公园	省	31.60	1580.00	
639	鹿泉区(冀)	鹿泉市封龙山风景区	省	20.00	280.00	230.00
640	遵化市(冀)	鹫峰山省级森林公园	省	5.84	171.00	126.00
641	迁安市(冀)	徐流口省级森林公园	省	7.50	1178.00	500.00
642	迁安市(冀)	山叶口省级森林公园	省	8.00	1250.00	500.00
643	迁安市(冀)	迁安市乐活生态采摘观光园	省	3.00	475.00	
644	迁安市(冀)	迁安市乐丫文化产业园	省	3.00	537.00	
645	青龙满族自治县(冀)	青龙满族自治县祖山自然保护区	省	12.60	810.00	810.00
646	涉　县(冀)	涉县省级森林公园	省	24.00	750.00	200.00
647	临城县(冀)	天台山	省	3.00	70.00	30.00
648	唐　县(冀)	全胜峡景区	省	40.00	800.00	550.00
649	唐　县(冀)	西胜沟景区	省	30.00	600.00	450.00
650	安新县(冀)	白洋淀自然保护区	省	60.00	12600.00	6900.00
651	蔚　县(冀)	空中草原森林公园	省	5.44	3540.00	380.00
652	怀来县(冀)	黄龙山庄森林公园	省	5.20	365.25	125.86
653	双滦区(冀)	双塔山森林公园	省	9.00	1680.00	450.00
654	承德县(冀)	河北森林石海森林公园	省	4.77	1015.00	300.00
655	广灵县(晋)	山西省壶流河湿地省级自然保护区	省	60.00	10000.00	
656	恒山林场(晋)	恒山国家森林公园	省	110.00		6301.00
657	阳泉市郊区(晋)	翠枫山自然风景区	省	2.00	1038.00	100.00
658	绛　县(晋)	绛县东华山森林公园	省	8.00	190.00	113.00
659	宁武县(晋)	马营海森林公园	省	3.90	96.00	73.00
660	东河区(内蒙古)	南海湿地自然保护区	省	22.00	160.00	130.20

序号	县(旗、市、区、局、场)	森林公园及自然保护区（名称）	级别	实际接待人数（万人次）	旅游总收入（万元）	其中:门票收入（万元）
661	松山区(内蒙古)	老府林场乌良苏森林公园	省	1.82	244.00	
662	克什克腾旗(内蒙古)	平顶山自治区级森林公园	省	2.00	5.00	
663	克什克腾旗(内蒙古)	飞云渡自治区级森林公园	省	8.00	18.00	
664	克什克腾旗(内蒙古)	白音敖包国家级自然保护区	省	15.00	200.00	120.00
665	克什克腾旗(内蒙古)	黄岗梁自治区级保护区	省	3.00	8.00	
666	达拉特旗(内蒙古)	恩格贝森林公园	省	5.80	2280.00	960.00
667	准格尔旗(内蒙古)	准旗油松王旅游区	省	4.20	390.00	
668	鄂伦春自治旗(内蒙古)	嘎仙洞森林公园	省	1.50	77.00	50.00
669	额尔古纳市(内蒙古)	哈乌尔河景区	省	3.50	70.00	70.00
670	额尔古纳市(内蒙古)	亚洲第一湿地景区	省	45.00	2049.00	1882.00
671	兴和县(内蒙古)	苏木山森林公园	省	3.50	80.00	70.00
672	凉城县(内蒙古)	岱海旅游区	省	8.00	420.00	320.00
673	辽中县(辽)	仙子湖市级自然保护区	省	23.00	208.00	
674	康平县(辽)	康平县卧龙湖自然保护区	省	100.00	5000.00	
675	甘井子区(辽)	大连大黑石森林公园	省	28.00	2700.00	
676	海城市(辽)	白云山自然保护区	省	4.00	130.00	65.00
677	清原满族自治县(辽)	辽宁浑河源省级保护区	省	35.00	1000.00	400.00
678	清原满族自治县(辽)	红河峡谷国家级森林公园	省	70.00	34500.00	26300.00
679	本溪满族自治县(辽)	大地森林公园	省	1.00	15.00	10.00
680	本溪满族自治县(辽)	老边沟森林公园	省	12.00	1200.00	1000.00
681	桓仁满族自治县(辽)	枫林谷森林公园	省	4.50	349.00	349.00
682	宽甸满族自治县(辽)	黄椅山深林公园	省	3.00	142.00	45.80
683	宽甸满族自治县(辽)	天华山森林公园	省	5.00	240.00	170.00
684	宽甸满族自治县(辽)	花脖山森林公园	省	1.10	31.80	27.80
685	宽甸满族自治县(辽)	天桥沟森林公园	省	28.00	1000.00	400.00
686	凤城市(辽)	蒲石河森林公园	省	60.00	22200.00	
687	鲅鱼圈区(辽)	望儿山森林公园	省	90.00	9000.00	3000.00
688	盖州市(辽)	盖州市玉石水库自然保护区	省	3.20	480.00	
689	新邱区(辽)	元宝山省级森林公园	省	3.00	30.00	
690	阜新蒙古族自治县(辽)	阜新老鹰窝山自然保护区	省	5.00	25.00	10.00
691	阜新蒙古族自治县(辽)	阜新关山自然保护区	省	3.00	9.00	
692	辽阳县(辽)	辽阳核伙沟森林公园	省	3.00	300.00	34.00
693	开原市(辽)	开原市龙潭省级森林公园	省	10.00	580.00	
694	喀喇沁左翼蒙古族自治县(辽)	辽宁省楼子山自然保护区	省	5.60	200.00	
695	喀喇沁左翼蒙古族自治县(辽)	辽宁省龙凤山森林公园	省	20.00	800.00	40.00
696	凌源市(辽)	牛河梁省级森林公园	省	43.00	7150.00	
697	凌源市(辽)	青龙河自然保护区	省	29.00	11440.00	
698	连山区(辽)	灵山寺森林公园	省	1.82	630.00	200.00
699	绥中县(辽)	绥中妙峰森林公园	省	5.00	200.00	15.00
700	绥中县(辽)	绥中锥山森林公园	省	3.00	8.00	
701	九台市(吉)	石头口门水库	省	50.00	500.00	
702	双辽市(吉)	双辽市一马树森林公园	省	5.30	200.00	150.00
703	东丰县(吉)	吉林省江城森林植物园	省	40.00	1000.00	300.00
704	东辽县(吉)	吉林东辽红叶岭森林公园	省	8.00	300.00	102.00
705	长白朝鲜族自治县(吉)	十五道沟望天鹅景区	省	30.60	5645.00	3672.00

序号	县(旗、市、区、局、场)	森林公园及自然保护区(名称)	级别	实际接待人数(万人次)	旅游总收入(万元)	其中:门票收入(万元)
706	宁江区(吉)	松原市宁江区森林公园	省	1.23	1230.00	
707	香坊区(黑)	伏尔加庄园	省	48.00	20174.00	8000.00
708	呼兰区(黑)	黑龙江呼兰河口湿地自然保护区	省	35.00	5300.00	1100.00
709	方正县(黑)	双子山森林公园	省	6.50	6.50	6.50
710	阿城区(黑)	哈尔滨北方森林动物园	省	10.00	650.00	600.00
711	绥滨县(黑)	月牙湖北方民族风情园	省	3.60	130.00	20.00
712	集贤县(黑)	七星森林公园	省	5.00	100.00	100.00
713	萨尔图区(黑)	黑鱼湖自然保护区	省	8.20	1307.00	41.00
714	逊克县(黑)	逊克县东山省级森林公园	省	1.20	55.00	
715	黑河市直属林场(黑)	爱辉省级森林公园	省	2.50	30.00	8.50
716	大丰市(苏)	大丰林海森林公园	省	50.00	7500.00	
717	余杭区(浙)	东明山森林公园	省	2.02	212.81	13.83
718	建德市(浙)	新安江森林公园	省	36.00	12000.00	3600.00
719	象山县(浙)	象山南田岛省级森林公园	省	3.60	190.00	
720	宁海县(浙)	南溪温泉森林公园	省	58.03	5990.87	
721	鹿城区(浙)	西郊森林公园	省	1.60	412.80	
722	瓯海区(浙)	茶山森林公园	省	205.00	7460.00	268.00
723	瓯海区(浙)	西雁荡森林公园	省	132.00	800.00	320.00
724	永嘉县(浙)	四海山森林公园	省	4.00	200.00	40.00
725	平阳县(浙)	平阳县林场满田森林公园	省	2.00	6.00	
726	长兴县(浙)	长兴县尹家边扬子鳄自然保护区	省	5.00	70.00	
727	嵊州市(浙)	香榧森林公园	省	32.45	5290.00	
728	椒江区(浙)	大陈岛省级森林公园	省	15.40	13883.00	3080.00
729	玉环县(浙)	大鹿岛森林公园	省	50.00	1750.00	
730	青田县(浙)	青田县石门洞林场自然保护小区	省	10.00	800.00	480.00
731	南陵县(皖)	丫山风景区	省	40.00	4920.00	4000.00
732	南陵县(皖)	小格里森林公园	省	5.00	60.00	50.00
733	五河县(皖)	五河县大巩山森林公园	省	17.00	630.00	
734	五河县(皖)	五河县沱湖湿地自然保护区	省	110.00	3350.00	
735	花山区(皖)	濮塘风景区	省	10.50	1450.00	1.00
736	当涂县(皖)	大青山森林公园	省	2.50	500.00	
737	相山区(皖)	相山公园	省	100.00	180.00	
738	大观区(皖)	菱湖公园	省	50.00	120.00	
739	大观区(皖)	陈独秀陵园	省	10.00	20.00	
740	桐城市(皖)	安庆沿江湿地珍稀水禽自然保护区	省	12.00	800.00	30.00
741	桐城市(皖)	安徽省龙眠山省级森林公园	省	1.50	700.00	20.00
742	黟　县(皖)	安徽黟县五溪山保护区	省	10.00	600.00	300.00
743	南谯区(皖)	红琊山省级森林公园	省	15.00	150.00	
744	来安县(皖)	来安县白鹭岛森林公园	省	15.00	4000.00	
745	来安县(皖)	来安县龙窝寺森林公园	省	2.00	50.00	
746	临泉县(皖)	临泉县泉鞍洲湿地公园	省	50.00	1200.00	
747	砀山县(皖)	黄河湿地自然保护区	省	54.10	14190.00	
748	霍邱县(皖)	安徽安阳山省级森林公园	省	2.50	375.00	25.00
749	舒城县(皖)	舒城县万佛山自然保护区	省	38.67	25460.00	3867.00
750	霍山县(皖)	南岳森林公园	省	300.00	31000.00	

序号	县(旗、市、区、局、场)	森林公园及自然保护区(名称)	级别	实际接待人数(万人次)	旅游总收入(万元)	其中:门票收入(万元)
751	霍山县(皖)	佛子岭自然保护区	省	500.00	54000.00	
752	贵池区(皖)	姥山自然保护区	省	1.00	500.00	
753	东至县(皖)	安徽省天台山森林公园	省	2.60	12.00	
754	郎溪县(皖)	郎溪国有高井庙森林公园	省	1.50	50.00	1.50
755	泾　县(皖)	泾县江南第一漂	省	13.00	2200.00	750.00
756	泾　县(皖)	泾县月亮湾漂流	省	10.00	1500.00	650.00
757	泾　县(皖)	泾县水墨汀溪风景区	省	30.00	4000.00	1200.00
758	绩溪县(皖)	鄣山省级森林公园	省	22.00	850.00	850.00
759	新建县(赣)	新建县象山森林公园	省	10.80	200.00	
760	武宁县(赣)	伊山自然保护区	省	2.30	13.40	
761	永修县(赣)	江西省云居山省级自然保护区	省	15.00	2325.00	
762	瑞昌市(赣)	瑞昌市青山森林公园	省	3.50	125.00	
763	分宜县(赣)	分宜县大岺下生态林场	省	5.00	10.00	
764	贵溪市(赣)	双圳省级森林公园	省	2.00	300.00	
765	崇义县(赣)	章江源自然保护区	省	10.00	11980.00	
766	龙南县(赣)	武当山森林公园	省	16.50	198.00	198.00
767	于都县(赣)	于都县屏山省级森林公园	省	11.50	235.00	
768	于都县(赣)	于都县罗田岩森林公园	省	11.00	150.00	
769	石城县(赣)	通天寨森林公园	省	72.00	10000.00	3600.00
770	瑞金市(赣)	罗汉岩省级森林公园	省	12.50	700.00	60.00
771	吉安市市辖区(赣)	青原山森林公园	省	3.00	120.00	
772	吉州区(赣)	江西君华省级森林公园	省	25.00	160.00	
773	永丰县(赣)	永丰县水浆保护区	省	3.00	2600.00	300.00
774	宜春市明月山温泉风景名胜区(赣)	玉京山自然保护区	省	5.00	300.00	
775	万载县(赣)	万载县九龙庙森林公园	省	22.00	5468.00	
776	上高县(赣)	上高九峰森林公园	省	1.50	3.00	
777	宜丰县(赣)	宜丰县南屏公园	省	2.80	280.00	
778	宜丰县(赣)	宜丰县禅文化园	省	2.00	200.00	
779	临川区(赣)	汝水公园	省	50.00	400.00	
780	乐安县(赣)	江西老虎脑自然保护区	省	11.00	5669.00	
781	金溪县(赣)	翠云峰森林公园	省	35.00	20.00	
782	金溪县(赣)	白马湖湿地公园	省	30.00	21.00	
783	广丰县(赣)	铜钹山自然保护区	省	9.90	10300.00	
784	广丰县(赣)	江西省龙华山省级森林公园	省	9.00	10000.00	
785	广丰县(赣)	江西省大南省级森林公园	省	3.30	3400.00	
786	广丰县(赣)	江西省六石岩省级森林公园	省	13.20	10000.00	
787	广丰县(赣)	江西省广丰三山省级森林公园	省	4.20	3400.00	
788	婺源县(赣)	大鄣山自然保护区	省	3.20	210.00	65.00
789	婺源县(赣)	珍珠山森林保护区	省	1.00	60.00	
790	婺源县(赣)	理田园森林保护区	省	2.00	120.00	
791	婺源县(赣)	鸳鸯湖保护区	省	5.00	300.00	80.00
792	长清区(鲁)	大峰山森林公园	省	3.50	224.00	103.00
793	长清区(鲁)	五峰山森林公园	省	10.50	113.00	72.00
794	黄岛区(鲁)	琅琊台风景区	省	35.00	280.00	
795	博山区(鲁)	五阳湖湿地公园	省	8.00	320.00	

序号	县(旗、市、区、局、场)	森林公园及自然保护区(名称)	级别	实际接待人数(万人次)	旅游总收入(万元)	其中:门票收入(万元)
796	沂源县(鲁)	鲁山森林公园	省	20.00	240.00	240.00
797	沂源县(鲁)	沂源县织女洞森林公园	省	12.00	150.00	120.00
798	山亭区(鲁)	莲青山省级森林公园	省	4.50	19.50	8.00
799	山亭区(鲁)	龙门观省级森林公园	省	2.40	3.50	
800	山亭区(鲁)	石佛寺省级森林公园	省	1.50	2.00	
801	山亭区(鲁)	藤花峪省级森林公园	省	1.50	7.00	
802	莱州市(鲁)	大基山自然保护区	省	30.00	3610.00	900.00
803	招远市(鲁)	招远市罗山自然保护区	省	30.00	1200.00	600.00
804	昌乐县(鲁)	远古火山群生态林场	省	2.50	75.00	
805	昌乐县(鲁)	仙月湖省级湿地公园	省	8.00	230.00	
806	青州市(鲁)	驼山山森林公园	省	27.04	346.00	69.20
807	青州市(鲁)	云门山森林公园	省	34.06	2503.84	1286.50
808	青州市(鲁)	泰和山风景区	省	31.03	2503.84	2302.84
809	寿光市(鲁)	省级巨淀湖公园	省	18.00	1400.00	720.00
810	安丘市(鲁)	安丘市摘药山森林公园	省	10.00	228.00	
811	微山县(鲁)	南四湖省级自然保护区	省	796.00	157890.00	
812	梁山县(鲁)	梁山泊森林公园	省	41.60	13824.00	1740.00
813	曲阜市(鲁)	九仙山森林公园	省	12.00	1500.00	600.00
814	宁阳县(鲁)	神童山森林公园	省	70.00	10885.00	752.00
815	新泰市(鲁)	莲花山森林公园	省	30.00		2400.00
816	新泰市(鲁)	新汶森林公园	省	20.00		200.00
817	肥城市(鲁)	肥城云蒙山	省	1.60	6.00	6.00
818	肥城市(鲁)	肥城剪云山	省	2.00	16.00	10.00
819	文登市(鲁)	天福山森林公园	省	6.00	100.00	
820	莒　县(鲁)	浮来山风景名胜区	省	20.00	600.00	600.00
821	莱芜市雪野旅游区(鲁)	房干帅旗生态旅游区	省	50.00	8000.00	5000.00
822	郯城县(鲁)	郯城县清泉寺森林公园	省	20.00	1000.00	3.00
823	郯城县(鲁)	省级神州古栗园	省	100.00	300.00	
824	郯城县(鲁)	古银杏森林公园	省	50.00	2000.00	20.00
825	沂水县(鲁)	沂水雪山彩虹谷	省	119.70	7853.60	6974.00
826	兰陵县(鲁)	文峰山森林公园	省	4.00	76.00	38.00
827	费　县(鲁)	塔山森林公园	省	30.00	300.00	120.00
828	费　县(鲁)	费县许家崖森林旅游景区	省	100.00	1000.00	500.00
829	蒙阴县(鲁)	岱崮地貌	省	100.00	420.00	
830	蒙阴县(鲁)	中山寺林场	省	85.00	400.00	
831	临沭县(鲁)	冠山风景旅游区	省	16.00	960.00	550.00
832	乐陵市(鲁)	乐陵金丝小枣省级森林公园	省	12.00	260.00	220.00
833	冠　县(鲁)	冠州梨园	省	4.00	2070.00	300.00
834	无棣县(鲁)	碣石山旅游区	省	3.10	62.00	62.00
835	巩义市(豫)	河南嵩北森林公园	省	4.50	65.00	6.00
836	巩义市(豫)	巩义青龙山森林公园	省	13.52	350.00	180.00
837	荥阳市(豫)	桃花峪森林公园	省	50.00	1100.00	600.00
838	荥阳市(豫)	环翠峪森林公园	省	40.00	900.00	500.00
839	荥阳市(豫)	郑州黄河湿地省级自然保护区	省	60.00	700.00	
840	新密市(豫)	神仙洞省级森林公园	省	60.00	1000.00	1000.00

序号	县(旗、市、区、局、场)	森林公园及自然保护区（名称）	级别	实际接待人数（万人次）	旅游总收入（万元）	其中:门票收入（万元）
841	登封市(豫)	大熊山森林公园	省	6.80	25.80	
842	汝阳县(豫)	西泰山景区	省	168.00	22685.00	1125.00
843	汝阳县(豫)	大虎岭森林公园	省	5.36	213.00	10.00
844	伊川县(豫)	荆山森林公园	省	500.00	12500.00	
845	偃师市(豫)	河南省双龙山森林公园	省	20.00	40.00	10.00
846	龙安区(豫)	龙泉省级森林公园	省	2.00	30.00	8.00
847	内黄县(豫)	二帝陵森林公园	省	92.00	3860.00	1890.00
848	林州市(豫)	白泉森林公园	省	5.00	50.00	
849	鹤山区(豫)	黄庙沟省级森林公园	省	1.56	291.00	
850	鹤山区(豫)	南山省级森林公园	省	1.56	95.00	
851	淇滨区(豫)	金山森林公园	省	5.00	50.00	20.00
852	凤泉区(豫)	新乡凤凰山省级森林公园	省	7.00	35.00	
853	延津县(豫)	河南省黄河故道森林公园	省	6.67	1618.00	200.00
854	卫辉市(豫)	卫辉市跑马岭休闲生态园	省	7.50	1800.00	320.00
855	焦作市市辖区(豫)	焦作市森林公园	省	2.70	76.00	48.00
856	南乐县(豫)	南乐县马颊河湿地公园	省	25.00	2670.00	
857	范　县(豫)	毛楼生态旅游区	省	18.00	1600.00	
858	濮阳县(豫)	濮阳县张挥森林公园	省	1.50	100.00	
859	襄城县(豫)	紫云山风景区	省	6.90		209.00
860	禹州市(豫)	禹州森林植物园	省	150.00	800.00	45.00
861	灵宝市(豫)	灵宝市佛山省级森林公园	省	3.00	100.00	50.00
862	卧龙区(豫)	独山森林公园	省	9.00	90.00	45.00
863	方城县(豫)	七峰山森林园	省	2.00	230.00	140.00
864	方城县(豫)	方城县国有大寺林场	省	55.00	730.00	327.00
865	镇平县(豫)	菩提寺森林公园	省	30.00	4787.00	2103.00
866	桐柏县(豫)	太白顶自然保护区	省	41.00	4389.00	1771.00
867	平桥区(豫)	信阳市震雷山森林公园	省	80.00	1000.00	
868	平桥区(豫)	信阳天目山省级森林公园	省	3.00	150.00	
869	商城县(豫)	河南商城金岗台自然保护区	省	30.00	1.20	400.00
870	固始县(豫)	安山森林公园	省	9.00	90.00	12.00
871	淮滨县(豫)	淮滨淮南湿地	省	1.00	100.00	
872	息　县(豫)	息洲森林公园	省	12.00	1200.00	22.00
873	确山县(豫)	乐山林场	省	15.00	5000.00	450.00
874	蔡甸区(鄂)	湖北省沉湖湿地自然保护区	省	45.00	5400.00	
875	蔡甸区(鄂)	湖北省后官湖湿地公园	省	100.00	8000.00	
876	蔡甸区(鄂)	索子长河湿地公园	省	15.00	3000.00	260.00
877	下陆区(鄂)	东方山森林公园	省	45.00	2000.00	300.00
878	阳新县(鄂)	阳新仙岛湖生态旅游风景区	省	7.40	3492.00	3492.00
879	大冶市(鄂)	雷山森林公园	省	100.00	1000.00	
880	张湾区(鄂)	湖北大西沟自然保护区	省	2.00	200.00	
881	郧西县(鄂)	五龙河自然保护区	省	25.00	12500.00	2000.00
882	房　县(鄂)	柳树垭森林公园	省	5.00	100.00	
883	房　县(鄂)	野人谷省级自然保护区	省	50.00	1000.00	350.00
884	点军区(鄂)	车溪自然保护小区	省	215.00	1016.00	816.00
885	点军区(鄂)	文佛山自然保护小区	省	5.00	500.00	

序号	县(旗、市、区、局、场)	森林公园及自然保护区(名称)	级别	实际接待人数(万人次)	旅游总收入(万元)	其中:门票收入(万元)
886	夷陵区(鄂)	南津关大峡谷	省	6.00	350.00	
887	秭归县(鄂)	九畹溪观光景区	省	18.20	415.95	
888	宜都市(鄂)	宋山森林公园	省	12.00	720.00	400.00
889	宜都市(鄂)	梁山自然保护区	省	5.00	187.00	95.00
890	当阳市(鄂)	青龙湖湿地公园	省	6.00	320.00	30.00
891	谷城县(鄂)	承恩寺森林公园	省	6.00	450.00	10.00
892	保康县(鄂)	保康县五道峡自然保护区	省	16.40	5613.70	1684.00
893	保康县(鄂)	保康县官山森林公园	省	2.10	718.00	
894	保康县(鄂)	保康县尧治河森林公园	省	1.48	4350.00	
895	老河口市(鄂)	百花山森林公园	省	1.80	150.00	40.00
896	枣阳市(鄂)	白竹园寺森林公园	省	10.00	500.00	400.00
897	鄂州市市辖区(鄂)	沼山森林公园	省	20.00	100.00	
898	鄂州市市辖区(鄂)	葛山森林公园	省	60.00	800.00	
899	京山县(鄂)	湖北绿林山省级森林公园	省	120.00	20000.00	1300.00
900	公安县(鄂)	湖北省黄山头森林公园	省	1.60	670.00	48.90
901	石首市(鄂)	石首市南岳山森林公园	省	30.00	60.00	
902	黄州区(鄂)	湖北黄州滨江森林公园	省	6.00	110.00	
903	英山县(鄂)	英山县大别山主峰风景区	省	200.00	20000.00	300.00
904	英山县(鄂)	英山县桃花冲风景区	省	180.00	18000.00	280.00
905	蕲春县(鄂)	太平森林公园	省	5.50	220.00	
906	蕲春县(鄂)	横岗三森林公园	省	6.30	240.00	5.00
907	麻城市(鄂)	湖北麻城龟峰山风景区森林公园	省	16.52	11000.00	1440.00
908	武穴市(鄂)	横岗山森林公园武穴旅游风景区	省	11.23	1550.00	1250.00
909	嘉鱼县(鄂)	牛头山森林公园	省	30.00	9100.00	
910	嘉鱼县(鄂)	湖北田野省级森林公园	省	35.00	12000.00	
911	通城县(鄂)	通城县岳姑山省级自然保护区	省	4.00	65.00	
912	通城县(鄂)	通城县国有锡山森林公园	省	6.00	140.00	
913	曾都区(鄂)	湖北随州银杏森林公园	省	35.00	9500.00	1000.00
914	广水市(鄂)	大贵寺	省	150.00	1200.00	400.00
915	随　县(鄂)	随县七尖峰森林公园	省	20.00	4100.00	600.00
916	利川市(鄂)	福宝山森林公园	省	50.00	2000.00	
917	宣恩县(鄂)	骆马洞大鲵自然保护小区	省	1.25	1.03	
918	宣恩县(鄂)	贡水河猕猴保护小区	省	1.25	1.03	
919	望城县(湘)	乌山森林公园	省	20.00	200.00	
920	宁乡县(湘)	青羊湖森林公园	省	5.40	1010.00	
921	芦淞区(湘)	大京风景区	省	8.00	150.00	
922	醴陵市(湘)	仙岳山森林公园	省	11.50	1530.00	
923	岳塘区(湘)	盘龙大观园	省	6.02	1476.00	296.00
924	湘潭县(湘)	金霞山公园	省	5.50	850.00	40.00
925	湘乡市(湘)	水府庙旅游区	省	52.00	13000.00	
926	耒阳市(湘)	蔡伦竹海	省	2.80	450.00	
927	常宁市(湘)	常宁市大义山自然保护区	省	12.85	44.00	28.00
928	新邵县(湘)	白云岩风景名胜区	省	10.00	800.00	200.00
929	新邵县(湘)	白水洞风景名胜区	省	9.00	900.00	180.00
930	隆回县(湘)	隆回县白马山森林公园	省	2.00	2.00	

序号	县(旗、市、区、局、场)	森林公园及自然保护区(名称)	级别	实际接待人数(万人次)	旅游总收入(万元)	其中:门票收入(万元)
931	君山区(湘)	君山区天井山省级森林公园	省	1.50	210.00	
932	华容县(湘)	桃花山省级森林公园	省	4.00	90.00	
933	湘阴县(湘)	湖南省湘阴县鹅形山森林公园	省	25.00	1900.00	
934	平江县(湘)	福寿山森林公园	省	5.30	1000.00	70.00
935	汉寿县(湘)	湖南鹿溪省级森林公园	省	5.00	1000.00	
936	武陵源区(湘)	湖南索溪峪自然保护区	省	426.00	180340.00	32409.00
937	武陵源区(湘)	湖南天子山自然保护区	省	542.00	229549.00	41252.00
938	安化县(湘)	柘溪森林公园	省	60.00	30000.00	3600.00
939	安化县(湘)	雪峰湖国家湿地公园	省	20.00	3000.00	
940	苏仙区(湘)	王仙岭生态公园	省	50.00	450.00	
941	江华瑶族自治县(湘)	大龙山森林公园	省	4.80	1.30	
942	中方县(湘)	康龙自然保护区	省	20.00	1800.00	
943	沅陵县(湘)	齐眉界森林公园	省	4.00	1200.00	
944	沅陵县(湘)	凤凰山森林公园	省	20.00	1980.00	220.00
945	沅陵县(湘)	夸父山森林公园	省	2.50	500.00	
946	辰溪县(湘)	辰溪县燕子洞森林公园	省	1.80	60.00	
947	溆浦县(湘)	威虎山	省	3.50	500.00	
948	芷江侗族自治县(湘)	芷江县三道坑省级自然保护区	省	100.00	600.00	
949	靖州苗族侗族自治县(湘)	排牙山森林公园	省	3.00	200.00	
950	通道侗族自治县(湘)	万佛山公园	省	8.90	280.00	70.00
951	娄星区(湘)	洪家山森林公园	省	2.00	100.00	
952	双峰县(湘)	九峰山林场	省	20.00	120.00	
953	涟源市(湘)	湖南涟源包围山省级森林公园	省	8.32	315.00	
954	萝岗区(粤)	广东省天鹿湖森林公园	省	14.00	712.00	32.00
955	花都区(粤)	王子山森林公园	省	1.60	80.00	80.00
956	乳源瑶族自治县(粤)	乳源大峡谷自然保护区	省	33.00	6600.00	1980.00
957	乳源瑶族自治县(粤)	南水湖湿地公园	省	32.00	6400.00	640.00
958	新丰县(粤)	广东新丰云髻山省级自然保护区	省	15.00	1850.00	500.00
959	乐昌市(粤)	广东省后洞森林公园	省	2.00	100.00	15.00
960	南雄市(粤)	帽子峰森林公园	省	20.00	1800.00	600.00
961	潮南区(粤)	广东大南山省级森林公园	省	17.00	2400.00	
962	台山市(粤)	上川岛省级猕猴自然保护区	省	6.00	5.00	2.00
963	鹤山市(粤)	广东大雁山森林公园	省	42.00	24650.00	179.00
964	茂名市属总林场(粤)	广东茂名森林公园	省	52.00	1062.00	1062.00
965	鼎湖区(粤)	九龙湖生态旅游风景区	省	12.00	1620.00	180.00
966	鼎湖区(粤)	黄金沟生态旅游风景区	省	4.00	128.00	52.00
967	惠州市属总林场(粤)	广东象头山省级森林公园	省	3.45	12.00	
968	惠州市属总林场(粤)	广东天堂山省级森林公园	省	15.00	585.00	
969	惠州市属总林场(粤)	广东油田省级森林公园	省	1.00	42.30	16.30
970	大埔县(粤)	丰溪自然保护区	省	3.00	3.00	
971	平远县(粤)	广东平远龙文黄田省级自然保护区	省	3.20	1920.00	
972	平远县(粤)	平远县五指石省级风景名胜区	省	22.85	13710.00	1105.00
973	海丰县(粤)	海丰县广东莲花山森林公园	省	158.00	988.80	13.80
974	源城区(粤)	河源市野趣沟	省	14.14	626.11	391.00
975	龙川县(粤)	枫树坝自然保护区	省	2.00	1000.00	

序号	县(旗、市、区、局、场)	森林公园及自然保护区(名称)	级别	实际接待人数(万人次)	旅游总收入(万元)	其中:门票收入(万元)
976	龙川县(粤)	霍山森林公园	省	27.00	2800.00	240.00
977	佛冈县(粤)	佛冈县观音山自然保护区	省	6.00	1500.00	1000.00
978	清新县(粤)	广东省太和洞森林公园	省	113.00	56500.00	2300.00
979	连州市(粤)	广东天湖森林公园	省	1.50	80.00	10.00
980	清远市属总林场(粤)	羊角山森林公园	省	2.00	40.00	
981	清远市属总林场(粤)	笔架山森林公园	省	6.00	137.00	123.00
982	湘桥区(粤)	紫莲森林公园	省	50.00	1000.00	
983	揭阳市蓝城区(粤)	广东望天湖森林景区	省	30.00	3200.00	1800.00
984	樟木头林场(粤)	广东省宝山森林公园	省	35.00	24.00	
985	隆安县(桂)	广西龙虎山保护区	省	65.00	16800.00	16800.00
986	钦北区(桂)	广西钦州市八寨沟旅游区	省	70.83	44325.00	3526.50
987	浦北县(桂)	广西五皇山自治区级森林公园	省	3.00	75.00	30.00
988	右江区(桂)	大王岭自然保护区	省	5.40	594.00	444.00
989	田东县(桂)	田东县龙须河森林旅游区	省	8.00	400.00	
990	凌云县(桂)	广西凌云县森林公园	省	13.00		3608.00
991	贺州市平桂管理区(桂)	姑婆山森林公园	省	79.40	4764.00	2206.00
992	富川瑶族自治县(桂)	富川瑶族自治县西岭山自然保护区	省	20.00	1040.00	
993	江北区(渝)	鸿恩寺森林公园	省	384.84	103.37	73.37
994	江北区(渝)	重庆市铁山坪森林公园	省	8.00	1370.00	
995	九龙坡区(渝)	三多桥白鹭自然保护区	省	13.50	15.00	
996	九龙坡区(渝)	重庆市白塔坪森林公园	省	23.00	31.00	
997	九龙坡区(渝)	重庆市尖刀山森林公园	省	16.00	26.00	
998	九龙坡区(渝)	重庆市白市驿城市花卉森林公园	省	45.00	50.00	
999	万盛区(渝)	九锅箐森林公园	省	1.20	120.00	
1000	渝北区(渝)	渝北区玉峰山森林公园	省	2.70	1500.00	
1001	巴南区(渝)	重庆南泉森林公园	省	7.00	546.00	
1002	巴南区(渝)	重庆东温泉森林公园	省	8.00	446.00	
1003	江津区(渝)	重庆市云雾坪森林公园	省	10.00	200.00	
1004	江津区(渝)	重庆市滚子坪森林公园	省	3.00	30.00	
1005	江津区(渝)	重庆市临峰山森林公园	省	15.00	100.00	
1006	合川区(渝)	九峰山森林公园	省	6.88	510.00	
1007	永川区(渝)	石笋山森林公园	省	15.00	1800.00	30.00
1008	永川区(渝)	桃花源森林公园	省	2.00	300.00	
1009	永川区(渝)	代家店森林公园	省	5.00	1010.00	
1010	永川区(渝)	黄瓜山森林公园	省	12.00	2160.00	
1011	潼南县(渝)	重庆市马鞍山森林公园	省	4.60	368.00	
1012	铜梁县(渝)	重庆市西温泉山森林公园	省	25.00	400.00	
1013	大足县(渝)	宝林寺森林公园	省	3.50	45.00	
1014	荣昌县(渝)	荣昌县岚峰森林公园	省	16.00	3385.00	
1015	垫江县(渝)	重庆市宝鼎森林公园	省	5.00	20.00	10.00
1016	开　县(渝)	南山市级森林公园	省	5.00	1200.00	
1017	秀山土家族苗族自治县(渝)	凤凰山森林公园	省	50.00	300.00	
1018	秀山土家族苗族自治县(渝)	太阳山自然保护区	省	15.00	400.00	
1019	酉阳土家族苗族自治县(渝)	青华山市级森林公园	省	2.80	305.00	15.00
1020	彭水苗族土家族自治县(渝)	森林人家25家	省	10.00	200.00	

序号	县(旗、市、区、局、场)	森林公园及自然保护区（名称）	级别	实际接待人数（万人次）	旅游总收入（万元）	其中:门票收入（万元）
1021	大邑县(川)	西岭雪山(黑水河自然保护区)	省	80.50	57386.00	
1022	自流井区(川)	飞龙峡森林公园	省	110.00	8500.00	400.00
1023	荣　县(川)	荣县金花桫椤自然保护区	省	137.00	15070.00	300.00
1024	富顺县(川)	青山岭森林公园	省	75.10	15026.00	
1025	仁和区(川)	大黑山森林公园	省	1.00	250.00	
1026	江阳区(川)	泸州方山森林公园	省	50.00	4400.00	560.00
1027	龙马潭区(川)	九狮山风景区	省	10.00	2000.00	
1028	泸　县(川)	玉蟾山森林公园	省	10.00	1000.00	200.00
1029	合江县(川)	合江县笔架山风景区	省	5.00	750.00	
1030	叙永县(川)	叙永县玉皇观森林公园	省	30.00	6000.00	240.00
1031	旌阳区(川)	蜿螺山森林公园	省	15.00	500.00	
1032	三台县(川)	三台县凤凰山森林公园	省	33.16	835.00	
1033	江油市(川)	江油市观雾山森林公园	省	3.00	500.00	55.00
1034	利州区(川)	四川省雪峰森林公园	省	12.00	1080.00	
1035	苍溪县(川)	四川九龙山自然保护区	省	6.00	3220.00	
1036	蓬溪县(川)	红海	省	180.00	21000.00	
1037	射洪县(川)	平安森林公园	省	29.00	8500.00	
1038	威远县(川)	四川省茨菇塘森林公园	省	4.00	500.00	
1039	资中县(川)	白云峡森林公园	省	78.80	205007.00	
1040	峨边彝族自治县(川)	黑竹沟风景区	省	116.00	5120.00	
1041	顺庆区(川)	西山风景区	省	42.00	1100.00	130.00
1042	营山县(川)	太蓬山森林公园	省	25.00	4150.00	
1043	蓬安县(川)	白云寨森林公园	省	1.00	100.00	
1044	丹棱县(川)	丹棱县九龙山省级森林公园	省	9.00	9050.00	1800.00
1045	翠屏区(川)	四川省七星山森林公园	省	32.00	400.00	
1046	宜宾县(川)	宜宾县石城山森林公园	省	3.56	489.60	35.60
1047	宜宾县(川)	宜宾县越溪河省级风景名胜区	省	49.11	5625.80	
1048	江安县(川)	青峰寺森林公园	省	1.80	119.00	
1049	高　县(川)	高县七仙湖湿地公园	省	4.95	246.00	
1050	邻水县(川)	罗家洞森林公园	省	30.00	15000.00	
1051	邻水县(川)	白龙峡	省	20.00	9000.00	5000.00
1052	通川区(川)	千口岭公园	省	6.00	300.00	
1053	通川区(川)	犀牛山公园	省	21.00	1050.00	
1054	达川区(川)	达县雷音铺森林公园	省	7.00	1100.00	
1055	达川区(川)	达县真佛山风景区	省	2.50	350.00	
1056	宣汉县(川)	观音山省级森林公园	省	12.10	3490.00	
1057	宣汉县(川)	峨城竹海省级森林公园	省	14.50	4413.00	
1058	渠　县(川)	四川省大坡岭森林公园	省	13.20	2591.00	821.00
1059	万源市(川)	四川省黑宝山森林公园	省	5.00	80.00	
1060	万源市(川)	四川省东林山森林公园	省	8.00	60.00	
1061	雨城区(川)	周公山森林公园	省	30.00	21000.00	
1062	平昌县(川)	驷马自然保护区	省	16.10	5287.00	
1063	乐至县(川)	龙门报国寺	省	300.00	600.00	
1064	汶川县(川)	草坡自然保护区	省	53.00	1600.00	
1065	康定县(川)	木格措景区	省	20.60	3204.00	1518.00

序号	县(旗、市、区、局、场)	森林公园及自然保护区(名称)	级别	实际接待人数(万人次)	旅游总收入(万元)	其中:门票收入(万元)
1066	丹巴县(川)	莫斯卡自然保护区	省	2.60	55479.60	212.94
1067	得荣县(川)	下拥自然保护区	省	2.00	1800.00	
1068	盐源县(川)	泸沽湖湿地自然保护处	省	35.70	11752.00	4284.00
1069	冕宁县(川)	四川省灵山寺森林公园	省	30.40	2147.07	1442.82
1070	思南县(黔)	贵州乌江喀斯特地质公园	省	20.00	8000.00	4000.00
1071	锦屏县(黔)	锦屏县春蕾省级森林公园	省	40.00	400.00	
1072	福泉市(黔)	福泉云雾山森林公园	省	2.50	500.00	300.00
1073	荔波县(黔)	樟江风景名胜区	省	635.80	549000.00	
1074	瓮安县(黔)	朱家山国家森林公园	省	50.00	20060.00	1500.00
1075	罗甸县(黔)	罗甸翠滩省级森林公园	省	7.00	340.00	
1076	长顺县(黔)	白云山自然保护区	省	6.00	650.00	
1077	贵州省扎佐林场(黔)	贵州景阳省级森林公园	省	29.00	6997.00	2957.00
1078	会泽县(滇)	金钟山省级森林公园	省	5.00	10.00	
1079	宣威市(滇)	珠江源自然保护区	省	30.00	6000.00	
1080	腾冲县(滇)	北海湿地省级自然保护区	省	14.50	1080.00	841.00
1081	彝良县(滇)	云南省彝良县朝天马自然保护区	省	10.00	1200.00	
1082	玉龙纳西族自治县(滇)	玉龙山自然保护区	省	335.70		32700.00
1083	宁蒗彝族自治县(滇)	泸沽湖自然保护区	省	127.00	63500.00	3400.00
1084	双江拉祜族佤族布朗族傣族自治县(滇)	澜沧江省级自然保护区双江片	省	2.00	10.00	
1085	屏边苗族自治县(滇)	屏边大围山省级森林公园	省	5.30	147.00	117.37
1086	弥勒市(滇)	锦屏山省级森林公园	省	52.39	862.81	520.00
1087	丘北县(滇)	普者黑省级自然保护区	省	287.46	33686.00	6823.77
1088	勐腊县(滇)	勐仑植物园	省	5.00		3862.00
1089	漾濞彝族自治县(滇)	石门关景区	省	15.00	2500.00	70.00
1090	漾濞彝族自治县(滇)	脉地大花园	省	10.00	1300.00	20.00
1091	香格里拉县(滇)	普达措国家公园	省	108.74	32141.00	24013.00
1092	灞桥区(陕)	白鹿原森林公园	省	7.50	1211.50	150.00
1093	雁塔区(陕)	陕西省西安雁塔森林公园	省	63.00	5919.00	300.00
1094	长安区(陕)	沣峪森林公园	省	13.50	285.10	148.10
1095	长安区(陕)	太兴山森林公园	省	2.40	48.00	48.00
1096	蓝田县(陕)	玉山森林公园	省	10.00	200.00	
1097	宜君县(陕)	陕西太安省级自然保护区	省	9.00	6.00	
1098	陈仓区(陕)	吴山森林公园	省	30.00	1200.00	800.00
1099	扶风县(陕)	陕西省野河自然保护区	省	2.00	60.00	40.00
1100	眉　县(陕)	红河谷森林公园	省	32.00	2988.00	1271.00
1101	陇　县(陕)	陕西省龙门洞森林公园	省	2.00	100.00	80.00
1102	三原县(陕)	陕西省嵯峨山森林公园	省	1.20	15.20	
1103	淳化县(陕)	仲山森林公园	省	30.00	5000.00	150.00
1104	白水县(陕)	方山森林公园	省	5.00	4.80	4.80
1105	富平县(陕)	金粟山森林公园	省	5.00	100.00	75.00
1106	志丹县(陕)	志丹县九吾山森林公园	省	2.96	90.00	1.20
1107	汉台区(陕)	陕西省省级褒河森林公园	省	4.00	32.00	32.00
1108	佛坪县(陕)	佛坪县熊猫谷景区	省	38.00	2017.00	980.00
1109	汉滨区(陕)	陕西省凤凰山森林公园	省	3.00	310.00	

序号	县(旗、市、区、局、场)	森林公园及自然保护区(名称)	级别	实际接待人数(万人次)	旅游总收入(万元)	其中:门票收入(万元)
1110	岚皋县(陕)	神仙河省级森林公园	省	3.00	1000.00	300.00
1111	旬阳县(陕)	陕西省灵岩寺森林公园	省	5.00	1284.00	10.00
1112	宁东林业局(陕)	陕西省宁东森林公园	省	1.00	136.00	36.00
1113	太白林业局(陕)	青峰峡森林公园	省	2.00	6.00	3.00
1114	西固区(甘)	西固南山省级森林公园--石头坪景区	省	11.00	850.00	
1115	靖远县(甘)	法泉寺森林公园	省	5.00	155.00	150.00
1116	华亭县(甘)	米家沟生态园	省	9.30	63.00	26.00
1117	庄浪县(甘)	庄浪县云崖寺省级森林公园	省	11.70	22.00	20.00
1118	金塔县(甘)	金塔沙漠胡杨林景区	省	30.00	40.00	
1119	环　县(甘)	兴隆森林公园	省	8.50	12.00	
1120	华池县(甘)	双塔森林公园	省	5.00	300.00	
1121	合水林业总场(甘)	连家砭森林公园	省	1.30	2.80	
1122	正宁林业总场(甘)	调令关森林公园	省	5.00	150.00	2.80
1123	陇西县(甘)	陇西县仁寿山森林公园	省	5.00	50.00	5.00
1124	两当县(甘)	灵管峡白皮松自然保护区	省	1.20	34.00	34.00
1125	临夏市(甘)	临夏市南龙山森林公园	省	3.30	28.50	0.50
1126	舟曲县(甘)	拉尕山	省	1.00	250.00	
1127	迭部县(甘)	腊子口风景区	省	9.26	136.00	
1128	碌曲县(甘)	甘肃碌曲县则岔森林公园	省	13.76	4615.00	258.00
1129	湟源县(青)	海藏咽喉森林公园	省	10.00	333.30	300.00
1130	平安县(青)	平安县峡群寺国营林场	省	1.70	34.00	34.00
1131	互助土族自治县(青)	南门峡林场	省	1.00	4.00	
1132	金凤区(宁)	银川市森林公园	省	46.21	2956.00	
1133	裕民县(新)	巴山塔斯特旅游风景区	省	17.20	12000.00	516.00
1134	霍城林场(新)	霍城分局果子沟森林公园	省	6.00	11.00	
1135	察布查尔林场(新)	白石峰森林公园	省	2.00	28.00	26.00
1136	富蕴林场(新)	神钟山森林公园	省	5.32	40.00	10.00
1137	木垒林场(新)	大龙王森林公园	省	4.00	50.00	13.00
1138	绥阳林业局(龙江森工)	绥阳小天桥省级森林公园	省	8.70	2500.00	
1139	鹤立林业局(龙江森工)	红旗森林公园	省	3.00	32.40	
1140	清河林业局(龙江森工)	清河森林公园	省	5.60	612.00	52.00
1141	新青林业局(龙江森工)	新青森林公园	省	5.00	400.00	150.00
1142	朗乡林业局(龙江森工)	林中园森林公园	省	1.75	58.00	
1143	绥棱林业局(龙江森工)	绥棱白马石森林公园	省	1.65	67.70	
1144	农六师(新疆兵团)	青格达湖自然保护区	省	30.00	6000.00	300.00
1145	井陉矿区(冀)	清凉山	地	11.00	450.00	280.00
1146	御道口林场(冀)	河北省御道口林场	地	48.20	4500.00	1407.00
1147	阿鲁科尔沁旗(内蒙古)	根皮森林公园	地	1.00	150.00	
1148	杭锦旗(内蒙古)	鄂尔多斯草原旅游区	地	6.10	823.00	119.00
1149	察哈尔右翼中旗(内蒙古)	辉腾锡勒草原旅游景区	地	58.00	1.40	1.40
1150	振安区(辽)	丹东市五龙山森林公园	地	18.00	5100.00	900.00
1151	凤城市(辽)	帽盔山森林公园	地	23.00	6780.00	
1152	凌海市(辽)	岩井寺	地	20.00	150.00	75.00
1153	凌海市(辽)	翠岩山	地	20.00	150.00	75.00
1154	大石桥市(辽)	老轿顶自然保护区	地	10.00	180.00	

序号	县(旗、市、区、局、场)	森林公园及自然保护区（名称）	级别	实际接待人数（万人次）	旅游总收入（万元）	其中:门票收入（万元）
1155	大石桥市(辽)	蟠龙山公园	地	60.00	1400.00	
1156	大石桥市(辽)	迷镇山	地	50.00	550.00	
1157	太平区(辽)	塔子沟风景区	地	6.00	355.00	
1158	双塔区(辽)	桃花山	地	1.00	1.00	
1159	双塔区(辽)	梨花沟	地	2.00	1.08	
1160	绿园区(吉)	长春公园	地	180.00	450.00	
1161	绿园区(吉)	万嘉公园	地	120.00	300.00	
1162	梅河口市(吉)	鸡冠山国家级森林公园	地	50.00	500.00	300.00
1163	邳州市(苏)	据山风景名胜区	地	8.84	4280.56	721.81
1164	镇海区(浙)	九龙湖森林公园	地	140.73	13149.60	771.90
1165	黄岩区(浙)	浙江省台州市布袋山区	地	4.95	990.00	19.80
1166	黄岩区(浙)	黄岩富山大裂谷	地	2.40	430.00	88.00
1167	大观区(皖)	狮子山公园	地	10.00	30.00	
1168	祁门县(皖)	黄山市祁门县牯牛降九龙池景区	地	38.00	22800.00	4180.00
1169	祁门县(皖)	祁门县历口镇历溪景区	地	22.00	6600.00	1870.00
1170	祁门县(皖)	祁门县渚口櫓溪湾景区	地	20.00	60000.00	1700.00
1171	颍州区(皖)	颍州西湖景区	地	10.00	5000.00	5000.00
1172	芦溪县(赣)	芦溪县锅底潭湿地自然保护区	地	14.70	1630.00	
1173	共青城市(赣)	共青城胡耀邦陵园	地	4.00	320.00	
1174	济南市市中区(鲁)	大石崮森林公园	地	1.00	8.00	
1175	济南市市中区(鲁)	玉龙山森林公园	地	12.00	45.00	
1176	长清区(鲁)	马山森林公园	地	2.10	23.00	
1177	长清区(鲁)	双泉庵森林公园	地	3.20	166.00	
1178	长清区(鲁)	莲台山森林公园	地	10.20	215.00	8.60
1179	济阳县(鲁)	济南市胜源森林公园	地	5.00	500.00	
1180	章丘市(鲁)	三王峪市级森林公园	地	29.00	188.00	123.00
1181	章丘市(鲁)	济南植物园	地	90.00	198.00	112.00
1182	黄岛区(鲁)	九上沟	地	2.00	40.00	
1183	黄岛区(鲁)	喜鹊山森林公园	地	2.00	118.00	
1184	黄岛区(鲁)	灵山岛	地	7.00	410.00	210.00
1185	黄岛区(鲁)	珠山秀谷	地	60.00	400.00	150.00
1186	博山区(鲁)	莲花山森林公园	地	1.50	90.00	
1187	博山区(鲁)	樵岭前森林公园	地	8.00	600.00	180.00
1188	奎文区(鲁)	金宝乐园	地	60.00	5080.00	2520.00
1189	临朐县(鲁)	石门坊市级森林公园	地	20.00	900.00	500.00
1190	诸城市(鲁)	大山森林公园	地	2.00	10.00	
1191	新泰市(鲁)	白马寺森林公园	地	10.00		20.00
1192	莱城区(鲁)	龙山公园	地	12.00	288.00	160.00
1193	沂南县(鲁)	五彩山森林公园	地	9.00	450.00	
1194	沂水县(鲁)	灵泉寺	地	10.78	524.50	479.99
1195	沂水县(鲁)	圣水坊	地	15.30	482.00	
1196	费　县(鲁)	费县云瀑洞天森林旅游景区	地	100.00	2300.00	600.00
1197	阳谷县(鲁)	景阳冈旅游区	地	60.00	2200.00	1800.00
1198	惠济区(豫)	郑州黄河风景名胜区	地	62.90	4748.00	3774.00
1199	巩义市(豫)	竹林长寿山森林公园	地	32.00	3800.00	1760.00

序号	县(旗、市、区、局、场)	森林公园及自然保护区(名称)	级别	实际接待人数(万人次)	旅游总收入(万元)	其中:门票收入(万元)
1200	龙亭区(豫)	万岁山森林公园	地	11.00	264.00	220.00
1201	安阳县(豫)	马鞍山森林公园	地	6.00	160.00	80.00
1202	安阳县(豫)	塔山森林公园	地	1.40	45.00	21.00
1203	安阳县(豫)	宝山灵泉寺森林公园	地	9.92	386.00	80.00
1204	林州市(豫)	柏尖山森林公园	地	20.00	300.00	
1205	林州市(豫)	天平山森林公园	地	10.00	206.20	92.80
1206	魏都区(豫)	西湖公园	地	16.00	1360.00	
1207	固始县(豫)	南山市级森林公园	地	14.50	905.00	105.00
1208	竹山县(鄂)	女娲山森林旅游	地	9.10	980.00	288.00
1209	鄂州市市辖区(鄂)	麻羊垴森林公园	地	20.00	300.00	
1210	荷塘区(湘)	仙庾岭	地	102.00	1320.00	120.00
1211	蒸湘区(湘)	雨母山风景区	地	26.00	4100.00	
1212	临澧县(湘)	太浮山森林公园	地	10.00	1080.00	
1213	增城市(粤)	大封门森林公园	地	106.00	1007.00	
1214	乳源瑶族自治县(粤)	乳源泉水自然保护区	地	28.00	5600.00	560.00
1215	新丰县(粤)	新丰鲁古河市级自然保护区	地	8.50	1120.00	
1216	潮南区(粤)	汕头市翠湖市级自然保护区	地	18.00	2600.00	
1217	高州市(粤)	茂名市高州水库森林公园	地	2.00	900.00	600.00
1218	惠州市属总林场(粤)	惠州金桔市级森林公园	地	11.40	179.52	
1219	惠州市属总林场(粤)	惠州叶挺市级森林公园	地	7.10	24.26	
1220	惠州市属总林场(粤)	惠州白云嶂市级森林公园	地	13.45	29.41	
1221	惠州市属总林场(粤)	惠州大观园市级森林公园	地	113.93	39187.72	1847.88
1222	惠州市属总林场(粤)	惠州三寨谷市级森林公园	地	85.05	5051.03	472.77
1223	惠州市属总林场(粤)	惠州龙门温泉市级森林公园	地	91.88	26904.65	2065.15
1224	惠州市属总林场(粤)	惠州香溪堡市级森林公园	地	30.24	1795.49	604.80
1225	汕尾市城区(粤)	汕尾市铜鼎山森林野外公园	地	20.00	60.00	
1226	玉州区(桂)	玉林市湿地公园	地	200.00	3000.00	
1227	罗江县(川)	白马关景区	地	55.00	14810.00	2140.00
1228	游仙区(川)	渔父村森林公园	地	2.34	467.00	
1229	游仙区(川)	仙海湿地风景区	地	11.66	4619.00	
1230	游仙区(川)	老龙山生态农家乐	地	210.00	12000.00	
1231	利州区(川)	广元市南山森林公园	地	21.60	2163.00	
1232	内江市市中区(川)	三元井公园	地	25.00	75.00	
1233	内江市市中区(川)	松山公园	地	5.00	15.00	
1234	内江市市中区(川)	人民公园	地	150.00	3300.00	
1235	内江市市中区(川)	梅山公园	地	30.00	120.00	
1236	内江市市中区(川)	圣水寺	地	45.00	900.00	
1237	通川区(川)	凤凰山公园	地	130.00	10000.00	
1238	宣汉县(川)	笔架山风景区	地	30.00	2184.00	
1239	开江县(川)	飞云温泉	地	10.00	2000.00	900.00
1240	雨城区(川)	羊子岭自然保护区	地	20.00	8700.00	
1241	乡城县(川)	巴姆七湖,尼顶峡谷	地	3.40	3300.00	
1242	得荣县(川)	嘎金自然保护区	地	1.50	1000.00	
1243	从江县(黔)	月亮山自然保护区	地	1.50	180.00	
1244	师宗县(滇)	菌子山自然保护区	地	15.60	9960.00	

序号	县(旗、市、区、局、场)	森林公园及自然保护区(名称)	级别	实际接待人数(万人次)	旅游总收入(万元)	其中:门票收入(万元)
1245	牟定县(滇)	牟定县化佛山自然保护区	地	2.60	130.00	
1246	大姚县(滇)	大姚县昙华山州级自然保护区	地	2.80	84.00	
1247	永仁县(滇)	方山州级自然保护区	地	100.78	8500.00	
1248	元谋县(滇)	元谋县土林自然保护区	地	25.00	1368.00	1368.00
1249	武定县(滇)	狮子山州级自然保护区	地	65.65	3042.60	766.56
1250	弥渡县(滇)	太极山自然保护区	地	4.50	20.00	
1251	长安区(陕)	西安祥峪森林公园	地	3.50	175.00	105.00
1252	迭部县(甘)	扎尕那风景区	地	7.92	91.69	
1253	赵　县(冀)	赵县梨区	县	105.00	2800.00	
1254	遵化市(冀)	天方圆等6个采摘园	县	3.20	1892.00	
1255	磁　县(冀)	龙洞沟	县	3.00	10.00	
1256	磁　县(冀)	滏泉湖	县	40.00	350.00	
1257	磁　县(冀)	炉峰山	县	10.00	140.00	
1258	邢台县(冀)	张果老山	县	11.02	34.80	34.80
1259	邢台县(冀)	白云山	县	2.90	12.70	12.70
1260	邢台县(冀)	小西天	县	22.85	90.00	90.00
1261	柏乡县(冀)	柏乡县汉牡丹园	县	5.50	400.00	180.00
1262	满城县(冀)	满城陵山汉墓	县	7.00	380.00	
1263	满城县(冀)	满城柿子沟	县	5.60	400.00	
1264	涿州市(冀)	涿州市新义春光梨树观光采摘园	县	15.60	1560.00	
1265	盐湖区(晋)	九龙山风景区	县	5.00	6.00	5.00
1266	夏　县(晋)	夏县瑶台山森林公园	县	5.00	500.00	300.00
1267	中阳县(晋)	柏洼山森林公园	县	80.00	2000.00	6.00
1268	回民区(内蒙古)	呼和浩特市动物园	县	22.00	980.00	980.00
1269	昆都仑区(内蒙古)	石门风景区	县	12.00	360.00	150.00
1270	鄂托克旗(内蒙古)	碧海阳光温泉度假村	县	5.00	2763.00	790.00
1271	鄂托克旗(内蒙古)	布龙湖旅游区	县	7.00	1300.00	1300.00
1272	内蒙古柴河林业局(内蒙古)	柴河森林公园	县	1.28	135.14	109.46
1273	卓资县(内蒙古)	红召九龙湾	县	2.00	300.00	30.00
1274	望花区(辽)	碧云山庄	县	10.00	100.00	
1275	凤城市(辽)	“农家乐”等自发形成旅游景点	县	32.00	17600.00	
1276	鲅鱼圈区(辽)	墩台山森林公园	县	50.00	3000.00	
1277	鲅鱼圈区(辽)	青龙山森林公园	县	60.00	5000.00	
1278	鲅鱼圈区(辽)	碧霞山森林公园	县	70.00	4000.00	
1279	细河区(辽)	松涛湖风景区	县	2.00	400.00	
1280	宏伟区(辽)	龙石风景旅游区	县	100.00	3000.00	50.00
1281	大洼县(辽)	红海滩湿地旅游度假区	县	45.00	40000.00	4200.00
1282	调兵山市(辽)	调兵山风景区	县	45.00	11427.00	450.00
1283	建昌县(辽)	大青山保护区	县	10.00	3000.00	1000.00
1284	莲花山开发区(吉)	莲花山生态旅游度假区	县	50.00	67230.00	9630.00
1285	东丰县(吉)	东丰县丽水山庄	县	20.00	400.00	
1286	东昌区(吉)	千叶湖森林公园	县	800.00	36.00	8.00
1287	道里区(黑)	长岭湖保护区	县	1.50	150.00	
1288	道里区(黑)	太平湖保护区	县	2.50	240.00	
1289	林甸县(黑)	鹤鸣湖旅游度假区	县	20.00	2533.00	1613.00

序号	县(旗、市、区、局、场)	森林公园及自然保护区(名称)	级别	实际接待人数(万人次)	旅游总收入(万元)	其中:门票收入(万元)
1290	林甸县(黑)	九道沟满族风情园	县	10.00	1267.00	807.00
1291	建德市(浙)	绿荷塘森林公园	县	2.00	680.00	110.00
1292	永康市(浙)	方岩自然保护区	县	220.00	14820.00	11000.00
1293	三门县(浙)	三门县湫水山森林公园	县	13.00	1600.00	
1294	三门县(浙)	大岙坑自然景观保护小区	县	3.80	350.00	
1295	三门县(浙)	瑞云山自然景观保护小区	县	1.30	120.00	
1296	青田县(浙)	高湖镇内冯村九门寨自然保护小区	县	6.00	350.00	
1297	松阳县(浙)	松阳县箬寮岘名胜风景区	县	91.00	7485.00	58.00
1298	禹会区(皖)	蚌埠花卉科技产业园	县	30.00	260.00	230.00
1299	固镇县(皖)	香雪园度假村	县	5.00	950.00	20.00
1300	怀宁县(皖)	怀宁县观音洞水库	县	10.00	4110.00	
1301	贵池区(皖)	九华天池	县	20.00	2000.00	400.00
1302	贵池区(皖)	大王洞	县	10.00	1000.00	200.00
1303	东至县(皖)	东至县马坑紫石塔自然保护区	县	2.20	197.00	
1304	东至县(皖)	东至县仙寓山—南溪古寨风景区	县	2.80	273.00	
1305	九江县(赣)	杨梅采摘园	县	1.50	300.00	
1306	永修县(赣)	燕山林业公司龙源峡景区	县	2.00	122.00	
1307	永修县(赣)	柘林湖桃花溪漂流景区	县	6.00	346.00	
1308	分宜县(赣)	分宜县石门公园	县	4.00		20.00
1309	分宜县(赣)	分宜县洞村神牛洞	县	10.00		500.00
1310	泰和县(赣)	泰和县天湖山公园\泰和县白鹭湖公园	县	5.39	1077.00	
1311	宜丰县(赣)	宜丰县洞山风景名胜区	县	2.00	200.00	
1312	宜丰县(赣)	宜丰县黄檗山风景名胜区	县	1.00	100.00	
1313	高安市(赣)	芦泉湖森林公园	县	6.00	45.00	
1314	南丰县(赣)	南丰傩湖国家湿地公园	县	20.00	6.00	
1315	资溪县(赣)	资溪县大觉山景区	县	69.33	63784.00	
1316	婺源县(赣)	文公山自然保护区	县	2.00	120.00	50.00
1317	诸城市(鲁)	救主山森林公园	县	1.05	3.00	
1318	诸城市(鲁)	磊石山森林公园	县	1.10	3.00	
1319	诸城市(鲁)	障日山森林公园	县	5.00	10.00	
1320	诸城市(鲁)	芦山森林公园	县	5.00	20.00	
1321	威海市市辖区(鲁)	林海公园	县	20.00	100.00	
1322	莱芜市雪野旅游区(鲁)	吕祖泉生态旅游区	县	10.00	1000.00	300.00
1323	莱芜市雪野旅游区(鲁)	金泥湾生态度假村	县	5.00	800.00	200.00
1324	莱芜市雪野旅游区(鲁)	通天峪生态旅游区	县	5.00	1000.00	200.00
1325	临沂市高新技术产业开发区(鲁)	曹家峪风景区	县	9.50	410.00	
1326	管城回族区(豫)	潮湖生态园	县	3.00	150.00	
1327	登封市(豫)	情人谷景区	县	5.60	23.60	
1328	新安县(豫)	新安县翠屏山森林公园	县	5.30	26.00	
1329	新安县(豫)	新安县城北森林公园	县	9.50	47.00	
1330	汝阳县(豫)	龙隐景区	县	54.00	7685.00	586.00
1331	伊川县(豫)	鹤鸣峡风景区	县	20.00	700.00	600.00
1332	宝丰县(豫)	尖山坡	县	1.20	132.00	
1333	龙安区(豫)	凤凰岗森林公园	县	10.00	93.00	40.00
1334	禹州市(豫)	吴道子故里景区	县	40.00	200.00	

序号	县(旗、市、区、局、场)	森林公园及自然保护区（名称）	级别	实际接待人数（万人次）	旅游总收入（万元）	其中:门票收入（万元）
1335	禹州市(豫)	浅井逍遥观景区	县	60.00	350.00	30.00
1336	禹州市(豫)	无梁周定王陵旅游景区	县	55.00	180.00	30.00
1337	长葛市(豫)	四季阳光生态园	县	2.00	100.00	
1338	西峡县(豫)	老界岭风景区	县	5.00	300.00	300.00
1339	西峡县(豫)	龙潭沟风景区	县	7.00	330.00	330.00
1340	内乡县(豫)	云路山森林公园	县	6.00	500.00	300.00
1341	内乡县(豫)	七星潭森林公园	县	7.00	700.00	400.00
1342	内乡县(豫)	桃花源森林公园	县	3.00	350.00	200.00
1343	内乡县(豫)	方山森林公园	县	5.00	50.00	
1344	唐河县(豫)	石柱山	县	4.60	460.00	
1345	罗山县(豫)	灵山风景名胜区	县	228.00	94000.00	240.00
1346	西华县(豫)	黄桥观花及果园采摘	县	5.00	146.00	
1347	商水县(豫)	商水县白鹭森林公园	县	1.50	160.00	
1348	商水县(豫)	练集镇美人指葡萄生态园	县	2.00	750.00	
1349	泌阳县(豫)	铜山湖森林公园、白云山森林公园	县	7.18	983.00	325.00
1350	秭归县(鄂)	三峡竹海	县	23.20	365.00	
1351	秭归县(鄂)	链子崖	县	3.80	63.00	
1352	东宝区(鄂)	青林寨景区	县	13.00	2100.00	500.00
1353	东宝区(鄂)	仙居乡村游景区	县	10.00	1600.00	310.00
1354	东宝区(鄂)	圣境山风景区	县	35.00	35000.00	210.00
1355	利川市(鄂)	甘溪山森林公园	县	3.00	500.00	
1356	建始县(鄂)	野三河风景旅游区	县	10.20		5100.00
1357	建始县(鄂)	高岩子自然保护区	县	1.70	850.00	
1358	建始县(鄂)	巨猿洞自然保护区	县	1.00	500.00	
1359	建始县(鄂)	南方红豆杉自然保护区	县	1.00	500.00	
1360	建始县(鄂)	肖家坪自然保护区	县	1.00	300.00	
1361	建始县(鄂)	朝阳观自然保护区	县	2.00	850.00	
1362	巴东县(鄂)	巴山森林公园	县	3.00	30.00	30.00
1363	望城县(湘)	谷山森林公园	县	10.00	200.00	
1364	望城县(湘)	书堂山森林公园	县	20.00	200.00	
1365	湘潭县(湘)	齐白石森林公园	县	20.00	1900.00	100.00
1366	大祥区(湘)	金山湖休闲山庄	县	1.20	450.00	
1367	大祥区(湘)	松坡公园	县	2.00	750.00	
1368	邵阳县(湘)	河伯岭森林公园	县	3.20	150.00	15.00
1369	武陵源区(湘)	湖南杨家界自然保护区	县	98.00	41380.00	7436.00
1370	赫山区(湘)	仙峰岭花乡林家乐	县	30.00	2200.00	
1371	资兴市(湘)	烟坪顶辽自然保护区	县	2.20	2.80	
1372	新田县(湘)	秀峰岭自然保护区	县	3.00	990.00	
1373	溆浦县(湘)	圣人山自然保护区	县	4.00	500.00	
1374	溆浦县(湘)	米粮洞	县	3.00	650.00	
1375	双峰县(湘)	猪婆山林场	县	10.00	50.00	
1376	双峰县(湘)	黄龙林场	县	15.00	100.00	
1377	新化县(湘)	古台山林场	县	3.90	400.00	
1378	南沙区(粤)	南沙湿地游览区	县	27.00	1350.00	1350.00
1379	增城市(粤)	兰溪森林公园	县	48.00	1200.00	

序号	县(旗、市、区、局、场)	森林公园及自然保护区(名称)	级别	实际接待人数(万人次)	旅游总收入(万元)	其中:门票收入(万元)
1380	增城市(粤)	高滩森林公园	县	130.00	4700.00	3550.00
1381	乳源瑶族自治县(粤)	红豆杉自然保护区	县	18.00	3600.00	540.00
1382	乳源瑶族自治县(粤)	乳源大谭河自然保护区	县	17.00	3400.00	340.00
1383	新丰县(粤)	新丰朱洞森林公园	县	1.50	210.00	
1384	新丰县(粤)	新丰小正崖婆石森林公园	县	1.20	102.00	
1385	新丰县(粤)	新丰回龙新村森林公园	县	1.60	170.00	
1386	新丰县(粤)	新丰黄礤西莲山森林公园	县	2.60	350.00	
1387	新丰县(粤)	新丰丰城雪山顶森林公园	县	2.20	240.00	
1388	新丰县(粤)	新丰司茅坪清心礤森林公园	县	1.20	105.00	
1389	新丰县(粤)	新丰雁塔山森林公园	县	2.00	380.00	
1390	乐昌市(粤)	乐昌市龙王潭森林公园	县	2.50	500.00	70.00
1391	南雄市(粤)	珠玑森林公园	县	150.00	20000.00	8000.00
1392	珠海市万山区(粤)	万山自然保护区	县	52.00	22.00	
1393	顺德区(粤)	翠湖森林公园	县	6.80	242.00	242.00
1394	高明区(粤)	皂幕山森林公园	县	10.00	81.00	75.00
1395	高明区(粤)	泰康山森林公园	县	5.00	405.00	190.00
1396	高州市(粤)	仙人垌森林公园	县	1.00	500.00	200.00
1397	信宜市(粤)	天马山	县	11.00	250.00	130.00
1398	信宜市(粤)	大仁山	县	10.00	150.00	60.00
1399	信宜市(粤)	石根山	县	8.00	120.00	70.00
1400	信宜市(粤)	太华山	县	10.00	100.00	60.00
1401	鼎湖区(粤)	藏龙沟景区	县	1.50	85.00	25.00
1402	广宁县(粤)	广宁县竹海森林公园	县	56.00	8131.00	1037.00
1403	广宁县(粤)	广宁县宝锭山景区	县	33.00	2168.00	800.00
1404	广宁县(粤)	广宁县螺壳山森林公园	县	6.00	180.00	
1405	广宁县(粤)	广宁县深坑自然保护区	县	1.00	140.00	
1406	德庆县(粤)	盘龙峡生态旅游区	县	162.50	126750.00	43100.00
1407	四会市(粤)	四会市贞山风景名胜区	县	98.50	24500.00	24500.00
1408	丰顺县(粤)	龙归寨瀑布	县	20.00	8000.00	300.00
1409	丰顺县(粤)	龙鲸河漂流	县	40.00	13345.00	6720.00
1410	汕尾市红海湾区(粤)	红海湾大德岭森林公园	县	3.60	18.00	
1411	连山壮族瑶族自治县(粤)	大旭山森林公园	县	1.80	54.00	54.00
1412	连山壮族瑶族自治县(粤)	鹰扬关景区	县	2.70	40.50	40.50
1413	连山壮族瑶族自治县(粤)	福林园	县	1.36	6.80	6.80
1414	连山壮族瑶族自治县(粤)	金子山景区	县	28.39	710.00	710.00
1415	全州县(桂)	全州天湖森林公园	县	3.00	300.00	
1416	荔浦县(桂)	银子岩	县	139.62	5126.33	4201.15
1417	荔浦县(桂)	丰鱼岩	县	18.54	628.71	415.46
1418	岑溪市(桂)	天龙顶县级森林公园	县	41.00	21000.00	21000.00
1419	东兴市(桂)	东兴市屏风雨林公园	县	1.00	1210.00	230.00
1420	东兴市(桂)	东兴镇竹山村榕树头旅游区	县	2.00	800.00	
1421	东兴市(桂)	东兴市江平镇金滩	县	6.00	15000.00	
1422	那坡县(桂)	广西老虎跳自然保护区	县	1.76	12000.00	
1423	环江毛南族自治县(桂)	老野山庄生态园	县	30.00	3000.00	300.00
1424	忻城县(桂)	忻城县翠屏山森林公园	县	69.20	1150.00	

序号	县(旗、市、区、局、场)	森林公园及自然保护区(名称)	级别	实际接待人数(万人次)	旅游总收入(万元)	其中:门票收入(万元)
1425	武宣县(桂)	武宣县百涯漕大侠谷	县	18.25	5020.00	
1426	酉阳土家族苗族自治县(渝)	翠屏山城市森林公园	县	3.00	480.00	9.00
1427	武侯区(川)	御萃草堂	县	6.90	690.00	
1428	米易县(川)	海塔自然保护小区	县	15.65	1598.00	
1429	纳溪区(川)	泸州市纳溪区普照山景区	县	27.00	14000.00	
1430	广汉市(川)	鸭子河湿地保护区	县	27.00	5100.00	2000.00
1431	三台县(川)	三台县鲁班湖保护区	县	176.70	3989.00	
1432	射洪县(川)	金华山陈子昂读书台	县	8.00	1813.00	
1433	内江市市中区(川)	安泰山庄	县	20.00	600.00	
1434	内江市市中区(川)	玉皇观	县	20.00	40.00	
1435	西充县(川)	百佛寺	县	1.00	1.00	
1436	翠屏区(川)	宜宾市翠屏公园	县	22.82	2410.00	
1437	筠连县(川)	大雪山自然保护区	县	6.00	1000.00	
1438	开江县(川)	峨城山	县	3.00	800.00	
1439	恩阳区(川)	章怀山森林公园	县	13.50	1800.00	28.10
1440	恩阳区(川)	义阳山森林公园	县	13.00	2050.00	
1441	简阳市(川)	樱桃沟	县	120.00	30000.00	10000.00
1442	简阳市(川)	万亩桃园	县	60.00	15000.00	5000.00
1443	理　县(川)	毕棚沟	县	20.00	2206.00	1600.00
1444	康定县(川)	跑马山森林公园	县	7.36	225.60	185.60
1445	色达县(川)	年龙自然保护区	县	2.06	440.00	
1446	普格县(川)	大槽河温泉瀑布	县	7.30	294.00	219.00
1447	修文县(黔)	贵阳扎佐野生动物园	县	24.80	3500.00	
1448	思南县(黔)	四野屯野生动植物自然保护区	县	1.50	15.00	
1449	松桃苗族自治县(黔)	松桃县大兴森林公园	县	5.00	250.00	
1450	从江县(黔)	岜沙自然保护区	县	5.00	2700.00	432.00
1451	惠水县(黔)	惠水县野梅岭森林公园	县	11.00	60.00	
1452	盘龙区(滇)	云南野生动物园	县	81.00	5896.00	3008.00
1453	麒麟区(滇)	沿江湿地自然保护区	县	10.00	1000.00	100.00
1454	麒麟区(滇)	南盘江	县	15.00	750.00	
1455	马龙县(滇)	马龙县香炉山	县	2.00	120.00	40.00
1456	会泽县(滇)	会泽牯牛寨杜鹃自然保护区	县	1.20	56.00	30.00
1457	江川县(滇)	江川县大龙潭自然保护区	县	20.00	80.00	
1458	江川县(滇)	江川县抚仙湖孤山风景区	县	22.00	5000.00	10.00
1459	江川县(滇)	江川县碧云寺森林公园	县	6.00	120.00	30.00
1460	江川县(滇)	江川县李家山古滇国墓葬遗址森林旅游区	县	2.00	12.00	
1461	江川县(滇)	江川县白山寺森林公园	县	4.00	200.00	
1462	华宁县(滇)	象鼻山温泉	县	2.00	520.00	
1463	安宁市(滇)	安宁青龙水神桥	县	1.00	60.00	
1464	安宁市(滇)	安宁八街黑竹林	县	1.00	70.00	
1465	乾　县(陕)	乾陵博物馆	县	408.00	8842.00	2091.00
1466	长武县(陕)	红星森林公园	县	1.27	310.00	
1467	西乡县(陕)	午子山	县	18.00	510.00	320.00
1468	镇坪县(陕)	飞渡峡生态旅游	县	5.00	800.00	200.00
1469	旬阳县(陕)	旬阳县太极城森林公园	县	16.00	3421.00	

序号	县(旗、市、区、局、场)	森林公园及自然保护区(名称)	级别	实际接待人数(万人次)	旅游总收入(万元)	其中:门票收入(万元)
1470	洛南县(陕)	洛南县老君山森林公园	县	2.00	260.00	100.00
1471	群加森林公园(青)	湟中群加国营林场	县	2.40	35.00	
1472	坎布拉森林公园(青)	坎布拉景区	县	25.37	3357.78	1526.91
1473	库车县(新)	库车县大龙池自然保护区	县	6.00	10.00	
1474	沙雅县(新)	太阳岛景区	县	10.00	76.30	11.80
1475	额敏县(新)	吾尔喀夏山森林公园	县	1.00	3.50	

表 18-1　蜂蜜主产地产量

序号	蜂蜜主产地	养蜂户数(户)	蜜蜂饲养(群)	蜂蜜产量(千克)
1	房山区(京)	1017	35033	1074930.00
2	赞皇县(冀)	1000	30000	800000.00
3	鸡泽县(冀)	4	80	500.00
4	宁晋县(冀)	210	370	55122.00
5	阜平县(冀)	620	31000	750000.00
6	宽城满族自治县(冀)	30	2010	39066.00
7	黎城县(晋)	204	2200	5360.00
8	陵川县(晋)			6000.00
9	平陆县(晋)	7	7	600.00
10	忻府区(晋)	105		285000.00
11	康平县(辽)	70	500	9000.00
12	抚顺县(辽)	67	1723	1375.00
13	新宾满族自治县(辽)	420	8200	35000.00
14	本溪满族自治县(辽)	300	1600	9500.00
15	宽甸满族自治县(辽)	4000	40000	800000.00
16	盖州市(辽)	27	1590	39750.00
17	凌源市(辽)	859	61500	3940000.00
18	龙潭区(吉)	180	13000	610000.00
19	丰满区(吉)	25		65000.00
20	永吉县(吉)	13		7000.00
21	舒兰市(吉)	55	5835	22173.00
22	磐石市(吉)	53	2500	108600.00
23	东辽县(吉)	40	1030	19000.00
24	集安市(吉)	500	2923	200000.00
25	白山市市辖区(吉)	30	800	9741.60
26	靖宇县(吉)	13	805	12803.00
27	长白朝鲜族自治县(吉)	139	7969	6860.00
28	洮南市(吉)	62	2050	100000.00
29	龙井市(吉)			254800.00
30	和龙市(吉)	210	10500	315000.00
31	安图县(吉)	20		2766000.00
32	八家子林业局(吉)	60	60	300000.00
33	汪清林业局(吉)	80	1000	9000.00
34	天桥岭林业局(吉)	45	2168	50000.00
35	巴彦县(黑)	18		5700.00
36	木兰县(黑)	80		300000.00
37	延寿县(黑)	1000	20000	350000.00
38	阿城区(黑)		2147	9350.00
39	尚志市(黑)	1800	1800	135000.00
40	山河实验林场(黑)	1	1	3000.00
41	丹清河实验林场(黑)	5	15	8000.00
42	孟家岗林场(黑)	8		16800.00
43	桦川县(黑)	1		600.00
44	汤原县(黑)	50	500	7813.00
45	同江市(黑)	20		5000.00
46	林口县(黑)	435	25946	1215000.00
47	孙吴县(黑)	5	26000	80000.00
48	绥棱县(黑)	17		13960.00
49	海伦市(黑)	7	730	14000.00
50	呼玛县(黑)	1		600.00
51	绥芬河市(黑)	7		4000.00
52	淳安县(浙)	20		29320.00
53	建德市(浙)			86000.00
54	象山县(浙)	76	7800	1560.00
55	宁海县(浙)	500	60000	2000000.00
56	鹿城区(浙)			36158.00
57	龙湾区(浙)	1		6000.00
58	秀洲区(浙)	12	783	57650.00
59	浦江县(浙)	400	8000	85600.00
60	椒江区(浙)			15000.00
61	芜湖县(皖)	50	6000	480000.00
62	淮上区(皖)	100	9000	700000.00
63	五河县(皖)	42	1000	4215.00
64	大观区(皖)	3	300	23000.00
65	怀宁县(皖)	5	270	220000.00
66	潜山县(皖)	153	150	5000.00
67	桐城市(皖)	250	15400	1200000.00
68	徽州区(皖)	1250	1171000	3793372.00
69	黟　县(皖)	5	5	3500.00
70	祁门县(皖)	16	2101	667.00
71	临泉县(皖)	57	589	3212.00

序号	蜂蜜主产地	养蜂户数(户)	蜜蜂饲养(群)	蜂蜜产量(千克)
72	舒城县(皖)	420		16800.00
73	霍山县(皖)	180	400	50000.00
74	谯城区(皖)	12		6000.00
75	石台县(皖)	150		10000.00
76	泾　县(皖)	25		2500.00
77	绩溪县(皖)	2550	96000	20000.00
78	旌德县(皖)	50		20000.00
79	余江县(赣)	100		1200.00
80	龙南县(赣)	36	2090	125400.00
81	定南县(赣)	32		4950.00
82	于都县(赣)	62		13000.00
83	瑞金市(赣)	26	14300	3500.00
84	南康市(赣)	310	1600	16000.00
85	吉安县(赣)	38	38	8000.00
86	峡江县(赣)	102	400	50000.00
87	新干县(赣)	86	2361	51840.00
88	永丰县(赣)	200	6000	90000.00
89	遂川县(赣)	17		2000.00
90	万安县(赣)	200	30000	100000.00
91	永新县(赣)			45000.00
92	上高县(赣)	310	465	75600.00
93	樟树市(赣)	90		6000.00
94	高安市(赣)			414720.00
95	乐安县(赣)	55	70	45000.00
96	玉山县(赣)	1750	10480	427200.00
97	铅山县(赣)	200		295.00
98	婺源县(赣)	403	8560	128450.00
99	德兴市(赣)	503	685	2510.00
100	章丘市(鲁)	156	156	208000.00
101	博山区(鲁)	46		120000.00
102	临淄区(鲁)	50	600	21000.00
103	沂源县(鲁)	300	36000	38000.00
104	利津县(鲁)	85	10000	400000.00
105	坊子区(鲁)	20	1000	25000.00
106	昌乐县(鲁)	8		1200.00
107	青州市(鲁)	400	15850	200000.00
108	泰安市市辖区(鲁)	4	500	23000.00
109	宁阳县(鲁)	320	415	722000.00
110	东平县(鲁)	20	20	3000.00
111	新泰市(鲁)	150		4600.00
112	肥城市(鲁)	85	2125	30281.00
113	平原县(鲁)	102	1200	6000.00
114	武城县(鲁)	3	300	9000.00
115	乐陵市(鲁)	40	450	540.00
116	东昌府区(鲁)	3		5400.00
117	新密市(豫)	1500		100000.00
118	登封市(豫)	230	8300	415000.00
119	尉氏县(豫)	420	50000	600000.00
120	栾川县(豫)	500	10000	100000.00
121	偃师市(豫)	300	1000	30000.00
122	宝丰县(豫)	32	680	6000.00
123	郏　县(豫)	10	65	1400.00
124	安阳县(豫)	300	45000	1500000.00
125	林州市(豫)	120	120	220000.00
126	西峡县(豫)	13		10800.00
127	镇平县(豫)	54	92	506.00
128	淅川县(豫)	80		350.00
129	唐河县(豫)	16		4030.00
130	桐柏县(豫)	70	160	2560.00
131	邓州市(豫)	125	6300	82000.00
132	平桥区(豫)	10	20	48000.00
133	淮滨县(豫)	100	3000	3000.00
134	阳新县(鄂)	76		1410.00
135	竹山县(鄂)	200	2000	9100.00
136	兴山县(鄂)	2000	10000	20000.00
137	长阳土家族自治县(鄂)	5000	60000	480000.00
138	宜都市(鄂)	80	400	4000.00
139	襄城区(鄂)	20	340	450.00
140	保康县(鄂)	720	8200	310000.00
141	东宝区(鄂)	36	8370	1553000.00
142	京山县(鄂)	2000	200000	13000.00
143	红安县(鄂)	136	210	2800.00
144	浠水县(鄂)	45	45	30000.00
145	麻城市(鄂)	2200	30000	2000000.00
146	广水市(鄂)	120	230	70000.00
147	随　县(鄂)	220	90000	800000.00
148	建始县(鄂)	320	1300	3500.00
149	巴东县(鄂)	2000	28000	60000.00
150	神农架林区(鄂)	1500	23000	960000.00
151	浏阳市(湘)	4650	165000	1570000.00
152	株洲县(湘)	24	36	43500.00
153	炎陵县(湘)	165	16	35000.00
154	醴陵市(湘)	1500	100000	2000000.00
155	祁东县(湘)	58	300	64000.00
156	耒阳市(湘)	100	200	400.00
157	常宁市(湘)	28	1000	40000.00
158	隆回县(湘)	30	50	2500.00
159	绥宁县(湘)	18	240	1200.00
160	城步苗族自治县(湘)	23		11200.00
161	鼎城区(湘)	153	19700	955000.00

序号	蜂蜜主产地	养蜂户数（户）	蜜蜂饲养（群）	蜂蜜产量（千克）
162	澧　县(湘)	1000	3000000	1800000.00
163	永定区(湘)		900	8500.00
164	安化县(湘)	1200		24000.00
165	桂东县(湘)	650	1800	2700.00
166	资兴市(湘)	2102	16000	100215.00
167	零陵区(湘)	25	2000	900.00
168	宁远县(湘)	19	22	315.00
169	中方县(湘)	98	3000	200000.00
170	沅陵县(湘)	315	11517	9800.00
171	麻阳苗族自治县(湘)	30		23000.00
172	新晃侗族自治县(湘)	18	30	2340.00
173	芷江侗族自治县(湘)	350	1430	1450.00
174	洪江市(湘)	31		31000.00
175	娄星区(湘)	10	10	1000.00
176	新化县(湘)	135	15000	20000.00
177	始兴县(粤)	497		270000.00
178	乳源瑶族自治县(粤)	55	6	2200.00
179	茂南区(粤)	50	560	48000.00
180	化州市(粤)	1099		54950.00
181	大埔县(粤)	520	16000	12000.00
182	丰顺县(粤)	100		9102.00
183	五华县(粤)	1000		60000.00
184	平远县(粤)	962	26300	263000.00
185	蕉岭县(粤)	2898		653210.00
186	龙川县(粤)	50	0	7500.00
187	连州市(粤)	400	1350	1660.00
188	云城区(粤)	26	135	31900.00
189	融水苗族自治县(桂)			26000.00
190	钦北区(桂)	142	7186	31250.00
191	灵山县(桂)	90		2000.00
192	那坡县(桂)	619	5713	28315.00
193	昭平县(桂)	2100	45000	526000.00
194	东兰县(桂)	128	1120	2250.00
195	兴宾区(桂)	286	12000	120000.00
196	万州区(渝)		18000	270.00
197	黔江区(渝)	5300	21500	105500.00
198	合川区(渝)	2346	33400	650000.00
199	南川区(渝)	2680	90000	900000.00
200	大足县(渝)	2518	300000	600000.00
201	丰都县(渝)	1714	5020	31294.00
202	开　县(渝)	1247	23805	132500.00
203	奉节县(渝)	150		10000.00
204	巫山县(渝)	1000	5000	10000.00
205	石柱土家族自治县(渝)	5720	23065	397000.00
206	秀山土家族苗族自治县(渝)	150	1500	14000.00
207	酉阳土家族苗族自治县(渝)	180	31580	150000.00
208	彭水苗族土家族自治县(渝)	1500	15000	1500.00
209	古蔺县(川)	520	16800	132000.00
210	游仙区(川)	150	3000	20000.00
211	三台县(川)	1125	1865	1501.00
212	梓潼县(川)	3		1000.00
213	旺苍县(川)	50	800	300.00
214	内江市市中区(川)	10	10	8000.00
215	峨边彝族自治县(川)			3000.00
216	营山县(川)	18		2000.00
217	翠屏区(川)	70	210	12000.00
218	兴文县(川)	120	180	360.00
219	万源市(川)	500	1500	60000.00
220	天全县(川)	96		210000.00
221	芦山县(川)	20	600	18000.00
222	宝兴县(川)	256	1274	7638.00
223	道孚林业局(川)			254.00
224	德江县(黔)	1000		214.20
225	普安县(黔)	450	1050	12600.00
226	天柱县(黔)	120	2000	18000.00
227	锦屏县(黔)	388	6920	16200.00
228	都匀市(黔)	15	200	1000.00
229	贵定县(黔)	1000		2000.00
230	长顺县(黔)	90	350	1565.56
231	龙里县(黔)	15	452	2850.00
232	五华区(滇)	21	20	5000.00
233	倘甸工业园区(滇)	210	1475	5700.00
234	马龙县(滇)	1000		41000.00
235	师宗县(滇)			25000.00
236	罗平县(滇)			170000.00
237	隆阳区(滇)			31700.00
238	腾冲县(滇)	1266	25300	32000.00
239	龙陵县(滇)	768	5000	10000.00
240	昭阳区(滇)			2000.00
241	玉龙纳西族自治县(滇)			30000.00
242	永胜县(滇)	3000	10000	22000.00
243	临翔区(滇)	52		750.00
244	云　县(滇)	2100		11700.00
245	永德县(滇)			45000.00
246	楚雄市(滇)			3370.00
247	牟定县(滇)			1000.00
248	南华县(滇)	150	520	2510.00
249	姚安县(滇)			5000.00
250	大姚县(滇)			63250.00
251	弥勒市(滇)	500	100000	500000.00

序号	蜂蜜主产地	养蜂户数(户)	蜜蜂饲养(群)	蜂蜜产量(千克)
252	丘北县(滇)			22300.00
253	漾濞彝族自治县(滇)	3600		3000.00
254	云龙县(滇)	738	3350	1700.00
255	长安区(陕)	153		8240.00
256	凤　县(陕)	50		60000.00
257	永寿县(陕)	340	340	300000.00
258	劳山林业局(陕)	4	420	2000.00
259	南郑县(陕)	380		130000.00
260	略阳县(陕)	631		101000.00
261	镇巴县(陕)	3000	51000	90000.00
262	佛坪县(陕)	700	16000	400000.00
263	汉西林业局(陕)	26	162	1500.00
264	宁东林业局(陕)	20	131	2000.00
265	太白林业局(陕)	64	705	11505.00
266	景泰县(甘)	35	4000	50000.00
267	麦积区(甘)	26	1860	28000.00
268	华池县(甘)	300	628	3000.00
269	文　县(甘)	560	16800	145000.00
270	宕昌县(甘)	3	30000	450.00
271	两当县(甘)	200	23000	100000.00
272	永靖县(甘)	18	12	2992.00
273	舟曲县(甘)	380	3400	4250.00
274	盐池县(宁)	120	18000	3735.00
275	泾源县(宁)	2	420	17850.00
276	岳普湖县(新)	26	1690	45968.00
277	大海林林业局(龙江森工)		4904	97000.00
278	黑龙江柴河林业局(龙江森工)		1060	42000.00
279	东京城林业局(龙江森工)		3600	90000.00
280	穆棱林业局(龙江森工)		6600	320000.00
281	绥阳林业局(龙江森工)		4100	163000.00
282	海林林业局(龙江森工)		2000	60000.00
283	林口林业局(龙江森工)		1380	69000.00
284	桦南林业局(龙江森工)		2000	150000.00
285	双鸭山林业局(龙江森工)		5500	500000.00
286	鹤立林业局(龙江森工)		1540	100000.00
287	鹤北林业局(龙江森工)		2000	150000.00
288	清河林业局(龙江森工)		9400	704000.00
289	东方红林业局(龙江森工)		20000	500000.00
290	迎春林业局(龙江森工)		40000	1356000.00
291	乌伊岭林业局(龙江森工)		5020	170000.00
292	新青林业局(龙江森工)		3120	124800.00
293	上甘岭林业局(龙江森工)		1700	64150.00
294	友好林业局(龙江森工)		2000	40000.00
295	翠峦林业局(龙江森工)		1240	43400.00
296	乌马河林业局(龙江森工)		3800	228000.00
297	美溪林业局(龙江森工)		4900	250000.00
298	金山屯林业局(龙江森工)		250	66000.00
299	南岔林业局(龙江森工)		1141	45000.00
300	朗乡林业局(龙江森工)		3383	171000.00
301	桃山林业局(龙江森工)		2600	129000.00
302	铁力林业局(龙江森工)		5150	180100.00
303	双丰林业局(龙江森工)		6940	450000.00
304	汤旺河林业局(龙江森工)		3860	232000.00
305	五营林业局(龙江森工)		1380	58000.00
306	带岭实验局(龙江森工)		4300	210000.00
307	山河屯林业局(龙江森工)		2300	170.00
308	苇河林业局(龙江森工)		2804	55000.00
309	亚布力林业局(龙江森工)		4700	270000.00
310	方正林业局(龙江森工)		5100	256000.00
311	兴隆林业局(龙江森工)		15127	483000.00
312	绥棱林业局(龙江森工)		5064	90000.00
313	通北林业局(龙江森工)		1012	30000.00
314	沾河林业局(龙江森工)		600	25000.00
315	农四师(新疆兵团)	50	34578	3032.00

表 18-2　蜂王浆主产地产量

序号	蜂王浆主产地	产量(千克)
1	房山区(京)	23179.00
2	赞皇县(冀)	2000.00
3	馆陶县(冀)	750.00
4	阜平县(冀)	2000.00
5	宽城满族自治县(冀)	204.00
6	黎城县(晋)	2430.00
7	康平县(辽)	500.00
8	抚顺县(辽)	592.00
9	本溪满族自治县(辽)	200.00
10	宽甸满族自治县(辽)	15000.00
11	盖州市(辽)	795.00
12	凌源市(辽)	1264.00
13	龙潭区(吉)	13000.00
14	舒兰市(吉)	3501.00
15	磐石市(吉)	2600.00
16	东辽县(吉)	1300.00
17	辉南县(吉)	1300.00
18	集安市(吉)	25000.00
19	长白朝鲜族自治县(吉)	100.00
20	汪清林业局(吉)	500.00
21	山河实验林场(黑)	60.00
22	丹清河实验林场(黑)	700.00
23	饶河县(黑)	14850.00
24	孟家岗林场(黑)	210.00
25	林口县(黑)	46500.00
26	孙吴县(黑)	500.00
27	绥棱县(黑)	174.50
28	象山县(浙)	70.00
29	龙湾区(浙)	100.00
30	秀洲区(浙)	4535.00
31	芜湖县(皖)	48000.00
32	五河县(皖)	415.00

序号	蜂王浆主产地	产量(千克)
33	大观区(皖)	8000.00
34	桐城市(皖)	13000.00
35	徽州区(皖)	409500.00
36	黟　县(皖)	100.00
37	临泉县(皖)	121.00
38	舒城县(皖)	850.00
39	绩溪县(皖)	10000.00
40	旌德县(皖)	500.00
41	兴国县(赣)	400.00
42	南康市(赣)	450.00
43	吉安县(赣)	720.00
44	峡江县(赣)	3000.00
45	新干县(赣)	3780.00
46	永丰县(赣)	1000.00
47	遂川县(赣)	500.00
48	上高县(赣)	3300.00
49	乐安县(赣)	120.00
50	临淄区(鲁)	2400.00
51	沂源县(鲁)	29000.00
52	坊子区(鲁)	100.00
53	青州市(鲁)	1050.00
54	泰安市市辖区(鲁)	1000.00
55	宁阳县(鲁)	316.00
56	东平县(鲁)	1500.00
57	肥城市(鲁)	6056.00
58	平原县(鲁)	500.00
59	乐陵市(鲁)	350.00
60	东昌府区(鲁)	100.00
61	登封市(豫)	8400.00
62	尉氏县(豫)	1000.00
63	郏　县(豫)	80.00
64	安阳县(豫)	10000.00
65	桐柏县(豫)	1958.00
66	平桥区(豫)	2000.00
67	淮滨县(豫)	1500.00
68	黄陂区(鄂)	5000.00
69	襄城区(鄂)	300.00
70	谷城县(鄂)	2100.00
71	保康县(鄂)	5700.00
72	东宝区(鄂)	152000.00
73	京山县(鄂)	40000.00
74	安陆市(鄂)	500.00
75	红安县(鄂)	260.00
76	浠水县(鄂)	300.00
77	广水市(鄂)	13000.00
78	随　县(鄂)	40000.00
79	巴东县(鄂)	3000.00
80	浏阳市(湘)	42500.00
81	祁东县(湘)	1300.00
82	耒阳市(湘)	100.00
83	城步苗族自治县(湘)	211.00
84	鼎城区(湘)	70000.00
85	澧　县(湘)	35000.00
86	麻阳苗族自治县(湘)	1100.00
87	娄星区(湘)	100.00
88	新化县(湘)	7500.00
89	乳源瑶族自治县(粤)	330.00
90	蕉岭县(粤)	4001.00
91	兴宾区(桂)	500.00
92	大足县(渝)	5800.00
93	丰都县(渝)	700.00
94	开　县(渝)	17580.00
95	巫山县(渝)	500.00
96	石柱土家族自治县(渝)	500.00
97	秀山土家族苗族自治县(渝)	500.00
98	罗江县(川)	700.00
99	三台县(川)	530.00
100	万源市(川)	30000.00
101	锦屏县(黔)	65.00
102	贵定县(黔)	100.00
103	五华区(滇)	800.00
104	永寿县(陕)	10200.00
105	略阳县(陕)	210.00
106	韩城市林业局(陕)	2000.00
107	景泰县(甘)	500.00
108	文　县(甘)	6500.00
109	宕昌县(甘)	153.00
110	泾源县(宁)	210.00
111	莎车县(新)	45550.00

表 18-3　蜂胶主产地产量

序号	蜂胶主产地	产量(千克)
1	房山区(京)	15023.60
2	宁晋县(冀)	215.00
3	黎城县(晋)	410.00
4	抚顺县(辽)	1461.00
5	盖州市(辽)	110.00
6	龙潭区(吉)	6100.00
7	舒兰市(吉)	408.00
8	磐石市(吉)	900.00
9	辉南县(吉)	210.00
10	集安市(吉)	8000.00
11	长白朝鲜族自治县(吉)	460.00
12	汪清林业局(吉)	150.00
13	丹清河实验林场(黑)	500.00
14	饶河县(黑)	3510.00
15	象山县(浙)	1560.00
16	秀洲区(浙)	68.00
17	芜湖县(皖)	720.00
18	五河县(皖)	216.00
19	桐城市(皖)	10000.00
20	徽州区(皖)	8775.00
21	临泉县(皖)	98.00
22	绩溪县(皖)	5000.00
23	旌德县(皖)	20000.00
24	吉安县(赣)	360.00
25	新干县(赣)	882.00
26	临淄区(鲁)	130.00
27	高青县(鲁)	370.00
28	沂源县(鲁)	1500.00
29	坊子区(鲁)	50.00
30	泰安市市辖区(鲁)	100.00
31	东平县(鲁)	400.00
32	乐陵市(鲁)	70.00
33	登封市(豫)	1400.00
34	尉氏县(豫)	2000.00
35	郏　县(豫)	90.00
36	安阳县(豫)	5000.00
37	南乐县(豫)	1500.00
38	桐柏县(豫)	1800.00
39	平桥区(豫)	900.00
40	淮滨县(豫)	50.00
41	黄陂区(鄂)	1500.00
42	谷城县(鄂)	120.00
43	保康县(鄂)	5600.00
44	东宝区(鄂)	10000.00
45	广水市(鄂)	1800.00
46	随　县(鄂)	400.00
47	巴东县(鄂)	500.00
48	浏阳市(湘)	1250.00
49	醴陵市(湘)	7000.00
50	鼎城区(湘)	5200.00
51	澧　县(湘)	1500.00
52	资兴市(湘)	931.00
53	沅陵县(湘)	4126.00
54	娄星区(湘)	100.00
55	新化县(湘)	6200.00
56	乳源瑶族自治县(粤)	110.00

序号	蜂胶主产地	产量(千克)
57	富川瑶族自治县(桂)	8500.00
58	兴宾区(桂)	100.00
59	大足县(渝)	1500.00
60	丰都县(渝)	740.00
61	巫山县(渝)	300.00
62	三台县(川)	120.00
63	万源市(川)	8000.00
64	五华区(滇)	300.00
65	凤　县(陕)	300.00
66	永寿县(陕)	1700.00
67	景泰县(甘)	500.00
68	文　县(甘)	5600.00
69	宕昌县(甘)	60.00
70	泾源县(宁)	157.50

表 18-4　蜂花粉主产地产量

序号	蜂花粉主产地	产量(千克)
1	房山区(京)	67977.60
2	阜平县(冀)	7000.00
3	赞皇县(冀)	3000.00
4	宁晋县(冀)	2755.00
5	永年县(冀)	582.00
6	黎城县(晋)	4600.00
7	凌源市(辽)	123000.00
8	北票市(辽)	8000.00
9	抚顺县(辽)	602.00
10	本溪满族自治县(辽)	300.00
11	舒兰市(吉)	2917.00
12	集安市(吉)	2500.00
13	磐石市(吉)	2150.00
14	东辽县(吉)	1300.00
15	辉南县(吉)	670.00
16	饶河县(黑)	47740.00
17	孙吴县(黑)	2000.00
18	丹清河实验林场(黑)	500.00
19	孟家岗林场(黑)	420.00
20	五常市(黑)	360.00
21	汤原县(黑)	150.00
22	山河实验林场(黑)	120.00
23	秀洲区(浙)	3350.00
24	象山县(浙)	195.00
25	徽州区(皖)	292500.00
26	桐城市(皖)	140000.00
27	芜湖县(皖)	30000.00
28	绩溪县(皖)	30000.00
29	旌德县(皖)	10000.00
30	五河县(皖)	289.00
31	吉安县(赣)	3000.00
32	东平县(鲁)	30000.00
33	沂源县(鲁)	20000.00
34	东昌府区(鲁)	2600.00
35	青州市(鲁)	1500.00
36	泰安市市辖区(鲁)	1000.00
37	坊子区(鲁)	500.00
38	临淄区(鲁)	360.00
39	乐陵市(鲁)	320.00
40	安阳县(豫)	28000.00
41	尉氏县(豫)	5000.00
42	平桥区(豫)	3000.00
43	淮滨县(豫)	1500.00
44	桐柏县(豫)	1320.00
45	登封市(豫)	700.00
46	郏　县(豫)	130.00
47	淅川县(豫)	60.00
48	随　县(鄂)	50000.00
49	保康县(鄂)	13300.00
50	京山县(鄂)	5000.00
51	广水市(鄂)	2000.00
52	巴东县(鄂)	2000.00
53	浏阳市(湘)	86500.00
54	新化县(湘)	16500.00
55	鼎城区(湘)	4650.00
56	麻阳苗族自治县(湘)	3000.00
57	资兴市(湘)	1952.00
58	常宁市(湘)	71.00
59	蕉岭县(粤)	36501.00
60	云城区(粤)	5600.00
61	乳源瑶族自治县(粤)	550.00
62	兴宾区(桂)	5000.00
63	那坡县(桂)	15.00
64	开　县(渝)	23460.00
65	大足县(渝)	15000.00
66	巫山县(渝)	150.00
67	三台县(川)	920.00
68	锦屏县(黔)	64.00
69	五华区(滇)	500.00
70	永寿县(陕)	1700.00
71	景泰县(甘)	2500.00
72	盐池县(宁)	38800.00

林产品进出口贸易资料

FOREIGN TRADS STATISTICS OF FOREST PRODUCTS

原木出口量值表

国家/地区	出口数量（立方米）	出口金额（千美元）
44032010 红松和樟子松原木		
合计	2042	288.9
印度	1510	214.4
韩国	532	74.5
44034990 未列名本章子目注释2所列热带木原木		
合计	617	297.8
越南	617	297.8
44039930 红木原木		
合计	1092	4732.1
越南	918	4207.0
香港	174	525.0
44039990 未列名非针叶木原木		
合计	7993	2743.3
越南	7993	2743.3

原木进口量值表

国家/地区	进口数量（立方米）	进口金额（千美元）
44031000 用油漆、着色剂、杂酚油等防腐剂处理的原木		
合计	134568	25117.5
新西兰	133849	24885.0
苏里南	27	143.7
朝鲜	687	84.6
日本	0	2.4
台湾省	5	1.8
44032010 红松和樟子松原木		
合计	6304851	834048.3
俄罗斯联邦	4743191	625424.3
乌克兰	1374839	181754.0
立陶宛	98943	13789.6
波兰	27811	4084.4
爱沙尼亚	20429	2962.9
德国	11857	1918.0
法国	9922	1514.2
拉脱维亚	5666	940.5
比利时	3409	552.0
日本	1656	234.1
罗马尼亚	1781	223.7
荷兰	1300	194.7
朝鲜	1230	169.8
缅甸	1515	106.0
巴西	605	78.8
斯洛伐克	428	67.3
乌拉圭	266	33.5
津巴布韦	3	0.6
44032020 白松(云杉和冷杉)原木		
合计	5797834	877002.8
俄罗斯联邦	2939051	373930.3
美国	1009453	206142.8
加拿大	611797	118384.2
法国	271901	43271.4
罗马尼亚	236623	35825.2
乌克兰	181628	23606.3
白俄罗斯	143444	17816.7
爱沙尼亚	100332	15135.5
立陶宛	101324	14920.6
朝鲜	66930	7821.0
拉脱维亚	47244	6983.2
丹麦	34323	5232.9
日本	15361	2268.0
挪威	10866	1667.4
波兰	9129	1330.1
瑞典	5068	714.8
巴西	5144	638.3
德国	2398	384.2
新西兰	2591	366.7
比利时	1184	172.7
捷克	694	159.4
英国	730	125.4
西班牙	429	66.1
老挝	110	19.8
澳大利亚	74	18.6
台湾省	6	1.3
44032030 辐射松原木		
合计	13191674	1853965.0
新西兰	11078327	1579186.5
澳大利亚	2084832	270883.1
智利	24443	3300.5
西班牙	1431	218.8
南非	1204	154.2
美国	547	103.7
马来西亚	713	93.9
日本	100	14.3
法国	77	10.1
44032040 落叶松原木		
合计	2270437	299255.3
俄罗斯联邦	2246564	295886.4
朝鲜	15947	1984.8
美国	2794	638.9
日本	2728	402.5
波兰	610	84.3
乌克兰	539	72.1
新西兰	475	71.6
斯洛伐克	355	60.4
巴西	248	29.8
德国	177	24.5
44032050 花旗松原木		
合计	2334956	459684.0
美国	1505916	314997.5
加拿大	415094	79159.9
新西兰	409305	64816.4
法国	3099	467.4
澳大利亚	1335	204.6
捷克	90	17.5
德国	66	10.4
波兰	51	10.1
44032090 未列名针叶木原木		
合计	5804932	1091489.6
美国	3021310	587406.6
加拿大	1993778	386570.5
日本	285335	38898.5
斐济	44106	13937.1
新西兰	78003	13842.0
巴西	90959	11065.2
俄罗斯联邦	77130	10927.1
乌拉圭	61634	7995.5
澳大利亚	59468	7819.6
缅甸	32366	2854.4
哥斯达黎加	12432	2571.5
法国	15071	2270.2
波兰	13085	1762.8
老挝	2400	887.4
马来西亚	4443	737.2
朝鲜	3417	408.8
越南	3754	374.4
台湾省	617	179.5
乌克兰	1171	164.0
危地马拉	367	134.9
西班牙	905	124.4
丹麦	702	106.2
比利时	614	90.5
洪都拉斯	469	84.4

国家/地区	进口数量（立方米）	进口金额（千美元）
萨尔瓦多	163	75.9
韩国	353	59.1
格鲁吉亚	428	54.9
印度尼西亚	58	27.6
波黑	136	22.2
智利	123	15.9
德国	100	15.0
塞尔维亚	24	4.0
捷克	11	2.3
44034100 深红色红柳安木、浅红色红柳安木及巴栲红柳安木原木		
合计	60485	15817.8
马来西亚	58365	15433.4
澳大利亚	664	143.2
巴西	1037	109.8
南非	200	67.7
缅甸	184	34.6
利比里亚	17	22.8
乌拉圭	18	6.3
44034910 柚木原木		
合计	155859	131144.1
缅甸	125246	109682.7
哥斯达黎加	10380	6178.9
台湾省	5766	6079.4
老挝	5923	3433.4
哥伦比亚	3132	2022.2
巴西	1720	1243.4
巴拿马	1392	876.6
加纳	381	271.8
越南	169	237.5
马来西亚	310	192.1
厄瓜多尔	244	135.6
贝宁	196	128.2
墨西哥	185	109.4
莫桑比克	102	82.3
危地马拉	111	67.8
印度尼西亚	60	64.2
喀麦隆	72	52.7
南苏丹共和国	35	43.8
尼日利亚	50	40.7
所罗门群岛	115	36.2
萨尔瓦多	48	33.5
科特迪瓦	32	23.3
秘鲁	37	22.9
乌干达	25	15.9

国家/地区	进口数量（立方米）	进口金额（千美元）
多哥	28	14.0
澳大利亚	11	12.8
纳米比亚	20	12.6
冈比亚	16	12.4
尼加拉瓜	23	10.4
利比里亚	30	7.4
44034920 奥克曼木 *Okoume*（奥克榄）原木		
合计	671650	263952.6
刚果（布）	389050	157899.4
赤道几内亚	282307	105917.8
加蓬	194	97.5
喀麦隆	99	37.9
44034930 龙脑香木 *Dipterocarpus* spp.（克隆木）原木		
合计	16968	4424.0
缅甸	10679	2834.8
马来西亚	6289	1589.2
44034940 樟木 *Kapur*（香木 *Dryobalanops* spp.）		
合计	30610	9502.7
马来西亚	29182	9311.3
缅甸	1428	191.5
44034950 印加木 *Intsia* spp.（波罗格 Mengaris）原木		
合计	181987	92937.6
巴布亚新几内亚	178449	90896.7
马来西亚	1941	1038.5
老挝	1028	674.7
所罗门群岛	450	247.1
瓦努阿图	69	55.6
苏里南	50	24.9
44034960 大干巴豆木 *Koompassia* spp.（门格里斯或康派斯）原木		
合计	53484	11984.2
马来西亚	52120	11642.0
巴布亚新几内亚	1364	342.1
44034970 异翅香木 *Anisopter* spp. 原木		
合计	71085	19497.2
巴布亚新几内亚	70802	19320.9
巴基斯坦	19	104.4
马来西亚	264	71.8
44034990 未列名本章子目注释2所列热带木原木		
合计	591626	248052.8
喀麦隆	187555	63608.1

国家/地区	进口数量（立方米）	进口金额（千美元）
刚果（布）	83685	34833.4
刚果（金）	45752	32383.4
中非	53303	23632.9
赤道几内亚	72458	21930.3
马来西亚	38907	21094.4
尼日利亚	24492	15692.7
利比里亚	21810	6306.7
加纳	7572	4183.6
苏里南	13298	4109.2
赞比亚	3102	2879.4
墨西哥	3578	2834.8
菲律宾	4716	1804.3
巴布亚新几内亚	8654	1781.4
缅甸	5136	1683.3
安哥拉	3965	1596.3
加蓬	748	1191.8
坦桑尼亚	1038	990.1
贝宁	1088	620.2
哥伦比亚	806	523.8
所罗门群岛	2125	495.6
尼加拉瓜	341	448.7
新加坡	1186	355.7
老挝	1763	311.4
几内亚	429	300.6
台湾省	616	280.7
塞拉利昂	312	220.3
阿根廷	309	188.9
印度尼西亚	93	188.7
伯利兹	203	187.9
秘鲁	227	170.4
巴拿马	178	141.1
澳大利亚	345	127.5
几内亚比绍	203	118.3
纳米比亚	160	107.4
危地马拉	131	106.1
莫桑比克	157	89.2
斐济	92	79.3
科特迪瓦	107	72.7
马拉维	20	67.5
越南	186	60.8
柬埔寨	98	50.1
新西兰	315	44.0
帕劳	72	36.2
哥斯达黎加	102	31.0
冈比亚	48	25.8

国家/地区	进口数量（立方米）	进口金额（千美元）
圭亚那	108	25.6
巴基斯坦	1	17.9
萨尔瓦多	17	13.6
厄瓜多尔	19	9.4
44039100 栎木(橡木)原木		
合计	839921	272516.2
美国	173191	82596.9
法国	246728	65955.9
俄罗斯联邦	199421	63649.5
比利时	51396	14144.8
德国	50800	13732.1
乌克兰	45865	12852.7
罗马尼亚	16272	4525.1
加拿大	9289	3870.9
斯洛文尼亚	7575	2374.1
丹麦	8759	2328.4
斯洛伐克	3623	910.1
荷兰	3363	892.0
卢森堡	2858	800.0
克罗地亚	2432	653.0
捷克	2178	624.9
缅甸	6939	574.8
朝鲜	3813	572.5
西班牙	1214	339.4
波兰	1185	317.0
立陶宛	993	279.2
波黑	721	194.0
塞尔维亚	419	112.0
马来西亚	298	64.3
保加利亚	239	62.8
瑞典	217	59.7
土耳其	75	18.2
澳大利亚	58	11.5
44039200 山毛榉木原木		
合计	770482	170712.5
德国	312739	70973.8
法国	158727	34921.0
比利时	79247	17877.0
斯洛伐克	80613	16810.7
丹麦	41924	9413.2
捷克	26558	5750.7
乌克兰	20846	4247.5
罗马尼亚	16280	3288.9
卢森堡	7552	1705.9
斯洛文尼亚	5389	1151.9

国家/地区	进口数量（立方米）	进口金额（千美元）
瑞士	4934	1142.6
波兰	5477	1091.3
瑞典	3221	740.1
克罗地亚	1823	388.9
荷兰	1716	380.9
波黑	1214	252.6
奥地利	749	160.0
日本	148	144.1
塞尔维亚	691	136.5
匈牙利	216	56.1
西班牙	222	45.9
所罗门群岛	174	25.6
澳大利亚	22	7.2
44039910 楠木原木		
合计	264	156.2
台湾省	238	136.4
印度尼西亚	24	18.1
美国	0	1.1
圭亚那	2	0.7
44039920 樟木原木		
合计	2591	429.9
乌克兰	1402	189.6
立陶宛	644	90.3
马来西亚	396	74.1
哥伦比亚	17	33.0
台湾省	107	28.6
老挝	21	8.9
斐济	0	2.7
圭亚那	3	1.7
喀麦隆	1	1.0
44039930 红木原木		
合计	1733803	2255421.9
老挝	430626	770942.1
缅甸	218986	416909.8
越南	136449	238926.0
尼日利亚	221995	157661.9
柬埔寨	57128	124788.9
加纳	151037	108852.1
贝宁	92065	64199.1
莫桑比克	91412	56838.5
几内亚比绍	67647	49262.8
科特迪瓦	61845	44599.5
巴拿马	10827	38559.2
刚果(金)	44102	34426.8
冈比亚	43839	31149.5

国家/地区	进口数量（立方米）	进口金额（千美元）
多哥	36944	26028.2
马来西亚	12179	22742.9
印度尼西亚	8747	16498.1
塞拉利昂	17747	12674.7
刚果(布)	9351	7867.5
尼加拉瓜	2258	6896.9
墨西哥	4006	6212.1
伯利兹	4040	5907.3
洪都拉斯	1974	3302.6
泰国	1233	2008.2
马里	2609	1772.7
赞比亚	2506	1620.5
哥斯达黎加	366	1600.2
巴基斯坦	321	795.4
萨尔瓦多	225	480.4
坦桑尼亚	282	358.4
菲律宾	317	327.9
哥伦比亚	53	236.9
尼泊尔联邦民主共和国	5	186.9
几内亚	191	144.6
喀麦隆	81	129.3
苏里南	81	98.0
中华人民共和国	40	83.9
国别(地区)不详	8	79.1
巴拉圭	40	42.4
危地马拉	20	39.9
西班牙	51	36.8
南苏丹共和国	34	24.1
塞内加尔	32	23.0
新加坡	14	21.9
日本	11	13.9
德国	17	12.2
利比里亚	17	11.9
肯尼亚	23	10.4
所罗门群岛	14	8.7
瓦努阿图	5	6.3
圭亚那	3	1.4
44039950 水曲柳原木		
合计	139349	42474.9
俄罗斯联邦	117671	34887.7
美国	13316	5129.0
卢森堡	2626	793.9
法国	2450	773.2
乌克兰	1339	299.2

国家/地区	进口数量（立方米）	进口金额（千美元）
比利时	611	181.3
丹麦	388	114.2
瑞典	337	103.2
德国	206	60.7
加拿大	125	57.4
斯洛伐克	173	43.8
捷克	107	31.4
44039960 北美硬阔叶木（包括樱桃木、黑胡桃木、枫木）原木		
合计	244318	150017.5
美国	229399	143276.4
加拿大	6314	4341.8
法国	2354	697.0
比利时	2830	628.7
罗马尼亚	978	375.2
乌克兰	1165	308.9
丹麦	454	112.7
缅甸	502	69.6
墨西哥	97	62.1
斯洛伐克	16	51.2
德国	96	21.1
希腊	39	18.6
哥伦比亚	24	17.6
日本	30	17.1
台湾省	7	14.8
老挝	13	4.8
44039980 其他温带非针叶木原木		
合计	1493938	214744.9
俄罗斯联邦	1052419	136998.2
拉脱维亚	225924	42781.0
立陶宛	49207	7797.1
爱沙尼亚	20008	3561.3
乌克兰	20090	3322.0
美国	8410	2566.7
澳大利亚	21841	2328.0
巴布亚新几内亚	10933	2199.9
比利时	15367	2126.0
新西兰	14958	1954.5
法国	10224	1891.8
乌拉圭	14139	1781.5
朝鲜	9198	1254.8
罗马尼亚	6356	1117.9
德国	3187	529.2
加拿大	2763	456.6
所罗门群岛	2279	388.5

国家/地区	进口数量（立方米）	进口金额（千美元）
卢森堡	1024	252.2
丹麦	1236	242.6
荷兰	1654	232.7
越南	532	230.9
塞尔维亚	220	96.7
南非	257	93.6
意大利	12	73.4
缅甸	197	57.7
波兰	350	55.4
斯洛伐克	192	48.4
苏里南	235	47.6
马来西亚	84	40.0
墨西哥	46	38.5
日本	125	31.0
智利	76	24.6
葡萄牙	52	20.9
危地马拉	52	20.8
印度尼西亚	43	18.7
捷克	77	18.7
台湾省	50	17.6
柬埔寨	55	10.8
厄瓜多尔	56	10.4
西班牙	1	4.3
哥斯达黎加	8	1.6
瑞士	1	0.6
44039990 未列名非针叶木原木		
合计	8297177	2437536.6
巴布亚新几内亚	3026420	687312.2
所罗门群岛	2188700	470827.0
莫桑比克	518885	277698.9
尼日利亚	260319	176140.5
喀麦隆	292859	122977.4
缅甸	430192	84310.2
贝宁	110914	70759.2
加纳	93044	58934.7
赞比亚	37696	49467.5
赤道几内亚	142583	48758.5
马来西亚	171309	43770.9
刚果（布）	91414	40121.6
圭亚那	87532	36125.4
苏里南	92226	33212.4
澳大利亚	179388	26871.5
利比里亚	80387	25576.0
美国	131192	18914.5
科特迪瓦	25276	17705.0

国家/地区	进口数量（立方米）	进口金额（千美元）
巴拿马	27767	17001.4
墨西哥	18766	16447.1
多哥	23932	13015.4
刚果（金）	13664	7780.4
老挝	15850	7453.7
坦桑尼亚	45017	7052.2
哥伦比亚	10380	6762.0
阿根廷	10619	6442.7
尼加拉瓜	3411	5470.2
中非	8777	4392.7
印度尼西亚	9800	4013.2
安哥拉	9668	3863.8
几内亚	5218	3439.9
台湾省	10456	3310.1
加蓬	4797	2965.8
乌拉圭	16918	2946.1
乌干达	420	2657.6
菲律宾	8122	2615.3
冈比亚	2883	2033.5
越南	3586	1920.7
塞拉利昂	2768	1850.9
厄瓜多尔	7143	1825.3
秘鲁	2315	1702.3
危地马拉	2586	1676.6
新西兰	12495	1632.6
法国	6214	1549.7
卢森堡	5291	1395.0
巴拉圭	2268	1320.4
伯利兹	1801	1051.7
日本	6217	1010.7
新加坡	4706	1009.3
比利时	6160	867.5
马拉维	1140	823.5
拉脱维亚	4555	728.8
萨尔瓦多	1202	725.7
南非	1824	646.5
多民族玻利维亚国	784	598.1
几内亚比绍	826	547.3
德国	2334	526.2
乌克兰	2388	470.2
智利	1899	450.7
保加利亚	1362	446.8
立陶宛	2348	375.2
柬埔寨	615	370.7
哥斯达黎加	326	348.1

国家/地区	进口数量（立方米）	进口金额（千美元）
斐济	45	332.9
瓦努阿图	16	307.4
丹麦	1021	270.7
肯尼亚	121	215.0
津巴布韦	285	208.8
塞尔维亚	603	164.7
瑞典	573	155.0
罗马尼亚	486	117.7
洪都拉斯	145	100.9
塞内加尔	125	87.8
斯洛伐克	234	74.3
纳米比亚	73	51.2
加拿大	183	51.1
巴西	195	49.2
马里	68	41.6
国别(地区)不详	48	37.8
俄罗斯联邦	294	31.8
意大利	10	28.9
波黑	96	28.1
帕劳	58	25.7
爱沙尼亚	159	23.9
汤加	3	21.9
索马里	200	21.4
多米尼加共和国	32	16.7
荷兰	26	12.2
阿富汗	20	12.0
波兰	59	9.1
西班牙	2	6.7
匈牙利	16	5.6
捷克	23	4.1
印度	0	4.0
泰国	4	1.5

锯材出口量值表

国家/地区	出口数量（立方米）	出口金额（千美元）
44069000 已浸渍铁道及电车道枕木		
合计	6311	2947.1
坦桑尼亚	2426	1559.6
越南	463	441.7
马来西亚	336	199.2
利比里亚	243	147.2
日本	437	124.1
埃塞俄比亚	230	121.4
伊朗	651	67.3
印度尼西亚	267	51.2
尼日利亚	55	32.0
沙特阿拉伯	108	31.9
哈萨克斯坦	40	25.1
委内瑞拉	40	22.7
台湾省	138	22.1
津巴布韦	37	14.3
南非	6	9.7
苏丹	65	8.4
吉布提	25	8.0
尼日尔	409	7.6
埃及	20	7.6
澳门	20	7.3
肯尼亚	10	5.2
赞比亚	180	5.1
伊拉克	22	4.9
老挝	4	4.3
柬埔寨	16	3.7
阿联酋	18	3.6
卡塔尔	28	3.5
瑞典	1	3.4
新加坡	7	2.5
安哥拉	7	1.8
阿尔及利亚	1	0.5
香港	1	0.1
44071010 纵锯纵切刨或旋切红松和樟子松木材,厚>6mm		
合计	64210	37542.7
日本	59822	34061.4
韩国	3326	3038.5
加拿大	342	147.2
菲律宾	497	133.0
台湾省	119	94.7
新西兰	19	15.9
毛里求斯	27	14.2
佛得角	12	12.3
毛里塔尼亚	22	9.6
阿尔及利亚	16	7.0
澳大利亚	1	4.4
科威特	5	4.0
厄立特里亚	2	0.5
44071020 纵锯切刨或旋切白松(云、冷杉)木材,厚>6mm		
合计	19598	11194.0
日本	13253	8926.0
韩国	2150	1495.5
墨西哥	211	316.2
莫桑比克	802	284.7
特立尼达和多巴哥	310	117.9
台湾省	2697	33.5
安哥拉	170	18.5
喀麦隆	4	1.2
新西兰	1	0.6
44071030 纵锯、纵切刨或旋切的辐射松木材,厚>6mm		
合计	47909	33381.3
韩国	26266	18538.8
日本	18929	13164.4
台湾省	1415	861.1
澳大利亚	610	460.8
刚果(金)	200	67.1
毛里求斯	77	64.7
委内瑞拉	72	43.1
安哥拉	50	38.0
马尔代夫	84	35.5
印度尼西亚	59	34.1
缅甸	61	21.4
新西兰	23	18.9
马来西亚	21	17.4
塞舌尔	40	13.4
赤道几内亚	1	1.9
德国	0	0.7
意大利	1	0.1
44071040 经纵锯、纵切刨或旋切的花旗松木材,厚>6mm		
合计	1156	487.0
沙特阿拉伯	460	196.1
日本	250	145.2
加拿大	52	44.9
台湾省	157	44.6
卡塔尔	196	40.8
斐济	34	12.5
特立尼达和多巴哥	7	2.9
44071090 其他纵锯切、刨或旋切的针叶木木材,厚>6mm		
合计	33243	23533.2
日本	24421	16820.0
韩国	5833	4879.4
德国	314	549.3
印度尼西亚	767	292.5

国家/地区	出口数量（立方米）	出口金额（千美元）
加拿大	423	257.1
美国	262	171.5
纳米比亚	278	115.3
墨西哥	53	92.8
朝鲜	267	75.3
巴基斯坦	161	70.5
莱索托	135	50.0
比利时	46	38.8
台湾省	35	34.7
阿尔及利亚	86	30.1
波兰	88	24.0
安哥拉	37	17.5
尼日利亚	20	7.8
塞拉利昂	13	5.6
香港	4	0.9
44072500 经纵锯切刨或旋切的红柳桉木材，厚>6mm		
合计	2523	789.5
香港	2478	763.8
韩国	22	21.7
日本	17	2.4
塞内加尔	6	1.6
44072600 纵锯切刨或旋切的白黄柳安木等木材，厚>6mm		
合计	3317	903.0
香港	3317	903.0
44072700 纵锯切刨或旋切的沙比利木材，厚>6mm		
合计	19	20.9
韩国	18	19.8
赤道几内亚	1	1.1
44072910 经纵锯切刨切或旋切的柚木木材，厚>6mm		
合计	1803	2773.4
台湾省	755	953.5
美国	103	469.2
缅甸	291	330.4
泰国	69	184.0
韩国	179	165.8
马来西亚	49	163.9
新加坡	46	145.4
日本	48	104.8
印度	38	61.5
土耳其	50	61.2
香港	116	34.1

国家/地区	出口数量（立方米）	出口金额（千美元）
俄罗斯联邦	21	30.8
波兰	13	21.6
意大利	18	21.4
阿尔及利亚	2	19.3
加拿大	5	6.5
44072920 纵锯切刨或旋切非洲桃花心木木材，厚>6mm		
合计	33	14.4
印度尼西亚	33	14.4
44072930 经纵锯切、刨或旋切的波罗格木木材，厚>6mm		
合计	170	219.8
韩国	156	203.3
科特迪瓦	9	10.5
俄罗斯联邦	5	6.0
44072990 其他纵锯切、刨或旋切的子目注释二所列的热带木木材，厚>6mm		
合计	471	529.7
韩国	81	209.8
日本	234	170.5
美国	78	97.1
俄罗斯联邦	24	30.5
马来西亚	51	19.5
南苏丹共和国	3	2.3
44079100 经纵锯纵切、刨或旋切的栎木木材，厚>6mm		
合计	13027	13169.2
日本	6594	6890.5
德国	1558	2352.8
越南	2446	1513.2
韩国	736	952.7
比利时	559	528.2
瑞典	125	164.2
澳大利亚	102	156.9
台湾省	175	145.3
英国	70	81.5
卡塔尔	255	72.8
美国	68	63.1
马来西亚	60	59.8
新加坡	172	54.1
荷兰	41	48.5
伊朗	35	36.8
菲律宾	3	21.5
加拿大	11	18.0
留尼汪	7	7.3

国家/地区	出口数量（立方米）	出口金额（千美元）
加纳	10	2.0
44079200 经纵锯纵切、刨或旋切山毛榉木木材，厚>6mm		
合计	377	584.8
日本	377	584.8
44079300 经纵锯纵切、刨或旋切枫木木材，厚>6mm		
合计	1290	1453.9
印度尼西亚	487	612.2
日本	340	437.5
韩国	463	404.1
44079400 经纵锯纵切、刨或旋切樱桃木木材，厚>6mm		
合计	65	181.7
新加坡	53	162.7
日本	11	17.2
马来西亚	1	1.8
44079500 经纵锯纵切、刨或旋切白蜡木木材，厚>6mm		
合计	1097	1552.1
日本	643	981.0
韩国	374	511.3
伊朗	36	27.9
台湾省	31	21.7
马来西亚	13	10.1
44079920 经纵锯切、刨或旋切的泡桐木木材，厚>6mm		
合计	159687	117273.8
日本	49942	39776.9
美国	32914	30763.3
韩国	33250	15810.5
台湾省	11329	11262.4
越南	12468	6851.0
澳大利亚	2974	2491.2
马来西亚	3606	1777.9
斯洛文尼亚	1909	1049.2
加拿大	1293	934.8
德国	1887	844.7
意大利	1252	791.5
西班牙	1086	705.9
尼日利亚	339	537.0
阿联酋	456	464.0
尼加拉瓜	771	461.9
荷兰	692	459.7
俄罗斯联邦	585	380.1

国家/地区	出口数量(立方米)	出口金额(千美元)
法国	561	312.5
比利时	452	299.0
克罗地亚	417	246.0
马尔代夫	99	149.2
泰国	170	114.7
阿尔巴尼亚	196	111.5
墨西哥	192	100.3
芬兰	139	91.7
留尼汪	147	78.0
牙买加	45	68.6
孟加拉国	107	62.3
捷克	71	38.9
哥斯达黎加	60	38.6
印度尼西亚	45	38.5
菲律宾	63	37.0
瑞士	45	36.8
奥地利	24	18.4
葡萄牙	25	15.9
南非	25	13.8
波兰	20	12.9
英国	11	9.9
毛里求斯	4	4.8
爱沙尼亚	5	4.3
印度	4	2.3
拉脱维亚	2	1.8
新西兰	2	1.5
新加坡	3	1.4
挪威	0	0.7

44079930 经纵锯切、刨或旋切的北美硬阔叶材,厚>6mm

国家/地区	出口数量(立方米)	出口金额(千美元)
合计	7778	8836.1
德国	5012	5795.2
意大利	1304	1403.8
日本	628	904.6
韩国	233	249.7
越南	207	209.0
波兰	82	88.0
马来西亚	73	73.3
格林纳达	146	58.6
印度尼西亚	60	31.8
美国	33	22.1

44079980 纵锯切刨或旋切其他温带非针叶木材,厚>6mm

国家/地区	出口数量(立方米)	出口金额(千美元)
合计	30231	29400.1
日本	26078	25206.1

国家/地区	出口数量(立方米)	出口金额(千美元)
韩国	3729	4049.4
越南	315	80.8
台湾省	63	39.2
塞浦路斯	5	12.6
马耳他	28	9.2
朝鲜	12	1.8
西班牙	1	1.0

44079990 其他纵锯切、刨或旋切的非叶木木材,厚>6mm

国家/地区	出口数量(立方米)	出口金额(千美元)
合计	14655	11412.6
日本	9128	6681.9
韩国	3765	3405.2
台湾省	691	595.6
香港	100	189.6
安哥拉	456	128.0
加拿大	75	81.4
文莱	44	79.3
法国	64	66.6
西班牙	75	45.0
刚果(金)	69	35.1
美国	73	33.8
荷兰	23	28.8
新加坡	49	23.1
巴布亚新几内亚	15	6.8
喀麦隆	14	6.2
塞舌尔	10	2.4
英国	2	2.2
马来西亚	2	1.2

锯材进口量值表

国家/地区	进口数量(立方米)	进口金额(千美元)
44061000 未浸渍铁道及电车道枕木		
合计	14581	2669.5
俄罗斯联邦	14581	2669.5
44069000 已浸渍铁道及电车道枕木		
合计	75962	417.8
朝鲜	1905	342.9
美国	276	51.2
南非	43	14.1
加拿大	73738	9.6
44071010 纵锯纵切刨或旋切红松和樟子松木材,厚>6mm		
合计	5422015	1067645.4
俄罗斯联邦	5122982	988291.4

国家/地区	进口数量(立方米)	进口金额(千美元)
德国	148250	39352.0
芬兰	44175	11996.6
瑞典	37350	10704.0
拉脱维亚	15003	3975.2
乌克兰	16980	3753.3
英国	9567	2266.0
爱沙尼亚	7801	2117.1
奥地利	7914	1988.7
波兰	1614	547.1
智利	1630	502.7
挪威	83	404.7
日本	3595	385.9
加拿大	1652	304.9
荷兰	197	253.6
保加利亚	824	167.9
捷克	514	113.8
克罗地亚	507	111.9
斯洛伐克	366	106.2
瑞士	237	64.7
阿根廷	238	60.9
立陶宛	210	51.3
新西兰	146	45.3
科特迪瓦	38	31.2
美国	67	29.2
马达加斯加	42	12.4
罗马尼亚	33	7.6

44071020 纵锯切刨或旋切白松(云、冷杉)木材,厚>6mm

国家/地区	进口数量(立方米)	进口金额(千美元)
合计	7324308	1622576.2
加拿大	5124429	1126276.6
俄罗斯联邦	1188992	218202.1
瑞典	362478	95989.4
芬兰	317857	88965.4
德国	97939	26091.0
拉脱维亚	41608	11287.4
奥地利	36933	10441.6
美国	39326	9484.9
罗马尼亚	28558	7582.5
丹麦	19550	7225.8
英国	19378	4673.8
日本	3213	3736.5
捷克	9884	2359.8
爱沙尼亚	7001	1795.8
韩国	2800	1754.4
乌克兰	6360	1476.1

国家/地区	进口数量（立方米）	进口金额（千美元）
波黑	4410	1113.5
朝鲜	4928	860.3
挪威	2438	855.6
瑞士	856	585.1
立陶宛	1940	457.7
台湾省	573	344.3
斯洛文尼亚	1235	281.3
荷兰	775	234.9
巴西	331	175.9
印度尼西亚	91	161.7
阿根廷	187	51.3
意大利	5	36.6
克罗地亚	84	23.9
中华人民共和国	34	16.8
波兰	64	16.1
斯洛伐克	13	9.9
白俄罗斯	38	8.5
44071030 纵锯、纵切刨或旋切的辐射松木材，厚>6mm		
合计	1372154	377600.9
智利	849495	235021.1
新西兰	365884	113296.3
澳大利亚	70145	17076.9
西班牙	20262	5873.0
巴西	9339	2595.5
阿根廷	8914	2261.9
荷兰	518	440.6
台湾省	45276	431.4
乌拉圭	835	230.2
加拿大	729	155.2
俄罗斯联邦	284	83.7
德国	278	72.5
芬兰	77	22.8
日本	45	17.8
美国	37	9.4
越南	12	6.2
韩国	16	3.3
罗马尼亚	8	3.1
44071040 经纵锯、纵切刨或旋切的花旗松木材，厚>6mm		
合计	354589	77222.3
加拿大	201609	43471.9
美国	148997	33208.5
日本	3588	407.3
法国	274	77.9

国家/地区	进口数量（立方米）	进口金额（千美元）
台湾省	27	38.9
英国	94	17.9
44071090 其他纵锯切、刨或旋切的针叶木木材，厚>6mm		
合计	3157750	684490.5
加拿大	1237847	287411.6
美国	651065	154194.8
俄罗斯联邦	891277	140890.1
巴西	95587	23210.8
阿根廷	81653	20461.0
德国	48452	12503.5
瑞典	40279	12279.8
芬兰	28692	8830.1
日本	23751	5882.4
乌拉圭	13966	3766.7
新西兰	1983	3014.9
澳大利亚	4937	2317.3
匈牙利	2437	1972.0
英国	5595	1388.5
立陶宛	4328	1044.6
乌克兰	5096	997.4
朝鲜	7243	914.1
奥地利	2880	805.6
波兰	934	472.1
爱沙尼亚	1532	417.2
台湾省	899	361.2
缅甸	3962	346.3
拉脱维亚	1461	303.0
智利	746	189.9
瑞士	49	116.7
意大利	24	94.7
捷克	239	58.0
马来西亚	234	40.8
老挝	75	38.9
法国	80	38.5
越南	262	29.8
印度尼西亚	5	19.9
韩国	62	17.8
秘鲁	12	15.4
南非	40	12.1
西班牙	42	11.4
肯尼亚	2	7.9
柬埔寨	6	7.1
瓦努阿图	16	6.5

国家/地区	进口数量（立方米）	进口金额（千美元）
44072100 经纵锯切刨或旋切的美洲桃花心木材，厚>6mm		
合计	3605	1801.6
印度尼西亚	2892	1496.8
菲律宾	652	261.1
所罗门群岛	26	19.1
斐济	17	16.5
台湾省	18	8.2
44072200 经纵锯切刨或旋切的肉豆蔻木等木材，厚>6mm		
合计	28082	20996.8
厄瓜多尔	23580	18653.0
巴布亚新几内亚	3905	1984.7
印度尼西亚	474	286.6
哥斯达黎加	51	36.5
巴西	71	35.8
马来西亚	1	0.2
44072500 经纵锯切刨或旋切的红柳安木材，厚>6mm		
合计	14756	5911.4
马来西亚	10822	3691.1
印度尼西亚	2524	1276.7
澳大利亚	832	602.0
乌拉圭	326	196.5
巴西	170	104.0
台湾省	69	35.3
巴布亚新几内亚	9	3.5
越南	4	2.4
44072600 纵锯切刨或旋切的白黄柳桉木等木材，厚>6mm		
合计	23395	51444.7
马来西亚	18975	42049.0
菲律宾	1579	7895.6
澳大利亚	962	693.0
台湾省	1364	441.8
意大利	106	166.3
缅甸	275	138.4
巴布亚新几内亚	80	31.9
美国	33	21.1
印度尼西亚	21	7.5
44072700 纵锯切刨或旋切的沙比利木材，厚>6mm		
合计	68747	45946.3
喀麦隆	42323	27790.6
刚果（布）	17850	12045.9

国家/地区	进口数量(立方米)	进口金额(千美元)
加蓬	4004	2741.8
刚果(金)	2351	1651.3
中非	1235	931.4
安哥拉	493	369.5
意大利	302	220.5
科特迪瓦	74	53.7
巴拿马	23	51.8
中华人民共和国	32	40.1
南非	21	19.1
几内亚	20	15.2
贝宁	14	10.0
台湾省	4	2.8
德国	1	2.5

44072800 纵锯切刨或旋切的伊罗科木木材,厚>6mm

国家/地区	进口数量(立方米)	进口金额(千美元)
合计	11	5.5
加蓬	11	5.5

44072910 经纵锯切刨切或旋切的柚木木材,厚>6mm

国家/地区	进口数量(立方米)	进口金额(千美元)
合计	40162	36220.8
缅甸	29061	29064.5
贝宁	4318	2614.1
印度尼西亚	3999	1967.8
台湾省	656	630.2
老挝	726	501.1
巴西	460	351.5
泰国	159	304.8
意大利	74	298.3
马来西亚	110	142.2
哥斯达黎加	273	109.2
秘鲁	137	90.9
坦桑尼亚	105	47.6
印度	16	31.2
厄瓜多尔	14	30.6
纳米比亚	34	21.2
加纳	15	12.1
菲律宾	4	2.6
新加坡	0	0.5
日本	1	0.5

44072920 纵锯切刨或旋切非洲桃花心木木材,厚>6mm

国家/地区	进口数量(立方米)	进口金额(千美元)
合计	6145	5012.9
加蓬	4338	2793.8
斐济	257	1148.4
喀麦隆	912	516.7
台湾省	64	151.8
安哥拉	173	114.3
科特迪瓦	168	99.9
加纳	55	44.4
多哥	51	42.2
马来西亚	25	33.7
印度尼西亚	19	15.1
韩国	6	13.6
贝宁	23	11.3
西班牙	12	9.0
尼日利亚	17	8.6
美国	16	5.7
冈比亚	8	3.4
刚果(布)	0	0.7
法国	1	0.3

44072930 经纵锯切、刨或旋切的波罗格木木材,厚>6mm

国家/地区	进口数量(立方米)	进口金额(千美元)
合计	115160	76668.7
印度尼西亚	105977	70105.3
马来西亚	5933	4143.5
巴布亚新几内亚	2171	1648.5
所罗门群岛	938	611.3
老挝	66	66.6
马达加斯加	27	54.9
瓦努阿图	40	33.8
菲律宾	8	4.6

44072990 其他纵锯切、刨或旋切的子目注释二所列的热带木木材,厚>6mm

国家/地区	进口数量(立方米)	进口金额(千美元)
合计	236318	127053.0
加蓬	97619	51024.3
喀麦隆	32536	17223.1
巴西	18830	13310.3
印度尼西亚	15541	9079.5
刚果(布)	14797	7130.1
马来西亚	17438	6807.3
加纳	10537	4936.7
越南	6207	4291.3
缅甸	4633	1543.3
科特迪瓦	2328	1143.0
苏里南	1667	967.7
台湾省	1272	939.4
巴拉圭	1225	859.2
赞比亚	987	822.5
刚果(金)	1163	654.9
尼加拉瓜	368	644.4
秘鲁	747	635.5
泰国	920	558.9
美国	1220	536.5
日本	191	428.0
哥伦比亚	420	317.2
赤道几内亚	799	276.7
阿根廷	492	272.2
安哥拉	498	254.2
坦桑尼亚	301	237.6
莫桑比克	331	229.3
老挝	828	225.5
巴拿马	312	192.2
菲律宾	502	188.6
洪都拉斯	58	168.3
印度	116	139.5
中非	208	123.0
韩国	70	119.7
所罗门群岛	103	90.1
圭亚那	108	85.3
瓦努阿图	66	79.9
几内亚	95	74.8
津巴布韦	219	71.1
西班牙	13	59.0
贝宁	136	54.6
尼日利亚	90	38.8
葡萄牙	46	36.4
柬埔寨	46	33.7
德国	74	32.9
危地马拉	29	27.8
意大利	34	21.4
智利	17	17.8
多民族玻利维亚国	15	15.9
厄瓜多尔	24	11.4
哥斯达黎加	23	9.1
多哥	12	7.7
法国	1	2.4
克罗地亚	5	2.2
马达加斯加	0	0.7
冈比亚	1	0.4

44079100 经纵锯纵切、刨或旋切的栎木木材,厚>6mm

国家/地区	进口数量(立方米)	进口金额(千美元)
合计	1057309	743282.8
美国	841197	625651.4
俄罗斯联邦	114233	53609.9
加拿大	25420	20957.6

国家/地区	进口数量（立方米）	进口金额（千美元）
法国	32138	17586.9
德国	15425	8376.0
乌克兰	11927	6153.6
克罗地亚	4906	3197.8
罗马尼亚	2662	1870.9
奥地利	2476	1277.6
比利时	1558	882.1
斯洛伐克	135	540.3
捷克	766	458.9
澳大利亚	586	430.7
波黑	660	397.2
荷兰	396	274.7
意大利	333	258.9
波兰	212	250.5
日本	640	241.2
斯洛文尼亚	330	182.2
朝鲜	397	139.6
越南	160	135.0
瑞典	234	132.4
匈牙利	74	77.3
保加利亚	63	42.2
立陶宛	78	32.6
阿根廷	138	31.8
格鲁吉亚	50	27.3
台湾省	36	22.9
印度尼西亚	35	15.6
新加坡	20	11.8
中华人民共和国	4	9.2
韩国	7	4.2
缅甸	13	1.8
丹麦	0	0.8

44079200 经纵锯纵切、刨或旋切山毛榉木木材，厚>6mm

国家/地区	进口数量（立方米）	进口金额（千美元）
合计	500751	200999.0
罗马尼亚	221776	83179.2
德国	140859	58561.9
克罗地亚	37519	15770.0
法国	29809	13384.7
波黑	27978	11651.0
塞尔维亚	12782	5808.9
意大利	6711	2911.8
奥地利	6545	2717.1
波兰	5575	2430.4
乌克兰	6030	2323.1
比利时	1507	605.8
丹麦	848	402.2
保加利亚	768	322.2
美国	349	152.3
澳大利亚	385	147.9
日本	122	130.1
黑山	261	119.3
瑞士	272	100.3
斯洛伐克	195	93.0
匈牙利	161	57.0
荷兰	110	48.6
前南马其顿	128	46.6
新西兰	32	22.2
斯洛文尼亚	21	7.1
韩国	5	3.9
国别（地区）不详	1	1.1
加拿大	2	1.0

44079300 经纵锯纵切、刨或旋切枫木木材，厚>6mm

国家/地区	进口数量（立方米）	进口金额（千美元）
合计	69835	45687.2
美国	52015	33657.5
加拿大	15679	10130.0
罗马尼亚	561	432.7
澳大利亚	268	339.7
德国	144	272.6
法国	393	202.7
克罗地亚	30	180.0
韩国	126	119.4
奥地利	155	92.0
北美洲其他国家（地区）	33	53.5
日本	28	40.0
比利时	85	35.0
丹麦	61	33.9
缅甸	130	25.2
斯洛文尼亚	50	23.5
挪威	6	13.6
斯洛伐克	10	12.7
塞尔维亚	0	7.5
乌克兰	50	7.4
意大利	0	2.8
台湾省	5	2.5
英国	3	1.7
黑山	1	1.2
波黑	2	0.1

44079400 经纵锯纵切、刨或旋切樱桃木木材，厚>6mm

国家/地区	进口数量（立方米）	进口金额（千美元）
合计	74639	59412.6
美国	70766	56207.6
加拿大	2988	2523.7
智利	690	530.0
台湾省	82	79.9
希腊	60	28.9
日本	28	15.9
泰国	1	15.7
罗马尼亚	22	8.9
新加坡	2	1.6

44079500 经纵锯纵切、刨或旋切白蜡木木材，厚>6mm

国家/地区	进口数量（立方米）	进口金额（千美元）
合计	317535	214546.6
美国	295081	200412.5
加拿大	15912	11194.4
俄罗斯联邦	5349	2177.8
德国	520	265.3
罗马尼亚	156	124.9
意大利	120	105.3
日本	113	101.9
克罗地亚	56	47.6
卢森堡	85	42.6
法国	61	25.2
斯洛文尼亚	24	21.4
越南	25	12.5
塞尔维亚	28	10.8
波黑	5	4.3

44079910 纵锯切刨或旋切的樟木、楠木、红木，厚>6mm

国家/地区	进口数量（立方米）	进口金额（千美元）
合计	226974	415587.4
老挝	133831	241975.9
印度尼西亚	50459	109942.0
巴拿马	4731	17101.4
越南	5641	10639.2
贝宁	11923	8703.0
马来西亚	4266	5365.7
柬埔寨	2477	4078.6
泰国	1497	2725.4
印度	281	2614.6
坦桑尼亚	3068	2205.9
缅甸	1018	1996.0
瓦努阿图	1211	1404.8
尼加拉瓜	308	1066.7
莫桑比克	1704	1008.0
加蓬	1371	999.8

国家/地区	进口数量（立方米）	进口金额（千美元）
喀麦隆	173	816.1
加纳	937	705.2
刚果(金)	423	423.1
尼日利亚	472	344.3
萨尔瓦多	82	246.0
科特迪瓦	242	177.7
哥斯达黎加	43	172.9
刚果(布)	144	153.6
哥伦比亚	52	133.3
台湾省	316	133.1
巴布亚新几内亚	82	98.3
尼泊尔联邦民主共和国	2	91.0
日本	49	74.7
菲律宾	37	61.3
危地马拉	18	45.4
赞比亚	43	33.4
所罗门群岛	33	20.8
几内亚比绍	18	16.1
韩国	22	12.0
马达加斯加	0	0.9
巴西	0	0.6
44079920 经纵锯切、刨或旋切的泡桐木木材,厚>6mm		
合计	432	513.7
日本	224	399.8
智利	160	81.5
斯洛文尼亚	8	19.2
越南	40	13.1
44079930 经纵锯切、刨或旋切的北美硬阔叶材,厚>6mm		
合计	552576	281103.3
美国	545080	276149.4
加拿大	5436	4036.2
罗马尼亚	881	362.1
克罗地亚	513	244.1
保加利亚	150	69.4
日本	78	62.1
拉脱维亚	157	40.2
台湾省	36	33.0
意大利	38	22.1
澳大利亚	12	21.8
缅甸	95	18.6
瑞典	43	18.5
立陶宛	41	10.2

国家/地区	进口数量（立方米）	进口金额（千美元）
奥地利	9	8.9
韩国	5	4.6
新加坡	2	1.7
44079980 纵锯切刨或旋切其他温带非针叶木材,厚>6mm		
合计	677351	197997.3
俄罗斯联邦	570225	153425.5
美国	43529	17335.9
拉脱维亚	27153	10195.3
立陶宛	10440	3603.7
澳大利亚	3966	3564.6
爱沙尼亚	6236	2552.9
芬兰	3592	1609.0
瑞典	2232	862.9
日本	1423	759.5
克罗地亚	1043	533.9
乌拉圭	739	533.9
白俄罗斯	1548	480.0
罗马尼亚	961	315.2
加拿大	511	281.2
印度尼西亚	106	243.5
保加利亚	402	183.6
台湾省	278	177.2
越南	289	172.0
菲律宾	406	163.4
多民族玻利维亚国	115	150.8
乌克兰	480	130.0
斯洛文尼亚	103	115.1
智利	157	103.4
德国	214	96.6
朝鲜	565	83.9
马来西亚	121	63.1
柬埔寨	78	39.7
坦桑尼亚	56	38.3
秘鲁	25	35.3
中华人民共和国	82	32.0
希腊	98	27.0
意大利	15	24.2
荷兰	65	20.5
法国	37	16.4
缅甸	20	14.8
奥地利	41	12.0
韩国	0	0.8
44079990 其他纵锯切、刨或旋切的非叶木木材,厚>6mm		

国家/地区	进口数量（立方米）	进口金额（千美元）
合计	4004038	1726012.5
泰国	2228126	1013712.6
加蓬	138051	103566.1
马来西亚	189322	84154.8
菲律宾	577991	83250.8
越南	186541	81334.7
莫桑比克	134290	74190.1
美国	111303	44296.2
秘鲁	54235	43771.5
印度尼西亚	104424	41771.8
贝宁	35608	23927.0
喀麦隆	24614	17893.5
多民族玻利维亚国	15780	14360.9
巴西	15958	11400.8
柬埔寨	23388	10314.0
缅甸	53560	8837.2
澳大利亚	10436	8617.6
乌拉圭	13371	7950.5
老挝	10949	5149.1
尼加拉瓜	2315	4927.5
刚果(布)	9027	4695.7
坦桑尼亚	5310	4619.3
赞比亚	4528	3495.9
哥伦比亚	4661	3084.3
苏里南	5860	2802.4
加纳	5110	2113.2
台湾省	3072	1587.9
巴拉圭	2212	1580.5
科特迪瓦	2156	1320.2
巴布亚新几内亚	1846	1056.1
俄罗斯联邦	2642	997.2
德国	1580	942.0
多哥	950	931.3
加拿大	2160	849.6
厄瓜多尔	2266	830.6
利比里亚	1699	821.8
阿根廷	791	793.5
罗马尼亚	2380	776.9
安哥拉	1280	754.9
爱沙尼亚	1818	748.4
巴拿马	910	735.7
克罗地亚	1508	655.1
几内亚	878	610.1
芬兰	760	484.5
意大利	410	478.6

国家/地区	进口数量（立方米）	进口金额（千美元）
奥地利	640	365.6
韩国	418	340.8
斯里兰卡	930	328.0
瑞典	714	319.6
所罗门群岛	516	316.7
危地马拉	404	273.6
日本	398	272.3
智利	330	265.1
新西兰	108	226.6
墨西哥	186	208.8
拉脱维亚	379	194.5
立陶宛	439	176.5
圭亚那	280	173.5
尼日利亚	200	149.2
马达加斯加	230	136.1
斯洛文尼亚	311	131.0
塞拉利昂	180	130.3
法国	198	129.1
摩洛哥	165	123.8
津巴布韦	95	76.6
赤道几内亚	88	75.7
中非	116	73.1
印度	19	70.3
西班牙	94	52.9
保加利亚	95	44.0
斐济	120	39.7
乌克兰	116	30.2
洪都拉斯	40	29.9
南非	23	21.2
中华人民共和国	81	15.7
希腊	24	15.5
几内亚比绍	23	11.6
挪威	1	1.9
国别(地区)不详	1	0.5

人造板出口量值表

国家/地区	出口数量（千克）	出口金额（千美元）
44081011 用胶合板等制的针叶木饰面用单板,厚≤6mm		
合计	90614	62.7
缅甸	79200	42.5
韩国	9000	18.1
新加坡	1850	1.4
澳大利亚	324	0.6
44081019 其他针叶木饰面用单板,厚≤6mm		
合计	4739496	3300.3
菲律宾	3763500	2238.8
韩国	201337	451.4
台湾省	501000	279.7
泰国	101146	90.0
越南	42919	59.5
安哥拉	68898	50.3
哈萨克斯坦	10000	48.8
马拉维	19773	26.9
日本	3359	25.2
马来西亚	23000	20.2
墨西哥	4314	8.9
尼日利亚	250	0.7
44081020 针叶木制胶合板用单板,厚≤6mm		
合计	138195	117.1
意大利	25090	54.3
台湾省	66715	30.2
美国	17840	15.2
马来西亚	21860	11.8
希腊	6690	5.7
44081090 其他纵锯切、刨或旋切的针叶木木材,厚≤6mm		
合计	5034864	19568.7
墨西哥	1509480	6054.1
德国	914318	4138.7
日本	996673	3857.7
美国	617631	2325.1
英国	148012	580.2
越南	120901	463.4
阿根廷	75648	387.5
荷兰	81663	313.8
比利时	59552	293.5
菲律宾	64062	250.3
泰国	63364	220.5
韩国	52506	175.7
伊拉克	249600	99.8
土耳其	19388	99.7
意大利	18728	94.3
西班牙	2750	87.2
突尼斯	21845	56.6
台湾省	9984	29.7
葡萄牙	7040	29.2
乌兹别克斯坦	1348	10.0
刚果(布)	268	1.3
44083111 用胶合板等制饰面单板,红柳安木制,厚≤6mm		
合计	9940	3.3
阿联酋	2800	2.0
加纳	7140	1.3
44083119 其他饰面用单板,红柳安木制,厚≤6mm		
合计	230270	230.5
越南	189000	151.2
台湾省	5550	34.0
印度尼西亚	25000	29.2
尼日利亚	8800	15.0
赞比亚	120	0.6
日本	1800	0.5
44083120 制胶合板用单板,红柳安木制,厚≤6mm		
合计	3294	23.3
香港	3294	23.3
44083911 用胶合板等制其他子目注释二所列的热带木饰面用单板,厚≤6mm		
合计	956267	6613.8
加拿大	179160	1838.5
俄罗斯联邦	194255	875.2
西班牙	107685	689.1
美国	51110	558.0
意大利	51275	351.5
印度尼西亚	36593	326.4
韩国	55820	303.8
新加坡	23630	291.7
马来西亚	32950	269.5
澳大利亚	24740	248.5
哥伦比亚	44105	202.3
埃及	84295	154.0
阿联酋	14895	102.2
台湾省	18202	93.3
日本	10644	82.2
荷兰	5350	45.0
越南	3565	37.1
墨西哥	4950	37.0
泰国	3505	28.5
波兰	2175	26.1
南非	1365	17.3
菲律宾	1780	14.7
莫桑比克	980	9.6
马达加斯加	2940	7.9

国家/地区	出口数量（千克）	出口金额（千美元）
厄瓜多尔	250	3.1
智利	48	1.4
44083919 其他子目注释二所列的热带木制饰面用单板,厚≤6mm		
合计	480933	2279.4
日本	179161	1553.9
意大利	156479	287.9
台湾省	42838	241.4
印度尼西亚	18785	103.6
加纳	40000	51.0
菲律宾	20560	13.2
马来西亚	13360	9.7
越南	4350	7.0
德国	2780	5.6
香港	2190	4.6
美国	430	1.6
44083920 其他子目注释二所列的热带木制胶合板用单板,厚≤6mm		
合计	6336990	10908.0
美国	1731880	4021.5
菲律宾	2353840	2531.8
墨西哥	483640	1213.5
台湾省	846500	1050.9
以色列	145300	389.3
南非	96140	280.1
印度尼西亚	154900	272.8
加拿大	113880	256.7
越南	195940	250.5
意大利	58080	209.0
西班牙	74070	198.9
哥伦比亚	36360	97.0
加蓬	19520	74.6
危地马拉	8060	26.5
阿联酋	9440	19.2
印度	9440	15.7
44083990 其他纵锯切、刨或旋切的子目注释二所列的热带木木材,厚≤6mm		
合计	2682252	1500.9
印度	2629030	951.0
捷克	23000	255.4
台湾省	7350	107.5
俄罗斯联邦	5810	78.6
香港	5111	36.9
以色列	2375	23.8
荷兰	1015	15.2

国家/地区	出口数量（千克）	出口金额（千美元）
日本	4126	15.1
泰国	660	8.2
加拿大	575	4.9
阿尔及利亚	3200	4.2
44089011 用胶合板等制其他非针叶木饰面单板,厚≤6mm		
合计	4958710	22256.1
俄罗斯联邦	2438039	12143.0
美国	180516	1895.9
哥伦比亚	238375	1242.4
波兰	159764	1229.0
意大利	168607	1222.3
埃及	491859	752.6
台湾省	530034	695.7
菲律宾	213240	366.6
巴西	60325	276.8
日本	30477	261.6
阿根廷	38130	197.1
新加坡	25584	188.6
阿尔巴尼亚	69123	169.8
印度	30338	155.5
西班牙	20130	148.6
马来西亚	27362	142.4
澳大利亚	14614	134.8
安哥拉	45000	120.8
委内瑞拉	14050	99.9
墨西哥	14540	99.2
越南	39944	88.9
白俄罗斯	13900	79.6
塞拉利昂	3278	69.3
阿联酋	12341	68.3
立陶宛	8334	60.8
葡萄牙	9080	55.5
加拿大	8890	50.9
奥地利	6130	47.0
约旦	5095	33.5
伊朗	5470	28.7
泰国	13905	24.6
危地马拉	3380	22.5
刚果(布)	7175	14.7
印度尼西亚	2057	13.7
孟加拉国	2355	13.3
韩国	2460	13.1
德国	1669	10.8
巴拿马	1350	9.4

国家/地区	出口数量（千克）	出口金额（千美元）
阿富汗	368	5.0
巴基斯坦	300	2.8
赤道几内亚	1100	0.9
44089012 温带非针叶木制其他饰面用单板,厚≤6mm		
合计	7339192	16617.5
日本	4176242	10419.2
马来西亚	1345210	2187.9
印度尼西亚	327148	943.4
越南	799443	930.3
伊朗	308954	811.9
台湾省	120982	726.5
墨西哥	85510	228.1
柬埔寨	45550	145.3
韩国	47440	109.8
尼日利亚	21673	46.4
新加坡	36202	37.5
澳大利亚	18160	11.0
芬兰	460	5.5
阿联酋	938	4.2
罗马尼亚	1350	3.7
菲律宾	2000	3.1
斯里兰卡	140	1.4
德国	1110	1.3
阿曼	550	0.7
44089019 其他非针叶木饰面用单板,厚≤6mm		
合计	68835807	83769.6
印度	25324098	16378.7
越南	14445527	12190.6
韩国	2467667	9073.4
马来西亚	4610283	5255.0
俄罗斯联邦	1003360	4993.4
日本	1985825	4379.1
泰国	3639242	4109.8
台湾省	2019892	3995.1
印度尼西亚	2308007	2749.7
阿联酋	1273795	2693.6
美国	645401	2379.0
墨西哥	776456	2147.2
澳大利亚	682666	1425.1
菲律宾	1701038	1365.0
埃及	1361781	1151.7
巴基斯坦	1149590	988.5
波兰	129151	886.6

国家/地区	出口数量（千克）	出口金额（千美元）
西班牙	487662	806.6
哥伦比亚	192317	785.4
希腊	140006	554.3
新加坡	264694	514.5
意大利	96326	480.1
斯里兰卡	464662	468.1
香港	109721	462.0
乌克兰	60790	374.1
孟加拉国	317851	344.9
以色列	205030	314.4
伊朗	148500	266.4
土耳其	75890	239.7
叙利亚	72280	221.8
白俄罗斯	33199	159.7
阿尔巴尼亚	56177	149.1
立陶宛	21659	128.2
厄瓜多尔	22593	125.7
黎巴嫩	40025	122.3
南非	41500	98.7
比利时	43940	89.1
摩洛哥	51600	79.5
多米尼加共和国	29899	79.0
秘鲁	15015	77.1
斯洛文尼亚	23600	76.4
沙特阿拉伯	22699	73.6
巴拿马	11426	64.4
法国	4090	55.8
拉脱维亚	9760	46.9
尼日利亚	52000	40.2
布基纳法索	49600	39.1
加纳	9050	36.0
文莱	9603	34.7
德国	40379	33.1
英国	8050	24.7
荷兰	9125	19.4
阿根廷	8594	17.2
罗马尼亚	428	11.7
肯尼亚	7020	11.1
保加利亚	1430	11.1
尼泊尔联邦民主共和国	23000	10.7
克罗地亚	3600	9.9
坦桑尼亚	1690	9.5
加拿大	10973	8.2
巴林	1097	7.1

国家/地区	出口数量（千克）	出口金额（千美元）
摩尔多瓦	936	5.8
格鲁吉亚	565	5.1
塞尔维亚	980	4.4
巴西	8683	3.4
阿曼	792	3.0
波多黎各	450	2.5
智利	132	1.4
哈萨克斯坦	380	0.5
柬埔寨	285	0.4
44089021 温带非针叶木制胶合板用单板，厚≤6mm		
合计	543765	484.8
日本	492735	453.6
马来西亚	25000	16.7
巴基斯坦	17920	7.4
越南	8110	7.2
44089029 其他非针叶木制胶合板用单板，厚≤6mm		
合计	62893814	51703.2
韩国	23538867	16841.4
印度	12622607	16023.5
台湾省	10092119	5525.2
越南	3024335	3440.1
埃及	4404517	1614.0
马来西亚	1368390	1531.0
菲律宾	2096310	1191.4
厄瓜多尔	1155000	715.7
泰国	613485	694.0
新加坡	1029890	680.7
斯里兰卡	338560	421.8
柬埔寨	183140	363.5
墨西哥	203540	290.2
澳大利亚	301480	289.7
美国	121680	278.8
印度尼西亚	201561	276.6
沙特阿拉伯	620000	255.2
孟加拉国	172500	240.1
巴基斯坦	100910	196.7
日本	113779	133.3
缅甸	164000	125.4
以色列	60440	121.4
智利	99000	115.3
赞比亚	53000	54.9
哥伦比亚	31430	48.0
南非	46730	46.0

国家/地区	出口数量（千克）	出口金额（千美元）
阿尔巴尼亚	20600	42.4
西班牙	37500	39.6
加拿大	3388	24.3
意大利	11870	17.8
英国	7264	17.0
德国	12739	16.4
肯尼亚	28800	13.9
比利时	11700	8.1
香港	253	7.7
俄罗斯联邦	2430	2.1
44089091 温带非针叶木制经纵刨旋切的木材，厚≤6mm		
合计	12597809	27284.8
土耳其	1707489	5037.4
墨西哥	1938972	4234.1
泰国	1460848	3224.1
越南	1810542	3052.8
印度尼西亚	1521785	2648.8
美国	969345	1968.5
日本	553671	1860.4
韩国	223748	940.1
马来西亚	448880	844.5
台湾省	592657	756.3
巴基斯坦	468063	727.9
斯洛文尼亚	119240	323.2
德国	108287	320.0
巴西	103400	232.0
伊朗	120177	232.0
秘鲁	70201	173.2
法国	48480	148.7
克罗地亚	45280	111.8
香港	155450	111.6
印度	55920	109.6
哥伦比亚	19450	57.5
奥地利	23014	56.2
比利时	5819	34.1
阿根廷	11700	29.3
厄瓜多尔	9562	17.3
沙特阿拉伯	1424	11.4
意大利	930	10.6
英国	2430	5.1
捷克	675	2.9
瑞士	292	1.7
约旦	78	1.4

国家/地区	出口数量（千克）	出口金额（千美元）
44089099 其他非针叶木制经纵刨旋切的木材,厚≤6mm		
合计	13931439	29998.6
越南	4407943	8929.4
印度	6208133	8757.1
德国	970202	3685.1
委内瑞拉	910705	2832.3
意大利	83807	996.8
巴西	222639	905.1
泰国	199570	558.9
秘鲁	157612	523.6
美国	158840	503.2
法国	26937	477.5
日本	133245	406.4
墨西哥	116203	356.8
尼日尔	47421	266.4
韩国	113798	253.0
菲律宾	74430	226.0
哥伦比亚	26265	71.8
马来西亚	3932	50.9
萨尔瓦多	19577	49.7
比利时	6650	39.9
英国	10648	38.7
印度尼西亚	13974	23.2
台湾省	11000	19.3
布隆迪	2537	11.0
波兰	1100	8.1
瑞士	703	4.2
斯里兰卡	1963	2.0
莫桑比克	1385	1.9
44101100 木制碎料板		
合计	74573615	49681.2
阿联酋	8399846	7356.8
马来西亚	3434918	3681.6
台湾省	4774242	3416.9
新加坡	679536	3374.6
沙特阿拉伯	5690654	2897.6
韩国	6698918	2510.3
美国	1523489	2502.4
埃及	1758233	2271.8
卡塔尔	2118242	1627.0
俄罗斯联邦	3234074	1476.0
伊朗	717750	1435.5
厄瓜多尔	719680	1271.3
加拿大	1184653	1109.5

国家/地区	出口数量（千克）	出口金额（千美元）
哥伦比亚	2106984	1086.0
蒙古	6947710	1008.9
尼日利亚	793173	897.7
印度	1368916	790.6
肯尼亚	1956434	740.4
缅甸	1799401	719.4
菲律宾	1735478	714.1
澳大利亚	652495	697.8
伊拉克	1934090	634.0
智利	1627518	629.2
香港	1292368	534.0
秘鲁	1315095	504.2
葡萄牙	840072	464.9
哈萨克斯坦	926106	422.8
阿曼	349400	379.5
日本	424505	361.1
格鲁吉亚	178939	357.9
墨西哥	635110	301.1
土耳其	315909	297.4
泰国	249554	278.0
哥斯达黎加	617644	249.1
巴拿马	384838	192.6
越南	808815	185.5
阿尔及利亚	115019	164.3
南非	355685	149.9
英国	178835	119.1
危地马拉	238382	109.7
苏里南	276270	108.2
吉尔吉斯斯坦	181700	102.6
斯里兰卡	118500	90.8
黎巴嫩	197900	88.3
巴林	113163	73.4
尼加拉瓜	147450	71.0
印度尼西亚	173549	68.8
罗马尼亚	158570	65.6
毛里求斯	154193	62.3
约旦	176140	61.1
阿根廷	102000	59.8
波多黎各	127000	59.8
吉布提	157630	57.3
新西兰	59340	55.7
埃塞俄比亚	170226	55.6
尼泊尔联邦民主共和国	107400	54.6
乌克兰	102760	49.6

国家/地区	出口数量（千克）	出口金额（千美元）
赞比亚	66020	42.8
喀麦隆	6000	42.0
科威特	115213	41.7
马拉维	124968	41.5
法国	50201	38.0
委内瑞拉	53700	36.9
巴哈马	16325	33.0
意大利	27867	27.2
塔吉克斯坦	57750	21.4
孟加拉国	3000	21.0
津巴布韦	17820	19.7
比利时	31375	19.0
以色列	36400	17.9
加纳	24880	17.5
安哥拉	44400	16.5
萨尔瓦多	41410	16.0
莫桑比克	25900	14.1
斐济	31180	13.5
巴基斯坦	19214	12.5
巴布亚新几内亚	29760	12.1
几内亚	4649	10.4
芬兰	25000	10.0
西班牙	20800	9.5
柬埔寨	18900	7.6
斯洛文尼亚	18000	6.7
多哥	14973	6.4
留尼汪	13930	5.6
马达加斯加	17050	4.8
荷兰	3140	4.3
莱索托	2455	1.9
尼日尔	3231	1.8
坦桑尼亚	50	1.4
朝鲜	230	0.6
爱尔兰	843	0.5
澳门	480	0.5
44101200 木制定向刨花板(OSB)		
合计	85171320	32433.1
台湾省	21368624	7246.7
蒙古	29350003	6533.9
俄罗斯联邦	16152637	6493.9
哈萨克斯坦	3733094	1730.8
马来西亚	1248637	1399.2
秘鲁	2329098	1213.6
印度	406730	960.1
阿联酋	410202	663.5

国家/地区	出口数量（千克）	出口金额（千美元）
吉尔吉斯斯坦	1198617	636.7
伊拉克	2373262	616.5
韩国	999979	587.9
肯尼亚	412142	440.4
柬埔寨	389682	311.2
安哥拉	423724	242.7
沙特阿拉伯	203144	219.6
印度尼西亚	74940	201.0
尼日利亚	261023	176.3
澳大利亚	58123	176.2
罗马尼亚	384500	158.5
斯里兰卡	25700	144.8
摩洛哥	47620	139.4
坦桑尼亚	24376	135.5
塔吉克斯坦	312500	121.7
吉布提	40539	108.8
新加坡	75512	105.4
菲律宾	251100	96.6
阿尔及利亚	18810	89.1
缅甸	53550	81.7
智利	135072	74.2
科威特	180116	69.8
土耳其	127460	69.7
危地马拉	189900	69.2
美国	23898	69.1
越南	158345	64.3
巴拿马	137350	56.7
留尼汪	89392	46.1
加拿大	97945	43.4
多米尼克	71880	41.1
捷克	55791	40.8
朝鲜	128959	38.6
泰国	106662	37.2
帕劳	5375	36.5
哥斯达黎加	61970	34.2
香港	46977	30.5
莫桑比克	47741	29.3
巴林	47494	27.6
巴基斯坦	53000	26.8
贝宁	4000	23.4
乌拉圭	52300	23.0
加蓬	3000	21.0
纳米比亚	46400	20.4
埃及	25814	20.3
加纳	5000	20.0

国家/地区	出口数量（千克）	出口金额（千美元）
日本	52959	19.8
古巴	50000	19.7
埃塞俄比亚	32080	18.8
南非	39000	18.7
多哥	3080	18.0
几内亚	3000	16.5
毛里求斯	4600	16.2
尼加拉瓜	42320	12.3
塞浦路斯	25700	12.2
新喀里多尼亚	21400	11.5
格鲁吉亚	24000	11.3
塞舌尔	1800	10.5
英国	20500	10.4
佛得角	15000	9.8
突尼斯	1600	9.6
哥伦比亚	29930	9.6
巴巴多斯	30138	9.5
乌克兰	25700	9.4
特立尼达和多巴哥	24410	9.4
塞内加尔	1500	9.0
巴西	17250	8.9
阿曼	10390	8.2
约旦	21546	7.4
马达加斯加	18420	7.3
新西兰	14000	7.3
萨尔瓦多	26100	7.2
比利时	4187	7.0
爱尔兰	10544	6.8
匈牙利	8896	6.4
圣文森特和格林纳丁斯	13680	5.3
中非	17000	4.5
意大利	5000	4.5
法国	1847	4.1
赤道几内亚	3000	4.0
尼日尔	1471	3.9
巴布亚新几内亚	8251	3.8
苏丹	3780	3.6
孟加拉国	4042	3.0
刚果(布)	1540	2.6
毛里塔尼亚	1950	0.4
44101900 其他木制类似板(例如,华夫板)		
合计	77541452	51449.7
印度	8780070	10079.9
俄罗斯联邦	22278225	9791.7

国家/地区	出口数量（千克）	出口金额（千美元）
埃及	7959751	7476.2
塔吉克斯坦	16841001	4846.8
日本	834350	2548.9
乌兹别克斯坦	6681110	2279.0
台湾省	2948870	2170.4
韩国	1833912	2076.9
美国	910813	1452.2
越南	2633369	1249.2
立陶宛	131617	670.7
马来西亚	1126428	619.2
波兰	69151	465.1
巴西	95216	402.6
阿联酋	69538	393.5
哥伦比亚	160055	321.4
南非	411075	290.5
加拿大	254104	261.0
沙特阿拉伯	294883	257.3
墨西哥	362373	231.4
英国	81908	230.3
印度尼西亚	402659	209.3
巴基斯坦	102901	205.3
香港	96758	203.3
安哥拉	338935	187.8
芬兰	38340	180.1
几内亚	194534	173.9
委内瑞拉	68680	167.6
新加坡	91107	157.9
希腊	77362	144.0
意大利	24989	138.6
菲律宾	160687	127.8
智利	72041	127.2
科威特	81233	110.5
澳大利亚	141177	96.5
拉脱维亚	24425	89.2
黎巴嫩	133463	82.1
尼日利亚	53450	81.3
毛里求斯	144654	79.1
巴林	13109	62.9
泰国	11755	61.0
土耳其	12006	59.5
卡塔尔	55276	50.5
伊朗	9769	42.2
西班牙	10174	41.6
荷兰	13499	40.0
塞拉利昂	29400	33.2

国家/地区	出口数量（千克）	出口金额（千美元）
摩洛哥	12814	32.1
乌克兰	5818	30.2
德国	8660	28.8
葡萄牙	4657	22.0
阿根廷	10740	21.2
柬埔寨	28977	20.5
苏丹	37820	19.9
比利时	9882	19.9
马达加斯加	43350	18.6
刚果(布)	20550	18.1
阿尔及利亚	20800	15.6
摩尔多瓦	1970	13.7
洪都拉斯	26663	11.3
以色列	2565	11.0
法国	3770	10.6
哈萨克斯坦	58100	10.4
奥地利	1865	9.9
斯里兰卡	16970	9.3
秘鲁	13368	9.2
白俄罗斯	1337	8.7
厄瓜多尔	1123	8.0
约旦	21546	7.4
加纳	6567	6.3
朝鲜	2700	3.9
挪威	1616	3.6
刚果(金)	1783	3.5
新西兰	1258	3.4
丹麦	700	1.2
孟加拉国	2620	1.1
吉尔吉斯斯坦	6400	1.1
博茨瓦纳	2800	0.9
牙买加	1173	0.7

44109019 其他木质材料制碎料板

国家/地区	出口数量（千克）	出口金额（千美元）
合计	3529980	2140.7
智利	2558905	875.6
美国	469097	707.0
印度尼西亚	16761	137.8
澳大利亚	64896	93.2
萨尔瓦多	214110	82.5
日本	29421	60.7
新西兰	38042	57.1
文莱	18130	35.6
西班牙	18810	32.3
尼日利亚	65000	28.8
莱索托	11048	9.8
柬埔寨	15340	9.5
毛里求斯	2141	5.0
安哥拉	7714	4.2
哥斯达黎加	565	1.7

44109090 其他木质材料制定向刨花板(OSB)及类似板(例如,华夫板)

国家/地区	出口数量（千克）	出口金额（千美元）
合计	1460162	632.2
韩国	1125459	382.7
阿联酋	15400	46.2
埃塞俄比亚	25800	25.3
加拿大	44770	23.9
美国	4215	20.0
菲律宾	4640	19.7
加纳	30500	18.7
摩洛哥	10383	15.2
台湾省	73710	12.5
伊拉克	15200	9.8
毛里求斯	5912	7.7
法国	769	7.5
日本	11592	6.7
喀麦隆	6200	6.3
澳大利亚	13210	6.3
埃及	5606	6.0
塞浦路斯	2800	4.6
墨西哥	58200	3.7
斐济	3404	3.4
安哥拉	230	2.2
德国	687	1.8
香港	1148	1.4
马来西亚	242	0.4

44111211 未机械加工中密度板,密度>0.8 g/cucm,厚≤5mm

国家/地区	出口数量（千克）	出口金额（千美元）
合计	34096465	19472.8
伊朗	8810799	3877.7
印度尼西亚	442980	3138.0
越南	5277220	2128.1
哥伦比亚	2938780	1265.9
台湾省	2825552	1099.2
马来西亚	419930	1068.2
沙特阿拉伯	1879860	890.4
日本	1125330	602.0
阿尔及利亚	1011122	549.6
俄罗斯联邦	843703	442.1
厄瓜多尔	831700	361.8
蒙古	1736046	330.2
新加坡	65737	266.2
尼日利亚	551922	256.9
摩洛哥	56585	249.1
墨西哥	531480	230.5
印度	201870	230.5
埃及	531360	207.1
苏丹	557255	204.3
泰国	334380	173.2
澳大利亚	214880	168.5
缅甸	424304	166.5
肯尼亚	122118	163.7
南非	254037	150.0
毛里求斯	95226	127.9
朝鲜	286449	111.9
巴基斯坦	239562	99.5
阿联酋	209810	95.0
洪都拉斯	176027	75.0
比利时	17559	71.3
利比亚	5386	68.2
委内瑞拉	123296	59.2
约旦	129115	52.5
毛里塔尼亚	13520	49.8
加纳	10820	43.0
莫桑比克	115704	41.9
埃塞俄比亚	82100	34.9
奥地利	51506	30.1
西班牙	81016	28.7
吉布提	70000	28.0
马达加斯加	61220	22.2
美国	28868	20.4
加拿大	19508	18.9
塔吉克斯坦	16598	18.2
英国	22054	17.6
韩国	29475	16.1
也门	36000	14.6
德国	4200	13.8
哥斯达黎加	18753	12.7
索马里	18500	10.5
牙买加	21210	10.0
基里巴斯	21090	9.5
巴布亚新几内亚	19880	8.5
法属波利尼西亚	18060	8.4
土耳其	20000	7.8
安哥拉	20000	7.4
荷兰	4407	5.5

国家/地区	出口数量（千克）	出口金额（千美元）
巴西	7370	3.8
香港	6097	3.5
丹麦	555	2.0
罗马尼亚	650	1.8
乌兹别克斯坦	4650	1.6
菲律宾	1274	1.3

44111219 经机械加工中密度板，密度＞0.8 g/cucm，厚≤5mm

国家/地区	出口数量（千克）	出口金额（千美元）
合计	89779822	58432.9
伊朗	11567102	8850.8
尼日利亚	12731137	5989.1
苏丹	13041170	5406.3
巴基斯坦	3374853	3313.2
美国	3839415	3216.8
日本	2024872	2964.3
伊拉克	2138965	2619.3
印度	3110972	2184.8
约旦	2000495	1982.1
沙特阿拉伯	3921273	1948.1
阿联酋	3065286	1847.9
埃及	2316009	1624.8
台湾省	2350262	1238.6
俄罗斯联邦	1693490	1093.2
埃塞俄比亚	1401039	1057.8
墨西哥	903992	1012.3
肯尼亚	977393	991.5
孟加拉国	2115831	759.4
哥伦比亚	1105016	747.0
阿尔及利亚	1772366	733.4
吉布提	607720	656.0
泰国	806161	633.5
蒙古	2327590	566.5
越南	637042	518.8
韩国	421681	418.1
马来西亚	566932	404.1
利比亚	404095	384.5
卡塔尔	487144	374.4
加拿大	835493	343.1
香港	276921	295.6
危地马拉	337925	278.6
莫桑比克	799445	277.5
印度尼西亚	483972	266.5
英国	341468	206.4
乌兹别克斯坦	129542	181.7
德国	180997	176.6
南非	380339	175.1
以色列	242366	169.3
摩洛哥	154832	159.6
菲律宾	218166	147.6
多米尼加共和国	333698	138.1
委内瑞拉	222450	132.9
缅甸	297198	132.2
乌克兰	213908	121.2
朝鲜	316850	113.2
塔吉克斯坦	120000	102.8
尼加拉瓜	188180	101.9
阿塞拜疆	112046	90.6
新加坡	61867	73.0
法属波利尼西亚	112480	61.6
法国	46598	58.3
巴布亚新几内亚	135944	56.2
澳大利亚	88500	53.9
黎巴嫩	94640	49.4
塞拉利昂	79165	48.6
冈比亚	82188	47.9
哈萨克斯坦	29830	47.3
巴西	50326	45.2
特立尼达和多巴哥	46220	39.1
土耳其	44918	37.3
瑞士	29441	34.2
伯利兹	56000	32.4
克罗地亚	35870	31.4
塞舌尔	69621	29.8
也门	43600	29.0
智利	28700	28.6
刚果(金)	40056	27.7
爱尔兰	57100	25.9
毛里求斯	23360	25.0
哥斯达黎加	31560	23.3
利比里亚	35600	22.2
尼泊尔联邦民主共和国	35980	19.9
索马里	40521	19.5
斐济	41000	18.9
丹麦	3388	18.3
荷兰	15265	18.3
突尼斯	17433	18.1
安哥拉	35600	17.2
瑞典	25077	16.9
阿尔巴尼亚	17828	16.8
爱沙尼亚	15694	16.1
瓦努阿图	37700	15.9
多米尼克	23240	15.4
芬兰	14697	14.3
新喀里多尼亚	18400	12.8
叙利亚	24174	11.9
多民族玻利维亚国	19500	11.3
法属圭亚那	20000	10.1
博茨瓦纳	18500	9.6
巴拿马	18991	8.8
萨尔瓦多	9800	8.2
坦桑尼亚	17800	7.9
科威特	8853	7.6
苏里南	18251	7.0
亚美尼亚	17500	6.5
牙买加	6960	6.3
西班牙	5375	6.2
秘鲁	12200	5.8
柬埔寨	11826	5.3
毛里塔尼亚	2800	2.1
马达加斯加	3515	2.0
科特迪瓦	2300	1.8
立陶宛	455	0.9
斯里兰卡	500	0.9

44111229 其他中密度板 0.5g/cucm＜密度≤0.8g/cucm，厚≤5mm

国家/地区	出口数量（千克）	出口金额（千美元）
合计	61247879	47270.6
印度	6817083	6972.7
埃及	10199641	6413.9
沙特阿拉伯	6688925	5263.7
阿尔及利亚	5504512	3926.9
吉布提	6362165	3476.5
伊朗	4401822	3027.2
巴基斯坦	1673494	1690.5
印度尼西亚	289876	1599.1
约旦	2212644	1586.9
尼日利亚	2065134	1323.1
肯尼亚	886099	1038.2
阿联酋	1617570	1028.6
科威特	1730384	987.3
马来西亚	285424	930.6
墨西哥	1057774	858.9
孟加拉国	1799025	720.1
利比亚	727392	457.8
美国	175087	380.8

国家/地区	出口数量（千克）	出口金额（千美元）
摩洛哥	82254	373.3
苏丹	696840	363.5
哥伦比亚	456600	348.0
新加坡	80299	298.3
埃塞俄比亚	458629	285.5
澳大利亚	93734	247.5
莫桑比克	332980	230.9
越南	596660	225.7
冈比亚	367000	196.5
泰国	108638	165.5
伊拉克	230863	156.8
以色列	137200	143.6
南非	299345	130.5
阿曼	142891	114.6
巴哈马	25450	104.8
阿塞拜疆	88850	103.0
俄罗斯联邦	113800	98.3
科特迪瓦	17472	96.1
朝鲜	206190	95.7
马达加斯加	72272	92.8
坦桑尼亚	107195	92.8
危地马拉	151393	89.9
比利时	33000	82.7
斯里兰卡	115697	77.7
纳米比亚	14040	77.5
加纳	158866	67.1
台湾省	23919	66.2
智利	97710	62.7
卡塔尔	96070	60.4
巴林	78876	59.2
毛里求斯	92312	54.2
塞拉利昂	89500	52.2
荷属安的列斯群岛	18853	51.4
喀麦隆	3648	49.9
吉尔吉斯斯坦	54000	48.1
哥斯达黎加	79481	47.3
索马里	39592	47.1
塔吉克斯坦	73556	44.5
委内瑞拉	45300	42.7
菲律宾	44595	41.3
加拿大	64785	40.6
也门	55614	34.7
乌兹别克斯坦	61741	34.3
英国	37778	33.5
格鲁吉亚	20500	27.9

国家/地区	出口数量（千克）	出口金额（千美元）
多米尼加共和国	37591	24.8
赞比亚	23945	24.3
斐济	63780	23.5
萨尔瓦多	33920	22.5
缅甸	55660	21.5
安哥拉	25410	19.3
洪都拉斯	36500	18.6
土库曼斯坦	18122	15.7
苏里南	38000	15.7
布隆迪	12700	14.8
保加利亚	17500	12.6
挪威	5703	12.4
贝宁	18000	11.9
蒙古	17230	11.3
毛里塔尼亚	3608	10.1
津巴布韦	5600	10.1
西班牙	18386	8.6
文莱	7588	8.4
巴拿马	9097	8.4
新西兰	4595	8.1
日本	5396	7.9
萨摩亚	14860	6.8
马尔代夫	3930	4.6
马拉维	6035	4.4
黎巴嫩	3752	2.6
澳门	680	1.1
瑞典	90	0.5

44111291 未加工中密度板，密度≤0.5g/cucm，厚≤5mm

国家/地区	出口数量（千克）	出口金额（千美元）
合计	2183136	885.2
墨西哥	1187405	456.6
埃塞俄比亚	746400	317.5
日本	79485	32.7
津巴布韦	61800	31.9
越南	54000	21.4
斯里兰卡	26380	10.5
阿联酋	2400	5.7
肯尼亚	17500	5.2
马达加斯加	4630	1.8
苏里南	2300	1.1
哈萨克斯坦	550	0.8

44111299 加工中密度板，密度≤0.5g/cucm，厚≤5mm

国家/地区	出口数量（千克）	出口金额（千美元）
合计	22498043	15193.6
伊朗	2572841	2162.7

国家/地区	出口数量（千克）	出口金额（千美元）
印度	5682923	2120.8
俄罗斯联邦	1059511	1547.0
香港	1477460	1077.3
墨西哥	2305678	905.3
南非	1173798	650.0
沙特阿拉伯	616661	453.6
肯尼亚	450394	390.9
埃塞俄比亚	410036	327.0
哥伦比亚	481900	323.7
伊拉克	206200	297.1
朝鲜	580212	294.8
约旦	240576	267.8
印度尼西亚	270445	251.6
利比亚	238775	235.6
美国	237725	231.8
阿尔及利亚	645900	231.4
日本	99753	226.8
尼日利亚	262486	208.1
巴基斯坦	236884	204.4
委内瑞拉	255080	203.4
阿联酋	333119	190.7
卡塔尔	157715	183.7
新加坡	31395	178.8
土耳其	112665	176.5
克罗地亚	109126	151.5
马来西亚	169400	140.0
越南	138602	139.2
哥斯达黎加	144835	125.2
危地马拉	126555	120.5
坦桑尼亚	110049	91.7
菲律宾	118232	88.8
以色列	57319	67.4
泰国	58400	64.4
乌兹别克斯坦	55266	62.9
哈萨克斯坦	41400	59.2
突尼斯	45370	58.7
埃及	110086	53.2
英国	58523	48.9
加拿大	44416	47.7
多米尼加共和国	64220	43.2
吉布提	124665	35.9
贝宁	20520	28.7
安哥拉	245000	27.7
智利	25600	27.5
莫桑比克	64066	24.3

国家/地区	出口数量（千克）	出口金额（千美元）
拉脱维亚	14575	22.8
多哥	12525	22.4
赞比亚	23800	20.0
特立尼达和多巴哥	16293	19.4
圭亚那	13580	16.4
韩国	16766	16.1
塞内加尔	17520	15.9
毛里求斯	13286	15.1
也门	36477	14.9
加纳	34900	14.8
阿富汗	17780	14.6
科特迪瓦	8540	13.5
蒙古	19650	12.7
巴林	13330	12.2
马达加斯加	22540	11.9
苏丹	11100	11.8
巴拿马	21521	11.1
意大利	15288	10.3
苏里南	20200	10.0
斐济	18450	8.9
尼加拉瓜	17100	8.2
厄瓜多尔	6570	6.5
巴拉圭	3003	4.6
卢旺达	5065	4.5
马尔代夫	4700	3.9
丹麦	2300	3.8
巴巴多斯	9930	3.8
爱沙尼亚	2625	3.7
巴布亚新几内亚	1900	3.6
萨尔瓦多	2220	2.2
摩洛哥	342	2.2
加蓬	1000	1.5
孟加拉国	688	1.3
德国	132	0.6
牙买加	475	0.5

44111311 未加工中密度板，密度 > 0.8 g/cucm，5mm < 厚≤9mm

国家/地区	出口数量（千克）	出口金额（千美元）
合计	5256380	2239.2
沙特阿拉伯	3413072	1264.7
哥伦比亚	661200	284.3
阿联酋	96500	246.3
厄瓜多尔	288300	120.9
埃塞俄比亚	240000	82.9
埃及	164000	63.5
美国	34400	31.3
乍得	24755	28.2
洪都拉斯	54000	22.5
约旦	27720	20.4
蒙古	138950	15.8
东帝汶	7460	11.2
格鲁吉亚	17400	7.0
越南	20168	7.0
智利	15800	6.2
吉布提	12000	6.2
肯尼亚	12197	5.3
缅甸	8750	3.9
泰国	4860	3.7
印度	8600	2.9
马达加斯加	3598	1.6
塞拉利昂	650	1.5
澳门	600	1.0
阿尔及利亚	1400	0.6

44111319 加工中密度板，密度 > 0.8g/cucm，5mm < 厚≤9mm

国家/地区	出口数量（千克）	出口金额（千美元）
合计	614302917	416135.9
美国	113133057	93664.0
俄罗斯联邦	155356897	92862.1
韩国	29596603	20739.9
智利	25741334	16986.8
伊朗	21257525	14037.6
加拿大	15332034	11474.1
乌兹别克斯坦	15939587	11217.8
印度	17222487	11058.2
哥伦比亚	16374635	10981.4
乌克兰	18666153	10847.1
罗马尼亚	15015441	8816.2
格鲁吉亚	14184995	8092.4
南非	12320468	7714.0
澳大利亚	8637003	6910.5
沙特阿拉伯	10394862	6427.7
厄瓜多尔	9596041	5750.2
阿联酋	5335152	5687.6
墨西哥	8377817	5403.3
泰国	7154635	4930.0
阿根廷	7518661	4677.1
哈萨克斯坦	5352282	4509.5
马来西亚	5608313	4082.8
巴西	5875870	3827.7
秘鲁	6100554	3776.6
印度尼西亚	5025139	3732.5
吉尔吉斯斯坦	4209334	3010.9
菲律宾	4097069	2897.9
越南	4330410	2586.6
巴基斯坦	3545521	2303.8
埃及	3743783	1905.6
塔吉克斯坦	2409108	1616.7
台湾省	1845307	1315.2
缅甸	1550281	1109.4
新加坡	1570247	1095.7
英国	1570269	1058.3
乌拉圭	1591269	973.0
巴林	1263371	855.6
西班牙	1243776	812.9
意大利	1293331	790.4
比利时	929621	777.5
多民族玻利维亚国	1028226	683.5
黎巴嫩	999796	663.4
保加利亚	1021993	599.1
希腊	983015	573.1
约旦	922282	544.6
摩尔多瓦	880229	498.8
伊拉克	643221	480.0
爱尔兰	766601	473.4
波黑	827874	457.1
毛里求斯	696918	449.5
留尼汪	514871	382.2
特立尼达和多巴哥	572981	358.0
委内瑞拉	506409	354.3
阿塞拜疆	616537	343.4
土库曼斯坦	543024	339.2
肯尼亚	524601	326.8
香港	359092	313.6
立陶宛	438719	306.3
阿尔巴尼亚	489097	293.7
克罗地亚	462977	280.1
亚美尼亚	500533	277.4
以色列	464492	267.3
尼泊尔联邦民主共和国	413558	265.4
蒙古	1033315	258.3
危地马拉	375078	251.1
法国	330307	241.3
新西兰	326766	238.4
前南马其顿	391876	226.8
哥斯达黎加	373645	216.8

国家/地区	出口数量(千克)	出口金额(千美元)
多米尼加共和国	291540	202.4
荷兰	284443	178.3
尼日利亚	279150	174.5
马达加斯加	322231	168.8
卡塔尔	245702	161.7
白俄罗斯	251522	160.3
德国	197642	156.3
埃塞俄比亚	256160	146.6
文莱	219037	138.2
土耳其	202200	132.5
科威特	221500	130.5
巴拿马	205247	129.9
塞浦路斯	208258	127.5
阿富汗	132200	122.5
加纳	156335	117.5
孟加拉国	135586	112.2
阿尔及利亚	178600	91.7
贝宁	138600	86.6
苏丹	179240	79.8
斯里兰卡	97360	79.3
圭亚那	127695	75.6
多哥	118800	75.0
拉脱维亚	103680	73.7
安哥拉	103968	68.5
挪威	88171	62.4
牙买加	74821	62.3
塞尔维亚	86287	53.9
巴拉圭	64282	48.2
津巴布韦	78273	42.7
新喀里多尼亚	67186	39.2
利比亚	47499	37.7
巴哈马	71274	37.0
冰岛	63900	36.5
波兰	53466	35.4
朝鲜	31884	31.5
索马里	61454	31.2
莫桑比克	48768	29.7
匈牙利	38300	28.5
马耳他	45600	27.5
塞内加尔	36453	23.1
赞比亚	37250	21.9
法属波利尼西亚	31800	19.2
加蓬	24003	19.1
马尔代夫	24620	18.6
荷属安的列斯群岛	33898	17.8
葡萄牙	16600	13.7
洪都拉斯	20500	13.4
巴布亚新几内亚	16008	12.3
吉布提	22613	11.7
爱沙尼亚	18720	11.2
古巴	18780	10.8
圣卢西亚	17000	10.7
芬兰	18800	10.6
纳米比亚	11000	9.7
斐济	13141	9.0
尼加拉瓜	13160	8.3
坦桑尼亚	11694	7.2
斯洛伐克	8700	5.8
日本	2943	3.6
也门	4810	2.5
马拉维	2800	1.9
刚果(布)	838	0.5
法罗群岛	650	0.4

44111321 辐射松制的中密度板,5mm＜厚≤9mm

国家/地区	出口数量(千克)	出口金额(千美元)
合计	1316432	5519.5
日本	878372	3519.8
塞内加尔	106007	484.1
加蓬	62210	266.3
肯尼亚	59772	245.7
阿尔及利亚	40266	201.3
加拿大	22824	136.9
沙特阿拉伯	21704	130.2
尼日利亚	22182	110.9
贝宁	22500	90.0
南非	21000	84.0
马来西亚	12368	74.2
安哥拉	13526	67.6
新西兰	7925	39.6
巴拿马	8050	35.0
坦桑尼亚	4274	20.3
伊拉克	12400	7.0
黎巴嫩	1052	6.3

44111329 其他中密度板0.5g/cucm＜密度≤0.8g/cucm,5mm＜厚≤9mm

国家/地区	出口数量(千克)	出口金额(千美元)
合计	39734588	23304.3
埃及	11923344	5681.3
约旦	6678749	3413.5
美国	2327401	2813.7
沙特阿拉伯	3653940	2086.2
阿尔及利亚	2583471	1576.4
伊朗	1855210	1109.9
越南	2351938	830.6
尼日利亚	1163446	562.8
阿联酋	516364	548.7
伊拉克	831743	530.8
斯里兰卡	572104	284.4
澳大利亚	188015	263.4
坦桑尼亚	470422	256.3
马来西亚	320831	254.0
日本	111321	235.9
印度尼西亚	315590	225.2
吉布提	403690	204.9
俄罗斯联邦	103182	180.7
墨西哥	156750	178.6
肯尼亚	389915	163.1
秘鲁	194340	117.6
乌兹别克斯坦	143533	111.6
苏丹	220263	99.2
古巴	107800	92.8
埃塞俄比亚	227451	92.4
特立尼达和多巴哥	127720	91.5
卡塔尔	182286	91.1
吉尔吉斯斯坦	43230	85.5
智利	104054	83.8
朝鲜	142445	79.3
新加坡	16286	77.6
格鲁吉亚	81500	65.8
缅甸	201052	64.7
印度	103534	63.8
泰国	57935	59.4
科威特	93670	58.1
土耳其	30828	55.5
哈萨克斯坦	67366	51.7
香港	27421	45.8
也门	87890	41.2
乌克兰	72090	37.7
危地马拉	50717	33.5
塔吉克斯坦	52900	30.8
多米尼加共和国	58200	28.0
韩国	3938	27.9
巴基斯坦	22672	25.4
黎巴嫩	36975	19.1
西班牙	3428	16.6
德国	1471	14.8

国家/地区	出口数量（千克）	出口金额（千美元）
毛里求斯	29668	14.3
巴林	19697	14.3
菲律宾	11800	11.8
哥伦比亚	1185	10.7
留尼汪	28318	9.9
安哥拉	11101	8.5
加纳	17906	8.2
文莱	15518	7.3
乌拉圭	18000	7.2
哥斯达黎加	9370	6.8
津巴布韦	17500	6.3
亚美尼亚	8820	5.5
委内瑞拉	15115	4.4
法国	11972	2.8
索马里	3616	2.7
阿曼	4760	2.5
加拿大	1300	2.3
巴拿马	2227	1.9
苏里南	4000	1.9
蒙古	6080	1.8
叙利亚	2399	1.6
马达加斯加	4402	1.6
南非	950	1.6
莫桑比克	4000	1.5
罗马尼亚	575	1.5
海地	2308	1.2
斯洛文尼亚	305	0.5
瓜德罗普	450	0.4

44111391 未加工中密度板，密度≤0.5 g/cucm，5mm < 厚≤9mm

国家/地区	出口数量（千克）	出口金额（千美元）
合计	670378	274.6
埃塞俄比亚	297000	118.9
乌兹别克斯坦	272300	112.9
伊朗	43723	16.4
菲律宾	17000	11.3
斯里兰卡	24860	9.1
泰国	7000	2.8
新喀里多尼亚	3920	1.4
马来西亚	2625	1.0
马达加斯加	1950	0.7

44111399 加工中密度板，密度≤0.5g/cucm，5mm < 厚≤9mm

国家/地区	出口数量（千克）	出口金额（千美元）
合计	5020948	3581.8
日本	479589	1185.1
伊朗	2707712	1119.7
埃塞俄比亚	343802	235.5
墨西哥	151758	171.2
马来西亚	186766	122.2
伊拉克	234205	113.5
智利	54840	65.8
韩国	195000	61.6
越南	105682	58.8
沙特阿拉伯	39152	56.0
俄罗斯联邦	55780	52.5
阿联酋	97454	44.7
厄瓜多尔	45800	31.2
印度	50710	28.6
吉尔吉斯斯坦	25000	28.5
柬埔寨	19687	25.0
美国	15642	23.5
特立尼达和多巴哥	26000	19.1
阿曼	9012	18.0
菲律宾	29580	15.8
香港	14070	14.0
尼日尔	5714	11.9
肯尼亚	18000	9.2
委内瑞拉	8030	6.5
蒙古	15400	6.3
吉布提	14753	6.3
阿尔及利亚	3900	6.1
坦桑尼亚	8700	6.0
缅甸	12000	5.2
科威特	5635	5.1
加拿大	5600	4.6
澳大利亚	1787	3.9
埃及	6600	3.8
巴林	4500	2.3
多米尼加共和国	4300	2.2
朝鲜	3500	2.1
留尼汪	1925	2.0
赞比亚	2000	1.7
孟加拉国	4840	1.4
卢旺达	2583	1.4
巴基斯坦	1900	1.4
斯里兰卡	1190	0.9
意大利	250	0.8
新加坡	600	0.4

44111411 未加工中密度板，密度 > 0.8 g/cucm，厚 > 9mm

国家/地区	出口数量（千克）	出口金额（千美元）
合计	1232285	1315.4
阿联酋	295693	977.4
约旦	365637	154.5
俄罗斯联邦	206339	54.7
澳大利亚	71616	43.6
多米尼加共和国	15200	37.0
蒙古	233116	27.3
安哥拉	35280	13.8
朝鲜	8289	6.5
越南	904	0.5

44111419 加工中密度板，密度 > 0.8g/cucm，厚 > 9mm

国家/地区	出口数量（千克）	出口金额（千美元）
合计	727450958	522372.5
美国	272549454	211398.0
俄罗斯联邦	170731904	106406.0
加拿大	119281417	81807.4
澳大利亚	20490845	16861.6
越南	18004942	11305.2
英国	10354546	9553.3
乌兹别克斯坦	9729095	7332.6
格鲁吉亚	12188358	7316.3
爱尔兰	7619677	5078.4
罗马尼亚	8381119	4961.9
哈萨克斯坦	4207240	3263.9
沙特阿拉伯	2682799	3128.0
伊朗	4003377	2896.5
厄瓜多尔	3259944	2881.7
缅甸	4028600	2866.2
吉尔吉斯斯坦	3598180	2728.4
塔吉克斯坦	3119663	2390.3
泰国	3599195	2331.4
南非	2069699	1987.3
法国	1846745	1928.4
蒙古	5322209	1859.9
印度	2114266	1856.7
阿联酋	1792404	1802.1
智利	2312690	1755.2
马来西亚	1922525	1654.6
台湾省	1739998	1415.4
乌克兰	2021758	1288.3
哥伦比亚	1154863	1191.6
摩尔多瓦	1772749	1162.2
亚美尼亚	1853389	1148.4
巴基斯坦	1529176	1103.5
墨西哥	1182455	992.3
比利时	1063781	982.2

国家/地区	出口数量（千克）	出口金额（千美元）
前南马其顿	1121841	743.1
新西兰	984316	741.7
巴西	644701	674.8
多民族玻利维亚国	805413	591.8
阿根廷	629638	582.3
立陶宛	920071	573.0
黎巴嫩	753926	569.0
西班牙	671326	563.2
秘鲁	453487	515.3
希腊	796917	497.9
韩国	646327	480.6
新加坡	441172	440.7
德国	449762	428.8
菲律宾	433828	426.5
阿塞拜疆	535003	401.2
肯尼亚	450020	396.9
波兰	551000	384.8
阿尔巴尼亚	541493	366.9
乌拉圭	400281	312.7
土耳其	410304	267.6
毛里求斯	304535	264.4
印度尼西亚	289269	263.8
伊拉克	374112	258.1
埃塞俄比亚	372387	256.7
塞尔维亚	375992	230.4
阿富汗	304490	215.5
埃及	381294	215.4
波黑	379050	214.9
卡塔尔	221482	204.7
意大利	184672	193.3
约旦	246515	163.1
香港	209251	160.4
克罗地亚	245628	156.2
朝鲜	214316	152.9
危地马拉	209553	144.6
芬兰	138044	143.5
特立尼达和多巴哥	125328	142.3
尼日利亚	130773	123.0
保加利亚	184490	121.1
文莱	126895	113.7
吉布提	136968	102.9
土库曼斯坦	142294	96.7
白俄罗斯	151329	96.6
加纳	84535	92.6
巴林	93973	92.4

国家/地区	出口数量（千克）	出口金额（千美元）
巴拿马	51813	90.8
马达加斯加	123913	83.8
以色列	59581	79.1
斯里兰卡	61992	73.6
留尼汪	57283	70.6
尼泊尔联邦民主共和国	106883	66.3
委内瑞拉	55555	64.8
葡萄牙	91835	64.6
匈牙利	83698	62.9
苏丹	58430	62.3
安哥拉	93743	57.3
多米尼加共和国	37848	51.7
科威特	49379	46.9
莫桑比克	39132	46.1
阿尔及利亚	74775	45.4
哥斯达黎加	12867	37.6
波多黎各	52009	37.1
利比亚	24572	35.6
瑞典	28500	35.4
老挝	26200	30.3
牙买加	20962	28.8
荷兰	24485	28.3
巴拉圭	32058	25.3
捷克	32000	23.3
塞浦路斯	21913	23.1
日本	6745	22.4
刚果(布)	21090	22.3
赞比亚	33675	18.5
挪威	21613	18.0
马尔代夫	21730	15.8
不丹	21000	14.7
巴布亚新几内亚	8263	13.7
黑山	21370	13.5
加蓬	12588	11.9
津巴布韦	8246	11.8
也门	20175	11.0
圭亚那	5500	10.3
斯洛伐克	14697	10.0
坦桑尼亚	13360	9.8
马耳他	4810	9.4
纳米比亚	7502	9.1
塞内加尔	7260	8.5
法属波利尼西亚	13356	8.1
新喀里多尼亚	6488	7.4

国家/地区	出口数量（千克）	出口金额（千美元）
斯洛文尼亚	8900	6.2
摩洛哥	783	5.4
马拉维	7600	5.1
孟加拉国	20835	4.0
巴哈马	7370	3.8
洪都拉斯	783	3.4
多米尼克	2300	3.2
荷属安的列斯群岛	1480	2.6
库克群岛	2184	2.6
博茨瓦纳	7374	1.6
尼加拉瓜	756	1.5
爱沙尼亚	1680	1.4
苏里南	261	1.0
圣卢西亚	695	0.8
44111421 辐射松制的中密度板,厚>9mm		
合计	2912467	9085.1
日本	2884574	9060.0
赞比亚	10500	14.5
柬埔寨	15500	9.3
澳大利亚	1893	1.3
44111429 其他中密度板0.5g/cucm<密度≤0.8g/cucm,厚>9mm		
合计	619297238	280955.9
沙特阿拉伯	177563632	69968.1
阿联酋	94063050	38829.7
伊朗	63932281	25132.4
尼日利亚	67422355	24657.4
日本	6063091	13338.7
埃及	32552962	12025.0
约旦	21939756	9799.8
乌兹别克斯坦	10157314	7553.4
苏丹	17207152	5584.1
肯尼亚	12265278	4777.3
马来西亚	2655542	4176.5
越南	13102065	4158.4
哈萨克斯坦	4893672	3442.1
伊拉克	6692206	3217.5
印度尼西亚	1370166	3139.9
印度	2583380	2872.6
吉尔吉斯斯坦	3263433	2676.6
黎巴嫩	5637895	2623.7
美国	3117521	2475.4
墨西哥	3726916	2301.4
巴基斯坦	2911590	2231.7
南非	2541053	2036.6

国家/地区	出口数量（千克）	出口金额（千美元）
吉布提	4612170	1870.9
西班牙	2718977	1794.7
埃塞俄比亚	4737868	1671.7
俄罗斯联邦	1900931	1541.5
索马里	3548609	1422.6
阿曼	3204459	1413.5
朝鲜	3203354	1405.7
阿尔及利亚	2643493	1222.1
毛里求斯	2287504	1139.8
斯里兰卡	1878882	1091.1
塔吉克斯坦	2360877	1041.9
坦桑尼亚	2028876	1007.4
古巴	1549863	896.8
利比亚	1201797	766.1
澳大利亚	870278	720.2
卡塔尔	1652645	695.9
菲律宾	1812471	685.2
也门	1241141	609.6
委内瑞拉	868866	597.7
危地马拉	1143398	546.9
香港	615980	499.1
加纳	1174134	468.6
波兰	574864	460.7
新加坡	379242	419.3
缅甸	977876	412.6
智利	680255	398.4
叙利亚	735761	367.1
葡萄牙	477926	363.7
哥伦比亚	420022	340.0
安哥拉	481690	318.0
台湾省	262247	315.7
苏里南	550770	280.9
加拿大	232622	273.4
特立尼达和多巴哥	540441	268.2
以色列	314559	263.7
莫桑比克	398621	258.0
格鲁吉亚	332351	254.1
科威特	462971	249.5
英国	202554	246.6
摩洛哥	230147	241.9
哥斯达黎加	469357	223.6
荷属安的列斯群岛	478865	209.1
马达加斯加	413224	208.1
萨摩亚	92307	193.9
巴拿马	303933	175.9
蒙古	410077	169.2
巴林	345073	164.6
意大利	174802	151.7
突尼斯	175048	145.7
克罗地亚	178791	143.0
泰国	102793	141.2
韩国	412061	132.4
多米尼加共和国	255150	124.1
新西兰	208121	107.5
萨尔瓦多	145700	100.0
喀麦隆	249805	99.2
波多黎各	178560	99.1
希腊	174929	84.7
荷兰	101366	81.0
巴布亚新几内亚	124910	78.7
科特迪瓦	128936	77.6
斐济	136188	77.1
马拉维	97200	75.3
巴西	101193	72.6
文莱	46668	71.6
白俄罗斯	90040	71.1
乌克兰	120505	70.0
土耳其	25178	69.6
塞内加尔	152800	69.2
厄瓜多尔	68695	67.6
留尼汪	194824	67.6
孟加拉国	138195	67.1
挪威	53904	63.6
德国	50323	63.3
阿根廷	40040	60.3
刚果(布)	39896	59.9
尼加拉瓜	125210	58.2
巴哈马	17586	56.6
法国	73550	53.1
亚美尼亚	78936	50.8
津巴布韦	114840	49.9
柬埔寨	41575	47.9
圭亚那	112000	45.5
前南马其顿	55800	44.9
阿尔巴尼亚	55824	43.2
多米尼克	5940	42.9
毛里塔尼亚	9375	40.6
丹麦	17257	39.9
法属波利尼西亚	37161	37.5
比利时	42925	36.1
卢旺达	93610	33.8
多民族玻利维亚国	37720	32.8
法属圭亚那	55420	31.0
赤道几内亚	62000	30.2
巴拉圭	52101	28.2
马尔代夫	30222	27.8
冈比亚	38394	27.5
保加利亚	36400	27.2
澳门	12560	26.3
刚果(金)	28950	25.5
秘鲁	34840	21.5
乌拉圭	47780	21.2
塞舌尔	18411	19.0
瓜德罗普	29150	18.0
圣卢西亚	33465	16.6
马耳他	25635	15.0
乌干达	33730	13.1
赞比亚	25330	10.8
布隆迪	13000	10.4
摩尔多瓦	11940	9.8
尼日尔	12690	9.5
贝宁	19705	9.1
匈牙利	15948	8.0
圣文森特和格林纳丁斯	23000	8.0
爱尔兰	14950	7.4
海地	16192	5.4
阿鲁巴	9000	5.4
塞浦路斯	3726	4.8
博茨瓦纳	4445	3.9
牙买加	8386	3.8
多哥	6400	2.0
芬兰	900	0.9

44111491 未加工中密度板，密度 ≤ 0.5 g/cucm，厚 > 9mm

国家/地区	出口数量（千克）	出口金额（千美元）
合计	10961662	3988.4
伊朗	2975964	1011.3
埃塞俄比亚	1682745	558.0
阿联酋	1237147	552.9
沙特阿拉伯	1150006	396.4
缅甸	812608	319.5
埃及	747000	234.6
以色列	420354	188.0
苏丹	314000	97.5
肯尼亚	228571	84.9

国家/地区	出口数量（千克）	出口金额（千美元）
阿尔及利亚	259125	74.9
斯里兰卡	165460	57.6
日本	125820	41.4
美国	58250	40.9
安哥拉	64670	33.3
格鲁吉亚	87600	32.7
巴拿马	57849	26.6
约旦	59020	24.9
印度	46800	20.2
圭亚那	34133	18.2
马来西亚	37102	15.2
也门	33600	13.0
南非	31756	12.4
马达加斯加	33844	12.3
澳门	14684	11.8
赤道几内亚	28800	10.9
泰国	13073	9.1
荷属安的列斯群岛	15440	8.4
澳大利亚	13397	8.3
新西兰	16250	8.3
留尼汪	16500	7.9
新喀里多尼亚	19360	7.5
阿鲁巴	15420	7.5
加纳	19288	5.7
莫桑比克	18200	5.7
巴基斯坦	17580	5.6
墨西哥	19000	5.4
刚果(布)	12800	4.1
刚果(金)	12800	4.1
佛得角	12800	4.1
喀麦隆	5380	2.3
坦桑尼亚	17000	1.7
法国	492	1.3
文莱	6720	0.9
科威特	1950	0.7
菲律宾	1200	0.4

44119210 未加工木纤维板,密度 >0.8 g/cucm

国家/地区	出口数量（千克）	出口金额（千美元）
合计	361097	371.8
印度	134632	202.5
英国	10790	54.4
贝宁	126000	45.4
泰国	20825	19.2
伊拉克	37500	18.4
伊朗	20300	18.3
蒙古	5400	9.8
马来西亚	5650	4.0

44119290 加工木纤维板,密度 >0.8g/cucm

国家/地区	出口数量（千克）	出口金额（千美元）
合计	237537494	165898.7
美国	58139665	43297.6
加拿大	57285921	39495.0
韩国	13983597	11169.7
俄罗斯联邦	14314838	9146.5
澳大利亚	10976246	8597.5
蒙古	14332989	4454.1
智利	5951816	4353.5
伊朗	5936367	3939.2
印度	4903938	3635.7
泰国	5209687	2969.0
英国	3764102	2853.2
南非	3751158	2448.5
哥伦比亚	3076245	2233.9
墨西哥	2957243	2158.5
越南	3634847	2025.3
缅甸	2991929	1988.0
爱尔兰	2936500	1971.3
马来西亚	1209118	1925.2
印度尼西亚	841431	1862.2
沙特阿拉伯	2837836	1795.0
尼日利亚	1103803	608.9
吉布提	1022231	604.0
阿联酋	794789	565.5
黎巴嫩	853685	558.7
哈萨克斯坦	739827	529.4
阿根廷	755960	519.6
乌兹别克斯坦	434981	513.6
以色列	606703	453.1
伊拉克	377585	441.3
埃及	668276	423.2
新加坡	429448	416.0
吉尔吉斯斯坦	607780	386.9
新西兰	536340	373.5
乌克兰	495191	345.0
厄瓜多尔	404893	288.8
格鲁吉亚	464496	287.2
巴西	415266	281.0
香港	254682	270.9
巴基斯坦	318747	269.7
日本	271285	258.7
阿尔巴尼亚	407592	249.8
巴拿马	311126	246.8
台湾省	310230	245.7
秘鲁	280335	233.7
希腊	338840	222.8
卡塔尔	354913	215.7
埃塞俄比亚	213205	197.9
约旦	160808	173.1
意大利	201012	166.2
斯洛文尼亚	183814	147.4
罗马尼亚	218021	142.2
坦桑尼亚	122148	134.3
巴林	238750	133.0
摩尔多瓦	198848	126.1
莫桑比克	237253	124.2
赞比亚	140877	124.1
塞浦路斯	176340	119.6
斯里兰卡	248740	102.6
菲律宾	129406	102.0
哥斯达黎加	122130	98.0
安哥拉	121071	95.8
科威特	103048	92.7
肯尼亚	66655	92.0
孟加拉国	102313	87.7
挪威	158618	86.6
塔吉克斯坦	168687	83.6
葡萄牙	103800	82.2
德国	71404	70.5
毛里求斯	81704	69.6
危地马拉	72778	67.3
荷兰	80042	65.4
文莱	87410	59.6
乌干达	38000	55.1
澳门	37253	54.6
阿尔及利亚	10158	52.0
洪都拉斯	121880	50.1
纳米比亚	8892	49.7
拉脱维亚	61320	42.9
突尼斯	41050	42.2
西班牙	57000	38.1
利比亚	32516	34.0
特立尼达和多巴哥	41800	33.8
多民族玻利维亚国	46272	31.0
津巴布韦	40552	30.7
佛得角	6688	28.6
匈牙利	37500	24.1

国家/地区	出口数量（千克）	出口金额（千美元）
马尔代夫	32510	22.3
塞拉利昂	31000	22.2
朝鲜	34740	20.7
巴布亚新几内亚	22150	19.0
马耳他	27518	17.7
牙买加	21460	16.3
阿曼	38600	16.1
亚美尼亚	21517	16.1
捷克	20000	15.2
加纳	19018	14.9
丹麦	16500	14.8
马达加斯加	19687	14.7
委内瑞拉	17685	14.4
白俄罗斯	21304	14.3
摩洛哥	20010	13.6
爱沙尼亚	20000	12.1
苏里南	16708	11.8
苏丹	14758	11.8
圭亚那	15859	11.0
土库曼斯坦	20300	9.6
塞内加尔	18000	9.2
斐济	20000	7.6
海地	20360	7.4
冈比亚	19720	6.9
博茨瓦纳	20750	6.7
也门	1398	5.5
刚果(金)	760	4.0
马拉维	942	3.7
44119310 辐射松制的纤板，0.5g/cucm < 密度≤0.9g/cucm		
合计	845	4.1
日本	845	4.1
44119390 木纤板，0.5g/cucm < 密度≤0.10g/cucm		
合计	3197845	2542.5
沙特阿拉伯	1260341	736.9
吉布提	473260	667.3
尼日利亚	466030	248.7
特立尼达和多巴哥	227610	217.7
约旦	290790	216.1
乌兹别克斯坦	117588	151.2
埃塞俄比亚	70105	53.0
越南	25500	36.6
阿联酋	49300	36.0
坦桑尼亚	58500	35.1

国家/地区	出口数量（千克）	出口金额（千美元）
哥伦比亚	43952	27.0
秘鲁	39701	23.8
俄罗斯联邦	6556	13.8
印度尼西亚	20060	13.4
法国	8102	13.4
泰国	1470	9.1
哈萨克斯坦	11607	9.1
柬埔寨	3500	8.6
马来西亚	1100	6.9
日本	1364	5.2
丹麦	2916	4.5
南非	9740	2.5
安哥拉	2420	2.0
阿尔及利亚	4010	1.8
韩国	240	1.6
美国	1409	0.7
44119410 木纤板，0.35g/cucm < 密度≤0.5 g/cucm		
合计	655784	678.1
美国	410305	184.5
日本	12725	132.2
加拿大	28563	121.1
沙特阿拉伯	105300	94.1
澳大利亚	48840	43.4
朝鲜	26320	32.6
印度	3849	24.5
伊朗	5920	16.7
也门	9000	14.1
泰国	1722	9.0
阿联酋	1240	4.5
安哥拉	2000	1.3
44119421 未加工木纤板，密度≤0.35g/cucm		
合计	7668	50.2
阿联酋	7181	48.5
肯尼亚	487	1.7
44119429 加工木纤板，密度≤0.35g/cucm		
合计	3054891	10386.6
马来西亚	1299223	5341.8
韩国	143586	777.7
芬兰	214042	775.7
俄罗斯联邦	95399	401.9
台湾省	104660	379.6
吉布提	49560	281.0
尼日利亚	111075	274.6
坦桑尼亚	59358	264.9

国家/地区	出口数量（千克）	出口金额（千美元）
泰国	44555	229.8
阿尔及利亚	46200	184.8
埃及	91205	169.3
日本	85025	152.5
乌克兰	35364	119.2
摩洛哥	31400	117.4
印度	362300	106.3
墨西哥	13150	90.3
美国	25416	84.9
哥伦比亚	10940	60.0
肯尼亚	14200	55.4
毛里求斯	10340	51.7
文莱	9996	50.0
莫桑比克	34040	47.7
安哥拉	13420	47.2
瑙鲁	13321	40.0
阿根廷	8160	38.8
智利	3450	25.5
阿联酋	9190	20.6
阿曼	2570	17.2
毛里塔尼亚	8250	16.5
荷兰	6430	15.7
塞内加尔	3900	15.6
缅甸	13862	12.4
阿尔巴尼亚	6000	12.0
利比亚	2600	10.4
意大利	23771	10.3
哈萨克斯坦	4025	10.1
立陶宛	1395	10.0
牙买加	3540	7.1
巴拿马	5280	6.9
津巴布韦	3000	6.0
沙特阿拉伯	3000	6.0
越南	980	5.7
赤道几内亚	2752	5.5
喀麦隆	2600	5.2
巴西	1957	4.4
英国	1860	3.7
斯里兰卡	1700	3.5
新加坡	1186	3.0
刚果(金)	8500	2.9
德国	1671	2.5
比利时	3520	2.1
澳大利亚	282	1.5
香港	160	0.9

国家/地区	出口数量(千克)	出口金额(千美元)
爱尔兰	1500	0.6

44123100 其他薄板制胶合板至少一表层是子目注释二所列的热带木,厚≤6mm

国家/地区	出口数量(千克)	出口金额(千美元)
合计	129052461	178128.1
美国	22565619	52919.5
伊拉克	17283562	21740.1
澳大利亚	3517734	10240.6
墨西哥	9308089	8361.2
英国	3217639	7682.4
日本	6606916	7167.2
韩国	5554021	6731.5
菲律宾	9671266	6223.9
约旦	3945811	5149.5
澳门	5487705	4233.7
比利时	1213946	3454.5
泰国	3730470	3128.6
以色列	1831116	2964.6
沙特阿拉伯	2455594	2761.4
哥伦比亚	2620250	2678.8
加拿大	1058930	1929.7
哥斯达黎加	2460600	1783.2
新加坡	1911488	1722.9
西班牙	1147313	1657.4
埃及	1754980	1644.0
智利	1391129	1634.7
新西兰	727540	1581.2
印度	1404774	1580.3
法国	1069955	1399.4
台湾省	1918552	1373.9
南非	480345	1306.7
阿联酋	987903	1238.2
意大利	908327	1080.2
斯里兰卡	1254800	976.4
马来西亚	389187	711.9
坦桑尼亚	866388	689.4
香港	1001703	641.2
尼加拉瓜	742000	601.6
德国	749410	598.2
委内瑞拉	584070	571.0
丹麦	296350	516.8
印度尼西亚	232973	506.6
多米尼加共和国	616970	470.3
伊朗	626150	463.1
危地马拉	527880	441.0
黎巴嫩	97797	398.5
波多黎各	523070	391.9
爱尔兰	167020	342.0
摩洛哥	239800	290.6
卡塔尔	210198	273.9
越南	286946	264.2
科威特	219400	253.7
缅甸	287228	240.3
毛里求斯	228272	235.4
朝鲜	262913	222.0
尼日利亚	99001	194.9
利比亚	30500	189.4
巴基斯坦	156200	178.9
马尔代夫	72600	154.2
海地	186000	148.7
肯尼亚	163200	126.0
赤道几内亚	121740	121.3
巴林	102000	108.6
荷兰	89045	107.5
厄瓜多尔	110200	106.2
俄罗斯联邦	72480	93.7
萨尔瓦多	108650	84.7
阿尔巴尼亚	107830	80.9
奥地利	26000	75.1
贝宁	106000	74.1
莫桑比克	23312	69.3
牙买加	80680	62.5
秘鲁	50166	60.3
特立尼达和多巴哥	80100	56.2
文莱	81782	51.1
巴拿马	64480	49.8
波兰	40150	47.4
巴布亚新几内亚	53420	40.4
圣卢西亚	54360	40.2
阿尔及利亚	12628	39.1
塞舌尔	52500	37.9
荷属安的列斯群岛	53000	36.4
阿曼	24000	32.4
新喀里多尼亚	25500	20.9
安哥拉	15300	19.6
马提尼克	26500	19.0
加那利群岛	26500	18.9
也门	13200	17.2
蒙古	13430	16.7
吉布提	13464	14.9
斐济	15550	10.6
斯洛伐克	3200	7.6
苏丹	5610	7.4
留尼汪	14000	7.2
斯洛文尼亚	3400	7.0
刚果(金)	3060	6.4
罗马尼亚	1998	4.8
塞内加尔	1836	3.9
加蓬	1135	3.5
科特迪瓦	2101	2.8
博茨瓦纳	2040	1.8
塞拉利昂	310	0.9
多哥	204	0.4

44123210 其他薄板制胶合板至少一表层是温带木,厚≤6mm

国家/地区	出口数量(千克)	出口金额(千美元)
合计	3468865599	3004644.2
美国	613784304	631610.4
菲律宾	291052748	269061.2
英国	267693414	218563.5
日本	292358834	218449.7
越南	112507979	103951.7
阿联酋	131091762	98597.0
泰国	116627220	88994.3
以色列	92391874	79348.9
加拿大	65863514	71783.9
韩国	96674055	70288.0
印度尼西亚	64515166	63625.8
尼日利亚	74039208	62202.7
阿尔及利亚	76913713	59836.7
墨西哥	53259771	51302.1
印度	41680203	49836.7
埃及	57998010	46603.4
沙特阿拉伯	55957224	44822.2
比利时	55246544	43904.1
德国	51314413	42007.5
新加坡	58895031	40285.5
马来西亚	42045216	38750.9
台湾省	49473303	38613.8
俄罗斯联邦	55334731	37274.5
法国	36695503	31466.9
安哥拉	46394531	27442.6
伊拉克	28086786	27117.5
波兰	27408532	22947.3
智利	30291912	21713.6
澳大利亚	17085058	17445.0
爱尔兰	19546763	15235.1

国家/地区	出口数量（千克）	出口金额（千美元）
土库曼斯坦	21083144	14734.7
卡塔尔	17678480	13256.7
巴拿马	12732320	11439.8
南非	14338449	11419.6
吉布提	10713381	11009.4
保加利亚	16262294	10963.1
肯尼亚	12249043	10475.2
哥伦比亚	10791250	10431.9
荷兰	11227231	10175.9
委内瑞拉	9228640	9811.3
哈萨克斯坦	13842108	9583.6
斯里兰卡	11055248	9134.8
坦桑尼亚	11508814	9119.5
西班牙	9290170	8841.6
毛里求斯	10242119	8786.9
巴基斯坦	9091015	7379.8
多米尼加共和国	9427049	7194.0
阿曼	8816072	6793.8
瑞典	8474970	6793.4
巴林	8869132	6711.2
缅甸	7683417	6696.6
挪威	7650279	6659.1
波多黎各	7398228	6207.5
约旦	7326992	6162.1
利比亚	6770810	5794.1
危地马拉	6192551	5549.3
罗马尼亚	7361580	5234.5
意大利	5052228	5163.6
香港	3549002	5097.1
秘鲁	6688976	4934.3
格鲁吉亚	5995310	4654.6
丹麦	5615831	4574.6
海地	4813600	4538.9
新西兰	4660757	4433.5
科威特	5364900	4026.7
哥斯达黎加	5355149	3950.2
柬埔寨	3649313	3842.6
希腊	4938149	3818.6
乌克兰	4960768	3503.7
莫桑比克	4503475	3499.0
葡萄牙	4219170	3351.8
尼加拉瓜	3735758	3293.0
留尼汪	3816868	3153.9
马尔代夫	3419841	2993.9
牙买加	3262759	2932.1

国家/地区	出口数量（千克）	出口金额（千美元）
巴布亚新几内亚	3744101	2864.1
芬兰	2640575	2767.9
洪都拉斯	2327200	2473.8
赤道几内亚	3156667	2361.1
东帝汶	2917882	2339.6
孟加拉国	2476408	2216.3
黎巴嫩	2648526	2168.7
利比里亚	2460513	2043.6
埃塞俄比亚	2564575	1996.5
伊朗	2756192	1932.3
摩洛哥	1528821	1923.0
萨尔瓦多	2049580	1697.4
克罗地亚	1805734	1497.0
土耳其	1494182	1405.5
阿根廷	1366604	1319.5
塞拉利昂	1263560	1144.7
塞舌尔	1099684	1066.5
马约特	1277850	1010.7
加纳	1087260	976.6
斐济	1146757	957.6
新喀里多尼亚	1299950	929.5
冈比亚	1053310	895.1
塞浦路斯	1083724	880.1
苏里南	1348053	873.7
特立尼达和多巴哥	1126595	867.9
朝鲜	1024588	842.2
捷克	962010	829.9
苏丹	966713	799.7
萨摩亚	1139516	788.9
马达加斯加	1042220	777.2
厄瓜多尔	757500	772.8
马耳他	961707	722.8
马提尼克	833500	713.8
法属波利尼西亚	943330	710.4
索马里	650350	669.3
瓜德罗普	857830	628.8
刚果（金）	899353	615.0
古巴	798985	603.4
拉脱维亚	753980	559.2
乌拉圭	740450	523.1
吉尔吉斯斯坦	706040	520.0
所罗门群岛	731807	512.6
斯洛文尼亚	585506	497.2
刚果（布）	522701	490.9
阿塞拜疆	234256	443.4

国家/地区	出口数量（千克）	出口金额（千美元）
卢旺达	365949	420.1
科摩罗	508010	399.4
塞内加尔	498600	391.8
爱沙尼亚	527160	391.7
塔吉克斯坦	433168	388.5
阿鲁巴	515228	383.3
阿尔巴尼亚	442635	380.7
立陶宛	423000	327.8
乌兹别克斯坦	349050	320.0
黑山	500470	314.9
贝宁	398095	312.8
巴拉圭	297100	299.4
多哥	366150	293.9
文莱	329860	281.6
赞比亚	277581	280.9
圣卢西亚	336438	266.6
科特迪瓦	428050	234.8
几内亚	288970	230.3
瓦努阿图	210032	230.2
纳米比亚	292580	198.4
蒙古	255584	190.3
布隆迪	51720	173.2
法属圭亚那	209620	166.8
圣文森特和格林纳丁斯	203800	156.2
密克罗尼西亚联邦	219990	156.1
叙利亚	232588	154.5
圭亚那	147832	146.8
厄立特里亚	146200	132.0
汤加	164135	116.5
冰岛	42030	112.0
多米尼克	132997	104.4
尼日尔	117600	104.1
博茨瓦纳	129930	98.4
马拉维	130750	97.4
加蓬	203300	96.5
津巴布韦	154758	95.1
基里巴斯	97440	93.9
亚美尼亚	143950	91.6
喀麦隆	78550	89.4
也门	88120	77.9
多民族玻利维亚国	95000	76.1
圣多美和普林西比	88750	69.6
马里	51600	66.4
巴西	69854	64.2

国家/地区	出口数量（千克）	出口金额（千美元）
几内亚比绍	51600	58.9
乍得	76400	58.3
巴巴多斯	76000	57.2
开曼群岛	51060	53.9
荷属安的列斯群岛	48800	53.1
佛得角	56300	44.3
奥地利	11430	44.2
安提瓜和巴布达	52560	44.0
摩尔多瓦	55000	37.9
匈牙利	51020	35.9
瓦利斯和富图纳	51000	31.1
帕劳	35228	28.7
乌干达	38760	27.0
尼泊尔联邦民主共和国	25500	25.8
毛里塔尼亚	27000	21.3
圣马丁岛	25500	19.8
塞尔维亚	25600	18.6
格林纳达	25800	18.6
伯利兹	17850	12.6
南苏丹共和国	14000	10.2
马绍尔群岛	11000	8.7
图瓦卢	11500	8.3
莱索托	4000	5.8
巴哈马	460	5.2
斯洛伐克	7400	5.1
44123290 其他薄板制胶合板至少一表层非针叶木,厚≤6mm		
合计	323192323	243050.4
韩国	134616831	78741.1
日本	28481226	28843.8
英国	35244340	22104.4
以色列	22555118	21568.8
美国	9167812	19858.9
香港	19879037	12606.6
台湾省	20602526	12087.8
澳大利亚	8601407	9176.3
新加坡	10463424	6249.5
沙特阿拉伯	7353116	5545.2
朝鲜	7132171	4712.4
荷兰	926177	2867.4
加拿大	1293132	2772.0
印度	3611740	2420.8
意大利	517201	1592.6
越南	2058635	1561.7

国家/地区	出口数量（千克）	出口金额（千美元）
泰国	2531389	1452.5
瑞典	800997	1295.1
印度尼西亚	1831551	1276.5
墨西哥	550661	860.8
比利时	659349	839.1
俄罗斯联邦	947762	718.7
德国	178589	668.0
巴基斯坦	318925	344.4
马来西亚	361283	322.5
西班牙	108244	268.5
菲律宾	369189	249.5
阿联酋	361006	231.1
爱尔兰	85074	223.4
南非	60004	175.3
智利	134319	170.6
巴林	202360	138.4
马尔代夫	219420	116.1
法国	42710	99.1
缅甸	124621	85.3
哥伦比亚	41590	77.7
柬埔寨	105180	71.9
巴布亚新几内亚	98680	70.9
约旦	85500	59.6
科威特	78000	52.0
哈萨克斯坦	19355	49.8
安哥拉	50400	49.2
厄瓜多尔	23833	47.0
阿根廷	27500	42.2
毛里求斯	40759	41.3
孟加拉国	32249	41.0
埃塞俄比亚	34037	39.1
葡萄牙	9090	35.3
文莱	54340	26.9
新西兰	25000	24.6
土库曼斯坦	11314	22.5
肯尼亚	13960	18.9
特立尼达和多巴哥	25500	16.4
几内亚	15400	15.0
马里	4290	3.1
蒙古	5000	1.8
44123900 其他薄板制胶合板,厚≤6mm		
合计	1269897107	940784.2
阿联酋	190754146	150435.2
沙特阿拉伯	186764387	126375.9
日本	86461820	89762.9

国家/地区	出口数量（千克）	出口金额（千美元）
韩国	136813815	87471.2
台湾省	99369880	65127.0
科威特	49732271	36453.3
比利时	41028434	31903.7
卡塔尔	45303252	30968.3
新加坡	39818967	29116.3
阿尔及利亚	32493509	22051.3
伊拉克	31266364	19675.7
香港	29778871	18014.0
尼日利亚	20777648	15597.8
泰国	20111124	14891.7
德国	13919983	11097.7
美国	9106548	10735.9
菲律宾	12409810	10508.5
澳大利亚	9565101	10113.5
英国	13774935	10029.7
马来西亚	4420055	9815.6
越南	11596088	9055.6
法国	11105409	8387.7
巴林	10706084	8147.4
以色列	9131460	6198.0
俄罗斯联邦	9548711	5944.0
黎巴嫩	8080970	5240.0
肯尼亚	6808394	5234.3
土库曼斯坦	6834490	5190.2
波兰	5244999	4996.7
瑞典	4455724	4748.0
巴布亚新几内亚	1805171	4733.7
埃及	6642618	4646.1
阿曼	6016340	4353.2
利比亚	5931709	4035.6
约旦	5605161	3918.3
印度	3425155	3702.6
蒙古	22837440	3561.0
印度尼西亚	3932569	3159.7
格鲁吉亚	3856208	2901.0
安哥拉	4770582	2833.5
苏丹	3750736	2478.0
巴拿马	3450330	2404.9
荷兰	2193988	2267.0
罗马尼亚	3052440	2168.7
坦桑尼亚	2373854	1969.1
西班牙	1679634	1854.8
智利	2172960	1488.3
加拿大	1400467	1389.4

国家/地区	出口数量（千克）	出口金额（千美元）
伊朗	1585074	1167.8
秘鲁	1502527	1117.6
巴基斯坦	1623344	1083.3
墨西哥	1048544	959.2
丹麦	865251	927.1
新西兰	900053	921.9
希腊	1333870	887.2
朝鲜	845610	813.6
缅甸	1257484	803.4
加纳	1029580	776.3
挪威	719820	759.6
巴哈马	105409	704.8
毛里求斯	573134	656.4
莫桑比克	796083	579.5
拉脱维亚	702874	557.4
古巴	629125	530.2
南非	706655	526.0
塔吉克斯坦	575312	519.5
塞内加尔	128070	440.8
刚果(布)	444785	432.0
赤道几内亚	530927	429.9
喀麦隆	432938	388.3
科特迪瓦	363900	344.0
立陶宛	436390	319.7
哈萨克斯坦	434733	288.2
斯里兰卡	219948	287.1
马尔代夫	407965	277.0
白俄罗斯	236800	238.5
柬埔寨	307470	232.3
博茨瓦纳	326220	220.5
梅利利亚	39904	199.5
牙买加	256800	199.3
留尼汪	306700	199.2
阿塞拜疆	204000	196.5
赞比亚	282315	195.6
卢旺达	215150	177.2
文莱	93300	166.8
哥斯达黎加	241990	165.9
乌克兰	208360	156.5
阿尔巴尼亚	203235	150.1
孟加拉国	116052	144.8
塞舌尔	155149	143.9
意大利	123358	136.4
哥伦比亚	81940	136.2
乌干达	190300	126.1

国家/地区	出口数量（千克）	出口金额（千美元）
几内亚	87712	120.9
委内瑞拉	96946	119.0
马耳他	154736	116.1
叙利亚	173500	110.9
葡萄牙	152169	108.5
马提尼克	105500	106.0
土耳其	134400	99.2
新喀里多尼亚	147000	96.3
阿根廷	100800	93.5
塞浦路斯	126800	90.7
乌拉圭	119740	85.9
津巴布韦	89960	82.7
黑山	127000	80.8
埃塞俄比亚	105484	79.1
吉布提	113930	79.0
毛里塔尼亚	160427	77.0
也门	121455	72.5
厄瓜多尔	110000	68.7
澳门	234660	67.8
瓦努阿图	77760	59.4
多米尼加共和国	86200	56.4
马达加斯加	77000	52.6
芬兰	50600	50.3
波多黎各	79340	47.9
纳米比亚	40159	46.6
萨尔瓦多	62400	46.1
保加利亚	82500	44.4
马约特	61720	44.1
莱索托	48266	42.8
吉尔吉斯斯坦	47170	42.7
多哥	12680	40.0
马拉维	41293	39.4
贝宁	50740	37.3
圭亚那	26000	36.4
爱尔兰	44200	35.6
巴勒斯坦	51600	34.8
瓜德罗普	39460	32.6
几内亚比绍	4000	32.0
特立尼达和多巴哥	50000	32.0
斐济	64880	29.8
老挝	50000	26.0
索马里	25000	25.8
斯洛伐克	24500	24.8
伯利兹	28300	23.5
爱沙尼亚	24500	22.5

国家/地区	出口数量（千克）	出口金额（千美元）
萨摩亚	30910	20.8
荷属安的列斯群岛	25000	18.9
科摩罗	9000	18.0
乌兹别克斯坦	24000	17.7
乍得	26500	17.7
克罗地亚	25000	17.1
塞拉利昂	20000	16.8
安提瓜和巴布达	2992	11.4
奥地利	86396	7.9
加蓬	12500	7.4
法属波利尼西亚	18000	7.2
阿鲁巴	8327	6.8
佛得角	4900	6.6
刚果(金)	12955	5.8
利比里亚	6200	5.4
捷克	2761	3.0
44129410 其他木块芯胶合板等至少一表层是非针叶木		
合计	183934317	480358.4
美国	35654523	114841.2
比利时	15797614	49568.6
意大利	13791764	43467.0
德国	12096540	38221.7
荷兰	9755972	29774.6
瑞典	8581528	27315.8
英国	10659471	27296.5
加拿大	8133594	24384.0
日本	14384030	18126.5
香港	13460762	13332.3
丹麦	3502138	11291.8
俄罗斯联邦	2999178	10633.7
澳大利亚	2902522	9780.7
挪威	2017825	6432.6
墨西哥	1794986	5379.7
波兰	5024952	5090.5
新加坡	3698710	4653.3
法国	1222918	4015.3
斯洛文尼亚	1188713	3810.4
以色列	1242090	3639.1
西班牙	1202856	3602.6
南非	704685	2703.0
菲律宾	1781138	2324.4
约旦	1716274	1983.7
奥地利	498708	1761.0
沙特阿拉伯	1249653	1298.5

国家/地区	出口数量（千克）	出口金额（千美元）
智利	361661	1187.9
韩国	417742	1165.0
芬兰	282971	1089.8
阿根廷	303880	1015.0
阿联酋	504207	736.2
新西兰	248585	695.9
爱尔兰	293198	639.4
澳门	103431	624.4
爱沙尼亚	201573	617.7
蒙古	203050	561.8
文莱	555200	446.8
埃及	513768	435.3
台湾省	463264	428.6
利比亚	317858	401.3
卡塔尔	288390	392.4
印度	166241	366.9
朝鲜	442154	360.1
科威特	407300	303.8
安哥拉	163817	295.3
葡萄牙	98786	289.5
克罗地亚	88365	286.7
泰国	94758	276.7
瑞士	70706	223.5
黎巴嫩	58554	203.7
冰岛	54350	199.9
刚果(布)	192522	199.3
尼日利亚	171556	180.7
阿尔及利亚	235000	178.1
巴基斯坦	228625	167.3
格鲁吉亚	157850	144.2
马来西亚	136735	134.9
巴布亚新几内亚	124470	119.0
哥伦比亚	34600	117.3
罗马尼亚	33835	102.0
塞浦路斯	31922	100.3
苏丹	84700	99.6
刚果(金)	82180	85.7
博茨瓦纳	99600	79.6
希腊	25980	69.5
马尔代夫	60400	60.0
塔吉克斯坦	39580	55.2
赤道几内亚	45052	45.4
哈萨克斯坦	96150	42.2
坦桑尼亚	36621	38.6
危地马拉	15500	38.2

国家/地区	出口数量（千克）	出口金额（千美元）
莫桑比克	22147	35.8
巴西	10101	35.1
保加利亚	12500	32.6
乌拉圭	9584	31.0
伊拉克	25800	27.0
肯尼亚	40500	25.4
多米尼加共和国	6672	24.8
毛里求斯	17248	18.1
多哥	13500	15.2
津巴布韦	31063	14.4
越南	9500	14.0
捷克	3700	13.9
秘鲁	3542	12.2
乌兹别克斯坦	6720	8.2
莱索托	4720	5.3
尼日尔	6250	4.4
加蓬	3405	3.9
毛里塔尼亚	2875	3.4
卢旺达	3875	2.9
波黑	330	0.9
印度尼西亚	226	0.5
44129491 其他木块芯胶合板等至少一表层是子目注释二所列的热带木		
合计	664327	475.0
越南	352096	181.7
马来西亚	126869	103.9
刚果(金)	51290	89.8
博茨瓦纳	75600	54.0
朝鲜	54092	39.7
塞舌尔	3000	4.5
安哥拉	1380	1.4
44129492 其他木块芯胶合板等至少一表层是木碎料板		
合计	353613	220.6
刚果(金)	250000	142.5
印度	23109	32.4
朝鲜	52890	19.8
安哥拉	14600	13.4
尼日利亚	12620	11.9
44129499 其他木块芯、侧板条芯、板条芯胶合板		
合计	5655289	9203.7
德国	2922147	4653.2
意大利	1072219	2062.5
台湾省	730217	739.3

国家/地区	出口数量（千克）	出口金额（千美元）
加拿大	156227	449.0
比利时	125400	179.1
英国	54418	166.8
越南	150045	149.0
韩国	92213	141.7
日本	34586	139.3
葡萄牙	36900	98.1
巴基斯坦	19936	92.9
荷兰	50600	72.2
阿根廷	25616	63.8
赤道几内亚	75100	55.9
法国	25100	34.5
西班牙	24433	26.0
加蓬	13620	20.2
新加坡	20632	19.5
马达加斯加	7400	8.8
多哥	6200	6.9
莫桑比克	5599	5.5
南非	1044	3.2
美国	470	2.3
哥伦比亚	1086	1.5
厄瓜多尔	333	1.5
澳大利亚	160	1.4
马来西亚	418	1.4
柬埔寨	45	0.9
泰国	192	0.8
伊拉克	810	0.8
印度尼西亚	174	0.8
俄罗斯联邦	180	0.8
多民族玻利维亚国	396	0.6
新西兰	117	0.5
巴拿马	117	0.5
波兰	354	0.5
格鲁吉亚	139	0.5
尼日利亚	400	0.5
44129910 其他胶合板等至少一表层是非针叶木		
合计	391081283	848009.8
美国	182307532	424221.9
加拿大	28332153	70689.2
英国	27037647	62580.0
日本	14013377	48993.6
香港	40768979	34030.1
韩国	14436448	29220.1
比利时	6946610	19891.8

国家/地区	出口数量（千克）	出口金额（千美元）
澳大利亚	6838444	17677.4
意大利	5226325	16956.9
俄罗斯联邦	5439113	16811.6
荷兰	3852249	10003.6
德国	3341927	9466.5
墨西哥	4422622	7311.2
约旦	5605709	6584.9
瑞典	1902474	5066.5
以色列	3774211	4496.3
印度	1390375	4203.0
爱尔兰	1915484	4131.2
沙特阿拉伯	3083949	3731.6
西班牙	1018362	3027.9
泰国	1058682	3017.5
阿联酋	1157978	2959.2
新加坡	1554611	2778.7
秘鲁	1192600	2386.4
南非	836274	2216.2
阿根廷	955616	2070.0
伊拉克	2021670	2009.9
马来西亚	934517	1964.8
斯洛文尼亚	712147	1869.6
埃及	1983900	1868.1
法国	613862	1744.0
芬兰	427538	1670.5
菲律宾	890656	1655.3
智利	583537	1599.3
澳门	587319	1540.9
黎巴嫩	571528	1403.0
台湾省	555696	1049.1
坦桑尼亚	1131000	1023.0
新西兰	421461	983.7
挪威	728069	964.3
蒙古	266381	901.8
伊朗	868750	881.4
巴基斯坦	1028540	689.5
越南	329877	661.7
科威特	527900	635.1
土库曼斯坦	1039810	591.9
毛里求斯	581690	542.9
卡塔尔	623716	519.1
缅甸	284170	448.3
保加利亚	674349	427.2
尼日利亚	450022	416.6
安哥拉	282265	364.3

国家/地区	出口数量（千克）	出口金额（千美元）
丹麦	104840	349.2
冰岛	81356	294.8
朝鲜	384717	246.5
巴拿马	100215	238.0
克罗地亚	209530	237.6
印度尼西亚	61069	232.1
肯尼亚	309682	227.0
阿曼	175709	208.1
乌克兰	54099	207.5
斯里兰卡	212836	183.1
乌拉圭	41263	137.3
马尔代夫	82500	135.0
赞比亚	130260	129.3
波兰	138162	119.2
苏丹	139420	111.4
格鲁吉亚	117510	104.2
希腊	34000	95.7
乌兹别克斯坦	31800	93.5
土耳其	29020	93.4
巴布亚新几内亚	41765	91.7
圣马力诺	24680	89.3
卢旺达	16821	88.8
危地马拉	72470	82.4
多米尼加共和国	24390	82.3
爱沙尼亚	64525	75.6
哈萨克斯坦	38496	67.4
柬埔寨	39651	67.1
埃塞俄比亚	95130	66.5
亚美尼亚	88690	64.1
巴西	28674	58.2
加纳	31740	53.0
阿塞拜疆	21028	52.5
几内亚	48355	45.8
匈牙利	11840	44.9
奥地利	19418	43.4
特立尼达和多巴哥	14150	43.1
赤道几内亚	55000	38.8
黑山	14500	38.6
塔吉克斯坦	14112	38.3
多哥	52280	34.7
捷克	3980	34.6
津巴布韦	76545	32.3
白俄罗斯	9000	27.2
老挝	11396	26.7
法属波利尼西亚	13000	26.3

国家/地区	出口数量（千克）	出口金额（千美元）
文莱	22200	25.3
莫桑比克	11264	23.7
刚果(布)	18000	19.8
摩纳哥	3600	13.9
阿富汗	24640	12.7
贝宁	13690	12.5
洪都拉斯	5084	10.6
留尼汪	12800	10.1
科特迪瓦	5400	9.8
巴林	3390	9.3
斯洛伐克	5000	9.2
圭亚那	6000	8.8
瓜德罗普	15000	8.6
哥斯达黎加	4056	8.4
纳米比亚	25070	8.2
哥伦比亚	3759	7.8
拉脱维亚	1050	3.2
吉尔吉斯斯坦	993	2.0
塞舌尔	450	0.8
44129991 其他胶合板等至少一表层是子目注释二所列的热带木层		
合计	34075	69.2
英国	28400	47.3
以色列	4910	18.9
香港	765	2.9
44129992 其他胶合板等至少一表层是木碎料板		
合计	12492450	6834.3
澳门	12156674	6093.0
美国	271490	652.9
圭亚那	17100	16.6
萨摩亚	6920	16.3
塞内加尔	14220	15.2
特立尼达和多巴哥	12500	13.8
韩国	6871	13.6
日本	3775	10.9
坦桑尼亚	1000	1.0
赤道几内亚	1900	1.0
44129999 未列名胶合板、单板饰面板及类似的多层板		
合计	18936616	19266.5
台湾省	5850861	4738.1
德国	2539106	4250.0
韩国	2467890	2392.0
阿联酋	1563168	1205.7

国家/地区	出口数量（千克）	出口金额（千美元）
沙特阿拉伯	1259825	969.2
澳门	994185	857.1
巴林	1101740	828.6
日本	222143	729.1
意大利	352224	530.1
格鲁吉亚	111974	298.5
香港	427698	266.3
法国	162500	241.6
澳大利亚	228994	224.6
哈萨克斯坦	149000	163.9
阿尔及利亚	101611	141.7
伊拉克	134140	126.5
印度	80154	117.9
挪威	117000	116.3
荷兰	78000	113.7
比利时	58500	92.4
孟加拉国	95200	62.5
委内瑞拉	88433	61.4
英国	68215	57.9
马耳他	93500	57.8
朝鲜	92372	57.5
泰国	44490	57.3
波兰	25500	46.9
新西兰	50470	45.5
赤道几内亚	8573	42.3
美国	26450	33.2
黎巴嫩	16000	28.0
瑞典	30529	27.9
特立尼达和多巴哥	37109	27.4
巴布亚新几内亚	34252	24.2
埃塞俄比亚	26069	22.5
埃及	25960	20.4
南非	27759	20.1
卡塔尔	26250	19.9
赞比亚	6000	17.8
加纳	4940	17.7
越南	13700	16.8
莫桑比克	21000	14.5
新加坡	1530	12.2
马达加斯加	15420	11.3
毛里求斯	12140	11.0
加蓬	14000	10.0
智利	3410	8.8
俄罗斯联邦	3929	7.9
科特迪瓦	6160	5.0

国家/地区	出口数量（千克）	出口金额（千美元）
斯洛伐克	5582	4.7
尼日尔	2285	4.7
巴基斯坦	2916	2.8
喀麦隆	3000	2.3
菲律宾	990	1.5
安哥拉	690	0.7
巴西	630	0.5
尼日利亚	450	0.5

人造板进口量值表

国家/地区	进口数量（千克）	进口金额（千美元）
44081011 用胶合板等制的针叶木饰面用单板,厚≤6mm		
合计	327	10.6
德国	200	9.7
美国	87	0.6
44081019 其他针叶木饰面用单板,厚≤6mm		
合计	350048	2329.5
加拿大	110493	924.0
台湾省	55362	453.1
韩国	46351	343.4
美国	30170	222.7
奥地利	52575	123.0
法国	4553	70.2
俄罗斯联邦	6200	62.9
日本	5322	42.1
菲律宾	10140	20.3
罗马尼亚	17300	19.8
澳大利亚	8740	18.0
意大利	698	13.0
瑞士	495	9.2
斯洛伐克	645	4.6
秘鲁	970	2.9
44081020 针叶木制胶合板用单板,厚≤6mm		
合计	14846933	7627.8
俄罗斯联邦	14718223	7547.2
新西兰	89265	48.8
美国	39045	30.6
韩国	400	1.2
44081090 其他纵锯切、刨或旋切的针叶木木材,厚≤6mm		
合计	479247	3079.2
印度尼西亚	287374	1414.6
加拿大	116450	937.3

国家/地区	进口数量（千克）	进口金额（千美元）
美国	23143	310.6
意大利	34158	269.6
瑞士	4825	59.3
日本	3490	38.6
台湾省	8762	35.6
德国	161	5.0
罗马尼亚	168	4.8
西班牙	716	3.7
44083111 用胶合板等制饰面单板,红柳安木制,厚≤6mm		
合计	16417	56.8
日本	7717	45.5
马来西亚	8160	9.7
台湾省	540	1.5
44083119 其他饰面用单板,红柳安木制,厚≤6mm		
合计	109919	149.3
马来西亚	100290	119.5
美国	8437	24.7
日本	350	2.7
意大利	42	1.3
印度尼西亚	710	0.9
44083120 制胶合板用单板,红柳安木制,厚≤6mm		
合计	35768205	2525.2
越南	35675633	2461.7
马来西亚	92402	63.0
台湾省	170	0.5
44083190 其他纵锯切刨或旋切的红柳安木材,厚≤6mm		
合计	1520	22.2
印度	1491	21.0
台湾省	29	1.2
44083911 用胶合板等制其他子目注释二所列的热带木饰面用单板,厚≤6mm		
合计	5232	24.9
台湾省	3947	23.3
意大利	1285	1.6
44083919 其他子目注释二所列的热带木制饰面用单板,厚≤6mm		
合计	4524662	13276.8
加蓬	3014813	10934.6
加纳	237682	600.0
喀麦隆	507127	290.7
台湾省	32214	263.3

国家/地区	进口数量（千克）	进口金额（千美元）
巴西	26497	195.4
日本	7896	130.2
缅甸	46753	115.9
法国	37699	111.0
美国	40423	109.9
韩国	12268	89.1
西班牙	21788	79.3
科特迪瓦	9869	55.7
越南	441055	53.8
意大利	10290	43.5
墨西哥	17775	42.7
加拿大	11306	33.9
英国	608	32.5
马来西亚	23320	22.3
捷克	5390	21.7
德国	2900	19.7
尼日利亚	10158	14.2
葡萄牙	1360	9.2
印度尼西亚	809	3.5
印度	972	3.4
澳大利亚	700	1.1
44083920 其他子目注释二所列的热带木制胶合板用单板，厚≤6mm		
合计	1751014	1576.9
加蓬	503890	495.6
印度尼西亚	444171	449.9
马来西亚	687548	397.6
西班牙	9642	77.4
印度	7983	69.7
缅甸	41097	66.9
澳大利亚	7620	14.1
越南	48353	4.3
台湾省	710	1.4
44083990 其他纵锯切、刨或旋切的子目注释二所列的热带木木材，厚≤6mm		
合计	1521750	1144.8
加纳	88058	277.0
印度	15043	254.4
台湾省	21650	126.1
泰国	21560	120.7
越南	1272863	101.5
意大利	10187	99.7
印度尼西亚	27045	51.1
多民族玻利维亚国	5111	36.9
德国	845	35.2

国家/地区	进口数量（千克）	进口金额（千美元）
缅甸	35826	18.8
贝宁	23400	12.7
斯洛文尼亚	104	4.9
墨西哥	41	3.9
西班牙	4	1.1
喀麦隆	10	0.9
44089011 用胶合板等制其他非针叶木饰面单板，厚≤6mm		
合计	7858	24.0
西班牙	5835	9.7
加拿大	371	6.0
澳大利亚	820	3.3
荷兰	570	2.6
英国	160	2.1
44089012 温带非针叶木制其他饰面用单板，厚≤6mm		
合计	7630326	18089.9
美国	2188978	5908.8
俄罗斯联邦	2621724	3492.7
意大利	191415	1246.2
爱沙尼亚	726617	1195.0
拉脱维亚	578949	934.3
法国	79358	679.8
台湾省	139617	483.7
芬兰	149658	450.2
越南	221100	444.8
罗马尼亚	122825	350.6
西班牙	40298	348.3
多民族玻利维亚国	34354	337.3
乌克兰	127295	330.0
捷克	75097	294.0
巴西	70580	264.0
德国	23608	257.6
澳大利亚	50812	186.6
韩国	37620	177.1
日本	13054	160.2
斯洛文尼亚	23435	111.4
奥地利	41394	107.6
土耳其	14279	87.1
克罗地亚	12212	83.0
印度	3904	44.2
加拿大	23315	42.7
缅甸	9159	30.8
瑞士	7050	19.6
葡萄牙	590	11.3

国家/地区	进口数量（千克）	进口金额（千美元）
喀麦隆	85	5.1
匈牙利	1919	3.3
新加坡	20	2.1
英国	5	0.4
44089019 其他非针叶木饰面用单板，厚≤6mm		
合计	11161661	45222.9
美国	3616370	9237.8
意大利	851684	6706.6
加蓬	2434636	4596.0
巴西	737541	3628.4
捷克	262802	3391.7
加纳	628579	3307.6
德国	92155	2424.8
多民族玻利维亚国	350739	2091.3
台湾省	392517	1466.6
印度	70440	899.6
日本	32869	844.7
土耳其	123909	841.5
喀麦隆	187076	827.1
法国	202461	777.0
西班牙	148521	766.0
斯洛文尼亚	61992	639.5
英国	7664	372.1
罗马尼亚	26674	351.4
葡萄牙	112912	328.7
印度尼西亚	99520	288.2
芬兰	71907	247.3
瑞士	8965	217.2
越南	96179	185.3
老挝	318280	181.0
菲律宾	34140	124.9
乌克兰	29810	106.7
韩国	22354	82.0
爱沙尼亚	31618	60.6
澳大利亚	15313	49.7
缅甸	21812	47.1
中华人民共和国	4267	28.1
加拿大	1009	21.7
科特迪瓦	7530	21.5
匈牙利	67	16.7
俄罗斯联邦	48180	15.9
哥斯达黎加	2600	8.3
马达加斯加	465	7.8
刚果（布）	1661	6.7

国家/地区	进口数量(千克)	进口金额(千美元)
刚果(金)	1165	2.6
奥地利	2288	2.2
丹麦	39	1.6
巴布亚新几内亚	951	1.3
44089021 温带非针叶木制胶合板用单板,厚≤6mm		
合计	12144029	5873.9
俄罗斯联邦	11037530	5123.9
台湾省	67768	157.7
美国	55337	113.3
越南	434995	111.3
芬兰	180064	109.7
澳大利亚	163978	88.0
韩国	9440	65.9
加拿大	17994	37.0
西班牙	621	29.1
泰国	120000	21.4
巴西	302	9.0
朝鲜	56000	7.7
44089029 其他非针叶木制胶合板用单板,厚≤6mm		
合计	641030416	71334.6
越南	629252005	64234.0
马来西亚	7205616	4034.0
俄罗斯联邦	2896520	1736.2
台湾省	9044	341.8
西班牙	38305	338.3
美国	121425	213.3
所罗门群岛	264090	137.8
老挝	1012190	135.2
加纳	46880	41.4
加拿大	20178	37.2
乌克兰	42000	29.2
埃塞俄比亚	80700	20.9
新加坡	17095	15.5
德国	13804	12.1
日本	10564	7.8
44089091 温带非针叶木制经纵刨旋切的木材,厚≤6mm		
合计	8089182	10007.1
俄罗斯联邦	4980518	4584.9
美国	2514974	3928.5
加纳	204608	569.1
缅甸	118017	227.2
加蓬	41490	134.7

国家/地区	进口数量(千克)	进口金额(千美元)
西班牙	37257	117.4
意大利	1527	80.8
巴西	25824	72.3
爱沙尼亚	20410	49.5
法国	22020	44.5
德国	8843	36.5
斯洛文尼亚	4300	31.6
奥地利	6810	30.9
越南	74000	26.3
捷克	10150	24.6
科特迪瓦	7729	20.9
台湾省	3070	19.8
印度尼西亚	7626	7.0
塞尔维亚	9	0.5
44089099 其他非针叶木制经纵刨旋切的木材,厚≤6mm		
合计	191041	1445.7
德国	15202	288.5
韩国	3052	288.3
印度	16521	211.9
意大利	6407	146.1
美国	5343	115.2
日本	295	100.6
澳大利亚	123200	94.4
马达加斯加	3436	63.6
墨西哥	1758	56.1
巴西	1390	22.8
西班牙	10600	17.9
喀麦隆	1342	15.0
台湾省	1500	13.2
法国	956	9.4
危地马拉	35	2.5
44101100 木制碎料板		
合计	126289521	44044.8
马来西亚	61152554	16461.1
德国	8660088	6136.8
泰国	16469865	4323.8
罗马尼亚	11165106	4048.7
意大利	2631443	2930.7
越南	10476032	2674.4
韩国	3551900	1571.8
印度尼西亚	2618614	1231.1
日本	1782134	1087.8
葡萄牙	2822998	1041.0
法国	1325376	764.7

国家/地区	进口数量(千克)	进口金额(千美元)
西班牙	1968822	637.9
奥地利	888527	599.1
拉脱维亚	297166	194.2
美国	256519	134.4
台湾省	26540	48.8
荷兰	48000	34.4
瑞士	21659	31.2
新西兰	54271	25.0
波兰	35424	23.7
丹麦	32427	19.3
立陶宛	2378	10.6
新加坡	240	8.9
瑞典	720	3.6
土耳其	66	0.5
44101200 木制定向刨花板(OSB)		
合计	96429097	44610.5
加拿大	31946413	15020.8
罗马尼亚	22408557	9957.1
巴西	15924026	7422.2
德国	9624976	5493.0
泰国	7808624	2721.8
美国	4288885	1990.8
韩国	3030120	1222.0
意大利	437579	363.5
越南	415150	116.4
拉脱维亚	127238	67.3
比利时	103736	58.0
台湾省	40059	35.6
澳大利亚	72929	34.3
马来西亚	102818	30.8
日本	21504	27.1
奥地利	48185	23.7
新西兰	27041	17.9
波兰	1120	5.5
捷克	90	2.2
44101900 其他木制类似板(例如,华夫板)		
合计	152923921	52843.5
泰国	52018242	15546.9
马来西亚	51048606	13420.8
罗马尼亚	21315790	12102.7
越南	25735291	7069.5
芬兰	386239	2517.8
台湾省	696979	479.2
瑞士	220759	421.9
意大利	362426	340.7

国家/地区	进口数量（千克）	进口金额（千美元）
奥地利	402894	339.4
德国	140454	194.7
日本	222813	154.8
比利时	134131	104.6
西班牙	118984	50.6
葡萄牙	114625	49.8
美国	698	42.8
柬埔寨	4031	4.3
中华人民共和国	689	1.0
英国	103	0.6
加拿大	11	0.4
44109019 其他木质材料制碎料板		
合计	23436	42.4
日本	22106	36.6
意大利	583	3.9
美国	689	1.7
44109090 其他木质材料制定向刨花板(OSB)及类似板(例如,华夫板)		
合计	9438	125.3
瑞士	3001	93.0
德国	4876	20.2
日本	517	3.3
美国	390	2.7
西班牙	44	2.6
法国	288	1.5
韩国	66	1.3
荷兰	98	0.5
44111211 未机械加工中密度板,密度＞0.8g/cucm,厚≤5mm		
合计	8101875	3791.7
新西兰	4003956	2050.5
澳大利亚	1439804	654.8
马来西亚	1244783	421.1
泰国	577860	309.6
阿根廷	487445	207.8
印度尼西亚	200479	62.5
斯洛文尼亚	36320	18.2
韩国	33547	18.0
日本	18768	16.8
智利	48320	14.1
美国	9723	9.3
西班牙	870	8.9
44111219 经机械加工中密度板,密度＞0.8g/cucm,厚≤5mm		
合计	2936159	2986.8

国家/地区	进口数量（千克）	进口金额（千美元）
韩国	110660	959.4
日本	213177	288.3
澳大利亚	538630	257.8
阿根廷	419977	216.7
泰国	312085	209.6
美国	190361	169.8
新西兰	240691	161.8
台湾省	82399	161.0
马来西亚	160680	157.2
印度尼西亚	339644	109.1
瑞典	148596	88.7
匈牙利	18625	63.0
波兰	35245	47.1
智利	73572	36.8
德国	38132	36.0
中华人民共和国	9251	14.8
瑞士	378	7.0
新加坡	3060	1.2
法国	168	0.9
44111221 辐射松制的中密度板,0.5g/cucm＜密度≤0.8g/cucm,厚≤5mm		
合计	8374085	4121.7
新西兰	8065580	4010.7
澳大利亚	280924	83.1
韩国	25722	16.7
印度尼西亚	1859	11.2
44111229 其他中密度板 0.5g/cucm＜密度≤0.8g/cucm,厚≤5mm		
合计	11862720	5069.1
泰国	7505713	2909.1
澳大利亚	1156205	665.6
印度尼西亚	1637672	610.6
新西兰	1052384	404.2
马来西亚	436375	212.5
美国	24946	114.4
日本	10376	53.0
越南	5426	31.9
德国	5400	22.8
意大利	192	16.4
南非	15624	15.7
瑞典	2593	7.3
新加坡	9560	3.8
韩国	64	0.8
丹麦	62	0.7
44111291 未加工中密度板,密度≤0.5g/cucm,厚≤5mm		

国家/地区	进口数量（千克）	进口金额（千美元）
合计	861826	385.0
澳大利亚	719499	323.8
新西兰	101816	45.8
印度尼西亚	40445	14.8
44111299 加工中密度板,密度≤0.5g/cucm,厚≤5mm		
合计	984130	588.8
泰国	556616	319.0
新西兰	354298	220.5
马来西亚	47736	25.5
澳大利亚	24088	11.3
美国	70	8.9
日本	1322	3.7
44111311 未加工中密度板,密度＞0.8g/cucm,5mm＜厚≤9mm		
合计	1342206	646.0
澳大利亚	764191	329.0
泰国	509460	213.9
马来西亚	13950	42.2
西班牙	4923	40.8
台湾省	49520	19.8
44111319 加工中密度板,密度＞0.8g/cucm,5mm＜厚≤9mm		
合计	21896729	23390.2
比利时	5710936	7658.2
德国	6421249	7210.9
瑞士	6452150	5882.7
奥地利	2474178	2019.3
美国	213730	185.6
新西兰	427940	142.3
法国	48543	72.2
挪威	57782	72.1
瑞典	17307	50.2
西班牙	18947	35.4
意大利	21144	27.9
中华人民共和国	17934	17.6
韩国	5256	8.6
英国	4169	3.6
斯洛文尼亚	700	1.8
印度尼西亚	2540	0.8
新加坡	2080	0.7
44111321 辐射松制的中密度板,5mm＜厚≤9mm		
合计	9109107	4609.7
新西兰	7635274	4055.9

国家/地区	进口数量(千克)	进口金额(千美元)
智利	593565	203.2
阿根廷	454401	186.1
巴西	367546	131.2
韩国	34715	22.0
澳大利亚	23576	11.3
44111329 其他中密度板 0.5g/cucm < 密度≤0.8g/cucm,5mm < 厚≤9mm		
合计	5619687	3400.0
印度尼西亚	1896746	1091.3
德国	939190	975.2
澳大利亚	1102944	515.7
泰国	610590	239.2
新西兰	433685	228.1
比利时	147665	152.0
巴西	198581	68.8
马来西亚	149929	62.5
日本	45567	22.8
韩国	912	16.3
美国	12247	11.7
阿根廷	23932	9.0
俄罗斯联邦	55699	5.8
中华人民共和国	1705	0.9
葡萄牙	134	0.5
44111391 未加工中密度板,密度≤0.5g/cucm,5mm < 厚≤9mm		
合计	813168	327.0
泰国	518670	197.1
澳大利亚	270568	122.3
智利	23930	7.6
44111399 加工中密度板,密度≤0.5g/cucm,5mm < 厚≤9mm		
合计	34020	27.8
马来西亚	8720	13.7
巴西	24823	8.8
韩国	230	2.2
捷克	110	1.7
德国	122	1.3
44111411 未加工中密度板,密度 > 0.8g/cucm,厚 > 9mm		
合计	300676	190.3
德国	253397	153.5
美国	28767	23.1
意大利	870	8.0
马来西亚	17636	5.6

国家/地区	进口数量(千克)	进口金额(千美元)
44111419 加工中密度板,密度 > 0.8g/cucm,厚 > 9mm		
合计	6119840	8771.3
比利时	2025493	4110.8
德国	1372421	1605.6
瑞士	933368	992.0
意大利	121407	375.7
奥地利	221371	362.5
新西兰	573369	313.8
中华人民共和国	399012	288.3
美国	98931	153.2
法国	25653	148.1
挪威	85399	132.5
泰国	200387	90.5
日本	29466	83.5
丹麦	6000	80.4
西班牙	20428	16.7
加拿大	240	5.7
越南	883	2.8
韩国	549	2.8
印度尼西亚	4500	2.2
阿联酋	195	1.5
英国	68	1.2
墨西哥	95	1.0
台湾省	605	0.7
44111421 辐射松制的中密度板,厚 > 9mm		
合计	16315776	6930.0
新西兰	7467160	3691.4
智利	4995841	1630.5
巴西	1650659	603.5
阿根廷	1348681	529.8
马来西亚	413387	249.0
澳大利亚	381405	190.3
韩国	57870	34.3
中华人民共和国	35	0.6
多民族玻利维亚国	562	0.4
44111429 其他中密度板 0.5g/cucm < 密度≤0.8g/cucm,厚 > 9mm		
合计	34332863	19663.6
意大利	10424378	8150.9
日本	3398000	2354.4
澳大利亚	4598326	2258.9
泰国	5471269	2043.0
德国	894985	1285.3
越南	4835517	1124.9

国家/地区	进口数量(千克)	进口金额(千美元)
马来西亚	1270394	600.5
印度尼西亚	1229475	472.9
巴西	1010043	345.9
美国	47381	301.7
韩国	656435	291.5
葡萄牙	50113	177.9
阿根廷	318143	122.2
西班牙	41438	63.4
比利时	21847	20.9
中华人民共和国	16101	15.6
新西兰	24480	12.1
英国	5719	9.6
台湾省	17215	6.3
法国	1359	3.7
菲律宾	50	0.9
加拿大	40	0.5
44111491 未加工中密度板,密度≤0.5g/cucm,厚 > 9mm		
合计	916291	340.5
泰国	792458	293.9
智利	94846	30.5
澳大利亚	28882	13.9
比利时	45	1.2
美国	45	0.8
44119210 未加工木纤维板,密度 > 0.8g/cucm		
合计	307423	180.6
新西兰	307423	180.6
44119290 加工木纤维板,密度 > 0.8g/cucm		
合计	9715047	11373.8
德国	7625843	8827.2
比利时	804057	870.5
美国	385051	478.9
波兰	236149	320.6
瑞士	90085	246.4
马来西亚	247341	203.5
葡萄牙	27345	139.1
智利	48127	103.9
印度尼西亚	142344	71.6
奥地利	40988	47.1
中华人民共和国	28566	16.0
新西兰	25040	13.9
西班牙	1166	10.5
法国	230	6.4
日本	4940	6.1

国家/地区	进口数量（千克）	进口金额（千美元）
新加坡	4250	4.4
韩国	2333	2.5
意大利	734	2.3
英国	285	1.0
墨西哥	36	0.9
加拿大	48	0.8
44119310 辐射松制的纤板，0.5g/cucm < 密度≤0.9g		
合计	5709980	1865.4
智利	3934872	1259.9
新西兰	1038499	309.8
澳大利亚	508120	196.5
马来西亚	209588	79.7
葡萄牙	18901	19.4
44119390 木纤板，0.5g/cucm < 密度≤0.10 g/cucm		
合计	20857186	9219.9
澳大利亚	14637999	6782.2
泰国	5832627	2081.2
美国	80226	94.4
新西兰	137180	87.4
瑞士	15477	42.9
瑞典	2122	40.0
马来西亚	117668	37.7
德国	4324	15.8
西班牙	1779	13.7
比利时	5772	8.6
奥地利	880	7.3
智利	20340	6.1
中华人民共和国	155	2.1
44119410 木纤板，0.35g/cucm < 密度≤0.5 g/cucm		
合计	11558	24.2
德国	6074	14.4
意大利	4410	5.4
比利时	847	3.7
新西兰	200	0.5
44119429 加工木纤板，密度≤0.35g/cucm		
合计	776696	1650.1
德国	402468	1277.5
美国	44394	125.4
日本	87132	83.3
印度尼西亚	144504	59.6
丹麦	1506	28.5
泰国	47726	23.9

国家/地区	进口数量（千克）	进口金额（千美元）
爱沙尼亚	24730	23.6
新西兰	17879	20.2
奥地利	6357	8.1
44123100 其他薄板制胶合板至少一表层是子目注释二所列的热带木，厚≤6mm		
合计	12466503	15817.7
马来西亚	7221388	8927.1
印度尼西亚	4387200	5502.6
台湾省	252813	437.2
日本	138724	433.4
西班牙	48954	250.8
韩国	65137	89.1
柬埔寨	270703	85.7
中华人民共和国	63395	45.0
法国	3460	18.3
泰国	13300	16.2
意大利	630	5.3
澳大利亚	660	3.9
丹麦	16	2.2
美国	76	0.6
44123210 其他薄板制胶合板至少一表层是温带木，厚≤6mm		
合计	19183197	26387.0
俄罗斯联邦	14289026	14055.6
芬兰	1491533	3355.4
日本	1317803	2223.6
德国	275303	1954.5
西班牙	283107	1386.9
台湾省	243821	1338.1
马来西亚	465574	496.4
意大利	149195	304.1
中华人民共和国	100944	270.9
拉脱维亚	186678	241.4
巴西	7114	239.6
越南	176524	139.7
奥地利	40298	115.5
波兰	15570	61.3
英国	61501	51.2
墨西哥	24030	48.2
加拿大	15786	44.1
印度尼西亚	25774	32.3
乌克兰	12923	25.0
法国	482	1.7
美国	55	0.6
丹麦	4	0.4

国家/地区	进口数量（千克）	进口金额（千美元）
44123290 其他薄板制胶合板至少一表层非针叶木，厚≤6mm		
合计	43641087	37174.8
马来西亚	32035711	22646.2
印度尼西亚	9986678	9638.1
台湾省	482701	3084.0
波黑	71485	502.9
俄罗斯联邦	312089	419.2
中华人民共和国	240091	285.4
意大利	152257	182.6
日本	120457	162.6
韩国	199129	133.4
德国	13052	64.6
芬兰	22344	32.6
立陶宛	3469	16.6
美国	324	4.8
爱沙尼亚	130	1.3
印度	1170	0.4
44123900 其他薄板制胶合板，厚≤6mm		
合计	19897315	26490.7
俄罗斯联邦	6163342	10617.8
芬兰	2054975	3966.7
印度尼西亚	3252677	3491.6
马来西亚	3373840	3091.2
爱沙尼亚	814568	1446.2
英国	140180	815.6
德国	121040	742.2
越南	2312442	426.0
中华人民共和国	179640	382.2
台湾省	241526	335.3
菲律宾	331690	320.7
日本	497448	318.7
美国	71492	127.1
挪威	22603	98.7
意大利	77422	83.8
加拿大	54780	81.7
智利	51194	48.3
柬埔寨	107564	34.1
比利时	7615	32.4
澳大利亚	4327	12.1
新西兰	15380	11.8
法国	49	2.2
奥地利	590	1.6
西班牙	247	0.8
印度	76	0.6

国家/地区	进口数量（千克）	进口金额（千美元）
韩国	286	0.5
瑞典	210	0.5
44129410 其他木块芯胶合板等至少一表层是非针叶木		
合计	2304656	2640.6
印度尼西亚	1675820	1456.5
爱沙尼亚	74810	313.2
奥地利	44063	228.9
马来西亚	204821	201.0
厄瓜多尔	6909	171.0
捷克	25151	81.5
中华人民共和国	66707	69.3
意大利	180112	55.0
西班牙	6980	35.8
俄罗斯联邦	16891	16.7
台湾省	1360	4.3
日本	385	3.8
匈牙利	450	1.5
瑞典	83	0.8
美国	50	0.7
44129491 其他木块芯胶合板等至少一表层是子目注释二所列的热带木		
合计	41957	130.3
爱沙尼亚	8000	46.0
日本	11052	34.4
捷克	8094	31.2
越南	13736	15.6
匈牙利	1056	2.8
44129492 其他木块芯胶合板等至少一表层是木碎料板		
合计	116728	86.6
中华人民共和国	96622	54.8
奥地利	1385	11.8
印度尼西亚	14769	8.4
意大利	464	6.2
韩国	12	3.4
马来西亚	3476	2.0
44129499 其他木块芯、侧板条芯、板条芯胶合板		
合计	51010	62.4
智利	47501	45.4
爱沙尼亚	3500	16.9
44129910 其他胶合板等至少一表层是非针叶木		
合计	7600626	21497.5

国家/地区	进口数量（千克）	进口金额（千美元）
瑞典	700633	3806.7
比利时	873434	3043.6
德国	504843	2961.0
芬兰	533575	2387.0
马来西亚	1372286	2058.3
立陶宛	489607	1805.8
意大利	259438	1546.3
中华人民共和国	742119	692.7
印度尼西亚	650137	453.8
俄罗斯联邦	48770	403.5
波兰	94290	383.8
波黑	84879	356.3
奥地利	127807	318.8
加拿大	70513	222.4
日本	147263	184.2
荷兰	44525	144.0
西班牙	11549	132.2
匈牙利	21837	97.5
美国	266877	94.8
法国	5002	72.1
挪威	16021	66.1
越南	330960	56.4
柬埔寨	150590	54.1
台湾省	30036	52.4
葡萄牙	1830	34.1
英国	7985	27.2
瑞士	7031	23.7
澳大利亚	2400	9.7
新加坡	885	5.1
缅甸	3414	2.7
香港	40	0.9
44129991 其他胶合板等至少一表层是子目注释二所列的热带木层		
合计	103892	574.9
德国	81363	466.7
台湾省	19960	98.7
日本	2569	9.4
44129992 其他胶合板等至少一表层是木碎料板		
合计	14780	79.1
韩国	14640	78.9
44129999 未列名胶合板、单板饰面板及类似的多层板		
合计	746293	869.5
日本	88334	446.6

国家/地区	进口数量（千克）	进口金额（千美元）
马来西亚	196392	62.0
加拿大	50983	59.8
德国	41813	57.2
芬兰	38992	53.4
新西兰	90458	50.6
美国	67653	40.7
俄罗斯联邦	16618	26.1
智利	24020	20.4
法国	450	17.6
越南	40680	12.9
中华人民共和国	82172	10.7
台湾省	6350	7.0
印度尼西亚	1175	4.0

木质家具出口量值表

国家/地区	出口数量（件）	出口金额（千美元）
94016110 皮革或再生皮革面的带软垫的木框架坐具		
合计	19387372	3119530.6
美国	6970331	1260082.2
英国	2407583	337843.3
澳大利亚	875251	197487.8
韩国	962509	192919.6
加拿大	1209365	188256.8
日本	800737	123593.8
法国	743429	104972.2
德国	708345	60616.3
荷兰	364481	43734.7
香港	166856	35935.2
比利时	302091	34762.4
新加坡	96549	34663.4
南非	185503	31616.4
新西兰	138536	26890.4
阿联酋	132760	26507.7
印度	204073	24090.7
沙特阿拉伯	124970	22255.1
墨西哥	98188	19192.8
西班牙	235890	18512.5
泰国	58435	17908.0
智利	136287	17808.0
以色列	89369	17065.9
马来西亚	149678	16797.5
爱尔兰	114848	15751.4
丹麦	272023	14001.2

国家/地区	出口数量（件）	出口金额（千美元）
台湾省	56749	13892.8
意大利	189267	13190.5
哥伦比亚	67367	12788.3
印度尼西亚	53725	11319.8
瑞典	204257	10922.4
俄罗斯联邦	43184	10366.9
秘鲁	38653	9150.6
文莱	14627	8880.2
波多黎各	42582	8504.3
波兰	283630	7368.0
菲律宾	28209	5488.3
安哥拉	60823	5311.1
乌拉圭	28038	5034.0
土耳其	29719	4986.7
巴拿马	24824	4985.0
卡塔尔	11229	3521.5
阿尔及利亚	10376	3518.8
挪威	31199	3289.1
厄瓜多尔	19542	3068.6
斯洛文尼亚	12059	3006.6
留尼汪	10966	2904.1
肯尼亚	17016	2898.4
尼日利亚	59835	2607.5
芬兰	12410	2582.2
黎巴嫩	7818	2443.6
摩洛哥	12462	2371.7
澳门	9908	2355.8
哥斯达黎加	11620	2248.8
纳米比亚	6483	2204.3
加纳	15838	2191.9
危地马拉	13501	1938.5
坦桑尼亚	11602	1863.5
葡萄牙	25395	1824.5
多米尼加共和国	11106	1791.9
委内瑞拉	6229	1778.6
贝宁	5749	1746.0
莫桑比克	8936	1624.0
科威特	11972	1576.6
越南	10451	1519.3
科特迪瓦	9249	1479.2
希腊	38183	1426.9
巴西	12687	1419.6
巴林	7318	1326.3
塞内加尔	11409	1302.6
奥地利	3829	1288.2
克罗地亚	11661	1281.3
喀麦隆	8235	1249.7
罗马尼亚	4673	1219.3
塞浦路斯	7156	1217.7
拉脱维亚	18857	1198.8
毛里求斯	6919	1180.5
瑞士	6513	1148.6
伊朗	4734	1136.0
刚果(金)	6093	1120.5
刚果(布)	7894	1109.6
阿曼	6346	1099.6
萨尔瓦多	4545	988.9
保加利亚	5544	953.9
爱沙尼亚	8155	949.9
埃及	5176	924.3
乌克兰	4423	907.9
赤道几内亚	3298	898.3
马耳他	4650	768.2
哈萨克斯坦	3407	744.4
蒙古	2899	698.4
立陶宛	10249	682.1
冰岛	4433	681.4
乌兹别克斯坦	2619	637.2
斯洛伐克	4170	635.4
缅甸	2243	574.9
捷克	4173	570.7
新喀里多尼亚	3249	567.8
伊拉克	6576	567.5
格鲁吉亚	2459	552.6
孟加拉国	4330	533.2
赞比亚	2051	518.7
加蓬	3942	515.0
约旦	3343	503.6
巴基斯坦	2741	464.5
瓜德罗普	1065	439.1
布基纳法索	1957	430.2
阿尔巴尼亚	1838	394.1
阿根廷	3066	381.4
尼日尔	784	373.4
吉布提	3568	370.2
马拉维	721	367.7
尼加拉瓜	1841	366.3
苏丹	1496	363.5
几内亚	4262	332.8
马提尼克	709	313.9
马里	911	307.2
苏里南	1393	282.2
法属波利尼西亚	820	243.0
柬埔寨	653	238.5
利比亚	2200	234.2
多哥	819	233.2
特立尼达和多巴哥	2557	227.7
阿塞拜疆	678	216.5
突尼斯	531	212.4
萨摩亚	86	211.1
马约特	963	191.8
法属圭亚那	443	187.1
洪都拉斯	774	166.9
圭亚那	515	163.1
毛里塔尼亚	222	159.6
斯里兰卡	948	155.5
塔吉克斯坦	778	146.4
斐济	398	132.4
牙买加	738	131.1
佛得角	399	130.6
巴勒斯坦	481	125.3
老挝	554	125.0
海地	386	123.5
多民族玻利维亚国	578	111.4
巴拉圭	541	101.7
匈牙利	496	100.7
乌干达	341	100.1
亚美尼亚	448	92.6
吉尔吉斯斯坦	353	86.9
百慕大	299	77.4
朝鲜	952	77.3
津巴布韦	258	76.8
冈比亚	311	66.4
埃塞俄比亚	198	64.9
土库曼斯坦	802	58.8
卢旺达	110	54.9
巴巴多斯	275	53.7
古巴	356	52.9
巴布亚新几内亚	272	41.9
也门	180	39.1
塞尔维亚	127	38.4
前南马其顿	289	35.3
白俄罗斯	75	34.7
黑山	208	24.0
利比里亚	106	23.1

国家/地区	出口数量（件）	出口金额（千美元）
塞舌尔	318	20.8
巴哈马	85	19.9
马达加斯加	175	18.9
叙利亚	51	18.9
荷属安的列斯群岛	110	18.1
法罗群岛	43	16.1
斯威士兰	31	15.9
马尔代夫	336	15.4
库腊索岛	850	14.9
安提瓜和巴布达	15	13.4
乍得	16	12.5
博茨瓦纳	67	11.2
开曼群岛	42	11.0
卢森堡	28	10.6
塞拉利昂	17	10.3
东帝汶	16	9.0
阿鲁巴	68	6.3
伯利兹	5	5.5
大洋洲其他国家（地区）	14	4.9
索马里	40	4.2
摩尔多瓦	9	4.2
南苏丹共和国	6	1.7
莱索托	4	1.2
布隆迪	1	1.2
亚洲其他国家（地区）	20	0.7
94016190 其他带软垫的木框架坐具		
合计	50307109	4165045.6
美国	20262576	1518289.5
日本	3043905	342134.9
澳大利亚	1952306	198037.7
英国	2411490	172959.2
沙特阿拉伯	1038880	163945.7
阿联酋	809928	155399.7
加拿大	1887353	142047.1
韩国	1215368	118771.4
法国	2287156	112102.3
新加坡	551466	105878.0
马来西亚	891303	89120.9
文莱	200184	77354.1
德国	1805680	76871.5
南非	487715	55358.0
印度尼西亚	572149	44146.4
墨西哥	438922	40423.3
荷兰	976634	38937.6
比利时	868377	32737.2
泰国	226452	32500.8
西班牙	549559	31447.4
科威特	221894	30047.5
印度	357360	29981.2
香港	371345	29210.4
智利	323619	25894.5
新西兰	209432	25756.9
俄罗斯联邦	297782	25403.6
丹麦	552062	23446.9
瑞典	500996	21175.2
以色列	177898	18942.7
巴拿马	120852	17665.1
哈萨克斯坦	279598	16700.1
台湾省	186588	16588.2
意大利	396221	15295.9
爱尔兰	167751	14492.1
波兰	393035	13159.9
委内瑞拉	36559	12453.7
卡塔尔	69800	12105.1
摩洛哥	42436	11889.0
安哥拉	179504	11829.4
挪威	159660	11176.6
波多黎各	91165	10774.3
哥伦比亚	108550	10653.0
菲律宾	114658	10526.6
土耳其	110737	9592.2
阿曼	74893	8889.9
巴林	53394	8731.8
澳门	50399	8339.1
乌拉圭	60320	7278.2
秘鲁	69957	6698.5
巴西	173229	6049.7
尼日利亚	98362	6001.4
肯尼亚	50928	5034.8
黎巴嫩	41794	4819.0
塞浦路斯	34524	4772.2
利比亚	55501	4604.0
乌克兰	59358	4587.9
葡萄牙	92635	4547.0
留尼汪	25640	4499.6
希腊	67305	4269.3
芬兰	52346	3714.1
约旦	25413	3464.9
埃及	28820	3278.3
多米尼加共和国	27794	3236.2
拉脱维亚	42362	2919.2
伊朗	35317	2837.1
厄瓜多尔	29659	2599.3
蒙古	61584	2579.2
危地马拉	22048	2512.9
越南	22852	2396.3
加纳	25053	2344.9
贝宁	16718	2320.2
阿尔及利亚	43886	2313.2
瑞士	90810	2264.6
哥斯达黎加	19019	2251.4
坦桑尼亚	33454	2202.0
伊拉克	44184	2184.7
莫桑比克	22334	2170.5
爱沙尼亚	37242	2118.6
毛里求斯	19503	2097.7
格鲁吉亚	24638	2079.3
塞内加尔	24113	1970.2
斯里兰卡	14525	1717.8
奥地利	88279	1652.7
阿塞拜疆	24242	1611.5
纳米比亚	15498	1531.2
阿根廷	30629	1490.2
罗马尼亚	20783	1463.8
马耳他	20019	1450.7
斯洛文尼亚	24226	1312.9
孟加拉国	20165	1279.9
塔吉克斯坦	7865	1253.8
老挝	3702	1232.0
乌兹别克斯坦	12083	1196.7
特立尼达和多巴哥	10893	1166.8
科特迪瓦	14910	1128.1
立陶宛	12240	1082.4
牙买加	10477	1048.3
保加利亚	12970	1015.9
克罗地亚	9184	898.7
刚果(金)	9925	876.4
新喀里多尼亚	4006	872.2
亚美尼亚	10109	867.5
洪都拉斯	8989	822.1
苏里南	4938	817.5
喀麦隆	9013	757.2
巴基斯坦	10420	728.0

国家/地区	出口数量（件）	出口金额（千美元）
多哥	10507	721.1
吉布提	10620	684.0
刚果(布)	7796	666.0
索马里	5655	653.4
阿尔巴尼亚	5963	641.3
缅甸	5078	609.7
几内亚	6599	590.4
法属波利尼西亚	2715	529.8
法属圭亚那	3569	527.2
冰岛	3577	502.6
圭亚那	2516	493.2
瓜德罗普	2116	472.9
萨尔瓦多	5419	461.0
捷克	8544	438.1
马提尼克	1396	423.9
加蓬	3387	423.6
柬埔寨	1659	366.2
赤道几内亚	2108	359.6
也门	2559	358.7
匈牙利	11535	346.1
塞尔维亚	4720	343.2
古巴	2775	337.8
巴拉圭	10947	324.8
多民族玻利维亚国	6252	319.7
马达加斯加	3821	308.8
尼加拉瓜	2462	302.1
朝鲜	3266	299.5
巴布亚新几内亚	2520	286.3
苏丹	3896	281.3
马约特	1731	277.9
马尔代夫	2075	273.0
巴勒斯坦	1442	248.8
吉尔吉斯斯坦	1354	247.8
马里	1202	197.5
突尼斯	2986	186.5
埃塞俄比亚	1124	171.1
马拉维	2228	166.9
赞比亚	2967	154.0
土库曼斯坦	2665	148.0
萨摩亚	374	127.6
卢旺达	1198	122.0
尼日尔	1005	117.5
多米尼克	660	115.6
利比里亚	766	112.8
布基纳法索	925	108.8

国家/地区	出口数量（件）	出口金额（千美元）
荷属安的列斯群岛	1716	108.0
巴哈马	1146	106.0
海地	517	96.2
博茨瓦纳	3471	89.9
黑山	1182	85.9
斯洛伐克	1564	84.8
白俄罗斯	2942	84.1
塞舌尔	448	78.3
圣卢西亚	447	66.4
乌干达	423	64.0
阿鲁巴	855	62.5
前南马其顿	514	60.6
安提瓜和巴布达	119	58.2
巴巴多斯	441	51.2
叙利亚	489	51.1
津巴布韦	245	49.2
冈比亚	357	46.2
格林纳达	368	43.2
伯利兹	759	42.4
斐济	729	40.3
摩尔多瓦	604	38.4
佛得角	1236	36.5
斯威士兰	801	34.2
尼泊尔联邦民主共和国	867	33.0
大洋洲其他国家（地区）	126	32.8
塞拉利昂	375	29.4
莱索托	354	27.7
瓦努阿图	96	16.8
安道尔	60	16.5
布隆迪	23	14.5
毛里塔尼亚	193	12.5
库克群岛	47	12.4
南苏丹共和国	39	11.5
百慕大	68	11.2
亚洲其他国家（地区）	61	10.5
卢森堡	28	6.9
圣马丁岛	150	3.8
法罗群岛	150	3.6
科摩罗	16	1.4
东帝汶	9	0.6
94016900 其他木框架坐具		
合计	29345523	762475.9

国家/地区	出口数量（件）	出口金额（千美元）
美国	6377377	178199.8
日本	2348936	54273.7
德国	2417100	49981.8
马来西亚	688839	39868.8
新加坡	500969	35892.6
英国	1725439	31946.2
澳大利亚	1213655	27804.4
阿联酋	498714	25546.6
韩国	928848	18728.3
加拿大	812716	18485.4
文莱	188581	17226.4
巴拿马	197050	16930.3
法国	1076122	15745.7
荷兰	1157807	15420.9
瑞典	835568	15390.3
丹麦	280189	15246.7
台湾省	264405	13148.0
意大利	751090	11269.1
西班牙	694382	11205.1
香港	240568	10941.2
南非	353746	10739.8
波兰	794898	9510.0
安哥拉	209725	8978.1
泰国	258199	7197.8
俄罗斯联邦	417465	6589.3
比利时	438875	6240.5
巴西	226521	5322.9
墨西哥	222361	4903.4
菲律宾	144617	4885.6
沙特阿拉伯	195503	4768.0
卡塔尔	72888	4732.1
印度	167857	4383.6
贝宁	53329	4134.9
印度尼西亚	112425	3537.8
智利	245399	2994.9
新西兰	120162	2896.7
越南	52691	2464.9
瑞士	157373	2307.0
以色列	163399	2264.0
尼日利亚	40955	2104.2
科威特	34617	2019.2
土耳其	54103	1957.4
阿尔及利亚	90270	1551.0
加纳	24759	1501.6
委内瑞拉	28746	1449.6

国家/地区	出口数量（件）	出口金额（千美元）
摩洛哥	39147	1431.0
阿曼	17758	1355.5
哥伦比亚	82426	1273.8
坦桑尼亚	21860	1152.0
芬兰	57141	1115.0
阿根廷	47444	1013.8
挪威	42957	929.8
澳门	25386	888.1
拉脱维亚	81446	814.1
奥地利	72340	774.6
希腊	69612	772.9
肯尼亚	19448	768.0
塞内加尔	13853	763.9
多哥	14017	681.9
马耳他	26369	677.7
葡萄牙	46162	603.6
缅甸	5594	545.6
乌拉圭	29390	525.3
斯里兰卡	6177	518.3
黎巴嫩	10627	513.4
哈萨克斯坦	22640	481.8
伊拉克	56142	470.0
马拉维	5852	463.5
爱尔兰	21538	440.3
多米尼加共和国	17820	433.6
乌克兰	21500	432.3
罗马尼亚	27783	411.5
利比亚	15285	407.8
斯洛文尼亚	57771	405.6
莫桑比克	7131	390.0
突尼斯	149041	384.7
刚果(布)	3887	369.7
毛里求斯	12972	358.4
吉布提	6610	295.7
秘鲁	28673	292.4
柬埔寨	4304	283.3
危地马拉	10080	254.1
哥斯达黎加	18688	236.6
克罗地亚	16954	219.9
纳米比亚	22082	207.0
喀麦隆	3736	199.7
利比里亚	3225	194.1
几内亚	2607	194.0
巴林	3651	190.8
捷克	7452	182.0

国家/地区	出口数量（件）	出口金额（千美元）
约旦	4483	162.7
巴哈马	2224	161.8
圭亚那	301	161.5
格鲁吉亚	6068	157.4
伊朗	7125	156.4
阿尔巴尼亚	5614	154.6
东帝汶	1762	152.1
蒙古	10425	150.7
巴基斯坦	11827	141.9
塞浦路斯	4394	132.5
乌兹别克斯坦	3288	130.0
古巴	16148	129.9
立陶宛	14089	129.6
厄瓜多尔	6770	129.1
保加利亚	10592	110.8
老挝	1480	103.5
津巴布韦	3132	102.5
科特迪瓦	2072	99.4
留尼汪	4638	94.0
刚果(金)	1944	91.6
巴拉圭	1681	85.8
埃及	4968	81.0
波多黎各	3646	77.6
巴布亚新几内亚	2322	75.5
孟加拉国	2330	74.9
卢旺达	6896	74.5
赤道几内亚	651	72.6
爱沙尼亚	2498	65.3
阿鲁巴	568	54.9
朝鲜	2063	52.6
阿塞拜疆	1114	52.5
塔吉克斯坦	959	52.4
巴勒斯坦	966	48.3
加蓬	745	44.1
斯洛伐克	2206	43.9
乌干达	825	43.0
马达加斯加	1018	42.5
匈牙利	3473	41.3
索马里	2542	40.4
马里	241	39.3
尼加拉瓜	680	37.1
萨尔瓦多	982	34.3
马尔代夫	266	32.9
尼日尔	277	30.2
也门	509	30.1

国家/地区	出口数量（件）	出口金额（千美元）
赞比亚	945	28.9
白俄罗斯	1489	26.7
阿富汗	1310	26.2
法属圭亚那	2082	25.2
苏丹	280	25.2
牙买加	569	25.1
塞尔维亚	1707	24.6
冈比亚	528	23.8
土库曼斯坦	2756	22.2
安提瓜和巴布达	560	21.7
埃塞俄比亚	883	19.9
毛里塔尼亚	1975	19.4
新喀里多尼亚	1784	18.7
斐济	776	17.8
佛得角	2808	15.9
塞舌尔	300	14.7
亚美尼亚	526	12.8
法属波利尼西亚	410	12.6
海地	1830	11.0
乍得	192	10.9
厄立特里亚	138	10.7
多民族玻利维亚国	266	8.8
尼泊尔联邦民主共和国	236	8.3
南苏丹共和国	93	6.9
黑山	139	6.7
洪都拉斯	623	6.7
特立尼达和多巴哥	156	6.6
博茨瓦纳	288	6.3
马提尼克	156	4.7
萨摩亚	41	4.0
冰岛	129	3.4
吉尔吉斯斯坦	88	3.1
开曼群岛	22	3.0
塞拉利昂	64	3.0
圣卢西亚	200	2.0
科摩罗	10	2.0
波黑	290	1.4
布基纳法索	36	1.4
马约特	10	0.4
94033000 办公室用木家具		
合计	17056889	1031017.7
美国	6764505	368528.1
沙特阿拉伯	598357	69400.3
日本	1210912	58596.4

国家/地区	出口数量（件）	出口金额（千美元）
阿联酋	483590	42568.0
韩国	1099325	37308.8
马来西亚	212838	29733.3
印度	285784	28332.1
澳大利亚	549908	27180.0
加拿大	496655	26526.3
印度尼西亚	213689	25189.1
新加坡	188042	23866.6
英国	397540	19883.7
香港	327541	17634.8
尼日利亚	110862	13518.9
南非	129145	12753.7
科威特	101821	10894.9
墨西哥	211266	10793.5
阿尔及利亚	99129	9392.8
台湾省	102372	8639.6
安哥拉	94008	8431.2
菲律宾	205473	8315.9
德国	157027	7692.2
俄罗斯联邦	43844	6889.4
利比亚	57105	6060.1
肯尼亚	45846	5641.8
阿曼	48026	5257.0
加纳	35979	5129.9
摩洛哥	53548	4923.7
巴拿马	74523	4796.7
卡塔尔	37263	4714.6
泰国	63648	4705.6
智利	114788	4512.2
法国	112556	4453.9
伊拉克	35282	4302.4
新西兰	143104	3976.3
荷兰	555845	3916.4
科特迪瓦	31972	3618.6
哥伦比亚	113354	3457.0
塞内加尔	27893	3287.1
坦桑尼亚	26413	2861.8
西班牙	47171	2769.2
吉布提	21951	2591.6
多米尼加共和国	58952	2542.7
哈萨克斯坦	24304	2437.4
以色列	34383	2337.9
孟加拉国	18765	2324.4
丹麦	75057	2123.5
澳门	22225	1975.2

国家/地区	出口数量（件）	出口金额（千美元）
爱沙尼亚	7380	1962.2
刚果（布）	14400	1891.6
喀麦隆	12460	1748.6
莫桑比克	23611	1746.2
意大利	51962	1731.8
巴林	15585	1575.6
秘鲁	80941	1513.8
委内瑞拉	17046	1492.8
比利时	49519	1488.2
哥斯达黎加	47067	1465.1
也门	16118	1457.7
约旦	13824	1451.6
拉脱维亚	13556	1409.4
苏丹	7390	1369.4
刚果（金）	12525	1368.6
波兰	79106	1359.7
越南	8628	1323.4
贝宁	10139	1210.9
缅甸	9453	1205.0
蒙古	12650	1181.9
多哥	9097	1168.9
纳米比亚	11754	1101.9
文莱	3433	1086.7
柬埔寨	7792	1050.2
巴布亚新几内亚	9777	1041.6
巴西	44656	1021.2
毛里求斯	9255	926.5
乌拉圭	20304	925.9
乌克兰	29205	854.3
瑞典	27625	816.4
几内亚	4109	815.8
赞比亚	6975	797.7
黎巴嫩	8274	784.6
危地马拉	21844	762.6
阿根廷	29456	732.0
芬兰	20852	690.5
希腊	26968	689.7
牙买加	9585	667.4
爱尔兰	22433	661.8
埃塞俄比亚	4509	643.2
多民族玻利维亚国	8096	621.2
特立尼达和多巴哥	9143	603.0
土耳其	4636	597.9
塔吉克斯坦	4317	587.5
毛里塔尼亚	4899	581.3

国家/地区	出口数量（件）	出口金额（千美元）
萨尔瓦多	10654	569.0
马耳他	7192	566.3
厄瓜多尔	16759	544.8
葡萄牙	23707	535.4
埃及	24823	512.7
巴基斯坦	5711	484.1
波多黎各	7893	460.2
斯里兰卡	3727	456.6
赤道几内亚	2179	415.2
格鲁吉亚	4300	397.4
马达加斯加	5070	390.6
马拉维	2691	384.8
捷克	3830	380.1
伊朗	5011	368.7
尼日尔	1325	366.4
克罗地亚	19287	363.2
加蓬	2851	348.3
尼加拉瓜	4884	338.2
古巴	7232	333.5
海地	1745	329.6
乌干达	2075	318.5
巴勒斯坦	1014	295.5
洪都拉斯	5078	293.4
萨摩亚	637	268.3
博茨瓦纳	2332	232.9
津巴布韦	3276	201.0
卢旺达	3501	192.7
马里	1454	191.2
立陶宛	7394	189.8
罗马尼亚	4462	167.6
保加利亚	1334	139.2
乍得	475	129.7
朝鲜	1332	115.6
吉尔吉斯斯坦	453	114.7
安提瓜和巴布达	271	113.4
挪威	1022	112.5
马尔代夫	2126	110.1
塞拉利昂	336	109.6
老挝	837	102.3
瑞士	713	99.2
阿尔巴尼亚	3152	97.9
巴巴多斯	2689	94.9
塞尔维亚	2902	93.9
佛得角	720	93.0
利比里亚	615	89.9

国家/地区	出口数量（件）	出口金额（千美元）
巴拉圭	473	85.2
留尼汪	1634	77.9
斐济	1532	76.0
匈牙利	2617	71.1
圭亚那	457	70.0
索马里	695	68.2
苏里南	324	65.0
尼泊尔联邦民主共和国	1036	61.7
布基纳法索	806	55.2
多米尼克	476	53.2
乌兹别克斯坦	395	52.0
摩尔多瓦	300	51.0
阿富汗	908	49.5
新喀里多尼亚	697	49.4
布隆迪	71	48.9
厄立特里亚	302	47.7
瓜德罗普	910	44.3
塞浦路斯	815	40.3
巴哈马	288	38.6
白俄罗斯	130	37.1
前南马其顿	315	37.1
马提尼克	622	33.4
阿塞拜疆	215	32.3
斯威士兰	130	31.6
土库曼斯坦	13	28.4
亚美尼亚	206	28.2
斯洛文尼亚	1018	23.4
圣卢西亚	461	23.0
法属圭亚那	320	21.1
科摩罗	39	20.6
东帝汶	58	17.3
瓦努阿图	265	16.1
冈比亚	102	15.6
塞舌尔	127	14.2
奥地利	654	11.7
南苏丹共和国	164	11.5
黑山	110	6.1
莱索托	78	5.3
突尼斯	1	4.0
格林纳达	26	3.8
库克群岛	42	3.5
大洋洲其他国家（地区）	24	2.4
波黑	3	0.9

国家/地区	出口数量（件）	出口金额（千美元）
圣文森特和格林纳丁斯	6	0.9
汤加	6	0.5
94034000 厨房用木家具		
合计	22724804	1206919.5
美国	14473342	730436.7
英国	902366	83455.4
澳大利亚	2083860	60632.2
德国	952989	45992.1
日本	848933	45254.7
加拿大	542025	34081.8
新加坡	125304	19010.0
丹麦	133699	12429.2
法国	200460	12092.1
韩国	202420	11828.5
马来西亚	104048	11672.8
沙特阿拉伯	153905	10174.2
香港	198208	9445.5
南非	47784	6817.8
荷兰	93940	6233.7
瑞典	67876	5759.8
新西兰	137517	4545.7
印度	41359	4245.9
比利时	77357	4116.6
阿联酋	56171	3939.8
安哥拉	27228	3790.3
台湾省	68005	3684.5
泰国	59717	3607.3
西班牙	91874	3571.8
墨西哥	27237	3224.0
印度尼西亚	26021	3140.6
挪威	22879	2900.0
俄罗斯联邦	31687	2892.9
意大利	116373	2865.9
哈萨克斯坦	8760	2566.4
以色列	199001	2428.1
肯尼亚	20994	2333.9
菲律宾	30909	2023.0
波兰	34746	1989.8
巴拿马	18202	1874.3
尼日利亚	12623	1843.1
坦桑尼亚	14583	1840.0
卡塔尔	11613	1442.6
博茨瓦纳	12183	1409.3
智利	11498	1322.3

国家/地区	出口数量（件）	出口金额（千美元）
牙买加	21611	1271.1
加纳	8302	1243.0
利比亚	11057	1114.7
伊朗	10884	1092.1
阿尔及利亚	20154	1080.6
文莱	4660	888.8
委内瑞拉	6205	840.3
毛里求斯	5932	816.4
乌拉圭	12578	732.9
秘鲁	41839	709.6
黎巴嫩	8768	688.5
乌兹别克斯坦	7120	683.6
巴林	6795	670.9
莫桑比克	4850	651.8
巴布亚新几内亚	5543	640.1
刚果（布）	3047	623.6
朝鲜	8847	602.8
巴哈马	10535	588.6
越南	5160	577.8
斯里兰卡	4229	562.1
巴基斯坦	5436	558.4
阿曼	9091	532.0
科威特	5421	527.7
澳门	3446	517.8
拉脱维亚	5637	517.8
纳米比亚	6309	497.9
蒙古	7323	477.4
刚果（金）	2930	470.2
爱尔兰	2580	463.4
马耳他	2727	443.4
阿塞拜疆	3649	426.9
土耳其	10373	393.0
伊拉克	9931	382.0
塞内加尔	3035	370.6
几内亚	1892	368.9
格鲁吉亚	1915	328.8
孟加拉国	1996	307.1
马尔代夫	3952	304.5
索马里	2836	297.1
波多黎各	3578	292.1
缅甸	822	288.1
葡萄牙	14845	282.2
约旦	2615	275.8
多米尼加共和国	4159	266.7
苏丹	2062	265.1

国家/地区	出口数量（件）	出口金额（千美元）
留尼汪	2738	258.7
赤道几内亚	941	254.6
苏里南	1765	240.7
塔吉克斯坦	640	240.2
吉布提	1839	240.2
哥斯达黎加	3181	235.8
巴西	3180	232.5
哥伦比亚	4276	221.6
喀麦隆	1738	217.7
希腊	5281	197.8
津巴布韦	1564	187.1
瑞士	3073	185.6
新喀里多尼亚	2916	180.9
亚美尼亚	832	179.1
圭亚那	3031	168.5
土库曼斯坦	1511	168.5
乌克兰	842	153.7
尼加拉瓜	1113	145.2
危地马拉	3499	143.7
埃塞俄比亚	9109	143.0
加蓬	812	142.8
立陶宛	5028	131.6
柬埔寨	1008	130.7
贝宁	898	127.7
罗马尼亚	5393	124.9
保加利亚	1042	123.3
科特迪瓦	714	122.1
塞浦路斯	506	121.6
芬兰	756	119.5
阿根廷	4599	115.8
多民族玻利维亚国	429	115.2
埃及	2892	109.4
摩洛哥	613	101.9
赞比亚	1210	101.6
荷属安的列斯群岛	313	100.8
特立尼达和多巴哥	1221	99.6
奥地利	1944	94.2
利比里亚	413	93.3
克罗地亚	1089	90.5
阿鲁巴	2488	88.4
塞舌尔	1122	86.2
爱沙尼亚	689	82.9
多哥	647	82.6
诺福克岛	3176	81.0
也门	528	78.9

国家/地区	出口数量（件）	出口金额（千美元）
萨摩亚	491	76.7
开曼群岛	2231	75.5
突尼斯	658	69.7
法属波利尼西亚	392	69.3
尼泊尔联邦民主共和国	1065	69.1
乌干达	93	65.8
马达加斯加	674	62.7
斯洛伐克	577	57.9
巴勒斯坦	262	57.2
吉尔吉斯斯坦	20	56.5
马提尼克	230	55.7
毛里塔尼亚	403	53.5
斐济	92	49.2
安提瓜和巴布达	1129	49.1
海地	853	47.8
圣其茨和尼维斯	998	47.0
马拉维	223	41.5
瓜德罗普	714	39.5
尼日尔	61	35.5
多米尼克	399	33.1
瑙鲁	603	27.6
白俄罗斯	19	27.4
冈比亚	119	25.7
塞尔维亚	633	23.9
斯洛文尼亚	140	23.3
阿尔巴尼亚	156	20.0
卢旺达	116	19.7
厄瓜多尔	833	16.5
南苏丹共和国	76	15.9
洪都拉斯	128	15.0
斯威士兰	90	14.8
厄立特里亚	54	13.8
捷克	960	13.2
冰岛	63	6.5
黑山	15	5.9
萨尔瓦多	45	4.8
圣马丁岛	73	4.2
叙利亚	12	4.1
伯利兹	57	3.8
塞拉利昂	17	3.4
东帝汶	6	1.7
老挝	18	1.2
格林纳达	15	1.1
布基纳法索	4	1.0

国家/地区	出口数量（件）	出口金额（千美元）
乍得	3	0.8
莱索托	12	0.6
94035010 卧室用红木家具		
合计	896	461.4
香港	503	222.8
印度	24	82.0
澳大利亚	25	44.8
台湾省	30	30.7
新加坡	74	24.1
喀麦隆	25	11.4
莫桑比克	125	11.4
澳门	9	8.0
加拿大	23	6.9
美国	4	5.5
泰国	1	4.8
埃塞俄比亚	18	3.9
土耳其	7	3.7
韩国	5	0.8
94035091 卧室用天然漆（大漆）漆木家具		
合计	15376	1390.2
沙特阿拉伯	11435	1058.2
德国	3225	146.6
阿联酋	308	78.5
加拿大	189	61.7
日本	168	32.6
坦桑尼亚	40	11.2
澳大利亚	11	1.3
94035099 其他卧室用木家具		
合计	32293084	3900108.5
美国	5346323	897345.8
香港	2199793	280920.8
英国	2514486	273791.2
日本	2901461	233471.0
沙特阿拉伯	1650540	197303.3
新加坡	1253740	183946.2
阿联酋	1252944	175657.7
澳大利亚	1754971	166087.2
韩国	1065773	142855.4
马来西亚	1011562	140298.2
巴拿马	760089	116618.4
南非	526867	80071.1
德国	1225425	77492.4
加拿大	466750	54538.5
印度尼西亚	361827	50176.4
印度	312472	41578.2

国家/地区	出口数量（件）	出口金额（千美元）	国家/地区	出口数量（件）	出口金额（千美元）	国家/地区	出口数量（件）	出口金额（千美元）
伊拉克	313507	38881.8	塔吉克斯坦	30797	4079.5	斯里兰卡	6123	902.3
俄罗斯联邦	265823	37129.2	塞内加尔	29986	4028.0	毛里塔尼亚	9559	890.3
法国	752186	36914.4	巴哈马	8251	3900.5	埃及	8319	873.9
墨西哥	161385	33683.4	越南	21712	3897.9	留尼汪	9975	851.3
文莱	182038	31621.8	土耳其	31977	3882.8	吉尔吉斯斯坦	4789	818.8
安哥拉	234500	30336.8	纳米比亚	29519	3721.9	柬埔寨	3133	781.7
台湾省	210760	28069.9	莫桑比克	29595	3294.7	马达加斯加	3933	770.3
意大利	264173	27613.1	芬兰	30016	3284.8	多米尼加共和国	4325	770.2
荷兰	454980	26455.4	也门	67470	3037.5	多哥	11428	763.5
摩洛哥	271301	24360.4	毛里求斯	25211	2981.7	阿尔巴尼亚	4370	704.2
阿曼	182710	23459.6	巴西	23208	2969.9	加蓬	5705	695.8
利比亚	203632	22592.2	缅甸	17956	2719.0	尼日尔	2417	671.9
比利时	218341	20237.1	博茨瓦纳	24617	2666.9	奥地利	4575	611.4
科威特	142159	18960.5	爱尔兰	35609	2637.0	赞比亚	4742	606.1
菲律宾	122902	17580.7	加纳	21944	2602.7	牙买加	2156	590.4
新西兰	212474	16995.0	哥伦比亚	36458	2458.0	赤道几内亚	4558	570.1
泰国	105984	15738.2	巴基斯坦	27979	2338.6	巴布亚新几内亚	4871	519.9
阿尔及利亚	141336	15254.6	波多黎各	15057	1992.9	阿鲁巴	2045	518.2
伊朗	120134	13211.8	挪威	48298	1963.2	特立尼达和多巴哥	2534	508.6
卡塔尔	98123	13108.3	索马里	17519	1939.7	白俄罗斯	3419	457.7
尼日利亚	78409	11128.3	孟加拉国	11793	1896.0	保加利亚	3271	440.3
澳门	50208	11103.7	立陶宛	14104	1874.7	津巴布韦	3006	397.7
乌兹别克斯坦	120552	10750.9	爱沙尼亚	16092	1848.4	利比里亚	5164	379.8
以色列	124769	10632.8	瑞士	34993	1842.8	危地马拉	3440	375.4
西班牙	152216	10343.7	乌拉圭	17579	1817.6	法属波利尼西亚	3755	318.5
坦桑尼亚	107032	9035.5	厄瓜多尔	22582	1666.4	卢旺达	489	315.2
智利	87492	8690.9	希腊	22113	1643.5	马拉维	2246	313.0
乌克兰	81618	8678.4	亚美尼亚	15951	1641.4	埃塞俄比亚	2017	312.0
拉脱维亚	79807	8644.1	斯洛文尼亚	33005	1630.1	新喀里多尼亚	3270	307.4
瑞典	174955	8127.0	喀麦隆	11695	1613.5	东帝汶	1173	298.5
哈萨克斯坦	70737	7498.5	罗马尼亚	17848	1551.8	巴勒斯坦	2861	298.3
丹麦	116812	6406.8	土库曼斯坦	10024	1517.6	马里	2195	261.7
贝宁	43146	6229.6	几内亚	11471	1476.9	海地	2197	234.7
格鲁吉亚	51105	6055.5	马尔代夫	4556	1416.3	匈牙利	11029	209.9
约旦	45355	5815.8	阿根廷	16657	1399.8	捷克	5466	195.9
波兰	86636	5452.2	哥斯达黎加	14900	1305.6	斐济	2029	191.7
肯尼亚	40085	5316.9	科特迪瓦	16373	1258.8	塞舌尔	1754	190.8
蒙古	132990	5281.1	葡萄牙	8955	1202.1	尼泊尔联邦民主共和国	876	190.2
马耳他	36929	5081.3	苏丹	15396	1161.1			
阿塞拜疆	49877	4846.9	突尼斯	12827	1148.4	冈比亚	1594	180.5
委内瑞拉	31773	4803.8	吉布提	8655	1085.9	老挝	1529	173.4
黎巴嫩	43409	4694.4	秘鲁	16741	1029.2	马约特	973	168.9
朝鲜	34047	4404.9	圭亚那	6571	1027.4	苏里南	2408	164.9
巴林	29506	4207.6	刚果(金)	7175	1023.9	荷属安的列斯群岛	1069	160.4
刚果(布)	22511	4095.5	塞浦路斯	10243	959.9	克罗地亚	2044	131.9

国家/地区	出口数量（件）	出口金额（千美元）
黑山	673	126.0
冰岛	1587	121.2
厄立特里亚	566	108.7
布基纳法索	957	103.4
叙利亚	1739	102.7
瓜德罗普	1613	100.9
乌干达	1512	94.5
萨尔瓦多	908	89.0
多民族玻利维亚国	878	87.8
法属圭亚那	702	84.2
安提瓜和巴布达	539	78.6
巴拉圭	368	77.1
斯洛伐克	186	72.2
摩尔多瓦	472	68.7
科摩罗	425	65.6
南苏丹共和国	411	60.7
萨摩亚	256	47.3
塞拉利昂	302	43.8
乍得	144	39.1
斯威士兰	320	33.9
马提尼克	181	33.4
瑙鲁	252	31.2
塞尔维亚	81	28.0
前南马其顿	174	24.8
古巴	369	24.2
佛得角	226	23.0
多米尼克	170	23.0
帕劳	190	18.4
巴巴多斯	45	16.9
洪都拉斯	105	16.4
波黑	372	12.3
尼加拉瓜	49	8.8
百慕大	240	7.3
阿富汗	41	5.7
布隆迪	29	5.5
格林纳达	74	4.6
法罗群岛	3	4.2
马绍尔群岛	49	3.5
库克群岛	87	2.8
汤加	10	1.6
莱索托	17	0.8
94036010 其他红木家具		
合计	10395	3876.4
台湾省	2658	1452.2
日本	4034	818.9

国家/地区	出口数量（件）	出口金额（千美元）
香港	1554	493.3
新加坡	617	294.4
美国	451	221.9
澳大利亚	113	122.7
马耳他	78	93.9
澳门	231	91.3
印度	25	91.2
马来西亚	86	47.1
柬埔寨	30	45.0
加拿大	216	25.9
斯里兰卡	3	17.6
利比亚	35	13.5
法国	40	12.2
波兰	14	10.6
缅甸	57	8.7
智利	21	6.3
哈萨克斯坦	84	5.1
土耳其	15	1.5
俄罗斯联邦	11	1.1
毛里塔尼亚	6	1.1
韩国	16	0.8
94036091 其他天然漆（大漆）漆木家具		
合计	6401	2511.3
香港	40	1256.2
日本	677	609.7
阿联酋	55	218.9
美国	47	179.0
德国	5112	115.2
澳大利亚	223	53.2
马来西亚	11	21.2
澳门	2	13.7
喀麦隆	44	10.3
台湾省	25	9.7
巴布亚新几内亚	24	5.4
印度	10	4.1
韩国	18	4.0
新西兰	26	3.5
英国	67	3.4
巴西	7	2.3
新加坡	9	1.3
94036099 未列名木家具		
合计	145121026	7898553.7
美国	41525281	2276298.3
香港	4692485	492107.2
日本	12288129	417005.8

国家/地区	出口数量（件）	出口金额（千美元）
马来西亚	3104168	371509.2
新加坡	2531835	338168.7
英国	9033242	319768.6
德国	9319153	276016.5
澳大利亚	5328000	252025.5
阿联酋	2561487	250919.0
加拿大	4954145	236455.7
法国	6003680	202788.5
文莱	1069552	159630.5
南非	1280815	130290.9
印度尼西亚	1308378	124725.2
沙特阿拉伯	2227395	123392.4
巴拿马	955860	117852.3
荷兰	5510009	97569.7
韩国	1822793	95256.9
墨西哥	1017482	92321.3
安哥拉	844865	91787.8
印度	983544	80452.0
台湾省	964866	78684.6
泰国	816254	74536.4
比利时	2034897	71915.0
丹麦	1714083	69788.9
瑞典	1754042	67762.8
西班牙	1983262	58640.2
俄罗斯联邦	779514	58563.6
意大利	1824519	51735.1
澳门	229640	40315.0
波兰	1148227	37145.8
尼日利亚	262491	33784.6
智利	1206032	32452.8
科威特	382143	31083.0
菲律宾	558255	30341.4
新西兰	894543	28774.6
阿尔及利亚	564641	28406.0
贝宁	176273	27997.5
卡塔尔	190130	26287.7
土耳其	394153	21799.4
以色列	453239	21301.0
越南	144057	20496.6
挪威	406888	20310.6
摩洛哥	179926	16401.5
阿曼	162715	15156.4
坦桑尼亚	194865	12772.6
巴西	377122	12692.2
利比亚	157729	12358.2

国家/地区	出口数量（件）	出口金额（千美元）
哥伦比亚	386823	12233.2
塞内加尔	78636	11997.8
肯尼亚	127432	11938.3
加纳	107883	10555.6
乌克兰	203562	10243.8
伊拉克	169497	9619.4
希腊	682157	9160.4
拉脱维亚	187355	8395.1
瑞士	277506	7846.6
委内瑞拉	103852	7669.5
哈萨克斯坦	63897	7601.7
芬兰	212900	7433.0
伊朗	94145	7166.3
阿塞拜疆	63925	7081.6
乌兹别克斯坦	76857	7043.3
黎巴嫩	71017	7035.2
葡萄牙	253061	6985.0
阿根廷	171414	6964.9
莫桑比克	95453	6920.8
乌拉圭	111412	6143.7
秘鲁	302415	5989.8
巴林	78015	5893.8
格鲁吉亚	55864	5634.6
孟加拉国	43460	5517.7
爱尔兰	174057	5440.9
奥地利	107955	5276.2
缅甸	50277	5257.9
波多黎各	70039	4938.1
斯洛文尼亚	159186	4681.6
马耳他	46481	4675.1
厄瓜多尔	224500	4452.7
毛里求斯	42003	4323.3
多米尼加共和国	109848	4082.4
多哥	42691	4048.2
巴哈马	15465	3893.1
约旦	49335	3821.1
捷克	120443	3748.0
纳米比亚	48014	3538.9
斯里兰卡	27074	3501.8
科特迪瓦	27544	3496.9
刚果(布)	30436	3435.2
罗马尼亚	86477	3338.3
爱沙尼亚	35247	3252.7
蒙古	58826	3166.7
巴基斯坦	47271	2836.4
阿尔巴尼亚	22539	2576.7
突尼斯	29399	2526.1
柬埔寨	13173	2505.1
喀麦隆	32249	2443.3
克罗地亚	78595	2423.1
马拉维	14327	2396.1
立陶宛	79156	2236.9
几内亚	16524	2123.8
朝鲜	55180	2113.5
亚美尼亚	20527	2084.4
塔吉克斯坦	8269	2034.6
危地马拉	49287	2019.2
哥斯达黎加	64810	2005.1
刚果(金)	15535	1780.9
巴布亚新几内亚	19672	1655.8
保加利亚	47201	1605.2
留尼汪	23682	1604.2
吉布提	38243	1578.3
埃及	42699	1523.5
博茨瓦纳	22321	1462.0
利比里亚	18152	1409.0
塞浦路斯	28438	1381.5
加蓬	11431	1356.3
也门	54598	1266.6
匈牙利	39347	1248.7
马达加斯加	24836	1189.4
索马里	9221	1063.2
津巴布韦	7998	1013.7
阿鲁巴	3055	1000.2
赞比亚	12189	998.9
圭亚那	1941	968.5
新喀里多尼亚	20457	957.6
赤道几内亚	5535	938.4
土库曼斯坦	13661	904.8
斯洛伐克	24463	896.0
特立尼达和多巴哥	12991	780.1
牙买加	6166	698.4
东帝汶	3831	672.0
多民族玻利维亚国	8235	667.9
萨尔瓦多	11484	658.5
白俄罗斯	27846	649.4
巴拉圭	13049	584.5
巴勒斯坦	6315	573.3
法属波利尼西亚	13657	563.7
老挝	3716	546.1
塞尔维亚	9813	533.9
冈比亚	4170	523.2
古巴	22101	507.0
苏丹	6373	500.4
埃塞俄比亚	6603	411.3
洪都拉斯	6474	408.0
黑山	6298	381.2
海地	6181	361.9
吉尔吉斯斯坦	3497	350.2
毛里塔尼亚	7682	332.6
马尔代夫	2603	320.4
瓜德罗普	4734	270.8
马里	2285	235.0
荷属安的列斯群岛	1796	230.2
尼日尔	1019	221.9
马提尼克	3459	209.8
冰岛	4290	207.6
斐济	2300	200.9
法属圭亚那	2346	154.4
布基纳法索	1509	150.8
马约特	1019	144.4
苏里南	3105	139.7
科摩罗	920	134.6
乌干达	983	127.1
卢旺达	1102	120.8
前南马其顿	2036	118.6
波黑	1454	113.9
塞舌尔	1102	107.4
尼加拉瓜	3203	100.6
斯威士兰	739	98.8
摩尔多瓦	2166	86.2
尼泊尔联邦民主共和国	345	85.5
佛得角	1599	84.4
阿富汗	3289	84.2
圣卢西亚	860	78.3
大洋洲其他国家(地区)	95	76.2
卢森堡	478	60.0
开曼群岛	144	51.3
塞拉利昂	314	51.0
莱索托	1416	45.2
列支敦士登	699	44.2
瓦努阿图	143	41.9
摩纳哥	67	35.4

国家/地区	出口数量（件）	出口金额（千美元）
多米尼克	276	34.7
叙利亚	913	33.4
巴巴多斯	1302	25.2
瑙鲁	169	16.4
布隆迪	35	11.8
库腊索岛	314	11.7
萨摩亚	105	10.3
安提瓜和巴布达	48	9.3
库克群岛	45	9.0
圣其茨和尼维斯	79	8.0
帕劳	43	7.6
南苏丹共和国	7	7.3
乍得	60	6.8
安道尔	86	6.0
百慕大	178	5.5
格林纳达	4	1.2
伯利兹	28	1.2

木质家具进口量值表

国家/地区	进口数量（件）	进口金额（千美元）
94016110 皮革或再生皮革面的带软垫的木框架坐具		
合计	80149	55318.5
意大利	18903	35136.2
美国	2369	3596.2
墨西哥	1869	2206.4
印度尼西亚	22351	1921.5
挪威	1081	1539.4
泰国	3391	1521.5
德国	1479	1455.6
波兰	1199	1277.4
中华人民共和国	2789	1097.0
越南	8437	1063.1
瑞士	141	748.2
英国	382	500.9
法国	342	489.3
波黑	4340	343.8
丹麦	363	340.0
马来西亚	3316	314.5
瑞典	145	274.0
葡萄牙	343	229.5
罗马尼亚	575	159.8
比利时	205	132.6
印度	652	125.8

国家/地区	进口数量（件）	进口金额（千美元）
日本	3262	120.7
奥地利	41	116.0
西班牙	307	100.5
台湾省	359	82.6
荷兰	295	82.0
菲律宾	223	79.6
韩国	439	68.1
新加坡	58	64.7
澳大利亚	215	61.8
香港	14	17.1
南非	22	12.7
加拿大	34	12.5
新西兰	180	10.5
土耳其	4	9.6
立陶宛	9	3.1
芬兰	3	2.5
爱尔兰	3	0.9
以色列	1	0.7
94016190 其他带软垫的木框架坐具		
合计	288399	75057
意大利	15254	29172
美国	19188	19226
越南	127036	6359
中华人民共和国	36217	5593
印度尼西亚	7255	2817
法国	2408	2083
波兰	26767	1773
英国	1260	1435
西班牙	736	742
马来西亚	28782	731
墨西哥	885	674
德国	1405	667
日本	7561	548
比利时	2075	426
瑞典	446	355
泰国	1962	327
新加坡	374	262
韩国	545	256
荷兰	1447	212
葡萄牙	285	202
丹麦	479	197
菲律宾	414	196
台湾省	2080	142
印度	881	141
土耳其	241	70

国家/地区	进口数量（件）	进口金额（千美元）
新西兰	42	64
罗马尼亚	1446	59
匈牙利	66	46
埃及	158	39
澳大利亚	255	33
洪都拉斯	91	32
奥地利	14	24
加拿大	79	22
瑞士	7	22
巴基斯坦	54	21
斯洛文尼亚	4	20
捷克	6	13
爱尔兰	32	11
哥伦比亚	6	10
香港	18	10
希腊	6	9
南非	76	5
阿联酋	13	4
爱沙尼亚	7	2
圣马力诺	2	1
挪威	20	1
约旦	1	1
老挝	3	1
立陶宛	1	1
以色列	1	1
94016900 其他木框架坐具		
合计	1729665	121910.6
越南	776270	87188.2
印度尼西亚	105059	10468.7
泰国	177271	4335.1
马来西亚	251974	3293.8
罗马尼亚	177157	2694.1
中华人民共和国	82341	2070.5
意大利	6852	1957.5
老挝	14203	1921.2
波兰	62205	1517.7
丹麦	6862	1309.4
法国	1788	816.9
保加利亚	17885	452.3
美国	1021	397.2
德国	1212	394.4
波黑	17696	337.1
洪都拉斯	1922	312.1
柬埔寨	2087	297.3
立陶宛	7201	292.4

国家/地区	进口数量(件)	进口金额(千美元)
台湾省	3378	256.2
芬兰	933	221.5
印度	3249	152.3
菲律宾	1380	147.2
日本	816	146.4
英国	823	115.8
韩国	370	93.3
比利时	830	91.6
斯洛文尼亚	1994	79.5
奥地利	58	67.9
瑞典	653	66.4
埃及	581	60.9
西班牙	593	60.7
荷兰	559	55.2
缅甸	100	35.3
爱沙尼亚	523	34.5
新加坡	223	22.5
瑞士	27	20.3
加拿大	68	16.4
以色列	6	16.2
坦桑尼亚	55	15.2
爱尔兰	21	10.7
斯里兰卡	45	8.4
多哥	108	8.3
巴基斯坦	60	8.1
匈牙利	27	6.5
南非	276	6.0
香港	18	5.6
澳大利亚	50	5.1
蒙古	503	4.1
土耳其	27	4.0
葡萄牙	12	3.7
挪威	2	2.9
尼泊尔联邦民主共和国	208	2.0
贝宁	50	1.1
国别(地区)不详	1	0.7
约旦	1	0.6
克罗地亚	4	0.6
巴西	2	0.5
94033000 办公室用木家具		
合计	414284	32808.8
葡萄牙	145178	7548.4
波兰	79445	6555.0
德国	56523	4490.9

国家/地区	进口数量(件)	进口金额(千美元)
意大利	15526	3075.9
斯洛伐克	20172	3050.7
立陶宛	41976	2591.0
美国	1297	1067.7
泰国	36248	553.2
瑞士	56	464.0
韩国	2676	352.5
印度尼西亚	1919	337.7
英国	319	284.7
日本	1831	277.9
台湾省	757	270.2
西班牙	300	259.7
越南	1624	244.3
马来西亚	776	218.3
捷克	3240	170.4
中华人民共和国	600	152.2
老挝	467	139.8
法国	195	135.4
丹麦	241	94.7
奥地利	90	94.6
拉脱维亚	1201	60.8
菲律宾	104	60.8
瑞典	839	60.2
新西兰	67	55.0
澳大利亚	19	32.2
匈牙利	14	21.9
新加坡	223	17.8
以色列	5	15.9
荷兰	12	12.9
印度	164	8.5
芬兰	21	6.7
土耳其	75	6.3
卡塔尔	6	4.8
加拿大	9	3.2
比利时	14	3.1
埃及	5	2.5
克罗地亚	5	2.2
香港	25	2.0
尼泊尔联邦民主共和国	1	1.0
斯洛文尼亚	3	0.7
国别(地区)不详	12	0.6
94034000 厨房用木家具		
合计	503671	105971.1
德国	359023	74277.1

国家/地区	进口数量(件)	进口金额(千美元)
意大利	41785	20497.9
日本	2533	2242.6
越南	12004	2089.9
韩国	47749	1635.2
立陶宛	18234	668.4
奥地利	286	550.0
美国	147	487.3
罗马尼亚	2339	461.2
比利时	534	376.2
法国	492	375.8
印度尼西亚	1611	351.3
瑞典	5547	235.2
老挝	702	225.3
马来西亚	1665	180.2
中华人民共和国	655	168.9
波兰	1105	155.7
菲律宾	130	139.4
斯洛文尼亚	4082	116.9
英国	99	107.2
台湾省	463	102.7
西班牙	102	100.4
柬埔寨	1306	88.1
荷兰	93	73.0
印度	357	46.6
葡萄牙	17	37.9
加拿大	16	33.3
泰国	164	30.3
澳大利亚	35	29.9
丹麦	19	13.6
匈牙利	103	13.4
埃及	19	13.0
圣马力诺	52	13.0
墨西哥	1	9.6
香港	110	5.8
土耳其	67	5.7
南非	9	5.3
新加坡	13	3.0
拉脱维亚	1	2.4
俄罗斯联邦	1	1.4
巴西	1	0.8
94035010 卧室用红木家具		
合计	9922	5149.7
越南	8120	4181.3
老挝	1236	617.1
柬埔寨	185	137.8

国家/地区	进口数量（件）	进口金额（千美元）
印度尼西亚	137	62.5
意大利	11	56.3
泰国	69	30.4
台湾省	119	29.0
中华人民共和国	11	18.0
英国	4	11.6
巴基斯坦	21	3.0
菲律宾	3	1.8
印度	4	0.5
法国	2	0.5
94035091 卧室用天然漆(大漆)漆木家具		
合计	500	110.7
意大利	455	72.3
法国	9	23.7
印度尼西亚	17	9.7
比利时	13	2.4
英国	1	1.6
缅甸	1	0.5
西班牙	2	0.4
94035099 其他卧室用木家具		
合计	979094	138148.5
越南	184136	26640.8
意大利	38065	26564.3
波兰	279412	21098.1
斯洛伐克	50976	9585.1
泰国	144054	9114.0
印度尼西亚	28269	8076.8
美国	6328	5820.8
罗马尼亚	77917	5227.9
中华人民共和国	36359	3977.2
瑞典	7531	3370.3
德国	7936	3193.1
立陶宛	28149	2322.6
克罗地亚	7726	1623.8
丹麦	19949	1297.6
法国	999	1238.7
马来西亚	5678	1153.8
菲律宾	1155	1076.1
比利时	1522	724.1
拉脱维亚	7244	706.5
英国	309	692.8
巴西	21828	568.0
葡萄牙	370	448.7
台湾省	4132	432.6
奥地利	196	352.8

国家/地区	进口数量（件）	进口金额（千美元）
韩国	1700	349.8
西班牙	354	328.8
瑞士	124	304.1
荷兰	684	267.5
爱沙尼亚	2955	228.7
土耳其	608	217.4
日本	5354	191.2
希腊	321	184.4
印度	717	99.2
老挝	505	99.1
波黑	3756	80.6
柬埔寨	395	71.5
圣马力诺	168	65.0
洪都拉斯	115	55.2
澳大利亚	94	54.9
加拿大	99	35.9
挪威	58	35.7
埃及	149	34.2
新加坡	88	19.1
斯洛文尼亚	109	18.9
马达加斯加	20	16.0
墨西哥	7	14.8
哥伦比亚	13	12.0
匈牙利	8	11.5
多哥	53	7.9
南非	29	7.8
巴基斯坦	24	7.6
尼泊尔联邦民主共和国	250	4.7
捷克	11	4.0
保加利亚	51	3.7
香港	7	3.1
斯里兰卡	4	2.8
新西兰	16	2.7
阿联酋	6	1.3
国别(地区)不详	1	0.6
94036010 其他红木家具		
合计	114999	19615.5
越南	105430	16393.9
老挝	6411	1756.1
印度尼西亚	2064	790.9
柬埔寨	288	145.8
泰国	185	111.5
菲律宾	32	104.3
中华人民共和国	197	98.0

国家/地区	进口数量（件）	进口金额（千美元）
台湾省	115	46.8
缅甸	61	39.4
日本	76	39.2
意大利	15	36.8
英国	20	16.4
美国	9	15.8
新加坡	31	8.9
坦桑尼亚	11	3.3
法国	2	2.6
巴基斯坦	26	2.0
香港	10	1.1
西班牙	6	1.1
荷兰	2	0.9
德国	1	0.5
94036091 其他天然漆(大漆)漆木家具		
合计	919	1637.6
法国	17	1173.6
意大利	176	165.9
德国	131	55.1
荷兰	129	41.0
印度尼西亚	80	36.5
比利时	144	35.8
瑞士	9	25.4
西班牙	72	21.6
奥地利	24	19.1
丹麦	12	15.8
波兰	5	10.9
美国	12	8.4
英国	7	6.7
越南	23	6.3
台湾省	4	5.9
斯洛文尼亚	5	3.7
马来西亚	2	2.3
日本	49	1.8
印度	18	1.6
94036099 未列名木家具		
合计	5723423	333070.4
意大利	500852	73218.0
波兰	1629805	45398.7
泰国	890987	35521.7
越南	520657	27324.5
立陶宛	458393	19855.6
瑞典	410958	18158.2
印度尼西亚	120501	14789.1
德国	61934	13807.2

国家/地区	进口数量（件）	进口金额（千美元）
斯洛伐克	172903	13686.9
中华人民共和国	114981	10381.4
美国	11396	9765.2
马来西亚	228008	5593.9
菲律宾	7504	5074.6
捷克	104038	4669.3
台湾省	35961	3444.4
俄罗斯联邦	78990	3407.5
法国	3070	3229.0
拉脱维亚	77974	2749.0
波黑	82910	2272.4
巴西	41036	2166.9
葡萄牙	39181	1963.3
印度	13047	1424.3
乌克兰	5	1406.6
罗马尼亚	11694	1176.4
丹麦	8534	1173.0
比利时	2929	1128.8
日本	6549	1008.2
奥地利	657	980.8
西班牙	919	950.9
英国	1617	922.0
韩国	4610	731.6
荷兰	2066	719.1
斯洛文尼亚	38929	697.8
老挝	3055	591.8
巴基斯坦	1112	555.2
加拿大	21874	521.4
洪都拉斯	1045	410.9
克罗地亚	5062	405.2
爱沙尼亚	1223	259.5
保加利亚	2425	239.4
瑞士	234	152.4
埃及	493	147.7
新加坡	440	145.3
澳大利亚	244	106.9
柬埔寨	654	96.6
匈牙利	107	90.8
香港	83	87.6
墨西哥	135	85.0
挪威	295	66.9
土耳其	209	53.8
新西兰	113	39.8
爱尔兰	83	33.6
南非	110	28.2
坦桑尼亚	18	27.3
黎巴嫩	9	24.8
尼泊尔联邦民主共和国	411	13.5
芬兰	22	12.9
马达加斯加	20	12.0
斯里兰卡	14	10.0
圣马力诺	22	9.5
蒙古	190	8.2
摩洛哥	2	7.0
哥伦比亚	3	5.1
白俄罗斯	24	5.1
斐济	1	4.1
智利	12	3.9
国别(地区)不详	26	3.0
多哥	23	2.4
阿联酋	1	1.2
缅甸	1	1.2
希腊	7	1.1
卢森堡	1	1.1
贝宁	8	0.6
津巴布韦	4	0.6
卡塔尔	2	0.4

木制品出口量值表

国家/地区	出口数量（千克）	出口金额（千美元）
44091010 任一边、端或面制成连续形状针叶木地板条		
合计	4139734	11727.1
日本	3818326	10949.1
美国	220300	591.3
莫桑比克	11356	41.6
印度	10872	23.6
台湾省	12940	20.7
加拿大	12958	15.4
新加坡	5430	14.9
马来西亚	9750	13.5
韩国	7990	12.8
伊拉克	7068	8.9
丹麦	4128	7.9
安哥拉	1700	6.3
泰国	2907	5.1
加纳	5219	4.1
土库曼斯坦	2900	3.2
澳大利亚	2286	3.1
沙特阿拉伯	604	1.9
斯里兰卡	1391	1.4
以色列	956	1.3
南苏丹共和国	500	0.8
44092910 其他任一边、端或面成连续状非针叶木地板条		
合计	192809941	318294.4
美国	74078035	115336.0
新加坡	6018478	46200.5
日本	34924795	45213.1
加拿大	23740610	35522.4
英国	20406237	27977.3
俄罗斯联邦	5077588	9715.3
韩国	8524522	9135.1
澳大利亚	5719217	8272.3
比利时	3576815	5576.1
法国	3166970	4243.5
香港	1794343	2614.9
荷兰	692777	889.8
阿联酋	546398	829.6
印度	474951	773.9
波兰	365639	672.0
台湾省	552005	539.2
菲律宾	422103	512.3
意大利	238317	381.3
斯洛文尼亚	202078	348.5
格鲁吉亚	162423	341.1
爱尔兰	294266	329.3
土耳其	155180	300.2
巴基斯坦	127372	265.7
德国	213775	222.5
伊朗	149048	216.1
卡塔尔	50967	123.2
马来西亚	76844	116.2
保加利亚	74127	98.9
肯尼亚	74131	88.6
克罗地亚	34013	87.7
泰国	35674	85.8
墨西哥	68328	82.4
阿根廷	62000	81.4
瑞典	29850	75.7
黎巴嫩	56573	70.9
土库曼斯坦	80140	66.2
巴拿马	53810	58.6

国家/地区	出口数量（千克）	出口金额（千美元）
芬兰	21051	58.5
罗马尼亚	38700	57.7
乌克兰	26794	56.9
新西兰	37158	56.2
葡萄牙	35594	55.4
埃及	19107	46.1
马尔代夫	21190	45.5
西班牙	21502	43.1
新喀里多尼亚	30523	41.3
赞比亚	14000	35.9
沙特阿拉伯	16385	30.3
卢旺达	10973	27.8
澳门	26159	27.8
希腊	28400	27.0
斯里兰卡	19395	26.7
老挝	7314	25.5
阿尔巴尼亚	17348	23.8
阿塞拜疆	18600	19.5
印度尼西亚	15045	18.2
厄瓜多尔	17900	17.7
安哥拉	4740	15.9
圭亚那	2400	15.1
南非	14100	13.6
约旦	3888	7.8
坦桑尼亚	1600	7.2
白俄罗斯	3700	6.5
立陶宛	1296	5.4
柬埔寨	4800	5.2
赤道几内亚	840	4.4
牙买加	3600	3.9
朝鲜	3240	3.2
塞尔维亚	2200	1.9
44140010 辐射松制的画框、相框、镜框及类似品		
合计	6203099	15269.6
美国	3512922	8373.0
比利时	874243	2157.6
德国	652507	1602.8
英国	295697	1054.0
荷兰	272810	494.5
日本	131513	380.6
西班牙	56132	144.5
法国	72162	130.2
沙特阿拉伯	12608	116.9
新西兰	42273	115.7

国家/地区	出口数量（千克）	出口金额（千美元）
澳大利亚	48172	111.7
加拿大	39442	88.3
阿根廷	32703	77.7
瑞典	35216	72.9
俄罗斯联邦	15577	53.0
马来西亚	15843	50.5
芬兰	15577	46.7
墨西哥	15354	43.8
希腊	10678	29.9
智利	11773	26.0
挪威	7420	26.0
台湾省	7236	15.9
香港	3610	15.0
土耳其	2320	8.1
瑞士	4943	7.9
斯洛伐克	4940	7.9
新加坡	3000	6.6
塞浦路斯	2364	5.2
乌拉圭	2289	3.7
秘鲁	1732	2.8
44140090 其他木制的画框、相框、镜框及类似品		
合计	157703749	430001.1
美国	74084406	188088.4
英国	8881800	25990.3
日本	7131056	25029.0
德国	9613839	24125.7
澳大利亚	7848821	18919.9
荷兰	5242433	14325.9
比利时	5646994	13044.7
法国	4456239	12450.8
加拿大	5158662	11138.5
新加坡	1669938	8600.5
马来西亚	1368446	7958.4
意大利	2327998	7907.4
墨西哥	1276390	6390.1
俄罗斯联邦	2905436	6133.3
瑞典	2194231	5986.7
西班牙	2161127	5809.3
波兰	1469043	4591.1
香港	942537	3825.2
新西兰	1036574	2793.3
丹麦	916119	2734.5
韩国	783144	2599.8
南非	620047	2051.7

国家/地区	出口数量（千克）	出口金额（千美元）
智利	684841	1644.1
阿联酋	451574	1564.6
土耳其	443056	1542.7
巴拿马	196985	1475.6
爱沙尼亚	624677	1387.1
挪威	430124	1353.6
印度	501768	1346.3
希腊	458898	1316.8
巴西	296934	1169.9
阿根廷	343834	1112.4
沙特阿拉伯	300861	1090.5
爱尔兰	304226	1066.0
台湾省	367402	989.8
芬兰	312168	913.7
以色列	385372	778.8
葡萄牙	205074	736.7
菲律宾	483399	715.4
秘鲁	220857	646.9
印度尼西亚	180101	627.0
奥地利	240415	594.8
伊拉克	254607	549.0
泰国	200224	541.4
乌克兰	128672	505.2
黎巴嫩	117174	497.5
越南	217574	470.5
哥伦比亚	167311	443.7
立陶宛	58240	303.1
文莱	20836	286.7
瑞士	97654	286.6
科威特	59873	256.8
乌拉圭	60377	211.6
哥斯达黎加	54918	170.2
拉脱维亚	43428	163.3
波多黎各	43184	153.7
匈牙利	33862	136.1
斯洛伐克	82762	117.8
塞浦路斯	46659	114.4
孟加拉国	5587	113.3
危地马拉	34423	112.4
捷克	31179	110.6
朝鲜	63468	94.1
贝宁	14917	91.0
埃及	64942	84.8
罗马尼亚	25030	84.2
马耳他	16577	82.3

国家/地区	出口数量（千克）	出口金额（千美元）
格鲁吉亚	17055	81.2
澳门	18205	80.8
约旦	66978	77.4
斯洛文尼亚	18317	71.7
尼日利亚	44073	71.6
伊朗	17491	71.4
摩洛哥	53415	70.1
阿曼	64891	69.6
哈萨克斯坦	23183	68.8
委内瑞拉	17922	56.9
尼加拉瓜	20135	49.9
厄瓜多尔	12875	47.7
突尼斯	39950	45.0
特立尼达和多巴哥	12285	43.7
多米尼加共和国	6394	40.2
巴林	13081	39.9
塞内加尔	3377	39.5
几内亚	19524	34.1
海地	12711	30.3
毛里求斯	3695	27.9
克罗地亚	7174	26.5
萨尔瓦多	10370	25.5
白俄罗斯	3349	22.9
巴布亚新几内亚	11598	22.6
肯尼亚	3490	20.4
加纳	12007	18.6
古巴	5444	17.8
柬埔寨	661	17.1
加蓬	180	16.3
牙买加	3484	14.2
波黑	2411	12.3
阿塞拜疆	2386	12.2
巴基斯坦	2228	11.6
保加利亚	3392	10.8
安哥拉	1254	9.5
加那利群岛	12750	9.4
巴拉圭	2789	9.2
阿尔及利亚	3585	8.7
坦桑尼亚	3569	8.1
也门	2806	7.9
乌兹别克斯坦	1269	6.7
阿尔巴尼亚	2060	4.8
冰岛	2039	4.4
佛得角	1335	3.8
多哥	1281	3.5
蒙古	1291	2.1
叙利亚	605	1.9
博茨瓦纳	370	1.5
马尔代夫	193	1.3
科特迪瓦	164	1.0
刚果(金)	164	1.0
喀麦隆	466	1.0
利比里亚	173	0.4
44151000 木制箱、盒、桶及类似的包装容器;电缆卷筒		
合计	15147870	28090.6
美国	2904417	5364.6
德国	1504558	4650.9
日本	3513520	4006.9
香港	1935625	2541.7
韩国	1475143	2052.7
英国	378405	1896.1
新加坡	645494	1215.5
荷兰	251970	813.1
法国	136174	521.8
澳大利亚	405490	458.3
马来西亚	64968	383.9
瑞典	145378	381.0
阿联酋	104272	355.4
菲律宾	335526	336.7
加拿大	80567	248.3
巴拿马	6234	221.4
新西兰	130340	208.4
沙特阿拉伯	131778	197.4
巴基斯坦	18284	162.9
意大利	51996	151.2
越南	51599	149.5
比利时	105310	139.9
丹麦	49395	137.9
印度	114403	128.1
泰国	50052	103.0
西班牙	58866	102.6
爱尔兰	3660	100.3
黎巴嫩	70064	93.0
智利	25796	77.6
安哥拉	25334	75.6
澳门	28561	74.9
约旦	36921	62.2
印度尼西亚	32330	46.1
台湾省	21414	44.9
科威特	2143	42.5
秘鲁	13880	42.3
巴西	17937	42.1
瑞士	4878	41.7
挪威	9560	41.3
以色列	8206	40.4
苏丹	21045	37.4
斯里兰卡	18922	34.6
朝鲜	6775	30.6
希腊	10496	29.2
尼日利亚	8102	21.5
南非	11933	20.4
俄罗斯联邦	5811	20.2
伊朗	6790	18.4
墨西哥	40586	14.9
格鲁吉亚	8262	12.2
土耳其	19958	12.0
奥地利	1500	11.8
塔吉克斯坦	15000	10.6
哥伦比亚	2018	9.4
马耳他	705	7.9
葡萄牙	5071	7.1
罗马尼亚	2562	6.9
芬兰	2910	4.9
斯洛文尼亚	716	4.7
卡塔尔	995	3.9
孟加拉国	830	3.9
多米尼加共和国	1350	3.7
乌拉圭	1190	3.0
土库曼斯坦	650	1.2
乌克兰	173	1.1
克罗地亚	1100	1.0
捷克	344	1.0
阿曼	846	0.6
波兰	150	0.6
加蓬	153	0.5
塞舌尔	340	0.5
44152010 辐射松制托板箱形托盘及其他装载板托盘护框		
合计	265328	260.3
日本	260228	258.1
老挝	5100	2.2
44152090 木托板、箱形托盘及其他装载木板;托盘护框		
合计	36674073	28359.5

国家/地区	出口数量（千克）	出口金额（千美元）
香港	17172284	8162.5
韩国	3811946	6272.0
台湾省	3641628	2269.0
新加坡	1920712	1803.6
日本	1529510	1489.7
印度	1487211	1348.9
瑞典	1154515	1008.3
美国	417243	791.7
澳门	904804	763.8
澳大利亚	312249	531.8
马来西亚	774598	519.9
印度尼西亚	319375	391.6
厄立特里亚	334950	374.1
英国	232851	344.5
泰国	399593	294.4
沙特阿拉伯	345189	236.1
菲律宾	245429	181.8
越南	99308	167.1
巴拿马	5415	161.9
比利时	156622	160.3
俄罗斯联邦	33889	131.5
利比亚	87000	121.5
柬埔寨	97644	107.3
意大利	49880	105.4
阿富汗	10350	95.8
尼日尔	118884	82.9
奥地利	373789	70.6
阿联酋	70473	57.0
法国	358464	49.6
卡塔尔	16925	40.6
纳米比亚	40500	30.0
丹麦	5287	27.9
加拿大	6089	26.6
荷兰	22404	24.3
巴布亚新几内亚	14000	24.0
西班牙	5996	13.8
墨西哥	10808	13.4
波兰	5550	13.2
德国	21491	11.5
刚果(金)	10000	9.0
新西兰	22430	6.5
葡萄牙	12885	5.6
匈牙利	5711	4.1
瑞士	842	3.9
南非	320	2.2

国家/地区	出口数量（千克）	出口金额（千美元）
蒙古	2550	2.1
斯洛文尼亚	1209	1.2
孟加拉国	156	1.0
委内瑞拉	400	0.9
朝鲜	480	0.7
缅甸	9	0.6
以色列	278	0.5
44160090 木制大桶、琵琶桶、盆等木制箍桶及其零件		
合计	298283	1708.6
美国	60538	424.3
日本	38397	181.5
马来西亚	10967	149.5
巴拿马	3482	100.8
德国	21843	98.5
牙买加	25410	93.0
芬兰	11372	87.7
英国	9597	53.7
新加坡	5914	51.0
阿尔及利亚	9924	43.4
荷兰	20319	41.9
黎巴嫩	11302	40.2
瑞典	5874	35.4
澳大利亚	3505	35.0
韩国	4149	31.1
智利	3627	23.7
俄罗斯联邦	4653	23.4
立陶宛	3000	23.2
香港	5570	19.3
越南	4998	18.7
意大利	2666	18.2
台湾省	8789	16.0
法国	1082	9.6
加拿大	1852	8.9
马尔代夫	150	8.7
丹麦	1302	7.9
缅甸	309	7.2
澳门	2123	6.1
挪威	540	5.6
印度尼西亚	1868	5.5
保加利亚	567	4.5
匈牙利	507	4.1
巴西	827	3.1
格鲁吉亚	286	2.8
沙特阿拉伯	572	2.6

国家/地区	出口数量（千克）	出口金额（千美元）
哈萨克斯坦	372	2.6
波兰	302	1.9
柬埔寨	5700	1.7
秘鲁	558	1.6
危地马拉	114	1.5
希腊	220	1.5
泰国	557	1.4
土耳其	227	1.4
捷克	162	1.3
文莱	300	1.2
乌克兰	142	1.1
西班牙	146	1.0
新西兰	172	0.9
阿联酋	180	0.6
以色列	180	0.5
瑞士	60	0.5
44170010 辐射松制工具等;扫帚及刷子;鞋靴楦及楦头		
合计	96363	129.3
日本	88628	106.0
美国	1047	10.9
台湾省	2207	5.8
韩国	840	4.0
德国	2645	1.0
澳大利亚	492	1.0
利比亚	504	0.5
44170090 木制工具等;扫帚及刷子等;木鞋靴楦及楦头		
合计	37447639	63401.8
阿联酋	10462191	25372.2
新加坡	2433031	7724.8
印度尼西亚	2019111	6118.9
马来西亚	1724898	2781.7
日本	767040	2535.9
沙特阿拉伯	4492365	2019.7
美国	538243	1914.4
韩国	1117175	1444.2
台湾省	387068	1300.1
伊拉克	1761495	1117.8
文莱	446895	965.0
阿尔及利亚	411179	835.8
利比亚	525866	775.4
法国	125167	617.3
西班牙	244513	598.8
安哥拉	674216	582.6

国家/地区	出口数量（千克）	出口金额（千美元）
南非	633117	508.5
尼日利亚	688203	454.1
比利时	106043	441.5
德国	76979	305.4
埃及	1052793	277.6
突尼斯	973156	271.7
印度	133093	269.3
巴拿马	217722	268.0
意大利	482025	257.0
泰国	403184	238.2
摩洛哥	196350	224.0
斯里兰卡	179824	203.8
危地马拉	522269	196.9
英国	58064	167.4
以色列	270390	166.5
墨西哥	251606	144.2
约旦	199516	131.1
加拿大	26065	126.5
土耳其	288715	124.0
委内瑞拉	164058	112.1
香港	124447	110.9
黎巴嫩	111994	97.5
肯尼亚	77904	88.0
巴基斯坦	160988	80.2
阿尔巴尼亚	180620	76.9
罗马尼亚	114644	73.1
新西兰	15114	69.7
特立尼达和多巴哥	61127	66.5
智利	102196	62.3
毛里求斯	39037	55.4
坦桑尼亚	14549	53.7
澳大利亚	21872	52.2
多米尼加共和国	82757	50.8
科威特	135485	45.9
卡塔尔	59400	45.1
吉尔吉斯斯坦	98512	44.4
荷兰	59137	43.7
越南	14565	43.3
波多黎各	87988	42.2
俄罗斯联邦	82860	39.5
伊朗	128843	37.2
瑞典	4753	31.8
萨尔瓦多	6222	29.4
菲律宾	12948	28.8
埃塞俄比亚	56080	27.9

国家/地区	出口数量（千克）	出口金额（千美元）
也门	78910	25.6
希腊	33543	25.3
阿曼	9450	25.2
毛里塔尼亚	17079	22.3
瑞士	7500	21.3
海地	13724	20.7
吉布提	60750	19.9
加纳	5214	18.1
塞内加尔	29803	17.6
波兰	42626	15.1
巴林	17827	14.7
缅甸	28000	14.4
秘鲁	5045	12.4
莫桑比克	10495	11.9
刚果(金)	7352	11.3
乌拉圭	25000	11.1
哥伦比亚	16500	10.8
爱尔兰	2492	9.9
塞尔维亚	12370	9.5
乌干达	9128	8.0
贝宁	22968	8.0
刚果(布)	3869	7.6
巴西	27534	7.1
孟加拉国	14790	7.0
塞浦路斯	3282	5.1
澳门	590	4.7
牙买加	2295	4.3
法属波利尼西亚	2113	4.3
葡萄牙	7704	4.1
厄瓜多尔	2650	3.8
芬兰	1038	3.5
爱沙尼亚	1800	3.4
斯洛文尼亚	1958	2.5
赞比亚	1797	2.2
赤道几内亚	1926	1.9
古巴	8	1.8
卢旺达	2000	1.6
塞拉利昂	750	1.6
丹麦	600	1.5
喀麦隆	1104	1.3
马尔代夫	646	1.2
哥斯达黎加	385	1.1
洪都拉斯	281	1.1
新喀里多尼亚	468	1.1
纳米比亚	885	1.0

国家/地区	出口数量（千克）	出口金额（千美元）
加蓬	169	0.8
瓦努阿图	457	0.8
巴布亚新几内亚	428	0.6
留尼汪	960	0.5
马里	400	0.4

44181010 辐射松制窗法兰西式(落地)窗及其框架

国家/地区	出口数量（千克）	出口金额（千美元）
合计	168	1.7
澳大利亚	168	1.7

44181090 木制窗、法兰西式(落地)窗及其木制框架

国家/地区	出口数量（千克）	出口金额（千美元）
合计	27046862	140798.7
美国	8001350	41205.4
香港	7704862	39086.6
澳大利亚	3224144	27497.3
日本	5192571	15803.1
英国	670953	6884.3
荷兰	511583	3575.0
韩国	144091	894.4
南非	192435	888.3
新西兰	87804	810.8
德国	327495	713.6
加拿大	383469	653.0
法国	140226	483.6
比利时	40476	412.0
阿联酋	65721	409.3
印度	89236	280.1
台湾省	38678	232.7
智利	52560	182.3
澳门	7347	88.2
西班牙	27840	85.2
尼日利亚	16976	82.8
马来西亚	10143	64.5
意大利	26203	62.2
沙特阿拉伯	11772	51.6
罗马尼亚	13002	46.8
葡萄牙	10300	43.6
几内亚	2630	41.4
新加坡	4634	31.6
苏丹	1430	28.3
巴布亚新几内亚	3132	23.7
马尔代夫	5580	19.9
斯里兰卡	14133	18.4
巴林	2450	18.3
科威特	3083	15.4

国家/地区	出口数量（千克）	出口金额（千美元）
毛里求斯	2187	13.0
巴基斯坦	1381	11.0
波兰	650	6.3
爱尔兰	390	4.5
格林纳达	5680	4.4
芬兰	2724	3.7
塔吉克斯坦	190	3.7
哥斯达黎加	390	3.5
莫桑比克	180	3.2
斯洛文尼亚	3445	3.1
菲律宾	154	1.4
墨西哥	240	1.2
卢旺达	40	1.2
伊朗	164	1.0
丹麦	70	0.9
挪威	90	0.9
柬埔寨	122	0.9
塞内加尔	435	0.6
44182000 木制门及其框架和门槛		
合计	360066334	727090.0
美国	78028893	151467.5
日本	39007469	122244.1
香港	31070334	50772.1
英国	17485106	35994.0
罗马尼亚	24458997	30197.4
加拿大	14032590	23987.9
新加坡	7432944	23974.0
尼日利亚	12804845	19618.4
安哥拉	6952788	16812.0
土耳其	12810001	15900.9
法国	4333549	15119.2
澳门	4520568	13296.3
阿联酋	5289617	10397.1
韩国	6231173	9885.7
比利时	3726467	8823.2
格鲁吉亚	7341396	8812.8
爱尔兰	4178592	8351.6
印度	2560800	7082.6
刚果(布)	954769	6964.0
马来西亚	1171608	6899.7
伊拉克	4903062	6700.4
沙特阿拉伯	2742597	6515.6
阿尔及利亚	3874629	6397.1
澳大利亚	1739310	6071.8
伊朗	4546548	5384.0

国家/地区	出口数量（千克）	出口金额（千美元）
阿塞拜疆	2828612	4636.6
菲律宾	2794299	4582.0
保加利亚	4052770	4529.6
印度尼西亚	645058	4258.8
卡塔尔	1969733	4240.9
巴哈马	747898	3649.7
摩尔多瓦	2923621	3247.6
坦桑尼亚	1634845	3204.3
乌克兰	1896684	3134.1
墨西哥	1355123	3017.2
利比亚	1301295	2960.8
哈萨克斯坦	1755741	2693.6
荷兰	1178868	2687.7
土库曼斯坦	1812152	2484.7
亚美尼亚	1840456	2377.0
以色列	1578587	2264.1
泰国	960274	2106.6
蒙古	2168410	2099.8
肯尼亚	730164	2083.3
科威特	1031965	1857.6
埃及	2539258	1738.5
巴拿马	678444	1695.0
塞尔维亚	1349799	1571.8
苏丹	322240	1520.6
几内亚	223054	1418.5
塔吉克斯坦	531916	1399.8
俄罗斯联邦	943466	1367.7
阿尔巴尼亚	1145493	1346.3
立陶宛	1092778	1313.7
加纳	454119	1171.0
塞内加尔	372884	1170.4
赤道几内亚	254246	1106.6
巴基斯坦	439000	1042.7
莫桑比克	292778	985.4
越南	348088	965.2
乌拉圭	573986	958.5
台湾省	193980	858.0
约旦	823573	848.4
南非	528068	839.4
刚果(金)	220476	803.0
孟加拉国	144471	790.8
瑞典	253323	771.9
德国	306199	684.8
委内瑞拉	264211	647.7
喀麦隆	233401	645.5

国家/地区	出口数量（千克）	出口金额（千美元）
牙买加	88934	638.9
阿曼	202568	635.5
智利	339537	631.9
巴布亚新几内亚	309351	613.7
黎巴嫩	287207	584.8
科特迪瓦	114312	568.3
毛里求斯	156451	556.3
吉布提	174417	513.5
摩洛哥	290266	495.5
巴西	413556	492.0
希腊	339986	475.2
哥斯达黎加	174089	460.3
意大利	174360	459.3
马达加斯加	105868	423.5
多哥	100949	407.0
冈比亚	91783	393.4
哥伦比亚	89123	387.2
缅甸	146274	378.3
秘鲁	247387	358.5
前南马其顿	250150	356.2
毛里塔尼亚	98462	356.1
多米尼加共和国	155518	352.7
马里	151846	343.7
加蓬	104319	332.5
斯里兰卡	60150	331.8
贝宁	68248	319.7
圭亚那	48260	293.5
阿根廷	215907	274.5
巴林	101649	271.6
卢旺达	69593	260.8
特立尼达和多巴哥	180351	259.8
也门	119580	249.4
苏里南	161967	242.1
海地	141843	231.4
萨摩亚	90760	225.4
索马里	63911	215.1
赞比亚	49705	214.8
马耳他	120993	213.7
法属波利尼西亚	52469	205.0
巴拉圭	142706	203.3
多民族玻利维亚国	139281	201.9
埃塞俄比亚	80811	188.9
克罗地亚	146981	187.6
马尔代夫	58876	185.0
塞拉利昂	33218	184.6

国家/地区	出口数量（千克）	出口金额（千美元）
纳米比亚	100846	178.9
马拉维	61069	175.8
尼泊尔联邦民主共和国	25118	165.9
波多黎各	10051	165.2
西班牙	63029	132.3
阿富汗	69594	131.3
乍得	35850	125.7
留尼汪	78992	119.0
马提尼克	49621	118.0
挪威	36749	113.7
尼日尔	44105	108.1
文莱	14815	107.4
危地马拉	58998	102.4
黑山	69236	94.1
新西兰	44987	94.1
斐济	27616	78.0
乌干达	33394	76.7
安提瓜和巴布达	15217	69.1
突尼斯	31508	67.9
南苏丹共和国	20950	67.6
斯洛伐克	33755	65.7
朝鲜	20448	65.0
圣其茨和尼维斯	23390	63.4
巴巴多斯	24956	62.0
博茨瓦纳	8086	59.7
老挝	6000	53.7
科摩罗	10440	53.6
萨尔瓦多	49640	52.3
新喀里多尼亚	37945	50.7
厄立特里亚	10150	49.3
厄瓜多尔	25360	48.1
柬埔寨	16336	46.2
荷属安的列斯群岛	25458	42.8
利比里亚	8550	37.6
塞舌尔	11798	37.0
捷克	6384	36.0
布基纳法索	16980	32.2
佛得角	11191	32.1
汤加	10960	30.6
瓦努阿图	12450	29.4
帕劳	5140	24.3
马约特	8768	22.7
塞浦路斯	5560	22.2
所罗门群岛	13950	20.6

国家/地区	出口数量（千克）	出口金额（千美元）
乌兹别克斯坦	20111	20.3
多米尼克	5617	18.2
吉尔吉斯斯坦	5137	15.4
马绍尔群岛	10384	14.8
芬兰	4885	11.3
格林纳达	12000	9.3
匈牙利	5303	6.8
布隆迪	3570	6.2
东帝汶	2175	6.1
大洋洲其他国家（地区）	1755	5.7
波兰	2375	5.1
津巴布韦	4520	4.5
奥地利	560	3.9
瑞士	289	3.4
丹麦	175	3.2
白俄罗斯	724	2.4
莱索托	1769	1.3
洪都拉斯	610	0.9
阿鲁巴	300	0.9
法属圭亚那	205	0.5
44184000 木制水泥构件的模板		
合计	21932117	18637.2
阿尔及利亚	3679183	2699.9
朝鲜	1388306	1151.2
台湾省	1828149	1131.1
肯尼亚	945340	873.0
缅甸	985005	803.2
赤道几内亚	935426	710.4
伊拉克	506522	673.7
塔吉克斯坦	473461	613.5
坦桑尼亚	728693	606.2
安哥拉	637624	589.4
加纳	506080	517.1
卡塔尔	583621	514.3
俄罗斯联邦	480500	374.5
委内瑞拉	250800	345.1
刚果(布)	404281	332.5
刚果(金)	425469	309.5
越南	144840	307.6
印度尼西亚	299409	270.0
阿联酋	275549	268.9
科威特	301395	261.1
菲律宾	314936	255.2
新加坡	265499	245.1

国家/地区	出口数量（千克）	出口金额（千美元）
孟加拉国	191100	243.8
南非	294700	237.5
厄瓜多尔	275000	233.5
赞比亚	200779	206.0
尼日尔	219360	188.6
埃塞俄比亚	229355	183.4
老挝	258350	182.7
沙特阿拉伯	187434	170.1
马来西亚	92898	163.7
马里	212400	162.8
喀麦隆	154800	157.4
蒙古	178800	154.5
莫桑比克	188411	154.1
哈萨克斯坦	163600	145.9
厄立特里亚	166750	134.2
韩国	97760	115.1
苏丹	140124	114.4
卢旺达	155400	101.6
博茨瓦纳	114000	91.0
吉布提	135000	90.0
伊朗	150500	88.7
西班牙	33050	80.7
毛里塔尼亚	96677	75.3
尼泊尔联邦民主共和国	111300	69.6
希腊	75500	69.3
哥斯达黎加	71500	58.5
几内亚	98770	57.6
塞拉利昂	62959	56.8
几内亚比绍	72520	56.0
土耳其	51850	55.4
乌兹别克斯坦	42000	54.7
新西兰	54418	54.3
津巴布韦	48200	53.8
印度	77940	53.2
乌干达	62300	45.0
斯里兰卡	42930	41.7
尼日利亚	74300	41.0
圣多美和普林西比	29937	41.0
保加利亚	56600	39.5
佛得角	48300	37.9
瓦努阿图	36730	36.2
马达加斯加	29260	33.8
贝宁	36800	33.4
利比亚	45000	29.8

国家/地区	出口数量（千克）	出口金额（千美元）
毛里求斯	27570	27.5
安提瓜和巴布达	22972	22.6
格林纳达	29400	22.6
特立尼达和多巴哥	24975	21.0
也门	31960	19.6
柬埔寨	29000	15.3
塞内加尔	45000	13.8
多哥	15000	13.8
格鲁吉亚	19710	13.1
萨摩亚	21600	13.0
利比里亚	10000	12.2
多米尼克	13650	12.2
巴布亚新几内亚	15450	11.7
科特迪瓦	15680	11.3
圭亚那	19360	11.1
东帝汶	11400	9.1
美国	7288	8.7
多民族玻利维亚国	10500	7.4
纳米比亚	8500	6.9
马拉维	7000	6.0
香港	11728	5.7
斐济	4584	4.6
牙买加	1840	1.2
突尼斯	2500	1.1
44185000 木瓦及木制盖屋板		
合计	16968807	20255.0
美国	13052486	15473.5
加拿大	2806094	3082.3
韩国	713824	1204.5
日本	377272	478.5
台湾省	16738	12.6
西班牙	820	2.2
香港	1573	1.5
44186000 木制柱及梁		
合计	8961143	10613.5
日本	5774303	6436.5
加拿大	264129	717.8
美国	292624	709.4
德国	271300	413.3
台湾省	246837	325.2
安哥拉	937000	286.8
菲律宾	155774	220.0
尼日利亚	148225	203.2
香港	169500	202.9
埃塞俄比亚	166832	147.6
澳门	20443	140.3
卡塔尔	71100	101.8
韩国	17891	96.3
缅甸	54360	78.7
毛里求斯	42100	58.0
沙特阿拉伯	15462	50.7
泰国	26490	42.2
莱索托	57630	41.0
巴拉圭	23910	39.8
伊朗	21467	36.4
阿联酋	24190	34.7
阿根廷	26000	34.0
阿尔及利亚	52101	29.3
几内亚	195	20.1
马尔代夫	7444	15.9
牙买加	17122	15.4
澳大利亚	5594	15.0
马来西亚	2077	13.6
伊拉克	9290	11.7
塞内加尔	4000	11.2
奥地利	2460	9.3
斯洛伐克	6964	8.9
南非	7119	7.9
莫桑比克	4850	7.5
新加坡	906	6.9
墨西哥	952	6.5
斐济	4400	4.7
意大利	2464	4.1
朝鲜	3000	2.4
新西兰	255	2.2
马达加斯加	880	2.1
印度	400	1.0
特立尼达和多巴哥	1000	0.7
44187100 马赛克地板用已装拼的木地板		
合计	11541	30.6
安哥拉	5600	14.0
沙特阿拉伯	5454	12.7
哈萨克斯坦	297	2.7
日本	190	1.2
44187290 其他多层已装拼的木地板		
合计	4291566	11863.5
朝鲜	742469	1748.8
香港	1151031	1410.2
马来西亚	195619	953.6
新加坡	130805	918.3
澳门	310445	700.2
印度	125896	688.4
印度尼西亚	110207	664.3
坦桑尼亚	72096	496.7
尼日利亚	72564	388.4
肯尼亚	66820	352.8
哈萨克斯坦	89490	337.7
斯里兰卡	69480	335.8
美国	82430	322.6
英国	205805	315.2
毛里求斯	62982	305.4
俄罗斯联邦	408204	266.9
沙特阿拉伯	37640	177.5
缅甸	36000	174.2
莫桑比克	26801	160.9
土库曼斯坦	27100	143.7
马达加斯加	19200	117.9
安哥拉	26464	107.6
比利时	24960	99.8
利比亚	19440	77.8
汤加	17040	68.2
澳大利亚	26676	62.4
阿尔及利亚	5160	49.6
巴基斯坦	5160	49.6
阿联酋	7500	44.8
吉布提	9600	43.2
留尼汪	10080	38.3
日本	25000	36.0
越南	3870	29.2
韩国	9750	28.0
塔吉克斯坦	8475	23.7
以色列	4700	22.9
台湾省	14300	17.7
巴布亚新几内亚	7494	17.7
加拿大	3300	13.0
意大利	2880	13.0
刚果(布)	1830	12.2
蒙古	3125	5.8
新西兰	2100	5.0
乌克兰	1720	4.8
多哥	1200	4.8
黎巴嫩	3900	4.0
德国	1300	1.7
挪威	310	1.6
南非	518	1.4

国家/地区	出口数量（千克）	出口金额（千美元）
44187990 其他已装拼的木地板		
合计	13831894	23948.0
美国	7881887	10476.2
加拿大	1833757	3574.4
英国	859282	1728.6
韩国	872847	1506.5
马来西亚	371746	1486.7
日本	549360	1103.4
印度尼西亚	166983	930.4
哈萨克斯坦	152435	888.0
印度	126744	417.9
香港	259770	397.9
德国	49624	115.9
肯尼亚	29347	109.6
新加坡	44207	104.4
尼日利亚	24900	92.8
澳大利亚	40771	90.8
俄罗斯联邦	45616	74.2
安哥拉	25128	73.5
毛里求斯	15340	72.5
希腊	63478	62.1
沙特阿拉伯	132183	52.9
朝鲜	60459	50.4
乌兹别克斯坦	20000	49.8
吉布提	12875	47.7
丹麦	11853	45.5
越南	7430	44.5
阿联酋	25770	41.6
莫桑比克	7820	33.2
缅甸	32628	32.9
斐济	6250	32.5
古巴	3147	22.8
台湾省	6351	19.9
比利时	3645	16.6
蒙古	17737	15.7
意大利	3220	15.5
吉尔吉斯斯坦	4300	15.3
斯里兰卡	2520	12.6
罗马尼亚	15730	10.5
尼日尔	3900	10.3
南非	3000	9.4
泰国	2836	7.8
荷兰	629	7.7
科特迪瓦	5720	7.2
坦桑尼亚	2250	7.0

国家/地区	出口数量（千克）	出口金额（千美元）
加纳	2850	6.0
巴基斯坦	4506	5.4
西班牙	1500	4.2
菲律宾	3948	4.0
以色列	1813	3.5
墨西哥	4830	3.1
孟加拉国	600	1.9
加蓬	1709	1.6
纳米比亚	3500	1.3
新喀里多尼亚	924	1.2
乌克兰	239	1.0
44190031 木制一次性筷子		
合计	79464850	52438.5
日本	63229100	42297.8
韩国	12505816	7730.6
美国	2083206	1240.6
台湾省	334234	258.5
澳大利亚	262572	150.6
巴西	141540	95.7
加拿大	126193	87.3
德国	131155	80.5
新西兰	109613	72.8
智利	95179	69.0
新加坡	53151	66.0
法国	60938	33.2
英国	49084	31.7
西班牙	39497	29.6
马来西亚	34860	28.2
香港	7724	28.1
委内瑞拉	33763	22.4
瑞典	29825	20.2
印度尼西亚	21880	10.9
墨西哥	20091	10.8
阿联酋	4723	10.3
泰国	16609	9.8
荷兰	19574	9.1
爱沙尼亚	3250	7.6
奥地利	8500	7.2
挪威	10320	6.5
瑞士	7517	4.9
意大利	8978	4.8
丹麦	5660	3.6
以色列	3420	2.9
南非	899	2.5
捷克	2175	1.4

国家/地区	出口数量（千克）	出口金额（千美元）
菲律宾	1000	1.0
斯里兰卡	271	0.8
印度	1748	0.7
44190099 其他木制餐具及厨房用具		
合计	32462590	138344.2
美国	7488055	29844.9
日本	3684692	26420.5
英国	3186309	12747.0
德国	2498077	10758.2
澳大利亚	2154393	8443.4
荷兰	1883910	6344.4
加拿大	1290404	4595.5
意大利	944135	3397.0
韩国	823089	3205.4
法国	637593	2418.1
沙特阿拉伯	553829	2415.3
俄罗斯联邦	649776	2290.5
香港	648691	2184.1
西班牙	588296	2036.3
比利时	435788	1628.3
瑞典	271381	1581.4
芬兰	310869	1329.0
丹麦	264986	1296.6
土耳其	364917	1238.5
台湾省	212581	1151.0
阿联酋	303434	1057.2
墨西哥	284757	941.9
新西兰	192139	780.7
南非	196003	702.0
以色列	150613	619.8
新加坡	120667	528.5
捷克	104479	485.4
巴西	102771	417.6
瑞士	87393	403.2
波兰	106286	388.1
马来西亚	98026	388.1
印度尼西亚	286666	387.9
印度	71859	370.9
巴拿马	63055	362.1
希腊	87887	326.5
挪威	62259	320.7
乌克兰	65355	286.8
摩洛哥	58889	281.8
泰国	71394	273.4
利比亚	86870	266.0

国家/地区	出口数量（千克）	出口金额（千美元）
智利	48651	240.4
科威特	38582	213.0
立陶宛	62506	211.5
斯洛文尼亚	60385	204.0
黎巴嫩	52726	201.6
爱尔兰	28553	154.1
波多黎各	56634	153.5
阿塞拜疆	42266	146.2
葡萄牙	43192	134.3
阿尔及利亚	83142	128.2
斯洛伐克	41072	125.5
爱沙尼亚	15087	124.9
阿根廷	28139	124.9
菲律宾	20524	118.0
哈萨克斯坦	31517	107.2
伊拉克	21179	92.9
哥伦比亚	30083	85.7
厄瓜多尔	17174	73.0
奥地利	26453	64.4
乌拉圭	18054	62.1
贝宁	4978	53.8
多米尼加共和国	9732	49.8
秘鲁	8090	43.3
哥斯达黎加	3884	34.9
巴拉圭	7763	33.7
越南	12563	33.6
保加利亚	3849	26.4
约旦	16717	24.9
巴林	7359	24.2
拉脱维亚	5482	23.6
伊朗	3973	23.2
法属波利尼西亚	15776	22.4
巴基斯坦	4806	21.4
埃及	13671	20.1
新喀里多尼亚	13694	19.3
罗马尼亚	9445	19.1
尼日利亚	3660	18.0
委内瑞拉	5250	16.4
匈牙利	7427	12.9
澳门	7085	12.0
塞尔维亚	2310	11.8
刚果(金)	627	11.3
斯里兰卡	1144	11.1
克罗地亚	2629	11.1
巴布亚新几内亚	2177	10.5

国家/地区	出口数量（千克）	出口金额（千美元）
危地马拉	3576	9.7
白俄罗斯	3421	7.3
黑山	2560	6.0
蒙古	400	5.8
斐济	650	5.6
土库曼斯坦	6924	4.8
阿曼	985	3.6
文莱	1480	3.4
尼日尔	248	3.3
卡塔尔	509	2.8
卢森堡	1440	2.8
肯尼亚	743	2.7
特立尼达和多巴哥	960	2.5
塞浦路斯	672	2.4
加蓬	292	2.1
牙买加	360	1.6
安哥拉	536	1.5
也门	760	1.4
格鲁吉亚	283	1.2
马耳他	300	1.2
毛里求斯	1159	1.2
荷属安的列斯群岛	700	0.8
44201011 木刻		
合计	53764	1076.7
日本	19272	928.0
美国	24881	81.9
瑞士	3294	37.8
赤道几内亚	1826	8.5
香港	862	6.4
俄罗斯联邦	638	3.3
韩国	310	2.0
印度尼西亚	160	2.0
马来西亚	630	2.0
泰国	235	1.3
意大利	80	1.3
澳门	600	1.2
新加坡	967	1.0
44201020 木扇		
合计	432081	6989.3
西班牙	270826	3868.6
日本	81366	2202.1
美国	35790	321.4
意大利	10118	203.0
墨西哥	12654	120.2
香港	3258	49.9

国家/地区	出口数量（千克）	出口金额（千美元）
新加坡	450	40.5
丹麦	729	32.1
德国	1874	24.4
希腊	3970	24.0
台湾省	165	14.1
奥地利	346	10.7
韩国	1691	10.0
乌拉圭	504	9.0
英国	126	8.9
法国	418	7.6
马来西亚	312	7.0
南非	49	6.0
马耳他	156	5.3
塞浦路斯	312	5.2
阿联酋	384	4.3
古巴	2774	3.3
巴西	420	2.9
瑞士	86	2.2
新西兰	1086	2.1
俄罗斯联邦	146	1.8
加拿大	226	1.3
巴拿马	1789	1.2
44201090 其他木制小雕像及装饰品		
合计	95770261	535975.1
美国	40756168	198319.3
德国	8638732	60348.3
荷兰	8390026	40304.1
英国	7745978	39087.0
日本	2520877	30298.7
巴拿马	1990100	14992.8
台湾省	2989698	13527.1
新加坡	1600071	11092.7
马来西亚	1417420	10550.0
意大利	1379197	10478.2
法国	1614857	9991.6
澳大利亚	1896008	9157.0
比利时	1436011	8726.6
加拿大	1668960	8128.1
阿联酋	1195982	8015.5
西班牙	1115427	6836.7
香港	529406	4245.2
南非	712369	4171.7
丹麦	552781	3763.0
瑞典	670945	3670.0
俄罗斯联邦	424905	3031.5

国家/地区	出口数量（千克）	出口金额（千美元）
波兰	508250	2893.3
希腊	276521	2148.0
墨西哥	424839	2061.2
挪威	401746	1987.1
土耳其	285529	1834.8
韩国	250629	1703.0
巴西	230024	1608.1
瑞士	161077	1533.6
泰国	220662	1418.6
印度尼西亚	181541	1402.1
芬兰	240769	1283.8
以色列	236610	1234.0
沙特阿拉伯	227804	1210.7
阿根廷	253478	1135.9
智利	164168	1090.1
奥地利	150395	1033.7
新西兰	220897	1017.3
阿尔及利亚	479655	1004.3
捷克	89340	853.8
科威特	80268	780.2
印度	214953	779.3
菲律宾	111901	620.8
爱尔兰	121748	532.5
匈牙利	38542	514.2
乌克兰	66834	481.5
斯洛文尼亚	66427	380.4
葡萄牙	53670	369.5
文莱	47475	332.3
伊朗	76279	310.9
乌拉圭	42734	285.7
黎巴嫩	40553	261.8
哥伦比亚	43170	261.0
秘鲁	33537	207.3
爱沙尼亚	14217	180.1
波多黎各	31805	178.8
阿曼	23735	162.2
卡塔尔	33009	158.5
克罗地亚	16508	148.4
巴哈马	9188	136.2
越南	5968	129.6
塞浦路斯	15304	127.3
利比亚	42861	119.0
摩洛哥	24408	95.3
拉脱维亚	17055	92.0
巴林	18609	91.8

国家/地区	出口数量（千克）	出口金额（千美元）
多米尼加共和国	8531	86.8
罗马尼亚	11413	81.1
立陶宛	14230	80.8
厄瓜多尔	8883	79.8
尼日利亚	29640	73.4
巴基斯坦	2476	52.5
危地马拉	8339	50.8
斯洛伐克	4599	43.2
牙买加	3762	37.7
澳门	12335	34.5
保加利亚	4268	30.1
约旦	7478	29.3
埃及	32075	28.0
巴布亚新几内亚	1522	24.6
孟加拉国	2967	24.0
马耳他	3477	22.2
哈萨克斯坦	2313	19.9
伊拉克	4327	18.1
肯尼亚	2305	16.7
冰岛	1501	15.9
塞内加尔	4983	15.7
塞尔维亚	1442	15.1
安哥拉	3000	13.9
哥斯达黎加	3279	13.9
阿塞拜疆	1120	13.1
贝宁	8292	11.8
委内瑞拉	2084	11.6
黑山	1674	10.9
法属波利尼西亚	2032	9.3
赞比亚	170	8.0
加纳	5845	7.2
塔吉克斯坦	1600	7.1
刚果(金)	2387	6.5
蒙古	211	6.1
坦桑尼亚	14850	6.0
莫桑比克	1970	4.9
毛里求斯	236	4.2
库克群岛	178	3.8
格鲁吉亚	513	3.8
布基纳法索	1369	3.7
巴巴多斯	972	3.3
斯里兰卡	699	3.2
圣马力诺	178	2.3
卢森堡	314	2.1
吉布提	986	1.8

国家/地区	出口数量（千克）	出口金额（千美元）
马里	617	1.7
洪都拉斯	418	1.4
缅甸	29	1.1
萨尔瓦多	314	1.0
留尼汪	613	1.0
尼加拉瓜	299	1.0
突尼斯	158	0.8
瓜德罗普	49	0.7
巴拉圭	71	0.7
圣其茨和尼维斯	108	0.6
法属圭亚那	26	0.5

44209010 镶嵌木

国家/地区	出口数量（千克）	出口金额（千美元）
合计	199322	560.4
美国	159971	386.5
马来西亚	15255	69.1
越南	10545	47.2
加拿大	3867	32.2
日本	4032	11.9
智利	696	3.5
澳门	1670	3.3
东帝汶	2600	2.4
韩国	300	2.3
香港	56	0.8
匈牙利	285	0.4

44209090 珠宝或刀具木盒及类似品;第94章以外木家具

国家/地区	出口数量（千克）	出口金额（千美元）
合计	56452988	244583.9
美国	19028624	69878.4
日本	4759363	27072.2
英国	3885411	17467.6
德国	3859101	16440.2
荷兰	3518310	12455.3
法国	1871196	8636.6
香港	1656964	8467.9
瑞士	614793	8241.3
加拿大	1481214	6140.4
西班牙	1251342	5302.6
澳大利亚	1260779	5206.5
俄罗斯联邦	1040029	5002.8
瑞典	859006	4650.6
韩国	1063872	4425.7
意大利	951489	4238.7
比利时	1118807	4084.0
新加坡	657540	4015.3
阿联酋	605031	2805.2

国家/地区	出口数量（千克）	出口金额（千美元）
巴西	755343	2802.1
巴拿马	270866	2433.8
波兰	471617	2221.5
沙特阿拉伯	586383	2134.7
台湾省	585124	1911.6
丹麦	375706	1636.9
马来西亚	359970	1105.3
墨西哥	323424	1098.5
多米尼加共和国	158113	855.6
芬兰	207432	788.0
希腊	166000	775.5
土耳其	129162	712.6
葡萄牙	146212	686.4
以色列	152899	652.4
智利	172044	639.4
南非	150143	636.3
新西兰	146302	630.1
古巴	140688	621.9
科威特	108694	575.0
斯洛文尼亚	110843	510.5
爱尔兰	142011	480.1
泰国	161785	467.1
挪威	118975	460.6
乌克兰	77724	366.0
洪都拉斯	46824	337.1
捷克	38681	295.9
列支敦士登	13088	291.5
黎巴嫩	41949	278.1
阿根廷	73815	271.2
拉脱维亚	52780	269.0
越南	29736	210.9
印度	76174	207.5
尼加拉瓜	15503	200.6
菲律宾	42439	190.3
巴林	20665	184.9
印度尼西亚	36650	157.0
乌拉圭	33346	153.5
匈牙利	38672	152.0
爱沙尼亚	27675	142.6
哥伦比亚	31883	140.7
奥地利	33054	138.6
秘鲁	26514	138.3
立陶宛	23882	104.4
澳门	32645	83.8
伊朗	20425	75.2

国家/地区	出口数量（千克）	出口金额（千美元）
克罗地亚	22069	72.4
卡塔尔	16089	54.0
亚美尼亚	10559	51.6
白俄罗斯	8978	44.9
摩洛哥	5289	38.8
牙买加	3055	38.0
哥斯达黎加	9790	37.7
约旦	6182	36.0
塞浦路斯	6478	33.7
斯洛伐克	12111	31.3
波多黎各	13286	30.8
斯里兰卡	7669	30.3
厄瓜多尔	7265	23.6
卢森堡	2142	21.8
巴基斯坦	6680	21.7
尼日利亚	3495	20.4
巴哈马	1178	20.0
马提尼克	3250	19.3
毛里求斯	2613	18.4
哈萨克斯坦	4190	18.4
突尼斯	6972	15.5
瓦努阿图	1150	15.3
罗马尼亚	4837	13.9
埃及	6951	12.4
利比亚	2798	11.4
朝鲜	1020	9.2
斐济	997	7.4
塞尔维亚	1665	6.7
危地马拉	824	6.5
冰岛	750	6.5
保加利亚	870	5.3
阿尔巴尼亚	2617	5.1
安哥拉	1217	4.8
伊拉克	497	4.7
马耳他	914	4.4
乌兹别克斯坦	1420	4.3
特立尼达和多巴哥	1230	4.0
巴拉圭	762	3.9
法属波利尼西亚	388	3.9
阿尔及利亚	1225	3.1
马尔代夫	756	2.9
孟加拉国	1694	2.6
委内瑞拉	672	2.5
巴布亚新几内亚	767	2.5
摩纳哥	66	1.7

国家/地区	出口数量（千克）	出口金额（千美元）
格鲁吉亚	357	1.5
萨尔瓦多	160	1.0
留尼汪	131	0.4
44211000 木制衣架		
合计	59870559	209011.7
美国	10773969	38986.8
德国	6445819	22667.0
英国	4171987	14663.1
日本	2555491	11418.5
荷兰	3457743	11069.5
西班牙	2611845	9109.2
瑞典	3095820	9104.9
俄罗斯联邦	2886992	9045.0
香港	1048529	6862.6
法国	1759962	6551.2
意大利	1752867	6043.3
韩国	1817836	5729.9
澳大利亚	1617796	5253.9
巴西	1876976	4833.9
土耳其	1178315	3403.4
加拿大	1147545	3358.0
墨西哥	1554603	3235.5
新加坡	389397	3008.2
波兰	1081425	2953.3
丹麦	688390	2835.2
比利时	910388	2805.5
巴拿马	300979	2744.1
阿联酋	424514	1929.8
乌克兰	448475	1313.6
阿根廷	514785	1310.1
沙特阿拉伯	275899	1258.4
印度尼西亚	310484	1169.7
印度	300202	1152.5
智利	379778	1056.7
芬兰	274685	945.1
挪威	298344	900.9
台湾省	186838	781.7
以色列	158024	720.6
泰国	135873	638.1
哥伦比亚	202323	611.0
新西兰	186546	606.5
立陶宛	179974	574.2
南非	142137	524.8
葡萄牙	184946	509.8
希腊	129456	475.9

国家/地区	出口数量（千克）	出口金额（千美元）
瑞士	133062	461.8
马来西亚	96268	460.4
秘鲁	150462	440.2
奥地利	136094	426.8
菲律宾	96198	396.8
乌拉圭	97933	391.0
爱尔兰	133641	352.3
科威特	65182	294.5
拉脱维亚	91334	278.6
埃及	87323	220.4
摩洛哥	81368	217.0
斯洛文尼亚	43280	210.2
捷克	61170	209.2
黎巴嫩	54950	177.4
越南	48003	172.7
爱沙尼亚	56343	171.3
斯洛伐克	49189	162.8
哥斯达黎加	58157	151.8
巴林	10197	140.7
罗马尼亚	36152	120.3
白俄罗斯	32517	108.2
阿尔及利亚	34354	107.0
克罗地亚	33456	100.1
保加利亚	30007	90.3
澳门	17595	73.4
利比亚	33747	72.1
危地马拉	14005	70.9
巴拉圭	18389	67.5
哈萨克斯坦	24228	64.9
厄瓜多尔	23284	59.6
委内瑞拉	8390	56.6
约旦	13897	51.9
安哥拉	10907	36.0
伊拉克	7635	34.5
毛里求斯	2287	34.5
格鲁吉亚	8619	30.7
巴基斯坦	12926	30.4
伊朗	8677	28.2
匈牙利	7216	26.8
黑山	7269	25.2
尼加拉瓜	5035	22.3
突尼斯	14494	21.8
摩尔多瓦	7553	18.9
波多黎各	7273	18.6
塞浦路斯	5520	15.6
孟加拉国	2108	13.1
多米尼加共和国	3194	12.6
阿塞拜疆	3849	12.0
多民族玻利维亚国	3046	10.6
特立尼达和多巴哥	3675	10.0
斐济	4079	9.6
缅甸	903	9.3
阿曼	3615	8.5
卡塔尔	2224	7.3
柬埔寨	315	5.6
斯里兰卡	718	5.2
尼日利亚	1219	4.9
科特迪瓦	1170	4.8
肯尼亚	1991	3.8
阿尔巴尼亚	791	1.7
萨尔瓦多	1202	1.5
古巴	60	1.2
加纳	111	1.1
牙买加	520	0.9
多米尼克	79	0.9
新喀里多尼亚	37	0.7
纳米比亚	174	0.5
莫桑比克	238	0.5
乌兹别克斯坦	136	0.4

44219010 木制卷轴、纡子、筒管、缝纫用线轴及类似品

国家/地区	出口数量（千克）	出口金额（千美元）
合计	426109	1183.9
荷兰	112212	295.2
比利时	116362	226.3
美国	18354	212.9
日本	90540	123.6
孟加拉国	8110	92.6
法国	8894	49.1
加拿大	13320	42.9
朝鲜	23580	32.1
瑞士	12129	26.1
新加坡	9367	23.6
英国	2575	18.8
韩国	3069	10.8
德国	1484	9.4
丹麦	1649	8.5
香港	3047	4.0
摩洛哥	905	3.8
西班牙	292	1.1
波兰	90	1.1
芬兰	29	0.9
新西兰	55	0.7
巴基斯坦	44	0.5

44219021 木制圆签圆棒冰果棒压舌片及类似一次性制品

国家/地区	出口数量（千克）	出口金额（千美元）
合计	64735172	71701.3
日本	17360566	16849.0
美国	9714101	11076.7
印度尼西亚	2323646	3794.1
韩国	2834880	2888.5
印度	3442432	2683.1
泰国	1352560	2491.0
墨西哥	1292870	2155.8
土耳其	2358023	1913.7
意大利	1420712	1872.9
俄罗斯联邦	1157794	1526.2
英国	1336650	1481.9
荷兰	1060922	1445.4
法国	629552	1259.7
伊朗	2363825	1246.9
巴基斯坦	496899	1245.3
德国	1199287	1217.2
智利	537895	1057.0
埃及	918904	994.4
加拿大	861527	952.7
西班牙	998232	922.3
香港	432992	880.7
巴西	1375176	823.9
哥伦比亚	569193	719.4
沙特阿拉伯	488629	681.5
马来西亚	367682	675.9
澳大利亚	682775	619.5
菲律宾	284075	616.7
阿联酋	473438	609.4
摩洛哥	236499	491.8
孟加拉国	243285	476.5
南非	296609	368.3
希腊	306385	341.2
克罗地亚	172949	286.5
比利时	234501	272.6
以色列	270668	252.6
乌克兰	118708	225.6
阿尔及利亚	282712	221.9
约旦	242676	209.6
台湾省	159702	183.8

国家/地区	出口数量（千克）	出口金额（千美元）
哥斯达黎加	182344	180.4
危地马拉	159032	169.7
波兰	111028	159.1
葡萄牙	219924	151.4
瑞典	147136	151.1
爱尔兰	150996	139.2
黎巴嫩	167717	136.0
罗马尼亚	85037	134.2
斯里兰卡	110413	132.8
也门	125510	129.8
多米尼加共和国	70957	123.2
阿根廷	267634	120.3
丹麦	106437	120.2
尼日利亚	59144	102.7
叙利亚	109418	101.2
新加坡	68459	101.2
立陶宛	146143	98.9
秘鲁	72964	86.0
乌兹别克斯坦	104499	83.7
新西兰	42917	81.5
斯洛文尼亚	71991	67.4
委内瑞拉	143961	66.5
巴拿马	41341	65.2
坦桑尼亚	56658	59.4
拉脱维亚	34473	58.5
芬兰	39933	58.3
吉尔吉斯斯坦	78950	48.7
津巴布韦	44575	47.7
突尼斯	31025	47.0
哈萨克斯坦	99026	41.4
埃塞俄比亚	20549	41.3
瑞士	20613	38.9
保加利亚	21990	34.2
越南	26026	31.7
朝鲜	35000	31.5
科威特	58043	29.3
肯尼亚	48700	27.1
伊拉克	61920	26.2
挪威	10458	24.5
卡塔尔	41761	22.7
匈牙利	7760	19.5
利比亚	36148	18.8
莫桑比克	20000	18.4
尼加拉瓜	59181	18.2
格鲁吉亚	27705	18.1

国家/地区	出口数量（千克）	出口金额（千美元）
捷克	23125	16.9
留尼汪	13754	16.2
毛里求斯	14444	15.7
萨尔瓦多	8400	13.7
巴拉圭	15179	13.5
加纳	3600	12.5
洪都拉斯	4330	11.2
多民族玻利维亚国	3420	11.2
巴林	15327	8.7
厄瓜多尔	9630	8.6
土库曼斯坦	13152	7.9
塞浦路斯	8312	7.8
波黑	2307	6.6
马耳他	4570	5.7
波多黎各	3943	5.5
阿曼	2078	4.5
圭亚那	9007	4.4
乌拉圭	1300	4.3
纳米比亚	1200	3.4
前南马其顿	1900	3.1
巴布亚新几内亚	11250	2.9
塞尔维亚	5272	2.8
特立尼达和多巴哥	3024	2.5
塞内加尔	1050	2.2
斯洛伐克	461	2.1
缅甸	850	1.8
科特迪瓦	480	1.6
布隆迪	520	1.5
马达加斯加	541	1.5
爱沙尼亚	1399	1.3
柬埔寨	330	0.9
亚美尼亚	2000	0.9
苏丹	288	0.8
安哥拉	224	0.8
喀麦隆	240	0.6
蒙古	1138	0.6
44219090 未列名木制品		
合计	596379943	1723305.6
美国	185181485	467524.9
日本	79954277	277478.4
英国	42971276	144210.6
德国	43996168	118175.4
荷兰	28340671	84002.3
澳大利亚	24631556	68156.8
法国	23840553	64274.4

国家/地区	出口数量（千克）	出口金额（千美元）
韩国	21634991	63425.5
香港	15145336	44291.4
意大利	9399179	34194.6
西班牙	8162844	33673.4
加拿大	12761428	33267.8
比利时	9217934	26895.8
台湾省	6373832	17523.1
俄罗斯联邦	5328003	14504.1
南非	4818322	12827.6
墨西哥	5566985	12331.0
阿联酋	3299962	10584.0
沙特阿拉伯	3223422	10361.0
瑞典	3080248	10050.2
越南	3447292	9239.7
印度	2341214	9172.3
马来西亚	2073803	8874.5
印度尼西亚	2541267	7824.3
丹麦	1945350	7784.7
新加坡	1395566	7402.0
泰国	2117652	7280.4
波兰	1542495	6505.4
智利	1376662	6058.9
新西兰	1896438	5844.0
土耳其	1242992	5788.6
尼日利亚	2593978	5490.7
爱尔兰	1066905	4768.1
澳门	1835250	4419.6
以色列	1908234	4352.7
阿根廷	2563061	3918.6
挪威	965936	3520.7
瑞士	780319	3424.7
菲律宾	1595422	3398.8
巴西	738821	3252.2
巴拿马	649003	3039.2
芬兰	884884	2955.6
斯洛文尼亚	1019195	2486.7
伊拉克	1592614	2465.5
贝宁	577588	2258.6
希腊	441815	2037.3
多米尼加共和国	554659	1754.3
奥地利	598883	1672.6
哥伦比亚	312750	1529.6
巴基斯坦	779937	1528.6
伊朗	801532	1523.4
克罗地亚	770122	1461.8

国家/地区	出口数量（千克）	出口金额（千美元）
利比亚	455666	1450.4
捷克	531610	1430.0
葡萄牙	332001	1188.3
摩洛哥	384028	1173.4
科威特	417258	1136.6
阿尔及利亚	476651	1099.8
黎巴嫩	285472	1086.5
阿曼	631130	1067.1
波多黎各	294454	1054.6
埃及	562495	1040.2
秘鲁	205562	1033.6
拉脱维亚	438416	1015.4
乌克兰	429457	1002.5
柬埔寨	413370	912.2
安哥拉	1065403	794.3
萨尔瓦多	1420821	770.4
罗马尼亚	273857	709.0
卡塔尔	260699	644.4
马耳他	76767	611.3
委内瑞拉	338553	605.9
乌拉圭	192541	553.4
保加利亚	111174	551.2
文莱	278208	517.8
马尔代夫	291330	504.7
博茨瓦纳	116520	499.7
立陶宛	189091	488.2
约旦	142274	426.7
爱沙尼亚	139734	424.2
危地马拉	131768	420.5
缅甸	301226	409.1
科特迪瓦	26400	360.3
肯尼亚	135847	340.1
加纳	168230	316.5
厄瓜多尔	188487	314.4
蒙古	143193	314.0
巴林	126092	312.3
斯洛伐克	168161	309.7
格鲁吉亚	157035	305.7
哈萨克斯坦	64470	275.5
匈牙利	57243	254.8
哥斯达黎加	48777	236.8
特立尼达和多巴哥	85760	225.5
突尼斯	68933	198.5
孟加拉国	32342	174.3
坦桑尼亚	97470	172.6

国家/地区	出口数量（千克）	出口金额（千美元）
吉布提	235320	169.2
塞尔维亚	47779	166.3
斯里兰卡	66776	163.7
牙买加	33887	146.0
巴巴多斯	30517	145.8
刚果(金)	303860	143.2
朝鲜	53097	143.2
新喀里多尼亚	68558	129.5
白俄罗斯	25656	128.7
吉尔吉斯斯坦	63157	119.8
厄立特里亚	55180	117.0
洪都拉斯	12927	115.9
多哥	57604	114.1
塞浦路斯	39215	112.9
海地	77065	109.1
巴布亚新几内亚	24095	104.9
摩尔多瓦	30686	101.3
格林纳达	20694	99.0
毛里求斯	28955	97.9
阿塞拜疆	21703	97.1
阿鲁巴	12668	96.0
埃塞俄比亚	48579	91.5
法属波利尼西亚	22574	74.0
赞比亚	20104	73.0
留尼汪	31770	57.1
尼加拉瓜	25152	56.4
黑山	11619	44.0
塞内加尔	11587	43.2
卢旺达	14895	41.1
莫桑比克	9056	40.9
阿尔巴尼亚	11546	39.5
也门	14926	38.4
乌干达	7568	37.9
乌兹别克斯坦	9770	37.9
巴拉圭	9701	35.4
帕劳	7054	34.0
古巴	9284	33.2
刚果(布)	38129	29.6
尼泊尔联邦民主共和国	3786	27.4
叙利亚	8295	25.2
安道尔	2594	23.9
圣卢西亚	8600	23.2
巴勒斯坦	8560	18.0
赤道几内亚	4720	17.4

国家/地区	出口数量（千克）	出口金额（千美元）
津巴布韦	3225	17.4
马达加斯加	11600	17.3
纳米比亚	2936	16.3
圣文森特和格林纳丁斯	6300	14.9
加蓬	9671	14.5
喀麦隆	4258	13.4
毛里塔尼亚	3228	12.7
马里	1738	11.1
苏丹	25429	10.8
多民族玻利维亚国	1911	8.8
巴哈马	2143	8.4
布基纳法索	1368	7.7
斐济	3490	7.3
佛得角	1559	6.8
塔吉克斯坦	1301	6.8
冰岛	885	5.9
几内亚	2200	5.6
波黑	2432	5.4
安提瓜和巴布达	1721	5.0
科摩罗	220	4.8
百慕大	248	3.8
塞拉利昂	1855	3.8
开曼群岛	432	2.4
马提尼克	710	2.1
瓜德罗普	528	1.6
前南马其顿	764	1.6
圭亚那	150	1.6
萨摩亚	221	1.2
乍得	614	1.2
老挝	500	1.1
卢森堡	210	0.8
东帝汶	200	0.6
索马里	250	0.4

木制品进口量值表

国家/地区	进口数量（千克）	进口金额（千美元）
44091010 任一边、端或面制成连续形状针叶木地板条		
合计	1110153	1323.1
瑞典	1038269	1094.7
美国	38556	114.4
丹麦	4752	50.0
爱沙尼亚	12828	21.8

国家/地区	进口数量（千克）	进口金额（千美元）
瑞士	359	12.7
台湾省	2830	10.4
日本	3098	9.1
阿根廷	8755	7.9
泰国	480	1.3
44092910 其他任一边、端或面成连续状非针叶木地板条		
合计	6852833	17384.0
美国	3893989	10529.4
爱沙尼亚	710643	1178.6
意大利	96816	1159.9
丹麦	288766	1092.0
印度尼西亚	517212	625.7
奥地利	232706	542.0
巴拉圭	146908	321.8
巴西	295565	295.2
葡萄牙	20376	200.3
日本	67682	195.3
台湾省	47270	191.7
老挝	68455	190.8
荷兰	32228	133.9
俄罗斯联邦	145104	128.9
泰国	27640	105.7
韩国	26832	57.2
越南	15963	54.4
澳大利亚	110854	49.5
德国	21424	48.6
法国	24419	44.2
立陶宛	8130	37.3
缅甸	13783	32.2
英国	1000	24.9
菲律宾	1920	24.8
土耳其	4102	23.2
西班牙	3599	20.9
所罗门群岛	15617	19.8
芬兰	945	18.8
柬埔寨	10239	18.6
加拿大	2207	12.7
中华人民共和国	243	4.3
波兰	120	0.7
44140010 辐射松制的画框、相框、镜框及类似品		
合计	3219	19.8
中华人民共和国	2579	12.3
意大利	562	6.0

国家/地区	进口数量（千克）	进口金额（千美元）
爱尔兰	26	0.8
44140090 其他木制的画框、相框、镜框及类似品		
合计	124133	1441.1
中华人民共和国	22064	310.3
意大利	3997	161.5
美国	4266	160.8
西班牙	3266	117.1
印度	9718	107.2
波兰	24455	105.8
日本	2386	79.4
法国	1019	77.1
印度尼西亚	14530	68.9
泰国	8224	42.5
菲律宾	2253	41.4
瑞典	7333	40.4
台湾省	4809	29.5
越南	4497	15.3
瑞士	243	11.1
马来西亚	4176	11.0
英国	148	7.9
荷兰	249	7.1
捷克	180	6.3
卡塔尔	885	5.6
丹麦	1536	5.6
韩国	890	5.0
葡萄牙	642	4.4
埃及	515	4.3
伊朗	220	4.1
比利时	257	3.5
德国	167	3.4
香港	208	3.0
土耳其	938	0.5
斯洛伐克	33	0.4
44151000 木制箱、盒、桶及类似的包装容器；电缆卷筒		
合计	2507919	6265.8
中华人民共和国	1856737	3960.1
日本	102443	490.6
美国	29199	246.7
瑞典	102996	209.0
波兰	102476	205.8
荷兰	32501	178.8
德国	26140	157.3
奥地利	7831	132.2

国家/地区	进口数量（千克）	进口金额（千美元）
西班牙	120159	118.8
泰国	2929	105.7
意大利	22596	100.9
芬兰	20430	52.3
英国	5479	52.0
法国	5062	41.0
马来西亚	24031	38.5
台湾省	8228	29.2
瑞士	1161	22.4
比利时	3768	22.2
韩国	9216	18.3
香港	208	16.5
印度	2051	15.6
国别（地区）不详	600	12.2
加拿大	1679	7.7
丹麦	743	6.9
斯洛伐克	947	6.0
澳大利亚	7704	5.4
印度尼西亚	1734	3.9
新加坡	399	3.7
越南	762	2.3
以色列	195	1.9
南非	110	1.1
44152010 辐射松制托板箱形托盘及其他装载板托盘护框		
合计	77345	19.9
中华人民共和国	72660	17.3
日本	1852	1.1
拉脱维亚	2712	1.1
44152090 木托板、箱形托盘及其他装载木板；托盘护框		
合计	16137662	11007.4
中华人民共和国	10519111	3520.7
德国	977369	2765.4
瑞典	2429802	2004.1
丹麦	778472	1063.2
韩国	540722	368.1
日本	164894	266.4
印度	147504	257.0
美国	86454	200.9
波兰	151221	144.0
意大利	6028	83.5
越南	16757	43.4
西班牙	48538	41.0
台湾省	45536	39.6

国家/地区	进口数量（千克）	进口金额（千美元）
法国	37843	38.6
拉脱维亚	24969	31.0
立陶宛	36280	25.3
比利时	18355	20.9
捷克	19336	19.1
马来西亚	31194	13.4
匈牙利	15120	12.0
英国	2400	11.0
菲律宾	3870	9.1
香港	17411	8.3
新加坡	7335	7.7
荷兰	354	4.2
墨西哥	4357	4.2
奥地利	640	1.2
泰国	429	1.0
毛里求斯	62	0.8
以色列	19	0.7
印度尼西亚	34	0.5
44160010 辐射松制大桶、琵琶桶、盆等箍桶及零件		
合计	250	4.6
台湾省	130	4.3
44160090 木制大桶、琵琶桶、盆等木制箍桶及其零件		
合计	707246	8484.5
法国	422899	5163.4
葡萄牙	102319	2641.5
匈牙利	25821	303.9
美国	104971	203.7
意大利	6418	86.5
澳大利亚	9092	13.8
越南	9481	12.5
尼加拉瓜	14360	9.7
西班牙	2395	6.7
日本	352	5.7
菲律宾	234	5.6
印度	35	4.7
印度尼西亚	941	3.5
捷克	450	3.4
塞尔维亚	550	3.1
阿根廷	2520	3.0
韩国	440	2.9
智利	1820	2.9
德国	406	2.1
台湾省	311	2.1

国家/地区	进口数量（千克）	进口金额（千美元）
芬兰	29	1.1
克罗地亚	55	0.7
爱尔兰	189	0.6
奥地利	326	0.5
44170010 辐射松制工具等；扫帚及刷子；鞋靴楦及楦头		
合计	61	0.6
44170090 木制工具等；扫帚及刷子等；木鞋靴楦及楦头		
合计	90900	1126.6
日本	12345	685.1
意大利	1783	121.4
法国	451	96.0
巴西	22078	80.1
越南	38342	28.8
美国	708	26.0
巴基斯坦	949	20.7
中华人民共和国	2180	20.0
台湾省	9864	17.2
英国	488	12.3
西班牙	950	11.5
印度尼西亚	521	2.5
德国	111	1.6
荷兰	47	1.1
丹麦	16	0.9
韩国	40	0.6
44181010 辐射松制窗法兰西式（落地）窗及其框架		
合计	474	3.0
德国	474	3.0
44181090 木制窗、法兰西式（落地）窗及其木制框架		
合计	122882	1629.7
德国	32962	636.5
韩国	31264	398.0
丹麦	35934	253.5
美国	8820	112.8
荷兰	2777	70.3
日本	1418	60.1
奥地利	2519	45.1
芬兰	1920	13.3
西班牙	344	11.1
印度尼西亚	3109	9.5
爱沙尼亚	450	6.2
意大利	433	4.7

国家/地区	进口数量（千克）	进口金额（千美元）
挪威	520	4.5
法国	270	3.8
44182000 木制门及其框架和门槛		
合计	1344159	10716.2
德国	225456	5791.0
日本	525492	2325.7
意大利	71823	600.0
美国	113082	366.3
西班牙	11671	296.4
瑞士	31152	260.0
柬埔寨	66553	161.2
奥地利	6174	127.6
法国	1370	98.4
韩国	21413	92.4
中华人民共和国	53417	90.1
老挝	30434	76.0
印度	18517	72.3
台湾省	15752	65.6
泰国	21161	51.9
印度尼西亚	38668	48.0
巴西	19824	41.6
菲律宾	38944	31.3
波兰	2841	15.2
澳大利亚	4600	13.8
丹麦	594	13.4
比利时	2149	12.5
越南	5317	12.1
芬兰	1343	11.9
瑞典	1027	10.0
荷兰	120	6.1
英国	1217	5.7
缅甸	3250	5.0
卡塔尔	179	3.6
加拿大	8300	3.1
马来西亚	742	3.1
埃及	875	1.6
挪威	23	1.5
多哥	140	0.6
捷克	45	0.5
44184000 木制水泥构件的模板		
合计	394549	1553.8
德国	174700	916.5
奥地利	217244	630.4
意大利	2545	5.9
以色列	60	1.0

国家/地区	进口数量（千克）	进口金额（千美元）
44185000 木瓦及木制盖屋板		
合计	37660	21.5
俄罗斯联邦	37660	21.5
44186000 木制柱及樑		
合计	1367133	1813.7
奥地利	350368	738.7
美国	446219	528.5
加拿大	92870	223.3
德国	65931	127.3
俄罗斯联邦	337971	82.0
日本	28250	49.1
印度尼西亚	3303	16.3
意大利	2577	9.8
菲律宾	24267	9.0
马来西亚	1518	7.2
澳大利亚	990	7.1
台湾省	5489	6.2
印度	6469	5.6
中华人民共和国	25	1.1
韩国	346	0.8
英国	365	0.6
斯洛文尼亚	123	0.5
44187100 马赛克地板用已装拼的木地板		
合计	91009	579.8
奥地利	78433	563.3
英国	12062	12.0
意大利	423	2.3
爱沙尼亚	27	1.4
西班牙	64	0.7
44187290 其他多层已装拼的木地板		
合计	3759397	16803.8
奥地利	906056	5382.5
印度尼西亚	1086476	4514.8
德国	280210	1594.1
爱沙尼亚	367050	1196.1
马来西亚	353998	1144.7
意大利	119168	1136.7
芬兰	58330	348.6
波兰	81540	312.7
匈牙利	65795	267.5
日本	228061	167.7
台湾省	79231	149.6
瑞典	42190	148.8
法国	13890	111.8
英国	10511	73.1

国家/地区	进口数量（千克）	进口金额（千美元）
荷兰	10289	66.2
葡萄牙	19461	60.8
巴拉圭	16432	41.3
中华人民共和国	11047	40.8
挪威	2670	11.6
加拿大	1869	10.9
澳大利亚	1057	7.7
美国	1755	6.2
捷克	590	4.8
韩国	1567	3.4
西班牙	87	0.8
44187990 其他已装拼的木地板		
合计	363107	1260.9
德国	109008	331.6
丹麦	17645	224.7
印度尼西亚	141994	211.5
美国	39529	157.9
意大利	8630	104.0
法国	1468	40.5
台湾省	6453	31.7
马来西亚	4359	30.7
比利时	9868	30.2
巴西	5196	23.3
中华人民共和国	6352	18.4
日本	3242	11.6
英国	2379	10.7
荷兰	432	7.7
波兰	352	6.4
柬埔寨	1704	4.3
西班牙	226	3.6
葡萄牙	88	3.5
捷克	410	2.7
加拿大	289	1.8
土耳其	230	1.5
乌克兰	3030	1.0
瑞典	163	1.0
奥地利	60	0.6
44190031 木制一次性筷子		
合计	14584327	6294.5
俄罗斯联邦	11951869	5378.8
蒙古	1112000	402.4
朝鲜	1241140	367.4
越南	106037	50.1
中华人民共和国	11532	39.8
日本	29258	39.3

国家/地区	进口数量（千克）	进口金额（千美元）
老挝	132000	13.2
瑞士	159	1.0
印度尼西亚	55	0.9
阿联酋	85	0.7
斯里兰卡	96	0.7
44190099 其他木制餐具及厨房用具		
合计	828575	5102.1
罗马尼亚	342987	920.0
美国	44594	773.1
泰国	118824	454.8
菲律宾	24653	436.6
日本	7522	357.6
台湾省	13687	345.8
中华人民共和国	42196	291.6
越南	86588	263.0
捷克	22977	258.7
印度	19526	215.3
韩国	22340	117.4
马来西亚	16425	112.3
意大利	3371	70.1
印度尼西亚	9192	68.6
俄罗斯联邦	492	59.4
加拿大	2287	58.2
秘鲁	2819	50.4
德国	1615	41.5
瑞典	1926	39.0
保加利亚	504	29.9
芬兰	293	24.7
法国	572	23.4
英国	432	15.8
老挝	3955	10.9
尼泊尔联邦民主共和国	1577	8.7
缅甸	33601	8.3
巴西	951	7.6
斯洛文尼亚	28	7.1
突尼斯	27	6.3
波兰	758	6.1
土耳其	582	4.9
比利时	386	4.7
瑞士	465	2.2
荷兰	50	1.8
葡萄牙	6	1.8
南非	173	1.5
澳大利亚	27	1.4

国家/地区	进口数量(千克)	进口金额(千美元)
44201011 木刻		
合计	38677	223.1
印度尼西亚	13715	49.3
台湾省	1435	41.6
加拿大	670	34.5
坦桑尼亚	5802	17.8
美国	192	12.0
中华人民共和国	166	7.8
泰国	646	7.2
南非	9707	6.5
比利时	27	6.3
印度	1328	5.8
意大利	53	5.7
法国	858	5.6
日本	228	4.7
柬埔寨	1437	4.6
越南	1286	3.2
缅甸	152	2.3
斯里兰卡	223	1.6
巴基斯坦	250	1.2
葡萄牙	13	1.0
菲律宾	330	1.0
丹麦	50	1.0
英国	58	0.8
新加坡	5	0.7
西班牙	6	0.5
44201020 木扇		
合计	426	18.2
日本	31	7.7
韩国	236	5.2
西班牙	9	2.4
印度尼西亚	27	1.1
泰国	86	0.8
越南	34	0.6
44201090 其他木制小雕像及装饰品		
合计	2869757	10357.4
印度	209647	2457.0
泰国	622800	1505.7
印度尼西亚	564320	1324.7
尼泊尔联邦民主共和国	130117	699.1
缅甸	724296	592.2
越南	32353	553.9
日本	101207	484.4
中华人民共和国	34591	466.5

国家/地区	进口数量(千克)	进口金额(千美元)
意大利	8563	337.6
老挝	82374	244.3
台湾省	77287	233.1
菲律宾	21283	164.7
巴基斯坦	103092	139.8
美国	4785	122.9
柬埔寨	27742	104.9
比利时	7813	103.7
法国	3203	69.5
肯尼亚	6646	68.9
德国	12613	64.7
澳大利亚	1785	63.6
秘鲁	3338	59.7
坦桑尼亚	11143	54.1
西班牙	2067	53.1
俄罗斯联邦	401	37.8
瑞典	853	33.4
荷兰	5320	33.2
南非	4793	32.8
马拉维	2600	31.2
马来西亚	19059	28.0
匈牙利	94	25.1
捷克	280	24.6
毛里求斯	330	19.7
英国	1020	13.4
丹麦	8960	13.4
波兰	163	12.0
加拿大	745	11.4
新西兰	6421	10.4
斯里兰卡	2417	9.5
香港	132	9.3
多哥	7281	7.7
韩国	1011	7.6
尼日尔	710	5.4
伊朗	626	4.8
津巴布韦	1070	3.2
贝宁	10254	2.5
乌干达	60	2.5
尼日利亚	115	1.9
冈比亚	1000	1.5
蒙古	400	1.2
新加坡	126	1.1
喀麦隆	42	1.1
国别(地区)不详	180	0.7
哥斯达黎加	6	0.6

国家/地区	进口数量(千克)	进口金额(千美元)
瑞士	2	0.6
纳米比亚	75	0.5
卡塔尔	78	0.5
44209010 镶嵌木		
合计	1835	9.9
中华人民共和国	1676	3.9
韩国	15	3.4
日本	61	1.8
印度尼西亚	83	0.8
44209090 珠宝或刀具木盒及类似品;第94章以外木家具		
合计	1571157	7460.6
法国	6707	1134.2
波兰	440427	1019.0
中华人民共和国	65531	951.5
意大利	80194	839.6
德国	429783	776.3
泰国	143873	523.9
越南	66660	286.2
老挝	94859	268.4
印度	32179	215.4
罗马尼亚	25152	196.8
瑞士	5905	163.1
印度尼西亚	6163	145.7
台湾省	10664	133.9
立陶宛	123025	130.0
菲律宾	2398	106.4
香港	3530	102.1
美国	1687	93.3
西班牙	645	72.6
捷克	20475	67.2
日本	854	54.9
尼泊尔联邦民主共和国	5559	42.4
韩国	1451	36.8
毛里求斯	62	26.8
英国	283	17.0
俄罗斯联邦	263	11.6
秘鲁	464	9.9
奥地利	359	8.4
瑞典	284	7.1
新加坡	363	3.4
伊朗	369	3.1
比利时	226	2.7
加拿大	203	2.6

国家/地区	进口数量（千克）	进口金额（千美元）
荷兰	133	2.2
墨西哥	10	1.3
丹麦	29	1.0
坦桑尼亚	200	0.7
马来西亚	13	0.7
匈牙利	22	0.7
斯洛伐克	45	0.5
葡萄牙	9	0.5
44211000 木制衣架		
合计	220076	1932.6
意大利	20904	728.1
中华人民共和国	75377	696.7
法国	1452	124.7
印度尼西亚	46295	73.4
越南	49000	58.8
美国	496	55.7
立陶宛	1253	37.8
香港	4928	35.6
荷兰	10952	31.9
日本	576	21.5
斯洛文尼亚	351	12.9
韩国	935	12.4
泰国	5472	10.7
德国	217	6.5
印度	658	5.0
比利时	184	3.8
塞尔维亚	120	3.7
土耳其	62	2.6
柬埔寨	300	2.4
菲律宾	60	2.1
英国	81	1.5
爱沙尼亚	61	1.4
瑞典	50	1.4
西班牙	212	1.2
44219010 木制卷轴、纡子、筒管、缝纫用线轴及类似品		
合计	167118	473.1
美国	123107	379.6
印度	4761	33.0
法国	4150	30.2
中华人民共和国	32103	18.9
台湾省	342	9.9
日本	1869	0.6
意大利	6	0.6

国家/地区	进口数量（千克）	进口金额（千美元）
44219021 木制圆签圆棒冰果棒压舌片及类似一次性制品		
合计	8310363	9889.2
俄罗斯联邦	3338023	4826.0
朝鲜	4673099	4471.8
中华人民共和国	192623	423.7
日本	53872	65.3
韩国	48814	62.3
阿联酋	643	18.0
以色列	1125	9.7
泰国	187	4.5
台湾省	1376	2.4
法国	64	1.2
埃及	216	0.9
美国	89	0.9
挪威	74	0.7
丹麦	28	0.6
越南	2	0.4
44219090 未列名木制品		
合计	612306612	594946.1
印度尼西亚	589068375	533794.6
厄瓜多尔	4388652	16252.1
巴布亚新几内亚	1432758	8501.8
越南	6958011	6986.6
中华人民共和国	528586	6774.1
德国	399940	3646.8
意大利	277693	2930.8
菲律宾	2496492	1951.3
罗马尼亚	794989	1835.1
美国	261094	1633.5
马来西亚	2560299	1448.5
日本	292427	1337.0
泰国	784394	1133.7
法国	96644	939.9
波兰	208373	678.4
波黑	263196	659.2
西班牙	20893	618.2
台湾省	150832	590.5
瑞士	28534	503.6
贝宁	411890	345.7
印度	49290	249.6
芬兰	87326	208.8
韩国	19723	206.5
斯洛文尼亚	14947	147.4
英国	4312	132.9

国家/地区	进口数量（千克）	进口金额（千美元）
荷兰	70136	115.1
葡萄牙	275760	111.0
俄罗斯联邦	30975	95.7
香港	3652	94.9
巴西	35461	88.5
加纳	11011	88.1
喀麦隆	52314	87.4
奥地利	22066	84.1
捷克	12682	80.7
瑞典	8784	79.2
立陶宛	21327	67.1
比利时	34610	59.1
柬埔寨	50874	46.6
加拿大	2826	42.8
毛里求斯	419	41.6
澳大利亚	11869	23.9
巴基斯坦	27835	21.9
尼泊尔联邦民主共和国	8084	18.3
丹麦	935	16.9
斯里兰卡	910	16.7
墨西哥	3630	15.6
塞尔维亚	208	13.5
智利	1360	13.1
匈牙利	312	12.9
缅甸	1990	12.7
新加坡	591	12.0
文莱	1380	10.5
土耳其	1179	10.1
挪威	252	9.4
爱沙尼亚	6447	9.1
希腊	540	7.2
乌克兰	1567	6.5
斯洛伐克	480	6.3
老挝	1560	3.6
新西兰	140	3.1
南非	838	2.1
塞内加尔	230	2.1
坦桑尼亚	550	2.0
埃及	245	1.7
爱尔兰	17	1.6
纳米比亚	80	1.4
伊朗	106	0.9
蒙古	300	0.6

木片出口量值表

国家/地区	出口数量（千克）	出口金额（千美元）
44012100 针叶木的木片或木粒		
合计	18525	4.1
台湾省	18500	4.1
44012200 非针叶木的木片或木粒		
合计	23864	17.2
新西兰	7800	6.6
澳大利亚	7300	5.0
印度	700	2.5
比利时	311	1.6
巴西	170	0.8
美国	7463	0.7

木片进口量值表

国家/地区	进口数量（千克）	进口金额（千美元）
44012100 针叶木的木片或木粒		
合计	201687966	34962.8
澳大利亚	84783210	15301.2
斐济	79097468	14128.3
美国	21531773	3855.9
俄罗斯联邦	12962273	1141.6
马来西亚	3103443	381.6
德国	134174	131.3
荷兰	75318	21.8
日本	240	0.5
加拿大	55	0.5
44012200 非针叶木的木片或木粒		
合计	8649096755	1508244.6
越南	3935387019	629505.5
澳大利亚	2068602910	407329.8
印度尼西亚	1255420687	228022.3
泰国	1049566907	171717.7
智利	110694296	24276.1
南非	99012590	22954.6
巴西	77313300	16119.2
马来西亚	52815421	7633.4
法国	79847	398.9
美国	61734	123.8
德国	118946	98.1
意大利	3511	32.7
葡萄牙	1200	10.4
奥地利	2000	9.3
匈牙利	1600	6.6
日本	1000	2.6
丹麦	1500	2.1
韩国	12263	1.5

木炭出口量值表

国家/地区	出口数量（千克）	出口金额（千美元）
44029000 其他木炭(包括果壳炭及果核炭)，不论是否结块		
合计	56630130	58336.1
日本	30799143	18382.9
马来西亚	997577	4865.6
印度尼西亚	506614	3047.7
以色列	1700051	2935.2
英国	5715744	2655.8
南非	1099233	2012.6
韩国	2478197	1818.8
阿联酋	1055214	1818.1
约旦	597471	1670.2
印度	432169	1575.9
利比亚	707463	1523.2
沙特阿拉伯	1044022	1268.4
美国	939840	1263.2
巴西	759381	1205.0
科威特	617673	994.7
澳门	330910	926.2
伊朗	340480	742.7
澳大利亚	1650279	729.4
希腊	357374	552.9
卡塔尔	133361	484.1
伊拉克	149184	463.2
荷兰	482042	442.8
西班牙	224197	438.8
巴基斯坦	271254	431.9
泰国	136397	430.9
阿曼	138960	376.0
黎巴嫩	91340	360.0
比利时	248181	333.3
埃及	58218	330.8
也门	84812	313.1
土耳其	346242	289.9
新西兰	178268	278.4
加拿大	94315	227.9
新加坡	42439	205.7
尼日利亚	51669	196.7
德国	138477	186.5
意大利	114057	174.6
丹麦	121120	165.7
塔吉克斯坦	99000	154.5
挪威	167764	128.9
巴拉圭	51033	124.1
阿尔及利亚	49468	108.0
罗马尼亚	33938	107.7
摩洛哥	83098	105.6
台湾省	103971	100.3
吉布提	5957	100.1
巴林	18375	90.2
哥伦比亚	24366	77.6
苏丹	16066	68.3
乌拉圭	28879	68.0
香港	156502	67.5
毛里塔尼亚	21898	65.5
贝宁	20604	56.0
塞浦路斯	13500	49.8
瑞典	20351	49.4
刚果(布)	15196	46.2
俄罗斯联邦	34974	46.1
拉脱维亚	20332	45.0
朝鲜	101985	44.2
墨西哥	12358	39.3
新喀里多尼亚	30406	34.1
奥地利	24838	33.8
智利	14087	30.5
乌兹别克斯坦	8671	29.3
孟加拉国	21765	29.3
格鲁吉亚	11175	28.6
法国	20646	24.7
乌克兰	20774	23.2
芬兰	10896	21.1
葡萄牙	27040	21.1
加纳	7680	17.9
瑞士	9100	16.2
留尼汪	3663	15.2
多米尼加共和国	12336	13.7
库腊索岛	3556	13.5
突尼斯	4285	13.5
哈萨克斯坦	8286	12.1
菲律宾	12118	10.7
斯洛文尼亚	11200	10.0
巴拿马	5010	9.7

国家/地区	出口数量（千克）	出口金额（千美元）
古巴	926	9.2
莫桑比克	3000	7.2
克罗地亚	2141	6.5
斐济	1190	6.3
波兰	2487	5.7
委内瑞拉	5500	4.8
匈牙利	592	4.6
斯里兰卡	1522	4.0
保加利亚	3110	3.8
乍得	3000	3.1
阿根廷	1300	2.6
安哥拉	1523	2.5
瓦利斯和富图纳	350	2.0
尼泊尔联邦民主共和国	800	1.3
毛里求斯	445	1.0
越南	1000	1.0
加蓬	675	0.8

木炭进口量值表

国家/地区	进口数量（千克）	进口金额（千美元）
44029000 其他木炭(包括果壳炭及果核炭)，不论是否结块		
合计	219630537	61842.0
缅甸	72311658	15322.8
老挝	71908493	15203.6
印度尼西亚	34527083	14111.0
菲律宾	29255438	12462.2
孟加拉国	2743800	1358.6
马来西亚	2716370	1008.3
越南	1965397	833.1
泰国	1380188	587.2
日本	1321078	298.0
俄罗斯联邦	607753	183.4
台湾省	96028	168.9
科特迪瓦	492190	117.4
韩国	27163	38.1
柬埔寨	116110	36.7
加纳	22320	20.2
比利时	5490	20.0
新加坡	24900	14.8
德国	600	14.0
多哥	73000	11.0
法国	4000	10.8
美国	4629	10.1
斯里兰卡	3575	5.3

国家/地区	进口数量（千克）	进口金额（千美元）
印度	61	4.4
纳米比亚	23000	1.3
荷兰	209	0.6

软木出口量值表

国家/地区	出口数量（千克）	出口金额（千美元）
台湾省	148	1.5
45011000 未加工或简单加工的天然软木		
合计	148	1.5
45019020 碎的、粒状的或粉状的软木		
合计	186555	274.0
日本	45318	90.0
埃及	12672	61.2
台湾省	51386	44.5
荷兰	50160	27.8
印度尼西亚	8694	21.0
巴基斯坦	9000	18.0
越南	1000	4.0
俄罗斯联邦	525	2.9
孟加拉国	1500	2.3
澳大利亚	6000	1.3
缅甸	300	1.1
45020000 除去表皮或成方块、板、片或条状的天然软木		
合计	10253	23.1
法国	9667	22.1
荷兰	500	0.8
45031000 天然软木塞子		
合计	45999	323.1
越南	12777	131.2
印度	4855	43.7
美国	3916	32.5
印度尼西亚	4052	32.0
香港	10970	20.9
马来西亚	1959	14.6
法国	1562	14.2
巴西	574	6.5
澳大利亚	93	5.0
西班牙	2178	3.8
比利时	367	3.2
斯洛文尼亚	336	3.0
英国	86	2.4
意大利	216	1.9
日本	814	1.6

国家/地区	出口数量（千克）	出口金额（千美元）
马耳他	8	1.4
韩国	7	1.1
泰国	114	1.0
德国	450	0.7
巴拿马	3	0.6
丹麦	312	0.5
哈萨克斯坦	2	0.5
45039000 其他天然软木制品		
合计	39647	265.5
新加坡	8654	90.9
日本	11996	70.2
韩国	13608	67.6
美国	2350	8.9
意大利	70	7.2
比利时	504	5.4
丹麦	970	4.6
塞尔维亚	627	4.4
爱沙尼亚	739	3.6
英国	23	1.8
荷兰	106	0.9
45041000 压制软木块、板、片及条；任何形状的压制软木砖、瓦；压制软木实心圆柱体，包括圆片		
合计	2629641	8210.2
美国	1261485	3743.8
日本	249930	921.6
加拿大	167508	441.2
俄罗斯联邦	138513	362.7
韩国	87471	326.4
台湾省	105247	264.6
澳大利亚	68946	182.2
英国	43561	162.5
德国	45976	154.4
哥伦比亚	47107	154.0
意大利	3486	120.2
荷兰	39238	115.1
菲律宾	34765	94.5
墨西哥	35618	90.5
新西兰	23376	88.5
沙特阿拉伯	24158	82.9
丹麦	18004	81.5
香港	15840	76.6
印度尼西亚	19046	73.8
巴基斯坦	29536	66.2
新加坡	17993	57.8

国家/地区	出口数量（千克）	出口金额（千美元）
智利	9051	50.9
越南	11373	49.4
以色列	12590	33.5
巴林	10378	31.0
泰国	11803	29.7
巴西	4658	28.4
哈萨克斯坦	1328	27.8
厄瓜多尔	10920	27.0
瑞士	4587	26.3
南非	3826	25.5
爱沙尼亚	4524	24.3
阿联酋	5544	23.0
法国	5646	20.5
巴拿马	5626	15.9
瑞典	3023	15.2
刚果(金)	1976	14.5
印度	4888	11.1
孟加拉国	5712	9.1
爱尔兰	1560	9.1
马来西亚	2517	8.9
拉脱维亚	12147	8.7
科威特	2025	5.3
西班牙	910	5.1
约旦	375	4.5
黎巴嫩	1236	4.1
埃及	1673	4.0
乌克兰	367	4.0
安哥拉	6000	4.0
克罗地亚	520	3.5
危地马拉	648	3.5
葡萄牙	539	2.9
塞尔维亚	550	2.9
荷属安的列斯群岛	731	2.7
保加利亚	390	1.8
巴拉圭	510	1.5
突尼斯	360	1.5
希腊	616	1.4
捷克	380	1.4
立陶宛	116	1.1
波兰	225	0.9
比利时	90	0.8
土耳其	140	0.7
阿根廷	260	0.5
伊朗	250	0.5
阿曼	120	0.4

国家/地区	出口数量（千克）	出口金额（千美元）
45049000 其他压制软木及其制品		
合计	3252344	10554.0
美国	939332	3360.4
德国	323939	974.7
加拿大	360224	952.3
俄罗斯联邦	479914	797.8
日本	244836	748.7
香港	43918	388.9
意大利	118720	363.0
英国	70942	306.7
澳大利亚	78888	287.1
瑞典	85355	228.8
丹麦	42469	215.5
亚美尼亚	15641	210.1
法国	42152	175.1
荷兰	26778	146.4
比利时	49751	141.6
西班牙	44991	127.1
新加坡	31477	126.2
奥地利	41264	117.2
波兰	32356	93.4
马来西亚	23938	89.6
哈萨克斯坦	8085	84.5
台湾省	18767	72.4
泰国	15016	71.8
巴西	20560	55.6
墨西哥	10625	46.9
韩国	8040	36.7
智利	5325	31.2
印度尼西亚	7538	30.0
南非	6329	29.1
挪威	7238	27.5
秘鲁	4456	20.3
厄瓜多尔	4848	19.4
哥伦比亚	193	16.4
沙特阿拉伯	2227	14.8
巴拿马	6705	14.7
罗马尼亚	4552	11.9
多米尼加共和国	324	10.6
新西兰	1356	7.9
科特迪瓦	1025	7.8
斯里兰卡	1920	7.7
芬兰	982	7.5
印度	1470	6.7
孟加拉国	75	5.9

国家/地区	出口数量（千克）	出口金额（千美元）
捷克	1224	5.8
缅甸	863	5.2
越南	331	5.0
安哥拉	2136	4.7
拉脱维亚	307	4.5
立陶宛	375	4.5
以色列	915	4.4
乌拉圭	1305	3.9
克罗地亚	1893	3.7
阿联酋	1018	3.4
乌克兰	744	2.9
希腊	1663	2.0
菲律宾	350	2.0
卡塔尔	723	2.0
哥斯达黎加	600	1.9
瑞士	527	1.6
土耳其	140	1.4
阿尔及利亚	640	1.3
黎巴嫩	593	1.3
伊拉克	519	1.1
匈牙利	278	0.8
约旦	155	0.7

软木进口量值表

国家/地区	进口数量（千克）	进口金额（千美元）
45011000 未加工或简单加工的天然软木		
合计	2807781	10409.5
葡萄牙	2418766	9291.1
西班牙	305975	910.3
意大利	83040	208.1
45019020 碎的、粒状的或粉状的软木		
合计	412827	779.1
葡萄牙	154113	256.3
菲律宾	23868	150.1
阿尔及利亚	104000	101.8
西班牙	35600	86.8
日本	5190	76.3
意大利	47555	57.4
美国	13301	36.5
德国	29070	12.5
台湾省	30	1.3
45020000 除去表皮或成方块、板、片或条状的天然软木		
合计	63989	525.5

国家/地区	进口数量（千克）	进口金额（千美元）
阿尔及利亚	38034	361.8
葡萄牙	10803	96.0
法国	13200	46.7
波兰	1160	13.0
意大利	792	8.0
45031000 天然软木塞子		
合计	248552	5026.5
意大利	87845	2186.3
葡萄牙	103685	2070.0
阿尔及利亚	30362	384.9
西班牙	21218	235.0
法国	2151	88.4
澳大利亚	600	32.7
日本	2564	20.6
美国	37	7.7
45039000 其他天然软木制品		
合计	865272	2753.1
奥地利	813389	2418.5
美国	11902	171.0
葡萄牙	23894	81.3
德国	15098	37.6
日本	238	15.9
中华人民共和国	251	12.0
西班牙	70	10.2
波兰	412	4.9
意大利	11	1.0
英国	7	0.7
45041000 压制软木块、板、片及条；任何形状的压制软木砖、瓦；压制软木实心圆柱体，包括圆片		
合计	3952495	21116.9
葡萄牙	2631617	13835.1
意大利	484174	2993.4
阿尔及利亚	472030	1097.8
法国	72279	1087.2
日本	21804	573.5
西班牙	102012	484.9
德国	62947	231.0
中华人民共和国	2247	202.0
瑞士	23279	181.2
台湾省	25435	132.7
突尼斯	44250	125.1
英国	495	61.1
美国	4026	52.3
印度	4524	28.5

国家/地区	进口数量（千克）	进口金额（千美元）
韩国	900	20.9
加拿大	163	5.6
新加坡	219	3.3
国别（地区）不详	5	0.7
斯洛文尼亚	87	0.6
45049000 其他压制软木及其制品		
合计	9789	549.4
荷兰	195	312.1
日本	1829	62.1
中华人民共和国	997	47.2
英国	794	45.0
葡萄牙	2494	30.6
美国	452	19.1
德国	168	13.3
意大利	492	7.8
台湾省	1954	6.4
法国	338	2.7
摩洛哥	19	1.5
韩国	2	0.8
瑞士	1	0.6

木浆出口量值表

国家/地区	出口数量（千克）	出口金额（千美元）
47010000 机械木浆		
合计	84090	42.8
韩国	73928	20.0
菲律宾	1057	13.6
朝鲜	6700	7.8
印度尼西亚	2400	1.4
47020000 化学木浆、溶解级		
合计	8651	10.6
伊朗	6998	8.6
台湾省	1623	1.9
47031100 未漂白的针叶木烧碱木浆或硫酸盐木浆		
合计	2192607	1079.2
印度尼西亚	1647173	687.4
伊朗	490144	362.7
美国	19880	17.9
孟加拉国	35401	11.2
47031900 未漂白的非针叶木烧碱木浆或硫酸盐木浆		
合计	100	0.5
日本	100	0.5

国家/地区	出口数量（千克）	出口金额（千美元）
47032100 半漂白或漂白的针叶木烧碱木浆或硫酸盐木浆		
合计	9864885	7588.2
泰国	2904268	2266.2
伊朗	2220283	1715.4
台湾省	2002355	1578.8
朝鲜	629399	514.6
马来西亚	495043	396.6
马拉维	501296	372.9
尼日利亚	208586	152.7
印度尼西亚	377171	147.2
阿联酋	112492	87.4
卢旺达	84520	74.2
俄罗斯联邦	71934	56.1
坦桑尼亚	51036	40.3
吉布提	41067	39.2
也门	22857	29.7
日本	30836	25.9
乌干达	19767	17.6
埃塞俄比亚	15160	16.9
吉尔吉斯斯坦	14903	14.9
刚果（金）	25000	12.1
加拿大	12000	10.0
蒙古	10600	7.9
乌兹别克斯坦	8010	5.1
美国	4776	4.5
突尼斯	1526	2.0
47032900 半漂白或漂白非针叶木烧碱木浆或硫酸盐木浆		
合计	5197981	3042.7
韩国	4256161	2488.6
泰国	297902	185.2
尼日利亚	254399	149.3
台湾省	191188	110.5
伊朗	97953	57.3
乌干达	76684	34.7
朝鲜	11000	8.4
蒙古	10380	6.7
巴西	2014	1.7
47050000 用机械与化学联合制浆法制得的木浆		
合计	1044620	668.2
印度	996000	633.2
伊朗	22620	19.4
台湾省	26000	15.6

国家/地区	出口数量（千克）	出口金额（千美元）
47062000 从回收(废碎)纸或纸板提取的纤维浆		
合计	483120	214.2
香港	208906	89.6
日本	88160	62.3
越南	65863	22.7
津巴布韦	43275	16.4
菲律宾	48175	7.9
马来西亚	12490	6.8
墨西哥	11525	4.6
俄罗斯联邦	3445	1.7
台湾省	960	1.3
美国	318	0.8
47069100 其他纤维状纤维素机械浆		
合计	128827	45.1
朝鲜	39274	26.3
台湾省	85163	11.8
印度尼西亚	3990	6.8
47069200 其他纤维状纤维素化学浆		
合计	289781	193.0
美国	218219	147.8
波兰	20918	20.4
比利时	28644	19.5
马拉维	22000	5.3
47069300 其他用机械和化学联合法制得的纤维状纤维素浆		
合计	760	17.1
泰国	760	17.1
47071000 回收(废碎)的未漂白牛皮纸或瓦楞纸及纸板		
合计	92510	23.1
越南	92510	23.1
47072000 回收(废碎)漂白化学木浆制未经本体染色纸		
合计	96000	17.1
肯尼亚	96000	17.1
47079000 回收(废碎)的其他纸及纸板,包括未分选的		
合计	553798	257.7
加拿大	516798	242.9
朝鲜	37000	14.8
48010000 成卷或成张的新闻纸		
合计	86470058	59809.1
印度	49777339	27814.0
香港	23084601	13953.7

国家/地区	出口数量（千克）	出口金额（千美元）
马来西亚	7017811	4418.7
伊朗	333133	2063.0
印度尼西亚	155864	1971.1
毛里求斯	2342381	1561.4
新加坡	248993	1418.5
阿联酋	153810	700.0
孟加拉国	259061	542.2
澳大利亚	423843	501.5
约旦	41006	454.2
朝鲜	420739	366.3
沙特阿拉伯	56825	363.5
越南	161982	314.4
牙买加	40030	297.1
柬埔寨	345325	232.5
厄立特里亚	395056	225.2
荷兰	16382	193.2
菲律宾	47374	170.4
缅甸	124444	163.0
也门	90351	148.7
泰国	22380	126.5
南非	22736	124.7
喀麦隆	17782	119.8
马达加斯加	198494	119.0
斯里兰卡	14521	102.1
刚果(布)	21000	99.8
韩国	21994	83.8
吉布提	10885	81.6
圣卢西亚	13905	81.6
西班牙	23250	81.6
巴林	19950	81.6
挪威	23250	81.4
文莱	20000	81.0
几内亚	21200	80.0
巴西	9600	78.7
海地	38780	74.7
台湾省	31552	52.2
美国	18994	43.0
哈萨克斯坦	13300	39.9
纳米比亚	24000	38.4
苏丹	14000	36.4
肯尼亚	29979	32.8
澳门	54770	30.5
埃塞俄比亚	49481	26.7
尼日利亚	1560	22.2
墨西哥	11598	18.1

国家/地区	出口数量（千克）	出口金额（千美元）
蒙古	68081	17.4
津巴布韦	24044	13.5
法国	25064	13.3
尼加拉瓜	24756	13.1
加纳	18846	9.6
意大利	1500	9.3
乌兹别克斯坦	6462	7.1
日本	4211	6.3
波兰	2820	2.7
保加利亚	1543	1.4
哥斯达黎加	1680	1.1
英国	960	0.9
哥伦比亚	1446	0.8
加拿大	705	0.7
48021010 宣纸		
合计	1318222	10268.2
日本	527455	6010.9
韩国	344451	1247.1
印度尼西亚	97749	994.4
马来西亚	45800	428.3
印度	37107	377.2
台湾省	91441	348.0
泰国	14665	145.6
肯尼亚	11760	116.4
香港	15016	72.5
喀麦隆	9576	50.0
刚果(金)	2259	49.9
贝宁	8750	49.9
美国	10016	48.1
澳大利亚	19076	41.6
吉尔吉斯斯坦	17690	35.4
以色列	9169	31.3
荷兰	5235	29.7
伊朗	6393	27.9
新加坡	8199	27.5
加拿大	2401	17.3
塔吉克斯坦	2080	16.6
安哥拉	2720	10.2
巴西	1845	10.1
缅甸	2442	9.7
希腊	1120	8.2
法国	1132	6.3
俄罗斯联邦	2469	6.2
加纳	3625	5.9
新西兰	2516	5.8

国家/地区	出口数量（千克）	出口金额（千美元）
尼日利亚	1839	5.2
南非	1460	3.9
菲律宾	934	3.5
阿根廷	457	3.4
阿联酋	598	3.2
英国	368	3.0
沙特阿拉伯	867	2.6
波兰	1555	2.6
越南	2500	2.2
芬兰	210	1.4
德国	349	1.3
比利时	240	1.2
哥斯达黎加	1232	1.0
埃及	88	0.8
瑞士	144	0.8
瑞典	150	0.8
澳门	330	0.5
莫桑比克	256	0.5
伊拉克	170	0.5
葡萄牙	60	0.4
48021090 其他手工制纸及纸板		
合计	1679492	7286.6
日本	493007	3265.9
韩国	471343	1879.9
越南	38147	446.6
意大利	5088	198.4
厄瓜多尔	127004	193.5
秘鲁	77429	160.3
台湾省	23710	137.5
澳大利亚	75529	135.9
俄罗斯联邦	35332	125.0
伊朗	87297	99.3
美国	22133	76.4
希腊	49479	75.4
智利	37520	68.0
印度尼西亚	11176	48.2
土耳其	18621	42.6
加拿大	2113	35.0
巴西	15683	32.5
巴拿马	15916	31.2
阿联酋	13834	27.8
荷兰	3476	24.4
瑞典	1837	19.7
塔吉克斯坦	6500	19.5
英国	2993	17.7

国家/地区	出口数量（千克）	出口金额（千美元）
新加坡	2895	17.5
泰国	5440	15.9
德国	4985	14.8
西班牙	6821	14.8
罗马尼亚	2777	8.4
比利时	2039	7.7
利比亚	2392	7.0
乌拉圭	2041	6.8
法国	4492	6.7
乌克兰	601	6.4
哈萨克斯坦	6156	4.9
尼泊尔联邦民主共和国	1650	3.9
阿曼	640	3.4
墨西哥	438	2.6
爱沙尼亚	160	1.1
柬埔寨	55	0.8
印度	285	0.8
爱尔兰	210	0.6
葡萄牙	75	0.5

木浆进口量值表

国家/地区	进口数量（千克）	进口金额（千美元）
47010000 机械木浆		
合计	4851132	2725.4
德国	3392060	1868.9
瑞典	786914	366.0
挪威	501600	226.4
美国	153504	193.2
日本	13485	59.1
法国	2940	5.1
丹麦	305	3.7
巴西	174	2.1
澳大利亚	150	0.9
47020000 化学木浆、溶解级		
合计	2087363836	1961880.6
南非	394294052	346179.2
美国	245545679	325195.6
巴西	315145693	297630.3
加拿大	311077807	270560.6
奥地利	146141045	129179.3
芬兰	145192328	125509.3
瑞典	126074492	111473.6
捷克	129022599	110236.9

国家/地区	进口数量（千克）	进口金额（千美元）
泰国	87681948	74480.3
葡萄牙	77190788	66132.8
挪威	36687367	42480.8
印度尼西亚	40876840	34310.6
日本	30614767	25251.6
法国	1428375	2517.5
菲律宾	134545	516.8
荷兰	254349	220.8
意大利	1162	4.5
47031100 未漂白的针叶木烧碱木浆或硫酸盐木浆		
合计	504019712	315635.4
智利	117012609	81369.2
日本	113781895	69111.8
美国	88456158	55070.8
俄罗斯联邦	106691500	54520.6
加拿大	60194493	43188.9
瑞典	10580178	7677.4
奥地利	4148101	2467.1
新西兰	1566003	1239.2
保加利亚	1234238	759.1
巴西	307406	183.5
台湾省	38630	34.8
德国	8500	13.1
47031900 未漂白的非针叶木烧碱木浆或硫酸盐木浆		
合计	1798067	891.5
马来西亚	1210104	578.1
美国	537615	297.7
印度尼西亚	50338	15.4
47032100 半漂白或漂白的针叶木烧碱木浆或硫酸盐木浆		
合计	6685246686	4799605.9
加拿大	2310271059	1668025.3
美国	1218204710	905283.2
智利	1176469540	843911.4
俄罗斯联邦	913972754	614983.0
芬兰	780755375	560528.4
瑞典	80118162	59258.1
德国	74871676	56668.7
新西兰	66030417	47877.7
日本	38131679	24774.0
阿根廷	10088211	7070.8
国别(地区)不详	5234393	3842.8
挪威	2667423	1909.9

国家/地区	进口数量（千克）	进口金额（千美元）
奥地利	2117250	1545.0
波兰	2394477	1478.2
印度尼西亚	1508438	914.7
韩国	1012125	720.1
比利时	605800	330.1
泰国	388186	234.0
南非	301201	169.8
荷兰	67870	40.7
台湾省	11473	17.1
越南	8439	10.1
斯洛伐克	8328	6.9
印度	7700	5.9
47032900 半漂白或漂白非针叶木烧碱木浆或硫酸盐木浆		
合计	7084282614	4089090.4
巴西	3201380100	1855802.1
印度尼西亚	2152403228	1207562.8
乌拉圭	617613177	381847.1
智利	381019567	226669.8
美国	220584749	131926.5
俄罗斯联邦	176930701	99787.5
日本	121770814	66176.7
南非	71391203	40698.6
加拿大	50951108	30764.5
越南	25354082	13810.9
台湾省	28293225	12050.7
葡萄牙	12707402	7819.1
瑞典	8112265	4984.9
泰国	3479396	2160.9
国别(地区)不详	3500000	1798.2
马来西亚	3200000	1762.9
新加坡	2513753	1502.9
芬兰	1277343	964.9
波兰	939460	577.8
韩国	514004	268.1
中华人民共和国	314230	150.1
澳大利亚	32807	3.5
47041100 未漂白的针叶木亚硫酸盐木浆		
合计	9972268	5351.8
俄罗斯联邦	9456988	5001.5
日本	515280	350.3
47041900 未漂白的非针叶木亚硫酸盐木浆		
合计	66120	87.5
德国	66120	87.5

国家/地区	进口数量（千克）	进口金额（千美元）
47042100 半漂白或漂白的针叶木亚硫酸盐木浆		
合计	5300406	3404.8
俄罗斯联邦	3674141	1938.6
加拿大	972029	984.7
智利	455578	317.6
瑞典	150000	90.3
挪威	24300	40.5
菲律宾	10078	18.3
捷克	8040	8.1
德国	6240	6.9
47042900 半漂白或漂白的非针叶木亚硫酸盐木浆		
合计	7483213	7405.3
德国	6302950	6524.8
美国	154665	306.6
瑞典	480000	272.0
日本	506880	261.8
葡萄牙	38558	34.8
韩国	160	5.2
47050000 用机械与化学联合制浆法制得的木浆		
合计	1503386729	818485.8
加拿大	1160494940	631001.3
新西兰	213903139	117368.2
瑞典	61550565	33207.5
挪威	31099378	16309.7
芬兰	13775170	8215.8
俄罗斯联邦	12001834	6700.5
意大利	7171759	3872.2
西班牙	1419449	740.8
德国	428433	318.3
韩国	941790	273.1
巴西	470732	246.1
泰国	32000	167.4
美国	96336	58.6
台湾省	1000	5.2
日本	204	0.9
47062000 从回收(废碎)纸或纸板提取的纤维浆		
合计	7888966	4353.8
德国	4729759	2660.3
比利时	911634	393.5
加拿大	752531	387.7
日本	374967	278.4

国家/地区	进口数量（千克）	进口金额（千美元）
泰国	404641	243.5
美国	370937	241.8
台湾省	171886	63.9
荷兰	69360	35.4
瑞典	44940	22.9
澳大利亚	23106	10.4
匈牙利	20980	9.0
英国	14000	5.9
中华人民共和国	225	1.1
47069100 其他纤维状纤维素机械浆		
合计	50528	159.7
菲律宾	34500	135.6
泰国	5010	12.0
日本	450	4.9
马来西亚	10080	4.8
台湾省	340	1.5
德国	100	0.5
47069200 其他纤维状纤维素化学浆		
合计	53318668	40795.8
泰国	49067537	29508.9
菲律宾	1511418	5559.9
西班牙	1102921	4320.6
比利时	1221060	742.4
德国	131800	181.7
法国	43854	172.7
日本	41525	119.1
英国	131670	85.6
印度尼西亚	7951	42.2
加拿大	17051	22.2
突尼斯	11200	20.4
瑞典	10313	11.0
马来西亚	20180	8.7
47069300 其他用机械和化学联合法制得的纤维状纤维素浆		
合计	4199961	8673.9
菲律宾	2073525	7359.3
泰国	2099552	1297.7
马来西亚	20160	8.1
美国	3000	7.1
韩国	3667	1.4
日本	57	0.4
47071000 回收(废碎)的未漂白牛皮纸或瓦楞纸及纸板		
合计	15549785849	3190418.5
美国	6784792935	1482586.2

国家/地区	进口数量（千克）	进口金额（千美元）
英国	2070202613	401947.3
日本	1291857684	255278.2
荷兰	876472163	167020.4
意大利	709950886	135948.5
香港	527150848	104497.3
西班牙	499184454	94739.5
澳大利亚	407449911	78614.8
比利时	394150760	75962.8
法国	390489927	74844.5
加拿大	294227520	62051.1
韩国	332277700	60270.8
墨西哥	225451087	49646.3
德国	221336762	43649.2
爱尔兰	123159194	23705.0
台湾省	57054632	11738.3
希腊	59741485	11270.6
葡萄牙	48141330	9096.5
挪威	37178315	6848.8
多米尼加共和国	32699911	6719.0
澳门	25952000	4888.7
危地马拉	21683152	4554.3
波多黎各	17529678	3935.0
俄罗斯联邦	16875099	3420.7
萨尔瓦多	13620681	3054.8
新西兰	7719603	1538.3
洪都拉斯	6571509	1529.4
摩洛哥	7472700	1410.1
以色列	6828670	1314.8
阿联酋	5757250	1182.4
文莱	5304839	985.2
克罗地亚	4841060	916.6
斯洛文尼亚	3110510	602.1
保加利亚	3154300	588.5
波兰	2993560	587.1
阿尔及利亚	2670140	489.6
塞浦路斯	2609120	482.5
马耳他	2141080	411.8
秘鲁	1525160	334.3
芬兰	1282180	247.4
科威特	1143670	237.4
哥斯达黎加	1043794	232.1
爱沙尼亚	1198460	225.3
捷克	749140	170.7
巴哈马	598400	118.0
拉脱维亚	593200	114.3

国家/地区	进口数量（千克）	进口金额（千美元）
海地	466576	98.9
新加坡	243454	88.2
尼日利亚	433657	86.5
南非	260160	52.2
沙特阿拉伯	223130	46.4
新喀里多尼亚	219800	39.9

47072000 回收（废碎）漂白化学木浆制未经本体染色纸

国家/地区	进口数量（千克）	进口金额（千美元）
合计	705934836	177752.0
美国	247404000	64947.3
日本	231261039	56315.5
澳大利亚	47949945	11680.2
荷兰	36086356	9332.6
英国	28121490	7085.3
香港	32872443	6772.3
加拿大	22563177	5696.1
西班牙	14265640	3715.3
德国	9266001	2507.7
比利时	7704680	2019.5
法国	7227160	1869.0
台湾省	5791790	1691.0
意大利	5589350	1542.3
新西兰	2283330	514.1
沙特阿拉伯	1439250	400.7
希腊	885825	293.1
新喀里多尼亚	960120	248.4
挪威	880140	210.8
韩国	604220	179.6
墨西哥	586270	135.6
泰国	387590	124.7
海地	440340	108.1
多米尼加共和国	289240	88.5
爱尔兰	252280	65.1
以色列	145540	49.5
巴布亚新几内亚	193160	48.3
澳门	260000	48.2
土耳其	111530	26.8
秘鲁	61250	20.8
葡萄牙	51680	15.5

47073000 回收（废碎）的主要由机械浆制成的纸或纸板

国家/地区	进口数量（千克）	进口金额（千美元）
合计	5565225939	1005252.4
美国	3688791391	659315.5
加拿大	743779354	126621.1
香港	355215027	69225.9
日本	281587835	59280.9
澳大利亚	235096174	41357.8
英国	98563003	17256.3
意大利	37432880	8357.3
荷兰	34410530	6045.6
巴西	17911350	3483.8
比利时	12578240	2156.6
韩国	9209050	1955.9
台湾省	6991450	1657.5
文莱	6559038	1315.0
希腊	5235660	1125.3
新西兰	6196583	1048.9
澳门	4001000	811.2
德国	4727160	805.6
墨西哥	3243373	656.9
法国	3350420	589.2
西班牙	2386920	491.5
挪威	2246760	464.8
爱尔兰	1213900	268.9
塞浦路斯	1161340	246.1
哥斯达黎加	1122287	235.3
阿尔及利亚	936000	232.3
沙特阿拉伯	370590	85.3
秘鲁	366990	62.4
波多黎各	290774	51.0
新加坡	92680	19.0
新喀里多尼亚	108430	18.0
委内瑞拉	49750	11.5

47079000 回收（废碎）的其他纸及纸板，包括未分选的

国家/地区	进口数量（千克）	进口金额（千美元）
合计	5697529199	974372.3
美国	1927549523	312216.9
日本	1263324855	247860.3
英国	1176652809	195181.5
加拿大	364769146	57926.1
澳大利亚	244886474	39831.8
荷兰	238116542	38382.3
意大利	121284490	21236.3
比利时	95722220	17030.5
爱尔兰	71814276	12208.8
法国	60834620	10532.7
新西兰	44547492	7125.6
希腊	25395780	4008.1
德国	15970050	2896.2
西班牙	13856740	2274.8

国家/地区	进口数量（千克）	进口金额（千美元）
多米尼加共和国	8093521	1279.3
韩国	6722056	1224.7
克罗地亚	3482560	599.1
瑞典	2472270	452.4
菲律宾	2812850	407.9
斯洛文尼亚	1571820	317.9
泰国	986120	176.6
挪威	1020790	169.2
南非	767032	157.6
沙特阿拉伯	809300	134.4
葡萄牙	715610	128.8
塞浦路斯	681050	107.1
台湾省	342300	88.3
墨西哥	480913	74.9
萨尔瓦多	400723	70.3
牙买加	418376	66.6
乌克兰	249698	60.5
马耳他	351840	53.9
瑞士	206230	49.1
洪都拉斯	124133	26.5
摩洛哥	94990	15.2
48010000 成卷或成张的新闻纸		
合计	48599310	27301.0
韩国	36828583	19224.7
美国	4414691	3069.1
新西兰	3489735	2580.8
芬兰	2148979	1426.0
加拿大	790444	593.1
日本	746614	280.0
俄罗斯联邦	103895	78.9
中华人民共和国	65334	39.4
香港	6020	5.4
台湾省	2031	2.2
泰国	2972	1.4
48021010 宣纸		
合计	23495	71.9
台湾省	17941	33.3
日本	3284	20.9
韩国	188	8.6
德国	480	4.6
中华人民共和国	1599	4.5
48021090 其他手工制纸及纸板		
合计	87546	172.9
尼泊尔联邦民主共和国	15920	49.5

国家/地区	进口数量（千克）	进口金额（千美元）
日本	17288	47.5
朝鲜	27170	27.2
印度	1192	12.9
台湾省	5002	11.3
泰国	4480	8.7
印度尼西亚	15000	6.5
美国	385	3.1
英国	892	2.7
菲律宾	26	1.4
中华人民共和国	146	1.3

竹藤出口量值表

国家/地区	出口数量（件）	出口金额（千美元）
14011000 竹		
合计	100627021	60146.3
香港	26980227	11443.3
美国	9146868	6568.4
荷兰	9294600	6071.2
日本	8630114	5913.8
台湾省	5927232	5906.9
波兰	5366012	2686.3
意大利	3576541	2685.1
英国	3713488	2659.6
西班牙	3779590	2531.7
德国	2664451	1790.9
韩国	4124293	1549.7
澳门	5130365	1361.3
澳大利亚	1359935	1033.8
法国	1593052	841.9
加拿大	1116562	793.7
土耳其	1198362	765.2
马来西亚	246858	668.7
葡萄牙	953829	625.4
新西兰	601785	511.1
俄罗斯联邦	505225	369.5
以色列	589989	340.4
乌克兰	554722	319.4
比利时	370283	296.0
挪威	292525	229.2
智利	118966	203.9
希腊	245761	165.6
瑞典	150194	142.0
沙特阿拉伯	288383	131.0
立陶宛	190965	125.7
泰国	128975	124.7
墨西哥	117628	117.0
奥地利	135235	114.3
卡塔尔	142839	92.1
新加坡	201824	91.2
克罗地亚	106532	75.5
斯洛文尼亚	67887	61.1
阿联酋	104620	58.7
科威特	75697	57.0
乌兹别克斯坦	95895	54.2
黎巴嫩	70228	52.3
印度	51511	49.7
约旦	51700	44.9
罗马尼亚	42917	42.0
塞浦路斯	65696	40.7
丹麦	38597	31.8
爱尔兰	52673	30.6
巴西	11997	29.1
南非	33677	28.6
越南	38000	26.3
摩洛哥	38270	24.2
巴林	24884	20.5
巴拿马	45742	18.0
保加利亚	26250	17.2
菲律宾	8615	12.1
马耳他	13140	11.6
芬兰	17236	10.1
印度尼西亚	10170	9.6
莫桑比克	15000	8.6
阿尔及利亚	16700	8.2
黑山	13728	7.8
马尔代夫	2717	6.2
斯洛伐克	2171	6.1
哈萨克斯坦	9800	6.0
萨尔瓦多	10118	5.9
哥斯达黎加	2865	5.4
巴基斯坦	7200	5.1
朝鲜	9990	4.4
伊拉克	5059	2.9
多米尼克	260	2.2
拉脱维亚	1505	1.2
14012000 藤		
合计	694498	4096.4
德国	132341	678.1
意大利	129652	537.5

国家/地区	出口数量（件）	出口金额（千美元）
匈牙利	25931	486.6
英国	21484	426.0
西班牙	36165	354.0
印度	54833	174.4
美国	31376	142.1
哥伦比亚	7577	134.7
泰国	18112	130.7
法国	38138	120.6
日本	7444	111.1
荷兰	21864	101.3
墨西哥	41568	93.1
印度尼西亚	7550	90.8
波兰	14152	88.7
澳大利亚	7263	87.9
阿根廷	7425	54.7
毛里求斯	14625	45.7
香港	11641	30.9
新加坡	13160	29.5
巴西	3873	26.3
土耳其	1679	23.6
保加利亚	1720	16.1
马来西亚	31930	14.4
瑞士	595	13.3
芬兰	2360	10.4
韩国	792	10.0
加拿大	1937	9.4
厄瓜多尔	595	8.0
台湾省	780	5.5
俄罗斯联邦	259	5.2
新西兰	274	5.0
比利时	120	5.0
葡萄牙	220	4.2
沙特阿拉伯	2035	2.9
南非	161	2.9
瑞典	93	2.8
巴布亚新几内亚	100	2.7
爱尔兰	101	2.7
以色列	1800	2.5
罗马尼亚	111	2.4
危地马拉	80	1.7
智利	500	0.5
14019010 谷类植物的茎秆(麦秸除外)		
合计	10530	22.9
日本	6750	22.6
14019020 芦苇		

国家/地区	出口数量（件）	出口金额（千美元）
合计	3713490	1583.7
荷兰	3199395	1290.0
英国	169820	93.2
德国	141979	61.4
美国	96780	50.0
丹麦	39155	24.0
比利时	34800	23.3
保加利亚	1007	17.2
法国	17540	11.4
日本	4914	9.1
沙特阿拉伯	8100	4.1
14019039 其他灯芯草属植物材料		
合计	60774	255.6
日本	57665	232.2
香港	3109	23.4
14019090 未列名主要作编结用的植物材料		
合计	774229	1614.1
美国	226280	373.5
德国	109949	327.0
日本	80781	235.6
意大利	66275	161.3
俄罗斯联邦	25004	108.8
加拿大	50279	70.8
瑞士	31049	64.5
英国	46559	44.2
西班牙	17715	43.9
马来西亚	7008	32.7
荷兰	17856	27.9
瑞典	25384	26.0
孟加拉国	10200	21.4
法国	19334	18.9
澳大利亚	5562	18.6
波兰	7648	8.8
巴林	2849	7.9
韩国	198	6.9
以色列	4136	5.5
土耳其	940	2.3
阿联酋	945	2.1
香港	15666	1.8
台湾省	60	1.4
芬兰	306	0.9
罗马尼亚	896	0.8
44021000 竹炭,不论是否结块		
合计	23742863	30793.3
日本	5617420	6774.6

国家/地区	出口数量（件）	出口金额（千美元）
沙特阿拉伯	4014536	6596.1
伊朗	4768886	4651.5
马来西亚	520255	1677.6
阿联酋	1328221	1641.1
韩国	656170	927.6
新加坡	388596	921.3
伊拉克	728775	839.8
约旦	820810	776.6
美国	433814	485.2
南非	38000	450.3
科威特	408717	440.8
西班牙	34001	414.0
土耳其	593500	312.3
比利时	355440	294.4
香港	119454	291.6
台湾省	471501	281.4
荷兰	159546	269.8
肯尼亚	32000	240.0
加拿大	274638	208.1
德国	105038	206.7
巴基斯坦	218125	183.2
瑞典	171040	157.6
印度	159684	132.8
也门	41171	121.1
摩洛哥	114383	105.8
埃及	29430	99.6
丹麦	99198	98.0
英国	66094	96.6
利比亚	36458	87.6
乌克兰	24000	84.0
多米尼加共和国	50610	79.9
阿尔及利亚	55088	63.6
卡塔尔	102673	63.3
安哥拉	30000	56.7
印度尼西亚	43685	52.5
巴西	51586	51.5
意大利	64939	46.7
泰国	16102	46.3
俄罗斯联邦	24298	42.3
澳大利亚	69278	41.1
叙利亚	63000	38.1
毛里塔尼亚	13551	37.0
突尼斯	42764	36.8
法国	26324	33.0
黎巴嫩	38413	32.5

国家/地区	出口数量(件)	出口金额(千美元)
巴林	43348	30.6
越南	49518	28.2
以色列	22694	22.5
利比里亚	5374	14.0
新西兰	18521	13.9
委内瑞拉	15264	13.8
阿曼	15925	13.4
爱沙尼亚	10246	12.6
尼日利亚	4200	11.1
捷克	10260	10.0
马尔代夫	12300	9.7
保加利亚	7474	6.0
澳门	960	4.2
巴拿马	979	2.5
克罗地亚	829	2.5
希腊	683	2.5
加蓬	437	2.2
斯洛文尼亚	2009	2.1
挪威	220	1.5
拉脱维亚	188	1.3

44092110 任何一边、端或面制成连续形状的竹地板条块

国家/地区	出口数量(件)	出口金额(千美元)
合计	174590162	295386.9
美国	100456118	168698.4
澳大利亚	28805337	44309.6
荷兰	5171641	10022.5
德国	3700759	5680.4
法国	3273298	5624.1
英国	3023489	4551.2
日本	2006282	4467.6
伊朗	1530819	4449.0
厄瓜多尔	2689364	4199.0
波兰	2545145	4058.4
加拿大	1769055	3010.3
格鲁吉亚	1118329	3008.7
比利时	1391132	2804.9
韩国	2281753	2655.5
俄罗斯联邦	1105787	1892.7
意大利	863034	1776.7
新西兰	920534	1598.6
阿联酋	596635	1540.0
南非	729032	1096.9
越南	509606	1092.4
丹麦	580744	1003.6
巴西	644876	862.4
菲律宾	537311	855.2
马来西亚	427326	801.4
哥伦比亚	465362	787.7
土库曼斯坦	268576	727.3
智利	264405	719.5
克罗地亚	381576	698.3
墨西哥	344715	684.5
罗马尼亚	236278	611.5
泰国	253740	604.0
阿根廷	360110	600.5
肯尼亚	325748	579.8
印度	298093	564.5
以色列	277696	536.2
斯洛文尼亚	248616	495.1
巴哈马	164423	468.2
新加坡	276825	463.0
西班牙	244697	455.0
哈萨克斯坦	202852	452.1
秘鲁	232920	382.6
香港	92674	360.1
埃及	183008	253.1
台湾省	138110	249.6
乌克兰	63952	222.8
多民族玻利维亚国	144300	216.6
摩洛哥	134159	211.8
哥斯达黎加	130968	210.7
卡塔尔	136230	196.5
希腊	97084	189.7
印度尼西亚	70422	189.7
斯里兰卡	110171	179.6
阿尔巴尼亚	94807	166.4
立陶宛	104078	164.4
土耳其	97980	156.2
吉布提	100191	143.6
圭亚那	55156	142.8
乌拉圭	70853	140.8
瑞典	83254	129.9
尼日利亚	105213	125.7
保加利亚	85951	125.5
瑞士	50666	123.6
马尔代夫	67702	123.5
阿塞拜疆	84615	122.8
安哥拉	58981	110.9
沙特阿拉伯	53104	110.2
巴拿马	42738	87.5
危地马拉	44200	75.2
新喀里多尼亚	43790	65.9
斯洛伐克	19549	57.5
委内瑞拉	27980	57.3
白俄罗斯	39972	54.2
毛里求斯	32615	52.8
孟加拉国	30114	52.3
文莱	36096	52.1
葡萄牙	33034	52.0
黎巴嫩	31002	51.1
挪威	34652	49.8
斐济	24500	44.7
留尼汪	14000	40.3
特立尼达和多巴哥	15288	37.1
马达加斯加	17213	33.8
科威特	20220	31.5
前南马其顿	18300	29.9
乌兹别克斯坦	16752	27.8
匈牙利	18985	26.1
法属圭亚那	14036	23.8
朝鲜	7930	21.6
巴林	13133	17.6
阿曼	10912	15.7
马耳他	10885	14.5
刚果(金)	3165	9.0
法属波利尼西亚	3974	8.6
牙买加	5586	8.3
卢森堡	4600	7.7
博茨瓦纳	3429	5.0
莫桑比克	2726	4.5
爱尔兰	1721	4.3
赞比亚	2200	4.2
捷克	1150	3.2
爱沙尼亚	1300	1.7
巴基斯坦	4465	1.3
澳门	230	0.8
约旦	53	0.4

44092190 其他任何一边、端或面制成连续形状的竹材

国家/地区	出口数量(件)	出口金额(千美元)
合计	603054	1577.4
美国	91553	332.4
韩国	151216	326.8
台湾省	116356	208.4
波兰	56760	160.0
日本	21431	90.7

国家/地区	出口数量（件）	出口金额（千美元）
比利时	19993	86.3
以色列	10100	65.5
德国	6476	39.4
俄罗斯联邦	15621	26.8
荷兰	12474	25.0
新西兰	15435	24.3
秘鲁	13872	23.0
马来西亚	4795	21.9
泰国	4818	21.6
澳大利亚	8170	20.5
瑞士	3200	18.2
莫桑比克	2000	16.7
斯洛文尼亚	6650	12.9
巴拿马	3500	10.7
埃塞俄比亚	29500	9.9
英国	1990	8.9
西班牙	1750	7.7
哥伦比亚	1980	6.9
亚美尼亚	685	5.4
加拿大	1196	5.0
法国	710	1.3
越南	502	0.6
墨西哥	321	0.6

44121011 薄板制竹胶合板至少一表层本章子目注释二所列的热带木层，厚≤6mm

国家/地区	出口数量（件）	出口金额（千美元）
合计	268392	223.0
阿尔及利亚	255092	210.6
安哥拉	13300	12.5

44121019 其他薄板制竹胶板单板饰面板多层板，厚≤6mm

国家/地区	出口数量（件）	出口金额（千美元）
合计	27310071	25770.2
泰国	6690052	4602.5
安哥拉	4349959	4507.3
坦桑尼亚	2264773	1960.1
刚果（布）	1385105	1335.6
美国	873084	964.0
阿尔及利亚	765619	719.8
马来西亚	259358	561.3
澳大利亚	187722	530.0
埃塞俄比亚	555272	523.6
加纳	643668	500.5
南非	548809	484.4
尼日利亚	504916	478.7
阿联酋	749060	451.1
越南	310721	422.5

国家/地区	出口数量（件）	出口金额（千美元）
英国	126767	385.5
俄罗斯联邦	454215	375.4
斯里兰卡	319050	354.7
莫桑比克	390450	353.9
肯尼亚	381242	347.0
乌兹别克斯坦	184200	264.4
印度	172249	218.9
菲律宾	233145	208.4
刚果（金）	203279	204.4
印度尼西亚	158935	197.6
牙买加	191718	190.3
台湾省	53360	182.5
沙特阿拉伯	193380	172.0
毛里求斯	180850	169.8
赞比亚	164134	163.3
缅甸	191745	153.3
加拿大	36322	144.8
尼日尔	143030	143.3
委内瑞拉	144050	138.7
韩国	152088	129.9
荷兰	125800	129.3
爱沙尼亚	112000	128.5
蒙古	135876	123.7
德国	65724	119.3
巴布亚新几内亚	168600	118.7
尼泊尔联邦民主共和国	10416	107.0
塞拉利昂	110720	101.8
贝宁	94950	98.2
日本	40037	95.8
卡塔尔	121500	92.2
几内亚	106830	90.0
墨西哥	105000	88.9
利比亚	110459	87.6
阿曼	97400	86.0
马耳他	92070	85.9
以色列	99452	83.7
朝鲜	28440	78.8
毛里塔尼亚	84910	74.6
多民族玻利维亚国	87282	69.8
赤道几内亚	65448	69.2
伊拉克	50680	61.1
加蓬	64520	59.8
哥斯达黎加	55120	57.7
科特迪瓦	55670	55.6

国家/地区	出口数量（件）	出口金额（千美元）
乌干达	59200	54.9
格鲁吉亚	55760	49.0
喀麦隆	18000	47.7
新西兰	16974	47.6
哈萨克斯坦	56250	46.5
塞内加尔	49770	45.9
孟加拉国	56500	45.8
特立尼达和多巴哥	4700	44.6
瑞典	39000	42.0
巴拿马	47615	39.2
危地马拉	45953	38.0
瓦努阿图	39000	36.3
比利时	33000	34.9
多米尼加共和国	43193	34.3
塞舌尔	7800	29.9
摩洛哥	17400	29.4
津巴布韦	32880	29.3
多哥	30000	29.0
厄瓜多尔	24680	25.8
纳米比亚	30000	24.0
利比里亚	20250	23.1
希腊	18000	20.8
布隆迪	18550	16.6
巴西	18876	15.8
吉布提	18062	14.8
约旦	25450	14.4
科摩罗	17150	13.2
白俄罗斯	12000	12.9
斐济	12080	12.9
马里	15870	12.6
斯洛文尼亚	10200	12.0
南苏丹共和国	2940	10.8
萨摩亚	11000	10.2
黎巴嫩	9000	10.0
萨尔瓦多	12320	9.2
秘鲁	10100	7.5
波兰	10000	7.2
汤加	8700	7.0
密克罗尼西亚联邦	8000	6.5
洪都拉斯	6400	6.2
苏丹	18469	6.2
文莱	15500	5.6
卢旺达	4138	5.2
乍得	9000	4.7
柬埔寨	7670	4.5

国家/地区	出口数量(件)	出口金额(千美元)
智利	6500	4.0
埃及	6200	4.0
西班牙	3740	3.9
拉脱维亚	3000	3.3
东帝汶	3000	3.3
新加坡	3000	3.0
博茨瓦纳	5500	1.8
老挝	500	0.5
44121020 其他薄板制竹胶板,单板饰面板及类似多层板		
合计	1935654	2117.9
马来西亚	1256336	1090.9
韩国	555346	898.5
吉布提	64330	72.5
美国	59642	55.9
44121091 其他竹胶合板单板饰面板至少有一表层子目注释二所列的热带木		
合计	97837	252.3
美国	95516	248.6
德国	2321	3.7
44121092 其他竹胶合板类似多层板至少一表层木碎料板		
合计	710541	1118.9
美国	407320	775.2
安哥拉	221980	199.0
菲律宾	71566	134.9
印度	9675	9.9
44121099 其他竹制胶合板、单板饰面板及类似的多层板		
合计	30484165	52731.5
美国	10678395	24726.7
马来西亚	9419290	9750.0
荷兰	1743055	3746.5
德国	1266266	2810.9
加拿大	1003001	1982.5
法国	798122	1272.6
安哥拉	1181769	892.2
英国	360864	771.5
澳大利亚	209257	520.9
土耳其	113040	503.5
比利时	217033	480.3
南非	175843	368.1
丹麦	122490	366.5
印度	100256	294.8
新西兰	75797	284.2

国家/地区	出口数量(件)	出口金额(千美元)
日本	90712	229.7
伊朗	100953	213.1
刚果(布)	211658	208.7
阿尔及利亚	265774	196.4
哥伦比亚	99837	187.0
台湾省	76946	183.1
意大利	86168	171.8
刚果(金)	146800	169.9
肯尼亚	133072	129.6
瑞士	58341	129.2
缅甸	146960	127.6
越南	234984	126.3
韩国	57268	125.7
斯洛文尼亚	45345	117.2
埃塞俄比亚	117060	113.3
厄瓜多尔	167403	111.6
新加坡	10776	81.9
泰国	9678	79.2
西班牙	28611	77.7
菲律宾	88409	72.8
波兰	35800	68.4
赞比亚	64899	65.8
俄罗斯联邦	68380	61.5
香港	16297	56.8
以色列	21590	55.8
吉布提	51570	54.7
墨西哥	17489	51.2
希腊	26230	46.9
洪都拉斯	1935	45.4
几内亚	39000	43.6
尼日利亚	42700	40.6
捷克	13364	36.1
利比亚	47264	35.5
坦桑尼亚	33723	34.9
多民族玻利维亚国	36000	31.9
法属波利尼西亚	20243	30.8
葡萄牙	21010	30.8
阿曼	26439	28.5
智利	12248	24.9
印度尼西亚	30000	24.6
莫桑比克	21171	23.3
巴西	7492	22.9
阿联酋	18050	16.8
塞内加尔	24000	16.7
瓦努阿图	19985	15.8

国家/地区	出口数量(件)	出口金额(千美元)
喀麦隆	15556	15.8
也门	15200	9.8
瑞典	1280	9.2
奥地利	1900	9.0
乌拉圭	3200	8.9
罗马尼亚	4032	8.4
贝宁	8750	7.6
危地马拉	19500	7.5
赤道几内亚	8543	7.4
文莱	1250	6.8
马耳他	2000	5.4
乍得	7000	5.0
塞拉利昂	6100	4.8
巴拿马	6800	4.7
匈牙利	550	4.2
加纳	4000	3.8
黎巴嫩	366	3.6
巴布亚新几内亚	3200	3.3
毛里塔尼亚	8000	2.5
秘鲁	527	2.1
巴林	350	2.0
牙买加	1830	1.9
利比里亚	896	1.7
科特迪瓦	360	1.5
乌干达	1500	1.5
阿根廷	780	1.3
爱尔兰	500	1.2
哥斯达黎加	340	1.1
纳米比亚	1120	1.1
布隆迪	125	0.7
44187210 其他多层已装拼的竹地板		
合计	50646364	127615.0
美国	33595535	94152.9
澳大利亚	3282434	5407.6
加拿大	1634631	3895.4
波兰	1592881	3008.9
荷兰	1442445	2976.4
伊朗	812976	2215.3
俄罗斯联邦	1120941	1648.0
墨西哥	808095	1264.8
德国	429483	1106.3
比利时	440118	886.8
罗马尼亚	614285	764.5
阿联酋	326946	720.9
意大利	296290	618.7

国家/地区	出口数量（件）	出口金额（千美元）
韩国	219696	541.5
巴西	237030	525.4
肯尼亚	177863	475.0
英国	232236	427.8
法国	264381	421.9
摩洛哥	157264	421.8
哈萨克斯坦	143054	418.3
秘鲁	184319	411.8
菲律宾	161719	392.8
斯洛文尼亚	179491	363.9
日本	149477	318.6
希腊	209389	312.5
克罗地亚	163965	308.1
格鲁吉亚	167355	307.4
泰国	120632	283.4
智利	115561	239.1
哥伦比亚	163316	224.3
丹麦	82813	214.5
阿塞拜疆	96856	180.9
波黑	84448	180.4
马尔代夫	35600	178.0
香港	50699	151.5
印度尼西亚	61470	145.3
印度	75979	121.5
多民族玻利维亚国	71302	117.9
特立尼达和多巴哥	50056	115.4
越南	33866	96.8
厄瓜多尔	57753	95.2
南非	60776	89.8
圭亚那	33060	82.6
西班牙	38760	82.0
巴拿马	38492	71.7
乌克兰	17350	68.3
台湾省	34432	64.9
埃及	33766	54.4
朝鲜	44000	52.0
亚美尼亚	16131	40.3
以色列	20986	39.2
斯里兰卡	19865	37.1
土库曼斯坦	17090	34.3
沙特阿拉伯	16920	33.4
马达加斯加	17597	33.3
法属波利尼西亚	15130	32.3
巴基斯坦	22380	31.1
缅甸	18148	30.7

国家/地区	出口数量（件）	出口金额（千美元）
巴林	12040	25.7
文莱	4760	14.6
匈牙利	5790	11.9
毛里求斯	5600	11.3
马来西亚	2400	6.0
阿尔巴尼亚	2266	5.6
瑞典	1438	2.8
捷克	1350	1.9
新西兰	1187	0.6
44187910 其他已装拼的竹地板		
合计	21961437	36583.8
美国	8834072	14763.1
澳大利亚	8067552	13013.0
俄罗斯联邦	973704	1536.8
德国	582235	1005.1
格鲁吉亚	388943	755.1
厄瓜多尔	416799	612.9
荷兰	147225	482.5
加拿大	255867	478.2
新西兰	249170	413.4
意大利	212954	387.1
比利时	194899	341.1
南非	197159	337.0
智利	177060	308.3
秘鲁	136640	240.9
日本	84708	214.7
英国	122986	213.4
墨西哥	131905	200.7
菲律宾	124140	166.4
韩国	135474	128.9
斯洛文尼亚	70300	122.0
伊朗	62537	111.2
匈牙利	60509	97.9
哥伦比亚	56078	93.2
印度尼西亚	34734	91.4
西班牙	47980	83.5
毛里求斯	20110	60.0
马来西亚	19000	46.0
巴西	27765	45.9
瑞典	23271	36.5
以色列	14332	35.6
泰国	22340	32.9
阿联酋	20030	32.5
法国	13000	27.9
印度	13540	18.4

国家/地区	出口数量（件）	出口金额（千美元）
巴拿马	5276	12.0
新喀里多尼亚	3000	11.0
文莱	5320	8.5
阿曼	2611	6.6
法属波利尼西亚	2864	5.6
喀麦隆	1238	3.2
埃及	1180	1.7
香港	930	1.7
44190032 竹制一次性筷子		
合计	78437917	163445.9
日本	26706813	61784.4
台湾省	24700379	41100.7
美国	8846245	17803.5
泰国	3955938	10372.3
俄罗斯联邦	2277451	4854.6
香港	1621611	3177.2
巴西	1379633	2969.2
加拿大	1128861	2613.9
韩国	816049	1959.8
法国	740503	1858.9
澳大利亚	652935	1493.6
印度尼西亚	443688	1381.6
英国	554540	1290.1
德国	559455	1281.6
新加坡	397843	1151.3
马来西亚	338047	784.4
菲律宾	304254	633.6
乌克兰	329243	623.6
意大利	214888	618.4
荷兰	254446	538.4
以色列	203631	496.0
墨西哥	214241	413.8
奥地利	159940	394.2
澳门	187988	336.1
比利时	111746	285.5
阿联酋	95580	273.9
土耳其	87146	226.4
葡萄牙	115553	223.1
越南	55768	219.7
南非	96978	199.0
丹麦	80427	195.6
挪威	50465	169.1
巴拿马	24240	168.2
瑞典	93065	160.0
西班牙	71872	147.3

国家/地区	出口数量（件）	出口金额（千美元）
阿根廷	60584	113.8
智利	44341	102.2
波兰	44368	100.7
哥伦比亚	46450	82.9
斯洛文尼亚	33350	82.4
黎巴嫩	36621	69.6
新西兰	30077	68.5
瑞士	12308	68.0
拉脱维亚	20100	54.0
卡塔尔	10502	47.8
立陶宛	26980	44.1
塞浦路斯	15711	43.1
埃及	17452	36.1
沙特阿拉伯	14113	34.9
摩洛哥	16185	32.6
印度	14935	32.1
缅甸	23500	30.8
爱沙尼亚	12492	26.6
希腊	15530	25.5
白俄罗斯	8225	23.1
厄瓜多尔	10080	20.4
科威特	6300	20.1
冰岛	11300	17.6
约旦	6694	15.2
爱尔兰	7275	14.3
朝鲜	6947	10.8
哈萨克斯坦	5548	9.3
巴林	1750	5.1
文莱	1300	3.7
马耳他	1490	3.1
乌拉圭	1600	2.3
萨尔瓦多	1050	2.3
马尔代夫	59	1.4
多米尼加共和国	600	1.1
突尼斯	280	0.6
捷克	130	0.5
新喀里多尼亚	210	0.5

44190091 其他竹制餐具及厨房用具

国家/地区	出口数量（件）	出口金额（千美元）
合计	52151933	205086.9
美国	15852537	61877.7
德国	6206737	23892.8
日本	2274998	14404.2
荷兰	3902368	12102.1
俄罗斯联邦	2205596	8291.4
英国	2348617	7821.2
澳大利亚	1738911	7781.0
加拿大	2101518	6396.9
法国	1657584	6209.5
比利时	1081648	4746.6
土耳其	1422658	4338.5
越南	303492	4244.2
意大利	867366	3362.2
巴西	777245	3207.8
西班牙	867570	3038.4
波兰	1014738	3015.0
韩国	515938	2582.0
墨西哥	573852	2411.5
台湾省	687174	2201.3
丹麦	437765	1949.1
葡萄牙	226649	1440.6
香港	385119	1398.6
智利	290154	1322.8
斯洛文尼亚	568772	1300.7
以色列	236877	1102.5
沙特阿拉伯	229341	1027.0
芬兰	253940	994.5
阿联酋	198935	933.7
南非	241413	888.5
新西兰	230967	798.2
瑞典	173110	710.4
哥伦比亚	146385	682.3
马来西亚	121697	619.7
新加坡	103575	500.8
乌克兰	136453	478.6
泰国	117060	467.7
伊朗	103034	463.3
印度尼西亚	65161	420.9
爱沙尼亚	83141	379.5
阿根廷	101235	345.5
挪威	80861	331.3
爱尔兰	81203	301.6
立陶宛	70527	267.6
秘鲁	45336	230.0
埃及	85700	227.2
菲律宾	44652	197.0
巴拿马	58394	196.4
瑞士	48001	190.1
哥斯达黎加	51263	177.3
阿曼	20791	173.1
拉脱维亚	49154	171.1
印度	45589	168.8
捷克	42733	160.2
罗马尼亚	53345	144.0
乌拉圭	37225	137.6
奥地利	32410	131.8
保加利亚	50107	125.2
希腊	30469	122.5
约旦	25620	108.3
黎巴嫩	17069	107.9
克罗地亚	27054	105.7
科威特	18392	100.6
哈萨克斯坦	24642	100.3
巴拉圭	33528	95.3
卡塔尔	14173	93.5
多米尼加共和国	17571	75.8
阿尔及利亚	33164	63.3
厄瓜多尔	14315	62.5
委内瑞拉	11052	53.0
伊拉克	12023	50.6
安哥拉	7850	47.2
朝鲜	21823	44.7
摩洛哥	21695	44.5
肯尼亚	2372	40.8
危地马拉	3759	34.3
斯里兰卡	8552	32.7
古巴	5704	25.2
白俄罗斯	9639	22.9
利比亚	2500	16.8
蒙古	1744	16.5
柬埔寨	3058	15.3
毛里求斯	6250	14.6
特立尼达和多巴哥	4827	14.0
萨尔瓦多	3248	12.8
巴林	4235	12.3
赞比亚	1755	9.2
阿塞拜疆	2519	8.8
格鲁吉亚	1881	8.8
文莱	1650	8.2
塞浦路斯	844	8.2
多民族玻利维亚国	1254	5.4
澳门	3061	4.4
塞尔维亚	874	4.3
尼日尔	373	3.8
斯洛伐克	611	3.5
尼日利亚	117	3.1

国家/地区	出口数量（件）	出口金额（千美元）
纳米比亚	964	1.4
马尔代夫	80	1.0
波多黎各	640	0.8
巴基斯坦	99	0.7
海地	90	0.6
冰岛	52	0.5
埃塞俄比亚	70	0.5
44201012 竹刻		
合计	9568	192.5
美国	5515	167.4
瑞士	355	10.8
西班牙	1200	6.8
英国	2333	4.0
瑞典	85	2.6
泰国	80	0.8
44219022 竹制圆签圆棒冰果棒压舌片及类似一次性制品		
合计	68107359	212934.1
日本	7091650	22622.7
香港	3270788	21956.8
印度尼西亚	4298120	16192.7
美国	4707579	14539.1
巴西	5000046	13633.1
印度	5771117	13179.9
越南	2221924	10507.5
泰国	2233412	9819.2
荷兰	5318415	8898.2
马来西亚	2074365	8062.9
新加坡	985297	5756.8
意大利	1706141	4775.9
台湾省	2330185	4664.9
韩国	1758492	3633.6
德国	1157976	3540.3
法国	858695	3188.8
英国	1062309	3162.0
西班牙	711633	2965.7
阿联酋	959309	2555.9
比利时	628431	2498.7
俄罗斯联邦	762867	2479.8
希腊	977137	2320.0
土耳其	849354	2302.2
加拿大	916454	2282.5
尼日利亚	847296	2039.4
哥伦比亚	898189	1943.5
以色列	683934	1869.0

国家/地区	出口数量（件）	出口金额（千美元）
巴拿马	270838	1720.3
沙特阿拉伯	622381	1683.3
菲律宾	560384	1596.2
智利	425246	1508.0
墨西哥	389307	1370.7
澳大利亚	406435	1213.0
缅甸	132016	902.1
肯尼亚	287491	664.5
南非	285354	657.0
朝鲜	574482	640.8
波兰	356270	613.5
厄瓜多尔	384597	482.0
安哥拉	140325	468.7
乌克兰	126488	463.0
秘鲁	329419	459.8
伊朗	175702	417.5
阿曼	209670	382.2
黎巴嫩	161460	379.4
罗马尼亚	123379	343.7
瑞士	32990	335.1
哥斯达黎加	62181	319.3
新西兰	106192	281.8
丹麦	70742	254.5
科威特	11086	251.2
喀麦隆	78390	244.0
瑞典	60036	208.1
多米尼加共和国	67800	205.7
约旦	78722	193.8
加纳	76708	173.5
叙利亚	88865	169.4
芬兰	83664	167.3
拉脱维亚	65543	163.8
埃及	145674	162.7
坦桑尼亚	51095	161.3
危地马拉	56862	156.9
文莱	53778	143.2
葡萄牙	64331	135.5
斯里兰卡	107105	129.7
阿尔及利亚	65980	101.5
哈萨克斯坦	35909	99.6
保加利亚	36161	97.7
巴拉圭	67627	96.3
巴基斯坦	37351	92.2
萨尔瓦多	22257	88.0
挪威	42159	86.0

国家/地区	出口数量（件）	出口金额（千美元）
爱尔兰	20480	74.7
委内瑞拉	37535	74.1
阿根廷	50116	65.5
立陶宛	19190	64.6
波多黎各	20063	63.5
利比亚	16031	60.2
摩洛哥	34804	59.6
塞浦路斯	19498	58.3
格鲁吉亚	11587	50.0
马达加斯加	22940	49.2
刚果(金)	6013	49.1
突尼斯	5907	48.6
阿尔巴尼亚	17800	36.1
斯洛文尼亚	6765	32.9
白俄罗斯	6914	29.5
爱沙尼亚	8444	28.4
匈牙利	20685	26.5
洪都拉斯	11683	25.1
科特迪瓦	9792	20.9
捷克	6129	19.8
乌拉圭	4066	18.2
毛里求斯	5770	15.2
多哥	2000	14.0
澳门	6784	12.8
塞尔维亚	2620	12.2
卡塔尔	7423	11.8
牙买加	1435	10.9
孟加拉国	4948	4.6
纳米比亚	560	4.4
巴布亚新几内亚	2390	3.7
冰岛	660	2.8
古巴	620	2.2
埃塞俄比亚	244	1.8
柬埔寨	307	1.6
奥地利	915	1.6
伊拉克	648	1.5
留尼汪	947	1.4
巴林	129	1.3
46012100 竹制的席子、席料及帘子		
合计	30465315	93105.9
美国	5923552	22391.6
台湾省	3761734	10546.3
日本	3175547	10540.4
韩国	2480215	7560.8
意大利	2188989	5288.2

国家/地区	出口数量（件）	出口金额（千美元）
俄罗斯联邦	1372788	3562.4
马来西亚	952029	3041.8
德国	1012255	2671.8
印度	724331	1842.0
巴西	390775	1792.6
加拿大	560138	1757.4
伊朗	327598	1723.2
西班牙	718367	1718.3
墨西哥	460189	1650.6
越南	611678	1499.5
沙特阿拉伯	266643	1387.9
法国	451063	1163.8
澳大利亚	490144	1102.5
波兰	367921	1004.7
乌克兰	354236	830.4
荷兰	279532	692.8
以色列	480641	675.5
南非	246885	667.2
英国	301413	661.5
印度尼西亚	214092	623.9
爱沙尼亚	187573	505.2
哥伦比亚	160033	449.3
比利时	158413	435.0
土耳其	150758	430.8
阿联酋	113391	388.6
智利	137901	384.6
希腊	177615	322.3
瑞典	102817	258.5
黎巴嫩	69981	216.2
巴基斯坦	65453	214.6
阿根廷	97741	213.7
缅甸	26240	211.3
泰国	43608	163.6
克罗地亚	53593	154.3
新加坡	32694	150.4
匈牙利	67717	146.1
乌拉圭	46140	131.5
斯里兰卡	40708	130.9
哥斯达黎加	27103	124.5
立陶宛	45038	118.0
秘鲁	47248	117.0
香港	38903	113.4
哈萨克斯坦	32797	110.2
葡萄牙	37459	83.2
危地马拉	22491	66.2

国家/地区	出口数量（件）	出口金额（千美元）
塞尔维亚	35762	65.8
拉脱维亚	24940	64.8
埃及	26507	56.3
白俄罗斯	8402	56.1
加纳	15450	54.0
巴拿马	17755	50.0
留尼汪	16876	47.9
厄瓜多尔	12192	45.7
罗马尼亚	21015	42.6
丹麦	10419	40.9
马耳他	12680	39.4
约旦	11976	38.3
毛里求斯	9860	33.5
菲律宾	9373	32.4
巴林	13495	32.0
乌兹别克斯坦	3485	28.4
保加利亚	13137	27.1
多米尼加共和国	6994	25.2
捷克	8898	24.4
孟加拉国	8300	23.7
斯洛文尼亚	8667	19.6
马尔代夫	6474	17.6
新喀里多尼亚	7532	17.1
新西兰	6476	16.2
特立尼达和多巴哥	5255	16.1
瑞士	5860	16.0
芬兰	5868	15.6
安哥拉	4662	14.8
土库曼斯坦	2455	14.7
委内瑞拉	3720	14.1
巴拉圭	2769	12.5
科威特	3935	11.8
阿曼	3575	10.8
奥地利	3383	9.0
尼日利亚	2495	5.7
塞拉利昂	177	5.0
斯洛伐克	1175	3.9
阿尔及利亚	2803	3.7
古巴	28	2.9
刚果(金)	555	2.5
澳门	295	2.4
塔吉克斯坦	780	2.4
塞浦路斯	567	2.0
毛里塔尼亚	572	1.5
老挝	600	1.0

国家/地区	出口数量（件）	出口金额（千美元）
叙利亚	695	0.9
蒙古	56	0.7
46012200 藤制的席子、席料及帘子		
合计	87907	618.8
俄罗斯联邦	8401	201.4
美国	7571	113.4
台湾省	19374	109.7
越南	15573	80.3
土耳其	1465	39.7
香港	5998	24.8
缅甸	22113	24.4
斯里兰卡	295	7.4
澳大利亚	497	6.3
保加利亚	200	3.4
加拿大	293	1.7
南非	2664	1.7
菲律宾	1200	1.2
泰国	776	0.8
意大利	396	0.8
智利	336	0.6
毛里求斯	89	0.5
46012911 灯心草属材料制的席子、席料及帘子		
合计	30697728	152372.4
日本	30231861	150989.6
台湾省	124748	520.0
希腊	143958	301.7
荷兰	35059	98.5
克罗地亚	44173	93.1
美国	29728	81.7
意大利	19586	50.4
西班牙	10260	38.9
英国	11467	38.9
俄罗斯联邦	12333	37.3
新加坡	6771	27.3
马来西亚	6278	20.7
加拿大	7220	17.6
韩国	1471	15.5
比利时	4880	14.3
香港	1829	9.8
立陶宛	2285	9.3
巴西	1397	4.9
秘鲁	1980	2.0
澳大利亚	240	0.5
多米尼加共和国	204	0.4

国家/地区	出口数量（件）	出口金额（千美元）
46012919 其他草制的席子、席料及帘子		
合计	8083856	15641.4
日本	3194983	4011.5
荷兰	961237	1669.3
美国	440832	1581.7
法国	659943	1330.2
俄罗斯联邦	489164	1222.3
英国	531890	1029.2
德国	424471	755.9
西班牙	240170	680.9
意大利	111844	375.6
巴西	102264	373.6
希腊	97007	234.7
马来西亚	114986	220.3
秘鲁	56512	198.0
比利时	64309	192.2
加拿大	63819	160.8
韩国	40800	126.2
加纳	33152	122.0
台湾省	38969	105.4
斯洛文尼亚	27685	96.2
智利	29930	94.1
波兰	22333	89.6
土耳其	26529	74.5
澳大利亚	12375	74.4
印度	33318	68.8
墨西哥	15737	67.1
芬兰	16727	60.6
阿根廷	31309	58.5
新加坡	21387	51.5
南非	18375	42.1
香港	9684	41.2
乌克兰	15836	39.6
塞浦路斯	10290	31.9
爱沙尼亚	8428	30.6
罗马尼亚	9938	29.7
哥斯达黎加	8229	27.1
阿联酋	10421	25.9
泰国	6719	23.6
乌拉圭	7701	20.0
加蓬	8075	18.5
克罗地亚	6738	17.8
巴拿马	4559	17.3
匈牙利	4759	16.5
尼日利亚	8385	14.2

国家/地区	出口数量（件）	出口金额（千美元）
厄瓜多尔	4760	13.7
葡萄牙	4001	12.0
瑞士	2100	11.0
黎巴嫩	4515	10.5
斐济	1868	9.7
新西兰	1594	8.0
马达加斯加	4452	7.7
特立尼达和多巴哥	2110	6.9
捷克	1781	5.5
以色列	1540	5.0
摩洛哥	1410	4.4
奥地利	699	4.1
斯洛伐克	1096	3.2
瑞典	1100	2.9
危地马拉	658	2.4
保加利亚	742	2.2
哥伦比亚	390	1.8
留尼汪	224	1.5
波多黎各	492	1.5
卡塔尔	482	1.4
朝鲜	5000	1.3
埃及	260	0.8
尼加拉瓜	154	0.6
巴林	144	0.4
洪都拉斯	112	0.4
46012921 苇帘		
合计	30071742	42127.1
日本	15204826	24582.9
美国	3051618	3269.0
意大利	2782703	3015.9
法国	1868776	2200.4
西班牙	1001601	1651.8
澳大利亚	900870	1244.2
英国	1122797	1224.9
韩国	818508	1121.5
比利时	975988	913.4
德国	648786	758.7
希腊	507214	709.9
荷兰	355088	479.9
以色列	234965	320.5
克罗地亚	68731	95.4
智利	77871	72.1
瑞士	92220	70.6
斯洛文尼亚	72180	65.2
波兰	39390	45.2

国家/地区	出口数量（件）	出口金额（千美元）
塞浦路斯	43750	42.0
俄罗斯联邦	27329	34.2
波多黎各	27480	34.0
爱沙尼亚	17443	17.4
拉脱维亚	10200	15.4
南非	14080	13.9
阿联酋	6800	12.7
哥斯达黎加	12200	12.5
沙特阿拉伯	7300	10.1
葡萄牙	7048	9.4
芬兰	6986	8.5
新西兰	6592	7.8
新喀里多尼亚	6875	7.8
罗马尼亚	9647	7.6
瑞典	7002	7.1
社会群岛	5940	6.9
加拿大	4200	6.7
立陶宛	6800	6.2
爱尔兰	5480	6.1
法属波利尼西亚	3620	4.8
瓜德罗普	2700	4.1
丹麦	3900	3.4
新加坡	3098	3.4
捷克	980	2.4
阿根廷	160	1.1
46012929 芦苇制的席子、席料		
合计	4693353	2997.4
荷兰	3662878	2415.9
德国	985587	518.1
美国	13000	24.8
英国	17000	11.2
葡萄牙	2075	9.9
日本	9300	4.6
加拿大	450	4.6
俄罗斯联邦	1308	4.3
韩国	1725	4.0
46012990 其他植物材料制的席子、席料及帘子		
合计	10296486	18723.7
美国	699183	5402.2
西班牙	2229711	2482.7
墨西哥	215942	1918.0
荷兰	1353865	1437.5
德国	737629	1323.3
比利时	1571936	1321.4

国家/地区	出口数量(件)	出口金额(千美元)
英国	553991	1231.6
法国	1153212	1098.5
波兰	396380	498.4
以色列	382120	335.8
日本	65095	245.5
俄罗斯联邦	432783	243.8
台湾省	45494	188.8
意大利	46107	175.7
希腊	134444	137.6
澳大利亚	62716	128.0
香港	23546	102.6
越南	12144	54.1
加纳	4920	49.2
捷克	14053	43.4
克罗地亚	11013	35.9
韩国	2326	32.7
瑞典	10047	26.8
印度	3458	26.1
丹麦	13791	23.7
智利	7437	21.6
黎巴嫩	8730	19.9
爱尔兰	16178	16.6
阿根廷	7472	15.4
塞浦路斯	20530	13.4
爱沙尼亚	12900	12.7
斯里兰卡	1665	12.3
南非	13300	10.8
沙特阿拉伯	14770	10.7
芬兰	3748	9.2
加拿大	9230	6.8
泰国	467	2.3
安哥拉	252	1.9
新加坡	318	1.6
葡萄牙	249	1.3
巴拿马	2210	0.9
喀麦隆	80	0.8
格林纳达	120	0.7
印度尼西亚	124	0.6

46019210 竹制的缏条及类似产品,不论是否缝合成宽条

国家/地区	出口数量(件)	出口金额(千美元)
合计	461804	911.1
西班牙	213306	400.7
日本	93236	191.0
荷兰	14492	93.1
美国	20763	71.5
比利时	37160	56.3
法国	25996	39.7
缅甸	26520	13.8
意大利	10699	13.5
英国	1976	9.1
波兰	8110	8.1
加纳	976	5.4
塞浦路斯	2035	2.2
澳大利亚	5310	1.9
韩国	276	1.5
阿尔及利亚	374	1.2
新加坡	250	1.0
丹麦	190	0.6

46019290 竹制其他平行连结或编结的产品

国家/地区	出口数量(件)	出口金额(千美元)
合计	22644182	62312.4
以色列	2586666	8194.6
美国	2134612	7323.2
日本	1687803	6656.1
意大利	2768456	6039.7
英国	1563991	4505.2
法国	2307368	3813.1
马来西亚	1164005	3339.8
德国	1163003	3058.3
澳大利亚	1129097	2485.1
韩国	511258	1945.0
西班牙	725632	1833.8
荷兰	732739	1740.4
台湾省	530476	1466.6
俄罗斯联邦	420344	1343.5
波兰	465452	1242.7
乌克兰	435933	879.3
巴西	275586	775.4
智利	150999	532.8
希腊	201817	529.8
加拿大	190235	522.0
比利时	211668	434.0
哥伦比亚	132031	419.6
斯洛文尼亚	110175	288.0
墨西哥	72381	218.7
拉脱维亚	73650	206.0
土耳其	58136	194.5
秘鲁	42823	184.9
立陶宛	58820	175.2
沙特阿拉伯	38492	163.6
新加坡	65105	144.2
印度尼西亚	46112	140.3
巴拿马	18664	135.4
新西兰	114698	114.3
印度	33242	106.2
阿联酋	18915	100.0
南非	21684	93.2
罗马尼亚	26540	85.9
葡萄牙	31686	83.5
留尼汪	100842	70.9
阿根廷	23656	63.2
塞浦路斯	14365	58.3
巴基斯坦	12105	55.9
瑞典	26442	52.5
泰国	15648	51.0
芬兰	13616	49.8
乌拉圭	16504	48.5
丹麦	13669	43.0
菲律宾	5218	38.9
捷克	10436	32.9
伊拉克	7105	27.5
斯洛伐克	5116	21.5
越南	6423	21.3
保加利亚	5895	16.4
摩洛哥	1700	15.5
厄瓜多尔	3910	14.3
巴哈马	3750	12.2
毛里求斯	1985	9.7
克罗地亚	2624	9.1
特立尼达和多巴哥	3084	8.6
阿尔巴尼亚	2846	7.5
爱尔兰	2639	7.4
新喀里多尼亚	4142	7.3
白俄罗斯	720	6.8
香港	1859	6.2
奥地利	825	5.3
马尔代夫	550	5.0
萨尔瓦多	1100	5.0
科威特	3810	4.1
埃及	2152	4.1
圣文森特和格林纳丁斯	862	2.8
匈牙利	750	2.5
斯里兰卡	408	2.5
牙买加	737	2.2
黎巴嫩	1574	2.2

国家/地区	出口数量（件）	出口金额（千美元）
巴林	1671	1.7
约旦	2000	1.5
苏里南	504	1.3
毛里塔尼亚	121	0.8
摩尔多瓦	164	0.8
46019310 藤制的缏条及类似产品，不论是否缝合成宽条		
合计	113934	1722.4
越南	6769	528.8
德国	32898	310.1
美国	29521	138.9
香港	4032	111.8
印度	5275	95.6
巴西	3673	90.1
意大利	4808	88.1
土耳其	5742	86.3
日本	1982	83.7
荷兰	3938	56.8
俄罗斯联邦	5517	32.1
比利时	1700	22.6
韩国	1311	19.7
澳大利亚	2744	14.1
阿根廷	1432	12.5
法国	622	11.2
哥伦比亚	672	8.4
南非	299	4.5
西班牙	123	3.1
英国	71	2.5
波兰	805	1.5
46019390 藤制其他平行连结或编结的产品		
合计	540393	1231.6
德国	170492	403.4
西班牙	188487	219.0
荷兰	46162	176.8
日本	8319	116.9
土耳其	117	75.0
美国	11901	52.5
法国	32155	31.6
墨西哥	13734	29.8
意大利	6919	24.3
新加坡	7303	20.1
新喀里多尼亚	14978	15.4
巴西	1450	15.0
波兰	18380	13.4
台湾省	1752	9.0

国家/地区	出口数量（件）	出口金额（千美元）
比利时	9880	8.9
澳大利亚	1837	5.3
沙特阿拉伯	2100	3.4
香港	827	3.3
加拿大	1062	2.8
阿联酋	1150	1.6
英国	510	1.4
巴拿马	407	0.7
新西兰	59	0.6
罗马尼亚	77	0.6
46019491 未列名植物编结材料编成的缏条及类似产品		
合计	98604	596.4
越南	60245	364.9
美国	9371	99.2
意大利	16313	76.7
荷兰	6834	38.2
德国	3760	7.5
芬兰	369	4.9
日本	16	2.4
丹麦	1000	1.4
克罗地亚	162	0.9
塞浦路斯	500	0.5
46019499 未列名植物编结材料制其他平行连结或编结品		
合计	8864105	31950.2
西班牙	1668529	5149.6
美国	707634	4127.3
法国	1605754	3927.0
英国	828395	3465.4
日本	501260	3236.0
比利时	784925	2533.0
荷兰	613479	1863.8
以色列	328633	1823.9
澳大利亚	716425	1601.4
新西兰	309321	1019.8
德国	284772	926.9
意大利	167278	454.1
韩国	5059	345.5
俄罗斯联邦	43608	276.6
加拿大	51511	206.4
伊朗	8976	159.4
瑞典	60903	144.4
阿联酋	76638	128.9
波兰	28832	113.9

国家/地区	出口数量（件）	出口金额（千美元）
希腊	29655	100.8
巴基斯坦	4089	90.2
巴西	3487	40.2
土耳其	1521	35.6
拉脱维亚	7034	35.3
香港	1019	27.5
智利	1490	21.3
罗马尼亚	3522	15.4
多米尼克	560	12.2
保加利亚	3826	11.9
库克群岛	4020	10.9
爱尔兰	2068	10.7
爱沙尼亚	820	9.4
马来西亚	1747	4.7
芬兰	2059	4.5
新加坡	286	4.2
台湾省	207	3.1
泰国	195	2.8
黎巴嫩	2479	2.5
科威特	1522	1.0
克罗地亚	45	0.7
沙特阿拉伯	187	0.7
菲律宾	28	0.7
澳门	300	0.5
46021100 竹制篮筐及其他编结品		
合计	24166859	154634.7
美国	4558459	34457.1
日本	2978898	22154.9
墨西哥	638385	9148.9
新加坡	1206231	8407.3
阿联酋	943678	7964.2
英国	1564460	6806.2
马来西亚	427480	5796.1
德国	1191822	5548.1
意大利	1112676	5385.8
香港	977827	4381.0
荷兰	885077	4165.1
法国	591047	3818.3
加拿大	484609	3647.9
巴拿马	360431	3417.4
韩国	471425	3313.9
俄罗斯联邦	550480	2564.7
西班牙	633714	2427.2
澳大利亚	436953	2324.3
台湾省	661821	2172.7

国家/地区	出口数量（件）	出口金额（千美元）
以色列	690704	1990.9
比利时	405818	1980.4
波兰	250757	1589.0
泰国	142718	901.2
巴西	187667	867.4
智利	203467	748.7
沙特阿拉伯	126908	739.9
南非	56816	688.1
土耳其	110296	572.2
希腊	93748	513.8
印度	58239	443.0
科威特	47857	420.0
丹麦	51807	407.1
匈牙利	55899	328.9
阿尔及利亚	55196	295.9
挪威	26603	270.9
阿根廷	44116	247.6
伊朗	67432	233.2
印度尼西亚	42510	212.6
越南	8889	200.3
葡萄牙	54648	183.6
乌克兰	34514	163.0
克罗地亚	22961	153.9
菲律宾	32438	151.4
罗马尼亚	29945	139.3
芬兰	25064	135.7
新西兰	22129	132.2
斯洛文尼亚	16444	121.3
奥地利	78363	120.7
捷克	43063	117.9
斯洛伐克	33749	110.2
瑞典	9276	103.1
埃及	19016	101.1
哥伦比亚	15328	85.8
拉脱维亚	19134	82.9
爱尔兰	15106	75.3
爱沙尼亚	18339	71.6
立陶宛	11361	63.6
澳门	21701	60.9
哈萨克斯坦	9970	57.7
秘鲁	7943	57.7
厄瓜多尔	28224	55.6
伊拉克	24806	52.9
保加利亚	5834	50.3
黎巴嫩	9375	50.1
塞浦路斯	12022	47.8
瑞士	9481	47.5
塞尔维亚	6407	43.1
乌拉圭	11960	40.0
哥斯达黎加	5776	39.6
巴哈马	3220	32.8
波多黎各	3798	30.6
多米尼加共和国	8820	22.6
乌兹别克斯坦	7675	21.9
白俄罗斯	3420	21.7
约旦	7426	19.6
摩洛哥	6246	19.1
委内瑞拉	4197	17.9
巴基斯坦	4431	15.6
波黑	2501	14.4
危地马拉	1956	13.9
亚美尼亚	2657	13.8
利比亚	10728	13.3
孟加拉国	2506	12.5
肯尼亚	9400	9.0
塞内加尔	2117	8.9
特立尼达和多巴哥	3153	7.7
阿塞拜疆	1593	7.6
萨尔瓦多	5226	7.5
卡塔尔	1305	5.5
斯里兰卡	800	5.3
刚果(金)	1124	4.8
毛里求斯	156	4.8
叙利亚	5081	4.2
科特迪瓦	936	4.0
喀麦隆	936	4.0
格鲁吉亚	760	4.0
巴林	1384	2.7
加纳	696	2.6
赞比亚	511	2.2
莫桑比克	648	2.2
刚果(布)	489	2.1
马尔代夫	200	1.6
安哥拉	660	1.4
尼日利亚	1153	1.3
埃塞俄比亚	800	0.9
阿曼	160	0.8
阿尔巴尼亚	310	0.7

46021200 藤制篮筐及其他编结品

国家/地区	出口数量（件）	出口金额（千美元）
合计	10060138	86160.9
美国	1994004	21687.6
荷兰	1572289	16392.5
德国	1220618	10169.1
英国	2237435	9746.3
日本	458060	4534.5
加拿大	200892	2386.5
阿联酋	207337	1787.0
墨西哥	131735	1727.1
波兰	138472	1502.5
新加坡	170479	1401.2
马来西亚	142089	1172.6
比利时	129246	1107.5
俄罗斯联邦	129919	1074.6
法国	64028	804.2
澳大利亚	113669	752.5
意大利	75453	683.3
香港	85042	669.2
西班牙	53355	604.7
丹麦	55375	604.5
巴拿马	86464	580.0
科威特	56257	566.4
巴西	40289	409.3
爱尔兰	90943	404.9
韩国	37497	378.9
瑞典	44833	356.1
印度尼西亚	39058	322.1
芬兰	34704	297.4
斯洛文尼亚	33631	282.8
希腊	16843	260.0
印度	17053	259.1
沙特阿拉伯	29864	250.5
挪威	20568	236.0
土耳其	32183	227.1
智利	27911	202.8
保加利亚	3218	199.4
阿根廷	31100	180.9
捷克	14359	165.1
台湾省	22747	162.9
立陶宛	13875	162.6
南非	17438	101.2
哥伦比亚	7791	99.4
波多黎各	7619	93.1
泰国	12982	81.6
哈萨克斯坦	12781	79.7
伊朗	12751	76.2

国家/地区	出口数量（件）	出口金额（千美元）
哥斯达黎加	3130	69.9
秘鲁	4231	61.4
瑞士	4097	59.0
匈牙利	6745	50.1
拉脱维亚	4787	50.1
罗马尼亚	2893	47.4
乌拉圭	4533	42.3
奥地利	3539	41.0
马耳他	905	37.8
乌克兰	5299	37.3
厄瓜多尔	3392	35.8
黎巴嫩	4087	29.7
以色列	4248	29.2
新西兰	6175	29.1
苏里南	4298	26.9
危地马拉	3643	26.2
斯洛伐克	1964	26.0
土库曼斯坦	8069	20.6
阿塞拜疆	2499	19.5
巴林	1814	19.4
葡萄牙	1787	18.6
约旦	2088	14.9
多米尼加共和国	2373	13.5
安哥拉	1930	12.5
苏丹	6270	11.1
塞尔维亚	1436	10.7
留尼汪	2102	10.0
波黑	1669	8.7
毛里求斯	1000	7.9
巴基斯坦	1565	7.8
菲律宾	2203	6.7
克罗地亚	1250	6.3
塞浦路斯	1397	6.1
尼日利亚	760	6.0
澳门	940	4.7
埃及	3634	3.4
白俄罗斯	251	3.0
利比亚	756	2.6
摩洛哥	322	1.9
纳米比亚	1084	0.8
巴拉圭	408	0.7
46021910 草制篮筐及其他编结品		
合计	17968451	126888.2
美国	4915268	32829.9
日本	2765699	17141.9

国家/地区	出口数量（件）	出口金额（千美元）
英国	1797637	8179.7
墨西哥	540355	7590.0
德国	1181408	6806.2
加拿大	690908	5779.8
泰国	166426	4963.5
荷兰	715001	4040.2
法国	436329	3914.3
意大利	680204	3664.5
西班牙	334747	3621.1
澳大利亚	423035	3323.7
新加坡	133934	2066.5
马来西亚	177772	2003.8
巴拿马	96769	1734.9
波兰	252724	1589.6
巴西	169711	1589.1
伊朗	218036	1474.7
比利时	175258	1248.5
韩国	86677	1162.7
俄罗斯联邦	182107	1118.8
丹麦	126464	968.6
瑞典	150950	863.9
新西兰	131861	819.8
克罗地亚	315275	767.3
印度	16358	608.4
台湾省	104222	547.2
土耳其	88951	529.6
阿根廷	76000	477.2
科威特	44152	463.2
斯里兰卡	8669	431.5
阿联酋	31694	297.7
葡萄牙	36014	287.4
希腊	81736	286.8
挪威	31739	275.5
芬兰	40332	268.2
印度尼西亚	19541	258.1
拉脱维亚	42621	243.5
香港	20795	201.6
秘鲁	15213	195.0
爱尔兰	32885	193.9
沙特阿拉伯	17816	185.7
乌拉圭	16381	185.0
摩洛哥	7152	159.7
南非	27645	159.7
乌克兰	25452	147.0
智利	24501	140.4

国家/地区	出口数量（件）	出口金额（千美元）
以色列	22275	127.4
越南	41459	126.0
加蓬	113994	89.8
瑞士	16085	87.3
哥伦比亚	7861	85.6
奥地利	9859	76.2
斯洛文尼亚	11592	73.2
匈牙利	12333	63.1
阿尔及利亚	10074	57.1
捷克	9449	48.7
斯洛伐克	6427	34.1
格鲁吉亚	3335	33.3
多米尼加共和国	2073	32.8
罗马尼亚	4908	26.1
利比亚	4644	23.0
塞尔维亚	3334	19.3
毛里求斯	2018	14.5
立陶宛	1715	14.1
约旦	3151	9.9
埃及	1980	7.7
哈萨克斯坦	1244	5.8
黎巴嫩	502	5.4
白俄罗斯	520	4.3
黑山	630	3.9
巴林	231	2.8
卡塔尔	586	2.5
波多黎各	721	1.8
厄瓜多尔	320	1.7
保加利亚	312	1.5
巴基斯坦	10	1.3
赤道几内亚	107	0.9
百慕大	143	0.8
塞浦路斯	85	0.6
缅甸	50	0.4
46021930 柳条制篮筐及其他编结品		
合计	53423396	437211.2
美国	7628833	94164.3
英国	6452587	44312.5
德国	6139263	41594.8
荷兰	6546511	39940.1
韩国	2020537	18580.6
意大利	2877931	18008.8
法国	2593514	16681.0
波兰	1792488	15762.5
西班牙	1887502	13059.2

国家/地区	出口数量（件）	出口金额（千美元）
加拿大	1009067	12250.0
日本	1382618	10859.0
泰国	892681	10715.6
比利时	1526558	9578.0
俄罗斯联邦	893830	8775.2
瑞典	1063173	7121.4
土耳其	802821	7066.7
墨西哥	415095	6280.0
澳大利亚	617409	5432.4
丹麦	715960	5222.6
南非	610192	5161.0
阿联酋	478398	4247.2
挪威	635942	3801.3
希腊	483107	3403.3
沙特阿拉伯	247011	2287.1
新西兰	187893	1917.9
芬兰	287747	1859.3
新加坡	169465	1718.1
爱尔兰	224265	1592.4
巴哈马	110504	1566.9
以色列	217005	1498.7
瑞士	238886	1409.3
科威特	153349	1376.3
巴西	133050	1333.8
马来西亚	160688	1169.9
捷克	134717	1085.3
伊朗	66436	1013.2
香港	73807	970.4
印度	75121	873.1
葡萄牙	88071	866.2
台湾省	106653	818.0
智利	78304	747.9
匈牙利	51333	707.0
奥地利	71040	636.7
巴拿马	50795	613.7
乌拉圭	49618	613.3
厄瓜多尔	28011	573.7
乌克兰	66072	501.2
卡塔尔	51343	489.4
阿根廷	62569	462.4
黎巴嫩	44790	422.6
克罗地亚	55331	414.4
立陶宛	48044	401.7
斯洛文尼亚	56809	380.1
多米尼加共和国	28988	351.0
拉脱维亚	51877	348.7
摩洛哥	19339	335.4
阿尔及利亚	27139	270.0
哈萨克斯坦	34868	266.8
哥斯达黎加	32537	252.5
罗马尼亚	27462	212.3
秘鲁	19729	202.5
塞浦路斯	23984	196.2
白俄罗斯	21298	182.1
爱沙尼亚	27226	175.5
保加利亚	20090	153.0
利比亚	12947	140.7
特立尼达和多巴哥	10932	138.3
埃及	18843	131.3
马耳他	12867	130.2
安哥拉	22367	120.9
哥伦比亚	18709	116.8
苏里南	5525	96.1
斯洛伐克	11888	84.3
约旦	8561	78.3
文莱	2268	76.2
格鲁吉亚	6147	69.3
波多黎各	6649	65.7
阿曼	7964	62.1
莫桑比克	1795	60.0
毛里求斯	7486	53.7
印度尼西亚	20404	40.7
巴林	4832	38.1
乌兹别克斯坦	4556	37.1
卢森堡	4814	34.4
越南	3885	34.3
肯尼亚	2002	30.1
阿尔巴尼亚	3156	30.0
巴拉圭	4056	27.4
前南马其顿	1087	26.2
危地马拉	1381	21.2
突尼斯	4067	17.1
新喀里多尼亚	1572	16.1
塞内加尔	2147	16.0
黑山	1554	14.5
坦桑尼亚	1558	12.1
喀麦隆	1421	11.3
苏丹	800	10.4
法属波利尼西亚	1968	10.3
也门	5100	10.0
加纳	1141	9.1
菲律宾	1259	8.3
刚果(金)	905	6.6
赞比亚	888	6.6
波黑	835	6.0
塞尔维亚	660	6.0
牙买加	231	4.9
刚果(布)	656	4.5
多哥	573	3.6
冰岛	577	3.5
伊拉克	375	3.0
科特迪瓦	348	2.4
格林纳达	32	1.0
马里	77	0.6

46021990 其他植物材料制篮筐等编结品；丝瓜络制品

国家/地区	出口数量（件）	出口金额（千美元）
合计	13756794	101351.0
美国	4340297	36387.7
日本	915848	8076.6
德国	1260925	6280.8
英国	1190947	5719.6
加拿大	405341	4180.7
荷兰	729451	4085.5
墨西哥	322052	3903.6
意大利	666671	3857.8
西班牙	770292	3703.1
韩国	165269	2274.5
马来西亚	122311	2202.4
泰国	112861	2200.7
澳大利亚	304973	1883.3
波兰	178591	1400.8
俄罗斯联邦	174876	1380.2
新加坡	196720	1374.2
法国	269006	1285.3
比利时	274664	1241.5
瑞典	168530	1159.3
巴拿马	46020	988.5
以色列	139544	731.8
丹麦	59576	608.6
阿联酋	58630	516.9
新西兰	83993	486.4
希腊	112445	468.8
沙特阿拉伯	59426	437.5
香港	45278	421.4
芬兰	33273	366.4

国家/地区	出口数量（件）	出口金额（千美元）
巴西	53517	357.5
土耳其	61327	343.2
爱尔兰	47581	333.4
南非	38788	283.5
挪威	39008	201.4
伊朗	16682	193.9
立陶宛	13100	175.0
台湾省	24084	172.0
葡萄牙	12777	171.9
瑞士	36863	119.9
秘鲁	6386	112.5
印度	8534	100.4
乌拉圭	12539	89.9
阿根廷	8172	81.3
乌克兰	11318	80.8
波多黎各	16208	80.1
黎巴嫩	14585	72.2
罗马尼亚	9114	58.5
拉脱维亚	6822	50.1
摩洛哥	11855	47.8
智利	5384	46.6
菲律宾	4049	46.2
委内瑞拉	2943	44.4
克罗地亚	8355	43.9
斯洛文尼亚	10999	42.8
匈牙利	4603	37.1
印度尼西亚	6409	27.8
奥地利	5131	26.5
捷克	3988	26.4
科威特	2591	24.1
塞浦路斯	4630	20.6
卡塔尔	1167	20.5
马耳他	3270	19.1
哥伦比亚	2694	17.4
保加利亚	11568	15.7
哥斯达黎加	2561	13.8
阿尔及利亚	2668	12.1
也门	1171	11.5
毛里求斯	610	11.0
哈萨克斯坦	1788	10.4
约旦	3252	8.1
尼日利亚	568	7.2
越南	471	6.5
澳门	1241	6.3
斯洛伐克	1031	6.1

国家/地区	出口数量（件）	出口金额（千美元）
多米尼加共和国	1160	6.0
埃及	1149	6.0
巴哈马	102	5.7
厄瓜多尔	829	5.1
阿曼	579	4.4
安哥拉	614	3.8
马尔代夫	93	2.5
肯尼亚	200	2.5
白俄罗斯	424	2.2
冰岛	490	2.1
留尼汪	383	2.0
巴基斯坦	50	1.8
巴林	131	1.7
苏丹	88	1.6
波黑	113	0.6
缅甸	106	0.6
坦桑尼亚	14	0.5
47063000 其他纤维状纤维素竹浆		
合计	2526834	2393.6
美国	809562	795.0
德国	793000	737.4
台湾省	373920	345.4
澳大利亚	198000	193.4
英国	79200	77.0
泰国	75748	66.5
日本	59600	56.6
波兰	40000	38.0
韩国	39790	32.8
印度尼西亚	36000	31.0
意大利	19800	18.7
莫桑比克	2200	1.6
48236100 竹浆纸或纸板制的盘、碟、盆、杯及类似品		
合计	2374810	7772.4
美国	1541115	3201.0
新加坡	60836	1036.0
马来西亚	60329	696.9
沙特阿拉伯	44506	400.4
法国	6540	325.0
澳大利亚	150302	287.0
德国	34399	285.3
香港	86879	228.6
墨西哥	59601	189.8
英国	14525	145.7
加拿大	63063	124.4

国家/地区	出口数量（件）	出口金额（千美元）
以色列	36804	117.6
西班牙	35945	113.3
约旦	77630	104.9
印度	2307	102.3
阿联酋	4611	52.4
留尼汪	3477	49.4
菲律宾	7706	42.0
斯里兰卡	13289	41.6
日本	5123	21.9
卡塔尔	750	20.2
意大利	5217	19.4
越南	2600	19.1
希腊	9720	18.2
也门	8200	16.0
阿尔及利亚	5091	14.5
黎巴嫩	960	13.6
科威特	3203	13.2
台湾省	3300	9.2
喀麦隆	3182	8.2
巴布亚新几内亚	4135	7.9
南非	3824	5.4
加纳	1777	4.2
阿根廷	212	3.9
韩国	1400	3.8
泰国	144	3.3
埃及	517	2.9
巴西	793	2.9
哥斯达黎加	250	2.4
芬兰	170	2.4
尼日利亚	523	2.1
阿尔巴尼亚	194	2.1
亚美尼亚	260	2.1
毛里求斯	440	1.8
蒙古	4900	1.7
哈萨克斯坦	678	1.6
瑞典	411	1.4
乌兹别克斯坦	2308	1.2
澳门	221	1.0
巴林	115	0.6
94015100 竹制或藤制的坐具		
合计	204223	9228.4
美国	48688	1567.5
香港	16772	889.2
马来西亚	17490	781.3
澳大利亚	23530	739.1

国家/地区	出口数量(件)	出口金额(千美元)
印度尼西亚	9145	447.6
芬兰	2072	447.0
新西兰	1933	428.0
韩国	3767	394.3
墨西哥	1896	348.4
新加坡	5635	227.5
文莱	2921	201.5
安哥拉	6911	193.0
台湾省	6375	187.2
德国	3932	186.9
日本	4161	175.4
尼日利亚	3542	165.8
俄罗斯联邦	587	158.8
英国	1729	155.9
印度	3094	141.0
丹麦	5480	127.3
加拿大	2348	120.4
泰国	3418	85.1
黎巴嫩	1862	70.4
希腊	928	63.4
荷兰	379	62.7
法国	4603	61.4
巴拿马	1502	56.2
坦桑尼亚	866	51.5
土耳其	295	49.2
莫桑比克	1541	48.8
拉脱维亚	267	43.1
比利时	696	36.7
毛里求斯	620	36.4
越南	408	35.7
葡萄牙	1122	34.8
利比亚	393	29.5
乌兹别克斯坦	457	29.2
哥伦比亚	256	28.5
阿尔及利亚	330	28.1
帕劳	454	27.8
格鲁吉亚	75	27.0
哈萨克斯坦	666	26.3
肯尼亚	719	25.3
哥斯达黎加	72	23.3
巴西	519	22.7
纳米比亚	800	16.0
阿联酋	4345	14.8
意大利	1440	11.6
斯里兰卡	200	9.0

国家/地区	出口数量(件)	出口金额(千美元)
挪威	120	8.5
波兰	228	8.4
加纳	285	7.6
南非	66	7.0
多米尼加共和国	500	7.0
以色列	487	6.8
智利	371	6.6
菲律宾	136	6.3
伊朗	154	6.1
喀麦隆	10	3.7
澳门	82	3.5
乌克兰	15	3.2
加蓬	150	2.6
约旦	112	2.4
危地马拉	100	1.8
塞内加尔	80	1.6
沙特阿拉伯	3	1.5
厄瓜多尔	11	1.5
法属波利尼西亚	3	0.9
瑞士	9	0.8
马达加斯加	4	0.8
苏丹	7	0.5
吉布提	15	0.5
94015900 柳条及类似材料制的坐具		
合计	67224	1044.5
美国	16466	247.3
意大利	22500	237.5
台湾省	2258	207.9
澳大利亚	4568	59.4
英国	750	43.5
巴西	3546	27.4
德国	1422	27.3
乌拉圭	2304	21.2
哈萨克斯坦	140	20.0
葡萄牙	656	17.8
泰国	804	14.6
新加坡	556	14.5
巴拿马	1635	14.0
马来西亚	1378	13.3
阿根廷	2310	11.5
智利	1033	10.1
阿联酋	1368	9.1
厄瓜多尔	907	7.7
以色列	696	5.7
芬兰	666	5.6

国家/地区	出口数量(件)	出口金额(千美元)
加拿大	178	4.5
韩国	271	4.4
印度尼西亚	228	3.8
香港	104	3.3
俄罗斯联邦	206	3.1
日本	65	3.1
法国	144	2.6
西班牙	24	1.3
柬埔寨	5	1.0
比利时	17	0.9
坦桑尼亚	1	0.6
新西兰	18	0.5
94038100 竹制或藤制家具		
合计	3267441	57292.9
美国	641774	16012.4
德国	371745	7061.0
阿联酋	344310	4489.5
法国	274881	3819.3
英国	186752	3204.7
韩国	229915	3002.9
意大利	163817	1886.0
日本	64587	1426.2
比利时	103933	1392.0
荷兰	93325	1377.9
澳大利亚	64310	1374.1
西班牙	131987	1335.2
香港	17992	1252.4
台湾省	55861	1083.3
瑞典	64477	762.9
丹麦	61401	744.4
加拿大	42020	612.1
马来西亚	11412	593.5
波兰	66958	545.4
俄罗斯联邦	21136	418.1
新加坡	10986	391.7
印度	24299	380.8
奥地利	29709	367.3
墨西哥	22396	309.7
文莱	800	296.8
葡萄牙	38114	261.4
沙特阿拉伯	12674	219.8
帕劳	1095	205.1
菲律宾	10636	169.7
巴西	8497	152.8
智利	13068	149.3

国家/地区	出口数量（件）	出口金额（千美元）
尼日利亚	587	146.0
巴拿马	1418	131.3
印度尼西亚	3553	129.3
土耳其	5653	112.5
捷克	7167	106.5
以色列	5529	106.2
泰国	6577	94.1
拉脱维亚	3112	90.4
哥伦比亚	1046	90.4
新西兰	9456	85.3
加蓬	845	80.3
南非	6636	76.5
哈萨克斯坦	1935	72.2
肯尼亚	610	66.6
安哥拉	1311	64.1
乌克兰	5396	59.0
毛里求斯	401	56.8
秘鲁	2852	46.1
乌拉圭	2160	43.6
哥斯达黎加	3516	34.4
斯里兰卡	230	33.2
阿尔及利亚	908	31.1
科威特	900	28.3
阿根廷	3158	23.4
挪威	902	22.9
克罗地亚	2442	22.8
留尼汪	1485	21.3
塔吉克斯坦	321	16.0
瑞士	112	14.6
利比亚	70	11.4
斯洛文尼亚	300	8.4
特立尼达和多巴哥	227	7.6
白俄罗斯	60	7.0
马耳他	309	7.0
芬兰	250	6.3
格鲁吉亚	98	6.3
乌兹别克斯坦	60	5.2
伊拉克	175	4.4
黎巴嫩	55	4.3
澳门	66	3.3
波多黎各	40	3.1
加纳	120	2.4
喀麦隆	3	2.2
希腊	66	1.7
亚美尼亚	29	1.4
苏丹	2	1.1
新喀里多尼亚	1	1.0
厄瓜多尔	1	0.8
阿曼	222	0.8
保加利亚	20	0.8
伊朗	30	0.8
约旦	26	0.7
吉尔吉斯斯坦	11	0.6
孟加拉国	40	0.6
94038910 柳条及类似材料制家具		
合计	663642	12783.1
新加坡	229732	2780.6
巴拿马	125681	2275.3
英国	56187	2237.2
美国	46295	1432.9
南非	84936	1332.1
马来西亚	29248	783.6
阿联酋	38522	772.1
德国	27124	508.4
墨西哥	2224	156.3
比利时	3350	102.6
西班牙	4080	82.9
日本	3835	82.5
加拿大	2974	68.2
澳大利亚	3464	39.1
法国	1030	36.3
沙特阿拉伯	1164	28.5
意大利	1080	15.1
芬兰	120	11.6
奥地利	428	9.3
科威特	578	8.3
黎巴嫩	717	8.1
乌拉圭	249	5.6
安哥拉	398	3.4
香港	125	1.7
埃及	75	0.7
特立尼达和多巴哥	24	0.4

竹藤进口量值表

国家/地区	进口数量（件）	进口金额（千美元）
14011000 竹		
合计	8780842	2605.0
台湾省	1607996	1983.3
缅甸	7122085	348.2
法国	7663	217.6
日本	8963	41.8
香港	20050	8.9
越南	12845	3.4
韩国	1200	1.2
14012000 藤		
合计	25013459	26564.9
马来西亚	11099856	12123.6
印度尼西亚	8473251	9562.0
菲律宾	2661168	3094.0
缅甸	1896190	865.0
新加坡	672589	796.2
越南	136286	60.5
中华人民共和国	5766	32.3
老挝	68300	28.4
台湾省	23	3.0
14019020 芦苇		
合计	4653758	157.7
朝鲜	4652888	153.5
南非	870	4.1
14019090 未列名主要作编结用的植物材料		
合计	1441406	1471.5
马达加斯加	804700	801.0
泰国	88160	251.8
越南	426744	200.2
印度	40000	72.3
印度尼西亚	16550	52.0
斯里兰卡	44375	49.3
台湾省	9140	26.9
菲律宾	2500	13.2
日本	5037	3.3
缅甸	4200	1.6
44021000 竹炭，不论是否结块		
合计	127556	179.6
中华人民共和国	125885	139.0
台湾省	600	18.6
日本	526	15.9
韩国	510	5.8
44092110 任何一边、端或面制成连续形状的竹地板条块		
合计	251	4.0
加纳	132	2.4
中华人民共和国	50	1.2
澳大利亚	69	0.4

国家/地区	进口数量（件）	进口金额（千美元）
44092190 其他任何一边、端或面制成连续形状的竹材		
合计	2	3.2
中华人民共和国	2	3.2
44121019 其他薄板制竹胶板单板饰面板多层板,厚≤6mm		
合计	97998	152.8
印度尼西亚	81810	65.0
瑞士	3424	50.4
德国	10573	29.7
韩国	2025	5.3
日本	81	1.7
台湾省	4	0.5
44187210 其他多层已装拼的竹地板		
合计	35081	33.9
中华人民共和国	32921	27.4
美国	2160	6.5
44187910 其他已装拼的竹地板		
合计	119	1.9
中华人民共和国	64	1.2
美国	55	0.7
44190032 竹制一次性筷子		
合计	4477	52.9
中华人民共和国	3496	38.1
阿联酋	801	12.6
马来西亚	180	2.2
44190091 其他竹制餐具及厨房用具		
合计	108375	1639.5
台湾省	7425	756.9
越南	80707	513.0
日本	4240	197.6
中华人民共和国	13819	153.4
墨西哥	195	5.9
香港	897	4.8
法国	115	2.2
捷克	448	2.1
美国	66	1.0
韩国	143	1.0
德国	15	0.8
44201012 竹刻		
合计	666	3.0
印度尼西亚	666	3.0
44219022 竹制圆签圆棒冰果棒压舌片及类似一次性制品		
合计	46663	99.3

国家/地区	进口数量（件）	进口金额（千美元）
台湾省	37689	75.9
中华人民共和国	7090	18.3
日本	1555	3.9
46012100 竹制的席子、席料及帘子		
合计	7601	38.7
中华人民共和国	5822	33.5
台湾省	686	3.1
美国	985	1.1
越南	107	1.0
46012911 灯心草属材料制的席子、席料及帘子		
合计	35264	110.1
中华人民共和国	35098	109.7
日本	166	0.4
46012919 其他草制的席子、席料及帘子		
合计	25473	126.8
越南	19432	102.0
朝鲜	3255	18.6
马达加斯加	2786	6.2
46012929 芦苇制的席子、席料		
合计	9300	4.6
朝鲜	9300	4.6
46012990 其他植物材料制的席子、席料及帘子		
合计	23819	72.8
越南	7716	57.3
中华人民共和国	4460	10.1
韩国	11000	2.9
印度尼西亚	95	2.2
46019210 竹制的缏条及类似产品,不论是否缝合成宽条		
合计	116	2.4
台湾省	116	2.4
46019290 竹制其他平行连结或编结的产品		
合计	36150	130.6
中华人民共和国	31402	77.2
香港	50	26.8
越南	3998	16.4
德国	236	8.9
日本	25	0.8
46019310 藤制的缏条及类似产品,不论是否缝合成宽条		
合计	855	4.3
印度尼西亚	106	2.7

国家/地区	进口数量（件）	进口金额（千美元）
泰国	682	0.9
46019390 藤制其他平行连结或编结的产品		
合计	194	4.2
印度尼西亚	168	1.9
意大利	1	1.7
46019491 未列名植物编结材料编成的缏条及类似产品		
合计	674988	524.6
越南	669685	510.2
菲律宾	5299	14.3
46019499 未列名植物编结材料制其他平行连结或编结品		
合计	85218	213.4
台湾省	14087	119.0
越南	16972	31.1
中华人民共和国	9236	19.5
印度尼西亚	17908	14.5
马达加斯加	16650	11.7
美国	3178	6.1
菲律宾	6878	4.9
厄瓜多尔	13	4.2
印度	279	2.2
46021100 竹制篮筐及其他编结品		
合计	41679	476.2
越南	26334	322.2
泰国	3256	49.6
中华人民共和国	4755	39.5
台湾省	1140	19.8
日本	1112	16.4
尼泊尔联邦民主共和国	2672	7.1
英国	769	6.4
印度尼西亚	1242	5.5
法国	40	4.0
缅甸	80	2.0
马来西亚	95	2.0
印度	52	0.6
美国	20	0.5
46021200 藤制篮筐及其他编结品		
合计	194694	1528.8
越南	67485	693.2
印度尼西亚	108408	525.4
缅甸	6168	95.7
泰国	5422	92.2
中华人民共和国	1937	50.3

国家/地区	进口数量（件）	进口金额（千美元）
菲律宾	4555	48.8
意大利	88	10.2
美国	12	4.4
德国	196	3.1
荷兰	31	1.3
印度	66	1.2
柬埔寨	180	0.9
韩国	9	0.5
日本	12	0.5
英国	12	0.4
46021910 草制篮筐及其他编结品		
合计	168594	810.4
越南	163039	721.7
印度尼西亚	2306	38.9
菲律宾	1559	13.2
意大利	20	8.5
法国	548	8.0
摩洛哥	7	4.8
中华人民共和国	118	3.2
泰国	343	3.1
马达加斯加	261	3.0
朝鲜	320	2.1
孟加拉国	25	2.0
台湾省	3	1.0
46021930 柳条制篮筐及其他编结品		
合计	137724	162.9
朝鲜	135099	123.2
中华人民共和国	2425	31.4
美国	85	5.5
法国	4	2.2
46021990 其他植物材料制篮筐等编结品；丝瓜络制品		
合计	253585	1428.9
越南	136605	744.0
印度尼西亚	91633	542.2
中华人民共和国	4540	39.3
印度	4373	34.2
菲律宾	1495	22.7
墨西哥	4225	19.9
孟加拉国	701	11.0
朝鲜	8783	5.9
斯里兰卡	737	2.5
马达加斯加	17	2.0
意大利	5	1.6
肯尼亚	363	1.6

国家/地区	进口数量（件）	进口金额（千美元）
葡萄牙	27	0.6
智利	7	0.4
47063000 其他纤维状纤维素竹浆		
合计	2208530	967.2
缅甸	1888730	761.0
泰国	314810	191.6
美国	4990	14.6
48236100 竹浆纸或纸板制的盘、碟、盆、杯及类似品		
合计	573	4.8
意大利	340	2.4
日本	180	2.3
94015100 竹制或藤制的坐具		
合计	126207	1819.6
印度尼西亚	52060	1170.0
越南	25238	383.1
尼泊尔联邦民主共和国	48246	118.1
菲律宾	293	47.6
意大利	9	33.6
中华人民共和国	109	26.9
泰国	154	16.9
美国	10	13.3
丹麦	24	3.9
荷兰	29	2.7
法国	4	2.0
日本	3	0.7
印度	4	0.6
94015900 柳条及类似材料制的坐具		
合计	13676	228.9
越南	13434	210.4
菲律宾	191	8.7
美国	4	4.7
意大利	10	2.9
中华人民共和国	32	2.0
94038100 竹制或藤制家具		
合计	19395	540.3
印度尼西亚	12193	193.0
中华人民共和国	713	164.6
越南	6071	113.4
意大利	168	31.6
法国	34	11.5
泰国	119	7.8
菲律宾	11	6.9
美国	7	3.6

国家/地区	进口数量（件）	进口金额（千美元）
马来西亚	55	2.2
墨西哥	5	2.2
日本	3	1.3
丹麦	4	0.8
台湾省	8	0.8
94038910 柳条及类似材料制家具		
合计	51	7.2
印度尼西亚	43	5.0
意大利	2	1.9

参加编纂单位名单

北京市

丰台区园林绿化局
海淀区园林绿化局
房山区园林绿化局
大兴区园林绿化局
怀柔区园林绿化局
平谷区园林绿化局
密云县园林绿化局
延庆县园林绿化局
延庆县果品服务中心
市园林绿化局直属单位
林业种子苗木管理总站
西山林场
共青林场
松山国家级自然保护区管理处
十三陵林场
大东流苗圃
黄垡苗圃
温泉苗圃
天竺苗圃
南大荒苗圃

天津市

东丽区林业局
西青区林业局
津南区林业局
北辰区林业局
宝坻区林业局
滨海新区林业局
蓟县林业局
宁河县林业局
静海县林业局

河北省

石家庄市林业局
长安区农办
桥西区农办
新华区农办
裕华区园林局
井陉矿区林业局
辛集市林业局
藁城市林业局
晋州市林业局
新乐市林业局
鹿泉市林业局
井陉县林业局
正定县林业局
栾城县林业局
行唐县林业局
灵寿县林业局
高邑县林业局
深泽县林业局
赞皇县林业局
无极县林业局
平山县林业局
元氏县林业局
赵县林业局
石家庄市南化苗圃
石家庄市高新区
张家口市林业局
宣化区农委
下花园区农委
宣化县林业局
张北县林业局
康保县林业局
沽源县林业局
尚义县林业局
蔚县林业局
阳原县林业局
怀安县林业局
万全县林业局
怀来县林业局
涿鹿县林业局
赤城县林业局
崇礼县林业局
张家口市林场
张家口市高新区农委
承德市林业局
双桥区林业局
双滦区林水局
鹰手营子矿区林水局
承德县林业局
兴隆县林业局
平泉县林业局
滦平县林业局
隆化县林业局
丰宁满族自治县林业局
宽城满族自治县林业局
围场满族蒙古族自治县林业局
滦平林场管理局
御道口林场
秦皇岛市林业局
海港区林业局
山海关区林业局
北戴河区林业局
昌黎县林业局
抚宁县林业局
卢龙县林业局
青龙满族自治县林业局
唐山市林业局
路北区农林畜牧水产局
路南区农林畜牧水产局
古冶区农林畜牧水产局
开平区农林畜牧水产局
丰润区林业局
丰南区林业局
遵化市林业局
迁安市林业局

滦县林业局
滦南县林业局
乐亭县林业局
迁西县林业局
玉田县林业局
唐海县农林畜牧水产局
芦台经济技术开发区农委
汉沽管理区农业局
廊坊市林业局
广阳区林业局
安次区林业局
霸州市林业局
三河市林业局
固安县林业局
永清县林业局
香河县林业局
大城县林业局
文安县林业局
大厂回族自治县林业局
保定市林业局
新市区农业局
北市区农业局
南市区农业局
定州市林业局
涿州市农业局
安国市林业局
高碑店市农牧局
满城县林业局
清苑县农业局
易县林业局
徐水县林业局
涞源县林业局
定兴县林业局
顺平县林业局
唐县林业局
望都县林业局
涞水县林业局
高阳县林业局
安新县农业局
雄县农业局
容城县农牧局
曲阳县林业局
阜平县林业局
博野县农业局
蠡县林业局
沧州市林业局
运河区农林局
新华区农林局
泊头市林业局
任丘市林业局
黄骅市林业局
河间市林业局
沧县林业局
青县林业局
东光县林业局
海兴县农林局
盐山县农林局
肃宁县林业局
南皮县林业局
吴桥县农林局
献县林业局
孟村回族自治县农林局
临港经济技术开发区林业局
南大港管理区林业局
衡水市林业局
桃城区林业局
冀州市林业局
深州市林业局
枣强县林业局
武邑县林业局
武强县林业局
饶阳县林业局
安平县林业局
故城县林业局
景县林业局
阜城县林业局
邢台市林业局
桥东区农业局
桥西区农业局
南宫市林业局
沙河市林业局
邢台县林业局
临城县林业局
内丘县林业局
柏乡县林业局
隆尧县林业局
任县林业局
南和县林业局
宁晋县林业局
巨鹿县林业局
新河县林业局
广宗县林业局
平乡县林业局
威县林业局
清河县林业局
临西县林业局
高新技术开发区农业办
大曹庄管委会农业办
邯郸市林业局
丛台区农牧局
邯山区农牧局
复兴区农牧局
峰峰矿区林业局
武安市林业局
邯郸县林业局
临漳县林业局
成安县林业局
大名县林业局
涉县林业局
磁县林业局
肥乡县林业局
永年县林业局
邱县林业局
鸡泽县林业局
广平县林业局
馆陶县林业局
魏县林业局
曲周县林业局
省直属单位
塞罕坝机械化林场
木兰围场国有林场管理局
河北雾灵山国家级自然保护区管理局
小五台国家级自然保护区管理局
河北省林业示范场

山西省

太原市林业局
尖草坪区林业局
晋源区林业局
清徐县林业局
阳曲县林业局

娄烦县林业局
大同市林业局
南郊区林业局
新荣区林业局
阳高县林业局
天镇县林业局
广灵县林业局
灵丘县林业局
浑源县林业局
左云县林业局
大同县林业局
恒山林场
桦林背林场
十里河林场
大同市植物园
朔州市林业局
山阴县林业局
阳泉市林业局
郊区林业局
平定县林业局
长治市林业局
城区林业局
郊区林业局
长治县林业局
襄垣县林业局
屯留县林业局
平顺县林业局
黎城县林业局
壶关县林业局
长子县林业局
沁县林业局
沁源县林业局
晋城市林业局
高平市林业局
泽州县林业局
沁水县林业局
阳城县林业局
陵川县林业局
忻州市林业局
忻府区林业局
原平市林业局
定襄县林业局
五台县林业局
代县林业局
繁峙县林业局
宁武县林业局
静乐县林业局
神池县林业局
五寨县林业局
岢岚县林业局
河曲县林业局
保德县林业局
偏关县林业局
晋中市林业局
介休市林业局
榆社县林业局
左权县林业局
和顺县林业局
昔阳县林业局
太谷县林业局
灵石县林业局
临汾市林业局
侯马市林业局
霍州市林业局
曲沃县林业局
襄汾县林业局
安泽县林业局
吉县林业局
乡宁县林业局
蒲县林业局
大宁县林业局
永和县林业局
隰县林业局
汾西县林业局
运城市林业局
盐湖区林业局
永济市林业局
河津市林业局
芮城县林业局
临猗县林业局
万荣县林业局
稷山县林业局
闻喜县林业局
夏县林业局
绛县林业局
平陆县林业局
垣曲县林业局
吕梁市林业局
文水县林业局
中阳县林业局
临县林业局

内蒙古自治区

呼和浩特市林业局
新城区林业局
回民区林业局
赛罕区林业局
托克托县林业局
和林格尔县林业局
包头市林业局
昆都仑区林业局
东河区林业局
青山区林业局
石拐区林业局
九原区林业局
固阳县林业局
土默特右旗林业局
达尔罕茂明安联合旗林业局
稀土高新区林业局
乌海市林业局
海勃湾区林业局
海南区林业局
乌达区林业局
赤峰市林业局
红山区林业局
元宝山区林业局
松山区林业局
宁城县林业局
林西县林业局
阿鲁科尔沁旗林业局
巴林左旗林业局
巴林右旗林业局
克什克腾旗林业局
翁牛特旗林业局
喀喇沁旗林业局
敖汉旗林业局
通辽市林业局
科尔沁区林业局
霍林郭勒市林业局
开鲁县林业局
库伦旗林业局
奈曼旗林业局
扎鲁特旗林业局

科尔沁左翼中旗林业局
科尔沁左翼后旗林业局
呼伦贝尔市林业局
牙克石市林业局
额尔古纳市林业局
新巴尔虎右旗林业局
鄂伦春自治旗林业局
莫力达瓦达斡尔族自治旗林业局
免渡河林业局
乌奴尔林业局
巴林林业局
南木林业局
红花尔基林业局
柴河林业局
鄂尔多斯市林业局
东胜区林业局
达拉特旗林业局
准格尔旗林业局
鄂托克前旗林业局
鄂托克旗林业局
杭锦旗林业局
乌审旗林业局
伊金霍洛旗林业局
乌兰察布市林业局
集宁区林业局
丰镇市林业局
卓资县林业局
化德县林业局
商都县林业局
兴和县林业局
凉城县林业局
察哈尔右翼前旗林业局
察哈尔右翼中旗林业局
察哈尔右翼后旗林业局
四子王旗林业局
巴彦淖尔市林业局
临河区林业局
五原县林业局
磴口县林业局
乌拉特前旗林业局
乌拉特中旗林业局
乌拉特后旗林业局
杭锦后旗林业局
兴安盟林业局
扎赉特旗林业局
白狼林业局
锡林郭勒盟林业局
多伦县林业局
阿拉善盟林业局
阿拉善左旗林业局
阿拉善右旗林业局
额济纳旗林业局
阿拉善经济开发区林业局
孪井滩示范区林业局

辽宁省

沈阳市林业局
苏家屯区农林局
东陵区林业局
沈北新区农林局
于洪区农林局
新民市林业局
辽中县林业局
康平县林业局
法库县林业局
经济技术开发区林业局
朝阳市林业局
双塔区林业局
龙城区林业局
北票市林业局
凌源市林业局
朝阳县林业局
建平县林业局
喀喇沁左翼蒙古族自治县林业局
阜新市林业局
细河区农林水利局
海州区农村经济工作办公室
新邱区林业局
太平区农林水利局
清河门区农村经济局
彰武县林业局
阜新蒙古族自治县林果局
铁岭市林业局产业办
银州区林业局
清河区林业局
调兵山市林业局
开原市林业局
铁岭县林业局
西丰县林业局
昌图县林业局
铁岭经济开发区林业局
抚顺市林业局
顺城区农发局
东洲区农发局
望花区农发局
抚顺县林业局
新宾满族自治县林业局
清原满族自治县林业局
本溪市林业局
本溪市农委
平山区林业局
溪湖区林业局
明山区林业局
南芬区林业局
本溪满族自治县林业局
桓仁满族自治县林业局
本溪市经济开发区林业局
辽阳市林业局
文圣区农村经济局
宏伟区农村经济局
弓长岭区农村经济局
太子河区农村经济局
灯塔市林业局
辽阳县林业局
鞍山市林业局
市辖区林业局
千山区农村经济发展局
海城市林业局
台安县林业局
岫岩满族自治县林业局
千山风景区林业局
开发区林业局
丹东市林业局
振兴区林业局
元宝区农发局
振安区林业局
凤城市林业局
东港市林业局
宽甸满族自治县林业局
大连市林业局
甘井子区农发局
旅顺口区农林水利局
金州新区农林水利局

瓦房店市林业局
普兰店市林业局
庄河市林业水利局
长海县农林水务局
保税区林业局
高新技术园区林业局
花园口经济开发区林业局
长兴岛临港工业区林业局
营口市林业局
鲅鱼圈区林业局
老边区农委
大石桥市林业局
盖州市林业局
盘锦市农林局
兴隆台区农村经济局
大洼县农村经济局
盘山县农村经济局
辽河口生态经济区农村经济局
锦州市林业局
太和区林业水利局
凌海市林业局
北镇市林业局
黑山县林业局
义县林业果树局
葫芦岛市林业局
龙港区林业局
连山区林业局
南票区林业局
兴城市林业局
绥中县林业局
建昌县林业局
省直属单位
辽宁实验林场
杨树研究所
生态实验林场
森林经营研究所
经济林研究所
固沙造林研究所
干旱地区造林研究所

吉林省
长春市林业局
市辖区林业局
南关区林业局
朝阳区林业局
宽城区林业局
二道区林业局
绿园区林业局
双阳区林业局
德惠市林业局
九台市林业局
榆树市林业局
农安县林业局
净月经济开发区林业局
高新开发区林业局
经济开发区林业局
西新开发区林业局
莲花山开发区林业局
白城市林业局
市辖区林业局
洮北区林业局
大安市林业局
洮南市林业局
镇赉县林业局
通榆县林业局
松原市林业局
市辖区林业局
宁江区林业局
长岭县林业局
乾安县林业局
前郭尔罗斯蒙古族自治县林业局
吉林市林业局
市辖区林业局
船营区林业局
龙潭区林业局
昌邑区林业局
丰满区林业局
磐石市林业局
蛟河市林业局
桦甸市林业局
舒兰市林业局
永吉县林业局
四平市林业局
市辖区林业局
铁西区林业局
铁东区林业局
双辽市林业局
公主岭市林业局
梨树县林业局
伊通满族自治县林业局
辽源市林业局
市辖区林业局
龙山区林业局
西安区林业局
东丰县林业局
东辽县林业局
通化市林业局
市辖区林业局
东昌区林业局
二道江区林业局
梅河口市林业局
集安市林业局
通化县林业局
辉南县林业局
柳河县林业局
白山市林业局
市辖区林业局
浑江区林业局
江源区林业局
临江市林业局
抚松县林业局
靖宇县林业局
长白朝鲜族自治县林业局
延边朝鲜族自治州林业局
延吉市林业局
图们市林业局
敦化市林业局
珲春市林业局
龙井市林业局
和龙市林业局
汪清县林业局
安图县林业局
长白山森工集团
黄泥河林业局
敦化林业局
大石头林业局
八家子林业局
和龙林业局
汪清林业局
大兴沟林业局
天桥岭林业局
白河林业局

珲春林业局
安图森林经营局
和龙人造板公司
珲春森林山公司
新元木业公司
汪清林源木业有限公司
省林业厅直属单位
上营森林经营局
辉南森林经营局
长白森林经营局
长白山林业局

黑龙江省

哈尔滨市林业局
松北区农林局
道里区农林局
南岗区农林局
道外区农林局
香坊区农林局
平房区农林局
呼兰区林业局
阿城区林业局
双城市林业局
尚志市林业局
五常市林业局
依兰县林业局
方正县林业局
宾县林业局
巴彦县林业局
木兰县林业局
通河县林业局
延寿县林业局
转山实验林场
山河实验林场
丹清河实验林场
胜利实验林场
齐齐哈尔市林业局
铁锋区林业局
讷河市林业局
克山县林业局
克东县林业局
黑河市林业局
爱辉区林业局
北安市林业局
五大连池市林业局
嫩江县林业局
逊克县林业局
孙吴县林业局
五大连池风景区管理委员会
市直属林场
大庆市林业局
萨尔图区农林局
龙凤区农林局
让胡路区农林局
大同区林业局
红岗区农林局
肇州县林业局
肇源县林业局
林甸县林业局
杜尔伯特蒙古族自治县林业局
鹤岗市林业局
市辖区林业局
绥滨县林业局
佳木斯市林业局
郊区林业局
同江市林业局
富锦市林业局
桦南县林业局
桦川县林业局
汤原县林业局
孟家岗林场
双鸭山市林业局
尖山区林业局
岭东区林业站
四方台区林业局
宝山区林业局
集贤县林业局
友谊县林业局
宝清县林业局
饶河县林业局
七台河市林业局
桃山区林业局
新兴区林业局
茄子河区林业局
勃利县林业局
鸡西市林业局
鸡冠区林业局
恒山区人民政府林业站
滴道区林业局
梨树区林业站
城子河区林业局
麻山区林业局
牡丹江市林业局
穆棱市林业局
海林市林业局
宁安市林业局
林口县林业局
绥化市林业局
北林区林业局
安达市林业局
肇东市林业局
海伦市林业局
望奎县林业局
兰西县林业局
青冈县林业局
庆安县林业局
明水县林业局
绥棱县林管局
大兴安岭地区行署营林局
呼玛县林业局
塔河县营林局
漠河县林业局
直属单位
绥芬河市林业局
尚志国有林场管理局
庆安国有林场管理局

上海市

闵行区林业站
嘉定区林业站
浦东新区绿化管理署
金山区林业站
松江区林业站
青浦区林业站
奉贤区林业署
崇明县农业委员会.

江苏省

南京市林业局
浦口区林业局
六合区林业局
江宁区林业局

溧水县林业局
高淳县林业局
徐州市林业局
贾汪区林业局
泉山区林业局
邳州市林业局
新沂市林业局
睢宁县林业局
沛县林业局
丰县林业局
连云港市林业局
连云区林业局
海州区林业局
赣榆县林业局
灌云县林业局
东海县林业局
灌南县林业局
宿迁市林业局
宿城区林业局
宿豫区林业局
沭阳县林业局
泗阳县林业局
泗洪县林业局
淮安市林业局
清浦区林业局
淮安区林业局
淮阴区林业局
金湖县林业局
盱眙县林业局
洪泽县林业局
涟水县林业局
盐城市林业局
亭湖区林业局
盐都区林业局
东台市林业局
大丰市林业局
射阳县林业局
阜宁县林业局
滨海县海洋林业渔业局
响水县林业局
建湖县林业局
扬州市林业局
邗江区林业局
广陵区林业局
江都区林业局
仪征市林业局
高邮市林业局
宝应县农业委员会
泰州市林业局
海陵区林业局
高港区林业局
姜堰区林业局
靖江市林业局
泰兴市林业局
兴化市林业局
南通市林业局
港闸区林业局
通州区林业局
海门市林业局
启东市林业局
如皋市林业局
如东县林业局
海安县林业局
镇江市林业局
京口区林业局
润州区林业局
丹徒区林业局
扬中市林业局
丹阳市农业委员会
句容市林业局
常州市林业局
新北区林业局
武进区林业局
溧阳市林业局
金坛市林业局
无锡市林业局
滨湖区林业局
惠山区林业局
锡山区林业局
江阴市林业局
宜兴市林业局
苏州市林业局
吴中区林业局
相城区林业局
吴江区林业局
昆山市林业局
太仓市林业局
常熟市林业站
张家港市林业局

浙江省

杭州市林业局
余杭区林业局
萧山区林业局
临安市林业局
富阳市林业局
建德市林业局
桐庐县林业局
淳安县林业局
湖州市林业局
吴兴区林业局
南浔区林业局
长兴县林业局
德清县林业局
安吉县林业局
嘉兴市林业局
南湖区林业局
秀洲区林业局
平湖市林业局
海宁市林业局
桐乡市林业局
嘉善县林业局
海盐县林业局
舟山市林业局
市辖区林业局
定海区林业局
普陀区林业局
岱山县林业局
嵊泗县林业局
宁波市林业局
市辖区林业局
江北区林业局
北仑区林业局
镇海区林业局
鄞州区林业局
慈溪市林业局
余姚市林业局
奉化市林业局
宁海县林业局
象山县林业局
绍兴市林业局
越城区林业局

上虞市林业局
嵊州市林业局
绍兴县林业局
新昌县林业局
衢州市林业局
柯城区林业局
衢江区林业局
江山市林业局
常山县林业局
开化县林业局
龙游县林业局
金华市林业局
婺城区林业局
金东区林业局
兰溪市林业局
永康市林业局
义乌市林业局
东阳市林业局
武义县林业局
浦江县林业局
磐安县林业局
台州市林业局
椒江区林业局
黄岩区林业局
路桥区林业局
临海市林业局
温岭市林业局
三门县林业局
天台县林业局
仙居县林业局
玉环县林业局
温州市林业局
鹿城区林业局
龙湾区林业局
瓯海区林业局
瑞安市林业局
乐清市林业局
永嘉县林业局
文成县林业局
平阳县林业局
泰顺县林业局
苍南县林业局
丽水市林业局
莲都区林业局
龙泉市林业局
缙云县林业局
青田县林业局
云和县林业局
遂昌县林业局
松阳县林业局
庆元县林业局
景宁畲族自治县林业局

安徽省

合肥市林业局
蜀山区林业局
庐阳区林业局
瑶海区林业局
包河区林业局
巢湖市林业局
长丰县林业局
肥东县林业局
肥西县林业局
庐江县林业局
宿州市林业局
埇桥区林业局
砀山县林业局
萧县林业局
灵璧县林业局
泗县林业局
淮北市林业局
相山区林业局
杜集区林业局
烈山区林业局
濉溪县林业局
阜阳市林业局
颍州区林业局
颍东区林业局
颍泉区林业局
界首市林业局
临泉县林业局
太和县林业局
阜南县林业局
颍上县林业局
亳州市林业局
谯城区林业局
涡阳县林业局
蒙城县林业局
利辛县林业局
蚌埠市林业局
蚌山区林业局
龙子湖区林业局
禹会区林业局
淮上区林业局
怀远县林业局
五河县林业局
固镇县林业局
淮南市林业局
田家庵区林业局
大通区林业局
八公山区林业局
潘集区林业局
凤台县林业局
毛集实验区林业局
滁州市林业局
市辖区林业局
琅琊区农委
南谯区林业局
明光市林业局
天长市林业局
来安县林业局
全椒县林业局
定远县林业局
凤阳县林业局
管店林业总场
沙河集林业总场
琅琊山林场
马鞍山市林业局
博望区林业局
花山区林业局
当涂县林业局
含山县林业局
和县林业局
市直属林场
芜湖市林业局
鸠江区林业局
弋江区林业局
三山区林业局
镜湖区林业局
芜湖县林业局
繁昌县林业局
南陵县林业局

无为县林业局
铜陵市林业局
铜官山区林业局
狮子山区林业局
郊区林业局
铜陵县林业局
安庆市林业局
大观区林业局
迎江区林业局
宜秀区林业局
桐城市林业局
怀宁县林业局
枞阳县林业局
潜山县林业局
太湖县林业局
宿松县林业局
望江县林业局
岳西县林业局
黄山市林业局
屯溪区林业局
徽州区林业局
休宁县林业局
黟县林业局
祁门县林业局
六安市林业局
金安区林业局
裕安区林业局
叶集区林业局
寿县林业局
霍邱县林业局
舒城县林业局
金寨县林业局
霍山县林业局
池州市林业局
贵池区林业局
东至县林业局
石台县林业局
宣城市林业局
市辖区林业局
宁国市林业局
郎溪县林业局
广德县林业局
泾县林业局
旌德县林业局
绩溪县林业局

福建省

福州市林业局
马尾区林业局
晋安区林业局
福清市林业局
长乐市林业局
闽侯县林业局
连江县林业局
闽清县林业局
永泰县林业局
南平市林业局
延平区林业局
邵武市林业局
武夷山市林业局
建瓯市林业局
建阳市林业局
顺昌县林业局
浦城县林业局
光泽县林业局
松溪县林业局
政和县林业局
三明市林业局
梅列区林业局
三元区林业局
永安市林业局
明溪县林业局
清流县林业局
宁化县林业局
大田县林业局
尤溪县林业局
沙县林业局
将乐县林业局
泰宁县林业局
建宁县林业局
莆田市林业局
秀屿区林业局
仙游县林业局
泉州市林业局
洛江区林业局
晋江市林业局
南安市林业局
永春县林业局
德化县林业局
漳州市林业局
芗城区林业局
龙文区林业局
龙海市林业局
云霄县林业局
漳浦县林业局
诏安县林业局
长泰县林业局
东山县林业局
南靖县林业局
平和县林业局
华安县林业局
龙岩市林业局
新罗区林业局
漳平市林业局
长汀县林业局
永定县林业局
上杭县林业局
武平县林业局
连城县林业局
宁德市林业局
蕉城区林业局
福安市林业局
福鼎市林业局
寿宁县林业局
霞浦县林业局
屏南县林业局
古田县林业局
周宁县林业局

江西省

南昌市林业局
市辖区林业局
新建县林业局
安义县林业局
进贤县林业局
九江市林业局
瑞昌市林业局
共青城市林业局
九江县林业局
武宁县林业局
修水县林业局
永修县林业局

星子县林业局
都昌县林业局
彭泽县林业局
景德镇市林业局
昌江区林业局
浮梁县林业局
鹰潭市林业局
市辖区林业局
月湖区林业局
贵溪市林业局
余江县林业局
新余市林业局
渝水区林业局
分宜县林业局
萍乡市林业局
安源区林业局
湘东区林业局
莲花县林业局
芦溪县林业局
赣州市林业局
市辖区林业局
章贡区林业局
瑞金市林业局
南康市林业局
赣县林业局
信丰县林业局
大余县林业局
上犹县林业局
崇义县林业局
安远县林业局
龙南县林业局
定南县林业局
全南县林业局
宁都县林业局
于都县林业局
兴国县林业局
会昌县林业局
寻乌县林业局
石城县林业局
上饶市林业局
信州区林业局
德兴市林业局
上饶县林业局
广丰县林业局
玉山县林业局
铅山县林业局
横峰县林业局
弋阳县林业局
余干县林业局
鄱阳县林业局
万年县林业局
婺源县林业局
抚州市林业局
临川区林业局
南城县林业局
黎川县林业局
南丰县林业局
崇仁县林业局
乐安县林业局
宜黄县林业局
金溪县林业局
资溪县林业局
东乡县林业局
广昌县林业局
宜春市林业局
袁州区林业局
樟树市林业局
高安市林业局
奉新县林业局
万载县林业局
上高县林业局
宜丰县林业局
靖安县林业局
铜鼓县林业局
明月山温泉风景名胜区管委会
吉安市林业局
市辖区林业局
吉州区林业局
青原区林业局
井冈山市林业局
吉安县林业局
吉水县林业局
峡江县林业局
新干县林业局
永丰县林业局
泰和县林业局
遂川县林业局
万安县林业局
安福县林业局
永新县林业局

山东省

济南市林业局
市中区林业局
长清区林业局
章丘市林业局
济阳县林业局
聊城市林业局
东昌府区林业局
临清市林业局
阳谷县林业局
莘县林业局
茌平县林业局
东阿县林业局
冠县林业局
高唐县林业局
德州市林业局
市辖区林业局
德城区林业局
乐陵市林业局
陵县林业局
平原县林业局
武城县林业局
齐河县林业局
宁津县林业局
庆云县林业局
东营市林业局
东营区林业局
河口区林业局
垦利县林业局
利津县林业局
广饶县林业局
淄博市林业站
张店区林业局
淄川区林业局
博山区林业局
临淄区林业局
周村区林业局
桓台县林业局
高青县林业局
沂源县林业局
潍坊市林业局
市辖区林业局

奎文区林业局
潍城区农林局
寒亭区林业局
坊子区林业局
峡山区林业局
安丘市林业局
昌邑市林业局
高密市林业局
青州市林业局
诸城市林业局
寿光市林业局
临朐县林业局
昌乐县林业局
烟台市林业局
莱山区林业局
芝罘区林业局
福山区林业局
牟平区林业局
栖霞市林业局
海阳市林业局
龙口市林业局
莱阳市林业局
莱州市林业局
蓬莱市林业局
招远市林业局
长岛县林业局
威海市林业局
市辖区林业局
环翠区林业局
文登市林业局
乳山市林业局
威海市经济技术开发区林业局
青岛市林业局
黄岛区林业局
崂山区林业局
胶州市林业局
即墨市林业局
平度市林业局
日照市林业局
东港区林业局
岚山区林业局
五莲县林业局
莒县林业局
临沂市林业局
兰山区林业局
罗庄区林业局
河东区林业局
郯城县林业局
兰陵县林业局
莒南县林业局
沂水县林业局
蒙阴县林业局
平邑县林业局
费县林业局
沂南县林业局
临沭县林业局
高新技术产业开发区林业局
经济技术开发区林业局
临港经济开发区林业局
蒙山旅游区林业局
枣庄市林业局
峄城区林业局
台儿庄区林业局
山亭区林业局
济宁市林业局
任城区林业局
曲阜市林业局
兖州市林业局
邹城市林业局
微山县林业局
鱼台县林业局
嘉祥县林业局
汶上县林业局
泗水县林业局
梁山县林业局
泰安市林业局
市辖区林业局
泰山区林业局
岱岳区林业局
新泰市林业局
肥城市林业局
宁阳县林业局
东平县林业局
莱芜市林业局
莱城区林业局
钢城区林业局
高新区林业局
雪野旅游区林业局
经济开发区林业局
滨州市林业局
滨城区林业局
惠民县林业局
阳信县林业局
无棣县林业局
沾化县林业局
博兴县林业局
邹平县林业局
菏泽市林业局
成武县林业局
东明县林业局

河南省

郑州市林业局
中原区农经委
二七区农经委
管城回族区农委会
金水区农经委
上街区农经委
惠济区林业局
新郑市林业局
登封市林业局
新密市林业局
巩义市林业局
荥阳市林业局
中牟县林业局
三门峡市林业和园林局
市辖区林业局
湖滨区林业局
义马市农林和农机局
灵宝市林业局
渑池县林业局
陕县林业局
卢氏县林业局
洛阳市林业局
涧西区林业局
吉利区林业局
洛龙区林业局
偃师市林业局
孟津县林业局
新安县林业局
栾川县林业局
嵩县林业局
汝阳县林业局

宜阳县林业局
洛宁县林业局
伊川县林业局
焦作市林业局
市辖区林业局
解放区农林水利局
山阳区林业局
中站区农林水利局
马村区农林水利局
孟州市林业局
沁阳市林业局
修武县林业局
博爱县林业局
武陟县林业局
温县林业局
新乡市林业局
卫滨区农村工作委员会
红旗区农村工作委员会
凤泉区林业局
牧野区农林局
卫辉市林业局
辉县市林业局
新乡县林业局
获嘉县林业局
原阳县林业局
延津县林业局
封丘县林业局
长垣县林业局
鹤壁市林业局
淇滨区林业局
山城区林业局
鹤山区林业局
浚县林业局
淇县林业局
安阳市林业局
北关区农林水务局
文峰区农林水牧局
殷都区农林水牧局
龙安区林业局
林州市林业局
安阳县林业局
汤阴县林业局
滑县林业局
内黄县林业局
濮阳市林业局
华龙区林业局
清丰县林业局
南乐县林业局
范县林业局
台前县林业局
濮阳县林业局
高新区农业科技服务中心
开封市农林局
市辖区林业局
龙亭区林业局
顺河回族区林业局
鼓楼区林业局
禹王台区林业局
金明区林业局
杞县林业局
通许县林业局
尉氏县林业局
开封县林业局
兰考县林业局
商丘市林业局
梁园区林业局
睢阳区林业局
永城市林业局
虞城县林业局
民权县林业局
宁陵县林业局
睢县林业局
夏邑县林业局
柘城县林业局
许昌市林业局
东城区农村工作局
魏都区林业局
禹州市农业林业局
长葛市林业局
许昌县林业局
鄢陵县林业局
襄城县林业局
许昌市经济技术开发区农村工作局
漯河市林业和园林局
郾城区林业技术推广站
源汇区林业局
召陵区林业局
舞阳县林业园艺局
平顶山市林业局
新华区农林水利局
卫东区农林水利局
湛河区农林水利局
石龙区林业畜牧局
舞钢市林业局
汝州市林业局
宝丰县林业局
叶县林业局
鲁山县林业局
郏县林业局
南阳市林业局
卧龙区林业局
宛城区林业局
邓州市林业局
南召县林业局
方城县林业局
西峡县林业局
镇平县林业局
内乡县林业局
淅川县林业局
社旗县林业局
唐河县林业局
新野县林业局
桐柏县林业局
信阳市林业局
市辖区林业局
浉河区林业局
平桥区林业局
息县林业局
淮滨县林业局
潢川县林业局
光山县林业局
固始县林业局
商城县林业局
罗山县林业局
周口市林业局
川汇区林业局
项城市林业局
扶沟县林业局
西华县林业局
商水县林业局
太康县林业局

鹿邑县林业局
郸城县林业局
淮阳县林业局
沈丘县林业局
驻马店市林业局
驿城区林业局
确山县林业局
泌阳县林业局
遂平县林业局
西平县林业局
上蔡县林业局
汝南县林业局
平舆县林业局
新蔡县林业局
正阳县林业局
济源市林业局

湖北省

武汉市林业局
东西湖区林业局
蔡甸区林业局
黄陂区林业局
十堰市林业局
茅箭区林业局
张湾区林业局
丹江口市林业局
郧县林业局
竹山县林业局
房县林业局
郧西县林业局
竹溪县林业局
襄阳市林业局
襄城区林业局
樊城区林业局
襄州区林业局
老河口市林业局
枣阳市林业局
宜城市林业局
南漳县林业局
谷城县林业局
保康县林业局
荆门市林业局
市辖区林业局
东宝区林业局
掇刀区林业局
钟祥市林业局
沙洋县林业局
京山县林业局
屈家岭管理区林业局
漳河新区林业局
孝感市林业局
市辖区林业局
安陆市林业局
汉川市林业局
孝昌县林业局
大悟县林业局
黄冈市林业局
黄州区林业局
麻城市林业局
武穴市林业局
红安县林业局
罗田县林业局
英山县林业局
浠水县林业局
蕲春县林业局
鄂州市林业局
市辖区林业局
鄂城区林业局
梁子湖区林业局
华容区林业局
黄石市林业局
下陆区林业局
黄石港区林业局
西塞山区林业局
铁山区林业局
大冶市林业局
阳新县林业局
咸宁市林业局
咸安区林业局
赤壁市林业局
嘉鱼县林业局
通城县林业局
通山县林业局
荆州市林业局
沙市区林业局
荆州区林业局
石首市林业局
洪湖市林业局
松滋市林业局
江陵县林业局
公安县林业局
监利县林业局
宜昌市林业局
点军区林业局
夷陵区林业局
宜都市林业局
当阳市林业局
远安县林业局
兴山县林业局
秭归县林业局
长阳土家族自治县林业局
五峰土家族自治县林业局
随州市林业局
曾都区林业局
广水市林业局
随县林业局
省直辖县级行政单位
仙桃市林业局
天门市林业局
潜江市林业局
神农架林区林业管理局
太子山林场管理局
恩施土家族苗族自治州林业局
恩施市林业局
利川市林业局
建始县林业局
巴东县林业局
宣恩县林业局
咸丰县林业局
来凤县林业局
鹤峰县林业局

湖南省

长沙市林业局
岳麓区农林水利局
芙蓉区农林水利局
天心区农林水利局
开福区农林水利局
雨花区农林水利局
浏阳市林业局
长沙县林业局
望城县林业局

宁乡县林业局
张家界市林业局
永定区林业局
武陵源区林业局
慈利县林业局
桑植县林业局
常德市林业局
市辖区林业局
武陵区林业局
鼎城区林业局
津市市林业局
安乡县林业局
汉寿县林业局
澧县林业局
临澧县林业局
桃源县林业局
石门县林业局
益阳市林业局
市辖区林业局
赫山区林业局
资阳区林业局
沅江市林业局
南县林业局
桃江县林业局
安化县林业局
岳阳市林业局
市辖区林业局
岳阳楼区农林局
君山区林业局
云溪区林业局
汨罗市林业局
临湘市林业局
岳阳县林业局
华容县林业局
湘阴县林业局
平江县林业局
株洲市林业局
天元区农村工作局
荷塘区农村工作局
芦淞区农村工作局
石峰区农村工作局
醴陵市林业局
株洲县林业局
攸县林业局
茶陵县林业局
炎陵县林业局
湘潭市林业局
岳塘区林业局
雨湖区林业局
湘乡市林业局
韶山市林业局
湘潭县林业局
衡阳市林业局
蒸湘区林业局
雁峰区林业局
珠晖区林业局
石鼓区林业局
南岳区农林局
常宁市林业局
耒阳市林业局
衡阳县林业局
衡南县林业局
衡山县林业局
衡东县林业局
祁东县林业局
郴州市林业局
北湖区林业局
苏仙区林业局
资兴市林业局
桂阳县林业局
永兴县林业局
宜章县林业局
嘉禾县林业局
临武县林业局
汝城县林业局
桂东县林业局
安仁县林业局
永州市林业局
冷水滩区林业局
零陵区林业局
东安县林业局
道县林业局
宁远县林业局
江永县林业局
蓝山县林业局
新田县林业局
双牌县林业局
祁阳县林业局
江华瑶族自治县林业局
金桐林场
邵阳市林业局
大祥区农林局
双清区农林局
北塔区林业局
武冈市林业局
邵东县林业局
邵阳县林业局
新邵县林业局
隆回县林业局
洞口县林业局
绥宁县林业局
新宁县林业局
城步苗族自治县林业局
怀化市林业局
洪江区林业局
鹤城区林业局
洪江市林业局
沅陵县林业局
辰溪县林业局
溆浦县林业局
中方县林业局
会同县林业局
麻阳苗族自治县林业局
新晃侗族自治县林业局
芷江侗族自治县林业局
靖州苗族侗族自治县林业局
通道侗族自治县林业局
娄底市林业局
市辖区林业局
娄星区林业局
冷水江市林业局
涟源市林业局
双峰县林业局
新化县林业局
湘西土家族苗族自治州林业局
吉首市林业局
泸溪县林业局
凤凰县林业局
花垣县林业局
保靖县林业局
古丈县林业局
永顺县林业局

龙山县林业局

广东省

广州市林业局
天河区林业局
白云区林业局
黄埔区林业局
番禺区林业局
花都区林业局
南沙区林业局
萝岗区林业局
增城市林业局
从化市林业局
清远市林业局
清城区林业局
英德市林业局
连州市林业局
佛冈县林业局
阳山县林业局
清新县林业局
连山壮族瑶族自治县林业局
连南瑶族自治县林业局
清远市属总林场
韶关市林业局
浈江区林业局
武江区林业局
曲江区林业局
乐昌市林业局
南雄市林业局
始兴县林业局
仁化县林业局
翁源县林业局
新丰县林业局
乳源瑶族自治县林业局
韶关市属总林场
河源市林业局
源城区林业局
紫金县林业局
龙川县林业局
连平县林业局
和平县林业局
东源县林业局
新丰江林管局
河源市属总林场

梅州市林业局
梅江区林业局
兴宁市林业局
梅县林业局
大埔县林业局
丰顺县林业局
五华县林业局
平远县林业局
蕉岭县林业局
潮州市林业局
湘桥区林业局
枫溪区林业局
潮安县林业局
饶平县林业局
潮州市属总林场
汕头市林业局
金平区林业局
濠江区林业局
潮阳区林业局
潮南区林业局
澄海区林业局
南澳县林业局
揭阳市林业局
榕城区林业局
揭东区林业局
普宁市林业局
揭西县林业局
惠来县林业局
蓝城区林业局
空港经济区林业局
普侨区林业局
汕尾市林业局
城区林业局
红海湾区林业局
华侨区林业局
陆丰市林业局
海丰县林业局
惠州市林业局
惠城区林业局
惠阳区林业局
博罗县林业局
惠东县林业局
龙门县林业局
惠州市属总林场

东莞市林业局
大岭山林场
清溪林场
大屏嶂林场
深圳市林业局
宝安区林业局
珠海市林业局
斗门区林业局
金湾区林业局
横琴新区林业局
高栏港区林业局
万山区林业局
高新区林业局
中山市林业局
江门市林业局
蓬江区林业局
新会区林业局
恩平市林业局
台山市林业局
开平市林业局
鹤山市林业局
佛山市林业局
禅城区林业局
南海区林业局
顺德区林业局
三水区林业局
高明区林业局
肇庆市林业局
端州区林业局
鼎湖区林业局
大旺高新区林业局
高要市林业局
四会市林业局
广宁县林业局
怀集县林业局
封开县林业局
德庆县林业局
肇庆市林业总场
云浮市林业局
云城区林业局
罗定市林业局
云安县林业局
新兴县林业局
郁南县林业局

大云雾林场
龙埇林场
飞马林场
同乐林场
水台林场
阳江市林业局
江城区林业局
海陵区林业局
阳春市林业局
阳西县林业局
阳东县林业局
高新区林业局
阳江林场
阳江花滩林场
茂名市林业局
茂南区林业局
电白区林业局
化州市林业局
信宜市林业局
高州市林业局
茂名市属总林场
湛江市林业局
赤坎区林业局
霞山区林业局
坡头区林业局
麻章区林业局
东海岛区林业局
吴川市林业局
廉江市林业局
雷州市林业局
遂溪县林业局
徐闻县林业局
湛江市属总林场
省直属单位
西江林业局
乳阳林业局
沙头角林场
龙眼洞林场
天井山林场
樟木头林场
乐昌林场
连山林场
东江林场
九连山林场

广西壮族自治区
南宁市林业局
青秀区农林水利局
兴宁区农林水利局
江南区农业林业水利局
西乡塘区农林水利局
良庆区农林水利局
邕宁区农林水利局
武鸣县林业局
横县林业局
宾阳县林业局
上林县林业局
隆安县林业局
马山县林业局
南宁经济技术开发区林业局
桂林市林业局
象山区农林水利局
叠彩区农林水利局
秀峰区农林水利局
七星区农林水利局
雁山区林业局
阳朔县林业局
临桂县林业局
灵川县林业局
全州县林业局
兴安县林业局
永福县林业局
灌阳县林业局
资源县林业局
平乐县林业局
荔浦县林业局
龙胜各族自治县林业局
恭城瑶族自治县林业局
柳州市林业局
柳北区林业局
城中区林业局
柳江县林业局
柳城县林业局
鹿寨县林业局
融安县林业局
三江侗族自治县林业局
融水苗族自治县林业局
梧州市林业局
龙圩区林业局

岑溪市林业局
苍梧县林业局
藤县林业局
贵港市林业局
港北区林业局
港南区林业局
覃塘区林业局
桂平市林业局
平南县林业局
玉林市林业局
玉州区林业局
兴业县林业局
钦州市林业局
钦南区林业局
钦北区林业局
灵山县林业局
浦北县林业局
北海市林业局
海城区林业局
银海区林业局
铁山港区林业局
防城港市林业局
港口区林业局
防城区林业局
东兴市林业局
上思县林业局
崇左市林业局
凭祥市林业局
扶绥县林业局
大新县林业局
天等县林业局
宁明县林业局
龙州县林业局
百色市林业局
右江区林业局
田阳县林业局
田东县林业局
平果县林业局
靖西县林业局
那坡县林业局
凌云县林业局
乐业县林业局
西林县林业局
田林县林业局

隆林各族自治县林业局
河池市林业局
金城江区林业局
宜州市林业局
南丹县林业局
天峨县林业局
东兰县林业局
大化瑶族自治县林业局
罗城仫佬族自治县林业局
环江毛南族自治县林业局
来宾市林业局
兴宾区林业局
合山市林业局
象州县林业局
武宣县林业局
忻城县林业局
金秀瑶族自治县林业局
贺州市林业局
八步区林业局
平桂管理区林业局
昭平县林业局
钟山县林业局
富川瑶族自治县林业局
直属单位
高峰林场
七坡林场
博白林场
六万林场
东门林场
派阳山林场
雅长林场
黄冕林场
三门江林场
沙塘林场
大桂山林场
维都林场
良凤江国家森林公园
中国林科院热林中心

重庆市

大渡口区林业绿化办公室
江北区农林水利局
沙坪坝区林业局
九龙坡区农林水利局
南岸区农林水利局
北碚区林业局
万盛区林业局
大足区林业局
渝北区林业局
巴南区林业局
万州区林业局
涪陵区林业局
黔江区林业局
长寿区林业局
江津区林业局
合川区林业局
永川区林业局
南川区林业局
綦江县林业局
潼南县林业局
铜梁县林业局
荣昌县林业局
璧山县林业局
垫江县林业局
武隆县林业局
丰都县林业局
城口县林业局
梁平县林业局
开县林业局
巫溪县林业局
巫山县林业局
奉节县林业局
云阳县林业局
忠县林业局
石柱土家族自治县林业局
彭水苗族土家族自治县林业局
酉阳土家族苗族自治县林业局
秀山土家族苗族自治县林业局

四川省

成都市林业局
武侯区林业局
金牛区林业局
龙泉驿区林业局
青白江区林业局
新都区林业局
温江区林业局
都江堰市林业局
彭州市林业局
邛崃市林业局
崇州市林业局
金堂县林业局
双流县林业局
郫县林业局
大邑县林业局
蒲江县林业局
新津县林业局
广元市林业局
利州区林业局
朝天区林业局
昭化区林业局
旺苍县林业局
青川县林业局
剑阁县林业局
苍溪县林业局
绵阳市林业局
涪城区林业局
游仙区林业局
江油市林业局
三台县林业局
盐亭县林业局
安县林业局
梓潼县林业局
北川羌族自治县林业局
平武县林业局
德阳市林业局
旌阳区林业局
什邡市林业局
广汉市林业局
绵竹市林业局
罗江县林业局
中江县林业局
南充市林业局
顺庆区林业局
高坪区林业局
嘉陵区林业局
阆中市林业局
南部县林业局
营山县林业局
蓬安县林业局
仪陇县林业局
西充县林业局

广安市林业局
广安区林业局
前锋区林业局
华蓥市林业局
岳池县林业局
武胜县林业局
邻水县林业局
遂宁市林业局
船山区林业局
安居区林业局
蓬溪县林业局
射洪县林业局
大英县林业局
内江市林业局
市中区林业局
东兴区林业局
威远县林业局
资中县林业局
隆昌县林业局
乐山市林业局
市辖区林业局
市中区林业局
沙湾区林业局
五通桥区林业局
金口河区林业局
峨眉山市林业局
犍为县林业局
井研县林业局
夹江县林业局
沐川县林业局
峨边彝族自治县林业局
马边彝族自治县林业局
自贡市林业局
自流井区林业局
大安区林业局
贡井区林业局
沿滩区林业局
荣县林业局
富顺县林业局
泸州市林业局
江阳区林业局
纳溪区林业局
龙马潭区林业局
泸县林业局
合江县林业局
叙永县林业局
古蔺县林业局
宜宾市林业局
市辖区林业局
翠屏区林业局
宜宾县林业局
南溪县林业局
江安县林业局
长宁县林业局
高县林业局
筠连县林业局
珙县林业局
兴文县林业局
屏山县林业局
攀枝花市林业局
东区林业局
西区林业局
仁和区林业局
米易县林业局
盐边县林业局
普威林业局
市国营林场总场
巴中市林业局
巴州区林业局
恩阳区林业局
通江县林业局
南江县林业局
平昌县林业局
达州市林业局
通川区林业局
达川区林业局
万源市林业局
宣汉县林业局
开江县林业局
大竹县林业局
渠县林业局
资阳市林业局
雁江区林业局
简阳市林业局
乐至县林业局
安岳县林业局
眉山市林业局
东坡区林业局
仁寿县林业局
彭山县林业局
洪雅县林业局
丹棱县林业局
青神县林业局
雅安市林业局
雨城区林业局
名山县林业局
荥经县林业局
汉源县林业局
石棉县林业局
天全县林业局
芦山县林业局
宝兴县林业局
阿坝藏族羌族自治州林业局
马尔康县林业局
汶川县林业局
理县林业局
茂县林业局
松潘县林业局
九寨沟县林业局
金川县林业局
小金县林业局
黑水县林业局
壤塘县林业局
红原县林业局
松林林业局
岷江林业局
甘孜藏族自治州林业局
康定县林业局
泸定县林业局
丹巴县林业局
九龙县林业局
雅江县林业局
道孚县林业局
炉霍县林业局
甘孜县林业局
新龙县林业局
德格县林业局
白玉县林业局
石渠县林业局
色达县林业局
理塘县林业局
巴塘县林业局

乡城县林业局
稻城县林业局
得荣县林业局
丹巴林业局
道孚林业局
炉霍林业局
新龙林业局
白玉林业局
力邱河林业局
翁达林业局
甘孜州林业工程处
凉山彝族自治州林业局
西昌市林业局
盐源县林业局
德昌县林业局
会理县林业局
会东县林业局
宁南县林业局
普格县林业局
布拖县林业局
金阳县林业局
昭觉县林业局
喜德县林业局
冕宁县林业局
越西县林业局
甘洛县林业局
美姑县林业局
雷波县林业局
木里藏族自治县林业局
雷波林业局
木里林业局
凉北林业局
林业第五筑路工程处
省直属单位
大渡河造林局
卧龙自然保护区管理局

贵州省

贵阳市林业局
乌当区林业局
南明区林业局
花溪区林业局
白云区林业局
清镇市林业局
开阳县林业局
修文县林业局
息烽县林业局
六盘水市林业局
六枝特区林业局
遵义市林业局
汇川区林业局
红花岗区林业局
赤水市林业局
遵义县林业局
桐梓县林业局
绥阳县林业局
凤冈县林业局
道真仡佬族苗族自治县林业局
安顺市林业局
西秀区
平坝县
普定县
紫云苗族布依族自治县
铜仁市林业局
碧江区林业局
万山区林业局
江口县林业局
石阡县林业局
思南县林业局
德江县林业局
玉屏侗族自治县林业局
印江土家族苗族自治县林业局
沿河土家族自治县林业局
松桃苗族自治县林业局
黔东南苗族侗族自治州林业局
施秉县林业局
镇远县林业局
天柱县林业局
锦屏县林业局
黎平县林业局
榕江县林业局
从江县林业局
黔南布依族苗族自治州林业局
都匀市林业局
福泉市林业局
荔波县林业局
贵定县林业局
瓮安县林业局
独山县林业局
平塘县林业局
罗甸县林业局
长顺县林业局
龙里县林业局
惠水县林业局
三都水族自治县林业局
黔西南布依族苗族自治州林业局
普安县林业局
省直属单位
茂兰国家级自然保护区管理局
扎佐林场

云南省

昆明市林业局
呈贡区林业局
盘龙区林业局
五华区林业局
官渡区林业局
西山区林业局
东川区林业局
晋宁县林业局
富民县林业局
宜良县林业局
石林彝族自治县林业局
禄劝彝族苗族自治县林业局
寻甸回族彝族自治县林业局
阳宗海风景名胜区管理委员会
昆明市经济技术开发区林业局
倘甸工业园区林业局
滇池旅游度假区林业局
曲靖市林业局
麒麟区林业局
宣威市林业局
马龙县林业局
沾益县林业局
富源县林业局
罗平县林业局
师宗县林业局
陆良县林业局
会泽县林业局
市属海寨林场
玉溪市林业局
红塔区林业局

江川县林业局
澄江县林业局
通海县林业局
华宁县林业局
易门县林业局
峨山彝族自治县林业局
新平彝族傣族自治县林业局
元江哈尼族彝族傣族自治县林业局
保山市林业局
隆阳区林业局
施甸县林业局
腾冲县林业局
龙陵县林业局
昌宁县林业局
昭通市林业局
昭阳区林业局
鲁甸县林业局
永善县林业局
彝良县林业局
威信县林业局
水富县林业局
丽江市林业局
永胜县林业局
玉龙纳西族自治县林业局
宁蒗彝族自治县林业局
普洱市林业局
宁洱哈尼族彝族自治县林业局
墨江哈尼族自治县林业局
景东彝族自治县林业局
江城哈尼族彝族自治县林业局
临沧市林业局
临翔区林业局
凤庆县林业局
云县林业局
永德县林业局
镇康县林业局
双江拉祜族佤族布朗族傣族自治县林业局
耿马傣族佤族自治县林业局
沧源佤族自治县林业局
德宏傣族景颇族自治州林业局
芒市林业局
瑞丽市林业局
梁河县林业局
盈江县林业局
陇川县林业局
怒江傈僳族自治州林业局
泸水县林业局
福贡县林业局
贡山独龙族怒族自治县林业局
兰坪白族普米族自治县林业局
迪庆藏族自治州林业局
香格里拉县林业局
德钦县林业局
维西傈僳族自治县林业局
大理白族自治州林业局
大理市林业局
祥云县林业局
宾川县林业局
弥渡县林业局
永平县林业局
云龙县林业局
洱源县林业局
剑川县林业局
鹤庆县林业局
漾濞彝族自治县林业局
南涧彝族自治县林业局
巍山彝族回族自治县林业局
楚雄彝族自治州林业局
楚雄市林业局
双柏县林业局
牟定县林业局
南华县林业局
姚安县林业局
大姚县林业局
永仁县林业局
元谋县林业局
武定县林业局
禄丰县林业局
红河哈尼族彝族自治州林业局
弥勒市林业局
金平苗族瑶族傣族自治县林业局
屏边苗族自治县林业局
文山壮族苗族自治州林业局
文山市林业局
砚山县林业局
西畴县林业局
麻栗坡县林业局
马关县林业局
丘北县林业局
广南县林业局
富宁县林业局
西双版纳傣族自治州林业局
景洪市林业局
勐海县林业局
勐腊县林业局
滇中产业聚焦区(新区)林业局
嵩明县林业局
安宁市林业局

西藏自治区

拉萨市林业局
曲水县林业局
达孜县林业局
那曲地区林业局
嘉黎县林业局
索县林业局
昌都地区林业局
昌都县林业局
江达县林业局
贡觉县林业局
类乌齐县林业局
丁青县林业局
察雅县林业局
八宿县林业局
左贡县林业局
芒康县林业局
洛隆县林业局
边坝县林业局
林芝地区林业局
林芝县林业局
工布江达县林业局
米林县林业局
墨脱县林业局
波密县林业局
察隅县林业局
朗县林业局
山南地区林业局
贡嘎县林业局
桑日县林业局
曲松县林业局

措美县林业局
加查县林业局
浪卡子县林业局
日喀则地区林业局
日喀则市林业局
亚东县林业局

陕西省

西安市林业局
未央区林业局
灞桥区林业局
雁塔区林业局
阎良区林业局
临潼区林业局
长安区林业局
蓝田县林业局
周至县林业局
户县林业局
高陵县林业局
延安市林业局
宝塔区林业局
延长县林业局
延川县林业局
子长县林业局
安塞县林业局
志丹县林业局
吴起县林业局
甘泉县林业局
富县林业局
洛川县林业局
宜川县林业局
黄龙县林业局
黄陵县林业局
桥山林业局
桥北林业局
劳山林业局
黄龙山林业局
风景林场
铜川市林业局
耀州区林业局
王益区林业局
印台区林业局
宜君县林业局
渭南市林业局
临渭区林业局
华阴市林业局
潼关县林业局
大荔县林业局
蒲城县林业局
澄城县林业局
白水县林业局
合阳县林业局
富平县林业局
咸阳市林业局
秦都区林业局
渭城区林业局
兴平市林业局
三原县林业局
泾阳县林业局
永寿县林业局
旬邑县林业局
武功县林业局
乾县林业局
礼泉县林业局
淳化县林业局
长武县林业局
彬县林业局
宝鸡市林业局
金台区林业局
渭滨区林业局
陈仓区林业局
凤翔县林业局
岐山县林业局
扶风县林业局
眉县林业局
陇县林业局
千阳县林业局
麟游县林业局
凤县林业局
太白县林业局
辛家山林业局
马头滩林业局
汉中市林业局
汉台区林业局
南郑县林业局
城固县林业局
洋县林业局
西乡县林业局
勉县林业局
宁强县林业局
略阳县林业局
镇巴县林业局
留坝县林业局
佛坪县林业局
榆林市林业局
榆阳区林业局
神木县林业局
府谷县林业局
横山县林业局
靖边县林业局
定边县林业局
绥德县林业局
米脂县林业局
佳县林业局
吴堡县林业局
清涧县林业局
子洲县林业局
安康市林业局
汉滨区林业局
紫阳县林业局
镇坪县林业局
旬阳县林业局
石泉县林业局
平利县林业局
宁陕县林业局
岚皋县林业局
汉阴县林业局
白河县林业局
商洛市林业局
商州区林业局
洛南县林业局
丹凤县林业局
商南县林业局
山阳县林业局
镇安县林业局
柞水县林业局
陕西省森林资源管理局
太白林业局
宁西林业局
宁东林业局
龙草坪林业局
汉西林业局
长青林业局

西安林产化学工厂
陕西省胶合板厂
陕西省林产品贸易总公司
陕西省林产品经销公司
陕西省林业机械研究所
陕西省森林职工医院
省直属单位
杨凌区农林局
韩城市林业局
楼观台林场

甘肃省

兰州市林业局
兰州新区林业局
西固区林业局
永登县林业局
皋兰县林业局
嘉峪关市林业局
金昌市林业局
金川区林业局
永昌县林业局
白银市林业局
白银区林业局
平川区林业局
靖远县林业局
会宁县林业局
景泰县林业局
天水市林业局
秦州区林业局
麦积区林业局
清水县林业局
秦安县林业局
甘谷县林业局
武山县林业局
张家川回族自治县林业局
武威市林业局
凉州区林业局
民勤县林业局
古浪县林业局
天祝藏族自治县林业局
酒泉市林业局
肃州区林业局
玉门市林业局
敦煌市林业局
金塔县林业局
瓜州县林业局
肃北蒙古族自治县林业局
张掖市林业局
甘州区林业局
民乐县林业局
临泽县林业局
高台县林业局
山丹县林业局
庆阳市林业局
西峰区林业局
庆城县林业局
环县林业局
华池县林业局
合水县林业局
正宁县林业局
宁县林业局
镇原县林业局
正宁林业总场
湘乐林业总场
华池林业总场
合水林业总场
平凉市林业局
崆峒区林业局
泾川县林业局
灵台县林业局
崇信县林业局
华亭县林业局
庄浪县林业局
静宁县林业局
关山林业管理局
定西市林业局
安定区林业局
通渭县林业局
临洮县林业局
漳县林业局
岷县林业局
渭源县林业局
陇西县林业局
巉口林业试验场
华家岭林业站
陇南市林业局
武都区林业局
成县林业局
宕昌县林业局
康县林业局
文县林业局
西和县林业局
礼县林业局
两当县林业局
徽县林业局
临夏回族自治州林业局
临夏市林业局
临夏县林业局
康乐县林业局
永靖县林业局
广河县林业局
和政县林业局
东乡族自治县林业局
积石山保安族东乡族撒拉族自治县林业局
甘南藏族自治州林业局
合作市林业局
临潭县林业局
舟曲县林业局
迭部县林业局
碌曲县林业局
夏河县林业局

青海省

西宁市林业局
大通回族土族自治县林业局
湟源县林业局
湟中县林业局
群加森林公园
湟水森林公园
海东地区林业局
平安县林业局
乐都县林业局
民和回族土族自治县林业局
互助土族自治县林业局
化隆回族自治县林业局
循化撒拉族自治县林业局
北山森林公园
南门峡森林公园
上北山森林公园
海北藏族自治州林业局
祁连县林业局

门源回族自治县林业局
海南藏族自治州林业局
共和县林业局
同德县林业局
贵德县林业局
贵南县林业局
黄南藏族自治州林业局
同仁县林业局
尖扎县林业局
麦秀森林公园
坎布拉森林公园
果洛藏族自治州林业局
班玛县林业局
甘德县林业局
达日县林业局
海西蒙古族藏族自治州林业局
乌兰县林业局
天峻县林业局

宁夏回族自治区

银川市林业局
兴庆区林业局
金凤区林业局
西夏区林业局
灵武市林业局
永宁县林业局
贺兰县林业局
灵武白芨滩国家级自然保护区管理局
石嘴山市林业局
大武口区林业局
惠农区林业局
平罗县林业局
吴忠市林业局
利通区林业局
青铜峡市林业局
盐池县林业局
同心县林业局
红寺堡开发区林业局
固原市林业局
原州区林业局
西吉县林业局
隆德县林业局
泾源县林业局
彭阳县林业局
中卫市林业局
沙坡头区林业局
中宁县林业局
海原县林业局
自治区直属单位
宁夏仁存渡护岸林场
农垦事业管理局

新疆维吾尔自治区

乌鲁木齐市林业局
水磨沟区林业局
头屯河区林业局
米东区林业局
喀什地区林业局
喀什市林业局
疏附县林业局
疏勒县林业局
英吉沙县林业局
泽普县林业局
莎车县林业局
叶城县林业局
麦盖提县林业局
岳普湖县林业局
伽师县林业局
巴楚县林业局
塔什库尔干塔吉克自治县林业局
阿克苏地区林业局
阿克苏市林业局
温宿县林业局
库车县林业局
沙雅县林业局
新和县林业局
拜城县林业局
乌什县林业局
阿瓦提县林业局
柯坪县林业局
哈密地区林业局
哈密市林业局
伊吾县林业局
巴里坤哈萨克自治县林业局
克孜勒苏柯尔克孜自治州
阿图什市林业局
阿克陶县林业局
阿合奇县林业局
乌恰县林业局
昌吉回族自治州林业局
奇台县林业局
塔城地区林业局
额敏县林业局
裕民县林业局
和布克赛尔蒙古自治县林业局
新疆天山西部国有林管理局
霍城林场
察布查尔林场
巩留林场
尼勒克林场
特克斯林场
昭苏林场
伊宁林场
蒙玛拉林场
新疆阿尔泰山国有林管理局
布尔津林场
哈巴河林场
阿尔泰林场
福海林场
富蕴林场
青河林场
新疆天山东部国有林管理局
哈密林场
木垒林场
奇台林场
玛纳斯南山林场
呼图壁林场
米泉林场
吉木萨尔林场
乌苏林场
板房沟林场
新疆东林生态旅游股份公司

内蒙古森工集团

阿尔山林业局
绰尔林业局
绰源林业局
乌尔旗汉林业局
库都尔林业局
图里河林业局
伊图里河林业局

克一河林业局
甘河林业局
吉文林业局
阿里河林业局
根河林业局
金河林业局
阿龙山林业局
满归林业局
得耳布尔林业局
莫尔道嘎林业局
大杨树林业局
毕拉河林业局

吉林森工集团

临江林业局
三岔子林业局
湾沟林业局
松江河林业局
泉阳林业局
露水河林业局
白石山林业局
红石林业局
吉林森工集团股份公司
金桥木业有限公司

龙江森工集团

牡丹江林业管理局
大海林林业局
柴河林业局
东京城林业局
穆棱林业局
绥阳林业局
海林林业局
林口林业局
八面通林业局
牡丹江木材综合加工厂
柴河林业造纸厂
合江林业管理局
桦南林业局
双鸭山林业局
鹤立林业局
鹤北林业局
东方红林业局
迎春林业局
清河林业局
伊春林业管理局
双丰林业局
铁力林业局
桃山林业局
朗乡林业局
南岔林业局
金山屯林业局
美溪林业局
乌马河林业局
翠峦林业局
友好林业局
上甘岭林业局
五营林业局
红星林业局
新青林业局
汤旺河林业局
乌伊岭林业局
带岭实验局
友好木材综合加工厂
松花江林业管理局
山河屯林业局
苇河林业局
亚布力林业局
方正林业局
兴隆林业局
绥棱林业局
通北林业局
沾河林业局
集团直属单位
松江胶合板厂

大兴安岭林业集团

大兴安岭林管局
松岭林业局
新林林业局
塔河林业局
呼中林业局
阿木尔林业局
图强林业局
西林吉林业局
十八站林业局
韩家园林业局

新疆生产建设兵团

农一师
农二师
农三师
农四师
农五师
农六师
农七师
农八师
农十二师
农十三师
农十四师